Kreisbeschreibungen des Landes Baden-Württemberg

Der Neckar-Odenwald-Kreis
Band I

Kreisbeschreibungen des Landes Baden-Württemberg

DER NECKAR-ODENWALD-KREIS

Band I

A. Allgemeiner Teil
B. Gemeindebeschreibungen
Adelsheim bis Höpfingen

Bearbeitet von der Abteilung Landesbeschreibung des Generallandesarchivs Karlsruhe

Herausgegeben von der Landesarchivdirektion Baden-Württemberg
in Verbindung mit dem Neckar-Odenwald-Kreis

Jan Thorbecke Verlag Sigmaringen
1992

Die Deutsche Bibliothek – CIP-Einheitsaufnahme

Der *Neckar-Odenwald-Kreis* / bearb. von der Abteilung Landesbeschreibung des Generallandesarchivs Karlsruhe. Hrsg. von der Landesarchivdirektion Baden-Württemberg in Verbindung mit dem Neckar-Odenwald-Kreis. – Sigmaringen: Thorbecke.
(Kreisbeschreibungen des Landes Baden-Württemberg)
ISBN 3-7995-6047-5
NE: Generallandesarchiv ⟨Karlsruhe⟩ / Abteilung Landesbeschreibung
Bd. I (1992)

© 1992 by Jan Thorbecke Verlag GmbH & Co., Sigmaringen

Alle Rechte vorbehalten. Ohne schriftliche Genehmigung des Verlages ist es nicht gestattet, das Werk unter Verwendung mechanischer, elektronischer und anderer Systeme in irgendeiner Weise zu verarbeiten und zu verbreiten. Insbesondere vorbehalten sind die Rechte der Vervielfältigung – auch von Teilen des Werkes – auf photomechanischem oder ähnlichem Wege, der tontechnischen Wiedergabe, des Vortrags, der Funk- und Fernsehsendung, der Speicherung in Datenverarbeitungsanlagen, der Übersetzung und der literarischen oder anderweitigen Bearbeitung.

Dieses Buch ist aus säurefreiem Papier hergestellt und entspricht den Frankfurter Forderungen zur Verwendung alterungsbeständiger Papiere für die Buchherstellung.

Gesamtherstellung: M. Liehners Hofbuchdruckerei GmbH & Co. Verlagsanstalt, Sigmaringen
Printed in Germany · ISBN 3-7995-6047-5

VORWORT

Mit den beiden Bänden über den Neckar-Odenwald-Kreis kann die Landesarchivdirektion eine neue Kreisbeschreibung aus dem Bereich des alten Baden vorlegen. Nachdem die Beschreibungen der Stadt- und Landkreise Heidelberg-Mannheim, Freiburg und Konstanz vorangegangen sind, wird in diesem Werk erstmals ein durchweg ländlicher Raum ohne größeres städtisches Zentrum vorgestellt. Vorarbeiten gab es dazu noch weniger als im sonstigen badischen Gebiet, das bekanntlich gegenüber dem ehemaligen Württemberg mit seinen Oberamtsbeschreibungen deutlich im Nachteil bleibt. Um so erfreulicher ist die Tatsache, daß gerade diese Kreisbeschreibung ein altes Ziel unserer Arbeit verwirklicht, erscheinen in ihr doch der allgemeine Teil mit der Gesamtbeschreibung des Kreisgebiets und der Gemeindeteil mit allen Ortsbeschreibungen zusammen ohne zeitliche Verzögerung. Hinzu kommt noch eine ganz neue Behandlung des 19. und frühen 20. Jahrhunderts als Vorstufe unserer Gegenwart. In diesem Punkt ist Baden durch das Quellenmaterial, namentlich die regelmäßig durchgeführten und protokollierten Ortsbereisungen der jeweiligen Amtmänner bzw. Landräte, ausgesprochen im Vorteil gegenüber Württemberg, wo es nichts Vergleichbares gibt. So sind wir in der glücklichen Lage, einen schon mehrmals formulierten Wunsch berücksichtigen und die unmittelbare Vergangenheit ausführlicher darstellen zu können. Freilich kann es weder Aufgabe noch Programm der amtlichen Beschreibungsarbeit sein, in diesem Bereich auf Einzelpersonen und Einzelereignisse näher einzugehen. Genau so wenig ist es für uns sinnvoll, die allgemeinen Abläufe der politischen Geschichte immer wieder am örtlichen und regionalen Beispiel darzustellen. Es geht vielmehr um das, was man heute gerne als Strukturgeschichte bezeichnet, um die Darstellung der demographischen, sozialökonomischen und institutionellen Grundlagen der Gegenwart. Richtig betrachtet, reicht dies viel weiter zurück und ist stets auch Alltagsgeschichte. Hier erschließen sich die Lebensumstände vieler Generationen von einfachen und durchschnittlichen Existenzen in Stadt und Land. Alltagsgeschichte in diesem umfassenden Bereich wurde von den Vorgängern unserer Arbeit schon lange betrieben, bevor die materielle Alltagskultur zum breiten Anliegen von Forschung, Denkmalpflege und Museen wurde. Unter dieser Aufgabe wird unsere Arbeit auch weiterhin stehen, wiewohl es nicht möglich sein wird, stärker auf die materiellen Hinterlassenschaften breiter Bevölkerungsschichten einzugehen. Das sollte anderen Institutionen vorbehalten bleiben, während die amtliche Landesbeschreibung für sich in Anspruch nimmt, die wesentlichen Lebensumstände sozial- und rechtsgeschichtlicher Natur aufzuarbeiten.

Daß die zwei Bände über den Neckar-Odenwald-Kreis zugleich herauskommen können, ist verschiedenen Umständen zuzuschreiben. In erster Linie ist jedoch die Abteilung Landesbeschreibung des Generallandesarchivs Karlsruhe unter der Leitung von Herrn Regierungsdirektor Prof. Dr. Eugen Reinhard zu nennen. Aus seiner Feder stammt der Großteil der geographischen Texte, in seinen Händen lag die Redaktion des Ganzen. Der umfangreiche und arbeitsintensive Teil über die Gegenwart und über die ihr vorausgehenden 150 Jahre wurde von Frau Oberregierungsrätin Dr. Gudrun

Schultz zusammen mit von ihr geführten Honorarmitarbeitern gemeistert. Die Geschichte vor 1800 war bei Herrn Oberarchivrat Dr. Kurt Andermann in guten Händen; auch er wurde von Honorarmitarbeitern unterstützt. Einige Beiträge des allgemeinen Teils und des Gemeindeteils stammen von Herrn Ltd. Regierungsdirektor Prof. Dr. Meinrad Schaab, dem wie immer die Gesamtleitung übertragen war. Redaktions- und Schreibarbeiten wären nicht so glatt gelaufen, wenn nicht Frau Gerlinde Schach vom Generallandesarchiv Karlsruhe weit über ihre Dienstzeit hinaus zur Mitarbeit zur Verfügung gestanden hätte. Die Last der Korrekturen hat ganz außerhalb aller Verpflichtungen Frau Ursula Reinhard mit den Mitarbeitern der Abteilung Landesbeschreibung im Generallandesarchiv getragen. Es ist mir ein Bedürfnis, allen genannten Beteiligten herzlich für ihre Leistungen und ihr Engagement zu danken. Alle außeramtlichen Mitarbeiter hier ebenfalls zu nennen, ist aus Platzgründen leider nicht möglich. Auch sie waren ganz wesentlich am Gelingen des Werks beteiligt, und ihnen gebührt für ihren wertvollen Einsatz genauso Dank wie den vielen Dienststellen und Institutionen, von den Gemeinden bis zu den Landesoberbehörden und Ministerien, deren Mitarbeit in Anspruch genommen wurde.

Besondere Erwähnung verdient das Landratsamt des Neckar-Odenwald-Kreises unter der Leitung von Herrn Landrat Dr. Gerhard Pfreundschuh. Die Zusammenarbeit, von allen Ämtern der Kreisverwaltung freundlich unterstützt, hat ihren besonderen Charakter dadurch erhalten, daß das Landratsamt die im Kreisgebiet ansässigen Ortshistoriker und Heimatforscher seit längerem in jährlich stattfindenden Historikertagen des Neckar-Odenwald-Kreises zusammenführt. Es ist mein Wunsch, daß die beiden Bände über den Neckar-Odenwald-Kreis allgemein eine gute Aufnahme sowie eifrige Leser finden. Mögen sie darüber hinaus in Zukunft eine feste Basis für alle weitere Beschäftigung mit der Natur, Geschichte und Gegenwart dieses Raumes werden.

Stuttgart, im November 1991

Prof. Dr. Gregor Richter
Präsident der Landesarchivdirektion
Baden-Württemberg

GELEITWORT

Mit Band 1 und 2 der von der Landesarchivdirektion Baden-Württemberg herausgegebenen Kreisbeschreibung des Neckar-Odenwald-Kreises liegt ein umfassendes Beschreibungswerk unseres aus den alten Landkreisen Buchen und Mosbach entstandenen Kreisgebietes vor. Es ist der Landesarchivdirektion Baden-Württemberg und der Abteilung Landesbeschreibung des Generallandesarchivs Karlsruhe zu danken, daß sie sich jahrelang dieser großen Aufgabe gewidmet haben. Dem Kreistag ist zu danken, daß er sich mehrheitlich entschloß, den Druck der Kreisbeschreibung durch einen namhaften Zuschuß zu fördern.

Die Kreisbeschreibung wendet sich an alle Bürger des Neckar-Odenwald-Kreises. Sie bietet Einblick in die Ur- und Frühgeschichte, Besiedelung, Geographie und Geologie. Aufgezeigt werden die von der Kurpfalz und von Kurmainz ausgehenden geschichtlichen Einflüsse. Ebenso großen Raum nimmt die Darstellung der gegenwärtigen Situation im Neckar-Odenwald-Kreis ein.

Der Landkreis mit Kreistag und Kreisverwaltung bemüht sich seit Jahren, das Kreisbewußtsein zu stärken sowie das geistige und kulturelle Leben im Neckar-Odenwald-Kreis zu fördern. Historikertage und Arthur-Grimm-Preis für zeitgenössische Kunst aus unserem Kreis, Neckar-Odenwald-Tage und Schloßfestspiele in Zwingenberg, die Förderung der Volksmusikverbände und Sängerkreise, Volkshochschulen und Kulturdenkmale sind hier zu nennen.

Unser Kreis ist voll von kulturellen Werten der Vergangenheit und Gegenwart. Sie zu pflegen und weiter zu entwickeln ist unser aller Aufgabe. Die Kreisbeschreibung wird dazu einen wertvollen Beitrag leisten. Die Schulen und Lehrer sind dazu aufgerufen, dieses Werk zu nutzen, das darin zusammengetragene Wissen aufzuarbeiten und unserer Jugend in ansprechender und interessanter Weise zu übermitteln. Das Staatliche Schulamt in Mosbach hat deshalb die Idee einer Kreisbeschreibung von Anfang an nachdrücklich unterstützt.

Wir wünschen der Kreisbeschreibung eine weite Verbreitung. Möge sie vielen Bürgerinnen und Bürgern unseres Raumes Anregung und Freude bereiten. Kultur ist über die Alltäglichkeit hinausgehobene Lebensqualität. Kultur ist ein Stück Lebensfreude.

Dr. Gerhard Pfreundschuh
Landrat

DIE MITARBEITER UND IHRE BEITRÄGE

Andermann, Kurt, Dr. phil., Oberarchivrat, Generallandesarchiv Karlsruhe: Mitredaktion der historischen Abschnitte in den Teilen A, II und B; in Teil A, II: *Herrschaftsentwicklung, Formen der Herrschaft, Bevölkerung und Wirtschaft, Kriegsereignisse und revolutionäre Erhebungen;* in Teil B: *Geschichte der Gemeindeteile:* Adelsheim, Billigheim, Binau, Buchen (Odenwald) alle Stadtteile mit Ausnahme der Kernstadt Buchen, Elztal, Hardheim (Bretzingen, Dornberg, Erfeld, Vollmersdorf), Haßmersheim, Höpfingen, Hüffenhardt, Mudau, Neckarzimmern, Obrigheim, Osterburken (Hemsbach, Schlierstadt), Ravenstein, Rosenberg (Sindolsheim), Schefflenz, Seckach, Walldürn

Appenzeller, Markus, Kreisoberamtsrat, Landratsamt des Neckar-Odenwald-Kreises, Mosbach: in Teil A: *Schulwesen*

Assion, Peter, Dr. phil., Universitätsprofessor, Institut für Volkskunde der Universität Freiburg: in Teil A: *Volkskultur und Brauchtum*

Baur, Gerhard W., Dr. phil., Akademischer Direktor, Deutsches Seminar I der Universität Freiburg, Arbeitsbereich Badisches Wörterbuch: in Teil A: *Mundart*

Behrends, Rolf-Heiner, Dr. phil., Hauptkonservator, Landesdenkmalamt Baden-Württemberg, Außenstelle Karlsruhe (Bodendenkmalpflege): in Teil A: *Ur- und Frühgeschichte*

Bol, Arend, Kreisoberamtsrat, Landratsamt des Neckar-Odenwald-Kreises, Mosbach: in Teil A: *Fremdenverkehr* (mit E. Reinhard)

Braun, Sabine, M. A., Rundfunkjournalistin, Bad Friedrichshall: in Teil A: *Die Struktur der gewerblichen Wirtschaft, Handwerk und Industrie, Handel und Dienstleistungen*

Ehmer, Hermann, Dr. theol., Archivdirektor, Landeskirchliches Archiv Stuttgart: in Teil B: *Geschichte der Gemeindeteile:* Hardheim (Gerichtstetten, Hardheim, Rütschdorf), Osterburken (Bofsheim), Rosenberg (Bronnacker, Hirschlanden, Rosenberg)

Eitel, Bernhard, Dr. rer. nat., Akademischer Rat, Geographisches Institut der Universität Stuttgart: in Teil A: *Oberflächenformen;* in Teil B: *Naturraum und Landschaftsbild:* Aglasterhausen, Haßmersheim, Hüffenhardt, Neunkirchen, Schwarzach

Ernst, Albrecht, Archivassessor, Staatsarchiv Sigmaringen: in Teil B: *Geschichte der Stadtteile:* Mosbach (Kernstadt Mosbach)

Glas, Erich, Kreisoberamtsrat, Landratsamt des Neckar-Odenwald-Kreises, Mosbach: in Teil A: *Sozialwesen* (mit E. Reinhard)

Grimm, Hans, Ltd. Regierungslandwirtschaftsdirektor a. D., Adelsheim: in Teil A: *Landwirtschaft*

Grohe, Manfred, Fotografenmeister, Kirchentellinsfurt: Luftbildaufnahmen

Huth, Hans, Dr. phil., Oberkonservator a. D., Worms: in Teil A: *Kunstgeschichtliche Übersicht;* in Teil B: *Bemerkenswerte Bauwerke* in allen Gemeindebeschreibungen

John, Herwig, Dr. phil., Oberarchivrat, Generallandesarchiv Karlsruhe: in Teil A: *Beschreibung des Kreiswappens;* in Teil B: *Beschreibung der Gemeindewappen*

Keppler-Weber, Irene, Dipl.-Geographin, Mühlacker: in Teil B: *Naturraum und Landschaftsbild; Siedlungsbild; Die Gemeinde im 19. und 20. Jahrhundert:* Obrigheim
Kramer, Werner, Forstdirektor, Staatl. Forstamt Mosbach: in Teil A: *Wald und Forstwirtschaft*
Lenz, Rüdiger, Dr. phil., Stadtarchivar, Stadtverwaltung Eberbach: in Teil B: *Geschichte der Gemeindeteile:* Aglasterhausen, Neckargerach (Guttenbach), Neunkirchen, Schwarzach
Meszmer, Franz, Dipl.-Ingenieur, Mosbach: in Teil A: *Vegetation, Natur- und Landschaftsschutzgebiete*
Neser, Karl-Heinz, Realschulkonrektor, Neckargemünd und Obrigheim: in Teil A: *Politisches Leben; Presse*
Neumaier, Helmut, Dr. phil., Gymnasialrat, Osterburken: in Teil B: *Geschichte der Stadtteile:* Osterburken (Kernstadt Osterburken)
Peh, Christiane, Dipl.-Ingenieurin für Kartographie (FH), Eppelheim: Gestaltung der historischen Farbkarten, Mitarbeit bei der Gestaltung der Schwarzweiß-Karten
Pfreundschuh, Gerhard, Dr. jur., Landrat, Landratsamt des Neckar-Odenwald-Kreises, Mosbach: in Teil A: *Verfassung, Aufgaben und Verwaltung des Landkreises*
Reinhard, Eugen, Dr. phil., Honorarprofessor der Universität Karlsruhe, Regierungsdirektor, Generallandesarchiv Karlsruhe: Gesamtredaktion, Bild- und Kartenausstattung; Fotos; in Teil A: *Der Kreis im Landschafts- und Landesgefüge* (mit G. Schultz); *Geologie; Gewässernetz; Klima und Böden; Siedlung und Zentralität; Fremdenverkehr* (mit A. Bol); *Sozialwesen* (mit E. Glas); *Kirchen;* in Teil B: *Naturraum und Landschaftsbild; Siedlungsbild:* Adelsheim, Billigheim, Binau, Buchen (Odenwald), Elztal, Fahrenbach, Hardheim, Höpfingen, Limbach, Mosbach, Mudau, Neckargerach, Neckarzimmern, Osterburken, Ravenstein, Rosenberg, Waldbrunn, Walldürn, Zwingenberg; *Siedlungsbild:* Aglasterhausen, Haßmersheim, Hüffenhardt, Neunkirchen, Schwarzach
Rödel, Volker, Dr. phil., Oberarchivrat, Staatsarchiv Wertheim: in Teil B: *Geschichte der Gemeindeteile:* Hardheim (Schweinberg)
Rooks, Percy, Ltd. Regierungsdirektor, Abteilungsleiter im Sächsischen Staatsministerium des Inneren, Dresden: in Teil A: *Ver- und Entsorgung*
Roth, Annette, Wiss. Mitarbeiterin beim Fachinformationszentrum Karlsruhe: in Teil B: *Naturraum und Landschaftsbild; Siedlungsbild; Die Gemeinde im 19. und 20. Jahrhundert:* Schefflenz; *Die Gemeinde im 19. und 20. Jahrhundert:* Binau, Elztal
Schaab, Hildegard, Dr. phil., Wilhelmsfeld: in Teil B: *Geschichte der Gemeindeteile:* Fahrenbach (Fahrenbach, Robern), Limbach (Balsbach, Wagenschwend), Waldbrunn, Zwingenberg
Schaab, Meinrad, Dr. phil., Honorarprofessor der Universität Heidelberg, Ltd. Regierungsdirektor, Landesarchivdirektion Baden-Württemberg, Stuttgart: Gesamtleitung; in Teil A, II: *Besiedlung; Gemeinden, Zenten, Appellationsgerichte; Kirche und Schule; Juden; Verkehr;* in Teil B: *Geschichte der Gemeindeteile:* Fahrenbach (Trienz), Limbach (Heidersbach, Krumbach, Laudenberg, Limbach, Scheringen), Mosbach (Diedesheim, Lohrbach, Neckarelz, Reichenbuch), Neckargerach (Neckargerach)
Schallmayer, Egon, Dr. phil., Konservator, Landesdenkmalamt Baden-Württemberg, Außenstelle Karlsruhe (Bodendenkmalpflege): in Teil A: *Römerzeit.*
Schefcik, Gerd, Dipl.-Ingenieur für Kartographie (FH), Eppelheim: Gestaltung der Schwarzweiß-Karten

Scheible, Reinhard, Oberstudienrat, Adelsheim und Seckach-Zimmern: in Teil B: *Naturraum und Landschaftsbild; Siedlungsbild:* Seckach

Schultz, Friedhelm, Dr. phil., Karlsruhe: *Orts- und Personenregister*

Schultz, Gudrun, Dr. phil., Oberregierungsrätin, Generallandesarchiv Karlsruhe: Mitredaktion der historischen und gegenwartskundlichen Abschnitte über das 19. und 20. Jahrhundert; in Teil A: *Der Kreis im Landschafts- und Landesgefüge* (mit E. Reinhard); *Die Bezirksgliederung im 19. und 20. Jahrhundert; Bevölkerung im 19. und 20. Jahrhundert; Produzierendes Gewerbe bis zum Zweiten Weltkrieg; Verkehr;* in Teil B: *Die Gemeinde im 19. und 20. Jahrhundert:* Adelsheim, Aglasterhausen, Billigheim, Buchen (Odenwald), Fahrenbach, Hardheim, Haßmersheim, Höpfingen, Hüffenhardt, Limbach, Mosbach, Mudau, Neckargerach, Neckarzimmern, Neunkirchen

Trunk, Gerlinde, Dipl.-Archivarin, Buchen (Odenwald): in Teil A: *Kulturelles Leben*

Trunk, Rainer, Dipl. -Archivar, Stadtarchivar, Stadtverwaltung Buchen (Odenwald): in Teil B: *Geschichte der Stadtteile:* Buchen (Kernstadt Buchen)

Wagner, Christina, Dr. phil., Wiss. Mitarbeiterin am Stadtarchiv Darmstadt: in Teil B: *Die Gemeinde im 19. und 20. Jahrhundert:* Osterburken

Welte, Ulrike, M. A., Karlsruhe: in Teil B: *Die Gemeinde im 19. und 20. Jahrhundert:* Ravenstein, Rosenberg, Schwarzach, Waldbrunn

Zoche, Hartmut, Dr. phil., Waldkirch-Buchholz: in Teil B: *Die Gemeinde im 19. und 20. Jahrhundert:* Seckach, Walldürn

Zolg, Manfred, Dr. med., Ltd. Medizinaldirektor, Staatl. Gesundheitsamt Heilbronn: in Teil A: *Gesundheitswesen*

Mitarbeit bei der Auswertung der Ortsbereisungsakten im Generallandesarchiv Karlsruhe: Dipl.-Geographin Irene Keppler-Weber, Annette Roth, Julia Spothelfer, Dr. Christina Wagner, Ulrike Welte M. A., Marcella Wilhelmi, Dr. Hartmut Zoche.

INHALT DES BANDES I

A. Allgemeiner Teil

Kreiswappen *(H. John)* 3

Für den Landkreis zuständige Behörden *(G. Schultz)* 4

Der Kreis im Landschafts- und Landesgefüge *(E. Reinhard u. G. Schultz)* .. 4

I. NATÜRLICHE GRUNDLAGEN 9

   1. Geologischer Bau *(E. Reinhard)* 9
      Gesteinsfolge S. 10 – Mittlerer Buntsandstein S. 11 – Oberer Buntsandstein S. 12 – Unterer Muschelkalk S. 14 – Mittlerer Muschelkalk S. 15 – Oberer Muschelkalk S. 15 – Unterer Keuper S. 16 – Alttertiär S. 17 – Oberpliozän S. 18 – Quartär S. 18

   2. Oberflächengestalt *(B. Eitel)* 20
      Hochflächen als Relikte eines unterpliozänen Tieflands S. 20 – Hebung des Tieflands und antezedente Zertalung S. 21 – Zertalung des Tafellands S. 21 – Neckar und Main – Konkurrenz zweier Abflußsysteme S. 22 – Asymmetrische Einzugsgebiete ostwestorientierter Abflüsse S. 23 – Frostschuttbildung im Pleistozän S. 23 – Denudative Überformung im Pleistozän S. 23 – Aufbau von Deckschichten aus Löß S. 23 – Bodenerosion und Talverfüllung S. 24 – Plateauzerschneidung im Norden, Hügelland im im Süden S. 25

   3. Gewässernetz *(E. Reinhard)* 25

   4. Klima und Böden *(E. Reinhard)* 30

   5. Vegetation, Natur- und Landschaftsschutzgebiete *(F. Meszmer)* 34

II. GESCHICHTLICHE GRUNDLAGEN 41

   1. Ur- und Frühgeschichte *(R.-H. Behrends)* 41

   2. Römerzeit *(E. Schallmayer)* 45
      1. Jahrhundert S. 45 – 2. Jahrhundert S. 47 – 3. Jahrhundert S. 48 – Die Limeslinien S. 49 – Odenwaldlimes S. 50 – Vorderer Limes S. 52 – Truppenteile in beiden Limeslinien S. 56 – Verkehrswege S. 56 – Straßensystem S. 57 – Flußschiffahrt und Flößerei S. 57 – Die Besiedlung des Limeshinterlandes: Vorbevölkerung S. 58 –

Siedlungsformen und -schwerpunkte S. 58 – Villae rusticae S. 59 – Provinzialbevölkerung S. 60 – Das religiöse Leben und die Kunst: Religion S. 61 – Kunst S. 62

3. **Besiedlung** *(M. Schaab)* 63
Älteste Siedlungsschicht S. 63 – Frühmittelalterlicher Siedlungsausbau S. 65 – Hochmittelalterliche Rodung im Odenwald S. 66 – Weiterer Ausbau der Rodungsgebiete S. 68 – Höfe und mittelalterlicher Ausbau im Altsiedelland S. 69 – Burgen, Städte, Marktorte S. 70 – Wüstungen des Mittelalters S. 72 – Veränderungen des Siedlungsbestandes in der früheren Neuzeit S. 74 – Gemarkungen und Wälder S. 75

4. **Herrschaftsentwicklung** *(K. Andermann)* 77
Gaue, Grafschaften und alte Grundherrschaften S. 77 – Altfreier Adel, Kirchengut und Reichsgut S. 79 – Territorien S. 82 – Ministerialität, Niederadel, Ritterschaft S. 87 – Ende der alten Ordnung S. 90

5. **Formen der Herrschaft** *(K. Andermann)* 92
Grundherrschaft S. 92 – Ortsherrschaft S. 96 – Leibherrschaft und Leibeigenschaft S. 99 – Landesherrschaft und Landeshoheit S. 102

6. **Gemeinden, Zenten, Appellationsgerichte** *(M. Schaab)* 104
Gemeindebildung S. 105 – Gemeindeverfassung S. 106 – Gemeinde- und Gütergerichte S. 107 – Gemeindeorgane S. 109 – Gemeindesiegel S. 111 – Rathäuser S. 111 – Bürgerrecht und Gemeindegut S. 112 – Zentgliederung S. 113 – Zentverfassung S. 115 – Exemtionen, territoriale Anpassung, Auflösung der Zenten S. 117 – Oberhöfe und Appellation S. 118

7. **Kirche und Schule** *(M. Schaab)* 120
Mittelalterliche Diözesen und Dekanate S. 120 – Pfarrsprengel S. 121 – Patrozinien und Wallfahrten S. 124 – Klöster und Inkorporationen S. 125 – Reformation S. 127 – Gegenreformation S. 128 – Katholische Kirche in den Bistümern Mainz und Würzburg S. 129 – Katholiken in der Kurpfalz bis 1685 S. 130 – Rekatholisierung der Kurpfalz S. 131 – Reformierte Kirche S. 132 – Lutheraner S. 133 – Umgliederung der kirchlichen Zugehörigkeit 1803 – 1828 S. 133 – Schule im Mittelalter und in den geistlichen Herrschaften S. 134 – Protestantische Schulen S. 135 – Katholische Schulen in der Kurpfalz S. 135

8. **Bevölkerung und Wirtschaft** *(K. Andermann)* 136
Bevölkerungsentwicklung S. 136 – Sozialgruppen S. 139 – Juden *(M. Schaab)* S. 142 – Landwirtschaft S. 142 – Gewerbe und Handel S. 145 – Märkte S. 147 – Maß und Gewicht S. 148 – Geld S. 154

9. **Verkehr** *(M. Schaab)* 156
Verkehrslage S. 156 – Geleitstraßen S. 157 – Örtliche Verbindungen und Flußübergänge S. 159 – Post und Chausseen S. 160 – Flößerei und Schiffahrt S. 161

10. **Kriegsereignisse und revolutionäre Erhebungen** *(K. Andermann)* 163

11. **Die Bezirksgliederung im 19. und 20. Jahrhundert** *(G. Schultz)* 166
Übergang an Baden S. 166 – Eingliederung in den badischen Staat S. 167 – Weg zu einer einheitlichen Verwaltung S. 168 – Gemeinden S. 172 – Gerichtsverfassung S. 173

12. **Kunstgeschichtliche Übersicht** *(H. Huth)* 174

Inhalt des Bandes I   XIII

III. BEVÖLKERUNG UND SIEDLUNG 177

1. Bevölkerung im 19. und 20. Jahrhundert *(G. Schultz)* 177
Bevölkerung 1987 S. 177 – Bevölkerung zu Beginn des 19. Jahrhunderts S. 177 – Bevölkerungsentwicklung S. 181 – Altersaufbau S. 193 – Geschlechterproportion S. 195 – Ausländeranteil S. 195 – Konfessionsgliederung S. 197 – Sozioökonomische Gliederung S. 199

2. Volkskultur und Brauchtum *(P. Assion)* 202
Kulturraumfrage S. 202 – Volkskultur und Geschichte S. 204 – Tradition und Moderne S. 209

3. Mundart *(G. W. Baur)* 213
Ausgangslage, Forschungsstand S. 213 – Zuordnung zu Mundartarealen S. 216 – Mundartgrenzen und Mundarträume S. 217 – Mundartwandel S. 218 – Wortgeographisches S. 218 – Gemeinsame Sprachzüge S. 219 – Ursachen für den Verlauf der Grenzlinien S. 220

4. Siedlung und Zentralität *(E. Reinhard)* 221
Ländliche Siedlungen: Siedlungsentwicklung S. 221 – Siedlungslagen S. 223 – Siedlungsbestand S. 225 – Siedlungsgrößen S. 226 – Gebäude- und Wohnungsbestand S. 231 – Siedlungs- und Hausformen S. 234 – Funktionen der ländlichen Siedlungen S. 242 – Städtische Siedlungen: Entstehung und Aufgaben S. 244 – Grund- und Aufrißgestaltung S. 246 – Städtische Einzugsbereiche S. 248

IV. WIRTSCHAFT UND VERKEHR 252

1. Die Struktur der gewerblichen Wirtschaft *(S. Braun)* 252
Standortfaktoren bis 1945 S. 252 – Veränderte Standortfunktionen seit 1945 S. 253 – Arbeitsstätten S. 255 – Erwerbstätigkeit S. 255 – Arbeitslosigkeit S. 260 – Dauerarbeitslosigkeit S. 262 – Pendler S. 262 – Einzelne Branchen S. 262 – Bruttoinlandsprodukt S. 265 – Umsätze und Steuern S. 265 – Wirtschaftsstrukturpolitik S. 267 – Fördervolumen S. 267 – Regionaler Industriepark Osterburken S. 269 – Industriepark Mosbach S. 269 – Industrieansiedlung in Buchen S. 270 – Förderung von Technologie S. 271

2. Landwirtschaft *(H. Grimm)* 271
Bedeutung der Landwirtschaft S. 271 – Natürliche Grundlagen S. 274 – Flächennutzung S. 274 – Kulturarten S. 276 – Viehhaltung S. 278 – Agrarstruktur und Betriebsverhältnisse S. 283 – Besonderheiten der Landwirtschaft im Kreisgebiet S. 286

3. Wald und Forstwirtschaft *(W. Kramer)* 289
Natürliche Voraussetzungen, Waldanteil und Baumarten S. 289 – Geschichtliche Entwicklung unseres Waldes S. 290 – Heutige Bedeutung des Waldes S. 292 – Weitere Entwicklung der Waldwirtschaft S. 294

4. Produzierendes Gewerbe bis zum Zweiten Weltkrieg *(G. Schultz)* 294
Handwerk S. 294 – Industrie bis um die Mitte des 19. Jahrhunderts S. 296 – Standortfaktoren S. 297 – Strohflechterei S. 298 – Industrie in der zweiten Hälfte des 19. Jahrhunderts: Tabakindustrie S. 299 – Peitschenfabriken S. 299 – Walldürner Wallfahrtsindustrie S. 300 – Bijouterie-Industrie S. 300 – Kalk- und Zementwerke S. 300 – Gipswerke S. 300 – Ziegeleien S. 301 – Kachelofenfabrik S. 301 – Mühlen- und Maschinenbau S. 301

Produzierendes Gewerbe um die Jahrhundertwende: Branchen und Betriebsgrößenstruktur S. 301 – Industriestandorte S. 302
Industrie in der ersten Hälfte des 20. Jahrhunderts: Industrialisierung S. 303 – Branchenstruktur S. 303 – Räumliche Verteilung S. 304

5. **Handwerk und Industrie** *(S. Braun)* 305
Handwerk: Situation des Handwerks S. 305 – Betriebsstruktur S. 306 – Umsatz S. 307 – Baugewerbe S. 308 – Arbeitgeber und Arbeitnehmerorganisationen S. 310
Industrie: Übergang der Handwerks- zur Industrieproduktion S. 310 – Wirtschaftlicher Aufschwung nach 1945 S. 311 – Einzelne Industriezweige S. 311 – Beschäftigte S. 317 – Umsatz S. 317 – Investitionen S. 319 – Arbeitgeber- und Arbeitnehmerorganisationen S. 320

6. **Handel und Dienstleistungen** *(S. Braun)* 320

7. **Fremdenverkehr** *(A. Bol u. E. Reinhard)* 326

8. **Ver- und Entsorgung** *(P. Rooks)* 329
Einleitung S. 329 – Wasserversorgung S. 329 – Stromversorgung S. 331 – Stromerzeugung im Landkreis S. 332 – Gasversorgung S. 336 – Fernwärmeversorgung S. 341 – Abwasserreinigung S. 342 – Abfallentsorgung S. 345 – Luftreinhaltung S. 350

9. **Verkehr** *(G. Schultz)* 352
Verkehrslage S. 352 – Straßenverkehr S. 352 – Eisenbahn S. 354 – Omnibuslinien S. 358 – Schiffahrt S. 359 – Luftverkehr S. 360 – Post S. 360 – Fernmeldedienst S. 362

V. ÖFFENTLICHES UND KULTURELLES LEBEN 363

1. **Politisches Leben** *(K.-H. Neser)* 363
Revolution von 1848/49 S. 363 – Entstehung des politischen Katholizismus S. 363 – Erste Parteigründungen S. 364 – Wahlen im Kaiserreich S. 365 – Rätebewegung S. 366 – Weimarer Republik S. 367 – Zeit des Nationalsozialismus S. 367 – Nachkriegsentwicklung S. 368 – Wahlen S. 369

2. **Verfassung, Aufgaben und Verwaltung des Landkreises** *(G. Pfeundschuh)* 372
Geschichtliche Entwicklung: Genossenschaft und Herrschaft, die Wurzeln der Kreisverfassung S. 372 – Entstehung des Neckar-Odenwald-Kreises S. 373
Der Kreis als Selbstverwaltungskörperschaft: Rechtscharakter des Landkreises S. 374 – Kreistag S. 374 – Landrat S. 377 – Aufgaben des Landkreises S. 380
Der Kreis als untere staatliche Verwaltungsbehörde S. 382

3. **Sozialwesen** *(E. Glas u. E. Reinhard)* 384
Sozialhilfe S. 384 – Einrichtungen der Sozialversorgung S. 386

4. **Gesundheitswesen** *(M. Zolg)* 387
Ärztliche Versorgung der Bevölkerung S. 387 – Staatliche Gesundheitsämter und Gesundheitsfürsorge S. 389 – Hygienische Verhältnisse im Landkreis S. 393

5. **Schulwesen** *(M. Appenzeller)* 395
Schulverwaltung S. 395 – Schulpflicht S. 395 – Ausländische Schüler S. 395 – Grund- und Hauptschulen S. 395 – Weiterführende Schulen S. 397 – Sonderschulen

S. 398 – Landwirtschaftsschulen S. 399 – Berufsakademie Mosbach S. 399 – Berufliche Schulen S. 399 – Weitere Bildungseinrichtungen S. 402

6. **Kirchen** *(E. Reinhard)* 402
Römisch-katholische Kirche S. 402 – Ev. Landeskirche in Baden S. 409

7. **Kulturelles Leben** *(G. Trunk)* 413
Kulturelle Arbeit des Neckar-Odenwald- Kreises S. 413 – Volkshochschule und Erwachsenenbildung S. 414 – Wissenschaftliche und öffentliche Bibliotheken S. 414 – Archive S. 416 – Museen und Sammlungen S. 417 – Theater, Kunst- und Musikpflege S. 419 – Vereinsleben S. 421

8. **Presse** *(K.-H. Neser)* 424
Erste Zeitungsgründungen S. 425 – Entstehen von Richtungszeitungen S. 425 – Presse zwischen 1918 und 1945 S. 426 – Presse nach dem Zweiten Weltkrieg S. 428

B. Gemeindebeschreibungen

Adelsheim 433
Natur- und Kulturlandschaft S. 433 – Gemeinde im 19. und 20. Jahrhundert S. 447 – Geschichte der Stadtteile: Adelsheim S. 470 – Leibenstadt S. 480 – Sennfeld S. 482

Aglasterhausen 489
Natur- und Kulturlandschaft S. 489 – Gemeinde im 19. und 20. Jahrhundert S. 498 – Geschichte der Gemeindeteile: Aglasterhausen S. 514 – Breitenbronn S. 519 – Daudenzell S. 523 – Michelbach S. 526

Billigheim 532
Natur- und Kulturlandschaft S. 532 – Gemeinde im 19. und 20. Jahrhundert S. 547 – Geschichte der Gemeindeteile: Allfeld S. 566 – Billigheim S. 570 – Katzental S. 574 – Sulzbach S. 576 – Waldmühlbach S. 578

Binau 582
Natur- und Kulturlandschaft S. 582 – Gemeinde im 19. und 20. Jahrhundert S. 587 – Geschichte von Binau S. 598

Buchen (Odenwald) 602
Natur- und Kulturlandschaft S. 602 – Entwicklung im 19. und 20. Jahrhundert S. 632 – Geschichte der Stadtteile: Bödigheim S. 668 – Buchen S. 675 – Eberstadt S. 685 – Einbach S. 687 – Götzingen S. 689 – Hainstadt S. 691 – Hettigenbeuern S. 695 – Hettingen S. 697 – Hollerbach S. 701 – Oberneudorf S. 703 – Rinschheim S. 703 – Stürzenhardt S. 705 – Unterneudorf S. 706 – Waldhausen S. 707

Elztal 717
Natur- und Kulturlandschaft S. 717 – Gemeinde im 19. und 20. Jahrhundert S. 729 – Geschichte der Gemeindeteile: Auerbach S. 741 – Dallau S. 743 – Muckental S. 748 – Neckarburken S. 750 – Rittersbach S. 752

Fahrenbach 756
Natur- und Kulturlandschaft S. 756 – Gemeinde im 19. und 20. Jahrhundert S. 762 – Geschichte der Gemeindeteile: Fahrenbach S. 774 – Robern S. 777 – Trienz S. 780

Hardheim 783
    Natur- und Kulturlandschaft S. 783 – Gemeinde im 19. und 20. Jahrhundert S. 800 – Geschichte der Gemeindeteile: Bretzingen S. 830 – Dornberg S. 832 – Erfeld S. 833 – Gerichtstetten S. 835 – Hardheim S. 839 – Rütschdorf S. 847 – Schweinberg S. 848 – Vollmersdorf S. 854

Haßmersheim 858
    Natur- und Kulturlandschaft S. 858 – Gemeinde im 19. und 20. Jahrhundert S. 867 – Geschichte der Gemeindeteile: Haßmersheim S. 885 – Hochhausen S. 888 – Neckarmühlbach S. 891

Höpfingen 897
    Natur- und Kulturlandschaft S. 897 – Gemeinde im 19. und 20. Jahrhundert S. 903 – Geschichte der Gemeindeteile: Höpfingen S. 915 – Waldstetten S. 917

INHALT DES BANDES II

Hüffenhardt 1
    Natur- und Kulturlandschaft S. 1 – Gemeinde im 19. und 20. Jahrhundert S. 6 – Geschichte der Gemeindeteile: Hüffenhardt S. 18 – Kälbertshausen S. 20

Limbach 24
    Natur- und Kulturlandschaft S. 24 – Gemeinde im 19. und 20. Jahrhundert S. 39 – Geschichte der Gemeindeteile: Balsbach S. 57 – Heidersbach S. 59 – Krumbach S. 61 – Laudenberg S. 63 – Limbach S. 63 – Scheringen S. 66 – Wagenschwend S. 68

Mosbach 72
    Natur- und Kulturlandschaft S. 72 – Gemeinde im 19. und 20. Jahrhundert S. 100 – Geschichte der Stadtteile: Diedesheim S. 160 – Lohrbach S. 162 – Mosbach S. 168 – Neckarelz S. 194 – Nüstenbach S. 200 – Reichenbuch S. 202 – Sattelbach S. 203

Mudau 208
    Natur- und Kulturlandschaft S. 208 – Gemeinde im 19. und 20. Jahrhundert S. 224 – Geschichte der Gemeindeteile: Donebach S. 266 – Langenelz S. 268 – Mörschenhardt S. 269 – Mudau S. 270 – Reisenbach S. 273 – Rumpfen S. 274 – Scheidental S. 276 – Schloßau S. 278 – Steinbach S. 279

Neckargerach 285
    Natur- und Kulturlandschaft S. 285 – Gemeinde im 19. und 20. Jahrhundert S. 291 – Geschichte der Gemeindeteile: Guttenbach S. 305 – Neckargerach S. 310

Neckarzimmern 315
    Natur- und Kulturlandschaft S. 315 – Gemeinde im 19. und 20. Jahrhundert S. 320 – Geschichte der Gemeinde S. 331

Neunkirchen 337
    Natur- und Kulturlandschaft S. 337 – Gemeinde im 19. und 20. Jahrhundert S. 344 – Geschichte der Gemeindeteile: Neckarkatzenbach S. 356 – Neunkirchen S. 360

Obrigheim 368
    Natur- und Kulturlandschaft S. 368 – Gemeinde im 19. und 20. Jahrhundert S. 374 – Geschichte der Gemeindeteile: Asbach S. 389 – Mörtelstein – S. 392 – Obrigheim S. 393

Osterburken 401
    Natur- und Kulturlandschaft S. 401 – Gemeinde im 19. und 20. Jahrhundert S. 414 – Geschichte der Stadtteile: Bofsheim S. 436 – Hemsbach S. 438 – Osterburken S. 440 – Schlierstadt S. 450

Ravenstein 457
    Natur- und Kulturlandschaft S. 457 – Gemeinde im 19. und 20. Jahrhundert S. 470 – Geschichte der Stadtteile: Ballenberg S. 491 – Erlenbach S. 494 – Hüngheim S. 495 – Merchingen S. 497 – Oberwittstadt S. 500 – Unterwittstadt S. 503

Inhalt des Bandes II

Rosenberg 507
  Natur- und Kulturlandschaft S. 507 – Gemeinde im 19. und 20. Jahrhundert S. 518 –
  Geschichte der Gemeindeteile: Bronnacker S. 536 – Hirschlanden S. 537 – Rosenberg
  S. 539 – Sindolsheim S. 546

Schefflenz 552
  Natur- und Kulturlandschaft S. 552 – Gemeinde im 19. und 20. Jahrhundert S. 561 –
  Geschichte der Gemeindeteile: Kleineicholzheim S. 576 – Mittelschefflenz S. 579 –
  Oberschefflenz S. 584 – Unterschefflenz S. 586

Schwarzach 590
  Natur- und Kulturlandschaft S. 590 – Gemeinde im 19. und 20. Jahrhundert S. 597 –
  Geschichte der Gemeindeteile: Ober- und Unterschwarzach S. 612

Seckach 619
  Natur- und Kulturlandschaft S. 619 – Gemeinde im 19. und 20. Jahrhundert S. 628 –
  Geschichte der Gemeindeteile: Großeicholzheim S. 651 – Seckach S. 654 – Zimmern
  S. 657

Waldbrunn 662
  Natur- und Kulturlandschaft S. 662 – Gemeinde im 19. und 20. Jahrhundert S. 676 –
  Geschichte der Gemeindeteile: Mülben S. 699 – Oberdielbach S. 703 – Schollbrunn
  S. 705 – Strümpfelbrunn S. 706 – Waldkatzenbach S. 710 – Weisbach S. 711

Walldürn 715
  Natur- und Kulturlandschaft S. 715 – Gemeinde im 19. und 20. Jahrhundert S. 738 –
  Geschichte der Stadtteile: Altheim S. 773 – Gerolzahn S. 776 – Glashofen S. 778 –
  Gottersdorf S. 780 – Hornbach S. 781 – Kaltenbrunn S. 783 – Reinhardsachsen S. 784 –
  Rippberg S. 785 – Walldürn S. 788 – Wettersdorf S. 799

Zwingenberg 805
  Natur- und Kulturlandschaft S. 805 – Gemeinde im 19. und 20. Jahrhundert S. 809 –
  Geschichte der Gemeinde S. 823

Register 830

BEILAGEN IN DER KARTENTASCHE

1. Karten

1 Kreiskarte 1:50000 des Landesvermessungsamtes Baden-Württemberg
2 Gemeinden und Gemarkungen im Neckar-Odenwald-Kreis
3 Vorgeschichtliche Fundstätten I: Steinzeit
4 Vorgeschichtliche Fundstätten II: Grabhügel
5 Vorgeschichtliche Fundstätten III: Vorrömische Metallzeiten
6 Römische Besiedlung
7 Das römische Osterburken
8 Ortsnamentypen des Mittelalters
9 Die mittelalterliche Besiedlung im Neckar-Odenwald-Kreis nach den frühesten Quellen
10 Siedlung und Waldbesitz vom Hochmittelalter bis zum Ende des Alten Reiches
11 Pfarreien im Mittelalter (Neckar-Odenwald-Kreis)
12 Kirchen in der Frühneuzeit
13 Ortsherrschaft um 1600
14 Zenten in der Mitte des 16. Jahrhunderts
15 Geleitstraßen im 16. Jahrhundert
16 Historische Marktorte im Gebiet des Neckar-Odenwald-Kreises
17 Beschäftigte in nichtlandwirtschaftlichen Arbeitsstätten 1895 und 1987 nach den heutigen Gemeindegrenzen
18 Einpendlerüberschuß und Auspendlerüberschuß 1987
19 Anteil der Auspendler an den Beschäftigten 1987
20 Anteil der Einpendler an den Beschäftigten 1987
21 Siedlungs- und Flurformen vor den modernen Flurbereinigungen
22 Siedlungsgrößen 1939
23 Siedlungsgrößen 1970
24 Siedlungsgrößen 1987
25 Verwaltungsgliederung 30.7.1813
26 Die Verwaltungsgliederung 1905
27 Gliederung der katholischen Kirche im Jahr 1989
28 Gliederung der evangelischen Kirche im Jahr 1989
29 Mosbach. Siedlungsentwicklung der Kernstadt, Waldstadt und der Stadtteile Diedesheim und Neckarelz
30 Mosbach. Funktionale Gliederung der Kernstadt, Waldstadt und der Stadtteile Diedesheim und Neckarelz

2. Statistischer Anhang (Tabellen)

A 1,1 Gemeindefläche und Wohnungsbestand
A 1,2 Gemeindefinanzen 1975 und 1988
A 2 Bevölkerungsentwicklung 1808 bis 1987
A 3 Bevölkerung nach dem überwiegenden Lebensunterhalt 1895 und 1987
A 4 Landwirtschaft
A 5 Wahlergebnisse

3. Stammtafeln

Stammtafel der Pfalzgrafen bei Rhein und Kurfürsten von der Pfalz
Stammtafel der Pfalzgrafen von Mosbach
Stammtafel der Edelherren von Dürn
Stammtafel der Freiherren von Adelsheim
Stammtafel der Herren von Rosenberg
Stammtafel der Freiherren Rüdt von Collenberg und Bödigheim

4. Siglen und Literatur

ABBILDUNGSVERZEICHNIS

Band I

1 Neckarschleife bei Binau mit deutlich ausgebildetem Prall- und Gleithang
2 Neckartal bei Neckarzimmern im Muschelkalk
3 Morretal bei Hettigenbeuern im Hinteren Odenwald
4 Gabelbachtal unterhalb Ernsttal
5 Der Mittelberg bei Neckarkatzenbach. Ehemaliger Umlaufberg des Neckars
6 Der Katzenbuckel und Waldkatzenbach
7 Ehemaliger Steinbruch am Katzenbuckel
8 Steinbrüche im Unteren Muschelkalk bei Eberstadt
9 Baulandhochfläche bei Adelsheim
10 Mosbach mit dem unteren Elztal von Nordosten
11 Buchener Jagdgrenzkarte von 1593, Ausschnitt mit Kloster Seligental, Schlierstadt und Eberstadt (GLA Karlsruhe H/Buchen 1)
12 Ballenberg-Krautheimer Jagdgrenzkarte von 1594. Ausschnitt Stadtgebiet Ravenstein (GLA Karlsruhe H/e 9)
13 Kellereien Billigheim und Allfeld 1667. (GLA Karlsruhe 66/10513)
14 Burg und Schloß Bödigheim
15, 16 Judenfriedhof zu Bödigheim. Israelitische Grabsteine
17 Osterburken mit umgebenden Baulandhügeln und -hochflächen von Osten
18 Walldürn mit dem in den Hinteren Odenwald eingeschnittenen Marsbachtal von Südosten
19 Dreiseitgehöft in Waldmühlbach
20 Moderner Eindachhof in Leibenstadt
21 Gestelztes Fachwerkhaus in Allfeld, jetzt im Odenwälder Bauernhausmuseum Gottersdorf
22 Adelsheim von Süden. Zwischen den Tälern von Seckach und Kirnau der bebaute Eckenberg
23 Wehrturm an der südlichen Stadtmauer von Adelsheim
24 Das Untere Schloß in Adelsheim
25 Grabkapelle der Jakobskirche zu Adelsheim
26 Grabmal Martins d. J. von Adelsheim († 1537) in der Grabkapelle der Jakobskirche
27 Leibenstadt von Nordosten
28 Ortsmitte von Leibenstadt
29 Sennfeld von Osten
30 Sennfeld, ehemaliges Schul- und Rathaus
31 Aglasterhausen von Süden

Abbildungsverzeichnis XXI

32 Aglasterhausen, Ortskern
33 Aglasterhausen, kath. Pfarrkirche
34 Breitenbronn
35 Daudenzell, Rathaus mit benachbartem Fachwerkhaus
36 Daudenzell von Süden. Im Hintergrund Aglasterhausen
37 Michelbach von Süden
38 Michelbach, Ortsmitte
39 Billigheim von Südosten
40 Billigheim, kath. Pfarrkirche. Ehemalige Klosterkirche mit Erweiterungsbau
41 Billigheim, Türrelief am Eingang des Kirchenneubaus
42 Allfeld von Osten
43 Allfeld, kath. Pfarrkirche von der Seckach aus
44 Allfeld, Ortsmitte vom westlichen Seckachtalhang aus
45 Allfeld, ehemalige bäuerliche Anwesen (vertikal gegliederte Wohnstallhäuser) im Ortskern
46 Katzental von Nordosten
47 Katzental, Ortsmitte
48 Sulzbach von Südosten
49 Sulzbach, Ortszentrum mit dem ev. und kath. Gotteshaus
50 Waldmühlbach von Süden
51 Waldmühlbach, Turm der kath. Kirche
52 Neubinau (im Vordergrund) und Binau von Osten
53 Binau, Ortsmitte mit der ev. Kirche
54 Binau, Fachwerkhaus und Turm der ev. Kirche
55 Überreste der Burg Dauchstein
56 Bödigheim von Nordosten
57 Buchen, Altstadt von Osten
58 Altstadt von Buchen, Hauptstraße mit dem Stadttor
59 Buchen, Altes Rathaus
60 Buchener Madonna (Das Bild)
61 Eberstadt von Nordosten
62 Schloß Eberstadt
63 Eberstadter Tropfsteinhöhle
64 Einbach von Südosten
65 Götzingen von Süden
66 Hainstadt von Südosten
67 Schloß Hainstadt
68 Schloß Hainstadt, Allianzwappen Rüdt von Bödigheim und von Rabenstein (1573)
69 Hettigenbeuern von Osten
70 Götzenturm in Hettigenbeuern
71 Tabakscheuer in Hettigenbeuern
72 Hettingen von Südosten. Im Hintergrund Buchen
73 Hettingen, kath. Pfarrkirche
74 Hettingen, neue Schule
75 Hollerbach von Süden. Im Hintergrund Unterneudorf
76 Hollerbach, kath. Pfarrkirche und Pfarrhaus
77 Oberneudorf von Süden
78 Rinschheim von Süden
79 Stürzenhardt von Nordosten
80 Unterneudorf von Südwesten
81 Waldhausen von Südosten
82 Auerbach von Osten
83 Auerbach, Untere Gasse mit ev. Kirche
84 Dallau von Nordosten
85 Dallau, Ortsbild mit ev. Kirche

Abbildungsverzeichnis

86 Dallau, kath. Kirche
87 Muckental von Nordosten
88 Neckarburken von Osten
89 Neckarburken, Rathaus
90 Neckarburken, Überreste des römischen Militärbades
91 Rittersbach von Nordosten
92 Rittersbach, kath. Kirche
93 Fahrenbach von Nordosten
94 Fahrenbach, Bahnhofstraße. Im Hintergrund ev. Kirche
95 Robern, kath. Kirche
96 Robern von Osten
97 Trienz von Osten
98 Fahrenbach, klassizistische ev. Kirche
99 Trienz, kath. Kirche
100 Bretzingen von Südosten
101 Dornberg von Südosten
102 Dornberg, Ortszentrum mit Rat- und Schulhaus
103 Erfeld von Süden
104 Erfeld, barocke kath. Kirche
105 Gerichtstetten, alte bäuerliche Wirtschaftsbauten aus Muschelkalk-Bruchsteinmauerwerk, Fachwerk und Holz
106 Gerichtstetten von Süden
107, 108 Gerichtstetten, barocke Bildstöcke
109 Hardheim von Südwesten
110 Hardheim, Renaissancebau des Oberen Schlosses
111 Hardheim, Walldürner Straße mit Bergfried des Unteren Schlosses
112 Hardheim, einstige bischöflich-würzburgische Zehntscheuner
113 Schweinberg, Ortszentrum und westliches Neubaugebiet
114 Rütschdorf von Südwesten
115 Rütschdorf, Brunnenhof
116 Schweinberg von Osten
117 Schweinberg, Ruine des Bergfrieds
118 Vollmersdorf von Osten
119 Vollmersdorf, Kapelle im Ortszentrum
120 Haßmersheim von Südosten. Im Hintergrund rechts des Neckars der Weiler Steinbach, die Burg Hornberg und Neckarzimmern
121 Haßmersheim, Industriegebiet. Im Hintergrund Steinbruch im Muschelkalk
122 Hochhausen, Ortsbild mit Schloß
123 Hochhausen von Südosten. Im Hintergrund rechts des Neckars Neckarelz, links des Flusses Obrigheim
124 Neckarmühlbach und Burg Guttenberg von Norden
125 Höpfingen von Südwesten
126 Höpfingen Heimatmuseum (ehemaliges Rathaus)
127 Waldstetten, kath. Kirche
128 Waldstetten von Osten

Band II

129 Hüffenhardt von Südosten
130 Hüffenhardt, Ortsmitte mit Fachwerkrathaus
131 Kälbertshausen, straßendorfartige Siedlungszeile
132 Kälbertshausen von Osten
133 Balsbach von Süden

134 Heidersbach von Osten
135 Krumbach von Südosten
136 Laudenberg von Südosten
137 Laudenberg, Schule
138 Limbach, ehemaliges Taglöhnerhaus mit kleinem Stall- und Scheunenbau. Scheune zu Wohnzwecken umgebaut
139 Limbach von Nordosten
140, 141 Limbach, kath. Pfarrkirche
142 Scheringen von Südosten. Im Hintergrund Laudenberg
143 Wagenschwend von Nordosten
144 Neckarelz und Diedesheim von Südosten. Links des Neckars Obrigheim. Im Hintergrund die Winterhauchhochfläche mit dem Katzenbuckel
145, 146 Neckarbrücke mit Diedesheim
147 Lohrbach von Südosten
148 Lohrbach, kath. Kirche St. Peter und Paul
149 Lohrbach, ehemaliges Wasserschloß
150 Mosbach, Altstadt von Nordosten
151 Mosbach, Waldstadt von Süden. Im Hintergrund Lohrbach, Sattelbach und Fahrenbach
152 Mosbach, Rathaus
153 Mosbach, Palm'sches Haus am Marktplatz
154 Mosbach, Fachwerkhäuser am Marktplatz
155 Mosbach, Fachwerkhäuser an der Hauptstraße
156 Mosbach, Altstadt mit Julianenkirche und Rathaus vom Henschelberg aus
157 Nüstenbach von Südosten. Im Hintergrund die Winterhauchhochfläche mit dem Katzenbuckel
158 Neckarelz von Südosten. Im Vordergrund Industriegebiet. In der Bildmitte der Stadtteil mit der ev. Pfarrkirche und dem Tempelhaus. Im Hintergrund rechts des Neckars Diedesheim, links des Flusses Obrigheim
159 Neckarelz, Tempelhaus
160 Reichenbuch, Ortsmitte mit ev. Kirche
161 Reichenbuch von Südwesten
162 Sattelbach von Südosten
163 Donebach von Nordosten
164 Oberlangenelz von Nordosten
165 Unterlangenelz
166 Mudau, Hauptstraße mit dem alten Rathaus
167 Mörschenhardt von Nordosten
168 Sanatorium Schloß Waldleiningen
169 Mudau von Südosten
170 Mudau, Ortskern mit kath. Pfarrkirche in Hochflächenlage
171 Mudau, neue Schule
172 Reisenbach von Südosten. Im Hintergrund Funkturm
173 Rumpfen von Südosten
174 Oberscheidental von Nordosten
175 Unterscheidental von Südosten. Im Hintergrund Oberscheidental und Reisenbach
176 Oberscheidental, kath. Kirche
177 Schloßau, bäuerliche Anwesen und Turm der kath. Kirche
178 Steinbach, ev. Kirche
179 Schloßau von Nordosten
180 Steinbach von Südwesten
181 Guttenbach von Nordosten. Im Hintergrund Neckarbrücke und rechts des Flusses Neckargerach
182 Guttenbach, Ortszentrum mit Dorfplatz und kath. Kirche
183 Guttenbach, Mörtelsteiner Straße

184 Neckargerach von Südosten
185 Neckargerach, Blick von der Odenwaldstraße zur Minneburg
186 Neckargerach, ev. Kirche
187 Neckarzimmern mit der Neckarschleuse von Südosten. Im Hintergrund Neckarelz, Diedesheim und Obrigheim
188 Burg Hornberg und der Weiler Steinbach vom Neckar aus
189 Neckarzimmern, Ortsmitte an der Hauptstraße mit der ev. Kirche
190 Neckarzimmern, Unteres Schloß (Rathaus)
191 Neckarkatzenbach von Südosten
192, 193 Minneburg
194 Neunkirchen von Südosten
195 Neunkirchen, kath. Pfarrkirche
196 Neunkirchen, Ortsbild mit den Türmen der ev. und. kath. Pfarrkirchen
197 Asbach von Südosten. Im Hintergrund Daudenzell und Aglasterhausen
198 Asbach, ev. Kirche
199 Obrigheim, Ortsbild mit ev. Kirche
200 Mörtelstein von Nordosten
201 Obrigheim von Südosten. Im Hintergrund das Kernkraftwerk und jenseits des Neckars Binau (links) und Neubinau (rechts)
202 Obrigheim, Rathaus
203 Kernkraftwerk Obrigheim von der Gkg Binau aus
204 Bofsheim von Südosten
205 Bofsheim, ev. Kirche
206 Bofsheim, Fachwerkgehöft
207 Bofsheim, alte bäuerliche Wirtschaftsgebäude an der Kirchgasse
208 Hemsbach von Südosten
209 Hemsbach, St. Mauritiuskirche
210 Osterburken, Altstadt von Nordosten
211 Osterburken, kath. Stadtpfarrkirche
212 Osterburken, Barockkapelle
213, 214 Osterburken, Betonreliefs von Emil Wachter am Neubau der kath. Stadtpfarrkirche St. Kilian
215 Schlierstadt von Südosten
216 Ballenberg von Osten
217 Ballenberg, Spornlage der Altstadt von Westen
218 Ballenberg, Rathaus
219 Erlenbach von Südosten
220 Hüngheim von Südosten
221 Merchingen von Nordosten
222 Merchingen, Schloß und ev. Kirche
223 Merchingen, Allianzwappen von Berlichingen und von Gemmingen am Schloß (Hofseite)
224 Oberwittstadt von Nordosten
225 Oberwittstadt, Ortsbild mit der kath. Kirche
226 Oberwittstadt, Geschäftszentrum mit Ortsverwaltung
227 Unterwittstadt von Nordosten
228 Unterwittstadt, Ortsbild mit dem Rathaus
229 Bronnacker von Nordosten
230 Hirschlanden von Nordosten
231 Rosenberg von Südosten
232 Sindolsheim von Nordosten
233 Sindolsheim, Grünkerndarren
234 Sindolsheim, Ortskern mit der ehemals ritterschaftlichen ev. Kirche
235 Sindolsheim, Schloß
236 Kleineicholzheim von Südosten. Im Hintergrund Großeicholzheim

237 Mittelschefflenz von Südosten
238 Oberschefflenz von Süden
239 Unterschefflenz von Osten
240 Oberschwarzach von Südosten
241 Oberschwarzach, Hauptstraße mit dem Rathaus
242 Unterschwarzach, ev. Kirche
243 Unterschwarzach, kath. Kirche
244 Unterschwarzach und der Schwarzacherhof von Südosten
245 Großeicholzheim von Südosten
246 Seckach und das Jugenddorf Klinge von Südosten
247 Seckach, Ortskern, östliche und nördliche Neubaugebiete von Süden
248 Zimmern von Nordosten
249 Mülben von Nordosten. Im Hintergrund Strümpfelbrunn
250 Oberdielbach von Süden. Im Hintergrund Waldkatzenbach und der Katzenbuckel
251 Oberdielbach, Hauptstraße im unteren Ortsteil
252 Schollbrunn, Ortsmitte mit der ev. Kirche
253 Schollbrunn von Osten
254 Strümpfelbrunn von Süden
255 Mühle in Oberhöllgrund
256 Kurhaus Waldbrunn
257 Waldkatzenbach mit dem Katzenbuckel von Südosten. Im Vordergrund das Feriendorf Waldbrunn
258 Weisbach von Osten
259 Altheim von Süden
260 Altheim, Kronenstraße und kath. Pfarrkirche
261 Altheim, Gasthaus zur Krone
262 Gerolzahn von Nordosten. Im Hintergrund Rippberg
263 Glashofen, Ortszentrum mit Kirche
264 Glashofen von Süden
265 Gottersdorf von Südwesten
266 Großhornbach von Südwesten
267 Kaltenbrunn von Süden
268 Reinhardsachsen von Süden
269 Wettersdorf von Nordosten
270 Rippberg von Südosten
271 Walldürn, Stadtkern von Südosten
272 Walldürn, Wallfahrtskirche
273 Walldürn, Hauptstraße in der Altstadt mit dem alten Rathaus
274 Walldürn, Schloßplatz mit der Wallfahrtskirche
275 Walldürn, Schloß (Rathaus)
276 Walldürn, Schul- und Kulturzentrum am Theodor-Heuss-Ring
277 Zwingenberg mit Neckarschleife von Südosten
278 Schloß Zwingenberg von Südosten

BILDNACHWEIS

Generallandesarchiv Karlsruhe: 11, 12, 13
Fotografenmeister Manfred Grohe, Kirchentellinsfurt: 1, 5, 10, 14, 17, 18, 22, 27, 29, 31, 36, 37, 39, 42, 46, 48, 50, 52, 56, 57, 61, 64, 65, 66, 69, 72, 75, 77, 78, 79, 80, 81, 82, 84, 87, 88, 91, 93, 96, 97, 100, 101, 103, 106, 109, 114, 116, 118, 120, 123, 124, 125, 128, 132, 133, 134, 135, 136, 139, 142, 143, 144, 147, 150, 151, 157, 158, 161, 162, 163, 164, 167, 168, 169, 172, 173, 174, 175, 179, 180, 181, 184, 187, 191, 194, 197, 200, 201, 204, 208, 210, 215, 216, 219, 220, 221, 224, 227, 229, 230, 231, 232, 236, 237, 238, 239, 240, 244, 245, 246, 247, 248, 249, 250, 253, 254, 257, 258, 259, 262, 264, 265, 266, 267, 268, 269, 270, 271, 272, 277, 278
Prof. Dr. Eugen Reinhard, Karlsruhe: 2, 3, 4, 6, 7, 8, 9, 15, 16, 19, 20, 21, 23, 24, 28, 30, 32, 33, 34, 35, 38, 40, 41, 43, 44, 45, 47, 49, 51, 53, 54, 55, 58, 59, 60, 62, 67, 68, 70, 71, 73, 74, 76, 83, 85, 86, 89, 90, 92, 94, 95, 98, 99, 102, 104, 105, 107, 108, 110, 111, 112, 113, 115, 117, 119, 121, 122, 126, 127, 130, 131, 137, 138, 140, 141, 145, 146, 148, 149, 152, 153, 154, 155, 156, 159, 160, 165, 166, 170, 171, 176, 177, 178, 182, 183, 185, 186, 188, 189, 190, 192, 193, 195, 196, 198, 199, 202, 203, 205, 206, 207, 209, 211, 212, 213, 214, 217, 218, 222, 223, 225, 226, 228, 233, 234, 235, 241, 242, 243, 251, 252, 255, 256, 260, 261, 263, 273, 274, 275, 276
Stadtverwaltung Adelsheim: 25, 26
Stadtverwaltung Buchen (Odenwald): 63

A. ALLGEMEINER TEIL

Heraldische Beschreibung

Wappen: In gespaltenem Schild vorn von Silber (Weiß) und Blau schräggerautet, hinten in Rot ein sechsspeichiges silbernes (weißes) Rad.

Flagge: Weiß-Blau (Silber-Blau).

Das Wappen erinnert mit den Rauten der wittelsbachischen Pfalzgrafen bei Rhein und dem Mainzer Rad an die vom Mittelalter bis 1802 im Kreisgebiet vorwiegenden Territorialherrschaften Kurpfalz und Erzstift Mainz. Es wurde vom Kreistag nach einem Vorschlag des Generallandesarchivs Karlsruhe angenommen und vom Innenministerium am 5. November 1975 verliehen. Die Flaggenverleihung erfolgte durch das Regierungspräsidium Karlsruhe am 20. Februar 1990.

Für den Landkreis zuständige Behörden

Amtsgerichte in Adelsheim, Buchen im Odenwald und Mosbach; *Arbeitsamt* in Tauberbischofsheim mit Nebenstellen Buchen im Odenwald, Mosbach und Osterburken; *Arbeitsgericht:* Mannheim; *Bundeswehr:* Standortverwaltung Walldürn und Kreiswehrersatzamt Mannheim; *Eichamt:* Mannheim; *Finanzämter* in Mosbach und Walldürn; *Flurbereinigungsamt* in Buchen im Odenwald und Dienststelle in Mosbach; *Staatliche Forstämter:* Adelsheim, Buchen im Odenwald, Eberbach, Hardheim, Mosbach, Sinsheim, Schwarzach, Walldürn; *Staatliches Gesundheitsamt:* Mosbach mit Außenstelle in Buchen im Odenwald; *Gewerbeaufsichtsamt:* Mannheim; *Handwerkskammer:* Mannheim mit Kreishandwerkerschaft und Betriebsberatungsstelle in Mosbach; *Hauptzollamt:* Heidelberg und *Zollamt* Mosbach; *Staatliches Hochbauamt:* Heidelberg mit Außenstelle Mosbach; *Industrie- und Handelskammer Rhein- Neckar* in Mannheim mit Geschäftsstelle Mosbach; *Landgericht* in Mosbach; *Landratsamt des Neckar-Odenwald-Kreises* in Mosbach; *Landwirtschaftsämter* in Buchen im Odenwald und Mosbach; *Staatliches Liegenschaftsamt:* Heidelberg; *Naturschutzbeauftragte* in Adelsheim, Buchen-Hainstadt, Mosbach und Mudau-Schloßau; *Notariate* in Adelsheim, Aglasterhausen, Buchen im Odenwald, Mosbach, Walldürn; *Polizeidirektion* in Mosbach; *Staatliches Schulamt* in Mosbach; *Sozialgericht:* Mannheim; *Staatsanwaltschaft* in Mosbach; *Staatsarchiv:* Generallandesarchiv Karlsruhe; *Straßenbauamt:* Heidelberg, Außenstelle Buchen im Odenwald; *Tierzuchtamt:* Heidelberg; *Staatliches Vermessungsamt* in Mosbach und Außenstelle in Buchen im Odenwald; *Versorgungsamt:* Heidelberg; *Verwaltungsgericht:* Karlsruhe; *Staatliches Veterinäramt* in Buchen im Odenwald; *Wasserwirtschaftsamt:* Heidelberg mit Außenstelle Buchen im Odenwald.

Der Kreis im Landschafts- und Landesgefüge

Der im N unseres Bundeslandes liegende Neckar-Odenwald-Kreis mit heute 27 Gemeinden, unter ihnen die Große Kreisstadt Mosbach und die Städte Adelsheim, Buchen im Odenwald, Osterburken, Ravenstein und Walldürn, ist im Zuge der Kreis- und Verwaltungsreform aus den Altkreisen Buchen und Mosbach hervorgegangen. Der ehemalige Lkr. Buchen im N und O des heutigen Kreisgebietes hatte innerhalb des jetzigen Großkreises 67, der Lkr. Mosbach im S und SW 53 eigenständige Gemeinden, die sich zu insgesamt 27 Gemeinden zusammengeschlossen und vereinigt haben. Mit den Gemeindegebieten von Hardheim, Walldürn und Mudau grenzt der Neckar-Odenwald-Kreis, der zur Region Unterer Neckar gehört, an den bayerischen Lkr. Miltenberg, am Westrand des Gemeindegebiets von Mudau an den hessischen Odenwaldkreis. Im O, SO und S sind der zur Region Franken gehörende Main-Tauber-Kreis, der Hohenlohekreis und der Lkr. Heilbronn die baden-württembergischen Nachbarkreise. Im W grenzt der Neckar-Odenwald-Kreis an den Rhein-Neckar-Kreis, mit dem er eine gemeinsame Region im NW Baden-Württembergs bildet.

Naturräumlich gehört das Kreisgebiet in seiner Gesamtheit zum südwestdeutschen Schichtstufenland. Die natur- und kulturlandschaftlich wichtigste Scheidelinie innerhalb des Landkreises ist die Gesteinsgrenze von Buntsandstein und Muschelkalk. Diese den Landkreis etwa von SW nach NO durchziehende geologische Grenze trennt den Kleinen Odenwald und Kraichgau südlich sowie den Hinteren Odenwald und das Bauland nördlich des Neckars. Diese Grenzlinie zwischen Oberem Buntsandstein und

Der Kreis im Landschafts- und Landesgefüge

Unterem Muschelkalk trennt die weithin waldoffenen und schon altbesiedelten Kraichgau- und Baulandhügel und die erst hochmittelalterliches Rodungsland bildenden, sanft nach SO einfallenden Hochflächen des Hinteren Odenwalds, auf denen sich ausgedehnte, von Wald umschlossene Rodungsinseln ausbreiten. Ihre durch einen herrschaftlichen Landesausbau bestimmten Ansätze finden sich auf den Buntsandsteinhochflächen vor allem dort, wo über den Plattensandsteinen des Oberen Buntsandsteins tonige und mergelige Rötschichten oder gar zu Lößlehm umgewandelte Flugsande inselartig abgelagert wurden. Ihre ausgesprochenen Hochflächensiedlungen, die sich aufgrund einer klimatisch und landschaftlich günstigen Höhenlage zum Teil zu Fremdenverkehrsorten wandelten wie auf dem Winterhauch um den Katzenbuckel, zeigen größtenteils typische Grundrisse und Flurformen des jungen Rodungslandes, die durch ihre klösterlichen und weltlichen Grundherren bestimmt wurden. Lockere Streudörfer mit breitstreifigen Fluren, zeilenartige Siedlungen und Hofreihen mit Waldhufenfluren prägen im Odenwälder Berglandanteil über Jahrhunderte die vom Menschen gestaltete Kulturlandschaft. Siedlungsverdichtungen und Siedlungsausweitungen sind erst junge Landschaftsveränderungen im Zuge eines Funktionswandels der im Hochmittelalter entstandenen Siedlungen.

Ganz anders äußert sich das Landschaftsbild im Bauland. Die langgestreckten und teils auch hochflächigen Hügelzüge und -rücken im Mittleren und Oberen Muschelkalk sind siedlungsleer. Weite Felder überziehen sie; in ortsfernen Lagen nahe der Gemarkungsgrenzen stocken noch Wälder. Da und dort liegen auf diesen Baulandhöhen Einzelhofsiedlungen, häufig in Quellmulden und nur selten in freier Hochflächensituation, die auf einen erst späteren Landesausbau innerhalb des Altsiedellandes hinweisen. Die Großzahl der Siedlungen liegt aber als geschlossene, oft dicht bebaute und großflächige Haufendörfer in den zwischen die Hügel und Höhenrücken eingeschnittenen Tälern, in denen sich meist breite Talböden entwickelten, die vor allem im Verbreitungsgebiet des Hauptmuschelkalkes von steileren Talflanken mit in den bankigen Kalken des Oberen Muschelkalks deutlich ausgeprägten Talhangkanten begrenzt sind. Sich zwischen die Löß- und Lößlehmhügel duckende Dörfer, die in den Tälern ausgesprochene Schutzlagen einnehmen, sind auch für den Kraichgauanteil des südlichen Landkreises bezeichnend. Dort wie im Bauland weisen Bodenfunde nicht nur auf eine frühmittelalterliche Besiedlung hin, die bereits in der fränkischen Zeit im Zuge eines ersten frühen Landesausbaus eine beachtliche Verdichtung erfahren hat. Bodenfunde weisen über die Römerzeit hinaus in vorgeschichtliche Zeiten bis in die ferne Jungsteinzeit, als Ackerbauern und Viehzüchter erstmals die fruchtbaren Lößhügel wirtschaftlich nutzten und die Anfänge der vom Menschen geformten Kulturlandschaft gestalteten.

Ein besonderer Landschaftsraum ist das tief in den Buntsandsteinsockel des Hinteren Odenwalds eingegrabene Neckartal, das sich mit der erdgeschichtlich jungen Heraushebung des Berglandes bildete. Es ist durch seine landschaftliche Schönheit mit den mittelalterlichen Herrschaftssitzen von hoch über dem Fluß thronenden Burgen und Schlössern nicht nur eine bevorzugte touristische Region. Mit seinen weiten Flußschleifen südöstlich außerhalb des Gebirges mit ihrem Wechsel von übersteilten Prall- und flachen Gleithängen bietet es viele landschaftliche Reize auch im Hügellandanteil des Kreisgebietes. Das Neckartal ist auch eine bevorzugte Verkehrs- und Wirtschaftszone, in der sich die Verkehrswege auf dem Fluß, der Straße und Schiene bündeln. Vom Neckartal ausgehend folgt eine gewerblich und industriell vielfältig ausgestattete Zone im Elzmündungsraum in das breite untere Elztal hinein. Entlang der B 27 setzt sie sich dann nach N fort bis in die Wirtschafts- und Gewerbezentren des nördlichen Landkreises mit Buchen, Walldürn und Hardheim.

Der Kreis im Landschafts- und Landesgefüge 7

Der landschaftlich herausragende Punkt des Landkreises ist der Katzenbuckel, eine Vulkanruine des Alttertiärs, deren harte basaltische Schlotfüllung heute mit 626 m NN nicht nur den höchsten Punkt des Kreisgebiets, sondern des gesamten Odenwaldes ist. Nur wenige Kilometer südlich davon wird am Neckar an der Westgrenze der Gkg Zwingenberg der niedrigste Punkt des Landkreises mit 133 m NN erreicht.

Der Neckar-Odenwald-Kreis gehört nach der fortgeschriebenen Einwohnerzahl vom 1.1.1990 mit 135454 Einwohnern und einer Fläche von 1126.34 qkm zu den wenigen Kreisen des Landes Baden-Württemberg mit geringer Bevölkerungsdichte (120,3 E/qkm). Hier war auch die Bevölkerungszunahme seit der Volkszählung vom 6.6.1961 mit 19 Promille deutlich geringer als im RB Karlsruhe (21) und im Land (24). Auch im Altersaufbau der Bevölkerung gibt es Unterschiede insofern, als sowohl die jüngsten als auch die ältesten Jahrgänge hier stärker vertreten sind als im Landesmittel, während der Anteil der im Erwerbsleben stehenden Einwohner infolge langfristig vorherrschender Abwanderungstendenz auch heute noch etwas niedriger ist. Der Ausländeranteil an der Bevölkerung war 1987 im Neckar-Odenwald-Kreis nur etwa halb so groß wie im Land. Gut ⅓ der Ausländer waren 1987 Türken, ⅙ Jugoslawen. Konfessionell ist der Landkreis (vor allem im ehemaligen Lkr Buchen) mit mehr als 60 % der Einwohner katholisch geprägt.

Den überwiegenden Lebensunterhalt bestritten 1987 im Neckar-Odenwald-Kreis 41,2 % der Einwohner aus Erwerbstätigkeit. Das waren etwas weniger als im RB Karlsruhe und im Land. Dafür lag der Anteil der überwiegend vom Unterhalt durch Eltern, Ehegatten usw. Lebenden mit 36,4 % höher. Rente, Pension, Vermögen etc. ernährten 21,1 %, ähnlich wie im Regierungsbezirk und etwas mehr als im Land. Auf Arbeitslosenunterstützung angewiesen waren nur 1,3 % der Bevölkerung (RB Karlsruhe: 1,8 %, Land: 1,4 %), da auch der Anteil der Erwerbslosen an den Erwerbspersonen mit 4,3 % relativ niedrig war.

Bei den Erwerbstätigen lag der Anteil der in Land- und Forstwirtschaft Arbeitenden mit 3,9 % deutlich über dem des Regierungsbezirks und auch dem des Landes. Auch im Produzierenden Gewerbe arbeiteten hier mit 48,0 % prozentual mehr Menschen als in den übergeordneten Gebietseinheiten. Der Tertiäre Wirtschaftssektor mit Handel, Verkehr, Nachrichtenübermittlung (13 %) und mit dem öffentlichen und privaten Dienstleistungsbereich, den sogenannten Übrigen Wirtschaftsbereichen (35,1 %), ist dagegen unterdurchschnittlich besetzt. Damit in Zusammenhang zu sehen ist wohl der, gemessen am Schulabschluß, im Mittel niedrigere Bildungsstand der Kreisbewohner.

Noch immer gibt der Neckar-Odenwald-Kreis Arbeitskräfte an sein Umland ab, hauptsächlich weil das Arbeitsplatzangebot im Kreisgebiet nicht ausreicht, aber auch, weil das Wohnen in den landschaftlich schönen Orten mit preiswerten Bauplätzen attraktiv ist. Den 58925 im Landkreis wohnenden standen nur 51933 hier arbeitende Erwerbstätige gegenüber. Über die Kreisgrenze pendelten 10358 Personen aus, von außerhalb der Kreisgrenze kamen 3959 Personen zur Arbeit. Auch innerhalb des Landkreises werden Arbeitskräfte ausgetauscht. 46 % der hier wohnenden und 40 % der hier arbeitenden Erwerbstätigen überschreiten beim Weg zur Arbeit eine Gemeindegrenze.

Wirtschaftlich liegt der Neckar-Odenwald-Kreis, gemessen am Bruttoinlandsprodukt je Einwohner, an vorletzter Stelle der Kreise im Land. Die Wirtschaftsstruktur ist vom mittelständischen Gewerbe bestimmt. Das Verarbeitende Gewerbe, das 1982 rund die Hälfte des Bruttoinlandproduktes erwirtschaftete, stellte 1987 nach einem Rückgang gegenüber 1970 noch 18,2 % der Arbeitsstätten und 37,1 % der Beschäftigten. Stärkste Branche ist der Stahl-, Maschinen- und Fahrzeugbau, mit Abstand gefolgt von der Elektrotechnik/Feinmechanik. Die meisten, aber überwiegend kleinen Betriebe allerdings hat noch immer das Ernährungsgewerbe. Das gesamte Produzierende Gewerbe war 1984 mit mehr als der Hälfte am Umsatz im Landkreis beteiligt. Zum Handel zählten 1987 zwar 24,8 % der Arbeitsstätten, aber nur 11,5 % der Beschäftigten, was immerhin eine Steigerung seit 1970 bedeutet. Gegenüber früher aufgeholt hat aber vor allem das Dienstleistungsgewerbe, dem 1987 27,1 % der Arbeitsstätten und 11,6 % der Beschäftigten angehörten. Es ist jedoch wie der Handel, der sich überwiegend aus Einzelhandelsbetrieben zusammensetzt, mit durchschnittlich 4 Beschäftigten/Betrieb extrem kleinbetrieblich organisiert, während im Verarbeitenden Gewerbe im Mittel 18 Personen in einem Betrieb arbeiten. Innerhalb des Dienstleistungsgewerbes ist der Fremdenverkehr nur in einigen Gemeinden des Odenwaldes von Bedeutung. Sonst konzentriert sich die Wirtschaftskraft weitgehend auf die Städte Mosbach und Buchen im Odenwald.

An den Fernverkehr ist der Neckar-Odenwald-Kreis nur mäßig gut angebunden. Die Verkehrssituation innerhalb des Kreisgebiets hat sich aber durch umfangreiche Straßenbaumaßnahmen, insbesondere im Elzmündungsraum, in den letzten Jahren verbessert.

I. NATÜRLICHE GRUNDLAGEN

1. Geologischer Bau

Der Neckar-Odenwald-Kreis hat ganz überwiegend Anteil an zwei unterschiedlichen Naturlandschaften: Am *Sandstein-Odenwald* im W und N, der sich in den Hinteren Odenwald nordöstlich und in den Kleinen Odenwald südwestlich des Neckars gliedert, sowie am *Bauland* im östlichen und südöstlichen Kreisbereich. Südwestlich des Neckars setzt sich das Bauland im *Nordostkraichgau* fort. Beides sind Muschelkalk- und Keuperhügelländer, die im geologischen Bau und Oberflächenbild viele Gemeinsamkeiten aufweisen. Auf der Winterhauch-Hochfläche nördlich des Neckars sitzt dem Buntsandsteingebirge mit der Vulkanruine des *Katzenbuckels* eine weithin sichtbare Landmarke auf, die als höchste Erhebung des Odenwalds ihre Entstehung einem tertiären Vulkanismus verdankt, der nur im Zusammenhang mit der Rheingrabentektonik, mit dem Einbruch des Oberrheingrabens seit dem Eozän und Oligozän und der gleichzeitigen Heraushebung seiner Randgebirge zu verstehen ist.

Die *geologische und landschaftliche Grenze* zwischen Kleinem Odenwald und Kraichgau sowie zwischen Hinterem Odenwald und Bauland folgt der Grenzlinie von Oberem Buntsandstein und Wellengebirge, die südwestlich des Neckars fast in westöstlicher Richtung von Aglasterhausen über Unter- und Oberschwarzach nach Neunkirchen, Neckarkatzenbach und Guttenbach verläuft. Östlich des gegen das Schichtenfallen in das Odenwaldgebirge eintretenden Neckars zieht sie zunächst in der gleichen Richtung von Neckargerach nach Lohrbach weiter, schwenkt gegen Neckarburken südwärts um und folgt dann bis Rittersbach dem Elztal in nordöstlicher Richtung. Über Heidersbach, Bödigheim, Buchen, Walldürn verläuft sie weiter nach Hardheim. Diese das Alt- und Jungsiedelland trennende geologische Grenzlinie fällt nordöstlich des Neckartals mit der Odenwaldflexur zusammen, an der in der Zone eines stärkeren Südosteinfallens der Gesteinsschichten die Röttone und Rötmergel des Oberen Buntsandsteins unter die Wellendolomite und Wellenkalke des Unteren Muschelkalks untertauchen.

Das Altsiedelland von Kraichgau- und Baulandhügeln einerseits sowie das jungbesiedelte Waldland des Kleinen und des Hinteren Odenwalds andererseits sind von der Naturausstattung und der kulturlandschaftlichen Ausprägung unterschiedliche Räume. Die seit Jahrtausenden durch menschliches Siedeln und agrarisches Wirtschaften weitgehend anthropogen überformten Hügelrücken und Hügelzüge von Bauland und Nordostkraichgau mit verhältnismäßig geringen Waldflächen stehen ausgedehnten Wäldern auf den sanft nach SO geneigten Odenwaldhochflächen gegenüber, in die im Zuge eines ganz überwiegend erst hochmittelalterlichen Landesausbaus Rodungsinseln mit Siedlungen eingelagert wurden. Diese vor allem im Verbreitungsbereich von stark verlehmten älteren Lössen seit rd. 8 Jahrhunderten ackerbaulich genutzten Hochflächen werden durch steil eingeschnittene Waldtäler gegliedert und bilden mit dem Vorherrschen von sanften, nur flach geneigten und ebenen Reliefelementen einen deutlichen Gegensatz zu den bewegten und vielgestaltigeren Hügeln im geologisch jüngeren Schichtstufenland.

Der Neckar-Odenwald-Kreis mit dem sanften Südosteinfallen der Schichten vom Oberen Buntsandstein über die harten und schichtstufenbildenden Kalke des Unteren und Oberen Muschelkalks bis zu den Tonen und Sandsteinen des Unteren Keupers in der tektonisch bedingten Baulandmulde, deren Achse von Neudenau über Adelsheim, Osterburken und den Ahornwald weiter nach NO verläuft, ist in natur- und kulturgeographischer Hinsicht ein *Übergangsland*. Das zeigt sich vor allem in der Löß- und Lößlehmbedeckung des Kraichgaus, Baulands und der Hochflächen im Kleinen und Hinteren Odenwald. Das läßt sich ferner im Hineintragen von kulturlandschaftlichen Elementen des altbesiedelten Baulands in das jungbesiedelte Rodungsland der Odenwaldabdachung erkennen mit unregelmäßigen dörflichen Siedlungsformen und gewannflurartigen Feldmustern, etwa im Bereich der Lohrbacher Platten, die als tektonisch abgesenkte Schollen im Landschaftsbau eine Treppenstufe zwischen den Muschelkalkhügeln des Baulands und der Winterhauch-Hochfläche des Hinteren Odenwalds darstellen. Aber auch in dem durch die Wechsellagerung von härteren und weicheren Muschelkalkformationen gebauten Schichtstufen- und Hügelland des Baulands finden sich – bedingt durch die gesteinsmäßig sich rasch wandelnde Bodenausstattung und eine im Vergleich zum Kraichgau und Neckarbecken im S sowie dem Ochsenfurter Gäu in Mainfranken nur lückenhafte und zuweilen geringmächtige Flugsanddecke – viele für ein typisches Altsiedelland fremde kulturlandschaftliche Elemente. So sind die nur inselartig mit Löß und dessen Verwitterungsprodukt Lößlehm bedeckten und häufig wasserarmen Muschelkalkhöhen samt den sie durch fluviatile Erosion zerschneidenden und zergliedernden Tälern erst in späteren vorgeschichtlichen Perioden besiedelt worden. Die alemannische Landnahme und die fränkische Besiedlung war im Vergleich zu benachbarten Altsiedelräumen dünn, und typische Elemente des hoch- und spätmittelalterlichen Landesausbaus mit Einzelhöfen und kleinen Hofgruppen, die urkundlich erst spät auftreten, durchsetzen dieses Altsiedelgebiet.

Gesteinsfolge. – Die Rheingrabentektonik mit der Einsenkung des zentralen Grabenbereichs und der Heraushebung der oberrheinischen Randgebirge bedingte im Kreisgebiet ein Schichtenfallen von NW nach SO. Der heutige Gebirgskörper des Odenwalds mit seinem freigelegten Grundgebirgsstockwerk in Grabennähe im westlichen Kristallinen Odenwald, mit den mächtigen Deckgebirgsschichten des Unteren (40–70 m) und Mittleren Buntsandsteins (300–400 m) im Zentralen Sandstein-Odenwald, der durch mehrere größere, rheinisch streichende Verwerfungen gestört ist, und den sanft zum Bauland abdachenden hochflächig lagernden Schichten des Oberen Buntsandsteins (60–130 m) im Kleinen und Hinteren Odenwald erhielt seine Gestalt durch eine vorpliozäne Aufwölbung um rd. 200 m, als deren Folge teilweise noch heute erkennbare Rumpfflächen erhalten sind. Im Oberpliozän und Altpleistozän erfolgte eine erneute schildartige Heraushebung, durch die eine tiefreichende erosive Zerschneidung der unterpliozänen Rumpfflächen einsetzte und der Neckar sein antezedentes Tal unter Ausbildung zahlreicher Flußschlingen in den Buntsandstein einkerbte. Die geologisch ältesten an der Oberfläche anstehenden Triasgesteine finden sich innerhalb des Kreisgebiets so in den tief eingeschnittenen Tälern des Neckars und der im N dem Main zustrebenden Wasserläufe von Erfa, Morre und Mud, die mit ihren Seitentälern die zum Bauland abdachenden Hochflächen des Hinteren Odenwalds zerschnitten und zergliedert haben. Die erdgeschichtlich jüngsten Triasformationen, die im östlichen Kreisgebiet reliefprägend hervortreten, sind in der tektonisch eingetieften Baulandmulde Lettenkeupertone und -mergel sowie Lettenkeupersandsteine, die aufgrund ihrer Widerständigkeit in tektonisch tiefer Lage im Zuge einer Reliefumkehr die Landschaft östlich Adelsheim und Osterburken sowie im Bereich des oberen Erfatals prägen. Dazwischen steht im Bauländer Kreisanteil die gesamte Schichtenfolge des Muschel-

1. Geologischer Bau

kalks mit harten und bankigen Felsbildungen im Wellengebirge und Hauptmuschelkalk sowie mit der weicheren Anhydritgruppe des Mittleren Muschelkalks an der hügeligen Oberfläche an oder ist in Taleinschnitten bloßgelegt.

Die ältesten im Kreisgebiet zu beobachtenden Gesteine gehören dem Mittleren Buntsandstein ⟨sm⟩ an, der eine Gesamtmächtigkeit von rd. 300 m erreicht, von der im Buchener und Hardheimer Gebiet allerdings nur die oberen 200 m an den Talflanken der am tiefsten eingeschnittenen Wasserläufe aufgeschlossen sind, soweit sie nicht durch einen Schuttmantel an den unteren Hangpartien verhüllt werden. Nordwestlich von Hettigenbeuern findet sich an einem Prallhang unterhalb der Morretalstraße nach Amorbach so als tiefste aufgeschlossene Buntsandsteinschicht der *Pseudomorphosensandstein* ⟨*sm1*⟩, ein rotes, recht festes, dickbankiges und feinkörniges Gestein mit braunen und schwarzen Flecken. Im Hardheimer Bereich am Nordrand des Landkreises erreicht diese sonst nirgends aufgeschlossene Schicht eine Mächtigkeit bis zu 120 und 130 m.

Das im nördlichen Kreisgebiet bis zu 150 und 160 m mächtige Schichtpaket des *Grobkörnigen Hauptbuntsandsteins* ⟨*sm2*⟩ steht an den Flanken der tief eingeschnittenen Täler von Mud, Morre und Erfa sowie an den Hängen ihrer ebenfalls stark eingekerbten Nebentäler an. Dieses heller rot leuchtende, eine Kreuz- oder Diagonalschichtung mit hellen Streifen, Tongallen und glimmerreichen Tonzwischenlagen aufweisende Gestein zerfällt leichter und ist mürber als die Pseudomorphosensandsteine. Seine leichte Verwitterbarkeit bedingt große Schuttfüße an den unteren Talhängen von Mud und Morre. Aber auch Steilhänge wie am Schächerstein im Erftal südlich der Breitenau sind für diese Buntsandsteinformation typisch, wo horizontal gelagerte Bänke des Grobkörnigen Hauptbuntsandsteins nahezu senkrechte Wände bilden.

Die oberste Formation des Mittleren Buntsandsteins besteht aus der stark verkieselten Schichtenserie des *Quarzitischen Hauptbuntsandsteins* ⟨*sm3*⟩, die im Buchener Odenwald zwar nur die geringe Mächtigkeit von 15 bis 20 m und im Hardheimer Odenwald von 18 bis 24 m erreicht, die aber durch ihre Festigkeit überall scharfe Geländekanten, oft weithin sichtbare Gesteinskanzeln und Gesimse, herausragende Felsgruppen und Sporne bildet. Dort, wo der Quarzitische Hauptbuntsandstein an Taleinschnitten ausstreicht, stellt er trotz seiner bescheidenen Mächtigkeit einen landschaftsprägenden, geomorphologisch relevanten Leithorizont dar, der im Erftal ober- und unterhalb der Breitenau, im Morretal, am Burgbuckel südlich von Hettigenbeuern, im Eiderbachtal zwischen Großhornbach und Rippberg, am Hainberg südlich von Laudenberg sowie am Gegenhang »Helden« im Bereich der Elzbacheinschneidung oder auch an den Felskanten bei der Einmündung des Muckentaler Bachs in die Trienz sowie im oberen Trienzbachabschnitt südlich von Balsbach zu erkennen ist. Seine felsigen Bänke, Kanten und Sporne fallen nicht zuletzt durch die zahlreichen Kristallflächen seines quarzitischen Bindemittels mit stellenweise voll ausgebildeten Quarzkristallen auf, die ein lebhaftes Glitzern im Sonnenlicht hervorrufen. Charakteristisch ist ferner seine Geröllführung mit kleinen bis haselnußgroßen Quarzgeröllen von weißlicher Farbe. Bezeichnend sind ferner für den Quarzitischen Hauptbuntsandstein Block- und Felsenmeere mit großen kantigen Felsblöcken an den unter ihm liegenden Hängen.

Gesteine des Mittleren Buntsandsteins prägen auch ganz entscheidend das im SW des Landkreises tief in den Gebirgskörper des Odenwalds eingeschnittene Neckartal. Gegenüber der im N bei Schollbrunn und Oberdielbach in rd. 450–500 m ü. NN sich ausbreitenden Siedlungshochfläche des Winterhauchs ist das Flußtal bei Neckargerach und Zwingenberg in ca. 130 m ü. NN um etwa 320–370 m eingetieft. Unmittelbar nach der weit nach SO ausgreifenden Flußschlinge um den Binauer Umlaufsporn treten am unteren Hang der linksseitigen Neckarhelden sowie am gegenüberliegenden Hang des

Neckarbergs und am Prallhang östlich Guttenbach (Giekelberg) der *Hauptbuntsandstein* ⟨sm⟩ und sein *Oberer Konglomerathorizont* ⟨c⟩ mit felsigen Talwänden landschaftsgestaltend hervor. Die äußerst harte, der Verwitterung und Erosion trotzende Bank des Oberen Konglomerats bildet dabei deutliche Talkanten, so am Giekelberg mit der vom Flursbach durchflossenen Marienschlucht, im unteren Seebachtal bei Neckargerach oder in der Wolfsschlucht bei Zwingenberg.

Über weite Strecken landschaftsprägend wirken im Kleinen und Hinteren Odenwald östlich der Itter-Mud-Mulde die Formationen des Oberen Buntsandsteins ⟨so⟩, die nicht nur die ausgedehnten Hochflächen, sondern auch die Talhänge der meisten in sie eingesägten Wasserläufe aufbauen.

Als unterste Formation ist der 4–6 m dicke *Dolomithorizont* festzustellen, der vom Nordschwarzwald durch den Odenwald bis zum Main zu verfolgen ist. Über dem Sockel aus festem Quarzitischen Hauptbuntsandstein (s. o.) bewirken diese mürben und feinkörnigen Sandsteine in dunkelroter bis dunkelvioletter Färbung, die sehr leicht in einen dunklen Sandgrus zerfallen und auch ohne eingelagerte Karneole recht brüchig sind, deutliche Verflachungen an Hängen und Böschungen. Von Gehängeschuttmassen wird dieser leicht zerfallende, nur dünne Horizont zerdrückt und überrollt und kann daher vielfach im Gelände nicht beobachtet werden. In den liegenden Schichten des unteren Steinbruchs bei der Hainstadter Mühle im Morretal nordwestlich von Buchen war er über ca. 3 m vorübergehend aufgeschlossen, ebenso an einigen Wegeinschnitten am rechtsseitigen Hang des Erftals östlich der Wohlfahrtsmühle sowie am Kappelberg, dem linken Erftalhang an der Straße nach Dornberg. Am südexponierten Prallhang des Neckartals verzeichnet die Geologische Spezialkarte Mosbach unterhalb der Burgruine Dauchstein und in einem Steinbruch weiter östlich am Limberg weitere Aufschlüsse dieser für die Buntsandsteinstratigraphie so wichtigen Schicht.

Der im nördlichen Kreisgebiet 50–60 m mächtige, feinkörnige und glimmerführende rote *Plattensandstein* ⟨so1⟩ mit bis zu 3 m dicken Bänken, Zwischenlagen aus lockeren Sandsteinen oder sandigen Schiefertonen im unteren und oberen Bereich sowie dünneren Bänken im mittleren Abschnitt, die in einen plattigen Gesteinsschutt zerfallen und für diese Formation daher namengebend wurden, bildet den wichtigsten Gesteinshorizont im Hinteren Odenwald. Aus ihm bestehen die Sockel der Hochflächen, in ihn sind die Wasserläufe überwiegend eingeschnitten. Im Hardheimer Odenwald läßt sich der Plattensandstein mit gleichmäßig feinkörnigem, aber in der Härte wechselndem Material in den 30 m mächtigen *Unteren Plattensandstein*, auch *Bausandstein* genannt, in eine 10–12 m dicke *Schiefertonserie* und in den ca. 15 m umfassenden *Oberen Plattensandstein* gliedern. Im Plattensandstein wurde vor allem in früheren Zeiten vorzügliches Baumaterial gewonnen. Bis zum 2. Weltkrieg wurden daher im gesamten Bereich der östlichen Odenwaldabdachung zahlreiche Steinbrüche betrieben, die auch noch heute nach ihrer Stillegung Einblicke in diese mächtige und für den Landschaftsbau bedeutsame Schichtenfolge des Oberen Buntsandsteins gewähren. Sie finden sich in den größeren die Odenwaldabdachung zergliedernden Fluß- und Bachtälern, aber auch in kleinen Seitentälchen, die sich alle erst als Folge junger Gebirgshebungen in den Plattensandstein eingeschnitten haben. Die geringe Fruchtbarkeit seiner sandigen Böden, die eine landwirtschaftliche Nutzung weitgehend ausschließt, ließ ausgedehnte Waldhänge entstehen. Die geschlossene Bewaldung in den Talflankenbereichen des Hinteren Odenwalds wird häufig nur von den schmalen Wiesenbändern auf den Talsohlen unterbrochen und steht in einem deutlichen Gegensatz zu den ausgedehnten Rodungen auf den Hochflächen. Felsige und steilwandige Ausbildungen des Plattensandsteins treten an Prallhängen in Bach- und Flußschleifen hervor, am augenfälligsten ganz sicher am unteren Prallhang in der Binauer Neckarschleife am Eintritt des Flusses in den Odenwald. Plattensandsteine bauen auch den Mittelberg, einen einstigen Umlaufberg des Neckars westlich von Guttenbach sowie die ehemaligen Talhänge der in den Kleinen Odenwald westwärts vorstoßenden, 40–70 m über dem heutigen Flußniveau liegenden altquartären Neckarschleife auf.

Als oberste Partie des Plattensandsteins läßt sich ein bis zu 2 m dicker *Oberer Dolomithorizont* ausmachen, der im Hardheimer Gebiet allerdings nicht zu finden ist. Er besteht aus meist weichen, selten verkieselten dunkelvioletten und roten Sandsteinen mit Dolomitknollen und stellenweise dolomitischem Bindemittel. Zwischen dem Plattensandstein 〈so1〉 und den Röttonen 〈so2〉 lagert die dünne Bank der *Chirotherienschichten*, die im SW des Landkreises eine geringe Mächtigkeit von 1 bis ca. 6 m erreichen und im N und NO durch die Zwischenschaltung von Ton- und Sandsteinlagen auf 10 und 12 m Dicke anschwellen. Für die Oberflächengestaltung bedeutsam sind vor allem die besonders widerständigen verquarzten Sandsteinbänke der Chirotherienschichten, die oft weite Flächen mit ihren Bruchstücken bedecken und stellenweise bei entsprechender Mächtigkeit auch Blockmeere bilden wie z. B. am Westhang des Mudbachtals oder im Grundwald südlich von Unterlangenelz. Es sind meist fein- bis mittelkörnige Quarzsandsteine. Durch ihre Festigkeit und Härte trotzen sie der Verwitterung und wirken auf weite Strecken hochflächenbildend. Mehr oder weniger große Blöcke aus diesen verquarzten Bänken bedecken dann die Felder oder lassen sich in den Wäldern finden.

Den Abschluß und die jüngste Schicht des Oberen Buntsandsteins bilden die auf den Hochflächen des Hinteren Odenwalds und im Kleinen Odenwald weit verbreiteten *Röttone* 〈so2〉, die eine durchschnittliche Mächtigkeit von 25 m, auf den Abdachungsflächen nördlich Hardheim bis zu 30 m Mächtigkeit erreichen und häufig unter pleistozänen Lößlehmen verhüllt liegen. Rote, mehr oder weniger sandige, glimmerführende, bröckelig bis kleinscherbig zerfallende Schiefertone sind ihre Hauptbestandteile, denen plattig zerfallende, rote Sandsteinbänkchen zwischengelagert sind. Durch ihre wasserstauende Wirkung bilden die Röttone häufig nasse Böden mit Wiesenland aus.

Trotz des etwas steileren südöstlichen und südsüdöstlichen Einfallens der Gesteinsschichten an der Odenwaldflexur, an der die Buntsandsteinschichten unter den Muschelkalk untertauchen, ist die geologische Grenze von Odenwald und Bauland eine bis zu 3 km breite Übergangszone, in der die Talhänge noch in den Oberen Buntsandstein eingeschnitten sind, auf den Höhen aber bereits der Untere Muschelkalk ansteht. Diese Gesteinsverbreitungsgrenze bildet aber eine deutliche Kulturlandschaftsgrenze, tritt doch der Wald, der auf den Hochflächen und der randlichen Abdachung des Hinteren Odenwalds trotz der ausgedehnten Rodungsinseln und -flächen im Buntsandsteinanteil des Landkreises noch über die Hälfte des Gesamtgebiets einnimmt, im Muschelkalkbereich des Baulands stark zurück und überdeckt dort etwa ein Drittel der Gesamtfläche. Wellige Hügel und hügelige Höhenrücken mit ausgedehnten Feldlagen prägen das Bauland, und Wälder dehnen sich dort bevorzugt nur auf den siedlungsfernen Hügelrücken im Grenzbereich der Gemarkungen oder an steileren Taleinschnitten aus.

Das Schichtenpaket des Muschelkalks ist im Baulandanteil des Neckar-Odenwald-Kreises in seiner Gesamtheit aufgeschlossen. Die unterschiedlich erosionsbeständigen Muschelkalkgesteine nehmen dabei einen entscheidenden Einfluß auf die Oberflächengestaltung und verleihen auch dem Bauland die typischen geomorphologischen Merkmale des südwestdeutschen Schichtstufenlandes, hervorgerufen durch die Wechsellagerung harter und weicher Gesteine in schräg einfallenden Schichtenlagen (s. u.), wie sie für andere Muschelkalkgebiete des deutschen Südwestens typisch sind.

Die über den Röttonen lagernden Gesteine des Unteren Muschelkalks oder Wellengebirges bestehen aus *Wellendolomiten* ⟨*mu1*⟩, die im Mosbacher und Buchener Bereich eine Mächtigkeit von ca. 20 m, im Hardheimer Gebiet von etwa 25 m erreichen. Es handelt sich dabei im Sockel um eine Abfolge dolomitischer Schiefertone, Mergel, knollig und sandig zerfallender Dolomite, die im Bereich der Lohrbacher Platten bei Sattelbach sowie östlich des Elztals bei Auerbach bis etwa 5 m mächtig werden können. Bei Mosbach und Dallau weisen sie eine Dicke von 3 m auf und nehmen nach NO rasch ab, so daß sie am Roßhof westlich Bödigheim nur noch ganz schwach entwickelt sind. Am Bahnhaltepunkt Höpfingen erreichen diese Dolomitbänke nur noch 35 und 40 cm. Über ihnen stehen knollig zerfallende, gelbbraune Mergel mit einzelnen festeren Dolomitbänken an, von denen zwei Konglomeratstruktur mit Geröllen eines grober kristallinen Dolomits in einer feinkörnigen Grundmasse aufweisen. Sie sind von Neidenstein im Kraichgauer Hügelland bis in die Main-Tauber-Gegend zu verfolgen. In den oberen Wellendolomitlagen befinden sich über der oberen Konglomeratbank dolomitische Mergel mit feinkristallinen dünnen Dolomit- und Kalkbänkchen. Den oberen Abschluß des Wellendolomits bildet die Eckibank, eine schwach dolomitische Kalkbank mit reichem Fossilgehalt, die bei Bödigheim 15 cm mächtig ist und eine graugelbe Färbung erkennen läßt. Aufschlüsse im Wellendolomit finden sich bei Auerbach, am Wartberg bei Buchen, östlich Rittersbach, zwischen Waldhausen, dem Roßhof und Bödigheim sowie nördlich von Bödigheim.

Die über dem Wellendolomit anstehenden Gesteine des *Wellenkalks* ⟨*mu2*⟩ sind durch ihre beachtliche Mächtigkeit von 45–50 m mit teils steilwandigen Felsbildungen harte, die Baulandhügel in ihrem Oberflächenbild entscheidend prägende, dick- bis dünnbankige graue Kalksteine in unterschiedlich starker welliger Schichtung, denen mergelige Kalke und Mergel zwischengelagert sind. Ihren oberen Abschluß bildet die Region der Schaumkalkbänke. 10–15 m unter der Schaumkalkregion ist in den Wellenkalken die Spiriferinabank eingelagert, ein blaugrauer, dichter bis feinkristalliner Kalkstein mit reichlicher Fossilführung, bei der Spiriferina fragilis und Spiriferina hirsuta vorherrschen und der etwa 10 cm dicken Kalkbank den Namen gegeben haben. Sie ist östlich Bödigheim, bei Auerbach, östlich Dallau am Westsporn des Hohbergs, südlich Dallau und am Nordwesthang des Tannenbergs östlich Neckarburken aufgeschlossen. Über der Spiriferinabank stehen Wellenkalke an, die glatte Bruchwände erkennen lassen wie im Steinbruch von Eberstadt unmittelbar westlich der Tropfsteinhöhle. Die Schaumkalke in der obersten Wellenkalkregion sind 40–60 cm mächtige, sehr harte kristalline Kalksteinbänke mit zahlreichen Schalentrümmern und Ooiden, kleinen, konzentrisch-schaligen Kalkkügelchen mit Durchmessern bis zu 1 mm. Bei ihrer Verwitterung entsteht eine poröse und »schaumige« Struktur, die namengebend wirkte. Diese Schaumkalkbänke werden durch mehrere Meter mächtige Wellenkalke voneinander getrennt. Im Steinbruchbereich von Eberstadt lassen sich drei dieser widerstandsfähigen Kalkbänke ausmachen, von denen die untere am Eingang der Eberstadter Tropfsteinhöhle und über weite Strecken ihres 600 m begehbaren Höhlengangs die tragende Decke der im klüftigen Wellenkalk ausgebildeten Karsthöhle darstellt. Weitere Aufschlüsse in der Schaumkalkregion finden sich östlich Bödigheim und Auerbach, am Hohberg östlich Dallau, am Zeiselberg südöstlich Rittersbach und am linken Seckachtalhang zwischen der Hagenmühle und dem Fausenhof, ferner im Bahn- und Straßeneinschnitt bei der Schneidemühle zwischen Seckach und Bödigheim.

Die *Wellenmergel* oder *Orbicularis-Mergel* ⟨*mu3*⟩ schließen mit einer Mächtigkeit von ca. 10 m den Unteren Muschelkalk nach oben ab. Diese über der oberen Schaumkalkbank lagernden Kalkmergelgesteine zeigen auf den Schichtflächen die angereichert vorkommende Muschel Myophoria orbicularis. Diese Kalkmergel sind dünnbankig. Die für die tiefer lagernden Wellenkalke typische Wellung setzt bei ihnen aus, und sie wirken ebenflächig bis schiefrig, sind im frischen Zustand dunkelblau, lassen aber auch bräunlichgraue bis gelbgraue, verwittert auch eine hellgraue Färbung erkennen.

Der Mittlere Muschelkalk ⟨mm⟩, der bei vollständig erhaltener Ausbildung im Kreisgebiet eine 60 bis fast 100 m mächtige Folge aus *Tonen, Mergeln, Kalken und Dolomiten mit salinaren Einlagerungen von Anhydrit (Gips) und Steinsalz* bilden würde, läßt aufgrund seiner leicht löslichen, in Oberflächennähe ausgelaugten und im Grundwasserbereich ausgewaschenen Anhydrit- und Steinsalzbildungen nur noch eine Mächtigkeit von 30–40 m erkennen. Auffallend ist, daß die Gesteine des Mittleren Muschelkalks allgemein eine intensiv gelbe Verwitterungsfarbe erkennen lassen. Dunkle bituminöse Kalksteine und Dolomite, die aufgrund ihres hohen Gehalts an bituminösen Beimengungen auch als »Stinkstein« und »Stinkdolomit« bezeichnet werden, graue und blättrig zerfallende Schiefertone und Zellenkalke sowie Zellenmergel gehören dieser Anhydritgruppe des Mittleren Muschelkalks an. Bezeichnend für sie sind Kieselausscheidungen, die überwiegend als eckige bis runde, hell- bis dunkelgraue Hornsteinknollen vorkommen. In den Zellenkalken finden sich ab und zu bläulichweiße Chalcedone. Typisch für die leicht löslichen Gesteine des Mittleren Muschelkalks sind im Gebiet ihrer flächigen Verbreitung Dolinen, die als Erdfälle und Einsturztrichter von der geringen Gesteinswiderständigkeit künden. Auf ebenen und nur sanft geneigten Flächen lagert häufig eine dicke Lehmdecke, deren Hornsteinbeimengungen auf das Ausgangsmaterial aus der Schichtenfolge des Mittleren Muschelkalks hindeuten. Abbauwürdige Gipslager wurden im Seckachtal bei Seckach bis zum 1. Weltkrieg im Stollenbau ausgebeutet.

An der Oberfläche sind Gesteine des Mittleren Muschelkalks nirgends weitflächig vertreten. Sie stehen bevorzugt an Talhängen an, so im unteren Tal der Elz im Gebiet von Elztal und Mosbach, an den Talflanken von Schefflenz, Seckach, Kirnau, Kessach, Erlenbach und Hasselbach sowie im Erfatal oberhalb Hardheim. Eine gewisse flächenhafte Verbreitung nimmt der Mittlere Muschelkalk, der im flachhügeligen Gelände teilweise eine Lehmdecke mit Hornsteineinlagerungen als Verwitterungsprodukt seiner insgesamt recht weichen Gesteine trägt und nur selten von einer aus Flugsandablagerungen entstandenen Lößlehmschicht verhüllt ist, vor der Hauptmuschelkalkschichtstufe nördlich und nordöstlich von Oberschefflenz und Kleineicholzheim ein.

Der Obere Muschelkalk oder Hauptmuschelkalk ⟨mo⟩, dessen überwiegend kalkige und harte Gesteine die Hügel- und Höhenrücken des Baulands aufbauen und dessen Gesamtmächtigkeit im Neckar-Odenwald-Kreis bei etwa 80 m liegt, setzt mit einer rd. 4 m dicken *oolithischen Kalkbank* ein. Sie besteht überwiegend aus oolithischen und teils bituminösen Kalken mit Hornsteinknollen und wird in der älteren geologischen Literatur noch dem Mittleren Muschelkalk zugerechnet. Knauerkalke, die zahlreiche kleine Schalentrümmer enthalten und auf eine Zwergfauna hinweisen, leiten den *Unteren Hauptmuschelkalk* ⟨mo1⟩ ein, dem das massenhafte Auftreten der Stielglieder von Encrinus liliiformis (Trochiten), die in einzelnen Bänken zusammen mit Schalentrümmern angereichert vorkommen, auch die Bezeichnung *Trochitenkalk* einbrachte. Über den Knauerkalken kennzeichnet eine ebenfalls mehrere Meter mächtige Folge von Kalkbänken und hellgrauen, plattig-schiefrigen Mergeln, zu denen die Haßmersheimer Mergel gehören, den Unteren Hauptmuschelkalk. Über ihnen folgt eine Schichtenserie aus unebenflächigen bis knolligen Blaukalken, darüber eine Wechsellagerung von Blaukalken, fein kristallinen grauen Lumachellebänken mit und ohne

Trochiten sowie von wenig mächtigen Mergelzwischenlagen. Die Blaukalke und der Übergang zu den Trochiten führenden Schichten sind im Bereich der Hauptmuschelkalkschichtstufe in einem heute verfallenen Steinbruch am Hamberg im O von Kleineicholzheim aufgeschlossen. Nach oben treten im Trochitenkalk dann reichlicher Mergelzwischenlagen auf, und die Mächtigkeit der Kalkbänke nimmt ab. Als Grenzschicht zum Oberen Hauptmuschelkalk gilt eine *Spiriferinabank*, in der neben Trochiten auch Spiriferina fragilis vorkommt. Aufschlüsse in den Trochitenkalken finden sich an der Hauptmuschelkalkschichtstufe an vielen Stellen. Außer dem bereits erwähnten Aufschluß am Hamberg bei Kleineicholzheim seien die Kuppe des Vogelsbergs westlich des Schefflenztals zwischen Mittel- und Oberschefflenz, östlich davon die obere Stufenkante am Löhnlein und an der Höhe südlich davon bei Mittelschefflenz, ferner der Anstieg des »Langen Wegs« und die B 292 östlich von Oberschefflenz sowie der Südostrand des Waldes »Buchhelde« südwestlich von Seckach herausgestellt. Die Spiriferinabank, die Grenzschicht zum Oberen Hauptmuschelkalk, ist bei Allfeld am steilen westexponierten Hang des Schefflenztals und an der Oberkante eines ehemaligen Steinbruchs im Metzgergrund 750 m nordwestlich von Katzental aufgeschlossen.

Der *Obere Hauptmuschelkalk* oder *Nodosuskalk* ⟨mo2⟩ über der Spiriferinabank besteht aus dichten grauen und dünnbankigen Kalken mit reichlich gelben Mergelzwischenlagen. In zwischengeschalteten schwach kristallinen Kalkstein- und Schalentrümmerbänken finden sich als Leitfossilien Ceratiten, die dieser oberen Formation des Hauptmuschelkalks ihren Namen gegeben haben. Die insgesamt 35–40 m mächtigen Nodosusschichten bilden durch die Dünnbankigkeit ihrer Kalksteinschichten und die zahlreichen Mergelzwischenlagen im Gegensatz zu den Trochitenkalken keine markanten Geländestufen. Flachere Böschungen und sanftere Hänge mit nur seltenen Aufschlüssen bestimmen im Verbreitungsbereich dieser sich abwechselnden Kalke und Mergel das Landschaftsbild. Über ihnen lagern als Abschluß der Muschelkalkschichtenfolge die *Semipartitus- und Bairdienschichten* ⟨mo3⟩, die ebenfalls aus einer Folge von Kalksteinen in dünneren Bänken und etwas mächtigeren Mergelzwischenlagen aufgebaut werden. Dichte blaugraue und graue Kalke führen in einzelnen, bis zu 30 cm dicken Bänken als Leitfossilien Ceratites semipartitus und Terebratula vulgaris (Terebratelbänke). Die darüberliegenden dunklen und schiefrigen Bairdientone erreichen eine Mächtigkeit von ca. 2 m, sind nirgends gut aufgeschlossen und werden von einer gleich dicken bis mächtigeren weiteren Folge von Kalken und Mergeln, den Glaukonitkalken, überlagert, von denen einzelne Bänke bei der Verwitterung eine intensive Gelbfärbung annehmen. Eine flächige Verbreitung nehmen diese Grenzschichten des Oberen Hauptmuschelkalks nirgends ein. Sie bilden das Liegende des Lettenkeupers in der Baulandmulde, in der die geologisch jüngsten Triasgesteine innerhalb des Kreisgebiets anstehen.

Gesteine des Unteren Keupers ⟨ku⟩ gestalten in der tektonisch bedingten flachen Synklinale der Baulandmulde, deren Achse am Südost- und Ostrand des Kreisgebiets entlangstreicht, wobei sie den Bereich von Adelsheim, Osterburken und Ravenstein durchzieht, die Höhen und Hügelzüge. Weiter nördlich berührt diese Muldenzone das südliche Gemeindegebiet von Hardheim auf der Gkg Gerichtstetten noch randlich. Westlich des Neckars werden im Kraichgauanteil des Landkreises die Höhen um Hüffenhardt und Kälbertshausen aus Unteren Lettenkeuperschichten und Lettenkeupersandsteinen aufgebaut. Dieselben Gesteine prägen dann östlich des Neckars auf den Baulandhöhen bei Neckarzimmern sowie beiderseits der unteren Schefflenz und Seckach, ferner auch östlich der unteren, bei Adelsheim in die Seckach einmündenden Kirnau ganz entscheidend das Oberflächenbild. In Hochflächenbereichen liegen sie allerdings auch in diesem Baulandabschnitt häufig unter einer Lößlehmdecke verhüllt. Durch erosive Abtragung weicherer Keuperschichten toniger und mergeliger Beschaffenheit wurden im Zuge einer Reliefumkehr die härteren Sandsteinbildungen des Unteren Keupers als Schichtstufenstirn herauspräpariert, die aber nicht immer eine deutliche Geländestufe über dem Oberen Muschelkalk erkennen läßt. Dieser Keuperschichtstufe, die von der oberen Erfa und ihren Quellbächen im westlichen Ahornwald zerschnitten wird, sind westlich des Erfatals im Bereich der Altheimer Höhe Keuperzeugenberge vorgelagert.

Die *Unteren Lettenkeuperschichten* ⟨ku1⟩, die zumeist in hochflächigen Lagen anzutreffen und in den Hängen meist verrutscht und überschüttet sind, bestehen aus auf die Glaukonitkalke des Oberen Hauptmuschelkalks folgenden dunklen Schiefertonen. Diese Schichten können auch als mehr lettige oder mehr mergelige Schiefer auftreten, in die einzelne Kalk- und Dolomitbänke eingelagert sind. Im Bereich des Schefflenztals unterhalb der Einmündung des Sulzbachs erreichen diese Lettenkeuperschichten eine Mächtigkeit von etwa 10 m. Diese Gesteine sind wasserundurchlässig und bilden sowohl unter den Lettenkeupersandsteinen als auch unter Löß- und Lößlehmauflagerungen häufig Quellhorizonte, die reichlich Quellwasser führen. Im Verbreitungsbereich der Unteren Lettenkeuperschichten können daher auch Einzelhöfe in Hochflächenlage mit Wasser versorgt und Weiher oder Brandweiher angelegt werden.

Der darüber folgende *Lettenkeupersandstein* ⟨ku2⟩ ist durch seine früher häufigere Verwertung als Baumaterial in Steinbrüchen aufgeschlossen. Sandsteinbänke mit Mächtigkeiten von wenigen cm bis über 1,5 m lassen sich in einem Steinbruch bei Bernbronn an der Südgrenze des Landkreises erkennen, die dort mit Schiefer- und Sandschieferschichten wechsellagernd angeordnet sind. Die Gesamtmächtigkeit dieser Unteren Keupersandsteine erreicht in diesem Gebiet beiderseits der Schefflenz über 15 m. Die Korngrößen der Sandsteinbänke nehmen nach oben bei gleichzeitiger Zunahme der zwischenlagernden Schiefertone ab. Ein bedeutender Bruch für Lettenkeupersandsteine wurde ostnordöstlich von Allfeld im Hoschelwald ausgebeutet, wo die Bausteine für die große neuromanische Kirche von Waldmühlbach gebrochen wurden. An steileren Hängen finden sich Blöcke widerständigerer Sandsteinbänke, die meist das einzige feste Gestein im Hangschutt und am Fuß der Hänge bilden. Im Vergleich zu den Tonschichten im Liegenden sind die Lettenkeupersandsteine wasserdurchlässig; sie sammeln die Niederschläge, die im Quellhorizont der liegenden Tone dann wieder zutage treten.

Die oberpliozäne Heraushebung des Odenwalds bewirkte eine verstärkte Erosion der jüngeren Triasdecken und der tertiären Gesteinspakete, so daß an der heutigen Landoberfläche im Neckar-Odenwald-Kreis Gesteine des Mittleren und Oberen Keupers, des Juras und der Kreide sowie des vorpliozänen Tertiärs völlig fehlen. Dem Alttertiär ist der *Katzenbuckelvulkanismus* zuzurechnen, der einen entscheidenden Einfluß auf das Oberflächenbild des Hinteren Odenwalds hatte, bildet seine 626 m hohe, bewaldete und im O durch Steinbrüche angenagte Vulkanruine doch die auf der Winterhauchhochfläche aufsitzende höchste Erhebung des Odenwalds. Dieser im Zusammenhang mit der Rheingrabentektonik zu sehende Vulkanismus war aufgrund von Altersbestimmungen nach der K-Ar-Methode vor rd. 66 Mio. Jahren tätig. Im alttertiären Vulkanschlot mit einem Durchmesser von etwa 1 km lassen sich basaltische Vulkanite finden, in der Hauptsache Sanidin-Nephelinite und Tuffe. Einschlüsse von Buntsandstein, Keupersandsteinen und Keupertonen, Lias und Opalinustonen des Doggers in den Tuffen beweisen, daß während der vulkanischen Tätigkeit jüngere Gesteine bis zum Braunen Jura auf dem im Alttertiär noch wesentlich geringer herausgehobenen Odenwald auflagerten. Daraus läßt sich bis zur Gegenwart eine Abtragsleistung von 650 – 750 m errechnen. Die ältesten Gesteine im Vulkanbereich des Katzenbuckels dürften die Tuffe mit den genannten Gesteinseinschlüssen sein. Erst später drangen die nephelinitischen Gesteine hoch, zuletzt wohl der grobporphyrische Shonkinit, der im östlichen Teil des Schlotes zu finden ist.

Tertiäre Bohnerzbildungen, deren genaues Alter nur schwer zu ermitteln ist, sind teilweise von pliozänen Schottern und Sanden sowie von Lößlehm überdeckt. In feinem, zähem und gelblichem Lehm oder Letten lassen sich kleine runde Brauneisensteinbohnen und unregelmäßig gestaltete, gelbe bis schwarze Brauneisenknollen erkennen. Verkieselte Sandsteinplättchen, Quarz- und Quarzitgerölle sowie Muschelkalkhornsteine kommen darin auch vor. Es handelt sich dabei wohl um Füllungen von Karsthöhlen und Dolinen des Oberen und Mittleren Muschelkalks. Darauf deutet z. B. eine mit Lehm ausgefüllte Höhlung im Trochitenkalksteinbruch am Hamberg bei Kleineicholzheim hin. Bis in die 2. H. 19. Jh. hinein wurden in Bohnerzlagern kleine Gruben betrieben wie z. B. im Gewann »Laushütte« 1,25 km nordnordwestlich von Billigheim-Sulzbach, die Ende der 1850er Jahre aufgelassen wurden. In diesem Bereich waren auf der rechten Seite des Krappengrunds und nördlich des Dorfes Sulzbach auf der rechten Seite des Schmiedsgrunds im Einzugsgebiet der nördlichen Quellarme des Sulzbachs jeweils über der Geländekante des Trochitenkalks und vor dem Rand der Lößlehmdecke Bohnerzlager aufgeschlossen. In ähnlicher Geländesituation finden sich Bohnerzbildungen an den Trochitenkalkhängen des Flurgrabens unmittelbar südlich des Sulzbacher Neubaugebiets am Hungerberg. Östlich des Schefflenztals verzeichnet die Geol. Spezialkarte Dallau Bohnerze auf Trochitenkalk im Bereich des oberen Eulengrunds nordwestlich von Waldmühlbach. Erzgruben bestanden unter Lößlehm östlich des Dorfes Mittelschefflenz, wo auch Ton gegraben wurde (»Im alten Sträßlein«). Auf Mittlerem Muschelkalk sind am Grünsberg östlich von Billigheim auf den Äckern auffällig schwarze und manganreiche Erzbohnen verstreut. Zwischen Seckach und Bödigheim liegen weitere Bohnerzbildungen östlich der Schneidemühle auf Unterem Muschelkalk.

Geringmächtige, dem Oberpliozän zuzurechnende *kalkfreie und stets recht sandige Tone*, die alle Übergänge zu *Klebsanden* erkennen lassen, sind auf der Hochfläche von Mudau zu finden, wo sie zwischen Mörschenhardt und Oberscheidental weiter verbreitet sind. An der Straße von Schloßau nach Waldauerbach fanden sich in einem im Sommer 1906 offenen Aufschluß von gut 1 m Höhe unter einem stark humosen Waldboden von 15 cm Dicke in einer 20 cm mächtigen Schicht aus grauweißen sandigen Letten zahlreiche Brauneisenknötchen, darunter dann Letten- und Klebsandschichten.

Ablagerungen des Quartärs überdecken im Baulandanteil des Landkreises vor allem mit Lößlehmbildungen etwa die Hälfte der Landoberfläche. Auf den Hochflächen des Hinteren Odenwalds überlagern sie im Hardheimer, Walldürner, Buchener und Mosbacher Odenwald inselhaft den Oberen Buntsandstein, auf den Lohrbacher Platten teilweise auch das Wellengebirge. Mit ihren ackerbaulich nutzbaren Braunerdeböden waren sie häufig schon in hochmittelalterlicher Zeit der Anlaß für ausgedehnte Rodungen.

Alte Elzschotter lagern an flachen Stellen und nur sanft geneigten Flanken bis in Höhen von ca. 25 m über dem heutigen Talboden des Elzbachs auf der rechten Talseite bei Dallau und beiderseits des in das Elztal ausmündenden Seitentals des Trienzbachs. Auf der linken Elztalseite sind sie bei Neckarburken verbreitet. Diese in sandigen Lehm eingelagerten, durch fluviatilen Transport wohl gerundeten Buntsandsteinschotter und Kiese sind im Dallauer Steinbruch westlich der Bahnlinie Mosbach – Osterburken unter

1. Geologischer Bau

Lößlehm und Gehängeschutt aufgeschlossen, ebenso bei Neckarburken, wo sie beim Römerkastell eine flächenhafte Verbreitung bis in eine Höhenlage von 200 m ü. NN einnehmen. Weiter nördlich erreichen derartige ältere Flußschotter der Elz beim Friedhof von Rittersbach eine Lage von 55 m über der Elzbachtalsohle. Durch fluviatilen Transport geformte Buntsandsteingeschiebe bis zu größeren Blöcken von 30 x 40 x 50 cm Ausmaß liegen dort in lehmigem Sand. Die Gerölle bestehen bevorzugt aus Plattensandstein und Chirotheriensandstein und lagern ebenfalls unter einer Lößlehmdecke. Diese Geländesituation und ihr mit den Elzschottern von Dallau und Neckarburken gleichartiger Verwitterungszustand lassen auf eine Gleichaltrigkeit dieser unterschiedlich hoch über dem heutigen Bachlauf aufgeschlossenen Flußgerölle schließen. Die wesentlich höhere Lage über dem Talboden bei Rittersbach könnte mit einer stärkeren Heraushebung im Zusammenhang mit der oberpliozänen Gebirgshebung erklärt werden, die weiter nördlich größere Ausmaße erreichte als im Süden.

Aus pleistozänen Flugsanden (Löß), deren Bildung in den Kaltzeiten der Riß- und Würmglaziale erfolgte, entstanden weit verbreitete *Lößlehme*, welche die Hochflächen und bevorzugt die sanft nach O geneigten Abdachungsflächen des Muschelkalks und Unteren Keupers im Bauland sowie auch des Oberen Buntsandsteins im Hinteren Odenwald überdecken. Unter diesen teils großflächigen Eiszeitsedimenten werden die darunterlagernden Triasformationen sowie die pliozänen und altquartären Sande, Tone und Flußschotter weitgehend verdeckt. In einigen Baulandabschnitten, so im Bereich des Schefflenztals, lassen sich Ältere und Jüngere Lößlehme aufgrund ihres unterschiedlichen Verwitterungsgrads, des Vorhandenseins oder Fehlens von Eisenschuß und der verschiedenartigen Färbung unterscheiden. Die Größe der unregelmäßigen Eisenschußbestandteile, die im Hardheimer und Walldürner Odenwald bei Rütschdorf und Wettersdorf »Taubenkropf« genannt werden, schwankt von Stecknadelkopfgröße bis zu einem Durchmesser von 2 cm.

Ältere Lößlehme ⟨dla⟩, die sich durch eine weitgehende Entkalkung auszeichnen, sind im Bereich der Lehmgruben der Billigheimer Ziegelwerke aufgeschlossen, wo sie unter einer ca. 20 cm mächtigen Ackerkrume und unter einer etwa 1,5 m messenden, in ihrer Dicke schwankenden Lage von verschwemmtem gelbem Lößlehm mit einzelnen Gesteinsbrocken anstehen. Auf rd. 1 m enthalten diese braunen Älteren Lößlehme dort Eisenschuß und lagern auf einer ca. 20 cm dicken Bohnerzzone mit kleinen Quarzgeröllen, Hornsteinen und vererzten Sandsteinbrocken, deren Liegendes aus Nodosuskalk besteht. In einer einstigen Lehmgrube am Westrand des Eichschlags östlich von Unterschefflenz ist solchem lederbraunen Älteren Lößlehm in einer Mächtigkeit von über 2 m viel Eisenschuß beigemengt. Er unterscheidet sich deutlich von den darüberlagernden jüngeren Lößlehmbildungen mit hellbraunen Lehmen von etwa 1,5 m Mächtigkeit. Viel Eisenschuß war auch in der Lehmgrube südwestlich von Neusaß (Gkg Glashofen) oder in den Lehmen auf der Flur »Riemen« nordöstlich von Vollmersdorf unter einer nur dünnen Ackerkrume festzustellen. In den fast horizontal liegenden Hochflächenbereichen des Buchener Odenwalds ist auf weite Strecken kaum zu unterscheiden, ob die aus einer tiefgründigen Verwitterung hervorgegangenen Lehme die Überreste einer ausgedehnten Flugsandaufwehung oder die Verwitterungsprodukte der den Hinteren Odenwald aufbauenden Oberen Buntsandsteinschichten sind.

Jüngere Lößlehme ⟨dle⟩ mit hellbrauner Färbung, fehlendem Eisenschuß und einer mehr oder minder starken Ausbleichung unter heutigen oder früheren Waldflächen bilden die bei weitem großflächiger und häufiger verbreiteten Verwitterungsreste einstiger Lößaufwehungen. Ihre mittelschweren und tiefgründigen Böden bestimmen im Baulandanteil des Landkreises überwiegend die Fruchtbarkeit, bedürfen ihrer fortgeschrittenen Entkalkung wegen aber einer sorgfältigen Pflege und Düngung.

Nur wenig entkalkter *Löß* nimmt im Kreisgebiet keine nennenswerte oder gar flächenhafte Verbreitung ein. *Älterer Löß* ⟨*dlu*⟩ mit den für ihn bezeichnenden Lößkindeln findet sich so am Ausgang der Mosigklinge ins Schefflenztal südlich von Allfeld, *Jüngerer Löß* ⟨*dlo*⟩ südwestlich des Allfelder Friedhofs. In ebenfalls nur geringer Verbreitung lagern kleine Lößinseln an flachen Hängen oder auf den Hochflächen im Kraichgauanteil der Gkgn Asbach und Daudenzell.

2. Oberflächengestalt

Das Kreisgebiet wird von schichtlagernden mesozoischen Sedimentgesteinen aufgebaut, die im N mehr, im S etwas geringer nach SO hin gekippt sind. Die vom Unteren Keuper im S bis auf den Buntsandstein des Odenwalds im NW ausstreichenden flachlagernden Straten bilden keine deutlichen Stufen mit vorgelagerten Landterrassen. Die jeweiligen Ausstrichbereiche werden eher durch flache Wellen beziehungsweise mehr oder weniger aufgelöste Hügelketten gekennzeichnet oder sind an jung eingeschnittene Täler wie das Elztal gebunden. Dennoch ist die Landoberfläche des Neckar-Odenwald-Kreises Teil des südwestdeutschen Schichtstufenlands. Gut die Hälfte der Kreisfläche im S und O bildet einen Ausschnitt aus den Gäuflächen Süddeutschlands, die sich west- und nördlich der markanten Höhen des mittleren Stubensandsteins und des Juras ausdehnen. Diese Landschaftseinheiten, zu denen der Kraichgau und das Bauland gehören, stellen aufgrund ihrer natürlichen geologisch-petrographischen Ressourcen – vor allem der Lösse – und ihrer klimatischen Begünstigung agrarökologische Gunsträume ersten Ranges dar.

Hochflächen als Relikte eines unterpliozänen Tieflands. – Da sich im Kreisgebiet keine das Landschaftsbild prägenden, markanten Schichtstufen erheben, läßt sich über die Höhen des heute zertalten Tafellands ein welliges Flachrelief vom Buntsandstein bis auf den Unteren Keuper rekonstruieren, das im NW des Kreisgebiets nur vom Katzenbuckel (626 m) nordwestlich Waldkatzenbach (500 m) deutlich überragt wird. Relikte längst erodierter jungmesozoischer Gesteine bis zum Braunjura, die in dem über 60 Mio Jahre alten Vulkanschlot erhalten blieben, belegen eine intensive Abtragung dieser Schichten bei gleichzeitigem Herauspräparieren des verwitterungsresistenteren Vulkangesteins bis in das Niveau dieses Flachreliefs, das durch die Hochflächen des Kreisgebiets noch heute anschaulich vertreten wird.

Zeugen dieser ehemaligen, alle Täler überspannenden Flachlandschaft, die sich nach SO ins Bauland und nach SW in der Kraichgaumulde fortsetzt, sind grobe *Schotter des Neckars*, die z.B. bei Haßmersheim (118 m) und Neckarmühlbach (158 m) bis über 100 m hoch über dem heutigen Neckartal lagern. Sie stellen Reste von Neckarbreitterrassen dar, die der Fluß im Unterpliozän vor ca. 4–5 Mio Jahren, spätestens zu Beginn des Mittelpliozäns schuf, als er – noch kaum in das Tafelland eingeschnitten – diesen Teil Südwestdeutschlands ohne großes Gefälle zum Rhein entwässerte. Die Landoberfläche des Kreisgebiets lag damals nur unwesentlich über dem Oberrheingraben, der pliozänen Erosionsbasis des Neckars. Somit besaß die Landschaft einst Tieflandcharakter.

Weitere Zeugen dieser unter-/mittelpliozänen Reliefgeneration stellen die *Bohnerze* dar, die im Ausstrichbereich des Oberen Muschelkalks vor allem um Sulzbach (261 m)

2. Oberflächengestalt

und Schefflenz (263 m) häufig anzutreffen sind. Man findet sie meist am Oberhang der Talflanken, wo die Lößlehmbedeckung der Muschelkalkflächenreste weitgehend abgetragen ist und diese eigenartigen Eisenkonkretionen zutage treten. Ihre Genese geht auf die intensive Verwitterung kalkiger Ausgangsgesteine mit relativ hohem Illitgehalt zurück. Die zur Entstehung notwendige Mobilisierung von Eisen ist bei hohem, periodisch schwankendem Grundwasserspiegel möglich. Hierauf kann dann die Bildung der typischen Konkretionen erfolgen. Die geomorphologische Voraussetzung einer großräumigen Genese, auf die die zahlreichen Vorkommen im Kreisgebiet und anderen Orten im Kraichgau und Bauland weisen, ist wie bei den Neckarhöhenschottern ein tiefliegendes Relief. Nur so sind ein hoher Grundwasserspiegel bei kalkigen, verkarstungsfähigen Gesteinen vorstellbar sowie die für die Intensität der chemischen Verwitterung erforderlichen abtragungsstabilen Reliefverhältnisse vorhanden.

Der geringe Höhenunterschied zur Erosionsbasis verhinderte einst die Schaffung von tiefen Tälern und führte zu dem noch heute in Erscheinung tretenden hügelig-welligen Relief. Diese *alte unterpliozäne Reliefgeneration* – Ausgangsfläche der jüngeren Morphogenese der Region – ist in den Neckarhöhenschottern ebenso wie in den Bohnerzbildungen dokumentiert und blieb in den Hochflächen des Kreisgebiets erhalten. Besonders eindrucksvoll treten diese Landschaftseinheiten im NW um Reisenbach (543 m), Waldbrunn (um 500 m) und Steinbach (410 m) hervor, wo tief in die mesozoischen Gesteine eingeschnittene Kerb- und Kerbsohlentäler einen reizvollen Kontrast zu den ebenen Sandsteinflächen bilden.

Hebung des Tieflands und antezedente Zertalung. – Diese junge Zertalung geht auf eine nicht überall gleichmäßig verlaufene *Hebung des Flachreliefs* um einige 100 m seit dem mittleren Pliozän zurück, die wahrscheinlich im ältesten Pleistozän vor ca. 2,5–1 Mio Jahren kulminierte. Da der Odenwald im NW des Kreisgebietes von der Hebung am meisten profitierte, erfolgte die Kippung der mesozoischen Schichten nach Südosten. Zeitgleich mit der Hebung schnitt sich im westlichen Kreisgebiet der Neckar, das größte Gewässer der Region, mit seinen Nebenflüssen ein. Dadurch entstand die bemerkenswerte Situation, daß der Fluß gegen das Schichtfallen der Gesteine nach NW »in den Odenwald hinein« fließt und das *antezedente Neckartal* schuf. Durch die Reduzierung des Gefälles im Bereich der Odenwaldflexur wurde der in nördlicher Richtung strömende Neckar, von Verwerfungen unterstützt, zum Mäandrieren gezwungen. Dabei verlegte der Fluß, während er sich postmittelpliozän sein Tal ausräumte, mehrfach seinen Lauf, wovon die zahlreichen fossilen und rezenten Prall- und Gleithänge der Talmäander des Neckars zwischen Gundelsheim (154 m) und Zwingenberg (148 m) zeugen. Diese fossilen Hänge spiegeln die Geschichte des Neckartals wieder. Als eines der wohl eindrucksvollsten geomorphologischen Beispiele dieses Kapitels der Talbildung und Hochflächenzerschneidung muß der *Neckarmäander bei Guttenbach* (142 m) genannt werden, ein Talabschnitt, den der Fluß erst im Altpleistozän verließ und einen exemplarischen Umlaufberg (Mittelberg) hinterließ. Die größten rezenten Flußschlingen im Bereich des Neckar-Odenwald-Kreises sind bei Haßmersheim und Binau entwickelt.

Zertalung des Tafellands. – Mit den ersten Hebungen des mesozoischen Deckgebirges, die spätestens im Mittelpliozän erfolgten, begann die Zertalung des Flachreliefs beiderseits des erodierenden Neckars. Sie führte – sicher hervorgerufen durch den mehrfachen Gesteinswechsel vom Buntsandstein im N zum Oberen Muschelkalk im S – zu voneinander abweichenden Talformen. Die wichtigste petrographische Grenze, diejenige vom Buntsandstein zu den mehr oder weniger stark löslichen Sedimentiten der Muschelkalkzeit, liegt westlich des Neckars etwa auf der Linie Aglasterhausen – Neckarkatzenbach und durchquert östlich des Flusses das Kreisgebiet in nordöstlicher Richtung nach Hardheim (vgl. S. 9).

Im S des Kreisgebiets, der vom Muschelkalk, in Teilbereichen auch vom Keuper, geprägt ist, dürfte mit beginnender Hebung zunächst die Lösungsverwitterung eingesetzt haben. So entstanden unterschiedlich große *Muldentälchen*, durch die die heutigen *Kasten- und Sohlentäler* auf die Fläche hinauf auslaufen. Beispielhaft ist dies am Waldstetter Tal südlich Hardheim zu verfolgen, das mit dem sog. Altheimer Grundsgraben ausläuft. Mit zunehmendem Höhenunterschied zwischen dem Neckar als Vorfluter und den alten Flächenresten von heute ca. 180 m im S bis ca. 330 m im nördlich anschließenden Buntsandsteinodenwald neigte das Kalkgebiet immer mehr zur *Verkarstung* und damit zu subterranem Abfluß. Diese heute bestenfalls periodisch aktiven Muldentälchen stellen daher weitgehend fossile Formen dar. Ihr häufiges Auftreten führte dazu, daß die Relikte der unterpliozänen Fastebene im Gegensatz zu den Flachreliefresten im Bereich des Buntsandsteinodenwaldes stark aufgelöst erscheinen und diesen nördlichen Teil der Baulandmulde zu einem Hügelland umgestalteten.

Folge der Subrosion der löslichen Gesteine sind *Dolinen* und *Erdfälle*, die dort, wo der Muschelkalk die Landoberfläche prägt, wie beispielweise nördlich Hettingen, häufig anzutreffen sind. Heute in der Mehrzahl anthropogen überprägt, sind sie vor allem an ihrer typischen abflußlosen Trichterform in der Landschaft zu erkennen. In der Tropfsteinhöhle bei Eberstadt kann der Prozeß der Kalklösung und -ausfällung beobachtet werden. Die Lösungsverwitterung und -abtragung hat zur Folge, daß die obersten Talabschnitte im Muschelkalkgebiet des Neckar-Odenwald-Kreises meist ohne Oberflächenabfluß sind. Besonders exemplarisch ist diese Situation rund um Eberstadt, Götzingen oder Bofsheim ausgebildet.

Im N verursachten die stärkere Hebung im Bereich der Odenwaldflexur und die hiermit verbundenen höheren Niederschläge im Bereich des vergleichsweise geradezu unlöslichen Buntsandsteins, der oberflächenhaften Abfluß fördert, tiefe *Kerb- und Kerbsohlentäler* mit 100–200 m hohen, meist zwischen 20° und 35° steil geneigten Talhängen. Die schnelle Wasserkonzentration im Einzugsgebiet dieser Täler führte dazu, daß die Hochflächenreste selbst nur vergleichsweise schwach gegliedert sind. Meist enden die Bäche des Buntsandsteinodenwalds in einem steilen Talschluß wie bei Schloßau oder leiten mit einem nicht zu übersehenden Gefällsknick auf die Hochfläche über. Dies weist auf rezente, subaerisch rückschreitende Erosion hin, die das gehobene Flachrelief unvermindert zerschneidet.

Neckar und Main – Konkurrenz zweier Abflußsysteme. – Geomorphologisch besonders reizvoll macht den Buntsandsteinodenwald die Tatsache, daß die Kerbtäler verschiedenen süddeutschen Abflußsystemen angehören. Etwa auf der Linie Schloßau–Oberneudorf–Hettingen verläuft die *Wasserscheide zwischen Neckar und Main*. Die Konkurrenz beider Einzugsgebiete wird im N des Landkreises, im Kerbtalbereich des Buntsandsteinodenwalds, besonders deutlich. So trennt nordwestlich Schloßau nur noch ein schmaler, aber um so schärfer ausgeprägter Grat beide Abflußsysteme. Die alte Fläche ist hier auf eine Brücke von wenigen 10 m Breite geschrumpft, von der aus beiderseits etwa 120 m hohe Talhänge mit bis zu 35° Neigung in Talschlüsse führen, die nordöstlich zum Main-, südwestlich zum Neckarsystem gehören. Nach S und O verliert die Wasserscheide zwischen den beiden großen Flüssen der Region zusehends ihre scharfe Grenze. Dies liegt einerseits an der mit dem Schichtfallen zurückgehenden

2. Oberflächengestalt

Reliefenergie, andererseits aber auch an dem Gesteinswechsel vom Buntsandstein zum überwiegend löslichen Muschelkalk.

Asymmetrische Einzugsgebiete ost-westorientierter Abflüsse. – Da der N des Kreisgebiets von der plio-pleistozänen Hebung am meisten profitiert hat, besitzen die dem Neckar von O zustrebenden Bäche wie Elz und Jagst eine asymmetrische Anlage ihres Einzugsgebiets. Zu jeder Zeit seit dem Beginn der jüngeren Odenwaldhebung waren die Zuflüsse von NW nach SO zu den Vorflutern die stärkeren, da sie auf dem vorgegebenen Flachrelief dem Schichtfallen folgten. Bis heute konnten sie so das ihnen tributäre Rückland konsequent ausbauen. Das Einzugsgebiet der Neckarzuflüsse wuchs auf diese Weise schneller und damit auch weiter nach N als nach S, wo das Wasser aufgrund des Schichtfallens stets das Bemühen hatte, vom nördlich gelegenen Vorfluter wegzustreben.

Frostschuttbildung im Pleistozän. – In den pleistozänen Kaltzeiten unterlag die Landoberfläche des Neckar-Odenwald-Kreises periglazialen Verwitterungs- und Abtragungsprozessen. Die in den gemäßigten Breiten besonders intensive Frostverwitterung wirkte naturgemäß vor allem an den durch die Kerbtalbildung tief aufgeschlossenen Buntsandsteinhängen des Odenwalds. Die mechanische Zerstörung des schichtlagernden, meist gut geklüfteten Sedimentgesteins durch das wechselweise Gefrieren und Tauen vorhandener Feuchtigkeit führte, verbunden mit der hohen Reliefenergie an den Talflanken, zu einem dicken Mantel aus *Gehängeschutt* beziehungsweise einer dichten *Blockstreu*. Gut zu beobachten sind diese Verwitterungsbildungen an den Flanken der tiefen Kerbtäler und Kerbsohlentäler am nördlichen Rand des Kreisgebiets. Diese groben Sedimente sind Zeugen der hier im Pleistozän phasenweise entwickelten Frostschuttzone. Die heute dicht bewaldeten Talhänge des Odenwalds sind daher nicht nur durch ihre große Hangneigung schwer zu erschließen. Der grobe, oft nur mangelhaft überdeckte Schutt macht diese Areale schwer zugänglich – eine zusätzliche Behinderung bei der Inwertsetzung dieser Flächen.

Denudative Überformung im Pleistozän. – Während im Buntsandsteinodenwald in den Kaltzeiten die Frostschuttgenese bevorzugt die Oberfläche der Hänge prägte, unterlagen die Hochflächenreste vor allem der solifluidalen Abtragung. Auf diesen Typ der Denudation sind wohl die meisten der flachen Muldentälchen zwischen Schollbrunn (464 m) und Wettersdorf (361 m) zurückzuführen, die überwiegend durch steile Schluchten oder über die bereits hervorgehobenen Talschlüsse in die tief eingeschnittenen Kerb- und Kerbsohlentäler münden. Die aufgrund der Kalklösung schon früher angelegten Muldentälchen im S des Kreises wurden durch die gleiche Morphodynamik weitergebildet.

Aufbau von Deckschichten aus Löß. – Besonders im Verlauf der Riß- (vor 270 000–180 000 Jahren) und der Würm-Kaltzeit (vor 70 000–10 000 Jahren), wurden große Mengen äolisch leicht verlagerbaren Schluffs von glazialen und fluvioglazialen Abtragungsprozessen in das Alpenvorland und auch den Oberrheingraben transportiert. Periodisch der Ausblasung freigegeben, wehte der Wind den Staub vor allem in die klimatisch und petrographisch begünstigten Beckenlandschaften. Die damals im Kraichgau und Bauland gedeihende steppen- bzw. tundrenartige Vegetation half im Gegensatz zum klimatisch ungünstigeren, weil höheren Odenwald, das Feinmaterial zu sedimentieren und vor weiterer Verwehung zu schützen. So entstanden zum Teil mächtige Deckschichten aus Löß (dominante Korngrößenfraktion 0,01–0,06 mm Partikeldurchmesser) auch im heutigen Neckar-Odenwald-Kreis. Da auf stark geneigten Hängen der Löß erst gar nicht dauerhaft sedimentiert wurde, trifft man die Feinsedimente vor allem auf den Resten der Hochflächen an. Dort liegt er jedoch nicht überall gleichverteilt vor. Mit zunehmender Höhe der Flächenreste von S nach N, von ca. 300 m NN auf über 500 m NN, geht die Menge dieses agrarökologisch so wertvollen Feinmaterials zurück. Dies liegt besonders daran, daß mit zunehmender Höhenlage die pleistozäne Vegetation stark gelichtet wurde und das Kreisgebiet im N kaum mehr echtes Sedimentationsgebiet war. Mit ansteigender Höhe und damit wachsend feuchteren Verhältnissen unterlagen die Lösse frühzeitig flächenhafter Abtragung sowie intensiven Verwitterungsprozessen, die zur Verlehmung führten. Die daraus resultierende Verdichtung der Decksedimente verstärkte ihrerseits die Abspülung und verursachte die Umlagerung der Lößlehme in die Tiefenlinien. So finden sich im N auf dem Buntsandstein nur noch kleine, meist isolierte Inseln eines völlig entkalkten Lößlehms. Diese Reste befinden sich in der Regel abtragungsgeschützt auf den flachen Erhebungen der alten Fastebene, wo die mangelnde Reliefenergie ihre Abtragung verhinderte. In diesen Bereichen heben sie die flachen Rücken des Buntsandsteinplateaus etwas hervor. In den Muldentälchen selbst ist das Feinmaterial trotz des oberflächenhaften Abflusses auf dem harten Sandstein immer wieder als verschwemmter Lößlehm anzutreffen. Wenige Dezimeter mächtige Lehmrelikte belegen eine einst weitere Lößverbreitung.

Mit zurückgehender Höhenlage nimmt die Lößbedeckung zu und findet im O um Hardheim und im S sogar flächendeckende Verbreitung. Gegenüber dem nach N ansteigenden Odenwald ist dies neben der kaltzeitlich hier dichteren Vegetation sowie vergleichsweise niedrigen Niederschlägen nicht zuletzt auf die Kalksteine zurückzuführen. Ihre Verkarstung verhinderte oberflächlichen Abfluß und damit die weiträumige Abtragung der Feinsedimente. Der Löß wirkt deshalb hier ausgleichend auf das angelegte plio- und pleistozäne Relief, indem er Geländekanten verhüllt und Hänge oftmals abflacht. Da der Schluff leicht erodierbar ist, finden sich in den Muldentälchen oftmals mehrere Meter mächtige umgelagerte Lößlehme, die in den größeren Tälern im Bereich der Talsohle zusammen mit abgespültem humusreichem Bodenmaterial mächtige Auelehme bilden. Verdichtet und tonmineralangereichert neigen sie zu dauerhafter Staunässe.

Bodenerosion und Talverfüllung. – Diese umgelagerten Lehme sind die Zeichen *jüngster rezenter Geomorphodynamik*. Durch die schon seit dem Neolithikum erfolgte Inwertsetzung großer Flächen, die ackerbauliche Nutzung in der Römerzeit, auf deren Wirken zahlreiche archäologische Fundstellen weisen, sowie die Intensivierung der Landwirtschaft seit dem Hochmittelalter wurde die Bodenerosion bedeutend gesteigert. Dies betrifft vor allem das südliche Kreisgebiet, wo auf den schluffig-lehmigen Deckschichten meist Parabraunerden entwickelt sind, die in der Regel trotz fortgeschrittener Entkalkung gute Erträge liefern. Auf den schwereren Böden der nördlich sich anschließenden Rötzone zwischen Elz und Seebach, um Buchen, Mudau oder bei Hardheim wird meist nur Grünlandwirtschaft betrieben. Dagegen sind die sauren, nur fleckenartig von Lößlehm bedeckten Buntsandsteinflächen mit ihren zur Podsolierung neigenden Böden fast durchweg nur forstwirtschaftlich genutzt. Die offenere Landschaft im Bauland verbunden mit der intensiveren Nutzung der hier mächtiger vorliegenden, erosionsanfälligen Feinsedimente führte in historischer Zeit im südlichen Kreisgebiet zu besonders starker Boden- und Deckschichtenerosion und demzufolge zu fortgeschrittener Teilverfüllung der meisten Muldentälchen. Hinzu kommt die gegenüber dem Odenwald hier geringere Reliefenergie. Damit war in jüngster Vergangenheit aber auch die Ausbildung breiter Talsohlen in den größeren Tälern verbunden, die zwar rezent über einen perennierenden Abfluß verfügen, der jedoch nicht mehr in der Lage ist, die großen Mengen an umgelagertem tonig-schluffigem Material ganz aus der Landschaft hinauszutransportieren.

Plateauzerschneidung im N, Hügelland im S. – Bei mächtigerem Auftreten auf den Muschelkalk- und Keuperflächen verstärken die Lösse noch den Gegensatz zu den wenig gegliederten, hochgehobenen Buntsandsteinplateaus, indem in den pleistozänen Deckschichten flache Dellen entwickelt sind. Sie bringen weitere Unruhe in das ohnehin schon fast in ein Hügelland aufgelöste Relief im S des Neckar-Odenwald-Kreises (s. o.). Diese Trockentälchen, die heute meist nur noch durch die Bodenerosion weitergeformt werden, verfügen über nahezu ideale konvex-konkav geformte Hänge. Diese Formen stellen ihrerseits einen deutlichen Hinweis auf große Lößmächtigkeiten dar, da sie weitgehend homogenes Substrat voraussetzen.

Auf diese Weise verliert sich der Plateaucharakter, der die tief zerfurchte Buntsandsteinplatte kennzeichnet, nach S und O in die Baulandmulde hinein zunehmend zugunsten eines hügeligen Landschaftsbilds, wie es für viele der erdgeschichtlich verwandten Gäulandschaften bezeichnend ist. Trotz sehr verwandter Reliefgeschichte spiegelt sich so die Grenze zwischen dem Buntsandsteinodenwald und dem Bauland nicht nur petrographisch, vegetationsgeographisch oder in der Siedlungsweise und Landnutzung, sondern auch geomorphologisch deutlich wider.

3. Gewässernetz

Das Kreisgebiet entwässert in seiner Gesamtheit über die beiden größten oberrheinischen Nebenflüsse Main und Neckar zum nördlichen Oberrhein. Die Wasserscheide zwischen diesen beiden Talsystemen – die eigentliche *Hauptwasserscheide des Landkreises* – durchzieht das Beschreibungsgebiet von der Nordwestgrenze im Hinteren Odenwald bis an die Ostgrenze im Bauland. Sie verläuft auf den weithin bewaldeten Höhen im Oberen Buntsandstein des Hinteren Odenwalds zwischen den Einzugsgebieten des Elz- und Mudbachs bzw. weiter östlich der Morre vom Hohewald südwestlich des Schlosses und Sanatoriums Waldleiningen südlich an Schloßau, Mudau und Oberneudorf vorbei südostwärts, wo sie dann in östlicher Richtung umbiegt und zwischen Buchen und Bödigheim die Muschelkalkhügel des Baulands erreicht. Ihre Höhenlage verringert sich dabei entsprechend der Ostabdachung des Buntsandsteinberglandes von rd. 550 m NN nahe der westlichen Kreisgrenze über 530 m NN auf dem flachen Sattel zwischen Schloßau und Waldauerbach, ca. 460 m NN zwischen Mudau und Langenelz, 450–440 m NN bei Oberneudorf und noch 400 m NN am Kaltenberg am Südrand der Gkg Buchen. Im Baulandanteil des Landkreises zieht sie dann in geschwungenem Verlauf zwischen den Einzugsbereichen der oberen Morre und der ebenfalls dem Main zustrebenden Erfa sowie des Rinschbachs und der Kirnau, die südwärts zur Jagst und damit zum Neckar abfließen, ostwärts. Höhenlagen bis zu 450 m NN am Eulsberg nördlich von Hettingen oder 448 m NN im Bodenwald auf Gkg Altheim werden dabei überspannt. An der östlichen Kreisgrenze auf Gkg Gerichtstetten sinkt sie dann auf knapp unter 400 m NN ab. Etwa das nördliche Drittel des Neckar-Odenwald-Kreises wird so über den Main, das zentrale und südliche Kreisgebiet über den Neckar zum Rhein entwässert. Beide Vorfluter durchbrechen in antezedenten, tief in den Buntsandstein eingesägten Durchbruchstälern das nördliche oberrheinische Randgebirge.

Zentrale Punkte für das Gewässernetz des Neckar-Odenwald-Kreises liegen im O und NW jeweils außerhalb der Landkreisgrenzen. Es ist der in der tektonischen Baulandmulde durch Reliefumkehr im Keuper auf über 400 m NN aufragende Ahornwald, auf dessen wasserstauenden Tonen und Tonmergeln ein sternförmig ausstrahlendes Bachnetz seinen Ursprung mit Wasserläufen hat, die dem Main (Erfa), der Jagst (Kirnau) und – östlich außerhalb des Beschreibungsgebietes – auch der Tauber (Brehmbach) zuströmen. Im NW außerhalb des Landkreises ist es der Talknoten von Amorbach, in dem die dem Main zustrebenden und die Hochflächen des Hinteren Odenwalds zerschneidenden Wasserläufe von Marsbach, Morre, Mud und Gabelbach zusammenmünden, um dann gemeinsam über den unteren Talabschnitt des Mudbachs bei Miltenberg in den Main einzutreten. Nur unweit östlich der Mudbachmündung entwässert auch die bei Hardheim in den Buntsandstein des Hinteren Odenwalds eintretende Erfa in den Main.

Auffallend ist, daß der nördliche *Kreisanteil des Hinteren Odenwalds*, dessen Gewässer zum Main abfließen, wesentlich stärker durch tief eingesägte Täler gegliedert wird als der dem Neckar zugewandte Odenwaldanteil südlich der Hauptwasserscheide. Seine Hauptentwässerungsader ist das längste Flußsystem, das innerhalb des Landkreises entspringt und in den Neckar einmündet. Es ist der Elzbach – oder die Elz –, deren Quellbäche auf den Hochflächen von Waldauerbach und Oberscheidental entspringen und die in ganz sanften, dellenartigen Talmulden ostwärts fließen. Erst gegen den Ostrand der im Bereich der Odenwaldflexur steiler einfallenden Buntsandsteinabdachung gräbt sich der Elzbach zwischen Laudenberg und Einbach steiler und kerbtalartig ein und folgt nach der Umlenkung seiner Fließrichtung nach SW im unteren Talabschnitt der geologischen Grenze von Buntsandstein und Muschelkalk im Grenzbereich von Odenwald und Bauland. Seine rechtsseitigen Nebenflüsse wie der Trienz-, Has- und Nüstenbach zeigen eine ganz ähnliche Talausbildung: breite, flachwannige Oberläufe und erst steiler eingetiefte Kerbtäler oder schmale Sohlentäler in den mittleren und unteren Talabschnitten. Die weiter westlich unmittelbar dem Neckardurchbruchstal zustrebenden Wasserläufe, die den Michelherd-Wald und die Winterhauchhochfläche südwärts entwässern, stürzen in ihren unteren Talabschnitten, im Bereich der steil in den Oberen und Mittleren Buntsandstein eingesägten Neckartalhänge schluchtartig zum Vorfluter ab, vor allem dann, wenn ihre Ausmündung im Bereich eines übersteilten Neckarprallhanges liegt wie die Margaretenschlucht auf Gkg Neckargerach oder die Wolfsschlucht bei Zwingenberg. In tief eingesägten Kerbtälern entwässern auch die westwärts zur Itter strebenden Bäche des Reisenbacher Grundes und des Höllgrunds.

Die Talquerprofile und Talhangbildungen sind stark gesteinsabhängig. Im Bereich des Röt mit seinen tonigen und mergeligen Schichten finden sich breite Talauen, so an zahlreichen Oberläufen der vom Hinteren Odenwald heruntersteigenden Bäche. Im Röt hat sich bei Obrigheim die Talaue des Neckars stark verbreitert, und eine ähnliche Talentwicklung läßt sich auch bei Hardheim beobachten, wo die Erfa aus dem Bauland in den Hinteren Odenwald eintritt. Steilere Talflanken haben sich dann in den härteren Gesteinen des Oberen und am Neckar vor allem des Mittleren Buntsandsteins mit teilweise felsigen Hangpartien herausgebildet.

Die Dichte des Talnetzes ist im Hinteren Odenwald, wo sich die Täler nur zwischen weiten, flachwannigen und hügeligen Hochflächen einschnitten, weitmaschig. Auf 1 qkm kommen dort nur etwa 0,6–0,7 km fließende Gewässer.

3. Gewässernetz

Auffallend am Gewässernetz im *Baulandanteil* des Landkreises ist der parallele Verlauf zahlreicher Täler, die eine NNW-Richtung einnehmen wie der Neckar und die Erfa oder die etwa nach SSW abfließen wie die Jagstzuflüsse Kessach, Kirnau, Seckach und Schefflenz. Sie folgen dem Fallen oder Streichen der Gesteinsschichten und lassen eine ganz unterschiedliche Dichte und Wasserführung erkennen. Auf dem Mittleren Muschelkalk und im Lettenkeuper ist das Talnetz mit 0,9–1,1 km fließendem Gewässer pro qkm verhältnismäßig dicht. Auf den weitgehend oder zumindest sehr häufig verkarsteten Hochflächen des Oberen Muschelkalkes liegt die Flußdichte dagegen im Durchschnitt bei nur etwa 0,6 km/qkm. Im Bereich der stark verkarsteten Hochflächen zwischen Elz, Schefflenz, Seckach und Kessach, die sich im Hauptmuschelkalk durch eine extreme Trockenheit auszeichnen, lassen sich entlang der Täler und Trockentäler Dolinenfelder entdecken, die im Zuge moderner Flurbereinigungsmaßnahmen häufig auch zugeschüttet und im Oberflächenbild nicht mehr immer zu erkennen sind. Im südöstlichen Kreisgebiet lassen sich im Gemeindegebiet von Rosenberg sowie im Stadtgebiet von Ravenstein als Ausdruck der Verkarstung zahlreiche Trockentäler ausmachen, deren Anteil an der Gesamtlänge der Talzüge fast bei 75 % liegt. Auch für das Bauland gilt eine starke Abhängigkeit der wasserführenden Oberflächenformen von der Gesteinsbeschaffenheit. In harten Wellen- und Hauptmuschelkalken haben sich häufig steile, steinige und meist etwas konvexe Hangprofile mit unterschiedlich breiten Talsohlen herausgebildet. Im Verbreitungsbereich der stufenbildenden Kalke finden sich häufig windungsreiche Engtalabschnitte wie am Hergstbach südlich außerhalb der Kreisgrenze oder am Erlenbach im Bereich des gleichnamigen Dorfes.

Der flächenmäßig geringe Anteil des Landkreises am *Kraichgau* und am *Kleinen Odenwald* läßt eine etwa parallel zum Neckar verlaufende Wasserscheide zwischen Elsenz und Neckar erkennen. Sie verläuft zuweilen in unmittelbarer Nachbarschaft der übersteilten oberen Neckarprallhänge wie auf den Gkgn Neunkirchen und Zwingenberg. Im übrigen führen die Buntsandsteinhöhen um Neunkirchen und die Muschelkalkhügel in den Gemeindegebieten von Aglasterhausen, Obrigheim und Hüffenhardt ihre Wasser über den Schwarzbach und seine Zuflüsse in südlicher und südwestlicher Richtung zur Elsenz ab, die als Hauptwasserader des Kraichgauer Hügellandes erst bei Neckargemünd in den Neckar einmündet.

Pegel zum Messen der abfließenden Wassermengen finden sich an den Gewässern des Neckar-Odenwald-Kreises nur wenige. Innerhalb des Kreisgebietes werden ständige *Wasserstands- und Abflußmengenmessungen* nur am Elz-Pegel Tiefer Weg in Mosbach und am Erfa-Pegel Hardheim-Wohlfahrtsmühle vorgenommen. Als für die Abflußverhältnisse des Kreisgebietes repräsentativ können auch einige ständige Meßstellen am Neckar und am Mudbach betrachtet werden, die zwar außerhalb, aber in der unmittelbaren Nachbarschaft des Beschreibungsraumes liegen. An ihnen werden Wasserstände und Wasserabflüsse beobachtet, die – wie am Neckar – für Teile des Kreisgebietes von Bedeutung sind oder die zum größten Teil ihren Ursprung im Kreisgebiet haben wie am Mudbach. Es handelt sich dabei um die Neckar-Pegel Gundelsheim und Rockenau sowie um den Mud-Pegel bei Weilbach unterhalb von Amorbach.

Über die Abflußverhältnisse im Abflußjahr 1987 (Nov. 1986 bis Okt. 1987) gibt Tab. 1 Auskunft. Elzbach, Erfa und Mudbach lassen ein ganz ähnliches Abflußverhalten feststellen. Die höchsten Abflußmengen werden an den Pegeln in Mosbach, Hardheim und Weilbach im Winter und Frühjahr gemessen. Die Schneeschmelze im Frühjahr führte dabei bei allen drei Gewässern im März zu den höchsten Wasserabflüssen, während im Sommer und Spätjahr die geringsten Wasserabflüsse verzeichnet wurden. Am deutlichsten zeigt dies die jahreszeitliche Abflußmengenschwankung der

Tabelle 1: **Monatlicher Abfluß in cbm/s im Abflußjahr 1987**

Gewässer	Monat											
	11.86	12.86	1.87	2.87	3.87	4.87	5.87	6.87	7.87	8.87	9.87	10.87
Erfa	29,42	38,33	52,97	38,71	70,50	40,41	31,24	29,83	25,57	26,65	21,71	21,81
Elzbach	68,00	122,40	133,77	84,26	175,17	61,39	32,36	70,35	37,17	54,02	38,57	35,75
Mudbach	114,33	172,11	221,32	146,58	327,76	132,14	85,03	117,70	68,16	98,13	94,52	84,54

Pegel: Erfa: Hardheim-Wohlfahrtsmühle, Elzbach: Mosbach-Tiefer Weg, Mudbach: Weilbach
Quelle: Deutsches Gewässerkundliches Jahrbuch Rheingebiet, Teil I: Hoch- und Oberrhein, Abflußjahr 1987
 Deutsches Gewässerkundliches Jahrbuch Rheingebiet, Teil II: Main, Abflußjahr 1987.

die Baulandhügel im nordöstlichen Kreisgebiet entwässernden Erfa. Nach deutlich hervortretenden Abflußmaxima im Januar und März 1987 verringerte sich der Wasserabfluß fast kontinuierlich, ohne große Schwankungen, bis zum herbstlichen Minimum im September und Oktober. Die monatliche Abflußmenge umfaßte dabei im März 1987 das über 3,2fache gegenüber dem Monat September mit der geringsten Abflußmenge. Die jahreszeitliche Verteilung der Abflußmengen an Elzbach und Mud verläuft ganz ähnlich. Beide zum größten Teil den Hinteren Odenwald entwässernden Flußsysteme zeigten Winter- und Frühjahrsmaxima im Januar und März 1987, gegenüber dem Baulandfluß Erfa dann allerdings größere monatliche Abflußschwankungen im Frühsommer und Sommer. Das Abflußminimum lag beim Mudbach im Sommer (Juli), beim Elzbach im Mai und Oktober. Die Mud unterhalb von Amorbach wies durch ihre größeren und zahlreicheren Nebenflüsse allerdings wesentlich höhere Abflußmengen als die Elz auf. Ihre Abflußmengenschwankungen im Jahresverlauf sind aber etwa gleich. So lag die höchste monatliche Frühjahrsabflußmenge im März 1987 am Pegel Weilbach um fast das Fünffache (4,8) über der Abflußmenge des Monats Juli. Der Elzpegel Mosbach ließ im März 1987 eine um das 5,4fache höhere monatliche Abflußmenge als im Mai sowie eine um das ebenfalls fast Fünffache (4,89) höhere Abflußmenge als im Oktober messen. Am Neckar, der Hauptentwässerungsader des südwestdeutschen Schichtstufenlandes, lassen die in den Jahren 1977 bis 1986 beobachteten Wasserstände an den Pegeln Gundelsheim und Rockenau ein ähnliches Abflußverhalten erkennen (vgl. Tab. 2). Sowohl die Kurve des mittleren höchsten (MHW) als auch des absoluten höchsten Wasserstandes (HW) zeigen für das genannte Jahrzehnt einen beachtlichen herbst- und winterlichen Anstieg von September bis Februar, ein Absinken im März und April sowie ein starkes Ansteigen im Mai, dem in den Sommermonaten Juni und Juli ein deutliches Absinken der Wasserstände folgt. Sommerniederschläge bringen dann einen erneuten Anstieg im August, auf den der Jahrestiefststand im September folgt. Bei den absoluten Höchstwasserständen waren zwischen 1977 und 1986 in den Maimonaten an den Pegeln Gundelsheim und Rockenau dreimal so hohe Wasserstände als in den Septembermonaten zu verzeichnen. Nur gut doppelt so hoch ließen sich die mittleren höchsten Wasserstände in den jeweiligen Februarmonaten gegenüber den Septembermonaten errechnen. Die für 1977 bis 1986 ermittelten mittleren monatlichen Wasserstände lassen an beiden Pegeln einen kontinuierlichen Wasserstandsanstieg von September bis Februar ermitteln. Im März sinkt er spürbar ab und hält sich dann bis Mai auf etwa gleicher Höhe. In den Sommermonaten geht er dann recht gleichmäßig zurück, um im September den Tiefststand zu erreichen. Dieser mittlere Wasserstand lag in den Februarmonaten um das 1,3fache über dem der Septembermonate. Die Kurven der mittleren und absoluten niedrigsten Wasserstände

3. Gewässernetz

Tabelle 2: **Wasserstände in cm an den Neckarpegeln Gundelsheim und Rockenau 1977–1986**

GUNDELSHEIM

Art des Wasserstandes	Monat											
	Nov.	Dez.	Jan.	Febr.	März	Apr.	Mai	Juni	Juli	Aug.	Sept.	Okt.
HW	342	633	642	640	586	694	791	502	384	470	260	460
MHW	244	367	433	464	324	319	393	298	255	247	215	286
MW	182	205	217	239	211	209	208	191	181	177	174	182
MNW	172	174	177	182	183	183	177	175	171	170	168	168
NW	163	166	165	168	167	168	167	165	164	164	163	165

ROCKENAU

	Nov.	Dez.	Jan.	Febr.	März	Apr.	Mai	Juni	Juli	Aug.	Sept.	Okt.
HW	386	692	675	693	635	780	876	555	420	499	288	514
MHW	268	408	478	513	362	358	439	332	281	269	231	311
MW	194	226	242	268	235	232	229	209	196	189	186	196
MNW	180	186	192	199	200	199	191	189	183	180	178	178
NW	175	176	177	181	180	184	179	180	177	176	175	168

Erläuterungen: HW = Höchster Wasserstand   MNW = Mittlerer niedrigster Wasserstand
MHW = Mittlerer höchster Wasserstand   NW = Niedrigster Wasserstand
MW = Mittlerer Wasserstand

Quelle: Deutsches Gewässerkundliches Jahrbuch, Abflußjahr 1987
Rheingebiet, Teil I: Hoch- und Oberrhein
Rheingebiet, Teil II: Main

Tabelle 3: **Monatlicher Abfluß des Neckars bei Gundelsheim und Rockenau in cbm/s im Abflußjahr 1987**

Pegel	Monat											
	11.86	12.86	1.87	2.87	3.87	4.87	5.87	6.87	7.87	8.87	9.87	10.87
Gundelsheim	5584	6293	6797	5736	7563	5772	6358	7006	6246	6133	5324	5452
Rockenau	6089	6934	7637	6378	8703	6395	7069	7961	6946	6845	5792	5890

Quelle: Deutsches Gewässerkundliches Jahrbuch, Rheingebiet I: Hoch- und Oberrhein, Abflußjahr 1987

(MNW und NW) lassen für das berücksichtigte Jahrzehnt nur ganz geringe jährliche Schwankungen feststellen, die am Pegel Gundelsheim bei 1,83 bzw. 1,67 m in den März- sowie 1,7 bzw. 1,64 m in den Septembermonaten, am Pegel Rockenau dann bei 2 bzw. 1,8 m sowie 1,8 bzw. 1,76 m lagen.

Die monatlichen Abflußmengen zeigten im Abflußjahr 1987 (vgl. Tab. 3) an beiden Pegeln Wintermaxima im Januar, Frühjahrsmaxima im März, mit den absolut höchsten Abflüssen, sowie niedrigste monatliche Abflußwerte im September. Am Pegel Gundelsheim lagen sie im März um das 1,4fache über dem Septemberabfluß, bei Rockenau um das 1,5fache.

4. Klima und Böden

Im Klima zeigt sich wiederum deutlich die Übergangsstellung des Landkreises, stehen doch mehr kontinental geprägte Klimafaktoren im Bauland ozeanischeren im östlichen Gebirgsanteil des Odenwaldes gegenüber. Das Klima des *Baulandes* ist ziemlich rauh. Die Lage der Muschelkalkhügel und -hochflächen im Regenschatten des Odenwaldes bewirkt ein häufiges Strahlungswetter mit geringer Bewölkung und starker nächtlicher Abkühlung, so daß in den Monaten März bis September die täglichen Temperaturschwankungen häufig 20° C überschreiten. Bei Buchen am Rande des Hinteren Odenwaldes tritt der erste Frost schon früh, um den 9. Oktober, auf; Spätfröste können sich dagegen im Frühjahr bis in die erste Maihälfte hinein (7. 5.) noch empfindlich auswirken.

Klimatisch bevorzugt sind die Täler, unter ihnen vor allem das Muschelkalk-Neckartal mit Rebkulturen an den steileren Kalkhängen von Gundelsheim bis Neckarzimmern und Binau sowie mit dem Anbau empfindlicher Obstsorten. Die Mittelwerte der Temperatur liegen dort wie auch im Elztal unterhalb Dallau, das diesem klimatischen Gunstraum voll zugerechnet werden kann, im langjährigen Jahresmittel bei über 9° C. Mit dem Einsetzen der Schneeglöckchenblüte bereits in der zweiten Februarhälfte und der Apfelblüte in den ersten Maitagen (1.–5. 5.) erweist sich das Neckartal im Altsiedelgebiet des südlichen Landkreises als ein klimatischer Gunstraum wie das südlich angrenzende Heilbronner Becken oder wie große Teile des Oberrheinischen Tieflands. Das äußert sich auch in durchschnittlich über 40 Sommertagen mit Temperaturen von über 25 Grad C.

Der gesamte südliche Baulandanteil im Kreisgebiet liegt zwischen der 9°- und 8°-Jahresisotherme. Letztere verläuft in ungefähr westöstlicher Richtung auf den Höhen nördlich des Schefflenztals etwa von Heidersbach nach Sindolsheim und Hirschlanden. Besonders begünstigt sind dabei die südlichen hochflächigen Höhen im Bergfeldbereich zwischen dem Elz- und Schefflenztal. Der Baulandanteil im nordöstlichen Landkreis im Einzugsbereich der Erfa, des oberen Marsbachs und der Morre liegt wie die angrenzende Abdachung des Hinteren Odenwalds im Bereich der 8°-Jahresisotherme.

Die mittlere Januartemperatur liegt im südlichen Baulandgebiet – südlich der genannten Linie Heidersbach-Sindolsheim-Hirschlanden – bei 0° C, nördlich davon bei – 1° C. Die entsprechenden Juli-Durchschnittstemperaturen liegen bei 18° bzw. bei 17° C. Für die Kontinentalität des Baulandklimas, das durchschnittlich an 235 Tagen im Jahr Temperaturen von 5° C oder mehr erreicht, sprechen die absoluten Mindest- und Höchstwerte, die zwischen – 30° C und +38° C schwanken können. Die mittlere Temperatur während der Vegetationsperiode liegt im südlichen Baulandanteil in den Monaten Mai bis Juli bei 15° C und damit fast so hoch wie im benachbarten Neckarbecken und im nördlichen Oberrheingraben (16° C). Lediglich im Bereich der nordöstlichen Baulandhügel und -hochflächen sinkt die mittlere Temperatur zwischen Mai und Juli auf 14° C ab. Die klimatisch bevorzugte Stellung des Neckartal- und unteren Elztalabschnittes sowie der südlichen Baulandhügel zeigt sich deutlich am bis heute verbreiteten Weinbau, dessen am weitesten nach N vorgeschobene Grenze im Kreisgebiet nie über Auerbach und Unterschefflenz hinausreichte. Die Vorzugsstellung der Baulandhöhen wie auch der Kraichgauhügel im südlichen Neckar-Odenwald-Kreis verdeutlichen ferner die nachstehenden phänologischen Daten und Temperaturangaben: Die Apfelblüte setzt in den genannten südlichen Landschaften zwischen dem 5. und 10. Mai ein, und die mittlere Zahl der Sommertage mit Temperaturen von 25° C

4. Klima und Böden

und darüber liegt bei 30 bis 35 im Jahr. Der Beginn der Winterroggenernte setzt dort im langjährigen Jahresdurchschnitt zwischen dem 22. und 29. Juli ein. In den nordöstlichen Baulandhügeln des Landkreises beginnt die Apfelblüte erst vom 10. bis 15. Mai. Die Zahl der Sommertage liegt im langjährigen Mittel bei durchschnittlich 20 bis 30. Die Winterroggenernte wird dort erst in den letzten Juli- und ersten Augusttagen (27. 7.–3. 8.) eingebracht.

Geringere mittlere und absolute Temperaturspannen sind bezeichnend für das ozeanisch-feuchte Mittelgebirgsklima des östlichen *Sandstein-Odenwaldes*, dessen größere Reliefenergie allerdings keine so einheitlichen Meßwerte ermitteln läßt wie das Bauland. In den Talbereichen mit Höhenlagen bis 200 m NN erreicht das Jahresmittel der Temperatur 8,5°, das Januarmittel liegt bei 0°, die mittlere Julitemperatur bei 17,5° C. Das in den Tälern des Sandstein-Odenwaldes gemessene absolute Minimum der Temperatur wurde bei −28°, das absolute Maximum bei 37° C vermerkt. In Höhenlagen von 200–400 m NN, das sind bevorzugt die Hangbereiche der in den Oberen Buntsandstein eingeschnittenen Täler, beträgt die jährliche Durchschnittstemperatur 8° C. Einem Januarmittel von −1° steht in diesen Höhenlagen ein Julimittel von 16,5° gegenüber, und die absoluten Tiefst- und Höchsttemperaturen schwanken zwischen −25° und 35° C. Auf den Höhen und Hochflächen um 550 m NN beträgt das Jahresmittel noch 7,5°, die mittlere Januartemperatur −1,5° und der durchschnittliche Juliwert 16° C. Auch auf den Höhen des Hinteren Odenwalds wurden als Tiefstwert −25° gemessen, das absolute Maximum hat aber 34° C noch nicht überschritten. Damit sind die bisher gemessenen Temperaturspannen in dem ozeanischeren Mittelgebirgsteil des Landkreises mit maximal 65° in den Tälern, 60 und 59° in den Hang- und Hochflächenlagen geringer als im Bauland, wo sie 68° betragen können.

Besonders benachteiligt ist der Winterhauch, wo zur Ungunst der Böden auf dem Plattensandstein (s. u.) auch eine klimatische Benachteiligung gegenüber dem übrigen Kreisgebiet kommt. Nur 10–20 Sommertage mit über 25° C und eine verhältnismäßig kurze Vegetationsperiode, die mit der Schneeglöckchenblüte erst zwischen dem 11. und 21. März und damit 1,5 Wochen später als im nur unweit entfernten und tief in den Buntsandstein eingegrabenen Odenwälder Neckartal einsetzt, sind bezeichnend dafür. Auf den Hochflächen des Hinteren Sandstein-Odenwalds um den Katzenbuckel und um Mudau liegt der mittlere Beginn der Apfelblüte beim 15. Mai und damit durchschnittlich 10 Tage später als im Neckartal und Elzmündungsraum. Der Beginn der Winterroggenernte setzt in diesen Höhenzonen erst am 3. August ein, und die Durchschnittstemperatur während der Vegetationsperiode von Mai bis Juli liegt im langjährigen Mittel bei 14° C.

Der Wechsel vom mehr ozeanisch geprägten, mäßig kühlen und feuchten Mittelgebirgsklima des Hinteren Odenwalds zum mehr kontinental bestimmten und trockeneren Baulandklima äußert sich deutlich in der Anzahl der Nebeltage, im Niederschlag und im Gang des Niederschlags im Jahresablauf.

Während das Neckartal und die südlichen Baulandhügel weniger als 30 Tage mit Nebel im Jahr, der größte Teil des Bauländer Kreisanteils zwischen 40 und 50 Tage mit Nebel aufweisen, steigen die Nebeltage auf der Abdachung des Hinteren Odenwalds auf über 50, auf den Hochflächen und Höhen des Winterhauchs und Mudauer Odenwalds sogar auf 60 im Jahr an. Die Odenwaldhöhen nehmen aber bei winterlichen Hochdrucklagen durch oft tagelang währende Inversionswetterlagen eine gewisse Vorzugsstellung ein. Das Absinken der feuchten Kaltluft beschert dem Neckartal dann eine dichte Nebeldecke, während auf den Höhen ein strahlender Sonnenschein vorherrscht. Verbunden sind diese winterlichen Sonnenscheinperioden allerdings mit einer beachtlichen nächtlichen Ausstrahlung bei wolkenlosem oder wolkenarmem Himmel, die zu großen Temperaturrückgängen und starken Frosteinbrüchen in den frühen Morgenstunden führen können.

Die Hochflächen um den Katzenbuckel und bei Mudau verzeichnen mit einem mittleren Jahresniederschlag von 950 mm die höchsten Niederschläge im Odenwald überhaupt. Im Sandsteintal des Neckars betragen sie noch 800 mm, eine Niederschlagsmenge, die im Jahresdurchschnitt auch auf den Lohrbacher Platten, dem tektonischen Verbindungsglied zwischen Odenwaldhochflächen und den Baulandhöhen, gemessen wird. Im Regenschatten des oberrheinischen Randgebirges gelegen, erhalten die Baulandhöhen innerhalb der Kreisgrenzen im langzeitig gemessenen Jahresdurchschnitt nur 800 bis 750 mm. Die geringsten Niederschläge erhält dabei das südliche Schefflenzgäu mit dem Bergfeld. Seine Niederschlagsmenge wird lediglich in dem zum Heilbronner Becken offenen Muschelkalktal des Neckars unterschritten, wo bei Gundelsheim durchschnittlich nur 720 mm fallen.

Typisch für die klimatisch kontinentaler geprägten Baulandhügel sind die hauptsächlich im Sommer, zum Teil in heftigen Wolkenbrüchen niedergehenden Regen, während im Hinteren Odenwald ein winterliches und ein größeres sommerliches Niederschlagsmaximum zu beobachten ist. Dabei liegt auf den Hochflächen des Hinteren Odenwalds an durchschnittlich 60 Tagen, im Kleinen Odenwald, auf der südöstlichen Gebirgsabdachung und im nordöstlichen Baulandanteil des Kreises an 50 Tagen, im zentralen Hügelland zwischen Elzbach, Schefflenz, Seckach und Kirnau an 40 Tagen, im südlichen Bauland und im Muschelkalk-Neckartal an 30 bis 40 Tagen Schnee.

Während des Januars fallen im langjährigen Durchschnitt auf den Odenwaldhochflächen 90 mm, auf der südöstlichen Gebirgsabdachung 70 bis gegen 90 mm Niederschlag. Im Baulandanteil des Landkreises sinkt dieses Monatsmittel auf 60–70 mm. Im Juli erreicht die Niederschlagsmenge durchschnittlich höhere Werte: 100 mm auf den Buntsandsteinhochflächen, 70–80 mm auf den südlichen und über 80 mm auf den zentralen und nordöstlichen Baulandhöhen. Die mittleren Niederschläge während der Vegetationsperiode von Mai bis Juli verringern sich von 260 mm auf den Buntsandsteinhochflächen auf 200 mm im Bauland.

Die Böden sind als Verwitterungsprodukte in erster Linie abhängig vom Gestein und Klima. Sie zeigen je nach Ausgangsmaterial und Reliefflage regional und lokal beachtliche Unterschiede. Auf dem Plattensandstein des *Winterhauchs* entwickelten sich unfruchtbare Bleicherden auf mit Staunässe durchsetzten Missen und Molkenböden, die selbst einer forstlichen Nutzung Schwierigkeiten bereiten. An stärker geneigten und daher besser drainierten Hängen entstanden dort, wo die glimmerreichen und tonig gebundenen Plattensandsteine einen gewissen Mineralgehalt aufweisen, für die Waldwirtschaft gut nutzbare Böden. Bei Kalkzufuhr ergeben sich aus ihnen auch brauchbare Ackerböden. Bezeichnend für die Höhenbereiche im Odenwaldanteil des Landkreises ist das nahe Beieinanderliegen von Staunässe und Wassermangel. Die Verwitterungsböden des Oberen Buntsandsteins erlauben aber auch noch in Höhen über 500 m NN in der Nachbarschaft des Katzenbuckels einen ertragreichen Obstbau, während die häufig mit Blockhalden und Blockstreu überdeckten Böden des Hauptbuntsandsteins und des Chirotherienquarzits dem Wald vorbehalten bleiben müssen.

Am Ost- und Südostrand des Buntsandsteinberglandes haben sich entlang eines geschlossenen Saumes von Röttonen vor der Muschelkalkstufe schwere, nasse und kalte Wiesenböden entwickelt, die nur dort, wo sie von Lößlehm überlagert sind, auch als Ackerland genutzt werden können. Mit Lößlehm bedeckte Röttone finden sich auch inselartig auf der Gebirgsabdachung des *Hinteren Odenwalds*, wo sie dank ihrer

4. Klima und Böden

ackerbaulich nutzbaren Flächen dann häufig den Ansatzpunkt für Rodungsinseln im umgebenden Waldland wurden. Diese mit Buntsandsteinschutt durchsetzten Flugsandablagerungen bilden neben jungen alluvialen Sedimenten in den Talauen die fruchtbarsten Böden, die auf der Gkg Neckargerach Bodenklimawerte von 42, auf den Gkgn Guttenbach und Zwingenberg von 59 bis 60 aufweisen.

Bezeichnend für die *Lohrbacher Platten*, die in 270–400 m NN eine Übergangsstellung zwischen dem Hinteren Odenwald und Bauland einnehmen, sind die unterschiedlichen Böden auf verschiedenartigem Gesteinsuntergrund. Im höheren Nordteil, wo der Obere Buntsandstein das Ausgangsmaterial der Bodenbildung darstellt, herrschen Bodenverhältnisse wie auf der Südostabdachung des Odenwaldberglandes vor. Im Südteil, südlich des Ortes Lohrbach, lagern Schichten des Wellendolomits über dem Oberen Buntsandstein, deren größere Härte eine meist nur recht undeutliche Schichtstufe verursacht. Vor ihr lagern Röttone. Entscheidend für die Böden auf den Lohrbacher Platten sind oft flächig verbreitete Lößlehmdecken. Auf ihnen entwickelten sich tiefgründige und mittelschwere Ackerböden, die weiten Bereichen der Lohrbacher Vorstufen den waldoffenen Landschaftscharakter des benachbarten Bauländer Altsiedellandes verleihen.

Im *Baulandanteil* des Landkreises sind die Böden dem Gesteinswechsel entsprechend recht unterschiedlich geartet, wenn auch eine in flachen Mulden auf den hochflächigen Höhen- und Hügelrücken sowie in Quellmulden von Wasserläufen verbreitete und zuweilen mächtige Lößlehmdecke häufig ausgleichend wirkt und annähernd ähnliche Ackerzahlen auch über geologische Gesteinsgrenzen hinweg feststellen läßt.

Auf den Dolomiten und Kalken des Wellengebirges haben sich in steilen und sehr steilen Hanglagen nur flachgründige und steinige Böden herausgebildet, auf denen – besonders im südlichen Landkreis – noch im vorigen Jahrhundert Reben gediehen, die heute durch Obstbäume und Obstbaumanlagen ersetzt sind. Von diesen trockenen Böden heben sich ganz deutlich die vor der nicht immer geomorphologisch klar ausgebildeten Muschelkalk-Schichtstufe saumartig ausgebreiteten Wiesenflächen auf feuchten bis nassen Röttonböden ab; sie begleiten den Rand des Buntsandsteinberglandes. Auf dem Mittleren Muschelkalk sind fruchtbare, meist recht schwere und zähe Böden entstanden, auf denen hauptsächlich Getreidebau mit Weizen und Spelz, der Getreidefrucht des Bauländer Grünkerns, gepflegt wird. Auf dem häufig verkarsteten und äußerst trockenen Hauptmuschelkalk finden sich dürre, von Steinriegeln durchzogene Scherbenböden, die sich deutlich von den schweren tonig-lehmigen Böden auf dem Lettenkeuper im östlichen und südöstlichen Kreisgebiet unterscheiden.

Die Bodenwerte dieser Baulandböden sind recht unterschiedlich und schwanken zwischen 41 und 53. Die besten Böden lassen sich auf den Gkgn Dallau und Neckarburken im Bereich des Elztals sowie auf jenen Gemarkungen ausmachen, die mit ihren Lößlehmdecken und -inseln auf das klimatisch bevorzugte Bergfeld hinaufreichen wie z.B. die Gkg Sulzbach. Bodenklimazahlen von 51 und 52 herrschen dort vor. In den nördlichen Schefflenzgemarkungen von Ober-, Mittel- und Unterschefflenz liegen sie zwischen 49 und 53.

Im *Muschelkalktal des Neckars*, wo ein älterer und noch nicht so tief eingeschnittener Flußlauf durch sein Mäandrieren weite Talbuchten ausgeräumt hat und wo über den Flußschottern bei Haßmersheim, Neckarelz und Obrigheim mächtige Lößdecken abgelagert wurden, entstanden die wertvollsten agrarisch nutzbaren Böden im Landkreis. Ackerzahlen von 60 (Gkg Obrigheim), 69 (Gkg Neckarelz) und 70 (Gkg Haßmersheim) lassen sich im Neckartal ermitteln. In den übrigen Neckartalgemarkungen herrschen Bodenwerte von 56 vor, die damit noch spürbar fruchtbarer sind als die Bauland- und Odenwaldgemarkungen im Neckar-Odenwald-Kreis. Das gilt auch für die Böden im Bereich des Sandstein-Odenwaldes, wo auf Löß- und Schwemmlößablagerungen über Gesteinsschichten des Oberen Buntsandsteins Ackerzahlen bis 60 festzustellen sind (s. o.).

5. Vegetation, Natur- und Landschaftsschutzgebiete

Die Rodung der mitteleuropäischen Laubwälder und ihr Ersatz durch bäuerliche Kulturen hat jene uns vertraute wechselvolle Landschaft entstehen lassen, die einer Vielfalt von Pflanzen und Tieren Raum bot. Der Grundsatz des Menschen, sein Leben auf die bequemste Art zu sichern, hat diese Entwicklung heraufgeführt. Derselbe Grundsatz führt bei den heute gültigen Wirtschaftsmethoden zum Artenschwund. Davon sind besonders spezialisierte Arten betroffen. Sie werden durch gemeine Arten ersetzt, die jedoch auch ihre ökologische Bedeutung haben.

Artenvorkommen und Individuendichte hängen von den hauptsächlichen Faktoren Licht, Feuchtigkeit des Bodens und der Luft, Wärme und Nährstoffe mit oder ohne Kalkgehalt ab. Teilweise sind die Faktoren steuerbar.

Der Neckar-Odenwald-Kreis mit etwa 1050 nachweisbaren höheren Wildpflanzenarten, davon etwa 11 % verschollen, zeigt Unterschiede in den das Pflanzenleben bestimmenden Faktoren: Die Höhenspanne zwischen 130 und 626 m NN bedingt mittlere Jahrestemperaturen von ca. 9 Grad im Neckartal und 7 Grad auf dem Winterhauch. Die jährlichen Niederschläge nehmen von über 1000 mm im Ursprungsgebiet der Elz bis auf unter 700 mm bei Hardheim ab. Verbreitete Hochebenen und Talflächen wechseln mit Hängen, die an der unteren Elz bis 100 % geneigt sind. Dem aus Silikatgesteinen aufgebauten Buntsandstein-Odenwald steht östlich das Muschelkalkgebiet des Baulands gegenüber; beide sind zum Teil mit Lößlehm überdeckt, beide weisen schluchtartige Einschnitte auf. Die Verteilung von Licht und Schatten, also von Wald- und Feldflur, ist auf menschliches Wirken zurückzuführen, ebenso die Entwässerung von Sümpfen und Kanalisierung von Gewässern. Die nur geringen Flächen des Unteren Lettenkohlenkeupers treten floristisch kaum in Erscheinung.

Beachtenswerte Pflanzenreservate sind an Orte mit extremen Umweltbedingungen gebunden. Kalkgehalt des Bodens bewirkt ein reicheres, Kalkmangel ein reduziertes Artenspektrum. Pflanzen mit ähnlichen Ansprüchen an den Standort gesellen sich zueinander. Sie bilden Assoziationen, die sich durch Kenn- und Trennarten beschreiben und abgrenzen lassen. Im strengen Sinn natürliche Gesellschaften sind im Landkreis nicht mehr zu erwarten. Die Naturkräfte haben allerdings das Bestreben, die Landschaft, soweit sie offen ist, wieder mit Wald zu überziehen. Diese zu erwartende Vegetation wird mit »potentieller natürlicher Vegetation« bezeichnet. Sie wird nur eingeschränkt jener der Vorrodungszeit gleichen.

In Kontinuität mit den alten Wäldern stehen unsere heutigen Laubwälder. Forstliche Eingriffe haben sie durch Ausmerzen wirtschaftlich uninteressanter und Einbringen soziologisch nicht hergehöriger Arten verändert. Die Nadelwälder sind rein forstwirtschaftlich bedingt.

Unsere naturnahen Wälder sind hauptsächlich Hainbuchen- und Buchenwälder. *Hainbuchenwälder* kommen primär an Stellen vor, an denen die Buche wegen zu großer Feuchte im Untergrund nicht konkurrieren kann. Sekundär hat sich, begünstigt durch die früher verbreitete Niederwaldwirtschaft, der Hainbuchenwald ausgeweitet.

5. Vegetation, Natur- und Landschaftsschutzgebiete

Als Kennarten beider Waldtypen gelten Hainbuche, Winterlinde, Waldlabkraut und Vogelkirsche.

Von *Buchenwäldern* ist zuerst der Waldmeister-Buchenwald vorzustellen. Er besiedelt gute Böden in Silikat- und niederen Kalkgebieten, die die Ausbildung einer reichen Krautflora erlauben. Bezeichnend sind für den Silikatwald der Waldschwingel, für den Kalkwald die Frühlingsplatterbse und selten Frauenschuh und Haargerste, für beide der Purpurlattich. Der kalkholde submontane Bergseggen-Buchenwald mit dem Weißen Waldvögelein als Kennart ist gegen den planaren Buchenwald bei uns kaum deutlich abzugrenzen. Nur noch Restflächen nimmt der *Auenwald* ein, wurde doch diese Waldart auf fruchtbarem Talboden meist in Wiesen umgewandelt. Die Kennarten Flatterulme und Traubenkirsche sind stellenweise in Auwaldbändern längs von Gewässern zu finden. Prächtigen Blütenaspekt bietet der Vorfrühling mit Gelbem Buschwindröschen, Hohlem Lerchensporn, Lungenkraut und dem geschützten Blaustern. Bemerkenswert sind der lokal bedrohte Blaue und Gelbe Eisenhut und der laut Roter Liste gefährdete Deutsche Straußfarn.

Schluchtwälder, die der Buchenwaldordnung angehören, sind unsere urtümlichsten Formationen mit Bergulme, Winterlinde, Berg- und Spitzahorn, Gelapptem Schildfarn und im Kalkgebiet dem Hirschzungenfarn. In Wolfs- und Margaretenschlucht verbinden sich markante Bäume mit einer imposanten Felsszenerie. An besonnten Steilhängen bildet der Buchenwald einen Übergang zu den wärmeliebenden *Steinsamen-Eichenwäldern*, der kleinflächig an einigen Stellen als solcher angesprochen werden kann. Purpurblauer Steinsame, Straußwucherblume, Purpurknabenkraut und im Neckarland die Waldbergminze kennzeichnen diesen Waldtyp. Hauptsächliche Pflanzengesellschaft auf nährstoffarmen Böden im Odenwald ist der *Hainsimsen-Buchenwald* mit der Weißen Hainsimse als Charakterart. Die Heidelbeere bildet oft den Unterwuchs solcher Wälder. Angereicherte Nährstoffe werden durch die Seegrassegge, z. B. im Elz- und Trienzbachtal, angezeigt. Auf ärmstem Odenwald-Substrat, nur noch gering ausgedehnt, ist der *Eichen-Birkenwald* anzutreffen. Habichtskrautarten, Weiches Honiggras und Schönes Johanniskraut kennzeichnen ihn.

Die unter den Sammelbegriff der *Fels-, Steppen- und Wacholderheiden* fallenden Gesellschaften an warmen Hängen und Waldtraufen stellen Landschaftselemente dar, in denen sich, nachdem die Nutzung aufgehört hat, Busch-, Saum- und Rasengesellschaften durchdringen. Viele pflanzliche, aber auch faunistische Seltenheiten sind auf flachgründig-scherbigen Kalksteinböden vertreten. Gegenüber dem Tauber- und Maingebiet ist im Neckar-Odenwald-Kreis die Anzahl der Kennarten geringer. Auch innerhalb des Kreises ist ein Gefälle von O nach W festzustellen. Arten wie Purpurklee und Wimpergras bleiben auf die Hardheimer Heiden beschränkt. Eine gewisse Eigenständigkeit weist das Mosbacher Gebiet auf, wo die östlich fehlende Felsenbirne einen Wuchsort aufzuweisen hat als Bindeglied der Vorkommen auf der Alb, bei Baden-Baden und an der Nahe.

Unsere Heidesträucher auf Kalk gehören meist dem *Schlehen-Ligustergebüsch* an mit seltenen Rosenarten, besonders um Mosbach. An Buschsäume anschließende Flächen nimmt die Blutstorchschnabel-Hirschwurz-Gesellschaft ein. Haaralant und Leinblatt werden ihr zugeschrieben. Der Spätsommer-Aspekt beeindruckt, wenn die lila Blüten der Bergaster die Heide wie mit einem Schleier überziehen. Auf freien, ehemals gemähten Flächen ist der *Typische Trespen-Halbtrockenrasen* bei Mosbach gut ausgebildet. Der *Enzian-Schillergras-Rasen* der Schafweiden zieht sich schwerpunktmäßig entlang dem geologischen Band des Unteren Muschelkalks quer durch den Landkreis. Er erfreut im Vorfrühling durch die Küchenschellen, im Frühsommer durch die

Orchideenpracht (diese erst seit den letzten Jahrzehnten) und im Spätsommer durch die Enziane. Lückige Vegetationsdecken mit Zartblättrigem Lein weisen auf den *Trespen-Trockenrasen* hin. Der Berggamander am Hamberg bei Neckarelz ist um 1930 ausgestorben. Von der *Silikat-Trockensaum-Gesellschaft* ist nur ein Wuchsort bei Neckargerach mit Traubiger Graslilie und Pechnelke bekannt. Bezüglich der noch in geringen Resten bestehenden *Magerweiden des Odenwalds* mit Borstgras und Arnika genüge ein Hinweis. Ihnen gehörte früher das Weißzüngel, eine nordisch-subozeanische Orchideenart, an. Bedeutend sind die wechselfeuchten bzw. -trockenen *Pfeifengraswiesen*. Im Odenwald kommen sie zusammen mit Torfmoosen vor, im Kalkgebiet sind sie orchideenreich. Die feuchtesten Stellen sind zwischen- bis flachmoorig. Sonnentau, Schnabelbinse, Läusekraut und Preiselbeere in der Schwanne bei Wagenschwend begründeten die Einrichtung eines Naturschutzgebietes. Heute sind diese Arten verschollen. Von Kalkmoorpflanzen sind Parnassie und Breitblättriges Wollgras ausgestorben, Davallsegge und Simsenlilie sind noch da.

Wasser- und Sumpfflächen treten im Neckar-Odenwald-Kreis zurück. Der Neckar ist kanalisiert und zu einer Staukette umgestaltet. An den übrigen nährstoffreichen Gewässern hat sich bruchstückhaft ein *Weidenbusch* gebildet, bzw. ist eine zwischen Silberweiden- und Hainmieren-Schwarzerlengesellschaft vermittelnde Gemeinschaft entstanden, die durch die Rötweide, einen Baumweidenbastard, charakterisiert werden kann. Kleinere, z.T. zweifelhafte *Dolinenseen* bei Mosbach und im Bauland stellen oder stellten botanische Kleinodien dar. Aufstau von Gewässern, der teilweise auf das Mittelalter zurückgeht, hat im ganzen Kreisgebiet Weiher entstehen lassen. Sie bieten neben den Grundwasseraustritten in Wiesen vielen, mitunter seltenen Pflanzen und Tierarten Lebensraum, die nach jeweiligen Feuchtigkeitsstufen differenziert sind.

Die höchsten Artenverluste haben die *Ackerwildkräuter* aufzuweisen. Saatgutreinigung und veränderte Wirtschaftsmethoden sind dafür ursächlich. Besonders betroffen ist die *Haftdolden-Adonis-Assoziation* auf flachgründigen Kalkäckern. Der in Baden-Württemberg ausgestorbene Schwarzkümmel wurde 1965 bei Bretzingen noch gesehen. Erfreulich ist der Kreis-Erstfund der Behaarten Platterbse im Jahre 1985! Starke Einbuße erlitt die *Ruderalflora der Dörfer*, seit die Versiegelung von Wegen und Höfen ihnen ein überaus sauberes Aussehen gab. Wo ist z.B. heute noch die Kleine Brennessel zu finden? Nur wenige Dörfer kennen wir, in denen die Osterluzei, eine Kesselfallenblume, ein bescheidenes Dasein führt. Nicht unerwähnt darf eine Eigentümlichkeit des Neckar-Odenwald-Kreises bleiben: Eine Kleinart des Goldhahnenfußes, der Halbschatten aufsuchende »Mosbacher Hahnenfuß«, ist auf den Raum Mosbach beschränkt. Sein angebliches Vorkommen in Mecklenburg ist zweifelhaft.

Sicher ist zu bedauern, daß besonders durch geänderte Bewirtschaftung und dörfliche Infrastruktur die Artenzahl zurückging. Darüber hinaus wurden die Flächen mit wertvollem Pflanzenbestand reduziert: naturnahe Wälder gingen infolge rationellen Forstbaus verloren; an vielen Orten wurde die Flur durch Roden von Hecken, Einebnen von Rainen und Trockenlegen von Sumpfstellen bereinigt. Viel Schönes fiel der Siedlungsausweitung zum Opfer. Aber es wurden auch neue Areale gewonnen, sowohl Feuchtgebiete als auch Heiden, und zwar nach Aufgabe der Nutzung, wenn keine Aufforstung erfolgte. Der Pflege bar, werden sie allerdings, früher oder später, der Verbuschung anheimfallen.

Um hochrangige Flächen in ihrem wertvollen Bestand zu erhalten, wurden seit dem Jahre 1939 Naturschutzgebiete (NSG) eingerichtet. In ihnen gilt unbedingter

5. Vegetation, Natur- und Landschaftsschutzgebiete

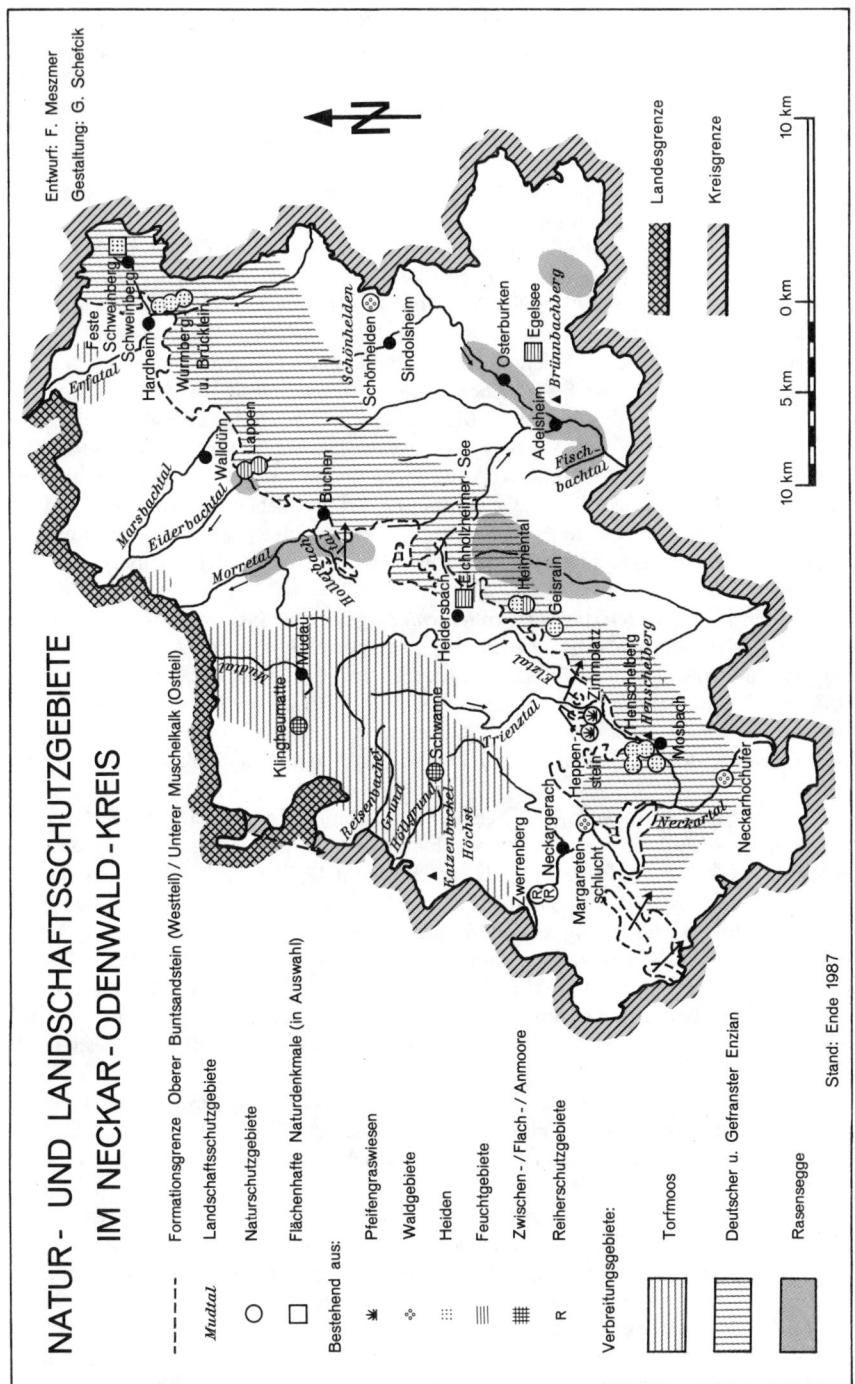

Schutz aller Pflanzen und Tiere, verbunden mit Betretungsverbot außerhalb der Wege. Von den 16 im Landkreis erlassenen Schutzgebieten sind die ältesten die mit Föhren und Wacholder bestandenen Pfeifengraswiesen nordwestlich und nördlich von Neckarburken: der *Heppenstein* mit 14,2 ha (1939) und die *Orchideenwiese* mit 6,4 ha (1940). Beide Gebiete auf Kalkmergeln des Unteren Muschelkalks zeichnen sich durch eine reichhaltige Orchideenflora aus. Die Föhren sind keine Relikte, wie die amtliche Beifügung zum NSG Heppenstein besagt. Nach ihrem wohl früh erfolgten Einbringen haben sie Wintergrün-Arten beigezogen, die jetzt zurückgehen.

Ebenfalls 1940 wurden die damals noch weithin offenen Heideflecken im Bereich der Schaumkalkzone des Unteren Muschelkalks nördlich von Mosbach geschützt. Eine 8,1 ha große Gesamtfläche des NSG *Henschelberg* verteilt sich auf vier Gewanne bzw. Gewannkomplexe: Haftel, Liebels-/Zwerren-/Henschelberg, Haubenstein und Solberg. Die einst beachtlichen Küchenschellen-Plätze sind unansehnlich geworden. Dagegen haben sich nach Einstellen der Schafweide die Orchideen ausbreiten können mit einem Höhepunkt um das Jahr 1974. Meist übersehen ist an der Henschelbergnase die Erd-Flechtengesellschaft, dort, wo es noch um die Jahrhundertmitte von Rotflügeligen Ödlandschrecken wimmelte und wo Amazonenameisen ihre Raubzüge unternahmen. – Ein Verfahren läuft, nach dem die getrennten Schutzflächen, ausgenommen Haftel, unter Erweiterung des Gebietes verbunden und zusätzlich das ehemalige Weinbergsgewann Muckensturm geschützt werden soll. Das neue NSG Henschelberg wird eine Fläche von rund 46 ha umfassen.

Im Jahr 1940 kam auch das *Margaretenschluchtgebiet* bei Neckargerach mit Margareten- und Mathildenschlucht, die in die Rotsandsteine des Mittleren und Oberen Buntsandsteins eingeschnitten sind, unter Schutz. Die Größe beträgt 4,9 ha. Die Winterlinden-Bergahornwälder zeigen die zur Wärme tendierende Flatterulmen-Variante. Randlich steht der seltene Schwarzstrichfarn. Bergflockenblume und Traubige Graslilie, diese auf dem Bergrücken zwischen den Schluchten, sind heute verschollen.

Obwohl die offene Torfmoos-Pfeifengraswiese mit Moorschlenken der *Schwanne* bei Wagenschwend nur etwa ein Viertel Hektar umfaßt, wurde 1940 auch die anschließende mit Nadelholz aufgeforstete Fläche, insgesamt 12,5 ha, unter Schutz gestellt. Auf die ehemaligen botanischen Seltenheiten wurde oben hingewiesen. Heute sind neben einigen Torfmoosarten Wollgras und Rippenfarn dort zu finden.

Das gleiche Jahr brachte den endgültigen Schutz der Graureiher-Kolonie im Waldgewann *Zwerrenberg* der Gde Zwingenberg, nachdem schon 1931 eine Unterschutzstellung durch das Bad. Ministerium angeordnet war. Von dem an den Neckar grenzenden Buchen-Hangwald wurde eine Fläche von 9,65 ha für die Öffentlichkeit gesperrt. Im Jahre 1978 wurde das Naturschutzgebiet auf 68 ha erweitert.

Die überörtliche Bedeutung des 11 ha großen Feuchtgebietes *Lappen* längs der Gemarkungsgrenze Walldürn/Hettingen für den Vogel-Durchzug war Anlaß, es im Jahre 1979 zu schützen. Pflanzlich sind Vorkommen der Ufersegge und des Schild-Ehrenpreises erwähnenswert.

Das *Neckarhochufer bei Hochhausen*, eine Kleebwand des Unteren Muschelkalks, und der anschließende Hang-Hainbuchenwald mit Hirschzungenfarn erhielt im Jahre 1940 den Status eines Landschaftsschutzgebietes. Dieses wurde 1979 mit vergrößerter Fläche, 5,9 ha, in ein Naturschutzgebiet umgewandelt.

Das *Untere Heimental*, 40,3 ha groß, hauptsächlich auf Gemarkung Rittersbach, wurde im Jahre 1979 rechtskräftig unter Naturschutz gestellt. Es besteht aus der Talaue mit Feuchtzonen und einem neu angelegten Weiher sowie aus den begrenzenden teils

5. Vegetation, Natur- und Landschaftsschutzgebiete

ackerbebauten, teils mit Kiefern aufgeforsteten Talhängen, die Reste von Halbtrockenrasen aufweisen. Das Fehlen seltenerer Riedgrasarten läßt die Feuchtgebiete als verhältnismäßig junge Bildung nach Aufgabe der Wiesenbewirtschaftung erscheinen.

Die Enzian-Schillergras-Halde mit Wacholderbeständen am *Geisrain* bei Auerbach mit einer Fläche von 5,3 ha wurde 1983 Naturschutzgebiet. Davon waren 3 ha bereits 1955 zum Landschaftsschutzgebiet erklärt worden. Das lokal seltene Kelch-Steinkraut ist seit Jahren dort nicht mehr zu finden.

Ein infolge ehemaliger Waldweide gelichteter Buchenwald mit verschiedenen Orchideenarten und der Steinbeere bei Sindolsheim, die *Schönhelden*, wurde 1953 landschaftsgeschützt. Das Kerngebiet mit 10,5 ha erfuhr im Jahre 1983 Aufwertung zum Naturschutzgebiet.

Aufgewertet wurde auch das Landschaftsschutzgebiet *Wacholderheide und Brücklein* auf den Gkgn Hardheim und Bretzingen vom Jahre 1956. Dreißig Jahre später in das NSG *Wacholderheide, Wurmberg und Brücklein* überführt, hat es eine Größe von 51 ha. Das Gebiet auf Unterem Muschelkalk schließt Trockenbiotope ein, die zu den wertvollsten des Landkreises zählen. Aufgelassene Weinberge, Schafweiden, Felsheiden, Warmwälder und ihre xerothermen Säume sind Wuchsorte seltener Pflanzen und Aufenthaltsorte vielartiger Schmetterlinge und Insekten. Die offenbar dort um die Jahrhundertwende festgestellte Goldaster ist später nicht mehr bestätigt worden.

Im Jahre 1987 wurde das NSG *Klingheumatte* (5,2 ha) bei Schloßau ausgewiesen. Auf altem Tongrubengelände haben sich Feucht- und Naßstellen gebildet, an denen sich Schmalblättriges Wollgras, Grausegge und Torfmoose angesiedelt haben.

Weitere Feuchtgebiete, *Hinterer See* bei Aglasterhausen mit 5,5 ha Größe und *Roberner See* mit 23 ha, wurden 1988 als NSGe verordnet. Sie gehen auf mittelalterliche Weiher zurück. Letzterer diente der Schwellungsflößerei auf der Gerach.

Ein derzeitiges Schutzverfahren betrifft Heideflächen am *Hamberg* auf ehemaliger Gkg Neckarelz. Sie sind als Kerngebiet anzusehen, von dem sich Hummel- und Bienenragwurz über die Mosbacher Landschaft verbreiteten. Das rund 13 ha große Gebiet schließt eine Hangfeuchtstelle mit dem Riesenschachtelhalm ein.

Den gleichen strengen Schutz wie Naturschutzgebiete weisen flächenhafte Naturdenkmale auf. Ebenso wertvoll wie diese, ist ihre Größe lediglich kleiner als 5 ha. Die bedeutendsten sind der *Egelsee* bei Osterburken und der *Eicholzheimer See* bei Heidersbach, die schöne Großseggen- und Röhrichtbestände zeigen. Sodann weist der warm-trockene Steilhang bei der *Feste Schweinberg* beachtliche Kalk-Felsband- und Ruderalgesellschaften auf. Hier war einziger Wuchsort der Eselsdistel im Landkreis, die aus dem Tauberland einstrahlte.

Die Naturschutzgebiete, einschließlich der geplanten, mit 3,22 qkm Fläche nehmen 0,29 % des Landkreises ein. Ihnen stehen Landschaftsschutzgebiete (LSG) gegenüber, deren Zweck die Erhaltung des jeweils typischen Landschaftsgefüges ist. Diese machen rund 124 qkm aus, das sind rund 11 % der Kreisfläche.

Von den Landschaftsschutzgebieten ist an erster Stelle das LSG *Neckartal* zu nennen. Es wurde in drei Abteilungen 1951, 1954 und 1986 verordnet und umfaßt ein Areal von rund 88,7 qkm. Weitere wichtige Schutzgegenstände bilden die Wiesentäler, die einen wesentlichen Reiz der Odenwaldlandschaft ausmachen. In zeitlicher Reihenfolge sind dies: *Reisenbacher Grund* 146 ha, 1938, seit 1988 *Reisenbachtal* 350 ha; *Elztal* oberhalb von Dallau 44 ha, *Hasbachtal* bei Mosbach 40 ha, *Trienzbachtal* zwischen Dallau und Trienz 175 ha, alle 1940; *Morretal* 219 ha, 1940, mit Ergänzungen 1956 und 1961; *Fischbachtal* 68 ha, 1956; *Höllgrund* 247 ha, 1956, seit 1984 480 ha; *Hollerbachtal* 47 ha; *Mudbachtal* 344 ha, 1957, seit 1988 620 ha; *Erfatal* unterhalb Hardheim 850 ha,

1975; *Mars- und Eiderbachtal* 177 ha, 1981. Das LSG *Trienzbachtal* mit Seitentälern wurde 1990 auf 665 ha erweitert. Im Verfahren befinden sich das auf 1650 ha vergrößerte LSG *Elzbachtal* (Stand NSG und LSG: März 1990) und das ca. 300 ha große LSG Rinschbachtal.

Leider setzten sich Gemeinden und Privatpersonen vielfach über die Schutzbestimmungen hinweg und forsteten Talwiesen auf. So wurden das gesamte Hasbachtal, das durchweg offen war, und große Abschnitte im Trienztal, beide mit beachtlicher Bachsaumflora, mit meist Nadelgehölzen geschlossen und dadurch ihres idyllischen Charakters beraubt. Doch auch alle anderen geschützten Täler blieben nicht von Verunstaltungen verschont.

Außer dem genannten LSG Schönhelden (15 ha) sind *geschützte Waldflächen*: der Höhenrücken des Henschelbergs bei Mosbach (126 ha, 1954), der jetzt auf 160 ha vergrößert werden soll, der Höhenbereich des Katzenbuckels (9 ha, 1954, erweitert auf 35 ha, 1987), der Schmalberg bei Hardheim mit Heideflächen (135 ha, 1956) und der Zimmerwald bei Gerichtstetten mit keltischer Viereckschanze (9 ha, 1959).

An *Heideflächen*, inzwischen in Teilen aufgeforstet oder im Zuge der natürlichen Sukzession in Buschland umgewandelt, sind aufzuführen: Eisenbuschheide bei Neckargerach (6 ha, 1940), Oberes Mittel bei Mosbach (14 ha, 1954), Brünnbachberg bei Adelsheim (49 ha, 1956), Kalkhügel bei Hollerbach als Teil des oben verzeichneten LSG Hollerbachtal.

Wichtige Biotope im Neckar-Odenwald-Kreis harren noch der Unterschutzstellung. Alles Wertvolle zu erhalten, wird schon aus finanziellen Gründen nicht möglich sein. Lokal angewandte Methoden wie Verzicht auf Kunstdüngung bringen nicht die alte Artenvielfalt der Ackerwildkräuter zurück. Sommerspiele der Landkinder mit den Früchten der Gänsemalve, eines dörflichen Krautes, werden immer der Vergangenheit angehören. Daß bei Wald- und Kalkheidepflanzen bis jetzt nur geringe Artverluste zu verzeichnen sind, kann mit Genugtuung festgestellt werden. Arealverluste sind jedoch gebietsweise wesentlich.

II. GESCHICHTLICHE GRUNDLAGEN

1. Ur- und Frühgeschichte

Der Versuch, die vorgeschichtlichen Epochen im Raum des Neckar-Odenwald-Kreises darzustellen, muß nahezu zwangsläufig im wesentlichen bereits mit der Beschreibung eines desolaten Forschungsstandes enden. Im Gegensatz zur römischen Zeit, die mit bedeutenden Objekten dem Betrachter allenthalben vor Augen steht, nehmen sich die Anzeichen früheren menschlichen Lebens bescheiden aus, und das dürfte wohl auch einer der Gründe sein, weshalb sie im Interesse der Öffentlichkeit und der Heimatforschung stark in den Hintergrund treten. Es verwundert daher nicht, daß bis heute (1989) keine einzige archäologische Ausgrabung im Neckar-Odenwald-Kreis stattgefunden hat, die primär den Zeugnissen der Steinzeit oder der vorrömischen Metallzeiten gegolten hätte und die heutigen Ansprüchen gerecht werden könnte. Alle wissenschaftlich einwandfrei beschriebenen Befunde dieser Perioden kamen eher beiläufig bei Untersuchungen ans Licht, die eigentlich jüngeren Objekten galten.

Ein flüchtiger Blick auf die Verbreitungskarte (vgl. Kartenbeilagen) vorgeschichtlicher Fundstellen im Neckar-Odenwald-Kreis könnte zu der Annahme verleiten, daß weite Flächen siedlungsleer seien, zumal da einzelne Steinbeil- oder Steinaxtfunde für die jungsteinzeitliche Siedlungsgeschichte nur bedingt etwas aussagen können; schließlich wurden sie bis weit in das 19. Jh. hinein als Abwehrmittel gegen Blitzschlag gehandelt! Daß dieses Kartenbild dennoch täuscht, ergibt sich aus zwei Tatsachen: Die Aufmerksamkeit ehrenamtlicher Mitarbeiter der archäologischen Denkmalpflege hat gerade in den letzten Jahren zu überraschenden Einsichten geführt. Bei gleicher Intensität der Beobachtung ist hier in Zukunft mit Bestimmtheit eine beträchtliche Ausweitung unseres Kenntnisstandes zu erwarten. Andererseits deutet die Verbreitung der vorgeschichtlichen Grabhügel im Kreisgebiet an, daß mindestens in den vorrömischen Metallzeiten eine flächendeckende Besiedlung, wenn auch mit gewissen Schwerpunkten, vorhanden gewesen sein muß. Grabhügel ohne die Siedlungen der Lebenden in der Nähe sind schlechterdings nicht denkbar. Ob die Wohnplätze nun wegen mangelnder Beobachtung bisher unbekannt geblieben sind oder ob sie der jahrtausendelangen Bodenerosion zum Opfer gefallen sind, läßt sich gegenwärtig nicht entscheiden. Nach andernorts gesammelten Erfahrungen ist aber zu erwarten, daß mit der geplanten listenmäßigen Erfassung der archäologischen Denkmale eine intensivere Erforschung der vorgeschichtlichen Zeiten einhergehen wird, die so manchen »weißen Fleck« auf der archäologischen Landkarte einfärben könnte.

Am Beginn der Inbesitznahme des Kreisgebietes durch Menschen nach dem Ende der letzten Eiszeit stehen Vertreter einer Jäger- und Fischerbevölkerung der *Mittleren Steinzeit (Mesolithikum)*. Zwei umfangreiche Fundplätze dieser Epoche sind erst seit kurzer Zeit durch das spezielle Interesse eines ehrenamtlichen Mitarbeiters der archäologischen Denkmalpflege entdeckt worden. Wenige unscheinbare Steingeräte aus Silex sind der Beweis für die Anwesenheit von Menschen irgendwann zwischen 9000 und 7000 v. Chr. Genauer läßt sich die Zeitstellung der Funde bisher nicht eingrenzen, da sie eine zu wenig typische Formgebung aufweisen. Beide Fundplätze liegen am südlichen Rand des Odenwaldes, der sonst in vorgeschichtlicher Zeit nur ausnahmsweise aufgesucht wurde, was auch für seine nichtbadischen Teile gilt. Die bedeutendere unserer beiden Fundstellen liegt bei Auerbach (Gde Elztal). Ihre Lage an einem Talrand ist kaum zufällig, sondern dürfte mit der jägerischen Art des Nahrungserwerbes der mittelsteinzeitlichen Menschen zusammenhängen.

Die *Jungsteinzeit (Neolithikum)* weist im Kreisgebiet zwar knapp 30 Fundpunkte auf, doch wollen sich diese nicht recht zu einem aussagekräftigen Bild zusammenfügen. So gehen 20 Funde auf einzelne Steinbeile oder -äxte zurück, bei denen wiederum von 6 die Fundstelle nicht genau bekannt ist. Einzelne kleinere Steingeräte ergeben 4 weitere Punkte, so daß schließlich nur 5 einigermaßen gesicherte Siedlungsstellen übrigbleiben. Ihre Verteilung auf das Kreisgebiet ist auffällig: Außer einer Siedlung bei Osterburken liegen die übrigen zwischen Mosbach und der südlichen Kreisgrenze bei Neckarmühlbach, wobei erwähnt werden muß, daß zwei von ihnen erst seit wenigen Jahren bekannt sind.

Sieht man von der oben erwähnten Problematik einzelner Steinbeilfunde ab, bleiben nur der Odenwald und der Bereich zwischen Buchen/Walldürn und Osterburken völlig fundleer, was für den letztgenannten Raum ganz sicher lediglich die Dokumentation einer Forschungslücke ist. Andererseits geht die Häufung von Funden im Neckartal und in den angrenzenden Gebieten auf die Tätigkeit von zwei dort ansässigen Mitarbeitern der Denkmalpflege zurück. So sind auch gerade hier erst in jüngster Zeit zwei Siedlungsstellen der Linienbandkeramik entdeckt worden. Diese Kultur wurde von der ältesten Ackerbau treibenden Bevölkerung unseres Landes getragen und gehört somit in den frühesten Abschnitt der Jungsteinzeit (7000–5000 v. Chr.). Daß sich vielleicht Niederlassungen der Linienbandkeramiker tatsächlich auch außerhalb des Neckartales an zahlreichen anderen Stellen finden lassen könnten, scheint ein Fund von Osterburken anzudeuten, wo schon vor dem 1. Weltkrieg bei der Untersuchung des römischen Limes eine Abfallgrube dieser Kultur entdeckt wurde.

Dem mittleren Abschnitt der Jungsteinzeit (5000–3000 v. Chr.) gehört eine Siedlung bei Neckarmühlbach an. Sie liegt wiederum im Neckartal und läßt sich aufgrund der hier gefundenen Fragmente von Tongefäßen der Rössener Kultur zuweisen, die ihren Namen nach dem mitteldeutschen Fundort in der Nähe von Halle an der Saale erhalten hat. Die fünfte Siedlung der Jungsteinzeit auf unserer Karte ist nicht näher zu datieren oder in ihrer Kulturzugehörigkeit zu bestimmen, da die Funde verschollen sind.

Zeitlich gesehen, klafft zwischen der Siedlung von Neckarmühlbach und dem nächstjüngsten Fund aus vorgeschichtlicher Zeit eine Lücke von fast 2000 Jahren. Der jüngere Teil der Jungsteinzeit (z. B. Michelsberger Kultur, Schnurkeramik) und die frühe Bronzezeit fehlen mit Funden im Neckar-Odenwald-Kreis bisher völlig. Hinsichtlich der Schnurkeramik fällt dies besonders auf, da sie im nicht sehr weit entfernten Taubergrund durchaus mit mehreren repräsentativen Fundstellen vertreten ist. Auch im südlich angrenzenden Kraichgau läßt sie sich an einigen Stellen nachweisen. So muß man wohl auch hier an eine Forschungslücke denken, die vielleicht eines Tages geschlossen werden kann, obgleich einzuräumen ist, daß in einigen anderen Landesteilen von Baden-Württemberg die Zahl der Fundpunkte für die jüngere Jungsteinzeit ebenfalls wesentlich geringer ist als für die vorausgehenden Stufen.

Ähnlich liegen die Dinge für die *frühe Bronzezeit* (1800–1600 v. Chr.). Diese gibt sich im Kreisgebiet allein durch zwei Funde einzelner Beile aus Bronze zu erkennen. Die Fundumstände beider deuten darauf hin, daß sie einst im Zusammenhang mit Opferhandlungen deponiert wurden. Eines der wegen ihrer typischen Formgebung sogenannten »Randleistenbeile« wurde bei Neckarelz aus dem Neckar gebaggert, gehört also in die Gruppe der Gewässerfunde, die mit einiger Sicherheit Weihefunde an überirdische Mächte darstellen. Das zweite Exemplar wurde in einem Steinbruch bei

Hollerbach 5 m tief in einer Felsspalte entdeckt, was ebenfalls den Gedanken an eine Opferhandlung nahelegt. Durch diesen Fund wird gleichzeitig bewiesen, daß keineswegs nur die Flußtäler besiedelt waren, sondern auch die Gebirgslandschaften mindestens zeitweise begangen wurden.

In der nun folgenden Epoche der *Hügelgräberbronzezeit* (1600–1200 v. Chr.) tritt ein radikaler Wechsel in der Bestattungssitte ein. Waren bisher mit wenigen Ausnahmen Flachgräber üblich, werden nun über den Toten weithin sichtbare Hügel errichtet, die meist in Gruppen zusammenliegen. Ein Blick auf die Karte zeigt, daß sich die sicher datierten Fundstellen, was auch für die übrigen Abschnitte der vorrömischen Metallzeit gilt, im Gebiet des Neckartales und um Buchen herum konzentrieren. Die Verbreitung der Grabhügel erbringt jedoch, wie eingangs bereits erwähnt, ein ganz anderes Bild. Hier kann man durchaus von einer flächenhaften Verteilung sprechen. Diese Diskrepanz läßt sich leicht erklären, wenn man in Betracht zieht, daß im Altkreis Mosbach jahrzehntelang ein besonders eifriger Mitarbeiter der Denkmalpflege gewirkt hat, während um Buchen herum bereits vor dem 1. Weltkrieg parallel zur Erforschung der römischen Militäranlagen einige Grabhügel geöffnet wurden. Mit gewissem Recht wird man daher annehmen dürfen, daß von der Hügelgräberbronzezeit bis zur Frühlatènezeit das Kreisgebiet mit Ausnahme des Odenwaldes und einiger besonders siedlungsungünstiger Lagen besiedelt war.

Siedlungen der Hügelgräberbronzezeit sind im Neckar-Odenwald-Kreis bisher nicht entdeckt worden. Dagegen gehören Grabhügel bei Lohrbach und Neckarelz in diese Zeit. Weitere Funde von Rinschheim und Walldürn stammen wahrscheinlich aus eingeebneten Grabhügeln. Sind die Funde auch insgesamt spärlich, zeigt ihre Streuung jedoch, daß mit weiteren Fundstellen gerechnet werden muß, die die bisher leeren Areale füllen.

Eine ähnliche Situation finden wir in der nun folgenden *Urnenfelderzeit* (1200–750 v. Chr.), die durch die Sitte der Leichenverbrennung gekennzeichnet ist. Die verbrannten Reste der Toten werden in Urnen gefüllt und in Flachgräbern beigesetzt. Gegenüber der vorangehenden Epoche gibt es nur wenige Fundstellen mehr, doch streuen sie ebenfalls über den gesamten hier zu betrachtenden Bereich. Im Neckartal konnten bisher zwei Siedlungen entdeckt werden, ohne daß die Möglichkeit einer eingehenden wissenschaftlichen Untersuchung bestand, so daß über ihr Aussehen keine Aussage möglich ist. Beide finden sich in hochwasserfreien Lagen bei Diedesheim und Haßmersheim. Auch zwei Gräber konnten bisher geborgen werden, die sicher zu ganzen Gräberfeldern gehören, über deren Größe mangels Ausgrabung jedoch nichts bekannt ist (Diedesheim und Neckarmühlbach).

Schon 1867 wurde der bedeutendste Fund dieser Zeitstufe in Osterburken entdeckt. Auf dem Gelände des römischen Kastells fand sich ein Hort von Bronzegegenständen, ohne daß allerdings genaue Berichte vorlägen, die über den Befund im einzelnen Auskunft gäben. Vielleicht waren die verschiedenen Fundstücke in einem Behältnis aus organischem Material vergraben worden, das sich nicht erhalten hat. Die Zusammensetzung des Hortes ist recht vielfältig. Geräte des täglichen Bedarfs werden durch mehrere Bruchstücke von Sicheln vertreten. Armringe und Drahtspiralen sowie zahlreiche Bruchstücke davon gehörten zum Frauenschmuck. Zur Bewaffnung des Mannes sind zwei gut erhaltene Lanzenspitzen zu zählen. Der Charakter des Fundes als Versteck eines Bronzehandwerkers wird durch mehrere rohe Bronzegußbrocken unterstrichen, obwohl die Gründe für seine Niederlegung im Dunkeln bleiben. Immerhin weckt er die Vorstellung von einer Siedlung in nicht allzu großer Entfernung vom Fundplatz, wenn sich diese auch nicht lokalisieren läßt.

Vielleicht ebenfalls aus einem Hort stammt ein einzelnes Bronzebeil dieser Zeit von Rütschdorf, während ein Stück gleichen Typs bei Neckarelz aus dem Fluß gebaggert wurde und damit in die schon erwähnte Gruppe der Gewässerfunde gehört.

Über die Siedlungen der *Hallstattzeit* (750–450 v. Chr.) läßt sich bisher nichts aussagen. Nur von Haßmersheim ist ein Siedlungsplatz flüchtig bekannt. Dagegen gehören die meisten Grabhügel, soweit aus ihnen Funde geborgen wurden, dieser Epoche an. Eberstadt, Erlenbach, Götzingen, Guttenbach und Hettingen sind hier nach unserem heutigen Kenntnisstand zu nennen. Wahrscheinlich sind vor allem im späten 19. Jh. noch mehr Hügel nach Funden durchsucht worden, doch gelangten diese nicht zur Kenntnis amtlicher Stellen und sind deshalb nicht im Archiv des Landesdenkmalamtes verzeichnet. Es erscheint dennoch äußerst wahrscheinlich, daß der größte Teil der im Neckar-Odenwald-Kreis bekannten Grabhügel in der Hallstattzeit errichtet wurde, wie es auch in anderen Teilen unseres Landes der Fall ist.

War die Hallstattzeit, die vielfach auch als frühkeltische Zeit bezeichnet wird, relativ gut bezeugt, so ist die Fundmenge aus der folgenden Epoche, der ebenfalls keltischen *Latènezeit* (450 v. Chr. –0), äußerst spärlich. Lediglich aus Neckarzimmern ist ein Grab aus ihrem frühen Abschnitt bekannt, und in Neckarelz wurden beim Bau des Bahnhofs Funde geborgen, die ebenfalls zu einem solchen gehören dürften. Eine Siedlung ließ sich bisher nur in Neckarburken unter dem römischen Lagervicus in geringen Spuren nachweisen.

In die letzte Phase der Latènezeit (1. Jahrhundert v. Chr.) gehört ein archäologisches Denkmal, das in der Forschungsgeschichte eine große Rolle gespielt hat. Auf der Gemarkung von Gerichtstetten befindet sich in einem Waldstück noch heute eine eindrucksvolle Viereckschanze, die zugleich die einzige vollständig erhaltene im ganzen Regierungsbezirk Karlsruhe ist. Sie gehört einer Gruppe von Denkmalen an, die über große Teile Südwest- und Süddeutschlands verbreitet ist. Diese Erdwerke bestehen aus einem aufgeschütteten Erdwall mit vorgelegtem Graben und waren durch Tore zu betreten. Ihr Grundriß ist rechteckig, quadratisch oder leicht rhombisch. Trotz ihrer wehrhaften Bezeichnung als »Schanze« deutet häufig allein ihre topographische Lage darauf hin, daß sie nicht zu kriegerischen Zwecken benutzt wurden. Auch fehlen Hinweise, daß sie etwa zu landwirtschaftlichen Großbetrieben gehörten, wie die römischen villae rusticae. Dagegen spricht manches für eine religiöse Nutzung, wie beispielsweise tiefe Erdschächte in den Ecken, die anscheinend Opfergaben aufnahmen. Andererseits scheint es dennoch in der einen oder anderen Viereckschanze über längere Zeit hin Bewohner gegeben zu haben, wie es auch die spärlichen Befunde von Gerichtstetten vermuten lassen. Da jedoch Untersuchungen, die heutigen wissenschaftlichen Anforderungen standhielten, fehlen, läßt sich eine endgültige Aussage nicht treffen.

Bedeutsam ist aber das Fundmaterial aus diesem Erdwerk aus einem ganz anderen Grunde. Es gibt nämlich Fundstücke, die ganz sicher in einen späten Abschnitt der Latènezeit gehören, aber es fanden sich auch Eisengeräte, die römischer Herkunft sind. Daraus folgt, daß die Schanze auch im 2. Jh. genutzt wurde. Vielleicht hat dazu ihre Lage im unmittelbaren Vorfeld des Limes geführt, während andere vergleichbare Objekte im allgemeinen bereits vor der römischen Okkupation aufgegeben wurden. Die Reste von einigen Tongefäßen, die im Inneren der Viereckschanze gefunden wurden, sind von Germanen hergestellt worden, die ihre Herkunft aus dem mitteldeutschen Raum nicht verleugnen können. So wird es wahrscheinlich, daß hier eine Gruppe von ihnen in zeitweiligem Kontakt mit den Römern lebte. Vielleicht leisteten sie Späherdienste im Sold des römischen Militärs, vielleicht gehörten sie aber auch zu vorgeschobenen Posten einer Germanengruppe, die in den letzten Jahren von der archäologischen Forschung südlich von Würzburg nachgewiesen wurde. Auf jeden Fall waren sie nicht Erbauer der Schanze, sondern machten sich diese lediglich für ihre Zwecke zunutze.

Damit ist das Ende der vorgeschichtlichen Epoche erreicht und der Kontakt mit der darauffolgenden römischen hergestellt. Wenn auch zum gegenwärtigen Zeitpunkt der Neckar-Odenwald-Kreis weithin ein weißer Fleck auf der Landkarte der Archäologen ist, deutet vieles darauf hin, daß sich das bald ändern wird. Mit Sicherheit läßt sich schon heute feststellen: Das Fundbild der Karten spiegelt nicht das wirkliche Geschehen in der Zeit zwischen dem ersten Auftreten des Menschen und dem Erscheinen der Römer im Kreisgebiet.

2. Römerzeit

1. Jahrhundert. – Seit der Entdeckung eines neuen augusteischen Lagers auf dem Kapellenberg oberhalb von Marktbreit (Lkr. Kitzingen) im Jahre 1981 hat sich das Bild, das sich die Forschung bisher von der römischen Okkupationspolitik um die Zeitenwende gemacht hat, verändert. Es stellte sich heraus, daß von Mainz aus das Maintal neben der Wetterau als zweiter Vorstoßweg nach Innergermanien genutzt wurde.

Interessant ist die Frage der Zuordnung des neuentdeckten Lagers, das auf den ersten Blick als Sommerlager der Mainzer Legion angesehen werden könnte. Überdies gewinnt man beim Betrachten einer Karte des gesamtgermanischen Gebietes in augusteischer Zeit den Eindruck, als sei das Marktbreiter Legionsfort am Schnittpunkt zweier militärischer Einflußsphären gelegen. Erstreckt sich von Westen her der Aktionsradius der Mainzer Legionen auf das Gebiet östlich des Mittelrheins sowie des mittleren und unteren Mains, so deutet die Lage des erschlossenen Doppellegionslagers Augsburg-Oberhausen einen vom Alpenvorland nach Norden ausgreifenden Militärvorstoß an. Im Schnittpunkt der solchermaßen gedachten Vormarschwege liegt das neue Lager, welches die natürliche Einfallspforte zum elbgermanischen Siedlungsgebiet beherrschte.

Wie neuere archäologische Fundbeobachtungen zeigen, scheint das römische Heereslager nicht in gänzlich siedlungsleerem Raum angelegt worden zu sein. Gerade im Maindreieck bei Marktbreit taucht im Umfeld spätlatènezeitlicher Viereckschanzen Material der frühen provinzialrömischen Kultur Galliens neben der Hinterlassenschaft elbgermanisch-suebischer Bevölkerung auf. Möglicherweise gilt dies auch für einen Fundpunkt innerhalb des heutigen Neckar-Odenwald-Kreises. Die seit langem bekannte Viereckschanze von Gerichtstetten besitzt in ihrem Fundstoff neben eindeutig spätlatènezeitlichem Material auch eine der Form nach römische Kreuzhacke sowie einige kammstrichverzierte Keramikscherben. Der Vergleich mit Funden der neckarsuebischen Siedlergruppe von Ladenburg läßt eine Verbindung mit elbgermanisch-suebischen Siedlergruppen erkennen. In welchem Zusammenhang diese zu sehen sind, kann nicht sicher gesagt werden. Möglicherweise handelt es sich um eine der unter dem Eindruck der römischen Militärmaschinerie sich bereits in loyaler Absicht nach Westen absetzenden Gruppen, die dann ab tiberischer Zeit im Rheinland faßbar werden. Es ist auch denkbar, daß germanisch geprägte Aufklärungseinheiten des römischen Heeres beim Vormarsch durch das Maintal, etwa von Miltenberg oder Wertheim aus, nach Süden vordrangen und sich für eine gewisse Zeit in der keltischen Anlage verschanzten. Bis zum Auffinden eines eindeutigen Beweises muß dies noch Spekulation bleiben.

Immerhin läßt sich eine, wenn auch nur geringe Siedlungsaktivität nachweisen, die vielleicht schon in die Phase der frühen römischen Okkupation unseres Landes gehören mag. Nach dem Scheitern der augusteischen Eroberungspolitik in der Schlacht im Teutoburger Wald (9 n. Chr.) standen die römischen Truppen wieder am Rhein. Die militärische Sicherung der oberen Donau wurde aber bereits in spättiberischer Zeit oder unter Caius Caligula aufgenommen, die systematische Besetzung dieser Linie unter Kaiser Claudius konsequent zu Ende geführt. Eine unmittelbare Einflußnahme der römischen Militärpräsenz auf das Beschreibungsgebiet läßt sich nicht erkennen. Inwieweit die claudischen Funde aus Heidelberg-Neuenheim in Zusammenhang mit römischen Heeresaktionen zu sehen sind, oder ob sie als Niederschlag neckarsuebischer Siedlungstätigkeit im Neckarmündungsraum zu werten sind, läßt sich mangels geeigneter Publikationsvorlagen nicht abschätzen. Die flächendeckende Eroberung des rechtsrheinischen Gebietes von der Wetterau bis zum Oberrheinknie erfolgte unter Vespasian, der in den 70er Jahren mit dem Bau von Fernstraßen und Kastellen die Grundlage für die alsbald einsetzende Aufsiedlung des Landes schuf.

Wie weit die römische Besetzung nach Osten etwa in den Raum des Kraichgaues oder gar bis zum Neckarknie bei Mosbach ausgestrahlt hat, läßt sich höchstens schlaglichtartig aus einem Einzelfund früher Sigillata von Sinsheim beleuchten. Mit konkreten Kastell- oder Siedlungsfunden lassen sich diese Fundstücke aber nicht verbinden.

Den weiteren Ausbau der neugewonnenen Gebiete rechts des Rheins vollzog schließlich Domitian, in dessen Wirken sich ein Gesamtkonzept erkennen läßt, das auf eine Arrondierung und Absicherung der von Vespasian eingeleiteten territorialen Ausdehnung des römischen Herrschaftsbereiches abzielte, gipfelnd in der Einrichtung germanischer Provinzen. Propagandistischer Höhepunkt waren dabei die Proklamation der Germania capta (das gefangene d. h. unterworfene Germanien) und die Ausrufung der Provinz Obergermanien, die in der 2. Hälfte des Jahres 84 n. Chr. erfolgt sein dürften. Auf Domitian gehen die ersten Anlagen des obergermanisch-rätischen Limes zurück, die letztlich aus im Chattenfeldzug zur besseren Übersicht in die Wälder geschlagenen Schneisen herrührten. Der nördliche Limesabschnitt zwischen Rhein und Main wie auch die Neckarstrecke werden erst um 90 n. Chr. voll ausgebaut gewesen sein. Endlich wird die zwischen Main- und Neckarlimes, den sog. nassen Grenzabschnitten, gelegene Strecke bis um 100 n. Chr. durch die Anlage des Odenwaldlimes geschlossen. Ausgehend von den Forschungsergebnissen, die im Numeruskastell Hesselbach gewonnen wurden, ist mit der Errichtung der Kastellanlagen zwischen 95 und 105 n.Chr. zu rechnen. Obwohl das Fundmaterial aus den Kastellanlagen des Odenwaldlimes im Kreisgebiet nicht sehr zahlreich ist, kann für den Bau dieser Fortifikationen die gleiche Zeit angenommen werden. Ein kleines Fundensemble von Scherben aus dem Ostkastell von Neckarburken läßt sich wohl noch dem ausgehenden 1. Jh. zuweisen. Es ist wahrscheinlich, daß auch die Besiedlung des Limeshinterlandes etwa in dieser Zeit an manchen Stellen einsetzt, wenngleich sich noch keine entsprechenden Fundstücke ergeben haben.

Unmittelbar vor dem Ende des 1. Jh. errichtete Kaiser Trajan die Gaugemeinde der Neckarsueben (civitas Ulpia Sueborum Nicretum), zu deren Hauptort Lopodunum (Ladenburg) avancierte. Es ließe sich vermuten, daß diese zivile Verwaltungseinrichtung den Neckar hinauf bis in das Gebiet des Neckarknies beim heutigen Mosbach reichte, wo evtl. ein Umschlagplatz von Nachschubgütern für die am Mittelabschnitt des Odenwaldlimes stehenden Truppen bestand. Bei der später erfolgten Einrichtung der vom römischen Wimpfen aus verwalteten civitas Alisinensium könnte das Gebiet östlich des Neckars der neuen Verwaltungsgemeinschaft zugeschlagen worden sein.

2. Jahrhundert. – Die geschichtlichen Ereignisse, welche im 2. Jh. archäologische Spuren hinterlassen haben, sind sehr eng mit den Ausbauphasen am Limes und den Siedlungsaktivitäten im Hinterland zu sehen. Unter Hadrian erhielt der Limes als weiteren Schutz eine hölzerne Palisade. Vielleicht zu dieser Zeit wurden auch einzelne neue Wachtürme neben schadhaft gewordenen älteren errichtet. Vermutlich standen diese Maßnahmen in Zusammenhang mit der Provinzbereisung Hadrians, die ihn 121 n. Chr. auch nach Obergermanien führte.

Unter seinem Nachfolger Antoninus Pius wurden, wie an den anderen Limesstrecken, auch am Odenwaldlimes größere Baumaßnahmen durchgeführt. Die Holztürme an den Wachtpostenstandorten wurden durch Steintürme ersetzt. Nach Ausweis von Bauinschriften am Odenwaldlimes geschah dies 145/146 n. Chr. Zur gleichen Zeit erfolgte auch der Steinausbau der bis dahin als »Holz-Erde-Anlage« bestehenden Limeskastelle, wie besonders das Beispiel vom Ostkastell in Neckarburken zeigt.

Im Limeshinterland kann für das 2. Viertel des 2. Jh. mit einer breiten Siedlungswelle gerechnet werden, bei der besonders die im westlichen Kreisgebiet bekannten Siedlungsplätze, wohl zumeist große Landgüter (villae rusticae), entstanden sein dürften. So bildet eine Terra-Sigillata-Scherbe des Blickweiler Töpfers L. A. L. aus einer villa südöstlich von Neckarmühlbach das älteste Fundstück aus dieser Anlage.

Noch unter der Regierung des Antoninus Pius wurde der Odenwaldlimes aufgelassen und die Limeslinie nach Osten vorverlegt. Für diese Maßnahme war der Statthalter der Provinz Obergermanien in den Jahren 152 bis 155 Caius Popilius Carus Pedo verantwortlich.

Die Gründe für die Limesvorverlegung sind nicht bekannt. Entweder sollte lediglich ein schon unter römischer Kontrolle stehender Geländestreifen vor dem Odenwald- und Neckarlimes in das Provinzgebiet eingegliedert werden, oder es ging darum, den wichtigen Verkehrsweg des Neckars weiträumig zu sichern, indem er nunmehr in einiger Tiefe im Limeshinterland zu liegen kam. Möglicherweise stellte die Limesvorverlegung eine erste Reaktion auf sich weit im Vorfeld des Provinzgebietes im elbgermanischen Siedlungskreis abzeichnende machtpolitische Konzentration der Germanen dar. Jedenfalls ließ die neue Grenzlinie nunmehr die kürzeste West-Ost-Verbindung von Mainz nach Augsburg zu, darüber hinaus bot sie für diese einen besseren militärischen Schutz.

Die in den Anlagen des Odenwaldlimes stehenden Truppen scheinen aber nicht alle auf einen Schlag nach vorne verlegt worden zu sein. Sehr wahrscheinlich lag der numerus Brittonum Elantiensium (Hilfstruppenabteilung aus Britannien, nach der Elz benannt) bis in die 80er Jahre des 2. Jh. in seinem Kastell in Neckarburken. Dies läßt sich aus einer Bauinschrift von 158 n. Chr. schließen. Ebenfalls erst in den 80er Jahren wurde das Limesheiligtum »In den Schneidershecken« bei Schloßau (Wachtposten 10/37) erbaut. Vielleicht blieb auch das Kleinkastell Trienz über die Mitte des 2. Jh. hinaus besetzt, denn es scheint eine Abteilung des Elzbrittonen-Numerus von Neckarburken beherbergt zu haben.

Erst unter Commodus befanden sich sämtliche Truppen an der vorderen Limeslinie. In Osterburken entstand das Annexkastell zwischen 185 und 192 n. Chr., das wohl den Elzbrittonen-Numerus aus Neckarburken aufzunehmen hatte. Hinter diesem Kastellneubau verbirgt sich sicherlich bereits eine Maßnahme, die gegen eine germanische Gefährdung von außerhalb des Limes gerichtet war. Schon anfangs der 60er Jahre des

2. Jh. war es im obergermanischen Limesgebiet zu Beunruhigungen durch Chatteneinfälle gekommen. Vielleicht im Zusammenhang damit ist der Brand in der ersten Bauphase des Kleinkastells Haselburg nördlich von Walldürn zu sehen. Weit schwerwiegender waren aber offenbar Unruhen, welche im Zuge der Markomannenkriege Marc Aurels an der Donau auch in das germanische Grenzgebiet ausstrahlten. Um 185 n. Chr. wurde das Bad des Walldürner Kastells repariert. Umfangreiche Neubaumaßnahmen wurden um 184 im Benefiziarier-Weihebezirk von Osterburken (s.u.) durchgeführt, an dessen Holzstrukturen sich Brandspuren aus jener Zeit erkennen lassen.

Die Besiedlung des Hinterlandes zwischen den beiden Limeslinien setzte offenbar bereits mit der Vorverlegung der Truppen ein. So ist etwa im Fundmaterial der wohl als villa rustica anzusprechenden Fundstelle »Im Thal« bzw. »Hellen Brünnle« bei Schlierstadt bereits Janus-Ware aus Rheinzabern vertreten oder im Material der villa rustica »Bei den Heunehäusern« südwestlich von Buchen gar eine Scherbe Blickweiler Spätware. Früheres Material, das auf zeitlich vor der Limesvorverlegung existierende Siedlungsstellen deuten könnte, fand sich bisher noch nicht. Die ländliche Besiedlung in der Neckar-Bauland-Region erreichte ihre Blüte um die Wende vom 2. zum 3. Jh. Dies zeigt sich an einigen Steindenkmälern, die in jener Zeit gesetzt worden sind und eine gewisse Prosperität erkennen lassen. Hierher gehören die auf das Jahr 193 n. Chr. datierte Fortuna-Inschrift aus Oberschefflenz sowie die eindrucksvolle Jupitergigantensäule aus Diedesheim.

3. Jahrhundert. – Die Bedrohung des obergermanischen Limesgebietes durch feindliche Germanen wurde bald nach dem Wechsel des Jahrhunderts spürbar. Schon unter Septimius Severus wurden die Limesanlagen durch den Bau von Wall und Graben zusätzlich verstärkt. Während der Regierungszeit seines Sohnes Marcus Aurelius Antoninus Caracalla erwähnen die antiken Quellen erstmals den Namen des neuen Feindes im Norden des Reiches, der Alamannen, gegen die Caracalla am 11. August 213 von Rätien aus ins Feld zog. Möglicherweise überschritt er den Limes bei Dalkingen. Der Vormarschweg zielte auf das Maingebiet; die von Dalkingen aus unmittelbar nach Norden führende Route scheint dabei interessanterweise wieder den in augusteischer Zeit besetzten Raum des Maindreiecks bei Marktbreit anzupeilen.

So mag das unmittelbare Limesvorland am nördlichen vorderen Limes, also das Gebiet östlich des heutigen Neckar-Odenwald-Kreises, erneut Schauplatz militärischer Aktionen gegen die Germanen gewesen sein. Archäologische Zeugnisse dafür lassen sich jedoch nicht ausmachen, wenn man von dem römischen Fundmaterial in kaiserzeitlichen Germanensiedlungen zwischen Kocher und Main absieht, deren Provenienz sich aber eher aus grenzüberschreitendem Handel erklären läßt. Allerdings wird vielleicht durch die bedeutende Beneficiarier-Station in Osterburken ein besonderes Schlaglicht auf die Vorgänge beim Grenzhandel geworfen. Man wird bei der Betrachtung sowohl der Osterburkener Station als auch der anderen Beneficiarier-Posten am obergermanischen Limes den Eindruck nicht los, als habe die römische Provinzialverwaltung beabsichtigt, neuralgische Punkte durch diese zumeist altgedienten Leute besonders überwachen zu lassen. Sollte vielleicht an dem wichtigen Grenzdurchgangsort Osterburken illegaler Handel, etwa mit militärischem Material, unterbunden werden? Die aufgefundenen Weihesteine der Beneficiarier von Osterburken datieren noch gesichert bis 238 n. Chr., die Station dürfte aber auch noch nach diesem Zeitpunkt besetzt gewesen sein.

Einen ersten verheerenden Alamanneneinfall brachte das Jahr 233, was sich besonders in einem Münzschatzfundhorizont in Rätien sowie an Brandschichten und Baumaßnahmen als Folge dieser Ereignisse erkennen läßt. Ob der Brand des Kastellbades von Walldürn, dessen Wiederaufbau durch eine Inschrift auf den 13. August 232 datiert wird, mit einem alamannischen Vorstoß zu verbinden ist, ist allerdings ungewiß. Weihungen aus den frühen 30er Jahren aus Öhringen und Miltenberg-Altstadt könnten immerhin einen solchen Zusammenhang herstellen.

Nach 233 scheint es öfters zu Alamanneneinfällen am nördlichen vorderen Limes gekommen zu sein. Im Lagerdorf des Kastells Walldürn wurden über einem mit Brandschutt verfüllten Steinkeller, in dem bereits spätere Rheinzaberner Sigillata lag, noch einmal Brandspuren von einfachen Lehmfachwerkbauten gefunden, die auf eine, wenn auch bereits eingeschränkte Existenz am Kastellort hinweisen.

Die im Bereich des heutigen Neckar-Odenwald-Kreises liegenden Limeskastelle waren allesamt noch bis zum Limesfall 260 n. Chr. besetzt. Aus dem Kleinkastell Haselburg liegt ein frühestens 259 geprägter Antoninian des Gallienus vor; die Münzreihe des Kastellortes Walldürn endete ebenfalls mit einem Gepräge dieses Kaisers. Darüber hinaus führt die Betrachtung des Terra-Sigillata-Spektrums von Walldürn zu dem Ergebnis, daß man mit einem Ende der römischen Besatzung in der Zeit des Limesfalles zu rechnen hat, zumindest im 2. Drittel des 3. Jh. Eine Weihung an den genius optionum der cohors III Aquitanorum Philippianae aus Osterburken bezeugt die Anwesenheit der Truppe gemäß dem kaiserlichen Beinamen noch für die Jahre 244 bis 247 n. Chr. Möglicherweise um einen kleinen Münzschatz handelt es sich bei einem Münzfundkomplex, der nach Mannheim gelangte. Seine Schlußmünze, ein Antoninian des Trebonianus Gallus, datiert in die Jahre 251 bis 253. In Osterburken ergeben sich darüber hinaus eindrucksvolle Spuren eines »Endkampfes« in den Zumauerungen und Holzverrammlungen an den Toren des Kastells sowie in menschlichen Skeletteilen im Südgraben des Annexkastells.

Welche Verhältnisse nach dem Limesfall eintraten, läßt sich nur schwer beleuchten. Beachtenswert sind die nachlimeszeitlichen Fundmünzen aus Buchen, Hettingen, Osterburken, Schloßau, Walldürn und Waldmühlbach. Sie haben, neben anderen, gerade in jüngster Zeit Anlaß zu weiterreichenden Spekulationen gegeben. Zu beantworten ist die Frage noch nicht, wieviel Provinzialbevölkerung nach 260 im Limesgebiet gelebt hat. Neben den späten Münzen treten lediglich in Osterburken weitere nachlimeszeitliche Fundstücke auf. Zum einen handelt es sich um drei bronzene Armbrustfibeln, die durchaus in frühalamannischem Zusammenhang zu sehen sind, zum anderen um einen Verwahrfund, der als Inventar eines Landwirtschaftsbetriebes zu betrachten ist und an der Wende vom 4. zum 5. Jh. oder im Verlauf des 5. Jh. im Wallgraben des Kastells Osterburken verborgen wurde. Gerade der letztgenannte Fund dürfte auf die Neuaufsiedlung des ehemals römischen Gebietes hinweisen. Inwieweit hier noch römische Einflußnahme möglich war, läßt sich nicht entscheiden.

Die Limeslinien

Das Kreisgebiet wird von beiden Limeslinien, dem Odenwaldlimes und dem vorderen Limes, durchzogen. Es handelt sich um Teile herausragender Kulturdenkmäler, die einen Schwerpunkt der bodendenkmalpflegerischen Arbeiten bilden. Neben der Erforschung der archäologischen Überreste der ehemaligen römischen Grenzlinien ist man von seiten des Landesdenkmalamtes Baden-Württemberg, Außenstelle Karlsruhe, wie auch der örtlichen Heimat- und Geschichtsvereine bemüht, die Limesanlagen auch den interessierten Laien zu erschließen. Dazu dienen Limeswanderpfade, an denen Informationstafeln an den einzelnen Objekten aufgestellt sind (Limeswanderpfade nördlich von Schloßau, bei Walldürn und Hettingen), ebenso wie die Einrichtung von Museen (Museum am Odenwaldlimes in Neckarburken, Museum Römerbad Osterburken, Römische Abteilung im Heimatmuseum Walldürn), die übergreifend zur Geschichte der Limeslinien informieren. Die Verbindung von Museumsbesuch und Limeswanderung gibt dem Besucher der Region ein übersichtliches Bild der römischen Epoche im Neckar-Odenwald-Kreis.

Der Odenwaldlimes. – Die das westliche Kreisgebiet durchziehende Limeslinie ist Teil des von Obernburg am Main nach Bad Wimpfen am Neckar führenden Odenwaldlimes. Gerade der nördliche Limesabschnitt im Landkreis gehört zu den landschaftlich reizvollsten Teilen der etwa 70 km langen Limeslinie. Sie sollte das römische Hinterland vor kleineren Einfällen schützen. Die Funktion einer Verteidigungslinie bei größeren Auseinandersetzungen konnte sie wegen ihres statischen Charakters allerdings nicht erfüllen. Auch außerhalb des Limes konnten die Truppen bei rechtzeitiger Vorfeldaufklärung präventive Aktionen durchführen.

Die gesamte Limesstrecke zerfällt in zwei unterschiedliche Linienführungen. Der nördliche Abschnitt vom Main bis Schloßau ist der Wasserscheide angepaßt, was seinen unregelmäßigen Verlauf erklärt. Der südliche Abschnitt von Schloßau bis an den Neckar ist schnurgerade über Hochflächen und durch Taleinschnitte geführt. Im Vordergrund stand für die römischen Ingenieure, eine möglichst kurze Linie anzustreben. Bei der Eintrittsstelle des Odenwaldlimes in das nördliche Kreisgebiet handelt es sich um den höchstgelegenen Teil des gesamten Limes in mehr als 500 m NN mit seinem höchsten Punkt bei dem Wachtposten 10/34 »Im Hohewald« (553 m NN). Ab Schloßau verliert der Limesverlauf weitgehend kontinuierlich an Höhe. Zunächst durchzieht er noch die breiten Hochebenen zwischen Oberscheidental und dem Nordrand des Neckarburkener Bürgerwaldes, quert das schon bei 175 m NN gelegene Elztal bei Neckarburken und verläßt das Kreisgebiet bei WP 10/67 »Am Stein(ernen) Tisch« im Seelbachwald. Der Endpunkt der gesamten Strecke, Kastell Wimpfen, liegt in einer Höhe von 146 m NN. Die den eigentlichen Grenzverlauf markierende Limespalisade ist nur durch Ausgrabungen bekannt. Mittels der Luftbildarchäologie läßt sich ihr Verlauf noch mit bloßem Auge feststellen. Sie bestand aus einer Reihe dicht aneinanderstehender massiver Pfähle, die in einen Graben mit trichterförmigem Querschnitt eingelassen waren. Die Trichterform des Standgrabens ermöglichte auch im Reparaturfall ein leichteres Einlassen der einzelnen Pfähle von der Seite her. Eine Besonderheit stellt das 112 m lange Mauerstück zwischen Kleinkastell Zwing und WP 10/34 »Im Hohewald« dar, das die Grenzlinie anstelle der Palisade markiert. Bei Ausgrabungen wurden die unterste Lage großer Sandsteinblöcke sowie im Versturz halbwalzenförmige Zinnensteine gefunden. Vermutlich hat man an dieser Stelle eine Mauer errichtet, weil im Untergrund unmittelbar der Sandstein ansteht. Lediglich an einer Stelle konnte eine Unterbrechung des Limes festgestellt werden. Etwa 60 m nördlich vom Kastell Schloßau war die Limespalisade auf 4,30 m Breite unterbrochen und in der Lücke noch die Steinstückung des ins freie Germanien führenden Weges vorhanden. Sicherlich gab es mehrere Limesdurchgänge, zumeist in der Nähe der Kastelle. So wird man im Talgrund der Elz bei Neckarburken einen wichtigen Limesdurchgang annehmen müssen, vermutlich auch auf der Höhe unmittelbar südlich des Elztaleinschnittes, wo der Verlauf einer ins Vorgelände des Odenwaldlimes zielenden Römerstraße vermutet wird.

Als Limesweg wird der zumeist unmittelbar hinter der Palisade verlaufende Patrouillenweg bezeichnet, der als erste Limesanlage in Verbindung mit den Wachtür-

2. Römerzeit

men für die Grenzüberwachung entstanden war. Stellenweise ist er als Steinstückung, als Kieskörper oder lediglich als von Steinen freigeräumte Bodenzone, wie etwa an der Limesmauer, zu erkennen. Besonders gut erhalten ist der Limesweg zwischen den westlich von Balsbach gelegenen Wachtposten 10/45 »Weißmauerfeld« und 10/46 »Dreispitz«.

Neben dem Limesweg bestand noch die sog. Grenzstraße, die besser ausgebaut in wechselndem Abstand zum Limes verlief, zuweilen auch die Funktion des Limesweges übernahm. Sie verband die Kastelle auf möglichst kurzem Weg. Bei WP 10/51 »Roberner Höhe« verläßt die Grenzstraße den Limesweg und verläuft nun bis zu 700 m hinter dem Limes.

Am Odenwaldlimes gab es zunächst nur Holzwachtürme, die 145/146 n. Chr. von Steinbauten abgelöst wurden. Die meisten Turmstandorte waren so gewählt, daß von ihnen aus das unmittelbare Vorgelände und die Limeslinie bis mindestens zu den benachbarten Turmstellen übersehen werden konnte. Dies war besonders wichtig, da der Limes ja als Signallinie verwendet wurde. Neben dem WP 10/33 »Auf dem kahlen Buckel« und WP 10/35 »Im Klosterwald« ist auf der Südstrecke nur noch ein Standort mit zwei Holztürmen bekannt, der WP 10/54 »Im Mühlschlagweg« südlich des Kleinkastells Trienz. Möglicherweise wurden in den genannten Fällen Neubauten schadhaft gewordener oder abgebrannter älterer Holztürme notwendig. Über nur einen Holzturm verfügten WP 10/34 »Im Hohewald«, 10/36 »Am Fischerspfad«, 10/37 »In der Schneidershecke«, 10/42 »Im Säubaumacker« und 10/44 »Heunenbuckel«. In der Regel handelte es sich um 5 bis 6 m im Quadrat messende Anlagen, die ein massives, in Holz-Erde-Bauweise errichtetes Untergeschoß besaßen und von einem Ringgraben mit 20 bis 25 m Durchmesser umgeben waren. Über dem massiven Sockelgeschoß erhoben sich zwei weitere Geschosse, die den Wohnraum (Mittelgeschoß) und den Wachraum (Obergeschoß) aufnahmen.

Bei der Rekonstruktion der Steintürme ergibt sich ein dreigeschossiger Turm mit offenem Untergeschoß, das wohl als Vorratsraum benutzt wurde, mit architektonisch gegliederten Fassaden und Schindeldach. Bei vier Steintürmen (WP 10/19, 10/29, 10/33, 10/35) fanden sich Bauinschriften mit der Titulatur des Kaisers Antoninus Pius aus den Jahren 145/146 n. Chr. Lediglich WP 10/37 »In der Schneidershecke« verfügte über zwei Steintürme. Der eine ist einer Weiheinschrift zufolge 145/146 n.Chr. als normaler Wachturm durch eine Vexillation der Oberscheidentaler ersten Sequaner- und Rauraker-Kohorte unter dem Befehl des Centurionen der 22. Legion Antonius Natalis errichtet, der zweite wohl erst um 180 als Heiligtum erbaut worden. Letzteres geht aus den Einzelheiten einer Marsfigur (Darstellung eines Schwertriemenhalters späten Typs) hervor, die sich zusammen mit Bildwerken der Salus und Viktoria in der Turmruine fand. Die ansprechend gearbeitete Statuengruppe stand in einem mit Stukkaturen und Wandverputz ausgeschmückten Turmheiligtum. Interessant ist, daß dieses Heiligtum zu einem Zeitpunkt errichtet wurde, als das Gros der römischen Truppen vom Odenwaldlimes bereits abgezogen war.

Im Beschreibungsgebiet finden sich die drei Kastelltypen des Odenwaldlimes. An erster Stelle stehen die Kohortenkastelle von Oberscheidental und Neckarburken. Als nächstkleinere Anlagen folgen die Numeruskastelle von Schloßau und ebenfalls von Neckarburken. Als kleinste Kastellformen treten die Fortifikationen von Trienz und Robern sowie, nördlich von Schloßau, Zwing und Seitzenbuche auf. Das Kohortenkastell Oberscheidental deckte die leicht zugängliche Hochfläche zwischen hohem Odenwald und Trienztal, das Kohortenkastell Neckarburken riegelte zusammen mit seinem Numeruskastell das Elztal ab. Den ausbiegenden Winkel im nördlichen Limeszug schützte das Numeruskastell Schloßau. Das stellenweise parallel zum Limes verlaufende Trienztal sowie seine Eintrittsstelle in das Limesgebiet überwachten die Kleinkastelle Robern und Trienz, während die Bergsättel, die ein Überschreiten des Limes auf dem hohen Odenwald möglich machten, mit den kleinen Anlagen der Zwing und der Seitzenbuche abgesichert wurden.

Frühstadien der beiden Kohortenkastelle sind durch unsichere Spuren in Oberscheidental und eine Holz-Erde-Anlage in Neckarburken belegt. Auch in Schloßau ließ sich ein Holz-Erde-Kastell der Zeit um 100 n.Chr. nachweisen. Die großen Steinkastelle haben ganz ähnliche Ausmaße (Neckarburken: 132 x 158 m, Oberscheidental: 153 x 137 m) und entsprechen sich auch in der Anlage mit turmbewehrten Toren und Stabsgebäude samt Fahnenheiligtum im Innern. In Neckarburken ließen sich zudem die Reste einer Kommandantenwohnung mit Bad innerhalb der Mauern nachweisen. Besonderheit seiner Umwehrung ist eine Geschützplattform. In Neckarburken kommt auch noch ein Numeruskastell von 80 x 80 m hinzu, ein unregelmäßiges Viereck, an das, vielleicht erst zu Zeiten ziviler Nutzung, ein Rechteck angefügt wurde. Das Kastell ist dreitorig und nicht ganz von Gräben umzogen, weil es wohl an einen alten Lauf der Elz angelehnt war. Dreitorig in ähnlichen Abmessungen (80 x 73 m) ist auch das Kastell Schloßau, ebenfalls mit Stabsgebäude und Fahnenheiligtum, während die Kleinkastelle in Trienz, in Robern und an der Seitzenbuche (alle um 20 x 20 m) nur zwei Tore aufwiesen und keine Befehlszentralen erkennen lassen. Die Kohorten- und Numeruskastelle waren mit Bädern ausgestattet, die sich in der Regel nur wenig vor den Mauern befanden. Im größten Abstand liegt mit 60 m das von Schloßau. Meist handelt es sich um den Typus des Reihenbades, das ohne großen architektonischen Aufwand Kaltbad, Warmbad und Heißbad hintereinander anordnete und Umkleideraum sowie Heizraum vorschaltete. Nur das Kohortenbad in Neckarburken weicht von diesem Schema ab. Zu den größeren Anlagen gehörten Lagerdörfer. Das von Neckarburken lag zwischen den beiden Kastellen und westlich des Kohortenkastells. Dort sind die üblichen Streifenhäuser nachgewiesen. Ein basilikaähnlicher Grundriß weist wohl auf ein Kultgebäude oder auf ein Gebäude mit öffentlicher Bedeutung hin.

Der vordere Limes. – Der vordere Limes stellt die am weitesten nach Osten vorgeschobene Grenzlinie der römischen Provinz Obergermanien dar. Sein Verlauf im Gelände macht deutlich, daß das Bemühen der römischen Militäringenieure, das auf möglichst gerade Grenzverläufe der Limeslinie abzielte, weitestgehend eingehalten wurde. Zwar zieht der Limes bis südlich des Numeruskastells Walldürn noch mit jeweils zwei Ein- und Ausbuchtungen durch das Gelände, doch beginnt ab Wachtposten 7/46 »Im Zentgrafengereut« der über 81 km lange schnurgerade Limesverlauf bis zum Haghof bei Welzheim. Das Ausrichten dieser Strecke stellt eine außerordentliche vermessungstechnische Leistung dar.

Der durch den Neckar-Odenwald-Kreis ziehende Abschnitt des vorderen Limes umfaßt nach der Streckeneinteilung durch die Reichslimeskommission den südlichen Teil der Strecke 7 des obergermanisch-rätischen Limes, die vom Main bei Miltenberg bis zum Kleinkastell Hönehaus südlich von Walldürn führt, sowie den nördlichen Teil der Strecke 8, die von hier bis zum Tolnayshof an der früheren badisch-württembergischen Grenze verläuft. Die Eintrittsstelle des vorderen Limes in das Kreisgebiet liegt noch im Bereich des Odenwald-Buntsandsteins. Etwa ab Walldürn verläuft die römische Grenze aber mehr oder minder über Muschelkalkhochflächen. Der erste Wachtposten im Kreisgebiet (WP 7/18), der bei der von Miltenberg nach Walldürn führenden Landstraße an der Stelle der kleinen Erasmuskapelle angenommen

2. Römerzeit

wurde, liegt 410 m hoch. Die leicht nach Südosten gerichtete Limeslinie fällt bis zum Standort des Kleinkastells Haselburg bei Gerolzahn auf 360 m ab, verläuft von dort aber bis zum Numeruskastell Walldürn annähernd gleichmäßig in einer Höhe von 440 bis 400 m NN. Noch WP 8/6 »Auf dem Kühbaum« nördlich von Rinschheim liegt in 410,80 m NN, danach ergibt sich aber ein deutlicher Geländeabfall. Ab Kleinkastell Rinschheim (342,80 m NN) vermindert sich der Höhenverlauf des Limes – von wenigen, kaum nennenswerten Schwankungen abgesehen – bis zum Taleinschnitt der Kirnau bei Osterburken (247,40 m NN) kontinuierlich. Jenseits von Osterburken verläuft der Limes wiederum über ansteigendes Hochgelände und verläßt das Kreisgebiet bei WP 8/44 »Tolnayshof« in einer Höhe von 359,60 m NN.

Auch von der Palisade des äußeren Limes ist nichts mehr sichtbar. Luftbilder haben aber ihren Verlauf an manchen Stellen – so beim Kastell Walldürn und zwischen Rinschheim und Bofsheim – deutlich zu erkennen gegeben. Bei den Ausgrabungen der Reichslimeskommission stieß man auf die im Boden steckenden Reste. Am Wachtposten 7/25 »In den langen Birken« nahe Gerolzahn konnte der auch am Odenwaldlimes bekannte trichterförmige Querschnitt des Palisadengräbchens für den vorderen Limes belegt werden. Die Palisade wurde nach Vorverlegung des Limes um die Mitte des 2. Jh. zusammen mit Limesweg und Wachtürmen auf der gesamten Strecke im Beschreibungsgebiet angelegt. Ein dendrochronologisches Datum von der Limespalisade aus Rainau-Buch gibt das Jahr 165 n.Chr. zu erkennen. Die Untersuchung von aufgefundenen Holzkohleresten aus dem Palisadengräbchen bei WP 7/31 »Steinernes Haus«, das in einem Abstand von 18 m vor dem Wachturm vorbeizog, ergab, daß die Palisadenpfähle an dieser Stelle wahrscheinlich aus Rotbuche hergestellt worden waren. Demgemäß erfolgte die an der Grabungsstelle vorgenommene Rekonstruktion. Hinter der Palisade wurde wohl um die Wende vom 2. zum 3. Jh. ein Graben ausgehoben und das Aushubmaterial zu einem dahintergelegenen Wall angehäuft. Die Überreste von Wall und Graben sind im Gelände heute recht unterschiedlich ausgeprägt. Während in landwirtschaftlich genutzten Gebieten lediglich das Luftbild über den Verlauf dieser Anlagenkombination unterrichten kann, läßt sie sich im Wald bei WP 7/23 »Gesengte Hecken« gut, zwischen den WP 7/23 und 7/35 »Im Lindigwald« bei Walldürn als flacher Streifen und zwischen WP 8/37 »Am Welschen Buckel« und WP 8/40 »Hopfengarten« im Hergenstädter Wald in bestem Zustand beobachten. Wie es scheint, wurde der Graben nicht durchgängig an der ganzen Limesstrecke ausgehoben, so daß der Eindruck entsteht, die Römer hätten das Bauwerk an manchen Stellen nicht vollendet, vor allem dort, wo der Boden aus Fels besteht. Dies ist offenbar besonders an den Wachtposten 7/20–7/25, 7/33–7/36 sowie 8/2–8/11 der Fall.

Eine Besonderheit der Strecke 8 ist die Limesmauer. In 13 bis 17 m Abstand hinter Wall und Graben weist sie in ihrem zu rekonstruierenden Aussehen Ähnlichkeiten mit der rätischen Mauer auf, setzt zwischen WP 8/18 und 8/19 bei Bofsheim ein und verläuft über eine Länge von 17 km nach Süden bis in die Nähe des WP 8/56 »Fasslenäcker« wenig nördlich des Limeskastells Jagsthausen. Die Mauer war im Fundament 1,20–1,25 m breit, wie sich an dem bestuntersuchten Abschnitt im Gewann »Affeldürn« bei Osterburken ergab. Stellenweise besaß das Fundament aber auch nur eine Breite von 70–80 cm. Im Gegensatz zu der Bauweise der rätischen Mauer schließt die Limesmauer des vorderen Limes in keinem Fall an die Steintürme an. Dagegen ließen sich einzelne Einbauten feststellen, die besonders nördlich von Osterburken untersucht und als Geschützplattformen angesprochen wurden. Mit dem Mauerbau dürften die ebenfalls dort ausgegrabenen Kalk- und Ziegelöfen zusammenhängen.

Wie am Odenwaldlimes wurden auch auf der Strecke 7–8 des vorderen Limes der Limesweg und die Grenzstraße festgestellt. Wie dort kommen auch am vorderen Limes Streckenabschnitte vor, an denen Limesweg und Grenzstraße auf demselben Straßenzug zusammenfallen. Spuren des Limesweges, der als Patrouillenweg diente, fanden sich zwischen WP 7/20 und 7/21 nördlich vom Kleinkastell Haselburg und beim WP 7/24 »Tannenwald« in der Höhe von Glashofen, dort mit regelrechtem Wegunterbau aus Steinen. Als dammartige Erhöhung ist der Begleitweg im Lindigwald bei Walldürn zwischen WP 7/33 und 7/35 und im Bereich zwischen WP 8/2 und 8/3 bei Hettingen wahrzunehmen. Als flacher Damm erscheint der Limesweg im Abstand von 15 m hinter der Limesmauer zwischen WP 8/22 und 8/23 südlich von Bofsheim. Vielleicht handelt es sich hier auch gleichzeitig um den Grenzweg.

Am vorderen Limes standen die einzelnen Wachtposten in engerem Abstand zueinander als an der Odenwaldstrecke. Offenbar lassen sich hinter dem geänderten Wachtpostenintervall taktische Maßnahmen im Hinblick auf bessere Nachrichtenübermittlung durch Schallsignale auch bei trübem Wetter und durch einen Stafettendienst sehen. Im Durchschnitt liegt zwischen den einzelnen Wachtürmen eine Entfernung von 416 m; am Odenwaldlimes lag der durchschnittliche Abstand dagegen bei 792 m.

Am gesamten vorderen Limes, natürlich auch an seinem Abschnitt im Neckar-Odenwald-Kreis, fanden sich keine Holztürme. Spuren von Pfostenlöchern, die stellenweise unter und neben den Fundamenten der Steintürme beobachtet werden konnten, dienten offensichtlich dem Aufstellen von Holzgerüsten, die zum Abstecken der schnurgeraden Limeslinie errichtet worden waren. Danach hat man die Steintürme errichtet. An den Wachtpostenstandorten finden sich nirgends zwei Steintürme. Die Grundrißgröße der Türme liegt im Durchschnitt bei einer Seitenlänge von 4,80 m. Der ältere Steinturm von WP 8/44 »Tolnayshof« besitzt eine Größe von 5,60 bzw. 6 m bei einer Mauerstärke von 1 m.

Vermutlich dürften aber auch die Steintürme des vorderen Limes 10–12 m hohe Bauwerke mit Eingang im Zwischengeschoß und in der Regel mit Schindel-, Reisig- oder Strohdach gewesen sein, womit sich wohl eine gleiche Innenraumnutzung annehmen läßt wie bei den Steintürmen der älteren Odenwaldlinie. Wahrscheinlich bestanden bei einigen Türmen die Obergeschosse aus Fachwerkkonstruktion. Interessant ist in diesem Zusammenhang der Befund von WP 8/25 »Im Barnholz« nördlich von Osterburken. Hier ließen sich eindeutige Brandreste einer ersten, vielleicht auf Ende des 2. Jh. durch eine Münze datierten Turmphase feststellen, die dann offenbar einplaniert und mit neuem Lehmboden überdeckt wurden. Darüber erstreckte sich eine zweite Brandschicht.

Zumeist waren die Steintürme des vorderen Limes mit einem Graben umgeben. Die zusätzliche Verstärkung der Wachtposten durch einen Zaun scheint eine Besonderheit der Strecke 8 gewesen zu sein. Es ist davon auszugehen, daß Steinturm, Umzäunung und Ringgrabenumwehrung zusammen mit der Limespalisade entstanden sind. Die Römer haben dann das Wallgrabensystem hinter der Palisade angelegt. Später errichteten sie zumindest im Abschnitt von Osterburken bis Jagsthausen als letzte Limesanlage die Limesmauer. An manchen Stellen scheinen die in der Limesmauer offen gehaltenen Grenzübergänge durch den Neubau eines weiteren Steinturms zusätzlich abgesichert worden zu sein, so wohl am WP 8/44 »Tolnayshof«.

Unter den Kastellen am vorderen Limes existiert im Kreisgebiet mit dem großen Kastell von Osterburken nur noch ein Kohortenkastell. Konstant geblieben ist die Zahl der Numeruskastelle. In Osterburken wurde zwischen 185 und 192 n. Chr. ein Numeruskastell in Form eines Annexbaus an das schon bestehende Kohortenkastell angegliedert. Die zweite Einheit dieser Truppengattung stand im Numeruskastell von Walldürn. Die Abstände zwischen den größeren Kastellplätzen wurden nun etwas engmaschiger mit Kleinkastellen besetzt. Besonders im Bereich von Walldürn treten gleich vier in Erscheinung, nämlich nördlich das Kleinkastell Haselburg, südlich von Walldürn die Kleinkastelle Altheimer Straße, Hönehaus und Rinschheim. Im Verband mit dem Numeruskastell Walldürn sicherten sie die breite, für feindliche Eindringlinge leicht zu überschreitende Hochfläche. Besonders deutlich wird dies aus der Lagesituation des Kastells Walldürn, von dessen antiker strategischer Situation man sich heute noch in dem weit überschaubaren Ackergelände einen Eindruck machen kann. Vom hohen Standort des Kleinkastells Hönehaus aus ließ sich das Vorgelände überschauen, während das Kleinkastell Haselburg so positioniert wurde, daß es den auf den Limes zuführenden Talgrund des Kaltenbachs mit weithin beherrschender Fernsicht kontrollieren konnte.

Nach der Größe (186 x 115 m) ragt das Kohortenkastell in Osterburken hervor, ebenso durch die Befestigung mit 16 Türmen, darunter 8 an den 4 Toren, und einem gewaltigen Spitzgraben. Da es am Hang des Kirnautales lag, wurde es später bis zur Höhe hinauf durch das trapezförmige Numeruskastell mit 3 Toren und einer etwa zwei Drittel so großen Fläche ergänzt. Auch ist es durch einen Spitzgraben gesichert und vom Kohortenkastell abgetrennt. Während in Osterburken keine Vorgängeranlagen erkennbar sind, ging dem Walldürner Kastell (97 x 84 m und ebenfalls viertorig) eine Holz-Erde-Befestigung voraus. Ähnlich ist auch eine Frühphase des zweitorigen Kastells Haselburg noch festzustellen. Die zweite Version um 155 n. Chr. wies einen Spitzgraben auf und war etwas größer (53 x 44 m), aber erst um 180 folgte eine Erneuerung als Steinkastell. Die Kleinkastelle südlich Walldürn zeigen Abmessungen von 42 x 38 und 47 x 41 m, die frühere Anlage an der Altheimer Straße ist aus Stein errichtet, wurde aber wohl bald aufgegeben und durch das günstigere Kastell Hönehaus ersetzt. Auch hier konnten keine Gräben festgestellt werden, ebenso nicht in der etwas größeren Anlage Rinschheim (50 x 60 m). Während in den Kleinkastellen Barackenanlagen im Innern zum Vorschein kamen, hatten Walldürn und Osterburken Stabsgebäude und Fahnenheiligtümer sowie Kastellbäder, außer dem Kohortenkastell in Osterburken entsprachen sie wiederum dem Reihentypus. Ein ausgesprochenes Lagerdorf mit langrechteckigen Streifenhäusern, die zum Teil unterkellert waren, kam in Walldürn zutage. Das große Lagerdorf von Osterburken erstreckte sich in die Talniederung und ist infolge der späteren Überbauung nur durch zahlreiche punktuelle Beobachtungen, auch durch einen gut erfaßten Friedhof, bekannt.

Die Besonderheit von Osterburken aber ist ein erst anläßlich des Baus der Straßenbrücke entdeckter Weihebezirk von Beneficiariern mit Kultbauten zwischen 155 und mindestens 238 n. Chr., beginnend mit einem Nymphäum, auf das zwei kleinere Tempel und schließlich drei große Schwellenbauten folgten. Besonders gut erhaltene Weihesteine geben Auskunft über die Geschichte dieser Station und sind Zeugnisse römischer Bildhauerkunst. Die botanischen Ergebnisse der Grabungen im Weihebezirk ermöglichten die Rekonstruktion des antiken Pflanzenbewuchses in der Umgebung. Der Weihebezirk lag in einer stark hochwassergefährdeten Zone. Um die Quellwässer und die Hochwasser aus seinem Areal abzuführen, wurde ein regelrechtes Kanal- und Wasserbausystem errichtet. Die von diesem erhaltenen Hölzer geben überdies einen detaillierten Einblick in die antiken Zimmermannsarbeiten.

Lagerdörfer und Kastelle zeigen mehrfach Brandspuren. Neben Naturkatastrophen könnte es sich in der 2. H. 2. Jh. in Osterburken um Auswirkungen des Chattenkrieges gehandelt haben. Möglicherweise sind auch beim Kastell Hönehaus inschriftliche Hinweise dahin zu interpretieren, daß sich im ausgehenden 2. Jh. bzw. in der 1. H. 3. Jh.

die zivile Bevölkerung an der Verteidigung dieses Grenzabschnitts beteiligte. Osterburken wiederum zeigt durch Brandschutt, Vermauerungen der Tore und Skelettfunde in den Gräbern den Endkampf um 260 an.

Die Truppenteile in beiden Limeslinien. – Nicht überall, aber doch weitgehend informieren Inschriften über die in den Kastellen stationierten Truppen. Nach Ziegelstempeln waren am Bau des Odenwaldlimes die in Straßburg stationierte 8. Legion (Augusta) in Schloßau, Oberscheidental, Neckarburken und auch beim Numeruskastell in Osterburken beteiligt. Das Kohortenkastell in Osterburken und das Walldürner Kastell standen unter der Bauaufsicht der 22. Legion (Primigenia) in Mainz. Reguläre Stationierungstruppen waren die Kohorten in einer Sollstärke von 500 Mann einschließlich einer berittenen Abteilung. Die 3. Dalmatierkohorte wurde um 115/125 von Oberscheidental nach Rückingen in der Wetterau verlegt. Im alten Standort rückte die 1. Sequaner- und Raurakerkohorte nach, die auch die Wachtürme in der Schneidershecke und am Hohen Wald erbaute. Im Zuge der Vorverlegung des Limes zog sie um 150 nach Miltenberg ab. In Neckarburken war die berittene 3. Aquitanierkohorte, bestehend aus römischen Bürgern, stationiert, bis sie nach Osterburken vorverlegt wurde. Eine Besonderheit des Odenwaldlimes stellen die Hilfstruppenformationen der Brittonen-Numeri dar. Sie wurden wohl aus der einheimischen Bevölkerung Britanniens gegen Ende des 1. Jh. ausgehoben und besaßen einen eigenen Verwaltungsapparat, wie sich aus dem Stabsgebäude des Kastells Hesselbach ergab. Ihnen oblag in erster Linie der Wachdienst auf den Wachtürmen entlang der Limesstrecke. Während in Schloßau und Hesselbach die Brittones Triputienses Dienst taten, standen in Neckarburken, Trienz und vielleicht auch Robern die Elzbrittonen, deren Numerus (etwa 160 Mann) auch nach der Limesvorverlegung in Neckarburken blieb und erst um 185/192 nach Osterburken umgesetzt wurde. In Walldürn und den nahen Kleinkastellen lag neben einer Abteilung von exploratores (Kundschaftern) ein Brittonenkontingent, die Brittones dediticii Alexandriani. Der Beiname dediticii (Unterworfene) wirft die Frage auf, ob es sich hier um Soldaten gehandelt hat, die auch nach der allgemeinen Verleihung des römischen Bürgerrechts an die Provinzialen (211 n. Chr.) ohne solche Vergünstigungen blieben. Die Besatzung der Haselburg ist nicht bekannt. Da sich dort auch Frauen nachweisen lassen, muß es sich in der Spätphase um eine längere Zeit am Ort stationierte Truppe gehandelt haben.

Beneficiarier waren ausgesuchte Legionssoldaten, die von ihren Stammeinheiten, der 22. Legion in Mainz, der 8. Legion in Straßburg und der 3. Legion in Regensburg, an wichtige Punkte der römischen Grenze und des römischen Straßennetzes in Obergermanien und Rätien abkommandiert worden sind. Ihre besondere Aufgabe bestand in der Überwachung der Straßen und des grenzüberschreitenden Handels, so besonders in Osterburken. Zur Demonstration ihrer Amtsgewalt besaßen sie eine sogenannte Beneficiarierlanze. Das metallene Endstück einer solchen konnte bei den Ausgrabungen im Osterburkener Weihebezirk gefunden werden. Sowohl der Einsatz am Grenzübergang als auch die jeweilige politische Konstellation an ihrem Einsatzort könnten die Beneficiarier dazu bewogen haben, Gelübde mit aufwendigen Steinen einzulösen, wie sie sich in Osterburken einzigartig erhalten haben.

Verkehrswege. – Wie die Erschließung des Gebietes des heutigen Neckar-Odenwald-Kreises in der Antike erfolgte, ist von der Forschung bisher nur unzureichend untersucht worden. Freilich ist es außerordentlich schwierig, römische Straßenzüge eindeutig anzusprechen, sobald sie sich von den antiken Kastell- und Siedlungsplätzen,

2. Römerzeit

wo sie zumeist bei Ausgrabungen angetroffen wurden, entfernen. So bleibt vorläufig nur der Blick auf die Forschungsergebnisse der Jahrhundertwende, auf die noch heute gültigen topographischen Vorgaben und hin und wieder auf kleinere neuere Beobachtungen, von denen aber einige ihres spekulativen Charakters entkleidet werden müssen. Das eben Gesagte gilt in ähnlicher Form auch für die Wasserwege.

Straßensystem. – Als Hauptverbindungsstraßen am Limes haben wir den Limesweg als Patrouillenweg sowie die Grenzstraße als Truppenbewegungs-, Nachschub- und wohl offiziellen Postweg bereits kennengelernt. Die großräumige Versorgung erfolgte über die vom Rheintal nach Osten, ab der Mitte des 2. Jh. mit Einrichtung des vorderen Limes über die vom Maintal nach Süden führenden Verkehrswege. Sicherlich bestand eine Straße oder eine Wegeeinrichtung durch das Neckartal von Heidelberg bis Eberbach. Es mag sich dabei um – wegen der jahreszeitlichen Wasserstände des Neckars – nur saisonal benutzte Saumpfade, Treidelpfade oder auch regelrechte Kunststraßen gehandelt haben. Eine Straßenführung über den »Winterhauch« an den Limes bei Wagenschwend, südlich von Oberscheidental, und erst recht ihre Fortführung nach Walldürn ist hypothetisch. Es mußte hier ein relativ beschwerlicher Aufstieg in das Gebirge bei Eberbach in Kauf genommen werden. Möglicherweise führte die Neckartalstraße aber auch noch weiter bis Neckarelz. Daß von dort eine Wegeverbindung bis in das heutige Industriegebiet »Oberer Herrenweg« in der Neckarschleife bei Diedesheim bestand, scheint die dort festgestellte villa rustica anzudeuten.

Von großer Bedeutung war die Straße Neuenheim-Neckarburken, die das Neckartal bei Neckargemünd verließ und über Wiesenbach, Lobenfeld, Aglasterhausen, Asbach und Obrigheim an die Neckarübergangsstelle bei Neckarelz zog. Ihr Verlauf gilt, etwa bei Reichartshausen und Aglasterhausen durch Namen wie »Sträßle«, »Alte Straße« und »Heerstraße«, als gesichert. Die altbekannte Inschrift aus Obrigheim deutet auf einen Merkurtempel, der im Bezug zu dieser Straße gesehen wird. Der Neckarübergang bei Obrigheim-Neckarelz ist in seinem Aussehen – Furt, Fähre oder Brücke – nicht bekannt; bei einem so wichtigen Fernweg dürfte die Existenz einer Brücke nicht verwundern. Jenseits des Neckars zog die Römerstraße durch Mosbach, am Knopfhof oberhalb von Neckarburken vorbei und traf wenig östlich auf den Limesweg, von dem aus eine Abzweigung zu dem Kastellplatz Neckarburken führte. Logisch erscheint aber auch ein in mehr oder weniger großem Abstand am linken Elzufer aufwärts nach Neckarburken ziehender Weg. Diese wichtige Fernstraße wird wohl mit der Anlage des Odenwaldlimes gebaut worden sein. Als die Limeslinie nach vorne verlegt wurde, hat man sie über die Waidachhochfläche an Schefflenz vorbei bis Adelsheim weitergeführt. Bei Adelsheim erreichte die Römerstraße das Kirnautal, in dem sie weiter nach Osterburken verlaufen sein dürfte. Dort konnte die Verteilung des Nachschubs am Limesabschnitt über den Limesweg zu den Wachtposten nach Norden und Süden erfolgen.

Blickt man auf das Verbreitungsgebiet der römischen Fundpunkte im Zentrum des Neckar-Odenwald-Kreises, drängt sich der Eindruck auf, daß von Schefflenz aus eine Verbindungsstraße in nordöstlicher Richtung über Großeicholzheim, Seckach, Eberstadt und Hettingen nach Walldürn geführt habe, ohne daß sie durch archäologisch gut beobachtete Aufschlüsse nachvollziehbar ist. Vielleicht gehören Reste einer Römerstraße im »Bodenwald« nördlich von Eberstadt zu diesem Straßenzug.

Flußschiffahrt und Flößerei. – Der Neckar war sicherlich bis Neckarelz, aber auch weit darüber hinaus schiffbar. Darauf deutet der 1967 bei Marbach im Neckar gefundene Votivstein, den ein Händler nach überstandenem Schiffsunglück stiftete.

Für den Weitertransport auf dem Wasserweg zu den Kastellen von Neckarburken hat vermutlich die Elz Verwendung gefunden. Es scheint überhaupt nach Betrachtung der Siedlungsbefunde, daß die Wasserwege eine gewisse Rolle gespielt haben. Neuere Untersuchungen der Schiffbarkeit oder Floßbarkeit, auch von kleineren Flüssen, zeigen, daß diese weit mehr zu Transportzwecken verwendet worden sein dürften als bisher angenommen. In unserem Gebiet haben vermutlich zeitweise die Schefflenz, die Seckach sowie die Kirnau, letztere besonders bis Osterburken, als Floß- und Schiffahrtsweg gedient. Sie alle münden in die Jagst, so daß sich aus dieser Flußanbindung ergibt, daß auch das römische Wimpfen als Versorgungsplatz für unsere Region besondere Bedeutung besaß. Im nördlichen Kreisteil müssen in gleicher Hinsicht Morre und Mud betrachtet werden. Insgesamt wurden wohl über das Flußsystem Rohstoffe in Form von Steinmaterial (Sandsteinblöcke wurden bis ins Rheintal verhandelt) und darüber hinaus von Holzmaterial beschafft und an die verschiedensten Siedlungsplätze des Limeshinterlandes verteilt.

Die Besiedlung des Limeshinterlandes

Die Vorbevölkerung. – Bisher ließ sich noch an keiner einzigen Stelle eine Spätlatène-Siedlung entdecken, deren Fundstoff nahtlos an den Zeithorizont der römischen Okkupation anschließt, und die germanischen Funde aus der Viereckschanze von Gerichtstetten stehen bisher vereinzelt da. Gegenwärtig läßt es der Forschungsstand lediglich zu, von der auch sonst als üblich erwähnten Siedlungsleere zu sprechen, für die zumeist der antik überlieferte Begriff der »Helvetier-Einöde« gebraucht wird.

Siedlungsformen und -schwerpunkte. – Das römische Siedlungsbild wird geprägt durch die das Altsiedelland mehr oder weniger engmaschig erschließenden villae rusticae. Bisher ergaben sich keine Anzeichen dafür, daß neben den Lagerdörfern der Kastellorte auch kleinere vici (Dörfer) gewisse Mittelpunktsfunktionen erfüllten. Von einer gewissen Bedeutung dürfte der Elzmündungsraum bei Mosbach gewesen sein. Wohl in unmittelbarem Zusammenhang damit ist das Lagerdorf des Doppelkastellortes Neckarburken zu sehen. Es bestand auch nach der Aufgabe des Odenwaldlimes (Mitte 2. Jh.) zumindest teilweise weiter. Neben dem Umbau des Ostkastells in eine villa, vielleicht aber auch nur in einen Nachschubstapelplatz, deuten Terra-Sigillata-Funde aus Rheinzabern sowie Keramik in Urmitzer Technik eine Siedlungstätigkeit in Neckarburken noch im 3. Jh. an. Auch der erst jüngst ergrabene basilikaähnliche Gebäudegrundriß südwestlich des Kohortenkastells von Neckarburken dürfte in seiner Steinausführung schwerlich vor der Mitte des 2. Jh. errichtet worden sein. Die Bedeutung des Bauwerks als schola einer Kult- oder Vereinsgemeinschaft verweist zumindest auch für die »Nachlimeszeit« auf eine gegliederte Bevölkerungsstruktur am Ort, wohl ziviler Natur.

Eine hervorragende Bedeutung, auch für das Beschreibungsgebiet, hatte der Kastellplatz und spätere civitas-Hauptort Wimpfen im Tal. Er beherrschte das Kocher- und Jagstmündungsgebiet und bildete wohl den wichtigsten Nachschub- und Handelsplatz im weiten Umkreis. Es ist anzunehmen, daß die Mitte des 2. Jh. dort eingerichtete civitas Alisinensium für das Gebiet zuständig war, das östlich des Neckars und Odenwaldes möglicherweise bis zum Mainknie bei Miltenberg reichte. Die erst kürzlich sicher nachgewiesene Römerbrücke bei Wimpfen erleichterte den Verkehr nach Osten. Die Siedlung fand ihr Ende in der Zeit des Limesfalles (um 260 n. Chr.).

Als weitere »Mittelpunktsiedlungen« müssen die Kastellplätze Osterburken und Walldürn angesehen werden. Osterburken löste dabei zumindest teilweise Neckarbur-

2. Römerzeit

ken ab, denn es ist davon auszugehen, daß die Angehörigen der stationierten Soldaten mit an den neuen Garnisonsort verzogen. Schließlich verfügte jeder Kastellplatz aufgrund regelmäßiger Soldzahlungen an die Soldaten über ein ausgeprägtes Geldaufkommen, das Händler, Gewerbetreibende und Handwerker mit ihren Produkten anzog und einen regelrechten Markt möglich machte.

Die villae rusticae. – Die Lage zahlreicher Villen an den Ufern der Flüsse und Bäche läßt sich aufgrund des vorgegebenen Geländes an mehr oder weniger sanften, nach Süden orientierten Talhängen annehmen. Deutlich wird dies bei den Fundstellen an Schlierbach, Seckach und Schefflenz. Vom Aussehen der einzelnen villae rusticae ist nicht viel bekannt. Der vollständigste Grundriß wurde beim Stockbronner Hof, unmittelbar hinter dem Odenwaldlimes bei Neckarzimmern, ausgegraben. Die Anlage gehörte zum Typ der Risalitvillen, deren durch quadratische Eckräume, die durch einen Porticus miteinander verbunden waren, betonte Schaufront nach Osten ausgerichtet war. Der hinter dem Frontteil des Gebäudes gelegene Raumkomplex dürfte sich an drei Seiten um einen Innenhof oder wahrscheinlicher um einen größeren Mittelraum gegliedert haben. Nahe des Villen-Hauptgebäudes lagen noch drei Nebengebäude, so daß mit einem größeren Anwesen zu rechnen ist.

Ein zweiter Villengrundriß, der näher anzusprechen ist, liegt auf dem bekannten Flurgewann »Untere Au/Steinbuckel« am rechten Neckarufer nördlich von Neckarzimmern vor. Auch hier gruppierten sich Räume um einen viereckigen Innenhof, wobei die Frontseite nicht sicher bestimmbar ist, aber wohl nach Südwesten lag. Im Südrisalit befand sich ein Keller. Reste einer Hypokaustanlage (Fußbodenheizung), Wandverputz und die Bruchstücke des Ziegeldaches zeigen eine »bessere« Ausstattung des Landgutes.

Lediglich ein 12,4 x 9,3 m großes Gebäude konnte im Gewann »Haide-Rothenbüsch« bei Dallau ergraben werden. Den mit Estrichboden versehenen Raumteil, wohl einer größeren Anlage, grub man 1978 im Flurgewann »Helles Brünnle/Im Thal« bei Schlierstadt aus. Es handelt sich um einen ehemals mit Fußbodenheizung versehenen Raum, in dessen Umgebung sich weitere Mauerzüge und Siedlungsreste im Gelände abzeichneten. Teile des viereckigen Grundrisses der Villa »Tatschenäcker« bei Neckarmühlbach zeichneten sich noch 1964 bei Trockenheit im Getreidefeld ab.

Nur bei wenigen Fundstellen liegt ausreichendes Fundmaterial vor, um chronologische Aussagen treffen zu können. In Neckarmühlbach ist der Zeitrahmen des Bestehens der Villa zwischen dem 2. Viertel des 2. Jh. und dem Limesfall 260 n. Chr. anzunehmen, die Villa von Schlierstadt wurde bald nach der Mitte des 2. Jh. begründet und ebenfalls beim Limesfall zerstört.

Die Grundlage der villae rusticae wird in erster Linie natürlich in der Landwirtschaft zu sehen sein. Dies ergibt sich allein aus der Verbreitung der Villenanlagen über bessere Böden und entlang von Flußtälern, die zumeist mehr oder weniger mächtige Lößdecken aufweisen. Auf Getreideanbau verweisen Mühlsteinfragmente aus der villa rustica von Neckarmühlbach. Angebaut wurden offenbar Dinkel, Rispenhirse, Roggen und Hafer – Getreidearten, die sich in den Bodenproben des Beneficiarier-Weihebezirks von Osterburken feststellen ließen.

Es bestand ein enormer Holzbedarf für Baumaßnahmen und Brennholz sowohl an den Kastell- als auch an den Villenplätzen selbst. Vor allem die Eichenbestände dürften schon nach relativ kurzer Zeit dezimiert gewesen sein, da man ausschließlich Eiche zu Bauzwecken benutzte, wie das Beispiel der Holzbauten des Beneficiarier-Weihebezirks in Osterburken zeigt. Als weitere Rohstoffe, die in der Antike gewonnen wurden, müssen Kalk- und Sandsteine angesehen werden. Allerdings sind keine römischen Steinbrüche mit Sicherheit nachgewiesen.

Provinzialbevölkerung. – Über die Zusammensetzung der Bevölkerung vermögen allein inschriftliche Zeugnisse genauere Anhaltspunkte zu geben. Hinsichtlich der soldatischen Bevölkerung in den Kastellorten lassen sich Bau- und Weiheinschriften an beinahe jedem Platz heranziehen. So ist bekannt, daß sich die Brittonen-Numeri in den Kastellen von Schloßau und Neckarburken sowie in den Kleinkastellen und den Wachtürmen der Odenwaldlimesstrecke befanden. Sie dürften wohl in der 1. H. 2. Jh. ethnisch noch wenig durchmischte Einheiten dargestellt haben, deren Soldaten wohl noch aus Britannien stammten.

Inwieweit die in Oberscheidental stationierte cohors I Sequanorum et Rauracorum, die erst unter Hadrian aufgestellt worden sein soll, sich tatsächlich aus den beiden keltischen Stämmen zwischen Basler Rheinknie und Saône rekrutierte, entzieht sich unserer Kenntnis. Immerhin könnte dieser Truppenname wie auch der der 3. Aquitanierkohorte von Neckarburken das keltische Namensgut sowie einen gallorömisch geprägten Götterhimmel im Beschreibungsgebiet zur Römerzeit erklären.

Die Kommandoträger der einzelnen Truppen, die sich zumeist nur einige Jahre an den Garnisonsorten aufhielten, konnten – wie das Beispiel des Centurionen Titus Manius Magnus von Schloßau zeigt, der aus Sinope in Paphlagonien (Kleinasien) stammte – aus weit entfernten Teilen des römischen Reiches stammen. Gleiches gilt auch für die in Osterburken so zahlreich belegten Beneficiarier, die von ihren Legionen in Mainz, Straßburg und Regensburg abkommandiert worden waren. Erwähnt sind beneficiarii aus der Trierer Gegend, aus Köln und aus der Gegend von Mantua. Zuweilen dürfte die Einwohnerschaft an den Kastellorten neben dem gallo-römischen Bevölkerungskern ein buntes Völkergemisch dargestellt haben. In der späten Limeszeit wurden die Truppen durch Rekrutierungen aus der Bevölkerung des Umlandes ergänzt.

Die wenigen Inschriften des Limeshinterlandes lassen ebenfalls gallo-römisches Namensgut erkennen. Die ehemals in der katholischen Kirche von Oberschefflenz eingemauerte Fortuna-Inschrift nennt als Stifter Gimillius Januarius. Er setzte die Weihung im Jahre 193 n. Chr. Auch Lucius Bellonius Marcus, der es sich leisten konnte, einen Tempel samt Bildwerk und diesen umgebendes Kultgelände in der Größe von 4 Centurien (ca. 2 km^2) dem göttlichen Kaiserhaus und dem Gott Merkur zu stiften, und dessen Inschriftstein schon 1533 in Obrigheim zum Vorschein kam, läßt sich einer Familie keltischer Provenienz zuweisen. Das gleiche gilt für den Stifter eines weiteren Altars zu Ehren des göttlichen Kaiserhauses Gnaeius Vindonius Messor sowie für Martialis, den Stifter der Merkurweihung von Hochhausen, und für die Familie der Festii, deren männliche Angehörige Festinus und Florianus die außerordentlich qualitätvolle Jupitergigantensäule auf eigenem Grund und Boden, also wohl ihrer villa rustica »Am Herrenberg« bei Diedesheim, aufstellen ließen. Vielleicht auf eine Herkunft aus dem Gebiet der germanischen Tungrer (am Niederrhein) könnte die Weihung an die dort verehrte Göttin Viroddis/Virodactis deuten, welche sich ehemals in der Kirchhofsmauer von Kälbertshausen (Gde Hüffenhardt) befand. Verbindungen nach Kappadokien (Kleinasien) deutet ein Fragment aus den Bruchsteinen der abgebrochenen alten Kirche in Waldmühlbach an. Vielleicht die autochthone Herkunft aus dem Lagerdorf von Osterburken verrät der Name des Mercatorius Castrensis, eines wohlhabenden Mannes, der dort das bedeutende Mithras-Relief stiftete und das Heiligtum auf eigenem Grund und Boden errichten ließ.

Das religiöse Leben und die Kunst

Religion. – Vielfältige kultische Einrichtungen konzentrierten sich naturgemäß an den größeren Kastellorten. In Neckarburken haben die librarii – Soldaten, die im Archiv der Truppe Dienst taten – der Minerva zum Heil des regierenden Kaisers eine Weihung dediziert. Der dea Fortuna weihten die Elzbrittonen das wiederhergestellte zweite Militärbad von Neckarburken im Jahre 158. Vor dessen Südostecke lag eine kleine Eberplastik aus rotem Sandstein, die eine Inschrift trug. Vermutlich handelt es sich um den verballhornten Namen des Mars Exalbióvix, der in der Inschrift eines Altars im Beneficiarier-Weihebezirk von Osterburken genannt wird. In Oberscheidental dürfte wohl Mars gemeint sein bei der Darstellung eines »Soldaten« auf dem Rest einer Bauinschrift, die sich vor dem Kastellbad fand. Gleiches gilt wohl auch für ähnliche Darstellungen aus Trienz und vom Kleinkastell Jägerwiese. Victoria ist auf einem Stein aus dem Kastell Robern dargestellt. Ebenfalls der Göttin Fortuna wird in einer Inschrift aus Schloßau gedacht. Jupiter erscheint auf dem Weihealtar vom Limeswachtposten 10/37 »In den Schneidershecken«. Das am gleichen Ort errichtete Heiligtum lieferte die vollplastischen Figuren des Mars, der Victoria und der Salus. Minerva erscheint als Adresse einer weiteren Weihung, die in Steinbach ans Tageslicht kam. Am vorderen Limes wurden Weihungen an Fortuna, wiederum im Zusammenhang mit der Erneuerung eines Badegebäudes, und an Mars und Victoria, wahrscheinlich zusammen mit der Widmung an die Kaiser Septimius Severus und Caracalla, in Walldürn ausgesprochen. Den glücklichen Zufällen – »bonis casibus« – war das tragbare Inschriftenhäuschen vom Kleinkastell »Hönehaus« bei Hettingen gewidmet.

Die meisten Zeugnisse des religiösen Lebens weist Osterburken auf. Jupiters wurde vor allem im Beneficiarier-Weihebezirk gedacht. Hier stand sogar ein klassischer römischer Tempel in Holzbauweise. Daneben treten in den Weiheformularen der zahlreichen Beneficiarier-Steine noch Juno Regina, Minerva, Mars Conservator, Mars Exalbióvix, Fortuna Redux, Dea Candida sowie der Genius loci in Erscheinung. Den »Nimphis sanctis« waren eine Inschrift und zudem in der frühesten Bauphase des Heiligtums ein eigenes Nymphaeum gewidmet. Die Genien (Schutzgottheiten) der verschiedenen Militärabteilungen wurden ebenfalls angesprochen. Die bildliche Darstellung des genius loci ist mit einer Skulptur aus dem Beneficiarier-Weihebezirk gegeben, von wo auch das Kopfstück einer vollplastischen Jupiterfigur stammt.

Die Verehrung des persischen Lichtgottes Mithras hat das herausragende Kultbild entstehen lassen, das zusammen mit zwei weiteren Altären (ohne Inschrift) 1861 beim heutigen Bahnwärterhäuschen in Osterburken gefunden wurde. Das zentrale Motiv stellt die Tötung des fruchtspendenden Stieres durch Mithras dar, dessen Lebensweg in den Bildern auf randlichem Fries dargestellt ist. In den oberen Ecken des Kultbildes erscheinen die Allegorien von Tag (Sol) und Nacht (Luna). So war diese aus Vorderasien stammende Religion auch bis ins Gebiet des heutigen Neckar-Odenwald-Kreises vorgedrungen. Wohl ebenfalls mithräisch ist der Teil einer Steinplastik, der 1926 im Flurstück »Untere Au/Steinbuckel« bei Neckarzimmern gefunden wurde. Vielleicht verfügte die hier bestehende villa rustica über ein eigenes Mithräum.

Den Schattengöttern – »dis manibus« – waren, wie allgemein üblich, die Grabsteine gewidmet, so einer aus dem Gräberfeld »Affeldürn« nördlich von Osterburken und einer aus Waldmühlbach. Ein Stein aus Schloßau ist mit der Darstellung des Toten beim Gastmahl versehen.

Die Weiheinschriften aus dem Limeshinterland richteten sich an das vergöttlichte Kaiserhaus und an den Genius des Mars (Diedesheim), an Merkur (Hochhausen und

Obrigheim), an die wohl als eine Art Muttergottheit anzusprechende Dea Viroddis oder Virodactis (Kälbertshausen) und an Fortuna (Oberschefflenz).
Der Verehrung Jupiters dienten die auf dem Land, aber auch in den Kastellorten und Zivilsiedlungen häufigen Jupitergigantensäulen. Es handelt sich dabei um eine spezifisch gallo-römische Erscheinung, die klassische mediterrane und provinziale Religionselemente vereint. Teile liegen in Form des Gigantenreitertorsos aus dem Hauptgebäude im Ostkastell von Neckarburken, der Kopfplastik des Reiters aus dem Bereich des basilikaähnlichen Gebäudegrundrisses des dortigen Lagerdorfes sowie in Form eines weiteren Reiterbruchstückes und eines sogenannten Wochengöttersteines aus Neckarelz vor. Das nahezu vollständig erhaltene Kultdenkmal konnte 1986 aus einem Brunnen im Flurgewann »Am Herrenweg« geborgen werden. Es zeigt in schöner Qualität Viergötterstein (Juno, Merkur, Herkules, Minerva), Wochengötterstein (Inschrift, Saturn, Sol, Luna, Mars, Merkur, Jupiter, Venus), Säule und Vierjahreszeitenkapitell (Frühling, Sommer, Herbst, Winter). Der Gigantenreiter ist nur noch in seiner untersten Partie (Körper des schlangenfüßigen Giganten) erhalten, er ist zudem eine spätere Zutat. Offenbar war die zunächst auf der Säule stehende Gruppe zerstört worden, so daß eine neue beschafft werden mußte.

Kunst. – Die großartigen Anlagen der Limeskastelle mit ihren dazugehörigen Bädern lassen auf ein ausgereiftes Ingenieurwesen und gut ausgebildete Handwerker im Umfeld der römischen Truppen schließen. Beim Bau der Kastellanlagen waren Legionsabteilungen tätig. Die Numeruskastelle scheinen von den Numeri selbst erbaut worden zu sein, allerdings wohl unter Aufsicht qualifizierten Personals der Legionen. So konnte es deshalb auch über größere Entfernungen hin zu ähnlichen stilistischen Ausprägungen an den Bauten wie auch ihrer architektonischen Verzierungselemente kommen, die besonders für den Bereich des Odenwaldlimes beobachtet wurden. Auch bei den doch teilweise sehr qualitätvollen Inschriftensteinen ist davon auszugehen, daß vor allem Steinmetze im militärischen Bereich im Umfeld der Legionen, im zivilen Bereich in den größeren Siedlungen zu suchen sind. Deutlich wird dies etwa an den stilistischen Einzelheiten des Fortuna-Altars aus dem Badegebäude des Kastells Walldürn, die sich identisch an Altarsteinen aus Mainz wiederfinden.
Für die Meisterschaft im Holzhandwerk spricht der herausragende Befund des Holztempels im Beneficiarier-Weihebezirk von Osterburken. Die römischen Zimmerleute und Schreiner beherrschten bereits die Regeln des Fachwerkbaus, wie sie durch das gesamte Mittelalter hindurch im Abendland angewandt wurden. Überblattungen, Verzapfungen, Schwalbenschwanz- und Holzdübelverbindungen gehörten ebenso zu ihrem handwerklichen Repertoire wie die aufwendige Konstruktion von regelrechten Wasserbauten (Zisternen, Kanälen, Deuchelleitungen usw.).
Vor allem die zahlreichen Weihealtäre der Beneficiarier in Osterburken dürften auf einen am Ort arbeitenden Steinmetzbetrieb hinweisen. Wenn man sich einige zeitlich unmittelbar zusammengehörende Altäre mit identischer Formgebung der Front- und Seitenverzierung wie auch des Schriftduktus anschaut, gewinnt man den Eindruck, daß hier großes Können bei der Bearbeitung des roten Sandsteins oder des Lettenkeupersandsteins herrschte. Wie sich gerade an den zeitlich sehr gut einzuordnenden Osterburkener Steinen, die teilweise aus einer Werkstatt stammten, zeigt, folgte die Gestaltung der Weihealtäre offenbar dem jeweiligen Zeitgeschmack. Der klaren Formgebung der frühen Steine stehen bereits barock anmutende spätere Stücke gegenüber. Die spätesten Altäre lassen ein nur noch gering ausgeprägtes stilistisches Empfinden und handwerkliches Können erahnen.

Eine künstlerische Persönlichkeit stand sicherlich hinter der Statuengruppe von Wachtposten 10/37 »In der Schneidershecke«. Vermutlich kam sie aus dem Umkreis des Militärs. Es ist sogar denkbar, daß die drei Steinfiguren über eine größere Strecke herantransportiert worden sind, denn bekanntlich fand sich ein Bruchstück des Victoriaschildes im Kohortenkastell Oberscheidental. Dagegen zeigen sonstige bildliche Darstellungen in Stein, wie etwa die Fortuna von Robern, die Marsreliefs von Oberscheidental, Trienz und der »Jägerwiese«, keine große künstlerische Qualität; sie können als primitiv bezeichnet werden und dürften von den Numerus-Soldaten selbst hergestellt worden sein.

Im zivilen Bereich ragen das Kultbild des Mithras von Osterburken sowie die Jupitergigantensäule von Diedesheim aus dem Gesamtbestand heraus.

3. Besiedlung

Das Kreisgebiet ist in einer selten klaren Weise von einer durchgängigen Grenze zwischen altbesiedeltem und jungbesiedeltem Land durchzogen. Sie deckt sich weitgehend mit der geologisch bedingten Trennlinie zwischen Muschelkalk und Buntsandstein, wobei die Übergangszone im Bereich der Lohrbacher Platten bereits von frühmittelalterlicher Siedlung erfaßt wurde, also strenggenommen dem Altsiedelland zuzurechnen ist. Wie schon in der Ur- und Frühgeschichte liegen auch im Frühmittelalter die besiedelten Flächen alle östlich und südlich dieser Trennlinie, erst im Hochmittelalter setzt eine nennenswerte Erschließung der Waldgebiete im Buntsandstein ein. (Vgl. Kartenbeilagen).

Älteste Siedlungsschicht. – Im Altsiedelland kann man für die Kernbereiche der Fluren eine lange Kontinuität bäuerlicher Nutzung seit den prähistorischen Zeiten annehmen. Das heißt aber nicht, daß es eine ungebrochene Abfolge der Siedlungen selbst gegeben hat. Im Gegenteil, die Römer haben die vorherigen Siedlungsstrukturen völlig verwischt, und auch außerhalb des Limes läßt sich keine Fortsetzung älterer Siedlung beobachten. Weitere Störungen waren mit dem Alemanneneinbruch verbunden. Erst etwa von der Zeit der fränkischen Herrschaft an, also ab 500, läßt sich ein Zusammenhang mit dem heute bestehenden Siedlungsnetz herstellen.

Für die Rekonstruktion dieser ältesten fortlebenden Siedlungsschicht sind wir auf die Kombination verschiedener Indizien angewiesen. Die urkundlichen Erwähnungen setzen mit den Schenkungen an das Kl. Lorsch erst im späten 8. Jh. ein und sind keineswegs gleichmäßig über das Altsiedelgebiet verbreitet. Gerade im Neckar-Odenwald-Kreis ist die Überlieferung der Schriftquellen so unterschiedlich, daß aus Ersterwähnungen keine generelle siedlungsgeschichtliche Einordnung gelingen kann. Allerdings ist mancher jüngere Ort verhältnismäßig bald nach seiner Entstehung urkundlich belegt und dadurch präziser in den zeitlichen Ablauf einzuordnen. Die Form des Ortsnamens, kirchliche Verhältnisse und archäologische Überreste geben zusammen bessere Möglichkeiten zu einer Erfassung der Besiedlungsvorgänge. Größte Sicherheit bringen die archäologischen Nachweise. Während es im Kreisgebiet keine ergrabenen Siedlungen des Frühmittelalters gibt, sind immerhin eine Reihe von Orten durch ortsnahe Reihengräberfunde für die Merowingerzeit sicher bezeugt. Neckarelz, Haßmersheim und Obrigheim, also die alten Orte im Neckartal, weisen eindeutig ins 6. Jh. datierbare Gräber auf. In Neckarelz konnte ein größerer Friedhof, der ins 7. Jh. weiterläuft und eine verhältnismäßig große Ausdehnung besitzt, festgestellt werden.

II. Geschichtliche Grundlagen

Nicht so präzise oder sicher später datiert sind die zum Teil nur randlich erfaßten Ortsfriedhöfe für Höpfingen, Altheim, Adelsheim, die Vorgängersiedlung von Rosenberg, Osterburken (2. H. 7. Jh.), Seckach (um 700) und für die frühen Ausbauorte Michelbach und Auerbach. Die letzteren beiden setzen relativ deutlich erst im 7. Jh. ein. Ausgerechnet in Auerbach fand sich mit einer Goldscheibenfibel ein Hinweis auf die herausgehobene soziale Stellung eines der Toten. Ein frühmittelalterlicher Bestattungsplatz steht in keinem unmittelbaren Zusammenhang mit einem von später her bekannten Ort an der Straße von Neckarmühlbach nach Heinsheim. Hier muß man mit einer abgegangenen Siedlung rechnen, von der sonst nichts bekannt ist.

Selbstverständlich reicht die bisher bekannte Zahl der Reihengräberfriedhöfe nicht aus, den Umfang der Besiedlung der Merowingerzeit zu bestimmen. Es ist sowohl mit Neufunden zu rechnen als auch damit, daß verschiedene Bestattungsplätze durch frühe Überbauung oder andere Zerstörung sich endgültig dem Blick der Forschung entzogen haben. Aus der schon lange bekannten Tatsache, daß sich im allgemeinen bestimmte Ortsnamentypen in ihrer Verbreitung mit der der Reihengräber decken, läßt sich aber ein Gesamtüberblick schaffen. Die älteste Schicht unserer Dörfer trägt Namen, die im allgemeinen auf -ingen und -heim enden, wobei die -ingen vielleicht noch eine frühere Bildung sind und sich unter den -heim auch ein etwas späterer Typus erkennen läßt.

Die -ingen-Orte sind im Kreisgebiet höchst selten und in reiner Form durch Merchingen und die mit einigen Unsicherheitsfaktoren belasteten, nur aus Flurnamen bekannten Wüstungen Rönningen und Bucklingen bei Götzingen und Kröselingen bei Katzental vertreten. Die Namen Bretzingen, Höpfingen, Hettingen und Götzingen stellen nach ihren alten Formen -ingheim-Orte dar, wie das am heutigen Namen von Bödigheim und Billigheim auch noch zu erkennen ist. Die -ingheim sind mindestens zum Teil eine Ausgleichsform zwischen -ingen und -heim, können also dadurch entstanden sein, daß ursprüngliche -ingen-Orte der im 6. Jh. aufkommenden -heim-Benennung angeglichen wurden. Mit Ansiringa nennt der Lorscher Codex einen weiteren -ingen-Ort in der Wingarteiba. Es bleibt höchst fraglich, ob dieser etwas mit dem erst 1250 auftauchenden und in einen ganz anderen Zusammenhang gehörigen Scheringen zu tun hat. Die -ingen- und die früheren -heim-Namen sind alle mit einem Personennamen zusammengesetzt. Betrachtet man ihre Verbreitung im Kreisgebiet und zieht die Namen abgegangener Siedlungen mit heran, so ergibt sich folgendes Bild: Eine breite Schicht von solchen ältesten Ortsnamen erfaßt den gesamten Raum vom Neckartal zwischen Binau (Bienenheim) und Wimpfen über das untere Elztal (abgeg. Buttersheim) und das Schefflenztal nach Norden bis Bödigheim und von dort nach NO bis Höpfingen und Bretzingen. Die Zahl der frühen Siedlungen verdichtet sich hier noch, denn man wird den ältesten Orten auch noch die Dörfer zurechnen müssen, die zwar keinen Namen des angegebenen Typus führen, sich aber schon früh an entsprechenden Örtlichkeiten mit vordeutschen Namen festgemacht haben. Neckarelz, Alantia, trägt einen eindeutig antiken Namen und verfügt über einen Reihengräberfriedhof. Nur ist der Name in früher Zeit allein als Gewässername überliefert, so daß keinerlei Anlaß besteht, eine ungebrochene Dauer der Siedlung aus der Antike ins Frühmittelalter anzunehmen. Eine ähnliche Namensform liegt bei den Schefflenzorten zugrunde, hier aber ohne archäologische Nachweise und erst recht ohne Bezug zu einer römerzeitlichen Ruinenstätte. Schefflenz kann trotzdem unter die ältesten Orte eingereiht werden, über die Dreiteilung in Ober- bis Unterschefflenz ist später noch zu sprechen.

Westlich dieses Bestandes an ältesten Orten finden sich unmittelbar an sie anschließend noch eine Reihe von -heim, die in ihrem Namen auf Örtlichkeiten und nicht mehr auf Personen Bezug nehmen. Auch sie sind teilweise noch durch Reihengräber ausgewiesen. Burkheim, das ist Neckarburken, knüpft in seinem Namen an das schon in der Römerzeit aufgelassene Kastell des Odenwaldlimes an. Dallau (Dallaheim) markiert die Tallage des Ortes, Buchheim meint die Lage vor dem Buchenwald und Hardheim ganz ähnlich die Nähe zum Wald (Hart = Weidewald). Man wird auch den Namen von Walldürn (Dürn) dieser Gruppe zurechnen und ihn eher vom Dorngestrüpp ableiten als von Turm und damit keine Erinnerung an den Limes annehmen. Mit Osterburken findet sich auch ein Burkheim mehr im Zentrum des Altsiedellandes, Hartheim kommt noch einmal als Name einer Wüstung nordwestlich von Mosbach im Bereich der Lohrbacher Platten vor. In diesem Hartheim deutet sich ein erster Siedlungsvorstoß gegen den Odenwald hin an, der später noch zu betrachten sein wird. Auffallend an der Verteilung dieser Orte ist, daß sie gegen das Jungsiedelland hin sehr große Gemarkungen bilden, wie das bei Hardheim, Höpfingen, Walldürn, Buchen, Bödigheim und, wenn man die Schefflenz zusammennimmt, auch bei diesen der Fall ist. Weiter im O muß es dagegen eine viel größere Zahl alter Orte gegeben haben, hier lösen sich auch die später noch relativ großen Gemarkungen in die Fläche einer Mehrzahl früher Ansiedlungen auf, wenn man nur die Wüstungsnamen mit hinzuzieht. Auf Gkg Bretzingen ist noch ein Stockheim zu vermuten, in Sindolsheim noch ein Mettelheim, in Götzingen und Oberwittstadt die bereits genannten -ingen-Orte. Schwierig zu deuten ist der Name Altheim, vermutlich meint er einen im Vergleich zur Umgebung älteren Ort, ohne daß der Bezug sichtbar wird.

Frühmittelalterlicher Siedlungsausbau. – Auch im Altsiedelland sind keineswegs ausschließlich die Ortsnamen der ältesten Siedlungsschicht verbreitet. An diese schließt sich eine ganze Reihe von jüngeren Bildungen an, die teilweise auch noch benachbarte Reihengräberfriedhöfe (Auerbach und Michelbach) aufweisen. Diese Gruppe von etwas jüngeren, aber immer noch der Altsiedelperiode angehörigen Orten zeichnet sich durch eine Vielfalt von Namensformen aus, die aber ganz überwiegend im Grundwort immer noch eine direkte Bezeichnung einer Siedlungsstätte enthalten, wie z. B. -dorf, -statt, -stetten, -weiler, -hausen und schließlich -zimmern, das auf Gebäude hinweist, die durch Zimmerarbeit hergestellt sind. In diesen Zusammenhang gehören Waldstetten wie Gerichtstetten, Hainstadt, Eberstadt und das in dessen Nähe ausgegangene Reinstetten, das anschließende Schlierstadt mit der Wüstung Heristatt, Ober- und Unterwittstadt, Hergenstadt und Leibenstadt, das westlich Sennfeld ausgegangene Hettstetten, westlich des Neckars der Kirstätterhof (Kirsteten). Viel seltener sind im Kreisgebiet die -dorf, die nur durch die wieder abgegangenen Wellendorf bei Ballenberg und vielleicht Euldorf bei Schefflenz vertreten sind. Ein geradezu klassisches Beispiel für -hausen als deutlich erkennbarer Ausbauort von Bödigheim ist Waldhausen. Mit Nebenhausen und Wolfshausen finden sich noch Wüstungsnamen auf den Gkgn Oberwittstadt und Merchingen. Massiert treten die -hausen westlich des Neckars auf, mit Hochhausen, Wüsthausen bei Hüffenhardt, Kälbertshausen und Aglasterhausen. Sie gehören in den Zusammenhang der Siedlungsvorgänge weiter im W und S, wo solche Namensbildungen durchaus verbreitet sind. Die in anderen Landschaften ebenfalls vertretenen -hofen fehlen gänzlich. In Wüstungsnamen, aber auch nur dort, deuten sich -weiler an wie Bensenweiler bei Merchingen und eventuell auch der Weilersberg bei Billigheim. Unmittelbar westlich von Aglasterhausen liegt als zugehörige Ausbausiedlung gerade jenseits der Kreisgrenze Aglasterweiler, der heutige Weilerhof. (Vgl. Kartenbeilagen).

Zu den Siedlungsbezeichnungen gehört, wie schon angedeutet, auch -zimmern. Neckarzimmern ist ohne den unterscheidenden Zusatz bereits 773 genannt, ihm gesellt sich in gleicher Zeitstufe Zimmern bei Adelsheim zu, auch wenn es erst sehr viel später erwähnt wird. Eine ähnliche Datierung dürfte bei Daudenzell angebracht sein, dessen Bestimmungswort auf eine geistliche Niederlassung als Ursprung der Siedlung hindeutet. Von ihr ist allerdings keinerlei Spur erhalten geblieben.

Mit den Siedlungsbezeichnungen allein ist aber noch nicht der Bestand der frühen Ausbauorte erfaßt. Zu ihm sind auch eine ganze Reihe von Namensbildungen zu zählen, in denen das Grundwort bereits auf eine Gegebenheit der Landschaft eingeht, wie Gewässernamen, und die Bezeichnungen auf -feld. Unter letzteren kommen praktisch nur Orte der noch frühmittelalterlichen Besiedlungsstufe vor, so Allfeld, Sennfeld und Erfeld. Dagegen sind die Gewässernamen zwar schon im Frühmittelalter aber gewiß ebenso häufig auch noch im Hochmittelalter im Gebrauch. Zur älteren Schicht gehören ohne Zweifel Asbach und Guttenbach, Mosbach und die Wüstungen Hasbach und Lubesbach, Lohrbach, Auerbach und Rittersbach. Bei letzterem könnte man einen Ursprung in der frühen Periode durchaus bezweifeln, wenn nicht das Zeugnis des Lorscher Codex vorläge, der Lohrbach wie Rittersbach und Guttenbach bereits für das 8. Jh. bezeugt und ebenso auch das wieder abgegangene Rohrbach östlich von Lohrbach erwähnt. Der Bezirksname Waldsassengau ist offensichtlich eine Benennung des für die Zeitgenossen, also in der Karolingerzeit, noch ganz vom Wald geprägten Rodungsgebiets im Gegensatz zum offenen Land der Wingarteiba. Eindeutig im Altsiedelland liegen Sulzbach, Hemsbach und Kudach. Heidersbach nördlich von Rittersbach gehört erst ins Hochmittelalter. Es ist wenig wahrscheinlich, daß das im Altsiedelland gelegene Waldmühlbach so spät anzusetzen ist, und ähnlich wird man sich bei Neckarmühlbach fragen müssen, ob es nicht doch schon der frühen Ausbauperiode zuzurechnen ist. Praktisch die gleiche Bedeutung wie Bach hat das Grundwort -ach, das für Seckach auch schon urkundlich früh belegt ist (788), die 802 überlieferte Form Sechheim beruht wohl auf einem Schreibfehler. Schwarzach liegt gerade im Übergangsgebiet zwischen Altsiedelland und kleinem Odenwald. Man wird bei ihm wie bei Michelbach und Neckarkatzenbach nicht mit letzter Sicherheit festlegen können, ob diese Orte schon im 9. oder erst im 10. Jh. entstanden sind. Wenn Guttenbach schon ins 8. Jh. gehört, dann dürfte auch das wenig weiter talwärts gelegene Gerach (Neckargerach) noch karolingerzeitlich sein.

Trotz dieser letztgenannten Beispiele läßt sich am Ende der Karolingerzeit doch einigermaßen klar der Schnitt ziehen zwischen den bereits erschlossenen Altsiedelgebieten und dem jetzt erst im 10. Jh. noch recht zögernd einsetzenden Ausgriff in das Waldland, der durchgehend mit Rodung verbunden war.

Die hochmittelalterliche Rodung im Odenwald. – Wie oben schon gezeigt, erfolgte der erste Vorstoß auf die Lohrbacher Platten bereits in der Zeit kurz nach 700. Diese frühe Rodung im Waldgebiet war aber auch von Rückschlägen begleitet, so mußte Hartheim wieder aufgegeben werden, und das kleine Rohrbach verfiel ebensolchem Schicksal. Sollte die Namensform *Ansiringas* sich tatsächlich auf Scheringen beziehen, so ist auch dort noch einmal mit einem Rückgang für die Siedlung zu rechnen. Der Ausgriff auf die Wälder war in größerem Maße erst im Hochmittelalter erfolgreich. Im SO des Kleinen Odenwaldes entstand damals die Pfarrei Neunkirchen, die schon im Namen ihre Funktion für die Rodungslandschaft im kleinen Odenwald kundgibt.

Mörtelstein (-tal) ist wohl um 1000 im Waldgebiet zwischen bereits älteren Orten entstanden. Schwieriger zu datieren ist Reichenbuch, das kirchlich zu Neckargerach, in

3. Besiedlung

der Zentgerichtsbarkeit aber zu Mosbach gehörte, also von beiden Seiten her beansprucht und vielleicht auch besiedelt wurde. Nüstenbach ist ganz klar als Ausbauort von Neckarelz her zu erkennen. Der Bach bildete zunächst die Grenze zum Mosbacher Waldgebiet, die erst später (s.u.) überschritten wurde. Der Siedlungsvorstoß aus dem Neckartal griff über Neckargerach und von Eberbach her auf die Hochfläche des Winterhauchs aus, dort übernahmen im 12. Jh. die Reichsministerialen von Burg Zwingenberg die Führungsrolle. Sie verwendeten für die Siedlungen ein etwas abgewandeltes Waldhufenschema, wie es im gesamten zentralen Teil des Odenwaldes üblich war und in den Ansätzen im Lorscher Weschnitztal bereits im 8. Jh. auftaucht. Eine zweite Erschließungswelle setzte vom Elztal her und von der Reichsburg Lohrbach aus ein; ebenfalls weitgehend nach Waldhufenschema entstanden die Orte Sattelbach, Fahrenbach und Trienz, während in Muckental von einem solchen Grundmuster nichts zu verspüren ist. Im Bereich der vier Weiler Krumbach, Robern, Balsbach und Wagenschwend überschnitten sich die Initiativen von Lohrbach wie von Zwingenberg her, so daß man sich hier auf eine Teilung der Orte unter beide Herrschaften einigte. Der herrschaftliche Hof im SW von Robern ist dagegen allein als Lohrbacher Gründung anzusehen. Wie aber auch die Zugehörigkeit von Fahrenbach und Trienz zur Eberbacher Zent unterstreicht, war wohl doch insgesamt der Impuls von W her in diesem Gebiet stärker. Im Bereich der vier Weiler überschnitten sich diese Siedlungsbewegungen auch noch mit einem ganz anderen Anspruch.

Etwa um 1100 hat der Amorbacher Abt Ezelin das gesamte Waldgebiet zwischen Amorbach und Lohrbach, dem Altsiedelland und der Itter käuflich erworben. Verkäufer kann im Grunde nur der Inhaber der Burg Lohrbach, dessen Rechte auf das Reich zurückgingen und dem der Waldbann verblieb, gewesen sein. Der neu erworbene Wald wurde einheitlich in der Zent Mudau zusammengefaßt und systematisch durch Rodung erschlossen. Die Amorbacher Rodung, in diesem Bereich weitgehend vom Kloster selbst und nicht durch Ministerialen oder Vasallen gelenkt, führte zur Anlage recht einheitlicher Siedlungen nach dem Waldhufenschema. Mörschenhardt und Donebach, Mudau und Schloßau, Waldauerbach sowie Reisenbach, die beiden Scheidental und Langenelz, in all diesen Orten war die ursprüngliche Siedlungsfläche in Hufen, bisweilen auch Güter und Lehen genannt, aufgeteilt. Die Hufen lagen einigermaßen parallel nebeneinander und ihre Besitzstreifen verlängerten sich bis in den Wald. Nur in Mudau hatte sich der Amorbacher Abt das größere Areal eines Fronhofes vorbehalten. Am zahlreichsten waren die Hufen in Scheidental, in Steinbach, in Schloßau und in Mudau selbst. Die Hufen entrichteten annähernd gleichmäßige Abgaben, die nur geringfügig hinsichtlich der Größe und der Ertragslage des Bodens sich voneinander unterschieden. Jede Hufe zahlte einen Hellerzins, eine bestimmte Menge von Käsen, ein Sommer- und ein Fastnachtshuhn. Auch die Frondienste waren nach den Hufen gemessen. Ähnlich wie dieser Kernbereich der Amorbacher Rodung waren auch Rumpfen (1285 wohl irrtümlich *Rumpfenheim*), Oberneudorf und Einbach verfaßt. Scheringen war in seiner Pfarrzugehörigkeit zwischen Waldhausen und Hollerbach (später Limbach) zweigeteilt. Vielleicht liegt hier doch eine spätere Überformung eines älteren Siedlungsansatzes vor. Am östlichen Rand dieses Rodungsgebietes erweisen sich die bereits zur Pfarrei Buchen gehörigen Rodungsweiler Stürzenhardt und Unterneudorf als etwas andere Gründungen mit abweichender Besitzstruktur, die allerdings erst im 19. Jh. deutlich wird. Es handelt sich damals um eine Mischung aus unregelmäßigen hausanschließenden Blöcken und Streuparzellen. Sie wurden sicher von Buchen aus und wohl auf Initiative des Adels angelegt. Unterneudorf nimmt freilich im Namen Bezug auf das mehr im Zusammenhang mit Bödigheim zu sehende Oberneudorf.

Dazwischen liegt mit Hollerbach der früheste Pfarrsitz in diesem Rodungsgebiet. Dieses präsentiert sich später als Straßendorf mit nur kleinen hausanschließenden Parzellen und einer sonstigen Blockflur. Aber auch das kann auf jüngere Aufstellung und Umformung zurückgehen. Abweichende Besitz- und Flurverfassung ist in Limbach, der unter all diesen Orten am frühesten erwähnten Siedlung (1050), anzutreffen. Hier gab es eine Burg und ein großes herrschaftliches Gut und nur einzelne Hufen, aber kaum eine regelmäßig aufgeteilte Flur. Auch Laudenberg, das sehr spät erwähnt wird, scheint aus dem Schema herauszufallen. Vielleicht sind aber auch hier die Quellen infolge adliger Grundherrschaft besonders dürftig. Heidersbach jedenfalls hat eindeutig streifenförmige Hufen, obwohl es der dem Altsiedelland nächstgelegene Ort ist. Hat der Amorbacher Abt, so am östlichen Rand seines Rodungsbezirks, die Einflüsse des meist von ihm abhängigen Adels dulden müssen, so war er erst recht nicht in der Lage, im S die bereits von Zwingenberg und von Lohrbach her anlaufende Besiedlung zu beeinflussen. Der Bereich der vier Weiler um Krumbach gehörte so zwar kirchlich und hinsichtlich der Zentgerichtsbarkeit, aber nicht hinsichtlich der Ortsherrschaft zum Amorbacher Bereich.

Von so stark wie in Mudau gelenkter Siedlung ist weiter im N nichts zu verspüren. Die Talorte Hettigenbeuern und Rippberg scheinen im Verband mit Burgen von Klosterministerialen entstanden zu sein. In Groß- und Kleinhornbach (-buch) auf dem Höhenrücken dazwischen finden sich eher Anklänge ans Hufenschema; dort verweisen die kirchlichen Zusammenhänge nach Buchen, bei Rippberg nach Walldürn. Ob der Name Hettigenbeuern etwas mit Hettingen zu tun hat, bleibt unsicher, wenn, wäre auch dies ein Anzeichen für einen Siedlungsvorstoß aus dem Altsiedelland hinter Buchen und Walldürn. Das Grundwort -beuern (Wohnungen) verdeutlicht, daß durchaus auch im Hochmittelalter Ortsnamen eines sonst ausgangs des Frühmittelalters üblichen Typs neu gebildet werden konnten, mit verschiedenen -dorf-Orten am Odenwaldrand zwischen Marsbach und Erfa setzen sich solche Namensbildungen fort, jedoch hat sich Wettersdorf (Weydilsbach) erst in der frühen Neuzeit diesem Typ angepaßt. Gottersdorf, Geroldszahn (-hain), Reinhardsachsen (-sassen), Kaltenbrunn, Wettersdorf und Glashofen (vielleicht -ofen) sind von Walldürn her, Vollmersdorf, Rütschdorf und Dornberg von Hardheim aus gegründet. Wenn Vollmersdorf schon in der Mitte des 11. Jh. nachweisbar ist, so muß auch hier die Siedlungserschließung verhältnismäßig früh eingesetzt haben. Es fehlt die Planmäßigkeit von Orts- und Fluranlagen. So entstanden mehr oder weniger gestreute Weiler mit einer Mischung von hofanschließenden und über die Flur verteilten Landblöcken. Kein Wunder, daß hier wie im Altsiedelgebiet eine Dreifelderwirtschaft mit Flurzwang auf Dauer unvermeidlich war. Als Neusiedlung von Hardheim aus entstand, vielleicht von Anfang an im Zusammenhang mit der dortigen Unteren Burg und dem Adel, Rüdental (1296 Rodental). Völlig anders geartet ist die Zisterziensergrangie Breitenau im Erftal, die ab 1206 bezeugt ist. Vermutlich kann man auch das abgegangene Betzwiesen bei Schweinberg zu diesen durch die Orden neu gegründeten Gutshöfen zählen. 1241 erscheint es als oppidum, und dieser Terminus ist bei den Zisterziensern mit Grangie gleichzusetzen.

Weiterer Ausbau der Rodungsgebiete. – Die Einteilung in bestimmte zeitliche Epochen vermittelt zu stark den Eindruck, als ob es sich um scharf voneinander abgegrenzte Siedlungsvorgänge handeln würde. In Wirklichkeit sind die Übergänge fließend und überlappen sich schon alt eingeführte Typen mit moderneren. Die Aufsiedlung der Waldgebiete setzte sich auch noch über die Mitte des 13. Jh. hinweg fort, ohne daß Erweiterungen und Verdichtungen sich exakt datieren lassen. Nüstenbach griff über die nasse Grenze im Tal hinüber und bildete auf Mosbacher Gebiet den sog. Weiler aus.

Im Gebiet der Amorbacher Hufensiedlung läßt sich nach dem Urbar von 1395 feststellen, daß die damals genannten Hufenzahlen abgesehen von einigen Teilungen konstant geblieben sind, ob sie bis in die Gründungszeit zurückreichen, bleibt offen. Rein von der Flurform her lassen sich größere Hufen zwar rekonstruieren, doch sprechen die ortsweise sehr einheitlichen Zinse dagegen. Andersartige Zinse für sog. Hofstätten lassen indessen erkennen, daß zu den ursprünglichen Hufen weitere kleine, eher unterbäuerliche Anwesen dazugekommen sind. Besonders zahlreich waren diese in Schloßau und Oberscheidental. Aber nicht nur im Hinblick auf Unterschichten, sondern wohl auch im Interesse der Herrschaft wurde die Siedlung erweitert. Alle Anzeichen sprechen dafür, daß noch nachträglich größere Höfe hinzugekommen sind, wie das bereits für Robern berichtet wurde, aber wohl auch mit dem Neuhof zwischen Schloßau und Mudau, dem Kummershof zwischen Gottersdorf und Gerolzahn der Fall ist. Späten Ursprungs scheint auch das zwischen einer Weilerform und einem Hof schwankende Rineck. Neusaß, erstmals 1405 genannt, scheint der jüngste der Rodungsweiler nördlich von Walldürn zu sein. Neubrunn (ausgeg. zwischen Mörschenhardt und Ernsttal) hat ein völlig anderes Siedlungsgefüge als die umliegenden Amorbacher Rodungsorte. Es ist ein Weiler mit unregelmäßigen Blockparzellen ohne Hufen und dürfte auch als der ärmste Ort in der Mudauer Zent ans Ende der Siedlungsentwicklung gestellt werden. Uneinheitlich ist sicher die Datierung der in den Talgründen abseits der Odenwaldorte gelegenen Mühlen. Fraglos hat sich ihre Zahl im Verlauf des Spätmittelalters und der frühen Neuzeit vermehrt. Sie wurden im Amorbacher Bereich größenteils nicht mit den nahegelegenen Orten, sondern gesondert verwaltet. Als ausgesprochene Mühlenzeile bildete sich Ünglert unterhalb von Mudau heraus. Der Sondernachsgrund südlich Reisenbach erscheint schon im Amorbacher Urbar von 1395 besiedelt, auch hier war der Ansatz eine Mühle. Auch das Gerachtal samt dem des Weißbachs war schon im Mittelalter durch Mühlen besetzt.

Höfe und mittelalterlicher Ausbau im Altsiedelland. – Was sich im Odenwaldanteil des Kreises einigermaßen exakt verfolgen läßt, bleibt im Altsiedelgebiet sehr viel problematischer, weil hier die einheitliche Grundherrschaft mit einer entsprechenden Urbarüberlieferung fehlt. Auch hier hat noch im Hoch- und Spätmittelalter die Rodung kleinerer Waldflächen Platz gegriffen. Ihr ist vor allem die Entstehung einer größeren Anzahl von Höfen zu verdanken. Als frühester nach der urkundlichen Überlieferung ist der zum Kl. Reichenbach, später dem Stift Wimpfen gehörige Finkenhof zu bezeichnen, der erstmals um 1100 als *Vinkenberc* begegnet. Man wird annehmen dürfen, daß der Assulzerhof wohl auch noch ins Hochmittelalter gehört, auch wenn er erst spät in den Urkunden auftaucht. Der Stockbrunnerhof gibt sich schon dem Namen nach als Rodung zu erkennen, ebenso der benachbarte Harthof, wobei alle zeitlichen Ansatzpunkte fehlen. Der Schreckhof dagegen wird 1305 noch vor dem Mutterort Diedesheim urkundlich erwähnt. Man wird ihn wohl auch noch dem ausgehenden Hochmittelalter zurechnen dürfen. Schwieriger ist eine Einordnung des Knopfhofs. Während diese Höfe alle eigene Gemarkungen entwickelten, fehlen solche bei den übrigen Höfen auf den Gkgn Allfeld und Billigheim. Ihre Lage spricht eindeutig für Rodungen. Der Waidachshof bei Zimmern gibt sich schon vom Namen her als eine Rodung im Waidachswald zu erkennen, die wohl nicht zu früh vor die Erstnennung von 1405 zu datieren ist. Mit Schallberg, Grauenwinkel, dem Seehof, dem Dambergerund dem Schwanhof zeigt die nähere Umgebung von Adelsheim relativ viel späten

Siedlungsausbau durch Einzelhöfe. Wieweit dabei teilweise das Zisterzienserinnenkloster Seligental eine Rolle spielte, ist nicht geklärt, ebenso unsicher bleibt der Einfluß der Zisterze Schöntal auf die Bildung von Hergenstatt (-stal). Die späten Siedlungen setzen sich im O mit dem ursprünglichen Weiler Wemmersbach (1273), später Wemmershof, dem Dörnishof und Bronnacker fort. Einige Höfe sind erst in der frühen Neuzeit entstanden. Der spät wieder abgegangene Neuhof bei Rosenberg ist 1451 erstmals belegt. Sicher dem Spätmittelalter gehören Dörntal (1395) bei Altheim sowie der Schlempertshof bei Höpfingen an. Letzterer ist verhältnismäßig sicher datierbar und aus einem 1335 erstgenannten *Slemperswiler* entstanden. Da der Name Slemper schon in der 2. H. 13. Jh. als Beiname der Hardheimer Ministerialenfamilie auftritt, ist die Datierung einigermaßen gesichert. Ähnlich ist wohl der Ausbau des Weilers Betzwiesen nördlich von Schweinberg einzuordnen. Früher und noch hochmittelalterlich wird man Mutzenbrunn östlich Ballenberg ansetzen müssen. Beide Siedlungen sind wieder abgegangen.

Wesentlich stärker als solche Zurodung fällt die Ausdehnung und Erweiterung der alten Orte ins Gewicht. Darüber können fast nur Vermutungen angestellt werden. Spärlich sind die Beweislinien von den kleinen Hofgruppen, wie sie die Reihengräberfriedhöfe nahelegen, über bereits stattlichere Orte, die der Lorscher Codex nach der Menge der Schenkungsurkunden und des Besitzes für Lohrbach, Dallau, Sulzbach und Seckach bezeugt, bis zu den ebenfalls kümmerlichen Indizien für Größenverhältnisse im Spätmittelalter. Zeugnis einer Siedlungsausweitung sind häufig die Einteilungen in Ober- und Nieder- bzw. Unterdorf, in Schefflenz auch noch Mitteldorf. Man wird aber vorsichtig sein und nicht alle solche Bildungen erst einem allmählichen Ausbau zuschreiben. So reichen die Schefflenz, auch wenn ihre Dreizahl erst ab 1301 belegt ist, wesentlich weiter zurück. Unterwittstadt dürfte jünger als Oberwittstadt sein, vielleicht auch Niedererfeld, wenn es sich hier nicht um die Umbenennung eines ausgegangenen -heim-Ortes handelt. Bei den beiden Schwarzach ist eine Entscheidung schwierig. Die Unterscheidung von Groß- und Kleineicholzheim, die erst nach 1306 begegnet, ist nicht einfach die Bezeichnung eines Doppelorts aus einheitlicher siedlungsgeschichtlicher Wurzel, Kleineicholzheim scheint eher als Ausbauort von Oberschefflenz her im Hochmittelalter gegründet worden zu sein.

Burgen, Städte, Marktorte. – Wichtiges hochmittelalterliches Siedlungselement ist die Burg. Sie hat ihre Vorläufer in befestigten herrschaftlichen Höfen, wie einer aus der Karolingerzeit östlich von Großeicholzheim ergraben wurde. Man wird sich auch fragen müssen, ob Neckarelz nicht ebenfalls früh eine Art Burg besessen hat. Allerdings sind die für solche Überlegungen mitherangezogenen Königsleute dort wie auch in Lohrbach und Schwarzach schwerlich vor die Staufer- und allenfalls Salierzeit zurück zu datieren. In Lohrbach ist Vorläufer der hochmittelalterlichen Tiefburg der bereits im Lohrscher Codex erwähnte Fronhof. Er dürfte aber topographisch nicht am gleichen Platz gelegen haben. Die typisch hochmittelalterliche Adelsburg tritt im Kreisgebiet erstmals mit dem um 1100 erwähnten Dauchstein in Erscheinung und wird dort auf ein edelfreies Geschlecht zurückgehen, dessen Verwandtschaft auch in Obrigheim den Auszug aus dem Ort und die Gründung von Höhenburgen vollzogen hat. Ebenfalls dem edelfreien Adel und der Salier-/Stauferzeit sind Burg Hornberg und die erste Burg bei Allfeld zuzuschreiben. Als Reichsministerialenburgen der Stauferzeit erscheinen Guttenberg, Minneburg und Zwingenberg im Neckartal. Bei Zwingenberg ist erkennbar, daß der Burgname von der Familie von Kochendorf aus dem Altsiedelland bertragen wurde. Die staufischen Tiefburgen mit Königsleuten in Schwarzach, Neckar-

3. Besiedlung

elz und Lohrbach sind erst spät in die Hand des Adels gekommen. Die Stadtburg in Mosbach blieb offensichtlich auch in der Hand des Königs, solange seine Stadtherrschaft dauerte. Landsehr bei Obrigheim ist vielleicht schon vom Namen her als Burg der pfälzischen Territorialpolitik zu erklären.

Abgesehen vom Neckartal ist das Rodungsgebiet des Odenwaldes ausgesprochen burgenarm, was nicht verwundert, wenn man bedenkt, daß es großräumig von den Burgen Zwingenberg, Lohrbach und vom Kl. Amorbach her erschlossen wurde. Mit der vermutlichen Reichsministerialenburg Limbach, mit den beiden Klosterministerialenburgen in Hettigenbeuern und Rippberg sind sie alle bereits aufgezählt. Sonst blieb der den Landesausbau betreibende Adel im Altsiedelland sitzen, wenn man davon absieht, daß die Edelherren von Dürn nicht nur die namengebende Burg im Ort, sondern auch nördlich der Kreisgrenze mit der Wildenburg eine regelrechte Höhenburg als Sitz hatten. Im Altsiedelland ist schon aus topographischen Gründen die Höhenburg selten. Die Regel waren die wohl aus den Fronhöfen herausgewachsenen Burgen und festen Häuser in den Orten selbst. Sie sind in Hardheim, Hainstadt und Buchen, in Sindolsheim und Eberstadt, in Merchingen und Sennfeld, in Adelsheim gleich mehrfach, in den beiden Eicholzheim und in Dallau ebenso anzutreffen wie jenseits des Neckars in Asbach und im Weilerhof bei Aglasterhausen. Daß diese Ortsburgen auch das Ergebnis später Entwicklung sein können, zeigen Binau als Nachfolger des Dauchstein und Hochhausen, das offensichtlich einen Vorläufer im SO der Gemarkung hatte. Diese kleine Höhenburg war zum Teil aus Fachwerk errichtet und nutzte einen Geländesporn im Wald. Auch die Ortsburg in Hochhausen ist keine Tiefburg, ebenso wenig die in Obrigheim und in Bödigheim. Über die Anfänge der letzteren sind wir relativ gut unterrichtet, weil der Amorbacher Abt als Grundherr hier den Bau seiner Ministerialen, der Rüden, 1286 genehmigt hat. In Sennfeld wurde wohl im Spätmittelalter eine Höhenburg zugunsten des Adelssitzes im Ort aufgegeben.

Die Burgen stellen aber nicht nur selbst kleinste Siedlungseinheiten, oder soweit sie in den Orten lagen, siedlungsprägende Elemente dar, sondern sie beeinflußten auch die Siedlung in ihrer Umgebung. Im O des Kreisgebietes haben Ballenberg und Schweinberg im 12. und 13. Jh. ältere Siedlungen abgelöst bzw. an sich gezogen. Bei Schweinberg bleiben die Verhältnisse unklar, aber es ist über jeden Zweifel erhaben, daß auf der relativ großen Gemarkung mindestens ein älteres Dorf gelegen haben muß, vielleicht ist es am alten Platz geblieben und hat nur nachträglich den Namen der hochmittelalterlichen Burg übernommen. Die Stadt Ballenberg dagegen scheint der Nachfolger des weiter abgelegenen und dann ausgegangenen Wellendorf zu sein. Nicht bis zur Stadteigenschaft vorgedrungen ist Rosenberg, im Gegensatz zu Schweinberg und Ballenberg, auch nur die Gründung eines Niederadelgeschlechtes. Fraglos hat es das alte Mensingenheim aufgesogen. An eine Ministerialenburg der Herren von Dürn schloß sich in Allfeld eine ähnliche Entwicklung an. Wieweit Guttenberg eine Neustrukturierung der Siedlung gebracht hat, ist nicht sicher zu entscheiden. Neckarmühlbach macht durchaus den Eindruck eines Burgweilers. Jede Burg brauchte zu ihrer Ausstattung eine entsprechende wirtschaftliche Grundlage, ein Dorf, einen Weiler oder einen Hof. Nur im Odenwald entstanden diese wirtschaftlichen Grundlagen erst neu mit dem Burgenbau. In Zwingenberg ist erst langsam am Ende des Mittelalters aus dem ursprünglichen Bauhof ein Weiler geworden. Hettigenbeuren und Rippberg sind vielleicht verwandte aber frühere Bildungen bei allerdings viel weniger bedeutenden Burgen.

Früheste Stadtgründung im Beschreibungsgebiet war die von Mosbach. Erste Ansätze gehen hier wohl auf den Wallfahrtsmarkt bei der Stiftskirche zurück. Sie wurden durch die Staufer bis zur regelrechten Stadteigenschaft, die 1241 erstmals bezeugt ist, weitergeführt. Um den engsten Bezirk der Stiftsimmunität herum wurde ein neuer Kranz von bürgerlichen Hausplätzen mit einer eigenen Leutkirche und einer herrschaftlichen Burg gelegt. Die übrigen Städte gehören alle in die spätmittelalterliche Phase kleinerer Gründungen durch den Adel. Buchen wurde um 1280 durch die Herren von Dürn zur Stadt erhoben, auch Walldürn wohl um die gleiche Zeit. Es ist 1291 erstmals als solche genannt und als typische Burgstadt anzusehen. Wie weit das alte Dorf in ihr aufgegangen ist, bleibt unklar, während man von Buchen dies ohne weiteres annehmen kann. Die ersten Ansätze zur Stadtwerdung in Osterburken liegen ebenfalls bereits in einer Verdichtung und Verengung des Siedlungsrahmens in der 2. H. 13. Jh. Zu städtischen Privilegien und einer steinernen Stadtmauer ist der Ort aber erst im späten 14. Jh. gekommen. Auch für Buchen und Walldürn liegen im 14. Jh. entscheidende Erweiterungen durch Vorstadtbildung und Mauerbau. Wie weit sich bei Mosbach damals die städtische Topographie durch die Umsiedlung zweier Dörfer (s. u.) veränderte, ist nicht zu erhellen.

Unter den niederadligen Herren konnten die Adelsheimer Mitte des 14. Jh. ihrem Hauptort städtischen Charakter und eine Befestigung geben. Ein Stadtrechtsprivileg Karls IV. hat das 1374 sanktioniert. Ungenützte Stadtprivilegien erhielten von diesem Herrscher die Mainzer Erzbischöfe 1356 für Dallau und 1367 für Oberschefflenz. Schon 1341 war dem Speyerer Bischof ein königliches Stadtprivileg für Steinbach unterhalb der Burg Hornberg erteilt worden, und König Wenzel stattete die Grafen von Wertheim 1367 mit Gelnhauser Recht für Schweinberg aus. Alle diese Privilegierungen sind folgenlos geblieben und zeigen an, daß das Beschreibungsgebiet auch damals »Hinterland« war, das von der Stadtgründungswelle in größerem Maße erst in einer Zeit erreicht wurde, als solche Gründungen sich nicht mehr lohnten. Ohne bezeugte Privilegien gab es im 14. Jh. in Allfeld und im frühen 15. Jh. in Rosenberg, einem Burgweiler des Niederadels, Ansätze zur Stadt durch Befestigungen. Sie konnten nicht weiterentwickelt werden. Im Zenthauptort Mudau, der im Spätmittelalter befestigt wurde und vielleicht schon Marktfunktionen hatte, legte wohl der Mainzer Erzbischof als Stadtherr keinen Wert mehr auf volle Ausbildung städtischer Gerechtsame. Vermutlich hat schon die Mehrherrigkeit in Hardheim dafür gesorgt, daß aus diesem Zentral- und Marktort trotz Umwehrung keine Stadt werden konnte. In der frühen Neuzeit begnügten sich die Ortsherren mit wirtschaftlicher Förderung durch Marktprivilegien, ohne daß diese Zentralfunktion in der äußeren Gestaltung und auch kaum in der Verfassung der Orte zum Ausdruck kommen konnte. Marktorte des 16. Jh. sind Neunkirchen, Strümpfelbrunn und Großeicholzheim. Dallau erhielt nach dem 30j. Krieg Marktrecht, Hochhausen ist 1751 als Marktflecken bezeugt, und es besteht die Vermutung, daß mindestens im 18. Jh. auch in Altheim und Götzingen das erst nach 1800 bezeugte Marktrecht schon ausgeübt wurde. Auch im Klosterort Billigheim könnte ein im 19. Jh. verliehenes Marktrecht ältere Grundlagen haben.

Die Wüstungen des Mittelalters. – Nirgends und zu keiner Zeit ist Siedlungsgeschichte ein ständiger Prozeß der Zunahme. Immer wieder haben sich einzelne Siedlungen als Fehlgründungen erwiesen oder wurden auch aus anderen Gründen aufgegeben bzw. durch Katastrophen ausgelöscht. Bei der Siedlungsgeschichte ist es jedoch nicht anders als auf den anderen Feldern der Geschichte. Die Nachrichten über das, was untergegangen und unterlegen ist, sind viel spärlicher als die über die erfolgreichen Siedlungen. Das Ende der Siedlungen fällt zum Teil noch in die Zeit spärlicher Schriftlichkeit, so daß sie uns nur archäologisch, wie etwa durch einen Reihengräberfriedhof auf Gkg Neckarmühlbach, oder nur durch Flurnamen bekannt sind. Bei letzteren fehlt selbstverständlich die völlige Sicherheit, daß es sich um eine wirkliche Siedlung gehandelt hat, falls nicht weitere Indizien hinzukommen. Solche weiteren Belege sind aber gerade im Beschreibungsgebiet spärlich, und ebenso ist der Zeitpunkt des Untergangs der Siedlungen kaum zu fassen. Aus der allgemeinen Siedlungsgeschichte ist bekannt, daß gerade im Spätmittelalter sowohl die Ausweitung der Städte als auch die Pestepidemien der Jahre um 1347/49 besonders viele Dörfer und Weiler entvölkert haben. Letzteres läßt sich im Bereich des Neckar-Odenwald-Kreises nicht erhärten. Man hat hier den Eindruck, daß viele Siedlungen, da sie schon im Spätmittelalter nur noch als Flurnamen bekannt sind, bereits früher aufgegeben wurden. Insgesamt dürfte die Anzahl der Wüstungen verglichen mit anderen Landschaften nicht hoch sein. Eine Besonderheit des Gebiets ist aber wohl, daß der Odenwaldanteil, jedoch nur im Gebiet der Lohrbacher Platten, sich als wüstungsanfälliger erweist, als das sonst in diesem Waldgebirge der Fall ist.

Ausgesprochene Wüstungshinweise sind die Flurnamen Dörschhausen, Wüstklingen und Wüsthausen zwischen Hüffenhardt und Kälbertshausen. Vermutlich ist Dörschhausen nicht der ursprüngliche Ortsname, sondern nennt die Wasserarmut als Grund der Siedlungsaufgabe. Konkreter zu orten ist durch einen Sonderzehntbezirk und eine eigene Gemarkung noch 1577 Haunloch, ein sicher später Ausbauort südöstlich von Hochhausen. Dagegen ist das alte Kröselingen bei Katzental schon 1384 nur noch durch einen Flurnamen dokumentiert. Er gehört also einem sehr frühen Wüstungsstadium an wie auch das nicht mehr zu identifizierende Lubesbach, das 791 im Schefflenzgau erwähnt wird. Jüngere und kleinere Siedlungen deuten sich mit Wolfsloch und Weilersberg in den Gemarkungen von Waldmühlbach und Billigheim an. Sie waren im 14. Jh. noch eigene Herrschafts- oder Zehntdistrikte. Euldorf westlich von Oberschefflenz ist dagegen nur durch einen Flurnamen belegt.

Als wüstungsdicht erweist sich der Bereich nördlich von Adelsheim, wo mit dem Namen Wüstenhemsbach und Dürrenzimmern Siedlungsverlagerungen oder die Aufgabe von Teilorten im 14. und 15. Jh. zu fassen sind, außerdem noch die Kleinsiedlung Grauenwinkel im 14. Jh. abgegangen ist und der Hof Schallberg als eigener Zehntdistrikt ein gewisses Fortleben bewahrte. Es muß offenbleiben, wie weit diese Vorgänge – auf Gkg Schlierstadt kommt noch eine Wüstung Heristatt hinzu – etwas mit dem Zisterzienserinnenkloster Seligental zu tun haben. Sicher nicht damit in Verbindung zu bringen ist das nur durch Flurnamen bekannte Hetstetten bei Sennfeld. Bensenweiler im N der Gkg Merchingen ist um 1323/33 noch als bestehend zu fassen, spätere Zeugnisse fehlen. Undatiert ist Wolfshausen, das nur als Flurname südlich von Merchingen erscheint. Mit Nebenhausen und Horingen weist Oberwittstadt zwei Wüstungsflurnamen auf. Das bis 1370 faßbare Mettelheim blieb bis ins 18. Jh. als besonderer Rechts- und Zehntdistrikt nördlich von Sindolsheim bestehen, während im nordöstlich anschließenden Kreisgebiet fast nur Flurnamen als Wüstungsindizien zu fassen sind, so je zwei auf Gkg Götzingen und Altheim und je einer auf Gkgn Bretzingen und Schweinberg.

Ein Teil der ausgegangenen Siedlung dürfte einem Konzentrationsprozeß und der Tendenz, das Gewicht der Pfarrorte zu stärken oder sich nahe der Kirche bzw. im Schutz des Kirchhofs niederzulassen, zuzuschreiben sein. Das gab es schon im Frühmittelalter und noch einmal in den Jahrhunderten zwischen der Stauferzeit und der Verfestigung der Territorialherrschaft. Eindeutiger als die Konzentration bei den Dörfern ist sie bei den Städten und stadtähnlichen Siedlungen zu fassen. In Mosbach wurden noch im 14. Jh. mit Genehmigung des kaiserlichen Pfandherrn die beiden Weiler Hasbach und Buttersheim abgebrochen und ihre Bewohner in die Stadt umgesiedelt. Osterburken hat die in der Mainzer Stiftsfehde 1463 zerstörten benachbarten Orte Gieß und Heidershofen aufgesogen, wobei Gieß als Besitzergenossenschaft weiterlebte. Bei der Stadtbildung von Adelsheim sind solche Vorgänge kaum zu fassen, wenn man ihr nicht die Aufgabe von Grauenwinkel zuschreiben möchte. Dagegen hat die Gründung von Ballenberg ausgesprochen wüstungsbildend gewirkt. 1245/65 ist das weiter südlich gelegene Wellendorf bereits als abgegangen bezeugt. Unter Umständen erklären sich auch die Wüstungen auf Gkgn Oberwittstadt und Merchingen zum Teil durch die Sogwirkung von Ballenberg. Der Weiler Mutzenbrunn, 1365 letztmals als bestehend bezeugt, lebte bis ins 18. Jh. als eine Markgenossenschaft mit eigenem Gericht und Schultheißen fort, und erst im 19. Jh. wurde die Gemarkung zwischen Ballenberg und Oberndorf, wohin die Bewohner offensichtlich schon im Mittelalter gezogen waren, aufgeteilt. Auch das nicht bis zur Stadt weiterentwickelte Rosenberg hat die Vorgängersiedlung Mensingenheim abgelöst und auch Teile von Gieß übernommen. Auffälligerweise zeigen die beiden anderen städtischen Bildungen Buchen wie Walldürn keine solche Folgewirkung, und auch bei Hartheim kann es sich höchstens um die Aufgabe von Einzelhöfen gehandelt haben.

Im Odenwaldanteil des Kreises liegt mit Hartheim bei Lohrbach der einzige Kirchort, der wieder aufgegeben wurde, und dieser Vorgang gehört schon ins Hochmittelalter. Auch die Kleinsiedlung Rohrbach dürfte früh zugunsten einer Konzentration in Lohrbach aufgegangen sein. Umfangreiche Wüstungsvorgänge deuten sich mit den wüsten Gütern im Bereich zwischen Robern, Limbach und Muckental an. Bei Robern ist Wüstungsgerach abgegangen, bei Muckental wohl Mattenbach und Winden. Die Wüstungsvorgänge ergriffen auch einzelne Hufen in den weiter bestehenden Dörfern, für die dann ebenfalls das Roberner Wüste-Güter-Gericht zuständig wurde.

Veränderungen des Siedlungsbestandes in der frühen Neuzeit. – Bis in die Zeit des 30j. Krieges setzten sich die Ausläufer des spätmittelalterlichen Wüstungsvorgangs fort. Anstelle des noch 1545 bezeugten Weilers Dinstbach bei Oberwittstadt erscheint später, wohl nach einer Siedlungspause, der Schollhof. Der zuvor aufgegebene Hof Schollenrain wurde noch mit eigener Gemarkung 1596 durch die Gde Mörtelstein erworben. Der Neuhof bei Mudau wurde 1601/02 den umliegenden Gemeinden zur Bewirtschaftung überlassen. Vielleicht läßt sich auch der Flurname Neuer Haidenhof bei Hardheim aus einer ähnlichen Entwicklung erklären. Die zahlreichen Katastrophen der Frühneuzeit haben eine ganze Reihe von Dörfern wüst gelegt, aber nur selten ihre gänzliche Aufgabe bewirkt. Durch den Bauernkrieg soll der Hof Hohenschwärz nördlich von Hüngheim endgültig ausgegangen sein. In Oberdielbach verschwand durch den 30j. Krieg der abseits gelegene Schafhof. In der Spätphase des 30j. Krieges, etwa ab 1636/40, lagen Mülben, Wagenschwend, Krumbach, Muckental, Rippberg und Bronnacker gänzlich verödet. Auch Neckarmühlbach soll dieses Schicksal geteilt haben, während sonst von keinem Ort im Altsiedelland bezeugt ist, daß er völlig verlassen wurde. Bis die wüsten Odenwaldorte wieder besiedelt waren, brauchte es gute 15 Jahre über den Westfälischen Frieden hinaus. Die Wiederbesiedlung von Rippberg wurde durch das Hochstift Würzburg nach einem planmäßigen Schema von kleinen Hufengütern gelenkt.

Längst hatte inzwischen eine neue Siedlungsausweitung eingesetzt. In Eberstadt ist sie mit dem Ortsteil Vorstadt wenigstens topographisch zu fassen. Der Glashof in Waldhausen nahm seine Anfänge als Hausener Hof noch vor dem 30j. Krieg. Auf Gkg Leibenstadt wurde um 1670 ein Wald gerodet, und ein aus Ungarn stammender Adliger hat dort 1696 den nach ihm benannten Tolnayshof gegründet. Ebenfalls vom Adel wurden 1693 der Roßhof auf Gkg Bödigheim, im 18. Jh. dann auch noch der bald wieder aufgegebene Ernsthof und der Faustenhof gegründet. Das vom 30j. Krieg stark reduzierte Zwingenberg nahm durch Förderung der Grafen von Wiser in der 1. H. 18. Jh. soweit zu, daß es die Zahl der Haushaltungen um 1600 in etwa wieder erreichte. In Oberdielbach wurden einzelne unterbäuerliche Anwesen auch außerhalb des zusammenhängenden Ortes angelegt und erhielten den Übernamen die »Post«. Auf die Grafen von Wiser und Rodungen im Zwingenberger Wald geht auch die Gründung von Oberferdinandsdorf auf dem Höhenrücken zwischen Höllgrund und Reisenbacher Grund und von Unterferdinandsdorf in letzterem zurück. Auf der Mainzer Seite bestand dort bereits eine Mühle. Die erste Mühle im Höllgrund existierte sicher schon 1696. Im 18. Jh. kamen eine zweite Mühle und drei Beisassenhäuser hinzu.

Das Dorf Sattelbach war wohl im 17. Jh. weitgehend entvölkert, jedoch bestanden einzelne Hufengüter als Besitzeinheiten von Ausmärkern weiter. Der völlig wüst gefallene Teil der Gemarkung wurde im 18. Jh. gerodet und zu Erbbestand ausgegeben. Dies brachte eine Neubesiedlung in Gang, bei der sich die Ortsform weitgehend veränderte. Eine ähnliche Entwicklung zeigt Muckental. Der Gesamthof wurde dort 1766 in acht Hufen aufgeteilt und durch angesiedelte Erbbeständer allmählich wieder zum Dorf entwickelt. Auch Rineck, noch 1770 ein Hof, wurde anschließend zu einem größeren Weiler mit eigener Gemeindeverfassung ausgebaut. Ausbauvorgänge zeichnen sich auch in Limbach und Laudenberg ab. Untermudau wurde wohl schon im 17. Jh. aufgesiedelt. Der Landhunger in der 2. H. 18. Jh. zeigt sich an vielen Stellen in Neurodungen von den bestehenden Orten aus. Besonders viel Wald wurde in Neckargerach ausgestockt. Auch auf dem Winterhauch schritt die Rodung, zum Teil im Bereich der Hufen selbst, voran. Der kleine Odenwald bot ebenfalls noch Möglichkeiten zur Ausweitung der Ackerfluren.

Abgesehen von den Mühlen sind gewerbliche Ansätze für Neusiedlung im Kreisgebiet selten. Lediglich in Dallau entstand im Zusammenhang mit einer Tuchfabrik und einer Gießerei Marientall, das sich aber nicht lange über die Wende zum 19. Jh. hinaus halten konnte. Auch die Tage der agrarischen Neusiedlungen Tolnayshof, Ferdinandsdorf und Rineck sowie des noch mittelalterlichen Neubrunn waren gezählt, sobald ihr Boden für eine Waldwirtschaft rentabler wurde und die Amerika-Auswanderung die Möglichkeit bot, soziale Problembevölkerung abzuschieben.

Gemarkungen und Wälder. — *Marca* ist ein alter, mindestens in die fränkische Zeit zurückgehender Rechtsbegriff von freilich sehr unterschiedlichem Inhalt. In den Urkunden aus der Wingarteiba, wie sie der Lorscher Codex überliefert, gehören zu den Altsiedelorten *marca* genannte Bezirke, die im großen und ganzen den Gemarkungen entsprochen haben dürften. Bisweilen vereinigt eine *marca* mehrere Orte, bezeugt ist die Zusammengehörigkeit von Neckarzimmern und Neckarelz. Logischerweise muß man dann auch das nicht genannte Diedesheim und den Ausbauort Nüstenbach hinzuzählen. Bis ins 18. Jh. bildeten diese Orte zusammen mit Mosbach eine Weidegenossenschaft. Ihre siedlungsgeschichtliche und herrschaftliche Zusammengehörigkeit wird noch dadurch unterstrichen, daß Mosbach und das Kirchspiel Neckarelz gemeinsam die Nutzungsrechte und schließlich den Besitz der Michelherd innehatten. Erst spät tritt anstelle der gemeinsamen Nutzung die Nutzungsteilung zwischen Mosbach und dem Kirchspiel von St. Martin in Neckarelz und schließlich die Abteilung des nördlichen Teiles zugunsten der Geistlichen Administration als Nachfolgerin des Stiftes.

Westlich der Michelherd lag das große Waldgebiet der Burg Zwingenberg. Schon 1326 ist eine Abgrenzung zwischen Weisbach und der Michelherd durch Marksteine und Grenzbäume (Lohstämme) überliefert. Die alten Zusammenhänge werden auch dadurch deutlich, daß die zum Schloß Zwingenberg gehörigen Wälder, aus denen die Waldhufenorte und der bäuerliche Besitz herausgeschnitten waren, bis 1926 außerhalb der Dorfgemarkung blieben und gerade an den Rändern des Bezirks zwischen Sondernach und Höllgrund, beiderseits des Neckartals und an der Grenze zur Michelherd im herrschaftlichen Besitz verblieben. Eine ähnliche Teilung zwischen der Herrschaft und den angesiedelten Bauern deutet sich im Bereich der zum Schloß Lohrbach gehörigen Dörfer nur sehr viel undeutlicher durch verbliebene Herrschaftswälder in Robern und Krumbach an. Auch auf Gkg Lohrbach ist der Wald herrschaftlich geblieben, wobei freilich die Bauern so große Nutzungsrechte hatten, daß im 19. Jh. dann doch noch eine Teilung erfolgte. Die Wälder auf der Odenwaldabdachung zum Elztal hin kamen alle in Gemeindebesitz, wodurch die betreffenden Gemarkungen eine erhebliche Längserstreckung erfuhren. Für Mosbach scheint offenkundig, daß es sich hier um Zuwendungen bei der Stadtgründung handelt, freilich dürften diese aus ursprünglichem Klosterbesitz stammen, den der König als Schirmvogt an sich gezogen hatte. In Dallau hat sich die Herrschaft das nördlichste Stück der zur Gemarkung kommenden Waldungen vorbehalten. Bevor diese ganz an die Kurpfalz fielen, waren sie wohl Kondominat mit dem Deutschen Orden. In Binau hat sich die niederadlige Herrschaft den gesamten Wald vorbehalten. Während für dieses Gebiet westlich des Neckars durch den bereits 988 beurkundeten und der Wormser Kirche geschenkten Wimpfener Bannforst die Geschichte des Waldeigentums weiter zu verlängern ist, lassen sich für den Bereich weiter nördlich und östlich höchstens Vermutungen anstellen. Im Wimpfener Bannforst stammt die Verfügung über den Wald vom König und ging über die Wormser Kirche an die einzelnen Träger der Herrschaft über, die ihrerseits dann eine Abteilung zwischen den Burgwäldern und denen der Gemeinde vornahmen.

Im Bereich westlich des Neckartals verblieben so die Burgwälder von Obrigheim, Minneburg und Schwarzach in herrschaftlichem, also pfälzischem Besitz. Im Gegensatz zum Odenwald nördlich des Neckars gab es hier keinen bäuerlichen »Privatwald«. Dagegen verfügten die Gemeinden, soweit sie zur Reichartshauser Zent gehörten, vor allem genossenschaftlich über den Zentwald, den sie bis 1825 gemeinsam nutzten.

Lediglich im Rodungsbereich des Kl. Amorbach ist die Genese des Waldeigentums ähnlich deutlich. Im Gebiet der Mudauer Zent jedenfalls hat nicht der wohl ursprünglich königliche Wildbann von Lohrbach den Ausschlag gegeben, sondern der Walderwerb um 1100 durch die Abtei Amorbach. Soweit diese Wälder nicht in den Besitz der Hufeninhaber übergegangen sind, blieben sie vor allem im W der späteren Gkgn Reisenbach, Schloßau und Mörschenhardt ebenso auch in Neubrunn Klosterwald und wurden später Kurmainzer Staatswald. Die Wälder von Rippberg scheinen erst durch die zeitweilige Auflassung des Ortes im 30j. Krieg ganz an die Herrschaft gefallen zu sein. Im Bezirk der von Walldürn und Hardheim aus gegründeten Rodungsdörfer kamen die meisten Wälder in den Besitz der Gemeinden und nur kleinere Stücke an die Bauern selbst. Vielleicht erst durch die Stadtgründung sind die Rechte an den großen, in den Odenwald hineinreichenden Wäldern an Walldürn und Buchen gefallen. Die zwischen beiden Gemarkungen eingestreuten herrschaftlichen Wälder auf Gkg Hainstadt machen jedenfalls deutlich, daß es sich um Ausnahmen von der allgemeinen Entwicklung handelt, ebenso auch die Tatsache, daß in Walldürn das Waldeigentum bis zum Beginn der Leininger Herrschaft umstritten war. Auch Hardheim hat solch große Waldungen, was wohl auch mit seiner Rolle als Zentralort zusammenhängt. In der napoleonischen Zeit fiel das klösterliche, mainzische und würzburgische Waldeigentum ebenso wie das kurpfälzische bis zum Neckar hin an den Fürsten von Leiningen. Westlich des Neckars wurde Baden der Nachfolger im herrschaftlichen Waldeigentum. Im Altsiedelland sieht die Waldverteilung anders aus. Es blieben sehr viel weniger Wälder stehen, und wo sich solche in größerem Maße finden, sind sie in den Besitz der Gemeinden geraten. Die Dörfer mit adliger Ortsherrschaft wie Hochhausen, Neckarmühlbach, Neckarzimmern, Adelsheim und Bödigheim, mit klösterlicher Ortsherrschaft wie Billigheim, weisen auf ihren Gemarkungen größere Teile von Adels- bzw. Klosterwald auf. Der sonst allgemein verbreitete Gemeindewald gibt sich immerhin an einigen Punkten noch in seinen Ursprüngen als Markwald zu erkennen. Der Waidachswald war ursprünglich Genossenschaftswald für Adelsheim, Sennfeld, die drei Schefflenz, Waldmühlbach und Katzental. Noch im 16. Jh. war die Genossenschaft in Restbeständen greifbar. Wenn auch konkrete Nachrichten fehlen, so zeigt doch der Verlauf der Gemarkungsgrenzen die nachträgliche Aufteilung. Ähnlich könnten die Verhältnisse im Waldgebiet zwischen Osterburken und Schillingstadt und in den Wäldern zwischen Walldürn und Altheim gewesen sein. Auch hier deuten die Gemarkungsgrenzen auf eine nachträgliche Waldaufteilung hin. Das von Osterburken genutzte Gebiet der Heed, wohl vom Wald zur Weide gemacht, wurde 1747 als eigene Gemarkung ausgesteint und von der Herrschaft beansprucht. Erst Leiningen legte dort den Marienhof an.

4. Herrschaftsentwicklung

Gaue, Grafschaften und alte Grundherrschaften. – Die älteste schriftliche Überlieferung für das Gebiet des Neckar-Odenwald-Kreises ist so uneinheitlich wie die Herrschaftsentwicklung, die sich später in dieser Region vollzogen hat. Im Zentrum des Raumes setzt sie mit den vergleichsweise spärlich erhaltenen Urkunden des hier ansonsten so wichtigen, schon in der 1. H. 8. Jh. gegründeten Kl. Amorbach erst zum 11. Jh. ein. Wesentlich für die ältere Zeit sind daher – vor allem hinsichtlich des Neckartales und des Elztales, aber auch des Baulandes – die Urkunden des Kl. Lorsch, die, wenngleich für diese Gegend nicht annähernd so zahlreich wie für die weiter westlich gelegenen Landschaften und überdies nur in Abschriften auf uns gekommen, bereits mit dem späteren 8. Jh. beginnen, und aus dem 8. Jh. datieren auch einzelne Hinweise auf Fuldaer Besitz um Adelsheim und Buchen. Im westlichen Kreisgebiet spielt für das späte 10. Jh. die dürftige Überlieferung der Abtei Mosbach eine Rolle, und vermittelt durch die Bistümer Worms (Mosbach) und Würzburg (Hemsbach und Osterburken) ist in der frühen Zeit ganz sporadisch auch Königsgut zu fassen. Schließlich bleiben für die Umgebung von Obrigheim und Binau sowie für den Raum um Osterburken noch verstreute Nachrichten Hirsauer Provenienz (11./12. Jh.) zu erwähnen, und in den Süden reichen seit dem frühen 12. Jh. vereinzelt Komburger Interessen herein.

Vor diesem schmalen Quellenhorizont wird es verständlich, wenn die früh- und hochmittelalterlichen Verhältnisse der Region nur mit Mühe und mitunter auch gar nicht zu fassen sind. Nach Ausweis der Lorscher Urkunden gehörte nahezu das ganze Gebiet des Neckar-Odenwald-Kreises zum Gau Wingarteiba. Zwar werden einzelne Kreisorte gelegentlich dem Schefflenzgau, dem Waldsassengau und dem Neckargau zugerechnet, jedoch handelt es sich bei diesen zuletzt genannten Gauen um bloße geographische Bezeichnungen, wohingegen die Wingarteiba – wie der jenseits des Neckars gelegene Elsenzgau – einen politischen Bezirk, eine eigene Grafschaft gebildet hat. Die ganze Ausdehnung der Wingarteiba, deren Name möglicherweise – burgundischen Ursprungs? – von dem siedlungsoffenen, auch für den Weinbau geeigneten Gebiet oberhalb Binaus hergeleitet und von dort auf das weiter östlich gelegene Land erstreckt worden ist, läßt sich mangels ausreichender Quellen allenfalls anhand kirchlicher Grenzen des späten Mittelalters erschließen. Demnach hätte ihr Umfang wohl etwa jenem des würzburgischen Dekanats Buchen entsprochen, d. h. sie hätte im W bis an den Neckar, im N bis in den Odenwald und im O bis an die Wasserscheide zur Tauber gereicht; im SW, gegen die Krumme Ebene, lassen sich frühmittelalterliche Ortszuweisungen und spätmittelalterliche Dekanatsgrenzen nicht miteinander in Einklang bringen. Als Waldsassengau wird im Lorscher Codex – vermutlich im Kontrast zu den fruchtbaren Teilen der Wingarteiba – nicht selten das Tal der Elz mit der nordwestlich anschließenden waldreichen Hochfläche bezeichnet. Den seltener bezeugten Schefflenzgau hat man im oberen Schefflenztal nördlich von Allfeld zu lokalisieren, um die drei Schefflenzdörfer und um Eicholzheim. Der Neckargau ist in seiner ganzen Dimension nur schwer zu fassen und muß als rein geographische Bezeichnung für den Landstrich entlang des Flusses südlich von Binau verstanden werden. Freilich kommen im Flußtal für dieselben Orte sowohl Zuweisungen zum Neckargau wie zur Wingarteiba vor, und gegen W finden sich auch solche zum Elsenzgau, der hier allerdings nur eine marginale Rolle spielt.

Die Grafschaft in der Wingarteiba ist 1011 von Kaiser Heinrich II. dem Bistum Worms übertragen worden und hat, zumal der vormals große Wormser Einfluß auf das Land östlich des Neckars bald mehr und mehr durch andere Kräfte zurückgedrängt wurde, in der weiteren Herrschaftsentwicklung dieses Raumes keine Rolle mehr gespielt; welche Bedeutung ihr davor zugekommen ist, bleibt angesichts der überaus dürftigen Quellen völlig im unklaren. Dagegen läßt sich der Anteil, den die alten Grundherrschaften an der Ausbildung früher Herrschaftsstrukturen im Kreisgebiet hatten, zumindest in seinen großen Zügen umreißen. Den hierzulande bescheidenen Besitz des Kl. Fulda kann man dabei getrost vernachlässigen. Die Hirsauer, später Reichenbacher Güter und Gerechtsame in Obrigheim, Mörtelstein und Binau waren ganz zweifellos an der Herrschaftsbildung in diesen Dörfern beteiligt, und der seit dem ausgehenden 10. Jh. bezeugte Weißenburger Fernbesitz in Hochhausen, dem ursprünglich vielleicht die Funktion eines Brückenkopfes zugedacht war, hat aufgrund der durch Jahrhunderte fortbestehenden weißenburgischen Lehnshoheit über das Dorf die örtlichen Verhältnisse bis zum Ende des Alten Reiches mitbestimmt. Eine freilich nur schwer abzuschätzende Bedeutung ist der Comburger Grundherrschaft in Erlenbach und in Waldmühlbach zugekommen. Der vorwiegend um die Stadt und auf beiden Ufern des Neckars konzentrierte Besitz der Abtei Mosbach, dessen Umfang wir praktisch nur bei dieser Gelegenheit zu fassen bekommen, ist 976 in die Verfügungsgewalt des Bistums Worms gelangt und damit später der staufischen Reichslandpolitik zugute gekommen; bedeutendere Mosbacher Gerechtsame sind hernach nur noch in Sulzbach und in Unterschefflenz festzustellen. Zumindest die im S und W des Kreisgebiets gelegenen Teile der Lorscher Grundherrschaft dürften ein ähnliches Schicksal gehabt haben, während die weiter östlich gelegenen im Laufe des hohen Mittelalters möglicherweise dem Kl. Amorbach zugefallen sind; Seckach, Zimmern, Hainstadt, Altheim und Walldürn, wo es im 8. und 9. Jh. Lorscher Güter gegeben hat, gehören zu den Orten, an denen um 1100 auch Amorbacher Besitz nachgewiesen werden kann, wiewohl diese Tatsache natürlich nicht unbedingt im Sinne einer Besitznachfolge interpretiert werden muß. In Sulzbach deutet vieles darauf hin, daß dort Mosbach die Lorscher Rechte übernommen hat. Frühes Königsgut ist nur für Hemsbach (837) und für Osterburken (741 an Würzburg) bezeugt, sieht man einmal ab von der Herrschaft über die Klöster Mosbach und Amorbach, von denen das eine 976 dem Bistum Worms und das andere 993 dem Bistum Würzburg übertragen wurde; jedoch konnte im weiteren keines der beiden Bistümer für seine Territorienbildung aus diesen Traditionen unmittelbaren Nutzen ziehen. Im Zusammenhang mit dem jeweiligen Bistum muß man auch den für das 9. Jh. überlieferten Dallauer, Auerbacher und Schefflenzer Besitz des Cyriakus-Stifts zu Neuhausen bei Worms sowie die 1108 an das Kl. Comburg vertauschten Güter des Würzburger Neumünsterstifts in Waldmühlbach sehen.

Über die mit Abstand bedeutendste Grundherrschaft im Bereich des heutigen Neckar-Odenwald-Kreises verfügte während des ganzen Mittelalters das Kl. Amorbach. Um 734 durch möglicherweise dem Bistum Worms verbundene Familien inmitten des östlichen Buntsandsteinodenwalds gegründet, war das Kloster anfangs mit Schwerpunkt im Bauland begütert. Die Erschließung des unwirtlichen Waldlandes in seiner unmittelbaren Umgebung geschah zum einen in der sog. Amorbacher Mark wohl schon seit dem 9. Jh. vom Kloster selbst her; zum anderen erfolgte sie, wie die hoch- und spätmittelalterliche Pfarreiorganisation erkennen läßt, nach dem Erwerb der *silva Otinwald* im 11., 12. und 13. Jh. von SO, vom Bauland her. In dieser zuletzt genannten Phase des Landesausbaus, die den nordwestlichen Teil des hier interessierenden Kreisgebiets betrifft, hat Bödigheim offenkundig eine zentrale Rolle gespielt. Noch im 11./12. Jh. zählen die Quellen den bei weitem größeren, bald zunehmend angefochtenen Teil der Amorbacher Güter für das Gebiet des Muschelkalks auf, für die Region zwischen Schefflenz und Tauber. Der grundherrschaftlich genutzte Klosterbesitz jenseits der Buntsandsteingrenze war zu dieser Zeit vermutlich noch unbedeutend; indes war er wegen seiner geringeren Rentabilität auch weniger umstritten und ist daher in der uns zu Gebote stehenden Überlieferung noch schlechter dokumentiert als jener im Bauland. Allerdings konnten die Mönche ihren Anspruch auf eine zwar bescheidene Herrschaft hier noch am dauerhaftesten behaupten, in Ober- und Unterneudorf, in Mörschenhardt und Reinhardsachsen sowie in einer Reihe von Dörfern des Kreises Miltenberg. Kontrahenten des Klosters auf dem Gebiet der Herrschaftsbildung waren dessen Vögte, von deren Herkunft und früher Geschichte die Quellen freilich noch weniger berichten als vom ältesten Amorbacher Besitz; über den vorstauferzeitlichen Adel in diesem Raum und über seine Grundherrschaften wissen wir so gut wie nichts.

Altfreier Adel, Kirchengut und Reichsgut. – Ganz vereinzelt tauchen da und dort seit dem 11. Jh. Angehörige des im Beschreibungsgebiet gesessenen bzw. von dorther stammenden altfreien Adels auf. So werden für das späte 11. und frühe 12. Jh. in der Hirsauer Überlieferung verschiedentlich Herren adeligen Standes erwähnt, die ihre Namen nach den Orten Sennfeld und Schlierstadt sowie nach der Burg Dauchstein oberhalb von Binau führten. Über die Identität der Damen Regelint und Hiltegart, die das Kl. Amorbach wohl um dieselbe Zeit mit Güterschenkungen in Bretzingen, Katzental, Vollmersdorf und (Neckar-) Gerach bedacht haben, läßt sich nur spekulieren; im einen Fall könnte möglicherweise eine Verbindung zu den Grafen von Lauffen bestehen, im anderen Fall zu den Vögten des Klosters. Alle diese Erwähnungen sind indes viel zu punktuell, um weiterreichende Schlüsse oder gar genealogische Zuordnungen zu ermöglichen. Auch die Bedeutung und die Verflechtungen der edelfreien Herren von Obrigheim, die um die Mitte des 12. Jh. auftauchen und gleich darauf wieder aus den Quellen verschwinden, können wir bloß erahnen; wie bei denen von Schlierstadt deuten sich bei ihnen Verbindungen zu einer Familie von Röttingen-Trifels an, deren im Umfeld der Salier und Staufer überregional entfaltete Aktivitäten freilich wiederum nur schemenhaft zu erkennen sind.

Das Dunkel beginnt erst in der Zeit der Staufer sich allmählich zu lichten. Nun treten, zunächst meist im kaiserlichen Gefolge, die Herren von Boxberg und von Krautheim in Erscheinung, dazu die von Schweinberg und von Allfeld; durch ihre Taufnamen geben sie sich als Angehörige eines gemeinsamen Verwandtschaftskreises zu erkennen, dem auch die Grafen von Wertheim zuzurechnen sind. Desgleichen sind in Aglasterhausen und auf dem Hornberg über Neckarzimmern Mitte bzw. Ende des 12. Jh. edelfreie Geschlechter bezeugt, die jedoch in andere Zusammenhänge gehören. Während für die meisten der hier aufgezählten Edelherren eine Herrschaftsbildung von nennenswertem Umfang nicht nachgewiesen werden kann – im Falle der Allfelder lassen sich zumindest Ansätze dazu erkennen –, waren die von Schweinberg und vor allem die von Boxberg und von Krautheim im O wie auch im S des hier interessierenden Raumes, um Schweinberg, um Ballenberg und um Adelsheim mit der Entfaltung eigener Herrschaft erfolgreich. Jedoch sind diese Familien schon im 13. und frühen 14. Jh. ausgestorben, so daß die zum Teil recht hoffnungsvollen Ansätze schon bald wieder steckengeblieben sind. Ihre Erben waren zum einen die Grafen von Wertheim und die aus dem Nordschwarzwald stammenden Grafen von Eberstein, zum anderen die Edelherren von Dürn.

Die Edelherren von Dürn waren am Ende des hohen Mittelalters die eigentliche herrschaftsbildende Kraft im Bauland und in den angrenzenden Gebieten. Im letzten Drittel des 12. Jh. als Gefolgsleute der Staufer mit einem Schlage aus dem Dunkel der Geschichte hervorgetreten, waren sie bereits zu jener Zeit Inhaber einer überaus stattlichen zwischen Kocher, Neckar, Main und Tauber gelegenen Herrschaft, die sich auf einen heute kaum mehr rekonstruierbaren Eigen- und Lehnsbesitz sowie vor allem auf die Vogtei über das Kl. Amorbach und seine Güter stützte; später konnten sie diesen Besitz durch eine geschickte Heiratspolitik vor allem im S und W, auch außerhalb des Kreisgebiets, noch weiter vermehren. Die Frage, seit wann den Dürnern die Amorbacher Vogtei anvertraut war – schon vor der um 1168 geschehenen Schleifung der Vogtsburg auf dem Frankenberg (Gotthardsberg) über dem Klosterort oder erst danach –, ist letztlich so wenig zu beantworten wie die Frage ihrer Herkunft. Aber dessenungeachtet ist es ihnen wie den Vögten anderer Kirchen mit großem Erfolg gelungen, die Schirmherrschaft über das Kloster den eigenen Interessen nutzbar zu machen, dessen Besitz und Ministerialen in ihre Territorienbildung einzubeziehen. Die im 13. Jh. gefertigte Abschrift der auf das 11. und 12. Jh. bezogenen Amorbacher Traditionsnotizen und das um dieselbe Zeit auf Kaiser Otto III. gefälschte Privileg von 996 zeugen ebenso vom Bemühen des Konvents, der von den Vögten betriebenen Entfremdung seiner Güter und Rechte zu steuern, wie die 1296 und 1299 von den Königen Adolf von Nassau und Albrecht von Österreich erlangten Privilegien. Elemente der Dürn'schen Territorienbildung im Umkreis der Amorbacher Grundherrschaft waren neben den allgemeinen, vornehmlich auf die Gerichtsbarkeit bezogenen Vogteirechten nicht zuletzt die Zenthoheit über das Altsiedelland wie über das im Odenwald neugerodete Land, der Bau von Burgen und die Erhebung von Städten; desgleichen standen die klösterlichen Ministerialen den Vögten zu Gebote und waren obendrein noch deren Vasallen. Unter den Burgen, die den Dürnern als Mittelpunkte ihrer Herrschaft dienten, ist vor allem die mit großem architektonischem Aufwand errichtete Burg Wildenberg hart an der Grenze zwischen Amorbacher und Mudauer Zent zu nennen, die bis in den Bauernkrieg der Verwaltungsmittelpunkt dieses Raumes war; desgleichen ist die Burg Rippberg an der Straße von Amorbach nach Walldürn, dem namengebenden Sitz der Vogtsfamilie, eine Gründung der Edelherren von Dürn. Ob freilich – wie bisweilen angenommen – auch die im Rodungsgebiet des Klosters gelegene Burg Limbach ihre Entstehung den Amorbacher Vögten verdankt, erscheint eher fraglich. Von den Städten der Dürner ist wohl allein Amorbach (1253) förmlich privilegiert worden, während Buchen (vor 1280) und Walldürn (vor 1291) diesen Status ohne Gründungsurkunde, aber sicher nicht ohne herrschaftliches Zutun erlangt haben dürften. Im Umkreis dieser bedeutenderen Herrschaftszentren haben die Ministerialen und Untervögte ihre Sitze und Burgen errichtet und auf vielfältige Weise zur herrschaftlichen Durchdringung des Raumes beigetragen, so in Rosenberg, in Sindolsheim, in Bödigheim, in Hettigenbeuern und anderwärts. Indes hat mit Teilungen, Verpfändungen und Verkäufen bereits in der 2. H. 13. Jh. ein rapider Zerfall der Dürner Herrschaft eingesetzt, dessen Nutznießer zum wenigsten das von den 1308/23 ausgestorbenen Edelherren bevogtete Kloster, sondern vielmehr das Erzstift Mainz und die einstigen Dürner Ministerialen waren.

Im W und im SW des Kreisgebiets haben seit dem späten 12. Jh., gestützt auf Wormser, vielleicht auch auf Lorscher Kirchengut, die Staufer ihre zur Pfalz Wimpfen orientierte Reichslandpolitik betrieben. Wimpfen mit seiner Umgebung war bereits seit der Karolingerzeit großenteils im Besitz des Wormser Bischofs, dessen Einfluß sich aber auch auf das östliche Neckarufer erstreckt hat; die Rechte um Mosbach reichen im Kern vermutlich zurück in die Zeit, bevor dieses Gebiet an Würzburg abgetreten werden mußte. Der Festigung der wormsischen Position links des Neckars hat im 10. Jh. die Fälschung einer Urkunde auf Ludwig den Deutschen gegolten (856), womit aber offenbar nicht neues Recht geschaffen, sondern vielmehr die in der nach N durch den Mühlbach begrenzten Wimpfener Immunität bereits bestehenden Verhältnisse abgesichert werden sollten. Die Verfügung über diese Region wurde dem Bischof 988 durch Otto III. mit der Verleihung des Wimpfener Bannforstes neuerlich bestätigt sowie nach N und nach W erheblich ausgedehnt, nachdem schon zuvor die Übertragung des Stifts Mosbach (976) die Wormser Stellung in diesem Raum gestärkt hatte. Östlich des Neckars hatte Worms infolge der Gründung des Bistums Würzburg bereits Mitte des 8. Jh. schwere Einbußen erlitten, die durch den späteren Besitz des Mosbacher Stifts so wenig aufgewogen werden konnten wie durch den Erwerb der im folgenden offenbar gänzlich unbedeutenden Grafschaft in der Wingarteiba (1011). Gleichwohl spielt Worms für die ältere Geschichte von Eberbach und seiner Umgebung eine nicht zu unterschätzende Rolle, und die nach O anschließende Landschaft des Winterhauchs dürfte im hohen Mittelalter ebenfalls noch der Wormser Sphäre zugehört haben. Kaiser Konrad II. hat 1026 der Wormser Kirche alle diese Besitzungen noch einmal bestätigt.

Der wohl unter Kaiser Friedrich Barbarossa im letzten Viertel des 12. Jh. begonnene Aufbau eines Reichslandes um Wimpfen hat sich dieses Kirchengut zunutze gemacht und die Wormser Ansprüche schließlich auf bloße lehnsherrliche Rechte gegenüber den staufischen Ministerialen und ihren Nachkommen reduziert; noch am Ende des Alten Reiches sind die Herrschaft Guttenberg mit (Neckar-)Mühlbach, Hüffenhardt und Kälbertshausen sowie viele andere Gerechtsame im Hinterland Wimpfens vom Hochstift Worms zu Lehen gegangen, an eine wormsische Territorienbildung in diesem Raum war indes längst nicht mehr zu denken. Auch die Grafen von Lauffen, denen die Bevogtung dieser Wormser Gerechtsame oblag und die bereits vor der Mitte des 13. Jh. ausgestorben sind, konnten unter diesen Umständen hier keine eigenen territorialpolitischen Ziele mehr verfolgen. Zu dem so entstandenen Wimpfener Reichsland gehörten die Dörfer links des Neckars bis in den Kleinen Odenwald, das Neckartal mit der vermutlich im frühen 13. Jh. gegründeten Reichsministerialenburg Zwingenberg und dem Winterhauch, die Stadt Mosbach, ein großer Teil des Elztales sowie das Schefflenztal. Für Schwarzach, Neckarelz und Limbach haben noch in der frühen Neuzeit die dort beheimateten Königsleute die einstige Zugehörigkeit dieser Burgen zum Reichsgut dokumentiert, und offensichtlich war dem Ausbau des Reichslandes auch das Reichenbacher Kirchengut im Umkreis von Obrigheim nutzbar gemacht worden. Nach dem Ende der Staufer haben auf dieser Grundlage zunächst deren Ministerialen ihre Herrschaft entfaltet, allen voran die Weinsberger, die links des Neckars Burg Guttenberg samt der zugehörigen Herrschaft, dazu Schwarzach und die ganze Reichartshäuser Zent innehatten; rechts des Flusses reichten ihr Besitz und ihr Einfluß über Neckarburken bis nach Großeicholzheim und bis ins Schefflenztal. Auf Burg Zwingenberg über dem Neckar saß eine weitere Reichsministerialenfamilie, die hier das Zentrum ihres nach N ausgreifenden, neue Herrschaft begründenden Landesausbaus hatte. Desgleichen profitierten in Binau Ministerialen vom Untergang der Staufer, und auch in Obrigheim sowie in Sulzbach und Umgebung konnten Familien reichsministerialischer Herkunft vormaliges Reichsgut auf Dauer für sich reklamieren. Schließlich sind aber im 14. Jh. die Pfalzgrafen bei Rhein sowohl mittelbar wie unmittelbar zu wesentlichen Teilen in die hier interessierenden Positionen des Reiches nachgerückt.

Sonstige Herrschaftsträger haben in der hochmittelalterlichen Geschichte dieses Raumes keine größere Bedeutung erlangt. Das Hochstift Würzburg, zu dessen Ausstattungsgut bereits im frühen Mittelalter Besitz im Bauland gehört hat, konnte sich hier gegenüber den konkurrierenden Gewalten nicht behaupten und wurde am Ende nahezu ganz aus dem Kreisgebiet verdrängt. Auch die Eigenkirchenrechte am Kl. Amorbach, die ihm seit 993 übertragen waren, konnte es sich danach nur insoweit nutzbar machen, als es ihm gelungen ist, für einen Teil des entfremdeten Klosterguts seine Lehnshoheit durchzusetzen und sich damit zumindest die Option auf den Lehnsheimfall zu sichern. Lehnsherrliche Rechte konnte sich Würzburg aber auch unabhängig von Amorbach bewahren, so beispielsweise in Hardheim und in Schweinberg, und dort ist es den Bischöfen später auch noch gelungen, territorial Fuß zu fassen. Nur episodisch haben im NW dieses Raumes um die Wende vom 13. zum 14. Jh. – vermutlich im Zusammenhang mit dem Ausverkauf der Dürner – die Schenken von Erbach als Inhaber der Mudauer Zent und als Besitzer umliegender Güter eine aufs Ganze gesehen allerdings unbedeutende Rolle gespielt. Ebenso ist es im S den Herren von Hohenlohe nicht gelungen, ihre 1282/93 bis 1445 innegehabte zentliche Hoheit (Möckmühl) über Billigheim, Waldmühlbach, Sennfeld und Leibenstadt territorialbildend zu nutzen.

Territorien. – Die führende Territorialmacht im Zentrum des Kreisgebietes war vom Ausgang des hohen Mittelalters bis zum Ende des Alten Reiches das Erzstift und Kurfürstentum Mainz. Das Interesse der Mainzer Erzbischöfe an der Landschaft zwischen Neckar und Main reicht vermutlich zurück bis ins frühe Mittelalter; konkretere Formen nimmt es jedoch erst an, als das Erzstift seit dem 12. Jh. mit zunehmender Macht – und bald konkurrierend mit den Pfalzgrafen – in diesen Raum hereindrängte. Dem Flecken Bürgstadt am Main und der wohl im frühen 13. Jh. gegründeten Burg Miltenberg ist dabei die Funktion eines Brückenkopfes zugekommen. Die erste Phase des hier interessierenden Territorialerwerbs ist Hand in Hand gegangen mit dem Zerfall der Herrschaft Dürn und hat 1271 mit dem Kauf der Burg Wildenberg samt der zugehörigen Mudauer Zent eingesetzt; bereits im Jahr darauf folgten Stadt und Zent Amorbach mit der Vogtei über das Kloster sowie 1292 Stadt und Zent Walldürn. Zwischen 1296 und 1310 hat das Erzstift sodann in mehreren Etappen die Stadt Buchen

4. Herrschaftsentwicklung

an sich gebracht – wiederum zusammen mit der zugehörigen Zent –, und 1310/18 konnte es die verbliebenen Würzburger und Erbacher Rechte in der Zent Mudau ablösen, in Limbach und Scheringen (seit 1488 ganz bei Mainz). War es den Erzbischöfen damit gelungen, binnen weniger Jahre den Grund zu legen für ihre rund ein halbes Jahrtausend während Herrschaft im Bauland und im Hinteren Odenwald, so haben sie in den folgenden Jahrzehnten im Zuge eines weiten Ausgreifens nach S von den Grafen von Eberstein als Erben der Edelherren von Krautheim noch Allfeld (1358) sowie Stadt und Zent Ballenberg (1361/64) erworben, dazu 1376 von den Herren von Hanau aus Dürner Erbe Stadt und Zent Osterburken. Zusammen mit Burgen und Zenten sind meist auch vogteiliche und gerichtsherrliche Rechte in den umliegenden Dörfern an Mainz gelangt: mit Wildenberg und Mudau in den Orten Donebach, Langenelz, Mörschenhardt, Reisenbach und Rumpfen; mit Buchen in Hettingen und Götzingen; mit Allfeld in Waldmühlbach und Katzental; und mit Ballenberg in Erlenbach sowie in Ober- und Unterwittstadt. Freilich bedurfte es vor allem im hochmittelalterlichen Rodungsgebiet des Odenwaldes bei der Etablierung mainzischer Herrschaft nicht selten noch einer längeren Auseinandersetzung mit konkurrierenden Kräften aus Kreisen der einstigen Dürner und Amorbacher Ministerialität, waren doch die herrschaftlichen Verhältnisse vielerorts bis in die frühe Neuzeit noch in der Entwicklung begriffen.

Der Besitz der Plätze mit zentralörtlicher Bedeutung und vor allem der Besitz der Zenthoheit im ganzen Gebiet hat dem Erzstift schon bald eine dominierende Stellung gegenüber den eingesessenen kleineren Herrschaften verliehen. Zwar ist es den Erzbischöfen dabei nicht gelungen, eine flächendeckende Landesherrschaft zu entwickeln, jedoch konnten sie mittels Vogtei und Schirmgewalt zumindest die Dörfer des Kl. Amorbach ihrer Landeshoheit unterwerfen und die Klöster Billigheim und Seligental mit ihren Kleinterritorien schließlich ganz an sich ziehen (1584 bzw. 1568). Hervorgegangen aus der Ministerialität ihrer Vorgänger, war der in der Region gesessene Niederadel den Mainzer Kurfürsten sowohl durch den Besitz von Mann- und Burglehen wie durch seine Verwendung in der Hof- und Territorialverwaltung vielfältig verbunden. Für Burgen, die dem Erzstift nicht unmittelbar zur Verfügung standen, hat es sich nach Möglichkeit ein Öffnungsrecht verbriefen lassen, so 1296 in Bödigheim, 1315 in Zwingenberg, vor 1408 in Eberstadt und 1436 in Schweinberg. Neben den bereits erwähnten Klosterherrschaften Seligental und Billigheim hat im Laufe der Zeit noch eine ganze Reihe kleinerer Erwerbungen zur Arrondierung des Mainzer Gebiets beigetragen. Steinbach bei Mudau und Rinschheim wurden am Ende des 15. Jh. aus ritterschaftlichem Besitz erworben, desgleichen drei Viertel des Dorfes Altheim, an dessen Ortsherrschaft im übrigen das Kl. Amorbach teilhatte. Mit dem Hochstift Würzburg wurde in zwei 1656 und 1684 geschlossenen Verträgen eine Bereinigung der beiderseitigen Zent- und Territorialgrenzen herbeigeführt. Im Austausch gegen seine Gerechtsame in Gottersdorf, Waldstetten, Hainstadt und Kummershof sowie gegen weitere Besitzungen im heute bayerischen Gebiet hat Kurmainz 1684 unter anderem bis dato würzburgische Rechte in Hollerbach und Wettersdorf erhalten; auch das vormals Rüdt'sche, seit 1677 würzburgische Oberscheidental ist bei dieser Gelegenheit dem Erzstift zugeschlagen worden. Bereits 1362 hatte Erzbischof Gerlach von Mainz versucht, über den pfandweisen Erwerb von zwei Dritteln der Dörfer Schefflenz und durch die Privilegierung von Oberschefflenz mit Stadtrecht (1367) seine Stellung gegenüber der von W andrängenden Pfalz zu stärken, jedoch ist es weder ihm noch seinen Nachfolgern gelungen, die Konkurrenz mit dem benachbarten Großterritorium hier zu bestehen, und schließlich wurde diese seit alters zur pfälzischen Zent Mosbach gehörige Position 1653 preisgegeben; auch in Sulzbach konnte sich Mainz mit seinen von Allfeld herrührenden Rechten nicht behaupten. Die Rivalität um Zwingenberg ist zwar schon 1340/65 im Patt geendet, letztlich aber doch zugunsten der Pfalz entschieden worden. Am Ende des Alten Reiches zählte der bei weitem größte Teil des im Kreisgebiet gelegenen mainzischen Territoriums zum Amt Amorbach und war entsprechend seiner Zentzugehörigkeit untergliedert in die Kellereien Amorbach (hier Zent Mudau), Buchen (mit Stadt und Zent Osterburken) und Walldürn; innerhalb der Kellerei Buchen hat die Hofmeisterei Seligental mit den Dörfern Schlierstadt, Seckach, Hemsbach und Zimmern noch einmal eine eigene Verwaltungseinheit gebildet, zu der bis 1684 auch die vormals seligentalischen Gerechtsame zu Hainstadt gehörten. Allfeld, Billigheim, Katzental und Waldmühlbach sowie die mainzischen Orte in der Ballenberger Zent waren dem Amt Krautheim zugeordnet; Allfeld war zunächst Sitz einer eigenen Kellerei (für Allfeld, Katzental und Waldmühlbach), deren Kompetenzen aber im 17. Jh. der Hofmeisterei Billigheim und schließlich der Kellerei Neudenau übertragen worden sind.

Die Expansion der Pfalzgrafen bei Rhein in das Gebiet des heutigen Neckar-Odenwald-Kreises hat von W her etwa um die gleiche Zeit eingesetzt wie die der Erzbischöfe von Mainz aus Richtung N; und wenngleich ihr Auftakt auch weniger spektakulär war als die ersten Mainzer Erwerbungen, so ist sie in ihrer prägenden Kraft für die Geschichte dieser Region doch keinesfalls geringer zu veranschlagen als jene. Bereits vor 1290 haben sich die Pfalzgrafen in Obrigheim (mit Kirstetterhof und Mörtelstein) festgesetzt und dort Burg Landsehr errichtet. Der eigentliche Durchbruch geschah jedoch erst im Jahre 1330 mit dem Erwerb der Reichspfandschaften Eberbach und Mosbach samt den zugehörigen Zenten und dem Wald Michelherd, die der Pfalz das Tor in den südöstlichen Odenwald und ins Bauland öffneten. War damit der entscheidende Schritt über den Neckar getan, so folgte 1367 mit der Auslösung der Stüber oder Reichartshäuser Zent von den Herren von Hirschhorn auch der Griff nach dem Reichsgut links des Flusses. 1378 wurde den Pfalzgrafen der Besitz aller dieser Rechte neuerlich bestätigt und die Auslösung der in den Zenten gelegenen Dörfer genehmigt; im Falle von Ober-, Mittel- und Unterschefflenz ist dies auch sogleich zu einem Drittel geschehen. Im übrigen stellte die Hoheit in den Zenten zunächst einmal nur einen Rahmen dar, den die Pfälzer künftig durch den Ankauf von Burgen und ortsherrlichen Befugnissen auszufüllen hatten; anders als den Mainzer Erzbischöfen in ihren weiter östlich gelegenen Zenten ist es ihnen dabei aber gelungen, die zentliche Obrigkeit auch dort zur Landeshoheit zu entwickeln, wo die ortsherrlichen Rechte in fremdem Besitz blieben.

Mit der pfälzischen Landesteilung von 1410 ist auf der skizzierten Grundlage ein eigenes, freilich nur bis 1499 selbständig existierendes Territorium geschaffen worden, das seine Residenz in Mosbach hatte. Es umfaßte – neben anderen, in diesem Zusammenhang nicht weiter interessierenden Stücken – die Städte und Zenten Eberbach und Mosbach mit ihren Zugehörungen, die Dörfer Obrigheim und Mörtelstein sowie die Minneburg mit der niederen Gerichtsbarkeit in den Dörfern Guttenbach, Neckarkatzenbach und Neunkirchen (1/3), die bereits 1349 durch Kauf an die Pfalz gelangt waren; die Hoheit in der Reichartshäuser Zent indes blieb dem Kurfürsten in Heidelberg vorbehalten. Unter den Pfalzgrafen Otto I. und Otto II. vollzog sich dann seit 1410 der innere Ausbau des mit den Reichspfandschaften von 1330/78 abgesteckten Raumes: 1412 wurde die Ortsherrschaft in Neckarelz, Diedesheim (mit Schreckhof) und Neckarburken erworben; 1413 folgte der Ankauf der Burg Lohrbach mit Gerechtsamen in Nüstenbach, Sattelbach, Fahrenbach und Trienz sowie in den zur mainzischen

4. Herrschaftsentwicklung

Zent Mudau gehörigen Dörfern Krumbach, Robern, Balsbach und Wagenschwend; und vor 1416 kamen der Schollenrainhof bei Obrigheim sowie die halbe Ortsherrschaft in Dallau und Auerbach hinzu. Haßmersheim war möglicherweise schon am Ende des 14. Jh. an die Pfalz gelangt und hätte demnach bereits zum Grundstock des Mosbacher Territoriums gehört; die pfälzischen Anteile an den drei Schefflenzdörfern sind dagegen erst 1426 in den Besitz der Mosbacher Pfalzgrafen übergegangen. Ein wichtiger Zuwachs konnte dann noch einmal mit dem Kauf der Herrschaft Zwingenberg samt zugehörigen Dörfern und Gerechtsamen am Neckar und auf dem Winterhauch bewerkstelligt werden (1474/84); jedoch war die Pfalz gezwungen, diesen Besitz nach dem unglücklichen Ausgang des bairisch-pfälzischen Erbfolgekriegs bereits 1504 wieder zu veräußern. Die Hälfte von Rittersbach ist zwischen 1466 und 1491 aus niederadeligen Händen an Pfalz-Mosbach gelangt.

Wie die Erzbischöfe von Mainz haben die Pfalzgrafen von Mosbach und nach deren Aussterben (1499) die Kurfürsten von der Pfalz mit Hilfe ihrer Zenthoheit und vieler anderer Gerechtsame wie Geleit, Zoll, Königsleute und Lehnrecht über ihr engeres Territorium hinaus herrschaftsbildend und -stabilisierend gewirkt und den benachbarten Niederadel auf vielerlei Art an sich gebunden, ihn teilweise sogar ihrer Landeshoheit unterworfen. Nach der Wiedereingliederung des Mosbacher Territoriums in die Kurpfalz sind dieser noch verschiedentlich Arrondierungen gelungen. Bereits 1419 hatte der Kurfürst in der Stüber Zent die Burg Schwarzach mit den Dörfern Ober- und Unterschwarzach sowie ein Drittel an Neunkirchen erworben; im Laufe des 16. Jh. sind dort noch Asbach und in der Mosbacher Zent die Orte Sulzbach und Muckental hinzugekommen. Mit der Herrschaft Boxberg ist 1561 ganz im O auch die Hälfte von Gerichtstetten pfälzisch geworden. Die Lehen Breitenbronn sowie Großeicholzheim und Heidersbach sind 1653 mit dem Aussterben der Landschaden von Steinach an Kurpfalz heimgefallen; während Breitenbronn hinfort unmittelbar pfälzisch blieb, ist die niedere Gerichtsbarkeit in den beiden anderen Dörfern später wieder verlehnt worden. In den drei Schefflenzdörfern sowie in Dallau, Auerbach und Rittersbach konnten 1653 und 1668 durch Kauf und durch Tausch die Kondominate mit Kurmainz und mit dem Deutschen Orden aufgelöst werden. Die 1751 wieder an die Pfalz gelangte Herrschaft Zwingenberg ist 1779 unter Wahrung der kurfürstlichen Landeshoheit dem Reichsgrafen von Bretzenheim, einem natürlichen Sohn des Kurfürsten Karl Theodor, übertragen worden. So hat Kurpfalz letztlich bis zum Ende des Alten Reiches im W des Kreisgebiets ein geschlosseneres Territorium entwickeln können als Kurmainz im Zentrum. Dessen Gliederung nach Ämtern und Kellereien gestaltete sich im späten 18. Jh. wie folgt: Zum Oberamt Mosbach gehörten (soweit hier von Interesse) die Kellereien Neckarelz und Lohrbach, deren Sprengel ganz im Kreisgebiet lagen, sowie – mit den Dörfern Neckargerach und Schollbrunn – die Kellerei Eberbach. In der Kellerei Neckarelz waren die Dörfer Neckarelz, Diedesheim, Haßmersheim, Obrigheim und Mörtelstein zusammengefaßt; die Kellerei Lohrbach umfaßte Lohrbach, Nüstenbach, Neckarburken, Sulzbach, Dallau, Auerbach, Rittersbach, Muckental, die drei Schefflenzdörfer, Fahrenbach, Robern, Balsbach, Wagenschwend, Trienz und Krumbach. Die pfälzischen Orte links des Neckars waren, soweit der Stüber Zent zugehörig, der Kellerei Dilsberg (Oberamt Heidelberg) unterstellt.

Im NO des Neckar-Odenwald-Kreises hat schließlich auch das Hochstift Würzburg noch Fuß fassen können. Zwar halten die eher bescheidenen Erwerbungen, die den Bischöfen hier gelungen sind, einem Vergleich mit den Territorien der Pfälzer und der Mainzer Kurfürsten nicht stand, aber immerhin war die erwähnte, von langer Hand vorbereitete Heimfallpolitik am Ende doch von Erfolg gekrönt, und die 1656/84 mit

Kurmainz durchgeführte Flurbereinigung hat dazu beigetragen, diesem würzburgischen Gebiet obendrein noch eine gewisse Geschlossenheit zu geben. Abgesehen vom Unteren Schloß zu Hardheim, an dem es bereits 1447/72 erste Rechte erworben hat, konnte das Hochstift Würzburg am frühesten beim Aussterben der Grafen von Wertheim in Waldstetten unmittelbare Herrschaftsbefugnisse erlangen (1556). Sein eigentlicher Territorialerwerb setzte jedoch nicht vor dem Ende des 16. Jh. ein und zog sich bis ins ausgehende 17. Jh. hin. Im Konflikt mit den Wertheimer Erben und infolge Erlöschens der dortigen Niederadelsfamilie konnte es zwischen 1599 und 1607 nahezu ganz Hardheim (das Oberschloß samt Zugehörungen erst 1656) mit Rüdental sowie Teilen von Bretzingen (¼) und Höpfingen (½) erwerben, und 1601 hat Bischof Julius Echter auch Schweinberg mit seinen z. T. im Main-Tauber-Kreis gelegenen Zugehörungen gewissermaßen im Handstreich an sich gezogen. 1629 wurde eine weitere Hälfte des Dorfes Bretzingen käuflich erworben, und seit dem Gebietsaustausch mit Kurmainz im Jahre 1656 waren Bretzingen und Höpfingen endlich ganz würzburgisch. Das so entstandene Amt Hardheim, zu dem überdies Pülfringen (Main-Tauber-Kr.) gehörte, und das obendrein einen eigenen Zentbezirk unter würzburgischer Hoheit bildete, wurde schließlich 1691 durch den Erwerb der bislang pfälzischen Hälfte von Gerichtstetten noch einmal vermehrt. Seine am weitesten westliche Position hat Würzburg gewonnen, als ihm mit dem Aussterben der Familie Echter von Mespelbrunn 1664/65 deren Lehen in Rippberg, Gottersdorf, Hornbach und Hainstadt (⅝) heimgefallen sind, und aus dem Besitz der Dürner Allodialerben hat es dazu 1677 noch Gerolzahn mit Neusaß gekauft. Im Tausch mit Mainz ist dieser Komplex, der zusammen mit Breitenbuch und Hambrunn (beide bayer. Lkr. Miltenberg) fortan das Amt Rippberg gebildet hat, 1684 abschließend arrondiert und einer eigenen würzburgischen Zent unterstellt worden; zuvor waren alle diese Orte mainzischer Zenthoheit unterworfen.

Sieht man einmal ab von zahlreichen Lehen, die ihnen im östlichen Teil des Neckar-Odenwald-Kreises pflichtig waren, so haben die Grafen von Wertheim hier doch erst seit dem frühen 14. Jh. als Erben der Edelherren von Boxberg-Krautheim bzw. von Dürn eigene Herrschaft entfalten können. Zu ihrem Amt Schweinberg, dessen Zugehörungen im übrigen jenseits der Kreisgrenze lagen, zählten ortsherrliche Rechte in Waldstetten und diverse Gerechtsame in Hardheim. Waldstetten ist, wie oben berichtet, bereits 1556 dem Hochstift Würzburg heimgefallen, und Schweinberg sowie Hardheim wurden – wie berichtet – den Erben der Wertheimer Grafen durch den Bischof von Würzburg im Jahre 1601 gewaltsam entrissen. So konnten die späteren Inhaber der Grafschaft hier nicht mehr an einen alten Territorialbestand anknüpfen und mußten sich, wie auch das Hochstift Würzburg, zunächst mit dem Einbehalten heimgefallener Lehen bescheiden; auf diese Art haben sie 1607 beim Aussterben der Hardheimer die Hälfte von Gerichtstetten erworben und 1632 mit dem Tod des letzten Rosenbergers Hirschlanden. Zusammen mit dem Hof Schwarzenbrunn und Buch am Ahorn (beide Main-Tauber-Kr.) haben diese Orte im folgenden das gemeinschaftliche wertheimische Amt Gerichtstetten gebildet. Ein Jahrhundert später, 1730, ist es den nunmehrigen Fürsten von Löwenstein-Wertheim (kath. Linie) gelungen, hier noch einmal zu expandieren, indem sie von den Grafen von Hatzfeld die dem Amt Gerichtstetten unmittelbar benachbarte Herrschaft Rosenberg käuflich erworben haben; diese bestand aus den im Kreisgebiet gelegenen Dörfern Rosenberg, Bofsheim, Bronnacker und Gieß (abgeg. bei Rosenberg) sowie aus Brehmen, Hohenstadt und Neidelsbach im Nachbarkreis. Da sie im Gegensatz zum Amt Gerichtstetten kein gemeinschaftlicher Besitz des löwensteinischen Gesamthauses war, sondern der kath. Linie allein gehörte, wurde sie auch weiterhin als selbständiges Amt verwaltet. Bereits unter den Grafen von Hatzfeld war es 1713 gelungen, das Amt Rosenberg aus der Zent Osterburken zu eximieren und in seinen Grenzen einen eigenen Zentbezirk zu schaffen.

Neben der Ritterschaft, die im nachfolgenden Abschnitt des näheren zur Sprache kommen soll, bleiben am Ende dieser Übersicht noch einige kleinere geistliche Herrschaften zu erwähnen: Kl. Amorbach, in dessen früh- und hochmittelalterlicher Grundherrschaft ein nicht unwesentlicher Teil der Territorienbildung dieses Raumes gründet, hat hier nie eigene Landesherrschaft entfalten können. Aber auch dort, wo es ihm gelungen ist, wenigstens ortsherrliche Rechte zu bewahren, mußte es sich der Konkurrenz seitens seiner Vögte und deren Nachfolger erwehren. Oft hatte es nur noch mehr oder minder geringe Anteile an den jeweils fälligen Gerichtsbußen, viel seltener – so in Ober- und Unterneudorf, in Stürzenhardt, Neubrunn (Ernsttal) und Reinhardsachsen – die alleinige Ortsherrschaft; in Glashofen konnte das Kloster die Vogtei und Niedergerichtsbarkeit erst 1768 ganz an sich bringen. In Einbach, Rumpfen, Altheim und Kaltenbrunn mußte es sich mit seinen Gerechtsamen, über deren tatsächlichen Umfang selbst die Zeitgenossen nicht genau Bescheid wußten, gegenüber konkurrierenden mainzischen Ansprüchen behaupten. Die volle Landeshoheit über diese amorbachischen Dörfer lag jedoch stets und unangefochten beim Erzstift Mainz. Kl. Seligental hatte in seinen Dörfern – Schlierstadt, Seckach, Zimmern und Hemsbach sowie 1/8 Hainstadt – am Ende des 15. Jh. neben der Ortsherrschaft zwar auch die Steuerhoheit und mitunter das Jagdrecht, konnte aber angesichts der mainzischen Zenthoheit ebenfalls keine eigene Landesherrschaft entwickeln. Die Billigheimer Nonnen hatten im Klosterdorf nur die Ortsherrschaft inne; alle weitergehenden Befugnisse lagen dort bereits vor der Aufhebung des Konvents bei Kurmainz. Das Stift Mosbach hat seine ortsherrlichen Rechte in Sulzbach nach dem Bauernkrieg an die Pfalz abgetreten, die hier ohnehin schon über alle anderen, für die Landesherrschaft konstitutiven Rechte verfügte. Die Verhältnisse in dem bis 1668 bestehenden pfälzisch-deutschordischen Kondominat im Elztal waren nicht einheitlich. Wohl bestand, seit der Orden im frühen 15. Jh. hier Pfandrechte erworben hatte, in allen drei Dörfern – Dallau, Auerbach und Rittersbach – eine hälftig geteilte Ortsherrschaft, und alle drei unterstanden der pfälzischen Zent- und Jagdhoheit, aber nur in Dallau hatte der Orden auch Anteil am Steuerrecht; in Auerbach wurde dieses allein von Kurpfalz beansprucht und in Rittersbach war es zwischen beiden Kondomini umstritten; das Pfälzer Waffenrecht wollte der Orden für seine Untertanen in Rittersbach nur mit Einschränkungen gelten lassen. Diese miteinander konkurrierenden Befugnisse waren im 16. und 17. Jh. ein Quell ständiger Konflikte. Im Dallauer Schloß hatte ein unmittelbar dem Hoch- und Deutschmeister unterstellter Amtmann seinen Sitz.

Ministerialität, Niederadel, Ritterschaft. – Im späten Mittelalter und in der frühen Neuzeit war das Gebiet des Hinteren Odenwaldes und des Baulandes geprägt von einem hohen Anteil niederadeliger bzw. ritterschaftlicher Herrschaften. Auch wenn es den Rittern in dieser Landschaft nur ausnahmsweise einmal gelungen ist, mit ihren Kleinstterritorien Rechte landeshoheitlicher Qualität zu erlangen, so konnten sie sich in der Regel doch immerhin der Landesherrschaft benachbarter Fürsten entziehen bzw. erwehren und bis zum Ende des Alten Reiches eine weitgehende Selbständigkeit bewahren.

Seinen Ursprung hatte der Niederadel dieser Region zum einen in der Ministerialität, der zunächst unfreien Dienstmannschaft, des Kl. Amorbach bzw. der Edelherren von Dürn; hierher gehören die von Adelsheim mit ihren Agnaten, denen von Dürn-

Rippberg, von Dornberg und anderen, die Münch von Rosenberg, die von Bödigheim, die Rüdt von Bödigheim und von Collenberg, die (Pilgrim) von Buchen, die von Hainstadt und die von Hettingen. Vermutlich muß man auch die von Hardheim mit den Ketel von Bretzingen und anderen Familien ihres verwandtschaftlichen Umfeldes in diesem Kontext sehen, jedoch haben von deren Seite auch Beziehungen zu den Edelherren von Boxberg-Krautheim bestanden, denen im übrigen die Stumpf von Schweinberg und die von Wittstadt verpflichtet waren. Zum anderen entstammt der hiesige Adel – soweit er im westlichen Kreisgebiet beheimatet war – dem Umkreis der staufischen Reichsministerialität; dies gilt sicher für die von Zwingenberg, dazu vielleicht noch für die von Binau, für die Trigel von Daudenzell und für den seit dem 13. Jh. so zahlreich bezeugten Obrigheimer Adel. Ebenso erscheint eine Herkunft aus der staufischen Ministerialität für die Horneck von Hornberg und Hochhausen denkbar, wenngleich bei dieser Familie natürlich auch eine Verbindung zu den Grafen von Lauffen in Betracht zu ziehen ist. Weithin unklar bleibt die Zuordnung der Familien von Eicholzheim und von Seckach, bei denen manches auf die Ministerialität der Edelherren von Dürn hindeutet, die allerdings auch mit dem benachbarten Reichsgut in Zusammenhang gebracht werden können. Niederadel altfreier Abstammung hat es hierzulande im späten Mittelalter praktisch nicht gegeben; die von Allfeld, die am Ende offenbar auf die Stufe des niederen Adels abgesunken waren, haben das 14. Jh. nicht überdauert, und für die von Rosenberg, einen Zweig der von Uissigheim aus dem Taubergrund, ist die edelfreie Herkunft nicht mit letzter Sicherheit bewiesen. Um Zweige anderer außerhalb des Kreisgebiets beheimateter Geschlechter handelt es sich auch bei denen von Zwingenberg (von Kochendorf), Leibenstadt (von Berlichingen) und bei den Trigel von Daudenzell (von Öwisheim). Überhaupt muß man damit rechnen, daß zu einer Zeit, zu der feste Zunamen sich erst langsam herausgebildet haben, nicht alle Personen, die nach Orten dieser Landschaft benannt sind – oft handelt es sich um bloß einmalige Erwähnungen –, für jeweils eigene Adelsfamilien stehen. So dürften etwa die im späten 13. und im frühen 14. Jh. sporadisch bezeugten Ministerialen von Glashofen, von Götzingen, von Rumpfen oder von Wettersdorf in Wirklichkeit Agnaten anderer Familien gewesen sein; die Zusammenhänge im einzelnen bleiben uns dabei freilich verborgen.

Die Entwicklung von der unfreien Ministerialität zum niederen Adel hat sich im Laufe des hohen Mittelalters vollzogen und um die Mitte des 14. Jh. ihren Abschluß gefunden; für die Bödigheimer Rüden wurde die einstige ministerialische Bindung an die Edelherren von Dürn noch 1340 bestätigt. Grundlage für die Entstehung der neuen Adelsschicht waren die Delegation von Verwaltungs- und Herrschaftsbefugnissen an die Ministerialen sowie deren Verwendung im Kriegsdienst; begünstigt wurde der hier zu beobachtende Emanzipationsprozeß zum einen durch das die hergebrachten Standesschranken relativierende Rittertum mit seinen Idealen und zum anderen durch das der altadeligen Sphäre zugehörige, nun auch auf die Ministerialen ausgedehnte Lehnswesen. Mit Lehns- und Dienstverhältnissen ist der aus der Ministerialität hervorgegangene Adel den Fürsten, Grafen und Prälaten der Umgebung auch künftig verbunden geblieben; mit einem zunehmend exklusiven Heiratsverhalten hat er sich gegenüber bäuerlichen und bürgerlichen Schichten abgesetzt. In den Ritterbünden »Mit dem Greifen« (1379) und »Mit dem Esel« (um 1387) hat er im pfälzisch-fränkischen Raum erste ständische Organisationsformen entwickelt.

Anders als die Herrschaft der Dynasten und des hohen Adels war die im Laufe des hohen und späten Mittelalters ausgebildete Herrschaft der Ministerialen und des niederen Adels in der Regel abgeleitete, delegierte Herrschaft. Zumeist beruhte sie auf grundherrlichen und daraus entwickelten ortsherrlichen Rechten, auf dem Besitz von Lehen oder Allod; aber auch dort, wo sie auf Eigengut basierte, handelte es sich in Wirklichkeit nicht selten um ehemaliges Dienst- oder Amtsgut. Natürlich hat es auch echtes niederadeliges Eigengut gegeben, und gelegentlich haben die Ritterbürtigen auch über Pfandbesitz verfügt, indes sind gewöhnlich sowohl Eigengut wie Pfandbesitz erst später hinzugetreten, und nur selten waren sie einmal die Grundlage niederadeliger Herrschaftsbildung. Um Buchen und Walldürn, in Bofsheim, Bödigheim, Hettigenbeuern, Hornbach, Gottersdorf, Dornberg, Bretzingen und anderwärts beruhte die Herrschaftsbildung des Ministerialenadels im wesentlichen auf nachgeordneten, örtlich begrenzten Vogtei- und Gerichtsrechten über Amorbacher Klosterbesitz; deren schleichende Usurpation hat während des ganzen Spätmittelalters und noch in der frühen Neuzeit zu heftigen Konflikten zwischen dem Kloster und seinen niederadeligen Untervögten geführt. Der Bau von Burgen – erinnert sei nur an Bödigheim (1286) und an Hettigenbeuern (Anf. 14. Jh.) – signalisiert nicht selten den Eintritt in die entscheidende Phase dieses zu Lasten des Klosters gehenden Herrschaftsbildungsprozesses. Dabei zogen die Ministerialen nicht zuletzt Nutzen aus dem Niedergang der Amorbacher Hochvögte, und in Rippberg sowie in der Umgebung von Hardheim, Rosenberg, Merchingen und Adelsheim profitierten sie unmittelbar vom Aussterben ihrer bisherigen Dienstherren, der Dürner und der Boxberg-Krautheimer. Im W, vor allem jenseits des Neckars, um Aglasterhausen und Daudenzell sowie in den zur Burg Guttenberg gehörigen Dörfern, aber vermutlich auch in Binau gründete die Herrschaft der Ritter auf einstigem staufischem Reichsgut; desgleichen ist der von Zwingenberg her betriebene herrschaftsbildende Landesausbau auf dem Winterhauch aufgrund ehemaliger Reichsrechte erfolgt. Hochhausen als altes Weißenburger Lehen und Hornberg mit Neckarzimmern und Steinbach als Speyerer Lehen spielen hier eine Sonderrolle.

Selbst wenn die Ritter zu Ausgang des Mittelalters für ihre Gebiete durchweg das Steuerrecht und ausnahmsweise auch das Waffenrecht erlangt hatten (Rüdt 1490), so konnten sie die volle Landesherrschaft schließlich doch nur dort durchsetzen, wo sie nicht der mainzischen oder pfälzischen Zenthoheit unterworfen waren. Solches gilt freilich allein für das links des Neckars gelegene Hochhausen sowie für die zur Herrschaft Guttenberg gehörigen Orte Neckarmühlbach, Hüffenhardt und Kälbertshausen; in diesen zuletzt genannten Dörfern hatten die von Gemmingen neben der Ortsherrschaft samt anhangenden Rechten kraft kaiserlicher Privilegierung (1497) auch die Hoch- und Blutgerichtsbarkeit inne. Die der Pfalz gebührende zentliche Obrigkeit im Bereich der Herrschaft Hornberg war – wenngleich nur von 1693 bis 1745 – pfandweise im Besitz der dortigen Burgherren; die Zentgerechtsame im Zwingenberger Gebiet (seit 1746) und in Binau (seit 1767) hatte die jeweilige adelige Herrschaft als Pfälzer Mannlehen inne. Für Stadt und Herrschaft Adelsheim hat sich die Ritterschaft am Ende des 18. Jh. vergebens bemüht, die Zenthoheit von Kurmainz zu erwerben.

Indes ist auch die Landesherrschaft der Guttenberger Gemmingen und der Horneck zu Hochhausen nur denkbar im Gefüge der reichsritterschaftlichen Organisation. Entstanden ist diese Organisation in den 1540er Jahren in Anlehnung an die regionalen Gliederungsprinzipien der älteren Rittergesellschaften; den entscheidenden Impuls dazu haben die 1542 und 1544 durch König Ferdinand ausgeschriebenen Türkensteuern gegeben, für deren Erhebung der reichsunmittelbare Adel erste Ansätze zu einer korporativen, in der Folgezeit weiter ausgebauten quasi-territorialen Verwaltungsorganisation entwickelt hat. Auch ohne Sitz und Stimme auf Reichs- und Kreistagen hat diese Korporation der unmittelbaren Bindung der Ritter an den Kaiser Dauer verliehen, bis die alte Reichsverfassung im Zeitalter Napoleons zusammengebrochen ist. Das hier interessierende Gebiet gehörte fortan, soweit es links des Neckars lag, zum Kanton Kraichgau der schwäbischen (1545), mit seinem größeren östlichen Teil jedoch zum Kanton Odenwald der fränkischen Reichsritterschaft (1562). Beide Kantone, an deren Spitze jeweils ein aus dem Kreis der Mitglieder gewählter Ritterhauptmann oder -direktor stand, hatten ihre Verwaltungsstellen, die Kanzleien mit Rittertruhe, Registratur und Archiv, zunächst in Heilbronn; die Odenwälder verlegten ihre Kanzlei im 18. Jh. vorrübergehend nach Adelsheim, 1764 auf Dauer nach Kochendorf.

Am Ende des Alten Reiches waren mit ritterschaftlichem Steuerrecht beim Kanton Odenwald folgende Orte des Kreisgebiets immatrikuliert: Adelsheim mit Wemmershof und Hergenstadt, obendrein Laudenberg (von Adelsheim), Hettigenbeuern, Hüngheim und Merchingen (von Berlichingen), Burg Hornberg mit Neckarzimmern, Steinbach und Stockbronnerhof, dazu Leibenstadt (von Gemmingen), Bödigheim, Waldhausen, Eberstadt, Hainstadt (1/4), Sindolsheim, Waldstetten (1/4) und Sennfeld (Rüdt von Collenberg) sowie Binau und Kleineicholzheim (Graf von Waldkirch); Rosenberg mit Bofsheim, Bronnacker und Hirschlanden waren zwar seit 1730 im Besitz der Fürsten von Löwenstein, steuerten aber gemäß hergebrachtem Recht auch weiterhin zur Odenwälder Rittertruhe. Zum Kanton Kraichgau gehörten Burg Guttenberg mit Neckarmühlbach, Hüffenhardt und Kälbertshausen (von Gemmingen) sowie Hochhausen (von Helmstatt, vormals Horneck von Hornberg). Die der kurpfälzischen Landeshoheit unterworfenen niederadeligen Orte Michelbach und Daudenzell waren der Pfalz steuerpflichtig und mithin nicht bei der Ritterschaft immatrikuliert; das ritterschaftliche Steuerrecht in der Herrschaft Zwingenberg ist bereits 1751 von Kurpfalz abgelöst worden. Die teilweise sehr starke Fluktuation im adeligen Besitz vornehmlich des späten Mittelalters und noch der frühen Neuzeit kann hier im einzelnen nicht nachgezeichnet werden. Eine ganze Reihe der hier bodenständigen Geschlechter sind im Laufe der Jahrhunderte erloschen, erinnert sei nur an die von Dürn (Ende 16. Jh.), von Hardheim (1608) und von Rosenberg (1632); andere sind neu hinzugekommen und oft bald wieder verschwunden, so die von Bettendorff, die Echter von Mespelbrunn, die von Hatzfeld, von Kaltental, von Riaucour, von Waldkirch, von Wiser und andere mehr; schließlich ist an die große Zahl jener Familien zu denken, die im näheren oder weiteren Umfeld beheimatet und seit alters im Gebiet des Neckar-Odenwald-Kreises begütert waren, darunter die von Aschhausen, von Berlichingen, von Gemmingen, von Helmstatt, von Hirschhorn, Landschad von Steinach, von Stetten und viele mehr; wieder andere Familien, etwa die Münch von Rosenberg, die von Seckach oder die von Wittstadt gen. von Hagenbuch, die hier einst beheimatet waren, haben sich später anderwärts niedergelassen. Durch Kauf und Verkauf, durch Erbfälle und Teilungen sowie durch den Heimfall von Lehen haben die Güter des Adels immer wieder und oft mehrfach ihre Inhaber gewechselt. Nur in seltenen Fällen läßt sich in einer Familie eine ungebrochene Kontinuität des Besitzes vom Mittelalter bis 1806 und darüber hinaus beobachten, so in Bödigheim (2. H. 13. Jh.), Adelsheim (Anf. 14. Jh.) und Hüngheim (Mitte 15. Jh.) sowie in der Herrschaft Guttenberg (1449). Aber ungeachtet aller früheren und späteren Umbrüche haben die ritterschaftlichen Kleinstterritorien einen nicht zu unterschätzenden Anteil am Gepräge dieser Landschaft.

Das Ende der alten Ordnung. – Das Vierteljahrhundert nach der Französischen Revolution hat im Bereich des Neckar-Odenwald-Kreises wie anderwärts mit der im Laufe eines Jahrtausends gewachsenen territorialen Vielfalt aufgeräumt. Der entscheidende Umbruch ist dabei in den Jahren 1802/03 und 1806 mit dem Vollzug des Reichsdeputationshauptschlusses und der Rheinbundakte geschehen, als das Kurfür-

4. Herrschaftsentwicklung

stentum Pfalz aufgelöst und der ganze geistliche Besitz – sowohl die Territorien wie die Grundherrschaften – säkularisiert wurden. Der Markgraf bzw. Kurfürst von Baden hat in dieser Region bereits mit dem Reichsdeputationshauptschluß vom 25. Februar 1803 neben anderen Gebieten zur Entschädigung für seine im Linksrheinischen erlittenen Verluste das kurpfälzische Amt Heidelberg erhalten, das waren, soweit es den hier interessierenden Kreis betrifft, dessen links des Neckars gelegene Orte mit Ausnahme der reichsritterschaftlichen Dörfer Hochhausen, Kälbertshausen und Neckarmühlbach, aber auch unter Ausschluß der Dörfer Obrigheim, Mörtelstein und Haßmersheim, die bislang zum pfälzischen Amt Mosbach gehört hatten. Das ganze Amt Mosbach, dazu die mainzischen Ämter und Kellereien Amorbach, Buchen und Seligental, die würzburgischen Ämter Hardheim und Rippberg sowie das Kl. Amorbach samt seinem Besitz wurden bei gleicher Gelegenheit zusammen mit weiteren Gebieten den Fürsten von Leiningen als Ersatz für ihr links des Rheins eingebüßtes Stammland zuteil. Die Grafen von Leiningen-Guntersblum wurden mit der mainzischen Kellerei Billigheim entschädigt (hier: Billigheim, Katzental, Waldmühlbach und Allfeld). Im SO des Kreisgebiets haben die aus Westfalen stammenden Grafen (seit 1804 Fürsten) von Salm-Reifferscheidt neben anderem die zur mainzischen Amtsvogtei Ballenberg (Oberamt Krautheim) gehörigen Orte Ballenberg, Erlenbach, Oberwittstadt und Unterwittstadt erhalten.

Die tatsächliche Besitzergreifung seitens der neuen Herren ist nach Aufforderung durch Napoleon und im gegenseitigen Einvernehmen der beteiligten Reichsstände bereits rund ein halbes Jahr vor der Ratifizierung des Reichsdeputationshauptschlusses erfolgt. Im September und Oktober 1802 hat der Fürst von Leiningen im Einverständnis mit Bayern und mit Hilfe eines Truppenkontingents aus Mannheim die ihm zugefallenen pfälzischen und mainzischen Entschädigungslande besetzt; die Übernahme der zuvor würzburgischen Ämter Rippberg und Hardheim mußte mit Rücksicht auf bayerische Interessen zunächst zurückgestellt werden, ist dann aber ebenfalls noch bis zum Ende des Jahres 1802 geschehen. Der Altgraf von Salm hat sein Besitzergreifungspatent in Krautheim und Umgebung Ende Oktober 1802 anschlagen lassen, und Markgraf Karl Friedrich von Baden hat die ihm zugefallenen Teile der Kurpfalz nach vertraglichen Vereinbarungen mit dem Kurfürsten von Bayern im November 1802 in Besitz genommen.

Zwar hatte der Reichsdeputationshauptschluß das Fortbestehen der reichsunmittelbaren Ritterschaft ausdrücklich garantiert, aber dessenungeachtet waren Bayern und Württemberg schon seit dem Winter 1802/03 und – im sog. Rittersturm – bald auch die kleineren Fürsten darum bemüht, die Reichsritter ihrer Botmäßigkeit zu unterwerfen. Leiningen erhob Mitte Dezember 1803 Anspruch auf die in seinem Bereich gelegenen ritterschaftlichen Orte und ließ Adelsheim, Kleineicholzheim, Hainstadt, Hettigenbeuern, Bödigheim, Waldhausen, Eberstadt, Sindolsheim, Rütschdorf, Neckarzimmern und Binau besetzen. Durch dieses Vorbild ermutigt, nahm Salm-Krautheim unter Berufung auf seine Zenthoheit am 29. Dezember 1803 von Merchingen und Hüngheim Besitz, wurde dort aber schon am 8. Januar 1804 wieder durch Württemberg vertrieben; auch der mit lehnshoheitlichen Rechten begründete Versuch Löwensteins, Hüngheim zu besetzen (10./15. Januar 1804), scheiterte sehr rasch an Württemberg. Zunächst als Helfer der Ritter aufgetreten, hatte Württemberg am Ende selbst Adelsheim, Sennfeld, Merchingen und Hüngheim in Besitz. Aber ein letztes Mal fanden die Proteste der Ritterschaft in Wien Gehör, und ein kaiserliches Konservatorium hatte den Erfolg, daß die ganze Okkupation ritterschaftlichen Gebiets bereits im Frühjahr 1804 wieder rückgängig gemacht wurde.

Indessen dauerte es danach kaum mehr zwei Jahre, bis die Ritterschaft schließlich doch und nun auf Dauer mediatisiert wurde. Im November 1805 hat Württemberg neuerlich von den Orten Adelsheim, Sennfeld, Merchingen und Hüngheim Besitz ergriffen, im Mai 1806 von Bödigheim, Eberstadt, Sindolsheim und Waldhausen; Baden zog Anfang Dezember 1805 Neckarzimmern und Binau sowie Neckarmühlbach, Hüffenhardt, Kälbertshausen und Hochhausen an sich. Unterm 20. Januar 1806 wurde dem Reichstag formell das Ende der Reichsritterschaft angezeigt, und Leiningen nahm daraufhin neuerlich von den in seinem Gebiet gelegenen Ritterorten Besitz. Jedoch folgte in Ausführung der Rheinbundakte vom 12. Juli 1806 auf die Mediatisierung der Reichsritter alsbald auch die der kleineren Fürsten und Grafen, der Leiningen, Leiningen-Billigheim, Löwenstein-Wertheim und Salm-Krautheim, deren Gebiete fortan der Souveränität des Großherzogs von Baden unterworfen waren. Die vormals ritterschaftlichen, im November 1805 und im Mai 1806 von Württemberg okkupierten, nunmehr aber im badischen Gebiet gelegenen Orte wurden im August 1806 an das Großherzogtum abgetreten.

5. Formen der Herrschaft

Grundherrschaft. – In der Grundherrschaft – diese Bezeichnung begegnet nicht in den Quellen, sondern ist als rechtlich-wissenschaftlicher Kunstbegriff in dieser Form erst im 18. bzw. 19. Jh. entstanden – des frühen und hohen Mittelalters liegen die Wurzeln vielfältiger Herrschaftsformen der späteren Jahrhunderte. Sie ist die Grundform mittelalterlicher Herrschaft schlechthin, nämlich die Verfügung über Grund und Boden sowie über die Menschen, die auf diesem Grund und Boden sitzen und ihn bewirtschaften (O. Brunner). In ihrer frühmittelalterlichen, während des hohen Mittelalters allmählich zerfallenen Form war sie in sog. Villikationen bzw. Fronhöfen verfaßt. Ein Fron- oder Herrenhof wurde von der jeweiligen Herrschaft in Eigenwirtschaft betrieben, das dazugehörige am Ort und in dessen Umgebung gelegene Salland mit Hilfe des unfreien Hofgesindes und abhängiger Hufenbauern bestellt; letztere haben die ihnen zugeteilten Parzellen, die Hufen oder Huben, bereits in älterer Zeit weitgehend eigenverantwortlich bebaut. Derartige Fronhöfe hatten im Kreisgebiet beispielsweise das Kl. Lorsch in Lohrbach und in Seckach, dazu vermutlich auch in Neckarelz, die Klöster Weißenburg i. E. und Reichenbach in Hochhausen und in Obrigheim, das Würzburger Neumünsterstift in Waldmühlbach, das Kl. Mosbach in Unterschefflenz und das Kl. Amorbach in Bödigheim, Mudau, Oberschefflenz und anderwärts. Die Amorbacher Grundherrschaft war vom frühen Mittelalter bis zur Aufhebung des Klosters im Jahre 1802 die bei weitem größte im Kreisgebiet; ihr ältester Bestand ist dokumentiert in den leider nur fragmentarisch erhaltenen Traditionsnotizen des 11./12. Jh. (Kop. 13. Jh.), in einer im 13. Jh. auf Kaiser Otto III. gefälschten Urkunde (996) sowie in einem umfassenden Urbar von 1395. Ohne Zweifel hat auch der altfreie Adel der Region über entsprechende Villikationen verfügt, jedoch sind diese in den Quellen noch viel schlechter zu fassen als jene der Klöster. Vor allem die Amorbacher Fronhöfe waren zugleich Zentren des in den Odenwald vorangetriebenen früh- und hochmittelalterlichen Landesausbaus.

Im allgemeinen Strukturwandel des hohen Mittelalters hat sich die hergebrachte Fronhofverfassung in ihre dinglichen und persönlichen Bestandteile aufgelöst und ist schließlich einem daraus entstandenen System vielfältiger Abgaben, Renten und sonstiger Pflichten gewichen, das in allen seinen wesentlichen Elementen bis zur Bauernbe-

5. Formen der Herrschaft

freiung des 19. Jh. Bestand hatte. Der weitaus überwiegende Teil des zuvor namens der Herrschaft bewirtschafteten Landes wurde nun unter die Bauern aufgeteilt, die es fortan in eigener Regie bebauten und dem Grundherrn davon festgesetzte Abgaben, zumeist in Naturalien, bisweilen aber auch in Geld, entrichteten. Als Relikte der einstigen Fronhofverbände blieben einzelne herrschaftlich bewirtschaftete Höfe bestehen, die aufgrund ihrer rechtlichen Sonderstellung nicht selten als Freihöfe, mitunter auch als Bauhöfe bezeichnet wurden; zumal bei Burgen, Schlössern und sonstigen Herrschaftssitzen hat sich so in der Regel eine mehr oder minder große grundherrliche Eigenwirtschaft erhalten. Allerdings konnten solche Freihöfe durch Leihe bisweilen auch in bäuerlichen Besitz übergehen, ohne damit zwangsläufig ihre Vorrechte einzubüßen.

Freies Grundeigentum in bäuerlicher Hand hat es zumindest im Altsiedelland sicher schon in früher Zeit gegeben, jedoch ist dieses in der Überlieferung durchweg erst sehr spät und nur ganz sporadisch zu fassen; seinen Umfang wird man indes eher gering einzuschätzen haben. Nur zum kleineren Teil dürfte es sich bei dem, was etwa im 18. Jh. als bäuerliches Eigen erscheint, um ursprünglich freies Eigentum gehandelt haben, zum größeren Teil dagegen um Besitzungen, die erst später durch Kauf erworben oder deren ältere Abhängigkeiten in Vergessenheit geraten waren. Zumeist freilich begegnet der bäuerliche Besitz als Leihegut verschiedener Rechtsformen.

Die alte Hufenverfassung ist vielerorts, zumal im Rodungsgebiet des Odenwaldes, noch in der frühen Neuzeit zu erkennen, sowohl in der fortwirkenden Flurform (z. B. Neckarelz, Fahrenbach, Schollbrunn) als auch – anhand gleichförmiger Abgaben (z. B. 1395 in Bödigheim und Hettigenbeuern) – in Urbaren und Zinsbüchern. In ihrem rechtlichen Erscheinungsbild hat sie sich allerdings schon im späten Mittelalter weitgehend der freieren Erbleihe angeglichen. Ursprünglich feste Rechts- und Wirtschaftseinheiten mit Hausplatz und zugehörigen Einzelparzellen, haben sich die Hufen im Laufe der Zeit durch immer weiter gehende Teilungen vielerorts aufgelöst (z. B. Lohrbach, Neckarelz, Götzingen, Rinschheim), ohne daß die Grundherren dem wirkungsvoll hätten entgegentreten können. Der Würzburger Versuch, in der 2. H. 17. Jh. im Zuge der Neubesiedelung von Rippberg eine konsequente Hufeneinteilung ganz neu einzuführen, hat sich letztlich nicht bewährt. Der Umfang jeder dieser Rippberger Hufen wurde 1677 festgelegt mit Haus und Scheune, 2½ M bereits gerodetem und 9½ M noch zu rodendem Feld, 2¼ M Wiesen und ¼ M Garten. In Reinhardsachsen wurde 1343 die Größe einer Hufe mit 64 M beziffert, wohingegen ein Lehen nur halb so groß sein sollte. Auch innerhalb einer und derselben Grundherrschaft dürfte die Hufengröße von Ort zu Ort durchaus unterschiedlich gewesen sein und sich nach der jeweiligen Bonität des Bodens und nach wechselnden Bedürfnissen gerichtet haben. In Nüstenbach und Sattelbach lagen die mittleren Hufengrößen 1561 bei etwa 25 M, in Krumbach bei 50 M und in Balsbach, Trienz und Wagenschwend bei 70 M; inwieweit freilich diese Größen noch den ursprünglichen Verhältnissen entsprechen oder sich durch Teilung, Rodung und sonstigen Zuerwerb bereits verändert hatten, muß dahingestellt bleiben.

Gegenstand der sehr verbreiteten Erbleihe (Erbbestand) konnten Immobilien aller Art sein, Äcker, Wiesen und Weinberge, ganze Höfe und Güter, Häuser, Badstuben, Keltern und Mühlen. Dabei hat das Erbrecht meist ohne Einschränkung gegolten, d. h. auch Frauen konnten die Erbfolge im Besitz der Güter antreten, und mit Genehmigung des Grundherrn durfte auch geteilt werden, sofern die Abgabenpflichtigkeit jedes einzelnen Teils anerkannt wurde; nur gelegentlich gab es Einschränkungen bezüglich der Zahl zulässiger Teilungen. Leiheverhältnisse auf Lebenszeit (Leibgeding) sind im Kreisgebiet selten bezeugt; Amorbach hat sich dieser Rechtsform vorzugsweise gegenüber dem Niederadel bedient, um so der Entfremdung klösterlicher Güter entgegenzuwirken. Gleichwohl wird man annehmen dürfen, daß schon in älterer Zeit manche zunächst auf Lebenszeit befristete Leihe schließlich doch in ein Erbleiheverhältnis übergegangen ist. Auch die Vergabe – meist ganzer Höfe – auf Zeit (Temporalbestand) kommt vor; sie erstreckte sich gewöhnlich auf 3, 6, 12 oder 15 Jahre und wurde hauptsächlich dort angewendet, wo einem Grundherrn daran gelegen sein konnte, ein Gut eventuell kurzfristig in eigene Regie zu übernehmen. Ob es sich bei den in Oberschefflenz und Reinhardsachsen erwähnten Landsiedeln um Zeitpächter nach Art der in anderen Gebieten des Erzstifts Mainz gebräuchlichen Landsiedelleihe handelt oder – wofür manches spricht – nur um eine allgemeine Bezeichnung für die jeweiligen Gemeindebürger und Hufenbauern, bleibt ungewiß.

Allerorten haben grundherrliche Ansprüche auf mancherlei Frondienste und Atzungen die Auflösung der alten Villikationen überdauert. Diese Dienste konnten sowohl gemessen als auch ungemessen, d. h. in ihrem Umfang dem Belieben der Herrschaft anheimgestellt sein; entsprechend dem jeweiligen Rechtsverhältnis konnten sie als Hand- oder als Spanndienste gefordert werden, d. h. als Dienst mit der eigenen Arbeitskraft oder als Dienst mit Zugtieren und Wagen. Neben der im Frondienst zu leistenden Feldarbeit waren da manche Dienste zu verrichten, die noch in der frühen Neuzeit ihre Herkunft aus der vergangenen Villikationsverfassung deutlich erkennen lassen. In Gottersdorf mußten die Bauern im Winter, wenn der herrschaftliche Fischteich zugefroren war, Löcher ins Eis brechen, um die Versorgung der Fische mit Sauerstoff zu gewährleisten. Die Huber von Neckargerach mußten das Heu ihrer Herrschaft mit Nachen nach Heidelberg bringen. Die Einwohner von Hettigenbeuern waren verpflichtet, dem Kl. Amorbach Weinfuhrdienste zu erbringen, und bei einem Hofbauern in Unterschefflenz hatten Amorbacher Klosterleute, die unterwegs waren, die geschuldeten Abgaben einzusammeln, Anspruch auf freie Verköstigung (Atzung); auch auf den Hufen zu Dornberg hatte das Kloster Atzungsrecht, und in Mudau hat ein entsprechender Hof noch im 19. Jh. den Namen Atzhof getragen. Über die eigentliche Grundherrschaft hinaus in die Sphäre der Orts- bzw. Landesherrschaft weist die dem jeweiligen Inhaber des Neckarburkener Galgenguts obliegende Pflicht, gegebenenfalls den Galgen zu errichten und dem Henker die für seine Tätigkeit benötigten Geräte bereitzustellen. Für die Dauer der Inanspruchnahme hatte die Herrschaft ihren Frondienst leistenden Grundholden stets *zimblich zu essen* zu geben, sie mit Brot und Suppe, gelegentlich auch mit Käse und Wein zu verköstigen.

Die Abgaben, die den Grundherren von den Leihegütern unterschiedlichen Rechts zu festgesetzten Terminen entrichtet werden mußten, waren vielfältiger Art, konnten sowohl in Naturalien wie in Geld bestehen. Getreidegülten wurden in der Regel zwischen Mariä Himmelfahrt (15. August) und Mariä Geburt (8. September) fällig, d. h. unmittelbar nach der Ernte, Geldzinse zumeist erst an Martini (11. November), zu einem Zeitpunkt also, zu dem ein Teil des Ertrags bereits verkauft sein konnte. Der natürliche Termin für Weingülten war der Herbst. Geflügelabgaben, Fastnachthühner und Sommer- oder Erntehühner, dazu bisweilen auch Gänse oder Kapaune, denen meist die Funktion einer Rekognitionsabgabe zukam, wurden zu verschiedenen Jahreszeiten erhoben, desgleichen diverse Eier-, Käse-, Wachs- oder Unschlittzinse; Geflügelabgaben wurden zur Aufrechterhaltung der grundherrschaftlichen Bindung nach einer Teilung gewöhnlich von jedem separierten Teil gefordert, unabhängig von dessen Größe. Beim Tod eines Bauern war in der Regel ein sog. Herdrecht (Besthaupt) zu leisten, d. h. eine Abgabe vom Eigentum, beim Verkauf von Gütern der sog. Handlohn (Ehrschatz, Laudemium). Der Besitzer des Großeicholzheimer Brügelguts hatte seiner

Grundherrschaft, dem Pfarrer zu Eberstadt, jährlich einen Kittel und ein Paar Handschuhe zu liefern. Im Gebiet des hier interessierenden Kreises war die Höhe der periodisch fälligen Abgaben überwiegend ertragsunabhängig festgelegt und wurde im Zuge sog. Zinsrenovationen mitunter über mehrere Jahrhunderte unverändert fortgeschrieben; seltener, vorzugsweise bei Wein, kommt auch einmal sog. Teilbau oder Teilpacht vor (z. B. Neckarelz, Neckarmühlbach), d. h. der Inhaber eines Gutes oder eines Ackers hatte einen bestimmten Anteil des Ertrags abzuliefern.

Eine klassische ertragsabhängige Abgabe war der Zehnt, der seinem Ursprung nach freilich nicht in den Bereich der Grundherrschaft, sondern in den der Kirche gehört und daher im Rahmen der historischen Ortsbeschreibungen auch dort behandelt wird. Bereits im späten Mittelalter hatte sich der Zehnt überwiegend von seinem Bezug auf die Kirche gelöst und begegnet wie andere Gerechtsame im Besitz jedweder Grundherren. Zehntberechtigt waren in der Regel mehrere Dezimatoren zugleich, mitunter kommt es aber auch vor, daß das Kl. Amorbach oder ein anderer Zehntherr die Abgabe allein bezogen hat (z. B. Hettigenbeuern, Langenelz, Mörschenhardt, Ober- und Unterneudorf, Reisenbach, Scheidental, Stürzenhardt etc.); oft war dem jeweiligen Ortspfarrer für seinen Unterhalt eine in der Regel bescheidene Teilhabe am Zehnt als Beitrag zu seinem Unterhalt zugestanden. Vergleichsweise selten hat einmal einer der Berechtigten seinen Anteil in Erbbestand verliehen (z. B. Asbach, Dornberg, Vollmersdorf) oder von Jahr zu Jahr neu versteigert. Erhoben wurde die Abgabe von allem, was die bäuerliche Wirtschaft hervorgebracht hat. Zum großen oder Fruchtzehnt zählten Wein und Getreide, hierzulande gewöhnlich Roggen (Korn), Dinkel, Hafer und Heidekorn. In den kleinen Zehnt fielen alle übrigen Feldfrüchte wie Sommergerste, Erbsen, Wicken, Hanf, Flachs, Hirse, Linsen, allerlei Obst und Nüsse sowie Ölfrüchte, Kraut, Rüben und Heu. Ebenfalls zum kleinen Zehnt gehörte der sog. Blutzehnt, der von allen nutzbaren Haustieren zu leisten war und jeweils durch Ablieferung des zehnten Stücks von der Nachzucht entrichtet wurde; vor allem beim Großvieh ist diese Abgabe der Einfachheit halber oft in Geld entrichtet worden. Der Noval-, auch Neurott- oder Neubruchzehnt, wurde von neugerodetem Land erhoben und war in gleicher Weise zu erbringen wie der allgemeine Zehnt, jedoch stand er nicht den örtlichen Zehntherren (Universaldezimatoren), sondern generell dem jeweiligen Ortsherrn zu. Die Erhebung der Zehnten ist im Interesse einer besseren Kontrolle meist unmittelbar ab dem Feld geschehen, seltener auch ab der Tenne.

Anders als die Neuordnung im territorialen Bereich hat sich die Ablösung all dieser bäuerlichen Lasten im Großherzogtum Baden über viele Jahrzehnte erstreckt. Bereits 1808 wurde die Beseitigung der Herrenfronden durch Loskauf in Angriff genommen, konnte aber erst 1832 abgeschlossen werden; auch die vielfältigen Bannrechte (Mühlenbann, Kelterbann, Bannwein etc.), wurden in den 1830er Jahren aufgehoben. Ein Gesetz über die von den Bauern selbst zu leistende Ablösung von Gülten, Grundzinsen und Besitzwechselabgaben wurde 1820 erlassen, im selben Jahr, in dem auch die noch verbliebenen Reste der Leibeigenschaft abgeschafft wurden. Die Aufhebung der bis dahin noch immer bestehenden Feudalrechte, von denen im Kreisgebiet neben anderen Orten vor allem Neckarmühlbach, Neckarzimmern, Hochhausen, Bödigheim, Eberstadt, Hainstadt, Adelsheim und Sennfeld betroffen waren, geschah erst 1848 infolge der Revolution, und 1849 hat der Landtag ein Gesetz über die Umwandlung der Erblehen in freies Eigentum beschlossen. Am längsten hat sich die Ablösung der Zehnten hingezogen; 1833 mit finanzieller Unterstützung vonseiten des Staates begonnen – ein Fünftel der anfallenden Kosten trug die Staatskasse, für den Rest mußten die Pflichtigen selbst aufkommen –, war sie schließlich erst in der 2. H. 19. Jh. abgeschlossen. Die 1848 von den Bauern gehegten Hoffnungen, das trotz staatlicher Beteiligung als drückend empfundene Entschädigungsprinzip könnte beseitigt werden, haben sich 1849 mit dem Scheitern der Revolution zerschlagen.

Ortsherrschaft. – Zu den Herrschaftsformen, die aus dem Zerfall der früh- und hochmittelalterlichen Grundherrschaft hervorgegangen sind, zählt auch die oft als Vogtei oder Vogtsherrschaft bezeichnete Orts- oder Dorfherrschaft, die Handhabung der örtlichen Friedens- und Rechtspflege. Ihre Wurzeln hat man zum einen in der vom jeweiligen Fronhof herrührenden niederen Gerichtsbarkeit zu suchen, zum anderen in der vor Ort ausgeübten Vogteiherrschaft. Im Kreisgebiet läßt sich ihre Entstehung besonders gut für den Bereich der Amorbacher Grundherrschaft nachzeichnen, weil die Entwicklung dort teilweise erst in der frühen Neuzeit zum Abschluß gekommen ist. Mit der Auflösung des grundherrlichen Großverbandes einerseits und dem Niedergang der Edelherren von Dürn andererseits ist die Ortsvogtei hier mehr und mehr in die Funktionen der zentralen Vogtei eingetreten. Aufgrund ihrer Vertrautheit mit den lokalen Verhältnissen ist es den Ministerialen und Niederadeligen, denen die Wahrnehmung der örtlichen Vogteirechte delegiert war, in zunehmendem Maße gelungen, mit ihrer eigenen Rechtsübung neben das Gericht des grundherrlichen Fronhofs zu treten und die niederen Organe der Grundherrschaft allmählich zu verdrängen. Mancherorts war dieser Verdrängungsprozeß so wirkungsvoll, daß am Ende eine einheitliche adelige Ortsherrschaft zustandegekommen ist wie beispielsweise in Bödigheim und Eberstadt; in anderen Fällen hat das Kloster wenigstens einen mehr oder minder großen Anteil an den Gerichtsbußen für sich bewahren können, so in den meisten Dörfern der heutigen Gemeinde Mudau, in Hettigenbeuern, Bofsheim, Bretzingen, Gerolzahn, Gerichtstetten und andernorts. Seltener, etwa in Einbach, ist es dem Kloster schließlich gelungen, selbst einen Anteil an der Ortsvogtei zu behaupten oder nachträglich (wieder) zu erwerben. Auch in Hochhausen, Obrigheim, Mörtelstein und Binau sowie in manchen anderen Gemeinden haben bei der örtlichen Herrschaftsbildung Vogteirechte über geistlichen Grundbesitz eine Rolle gespielt, und ähnliches – wenngleich unter Mitwirkung des staufischen Königtums – gilt für den Bereich des einstigen Wimpfener Reichslandes im Kreisgebiet links des Neckars und um Mosbach. In Allfeld, Neckarmühlbach, Neckarzimmern und Zwingenberg samt zugehörigen Dörfern ist die Ortsherrschaft unmittelbar aus den Rechten der jeweiligen Burg abgeleitet worden, im letzteren Fall vornehmlich als niederadelige Rodungsherrschaft. Am frühesten und klarsten waren die ortsherrlichen Verhältnisse gewöhnlich im altbesiedelten Bauland entwickelt, während das Bild im Rodungsgebiet des Amorbacher Odenwaldes mitunter bis ins 18. Jh. von Misch- und Übergangsformen geprägt ist.

Hat es am Ort nur eine Grundherrschaft gegeben, dann hat sich daraus in der Regel auch eine einheitliche Ortsherrschaft entwickelt. Wenn dagegen mehrere etwa gleich große grundherrliche Güterkomplexe nebeneinander bestanden haben, ist es darauf angekommen, welcher der beteiligten Herrschaften es am Ende gelungen ist, sich in der Konkurrenz um das Sagen im Dorf durchzusetzen. Aber nicht immer konnten die Verhältnisse definitiv zugunsten der einen oder anderen Partei entschieden werden. Bisweilen haben konkurrierende Ansprüche dazu geführt, daß ortsherrliche Rechte schon von ihrer Entstehung her und nicht selten über viele Jahrhunderte hinweg in geteilter oder ungeteilter Gemeinschaft wahrgenommen wurden (z. B. Einbach, Rumpfen, Glashofen, Hardheim, Gerichtstetten, evtl. Kälbertshausen); hierzu ist auch die bereits erwähnte Amorbacher Beteiligung an Gerichtsrechten zu zählen. Neben solchen im Ablauf der Herrschaftsbildung begründeten Kondominaten hat es freilich auch sekundär, das heißt durch nachträgliche teilweise Veräußerung entstandene Gemeinherrschaften gegeben, so beispielsweise in Dallau, Auerbach, Rittersbach, Schefflenz, Bofsheim, Hainstadt, Altheim oder Gerichtstetten. Geteilte Gemeinschaften haben in Bofsheim sowie in Dallau, Auerbach und Rittersbach bestanden; im einen Fall bildete der Bach die Grenze der jeweiligen Berechtigungen, im anderen Fall waren die Herrschaftsrechte auf die einem jeden Teil zugehörigen Hofstätten, Güter und Untertanen bezogen. Auch Balsbach, Robern und Wagenschwend waren geteilte Gemeinschaften. In Hardheim waren die Kompetenzen der verschiedenen Ortsherren nicht zuletzt infolge ihrer Entwicklung und spätmittelalterlicher Privilegierungen auf besonders komplizierte Art geteilt. In Kälbertshausen, Hainstadt, Gerichtstetten und anderwärts, sowie in der Ganerbschaft Bödigheim haben ungeteilte Kondominate bestanden; nur während der Vorburg'schen Episode war im 17. Jh. auch in Bödigheim die Gemeinschaft vorübergehend geteilt.

Mancherorts hat neben der Ortsherrschaft noch in der frühen Neuzeit eine separate grundherrliche Gerichtsbarkeit auf den jeweiligen Gütern bestanden, so beispielsweise das Stift Mosbacher Hubgericht in Unterschefflenz, das 1405 durch König Ruprecht privilegierte Gericht des Deutschen Ordens auf seinen Gütern zu Oberwittstadt und die Gerichtsbarkeit der von Daisbach auf ihrem Hof zu Reichenbuch. Ebenso hat das Kl. Amorbach auf seinen Gütern zu Erfeld selbst Recht gesprochen, und auch die von Hardheim haben unabhängig von den Gerechtsamen der Grafen von Wertheim auf ihren Hardheimer Gütern Gericht gehalten. In Waldstetten beschränkte sich die würzburgische Ortsherrschaft noch im 18. Jh. auf das sog. Gassengericht, das heißt auf die Gerichtsbarkeit auf öffentlichen Wegen und Stegen, während im übrigen jede Herrschaft für die Rechtspflege auf den von ihr abhängigen Gütern selbst zuständig war; ähnliche Regelungen haben in Hornbach bestanden (1397). Desgleichen war in Rütschdorf jeder Grundherr in seinem Teil des Dorfes selbst verantwortlich; der Vorsitz im Dorfgericht stand hier jeweils dem zu, der den größten Teil des oberen Dorfes innehatte. In Sindolsheim ist die Herrschaft noch spät geteilt worden, als im 17. Jh. mit dem Aussterben eines Zweigs der Rüden Dorf und Schloß in verschiedene Hände gelangten; das Schloß wurde hinfort nicht mehr von der Herrschaft bewohnt, sondern an Bauern verpachtet, und diese sog. Schloßbürger hatten aufgrund der hergebrachten Exemtion des Schlosses aus dem Ort ihren eigenen Gerichtsstand.

Die Zuständigkeiten der Ortsherrschaft werden in den Quellen bisweilen einfach mit dem Begriff *vogteyliche obrigkeit* umschrieben (Binau), mitunter werden sie wortreich aufgezählt. In Neckarmühlbach, einem Ort mit sehr dichter Herrschaft, umfaßten sie zu Beginn des 16. Jh. alle Herrlichkeit, Vogtei und Gericht, Zwing und Bann, Leute und Güter, Waldungen, fließende und stehende Gewässer, Fischerei und Schäferei, Wege und Stege sowie Frevel, Hauptrechte und Frondienste. So oder ähnlich werden die Ortsherrschaft und ihre Zugehörungen auch anderwärts beschrieben; neben dem Recht, im Dorf und auf seiner Gemarkung, in Feld und Wald zu gebieten und zu verbieten, die freiwillige Gerichtsbarkeit sowie die niedere Strafgerichtsbarkeit zu exerzieren, gehörte dazu nicht selten noch die niedere oder sogar die hohe Jagd. Dem Ortsherrn wurde seitens der Dorfbewohner gehuldigt, das heißt die Untertanen gelobten ihm Treue und Gehorsam. Als Inhaber von Zwing und Bann, Gebot und Verbot oblag ihm die Aufgabe, das tägliche Leben im Dorf und seiner Gemarkung zu regeln und zu überwachen, Dorf-, Feld- und Waldordnungen zu erlassen (z. B. Sennfeld) und allfällige Verstöße dagegen zu ahnden; seine Bannrechte erlaubten es ihm, für gewisse Dinge im Dorf und dessen Gemarkung einen Anspruch auf die ausschließliche Nutzung oder auf ein Absatzmonopol zu erheben, so etwa für Holz-

und Weiderechte, für Mühlen, Keltern und Badstuben oder für den Weinverkauf zu bestimmten Terminen. Schließlich hatte er das Recht, den Schultheißen und die Schöffen des Dorfgerichts zu berufen und abzuberufen sowie die dort verhängten Strafen, Frevel und Bußen einzuziehen. In Kondominaten hat, auch bei gemeinschaftlichem Gericht, in der Regel jeder der Gemeiner seinen eigenen Schultheißen bestellt (z. B. Dallau, Auerbach, Rittersbach, Balsbach, Robern, Wagenschwend, Rumpfen); die Stabführung, der Vorsitz im Gericht, wurde dann meist alternierend gehandhabt, seltener findet man, daß immer nur einer der beiden Schultheißen den Vorsitz hatte (Schefflenz). Gelegentlich ist es auch bei einheitlicher Ortsherrschaft vorgekommen, daß ein Grundherr berechtigt war, für seine Güter einen besonderen Schultheißen einzusetzen (z. B. Hardheim, Oberwittstadt). Außer der Ahndung von niederen Freveln gehörten in die Zuständigkeit des Dorfgerichts alle Akte der freiwilligen Gerichtsbarkeit, wie die Ausfertigung und Siegelung von Kaufbriefen, Ehepakten, Geburtsbriefen, Vormundschaftsbestellungen etc.

Den Funktionen der Ortsherrschaft entsprachen Abgaben und Dienste, die seitens der Untertanen zu erbringen waren. Die Abgrenzung dieser an den Ortsherrn geschuldeten Abgaben und Lasten, die vielerlei lokale Unterschiede erkennen lassen, gegenüber jenen an den Grundherrn, ist infolge der meist gemeinsamen Herkunft aus der alten Grundherrschaft nicht selten schwierig oder sogar unmöglich, zumal dort, wo Orts- und Grundherrschaft in eins gefallen sind (z. B. Bödigheim, Neckarmühlbach, Binau). Einen deutlichen Bezug auf die Ortsherrschaft haben im späten Mittelalter und in der frühen Neuzeit Rauchhühner und Rauchhafer, eine Rekognitionsabgabe, die in der Regel von jedem Haus bzw. Herd im Dorf zu entrichten war. Auch Verbrauchssteuern wie die Akzise oder das Ungeld (Ohmgeld), das von Wein und anderen Getränken erhoben wurde, und sonstige Gewerbeabgaben sind in diesem Zusammenhang zu nennen, wenngleich hier – zumindest in nachmittelalterlicher Zeit – mancherorts bereits die landesherrliche Sphäre berührt wird. Das beim Zuzug von Personen und Familien fällige Einzugsgeld stand grundsätzlich dem Ortsherrn zu, wurde aber mitunter auch anteilig an die Gemeinde abgetreten, so vor allem in den mainzischen Dörfern der Mudauer Zent. Das dem Ortsherrn beim Wegzug geschuldete Abzugsgeld, auch Nachsteuer genannt, belief sich in der Regel auf 10 % der beweglichen Habe; diese Abgabe ist zwar mit der vom Leibherrn geforderten Manumission entwicklungsgeschichtlich verwandt, jedoch muß sie in der Neuzeit von dieser unterschieden werden. Frondienste und Atzungsrechte waren in erster Linie auf die Grundherrschaft bezogen, mußten aber – insbesondere gilt dies für Jagd- und Holzfronen – je nach den örtlichen Verhältnissen auch dem Ortsherrn geleistet werden. Sodann fielen dem Ortsherrn die vom Gericht verhängten Strafen, Bußen und Frevel zu, und wo es einen Markt gab, hatte die Herrschaft Anspruch auf das Standgeld. In Dörfern, in denen Juden ansässig waren, stellte das von diesen entrichtete Schutzgeld eine sehr bedeutende herrschaftliche Einnahmequelle dar (z. B. Bödigheim), und schließlich waren die bereits erwähnten ortsherrlichen Bannrechte von einem mitunter beträchtlichen wirtschaftlichen Nutzen.

Besonders dicht war die Ortsherrschaft gewöhnlich in den Kleinstterritorien des Niederadels bzw. der Reichsritter entwickelt, wo die Inhaber der Herrschaft im Dorf selbst oder doch in dessen unmittelbarer Nachbarschaft saßen und nicht allein hinsichtlich des Gerichts eine Monopolstellung innehatten (z. B. Bödigheim, Eberstadt, Hüngheim, Sennfeld, Neckarmühlbach). Dagegen konnten in Dörfern, die Teil eines größeren Territoriums waren, manche Aufgaben, die ansonsten in die Zuständigkeit der Herrschaft fielen, von der Gemeinde wahrgenommen werden, waren zumindest Ansätze zu einer größeren kommunalen Eigenständigkeit möglich; ein deutliches

5. Formen der Herrschaft

Zeichen für derart erweiterte Kompetenzen der Gemeinde sind nicht zuletzt die spärlich und fast ausschließlich aus dem kurpfälzischen Bereich überlieferten dörflichen Gerichtsiegel, unter denen das von Neckarelz (1518) im Kreisgebiet das älteste ist. Für den Bereich der Ritterschaft ist entsprechendes nur aus Hochhausen und aus Neckarzimmern bekannt.

Nicht von ungefähr haben sich die allfälligen Konflikte zwischen Herrschaft und Untertanen (z. B. Hochhausen, Großeicholzheim, Unterneudorf, Allfeld, Merchingen), die sich meist am Waldeigentum oder an der Waldnutzung, an der Fronbemessung und an ähnlichen Fragen entzündeten, vornehmlich in den Kleinstterritorien zu revolutionären Erhebungen gesteigert, so im Bauernkrieg 1525 in den Dörfern des Kl. Seligental (Schlierstadt, Seckach, Hemsbach, Zimmern, Hainstadt) oder – oft mit einer jahrhundertealten Tradition des Widerstands – während der Revolution von 1848/49 in Adelsheim, Bödigheim und Eberstadt.

Daß auch Städte wie Buchen, Walldürn, Ballenberg und Adelsheim am Bauernkrieg teilgenommen haben und die Jahre 1848/49 gerade in Adelsheim besonders turbulent waren, erklärt sich daher, daß die Stadtherrschaft in diesen kleinen Territorialstädten sich nicht grundsätzlich von der geschilderten Herrschaft im Dorf unterschieden hat. Als einstige Reichsstadt und zeitweilige Residenz einer pfalzgräflichen Linie sowie infolge seiner daher rührenden Größe und zentralörtlichen Bedeutung nimmt unter den Städten im Kreisgebiet am ehesten noch Mosbach eine Sonderstellung ein. Hier hatte die durch Bürgermeister und Rat vertretene und auf der Stadtgemarkung reichbegüterte Gemeinde auch nach der Verfassungsänderung von 1435 noch relativ weitreichende administrative Kompetenzen, die freilich im Laufe der Zeit von der Herrschaft wiederholt beschnitten worden sind. Entsprechendes wie für Mosbach gilt auch für die mainzischen Städte Buchen und Walldürn, wenngleich die Dimensionen hier von vornherein etwas bescheidener waren. Die Zugehörigkeit zum Neun-Städte-Bund hat den Eigenständigkeitsbestrebungen dieser mainzischen Territorialstädte im späten Mittelalter einen nicht unwesentlichen Rückhalt gegeben, jedoch sind dergleichen Entwicklungen mit den nach dem Bauernkrieg erlassenen Stadtordnungen von 1527 und 1528 abrupt beendet worden. Auch Ballenberg hat 1528 eine neue Stadtordnung erhalten, freilich war dieser Ort im Grunde schon zuvor nicht viel mehr als ein besseres Dorf mit hergebrachtem Stadtrecht. Adelsheim hatte zwar alle äußeren Attribute einer Stadt, jedoch haben die der reichsunmittelbaren Ritterschaft zugehörigen und am Ort selbst residierenden Stadtherren der hiesigen Gemeinde und ihren Organen letztlich nicht mehr Kompetenzen zugestanden als etwa die Rüden ihrer Dorfgemeinde zu Bödigheim.

Leibherrschaft und Leibeigenschaft. – Auch die Leibeigenschaft und die Leibherrschaft sind aus der Auflösung der früh- und hochmittelalterlichen Grundherrschaft hervorgegangen, für die bei aller Differenzierung zwischen den Schichten der unfreien Bevölkerung die Einheit der Herrschaft über den Grund und Boden einerseits und über die diesen Boden bewirtschaftenden Menschen andererseits eine Selbstverständlichkeit war. Im Laufe des hohen Mittelalters ist diese Einheit zerfallen, aber bis weit ins späte Mittelalter wird das Phänomen noch mit den althergebrachten lateinischen Begriffen *mancipia*, *homines* (*proprii*) und *servi* bzw. *ancillae*, in deutschsprachigen Quellen mit den Bezeichnungen *arme lute* oder *eigenlute* gefaßt; die Urkunden aus dem Kreisgebiet sprechen im späten Mittelalter nicht selten auch von *gotzlehen* (Gotteslehen), und die Hörigen des Mosbacher Stifts begegnen mit Bezug auf dessen Patronin bisweilen als Julianenleute. Die Begriffe »leibeigen« oder »Leibeigenschaft« tauchen hierzulande nicht vor dem 15. Jh. auf; dessenungeachtet beschreiben sie ein Rechtsverhältnis, das in der Sache viel älter ist, nun aber – in Unterscheidung zu anderen Formen der Abhängigkeit in einer sich zunehmend differenzierenden Herrschaftsentwicklung – terminologisch präzisiert wurde.

In dieser oder jener Form leibeigen, d. h. von einer Herrschaft persönlich abhängig, war der bei weitem größte Teil der mittelalterlichen und frühneuzeitlichen Bevölkerung. In dieses Abhängigkeitsverhältnis, dessen vielfältige Ausgestaltung für das Kreisgebiet durch zahlreiche Quellen überliefert ist, wurde man in der Regel hineingeboren, wobei für das Rechtsverhältnis der Kinder jenes der Mutter maßgeblich war; gegebenenfalls konnte man sich aber auch aus freiem Willen in die Leibeigenschaft ergeben. Dagegen ist es einer Herrschaft nur selten gelungen, die leibrechtliche Zugehörigkeit an den Wohnort zu knüpfen; an entsprechenden Versuchen hat es gleichwohl nicht gefehlt (Neckargerach, Hochhausen, Neckarburken, Unterschefflenz). Stadtbürger waren gemeinhin leibfrei (Mosbach), jedoch nur solange sie in der Stadt wohnten; zogen sie aus der Stadt heraus, lebte ihre frühere Leibeigenschaft wieder auf, bzw. sie wurden von ihrem bisherigen Stadtherrn oder von ihrem nunmehrigen Orts- oder Landesherrn als dessen Leibeigene reklamiert. Die Leibsfreiheit der Bürger von Buchen, Walldürn und Ballenberg ist infolge des Bauernkriegs aufgehoben und ihnen erst nach dem 30j. Krieg wieder restituiert worden. Der Rechtsstatus der Einwohner von Adelsheim hat sich ohnehin zu keiner Zeit von jenem dörflicher Leibeigener unterschieden.

Eine besondere Art von Leibeigenen waren die sog. Königsleute. Bei ihnen handelte es sich um leibliche Nachfahren einstiger »Königsfreier«, denen die Verteidigung bestimmter Burgen oblag und die mit den Reichspfandschaften des 14. Jh. in die Zuständigkeit der Pfalzgrafen (Neckarelz, Lohrbach, Schwarzach) und der Erzbischöfe von Mainz (Limbach) übergegangen waren. Im großen und ganzen schuldeten sie zwar dieselben Abgaben wie andere Leibeigene, doch hatten sie im Unterschied zu diesen das Recht auf einen freien Zug und stellten aufgrund ihrer speziellen Rechtsverhältnisse – die Bindung an eine Burg, eine besondere Königsbede statt der üblichen Landessteuern, separate Weistage – eine eigene Genossenschaft dar. Die kurmainzischen Königsleute um Limbach und im Amt Krautheim hatten obendrein insofern einen Sonderstatus, als sie nicht einem von vornherein abgeschlossenen, bevorrechtigten Personenkreis entstammten; vielmehr umfaßten sie – wie anderwärts die sog. Wildfänge – alle diejenigen, die von soweit her gekommen waren, daß ihr alter Leibherr sie nicht mehr verfolgen konnte, sowie jene, die, ohne leibeigen zu sein, sich im fraglichen Gebiet niedergelassen hatten; im Falle des Wegzugs, der ihnen jederzeit erlaubt war, haben sie ihre Königseigenschaft wieder verloren. Die in Adelsheim ansässigen Königsleute waren seit 1405 als Pfälzer Mannlehen im Besitz der Ortsherrschaft und haben im folgenden ihren besonderen Rechtsstatus eingebüßt.

Leibeigene schuldeten ihrer Herrschaft jährlich einen Leibzins, der vom Mann in Geld, von der Frau hingegen durch Ablieferung einer Henne, der sog. Leibhenne, entrichtet wurde; im Todesfall mußten die Erben ein sog. Hauptrecht, das Besthaupt oder den Gewandfall, geben. Darüber hinaus war den Leibeigenen die Freizügigkeit und die Eheschließung mit Partnern fremder Leibszugehörigkeit grundsätzlich verwehrt. Fron- und Militärdienste waren, entgegen einer verbreiteten Vorstellung, gewöhnlich nicht dem Leibherrn, sondern dem jeweiligen Grund-, Orts- oder Landesherrn zu leisten. Am Ende des Mittelalters hat sich der von Männern zu entrichtende Leibzins vielerorts auf 1 ß d (= 12 d) belaufen, im 17./18. Jh. waren es mitunter auch 14 oder 20 d oder ein entsprechender Betrag in Kreuzern; von den Frauen wurde bisweilen anstelle der geschuldeten Henne der halbe Zins eines Mannes eingezogen, nur in

5. Formen der Herrschaft

Bödigheim hatten die leibeigenen Frauen im 17. Jh. statt eines Huhns oder seines Geldäquivalents jährlich drei Tage Frondienst zu verrichten. Als Todfallabgabe wurden ursprünglich, wie die Bezeichnungen Besthaupt und Gewandfall (Watmal) zu erkennen geben, vom Mann das beste Stück Vieh und von der Frau das beste Kleid eingezogen. Allerdings sind die Leibherren mit Rücksicht auf die wirtschaftlichen Verhältnisse ihrer Hörigen vielfach schon im späten Mittelalter dazu übergegangen, die Härte dieser Abgabe zu mildern, indem sie deren Höhe nicht mehr absolut, sondern nach dem vorgefundenen Vermögen bemessen haben (*margzal*) und sie nicht mehr in natura, sondern in Geld einziehen ließen; aber selbst im 18. Jh. ist es hie und da noch vorgekommen, daß von den Erben tatsächlich das Besthaupt gefordert wurde (Rütschdorf). Dessenungeachtet hatten die mit der Leibeigenschaft verbundenen Leistungen bereits zu Ausgang des Mittelalters vielfach nur noch den Charakter von vergleichsweise unbedeutenden Rekognitionsabgaben, denen in erster Linie die Funktion zukam, das rechtliche Band zwischen der Herrschaft und ihren Leuten nicht in Vergessenheit geraten zu lassen.

Auch die Beschränkungen hinsichtlich Freizügigkeit und Heirat haben den Bewegungsspielraum der Hörigen tatsächlich viel weniger beeinträchtigt, als man möglicherweise anzunehmen geneigt ist. Ein Verzeichnis gemmingischer Eigenleute im Guttenberger Lagerbuch von 1502/19 läßt erkennen, wie mobil die Leibeigenen tatsächlich gewesen sind, daß sie sich keineswegs allein auf dem Territorium ihres jeweiligen Leibherrn, sondern auch in dessen näherer und weiterer Umgebung niederlassen durften; dergleichen ist ebenso anhand des Buchener Kellereilagerbuchs von 1654 sowie anhand zahlreicher spätmittelalterlicher und frühneuzeitlicher Leibeigenenverzeichnisse zu beobachten. Maßgeblich war für den Leibherrn, daß seine Hörigen keine unkontrollierte Mobilität entfalteten und daß er sie mit seinen Ansprüchen stets verfolgen konnte. Entsprechend wurde auch hinsichtlich der Heiratsbeschränkungen verfahren; unter der Voraussetzung, daß zuvor die Zustimmung des Leibherrn eingeholt war und dessen Rechte – insbesondere hinsichtlich der Nachkommenschaft – auch weiterhin gewahrt blieben, konnten Ehen zwischen Eigenleuten verschiedener Herren sehr wohl geschlossen werden und sind in den Quellen auch zahlreich nachzuweisen. Bestrafungen wegen ungenossamer Ehe sind in den Quellen dieser Region nicht bezeugt.

Bereits im 15. Jh. hat vielerorts der Grundsatz gegolten, daß die mit der Leibeigenschaft verbundenen Pflichten ruhten, solange der Eigenmann oder die Eigenfrau im Territorium ihres Herrn ansässig waren, und erst dann wieder auflebten, wenn sie sich außerhalb dieses Territoriums niederließen; entsprechende Regelungen haben mitunter auch für die Kleinstterritorien der Ritterschaft bestanden (Herrschaft Guttenberg, Hofmeisterei Seligental). Hat man im späten Mittelalter, um die Herrschaftsverhältnisse im jeweils eigenen Bereich zu bereinigen, Eigenleute beziehungsweise die Gerechtsame, die man an ihnen hatte, nicht selten vertauscht oder verkauft (z. B. 1361 Graf von Wertheim/Rüdt von Collenberg, 1363 von Zwingenberg/von Dürn, 1519 von Fechenbach/von Dürn), so ist man seit dem späteren 16. Jh. zunehmend dazu übergegangen, mit den Herren benachbarter Territorien Verträge zu schließen, die deren Leuten einen wechselseitigen freien Zug erlaubten und somit das »leibsfreie« Gebiet vergrößerten. Solche Vereinbarungen haben im Umkreis des Neckar-Odenwald-Kreises beispielsweise Kurpfalz, Kurmainz, das Hochstift Würzburg, die Grafen von Erbach sowie die von Adelsheim, von Berlichingen und die Rüdt untereinander geschlossen. Freilich ist es auch vorgekommen, daß ein derart vereinbarter freier Zug infolge nachbarschaftlicher Rivalitäten wieder aufgehoben wurde, so etwa 1683 zwischen Adelsheim (von Adelsheim) und Sennfeld (von Berlichingen).

Diese Vertragspolitik ist zugleich ein untrügliches Kennzeichen dafür, daß die Leibherrschaft sich in der frühen Neuzeit als Herrschaftsinstrument überlebt hatte. Die neuzeitliche Herrschaft war nicht mehr wie jene des Mittelalters auf Personen und Personenverbände bezogen, vielmehr erfaßte sie die Fläche, das Territorium. Überall dort, wo die Landesherrschaft und die Landeshoheit sich durchgesetzt hatten – so etwa im kurpfälzischen Teil des Kreisgebiets westlich des Neckars –, war die Leibherrschaft verzichtbar und ist von der Bevölkerung oft gar nicht mehr als drückend empfunden worden, weil die mit ihr verbundenen Abgaben und Lasten ohnehin entfallen sind. So war den kurpfälzischen Untertanen am Kleinen Odenwald 1802 beim Übergang an Baden gar nicht mehr bewußt, daß auch sie grundsätzlich der Leibeigenschaft unterworfen waren und daß ihre entsprechenden Pflichten nur ruhten. Allerdings ist das auf die Person bezogene Abhängigkeitsverhältnis von den größeren Territorien, zumal von der Kurpfalz mit ihren vielerlei überterritorialen Gerechtsamen, immer wieder dazu benutzt worden, in die Gebiete kleinerer Nachbarn hineinzuregieren. Wo dagegen wie im Hinteren Odenwald verschiedene Herrschaftsansprüche einander vielfältig überlagert und miteinander konkurriert haben, hat auch die Leibherrschaft ihre Bedeutung bis zum Ende des Alten Reiches behalten. Obgleich die Leibeigenschaft nicht zuletzt aufgrund des Begriffs schon seit dem Bauernkrieg und verstärkt seit der Aufklärung als diskriminierend empfunden worden ist, hat es hierzulande – anders als in den badischen Markgrafschaften (1783) – noch bis ins 19. Jh. gedauert, bis sie endlich aufgehoben wurde. In der zwischenzeitlich badischen Pfalzgrafschaft ist dieses im Jahre 1807 geschehen, in den standes- und grundherrlichen Gebieten Badens, d. h. im größten Teil des heutigen Neckar-Odenwald-Kreises, jedoch erst 1820, indem der Staat die Entschädigung der bisherigen Leibherren besorgte.

Landesherrschaft und Landeshoheit. – Anders als die bislang behandelten Herrschaftsformen gründet die im späten Mittelalter entwickelte Landesherrschaft hierzulande nur zum Teil in der Grundherrschaft des frühen und hohen Mittelalters; daneben spielen als territorialbildende Faktoren vor allem kirchliche Immunitäten und Vogteirechte über Kirchengut, auch alte Grafschaften und Zenten sowie nicht zuletzt die Rodung im Odenwald eine Rolle. Dabei hat die Zenthoheit als flächengreifende, andere Gerechtsame überlagernde Organisationsform die Durchsetzung von Landesherrschaft und Landeshoheit sowohl begünstigt wie behindert; begünstigt dort, wo sie mit anderen Gerechtsamen zusammengefallen ist, behindert hingegen, wo Zent und Orts- oder Grundherrschaft sich in verschiedenen Händen befunden haben. Die Leibherrschaft war im Kreisgebiet nirgends Grundlage der Landesherrschaft, allenfalls hat sie andere Gerechtsame ergänzt, wie überhaupt die Ausbildung der Flächenherrschaft sich nirgendwo auf eines der erwähnten Elemente allein gestützt hat, sondern stets im Zusammenwirken mehrerer Faktoren und unter der Voraussetzung geschehen ist, daß ein entsprechender Herrschaftswille vorhanden war und gegenüber konkurrierenden Gewalten zur Geltung gebracht werden konnte.

Alte Grafenrechte haben, nachdem die Grafschaft in der Wingarteiba ausgefallen war, in der Territorienbildung dieser Region keine Rolle mehr gespielt; inwieweit sie freilich noch rudimentär in der Zentverfassung und in der Herrschaft der hier ansässigen grafengleichen Geschlechter (v.a. von Dürn und von Boxberg-Krautheim) fortgewirkt haben, muß dahingestellt bleiben. Eine besondere Bedeutung kommt dagegen für das ganze Kreisgebiet den kirchlichen Immunitätsbezirken zu, die durch Privilegierung von der Grafengewalt ausgenommen waren. Im Bauland und im Odenwald handelte es sich dabei vornehmlich um die Grundherrschaft und um die Waldmarken des Kl.

5. Formen der Herrschaft

Amorbach, in der Umgebung von Mosbach um die Güter des dortigen Stifts (seit 976 wormsisch) und im Gebiet links des Neckars, daneben wohl auch im Umkreis des Winterhauchs, um die Besitzungen und Rechte der Wormser Kirche. Als frühe Ansätze zur Herrschaft in der Fläche sind dabei aber nur die Wormser Rechte im Bereich des sog. Wimpfener Bannforstes (9./10. Jh.) sowie die im 9. Jh. an Amorbach gelangte Waldmark (*silva Otinwalt*) anzusprechen, hat es sich doch im übrigen um mehr oder minder verstreute Gerechtsame vorwiegend grundherrlicher Natur gehandelt. Indes ist es den erwähnten Kirchen auch in späterer Zeit nicht gelungen, auf dieser Grundlage eigene Landesherrschaft zu entfalten. Vielmehr ist solches hier wie anderwärts den jeweiligen Vögten vorbehalten geblieben, deren sich die Kirche zur Ausübung ihrer Gerichts- und Hoheitsrechte bedienen mußte, im Falle des Kl. Amorbach den Edelherren von Dürn bzw. in deren Nachfolge dem Erzstift Mainz und – wenn schon nur unvollkommen – den ministerialischen Untervögten; im Falle des wormsischen Gebiets zwischen Wimpfen und Eberbach hat die Reichslandpolitik der Staufer die Voraussetzungen geschaffen für die späteren Herrschaftsbildungen der Weinsberger und schließlich der Pfalzgrafen. Ebenso haben, natürlich in sehr viel bescheidenerem Maße, die Vogteirechte über sonstigen klösterlichen Besitz in der Region (Reichenbach, Billigheim) der Herrschaftsbildung gedient, wenngleich diese nirgends, auch nicht in dem immerhin mehrere Dörfer umfassenden Territorium des Zisterzienserinnenklosters Seligental, zu eigener Landesherrschaft entwickelt werden konnten. Desgleichen sind die Herrschaftsbildungen der Ritterschaft, die vielfach in der (Unter-)Vogtei über Amorbacher Kirchengut und auch sonst in grund- und ortsherrlichen Rechten gegründet waren, infolge fremder Zenthoheit selbst dort ohne die volle Landeshoheit geblieben, wo sie wie in Bödigheim, Adelsheim, Hüngheim und anderwärts eine besonders hohe Dichte an Gerechtsamen erreicht hatten. Im Kleinen Odenwald (Michelbach) und auf dem Winterhauch (Herrschaft Zwingenberg) waren die Ritter sogar Pfälzer Landsassen und mußten an den Kurfürsten von der Pfalz steuern. Die volle Landeshoheit haben im Gebiet des Neckar-Odenwald-Kreises allein die Inhaber der Zenthoheit ausbilden können, insoweit sie zugleich über ortsherrliche Rechte verfügten: die Kurpfalz und das Erzstift Mainz sowie – freilich erst im 17. bzw. 18. Jh. – das Hochstift Würzburg und die Fürsten von Löwenstein-Wertheim-Rosenberg. Die niederadelige Herrschaft in Hochhausen, Neckarmühlbach, Hüffenhardt und Kälbertshausen ist zwar von keiner Zent beeinträchtigt gewesen; gleichwohl kann man auch dort nur bedingt von horneckischer bzw. helmstattischer oder gemmingischer Landesherrschaft sprechen, weil die Wahrnehmung des Steuerrechts in diesen Orten nicht bei den einzelnen Familien, sondern bei der reichsritterschaftlichen Korporation lag (Rittertruhe).

Als wesentliche Elemente der Landesherrschaft haben sich für das Untersuchungsgebiet im Laufe des späten Mittelalters das Steuer- und das Waffenrecht herauskristallisiert, das heißt die Befugnis, Beden, Schatzungen und Reichssteuern zu erheben sowie die wehrfähige Mannschaft zur Musterung und zum Waffendienst aufzubieten. Über das Steuerrecht in ihren Dörfern verfügte mit Ausnahme der bereits erwähnten Orte am Kleinen Odenwald und auf dem Winterhauch auch die Ritterschaft, nicht dagegen über das Waffenrecht, das ebenso wie die Hoch- und Blutgerichtsbarkeit Bestandteil der Zenthoheit war. Wenn der Kurfürst von Mainz den Bödigheimer Rüden 1490 zugesagt hat, ihre Leute nur noch in Landes-, dagegen nicht mehr in Reichsangelegenheiten zu den Waffen rufen zu wollen, so akzeptierte er damit zwar den Rüdt'schen Anspruch auf Reichsunmittelbarkeit, verzichtete aber keineswegs zugleich auf seine zentherrliche Zuständigkeit, die ihm die Ausübung landesherrlicher Rechte auf fremdem Territorium ermöglichte. Der Blutbann oblag im größten Teil des Kreisgebiets dem jeweiligen Zentherrn; in den zentfreien ritterschaftlichen Dörfern links des Neckars wurde er aufgrund kaiserlicher Privilegierung von den adeligen Ortsherren wahrgenommen (Hüffenhardt). Zu den die Landesherrschaft ausgestaltenden Gerechtsamen zählten des weiteren Zoll und Geleit, das Recht, Zollstätten zu errichten und Straßenzölle zu erheben (z. B. Dallau, Diedesheim, Obrigheim oder Schefflenz) sowie Kaufleuten auf bestimmten Routen Schutz zu gewähren (vgl. Kap. Verkehr). Überdies sind hier noch der Forstbann, die Erstreckung von Gebot und Verbot auf den Wald und seine Nutzung, sowie die hohe Jagd (hoher Wildbann) zu nennen; gewöhnlich handelte es sich bei der Jagd auf Schalenwild um ein landesherrliches, mitunter aber – vor allem in Dörfern der Ritterschaft – auch um ein ortsherrliches Vorrecht. Mit dem landes- bzw. ortsherrlichen Forstbann hängt es zusammen, wenn der Noval- oder Neurottzehnt in der Regel nicht den Universaldezimatoren, sondern der jeweiligen Herrschaft zugestanden hat. Schließlich hatte der Landesherr in seinem Territorium die Huldigung aller dort ansässigen Untertanen zu beanspruchen; die dabei gebrauchte Eidesformel war jener für den Orts- oder Leibherrn zumeist sehr ähnlich, stellte jedoch die allgemeine Gehorsams- und Treuepflicht gegenüber dem *landsfürsten* in den Mittelpunkt. Präsentierte sich die Landesherrschaft bis ins 17. Jh. im wesentlichen als ein Konglomerat von einzelnen Herrschaftsrechten unterschiedlicher Provenienz, so erlangte sie nicht zuletzt durch die Bestimmungen des Westfälischen Friedens als Landeshoheit eine neue, auch staatstheoretisch fundierte Qualität, die sich unter anderem darin zeigt, daß Marktrechte nun nicht mehr vom König, sondern vom Landesherrn selbst verliehen wurden. Indes ist es nur den großen Territorien, zumal Kurpfalz und Kurmainz, gelungen, ihre Gerechtsame zur moderneren Landeshoheit zu entwickeln; das Herrschaftsinstrumentarium der vielen kleinen Herren der Region ist bis zum Ende des Alten Reiches überwiegend mittelalterlich geprägt geblieben.

Mit dem Übergang an Baden sind infolge Säkularisierung und Mediatisierung zwischen 1802 und 1806 alle hoheitlichen Befugnisse einer einheitlichen, freilich erst nach und nach aufgebauten Landesverwaltung übertragen worden. Die Rechte der zuvor reichsunmittelbaren Fürsten und Ritter, der künftigen Standes- bzw. Grundherren, wurden zwischen 1807 und 1840 in mehreren Edikten, Reskripten und Kommissionen geregelt, ihre Kompetenzen auf die von Mittel- und Unterinstanzen der staatlichen Verwaltung beschränkt. Die Revolution von 1848/49 führte schließlich zum Verzicht der vormals Reichsunmittelbaren auf alle ihnen noch verbliebenen Funktionen im Bereich von Justiz und Polizei; von den einst dem Umkreis der Landes- und Ortsherrschaft zugehörigen Berechtigungen des Adels überdauerten nur das Recht an der Jagd und am Wald. Die Standesherrschaft Leiningen hat die neuen Verhältnisse erst 1864/65 in einer Übereinkunft mit dem Großherzog definitiv anerkannt.

6. Gemeinden, Zenten, Appellationsgerichte

Bis in die Zeit des Absolutismus hinein und in Grunde auch dort noch weiterwirkend war das öffentliche Leben keineswegs ausschließlich durch die Herrschaft und herrschaftliche Institutionen geregelt. In vielfältiger Weise hatte die Bevölkerung das Recht mitzuwirken. Solange es in den frühen Jahrhunderten des Mittelalters noch eine weit verbreitete persönliche Freiheit gab, hatte diese Mitwirkung größeren Spielraum. Mit der in den großen Städten beginnenden kommunalen Bewegung des Hochmittelalters setzte eine Erneuerung genossenschaftlicher Formen ein. Sie wurden damals auf eine neue Basis gestellt. Man darf aber nicht annehmen, daß sie völlige Neubildungen waren. Genossenschaft und Herrschaft, Obrigkeit und Untertanen waren stets auf einander angewiesen, die Formen und die jeweiligen Rechte änderten sich freilich. Die Gemeinde ist auch auf dem Land erst ein Ergebnis der hochmittelalterlichen kommunalen Freiheitsbewegung, hat aber ihre Wurzeln in früheren Nutzungsgenossenschaften. Weit über den Rahmen der einzelnen Dörfer hinaus gab es im Frühmittelalter genossenschaftliche Zusammenschlüsse nicht nur zur Nutzung von Wäldern, Weiden und Gewässern, sondern auch für die Aufrechterhaltung der öffentlichen Ordnung. Dafür war der Rahmen der Grafschaft und ihrer Unterbezirke, der Zenten, gegeben. Die damit verbundene Gerichts- und Wehrverfassung trägt ebenfalls genossenschaftliche Züge. Sie sind im Beschreibungsgebiet lediglich im Bereich der Zenten in späten Relikten noch zu greifen. Gerade die Gerichtsbarkeit aber sollte sich immer mehr zu einem Instrument territorialer Herrschaft entwickeln, und daher ist es nicht zu umgehen, bei einer Betrachtung von Gemeinde und Zent, den Gesamtkomplex der Gerichtsbarkeit, einschließlich der von genossenschaftlichen Zügen gänzlich freien Berufungsinstanzen der frühen Neuzeit, abzuhandeln.

Gemeindebildung. – Auch wenn die Quellen erst spät einsetzen, ist doch schon sehr früh mit der Existenz örtlicher Genossenschaften zur Nutzung gemeinschaftlicher Rechte und Flächen, wie Weide, Wald, Wasser und Wege, zu rechnen. Diese Genossenschaften nahmen auf dörflicher Ebene in zunehmendem Maße Gemeinschaftsaufgaben wahr. 1320 sind die *geburen* zu Seckach als Nutzungsgenossenschaft eines Waldes belegt. Als die Grenzen der Michelherd 1326 gegenüber Weisbach festgelegt wurden, war daran schon die dortige Bauernschaft beteiligt. Wenn sich diese Einrichtung bereits im Rodungsland findet, so muß sie im Altsiedelland wesentlich älter gewesen sein. Die einheitlichen Rechtsverhältnisse der Rodungsgebiete haben freilich von Anfang an Bauerngenossenschaft und Dorfgenossenschaft in eins fallen lassen, während im Altsiedelland durchaus auch damit zu rechnen ist, daß sich mehrere grundherrlich bestimmte Genossenschaften erst am Anfang des Spätmittelalters zu einer einheitlichen Gemeindegenossenschaft zusammenfügten. In Seckach war das jedenfalls bereits 1344 der Fall, als das ganze Dorf im Streit mit dem Kl. Seligental lag. Auch im mehrherrigen Hainstadt sind die *villani*, d.h. die Bewohner des ganzen Dorfes, beteiligt, als dort eine Pfarrei gegründet wird. In einem Allmendstreit von 1366 tritt die *geburschaft* in Sulzbach als Streitpartei auf. Man darf darin schon die Gemeinde sehen.

Wie weit für die Bildung spätmittelalterlicher Gemeinden mit ausgeprägter Gemeindeverfassung das städtische Vorbild wirksam wurde, läßt sich nicht völlig abgrenzen. Vermutlich brachte die städtische Entwicklung neue Impulse und vielleicht auch eine Beschleunigung in einer Entwicklung, die bei den Dörfern schon zögernd im Gange war. Da die städtischen Quellen ohnehin reicher fließen, ist es kein Wunder, daß viele Erscheinungen zuerst im städtischen Bereich faßbar werden. So ist im Kreisgebiet das erste faßbare Gemeinwesen im Sinne der späteren Gemeinde die Stadt Mosbach (1241). Walldürn und Buchen folgen um 1280/90, und auch in Osterburken scheint schon damals die Gemeindebildung einzusetzen, während Adelsheim keinen Vorsprung vor den Landgemeinden zeigt. Es ist großenteils Zufall, wenn relativ früh 1346 Eberstadt bei einem Gütererwerb, 1390 Sindolsheim bei einem Streit um Abgaben und 1399 Schultheiß, Heimbürge und Gemeinde zu Katzental anläßlich der Dotierung der Pfarrei erwähnt werden. Fürs ganze Altsiedelland ist um diese Zeit allgemein mit ausgebildeten Gemeinden zu rechnen und vermutlich auch schon weitgehend für die Rodungsorte, unter denen aber erst 1457 Unterneudorf in einem Fronstreit mit dem Kl. Amorbach erstmals in Erscheinung tritt. Die Auseinandersetzung mit der Herrschaft war wohl wichtiger Anlaß zur Ausprägung eines eigenen Gemeindebewußtseins. In die gleiche Richtung wirkten aber auch der Erwerb von Besitz und Rechten sowie kirchliche Stiftungen bis hin zu neuen Pfarreien für bisher unselbständige Filialorte. 1470 werden die Sindolsheimer als Fehdegegner gegen Engelhard von Berlichingen und Leupolt von Seldeneck bezeichnet und damit ihnen eine klare Eigenständigkeit zugesprochen. Die Gde Höpfingen appellierte 1477 in einem Streit wegen des Schaftriebs mit der Ortsherrschaft an den Kaiser selbst. Im 16. Jh., und zwar oft unbeeinträchtigt durch den Einschnitt des Bauernkrieges, häufen sich die Nachrichten über Auseinandersetzungen zwischen Gemeinde und Ortsherrschaft, so besonders in Hüffenhardt, in Merchingen, in Gottersdorf und Hemsbach, im späten 16. Jh. auch in Bödigheim, in Neckarzimmern und Strümpfelbrunn. Dort wie auch in Großeicholzheim wandte sich die Gemeinde an die Kurpfalz als Landesherrn, die zwischen ihr und der Adelsherrschaft vermittelnd eingriff. Um diese Zeit treten die Gemeinden auch erstmals als Aussteller von Urkunden in Erscheinung, so 1530 Neckarburken. Der Bauernkrieg hat durchaus Gemeinderechte eingeschränkt. 1526 wurde die Dorfverfassung der Seligentaler Klosterorte in dem Sinn geändert, daß die Besetzung der Gemeindeämter nur noch im Einvernehmen mit der Äbtissin möglich war. Osterburken verlor seine Privilegien und Freiheiten. Die Herrschaft wirkte bei allen Gerichts-, Zunft- und Bruderschaftsversammlungen mit. Einschränkungen der kommunalen Autonomie und Verstärkung des herrschaftlichen Einflusses auf die Besetzung der Gemeindeorgane finden sich aber auch noch später, so 1604 in Bödigheim und selbstverständlich auch in den Städten (s.u.), wo wie auf dem Land zuletzt das Zeitalter des Absolutismus die stärksten Eingriffe brachte. Gemeindliche Selbständigkeit war besonders in den Orten gefährdet, wo die Herrschaft unmittelbar präsent war, also in den Adelsdörfern und in den Klosterorten von Seligental und Billigheim. Auch der Amorbacher Abt hielt in den ihm unmittelbar (vogteilich) zuständigen Dörfern sehr deutlich die Gemeinde in Schranken. Trotz adliger Herrschaft konnte die Gemeinde meist in den Kondominatsorten, wo es gelang, die Herrschaften gegeneinander auszuspielen, Vorteile erringen. Einer gewissen Freiheit trotz gleichmachender Reglementierung erfreuten sich die Gemeinden, die nur den Territorialherrn über sich hatten. Auch in der Spätzeit fehlte es nicht an Reibereien zwischen Gemeinde und Herrschaft, so 1622 in Buchen, als es um eine neue Landrettungssteuer ging, und 1740 in Hochhausen, wo eine lange Auseinandersetzung um den Umfang des Frondienstes sich mit dem Übergang an eine kath. Herrschaft verschärfte. Die Adelsheimer stießen nochmals am Ende des 18. Jh. mit ihrer Herrschaft zusammen.

Gemeindeverfassung. – Die gemeindliche Selbstverwaltung blieb stets in einem Spannungsverhältnis zur Herrschaft, wie sich das besonders in den Stadtverfassungen und ihrer Entwicklung abzeichnet. Wiederum stellt Mosbach die frühesten Quellen. Dort gab es 1289 ein Kollegium von zwölf Richtern, das sich durch eigene Zuwahl ergänzte, also doch wohl schon einen Rat darstellte, der nicht nur fürs Gericht, sondern für alle Gemeindeangelegenheiten zuständig war. Unter diesem Namen ist er von 1309 an zu fassen. Wie allgemein Tendenz des 14. Jh., wurde das 12köpfige Richterkollegium durch weitere 12 Vertreter der Gemeinde im Rat ergänzt. In Walldürn hat sich die Ratsverfassung erst um die Mitte des 14. Jh. ausgebildet, auch in Buchen siegelten 1340 noch Schöffen und Gemeinde, und ist erst Anfang des 15. Jh. ein Rat nachgewiesen. In Osterburken begegnet diese Einrichtung erst 1474. Damals ist anderwärts bereits wieder eine Reduzierung des Rates festzustellen. So hat Pfalzgraf Otto I. von Mosbach dort 1435 die Zwölf aus der Gemeinde wieder aus dem Rat verdrängt. In Adelsheim fungierten die Zwölfer als Gerichts- und wohl auch als Ratskollegium; sie sind von 1406 an faßbar. Infolge des Bauernkrieges wurde den Mainzer Städten die Besetzung der städtischen Ämter genommen. Rat und Gericht bildeten fortan ein einheitliches Gremium, auf dessen Besetzung der Stadtherr maßgeblichen Einfluß hatte.

Für die Ausprägung der Stadtverfassung waren Stadtrechtsprivilegien und Stadtrechtskodifikation von entscheidender Bedeutung. Auch hier sind die Nachrichten über Mosbach am dichtesten, dessen Privilegien auch nach der Verpfändung durch die Kaiser und Könige Ludwig den Bayern, Karl IV. und Ruprecht von der Pfalz bestätigt wurden. Die Pfalzgrafen haben das Mosbacher Stadtrecht ebenso immer wieder erneuert. Ballenberg erhielt das Recht der Stadt Rothenburg ob der Tauber 1306 durch König Albrecht I., Buchen und Walldürn wurden mit den anderen Mainzer Städten 1346 von Erzbischof Heinrich privilegiert, Osterburken erhielt 1356 von Karl IV. ein Stadtrechtsprivileg, wie es dieser Kaiser auch noch ohne Nachwirkung für Dallau und Oberschefflenz, sein Vorgänger für Steinbach bei Neckarzimmern verliehen hat. Größere Stadtbücher und Stadtrechtsaufzeichnungen finden sich in Mosbach um 1410 und 1526, in Walldürn 1447 und 1492, in Osterburken um 1490, in Buchen 1528 und in Adelsheim um 1572.

Bis zum Bauernkrieg waren die größeren Städte des Mainzer Oberstifts in einem eigenen Städtebund zusammengeschlossen. Er umfaßte Aschaffenburg, Miltenberg, Dieburg, Seligenstadt, Amorbach, Buchen, Walldürn, Külsheim und Tauberbischofsheim. Da diese Städte sich am Bauernkrieg beteiligt hatten, wurden ihnen 1526 ihre Privilegien entzogen, und sie wurden bis in den Status von Leibeigenenorten heruntergedrückt. Doch konnten sie auf die Dauer die meisten Rechte wiedererlangen; geblieben ist die größere Abhängigkeit ihrer Organe von der Herrschaft.

Gemeinde- und Gütergerichte. – Das ausgeprägteste Gemeindeorgan ist das in der Regel unter dem Schultheißen tagende Gemeindegericht. Schon die Tatsache, daß mit dem Schultheißen an seiner Spitze ein herrschaftlicher Beamter stand, gibt zu erkennen, daß das Gemeindegericht zu einem großen Teil herrschaftliche Institution war. Seine bei den Städten deutliche Verbindung mit dem Rat (s. o.) zeigt aber, daß auch beim Gericht die Gemeinde als Genossenschaft mitwirkte. Die Gemeinde bildete ohnehin den Gerichtsumstand, während die Schöffen oder Gemeinderichter, oft auch nur einfach das Gericht, zunächst die Rolle der Urteilsfinder hatten. Der herrschaftliche Einfluß auf das Gericht zeigt sich in der Befugnis zu seiner Besetzung und in der Tatsache, daß häufig mehrere Gemeindegenossenschaften, die weiterhin für eigenes Vermögen zuständig blieben, in einem Gericht zusammengefaßt waren. So bildeten Ober- und Unterschwarzach ein einziges Gericht, Guttenbach, Neckarkatzenbach und das jenseits des Neckars gelegene Reichenbuch hat die Herrschaft 1566 zu einem einzigen Gericht zusammengefaßt. Der Weiler Lindach gehört bereits 1369 zu Neckargerach, Neckarelz und Diedesheim bildeten nur ein einziges Gericht, von seinen 12 Schöffen stammten im 16. Jh. 3 aus Diedesheim. In der Herrschaft Zwingenberg waren stets mehrere Orte in einem Gericht zusammengefaßt, vielleicht gab es ursprünglich überhaupt nur ein einziges Gericht mit Sitz in Strümpfelbrunn. Im 18. Jh. bildeten Zwingenberg und Oberdielbach, Weisbach mit Mülben und Oberferdinandsdorf, Strümpfelbrunn und Waldkatzenbach jeweils ein Gericht, während noch 1474 Oberdielbach, Weisbach und Mülben zusammengehört hatten und die Hirschhorn für dieses Gericht 1507 und 1549 Ordnungen erließen. Zum Schollbrunner Gerichtsstab gehörte als Exklave Unterferdinandsdorf, soweit es im kurpfälzischen Wald angelegt worden war. Im Rodungsgebiet weiter nordöstlich herrschten ähnliche Verhältnisse schon seit dem 16. Jh. Fahrenbach und Trienz bildeten ein Gericht, und ursprünglich gehörten die vier Weiler Krumbach, Robern, Balsbach und Wagenschwend zusammen, im 18. Jh. blieb nur der Gerichtsschreiber gemeinsam, während Balsbach und Wagenschwend, Krumbach und Robern jeweils eigene Gerichte bildeten. Im mainzischen Teil der Mudauer Zent gehörten Mörschenhardt und Donebach zusammen. Unter den Limbacher Gerichtsstab waren Scheringen sowie die beiden Erbbestandshöfe in Einbach und sämtliche herrschaftlichen Mühlen in der Zent gestellt. Im 18. Jh. war Scheringen mitsamt den Einbacher Höfen daraus ausgegliedert. Für Einbach selbst sowie für die übrigen Amorbacher Klosterdörfer Neubrunn, Stürzenhardt und Oberneudorf war unmittelbar das klösterliche Gericht in Amorbach zuständig, hier gab es keine Ortsgerichte. Zu Gerolzahn zählte Neusaß. Auch die drei Schefflenz bildeten im 16. und 17. Jh. noch ein einheitliches Gericht, ebenso Hemsbach und Zimmern. Wenn auch im allgemeinen die Tendenz zur Zusammenlegung kleinerer Ortsgerichte vorherrschte, so erhielt doch Mörtelstein im 17. Jh. seine Unabhängigkeit vom Obrigheimer Gericht.

Kompliziert wurde die Zusammensetzung der Gerichte in allen Kondominaten. In Neunkirchen gab es einen minneburgischen Dorfschultheißen und neben ihm zwei Schultheißen, die manchmal auch nur Büttel genannt wurden, der Herrschaften Schwarzach und Zwingenberg. In Sulzbach stand neben dem allein den Stab führenden pfälzischen Oberschultheißen noch ein mainzischer Schultheiß mit Zuständigkeit für Einkünfte und Fronden seiner Herrschaft. Kl. Amorbach hatte einen besonderen Schultheißen in Gerichtstetten; 1463 soll dieses Amt dem Pfarrer übertragen gewesen sein. Der Hardheimer Adel hatte dort ein eigenes Gericht mit Zuständigkeit für seine Güter und Gutspächter. In Kälbertshausen trat das Dorfgericht nur als Hochgerichtsinstanz einheitlich in Erscheinung. Die Niedergerichtsfälle wurden von jeder Herrschaft selbst bestraft. In den Schefflenzorten gab es bis zur Auflösung des Kondominats zwei Schultheißen, die jeweils die Anteile ihrer Herrschaft an Gerichtseinkünften, Steuereinkünften und Grundherrschaft einzogen. Sie waren der jeweils anderen Herrschaft mit dem Zenteid verbunden. Das Dallauer Gericht und ebenso die Gerichte in Auerbach und in Rittersbach waren paritätisch mit pfälzischen und deutschordischen Schöffen besetzt. Im Bereich der vier Weiler um Krumbach hatte der pfälzische Schultheiß zu gebieten. Die zwingenbergischen Schultheißen konnten dagegen nur Untersuchungen führen und dies auch nur, wenn ihnen der pfälzische Schultheiß den Gerichtsstab in die Hand gab. Im 18. Jh. wechselten der pfälzische und der zwingenbergische Schultheiß in der Stabführung des davon abgespaltenen gemeinsamen Gerichts in Balsbach und Wagenschwend ab. Es erhielt erst in der zweiten Hälfte des Jh. einen eigenen Anwalt. Ähnlich war die Verfassung des Fahrenbacher Ortsgerichts, das auch in Trienz tagte; wenn es dort erschien, war es mit 2 bis 3 Richtern aus Fahrenbach und 4 Richtern aus Trienz besetzt. Der adlige Ganerbenort Merchingen besaß einen gemeinschaftlichen Schultheißen, Bretzingen und Sennfeld dagegen je zwei.

In den Orten außerhalb der Zenten dienten die Gemeindegerichte auch als Hoch- und Blutgerichte. So erhielten die von Gemmingen 1497 durch kaiserliches Privileg den Blutbann in Hüffenhardt. Die Pfalz hatte in Obrigheim und in den Mosbacher Amtsorten Siegelsbach, Ober- und Untergimpern eigene, zentunabhängige Blutgerichtsbarkeit, in Hochhausen ließ der Bischof von Speyer nach dem Heimfall von 1748 einen Galgen errichten, und selbst Binau, das ursprünglich zur Zent Mosbach gehört hatte, erhielt in der 2. H. 18. Jh. ein eigenes Hochgericht, das freilich nur als Last für den Ort angesehen wurde.

6. Gemeinden, Zenten, Appellationsgerichte 109

In den Städten und größeren Gemeinden war das Gericht meist mit 12 Personen besetzt, in den kleineren, z. B. in Vollmersdorf, in der Mudauer Zent, aber auch in Asbach und Aglasterhausen mit 7 Personen. Im späten 17. und im 18. Jh. bestand die Tendenz, diese Zahlen zu reduzieren, in den kleineren Gemeinden auf 2 bis 4, in den größeren auf 6 bis 7 Personen. Die Dorfgerichte tagten als Rügegerichte zu regelmäßigen Terminen viermal oder dreimal im Jahr. Dort wurden die kleineren Strafsachen nach der Anzeige der Bürger erledigt. Die Akte der freiwilligen Gerichtsbarkeit, besonders Grundstücksverkäufe und Verpfändungen, konnten auch unter dem Jahr vor einem Kaufgericht, das natürlich entsprechende Gebühren kostete, vollzogen werden.

Als Relikte alter grundherrschaftlicher Gerichtsbarkeit, z. T. auch erst als Ergebnis nachträglicher Privilegierung, gab es besondere Gütergerichte, so in Balsbach für das Stift Mosbach und in Ober- und Unterwittstadt für den Deutschen Orden, der sich dabei auf ein Privileg König Ruprechts berief. Die wüsten Güter im Umkreis von Robern waren in einem eigenen Gericht, das unter dem dortigen Schultheißen und unter der Roberner Linde tagte, zusammengefaßt. Das Zwingenberger Fischergericht war für alle kleineren Strafsachen und Streithändel auf dem Neckar zuständig. Vor ihm mußten jährlich auch die Neckargeracher und Eberbacher Fischer erscheinen.

Gemeindeorgane. – An der Spitze der meisten Gemeinden stand ein Schultheiß. Ein solcher ist für Mosbach schon zur Stauferzeit anzunehmen, wenn er auch urkundlich erst 1289 genannt wird. In Osterburken ist dieses Amt bereits seit 1285 faßbar. Man wird es also um diese Zeit auch bei Buchen und Walldürn voraussetzen können; Ballenberg hatte merkwürdigerweise, ab 1401 belegt, zwei Schultheißen. In den Landgemeinden begegnen vom 14. Jh. an die Schultheißen und blieb das Schultheißenamt bis nach dem Übergang an Baden in Kraft. Bei Kondominatsorten konnten, wie oben schon gezeigt, für jede Herrschaft Schultheißen eingesetzt werden. Vom 16. bis ins frühe 18. Jh. bestand die Tendenz, in den vogteilichen Dörfern, besonders im Bereich der Kurpfalz, nicht eigens Schultheißen, sondern Anwälte zu ernennen. Der Anwalt findet sich sonst auch als Vertreter des Schultheißen in den Gemeinden, die nicht Sitz eines Gerichtes waren. Auch nach der Ausbildung der Gemeindeverfassung zeigt sich die enge Anbindung des Schultheißenamtes an die Herrschaft darin, daß der Schultheiß vom Ortsherrn eingesetzt wurde und daß in Städten und Zentralorten seine Funktion gerne mit anderen herrschaftlichen Aufgaben zusammengelegt wurde. So traten in Walldürn 1428 der Zentgraf, 1492 der Amtskeller, in Osterburken nach 1465 der Zentgraf und Keller, in Ballenberg 1528 der Amtmann von Krautheim und in Adelsheim 1690 der herrschaftliche Amtmann an die Spitze der Gemeinde, wobei das Schultheißenamt nicht mehr erwähnt wird. In Eberbach und in Buchen war jeweils der herrschaftliche Keller oder Obervogt zugleich auch Zentgraf und Stadtschultheiß. Mosbach hatte in der Frühneuzeit einen Oberschultheißen als rein herrschaftlichen Beamten und tatsächlichen Leiter des Oberamtes, während der adlige Oberamtmann lediglich Repräsentationsaufgaben wahrnahm.

Als eigentliches Gemeindeamt bildete sich während des Spätmittelalters dasjenige des Bürgermeisters heraus. Es ist in Mosbach unsicher 1312 und sicher 1330 belegt. Dort wählte das Gericht einen und die Gemeinde einen weiteren Bürgermeister. In Buchen gab es um 1300 noch keinen Bürgermeister, sondern es wurden von Fall zu Fall städtische Vertreter für die Verhandlungen mit der Herrschaft gewählt. 1358 ist das Bürgermeisteramt dort längst bekannt. In Walldürn dürfte die Entwicklung ähnlich gelaufen sein. In den Mainzer Städten wurde das Bürgermeisteramt im Anschluß an den

Bauernkrieg wieder abgeschafft. In Buchen waren fortan ein aus dem Rat gewählter Rentmeister für die städtischen Finanzen und ein Baumeister für Bau- und Befestigungswesen zuständig. Walldürn hatte seither zwei Rentmeister und Osterburken zwei Rent- oder Rentbaumeister, Ballenberg wieder zwei Schultheißen, die hier deutlich den Rentmeistern entsprechen. Das Bürgermeisteramt war um diese Zeit schon längst in den Landgemeinden verbreitet. Die Regel waren zwei Bürgermeister wie in den Städten auch. Einer wurde als Vertreter von Rat oder Gericht und der andere als Vertreter der gesamten Gemeinde gewählt. Beide kontrollierten sich gegenseitig in der Führung der Gemeinderechnungen und der Verwaltung des Gemeindevermögens. Wo zwei verschiedene Gemeindevermögen unter einem Gericht existierten, konnte es für beide Teile je zwei Bürgermeister geben, so in Neckarelz und in Diedesheim. Die kleinen Odenwaldorte, die praktisch kein Gemeindevermögen besaßen und nur aus Hufen bestanden, kamen mit einem einzigen Bürgermeister aus. Vielfach wurden sie dann auch ohne Wahl bestellt; so waren die Hübner in Trienz und in den vier Weilern um Krumbach der Reihe nach für jeweils ein Jahr Bürgermeister. Auch in Schollbrunn und in den zwingenbergischen Winterhauch-Gemeinden wechselte das Bürgermeisteramt jährlich.

Wahrscheinlich älter als der Bürgermeister ist der in manchen Gemeinden noch in der Frühneuzeit vorkommende Heimbürge, wie seine Restfunktionen zeigen, ebenfalls zuständig für das Gemeindevermögen. In Hardheim hatten die beiden Heimbürgen im 15. Jh. die nämlichen Funktionen wie sonst Gerichts- und Gemeindebürgermeister. In Bretzingen verkauften Schultheiß, Heimbürge, Gerichts- und Gemeindemänner 1493 eine Gült an das Stift Mosbach. Gottersdorf hatte 1526 einen Heimbürgen und keinen Bürgermeister, auch in Seckach wird damals ein Heimbürge genannt. In Walldürn war Heimbürge eine andere Bezeichnung für den Förster, also auch er ein Aufseher über einen wesentlichen Teil des Gemeindevermögens. Moderneres und wohl städtisch geprägtes Selbstverwaltungsorgan waren die Viertelsmeister, die in Mosbach, Buchen und Osterburken ausführlich bezeugt sind. Sie sorgten für die Organisation von Stadtverteidigung und Wachdienst, für die Umlegung von Einquartierungslasten, in Osterburken auch für die Zuteilung der Holznutzung, und waren allgemein für alle möglichen Ordnungsaufgaben in der Gemeinde zuständig. Jede Gemeinde hatte darüber hinaus einen Wachdienst eingerichtet. Die Dorfordnung von Hochhausen aus dem 18. Jh. schreibt vor, daß tagsüber von einem und nachtsüber von zwei mit Spießen bewaffneten Bürgern für die allgemeine Sicherheit zu sorgen war. Vielfältig waren die sonstigen Aufgaben für Versorgung, Wirtschaft und »Polizei« innerhalb der Stadt- und der Landgemeinden. In jeweils unterschiedlichem Maße waren dafür Brunnenmeister, Feldhüter oder Schützen, Förster, Hirten aller Sparten, Steinsetzer oder Flurschieder und Waisenvögte zuständig. Einen Ausschuß der Vertretung der Gesamtgemeinde oder des Gerichts kannte man mit den »Zwanzigern« in Neckarelz und den »Vierundzwanzigern« in Adelsheim.

Das Amt des Gerichtsmannes oder ursprünglich Schöffen wurde meist im Zusammenwirken von Herrschaft und Gemeinde vergeben. In Glashofen wurden von sieben Schöffen des Dorfgerichts die beiden ersten durch den Abt von Amorbach bestimmt, die restlichen fünf vom Abt und den beiden Schöffen gemeinsam gewählt. In Buchen geschah die Ergänzung des zwölfköpfigen Schöffenkollegiums nach Vorschlag der verbleibenden Schöffen und Entscheidung des Amtmanns. Der Bauernkrieg brachte es mit sich, daß in Seckach die Schöffen nicht mehr von der Gemeinde gewählt, sondern durch die Äbtissin von Seligental ernannt wurden. Im ganzen mehrten sich die herrschaftlichen Eingriffe im Zeitalter des Absolutismus. Es blieb aber dem Gerichtsgremium in der Regel ein Zuwahlrecht. In Waldauerbach besetzten allerdings der Abt von Amorbach und die Kirche von Mudau als vogteiliche und niedere Obrigkeit das Gericht je zur Hälfte ohne Mitwirkung des Gremiums.

Gemeindesiegel. – Zeichen der eigenen Rechtspersönlichkeit der Gemeinden waren ihre Siegel und ihre Befugnis, durch diese Siegel Rechtsakte zu beurkunden. Dabei sind die Städte in der Entwicklung weit vorangegangen. Wenn ein Stadtsiegel für Mosbach erst ab 1290 bekannt ist, so besteht höchste Wahrscheinlichkeit, daß es weiter ins 13. Jh. zurückreicht. Ein Buchener Siegel ist erst 1355 überliefert, ein Walldürner erst 1415 erwähnt und das Ballenberger schließlich 1488, während es sich in Osterburken erst aus der Frühneuzeit erhalten hat. Als Siegelbilder erscheinen bei diesen Territorialstädten redende Zeichen der Gemeinden wie Buche und Turm verbunden mit dem Rad als Wappenbild des Mainzer Erzstifts oder dieses allein. Siegel der Landgemeinden kamen erst in der Frühneuzeit auf. In Seckach siegelte im 16. Jh. der Hofmeister von Seligental für die Gemeinde, in den Adelsdörfern blieb das Siegelrecht oft bis zum Ende des Alten Reichs bei der Herrschaft, dies sogar in der Stadt Adelsheim. Neckarelz dagegen besaß bereits 1518 ein eigenes Siegel, worauf die pfälzischen Rauten zusammen mit einem Fisch abgebildet waren. Noch verhältnismäßig früh sind im 17. Jh. Siegel für die drei Schefflenz, für Sulzbach und für Limbach bezeugt. Die Masse der Gemeinden kam erst im 18. Jh. zu eigenen Siegeln, wobei vielfach die herrschaftlichen Wappen benutzt wurden, also in der Pfalz die Rauten und der Löwe und in Mainz das Rad. Als eigene Dorfzeichen begegnen in Neckargerach eine Forelle, in Obrigheim ein aus einem Sparren wachsendes Kleeblatt, in Dallau und Mörtelstein ein Baum und als redendes Wappen in Neunkirchen eine Kirche, in Guttenbach und Michelbach ein Bach und in Aglasterhausen eine Elster, die auf einem Haus sitzt. Wesentlich einfallsloser sind die Gerichtssiegel, die nur den Anfangsbuchstaben des Gemeindenamens wiedergeben K.H. in Kälbertshausen, A in Asbach, B in Breitenbronn und Z in Daudenzell. Auch die Wappen der Ortsherrschaft sind in Gemeindesiegel übergegangen, die Hifthörner in Hochhausen, und kombiniert mit dem Großbuchstaben N das Berlichingische Rad in Neckarzimmern.

Rathäuser. – Ursprünglich tagten die Gemeindegerichte im Freien, gern unter einer Linde, so wie das für das Roberner Wüstgericht bezeugt ist. Die »Lindenfreiheit«, die König Ruprecht im frühen 15. Jh. den Herren von Adelsheim verliehen haben soll, meint wohl auch den Gerichtsplatz vor dem oberen Tor jenseits der Kirnau. Die Tagung des Gerichts unter offenem Himmel wirkte auch darin nach, daß die Rathäuser gerne mit offenen Lauben im Untergeschoß für Gerichtshandlungen und Marktbedürfnisse errichtet wurden. Das 1456 ersterwähnte Mosbacher Rathaus dürfte bei einer Stadt mit soviel Eigenpersönlichkeit schon wesentlich älter gewesen sein. In Walldürn war die Errichtung eines Rathauses 1488 geplant. Es läßt sich nicht entscheiden, ob es das erste Rathaus war und ob der Bau auch tatsächlich ausgeführt wurde. Das Rathaus in Buchen hat Erzbischof Bertold 1502 an Bürgermeister und Rat zur freien Benutzung übergeben, es war vorher herrschaftliches Gebäude. Auch im Flecken Mudau ist das herrschaftliche Amtshaus zum Rathaus geworden. Die Mosbacher kamen durch die Reformation zu einem neuen Rathaus, das an der Stelle und unter teilweiser Benutzung des Gebäudes der Stadtpfarrkirche errichtet wurde, nachdem die Stiftskirche für den Pfarrgottesdienst zur Verfügung stand. Unter den barocken städtischen Rathausbauten verdient das von Buchen Hervorhebung. Auch damals (1727) hat man nicht auf eine offene Markthalle im Erdgeschoß verzichtet.

Unter den Landgemeinden besaß Neckarelz früh ein Rathaus. Es trug 1582 den Namen die »alte Danzstatt« und zeigt also darin eine auch sonst vom städtischen Bereich her bekannte Verknüpfung von Festplatz und Rathaus. Das Neckargeracher Rathaus wurde 1513 erbaut, auch Lohrbach, Neunkirchen, Dallau und Obrigheim hatten bereits im 16. Jh. Rathäuser. Die Mitbeteiligung der Herrschaft kommt in Neunkirchen darin zum Ausdruck, daß das Rathaus 1538 vom Bürgermeister nur mit Wissen des minneburgischen Schultheißen geöffnet werden durfte. Anfang des 17. Jh. sind Rathäuser in Neckarzimmern, in Oberwittstadt und in Merchingen erwähnt, unmittelbar nach dem 30j. Krieg und deshalb zweifellos älter ein solches in Auerbach, im späteren 17. Jh. in Mittelschefflenz und Haßmersheim. Alle Gemeinden von einiger Bedeutung waren schon vor dem Ende des Alten Reiches im Besitz eines Rathauses, lediglich in den kleinen Odenwaldorten und in Guttenbach tagte die Gemeinde entweder im Haus des Schultheißen oder in einer Wirtschaft und besaß zur Aufbewahrung ihrer Akten nur einen Schrank oder eine Truhe. Infolge der pfälzischen Kirchenteilung erlebten manche Rathäuser insofern einen Verlust, als sie einen Raum für den Gottesdienst zur Verfügung stellen mußten. Das hatte dann oft auch die Folge, daß das Gebäude mit einem größeren Dachreiter und größeren Glocken ausgestattet wurde. Zum Teil haben sich kirchliche Rechte an den Rathäusern bis heute erhalten.

Bürgerrecht und Gemeindegut. – Die Gemeinde, auch ihre Vorstufen, war auf einen Kreis von Nutzungsberechtigten zugeschnitten. Diese behielten als Gemeindeglieder, bald auch Bürger, den alleinigen Anspruch auf Anteile am Gemeinnutzen und Mitwirkung in der Selbstverwaltung. Am exklusivsten waren die Gemeinden in den ausgesprochenen Rodungsorten, wo sie lange Zeit nur aus den Hübnern bestanden und alle später hinzugekommenen Seldner und Taglöhner zunächst ausgeschlossen waren, später aber als Beisassen zu minderem Recht ebenfalls Anteil am Gemeindenutzen hatten. Die Zahl der Beisassen nahm auch in den Gemeinden des Altsiedellandes am Ende der Frühneuzeit zu. Wesentlich geringer war der Status der zu Schutzbürgern angenommenen Juden. Ihnen war lediglich die Nutzung von Wasser und Weide zugestanden. Der Neuerwerb des Bürgerrechts war nicht nur in den Städten, sondern auch auf dem Land an Steuerkraft und Vermögen des Einzelnen gebunden. In Adelsheim waren im 16. Jh. 100 fl erforderlich. In Guttenbach genügte der Besitz eines Hauses, in Fahrenbach und Trienz waren nach Auflösung der Hufenverfassung mindestens eigene Wohnung, 4 M Äcker und 2 M Wiese nachzuweisen. In den Mudauer Kellereiorten war man inzwischen dazu übergegangen, keine besondere Güterzahl, sondern nur ein Mindeststeuerkapital von 300 fl zu verlangen.

Die Ausstattung der Gemeinden mit eigenem Besitz war recht unterschiedlich. Im allgemeinen war das Altsiedelland bevorzugt. Dort gab es nach der wohl frühen Auflösung der größeren Genossenschaftswälder fast nur noch Gemeindewald. Große Waldrechte sind wohl mit der Stadtgründung Mosbach zugewiesen worden. Auch die ausgedehnten Gemarkungen von Buchen und Walldürn erklären sich so, wobei hier die Nutzung der Wälder zwischen Gemeinde und Herrschaft gemeinsam blieb und das Waldeigentum der Gemeinde sich erst spät verfestigte. In Walldürn soll der Wald städtisches Eigentum gewesen, nach dem Bauernkrieg vom Fiskus eingezogen und später zur Hälfte wieder restituiert, dann wieder der Herrschaft zugesprochen worden sein. Im Endergebnis fiel der Wald ganz an die Stadt. Dies erklärt sich doch nur daraus, daß es lange Zeit um die Nutzung, nicht um Eigentumsrechte ging. Nutzungsrechte spielten auch sonst für die Gemeinden eine große Rolle, so die Weide in den herrschaftlichen Wäldern und auf der eigenen Gemarkung, darunter besonders die Gemeindeschäferei. Ein Hirtenhaus besaß selbst die ärmste Gemeinde, Schäfereirechte und bisweilen auch eine Schafscheuer hatten die Gemeinden des Altsiedellandes, aber auch Strümpfelbrunn. Aus den Wäldern wurde den Bürgern ihr Brennholzbedarf, nach Möglichkeit auch Bauholz zugewiesen.

Vielfach war die Gemeinde für die Wasserversorgung durch einzelne laufende Brunnen zuständig. Als Besonderheit wird 1806 in Langenelz hervorgehoben, daß es das nicht gab, sondern für alle der Bach zur Verfügung stand. Das dürfte auch für einzelne andere Odenwaldgemeinden zutreffen. Badstuben gab es in der Frühneuzeit nicht nur in den Städten, sondern auch in Neckarelz, Neckarmühlbach und Bödigheim. Eine zunehmende Gesundheitsversorgung machte sich durch die Bestellung von Chirurgen und Hebammen ebenfalls seit dem 16. Jh. in den Zentralorten bis hinab zu Neckarelz und Lohrbach bemerkbar. Siechenhäuser und Spitäler blieben jedoch Sache der Städte. Sie sind für Mosbach und Buchen bezeugt.

Zentgliederung. – Wie sich erst um 1500 erkennen läßt, ist das gesamte Beschreibungsgebiet von einem Netz von Zenten überzogen, die damals in ihrem Umfang bekannt wurden, aber schon früher Erwähnung fanden, so Mudau 1271, Mosbach 1297, Buchen 1309, Reichartshausen oder die Stüber Zent 1319, Osterburken um 1320, Möckmühl 1328, Ballenberg 1329, Eberbach 1330 und Walldürn um 1345. Späte Zutat scheint die Zent Hardheim zu sein, die erst im 16. Jh. faßbar wird. Der Begriff der Zent findet sich im W des Frankenreichs schon in der Merowingerzeit. Als Untereinheit der alten Grafschaften ist sie mancherorts in der Karolingerzeit faßbar. Wieweit sich diese Einrichtung bis ins Spätmittelalter fortgesetzt hat, bleibt freilich umstritten, da mit dem Aufkommen der Blutgerichtsbarkeit und der Territorialisierung zweifellos umformende Elemente hinzugetreten sind. Es scheint aber bei einer Betrachtung im großen Zusammenhang höchst wahrscheinlich, daß die Ansätze zur Zentorganisation in Ostfranken schon im Frühmittelalter liegen. (Vgl. Kartenbeilagen).

Ein früher Beleg aus dem Beschreibungsgebiet ist freilich nicht von letzter Beweiskraft. Nur in einer gefälschten Urkunde wird zu 858 von einer Schenkung in Dallau an das Wormser Stift St. Cyriakus in Neuhausen berichtet. Diese geschah im Grafengericht der Grafschaft des Megingoz im Amtsbezirk des Tribuns Folcnand. *Tribunus* ist anderwärts ein Synonym für den *centenarius*. An der Tatsache Neuhauser Besitzes in Dallau ist nicht zu zweifeln. Auch die Erwähnung des *tribunus* könnte auf die echte Vorlage der Fälschung zurückgehen. Da über die Grafschaft in der Wingarteiba (s.o.) fast nichts bekannt ist, muß alle Vermutung über ihre Unterteilung in einzelne Centenen Spekulation bleiben. Zu denken gibt allerdings, daß die Zenten von Mudau, Buchen, Osterburken und Ballenberg sich auch später noch wie die meisten Zenten in Mainfranken als Lehen oder ursprüngliches Lehen des Würzburger Bischofs zu erkennen geben. Die würzburgische Lehnshoheit über die Zenten beruht im Grunde darauf, daß der Bischof schon in der Salierzeit Herr über die meisten Grafschaften in seinem Sprengel wurde. Das Barbarossaprivileg von 1168 verlieh anläßlich der endgültigen Festlegung des würzburgischen Herzogtums dem Bischof das Recht, innerhalb seines Bistums Zenten einzurichten. Dies kann sich aber nur auf eine nachträgliche Vermehrung und Umgliederung von Zenten beziehen, da einige schon vorher genannt sind. Überdies bestanden gerade im Bereich des Neckartals schon während des Investiturstreits Zenten. Heinrich IV. hat hier die Bauern 1078 gegen seine süddeutschen Feinde zentweise aufgeboten. Das Bauernheer wurde jedoch von den viel besser ausgebildeten und geübten Rittern der Zähringer und Welfen niedergemacht.

Die auffallende Kongruenz der würzburgischen Zenten mit dem Diözesangebiet zeigt sich deutlich unmittelbar an der Nordgrenze des Beschreibungsraumes, die bis heute auf der einstigen Grenze der Zenten liegt. Jenseits davon, im Bereich der Mainzer Diözese, sind für die Zenten Tauberbischofsheim, Külsheim und Miltenberg keinerlei Beziehungen zu Würzburg feststellbar. Die Zentgrenze zwischen Walldürn, Amorbach und Mudau einerseits und Miltenberg, Michelstadt und Beerfelden andererseits war exakt die Pfarreiengrenze. Die würzburgischen Zenten Amorbach, Mudau, Buchen, Walldürn, Osterburken, Ballenberg sowie die keine Beziehung zu Würzburg mehr aufweisenden pfälzischen Zenten von Eberbach und Mosbach, dazu Möckmühl, könnten den Rahmen der so schwach bezeugten Grafschaft in der Wingarteiba ausfüllen. Die Grafschaft in der Wingarteiba allerdings wurde bei ihrer einzigen Erwähnung 1012 an das Bistum Worms geschenkt. Würzburg kann sich hier erst nachträglich durchgesetzt haben. Alle diese Zenten fügten sich auch in den Archidiakonat Buchen-Weinsberg ein, der in seinem Zuschnitt ebenfalls der Wingarteiba entsprechen dürfte. Lediglich die Zent Ballenberg, zu der auch das Amt Krautheim zählte, überschneidet die Archidiakonatsgrenze. Solche Abweichungen könnten sich mit nachträglichem Ausgleich unter der Mainzer Territorialherrschaft erklären.

Darüber hinaus ist auch eine weitgehende Deckung von Zent- und Pfarreigrenzen festzustellen. Die Zenten Mosbach und Möckmühl allerdings orientieren sich nicht am Sprengel der Großpfarrei von Möckmühl. Während die Schefflenzorte und Katzental zu Mosbach zählten, gehörten Waldmühlbach und Billigheim zu Möckmühl. Dies könnte sich auch durch späteren Ausgleich erklären, vielleicht ist die Mosbacher Zent überhaupt jünger als die Möckmühler. Der Südrand dieser beiden Zenten zeigt, daß mit den Stadtgründungen Gundelsheim und Neudenau aus dem Zentverband ausgeschieden sind. Reichenbuch als später Rodungsort gehörte trotz Neckargeracher Pfarrzugehörigkeit zur Zent Mosbach, Fahrenbach und Trienz dagegen zur Zent Eberbach, obwohl sie östlich des großen Waldgebiets der Michelherd lagen. Im Rodungsland dürfte die Besiedlung zur Neubildung von Zenten geführt haben. Die Mudauer Zent entspricht dem vom Amorbacher Abt im 11. Jh. erworbenen Waldbereich. Daß in ihm auch von Buchen aus schon Rodung vorgetragen wurde, zeigt sich darin, daß Hollerbach bei der Zent Buchen geblieben ist, Stürzenhardt dagegen abweichend von der Pfarreizugehörigkeit bei der Zent Mudau war. Bei Hornbach und Hainstadt gehen Pfarr- und Zentzugehörigkeit zu Buchen bzw. zu Walldürn auseinander, auch das könnte auf späteren Regelungen beruhen. In Hardheim, das eine sehr spät belegte eigene Zent hatte, zählte noch 1496 der Gemarkungsteil westlich der Erfa zur Walldürner Zent. Auch in Rütschdorf scheint die Walldürner Zent nicht die gesamte Gemarkung umfaßt zu haben. Für den einzigen größeren Hardheimer Zentort Schweinberg könnte man nach der Diözesanzugehörigkeit ursprüngliche Bindung an die Zent Tauberbischofsheim annehmen. Als Burgsitz war es anscheinend früh aus der Zentgliederung ausgenommen und wurde dann entsprechend den territorialen Schicksalen spät mit Hardheim zu einer Zent zusammengefaßt.

Jenseits des Neckars gehörten Asbach, Aglasterhausen und Neunkirchen mit ihren Filialorten samt Guttenbach in die Reichartshausener Zent. Weil sie über eine Gerichtsstube verfügte, wurde sie auch Stüber Zent genannt. Mit der Meckesheimer Zent zusammen ist die Stüber Zent aus dem noch 1297 einheitlichen Wimpfener Landgericht hervorgegangen. Auch für andere Zenten findet sich die Bezeichnung Landgericht. Solche Landgerichte aber stellen in Schwaben die letzte Nachwirkung der alten Grafschaftsgerichte dar. Bei der Stüber und Meckesheimer Zent könnte es sich um die Grafschaft im Kraich- und Elsenzgau handeln. Allerdings ist der ganze übrige Bereich dieser Grafschaft ohne jeden Nachweis von Zenten. Daß Obrigheim und Haßmersheim mit ihren Filialen auch nicht mehr zu einer Zent gehörten, mag man mit der frühen Rolle des Adels in diesem Bereich erklären, sicher ist das nicht.

Zentverfassung. – Nach ihrer ursprünglichen Aufgabe zeigt sich die Zent als eine Mischung von genossenschaftlichen und herrschaftlichen Elementen. Schon die westfränkischen Zentangehörigen mußten gemeinsam Verbrecher verfolgen und hafteten für den Schaden, den Entkommene anrichteten. In der Karolingerzeit steht die Bedeutung des Gerichtes im Vordergrund, seit dem Hochmittelalter dazu noch die Wehrverfassung. Am deutlichsten genossenschaftliche Züge zeigen sich im gemeinsamen Waldeigentum der Zenten. Das war im Beschreibungsgebiet nur bei der Stüber Zent der Fall. Ihr Zentwald an der südwestlichen Grenze des Kreises wurde 1825 auf sämtliche Zentgemeinden aufgeteilt, daher erklären sich die teilweise konfusen Grenzverhältnisse. Im Beschreibungsgebiet ist sonst nirgendwo auch nur ein Hinweis auf gemeinsame Wälder der Zentgenossen zu finden, im Gegenteil, der Waidachswald liegt rittlings auf der Grenze zwischen vier Zenten, und auch die vermutlichen Markwälder zwischen Walldürn und Altheim sowie Osterburken und Assamstadt überschneiden Zentgrenzen. In den Rodungsgebieten war vollends das Waldeigentum anders geregelt und zwischen Herrschaft und Hübnern aufgeteilt, während es im Vorderen Odenwald durchaus Zentwälder gegeben hat. Die wichtigsten Orte der Mudauer Zent erwarben 1601 gemeinsam den dortigen Neuhof als Erbbestand vom Erzbischof. Anderes gemeinsames Vermögen der Zent beschränkte sich auf die Gerichtsstube, so in Reichartshausen auf den Gerichtsplatz und das Zentgefängnis. In allen Zenten war aber im Gegensatz zu Gebieten rein herrschaftlicher Hochgerichtsbarkeit die Zent verpflichtet, die Gerichtskosten zu tragen, sie legte sie auf die Genossen um. Weitere gemeinsame Aufgaben der Zentgenossen waren die Verfolgung von Verbrechern bei sogenanntem Zentgeschrei und die Wolfsjagd. Die Mudauer Zent hatte die Grenzbefestigung gegen die Pfalz, den Heerhag zu unterhalten und zu bewachen, in Zeiten der Gefahr mit doppelter Mannschaft. Die Zenten waren in der Spätzeit auch der Rahmen für die Bildung von Zünften auf dem Land.

Durchgehend gehalten hat sich die Pflicht der Zentuntertanen zur Verteidigung. Dies wurde später von den Landesherren als Merkmal ihrer Territorialhoheit in Anspruch genommen. Die Musterung und die Heerfolge der Zentuntertanen geschah jedoch im genossenschaftlichen Verband, wie auch die Zenten jeweils die sogenannten Reißwagen für die Kriegszüge auszurüsten hatten. Daß diese Wehrpflicht der Zenten im Grunde nur der Landesverteidigung galt, zeigt sich immerhin noch darin, daß Zentgenossen, die eine andere Ortsherrschaft als den Zentherrn hatten, so in Dallau und Rittersbach, die Beteiligung an dessen weiterreichenden Kriegszügen ablehnten und darauf bestanden, am Ende des Tages wieder zu Hause zu sein. Die Kurpfalz freilich hat bei ihren unmittelbaren Untertanen eine viel weitergehende Kriegsdienstpflicht erreicht. Auch Kurmainz konnte z. B. von der Mudauer Zent 1552 ungemessene Heerfolge mit 37 Mann und 20 Pferden verlangen. Am Ende des 18. Jh. trafen sich solche alten Rechte mit neuen Bestrebungen zu einer allgemeinen Wehrpflicht. Die Untertanen wurden zentweise gegen die Heere der Französischen Revolution aufgeboten, wobei sie sich nicht einmal schlecht schlugen.

Noch breiter belegt ist die Gerichtsfunktion der Zent. Was anderwärts, z.B. in Tauberbischofsheim, ausführlich beschrieben wird, geht im Beobachtungsraum nur aus Andeutungen hervor, daß nämlich die Zentgerichte älter als die Gemeindegerichte sind und überall da angerufen wurden, wo zunächst kein Gemeindegericht bestand. Bisweilen werden deswegen die Ortsgerichte auch als Untergerichte bezeichnet. In Rumpfen und Waldauerbach hielt der Mudauer Zentgraf das Untergericht ab. Ursprünglich war das Zentgericht sowohl für freiwillige Gerichtsakte als auch allgemein für Strafgerichtsbarkeit zuständig. Davon blieb, nachdem sich immer mehr die Rolle der Zent als Blutgericht durchsetzte, soviel erhalten, daß in schwierigen Fällen vom Gemeindegericht an die Zent appelliert wurde und daß die sogenannten vier Zentfälle oberhalb der niedrigen Gerichtsbarkeit, aber unterhalb der peinlichen Gerichtsbarkeit auf der Zent gerügt wurden. In die Beschreibung dieser vier Fälle mischten sich manchmal auch Gegenstände der Blutgerichtsbarkeit. Am klarsten werden sie für die Mudauer Zent im Lagerbuch von Heidersbach von 1562 beschrieben. Vor der Zent und nicht vor dem Dorfgericht waren alle ehrenrührigen Beleidigungen, die Diebstähle, das »Mordgeschrei«, d. h. willkürliches und unbegründetes Alarmschlagen, sowie die »bindbaren Wunden«, d. h. blutige Körperverletzungen, zu behandeln. In der Regel tagte die Zent als ungebotenes Gericht viermal, die Mudauer Zent nur zweimal im Jahr. Die Zentangehörigen waren durch Eid verpflichtet, bei diesem Anlaß mitsamt ihrer Wehr zu erscheinen und alle Verstöße im Bereich der vier Zentfälle anzuzeigen oder, wie es damals hieß, zu »rügen«. Neben diesen ungebotenen Gerichtstagen konnte ein außerordentlicher Gerichtstermin erwirkt werden. Das war allerdings dann für den, der die Zent anrief, mit Kosten verbunden. Das Zentgericht erfüllte darüber hinaus die Aufgaben des Blutgerichtes. Die Blutgerichtsbarkeit, die erst im Laufe des Hochmittelalters das frühe System der verschiedenen Wehrgelder ersetzte, wurde sehr rasch zu einem besonderen Instrument der Territorialisierung. Infolge der Zentverfassung allerdings konnte sie gerade im östlichen Franken und auch schon in der Zent Mosbach und Eberbach nicht voll zum Rahmen der fürstlichen Landeshoheit werden, wie das in den westlicher gelegenen kurpfälzischen Zenten der Fall war. Obwohl deutschordische Dörfer in Mosbach, erbachische in Eberbach und überall adlige Dörfer zur Zent gehörten und die Blutgerichtsbarkeit der Zenten anerkannten, blieben diese Gebiete außerhalb der Landeshoheit des Zentherrn, die sich lediglich in der Stüber Zent gegenüber dem Adel voll durchsetzen konnte. Landesherrliche Mitwirkung bei der Blutgerichtsbarkeit zeigt sich in Mosbach darin, daß hier ein eigenes Galgengut in Auerbach herrschaftlicher Erbbestand war und der Erbbeständer die Pflicht hatte, das Hochgericht aufzustellen. Die immer stärkere Angleichung der Zentgerichtsbarkeit an die allgemeine Entwicklung der peinlichen Gerichtsbarkeit im Reich bewirkte schließlich, daß in der Neuzeit die Carolina, d. h. die peinliche Halsgerichtsordnung Karls V., auch im Bereich der Zenten angewendet wurde und daß von daher dann auch als Zentfälle ganz allgemein große Kataloge von todeswürdigen Verbrechen aufgezählt werden, wie etwa 1664 im Bereich der Zent Eberbach, wo in bunter Mischung mit den klassischen vier Zentfällen noch erwähnt werden: Mord und Mordgeschrei, Totschlag und Verwundung, Brandstiftung und Feuergeschrei, Diebstahl und die Bezichtigung eines Diebstahls, Zauberei, Grenzsteinfrevel, Blutschande und Ehebruch, falsches Gewicht, sowie ehrenrührige Schmähung. Im 17. und 18. Jh. war das Zentgericht jedoch nur noch formal Urteilssprecher. Längst mußten alle peinlichen Sachen von den übergeordneten Herrschaften und Instanzen, den Ämtern und den Hofgerichten erledigt werden. Die Vollstreckung der Todesurteile und die Umlage der Kosten war dann wieder Sache der Zent. Alle Zentmänner mußten dazu möglichst unter Gewehr erscheinen.

An der Spitze des Zentgerichts und anfangs auch des Zentaufgebots stand der Zentgraf. Zur Urteilsfindung waren ihm die Zentschöffen beigegeben. In der Mosbacher Zent waren das 38, in der Eberbacher 33, wobei jedesmal das Stadtgericht in das Zentgericht miteinbezogen wurde. Auch die Osterburkener Zent hatte mit 24 eine große Zahl von Schöffen, jedoch wurde diese 1478 durch den Erzbischof auf 13 reduziert. Für Mudau sind 14 Zentschöffen bekannt. Vermutlich hatten die anderen Mainzer Zenten nicht viel mehr Schöffen. Buchen gab nicht das ganze Stadtgericht, sondern nur zwei Schöffen daraus zur Zent. Nicht alle Dörfer waren in den Zentgerichten vertreten, oft fehlten die mit abweichender Ortsherrschaft. Lohrbach als Sitz eines eigenen Obergerichts (s. u.) sandte ebenfalls keine Schöffen zur Zent.

Das Verhältnis von Stadt und Zent war aber im ganzen Beschreibungsgebiet insofern ähnlich gestaltet, als nirgends die Städte ganz aus der Zentverfassung herausgenommen waren, wie das im Bereich der Kurpfalz weiter westlich geregelt war. Wohl hatten die Stadtgerichte höhere Strafkompetenz als die Dorfgerichte. Am weitesten war nach den Quellen Buchen aus der Zentverfassung eximiert. Es stellte normalerweise auch gar keine Schöffen zum Zentgericht. Wenn es aber um Bluturteile ging, dann mußte auch Buchen zwei Schöffen aus dem städtischen Gericht zur Zent abordnen. In Mudau ist bezeugt, daß das Zentgericht als Blutgericht mit halbsovielen Schöffen besetzt war. Es trug dann auch den Namen Hofgericht. Die Einbindung der Städte in die Zenten erklärt sich mit dem späten Ansatz der Stadtautonomie im Beschreibungsgebiet. Im Verein mit der immer mehr sich ausweitenden herrschaftlichen Kompetenz in den Zenten übernahmen die Städte aber eine Führungsrolle, die sich in der Neuzeit noch verstärkte. Das Zentgrafenamt wurde nicht mehr einem bäuerlichen Vertreter der Zent anvertraut, sondern dem juristisch einigermaßen vorgebildeten herrschaftlichen Beamten in der Stadt, in Mosbach war es der pfälzische Amtsschultheiß, in Eberbach der Keller und Stadtschultheiß, in Mudau der Schultheiß, seit 1772 der Obervogt, in Osterburken der Amtsvogt, in Buchen der Amtmann und in Walldürn wieder der Schultheiß und Obervogt. Die Städte als Zentmittelpunkte stellten, mit Ausnahme von Mosbach, ihre Galgen als Gerichtsstätten zur Verfügung und einen ihrer Türme als Zentgefängnis. Auch dies trug dazu bei, daß die Zenten zunehmend zu einem Instrument herrschaftlicher Verwaltung wurden und daß sich auf diesem Wege immer stärker römischrechtliche Verfahren auch in der Zent durchsetzten, wenn auch nie voll die alten deutschrechtlichen Ansätze überdeckt wurden.

Exemtionen, territoriale Anpassung und Auflösung der Zenten. – Aus der Zent ausgenommen waren die großen adligen Burgen mit ihren zugehörigen besonderen Gemarkungen, so Zwingenberg und Hornberg, aber auch Großeicholzheim. Die Sonderstellung Schweinbergs und seine Zugehörigkeit zur erst spät gebildeten Hardheimer Zent erklärt sich wohl ebenfalls daher. Obwohl es nirgends ausdrücklich belegt ist, hatten die Klöster eine ähnlich befreite Stellung wie die Burgen. Einzelne grundherrliche Höfe, so der Pilgrimshof in Höpfingen, konnten ebenfalls von der Zent befreit sein. Auch das spätgegründete Ferdinandsdorf bestand darauf, zu keiner Zent zu gehören, und wurde darin von seiner adligen Herrschaft unterstützt. Im allgemeinen wurde vollständige Exemtion aber nur in seltenen Fällen erreicht, viel häufiger waren Teilexemtionen und Ausnahmeregelungen; solche wurden in Gerichtstetten und in Rosenberg angestrebt. Die von Hirschhorn als Ortsherren beanspruchten in Aglasterhausen die Bestrafung der Zentfälle, nachdem diese vor dem Zentgericht abgeurteilt waren, und verlangten zusätzlich zur Reispflicht gegenüber der Zent auch Kriegsdienste. In Bödigheim konnten sich die Rüden mit Erzbischof Berthold 1490 darauf einigen, daß ihre Ortsuntertanen in Zukunft vom Zentherrn nur in Landes-, nicht aber in Reichsangelegenheiten aufgeboten wurden. Mit der Einschränkung von Zentgerichtsbarkeit und Zentfolge parallel lief der Kampf um die Unabhängigkeit vom Zentherrn in der Erhebung der Reichssteuern und um eine eigene Territorialsteuer, die Schatzung.

Die Listen zum Gemeinen Pfennig von 1495 zeigen allgemein den Widerstand der Ortsherrschaften. Sie konnten sich damit schließlich meist durchsetzen und so der Landeshoheit der Zentherren entziehen. So ist die Ritterschaft im Odenwald trotz ihrer Einbindung in das Blutgericht der Zenten aus dem Territorialverband ausgeschieden. Seit dem 30j. Krieg gingen die Bestrebungen der Landesherren dahin, Überschneidungen der Zenthoheit mit ihren sonstigen Rechten abzubauen. 1556 trat Kurmainz die Zenthoheit in Höpfingen, Bretzingen, Pülfringen sowie im würzburgischen Teil von Waldstetten an Würzburg gegen die Hälfte von Werbach (Lkr. TBB) ab. Die Orte kamen damit von der Walldürner Zent zur jetzt erst eine Bedeutung erlangenden Zent Hardheim. Bei einer umfangreichen Tauschaktion von 1684 verzichtete Mainz u.a. auf die Zenthoheit in Rippberg, Hornbach, Gottersdorf, Gerolzahn, Neusaß, Hainstadt und Hambrunn. Das Hochstift Würzburg überließ dafür Hollerbach, Oberscheidental, einen Hof zu Wettersdorf und anderen Grundbesitz und leistete eine Ausgleichszahlung. Mainz verzichtete 1713 zugunsten von Löwenstein auf die Zugehörigkeit von Rosenberg und seinen Amtsorten zur Zent Osterburken; Rosenberg bildete fortan eine eigene Zent. Kurfürst Johann Wilhelm von der Pfalz war 1693 dazu bereit, den Gemmingern die Zenthoheit in Neckarzimmern zu verpfänden, die Pfalz löste sie jedoch 1745 wieder aus und ließ sich fortan auf keine Angebote von seiten Gemmingens mehr ein. Die Herrschaft der kath. Neuburger in der Pfalz machte auch die Abklärung der Grenzstreitigkeiten mit Kurmainz möglich. 1715 trat Mainz seine Zenthoheit in Robern, Krumbach, Balsbach und Wagenschwend und ebenso in Heidersbach an die Pfalz ab. Alle diese Orte kamen zur Mosbacher Zent. Nach längerem Streit überließ die Kurpfalz 1746 die Zenthoheit in der Herrschaft Zwingenberg den Gölerschen Erben, die in Strümpfelbrunn ein eigenes Hochgericht aufrichteten. Die Blutgerichtsbarkeit nahm die Pfalz jedoch 1778 wieder an sich. Dem Grafen von Riaucour überließ Karl Theodor 1752 die Zentgerechtsame in Kleineicholzheim, in Binau dagegen war die Befreiung von der Zent immer umstritten. Als Relikt verblieb trotz sonstigen Austausches die Mainzer Zenthoheit über die Rüdt'schen zwei Drittel an Waldstetten, obwohl diese jetzt mitten in der würzburgischen Zent Hardheim lagen. Noch 1794 dachte die Odenwälder Ritterschaft daran, die Mainzer Zentrechte über Adelsheim zu erwerben, kam jedoch nicht mehr dazu. Die Zenten überlebten den Reichsdeputationshauptschluß, mußten sich aber in der Folge ihre völlige Angleichung an die leiningischen oder badischen Ämter gefallen lassen. Die Verwaltungsreform von 1813 hat sie dann völlig aufgehoben. Die Abwicklung der verbliebenen Zentvermögen zog sich noch etwas länger hin, beim Stüber Zentwald, wie schon gesagt, bis 1825, und machte so auch in der Schlußphase noch einmal deutlich, daß die Zent eine genossenschaftliche Komponente bewahrt hatte und nicht einfach wie sonst der Herrschaft alleinzustehende Gerichts- oder Verwaltungskörper behandelt werden konnte.

Oberhöfe und Appellation. – Dorfgericht und Zent waren die normalen Instanzen, vor denen der Untertan Recht zu suchen und zu nehmen hatte. Ihre Kompetenz war nach einer längeren Entwicklung (s. o.) einigermaßen klar von einander abgegrenzt. Der Zent verblieb nur die schwerere Strafjustiz. Die Gemeindegerichte waren für die leichteren Vergehen und für die freiwillige Gerichtsbarkeit zuständig. Mit der immer stärkeren Einschränkung der Zent auf die Strafgerichtsbarkeit und der vollen Ausbildung der Dorfgerichte und eines Berufungsverfahrens wurde sie in der beginnenden Neuzeit Appellationsinstanz für die Gemeindegerichte in Strafsachen. Die Berufung ging dann über die Zent weiter an die fürstlichen Regierungen, die kurpfälzische in Heidelberg und die kurmainzische in Aschaffenburg.

6. Gemeinden, Zenten, Appellationsgerichte

Ganz anders sah es auf dem Gebiet der freiwilligen Gerichtsbarkeit und der bürgerlichen Streitigkeiten aus. Infolge der Eximierung aus der Reichsgerichtsbarkeit wurden die Hofgerichte für Pfälzer und Mainzer Untertanen schließlich letzte Instanz. Mittelalterlich war die Einrichtung, daß in strittigen Fällen Dorf- und auch Stadtgerichte Rat bei einem Oberhof suchten, d. h. bei einem rechtskundigeren und angeseheneren Gericht. Das konnte der Mutterort des Stadtrechtes sein, mußte es aber nicht. Der Oberhof war keine Appellationsinstanz im modernen Sinn, sondern das betreffende Stadtgericht erteilte dem bei ihm zu Haupte gehenden Gericht nur eine Rechtsauskunft, nach der das anfragende Gericht selbst wieder entscheiden mußte. Oberhof für Osterburken war Wimpfen, Walldürn hatte seinen Oberhof in Amorbach, und Buchen hatte ihn wahrscheinlich in Miltenberg. Für Mosbach und Ballenberg sind keine Oberhöfe bekannt. Mosbach war seinerseits Oberhof für das Stadtgericht in Wiesloch. Das geht wohl auf die gemeinsame Zugehörigkeit zu Pfalz-Mosbach zurück. Alle Städte wiederum dienten als Oberhöfe für die Dorfgerichte. Dabei scheint sich, zumindest im pfälzischen Bereich, ein gewisser Schematismus zu ergeben, indem die Eberbacher Zentorte sich in Eberbach Rat holten, die Mosbacher in Mosbach. Ausdrücklich ist für Fahrenbach, aber auch für die vier Weiler um Krumbach der Rechtszug nach Eberbach bezeugt. Mosbach war nachweislich Oberhof für Neckarelz, Obrigheim, Haßmersheim, Dallau, Sulzbach und die Schefflenzorte. Auch Dorfgerichte konnten solche Oberhoffunktionen ausüben, so wandten sich das Binauer und bis 1600 auch das Neckarzimmerner Ortsgericht in strittigen Fällen nach Neckarelz. Hüngheim, das sich selbst in Ballenberg Rechtsauskunft holte, war Oberhof für Oberwittstadt.

Das vorterritoriale und nicht mehr lückenlos bezeugte Gefüge der Oberhofbeziehungen wurde seit dem 16. Jh. immer stärker eingeengt und lebte praktisch nur dort weiter, wo es noch in den territorialen Rahmen paßte. Im allgemeinen verstärkte sich die Tendenz, einen klaren Appellationszug einzurichten, der dann das umständlichere Verfahren der Rechtsauskunft beim Oberhof entbehrlich machte. Schwierige Rechtsauskünfte wurden in der Neuzeit zusätzlich von den juristischen Fakultäten in Heidelberg und Würzburg eingeholt. Für das kurmainzische Staatswesen war der Bauernkrieg der Anlaß, die Oberhöfe abzuschaffen. In den Gerichtsordnungen von 1528ff. ordnete Erzbischof Albrecht für die neun Städte an, daß es nur noch eine Appellation bei seinen Amtleuten und bei ihm selbst, d. h. vor seinem Hofgericht, geben sollte. Deswegen ist in diesem Gebiet auch die Überlieferung zu Oberhöfen nur spärlich. Die adligen Ortsherren waren, auch wenn ihre Dörfer in die Zenten eingebunden waren, daran interessiert, Appellationsinstanz für das Dorfgericht in allen nicht zentbaren Fällen zu werden. So erklärt sich, daß um 1600 Neckarzimmern aus dem Oberhof Mosbach ausschied. Im Zentvertrag von 1560 räumte die Kurpfalz den Vogtsjunkern die Appellation in bürgerlichen Sachen ein, verlangte aber die Oberappellation für ihr Hofgericht in Heidelberg. In den wenigen reichsritterschaftlichen Orten ging die Oberappellation sogleich an die Reichsgerichte, also an den Reichshofrat oder an das Reichskammergericht. Im Kondominat Dallau war die Appellation bis 1668 so geregelt, daß Berufung an den Vogt zu Mosbach und an den Komtur zur Horneck eingelegt werden konnte.

Die Neubildung einer Appellationsinstanz läßt sich in der Herrschaft Zwingenberg deutlich verfolgen. Die Gerichtsordnung des Hans von Hirschhorn von 1507 errichtete als zweite Instanz einen Oberhof in Strümpfelbrunn und besetzte ihn mit je drei Richtern aus den fünf zugehörigen Dorfgerichten. Aber trotz aller dagegen gerichteten Versuche blieb die Hochgerichtsbarkeit bei der Zent Eberbach. Etwa in die gleiche Zeit dürfte die Einrichtung eines Obergerichtes in Lohrbach fallen. Es war Appellationsinstanz und darüber hinaus zuständig für die schwereren Vergehen unterhalb der Blutgerichtsbarkeit und der vier Zentfälle. Deswegen entsandte Lohrbach dann auch keinen Zentschöffen nach Mosbach. Das Obergericht mußte aus der ganzen Kellerei Lohrbach angerufen werden. Es überschnitt also den Bereich der Zenten Mosbach und Eberbach sowie Mudau. Sechs Richter stammten aus der Zent Mosbach, vier aus der Zent Eberbach und zwei aus der Zent Mudau. Das Wüstegütergericht in Robern war ebenfalls diesem Obergericht unterworfen.

7. Kirche und Schule

Mittelalterliche Diözesen und Dekanate. – Zeugnisse für die Christianisierung des Beschreibungsgebiets sind noch spärlicher als in anderen Räumen. Archäologisch hat sich bisher gar kein auf Christentum hindeutendes Inventarstück in den Reihengräberfriedhöfen gefunden. Trotzdem darf man annehmen, daß die fränkische Bevölkerung in der Merowingerzeit zunehmend vom 7. Jh. an christianisiert wurde. Wie eine erste Mission verlief, ist jedoch nicht mehr sicher faßbar, nachdem die Errichtung eines Bistums in Würzburg 741 ältere Verhältnisse überlagert und umgestaltet hat.

Vorher strahlte die kirchliche Raumerschließung von Worms her höchstwahrscheinlich in einen weiten Teil des Kreisgebietes aus. Vielleicht aber standen seine östlichen Teile auch schon unter dem Einfluß der mit Kilian in Würzburg anzusetzenden irischen Mission. Während der Bereich links des Neckars beim Bistum Worms verblieb, sind es im übrigen Raum nur einzelne Patrozinien, die bei aller Unsicherheit dieser Methode Hinweise auf Worms geben können. St. Cyriakus war der Kirchenheilige von Dallau, und dort ist dem vor den Toren von Worms gelegenen Cyriakus-Stift zu Neuhausen in der Karolingerzeit Besitz geschenkt worden. Diese Schenkung, die überdies noch verunechtet ist, liegt zwar in der Zeit nach der Errichtung der Würzburger Diözese, trotzdem könnte sie an ältere Beziehungen zu Worms anknüpfen. Das Wormser Dompatrozinium St. Peter und Paul findet sich, beschränkt auf St. Peter, in Buchen und vielleicht auch mit Peter und Paul in Oberwittstadt. Das Peterspatrozinium ist jedoch auch außerhalb der Wormser Diözese häufig. Da es aber sonst in der ganzen Wingarteiba fehlt, ist dieser Bezug zumindest auffallend. In die frühe Zeit gehen die Martinskirchen im Besitz des Königs in Neckarelz und in Osterburken zurück. Sie müßten auch schon im Verband der ursprünglichen Wormser Sprengelbildung ihre Bedeutung gehabt haben, wie wahrscheinlich auch die übrigen urkundlich nicht so früh nachweisbaren Sitze von Großpfarreien in Bödigheim, Roigheim (Lkr. Heilbronn), Walldürn und Hardheim. Bödigheim ist nach dem Patrozinium (Maria und weitere Heilige) eindeutig eine Amorbacher Gründung. Zusammenhänge zwischen dem frühen Kl. Amorbach und Worms sind wahrscheinlich.

Neben der Wormser Diözese war am Nordostrand des Beschreibungsgebietes auch die Mainzer Diözese von Einfluß. Der später allein zum Mainzer Sprengel gehörende Ort Schweinberg ist freilich eine junge Gründung. Doch könnte die Diözesangrenze nachträglich geändert worden sein, wenn man das St. Albans-Patrozinium in Hardheim als Indiz für Mainzer Einfluß wertet. Allerdings zeigt sich bei der Abgrenzung der Sprengel zwischen Mainz und Würzburg, daß Mainz Positionen bis unmittelbar vor den Toren Würzburgs halten konnte. So bleibt es wenig wahrscheinlich, daß sich das Erzbistum zu größeren Verzichten südlich dieser verbliebenen Gebiete verstanden hat. Vermutlich reichte der Wormser Sprengel hier doch recht weit nach Nordosten.

7. Kirche und Schule

Die Gründung des Bistums Würzburg durch den hl. Bonifatius 741 hat diesem von vorneherein einen großen Sprengel, fast das gesamte Ostfranken samt der Wingarteiba, gesichert. Der Neckar war fortan die Scheidelinie zur Diözese Worms. Lediglich im Odenwaldanteil sind genaue Grenzen erst mit dem Fortschritt der Besiedlung entstanden. Eberbach gehörte noch zur Würzburger Diözese. Die Itter als Grenze des Mudauer Rodungsgebiets bildete nach W zu die Diözesansgrenze gegen Mainz. Patron der Würzburger Kirche ist der Märtyrer Kilian. Er hat in Osterburken vielleicht erst um 1200 das alte Martins-Patrozinium verdrängt. Das ursprüngliche Kilians-Patrozinium in Neckargerach könnte davon Zeugnis geben, daß die Pfarrei erst in Würzburger Zeit gegründet wurde. Weitere Kilians-Kirchen, sicher erst dem Hochmittelalter zuzuschreiben, finden sich in Auerbach und Katzental. Zweiter Würzburger Bistumsheiliger ist St. Burkhard, der auch in Osterburken als Mitpatron auftritt und dem außerdem in Neckarburken und in Gerichtstetten Kirchen geweiht waren.

Die hochmittelalterlichen Diözesen waren in Archidiakonate und diese wiederum seit der Stauferzeit in Dekanate unterteilt. Die Würzburger Archidiakonate bleiben merkwürdig namenlos und geben vielleicht nicht mehr den alten Zustand wieder. Fast das gesamte Kreisgebiet bildete das Dekanat Buchen, das im O geringfügig mit den Pfarreien Pülfringen und Berolzheim, im SO stärker bis über die Jagst hinaus die heutigen Kreisgrenzen überschritt. Im SW war die Pfarrei Roigheim noch zum Dekanat gehörig und im W Eberbach mit den zugehörigen Filialen. Das gesamte Rodungsgebiet des Kl. Amorbach zählte ebenfalls zum Dekanat. Von den Kreisorten gehörte lediglich Allfeld bereits zum südlich anschließenden würzburgischen Dekanat Weinsberg. Die beiden Dekanate Buchen und Weinsberg bildeten zusammen einen Archidiakonat. Vielleicht deckt sich der Umfang des Dekanats Buchen doch in etwa mit der alten Wingarteiba.

Schweinberg als ursprüngliche Filiale der Pfarrei Königheim lag im Mainzer Dekanat Taubergau im Archidiakonat des Stiftspropstes von St. Peter in Aschaffenburg. Links des Neckars lag der Archidiakonat des Stiftspropstes von St. Peter zu Wimpfen im Tal innerhalb der Wormser Diözese. Alle Pfarreien des Kreisgebietes in diesem Bereich zählten zum Landkapitel Waibstadt. Nur Neckarmühlbach gehörte mit seiner Mutterpfarrei Heinsheim bereits ins Landkapitel Schwaigern.

Pfarrsprengel. – Älter als die Einteilung in Dekanate und meist auch älter als die Archidiakonate sind die frühen Pfarrsprengel. Das Beschreibungsgebiet fällt insofern aus dem weiter südlich allgemein gültigen Rahmen, als hier auch im Altsiedelland und nicht nur in den Rodungsgebieten alte Großpfarreien, die eine Vielzahl von Dörfern umfaßten, nachweisbar sind. Die größten dieser Pfarrsprengel liegen allerdings am Rand des Altsiedelgebiets und greifen stark in den Odenwald aus. Unmittelbar am Neckar liegt die alte Martins-Pfarrei von Neckarelz. Sie erstreckte sich von Neckarzimmern bis Nüstenbach, wahrscheinlich bis zur Michelherd. Wohl erst nachträglich sind Mosbach, Binau und Lohrbach ausgeschieden. Ob Neckargerach auch in diesem Zusammenhang zu sehen ist, bleibt Vermutung. Eberbach scheint jedenfalls eine Neugründung ohne Bezug zu einer alten Pfarrei zu sein. Es entwickelte dann selbst einen großen Sprengel im Rodungsgebiet. Die Zusammenhänge von Dallau und des sicher späten Pfarreiortes Neckarburken mit dem frühen Neckarelzer Sprengel sind unklar. Es besteht aber wenig Wahrscheinlichkeit, daß hier eine ganz selbständige Entwicklung eingesetzt hat. Weiter im O liegt der große Pfarrsprengel Roigheim. Zu ihm gehörten Sennfeld, die Schefflenzorte, Auerbach, Rittersbach und Muckental. Großeicholzheim ist nicht als Zubehör einer solchen Großpfarrei zu erkennen, könnte aber entweder zu Roigheim oder wahrscheinlicher zu Bödigheim gehört haben. Letzteres ist die ausgedehnteste Großpfarrei im ganzen Beschreibungsgebiet. Ihr Sprengel reichte nach O bis Götzingen und Rinschheim, nach W bis Trienz, Wagenschwend, zum Reisenbacher Grund und längs der Itter bis Hesselbach (Gde Hesseneck, Odenwaldkreis), im N bis zur heutigen Landesgrenze. In dieser Ausdehnung umschloß Bödigheim den ältesten bekannten, auch nicht gerade kleinen Pfarrsprengel von Buchen, so daß auch Buchen ursprünglich dieser Großpfarrei zugerechnet werden muß. Auf Walldürn mit den von dort aus erschlossenen Odenwaldorten war ein im Vergleich zu Bödigheim wesentlich kleinerer Sprengel bezogen. In ähnlicher Größenordnung hat sich auch Hardheim ins Neusiedelgebiet ausgedehnt. Es besteht die Wahrscheinlichkeit, daß auch Höpfingen ursprünglich zum Sprengel gehörte.

Im Altsiedelland, hinter diesen Großpfarreien, liegen deutlich kleinere Pfarrsprengel. Obwohl Sulzbach in den Lorscher Schenkungsurkunden zweimal mit einer Kirche erwähnt wird und später Martins-Patrozinium hatte, darf es kaum zu den frühen Pfarrsitzen gerechnet werden, sondern gehört ins Spätmittelalter. Eine alte Zusammengehörigkeit von Sindolsheim und Altheim ist nachweisbar, und Seckach, Zimmern und Hemsbach nördlich von Adelsheim wurden verhältnismäßig spät mit Pfarrechten bedacht, so daß auch hier mit einer großen Pfarrei in Schlierstadt zu rechnen ist. Adelsheim selbst könnte in ältester Zeit zur Osterburkener Martinskirche, die als einzig bezeugter Ort eines Sendgerichts zusätzlich hervortritt, gehört haben. Hüngheim scheint spät von Merchingen selbständig geworden zu sein, und im Bereich von Ballenberg ist noch greifbar, daß hier in Oberwittstadt die alte für den gesamten Raum zuständige Pfarrei lag. Im Bereich der Wormser Diözese war Haßmersheim die alte Mutterkirche für Hochhausen; zu Hüffenhardt gehörten Siegelsbach, Wagenbach und Wollenberg (alle Lkr. Heilbronn). Daudenzell war ursprünglich Pfarrsitz für Asbach und Aglasterhausen. Breitenbronn ist Filiale geblieben. Alle weiter nordwestlich gelegenen Orte waren in der Pfarrei Neunkirchen zusammengefaßt.

Auch innerhalb der Großpfarreien sind schon früh Kirchen bezeugt, obwohl sie zum Teil noch lange bis zur Selbständigkeit brauchten. Auerbach und (Unter-)Schefflenz sind urkundlich schon in der Karolingerzeit erwähnt, Katzental und Kälbertshausen bestanden schon um 1100, während selbständige Pfarreien erst sehr spät erwähnt werden. Auch bauliche Nachweise reichen wie etwa in Asbach, Fahrenbach und Hemsbach lange vor die ersten urkundlichen Erwähnungen zurück. Freilich können solche Reste über Pfarrverhältnisse nichts aussagen. Die genannten Orte dürften in romanischer Zeit alle noch Filialen gewesen sein, wie es Dornberg und Neckarzimmern bis über das Ende des Mittelalters hinaus geblieben sind.

Die Abtrennung von ehemaligen Filialen (Dismembrationen) ist im Spätmittelalter häufig durch Urkunden belegt. Ohne urkundlichen Nachweis ist für die 1277 erstmals erwähnte Pfarrei Hollerbach eine frühere Abhängigkeit von Bödigheim zu erschließen. In Götzingen ist ein eigener Pfarrer 1390 belegt. Die Abtrennung von Bödigheim muß auch hier weiter zurückreichen. Waldmühlbach hatte bereits 1305, Rittersbach 1306 eigene Pfarrer. Durch Stiftung der Ortsherrschaft kam Hettigenbeuern 1306 zu einer eigenen Pfarrei. Waldhausen wurde 1330 von Bödigheim getrennt, wobei der Pfarrsprengel auch noch Einbach und einen Teil von Scheringen umfaßte. Hainstadt erlangte 1340 Selbständigkeit von Buchen. Bis 1350 dauerte das Filialverhältnis von Eberstadt zu Bödigheim; Hettingen wurde erst 1353 aus diesem großen Pfarrsprengel gelöst. Eine eigene Pfarrei in Binau ist zwar erst ab 1425 gesichert, vermutlich jedoch älter, weil bereits 1374 dort ein Leutpriester (*plebanus*) tätig war. Unmittelbar um die Jahrhundertwende sind Unterschefflenz (1404), Allfeld (1404) und Katzental (1405) selbständig

7. Kirche und Schule

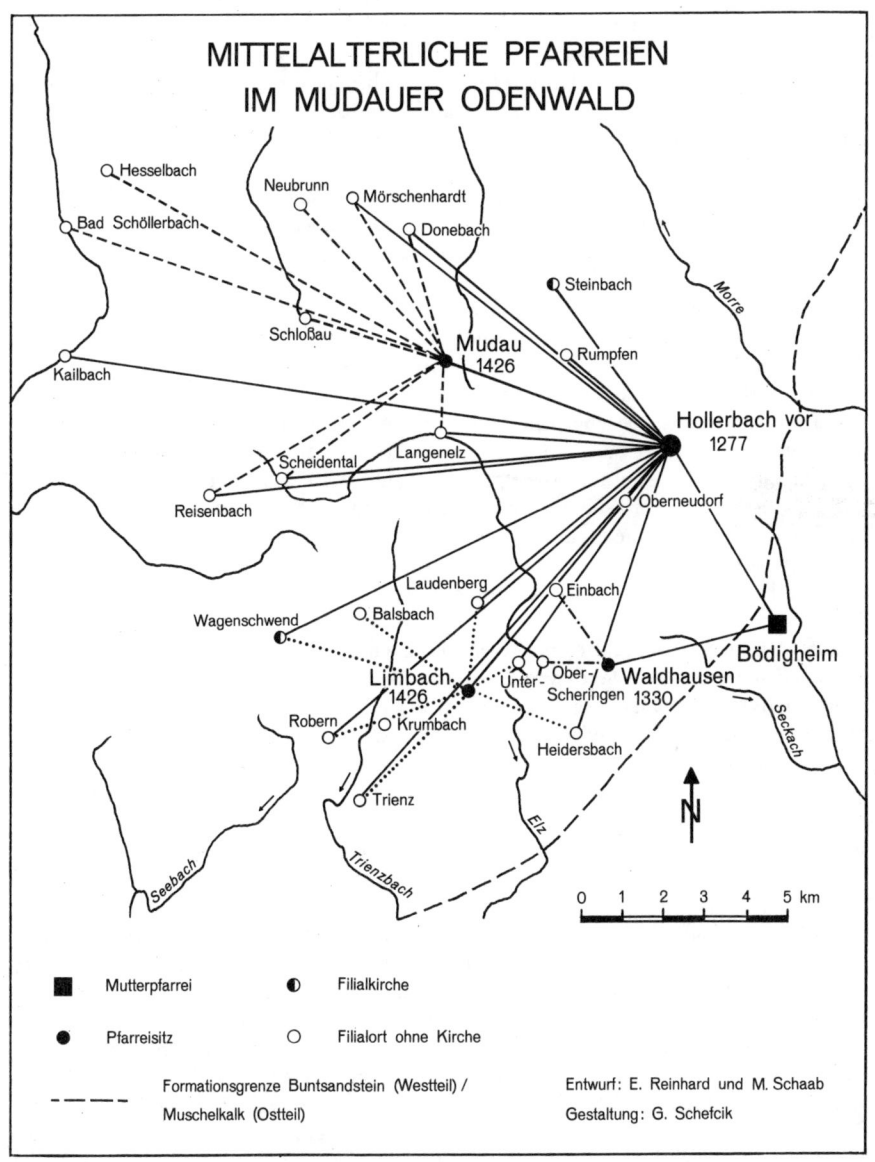

geworden. Vielleicht gehört auch die Pfarrei Oberschefflenz schon in diese Zeit, wenn sie auch erst Mitte des 15. Jh. bezeugt ist. Endgültig wurde der einst so große Roigheimer Pfarrsprengel, zu dem alle vorgenannten Kirchen außer Allfeld gehörten, 1422 mit der Erhebung von Sennfeld zur Pfarrei auf den Umfang einer einzigen Gemarkung zurückgedrängt. Auch der riesige Pfarrsprengel von Hollerbach, das zudem ganz peripher lag, wurde 1426 durch Errichtung der Pfarreien Limbach und Mudau wesentlich verkleinert. Bei Hollerbach blieben nur die Orte des Grenzgebiets zu Buchen hin, Oberneudorf, Rumpfen und Steinbach. Vor Mitte des 15. Jh. wurden Sindolsheim und Hüngheim selbständig, Seckach erhielt 1448 eine neue Pfarrei. Auch Neunkirchen im kleinen Odenwald mußte 1479 Michelbach freigeben. Auf dem anderen Neckarufer kam Schollbrunn 1475 zu einer eigenen Meßstiftung und 1527 zur Selbständigkeit gegenüber Neckargerach. (Vgl. Kartenbeilagen).

Von den Burgkapellen hat nur die von Guttenberg, eine Stiftung von 1393, 1469 Pfarrechte erlangt. Sie verdrängte die alte Zuständigkeit einer im Ort gelegenen, von Heinsheim abhängigen Filialkirche. Zwingenberg mit einer eigenen Burgkapelle von 1424 verblieb im Sprengel von Neckargerach. Ohne Pfarrechte waren die Burgkapellen von Obrigheim aus dem 15. Jh. und von Hornberg, die um 1470 errichtet wurde. Auch der Bestand an ländlichen Filialkapellen wurde am Ende des Mittelalters erheblich erweitert. Urkundlich bezeugt sind Steinbach bei Mudau 1404 und Neckarkatzenbach 1511. Strümpfelbrunn hat vermutlich schon früher eine von Eberbach abhängige Filialkapelle gehabt, obwohl sie erst 1537 bezeugt ist. Die Filialkirche in Erfeld wird erstmals 1427 erwähnt, die in Breitenbronn 1496. Selbstverständlich entstand im Spätmittelalter auch eine Reihe von Kapellen ohne regelmäßigen Gottesdienst. Viel wichtiger war die Stiftung von zusätzlichen Meßpfründen in den älteren Kirchen, so z. B. die Frühmesse, die Pfalzgraf Otto von Mosbach in Neunkirchen einrichtete.

Patrozinien und Wallfahrten. – Wenn sie auch immer wieder zur Datierung früher Pfarreien herangezogen werden müssen und ebenso Auskunft über frühe Besitz- und Herrschaftszusammenhänge geben können, so sind die Kirchenpatrozinien doch immer als ein Zeugnis von verschiedenen Kultwellen und Stilen in der Frömmigkeit zu werten. Da aber die Datierungen selten eindeutig und die Aussagen oft mehrdeutig sind, ist diese Quelle stets mit Vorsicht zu verwenden. Auch unter den Martins-Kirchen, die gerne als fränkische Königskirchen gedeutet werden, gibt es junge wie das wohl erst neuzeitliche Unterschwarzach. St. Dionysius in Haßmersheim dagegen dürfte, obgleich erst 1496 bezeugt, auf die fränkische Zeit zurückgehen.

Auch das Michaels-Patrozinium gehört oft zur ältesten Schicht. Das könnte in Billigheim der Fall sein, wo es schon vor der Gründung des Klosters vorhanden war. In Waldhausen ist es sicher jüngeren Datums. Peter und Paul müssen nicht immer als Wormser Patrozinium eingeführt worden sein. In Hochhausen gehört dieses Patrozinium ebenfalls in die frühe Zeit, geht jedoch auf das Kl. Weißenburg zurück.

In die ottonische Zeit könnte das Mauritius-Patrozinium zurückführen. Im Kreisgebiet ist es allerdings erst in späteren Kirchen wie in Hemsbach und in Waldhausen zu fassen. Einer hochmittelalterlichen Kultwelle sind die verhältnismäßig zahlreichen Nikolaus-Kirchen in Neckarmühlbach, Kälbertshausen, Waldmühlbach und Unterwittstadt zu verdanken, zum Teil findet sich dieses Patrozinium mit St. Ulrich vergesellschaftet. In Kälbertshausen ist Hirsauer, in Waldmühlbach und wohl auch in Unterwittstadt Comburger Einfluß unverkennbar.

Hochmittelalterlich könnte die Lambertus-Verehrung in Obrigheim sein, da die dortige Adelsfamilie in die Saliergefolgschaft gehört. Es fällt auf, daß im Wimpfener

7. Kirche und Schule

Archidiakonat in Daudenzell und Hüffenhardt, auch in Guttenbach das Vitus-Patrozinium dreimal auftritt. Es ist aber auch noch in Götzingen, Bretzingen und Hettingen bezeugt, wo es im Spätmittelalter dem Evangelisten Markus weichen mußte. Längst nicht jedes Patrozinium ist bestimmten örtlichen und zeitlichen Zusammenhängen zuzuordnen. Eindeutig ist St. Georg als Patron der Burgkapellen in Obrigheim und in Allfeld der Ritterheilige. In Walldürn muß er das nicht sein, wenngleich es dort auch Beziehungen zum Adel gibt. St. Sebastian (Bretzingen, Seckach, Limbach) kommt zwar schon in frühen Beziehungen zu Worms vor, ist im Spätmittelalter aber auch als Pestpatron von Bedeutung. Die in Franken im Spätmittelalter besonders gepflegte Verehrung der Vierzehn Heiligen Nothelfer könnte in verschiedenen Vitus-, Georgs- und dem Ägidius-Patrozinium in Höpfingen zum Ausdruck kommen. Insgesamt sind die Vierzehn Heiligen neben Johannes dem Täufer zu Patronen in Ballenberg geworden. Eindeutig datierbar ist das ebenfalls zu dieser Gruppe gehörende Eucharius-Patrozinium in der 1393 gestifteten Schloßkapelle und späteren Pfarrkirche von Neckarmühlbach. Es beruht, wie auch die erst später bezeugten Nebenpatrone verdeutlichen, auf Beziehungen des Kirchenstifters, des Mainzer Erzbischofs Konrad von Weinsberg, nach Wimpfen und letztlich nach Trier. Der Eucharius-Kult hat sich von dort aus weiter nach Franken verbreitet.

Mancherorts erfuhr die Verehrung einzelner Heiligen solchen Anklang, daß sie zur Wallfahrt ausgebaut wurde. St. Gangolf, dessen Kult sich seit dem Hochmittelalter in Deutschland verbreitete und der als Pferdepatron angesehen war, erhielt eine Wallfahrt bei Neudenau. Sein Patrozinium gelangte auch nach Seckach. Die Wallfahrtskapelle bei Oberwittstadt war neben vielen anderen Heiligen auch ihm, besonders aber St. Bonifatius und der Muttergottes geweiht. In Hochhausen entwickelte sich spätestens im 14. Jh. aufgrund einer Lokalsage eine Wallfahrt zur hl. Notburga, der angeblichen Tochter des Königs Dagobert, deren Grab man in der Kirche und deren Einsiedlerhöhle man in der Nähe zeigte. Alle diese Wallfahrtsorte wurden aber überstrahlt durch den Ruhm von Walldürn, wo es freilich nicht um die Anrufung eines wundertätigen Heiligen, sondern um die Verehrung des Heiligen Blutes ging. Zugrunde lag der Wallfahrt ein Blutwunder, das sich 1330 ereignet haben soll. Ein päpstlicher Ablaßbrief stammt von 1445. 1476 bildete sich wohl auch im Zusammenhang mit dieser Verehrung eine Marienbruderschaft in Walldürn, bis zur Reformation blieb jedoch diese Wallfahrt immer noch in einem regional eng beschränkten Rahmen.

Klöster und Inkorporationen. – Obwohl außerhalb gelegen, war das beherrschende Kloster für das Kreisgebiet das bereits im 8. Jh. gegründete Amorbach, dem erhebliche geistliche Bedeutung dadurch zukommt, daß es einen Teil der kirchlichen Erschließung zusammen mit dem Siedlungsausbau vorangebracht hat. Wichtige Pfarreien gehörten dem Kl. Amorbach, besonders Bödigheim mit seinen Filialen, auch Walldürn (bis 1277) und Buchen mit Hainstadt, aber auch Oberschefflenz, Gerichtstetten und Bretzingen, Schlierstadt, Katzental und Roigheim. Amorbach selbst unterstand in geistlicher Hinsicht dem Bischof von Würzburg, der auch im Hochmittelalter zeitweilig sein Schutzherr war (s.o.), bis es im Lauf des 13. Jh. herrschaftlich endgültig unter Mainzer Einfluß geriet.

Wenig jünger als Amorbach dürfte das erstmals 826 erwähnte Kloster in Mosbach, das einzige alte Kloster im Kreisgebiet, gewesen sein. Auch es gehörte zum Benediktinerorden und zeigte wohl stärker als Amorbach Beziehungen zur Gruppe der am Bodensee und Oberrhein vom hl. Pirmin gegründeten Klöster. Schon 976 jedoch wurde es vom König an den Wormser Bischof geschenkt und in ein Chorherrenstift umgewandelt. Die Weihe an die hl. Juliana, vielleicht auf niederfränkischen Einflüssen beruhend, wurde beibehalten. Das Mosbacher Stift hat vor allem im Südwestteil des Kreisgebiets einen gewissen Einfluß auf Pfarreien und Seelsorge ausgeübt, vielleicht ähnlich wie im Bereich östlich des Neckars das St. Peter-Stift in Wimpfen.

Erst im Hochmittelalter kam es zu neuen Klostergründungen, die sich im Kreisgebiet auf Billigheim und Seligental beschränkten. Ersteres entstand schon im 12. Jh. und wurde 1238/39 an den Zisterzienserorden übertragen und der Aufsicht des Abtes in Ebrach (seit 1410 Schöntal) unterstellt. Seligental begann fast zu gleicher Zeit 1236 als Zisterzienserinnenkloster unter Schöntaler Aufsicht. Es war eine Gründung der Dynasten von Dürn, die dorthin das Kloster auf dem Gotthardsberg über Amorbach übertrugen. Die beiden Zisterzienserinnenklöster dienten im Spätmittelalter hauptsächlich der Unterbringung von Töchtern des fränkischen Adels. Als einzige Spur der bürgerlichen religiösen Frauenbewegung des Spätmittelalters hat sich ein Beginenhaus in Buchen erhalten.

Die Klöster hatten aufgrund des Eigenkirchenrechts eine ganze Reihe von Pfarreien in Besitz. Aus den geistlichen wie den adligen Eigenkirchen entwickelten sich im Lauf des 12. bis 13. Jh. die Patronatspfarreien. Dem Kirchenherrn war dafür ein bindendes Vorschlagsrecht für die Pfarrbesetzung und die Aufsicht über das Kirchenvermögen geblieben. Die ersten Übertragungen von Kirchen an ein Kloster sind bereits im späten 8. Jh. durch den Lorscher Codex in Hartheim bei Lohrbach, in Sulzbach, in Seckach und wohl auch in Schefflenz bezeugt, doch entwickelten sich diese gerade nicht zu den großen Pfarrkirchen. Die Besitznachfolger von Lorsch sind auch erst spät zu fassen. Denkbar ist jedoch, daß ein Teil der Kirchen an das Kloster oder Stift Mosbach gefallen ist, das als Patronatsherr in Neckarburken, in Neckarelz (seit Verkauf von 1277 durch die Herren von Dürn), in Neckargerach, in Waldmühlbach und in Roigheim bezeugt ist. Ihm gehörte auch die Kirche St. Cäcilia in Mosbach selbst. Das Julianenpatrozinium in Unterschefflenz muß ebenso als Zeichen des Mosbacher Einflusses gewertet werden.

Zu Beginn des Spätmittelalters strebten die von wirtschaftlichen Schwierigkeiten getroffenen Klöster und Stifte danach, daß ihnen nicht nur das Patronatsrecht übertragen, sondern daß ihnen auch durch Bischof und Papst die Pfarreien inkorporiert wurden. Das Kloster konnte so das Kirchenvermögen nutzen und war nur verpflichtet, für die Aufrechterhaltung der Seelsorge durch einen von ihm besoldeten Geistlichen, im Idealfall durch einen Angehörigen des Klosters selbst, zu sorgen. Inkorporationen sind 1277 von Hollerbach und 1399 von Buchen ins Kl. Amorbach bezeugt, 1362 wurde die Pfarrei Hüffenhardt dem Stift in Wimpfen inkorporiert. Auch unter weltlichen Patronatsherren war es üblich, daß der eigentliche Pfarrer (*pastor, rector ecclesiae*) nicht selbst die Seelsorgearbeit leistete, sondern einen häufig unterbezahlten Stellvertreter hielt. Dies und die Vermehrung der Pfründen durch Frühmessen und Altarstiftungen führten dazu, daß im Spätmittelalter eine breite unterversorgte Klerikerschicht entstand, was wiederum Mißstände und Ärgernisse zur Folge hatte. Dies half ebenso wie der Erneuerungswille einzelner seiner Vertreter dazu, die Reformation vorzubereiten. In Adelsheim gab es z. B. neben dem Pfarrer zwei Altaristen und einen Frühmesser, in Walldürn bestanden neben dem Hauptaltar noch fünf Nebenaltäre. Die Frühmesse war mit dem Marien-Altar verbunden, und dem Heilig Blut-Altar brachte die Wallfahrt besondere Stiftungen zu.

Ursprünglich waren Patronatsrechte und Zehnten eng miteinander verbunden, doch löste sich der Zehnt noch mehr als das Patronatsrecht von seiner alten Bestimmung, der Dotierung von Pfarrei und Seelsorge. Er wurde zum reinen grundherrlichen Besitztitel. Man unterschied den großen Zehnt, der im allgemeinen von den Halmfrüchten erhoben wurde, und den kleinen Zehnt von Hackfrüchten, Obst, häufig auch von Wiesenertrag und schließlich sogar vom neugeworfenen Vieh (sog. Blutzehnt). Besser als der große Zehnt ist der kleine Zehnt in Verbindung mit der Dotierung der Pfarrei geblieben. In Weinbaugebieten wurde noch ein eigener Weinzehnt erhoben, der gern mit dem Kelterrecht verbunden war und eher als der Großzehnt in den Besitz der Grundherren kam. Auch die Ausstattung der Pfarreien mit einem Wirtschaftshof, dem sogenannten Wittum (dos) der Kirche, konnte nicht immer in Verbindung mit der Kirche bleiben. Auf den Wittumhöfen lag, wie sich vor allem in der Wormser Diözese zeigt, die Pflicht zur Unterhaltung des Faselviehs (Farren, Eber und Ziegenbock). Sie waren meistens an einen Hofmann verpachtet.

Reformation. – Die Reformation durchlief im Kreisgebiet fast überall eine lange Phase, in der die Herrschaft nicht oder kaum eingegriffen hat. So finden sich selbst im mainzischen und im würzburgischen Gebiet mit Ausnahme von Walldürn überall Sympathien für die Reformation, und auch in der Kurpfalz hat diese ohne Zutun der Obrigkeit weite Verbreitung gefunden. Nachdem der Bauernkrieg die Berufung auf das Evangelium durch den gemeinen Mann zum Scheitern gebracht hatte, waren immer noch die Geistlichen sowie Teile des Stadtbürgertums Träger der Sympathien für die Reformation. Wirkliche Entscheidungen fielen aber doch nur da, wo auch die Obrigkeit die reformatorische Bewegung mittrug, in der Grafschaft Wertheim und bei einigen ritterschaftlichen Familien, die fast alle familiäre Beziehungen zur Kraichgauer Ritterschaft hatten, während sich die Odenwälder meist zurückhielten. Die Landschad führten schon in den 1520er Jahren ev. Gottesdienst in Daudenzell und Breitenbrunn ein, die Gemmingen in Neckarmühlbach, Hüffenhardt und Leibenstadt, die Berlichingen in Neckarzimmern und wahrscheinlich auch recht früh die Horneck in Hochhausen. Etwas später scheinen auch die Herren von Hirschhorn im Bereich der Herrschaft Zwingenberg nachgezogen zu haben.

Durch die adelige Reformation wurden die bisherigen Filialkirchen in Neckarzimmern, Leibenstadt, Hochhausen und Strümpfelbrunn zu Pfarrsitzen. Besonderen Anteil an der konfessionellen Entwicklung nahm die Herrschaft in Neckarmühlbach, wo bereits 1525 ein Religionsgespräch zwischen Anhängern Luthers und Zwinglis stattfand. Die Kurfürsten von der Pfalz haben sich erst verhältnismäßig spät für die Reformation entschieden. Nachdem sich Friedrich II. von 1545/46 an um eine luth. Kirchenerneuerung bemühte, mußte er infolge seiner unglücklichen Verwicklung in den Schmalkaldischen Krieg 1548 das Interim annehmen. Gerade für das Oberamt Mosbach wird aber berichtet, daß die pfälzischen Geistlichen bereits so entschiedene Lutheraner waren, daß sie sich großenteils diesem Kompromiß verweigerten. Zweifellos aber hat es in der Pfalz auch immer noch altkirchliche Tendenzen gegeben. Sie wurden erst durch die generelle Einführung der Reformation unter Ottheinrich 1556 unterdrückt. Bereits wenige Jahre später, unter Kurfürst Friedrich III., hat sich die Kurpfalz ab 1562 dem ref. (calvinistischen) Bekenntnis angeschlossen, wenn man auch zunächst betonte, man bekenne sich zur Augsburgischen Konfession, denn man wollte den Schutz des Augsburger Religionsfriedens nicht verlieren. 1564 hob Friedrich III. das Mosbach Stift auf. Sein Vermögen blieb kirchlichen Zwecken gewidmet und wurde als Stiftsschaffnei Mosbach zu einem wesentlichen Bestandteil der 1576 gestifteten Geistlichen Güteradministration. Nach dem Lehnsheimfall von Minneburg und Asbach 1565 führte Kurpfalz dort das ref. statt des luth. Bekenntnisses ein. Auch die Kirchen in den Adelsorten Großeicholzheim und Strümpfelbrunn mußten aufgrund pfälzischer Patronatsrechte calvinistisch werden. Der Versuch des Kurfürsten Ludwig VI. 1576–1583, die Pfalz wieder zum Luthertum zurückzuführen, blieb auf Dauer ohne Erfolg, weil sein Bruder Johann Kasimir als Vormund Friedrichs IV. die erneute Hinwendung zum Calvinismus erzwang.

Sicher blieben auch in der Kurpfalz bei einigen Minderheiten Sympathien für das luth. Bekenntnis erhalten. Freie Religionsausübung jedoch war den Lutheranern nur in den Orten adeliger Ortsherrschaft möglich.

Die Niederlage Karls V. 1552 und der Augsburger Religionsfriede von 1555 haben offensichtlich bei den Odenwälder Rittern, die bisher noch zögerten, die Zurückhaltung überflüssig gemacht. Eine luth. Reformation führten die von Habern in der Kellerei Minneburg und in Asbach durch. Die Herren von Hardheim haben in Hardheim selbst, in Höpfingen und in Waldstetten das luth. Bekenntnis offiziell eingeführt; ebenso gingen die Herren von Rosenberg in Rosenberg und Umgebung, die Rüdt in Bödigheim, Waldhausen, Sindolsheim und Eberstadt, die von Bödigheim in Binau und die von Adelsheim in Adelsheim und in Sennfeld vor. Auch in den Kondominaten Merchingen und Gerichtstetten setzte sich die luth. Reformation durch. Von den reichsunmittelbaren Ritterdörfern blieb nur Hüngheim, das der bayerischen Linie der Berlichingen gehörte, katholisch.

Von konfessionellen Sonderformen außerhalb der großen kirchlichen Organisation ist wenig überliefert. Täufer hat es in Mosbach und Umgebung von 1564 bis zum Ende des Jahrhunderts gegeben, namentlich auch in Dallau und in Neckarelz. Für ihre Vertreibung und Unterdrückung hat die Pfalz gesorgt.

Gegenreformation. – Obwohl in den geistlichen Territorien die Sympathien für die Reformation weiterliefen, ist von den 70er Jahren des 16. Jh. an eine Gegenwirkung zu verspüren. Abt Theobald von Amorbach sorgte 1571 dafür, daß seine Heimatpfarrei Limbach, obwohl der Pfarrer verheiratet war, beim kath. Glauben blieb, und hatte schließlich aufgrund der Patronatsrechte und mit militärischem Druck durch den Mainzer Erzbischof erreicht, daß auch im Rüdtschen Waldhausen der ev. Gottesdienst wieder durch katholischen ersetzt wurde und die Herren von Berlichingen trotz ihrer Ortsherrschaft in Hettigenbeuern nicht die Reformation einführen konnten. In Hainstadt konnte der Adel, obwohl im Besitz des größten Teiles des Dorfes, sein Bekenntnis nicht durchsetzen, sondern höchstens im Schloß ev. Gottesdienst halten. Die Visitation durch den Würzburger Bischof von 1595 unterdrückte im eigenen und im Mainzer Territorium die Sympathien für die Reformation, wenn es auch noch bis etwa 1610 dauerte, bis die letzten verheirateten Pfarrer ersetzt waren. In den heimgefallenen Orten der Herren von Hardheim wurde der kath. Gottesdienst wiederhergestellt. 1613 hat Bischof Julius Echter die Pfarrei Waldstetten wieder katholisch besetzt. Im jetzt würzburgischen Rippberg entstand 1585 bereits eine neue kath. Pfarrei und auch Schweinberg, das zur Mainzer Diözese gehörte, wurde zum Katholizismus zurückgeführt. Alle Versuche der Pfälzer, die vier Weiler Krumbach, Robern, Balsbach und Wagenschwend zum Calvinismus zu ziehen, scheiterten. Die Dörfer standen zwar unter weitgehend pfälzischer Ortsherrschaft, aber gehörten zur Zent Mudau und zur Pfarrei Limbach. Hier hat anscheinend mehr die Anhänglichkeit der Bevölkerung an ihre alte Pfarrei und den kath. Glauben den Ausschlag gegeben als gegenreformatorische Aktivitäten von Seiten des Mainzer Erzbischofs. Lediglich Trienz, das auch nicht mehr zur Mudauer Zent gehörte, ließ sich nach Lohrbach umpfarren und nahm das ref. Bekenntnis an. In den mit dem Deutschen Orden gemeinschaftlichen Dörfern im Elztal um Dallau konnte die Pfalz ihr Bekenntnis nicht voll durchsetzen. Die Ordensuntertanen blieben katholisch und besuchten den Gottesdienst im Schloß Dallau.

7. Kirche und Schule

Nicht nur in der Kurpfalz hat die Reformation das Ende der Klöster gebracht, sondern auch im kurmainzischen Gebiet. Seligental wurde, da es fast vollständig von den Nonnen verlassen war und keinen Nachwuchs mehr hatte, 1568 durch den Erzbischof eingezogen, und 1584 wurde auch Kl. Billigheim, das seit dem Bauernkrieg in wirtschaftlichen Schwierigkeiten lebte, aufgelöst und sein Vermögen in einer Amtskellerei zusammengefaßt, während das Seligentaler Klostergut wenigstens zeitweilig der Ausstattung des Mainzer Jesuitenkollegs zugewiesen wurde. Eine neue Ordensniederlassung, freilich in viel kleinerem Rahmen, brachte die Neubelebung der Wallfahrt in Walldürn, wo ab 1628 ein Kapuzinerkonvent entstand, der aber erst 1655 vom Erzbischof förmlich anerkannt wurde.

Inzwischen hatte der 30j. Krieg die Geschicke der Konfessionen mehrfach berührt, allerdings keinen endgültigen Wandel geschaffen. In der Kurpfalz sorgte die bayerische Besatzungsmacht ab 1629 verstärkt für die Rekatholisierung. Sie brachte 1628 die Franziskaner von Heidelberg nach Mosbach, die sich hier stark engagierten und nach Ausweisung der ref. Pfarrer zeitweilig auch den Gottesdienst in den umliegenden Pfarreien übernahmen. Rekatholisierungsbestrebungen von Mainz, Würzburg und Amorbach in Bödigheim und Eberstadt blieben erfolglos. Die kurze Episode schwedischer Herrschaft brachte in der Pfalz Religionsfreiheit für die Lutheraner, die offensichtlich manche Pfarrei schneller als die jetzt anerkannten Reformierten besetzten und damit behalten konnten. Im Mainzer Territorium wurden mindestens teilweise ev. Beamte und Amtsträger eingesetzt, die die Ordensgeistlichen vertrieben, während die kath. Pfarreien geduldet waren. Nach 1634 hatte wieder die kath. Partei die Vorherrschaft, ohne daß diese jetzt wie zuvor im pfälzischen Gebiet einen harten Gegenreformationskurs steuern konnte.

Katholische Kirche in den Bistümern Mainz und Würzburg. – Mit dem Westfälischen Frieden haben sich die Konfessionsverhältnisse verfestigt. In Zukunft waren sie auf das Normaljahr 1624 festgeschrieben und eine Änderung reichsrechtlich nicht mehr zulässig. Im Bereich der geistlichen Herrschaften ist es so bei dem schon in der Gegenreformation erreichten Stand geblieben, nur in der Kurpfalz (s. u.) war noch Bewegung zu verzeichnen.

1656 einigten sich die beiden Diözesen Mainz und Würzburg, damals unter dem gemeinsamen Oberhirten Johann Philipp von Schönborn, auf einen Ausgleich, der aber keineswegs die völlige Übereinstimmung von geistlichem Sprengel und weltlichem Territorium brachte. Während Mainz an der Tauber und am Main eine ganze Reihe von Pfarreien an die Diözese Würzburg abtrat, gab dieses seine geistliche Zuständigkeit in Amorbach, Kirchzell, Mudau, Limbach, Waldhausen und Hollerbach, Walldürn, Hainstadt und Höpfingen, in Hettingen und Altheim, in Schlierstadt und Seckach zugunsten der Mainzer Diözese auf. Es bildete sich also eine völlig neue Diözesangrenze, die das Gebiet des Altkreises Buchen von N nach S mit einem weiten Vorsprung nach O bei Altheim durchschnitt und ab Seckach etwa der späteren Kreisgrenze zwischen Buchen und Mosbach entsprach. Lediglich die Pfarrei Buchen als würzburgische Patronatspfarrei blieb mit ihren Filialen als Exklave bei der angestammten Diözese, obwohl sie in einer mainzischen Amtsstadt lag. Auch Osterburken und Ballenberg sowie Götzingen blieben würzburgisch. Im Bereich von Hardheim, Höpfingen, Bretzingen, Waldstetten und Gerichtstetten änderte sich ebenfalls nichts, hier hatte ja inzwischen Würzburg auch territorial Fuß gefaßt. Eine Anpassung an diese neuen Territorialverhältnisse stellte der Übergang des einst mainzischen Diözesanortes Schweinberg an Würzburg dar.

Die würzburgischen Pfarreien blieben im Verband des Landkapitels Buchen, während für die mainzischen 1621 ein neues Dekanat in Miltenberg entstand, von dem 1787 das Landkapitel Walldürn abgetrennt wurde. Schon 1591 war im Würzburger Sprengel ein Dekanat Krautheim als Ersatz für das verlorene Ingelfingen eingerichtet worden. Anstelle des verlorenen Weinsberg wurde Neckarsulm der für Allfeld und Neudenau zuständige Dekanatssitz. Die Pfarreigliederung blieb praktisch ohne Änderungen auf beiden Seiten der Diözesangrenze erhalten. Der besseren Versorgung der Filialen dienten die im Verlauf des späten 17. und des 18. Jh. neu errichteten Gotteshäuser in Rütschdorf, Glashofen, Reinhardsachsen, Großhornbach und Wagenschwend im Mainzer Diözesanbereich sowie von Unterneudorf, Stürzenhardt und Erlenbach im Würzburger Sprengel. Als Spätfolge von Rekatholisierungsbestrebungen erhielt Rosenberg, nachdem es durch die kath. Linie der Löwensteiner erworben worden war, zunächst ein Simultaneum und schließlich eine kath. Pfarrei. Gerichtstetten blieb seit dem 30j. Krieg mehrheitlich katholisch. 1702 setzte der Würzburger Bischof einen kath. Geistlichen auf die freigewordene Pfarrstelle.

In typisch barocker Weise lebten Wallfahrts- und Bruderschaftswesen wieder auf und wurden weiter ausgestaltet. Die Heiligblut-Wallfahrt in Walldürn erlebte jetzt ihre größte Blüte und Ausstrahlung. Ihr Einzugsbereich reichte im 18. Jh. vom Eichsfeld bis zur Murg und ins südliche Jagsttal, während Oberfranken und der größte Teil der linksrheinischen Lande nicht erfaßt waren. Aschaffenburger Wallfahrer errichteten 1656 in Gerolzahn eine Stationskapelle auf dem Weg nach Walldürn, die 1715 durch die Mainzer Sodalität erneuert wurde. Als Geschenk des Weihbischofs von Fulda erhielt die Kirche in Hettingen eine Reliquie der hl. Odilie, zu der sich eine kleine Wallfahrt entwickelte. Allenthalben entstanden Sakraments- bzw. Corpus Christi-Bruderschaften. Bezeugt sind sie in Hettingen, Götzingen, Hainstadt, Hollerbach, Buchen, Haßmersheim und Hettigenbeuern. Die alte Marien-Bruderschaft in Walldürn hat seit dem Mittelalter fortgedauert. Hettigenbeuern erhielt 1746 eine Bruderschaft zu Mariä Himmelfahrt, Mudau eine Annen-Bruderschaft und Hollerbach eine Skapulier-Bruderschaft.

Die Katholiken in der Kurpfalz bis 1685. – Ganz anders verlief die Entwicklung im Bereich der Würzburger Diözese, soweit diese sich ins kurpfälzische Territorium erstreckte. Auch der Rand der Wormser Diözese hatte daran Anteil. Der Westfälische Friede hatte auch in der Kurpfalz die alten Verhältnisse wiederhergestellt, freilich statt des hier bereits zu späten Normaljahrs 1624 die Zeit vor dem Prager Fenstersturz als maßgeblich festgelegt. An den Rändern des Oberamtes Mosbach hatte sich aber wie schon vor dem 30j. Krieg ein nicht unbeachtlicher Anteil kath. Bevölkerung gehalten. Die vier Weiler um Krumbach (s. o.) widerstanden auch jetzt allen Bestrebungen, sie von der Pfarrei Limbach zu lösen und dem ref. Bekenntnis zuzuführen. Auch über den Austauschvertrag mit dem Deutschen Orden von 1668 hinaus blieben die kath. Einwohner im Bereich der Pfarrei Dallau; in Rittersbach handelte es sich sogar um eine kath. Mehrheit. Ihnen stand ein Gottesdienstraum im Dallauer Schloß zur Verfügung. Es fehlte nicht an Übergriffen der subalternen pfälzischen Beamten, die aber im Grunde nichts erreichten. Im Bereich der Schefflenz-Orte, wo Kurmainz 1653 auf seine Kondominatsrechte verzichtet hatte, war die kath. Minderheit nicht so bedeutend und mit keinem Raum für einen Gottesdienst innerhalb des Landes ausgestattet. Kath. Konvertiten aus der Zeit des 30j. Krieges und Neuzuwanderer blieben auch sonst im Lande sitzen. Ihnen stand nur die private Ausübung ihrer Religion, die sogenannte devotio domestica innerhalb der eigenen vier Wände frei. Im allgemeinen konnten sie auch kath. Gottesdienst auswärts besuchen, so etwa die Neckarelzer den in Mosbach und die Schefflenzer den in Billigheim. Wie es den Tendenzen der Zeit entsprach, übten jedoch die zuständigen ref. Pfarrer den Pfarrbann über sie aus, d. h. die sogenannten actus parochiales (Taufen, Trauungen und Beerdigungen) wurden vom ref. Geistlichen vorgenommen.

Die Rekatholisierung der Kurpfalz. – Die Situation der Katholiken in der Kurpfalz änderte sich schlagartig mit dem Regierungsantritt der Neuburger Linie 1685. Obwohl Philipp Wilhelm im Erbvertrag noch einmal ausdrücklich zugestanden hatte, die Konfessionsverhältnisse nicht zu verändern, wie dies auch der Westfälische Friede vorschrieb, fühlte er sich doch nicht daran gehindert, seinen Glaubensgenossen freie Religionsausübung zu gewähren. Sein Nachfolger Johann Wilhelm legte, weit darüber hinausgehend, die Formulierung des Westfälischen Friedens als ein ungehindertes (Gegen-) Reformationsrecht aus. Bereits Philipp Wilhelm hatte 1688 mit dem Würzburger Bischof Johann Gottfried einen Vertrag für eine geregelte Seelsorge der Katholiken abgeschlossen. Dieser Vertrag sollte gelten, bis das Kirchengut unbeschadet der Friedensverträge in die Hand der Katholiken kam. Man hoffte also auf lange Sicht mit einer Konversion aller Reformierten. Einstweilen stellte der Fürstbischof acht Weltgeistliche und zusätzlich kath. Schulmeister für die Oberämter Mosbach und Boxberg ab. An der Besoldung beteiligte sich der Kurfürst. Pfarreien entstanden damals neu in Mosbach selbst, in Sulzbach, in Lohrbach und in Neckargerach. Ein weiterer Geistlicher wurde ins mainzische Billigheim beordert, um von dort aus das Schefflenztal zu pastorieren. Diese neuen Pfarreien, wozu auch noch Eberbach gehörte, wurden in einem eigenen Dekanat Mosbach zusammengefaßt und diesem auch Billigheim und Waldmühlbach zugewiesen. Die Katholiken in Klerus und Volk ergriffen die neuen Möglichkeiten konfessioneller Entfaltung mit großem Eifer und errichteten zusätzlich zu diesen Pfarrkirchen noch eine ganze Reihe von gottesdienstlichen Außenstationen. Dabei half die Herrschaft mit, indem sie im eigenen Bereich in Schlössern und Keltern Räumlichkeiten zur Verfügung stellte. Mit dem Übergang der Herrschaft Zwingenberg an die Grafen von Wiser verdrängten diese die Reformierten aus der Kirche in Strümpfelbrunn, die damit dem kath. Gottesdienst gewidmet wurde. Das Verhältnis zwischen Katholiken und Reformierten sollte noch viel gespannter werden, als Johann Wilhelm, angeregt durch das französische Vorbild und voller Empörung über daran anschließende Proteste des ref. Kirchenrats, zu einer ganz aggressiven Rekatholisierungspolitik überging. 1698 führte er den Simultangebrauch aller Kirchen in der Pfalz durch Reformierte, Katholiken und Lutheraner ein. Erst 1705 gab er dem Druck der prot. Schutzmächte, hauptsächlich weil er sie als Verbündete in seiner Abrechnung mit Bayern brauchte, nach und erließ die Religionsdeklaration. Sie sollte zur Grundlage von Seelsorge und Kirchenvermögen bei Katholiken wie Reformierten in der Kurpfalz werden. Entsprechend dieser Deklaration wurden die Kirchen auf dem Lande in den ref. Inspektionen im Verhältnis 2:5 zwischen Katholiken und Reformierten geteilt. Nach ebensolchem Schlüssel wurde die Nutzung des Kirchenvermögens geteilt, wobei die Stiftsschaffnei Mosbach vornehmlich in ref. Verwaltung kam. Die Stadtkirchen sollten, falls es nicht mehrere von ihnen gab, durch eine Scheidemauer zwischen ref. Schiff und kath. Chor geteilt werden. In Mosbach bestanden die Katholiken auf einer solchen Teilung, obwohl vor der Stadt die seit Philipp Wilhelm wieder besetzte kath. Franziskanerkirche lag. Ansonsten hat die Teilung den Katholiken die Kirchen in Rittersbach, Oberschefflenz, Strümpfelbrunn, Haßmersheim und Sulzbach sowie die Filialkirchen in Guttenbach und Unterschwarzach zugewiesen, nachträglich auch noch

Neckargerach und Fahrenbach. Mit den Kirchen gingen jeweils das Pfarrvermögen und die Schule an die entsprechende Konfession über. Die Katholiken verfügten damit über ein relativ dichtes Pfarreinetz, zumal noch die Ordenskirche in Mosbach und bald auch Kirchenneubauten in Neunkirchen, Neckarelz, Dallau und Lohrbach, fast alle auf Grund ehemals herrschaftlicher Bauten, hinzukamen. In Aglasterhausen konnten die Katholiken ein Simultaneum mit den Lutheranern erreichen. Dort, wo für den kath. Gottesdienst keine Räume bei der Herrschaft zur Verfügung standen, wurden ihnen, wie in den Orten Unterschefflenz, Auerbach, Neckarburken, Schollbrunn und Obrigheim, Räume in den Rathäusern zugewiesen. Die herrschaftlichen Keltern in Nüstenbach und Mörtelstein dienten ebenfalls dem kath. Gottesdienst. Schließlich wurde auch die Burgkapelle in Zwingenberg katholisch, ebenso die im helmstattischen Hochhausen, und in Neckarkatzenbach entstand eine völlig neue Filialkirche. Mit der Erhebung von Neckarelz zur Pfarrei vollzog sich auch ein Einbruch der Diözese Würzburg in den alten Bereich der Wormser Diözese, denn Obrigheim mit Mörtelstein und dem Kirstetterhof verblieben endgültig bei dieser Pfarrei. Die Wormser Diözese hat auch weiter im W durch die enklavierte große Pfarrei Neckargemünd, die der Würzburger Bischof besetzte, Verluste erlitten. Im Beschreibungsgebiet blieb sie jedoch sonst intakt, auch wurde das Landkapitel Waibstadt wieder auf seinen alten Umfang gebracht.

Die Kirche in Fahrenbach konnte nicht als Pfarrsitz gehalten werden, sondern wurde Filiale von Lohrbach. Ansonsten blieb der Stand nach der Kirchenteilung für die Seelsorge im ganzen 18. Jh. maßgeblich. Eine neue rechtliche Grundlage brachte die vom Geist der Aufklärung geprägte Religionsdeklaration von 1801. Sie ordnete nun eine Realteilung des Kirchenvermögens an – die Stiftsschaffnei Mosbach blieb in den Händen der Reformierten – und stellte die völlige Gleichberechtigung der drei Konfessionen im bürgerlichen Leben her. Während anderswo Klöster aufgehoben wurden, hielten sich die Mosbacher Franziskaner bis 1808.

Die reformierte Kirche. – Die Restauration der pfälzischen ref. Kirche gehörte zum Regierungsprogramm Kurfürst Karl Ludwigs und ganz betont seines Sohnes Karl (1680–1685), und in den vierzig Jahren nach dem Ende des 30j. Krieges ist sie auch weitgehend gelungen. Schmerzliche Verluste brachte die Kirchenteilung nach 1705. Die Reformierten haben anschließend versucht, die fühlbaren Lücken durch die Gründung neuer Pfarr- und Filialkirchen auszugleichen. Als Ersatz für verlorene Pfarrsitze erhielten Haßmersheim und Neckargerach neue Kirchen. Bei der Bereinigung des langen Streites um die Herrschaft Zwingenberg mußte Kurpfalz 1748 eine neue ref. Pfarrei in Strümpfelbrunn dotieren. Zusätzliche Filialkirchen entstanden in Oberschefflenz, Sulzbach, Nüstenbach, Fahrenbach, Guttenbach und Unterschwarzach. In Sulzbach hatte vorübergehend der Gottesdienst im Rathaus stattgefunden. Eine Rathauskirche blieb bis 1803 in Rittersbach bestehen. Kollekten zur Errichtung neuer Kirchen wurden 1761 für Nüstenbach und 1803 für Rittersbach genehmigt.

Zum Calvinismus konvertierte 1701 ein Zweig der Familie von Adelsheim. Man berief einen ref. Pfarrer in die Stadt und stellte dem Gottesdienst einen Raum im Schloß zur Verfügung. Dies endete 1763 durch das Aussterben der ref. Linie.

Die ref. Gemeinden in der Pfalz waren wie schon vor dem 30j. Krieg in sogenannten Inspektionen zusammengefaßt. Die Inspektion Mosbach deckte sich nahezu ganz mit dem pfälzischen Oberamt gleichen Namens einschließlich Ober- und Untergimpern und Siegelsbach, aber ohne dessen Exklaven im Bereich von Sinsheim, und schloß den NO der Stüber Zent von Asbach über Reichartshausen, Waldwimmersbach und Schönbrunn mit ein.

7. Kirche und Schule

Die Lutheraner. – Die ritterschaftlichen Orte bewahrten in der Regel das luth. Bekenntnis, von den Gewinnen der Gegenreformation war schon oben die Rede. Die Herrschaft Rosenberg, die von der kath. Linie des Hauses Löwenstein erworben wurde, konnte zwar das angestammte Bekenntnis bewahren, mußte aber die Wiederzulassung von Katholiken hinnehmen. Eine überlokale Organisation der Lutheraner fehlte außer bei den wenigen Wertheimer Pfarreien. Nur selten ist zu erfahren, daß man sich wenigstens im Bekenntnis nach einer großen territorialen Kirchenordnung richtete, so Neckarzimmern im 16. Jh. nach der für Brandenburg-Ansbach, Rosenberg nach Hohenlohe, doch war dort das Bekenntnis in den Dorfbüchern festgeschrieben. Binau orientierte sich im 18. Jh. an der württembergischen Kirchenordnung. Als in Adelsheim 1785 der Bayreuther, also ebenfalls brandenburgische Katechismus eingeführt werden sollte, kam es zu Unruhen.

Auch in der Pfalz hielten sich Lutheraner. Traditionell waren sie in den sogenannten vogtjunkerlichen, d. h. Dörfern adliger Ortsherrschaft besonders im Bereich der Stüber Zent, im Übergewicht und auch meist im Besitz der Pfarreien, soweit diese nicht landesherrlichem Patronat unterstanden. Wahrscheinlich von Anfang an und nachweislich seit der Schwedenzeit war über das ganze Oberamt Mosbach eine luth. Diaspora verstreut. Auch die Lutheraner unterlagen dem Pfarrbann der ref. Ortspfarrer. Übergreifende Angelegenheiten erledigte für sie der ref. Kirchenrat einschließlich der Besetzung von Pfarrstellen, wobei er sich freilich mit den adligen Patronatsherren einigte. Mit der Erklärung des Simultaneums von 1698 wurde den Pfälzer Lutheranern die Mitbenutzung der bisherigen ref. Kirchen zugestanden, aus der sie mit der Religionsdeklaration von 1705 wieder ausschieden. Geblieben ist ihnen seit 1698 ein eigenes Konsistorium in Heidelberg. Von da an wurden auch eigene Dekanate, sogenannte Klassen, eingerichtet. 1761 wurden die luth. Pfarreien in den vogteilichen Dörfern des Unteramtes Dilsberg, also auch die in Michelbach und Daudenzell, in einer Klasse Dilsberg zusammengefaßt. Die Pfarreien rechts des Neckars sowie Haßmersheim zählten zur Klasse Mosbach. Die Herrschaft in Zwingenberg errichtete eine eigene Klasse, obwohl sie nur über eine Pfarrei verfügte. Durch Geldsammlung und eigene Anstrengung konnten sich die Lutheraner außerhalb der vogteilichen Dörfer neue Pfarrsitze in Mosbach, Waldkatzenbach, Haßmersheim und Unterschefflenz schaffen. In Oberschefflenz durften sie das Rathaus mitbenutzen. Neue Filialkirchen entstanden in Sulzbach und Asbach. Breitenbrunn, dessen Kirche in der Kirchenteilung den Reformierten zugeschlagen war, wurde bei ref. Desinteresse schließlich Sitz einer luth. Pfarrei.

Umgliederung der kirchlichen Zugehörigkeit 1803–1828. – Durch die Veränderungen der napoleonischen Zeit war die alte Reichskirche in ihrem Grundbestand erschüttert. Die neuen Mittelstaaten versuchten alle die kath. Kirchengliederung ihrem Staatsgebiet anzupassen und auch sonst maßgeblichen Einfluß auf das kirchliche Leben zu gewinnen. Während das Fürstentum Leiningen in den wenigen Jahren seiner Souveränität praktisch keinen Einfluß genommen hat, wirkte das Großherzogtum Baden von Anfang an auf eine Vereinheitlichung der kirchlichen Organisation in seinen Grenzen hin. Dabei ging es in erster Linie um die Gründung eines eigenen Bistums, während die Dekanatsgliederung insofern nicht gänzlich umgestaltet wurde, als es neben den kirchlichen Dekanen von 1807 bis 1853 Staatsdekane gab, die jeweils für ein oder zwei Bezirksämter zuständig waren, aber für die Weiterentwicklung der kirchlichen Organisation keinen Einfluß hatten. Als 1808 der letzte Würzburger Fürstbischof gestorben war, unterstellte das Großherzogtum Baden seinen Anteil an der Würzburger Diözese dem bischöflichen Vikariat in Bruchsal. Die Mainzer Diözesananteile, seit 1803 vom Sitz des Erzbistums in Regensburg aus verwaltet, konnten erst 1817 zum Bruchsaler Vikariat gezogen werden. Damit war für Nordbaden die Einheit des Bistums erreicht, die Vorstufe für das 1821/27 errichtete Erzbistum Freiburg. Die Dekanate haben dagegen kaum Änderungen erfahren, und es ist bei der durch die alten Diözesen und vor allem den mainz-würzburgischen Ausgleich von 1656 geschaffenen Gemengelage geblieben. Nur der badische Anteil des Dekanates Neckarsulm wurde 1811 zu Mosbach gezogen, die wenigen Schwaigerner Pfarreien zu Waibstadt, die Pfarreien Wiesenbach und Dilsberg-Neckargemünd zu Heidelberg.

Die Verfassung der prot. Kirchen erfuhr 1803 insofern eine Änderung, als das luth. Konsistorium in Heidelberg mit dem in Karlsruhe vereinigt wurde. Dieses Konsistorium war von 1805 an auch für die ritterschaftlichen Orte und seit 1806 auch für die Gemeinden der Fürstentümer Löwenstein und Leiningen zuständig. Letzteres hatte 1803 bis 1806 einen eigenen ref. Kirchenrat, zuletzt in Mosbach. 1807 entstand als Vorstufe für eine einheitliche badische Landeskirche ein gemeinsamer ev. Oberkirchenrat, unter dem ungemischt luth. und gemischt luth.-ref. Spezialate (Dekanate) eingerichtet wurden. Ungemischt lutherisch war das Dekanat Adelsheim, dem die meisten Pfarreien im späteren Altkreis Buchen unterstanden, sowie Neckarbischofsheim, gemischt waren das Spezialat in Mosbach und das in Neckargemünd. Schon 1810 wurden neue Dekanate, jetzt in Übereinstimmung mit den staatlichen Verwaltungsbezirken und einheitlich für ref. wie luth. Pfarreien zuständig, geschaffen. Sie hatten auch die Bezeichnung Diözesen. Für das Kreisgebiet zuständig waren Neckargemünd, Neckarbischofsheim, Mosbach, Adelsheim und Boxberg. Diese Dekanate blieben auch über die Kirchenunion von 1821 hinweg für lange Zeit bestehen und sind bis heute Grundlage der ev. Bezirksgliederungen geblieben. Im Anfang waren die rein kath. Gebiete von dieser Dekanatsgliederung nicht erfaßt. Während die Masse des Kreisgebiets zu den Dekanaten Adelsheim und Mosbach gehörte, deren Grenze der Nordgrenze des kurpfälzischen Territoriums entsprach, zählte Hirschlanden zum außerhalb gelegenen Dekanat Boxberg, und gehörten Neckarmühlbach, Hochhausen, Hüffenhardt, Kälbertshausen und Daudenzell zum Dekanat Neckarbischofsheim, Asbach, Aglasterhausen, Breitenbrunn, Michelbach und Neunkirchen zum Dekanat Neckargemünd. Das Mosbacher Dekanat erstreckte sich nach wie vor auch nach Eberbach.

Schule im Mittelalter und in den geistlichen Herrschaften. – Das Beschreibungsgebiet hatte wenige Zentren und deswegen auch kaum ein ausgeprägteres Schulwesen vor der Reformation. Mit dem Mosbacher Stift war eine Lateinschule verbunden, die auch von Bürgerkindern besucht wurde. Die Kll. Seligental und Billigheim scheinen Unterricht nur für den eigenen Nachwuchs gekannt zu haben. Von den Städten verfügten Buchen und Walldürn über eigene Schulen, in Buchen existierte auch eine Lateinschule. In Walldürn waren deutscher und lateinischer Unterricht in einer Hand. In Osterburken und Ballenberg sind Schulmeister erstmals 1559 bzw. 1575 erwähnt. In Buchen wurde bereits vier Jahre später die Anstellung eines zweiten Lehrers gefordert, jedoch scheint dieser Wunsch erst im 17. Jh. in Erfüllung gegangen zu sein. Kath. Volksschulen sind vor dem 30j. Krieg auch in den Dörfern Oberwittstadt, Hainstadt, Mudau und Götzingen zu fassen, in letzterem auch ein Schulhaus. Das Höpfinger Schulhaus kam mit der dortigen Gegenreformation in den Besitz der Katholiken. Die Hainstadter Dorfordnung von 1589 kennt die Bestimmung, daß künftig ein entsprechend gebildeter Mesner den Dienst in der Schule und als Gerichtsschreiber übernehmen solle. Gewiß gab es auch andernorts kath. Volksschulen und waren diese ähnlich knapp dotiert. Im

7. Kirche und Schule

späten 17. Jh. sind solche für Allfeld, Limbach, Bretzingen, Katzental, Hollerbach und Erfeld bezeugt. Daß mancher Pfarrort erst damals zu einer Schule kam, zeigt das Beispiel Hettingen, wo endlich 1623 auf Druck des Würzburger Ordinariats eine Schule eingerichtet wurde. In Walldürn gab es noch im 18. Jh. lediglich drei Schulklassen, eine lateinische unter Leitung des Rektors, eine deutsche, die vom Kantor versehen wurde, und eine Mädchenklasse unter dem Präzeptor. Das 18. Jh. ist die Zeit der Errichtung von Schulen oder wenigstens Schulmeisterstellen in den Filialorten. In Erlenbach entstand eine solche 1715 aus den Mitteln der Dorfgemeinde. 1749 baten die Einwohner von Wagenschwend, fast alles Analphabeten, um einen eigenen Winterschulmeister, weil der Weg nach Limbach zu weit war. Um 1780 stand ihnen eine Schule in Balsbach zur Verfügung. Zeitweilig gab auch der Eremit am Ort selbst Unterricht. Die Kinder von Gottersdorf wie von Kaltenbrunn gingen nach Reinhardsachsen in die Schule, auch die von Gerolzahn. Dort wie in Gottersdorf sorgte die leiningische Herrschaft für eigene Schulmeister. Die letzten Odenwalddörfer erhielten solche erst unter badischer Herrschaft.

Die protestantischen Schulen. – Auch im Bauland und Odenwald gingen von der Reformation grundsätzliche Anstöße zur Verbesserung des Schulwesens aus. Die Stiftsschule in Mosbach wurde städtische Lateinschule. Die größeren Pfarrorte erhielten in der Kurpfalz wie auch in den ritterschaftlichen Gebieten Volksschulen. Die Stellen für Schulmeister wurden aus dem Glöcknerdienst und aus Meßstiftungen genommen. In Neckarelz und in Lohrbach gab es neben dem Pfarrer einen Diakon für den Schulunterricht wie für die Seelsorge in den Filialorten. Vor dem 30j. Krieg sind außerdem ref. Schulmeister in Obrigheim, in Mittelschefflenz, in Guttenbach und Neunkirchen, in Sulzbach und Neckarburken erwähnt. Man wird sie für alle großen Pfarreisitze annehmen können. In den kleineren Orten, so z. B. in Neckarburken, gab es nur eine ref. Winterschule. Im späten 17. Jh. hatten aber auch schon Schollbrunn und Zwingenberg eigene Schulen. Die ref. Schulgeschichte des 18. Jh. ist dadurch bewegt, daß mit den Kirchen 1706 auch die entsprechenden Schulen verlorengegangen sind, doch war es das Bestreben des Kirchenrats wie der Bevölkerung, überall wieder Ersatz zu schaffen. Dabei mußte freilich oft auf ein eigenes Schulhaus verzichtet und der Unterricht in der Stube des Lehrers, auf dem Rathaus oder in einem sonstigen Provisorium erteilt werden. Auch nicht der Teilung zum Opfer gefallene Schulhäuser mußten wegen Baufälligkeit aufgegeben werden, so die in Asbach und Neunkirchen. Andererseits wurden die Schulstellen allenthalben vermehrt, und es erhielten auch kleinere Filialorte wie die auf dem Winterhauch ab 1763 eigene Winterschulmeister. Die Schule in Neckarkatzenbach wurde von der Gemeinde eingerichtet und aus Kollektenmitteln unterhalten.

Im Bereich der ritterschaftlichen Orte ist als erstes die luth. Schule in Adelsheim 1547 erwähnt. Bis zum 30j. Krieg folgen Belege für Bödigheim, Hüffenhardt und Sennfeld nach, doch es besteht kein Zweifel, daß auch die meisten anderen Pfarrsitze eine Schule hatten. Daudenzell allerdings war noch Anfang des 18. Jh. lediglich mit einer Winterschule ausgestattet. Dann folgten wohl rasch auch die Filialen mit der Anstellung von Schulmeistern, so Breitenbronn noch um die Mitte des 18. Jh. Ritterschaftliche Schulordnungen sind 1646 für Neckarzimmern und 1767 für Neckarmühlbach überliefert.

Katholische Schulen in der Kurpfalz. – Mit der konfessionellen Wende im Herrscherhaus 1685 beginnt die schulische Versorgung der pfälzischen Katholiken. Der Vertrag von 1687 brachte kath. Lehrer nach Lohrbach und Neckarelz sowie an die bereits erwähnten Pfarrorte. Mit dem Simultaneum übernahmen die dortigen Katholiken die Mitbenutzung der jeweiligen ref. Schulhäuser. Die Kirchenteilung von 1705 beschränkte sie auf die Schulgebäude ihres 2/7 Anteils an den Kirchen. In Mosbach bauten die Franziskaner auch wieder eine Lateinschule auf. Über den Kreis der aus der Teilung stammenden Volksschulen hinaus entstanden in der ersten Hälfte des 18. Jh. neue kath. Schulen in Obrigheim und in Neunkirchen. Das Schulhaus in Obrigheim wurde 1730 am Platz des einstigen ref. Pfarrhauses, da dieses nicht mehr gebraucht wurde, errichtet. In Mittelschefflenz versuchten die Katholiken, das ref. Schulhaus weiter zu benutzen, bis sie ins Rathaus abzogen. Auch in Nüstenbach usurpierten die Katholiken 1735 das ref. Schulhaus, mußten aber 1762 wieder daraus weichen. Häufig war die Lehrerwohnung das Schullokal. In Asbach wohnte der Lehrer seit 1742 über dem Ziegelofen. In Sulzbach wohnte und unterrichtete der kath. Winterschulmeister immer noch in einem Wirtshaus. Bis Ende des 18. Jh. wurden auch die kleineren Filialorte mit kath. Schulen versorgt. Die geistliche Administration richtete 1770 eine Schule in Oberferdinandsdorf ein. Wegen der Beschwerlichkeit des Schulwegs genehmigte sie 1784 eine Lehrerstelle in Muckental. In Trienz haben die Eltern selbst einen Winterschulmeister engagiert.

In wenigen Fällen erhielten die Angehörigen einer Konfession keine eigene Schule, sondern mußten sich mit der anderen Konfession arrangieren. In Michelbach kam zum luth. Lehrer auch ein reformierter hinzu, zu diesem gingen jedoch auch die kath. Kinder in den Unterricht. In Rittersbach dagegen besuchte auch die prot. Jugend die kath. Schule. Die Lutheraner in Obrigheim und in Auerbach mußten ihre Kinder durch den ref. Schulmeister unterrichten lassen.

8. Bevölkerung und Wirtschaft

Bevölkerungsentwicklung. – Genauere Aussagen über die Bevölkerungszahl einzelner Orte sind für das Kreisgebiet ebenso wie anderwärts erst seit dem Ende des Mittelalters möglich; davor fehlt es nahezu an allen Quellen, denen die notwendigen quantifizierbaren Angaben zu entnehmen wären. Wertvolle Anhaltspunkte für demographische Untersuchungen liefern in der frühen Neuzeit zunächst Steuer-, Huldigungs- und Musterungslisten, hierzulande vor allem die Listen zur Reichssteuer (Gemeiner Pfennig) von 1495/96, die Akten über kurpfälzische Landeshuldigungen (seit 1556) sowie Aufstellungen über die wehrfähige Mannschaft in den pfälzischen und mainzischen Zenten. Daneben sind aus dem kirchlichen Bereich vielfach Kommunikantenverzeichnisse überliefert; aber auch Angaben über die an einem Ort gezählten Hufen, Häuser oder Feuerstätten können einer näherungsweisen Berechnung der Einwohnerzahl als Grundlage dienen. Indes sind die solcherart ermittelten Größen nicht unproblematisch, müssen doch die jeweils den Quellen entnommenen Zahlen über Untertanen, Haushaltungen oder dergleichen erst mit einem in der historischen Demographie erprobten Faktor (hier 4,5) multipliziert werden, um schließlich zu einer ungefähren, sowohl die Kinder und Alten wie auch das Gesinde berücksichtigenden Einwohnerzahl zu gelangen; ob das dabei gewonnene Ergebnis im Einzelfall immer zutrifft, kann freilich nicht überprüft werden. Infolgedessen vermögen alle diese Zahlen nur eine grobe Vorstellung von der Bevölkerungsgröße zu geben. Gleichwohl lassen sich mit ihrer Hilfe und durchaus zuverlässig die großen Tendenzen der Bevölkerungsentwicklung aufzeigen. Die frühesten Nachrichten über Gesamteinwohnerzahlen einzelner Orte liegen für das Gebiet des Erzstifts Mainz zum Jahr 1668 vor, und die in

8. Bevölkerung und Wirtschaft

Amorbach von 1700 an erhaltenen mainzischen Amtsrechnungen bieten für jedes Jahr zuverlässige Angaben über die Einwohnerzahlen der zum Amt gehörigen Dörfer, in der Regel sogar spezifiziert nach Männern, Frauen, Söhnen und Töchtern. Eine regelrechte, auch wissenschaftlich fundierte Bevölkerungsstatistik gibt es in Deutschland allerdings nicht vor dem 18. Jh. Nach ersten Ansätzen im Jahre 1727 wurden derartige Erhebungen in der Kurpfalz seit den späten 1760er Jahren regelmäßig durchgeführt; überliefert sind die für das ganze Territorium nach Art einer Gemeindestatistik zusammengestellten Ergebnisse von 1774, 1777 und 1784. Den Bestand am Ende des Alten Reiches dokumentieren für nahezu das gesamte Kreisgebiet die 1803 und 1806 im Fürstentum Leiningen angelegten *Bücher zur Kenntnis und zur Hebung des Landes*. Freilich fehlen hier noch die ritterschaftlichen Dörfer, deren Bevölkerungszahl gewöhnlich auch in den davorliegenden Jahrhunderten nur mangelhaft und mitunter gar nicht dokumentiert ist.

Die einwohnerstärksten Orte im Gebiet des Neckar-Odenwald-Kreises waren zu Ausgang des Mittelalters die Städte Mosbach (1439 ca. 1000–1200, 1463 ca. 1200–1400), Buchen (um 1500 ca. 600) und Walldürn (um 1500 ca. 400); auch Osterburken, Adelsheim, Bödigheim und Hardheim dürften zu jener Zeit schon etwa 400 bis 500 Einwohner gezählt haben, desgleichen wird man Oberschefflenz, Neckarelz, Aglasterhausen und Neunkirchen auf jeweils rund 400 Seelen veranschlagen können. Zur nächst kleineren Kategorie mit mehr oder weniger als 300 Einwohnern haben um 1500 wohl Orte wie Schweinberg, Götzingen, Hettingen, Mudau, Mittelschefflenz, Sennfeld, Lohrbach, Dallau, Obrigheim, Haßmersheim und Hüffenhardt gehört. Zwischen diesen und Weilern wie Hollerbach, Stürzenhardt, Kleineicholzheim, Reisenbach, Mülben und anderen, deren Einwohnerzahl deutlich unter 100 lag, gab es ein breites Spektrum mit Dörfern wie Gerichtstetten, Altheim, Hainstadt, Eberstadt, Schloßau, Fahrenbach, Seckach, Auerbach, Sulzbach, Neckarzimmern und Diedesheim mit mehr oder weniger als 200 Einwohnern, und in der oberen Schicht dieser Gruppe wird man auch die Städtchen Ballenberg und Allfeld sowie den Klosterort Billigheim anzusiedeln haben.

Zweifellos ist für das 15. und bis weit ins 16. Jh. von einer starken und allgemeinen Bevölkerungszunahme auszugehen, wenn auch im späteren 16. Jh. mancherorts schon wieder ein leichter Rückgang eingetreten ist (Daudenzell, Guttenbach, Unterschefflenz); in Osterburken, vor allem aber in Bödigheim und in Hettingen, ebenso im wesentlich kleineren Glashofen und an vielen anderen Orten hat aber die positive Bevölkerungsentwicklung offenbar während des ganzen 16. Jh. angehalten. Bis zum Vorabend des 30j. Kriegs war die Einwohnerzahl Mosbachs auf ca. 1600 bis 1700 angewachsen; auch Walldürn hatte möglicherweise mehr als 1000 Einwohner, Buchen, Bödigheim, Osterburken und Adelsheim lagen bei etwa 800 bis 900; auch die Bevölkerung der nicht so großen Dörfer und Weiler im Kreisgebiet hatte im zurückliegenden Jahrhundert überwiegend deutlich zugenommen.

Die Kriegsereignisse der folgenden Jahrzehnte, vor allem die verheerenden Pestepidemien der Jahre 1626/27 und 1634/35, haben bis zur Mitte des 17. Jh. in der ganzen Region sehr hohe Bevölkerungsverluste verursacht. Manche Siedlungen, namentlich die kleineren wie Neckarmühlbach, Zwingenberg, Strümpfelbrunn, Reisenbach, Balsbach, Krumbach, Wagenschwend, Rippberg oder der Muckentaler Hof waren bei Kriegsende ganz entvölkert; in Hüffenhardt und in Waldstetten lebten 1648/49 jeweils noch drei oder vier Familien. Sehr hohe Verluste waren auch in Michelbach, Trienz, Fahrenbach, Schloßau, Mörschenhardt, Oberneudorf, Rittersbach und Adelsheim zu beklagen; die Einwohnerschaft des zuvor blühenden Bödigheim war nach dem 30j. Krieg bis auf etwa ein Achtel geschrumpft. Schwarzach, Auerbach, Hemsbach, Mittel- und Oberschefflenz, Katzental, Allfeld, Sennfeld, Langenelz und Rumpfen haben etwa vier Fünftel ihres ursprünglichen Bestandes eingebüßt. Zu zwei Dritteln bis drei Vierteln waren Aglasterhausen, Neckarzimmern, Binau, Guttenbach, Neckargerach, Limbach, Scheringen, Mudau, Heidersbach, Zimmern, Unterschefflenz, Billigheim, Götzingen, Altheim und Gerichtstetten ausgestorben. Mit einer Dezimierung ihrer Bevölkerung um die Hälfte oder um ein Drittel sind Asbach, Obrigheim, Dallau, Lohrbach, Weisbach, Waldkatzenbach, Robern, Hettingen und Steinbach bei Mudau noch glimpflich davongekommen; auch in den Städten Mosbach und Buchen hat der Krieg die Einwohnerzahl um die Hälfte vermindert, in Walldürn »nur« um ein Viertel. In Osterburken, Ballenberg, Haßmersheim, Hollerbach, Stürzenhardt und Sindolsheim sind vergleichsweise geringe Verluste zu beobachten, die obendrein recht bald wieder ausgeglichen waren. Hier wie auch in den davor genannten Orten, denen mitunter schon vor dem Krieg Mittelpunktsfunktionen zugekommen sind, haben offenbar viele Menschen aus den benachbarten Dörfern Zuflucht und Schutz gesucht. Überhaupt wird man davon ausgehen müssen, daß örtlich eingetretene Bevölkerungsverluste nicht ausschließlich durch den Tod, sondern auch durch die Abwanderung der Einwohner an vermeintlich sicherere Plätze, d. h. durch mehr oder minder große Bevölkerungsverschiebungen, bedingt waren; nur so läßt sich das starke Differieren der Verlustraten von Ort zu Ort erklären. Aufs Ganze gesehen dürfte die Bevölkerung im Kreisgebiet während des 30j. Kriegs aber doch zum wenigsten um drei Viertel ihres Bestandes vor 1618 dezimiert worden sein. Ein nennenswerter Unterschied zwischen verkehrsfernen und weniger entlegenen Räumen ist dabei im Ergebnis nicht zu beobachten, haben doch Fouragiere und Marodeure aller kriegführenden Parteien kaum einen Ort verschont.

Wie der Bevölkerungsrückgang während des Krieges in den einzelnen Dörfern unterschiedlich hoch lag, so ist auch die Wiederbesiedlung nach 1648, an der zum Teil Schweizer (Mülben, Zwingenberg u. a.), Tiroler und Salzburger (Rippberg, seit 1677) beteiligt waren, keineswegs einheitlich verlaufen. In den kurpfälzischen Kellereien hat man, um Neubürger anzulocken, bei »Ausländern« auf die Erhebung des Einzugsgelds verzichtet. Mancherorts – etwa in Buchen, Mudau, Ballenberg, Diedesheim und Haßmersheim, aber auch in Altheim, Erfeld und Erlenbach – waren die Verluste rasch überwunden, was zumindest in den zuerst genannten Fällen sicher durch die Zentralität und gute Verkehrslage der Orte begünstigt wurde; dagegen haben Mosbach und Adelsheim sich nur langsam wieder erholt und den Vorkriegsstand ihrer Einwohnerzahl erst gegen Ende des 18. Jh. wieder erreicht. Auch Neckarzimmern, Neckarburken, Allfeld und Auerbach haben sich nur langsam regeneriert. Walldürn, das zu Beginn des 17. Jh. mehr Einwohner hatte als Buchen, ist nach dem Krieg noch lange in seiner Entwicklung hinter der Nachbarstadt zurückgeblieben, und Bödigheim hat selbst bis zum Ende des Alten Reiches nur knapp die Hälfte seiner alten Bevölkerungszahl wiedererlangt. Daß nach der Mitte des 17. Jh. zunächst ein eher verhaltenes Bevölkerungswachstum zu beobachten ist, liegt sicher an dem nach 1648 noch lange nicht eingekehrten Frieden, hatte doch das Land in den folgenden Jahrzehnten unter den verheerenden Kriegszügen des Königs von Frankreich von neuem zu leiden und konnte sich erst seit dem Ende des Spanischen Erbfolgekriegs in einer längeren Friedensperiode wieder erholen.

Im 18. Jh. ist das Bevölkerungswachstum vielerorts geradezu stürmisch verlaufen. Daß Orte wie Reisenbach, Reichenbuch, Fahrenbach, Mülben, Waldkatzenbach, Kleineicholzheim und Muckental ihren Bestand zwischen 1700 und 1800 zum Teil mehr als vervierfacht haben, Bödigheim und Binau am Ende des Jahrhunderts dreimal soviele Einwohner hatten wie zu dessen Beginn und Zwingenberg oder Strümpfelbrunn

8. Bevölkerung und Wirtschaft

sogar eine Zunahme um mehr als das Fünffache zu verzeichnen hatten, muß man natürlich vor dem Hintergrund der zwischen 1618 und 1648 dort eingetretenen hohen Verluste und in Relation zur bescheidenen Größe dieser Siedlungen überhaupt sehen. Aber auch in Aglasterhausen, Asbach, Obrigheim, Haßmersheim und Großeicholzheim hat sich die Bevölkerung bis zum Beginn des 19. Jh. reichlich verdreifacht. Häufig ist ein Wachstum um das Zweieinhalbfache zu beobachten, so beispielsweise in Neunkirchen, Neckargerach, Lohrbach, Mudau, Walldürn, Rippberg, Höpfingen, Sulzbach und in den drei Schefflenzdörfern; Neckargerach war infolge dieser Entwicklung um 1800 übersetzt. Andernorts lag die Wachstumsrate geringfügig darunter, so etwa in Dallau, Auerbach, Rittersbach, Hemsbach, Seckach, Waldstetten, Bretzingen und Erfeld. Wenn in Mosbach und Buchen die Einwohnerzahl nur mehr oder minder um die Hälfte zugenommen hat, so erklärt sich dieses wiederum aus dem hier schon früher eingetretenen Ausgleich der Verluste; in Neckarelz, Götzingen, Sennfeld und Schweinberg mag das ähnlich gewesen sein. Schließlich ist in einer Reihe von Orten, z. B. in Ballenberg, vor allem aber in den abgelegenen kleineren Dörfern wie Nüstenbach, Hollerbach, Stürzenhardt und Wettersdorf, nach 1700 überhaupt kein nennenswertes Wachstum mehr erkennbar; dort war die Entwicklung eher rückläufig. In Altheim hat die Zahl der Einwohner in der 1. H. 18. Jh. um gut die Hälfte zugenommen und ist im folgenden halben Jahrhundert wieder um fast 20 % zurückgegangen; auch für Daudenzell ist im 18. Jh. zunächst ein starkes Wachstum, darauf ein deutlicher Rückgang und dann wieder eine Zunahme zu verzeichnen. Merchingen hat zwischen 1740 und 1765 nahezu ein Viertel seiner Einwohnerschaft durch Auswanderung nach Übersee verloren.

Um die Wende vom 18. zum 19. Jh. hatten sich die Größenverhältnisse unter den Gemeinden des Kreisgebiets gegenüber dem Stand dreihundert Jahre davor zum Teil beträchtlich verschoben. Daß wir für diese Zeit ein viel differenzierteres Bild zeichnen können als für die davorliegende Periode, ist der nunmehr viel günstigeren Quellenlage zu verdanken. Mosbach, am Ende des Mittelalters die mit weitem Abstand größte Stadt in der Region, hatte um 1800 zwar wieder die Bevölkerungszahl des frühen 17. Jh. erreicht und wohl auch geringfügig überschritten, war aber doch auf den dritten Platz zurückgefallen. An erster Stelle rangierte nun Walldürn, dicht gefolgt von Buchen; in beiden Städten hatte sich die Einwohnerschaft gegenüber den Jahren vor dem 30j. Krieg etwa verdoppelt, gegenüber der Zeit um 1500 sogar mehr als vervierfacht bzw. verdreifacht. In vergleichbarem Umfang waren auch Hardheim, Haßmersheim, Merchingen, Sennfeld, Hainstadt, Obrigheim, Mudau und Dallau gewachsen. Adelsheim, Osterburken, Oberschefflenz, Aglasterhausen und andere hatten ein deutlich geringeres Wachstum zu verzeichnen, und in Ballenberg hat die Entwicklung seit dem 16. Jh. stagniert. Bödigheim, das einst zu den größten Orten der Region gezählt hatte, lag nun mit mehr als 600 Einwohnern im oberen Mittelfeld, überrundet von Orten wie Schlierstadt, Oberwittstadt und Hüffenhardt, die inzwischen deutlich größer waren; nach der Katastrophe des 30j. Krieges konnte der ritterschaftliche Ort mit dem benachbarten kurmainzischen Buchen nicht mehr konkurrieren.

Sozialgruppen. – Unter den sozialen Gruppierungen im Gebiet des Neckar-Odenwald-Kreises hat der Niederadel sowohl ministerialischer wie edelfreier (von Allfeld, von Rosenberg?) Herkunft – die spätere Ritterschaft – durch die Jahrhunderte schon insofern eine besondere Rolle gespielt, als er hier stets mit sehr vielen, obendrein personenstarken und weitverzweigten Familien vertreten war. Dabei ergibt sich ein überaus nuancenreiches Bild von den gesellschaftlichen und wirtschaftlichen Verhältnissen der einzelnen Geschlechter und ihrer Zweige einerseits wie des ganzen Standes andererseits. Die von Adelsheim, die Rüdt von Bödigheim bzw. Collenberg und die von Rosenberg, aber auch die von Hardheim haben sich in ihren zahlreichen Untergliederungen und von Generation zu Generation so unterschiedlich und wechselvoll entwickelt, daß generalisierende Aussagen über die Situation »des Adels« in dieser Region vielfach gar nicht zu treffen sind. Bereits die ersten Erwähnungen vom ausgehenden 12. bis ins frühe 14. Jh. lassen deutliche Unterschiede zwischen den Ministerialen in der unmittelbaren Umgebung der Herrschaft (z. B. von Amorbach-Dürn, Rüdt) und jenen auf den Fronhöfen (von Bödigheim, Ketel u. a.) erkennen, zwischen denen, die ritterlich lebten – in der Regel auch die Ritterwürde erlangten –, und denen, die eher ein bäuerliches Leben führten. Noch im 14. Jh. sind hier die Übergänge fließend; dieses zeigt sich nicht zuletzt in der wechselnden Besetzung mancher Zentgrafen- und Schultheißenämter. In den Städten Mosbach und Buchen, ähnlich auch in Walldürn, bildeten Angehörige der stadtherrlichen Ministerialität die im späten Mittelalter zunächst allein rats- bzw. schöffenfähige Oberschicht der *cives pociores*; in Buchen waren das die Gabel, Herold, Geckler, Schaler und Schimer, in Mosbach die von Bödigheim, die Bräunlin, die Eckstein, die Osterbecher und andere; in Walldürn haben die Burgmannen eine in manchem vergleichbare Rolle gespielt. Die aus dem gleichnamigen Dorf bei Buchen stammende Familie von Bödigheim, einst der Dürner Ministerialität zugehörig, hat sich möglicherweise schon im ausgehenden 13. Jh. in Mosbach bürgerlich niedergelassen und ist nach Auseinandersetzungen mit der Gemeinde erst im 15. Jh. und nun auf Dauer in den Landadel übergewechselt. Die Herold, ein Zweig der von Hainstadt, sind im 15. Jh. allem Anschein nach wieder ins Bauerntum abgesunken. Im späteren 16. Jh. ist einer der letzten Angehörigen der niederadeligen Familie von Dürn von seinen Lehnsherrn und von den Standesgenossen nicht akzeptiert worden, weil seine Mutter unebenbürtiger Herkunft war. Während demnach bis ins 14. Jh. die Standesunterschiede noch nicht so festgefügt waren, daß sie nicht hätten überwunden werden können – man erinnerte sich auch noch der Herkunft aus der Dienstmannschaft (Rüdt) –, hatte sich der Adel spätestens im 15. Jahrhundert auch hierzulande jene geburtsständische Exklusivität zueigen gemacht, die ihn hier wie anderwärts weit über das Ancien Régime hinaus charakterisierte.

Der Unterschied zwischen dem Bürgertum der kleinen Städte im Kreisgebiet und der bäuerlichen Bevölkerung in deren Umland war hierzulande nicht sehr groß. Zwar spielten gewöhnlich in den Städtchen Handel und Gewerbe eine etwas größere Rolle als auf dem Dorf, und in der Regel wird das Handwerk in den Städten seinen Mann ernährt haben; hie und da, vor allem in Mosbach und Buchen, hat sich auch ansatzweise ein bürgerlicher Wohlstand entwickelt, der noch heute an manchen Häusern zu erkennen ist. Überdies waren – abgesehen von den Jahrzehnten nach dem Bauernkrieg – die Städter insoweit von der Leibeigenschaft nicht betroffen, als sie für die Dauer ihres Wohnens in der Stadt keine leibrechtlichen Abgaben und Lasten erbringen mußten; »Freiheit«, wie die großen Reichsstädte sie ihren Bürgern bieten konnten, hat es in diesen landesherrlichen Kleinstädten nicht gegeben. Durchweg handelte es sich hier um Ackerbürgerstädte, deren Bewohner ihren Lebensunterhalt zu einem größeren oder kleineren Teil im Ackerbau erworben haben; neben den Städtchen Adelsheim und Ballenberg, die in dieser Hinsicht fast dörflich strukturiert waren, gilt das auch für Walldürn und Osterburken, deren Erscheinungsbild bis in unsere Tage davon geprägt ist.

Für die soziale Differenzierung innerhalb der dörflichen Bevölkerung spielte die Leibeigenschaft schon im späten Mittelalter kaum noch eine Rolle; abgesehen vom Adel und der Geistlichkeit, standen bis ins frühe 19. Jh. praktisch alle Dorfbewohner in einer

8. Bevölkerung und Wirtschaft

leibrechtlichen Abhängigkeit von diesem oder jenem Herrn, aber nur ausnahmsweise haben sich daraus Folgen für ihre Stellung in der dörflichen Gemeinschaft ergeben. Auch auf dem Dorf gab es bereits im ausgehenden Mittelalter eine wohlhabende Oberschicht, man denke nur an die Birnesser in Hardheim, die sich ein aufwendiges, an adeligem Standard orientiertes Grabmal leisten konnten. Maßgeblich für die soziale Eingruppierung und für die Beteiligung in der Gemeinde waren vielmehr der Besitz des Bürgerrechts und vor allem der Umfang der nach unterschiedlichem Recht bewirtschafteten Güter; dabei sind die Auswirkungen der jeweils vorherrschenden Vererbungsform – der Realteilung im Bauland und des Anerbenrechts im Odenwald – unübersehbar. Um die Wende zum 19. Jh. wurden die Einwohner gewöhnlich nach Bauern, Seldnern, Beisassen und Tolerierten klassifiziert (Balsbach, Neckarelz, Neckargerach etc.). Indes reicht diese Unterscheidung bis weit in die frühe Neuzeit zurück, ja bis ins ausgehende Mittelalter; erinnert sei nur an die sehr verschiedenen Besitzgrößen, die bereits im Amorbacher Urbar von 1395 aufscheinen. Unter den Bauern (Hübnern) darf man in der Regel die »Oberschicht« des Dorfes verstehen, jene Einwohner, deren Landwirtschaft für den Lebensunterhalt der Familie hinreichte und möglicherweise auch noch einen Überschuß hervorbrachte. Dagegen waren die Seldner oder Tagelöhner wegen ihres zu geringen Ackerbesitzes darauf angewiesen, sich durch Arbeiten im Tagelohn oder durch die Ausübung eines Handwerks ein Zubrot zu verdienen. Konnten sich die Bauern und Seldner des vollen Bürgerrechts mit Allmendgenuß und Wählbarkeit zum Gericht erfreuen, so hatten die Beisassen zwar ein Recht auf dauernde Niederlassung am Ort, waren aber aufgrund ihrer geringen Besitzgröße nur Bürger minderen Rechts und konnten beispielsweise nicht zu Schöffen bestellt werden. Den Tolerierten schließlich, bei denen es sich meist um Fremde handelte, die das geforderte Bürgerannahmegeld nicht aufzubringen vermochten, wurde nur ein vorübergehendes Wohnrecht zugestanden. Wie sehr die soziale Gruppierung bereits in älterer Zeit vom Besitz abhängig war, zeigt sich etwa in Fahrenbach, wo um die Mitte des 16. Jh. nach Pferde-, Ochsen- und Kuhbauern unterschieden wurde. Hundert Jahre später werden in Eberstadt Bauern, Halbbauern und Seldner genannt. Unter den Bürgern von Osterburken gab es noch 1668 einen bevorrechtigten Kreis sog. Bauleute, die von alters her zum herrschaftlichen Bau- oder Fronhof gehörten. In Neckargerach war der Erwerb des Bürgerrechts im späten 18. Jh. mit dem Nachweis von 200 fl Vermögen verbunden.

Soziale Probleme gab es vor allem in den Gemeinden, in denen eine zahlreiche Bevölkerung auf einer zu kleinen Feldgemarkung keine ausreichende Nahrung fand. Solches gilt etwa um die Wende zum 19. Jh. für das mit Einwohnern stark übersetzte Neckargerach und für Rippberg, aber auch für Hochhausen, wo infolge des Mißverhältnisses zwischen Bevölkerungszahl und Nutzfläche der Anteil der Gewerbetreibenden besonders groß war. Schon im 18. Jh. entzog bei rasch zunehmender Bevölkerung die Realteilung weiten Kreisen die wirtschaftliche Existenz. Zu ausgesprochenen Problemfällen hinsichtlich des Broterwerbs und der Sozialstruktur haben sich schon im 18., namentlich jedoch im 19. Jh. Siedlungen wie Rineck, Tolnayshof und Ferdinandsdorf entwickelt, denen, spät gegründet, nur eine sehr bescheidene oder überhaupt keine Feldflur zur Verfügung stand; ihre sozial deklassierten Bewohner wurden im weiten Umkreis mit Skepsis betrachtet. Die Zwingenberger, denen ebenfalls nur wenig Ackerland zur Verfügung stand, konnten diesen Mangel stets mit allerlei Diensten und Leistungen für das Schloß ausgleichen. Andererseits gab es aber auch Gemeinden wie beispielsweise Hirschlanden, deren Einwohner zu Beginn des 19. Jh. in den Erhebungen der leiningischen Verwaltung als *wohlbemittelt* bezeichnet werden konnten. Die pfälzischen Amtleute von Mosbach und Lohrbach beanstandeten 1681 den bei Kindtaufen,

II. Geschichtliche Grundlagen

Hochzeiten und Begräbnissen getriebenen Aufwand, wo doch dieselben Bürger andererseits *mit kleidung so schlecht versehen, daß sie zu winterszeit die kirchen nicht zu besuchen wissen*; dagegen wußten die Keller von Neckarelz und Eicholzheim zur gleichen Zeit von keiner ungebührlichen Prachtentfaltung bei ihren *bauersleuthen* zu berichten.

Juden. – Mit den Städtegründungen sind vermutlich auch die ersten jüdischen Ansiedlungen im Kreisgebiet entstanden. Sie sind durch die sog. Rindfleischverfolgung im Jahre 1298 erstmals in Mosbach, Walldürn und in Neckarelz bezeugt. Die großen Judenverfolgungen im Zuge der Armlederbewegung von 1336/37 und im Zusammenhang mit der Pest von 1347/49 betrafen jüdische Gemeinden in Mosbach, Walldürn, Buchen und auch in Hardheim, während die Gemeinde in Neckarelz zu dieser Zeit gar nicht mehr erwähnt wird, also vermutlich ausgelöscht war. Die Juden in den Mainzer Städten genossen in der Folgezeit besondere Privilegien, eine allgemeine Zollfreiheit und die Befreiung von außerordentlichen Steuern sowie den Gerichtsstand an ihrem Wohnort. Das hatte selbstverständlich den Sinn, die wirtschaftlichen Leistungen der Judenschaft in anderer Weise dem Territorium dienstbar zu machen. Nach der großen Verfolgung um die Mitte des 14. Jh. nahmen die Ritter Juden in ihre Dörfer auf, um von ihnen entsprechende Schutzgelder zu erhalten. In Bödigheim ist eine jüdische Gemeinde seit dem 14. Jh. bezeugt (Schutzprivileg von 1345), in Adelsheim werden Juden 1338/82, dann allerdings erst wieder nach dem 30j. Krieg genannt. Die übrigen adligen Orte sind erst später zu Judengemeinden gekommen, Neckarzimmern wohl um 1500 und Großeicholzheim vor 1540. Ins 16. Jh. gehört die Gemeinde in Hainstadt und die nur bis zu Anfang des 18. Jh. bestehende in Schweinberg. Im 17. Jh. sind erstmals Judengemeinden in den Mainzer Städten Ballenberg und Osterburken, im Klosterort Billigheim und in den ritterschaftlichen Dörfern Sennfeld, Hüffenhardt und wohl auch in Bofsheim, Hochhausen und Binau anzusetzen. Besonders kräftig entwickelte sich die israelitische Gemeinde in Merchingen, die von dort nach Hüngheim ausstrahlte. Rosenberg, Sindolsheim, Eberstadt, Kleineicholzheim und Waldhausen, also ebenfalls ritterschaftliche Dörfer, erhielten kleine jüdische Niederlassungen erst im 18. Jh. Die Herrschaft Zwingenberg nahm ebenfalls in der 1. H. 18. Jh. in Zwingenberg selbst und in Strümpfelbrunn Juden auf. Die Kurpfalz, die am Ende des 14. Jh. die Juden ausgewiesen hatte, duldete solche bereits wieder im 16. Jh., so auch in Mosbach. Vorübergehend lebten auch in Neckarelz einzelne Juden. Alle wichtigen Judengemeinden verfügten im 18. Jh. über Betsäle, die zum Teil auch Synagogen genannt wurden, wobei eine Unterscheidung schwierig ist, sowie rituelle Frauenbäder. Sicher von Synagogen kann man in Buchen, Walldürn, Mosbach, Bödigheim und Merchingen sprechen. Merchingen wurde im 18. Jh. zum Sitz eines Rabbiners. Die Toten wurden auf wenigen zentralen Friedhöfen beigesetzt. Ganz überragend ist die Bedeutung des Judenfriedhofs von Bödigheim, der wohl bis ins Mittelalter zurückgeht. In Mosbach bestand seit 1559 nachweislich ein jüdischer Friedhof. Sogar Hüngheim hatte für kurze Zeit, 1769 bis 1773, einen eigenen Friedhof. Auswärtige Bestattungsplätze für Gemeinden am Rand des Beschreibungsgebiets waren Berlichingen, Heinsheim und Waibstadt.

Landwirtschaft. – Bis an die Schwelle zur Gegenwart hat der weitaus größte Teil der Bevölkerung im Kreisgebiet seinen Lebensunterhalt in der Landwirtschaft gefunden. Freilich bestanden für den Feldbau im Odenwald andere Voraussetzungen als im Bauland oder im Kraichgau; waren die Böden hier in der Regel fruchtbar und schwer, so waren sie dort oft karg und naß und die Erträge dürftig. Letzteres gilt vor allem für Glashofen, Gottersdorf, Wettersdorf, Kaltenbrunn und andere Dörfer hinter Wall-

8. Bevölkerung und Wirtschaft 143

dürn; Stürzenhardt hatte aufgrund seiner Lage immer wieder unter Wassermangel zu leiden, wohingegen der Ackerbau in Haßmersheim und Neckarmühlbach nicht selten von Hochwassern des Neckars beeinträchtigt wurde. Im altbesiedelten Bauland, und entsprechendes darf man auch für die hier interessierenden Teile des Kraichgaus annehmen, ist sicher schon während des hohen Mittelalters die Dreifelderwirtschaft gebräuchlich gewesen, wenngleich die Zeugnisse dafür noch aus dem späten Mittelalter sehr spärlich überliefert sind; erst in der frühen Neuzeit mehren sich die Nachrichten bezüglich einer Dreiteilung der Feldflur. Dagegen hat der auf die ganze Gemarkung erstreckte Wechsel zwischen Sommerfeld, Winterfeld und Brache im Ausbaugebiet des Odenwaldes vielerorts auch in jüngerer Zeit keine Anwendung gefunden. In Neckargerach war die Dreifelderwirtschaft zunächst in Gebrauch, ist aber bereits im 18. Jh. wieder aufgegeben worden; im altbesiedelten Diedesheim läßt sich infolge geschlossener Güter (Hufen) eine Flureinteilung der Äcker weder für das Mittelalter noch für die Neuzeit nachweisen. In Limbach, Balsbach, Wagenschwend und anderen Orten auf dem Odenwald hat es den Flurzwang offenbar nie gegeben. Dort, wo das zelgengebundene Betriebssystem eingeführt war, hat man es gewöhnlich bis ins 19. Jh. beibehalten.

Produziert wurden vornehmlich Dinkel (Spelz, *spelta*) und Roggen (Korn, *siligo*) als Winterfrucht, als Sommerfrucht zumeist Hafer (*avena*), seltener Gerste (*hordeum*); für Waldmühlbach ist der Anbau von Wintergerste bezeugt. Roggen, Dinkel und Hafer, oft als »dreierlei Frucht« bezeichnet, sind die in Lagerbüchern und anderen Quellen hierzulande mit Abstand am häufigsten erwähnten Getreidearten. In der weniger fruchtbaren Odenwaldregion, in Schollbrunn, Weisbach, Trienz, aber auch am Neckar, in Neckargerach und Neckarkatzenbach, wurde in den Hackwäldern gerne Buchweizen (Heidekorn) angebaut; in Bödigheim war der Anbau von Buchweizen 1760 nur mit herrschaftlicher Erlaubnis zulässig. Erbsen, Bohnen, Linsen und Wicken, dazu Gartengewächse wie Rüben und Kraut waren im ganzen Kreisgebiet verbreitet; in älterer Zeit wuchsen sie mitunter im Sommerfeld und dienten seit dem 17. Jh. oft zur Nutzung der Brache. Flachs und Hanf finden in Bödigheim, Hemsbach, Seckach, Zimmern, Limbach und Scheringen sowie in Schwarzach und Michelbach Erwähnung. In Waldmühlbach und in Bödigheim gab es seit der 2. H. 18. Jh. Raps. Auf dem Winterhauch haben Obstkulturen eine gewisse Bedeutung erlangt. Der Kartoffelanbau ist im Neckar-Odenwald-Kreis am frühesten für Scheringen bezeugt (1733), danach für Hettigenbeuern (1736), Steinbach bei Mudau (1739), Hornbach (1742) und Bödigheim (1775). Kartoffeln waren seit dem 18. Jh. ein wichtiges Grundnahrungsmittel der ärmeren Bevölkerung und dienten nicht selten zum Backen von Brot, so etwa in Altheim, Walldürn, Höpfingen, Neckargerach und anderwärts. Ebenso wie der im späteren 18. Jh. zur Stallfütterung des Viehs eingeführte Klee (in Bödigheim seit 1780) wurden die Kartoffeln gewöhnlich im Brachfeld angebaut, was indes dazu führte, daß der Ernteertrag im Jahr darauf deutlich – bis zu einem Drittel – geringer ausfiel; nicht nur in Hornbach hat man daher eine solche Nutzung der Brache durchaus zwiespältig beurteilt.

Der Anbau von Wein war im Beschreibungsgebiet bis in die frühe Neuzeit ungleich weiter verbreitet als heute. Natürlich gab es seit alters Weinbau am Neckar, in Neckarzimmern, Neckarelz (Riesling und Weißherbst bzw. Trollinger), Diedesheim, Binau und Haßmersheim, im Gemarkungsteil rechts des Neckars, sowie auf der anderen Seite des Flusses, in Neckarmühlbach, Hochhausen, Obrigheim und Mörtelstein; für alle diese Orte sind mehr oder minder ausgedehnte Rebflächen und zum Teil mehrere Keltern bezeugt, auch für Dallau, Katzental, Nüstenbach und Sennfeld. Zum Weinzehnt in Neckarzimmern gibt es eine weit zurückreichende und dichte Überlieferung, an der sich die seit alters große Bedeutung des Weinbaus auf dortiger Gemarkung ermessen läßt. Aber auch aus dem Bauland und sogar aus den Randgebieten des Odenwaldes wird im späten Mittelalter und noch in der frühen Neuzeit von Weinbau berichtet, so etwa aus Lohrbach, Nüstenbach, Hettigenbeuern, Adelsheim, Sennfeld und Rinschheim sowie aus Neckarkatzenbach, Neunkirchen, Aglasterhausen, Daudenzell und aus manchen anderen Orten. In Bödigheim hat man den Weinbau spätestens im 18. Jh. aufgegeben und zum Unwillen der Herrschaft in den Weinbergen Obstbäume gepflanzt; in Kleineicholzheim ist er bis ins 16. Jh. bezeugt. Aus Allfeld erfährt man um die Wende zum 19. Jh., daß die beiden Keltern im gemeindeeigenen Kelterhaus für den örtlichen Bedarf zu groß waren. Generell wird man davon ausgehen dürfen, daß der Weinbau in ungünstigen Lagen nicht von der Herrschaft betrieben wurde, sondern überwiegend der bäuerlichen Selbstversorgung gedient hat.

Der Umfang der Viehhaltung kann mancherorts als Gradmesser für den Wohlstand, aber auch für die Armut einer Gemeinde gelten. Wenn indes die Viehzucht bisweilen als Haupterwerbszweig von Odenwaldgemeinden bezeichnet wird, etwa in Nüstenbach, Fahrenbach, Heidersbach, Rumpfen oder Schloßau, so darf man daraus noch lange nicht folgern, die dortige Bevölkerung sei mithin auch besonders wohlhabend gewesen; vielmehr besagt dies nur, daß dort die Erträge des Feldbaus entsprechend gering waren. Von vergleichsweise reichen Bauern zeugen die großen Pferdebestände in Osterburken (1803 36) und in Aglasterhausen (1777 34), aber auch in Neckarelz (1803 28), Mittelschefflenz (1803 28) und Sulzbach (1803 26); auch in dem unwirtlich gelegenen Donebach gab es zu Beginn des 19. Jh. wie in Altheim, Götzingen und Oberschefflenz 20 Pferde. In Hettingen wurden 1668 nicht weniger als 40 Pferde gezählt, 1806 dagegen nur noch 5. In Orten wie Fahrenbach, Robern, Balsbach, Trienz und Wagenschwend oder in Mörschenhardt, Rumpfen, Hornbach und Gerolzahn wurden gelegentlich der leiningischen Erhebungen 1803 und 1806 gar keine Pferde registriert. Mehr oder weniger große Rinderbestände – Ochsen, Stiere, Kühe, Kälber – hat es in allen Dörfern gegeben. Die höchsten Zahlen aus der Zeit um 1800 liegen für Osterburken (462), Sulzbach (410), Dallau (390), Oberschefflenz (386), Hettingen (386), Götzingen (370) und Schweinberg (364) vor; aber auch in Auerbach, Höpfingen, Altheim und Mudau zählten die Bestände jeweils noch mehr als 300 Tiere. In Heidersbach (um 1800 175) hatte man sich darauf spezialisiert, junge Stiere und Rinder ans Jochtragen zu gewöhnen, um sie hernach an wohlhabendere Baulandgemeinden zu verkaufen. Die Schweinehaltung korrespondiert der Zahl nach im wesentlichen mit der Rinderhaltung, jedoch waren die Bestände hier in der Regel um die Hälfte kleiner als dort. Vielerorts wurden auch Ziegen gehalten; zumal den Armen mußte die Geiß oft den Besitz einer Kuh ersetzen. Da aber die Ziegen im Wald durch Verbiß immer wieder Schaden anrichteten, war ihre Haltung gewöhnlich streng reglementiert. In Sennfeld galt seit 1611, daß all jene Gemeinsleute, die sich eine Kuh leisten konnten, keine Ziege halten durften, und generell wurde pro Haushalt nur eine Ziege zugelassen, die obendrein im Stall gefüttert werden mußte.

Schäfereien hat es im Kreisgebiet stets in großer Zahl gegeben; wie anderwärts, so machen auch hierzulande die Auseinandersetzungen um die daraus resultierenden Weide- und Viehtriebsrechte den überwiegenden Teil der Streitereien zwischen benachbarten Gemeinden aus. Die Schäfereien begegnen ebenso in herrschaftlichem (Sennfeld, Dallau, Allfeld, Billigheim etc.) wie in kommunalem (Mosbach, Buchen, Götzingen, Hettingen, Allfeld, Sulzbach, Katzental etc.) oder in erbbestandsweisem Privatbesitz; mancherorts wird der Anspruch auf eine Schäferei ausdrücklich unter den Gerechtsamen der Herrschaft oder der Gemeinde aufgeführt, auch ohne daß dieses Recht zur fraglichen Zeit tatsächlich genutzt worden wäre. Gemeindeeigene Schafhaltung begegnet vornehmlich in Orten, die zu den größeren Territorien gehörten, während in ritterschaftlichen oder in Klosterdörfern die Schäferei meist Sache der Herrschaft war. In Kurpfalz bestand ein generelles Recht auf herrschaftliche Schafhaltung, das aber mitunter an die Gemeinden delegiert war. Auf dem Hof Hergenstadt stand sie den Herren von Adelsheim kraft königlicher Privilegierung zu. In Kondominatsorten kommen oft zwei herrschaftliche Schäfereien nebeneinander vor, so beispielsweise in Dallau oder in Sennfeld. Besonders große Schafbestände gab es am Ende des 18. Jh. in Dallau (700), Lohrbach (600), Hainstadt (600), Altheim (500), Waldstetten (400) und Steinbach bei Mudau (400); freilich beziehen sich diese Zahlen nicht allein auf ganze Herden, sondern umfassen daneben auch einzeln gehaltene Tiere, wie es sie allerorten gab.

Gewerbe und Handel. – Handwerker finden im Kreisgebiet für die ältere Zeit fast nur in den Städten Mosbach und Buchen Erwähnung, während sie sich auf dem Dorf zunächst allenfalls anhand entsprechender Zubenennungen nachweisen lassen; für Bödigheim ist jedoch schon 1477 in einer herrschaftlichen Rechnung ein Schuster bezeugt. Erst für das 18. und um die Wende zum 19. Jh. sind wir über die in den einzelnen Dörfern vertretenen Gewerbe genauer unterrichtet. Freilich konnten die fast an jedem Ort in großer Zahl erwähnten Professionisten – Bäcker, Metzger, Schmiede, Schreiner, Zimmerleute, Maurer, Häfner, Schneider u.v.a.m. – ihren Lebensunterhalt nur ausnahmsweise durch die Ausübung ihres Handwerks allein bestreiten. Oft waren einzelne Gewerbe überbesetzt (z.B. in Bödigheim zu Beginn des 17. Jh. die Häfner; in Walldürn am Ende des 18. Jh. nahezu alle Sparten), und in aller Regel mußten die Handwerker nebenbei noch eine kleine Landwirtschaft betreiben; dabei ist im Einzelfall nur schwer zu entscheiden, welche dieser Tätigkeiten jeweils im Vordergrund gestanden hat. Weit verbreitet war in der ganzen Region die Leineweberei, mit der gegen Ende des 18. Jh. vor allem in den drei Schefflenz, aber auch in Lohrbach, Neckargerach, Schollbrunn, Fahrenbach, Trienz, Auerbach, Dallau und Seckach ein großer Teil der ärmeren Bevölkerung seinen Unterhalt bestritten hat. In der Stadt Buchen waren von alters her die Gerber und Tuchmacher stark vertreten; auch in Mosbach spielte neben der Herstellung von hochwertigen Messer- und Degenklingen die Tuchmacherei eine große Rolle, und in Ballenberg gab es viele Rotgerber und Schwarzfärber. In Merchingen ist – in den Städten längst eine Selbstverständlichkeit – 1744 eine Apotheke bezeugt. Die Walldürner Gewerbe fanden im 17. und 18. Jh. reichlich Beschäftigung durch die Wallfahrt, die nicht zuletzt eine Blüte des Hökergewerbes (Devotionalien etc.) hervorgerufen hat. In Haßmersheim florierten namentlich am Ende des 18. Jh. die Schiffahrt und der Schiffbau, in Neckargerach und in Zwingenberg verstand man sich infolge des Waldreichtums der Umgebung besonders auf die Flößerei. Wirtshäuser – sowohl Schild- wie Straußwirtschaften – sind im Gebiet des Neckar-Odenwald-Kreises mitunter schon im späten Mittelalter bezeugt, in Ballenberg bereits 1295. In Walldürn gab es infolge der Wallfahrt besonders viele Wirte, aber auch in Buchen, Neunkirchen, Haßmersheim, Rosenberg, Altheim und anderwärts fehlte es nicht an Gasthäusern; nur ganz kleine Siedlungen hatten gewöhnlich keine Wirtschaft.

Eine herausragende Bedeutung ist unter den Handwerksbetrieben von jeher den Mühlen zugekommen, die nicht allein an den größeren Bächen – an Elz, Kirnau, Schefflenz, Seckach und Morre –, sondern häufig auch an kleineren Gewässern – am Hiffelbach oder am Steinbach – mit weniger sicherer Wasserführung errichtet wurden. Die ältesten hierzulande bezeugten Mühlen sind die von Buchen bzw. von Hainstadt (777), die von Neckarelz (798), von Obrigheim (11. Jh.), von Adelsheim (1252) und von Walldürn (1264); auch im Bereich der Neckarmühlbacher Gemarkung muß es bereits vor dem 10. Jh. mindestens eine am *Mulenbach* gelegene Mühle gegeben haben, und zweifellos reicht die Geschichte der Billigheimer Klostermühle ebenfalls ins 12. oder 13. Jh. zurück. Für das Spätmittelalter sind viele weitere Mühlen bezeugt, die wohl zum Teil schon wesentlich früher bestanden haben; meist waren sie herrschaftlich (Neckargerach, Billigheim, Katzental, Adelsheim, Bödigheim, Hettigenbeuern, Stürzenhardt, Bofsheim, Unterneudorf u. a.), mitunter waren sie auch kommunal (Allfeld, Sindolsheim etc.), aber in aller Regel wurden sowohl die einen wie die anderen (erb)bestandsweise betrieben. In Bödigheim (1328), Buchen, Mosbach und Neckargerach (alle 14. Jh.) gab es frühzeitig zwei oder mehr Mühlen, und auch anderwärts wurden während des späten Mittelalters und der frühen Neuzeit in großer Zahl neue Mühlen gegründet oder in bereits vorhandenen Mühlen zusätzliche Gänge neu eingerichtet; in zunehmendem Maße handelte es sich dabei nicht mehr bloß um Getreidemühlen, sondern um Schneid-, Schleif-, Öl- oder Lohmühlen. Auf Walldürner Gemarkung gab es 1803 nicht weniger als acht Mühlen mit verschiedenen Funktionen. Längst nicht alle diese Mühlen erfreuten sich des Mühlenbanns, des Rechts, daß bestimmte Orte in ihnen mahlen mußten. Bannmühlen waren beispielsweise die Linkenmühle bei Rippberg, die Wolfs- und die Untermühle auf Buchener Gemarkung sowie die Mühle zu Lohrbach; von den beiden Altheimer Mühlen hatte keine Bannrechte.

Von größeren gewerblichen Unternehmungen ist aus dem Kreisgebiet für die ältere Zeit nicht viel zu berichten. Im Ergebnis der seitens der leiningischen Verwaltung durchgeführten Erhebung *Zur Kenntnis des Landes* heißt es 1803, in den ganzen Ämtern Buchen und Osterburken gebe es keinen Bergbau sowie keine Fabriken oder Manufakturen. Ziegelhütten sind seit dem späten Mittelalter (Mudau 1440, Walldürn 1498) und namentlich in der frühen Neuzeit vielfach bezeugt (Obrigheim 1581, Hainstadt um 1600, Ballenberg 17. Jh., Rippberg nach 1677, Osterburken 1696, Höpfingen Anf. 18. Jh., Neunkirchen 1727, Bofsheim und Merchingen 1774, Neckarelz 1786). Auf die frühe Herstellung von Glas deuten die Ortsnamen Glashofen (1273) und Glashof (17. Jh.) hin. Auch Häfner haben sich vielerorts niedergelassen (Mudau, Bödigheim, Walldürn etc.). In Bofsheim gab es 1748 eine Pulvermühle, und in Mittelschefflenz sowie in Großeicholzheim sind im späten 17. Jh. Salpetersieder mit geringem Erfolg ihrem Gewerbe nachgegangen. Bisweilen hat man im 18. Jh. auch den Versuch unternommen, Bodenschätze zu gewinnen; in Haßmersheim und Obrigheim wurde in den 1790er Jahren Gips abgebaut bzw. verarbeitet, in Breitenbronn sollte 1769 Steinkohle geschürft werden, und am Hardberg bei Mosbach, in Dallau, Sulzbach, Mittelschefflenz und Leibenstadt hat man im 17./18. Jh. vorübergehend und in bescheidenem Umfang Erz abgebaut. Verhüttet wurde das hier gewonnene Material zum einen im Mosbacher (2. H. 17. Jh.), zum anderen im Sennfelder Hammerwerk (2. H. 18. Jh.); indes haben beide Betriebe nicht lange bestanden und sind schließlich in Konkurs gegangen. Ebenso waren die während der 1760/70er Jahre im Geist des Merkantilismus von der kurpfälzischen Regierung protegierten Manufakturen in Mosbach (Fayencen) und in Marientalbei Dallau (Leinentuchfabrik mit Messinggießerei und Dreherei) wenig erfolgreich und haben infolge Absatzschwierigkeiten nicht lange existiert. Die 1762/65 gegründete, aber wenig ergiebige Mosbacher Saline hatte trotz ihres Monopols nicht einmal drei Jahrzehnte Bestand.

Organisiert waren die Gewerbetreibenden aus dem Odenwald und aus dem Bauland in zumeist regional zuständigen Zünften, unter denen die von Mosbach bereits im 15. Jh. bezeugt sind (16. –18. Jh. 6 Zünfte, um 1800 15); Buchen hatte im 18. Jh. elf Zünfte, Osterburken und Mudau hatten je neun. Eine stärkere Differenzierung dieser Zusammenschlüsse hat sich überall erst im Laufe der Zeit vollzogen. In Walldürn gab es überhaupt keine eigene Zunftverfassung, vielmehr waren die dortigen Handwerker den

8. Bevölkerung und Wirtschaft

Zünften in Buchen und in Amorbach angeschlossen. Die seitens der kurmainzischen Verwaltung zu Ende des 17. Jh. verfolgte Absicht, auch die Adelsheimer Gewerbe entsprechend der Zentzugehörigkeit den Osterburkener Zünften anzuschließen, ist 1696 auf den entschiedenen Widerstand der Ritterschaft gestoßen und letztlich ohne Erfolg geblieben. Auch im würzburgischen Gebiet gab es in der frühen Neuzeit eigene, nach Ämtern organisierte Zünfte. Aus Hardheim sind von 1670 bzw. 1680 Zunftordnungen der Leineweber und der Schneider überliefert, und 1725 wurden weitere Zünfte geschaffen, die jeweils verwandte Handwerke zusammenfaßten; auch in Hainstadt und Rippberg gab es je zwei Zünfte für die Leineweber, Schneider, Schuster etc. einerseits und für die Gewerbe, die mit rauhen Instrumenten arbeiteten, andererseits. Desgleichen haben für das kurpfälzische Gebiet westlich des Neckars in Neunkirchen Zünfte bestanden.

Märkte. – Bereits im späten Mittelalter, vor allem aber während der frühen Neuzeit hat es in den Städten und Flecken des Neckar-Odenwald-Kreises eine große Zahl sowohl privilegierter wie nicht privilegierter Märkte gegeben. Zum ganz überwiegenden Teil handelte es sich dabei um Jahrmärkte; nur Mosbach hatte auch einen Wochenmarkt. Gewöhnlich wurden diese Märkte als Krämermärkte veranstaltet – oft an zwei und mehr Terminen im Jahr –, mitunter auch als Viehmärkte. Auf ein verbrieftes Marktrecht konnten sich Walldürn, Ballenberg, Großeicholzheim, Strümpfelbrunn, Bödigheim, Adelsheim, Sindolsheim, Dallau, Haßmersheim, Rippberg, Rosenberg und Schweinberg berufen; in vielen dieser Fälle wird man aber davon ausgehen dürfen, daß der Markt in Wirklichkeit älter ist als die entsprechende, anfangs noch durch den Kaiser, später durch den Landesherrn erfolgte Privilegierung. Bei den Städten Mosbach, Buchen, Walldürn, Osterburken, Ballenberg und Adelsheim war das Marktrecht zweifellos von jeher Teil des Stadtrechts. (Vgl. Kartenbeilagen).

Die große Dichte vor allem der privilegierten Märkte erklärt sich nicht zuletzt aus dem Bestreben der hierzulande sehr zahlreichen Ritterschaft, den Vororten ihrer Kleinterritorien zu größerer Zentralität zu verhelfen, einerseits wegen des damit verbundenen Prestigegewinns, andererseits aber auch zum Nutzen ihrer Wirtschaft und in der Hoffnung auf höhere Einnahmen. Freilich war, wie eine Kalkulation aus Bödigheim (1608) zeigt, der unmittelbare finanzielle Nutzen der Herrschaft (Standgeld) eher gering zu veranschlagen; umso höher ist wohl das mit dem Besitz eines Marktfleckens verbundene Prestige zu bewerten. Daher erklären sich die durch den König bzw. Kaiser verliehenen Marktrechte für Großeicholzheim (1513), Strümpfelbrunn (1521), Bödigheim (1530), Adelsheim (1544) und Sindolsheim (1585) sowie die Märkte in Hardheim, Hüngheim, Merchingen und Hochhausen, für die indes keine Privilegien überliefert sind. Natürlich waren auch die Landesherren bestrebt, am wirtschaftlichen wie am herrschaftlichen Nutzen des Handels teilzuhaben, und erwirkten ihrerseits beim Reichsoberhaupt entsprechende Verleihungen (Walldürn 1486, Ballenberg 1504) oder privilegierten – nach 1648 – selbst Märkte in ihren Territorien (Dallau 1659 bzw. 1805, Haßmersheim 1661, Osterburken 1682, Rippberg 1701, Rosenberg 1731, Strümpfelbrunn 1755, Schweinberg 1792/95). Viele dieser Märkte dürften aus wilder Wurzel entstanden und erst nachträglich sanktioniert worden sein, ebenso wie andere Märkte, von deren Bestehen man oft nur beiläufig erfährt (z. B. Hochhausen). Die Gemeinde Dallau hat im 18. Jh. eigenmächtig einen dritten Markttermin eingeführt.

Bei einer so großen Dichte von Märkten auf verhältnismäßig engem Raum liegt der Gedanke gegenseitiger Konkurrenz und Behinderung nahe, jedoch sind bei den verschiedenen Markterminen nur wenige Überschneidungen festzustellen. In der Umgebung von Adelsheim und Osterburken hat es sogar regelrechte Marktzyklen gegeben, die es den Händlern erlaubten, von Markt zu Markt zu ziehen, um ihre Ware feilzubieten, und im W des Kreisgebietes, im kurpfälzischen Bereich, war man – allerdings nach einem separaten System – offenbar gleichfalls darauf bedacht, die Termine aufeinander abzustimmen. Den Zyklus der Bauländer Frühjahrsmärkte eröffnete Buchen an Cathedra Petri (22. Februar); darauf folgten Großeicholzheim (Letare), Ballenberg (Judica), Adelsheim (Ostern), Hüngheim (Jubilate) und Merchingen (Exaudi). Die Märkte des Sommers setzten zu St. Veit (15. Juni) in Ballenberg ein und zogen sich über Hardheim (21. Juni), Osterburken (Montag nach Kilian), Buchen (Apostelscheidung), Sindolsheim (Johann Bapt.) und Schweinberg (27. Juli) bis hin zu St. Laurentius (10. August) in Mudau. Im Herbst kollidierten freilich gleich mehrere Termine; so gab es Märkte zu St. Gallus in Sindolsheim und in Hardheim sowie zu Martini in Buchen, in Adelsheim und in Steinbach bei Mudau.

Handelte es sich bei den bisher erwähnten Märkten zumeist um Krämermärkte für Waren aller Art, auf denen gelegentlich auch einmal ein Viehhandel stattgefunden haben mag, so gab es darüber hinaus mancherorts noch besondere Viehmärkte, die, wie es scheint, mit zunehmendem Erfolg veranstaltet wurden. Mosbach hatte seit dem 18. Jh. deren jährlich vier, Mudau sechs und um die Wende zum 19. Jh. sogar ein ganzes Dutzend; auch in Neunkirchen und in Schweinberg werden im späteren 18. Jh. Viehmärkte erwähnt. Eine Sonderstellung unter den Märkten der Region nimmt der Walldürner Wallfahrtsmarkt ein, der mit den hier ebenfalls abgehaltenen Krämermärkten nicht zu verwechseln ist. Auf dem für das Wirtschaftsleben der Stadt überaus bedeutenden Hl. Blut-Markt, der im 18. Jh. aufgekommen ist und sich bald über den ganzen Ort ausgedehnt hat, wurden von Händlern aus Walldürn selbst und aus der näheren Umgebung vor allem Devotionalien und mancherlei Lebensmittel verkauft.

Über die Bedeutung all dieser Märkte, die gewöhnlich zwischen einem oder zwei Tagen und einer ganzen Woche dauerten, wissen wir ansonsten nur wenig; wir wissen nicht, was dort im einzelnen angeboten wurde und wie gut und von wem sie besucht waren. Erfolg und Mißerfolg müssen daher an der Expansion bzw. am Verschwinden des einen oder anderen Marktes gemessen werden. Das Florieren der Mosbacher und Buchener Märkte dürfte man gewiß selbst dann unterstellen, wenn von der Einrichtung neuer Termine dort nichts bekannt wäre. Aber auch in Neunkirchen, Dallau, Osterburken, Rippberg und Hardheim ist das Geschäft allem Anschein nach gut gegangen, so daß es an diesen Orten einen Bedarf für zusätzliche Märkte gegeben hat, und in Mudau haben seit der 2. H. 18. Jh. insbesondere die Viehmärkte sich geradezu explosionsartig vermehrt. Dagegen kamen die zu Ausgang des 18. Jh. in Asbach veranstalteten Krämermärkte nicht so recht in Gang, und der vor dem 30j. Krieg in Steinbach bei Mudau abgehaltene Martini-Markt ist danach nicht wieder belebt worden. Am Bödigheimer Thomas-Markt, auf dem überwiegend Ellenware verkauft wurde, haben 1803 etwa 8 bis 30 Krämer aus Walldürn, Hainstadt, Limbach, Hüngheim, Buchen, Eberstadt und Adelsheim teilgenommen; man sieht daran, daß diese dörflichen Märkte zumal in der späteren Zeit doch von einer sehr begrenzten und ganz regionalen Bedeutung waren.

Maß und Gewicht. – In der großen Vielfalt der zur Zeit des Alten Reiches in Odenwald und Bauland gebräuchlichen Maße spiegelt sich einmal mehr die herrschaftliche Zersplitterung dieses Raumes. Aber nicht nur zwischen, sondern auch innerhalb der einzelnen Territorien und Herrschaften kommt bisweilen verschiedenes, aus älteren Abhängigkeiten herrührendes Maß vor, man beachte nur die unterschiedlichen Getreidemaße der seit dem 14. bzw. 16. Jh. mainzischen Orte Ballenberg, Osterburken, Schlierstadt und Zimmern oder die Flächenmaße der Rüdt'schen Dörfer Bödigheim,

Eberstadt und Sindolsheim. Andererseits wird man die Übereinstimmung der Fruchtmaße von Adelsheim, Merchingen und Hüngheim mit jenen von Ballenberg und Krautheim möglicherweise auf eine in älterer Zeit gemeinsame Herrschaft zurückführen dürfen. In Allfeld, Billigheim, Katzental und Waldmühlbach hat 1667 Wimpfener Maß gegolten, desgleichen in den einst zum staufischen Reichsland gehörigen Orten Schefflenz (1551), Neckarmühlbach (1727) und Hochhausen (1737). Hettingen hatte 1654 Bödigheimer Maß, Haßmersheim 1787 Heidelberger Maß, und in Walldürn und seiner Umgebung, in Hornbach, Rippberg, Gottersdorf, Gerolzahn, Neusaß und Reinhardsachsen, gebrauchte man Amorbacher Elle, Gewicht und Maß. In Großeicholzheim (1562) und Sindolsheim (1735), aber auch anderwärts bediente man sich des Nürnberger Gewichts. Darüber hinaus sind vielerlei örtliche Besonderheiten zu beachten, die hier nicht im einzelnen dargelegt werden können, und schließlich ist mit mehr oder minder großen Abweichungen und Ungenauigkeiten zu rechnen, die zum einen an der Mangelhaftigkeit der jeweiligen Meßgeräte, zum anderen an deren unsachgemäßer Behandlung und Aufbewahrung lagen. Den in der frühen Neuzeit unternommenen Versuchen, in den großen Territorien einheitliche Maße einzuführen, war nur wenig Erfolg beschieden. Kurmainz hat am Ende des 17. Jh. in der Kellerei Buchen das dort hergebrachte Flächenmaß auf das sog. Mainzer Kammermaß umgestellt (ca. 2:1), jedoch konnte es diese Reform in anbetracht der komplizierten Herrschaftsverhältnisse im Laufe des folgenden Jahrhunderts nur bedingt durchsetzen. Ähnlich hat es sich mit den Bestrebungen der Kurpfalz verhalten, 1763 im ganzen Land Heidelberger Fruchtmaß, Frankfurter Längenmaß und Nürnberger Gewicht einzuführen. Auch das 1810 im Großherzogtum Baden landesweit verordnete, nun bereits dem metrischen System angepaßte Maß ist erst um 1830 und nur teilweise angenommen worden. Allerdings war das Rastatter Weinmaß hier schon 1803 verbreitet. Die Umrechnungstabellen, die nach Einführung des neuen badischen Maßes erstellt worden sind (1811/12), ermöglichen eine Orientierung für die frühe Neuzeit und für das späte Mittelalter. Die Maße des frühen und hohen Mittelalters lassen sich nicht mehr entsprechend rekonstruieren.

Nicht allein die Maße, auch die im Kreisgebiet üblichen Maßsysteme haben zum Teil beträchtliche Unterschiede aufgewiesen. Für das Getreide, das bis ins 19. Jh. nicht gewogen, sondern ausgemessen worden ist, galten in der Regel folgende alte Hohlmaßrelationen (glatte Frucht = Roggen und entspelzter Dinkel):

1 Malter = 8 Simri = 32 Metzen (Invel) = 128 Viertel
1 Simri = 4 Metzen = 16 Viertel
1 Metze = 4 Viertel

Abweichend davon wurde in Götzingen der Malter zu 12 Simri à 3 Metzen gemessen, in Gerichtstetten zu 10 Simri à 3 Metzen und in Bödigheim zu 9 Simri à 3 ½ Metzen (mit 126 Vierteln); in Zimmern hat man den Malter mit 8 Simri à 3½ Metzen gerechnet, in Eberstadt und in Schlierstadt faßte der Malter 8 Simri, das Simri aber nur 3 Metzen, und in Sindolsheim hatte das Simri sogar nur 2½ Metzen. Anstatt des im Fränkischen gebräuchlichen Metzen wurde im Gebiet des Mosbach-Wimpfener Fruchtmaßes gewöhnlich in Inveln gemessen. – Für rauhe Frucht (Hafer und ungespelzter Dinkel) galten grundsätzlich andere Relationen; vielerorts rechnete man:

1 Malter = 10 Simri = 40 Metzen (Invel) = 160 Viertel
1 Simri = 4 Metzen = 16 Viertel
1 Metze = 4 Viertel

Tabelle 1: Glatte Frucht

Eichstätte	altes Maß			neues badisches Maß	Hektoliter
Adelsheim,	1 Mlt = 8 Simri	= 32 Metzen	= 128 Viertel	= 1 Mlt 2 Sester – 4 Becher	= 1,806
Ballenberg und Krautheim					
Altheim	1 Mlt = 8 Simri		= –	8 Sester 2 Meßlein 4 Becher	= 1,236
Amorbach	1 Mlt = 8 Simri	= 32 Metzen	= 126 Viertel	= 1 Mlt – 8 Meßlein 5 Becher	= 1,6275
Bödigheim	1 Mlt = 9 Simri	= 31,5 Metzen	= 126 Viertel	= 1 Mlt 1 Sester 3 Meßlein 4 Becher	= 1,701
Bretzingen	1 Mlt = 8 Simri	= 24 Metzen	= 96 Viertel	= – 9 Sester 1 Meßlein 4 Becher	= 1,371
Buchen	1 Mlt = 8 Simri	= 32 Metzen	= 132 Viertel	= 1 Mlt – 6 Meßlein 4 Becher	= 1,596
Eberstadt	1 Mlt = 8 Simri	= 24 Metzen	= 96 Viertel	= – 9 Sester 7 Meßlein 2 Becher	= 1,458
Gerichtstetten	1 Mlt = 10 Simri	= 30 Metzen	= 120 Viertel	= 1 Mlt – 5 Meßlein –	= 1,575
Götzingen	1 Mlt = 12 Simri	= 36 Metzen	= 144 Viertel	= 1 Mlt – 7 Meßlein 1 Becher	= 1,6065
Hardheim	1 Mlt = 8 Simri	= 32 Metzen	= 126 Viertel	= 1 Mlt – 1 Meßlein 4 Becher	= 1,521
Höpfingen	1 Mlt = 8 Simri	= 32 Metzen	= 126 Viertel	= – 8 Sester 4 Meßlein 7 Becher	= 1,2705
Mosbach	1 Mlt = 8 Simri	= 32 Invel	= 128 Viertel	= – 8 Sester 7 Meßlein 9 Becher	= 1,3185
und Eberbach					
Neudenau	1 Mlt = 8 Simri	= 32 Invel	= 128 Viertel	= – 9 Sester 5 Meßlein 1 Becher	= 1,4265
Osterburken	1 Mlt = 8 Simri	= 32 Metzen	= 128 Viertel	= 1 Mlt 1 Sester 5 Meßlein –	= 1,725
Rosenberg	1 Mlt = 8 Simri	= 32 Metzen	= 128 Viertel	= 1 Mlt 2 Sester – 4 Becher	= 1,806
Schlierstadt	1 Mlt = 8 Simri	= 24 Metzen	= 96 Viertel	= – 9 Sester – 3 Becher	= 1,3545
Schwarzach	1 Mlt = 8 Simri	= 32 Invel	= 128 Viertel	= – 8 Sester 6 Meßlein 8 Becher	= 1,302
Schweinberg	1 Mlt = 8 Simri	= 32 Metzen	= 128 Viertel	= 1 Mlt – 4 Meßlein 3 Becher	= 1,5645
Seckach	1 Mlt = 8 Simri		= –	6 Sester 6 Meßlein 7 Becher	= 1,0005
Sindolsheim	1 Mlt = 8 Simri	= 20 Metzen	= 80 Viertel	= – 7 Sester 5 Meßlein 6 Becher	= 1,134
Waldstetten	1 Mlt = 8 Simri	= 24 Metzen	= 96 Viertel	= – 9 Sester 4 Meßlein 7 Becher	= 1,4205
Wimpfen	1 Mlt = 8 Simri	= 32 Invel	= 128 Viertel	= – 8 Sester 8 Meßlein 7 Becher	= 1,3305
Zimmern	1 Mlt = 8 Simri	= 28 Metzen	= 112 Viertel	= 1 Mlt – – 7 Becher	= 1,5105

Quelle: Tabellen zur Verwandlung der alten Maase und Gewichte des Großherzogtums Baden in die neuen allgemeinen Badischen, Bd. 1, 9. und 10. Abt., Karlsruhe 1811

Tabelle 2: Rauhe Frucht

Eichstätte	altes Maß			neues badisches Maß	Hektoliter
Adelsheim,	1 Mlt = 8 Simri	= 32 Metzen	= 128 Viertel	= 1 Mlt 2 Sester – 4 Becher	= 1,806
Altheim	1 Mlt = 12 Simri			= 1 Mlt 2 Sester 3 Meßlein 6 Becher	= 1,854
Amorbach	1 Mlt = 8 Simri	= 32 Metzen	= 128 Viertel	= 1 Mlt 1 Sester 4 Meßlein 7 Becher	= 1,7205
Bretzingen	1 Mlt = 10 Simri	= 30 Metzen	= 120 Viertel	= 1 Mlt 1 Sester 4 Meßlein 3 Becher	= 1,7145
Buchen	1 Mlt = 8 Simri	= 32 Metzen	= 132 Viertel	= 1 Mlt 1 Sester 3 Meßlein 5 Becher	= 1,7025
Eberstadt	1 Mlt = 12 Simri	= 36 Metzen	= 144 Viertel	= 1 Mlt 2 Sester 9 Meßlein 6 Becher	= 1,944
Gerichtstetten	1 Mlt = 12 Simri	= 36 Metzen	= 144 Viertel	= 1 Mlt 2 Sester 6 Meßlein –	= 1,89
Götzingen	1 Mlt = 12 Simri	= 36 Metzen	= 144 Viertel	= 1 Mlt 2 Sester 8 Meßlein 5 Becher	= 1,9275
Hardheim	1 Mlt = 10 Simri	= 40 Metzen	= 160 Viertel	= 1 Mlt 2 Sester 6 Meßlein 8 Becher	= 1,902
Höpfingen	1 Mlt = 10 Simri	= 40 Metzen	= 160 Viertel	= 1 Mlt – 5 Meßlein 9 Becher	= 1,5885
Mosbach	1 Mlt = 9 Simri	= 36 Invel	= 144 Viertel	= – 9 Sester 8 Meßlein 9 Becher	= 1,4835
und Eberbach					
Rosenberg	1 Mlt = 12 Simri	= 48 Metzen	= 192 Viertel	= 1 Mlt 8 Sester – 5 Becher	= 2,7075
Schlierstadt	1 Mlt = 12 Simri	= 36 Metzen	= 144 Viertel	= 1 Mlt 3 Sester 5 Meßlein 5 Becher	= 2,0325
Schwarzach	1 Mlt = 9 Simri	= 36 Invel	= 144 Viertel	= – 9 Sester 7 Meßlein 6 Becher	= 1,454
Schweinberg	1 Mlt = 10 Simri	= 40 Metzen	= 160 Viertel	= 1 Mlt 3 Sester – 3 Becher	= 1,9545
Waldstetten	1 Mlt = 10 Simri	= 30 Metzen	= 120 Viertel	= 1 Mlt 1 Sester 8 Meßlein 4 Becher	= 1,776

Quelle: Tabellen zur Verwandlung der alten Maase und Gewichte des Großherzogtums Baden in die neuen allgemeinen Badischen, Bd. 1, 9. und 10. Abt., Karlsruhe 1811

8. Bevölkerung und Wirtschaft 151

Tabelle 3: **Spelz (ungespelzter Dinkel)**

Eichstätte	altes Maß			neues badisches Maß				Hektoliter
Ballenberg und Krautheim	1 Mlt = 10 Simri = 40	Metzen = 160 Maß	= 1 Mlt	5 Sester	8 Meßlein	4 Becher	= 2,376
Bödigheim	1 Mlt = 10 Simri = 35	Metzen = 140 Viertel	= 1 Mlt	2 Sester	6 Meßlein	–	= 1,89
Neudenau	1 Mlt = 9 Simri = 36	Invel = 144 Viertel	= 1 Mlt	–	7 Meßlein	–	= 1,605
Osterburken	1 Mlt = 10 Simri = 40	Metzen = 160 Viertel	= 1 Mlt	4 Sester	3 Meßlein	8 Becher	= 2,157
Seckach	1 Mlt = 12 Simri		= 1 Mlt	2 Sester	1 Meßlein	8 Becher	= 1,827
Sindolsheim	1 Mlt = 12 Simri = 28	Metzen = 112 Viertel	= 1 Mlt	1 Sester	8 Meßlein	8 Becher	= 1,782
Wimpfen	1 Mlt = 9 Simri = 36	Invel = 144 Viertel	=	–	9 Sester	9 Meßlein	8 Becher	= 1,497
Zimmern	1 Mlt = 11 Simri = 38,5	Metzen = 154 Viertel	= 1 Mlt	3 Sester	8 Meßlein	4 Becher	= 2,076

Quelle: Tabellen zur Verwandlung der alten Maase und Gewichte des Großherzogtums Baden in die neuen allgemeinen Badischen, Bd. 1, 9. Abt., Karlsruhe 1811

Tabelle 4: **Hafer**

Eichstätte	altes Maß			neues badisches Maß				Hektoliter
Ballenberg und Krautheim	1 Mlt = 10 Simri = 40	Metzen = 160 Maß	= 1 Mlt	6 Sester	9 Meßlein	–	= 2,535
Bödigheim	1 Mlt = 12 Simri = 42	Metzen = 168 Viertel	= 1 Mlt	5 Sester	1 Meßlein	2 Becher	= 2,268
Mosbach und Eberbach	1 Mlt = 10 Simri = 40	Invel = 160 Viertel	= 1 Mlt	–	9 Meßlein	9 Becher	= 1,6485
Neudenau	1 Mlt = 10 Simri = 40	Invel = 160 Viertel	= 1 Mlt	1 Sester	8 Meßlein	9 Becher	= 1,7835
Osterburken	1 Mlt = 12 Simri = 48	Metzen = 192 Viertel	= 1 Mlt	7 Sester	2 Meßlein	5 Becher	= 2,5875
Seckach	1 Mlt = 12 Simri = 36	Metzen	= 1 Mlt	3 Sester	3 Meßlein	7 Becher	= 2,0055
Sindolsheim	1 Mlt = 8 Simri = 20	Metzen = 80 Viertel	=	–	7 Sester	5 Meßlein	6 Becher	= 1,134
Wimpfen	1 Mlt = 10 Simri = 40	Invel = 160 Viertel	= 1 Mlt	1 Sester	–	9 Becher	= 1,6635
Zimmern	1 Mlt = 12 Simri = 42	Metzen = 168 Viertel	= 1 Mlt	5 Sester	1 Meßlein	–	= 2,265

Quelle: Tabellen zur Verwandlung der alten Maase und Gewichte des Großherzogtums Baden in die neuen allgemeinen Badischen, Bd. 1, 9. Abt., Karlsruhe 1811

Die Zahl der Varianten war hier aber noch viel größer als bei der glatten Frucht. Oft wurde der Malter zu 12 Simri gemessen, daneben auch zu 11, 9 oder 8, das Simri zu 4, 3½ oder noch weniger Metzen; nicht selten kamen obendrein für Spelz und Hafer verschiedene Maße zur Anwendung. Allein in Adelsheim hat für die rauhe Frucht dasselbe System gegolten wie für die glatte. Überall jedoch war der Malter wegen seines hohen Gewichts – hierzulande faßte er immerhin zwischen rund 1 und knapp 2,6 hl Getreide – bei sämtlichen Fruchtarten nur eine Rechnungseinheit; transportiert wurde in kleineren Mengen.

Bei den im Beschreibungsgebiet verwendeten Flüssigkeitsmaßen ist die Vielfalt nicht ganz so groß wie bei den Getreidemaßen; auch streut das Fassungsvermögen der verschiedenen Maße hier weniger breit (1 Fuder = 8,565–12,165 hl). Unter den Maßrelationen kommt die folgende am häufigsten vor:

1 Fuder =	6 Ohm =	12 Eimer =	384 Maß =	1536 Schoppen
	1 Ohm =	2 Eimer =	64 Maß =	256 Schoppen
		1 Eimer =	32 Maß =	128 Schoppen
			1 Maß =	4 Schoppen

II. Geschichtliche Grundlagen

Tabelle 5: **Flüssigkeitsmaße**

Eichstätte	altes Maß		neues badisches Maß	Hektol
Adelsheim	1 Fuder		= 20 Eimer = 480 Maß = 1920 Schoppen = 6 Ohm 2 Stützen 8 Maß =	9,4
Altheim	1 Fuder =	6 Ohm	= 12 Eimer = 384 Maß = 1536 Schoppen = 6 Ohm 8 Stützen 8 Maß =	10,3
Amorbach	1 Fuder		= 12 Eimer = 480 Maß = 1920 Schoppen = 7 Ohm 4 Stützen 5 Maß =	11,1
Ballenberg und Krautheim	1 Fuder		= 12 Eimer = 768 Maß = 3072 Schoppen = 8 Ohm 1 Stütze 1 Maß =	12,1
Bödigheim und Eberstadt	1 Fuder		= 12 Eimer = 384 Maß = 1536 Schoppen = 6 Ohm 9 Stützen 1 Maß =	10,3
Bretzingen	1 Fuder		= 12 Eimer = 432 Maß = 1728 Schoppen = 7 Ohm 5 Stützen 9 Maß =	11,3
Buchen	1 Fuder =	6 Ohm	= 12 Eimer = 384 Maß = 1536 Schoppen = 6 Ohm 8 Stützen 1 Maß =	10,2
Gerichtstetten	1 Fuder		= 12 Eimer = 384 Maß = 1536 Schoppen = 6 Ohm 7 Stützen 2 Maß =	10,0
Götzingen	1 Fuder		= 12 Eimer = 384 Maß = 1536 Schoppen = 6 Ohm 8 Stützen 5 Maß =	10,2
Hardheim	1 Fuder		= 12 Eimer = 480 Maß = 1920 Schoppen = 7 Ohm 6 Stützen 1 Maß =	11,4
Höpfingen	1 Fuder		= 12 Eimer = 384 Maß = 1536 Schoppen = 6 Ohm 7 Stützen 8 Maß =	10,1
Leibenstadt	1 Fuder		= 20 Eimer = 480 Maß = 1920 Schoppen = 5 Ohm 7 Stützen 1 Maß =	8,5
Mosbach, Eberbach und Wimpfen	1 Fuder		= 20 Eimer = 480 Maß = 1920 Schoppen = 6 Ohm 2 Stützen 3 Maß =	9,3
Osterburken			500 Maß = 2000 Schoppen = 6 Ohm 4 Stützen 7 Maß =	9,2
Rosenberg			400 Maß = 1600 Schoppen = 7 Ohm – 8 Maß =	10,6
Schlierstadt			400 Maß = 1600 Schoppen = 6 Ohm 9 Stützen 2 Maß =	10,.
Schwarzach	1 Fuder = 10 Ohm		= 480 Maß = 1920 Schoppen = 7 Ohm 5 Stützen 2 Maß =	11,2
Schweinberg	1 Fuder =	6 Ohm	= 12 Eimer = 480 Maß = 1920 Schoppen = 7 Ohm 8 Stützen 2 Maß =	11,7
Seckach			400 Maß = 1600 Schoppen = 6 Ohm 8 Stützen 5 Maß =	10,.
Sennfeld	1 Fuder		= 20 Eimer = 480 Maß = 1920 Schoppen = 6 Ohm 1 Stütze 2 Maß =	9,
Sindolsheim	1 Fuder		= 12 Eimer = 480 Maß = 1920 Schoppen = 6 Ohm 8 Stützen 2 Maß =	10,.
Waldstetten	1 Fuder		= 12 Eimer = 384 Maß = 1536 Schoppen = 6 Ohm 5 Stützen 3 Maß =	9,
Zimmern			400 Maß = 1600 Schoppen = 7 Ohm 3 Stützen 6 Maß =	11,0

Quelle: Tabellen zur Verwandlung der alten Maase und Gewichte des Großherzogtums Baden in die neuen allgemeinen Badisc Bd. 1, 9. und 10. Abt., Karlsruhe 1811

Überwiegend war die Berechnung des Fuders zu 12 Eimern gebräuchlich; nur im Gebiet des einstigen Wimpfener Reichslandes sowie in Adelsheim, Sennfeld und Leibenstadt hat man das Fuder mit 20 Eimern gemessen. Das Ohm kam allein in Altheim, Buchen und Schweinberg zur Anwendung (1 Fuder = 6 Ohm); in Schwarzach kannte man es ebenfalls, jedoch gingen dort 10 Ohm auf das Fuder. Der Eimer faßte mancherorts 40 Maß, mancherorts faßte er 36 oder 32 Maß, in Mosbach, Adelsheim, Sennfeld und Leibenstadt hatte er sogar nur 24; dagegen rechnete man den Eimer in Ballenberg mit 64 Maß. Generell gingen auf das Maß 4 Schoppen.

Was das Gewicht betrifft, so orientierte man sich hier wie anderwärts überwiegend an den großen Städten der weiteren Umgebung. In Buchen bediente man sich angeblich des Nürnberger, daneben aber auch des Frankfurter Gewichts, in Großeicholzheim und Sindolsheim des Nürnbergers; im W des Kreisgebiets dürfte das Gewicht von Heidelberg bzw. Mannheim maßgeblich gewesen sein. Die Unterscheidung von Schwergewicht und Leichtgewicht richtete sich nach Massen- oder Detailverkauf und berücksichtigte dabei die Verpackung der jeweiligen Handelsware. Das Leichtgewicht wurde in Nürnberg auch als Silbergewicht, das Schwergewicht als Handelsgewicht bezeichnet. Die hier interessierenden Eichstätten rechneten sowohl für das Leicht- als auch für das Schwergewicht durchweg

8. Bevölkerung und Wirtschaft

1 Ztr = 100 Pfd = 400 Vierling = 3200 Lot
1 Pfd = 4 Vierling = 32 Lot
1 Vierling = 8 Lot

Abweichend von dieser Relation hatte aber in Heidelberg und Frankfurt der Zentner Leichtgewicht 108 Pfund zu 4 Vierling bzw. 32 Lot.

Die Länge wurde bis ins 19. Jh. nach Ruten und Fuß gemessen, wobei wiederum zahlreiche Besonderheiten zu beachten waren. In der Landvermessung (Feldmaß) hat man die Rute mancherorts zu 10 Fuß gerechnet, mancherorts zu 12, 13, 13½ oder gar 16 Fuß (Nürnberger Rute). In Handel und Handwerk war Ellenmaß gebräuchlich; wie bei den anderen Maßen gab es auch hier von Ort zu Ort Unterschiede. Bei Umrechnung in Zentimetermaß schwankt die Länge der Elle zwischen 55,8 cm (Heidelberg) und 62,4 cm (Leibenstadt); in Mosbach, Wimpfen und Amorbach hatte sie 58,8 cm, in Buchen 59,5 cm, in Hardheim und Höpfingen 57,6 cm und in Bretzingen 60,6 cm.

Tabelle 6: **Gewichte**

Eichstätte	altes Maß	Gramm
Amorbach		
leicht	1 Pfund	= 472,65
schwer	1 Pfund	= 501,90
Buchen	1 Pfund	= 507,55
Frankfurt		
leicht	1 Pfund	= 467,90
schwer	1 Pfund	= 505,30
Heidelberg, Mosbach, Wimpfen,		
Adelsheim und Schwarzach		
leicht	1 Pfund	= 467,95
schwer	1 Pfund	= 505,40
Nürnberg		
leicht	1 Pfund	= 477,10
schwer	1 Pfund	= 510,30
Osterburken	1 Pfund	= 496,40
Würzburg		
leicht	1 Pfund	= 477,05
schwer	1 Pfund	= 510,05
Baden ab 1810	1 Pfund	= 500

Quelle: Tabellen zur Verwandlung der alten Maase und Gewichte des Großherzogtums Baden in die neuen allgemeinen Badischen, Bd. 1, 10. Abt., Karlsruhe 1811

Als Größenangaben für Ackerland, Weinberge und Wiesen begegnen in älterer Zeit *iurnales* (Morgen) und *iugera* (Joch, Juchert) sowie *mansus* (Hufen); seit dem späten Mittelalter wurden Wiesen auch nach *mannsmahd* gemessen. Die Relationen zwischen diesen Maßen lassen sich freilich kaum exakt berechnen. Seit dem späten Mittelalter war der Morgen das beherrschende Flächenmaß; er berechnete sich zu 4 Vierteln à 40 oder 45 Quadratruten (Osterburken 48, Mosbach 37½). Umgerechnet ins metrische System faßte das zwischen Hardheim und Wimpfen angewendete Morgenmaß zwischen 0,221 ha (Hainstadt) und 0,486 ha (Bödigheim).

Tabelle 7: Längenmaße (Feldmaß)

Eichstätte	altes Maß			neues badisches Maß			Meter
Altheim	1 Rute = 16 Fuß	= 15 Fuß	7 Zoll	4 Linien	7 Punkte		= 4,7241
Amorbach	1 Rute = 16 Fuß	= 14 Fuß	6 Zoll	2 Linien	6 Punkte		= 4,3878
Ballenberg (Mainzer Fuß)	10 Fuß	= 9 Fuß	7 Zoll	2 Linien	8 Punkte		= 2,9184
Ballenberg (Feldmaß)	1 Rute = 16 Fuß	= 16 Fuß	5 Zoll	2 Linien	5 Punkte		= 4,9575
Bödigheim	1 Rute = 16 Fuß	= 17 Fuß	2 Zoll	7 Linien	–		= 5,181
Bretzingen	1 Rute = 12 Fuß	= 11 Fuß	9 Zoll	8 Linien	8 Punkte		= 3,5964
Buchen und Götzingen	1 Rute = 16 Fuß	= 16 Fuß	5 Zoll	2 Linien	2 Punkte		= 4,9566
Eberstadt	1 Rute = 13,5 Fuß	= 13 Fuß	2 Zoll	8 Linien	8 Punkte		= 3,9864
Gerichtstetten	1 Rute = 13,5 Fuß	= 12 Fuß	7 Zoll	9 Linien	3 Punkte		= 3,8379
Hardheim	1 Rute = 12 Fuß	= 12 Fuß	3 Zoll	6 Linien	5 Punkte		= 3,7095
Höpfingen	1 Rute = 12 Fuß	= 12 Fuß	4 Zoll	5 Linien	8 Punkte		= 3,7374
Mosbach	1 Rute = 16 Fuß	= 16 Fuß	2 Zoll	8 Linien	5 Punkte		= 4,8855
Osterburken	1 Rute = 16 Fuß	= 15 Fuß	9 Zoll	8 Linien	4 Punkte		= 4,7952
Sindolsheim	1 Rute = 13 Fuß	= 12 Fuß	7 Zoll	9 Linien	6 Punkte		= 3,8388
Waldstetten	1 Rute = 12 Fuß	= 12 Fuß	9 Zoll	4 Linien	–		= 3,882

Quelle: Tabellen zur Verwandlung der alten Maase und Gewichte des Großherzogtums Baden in die neuen allgemeinen Badischen, Bd. 2, S. 1 ff., Karlsruhe 1812

Tabelle 8: Längenmaße (Ellenmaß)

Eichstätte	alte Elle	neue, bad. Elle	Zentimeter
Adelsheim und Gerichtstetten	1	0,97	58,4
Altheim, Amt Buchen, Schlierstadt und Schweinberg	1	0,98	58,8
Amorbach und Götzingen	1	0,98	58,8
Ballenberg, Krautheim, Osterburken und Waldstetten	1	0,97	58,4
Bretzingen	1	1,01	60,6
Buchen, Bödigheim und Seckach	1	0,99	59,5
Hardheim	1	0,96	57,6
Heidelberg	1	0,93	55,8
Höpfingen	1	0,96	57,6
Leibenstadt	1	1,04	62,4
Mosbach und Wimpfen	1	0,98	58,8
Rosenberg	1	0,99	59,5
Schwarzach	1	0,94	56,4
Sennfeld	1	0,98	58,8

Quelle: Tabellen zur Verwandlung der alten Maase und Gewichte des Großherzogtums Baden in die neuen allgemeinen Badischen, Bd. 2, S. 1 ff., Karlsruhe 1812

Geld. – Vom frühen Mittelalter bis ins 16. Jh. wurde in der Währung allgemein nach Pfund (*librum*, lb) und Pfennig (*denarius*, d) gerechnet; im hohen Mittelalter trat die Rechnung nach Mark (Silber) hinzu. Ausgemünzt wurden indes nur die Pfennige, wohingegen es sich bei den Gewichtseinheiten Pfund und Mark ebenso wie beim mittelalterlichen Schilling (*solidus*, ß) um bloße Rechnungswährungen gehandelt hat. Die während des späten Mittelalters im Gebiet des heutigen Neckar-Odenwald-Kreises am weitesten verbreitete Münze war der von der einst staufischen Münzstätte in

8. Bevölkerung und Wirtschaft

Tabelle 9: **Flächenmaße**

Eichstätte	altes Maß	neues badisches Maß	Hektar
Altheim	1 M = 4 Viertel = 160 QRuten = –	3 Viertel 96 QRuten 73 QFuß	= 0,357057
Amorbach	1 M = 4 Viertel = 160 QRuten = –	3 Viertel 42 QRuten 25 QFuß	= 0,308025
Ballenberg	1 M = 4 Viertel = 160 QRuten = 1 M –	36 QRuten 91 QFuß	= 0,393219
Bödigheim	1 M = 4 Viertel = 180 QRuten = 1 M	1 Viertel 36 QRuten 85 QFuß	= 0,486165
Bretzingen	1 M = 4 Viertel = 180 QRuten = 1 M –	17 QRuten 56 QFuß	= 0,375804
Buchen	1 M = 4 Viertel = 180 QRuten = 1 M –	91 QRuten 34 QFuß	= 0,442206
Osterburken	1 M = 4 Viertel = 192 QRuten = 1 M –	90 QRuten 54 QFuß	= 0,441486
Eberstadt	1 M = 4 Viertel = 180 QRuten = –	3 Viertel 17 QRuten 85 QFuß	= 0,286065
Gerichtstetten	1 M = 4 Viertel = 180 QRuten = –	2 Viertel 94 QRuten 61 QFuß	= 0,265149
Glashofen	1 M = 4 Viertel = 180 QRuten = –	3 Viertel 85 QRuten 3 QFuß	= 0,346527
Götzingen	1 M = 4 Viertel = 180 QRuten = –	2 Viertel 76 QRuten 38 QFuß	= 0,248742
Hardheim	1 M = 4 Viertel = 180 QRuten = –	2 Viertel 75 QRuten 22 QFuß	= 0,247698
Hainstadt (Neugereut, Heumatten)	1 M = 4 Viertel = 160 QRuten = –	2 Viertel 45 QRuten 67 QFuß	= 0,221103
Heinstadt (Neugereut)	1 M = 4 Viertel = 160 QRuten = –	3 Viertel 10 QRuten 92 QFuß	= 0,279828
Hettingen	1 M = 4 Viertel = 180 QRuten = –	2 Viertel 99 QRuten 89 QFuß	= 0,269901
Höpfingen	1 M = 4 Viertel = 180 QRuten = –	2 Viertel 79 QRuten 36 QFuß	= 0,251424
Mosbach	1 M = 150 QRuten = –	3 Viertel 32 QRuten 44 QFuß	= 0,299196
Sindolsheim	1 M = 4 Viertel = 180 QRuten = –	2 Viertel 94 QRuten 74 QFuß	= 0,265266
Waldstetten	1 M = 4 Viertel = 180 QRuten = –	3 Viertel 1 QRuten 40 QFuß	= 0,271260
Wimpfen	1 M = 4 Viertel = 160 QRuten = –	3 Viertel 43 QRuten 74 QFuß	= 0,309366

Quelle: Tabellen zur Verwandlung der alten Maase und Gewichte des Großherzogtums Baden in die neuen allgemeinen Badischen, Bd. 2, S. 53 ff., Karlsruhe 1812

Schwäbisch Hall geschlagene Heller (h = Haller Pfennig), dessen Wert im 15. Jh. dem eines halben Pfennigs entsprach. Daneben dürften hier in älterer Zeit auch Würzburger sowie Wormser und Speyerer Pfennige in Umlauf gewesen sein; die nächstgelegene Münzstätte war jene von Heilbronn (Würzburger Pfennige). Der Rheinische Gulden (fl rh), der seit der 2. H. 14. Jh. als vertraglich vereinbarte Gemeinschaftsmünze der rheinischen Kurfürsten zunehmend in Gebrauch kam und im 15. Jh. zur beherrschenden Währung wurde, ist als Goldmünze geprägt worden und tatsächlich in Umlauf gewesen, hat aber oft auch als bloße Rechnungswährung gedient. Schließlich begegnen – vornehmlich als Rechnungswährung, aber auch ausgemünzt – bis in die Neuzeit Turnosen, eine verbreitete Groschenmünze, die ihren Namen vom französischen Gros tournois herleitet, und sog. Böhmische, ein Dreikreuzer, benannt nach dem älteren böhmischen bzw. Prager Groschen. Mit der Reichsmünzordnung von 1559 ist endlich die noch im 18. Jh. gültige Rechnung nach Gulden, Batzen und Kreuzern (Xr) eingeführt worden; der seit dem Reichsmünzedikt von 1566 als Großsilbermünze geprägte Reichstaler war hierzulande offenbar nur von untergeordneter Bedeutung. Die sowohl nach der Zeit wie nach dem Prägeort und dem Feingehalt ohnehin stets schwankenden Umrechnungssätze sind seit dem 17. Jh. in starke Turbulenzen geraten (Kipper- und Wipperzeit); infolgedessen können hier nur einige grobe Anhaltspunkte für die gängigsten Geldwertrelationen gegeben werden.

Im allgemeinen galt für die Umrechnung folgendes Verhältnis

1 lb	= 20 ß		= 240 d
	1 ß		= 12 d
1 Mark	= 8 Unzen	= 12 ß	= 144 d
	1 Unze	= 1½ ß	= 18 d
1 lb h	= 20 ß h		= 240 h
	= 10 ß d		= 120 d
1 fl	= 20 Turnosen	= 20 ß d	= 240 d
	= 15 Batzen	= 26 Weißpfennig (albus)	
		= 60 Xr	= 240 d = 480 h
	= 1 Reichstaler		

Darüber hinaus finden sich in den Amts- und Kellerei-Rechnungen des Fürstlich Leiningischen Archivs zu Amorbach diese Relationen:

1 fl	= 1½ lb	= 30 ß	= 180 d	= 270 h	(Amorbach 1450–99)
1 fl	= 26 albus		= 208 d	= 312 h	(Amorbach 1551)
1 fl	= 27 albus		= 216 d	= 324 h	(Amorbach 1600)
1 fl	= 30 albus		= 240 d	= 360 h	(Amorbach 1650–59)
1 fl	= 21 Turnosen		= 252 d		(Walldürn 1700–50)
1 fl		= 60 Xr	= 240 d	= 360 h	(Amorbach 1701–92, Walldürn 1700–50)
1 fl		= 60 Xr	= 240 d	= 480 h	(Seligental 1700–50, Osterburken 1700–50, Mosbach 1701–92)
1 fl	= 15 Batzen	= 60 Xr	= 240 d	= 480 h	(Neckarelz 1702–92, Lohrbach 1700–92, Mosbach 1750–92)

9. Verkehr

Verkehrslage. – Das Beschreibungsgebiet war von alters her das Durchgangsland vom Oberrhein und Kraichgau nach Franken. Im W bildete der Odenwald ein nur von wenigen Straßen durchzogenes Hindernis. Auch wenn die Landschaft des Baulandes wesentlich durchlässiger war, nahm auch sie nicht die ganz großen Verkehrsströme auf, sondern diente nur als Zwischenglied zwischen den wesentlich verkehrsreicheren Landschaften von Oberrhein, Kraichgau und Neckarbecken einerseits und dem doch viel mehr auf Frankfurt und Mainz hin orientierten Franken andererseits.

Die Verkehrstopographie wurde in ihren Leitlinien bestimmt durch den mittleren Teil des Neckartals zwischen Eberbach und Wimpfen und den mittleren Teil des Taubertals zwischen Tauberbischofsheim und Mergentheim. Auf diesen beiden Talabschnitten drängten sich aus geographischen Gründen die Flußübergänge für den Ost-West-Verkehr. Der Main als nördliche Umgrenzung dieses Verkehrsraums wies dagegen keine Flußübergänge von Bedeutung oberhalb des großen Verkehrsknotens Miltenberg auf, so daß fast alle nach N gerichteten Straßen dort zusammentrafen, während sie im S ihre Basis auf dem Rücken zwischen Kocher und Jagst und der dortigen Hohen Straße hatten.

9. Verkehr

Die Verbindungen von W nach O haben schon ihre Vorprägung aus der Römerzeit. Die damaligen Straßen von der Rheinebene zur Kastellinie des Neckar-Odenwald- und dann des obergermanischen Limes sind mit kleineren topographischen Abweichungen bis ins 18. Jh. Leitlinien des Verkehrs geblieben. Es sind die Strecken Heidelberg–Neckarelz–Neckarburken–Osterburken und Speyer–Sinsheim–Wimpfen–Jagsthausen. Höchstwahrscheinlich sind sie wesentlich älter als die Römerzeit und fanden östlich des Limes ihre Fortsetzung in Richtung Königshofen und Würzburg bzw. Rothenburg und Nürnberg. Die Führung im Gelände scheint schon in römischer Zeit nicht ganz auf die Kastelle von Neckarburken, Osterburken und Jagsthausen ausgerichtet gewesen zu sein. Denn die alten Straßen benutzten die an diesen Kastellen in einiger Entfernung vorbeiführenden Höhenrücken. Durchs Kreisgebiet selbst führt nur die nördliche der beiden Verbindungen, die auch seit dem Hochmittelalter von wesentlich größerer Bedeutung war. Auf ihr lief die südliche Umgehung des Odenwaldes für den Weg von Worms nach Würzburg mit einem Anschluß auch von Speyer her. Nach den Endpunkten zu schließen, spielte diese Straße eine gewisse Rolle bei den Reisewegen der hochmittelalterlichen Kaiser. Als einzige Station im Kreisgebiet selbst ist jedoch nur Mosbach unter Heinrich VI. (1193) und Ballenberg unter Heinrich (VII.) (1234) bezeugt. Auch die spätmittelalterlichen Kaiseritinerare verzeichnen keine Aufenthalte im Kreisgebiet selbst außer für Ruprecht von der Pfalz (1400–1410). Dieser aber benutzte die Route Mosbach–Lauda–Oberpfalz eher als Territorialherr denn als König.

Geleitstraßen. – Die wichtigsten Nachrichten über den Verlauf der Straßen im einzelnen verdanken wir den spätmittelalterlichen und frühneuzeitlichen Quellen zum Geleit. Geleit bedeutet ganz allgemein den Schutz für Reisende. In diesem Sinne geleitete das pfälzische Oberamt Mosbach gemäß einer Aufzeichnung von 1525 praktisch nach allen Nachbarstädten und Verwaltungsmittelpunkten. Soweit es sich um alte Pfalz-Mosbacher Orte handelte, hatte das Amt das Geleit in beiden Richtungen, sonst geleiteten das Oberamt Heidelberg bzw. württembergische oder mainzische Ämter in der Gegenrichtung. Natürlich darf man diese Strecken nicht alle als wirkliche Straßen ansehen; teilweise handelte es sich lediglich um örtliche Verbindungen (vgl. Kartenbeilage).

Straßen mit einem überregionalen Warenverkehr waren nur dort vorhanden, wo das Geleit für Kaufleute, nicht nur für Einzelreisende, gewährt wurde. Die bedeutendsten Kaufmannszüge zu den überörtlichen Messen, vor allem zur Frankfurter Messe, berührten das Beschreibungsgebiet jedoch fast nicht, sondern zogen mit Knotenpunkten bei Tauberbischofsheim und Miltenberg sowie bei Wimpfen, Sinsheim und Heidelberg nordwestlich bzw. südöstlich an ihm vorbei. Im Erftal bei Breitenau erinnert ein Gedenkstein daran, daß die Strecke Tauberbischofsheim–Miltenberg dort vorbeiführte und noch von Karl VI. anläßlich seiner Wahl benutzt wurde. Herausragende Bedeutung fürs Beschreibungsgebiet hatte die Straße Heidelberg, Aglasterhausen, an Mörtelstein vorbei nach Obrigheim, Neckarelz und Mosbach und von dort über die Höhe bis Oberschefflenz, dann durch den Waidachswald nach Adelsheim, von Adelsheim auf die Höhe südlich Osterburken und weiter etwa auf der Wasserscheide zwischen Kirnau und Kessach ins Umpfertal und von da nach Königshofen, Würzburg oder Mergentheim und Nürnberg. Auf dieser Straße übte die Kurpfalz das Geleit bis an die Gemarkungsgrenze zwischen Oberschefflenz und Adelsheim. Sie beanspruchte darüber hinaus ein Mitgeleitsrecht neben Mainz bis an die Tauber. Auch das ganze Neckartal war pfälzische Geleitstraße von Heidelberg über Eberbach bis nach Wimp-

fen. Diese Straße von allgemein geringerer Bedeutung führte durch das Deutschordensterritorium und die Stadt Gundelsheim. Die große Neckarschleife bei Böttingen und die bei Binau wurden häufig durch Wege über die Höhenrücken abgeschnitten. Von Neckarelz führte diese Abkürzung ein kleines Stück elzaufwärts und dann durch den unteren Teil des Nüstenbachtales über Reichenbuch nach Neckargerach.

Von Eberbach aus lief eine Verbindung untergeordneter Frequenz auf den Winterhauch hinauf über Dielbach und Strümpfelbrunn zum Heerhag und nach Passage dieser Sperre an Wagenschwend vorbei nach Scheidental, von dort nach Langenelz und über Mudau und Rumpfen nach Buchen. Von Eberbach bis Buchen geleiteten die Pfälzer, in der Gegenrichtung Kurmainz. Als kurmainzische Geleitstraße setzte sich diese Linienführung nach O fort durch den großen Wald nördlich von Rinschheim nach Erfeld und über Brehmen, wo das kurmainzische Geleit endete und das würzburgische begann, nach Lauda. Dieser Straßenzug kreuzte sich im Buchwald nördlich Altheim mit einer mainzischen Geleitstraße, die von Walldürn her nach Gerichtstetten zog und von dort aus über Buch in den Schüpfer Grund nach Königshofen führte.

Von Buchen aus konnte auch eine weiter nördlich über Walldürn, Hardheim und Schweinberg an die Tauber bei Tauberbischofsheim führende kurmainzische Geleitroute gewählt werden. Damit sind die nennenswerten Verbindungen zwischen Tauber und Neckar auch schon aufgezählt; wenn man die südlich anschließenden Bereiche miteinbezieht, wäre noch die Geleitstraße von Wimpfen über Widdern, Ballenberg und Windischbuch nach Mergentheim zu erwähnen. Ursprünglich kam sie erst südlich Widdern ins Jagsttal herüber, doch hat sich eine Variante im Tal selbst über Neudenau und Möckmühl herausgebildet. Auf der ganzen Strecke war das Geleit zwischen Kurpfalz und Württemberg umstritten. Soweit diese Straße das Oberamt Krautheim bei Ballenberg durchschnitt, kam noch der mainzische Anspruch hinzu.

Die Verbindungen von N nach S hatten in der frühen Zeit entscheidende Bedeutung für das Kl. Amorbach. Dorthin kam der Verkehr vom Maintal unterhalb Miltenberg und vermutlich in wenig dichter Folge quer durch den Odenwald von Worms her. Die Amorbacher Talgabelung diente als Verteiler. Die gerade Strecke nach S verlief auf dem Höhenrücken östlich des Mudbachs nach Mudau und von dort westlich des Elzbachs über Limbach nach Dallau, wo die Elz überschritten wurde. Die alte Streckenführung setzte sich quer über die Höhen fort, erreichte die Jagst bei Heuchlingen, um von dort zum Amorbacher Besitzzentrum Neckarsulm weiterzuführen. In den Geleitsnachrichten des 16. Jh. hat diese Straße auch einen Anschluß von Mosbach her nach Dallau. Bis zur Grenze der Mudauer Zent galt pfälzisches Geleit, von dort bis Mudau beanspruchte Pfalz in der Nordrichtung zu geleiten, während das Geleit nach S Mainz zugestanden war. Die Strecke Mudau–Amorbach lag unbestritten in erzbischöflichem Geleit ebenso wie die Abzweigung von Langenelz nach Großeicholzheim. Von dort bis Neudenau war das Geleit wieder zwischen Pfalz und Mainz strittig. Der Weg querte das Schefflenztal und führte wohl durch Waldmühlbach an die Jagst.

Von Amorbach aus nach Buchen gelangte man über den Knotenpunkt Schneeberg auf dem Höhenrücken zwischen Morre und Eiderbach. Die mainzische Geleitstraße führte von dort über Schlierstadt nach Adelsheim. Auf der Höhe oberhalb Adelsheim stand der Geleitstein als Grenzmarke zwischen Mainz und Württemberg bzw. Kurpfalz, deren Strecke von Möckmühl her hier auftraf. Im Gegensatz zu den Strecken Amorbach–Mudau und Amorbach–Buchen war die Verbindung Amorbach–Walldürn weitgehend Talstrecke über Rippberg; erst dann wich sie nach W etwas weiter vom Verlauf des Marsbachs ab. Walldürn hatte auch unmittelbare Verbindung mit Miltenberg, wohl über Wettersdorf ins Erftal bei Pfahlbach. Nach S setzte sich diese Straße über Sindolsheim nach Rosenberg fort und erreichte von dort aus immer noch im kurmainzischen Geleit Ballenberg und Krautheim bzw. Kl. Schöntal.

Örtliche Verbindungen und Flußübergänge. – Wie das Beispiel der von Mosbach aus sternförmig ausstrahlenden Verbindungen gezeigt hat, ist mit dem bisher Skizzierten aber nur das Gerüst der wichtigsten und durch Geleiturkunden bezeugten Straßen erfaßt. Darüber hinaus bestanden viele örtliche Verbindungswege, die sich teilweise im Gelände auch mit den Bezeichnungen Alte Straße, Alter Weg, Hohe Straße oder gar der gewiß späteren Zutat Römerstraße fassen lassen. Hinzu kommen die Verbindungen für den alltäglichen Bedarf der Dörfer wie der Herrschaft, z. B. führt eine alte Straße von Schloßau und Waldauerbach über Reisenbach und den Reisenbacher Grund ins Ittertal und nach Eberbach. Die pfälzischen Boten und Beamten reisten von Heidelberg über

Aglasterhausen und Neunkirchen, mit der Fähre von Guttenbach nach Neckargerach und über Reichenbuch nach Lohrbach. Von Haßmersheim gelangte man über Hüffenhardt auf die große pfälzische Geleitstraße nach Helmstadt–Wimpfen oder über Kälbertshausen nach Aglasterhausen–Heidelberg. Die Neckarübergänge zeigen aber eindeutig die verschiedene Wertigkeit dieser Verbindungen. Die große Fähre führte von Obrigheim nach Diedesheim. Sie war insofern privilegiert, als zwischen Neckargerach und Haßmersheim keine andere Fähre Fuhrwerke übersetzen durfte. Ihre alte Bedeutung zeigt sich auch darin, daß die Fronhöfe des Kl. Reichenbach in Obrigheim auch nach ihrem Übergang an die Kurpfalz auf dieser Strecke Fuhrfronen und Vorspanndienste bis Mosbach leisten mußten und in Neckarelz die beherrschende Land- und Flußzollstation war. Die Guttenbacher Fähre, ab 1330 erwähnt, diente dagegen wie die Haßmersheimer der örtlichen Verbindung. In Hochhausen bestand lediglich eine Personenüberfahrt.

Außer Neckarelz waren Ballenberg, Mudau, Limbach und wohl auch Buchen Zollstationen von einiger Bedeutung. Um auch die Benutzer von Nebenstraßen zur Abgabe zu zwingen, wurde das Netz der Zollstationen durch Neben- oder Wehrzölle noch verdichtet, so z. B. in Strümpfelbrunn, Reichenbuch und Schloßau. Außer dem Landzoll, der immer wieder erhoben wurde, stand der Kurpfalz seit 1518 ein einmaliger Durchgangszoll, der sogenannte Guldenzoll, zu. Er war zusätzlich einmalig bei der Einfahrt ins Land zu zahlen. Den Herren von Adelsheim hat schon König Ruprecht 1405 einen Brückenzoll zur Unterhaltung des hochwassergefährdeten Flußübergangs vor ihrer Stadt gewährt.

Post und Chausseen. – Das alte Straßennetz diente auch der unter Kaiser Maximilian eingerichteten Thurn- und Taxis'schen Reichspost. Es ist bezeichnend für die Verkehrslage des Beschreibungsgebiets, daß diese Post hier erst im späten 17. Jh. einen Kurs einrichtete und zwar auf der Strecke Heidelberg–Neckarelz–Würzburg. Nach einigen kriegerischen Störungen verkehrten regelmäßig Postreiter seit 1686. Posthaltereien zu Pferdewechsel und regionaler Weiterverteilung der Briefe bestanden im 18. Jh. in Waldwimmersbach, Neckarelz, Adelsheim und Schweigern. In der Mitte des 18. Jh. kamen im Interesse des Mainzer Territoriums zwei weitere Postkurse dazu: von Miltenberg über Amorbach nach Neckarelz und von Miltenberg über Walldürn, wo seit 1759 eine Posthalterei belegt ist, über Rosenberg und Ballenberg nach Künzelsau.

Im allgemeinen hat sich das geschilderte spätmittelalterliche und frühneuzeitliche Verkehrsnetz bis ins 18. Jh. gehalten. Die Bedeutung der Straßen war Schwankungen unterworfen. Im 18. Jh. verlor die Strecke Heilbronn–Amorbach an Bedeutung. Mit dem Ausbau der alten Landstraßen zu Chausseen wurde das Verkehrsnetz, vor allem was die technische Ausstattung betraf, weiterentwickelt. Die Straßen erhielten nun eine feste wassergebundene Decke, Ablaufgräben auf beiden Seiten, damit sie nicht wieder im Morast versanken, und häufig auch neue und bessere Brückenbauwerke. Die Impulse zum Ausbau dieser Chausseen kamen von der Kurpfalz, trafen sich aber auch mit Interessen der kleineren Ortsherren und der Dörfer selbst. Der erste Ausbau wurde der Strecke Heidelberg–Würzburg zuteil und zunächst, soweit sie im pfälzischen Gebiet lag. 1763 war die Straße Wiesenbach–Mörtelstein chausseemäßig ausgebaut, bis 1768 erfolgte der Anschluß nach Mosbach. Von dort aus wurde eine neue Trassenführung gewählt, aber erst 1789 fertig. Etwa entsprechend der heutigen Landstraße blieb die Chaussee im Elztal, um über Auerbach Oberschefflenz zu erreichen. Den Ausbau von dort zur Tauber und nach Amorbach–Miltenberg vollendete erst das Fürstentum Leiningen nach 1803. Im Deutschordensgebiet kam um 1800 die Chaussierung der

Strecke von Neckarsulm über Gundelsheim Richtung Neckarelz zustande. Alle weiteren großen Straßenbauvorhaben wurden erst in der badischen Zeit verwirklicht.

Flößerei und Schiffahrt. – Der Neckar hatte wie jeder Fluß von einiger Größe seine Bedeutung als Wasserstraße. Dabei überwog die Flößerei den Schiffsverkehr bei weitem. Während aus dem Schwarzwald über die Enz große Langholzflöße den Fluß hinunter und weiter bis nach Holland geführt wurden, lieferte der Odenwald mit seinen Laubwäldern vor allen Dingen Brennholz zur Versorgung von Heidelberg, Mannheim, Oppenheim und Mainz. Zur Brennholzflößerei auf dem Rhein waren aus dem Kreisgebiet nur die Neckargeracher zugelassen. Auf der langen Strecke der Gerach oder des Seebaches wurde das Holz durch Ablassen des Roberner Sees bis zum Neckar hinuntergebracht. Zur Vermeidung von Flur- und Waldschaden durfte das jedoch nur in der Winterzeit geschehen. Im Frühjahr hat man dann an den Gestaden des Neckars die großen Brennholzflöße zusammengebunden, um diese dann flußabwärts bis in den Rhein zu steuern. Auch die Elz und ihre Nebenbäche dienten der Brennholztrift zur Versorgung der Stadt Mosbach. Hier hatten die Lohrbacher besondere Fronpflichten.

Die Schiffahrt den Neckar aufwärts im Treidelbetrieb hatte schon im Mittelalter gewisse Bedeutung – nur so erklärt sich die Rolle Zwingenbergs als Raubhaus – und stieg mit dem Ausbau des Umschlags in Heilbronn. Die auf alte Traditionen zurückgehende Bruderschaft des Neckartals schuf 1605 eine strenge Unterscheidung zwischen den zum Verkehr bis Frankfurt zugelassenen Schiffsleuten und den Inhabern kleinerer Boote, den sogenannten Hümplern, die eigentlich nur auf dem Neckar und allenfalls bis Worms fahren durften. Haßmersheim hatte ursprünglich nur Hümpler; im 18. Jh. war die Vergrößerung der dortigen Fahrzeuge und Flotte anerkannt, indem seit 1753 auch Haßmersheimer zur Rangfahrt auf dem Rhein zugelassen wurden. Bis zum Ende des Jahrhunderts wuchs die Zahl der Haßmersheimer Schiffer weiter. Das Schiffsbaugewerbe hatte dort seinen Standort, während sich die Neckargeracher als Hümpler und als Nachenführer für noch kleinere Boote betätigten. Seit 1712 verkehrte ein regelmäßiges Marktschiff zwischen Heilbronn und Frankfurt.

10. Kriegsereignisse und revolutionäre Erhebungen
(Zeittafel)

Die folgende Zeittafel kann selbstverständlich nur eine Auswahl von Daten bieten. Für die fehdenreiche Zeit des späten Mittelalters ist eine auch nur annähernde Vollständigkeit in der Erfassung aller kriegerischen Ereignisse gar nicht zu erreichen; desgleichen sind die Feldzüge des 17. und 18. Jahrhunderts im einzelnen noch zu wenig erforscht, um ihre Auswirkungen auf das Gebiet von Bauland und Hinterem Odenwald in vollem Umfang nachzeichnen zu können. Ebenso darf man annehmen, daß die örtlichen Erhebungen während des Bauernkriegs uns nur zum Teil bekannt sind und mancher andere eskalierte Konflikt zwischen Herrschaft und Gemeinde in der schriftlichen Überlieferung gar keinen Niederschlag gefunden hat. Infolgedessen muß diese Übersicht zwangsläufig lückenhaft bleiben und kann nur jene Daten bieten, die sich aus der Arbeit an den Quellen ergeben haben oder die ergänzend aus der Literatur ermittelt werden konnten. Sie liefern gewissermaßen den ereignisgeschichtlichen, die Menschen bewegenden und in ihren Geschäften immer wieder beeinträchtigenden Hintergrund zur strukturgeschichtlichen Darstellung in den historischen Teilen der Kreisbeschreibung. Von Fehden, Gefechten, Truppendurchzügen, Plünderungen und Einquartierungen waren natürlich stets nicht nur die unmittelbar betroffenen Orte berührt, sondern meist ist auch deren nähere und weitere Umgebung in Mitleidenschaft gezogen worden, ohne daß dieses in jedem einzelnen Fall überliefert ist. Insbesondere hatten immer wieder jene Siedlungen zu leiden, die im Bereich wichtiger Verkehrswege lagen, so vor allem die Gemeinden im Umkreis des Neckarübergangs bei Obrigheim, entlang des Neckars, im Elztal oder an den Straßen, die das Bauland mit dem Main verbinden.

1234: Im Krieg gegen seinen Vater, Kaiser Friedrich II., und im Zusammenhang mit der Langenburger Fehde zwischen den Herren von Hohenlohe und dem Bischof von Würzburg soll König Heinrich (VII.) Mitte November Ballenberg belagert haben.

1298: Judenverfolgungen in Mosbach, Walldürn und Neckarelz.

1336/37: Im Zusammenhang mit dem sog. Armlederaufstand in Franken werden in Buchen wie in anderen Städten die Juden verfolgt.

um 1347: Wegen des Anspruchs auf eine Stiftsherrenpfründe führen die von Adelsheim, von Dürn, von Hardheim und von Berlichingen eine Fehde gegen das Bistum Würzburg; infolge dieser Fehde müssen Adelsheim und Hettigenbeuern sowie weitere Güter der schließlich unterlegenen Adeligen dem Hochstift Würzburg zu Lehen aufgetragen werden.

um 1348/49: Infolge der Pest kommt es in Buchen wie anderwärts zu Judenpogromen.

1380: Im Krieg mit dem Erzstift Mainz brennt Kurfürst Ruprecht I. von der Pfalz Osterburken nieder, belagert aber die Stadt Buchen vergeblich (Blecker-Sage).

1430/43: Fehde der Horneck von Hornberg gegen das Erzstift Mainz, das Hochstift Würzburg, den Pfalzgrafen von Mosbach und den Markgrafen von Brandenburg.

1437: In der sog. Möckmühler Fehde zwischen Graf Michael von Wertheim einerseits und Kraft von Hohenlohe, Konrad von Weinsberg sowie dem Bischof von Würzburg andererseits wird die Burg zu Schweinberg zerstört.

1441: In einer Fehde zwischen Heinz von Seckendorff und der Reichsstadt Rothenburg o. T. plündern die Rothenburger Schloß und Dorf Eberstadt.

1457: Die Bewohner von Unterneudorf verweigern dem Abt von Amorbach den Frondienst.

um 1458/59: In einer Fehde mit Cuntz Rüdt von Bödigheim nimmt das Erzstift Mainz dessen Schloß Großeicholzheim ein.

um 1458/60: Fehde des Horneck von Hornberg gegen das Erzstift Mainz, den Markgrafen von Brandenburg und den Grafen von Württemberg. Auf dem Rückweg von einem Überfall auf das Horneck'sche Schloß Stolzeneck bei Eberbach plündern Knechte des Grafen Eberhard von Württemberg das Dorf Breitenbronn.

1463: In der Mainzer Stiftsfehde wird Osterburken durch den Grafen von Wertheim erfolglos belagert (5.–10. Februar).

1470: Engelhard von Berlichingen und Leupold von Seldeneck liegen mit Sindolsheim in Fehde und haben mehrere Sindolsheimer Gemeindsleute gefangengenommen.

1504/05: Im bayerisch-pfälzischen Erbfolgekrieg werden die kurpfälzischen Untertanen sowie die Bewohner der pfälzischen Zenten zum Kriegsdienst aufgeboten.

1515/16: Fehde des Götz von Berlichingen gegen die Stadt Buchen und das Erzstift Mainz.

1523: Vom Feldzug des Schwäbischen Bundes gegen den fränkischen Ritter Hans Thomas von Absberg werden auch das Bauland und der hier ansässige Adel berührt; die Burg der von Rosenberg in Boxberg wird eingeäschert.

1525: Am Bauernkrieg (März bis Juni) beteiligen sich vornehmlich die Untertanen des Erzstifts Mainz (Ballenberg, Buchen, Walldürn) sowie jene in den Dörfern des Klosters Seligental; auch die Untertanen zu Hainstadt, Adelsheim und Sennfeld erheben sich. In Dallau wird das Schloß des Deutschen Ordens zerstört. Am 2. Juni unterliegen die Bauern in der Schlacht bei Königshofen an der Tauber dem Heer des Schwäbischen Bundes.

1552: Im Krieg mit dem Markgrafen Albrecht Alkibiades von Brandenburg ruft das Erzstift Mainz seine Untertanen in den Zenten Amorbach, Buchen, Mudau, Osterburken und Walldürn zu den Waffen.

10. Kriegsereignisse und revolutionäre Erhebungen

1600/01: Das wertheimische Amt Schweinberg mit Pülfringen, Hardheim und Waldstetten wird seitens des Bischofs von Würzburg wiederholt militärisch besetzt und schließlich als heimgefallenes Lehen einbehalten.

1621: Auf ihrem Zug von der Ober- in die Rheinpfalz plündert die Armee des Grafen Mansfeld am 20. Oktober Osterburken; auch Billigheim wird durch mansfeldische Truppen geplündert. Die kath. Liga erobert Boxberg und nimmt nach zweitägiger Beschießung am 19. November Mosbach ein; auch in Zwingenberg liegt eine bayerische Besatzung. Bayerische Einquartierung in Adelsheim.

1622: Seit 6. Januar liegt eine bayerische Garnison in Wimpfen; die Bayern bauen eine Schiffbrücke über den Neckar. Tilly hat vom 15. Februar bis zum 9. März sein Hauptquartier in Mosbach. Ende März sammeln sich Truppen der prot. Union im Gebiet zwischen Osterburken, Billigheim und Schöntal. Im April kommt es in Buchen zu einem Aufruhr gegen die Truppen der Liga. Am 6. Mai schlägt Tilly das vom Markgrafen Georg Friedrich von Baden-Durlach geführte Heer der Union in der Schlacht bei Wimpfen (Obereisesheim). Im Juni und Juli liegt eine bayerische Einquartierung in Osterburken und Adelsheim. Im Oktober wird Osterburken von Truppendurchzügen berührt. Am 28. Oktober wird in Seligental der mainzische Hofmeister von plündernden Soldaten erschossen.

1623: Im Frühjahr gibt es bayerische Einquartierungen auf der Minneburg, in Mosbach und in Eberbach. Adelsheim wird von Truppendurchzügen berührt.

1626/27: Pestepidemie in den Neckargegenden und im Bauland.

1627: Im Februar werden die pfälzischen Ämter Mosbach und Boxberg sowie der Kraichgau von den Reitern des in kaiserlichen Diensten stehenden Herzogs von Sachsen-Lauenburg geplündert.

1628: Ende Juli kommt es zu einem neuerlichen Überfall lauenburgischer Reiter im Amt Boxberg. Truppendurchzüge in Adelsheim.

1631: Im Sommer quartieren sich bayerische Truppen in Mosbach und Buchen sowie in Zwingenberg, Boxberg, Wimpfen und Gundelsheim ein. Nach der Vertreibung der bayerischen Besatzung werden im November und Dezember Mosbach, Boxberg und das gesamte kurmainzische Oberamt Amorbach von den Schweden besetzt; die Besatzung dauert bis in den Herbst 1634. Schwedischer Oberamtmann zu Amorbach ist Johann Christoph von Gemmingen-Hornberg.

1632: Im März überqueren die Schweden bei Obrigheim und bei Wimpfen den Neckar, um gegen das von den Bayern besetzte Heidelberg vorzugehen. Ende März unternehmen die Bayern einen Ausfall neckaraufwärts, erobern die Burgen Minneberg und Zwingenberg und plündern Neckargerach, werden aber am 29. März von den aus Gundelsheim anrückenden Schweden zurückgeworfen.

1633: Am 5. Juni nehmen die Schweden Heidelberg ein.

um 1633/35: Burg und Dorf Bödigheim werden nahezu völlig zerstört.

1634: Im Dezember muß sich die schwedische Besatzung in Mosbach den Kaiserlichen ergeben.

1634/35: Durch eine Pestepidemie und durch Teuerung treten im ganzen Kreisgebiet große Bevölkerungsverluste ein; obendrein leidet das Land unter ständigen Truppendurchzügen, Einquartierungen und Plünderungen. 1635 sterben an der Pest u. a. Reinhard von Gemmingen zu Hornberg (»der Gelehrte«) und vermutlich auch Johann Rüdt von Collenberg, der letzte der Collenberger Linie.

1636: Von April bis Juni sind in Adelsheim pfälzische Truppen einquartiert.

1636/37: Kaiserliche Einquartierung in Billigheim.

1637: Im November gibt es bayerische Einquartierung in Zwingenberg, Neckarelz und Haßmersheim.

1642/45: Der Hintere Odenwald und das Bauland sind von Schweden und Franzosen unter Marschall Turenne besetzt.

1643: Truppen des mit den Franzosen verbündeten Herzogs von Sachsen-Weimar besetzen Eberbach und Mosbach (Anfang Januar). Bayerische Soldaten vom Dilsberg greifen die von Bewohnern (Königsleuten) des Dorfes verteidigte Burg in Schwarzach an, ohne sie jedoch einnehmen zu können. In Schwarzach, Aglasterhausen, Daudenzell, Haßmersheim, Obrigheim, Guttenbach, Neckarkatzenbach und Mörtelstein werden bayerische Truppen einquartiert

(Oktober). Im Dezember durchquert die Armee des Herzogs von Lothringen auf dem Weg von Lauffen am Neckar nach Amorbach das Oberamt Mosbach.

1644: Die bayerische Armee passiert auf dem Zug von Wörth am Main nach Heppenheim an der Bergstraße Hardheim (21. November) und Mudau.

1645: Ende Juni plündern die Schweden Adelsheim. Oberwittstadt wird im Juli von den Truppen des Herzogs von Sachsen-Weimar nahezu ganz eingeäschert. Im August gibt es bayerische Einquartierung in Mosbach und Zwingenberg, im Oktober auch in der Kellerei Schwarzach. Im September wird Osterburken von Truppen des Marschalls Turenne eingenommen.

1646: Die bayerische Garnison in Mosbach wird im Juli nach Heidelberg verlegt. Ende August schlagen die Franzosen, unter Turenne von Amorbach kommend, ihr Hauptquartier in Schefflenz auf. Adelsheim wird von Truppendurchzügen berührt. Zerstörung der Burg zu Allfeld.

1647: Die von den Franzosen besetzte Stadt Mosbach wird im Sommer vorübergehend von den Kaiserlichen erobert. Anfang August verlassen die Bewohner von Balsbach wegen der unerträglichen Kontributionslast geschlossen ihr Dorf und lassen ihr Getreide auf dem Feld stehen.

1648: Am 15. März nehmen die Franzosen Mosbach ein. Im Sommer kommt es zu einer neuerlichen Einquartierung bayerischer Truppen auf der Minneburg sowie in Schwarzach, Eberbach und Zwingenberg. Kurz vor Eintreffen der Nachricht vom Friedenschluß in Münster überfällt am 31. Oktober zwischen drei und vier Uhr morgens ein bayerisches Kontingent die französische Besatzung in Mosbach und nimmt die Stadt ein; dennoch beziehen die Franzosen in Mosbach Winterquartier. Drei französische Kompanien nehmen im November Quartier in Obrigheim und auf der Neuburg, plündern das Dorf total aus und fordern mit aller Härte von den Kellereien Lohrbach, Neckarelz und Großeicholzheim Unterhalt.

1673: Vermutlich wird die Burg zu Schweinberg von den Franzosen zerstört, die im Holländischen Krieg bis ins Ochsenfurter Gäu vorstoßen.

1674: Die Kaiserlichen liefern dem französischen General Turenne bei Sinsheim eine Schlacht (16. Juni), von der auch das westliche Kreisgebiet in Mitleidenschaft gezogen wird.

um 1675/76: Franzosen aus der Garnison Philippsburg brennen das Dorf Obrigheim nieder.

1676: Kaiserliche Fouragiere brennen Aglasterhausen nieder.

1688: Im Dezember besetzen die Franzosen Mosbach und Buchen; Sennfeld und Burg Hornberg werden zerstört, Burg Guttenberg entgeht der Zerstörung nur mit knapper Not. In Adelsheim kommt es zu einem Aufruhr wegen Erhebung einer Schatzung und anderer Differenzen zwischen Herrschaft und Gemeinde.

1688/97: Im Orléans'schen Krieg wird die Burg zu Schwarzach dreimal geplündert.

1689: Die Franzosen brennen Neunkirchen nieder.

1691: Die Landschaft am Neckar wird neuerlich von den Franzosen heimgesucht.

1693: Die Franzosen erschießen zu Guttenberg einen auf Wache stehenden Bauern.

1696: Am 19. September überfällt und plündert eine französische Abteilung das herrschaftliche Haus in Neckarzimmern.

1698: Aufruhr der Bödigheimer gegen ihre Herrschaft, weil diese Frondienste in ungewohntem Umfang fordert; Johann Ernst Rüdt nimmt in Frankfurt am Main Zuflucht.

1707: Im Spanischen Erbfolgekrieg erzwingen die Franzosen in Schwaben und Franken Kontributionen.

1741: Im Ersten Schlesischen Krieg überqueren am 30. September französische Hilfstruppen (für den König in Preußen) bei Wimpfen den Neckar.

1745: Im Zweiten Schlesischen Krieg quartiert sich zu Guttenberg eine französische Kompanie ein (April/Juni). In der Nacht vom 1. zum 2. Juni überfallen die Österreicher einen bei Mühlbach auf dem Neckar passierenden Konvoi von etwa 20 französischen Proviantschiffen und bringen etwa ein halbes Dutzend der Schiffe auf.

1759: Im Siebenjährigen Krieg gibt es kurpfälzische und württembergische Einquartierung in Adelsheim.

1795: Kurmainz bietet seine Untertanen zentweise gegen die französische Revolutionsarmee auf, die den Rhein überschritten hat (September). Das Kloster Amorbach und seine Untertanen werden auf vielfältige Art zur Versorgung der alliierten Truppen herangezogen.

10. Kriegsereignisse und revolutionäre Erhebungen

1796: Im Juni wird im Kloster Amorbach ein kaiserliches Lazarett eingerichtet. Im August treiben die Franzosen im Amt Amorbach Kontributionen ein. Nach dem Sieg des Erzherzogs Karl bei Würzburg (3. September) müssen sich die Franzosen wieder über den Rhein zurückziehen.
1798: Die Untertanen zu Bödigheim erheben sich gegen ihre Herrschaft wegen strittiger Frondienste. In Amorbach gibt es Einquartierungen.
1800: Im Sommer stoßen die Franzosen den Main aufwärts nach Franken vor. Am 4. September wird in Amorbach das französische Hauptquartier eingerichtet (desgleichen am 25. Oktober und 12. November); Abt und Konvent flüchten. In den Jahren 1800 und 1801 kommt es im ganzen Kreisgebiet zu französischen Einquartierungen.
1813/15: Wiederholt gibt es Einquartierungen in Buchen und anderen Orten der Umgebung.
1848: Am 7. und 9. März dringen Aufständische ins Adelsheimer Schloß ein und vernichten die Registratur des Rentamts sowie den größten Teil des grundherrlichen Archivs. Auch in Eberstadt werden Rentamt und Archiv der Grundherrschaft in Mitleidenschaft gezogen. Die Bödigheimer Herrschaft sucht in Würzburg Zuflucht. Am 8. März wird das leiningische Hofgut Marienhöhe von Aufständischen aus Osterburken in Brand gesetzt, tags darauf das fürstliche Rentamt in Buchen geplündert; auch in Ernsttal kommt es zu Plünderungen. In Amorbach überreichen die Aufständischen nur eine Bittschrift. Ebenso bleiben in Merchingen die grundherrlichen Gebäude unangetastet, jedoch werden hier die Synagoge und die Häuser der Juden demoliert (9. März). Zwei Tage später rückt badisches Militär in Bauland und Odenwald ein. Am 11. April verzichtet der Fürst von Leiningen auf alle seine standesherrlichen Vorrechte.
1849: Die Aufständischen in Adelsheim setzen einen Angehörigen der grundherrlichen Familie gefangen (8. Juni). Am 21. Juni überquert das Neckar-Korps des Deutschen Bundes von Eberbach kommend bei Obrigheim den Neckar.
1866: Im preußisch-österreichischen Krieg, in dem Baden auf der Seite Österreichs steht, quartiert sich das hessische Feldlazarett in Walldürn ein (18./20. Juli). Am 23. Juli kommt es in Walldürn zu einem Vorpostengefecht zwischen Badenern und Preußen; bei einem Gefecht am selben Tag auf Hundheimer Gemarkung müssen die Badener den Preußen weichen. Die gleichfalls mit Österreich verbündeten Württemberger unterliegen den Preußen am 24. Juli bei Tauberbischofsheim. Preußische Einquartierung in Adelsheim.
1921: Am 13. und 27. Mai sowie am 2. Juni werden auf dem Bahnhof und in der Kilianskapelle zu Osterburken sowie auf dem Hofgut Seligental Waffenlager der von Bayern ausgehenden rechtsradikalen Einwohnerwehr »Organisation Escherich« beschlagnahmt.
1938: In der Nacht vom 9. auf den 10. November werden von den Nationalsozialisten die Synagogen und jüdischen Betsäle in Adelsheim, Billigheim, Binau, Bödigheim, Buchen, Hainstadt, Hardheim, Hüffenhardt, Kleineicholzheim, Merchingen, Mosbach, Neckarzimmern, Seckach, Sennfeld, Strümpfelbrunn und Zwingenberg geschändet und demoliert, zum Teil auch ganz zerstört und dem Erdboden gleichgemacht.
1944: Osterburken erlebt mehrere Bombenangriffe. Am 21. Juli sterben bei einem Bombenangriff auf Walldürn 17 Personen.
1945: Im ersten Quartal gibt es ununterbrochen Fliegerangriffe auf Osterburken und seinen Bahnhof. Am 29. Januar und 22. März schwere Bombenangriffe auf den Neckargeracher Bahnhof; 207 Tote, erhebliche Zerstörungen. In Waldkatzenbach und Bödigheim bezieht das auf dem Rückzug befindliche XIII. SS-Armeekorps am 29. März Gefechtsstände. Die Amerikaner (IV. Infanteriedivision) besetzen zwischen Ende März und Anfang April das Kreisgebiet. Infolge der Verteidigung Osterburkens durch die SS kommt es zwischen dem 31. März und dem 3. April zu erheblichen Zerstörungen in der Stadt; wegen des durch Bombardierungen blockierten Bahnhofs steht in einem nahegelegenen Tunnel Tage lang ein Zug mit Häftlingen zum Transport nach Dachau; in der Nacht vom 3. auf den 4. April werden die Häftlinge befreit. In Donebach, Hornbach und Hettingen kommt es zu Gefechten.

11. Die Bezirksgliederung im 19. und 20. Jahrhundert

Übergang an Baden. – Der heutige Neckar-Odenwald-Kreis lag an der Wende zum 19. Jh. noch weit jenseits der Nordgrenze der bad. Markgrafschaft. Erst die territorialen Umwälzungen im Gefolge der Koalitionskriege, die Annexionen der linksrheinischen Lande durch Frankreich – 1796 hatte Baden in seinem Sonderfrieden mit Frankreich die Rheingrenze anerkannt – und das Versprechen, die linksrheinischen Verluste durch Gebietszuwachs auf der rechten Rheinseite zu kompensieren, rückten den Rhein-Neckar-Raum in das Karlsruher Blickfeld. Bei der 1802 zwischen Frankreich und Rußland ausgehandelten und 1803 durch den Reichsdeputationshauptschluß bestätigten Zerschlagung der Kurpfalz, deren linksrheinische Gebiete französisch geworden waren, und der Säkularisierung der geistlichen Herrschaften gelang es dem badischen Unterhändler, dem Freiherrn Sigismund von Reitzenstein (1766–1847), unter geschickter Ausnutzung auch der verwandtschaftlichen Beziehungen des Hauses Baden, seinem Souverän mit der Kurwürde unter anderen Gebieten das rechtsrheinische Kernland der Kurpfalz um Mannheim und Heidelberg zu sichern. Im Kreisgebiet kamen 1803 Aglasterhausen, Breitenbronn, Neunkirchen, Neckarkatzenbach, Ober- und Unterschwarzach sowie Asbach, Guttenbach und Reichenbuch aus der pfälzischen unter bad. Landeshoheit, ebenso die der pfälzischen Landeshoheit unterstehenden Orte Daudenzell der Freiherren von Gemmingen und Michelbach der Freiherren von Berlichingen. Das pfälzische Oberamt Mosbach dagegen fiel zusammen mit bisher kurmainzischen und würzburgischen Gebieten an das zum Ausgleich für seine linksrheinischen Gebietsverluste hier neugegründete Fürstentum Leiningen mit der Residenz im aufgelösten Kl. Amorbach.

Der Friede von Preßburg des Jahres 1805, der den 3. Koalitionskrieg beendete, in dem Baden erstmals auf Seiten Frankreichs gekämpft hatte, brachte Gebietszuwachs im Breisgau, der Ortenau und am Bodensee, aber nicht im Norden. Um die Besitzungen der Reichsritter, die jetzt ihre Selbständigkeit verloren, stritten sich in diesem Raum Leiningen und Württemberg.

Festeren Fuß faßte Baden im heutigen Neckar-Odenwald-Kreis erst mit dem Abschluß des Rheinischen Bundes (12.7.1806), der das Ende des Alten Reiches markierte und nach Napoleons Willen zwischen Frankreich und den Mächten Preußen und Österreich mit Frankreich verbündete Mittelstaaten als Puffer einschieben sollte. Vergrößert und arrondiert wurden die Rheinbundstaaten dadurch, daß die bisher nur dem Reich unterstehenden kleineren Fürsten und Standesherren mediatisiert, das heißt unter ihre Landeshoheit gestellt wurden. Im Kreisgebiet bedeutete dies in erster Linie die Einverleibung des Fürstentums Leiningen in den nun zum Großherzogtum erhobenen bad. Staat. Die leiningischen Ämter Amorbach und Miltenberg trat Baden allerdings 1810 an Hessen ab. Seither bildet die Nordgrenze des heutigen Neckar-Odenwald-Kreises die Nordgrenze Badens.

Der größte Teil des Kreisgebiets ist ehemaliges leiningisches Territorium, bestehend aus den Ämtern Buchen (Buchen, Götzingen, teilweise Hainstadt, Hettingen, Hollerbach, Unterneudorf, Altheim), Hardheim (Hardheim, Bretzingen, teilweise Gerichtstetten, Schweinberg, Höpfingen, teilweise Waldstetten), Mudau (Mudau, Dumbach = Donebach, Langenelz, Mörschenhardt, Neubrunn = Ernsttal, Schloßau, Auerbach = Waldauerbach, Reisenbach, Rumpfen, Ober- und Unterscheidental, Limbach, Scheringen, Einbach, Oberneudorf, Steinbach, Stürzenhardt), Mosbach (Mosbach, Diedesheim, Lohrbach, Neckarelz, Nüstenbach, Sattelbach, Haßmersheim, Obrigheim, Mör-

11. Die Bezirksgliederung im 19. und 20. Jahrhundert 167

telstein, Auerbach, Dallau, Muckental, Neckarburken, Rittersbach, Ober-, Mittel- und Unterschefflenz, Sulzbach), Osterburken (Osterburken, Hemsbach, Schlierstadt, Sekkach, Zimmern), Walldürn (Walldürn, Glashofen, Gerolzahn, Rinschheim, Erfeld, Wettersdorf, Vollmersdorf, Dornberg, Reinhardsachsen, Kaltenbrunn, Gottersdorf, Rippberg, Hornbach) und einem Teil des Justizamts Eberbach (Neckargerach, Schollbrunn, Unterferdinandsdorf, Fahrenbach, Trienz, Krumbach, Robern, Rineck, Balsbach und Wagenschwend). Über Leiningen kamen auch die Herrschaft Zwingenberg (Zwingenberg, Mülben, Oberdielbach, Strümpfelbrunn, Waldkatzenbach, Weisbach) der Fürsten von Bretzenheim und die gräflich-degenfeldischen Orte Heidersbach und Großeichholzheim, über die pfälzische Landeshoheit bestanden hatte, an Baden. Die Herrschaft Zwingenberg erwarb Karl Friedrich 1808 für seine Kinder aus zweiter Ehe, die Grafen von Hochberg.

Ergänzt wurde dieser Gebietszuwachs infolge der Mediatisierung auch der Grafen von Leiningen durch Billigheim, Allfeld, Katzental und Waldmühlbach, der Fürsten von Salm-Krautheim durch Ballenberg, Erlenbach, Ober- und Unterwittstadt, der Fürsten und Grafen von Löwenstein-Wertheim durch Rosenberg, Bofsheim, Bronnacker, Rütschdorf, Breitenau, Hirschlanden.

Mit der Einbeziehung des Fürstentums Leiningen in den bad. Staat erledigte sich der Streit zwischen Leiningen und Württemberg um die ritterschaftlichen Besitzungen insofern, als diese gleichfalls zu Baden geschlagen wurden. Damit waren die letzten Lücken geschlossen und Baden endgültig zum Flächenstaat geworden. Im Kreisgebiet fielen an Baden von den Besitzungen der zum Kanton Odenwald steuernden Grundherren die Orte Binau und Kleineichholzheim der Grafen von Waldkirch; Bödigheim, Eberstadt, Sindolsheim, Waldhausen der Freiherren Rüdt von Collenberg; Hainstadt und Waldstetten der Freiherren Rüdt von Collenberg und der Fürsten von Leiningen; Leibenstadt, Neckarzimmern mit Steinbach und der Burg Hornberg der Freiherren von Gemmingen; Hettigenbeuern, Hüngheim und Merchingen der Freiherren von Berlichingen; Adelsheim mit Hergenstadt und Wemmershof sowie Laudenberg der Freiherren von Adelsheim; Sennfeld der Freiherren von Adelsheim und der Freiherren Rüdt von Collenberg. Von den zum Ritterkanton Kraichgau steuernden Grundherren kamen an Baden die Orte Guttenberg, Neckarmühlbach, Kälbertshausen und Hüffenhardt der Freiherren von Gemmingen und Hochhausen der Grafen von Helmstatt.

Eingliederung in den badischen Staat. – Die Regierung des auf etwa das Zehnfache des Territoriums der Markgrafschaft angewachsenen Großherzogtums stand nun vor der schwierigen Aufgabe, all die nach Herkunft, Konfession und Rechtswesen unterschiedlichen Gebiete unter eine einheitliche Verwaltung zu bringen und mit den Stammlanden zu verschmelzen.

Wie die anderen 1802/03 erworbenen Gebiete wurden auch die kurpfälzischen Ämter schon 1802 nach dem Frieden von Lunéville, also schon vor der endgültigen Bestätigung durch den Reichsdeputationshauptschluß, von bad. Kommissaren in Besitz genommen. Unter deren Aufsicht führten die bisherigen Behörden die Geschäfte zunächst weiter. Die Neuorganisation des Kurstaats stand unter der Leitung des Geheimen Rats Johann Nikolaus Friedrich Brauer (1754–1813). Er strebte an, die neuen Landesteile unter Wahrung ihrer historischen und insbesondere ihrer konfessionellen Eigenart den Kernlanden der Markgrafschaft an- und allmählich einzugliedern. Seine ursprüngliche Absicht, konfessionell abgegrenzte Provinzen zu schaffen, scheiterte allerdings an der Realität der räumlich engverzahnten Konfessionen und der überkommenen Behördenorganisation. Schließlich wurde »alt- und neubadischer Besitz teils verschmolzen, teils nach dem geographischen Zusammenhang unter Berücksichtigung der historischen Herkunft abgeteilt« (Andreas S. 56). Brauers erstes (von dreizehn) Organisationsedikt teilte 1803 den Kurstaat in die drei Provinzen der bad. Markgrafschaft, der bad. Pfalzgrafschaft und des Oberen Fürstentums am Bodensee. Die bad. Pfalzgrafschaft unter einem Hofratskollegium in Mannheim umfaßte außer dem kurpfälzischen Teil auch das rechtsrheinische bischöflich-speyerische Gebiet um Bruchsal, das ehemalige Ritterstift Odenheim, die Reichsstadt Wimpfen und einige altbadische Orte. In der Organisation der Ämter ging Brauer von kleinen Ämtern von 6–8000 Seelen und einem Amtmann für Verwaltung und Justiz sowie einem Rentamtmann für die Einnahmen und die Staatswirtschaft aus. Drei bis fünf Ämter sollten zu einem Oberamt oder einer Landvogtei zusammengefaßt werden. Das sechste Organisationsedikt 1803 suchte diese Grundsätze mit dem derzeit Möglichen zu verbinden. So wurden die großen kurpfälzischen Ämter unter Berücksichtigung der Zenten zerlegt.

Die die folgenden Jahre kennzeichnenden Schwierigkeiten, Regierung und Verwaltung dem sich ausdehnenden Gebietsstand anzupassen, berührten das Kreisgebiet noch nicht. Erst mit der Eingliederung der mediatisierten Standes- und Grundherrschaften 1806 stand die großherzogliche Regierung auch hier vor neuen Aufgaben. Dabei konnte sie im Fürstentum Leiningen auf die Organisationsarbeiten zurückgreifen, die dessen Verwaltung in nur drei Jahren bereits bewältigt hatte.

Die leiningischen Ämter blieben daher vorerst erhalten und wurden wie die übrigen neuen Erwerbungen im Kreisgebiet der Provinz der bad. Pfalzgrafschaft eingegliedert.

Der Weg zu einer einheitlichen Verwaltung. – Die erste größere Reform der Verwaltungsgliederung im Juli 1807 gab der Unterrheinischen Provinz oder Bad. Pfalzgrafschaft nur eine neue Ämtereinteilung. Wie unsicher die bad. Regierung noch in Bezug auf diese ihr teilweise nur dem Namen nach – und auch hier hatte sie ihre Schwierigkeiten – bekannten standes- und grundherrlichen Ämter und Orte war, zeigt sich an der Konstruktion des völlig zerstreut liegenden Oberamtes des Odenwaldes, dessen Aufgabe es war, die grundherrlichen Orte zusammenzufassen, *welches aber noch seine nähere Einrichtung zu gewarten hat, so wie überhaupt die endliche Eintheilung der noch hin und wieder zu Standesherrlichen Aemter gezählter grundherrschaftlichen Orte vorbehalten wird* (Regierungsblatt vom 7.7.1807). Es wurde noch im selben Jahr wieder aufgelöst. An seine Stelle traten drei Landvogteien, die außer den grund- auch die standesherrlichen Ämter umfassen sollten, deren Zahl sich vermehrt hatte, da der Fürst von Leiningen gleichzeitig seine Ämter in kleinere Justizämter zerschlagen hatte. Über das Kreisgebiet erstreckten sich die Landvogteien Miltenberg und Mosbach. Zur Landvogtei Miltenberg gehörten hier die fürstl. leiningischen Ämter Walldürn, Hardheim, Mudau, die fürstl. und gräfl. löwensteinischen Ämter Rosenberg und Gerichtstetten sowie die grundherrschaftlichen Orte Rütschdorf, Hettigenbeuern und teilweise Waldstetten. Zur Landvogtei Mosbach zählten die fürstl. leiningischen Ämter Eberbach, Mosbach, Lohrbach, Buchen, (Oster)burken, die gräfl. leiningischen Ämter Billigheim und Neudenau, das fürstl. bretzenheimische bzw. gräfl. hochbergische Amt Zwingenberg, das fürstl. salmsche Amt Ballenberg und die grundherrschaftlichen Orte Groß- und Kleineicholzheim, Heidersbach, Hornberg, Neckarzimmern mit Steinbach und Stockbronner Hof, Binau, Adelsheim mit Hergenstadt und Wemmershof, Bödigheim, Waldhausen, Sindolsheim, Eberstadt, Hainstadt, Leibenstadt mit Tolnayshof, Merchingen mit Dörnishof, Hüngheim, Sennfeld und Laudenberg. Im Westen blieb das ausschließlich aus standes- und grundherrschaftlichen Orten bestehende Oberamt Waibstadt erhalten. Michelbach und Daudenzell wurden ihm jetzt offiziell zugespro-

11. Die Bezirksgliederung im 19. und 20. Jahrhundert

chen. Das ehemals pfälzische Amt Neckarschwarzach blieb unverändert. Damit war man, abgesehen von einigen Ungereimtheiten, arrondierten Verwaltungsbezirken näher gekommen.

Schon das Reskript vom 26.11.1809 brachte die nächste, und zwar grundlegende Änderung. Gegen Brauers an die alten Territorien anknüpfende Verwaltungsgliederung setzte sich Reitzenstein mit seiner am französischen Vorbild orientierten Vorstellung eines zentral und einheitlich regierten Staates durch. Die bisherigen Provinzialregierungen als Zwischeninstanzen fielen weg. Das Großherzogtum wurde in zehn der Regierung in Karlsruhe unmittelbar unterstehende Kreise eingeteilt, deren Namen bewußt nach geographischen, nicht nach territorialen Gesichtspunkten gewählt waren. Vom heutigen Neckar-Odenwald-Kreis wurden das mit Waibstadt vereinigte Amt Neckarschwarzach, die bisherige Landvogtei Mosbach ohne das Amt Buchen und die standes- und grundherrlichen Bezirke des ehemaligen OA Waibstadt dem Odenwälder Kreis, alles übrige dem Main- und Tauber-Kreis zugewiesen.

Eine Korrektur folgte schon im Jahr 1810. Die Abtretung der Ämter Amorbach, Miltenberg und Kleinheubach an Hessen hatte die Auflösung des Odenwaldkreises zur Folge. Gleichzeitig wurde als ein weiterer Schritt zur Verwaltungsvereinheitlichung die Eingliederung der grundherrlichen Orte in die nächstgelegenen Ämter versucht. Die Ämter Mosbach (vergrößert durch Binau und Neckarzimmern), Eberbach, Zwingenberg, (Neckar)bischofsheim (mit Hochhausen, Kälbertshausen und Hüffenhardt) und das mit dem Amt Neckargemünd verschmolzene Amt Neckarschwarzach bekam der Neckarkreis zugewiesen. Zum Main-Tauber-Kreis kamen die Ämter Billigheim, Lohrbach, Ballenberg-Krautheim, Osterburken, Mudau (mit Hettigenbeuern), Rosenberg (mit Hirschlanden), Walldürn, Bronnbach (Rütschdorf und Breitenau), das mit dem Amt Külsheim vereinigte Amt Hardheim und das aus dem Verband grundherrlicher Orte neugebildete Amt Adelsheim. Diese Einteilung scheint sich jedoch, vor allem wegen der unklaren rechtlichen Stellung der Grundherren, nicht durchgesetzt zu haben. 1813 wurde auf die alte Einteilung von 1809 als Ausgangsbasis zurückgegriffen.

Das Edikt vom 14. Mai 1813 hob die grund- und standesherrlichen Rechte in Justiz-, Kriminal- und Verwaltungssachen auf. Am 30. Juli folgte eine der neuen rechtlichen Situation angepaßte Gerichts- und Ämtereinteilung, durch die die standes- und grundherrschaftlichen Gebiete der staatlichen Verwaltung eingegliedert werden sollten. Nur die wirtschaftliche (Renten-)Verwaltung blieb den Standes- und Grundherren überlassen und mußte organisatorisch getrennt werden. In gewisser Weise lebte die alte Provinzialeinteilung wieder auf, da für das Großherzogtum drei Hofgerichte geschaffen wurden. Sie standen über den Kreisen, die als Instanzen erhalten blieben. Neckar- und Tauberkreis waren dem Unterrheinischen Hofgericht in Mannheim unterstellt. Unterhalb der Kreise wurden als neue Zwischeninstanz Kriminalämter geschaffen und ihnen die für Verwaltung und Untergerichtsbarkeit zuständigen Bezirksämter unterstellt. Im Neckarkreis gehörten die neckarschwarzachischen Orte Schwarzach, Neunkirchen und Michelbach als Bestandteile des Bezirksamts Neckargemünd zum Kriminalamt Heidelberg. Dem Kriminalamt Mosbach unterstanden die Bezirksämter Neckarbischofsheim/Waibstadt, Eberbach, Stadt- und Erstes Landamt Mosbach und Zweites Landamt Mosbach. Zu ersterem Bezirksamt gehörte aus dem heutigen Neckar-Odenwald-Kreis nur Hüffenhardt. Das Bezirksamt Eberbach enthielt das aufgelöste Justizamt Zwingenberg und vom gleichfalls aufgelösten Amt Lohrbach die Orte Balsbach, Robern und Wagenschwend. Das Stadt- und Erste Landamt Mosbach erhielt abgesehen von diesen drei Orten und Sulzbach den Rest des Amtes Lohrbach zu den mosbachischen Gden Mosbach, Diedesheim, Neckarelz, außerdem Reichenbuch und die grundherrlichen

Orte Klein- und Großeicholzheim, Heidersbach, Binau. Das Zweite Landamt Mosbach entstand aus den übrigen Mosbacher Amtsorten Mörtelstein, Obrigheim, Haßmersheim, aus den schwarzachischen Orten Asbach, Guttenbach, Neckarkatzenbach, Breitenbronn, Aglasterhausen und dem lohrbachischen Sulzbach, aus den aufgelösten Ämtern Billigheim und Neudenau vom Tauberkreis. An Grundherrschaften wurden ihm u. a. zugewiesen: Neckarzimmern, Daudenzell, Neckarmühlbach, Kälbertshausen, Hochhausen. Zum Tauberkreis zählten aus unserem Gebiet im Kriminalamt Boxberg die Bezirksämter Osterburken und Boxberg und im Kriminalamt Tauberbischofsheim die Bezirksämter Walldürn und Buchen. Das Bezirksamt Osterburken setzte sich zusammen aus dem ehemaligen Justizamt Osterburken und aus Orten des aufgelösten Justizamts Rosenberg: Rosenberg, Bronnacker, Bofsheim, außerdem aus grundherrlichen Orten, darunter Adelsheim, Sennfeld, Leibenstadt, Tolnayshof, Eberstadt, Sindolsheim, Merchingen, Hüngheim. Das ehemalige Justizamt Ballenberg (Ballenberg, Erlenbach, Ober- und Unterwittstadt) und Hirschlanden (vom Amt Gerichtstetten) kamen mit anderen Gemeinden zum Bezirksamt Boxberg. Zum Bezirksamt Walldürn zählten die gesamten heutigen Gden Hardheim, Höpfingen und Walldürn außer Altheim. Das Bezirksamt Buchen umfaßte die alten Ämter Buchen und Mudau und die umliegenden grundherrlichen Orte, also die heutigen Gden Buchen (ohne Eberstadt) und Mudau sowie Altheim und von der heutigen Gde Limbach die Orte Laudenberg und Limbach.

Diese Einteilung blieb mit geringen Änderungen bis 1840 in Kraft. 1826 erhielten die salmischen Orte, darunter Ballenberg, Erlenbach, Ober- und Unterwittstadt, ein eigenes Bezirksamt in Krautheim. 1828 wurde der Sitz des Bezirksamts Osterburken nach Adelsheim verlegt. 1832 vereinigte eine Verwaltungsreform den Neckar- mit dem Main- und Tauber-Kreis zum Unterrheinkreis mit Sitz in Mannheim. Steuer- und Domänenverwaltung fielen als Kreisaufgaben fort. Auch die Kriminalämter verschwanden wieder.

Schon 1819 hatte der Fürst von Leiningen einen Teil der ihm entzogenen Rechte wieder erhalten. 1840 gab ihm ein Vertrag mit der landesherrlichen Regierung die Rechtspflege in erster Instanz, die untere Polizeigewalt und die Forstgerichtsbarkeit zurück. Anstelle der zivilgerichtlichen Appellationsinstanz wurde ihm die Besetzung einer Stelle beim Mannheimer Hofgericht zugestanden. Dieser Vertrag machte eine Neugliederung der Verwaltung nötig, denn wieder mußten die »großherzoglich fürstl. leiningischen Ämter« von den zumeist aus grundherrschaftlichen Orten bestehenden, nunmehr unmittelbar großherzoglichen Ämtern getrennt und damit die räumliche Geschlossenheit der Amtsbezirke aufgegeben werden. Wenigstens wurden die Orte mit doppelter Ortsherrschaft nur einem Amt zugewiesen. Arrondiert blieb nur das fürstl. leiningische Amt Walldürn. Es erhielt vom Amt Buchen das Dorf Altheim, gab aber Rütschdorf mit Breitenau an das Amt Wertheim ab. Das Amt Buchen behielt den berlichingischen Ort Hettigenbeuern, gab aber Laudenberg, Bödigheim und Waldhausen an das Amt Adelsheim ab und erhielt von diesem die leiningischen Orte Osterburken, Schlierstadt, Seckach und Zimmern als Exklave. Als Exklaven blieben auch die zum fürstl. leiningischen Amt Eberbach gehörenden Orte Balsbach und Wagenschwend einschließlich der nichtleiningischen Teile sowie Schollbrunn und Neckargerach bestehen, eingerahmt vom großherzoglichen Amt Neudenau zu Mosbach. Dieses Amt, Nachfolger des Zweiten Landamts Mosbach, jetzt aber gebildet aus den zwingenbergischen, den gräfl. leiningischen und den grundherrlichen Orten, legte sich fast ringförmig um das fürstl. leiningische Amt Mosbach, von dem es Binau und Reichenbuch übernommen und an das es Sulzbach, Obrigheim und Haßmersheim abgegeben

11. Die Bezirksgliederung im 19. und 20. Jahrhundert

hatte. Vom Amt Eberbach waren dem Amt Neudenau die Gden Robern, Mülben, Weisbach, Strümpfelbrunn, Oberdielbach und Zwingenberg zugefallen.

Neun Jahre blieb diese Konstruktion bestehen. Dann mußten unter dem Eindruck der Revolution von 1848/49 die Standesherren auf Gerichtsbarkeit und Polizeigewalt verzichten. Eine zweckmäßigere Ämtereinteilung schuf die Verordnung vom 8. 9. 1849, die das Amt Neudenau aufhob. Von den hier interessierenden Orten kamen die zwingenbergischen Gemeinden wieder zum Bezirksamt Eberbach, der gesamte Rest an das Bezirksamt Mosbach. Das Bezirksamt Adelsheim erhielt die Exklave um Osterburken zurück und das Amt Buchen im Gegenzug Waldhausen, Laudenberg, Bödigheim und Eberstadt. Rütschdorf kam wieder zum Amt Walldürn.

Damit waren die andauernden Verwaltungsneugliederungen vorläufig abgeschlossen. Die Zeit der Konsolidierung stand unter dem Zeichen kleiner Korrekturen, die die Verwaltungsbezirke den tatsächlichen Beziehungen zwischen den Gemeinden anpassen sollten. So wurde am 8. 3. 1850 Heidersbach vom Amt Adelsheim zum Amt Buchen und am 25. 3. 1865 Robern vom Amt Eberbach zum Amt Mosbach umgegliedert. Gleichzeitig mit der Trennung der Amtsgerichte von dem Bezirksämtern wurde 1857 das Bezirksamt Neckargemünd aufgelöst und dem Bezirksamt Eberbach einverleibt.

Eine völlige Reorganisation der inneren Verwaltung des Großherzogtums wurde 1863 in Angriff genommen. Mit dem Gesetz vom 5. 10. 1863 verloren die bisherigen Kreise ihre Zuständigkeiten einerseits an die Bezirksämter, andererseits an das Ministerium des Innern. Die Selbstverwaltung der Bezirksämter wurde damit gestärkt. Mehrere Amtsbezirke wurden zu einem Kreisverband zusammengefaßt, gleichfalls einer Selbstverwaltungskörperschaft. Das Ministerium des Innern setzte Bevollmächtigte, Landeskommissäre, als Aufsicht über die Kreis- und Amtsverwaltungen ein. In letzter Instanz entschied bei Verwaltungssachen der neue Verwaltungsgerichtshof in Mannheim. Der heutige Neckar-Odenwald-Kreis gehörte mit den Amtsbezirken Adelsheim, Boxberg (bisher Krautheim), Buchen, Eberbach, Mosbach, Walldürn sowie Tauberbischofsheim und Wertheim zum Kreis Mosbach und darüber zum Landeskommissärbezirk Mannheim.

Auch danach folgten aus Gründen der Verwaltungsvereinfachung noch Gebietsveränderungen: Zum 1. 10. 1864 wurde das Bezirksamt Neckarbischofsheim aufgehoben. Hüffenhardt kam zum Amt Mosbach. Zum 1. 5. 1872 ging das Bezirksamt Boxberg im Amt Tauberbischofsheim auf (wurde 1898 aber wieder selbständig), und der Amtsbezirk Walldürn wurde aufgeteilt. Zum Amtsbezirk Wertheim kamen alle die heutigen Gden Hardheim und Höpfingen bildenden Orte, zum Amtsbezirk Buchen die heutigen Ortsteile von Walldürn. Erfeld und Gerichtstetten wurden jedoch zum 1.9.1874 zum Amtsbezirk Tauberbischofsheim umgegliedert, bis sie am 1.10.1879 zusammen mit den bisher dem Bezirk Wertheim eingegliederten Orten zum Amtsbezirk Buchen kamen. Reisenbach wurde am 1.1.1900 vom Amtsbezirk Buchen getrennt und dem Bezirk Eberbach zugewiesen. Limbach kam am 1.7.1921 vom Amtsbezirk Buchen zum Amtsbezirk Mosbach.

Nach dem Ende des Großherzogtums stand 1924/25 im Land Baden wieder eine Reform der Verwaltung und der Verwaltungsbezirke an. Zum 1. 4. 1924 wurden in unserem Gebiet das Bezirksamt Eberbach und das 1898 wiedererstandene Bezirksamt Boxberg aufgehoben. Ballenberg, Erlenbach, Ober- und Unterwittstadt kamen zum Amtsbezirk Adelsheim, alle heute im Neckar-Odenwald-Kreis liegenden Orte des Bezirks Eberbach wurden dem Bezirksamt Mosbach unterstellt, abgesehen von Reisenbach, das wieder zu Buchen kam. Der Amtsbezirk Adelsheim überdauerte noch zwölf Jahre. Er wurde am 1. 10. 1936 aufgehoben und zum Amtsbezirk Buchen geschlagen.

Der nationalsozialistische Staat machte der Selbstverwaltung der Gemeinden mit der Landkreisordnung vom 24. 6. 1938 ein Ende. Die Landkreise wurden ermächtigt, Zuständigkeiten der Gemeinden an sich zu ziehen, um eine gleichmäßige und straffere Organisation zu gewährleisten. Seit 1. 1. 1939 hießen die bisherigen Amtsbezirke Landkreis, ihre Behörde nicht mehr Bezirksamt, sondern »Der Landrat«. Die beiden aus den vielfältigen Gebietsveränderungen im Laufe von 130 Jahren hervorgegangenen Landkreise Buchen und Mosbach überdauerten in den Grenzen von 1936 das Dritte Reich und die Nachkriegszeit, da sie durch keine Zonengrenze geteilt waren. Erst die bad.-württ. Kreisreform im Rahmen der Gebietsreform brachte auch ihnen das Ende. Das Gesetz vom 26. 7. 1971, das am 1. 1. 1973 in Kraft trat, schuf den heutigen Neckar-Odenwald-Kreis (bis 10. 9. 1974 unter dem Namen Odenwaldkreis) aus 67 Gemeinden des Landkreises Buchen und 53 Gemeinden des Landkreises Mosbach.

Gemeinden. – Auch die Gemeinde- bzw. Gemarkungsgrenzen waren dem Wandel unterworfen. Im 19. Jh. vergrößerte zuerst die Aufteilung des Stüber Zentwaldes den Waldbesitz und damit die Gemarkungen der Zentgemeinden, zumal der Staat kein Miteigentum am Zentbesitz nachweisen konnte. Zur Stüber oder Reichartshausener Zent gehörten im Neckar-Odenwald-Kreis die Gden Ober- und Unterschwarzach, Neunkirchen, Neckarkatzenbach, Guttenbach, Breitenbronn, Daudenzell, Asbach, Aglasterhausen und rechts des Neckars Reichenbuch. Die Gden Breitenbronn, Daudenzell und Guttenbach verkauften ihren Anteil alsbald an das Domänenärar, so daß diese Waldungen heute Staatsbesitz sind. Der Entschluß fiel insofern leicht, als die aufgeteilten Waldparzellen weit von den Dorfgemarkungen entfernt liegen.

Fast genau hundert Jahre später, 1926, wurde auch die Waldgemarkung Zwingenberg aufgelöst und unter die beteiligten Winterhauchorte Eberbach, Friedrichsdorf, Lindach und im Neckar-Odenwald-Kreis Oberdielbach, Schollbrunn, Waldkatzenbach, Weisbach, Mülben, Strümpfelbrunn und Zwingenberg aufgeteilt.

Von kleineren Grenzkorrekturen zwischen einzelnen Gemeinden abgesehen, die meist im Zuge der Katastervermessungen in den 1870er und 1880er Jahren durchgeführt wurden, waren die wichtigsten Veränderungen der Gemeindegebiete folgende: Nach Siedlungsrückgang wurde 1838 die Gde Ernsttal (bis 1837 Neubrunn) aufgelöst und als abgesonderte Gemarkung zu Mörschenhardt eingemeindet. Das Gesetz vom 2. 12. 1850 löste die Gde Rineck auf, nachdem die verarmte und zum Teil kriminelle Einwohnerschaft nach Amerika abgeschoben war. Die Gemarkung kam zu Muckental. Mit der Verwaltungs- und Gebietsreform von 1924/25 war auch die völlige Eingliederung der bisherigen abgesonderten Gemarkungen mit eigener polizeilicher Verwaltung in den Verband ihrer Gemeinden verbunden. Zum 1. 4. 1924 wurde der Schmelzenhof mit der Gde Billigheim, der Waidachshof mit der Gde Zimmern, der Tolnayshof mit der Gde Leibenstadt, der Schreckhof mit der Gde Diedesheim, Kudach-Dörntal mit der Gde Altheim vereinigt. Die Gkg Breitenau, bisher bei Rütschdorf, kam zur Gde Hardheim. Zum 1. 1. 1925 wurden die Gkg Helmstheim (ohne Gewann Welschenrain) mit der Gde Gerichtstetten, die Gkgn Hergenstadt und Wemmershof mit der Stadtgemeinde Adelsheim (zu einer einfachen Gemeinde), der Kirstetterhof mit der Gde Obrigheim, die Gkg Kummershof mit der Gde Gerolzahn vereinigt. Gleichzeitig kam der nördliche Teil der Gkg Selgental (heute Seligental) zu Schlierstadt, der südliche zu Zimmern. Der Knopfhof wurde von Neckarburken zu Mosbach umgemeindet. 1933 kam Neusaß von Gerolzahn zu Glashofen. Am 1. 4. 1935 wurde Nüstenbach zur Stadt Mosbach eingemeindet, am 1. 11. 1935 kam das Gewann Bauernbrunn von Neckarelz zu Mosbach.

11. Die Bezirksgliederung im 19. und 20. Jahrhundert

Eine Vorstufe der späteren Gemeindereform, allerdings ohne Mitsprache der Bürger vorgenommen und daher nur solange andauernd, als der Zwang von oben anhielt, war der mit Wirkung vom 1.4.1935 verfügte Zusammenschluß mehrerer Gemeinden im Raum Buchen und Walldürn: Gerolzahn, Glashofen, Gottersdorf, Kaltenbrunn und Reinhardsachsen wurden zur Einheitsgemeinde Glashofen vereinigt, Hettigenbeuern mit Hornbach zur Einheitsgemeinde Hettigenbeuern, Ober- und Unterneudorf und Hollerbach zur Einheitsgemeinde Hollerbach, Unter- und Oberscheidental zur Einheitsgemeinde Scheidental, Schloßau, (Wald-)Auerbach und Mörschenhardt zur Einheitsgemeinde Schloßau, Waldhausen, Scheringen und Einbach zur Einheitsgemeinde Waldhausen sowie Dornberg, Rütschdorf, Vollmersdorf und Wettersdorf zur Einheitsgemeinde Wettersdorf. Am 1.1.1936 folgten Rumpfen, Stürzenhardt und Steinbach als einfache Gde Steinbach, am 1.4.1936 wurden Donebach und Langenelz zu Mudau eingemeindet. 1945, unmittelbar nach Kriegsende, wurden alle diese Verbindungen mit Ausnahme von Scheidental wieder gelöst. Auch Waldauerbach blieb zu Schloßau eingemeindet.

An Veränderungen bis zur Gemeindereform sind noch zu nennen: die Zuweisung des Finkenhofs von Bad Wimpfen an Hochhausen am 1.4.1952, die Abtrennung des bad. Teils von Bernbrunn von der Gde Allfeld und seine Zuweisung zu Höchstberg (Stadt Gundelsheim) 1962 und die Abtrennung Neidelsbachs von Gerichtstetten zugunsten von Eubigheim (Gde Buch am Ahorn) 1972.

Gerichtsverfassung. – Während der ersten fünfzig Jahre unter bad. Herrschaft war das Gerichtswesen in unterer Instanz Sache der Ämter. Erst die Verordnung vom 18.7.1857 hob diese Einheit auf und trennte die Rechtspflege auch in der unteren Instanz von der Verwaltung. Seit dem 1.9.1857 wird sie von selbständigen Amtsgerichten ausgeübt, die an den Amtsorten errichtet wurden. Die rechtspolizeiliche Zuständigkeit freilich blieb bei den Bezirksämtern.

Im Zusammenhang mit der Reorganisation der inneren Verwaltung des Jahres 1863 wurde auch die Gerichtsverfassung 1864 erneuert und ein klarer Instanzenzug von den Amtsgerichten über die Kreisgerichte zu den Kreis- und Hofgerichten geschaffen. Die Amtsgerichte Adelsheim, Boxberg, Buchen, Eberbach, Mosbach, Walldürn wurden dem Kreisgericht Mosbach, später Landgericht, als Kollegialgericht Erster Instanz in bürgerlichen Rechtsstreitigkeiten und Rekursgericht für die von den Amtsgerichten erlassenen Strafsachen sowie dem Kreis- und Hofgericht Mannheim als Appellationsgericht, Schwurgericht, Straf-, Rats- und Anklagekammer zugewiesen.

Bei den Aufhebungen der Bezirksämter blieben die Amtsgerichte erhalten. Erst die Gerichtsreform 1975 in Zusammenhang mit der Kreisreform löste die Amtsgerichte Eberbach, Walldürn und Boxberg auf. Das Amtsgericht Adelsheim blieb wegen der Vollzugsanstalt bestehen. Die Amtsgerichte Adelsheim, Buchen, Mosbach und außerhalb des Neckar-Odenwald-Kreises Tauberbischofsheim und Wertheim unterstehen heute dem Landgericht mit Staatsanwaltschaft Mosbach und dem Oberlandesgericht Karlsruhe. Der Sprengel des Amtsgerichts Adelsheim umfaßt die Städte Adelsheim, Osterburken, Ravenstein und die Gden Rosenberg und Seckach, der des Amtsgerichts Buchen die Städte Buchen und Walldürn sowie die Gden Hardheim, Höpfingen, Mudau, der Sprengel des Amtsgerichts Mosbach die Stadt Mosbach und die Gden Aglasterhausen, Billigheim, Binau, Elztal, Fahrenbach, Haßmersheim, Hüffenhardt, Limbach, Neckargerach, Neckarzimmern, Neunkirchen, Obrigheim, Schefflenz, Schwarzach, Waldbrunn und Zwingenberg.

12. Kunstgeschichtliche Übersicht

Zu den ältesten Zeugen künstlerischer Tätigkeit im weitesten Sinne des Wortes, also auch handwerklicher Kunst, gehören die Burgen und Kirchen. Die allenthalben erhaltenen Bauteile reichen aber kaum über das *hohe Mittelalter* hinaus. Weder aus der Karolingerzeit noch aus der vor- und frühromanischen Zeit sind nennenswerte Bauten übriggeblieben.

Eine Reihe beachtenswerter *Höhenburgen* findet sich entlang des Neckars. Dieser Fluß ist bis heute als einziger im Kreis schiffbar und hatte als Handelsweg schon im Mittelalter große Bedeutung. An seinem linken Ufer über Neckarmühlbach steht eine der ältesten und besterhaltenen Burgen Baden-Württembergs, die nie eingenommen und zerstört wurde, die Guttenberg, mit ihrem Bergfried und der mächtigen stauferzeitlichen Schildmauer aus dem 12./13. Jh. In Sichtweite beherrscht die Hornberg bei Neckarzimmern das rechte Ufer auf einer steilen Bergnase. Ihre ältesten Bauteile stammen aus romanischer Zeit. Südlich von Obrigheim thront Schloß Neuburg, einst Hohinrot genannt, auf steilem Felsvorsprung über dem linken Ufer. Seine frühesten Bauteile sind aus gotischer Zeit nachzuweisen. Bei Binau stehen neckaraufwärts die Reste der Burg Dauchstein aus dem 12. Jh. Am gegenüberliegenden Ufer finden wir nördlich von Guttenbach eine der großartigsten Burgruinen des Neckartales, die sagenumwobene Minneburg mit wesentlichem Baubestand aus dem 13. Jh. Abgeschlossen wird die Reihe der Neckarburgen im Kreisgebiet auf dem rechten Ufer durch die ins 13. Jh. zurückreichende Burg Zwingenberg, deren erhaltene Hauptteile jedoch ins späte Mittelalter zu datieren sind, und auf dem linken Ufer durch die Burg Stolzeneck.

In den übrigen Teilen des Kreises herrscht, bedingt durch die Geländebeschaffenheit, der Typus der *Tiefburg*. Als die ältesten, vom Baubestand her gesehen, sind zu nennen: Lohrbach mit einem Bergfried des 13. Jh., Adelsheim mit den Resten zweier Rundtürme, Hardheim mit dem Bergfried der Unteren Burg und der Wohnturm der Wasserburg Hettigenbeuern.

Der am eindrucksvollsten erhaltene *Kirchenbau* der romanischen Zeit ist die ehemalige Klosterkirche des 1166 gegründeten Benediktinerklosters Billigheim. Vom Kl. Seligental sind aus dem frühen 13. Jh. nur einzelne Bauteile erhalten. Dagegen bilden die erhaltenen mittelalterlichen, oft noch romanischen Chortürme eine große Gruppe, da bei den Erweiterungen oder Neubauten ref. und ev. Kirchen im 18./19. Jh. diese Türme in vielen Fällen beibehalten wurden und nur das Langhaus erneuert wurde. Trotz der Erneuerung des Langhauses im 16./17. Jh. hat sich das Bild einer mittelalterlichen Dorfpfarrkirche in Hemsbach bei Osterburken am besten bewahrt. Die Chorturmkirchen waren im Mittelalter im Neckar-Odenwald-Kreis sehr häufig vertreten. Belegt ist dies durch 23 mehr oder weniger gut erhaltene Chortürme. Auch eine städtische Chorturmkirche ist in Buchen darunter. Seltener sind Kirchen mit seitlichen und ganz selten mit Westtürmen. Eine Sonderstellung nimmt die 1297 errichtete Johanniterburg in Neckarelz ein, von der heute noch das »Templerhaus« eindrucksvoll zeugt. Weitere mittelalterliche Großbauten sind uns mit den Stadtpfarrkirchen in Mosbach und Buchen erhalten. Unter den mittelalterlichen Kirchen ohne Chorturm sind diejenigen in Adelsheim, Hochhausen und Steinbach besonders zu nennen.

Aus dem *Spätmittelalter* sind das alte Hospital, das ehemalige Salzhaus am Markt, die heutige Stadtbücherei, die Bäckerei Weber und das Gutleuthaus in Mosbach mit ihren Fachwerkkonstruktionen erhalten. Mittelalterlichen Baubestand enthält das Mosbacher Rathaus von der alten Stadtkirche und auch das Mudauer Rathaus.

12. Kunstgeschichtliche Übersicht

Einziges im Kreis gelegenes künstlerisches Ausstrahlungszentrum war wohl nur Mosbach, das 1410–1499 auch Residenz der Pfalz-Mosbacher Linie war. Alle übrigen Zentren lagen außerhalb der Kreisgrenzen: Heidelberg als Hauptstadt der Kurpfalz und die Bischofsstädte Mainz, Worms und Würzburg. Dazu kam der Einfluß des benachbarten Kl. Amorbach.

Reste von *Stadtbefestigungsanlagen* sind in Adelsheim, Osterburken und Buchen vor allem zu erwähnen. In der zuletztgenannten Stadt überstanden das Kellereigebäude und das Beginenklösterle die zahlreichen Stadtbrände.

Aus der *Renaissancezeit* stammen Teile der Kirchenbauten in Sindolsheim, Hollerbach, Sennfeld, Hemsbach, Unterwittstadt und Rippberg. In dieser Zeit entstanden auch die Rathäuser in Götzingen und Adelsheim. Die ehemalige Wasserburg in Hardheim, heute das Rathaus, wurde ohne Verteidigungsanlagen neu erbaut.

Eine große Zahl der hier zu betrachtenden Objekte stammt aus der *Barockzeit*, also aus dem späten 17. und 18. Jh. Von Ausnahmen abgesehen, entstanden anstelle der alten, meist noch aus dem Mittelalter stammenden Kirchenbauten neue größere und prächtigere Gotteshäuser. Die Beibehaltung mittelalterlicher Bauteile, insbesondere der Türme, geschah oft nicht nur aus praktischen, sondern auch aus rechtlichen Gründen wegen der mit dem alten Bauteil verbundenen Baupflicht. In den Orten, in denen bei der pfälzischen Kirchenteilung eine der Konfessionen leer ausgegangen war, mußten neue Kirchen oder wenigstens Kapellen gebaut werden. In den bis in die jüngste Zeit fast rein katholisch gebliebenen ehemals kurmainzischen Gebieten gibt es auch Orte mit nur einer Kirche.

Die bedeutendste Barockkirche des Kreises wurde zu Beginn des 18. Jh. in Walldürn erbaut. Die Wallfahrt zum Hl. Blut war im 18. Jh. besonders beliebt, und an manchen Tagen wurden über 100 000 Pilger gezählt. Bildstöcke, Wegkreuze und Kapellen begleiten die Pilgerpfade aus allen Himmelsrichtungen. Am Ende der Entwicklung des von Mainfranken, westlich des Neckars aber mehr von Mannheim und Heidelberg beeinflußten Kirchenbaus, steht die stattliche kath. Pfarrkirche in Mudau mit ihrer originalen spätbarocken Ausstattung. Über 40 barocke Gotteshäuser bestimmen auch heute noch das Bild ihrer Orte. Leider ist die zugehörige Ausstattung später oft ganz oder teilweise »modernen« Anschauungen geopfert worden. Die erhaltenen Kirchenausstattungen, allen voran ist wiederum die Wallfahrtskirche in Walldürn zu nennen, sind umso wertvoller.

Aus einem Renaissanceschloß entstand durch den Um- und Neubau von 1728 in Eberstadt ein bedeutendes Barockschloß. Größere Schlösser dieser Zeit stehen in Bödigheim, Adelsheim und Sennfeld.

An erster Stelle des barocken Rathausbaues ist das Rathaus in Buchen zu nennen. Brücken des 18. Jh. sind in wesentlichen Teilen in Sennfeld und Zimmern erhalten. Größer ist die Zahl der erhaltenen barocken Bürgerhäuser: In Adelsheim, Buchen, Hardheim und Mosbach stehen beachtenswerte Bauten, die den Stolz ihrer einstigen Bewohner künden. Der Landschaft entsprechend handelt es sich meist noch um Fachwerkbauten. Prägend für das 18. Jh. und für die Ortsbilder sind die Mariensäulen in Buchen, Hainstadt, Mudau und Walldürn, die aus der großen Anzahl barocker Kleindenkmale hervorragen.

Der *klassizistische Kirchenbau* schuf nach der Jahrhundertwende die »Doppelkirche« in Aglasterhausen, auch hier noch in Verbindung mit dem mittelalterlichen Chorturm des Vorgängerbaues. Es folgt die allerdings später mehrfach veränderte kath. Kirche in Obrigheim, die im »Weinbrennerstil« gestaltet war.

Durch den Bevölkerungszuwachs im 19. Jh. war eine rege Kirchenbautätigkeit bedingt. Die Neubauten und Erweiterungen wurden in den Formen der historischen

Stile im Sinne des *Historismus*, also neuromanisch, neugotisch, neurenaissance oder auch neubarock, gestaltet. Die bedeutendste Kirche dieser Epoche ist der gegen Ende des 19. Jh. als neuromanische Säulenbasilika erbaute »Erftaldom« in Hardheim. Von den anderen über 30 Kirchenbauten sei nur eine andere dreischiffige neuromanische Säulenbasilika hervorgehoben: In Rittersbach wurden 1886/88 die ottonischen Wandmalereien von St. Georg in Reichenau-Oberzell kopiert. Im übrigen sind die umfangreichen figürlichen, dekorativen und ornamentalen Decken- und Wandmalereien ebenso wie die historisierenden Ausstattungen dieser Zeit leider in vielen Fällen zerstört worden, da man die Kunst des »Eklektizismus« bis in die jüngste Zeit nicht oder nur wenig schätzte.

Von den historisierenden romantischen Schloßanlagen ist das aus einem Jagdschloß hervorgegangene idyllisch gelegene Schloß Waldleiningen als das wichtigste Werk zu nennen. Eine ältere Schloßanlage, nämlich in Hochhausen, erhielt durch einen historisierenden Umbau von 1895 ihr heutiges Gesicht.

In dieser Zeit war auch die Gestaltung von Bahnhöfen zu einer wichtigen Aufgabe geworden. Die Empfangsgebäude in Mosbach und Osterburken, beide an der bad. Hauptstrecke von Mannheim–Heidelberg nach Würzburg gelegen, sind hier als charakteristische Bahnhofsbauten zu nennen.

Der *Jugendstil* spielte im Kreis eine ganz untergeordnete Rolle. Allenfalls drückt er sich in der Ornamentik einzelner, wesentlich von den historisierenden Stilen bestimmter Bauten aus. Als einziger Schwerpunkt ist die mehr »zufällig« entstandene Malerkolonie in Hollerbach zu erwähnen.

Genauso finden sich kaum Werke des Bauhausstiles oder der *»Neuen Sachlichkeit«*. Hier ist nur die Cäcilienkirche von Hans Herkommer in Mosbach zu nennen. Durch die Bevölkerungsumschichtungen in der Zeit nach dem 2. Weltkrieg entstanden eine Reihe von *modernen Kirchenbauten* im Stile der 50er und 60er Jahre, oft mit freistehenden Glockentürmen.

III. BEVÖLKERUNG UND SIEDLUNG

1. Bevölkerung im 19. und 20. Jahrhundert

Bevölkerung 1987. – Die letzte *Volkszählung am 25. 5. 1987* erfaßte im Neckar-Odenwald-Kreis 130656 Einwohner bzw. 137241 Personen wohnberechtigte Bevölkerung (einschließlich der Angehörigen ausländischer Streitkräfte). Gegenüber der Bevölkerungsfortschreibung korrigierte sich die Einwohnerzahl um +1814 Personen (1,4 %). Unter den 9 Stadt- und 35 Landkreisen Baden-Württembergs nimmt der Neckar-Odenwald-Kreis, gemessen an der Einwohner-Zahl, den 34. Platz ein. Seine Bevölkerungsdichte von 116,0 E/qkm wird nur vom Main-Tauber-Kreis, dem Hohenlohe-Kreis und dem Lkr. Schwäbisch Hall in der Nachbarschaft sowie von den Lkrn Sigmaringen und Biberach im RB Tübingen unterboten.

Innerhalb des Landkreises ist die Bevölkerung, verglichen mit anderen Regionen Baden-Württembergs, gleichmäßig verteilt. Die Gemeindereform hat seit 1970 hier in der Größe verhältnismäßig einheitliche Gemeinden mit mehr als 1000 Einwohnern geschaffen. Darunter bleibt nur Zwingenberg mit 718 E. Die meisten Einwohner, 23568 Personen, hat die Kreisstadt Mosbach.

Die Kartierung der *Bevölkerungsdichte*, d. h. der Einwohnerzahl eines Gebietes, bezogen auf die Flächeneinheit, gibt ein zwar abstrahiertes, im allgemeinen aber ausreichend anschauliches Bild der Bevölkerungsverteilung und der wirtschaftlichen Tragfähigkeit des Gebietes. Der Grad der Abstraktion ist bei Bezug auf die Gemarkung bzw. das Gemeindegebiet vertretbar, obwohl auch unbesiedelte Flächen und wirtschaftlich nicht nutzbares Land mit in die Berechnung eingehen.

Bei der Darstellung der Bevölkerungsdichte nach den Volkszählungsergebnissen von 25. 5. 1987, auf der Basis der heutigen Großgemeinden, ist der nivellierende Einfluß der Gebietsreform zu berücksichtigen.

Genauer zeichnet sich das Bild mit den Daten für die Ortsteile, d. h. für die alten Gemeinden, wie sie vor der Gebietsreform bestanden. In der unterschiedlichen Bevölkerungsdichte drücken sich wirtschaftliche und strukturelle Unterschiede aus. Die höchsten Dichtewerte weisen die Industriestandorte und ihre Nachbarschaft auf. Dabei zeigt sich, daß die Kreisstadt Mosbach ihren hohen Dichtewert den früh industrialisierten Stadtteilen Neckarelz und Diedesheim (736 und 555 E/qkm) verdankt und die Kernstadt selbst die gleiche Einwohnerdichte wie Haßmersheim hat (411 E/qkm). In Schwarzach hat nur Unterschwarzach mit dem Schwarzacher Hof der Johannesanstalten Mosbach die Einwohnerdichte von 563 E/qkm, die zweithöchste im Landkreis, während der Auspendlerort Oberschwarzach knapp unter 100 E/qkm liegt. Als zweiter Verdichtungsraum neben dem südwestlichen Kreisgebiet hebt sich die Achse Buchen mit Hainstadt und Hettingen – Walldürn mit Rippberg – Höpfingen – Hardheim heraus. An ihr haben jedoch die übrigen zugehörigen Stadt- und Gemeindeteile keinen Anteil. Deren Einwohnerdichte liegt unter 50, meist sogar unter 25 E/qkm. Außerdem haben die Orte mit Zentralfunktionen höhere Dichtewerte als ihre Umgebung. Besonders deutlich grenzen sich Mudau, Billigheim, Adelsheim und Osterburken von den umliegenden Dörfern ab, die großenteils weniger als 50 E/qkm aufweisen.

Die Bevölkerung zu Beginn des 19. Jh. – Die Bevölkerungsverteilung, die wir heute im Landkreis vorfinden, ist das Ergebnis der Bevölkerungsbewegung der jüngeren und älteren Vergangenheit, d. h. von Geburten und Sterbefällen, Zu- und Abwanderung. Daten über die natürliche Bevölkerungsbewegung und die Wanderungen liegen uns nur für einzelne Zeitabschnitte vor. Daher muß zur Nachzeichnung der Bevölkerungsentwicklung im 19. und 20. Jh. auf die Daten der Volkszählungen zurückgegriffen werden. In Kauf zu nehmen sind dabei Unsicherheitsfaktoren wie wechselnde Erhebungsmethoden, unterschiedliche Definitionen des Einwohnerbegriffs, Veränderungen der Gemarkungsgrenzen und dadurch der Zuordnung von Bevölkerungsgruppen zu den politischen Gemeinden genau so wie die unterschiedlich langen Intervalle zwischen den Zählungen. Selbstverständlich gefrieren die Ergebnisse einer Volkszählung immer nur einen Moment innerhalb einer ablaufenden Entwicklung ein, deren Höchst- und Tiefpunkte oft nicht zahlenmäßig zu erfassen sind.

Einigermaßen zuverlässige Einwohnerzahlen für alle Gemeinden des Neckar-Odenwald-Kreises liegen für das Jahr 1808 vor. Zu den vordringlichsten Aufgaben, die sich der Verwaltung des neuen Großherzogtums Baden stellten, hatte die Bestandsaufnahme über Bevölkerung und Wirtschaft der seit 1803 neugewonnenen Gebiete gehört. Die neubadischen Ämter, darunter alle des heutigen Kreisgebiets, hatten Aufstellungen über Gemarkung, Häuserzahl, Einwohnerzahl, Viehstand usw. ihrer Gemeinden einzureichen. Nach diesen Aufstellungen lebten 1808 im Kreisgebiet 56422 Menschen. Größte Stadt war mit 2344 E. Walldürn. Erst danach folgten Buchen mit 2166 und Mosbach mit 1931 E. Mehr als 1000 E. hatten außerdem nur Haßmersheim (1373), Adelsheim (1033), Merchingen (1031) und Hainstadt (1010). In den weitaus meisten Dörfern lebten weniger als 500 Personen. Unter- und Oberschwarzach waren zusammen aufgeführt, Wagenschwend war zu einem Teil bei Balsbach mit eingerechnet. Bezogen auf die heutigen Gemeindegrenzen hatte das Stadtgebiet von Buchen die meisten Einwohner, gefolgt von Walldürn und Mosbach.

Unter den damaligen agrarsozialen Bedingungen hing die *Bevölkerungsdichte* stärker als heute von der naturräumlichen Ausstattung und von der Verteilung des Eigentums auf der Gemarkung ab. Hohe Dichtewerte konnten entweder ausreichende Bodenerträge signalisieren oder aber auf eine relative Übervölkerung bei bedrohter Ernährungsgrundlage hinweisen.

Für das Jahr 1808 errechnet sich eine Bevölkerungsdichte im heutigen Neckar-Odenwald-Kreis von 50 E/qkm. Dabei variierten die Werte zwischen 11,3 E/qkm in Rumpfen und 179,0 E/qkm in Haßmersheim (aus Vergleichsgründen wurde allen Berechnungen der Gebietsstand von 1961 zugrundegelegt.) Die Mehrzahl der Dörfer hatte weniger als 60 E/qkm. Der Vergleich der Bevölkerungsdichte von 1808 mit der von 1987 läßt folgende Aussagen zu:
1. Die Bevölkerungsdichte im Gesamtgebiet ist auf mehr als das Doppelte angewachsen.
2. Die Unterschiede in der Bevölkerungsdichte zwischen den einzelnen Orten sind größer geworden.
3. Dabei blieben die Räume mit hoher und die Räume mit geringer Bevölkerungsdichte im wesentlichen erhalten.

Punkt 2 und 3 bedürfen einer Erläuterung.

Zu Punkt 2: Ein Maß für die Streuung der einzelnen Werte einer Reihe ist die Standardabweichung (die Wurzel aus dem mittleren Quadrat der Abweichungen vom arithmetischen Mittel). Für die Werte der Bevölkerungsdichte der Gemeinden im Jahr 1808 errechnet sich eine Standardabweichung von s = 23,8. Für 1987 dagegen beträgt s = 111,7.

Zu Punkt 3: Auffallend vererbt hat sich die niedrige Bevölkerungsdichte im Gebiet der heutigen Gemeinde Mudau, in den heute zu Walldürn und Hardheim gehörenden Dörfern auf der

1. Bevölkerung im 19. und 20. Jahrhundert

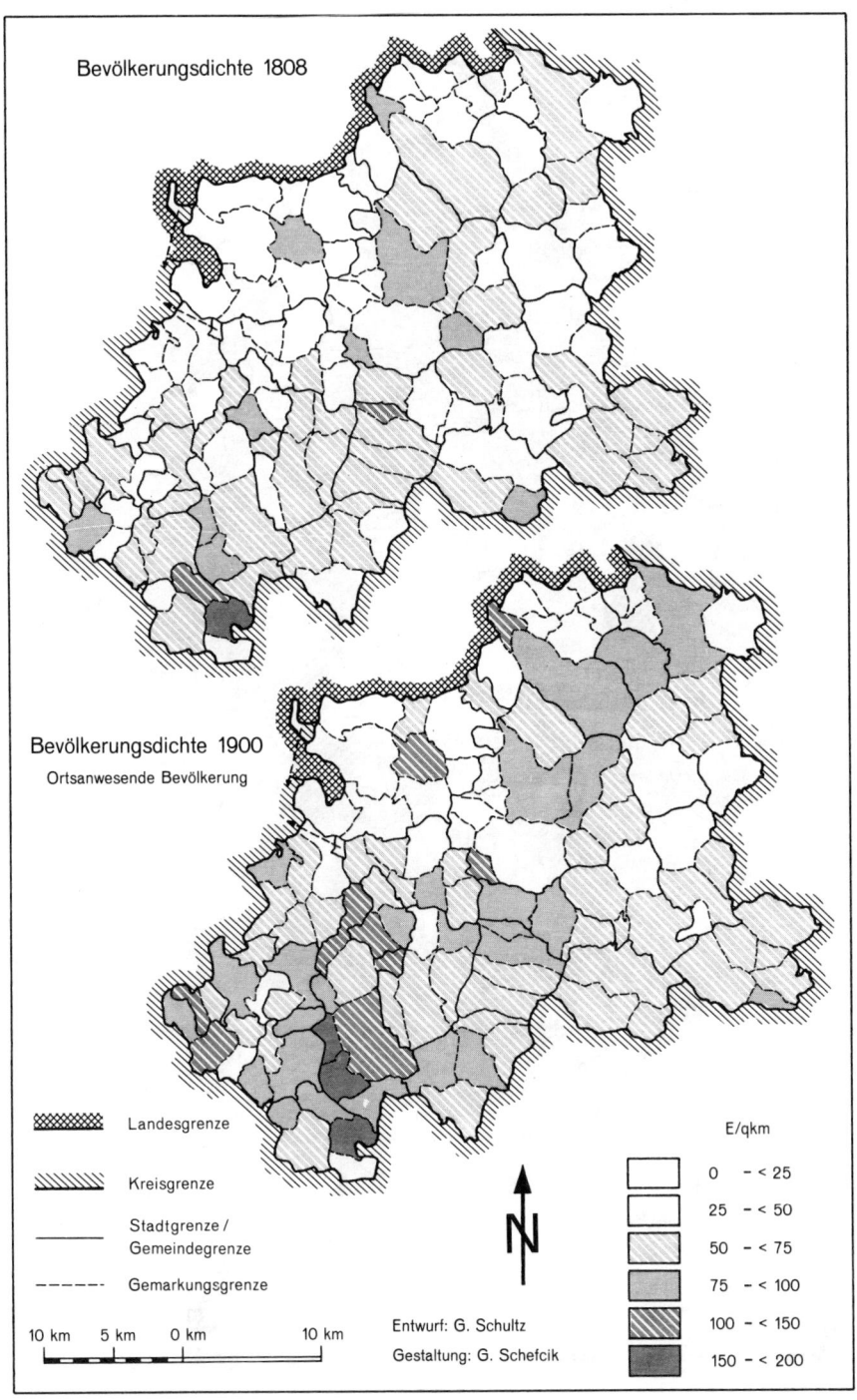

III. Bevölkerung und Siedlung

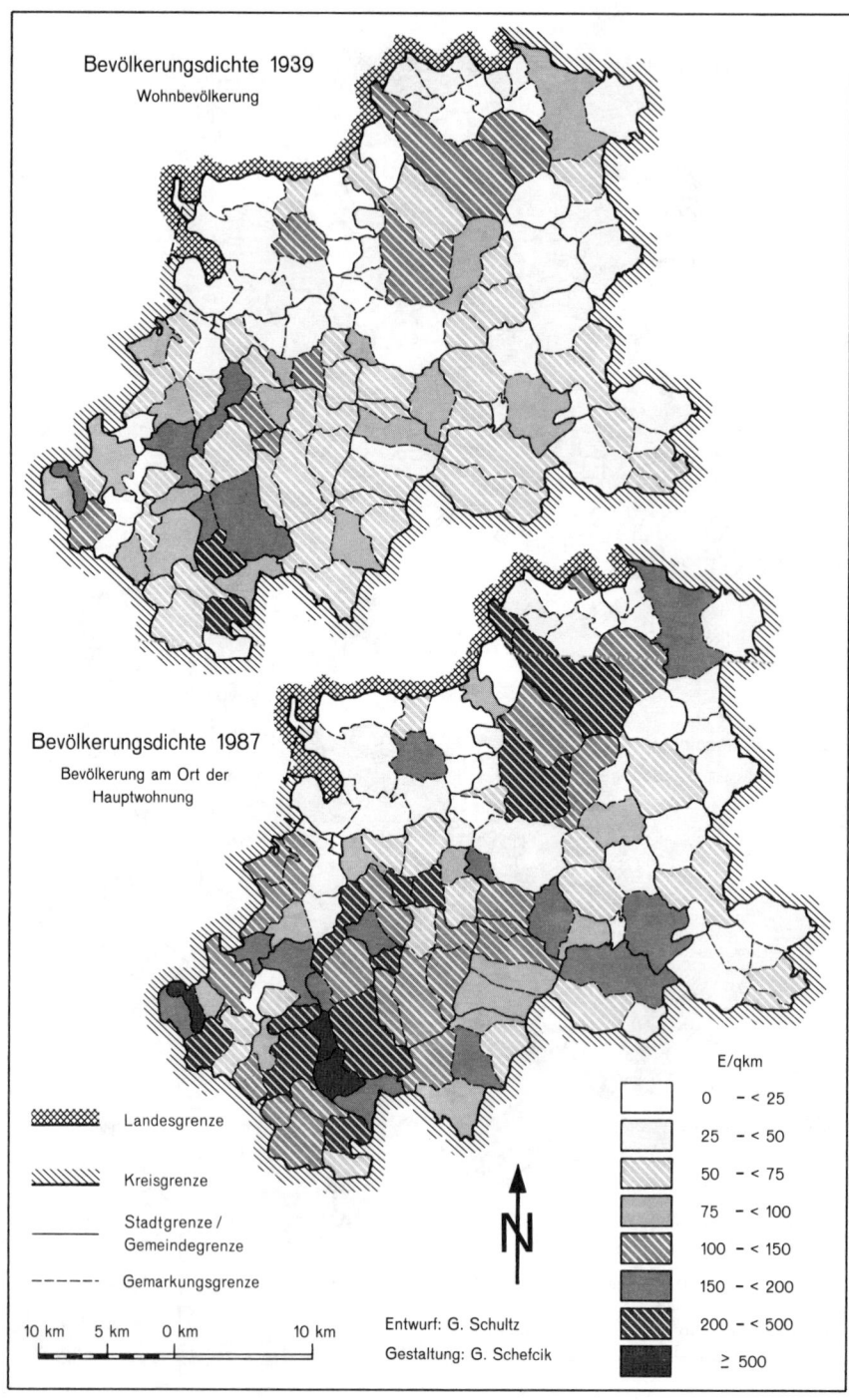

1. Bevölkerung im 19. und 20. Jahrhundert

Hochfläche zwischen Morre und Erfa und in den heute zu Hardheim, Walldürn und Rosenberg gehörenden Orten im Bauland. Im Gemeindegebiet von Mudau hob sich 1808 nur Mudau selbst als zentraler Ort mit einer Dichte von 92,8 E/qkm scharf von den umgebenden Dörfern ab, die zusammen nur einen Dichtewert von 22,6 E/qkm aufwiesen. Im Walldürner Odenwald von Hornbach im W bis Rütschdorf und Dornberg im O stach schon 1808 noch vor der Stadt Walldürn (65,9 E/qkm) das kleine Rippberg mit 96,2 E/qkm hervor, erklärbar nur durch die kleine Gemarkung und den Betrieb des Eisenhammers, der einen Teil der Bewohner von der Landwirtschaft unabhängig machte. Von den anderen Dörfern dieses Raumes hatte Kaltenbrunn 33,3 E/qkm, alle übrigen lagen nur zwischen 15 und 25 E/qkm.

Das Bauland im O des Kreisgebiets war 1808 ein zusammenhängender Raum mit Bevölkerungsdichten zwischen 25 und 40 E/qkm, unterbrochen nur vom zentralen Ort Rosenberg mit 64,2 E/qkm. Das südlicher liegende heutige Stadtgebiet von Ravenstein hatte höhere Dichtewerte zwischen 40 und 80 E/qkm, ähnlich wie die beiden Städte Osterburken (45,6 E/qkm) und Adelsheim (48,0 E/qkm), die also von Rosenberg übertroffen wurden.

Im relativ dicht bevölkerten Neckartal und unteren Elztal war 1808 der Gegensatz zu den umgebenden Räumen noch wesentlich schwächer als heute. Das Schifferdorf Haßmersheim und das grundherrschaftliche Hochhausen mit seiner kleinen Gemarkung hatten höhere Bevölkerungsdichten als Mosbach, Diedesheim und Neckarelz. Mosbach stand 1808 sowohl nach der Einwohnerzahl als auch nach der Bevölkerungsdichte hinter Buchen zurück.

Bevölkerungsentwicklung. – Schon zu Beginn des 19. Jh. lag die Bevölkerungsdichte im Kreisgebiet mit 50 E/qkm unter derjenigen des Großherzogtums Baden, die sich für 1815 auf 66 E/qkm errechnen läßt. Seither blieb das Bevölkerungswachstum hier noch stärker hinter dem Badens und Baden-Württembergs zurück. Zwischen 1808 und 1987 stieg die Einwohnerzahl im Kreisgebiet um 132 % an, während sie im Gebiet des heutigen Bundeslandes Baden-Württemberg zwischen 1815 und 1987 um 295 % (von 2,35 auf 9,29 Millionen) zunahm. Bis in die Gegenwart gehörte das Kreisgebiet zu den ländlichen Beharrungsräumen, deren Bevölkerungsbewegung zwar durch hohe Geburtenüberschüsse, aber auch durch hohe Wanderungsverluste bestimmt ist.

Zur genaueren Betrachtung der *Bevölkerungsbewegung* soll die Zeit zwischen 1808 und 1987 in vier Abschnitte zerlegt werden. Als Teilungspunkte bieten sich die Volkszählungen von 1845, 1900 und 1939 an.

1808 bis 1845. – Trotz der bis 1815 dauernden Kriege, von denen besonders der Krieg auf der Iberischen Halbinsel und der Rußlandfeldzug Napoleons auch viele bad. Landeskinder das Leben kostete, und trotz des zeitweise auftretenden Hungers infolge von Mißernten (1816, 1833–36 und 1842) nahm die Bevölkerung im Kreisgebiet in diesen 37 Jahren von 56422 auf 78628 Personen, d. h. um 39,6 % oder im Durchschnitt um 1,1 % im Jahr zu. Dabei lag der Hauptzuwachs in der Zeit vor 1828 (1,2 % mittlerer jährlicher Zuwachs = m.j.Z. gegenüber 0,8 % zwischen 1828 und 1845). Besonders kräftig vermehrte sich die Bevölkerung ausgerechnet in den Dörfern auf der Winterhauchhochfläche und auf den Vorstufen des Odenwaldes, also in den naturräumlich karg ausgestatteten Räumen. In Sattelbach und Wagenschwend verdreifachte sich die Einwohnerzahl nahezu, in Weisbach, Lohrbach, Robern, Heidersbach und Oberdielbach stieg sie auf mehr als das Doppelte. Hand in Hand mit der Bevölkerungszunahme ging hier, obgleich im allgemeinen an der freiwilligen geschlossenen Vererbung festgehalten wurde, die allmähliche Aufteilung der alten Hufengüter, so daß nach und nach zahlreiche landwirtschaftliche Betriebe unter die Ackernahrungsgrenze absanken. Die Bewohner waren ausschließlich auf die Erträge der Land- und Forstwirtschaft angewiesen. Hausgewerbe und Hausierhandel brachten nur kümmerlichen Verdienst für die

III. Bevölkerung und Siedlung

Tabelle 1: **Bevölkerung der heutigen Gemeindegebiete in den Jahren 1808 und 1987**

Neue Gemeinde	Einw. 1808	E/qkm	Einw. 1987	E/qkm
Adelsheim	2456	56,03	4708	107,42
Aglasterhausen	1298	57,18	3738	164,67
Billigheim	2587	51,85	5309	106,41
Binau	291	60,25	1252	259,21
Buchen	7107	51,13	14832	106,71
Elztal	2609	55,93	5027	107,76
Fahrenbach	952	57,98	2461	149,88
Hardheim	4122	46,93	6429	73,19
Hassmersheim	2164	112,94	4259	222,29
Höpfingen	1590	52,18	2779	91,20
Hüffenhardt	944	53,51	1848	104,76
Limbach	1425	33,60	4244	100,07
Mosbach	3989	64,10	23568	378,72
Mudau	3182	29,59	4774	44,40
Neckargerach	895	57,30	2233	142,96
Neckarzimmern	556	67,97	1622	198,29
Neunkirchen	873	56,50	1558	100,84
Obrigheim	1721	69,06	5102	204,74
Osterburken	2126	44,83	4727	99,68
Ravenstein	3250	58,05	2645	47,24
Rosenberg	1810	44,16	1941	47,35
Schefflenz	2243	60,64	4042	109,27
Schwarzach	500	65,87	2593	341,63
Seckach	1420	51,15	3666	132,06
Waldbrunn	1639	36,94	4206	94,79
Walldürn	4459	42,11	10375	97,99
Zwingenberg	214	46,12	718	154,74
Neckar-Odenwald-Kreis	56422	49,93	130656	115,62

landlose und die landarme Bevölkerung. In der Landwirtschaft war an eine Steigerung der Erträge, wie sie dem Bevölkerungswachstum entsprochen hätte, bei den schlechten Boden- und Klimaverhältnissen unter den damaligen technischen Möglichkeiten nicht zu denken. Außerdem zeichnete sich der Odenwälder Bauer noch lange durch besondere Beharrung am Althergebrachten aus.

Abgesehen von wenigen Orten nahm im Mudauer und im Buchen-Walldürner Odenwald die Volkszahl deutlich weniger zu, obwohl hier schon 1808 eine geringere Bevölkerungsdichte geherrscht hatte, die sich nur zum Teil aus den größeren Gemarkungen und die rechnerische Einbeziehung des Waldes erklärt. Auch im gesamten Bauland, insbesondere im östlichen Teil in den heutigen Gemeindegebieten von Rosenberg, Ravenstein und Hardheim blieb das Bevölkerungswachstum unter 50 %, d. h. unter 1,3 % m. j. Z. Eine Ausnahme machten im Bauland nur Billigheim und Waldmühlbach. In Billigheim war das Bevölkerungswachstum jedoch leichter zu verkraften, weil damals noch das Hammerwerk und die Maschinenfabrik Verdienst brachten. Die beiden einzigen Gemeinden, in denen die Bevölkerung abnahm, waren Hornbach (−4,2 %) im Walldürner Odenwald und Rosenberg (−0,9 %) im Bauland.

Die Stadt Mosbach hatte 1845, offenbar dank noch immer größerer wirtschaftlicher Lebendigkeit die Stadt Buchen, deren Wirtschaft stagnierte, wenn nicht zurückging, nach der Einwohnerzahl überholt. Buchen lag mit einer Bevölkerungszunahme von nur 14,7 % (0,4 % m. j. Z.) an der Untergrenze des Wachstums im Gebiet. Von den anderen Städten verzeichneten Walldürn und Adelsheim durchschnittliches, Osterburken unterdurchschnittliches Bevölkerungswachstum.

Das Ergebnis der Bevölkerungsentwicklung bis 1845 war eine auf 70 E/qkm gestiegene Bevölkerungsdichte im Kreisgebiet. 20 Gemeinden gegenüber zwei im Jahr 1808 wiesen jetzt Dichtewerte von mehr als 100 E/qkm auf. Dabei hatte sich an der Bevölkerungsverteilung innerhalb des Kreisgebiets wenig verändert. Nur auf dem Winterhauch und auf den Vorstufen des Odenwalds war die Bevölkerungsdichte in vielen Orten (Waldkatzenbach, Strümpfelbrunn, Reichenbuch, Lohrbach, Robern, Trienz, Krumbach, Limbach), den Wald mit in die Gemarkungsfläche eingerechnet, auf mehr als 75 Einwohner gestiegen, in Fahrenbach, Sattelbach, Muckental (mit Rineck) sogar auf mehr als 100 E/qkm. Im Muschelkalk-Neckartal und im vorderen Elztal hat die Bevölkerung zwar kräftig zugenommen, aber eine weitere Verdichtung im Vergleich zum gesamten Kreisgebiet fand nicht statt. Im Gegenteil war der Anteil der Bevölkerung dieses Teilraums an der Kreisbevölkerung von 15 % im Jahr 1808 auf 14 % abgesunken. Zum Muschelkalk-Neckartal und Vorderen Elztal werden die Gdn Binau, Dallau, Neckarburken, Haßmersheim, Hochhausen, Diedesheim, Mosbach, Neckarelz, Neckarzimmern, Obrigheim gezählt.

1845 bis 1900. – Die 2. H. 19. Jh. war für das Kreisgebiet insgesamt eine Zeit anhaltenden Bevölkerungsverlustes, wenn auch nach Zeitabschnitten und Teilräumen modifiziert. Die durch Kartoffelkrankheiten verursachten Mißernten von 1842 und in mehreren Jahren ab 1847 lösten bei der herrschenden Übervölkerung eine zunehmende Verarmung aus, die zuerst die zahlreichen Taglöhner ohne oder mit nur geringem Landbesitz heimsuchte, dann aber auch auf die bäuerliche und gewerbliche Bevölkerung übergriff. Im südöstlichen Odenwald und dem angrenzenden Bauland (Elz- und Schefflenzgebiet) mußte fast die Hälfte der Bevölkerung 1847 zu den Armen gezählt werden, 36 % galten als minderbemittelt und nur 15 % als vermögend. Am schlimmsten wirkte sich die Agrarkrise, die dann in die politischen Unruhen der Jahre 1848 und 1849 mündete, im Odenwald und seinem Vorland aus, zumal hier die Bevölkerungszahl besonders stark zugenommen hatte. Begleiterscheinungen der Armut waren Bettel, Diebstahl und Raub, vor allem in den erst im 18. Jh. gegründeten und teilweise mit fahrendem Volk besiedelten Kolonien Rineck (Gkg Muckental) und Ferdinandsdorf (Gkg Mülben) im Odenwald sowie Tolnayshof (Gkg Leibenstadt) im Bauland. Rineck war wohl der Extremfall, aber in den beiden anderen Kolonien und auch in Dörfern wie Trienz, Wagenschwend, Balsbach, Sattelbach und Strümpfelbrunn waren die Verhältnisse schon seit den 1830er Jahren nur wenig besser.

Das praktisch einzige Heilmittel sah man in der *Auswanderung*. Auswanderungspläne bestanden schon lange, aber vielen Auswanderungswilligen fehlte das nötige Reisegeld. Erst nach 1848 betrieben der Staat und die Gemeinden die Auswanderung planmäßig, indem sie Unterstützungen gewährten, in zahlreichen Fällen auch unliebsame Elemente unter Zwang nach Amerika abschoben. So wurde 1850 fast die gesamte Einwohnerschaft von Rineck und Ferdinandsdorf und 1853 23 Familien mit 144 Personen vom Tolnayshof zur Auswanderung gezwungen.

Allein in den sechs Jahren von 1850 bis 1855 wanderten aus den hauptsächlich am heutigen Kreisgebiet beteiligten Amtsbezirken Adelsheim, Buchen, Eberbach, Kraut-

III. Bevölkerung und Siedlung

Tabelle 2: **Die Auswanderung von 1850 bis 1855 aus den Amtsbezirken**

Amtsbezirk	Einw.	Auswanderer			Personen			
	1852	abs.	% E. 1852	in Fam.	%	einzeln	%
Adelsheim	14 076	644	4,58	492	76,40	152	23,60
Buchen	14 840	675	4,55	334	49,48	341	50,52
Eberbach	10 534	372	3,53	243	65,32	129	34,68
Krautheim	6 306	146	2,32	96	65,75	50	34,25
Mosbach	29 298	2 330	7,95	1 775	76,18	555	23,82
Walldürn	13 853	453	3,27	264	58,28	189	41,72
Großherzogtum	1 357 208	62 444	4,60	42 777	68,50	19 667	31,50

Die Finanzierung der Auswanderung

Amtsbezirk	Auswanderer 1850–1855	Ausgeführtes eig. Vermögen fl	Unterstützung fl	Ges. Summe pro Kopf fl	davon Unterstützung %
Adelsheim	644	46 786	26 315	113,51	36,00
Buchen	675	62 801	10 524	108,63	14,35
Eberbach	372	27 052	16 015	115,77	37,19
Krautheim	146	27 410	165	188,87	0,60
Mosbach	2 330	183 474	85 405	115,40	31,76
Walldürn	453	58 586	7 257	145,35	11,02
Großherzogtum	62 444	7 529 417	1 601 783	146,23	17,54

Quelle für beide Tabellen: Beiträge zur Statistik der Inneren Verwaltung des Großherzogthums Baden. H. 5. 1857.

heim, Mosbach und Walldürn zwischen 2 und 8 % der Einwohner aus, so gut wie alle nach Nordamerika. Keineswegs alle mußten aus Staats- oder Gemeindemitteln unterstützt werden, viele führten auch eigenes Vermögen mit sich. Die Auswanderung nahm in jenen sechs Jahren im Amtsbezirk Mosbach das größte Ausmaß an. Im Amtsbezirk Eberbach scheinen hauptsächlich Bewohner der besonders problematischen Dörfer des Hohen Odenwaldes, die heute zum Kreisgebiet gehören, ausgewandert zu sein, da »nur« 3,5 % der Einwohner des gesamten Amtsbezirks auswanderten, diese Auswanderer aber die geringsten eigenen Vermögen mitnahmen und die höchsten Unterstützungssummen erhielten. Allerdings war die im Durchschnitt für einen Auswanderer aufgebrachte Unterstützung in den Amtsbezirken Adelsheim und Mosbach auch nicht viel niedriger, während aus dem Amtsbezirk Buchen wohl die meisten Auswanderer ohne Unterstützung auskamen, obgleich hier die Auswanderung prozentual kaum geringer als im Amtsbezirk Adelsheim und höher als im Amtsbezirk Eberbach war. Ganz aus dem Rahmen fällt der Amtsbezirk Krautheim, von dessen 12 Gemeinden heute Ballenberg, Erlenbach, Ober- und Unterwittstadt zum Kreisgebiet gehören, mit relativ wenigen Auswanderern, die sich freiwillig zum Verlassen der Heimat entschlossen haben, wie man nach der Höhe der mitgeführten Vermögen und den verschwindend geringen Unterstützungen annehmen darf.

Da überwiegend junge Leute auswanderten, mußte die Auswanderung nicht nur unmittelbar, sondern langfristig auch mittelbar über die verminderten Geburten- und relativ erhöhten Sterbezahlen die Bevölkerungsbewegung beeinflussen. Schon aus den für die Amtsbezirke veröffentlichten Daten zur *natürlichen Bevölkerungsbewegung* der

1. Bevölkerung im 19. und 20. Jahrhundert

Tabelle 3: **Natürliche Bevölkerungsbewegung 1852 bis 1855**

Amtsbezirk	Jahr	Einw.	Geborene		Gestorbene		Geb.-Übersch. o. -Defizit
			abs.	% E.	abs.	% E.	
Adelsheim	1852	14076	421	2,99	422	3,00	0,01
	1853		413		447		0
	1854		465		462		0
	1855	13423	395	2,94	357	2,66	−0,28
Buchen	1852	14840	455	3,07	398	2,68	−0,38
	1853		419		366		0
	1854		429		501		0
	1855	14109	394	2,79	367	2,60	−0,19
Eberbach	1852	10534	353	3,35	408	3,87	0,52
	1853		368		305		0
	1854		350		370		0
	1855	9856	290	2,94	289	2,93	−0,01
Krautheim	1852	6306	214	3,39	167	2,65	−0,75
	1853		236		232		0
	1854		193		203		0
	1855	6224	195	3,13	173	2,78	−0,35
Mosbach	1852	29298	887	3,03	869	2,97	−0,06
	1853		997		689		0
	1854		880		859		0
	1855	27867	850	3,05	827	2,97	−0,08
Walldürn	1852	13853	432	3,12	375	2,71	−0,41
	1853		362		320		0
	1854		414		363		0
	1855	13756	375	2,73	332	2,41	−0,31
Großherzogtum	1852	1357208	45353	3,34	39575	2,92	−0,43
	1853		44484		36351		0
	1854		42207		40002		0
	1855	1314837	39450	3,00	35441		−3,00

Quelle: Beiträge zur Statistik der Inneren Verwaltung des Großherzogthums Baden. H. 2. 1856.

Jahre 1852 bis 1855 läßt sich eine Tendenz zu abnehmenden Geburtenzahlen in den von der Auswanderung besonders betroffenen Amtsbezirken ablesen. Auch wo 1853 oder 1854 noch mehr Geburten als 1852 verzeichnet wurden, liegen überall die Geburtenzahlen des Jahres 1855 unter denen von 1852. Dabei sind die Geburtenraten, d. h. die Zahl der Geburten je 100 Einwohner, nur in den Amtsbezirken Buchen, Eberbach und Walldürn abgesunken. Im Großherzogtum dagegen ging nicht nur die Geburtenzahl, sondern auch die Geburtenrate kontinuierlich zurück. Bei den Sterberaten ist für diese wenigen Jahre noch keine derartige Entwicklung festzustellen. Daß die Sterbefälle absolut in fast allen Amtsbezirken und im Großherzogtum zurückgingen, erklärt sich zum Teil mit der Bevölkerungsabnahme.

Allein zwischen 1845 und 1855 ging im Neckar-Odenwald-Kreis die Einwohnerzahl um 8 % zurück. Nur 22 Gemeinden, die meisten davon im Bauland, kamen ohne Bevölkerungsverlust davon, hatten zum Teil sogar leichten Zuwachs zu verzeichnen, so außer Gerichtstetten und Vollmersdorf alle heute zu Hardheim gehörenden Orte, außerdem einige Dörfer um Osterburken und Rosenberg, aus dem Buchener Raum nur

Rinschheim. Im SW bildeten Hüffenhardt, Haßmersheim und Neckarmühlbach eine geschlossene Gruppe mit positiver Bevölkerungsbilanz, ergänzt durch Kälbertshausen mit nur geringem Einwohnerrückgang. Die wenigen übrigen Orte mit Bevölkerungszunahme liegen verstreut zwischen Orten mit Einwohnerverlusten. Auch abgesehen von den aufgelösten Kolonien war der Bevölkerungsrückgang im Odenwald und seinem Vorland besonders hoch, teilweise über 20 %. Aber auch im Schefflenztal, in Mittelschefflenz und in Billigheim, von wo die Göbelsche Maschinenfabrik weggezogen war, lag er um 20 %.

Mit der Normalisierung der wirtschaftlichen und politischen Verhältnisse ließ auch der Massenauszug aus den verarmten Gebieten etwas nach. Zwischen 1855 und 1871 nahm das mittlere jährliche Bevölkerungswachstum im Kreisgebiet mit 0,33 % wieder einen positiven Wert an, der jedoch angesichts der hohen Geborenenüberschüsse äußerst niedrig ist. Noch hielt die Auswanderung an, unterbrochen nur durch den Sezessionskrieg (1861–1865). Erst nach 1872 setzten dann die Auswanderungen fast aus, stiegen 1882/1883 noch einmal stark an und ebbten allmählich bis auf wenige Fälle ab. Inzwischen saugte die wachsende Industrie im Inland Arbeitskräfte aus den ländlichen Räumen an. Für das Kreisgebiet war vor allem Mannheim der Magnet, aber auch nach Karlsruhe und in die württ. Industriestädte zogen viele Odenwälder und Bauländer. Die Männer suchten Arbeit in den Fabriken, die jungen Mädchen gingen entweder in die Fabrik oder in städtischen Haushalten »in Stellung«. Zwischen 1871 und 1900 sank die Einwohnerzahl im Kreisgebiet von 76072 auf 74126.

Tabelle 4: **Wanderungsverluste 1875 bis 1900**

Amtsbezirk	Einw. 1875[1]	Einw. 1900	Einw. Zu-/Abnahme	Geborenenüberschüsse[3]	Wanderungsverluste
Adelsheim	14992	13363	−1629	3651	5280
Buchen[1]	28830	26826	−2004	5302	7306
Eberbach[2]	13623	15132	+1509	4857	3348
Mosbach	30396	30324	− 72	8448	8520

1 Buchen 1880, jedoch zuzüglich Reisenbach, das am 1.1.1900 zum Amtsbezirk Eberbach kam.
2 Abzüglich Reisenbach. Von den 26 Gemeinden des Amtsbezirks Eberbach gehören heute 15 zum Neckar-Odenwald-Kreis.
3 Quelle: Statistische Mitteilungen für das Großherzogtum (Land) Baden. 2. 1875–79 – 18. 1901.

Auch die *Bevölkerungsverteilung* änderte sich seit den 1870er Jahren. Die Baulandorte, die großenteils die schwierigen Jahrzehnte ohne nennenswerten Einwohnerverlust überstanden hatten, wurden jetzt bevorzugt von Abwanderern verlassen. Selbst aus der Stadt Osterburken, die durch den Bau der Bahnlinie Jagstfeld–Osterburken (Eröffnung 1869) einen Aufschwung erlebt hatte, zogen vor 1890 wieder Bewohner, vermutlich viele Bauarbeiter, weg. Dagegen beginnt jetzt der Elzmündungsraum mit Diedesheim und Neckarelz, auch Mosbach, sich als Aktivraum mit größerem Bevölkerungswachstum zu entfalten, bedingt durch die Entwicklung der Baustoff- und Maschinenindustrie.

Für die Zeit von 1875 bis 1914 liegen die Daten zur natürlichen Bevölkerungsbewegung auf Amtsbezirksebene vor. Bis 1900 bewegten sich in den das heutige Kreisgebiet im wesentlichen bildenden Amtsbezirken die Geborenenraten zwischen 30 und 50 Lebendgeborene auf 1000 E. Die höchsten Werte wies meist der Amtsbezirk Eberbach auf. Immer und in allen Amtsbezirken überstiegen die Geborenenzahlen die der Gestorbenen so, daß sich Geborenenüberschüsse zwischen 5 und 20 Personen auf 1000 E. errechnen. Auch hier lag der Amtsbezirk Eberbach an der Spitze. Vergleicht man die Differenz der Einwohnerzahlen von 1875 und 1890 mit der Summe der Geborenenüberschüsse dieser Jahre, erhält man die Zahl der Wanderungsverluste.

Entsprechend der Bevölkerungsbewegung sank die Bevölkerungsdichte bis zum Jahr 1900, verglichen mit 1845, von 69,6 auf 65,8 E/qkm. Nach wie vor zeigte sich der SW des Kreisgebiets am dichtesten bevölkert, obwohl auch hier die Dichtewerte teilweise zurückgegangen waren. Von den acht Gemeinden mit Dichtewerten zwischen 100 und 150 E/qkm lagen fünf in diesem Raum. Mit mehr als 150 E/qkm waren Diedesheim, Neckarelz und Haßmersheim die Gemeinden mit der höchsten Einwohnerdichte. Außer der Elzmündung bildete das Schwarzachtal ein kleines Gebiet stärkerer Verdichtung, desgleichen der Raum Fahrenbach-Trienz-Sattelbach auf der Odenwald-Abdachung. Die geringste Bevölkerungsdichte hatten noch immer die Orte im westlichen Buchener, im Mudauer und im nördlichen Walldürner Odenwald. Mit nur 13,3 E/qkm blieb Rumpfen die dünnstbesiedelte Gemeinde im Kreisgebiet.

1900 bis 1939. – Zwischen der Jahrhundertwende und dem Vorabend des 2. Weltkrieges stieg die Einwohnerzahl im Kreisgebiet von 74 126 auf 75 634, also nur um 2 %. Im gleichen Zeitraum nahm die Einwohnerzahl in der heutigen Region Unterer Neckar um 44 %, in Nordbaden um 40 % und im heutigen Land Baden-Württemberg um 33 % zu. Zwar konzentrierte sich das Bevölkerungswachstum hauptsächlich auf die Großstädte, in der Region besonders auf Mannheim, aber auch deren Umland profitierte schon in erheblichem Ausmaß (Lkr. Mannheim: +59 %), während der ländliche Raum Einbußen erlitt (Lkr. Sinsheim: −5,5 %). Innerhalb des Kreisgebiets war auch in diesem Zeitraum der Altkreis Buchen in der Bevölkerungsentwicklung benachteiligt. Seine Einwohnerzahl nahm um 3 % ab, die im Altkreis Mosbach um 6 % zu. In den ersten zehn Jahren dieser Periode, bis zur Volkszählung von 1910, war die Bevölkerungszahl allerdings um 4 % gestiegen. Die Intensivierung der Landwirtschaft und ihre verbesserten Absatzbedingungen hatten die Abwanderung gebremst. Etwa seit der Jahrhundertwende zeigten sowohl die Geborenen- als auch die Gestorbenenzahlen absolut und auf je 1000 Einwohner bezogen, eine leicht sinkende Tendenz. Der »Bevölkerungsumsatz« verlangsamte sich wie in ganz Baden. Eine der Ursachen war die allmählich zurückgehende Säuglingssterblichkeit. Die Geborenenüberschüsse veränderten sich jedoch in der kurzen Zeit bis zum 1. Weltkrieg kaum.

Seit 1915 liegen keine zusammenhängenden Daten zur natürlichen Bevölkerungsbewegung unterhalb der Landesebene mehr vor. Aber auch im Kreisgebiet dürften wie insgesamt in Baden während der Kriegsjahre die Geburten zurückgegangen sein, während die Sterblichkeit anstieg. Von den Kriegsteilnehmern fielen aus dem Amtsbezirk Adelsheim 518, aus dem Amtsbezirk Boxberg 649, aus dem Amtsbezirk Buchen 1068, aus dem Amtsbezirk Eberbach 639 und aus dem Amtsbezirk Mosbach 1183 Soldaten. Daß trotz der Kriegsfolgen die Einwohnerzahl im Kreisgebiet zwischen 1910 und 1919 konstant blieb, ist auf die verringerte Abwanderung zurückzuführen. Trotzdem verloren auch in diesen Jahren zahlreiche Orte Einwohner, vor allem die Dörfer im Bauland. Nur wurden diese Verluste durch die Gewinne in den kleinen Städten und einigen Dörfern kompensiert. Im Altkreis Mosbach überdeckte die Bevölkerungszunahme im Neckartal, speziell an der Elzmündung, in einigen Kraichgauorten und auf dem Winterhauch die geringen Verluste im Kleinen Odenwald, im Elztal oberhalb Mosbach und im Schefflenztal.

Zwischen 1919 und 1925 nahm die Einwohnerzahl geringfügig zu, jedoch nur im Neckartal, in einigen Kraichgauorten und Dörfern im Mudauer, Walldürner und Buchener Odenwald sowie in den Städten.

Spätestens seit 1925 wurde dann mit Ausnahme der Städte Mosbach, Buchen, Walldürn, Adelsheim und weniger Dörfer (darunter die Gewerbestandorte Höpfingen, Neckarelz, Limbach, Aglasterhausen und Mudau) das gesamte Kreisgebiet wieder zum Abwanderungsraum, so daß der Bevölkerungszuwachs der vorigen Jahre nahezu verloren ging. Selbst Hardheim und Diedesheim, wo das Zementwerk längere Zeit still lag, verzeichneten trotz ihrer gewerblichen Bedeutung einen Bevölkerungsrückgang. Bis 1933 war der Bevölkerungsschwund im Kreisgebiet noch geringfügig, aber danach so kräftig, daß die Volkszählung vom 17. 5. 1939 nur noch 75 637 Personen Wohnbevölkerung bzw. 75 143 Personen Ständige Bevölkerung (d. h. abzüglich der Soldaten und Arbeitsdienstleistenden) erfaßte. Dieser Bevölkerungsverlust war fast so schwer wie derjenige in den Krisenjahren zwischen 1845 und 1855. Die abseitige Lage und die Rückständigkeit in der Industrialisierung wirkte sich jetzt verstärkt aus. Aber auch die Auswanderung und Deportation der jüdischen Bevölkerung führte in einigen Gemeinden zu zusätzlichen Einwohnerverlusten.

Die Bevölkerungsdichte 1939 unterscheidet sich von der 1900 nur wenig, aber charakteristisch: Insgesamt stieg die Dichte nur von 66 auf 67 E/qkm, aber deutlicher als 1900 hoben sich 1939 die kleinen Verdichtungsräume an der Elzmündung, im Schwarzachtal und auf der Achse Buchen – Walldürn – Höpfingen – Hardheim von ihrer Umgebung ab. Dichtewerte von mehr als 200 E/qkm erreichten aber nur Neckarelz (216 E/qkm) und Haßmersheim (214 E/qkm). Diedesheim, Unterschwarzach mit dem Schwarzacher Hof, Mosbach und Neckargerach einschließlich des Arbeitsdienstlagers waren die einzigen Gemeinden mit einer Bevölkerungsdichte zwischen 150 und 200 E/qkm. Im Bauland hatte die Einwohnerdichte außer in Osterburken abgenommen. Die heutigen Gemeindegebiete von Elztal, Billigheim, Schefflenz, Seckach, Osterburken, Hardheim, Rosenberg und Ravenstein wiesen 1900 zusammen eine Bevölkerungsdichte von 64 E/qkm auf, 1939 nur noch von 58 E/qkm. Im heutigen Stadtgebiet von Mosbach dagegen war die Bevölkerungsdichte von 120 auf 150 E/qkm angestiegen.

1939 bis 1987. – Die erste Dekade dieses Zeitabschnitts war geprägt vom 2. Weltkrieg und seinen Folgen und brachte bisher nicht gekannte Bevölkerungsverschiebungen. Die unmittelbaren Kriegsverluste waren an der Front und in der Heimat wesentlich höher als im 1. Weltkrieg. Das Kreisgebiet blieb jedoch mit wenigen Ausnahmen von größeren Verlusten in der Heimat verschont. Am stärksten getroffen war Neckargerach, wo kurz vor Kriegsende am 22. 3. 1945 bei Luftangriffen 135 Menschen ums Leben kamen. Die ungeheuren erzwungenen Wanderungsbewegungen bekam jedoch auch das Kreisgebiet zu spüren und wurde von dem raschen Bevölkerungszuwachs vor nur schwer zu bewältigende Aufgaben gestellt. 1950 lebten 38 559 Personen oder 51 % mehr im Kreisgebiet als 1939. Schon vor dem Krieg waren an verschiedenen Orten des Kreisgebiets Arbeitsdienstlager eingerichtet worden, 1944 kamen Zwangsarbeiterlager sowie Außenstellen des Konzentrationslagers Natzweiler in Neckarelz und Neckargerach hinzu. Seit Kriegsbeginn strömten Evakuierte aus den von der Westfront bedrohten und den durch Fliegerangriffe gefährdeten Gebieten ein. Nicht selten suchten die Nachkommen von ehemals Abgewanderten Zuflucht bei ihren Verwandten im Odenwald und im Bauland. Viele blieben bis weit über das Kriegsende hinaus hier, manche gründeten hier auch eine neue Existenz. Noch Mitte 1948 hielten sich im Lkr. Buchen 5110, im Lkr. Mosbach 5952 Evakuierte auf. Das waren 7,5 bzw. 9,5 % der Bevölke-

1. Bevölkerung im 19. und 20. Jahrhundert

rung. Die meisten (3332 Personen im Lkr. Buchen und 3815 Personen im Lkr. Mosbach) stammten aus der amerikanischen Zone Badens und Württembergs und (480 und 493 Personen) aus der britischen Zone.

Tabelle 5: **Flüchtlinge nach Geschlecht und Herkunftsgebieten**

Landkreis Landesbezirk	Ge- schlecht	Flüchtl. insges.	Dt. Ostgeb.	CSR	Ungarn	Jugo- slawien	Öster- reich	Polen	Sonst. Ausl.	Ohne Angabe
Buchen	m	8 229	379	6 364	1 004	131	127	92	123	9
	w	10 781	320	8 774	1 137	153	191	71	134	1
	zus.	19 010	699	15 138	2 141	284	318	163	257	10
Mosbach	m	7 079	486	3 017	2 715	502	109	72	193	3
	w	9 178	466	4 366	3 283	617	141	77	219	9
	zus.	16 257	952	7 383	5 998	1 119	250	149	412	12
Landesbezirk Baden	m	83 685	10 753	44 475	13 720	6 412	1 599	1 717	4 742	267
	w	99 469	9 403	58 236	16 156	7 798	1 817	1 300	4 576	183
	zus.	183 154	20 156	102 711	29 876	14 210	3 416	3 017	9 318	450

Quelle: Die Flüchtlinge und Evakuierten im Landesbezirk Baden. 1948.

Ungleich größere Probleme warfen die *Vertriebenen* und *Flüchtlinge* auf, d. h. nach dem Gesetz über die Aufnahme und Eingliederung deutscher Flüchtlinge vom 14. 2. 1947 »Personen deutscher Staats- oder Volkszugehörigkeit, welche entweder am 1. 1. 1945 ihren dauernden Wohnsitz außerhalb der Grenzen des Deutschen Reichs nach deren Stand vom 1. 3. 1938 hatten oder am 1. 1. 1945 in den deutschen Ostprovinzen östlich der Oder und Görlitzer Neisse (Gebietsstand 1. 9. 1939) beheimatet waren, von dort geflüchtet oder ausgewiesen oder aus der Kriegsgefangenschaft entlassen sind, in ihre Heimat nicht zurückkehren können und ihren ständigen Wohnsitz in Württemberg-Baden genommen haben«. Die amerikanische Zone war zum Aufnahmegebiet der aufgrund des Potsdamer Abkommens aus der Tschechoslowakei und Ungarn Vertriebenen bestimmt worden. Von dort kam auch in geschlossenen Transporten der größte Teil der Flüchtlinge ins Kreisgebiet. Im Lkr. Buchen wurde das ehemalige Lager der Organisation Todt in der Teufelsklinge bei Seckach, im Lkr. Mosbach das Lager in Neckarzimmern als Auffanglager eingerichtet. Vom Februar bis Spätherbst 1946 nahm das Lager in Seckach 19 Transporte aus der Tschechoslowakei mit 20 589 Personen und 2 Transporte aus Ungarn mit 2095 Personen auf. In Neckarzimmern kamen 12 Transporte mit 14 068 Personen aus der Tschechoslowakei und 9 Transporte mit 9771 Personen aus Ungarn an. Danach hörten die Transporte auf, es kamen aber noch Flüchtlinge als Einzelgänger, auch aus anderen Gebieten. Die Volkszählung vom 29. 10. 1946 erfaßte im Lkr. Buchen 19 010, im Lkr. Mosbach 16 275 Flüchtlinge. Über ihre Herkunft gibt Tab. 5 Auskunft. Aus ihr geht auch hervor, daß erheblich mehr Frauen als Männer unter den Ankömmlingen waren.

Da die meisten Großstädte zerstört waren, wurden die Flüchtlinge vorwiegend auf die Landkreise aufgeteilt. Zwar nicht nach absoluten Zahlen, aber im Verhältnis zur Stammbevölkerung hatten die Lkre Buchen, Sinsheim, Mosbach und Tauberbischofsheim die meisten Flüchtlinge aufgenommen, 1946 mehr als ein Viertel der Gesamtbevölkerung. Auch der ländliche Raum war diesen einströmenden Menschenmengen nicht gewachsen. Zwar waren kaum Wohnungen zerstört, aber der Raum in den überalterten und bescheidenen Bauernhäusern reichte bei weitem nicht aus. Die Eingliederung war für beide Bevölkerungsgruppen schwierig, für die Neubürger, die nach Vertreibung oder Flucht vor dem Nichts standen und oft auf Verständnislosigkeit und Abneigung stießen, und für die eingesessene Bevölkerung, der fremde Menschen mit fremdem Zungenschlag und fremden Sitten in die ohnehin engen Wohnungen eingewiesen wurden. Die Wohndichte, d. h. die Anzahl der Personen auf einen wohnwürdigen Raum (ausgen. Küche) berechnet, betrug am 29. 10. 1946 im Lkr. Buchen 1,7 und im Lkr. Mosbach 1,9. Etwas Abhilfe schufen die vielerorts in den folgenden Jahren mit Hilfe der Kirchen und der Baugenossenschaften errichteten kleinen Siedlungen.

Noch schwieriger zu lösen war die Arbeitsplatzfrage. Die berufliche Zusammensetzung der Neubürger war von der der Altbürger grundverschieden. Von 100 Erwerbspersonen waren 1946 im Lkr. Mosbach bei den Neubürgern 70,7 Arbeiter, bei den Altbürgern 63,8 Selbständige und Mithelfende, meist Landwirte. Im Lkr. Buchen waren bei den Neubürgern 65,5 % der Erwerbspersonen Arbeiter, bei den Altbürgern 75,7 % Selbständige und Mithelfende. In den industriefernen Bezirken war es für die Neuankömmlinge schwierig, Arbeit zu finden, auch wenn einige von ihnen eigene Betriebe gründeten. Das erklärt, daß im Gegensatz zu den Stadtkreisen die Landkreise zwischen 1946 und 1948 nur noch wenige Flüchtlinge aufnehmen mußten. Während die Anzahl der Flüchtlinge im Landesbezirk Baden zwischen dem 1. 11. 1946 und dem 31. 7. 1948 um 19 % zunahm, wuchs sie im Lkr. Mosbach nur um 5 % und im Lkr. Buchen um 1 % an. Umgekehrt zogen vor allem aus den kleinen Dörfern die meisten Eingewiesenen so bald wie möglich, spätestens nach der Währungsreform, aus Arbeitsplatzgründen weg.

Nach den Unterlagen des Landesbeauftragten für das Flüchtlingswesen wohnten am 1. 1. 1948 in den Gemeinden des heutigen Neckar-Odenwald-Kreises 32 189 Flüchtlinge, 27,24 % der sog. Nährmittelbevölkerung. Zwar hatten die Städte und die großen Dörfer mehr Flüchtlinge aufgenommen als die kleinen Orte. In diesen fielen sie aber stärker ins Gewicht, da sie 30–50 % der Gesamteinwohnerschaft ausmachten. In Mosbach, Buchen, Walldürn, Neckarelz und Obrigheim waren zusammen 5759 Personen, 18 % aller Flüchtlinge im Kreisgebiet, untergekommen.

Bis 1961, als die Umverteilung im wesentlichen abgeschlossen war, waren aus dem Kreisgebiet etwa 5000 Flüchtlinge wieder abgewandert, und der Rest hatte sich überwiegend auf die Orte mit Arbeitsplatzangebot konzentriert. Den höchsten Flüchtlingsanteil an der Einwohnerschaft wies 1961 Obrigheim mit 37 % auf, gefolgt von Neckarelz mit 30 %. Mehr als ¼ der Einwohner stellten die Neubürger auch in Buchen, Adelsheim, Osterburken, Mosbach und Hardheim. Inzwischen hatten sich auch 3492 Flüchtlinge aus der Sowjetisch Besetzten Zone Deutschlands im Kreisgebiet niedergelassen. Insgesamt blieb zwischen 1950 und 1961 die Einwohnerzahl im Kreisgebiet mit 114 193 bzw. 114 217 konstant.

Das folgende Jahrzehnt zwischen 1961 und 1970 ist die einzige Periode, in der die Bevölkerungsentwicklung im Kreisgebiet außer durch *Geborenenüberschüsse* auch durch *Wanderungsgewinne* aufgrund freiwilliger Zuwanderung bestimmt wurde. Von 1962 (für 1961 liegen keine Daten vor) bis 1970 betrug bei 20 553 Lebendgeborenen und 13 968 Gestorbenen der Geborenenüberschuß 7485 Personen oder 6,6 % der Einwohnerzahl von 1961. Der Wanderungsgewinn lag mit 10 184 Personen oder 8,9 % bei 87 126 Zu- und 76 942 Fortgezogenen spürbar darüber.

Seit 1967 sinken auch hier im noch ländlich und zum Teil katholisch geprägten Raum die Geburtenzahlen, eine Erscheinung, die in anderen Gebieten schon einige Jahre früher eingesetzt hat und deren Hintergründe mit den Schlagworten »gesellschaftliche Veränderungen« und »Antibabypille« auf einen einfachen Nenner gebracht werden. Da fast gleichzeitig die Sterbezahlen leicht zunahmen, gingen die Geborenenüberschüsse deutlich zurück (von 1037 im Jahr 1966 auf 410 im Jahr 1970), ohne jedoch vorerst in Defizite umzuschlagen. Bezogen auf die Einwohnerzahl bei der Volkszählung vom 6.6.1961 hatten die heutigen Gden Binau mit 24,9%, Fahrenbach mit 22,5% und Zwingenberg mit 21,1% die höchsten, Rosenberg mit 13,6% und Schwarzach mit 12,8% die niedrigsten Geborenenraten in diesen neun Jahren. Gleichförmiger zeigten sich die Sterberaten, die abgesehen von Binau und Hüffenhardt als Standorte von größeren Altenheimen zwischen 10 und 13% der Einwohnerzahlen von 1961 lagen.

Während die Zuwanderung keine zeitliche Entwicklung erkennen läßt, nahm die Abwanderung seit 1966 zu und ließ dadurch die Wanderungsgewinne allmählich absinken. Negativ war der Saldo jedoch nur 1967 mit 320 Personen. Die absolut höchsten Wanderungsgewinne verzeichneten die (jetzigen) Stadtgebiete von Mosbach mit 2586 und Buchen mit 1210 Personen. Wiederum auf den Stand vom 6.6.1961 bezogen, lag der Wanderungsgewinn in Binau, als bevozugtem Wohnort mit 84,7% an der Spitze, gefolgt von Zwingenberg mit 66,9%. Nur schwach läßt sich eine landschaftliche Differenzierung der Attraktivität für Zuwanderer erkennen. Überdurchschnittliche prozentuale Wanderungsgewinne hatten die meisten Orte am Neckar, im Kleinen und Hohen Odenwald, aber auch im Bauland die Städte Adelsheim und Osterburken und die verkehrsgünstig gelegenen Dörfer der Gden Seckach und Elztal. Die übrigen Baulandgemeinden hatten jedoch meist niedrigere Wanderungsgewinne, Ravenstein, Rosenberg und Höpfingen sogar Wanderungsverluste. Allerdings setzte sich auch im Gemeindegebiet von Mudau im Odenwald die alte Tradition starker, die Zuwanderung übertreffender Abwanderung fort. Limbach und selbst Walldürn konnten nur auf hauchdünne Wanderungsgewinne von 1,8 und 1,1% der Einwohnerzahl von 1961 verweisen.

Der *Bevölkerungsschwerpunkt* lag auch 1970 eindeutig im Elzmündungsraum. Außer Mosbach, Diedesheim und Neckarelz wiesen nur Haßmersheim und Unterschwarzach eine höhere Bevölkerungsdichte als 400 E/qkm auf. Im ehemaligen Lkr. Mosbach war sie 1970 mit 169 E/qkm mehr als doppelt so hoch wie im ehemaligen Lkr. Buchen mit nur 82 E/qkm. Von den 53 damals zum Lkr. Mosbach gehörenden Gemeinden des Neckar-Odenwald-Kreises hatten nur Neckarkatzenbach und Mülben eine geringere Einwohnerdichte als 50 E/qkm, von den 67 Gemeinden des ehemaligen Lkr. Buchen lagen 36 unter diesem Wert. Zweifellos spiegelt sich darin die unterschiedliche Wirtschaftskraft der beiden Gebietsteile. Die Gemeinden im Einflußbereich der Ballungsräume Rhein-Neckar und Heilbronn übernehmen für diese auch Ergänzungsfunktionen als Wohnorte für Arbeitskräfte, zu denen sowohl Ortseinheimische als auch aufgrund günstiger Bodenpreise Zugezogene mit ihren Familien gehören.

Zwischen den beiden Volkszählungen vom 27.5.1970 und vom 25.5.1987 war im Endergebnis das Bevölkerungswachstum im Neckar-Odenwald-Kreis gleich Null, d.h. der Einwohnerzuwachs in einem Teil der Gemeinden wurden durch den Rückgang in den anderen neutralisiert. Dabei waren weder Verluste noch Gewinne sehr hoch: den größten prozentualen Zuwachs hatte Schwarzach mit 38,4% (2,3% im jährlichen Mittel), den größten prozentualen Verlust hatte Hardheim mit −10,4% (0,6% im jährlichen Mittel). Etwas extremer zeigen sich die Werte auf der Basis der Ortsteile: Unterschwarzach (mit den Johannesanstalten) steht mit 41,5% (2,4%) Zuwachs am oberen, Neckarkatzenbach mit −26,4% (−1,6%) am unteren Ende der Skala. Von den Städten hatten nur Buchen und Mosbach einen Bevölkerungsanstieg seit 1970. In Mosbach (1,4% mittlerer jährlicher Zuwachs) beschränkte sich das Wachstum jedoch auf die Stadtteile Reichenbuch, Diedesheim, Neckarelz und Sattelbach, während die

Kernstadt und Lohrbach Einwohner abgaben. In Buchen (5,2 % mittlerer jährlicher Zuwachs) wurde der prozentuale Zuwachs in der Kernstadt von dem in Oberneudorf, Hettigenbeuern, Unterneudorf und Hainstadt übertroffen.

Davon abgesehen zeigt sich auch im Zeitraum zwischen 1970 und 1987 die bekannte räumliche Differenzierung: grob gerechnet im ehemaligen Lkr. Buchen nahm die Einwohnerzahl ab, im ehemaligen Lkr. Mosbach war die Entwicklung uneinheitlich, d. h. Dörfer mit Bevölkerungszunahme liegen neben anderen, in denen die Einwohnerzahl zurückging. Im Kleinen Odenwald und am Neckar allerdings überwiegen die Orte mit Bevölkerungszuwachs.

Eine Analyse der Bevölkerungsentwicklung nach natürlicher und Wanderungsbewegung ist insofern schwierig, als die Ergebnisse der Bevölkerungsfortschreibung bis zum 24. 5. 1987 und die der Volkszählung vom 25. 5. 1987 zum Teil beträchtlich auseinanderklaffen. Schon die Gesamteinwohnerzahl für den Landkreis liegt nach der Volkszählung um 1814 Personen (1,4 %) höher als nach der Fortschreibung. In den Gemeinden kommen Unterschiede von +18,3 % (Adelsheim) bis −8,6 % (Schwarzach) vor. Es ist nicht sicher zu entscheiden, ob und in welchem Ausmaß diese Differenzen auf Boykotte der umstrittenen Volkszählung oder auf die kumulierten Unstimmigkeiten bei der Erfassung der Zu- und der Fortgezogenen zurückgehen. Zuverlässig dürften einzig die von den Standesämtern gelieferten Zahlen der Lebendgeborenen und der Gestorbenen sein, die jährlich vom 1. Januar bis zum 31. Dezember vorliegen. Aus ihnen errechnet sich für die Zeitspanne vom 1. 1. 1970 bis zum 31. 12. 1987, also mit einer Verschiebung von sieben Monaten gegenüber den Volkszählungen, bei insgesamt 24 135 Lebendgeborenen und 26 003 Gestorbenen ein Geborenendefizit im Landkreis von 1868 Personen. Der Saldo der natürlichen Bevölkerungsbewegung war von 1973 bis 1986 zum ersten Mal eine fortlaufende Reihe von Jahren hindurch negativ, und zwar mit Werten zwischen −302 (1978) und −31 (1986). 1987 zeigte er mit +5 wieder einen positiven Wert. Ursache ist der fast kontinuierliche Rückgang der Geborenenzahlen pro Jahr von 1857 im Jahr 1971 auf 1270 im Jahr 1978 und ihr nur geringes Wiederansteigen bis auf 1410 im Jahr 1987. Im Mittel kamen im Neckar-Odenwald-Kreis auf 1000 Einwohner des Jahres 1970 jährlich 11 lebende Kinder zur Welt. Am höchsten lag dieser Wert mit 13 Kindern in Binau, am niedrigsten mit 8 in Adelsheim. Die Zahl der Gestorbenen pro Jahr schwankte im Kreisgebiet zwischen 1596 (1973) und 1405 (1987), d. h. auf 1000 Einwohner des Jahres 1970 kamen jährlich im Mittel der 17 Jahre 12 Todesfälle. Am höchsten lag die mittlere jährliche Todesrate in Binau (29) und Hüffenhardt (23), am niedrigsten in Neckarzimmern und Obrigheim (je 9).

Geborenenüberschuß und -defizit korrelieren naturgemäß mit der Altersstruktur der Bevölkerung und mit dem Ausmaß von Zu- und Abwanderung, modifiziert durch die Altersgliederung der Zu- und Fortziehenden, also mit der Attraktivität der Gemeinde für bestimmte Altersklassen. Die Zuwanderung alter Menschen hat wie die Abwanderung junger Leute in der Familienaufbauphase ein Geborenendefizit zur Folge. Die Abwanderung alter wie die Zuwanderung junger Leute wird sich normalerweise günstig auf den Geborenensaldo auswirken. Von den Sonderfällen Binau, Hüffenhardt und Schwarzach abgesehen zeigt sich daher eine klare räumliche Differenzierung der natürlichen Bevölkerungsbewegung, vereinfacht allerdings durch die nur auf der Basis der heutigen Großgemeinden vorliegenden Daten. Im Bauland und dem größeren Teil des Odenwaldes haben fast alle Gemeinden Geborenendefizite zu verzeichnen, im Neckar- und Elztal sowie im Kraichgauanteil des Landkreises und am Odenwaldrand (Fahrenbach, Limbach) überwiegen die Gemeinden mit Geborenenüberschüssen.

Weniger zuverlässig als die Daten zur natürlichen Bevölkerungsbewegung sind die Wanderungsdaten. Auf sie dürften im wesentlichen die Differenzen zwischen den Ergebnissen der Volkszählung vom 25. 5. 1987 und der Bevölkerungsfortschreibung bis zum 24. 5. 1987 zurückzuführen sein. Damit wird eine genaue Analyse des Ergebnisses der Wanderungsbewegung praktisch unmöglich. Auch eine Berechnung des Wanderungssaldos aus dem Bevölkerungszuwachs und dem Geborenendefizit könnte wegen der Verschiebung der Stichtage um gut sieben Monate nur ungenau sein. Gerade bei den Gemeinden mit den größten positiven (Schwarzach, Binau) und den größten negativen (Adelsheim, Höpfingen) Wanderungssalden sind die Abweichungen zwischen Fortschreibung und Volkszählung besonders hoch, allerdings so, daß sie die Salden nur vermindern und nicht umkehren. Bei aller Vorsicht können immerhin folgende Feststellungen getroffen werden: Im Bauland, in Mudau und in Walldürn hielt die vorherrschende Abwanderung an und verstärkte das Geborenendefizit. Ausnahmen sind Buchen und Schefflenz, wo das Geborenendefizit durch überwiegende Zuwanderung überlagert wird. Noch stärker ist das dort der Fall, wo überwiegend ältere Leute zuwanderten: außer in Hüffenhardt und Binau auch im Erholungsort Waldbrunn auf dem Winterhauch. Auch in Schwarzach überwiegt der Wanderungsgewinn (trotz der genannten Einschränkungen) dank der Johannesanstalten bei weitem über das Geborenendefizit. Umgekehrt vermochten die Geborenenüberschüsse in Obrigheim und Neckargerach die Wanderungsverluste nicht auszugleichen. Nach den Fortschreibungszahlen wäre dies auch in Mosbach der Fall. Hier weist die Volkszählung jedoch eine Bevölkerungszunahme aus, die nicht allein auf der natürlichen Bevölkerungsbewegung beruhen kann.

Altersaufbau. – Im Neckar-Odenwald-Kreis verteilen sich die Altersgruppen etwas anders als im Land Baden-Württemberg. Im Verhältnis zu den mittleren Altersklassen gibt es hier noch mehr Kinder und auch mehr alte Leute. Zu erklären ist das einerseits mit der Abwanderung von jungen, ins Erwerbsleben eintretenden Menschen, andererseits mit den noch immer höheren Geborenenziffern. Allerdings schleifen sich die Unterschiede immer mehr ab.

Tabelle 6: **Anteile der Altersklassen an der Bevölkerung in Baden-Württemberg und im Neckar-Odenwald-Kreis**

Altersklasse	1950		1961		1970		1987	
	Baden-Wttbg.	Kreis-gebiet	Baden-Wttbg.	Kreis-gebiet	Baden-Wttbg.	Kreis-gebiet	Baden-Wttbg.	Kreis-gebiet
unter 15 Jahren	22,3	25,6	22,6	26,2	24,3	26,9	15,4	16,1
15 bis unter 65 Jahre	68,3	64,4	67,3	62,5	64,0	60,5	70,2	69,1
65 Jahre und älter	9,4	10,0	10,1	11,3	11,7	12,6	14,4	14,8

Jetzt hat auch hier der Geburtenrückgang dazu geführt, daß der Sockel der *Alterspyramide* bedenklich eingeschnürt erscheint, während dank der besseren medizinischen Versorgung und des höheren Lebensstandards die Zahl der Menschen im Rentenalter ständig zunimmt. Insbesondere hatten 1987 so viele Menschen die Altersklasse ab 75 Jahre erreicht, daß sie sowohl im Land wie im Landkreis mehr als doppelt so stark besetzt war wie 1961. Insgesamt nimmt auch im Neckar-Odenwald-Kreis die Überalterung der Bevölkerung zu, wenn auch das Zahlenverhältnis der Ab-65-Jährigen zu den

Unter-15-Jährigen noch günstiger liegt als im Bundesland. Dieser Wert, der »Überalterungsindex«, stieg im Land zwischen 1950 und 1987 von 0.42 auf 0.94, im Kreisgebiet von 0.39 auf 0.92 an. 1950 standen also im Gebiet des Neckar-Odenwald-Kreises 100 Kindern unter 15 Jahren nur 39 alte Menschen mit 65 und mehr Jahren gegenüber, 1987 dagegen schon 92. Ein Vergleich mit dem Jahr 1900 mag die Entwicklung noch verdeutlichen: in den Amtsbezirken Adelsheim, Buchen, Eberbach und Mosbach zusammen waren damals 34,1 % der Bevölkerung jünger als 14 Jahre und nur 3,4 % zählten 70 und mehr Jahre. 1987 waren im Neckar-Odenwald-Kreis nur 16,1 % der Einwohner jünger als 15 Jahre (1 Jahrgang mehr!), dagegen 10,2 % 70 Jahre und älter.

Der einst größere Kinderreichtum im Kreisgebiet wirkt 1987 noch in den Jahrgängen zwischen 15 und 20 Jahren nach, die mit 7,8 % stärker besetzt sind als im Land Baden-Württemberg mit 7,1 %. Bei den jüngeren Jahrgängen nehmen die Unterschiede ab. Weniger als 5 Jahre alt sind im Kreisgebiet 5,4 %, im Land 5,3 % der Bevölkerung. Unter den Jahrgängen im erwerbsfähigen Alter (15 bis 65 Jahre), deren Anteile insgesamt im Landkreis mit 69,3 % niedriger als im Bundesland (70,2 %) liegen, sind besonders die Jahrgänge zwischen 20 und 25 Jahren schwach besetzt. Ihr Anteil liegt hier bei nur 9,2 %, im Land immerhin bei 18,2 %. Auch bei den 30- bis 50-Jährigen besteht mit 26,5 % ein Defizit gegenüber dem Landeswert von 28,0 %. Die Ursache dafür liegt ohne Zweifel in der Abwanderung.

Aufschlußreich ist der Vergleich des Altersaufbaus von 1987 mit dem von 1970, zumal die Einwohnerzahl in beiden Jahren fast die gleiche war. 1987 lebten im Kreisgebiet rund 14 000 weniger Kinder und Jugendliche unter 15 Jahren als 1970. Besonders drastisch ist der Rückgang bei den Kindern unter 5 Jahren (6927 gegen 11 031) und denen zwischen 6 und 10 Jahren (5375 gegen 10 017). Dagegen waren 1987 die Altersklassen von 20 bis 25 und von 25 bis 30 Jahren der Geburtsjahrgänge 1957 bis 1967 weit stärker besetzt als 1970, als diese Klasse aus den Geburtsjahrgängen zwischen 1940 und 1950 bestand. Geringere Unterschiede liegen bei den mittleren Altersklassen, abgesehen von derjenigen der 50- bis 55-Jährigen, die 1970 schwächer vertreten war, da hier sowohl der Geburtenrückgang des 1. Weltkriegs als auch die Verluste des 2. Weltkriegs nachwirkten, während 1987 die geburtenstärkeren Jahrgänge von 1932 bis 1937 dieses Alter erreicht hatten. Fast ebenso groß wie bei den jüngsten ist der Unterschied bei den ältesten Jahrgängen, freilich in umgekehrter Richtung. 1970 zählten 4,0 % der Kreisbevölkerung 75 und mehr Jahre, 1987 dagegen 6,7 %. Die 1970 dieser Altersgruppe Angehörigen waren durch beide Weltkriege dezimiert, diejenigen, die 1987 in sie aufgestiegen waren, durch den 2. Weltkrieg. Das wirkt sich in einem weit über den in diesem Alter normalen Frauenüberschuß hinausgehenden Frauenanteil von 67,2 % aus.

Bei der Abhängigkeit des Altersaufbaus der Bevölkerung vom generativen und Wanderungsverhalten ist es selbstverständlich, daß er auch innerhalb des Neckar-Odenwald-Kreises nicht einheitlich ist. So verwundert es nicht, daß in den Baulandgemeinden, die große Wanderungsverluste hatten, eine überalterte Bevölkerung zurückgeblieben ist. Weit über dem Kreiswert von 0,92 liegt der Überalterungsindex in Adelsheim (1,28), Osterburken (1,05), Rosenberg (1,14), Hardheim (0,98) und Schefflenz (0,98). In Hüffenhardt (1,16) und Waldbrunn (1,07) dagegen hat die Überalterung ihre Ursache in der Zuwanderung vorwiegend alter Leute. Auch in den Städten Mosbach und Walldürn liegt der Überalterungsindex mit 0,98 und 0,99 recht hoch, während er sich in Buchen mit 0,88 deutlich unter dem Kreiswert hält. Zwar ist auch hier der Anteil der 65 und mehr Jahre Zählenden höher als im Kreismittel, wird aber durch einen gleichfalls größeren Anteil an Unter-15-Jährigen, speziell an Kindern unter 5 Jahren, ausgeglichen.

Eine eigene Prägung erfährt der Altersaufbau der Wohnbevölkerung dort, wo überörtliche Einrichtungen ansässig sind. Hüffenhardt als Sitz des Kreisaltersheimes mit seinem Anteil von 17,0 % der 65-und-mehr-Jährigen wurde bereits genannt. Die übrigen Standorte von Altenheimen treten nicht besonders hervor, da hier kaum alte Leute aus anderen Gemeinden zuwandern. In Adelsheim war durch die Jugendstrafanstalt die Altersklasse der 15–20-Jährigen mit 12,3 % überdurchschnittlich hoch besetzt (Kreiswert: 7,8 %), in Seckach durch das Jugenddorf Klinge die Altersklasse der 5–15-Jährigen mit 13,5 % (Kreiswert: 10,6 %).

Geschlechterproportion. – Mit 49,1 % männlicher und 50,9 % weiblicher Bevölkerung war 1987 das Zahlenverhältnis der beiden Geschlechter im Kreisgebiet ausgeglichener als im Bundesland Baden-Württemberg, wo der männliche Teil der Einwohner nur 48,3 %, der weibliche 51,7 % ausmachte. Darin zeigt sich ein Wandel innerhalb der letzten Jahrzehnte. 1961 war der *Frauenüberschuß* im Kreisgebiet etwas höher als im Land (52,9 % zu 52,6 %), 1970 dann unwesentlich niedriger (51,7 % zu 51,8 %). Während des gesamten 19. und 20. Jh. überwog im Kreisgebiet der weibliche Bevölkerungsteil leicht über den männlichen. 1871 war die Differenz mit 48,6 zu 51,4 % vergleichsweise hoch. Während der Erste Weltkrieg, gemessen an den Daten der Volkszählung 1925 (die Volkszählung 1919 gliedert nicht nach Geschlechtern), das Zahlenverhältnis der Geschlechter kaum verändert hat, sind die Auswirkungen des 2. Weltkrieges noch 1950 an einem stark überhöhten Frauenanteil von 53,6 % abzulesen. Auch 1970 war der Frauenüberschuß noch nicht auf das alte Maß abgebaut.

Räume oder Orte mit durchgehend überdurchschnittlich hohen Anteilen an männlicher oder weiblicher Bevölkerung lassen sich nicht ausgliedern. Wenn in Haßmersheim bei einigen Zählungen deutlich weniger Männer als Frauen gezählt wurden, dann weil am Stichtag der die ortsanwesende Bevölkerung erfassenden Volkszählung ein Teil der Männer auf den Schiffen vom Heimatort abwesend waren. 1987 lagen hinsichtlich des Frauenüberschusses Neckarzimmern mit 52,7 % und Hüffenhardt mit 52,7 % an der Spitze im Landkreis. *Männerüberschuß* hatten insbesondere Schwarzach (53,1 %) wegen der Johannesanstalten und Adelsheim (52,0 %) wegen der Jugendstrafanstalt. Aber auch Billigheim (50,4 %) und Fahrenbach (50,2 %) zeichnen sich durch einen atypischen Männerüberschuß aus.

Ausländeranteil. – Die Beschäftigung ausländischer Arbeitskräfte und damit der Anteil an Ausländern an der Bevölkerung hat im Kreisgebiet nie das Ausmaß wie in anderen Landesteilen erreicht. Schon im Jahr 1900, als im Großherzogtum 1,9 % der Bevölkerung Reichsausländer waren, betrug der Ausländeranteil in den Amtsbezirken Adelsheim, Buchen, Eberbach und Mosbach zusammen nur 0,4 %. Am höchsten lag er im Amtsbezirk Eberbach, der Brücke zum Rhein-Neckar-Raum. Die 1957 in den Römischen Verträgen festgelegte Freizügigkeit innerhalb der neugegründeten EWG, die eine Zuzugswelle aus dem südlichen Ausland in die Bundesrepublik ausgelöst hatte, wirkte sich im Kreisgebiet weniger aus, da der hier bescheidenere wirtschaftliche Aufschwung kaum zu einem Bedarf an zusätzlichen Arbeitskräften führte. 1961, als in Baden-Württemberg der Ausländeranteil bei 2,2 % lag, bewegte er sich hier bei 0,6 %. Auch in den Jahren des regsten Zuzugs von Ausländern steigerte er sich bis 1970 nur auf 3,2 % gegenüber 7,2 % im Bundesland. Die wirtschaftliche Rezession um die Mitte der 1970er Jahre, verbunden mit der staatlichen Förderung der Rückwanderer führte zu einer die Zuwanderung weit übertreffenden Abwanderung von Ausländern. Der Wanderungsverlust der Jahre 1973 bis 1977 (insges. 1322 Personen) betraf zu mehr als ⅕

(1114 Personen) die ausländische Bevölkerung. In den nächsten fünf Jahren, 1978 bis 1982, zogen wieder 604 Ausländer mehr zu als fort und kompensierten damit das Wanderungsdefizit der deutschen Bevölkerung. Danach kehrte sich die Entwicklung wieder um: Von 1983 bis 1987 nennt die (allderdings anfechtbare) Bevölkerungsfortschreibung einen Wanderungsgewinn von 2336 Personen bei der Gesamtbevölkerung, während bei den Ausländern ein Wanderungsverlust von 542 Personen zu verzeichnen war. Trotzdem lag der Ausländeranteil an der Kreisbevölkerung bei der Volkszählung 1987 bei 4,7 %. Eine Ursache dafür dürfte in den Geburtenüberschüssen der ausländischen Bevölkerung liegen, hervorgerufen durch altersbedingt niedrige Sterbe- und hohe Geburtenraten. Der Ausländeranteil an den lebendgeborenen Kindern lag immer über dem Ausländeranteil an der Bevölkerung.

Ursprünglich waren die sog. »Gastarbeiter« ganz überwiegend Männer. Der Frauenanteil bei den Ausländern lag 1961 nur bei 29,0 %. Nach und nach kamen aber, nicht zuletzt unter dem Eindruck der Sozialgesetzgebung, Frauen und Kinder nach, so daß sich allmählich das Zahlenverhältnis zwischen der männlichen und der weiblichen Bevölkerung auch bei den Ausländern zu normalisieren begann. Dazu trug auch die vergleichweise hohe Geburtenrate bei. 1970 war der weibliche Anteil auf 39,3 % gestiegen, 1987 betrug er 47,2 % und näherte sich damit demjenigen der Gesamtbevölkerung.

Die *Verteilung der ausländischen Einwohner* im Neckar-Odenwald-Kreis veränderte sich im Laufe der Jahre. Zwar hatte seit 1961 immer die Stadt Mosbach die meisten ausländischen Einwohner, aber bezogen auf die Gesamteinwohnerschaft lag bei der Volkszählung 1961 Neckargerach mit 51 Ausländern = 2,4 %, bei der Volkszählung 1970 gleichfalls Neckargerach (241 Personen = 10,5 %), gefolgt von Neckarzimmern (168 Personen = 10,4 %) und erst bei der Volkszählung 1987 Mosbach (2272 Personen = 9,6 %) an der Spitze. Verständlicherweise konzentrieren sich auch die Ausländer im wirtschaftlich aktiveren Neckartal mit dem Elzmündungsraum sowie in der Stadt Buchen.

Die *Gliederung der Ausländer* nach ihrer Staatsangehörigkeit hat sich im Laufe der Zeit verändert, aber durchgehend stellen die türkischen Staatsangehörigen die größte Gruppe dar. 1976 z. B. machten sie mit 1458 Personen 31,5 %, 1980 mit 2531 Personen 41,4 % und 1988 mit 2735 Personen schon 40 % der Ausländer aus. Die absolute Zahl der Jugoslawen hat sich in diesen drei Beispieljahren kaum verändert, ihr Anteil an den Ausländern ging jedoch zurück, ähnlich wie der der Italiener. Die Anzahl der Griechen (und der Österreicher) wuchs sogar absolut an und nahm relativ ab. Die »klassischen« Gastarbeiter prägen nicht mehr ausschließlich die Nationalitätenstruktur der Ausländer im Neckar-Odenwald-Kreis. Außer der Personenzahl der Ausländer hat sich auch der Kreis der hier vertretenen Nationalitäten vergrößert. Am 31. 12. 1976 lebten im Neckar-Odenwald-Kreis nach den Unterlagen des Landratsamtes und der Großen Kreisstadt Mosbach zusammen 4643 Angehörige von 53 fremden Nationen, am 31. 12. 1988 dagegen 6818 Angehörige von 71 Nationen.

Diese Auffächerung der Nationalitäten liegt zu einem guten Teil an den Asylbewerbern, die aus politischen Gründen ihre Heimat verließen und in der Bundesrepublik um Aufnahme nachsuchen. Nach dem Asylbewerberzuweisungsgesetz von 1979, das erst seit September 1985 infolge des verstärkten Zustroms von Asylbewerbern angewandt wird, ist es eine Pflichtaufgabe der Gemeinden, auf je 1000 Einwohner bis zu 4,9 Asylbewerber aufzunehmen. Die Kosten dafür erstattet das Land. Bis 1988 waren nur Gemeinden mit mehr als 10 000 E. betroffen, seit am 1. 1. 1989 das Asylbewerberunterbringungsgesetz in Kraft trat, müssen auch die kleineren Gemeinden bis zu 80 % dieser

1. Bevölkerung im 19. und 20. Jahrhundert

Quote aufnehmen. Anerkannte Asylanten sowie noch nicht abgeschobene Bewerber zählen nicht unter die Quote und fallen den Gemeinden als den Sozialhilfeträgern zur Last. Nach dem Stand vom 30. 11. 1989 leben im Neckar-Odenwald-Kreis 529 Asylbewerber. Das sind nur 5,4 % der dem RB Karlsruhe bzw. 1,9 % der dem Land Baden-Württemberg zugewiesenen Bewerber. Davon haben Mosbach 111, Buchen 73, Walldürn 50, Hardheim 31, Höpfingen 13, die übrigen Gemeinden zusammen 251 Personen aufgenommen und in gemeindeeigenen Gebäuden oder in Gasthäusern untergebracht. Unter den Asylbewerbern stehen Türken und Libanesen derzeit mit wechselnden Anteilen an der Spitze. Jugoslawen und Polen machen je um 18 % aus, Schwarzafrikaner zusammen 12–15 %.

Konfessionsgliederung. – Von der durch die Volkszählung 1987 erfaßten Bevölkerung am Ort der Hauptwohnung im Neckar-Odenwald-Kreis gehörten 79 862 Personen = 61,1 % der Röm.-kath. Kirche, 42 487 Personen = 32,5 % der Ev. Landeskirche an. 2745 Personen = 2,1 % zählten zu islamischen Gemeinschaften. Die restlichen 5562 Personen = 4,3 % verteilten sich auf die nicht getrennt erfaßten sonstigen Gemeinschaften einschließlich der ev. Freikirchen und der Israeliten sowie auf Gemeinschaftslose.

Wenn auch durch die historischen Ereignisse, die die Bevölkerungsentwicklung des 19. und 20. Jh. bestimmten, etwas verwischt, ist in der räumlichen Verteilung der dominierenden Konfessionen noch immer die Territorialgliederung der Wende zum 19. Jh. zu erkennen. In den zu den ehemaligen geistlichen Herrschaften von Mainz und Würzburg gehörenden Orten um Buchen, Walldürn, Hardheim, Mudau, Seckach und Billigheim, deren Einwohnerschaft im Jahr 1808 meist zu 100 % *katholisch* war, überwiegen auch heute noch die Katholiken, zum großen Teil mit mehr als 80 % an der Einwohnerschaft, wenn die alten Gemeindegrenzen zugrundegelegt werden. Auch nach der Gemeindereform gibt es noch einige so gut wie rein kath. Gemeinden: Höpfingen 94,0 %, Mudau 91,5 %, Limbach 90,2 %, Hardheim 87,7 %, Walldürn 85,7 %, Billigheim 80,2 %. In Buchen hat die Eingliederung der ev. Orte Bödigheim und Eberstadt den Katholikenanteil auf 74,6 % reduziert. Die Durchmischung mit Angehörigen anderer Konfessionen war in diesen Orten im 19. Jh. nur sehr gering, wie bei der vorherrschenden Abwanderung zu erwarten, und nur auf die größeren Orte, insbesondere die Amtsorte beschränkt. Die wenigen Veränderungen geschahen im 20. Jh., vor allem nach dem 2. Weltkrieg, weniger durch die Einweisung der Flüchtlinge und Vertriebenen, die fast alle gleichfalls katholisch waren, als durch die wirtschaftlich bedingte größere Mobilität der Bevölkerung.

Rein oder fast rein *evangelisch* waren 1808 vor allem einige ritterschaftliche Orte: Kälbertshausen, Neckarmühlbach, Hirschlanden, Daudenzell, Hüffenhardt, Bofsheim, Sindolsheim, Sennfeld waren zu mehr als 90 % lutherisch, Adelsheim, Bödigheim, Eberstadt, Neckarzimmern, Leibenstadt und Merchingen zu 70 bis 90 %. Mehr als 70 % ref. Einwohner hatten Neckarburken, Mittelschefflenz, Weisbach, Nüstenbach und Diedesheim. Das Ergebnis der kurpfälzischen Kirchenpolitik war die konfessionelle Mischung oder eher das Nebeneinander der drei, seit der Vereinigung der Reformierten und Lutheraner zur Ev. Landeskirche 1821 der zwei christlichen Bekenntnisse in vielen ehemals kurpfälzischen Gemeinden. In Mosbach zählten sich 1845 z. B. 54 % der Einwohner zur ev., 42 % zur kath. Konfession, ähnlich in Lohrbach, Neckargerach, Neckarkatzenbach, Neunkirchen, Ober- und Unterschwarzach. Auch hier haben die Bevölkerungsverschiebungen bis heute nichts Grundsätzliches verändert.

III. Bevölkerung und Siedlung

Unter den christlichen Minderheiten sind für den Anfang des 19. Jh. *Mennoniten* zu nennen, die an einigen Orten ansässig waren. Große Bedeutung hatten sie von der Zahl her nie. Nach ihren eigenen Angaben besitzt die *Neuapostolische Kirche* (Stand 1981) 140 Mitglieder in Mosbach, 90 in Buchen, 80 in Haßmersheim, 70 in Mosbach-Neckarelz und 60 in Mittelschefflenz.

Größere Bedeutung besaßen dagegen im 19. Jh. die *Israeliten*, vor allem in den ritterschaftlichen Orten. 1808 lebten im heutigen Kreisgebiet insgesamt 1516 Juden = 2% der Einwohner, in Binau und Merchingen jedoch machten sie mit 76 bzw. 259 Personen gut ¼ der Bewohner aus. Zwischen 10 und 20% jüd. Einwohner hatten Hochhausen, Kleineicholzheim, Eberstadt, Hainstadt, Strümpfelbrunn, Zwingenberg, Großeicholzheim, Neckarzimmern und Bödigheim. In der 1. H. 19. Jh. nahm die jüd. Bevölkerung im Kreisgebiet kräftiger zu als die christliche. Sie vermehrte sich zwischen 1808 und 1852 um 46% auf 2218 Personen, während die Zahl der christlichen Einwohner nur um 33% anstieg. Die meisten jüd. Einwohner (325) hatte auch 1852 der Rabbinatssitz Merchingen (seit 1827), während die 120 jüd. Einwohner von Mosbach, dem anderen Rabbinatssitz des Gebiets, in mehreren anderen Orten übertroffen wurden: in Hainstadt lebten 219, in Buchen 139, in Hardheim 124 Juden. Da ihnen lange Zeit andere Berufe versperrt gewesen waren, ernährten sich auch jetzt die meisten jüd. Einwohner durch Handel, besonders mit Vieh und Landesprodukten, auch mit Manufakturwaren u. ä. Auch Gastwirte waren unter ihnen nicht selten. Die Lebensbedingungen der Juden hatten sich durch das 6. Konstitutionsedikt von 1809, das sie zu staatsbürgerlichen Einwohnern machte, und durch die Aufhebung der Sonderabgaben 1828 verbessert. Die staatsbürgerliche Gleichstellung, 1848 erreicht, änderte zunächst nichts an ihrer Stellung innerhalb der Heimatgemeinden. Hier schuf erst das im gleichen Jahr wie die Gewerbefreiheit erlassene Gesetz über die bürgerliche Gleichstellung vom 4. 10. 1862 Wandel. Die von diesem Gesetz gewährleistete Freizügigkeit durch die rechtliche Lösung von der Heimatgemeinde nützte besonders die jüd. Bevölkerung der kleinen Orte aus und wanderte in die Städte ab, wo sie sich bessere Existenzmöglichkeiten ausrechnete. Bei der Volkszählung 1900 lebten nur noch 1334 Juden im Kreisgebiet, 1,8% der Bevölkerung und 40% weniger als 1852. In Billigheim z. B. war in den knapp 50 Jahren die Zahl der jüd. Einwohner von 115 auf 44 geschrumpft, in Bödigheim von 116 auf 66, in Eberstadt von 97 auf 30, in Hainstadt sogar von 219 auf 93. Selbst die Stadt Buchen hatte 1900 nicht halb soviele jüd. Einwohner wie 1852. Aus Waldhausen, Ballenberg, Rosenberg waren alle Juden weggezogen. Nur in Sennfeld, Hardheim, Hüffenhardt, Großeicholzheim und in Mosbach lebten jetzt mehr Juden als 1852.

Bis 1925 sank die jüd. Einwohnerzahl weiter um wiederum fast die Hälfte auf 785 Personen, hauptsächlich durch Abwanderung, aber auch durch rückläufige Geburtenzahlen. 1933, zu Beginn der nationalsozialistischen Herrschaft, lebten in den Gemeinden des heutigen Neckar-Odenwald-Kreises noch 646 Juden, davon 134 in Mosbach. In fast allen anderen Orten mit jüd. Einwohnern war deren Zahl seit 1900 auf ½–⅓ zurückgegangen. Selbst Merchingen hatte 1933 nur noch 38 jüd. Einwohner. Auch jetzt noch waren die Juden meist im Handel tätig als Inhaber kleiner Läden oder traditionell im Vieh- und Getreidehandel. Auch Gastwirte und Handwerker wie Buchbinder, Schuhmacher, Metzger waren unter ihnen. Das Verhältnis zwischen den Juden und ihren Mitbürgern war hier durchweg gut. Trotzdem wurde unter dem Druck der Parteioberen nach und nach der Boykott jüd. Geschäfte durchgesetzt. Als die Berufsverbote für Juden erlassen wurden, fanden nur einige von ihnen Arbeit bei Landwirten und in der Forstwirtschaft. Auffallend ist, daß schon vor 1933 der Antisemitismus besonders stark in Orten ohne jüd. Einwohner war und daß am 10. 11. 1938 Gewaltakte gegen die Synagogen und gegen jüd. Eigentum meist nicht von den eigenen Mitbürgern, sondern von Schlägertrupps aus anderen Orten verübt wurden. Unter dem Eindruck der nationalsozialistischen Politik wanderten nach 1933 noch Juden aus. Diejenigen jedoch, die sich nicht zur Auswanderung entschließen oder sie nicht bezahlen konnten, wurden 1940 nach Gurs in Südfrankreich deportiert. Von diesem Lager aus konnten noch einige Personen auswandern, andere starben an Entbehrungen, die letzten mußten den Weg in die Vernichtungslager im O antreten. Nur sehr wenige überlebten. Von den ausgewanderten Juden sind nur einzelne nach dem Krieg wieder zurückgekommen. Am 25. 5. 1987 wurden im Neckar-Odenwald-Kreis 12 Angehörige der israelit. Religionsgesellschaft gezählt.

Als erste Volkszählung erfaßte die vom 25. 5. 1987 gesondert auch die Angehörigen islamischer Glaubensgemeinschaften. Durch die Zuwanderung von Gastarbeitern aus islamischen Ländern, vor allem der Türkei, aber auch durch die Asylbewerber lag der Anteil der *Mohammedaner* an der Bevölkerung in Baden-Württemberg 1987 bei 2,9 % und im Neckar-Odenwald-Kreis mit 2745 Personen immerhin bei 2,1 %, bei einem Wert also, der den Anteil der jüd. Einwohner um das Jahr 1900 im gleichen Gebiet schon übersteigt. Überproportional sind die Angehörigen islamischer Gemeinschaften vertreten in Neckarzimmern mit 5,9 %, Haßmersheim 5,5 %, Neckargerach 4,5 %, Buchen 3,8 % und Mosbach 3,7 % der Wohnbevölkerung.

Sozioökonomische Gliederung. – Einfache und aussagekräftige Merkmale der sozialen und wirtschaftlichen Zusammensetzung der Bevölkerung sind ihre Gliederung nach dem überwiegenden Lebensunterhalt, insbesondere über das Ausmaß der Erwerbstätigkeit und die Zuordnung der Berufsbevölkerung zu den Wirtschaftsbereichen Land- und Forstwirtschaft, Produzierendes Gewerbe, Handel und Verkehr, Öffentliche Dienste und Private Dienstleistungen, jeweils nach dem Hauptberuf des Ernährers. Dazu kommen ergänzend Auskünfte über die wirtschaftliche Gliederung der Erwerbstätigen, ihre Stellung im Beruf sowie über das Bildungsniveau der Wohnbevölkerung, gemessen an den Schulabschlüssen.

Die *Erwerbsquote*, d. h. die Zahl der Erwerbstätigen auf 100 Personen der Wohnbevölkerung, lag 1950 im Lkr. Buchen bei 48,6, im Lkr. Mosbach bei 46,9 und in beiden Landkreisen zusammen bei 47,7. Im Jahr 1961 betrug sie im heutigen Kreisgebiet 48,3 und sank dann bis 1970 auf 43,1 ab. 1987 lag sie mit 45,6 wieder etwas höher. Unter den Ursachen für das Absinken dürften die Abkehr von der Landwirtschaft, die Konzentration in Handwerk und Einzelhandel sowie die Verschiebung der Altersstruktur die größte Rolle spielen. Durch die Aufgabe landwirtschaftlicher und gewerblicher Familienbetriebe verloren die bisherigen »Mithelfenden Familienangehörigen« die Eigenschaft als Erwerbstätige. Daher ging auch die Erwerbsquote der Frauen stärker zurück als die der Männer. Die Altersgliederung hat sich zugunsten der älteren, aus dem Erwerbsleben ausgeschiedenen Jahrgänge verändert. Demgemäß stieg zwischen 1961 und 1970 auch der Anteil der von Rente, Pension etc. Lebenden von 19 auf 21 % an. Die 1987 wieder erhöhte Erwerbsquote dürfte auf das verbesserte Arbeitsplatzangebot zurückgehen. Dabei hat sich die weibliche Erwerbsquote praktisch nicht verändert.

Die *Zuordnung zu den Wirtschaftsbereichen* wurde bis zur Volkszählung 1970 für die gesamte Berufsbevölkerung, d. h. Ernährer und Ernährte, nach dem überwiegenden Lebensunterhalt des Ernährers getroffen. Um die Jahrhundertwende, 1895, lebten von 100 Einwohnern des heutigen Kreisgebiets noch 61 von Land- und Forstwirtschaft, 22 vom Produzierenden Gewerbe, nur 7 von Handel und Verkehr (mit Versicherung und

Gastgewerbe) und 10 vom Öffentlichen Dienst, privaten Dienstleistungsgewerbe, häuslichen Diensten, von Renten, Vermögen u.ä. zusammengenommen. Auch 1939 ernährte die Land- und Forstwirtschaft noch knapp die Hälfte der Bevölkerung, das Produzierende Gewerbe immerhin 26 %. Von Handel und Verkehr etc. lebten 9 %, von den sonstigen Wirtschaftsbereichen 8 % und von Vermögen, Renten etc. 9 %. Nach dem Krieg setzte sich der schon vorher langsam angelaufene Strukturwandel rascher, wenn auch gegenüber anderen Landesteilen verzögert, fort. Viele Bauern gaben ihren Betrieb auf oder behielten ihn nur als Nebenerwerb neben einem gewerblichen Hauptberuf bei. Da keineswegs in allen Orten des Neckar-Odenwald-Kreises ausreichend gewerbliche Arbeitsplätze aufgebaut wurden, nahmen sie eine Trennung von Wohn- und Arbeitsort in Kauf. Aus Bauern wurden Pendler, aus Dörfern Wohnorte. Das Gewicht der Wirtschaftszweige Land- und Forstwirtschaft und Produzierendes Gewerbe verschob sich. 1950 lebten noch 28 % der Wohnbevölkerung von der Land- und Forstwirtschaft, dagegen 33 % vom Produzierenden Gewerbe; 1970 war der Anteil der Land- und Forstwirtschaft auf 9 % zusammengeschrumpft, allerdings immer noch doppelt so hoch wie im Land Baden-Württemberg. 44 % der Wohnbevölkerung waren Berufszugehörige des Produzierenden Gewerbes. Fast gleich geblieben ist der Anteil der Berufszugehörigen bei Handel und Verkehr mit 9 % in den Jahren 1939 und 1950 bzw. 10 % 1961 und 1970. Dagegen gewann der Tertiäre Sektor, darunter der Öffentliche Dienst und das private Dienstleistungsgewerbe, allmählich mehr Bedeutung für den Lebensunterhalt der Kreisbevölkerung. 1950 und 1961 waren ihm noch 11 % der Wohnbevölkerung zugeordnet, 1970 schon 16 %.

Der Volkszählung 1987 liegt eine neue wirtschaftliche Gliederung der Wohnbevölkerung ohne Zuordnung der Ernährten zum Ernährer zugrunde. Eine Gliederung nach Wirtschaftsbereichen ist nur noch für den erwerbstätigen Teil der Wohnbevölkerung möglich. Am 25.5.1987 lebten im Neckar-Odenwald-Kreis 53890 Personen oder 41,2 % der Wohnbevölkerung überwiegend von Erwerbstätigkeit. Dieser Anteil liegt unter dem in der Region (41,6 %) und erheblich unter dem des Landes (43,0 %). 27509 Personen oder 21,2 % lebten von Rente/Pension/Vermögen/Unterstützung (Region: 22,0 %, Land 20,0 %), 1730 Personen oder 1,3 % von Arbeitslosengeld oder -hilfe (Region 2,0 %, Land 1,4 %) und 47527 Personen oder 36,4 % von Zuwendungen/ Unterhalt (Region 34,5 %, Land 35,5 %). Auch der letzte Wert erklärt sich zum Teil durch die Altersstruktur, hier durch den im Vergleich zum Land noch größeren Anteil von Kindern und Jugendlichen.

Von allen im Neckar-Odenwald-Kreis wohnenden 59601 Erwerbstätigen arbeiteten 1987 nur noch 2309 (ein knappes Drittel davon Frauen), also 3,9 % in der Land- und Forstwirtschaft. Dieser Wert liegt zwar deutlich über dem der Region (1,6 %), ist aber vom Landeswert (2,7 %) nicht sehr weit entfernt. Fast die Hälfte (28607 Personen = 48,0 %) waren im Produzierenden Gewerbe beschäftigt. Dieser Anteil entspricht demjenigen im Land (48,1 %), liegt aber über dem der Region (43,3 %), die durch den Dienstleistungssektor in den Stadtkreisen Mannheim und Heidelberg geprägt ist. Der Tertiäre Sektor ist nach wie vor der schwächste im Neckar-Odenwald-Kreis. Handel und Verkehr beschäftigten 1987 nur 13,0 %, die übrigen Wirtschaftsbereiche 35,1 % der Erwerbstätigen. Die entsprechenden Werte in der Region sind 16,5 % und 38,6 % und im Land 15,3 % bzw. 33,8 %. Die Erwerbsstruktur im Neckar-Odenwald-Kreis ist demnach derjenigen im gesamten Bundesland ähnlicher als der in der Region Unterer Neckar. Von dieser Gliederung, die alle Erwerbstätigen, auch die mit nur geringfügiger Erwerbstätigkeit und überwiegendem Lebensunterhalt aus anderen Quellen betrifft, unterscheidet sich die wirtschaftliche Gliederung nur derjenigen Erwerbstätigen, die überwiegend vom Ertrag ihrer Arbeit leben, insofern nur leicht, als bei diesen das Produzierende Gewerbe mit 49,8 % der Erwerbstätigen ein noch etwas größeres Gewicht besitzt und die Anteile der anderen Wirtschaftsbereiche demgemäß geringer sind.

Die *Erwerbsquote der Frauen* im Neckar-Odenwald-Kreis lag 1987 mit 33,0 % an der Untergrenze im Land und wurde nur von 3 Landkreisen und dem Stadtkreis Mannheim knapp unterboten. Unter den Erwerbstätigen im Produzierenden Gewerbe sind 28,6 % Frauen, unter denen in Handel und Verkehr etc. 42,6 % und unter den Erwerbstätigen in den übrigen Wirtschaftsbereichen 46,7 %. Bezeichnenderweise liegt der Frauenanteil nur im Produzierenden Gewerbe höher als in der Region und im Land.

Die Gliederung der im Neckar-Odenwald-Kreis wohnenden Erwerbstätigen nach ihrer *Stellung im Beruf* unterscheidet sich gleichfalls auf charakteristische Art von derjenigen in der Region und auch im Land. Der Anteil der Selbständigen ist im Neckar-Odenwald-Kreis mit nur 7,6 % niedriger als in der Region (7,9 %) und im Land (8,1 %), derjenige der Mithelfenden Familienangehörigen dagegen mit 1,9 % höher (1,2 % und 1,7 %), was wohl auf die noch häufigeren landwirtschaftlichen Betriebe deutet. Bei den Beamten, Richtern und Soldaten sind es vor allem die Bundeswehrstandorte, die den Anteil im Neckar-Odenwald-Kreis mit 10,5 % höher erscheinen lassen als in der Region (8,4 %) oder im Land (8,0 %). Dafür spricht auch der niedrige Frauenanteil von nur 14,4 % in dieser Gruppe, der im Land immerhin 22,1 % beträgt. Bei den Angestellten liegt der Neckar-Odenwald-Kreis mit nur 29,0 % der Erwerbstätigen erheblich unter den Vergleichswerten (Region 40,6 % und Land 37,0 %), dementsprechend bei den Arbeitern mit 43,8 % weit darüber (Region 35,5 %, Land 38,6 %).

Im *Bildungsniveau*, grob gemessen an den höchsten Schulabschlüssen der nicht mehr in Schulausbildung befindlichen Einwohner im Alter zwischen 15 und 65 Jahren, schneidet der Neckar-Odenwald-Kreis im Landesvergleich nicht gut ab und liegt in der Region Unterer Neckar an letzter Stelle. Er hat in der Region in dieser Bevölkerungsgruppe die geringsten Anteile mit dem Abschluß weiterführender Schulen. Nur 14,5 % hat hier Realschulabschluß (Region 15,8 %, Land 16,9 %), nur 7,1 % hat Hochschulreife (Region 13,0 %, Land 11,1 %) als höchsten allgemeinen Schulabschluß. Fachhochschul- oder Hochschulabschluß haben nur 5,2 % (Region 9,1 %, Land 8,0 %). In der beruflichen Bildung sieht es anders aus: sowohl der Anteil mit Berufsfachschul- als auch der mit Fachschulabschluß (jeweils 6,2 %) liegt um den Landeswert (6,3 % und 6,2 %) und höher als der Wert in der Region (5,9 % und 5,8 %). Der Prozentsatz der Volks- bzw. Hauptschulabgänger liegt bei der männlichen Kreisbevölkerung höher als bei der weiblichen, die dafür einerseits einen höheren Prozentsatz mit Realschulabschluß, andererseits auch einen höheren Anteil ohne Schulabschluß aufweist. Der Prozentsatz, für den kein Schulabschluß genannt ist, liegt auch in der Region und im Land bei der weiblichen Bevölkerung um ca. 10 Prozentpunkte höher als bei der männlichen.

III. Bevölkerung und Siedlung

2. Volkskultur und Brauchtum

Kulturraumfrage. – Als Verwaltungseinheit, die erst 1973 geschaffen wurde und Gebiete mit ganz unterschiedlicher Naturausstattung und geschichtlicher Entwicklung umfaßt, stellt der Neckar-Odenwald-Kreis keinen einheitlichen Kulturraum dar. Zwar setzt er sich (mit Grenzkorrekturen) aus einer Reihe alter bad. Ämter zusammen, und entsprechend teilten die meisten heutigen Kreisgemeinden seit 1806 die bad. Geschichte und pflegten – wiewohl bad.»Hinterland« – ein an Karlsruhe ausgerichtetes »gut badisches« Bewußtsein. Doch blieben gleichzeitig Grundgegebenheiten aus vorbadischer Zeit kulturbestimmend, als das Kreisgebiet noch in kurpfälzische, mainzische, würzburgische, adlige Herrschaftsbereiche aufgesplittert war und von fernen Oberzentren aus beeinflußt wurde. Vor allem ist auf die unterschiedlichen konfessionellen Verhältnisse, die in der frühen Neuzeit geschaffen wurden, zu verweisen. Noch heute bekunden sie sich in einem kath.-prot. N-S-Gegensatz der Kreisgemeinden, und wenn auch die kirchlichen Bekenntnisse viel von ihrer oppositionsbildenden Kraft verloren haben, so brachten sie doch im Lauf der Geschichte kulturelle Unterscheidungsmerkmale hervor, die abgrenzend wirkten und an denen sich noch heute kulturelles Sonderbewußtsein festmacht, mit dezentraler – historisch und geographisch begründeter – Tendenz über die Kreisgrenzen hinweg. So rechnet sich der kath. N und O des Kreises gerne zusammen mit dem Main-Tauber-Kreis zum »Madonnenländchen«, und diesseits der Kreisgrenzen, wo in Hardheim und Umgebung noch der »alte Würzburger Bettag« treu gehalten wird, weiß man sich auch noch mit dem nahen Würzburg verbunden: früher die geistliche und weltliche Hauptstadt, heute immer noch fränkisches Kulturzentrum und dazu als Einkaufsstadt attraktiv. Die Walldürner Gegend und der Hintere Odenwald um Mudau pflegen zugleich in mainzischer Tradition, die im Falle Walldürns durch die dorthin bestehende Wallfahrt unterstrichen wird, gute Nachbarschaft mit Amorbach, Miltenberg und dem Untermaingebiet, wobei allerdings die ferne Stadt Mainz keine Rolle mehr spielt, seit sie wirtschaftlich durch Frankfurt übertrumpft wurde. Der Hintere Odenwald setzt sich andererseits scharf – trotz naturräumlicher Verwandtschaft – vom ev. hessischen Odenwald, dem einst erbachischen »Grafenland«, ab und lebte lange auch in gewisser Distanz zum konfessionell andersartigen Nachbarbereich im S, der sich mit entgegengesetzter Tendenz an die Städte Eberbach und Mosbach angebunden wußte und mit diesen bis heute neckarabwärts in Richtung Heidelberg und Mannheim blickt. Der Hohe Odenwald um Strümpfelbrunn lag dabei räumlich wie orientierungsmäßig der Stadt Mosbach ferner als der Elzmündungsraum, und erst recht stand die linke Neckarseite des Altkreises Mosbach etwas abseits und befand sich im Hauptbannkreis von Heidelberg und Mannheim, während neckaraufwärts Deutschordensland eine kulturelle Barriere schuf und dort den Einfluß von Heilbronn begrenzte. Ein Mosbacher Sonder- und Überlegenheitsbewußtsein stützte sich im übrigen auf die Tatsache, einmal Hauptstadt der »Kleinen Pfalz« gewesen zu sein. Buchen in der nördlichen Kreismitte zehrt entsprechend davon, als »Sommerresidenz« der Mainzer Bischöfe und Kurfürsten fungiert zu haben, und betont im übrigen eine alte Mittelstellung zwischen Odenwald und Bauland.

Zusätzlich zum heterogenen Geschichtserbe wirkten ökonomische Differenzen, an denen sich lange wenig änderte, kulturell strukturierend. In den Kleinstädten und Marktorten, die durch die Verkehrswege und größere ländliche Einzugsbereiche begünstigt waren, konzentrierten sich Handwerk und Handel und erhoben sich bürgerliche Lebens- und Kulturformen – wenn auch zum Teil auf ackerbürgerlicher

2. Volkskultur und Brauchtum

Grundlage – über bäuerliche. Hier war man dem Umland immer in der Entwicklung voraus und ließ dies auch die Landbewohner spüren, zumal diejenigen des Odenwaldes, mit denen man einst weder in Mosbach, noch in Buchen und Walldürn identifiziert werden wollte. Denn der Odenwald, den die Mosbacher gleich »hinner de Eselsbrick« zwischen ihrer Stadt und Lohrbach bzw. Neckarburken beginnen ließen, war Armutsgebiet. Als Waldlandschaft mit kargem Buntsandsteinboden zeigte er quer durch das heutige Kreisgebiet hindurch signifikante Unterschiede zum anstoßenden Bauland, das mit fruchtbarerem Muschelkalkboden ausgestattet ist und als (mit Getreide) »bebautes« Land des Odenwaldes – so hieß einmal die Gesamtlandschaft bis hin zur Tauber – seinen seit 1678 nachweisbaren Namen erhielt. Die Eigenheiten des Odenwaldes waren solche einer angepaßten Wirtschaftsweise und entsprechend des Hausbaues und des Dorfbildes, dazu der Volkskunst, des Brauchtums, der Mundart usw., aber eben auch der wirtschaftlichen Benachteiligung und der Rückständigkeit. Wenn um Mudau und Limbach noch über 1850 hinaus bemalte Möbel üblich blieben, während man sich anderwärts schon »städtisch« einrichtete, und wenn sich ebendort bis ca. 1900 die Reste einer »Odenwälder Tracht« erhielten, so stand dies von außen gesehen für »hinterwäldlerisch«. Und von Mosbach, den Schefflenz-Gemeinden und Adelsheim aus wurde mit Blick auf jene Gegend nur allzu leicht »arm« mit »katholisch« und beides mit »ungebildet« gleichgesetzt. Dabei hatte die Möbelmalerei auch einmal weithin im Bauland geblüht, und wie im Odenwald hatten die Männer den blauen Tuchmantel und den »Dreimaster« (Dreispitz), die Frauen Umschlagtücher und die Bänderhaube getragen, nur daß sich außerhalb des Waldes eine frühere Modernisierung der Alltagskultur vollzog. Dieser Wandel spiegelte sich schon deutlich in den Ergebnissen der Freiburger Umfrage zur bad. Volkskunde 1894/95 und kam ebenso in den Arbeiten der heimischen Forscher Max Walter (Amorbach) und Heiner Heimberger (Adelsheim) zur Odenwälder bzw. Bauländer Volkskunde zum Ausdruck.

Kulturellen Wandel hatte es im Kreisgebiet natürlich wiederholt gegeben, aber erst seit der späteren bad. Zeit, d. h. seit der 2. H. 19. Jh., banden interne Initiativen und von außen gesteuerte Entwicklungen das ganze Gebiet wirtschaftlich und kulturell stärker zusammen. Von S her, wo Mosbach, Adelsheim und Osterburken schon 1862/66 durch die Strecke Heidelberg-Würzburg Bahnanschluß erhalten hatten, stieß die Eisenbahn 1866 bis Seckach, 1887 bis Buchen/Walldürn und 1911 bis Hardheim vor; einen Nebenanschluß erhielt 1905 auch Mudau. Das brachte die genannten Orte und ihr Umland stärker mit Heidelberg, Mannheim und Karlsruhe in Kontakt und förderte mit bleibenden Rückwirkungen auf das Land den Austausch von Menschen, Gütern und Ideen. Noch gravierender wirkte jedoch der Entwicklungsschub, der nach dem letzten Krieg erfolgte und auf Kosten der Landwirtschaft und des alten Handwerks im gesamten Bereich industrielle Wirtschaftsverhältnisse durchsetzte: mit entsprechender Vereinheitlichung der Arbeits-, Lebens- und Kulturformen nach Maßgabe der modernen Industrie- und Konsumgesellschaft. Alltag und Freizeit der Kreisbevölkerung sehen seither auf den ersten Blick nicht anders aus als überall. Was wir eingangs über das Nachwirken traditioneller Kultur- und Orientierungsmuster sagten, scheint demgegenüber ziemlich bedeutungslos zu sein, und die Kulturraumfrage ist anscheinend nur noch berechtigt, wenn man stärker in die Vergangenheit zurückgeht und dort nach regionalspezifischen Antworten sucht. Doch waren kleinräumige Kulturausprägungen – wie uns der Neckar-Odenwald-Kreis mit seinem geschichtlichen Erbe zeigt – noch nie rein innerräumliche gewesen, sondern von den raumübergreifenden Bewegungsgesetzen der allgemeinen Wirtschafts-, Herrschafts-, Sozial- und Kulturgeschichte abhängig. Ebenso richtig ist jedoch auch, daß die externen Einflüsse stets auf vorgegebene

Bedingungen trafen und daß das Kräftespiel kulturbildender Faktoren landschaftsweise immer wieder zu deutlich unterscheidbaren Ergebnissen geführt hat. Für die heutige Massenkultur, die sich mit Industriearbeit, Industriewaren und den modernen Medien massiv durchgesetzt hat, ist sicher ein zugunsten externer Faktoren verschobener Wirkungszusammenhang geltend zu machen. Aber dadurch sind landschaftlich und örtlich vorhandene Kulturpotentiale nicht völlig außer Kraft gesetzt worden. Gegenüber einer »Allerweltskultur« von lokaler wie sozialer Indifferenz wurde eine »Volkskultur in der technischen Welt« (so der Titel eines Buches von H. Bausinger 1961) beschreibbar, in der Regionaltypisches durchaus wiederzuerkennen ist, und zwar nicht nur als schwindendes Erbe. Denn offenbar in Reaktion auf den überstürzten Kulturwandel der jüngsten Zeit (und damit freilich in Abhängigkeit von diesem) hat man im Traditionellen und Alten neu einen Wert entdeckt, und man sucht es festzuhalten und wiederzubeleben, soweit dies im Rahmen des Heutigen machbar und verträglich ist. Vorhandene Möglichkeiten, und dazu die Gunst erreichten Wohlstands, nützen Initiativgruppen, Vereine und ganze Gemeinden, um eine »Traditionskultur« mit historischen Rückbezügen bewußt zu pflegen. Was die Brauch-, Trachten-, Mundartpflege usw. dabei in den öffentlichen Raum stellen, ist »Volkskultur in ihrem zweiten Dasein« und darf nicht einfach – wie dies werbend gerne geschieht – mit ungebrochener Überlieferung gleichgesetzt werden. Vielmehr ist die heutige »Traditionskultur« erklärend auch in heutige Zusammenhänge zu stellen. Um ein tieferes Verständnis bemüht sich dabei die moderne Volkskunde, indem sie sich auf ein breitgelagertes Bedürfnis bezieht, dem fortschreitenden kulturellen Vertrautheitsschwund entgegenzuwirken und lokale und regionale Identitäten – trotz aller Gleichmacherei im Großen wie im Kleinen – zu behaupten bzw. neu aufzubauen.

Volkskultur und Geschichte. – Der Dynamik von heute darf auch nicht unbesehen eine Volkskultur gegenübergestellt werden, die jahrhundertelang – geschichtslos in sich ruhend – die gleiche gewesen wäre. Daß nichts beständiger ist als der Wandel, dies ist eine prinzipielle volkskundliche Erfahrung, die sich immer wieder bestätigt, wenn in archivalische Quellen Einblick genommen wird, z. B. in die seit dem späten Mittelalter bzw. der frühen Neuzeit vorhandenen Stadt-, Kirchen- und Dorfordnungen, Kirchen- und Stadtrechnungen, Gerichts- und Rügebücher, Zunftakten usw. Während die ältere Volkskunde spekulativ gerne bis ins germanische Heidentum zurückging und dann von dorther kulturelle Linien bis fast zur Gegenwart durchzog, stellt sich die heutige Kulturforschung auf den gesicherten Boden der schriftlichen Überlieferung und setzt zeitliche Quer- und Längsschnitte, die auch schon für das heutige Kreisgebiet erwiesen haben, daß Alltag, Fest und Brauchtum von Jahrhundert zu Jahrhundert ein anderes Gepräge zeigten. So hat Ernst Brüche für die 1. H. 16. Jh. ein Kulturbild der Stadt Mosbach entworfen, das uns heute recht fremd anmutet. Wir erfahren von einer prunkvollen Fronleichnamsprozession durch die Stadt und um die Stadtmauer, von Fastnachtsspielen der Handwerksgesellen und einem Osterschauspiel, von Wallfahrtsgängen der Roßknechte zur Neudenauer St. Gangolfskapelle und vom Sommertagszug am Sonntag Lätare, zu dem Theodor Brauch – als ältesten Schriftbeleg für die Volkskunde überhaupt – eine Erstbezeugung von 1504 und weitere Daten beibrachte, ohne jedoch das Mosbacher »Sommerholen« mit Ratsfeier auch über 1600 hinaus nachweisen zu können. Von anderen Kontinuitätsbrüchen hören wir bei Gotthilde Güterbock, die die Mudauer Kirchenrechnungen aus der Zeit zwischen 1574 und ca. 1800 brauchkundlich ausgewertet hat. Aus dieser Quelle kam eine bunte Fülle ländlich-katholischer Bräuche ans Licht: vom Essen des »Schmutzes« (eines Schmalz- und

2. Volkskultur und Brauchtum

Eiergerichtes) und der »Faßnachtsküchlein« vor der Fastenzeit (schon 1574 bzw. 1611 belegt) über die besondere Gestaltung der kirchlichen Hoch- und Heiligenfeste und mancherlei Prozessionen und Wallfahrten bis hin etwa zum »Wetterläuten« gegen drohende Gewitter und Maienfröste (1574, 1605, 1619). Von diesen Bräuchen sind jedoch etliche im 30j. Krieg untergegangen (so das Darbringen und Zurückkaufen von Tieropfern am Laurentiustag), andere erst kurz vor dem Krieg – und ein weiterer Teil um 1700 – aufgekommen.

Kriege, Pest- und Hungerzeiten bewirkten wiederholt Kulturbrüche, wobei allerdings in der Not auch Neues entstehen konnte, wie uns das Beispiel der Buchener »Rochusprozession« zeigt, die im Pestjahr 1635 zu Ehren des Pestpatrons St.Rochus versprochen wurde und noch heute gehalten wird. (Das 1866 von der Cholera heimgesuchte Walldürn veranstaltete 33 Jahre lang – bis 1899 – eine »Choleraprozession«). Die Mosbacher und Mudauer Brauchbelege verraten jedoch in gegenseitiger Erhellung noch mehr: nämlich den weitreichenden, gravierende Unterschiede schaffenden Einfluß von Reformation und Gegenreformation auf das Volksleben. Von den meisten Mosbacher Bräuchen, die Brüche geschildert hat, können wir annehmen, daß sie um 1556 mit der offiziellen Einführung der Reformation in der Kurpfalz abgeschafft worden sind. Sie entsprachen nicht mehr der neuen Glaubenshaltung und Kirchenpraxis und sind so auch anderwärts, wo man sich von Rom abwandte, bekämpft worden. Selbst das fröhliche Feiern der Fastnacht, mit der sich Stadt- und Landbevölkerung für die Entbehrungen der Fastenzeit vor Ostern schadlos gehalten hatten, wurde zusammen mit dem Fasten aufgehoben und auch nicht als weltliches Frühlingsfest geduldet. So wurde noch durch die Dorfordnung von 1708, die die Freiherren von Berlichingen für ihren Marktflecken Merchingen erließen, bekräftigt, daß sich die Untertanen bei drohender Geld- und Gefängnisstrafe aller fastnächtlichen »Mumereyen, Narrenkleidung, Herumblauffens, wie auch übermäßigen Fressens und Sauffens und anderen unordentlichen Wesens« gänzlich zu enthalten hatten. In Mudau hingegen hatte, wie wir gesehen haben, die Fastnacht auch noch in nachreformatorischer Zeit Bedeutung, und im übrigen lebten hier aus dem Mittelalter der Heiligenkult, das Opferbrauchtum und sonstige alten Kirchenbräuche weiter. Daß jedoch katholischerseits nicht einfach nur alles beim Alten blieb, machen die Mudauer Brauch-Innovationen ab 1600 deutlich, die sich einem einzigen Neuerungsschub zuordnen, wenn man dessen kriegsbedingte Unterbrechung außer Acht läßt. Und dieser Schub steht für die Gegenreformation, mit der die römische Kirche, gefestigt durch das Konzil von Trient (1563), ihre Schäflein neu in die Glaubensdisziplin nahm: mit weitreichenden Wirkungen.

Neuer Glaubenseifer wurde im Zuge der Gegenreformation durch eine betonte Sakraments-, Marien- und Heiligenverehrung, durch die Pflege oder Neueinführung entsprechender Feste und Wallfahrten (mit fördernden Ablässen), durch die Organisierung der Gläubigen in Bruderschaften und sonstigen Kultgemeinschaften sowie durch die Ausgestaltung der jahreszeitlichen Kirchenfeiern (Karwoche, Ostern, Himmelfahrt, Pfingsten, Weihnachten) entfacht. Dies alles band die kath. Bevölkerung stärker als früher ins kirchliche Geschehen ein und bildete sich zugleich im außerkirchlichen Raum ab, indem sich das Prozessionswesen belebte, in Dorf und Stadt neue Brauchgruppen agierten (z. B. die Klapperbuben an den Kartagen, die Sternsinger an Dreikönig) und auch das Brauchtum, das in Haus und Familie geübt wurde, neue Züge gewann. An Zustimmung zu den kirchlichen Initiativen, die stark die Sinne ansprachen, hat es nicht gefehlt, und sie bekundete sich etwa auch in der Errichtung von Bildstöcken, Kapellen und (im südöstlichen Bauland) großen geschnitzten Holzkreuzen, die als Schutz-, Sühne-, Erinnerungs-, Dank- oder allgemeine Glaubenszeichen in die

»Sakrallandschaft« gestellt wurden, mit Vorliebe an Wallfahrtswege. Das Frankenland (mit Einschluß des Kreisgebietes) hat noch heute einen einzigartigen Bestand solcher Denkmäler aufzuweisen, und nicht zufällig stammen die meisten davon aus dem 17. und 18. Jh., als Kirchen- und Volksfrömmigkeit eine besonders enge Verbindung eingegangen waren.

Das Hauptbeispiel für gegenreformatorische Wallfahrtsförderung gibt aus dieser Zeit Walldürn ab. Um das dortige Blutwunder (auf 1330 datiert, 1445 durch einen päpstlichen Ablaß bestätigt) hatte bis ins spätere 16. Jh. nur ein Lokalkult bestanden, der jedoch von Mainz, Aschaffenburg und Würzburg aus in einer Weise gefördert wurde, daß Walldürn zum Hauptwallfahrtsort des Mainzer Bistums, ja zum großen süd- und mitteldeutschen Kultziel aufstieg. In der Fronleichnamsoktav traf sich hier dann auch alles, was im heutigen Kreisgebiet katholisch war, und die Wallfahrer konnten außer dem Kultgeschehen in der Kirche eine Fronleichnamsprozession miterleben, die – wiewohl solche Prozessionen allerorten gehalten und zu konfessioneller Demonstration genutzt wurden – besonders großartig gestaltet war: indem auf einem Schauwagen ein Ölberg mitgeführt wurde und weißgekleidete Jungfrauen sieben Schwerter als Symbole für die Leiden Christi, das Schweißtuch der Veronika und Heiligenfiguren mittrugen (Belege in den Kirchenrechnungen von 1620 bis 1659). Kleine Wallfahrten blühten im Umkreis Walldürns auf: in Hainstadt zu einem 14-Nothelfer-Altar, der seit 1594 nachgewiesen ist, und in Hettingen zu einer St. Odilia-Reliquie, die 1720 erworben wurde. Speziell bäuerlichen Zulauf – verstärkt durch eine schwere Viehseuche 1744 – bekamen die Viehpatrone St. Georg in Oberwittstadt (Bonifatiuskapelle) und St. Wendelin in Hollerbach, Glashofen und Erfeld. In den beiden letzteren Orten verband sich mit dem Wendelinusfest im Oktober auch eine Pferdesegnung, ebenso wie mit der Feier der Kirchenpatrone St. Hippolyt und St. Cassian im August in Rinschheim (noch bestehend, in Glashofen wieder eingeführt). Auch sonst hatten die – meist mit einem kleinen Markt verbunden – Patroziniumsfeste (z. B. der »Valentinstag« in Altheim mit Verehrung einer Valentinsreliquie) und Lokalfeiern (z. B. das »Kreuzfest« in Hüngheim und das St. Anna-Fest in Hainstadt) Besuch aus Nachbarorten. Nach pfarreirechtlichen Gegebenheiten ist außerdem in der Kreuzwoche viel hin- und hergewallt worden. Überörtliche Bedeutung gewann dazu das »Schaplierfest« der um 1600 gegründeten Oberwittstadter Skapulierbruderschaft. Es handelte sich hierbei um ein marianisches Hochfest, während die Verehrung des Altarsakramentes, die in Walldürn ihren zentralen Ort hatte, in den würzburgischen Pfarreien noch durch die Einführung einer Corporis-Christi-Bruderschaft mit Ewiger Anbetung 1737 gestärkt wurde. Hieraus folgerte für Hardheim, Höpfingen, Bretzingen und Schweinberg der schon genannte »Würzburger Bettag«.

Wenn wir die meisten der genannten Veranstaltungen auch noch heute kennen, so verdankt sich dies jedoch wiederum dem 19. Jh. und teils dem erfolgreichen Widerstand gegen die aufklärerische Kirchen- und Staatspolitik der Übergangszeit bis ca. 1820, teils der kath. Restauration nach 1850/60. Die schon in den 1770er Jahren einsetzende Aufklärung war bestrebt, im gesamten Volksleben die Prinzipien einer neuen Vernunftreligion wie auch wirtschaftlicher Rationalität zur Geltung zu bringen, was Wallfahrtsverbote, die Abschaffung von Feiertagen, die (üblich gebliebene) Verschiebung der Heiligenfeste auf die Sonntage und anderes mehr zur Folge hatte. Im Protestantismus waren vergleichbare Anstrengungen nicht nötig. Hier hatte es immer ein Gemeindeleben gegeben, das streng auf die Pfarrkirche und den prot. Kirchenkalender (mit dem Hauptfest Karfreitag) bezogen war und sich auf einen gläubigen Individualismus stützte, der allem öffentlichen Gebaren abhold blieb. In der Kurpfalz hatte sich daran

2. Volkskultur und Brauchtum

auch nichts durch den Herrschaftswechsel – Übergang an die kath. Linie Pfalz-Neuburg – geändert, denn durch Kurfürst Philipp Wilhelm war Religionsfreiheit angeordnet worden (was andererseits die kath. Minderheiten begünstigte, so daß in Mosbach die Fronleichnamsprozession wiederauflebte und wir aus Lohrbach hören, daß in der kath. Zweitkirche 1761 eine Gnadenbildkopie der Maria von Einsiedeln aufgestellt wurde). Gleichwohl gab es auch eine ev. »Volksfrömmigkeit«, was von der Volkskunde des Gebietes noch viel zu wenig beachtet worden ist. Sie drückte sich im häuslichen Lesen der Bibel und der Erbauungsbücher aus, im – in die Volkskunst hineinwirkenden – Umgang mit frommem Spruchgut, im Familienbrauchtum (vgl. Mitfeier der Konfirmation) und in der pietistischen Hausfrömmigkeit des 18. und 19. Jh., wie sie in Mosbach und Adelsheim ihre Anhänger fand. Mit dem Austeilen von Wecken und (so in Neckarzimmern bis in die 1960er Jahre) gebackener »Lutherrosen« an die Schuljugend am Reformationstag ist auch ein Gebildbrot-Brauchtum zu registrieren. Dem kath. Bildstock-Brauch stand das Setzen von Erinnerungssteinen für »durch Gottes Ratschluß« überraschend Verunglückte gegenüber (»Blitzsteine« in Lohrbach und Schefflenz, Hochhausener »Pfaffenstock« für drei 1830 im Neckar umgekommene Pfarrer usw.).

Über den historisch verschiedenartigen Ausprägungen von »Volkskultur« im Kreisgebiet ist nicht zu verkennen, daß es auch stabile und vereinheitlichende Kulturfaktoren gab. Ein solcher war vor allem die Landwirtschaft. Sie schrieb im alten Dorf den Arbeitsrhytmus vor und strukturierte wirtschaftlich das Jahr. Sie war die Basis einer Frömmigkeit, bei der man sich durch die Abhängigkeit von der Natur an Gott gebunden wußte (und von feindlichen Mächten bedroht glaubte). Sie ließ die Familienmitglieder, Verwandtschaften und Nachbarschaften aufeinander angewiesen sein und bestimmte das Heiratsverhalten (»Besitz zu Besitz«). Und sie ließ wirtschaftskonforme Geselligkeits- und Brauchformen, Sitten und Glaubenspraktiken entstehen: dauerhaft wie die Arbeitstechniken und -geräte, der Hausbau, die Nahrungsgewohnheiten usw. Doch lag auch diese scheinbar geschlossene Welt im Schnittpunkt von Veränderungsprozessen, die nicht zuletzt von der Landwirtschaft selbst ausgingen. Als Beispiel mag die Dreifelderwirtschaft mit der Einteilung der Flur in drei Zelgen (für Sommerfrucht, Winterfrucht und Brachland/Weideland) genannt sein. Sie war dem Getreidebau besonders förderlich und schon im Spätmittelalter (so ein Höpfinger Frühbeleg von 1448) im Bauland eingeführt, wo dann ab dem 16. Jh. die Fluren restlos in Gewanne mit schmalstreifigen Grundstücken aufgeteilt wurden, während es im Hinteren Odenwald bei einer ungeregelten Wechselwirtschaft auf Hufen- und Breitstreifenfluren blieb (mit einigen örtlichen Ausnahmen aus späterer Zeit). Mit der Verzelgung und Vergewannung setzte sich in Wechselwirkung das Realteilungsprinzip – Aufteilung des Grundbesitzes unter mehrere Erben – gegen das ältere Anerbenrecht vollends durch, während die Erbfolge des ältesten Sohnes im Odenwald fortbestand. Damit wurden dann die Baulanddörfer immer volkreicher und auch stärker mit einem Dorfhandwerk durchsetzt, was Auswirkungen auf die Sachkultur hatte, zumal auch durch geregelten Werkstattbetrieb an Stelle der im Odenwald verbreiteten Störarbeit armer Wanderhandwerker (vgl. die im 18. und 19. Jh. rings um Mudau tätige Schreiner-Maler-Sippe Baier). Vor allem aber vereinigte das erbrechtliche Gleichheitsprinzip und der Systemzwang der gemeinsamen Flurbewirtschaftung die Bauländer zu Dorfgemeinschaften, wie sie der Odenwald mit seinen »eigenbrötlerischen« Wald- und Viehbauern nicht gekannt hat. Hieraus belebten sich auch immer wieder Fest und Feier, und es war wohl nicht untypisch, daß die herbstliche Kirchweih (»Kerwe«, »Körwe«) am ausgiebigsten in den Baulandorten gefeiert wurde: mit dreitägigem Tanz in den Wirtshäusern, mit dem Austanzen eines Hammels beim »Hammeltanz« und mit viel gutem Essen, bei dem der »Blaaz« (flacher Hefekuchen mit Obst-, Quark- oder Streuselbelag) die Hauptsache war.

Mit dem Kirchweihfest ist ursprünglich die Erinnerung an die Einweihung der Kirche begangen worden, ehe eine Erntedank- und Abschlußfeier ausgangs des bäuerlichen Jahres daraus wurde. In diese Entwicklung griff dann wieder die aufklärerische Kulturpolitik ein, indem sie das viele »Kirchweihlaufen« von Dorf zu Dorf, wo es von Juli bis November verschiedene Kirchenweihen gab, durch Vereinheitlichung des Kirchweihtermins unterband. Seit Ende des 18. Jh. wird daher in den einst mainzischen und würzburgischen Orten die »Martinikirchweih« am Sonntag nach Martini (11. November) gefeiert, in evangelischen aber die von Kaiser Josef II. festgesetzte »Kaiserkirchweih« am dritten Sonntag im Oktober. In den letzteren scheint die »Kerwe« immer auch als Ersatz für die verbotene Fastnacht fungiert und Fastnachtsbrauchtum auf sich gezogen zu haben: den Vortrag launiger Reden, das Begraben der Kirchweih zum Schluß (sonst als Fastnachtsvergraben bekannt) und offenbar auch das Herumtreiben eines Strohbären, das in Großeicholzheim zur »Kerwe« statt zur Fastnacht gehört. Katholischerseits behaupteten sich Kirchweih und Fastnacht nebeneinander, wobei jedoch auch das dörfliche und kleinstädtische Fastnachtstreiben seine Geschichte hatte. An ältere Belege schließen für das 18. Jh. solche aus Walldürn an, wo zur Fastnacht munter in den Wirtshäusern »der Baß gespielt« wurde (1708) und verkleidete Narren auf den Straßen herumsprangen, von denen allerdings einer vor das Stadtgericht kam (1723), weil er einen Hochzeitszug – man heiratete gerne noch vor der Fastenzeit – unziemlich belästigt hatte. Für solches volkstümliche Treiben schwand im 19. Jh. das Verständnis. Die Kirche bekämpfte es mit Betstunden an den Fastnachtstagen, während gleichzeitig die Fastenzeit »geschlossene Zeit« blieb: mit Tanzverboten, die bis in die 1960er Jahre galten und noch die aufkommenden Jugenddiskotheken betrafen. Über dörfliche Strohbären-Umzüge und harmloses Maskentreiben sahen tolerantere Obrigkeiten hinweg, aber in Buchen boten die herumtollenden »Hudelmänner und Hudelmajors« – Vorfahren der heutigen »Huddelbätze« – dem Bezirksamtmann 1839 einen so »ekelerregenden« Anblick, daß er das Bürgermilitär gegen sie einsetzen wollte. 1867 wurden die »Huttelmajors« erneut unter Strafandrohung gestellt, und 1886 teilte der »Buchener Anzeiger« befriedigt mit, daß »die früheren Rohheiten und Gemeinheiten der Faschingsvergnügen so ziemlich ausgerottet« seien. Dafür lebten eine im Saal gepflegte Vereinsfastnacht und Umzüge nach dem Muster des rheinischen Karnevals auf, organisiert von bürgerlichen Narrenkomitees und ersten Fastnachtsvereinen (gegründet 1888 in Buchen und 1890 in Mosbach).

Stadt- und Dorfkultur haben sich zwangsläufig bis zur Gegenwart gewandelt. Die jahrhundertelangen Reglementierungen des Volkslebens durch Staat und Kirche bauten sich mit wachsenden demokratischen Strukturen ab. Aber es veränderten sich die kulturellen Gegebenheiten auch immer wieder von der Basis her: ablesbar nicht nur an der Brauchgeschichte. 1902 brachte Augusta Bender die in ihrem Heimatdorf Oberschefflenz gesungenen Lieder in eine Sammlung ein, die erstmals den Volksliedbestand eines deutschen Dorfes geschlossen dokumentierte. Schon nach dem 1. Weltkrieg stellte dann Edwin Roedder fest, daß sich der Liedbestand sehr gewandelt habe, und würde man die Odenwälder Liedersammlung, die Hans Slama jüngst herausgab, zum Vergleich heranziehen, so ergäbe sich von der heimischen Singkultur erst recht ein gewandeltes Bild. Angesichts der gewaltigen Veränderungen, die das 20. Jh. brachte und immer noch bringt, kann dies kaum überraschen.

1 *Neckarschleife bei Binau mit deutlich ausgebildetem Prall- und Gleithang*

◁ 2 Neckartal bei Neckarzimmern
im Muschelkalk

3 Morretal bei Hettigenbeuern
im Hinteren Odenwald					4 Gabelbachtal unterhalb Ernsttal

5 *Der Mittelberg bei Neckarkatzenbach. Ehemaliger Umlaufberg des Neckars*

6 *Der Katzenbuckel und Waldkatzenbach*

7 *Ehemaliger Steinbruch am Katzenbuckel*

8 Steinbrüche im Unteren Muschelkalk bei Eberstadt

9 Baulandhochfläche bei Adelsheim

10 Mosbach mit dem unteren Elztal von Nordosten

11 Buchener Jagdgrenzkarte von 1593, Ausschnitt mit Kloster Seligental, Schlierstadt und Eberstadt

12 Ballenberg-Krautheimer Jagdgrenzkarte von 1594. Ausschnitt Stadtgebiet Ravenstein

◁ 13 *Kellereien Billigheim und Allfeld 1667*

14 *Burg und Schloß Bödigheim*

15, 16 Judenfriedhof zu Bödigheim.
Israelitische Grabsteine

17 Osterburken mit umgebenden Baulandhügeln und -hochflächen von Osten

18 Walldürn mit dem in den Hinteren Odenwald eingeschnittenen Marsbachtal von Südosten

19 Dreiseitgehöft in Waldmühlbach ▷

20 Moderner Eindachhof in Leibenstadt

21 *Gestelztes Fachwerkhaus in Allfeld, jetzt im Odenwälder Bauernhausmuseum Gottersdorf*

2. Volkskultur und Brauchtum 209

Tradition und Moderne. – »Dorfkultur heute« heißt im Kreisgebiet wie anderwärts, daß das Bäuerliche stark zurückgetreten ist und sich die Horizonte weit geöffnet haben. Bei immer noch abnehmender Zahl der landwirtschaftlichen Betriebe wohnt im Dorf heute eine Mischgesellschaft von Vollbauern, Arbeiter-Bauern, Handwerkern und Angestellten, und zum Prototyp des modernen Dörflers wurde der Pendler, der mit dem Auto in einen der Zentralorte zur Arbeit fährt, dort auch im Supermarkt einkauft und seine Freizeit teils noch dem landwirtschaftlichen Nebenerwerb widmet, teils – oder ausschließlich – der Hobby-Pflege, dem Zusammensein mit Vereinskameraden im Clubheim oder auf dem Sportplatz und dem familiären Fernsehkonsum. Bei Jugendlichen kommt der samstägliche Besuch auswärtiger Tanzdiskotheken hinzu. Die alte Dorfgemeinschaft und ihre Geselligkeitsformen existieren nicht mehr, was sich vordergründig im Niedergang der alten Dorfwirtshäuser und einem anhaltenden »Wirtshaussterben« zeigt und das Jahr hindurch am Verlust brauchtümlicher Interaktion. Zwar gibt es Ausnahmen. So kehren heute noch in Schloßau die Entlaßschülerinnen mit dem weißgekleideten »Christkind« in die Häuser ein und verbinden so das Odenwalddorf am Heiligen Abend zu einer traditionellen Brauchgemeinschaft. Andernorts gehen an den Kartagen noch die Klapperbuben um, und in Hollerbach und Rinschheim wird wie früher in der Fastenzeit (Sonntag Oculi bzw. Lätare) eine Strohpuppe als »Tod« zum Dorf hinausgetragen und verbrannt. Kürzlich abgegangen ist das »Todaustragen« jedoch in Unterneudorf und Hettigenbeuern, und in Hettingen erhielt es sich nur, weil hier der 1967 gegründete Heimatverein als Brauchpfleger tätig wurde. Abstriche gab es auch an der Straßen- und Wirtshausfastnacht, bei den Flurprozessionen und Wallgängen in Nachbarorte (z. T. abgeschafft), bei den Kirchenfesten (verminderte Teilnahme) und bei den alten Märkten, die als Krämermärkte längst keine Bedeutung mehr haben. Die einst so wichtige »Kerwe« ist vielerorts schon in den 1960er Jahren eingeschlafen.

Doch kam es gegenläufig zu einer überraschenden Rückbesinnung auf Geschichte und Tradition, und seither wird Brauchtum wieder ganz großgeschrieben. So nahm sich eine Initiativgruppe in Neckarburken des früheren Hammeltanzes an, führte 1973 einen Hammeltanz-Umzug mit Tanzausklang ein und gibt so bis heute der »Kerwe« und dem Dorfleben wieder einen kräftigen Akzent. Das Beispiel steht nicht vereinzelt, haben sich doch vielerorts auch Vereine der Traditions- und Brauchpflege verschrieben, so daß in Reinhardsachsen eine zünftige Dorfkerwe durch Feuerwehr und Tennisclub wiederauflebte und in anderen Gemeinden der Hammeltanz durch den Musikverein, die Landjugend oder die Fastnachtsgesellschaft zu neuen Ehren kam (Schweinberg, Hardheim, Altheim). Fastnachtsvereine entstanden als spezielle Brauchtumsvereine, machen aber so wenig bei der Fastnacht Halt wie eine bunte Reihe von Vereinigungen und Clubs beim engeren Vereinszweck. So hat in Götzingen der Fotoclub das Karfreitagsratschen wiederbelebt und brennt jährlich ein Sonnwendfeuer ab, was auch vom Odenwaldklub Hardheim und vom Heimatverein Höpfingen zu vermelden ist. Reitervereine regten die Wiedereinführung abgegangener Pferdesegnungen an. In Neckarkatzenbach war es – sachlich naheliegend – die Feuerwehr, die sich des lange vergessenen Feuerrades annahm. Seit etwa 1977 wird es wieder am Abend des Fastnachtsdienstages vom Mittelberg aus zu Tal gerollt. In ähnlicher Weise lebte in Michelbach das Abbrennen des großen Fastnachtsfeuers auf einem Berg, verbunden mit Scheibenschlagen, wieder auf. Die Feuerwehr engagierte sich neu für den ortstypischen Brauch, und hier sieht die Entwicklung nun so aus, daß ein Verein gar nicht mehr nötig ist, weil wieder – wie früher – die ganze Dorfburschenschaft mitmacht (regelmäßige Fastnachtsdienstagfeuer seit ca. 1986). Das zeigt, daß den Vereinsaktivitäten eine allgemeine Bedürfnislage entspricht. Und so verwundert es auch kaum, Beifall zum Mittun fast aller im Dorf gesteigert zu sehen, wenn angesagt ist, was als Brauchpflege im weiteren Sinne verstanden wird: das Wiederauflebenlassen der bäuerlich-handwerklichen Arbeitswelt von einst und der Lebenswirklichkeit von vor 50 bis 100 Jahren. Zunehmend bereichern entsprechende Vorführungen die Heimatfeste aller Art, wobei besondere Glanznummern bei den seit ca. 1970 gefeierten Ortsjubiläen zu sehen waren. Mehr als sonst gab es da auch wieder die heimischen Spezialitäten zu essen: »Semmede« (ein Pfannengericht von Mehl, Kartoffeln oder Weck), Grünkernsuppe und Grünkernküchle, »Klumpebrot« (mit Quark), Hausmacher-Wurst, »Blaaz« usw.

Diese Entwicklung hält an und hat Signalwirkung für die Identität von Orten, die zum sozialen Strukturwandel auch den Verlust der kommunalen Selbständigkeit zu verkraften hatten. Doch stehen auch die Zentralorte nicht abseits und pflegen eine »Traditionskultur«, die teils sogar schon in den 1920er und 1930er Jahren auflebte, teils ebenfalls erst jüngst entstand und mit den dörflichen Aktivitäten vieles gemeinsam hat: das äußere Festhalten oder Wiederherstellen des kulturell Vertrauten, die Schaffung von Gemeinsamkeitserlebnissen, die Zeichensetzung gegenüber allem kulturellen und politischen Zentralismus. Den Erfahrungshintergrund der zentralen Orte bildet dabei ein Umbruch, der den alten Mittelstand an den Rand rückte, die Schicht der Arbeiter und Angestellten vergrößerte, aber auch ein neues Bürgertum (Unternehmer, Kleinunternehmer, Beamte usw.) entstehen ließ und außerdem durch Zu- und Abwanderungen (nach 1945: Heimatvertriebene, moderne Wirtschaftsmigration) die Zusammensetzung der Bevölkerung stark veränderte. Von diesen Gegebenheiten her zeigen sich Brauch- und Traditionspflege nicht zuletzt als Integrationskultur und als Teil kommunaler Bemühungen, durch Feste – auch solcher ohne ältere Vorbilder – Mitmach-Angebote für Alt- und Neubürger zu schaffen, bei gleichzeitiger Unterstützung der örtlichen Geschäftswelt.

Betrachten wir Buchen, so sind dort neben dem Schützenmarkt im Herbst, der als Volksfest seit 1830 besteht, das neue Markt- und Straßenfest »Goldener Mai« sowie ein Weihnachtsmarkt zu registrieren, dazu vereinsgetragene Maibrauch- und »Kerwe«-Veranstaltungen und die Auftritte einer 1963 gegründeten Trachtentanzgruppe (Erster Mai, Erntedank). Über allem aber – zum städtischen Markenzeichen geworden – steht die »Buchemer Faschenaacht«: mit Ausschellen und Geistervertreiben am Schmutzigen Donnerstag, »Gänschmarsch«-Umzug am Sonntag, Rosenmontagszug und weiteren Straßen- sowie Saalveranstaltungen. Das reichhaltige Programm hat die Fastnachtsgesellschaft entwickelt, die die früheren karnevalistischen Einflüsse wieder zurückdrängte und seit der Nachkriegszeit konsequent das Bodenständige herausstellt, besonders das bunte Fleckenkostüm des »Huddelbätz«, in dem heute hunderte bei den Umzügen mitlaufen. Der »Gänschmarsch« (früher eine Narrenpolonaise durch die Lokale) erhielt schon in den 1920er Jahren die Form eines der Volksjustiz gewidmeten Narrenzuges mit historischem Figurenteil (Erbsstrohbär, Narren-Schleifrad, Härle und Fräle, Müllerle). Und seit immerhin ca. 1900 ist das Mitführen des Bleckers – des Stadtwahrzeichens mit bloßem Hinterteil – üblich. Eine Neuschöpfung von 1959 ist hingegen das Geistervertreiben, dem inzwischen – stets unter lebhafter Anteilnahme der Medien – weitere Innovationen gefolgt sind (mitternächtliches Narrengericht, närrischer Schweinemarkt).

Auch Mosbach hat das Jahr hindurch ein reiches Veranstaltungsprogramm. Die Fastnacht spielt dabei eine nachgeordnete Rolle. Sie war von 1890 an mehr eine Sache von Zugezogenen, gewann nie den Rückhalt wie in den alten kath. Gemeinden und beschränkt sich in der Regel auf Vereinsbälle. Mehr Zuspruch fand dank historischer Begründung (siehe oben) und dem großen Heidelberger Vorbild der Sommertagszug:

2. Volkskultur und Brauchtum

(wieder-) eingeführt vor dem 1. Weltkrieg durch den Ev. Volksverein und – mit Unterbrechungen – bis 1975 veranstaltet, ehe er im Volksfesttrubel des neuen Frühlingsfestes unterging (Wiederbelebung geplant). Das letztere gibt es seit 1974. Inzwischen sind noch ein herbstliches Weinfest und ein Weihnachtsmarkt sowie 1985 der »Mosbacher Sommer« mit mehrwöchigen Kulturveranstaltungen und einem historischen Schauspiel vor dem Rathaus hinzugekommen. Mitgefeiert werden im Stadtteil Neckarelz das sommerliche Backfisch-Fest und die – dort zum Volksfest gewordene – Kirchweih am dritten Augustwochenende. Die Heimatvertriebenen, die in Neubaugebieten zusammenwohnen und in Mosbach stark durch das ungarndeutsche Element vertreten sind, halten als Saalveranstaltung auch noch einen eigenen »Kiritog«, bei dem die 1958 gegründete donauschwäbische Trachtentanzgruppe (seit 1985 mit landsmannschaftlichem Vereinsheim) mit Folklore-Darbietungen aufwartet. Alt-Mosbach aber weiß sich durch die jährliche »Ratsherrenweckfeier« repräsentiert. Sie geht auf eine Seelmeß-, Korn- und Weckstiftung von 1447 des Pfalzgrafen Otto I. zurück, deren Kapital 1930 und 1953 vom Gemeinderat erneuert wurde, um die traditionelle Weckspende an die Ratsherren und eine Gedächtnisfeier für den Pfalzgrafen – beides seit 1891 wieder üblich – zu erhalten. Die »Ratsherrenweckfeier«, im Januar gehalten, beginnt heute mit einem ökumenischen Abendgottesdienst und vereint dann die Spitzen der Stadt im Bürgersaal bei »Mahl und Trunk«, bei der Vergabe der Wecken, bei Bürgerehrungen und einem Festvortrag historischen Inhalts.

In Walldürn spielt nach wie vor die vierwöchige Wallfahrt, die am Sonntag nach Pfingsten beginnt, eine große Rolle. Doch ist dies ein Ereignis von überregionaler Bedeutung, das noch mehr als die Einheimischen die etwa 100000 Pilger betrifft, die aus dem fränkischen Raum, aus Baden und dem Elsaß, aus der Kölner Gegend und aus dem Bereich Fulda-Eichsfeld in die Stadt kommen (mit steigender Tendenz vor allem bei den Fußprozessionen). Hochfeste sind Fronleichnam und der Blutsfeiertag am Donnerstag der folgenden Woche mit feierlichen Prozessionen. Außerhalb der Wallfahrtszeit sind die Walldürner bei einem 1975 eingeführten Blumen- und Lichterfest im Frühling vereint, dem zu Jahresende ein Weihnachtsmarkt folgt. Folkloristische Akzente setzten bei Veranstaltungen aller Art eine 1960 gegründete »Odenwälder Trachtenkapelle« sowie zwei Gruppen, die 1990 vom Turnverein und der Kolpingsfamilie in die Walldürner Tracht von etwa 1830/40 eingekleidet wurden. Lebhaft wird auch Fastnacht gefeiert, seit 1950 unter Anleitung der Dürmer FG »Fideler Aff« (Prinzeneinzug mit Rathausstürmung, »Klohn«-Vereidigung am Schmutzigen Donnerstag, Saalveranstaltungen, Großer Umzug am Fastnachtsdienstag unter Beteiligung der Stadtteile und der Narrenfreunde von Höpfingen und Hardheim). Als Traditionskostüm wird dasjenige des »Klohn« (oder Bajazz) gepflegt. Ein Relikt der alten Straßenfastnacht ist das Herumtreiben von Strohbären mit Musikbegleitung am Rosenmontagmorgen: früher von verschiedenen Heischegruppen durchgeführt, heute von der Kolpingsfamilie organisiert und dadurch wieder zu einer besonderen Attraktion geworden.

Weihnachtsmärkte haben sich auch Hardheim, Adelsheim und Osterburken zugelegt, wobei die Osterburkener 1980 an einem alten Dezember-Markt (auf Mariä Empfängnis) anknüpften, der schon früher »Christkindles-Markt« hieß. Dazu ist ein anhaltender Trend zum Volksfest mit Bierzelt, Vergnügungspark, Marktbetrieb und Umzügen zu beobachten. Er zeigt sich einerseits bei der Feier von Vereinsjubiläen, die den Sommer hindurch – also zur früher eher festlosen Zeit – in dichter Folge auf dem Programm stehen, zumal auch in den Dörfern. Andererseits kommt er im Wiederaufleben alter Märkte (Kilianimarkt in Osterburken, Josefs- und Wendelinusmarkt in

Hardheim, Pfingstmärkte in Merchingen, Dallau, Neckarelz und Daudenzell, Laurentiusmarkt in Mudau) zum Ausdruck, wie auch in der Einführung neuer Feste im gesamten Kreisgebiet (Straßenfest in Limbach, Blüten- und herbstliches Zwetschgenfest seit 1953 im Zwetschgenanbauort Höpfingen usw.). Eine gewisse Vorbildwirkung kann Adelsheim beanspruchen. Hier ziehen die zusammenwirkenden Vereine schon seit 1948 ein »Adelsheimer Volksfest« groß auf. Seit der Vorkriegszeit heißt es hier auch: »Des wär gelacht, Alleze un ke Fassenacht!« Doch ging in dieser altevangelischen Stadt die Fastnachtsinitiative wie im Falle Mosbachs von Neubürgern aus und bedurfte mehrerer neuer Anläufe. Seit einigen Jahren hat sich ein Eröffnungszeremoniell am Elften Elften eingebürgert, bei dem der »Balzele« (ein Stadtoriginal) wiedererweckt wird und »Gääße« (Geißen) mit Holzmasken auftreten. Am Schmutzigen Donnerstag wird nach alemannischem Muster ein Narrenbaum gesetzt und die »Gääß« verbrannt. Am Fastnachtsdienstag bildet hingegen der Umzug in Osterburken auch für viele Adelsheimer eine Attraktion.

Neugeschaffene Feste und Bräuche verstehen sich allemal als Neuschöpfung von »Tradition«, und da sich unter diesem Etikett Altes gut mit Neuem verträgt, bleibt man in großen wie in kleinen Orten nicht beim Rückgriff auf die Ortsüberlieferung stehen, sondern ist zugleich für Brauchübernahmen aus anderen Orten und Landschaften und für die kreative Weiterentwicklung gegebener Brauchmuster offen. Vielerorts ist heute auch ein Martinszug der Kinder mit Lampions üblich, wobei es durch Mitführung großer Laternen, abschließende Martinsspiele und die Ausgabe von »Martinsbrötchen« (so in Walldürn) lokale Varianten gibt. Über Mosbach (Erstveranstaltung 1952) und Umgebung (Neckargerach 1954, Neckarzimmern 1957) ist dieser Brauch nach Heidelberg zurückzuverfolgen, wo er vom Rheinland her um 1949/50 Fuß gefaßt hat. In ähnlicher Weise breitete sich der Sommertagszug bis in die Walldürner und Hardheimer Gegend aus. In Schlierstadt verband er sich mit dem »Gangolfsritt«: einer Pferdeprozession im Mai zu Ehren des Kirchenpatrons, die ihrerseits 1952 nach dem Neudenauer Vorbild eingeführt worden ist. Auch das Errichten von Maibäumen wäre zu nennen, und es muß daneben ein mit vielen neuen Elementen angereichertes Familienbrauchtum erwähnt werden. Hochzeitsfeiern sind etwa kaum noch denkbar ohne einen zünftigen Polterabend: eine auf breiter Front von Nord nach Süd vorgedrungene Innovation der letzten zwei Jahrzehnte.

Vor allem aber bietet die Fastnacht viele Beispiele für das Gemeinte, indem sich hier Bodenständiges mit Rheinischem vermischte und noch ständig durch kulturelle Eigenleistungen der Fastnachtsvereine vervollständigt wird. Diese Vereine haben sich seit ca. 1950 in mehreren Wellen stark ausgebreitet, zunehmend über die konfessionelle Grenze hinweg, und sind durch den Narrenring Main-Neckar (gegr. 1951) und »Fränkische Narrentreffen« in ihrer Außenwirkung gefördert worden. Im Zuge dieser Entwicklung entstanden neue ortstypische Kostüme wie der Hettinger »Äschesack«, der Höpfinger »Schnapsbrenner«-Narr, der Glashofener »Höhgöiker«, der Hainstadter »Berkediehl«, der Altheimer »Dunder«, der Schweinberger »Burgdämon«, das Osterburkener »Wüschele« und die Schwarzacher »Zigeuner«. Und es kam ein neues Schaubrauchtum auf, mit dem sich trotz vieler Gemeinsamkeiten (Elferrat, Prinzengarde, Prunksitzung, Großer Umzug) jeder Narrenort als etwas besonderes darstellt. Schon älter ist das öffentliche Sauermilchessen des Elferrates in Altheim am Fastnachtssonntag. Recht neu ist hingegen das Schauspiel vom »Berkeklau« in Hainstadt, die Überreichung eines »Narrenhahns« an den Bürgermeister in Mudau und anderes mehr, was unter Buchen, Walldürn und Adelsheim schon teilweise angeführt wurde. Soziologisch ist von Interesse, daß auch immer stärker die Frauen hervortreten und daß sich mit lustigen

Abenden, bei denen Frauengesellschaften ganz unter sich feiern, eine »Weiberfaschenaacht« rasch ausgebreitet hat (seit ca. 1980).
Vom vielbeschworenen Ende des Brauchtums und vom Untergang der Volkskultur kann gewiß keine Rede sein. Tradition und Moderne schließen sich nicht aus, wie immer wieder deutlich wurde, sondern stehen gerade in kleinen Räumen im spannungsreich-produktiven Wechselverhältnis. Dies wird den Neckar-Odenwald-Kreis auch in Zukunft ein für die Volkskunde aufschlußreiches Beobachtungsfeld sein lassen.

3. Mundart

Ausgangslage, Forschungsstand. – Eine Darstellung der Mundart im Neckar-Odenwald-Kreis ist heute durch zwei Grundschwierigkeiten geprägt. Die eine ist genereller Art und hat mit den *veränderten Existenzbedingungen der Mundart* zu tun. Anders als noch vor 50 Jahren fällt es heute schwer, von »der« Mundart eines Orts oder »dem echten« Mundartsprecher zu reden. Zwar haben die Sprachforscher auch früher schon die Gruppe der jeweils ältesten ortsgebundenen Einwohner als die Träger der am Ort geltenden Dialektnorm angesehen und demgemäß meist auch nur sie als Informanten gesucht. Doch gibt es heute in der zahlenmäßig dezimierten bäuerlichen und handwerklichen Schicht und unter den häufig in größere Orte pendelnden Arbeitern nicht mehr viele, die ausschließlich Mundart sprechen. Eine stark auf die Hochsprachnorm gerichtete Schul- und sogar Kindergartenerziehung, Mittelpunktsschulen, Zugewanderte aus anderen Sprachlandschaften und dem Ausland, der unterschiedliche Einfluß der verschiedenen Massenmedien, die insgesamt stärkere Mobilität der ganzen Bevölkerung seit Kriegsende, wozu auch ein verstärkter Touristikverkehr nach draußen und in die Orte herein gehört, all dies hat in der Sprache der meisten zu Veränderungen geführt. Fast jeder hat heute mehrere Sprachformen und Sprechrollen zur Verfügung, die er je nach Gegenüber und Situation benützt. Sie können von der nach wie vor bodenständigen Grundmundart über Zwischenformen wie z.B. der sogenannten Umgangssprache bis zum mehr oder weniger geglückten Versuch einer Hochsprache reichen, die man heute – um den Anschein des Höherwertigen zu vermeiden – lieber Standardsprache nennt. Außerdem sind viele Leute Teilhaber und Benutzer von Fachsprachen geworden, die ebenfalls zum geringsten Teil und zunehmend weniger mundartliche Elemente enthalten. Schließlich haben sich auch die bodenständigen Fachsprachen der Bauern, Winzer, Fischer, Waldarbeiter und anderer, meist aussterbender Handwerksberufe insofern verändert, als sich Arbeitsvorgänge verändert haben und dadurch spezifische, z.T. sehr alte Bezeichnungen für Arbeitstechniken und -ergebnisse und besonders für Werkzeug aller Art außer Gebrauch kommen bzw. gekommen sind.

Die zweite Schwierigkeit ist in der *Forschungslage* begründet. Es gibt keine dialektgeographische Untersuchung der Mundarten des Kreises und es existieren lediglich außer einigen meist älteren Überblicksarbeiten, in denen Teile des Kreises mitbehandelt sind (Bohnenberger, Heilig, Mulch, Ochs), drei Ortsuntersuchungen (Breunig, Mangold, Roedder), von denen die letztere allerdings eine der monumentalsten Leistungen der Mundartforschung überhaupt darstellt. So ist es also nur möglich, aus diesen Angaben, aus Material des Bad. Wörterbuchs und weiterem, aufgrund von eigenen Kundfahrten in den Jahren 1972 und 1976 Gesammeltem, einen summarischen Überblick zu geben und punktuell, an einzelnen Ortspunkten festgemacht, Charakteristika und Unterschiede aufzuzeigen. Die beiden Karten sind erarbeitet aufgrund von Anga-

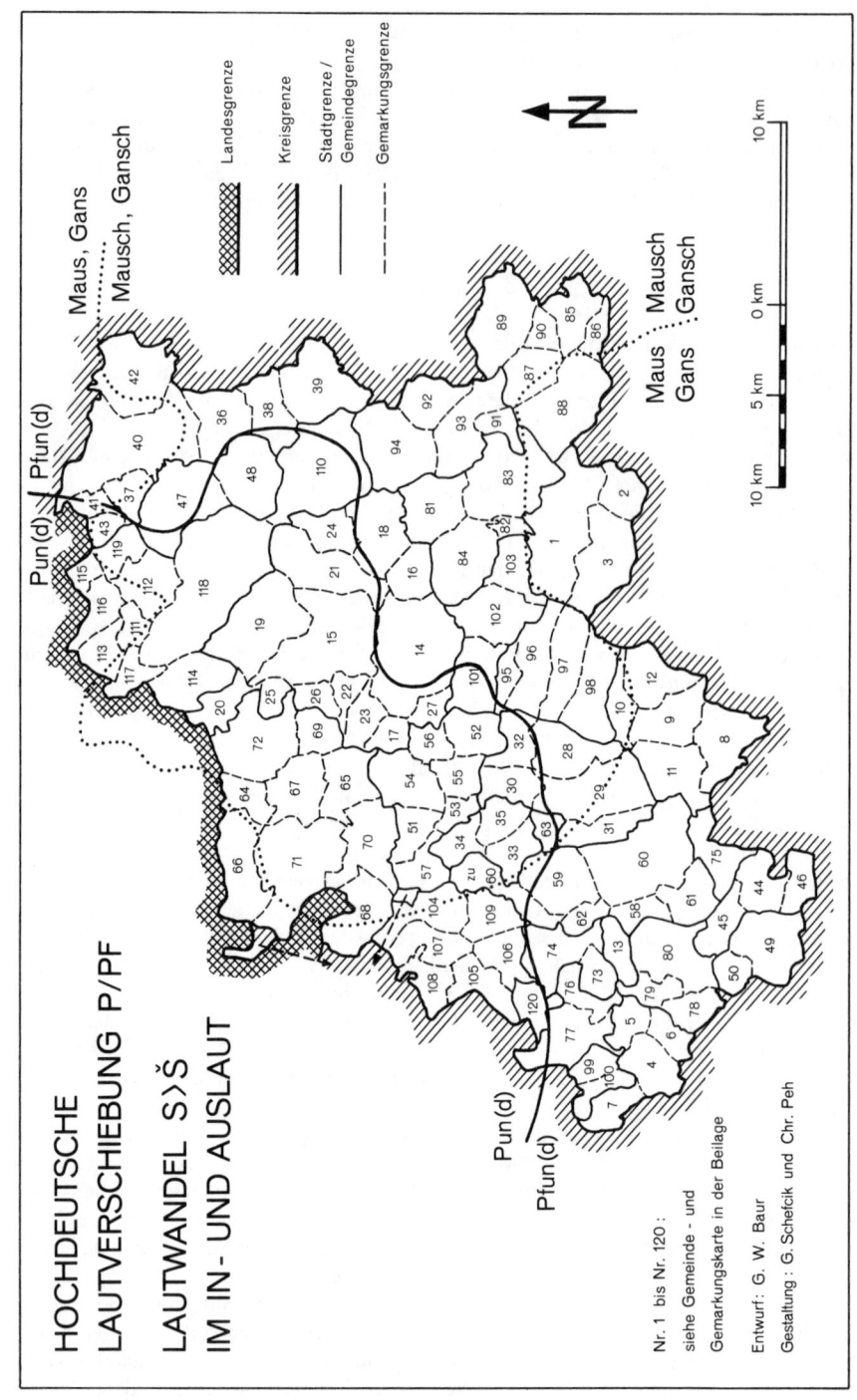

3. Mundart 215

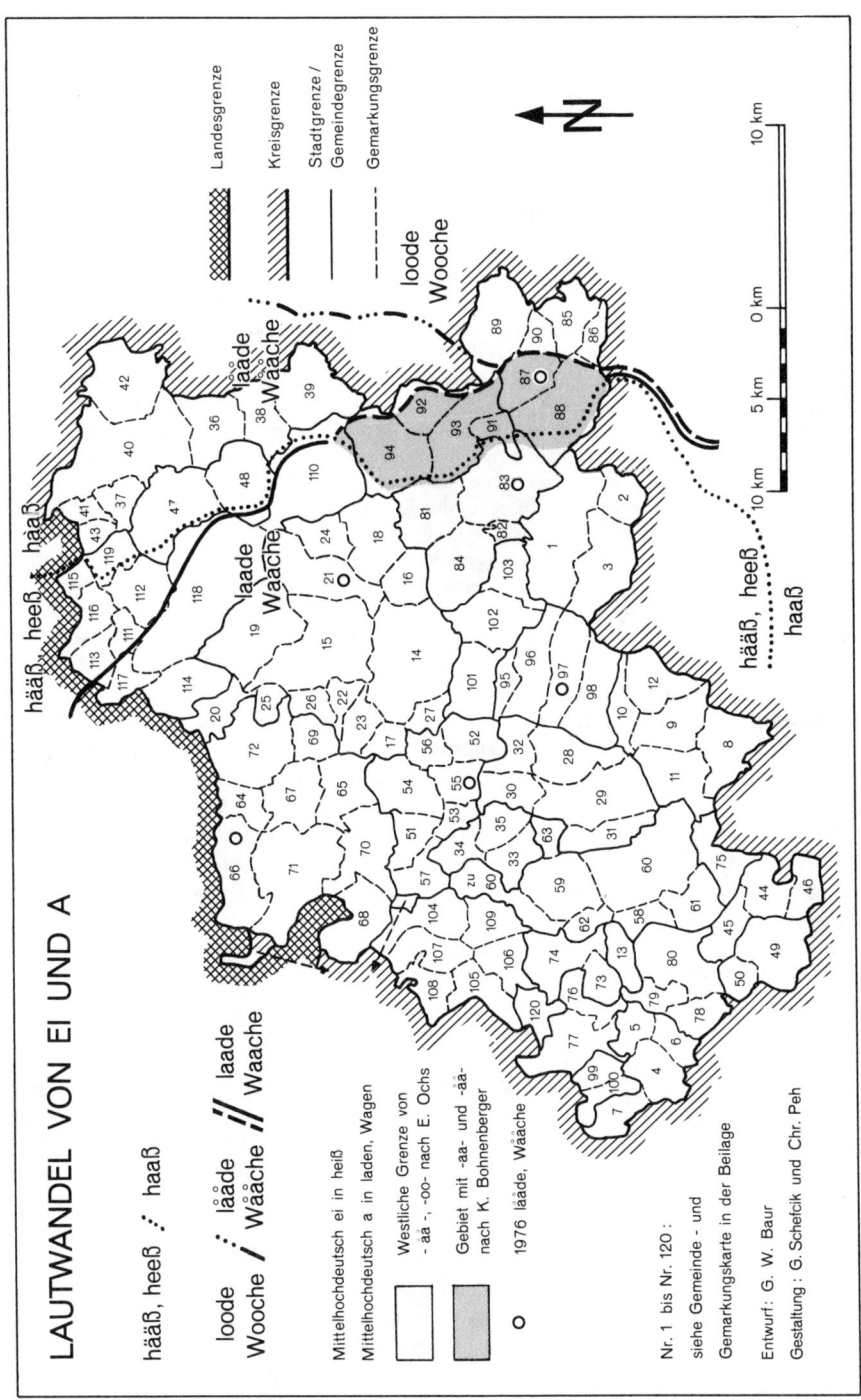

ben, welche hauptsächlich durch Fernerkundung mittels Fragebogen erhoben worden sind. Dazu zählen die wenigen in Frage kommenden veröffentlichten Karten des Deutschen Sprachatlas, in denen Antworten aus allen deutschsprachigen Schulorten, im Kreisgebiet aus den Jahren 1887/88, verzeichnet wurden, sowie die Auskünfte von Gewährsleuten des Bad. Wörterbuchs, welche Ernst Ochs für seine Übersichtsarbeit von 1923 erbeten hatte. Teilweise indirekt, z. T. aber auch in Direkterkundung an Ort und Stelle hat Karl Bohnenberger das Material für seine beiden Darstellungen mit Sprachgrenzbeschreibungen gewonnen.

Zur Lautschrift: Es wird hier versucht, anstelle einer phonetischen Umschrift mit den Mitteln des Normalalphabets auszukommen und trotzdem auf Lautgenauigkeit zu achten. Alle Vokale, die lang gesprochen werden, werden durch Doppelschreibung wiedergegeben, z. B. *Waach^e* oder *Waag^e* Wagen. Wird ein Vokal nur mit einem Buchstaben wiedergegeben, so wird er demgemäß also kurz gesprochen, z. B. *Schnaw^{e}l* Schnabel. In der Schriftsprache sonst übliche Dehnungszeichen wie *ie*, *h* entfallen. Der Laut, der zwischen *a* und *o* liegt, das sogenannte offene *o*, z. B. in hochdeutsch (hd.) *Mord*, *fort*, wird durch *å* gekennzeichnet z. B. in *låådh^e*, *Wååch^e* laden, Wagen im Nordostteil des Kreises. Doppellaute (Diphthonge) werden nur dann geschrieben, wenn sie auch als solche gesprochen werden. Man liest also hier *lieb*, *guut*, *Brüd^{e}r* lieb, gut Brüder, während man für schwäbisch-alemannische Mundarten hier *li^{e}b*, *gu^{e}t*, *Bri^{e}d^{e}r* (bzw. *Brü^{e}d^{e}r*) zu schreiben hätte. Das unbetonte *e*, das meist nur als Murmelvokal artikuliert wird, z. B. in den Wortendungen *-en*, *-er*, wird durch hochgestelltes *e* als ^{e} angezeigt. Leider nicht gekennzeichnet werden kann die Stimmhaftigkeit des Lauts, der in einem Großteil des Kreises anstelle von inlautendem *g* gesprochen wird und von mir mit *ch* wiedergegeben wird, das auch für den »normalen« stimmlosen Vorder- und Hintergaumenreibelaut *ch* (als *ich*- oder *ach*-Laut) verwendet wird.

Zuordnung zu Mundartarealen. – Die Mundartforschung hat die deutschen Mundarten nach bestimmten *lautlichen Kriterien* gegliedert und in die drei großen Mundartareale des Nieder-, Mittel- und Oberdeutschen eingeteilt. Als Grenze zwischen Mittel- und Oberdeutsch hat man die Grenzlinie der Lautverschiebung von altem *p* zu *pf* im Anlaut gewählt (vgl. Karte 1). Orte des Kreises, in denen man *Pund* bzw. *Pun* spricht, gehören demnach zum mitteldeutschen Rheinfränkischen, während man die Kreisorte, in denen *Pfund* bzw. *Pfun* zu hören sind, zum oberdeutschen Süd- oder auch Südrheinfränkischen rechnet.

Schon hier ist jedoch zu sagen, daß es »die« Lautverschiebungsgrenze *p/pf* im An- und Inlaut nicht gibt, weil der heutige Lautstand im jeweiligen Ort durchaus unterschiedlich sein kann, indem es *Poschde* Pfosten, *Pund* Pfund, aber *Pflaschda* Pflaster und *Apfel* in einem Ort heißen kann, d. h. die ursprünglich wohl einmal für alle in Frage kommenden Wörter mit *p* feste Grenze hat sich in mehrere Grenzlinien aufgespalten, die jetzt – gegenüber der *Pun(d)-Pfun(d)*-Linie – (meist) weiter westlich verlaufen. Trotzdem: der nordwestliche Teil des Kreises gehört zum Rheinfränkischen, und das wird von den (süd)östlicheren Nachbarn auch durchaus als andersartig empfunden.

Daß die Mundart dieser Nachbarn aber auch nicht als einheitlich aufgefaßt wird, drückt sich schon in den verschiedenen Benennungen aus: Süd- oder Südrheinfränkisch meint entweder, daß die Mundart starke Beziehung zum mitteldeutschen Rheinfränkischen hat oder daß sie als der südlichste Teil des »Fränkischen« überhaupt anzusehen ist und außerdem viele Gemeinsamkeiten mit dem östlich angrenzenden Ostfränkischen hat. Beides stimmt.

Zusammenfassend darf man sagen: Der nordwestliche Teil des Kreises gehört mundartlich zum Rheinfränkischen, der Rest ist ein Übergangsgebiet, das im Südwesten süd(rhein)fränkisch zu nennen ist und viele Berührungen mit dem Schwäbisch-

3. Mundart

Alemannischen hat und im Nordost- und Südostteil viele Gemeinsamkeiten mit dem ebenfalls oberdeutschen Ostfränkischen aufweist.

Mundartgrenzen und Mundarträume im Kreisgebiet. – Außer der *p/pf*-Linie zeigt Karte 1 noch die Umrisse eines Gebiets, in dem in- und auslautendes *s* zu *sch* geworden ist in Wörtern wie *Fasch^{e}naacht* Fastnacht, *Beesch^e* Besen, *Khisch^e* Kissen, *Wärsching* Wirsing, *Flagsch* Flachs, *Glaasch* Glas, *Ga(a)nsch* Gans, *Eisch* Eis, *Hausch* Haus, *Mausch* Maus, *Wüsch$^{(e)}$* Wiese. Der Geltungsbereich dieser Sonderentwicklung reicht im O und SO über die Kreisgrenzen hinaus bis an Jagst und Kocher, jedoch nicht bis zur Tauber und umfaßt im übrigen – Adelsheim und seine Nachbarorte ausgenommen – in der Hauptsache das Bauland und den südlichen Teil des Taubergrunds. Ob dieser Aussprache werden die so Sprechenden von den Nachbarn spöttisch *Genschmauscher* und ihre Sprachlandschaft das *Genschmauscherland* genannt.

Eine weitere einschneidende Grenzlinie ist die Realisierung von altdeutschem *ei* in heiß, breit, Seil als *ää* bzw. *ee* gegenüber östlichem und südlichem *aa* z. B. als *haaß*, *braat*, *Saal* (vgl. Karte 2), welche auch außerhalb des Kreisgebiets im NW an Rhein, Main und Lahn zu hören sind.

Mit dieser Linie korrespondiert ein Stück weit die Grenzlinie, welche altkurzes mhd. *a* in laden und Wagen (vgl. Karte 2) als *laad^e*, *Waach^e* (bzw. mancherorts *laar^e*, *laal^e*, *Waaj^e*) trennt von zunächst anschließenden *låådͤ*, *Wååch^e*, welche dann weiter im O übergehen in *lood^e*, *Wooch^e*. Andere Beispiele sind *Oost* Ast, *Sook* Sack, *Schnoow^{e}l* Schnabel, *Hoof^e* Hafen.

Ein Beispiel dafür, wie sich solche Sprachgrenzlinien verschieben können, ist ebenfalls auf Karte 2 zu sehen: Eigene Erhebungen haben gezeigt, daß dieses Charakteristikum des Ostfränkischen, die Verdumpfung von altkurzem *a* zu langem *åå* bzw. *oo* inzwischen weiter in den Westen vorgedrungen ist, was um so auffälliger ist, als die westliche Lautung mit *aa* hier ja eher der Hochsprache nahesteht.

Wie schon Oskar Kilian in der Kreisbeschreibung Heidelberg-Mannheim und Erika Bauer in einer nördlich anschließenden Arbeit gezeigt haben, sind auch im W jenseits unseres Kreises manche Sprachgrenzen in Bewegung, so z. B. bei altem *ei*, wo *ee*-Formen, z. B. *heeß*, im Vorrücken gegenüber *aa*-Formen sind, falls sie nicht überhaupt wie Seife und Fleisch und, bereits viel früher, heilig und Geist mit *ai* als *Saif(e)* usw. gesprochen werden.

Eine Reihe von weiteren Beispielen aus sieben Kreisorten mag Übereinstimmungen und Unterschiede im lokalen Sprachgebrauch zeigen, die jeweils für eine ganze Reihe von Wörtern der gleichen lautlichen Herkunft stehen.

Aglasterhausen	Lohrbach	Oberschefflenz 1927/36	1976	
Nachd	*Nach^d*	*Naacht*	*Naachd*	Nacht
Of^e	*Åuf^e*	*Ouf^e*	*Ouf^e*	Ofen
Ef^e	*Ef^e*	*Eif^e*	*Ef^e*	Öfen
lee^{che}	*lee^{che}*	*leich^e*	*leeg^e*	legen
lees^e	*lees^e*	*leesch^e*	*leesch^e*	lesen
Kärich	*Kärich*	*Kärich*	*Kärch*	Kirche
Schårz	*Schärz*	*Schårz*	*Schärz*	Schurz
Wärdl		*Wärdl^e*	*Wärdl^e*	Wörtlein
Kårb	*Kä^{e}rb*	*Koor^{e}b*	*Kårb*	Korb
Kårn		*Koorn*		Korn

III. Bevölkerung und Siedlung

Aglasterhausen	Lohrbach	Oberschefflenz 1927/36	1976	
Schoof	Schoof	Schoof	Schoof	Schaf
roud	roud	rout	rout	rot
Schnee	Schnee	Schnei	Schnēi	Schnee
schee	schäi	schēi	schēi	schön
liiw^e	liiwi	liwi	liiwe	liebe
Kuu	Kuu	Kuu	Kuu^e	Kuh
Kii	Kii	Kii	Kii^e	Kühe
laaf^e	laaf^e	laaf^e	laaf^e	laufen
kaaf^e	kaaf^e	kaaf^e	kåaf^e	kaufen
keer^e	keer^e	keern^e	keern^e	kehren
schdod^{e}r^e	schdod^{e}rn^e	schdod^{e}rn^e	schdod^{e}rn^e	stottern

Mörschenhardt	Mudau	Hettingen	Hüngheim	
Nååchd	Naachd	Nåä^{e}chd	Nåchd	Nacht
Oof^e	Ouf^e	Ouf^e	Ouf^e	Ofen
Ef^e	Ef^e	Öf^e	Öüf^e	Öfen
leeich^e	leeich^e	leich^e	läich^e	legen
leesch^e	leesch^e	leesch^e	leesch^e	lesen
Kärich	Kärich	Kerich	Kärch	Kirche
Schärz	Scherz	Schörz, Schärz	Scherz	Schurz
Wärdl^e	Werdl^e	Wärdl^e	Wärdl^e	Wörtlein
Kor^{e}b	Kååarb	Kårb	Koorb	Korb
	Kååarn	Koo^{e}rn	Koo^{e}rn	Korn
Schoof	Schoof	Schoof	Schoof	Schaf
roud	roud	rout	rout	rot
Schnei	Schnäi	Schnei	Schnäi	Schnee
Schēi	schei	schöē	schöö	schön
liiwi	liiwi	liiwi	[liiwi?]	liebe
Kuu^e	Kuu	Kuu	Kuu	Kuh
Kii	Kii	Küü^e	[Küü?]	Kühe
lååf^e	laaf^e	lååf^e	laaf^e	laufen
kååf^e	kaaf^e	kaaf^e	kaaf^e	kaufen
keern	kee^{e}rn	kee^{e}rn	kää^{e}rn	kehren
schdod^{e}rn	schdod^{e}rn	schdod^{e}rn	schdod^{e}rn	stottern

Mundartwandel. – Es werden in diesen Listen beispielhaft auch Lautwandelerscheinungen sichtbar, wenn etwa die alte Mehrzahlform *Eif^e* Öfen, die früher nachweislich in Oberschefflenz und vermutlich auch in Lohrbach, Mudau und Hettingen gegolten hat, nun durch die hochsprachnähere Form *Ef^e* ersetzt ist, oder wenn in Hettingen die alte gedehnte Form *Koo^{e}rn* Korn neben einer jüngeren *Kårb* Korb mit kurzem, »hochdeutschem« å zu hören ist, die auch in Oberschefflenz früheres *Koor^{e}b* abgelöst hat. Und auch morphologische Veränderungen lassen sich zeigen: Lohrbach hat für kehren und spüren die südwestlichen (und auch im Schwäbisch-Alemannischen geltenden) Formen *keer^e, schbiir^e*, bei stottern aber wie Oberschefflenz die zwischen westlicher und fränkischer Ostform *(keern, schbii^{e}rn)* vermittelnde Kompromißform *schdod^{e}rn^e*.

Wortgeographisches. – Unterschiede, die von den Leuten noch auffälliger empfunden werden als die lautlichen, gibt es natürlich auch im Wortschatz bei Benennungen der gleichen Sache oder Tätigkeit. Das kann so sein, daß sich irgendwo im Kreis oder an sei-

3. Mundart

nen Grenzen zwei Formen (möglicherweise mit jeweils weiteren lautlichen Spielformen) gegenüberstehen wie z. B. nördlicheres *Hünggᵉlᵉ, Hinggᵉl, Hinggl* gegenüber südlicherem *Huu, Huuᵉ, Huuⁿ* neben *Hüülᵉ* Huhn, nördlicherer *Wüülᵉr, Wüüülᵉr* gegen süd-, besonders südöstlichen *Maulwärf, Maulwurf, Kaadᵉʳ Kååd ᵉʳ*, im Kreisgebiet neben gelegentlichem *Remlᵉr* gegenüber *Rälᵉʳ, Rälᵃ* Kater im westlich anschließenden Rhein-Neckar-Kreis. Auf ebenfalls zwei Grundformen Gote und Dote gehen die im Südwestteil des Kreises geltenden *Godl, Gödlᵉ, Gedlᵉ, Geerlᵉ, Gäärlᵉ* und die im östlichen Teil zu hörenden *Doodᵉ, Doodl, Doodele, Doudele* als Bezeichnung für die Patin zurück.

Drei Formen stehen sich gegenüber zur Bezeichnung von »Quark«, nämlich nordöstlicheres *Madᵉ* (= Matte) gegen östliches und südöstliches *Glumbᵉ* (= Klumpen) sowie westliches und südwestliches *Kees* bzw. *Keesch*, wobei noch zu beachten ist, daß letztere Benennung dort gleichzeitig, jedoch im übrigen Kreisgebiet ausschließlich für »Käse« verwendet wird. Daß der Wortschatz insgesamt beweglicher ist als die Lautform der Wörter, zeigt sich u. a. daran, daß für Quark in Oberschefflenz schon 1927 neben häufigerem *Glumbᵉ* auch *Bibᵉlischkeesch* gesagt wurde, dies auch, allerdings zu *Bibᵉliskees* verändert, für 1976 als »neuer« angegeben wurde, während es zum gleichen Zeitpunkt in Neudenau an der Jagst bereits als »veraltet« bezeichnet wurde, denn man nenne dort jetzt den »weißen Käse« nur noch *Gwark*.

Wie reich entwickelt die Mundarten in bestimmten Bereichen gegenüber der Standardsprache sind, mag hier abschließend noch an zwei Beispielen deutlich werden. Die Murmel im alten Kinderspiel hat im Kreisgebiet und seiner näheren Umgebung eine ganze Reihe von Bezeichnungen: *Kuuchele, -üü-, -i-, Gligᵉr, -le, Glügᵉrli, Hebfᵉr, Höbfᵉrli, Hobfᵉbächᵉrli, Häzᵉli, Wörwl, Mörwᵉle, Mårmᵉle, Wezl;* das Spielen damit wird *Schoklöchles, Gligᵉrlis, Dobsdᵉrles, Gnebfles, Wezᵉeles* genannt. Falls aus einem Ort einmal zwei Bezeichnungen angegeben werden, handelt es sich entweder um eine ältere und eine jüngere Form oder es werden funktionsgleiche Gegenstände aus unterschiedlichen Materialien benannt.

Etwas anders ist es bei der Benennungsvielfalt für Körbe. Hier findet man oft an einem Ort drei oder mehr unterschiedliche Bezeichnungen, die aber nie dieselbe Sache meinen, sondern entweder nach der Form, der Größe oder dem Verwendungszweck differ(enz)ieren. So hört man für den einhenkligen Korb Henkelkorb, Hängkorb, Korb, Bauchenkorb, Krebe(n), Henkelkrebe, für den zweihenkligen, mehr oder weniger großen wiederum das Wort Korb mit Bestimmungswörtern, welche aussagen, was darin transportiert oder aufbewahrt wird: *Grumbiirᵉ-* bzw. *Ka(r)dofl-, Süüd-* (Spreu), *Laab-* (Laub), *Fudᵉr-, Holz-, Schdååe-, Wesch-, Eerdᵉkårb,* dazu als weitere Grundwörter Manne und seine Diminutivform Männle, wiederum Krebe und Krebel, Zeine und Zeinle, Köze *(Keez),* alle natürlich auch in einer oder mehreren der oben angegebenen Kombinationen zur Bezeichnung des Füllguts.

Einige gemeinsame Sprachzüge im Kreisgebiet. – Das Kreisgebiet wird als ausgesprochene *sprachliche Übergangslandschaft* von zahlreichen Mundartgrenzen durchzogen, die sich manchmal bündeln, oft aber die unterschiedlichsten Verläufe, auch in der gleichen Lautgruppe haben. Es gibt jedoch auch einige Mundartmerkmale, die dem ganzen Neckar-Odenwald-Kreis gemeinsam sind und ihn gegen benachbarte, meist südlich, teilweise auch westlich gelegene Mundartlandschaften abgrenzen. Dazu gehört z. B. die fränkische Aussprache von mhd. (langem) â und æ als *oo* und *ee* gegenüber schwäbischem *åå* und *ää* z. B. in *Schoof, Scheefle* Schaf, Schäfle auch in blasen, Bläsle(in), Ader, Äderle(in), mhd. a + sch als *waschᵉ* gegen schwäb. *wäschᵉ*, die Aussprache des mhd. b im Wortinnern zwischen Vokalen als w z. B. in *Schdu(u)wᵉ* Stuben, *schraiwᵉ* schreiben, *gschdårw^e* gestorben, *Ne(e)wl* Nebel, die Erhaltung des weiblichen Endungs -e z.B. in *Ked^e* Kette, *Kärz^e* Kerze, *Kärsch^e* Kirsche, gegenüber schwäb. *Ked, Kärz* bzw. *Käärz* bzw. *Kä^{e}rz, Kirsch* bzw. *Kürsch*, die Erhaltung der Vorsilben ge- und be- vor b, p, d, t, g, k, z z.B. in *g^{e}bod^e* geboten, *g^{e}bfif^e* gepfiffen, *g^{e}dengkt* gedacht, *g^{e}daugt* getaugt, *g^{e}glenzt* geglänzt, *g^{e}gnalt* geknallt, *g^{e}zwikt* gezwickt gegenüber südlicheren Formen ohne ge. Anderes, wie z.B. fränk. -er-, -or- für mhd. -ir-, -ur-, z.B. in *Kär(i)ch, Ker(i)ch* Kirche, *Worschd, Wårschd* Wurst, wurde bereits genannt, weiteres könnte noch hinzugefügt werden, z.B. fränk. *al^{e}s, ale* alles, alle gegen schwäb. *äl^{e}s, äle* und v.a.m.

Ursachen für den Verlauf der Grenzlinien. – Die Mundartwissenschaft hat zur Erklärung der Lagerung von Sprachgrenzen versucht, Begründungen durch den Vergleich mit geographischen und historischen Begrenzungen zu finden. Sie hat herausgefunden, daß die Naturlandschaft allein bei der Herausbildung von Mundartgrenzen und -landschaften keine große Rolle spielt. Zwar könnte man beim Beobachten der Pund/Pfund-Linie auf die Idee kommen, hier spiegle sich in etwa die geologische Grenze zwischen dem Buntsandsteingebiet des Hinteren Odenwalds und dem Muschelkalkgebiet des Baulands, damit auch zwischen spät- und frühbesiedeltem Land. Da aber die hoch- und spätmittelalterliche Besiedlung des Hinteren Odenwalds von O her erfolgte, muß es sich um sprachliche Einflüsse handeln, die nicht parallel und wohl auch nicht zeitgleich mit der Besiedlung sich auswirkten. Am wahrscheinlichsten sind sie territorial bedingt und der größeren Nähe zum Kern des Mainzer Hochstifts am Untermain zuzuschreiben. Die Tatsache, daß die Appel-/Apfel-Linie schon von Heidelberg aus nach N zieht, läßt eine Begründung allein aus der Landschaft heraus – hier zusammenhängendes, undurchdringliches Waldgebiet, dort nach S offenes Altsiedelland – ohnehin als nicht ausreichend erscheinen.

Dehnt man den Vergleich jedoch noch auf weitere, historische Grenzverläufe aus, so sieht es so aus, wie wenn als früheste Grenzziehung die Abgrenzung der alten Herzogtümer Ostfranken (mit dem Bistum Würzburg) und Rheinfranken (mit den Bistümern Mainz, Worms und Speyer) sowohl am Rand des Kreisgebiets als auch in seinem Innern in wichtigen Sprachgrenzen aufschiene. Und hierbei spielt natürlich auch die frühe oder späte Besiedlung bzw. die lange dauernde Siedlungsfreiheit mancher Gebiete eine Rolle. Wo sich an diese frühen, wenn auch nicht sehr langlebigen politischen Grenzen spätere anlehnten, besonders territoriale und konfessionelle aus dem 14. bis 18. Jahrhundert, dort konnten sich auch sprachliche Mundartgrenzen ausbilden und Mundarträume entstehen. So kann man eindeutig das mundartliche Abweichen des Südwestgebiets des Kreises – hauptsächlich der ehemalige Kreis Mosbach – der früheren Zugehörigkeit dieses Gebiets zum Kurpfälzischen zuschreiben. Daß hier dazuhin konfessionelle Unterschiede sich auswirkten, verstärkte dies noch. Ebenso decken sich Mundart- mit Territorialgrenzen im Bereich der ehemaligen (Amorbacher) Zent Mudau, die sich sprachlich, teilweise zusammen mit der nördlichen Nachbarschaft um Amorbach, scharf abhebt von der westlich und nordwestlich außerhalb des Kreisgebiets gesprochenen Mundart in der ehemaligen Grafschaft Erbach. Viele Übereinstimmungen zwischen sprachlichen und politischen Grenzen finden sich auch am Ostrand des Kreises, wo die östlichen Außengebiete des einstigen Erzstiftes Mainz an die Grafschaft Wertheim und das Hochstift Würzburg grenzten.

Trotzdem gilt das, was eingangs gesagt wurde: das Kreisgebiet ist kein einheitlicher Mundartraum, sondern ein Bereich mit zahlreichen sprachlichen Übergängen, die aber leider noch zu wenig erforscht sind.

4. Siedlung und Zentralität

Die ländlichen Siedlungen

Siedlungsentwicklung. – Entsprechend der unterschiedlichen naturräumlichen Zugehörigkeit des Kreisgebietes zum altbesiedelten und heute weithin waldoffenen Bauland sowie zum hochmittelalterlichen Rodungsland der Buntsandsteinhochflächen des Hinteren Odenwalds sind die heute bestehenden dörflichen Siedlungen, Weiler, Hofgruppen und Einzelhöfe in sehr unterschiedlichen Zeiträumen entstanden. Im flachwelligen, zuweilen hochflächigen und im Löß- und Lößlehmverbreitungsgebiet dellendurchsetzten Muschelkalkhügelland im *Baulandanteil* des östlichen und südöstlichen Landkreises finden sich in den bis ins Wellengebirge eingeschnittenen Tälern Dörfer mit haufendorfartigen, unregelmäßigen Siedlungsgrundrissen in geschützten Tal- und Nestlagen. Ihre Anfänge reichen ganz überwiegend ins Frühmittelalter, zuweilen bis in die Zeit der auf den Zusammenbruch der Römerherrschaft einsetzenden germanischen Landnahme zurück. Entsprechend früh treten ihre ersten urkundlichen Erwähnungen in schriftlichen Quellen auf. In vielen Fällen zeugen auch frühmittelalterliche Gräberfunde in der Gestalt von Reihengräbern oder Reihengräberfriedhöfen von ihrer frühen Existenz oder vom Bestehen kleindorfartiger Vorgängersiedlungen, aus denen die heutigen Dörfer mit ihren typischen, in die alemannische und fränkische Siedlungsperiode zurückweisenden Ortsnamenformen entstanden sind. Bis in die Zeit der modernen Flurbereinigungen hatten diese alten Dörfer typische Gewannfluren, die sich bis ins Spätmittelalter aus ursprünglich blockartigen Fluren durch die Herausbildung einer genossenschaftlich, von der Dorfgemeinschaft gemeinsam betriebenen Dreifelderwirtschaft entwickelt hatte. Die dörfliche Feldflur war dabei in drei jeweils gleichartig bebaute Zelgen gegliedert, die in einem Dreijahresrhythmus bestellt wurden. Über lange Zeiten hinweg war dies ein nur sehr extensiver Anbau von Winter- und Sommergetreide in zwei Zelgen bei gleichzeitiger Brachlage der dritten Zelge zur Regeneration des Bodens. Mit der Einführung der verbesserten Dreifelderwirtschaft wurde die Brachzelge vor allem für den Anbau von Futterpflanzen genutzt, die der durch den Getreidebau bedingten Bodenauslaugung durch Zuführung von Stickstoffverbindungen aus der Luft entgegenwirken konnten.

Die recht lückenhafte Flugsanddecke auf den Muschelkalkgesteinen im Baulandanteil des Kreisgebietes bedingte – etwa im Vergleich mit dem im SW benachbarten Kraichgauer Hügelland – eine verhältnismäßig dünne Durchsiedelung im Frühmittelalter. Zwischen den erstmals im 8. bis 10. Jh. urkundlich erwähnten Dörfern, die ganz überwiegend -ingen- und -heim-Ortsnamen tragen oder ursprünglich trugen, finden sich daher auch im Altsiedelland des östlichen und südöstlichen Landkreises zahlreiche erst im Hoch- und Spätmittelalter entstandene Siedlungen, die auf eine späte Siedlungsverdichtung im Baulandanteil hinweisen. Dabei handelt es sich häufig um Einzelhof- oder kleine Hofgruppensiedlungen, die im Gegensatz zu den geschlossenen alten Dörfern Hochflächen- oder hochflächige Muldenlagen einnehmen. Dieser erst hoch- und spätmittelalterlich durchsiedelte Altsiedelraum im Baulandanteil des Neckar-Odenwald-Kreises wies so bereits vor dem modernen Funktionswandel und Ausbau der ländlichen Siedlungen eine Vielfalt an bäuerlichen Siedlungsformen auf. Neben das unregelmäßig gestaltete Dorf mit seinem im Lauf der Jahrhunderte innerörtlich verdichteten und durch jüngere Ortserweiterungen veränderten Grundrißbild traten noch im Mittelalter ebenfalls unregelmäßig gestaltete Weiler und Einzelhöfe, typische bäuerliche Kleinsiedlungen, die erst im Zuge moderner Aussiedlungen von bäuerlichen Betrieben aus den engen Ortskernen neue und anders gestaltete Zuwächse erhielten. Auf die *Lohrbacher Platte* westlich des unteren Elzbachtals, auf der Unterer Muschelkalk unter einer inselhaften Lößlehmdecke zutage tritt und die eine gegen die Hochflächen des Hinteren Odenwalds abgesenkte, zwischen dem Bauland und den Buntsandsteinhöhen des Hinteren Odenwalds vermittelnde tektonische Stufe darstellt, griff eine anfängliche Besiedlung ebenfalls während des Frühmittelalters über. Im 765 erstmals schriftlich erwähnten Dorf Lohrbach hatte damals die Benediktinerabtei Mosbach Besitz. Die übrigen Ortschaften auf der Lohrbacher Muschelkalkplatte wurden aber erst in hoch- oder gar spätmittelalterlicher Zeit urkundlich genannt. Zehn Hufengüter in Lohrbach, die noch in der 2. H. 18. Jh. in ganze und halbe Hufen gegliedert waren, lassen Einflüsse aus dem hochmittelalterlichen Rodungsland des Hinteren Odenwalds selbst in der einzigen für das Frühmittelalter gesicherten Siedlung dieses tektonischen Verbindungsgliedes zwischen Bauland und Odenwald erkennen. Es nahm somit nicht nur im Landschaftsbau, sondern auch in der Besiedlung eine Zwischenstellung zwischen dem alt- und jungbesiedelten Kreisgebiet ein.

Grundherrliche Verflechtungen der in fränkischer Zeit am Zusammenfluß von Mudbach und Morre gegründeten Benediktinerabtei Amorbach mit dem Bauland führten dazu, daß bereits in frühmittelalterlicher Zeit Siedlungselemente des Altsiedellandes in das Rodungsbergland des *Hinteren Odenwalds* hineingetragen wurden. Unregelmäßig gestaltete Siedlungsgrundrisse bei Dörfern in Tal- und Hochflächenlagen in Verbindung mit ebenfalls unregelmäßigen Blockgemengefluren künden im Bereich der Amorbacher Waldmark, einem im 8. Jh. dem noch jungen Kloster geschenkten königlichen Waldbezirk, von der Übertragung von Siedlungs- und Flurformen des Baulandes durch rodungswillige Siedler in den klösterlichen Wald nordwestlich außerhalb der Kreisgrenzen. Im Bereich des westlichen Neckar-Odenwald-Kreises entstanden dann aber in dem um die Mitte des 11. Jh. vom Kloster Amorbach erworbenen Mudauer Forstbezirk hochmittelalterliche Rodungsanlagen mit typischen gebirgseigenen Siedlungs- und Flurformen. Eine Breitstreifenflur in Gemengelage entstand auf der hochflächigen Gkg Mudau in der Nachbarschaft eines klösterlichen Fronhofs in ca. 450–500 m NN. Die Mehrzahl der seit der Mitte des 11. Jh. – ganz überwiegend im 12. und 13. Jh. – angelegten amorbachischen Rodungssiedlungen im Mudauer Waldbezirk gehört zum Typus der Breitstreifenfluren in Waldhufenanordnung mit hufengebundenen Hofplätzen. Auf den Hufen liegende Hausplätze bestimmten so das mittelalterliche Siedlungsbild von Mörschenhardt, Schloßau, Waldauerbach, Reisenbach, Ober- und Unterscheidental sowie Langenelz auf der hochflächigen Südostabdachung des Hinteren Odenwaldes.

Ein weiteres, typisch hochmittelalterliches Landesausbaugebiet mit Siedlungslagen in rd. 500 m Höhe entstand nordwestlich der Lohrbacher Platte auf der Winterhauchhochfläche am Fuß des Katzenbuckels. Dort entwickelten sich im herrschaftlich zwingenbergischen Wald nach 1200 Waldhufendörfer in sanften Mulden- und Hanglagen. Ihre Vorbilder lagen im westlicheren Lorscher und späteren Erbacher Odenwald, wo noch heute mit Würzberg, einem Reihendorf mit Waldhufenflur, die planmäßigste Rodungssiedlung dieser Art zu finden ist. Oberdielbach, Strümpfelbrunn und Waldkatzenbach sind herausragende Beispiele solcher Siedlungen mit langgestreckten straßendorfartigen Ortskernen und mit in den Wald hineinziehenden Hufenstreifen ihrer Fluren. Noch in der 2. Hälfte des vorigen Jahrhunderts haben diese Siedlungs- und Flurelemente allein das Bild dieser hochmittelalterlichen Rodungsorte bestimmt. Erst ihr allmählicher Funktionswandel zu Fremdenverkehrsorten am Fuß des Katzen-

4. Siedlung und Zentralität

buckels brachte neue Gestaltungselemente in die Siedlungsgrundrisse sowie im Zuge von Feld- und Flurbereinigungen eine Auflösung der mittelalterlichen Hufenstruktur der Rodungsfluren (vgl. hierzu die Karte über die Siedlungs- und Flurformen im Kartenanhang).

Siedlungslagen. – Die Siedlungen lassen in ihrer heutigen landschaftlichen Verteilung ganz unterschiedliche Lagemerkmale erkennen, die sich in den einzelnen Naturräumen des Kreisgebiets ändern. Sie hängen als typische Geofaktoren mit dem Landschaftsbau und der Oberflächengestaltung, dem Klima und den daraus resultierenden hydrologischen Eigen- und Besonderheiten der verschiedenen naturräumlichen Einheiten zusammen. Augenfällig ist auch für den nur ganz flüchtig den Landkreis Durcheilenden, daß im *Odenwaldanteil* des Kreisgebiets mit seinen nur sanft zum Bauland und Kraichgauer Hügelland einfallenden Hochflächen im Oberen Buntsandstein, die von steil eingeschnittenen, engen und oft schluchtartigen Tälern zergliedert werden, geschlossene Dörfer und lockere Streusiedlungen in hochflächigen Lagen überwiegen. Flache und oft auch weite Quellmulden, in denen über wasserstauenden mergeligen und tonigen Gesteinsschichten im Oberen Buntsandstein Siedlungsanlagen begünstigende Quellhorizonte das für Mensch und Nutztier notwendige Wasser an die Oberfläche führen, bilden dabei häufig die bevorzugten und durch das Landschaftsrelief leicht geschützten Standorte hochmittelalterlicher Siedlungen, von denen aus die Rodung auf die umgebenden Hochflächen ausgriff. Die zwischen sie eingesägten und durch die erdgeschichtlich junge Gebirgshebung stark eingekerbten oder nur schmalsohligen Talabschnitte im Buntsandstein sind aufgrund ihrer Enge und der steilen Talflanken weitgehend siedlungsleer oder enthalten aus Mühlen oder aus einstigen Mühlen hervorgegangene Einzelhofsiedlungen. Nur dort, wo sich breitere Talböden ausbildeten, auf die sich am Ausgang von Seiten- und Nebentälchen überschwemmungssichere Schuttfächer auflagerten, entstanden auch in den größeren Tälern des Hinteren Odenwalds Siedlungen bis auf die Talsohlen und an den unteren und flacheren Talflanken, so im Tal der Morre mit Hettigenbeuern und an der Vereinigung von Mars- und Eiderbachtal mit Rippberg.

Weitgehend siedlungsleer sind dagegen die hügeligen Rücken und *Höhen des Baulands*, auf denen durch den spaltenreichen und verkarsteten Untergrund im Oberen und Mittleren Muschelkalk Trockenheit und Wasserarmut vorherrschen. Abgesehen von erst spät im Mittelalter oder in der frühen Neuzeit entstandenen Einzelhof- und Weilersiedlungen, die auch bevorzugt Quellmuldenlagen einnehmen, sind die Baulandhöhen siedlungsleer. Die typischen Baulanddörfer in der Gestalt von im Lauf der Jahrhunderte gewachsenen und verdichteten Haufendörfern liegen in den Tälern wiederum bevorzugt im Bereich von Quellhorizonten, wo sie eingebettet in das umgebende Hügelland ausgesprochene klimatische Schutzlagen einnehmen. Auf den breiten Talböden in den kastenförmigen Talabschnitten des Hauptmuschelkalks oder in den Sohlentälern mit sanfteren Talflanken in der weicheren Anhydritgruppe des Mittleren Muschelkalks sowie mit steileren Talhängen im wiederum härteren Wellengebirge boten sich viele Entwicklungsmöglichkeiten für Dörfer mit unregelmäßigen Grundrissen. Häufig sind die Siedlungsformen auch durch die Talverläufe vorgeprägt, und es entstanden in Talrichtung ziehende, langgestreckte straßendorfartige Ortschaften auf den Talböden oder in hochwassergeschützter Lage am Außenrand der Talsohlen und an den unteren Talflanken. Erst die junge Siedlungsausweitung der letzten Jahrzehnte brachte ihnen unter einem deutlichen Funktionswandel zu Wohnorten ein Wachstum auch an den oberen Talhängen bis auf die angrenzenden Hügel über den oberen Talkanten. Derartige Siedlungsentwicklungen lassen sich in den Tälern der Schefflenz, Seckach und Kirnau, aber auch in den Taleinschnitten ihrer Seiten- und Nebenbäche beobachten.

Bevorzugte Siedlungslagen bieten die großen *Täler von Elz und Neckar.* Das weitgehend an der Odenwaldflexur im Grenzbereich zwischen Odenwald und Bauland entlangziehende Elztal bildet heute von seiner trichterförmigen Einmündung ins Neckartal bis nach Dallau eine fast geschlossene Siedlungsachse mit dem städtischen Schwerpunkt Mosbach (s. u.). Die unmittelbare Nähe zum administrativen und wirtschaftlichen Mittelpunkt des Landkreises ließ im Elztal größere haufendorfartige Siedlungen mit an den Talhängen hinaufziehenden jungen Ortserweiterungen sowie mit Gewerbe- und Industriebereichen in verkehrsgünstigen Talsohlenlagen entstehen, die wie bei Neckarburken und Dallau aus der ältesten frühmittelalterlichen Siedlungsschicht herausgewachsen sind.

In dem durch die Schiffahrt, Eisenbahn und Straße verkehrsreichen Neckartal entstanden große, z. T. weit über ihre einst agrarisch strukturierten Siedlungskerne hinausgewachsene dörfliche Siedlungen. Sie nehmen im breiteren Talabschnitt des Muschelkalklandes zwischen den Bauland- und Kraichgauhügeln am windungsreichen Flußlauf wiederum ganz typische, durch die Entwicklung der Landoberfläche bedingte Siedlungslagen ein. So liegen Neckarzimmern, Hochhausen, Neckarelz, Guttenbach und Neckargerach mit ihren alten Ortskernen auf den Schwemmkegeln von Neckarzuflüssen. Haßmersheim und Binau entstanden auf den flachen Gleithängen in großen Neckarschleifen, deren Herausbildung im südlichen Kreisgebiet wiederum mit der Odenwälder Gebirgshebung im Oberpliozän und Pleistozän zu sehen ist. Vor dem Eintreten in das enge, antezedent vorgeprägte Durchbruchstal im Buntsandsteingebirge bewirkte dessen junge Heraushebung im Vorland Pendelbewegungen des Flußlaufes und die Ausformung von Neckarschlingen und -schleifen mit günstigen Siedlungsstandorten auf den sanften Gleithängen, zumal die dort angewehten Lößablagerungen auch beste ackerbauliche Voraussetzungen boten. Ihr Wachstum zu volkreichen und großflächigen Siedlungen in unserem Jahrhundert wurde aber in erster Linie durch die hervorragende Verkehrslage verursacht. Sie brachte – so bei Neckarelz und Diedesheim oder auch bei Haßmersheim – für das Siedlungswachstum bedeutsame Industrie- und Gewerbeansiedlungen mit Verladeanlagen am Fluß. Haßmersheim war darüber hinaus schon in früheren Jahrhunderten, nicht zuletzt aufgrund der territorialen Verhältnisse und der Lage von Zollstätten am Neckar, ein ganz auf den Fluß bezogenes Schifferdorf. Bei Obrigheim ermöglichte der Fluß die Anlage des Kernkraftwerks, nordwestlich abseits des alten Dorfes, ebenfalls auf einem Gleithang in einem weiten Neckarbogen. Sie beeinflußte entscheidend die moderne Siedlungsentwicklung nicht nur auf der Obrigheimer Gemarkung, sondern auch auf der am gegenüberliegenden Flußufer angrenzenden Gkg Binau mit dem Wachstum der Wohnsiedlung Neubinau hoch über dem Prallhang.

Besondere Auswirkungen der einstigen Herrschaftsverhältnisse sind im Siedlungsbild des Neckartals zahlreiche Burgen und Schlösser, die bevorzugt über den steilen Prallhängen nicht zuletzt zur Überwachung des alten Verkehrs auf Fluß und Straße erbaut wurden. Die heute in markgräflich-badischem Besitz befindliche Burg Zwingenberg, das bei Obrigheim aus dem bewaldeten Neckartalhang herausragende Schloß Neuburg und der massige Schloßkomplex über dem Dorf Hochhausen, ferner dann die von mächtigen Bergfrieden überragten Burgen Hornberg und Guttenberg oder auch der einsame, waldumschlossene Bergfried der einstigen Burg Dauchstein bei Binau sind architektonische Relikte längst überwundener Herrschaftsformen. Mit ihren Hotelbetrieben und Gaststätten in landschaftlich bevorzugter Lage oder mit einer Raubvogelwarte bei der Burg Guttenberg, die regelmäßig Flugvorführungen der dort gehaltenen Tiere bietet, sind diese einstigen Herrschaftssitze aber auch Zentren des Tourismus und des modernen Ausflugsverkehrs. Im Mittelalter waren diese für das Neckartal typischen Kulturlandschaftselemente auch Ausgangs- und Ansatzpunkte von mit ihnen zusammenhängenden Siedlungen in der Gestalt von Burgweilern. Die am steilen Hang angelegten straßendorfartigen Siedlungskerne von Zwingenberg und Neckarmühlbach unterhalb der Burg Guttenberg oder auch der Weiler Steinbach unterhalb der Burg Hornberg sind solche ursprünglich auf die adeligen Herrschaftssitze ausgerichteten Siedlungsanlagen.

Burgen und Schlösser prägen bis heute auch das Bild vieler einst ritterschaftlicher Dörfer vor allem im Baulandanteil des Landkreises. Hoch über die Talsiedlungen aufragende Burgen als eigenständige Siedlungselemente wie im Neckartal sind unter ihnen aber eine Seltenheit. Mittelalterliche Höhenburgen überragen so das einst Rüdtsche Dorf Bödigheim oder auf hartem Muschelkalksporn das Dorf Schweinberg. Die auf dem Talgrund ausgebaute barocke Schloß- und Gartenanlage von Bödigheim, die im engen Siedlungszusammenhang mit dem angrenzenden Dorf steht, ist für die ritterschaftlichen Siedlungen dagegen viel bezeichnender. Solche Tiefburgen ähnelnde Schloßanlagen waren häufig von Wassergräben eingegürtet. Wie in Bödigheim, Eberstadt, Hainstadt, Hardheim und Hettigenbeuern sind sie bis in unsere Gegenwart hineinwirkende, besondere, durch die mittelalterliche und frühneuzeitliche Landes- und Ortsherrschaft bedingte Siedlungselemente innerhalb eines größeren Siedlungsverbandes. In Adelsheim hat ein solcher auch heute noch das Siedlungsbild mitbestimmender Herrschaftssitz sogar stadtprägend gewirkt. In jedem Fall verleihen sie den umgebenden Orten eine besondere historische Note und bilden zweifellos reizvolle, die Kulturlandschaft nachhaltig mitgestaltende Siedlungsbestandteile, die sich im Bauland weitgehend in die üblichen, dort vorherrschenden Siedlungslagen einfügen.

Siedlungsbestand. – Die Siedlungen im Neckar-Odenwald-Kreis wurden im Zuge der Gemeindereform in den Jahren 1971 bis 1975 in 27 selbständige Gemeinden zusammengefaßt. Sechs von ihnen sind aus bereits im Mittelalter entstandenen Städten hervorgegangen und haben auch heute noch Stadtqualitäten mit z.T. erheblichem zentralörtlichem Einfluß auf ihr ländliches Umland. Das gilt vor allem für den Kreishauptort, die Große Kreisstadt Mosbach, aber auch für die ehemalige Kreisstadt Buchen und für Walldürn (s.u.). Vor 1971 bestanden im heutigen Kreisgebiet insgesamt 120 eigenständige Gemeinden, darunter fünf Städte und 62 dörfliche Gemeinden im ehemaligen Lkr. Buchen sowie eine Stadt und 52 dörfliche Gemeinden im einstigen Lkr. Mosbach.

Zu den aus vorstädtischen, ländlichen Siedlungen hervorgegangenen *Städten* und zu den *Dörfern*, die mit ihren Gemarkungen bis in die frühen 1970er Jahre eigenständige politische Gemeinden bildeten, kommen dann noch 38 *Weiler- und Kleindorfsiedlungen*, die als gesonderte Wohnplätze zu den 120 Gemeinden zählten. Über 20 von diesen ländlich strukturierten Kleinsiedlungen sind alte Bestandteile der Siedlungslandschaft, deren Ursprünge ganz überwiegend durch den hoch- und spätmittelalterlichen Landesausbau zu erklären sind. Zu ihnen gesellen sich auch erst in jüngerer Zeit aus gewerblichen Anlagen entstandene Häusergruppen als selbständige Wohnplätze, die aus Ziegeleien hervorgegangen sind wie auf den Gkgn Billigheim, Höpfingen, Neckarkatzenbach und Rittersbach. Moderne Kleinsiedlungen landwirtschaftlicher Prägung sind *Aussiedlungsweiler* und *Gruppen von Aussiedlerhöfen*, deren Entstehung im

III. Bevölkerung und Siedlung

Kreisgebiet mit der Bergwaldsiedlung auf den Muschelkalkhöhen östlich von Mosbach einsetzte und die vor allem im Zuge moderner Flurbereinigungen und Aussiedlungen landwirtschaftlicher Betriebe aus den alten dörflichen Siedlungskernen seit der Mitte unseres Jahrhunderts neue und ganz wesentliche Bestandteile der bäuerlichen Kulturlandschaft wurden.

Ebenfalls schon alte, bis ins Mittelalter zurückreichende Siedlungselemente sind zahlreiche *Einzelhofanlagen*. Auch sie gehören der hoch- bis spätmittelalterlichen Durchsiedelung des ländlichen Raumes an. 61 solcher Einzelhöfe, von denen ein großer Teil auch erst in der frühen Neuzeit bis ins vorige Jahrhundert sowie im Zuge der modernen Aussiedlungen entstanden ist, lassen sich heute auf den Höhen und in den Tälern des Baulands sowie in den Tälern des Hinteren Odenwalds finden. 33 von ihnen verdanken noch bestehenden oder einstigen Mühlenbetrieben ihre Existenz, ein weiterer Einzelhof entstand aus einer Glashütte, einer gehört zu einer Fischzuchtanstalt auf der Gkg Dallau. Von den über 60 Einzelhöfen des Kreisgebietes, die vor der Gemeindereform als eigenständige Wohnplätze galten, lassen sich für 16 eindeutige urkundliche Belege für deren Bestehen schon in mittelalterlicher Zeit finden. Die zwischen die dörflichen und weilerartigen Siedlungen eingestreuten Einzelhöfe sind somit auch schon ein typisches Element der im Lauf von Jahrhunderten gewachsenen Siedlungslandschaft im Neckar-Odenwald-Kreis, das gerade inmitten des erst in den mittelalterlichen Rodungsperioden endgültig durchsiedelten Bauländer Altsiedelraumes in größerer Zahl hervortritt.

Siedlungsgrößen. – Die Verteilung der Siedlungen nach ihrer Größe, wobei zum Vergleich mit früheren Jahrzehnten aufgrund der statistischen Erhebungen der Einwohnerzahlen sowie des Gebäude- und Wohnungsbestandes nur die heutigen Gemeindeteile berücksichtigt werden, die im wesentlichen den vor der Gemeindereform der 1970er Jahre selbständigen 120 Gemeinden entsprechen, läßt deutlich Siedlungsschwerpunkte und bevorzugte Siedlungsräume sowie ausgesprochen siedlungsschwache Regionen innerhalb des Kreisgebietes erkennen. Darüber hinaus treten in dem bis in die frühe Nachkriegszeit überwiegend landwirtschaftlich geprägten Neckar-Odenwald-Kreis auch Strukturprobleme hervor, die durch die Bevölkerungs-, Wirtschafts- und Verkehrsentwicklung seit dem Ende des 2. Weltkriegs verursacht wurden.

Bezeichnend für die Entwicklung im heutigen Landkreis war in der unmittelbaren und frühen Nachkriegszeit eine positive Bevölkerungsbilanz, vor allem durch die Ansiedlung von Heimatvertriebenen und Flüchtlingen, die, über den ländlichen Raum verteilt, später dann teilweise in größere städtische und industrielle Zentren abgewandert sind. So läßt sich im Gebiet des Neckar-Odenwald-Kreises bereits in den 1960er Jahren eine Abwanderung aus den bäuerlichen und vor allem verkehrsfernen Räumen erkennen. Wenn die Einwohnerzahl des Landkreises zwischen 1939 und 1970 mit einer Zuwachsrate von nur 73 % noch weit von einer Verdoppelung entfernt lag, so ist dies mit der negativen Bilanz vor allem der 1960er Jahre zu erklären. Gegenüber 1939 war die Landkreisbevölkerung 1970 aber immerhin um fast 55000 Menschen angewachsen. Dieser Zuwachs läßt sich deutlich bei einem Vergleich der Karten über die Siedlungsgrößen von 1939 und 1970 feststellen. Einen beachtlichen Zuwachs hatten in diesem Zeitraum die ehemaligen Gemeinden mit einer Bevölkerungszahl zwischen 1001 und 1500 Einwohnern mit +75 % zu verzeichnen. Besonders stark gewachsen sind aber die noch größeren Siedlungskörper in Gemeinden mit 2001–3000 (+250 %), 3001–5000 (+400 %) und 5001–10000 Einwohnern (+200 %).

So läßt die Siedlungsgrößenkarte für 1939 lediglich die Städte Buchen und Walldürn in den Größenklassen von 2001–3000 bzw. 3001–5000 Einwohner hervortreten. Dar-

4. Siedlung und Zentralität

Tabelle 1: **Siedlungsgrößen 1939 – 1970 – 1987**

Größenklasse nach Einwohnern	1939	1970	1987	Veränderungen		
				1939/70	1939/87	1970/87
unter 50	0	1	2	+1 (+100%)	+2 (+200%)	+1 (+100%)
50– 100	5	5	5	0	0	0
101– 200	15	12	12	–3 (–20%)	–3 (–20%)	0
201– 300	14	7	8	–7 (–50%)	–6 (–43%)	+1 (+14%)
301– 500	33	27	25	–6 (–18%)	–8 (–24%)	–2 (–7%)
501– 750	25	21	21	–4 (–16%)	–4 (–16%)	0
751– 1000	12	12	10	0	–2 (–17%)	–2 (–17%)
1001– 1500	8	14	15	+6 (+75%)	+7 (+86%)	+1 (+7%)
1501– 2000	4	5	5	+1 (+25%)	+1 (+25%)	0
2001– 3000	2	7	8	+5 (+250%)	+6 (+300%)	+1 (+14%)
3001– 5000	1	5	5	+4 (+400%)	+4 (+400%)	0
5001–10000	1	3	3	+2 (+200%)	+2 (+200%)	0
10001–15000	0	1	1	+1 (+100%)	+1 (+100%)	0

Anmerkung: Auf der Basis der heutigen Gemeinde-/Stadtteile.

über lag nur Mosbach, das mit seinen rd. 5500 Einwohnern in die nächst höhere Größenklasse einzugliedern war. Die im südöstlichen Kreisgebiet liegenden Landstädtchen Adelsheim und Osterburken gehörten mit etwas über und unter 1500 Einwohnern in Siedlungsgrößenklassen, die vor dem 2. Weltkrieg auch schon 11 dörfliche Gemeinden erreicht oder sogar teilweise überschritten hatten. Das gilt vor allem für die beiden im nordöstlichen Landkreis liegenden Orte Hardheim und Höpfingen, in denen sich schon früh eine industrielle Entwicklung mit Unternehmungen des Maschinenbaus und einer großen Ziegelei abzeichnete. Das gilt aber auch für Mudau, das sich schon durch seine im Mittelalter herausragende Stellung als Standort eines bedeutenden amorbachischen Fronhofs und einer Pfarrei im umgebenden Waldbezirk bis ins 19. Jh. zu einer größeren Siedlung mit zentralörtlichen Aufgaben für die Odenwaldhochfläche herausgebildet hatte. Das trifft ferner auch für Aglasterhausen im südwestlichen Kraichgauer Randbereich des Landkreises zu, wo sich aus hausgewerblichen Ansätzen ebenfalls frühe industrielle Anfänge und Marktfunktionen herauskristallisierten. Ein dicht besiedelter Raum innerhalb des Kreisgebiets war das seit alters her und mit dem Bau der Eisenbahn besonders bevorzugte Neckartal und das untere Elztal. Frühe industrielle Ansätze in Mosbach und der Funktionswandel der Neckar- und Elztalorte zu verkehrsgünstig liegenden Arbeiterwohnsiedlungen sowie Gewerbe- und Industriestandorten ließen Dallau, Obrigheim und Neckargerach noch vor dem 2. Weltkrieg in Größenklassen von über 1000 sowie Haßmersheim und Neckarelz von über 1500 Einwohnern aufsteigen.

Mit Ausnahme der volkreichen Baulanddörfer Hettingen und Altheim, die 1939 auch schon über 1000 Menschen beherbergten und die im unmittelbaren Einzugsbereich der Städte Buchen und Walldürn liegen, waren die übrigen ländlichen Siedlungen am Ende der 1930er Jahre klein. 104 oder 87% der 120 Kreisgemeinden hatten 1939 jeweils weniger als 1000 Einwohner. Besonders zahlreich waren unter ihnen die Ortschaften mit 301–500 und mit 501–1000 Personen, die über ein Viertel (33 oder 28%) und ein gutes Fünftel (25 oder 21%) aller Gemeinden im Kreisgebiet ausmachten (vgl. Tab. 1).

Bemerkenswert ist, daß das Ackerbürgerstädtchen Ballenberg im SO des Neckar-Odenwald-Kreises 1939 auch der am stärksten vertretenen Größenklasse mit 201–300 Einwohnern angehörte (s. u.).

Bis 1970 hatte sich die Verteilung der Siedlungsgrößen durch den genannten Bevölkerungszuwachs und die weitere Ausprägung der städtischen Wirtschafts- und Verwaltungszentren verändert. Die kleinen Gemeinden bis 750 Einwohner nahmen zahlenmäßig beachtlich ab, am meisten die Gruppe mit 201–300 Einwohnern, die von 1939 bis 1970 von 14 auf 7 absank. Die Gemeinden mit 101–200 sowie 301–500 Bewohnern schwanden in jenem Zeitraum um oder fast um ein Fünftel. Die Anzahl der Gemeinden mit 751–1000 Einwohnern veränderte sich bis 1970 nicht, die größeren nahmen dagegen alle zu, an erster Stelle die Städte Mosbach, Buchen und Walldürn, aber auch Adelsheim und Osterburken. Siedlungsballungsräume mit bis zum Anfang der 1970er Jahre stark gewachsenen Gemeinden waren wiederum das untere Elztal und das Neckartal, der Bereich entlang der B 27 zwischen Buchen und Hardheim, das sich nach S zum Neckarbecken öffnende Schefflenztal, in dem sich Arbeiterwohnsiedlungen herausgestalteten, die auf den Industrieraum Neckarsulm-Heilbronn ausgerichtet waren (vgl. Karte der Siedlungsgrößen von 1970 und Tab. 1).

Die 1970er und 80er Jahre waren im Neckar-Odenwald-Kreis durch eine Wachstumsstagnation mit nachhaltigen Einwirkungen auf die Siedlungsentwicklung gekennzeichnet. Trotz gleichbleibenden oder sogar sinkenden Einwohnerzahlen im ländlichen Raum führten sie zu teils beachtlichen Siedlungserweiterungen mit geschlossenen Neubaugebieten. Die sich bereits bis 1970 abzeichnenden Tendenzen haben sich auch bis zur letzten Volkszählung von 1987 fortgesetzt: Die kleinen Siedlungen sind weiter zurückgegangen. So läßt sich bei den Größenklassen bis 1000 Einwohner zwischen 1970 und 1987 ein weiterer Rückgang oder aber eine gleichbleibende Zahl erkennen. Lediglich die Gruppe mit 201–300 Einwohnern ist in der genannten Zeitspanne um einen Ort angewachsen. In gleicher Weise zugenommen haben auch die Größenklassen mit 1001–1500 sowie mit 2001–3000 Einwohnern, während die größeren zumindest nach der Anzahl stagnierten (vgl. Tab. 1).

Die Karte der Siedlungsgrößen von 1987 läßt noch klarer Räume einer Siedlungskonzentration und eines Siedlungsrückgangs hervortreten. Ein ausgesprochener Gunstraum nach Verkehrserschließung und wirtschaftlicher Ausstattung ist im Vergleich mit 1970 in verstärktem Ausmaß das Neckartal und das untere Elztal. Vielerlei Funktionen überlagern sich in dieser durch industrielle Aktivitäten, Verwaltungs- und Bildungseinrichtungen sowie durch den Tourismus geprägten südwestlichen Kreisregion. Eine Reihe stark gewachsener Siedlungen folgt der B 27 von Buchen bis Hardheim. Die durch Industrieansiedlungen wieder etwas gestärkte Zentralität der einstigen Kreisstadt Buchen mit zahlreichen Einrichtungen auch des tertiären Wirtschaftssektors, die durch industrielle und gewerbliche Funktionen sowie durch Bundeswehrstandorte vergrößerte zentralörtliche Bedeutung von Walldürn und Hardheim haben auf die benachbarten Siedlungen im Bauland ausgestrahlt und führten unter Ausbildung teils ortseigener Produktionsstätten und durch die Stärkung der Wohnortfunktionen zu einem beachtlichen Siedlungswachstum in Hainstadt, Hettingen und Höpfingen. Aber selbst so verkehrsgünstig gelegene Ortschaften wie Hettingen und Höpfingen haben trotz ausgedehnter Neubaugebiete, die nach 1970 erschlossen wurden, eine fast stagnierende und nur leicht rückläufige oder gar beachtlich abwärts strebende Bevölkerungsentwicklung zu verzeichnen: Hettingen −0,9 %, Höpfingen −8 %.

Betrachtet man die Entwicklung der Siedlungsgrößen bezogen auf die Naturräume, so läßt sich feststellen, daß die 12 Orte, Gemeinde- oder Stadtteile im Neckartal sowie 4

4. Siedlung und Zentralität

Tabelle 2: **Siedlungen nach landschaftlicher Zugehörigkeit**

Landschaft	Gesamtzahl der Siedlungen			Größenklassen der Siedlungen 1987				
		Veränderungen 1939–1987			unter 200	201 bis 500	501 bis 1000	1001 bis 5000	über 5000
		Zunahme	Stagnation	Abnahme					
Neckartal	12	12	–	–	–	3	2	6	1
Elztal	4	4	–	–	–	–	2	1	1
Kraichgau	9	9	–	–	–	4	2	3	–
Bauland	46	32	1	13	3	13	12	17	1
Lohrbacher Platte	2	2	–	–	–	1	–	1	–
Hinterer Odenwald	45	26	–	19	15	12	13	4	1
Kleiner Odenwald	2	1	–	1	1	–	–	1	–
Neckar-Odenwald-Kreis insgesamt	120	86	1	33	19	33	31	33	4

weitere im Elztal zwischen 1939 und 1987 alle eine positive Bevölkerungsbilanz aufweisen und in größere Siedlungsgrößenklassen aufgestiegen sind. Das trifft auch für die im Kreisgebiet liegenden 9 Kraichgauorte sowie für Lohrbach und Reichenbuch, zwei Mosbacher Stadtteile auf der Lohrbacher Platte, zu. Von den 46 Baulandorten im Neckar-Odenwald-Kreis haben dagegen nur 32 seit dem Vorabend des 2. Weltkriegs zugenommen. Einer, nämlich Bofsheim, stagnierte mit der gleichen Einwohnerzahl in den Jahren 1939 und 1987, und 13 weitere, vor allem im östlichen Landkreis, haben z. T. beachtlich abgenommen. Leibenstadt (–14 %), Rinschheim (–19 %), Bretzingen (–16 %), Erfeld (–21 %), Gerichtstetten (–18 %), Hüngheim (–14 %), Unterwittstadt (–15 %), Waldstetten (–15 %) und Bronnacker (–23 %) sind dafür treffende Beispiele.

Naturräume mit unterschiedlichen Siedlungsveränderungen sind auch die Odenwaldbereiche im westlichen und nordwestlichen Landkreis. Von den 45 Gemeinde- und Stadtteilen im Hinteren Odenwald sind 26 in eine größere und 19 in eine kleinere Siedlungsgrößenklasse auf- oder abgestiegen. Die Orte mit wesentlichen Bevölkerungsverlusten sind noch weitgehend landwirtschaftlich geprägt und haben an dem durch den Fremdenverkehr eingeleiteten Funktionswandel nicht oder noch nicht teilgenommen. Im heute weit auf die Abdachung des Hinteren Odenwalds übergreifenden Stadtgebiet von Buchen zählen zu ihnen Einbach (–15 %) und Stürzenhardt (–28 %). Im benachbarten Walldürner Bereich haben Gerolzahn und Hornbach geringere Verluste von 10 % und 9 % aufzuweisen. Groß ist der Rückgang dagegen mit fast einem Fünftel in Reinhardsachsen und mit einem Drittel in Kaltenbrunn. Ähnliche Entwicklungen spielten sich seit 1939 auch auf dem Mudauer Odenwald ab, wo außer dem Hauptort Mudau, dessen Wohnbevölkerung sich um 69 % erhöhte, und dem durch den Fremdenverkehr schon deutlich geprägten Schloßau alle Gemeindeteile Bevölkerungsverluste aufweisen. Das heute noch ganz bäuerliche Rumpfen hat mit 46 % zwischen 1939 und 1987 fast die Hälfte seiner Einwohnerschaft eingebüßt und liegt mit diesem prozentual hohen Bevölkerungsverlust an der Spitze im Kreisgebiet.

Wo eine günstige Verkehrslage zu Wandlungen der Siedlungsfunktionen durch die Herausbildung von Pendlerwohnorten und die Ansiedlung ortsansässiger Industriebetriebe führte, oder wo der landschaftlich bedingte Fremdenverkehr den Odenwalddörfern neue Aufgaben zuwachsen ließ, erfolgten aber auch Aufstiege in volkreichere

Siedlungsgrößenklassen in diesem für die Agrarwirtschaft benachteiligten Naturraum. Im Gemeindegebiet von Limbach, aus dem Berufstätige vor allem nach Mosbach und Buchen auspendeln, und wo in Krumbach, Limbach und Laudenberg auch örtliche Industriebetriebe für Arbeitsplätze sorgten, sind hohe Wachstumsraten zu verzeichnen, die sich in den Siedlungen mit ausgedehnten Ortserweiterungen niedergeschlagen haben. Laudenberg erzielte so von 1939 bis 1987 mehr als eine Verdoppelung seiner Einwohnerschaft (+105%). Auch Limbach war nach seiner Einwohnerzahl 1987 fast doppelt so groß wie 1939 (+91%), und das durch industrielle Holzverarbeitung strukturell stark gewandelte Krumbach hatte sich 1987 mit einem Bevölkerungsgewinn von 176% fast verdreifacht. Diese hohe Zuwachsrate wurde lediglich in Ortschaften im Neckartal übertroffen, wo in den Mosbacher Stadtteilen Diedesheim (+181%) und Neckarelz (+241%), sowie in Obrigheim (+228%) und Zwingenberg (+212%) die Spitzenwerte beim Siedlungswachstum erzielt wurden.

Der rd. 500 m hoch liegende Winterhauch am Fuß des Katzenbuckels ist wie das benachbarte Neckartal schon ein traditionsreiches Fremdenverkehrsgebiet. Neue Kuranlagen zwischen den Dörfern Strümpfelbrunn, Oberdielbach und Waldkatzenbach, Wanderwege in hochflächiger Landschaft und Wintersportmöglichkeiten mit gebahnten Loipen auf der Hochfläche um den Katzenbuckel ziehen während des ganzen Jahres Kur- und Feriengäste an. In keiner anderen Odenwaldregion des Landkreises sind daher auch die Siedlungsbilder so stark vom Fremdenverkehr beeinflußt wie auf der Winterhauchhochfläche. Zahlreiche Gaststätten und Hotels sowie Kaufläden, deren Warenangebote weit über den Bedarf der ansässigen Bevölkerung hinausreichen, bestimmen den Aufriß von Strümpfelbrunn und Waldkatzenbach. Dazu kommen dann noch Kuranlagen wie in Mülben, Reiterhöfe wie in Oberdielbach, zahlreiche ältere und neuere Wohnhäuser mit Fremdenzimmern und ganze Feriendörfer wie in Waldkatzenbach, die mit ihren Ferienhäuschen in garten- und parkartiger Umgebung dem dörflichen Siedlungsbild ganz neue Züge hinzufügen. Der für die Gde Waldbrunn wirtschaftlich bedeutsame Fremdenverkehr und Ausflugsverkehr zum Katzenbuckel bewirkte in den eigentlichen Fremdenverkehrsorten Waldkatzenbach, Strümpfelbrunn, Oberdielbach und Mülben eine aufstrebende Bevölkerungs- und Siedlungsentwicklung, die sich in Wachstumsraten der Einwohnerschaft zwischen 110% in Strümpfelbrunn und 50% in Waldkatzenbach für die Jahre 1939 bis 1987 äußerte. Die jüngste Entwicklung seit 1970 ist aber auch in den eigentlichen Fremdenverkehrsorten mit einem sehr steilen Aufschwung bis in die 1960er Jahre nicht einheitlich, und so lassen Strümpfelbrunn und Waldkatzenbach trotz immer noch weiter ausgreifenden Neubaugebieten Verluste der Wohnbevölkerung erkennen, die zwischen 1% und 3% seit 1970 ausmachen. Schollbrunn, das erst seit den 1970er Jahren ein mit 9% beachtliches Bevölkerungswachstum erkennen läßt und das ein noch junges Neubaugebiet im SW hat, weist für die Zeit von 1939 bis 1987 einen Rückgang seiner Einwohnerzahl um 7% auf. Bei dem abgelegeneren Weisbach liegt er bei gut einem Zehntel und wirkt sich verstärkt erst seit 1970 aus. Es ist daher nicht verwunderlich, daß diese beiden Dörfer bis heute in ihren Siedlungsgrößenklassen der 1930er Jahre verharren.

Neunkirchen und Neckarkatzenbach, zwei dem Kleinen Odenwald zuzurechnende Siedlungen im SW des Kreises, entwickelten sich seit dem 2. Weltkrieg recht unterschiedlich. Der Gemeindehauptort Neunkirchen, der in den beiden letzten Jahrzehnten eine gewisse Bedeutung als Fremdenverkehrs- und Erholungsort auf der Hochfläche südwestlich über dem steil in den Odenwälder Sandstein eingeschnittenen Neckartal erlangt hatte, wuchs seit 1939 kontinuierlich und stieg in eine höhere Siedlungsgrößenklasse auf (+59%). Das malerisch an den Prallhang und Hangfuß einer einstigen, den

4. Siedlung und Zentralität   231

Mittelberg umschließenden Neckarschleife angelehnte Dörfchen Neckarkatzenbach ist trotz seiner landschaftlich reizvollen Lage am Übergang vom Kraichgauer Hügelland zum Buntsandsteinodenwald noch ganz landwirtschaftlich geprägt. Das zeigt sich an seinen das Ortsbild bestimmenden bäuerlichen Wohn- und Wirtschaftsbauten und drückt sich auch in seinem Bevölkerungsschwund aus, der mit 31 % zwischen 1939 und 1987 fast ein Drittel ausmachte.

Gebäude- und Wohnungsbestand. – Die jüngste Siedlungsentwicklung seit 1970 zeigt bei der Mehrzahl der 115 aus Dörfern hervorgegangenen Gemeinde- und Stadtteile eine negative Bevölkerungsbilanz. 63 Ortschaften hatten bei der letzten Volkszählung eine geringere Einwohnerzahl als am Beginn der 1970er Jahre. Bei 16 von ihnen lag der Bevölkerungsverlust über 5 %, bei weiteren 20 über 10 % und bei 5 über 20 %. Um jeweils ein Viertel war dabei die Wohnbevölkerung in Hemsbach im Stadtgebiet von Osterburken und in Mörschenhardt auf der Hochfläche des Mudauer Odenwalds zurückgegangen. Fast ein Viertel (–24 %) machte der Rückgang in Rinschheim im Baulandanteil des Buchener Stadtgebietes aus. Kennzeichnend für diese Dörfer ist in allen Fällen eine noch entscheidend von der Landwirtschaft geprägte Siedlungsstruktur. Eine abseitige und ungünstige Verkehrslage (Mörschenhardt) oder eine nachteilige topographische Lage in einem engen Talabschnitt mit fehlendem Bauland für Siedlungserweiterungen (Hemsbach) standen in diesen Fällen einem funktionalen Wandel zur Wohn- oder gar gewerblich-industriellen Wohngemeinde entgegen. Nur 51 ursprünglich dörfliche Siedlungen lassen seit 1970 eine positive Bevölkerungsentwicklung erkennen. Gemeinde- und Stadtteile mit einem starken Aufwärtstrend, durch den die Wohnbevölkerung seit 1970 über ein Fünftel zugenommen hat, gibt es zehn. Das stärkste Wachstum trat dabei in der Kraichgaurandgemeinde Schwarzach zutage, die sich mit dem Ausbau der kirchlichen Pflegeanstalten des Schwarzacherhofes von einer gewerblich-landwirtschaftlichen Gemeinde zu einer Wohn- und Dienstleistungsgemeinde gewandelt hatte. Bevölkerungsgewinne von 42 % in Ober- und 38 % in Unterschwarzach, die sich in beiden Ortschaften in großflächigen Neubaugebieten niederschlagen, waren die Folge.

Trotz des zwischen den beiden letzten Volkszählungen im Neckar-Odenwald-Kreis äußerst geringen Bevölkerungswachstums um 106 Personen in 17 Jahren, das einer Stagnation gleichzusetzen ist, hat sich die Anzahl der Wohngebäude zwischen 1968 und 1987 um fast ein Drittel von 24576 auf 32029 erhöht. Die Zahl der Wohnungen vergrößerte sich im selben Zeitraum um über ein Viertel (+28 %) von 37126 auf 47575. Dieser Zuwachs führte zu einer geringeren Belegung der Wohnungen. Nutzten 1968 durchschnittlich noch 3,3 Personen eine Wohnung, so waren es 1987 nur noch 2,7 (vgl. Tab. 3). Die Auswirkungen dieser Entwicklung mit sinkenden Belegungsziffern pro Wohneinheit drückt sich in der Siedlungslandschaft durch teils recht ausgedehnte Neubaugebiete aus, die häufig die Bebauungsflächen der alten Ortskerne und Siedlungsteile an Größe weit übertreffen. Selbst bei Gemeinden mit einer negativen Bevölkerungsbilanz in den beiden zurückliegenden Jahrzehnten in allen Gemeindeteilen wie z. B. in dem städtischen Unterzentrum Adelsheim im südöstlichen Landkreis ist die Anzahl der Wohnhäuser zwischen 1968 und 1987 noch um 147 oder 14 % gewachsen. Dieser prozentuale Gebäudezuwachs ist typisch für jene Gemeinden im Neckar-Odenwald-Kreis, die in den vergangenen 20 Jahren negative Bevölkerungsbilanzen aufweisen. Ravenstein und Rosenberg haben einen Zugewinn an Wohngebäuden von 13 % und 14 %; in Hardheim liegt er bei 18 % und in Höpfingen sogar bei 22 %. Dadurch zeichnen sich heute auch Gemeinden mit seit 1970 kontinuierlich sinkenden

Tabelle 3: **Wohngebäude und Wohnungen 1968 und 1987**

Gemeinde	1968			1987		
	Wohngebäude	Wohnungen	Einwohner pro Wohnung	Wohngebäude	Wohnungen	Einwohner pro Wohnung
Adelsheim, Stadt	1 049	1 547	3,0	1 196	1 723	2,6
Aglasterhausen	703	1 054	3,3	941	1 352	2,7
Billigheim	1 099	1 444	3,4	1 450	1 894	2,9
Binau	177	258	3,2	304	435	2,8
Buchen, Stadt	2 671	3 913	3,4	3 628	5 427	2,8
Elztal	931	1 189	4,0	1 299	1 823	2,8
Fahrenbach	451	628	3,4	627	846	2,9
Hardheim	1 326	2 129	3,3	1 562	2 347	2,7
Haßmersheim	804	1 294	3,1	1 078	1 566	2,8
Höpfingen	597	859	3,5	726	1 018	2,8
Hüffenhardt	387	572	3,0	515	665	2,7
Limbach	805	1 036	4,0	1 071	1 406	3,0
Mosbach, Stadt	3 635	6 747	3,1	4 881	9 013	2,6
Mudau	975	1 267	3,9	1 199	1 538	3,2
Neckargerach	420	625	3,3	591	869	2,6
Neckarzimmern	267	465	3,0	357	633	2,6
Neunkirchen	332	489	3,2	423	576	2,7
Obrigheim	962	1 556	3,2	1 256	1 926	2,7
Osterburken, Stadt	971	1 423	3,2	1 247	1 794	2,7
Ravenstein, Stadt	677	796	3,7	764	919	2,9
Rosenberg	527	661	3,2	601	717	2,7
Schefflenz	865	1 125	3,3	1 122	1 466	2,7
Schwarzach	266	416	3,0	443	652	2,6
Seckach	737	1 026	3,4	960	1 259	2,9
Waldbrunn	818	1 184	3,5	1 131	1 597	2,6
Walldürn, Stadt	2 004	3 240	3,3	2 479	3 835	2,7
Zwingenberg	120	183	3,1	188	279	2,6
Neckar-Odenwald-Kreis insgesamt	24 576	37 126	3,3	32 039	47 575	2,7

Anmerkung: Wohngebäude 1968: ohne Wochenend- und Ferienhäuser.
Wohngebäude 1987: ohne Ferienhäuser.
Quellen: Statistik von Baden-Württemberg Bd. 161, Heft 1 (1970), und Bd. 403, Heft 1 (1989).

Einwohnerzahlen durch teilweise großflächige Neubauerweiterungen aus. Das hängt zum einen mit der im ländlichen Raum allgemein üblichen und bei weitem überwiegenden Bauweise freistehender, von Gärten umgebenen Einfamilienhäusern zusammen, die in ihrer aufgelockerten Art ungleich größere Bauflächen erfordern als die frühere Bebauung in den dicht zusammengedrängten Ortskernen. Die in einstigen Bauernhäusern oft beengten und modernen Anforderungen nach Größe und Ausstattung nicht mehr genügenden Wohnungen wurden mit der Aufgabe der Landwirtschaft häufig verlassen und durch Neubauten in randlichen Siedlungserweiterungen ersetzt. In den Ortskernen und alten dörflichen Siedlungsteilen lassen sich so häufig aufgegebene Häuser und Wohnungen finden, denen moderne und zeitgemäße Wohnbauten in den Neubaugebieten gegenüberstehen. Weitere, die inneren Ortsbilder entscheidend beein-

4. Siedlung und Zentralität 233

flussenden und verändernden Auswirkungen dieser Entwicklung sind der Neuausbau von ehemaligen bäuerlichen Wohn- und Wirtschaftsbauten oder der Neubau mehrgeschossiger, oft städtisch wirkender Wohn- oder Wohn-Geschäftshäuser in der unmittelbaren Nachbarschaft alter Bauernhäuser.

Tabelle 4: **Bewohnte und unbewohnte Wohnungen 1987**

Gemeinde	Wohnungen			
	insgesamt	bewohnt	unbewohnt	Anteil der unbewohnten Wohnungen in %
Adelsheim, Stadt	1 723	1 637	86	5,0
Aglasterhausen	1 352	1 340	12	0,9
Billigheim	1 894	1 829	65	3,4
Binau	435	431	4	0,9
Buchen, Stadt	5 427	5 283	144	2,7
Elztal	1 823	1 787	36	2,0
Fahrenbach	846	839	7	0,8
Hardheim	2 347	2 304	43	1,8
Haßmersheim	1 566	1 540	26	1,7
Höpfingen	1 018	983	35	3,4
Hüffenhardt	665	645	20	3,0
Limbach	1 406	1 372	34	2,4
Mosbach, Stadt	9 013	8 854	159	1,8
Mudau	1 538	1 491	47	3,1
Neckargerach	869	857	12	1,4
Neckarzimmern	633	626	7	1,1
Neunkirchen	576	560	16	2,8
Obrigheim	1 926	1 889	37	1,9
Osterburken, Stadt	1 794	1 727	67	3,7
Ravenstein, Stadt	919	876	43	4,8
Rosenberg	717	682	35	4,9
Schefflenz	1 466	1 424	42	2,7
Schwarzach	652	631	21	3,2
Seckach	1 259	1 224	35	2,8
Waldbrunn	1 597	1 537	60	3,8
Walldürn, Stadt	3 835	3 749	86	2,2
Zwingenberg	279	276	3	1,1
Neckar-Odenwald-Kreis insgesamt	47 575	46 393	1 182	2,5

Quelle: Statistik von Baden-Württemberg Bd. 403, Heft 1 (1989).

So verwundert es nicht, daß im Beschreibungsraum 1987 insgesamt 1182 Wohnungen leer standen; das waren 2,5 % des gesamten Wohnungsbestandes im Kreisgebiet, die nicht bewohnt waren. In Gemeinden mit seit 1970 sinkenden Einwohnerzahlen wie z. B. in Adelsheim, Ravenstein und Rosenberg machte der Bestand an unbewohnten Wohnungen 1987 5 % oder knapp 5 % aus. Selbst in einer ausgesprochenen Wachstumsgemeinde mit hohen Bevölkerungszuwächsen in den zurückliegenden Jahren wie z. B. Schwarzach ließ sich bei der letzten Volks- und Gebäudezählung mit 21 leerstehenden Wohnungen ein noch überdurchschnittlich hoher Anteil an nicht bewohnten

Wohnungen von 3,2 % ausmachen. Dies ist zweifellos auch eine Auswirkung des funktionalen Wandels, den gerade diese Gemeinde seit dem Ende des 2. Weltkriegs durchgemacht hatte und der mit der Aufgabe bäuerlicher Wohngebäude verbunden war und zum Bau neuer Wohnhäuser geführt hatte. In äußerst verkehrsgünstig liegenden Wachstumsgemeinden wie z. B. in Binau, Neckarzimmern und Zwingenberg im Nekkartal betrug der Anteil der leerstehenden Wohnungen 1987 noch 0,9 und 1,1 %. Der geringste Bestand an ungenutzten Wohnungen fand sich mit 0,8 % in der im engeren Einzugsbereich von Mosbach liegenden Odenwaldgemeinde Fahrenbach (vgl. Tab. 4).

Siedlungs- und Hausformen. – Der Neckar-Odenwald-Kreis läßt als ein Übergangsraum mit Anteilen am bereits prähistorisch besiedelten Altsiedelland und am erst mittelalterlich erschlossenen Rodungsland eine Vielfalt von Siedlungsformen erkennen, die ganz unterschiedlichen Perioden der Kulturlandschaftsgeschichte entstammen. Durch junge, erst nach der Mitte unseres Jahrhunderts erfolgte Ausbauten und Erweiterungen haben sich diese historisch gewachsenen Siedlungsformen vielerorts verwischt, und die Grundrißgestalt der heutigen Ortschaften läßt häufig ganz andere Formenelemente in den Vordergrund treten als noch bei den Dörfern des 19. Jh., die sich im Zug einer jahrhundertelangen Entwicklung unter Wahrung ihrer althergebrachten Funktionen herausgebildet hatten.

Im östlichen und südöstlichen Kreisgebiet dominieren unregelmäßig gestaltete *Haufendörfer* vor allem in Sohlentälern mit häufig breiteren Talböden. Mit ihren alten, im Lauf der Jahrhunderte durch Hofplatzteilungen verdichteten Siedlungskernen und frühen Ortserweiterungen erstrecken sie sich über die Talböden und die unteren Hänge der größeren Baulandtäler. Dallau und Rittersbach im Tal der Elz, Gerichtstetten im Erfatal, Großeicholzheim und Unterschefflenz im Tal der Schefflenz, aber auch Eberstadt, Hainstadt, Hirschlanden, Hüngheim, Leibenstadt, Oberwittstadt, Sindolsheim oder auch Waldmühlbach in kleineren Tälern im Baulandanteil des Landkreises sind typische Beispiele für derartige Haufendörfer. Häufig entwickelte sich ein Haufendorf auch nur in einseitiger Talhanglage wie etwa Katzental an der Schefflenz, wo sich die geschlossene Besiedlung bis zum Beginn unseres Jahrhunderts auf den flacheren und durch ein Seitentälchen zerschnittenen ostexponierten Talhang beschränkte. Eine ganz ähnliche topographische Situation zeichnet das alte Dorf Merchingen an der rechten Talflanke der Kessach aus. Auch die haufendorfartigen Siedlungskerne von Bödigheim, Götzingen und Neckarburken nehmen ähnliche einseitige Lagen an flach einfallenden Talhängen ein. Bödigheim als augenfälliges Beispiel eines reichsritterschaftlichen Dorfes wird am Gegenhang von einer mittelalterlichen Höhenburg mit Bergfried, Palas und Nebenbauten überragt, an die auf dem Talboden eine von einem Wassergraben umschlossene barocke Schloßanlage mit Herrenhaus und landwirtschaftlichen Gebäuden anschließt. Siedlungen mit bereits im 19. Jh. dicht bebauten Ortskernen in einseitiger Hanglage sind Altheim und Höpfingen oder auch Seckach, wo allerdings der Bahnbau eine frühe Siedlungserweiterung auf dem Talboden östlich der Seckach im Zusammenhang mit der Anlage des Bahnhofs einleitete. Eine bevorzugte Bebauung beider Talhänge führte auch zu Siedlungsgrundrissen mit *zwei unregelmäßig gestalteten Haufendorfkernen* wie etwa in Auerbach oder in Schlierstadt.

Sicher sind die Haufendörfer mit unregelmäßigen Grundrissen die im Altsiedelland vorherrschenden Siedlungsformen. Häufig führte aber gerade die Taltopographie zur Herausbildung regelmäßiger Ortsgrundrisse in der Gestalt langgestreckter *Zeilen-* oder *Straßendörfer*. Das gilt z. B. für Bretzingen im Erfatal, wo die Hauptsiedlungsachse im N am linksseitigen Hangfuß entlangzieht, etwa in der Ortsmitte den Fluß quert und im

4. Siedlung und Zentralität

S dann dem rechten unteren Talhang folgt, eine langgezogene Siedlungszeile schaffend. Gute Beispiele für langgestreckte straßendorfartige Siedlungskerne, die bereits bis zum Ende des 19. Jh. bebaut waren, bieten Oberschefflenz oder auch Sulzbach. Sie beschränken sich auf nur eine Talseite, ganz im Gegensatz zu *Doppelstraßendörfern* wie Sennfeld oder Billigheim, deren Ortskerne aus jeweils zwei getrennten Siedlungszeilen beiderseits der Seckach und Schefflenz bestehen.

Mit ihren Neubaugebieten sind diese ursprünglich talgebundenen Baulanddörfer auf die oberen Talhänge und auf die benachbarten Hügel und Hochflächen hinaufgewachsen. Die Talböden wurden stärker aufgesiedelt. Bei ursprünglich einseitig angelegten Dörfern entstanden an den Gegenhängen neue Wohngebiete wie z. B. bei Oberschefflenz oder Sulzbach, so daß aus diesen einst straßendorfartigen und sehr regelmäßig angelegten Bauerndörfern des letzten Jahrhunderts heute großflächige Wohnsiedlungen mit insgesamt unregelmäßig gestalteten Grundrissen geworden sind.

Unregelmäßige Grundrisse treten auch bei alten Hofgruppen und Weilern meist in flachen Mulden auf den Baulandhöhen hervor. Es handelt sich dabei um *haufendorfartige Kleinsiedlungen* wie z. B. die Weiler Hergenstadt und Wemmershof im Stadtgebiet von Adelsheim, den Dörrhof bei Rosenberg oder den Schollhof bei Oberwittstadt. Diese Bauernweiler sind im Zuge des hoch- und spätmittelalterlichen Landesausbaus entstanden und wurden durch Neubauten in der Gestalt moderner bäuerlicher Wohnhäuser und Wirtschaftsgebäude randlich ergänzt, so daß sie heute viel mehr kleinen Haufendörfern als eigentlichen Weilern und Hofgruppen gleichen, die sie noch vor dem 2. Weltkrieg waren. Dieser Ausbau mit modernen Wohn- und Wirtschaftsgebäuden gilt auch für viele, ursprünglich als *Einzelhöfe* angelegte Kleinsiedlungen, die in ihrem heutigen siedlungsgeographischen Gesamtbild daher kleinen Hofgruppen oder Weilern ähnlich sind. Die in der Nachkriegszeit und erst in den letzten Jahrzehnten randlich beigefügten Neubauten bewirken meist einen unregelmäßigen Gesamtgrundriß dieser Hofgruppen, wodurch sie sich deutlich von modernen Aussiedlungsweilern und Gruppen von Aussiedlerhöfen unterscheiden. Ihre Ursprünge liegen zum größten Teil auch schon im Mittelalter (vgl. S. 221), so daß auch sie als historisch gewachsene Bestandteile der Bauländer Kulturlandschaft gelten können. Einzelhöfe mit einer langen Siedlungstradition und ganz jungen Erweiterungen sind z. B. der Assulzerhof, der Ober- und Unter-Bichelbacherhof auf Gkg Allfeld. Häufig gehören zu ihnen auch alte, an die Wasserläufe gebundene Talmühlen.

Neue und regelmäßig gestaltete Siedlungselemente im ländlichen Raum sind dagegen die häufig im Zusammenhang mit Flurbereinigungen entstandenen *Aussiedlerhöfe*, die als in der Feldflur angelegte Einzelhöfe oder Hofgruppen auftreten können. Solche Aussiedlungen erfolgten im Kreisgebiet erstmals in den 1930er Jahren mit der Anlage der Bergfeldsiedlung auf den Muschelkalkhöhen östlich der Stadt Mosbach (vgl. Stadtbeschreibung von Mosbach, Bd 2). Dieser erste Aussiedlungsweiler hat einen ganz planmäßigen, auf dem Reißbrett konstruierten Grundriß mit einer Siedlungsachse mit beidseitiger Bebauung, ganz überwiegend in giebelständiger Ausrichtung der bäuerlichen Wohn- und Wirtschaftsbauten zur Straße. Ein ganz ähnliches Grundrißbild zeigt auch die Siedlung Lauerskreuz auf der Hochfläche über dem Neckartal in der Gkg Neckargerach, die ebenfalls noch vor dem 2. Weltkrieg angelegt wurde. Die Planmäßigkeit der modernen, erst nach der Jahrhundertmitte entstandenen weilerartigen Gruppen von Aussiedlerhöfen ist bedingt durch die gleichen Grund- und Aufrißgestaltungen der Hofanlagen sowie durch deren gleichmäßige Ausrichtung im Verband der bäuerlichen Kleinsiedlungen. Vertreten sind unter den Aussiedlungen sowohl Eindachanlagen und Streckhöfe als auch Winkel- und Dreiseithöfe. Auffallend bei den Gehöftanlagen sind große, hallenartige Stall- und Scheunenbauten mit flachgiebeligen Dächern. Außer den genannten frühen Aussiedlungsweilern auf den Gkgn Mosbach und Neckargerach können die Aussiedlerhofgruppen Am Weidenbaum (Gkg Buchen), Fuchsenloch (Gkg Waldstetten) und Erdmannsbrunnen (Gkg Sindolsheim) beispielhaft hervorgehoben werden. Moderne Dreiseitanlagen bestimmen zum Teil eine Aussiedlerhofgruppe in den Gewannen Steinäcker und Dännig der Gkg Katzental. Nicht unerwähnt bleiben soll, daß die Anlage von modernen Aussiedlerhöfen und Aussiedlerhofgruppen nicht nur bereits im Mittelalter und in der frühen Neuzeit bei der späten Durchsiedelung der Baulandhöhen eingeführte Formen der bäuerlichen Kleinsiedlung weiterführte. Die Aussiedlung bäuerlicher Familienbetriebe aus den innerörtlichen Dorfkernen bewirkte auch eine wesentliche Umgestaltung der alten Ortskerne, traten doch häufig an die Stelle alter Gehöfte moderne Wohn- oder Wohn-Geschäftshäuser mit Kaufläden, Bank- und Sparkassenfilialen oder auch Verwaltungsbauten der Gemeinden.

Die aus dem Altsiedelland auf die Buntsandsteinhochfläche oder in die Gebirgstäler des Hinteren Odenwalds übertragenen Siedlungsformen haben in den vergangenen Jahrzehnten unter ähnlichen Funktionswandlungen wie im Bauland gleichartige bauliche Entwicklungen durchlaufen wie im altbesiedelten Bauernland. Beispielhaft dafür sind *Haufendörfer* auf der östlichen Abdachung des Berglandes. In Limbach hatte sich um den alten, unregelmäßigen Dorfkern und seine frühen Erweiterungen bis ins vorige Jahrhundert seit den 1950er Jahren ein Kranz von Neubauerweiterungen mit Wohnhäusern und im SO auch mit industriellen Bauten gelegt und bewirkte so wesentliche Siedlungserweiterungen. Das eine ähnliche Hochflächenlage wie Limbach einnehmende Haufendorf Fahrenbach hat mit ausgedehnten Neubaubereichen im O und S sowie mit einer zeilenartigen Erweiterung im W eine ähnliche Entwicklung durchgemacht. Hettigenbeuern mit zwei haufendorfartigen Siedlungskernen im Morretal hat heute großflächige Neubauerweiterungen am süd- und südwestexponierten Talhang und läßt damit eine ähnliche junge Siedlungsentwicklung erkennen, wie sie für viele alte Dörfer in den Baulandtälern zu beobachten ist.

Auch die für das Waldland des Hinteren Odenwalds typischen Siedlungsformen des hochmittelalterlichen Landesausbaus unterlagen seit dem 2. Weltkrieg gewaltigen Wandlungen, so daß die über Jahrhunderte bestehende Siedlungsstruktur im Grund- und Aufriß oft kaum noch zu erkennen ist. Ursprüngliche *Streudörfer* wie Laudenberg oder Sattelbach wurden durch eine innerörtliche Siedlungsverdichtung zu geschlossenen Dörfern und erhielten zum Teil auch randliche Neubauerweiterungen.

Als Gesamtsiedlungen gleichen sie heute mehr unregelmäßig gestalteten Siedlungen mit Haufendorfcharakter oder Orten, die aus zusammenhängenden Siedlungszeilen bestehen. Nur die weit auseinanderstehenden alten Hofanlagen erinnern an den einst lockeren Ortsverband. Ähnliche Streudörfer mit unregelmäßigen Blockgemengefluren finden sich auch auf der Odenwaldabdachung im Walldürner Bereich mit Glashofen, Gottersdorf, Reinhardsachsen und Wettersdorf. Sie alle sind im 13. Jh. urkundlich genannt und gehören zur frühesten Gruppe der Rodungssiedlungen im Hinteren Odenwald.

Unter den einstigen *Waldhufendörfern* haben Oberdielbach im ehemals zwingenbergischen Rodungsbezirk auf dem Winterhauch und Unterneudorf im westlichen Stadtgebiet von Buchen den Grundriß straßendorfartiger Reihensiedlungen am besten bewahrt. Unterneudorf ist in seiner dem oberen Krebsbächlein, einem südlichen Zufluß der Morre, folgenden Siedlungsachse bis heute eine weitgehend einseitig bebaute Straßendorfanlage mit einer Gehöftreihe in sanfter Hanglage. Die ins Mittelalter zurückreichenden Bauernhöfe, die 1395 auf insgesamt 16 vom Kl. Amorbach angelegte

Hufen verteilt waren, erhielten z. T. in unserem Jahrhundert bauliche Ergänzungen und Erweiterungen, die eine Verdichtung der langgestreckten Siedlungsreihe bewirkten. Randliche Erweiterungen im SW und NO brachten stellenweise eine Bebauung auf beiden Straßenseiten. Am oberen Ortsrand im SW, wo Ansätze eines noch nicht geschlossen bebauten Neubaugebietes mit modernen Wohnhäusern hervorstechen, wird erst in jüngster Zeit vom alten Reihendorf zur flächenhaft überbauten Neubausiedlung übergegangen. Noch vorhandene, rechtwinklig von der Siedlungsachse wegführende Feldwege und Grundstücksgrenzen weisen vor allem am Hang oberhalb der alten und noch bäuerlich geprägten Ortszeile auf die einstigen Waldhufen hin. Eine ähnliche Waldhufenanlage in der Gestalt eines kleinen Reihendorfes mit beidseitiger Bebauung entstand im benachbarten klösterlich-amorbachischen Grundherrschaftsbereich in Stürzenhardt. Die alte Hufengliederung der zugehörigen Flur läßt sich dort heute durch moderne, blockflurbildende Bereinigungsmaßnahmen aber nur noch bruchstückhaft – etwa am Verlauf einiger Feldwege – erkennen. Weitere Waldhufendörfer mit hufengebundenen Hofplätzen sind im Buchener Stadtgebiet Oberneudorf sowie im Stadtbereich von Walldürn Kaltenbrunn und das heute zu Glashofen gehörende Neusaß.

Oberneudorf glich im vorigen Jahrhundert einem Streudorf und hat sich bis in die Gegenwart zu einem Haufendorf verdichtet. Seine ursprüngliche Waldhufenstruktur ist heute kaum noch erkennbar. 1395 bildeten seine 16, ebenfalls vom Kl. Amorbach angelegten Hufen eine radiale Waldhufenflur im Bereich der Quellmulde des Hollerbachs. Sie ist letztlich auch für die heute unregelmäßig wirkende Siedlungsform des kleinen Dorfes verantwortlich. Noch deutlicher als bei Unterneudorf ist auf der Gemarkungskarte des 19. Jh. die Waldhufenstruktur bei Kaltenbrunn zu erkennen. Dort hatte die Abtei Amorbach gegen Ende des 14. Jh. zehn Hufen zu eigen.

Im heutigen Gemeindegebiet von Limbach sind Balsbach, Krumbach und Wagenschwend Waldhufensiedlungen. Sie haben sich durch moderne Erweiterungen allerdings beachtlich gewandelt. So hat Balsbach heute den Grundriß eines durch Neubauten verdichteten, unregelmäßig gestalteten Streudorfs, wenn auch die etwa rechtwinklig von der Hauptsiedlungsachse wegziehenden Feldwege beiderseits des Dorfes noch an die Waldhufenstruktur der Flur erinnern. Krumbach, dessen Ortskern schon am Beginn unseres Jahrhunderts einen zwar nicht dicht bebauten, aber wenig regelhaften Grundriß erkennen ließ, hat durch nördlich und östlich von ihm sich ausbreitende Neubaugebiete und ein großflächiges Industrieareal der Holzverarbeitung auf dem Talgrund eine um ein Vielfaches gewachsene Siedlungsfläche. Sein Gesamtgrundriß ist unregelmäßig und gibt keinen Hinweis mehr auf das mittelalterliche Waldhufendorf. Noch am ehesten schimmert das Waldhufendorf aus dem Grundriß des langgestreckten Wagenschwend heraus. Die alten Höfe reihen sich alle entlang einer hangparallelen Straße in O-W-Richtung auf und künden von einem mittelalterlichen Reihendorf. Die zugehörige Waldhufenflur zeigt sich noch am Wegenetz und an Parzellengrenzen vor allem nördlich oberhalb der Siedlung. Jüngere innere Ausbauten verdichteten die alte Siedlungszeile und ließen südlich von ihr auch eine Ortserweiterung, bevorzugt mit Wohnbauten, entstehen. Im westlichen Ortsteil bildete sich an den Abzweigungen der Roberner und Strümpfelbrunner Straße durch eine Siedlungsverdichtung in unserem Jahrhundert ein kleiner haufendorfartiger Kern heraus.

Bei Oberdielbach verrät die in hochflächiger Lage angesiedelte Reihe alter Gehöfte noch die mittelalterliche Waldhufenstruktur. Ein Vergleich des heutigen Siedlungsgrundrisses mit dem Ortsgrundriß des 19. Jh. verdeutlicht, wie sich das Grundrißbild durch eine junge Bebauung abseits der alten Siedlungsachse gewandelt hat. Neubauzeilen und Neubaugebiete, die parallel zur alten dörflichen Reihensiedlung verlaufen oder an sie angrenzen, bringen flächenhafte Siedlungselemente ins Gesamtbild. Der funktionale Wandel des Bauerndorfs zur Fremdenverkehrs- und Wohngemeinde zeigt sich nicht zuletzt an zahlreichen modernen Wohnhäusern, welche die alte Siedlungszeile verdichten oder die dort auch alte bäuerliche Gebäude ersetzen. Feldwege und Grundstücksgrenzen, die rechtwinklig zur alten Dorfstraße verlaufen, erinnern bis heute an die Hufenstruktur der Flur mit von den Hufenhöfen ausgehenden Rodungsstreifen.

Eine ähnliche Entstehung als Waldhufendörfer in Hochflächenlage weisen auch andere Winterhauchdörfer wie Waldkatzenbach und Strümpfelbrunn auf. Das erklären ihre straßendorfartigen Ortskerne und die im vorigen Jahrhundert noch von Waldhufen mit Hofanschluß bestimmten Rodungsfluren, die aus dem Zentralen Sandsteinodenwald auf die Ostabdachung des Gebirges übertragen worden sind. Noch stärker als Oberdielbach haben sich das am Fuß des Katzenbuckels liegende Waldkatzenbach und das benachbarte Strümpfelbrunn gewandelt. Der auf dem Winterhauch schon traditionelle Fremdenverkehr führte zu innerörtlichen Siedlungsverdichtungen mit Hotels, Gaststätten und Wohnbauten mit Gästezimmern. Er brachte auch randliche Siedlungserweiterungen und geschlossene Neubauareale wie im W und S von Waldkatzenbach. Das einstige Waldhufendorf ist dort daher auch nur noch aus dem nordsüdlich ausgerichteten alten Dorfkern herauszulesen. In Strümpfelbrunn wurden alte Wege, welche die ursprünglichen Hufenstreifen begrenzten, schon früh von der innerörtlichen Siedlungsachse mit der Gehöftreihe der Rodungsbauern aus bebaut. Großräumige Neubaugebiete im W, N und O vervielfachten die Siedlungsfläche und verleihen der Gesamtsiedlung heute einen insgesamt unregelmäßigen Grundriß. Ein ganz neuartiges und in seiner baulichen Ausgestaltung an keine traditionellen Hausformen gebundenes Siedlungselement brachte in Waldkatzenbach ein Feriendorf, das die Bedeutung des Ortes als Fremdenverkehrssiedlung wesentlich aufwertete und eine großflächige Siedlungsausweitung im SO gegen die Nachbardörfer Oberdielbach und Strümpfelbrunn bewirkte.

Die hochmittelalterlichen Rodungssiedlungen der Abtei Amorbach im Mudauer Forstbezirk lassen sich innerhalb des Kreisgebiets – abgesehen von dem ursprünglichen Bauernweiler Neubrunn, dem heutigen Ernsttal (Gkg Mörschenhardt), und dem im 16. Jh. aufgelassenen Neuhof, einem Einzelhof in der Gkg Mudau, – in zwei Gruppen gliedern. Zum einen sind es ursprünglich lockere, *streudorfartige Hofgruppen mit Breitstreifenfluren in Waldhufenanordnung*, die sich durch hufengebundene Hofplätze auszeichnen. Zum anderen sind es ursprünglich *unregelmäßig gestaltete Dorfsiedlungen mit Breitstreifenfluren in Gemengelage*. Durch die Breite der Hufenstreifen, die großen Flurblöcken ähneln können, bildeten die Siedlungen der ersten Gruppe keine geschlossenen Dörfer. Sie waren bei ihrer Anlage und bis ins 20. Jh. hinein Einzelhofreihen mit teils weit auseinanderliegenden Hofplätzen. Lediglich durch ihre Bindungen an Reliefgegebenheiten wie sanft in die Hochflächen eingeschnittene Talverläufe – etwa bei Unterscheidental oder bei Langenelz – sowie durch senkrecht zum Talverlauf und der weit auseinandergezogenen Hofreihe angelegte breitstreifige Hufen kann eine gewisse Regel- und Gesetzmäßigkeit in diesen Rodungssiedlungen in Waldhufenmanier festgestellt werden.

Mudau, die Hauptsiedlung des erst 1050 vom Kl. Amorbach erworbenen und gleichnamigen Waldbezirks, war der Mittelpunkt des überwiegend hochflächigen Rodungsgebiets und der Standort eines klösterlichen Fronhofs. Mudaus Rodungsflur umfaßte am Ende des 14. Jh. außer dem zum Fronhof gehörenden Salland im SW und W des Ortes 16 Hufen in der Gestalt von Breitstreifen ohne Hofanschluß. Von dieser

4. Siedlung und Zentralität 239

hochmittelalterlichen Rodungssiedlung, deren zentralörtliche Stellung noch im Spätmittelalter durch eine 1426 urkundlich bezeugte Pfarrei verstärkt wurde, ist durch einen Großbrand im Jahr 1849 nichts erhalten. Ihre zentralörtliche Stellung auf der Mudauer Buntsandsteinhochfläche bewirkte in der dicht bebauten Siedlung der Gegenwart zahlreiche Kaufläden, Gaststätten und ein Hotel, so daß der seit der Mitte des 19. Jh. wiederaufgebaute Ortskern manche städtischen Züge trägt. Ein größeres Industrie- und Gewerbegebiet im S sowie ausgedehnte neue Wohnbereiche im S, O und N verleihen der stark gewachsenen Mittelpunktssiedlung des einst klösterlichen Rodungsbezirks am NW-Rand des Landkreises neue Züge im Siedlungsbild, die vor allem den Wohnortcharakter in den Vordergrund treten lassen.

In Unterscheidental waren 1395 zwölf Hufen ausgestockt, und die hufengebundenen Höfe bildeten anfangs einen nur ganz lockeren Siedlungsverband. Der spätere Siedlungsausbau ließ im flachen oberen Talbereich des Elzbachs ein aus Gehöftgruppen und Einzelhöfen zusammengesetztes Streudorf entstehen. Oberscheidental, das 1395 aus 18 Hufen bestand, entwickelte sich dagegen zu einem geschlossenen Haufendorf. Auf den Fluren beider Siedlungsteile weisen die überwiegend parallel verlaufenden Feldwege noch heute auf die breitstreifigen Waldhufen, die geschlossenen Besitzparzellen der amorbachischen Rodungsbauern, hin. Ganz ähnlich baut sich die Rodungsflur in der Gkg Langenelz auf, die ebenfalls noch im oberen Talabschnitt des Elzbachs liegt. Der Ort besteht aus einer Streusiedlung von weit auseinanderliegenden Einzelhöfen und Hofgruppen. Die Kernflur von Langenelz setzt sich aus Breitstreifen mit Hofanschluß zusammen. Aus späteren Rodungen abseits der ursprünglichen 11 Hufen sind blockartige Besitzparzellen in Gemengelage hervorgegangen.

Aus der Rodungsinsel von Schloßau, die 1395 in 14 Hufen gegliedert war, lassen sich breitstreifige bis blockartige Besitzparzellen herausfiltern. Sie verdeutlichen, daß mit der Hufe nach der klösterlichen Überlieferung nicht ein bestimmtes formales Flurelement in der Gestalt einer gleichartigen Flurform gemeint war, sondern ein rechtlich zusammenhängendes Besitzstück, dessen Gestalt in erster Linie durch das Oberflächenrelief und die Bodenverhältnisse bestimmt war und das ursprünglich die Ackernahrung einer Bauernfamilie umfaßte. Noch die Siedlung des ausgehenden 19. Jh. läßt eine recht lockere und unregelmäßige Hofreihe beiderseits einer Quellmulde erkennen, die durch junge Wohnhäuser verdichtet wurde sowie durch ein flächenhaftes Neubaugebiet im S neue Grundrißelemente erhielt.

Reisenbach im westlichen Waldbezirk von Mudau macht heute einen durchaus haufendorfartigen Eindruck mit einer dichten innerörtlichen Bebauung. Es liegt in einer sanften und hochflächigen Quellmulde. Seine mittelalterliche Flur bestand aus teilweise radial verlaufenden breitstreifigen Hufen, deren Grenzen noch aus dem heutigen Wegenetz herauszulesen sind, und die neun Hufen des Jahres 1395 lassen sich noch klar im Gemarkungsplan von 1881 rekonstruieren.

An den im Landkreis verbreiteten bäuerlichen Haus- und Gehöftformen offenbart sich der Neckar-Odenwald-Kreis ebenfalls als ein »Zwischenland«, eine Übergangsregion mit bereits altbesiedelten und erst mittelalterlich erschlossenen Landschaften. Es verwundert daher nicht, daß auch auf den Höhen des Hinteren Odenwalds Bauernhäuser und Hofanlagen zu finden sind, die auch im benachbarten Bauland vorkommen. So wie die von der Abtei Amorbach früh angelegten Rodungsdörfer mit ihren unregelmäßigen Ortsgrundrissen und Blockgemengefluren aus dem Altsiedelland auf die waldreichen Buntsandsteinhochflächen durch aus dem Bauland kommende Rodungsbauern übertragen worden sind, haben sich auch Bauernhaustypen, die sich in den schon frühmittelalterlich besiedelten Löß- und Muschelkalklandschaften herausgebildet hatten, im hochmittelalterlichen Kolonisationsgebiet auf der östlichen Odenwaldabdachung angesiedelt.

Sowohl im Bauland- und Kraichgau- als auch im Odenwaldanteil des Landkreises spielte die Landwirtschaft über viele Jahrhunderte eine bedeutende Rolle. Bis zum 2. Weltkrieg war die ganz überwiegende Zahl der Landkreisorte in erster Linie agrarisch strukturiert. Vor allem seit den 1950er Jahren hat sich im Zuge einer stärkeren Industrialisierung in den städtischen Zentren Mosbach und Buchen, aber auch durch den Ausbau des Individualverkehrs auf einem sich verbessernden Straßennetz eine größere Mobilität der erwerbstätigen Bevölkerung eingestellt. Die verkehrsgünstig und in der Nachbarschaft der industriellen Produktionszentren gelegenen Dörfer entwickelten sich schon in der Nachkriegszeit zu ausgesprochenen Auspendlergemeinden, in denen die Wohnortfunktion an Bedeutung gewann. Diese Entwicklung hat bis zur Gegenwart auch in die abgelegeneren und stadtferneren Bereiche des Kreisgebiets ausgegriffen. Ihre Auswirkungen im ländlichen Siedlungsbild sind die die alten Dörfer teils großflächig erweiternden Neubaugebiete und ein starker Rückgang des Anteils der in Land-, Forstwirtschaft und Fischerei beschäftigten Erwerbspersonen. Wie einschneidend die Verhältnisse sich gewandelt haben, verdeutlichen ganz wenige Zahlen. In den Neckartalgemeinden Neckarzimmern, Neckargerach und Binau waren 1987 noch 1,4 % bis 2,3 % der erwerbstätigen Einwohner in der Land-, Forstwirtschaft und Fischerei tätig. In den Gdn Ravenstein und Rosenberg lag dieser Anteil mit 12,9 % und 10,4 % innerhalb des Landkreises am höchsten. Obwohl der primäre Wirtschaftssektor damit auch im stadtfernen ländlichen Raum schon längst nicht mehr die führende Rolle spielt, werden aber bis heute die alten Ortskerne und die frühen, in die Zeit vor dem 1. Weltkrieg zurückreichenden dörflichen Siedlungserweiterungen durch bäuerliche Hausformen und Hofanlagen geprägt. Innerhalb der Ortschaften nimmt die Landwirtschaft aufgrund des alten Baubestandes daher eine ähnlich dominierende Stellung ein wie in den waldfreien Gemarkungsteilen, die noch ganz vom Ackerbau und der Grünlandwirtschaft bestimmt sind. Viele der alten bäuerlichen Wohn- und Wirtschaftsgebäude erfüllen ihre ursprünglichen Funktionen aber nicht mehr. Sie stehen leer, weil die zugehörigen landwirtschaftlichen Betriebe ausgesiedelt oder aufgegeben wurden, oder weil sie im Zuge eines Funktionswandels in reine Wohnhäuser mit Garagen oder Werkstätten umgebaut wurden. Dort wo die innerörtlichen Bauernbetriebe noch bestehen, unterlagen sie durch den Umbau der Wohnteile in zeitgemäße Wohnungen oder gar den völligen Neubau der Wohnhäuser beachtlichen Wandlungen. Zuweilen finden sich auch neue Gehöfte im Stil moderner Aussiedlerhöfe an der Stelle alter Hofstätten wie z. B. in Waldmühlbach.

In den Baulanddörfern sind alle für das Altsiedelland typischen bäuerlichen Haus- und Hofformen vertreten. *Dreiseit-, Winkel- und Zweiseit- sowie Streckgehöfte*, die sich durch getrennte Wohn- und Wirtschaftsgebäude auszeichnen, herrschen vor und gestalten die recht unterschiedlichen Grund- und Aufrisse der bäuerlichen Betriebe. Häufig lassen sich aber auch *Eindachhöfe* in der Gestalt gestelzter Bauten mit dem Stall oder ehemaligen Stall im gemauerten Untergeschoß und der Wohnung im oft aus Fachwerk errichteten Obergeschoß beobachten. Eine meist wuchtige Außentreppe führt zum oberen Wohngeschoß hinauf und bildet ein typisches Architekturelement dieser trauf- und giebelseitig zu den Dorfstraßen gerichteten bäuerlichen Hausform. Im Anschluß an den vertikal verschiedenen Funktionen zugewiesenen vorderen Wohn- und Stallteil findet sich unter dem steilgiebeligen Dach im hinteren Hausbereich dann die Scheune. Diese *gestelzten Eindachhäuser* sind kleinere und erst im Zuge einer innerörtlichen Siedlungsverdichtung entstandene Hofformen. Seltener sind im Kreisge-

4. Siedlung und Zentralität

biet *quergeteilte Eindachhäuser* mit zweigeschossigen Wohnteilen im Vorderhaus, an die unter einem Dach der Stall und die Scheune in unterschiedlicher Reihenfolge als Wirtschaftsteil im mittleren und hinteren Gebäudebereich anschließen, wie z. B. in Katzental oder Leibenstadt. Am Wirtschaftsteil fällt bei ihnen zuweilen ein verlängertes, weit vorragendes Dach auf. Ihr langgezogener einheitlicher Dachfirst unterscheidet diese Eindachhäuser deutlich von den *Streckgehöften*, bei denen die gleichartig ausgerichteten Wohn- und Wirtschaftsbauten unter zwei meist ungleich hohen Dächern unmittelbar aneinandergereiht sind. Größere bäuerliche Betriebe in Streckgehöften heben sich meist durch den das zweigeschossige Wohnhaus, das auf einem Kellergeschoß stehen kann, überragenden Wirtschaftsbau mit hoher Scheune heraus. Bei bäuerlichen Klein- und Nebenerwerbsbetrieben kann das Wohnhaus auch höher aufragen als der angesetzte Wirtschaftsbau. Gehöfte mit traufseitig an der Straße aufgereihten Wohnhäusern und parallel dahinterstehenden Stall- und Scheunenbauten fallen zuweilen auch auf. Sie haben in den Erdgeschossen ihrer vorderen Wohnhäuser große Durchfahrten für Traktoren und Erntewagen. Vom Streckgehöft sind im Landkreis meist auch die im Dorf mehr randlich, außerhalb des Siedlungskerns stehenden *Tagelöhner- oder Seldnerhäuser* abgeleitet. Sie fallen oft durch einen nur eingeschossigen Wohnbau und einen kleinen Stall- und Remisenbau für Kleinvieh wie eine oder wenige Ziegen, Hühner und anderes Federvieh auf.

Im Odenwaldanteil des Neckar-Odenwald-Kreises treten Gehöftanlagen mit nebeneinander- oder freistehenden Wohn- und Wirtschaftsbauten mit drei- und zweiseitigen Grundrissen etwas zurück. Das rauhere Klima und die schneereicheren Winter geben dort neben häufig vertretenen Streckgehöften und gestelzten Eindachhäusern dem *Wohnstallhaus* den Vorzug. In ihm steht meist eine auf einem Kellergeschoß stehende zweigeschossige Wohnung und der Stall oder mehrere Ställe unter einem gemeinsamen Dach vereint. Mit der zugehörigen Scheune und etwaigen Nebenbauten bilden die Wohnstallhäuser dann wiederum Gehöftanlagen aus mindestens zwei Gebäuden mit winkligen, gestreckten oder unregelmäßigen Grundrissen.

Gewisse regionale Unterschiede im bäuerlichen Hausbau sind durch die bodenständigen Baumaterialien bedingt. Im Bauland werden die harten und meist dickbankigeren Gesteine des Unteren und Oberen Muschelkalks häufig als Sockelsteine und für das Mauerwerk in Erdgeschossen oder an ganzen Hausfronten verwendet. Im östlichen und südöstlichen Kreisgebiet werden auch Keupersandsteine als Baumaterial verwendet. Graue bis gelbgraue und gelbgrüne Mauersteine herrschen daher im Altsiedelland im Gegensatz zum Hinteren und Kleinen Odenwald vor, wo die rötlichen und braunroten Bausteine des Oberen und Mittleren Buntsandsteins für das waldige Bergland bezeichnende Farbnuancen in die dörfliche Architektur bringen, vor allem dann, wenn die gesamten Mauern der Wohn- und Wirtschaftsgebäude vollständig aus den farbintensiven Quadersteinen dieses bodenständigen Baumaterials gesetzt sind. Fachwerkkonstruktionen finden sich in allen Landschaften des Kreisgebietes. An alten, nicht mehr genutzten und verfallenden Fachwerkhäusern kann in mehreren Kraichgau- und Baulanddörfern die früher übliche Gefachefüllung aus mit Lehm und Häcksel beworfenem Astwerk beobachtet werden. An jüngeren Fachwerkbauten sind die Gefache mit Backsteinen gefüllt oder ausgemauert und verputzt. Zuweilen finden sich auch vollständige Backsteinbauten, deren Verbreitung an keine naturräumlichen Grenzen gebunden ist.

Besonderheiten in der ländlichen Architektur sind hohe und steilgiebelige Tabakscheuern mit luftdurchlässigen Holzlattenwänden in Hettigenbeuern. In den Dörfern der Gde Rosenberg bringen ferner Grünkerndarren besondere Züge ins Ortsbild. Das gilt vor allem für Sindolsheim, wo an verschiedenen Stellen ganze Reihen dieser kleinen und niedrigen, ebenfalls luftdurchlässigen Holzkonstruktionen auf Steinsockeln stehen. Sie enthalten holzgefeuerte Trockenöfen für das noch unreife und feuchte Getreide.

Zum Abschluß der Darstellung der ländlichen Siedlungen sei noch angemerkt, daß die bäuerlichen Hausformen des Kreisgebiets im Odenwälder Freilichtmuseum in Gottersdorf (Stadt Walldürn) unter dort bodenständigen Museumshäusern besichtigt werden können. In Gottersdorf wurden alte Bauernhäuser aus dem Bauland, aus dem Elztal im Grenzbereich der beiden großen, den Landkreis bestimmenden Naturlandschaften und aus dem Odenwald zusammengetragen und wieder aufgestellt. Erhaltungswürdige und denkmalgeschützte Bauernhäuser können ferner entlang der Odenwälder Museumsstraße an ihren ursprünglichen Standorten besichtigt werden. Zusammen mit dem Gottersdorfer Freilichtmuseum vermitteln sie einen Überblick über die bäuerliche Hausbautechnik und über das bäuerliche Leben in vergangenen Tagen.

Funktionen der ländlichen Siedlungen. – Noch vor dem 2. Weltkrieg waren die Gemeinden des heutigen Landkreises überwiegend landwirtschaftlich strukturiert. Lediglich die Stadt Mosbach war 1939 eine gewerbliche Gemeinde und ein Dienstleistungszentrum, in dem weniger als 20 % der Erwerbspersonen in der Landwirtschaft und über 70 % in nichtlandwirtschaftlichen Arbeitsstätten beschäftigt waren. Selbst in den Städten Buchen und Walldürn lag der Anteil der landwirtschaftlichen Erwerbspersonen über 20 %, in Adelsheim und Osterburken sogar über 40 %. Ballenberg war damals als typisches Ackerbürgerstädtchen eine kleinbäuerliche Gemeinde, in der über ⅓ aller Erwerbspersonen in der Landwirtschaft tätig waren. Unter den Landgemeinden des Jahres 1939 waren lediglich Hardheim mit seiner Maschinenindustrie, Rippberg, Limbach, Strümpfelbrunn im Bereich des Hinteren Odenwalds, Neckargerach, Obrigheim, Neckarelz und Hochhausen im Neckartal, Neunkirchen, Unterschwarzach und Aglasterhausen im Kleinen Odenwald bzw. im Kraichgau sowie Billigheim im Bauland *gewerbliche Gemeinden und Dienstleistungsgemeinden.* In all diesen Orten war der Anteil der in der Landwirtschaft tätigen Erwerbspersonen – verglichen mit heute – noch sehr hoch, und die Landwirtschaft stellte in ihnen 1939 immer noch einen wesentlichen Wirtschaftsfaktor dar. Über ⅕ machte der Anteil der landwirtschaftlichen Erwerbspersonen in Aglasterhausen, Neckarelz und Neckargerach aus; in den übrigen gewerblich strukturierten Orten lag er sogar bei über 40 %. Bevorzugte *Wohngemeinden* waren vor dem 2. Weltkrieg nur Zwingenberg, Diedesheim, Haßmersheim und Neckarzimmern. Aber auch in ihnen lag der Anteil der in der Landwirtschaft beschäftigten Erwerbspersonen damals mit jeweils über 40 % noch hoch. Hettingen und Höpfingen waren *Arbeiterbauerngemeinden,* deren landwirtschaftliche Erwerbspersonen über 40 % und 60 % an der Gesamtheit der ortsansässigen Erwerbspersonen ausmachten. Alle übrigen Dörfer waren 1939 überwiegend oder ganz von der Landwirtschaft geprägt. *Mittel- und großbäuerliche Gemeinden* lagen vor dem 2. Weltkrieg bevorzugt im Morretal und auf den Hochflächen des Hinteren Odenwalds. Die südwestlich des Neckars gelegenen Dörfer Breitenbronn, Daudenzell und Kälbertshausen waren ebenfalls diesem Gemeindetyp zuzurechnen. Im weitaus größten Teil dieser mittel- und großbäuerlichen Gemeinden umfaßte der Anteil der landwirtschaftlichen Erwerbspersonen über 80 % aller ortsansässigen Erwerbspersonen. Die bisher nicht genannten Baulanddörfer waren *kleinbäuerliche Gemeinden,* in denen die in der Landwirtschaft arbeitenden Erwerbspersonen noch über 60 % bis über 80 % ausmachten.

4. Siedlung und Zentralität 243

Bis zur Volks-, Berufs- und Arbeitsstättenzählung des Jahres 1961 hatten sich die alten Gemeinden bereits stark gewandelt. Die *gewerblichen Gemeinden und Dienstleistungszentren* aus der Zeit vor dem 2. Weltkrieg hatten ihre nichtlandwirtschaftlichen Funktionen vermehrt und ihre Zentralität gestärkt. Im näheren Einzugsgebiet von Mosbach wandelten sich die kleinbäuerlichen Gemeinden aufgrund ihrer günstigen Verkehrslage zu dem sich immer stärker als Mittelzentrum herausbildenden Mosbach bis 1961 in bevorzugte *Arbeiterwohn- und Wohngemeinden*. Ein Großteil der 1939 noch kleinbäuerlichen Baulanddörfer hatte sich durch Strukturverbesserungen in der Landwirtschaft, durch bäuerliche Betriebsaufgaben einer- und Betriebsvergrößerungen andererseits zu *mittel- und großbäuerlichen Gemeinden* entwickelt. Verglichen mit 1987 hatten sie aber auch noch 1961 einen sehr hohen Anteil an landwirtschaftlichen Erwerbspersonen. In Leibenstadt lag er bei über 80%, in Gemeinden wie Sindolsheim, Bofsheim, Hemsbach, Merchingen machte er immerhin noch über 60% aus. Die Mehrzahl der mittel- und großbäuerlichen Gemeinden war auch 1961 im Hinteren Odenwald zu finden. Südlich des Neckars hatte sich ihre Zahl mit Guttenbach und Neckarkatzenbach nur leicht erhöht, weil Kälbertshausen sich bis 1961 zur Arbeiterwohngemeinde gewandelt hatte.

Die gegenwärtige Situation ist vor allem durch den verstärkten zentralörtlichen Einfluß der städtischen Mittelpunkte und durch die Herausbildung neuer Industrie- und Gewerbestandorte im Elztal zwischen Mosbach und Buchen und bei Osterburken geprägt. Unter den Landgemeinden hat Hardheim zentralörtliche Bedeutung für sein näheres Umland erlangt und erfüllt Teilfunktionen eines Unterzentrums. Mit 1319 Ein- und 1201 Auspendlern hat die industriell und gewerblich orientierte Gemeinde am Nordostrand des Landkreises, der außerdem eine beachtliche Bedeutung als Militärstandort zukommt, 1987 einen leichten Einpendlerüberschuß zu verzeichnen. Er bezieht sich allerdings ganz eindeutig auf die Berufspendler (1228 : 1010). Bei den Ausbildungspendlern ist dagegen mit 191 Aus- und nur 91 Einpendlern ein deutlicher Auspendlerüberschuß erkennbar, der sich klar den weiterbildenden Schulen der Nachbarstädte Walldürn und Buchen zuwendet. Teilfunktionen eines Unterzentrums als Versorgungs- und Verwaltungsmittelpunkt eines größeren Gemeindegebiets auf der östlichen Odenwaldabdachung nimmt auch die in der Aufrißgestaltung teilweise städtisch geprägte Kernsiedlung Mudau wahr. Sicher gibt es auch heute noch Gemeinden, in denen die Landwirtschaft eine beachtliche Rolle spielt. Dazu gehören im Bauland die Stadt Ravenstein mit allen Stadtteilen und die Gde Rosenberg mit Ausnahme von Rosenberg selbst. Dazu zählen die dörflichen Stadtteile von Buchen und Walldürn, vor allem im Hinteren Odenwald, sowie Gemeindeteile von Mudau und Limbach, wenn auch die Hauptorte der beiden Gemeinden heute entscheidend durch Gewerbe und Industrie bestimmt werden. Mit dem Bedeutungsverlust der Landwirtschaft ging eigentlich überall im Landkreis eine Stärkung der Wohnortfunktion einher, die in Stadtnähe und in verkehrsgünstiger Lage schon in der frühen Nachkriegszeit, in den abgelegeneren Ortschaften des südöstlichen und östlichen Bauländer Kreisgebiets sowie im nördlichen und nordwestlichen Bereich des Hinteren Odenwalds erst in den 1960er und 1970er Jahren einsetzte.

Industrialisierte und gewerbliche Gemeinden sind heute Aglasterhausen, Billigheim, Elztal, Hardheim, Höpfingen, Limbach, Mudau, Neckargerach, Neckarzimmern, Obrigheim, Schefflenz und Seckach. Sie alle erfüllen daneben wichtige Aufgaben als Wohnorte. Eine Gemeinde mit vorherrschenden Dienstleistungsfunktionen ist Schwarzach, das einen noch deutlicheren Einpendlerüberschuß als Hardheim erkennen läßt. 921 Einpendler standen dort 1987 nur 498 Auspendlern gegenüber. Wie in Hardheim wurde auch dieser Überschuß einzig durch Berufsauspendler bewirkt

(859:350), während auf dem Ausbildungssektor die 148 Auspendler die nur 62 Einpendler weit überstiegen. Alle übrigen Landgemeinden waren 1987 Auspendlergemeinden. Den höchsten Auspendleranteil an den Beschäftigten hatte unter ihnen die Gde Fahrenbach mit 336,5 %, gefolgt von Binau (252,4 %), Billigheim (216,8 %) und Neckargerach (202,5 %). Sie alle sind Nachbargemeinden der Großen Kreisstadt Mosbach, an deren Stadtgebiet sie angrenzen und wohin sie den Hauptstrom ihrer Berufs- und Ausbildungsauspendler senden. Die übrigen ländlichen Gemeinden im näheren Umland Mosbachs erfüllen mit Auspendleranteilen an den Beschäftigten zwischen 100 und 200 % auch noch bevorzugt Funktionen als Wohn- und Auspendlergemeinden. Zu ihnen gehörten 1987 Hüffenhardt (192,9 %), Waldbrunn (192,4 %), Neunkirchen (192,3 %), Schefflenz (154,9 %), Zwingenberg (147,1 %), Aglasterhausen (123,8 %), Elztal (122,4 %), Obrigheim (115,3 %) und Seckach (112,3 %). Fremdenverkehrsfunktionen bestimmen auch die Gde Waldbrunn, vor allem in Strümpfelbrunn und Waldkatzenbach, ferner die Gdn Binau, Neckarzimmern, Zwingenberg und Neunkirchen. Die Dörfer dieser zuletzt genannten Gemeinden sind heute aber auch bevorzugte Wohnsiedlungen in landschaftlich reizvollen Lagen (vgl. Kartenbeilagen).

Die städtischen Siedlungen

Entstehung und Aufgaben. – Städte mit in das ländliche Umland übergreifenden zentralörtlichen Funktionen sind in dem bis weit in unser Jahrhundert entscheidend vom Bauerntum, der land- und forstwirtschaftlichen Produktion geprägten Kreisgebiet verhältnismäßig spät entstanden. Von der Zahl her sind sie bis in die Gegenwart gering geblieben. Das gilt für den Baulandanteil, in dem mit Adelsheim, Ballenberg und Osterburken nur drei Städte liegen, wenn man von Mosbach, Buchen und Walldürn absieht, die eine Grenzlage zwischen dem Altsiedelgebiet und dem mittelalterlichen Rodungsland einnehmen. Den innerhalb des Landkreises liegenden Kraichgau- und Odenwaldlandschaften sind städtische Siedlungen fremd.

Unter den mittelalterlichen Städten innerhalb des Neckar-Odenwald-Kreises gibt es Siedlungen wie Ballenberg, Rosenberg und Schweinberg, die seit der Mitte der 2. H. 13. Jh. bis ins 15. Jh. Stadtrechte erhalten hatten, diese aufgrund mangelnder echter zentralörtlicher Funktionen aber nicht nutzen konnten und in ihren Anfängen der Stadtwerdung stecken blieben. Das gilt für das unter einer würzburgischen Ministerialenburg zur Stadt erhobene Schweinberg oder für die als Stadt sehr späte Niederadelsgründung Rosenberg. Beide sind bald wieder zu dörflichen Siedlungen abgesunken. Ballenberg erfüllte seit seiner Stadtwerdung im 13. Jh. immer nur die Aufgaben einer Ackerbürgerstadt und eines Zentsitzes mit nur geringen zentralörtlichen Funktionen für das Umland. Die Stadtanlage auf einem Muschelkalksporn ist daher auch immer klein geblieben und eigentlich bis in unsere Zeit nicht über ihr mittelalterliches Ausmaß hinausgewachsen. Auffallend ist, daß in allen Städten des Neckar-Odenwald-Kreises das Bauerntum bis in die Nachkriegszeit eine beachtliche und auch durchaus eine das städtische Siedlungsbild mitprägende Bedeutung hatte. Das kann für Buchen und Walldürn und sogar für Mosbach festgestellt werden, aus dessen Altstadt die bäuerlichen Betriebe erst mit der Anlage der Bergwaldsiedlung 1933/34 ausgesiedelt wurden. In viel stärkerem Maß gilt dies auch für Adelsheim und Osterburken.

Außer der staufischen Stadtgründung Mosbach, die aus einem klösterlichen Markt hervorgegangen ist, der vor der Julianenkirche abgehalten wurde, haben alle Städte im Beschreibungsraum ländliche Vorgängersiedlungen. Sie reichen bis ins frühe Mittelalter zurück wie bei Buchen, das bereits im 8. Jh. als Ortschaft mit einem -heim-Ortsnamen überliefert ist. Ähnliche vorstädtische Siedlungen liegen auch bei Adelsheim und Osterburken vor, wobei der schon im 9. Jh. schriftlich belegte -heim-Ortsnamen Osterburkens wohl auf die befestigte – burgartige – römische Militärsiedlung am Obergermanischen Limes Bezug nimmt.

Die Städte Mosbach, Buchen und Walldürn, die zu den größten Siedlungen des Landkreises angewachsen sind, nehmen typische Lagen im Grenzgebiet unterschiedlicher Naturräume ein. Auf ihren Märkten konnten die verschiedenartigen Landesprodukte der benachbarten Alt- und Jungsiedelräume getauscht und gehandelt werden. Diese Märkte bedingten in einer günstigen Verkehrslage in historischer Zeit ihre Zentralität und wirkliche Stadtfunktion.

Die Stadtfunktionen der Gegenwart haben vielschichtige Ursachen. Sie beruhen auf der Herausbildung neuer Verkehrslagen im Zuge des Eisenbahnbaus und wirtschaftlicher Schwerpunkte im Rahmen der Industrialisierung. Zu diesen im vorigen Jahrhundert einsetzenden Veränderungen kamen dann auch Verwaltungs- und Dienstleistungsaufgaben, die die wirtschaftlich bedingte Zentralität als Mittelpunkte der Verwaltung, schulischen Bildung und sonstiger Dienstleistungen noch wesentlich verstärkten. Städte wie Adelsheim, die ihre im 19. Jh. gewachsenen administrativen Aufgaben als Bezirksamtssitze durch eine Umstrukturierung der Verwaltung in jüngerer Zeit verloren haben, sind daher im Vergleich mit den späteren Kreisstädten Buchen und Mosbach im 20. Jh. auch klein geblieben.

Gewerbliche und industrielle Funktionen allein bewirken noch keine Stadtqualität. Das zeigt sich an den Orten im Elztal oberhalb von Mosbach oder auch an Hardheim. Gewerbebetriebe und Fabriken, die seit der Gründung der Bundesrepublik auf dem Talboden der Elz in Mosbach und seinen Stadtteilen Diedesheim und Neckarelz oder auch in den neuen Industriegebieten Buchens und Osterburkens entstanden sind, haben die städtische Zentralität sicher gestärkt. In Buchen haben sie sogar den durch den Verlust der Landkreisverwaltung entstandenen Zentralitätsschwund zumindest teilweise aufgefangen. Heute sind es aber vor allem Dienstleistungs- und Versorgungsaufgaben, die die städtische Zentralität bedingen. In Mosbach sind dies neben dem Landratsamt und staatlichen Behörden vor allem weiterbildende Schulen, Berufsakademien und medizinische Einrichtungen wie das Kreiskrankenhaus; sie verleihen der heutigen Großen Kreisstadt die Funktionen eines voll ausgebildeten Mittelzentrums. Das gilt auch für Buchen, das bis zur Kreis- und Gemeindereform in Baden-Württemberg alle Aufgaben einer Kreisstadt mit eigenem Landratsamt erfüllte und auch heute noch Landes- und Kreisbehörden beherbergt. Für den ehemaligen Lkr. Buchen haben aber auch Buchens weiterbildende Schulen und das Kreiskrankenhaus eine Zentralität schaffende Ausstrahlung. Bei Walldürn ist nicht zuletzt der Bundeswehrstandort ein zentralitätsstärkender und auch stadtprägender Faktor, der der Siedlung die Stellung eines zumindest teilausgebauten Unterzentrums im nördlichen Landkreis in der Nachbarschaft des voll ausgebauten Unterzentrums Buchen sichert. Zweifellos muß Walldürn in jüngster Zeit einen Teil seiner überörtlichen Funktionen mit Hardheim teilen, das durch seine Stellung als Industrie- und Gewerbe- sowie ebenfalls als Militärstandort an zentralörtlicher Bedeutung gewonnen hat, auch wenn es bis heute nur Teilaufgaben eines Unterzentrums für seine allernächste Umgebung wahrnimmt. Ohne die rechtliche Position einer Stadt erlangt zu haben, lassen sich aber schon heute im Siedlungsbild echte städtische Züge nicht nur in den modernen Erweiterungsgebieten, sondern auch im stark umgestalteten, inneren Ortskern feststellen.

Grund- und Aufrißgestaltung. – Im Grund- und Aufriß unterscheiden sich die Stadtsiedlungen deutlich von den Dörfern, besitzen aber alle nicht die Regelmäßigkeit und Klarheit geplanter Stadtanlagen. Ihre vorstädtischen Siedlungen lassen sich teilweise noch deutlich in den heutigen Altstadtkernen erkennen. Das gilt ganz sicher am meisten für *Osterburken*, dessen im Mittelalter ummauerter und dicht bebauter Altstadtkern noch den unregelmäßigen Straßenverlauf der dörflichen Vorgängersiedlung ausstrahlt. Osterburkens Altstadt am rechtsseitigen Talhang und auf dem Talboden der Kirnau hat durch die Umgestaltung des Kirch- und Rathausplatzes mit dem Neubau der St. Kilianskirche, dem modernen Rathaus und einem benachbarten Wohn- und Geschäftshauskomplex einen beachtlichen Wandel ihres inneren Aufrißbildes erfahren. Vor allem im N, außerhalb der Laden- und Geschäftszone an der Friedrichstraße und der hangaufwärts bogenförmig um das zentral gelegene Gotteshaus herumführenden Turmstraße, wo an der Nordostecke der Altstadt noch Überreste der mittelalterlichen Stadtbefestigung stehen, sind noch viele alte Elemente im Baubestand und im engen, unregelmäßig rechteckigen Straßen- und Wegenetz erhalten. Eine alte Siedlungszeile, die bereits im Zusammenhang mit den Bahnanlagen entstand, findet sich am Fuß des Gegenhangs. Erste Stadterweiterungen bedecken mit Fabrik- und Industriebauten die Talsohle südlich und südwestlich des Stadtkerns; sie setzten außerdem an den unteren Talflanken beiderseits des Flusses an. Seit den endenden 1950er Jahren wurden dann die Talhänge der Kirnau mit modernen Wohnvierteln überbaut. Am oberen Hang östlich der Altstadt entstand ein modernes Industriegebiet. Am oberen Gegenhang wurde ein Schulzentrum mit Hallenbad und Sportanlagen geschaffen, das heute ganz entscheidend auf das städtische Siedlungsbild einwirkt. Auf den Muschelkalkhöhen östlich weit außerhalb der Stadt entsteht derzeit in günstiger Lage zur Autobahn A 81 das Regionale Industriezentrum Osterburken, ein zu Beginn der 1990er Jahre noch im Ausbau befindliches neues Gewerbe- und Industriegebiet.

Bei *Adelsheim*, dessen Altstadt im Mündungswinkel von Seckach und Kirnau eine ausgesprochene Tallage im Anschluß an ein ehemaliges Wasserschloß einnimmt, lassen sich im westlichen, der Seckach zugewandten Stadtkernbereich im Aufrißbild noch bäuerliche Elemente finden, die auf die vorstädtische Siedlung zurückgehen. Die ursprünglich ebenfalls ummauerte, äußerst dicht bebaute Altstadt ist eine annähernd rechteckige Anlage mit einem teils unregelmäßigen gitterförmigen Straßennetz. Frühe Stadterweiterungen dehnen sich im Seckachtal südlich der Kirnau und im N bis zum Fuß des Eckenbergs aus, wo die spätgotische Jakobskirche heraussticht. In das Seckachtal oberhalb der Altstadt hat sich eine frühe Nachkriegserweiterung an beiden Hangfüßen bis zur Jahrhundertmitte hineingeschoben. Später folgten weitere Wohnbauten auf dem Talboden und weiter nördlich ein angrenzendes Gewerbe- und Industriegebiet auch mit größeren Fabrikanlagen. Die moderne Wohnbebauung überzieht die westexponierten Talhänge von Kirnau und Seckach bis zur Essigklinge im S. Am Eckenberg mit seinen vorteilhaften südwärtsgewandten Wohnlagen entstand oberhalb der individuell gestalteten Ein-, Zweifamilien- und Doppelhäuser ein großes Schulzentrum mit Sportanlagen. Auf den Baulandhöhen westlich der Altstadt wurde – abgesetzt von der übrigen Bebauung – eine moderne Jugendvollzugsanstalt mit mehreren Wohn- und Gemeinschaftsbauten sowie einem Sportplatz auf einem umfriedeten Areal errichtet.

Die Altstadtkerne der Odenwaldrandstädte Buchen und Walldürn weisen topographische Gemeinsamkeiten auf. Sie liegen auf flachen, zur Morre und zum Marsbach abfallenden Hängen, die sich unterhalb der Städte in die Buntsandsteindecken des hochflächigen Berglandes tief einschneiden. *Buchens* mittelalterlicher Stadtkern läßt im Grundriß ein unregelmäßiges Viereck mit einem gitterförmigen Straßennetz und einem

4. Siedlung und Zentralität 247

mehrfach abgewinkelten Hauptstraßenzug im Verlauf der Kellerei- und Marktstraße hervortreten. Eine spätmittelalterliche Vorstadt westlich außerhalb des einzigen noch vorhandenen Stadttores brachte eine ebenfalls äußerst dicht bebaute erste Stadterweiterung nördlich der Morre. Zwischen dem Torturm und dem Marktplatz hat sich beiderseits der Marktstraße ein Geschäftsbezirk mit zahlreichen Kaufläden herausgebildet, in dem die trauf- und überwiegend giebelständigen, unmittelbar aneinandergereihten Häuser auf noch mittelalterlicher Grundstücksaufteilung viele junge Veränderungen durch Schaufenster und Ladeneinbauten hinnehmen mußten. Die Bebauung seit dem 2. Weltkrieg brachte eine gewaltige Ausdehnung der städtischen Siedlungsfläche um die gesamte Innenstadt. Ausgedehnte Wohnviertel bestimmen bis zum Kreiskrankenhaus die Hänge und sanften Höhen west- und südwestlich der Altstadt. Andere Wohnviertel, die erst seit den späten 1960er Jahren angelegt wurden, greifen weit nach N und SO aus. Unmittelbar südlich der Altstadt und der Morre entstand ein modernes Schul- und Behördenviertel. Im Anschluß an das östlich der Altstadt angelegte Bahnhofsviertel mit einer gemischten gewerblichen und teils noch landwirtschaftlichen Bebauung, zwischen die sich auch Wohn- und Behördengebäude gesellen, dehnt sich ein weitflächiges modernes Industriegebiet aus, das sich heute bis über die östliche Stadtumfahrung der B 27 erstreckt.

Walldürns Altstadt am linksseitigen Talhang des Marsbachs läßt mit ihren unregelmäßig von der Hauptstraße wegstrebenden Quer- und Längsgassen keinen städtisch geprägten Grundriß erkennen. Beherrscht wird die Innenstadt von der wuchtigen doppeltürmigen, spätgotischen und barocken Wallfahrtskirche aus rotem Odenwaldsandstein und von dem großen dreiflügeligen Schloß, dem Sitz der Stadtverwaltung, auf dem Platz der mittelalterlichen Burg der Herren von Dürn. Südlich davon schließt entlang der Oberen und Unteren Vorstadtstraße eine ebenfalls dicht bebaute Stadterweiterung an, die sich in der Unteren Vorstadt noch im vorigen Jahrhundert gegen die Bahnhofsanlage hinausschob. Bis in die späten 1950er Jahre brachten die ersten Nachkriegserweiterungen dann randliche Neubauten, im W in lockerer Bebauung bis zum Theodor-Heuss-Ring sowie im Marsbachtal. Ein neues Wohngebiet auf rechtwinkligem Grundriß entstand südlich der Oberen Vorstadt bis zur Siedlungs- und Dr.-Trautmann-Straße. Weiter im S, weit außerhalb der damaligen Bebauung, wurde ebenfalls in der frühen Nachkriegszeit die später stark erweiterte Siedlung am Barnholz angelegt. Bis in die Mitte der 1980er Jahre wurden die neuen Wohngebiete überwiegend mit Einfamilien- und Doppelhäusern auf der hochflächigen Buntsandsteinabdachung im S und SW der Altstadt und Vorstädte bis zu den modernen Bundeswehrkasernen am Waldrand vergrößert. An der südwärts nach Buchen führenden Ausfallstraße entwickelte sich bis zum Bahnhof ein gemischtes Wohn-, Geschäfts- und Gewerbegebiet (A.-Kolping-Str.). Südlich des Bahnhofs geht es in ein reines Gewerbegebiet über (Buchener Str.). Eine junge und weniger geschlossene Bebauung mit Wohn- und Gewerbefunktionen dehnt sich am südexponierten Hang des Marsbachtals aus, so daß die alte und dicht bebaute Stadt, die außer von der Wallfahrtskirche und dem massigen, hufeisenförmigen Schloß auch von malerischen Fachwerkhäusern wie dem alten Rathaus und Wohn-Geschäftshäusern an der Hauptstraße geprägt wird, heute im N, W und S von großflächigen Neubaugebieten eingeschlossen ist.

Die aus einer frühmittelalterlichen Klosteranlage hervorgegangene Stadt *Mosbach* ist mit ihrem historischen Stadtkern auf unregelmäßig rippenförmigem Grundriß mit einer sich zum Marktplatz öffnenden, geschwungen und abgewinkelt verlaufenden Hauptstraße auf der linken Seite des unteren Elztals durch große Siedlungsausweitungen auf dem Talboden, an den Talhängen und im N auch auf der Hochfläche gekennzeichnet.

Ihre günstige Verkehrslage ließ sie zu einem in den sekundären und tertiären Wirtschaftsbereichen voll ausgebildeten Mittelzentrum heranwachsen, das mit seinen eingemeindeten Stadtteilen Diedesheim und Neckarelz heute den gesamten Elzmündungsraum überdeckt. Die Verwaltungs-, Geschäfts-, Versorgungs- und Bildungseinrichtungen konzentrieren sich weitgehend auf die Altstadt und ihre Nachbarbereiche im Tal und am unteren linksseitigen Talhang. Industrielle und gewerbliche Anlagen dehnen sich zusammen mit dem Bahngelände auf dem sich zum Neckar hin ausweitenden Talgrund unterhalb des Stadtkerns aus. Dort entstanden rechts des Flusses auch moderne Bildungseinrichtungen, Freizeit- und Sportanlagen. Die bevorzugten Wohnbereiche überziehen vor allem die westexponierte Talflanke, im O bis hinauf zur Bergfeldsiedlung, die aus dem in den frühen 1930er Jahren erbauten, ältesten landwirtschaftlichen Aussiedlungsweiler Badens entstanden ist. Die steilen Hänge des Henschelbergs und Hambergs sind nur in den unteren Bereichen zeilenartig durch Wohnhäuser erschlossen. Im unteren Nüstenbachtal und mit der von dort in ein Seitentälchen nordwestwärts vorstoßenden Masseldorn-Siedlung umschließt die moderne Wohnbebauung den Hamberg im O und N. Abgesetzt von der übrigen Bebauung entstand seit den frühen 1960er Jahren auf der Höhe nördlich des Henschelbergs und westlich des Elztals mit der Waldstadt eine moderne Trabantenstadt in Hochflächenlage.

Dominieren in der äußerst dicht bebauten und bis ins vorige Jahrhundert von einem mittelalterlichen, zum Teil erhaltenen Mauergürtel umschlossenen Altstadt frühneuzeitliche, teils reich verzierte städtische Fachwerkbauten, die den Reiz des malerischen Stadtkerns bewirken, so bestimmen überwiegend individuell gestaltete Ein-, Zwei- und Mehrfamilienhäuser die Wohngebiete an den Hängen des Elztals. Ausgesprochene Wohnblöcke und Wohnhochhäuser, die das südliche Neubaugebiet gegen Neckarelz am linken Talhang oberhalb der Industriebauten prägen, treten dagegen weit zurück. Eine ausgesprochen moderne Aufrißgestaltung mit freistehenden, teils bungalowartigen Einfamilienhäusern, Reihenhäusern, größeren Geschoßhäusern, Wohnblöcken und Wohnhochhäusern beherrschen dagegen die abwechslungsreich und unterschiedlich gestaltete Waldstadt.

Einen Sonderfall unter den städtischen Siedlungen bildet das im stark bäuerlich geprägten SO des Landkreises liegende *Ballenberg*, das in der Neuzeit seine zentralörtlichen Funktionen einbüßte und eigentlich zum Dorf abgesunken ist. Die im mittelalterlichen Kern als Einstraßenanlage ausgebildete Siedlung, deren einstiger Schloß- und heutiger Kirchbereich eine ausgesprochene Spornlage auf hartem Muschelkalkfels einnimmt, läßt im Aufriß mit den unmittelbar aneinandergereihten Häuserzeilen beiderseits der Stadtstraße noch Anzeichen der städtischen Vergangenheit in der baulichen Gestaltung erkennen. Die hinter den Wohnhäusern stehenden ländlichen Wirtschaftsgebäude der Ackerbürger geben aber eine klare Auskunft über die eigentlichen Funktionen dieser Minderstadt.

Städtische Einzugsbereiche. – Den größten Einfluß auf das ländliche Umland übt im Kreisgebiet die *Große Kreisstadt Mosbach* aus. Mit Landes- und Landkreisbehörden, weiterbildenden Schulen und Einrichtungen der Erwachsenenbildung, mit zahlreichen Kaufstätten des täglichen und höheren Bedarfs, mit einem Kreiskrankenhaus und Facharztpraxen, kirchlichen Pflege- und Ausbildungseinrichtungen für Behinderte sowie ganz unterschiedlichen Produktionsstätten von handwerklichem Gewerbe und Industrie ist Mosbach ein voll ausgebildetes Mittelzentrum mit einem für den Neckar-Odenwald-Kreis hohen Einpendlerüberschuß. 1987 kamen auf einen Aus- 3,2 Einpendler (2996 : 9539), und der Anteil der Einpendler an den Beschäftigten machte

4. Siedlung und Zentralität

damals zwei Drittel aus. Sie wohnten bevorzugt in den Nachbargemeinden im südlichen Landkreis, wo die Gdn Elztal und Obrigheim jeweils über 1000 Einpendler nach Mosbach entsandten (1132 und 1041). 950 kamen zur täglichen Arbeit und Ausbildung aus Elztal, 646 aus Fahrenbach, 602 aus Schefflenz, 518 aus Limbach und 437 aus Haßmersheim. Berücksichtigt man alle Gemeinden mit 10 und mehr Auspendlern nach Mosbach, so reicht das Einzugsgebiet der Großen Kreisstadt weit über die südlichen und westlichen Kreisgrenzen hinaus bis in das Neckarbecken bei Heilbronn, bis ins Elsenztal im Kraichgauer Hügelland und durch das Odenwälder Neckartal über Eberbach, Hirschhorn, Neckargemünd und Heidelberg bis ins Neckarmündungsgebiet. Entlang der B 27 greift Mosbachs Pendlereinzugsgebiet bis an die nordöstliche Kreisgrenze aus. 1987 fuhren so 24 Einpendler aus Hardheim, 20 aus Höpfingen, 87 aus Walldürn und 302 aus Buchen täglich in die Kreisstadt. Die Zielorte der fast 3000 Berufs- und Ausbildungsauspendler, die 1987 die Stadt täglich verließen, lagen in den genannten Landschaftsräumen, erstreckten sich im Neckarland aber bis in die Landeshauptstadt und über den Kraichgau und das Rhein-Neckar-Land bis nach Karlsruhe. Die bevorzugten Auspendlergemeinden waren bei der letzten Volkszählung Neckarsulm (431), Obrigheim (404), Heilbronn (228), Heidelberg (215), Elztal (182), Haßmersheim (172), Neckarzimmern (144) und Eberbach (114). Der Anteil dieser Auspendler an den Beschäftigten machte 1987 gut ein Fünftel aus.

In *Buchen* war mit dem Verlust der Kreisstadtfunktion zweifellos auch ein Rückgang der zentralörtlichen Bedeutung verbunden. Die Stadt im Grenzbereich von Bauland und Odenwald hatte 1987 zwar noch einen geringen Einpendlerüberschuß (2669 Ein- und 2291 Auspendler). Dieser Überschuß beruhte aber lediglich auf der hohen Zahl von 760 Ausbildungseinpendlern, denen nur 218 Ausbildungsauspendler gegenüberstanden. Diese Zahlen beweisen, daß Buchen als Schulstandort auch heute noch einen beachtlichen Einfluß auf sein Umland ausübt. Bei den Berufspendlern überwog 1987 aber die Zahl der Auspendler die der Einpendler, standen damals doch trotz des noch im Ausbau begriffenen Industrie- und Gewerbegebiets im O der Stadt 2073 Aus- 1909 Einpendlern gegenüber. Die in der Stadt ansässigen Landes- und Kreisdienststellen, die weiterbildenden Schulen, das Kreiskrankenhaus und die Altstadt als Einkaufszentrum bewirken auch heute noch einen in das Umland ausstrahlenden Einfluß vor allem im Bereich des früheren Lkr. Buchen. Die Stadt Buchen kann daher als ein in seiner zentralörtlichen Bedeutung durch den Verlust der Kreisstadtfunktion geschwächtes Unterzentrum bezeichnet werden, dessen Pendlereinzugsgebiet sich südlich und östlich der Linie Hardheim–Höpfingen–Walldürn–Mudau–Limbach–Fahrenbach–Mosbach über den gesamten Neckar-Odenwald-Kreis und darüber hinaus bis Ahorn, Königheim und Tauberbischofsheim ausdehnt. Die darin wichtigsten Einpendlerwohngemeinden waren 1987 Walldürn (596), Mudau (549), Seckach (246), Hardheim (245), Limbach (203), Höpfingen (188) und Osterburken (145). Bis auf Hardheim und Höpfingen grenzen sie alle unmittelbar an das Buchener Stadtgebiet an. Die wachsende zentralörtliche Stellung der Nachbarstadt Walldürn sowie des Industrie- und Militärstandortes Hardheim hat den zentralörtlichen Einfluß Buchens im nordöstlichen Kreisgebiet stark vermindert. Die Zielorte der Buchener Auspendler decken sich im Landkreis weitgehend mit den Herkunftsorten der Einpendler. Über die Kreisgrenzen hinaus erstrecken sie sich mit Miltenberg und Frankfurt bis an den Main, mit Eberbach, Heidelberg und Mannheim bis an den unteren und mit Neckarsulm, Heilbronn und Stuttgart bis an den mittleren Neckar. Ein weit entfernter Zielort in der nordbadischen Rheinebene ist ferner Karlsruhe, das 1987 täglich von 20 Auspendlern aus Buchen angefahren wurde. Die wichtigsten Auspendlerzielorte für Buchen waren Walldürn (840), Mosbach (304),

Hardheim (255) und Osterburken (133). Buchens verminderte zentralörtliche Stellung innerhalb des Neckar-Odenwald-Kreises zeigt sich zum einen an dem bei nur 42 % liegenden Anteil seiner Einpendler an den Beschäftigten, zum anderen an dem mit 36 % recht hohen Anteil seiner Auspendler an den Beschäftigten.

Walldürn, dessen Einpendleranteil 1987 gut die Hälfte der Beschäftigten ausmachte, ist vor allem als Industrie-, Gewerbe- und Bundeswehrstandort ein städtisches Unterzentrum in der unmittelbaren Nachbarschaft Buchens. In den vergangenen Jahrzehnten mußte die Stadt allerdings einen Teil ihrer zentralörtlichen Funktionen für das nordöstliche Randgebiet des Landkreises an Hardheim abtreten. Bei der letzten Volks- und Berufszählung standen 2569 Ein- 1526 Auspendlern gegenüber, so daß ein deutlicher Einpendlerüberschuß zu verzeichnen war. Die Hauptwohnorte der Einpendler waren 1987 vor allem Buchen (840), Hardheim (387) und Höpfingen (367). Die Pendlerwohnorte, aus denen zehn und mehr Einpendler täglich nach Walldürn fahren, verteilen sich im Landkreis im S bis Obrigheim, Mosbach, Billigheim, Adelsheim und Ravenstein und erstrecken sich nördlich der Kreisgrenze bis Kirchzell, Miltenberg und Großheubach in den Amorbacher Odenwald und ins Maintal. Neben den genannten Nachbargemeinden Walldürns sind Mudau (81), Osterburken (52), Seckach (51), Schneeberg (48) und Amorbach (40) die wichtigsten Einpendlerwohngemeinden. Über 30 Einpendler kamen 1987 ferner aus Mosbach, Rosenberg, Limbach und Miltenberg. Die weitest entfernten Einpendlerwohngemeinden waren Sinsheim im Kraichgau sowie Heidelberg und Mannheim. Die bevorzugten Zielorte der Auspendler waren innerhalb des Kreisgebiets Buchen (596), Hardheim (194), Mosbach (87) und Osterburken (51), im benachbarten bayerischen Landkreis Amorbach (98) und Miltenberg (42).

Osterburken mit seinen Industriebetrieben im Tal und am östlichen Talhang der Kirnau sowie in dem noch im Ausbau begriffenen neuen Industriegebiet östlich oberhalb der Stadt hatte 1987 etwa doppelt so viele Ein- als Auspendler. Seine zentralörtliche Einflußsphäre dehnt sich bevorzugt im südöstlichen Landkreis und über die unmittelbar benachbarten Gemeinden im Main-Tauber-Kreis, Hohenlohekreis und Lkr. Heilbronn aus. Die wichtigsten Wohngemeinden der Einpendler, die 1987 fast 78 % der Beschäftigten ausmachten, waren Rosenberg (292), Ravenstein (257), Adelsheim (240), Buchen (133), Schefflenz, Schöntal (je 107) und Ahorn (103). Die Zielgemeinden der Auspendler aus Osterburken, die zum genannten Zeitpunkt insgesamt 41 % der Beschäftigten umfaßten, lagen ebenfalls bevorzugt im südöstlichen Neckar-Odenwald-Kreis und erstreckten sich bis Mosbach, Buchen, Walldürn und Hardheim. Die wichtigsten Zielgemeinden waren Adelsheim (150), Buchen (145), Mosbach (112) und Seckach (60).

Adelsheim hat heute einen wesentlich geringeren zentralörtlichen Einfluß im südöstlichen Neckar-Odenwald-Kreis als Osterburken. Die Landstadt kann heute als Selbstversorgerzentrum mit zentralörtlichen Teilfunktionen eines Unterzentrums etwa im schulischen Bereich angesehen werden. Das zeigt sich auch deutlich am hohen Auspendlerüberschuß, der 1987 auf einen Ein- zwei Auspendler kommen ließ. Der größte Teil der 591 Einpendler kam dabei aus Osterburken (150), Seckach (84), Ravenstein (61) und Buchen (54). Hauptzielgemeinden der Auspendler, die drei Viertel der Beschäftigten umfaßten, waren innerhalb des Landkreises Osterburken (150), Buchen (77) und Mosbach (76) sowie Möckmühl (227) und Neckarsulm (97) im Lkr. Heilbronn und der Stadtkreis Heilbronn (85).

Keine zentralörtlichen Funktionen erfüllt heute die Stadt *Ravenstein*, deren Stadtqualität von dem einstigen Zentort Ballenberg herrührt. Aufgrund seiner gegenwärtigen Aufgaben ist dieses kleine Landstädtchen am Südostrand des Kreisgebiets eine dörfliche

4. Siedlung und Zentralität

Siedlung geworden. So verwundert es auch nicht, daß das Verhältnis von Ein- zu Auspendlern in Ravenstein heute bei 1 : 10 liegt. Von den insgesamt 860 Auspendlern des Jahres 1987 gingen ein Drittel nach Osterburken (257), 61 nach Adelsheim, 52 nach Krautheim und 47 nach Schöntal. Der Auspendleranteil lag mit 187 % weit über der Zahl der in der Stadtgemeinde Beschäftigten. Der Anteil der Einpendler machte nur 18 % der Beschäftigten aus.

IV. WIRTSCHAFT UND VERKEHR

1. Die Struktur der gewerblichen Wirtschaft

Die Wirtschaftsstruktur des Neckar-Odenwald-Kreises zeugt von jahrzehntelangen Bemühungen um die Vermehrung der Zahl der industriellen Arbeitsplätze und damit um die Verbesserung des Lebensstandards für die Menschen und der Standortfaktoren für einheimische und ansiedlungswillige Betriebe. Dennoch blieb der vorwiegend *ländliche Charakter* erhalten, der die Gemeinden zwischen Schwarzach und Aglasterhausen im W, Hardheim und Ravenstein im O von jeher prägte. Noch immer liegt die Zahl der in der Landwirtschaft Beschäftigten über dem Landesdurchschnitt von Baden-Württemberg. Die Situation des ländlichen Raums sollte jedoch nicht dazu verleiten, fortwährend die »Strukturschwäche« zu beklagen. Denkt man an die Enge, die Umweltbelastungen, die Arbeitslosigkeit, die hohen Lebenshaltungskosten und den Streß, der heute in den Verdichtungsräumen herrscht, so erscheint das Kreisgebiet mit seiner weitgehend intakten Natur und den niedrigen Bodenpreisen in einem anderen Licht – sowohl für die Bürger als auch für Betriebe. Um die Vorzüge des ländlichen Raumes, die zunehmend als ein Wettbewerbsvorteil zu betrachten sind, erhalten zu können, kann auf eine Industrialisierung um jeden Preis verzichtet werden. Das Interesse der Gemeinden ist es, die traditionell *mittelständische Struktur von Handwerk und Industrie* zu pflegen und gleichzeitig die natürliche Schönheit des Raumes zu bewahren.

Standortfaktoren bis 1945. – Verschiedene Faktoren setzten den Versuchen, die Region zu entwickeln, enge Grenzen. Nur wenige der klassischen Bedingungen für die Entwicklung zu einem Wirtschaftsstandort waren erfüllt.

Im Neckar-Odenwald-Kreis fanden sich, abgesehen von Gipslagerstätten im Mittleren Muschelkalk und von Tonvorkommen sowie den Holzbeständen des Odenwaldes, kaum *Rohstoffe*, deren Abbau und Weiterverarbeitung zu einer ersten Industrialisierung oder mindestens zu einer Ausdehnung des Handwerksbereiches hätten führen können. Die wenigen vorhandenen Ansätze waren im Neckartal und im Elzmündungsraum konzentriert. Schon früh entwickelten sich so die auch heute noch augenfälligen regionalen Unterschiede in Wirtschaftskraft und Industriebesatz.

Im 19. und noch zu Anfang des 20. Jh. war die *Verkehrslage* neben den Rohstoffvorkommen der wichtigste Standort- und Entwicklungsfaktor einer Region. Der eigentliche Impuls für die Entwicklung der handwerklichen Produktion zur industriellen Fertigung geht von einer Steigerung der Nachfrage, das heißt von einer Vergrößerung des Marktes aus. Überregionaler Absatz hat jedoch ein leistungsfähiges und möglichst schnelles, Verkehrsnetz zur Voraussetzung. Dasselbe gilt aber auch für den Antransport von Rohstoffen und Energieträgern vor allem aus dem Ruhrgebiet, von dem die Betriebe unserer rohstoffarmen Region abhängig waren.

Damit war die Ausgangslage der Gemeinden des heutigen Neckar-Odenwald-Kreises schlecht mit Ausnahme jener, die unmittelbar am Neckar und damit an der traditionellen Handelsroute durch das Neckartal lagen. Die erst relativ spät erbauten Eisenbahnlinien, die die Region durchqueren, ließen einen raschen Transport nicht zu. Auch die erst nach der Jahrhundertwende errichteten Kleinbahnen, die das Hinterland erschließen sollten, konnten die in sie gesetzten ökonomischen Erwartungen nicht oder nicht mehr erfüllen.

1. Die Struktur der gewerblichen Wirtschaft 253

Die Lebensgrundlage der *Bevölkerung* war fast ausschließlich die Landwirtschaft. Mangelhafte Bodenqualität und geringe Ernteerträge sowie die Zerstückelung des Landbesitzes infolge des Erbteilungssystems erlaubten nur ein karges Dasein. Das trotzdem anhaltende Bevölkerungswachstum führte zusammen mit einigen Mißernten dazu, daß das Land die eigene, in Relation zu den vorhandenen Erwerbsplätzen recht zahlreiche Bevölkerung nicht mehr tragen konnte. Die Auswanderung war der einzige Ausweg. So wanderten zwischen 1850 und 1900 allein aus dem Altkreis Mosbach 40000 Bürger ab. Durch die weiter anhaltenden Abwanderungsbewegungen lag die Bevölkerungsdichte 1940 mit ca. 67 Einwohnern je qkm Gemarkungsfläche auf demselben Niveau wie im Jahr 1900.

Daraus ergibt sich bereits, daß die *Produktion und der Absatz von landwirtschaftlichen Gütern* über den Eigenbedarf hinaus nur in geringem Umfang möglich war. Eine Agrarproduktion für einen größeren Markt trat erst ein, nachdem die Eisenbahnlinien als Transportweg in das Ballungszentrum Mannheim errichtet worden waren. Auch als Abnehmer für Handwerks- und Fabrikwaren kam die wirklich arme Landbevölkerung nur begrenzt in Frage. Eine Ausnahme stellte der Wallfahrtsort Walldürn dar, in dem sich einige Betriebe der Devotionalienherstellung gut entwickelten. Eine Rationalisierung der landwirtschaftlichen Produktion und infolgedessen eine Freisetzung von *Arbeitskräften* für die Industrie trat ebenfalls erst spät ein. Es mangelte jedoch nicht an Arbeitskräften – die Landwirtschaft war vielmehr übersetzt –, sondern an entsprechenden Ersatzarbeitsplätzen. *Kapital* als Basis für die Industrialisierung war im Kreis nicht vorhanden. Die *Energiequelle*, auf der die Hoffnungen vieler Gemeinden ruhten, war die Wasserkraft. Sie konnte im Odenwald jedoch wegen der Abgelegenheit der Täler nicht in Wert gesetzt werden.

Veränderte Standortfaktoren seit 1945. – In der 2. H. 20 Jh. nehmen die Standortfaktoren eine neue Rangfolge ein: Rohstoffvorkommen haben ihre Initialfunktion für die wirtschaftliche Entwicklung fast ganz verloren, während die Erreichbarkeit, also das Verkehrsnetz, nach wie vor von Bedeutung ist. Hier liegt allerdings der Schwerpunkt nicht mehr bei der Schiene, sondern bei der Straße. Von Bedeutung ist das Vorhandensein eines qualifizierten Arbeitsmarktes und die Nähe zu den Absatzmärkten der Verdichtungsräume.

Die *veränderten Verkehrsbedingungen* – die Verbreitung des Verkehrsmittels Automobil und des Transportmittels Lastkraftwagen – führten zu einer relativen Verbesserung der Standortbedingungen für die ansässigen Betriebe, die nun für einen überregionalen wie auch für einen erweiterten heimischen Markt produzieren konnten. Über das verhältnismäßig gut ausgebaute Straßennetz konnten Energieträger und Rohstoffe antransportiert und produzierte Güter an ihren Bestimmungsort gebracht werden. Die *neuen Energiequellen* Erdöl, Erdgas, Elektrizität und auch die Kernenergie – das Kernkraftwerk Obrigheim wurde 1968 in Betrieb genommen – hoben die Abhängigkeit von der Kohle auf und machten lange Antransportwege überflüssig. Energie ist jetzt auch im ländlichen Raum praktisch überall zu jeder Zeit ohne große Kostendifferenzen verfügbar.

Die Bundesstraßen sind für den Landkreis nach wie vor die wichtigsten *Verkehrswege*, während das Bundesautobahnnetz das Kreisgebiet auch in Zukunft nur im SO mit einem 10 km langen Teilstück der A 81 durchschneidet, das vor allem für den Durchgangsverkehr wichtig ist. Die Eisenbahn hat heute bei weitem nicht mehr die Bedeutung, die ihr vor 50 Jahren noch zukam, zumal für die Odenwaldbahn die Verbindung in den O Deutschlands, besonders nach Berlin, nach dem 2. Weltkrieg wegfiel. Die Tatsache, daß in den vergangenen drei Jahrzehnten viele Betriebe den schnelleren und direkteren Transport über die Straße dem Schienenverkehr vorzogen, sowie der Aufbau eines immer besseren Straßennetzes entzogen der Bahn ständig Kunden aus dem Bereich des Güterverkehrs. Darüberhinaus führte die staatliche wie auch die private Bevorzugung des Individualverkehrs in dieser Situation zur Privatisierung bzw. Stillegung der Kleinbahnen im Odenwald.

Diese Maßnahmen haben nicht nur Auswirkungen auf die Betriebe, sondern auch auf den *Arbeitsmarkt*. Gerade in einer ländlich strukturierten Region kann die Entfernung zu einer potentiellen Arbeitsstätte der Faktor sein, der Erwerbspersonen z. B. bei uneffektiver Arbeit in der Landwirtschaft oder im Familienbetrieb hält. Der Individualverkehr, aber auch ein gut ausgebautes Netz öffentlicher Verkehrsmittel können dieser »stillen Reserve« an Arbeitskräften die nötige Mobilität verschaffen, einen industriellen Ausbildungs- oder Arbeitsplatz antreten zu können.

Als nach dem 2. Weltkrieg die *Bevölkerungszahl* durch die Zuweisung von Heimatvertriebenen und Flüchtlingen – rund 24000 Personen allein im Altkreis Mosbach – gegenüber dem Vorkriegsstand um ein Drittel anwuchs, stellte sich erneut das Problem schlechter Unterbringung und Versorgung sowie mangelnder Beschäftigungsmöglichkeiten. Nun wollte man aber die frühere passive Lösung durch Abwanderung vermeiden und entwickelte eine aktive, arbeitsplatzschaffende Politik, die die Altbürger und zumindest einen Teil der zugezogenen Flüchtlinge in der Region halten sollte. Im Jahr 1955 hatte sich die Bevölkerungszahl durch Wanderungsbewegungen in die industriellen Zentren mit 59000 Personen gegenüber 64000 im Jahr 1946 auf ein erträgliches Maß eingependelt. Die Arbeitslosigkeit konnte eingedämmt werden; ab Mitte der sechziger Jahre kann von Vollbeschäftigung gesprochen werden.

Die Zunahme der Bevölkerung brachte jedoch keinesfalls nur Schwierigkeiten, sie führte auch zu einer enormen Steigerung der Nachfrage nach Dienstleistungen und Gütern aller Art. Die zugezogenen Bevölkerungsteile, keineswegs nur ungelernte und dauerhaft auf öffentliche Hilfe angewiesene Menschen, brachten neue unternehmerische Impulse und den Willen zum Aufbau einer neuen Existenz. Dieses Engagement trug maßgeblich zu den Leistungen des wirtschaftlichen Wiederaufbaus bei. Handwerks- und Industriebetriebe, welche Produktions- und Konsumgüter herstellten, aber auch die Bauindustrie, die durch den Wohnungsbedarf Auftrieb erhalten hatte, konnten zahlreiche Arbeitssuchende einstellen.

Heute leben im Neckar-Odenwald-Kreis 130656 Personen (VZ 1987), das ergibt eine durchschnittliche Bevölkerungsdichte von 114 E/ha. Die seit 1974 feststellbare Tendenz des Bevölkerungsrückgangs konnte in den letzten Jahren offensichtlich aufgehalten werden. Die Volkszählung von 1987 ergab für den Kreis eine Korrektur der Fortschreibungszahlen um 1814 Personen oder +1,4 %. Neben einer Aufwertung des Images bedeutet das für den Kreis auch eine Verbesserung der finanziellen Situation durch zusätzliche Finanzausgleichsgelder.

Die gesamte wirtschaftliche Aufwärtsentwicklung wurde von einer *öffentlichen Strukturpolitik* unterstützt, welche in erster Linie die Gemeinden bei der Erfüllung der dringendsten Aufgaben finanziell unterstützte, so beim Bau von Schulen, Straßen und Wohnungen, beim Ausbau des öffentlichen Verkehrs und der Energieversorgung sowie bei der Wasserversorgung und der Entsorgung von Abwasser. Erst in zweiter Linie versuchte man, ansässigen und ansiedlungswilligen Betrieben durch Kredite, Bürgschaften und Zuschüsse den Start bzw. die Expansion zu erleichtern. Dieser speziellen Aufgabe wandte sich die »Planungsgemeinschaft Odenwald« mit Sitz in Mosbach zu, zu der sich die nordbadischen Förderkreise Mosbach, Buchen, Sinsheim und Tauber-

1. Die Struktur der gewerblichen Wirtschaft

bischofsheim 1956 zusammengeschlossen hatten. Der Kreis Mosbach wurde in das »Sanierungsgebiet Odenwald« der bad.-württ. Landesregierung einbezogen, ebenso der 1956 zum »Notstandsgebiet« erklärte Lkr. Buchen. Die »Arbeitsmarktregion« Buchen blieb bis 1987 ein Fördergebiet der von Bund und Land gemeinsam durchgeführten »Gemeinschaftsaufgabe Verbesserung der regionalen Wirtschaftsstruktur«. Ziel all dieser Programme war die Schaffung von Dauerarbeitsplätzen durch die Unterstützung der Betriebe bei der Finanzierung bestimmter Maßnahmen. Gefördert wurden auch gemeindliche Investitionen zur Verbesserung der industrienahen Infrastruktur, von denen man sich einen positiven Effekt auf die Betriebe und damit auf die Zahl der Arbeitsplätze versprach. Die Palette der förderungswürdigen Maßnahmen wurde seit den 1950er Jahren nur wenig variiert. Erst seit wenigen Jahren werden auch Dienstleistungsunternehmen der Bereiche Fremdenverkehr und »Neue Technologien« gefördert.

Durch das Zusammenwirken der staatlichen und privaten Initiativen kam es auch in den Kreisen Mosbach und Buchen, 1973 zum Neckar-Odenwald-Kreis zusammengeschlossen, zum wirtschaftlichen Aufschwung der 1950/60er Jahre. Allerdings konnte die Region auch unter diesen günstigen Bedingungen nicht den Anschluß an die reicheren und besser strukturierten Gegenden Baden-Württembergs erreichen. Im Zusammenhang mit den Rezessionsbewegungen seit Anfang der 1980er Jahre drohte sich der Rückstand der strukturschwachen Region bereits wieder zu vergrößern, doch diese Bewegungen scheinen heute wieder zu einem Stillstand gekommen zu sein, wie die Beschäftigungs- und Umsatzzahlen beweisen.

Arbeitsstätten. – Die Arbeitsstättenzählung, die 1987 im Zusammenhang mit der Volkszählung durchgeführt wurde, ergab insgesamt 5772 Arbeitsstätten mit 50427 Beschäftigten. Die regionale Verteilung der Arbeitsstätten und der Beschäftigungszahlen sind der Tab. 1 zu entnehmen.

Die Zahl der Betriebe ist seit 1970 um 8,7 % gestiegen. Diese Zunahme liegt unter dem Landesdurchschnitt von 20,6 %. Die durchschnittliche Beschäftigtenzahl der Arbeitsstätten liegt im Kreis bei 8,7 Beschäftigten, wobei regionale Unterschiede auffallen: während in Mosbach der durchschnittliche Betrieb 12 Beschäftigte hat, liegt Buchen mit durchschnittlich 9 Beschäftigten auf dem Kreisniveau. In Ravenstein, das als repräsentativ für die ländlicheren Kreisgemeinden gelten kann, sind dagegen pro Arbeitsstätte nur durchschnittlich 3,7 Personen beschäftigt, was darauf schließen läßt, daß keine industrielle Produktion besteht und auch die Handwerksbetriebe klein sind.

Erwerbstätigkeit. – Die Zunahme der Bevölkerung und die positive Entwicklung der Wirtschaft nach 1950 haben auch eine Steigerung der Arbeitsplätze gebracht. Die Zahl der *Arbeitsstätten* im Neckar-Odenwald-Kreis stieg von 1970 (VZ) bis 1987 (VZ) um 8,7 % von 5310 auf 5772, die der *beschäftigten Personen* um 11,2 % von 45360 auf 50427. Dieser Zuwachs liegt jedoch unter demjenigen im Bundesland, der im gleichen Zeitraum bei den Arbeitsstätten 10,6 % und bei den Beschäftigten 15,5 % beträgt.

1987 stehen im Neckar-Odenwald-Kreis 1000 erwerbstätigen Einwohnern nur 846 im Kreisgebiet Beschäftigte gegenüber. Die Pendlerbilanz ist negativ. Im Land Baden-Württemberg dagegen kommen auf 1000 erwerbstätige Einwohner 1033 Beschäftigte. Auch innerhalb des Kreises ist das Zahlenverhältnis zwischen erwerbstätigen Einwohnern und in den örtlichen Arbeitsstätten Beschäftigten von Gemeinde zu Gemeinde unterschiedlich. Neckarzimmern hat mit 145 Beschäftigten auf 100 erwerbstätige Einwohner die günstigste, Fahrenbach mit nur 30 die ungünstigste Arbeitsplatzsitua-

IV. Wirtschaft und Verkehr

Tabelle 1: **Arbeitsstätten und Beschäftigte 1987**

Gebiets-körperschaft	Arbeits-stätten	Beschäftigte		darunter Arbeitnehmer		Ausländer	
		insg.	weibl.	insg.	weibl.	insg.	weibl.
Adelsheim	200	1 477	575	1 282	505	11	7
Aglasterhausen	183	1 023	401	838	341	43	18
Billigheim	216	913	305	682	223	16	–
Binau	48	227	131	178	108	9	3
Buchen	707	6 306	2 485	5 618	2 236	200	76
Elztal	159	1 431	418	1 271	359	54	6
Fahrenbach	92	326	163	224	121	2	–
Hardheim	310	2 766	1 118	2 485	1 013	83	49
Haßmersheim	181	1 678	664	1 501	604	126	45
Höpfingen	97	762	273	672	240	20	4
Hüffenhardt	75	379	222	299	193	11	9
Limbach	192	1 359	594	1 157	518	56	26
Mosbach	1 170	14 305	6 261	13 276	5 900	698	262
Mudau	223	1 149	435	932	363	28	8
Neckargerach	84	406	134	326	106	36	2
Neckarzimmern	60	1 040	250	984	226	27	12
Neunkirchen	65	323	187	251	160	8	4
Obrigheim	184	1 596	717	1 406	640	50	19
Osterburken	215	2 339	822	2 140	743	28	10
Ravenstein	125	461	144	348	105	6	4
Rosenberg	91	512	123	423	94	3	2
Schefflenz	171	898	403	697	321	20	8
Schwarzach	74	1 680	850	1 610	821	35	24
Seckach	132	982	493	854	445	13	5
Waldbrunn	182	797	330	614	262	8	4
Walldürn	515	5 088	2 394	4 589	2 213	162	84
Zwingenberg	21	204	94	174	81	3	3
NOK	5 772	50 427	20 986	44 831	18 941	1 756	694

Quelle: Arbeitsstättenzählung 1987, Statistisches Landesamt Bad.-Württ.

tion aufzuweisen. Mehr als 100 Beschäftigte auf 100 erwerbstätige Einwohner haben nur noch Schwarzach (142), Mosbach (140), Osterburken (108) und Walldürn (103). Selbst in Buchen (95) und in Hardheim (93) ist ein leichtes Arbeitsplatzdefizit festzustellen.

Sowohl hinsichtlich der Arbeitsstätten- als auch hinsichtlich der Beschäftigtenzahl unterschied sich das Wachstum in den verschiedenen Wirtschaftszweigen. Verlierer an Arbeitsstätten und an Beschäftigten waren Verarbeitendes Gewerbe, Baugewerbe und Verkehr/Nachrichtenübermittlung, im Neckar-Odenwald-Kreis mit höheren Verlustquoten als im Land, Gewinner die kleinen Wirtschaftszweige der gewerblichen Land- und Forstwirtschaft/Fischerei, der Energie- und Wasserversorgung, der Handel sowie alle Dienstleistungsbereiche. Im Bereich Gebietskörperschaften/Sozialversicherung ging infolge der Gemeindereform die Zahl der Arbeitsstätten zurück, während die der Beschäftigten um 76 % anstieg.

1. Die Struktur der gewerblichen Wirtschaft 257

Tabelle 2: **Beschäftigte und Erwerbstätige 1987**

Gebietskörperschaft	Erwerbstätige	Beschäftigte	
		Anzahl	in % der Erwerbstätigen
Adelsheim	2 218	1 477	66,59
Aglasterhausen	1 752	1 023	58,39
Billigheim	2 515	913	36,30
Binau	572	227	39,69
Buchen	6 665	6 306	94,61
Elztal	2 322	1 431	61,63
Fahrenbach	1 091	326	29,88
Hardheim	2 991	2 766	92,48
Haßmersheim	1 939	1 678	86,54
Höpfingen	1 471	762	51,80
Hüffenhardt	835	379	45,39
Limbach	1 950	1 359	69,69
Mosbach	10 236	14 305	139,75
Mudau	2 138	1 149	53,74
Neckargerach	1 011	406	40,16
Neckarzimmern	716	1 040	145,25
Neunkirchen	728	323	44,37
Obrigheim	2 404	1 596	66,39
Osterburken	2 166	2 339	107,99
Ravenstein	1 213	461	38,00
Rosenberg	893	512	57,33
Schefflenz	1 835	898	48,94
Schwarzach	1 181	1 680	142,25
Seckach	1 549	982	63,40
Waldbrunn	1 936	797	41,17
Walldürn	4 948	5 088	102,83
Zwingenberg	326	204	62,58
NOK	59 601	50 427	84,61
RB Karlsruhe	1 533 048	1 168 013	76,19
Baden-Württemberg	4 354 735	4 496 168	103,25

Trotzdem beschäftigte auch 1987 das Verarbeitende Gewerbe im Neckar-Odenwald-Kreis von allen Wirtschaftszweigen die meisten (37,2 %) Arbeitskräfte. Mit großem Abstand folgten die Gebietskörperschaften/Sozialversicherung (17,7 %), das Dienstleistungsgewerbe (11,6 %) und der Handel (11,5 %). Im Baugewerbe arbeiteten 1987 noch 8,8 % der Beschäftigten, in Organisationen ohne Erwerbszweck 5,3 %, bei Verkehr/Nachrichtenübermittlung 3,6 %, in Kreditinstituten und im Versicherungsgewerbe 2,6 %, in der Energie- und Wasserversorgung 1,0 % und in der gewerblichen Land- und Forstwirtschaft/Fischerei 0,7 %.

Der Zuwachs an Arbeitskräften geht sowohl im Neckar-Odenwald-Kreis als in Baden-Württemberg hauptsächlich auf das Konto der *weiblichen Arbeitskräfte*. Ihre Anzahl ist im Landkreis um 26,5 %, in Baden-Württemberg um 28,0 % gestiegen.

Der Frauenanteil an den Beschäftigten lag 1987 bei 41,6 % und damit etwas höher als im RB Karlsruhe (40,9 %) und im Land Baden-Württemberg (40,3 %). Im Kreisgebiet

Tabelle 3: **Die Arbeitsstätten 1970 und 1987 nach Wirtschaftszweigen**

Wirtschaftszweig	1970	1987	Veränderung	
			NOK %	Baden-Württ. %
(Gew.) Land- u. Forstwirtschaft, Fischerei	42	96	128,57	37,14
Energie- u. Wasserversorgung, Bergbau	21	23	9,52	4,75
Verarbeitendes Gewerbe	1273	1051	-17,44	-13,43
Baugewerbe	434	431	- 0,69	1,76
Handel	1357	1433	5,60	10,20
Verkehr, Nachrichtenübermittlung	357	283	-20,73	7,42
Kreditinstitute, Versicherungsgewerbe	190	344	81,05	74,69
Dienstleistungen v. Untern. u. freien Berufen	1067	1564	46,58	63,15
Organisationen ohne Erwerbszweck	194	234	20,62	37,00
Gebietskörperschaft, Sozialversicherung	375	313	-16,53	29,23
Insgesamt	5310	5772	8,70	20,63

Tabelle 4: **Die Beschäftigten 1970 und 1987 nach Wirtschaftszweigen**

Wirtschaftszweig	1970	1987	Veränderung	
			NOK %	Baden-Württ. %
(Gew.) Land- u. Forstwirtschaft, Fischerei	134	356	165,67	59,07
Energie- u. Wasserversorgung, Bergbau	353	525	48,73	7,90
Verarbeitendes Gewerbe	21384	18732	-12,40	-11,64
Baugewerbe	5369	4441	-17,28	- 9,91
Handel	5060	5814	14,90	20,39
Verkehr, Nachrichtenübermittlung	1969	1827	- 7,21	13,93
Kreditinstitute, Versicherungsgewerbe	671	1296	93,14	54,37
Dienstleistungen v. Untern. u. freien Berufen	3678	5846	58,95	107,76
Organisationen ohne Erwerbszweck	1680	2672	59,05	122,43
Gebietskörperschaft, Sozialversich.	5062	8918	76,18	55,24
Insgesamt	45360	50427	11,17	15,54

hatte Hüffenhardt (Gardinenfabrik) mit 58,6 % den höchsten, Waldbrunn mit nur 19,2 % den geringsten Frauenanteil. Auch in Neunkirchen, Binau, Schwarzach, Sekkach, Fahrenbach machten Frauenarbeitsplätze die Hälfte bzw. mehr als die Hälfte aller Arbeitsplätze aus.

Allerdings arbeitet fast ein Drittel der Frauen (31,3 %) nur als *Teilzeitbeschäftigte*. Von 100 Teilzeitbeschäftigten sind 77 Frauen. Insgesamt arbeiteten 1987 16,9 % der Beschäftigten als Teilzeitkräfte. Dieser Anteil lag nur unwesentlich über dem des RB Karlsruhe (16,6 %) und dem in Baden-Württemberg (16,4 %). Verhältnismäßig viele Teilzeitbeschäftigte, um 30 %, arbeiteten in den Betrieben in Hüffenhardt, Fahrenbach, Binau und Ravenstein.

1. Die Struktur der gewerblichen Wirtschaft

Tabelle 5: **Die weiblichen Beschäftigten 1970 und 1987**

Wirtschaftszweig	Anzahl		Zunahme	Anteil an den Beschäftigten	
	1970	1987	in %	1970	1987
(Gew.) Land- u. Forstwirtschaft, Fischerei	63	141	123,81	47,01	39,61
Energie- u. Wasserversorgung, Bergbau	53	102	92,45	15,01	19,43
Verarbeitendes Gewerbe	8 048	6 923	−13,98	37,64	36,96
Baugewerbe	276	439	59,06	5,14	9,89
Handel	2 562	3 120	21,78	50,63	53,66
Verkehr, Nachrichtenübermittlung	369	406	10,03	18,74	22,22
Kreditinstitute, Versicherungsgewerbe	288	626	117,36	42,92	48,30
Dienstleistungen v. Untern. u. freien Berufen	2 189	3 713	69,62	59,52	63,51
Organisationen ohne Erwerbszweck	1 103	1 700	54,13	65,65	63,62
Gebietskörperschaft, Sozialversicherung	1 638	3 816	132,97	32,36	42,79
Insgesamt	16 589	20 986	26,51	36,57	41,62
Baden-Württemberg	1 416 001	1 811 848	27,96	36,39	40,30

Der *Ausländeranteil* sowohl an den erwerbstätigen Einwohnern (4,5 %) als auch besonders an den hier beschäftigten Arbeitnehmern war 1987 im Neckar-Odenwald-Kreis niedriger als im RB Karlsruhe und im Land Baden-Württemberg. Von 1000 Arbeitnehmern (also ohne Betriebsinhaber und mithelfende Angehörige) waren im Kreisgebiet 39, im RB Karlsruhe 81 und in Baden-Württemberg 93 Ausländer. Den höchsten Ausländeranteil an den Arbeitnehmern wies Neckargerach mit 11 %, aber nur 36 Personen, auf. Die meisten ausländischen Arbeitnehmer (698 Personen = 5,3 %) waren in Mosbach beschäftigt. Insgesamt arbeiten in den Baulandgemeinden und den Gemeinden im Hohen Odenwald wenige Ausländer, im Elzmündungsraum und im Neckartal dank der zahlreichen Industriebetriebe dagegen relativ viele.

Nach ihrer *Stellung im Beruf* waren 1987 von den 50 427 im Neckar-Odenwald-Kreis Beschäftigten 5 596 Personen oder 11,1 % Betriebsinhaber oder mithelfende Familienangehörige. Dieser vergleichsweise hohe Anteil – der Prozentsatz lag im RB Karlsruhe und in Baden-Württemberg bei 9,1 – deutet schon auf die eher kleinbetriebliche Struktur der gewerblichen Wirtschaft im Neckar-Odenwald-Kreis hin. Von den Arbeitnehmern waren 38 % Beamte und Angestellte, 20 % Facharbeiter, 32,8 % sonstige Arbeiter und 1,5 % Auszubildende. Auch diese Anteile variieren selbstverständlich von Gemeinde zu Gemeinde. Relativ viele Beamte und Angestellte arbeiten in den Städten mit zentralen Funktionen. Den höchsten Anteil hatte 1987 jedoch Schwarzach (55,1 % oder 926 Personen) mit den in den Johannesanstalten Beschäftigten. Den höchsten Facharbeiterbesatz hatte dank des Handwerks mit 46,7 % oder 239 Personen Rosenberg, den höchsten Anteil an sonstigen Arbeitern wiesen Limbach (535 Personen = 39,4 %) und Neunkirchen (126 Personen = 39 %) auf.

Im Jahr 1986 standen 3773 *Auszubildende* in einem versicherungspflichtigen Ausbildungsverhältnis. Das waren über 10 % aller versicherungspflichtigen Beschäftigten. Darunter waren 827 Personen in gewerblich-technischer, 784 Personen in kaufmännischer Ausbildung in den bei der IHK registrierten Ausbildungsbetrieben. Rund 1000 Jugendliche wurden im Handwerk ausgebildet, weitere 1000 in privaten und öffentlichen Dienstleistungsbetrieben. Gegenüber 1980 war der Anteil der Auszubildenden leicht angestiegen. Die Arbeitsstättenzählung von 1987 wies im Neckar-Odenwald-

Tabelle 6: **Die Beschäftigten 1987 nach Wirtschaftszweigen und nach ihrer Stellung im Beruf**

Wirtschaftszweig	Beschäftigte insges.	Von 100 Beschäftigten waren ...					
		Tätige Inhaber	Mithelf. Fam. Angeh.	Beamte Angest.	Fach-arb.	Sonst. Arbeiter	Auszu-bild.
(Gew.) Land- u. Forstw., Fischerei	356	30	12	10	13	27	7
Energie- u. Wasservers., Bergbau	525	0	0	43	39	10	7
Verarbeitendes Gewerbe	18 732	5	1	22	29	35	8
Baugewerbe	4 441	8	1	14	50	18	8
Handel	5 814	20	6	45	10	11	8
Verkehr, Nachrichtenübermittlung	1 827	9	2	51	18	17	3
Kreditinstitute, Versicherungsgewerbe	1 296	13	1	69	0	8	9
Dienstleistungen v. Untern.	5 846	26	8	33	7	18	8
u. freien Berufen Organisationen ohne Erwerbszweck	2 672	0	0	71	3	20	6
Gebietskörpersch., Sozialvers.	8 918	0	0	66	9	21	4
Insgesamt	50 427	9	2	38	20	24	7
Baden-Württemberg	4 496 168	7	2	43	18	24	6

Kreis die Zahl von 3544, darunter 1621 weiblichen, Auszubildenden, um 27,6 % mehr als 1970, nach. Unter den Gemeinden zeichneten sich durch hohe Anteile an Auszubildenden an den Beschäftigten vor allem Hardheim mit 9,4 %, Neckarzimmern mit 8,2 %, Mosbach und Höpfingen mit jeweils 8 % aus.

Arbeitslosigkeit. – Die Arbeitslosenstatistik des Neckar-Odenwald-Kreises fällt im Vergleich zu den Zahlen der sog. alten Industrieregionen freundlich aus. Zwar ist die Arbeitslosigkeit, gemessen am Landesdurchschnitt Baden-Württembergs, um 20,4 % höher, doch, verglichen mit dem Bundeswert, liegt der Kreis um rund 30 % besser. Auffallend ist vor allem die relative Steigerung der Beschäftigtenzahlen, wobei aber nicht übersehen werden darf, daß die absolute Zahl der Arbeitsplätze, ausgedrückt im Anteil der Beschäftigten bezogen auf die Bevölkerungszahl, insgesamt vergleichsweise gering ist.

Tabelle 7: **Die Arbeitslosigkeit innerhalb des Kreises**

Arbeitsamt-dienststelle	1983		1984		1985		1986		1988	
	abs.	%	abs.	%	abs.	%	abs.	%	abs.	%
Mosbach	1 970	7,8	2 002	7,9	1 839	7,4	1 698	6,4	1 529	6,0
Buchen	910	7,1	816	6,3	660	5,1	513	4,0	465	3,6
Osterburken	339	6,8	333	6,7	300	6,1	262	5,3	230	4,8
NOK insgesamt	3 219	7,5	3 151	7,3	2 799	6,5	2 383	5,5	2 224	5,2

Quelle: Landratsamt des Neckar-Odenwald-Kreises

Darüberhinaus fallen regionale Unterschiede auf. Während die traditionelle Industrieregion Elzmündungsraum viele Arbeitsplätze einbüßte, wurden in den Städten Buchen und Walldürn neue Beschäftigungsmöglichkeiten geschaffen. Dennoch ist

1. Die Struktur der gewerblichen Wirtschaft

absolut gesehen in Mosbach der Anteil der Erwerbstätigen an der Bevölkerung insgesamt höher als in Buchen, wo nur 37,5 % versicherungspflichtig beschäftigt sind. Buchen, der Kreissitz des nicht mehr bestehenden Altkreises Buchen, ist wie Mosbach traditionell eine Schul- und Behördenstadt. Auch hier überwiegt heute der Arbeitgeber Tertiärer Sektor, der 1970 noch im Verhältnis 40:60 zum produktiven Sektor stand.

Tabelle 8: **Arbeitslose nach Personengruppen**

	1985*		1986*		1987		1988	
	1	6	1	6	1	6	1	6
Arbeitslosenquote Bad.-Württ.	6,1	4,9	5,9	4,6	5,6	4,8	5.5	4,9
Arbeitslosenquote NOK	8,5	5,9	7,2	5,1	6,5	5,1	6,6	5,2
insgesamt am Monatsende	3664	2554	3105	2186	2782	2208	2859	2259
Männer	2057	1275	1726	1030	1577	1024	1637	1118
Anteil in %	56,1	49,9	55,6	47,1	56,7	46,4	57,3	49,5
Frauen	1607	1279	1379	1156	1205	1184	1222	1141
Anteil in %	43,9	50,1	44,4	52,9	43,3	53,6	42,7	50,5
Ausländer	647	462	547	386	306	301	328	276
Anteil in %	9,1	10,5	8,7	10,0	11,0	13,6	11,5	12,2
Jugendliche	448	252	387	191	168	147	175	99
Anteil in %	6,3	5,7	6,2	4,9	6,0	6,7	6,1	4,4
Offene Stellen	304	554	129	324	199	194	223	242
Kurzarbeiter	4614	3070	2661	571	1135	243	938	212

Quelle: Statistische Mitteilungen Arbeitsamt Tauberbischofsheim
* 1985/1986 Werte f. Arbeitsamtsbezirk Tauberbischofsheim insgesamt, da die Kreiswerte nicht gesondert erfaßt wurden.

Ein besonderes Problem des ländlichen Raums ist die *Jugendarbeitslosigkeit*. Finden bereits die Jugendlichen keine Lehr- und Arbeitsplätze, so wird sich die bestehende Abwanderungstendenz unweigerlich fortsetzen. Alle Anstrengungen der Region müssen demnach daraufhinzielen, den Jugendlichen gute schulische und berufliche Ausbildungsmöglichkeiten zu bieten und den Anteil der Jugendlichen an den Arbeitslosen (1988 4,6 %) weiter zu drücken.

Tabelle 9: **Der Anteil der Frauen an den Arbeitslosen insgesamt**

Arbeitsamt-Dienststelle	11/1984	12/1985	12/1987
Buchen	49,1 %	36,3 %	40,1 %
Mosbach	57,8 %	52,2 %	47,9 %
Osterburken	50,8 %	47,2 %	44,2 %

Quelle: Arbeitsamt Tauberbischofsheim

Die *Frauenarbeitslosigkeit* stellt kein aus dem Rahmen fallendes Problem dar, sondern entspricht in etwa dem Durchschnitt auf Landes- und Bundesebene. Generell nahm der Anteil der Frauen an der Arbeitslosigkeit um 5 bis 10 % ab. Innerhalb des Kreises sind dagegen beträchtliche Unterschiede festzustellen: in Mosbach und Buchen wurden im Dienstleistungsbereich viele Frauenarbeitsplätze geschaffen, eine Entwicklung, die in Osterburken nicht in gleicher Weise verlief.

Dauerarbeitslosigkeit. – Besorgniserregend ist die Tatsache, daß im Arbeitsamtbezirk Tauberbischofsheim die Zahl der Dauerarbeitslosen steigt. Waren 1985 nur 2,8 % der Arbeitslosen seit über zwei Jahren arbeitslos, so stieg ihr Anteil an den Arbeitslosen insgesamt bis 1987 bereits auf 5,0 %. Auch hier liegt der Kreis auf dem Niveau des Bundes, aber über dem Niveau Baden-Württembergs. Von dieser Entwicklung sind besonders Arbeitssuchende ohne abgeschlossene Berufsausbildung betroffen, die insgesamt schwer vermittelbar sind, aber auch – und das ist besonders bedrückend – Jugendliche. Der Anteil der Jugendlichen, die nach einem betrieblichen Ausbildungsverhältnis arbeitslos waren, an den Arbeitslosen insgesamt stieg von 1985 bis 1987 von 1,8 auf 6,0 %.

Der Anteil der ausländischen Arbeitnehmer an den Arbeitslosen wurde 1986 auf 5,1 % beziffert und bleibt damit weit unter dem Landesdurchschnitt von 10,7 %. Die Zahl liegt in den Gemeinden mit überdurchschnittlich vielen industriellen Arbeitsplätzen höher.

Ein Problem stellt die Zunahme der Arbeitslosen ohne abgeschlossene Berufsausbildung dar. Zwischen 1985 und 1987 stieg ihr Anteil an den Arbeitslosen insgesamt von 34,2 auf 41,5 %. Im Land dagegen blieb der Anteil konstant. Diese Entwicklung zeigt die Notwendigkeit der »Qualifizierungsoffensive« für den ländlichen Raum.

Pendler. – Eine wachsende Rolle spielen die Pendlerbewegungen vor allem für die Gemeinden im ländlichen Raum. Das Kreisgebiet gibt traditionell Arbeitskräfte an sein Umland ab, da die eigenen Arbeitsplätze nicht ausreichen. Zwischen 1961 und 1970 hatte zwar der Überhang der *Auspendler* von 3105 auf 2823 Personen etwas abgenommen, aber 1987 war er auf die hohe Zahl von 6399 Personen angestiegen. Die Mobilität der Arbeitskräfte ist aber insgesamt intensiver geworden. Der Anteil der *Einpendler* in die Gemeinden des Neckar-Odenwald-Kreises stieg von 1970 bis 1987 von 30,6 % auf 41,4 %, der Anteil der Auspendler an den erwerbstätigen Einwohnern in der gleichen Zeit von 34,2 % auf 45,7 %. 1961 wie 1970 waren die Städte Mosbach, Buchen, Osterburken und Walldürn die einzigen Gemeinden mit Einpendlerüberschuß. 1987 war zwar in Buchen die Pendlerbilanz negativ, aber Hardheim, Neckarzimmern und Schwarzach waren inzwischen zu Einpendlerorten geworden.

Einzelne Branchen. – Rund 50 % der Wirtschaftsfläche des Kreises werden landwirtschaftlich genutzt. Trotz des geringen Anteils, den die *Landwirtschaft* an der Bruttowertschöpfung des Kreises hat (2,7 %), beschäftigte sie 1970 immer noch 8313 Personen. Nach den geänderten heutigen Erfassungsgrundlagen galten 1988 noch 405 Arbeitnehmer oder 1,05 % als versicherungspflichtig in der Landwirtschaft tätig, womit die hohe Zahl mitarbeitender Familienangehöriger nicht mehr berücksichtigt ist. Eine Zählung von 1986 ergab insgesamt 3549 Betriebe, davon 1458 unter 5 ha (41 %), 1548 Betriebe zwischen 5 und 30 ha (43 %) und 443 Großbetriebe (12,5 %). Gleichzeitig blieb der Viehbestand im Kreis – im Gegensatz zu den Daten für das Land – relativ konstant. Die Zahl der Viehhalter ging jedoch zurück; das heißt, daß auch in unserer Region der Trend zur Massentierhaltung besteht. Dies steigert bis zu einer gewissen Grenze die Rentabilität und Produktivität des Betriebes, kann darüber hinaus aber ein Absinken der Qualität und höhere Umweltkosten mit sich bringen.

Der Neckar-Odenwald-Kreis gehört zu den Räumen, in denen durch die Realteilung traditionell eine kleinbetriebliche Struktur vorherrscht, welche einen relativ hohen Arbeitskräftebesatz und entsprechend niedrigere Arbeitseinkommen zur Folge hat. Diese unzureichende Einkommenssituation wird teilweise durch außerlandwirtschaftli-

1. Die Struktur der gewerblichen Wirtschaft

Tabelle 10: **Die Berufspendler 1970 und 1987**

Gemeinde	Auspendler		je 100 Erwerbst.		Einpendler		je 100 Beschäft.		Bilanz	
	1970	1987	1970	1987	1970	1987	1970	1987	1970	1987
Adelsheim	563	863	30	39	285	577	21	39	− 278	− 286
Aglasterhausen	540	1047	38	60	181	345	18	34	− 359	− 702
Billigheim	1102	1728	52	69	70	166	10	18	−1032	−1562
Binau	276	435	63	76	14	114	11	50	− 262	− 321
Buchen	830	2073	13	31	1022	1909	18	30	192	− 164
Elztal	788	1448	36	62	328	575	26	40	− 460	− 873
Fahrenbach	571	869	60	80	22	52	11	16	− 549	− 817
Hardheim	500	1010	15	34	483	1228	20	44	− 17	218
Haßmersheim	611	1007	34	52	377	657	26	39	− 234	− 350
Höpfingen	476	883	36	60	85	186	12	24	− 391	− 697
Hüffenhardt	369	575	51	69	24	79	11	21	− 345	− 496
Limbach	466	1055	25	54	243	355	19	26	− 223	− 700
Mosbach	945	2696	9	26	5227	7599	36	53	4282	4903
Mudau	614	1131	26	53	54	206	5	18	− 560	− 925
Neckargerach	384	690	39	68	125	114	19	28	− 259	− 576
Neckarzimmern	298	468	42	65	250	504	38	48	− 48	36
Neunkirchen	277	484	47	66	55	110	19	34	− 222	− 374
Obrigheim	1228	1619	56	67	416	844	30	53	− 812	− 775
Osterburken	408	875	21	40	721	1036	35	44	313	161
Ravenstein	369	712	28	59	16	84	4	18	− 353	− 628
Rosenberg	308	493	31	55	87	200	17	39	− 221	− 293
Schefflenz	676	1149	40	63	102	212	13	24	− 574	− 937
Schwarzach	192	350	34	30	118	859	24	51	− 74	509
Seckach	434	871	29	56	241	300	23	31	− 193	− 571
Waldbrunn	801	1286	46	66	126	110	19	14	− 675	−1176
Walldürn	506	1239	10	25	1116	2264	25	44	610	1025
Zwingenberg	143	205	57	63	64	117	54	87	− 79	− 28
NOK	14675	27261	26	46	11852	20862	26	41	−2823	−6399

chen Zuerwerb kompensiert. Landwirtschaftliche Arbeitsplätze wurden und werden nur langsam durch industrielle ersetzt.

Auffallend sind die regionalen Unterschiede auch bei den Anteilen der Landwirtschaft an der Beschäftigung: Ausgesprochene Landgemeinden mit einem Durchschnitt von über 30 % der Beschäftigten in der Landwirtschaft sind vor allem im NO des Kreises zu finden, voran in den Gdn Ravenstein (41,9 %), Rosenberg (36,1 %) und Mudau (36,0 %). Die sechs Städte und Gemeinden im Neckartal sind dagegen durchweg eher Industrie- und Dienstleistungsstandorte mit einem Anteil von in der Landwirtschaft Beschäftigten von unter 8 %. Die einzige Ausnahme von dieser Feststellung bildet das westlich des Neckars gelegene Schwarzach, das ebenfalls eine hohe Rate von Industriebeschäftigten aufweist.

Zum dominierenden Arbeitgeber des Kreises entwickelte sich aufgrund der genannten Faktoren (wenig eigene Rohstoffe, hohes Arbeitskräftepotential) das *Verarbeitende Gewerbe*, das heute 46,7 % der Arbeitnehmer beschäftigt und 1982 rund 50 % des Bruttoinlandproduktes der Region erwirtschaftete. Ihrer Bedeutung entsprechend wird diese Branche in einem eigenen Abschnitt behandelt werden.

Tabelle 11: **Anteil der Zweige des Tertiären Sektors an den Beschäftigten insgesamt in %
im Arbeitsamtsbezirk Tauberbischofsheim**

	1974	1987	Veränderung in %
Kreditinstitute und Versicherungen	2,08	2,67	+ 37,4
Dienstleistungen	13,08	17,85	+ 44,6
Organisationen ohne Erwerbscharakter	0,6	1,27	+124,9
Gebietskörperschaften, Sozialversicherung	9,07	9,65	+ 12,6
insgesamt	24,83	31,44	+ 26,9

Quelle: Arbeitsamt Tauberbischofsheim

Der *Tertiäre Sektor* in den privaten und öffentlichen Dienstleistungsbereichen hat sich auf allen regionalen Ebenen zu einem wichtigen Wirtschaftsfaktor und Arbeitgeber entwickelt. Die Verdichtungsräume und die alten Dienstleistungsstandorte profitierten von dieser Entwicklung allerdings zunächst mehr als die ländlichen Räume im echten Sinn. So ist zwischen 1974 und 1985 auf Landesebene ein Beschäftigtenzuwachs von 41 %, in der Region Unterer Neckar dagegen nur von 31 % zu verzeichnen. Buchen als Zentrum in seiner Region steigerte sich in diesem Zeitraum besonders, während Mosbach sein hohes Niveau halten, aber nicht ausbauen konnte. Innerhalb des Tertiären Sektors hatte besonders der öffentliche Dienst eine überdurchschnittliche Beschäftigtenzunahme von 18 % zu verzeichnen. Der Tertiäre Sektor ist weiterhin der Sektor mit den günstigsten Entwicklungschancen.

Die Bevölkerungsentwicklung und der wirtschaftliche Aufschwung der letzten Jahrzehnte machten den Neckar-Odenwald-Kreis auch für *Handel, Banken und Versicherungsunternehmen* interessanter. Ein erster Überblick ist Tab. 11 zu entnehmen. Als Arbeitgeber sind besonders die Unternehmen dieser Branche ein wichtiger Faktor der regionalen Entwicklung geworden: 26,3 % der Arbeitnehmer waren 1988 hier beschäftigt. Gebietskörperschaften und Organisationen ohne Erwerbscharakter sind in den letzten Jahrzehnten auch im Neckar-Odenwald-Kreis zu einem wichtigen Arbeitgeber geworden. Das gilt besonders für die traditionellen Dienstleistungsstädte Buchen und Mosbach, wobei in Mosbach die Johannes-Anstalten, die Kreis- und die Kommunalverwaltung als Arbeitgeber besonders zu Buche schlagen. 11,5 % der Arbeitnehmer des Kreises sind in diesem Sektor beschäftigt. Nicht nur der Arbeitsmarkt, sondern auch die einheimischen Betriebe profitieren von diesem Auftraggeber.

Der *Fremdenverkehr* wird in den letzten Jahren von privater wie auch von öffentlicher Seite als wichtige zusätzliche Einkommensquelle im schwach industrialisierten, aber landschaftlich reizvollen Neckar-Odenwald-Kreis erkannt und gefördert. Bis 1987 wurde in der Arbeitsmarktregion Buchen die Errichtung und Erweiterung von Beherbergungsstätten gefördert. Eine Erhebung im Jahr 1985 über die durchschnittliche Größe der Betriebe und die Zahl der Gäste ergab die Zahl von 290 Gaststätten und 99 Beherbergungsstätten mit durchschnittlich 20,2 Betten; 460 900 Übernachtungen mit seit 1970 steigender Tendenz wurden gemeldet. Allerdings weist die mit 29,3 % recht geringe Auslastung der Kapazitäten darauf hin, daß der Region noch die touristische Bekanntheit fehlt. Diesem Mangel versuchen die Städte und der Landkreis durch Werbeaktionen und auch durch ein eigenes »Reisebüro«, der »Zimmerzentrale Odenwald«, abzuhelfen.

1. Die Struktur der gewerblichen Wirtschaft

Bruttoinlandsprodukt. – Die Größe, mit deren Hilfe die Leistungskraft eines Gebietes zum Ausdruck gebracht wird, ist das Bruttoinlandsprodukt (BIP). Hierunter ist die Summe der erzeugten Produktionswerte wie der gegen Entgelt erbrachten Dienstleistungen abzüglich der Kosten für Materialeinsatz und Vorleistungen zu verstehen (»bereinigtes BIP«). Das Bruttoinlandsprodukt des Neckar-Odenwald-Kreises wies in den siebziger Jahren erfreuliche Steigerungsraten auf. Sie fallen allerdings seit Anfang der achtziger Jahre wieder etwas geringer aus.

Tabelle 12: **Bruttoinlandsprodukt im NOK nach Wirtschaftsbereichen und Jahren**

Jahr	insgesamt	davon entfielen auf die Wirtschaftsbereiche							
		Ernährung u. Forsten		warenprod. Gewerbe		Handel u. Verkehr		sonstige Dienstleist.	
		Mio DM	in %	Mio DM	in %	Mio DM	in %	Mio DM	in %
1970	1 118	30,2	2,7	719,9	64,4	129,7	11,6	238,1	21,3
1980	2 375	45,1	1,9	1 199,3	50,5	306,4	12,9	824,1	34,7
1982	2 578								

Quelle: Landratsamt des Neckar-Odenwald-Kreises

Das Bruttoinlandsprodukt wuchs insgesamt zwischen 1970 und 1982 um 130,6 % (1970 = 100 %) an und erreichte 1982 2,578 Mio DM. Der Kreis liegt damit um rund ein Viertel unter dem Landesdurchschnitt.

Die *Wertschöpfungsraten der einzelnen Branchen* sind dabei recht unterschiedlich. Während der mit 2,7 % bereits geringe Anteil der Landwirtschaft noch weiter zurückging, zeigte der Dienstleistungssektor enorme Zuwachsraten. Der 1970 überdurchschnittliche Anteil des Produzierenden Gewerbes an der Wertschöpfung reduzierte sich auf 50,5 % und entspricht damit in etwa dem Landesdurchschnitt. Der zu verzeichnende Zuwachs im Tertiären Sektor entspricht ebenfalls den Tendenzen auf Landes- und Bundesebene. Der Bereich Handel und Verkehr ist mit 12,9 statt 11,6 % relativ konstant geblieben und hält sich ebenfalls im Rahmen des Landesdurchschnittes (13,2 %). Der Anteil der Landwirtschaft an der Bruttowertschöpfung im Neckar-Odenwald-Kreis liegt weit über dem Landesdurchschnitt.

Die ermittelten Werte ergeben ein *Bruttoinlandsprodukt pro Einwohner* von 19 954 DM beziehungsweise 52 828 DM pro Beschäftigtem im Jahr 1982. Damit liegt der Kreis doch erheblich unter dem Landesdurchschnitt von 58 446 DM je Beschäftigtem. In den reichsten Regionen werden gar 66 997 DM (Mannheim Stadt) erwirtschaftet. Damit lag der Neckar-Odenwald-Kreis 1982 im Land Baden-Württemberg an vorletzter Stelle.

Umsätze und Steuern. – Auch die Steuerstatistik der letzten Jahre weist eine positive Entwicklung auf. Aufschluß über die Leistungen der einzelnen Wirtschaftsbereiche gibt die Tab. 13.

Den größten Anteil am jährlichen *Umsatz* hat mit 57,6 % das Produzierende Gewerbe. Das entspricht auch der Beschäftigtenzahl. In diesem Bereich bleibt der Kreis jedoch hinter den Werten des insgesamt stärker industrialisierten Bundeslandes zurück, liegt jedoch im Durchschnitt der Region. Überdurchschnittlich hoch ist mit 14,1 % der Anteil des Einzelhandels am jährlichen Umsatz. Der Gesamtumsatz von 3,781 Mrd DM stellt 6,4 % des regionalen und 0,67 % des Landesumsatzes insgesamt dar.

IV. Wirtschaft und Verkehr

Tabelle 13: **Steuerpflichtiger Umsatz im Neckar-Odenwald-Kreis 1984 nach Wirtschaftsbereichen**

Bereich	Steuerpflichtige			Gesamt-Umsatz			
					NOK	Region Unt. Neckar	Baden-Württemberg
	Anzahl	in %	Mio DM		in %	in %	in %
Produzierendes Gewerbe	1218	34,9	2177		57,6	57,4	62,1
Großhandel	151	4,3	531		14,0	18,8	15,7
Einzelhandel	666	19,1	533		14,1	9,3	10,4
Dienstleistungen	1099	31,4	333		8,8	9,9	8,3
Handelsvermittlung	114	3,3	26		0,7	0,6	0,6
übrige Bereiche	247	7,0	181		4,8	4,0	2,9
insgesamt	3495	100,0	3781		100,0	100,0	100,0

Quelle: Landratsamt des Neckar-Odenwald-Kreises

Über die *Einkommensverhältnisse* der Bevölkerung geben die Lohn- und Einkommenssteuerstatistiken Aufschluß. Die Zahl der Steuerpflichtigen insgesamt betrug 1980 47827; es wurden insgesamt 1,44 Mrd DM erwirtschaftet, wobei auf den einzelnen Steuerpflichtigen durchschnittlich 30177 DM entfielen (Baden-Württemberg 33792 DM). Damit gehört der Neckar-Odenwald-Kreis ohne Zweifel zu den Landkreisen mit dem niedrigsten Einkommensniveau. Auch hier bestehen regionale Unterschiede: Setzt man das Einkommensniveau des Kreises insgesamt gleich Hundert, so liegen die Einkommen im W des Kreises um 6 % über dem Kreisdurchschnitt, die Einkommen im O dagegen um 15 % darunter.

Die *Steuerkraftsumme* je Kopf der Bevölkerung, die 1960 im Neckar-Odenwald-Kreis noch bei 106 DM, insgesamt bei 12,1 Mio DM lag, ist bis 1985 auf 892 DM pro Kopf und insgesamt 110,5 Mio DM angewachsen. Insgesamt 22058 Personen sind einkommenssteuerpflichtig. Betroffen sind Einkünfte in Höhe von 954,7 Mio DM, das sind 43228 DM je Steuerpflichtigem. In 19167 Fällen resultiert die Einkommensteuer aus Einkünften aus nichtselbständiger Arbeit in Höhe von insgesamt 725,5 Mio DM. Die restlichen 229,2 Mio DM werden bei selbständiger Arbeit in der Land- und Forstwirtschaft und in Gewerbebetrieben erwirtschaftet, bzw. resultieren aus Kapital und Eigentum.

Die *Bruttolohn- und Gehaltssumme* je Industriebeschäftigtem betrug 1985 im Neckar-Odenwald-Kreis 34836 DM im Jahr und liegt damit deutlich unter dem Landeswert von 42349 DM. Vergleicht man mit den Werten von 1978 (23966 DM), so stellt man aber fest, daß sich die Einkommenssituation im Kreis, bezogen auf das Land Baden-Württemberg, verbessert hat. Dennoch steht der Kreis an drittletzter Stelle im Land vor dem Zollernalb- und dem Hohenlohekreis und liegt um 18 % unter dem Bundesdurchschnitt. Wiederum werden im Mittelbereich Mosbach mit 35292 DM bessere Ergebnisse erzielt als im Mittelbereich Buchen. Die enorme Steigerungsrate Buchens von +45 % zeigt aber, daß die östlichen Kreisteile aufholen. Darüberhinaus ist zu berücksichtigen, daß Pendlerbewegungen die Statistik beeinflussen. Die Städte Mosbach und Buchen sind Arbeitsort für Arbeitnehmer aus dem Umland. Die Bruttowertschöpfung Mosbachs, die bei genauerem Hinsehen zu einem relativ großen Teil im Dienstleistungsbereich erwirtschaftet wird, lebt nicht nur von den Mosbachern, sondern zu einem nicht unbedeutenden Teil vom Einzugsbereich der Stadt.

1. Die Struktur der gewerblichen Wirtschaft 267

Wirtschaftsstrukturpolitik (Öffentliche Unterstützung der Industriebetriebe). – Auf der staatlichen Ebene wurden in Form der Notstands- und Sanierungsprogramme und der Gemeinschaftsaufgabe »Verbesserung der Regionalen Wirtschaftsstruktur (GA)« seit der Entstehung der Bundesrepublik Anstrengungen unternommen, die Wirtschaftsstruktur der ländlichen Räume zu verbessern. Diese *Regionalförderung* kam jedoch in den siebziger Jahren in konzeptionelle wie finanzielle Schwierigkeiten, als man feststellen mußte, daß angesichts knapperer Haushaltsmittel eine großflächige Förderung nicht mehr aufrechterhalten werden konnte. In mehreren Reformschritten wurde die Zahl der in der GA geförderten Gebiete und betrieblichen Maßnahmen verringert. Die fortschreitende Integration in der Europäischen Gemeinschaft versetzte darüberhinaus die Europäische Kommission in die Lage, in nicht unerheblichem Maße Einfluß auf die deutsche Regionalförderung zu nehmen. So müssen zumindest die Förderungsmaßnahmen des Bundes mit den Institutionen der Europäischen Gemeinschaft abgestimmt werden. Die Arbeitsmarktregion Buchen mit den Schwerpunktorten Osterburken/Adelsheim, Mosbach und Buchen wurde im Zuge dieser Einschränkungen 1987 aus der GA-Fördergebietskulisse ausgeschlossen. Nach Ablauf der Übergangsregelungen können ab 1989 dennoch bestimmte Betriebe Förderungsmittel erhalten, allerdings aus Landesmitteln. Gefördert werden nur noch Betriebe mit unter 500 Beschäftigten mit maximal 8 % der Investitionssumme, wobei vorrangig Betriebe des Produzierenden Sektors berücksichtigt werden.

Fördervolumen. – Zwischen 1972 und 1983 wurden im Rahmen der Gemeinschaftsaufgabe im Neckar-Odenwald-Kreis Mittel in Höhe von 16,7 Mio DM bewilligt. Damit wurden betriebliche Maßnahmen mit einem Investitionsvolumen von 744,5 Mio DM unterstützt. Durch diese Maßnahme wurden über 8000 Arbeitsplätze neugeschaffen und 200 bestehende gesichert. Kommunale Maßnahmen zur Verbesserung der Infrastruktur wurden mit 18,6 Mio DM unterstützt. Das bevorstehende Auslaufen dieser Regionalförderung hat zu einem erheblichen Investitionsstoß in den betroffenen Regionen geführt. Das Investitionsvolumen der im Jahr 1988 begonnenen und für die nächsten zwei Jahre geplanten Maßnahmen kann aufgrund des Antragsvolumens bei der Landeskreditbank auf ungefähr 300 Mio DM im IHK-Bezirk Rhein-Neckar geschätzt werden. Davon entfallen auf die Wirtschaft des Neckar-Odenwalds 47 %. Von der Gesamtfördersumme entfallen 79 % auf die Industrie, 17 % auf den Handel, 3 % auf das Gastgewerbe und 1 % auf das Verkehrsgewerbe. Betrachtet man die Zahl der einzelnen Antragsfälle, so ist festzustellen, daß die meisten Anträge aus dem Bereich des Handels und der Dienstleistungen (48 %) kommen, 40 % kamen von der Industrie und die verbleibenden 12 % vom Gaststätten- und Verkehrsgewerbe. Diese Diskrepanz zwischen Anteil an der Fördersumme und Anteil an der Zahl der Anträge ist auf die hohe durchschnittlich beantragte Darlehenssumme der Industriebetriebe von über 600 000 DM zurückzuführen.

Im Rahmen von Maßnahmen der einzelbetrieblichen Förderung wurden zwischen 1980 und 1985 mit Hilfe der GA im Neckar-Odenwald-Kreis 3600 Arbeitsplätze in insgesamt 650 Vorhaben geschaffen. In 16 Fällen wurden darüberhinaus Zuschüsse an Gemeinden zur Industriegeländeerschließung (5,631 Mio DM) und für Erschließungsmaßnahmen im Bereich des Fremdenverkehrs (1,684 Mio DM) gewährt.

Die Fördermaßnahmen des Bundes und des Landes erzeugten im Landkreis Neckar-Odenwald in Verbindung mit der verhältnismäßig guten Konjunktur insgesamt gute Ergebnisse. Die Arbeitslosenquote hielt sich gemessen am Bundesdurchschnitt mit 5,5 % in Grenzen. Allerdings sind starke regionale Unterschiede feststellbar. Während die stark ländlich geprägten Gemeinden im O gemessen an ihrer Ausgangsposition aufholen konnten – dieses Aufholen bedeutete letztlich das »Aus« der staatlichen Regionalförderung – und heute bei einer zwar insgesamt geringen Zahl von Erwerbstätigen eine niedrige Arbeitslosenquote haben, nahm in den älteren »Industrieregionen« im Elzmündungsraum die Zahl der Arbeitsplätze im produktiven Sektor dramatisch ab. Im gesamten Kreisgebiet konnten nicht ausreichend Dauerarbeitsplätze im sekundären Sektor geschaffen werden, so daß sich Anfang der 80er Jahre auf dem Arbeitsmarkt eine wirklich kritische Situation ergab. Die Zeiten, in denen aufgrund der insgesamt positiven Wirtschaftsentwicklung sowie aufgrund der herrschenden wirtschaftspolitischen Konzeption auf diesem Gebiet keine besonderen regionalen Aktivitäten entfaltet wurden, waren vorbei. Wirtschaftsförderung wurde zu einem drängenden kommunalpolitischen Thema, denn die Wirtschaftsstruktur einer Gemeinde oder eines Landkreises schlägt nicht nur über die Steuerkraft direkt auf die kommunalen Kassen durch, sondern hat auch Auswirkungen auf die Infrastruktur, auf kommunale Investitionsvorhaben und letztlich auf die Attraktivität der Region für die Bürger und für Betriebe. Eine defizitäre Wirtschaftsstruktur wird, wenn nichts zur Verbesserung getan wird, mit Sicherheit langfristig in einem selbstlaufenden Prozeß zu einer weiteren Verschlechterung der wirtschaftlichen Situation allgemein führen, weshalb man sich auf der Ebene des Landkreises wie auch bei den Kommunen zu einer aktiven Wirtschaftsförderungspolitik entschloß, die vor allem die Aufgabe hat, mit der heimischen Wirtschaft und ihren Organisationen zusammenzuarbeiten und für den einzelnen Betrieb Anlaufstelle in allen denkbaren Fragen zu sein.

Zu den traditionellen kommunalen Aufgaben im Bereich der Wirtschaft gehört zunächst die Ausweisung, Erschließung und Bereithaltung von Industriegelände. In den Gemeinden wurde die Erfahrung gemacht, daß fertig erschlossenes Industriegelände stets vorgehalten werden muß, da Betriebe, wenn sie sich einmal zur Ansiedlung beziehungsweise Erweiterung entschlossen haben, sofort mit dem Bau beginnen wollen.

Darüber hinaus wurde der Wirtschaftsförderung bei den Verwaltungen der größeren Kommunen breiterer Raum gegeben. Auf der Ebene des Landkreises wurde 1983 unter dem Druck der wirtschaftlichen Entwicklung und aufgrund der Orientierung des neugewählten Landrats das Kreisplanungsamt um das Referat Wirtschaftsförderung ergänzt und um zunächst zwei, heute sechs Beschäftigte verstärkt. Die Aufgabe des Amtes ist es, ansässige und ansiedlungswillige Betriebe in allen Fragen, die Grundstücke, Behördenverkehr, Förderprogramme und ähnliches betreffen, zu unterstützen und zu beraten. Die Wirtschaftsförderer haben aber auch die Aufgabe, mit einem entsprechenden Marketing-Konzept in Zusammenarbeit mit den Gemeinden die in ihrer Region vorhandenen Industrieflächen und -hallen zu vermieten bzw. ihren Verkauf zu vermitteln. Bei jährlich etwa 200 Neuansiedlungen, um die ca. 8500 Gemeinden im gesamten Bundesgebiet konkurrieren, ist diese Werbung ebenso unerläßlich wie schwierig geworden.

Drei Beispiele dieser Form *kommunaler Wirtschaftspolitik im ländlichen Raum* sollen hier dargestellt werden, und zwar der »Regionale Industriepark Osterburken (RIO)«, eine Konzeption des Landkreises, der »Industriepark Mosbach (IPM)« der Stadt Mosbach und als Beispiel für traditionelle kommunale Industrieansiedlungspolitik die Industriegebiete in Buchen. Diese Projekte entsprechen unterschiedlichen Modellen: während mit dem »RIO« auf einem Areal von 23 Hektar auf der grünen Wiese ein neues Industriegebiet in günstiger Verkehrslage entstand, das einen Zweckverband der umliegenden Gemeinden zum Träger hat, entstand der IPM als Wiederver-

1. Die Struktur der gewerblichen Wirtschaft 269

wertung einer Industriebrache am Stadteingang in einer älteren Industrieregion, geplant und durchgeführt von der Stadtverwaltung in Zusammenarbeit mit verschiedenen Planungsbüros. Das Buchener Industriegebiet liegt am Stadtrand, konzentriert, prinzipiell verkehrsgünstig und abseits der Wohngebiete.

Regionaler Industriepark Osterburken (RIO). – Hier wurde versucht, im ländlichen Raum zusätzliche Arbeitsplätze im produktiven Sektor zu schaffen, wobei man davon ausging, mit der Nähe zur Autobahn, großen Flächen, großzügig angelegter Zufahrt, niedrigen Grundstückspreisen und Lohn- und Lebenshaltungskosten einen Wettbewerbsvorteil zu haben.

Der Zweckverband, der den »RIO« trägt, besteht aus den Gden Adelsheim, Osterburken, Ravenstein, Rosenberg und Seckach. Sitz der Geschäftsstelle ist Osterburken. Ziel des Projektes ist es, in den fünf Gemeinden mit insgesamt rund 18000 Einwohnern zusätzliche industrielle Arbeitsplätze zu schaffen. Die vergangenen Jahre hatten gezeigt, daß der Mangel an Erwerbsmöglichkeiten viele Bürger zum Pendeln in die wirtschaftlichen Ballungszentren vor allem des Mittleren Neckarraumes zwang oder gar zur Abwanderung bewegte. Ein neues industrielles Zentrum in der Region, zu dem sich der Industriepark entwickeln könnte, hätte positive Wirkungen nicht nur auf den Arbeitsmarkt, sondern auch auf die Wirtschaftslage der ansässigen Handwerksbetriebe, welche Zuliefererfunktionen zu erfüllen hätten, auf ansässige Speditionen und nicht zuletzt auf die Attraktivität der Region für Bewohner und Betriebe. Aufgabe des Zweckverbandes war es, das gemeinsame Industriegebiet zu planen, auszuwählen, zu erwerben, zu erschließen und dort Betriebe anzusiedeln, sowie die erforderlichen öffentlichen Einrichtungen zu unterhalten. Die entstehenden Betriebs- und Verwaltungskosten sowie die Erträge werden innerhalb des Zweckverbandes nach einem satzungsmäßig festgelegten Schlüssel verteilt. Die Gewährung von Investitionszuschüssen im Rahmen der GA sowie die Bezuschussung durch die Landesregierung führte zu einer wesentlichen Reduzierung der Grundstückspreise. Die Region wirbt daneben mit der Nähe des auf Gkg Osterburken gelegenen Geländes zur Autobahn A 81, die eine schnelle Verbindung zu den Verdichtungsräumen gewährleistet, und darüber hinaus mit einem niedrigen Gewerbesteuerhebesatz und einem hochmotivierten Arbeitskräftepotential.

Im »RIO« waren 1989 drei Firmen mit rund 60 Beschäftigten in Betrieb; laut Informationen der Industrie- und Handelskammer Rhein-Neckar bauen zwei Firmen, weitere Firmen haben die Baugenehmigung oder sind an der Ansiedlung interessiert. Über die Hälfte des Geländes ist verkauft, so daß nach Fertigstellung der Bauarbeiten insgesamt rund 200 Arbeitsplätze geschaffen sein werden. Im Endausbau wird sogar mit bis zu 300 Arbeitsplätzen gerechnet.

Das gesamte Projekt wurde hinsichtlich der Konzeption und auch der Erarbeitung des Finanzierungskonzeptes vom Amt für Wirtschaftsförderung und Kreisentwicklung des Landratsamtes Neckar-Odenwald begleitet.

Berücksichtigt man die günstigen Bedingungen, so kommt die Belegung des Industrieparks allerdings nur schleppend voran. Dennoch steht die Schaffung von bisher 60, unter Berücksichtigung der im Bau befindlichen Anlagen dann 300 Arbeitsplätzen aus der Sicht der betroffenen Gemeinden in angemessenem Verhältnis zu den Kosten des Projektes.

Industriepark Mosbach (IPM). – Die wirtschaftliche Situation in der Großen Kreisstadt Mosbach hatte sich seit Mitte der 70er Jahre verschlechtert, als zunächst

Fließbandarbeitsplätze, dann aber auch qualifizierte Beschäftigungsmöglichkeiten verlorengingen. Im Jahr 1985 stieg die Arbeitslosenquote in Mosbach auf 8 % bei einem Kreisdurchschnitt von 6,5 %; acht Hektar Industriefläche im Stadtgebiet lagen ungenutzt. Diese Situation veranlaßte die Stadtverwaltung dazu, selbst in das Wirtschaftsgeschehen einzugreifen und mit der Bereitstellung preiswerter Hallenflächen und Grundstücke um neue Firmen zu werben. Sie kaufte eine Industriebrache von 3,5 Hektar und 22 000 qm überdachter Nutzfläche, baute diese in Rücksprache mit den potentiellen Mietern um. Um ihren Einfluß auf die künftige Nutzung des Geländes sicherzustellen, hatte die Stadt sich entschlossen, die Hallen nicht zu verkaufen, sondern zu vermieten. Angesprochen wurden vor allem kleinere mittelständische Betriebe, die durch die Anmietung von Flächen die vorhandenen Mittel auf Investitionen in Produktionsanlagen und Technologie konzentrieren konnten. Die Vermarktung des Industrieparks wurde vom 1985 eingerichteten städtischen Referat für Wirtschaftsförderung durchgeführt. Der Modernisierungsplan für den IPM sah eine möglichst variable Aufteilung der gesamten Geschoßfläche und natürliche Belichtung mit Blick nach draußen für alle Beschäftigten vor. Auch die optische Gestaltung des Industrieparks wurde durch eine freundliche Fassadengestaltung, durch den Verzicht auf bestimmte Baumaterialien und durch die Vermeidung unnötiger Flächenversiegelungen berücksichtigt – gerade zu solchen Maßnahmen hätte ein privater Käufer der Anlagen nicht gezwungen werden können. Ein entsprechender Grünordnungsplan dient der Wahrung ökologischer Interessen gerade im Industriegebiet, schützt soweit wie möglich bestehende Grünflächen und sieht die Anlegung neuer Grünzonen vor. Von diesen Begleitmaßnahmen versprach man sich für die angesiedelten Betriebe wie auch für die Stadt selbst einen positiven Imageeffekt.

Finanziert wurde das 14,5 Mio DM teure Projekt aus Sanierungsmitteln des Bundes, des Landes und der Stadt. Die einzelnen Betriebe können ab einer bestimmten Zahl geschaffener Arbeitsplätze Mittel aus einem eigens geschaffenen städtischen »Existenzgründungsprogramm« in Anspruch nehmen. Heute sind im Industriepark 13 Firmen mit rund 150 Beschäftigten angesiedelt, wobei die Steigerung der Umsatz- und Beschäftigtenzahlen im Bereich der Zulieferbetriebe, Speditionen sowie der Gastronomie in der Umgebung noch zu berücksichtigen wären. Die Reprivatisierung der Anlagen, die von vornherein beabsichtigt war, wird für Anfang der neunziger Jahre ins Auge gefaßt. Auch angesichts der Aufmerksamkeit, die der IPM in der Presse und bei anderen Kommunen gefunden hat, kann durchaus von einem Erfolg des Modells gesprochen werden, das allerdings speziell auf die »ältere« Industrieregion zugeschnitten ist.

Industrieansiedlung in Buchen. – Auch in Buchen gingen in den letzten Jahren Arbeitsstätten im produktiven Sektor verloren (1970 3319 Beschäftigte, 1987 noch 3032 Beschäftigte im Produzierenden Gewerbe). Zwar wurde insgesamt der Verlust durch den stark ausgedehnten Tertiären Sektor ausgeglichen (von 2234 Beschäftigten 1970 auf 3233 Beschäftigte 1987), es sollten jedoch im Interesse einer gesunden und ausgewogenen wirtschaftlichen Struktur auch die ansässige Industrie und die Ansiedlung weiterer Betriebe gefördert werden. Eine wesentliche Attraktion der Stadt für Industriebetriebe war bis 1988 die Förderung im Rahmen der GA. Bis zu 20 % der Investitionssumme waren förderfähig gegenüber heute 7 %.

Im Gegensatz zur Stadt Mosbach, die als »alte« Industrieregion viele Industriebrachen hat, bestanden in Buchen nicht ausreichend Produktionsflächen. Seit 1974 wird daher in Buchen am östlichen Stadtrand ein heute 34 Hektar großes Industriegebiet erschlossen. Das Gebiet wird durchschnitten von der neugebauten B 27 – Ortsumgehung, die das Gelände an Mosbach und Walldürn anbindet, wenn die geplante Zufahrt fertiggestellt sein wird. Zuletzt wurden im Hettinger Tal als Fortsetzung dieses Gebietes weitere 500 Ar Industriefläche ausgewiesen. Das Problem der Stadt ist die Topographie: die gesamte Siedlungsfläche ist ausgesprochen hügelig, so daß aufwendige und teure Planierungsarbeiten notwendig sind. Angesiedelt haben sich vor allem ortsoder kreisansässige Unternehmen, die am bisherigen Standort nicht expandieren konnten. Mit Fernverlagerungen wird kaum noch gerechnet. So sind alle heute ansässigen Betriebe mit Ausnahme der Firmen Seitenbacher, BÄKO und MDBG aus der Umgebung.

Da das Industriegebiet größtenteils am Hang liegt, ist es von der B 27 aus gut einsehbar und vermittelt dem Vorbeifahrenden einen Eindruck von der aufstrebenden Wirtschaftskraft der Stadt. Um für das Auge und die Umwelt hier noch etwas zu tun, soll im Zusammenhang mit der anstehenden Überarbeitung des Flächennutzungsplans das Gebiet noch weiter begrünt werden.

Förderung von Technologie. – In den Arbeitsbereich der Wirtschaftsförderung fällt auch die Förderung der Entwicklung und des Einsatzes neuer Technologien. Neben der höheren Qualifikation der Arbeitnehmer wird vor allem der Einsatz wissenschaftlichen Know-hows zur Entwicklung konkurrenzfähiger Produkte als ein Mittel zum Abbau von Arbeitslosigkeit und struktureller Probleme betrachtet. Diese Projektförderung hat allerdings zur Voraussetzung, daß in der Region entsprechende Unternehmen bestehen. Die Projektförderung an Unternehmen wird im ländlichen Raum stetig besser angenommen, während in den alten und neuen Verdichtungsräumen die Förderungsintensität bereits wieder nachläßt.

Im Neckar-Odenwald-Kreis sind die Adressaten der Technologieförderung eher mittelständische Betriebe. Träger der Förderung war bis 1990 das Technologiezentrum Neckar-Odenwald, getragen von Kreis, Stadt Mosbach und Steinbeis-Stiftung für Wirtschaftsförderung. Heute wird diese Aufgabe vom Transferzentrum Mosbach, einer Kooperation von Steinbeis-Stiftung und Berufsakademie Mosbach, erfüllt. Es werden Kurzberatungen durchgeführt, die für den interessierten Betrieb unter bestimmten Umständen kostenlos sind, in komplizierteren Fällen werden die entsprechenden Kontakte zur Forschung vermittelt und Beraterverträge geschlossen. Darüber hinaus werden Aus- und Weiterbildungsveranstaltungen durchgeführt. Auch dieses Kooperationsangebot der Forschung an die Betriebe wird angenommen.

2. Landwirtschaft

Bedeutung der Landwirtschaft. – Der Landesgartenschau 1988 in Ettlingen war ein informativer »Landwirtschaftlicher Lehrpfad« angeschlossen. An dessen Beginn stand folgendes Schild: Selbstversorgungsgrad im Lkr. Karlsruhe 50 %, im Stkr. Karlsruhe 6 %. Demgegenüber hat der Neckar-Odenwald-Kreis einen Selbstversorgungsgrad von 160 % (169 % bei pflanzlichen- und 155 % bei tierischen Produkten) und ist damit unter allen Kreisen im RB Karlsruhe der einzige mit einer positiven Ernährungsbilanz. Es werden damit mehr Nahrungsmittel produziert als selbst verbraucht. An 2. Stelle steht der Lkr. Freudenstadt mit einem Selbstversorgungsgrad von 70 %, also weniger als der Hälfte des Neckar-Odenwald-Kreises.

Der Milchzentrale Mannheim wurden im 1. Halbjahr 1988 insgesamt 61 556 000 kg Milch angeliefert. Darunter waren 27 986 000 kg, das sind 45 %, aus dem Kreisgebiet, aus dem im Jahr rd 56 Mio kg Milch kommen. Zu Beginn der 1980er Jahre wurden noch 60–62 Mio kg Milch geliefert. Der Rückgang erklärt sich aus der Milchquotenregelung und aus landwirtschaftlichen Betriebsaufgaben. Trotz eines Rückgangs um 9,1 % gegenüber 1987 ist der Neckar-Odenwald-Kreis auch weiterhin mit Abstand der größte Milchlieferant an die Mannheimer Milchzentrale. Um dies zu ermöglichen, wurden Mitte der 1980er Jahre im Kreisgebiet rd 55000 Rinder gehalten, fast ein Drittel des gesamten Rinderbestandes im RB Karlsruhe (180000 Tiere).

Bei einer Gesamtfläche von 112632 ha hatte der Neckar-Odenwald-Kreis am 30. 6. 1987 insgesamt 128854 E.; das entspricht einer Bevölkerungsdichte von 114 E/qkm gegenüber 255 E/qkm in Baden-Württemberg und 248 E/qkm in der Bundesrepublik. Wie bei allen flächenstarken Landkreisen liegt der Anteil der Erwerbstätigen in der Land- und Forstwirtschaft mit rd 9,5 % (1970 noch 14,8 %) doppelt so hoch wie im Durchschnitt der Bundesrepublik; entsprechend ist auch der Anteil am Bruttoinlandsprodukt. Mit diesen Hinweisen sollen die besondere Bedeutung, der Stellenwert und die Leistung der Landwirtschaft im Neckar-Odenwald-Kreis einleitend herausgestellt werden.

Heute produziert die Landwirtschaft im Kreisgebiet mehr, als in ihm verbraucht wird, obwohl die Bevölkerungszahl von 76 154 E im Jahr 1871 (= 100 %) auf heute 128675 E (= 169 %) gestiegen ist. Dieser Raum konnte aber in den letzten 260 Jahren seine Menschen nicht immer ernähren. So stammten z. B. viele »Donauschwaben« aus dem Neckar-Odenwald-Kreis. Im Odenwald und Bauland begann der Zug nach SO 1723. Die Auswanderungsjahre 1723/24 weisen allein aus den Dörfern Altheim, Erfeld, Hettingen, Schweinberg 27 Familien namentlich aus. Weitere auffallende Auswanderungsjahre waren 1745, 1751, 1771 und 1787. Im Zeitraum von 150 Jahren mit 3 großen »Schwabenzügen« gelangten viele Landsleute in ihr südosteuropäisches Siedlungsgebiet, und die Auswanderungslisten weisen von Adelsheim, Breitenbronn über Hochhausen, Limbach bis Walldürn und Zimmern 45 Ortsnamen aus dem heutigen Kreisgebiet aus.

1824 begann auch im Odenwald wie in anderen Mittelgebirgen, in denen der karge Boden nicht genügend Nahrung brachte, die verstärkte Auswanderung nach Südamerika. Erst mit der Fertigstellung der »ersten Gebirgsbahn in Baden« mit der Teilstrecke Heidelberg–Mosbach im Jahr 1862 ist die Auswanderung zurückgegangen.

Mit der Abschaffung der Leibeigenschaft und der allgemeinen Zehntablösung ab 1833 wurden besonders die Odenwälder Bauern mit ⅕ Eigenanteil an der Ablösungssumme für die Zehnten an die Standes- und Grundherren finanziell völlig überfordert. Die Barmittel waren erschöpft, die »Güter« verschuldet. Nach Walldürner Kirchenbüchern fanden Trauungen um 1827 »am frühen Morgen oder um 10 Uhr nachts« statt, weil durch bitterste Armut in manchen Bevölkerungskreisen ein Heer von über 100 Bettelleuten die Brautleute bedrängte. Im Jahr 1846/47 gab es durch die »Fäulniß der Kartoffeln große Noth und Theurung«, die sogar zu Plünderungen und blutig unterdrückten Krawallen führte. Einer dieser Notzeiten verdankt der *Grünkern* seine Entdeckung, die einzige Bauländer »Sonderkultur«. Entdeckt zur Linderung einer Hungersnot, erfreut sich der Grünkern in unserer Wohlstandsgesellschaft auf der Vollkornwelle wachsender Nachfrage.

Genau 100 Jahre später kam der Hunger 1946/47 nochmals zurück, als durch mangelnde Staatsautorität im besetzten Nachkriegsdeutschland die Verteilung der knappen Lebensmittel nicht mehr funktionierte und für die Reichsmark kaum oder nur zu Schwarzmarktpreisen etwas zu kaufen war, dafür aber gehamstert, getauscht und »kompensiert« wurde. Die Lebensmittelbewirtschaftung wurde erst im Mai 1949, 10 Monate nach der Währungsreform, aufgehoben.

1988 lesen wir von einer der größten Getreideernten der Nachkriegszeit – und damit aller Zeiten überhaupt – mit 25,3 Mio Dezitonnen (dt statt früher dz = 100 kg). In unserem Land werden im Durchschnitt aller Getreidearten 48 dt/ha erreicht, bei Winterweizen 53 dt/ha. Gleichzeitig lesen wir von einem Programm zur Förderung von Flächenstillegungen. Was ist in unserer Landwirtschaft vorgegangen? In den letzten 120 Jahren, besonders seit 1950, hat sich mit Hilfe der Agrarwissenschaften, der Züchtung, Agrochemie, Agrartechnik, durch Landwirtschaftsberatung und einen Strukturwandel, vor allem aber durch eine bessere Ausbildung der Bauern (Landwirtschaftsmeister seit 1956) und eine breit organisierte Fortbildung (Fachschulabsolventen) die Produktivität je Fläche/Tier/Arbeitskraft in der Landwirtschaft beispiellos erhöht. Dazu 2 bemerkenswerte Zahlenreihen:

Tabelle 1: **Weizenerträge in Deutschland (dt/ha)**

Jahr	1885	1900	1913	1930	1950	1978	1988
Erträge	12,9	18,5	23,6	21,3	25,8	50,1	53,0

Quelle: Staatsanzeiger Baden-Württemberg vom 16.4.1980.

Tabelle 2: **Produktivität in der Landwirtschaft**

Jahr	Zahl der produzierenden Landwirte	Zahl der ernährten Personen		
1870	4	ernähren	1	
1950	1	ernährt	10 mit	804 kg GE*
1970	1	ernährt	32 mit	1148 kg GE
1983	1	ernährt	42 mit	1210 kg GE
1987	1	ernährt	67 mit	1269 kg GE

* GE = gesamte Palette der Nahrungsmittel in Getreide-Einheit umgerechnet.
Quelle: Staatsanzeiger Baden-Württemberg vom 16.4.1980.

Die deutsche Landwirtschaft und auch die Landwirtschaft im Neckar-Odenwald-Kreis hat in den letzten 40 Jahren eine fast unglaubliche Leistung erbracht und damit einen entscheidenden Beitrag zum heutigen Wohlstand durch immer preiswertere Nahrungsmittel geleistet. Nach einer Veröffentlichung der Arbeitsgemeinschaft der Verbraucherverbände (AGV Heft 8/1974) mußte eine vierköpfige Familie (»Warenkorb des 4-Personen-Arbeitnehmerhaushaltes«) für Nahrungsmittel vom Gesamteinkommen ausgeben:

 1927/30 : 63 % (verfügbarer Rest 37 %)
 1950 : 52 % (verfügbarer Rest 48 %)
 1970 : 37 % (verfügbarer Rest 63 %)
 seit 1986 : 14,8 % (verfügbarer Rest 85,2 %).

Damit haben sich die Verhältnisse von 1927/30 – 1970 genau umgekehrt, und für die Bereiche »Wohnung«, »Verkehr« und »Urlaub« wird heute prozentual weitaus mehr ausgegeben als für die heute auch in der Qualität hochwertigeren Lebensmittel.

Diese Informationen sind einleitend notwendig, um auf die Diskrepanz zwischen Leistungssteigerung und derzeit prekärer finanzieller Situation der bäuerlichen Familienbetriebe als selbständigen mittelständischen Unternehmen trotz des enormen Strukturwandels hinzuweisen.

IV. Wirtschaft und Verkehr

Natürliche Grundlagen. – Der Neckar-Odenwald-Kreis hat Anteil an vier sehr unterschiedlichen Naturräumen:
1. Am *Kraichgauer Hügelland* mit besten Lößlehmböden,
2. an dem klimatisch bevorzugten *Neckartal* mit Schwemmlandböden,
3. am *Bauland* mit verschieden mächtigen Ton- und Lößauflagerungen auf einem auch an der Oberfläche anstehenden Muschelkalksockel,
4. am *Hinteren Odenwald* und *Kleinen Odenwald* mit Böden auf Buntsandstein und auf inselhaften Lößlehmauflagerungen und mit einem in den höheren Lagen rauheren Klima und mit höheren Niederschlägen als im übrigen Kreisgebiet.

Die *Bodenzahlen* im nördlichen Kreisgebiet des Landwirtschaftsamtes Buchen schwanken zwischen 20 und 80 und erreichen im Durchschnitt 40. Im südlichen Kreisgebiet, für das das Landwirtschaftsamt Mosbach zuständig ist, werden auf der Gkg Zimmern mit 22 die niedrigste und auf der Gkg Diedesheim mit 96 die höchste Bodenzahl ermittelt. Der Durchschnitt im südlichen Kreisteil liegt bei 53.

Die *Jahresniederschläge* schwanken von 650 mm im Bauland bis 1000 mm im Odenwald und liegen im langjährigen Durchschnitt um 835 mm. Am selben Meßstandort Adelsheim traten dabei innerhalb von 30 Jahren Schwankungen von 540 mm (1976) bis 1026 mm auf. Von der Niederschlagshöhe hängt der Bestand einer Weide entscheidend ab. Die untere Grenze dafür dürfte im Kreisgebiet bei 800–850 mm/Jahr liegen, wie das z. B. der langjährige Bestand der Weideflächen im Adelsheimer Weiler Wemmershof bezeugt. Die *durchschnittliche Jahrestemperatur* schwankt zwischen 6,4° C im Odenwaldanteil und 9,2° C im Neckartal. Im gesamten Kreisgebiet liegt sie bei 7,9° C. Im langjährigen Durchschnitt lassen sich 95 Frosttage/Jahr ermitteln.

Diese Daten beweisen, daß der Neckar-Odenwald-Kreis nicht gerade von der Natur bevorzugt wurde. Nach der offiziellen Definition ist deshalb ein großer Teil des Beschreibungsbereiches *»von Natur aus benachteiligtes Gebiet«*. Für die Landwirtschaft ist die wirtschaftliche Lage in diesem ländlichen und strukturschwachen Raum damit erschwert. Im Neckar-Odenwald-Kreis gibt es deshalb keine intensiven und ertragreichen Sonderkulturen (z. B. Spargel- und Tabakanbau); die 15 ha Rebland im Neckartal und 97 ha Obstanlagen mit Baumschulen stehen zu dieser Aussage in keinem Widerspruch.

Die nicht allzu günstige Lage der Landwirtschaft, die aus der natürlichen Ausstattung des Raumes resultiert, bedingt niedrige *Landpreise*. Noch um 1975 konnte im Kreisgebiet 1 ha Ackerland im Durchschnitt für DM 25 000,– gekauft werden. Das zog »planungsverdrängte« Käufer, die ihr Land für Flugplatz-, Stadterweiterungen oder die Bundesbahnschnelltrasse abgeben mußten, und auch Landwirte aus besser gestellten Nachbarkreisen an, die versuchten, ihre Verkaufserlöse günstig wieder in Land anzulegen. Das führte zu einem Anstieg der Preise im landwirtschaftlichen Grundstücksverkehr, die z. B. im Dienstbezirk des Landwirtschaftsamtes Mosbach bei durchschnittlich 200 registrierten Verkäufen pro Jahr 1984 mit ca. DM 31 690,–/ha ihren Höchststand erreichten. Inzwischen fielen sie stetig und sind 1987 bei rd 130 ha verkaufter Fläche wieder bei durchschnittlich DM 27 000,–/ha angelangt, eine Folge weiterer Betriebsaufgaben und der Diskussion um Flächenstillegungen. Empfindliche Auswirkungen auf den Vermögenswert der landwirtschaftlichen Betriebe, der ja zu einem großen Teil aus dem Bodenvermögen resultiert, sind zu befürchten.

Flächennutzung. – Die *landwirtschaftlich genutzten Flächen* (ohne Brach-/Ödland) haben sich von 1971 bis 1987 um insgesamt 2504 ha verringert. Tab. 3 gibt Auskunft über diesen Rückgang des bäuerlich genutzten Landes.

2. Landwirtschaft

Tabelle 3: **Rückgang der landwirtschaftlich genutzten Flächen 1971 bis 1987**

Jahr	1971	1977	1982	1987	insgesamt
Landwirtschaftlich genutzte Fläche in ha	50 488	49 452	48 505	47 984	
Rückgang in ha	–	1 036	947	521	= 2 504
Flächenanteil gegenüber 1971 in %	100	98	96	95	

Quelle: Statistisches Landesamt Baden-Württemberg.

Durch diesen Verlust an landwirtschaftlich genutzter Fläche wurde 62 bäuerlichen Betrieben mit einer tragfähigen Landausstattung von je 40 ha die Existenzgrundlage entzogen. Diese für die Landwirtschaft verlorenen Flächen wurden zum größeren Teil als *Siedlungsflächen* verwendet, die nach Angaben des Statistischen Landesamtes Baden-Württemberg aus dem Jahr 1988 im Kreisgebiet in den zurückliegenden 5 Jahren um 68,8 ha pro Jahr gewachsen sind. Siedlungsflächen sind bebaute Flächen einschließlich Straßen, Ziergärten, Parks, Friedhöfen, Sportstätten sowie Flugplätzen und militärischen Übungsanlagen. Diese »Siedlungsflächen« haben sich in den letzten 14 Jahren von 7846 ha (1974) über 8164 ha (1977) auf 10223 ha (1987) ausgeweitet. Damit machten sie 1974 6,9 %, 1977 7,3 % und 1987 9,1 % der Gesamtfläche im Landkreis aus. Trotz eines allgemeinen Rückganges des »Landverbrauches« wird sich diese Entwicklung – etwas gebremst durch die nachlassende Baukonjunktur – fortsetzen.

Weitere landwirtschaftlich genutzte Flächen wurden durch *Aufforstung* von Hanglagen und vor allem von nicht mehr gefragtem Grünland (Milchquote, Silomais) in Wald umgewandelt. Die Waldfläche hat im Gegensatz zur landwirtschaftlichen Nutzfläche im Neckar-Odenwald-Kreis zugenommen. Die Angaben über die Waldfläche sind durch verschiedene Erhebungsarten und Erheber sehr problematisch und immer umstritten. Nach Unterlagen des Landratsamtes läßt sich die in Tab. 4 dokumentierte Entwicklung aufzeigen, die auch etwa den Aufforstungsanträgen über die Landwirtschaftsämter entspricht.

Tabelle 4: **Zunahme der Waldfläche 1974–1987**

Jahr	1974	1977	1987
Waldfläche in ha	39 274	40 451	41 300
Zuwachs in ha	–	+ 1 177	+ 849

Quelle: Landratsamt des Neckar-Odenwald-Kreises.

In der Erhebung des Statistischen Landesamtes für 1987 ist der Wald nur unter dem Begriff »sonstige Freifläche« mit 42971 ha ausgewiesen. Zieht man davon 1663 ha Unland, Wasser u. ä. ab, ergibt sich für 1987 dieser Annäherungswert, der sich ohnedies durch Inanspruchnahme von Wald für Siedlungsfläche einerseits und weitergehende Aufforstung bisher landwirtschaftlich genutzter Böden andererseits ständig verändert.

Die Waldfläche im Neckar-Odenwald-Kreis ist jedenfalls größer als die Ackerfläche und nähert sich – wenn die Entwicklung sich fortsetzt – der Größe der gesamten landwirtschaftlichen Nutzfläche immer mehr, vor allem, wenn das *Flächenstillegungsprogramm in der Landwirtschaft* weiterläuft, die neueste Maßnahme zur Strukturveränderung in der Landwirtschaft im Jahr 1988. Bis zum Ablauf des ersten Beantragungstermins für Flächenstillegungen gingen beim Landwirtschaftsamt Buchen 251 Anträge für

1170 ha und beim Landwirtschaftsamt Mosbach 187 Anträge für rd 860 ha ein. Damit sind durch insgesamt 438 Anträge 2030 ha landwirtschaftliche Nutzfläche im Kreisgebiet betroffen, die zunächst für 5 Jahre aus der landwirtschaftlichen Produktion ausscheiden sollen. Das sind bei rd 48 000 ha landwirtschaftlicher Nutzfläche im Neckar-Odenwald-Kreis im Jahr 1987 4,3 %.

Der Landkreis liegt damit zwar an der Spitze in Nordbaden, worin auch eine Auswirkung der schlechteren natürlichen Voraussetzungen für die Landwirtschaft im Beschreibungsgebiet zu sehen ist. Die Erwartungen der Politiker, die Stillegungen von etwa 7 % vorsahen, haben sich aber längst nicht erfüllt; die Antragsfrist wurde deshalb verlängert. Die weitere Entwicklung bleibt abzuwarten. Da stillgelegte Flächen aber auch aufgeforstet werden können, ist eine weitere Annäherung von landwirtschaftlicher Nutzfläche und Waldfläche wahrscheinlich.

Tabelle 5: **Landwirtschaftliche Fläche nach Kulturarten 1987 in ha**

Landwirtschaftlich genutzte Fläche nach Kulturarten	Neckar-Odenwald-Kreis		Region Unterer Neckar		Reg.-Bezirk Karlsruhe		Land Baden-Württemberg	
	ha	%	ha	%	ha	%	ha	%
insgesamt	47 984	100	90 519	100	200 533	100	1 502 575	100
darunter								
Ackerland	35 650	74,30	70 335	77,70	141 680	70,65	836 466	55,67
Grünland	12 089	25,19	18 449	20,38	53 457	26,66	616 965	41,06
Obstanlagen	93	0,19	569	0,63	1 560	0,78	17 203	1,14
Baumschulen	4	0,01	113	0,12	404	0,20	2 239	0,15
Rebland	15	0,03	788	0,87	2 677	1,33	24 966	1,66
Korbweiden-, Pappelanlagen, Weihnachtsbaumkulturen	10	0,02	20	0,02	107	0,05	328	0,02
Haus- und Nutzgärten	123	0,26	245	0,27	648	0,32	4 408	0,29

Prozentualer Anteil der landwirtschaftlich genutzten Fläche an der Markungsfläche

Landkreis Neckar-Odenwald	Region Unterer Neckar	Reg.-Bezirk Karlsruhe	Land Baden-Württemberg
45,34 %	37,36 %	29,54 %	42,44 %

Kulturarten. – Über die Kulturarten auf der landwirtschaftlich genutzten Fläche des Jahres 1987 gibt Tab. 5 Auskunft. Aus dem in ihr enthaltenen Vergleich mit der Region Unterer Neckar, dem RB Karlsruhe und dem Land geht hervor, daß fast ¼ der landwirtschaftlich genutzten Fläche des Regierungsbezirks im Neckar-Odenwald-Kreis liegt, und daß der Anteil der landwirtschaftlich genutzten Fläche im Kreisgebiet mit 45,3 % weit über dem Anteil im RB Karlsruhe von 29,5 % und auch über dem Anteil in Baden-Württemberg von 42,4 % liegt.

Auffallend ist, daß das *Grünland* stärker abnimmt als die Ackerfläche. Diese Entwicklung hat folgende Gründe: 1. In den Anschwemmungsbereichen der Tallagen finden sich die besten Böden, besonders dort, wo im Muschelkalkgebiet die Krumenauflage gering ist. Viel Land wurde deshalb umgebrochen und brachte vielen Betrieben die »besten Äcker«. 2. Die Futterkonservierung von Grünland ist witterungsabhängig und arbeitsaufwendig. 3. Der in den letzten Jahren stark gestiegene Silomaisbau bringt

2. Landwirtschaft

Tabelle 6: **Anbaufläche und Ernteerträge der Hauptfeldfrüchte 1987**
(mit Vergleichszahlen für Baden-Württemberg)

Fruchtart	Neckar-Odenwald-Kreis			Baden-Württemberg			
	Anbaufläche	Ertrag		Durchschnitt 1981–1986	Fläche	Ertrag	insgesamt 1987
	ha	dt/ha	insges. dt.	dt/ha	ha	dt/ha	dt
Winterweizen	10 024	49,5	495 859	52,1	207 134	49,0	10 151 637
Sommerweizen	141	45,4	8 402	46,0	12 979	43,0	558 486
Roggen	451	40,5	18 253	40,1	16 243	39,4	640 299
Wintermenggetreide	75	42,2	3 167	42,9	1 966	41,2	80 921
Wintergetreide	10 691	49,0	525 681	50,8	238 322	48,0	11 431 343
Sommermenggetreide	467	41,3	19 303	39,9	16 770	39,7	665 434
Wintergerste	5 197	46,1	239 492	48,0	92 883	47,3	4 392 437
Sommergerste	4 149	38,7	160 584	40,6	97 320	38,1	3 705 946
Hafer	2 681	44,3	118 896	42,0	74 236	44,8	3 328 742
Futter/Ind. getr.	12 494	43,1	538 275	43,0	281 209	43,0	12 092 559
Körnermais (+CCM)	309	63,3	19 569	65,7	31 282	68,1	2 129 679
Getreide insgesamt	23 494	46,0	1 083 525	47,3	550 813	46,6	25 653 581
Frühkartoffeln	10	221,0	2 208	236,2	1 950	238,2	464 607
Spätkartoffeln	248	171,0[2]	42 383	296,6	12 074	213,8	2 581 180
Zuckerrüben	686	509,6	349 568	518,0	22 375	545,1	12 196 932
Futterrüben	524	1259,0	659 518	1189,0	12 125	1192,0	14 451 788
Hülsenfrüchte	490	26,3	12 879	29,5	16 583	27,8	461 231
Winterraps	3 346	30,4	101 616	26,7	50 730	29,6	1 500 593
Silomais	4 049	463,5	1 876 715	467,5	93 983	446,0	41 916 418
Klee, -gras, Gem.	1 469	85,9[1]	126 204	78,7[1]	37 819	80,8[1]	3 055 775
Luzerne	743	84,9[1]	63 080	81,4[1]	8 679	81,8[1]	709 942
Wiesen/Mähweiden	11 118	74,8[1]	831 902	71,7[1]	546 875	74,0[1]	40 444 802
Rauhfutter insgesamt	13 558	76,7[1]	1 039 968	72,4[1]	601 338	74,5[1]	44 829 400

[1] = als Heu gerechnet
[2] = witterungsbedingte schlechte Kartoffelernte (Spätkartoffel), nicht repräsentativ. Normalernten liegen etwas über dem Landesdurchschnitt.

weitaus mehr wirtschaftseigenes Grundfutter/ha und ist risikoloser zu silieren. 4. Rückgang der Viehhaltung besonders in Grünlandgebieten (Milchquote, Strukturwandel).
    Dieser Entwicklung stehen Forderungen nach Erhaltung und Wiederherstellung von Grünland in Wasserschutzgebieten, zum Hochwasser- und Erosionsschutz u.ä. gegenüber. Dadurch stellt sich die Frage nach der Verwertbarkeit des produzierten Grases. Geförderte »Grünlandauffangbetriebe« (z. B. ein Kurgestüt) sind teilweise schon nicht mehr in der Lage, das anfallende Grünland aufzunehmen. Eine Aufforstung wird aus Landschaftsschutzgründen zur Freihaltung der Tallagen oft abgelehnt, und die Besitzer von Wiesen sind ratlos.
    Über die *Anbauverhältnisse auf dem Ackerland im Jahr 1987* gibt Tab. 6 Auskunft. Festgehalten sind die jeweiligen Durchschnittserträge. Bemerkenswert ist dabei der starke Rückgang der »traditionellen Hackfrüchte« Kartoffeln, Futter- und Zuckerrü-

ben. Der Ausgleich in der Fruchtfolge ging hauptsächlich über den stark gestiegenen Rapsanbau (vgl. Ölfrüchte) und Silomais.

Beim Aufzeigen der Anbauverhältnisse sei auch auf die relativ ausgedehnte *Saatgutvermehrung* durch Landwirte im Kreisgebiet hingewiesen, die hauptsächlich auf den zahlreich vorhandenen »Hofgütern« oder nach Flurbereinigungen auf größeren Flächen Eingang gefunden hat. Produziert wird Getreide- und Futterpflanzensaatgut.

Die Vermehrerfläche für Getreidesaatgut lag in den letzten 5 Jahren bei 485–520 ha pro Jahr. An erster Stelle stand dabei Winterweizen, gefolgt von Wintergerste, Sommergerste und Hafer. Von Bedeutung ist ferner die Saatgutvermehrung von Futtersämereien. Bei der in Waldbrunn-Oberdielbach ansässigen »Süddeutschen Saatzucht- und Saatbaugenossenschaft e.G.« standen in den vergangenen 4 Jahren jeweils zwischen 221 und 284 ha Saatgutvermehrungsflächen unter Vertrag. Nach der Größe der Anbaufläche muß an erster Stelle Deutsches Weidelgras hervorgehoben werden, dem auf jeweils kleineren Flächen Wiesenschwingel, Welsches Weidelgras, Lieschgras, einjähriges Weidelgras und Rotschwingel folgten. Auf rd 50 ha wurden noch weitere Sorten produziert.

Die Süddeutsche Saatzuchtgenossenschaft betreibt auch Erhaltungszucht für den »Bauländer Spelz« (Dinkel, Emmer), der zum Grünkernanbau benötigt wird. Mit der Getreidesorte »Schwabenkorn« wurde eine jetzt zugelassene Neuzüchtung geschaffen, die hauptsächlich als Mehl für schwäbische Brotspezialitäten und zu ⅓ als Rohstoff für Diätkost Verwendung findet.

Der hohe Getreideanteil im Anbau führt bei günstigem Erntewetter wie zuletzt 1988 durch eine verhältnismäßig kurze Erntezeit oft zu »Staus« an den Erfassungsstellen durch eine Auslastung der Lagerhäuser und des Landhandels. Bei der Zuckerrübenernte nimmt die Bahnverladung ab, die Direktanfuhr mit Schlepper oder LKW ins Werk Offenau der Südzucker AG zu.

Viehhaltung. – In Tab. 7 wird die Entwicklung in der *Rindviehhaltung* seit Mitte der 1960er Jahre aufgezeigt. In diesem Produktionsbereich haben sich die stärksten Veränderungen ergeben. Eine Konzentration in größeren Tierbeständen und ein enormer Wandel der Agrarstruktur werden dabei erkennbar.

Tabelle 7: **Rindviehhaltung 1965–1987**

Rindviehhaltung/Jahr	1965	1975	1979	1982	1987
Zahl der Betriebe	4 554	2 724	2 302	2 006	1 699
Veränderung zu 1965 in %	100	60	51	44	37
Rindviehbestand insgesamt	50 628	53 968	55 204	54 598	53 327
Veränderung zu 1965 in %	100	107	109	108	105
Milchkühe	20 624	17 898	16 995	16 912	16 315
Veränderung zu 1965 in %	100	87	82	82	79
Durchschnittliche Zahl der Rinder pro Betrieb	11	20	24	27	31

Die Veränderungen seit 1965 sind gravierend und haben die Organisation der Landwirtschaft stark verändert. Die Zahl der rindviehhaltenden Betriebe ging um fast ⅔ auf 37 % zurück, der Rindviehbestand hat auf 105 % zugenommen, eine Auswirkung der Spezialisierung in der Tierhaltung und der Konzentration in größeren

2. Landwirtschaft

Beständen. Da gleichzeitig die Zahl der Milchkühe auf 79 % sank, ging der Zuwachs des Rinderbestandes in Richtung Rindermast, auf die sich einige Betriebe (Bullenmast) spezialisiert haben.

Die Zahl der Kühe pro Betrieb wächst seit 1982 durch die Milchquotenregelung und die damit verbundene Aufgabe der *Milchproduktion* gegen finanziellen Ausgleich auf 10 Jahre langsamer, weil die Anträge auf »Milchrente« überwiegend aus Betrieben mit nur einem kleinen Kuhbestand kommen, von wenigen Ausnahmen abgesehen. Aber auch einige Betriebe mit über 50 Milchkühen mußten wegen der fehlenden Milchquote die Zahl ihrer Kühe um bis zu 15 Tiere reduzieren. Größter Milcherzeuger im Landkreis war 1988 ein Betrieb mit 103 Milchkühen. Den Schwerpunkt Milchproduktion (über 20 Milchkühe/Betrieb) haben im Neckar-Odenwald-Kreis 311 Betriebe mit durchschnittlich 31 Milchkühen pro Betrieb. In 38 Betrieben (12 %) werden die Kühe in Laufställen gehalten.

Die positive Seite der Milchquotenregelung bringt dem Milcherzeuger heute wenigstens vergleichsweise gute, feste und damit langfristig kalkulierbare Erzeugerpreise ähnlich wie im ebenfalls schon länger kontingentierten Zuckerrübenanbau. Die Hofgüter oder Gutsbetriebe im Neckar-Odenwald-Kreis, die z. T. im Besitz des Adels sind, haben die Viehhaltung fast durchweg längst aufgegeben. Nur wenn der Betrieb ein größeres Brennrecht besitzt, wird zur Schlempeverwertung noch Rindermast betrieben, ebenso bei größerem Anteil von absolutem Grünland Ammen- oder Mutterkuhhaltung bis zur extensiven Weidemast mit exotischen Zebus.

Durch die Aufgabe der Viehhaltung in den Gutsbetrieben hat sich deren Struktur gewaltig verändert: Vor 35 Jahren noch »Gesindebetriebe« mit mehreren Lohnarbeitskräften wie Melkern (»Schweizer«), Schweinemeistern, Gespannführern, Schlepperfahrern, Tagelöhnern und Mägden, werden heute die »reinen Ackerbaubetriebe« etwa ab 90 ha Größe meist nur von 2-3 familieneigenen Arbeitskräften bewirtschaftet und sind damit vom Arbeitskräftebesatz her als »bäuerliche Familienbetriebe« einzuordnen. Dies ist um so mehr gerechtfertigt, weil gerade im Realteilungsgebiet als Folge des Strukturwandels viele Betriebe durch Zupacht so aufgestockt haben, daß sie z. T. von der Fläche her über die Größe der bestehenden Gutsbetriebe hinausgewachsen sind.

Bei den Ackerbaubetrieben konnte durch Beschränkung auf den Anbau von Mähdruschfrüchten trotz hohem Mechanisierungsgrad durch den Wegfall von Maschinen für die Futterernte/-bergung und für den Hackfruchtanbau die Rentabilität erheblich verbessert werden.

Wie stark der Rückgang auch unsere Dörfer verändert hat, geht aus Zeitungsberichten über die Schließung des »Milchhäusle« in Adelsheim-Leibenstadt zum 31.3.1986 und in Walldürn zum 30.9.1988 hervor. Über 60 Jahre bestand die Milchsammelstelle in Leibenstadt, 1960 gehörten zu ihr 54 Lieferanten, am Tage der Schließung waren es noch 8. Durch Beantragung der Milchrente blieben noch 2 Milcherzeuger von 54 übrig, in 25 Jahren ein Rückgang um 96 %! In Walldürn ging die Zahl der Milchlieferanten im gleichen Zeitraum von 130 auf 8 zurück (-94 %). Die Milch wird heute alle 2 Tage aus den Kühltanks der größeren Erzeuger durch den Kühltankwagen der Milchzentrale direkt abgeholt; dieser Abtransport hat sich inzwischen im Kreis fast überall durchgesetzt. Er brachte einen Vorteil für die meisten bäuerlichen Familien: Die Stall- und Melkarbeit muß – vor allem im Winter – nicht mehr so früh am Morgen beginnen wie früher. Mit der Schließung der Milchsammelstellen geht aber in den Orten ein beliebter Treffpunkt, ein seit Jahrzehnten bestehendes »Kommunikationszentrum«, unwiderbringlich verloren.

Mit dem Rückgang der Kuhhaltung hat leider auch eine große Zahl von sehr guten kleineren *Fleckviehzucht-Betrieben* aufgegeben. Dies trifft insbesondere auf Orte wie Balsbach, Wagenschwend und Merchingen zu. Nur die Plaketten und Züchterauszeichnungen an den Stalltüren der vielfach heute leeren Ställe zeugen noch von den einstigen züchterischen Leistungen. Viele landwirtschaftliche Betriebe haben sich nach Aufgabe der Milchviehhaltung auf Fleischerzeugung in Form von *Rinder-Bullenmast* spezialisiert, wie schon bei Erläuterung der Zunahme des gesamten Rindviehbestandes angeführt wurde. Sie kaufen die Kälber zu, halten diese zunächst in einem Quarantäne-Aufzuchtstall, bis sie in Gruppen in Boxen meist mit Spaltenboden umgestalt werden. Für die Bullenmäster gibt es seit Jahren in Mosbach einen speziellen Markttag für Kälber und »Fresser« außerhalb der Zuchtviehmärkte. »Fresser« sind meist männliche Jungrinder, die im Gewicht von 200–300 kg als Ergänzung des Bestandes oder als »Einsteller« zugekauft werden und das kritische und oft auch verlustreiche Kälberstadium hinter sich haben. Gemästet wird überwiegend mit Maissilage als wirtschaftseigenem Grundfutter auf ein Verkaufsgewicht um 600 kg im Alter von etwa 18 Monaten; tägliche Zunahme von 1200 g sind etwa die Rentabilitätsschwelle.

1987 gab es im Landkreis 165 Betriebe mit über 20 Mastbullen im Stall, im Durchschnitt waren 39 Tiere zur Mast aufgestellt. Das sind immer noch erstaunlich hohe Zahlen, denn mit Beginn der 1980er Jahre sind durch verstärkte Importe und eine Rindfleischüberproduktion innerhalb der EG die Erzeugerpreise je kg Lebendgewicht um über 1 DM gefallen; d. h. in der Praxis fiel der Verkaufserlös beim 600 kg Mastbullen (= 12 Zentner) um über 600 DM. Verschärft wurde die Situation durch die Milchquotenregelung, durch die viele Kühe zur Schlachtung kamen und den Rindfleischpreis weiter drückten. Weniger Kühe bedeuten weniger Kälber, so daß deren Einstandspreise stiegen, und bei schlechteren Verkaufserlösen schrumpfte die Gewinnspanne der Mäster immer mehr. Versierte Bullenmäster haben sich schnell Verluste errechnet, so daß allein im Umkreis von Adelsheim 3 Betriebe mit zusammen 420 Mastplätzen (120–120–180) die Bullenmast aufgaben. Sie haben – wie man hierzulande sagt – »keinen einzigen Schwanz mehr im Stall«.

Einen gewissen Ausgleich gab es durch Milchviehbetriebe, die infolge der Milchquotenregelung freigewordene Kuhplätze wieder zur Mast ihrer eigenen Bullenkälber einrichteten. Sie haben den Vorteil, daß sie Vorinvestitionen für Kälberzukauf sparen, die erst nach 14 Monaten beim Verkauf der ausgemästeten Tiere wieder hereinkommen.

Die derzeitigen Preise an bad.-württ. Schlachtviehgroßmärkten sind für Bullen der Klasse A mit durchschnittlich zwischen DM 3,70 bis DM 3,80 pro kg Lebendgewicht immer noch kein Anlaß zu Optimismus für die Mäster. Alternativen zur Verstärkung der Rinderhaltung bietet die Mutterkuhhaltung, die im Kreisgebiet in 13 Betrieben mit durchschnittlich 20 Mutterkühen sowie in 6 Aufzuchtbetrieben durchgeführt wird. In den Aufzuchtbetrieben werden im Durchschnitt je Betrieb 140 Kalbinnen aufgezogen.

Als *Rinderrasse* überwiegt im Kreis immer noch das Höhenfleckvieh (»Simmentaler«), dessen Züchter im Fleckviehzuchtverband Heidelberg und innerhalb des Landkreises in 3 Bezirksfleckviehzuchtverbänden organisiert sind. In größere Milchviehbestände, deren durchschnittliche Jahresmilchleistung bei Stallhaltung heute durchweg über 5000 l pro Kuh liegt, haben zunehmend schwarzbunte, in Einzelfällen auch rotbunte Kühe Eingang gefunden. Die Züchter sind im Verband der Schwarz- und Rotbuntzüchter vereinigt. Bevorzugte Fleischrasse ist das »2-Nutzungsrind« vom Höhenfleckvieh.

Die *Schweinehaltung* ist neben der Rindviehhaltung ein wichtiger Einkommensbereich für die Landwirte im Kreis. Auch hier hat sich ein großer Wandel vollzogen, der sich in einer Konzentration der Tierhaltung in weniger Betrieben mit größeren Beständen äußert. Die Spezialisierung begann Anfang der 1960er Jahre und hat sich soweit fortgesetzt, daß sich in einer zweiten Stufe reine Ferkelerzeuger- und ergänzend reine Mastbetriebe entwickelten.

Tabelle 8: **Schweinehaltung 1965–1987**

Schweinehaltung/Jahr	1965	1975	1979	1982	1987
Zahl der Betriebe	7138	4158	3369	2683	2393
Anteil gegenüber 1965 in %	100	58	47	38	34
Schweinebestand insgesamt	61380	55675	56485	56559	58424
Anteile gegenüber 1965 in %	100	91	92	92	95
darunter Zuchtsauen	5239	5940	6210	6419	6623
Anteil gegenüber 1965 in %	100	113	119	123	126
Durchschnittlicher Schweinebestand pro Betrieb	9	13	17	21	24

Nach Tab. 8 ist die Zahl der Betriebe mit Schweinehaltung seit 1965 noch stärker zurückgegangen als die der Betriebe mit Rinderhaltung. Der Gesamtbestand an Tieren lag 1987 nur gering unter dem von 1965 und holt wieder auf. Auffallend ist der Zuwachs bei Zuchtsauen um über ¼ gegenüber 1965. Vor allem im Anerbengebiet des Hinteren Odenwaldes, wo eine Flächenaufstockung der Betriebe kaum möglich war, versuchte man mit dem neuen Betriebszweig der »Ferkelerzeugung« eine innere Aufstockung mit zusätzlichem Einkommen. Die Investitionen dazu hielten sich in Maßen. Die Sauenhaltung und Ferkelerzeugung verlangen allerdings viel Aufwand und vor allem Sorgfalt: Voraussetzungen, die nur in bäuerlichen Betrieben gegeben waren.

Ab 1962 wurde die Schweinehaltung zusätzlich durch die Gründung von »Schweinekontrollringen« gefördert. Der erste entstand unter dem Namen »SKR Bauland« in Adelsheim. Durch Wiegungen in Abständen nach Lebenswochen sollten die täglichen Zunahmen genau ermittelt, durch gemeinsamen Futtermittelbezug und Beratung eine durchschnittliche Zunahme von 650–750 g pro Tier und Tag erreicht werden, um in spätestens 180 Tagen ein Mastendverkaufsgewicht von 100 kg zu erzielen. Die Schweinekontrollringe waren zunächst Aufgabe der Landwirtschaftlichen Beratungsstellen oder Landwirtschaftsschulen. Die Anforderungen durch Aufstockung der Bestände in spezialisierten Betrieben führten zur Einstellung von »Ringassistenten« unter dem Dach des »Landesverbandes für Leistungsprüfungen in der Tierzucht« in Stuttgart. Hinzu kamen die zeitweise gemeinsame Vermarktung und eine ringeigene Tierversicherung. Im Kreisgebiet sind heute mit etwas geändertem Namen der »Schweineerzeugerring Bauland-Kraichgau« mit Sitz Mosbach und ein weiterer in Buchen tätig.

Durch Schwerpunktbildungen »Mastschweinehaltung« ab 100 Liegeplätzen pro Betrieb und »Zucht- oder Muttersauenhaltung« ab 20 Muttersauen pro Betrieb entstanden im Kreisgebiet 54 Betriebe mit durchschnittlich 282 Mastschweinen (Liegeplätzen) sowie 66 Betriebe mit durchschnittlich 45 Zuchtsauen. Ausschließliche Ferkelerzeugung ohne eigene Schweinemast betrieben im Neckar-Odenwald-Kreis noch 19 Betriebe. Diese nochmalige Arbeitsteilung und Spezialisierung in der Schweinehaltung ist aber im Rückgang begriffen, weil die gesunkenen Erzeugerpreise für Schweinefleisch den Ferkelerzeuger besonders hart treffen. Selbst bei einer Leistung von über 18 aufgezogenen Ferkeln je Sau im Jahr (bis zu 22) ist die Rentabilität heute in Frage gestellt.

Bäuerliche Schweinemastbetriebe im Kreis verfügen heute über 400–800 Liegeplätze, ein Großbetrieb über 1000 Liegeplätze für Mastschweine. Zur Erklärung sei angemerkt, daß Liegeplätze nicht der Zahl der gemästeten Tiere entsprechen. Bei Ferkelzukauf im Gewicht um 25 kg rechnet man mit 2,5 »Umtrieben« im Jahr, d. h. ein Betrieb mit 500 Liegeplätzen kann diese 2,5 mal im Jahr belegen und erzeugt rund 1250 Mastschweine mit einem Gewicht von 100 kg. Bei eigener Ferkelerzeugung oder geringerem Zukaufsgewicht rechnet man mit 2,2 »Umtrieben«.

Die derzeitigen Schweinepreisnotierungen an den Großmärkten Mannheim, Karlsruhe und Stuttgart zwischen DM 2,75 – DM 2,95 pro kg Lebendgewicht im Durchschnitt der Klasse C liegen bis zu 1 DM/kg unter den vor 4 bis 5 Jahren erzielten Preisen. Sie bedeuten bei einem Schwein mit 100 kg einen Mindererlös von 80–100 DM pro Tier. Diese importbedingte Preisentwicklung gefährdet die Rentabilität der im Kreisgebiet ansässigen Betriebe, die mit hohem Kenntnisstand, ausgefeilter Produktionstechnik, großer Sorgfalt und bestem Management arbeiten.

Die fast einzige Schweinerasse ist das veredelte Deutsche Landschwein, das für die Gebrauchsmast zur Hebung der Fleischfülle und der besseren Schinkenbildung mit Piétrain-Ebern aus Belgien gekreuzt wird.

Die Schweinezüchter sind im »Schweinezuchtverband Baden-Württemberg« mit Sitz in Forchheim organisiert. Im Neckar-Odenwald-Kreis gibt es eine Reihe anerkannter Schweinezüchter mit vielen Auszeichnungen von Körungen, Schauen und Ausstellungen auf Landes- und Bundesebene. Die Ferkelerzeuger sind in der »Erzeugergemeinschaft für Qualitätsferkel Nordbaden« mit Sitz in Linkenheim zusammengeschlossen. Regelmäßige Zuchtschweinemärkte (Körungen und Versteigerungen) finden zusammen mit den Zuchtviehmärkten in Mosbach statt.

Tabelle 9: **Hühnerhaltung 1965–1987**

Hühnerhaltung/Jahr	1965	1982	1987
Zahl der Betriebe	9391	1750	1505
Anteil gegenüber 1965 in %	100	19	16
Hühnerbestand	265620	146215	126906
Anteil gegenüber 1965 in %	100	55	48
Durchschnittliche Zahl der Hühner pro Betrieb	28	84	84

Bei der *Hühnerhaltung* sind in den Jahren von 1965 – 1987 größte Veränderungen bei der Zahl der Hühnerhalter und beim Bestand zu verzeichnen. Nur in 3 nach ihrer ha-Fläche größeren Betrieben und in 5 spezialisierten Betrieben sind Bestände von über 1000 Legehennen vorhanden.

Eine »Marktnische« in der Geflügelzucht haben 2 Betriebe im Kreisgebiet genützt, die für die »Schloß Stettener-Geflügel-AG« die *Putenmast* betreiben. Die Kontingente konnten durch die steigende Nachfrage nach fettarmem, zartem Putenfleisch in den letzten 2 Jahren auf 7500 bzw. 10000 Tiere (= Mastplätze) erhöht werden, so daß diese beiden Betriebe bei zweimaligem Umtrieb im Jahr zusammen 35000 Mastputen erzeugen. Die Abnahme ist gesichert, die genannte Aktiengesellschaft betreibt eine eigene Schlachtstätte, deren Kapazität auf die Nachfrage eingestellt ist.

Auch die *Schafhaltung* ist mit 1987 noch 5619 Tieren im Kreis stark zurückgegangen. Noch vor 35 Jahren hatten Gutsbetriebe vielfach eine Schafherde zur Abweidung ihrer

2. Landwirtschaft

Hutungen. Heute sind im Kreis noch 7 Schwerpunktbetriebe (über 50 Mutterschafe) mit durchschnittlich 278 Schafen pro Betrieb vorhanden. Die Produktionsrichtung geht immer mehr von der Woll- in Richtung Fleischerzeugung (Mastlämmer). Einen kleinen Ausgleich im Bestand brachte die »Hobby-Schafhaltung« (»lebende Rasenmäher«).

Der *Pferdebestand* mit 1987 insgesamt 1221 Pferden hat sich durch Hobbyhaltung und Sport wieder vergrößert. Es gibt kaum noch Arbeitspferde der noch vor 40 Jahren stark verbreiteten schweren Rasse »Badisches Kaltblut«. Gehalten werden heute überwiegend Reitpferde bei Reit- und Fahrvereinen, in Reiterhöfen und Reitställen. Auch bäuerliche Betriebe haben sich umgestellt, betreiben Pferdezucht, halten »Pensionspferde« und bieten Reitunterricht durch ausgebildete eigene Kräfte (z. B. in Bofsheim).

Die Züchter im Neckar-Odenwald-Kreis sind im »Badischen Pferdezuchtverband« (Sitz Heidelberg) organisiert und haben sich bereits viele Auszeichnungen und Preise für ihre züchterischen Leistungen erworben.

Agrarstruktur und Betriebsverhältnisse. – Im Neckar-Odenwald-Kreis gibt es von jeher 2 Erbsitten: Der Odenwald ist *Anerbengebiet*, das Bauland, Neckartal und der Kraichgau sind *Realteilungsgebiete*. Noch nach Ende des 2. Weltkrieges hatte der Odenwald die weitaus bessere *Agrarstruktur* mit Betriebsgrößen um 25 ha LN als Eigentum und oft bis ebenso vielen ha Waldbesitz. Durch den *Strukturwandel* in den letzten 30 Jahren hat das Realteilungsgebiet das Anerbengebiet jedoch weit überholt.

Die ständige Teilung von Feldern und Betrieben führte zu unhaltbaren Zuständen sowohl auf der Flur als auch in den Haufendörfern. Die Parzellen waren für die fortschreitende Technisierung zu klein und unwirtschaftlich, die Hofstellen zu beengt. Hier gab es in extremen Fällen sogar Stockwerkseigentum sowohl bei Wohn- als auch bei Wirtschaftsgebäuden.

Konkrete praktische Beispiele sollen diese fast unglaubliche *Flurzersplitterung* beleuchten. In einer Kreisgemeinde, in der das Flurbereinigungsverfahren noch läuft, wurden einem Landwirt von Beginn des Verfahrens an laufend Grundstücke zum Kauf angeboten, und zwar meist von Eigentümern, die nur geringe Flächen im Verfahren hatten und heute überwiegend auswärts, z. T. in größeren Städten wohnen. Um eine Fläche von rd 8 ha zur Aufstockung zu erwerben, bedurfte es 114 notarieller Kaufverträge! Aus den Landwirtschaftsämtern zur Genehmigung vorgelegten notariellen Übergabeverträgen errechnete sich in vielen Gemeinden eine durchschnittliche Parzellengröße von 6–7 Ar. Die *Verbesserung der Agrarstruktur* im Realteilungsgebiet war deshalb ab 1950 die vordringlichste Aufgabe der Landwirtschaftsberatung und die Voraussetzung für eine ökonomische Entwicklung der Landwirtschaft im Kreisgebiet. Die hierzu erforderlichen Maßnahmen waren verschiedene Formen der Flurbereinigung und Aussiedlung, des Feldwegebaus, der Meliorationen und der Dorfsanierung. Die *erste Flurbereinigung* erfolgte nach dem 2. Weltkrieg im Kreisgebiet in Großeicholzheim. Das Verfahren wurde noch nach dem alten Feldbereinigungsgesetz begonnen und nach dem neuen Flurbereinigungsgesetz fortgeführt und beendet. Hier fand 1956 auch das *erste Aussiedlungsverfahren* für 7 Betriebe in ein Gebiet beiderseits der Straße Großeicholzheim-Seckach statt. Eindachhöfe mit 12,5 ha Betriebsfläche wurden zu jenem Zeitpunkt als ausreichende und zukunftsträchtige Ausstattung befunden.

Im Kreisgebiet haben wir 1987/88 folgenden *Stand der Flurbereinigung*: Im Bezirk des Landwirtschaftsamtes Buchen sind 30 Ortsteile mit 18 187 ha bereinigt und 15 Ortsteile mit 8582 ha im Verfahren. Das sind insgesamt 26 769 ha oder rd 87 % der LN. 2 Verfahren mit 1255 ha sind geplant. Unbereinigt sind rd 2530 ha oder ca. 13 % der LN. Im Bezirk des Landwirtschaftsamtes Mosbach sind 43 Ortsteile bereinigt bzw.

im Verfahren mit 16 688 ha oder 73 % der LN. 20 Ortsteile mit 6295 ha oder 27 % der LN sind nicht bereinigt, darunter befindet sich 1 geplantes Verfahren mit rd 120 ha. In vielen Gemeinden stießen beabsichtigte Flurbereinigungsverfahren zunächst auf erheblichen Widerstand der Landbesitzer. Nach der neuen Besitzeinweisung waren jedoch in der Regel alle Beteiligten zufrieden und erkannten ihre Vorteile: Der hauptberufliche Landwirt konnte seine großen und teuren Maschinen auf Schlägen zwischen 5–10 ha erheblich rentabler einsetzen. Der Verpächter konnte mit größeren Grundstücken einen besseren Pachtpreis erzielen. Alle Grundstücke erhöhten sich im Wert, weil sie durch ein gut ausgebautes Wegenetz eine Zufahrt hatten, die den Einsatz großer und teurer Maschinen erleichterte. Die Gemeinden sparten erhebliche Mittel für den Ausbau und die Unterhaltung des Wirtschaftswegenetzes ein. In vielen Verfahren waren nach Abschluß zwischen 20–50 ha »Massenland« übrig, das aus dem Verzicht von Landbesitzern auf eine Landabfindung zugunsten einer Geldabfindung stammte. Die Teilnehmergemeinschaft erwarb dieses Land, und einzelne Teilnehmer konnten es überwiegend zur Landaufstockung kaufen. Schließlich kam der hohe Förderungszuschuß von 80% der Flurbereinigungskosten (= Ausbaukosten) allen Landbesitzern zugute.

Flurbereinigung wird – wenn auch mit etwas geänderter Zielsetzung unter Beachtung von Ökologie und Landschaftspflege – im Kreisgebiet weiter notwendig sein, um Nachteile der Agrarstruktur auszugleichen. Wo in den frühen Verfahren Grundstücke in den Längen noch für Kuh- und Pferdegespanne ausgelegt wurden, ist oft eine zweite Bereinigung durch ein »Beschleunigtes Zusammenlegungs-Verfahren« (BZV) fällig. Dabei können 3 von 4 bisherigen Wegen entfallen, um die Grundstücksgrößen heutigen Schleppern und Erntemaschinen anzupassen. Der Einwand, die Bewirtschaftungsflächen seien durch Zupacht von verschiedenen Verpächtern und durch Nutzungsaustausch doch groß genug, ist ein Trugschluß. Möchte nämlich nur ein Verpächter seine kleinen Grundstücke, die oft mitten oder verteilt in der Bewirtschaftungseinheit liegen, verkaufen, droht die einheitliche Wirtschaftsfläche verloren zu gehen. In der Regel sind dann auch keine Grenzsteine mehr vorhanden, und eine teurere Neuvermarkung zur Wiederherstellung der Grundstücksgrenzen wird fällig, es sei denn der bewirtschaftende Pächter ist in der Lage, die Grundstücke selbst zu erwerben.

Durch die *Aussiedlung* entwicklungsfähiger landwirtschaftlicher Betriebe aus der Enge der Haufendörfer mit unzureichender Größe der Hofreite und damit keiner baulichen Entwicklungsmöglichkeit wurde die Struktur weiter verbessert. Dabei profitieren auch die Ortskerne durch den Gewinn von Bau- und Verkehrsflächen sowie den Wegfall von Geruchs- und Geräuschbelästigungen durch größere Tierbestände und landwirtschaftliche Maschinen inmitten der Siedlungen. Die meisten Aussiedlungsverfahren wurden zwischen 1960 und 1975 durchgeführt, einzelne Verfahren laufen aber noch bis heute. Im Bezirk des Landwirtschaftsamtes Buchen bestehen 190 Aussiedlerbetriebe mit durchschnittlich 32 ha LN. Nur 56 davon werden heute noch hauptberuflich bewirtschaftet. Die gesamte Wirtschaftsfläche der Aussiedlerhöfe erreicht nahezu 6000 ha LN. Im Amtsbezirk Mosbach gibt es 118 Aussiedlungen; von ihnen liegen 94 in der Feldmark und 24 am Ortsrand. Die Aussiedlerbetriebe bewirtschaften im Mittel 35 ha LN, insgesamt rd 4200 ha LN. Hauptberuflich werden noch 94 mit durchschnittlich 45 ha LN geführt. 16 Betriebe stockten ab zum Nebenerwerb mit durchschnittlich 15 ha LN, 8 Betriebe haben aufgegeben. Von den Gemeinden alter Art hat Merchingen (Beispielsdorfsanierung) mit 21 Siedlerstellen die höchste Zahl, gefolgt von Buchen (20), Osterburken (18), Unterschefflenz (11) und Mittelschefflenz (10).

Für viele bäuerliche Familien bot die Aussiedlung die einzige Chance zur Verbesserung der eigenen Wohnverhältnisse. Fast arrondierte Wirtschaftsflächen und oft

2. Landwirtschaft

schon für spezialisierte Tierhaltung erstellte zweckmäßige Wirtschaftsgebäude brachten große Arbeitserleichterungen, so daß die gesamten Lebensverhältnisse spürbar verbessert wurden. Dieser Effekt allein rechtfertigt im Nachhinein die große Zahl von 308 Aussiedlungen im Kreis, auch wenn davon wieder einige Betriebe aufgegeben haben.

Durch die zuvor geschilderten Maßnahmen haben sich natürlich die *Betriebsstruktur* und die Betriebsverhältnisse in den letzten 40 Jahren – im Realteilungsgebiet besonders stark – verändert.

Tabelle 10: **Veränderungen der Agrarstruktur in 92 Jahren**

Jahr			Betr.		Betriebe d. Ldw. in LN					
	ha LN	%	insges.	%	bis 20 ha	%	20–<30 ha	%	>30 ha	%
1895	57213 =	100	13631 =	100	13405 =	100	210 =	100	16 =	100
1930	62036 =	108	13846 =	102	13714 =	102	104 =	50	28 =	175
1949	61652 =	107	10396 =	76	10205 =	76	162 =	77	29 =	181
1970	50519 =	88	4879 =	36	4786 =	36	523 =	249	170 =	1063
1987	47618 =	83	3358 =	25	2547 =	19	342 =	163	469 =	2931

Zuvor jedoch in Tab. 10 einige Daten zur Entwicklung der Landwirtschaft im Kreisgebiet seit 1895, bezogen auf die heutigen 27 Kreisgemeinden nach der Verwaltungsreform. Sie beruhen auf Zahlen, die in der Abt. Landesbeschreibung im Generallandesarchiv Karlsruhe gesammelt wurden. Die 1987 betreffenden Zahlen wurden aus Unterlagen des Landes-Informations-Systems im Statistischen Landesamtes Baden-Württemberg errechnet.

Diese statistische Kreisübersicht verdeutlicht, daß die LN von 1895 bis 1930 noch um 4823 ha zugenommen hat. Sie lag auch noch 1949 um 4439 ha über der LN von 1895. Von 1949 bis 1987 hat sie dagegen um 14034 ha abgenommen. Dieser Rückgang der LN entspräche 467 Betrieben mit einer jeweiligen Landausstattung von ca. 30 ha und damit fast genau der Zahl an Betrieben, die 1987 mit je 30 ha LN vorhanden waren. Die Stadt Buchen hatte dabei mit einem Rückgang der LN um 2094 ha von 1930 bis 1987 den höchsten Verlust. Die nur in der Statistik von 1930 erfaßten Betriebe mit über 50 ha LN entsprechen genau den im Landkreis vorhandenen 16 Hofgütern oder Gutsbetrieben.

Auffallend ist, daß der zahlenmäßige Rückgang der landwirtschaftlichen Betriebe von 1895–1987 im Realteilungsgebiet ungleich größer ist als im Anerbengebiet und daß z.T. weniger als 10 % der Betriebe von 1895 noch vorhanden sind, z.B. in Neckarzimmern 5 %, Schwarzach 7,7 % und in Haßmersheim 8,4 %. Dagegen haben Limbach mit 45,4 % und Mudau mit 38,7 % noch einen großen Bestand an Betrieben.

Weniger Strukturwandlungen haben sich auch in den 26 Weilern des Kreisgebietes abgespielt, wo schon früher Betriebsgrößen um 25 ha vorherrschten. Dafür hat sich durch die Aufgabe vieler kleinerer Betriebe im Realteilungsgebiet ein wesentlich stärkeres Wachstum von Betrieben ergeben, so daß mit Beginn der 1960er Jahre eine Reihe bäuerlicher Betriebe von 25–30 ha auf über 100 ha aufgestockt und z.T. Gutsbetriebe überholt haben. Das Verhältnis Eigentum zu Pacht liegt in diesen Betrieben bei etwa 1 : 3-4, weil gerade in aufgegebenen Betrieben kaum Land verkauft, sondern nur – und zunehmend langfristig – verpachtet wird. Als typisches Beispiel sei Schlierstadt angeführt: Vor dem Flurbereinigungs- und Siedlungsverfahren (1972) gab es dort (außer in Seligental) keinen Betrieb über 20 ha LN. Heute bewirtschaften

3 Betriebe jeweils über 100 ha LN. Die Erhebung von 1987 hat noch ein sehr beeindruckendes Ergebnis gebracht: Von der Gesamtzahl von 3358 Betrieben bewirtschaften 469 über 30 ha LN = 14 %, insgesamt 24450 ha LN. Das sind 51 % der gesamten LN von 47618 ha. Die durchschnittliche Größe der 469 Betriebe liegt demnach bei 52 ha LN. Der größte Einzelbetrieb im Kreis bewirtschaftet z.Zt. etwas über 280 ha LN.

Mit der Flächenaufstockung der Betriebe erfolgte eine weitgehende Spezialisierung in der Tierhaltung und – dadurch bedingt – auch im Anbau (Futterbedarf). Seit 1949 hat sich demnach die Agrarstruktur in einem Ausmaß gewandelt wie nicht in Jahrhunderten zuvor. Die Landwirtschaft bemühte sich mit hohen Investitionen um Anpassung an veränderte wirtschaftliche Rahmenbedingungen durch Rationalisierung und erreichte damit eine Produktivitätssteigerung, die alle Vorurteile, die Landwirtschaft sei rückständig, Lügen straft. Auf dem EG-Agrarmarkt, dem bisher einzigen verwirklichten »gemeinsamen Markt«, überstieg dadurch die Agrarproduktion den Bedarf und führte in einzelnen Sektoren zu Überschüssen. Daraus resultierende empfindliche Rückgänge der Erzeugerpreise bei Getreide, Rind- und Schweinefleisch ließen die Einkommen der Landwirte seit 1975 stagnieren bzw. fallen. Es gab zuletzt für das Wirtschaftsjahr 1987/88 nach dem Agrarbericht für die westdeutschen Landwirte mit durchschnittlich 24015 DM pro Familienarbeitskraft wieder einen Rückgang des Einkommens um durchschnittlich 10,5 % gegenüber dem Vorjahr. Die Leistungen in der Landwirtschaft werden nicht ausreichend honoriert, und die Alternative »Wachsen« oder »Weichen« scheint für die bäuerlichen Betriebe unausweichlich zu bleiben.

Besonderheiten der Landwirtschaft im Kreisgebiet. – Der Neckar-Odenwald-Kreis und die Stadt Mosbach haben eine zentrale Bedeutung und Funktion für die Landwirtschaft in Nordbaden. Im Herbst 1988 fand bereits der 343. Zuchtviehmarkt, gekoppelt mit Zuchtschweineversteigerung, statt. Neben dem Fleckviehzuchtverband hat auch der Verband der Schwarz- und Rotbuntzüchter seit einigen Jahren regelmäßige Markttage in Mosbach. Zusätzlich finden Kälber- und Fresserversteigerungen statt.

Seit 1982 ist Mosbach-Neckarelz Sitz der *Bauernschule Nordbaden* (ehem. Gamburg), die als ländliche Heimvolkshochschule mit breiter Trägerschaft ein großes Bildungsspektrum vermittelt. Seit 1902 besteht in Mosbach eine *Landwirtschaftliche Winterschule*, die bis heute als eine der drei *Kreislandwirtschaftsschulen-Fachschulen für Landwirtschaft* – ehemals waren es 19 – in Nordbaden mit größerem Einzugsgebiet geführt wird. An allen 19 Landwirtschaftsschulen Nordbadens gab es bis Mitte der 1960er Jahre auch eine hauswirtschaftliche Abteilung (»Mädchenklassen«), heute wird nur noch in Karlsruhe-Augustenberg für den gesamten Regierungsbezirk eine Klasse geführt. Entsprechend der Bedeutung der Landwirtschaft war das Netz landwirtschaftlicher Fachschulen im Kreis nach dem 2. Weltkrieg besonders dicht. Die heutigen Kreisgemeinden gehörten zu den Bezirken der Kreislandwirtschaftsschulen Adelsheim (1950–1975), Boxberg (1921–1970), Buchen (1867–1875, 1920–1980), Eberbach (1935–1966) und Krautheim (1949–1967), von denen drei ihre Standorte im ehemaligen Lkr. Buchen hatten. Bei den beiden Landwirtschaftsämtern Buchen und Mosbach bestehen zwei Vereine landwirtschaftlicher Fachschulabsolventen (früher »ehemaliger Landwirtschaftsschüler«) mit zusammen rd 1600 Mitgliedern als altbewährte Organisationen zur berufsbezogenen Erwachsenenfortbildung.

Die Geschäftsführung des Landesbezirksverbandes Karlsruhe der landwirtschaftlichen Fachschulabsolventen befand sich in den 36 Jahren seines Bestehens (1952–1988)

2. Landwirtschaft

23 Jahre im Kreisgebiet (Adelsheim und Mosbach); von seinen drei Vorsitzenden waren zwei im Kreis beheimatet. Das dreitägige Seminar für Führungskräfte der Fachschulabsolventen fand seit 1952 in Hettigenbeuern, Waldkatzenbach oder Neunkirchen statt. Seit 1982 wurde dieses Seminar auf Bundesebene ausgeschrieben und brachte dadurch viele Teilnehmer aus allen Bundesländern in den Neckar-Odenwald-Kreis.

Der Kreisbauernverband, 4 Landfrauenvereine, 2 Maschinenringe und 2 Landjugendgruppen sind weitere berufsständische Zusammenschlüsse im Kreis, daneben gibt es örtliche kirchliche Vereine. Nahezu alle landwirtschaftlichen Verbände im Regierungsbezirk halten ihre Generalversammlungen im Kreisgebiet ab: Tierzuchtverbände, Milcherzeugergenossenschaft Nordbaden-Mannheim, Erzeuger-Gemeinschaften für Qualitätsferkel, Schlachtvieh, Saatgut, Qualitätsgetreide und Futtersämereien sowie die Hagelversicherung.

Mit der *Siedlung Bergfeld* wurde bereits 1934 das erste große Aussiedlungsverfahren in Baden für 26 Betriebe aus Mosbach abgewickelt; vorgesehen waren dazu 24 Bauern- und 2 Handwerksbetriebe, und 36 Bewerber hatten sich gemeldet. Ihre Landausstattung war mit 10–13 ha in höchstens 3 Parzellen zu je 3–4 ha geplant. Der damals als »sehr zweckmäßig« beschriebene Stall bot Platz für 8 Stück Großvieh, 3 Stück Jungvieh, 2 Pferde und mehrere Schweine.

Bei der 50 Jahrfeier für die Bergfeld-Siedlung bestanden 1984 von den damals 24 »Erbhöfen« noch 18; nur 6 wurden noch im Hauptberuf bewirtschaftet. Zwei Jahre nach dem 50jährigen Jubiläum, am 4.11.1986, erhielt ein Landwirt des Bergfeldes in Stadtlohn/ Westf.-Lippe den 1. Bundespreis beim Bundeswettbewerb »Mastschweinehaltung – tier- und umweltgerecht« des Kuratoriums für Technik und Bauwesen in der Landwirtschaft (KTBL), und das gegen insgesamt 60 Konkurrenten, darunter norddeutsche und 10 aus Baden-Württemberg. Ein 2. Preis ging nach Bödigheim, und der Neckar-Odenwald-Kreis errang somit 2 von 8 Bundespreisen. Zum Zeitpunkt des Wettbewerbes bewirtschaftete der Bergfeld-Betrieb 67 ha (nur Ackerland), davon waren 13 ha Eigentum (wie 1934) und 54 ha Pachtland. Seine Ställe bieten – als Ergebnis einer 50jährigen Entwicklung – Platz für 70 Zuchtsauen, 150 Ferkel, 60 Jungsauen und 575 Mastschweine. Beim alle 2 Jahre stattfindenden Wettbewerb »Leistungspflügen« erreichten seit 1956 9 Landwirte aus dem Kreis – z.T. mehrmals – den Bundesentscheid, einige nahmen als Bundessieger am Weltwett-Pflügen im Ausland teil. Auch 1988 wurde ein junger Landwirtschaftsmeister aus Bödigheim Bundessieger und hat sich für die kommenden Weltentscheide – 1989 in Norwegen und 1990 in den Niederlanden – qualifiziert. Bei den in Baden-Württemberg durchgeführten *Beispielsdorfsanierungen* dürfte Merchingen wohl die erfolgreichste Gemeinde gewesen sein, die zahlreiche Besuchergruppen aus dem In- und Ausland, darunter auch aus Japan, zu Dorfbesichtigungen angezogen hat.

Für die Aufgeschlossenheit der hiesigen bäuerlichen Familien spricht auch, daß von 1966–1973 im Raum Adelsheim/Osterburken landwirtschaftliche Lehrbetriebe 25 deutsch-brasilianische Praktikanten und 5 Stipendiaten für jeweils 28 Monate in ihre Familien aufgenommen haben und ein umfangreiches Ausbildungsprogramm mittrugen. Damit wurden ⅔ aller Praktikanten dieses Programmes, das in 3 Gruppen in Baden-Württemberg lief, im Landkreis ausgebildet. Eine Besuchergruppe der Bauernschule Nordbaden konnte sich nach rd 20 Jahren in Brasilien an Ort und Stelle vom großen Erfolg dieser Entwicklungshilfe überzeugen (1988).

Im Rahmen des Deutsch-französischen Jugendwerkes bestanden seit 1965 partnerschaftliche Beziehungen zu den Lycées Agricoles in Rennes, Dijon-Quetigny und St. Pouange bei Troyes. Mehrere Gruppen von bis zu 55 Schülerinnen und Schülern waren 1 Woche, solche mit Deutschunterricht 5–7 Wochen in Bauernfamilien des

Landkreises untergebracht. Mit einwöchigen Gegenbesuchen, die alle 2 Jahre in Gruppen bis zu 45 Teilnehmern durchgeführt wurden, lernten unsere Landwirtschaftsschüler die Landwirtschaft und die Agrarprobleme Frankreichs kennen.

Eine Besonderheit ist auch das »*Kurgestüt Hoher Odenwald*«, ein Stutenmilchbetrieb, der bis vor wenigen Jahren einmalig in Westeuropa war. Aus dem Raum Lahr kam der Betrieb nach Mülben und wurde dort als Grünland-Auffangbetrieb gefördert. Produziert wird Stutenmilch zu Heilkuren, »Kumys« als vergorene Stutenmilch nach russischen Rezepten, neuerdings auch Kosmetika aus Stutenmilch. Der Betrieb bewirtschaftete 1988 75 ha Grünland und hielt eine Haflingerherde, die auf 125 Tiere anwuchs, darunter 60 Melkstuten.

Eine Spezialität der landwirtschaftlichen Produktion im Kreis ist der *Bauländer Grünkern*, der im vorigen Jahrhundert während einer Hungersnot durch Trocknen von unreifem Dinkel (Spelz) entdeckt wurde. Der Dinkel wird heute in der beginnenden Teigreife geerntet und bei 120–180° C »gedarrt«, anschließend »gegerbt«, d. h. von den Spreuschalen befreit. Er wird als ganzer Grünkern, Schrot, Grieß, Flocken oder Mehl vermarktet. Der Markt für Grünkern mit derzeit etwa 400 t/Jahr ist noch ausbaufähig. Als weitere Besonderheit bestehen im Kreis noch je eine *Erzeugergemeinschaft für Körnerleguminosen* und *Faserlein*. Letztere ist ein Pilotprojekt für das Land Baden-Württemberg mit entsprechender technischer Ausstattung.

In der *Förderung der Dorfsanierung* liegt der Neckar-Odenwald-Kreis von Anfang an nach der Höhe der ausbezahlten Fördermittel unter den ersten 5 Landkreisen Baden-Württembergs. Damit wurde viel für die Verbesserung der Lebensverhältnisse im ländlichen Raum des Neckar-Odenwald-Kreises erreicht. Allein von der zuständigen Bearbeitungsstelle des Landwirtschaftsamtes Mosbach wurden vom 1.1.1977 bis 31.12.1986 rd 11,6 Mio DM Fördermittel bewilligt. Davon gingen 7,5 Mio DM an Gemeinden und 3,8 Mio DM an natürliche Personen.

Seit das Berufsbildungsgesetz von 1956 auch die Möglichkeit einer *Meisterausbildung* in der Landwirtschaft bietet, haben im Kreis 332 Landwirtschaftsmeister und 95 Meisterinnen der ländlichen Hauswirtschaft ihre berufliche Qualifizierung durch erfolgreich abgelegte Prüfungen nachgewiesen und Ausbildereignungen erworben.

Trotz hoher beruflicher Qualifikation und des dargelegten Strukturwandels in der Landwirtschaft mußten in den letzten Jahren durch den Verfall der Erzeugerpreise im gemeinsamen EG-Agrarmarkt viele Betriebsleiter ihre selbständige Tätigkeit als mittelständische landwirtschaftliche Unternehmer aufgeben. Das erzielbare landwirtschaftliche Einkommen konnte die Existenz der bäuerlichen Familie nicht mehr sichern. Sie mußten als abhängige Arbeitnehmer ihren Haupterwerb – oft zunächst als Hilfsarbeiter – im Handwerk, in der Industrie oder bei Kommunen suchen.

Es bleibt zu hoffen, daß diese für ein ländliches Kreisgebiet gesellschaftspolitisch, menschlich und sozial ungute Entwicklung bald ihr Ende findet. Die UN-Kommission für Ernährung und Landwirtschaft (FAO) in Rom hat dargelegt, daß die Vorräte an Grundnahrungsmitteln in der Welt gefährlich geschrumpft sind und daß die Vorräte bei Getreide, Pflanzen-Ölen, Milcherzeugnissen und Zucker knapp werden. Die weltweite Nahrungsmittelproduktion war 1988 zum 2. Mal kleiner als der Verbrauch. Das wird sich durch die stark wachsende Weltbevölkerung in den nächsten Jahren kaum mehr ändern und läßt über die europäische Dimension hinaus eine Erholung der Weltagrarpreise erwarten. Die ersten Anzeichen zeigen sich bereits beim Milchpreis. Dies läßt hoffen, daß im Neckar-Odenwald-Kreis tragfähige bäuerliche Betriebe auch als wichtige Kunden für andere Wirtschaftsbereiche und Rohstofflieferanten für Verarbeitungsbetriebe erhalten bleiben und damit die Pflege unserer Landschaft sichern.

3. Wald und Forstwirtschaft

Natürliche Voraussetzungen, Waldanteil und Baumarten. – Der Neckar-Odenwald-Kreis führt in seinem Namen den Begriff »Wald« als Teil einer Landschaftsbezeichnung, und der Waldanteil im Kreis ist mit rd ⅖ der Gesamtfläche auch wesentlich höher als im Durchschnitt der Bundesrepublik und höher als im Land Baden-Württemberg. Trotzdem kann der Landkreis nicht pauschal als Waldlandschaft bezeichnet werden. Der Wald ist so vielfältig wie die Landschaftsteile Odenwald, Bauland, Kraichgau und Kleiner Odenwald. Und der Wald ist Spiegelbild der politischen und wirtschaftlichen Entwicklung des Raumes und seiner einzelnen Gemeinden.

Wo sich günstige Voraussetzungen für die Landwirtschaft boten, dort wurden schon vor Jahrhunderten weite Waldflächen gerodet, so im Bauland und Kraichgau mit Böden aus Muschelkalk und Lößlehm. Im Buntsandsteinodenwald finden wir größere zusammenhängende Waldflächen. Der Waldanteil an den Gemarkungsflächen schwankt deshalb von rd 20 bis knapp 80 %. Wem gehört der Wald? Wer sind die Waldbesitzer im Neckar-Odenwald-Kreis? Die nachstehende Übersicht mag überraschen, aber die Waldbesitzverhältnisse sind regional sehr unterschiedlich.

Tabelle 1: **Waldbesitz im Neckar-Odenwald-Kreis**

Staatswald	3 452 ha	7 %
Gemeindewald	22 345 ha	48 %
Kirchenwald	2 721 ha	6 %
Gemeinschaftswald	748 ha	2 %
Privatwald bis 200 ha Größe	9 002 ha	19 %
Privatwald über 200 ha Größe	8 065 ha	18 %
Waldbesitz insgesamt	46 333 ha	100 %

Regionale Besonderheiten liegen darin, daß es über 9000 Privatwaldbesitzer gibt, daß die Kirchen aus der historischen Entwicklung heraus im Odenwald einen konzentrierten Waldbesitz von über 2700 ha haben und der Staatswaldanteil nur 7 % der Waldfläche beträgt (vgl. Tab. 1).

Die heutige durchschnittliche Baumartenverteilung im Kreis mit 65 % Flächenanteilen für Nadelbäume und 35 % für Laubbäume gibt nur ein sehr verallgemeinertes Bild. Bei gemarkungsweiser Betrachtung zeigt sich für die 120 Altgemarkungen ein vielfältiges Mosaik. Die letzte gemarkungsweise Erhebung der Baumartenverteilung von 1965 ist in vereinfachter Kartendarstellung beigefügt. Da gibt es Gemarkungen im Kraichgauteil wie Hüffenhardt und Kälbertshausen mit über 85 % Laubbaumanteilen; aber nur 20–25 km entfernt auf der Odenwaldhochfläche beträgt auf einigen Gemarkungen der Flächenanteil der Laubbaumarten weniger als 15 % (Gkgen Mülben, Scheidental, Einbach und Rumpfen). Natürliche Standortfaktoren und wirtschaftliche Entwicklung des Gebietes in den letzten 150 Jahren mit all den Wechselbeziehungen zwischen Bevölkerungswachstum, Landwirtschaft und Gewerbe hatten ebenso Einfluß auf die Forstwirtschaft und haben damit den Wald und auch das Bild der Landschaft mitgeprägt.

Solche Entwicklungen und Einflüsse auf den Wald reichen über den begrenzten Raum eines Landkreises hinaus. Wenn deshalb tabellarisch einige Strukturdaten des Waldes für den Neckar-Odenwald-Kreis, Baden-Württemberg, Bundesrepublik

Tabelle 2: **Strukturdaten des Waldes im Vergleich**

	Neckar-Odenwald-Kreis	Baden-Württemberg	Bundesrepublik Deutschland	Frankreich
Waldfläche i. g. 1000 ha	46,3	1362	7400	14600
Waldflächenanteil %	41	39	29	26
Waldfläche je Kopf ha	0,36	0,15	0,12	0,28
Verteilung des Waldbesitzes in % auf				
Staat	7	24	30	14
Gemeinden und sonstige Körperschaften	48	39	24	22
Private	45	37	46	64
Verteilung der Baumarten in %				
Eiche	8	5	8	34
Buche und sonstige Laubbaumarten	27	26	23	37
Fichte, Tanne, Douglasie	42	59	42	10
Kiefer, Lärche und sonstige Nadelbaumarten	23	10	27	19

Deutschland und unser Nachbarland Frankreich verglichen werden, dann soll damit angedeutet werden, wie stark der Mensch als Nutzer der Natur im Verlauf der Jahrhunderte auf Waldanteil, Waldbesitzart und im Rahmen der klimatischen Möglichkeiten auf die Baumartenzusammensetzung eingewirkt hat (vgl. Tab. 2).

Geschichtliche Entwicklung unseres Waldes. – Wie historische Quellen und auch Hinweise im Gelände aufzeigen, hat der Wald im Laufe der Jahrhunderte viele Veränderungen erfahren. Rodungsperioden und Zeiten mit Ausbreitung des Waldes haben gewechselt, große und kleine Waldkomplexe sind an andere Eigentümer übergegangen, Baumarten, die hier nicht heimisch waren, wurden aus verschiedenen Gründen angepflanzt oder ausgesät. Es gibt im Neckar-Odenwald-Kreis keine Waldfläche, die nicht schon seit langer Zeit vom Menschen genutzt wurde. Vorgeschichtliche Grabhügelgruppen im Wald lassen ebenso wie die Überreste aus der Römerzeit (Limes-Wachttürme und Kastelle) darauf schließen, daß in jenen Zeiten dort waldfreies Gelände war. Wenn wir in den bewaldeten Hängen des Reisenbacher Grundes Mauerreste vorfinden, dann erinnert dies daran, daß hier von 1720–1850 die Ortschaft Ferdinandsdorf stand. Alte Ackerterrassen und Weinbergmauern in den Wäldern des Baulandteiles zeigen wie die jüngeren Aufforstungen von Wiesentälern, daß das Aussehen des Waldes und zeitbedingte wirtschaftliche Vorstellungen der Menschen eng verzahnt sind.

Alte Waldgrenzsteine führen die Wappen früherer Besitzer – wie z. B. der Kurpfalz – und mancher Wald hat im Laufe eines Baumalters mehrfach den Besitzer gewechselt. Erbteilung über mehrere Generationen hinweg hat bäuerlichen Waldbesitz in kleine und schmale Parzellen zersplittert, so daß die flächige Waldwirtschaft außerordentlich erschwert ist. Auch diese Besitzentwicklung prägt in manchen Gemarkungen das Wald- und Landschaftsbild.

Als Beispiele für eine starke Besitzzersplitterung im Privatwald werden zwei Altgemarkungen der Gde Elztal angeführt:

3. Wald und Forstwirtschaft 291

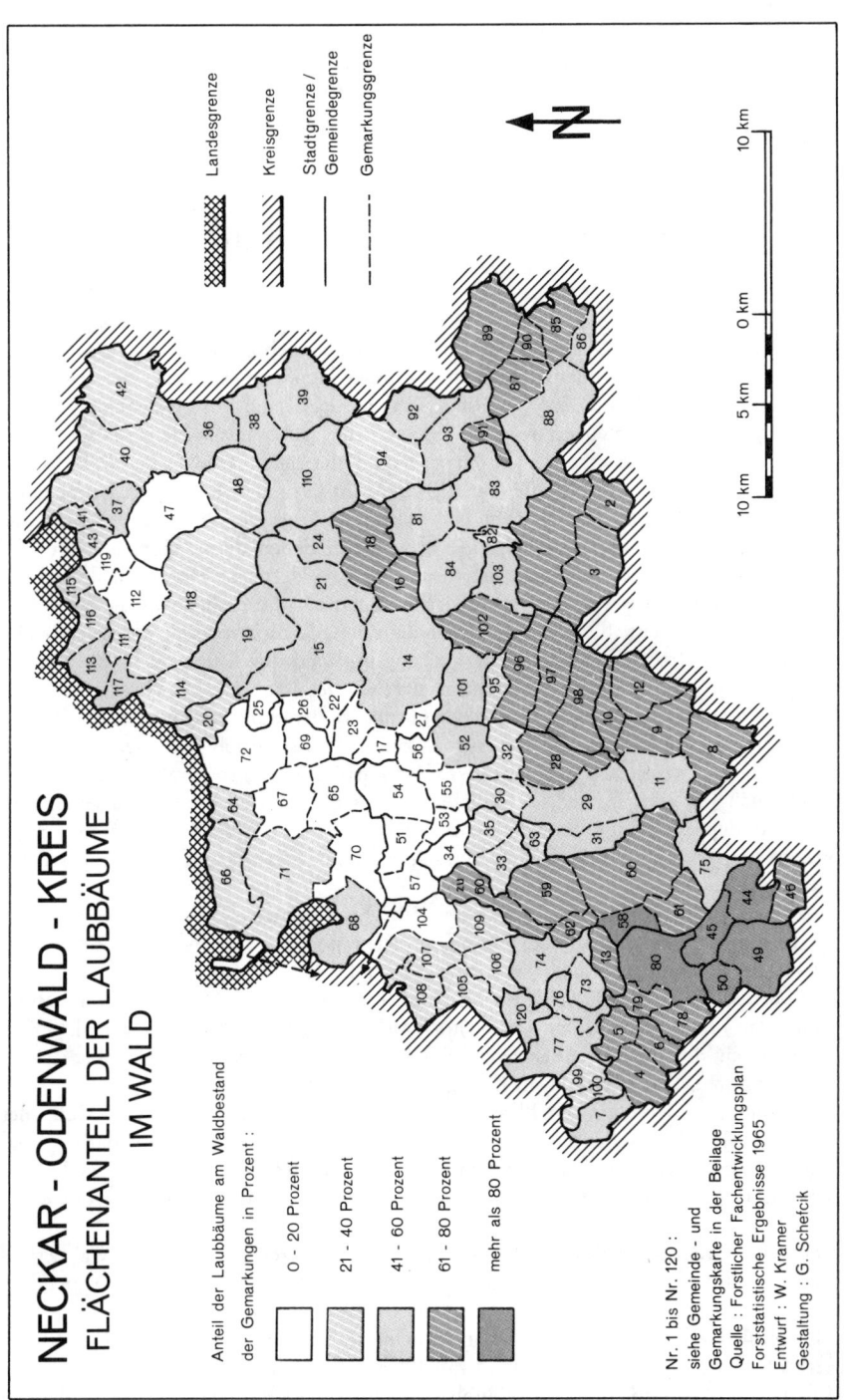

Tabelle 3: **Strukturdaten im Kleinprivatwald (Stand 1989)**

	Auerbach	Rittersbach
Kleinprivatwald	34,20 ha	84,00 ha
Zahl der Waldflurstücke	246	297
durchschnittliche Größe	0,14 ha	0,28 ha
Zahl der Waldbesitzer	158	113
durchschnittliche Besitzgröße	0,22 ha	0,74 ha
Zahl der Waldflurstücke unter 0,2 ha	203	164

Quelle: (Privatwaldaufnahme im Forstbezirk Mosbach mit Stand 1989)

Neben den vielen aufgeteilten Privatwaldungen haben sich auch sog. »Gemeinschaftswaldungen« erhalten, bei denen die Miteigentümer mit einem ideellen Bruchteilseigentum am gesamten Besitz im Grundbuch eingetragen sind. Im Falle einer nahezu 200jährigen Erbengemeinschaft mit inzwischen genossenschaftlichem Charakter beträgt das kleinste Bruchteilseigentum ¹⁄₂₄₀ von 37 ha gemeinschaftlicher Waldfläche.

Vor dem Eingreifen des Menschen trug der Wald in diesem Raum nur Laubbäume. Die Buche dominierte; dazu kamen Eiche, Birke, Vogelbeere, Hainbuche, Aspe und andere Laubbäume. Wirtschaftliche Gesichtspunkte haben dieses ursprüngliche Bild stark verändert. Die Eiche wurde zeitweise sehr gefördert. Sie war als Bauholz beim Fachwerk wichtig, sie war ein »fruchtbarer Baum«, der die Eicheln für die Schweinemast lieferte, und schließlich war die Rinde der jüngeren Eichen von den Gerbereien im Neckartal gesucht. Perioden der Übernutzung im Wald durch übermäßigen Holzeinschlag, durch Waldweide, durch Zusammenrechen des Laubes als Einstreumaterial im Stall haben weite Waldflächen an Holzvorrat und Bodenkraft verarmen lassen. Zeitgenössische Beschreibungen bei der Abschätzung der Ertragsfähigkeit der Waldungen belegen dies. So nennt Kling im Jahre 1787 den kurfürstlichen Kameralwald der Kellerei Schwarzach »als zum Weinen schändlich alt und neu durchfrevelt«. Und Jäger schreibt 1843 über den östlichen Odenwald: »Ausgedehnte Strecken Waldboden waren nur mit Birken- und Forlenbüschen (Kiefer) bewachsen, die das traurigste Bild von Forstdevastation darbieten.«

Auch im südlichen Odenwald war vor 150 Jahren in vielen Waldungen nur etwa ¼ der Holzmasse vorhanden, die wir heute sehen und als Produktionsgrundlage für notwendig erachten. Deshalb wurde in der 1. H. 19. Jh. auf großen verwüsteten Waldflächen die sog. »Odenwälder Mischsaat« aus Kiefer, Fichte und Lärche ausgebracht. Sie bildet vielfach den Grundstock für den heutigen Nadelholzanteil. Später kamen noch die nordamerikanischen Baumarten Douglasie, Weymouthskiefer und Roteiche hinzu. Das Waldbild im Kreisgebiet ist bunter geworden.

Vor diesem geschichtlichen Hintergrund muß die regionale Waldentwicklung der letzten 200 Jahren gesehen und zugleich gewürdigt werden. Durch Aufbauarbeit über Generationen hinweg stehen heute in den Wäldern des Neckar-Odenwald-Kreises mehr als 12 Mio Festmeter (Fm) Holz als Produktionskapital und als Holzvorrat.

Heutige Bedeutung des Waldes. – Auf 40 % der Kreisfläche wächst Wald, wird Holz »produziert«, werden stillschweigend viele Leistungen für die Allgemeinheit erbracht.

Im Neckar-Odenwald-Kreis werden jährlich etwa 250 000–270 000 Fm (= cbm) Holz geerntet. Der Begriff »geerntet« wird mit Recht gebraucht, da mindestens ebensoviel Holz nachwächst und somit kein Raubbau geschieht. Diese Menge entspricht rd 2 Fm

3. Wald und Forstwirtschaft

Holzeinschlag je Einwohner, während es in Baden-Württemberg nur 0,8 Fm je Einwohner sind und in der Bundesrepublik nur 0,4 Fm. Ein vielfältiger Holzmarkt führt Jahr für Jahr Waldbesitzer und Holzkäufer zusammen. Nadelhölzer (Fichte, Tanne, Douglasie, Kiefer und Lärche) überwiegen, Laubhölzer (Buche, Eiche, Ahorn, Kirschbaum und andere) sind für vielerlei Verwendungszwecke gesucht. Die Sortimentspalette reicht vom Holz für den gesamten Baubereich über die schwächeren Stämme als Rohstoffe für Papier, Zellstoff und Spanplattenproduktion bis zu teuer bezahlten Hölzern für Möbelbau und Innenraumgestaltung vom Fußboden bis zur Deckenvertäfelung. Hochwertige Eichen und Kirschbäume erreichen Spitzenpreise bis über 3000 DM je Fm. Im ländlich geprägten Raum spielt auch das Brennholz noch eine Rolle, und in vielen Gemeinden gibt es noch verbilligtes Brennholz, sog. »Bürgergabholz« als Rest der früheren Bürgernutzen. Der Wald im Neckar-Odenwald-Kreis ist zugleich Arbeitsplatz. Die Arbeiten, die Jahr für Jahr im Wald verrichtet werden, entsprechen rd 400 Vollarbeitsplätzen. Bei dem hohen Anteil an Bauernwald mit Familienarbeit handelt es sich natürlich nicht um 400 tatsächliche Arbeitsplätze am Arbeitsmarkt. Fast die Hälfte des Waldes im Kreis gehört den Gemeinden. Während in früheren Jahren die Einnahmen aus dem Holzverkauf in vielen Gemeinden eine wesentliche Geldquelle waren, sind Betriebsüberschüsse aus dem Gemeindewald heute nicht mehr tragende Stützen eines Gemeindehaushaltes. Dabei dürfen aber einige stillschweigende Dienstleistungen aus den Schutzwirkungen des Waldes nicht vergessen werden, auch wenn diese zur Zeit noch nicht in Geld bewertet werden. Dazu wenige Beispiele: Reines Wasser ist ein kostbares Gut; zahlreiche Entnahmestellen für die Trinkwasserversorgung liegen in Waldgebieten. Im Forstbezirk Mosbach sind über ⅔ der Waldfläche als Wasserschutzgebiete ausgewiesen. Die Waldbäume mit ihrem Wurzelwerk schützen den Boden vor Erosion. Viele steile Hanglagen im Neckartal und in den Seitentälern tragen Wald als natürliche und schützende Vegetationsdecke. Der Wald ist am lokalen und regionalen Luftaustausch und damit am Klima mitbeteiligt, er ist in die Sauerstoffproduktion einbezogen und wirkt zugleich als Filter für Staub und Luftschadstoffe. Der Wald ist Heimstatt wildlebender Tiere, Standort und Wuchsraum vieler auch geschützter und seltener Pflanzen. Diese allgemeinen Aussagen gelten in unserem Raum sowohl für die geschlossenen Wälder im Odenwald als auch für die lockere Bewaldung im Bauland und Kraichgau mit vielen Straucharten.

Der Odenwald ist zugleich Erholungsgebiet. Alle Waldbesitzarten, auch der Privatwald, haben Erholungsfunktion und dienen damit allen Waldbesuchern, die an Wochenenden auch aus den Bereichen Heidelberg, Mannheim, Frankfurt und Heilbronn kommen. Die geschilderten Aufgaben und Funktionen des Waldes haben unterschiedliche örtliche Bedeutung. Gerade im Neckar-Odenwald-Kreis darf aber betont werden, daß der Wald mit 41 % Flächenanteil die Großfläche ist, auf welcher das Holz als Rohstoff stetig nachwächst. Die Bundesrepublik Deutschland kann ihren gegenwärtigen Holzbedarf nur etwa zur Hälfte aus eigener Produktion decken und auch die Europäische Gemeinschaft ist auf Holzeinfuhren angewiesen. Im Odenwald haben die Wälder die Aufgabe, auch überregional und langfristig den Holzbedarf sicherzustellen.

Innerhalb des Landkreises sind 8 staatliche Forstämter tätig: die Forstämter Adelsheim, Buchen, Hardheim, Mosbach und Walldürn liegen mit ihrem Dienstbereich ganz im Kreisgebiet, die Forstämter Eberbach, Schwarzach und Sinsheim betreuen noch Waldflächen im angrenzenden Rhein-Neckar-Kreis. Die staatlichen Forstämter bewirtschaften den Staatswald und haben im Gemeinde- und sonstigen Körperschaftswald die technische Betriebsleitung. Auf Wunsch werden die privaten Waldbesitzer bei Betriebsarbeiten beraten und betreut. Darüberhinaus haben die Forstämter Verwaltungsaufgaben als untere Sonderbehörden.

Weitere Entwicklung der Waldwirtschaft. – Forstbetriebe sind auf lange Zeiträume ausgerichtet. So werden junge Eichen, die im Frühjahr 1991 gepflanzt wurden, erst nach dem Jahr 2150 zur Ernte heranstehen. Welche Vorstellungen werden die Menschen in unserem Gebiet in jenen noch fernen Jahren vom Wald haben, wie mögen ihre Anforderungen an Wald und Forstwirtschaft sein? Dazu gibt es viele mittel- und langfristige Überlegungen. Einige Grundgedanken seien angeführt. Die Baumarten, welche im Wald gepflanzt oder durch Samenabfall (Naturverjüngung) in die nächste Waldgeneration übergeführt werden, sollen ihrem künftigen Standort entsprechen und ein gutes Wachstum erwarten lassen. Um die natürlichen Voraussetzungen der Waldstandorte (vorhandene Nährstoffe, Luft- und Wasserhaushalt im Boden u.a.) besser kennenzulernen, wurde eine Standortkartierung durchgeführt. Die Ergebnisse sind eine wesentliche Grundlage für die Baumartenwahl.

Niemand kennt die Holzpreise für das Jahr 2100 und danach. Wir setzen aber darauf, daß auch später gute Holzqualität einen guten Holzpreis erzielen wird. Der Qualitätserzeugung dienen die Durchforstungen und Pflegearbeiten an den Waldbeständen; zum Teil werden diese Arbeiten im kleineren Waldbesitz durch staatliche Zuschüsse gefördert.

Ob durch Stillegung landwirtschaftlicher Flächen im Neckar-Odenwald-Kreis größere Aufforstungen zu erwarten sind, kann noch nicht beurteilt werden. Die Erhaltung eines gegliederten Landschaftsbildes und das Freihalten von Wiesentälern sind dabei wichtige Forderungen.

Da der private Waldbesitz bis 200 ha Betriebsgröße rd 9000 ha und damit 19% der Waldfläche im Kreis umfaßt, ist die Stärkung dieser kleineren und sehr kleinen Betriebe wichtig. In verschiedenen Holzverkaufs- und Forstbetriebsgemeinschaften wird das geerntete Holz gemeinschaftlich verkauft. Rationalisierung und Mechanisierung sind auch in den Forstbetrieben unumgänglich, und es ist zu überlegen, welche Arbeitsvorgänge der nach wie vor schweren Waldarbeit sinnvoll und ohne Nebenschäden maschinell erfolgen können. Der Arbeitsaufwand in Stunden je ha ist seit 1953 auf weniger als 20% gesunken. Noch ist nicht abzusehen, welche Entwicklung die auch im Neckar-Odenwald-Kreis schon seit 1982 zu beobachtende Walderkrankung bei den einzelnen Baumarten nehmen wird. Sicher ist, daß nur ein gesunder Wald auf Dauer seine Aufgaben für die Waldbesitzer und die Allgemeinheit erfüllen kann.

4. Produzierendes Gewerbe bis zum Zweiten Weltkrieg

Handwerk. – Wie aus den Erhebungen der leiningischen Verwaltung (1803 und 1806) hervorgeht, war das Handwerk zum Teil schon zu Beginn des 19. Jh. übersetzt und wurde, zumal in den Dörfern, oft nur als Nebenberuf neben Landwirtschaft und Taglohn betrieben. Aber selbst in den Städten kamen die wenigsten Handwerker ohne zusätzliche, meist von den Frauen betriebene Landwirtschaft aus. Auch um die Mitte des 19. Jh. werden nicht nur in den Städten, sondern auch auf den Dörfern zahlreiche Handwerker, die für den niederen örtlichen Bedarf arbeiteten, genannt. Sie hatten Meisterurkunden und gehörten einem Zunftverband an. Die Zünfte regelten Ausbildung und Niederlassung der Handwerker. Oft schlossen sich mehrere schwach besetzte

4. Produzierendes Gewerbe bis zum Zweiten Weltkrieg

Branchen zu einer Zunft zusammen. Zunftorte waren außer den Amtsstädten auch größere Dörfer wie z. B. Hardheim.

Zur *Ausbildung des Handwerkers* gehörte in der Regel nach 3 Jahren Lehrzeit die Wanderschaft. Dabei galten für die Gesellen unterschiedliche Anforderungen je nach Herkunft und Ansiedlungsabsicht. Für Gesellen aus den größeren Städten war eine dreijährige Wanderschaft außerhalb Badens verlangt, wenn sie sich wieder in den 16 größeren Städten niederlassen wollten. Wer sich in einem Dorf oder in einer Landstadt wie Mosbach oder Buchen niederlassen wollte, kam mit einer Wanderzeit in den 16 größeren Städten des Landes oder in einer mindestens 12 Stunden von der Heimat entfernten Landstadt aus.

Im Laufe des 19. Jh. verschlechterte sich die Lage des Handwerks vor allem durch die schwindende Kaufkraft der Kunden und die zunehmende Konkurrenz der Industriewaren, vor allem seit dem Bahnbau. Besonders in den kleinen Städten klagten Ende des Jahrhunderts die Handwerker über die Konkurrenz auswärtiger Fabrikprodukte. Nicht der Fabrikbetrieb trat hier mit dem Handwerker in Konkurrenz, sondern die von außen kommende Fabrikware, die auf dem Markt, durch Hausierer und in den Läden verkauft wurde. Manche Branchen verschwanden ganz wie z. B. die einst blühende Leinenweberei, in anderen wie z. B. der Brauerei ging die Zahl der Betriebe zurück, die Schneider und Schuster mußten sich auf Flickarbeit umstellen.

Der bad. Staat verstand Handwerk und Kleingewerbe als Basis der Volkswirtschaft. Förderung und Schutz gegenüber der aufkommenden Industrie sollte ihm durch den von Staatsrat Karl Friedrich Nebenius entworfenen Aufbau eines gewerblichen Bildungswesens gewährt werden. Baden war der erste deutsche Staat, in dem die duale Ausbildung mit Meisterlehre und Gewerbeschule verwirklicht wurde. 1834 erschien die Verordnung »Über die Errichtung von Gewerbschulen in den gewerbreichen Städten des Großherzogtums«. Der Staat förderte und beaufsichtigte die *Gewerbeschulen*, eingerichtet und unterhalten wurden sie von den Gemeinden. Schon 1847 schloß die Stadt Buchen ihrer Höheren Bürgerschule eine Gewerbeklasse, später die Gewerbeschule an. In Mosbach wurde die Gewerbeschule 1851 gegründet, gleichfalls zunächst bei der Bürgerschule, 1873 dann selbständig. Zwischen 1861 und 1872 folgte Walldürn.

Für die Förderung von Gewerbe und Handel waren im Staatshaushalt 1862/63 insgesamt rund 35000 fl jährlich ausgewiesen. Davon entfiel fast die Hälfte auf die Gewerbeschulen.

Die Erklärung der Gewerbefreiheit 1862 besserte die Situation des Handwerks nicht, sondern erhöhte die Konkurrenz. Der Schutz durch die Zünfte entfiel, die Niederlassung wurde in der Regel von einem Nachweis der Befähigung unabhängig. Die Gewerbeschulpflicht war aufgehoben.

Nach dem Muster des 1831 gegründeten Karlsruher Gewerbevereins fanden sich vor allem unter dem Eindruck der Gewerbefreiheit auch im heutigen Kreisgebiet in den Städten und in den größeren Dörfern zur Vertretung vor allem der Interessen des Handwerks *Gewerbevereine* zusammen. Ihnen gehörten außer Handwerkern auch Kaufleute und andere Interessierte an.

Am 1.1.1872 trat in Baden die Gewerbeordnung von 1869 in Kraft, die u.a. die Ausbildung im Handwerk neu regelte. Entscheidenden Wandel brachte aber erst das sog. »Handwerksgesetz«, das 1897 erlassene »Gesetz betr. die Abänderung der Gewerbeordnung«, das Bestimmungen über freiwillige Innungen, die Möglichkeit der Anordnung von Zwangsinnungen durch die höhere Verwaltungsbehörde enthielt, die Lehrlingsverhältnisse regelte, die Meisterprüfung einführte und die Errichtung von

Handwerkskammern vorschrieb. Für das heutige Kreisgebiet ist seit ihrer Errichtung die *Handwerkskammer Mannheim* zuständig.

Dem Gesetz vorausgegangen waren Erhebungen über die Lage des Kleingewerbes, die das Großherzogliche Ministerium des Inneren im Amtsbezirk Mannheim und als Beispiel für einen ländlichen Bezirk 1885 im Amtsbezirk Adelsheim (hier durch den Vorstand des Bezirksamts Buchen, Oberamtmann Otto Braun) hatte durchführen lassen. Dabei hatten sich neben der in vielen Branchen spürbaren Konkurrenz der Industrie auch Mängel in der Betriebsführung und insbesondere in der Lehrlingsausbildung gezeigt. Die meisten Betriebe bestanden nur aus dem Meister und höchstens einem Gesellen. Zu wenige Meister bildeten Lehrlinge aus, da das Ausbildungsverhältnis rechtlich schlecht abgesichert war. In fast allen Orten waren die dem täglichen Bedarf und der Landwirtschaft dienenden Handwerkszweige vertreten, die übrigen nur in den größeren Orten. In einigen Branchen, so bei den Bauhandwerkern, Buchbindern, Schuhmachern, Küfern, Zieglern, reichte die Arbeit nicht für die vielen Meister aus. Bei den Bauhandwerkern wurde das auf den Bahnbau zurückgeführt, der viele Arbeiter herangezogen hatte, welche sich dann hier selbständig gemacht hatten.

Die Notwendigkeit der gewerblichen Bildung war allmählich auch von den Gemeinden erkannt worden. Um 1880 begannen in Baden auch größere Dörfer, im Anschluß an die allgemeine Fortbildungsschule gewerbliche Fortbildungsschulen einzurichten. In Hardheim allerdings hatte schon 1863 der neugegründete Gewerbeverein sofort eine eigene Gewerbeschule eingerichtet und betreute sie bis 1892 selbst. Bis 1891 entstanden außerdem gewerbliche Fortbildungsschulen in Mudau, Adelsheim, Osterburken, um 1905 in Neunkirchen, bis 1914 in Merchingen, Limbach und Hettingen.

Industrie bis um die Mitte des 19. Jahrhunderts. – Nur vier *Fabrikbetriebe* führt die erste Gewerbestatistik des Großherzogtums von 1809 im heutigen Neckar-Odenwald-Kreis auf: in Mosbach die *Fayencefabrik Roemer* mit 22 Arbeitern, die *Papiermühle Roedert* mit 5 und den *Korellschen Eisenhammer* mit 52 Arbeitern, in Sennfeld den *Eisenhammer des Freiherrn Rüdt von Collenberg* mit 5 Arbeitern. Alle vier Betriebe stammten noch aus dem 18. Jh., keiner sollte die Mitte des 19. Jh. erleben.

Die *Mosbacher Saline*, an die sich bei ihrer Errichtung 1762 große Hoffnungen geknüpft hatten, die sich aber als wenig ergiebig erwiesen hatte, war 1809 schon aufgegeben. Ein letzter Wiederbelebungsversuch war 1807 gescheitert, unter anderem am Desinteresse der staatlichen und städtischen Verwaltung. Der bad. Staat konzentrierte sein Interesse auf die Rappenauer Saline. Ihretwegen wurde auch die Salzbohrung bei Haßmersheim wieder verschüttet.

Die *Mosbacher Fayencefabrik* schleppte sich noch bis 1836 hin. Sie war 1770 durch den Kurfürsten Karl Theodor gegründet worden, hatte aber nie die Bedeutung der Frankentaler Manufaktur erreicht. Zahlreiche Vergünstigungen und Privilegien sollten sie innerhalb der Kurpfalz vor in- und ausländischer Konkurrenz schützen. Als sie diese Privilegien von der bad. Regierung nicht wieder erhielt, war ihr Untergang besiegelt.

Die Verlegung der kurpfälzischen Zentralverwaltung nach München (1778) und bald danach die Zerschlagung der Kurpfalz in den Revolutionskriegen dürften auch mitverantwortlich gewesen sein für den Untergang der (1809 nicht aufgeführten) *Dallauer Fabriken für Weberei und Gießerei* im später so genannten Marientel, die 1767 gleichfalls durch Karl Theodor drei Unternehmern genehmigt worden war und die bald das gesamte Leinentuch und die Uniformknöpfe für das kurpfälzische Militär herstellten. Um 1780 begann der Niedergang, 1811 wird die Fabrik noch als Leinwandmanufaktur erwähnt, von 1835 bis 1847 war hier eine Papiermühle eingerichtet.

Ein Ableger der Marientaler Gießerei war die *Bachertsche Gießerei*, vermutlich 1798 gegründet, im Dorf Dallau selbst. Seit 1822 stellte sie sich vom Guß von Uniformschnallen auf den Guß von Glocken und Messinggeräten, später auch auf die Herstellung von Feuerspritzen um. Die Firma bestand, immer als Handwerksbetrieb, bis 1914.

Auch die wenigen Neugründungen an Fabriken und Manufakturen vor und um 1850 waren nur kurzlebig: z. B. im Bezirk Buchen vor 1825 Leinwand- und Wollmanufakturen, in Mosbach eine in den 1830er Jahren gegründete Filiale der Waghäuseler Zuckerfabrik, in Walldürn eine 1852 eingerichtete Zündholzfabrik.

Von den kleinen Hammerwerken des Gebietes überlebten nur das *Hammerwerk in Rippberg* und der *Eisenhammer in Neckarelz* das 19. Jh. Dieser war 1832 im Besitz des Billigheimer Eisenhammers, wechselte dann häufig den Besitzer, wurde 1898 vom Zementwerk Diedesheim-Neckarelz gekauft und Anfang des 20. Jh. stillgelegt. Aus der Hammerschmiede in Rippberg ging 1830 die Eisengießerei und Maschinenfabrik Kurtz hervor, die unter dem Namen Dossmann GmbH noch heute besteht.

Bezeichnend ist das Beispiel Billigheim. Dort wandelte 1848 Isaak Bär sein teilweise abgebranntes Hammerwerk in eine Mahlmühle um, weil sich der Betrieb nicht mehr lohnte. Das zweite Eisenwerk am Ort war mit der in den 1830er Jahren gegründeten *Maschinenfabrik von Hahn & Göbel* verbunden, die unter die sechs bedeutendsten Maschinenfabriken Badens gerechnet wurde. 1855 jedoch verlegten die Eigentümer den Betrieb nach Heilbronn, weil sie als Zulieferer der württ. Staatseisenbahnen gegenüber der Esslinger Konkurrenz im Hintertreffen waren.

Bei der ersten allgemeinen bad. Landesindustrieausstellung (»Industrie« begreift hier im Sinne der Zeit das gesamte produzierende Gewerbe ein) 1861 in Karlsruhe sind unter den 1100 Ausstellern nur 17 aus dem heutigen Kreisgebiet (Buchen, Bödigheim, Hardheim, Mosbach, Mudau und Walldürn) aufgeführt. Drei von ihnen erhielten je eine der 455 Medaillen oder Belobigungen: die Firma Hubert & Comp. in Adelsheim mit einer Fettglanzwichse, die Mudauer Strohmanufaktur und die Garnfabrik Heuß in Mosbach.

Die *Garnfabrik Heuß* war die erste bedeutendere Industriegründung nach der Jahrhundertmitte. Das Unternehmen war erst 1859 von dem Haßmersheimer Friedrich Heuß in Mosbach gegründet worden. 1861 arbeiteten dort rund 50 Personen, ein Jahr später, als die Firma in London ausstellte, schon 80–100 Arbeiter, meist Frauen. Erzeugt wurden hauptsächlich Baumwollglanzgarne, abgesetzt wurde im Zollvereinsgebiet, in Österreich, Italien und in der Schweiz. Die Firma ging jedoch in der Wirtschaftskrise von 1873 zugrunde, und damit war auch das Kapitel Textilindustrie in diesem Gebiet abgeschlossen.

Standortfaktoren. – Der Odenwald und – durch die ertragreichere Landwirtschaft weniger spürbar – das Bauland blieben mehr und mehr hinter der gesamtwirtschaftlichen Entwicklung in Baden zurück, d. h. sie machten den Übergang zur Industriewirtschaft noch lange Zeit nicht mit. Unter den klassischen Standortfaktoren der Industrie gab es an Rohstoffen nur Kalk- und Sandstein, Gips und Lehm, die aber zunächst nur in kleinen Steinbrüchen, Gipsgruben und -mühlen, Ziegeleien und ländlichen Töpfereien abgebaut und genutzt wurden. Energie war als Wasserkraft vor allem im Odenwald vorhanden. Aber schon die Dampfmaschine und später die Elektrizität machten die Industrie von der Wasserkraft unabhängig. Trotzdem hofften noch gegen Ende des

Jahrhunderts, wenn auch vergeblich, Orte wie Robern und Trienz, mit ihrem Angebot an Wasserkraft Industrie herbeiziehen zu können. Kapital war im gesamten Gebiet nicht vorhanden außer bei Stiftungen und kirchlichen Organisationen wie z. B. dem Ev. Stift Mosbach, die jedoch an Fabrikgründungen uninteressiert waren. Auch die Absatzbedingungen waren, vom Walldürner Wallfahrtsgewerbe abgesehen, schlecht. Im Raum selbst standen die Bedürfnisse der überwiegend armen Bevölkerung naturgemäß auf niedrigem Niveau. Für die Belieferung ferner Märkte fehlten die Verkehrsverbindungen. Im Großherzogtum Baden lagen Odenwald und Bauland ausgesprochen peripher, von den einstigen Zentren aber durch neue Staatsgrenzen getrennt.

Nicht von ungefähr war das unfreundliche Wort vom »badischen Hinterland« geprägt worden. Verkehrsgünstig lagen nur die Orte am Neckar und an der Elzmündung. Erst in der 2. H. 19. Jh. wurden alle Dörfer untereinander und mit ihren Amtsorten durch befahrbare Straßen verbunden. Die erste Eisenbahn im heutigen Landkreis fuhr erst 1862 von Heidelberg nach Mosbach, die Linie Seckach–Walldürn war als letzte Hauptlinie 1887 fertig. Die lokalen Verbindungsbahnen wurden alle erst nach 1900 gebaut.

Von diesen Bahnen versprach man sich nicht nur – was realistisch war – besseren Absatz für die Landwirtschaft, sondern auch Fabriken und neue Arbeitsplätze. Auch die vorhandenen Betriebe waren stark an diesen Bahnen interessiert, die Billigheimer Ziegelfabrik so sehr, daß sie sich an den Baukosten beteiligte.

Aber viele Erwartungen an die Eisenbahn blieben unerfüllt. Denn anstelle von Industriebetrieben brachte sie Industrieerzeugnisse herein. Die bessere Verkehrserschließung kam vermutlich zu spät, um Impulse für eine Industrialisierung auszulösen. Sie hat im Gegenteil die Verwandlung des ländlichen Raumes vom Selbstversorger- zum Absatzgebiet beschleunigt.

Der einzige im Überfluß vorhandene Standortfaktor war die Arbeitskraft. Nicht einmal alle Bauern hatten immer genug zu leben, ganz zu schweigen von den vielen Taglöhnern, die oft nur im Sommer Arbeit fanden. Aus dem Odenwald zogen in jedem Sommer Scharen von Taglöhnern in die Rheinebene zur Getreide- und Hopfenernte, im Winter versuchten sie sich mit Wald- und Straßenarbeiten durchzubringen. Die Kinder trugen mit Heidelbeersammeln zum Verdienst bei. Auch Bettel war in einigen Dörfern noch allgemein üblich.

Der bad. Staat griff nicht unmittelbar ein, da dies einerseits den Grundsätzen seiner liberalen Wirtschaftspolitik widersprochen hätte, er andererseits einer Industrialisierung lange eher skeptisch gegenüberstand. Unter anderem waren die negativen Folgen einer überhitzten Industrialisierung aus anderen Ländern zu gut bekannt. Fabrikgründungen wurden nicht behindert, aber auch nicht um jeden Preis gefördert. Man setzte auf ein langsames Wachstum und suchte dafür die Voraussetzungen zu schaffen. Dazu gehörte 1862 die Einführung der Gewerbefreiheit, die den Zunftzwang und, von Ausnahmen abgesehen, die Konzessionierungspflicht ablöste und damit – unter gewissen Einschränkungen – jedem die Möglichkeit eröffnete, jedes beliebige Gewerbe selbständig auszuüben.

Strohflechterei. – Direkte Förderung in Notstandsgebieten zielte nicht auf Industriegründung, sondern auf das Klein- und Hausgewerbe. Als staatliche Arbeitsbeschaffungsmaßnahme wurde nach Schwarzwälder Muster und mit Hilfe der Furtwanger Flechtschule auch im Odenwald versucht, die Strohflechterei einzubürgern. Flechtlehrerinnen wurden in Furtwangen ausgebildet, die Gemeinden erhielten finanzielle Unterstützung, wenn sie Strohflechtschulen einrichteten.

Einigen Erfolg konnte nur die *Flechtschule in Mudau* verbuchen. Sie wurde 1852 eingerichtet, 1854 arbeiteten hier 300 Kinder und junge Mädchen. Den Verkauf vermittelte ein Mannheimer Händler, soweit die Ware den Anforderungen genügte, was keineswegs immer der Fall war. Mit aus diesem Grund stellten die Mudauer Flechterinnen dann selbst Fertigwaren, vor allem Hüte, her. Um 1860 besorgte ein Strohhutfabrikant in Frankfurt die letzte Ausrüstung und den Verkauf. 1885 hatte die Manufaktur 130 Arbeitskräfte, später ging sie wegen der wachsenden städtischen Konkurrenz ein.

Die anderen *Strohflechtschulen* im Odenwald bestanden meist nur wenige Jahre. Sie wurden fast nur von schulpflichtigen Kindern besucht und lieferten oft minderwertige, aber auch erbärmlich schlecht bezahlte Arbeit. Die Gemeindevertreter, die zuerst sehr von der Idee angetan waren, verloren rasch das Interesse und kündigten die zur Verfügung gestellten Räume auf. 1895 gab es nur noch im Bezirk Buchen 15 derartige Betriebe mit insgesamt 96 Arbeitskräften.

Die Industrie in der zweiten Hälfte des 19. Jahrhunderts

Tabakindustrie. – Das beste Beispiel für fehlgeschlagene Ansätze zur Industrialisierung ist die Tabakindustrie, die sich nach 1860 zu einem führenden Wirtschaftszweig im Großherzogtum entwickelte. Zwischen 1861 und 1882 verfünffachte sich die Zahl der Tabakarbeiter im Land. Tabakfabriken scheinen als Goldgruben gegolten zu haben. Kein Wunder, daß auch im Odenwald mit seinen billigen Arbeitskräften eine Reihe von kleinen Fabriken und Filialen auswärtiger Unternehmen gegründet wurden. Mit einer Ausnahme lebten sie nur wenige Jahre.

In Neckargerach war schon 1855 der Versuch mißlungen, die Zigarrenfabrikation einzuführen. Die Mannheimer Firma *Ritzhaupt* richtete vor 1870 in Lohrbach mit 40–60 Arbeitskräften und 1873 in Fahrenbach mit ca. 40 Arbeitern eine Filiale ein. In Lohrbach fürchteten die Bauern um ihre billigen Arbeiter, in Fahrenbach waren die Arbeiter ungeübt und unzuverlässig. Die Fahrenbacher Filiale ging 1875 ein, die Lohrbacher um 1885. Die Mannheim-Eberbacher *Zigarrenfabrik Kahn & Eschellmann* scheiterte nach wenigen Jahren mit ihrer 1875 eingerichteten Filiale in Neunkirchen mit 40 Arbeitern, die etwa 6.40 Mark in der Woche verdienten. Hier bemühte sich die Gemeindeverwaltung vergeblich, wieder eine Zigarrenfabrik oder ein anderes Unternehmen in den Ort zu bekommen. Nur die *Zigarrenfabrik Leopold Blum*, die sich 1885 in Hochhausen niederließ und zunächst keine Arbeiter aus dem Dorf bekam, weil Fabrikarbeit als unehrenhaft galt, setzte sich mit ihrer 1907 in Lohrbach eröffneten Filiale durch. Das Hauptgeschäft verlegte sie 1910 nach Mosbach. 1925 war sie im heutigen Kreisgebiet die einzige Tabakfabrik mit 20 oder mehr Beschäftigten.

Peitschenfabriken. – Der umgekehrte Fall einer Branche, die sonst in Baden unbekannt war, aber hier jahrzehntelang in Blüte stand, war die Peitschenfabrikation im Schwarzbachtal, die nicht in Zusammenhang mit der Gerberei im benachbarten Eberbach entstanden, sondern in den 1860er Jahren von dem Amerikaauswanderer *Georg Michael Weidenhammer* in seinen Heimatort Aglasterhausen mitgebracht worden war. 1875 beschäftigte die Fabrik, die früh auch Dampfmaschinen aufgestellt hatte, ca. 60 Arbeiter, auch hier sehr zum Ärger der Bauern, die sich beklagten, daß lauter fremde Leute in den Ort gezogen würden und daß die Arbeitslöhne anstiegen. 1887 arbeiteten 100 Arbeiter in der Fabrik, die meisten aus den umliegenden Orten. Der Tagesverdienst lag zwischen 88 Pfg und 2.30 Mark. Bald entstanden Konkurrenzunternehmen in Ober- und Unterschwarzach, für kurze Zeit auch in Michelbach und Neunkirchen. Die

Weidenhammersche Fabrik konnte noch die Oberschwarzacher Konkurrenz aufkaufen, dann legten sie die Nachfolger 1893 mit ihrer Fabrik in Unterschwarzach zusammen. Drei Jahre später errichtete die Firma *Scherer, Hillengaß und Klempp* die Peitschenfabrik wieder, 1906 folgte eine weitere Peitschenfabrik von *Hüther & Cie.* Ihr Absatzgebiet erstreckte sich über das ganze damalige Deutschland.

Walldürner Wallfahrtsindustrie. – In Walldürn war seit dem 18. Jh. die Wallfahrt der entscheidende Wirtschaftsfaktor. Nicht nur die Gastwirtschaften, auch Handwerk und Hausgewerbe stellten sich auf sie ein. Typische Produkte waren Andachtsbilder, Rosenkränze, Gebetbücher, Kerzen, Wachsstöcke und Lebkuchen. Sie wurden nicht nur am Ort verkauft, sondern von Hausierern weit ins Land getragen. Um 1830 kam als neues Hausgewerbe die Anfertigung von Stoffblumen dazu, zunächst für kirchliche, später dann auch für modische Zwecke. In diesem Gewerbe war Walldürn im weiten Umkreis konkurrenzlos. Kunstblumen wurden sonst nur in Sachsen, später auch in Bühl in Mittelbaden hergestellt.

Um 1860 baute der Schuh- und Blumenmacher *Link* als erster seinen Familienbetrieb zum Fabrikbetrieb um. Die anderen Blumenmacher arbeiteten hausgewerblich weiter. Erst allmählich wurden weitere Blumenfabriken gegründet. Sie beschäftigten Mädchen und Frauen aus der Stadt und aus den umgebenden Dörfern, teils noch in Heimarbeit, teils schon in der Fabrik. 1895 hatte jedoch keiner der im Bezirk Buchen gezählten derartigen Betriebe mehr als 9 ständig beschäftigte Arbeitskräfte.

Auch in anderen Walldürner Wallfahrtsgewerben fanden industrielle Fertigungsmethoden Eingang. 1890 gründete *Heinrich Kieser* eine Wachsfabrik. Auch Lebkuchen, Zuckerwaren und seit 1919 Devotionalien aus Gips und Holz wurden bald in kleinen Fabriken produziert. Assion stellt fest, daß die meisten Walldürner Fabriken ohne Verbindung zu den Handwerksbetrieben der gleichen Branchen gegründet wurden.

Bijouterie-Industrie. – Um die Jahrhundertwende versuchte die Pforzheimer Bijouterieindustrie das Arbeitskräftepotential im Odenwald zu nutzen. In kleinen Betrieben in Buchen und Limbach, die aber vorwiegend Heimarbeit vergaben, beschäftigte sie zahlreiche Mädchen und Frauen dieser und der Nachbarorte mit dem Verbinden von Kettengliedern. Schon vor dem 1. Weltkrieg verschwand dieser Erwerbszweig jedoch wieder.

Kalk- und Zementwerke. – Einzige Wachstumsindustrie war hier um die Jahrhundertwende die Baustoffindustrie. Seit den Gründerjahren begannen die Städte weit über ihre Grenzen hinauszuwachsen. Jetzt wurden Bausteine, Zement, Ziegel, Backsteine, Gips gebraucht. Kalk zur Zementherstellung wurde in Haßmersheim und Diedesheim abgebaut, in Haßmersheim schon seit 1860. Heute gehört das Werk zur *Heidelberger Zement-AG*. In Diedesheim gründete ein Freiburger Bankhaus 1900 das *Portland-Zementwerk Diedesheim-Neckarelz* mit anfangs 300 Beschäftigten. 1925 stand das Werk still.

Gipswerke. – Gips wurde jetzt nicht mehr hauptsächlich als Düngemittel, sondern als Baustoff verwendet. Größere Gipswerke entstanden seit den 1880er Jahren bei *Hochhausen* und *Neckarzimmern*, später auch in *Seckach*. Das *Werk Neckarzimmern der BASF* galt 1925 als größtes Gipswerk Badens. Das Seckacher Werk entwickelte sich zum größten weiterverarbeitenden Betrieb. Von der Baukonjunktur profitierten auch die *Steinbrüche*. Die größten industriell betriebenen Steinbrüche auf Kalk- und Sandstein waren die in Hardheim, Walldürn und Höpfingen, am Katzenbuckel wurde in Waldkatzenbach Basalt abgebaut.

Ziegeleien. – Ohne Verbindung zu den traditionellen handwerklichen Ziegelhütten wurden die Dampfziegeleien in Hardheim, Billigheim, Höpfingen und Aglasterhausen gegründet. 1890 errichtete der Maurer *Rüdinger* in Aglasterhausen eine Ziegelfabrik. 1891 beschäftigte sie 33 Arbeiter. 1897 gründete die Firma *Kaiser & Böhrer* in Höpfingen eine Dampfziegelei. Die aus dem 17. Jh. stammende handwerkliche Ziegelhütte bestand trotzdem weiter, bis sie 1905 abbrannte.

1898 ließen sich in der ehemaligen Westheimerschen Mühle in Billigheim die *»Ziegel- und Mühlenwerke«* nieder, das erste Industrieunternehmen seit Wegzug der Maschinenfabrik. In Neckarelz allerdings baute der Besitzer der 1786 konzessionierten Ziegelhütte eine kleine Dampfziegelei. Ein späterer Besitzer stellte das Werk nach 1890 von der Ziegelherstellung auf Schlackensteine, Kalk und Zement um und begann bald darauf, selbst Kalkstein abbauen zu lassen. Die Firma besteht nach vielen Veränderungen noch heute als *Baustoffgroßhandlung Lang*. In Hardheim bestand von 1909 bis 1914 neben der handwerklich betriebenen, allerdings zu dieser Zeit schon fast aufgegebenen Ziegelei die industriell produzierende *»Ton- und Ziegelwerk GmbH«*.

Kachelofenfabrik. – Mit dem gleichen Rohmaterial arbeitete die 1873 in Mosbach gegründete Kachelofenfabrik von *Friedrich Nerbel*. Sie vereinigte sich 1909 mit der Kunsttöpferei Hausleiter und stellte unter der Firma *»Vereinigte Ofenfabriken Nerbel & Hausleiter«* u. a. die bekannte Mosbacher Majolika her.

Mühlen- und Maschinenbau. – Im Getreideanbaugebiet Bauland hat das Mühlenbaugewerbe eine alte Tradition. In Hardheim gingen aus ihm zwei der heute größten Industriebetriebe des Landkreises hervor, die *Maschinenfabrik Gustav Eirich* und die *Maschinenfabrik Adolf & Albrecht Eirich*.

Gustav Eirich stellte seine 1863 gegründete Mühlenbauwerkstatt allmählich auf den Bau von Maschinen um. Um 1900 bestand die Firma aus der kleinen Maschinenfabrik mit 20–30 Beschäftigten, dem Sägewerk mit 3 Beschäftigten, einer Schreinerwerkstatt und einer kleinen Landwirtschaft mit je 1 Arbeiter. 1905 errichteten die Firmeninhaber ein kleines Elektrizitätswerk. Weltgeltung erlangte die Firma seit den 1920er Jahren, unterbrochen durch den 2. Weltkrieg, durch ihre Mischgeräte. Die Maschinenfabrik Adolf & Albrecht Eirich, 1850 als Mühlenbaubetrieb gegründet, fertigte seit 1912 von ihr neuentwickelte Müllereimaschinen und stellte in den 1930er Jahren auf die Herstellung mechanischer Förderanlagen für Getreide und Schüttgut um.

Der Mühlenbau hatte im heutigen Landkreis noch andere Standorte. So bestand in Aglasterhausen von 1886 bis 1898 eine Mühlenbauerei mit 10 bis 20 Leuten.

Das Produzierende Gewerbe um die Jahrhundertwende

Branchen- und Betriebsgrößenstruktur. – Die Gewerbliche Betriebsstatistik von 1895, im Produzierenden Gewerbe nicht nach Handwerk und Industrie unterschieden, macht Angaben über Anzahl und Größe der gewerblichen Hauptbetriebe in den Gemeinden und gibt eine sachlich tiefergestaffelte Aufgliederung auf Amtsbezirksebene. Sie vermittelt so eine Momentaufnahme über die Struktur des Produzierenden Gewerbes um die Jahrhundertwende. Danach gab es 1895 im heutigen Kreisgebiet insgesamt 4994 *gewerbliche Hauptbetriebe* mit 8986 beschäftigten Personen, darunter

3713 Betriebe mit 6892 Personen im Produzierenden Gewerbe. Die durchschnittliche Betriebsgröße lag also, die wenigen Industriebetriebe mit eingerechnet, bei nur 1,86 Personen. Die größten Betriebe mit im Mittel 4,56 Personen hatte die Branche *Steine und Erden*, die 136 Betriebe mit 620 Personen umfaßte. Zu ihr gehörten die Steinbrüche, Ziegeleien, Gipswerke und die Mosbacher Kachelofenfabrik. Im *Nahrungs- und Genußmittelgewerbe* mit 433 Betrieben und 971 Beschäftigten betrug die mittlere Betriebsgröße dank der wenigen Brauereien, Mühlen und Tabakfabriken 2,24 Personen. Die Mehrzahl der Betriebe waren jedoch kleine Bäckereien und Metzgereien. Im *Baugewerbe* beschäftigten 577 Betriebe zusammen 1142 Arbeiter, im Mittel also knapp 2 Personen. Die meisten Betriebe des Baugewerbes konzentrierten sich auf die Städte Mosbach, Buchen, Adelsheim und die Dörfer Hardheim, Hettingen und Dallau. In allen anderen Branchen beschäftigten die gewerblichen Hauptbetriebe im Durchschnitt weniger als 2 Personen.

Zahlenmäßig die stärkste Branche war das *Bekleidungsgewerbe* mit 1181 Betrieben und 1586 Personen. Es bestand jedoch außer aus den Walldürner Blumenherstellern hauptsächlich aus kleinen Schneidern und Schuhmachern. Das *Textilgewerbe* war dagegen mit 96 Betrieben und 134 Personen äußerst schwach besetzt. Zu ihm zählten nur noch die wenigen übriggebliebenen Leinenweber im heutigen Ravenstein, um Buchen und um Mosbach sowie einige Stricker und Wirker. Beim *Ledergewerbe*, für das allerdings keine Gemeindedaten vorliegen, war das Sattler-, Riemer- und Tapeziergewerbe in den Städten, besonders in Mosbach, der stärkste Bereich. Zu ihm gehörten aber auch die Peitschenfabriken im Schwarzachtal. Die Branche *Holz und Schnitzstoffe* mit 411 Betrieben und 680 Beschäftigten vereinigte viele kleine Schreinereien, aber auch Sägemühlen, die Strohflechterei und die Walldürner Devotionalienherstellung. In Walldürn allein bestanden 22 Betriebe mit 121 Beschäftigten in der Holz- und Schnitzstoffverarbeitung. Zu den 249 Betrieben mit 453 Beschäftigten der *Metallverarbeitung* zählten vor allem Grobschmiede, Schlosser und Klempner sowie einige Messer- und Nagelschmiede. Einen größeren metallverarbeitenden Betrieb gab es nicht. Im *Maschinen-, Instrumenten- und Apparatebau* mit 168 Betrieben und 329 Personen war damals die Dörflingersche Achsen-und Federnfabrik in Obrigheim der größte Betrieb. In Hardheim beschäftigte auch Gustav Eirich schon mehr als 10 Arbeiter. Die meisten Betriebe dieser Branche waren jedoch kleine dörfliche Wagnereien.

Industriestandorte. – Im Amtsbezirk Buchen gab es nur in *Walldürn* einen Betrieb mit mehr als 50 Arbeitern, die Firma Rütten, die Devotionalien herstellte. Walldürn hatte von allen Gemeinden des Bezirks die meisten Gewerbebetriebe, fast doppelt so viele wie *Buchen*, wo gar keine Betriebe mit 50 und mehr Beschäftigten ansässig waren. An 3. Stelle im Bezirk stand *Hardheim*, damals allerdings auch nur mit Betrieben unter 50 Arbeitskräften. Die einzigen sonstigen größeren Betriebe waren das Hammerwerk in *Rippberg* und die Brauerei in *Ernsttal*. Der Bezirk Adelsheim hatte außer einer kleinen Schuhfabrik in der Amtsstadt überhaupt keinen Industriebetrieb.

Besser sah es in den Amtsbezirken Eberbach und Mosbach aus, zwar nicht im Hohen Odenwald, aber an Neckar und Elz und im Kleinen Odenwald. In *Aglasterhausen, Unterschwarzach*, zeitweise auch in Michelbach ernährte die Peitschenfabrikation viele Bewohner auch des Umlandes. In Aglasterhausen arbeiteten von 1886 bis 1898 auch eine Mühlenbauerei mit 10 bis 20 Leuten und die Dampfziegelei, 1898 die einzige im Gebiet. In *Hochhausen* arbeiteten 60 Personen in 2 Gipswerken, 39 in der Tabakfabrik. In *Neckarelz* waren die 4 Baustoffbetriebe und die metallverarbeitenden Betriebe noch klein. Beide Branchen sollten sich in den nächsten Jahren entfalten. Die Gießerei Röth bestand erst 5 Jahre, die von Ditt wurde im Zählungsjahr 1895 gegründet. 1925 galten beide als bedeutende Unternehmen. Röth besteht noch heute. In Neckarelz arbeitete auch eine ehemalige Schleifmühle, die von einer Stuttgarter Firma zur Farbmühle umgewandelt worden war. Sie stellte Anfang des 20. Jh., als die Anilinfarben aufkamen, den Betrieb ein. In *Obrigheim* hatte 1888 die Achsen- und Federnfabrik Dörflinger aus Mannheim eine Produktionsstätte eingerichtet. 1895 beschäftigte sie mehr als 10 Arbeiter, 1907 über 100. Sie arbeitet heute noch. Auch in Obrigheim wurde Gips abgebaut und verarbeitet. In *Neckargerach* war wie in *Haßmersheim* Schiffsbau ansässig, aber nur hier gab es 1895 einen Betrieb mit mehr als 10 Arbeitern. In allen anderen Neckarorten, auch in *Diedesheim*, beschäftigten die Betriebe weniger als 10 Personen.

In der Amtsstadt *Mosbach* machten die beiden großen Brauereien, Hübner und Häfner, den kleinen ländlichen Brauereien der Umgebung schon schwer zu schaffen. Wichtigster Mosbacher Betrieb war aber 1895 die Kachelofenfabrik von Friedrich Nerbel.

Die Industrie in der ersten Hälfte des 20. Jahrhunderts

Industrialisierung. – Trotz einiger industrieller Neugründungen blieb das Kreisgebiet auch in der 1. H. 20. Jh. weit hinter der wirtschaftlichen, insbesondere industriellen Entwicklung des Landes zurück und war nach wie vor ländlich geprägt. Für 1925 lassen sich die strukturellen Unterschiede anhand des vom Bad. Statistischen Landesamt erstellten Übersichtswerks »Die Industrie in Baden im Jahr 1925«, in dem die Industriebetriebe ab 20 Beschäftigten berücksichtigt sind, gut fassen. Von den 2408 Industriebetrieben dieser Größe in Baden lagen nur 42 in den Amtsbezirken Adelsheim, Buchen und Mosbach, die im wesentlichen das heutige Kreisgebiet ausmachten (abgesehen von einigen Orten der Amtsbezirke Eberbach und Boxberg). In Baden arbeiteten im Mittel 109 von 1000 Einwohnern in der Industrie, in den Amtsbezirken Mosbach 29, Buchen 30 und Adelsheim 3. Außerdem waren die hier vorhandenen Betriebe deutlich kleiner als die Betriebe sonst im Land. Im Durchschnitt hatte ein Betrieb in Baden 104 Arbeitskräfte, in den 3 Amtsbezirken dagegen nur 50.

Branchenstruktur. – Auch die Branchenstruktur unterschied sich von der des Landes. Die wichtigsten Industriezweige in Baden waren damals die Metall- und Maschinenindustrie, die Tabakindustrie und die Textilindustrie. Im Kreisgebiet dagegen dominierte die Industrie der *Steine und Erden* mit den Sand- und Kalksteinbrüchen Ph. Holtzmann AG Frankfurt und Franz Zeller in Höpfingen, Kaisersteinbruch GmbH Berlin in Hardheim und Karl Schneider in Walldürn, dem Basaltwerk Katzenbuckel GmbH in Waldkatzenbach, den Gipswerken der BASF in Neckarzimmern und der Heidelberger Gipsindustrie in Seckach, dem Portland-Zementwerk in Diedesheim-Neckarelz, das 1925 jedoch stillstand, und den Ziegelwerken Kaiser & Böhrer in Höpfingen, Bott in Aglasterhausen und Billigheim, mit den Vereinigten Ofenfabriken Nerbel & Hausleiter sowie der Filiale der Hanauer Diamantschleiferei Ginsberg in Mosbach. Als spezieller Zweig dieser Industriegruppe blühte in Walldürn die Herstellung von Kruzifixen und anderen religiösen und profanen Figuren aus Gips. Die größte Fabrik war die 1919 gegründete »Kirchliche Kunstanstalt Nimis & Schneider GmbH«.

Im Amtsbezirk Buchen hatte sich, meist aus handwerklicher Wurzel, *holzverarbeitende Industrie* entwickelt. In Walldürn war unter den Herstellern von Devotionalien aus Holz noch immer die Firma Leo Rütten & Cie der größte Betrieb, in Hardheim war aus der »Fränkischen Bau -und Möbelschreinerei GmbH« die »Fränkische Kunstwerkstätte Walldürn« hervorgegangen, die außer Möbeln gleichfalls Devotionalien und profane Kunstgegenstände im Programm hatte. Die beiden Möbelbaufirmen Franz Fertig in Buchen, die damals Polstermöbelgestelle und Telefonzellen herstellte, und E. &. V. Schifferdecker in Hainstadt, beides ursprünglich Ende des 19. Jh. gegründete Handwerksbetriebe, bestehen noch heute. Zur Holzindustrie wurden 1925 auch die Peitschen- und Riemenfabriken Scherer & Klempp sowie E. Hüther in Aglasterhausen, Fleck & Cie und Heinrich Döbert in Unterschwarzach gerechnet.

In der *Metall- und Maschinenindustrie* bestanden noch, zum Teil inzwischen vergrößert, die Eisengießerei und Maschinenbaufirma Kurtz in Rippberg, die Dörflingersche Achsen- und Federnfabrik Mannheim in Obrigheim, die Maschinenbaufirma Gustav Eirich und der Mühlenbaubetrieb A. & A. Eirich in Hardheim, die Eisengießereien Georg Röth und Ditté & Söhne in Neckarelz. Außerdem war 1913 in Mosbach die »Badische Motor-Lokomotivwerk AG Gmeinder« gegründet worden und hatte sich zu einem größeren Betrieb entwickelt. In Aglasterhausen bestand die heute als Handwerksbetrieb geführte Metallbaufirma W. Rössler.

Die *Edelmetall- und Schmuckwarenindustrie* war, nachdem in und um Limbach die Kettenherstellung für Pforzheimer Fabrikanten schon vor 1914 aufgehört hatte, nur durch die Filiale der Pforzheimer Firma Schmidt & Bruckmann in Buchen vertreten. In der *Tabakindustrie* hatte sich als einziger Betrieb mit 20 oder mehr Beschäftigten die Firma Leopold Blum in Lohrbach erhalten. In der *Nahrungsmittelindustrie* bestanden nur drei größere Betriebe: die Brauerei Hübner in Mosbach, ein neues Werk des Konservenherstellers Hengstenberg in Diedesheim und, wohl der bedeutendste Betrieb der Branche, die 1917 von Gustav Hopf in Hardheim gegründeten »Fränkischen Nährmittelfabriken Hardheim-Kitzingen«, die Grünkernerzeugnisse, Teigwaren und Malzkaffee herstellten.

Innerhalb der *Bekleidungsindustrie* hatten nur die Kunstblumenhersteller Wilhelm Heß & Co, Heinrich Kast, Heinrich Zink in Walldürn sowie die Perlkranzfabrik Gremminger & Kieser in Hettingen 20 oder mehr Beschäftigte. Textilindustrie war mit Betrieben dieser Größe überhaupt nicht vertreten, so wenig wie Feinmechanische und Elektrotechnische Industrie, Uhrenindustrie oder Chemische Industrie, sieht man von der Kieserschen Kerzenfabrik in Walldürn ab. Die Schwefelfabrik in Haßmersheim war über einen Anfang im 1. Weltkrieg nicht hinausgekommen.

In Limbach bestanden zwar schon die 1912 gegründete »Badenia-Patentreklametaschenfabrik« und die 1921 gegründeten »Kunstgewerblichen Werkstätten AG«, die Wurzeln der heute hier blühenden Lampenschirm- und Beleuchtungskörperherstellung, sie lagen aber noch unterhalb der Erfassungsgrenze. Ihre Bedeutung sollte sich erst in den 1930er Jahren steigern.

Räumliche Verteilung. – Bis zum Kriegsausbruch 1939 änderte sich die Grundstruktur der Industrie gegenüber 1925 kaum, auch wenn einige neue Betriebe hinzu kamen. Auch die räumliche Verteilung blieb weitgehend erhalten. Nach wie vor hoben sich als relative Aktivräume das Neckar- und Elzmündungsgebiet, schwächer das Schwarzachtal, im N des heutigen Kreisgebietes nur Hardheim und, ausschließlich von der Wallfahrt begünstigt, Walldürn von den wirtschaftlichen Passivräumen im Hohen Odenwald und im O des heutigen Kreisgebietes ab.

Beim Vergleich der beiden Karten der gewerblichen Standorte für 1895 und 1987 ist zu berücksichtigen, daß für 1895 nur die gewerblichen Hauptbetriebe dargestellt werden konnten, obgleich ein großer Teil der Handwerker diesen Beruf nur neben der Landwirtschaft ausübten.

5. Handwerk und Industrie

Handwerksberufe wurden noch im letzten Jahrhundert in den meisten Fällen nebenberuflich neben der Landwirtschaft ausgeübt, da der Verdienst eines Handwerkers nicht zum Leben ausreichte. Wie im Kapitel zur Gewerbeentwicklung dargelegt, waren verschiedene Handwerkszweige bereits Anfang des Jahrhunderts übersetzt und konnten durchschnittlich kaum mehr als ein bis zwei Personen ernähren. Die Eisenbahn brachte die Handwerkerschaft noch zusätzlich mit der Fabrikware in Konkurrenz, so daß viele Handwerker aufgaben. Industrielle Produktionsweisen setzten sich erst spät und nur in ganz wenigen Betrieben durch. Das 20. Jh. verhalf dann Handwerk und Industrie zu einigem Wohlstand. Das Produzierende Gewerbe insgesamt entwikkelte sich zum dominierenden Wirtschaftsfaktor und wichtigsten Arbeitgeber und behielt diese Bedeutung bis zu diesem Jahrzehnt.

Auf die *Schwerpunkte von Handwerk und Industrie* weist der Anteil der Beschäftigten im Produzierenden Gewerbe hin. Hier zeigt sich ein starkes regionales Ungleichgewicht: Den höchsten Anteil an Beschäftigten im Produzierenden Gewerbe (einschließlich dem Baugewerbe) hatte 1987 das kleine Zwingenberg mit 75 % oder 153 Personen. Nur wenig niedriger lag der Anteil in Haßmersheim mit 71 %, aber 1195 Personen, in Elztal mit 70 % (1003 Personen), in Höpfingen mit 69 % (528 Personen), in Obrigheim mit 68 % (1079 Personen). In Elztal und Höpfingen war besonders das Baugewerbe mit 22 % und 25 % der am Ort Beschäftigten stark besetzt, in Obrigheim dank Kernkraftwerk mit 21 % die Sparte Energieversorgung. Die Städte Mosbach und Buchen rangieren nach dem Anteil der im Produzierenden Gewerbe Beschäftigten weiter unten (Buchen mit 48 % an 17., Mosbach mit 34 % an 23. Stelle im Neckar-Odenwald-Kreis), nach deren absoluter Anzahl (Mosbach: 4868 Personen, Buchen: 3032 Personen) jedoch an erster Stelle. Sieht man vom Baugewerbe und von der Energie- und Wasserversorgung etc. ab, stehen nach dem Anteil der im Verarbeitenden Gewerbe Beschäftigten an erster Stelle im Neckar-Odenwald-Kreis die Gemeinden Zwingenberg (66 %), Haßmersheim (65 %), Rosenberg (54 %), Hardheim (53 %), Limbach (50 %) und Walldürn (49 %). Eine regionale Gliederung ergibt sich also nicht.

Im folgenden werden Handwerk und Industrie getrennt betrachtet, wobei die Differenzierung nicht immer einfach ist. Auch die Zahl der Beschäftigten (Betriebe mit mehr als 10 bzw. ab 1984 20 Beschäftigten gelten als Industriebetriebe) stellt kein allgemein anerkanntes und verwendetes Kriterium dar, da zahlreiche Handwerksbetriebe aus Tradition der Handwerkerrolle die Treue halten und nicht der Industrie- und Handelskammer angehören. Die Bauunternehmungen, die ebenfalls ungeachtet ihrer Beschäftigtenzahlen als Handwerksbetriebe gelten, werden im entsprechenden Abschnitt behandelt.

Handwerk

Situation des Handwerks. – Das Handwerk nimmt neben der Industrie eine durchaus eigenständige Stellung ein. Von einer Konkurrenz zwischen Industrie- und Handwerksbetrieben kann nicht die Rede sein, da das Handwerk nicht nur als Zulieferer der Industrie dient, sondern mit seinen Organisationen zu einem großen Teil für die Ausbildung des Nachwuchses der Industrie verantwortlich ist. Neue Arbeitsweisen und Technologien führten auch hier zu Effizienzsteigerungen, so daß sich das Handwerk neben der Industrie behaupten konnte.

Die *Zahl der Arbeitsstätten* im Handwerk ging in den vergangenen zwanzig Jahren kontinuierlich zurück. Existenzsichernde Modernisierungs- und Rationalisierungsmaßnahmen führten im Bereich des Handwerks zu dem auch in anderen Branchen zu beobachtenden Konzentrationsprozeß. Während die Handwerkskammer Mannheim 1968 im Neckar-Odenwald-Kreis noch 1629 Handwerksbetriebe zählte, waren es 1988 nur noch 1322 Unternehmen. Erst in den letzten fünf Jahren war erstmalig seit Beginn der offiziellen Handwerksstatistik in der Nachkriegszeit eine Zunahme der Zahl der in der Handwerksrolle eingetragenen Betriebe feststellbar, allerdings nur von 0,1 %.

Tabelle 1: **Zahl der Handwerksbetriebe nach Handwerksgruppen im zeitlichen Vergleich**

Handwerksgruppen	Unternehmen			
	im NOK			in Bad.-Württ.
	1968	1977	1987	1982
Bau- und Ausbaugewerbe	350	306		21 463
Metallgewerbe	369	390		34 403
Holzgewerbe	210	162		8 355
Bekleidungs-, Textil- und Ledergewerbe	297	146		8 472
Nahrungsmittelgewerbe	301	262		11 998
Gewerbe für Kosmetik, chem. u. Reinigungsgewerbe	123	117		9 973
Glas, Papier, Keramik, Sonstiges	46	41		3 661
Unternehmen insgesamt	1 696	1 424	1 322	98 325

Quelle: Handwerkszählung 1977

Betrachtet man die *einzelnen Handwerksgruppen*, so stellt man fest, daß in den Bereichen Bau-, Holz-, Textil- und Nahrungsmittelgewerbe zwischen 1968 und 1977 jeweils über 40 Betriebe die Produktion einstellen mußten. Allein das Metallgewerbe hatte mit einem Zuwachs von 21 Betrieben eine positive Bilanz aufzuweisen.

Eines der gravierendsten Probleme der Handwerksbetriebe ist die dünne Eigenkapitalausstattung, an der in vielen Fällen bestandssichernde Maßnahmen wie die Einführung neuer Produktionsweisen und Investitionen in Maschinen scheitern. An dieser Stelle versuchen Bund und Länder durch entsprechende Programme Unterstützung zu bieten.

Parallel zu dem starken Rückgang der Arbeitsstättenzahl um 19 % ging auch die Zahl der *Beschäftigten im Handwerk* zurück. Die Abnahme der Beschäftigtenzahl fällt mit −1,3 % bis 1977 (neuere Zahlen liegen noch nicht vor) allerdings wesentlich geringer aus als der Verlust der Arbeitsstätten. Beschäftigtenzuwachs haben vor allem die Heizungs- und Lüftungsbauer (+134,4 %) und die Gruppe Glas, Keramik und Papier (+41,4 %). Ein starker Rückgang ist dagegen im gesamten Textilbereich und hier besonders bei den Schneidern (−64,4 %) und den Schuhmachern (−55,0 %) festzustellen. 77,4 % der in der Problembranche Buchdrucker/Setzer tätigen Personen mußten andere Erwerbsmöglichkeiten suchen. Der Handwerksbesatz − die Anzahl der im Handwerk tätigen Personen auf 1000 der Bevölkerung − lag 1968 bei 74,5, im Jahr 1977 noch bei 72,5, das heißt, es arbeiten relativ kontinuierlich 7 % der Bevölkerung in Handwerksbetrieben. In der Region Unterer Neckar (70,3/67,4) liegt dieser Anteil wie in Baden-Württemberg (75,2/71,8) insgesamt niedriger mit noch immer abnehmender Tendenz.

Betriebsstruktur. − Die Tab. 3 verdeutlicht den Konzentrationsprozeß: die bestehenden Betriebe haben heute durchschnittlich mehr Mitarbeiter als noch vor 20 Jahren.

5. Handwerk und Industrie

Tabelle 2: **Beschäftigte im Handwerk und Anteil der einzelnen Gruppen am Gesamthandwerk**

Handwerksgruppen	tätige Personen			darunter Arbeiter	Anteil am Gesamthandwerk in %	
	insgesamt		Veränderung			
	1968	1977	in %	30.9.1976	1968	1977
Bau- und Ausbaugewerbe	4 100	3 753	−8,5	3 375	42,8	39,7
Metallgewerbe	2 427	2 548	5,0	2 057	25,3	26,9
Holzgewerbe	660	798	20,9	600	6,9	8,4
Bekleidungs-, Textil- und Ledergewerbe	544	301	−44,7	115	5,7	3,2
Nahrungsmittelgewerbe	1 227	1 265	3,1	823	12,8	13,4
Gewerbe für Kosmetik, chemische und Reinigungsgewerbe	434	504	16,1	343	4,5	5,3
Glas, Papier, Keramik, Sonstiges	203	287	41,4	227	2,1	3,0
insgesamt	9 595	9 456	−1,3	7 540	100	100

Quelle: Statistisches Landesamt

Tabelle 3: **Betriebsgrößen des Handwerks im zeitlichen und regionalen Vergleich**

Handwerksunternehmen mit tätigen Personen	Neckar-Odenwald-Kreis		Region Unterer Neckar		Land Baden-Württemberg	
	1968	1977	1968	1977	1968	1977
1	479	377	2 201	1 542	26 645	19 431
2– 4	718	533	4 456	3 414	45 147	36 503
5– 9	345	357	2 457	2 236	23 252	21 982
10–19	82	119	697	875	6 913	8 781
20–49	48	49	387	388	3 347	3 740
50–99	12	12	9	85	909	934
100 und mehr	8	9	52	55	434	470
Handwerksunternehmen insgesamt	1 692	1 416	10 340	8 595	106 647	91 841

Quelle: Statistisches Landesamt

Die Betriebe sind deshalb jedoch keineswegs besonders groß: der durchschnittliche Handwerksbetrieb des Neckar-Odenwald-Kreises hatte 1968 drei Beschäftigte, 1977 dagegen fünf. Da davon auszugehen ist, daß die zwischen 1968 und 1977 konstatierte Entwicklung sich fortgesetzt hat, ist anzunehmen, daß auch heute noch die Hälfte der Betriebe unter fünf Beschäftigte hat (1968: 70%, 1977: 61%). Die Zahl der mittleren Arbeitsstätten mit 5–20 Beschäftigten hat im selben Zeitraum stark zugenommen; große Betriebe mit über 20 Beschäftigten sind mit 1977 4,9% gegenüber 1968 4,0% nach wie vor die Ausnahme. In der Region war 1977 der Anteil der Ein-Mann-Betriebe an der Handwerkerschaft mit 17,9% wesentlich geringer als im Landkreis (23,2%).

Umsatz. – Die Umsätze sind im gleichen Zeitraum in den Handwerksbetrieben insgesamt um 101,1% gestiegen. Es sind allerdings in den verschiedenen Handwerksgruppen ganz unterschiedliche Steigerungsraten feststellbar. Das Bekleidungs- und das

Tabelle 4: **Umsatz- und Umsatzsteuerentwicklung**

Handwerksgruppen	Umsatz einschließlich Umsatzsteuer*				
	insgesamt in 1 000 DM		Veränderung	Anteil am Gesamthandwerk	
	1968	1977	in %	1968	1977
Bau- und Ausbaugewerbe	141 428	237 762	168,1	40,2	33,6
Metallgewerbe	102 791	236 264	229,8	29,2	33,4
Holzgewerbe	21 499	61 366	285,4	6,1	8,7
Bekleidungs-, Textil- und Ledergewerbe	11 249	12 687	112,8	3,2	1,8
Nahrungsmittelgewerbe	60 437	124 491	206,0	17,2	17,6
Gewerbe für Kosmetik, chem. u. Reinigungsgewerbe	8 469	16 360	193,2	2,4	2,3
Glas, Papier, Keramik, Sonst.	6 501	19 192	295,2	1,8	2,7
insgesamt im NOK	352 374	708 122	201,0	100,0	100,0
zum Vergleich: Region Unterer Neckar	2 512 476	5 057 408	201,3		
Baden-Württemberg	24 528 014	52 497 513	214,0		

* Umsatzsumme aus eigenen Erzeugnissen, handwerklichen Dienstleistungen, Reparaturen, Handelswaren, nichthandwerklichen Tätigkeiten

Baugewerbe stehen mit +12,8 % bzw. +68,1 % an letzter Stelle, was den Zuwachs betrifft, während im Holzgewerbe und im Bereich Glas, Keramik, Papier Steigerungen von 185,4 % bzw. 195,2 % erzielt wurden. Die positive Umsatzentwicklung im Holzgewerbe bei gleichzeitig stark verringerter Beschäftigtenzahl ist dabei besonders auffallend.

Die Zahl der handwerklichen *Auszubildenden und Praktikanten* insgesamt stieg im Neckar-Odenwald-Kreis weiterhin an. Während 1968 1005 Personen in handwerklicher Ausbildung waren, sind es 1090 im Jahr 1977. Das sind 9,5 % bzw. 8,6 % der im Handwerk tätigen Personen und 10,5 % bzw. 11,5 % der versicherungspflichtig Beschäftigten insgesamt. Im IHK-Bezirk Rhein-Neckar insgesamt waren die meisten handwerklich Auszubildenden 1986 in den Berufen Maschinenschlosser, Werkzeugmacher, Energieanlagenelektroniker, Betriebsschlosser und Technischer Zeichner zu finden.

Baugewerbe. – Es profitierte in besonderem Maße von der Hochkonjunktur der 1950/60er Jahre und wies entsprechende Wachstumsraten auf. Andererseits ist gerade diese Branche extrem konjunkturanfällig und hat bereits auf die Stagnation der 80er Jahre reagiert. Die Zeit der großen Bautätigkeit zumindest in der Privatwirtschaft ist vorbei; heute ist die öffentliche Hand neben dem privaten Wohnungsbau der wichtigste Auftraggeber der Branche. Zwischen 1970 und 1985 hatte das Baugewerbe im RB Karlsruhe Verluste von 27,6 % zu verzeichnen, ebenso in allen Teilräumen des Neckar-Odenwald-Kreises. Angesichts dieser Situation und der saisonalen Beschäftigungsschwankungen besteht nach wie vor die Notwendigkeit, Ersatzarbeits- und Ausbildungsplätze zu schaffen, zumal das Baugewerbe 1986 noch 8,9 % der versicherungspflichtigen Arbeitnehmer des Kreises beschäftigte – im Landesdurchschnitt sind es nur noch 6 %.

Die *Zahl der Beschäftigten* im Baugewerbe ging im Neckar-Odenwald-Kreis zwischen 1969 und 1982 um 16,6 % zurück auf 3178 Personen, wobei die zugrundeliegende

5. Handwerk und Industrie

Tabelle 5: **Arbeitsstätten und Beschäftigte im Baugewerbe**

Gemeinde	Betriebe			Beschäftigte*			Beschäftigte je Betrieb*		
	1969	1982	1987	1969	1982	1987	1969	1982	1987
Adelsheim	8	7	9	62	50	84	7,7	7,1	9,33
Aglasterhausen	6	7	14	52	63	96	8,6	9,0	6,86
Billigheim	16	11	24	93	94	152	5,8	8,5	6,33
Binau	2	1	3	–	–	9	–	–	3,00
Buchen	24	14	45	520	490	593	21,6	35,0	13,18
Elztal	9	13	17	318	363	312	35,3	27,9	18,35
Fahrenbach	1	1	5	–	–	24	–	–	4,80
Hardheim	10	9	27	49	47	153	4,9	5,2	5,67
Haßmersheim	9	7	17	70	56	108	7,7	8,0	6,35
Höpfingen	5	2	7	175	–	194	35,0	–	27,71
Hüffenhardt	5	3	8	35	11	28	7,0	3,6	3,50
Limbach	9	10	22	116	134	217	12,8	13,4	9,86
Mosbach	29	26	66	1077	871	949	37,1	33,5	14,38
Mudau	4	2	20	35	–	75	8,8	–	3,75
Neckargerach	2	2	7	–	–	121	–	–	18,14
Neckarzimmern	5	0	2	159	–	11	31,8	–	5,50
Neunkirchen	4	4	7	43	36	32	10,8	9,0	4,57
Obrigheim	9	6	14	131	138	114	14,5	23,0	8,14
Osterburken	8	7	17	250	272	253	31,2	38,8	14,88
Ravenstein	5	5	8	48	50	63	9,6	10,0	7,88
Rosenberg	7	6	7	46	64	54	6,6	10,6	7,71
Schefflenz	8	5	17	50	22	124	6,3	4,4	7,29
Schwarzach	3	2	7	24	–	32	8,0	–	4,57
Seckach	4	3	16	38	44	107	9,5	14,6	6,69
Waldbrunn	8	7	13	70	81	93	8,8	11,5	7,15
Walldürn	14	9	30	348	292	419	24,8	32,4	13,97
Zwingenberg	1	2	2	–	–	18	–	–	9,00
NOK	215	171	431	3809	3178	4441	18,2	19,9	10,3

* Die Baubeschäftigten in Gemeinden mit unter drei Betrieben können aus Datenschutzgründen nicht veröffentlicht werden.

Statistik allerdings 6 bzw. 12 Betriebe außer Betracht läßt. Heute sind noch 3235 Personen im Baugewerbe beschäftigt, davon 949 oder 29,3 % in Mosbach. Besonders betroffen von der negativen Beschäftigungsentwicklung sind die Betriebe im Elzmündungsraum und Neckarzimmern. Hier gingen 365 Arbeitsplätze verloren, das sind über 50 % des Gesamtverlustes. In diesen Regionen hatte die zuvor herrschende rege Bautätigkeit zur Entstehung vieler Betriebe geführt.

Die *Zahl der Betriebe* nahm seit 1960 ebenfalls um 20 % ab. Von 215 Betrieben bestanden 1982 noch 171, 1985 noch 166. Die durchschnittliche Beschäftigtenzahl pro Betrieb stieg leicht an auf 20 Personen, wobei aber starke regionale Unterschiede bestehen. Die Betriebe in den Zentren des Kreises, Buchen, Mosbach, Walldürn und Osterburken, haben über 30 Beschäftigte, in den kleineren Gemeinden bestehen überwiegend kleine Betriebe mit unter zehn Beschäftigten. Erfreulich die Entwicklung in Elztal: hier entstanden zwischen 1977 und 1982 vier zusätzliche Betriebe. Die wichtigsten Bauunternehmungen im Kreis sind die Firmen Lintz & Hinninger und

Rapp Hoch- und Tiefbau in Mosbach sowie die Firmen Rieth und Egner-Bau in Billigheim, Störzer-Bau GmbH in Höpfingen, HLT Tomasetti GmbH Hoch-, Tief- und Eisenbahnbau in Neckargerach, in Buchen die Firma Baumbusch, sowie Flicker in Auerbach.

Trotz der schwierigen Entwicklung der letzten Jahre konnte das Baugewerbe des Arbeitsamtsbezirks Tauberbischofsheim im Berufsberatungsjahr 1987/88 noch 468 Jugendlichen eine *Ausbildungsstelle* bieten. Problematisch ist jedoch angesichts der hohen Arbeitslosigkeit im Baugewerbe der Übergang in den Beruf.

Die *Umsatzzahlen* der Branche weisen ebenfalls einen wenig erfreulichen Trend auf. Die Steigerung gegenüber dem Jahr 1977 (237,8 Mio DM) war bis 1985 nur gering (258 Mio DM), das entspricht einem Umsatz pro Betrieb von rund 1,2 Mio DM bzw. 1,55 Mio DM. Auf Regions- und Landesebene verlief die Umsatzentwicklung der letzten Jahre sogar leicht negativ.

Arbeitgeber- und Arbeitnehmerorganisationen. – Auch im Gebiet des heutigen Neckar-Odenwald-Kreises waren im 13. und 14. Jh., der Blütezeit städtischer Entwicklung, bei den alten Handwerken *Zünfte* entstanden. Die städtische Wirtschaftspolitik, die auf Selbstversorgung hinzielte, war bestrebt, möglichst alle Handwerkszweige in ihren Mauern zu haben. Damit war den Handwerkern der wirtschaftliche und soziale Aufstieg leicht gemacht. Die vielen prächtigen Fachwerkbauten in Mosbach bezeugen, daß die beste Zeit des Handwerks hier das 16. Jh. war. Während die Zünfte im 16. und 17. Jh. eine hohe wirtschaftliche, soziale und auch politische Bedeutung hatten, erstarrten sie im 18. Jh. und wurden zu einem Hemmschuh der ökonomischen Entwicklung. Als Ergebnis des wirtschaftlichen Liberalismus entstand das bad. Gewerbegesetz von 1862, das die uneingeschränkte Gewerbefreiheit verordnete und das Zunftwesen mit einem Schlag auslöschte. Die Handwerker gründeten daraufhin *Gewerbevereine*, *Handwerker-Innungen* und freie *Fachorganisationen* zur Vertretung ihrer Interessen. Der Mosbacher Gewerbeverein wurde am 14. 3. 1865 gegründet.

Heute sind die 1322 Handwerksbetriebe des Kreises gemäß der Handwerksordnung vom 17. September 1963 über die *Innungen* in der Kreishandwerkerschaft zusammengeschlossen, welche wie die IHK eine Körperschaft des Öffentlichen Rechtes ist und die Registrierung der Betriebe und die Überwachung des Ausbildungswesens zur Aufgabe hat. Die *Handwerkskammer* reguliert auf diese Weise den Zugang zu den einzelnen Handwerksberufen. Nach der Handwerksordnung müssen alle Handwerker des Bezirks der Handwerkskammer angehören; das umfaßt auch die Lehrlinge und Gesellen. Eine weitere wichtige Funktion dieser halbstaatlichen Einrichtungen besteht in der Beratung der politischen Gremien des Staates.

Industrie

Übergang der Handwerks- zur Industrieproduktion. – Die Voraussetzungen für eine Industrialisierung waren wie beschrieben im Neckar-Odenwald-Kreis schlecht. Die Handwerksbetriebe boten aufgrund der fehlenden Kapitalausstattung und der geringen Absatzmöglichkeiten keine gute Ausgangsbasis. Die ersten Industriebetriebe entstanden daher oft nicht aus der Initiative von Handwerksmeistern, sondern von Fachfremden. Die industrielle Produktionsweise setzte sich erst spät durch, der einzige Standortvorteil der Region im Hinblick auf die Industrialisierung war das Vorhandensein zahlreicher billiger Arbeitskräfte.

Regional gesehen kann eine gewisse Gliederung der Industriestandorte festgestellt werden: Während entlang des Neckars und in Mosbach vor allem solche Betriebe expandieren konnten, die mit dem Abbau und der Verarbeitung von Bodenschätzen beschäftigt waren, herrschten am Rande des Kleinen Odenwaldes die Lederwarenindustrie und in Limbach die Holz- und Papierwarenindustrie vor. Für die Entwicklung all dieser Plätze spielte die Nähe zur Eisenbahn eine gewisse Rolle, sie wurde allerdings in den Zeiten ihrer Entstehung in ihrer Bedeutung überschätzt.

Zwischen den Kriegen veränderte sich die wirtschaftliche Situation der Region nur wenig. Neue Industrieansiedlungen konzentrierten sich auf die vorhandenen Standorte und blieben relativ klein, die Industriebetriebe der Region konnten nur wenig überörtliche Bedeutung gewinnen und konnten sich nicht zu »echten« großindustriellen Betrieben entwickeln. Hierfür fehlten einfach die Verkehrswege und andere wesentliche Faktoren der wirtschaftlichen Entwicklung. Die Bewohner der Dörfer, die an den Eisenbahnlinien lagen, mußten in entferntere Städte pendeln. Die Menschen in den Dörfern abseits der Bahnlinien fanden keine industriellen Arbeitsplätze und verblieben vorwiegend in der Landwirtschaft. Anfang der 1940er Jahre wurde in den Neckarstollen bei Obrigheim in einem Zweigwerk der aus Berlin teilweise ausgelagerten Firma Daimler-Benz die Motorradproduktion aufgenommen. Zunächst arbeiteten hier einheimische Arbeitskräfte, nach der Einrichtung der Außenstelle Neckarelz des Konzentrationslagers Natzweiler wurden zusätzlich ca. 2500 Gefangene zur Zwangsarbeit herangezogen.

Wirtschaftlicher Aufschwung nach 1945. – Die Altkreise Mosbach und Buchen blieben von Kriegszerstörungen weitgehend verschont und hatten demnach wenig kriegsbedingte Verschlechterungen ihrer Wirtschaftsstruktur hinzunehmen. Der Wandel der Standortfaktoren hatte seit den dreißiger Jahren dennoch Veränderungen bewirkt. Um die wichtigsten Fakten zu wiederholen, waren es vor allem die Verfügbarkeit von Energie, das Aufkommen des Automobils als Individualverkehrsmittel und die Möglichkeit des Transports über die Straßen durch die Verbesserung des Straßennetzes und die Verbreitung des Transportmittels Lastkraftwagen, die eine ganz neue Entwicklung einleiteten. Auch die staatliche und kommunale Wirtschaftspolitik, auf die in einem eigenen Abschnitt eingegangen wurde, soll als wesentlicher Faktor der wirtschaftlichen Aufwärtsentwicklung nicht unerwähnt bleiben.

Einzelne Industriezweige. – Die Entstehung der ersten Industriebetriebe und ihre Entwicklung bis ins 20. Jh. hinein wurde im Kapitel »Produzierendes Gewerbe bis zum 2. Weltkrieg« behandelt. Im folgenden Abschnitt soll gezeigt werden, was aus diesen frühen Betrieben wurde und wie sich die einzelnen Branchen in der zweiten Hälfte unseres Jahrhunderts entwickelten, wobei als Kriterium für die Wichtigkeit eines Betriebes die Zahl der Beschäftigten gilt.

Eine Auflistung der umsatzstärksten Unternehmen ist schwer möglich, da die Umsatzzahlen im einzelnen nicht immer zugänglich sind, darüber hinaus ist für den ländlichen Raum die Zahl der Arbeitsplätze der interessantere Faktor. Die Tab. 6 gibt einen ersten Überblick über die Struktur und Situation der Industriebetriebe heute.

148 Betriebe mit insgesamt 14705 Beschäftigten gelten 1988 nach dieser Systematik als Industriebetriebe. Die Zahl der industriellen *Arbeitsstätten* ging demnach seit 1980 um acht Betriebe oder rd 5 % zurück. Die *Beschäftigtenzahl* insgesamt stieg gleichzeitig um rd. 7,5 % an, d. h., daß heute in weniger Betrieben mehr Personen beschäftigt sind. Die Zahl der Beschäftigten pro Arbeitsstätte stieg zwischen 1984 und 1988 um 8,5 % von 91,8 auf 99,6 Beschäftigte an. Damit liegt der Kreis dennoch weit unter dem

Tabelle 6: **Betriebe mit 20 und mehr Beschäftigten***

	Neckar-Odenwald-Kreis					Kammerbezirk Rhein-Neckar
	1984	1985	1986	1987	1988	1988
Industriebetriebe	149	149	145	144	148	729
Beschäftigte	13 678	13 852	14 371	14 350	14 705	144 251
geleistete Arbeitsstunden			1 554	1 523	1 522	12 935
Löhne			26 619	27 495	29 421	312 480
Gehälter			14 207	15 134	15 996	264 524
Umsatz Januar–September	1 684	1 854	1 509	1 513	1 639	23 097
davon Auslandsumsatz	460	527	452	447	541	7 892 524
Exportquote	27,3	28,4	29,1	27,4	33,3	34,8
Baden-Württemberg: 1984 30,9 % 1985 32,1 %						

* mit Handwerk, geleistete Arbeitsstunden in 1000; Löhne, Gehälter in 1000 DM, Umsätze in Mio DM.
Quelle: IHK Rhein-Neckar, »Die Wirtschaft« 12/87 und 12/88

Landesdurchschnitt Baden-Württemberg: hier hat ein Betrieb durchschnittlich 197,87 Beschäftigte. Auch innerhalb des Kreises bestehen deutliche Unterschiede in den Betriebsgrößen, wie die Tab. 7 zeigt.

Tabelle 7: **Betriebe und Beschäftigte 1982**

Gemeinde	Betriebe	Beschäftigte	durchschnittliche Beschäftigtenzahl
Haßmersheim	4	712	178,0
Mosbach	25	3 835	153,4
Walldürn	18	2 277	126,5
Hardheim	9	1 116	124,0
Seckach	4	378	94,5
Buchen	22	1 848	84,0
Elztal	8	628	78,5
Limbach	7	536	76,6
Obrigheim	7	502	71,7
Aglasterhausen	4	214	53,5
Höpfingen	4	213	53,3
Billigheim	3	137	45,7
Neckarzimmern	3	130	43,3
Adelsheim	3	118	39,3
Neunkirchen	3	112	37,3
Schefflenz	7	235	33,6
Mudau	8	224	28,0

Aus Gründen des Datenschutzes konnten Gemeinden mit weniger als zwei Industriebetrieben nicht berücksichtigt werden. Die mit durchschnittlich 137,3 Beschäftigten größten Betriebe bestehen im Bereich der Investitionsgüterindustrie, die mit 60 % auch dem größten Anteil der Industriebeschäftigten Arbeit gibt.

Die vorliegenden Daten aus der Arbeitsstättenzählung 1987 erlauben (noch) keine Weiterführung der Tab. 7. Möglich ist aber eine Darstellung der Betriebsgrößenstruktur im Produzierenden Gewerbe für den gesamten Landkreis, untergliedert nach den

Tabelle 8: **Betriebsgrößenstruktur im Produzierenden Gewerbe 1970 und 1987**

Wirtschaftszweig	Arbeits-stätten	Beschäf-tigte	Arbeitsstätten mit ... bis ... Beschäftigten											
			20–49		50–99		100–199		200–499		500–999		1000 u.m.	
	insgesamt		ArbSt	Besch	ArbSt	Besch	ArbSt	Besch	ArbSt	Besch	ArbSt	Besch	ArbSt	Besch
Energie- und Wasserversorgung, Bergbau														
1970	21	353	2	51	–	–	1	198	–	–	–	–	–	–
1987	23	525	3	86	–	–	–	–	1	341	–	–	–	–
Veränderung in %	9,5	48,7	50,0	68,6	–	–	–100,0	–100,0	x	x	–	–	–	–
Verarbeitendes Gewerbe														
1970	1273	21384	76	2274	37	2683	24	3410	15	4775	6	4167	–	–
1987	1051	18732	79	2425	29	1921	21	2746	15	4380	3	1847	1	1134
Veränderung in %	–17,4	–12,4	3,9	6,6	–21,6	–28,4	–12,5	–19,5	0,0	–8,3	–50	–55,7	x	x
Baugewerbe														
1970	434	5369	33	1051	11	741	5	668	4	1019	–	–	–	–
1987	531	4441	31	842	8	557	7	986	–	–	–	–	–	–
Veränderung in %	–0,7	–17,3	–6,1	–19,9	–27,3	–24,8	40,0	47,6	–100,0	–100,0	–	–	–	–
Produzierendes Gewerbe insgesamt														
1970	1728	27106	111	3376	48	3424	30	4276	19	5794	6	4167	–	–
1987	1505	23698	113	3353	37	2478	28	3732	16	4721	3	1847	1	1134
Veränderung in %	–12,9	–12,6	1,8	–0,7	–22,9	–27,6	–6,7	–12,7	–15,8	–18,5	–50,0	–55,7	x	x

Wirtschaftszweigen Energie- und Wasserversorgung/Bergbau, Verarbeitendes Gewerbe und Baugewerbe.
Die Industriebetriebe des Landkreises im zeitlichen Vergleich und in ihrer Verteilung auf die Wirtschaftshauptgruppen zeigt Tab. 9.

Tabelle 9: **Die Industriebetriebe und ihre Verteilung auf die Wirtschaftshauptgruppen**

Wirtschaftshauptgruppe	1980	1983	1986	1987
Grundstoff- und Produktionsgüterindustrie	26	28	30	
Investitionsgüter produzierende Industrie	62	61	61	
Verbrauchsgüter produzierende Industrie	64	51	49	
Nahrungs- und Genußmittel produzierende Industrie	7	6	5	
insgesamt	159	146	145	148

1986 waren von den bestehenden 145 Betrieben 61 der Branche *Investitionsgüterproduktion* zuzurechnen, im einzelnen sind das Betriebe des Stahl-, Maschinen- und Werkzeugbaus, der Elektrotechnik und Feinmechanik. Die Zahl der Betriebe in diesem Bereich blieb annähernd konstant.

Der *Maschinenbau* ist heute mit 26 Betrieben und 4.228 Beschäftigten, das sind 29,7 % der Industriebeschäftigten insgesamt, die wichtigste Branche innerhalb des Produzierenden Gewerbes. Zu nennen sind hier besonders die früheren Mühlenbauwerkstätten von Gustav Eirich und Adolf & Albrecht Eirich in Hardheim, die schon Ende des vergangenen Jahrhunderts auf Maschinenbau umstellten. Gustav Eirich ist heute auf Landmaschinen-, Meß- und Regeltechnik spezialisiert und produziert mit 540 Personen zu 70 bis 80 % für den Export. Bei der Fa. A. & A. Eirich werden mit 140 Beschäftigten Mischgeräte bzw. Förderanlagen und Siloeinrichtungen hergestellt. Jüngere, von der Beschäftigtenzahl her wichtige Maschinenbaufirmen sind die Maschinenfabrik Diedesheim mit 600 Beschäftigten, die 1913 gegründete Firma Kaelble-Gmeinder in Mosbach, die zunächst mit dem Bau von Lokomotiven begann und heute mit rd. 300 Beschäftigten Planierraupen, Zahnräder und Getriebe herstellt, und die Firma Finkenrath OHG in Elztal-Dallau, welche Wälzlagerzubehör und Antriebselemente herstellt. Die Firma Spitzer OHG mit heute 300 Beschäftigten in Mosbach, Elztal und Walldürn, gegründet um 1870 als Ziegelei, stellte bald auf die Produktion von Eisenwaren um und ist über den Bau landwirtschaftlicher Fahrzeuge heute zur Herstellung von Straßensilofahrzeugen gekommen. Auch die Produktion von Baumaschinen hat Bedeutung: In Schefflenz die Firma Bilger Baumaschinen mit rd 100 Beschäftigten, Otto Roth (76 Besch.) in Buchen, in Seckach die Firma Kessel Braukmann sowie Böhrer Bohr- und Bergbaumaschinen in Höpfingen (85 Besch.). Unter den vielen Maschinenbaufirmen in Buchen ist die Firma Göttfert, Werkstoffe und Prüfmaschinen (92 Besch.) die wichtigste. In Osterburken schließlich sind die Firmen AZO Maschinenfabrik Adolf Zimmermann GmbH und Bleichert Förderanlagen GmbH zu erwähnen.

Neben dem Maschinenbau leisten vor allem die z.T. aus den Gießereien hervorgegangenen Branchen *Stahl- und Metallbau, Eisen- und Stahlwarenherstellung und -Vertrieb* und auch die großen Kfz-Werkstätten einen wichtigen Beitrag zur Wirtschaftskraft unseres Raums. Insgesamt 18 Betriebe dieser Sparten gelten nach ihrer Beschäftigtenzahl als Industriebetriebe. So die Firma Götz Werkzeugbau in Aglasterhausen (180 Besch.), in Buchen W. Keller (70), Kudler u. Stifter, M. Merklinger,

5. Handwerk und Industrie

A. Schüßler KG Buchen (40 Besch.) Arco Armaturenfabrik Obrigheim, Josef Schimmel KG, Filtersiebe Armaturen in Adelsheim. Die Metallwarenfabrik Carl Reum mit rd 200 Beschäftigten hat den Betrieb im letzten Jahr von Buchen nach Hardheim verlagert. Der Betrieb hat sich vor allem auf den Werkzeugbau und die Oberflächenveredelung spezialisiert. Wichtige Federn- und Metallwarenfabriken im Kreis sind Scheuermann und Heilig GmbH in Hainstadt und Ernst Schmitthelm, Neunkirchen mit 300 bzw. 57 Beschäftigten. Zu den jüngeren Betrieben gehört die 1973 in Hardheim gegründete Firma Feist Incon Verfahrenstechnik, die mit 54 Beschäftigten Industrieanlagen für die Bereiche Chemie und Umweltschutz, fast ausschließlich für den Export, herstellt.

Den »neuen« Wirtschaftszweigen *Meßgeräte, Feinmechanik, Elektronik* sind 14 Betriebe zuzurechnen, darunter die traditionsreiche Firma Honeywell-Braukmann, von Düsseldorf nach Mosbach verlagert im Jahr 1957, mit heute 650 Beschäftigten. Daneben sind die Firmen MB Elektronik (Mikrofonbau) in Obrigheim mit 300 Beschäftigten, die Fibro Handhabungsanlagen in Haßmersheim mit 333 Beschäftigten, die aufstrebende Firma TMF Tonmöbel GmbH in Höpfingen, in Seckach die Firma Digatel Elektronik und Foto Kaiser, seit 1954 in Buchen, heute 180 Mitarbeiter, zu erwähnen. Mit Elektrotechnik und Feinmechanik sind in Walldürn die Firma Rohlf GmbH und ein Zweigwerk der BRAUN AG Frankfurt, bis 1963 ein Betrieb, beschäftigt, in Höpfingen die Firma Franz Kuhn GmbH (50 Besch.), in Buchen die Firmen Medica (78 Besch.), Hoerner KG Lichtwerbung (66 Besch.) und Hoffmann und Krippner (85 Besch.). Ein wichtiger Betrieb der Branche *Farben und Lacke* ist die Firma Vogelsang GmbH in Haßmersheim mit insgesamt rd 350 Beschäftigten. In Waldbrunn-Strümpfelbrunn errichtet die Verpackungsanlagen herstellende Firma Mosca mit 100 Beschäftigten eine neue Produktionsanlage.

Mit dieser deutlichen Aufwärtsentwicklung und Ausdifferenzierung der Investitionsgüterindustrie ergab sich eine Verschiebung gegenüber dem letzten Jahrzehnt, in dem die *Verbrauchsgüterproduktion*, das ist unter anderem die Glas-, Holz-, Papier- und Keramikbearbeitung, Textilgewerbe und Lederverarbeitung, überwog. Heute entwickeln sich viele Branchen dieser Gruppe negativ. Das *Textil- und Bekleidungswesen* hat seit dem Eindringen der billigeren Waren aus dem Ausland zu kämpfen. Viele Betriebe mußten Personal einsparen oder ganz schließen. 15 Textilbetriebe beschäftigen heute noch rd 900 Personen und erwirtschaften ca. 50 Mio DM Umsatz. Wichtige Betriebe sind die Odenwälder Steppdeckenfabrik in Limbach (116 Besch.) und die Gardinenfabrik Obrigheim mit Zweigwerk in Hüffenhardt (60 Besch.) sowie die kleineren Firmen Joeres Couture GmbH in Höpfingen, ARI Badebekleidung in Walldürn und die Fa. Zerfowski Co KG in Schefflenz. Eine ebenfalls negative Entwicklung läuft im Bereich *Lederverarbeitung* ab. Auch hier schlossen viele Betriebe. Nach der Betriebseinstellung bei Salamander in Osterburken sind die Bama-Werke Mosbach mit 650 Beschäftigten der wichtigste Betrieb der Branche Schuhe und Einlegesohlen. Dieser Betrieb ist, zieht man neben der Beschäftigtenzahl auch die überregionale »Ausstrahlung« eines Betriebes in Betracht, sicher als das in der Region bedeutendste Unternehmen der Branche zu betrachten.

Traditionsreiche Handwerksberufe, die im vergangenen Jahrhundert schon erste Industriebetriebe hervorbrachten, heute aber bestenfalls noch als Kleinbetriebe bestehen, sind mit der Herstellung von *Devotionalien* (Holzschnitzereien und Wachswaren), der *Peitschenfabrikation* und der *Tabakverarbeitung* beschäftigt. Im Wallfahrtsort Walldürn und in Osterburken bestehen noch heute mit der Herstellung und dem Vertrieb von Wachswaren beschäftigte Betriebe (Günter GmbH, Kieser GmbH von

1889, Otto Nunn). Das Holzschnitzerhandwerk wird noch in Mudau betrieben; auch die früher lukrative Kunstblumenherstellung hat noch heute Bedeutung. Die noch bestehende Firma Link (gegründet 1860) mit dem Nachfolger F. Klingenberger und die dazugekommenen Firmen Frei GmbH und Wilhelm Heß (gegründet 1874) erweiterten ihre Produktpalette um den Floristenbedarf. Die Peitschenfabrikation sowie der Handel mit Reit- und Hundesportartikeln, die um die Jahrhundertwende über 100 Personen in mehreren Betrieben im Schwarzachtal beschäftigte, verschwand bis auf den ca. 1880 gegründeten Betrieb von H. Döbert. Die Branchen *Druck und Papier*, Mitte unseres Jahrhunderts noch Wachstumsbranchen, sind ebenfalls in rückläufiger Entwicklung begriffen. Vier Druckereien, darunter die Firma Laub in Elztal sowie die Musterkartenfabrik Rolf Knaus in Neunkirchen mit 61 Mitarbeitern, sind als Industriebetriebe zu bezeichnen.

Eine gute wirtschaftliche Entwicklung ist dagegen im Bereich Glas und Keramik, Möbel, Kunststoff, Lampen festzustellen. Zum Zweig der *Glas- und Keramikproduktion* gehören die traditionsreichen Betriebe von Franz Kaspar Bleikristall und die »Mosbacher Keramik«, hervorgegangen aus der Kachelofenfabrik von F. Nerbel. Zu erwähnen ist auch die Filiale der Keramik Spang GmbH Freiberg mit 40 Personen in Elztal-Muckental. Die Herstellung von *Möbeln* beschäftigt im Kreis einige hundert Personen. Allein in Buchen arbeiten 125 bzw. 140 Personen in den Möbelfabriken Franz Fertig, gegründet 1892, und Schifferdecker GmbH, Hainstadt. Zehn Betriebe im Kreis sind mit der Herstellung von *Kunststoffwaren* beschäftigt, der wichtigste sind die Odenwälder Kunststoffwerke GmbH in Buchen mit insgesamt 410 Mitarbeitern. Erwähnenswert auch die Firmen Grimm in Krumbach (100 Besch.), H. Voss in Binau (200 Besch.) und die ORO Werke Hardheim mit rd 100 Beschäftigten. Der traditionelle Zweig der *Holzbearbeitung* ist mit über 15 Betrieben im Kreis noch heute ein bedeutsamer Wirtschaftsfaktor. Ebenfalls zu den traditionsreichen Branchen gehört die Herstellung von *Beleuchtungskörpern*, die um 1920 in Limbach aus der Holz- und Papierverarbeitung entstand. Der älteste Betrieb der Branche sind die Badenia-Werke von Richard Bopp, heute allerdings nur noch 10 Beschäftigte. Später entstanden hier und in Buchen die Betriebe Zimmermann GmbH mit rd 150 in- und externen Beschäftigten, Linus Bopp Leuchten GmbH, 87 Beschäftigte, Odenwald-Leuchten GmbH & Co und WIGÖ Götzingen GmbH & Co, ca. 60 Mitarbeiter.

Insgesamt weist die Verbrauchsgüterproduktion, der die beschriebenen Betriebe zugehören, rückläufige Betriebszahlen auf. Zwischen 1980 und 1986 gingen 15 Betriebe verloren. Die unterschiedliche Entwicklung der Betriebszahlen in den einzelnen Wirtschaftshauptgruppen läßt allerdings nicht generell Rückschlüsse auf die wirtschaftliche Situation der Branchen zu, sie ist vielmehr in erster Linie das Resultat der Konzentrationsprozesse in der Industrie.

Ebenfalls rückläufig sind die Betriebszahlen im Bereich der *Nahrungs- und Genußmittelproduktion*. Hier bestanden 1986 insgesamt sieben Betriebe weniger als 1980. Brauereien und die Tabakwarenindustrie spielen in unserem Raum keine große Rolle mehr. In Schefflenz besteht die Brauerei Letzguß, während die einzige große Brauerei des Landkreises, die 1878 gegründete Brauerei Hübner, den Betrieb einstellen mußte. Die Anlagen wurden 1984 teilweise von der Firma Schwaben-Bräu übernommen.

Auch die zwei großen Nahrungsmittelbetriebe Mosbachs, die in den 50er Jahren angesiedelten Konservenfabriken Voss und Hengstenberg, welche einst wichtige Arbeitgeber in ihren Standorten Diedesheim und Binau waren, haben die Konzentrationsprozesse der letzten 20 Jahre nicht überlebt. Eine Neuansiedlung der 80er Jahre ist die Firma Seitenbacher in Buchen, die mit heute 65 Beschäftigten Natursauerteig,

5. Handwerk und Industrie

Brotmischungen, Müsli u.a. herstellt. Der ursprünglich kleine Betrieb ist heute in ständiger Expansion begriffen.

Die dominierende Branche des ausgehenden 19. Jh. war der Abbau und die Verarbeitung der vorhandenen Rohstoffe zu den Baustoffen Gips, Kalk und Ziegel, welche sich heute zum *Grundstoff- und Produktionsgütergewerbe* rechnet. Die Produktion, die Verarbeitung und der Vertrieb von Kalk, Gips, Zement und Betonerzeugnissen beschäftigt auch heute noch eine Vielzahl von Handwerks- und Industriebetrieben des Kreises, obwohl die Verdrängung der traditionellen Baustoffe durch den Beton zur Stillegung fast aller Steinbrüche, Ziegeleien, Kalk- und Gipswerke führte. Die Kalkabbauplätze in Neckarzimmern, Obrigheim, Haßmersheim und Diedesheim wurden in den 60er Jahren von der Heidelberger Zement-AG übernommen, mußten jedoch teilweise den Betrieb einstellen. Im Werk Neckarzimmern arbeiten noch 48 Personen. Ziegeleien, um die Jahrhundertwende ein wichtiger Wirtschaftsfaktor, bestehen noch in Buchen/Hainstadt, in Billigheim und Höpfingen. Viele andere Ziegeleien wurden wie die ebenfalls aus einer Ziegelei hervorgegangene Firma Beton-Lang in Mosbach (rd. 90 Besch.) auf Betonherstellung, -verarbeitung und -vertrieb umgestellt. Noch heute von Bedeutung sind die Eisengießereien, für deren Ansiedlung die verkehrsmäßigen Grundlagen besonders in Neckarelz und Obrigheim günstig waren. Hier entstanden die noch heute bestehenden Eisengießereien Röth (1890), Glückauf und Eisenguß sowie ein eisenverarbeitender Betrieb (Dörflingersche Federnfabrik). Weitere Gießereien sind noch die Dossmann GmbH in Rippberg sowie in Buchen die Firma Piel und Adey. 665 Personen sind insgesamt in Gießereien beschäftigt.

Wichtige große *Neuansiedlungen* mit über 50 Beschäftigten sind in den letzten Jahren selten geworden. Erwähnenswert ist in diesem Zusammenhang die bereits angeführte Fa. Seitenbacher. Dabei werden im wesentlichen unqualifizierte Arbeitsplätze geschaffen, nach denen im Raum eine große Nachfrage, z.B. auch von Nebenerwerbslandwirten, besteht. Die Firma Karl Weisshaar in Mosbach entstand 1983 als Betriebsneugründung im Bereich Blechbearbeitung. Die Firma konnte ihren Personalbestand innerhalb kurzer Zeit auf heute rd 100 Mitarbeiter ausdehnen.

Beschäftigte. – Wie bereits erwähnt, stieg die Zahl der *Industriebeschäftigten* seit 1980 um rd 7,5 % von 13 678 auf 14 705 Personen an, das sind 29,1 % der Erwerbstätigen im Neckar-Odenwald-Kreis. Der Industriebesatz, das ist der Anteil der Industriebeschäftigten auf 1000 Personen der Wohnbevölkerung, lag 1978 bei 125,3, 1984 bei 108, 1985 bei 109. Die Verteilung der Beschäftigten auf die Wirtschaftshauptgruppen im überregionalen Vergleich sind der Tab. 10 zu entnehmen.

Auffallend sind vor allem die Werte der Grundstoff- und Produktionsgüterindustrie, welche deutlich unter dem Regionsdurchschnitt liegen. Überdurchschnittlich viel Beschäftigte sind dagegen im Bereich Verbrauchsgüterproduktion tätig. Daß der Anteil der Ernährungsindustriebetriebe an den Beschäftigten so niedrig ist, mag daran liegen, daß in dieser Branche die Betriebe mit geringerer Beschäftigtenzahl dominieren.

Umsatz. – Die Industriebetriebe konnten ihren Umsatz zwischen 1976 und 1986 von 1,235 Mio DM auf 2,095 Mio DM steigern. Schwierig waren die Jahre 1982 und 1983, die einen Einbruch von knapp 4 % gegenüber dem Vorjahr brachten. Bereits 1984 hatten die Umsätze jedoch wieder das Niveau von 1981 erreicht und konnten bis 1986 um weitere 24 % auf 2,095 Mio DM gesteigert werden. Auf die Betriebe umgerechnet, ergibt sich eine absolute Steigerung von 10,4 Mio DM auf 14,4 Mio DM je Betrieb

IV. Wirtschaft und Verkehr

Tabelle 10: **Industriebeschäftigte nach Wirtschaftsgruppen 1986**

Wirtschaftsgruppen	Betriebe	Beschäftigte			
		Kreis Neckar-Odenwald	je Betrieb durchschnittlich	Kammerbez. Rhein-Neckar	Land Baden-Württemberg
Grundstoffe und Produktionsgüter	30	1 931	64,4	34 313	164 133
in %		13,7		23,5	11,5
Investitionsgüter	61	8 378	137,3	86 967	923 596
in %		59,3		59,7	64,9
Verbrauchsgüter	49	3 654	74,6	17 376	281 838
in %		25,8		11,9	19,8
Ernährungsgewerbe	5	174	34,8	7 171	54 728
in %		1,2		4,9	3,8
alle Gruppen (100 %)	145	14 137	97,5	145 827	1 424 295

Quelle: IHK Rhein-Neckar, »Zahlen und Daten aus dem Bezirk IHK Rhein-Neckar«, Ausgabe 1987/1988

zwischen 1981 und 1986. Bei genauerer Betrachtung stellt man fest, daß das Jahr 1983 trotz eines Rückgangs der absoluten Umsatzzahlen eine leichte Steigerung der Umsätze pro Betrieb brachte. Diese Tatsache ist darauf zurückzuführen, daß im selben Zeitraum 11 Industriebetriebe verloren gingen. In Baden-Württemberg lag der Umsatz pro Betrieb 1986 bei durchschnittlich 28,8 Mio DM, im Kammerbezirk gar bei 40,5 Mio DM – das sind Werte, die nur wenige Betriebe im Neckar-Odenwald-Kreis erreichen können. Dennoch kann angesichts der Steigerungsraten der letzten Jahre von einer sehr erfreulichen Entwicklung der Industriebetriebe gesprochen werden.

Interessant auch der Anteil des *Auslandsumsatzes* am Umsatz der Betriebe. Zwischen 1976 und 1986 konnten die Betriebe den Exportanteil von 27,4 % auf 29,5 % steigern und liegen damit nur noch wenig unter dem Durchschnitt des Kammerbezirks Rhein-Neckar (1986: 31,3 %). Angesichts der schwierigen Bedingungen für Exporte aus der Bundesrepublik ist diese Steigerungsrate von absolut 334,5 Mio DM auf 618,0 Mio DM erstaunlich. Auffällig auch hier die Werte für 1983: Die Exportquote ging als Reaktion auf die ungünstigen Bedingungen von 27 auf 25 % zurück. Besonders einige Betriebe des Bereichs Elektronik und Feinmechanik zeichnen sich durch einen hohen Exportanteil am Umsatz aus. Zu erwähnen sind beispielsweise die Firmen Medica und Foto Kaiser in Buchen, aber auch die Maschinenfabrik von Gustav Eirich in Hardheim und Bama in Mosbach. Beide Firmen haben Zweigwerke in verschiedenen Ländern der Welt.

Wie bei den Beschäftigtenzahlen dominiert die Investitionsgüterbranche auch beim Umsatz mit 64 % des Gesamtumsatzes (erwirtschaftet von nur 42 % der Betriebe). Der Anteil wurde in den letzten vier Jahren stark ausgebaut: Absolut gesehen stieg der Umsatz zwischen 1983 und 1986 von 978 auf 1,343 Mrd DM, das entspricht einem wachsenden Anteil am Gesamtumsatz von 61,5 bzw. 64,1 %. Die durchschnittliche Umsatzsumme in dieser Branche lag 1986 bei 22 Mio DM gegenüber 16 Mio DM 1983, dagegen in den kleineren Betrieben der Verbrauchsgüterindustrie bei nur 8,5 Mio DM, 1983 bei 7,2 Mio DM. Der Umsatz stieg zwar auch in diesem Bereich insgesamt an, der Anteil am Gesamtumsatz der Industrie ist jedoch rückläufig von 23,0 auf 19,9 %.

Interessant die Ergebnisse der wenigen Ernährungsbetriebe: Im selben Zeitraum gingen sowohl die absoluten Umsatzzahlen als auch der Anteil generell zurück. Dennoch

5. Handwerk und Industrie

Tabelle 11: **Anteil der Wirtschaftsgruppen am Umsatz in Mio DM (1986)**

Wirtschaftsgruppen	Anteil a. d. Betrieben insgesamt	Umsatz in Mio DM im Kreis	Umsatz/ Betrieb in Mio DM	Kammerbez. Rhein-Neckar	Land Baden-Württemberg
Grundstoffe und Produktionsgüter	20,7	277	9,2	9775	46353
in %		13,2		32,4	17,2
Investitionsgüter	42,1	1343	22,0	14256	160340
in %		64,1		47,2	59,6
Verbrauchsgüter	33,8	417	8,5	2712	42696
in %		19,9		9,0	15,9
Ernährungsgewerbe	3,4	58	11,6	3426	19514
in %		2,8		11,4	7,3
alle Gruppen (100 %)	100,0	2095	14,4	30169	268903

Quelle: IHK Rhein-Neckar, »Zahlen und Daten aus dem Bezirk der IHK Rhein-Neckar«, Ausgabe 1987/1988

werden in nur fünf Betrieben mit insgesamt 174 Beschäftigten 58 Mio DM oder 2,8 % des Gesamtumsatzes erwirtschaftet. Rechnet man diesen Wert um auf den Umsatz pro Beschäftigten, so erzielte diese Branche 1986 Ergebnisse, die fast doppelt so hoch lagen wie die der anderen Branchen (333333 DM/Besch.). In der Investitionsgüterbranche werden 160301 DM, in der Verbrauchsgüterindustrie 114122 DM und im Grundstoffe und Produktionsgüter herstellenden Gewerbe 143449 DM pro Beschäftigtem erwirtschaftet. Die Umsätze im Bereich Grundstoffe und Produktionsgüter konnten insgesamt nur wenig gesteigert werden, die Umsatzzahlen pro Betrieb sind jedoch von 5,2 auf 9,2 Mio DM gestiegen. Der Anteil der Verbrauchsgüterproduktion am Gesamtumsatz nimmt seit 1983 deutlich ab von 30 % auf 19,9 %.

Tabelle 12: **Investitionen des Produzierenden Gewerbes in Mio DM**

	Investitionen in Mio DM				Invest./ Beschäft.	Veränd. in %	Veränd. in %	%-Anteil am Land
	1976	1980	1984	1985	in DM 1985	1980: 76	1984: 80	1985
NOK	37	86	80	101	7131	+135	− 7,7	0,8
Kammerb. Rhein-Neckar	783	1045	942	1099	7536	+ 34	− 9,9	9,1
Baden-Württemberg	5675	9629	11032	12039	8452	+ 70	+14,6	100

Quelle: IHK Rhein-Neckar, »Zahlen und Daten aus dem Bezirk der IHK Rhein-Neckar«, Ausgabe 1987/1988

Investitionen. – Absolut, wie auch auf die Betriebe bezogen, stieg die Summe der Investitionen im Kreisgebiet zwischen 1976 und 1985 erheblich an. Die Investitionen konnten annähernd verdreifacht werden, bezogen auf die Beschäftigten stiegen die Investitionen von 5497 DM 1980 auf 7131 DM 1985 an. Diese Steigerung kann mit der auslaufenden Gemeinschaftsaufgaben-Förderung zusammenhängen, denn bis Ende 1988 waren in der Arbeitsmarktregion Buchen Maßnahmen mit bis zu 20 % der Investitionssumme, in Mosbach bis zu 15 % förderfähig.

Rechnet man die Investitionen auf die einzelnen Betriebe um, so ergibt sich eine Steigerung der Investitionen von 0,41 Mio DM 1983 auf 1,47 Mio DM pro Betrieb im Jahr 1985. Die Investitionstätigkeit im Landkreis im zeitlichen und überregionalen Vergleich ist der Tab. 12 zu entnehmen.

IV. Wirtschaft und Verkehr

Auffällig ist die weit überdurchschnittliche Steigerung der Investitionstätigkeit im Kreis in den Jahren 1976 bis 1980, auf die in den Jahren 1980 bis 1984 ein Einbruch erfolgte, der seinen Tiefpunkt im Jahr 1982 erreichte. Seitdem nehmen die Investitionen wieder zu und erreichten 1985 einen neuen Höchststand.

Arbeitgeber- und Arbeitnehmerorganisationen. – Die wichtigste Arbeitnehmerorganisation im Kreis ist der *Deutsche Gewerkschaftsbund (DGB)* mit 1989 12 808 Mitgliedern. Seit der letzten Erhebung 1984 kann der DGB eine Zunahme von 1641 Mitgliedern vermelden. Zuständig für den Kreis ist die Geschäftsstelle in Mosbach. Der Kreisvorsitzende hat die Aufgabe, die Arbeit der 16 im DGB zusammengeschlossenen Einzelgewerkschaften zu koordinieren. Unter diesen Einzelgewerkschaften ist die IG Metall – entsprechend der Beschäftigtenzahlen in dieser Branche – mit 6034 Personen, rd ¼ davon Frauen, am stärksten. Auch die Gewerkschaft Öffentliche Dienste, Transport und Verkehr ÖTV und die Gewerkschaft Bau Steine Erden sind mit 1679 bzw. 1005 Mitgliedern gut vertreten. Auf diese Gewerkschaften verteilt sich ein Großteil des erwähnten Zuwachses. Innerhalb des DGB-Neckar-Odenwald-Kreis arbeiten ein Frauen- und ein Beamtenausschuß.

Die Aufgabe der Gewerkschaften ist das Aushandeln und Abschließen von Tarifverträgen, die Vertretung der Organisierten vor Sozial- und Arbeitsgericht, die politische und berufliche Information und Weiterbildung in Seminaren und Abendveranstaltungen. Ein spezielles Anliegen der Gewerkschaften ist im Kreis wie im ganzen Land der Kampf gegen den Abbau tarifvertraglicher Leistungen sowie gegen eine weitere Flexibilisierung der Arbeitszeit.

Für die Arbeitgeber der einzelnen Branchen bestehen Fachverbände, von denen wiederum der *Verband der Metallindustrie Heidelberg*, der auch für die Betriebe im Kreisgebiet zuständig ist, der wichtigste ist. Im Kreis hat sich darüberhinaus ein *Industrieverband* gebildet, der eine lose Vereinigung darstellt und die gegenseitige Information und Beratung zum Ziel hat.

6. Handel und Dienstleistungen

Der *Tertiäre Wirtschaftssektor* wurde im Kreis zu einem herausragenden Wirtschaftsfaktor, wobei wie in den anderen Sektoren enorme regionale Unterschiede bestehen. Während die kleineren Gemeinden in den östlichen Kreisteilen und am westlichen Rand erwartungsgemäß mit privaten und öffentlichen Dienstleistungen eher unterversorgt sind, nahm der Wirtschaftsbereich den größten Aufschwung in den vier größeren Städten des Kreises: Mosbach, Buchen, Walldürn und Osterburken. Die Arbeitsstättenzählung von 1987 ergab für Mosbach die Zahl von 9404 Beschäftigten in den Bereichen *Handel, Verkehr und Nachrichtenübermittlung, Kreditinstitute und Versicherungen, private und öffentliche Dienstleistungen und Körperschaften*; das entspricht einem Anteil von 65,7 % an den Beschäftigten insgesamt. In Buchen arbeiten im Tertiären Sektor 3233 Personen. Damit ist auch hier die 50 %-Marke überschritten. Die Gebietskörperschaften beschäftigen in beiden Städten mit rd 38 % den größten Teil innerhalb des Dienstleistungssektors, danach folgen der Handel mit rd 23 %, die privaten Dienstleistungsbetriebe, vor allem Ärzte und Wirtschafts- und Steuerberatung (ca. 20 %) sowie das Kreditwesen (um 5 %).

Im einzelnen sollen der Groß- und Einzelhandel sowie das Kreditwesen betrachtet werden, deren wirtschaftliche Entwicklung wie die vieler anderer Dienstleistungsbetriebe vor allem von der Kaufkraft und Attraktivität einer Region abhängt.

6. Handel und Dienstleistungen

Handel. – In den ersten Jahrzehnten nach dem Krieg nahm der Handel in den Oberzentren der Region, Mannheim und Heidelberg, einen kontinuierlichen und guten Aufschwung. Verschiedene Mittelzentren wie Hockenheim, Schwetzingen und Wiesloch, in denen sich Einzelhandelsriesen ansiedelten, zogen zwischen 1968 und 1977 nach. Wenig Kaufkraft dagegen verblieb in den Mittelzentren, Kleinstädten und Gemeinden des ländlichen Raums. Heute verläuft die Entwicklung anders: Während die Oberzentren der Region, besonders betroffen ist Mannheim, relativ an Attraktivität verlieren, gewinnen die kleinen Zentren und sogar die ländlichen Gemeinden wieder Kaufkraft zurück. Wie die Entwicklung in den einzelnen Handelsbereichen verlief, wird unten dargestellt.

Die Handels- wie die Industriebetriebe im Kreisgebiet werden von der in Mosbach ansässigen Geschäftsstelle der *Industrie- und Handelskammer Rhein-Neckar* betreut. Die Mannheimer IHK kann auf eine traditionsreiche Geschichte zurückblicken. Sie sieht ihren Ursprung in der Privilegierung von 1728 und wurde 1973 mit der Handelskammer Heidelberg vereinigt, welche nach 1945 wiedergegründet worden war.

Die IHK Rhein-Neckar bietet zahlreiche Vorbereitungskurse auf Fortbildungsprüfungen, Weiterbildungslehrgänge und Seminare an. Speziell in Mosbach werden Sprachkurse, EDV-Lehrgänge, Führungsseminare sowie zahlreiche Vorträge abgehalten. In Buchen wird im wesentlichen technische Weiterbildung angeboten.

In nahezu allen Städten und Gemeinden werden traditionsgemäß *Märkte*, meist Jahrmärkte anläßlich der Kirchweihen, abgehalten. Auch Spezialmärkte wie Viehmärkte, Trödelmärkte und Automärkte finden das Interesse der Bürger. In den letzten Jahren haben sich auch verstärkt Einzelhändler und Industriebetriebe zusammengetan, um örtliche Leistungsschauen mit Volksfestcharakter wie das Mosbacher Frühlingsfest oder das Walldürner Blumen- und Lichterfest durchzuführen. Von überregionaler Bedeutung ist die seit 1980 regelmäßig stattfindende Neckar-Odenwald-Schau. Diese Ausstellung zog in den letzten Jahren kontinuierlich mehr Besucher an, 1988 in Mosbach waren es rd. 60000 bei 160 ausstellenden Betrieben.

Aufschluß über Art, Umfang und Entwicklung des Handels im Neckar-Odenwald-Kreis insgesamt können statistische Betrachtungen geben, vor allem die regelmäßig durchgeführte Handels- und Gaststättenzählungen. Die Attraktivität des Einzelhandels im Neckar-Odenwald-Kreis analysiert eine Untersuchung der Industrie- und Handelskammer zur »Entwicklung des Einzelhandels im Kammerbezirk – Fakten und Trends« aus dem Jahr 1988.

Die 208 Betriebe des *Großhandels* im Neckar-Odenwald-Kreis mit insgesamt 1638 Beschäftigten erzielten im Jahr 1984 708 Mio DM Umsatz. Als durchschnittliche Beschäftigtenzahl pro Betrieb ergeben sich damit 8 Beschäftigte, der durchschnittliche Umsatz liegt bei 3,5 Mio DM und damit deutlich über dem im Einzelhandel zu erzielenden Umsatz. Von den erwähnten 1638 Beschäftigten arbeiteten allein in 80 Großhandelsbetrieben Mosbachs und Buchens 800 Personen. Vergleicht man die Werte des Kreises mit den Landeswerten (Bad.-Württ.: 13652 Betriebe, 157100 Beschäftigte, 93,391 Mio DM Umsatz), so ist festzustellen, daß dort deutlich mehr Beschäftigte pro Betrieb arbeiteten und daß der Umsatz je Beschäftigten und je Arbeitsstätte über den Ergebnissen des Neckar-Odenwald-Kreises lag.

Als Arbeitgeber spielt der *Einzelhandel* mit insgesamt 3327 Beschäftigten eine bedeutendere Rolle als der Großhandel. Das Gutachten der IHK zeigt, daß es in den Jahren 1967 bis 1985 im Kammerbezirk Rhein-Neckar, zu dem auch der Neckar-Odenwald-Kreis gehört, zu erheblichen Umsatzverlagerungen gekommen ist. Vor allem von den traditionellen Einzelhandelszentren, den Oberzentren Mannheim, Hei-

IV. Wirtschaft und Verkehr

Tabelle 1: **Arbeitsstätten im Einzelhandel**

Arbeitsstätten	1968	1979	+/- %	1985	+/- %
Mannheim	2417	1829	-24,3	1817	- 0,7
Heidelberg	1096	1008	- 8,0	989	- 1,9
Rhein-Neckar-Kreis	2789	2560	- 8,2	2677	+ 4,6
Neckar-Odenwald-Kreis	955	778	-18,5	697	-10,4
Mosbach	173	147	-15,0	142	- 3,4
Buchen	110	108	- 1,8	100	- 7,4
übrige Gemeinden	672	523	-22,2	455	-13,0
Bezirk Rhein-Neckar	7257	6175	-14,9	6180	+ 0,1
Baden-Württemberg	58127	53135	- 8,6	52905	-2 0,4

Quelle: IHK Rhein-Neckar

delberg und Ludwigshafen, wurde in diesem Zeitraum Kaufkraft abgezogen und in die Mittelzentren und die kleineren Gemeinden verlagert. In den Jahren 1978 bis 1985 verlor auch der Einzelhandel der Mittelzentren an Attraktivität gegenüber dem der kleineren Gemeinden. Von dieser Entwicklung profitierten zunächst die Städte Mosbach, Buchen und Walldürn und dann auch die kleineren Gemeinden des Kreises.

Zwischen 1968 und 1979 ist die Zahl der Betriebsstätten generell zurückgegangen. Dies weist auf den Konzentrationsprozeß dieser Jahre hin, der zu einer Verringerung der Arbeitsstättenzahl bei gleichzeitig um +4,6 % vergrößerten Betriebsflächen führte. Das betraf alle Einzelhandelsbetriebe in den Städten im NW des Kammerbezirks, vor allem Mannheim, sowie auch den Neckar-Odenwald-Kreis. Während sich diese Entwicklung in den Jahren 1979 bis 1985 nicht generell fortsetzte, ging im Neckar-Odenwald-Kreis allgemein (- 10,4 %) und speziell in den kleineren Gemeinden das Ladensterben weiter (- 13 %). Die Verkaufsfläche nahm insgesamt entsprechend ab – eine Ausnahme stellt der Einzelhandel der Stadt Mosbach dar. Laut Volkszählung bestanden allein in Mosbach und Buchen im Jahr 1987 insgesamt 354 Arbeitsstätten im Bereich des Einzelhandels.

Tabelle 2: **Beschäftigte im Einzelhandel**

	1968	1979	+/- %	1985	+/- %
Rhein-Neckar-Kreis	10008	11708	+17,0	12586	+6,6
Neckar-Odenwald-Kreis	3640	3328	- 8,6	3327	0,0
Mosbach	1055	1161	+10,0	1218	+4,9
Buchen	447	512	+ 7,3	509	-0,6
übrige Gemeinden	2108	1655	-21,5	1600	-3,3
Bezirk Rhein-Neckar	39872	35974	- 9,8	36794	+2,8
Baden-Württemberg	293578	304232	+ 3,6	312234	+2,6

Quelle: IHK Rhein-Neckar

Entsprechend der abnehmenden Zahl der Betriebe ging in den 70er Jahren auch die Zahl der *Beschäftigten im Einzelhandel* im Kammerbezirk Rhein-Neckar zurück, eine Entwicklung, die erst in der jüngsten Vergangenheit aufgehalten werden konnte. Vor allem in den kleineren Gemeinden mußten Angestellte des Einzelhandels neue Arbeitsstellen suchen; in den Städten Mosbach und Buchen dagegen verlief die Entwicklung kontinuierlich positiv. Die Zahl der Beschäftigten stieg zwischen 1968 und 1979 in Mosbach um 10 %, in Buchen um 7,3 %. Nach 1979 stiegen die Werte in Mosbach nochmals an (+4,9 %), während sie im Kreis bereits wieder stagnierten. Im Jahr 1987 waren in Mosbach 1467, in Buchen 534 Personen im Einzelhandel tätig. Die Zahl der Beschäftigten je Arbeitsstätte steigt dagegen seit 20 Jahren kontinuierlich an (+13,2 % bzw. 11,6 % gegenüber 5,5 % bzw. 3,4 % im Kammerbezirk). In der Stadt Mosbach hat sich die Zunahme der Beschäftigtenzahlen pro Arbeitsstätte verlangsamt, war und ist jedoch immer noch überdurchschnittlich (+29,5 % bzw. +8,9 %). Auch unter dem Aspekt, daß das Wegrationalisieren von Personal und die Umstellung auf Selbstbedienung nicht immer positive Resultate erbringt, ist eine Zunahme der Beschäftigtenzahlen generell erfreulich.

Tabelle 3: **Umsatzkennzahlen des Einzelhandels im Kammerbezirk Rhein-Neckar**

	Umsatz/ Arbeitsstätten 1967		Umsatz/ Beschäftigte 1967		Umsatz/ Gesch.fläche 1978	
	1967	1984	1967	1984	1978	1984
Neckar-Odenwald-Kreis	212	1091	56	229	2047	2980
Mosbach	358	2109	59	246	3107	3911
Buchen	291	1148	67	225	1479	2349
andere Gemeinden	162	761	52	216	1701	2668
Kammerbezirk Rhein-Neckar	340	1266	62	213	2860	3442
Land Baden-Württ.	332	1281	66	217	2847	3457

Quelle: IHK Rhein-Neckar

Die Jahre 1967 bis 1978 brachten dem Einzelhandel eine Steigerung des *Umsatzes*, die heute nicht mehr denkbar ist. Das gilt sowohl für die reine Steigerungsrate als auch für die Steigerung der Größen Umsatz pro Arbeitsstätte, pro Beschäftigtem und pro Kopf der Bevölkerung.

Mit Umsatzsteigerungsraten von 52,4 % steht der Neckar-Odenwald-Kreis vor allen Konkurrenten und konnte die in den Jahren zuvor begonnene Aufwärtsentwicklung fortsetzen. Die Stadt Mosbach, die zuvor mit +345,3 % bereits im Feld der Spitzenreiter war, wurde in den späteren Jahren relativ gesehen von Buchen und den anderen Gemeinden des Kreises überholt: mit Steigerungsraten von 58,6 % bzw. 62,6 % sind sie die Spitzenreiter im gesamten Kammerbezirk, was auf den bestehenden Nachholbedarf der Region hinweist und dem generellen Trend entspricht: Die Mittelzentren und die kleineren Kreisgemeinden konnten ihre Umsätze gerade in den letzten 10 Jahren enorm steigern.

Lediglich der zwar verlangsamte, aber anhaltende Trend zur Reduzierung der Zahl der Einzelhandelsbetriebe gibt Anlaß zur Sorge. Der Rückgang der Beschäftigtenzahl im Einzelhandel insgesamt und pro Arbeitsstätte konnte aufgehalten werden; der Einzelhandel ist nach wie vor in der Lage, Arbeitskräfte aufzunehmen. Die größten Erfolge wurden in der Stadt Mosbach verbucht. Allein Hockenheim kann Mosbach im Bereich der Umsatzzahlen pro Arbeitsstätte, pro Kopf der Bevölkerung und pro Beschäftigten Konkurrenz machen. In allen Bereichen sind darüberhinaus kontinuierlich hohe Steigerungsraten festzustellen, so daß die positive Entwicklung sich auch in Zukunft fortsetzen dürfte.

Der Einzelhandel der Stadt Buchen nimmt in den letzten Jahren eine Aufwärtsentwicklung, die der in Mosbach in den 70er Jahren entspricht. Ausgehend von einem relativ schlechten Niveau, wurden erstaunliche Umsatzsteigerungen erzielt. Allein die absolut pro Arbeitsstätte erwirtschafteten Umsätze lassen noch zu wünschen übrig. Ähnliches gilt für den gesamten Kreis. Die weit überdurchschnittlichen Umsatzsteigerungsraten der Kreisgemeinden ohne Mosbach und Buchen lassen darauf schließen, daß bestehende Rückstände des ländlichen Einzelhandels gegenüber dem der Mittelzentren, wenn nicht aufgehoben, so doch verringert werden können. Sicher kann die Attraktivität der Einzelhandelsriesen im Rhein-Neckar-Kreis nicht gebrochen werden; es besteht aber doch berechtigte Hoffnung, daß auch in Zukunft der Großteil der Kaufkraft zumindest im Kreis gehalten werden kann.

Innerhalb des Neckar-Odenwald-Kreises konnte besonders das Mittelzentrum Mosbach seine Zentralitätsfunktion durch gute Pro-Kopf-Einzelhandelsumsätze unter Beweis stellen.

Im Bereich der *Kreditanstalten* und *Versicherungen* nahmen auf Landesebene die Beschäftigtenzahlen um 11 % zu, in der Region immerhin auch um 7 %. Im Landkreis waren 1987 (VZ-Daten) 10696 Personen im Bereich Kreditinstitute, Versicherungen und sonstige Dienstleistungen tätig. Die Kreditinstitute beschäftigen in 29 Betrieben in Mosbach 323 Personen, in Buchen in 20 Betrieben 178 Personen.

Bis zum Ausbruch des 1. Weltkriegs profitierten die Banken von der Industrialisierung und vom steigenden Wohlstand. Die verlorenen Kriege und die Inflation brachten jedoch viele Unternehmen sowohl um ihr Kapital und ihre Reserven als auch um ihre Gebäude. Zahlreiche Mitarbeiter mußten entlassen werden. Nach der Währungsreform 1948 konnten sich die Banken wieder fangen und am erneuten Wirtschaftsaufschwung teilnehmen.

In der Region gehörte angesichts der strengen Devisenbewirtschaftung nach dem Kriege vor allem das Außenhandelsgeschäft zur Arbeit der Banken, um die entstehende exportorientierte Industrie zu unterstützen. In den Jahren 1950 bis 1970 profitierten die Banken vor allem vom Kapitalbedarf größerer Betriebe, von der privaten und öffentlichen Wohnungsbautätigkeit sowie von kommunalen Investitionen, z. B. im Bereich der Schaffung von Versorgungsbetrieben. Heute gilt der Mittelstand der Region, der den größten Teil der privaten Ersparnisbildung erbringt, als die Basis der Bankgeschäfte. Die im Hinblick auf die Unternehmen gute gesamtwirtschaftliche Entwicklung seit Beginn der 80er Jahre und die Zinssituation führten dazu, daß die Kreditinstitute ein stark ansteigendes Geschäftsvolumen und einen stetig anwachsenden Arbeitsanfall zu verzeichnen haben. Damit verbunden ist der Anstieg der Beschäftigtenzahlen und der Ausbildungsplätze im Sektor Kreditwesen. Wichtigste Bereiche des Bankengeschäfts sind heute das Bausparen, die Baufinanzierung, die Beratung zu Förderprogrammen, Kredite, Sparpläne mit und ohne Versicherungsschutz sowie in jüngster Zeit die computergestützte Unternehmensplanung. Im Zusammenhang mit der Steuerreform 1989 werden die Beratungskapazitäten der Banken stark in Anspruch genommen.

Die *Sparkassen*, die für den Bereich des heutigen Neckar-Odenwald-Kreises zuständig sind, entstanden größtenteils zwischen 1860 und 1880 als Spar- und Waisenkassen und wurden um 1937 in Bezirkssparkassen umgewandelt. Der Geschäftsbereich der Bezirkssparkasse Mosbach umfaßt 13 Gemeinden des Kreises mit insgesamt 62 846 Einwohnern und hat 40 Zweigstellen sowie eine fahrbare Zweigstelle mit weiteren sechs Haltepunkten. Die Entwicklung der Sparkasse Mosbach verlief auch im Jahr 1988 positiv, die Bilanzsumme liegt jetzt bei 764 Mio DM. Der Anstieg gegenüber dem Vorjahr beträgt damit rd. 64 Mio DM, bzw. 9,1 %. Die Bank beschäftigt heute 207 Mitarbeiter, davon Ende 1988 46 Auszubildende. In den letzten zehn Jahren wurden 144 Jugendliche ausgebildet, denen nach Abschluß der Ausbildung fast ausnahmslos ein

6. Handel und Dienstleistungen

Arbeitsplatz angeboten werden konnte. Eine betriebsorganisatorische Neuerung ist die Einrichtung einer Buchungsgemeinschaft – eines Rechenzentrums – auch für Sparkassen der Umgebung.

Die Bezirkssparkasse Mosbach arbeitet mit verschiedenen anderen Einrichtungen der Sparkassenorganisation zusammen, so mit dem Bad. Sparkassen- und Giroverband, mit der Bad. Kommunalen Landesbank, der Bad. Landesbausparkasse LBS und der Landeszentralbank Baden-Württemberg. Ein weiterer wichtiger Partner ist die Öffentliche Versicherungsanstalt der Bad. Sparkassen ÖVA, welche alle Arten von Versicherungen anbietet. Der Geschäftsverlauf war auch hier im Jahr 1987 in allen Zweigen zufriedenstellend. Die Bezirkssparkasse Buchen-Walldürn versorgt 16 Kreisgemeinden. Die Kreisbevölkerung wird darüberhinaus von Sparkassen der Bezirke Bauland (Bereiche Adelsheim, Osterburken, Ravenstein, Rosenberg), Eberbach (Neckargerach, Aglasterhausen, Waldbrunn) und Hardheim bedient.

Die bad. *Genossenschaftsbanken* nahmen mit einem Bilanzsummenwachstum von 5,4 % einen sehr befriedigenden Verlauf. Die zusammengefaßte Bilanzsumme aller Mitgliedsbanken des Verbandes überschritt erstmals die 40-Milliarden-DM-Grenze. Vier weitere Fusionen ergaben einen Bestand von 197 Genossenschaftsbanken mit 1389 Zweigstellen. Wesentliche Wachstumsimpulse gingen erneut vom Einlagengeschäft aus, das sich um 6,0 % auf 33,7 Mrd DM steigerte. Die Gesamtausleihungen stiegen um 3,3 % auf 25,3 Mrd DM. Getragen wurde der Zuwachs von den langfristigen Ausleihungen, die sich auf 15,1 Mrd DM erhöhten. Insgesamt konnten die bad. Genossenschaftsbanken ihre Marktposition im Berichtsjahr weiter ausbauen und die Ertragslage stabilisieren. Die Volksbank Mosbach eG mit knapp 30 Zweigstellen konnte ihre Bilanzsumme 1988 gegenüber dem Vorjahr um weitere 5,3 % auf 495 Mio DM steigern. Daneben hat die Volksbank eG Franken, die den Bereich Buchen, Adelsheim, Mudau und Osterburken mit rd 17 Zweigstellen bedient. Daneben bestehen im Kreis noch Zweigstellen von 9 weiteren Volksbanken: Kirnau, Walldürn, Eberbach, Helmstedt-Reichartshausen, Schwarzachtal, Limbach, Wertheim, Bad-Rappenau, Volksbank-Raiffeisenbank eG Krautheim.

Einige Bedeutung haben auch die *ländlichen Kreditanstalten* bewahrt. Die Raiffeisenbank eG Schefflenz-Seckach umfaßt 6 Zweigstellen, die Raiffeisenbank eG Elztal 2 Zweigstellen in Dallau und Auerbach.

Die heutige Filiale der *Deutschen Bank* in Mosbach ging aus einem Privatbankhaus mit wechselhafter Geschichte hervor. Das Haus wurde im Jahr 1913 von der Süddeutschen Discontogesellschaft Mannheim als Depositenkasse gegründet und errichtete 1920/21 ein Bankgebäude in der Neckarelzer Straße 1, welches nach dem Krieg von der Landeszentralbank übernommen wurde. Die Bank wurde vom Zweigstellenleiter Schirmer als Privatbankhaus weitergeführt. Unter der nationalsozialistischen Herrschaft mußte das Bankhaus schließen, um am 6.11.1951 als Filiale der Deutschen Bank wieder zu beginnen. Die Deutsche Bank Mosbach bedient heute den gesamten Neckar-Odenwald-Kreis. Die *Baden-Württembergische Bank* AG hat Filialen in Buchen und Mosbach.

7. Fremdenverkehr

Der Neckar-Odenwald-Kreis ist trotz seiner reizvollen landschaftlichen Ausgestaltung mit Anteilen am Hinteren und Kleinen Odenwald sowie am Neckartal und Bauland keine bevorzugte Fremdenverkehrslandschaft wie der Schwarzwald oder das Bodenseegebiet. 1985 stand er daher mit insgesamt 440 500 Übernachtungen, darunter nur 27 600 Übernachtungen von ausländischen Gästen, weit hinter den ausgesprochenen Touristikgebieten Baden-Württembergs zurück. Sie beherbergten zum gleichen Zeitraum im Lkr. Breisgau-Hochschwarzwald über 3,73 Mio Gäste, darunter 294 100 Ausländer, im Lkr. Freudenstadt über 2,37 Mio, im Lkr. Calw über 2 Mio, im Lkr. Waldshut über 1,64 Mio, im Lkr. Lörrach über 1 Mio, im Bodenseekreis fast 1,5 Mio und im Lkr. Konstanz über 1,12 Mio Gäste. Die noch ausbaufähige Stellung des Fremdenverkehrs im Neckar-Odenwald-Kreis zeigte sich 1985 auch ganz deutlich an der verhältnismäßig geringen Ausnutzung der angebotenen Bettenkapazität von durchschnittlich 29,4 %, während im Lkr. Breisgau-Hochschwarzwald damals 42,0 %, im Lkr. Konstanz 41,9 %, im Bodenseekreis 41,5 %, im Lkr. Waldshut 39,1 % und im Lkr. Calw 38,4 % der Fremdenbetten belegt waren. Auch die durchschnittliche Aufenthaltsdauer des Gastes, die im Neckar-Odenwald-Kreis 1985 bei 4,4 Tagen lag, beweist, daß die Landschaften im Grenzbereich von Odenwald und Bauland keine Spitzenposition unter den Fremdenverkehrsgebieten einnehmen. Der Landkreis lag damit zwar spürbar über dem Landesdurchschnitt von 3,6 Tagen Aufenthaltsdauer pro Gast. Zu den Landkreisen Waldshut mit 7,5, Freudenstadt mit 7,0 und Calw mit 6,6 Aufenthaltstagen pro Gast bestand aber noch ein deutlicher Unterschied.

Zur *Verbesserung der Fremdenverkehrsstruktur* im Kreisgebiet hat das Landratsamt in Mosbach Förderungsmaßnahmen durch Zuschüsse und neue Organisationsformen beigetragen. Die Gemeinden und Städte im Neckartal, Kleinen und Hinteren Odenwald sowie im Bauland haben sich in *Fremdenverkehrsgemeinschaften* zusammengeschlossen, die sich hauptsächlich mit der Landschaftswerbung befassen. Auf unterster Stufe betreiben einzelne Gemeinden dann auch örtliche Werbung und betreuen die Gäste. Als Modellvorhaben wurde vom Landratsamt des Neckar-Odenwald-Kreises eine zentrale Zimmervermittlung angeregt und ins Leben gerufen, die nach erfolgreichem Start 1986 in die Rechtsform eines eingetragenen Vereins mit dem Namen »*Zimmerzentrale Odenwald e.V.*« überführt wurde und der außer dem Neckar-Odenwald-Kreis auch der Fremdenverkehrsverband Odenwald-Bergstraße-Neckartal, der Fremdenverkehrsverband Neckarland-Schwaben, Gemeinden und Städte, der Hotel- und Gaststättenverband sowie einzelne Gastronomiebetriebe angehören. Aufgabe dieser den Fremdenverkehr fördernden und koordinierenden Organisation ist die jährliche Zusammenstellung von Katalogen, der Betrieb einer zentralen Zimmervermittlung für den Odenwald und die angrenzenden Landschaften im Vereinsgebiet, ferner die Beteiligung an Touristikmessen und -ausstellungen. Getragen wird der Verein durch Mitgliedsbeiträge, Zuschüsse, Eintragungsgebühren in die Werbekataloge sowie durch Vermittlungsprovisionen.

1985 erschien der erste Angebotskatalog, der sich noch ganz auf den Landkreisanteil des Odenwald-Berglandes beschränkte. Damals waren der zentralen Zimmervermittlung 64 Betriebe mit insgesamt 2000 Betten angeschlossen. Der Werbekatalog von 1986 umfaßte bereits 106 Beherbergungsbetriebe, darunter erstmals auch außerhalb des Neckar-Odenwald-Kreises gelegene. Ergänzt wurde er von einem Pauschalkatalog, der den Bereich von der Bergstraße bis zur Tauber und vom Main bis zum Neckar absteckte. Für das Reisejahr 1987 umfaßte der in einer Auflage von 70 000 Exemplaren gedruckte Katalog bereits 300 Beherbergungsbetriebe mit insgesamt 7500 Betten. Bei 1500 Reisebüros im gesamten Bundesgebiet sowie auf Touristikmessen im In- und Ausland verbreitet, übte er eine beträchtliche verkaufsfördernde Wirkung aus und brachte eine wesentliche Steigerung der Zimmer- und Hotelbuchungen auch im Nekkar-Odenwald-Kreis (vgl. Tab. 1).

Tabelle 1: Übernachtungszahlen in wichtigen Fremdenverkehrsgemeinden

Gemeinde	1982	1983	1984	1985	1986	1987
Buchen	37 985	39 952	40 943	47 604	48 875	50 111
Elztal	15 432	15 620	15 995	15 238	17 043	15 140
Limbach	24 600	23 415	26 598	24 853	21 388	22 260
Mosbach	50 344	50 782	41 955	41 056	41 661	43 364
Mudau	64 549	43 445	56 143	57 129	51 232	52 146
Waldbrunn	44 088	74 387	90 376	104 843	117 607	135 692
Walldürn	48 384	50 100	63 845	63 240	73 091	69 499
NOK	403 000	401 600	440 900	440 500	460 900	484 600

Die Fremdenverkehrswirtschaft hat im Kreisgebiet ganz *unterschiedliche Arten des Tourismus* zu verzeichnen. Historisch und kunstgeschichtlich interessierte Gäste besuchen vor allem die städtischen Zentren und die in zahlreichen ehemals reichsritterschaftlichen Orten häufig vertretenen alten Herrschaftssitze mit ins Mittelalter zurückreichenden Burgen und Schlössern der Renaissance- und Barockepochen. Auch die Burgen und Schlösser des Neckartals bilden in ihrer landschaftlich reizvollen Lage bevorzugte Zielpunkte, wobei Schloß Guttenberg oberhalb Neckarmühlbach und der Burg Zwingenberg mit ihren Schloßfestspielen eine besondere Bedeutung zufallen. Bei dieser Art von Tourismus handelt es sich überwiegend um Tagesausflugsverkehr. Urlauber, die ihre Ferien durch Wandern und sportliche Betätigung gestalten, finden im Hinteren Odenwald auf der Winterhauch-Hochfläche, die in der Fremdenverkehrswerbung als »Hoher Odenwald« bezeichnet wird, sowie im Mudauer Gebiet bevorzugte Urlaubsquartiere, von denen aus Tageswanderungen in der waldreichen und durch erhaltene Überreste des Limes geschichtsträchtigen Mittelgebirgslandschaft unternommen werden können. Vielerlei Sportarten können ausgeübt werden vom Tennisspiel und Reiten bis zum Segel-, Motor- und Ballonfliegen durch die nahen Flugplätze von Lohrbach und Walldürn sowie Fallschirmspringen in Osterburken-Schlierstadt. Auch Wintersportlern bieten sich im Bereich des Katzenbuckels und weiter nördlich auf den Hochflächen um Mudau mancherlei Möglichkeiten.

Beim *Städtetourismus* stehen Mosbach und Buchen mit ihren malerischen Altstädten und Fußgängerzonen mit zahlreichen historischen Bauten vom Mittelalter bis in die frühe Neuzeit ganz im Vordergrund. Die kurze Aufenthaltsdauer der Fremdengäste in Mosbach (vgl. Tab. 3) dürfte ganz entscheidend auch durch Geschäftsreiseverkehr bedingt sein. Walldürn nimmt durch seine bis in die Mitte des 15. Jh. zurückreichende Wallfahrt zum Heiligen Blut eine Sonderstellung ein. Über 100 000 Gläubige besuchen jährlich den Ort, um vor dem geöffneten Blutschrein zu beten. Walldürns im Kreisvergleich überdurchschnittlich hohe Übernachtungszahlen, die die Mosbachs und Buchens und sogar die der bevorzugten Fremdenverkehrsgemeinde Mudau bei weitem übertreffen (vgl. Tab. 1), sind auf die traditionsreiche Wallfahrt zurückzuführen. In das

Tabelle 2: **Bettenbestand wichtiger Fremdenverkehrsgemeinden**

Gemeinde	1982	1983	1984	1985	1986	1987	Veränderungen 1982/87	
							absolut	%
Buchen	359	349	373	398	405	424	+ 65	+ 18,1
Elztal	84	84	34	84	33	33	− 51	− 60,7
Limbach	244	230	232	252	219	206	− 38	− 15,6
Mosbach	518	518	441	428	479	469	− 49	− 9,5
Mudau	294	294	266	283	274	196	− 98	− 33,3
Waldbrunn	431	442	833	1332	1314	1305	+874	+202,8
Walldürn	327	294	662	544	569	724	+397	+121,4

bedeutende religiöse Zentrum mit überregionalem Einzugsbereich kommen auch zahlreiche Gäste außerhalb der eigentlichen Wallfahrtszeit. Unter den Baulandstädten kommt Osterburken durch seine römerzeitlichen Überreste und das neuaufgebaute Museum mit eindrucksvollen und wichtigen Fundstücken aus dem einstigen Kastellort am Obergermanischen Limes eine gewisse Bedeutung für den Tagestourismus zu; er schlägt sich allerdings weniger in Übernachtungszahlen nieder.

Tabelle 3: **Beherbergung im Reiseverkehr wichtiger Fremdenverkehrsgemeinden 1987**

Gemeinde	Ankünfte		Übernachtungen		Betten Dezember 1987	Durchschn. Bettenauslastung	Durchschn. Aufenthaltsdauer
	insgesamt	darunter Auslandsgäste	insgesamt	darunter Auslandsgäste			
	Anzahl					Tage	%
Buchen	13551	853	50111	2615	424	34,1	3,7
Elztal	1732	14	15140	239	33	59,1	8,7
Limbach	5360	73	22260	472	206	28,9	4,2
Mosbach	18958	1543	43364	5290	469	26,6	2,3
Mudau	3902	10	52146	16	196	58,9	13,4
Waldbrunn	14854	1195	135692	10800	1305	27,9	9,1
Walldürn	14925	947	69499	6360	724	29,0	4,7
NOK	110300	9900	484600	34600	−	29,7	4,4

Eine weitere Besonderheit ganz anderer Art ist im Baulandanteil des Buchener Stadtgebiets die 1971 entdeckte *Eberstadter Tropfsteinhöhle*. Diese auf 600 m Länge begehbare einzige Schauhöhle im Unteren Muschelkalk Süddeutschlands zieht jährlich über 100000 Besucher an und wurde so zu einem bedeutenden Mittelpunkt des Tagestourismus innerhalb des Landkreises.

Die *bevorzugte Urlaubs- und Ferienlandschaft* im Landkreis ist der Hintere Odenwald mit den Schwerpunkten am Katzenbuckel und in Mudau. Sommer- und Winterurlaub werden in der teilweise über 500 m hoch liegenden hochflächigen Winterhauchlandschaft angeboten, wo sich in Waldbrunn-Waldkatzenbach das Kurzentrum Waldbrunn mit modernen sportlichen und medizinischen Bädereinrichtungen für Heilungs- und Erholungssuchende mit Vorbeugungs-, Heil- und Regenerationskuren entwickelte. Durch das Feriendorf Waldbrunn-Waldkatzenbach ist Waldbrunn heute die erste

Fremdenverkehrsgemeinde im Neckar-Odenwald-Kreis, in der 1985 erstmals 100000 Fremdenübernachtungen überschritten wurden (vgl. Tab. 1). Eine besondere Attraktion in der Wintersaison ist die Sprungschanze am Katzenbuckel. Mudau mit seiner klimagünstigen Hochflächenlage in rd 450 m NN ist ein bevorzugter Platz für Sommergäste, die einen Wanderurlaub verbringen wollen. Es bietet durch geräumte und gespurte Pisten und Loipen im großflächigen Gemeindegebiet aber auch Wintergästen Sport- und Erholungsmöglichkeiten. Eine Besonderheit für die Wandergäste ist der markierte Wanderweg auf der Trasse der ehemaligen Odenwaldbahn Mosbach – Mudau. Auf dieser »Wanderbahn Odenwald-Expreß« können bei gemächlichen Steigungen Fuß- und Fahrradtouren vom Elztal bis auf die Hochfläche des Hinteren Odenwalds über eine Wegstrecke von 28 km unternommen werden. Nach Waldbrunn und Walldürn entwickelte sich die 1975 aus mittelalterlichen Rodungsdörfern auf der Ostabdachung des Odenwalds entstandene Gemeinde Mudau zu einem der wichtigsten Fremdenverkehrszentren im Landkreis.

8. Ver- und Entsorgung

Einleitung. – Die Versorgung als Grundausstattung eines Raumes mit Einrichtungen der Wasser- und Energieerzeugung sowie der Wasser- und Energieversorgung, die Entsorgung als Beseitigung der Reststoffe der Zivilisation mit Einrichtungen der Abfall-, Abwasser- und Schadstoffbeseitigung betreffen die Primärinfrastruktur. Sie schließen wichtige Bereiche des Umweltschutzes ein, trägt doch eine geordnete Ver- und Entsorgung entscheidend dazu bei, gesunde Lebensbedingungen im Gemeinwesen zu sichern. In diesem Punkt berühren sich auch Ökonomie und Ökologie. Nicht nur für die Erhaltung einer intakten Umwelt im ländlichen Ausgleichsraum, sondern auch für dessen positive wirtschaftliche Entwicklung sind bedarfsgerechte und funktionsfähige Ver- und Entsorgungsstrukturen unerläßlich.

Wasserversorgung. – Die Wasserversorgung im Kreis wird ganz wesentlich von der *hydrogeologischen Ausgangslage* bestimmt. Die Formationen des Buntsandsteins sind sehr klüftig, der Muschelkalk ist weitgehend verkarstet. Infolgedessen fließt das Niederschlagswasser rasch ab; Grundwasserreserven können sich kaum bilden. 1985 ermittelte man z.B. in Buchen-Götzingen (Mittlerer/Unterer Muschelkalk) eine Grundwasserabflußgeschwindigkeit von 280 m/Std. Auf der Winterhauch-Hochfläche ergaben sich bei Waldbrunn 200 m/Std. Der Neckar-Odenwald-Kreis ist deshalb *Wassermangelgebiet*. Eine Ausnahme macht nur der Raum Mudau. Dort gibt es fossile Grundwasservorkommen, die der Zweckverband Mudbachgruppe zur Versorgung nutzt.

Der Trink- und Brauchwasserbedarf wurde in der Vergangenheit unmittelbar aus Brunnen und Quellen gedeckt. Die Entnahmestellen befanden sich in den Dörfern und Städten oder in deren näherer Umgebung. Erst gegen Ende des 19.Jh. wurde im Kreisgebiet damit begonnen, zentrale Wasserversorgungsanlagen zu errichten. Dies hatte verschiedene Gründe. Die voranschreitende Industrialisierung und der damit verbundene steigende Lebensstandard erhöhten den Wasserbedarf. Außerdem wollte man die Wassergewinnung besser vor qualitativen Beeinträchtigungen schützen. Erste Gruppenwasserversorgungen waren z.B. die *Wasserversorgung Walldürner Odenwald, Mudbachgruppe, Winterhauchgruppe* und *Kirnaugruppe*. Sie mußten in den Hochlagen des Odenwaldes oder in Trockengebieten des Baulandes errichtet werden. Bei der

IV. Wirtschaft und Verkehr

Tabelle 1: **Wasserversorgungszweckverbände im Neckar-Odenwald-Kreis**

Zweckverband mit Sitz	Versorgungsgebiet
Mühlbachgruppe, Bad Rappenau	Haßmersheim Hochhausen Neckarmühlbach Hüffenhardt Kälbertshausen
Krebsbachgruppe, Schwarzach	Neckarkatzenbach Schwarzach Michelbach Breitenbronn Guttenbach
Oberes Trienztal, Limbach	Limbach Krumbach Robern Fahrenbach
Kirnaugruppe, Rosenberg	Rosenberg Bronnacker Sindolsheim Osterburken
Rüdentalgruppe, Hardheim	Rüdental Hardheim Niederzone
Walldürner Odenwald, Walldürn	Dornberg Rütschdorf Wettersdorf Vollmersdorf
Elzbachgruppe, Limbach	Scheringen Heidersbach Waldhausen
WV Neudenau-Allfeld, Neudenau	Allfeld
WV Aussiedlung »Hühnerberg«, Schefflenz	Landw. Aussiedler von Auerbach Katzental Unterschefflenz

Lösung der damit verbundenen technischen Probleme wurden für die damalige Zeit beachtliche und richtungweisende Ingenieurleistungen vollbracht.

Heute sind 99 % der Kreisbevölkerung an eine zentrale öffentliche Wasserversorgung angeschlossen. Die Versorgungsstruktur der öffentlichen Wasserversorgung im Neckar-Odenwald-Kreis gliedert sich in:

– *Einzelwasserversorgungsanlagen zur Versorgung eines Ortsteiles.* Davon gibt es insgesamt 48 Anlagen, wovon 9 den Trinkwasserbedarf aus mehreren Bezugsquellen, z. B. Tiefbrunnen und Fernwasseranschluß, decken können.

– *Überörtliche Wasserversorgungsanlagen zur Versorgung von mehreren Ortsteilen.* Von den 19 Einrichtungen dieser Art besitzen 9 mehrere Gewinnungsanlagen oder zusätzliche Fernwasseranschlüsse.

– *Gruppenversorgungen als Zweckverbände.* (vgl. Tab. 1).

Die in Tab. 1 zuletzt genannte Wasserversorgung besitzt nicht den Rechtsstatus eines Zweckverbandes. Sieben Gruppenwasserversorgungen bieten jeweils nur Fern- oder

8. Ver- und Entsorgung

Eigenwasser aus einer Wassergewinnungsanlage an; 56 Versorgungsanlagen steht jeweils eine Bezugsquelle, sei es eine örtliche Wassergewinnungsanlage oder ein Fernwasseranschluß, zur Verfügung, während 20 Versorgungen mit Mehrfachdeckungsmöglichkeit des Trinkwasserbedarfs eine höhere Versorgungssicherheit besitzen.

Tabelle 2: **Verbrauch der öffentlichen Wasserversorgung im Neckar-Odenwald-Kreis im Jahr 1984**

Wasserförderung	cbm/Jahr	cbm/Jahr	v. H.	Liter/ Sek.	Liter/ Einw. tägl.
Grundwasser aus 55 Tiefbrunnen	3 684 000	–	43	117	
Quellwasser von 26 Quellen	1 850 000	–	21	59	
Fernwasser von der BWV über 55 technische Anschlüsse	–	3 118 000	36	99	
Zwischensumme	5 534 000	3 118 000	–	–	
Neckar-Odenwald-Kreis insgesamt		8 652 000	100	275	180

Die Jahresförderung und der Verbrauch von Trink- und Brauchwasser ergeben sich aus Tab. 2.

Die *Jahresförderung* wird zu 87 % im Landkreis verbraucht. Ca. 22 000 cbm Quellwasser und 813 000 cbm Grundwasser werden jährlich Versorgungsgebieten außerhalb des Kreises zugeleitet. Erheblich höher ist der Anteil des *Trinkwasserbezuges*. Vom Zweckverband Bodensee-Wasserversorgung werden pro Jahr ca. 3 118 000 cbm aufbereitetes Bodenseewasser geliefert. Darüber hinaus bezieht das Versorgungsgebiet Billigheim-Allfeld 75 000 cbm Grundwasser vom Wasserversorgungszweckverband Neudenau-Allfeld.

Im Kreisgebiet kann das Trink- und Brauchwasser in rd 200 Hochbehälter mit 66 770 cbm Rauminhalt gespeichert werden. Das entspricht dem mittleren Wasserverbrauch von 3 Tagen. Als weitere technische Bauwerke und Einrichtungen sichern 5 Wasserwerke, 29 Schalthäuser und 48 Pumpwerke den Betrieb der öffentlichen Wasserversorgung im Kreis. In diese Versorgungsstruktur ist der Brauchwasserbedarf von Gewerbe und Industrie eingebunden. 29 Betriebe verfügen über eigene Brauchwassergewinnungsanlagen.

Zum Schutz der örtlichen Quell- und Grundwasservorkommen sind nach dem Stand vom 31. 12. 1987 insgesamt 45 *Wasserschutzgebiete* im Neckar-Odenwald-Kreis auszuweisen. Etwa 30 000 ha, das sind rd. 27 % der Kreisfläche, unterliegen damit den verordneten Nutzungsbeschränkungen. Bis März 1989 waren 28 Wasserschutzgebietsverordnungen erlassen.

Stromversorgung. – Um die Jahrhundertwende entstanden vorwiegend in den Städten »Elektrizitätswerke«, die fast ausschließlich mit Dampfkraft, später, wo möglich, auch mit Wasserkraft betrieben wurden. Etwa gleichzeitig zeigte sich auch privates Interesse an der Versorgung der Landgemeinden. Die Großherzoglich-bad. Regierung erkannte rechtzeitig die Bedeutung der elektrischen Energie für Wirtschaft und Bevölkerung. Sie förderte die Bestrebungen zur Stromversorgung des Landes durch den Abschluß von Straßennutzungsverträgen für Leitungen mit vertretbaren Verpflichtungen für den Bewerber. Noch vor dem 1. Weltkrieg entschloß sie sich, die Energieerzeugung in eigene Hände zu nehmen. Für die Stromversorgung war die Abteilung für Wasserkraft und Elektrizität bei der Oberdirektion des Wasser- und Straßenbaus

zuständig. Aus dieser ist im Jahre 1921 die »Landeselektrizitätsversorgung AG (Badenwerk)« als Stromversorgungsunternehmen des Landes Baden hervorgegangen.
Bevor man begann, Strom an Privatleute zu liefern, wurden die Straßen beleuchtet. So errichtete man z. B. in Mosbach in den Jahren 1896–1898 45 Straßenlampen, die mit »16-Kerzenbirnen«, vergleichbar etwa 16-Watt-Leistung, bestückt waren. Stromversorger in Mosbach war zunächst die Gesellschaft für elektrische Industrie in Karlsruhe; diese baute am Henschelberg das heute noch bestehende »Elektrizitätswerk«. 1908 übernahm das Elektrizitätswerk Körting, Hannover, die Stromversorgung in Mosbach. 1919 ging sie auf das Bezirksamt über. Dieses wiederum übergab sie 1922 an die Stadt Mosbach. 1920 übernahm das Badenwerk den bis dahin bestehenden Strombezugsverband Buchen-Walldürn.

Seit Beginn der 1920er Jahre beliefert das Badenwerk das Kreisgebiet mit elektrischem Strom. 1920 begann es auch, das Überlandnetz zu den meisten Kreisgemeinden mit einer Spannung von 20 kV und die Ortsnetze mit 220/380 V auszubauen. Dazu wurde damals in Mosbach ein Baubüro errichtet, welches man bereits ein Jahr später durch zwei Betriebsbüros mit Sitz in Tauberbischofsheim und in Sinsheim ersetzte. Daraus haben sich die heutigen Badenwerk-Betriebsverwaltungen Taubertal (Tauberbischofsheim) und Kraichgau (Sinsheim) mit ihrem jeweiligen Versorgungsgebiet entwickelt. In einigen Gemeinden des südöstlichen Kreisgebietes im Grenzbereich zum Württembergischen begann der Aufbau der Stromversorgung schon vor dem 1. Weltkrieg durch das Überlandwerk Jagsthausen. Die bei Kriegsende von ihm versorgten 24 bad. Gemeinden schlossen sich 1924 mit württ. Gemeinden zum Gemeindeverband »Jagst-Kocher-Werke« zusammen. Dieser gliederte sich 1932 dem Gemeindeverband »Hohenlohe-Öhringen« an, der mit Gründung der Energieversorgung Schwaben AG (EVS) 1939 in diese überging.

Der Neckar-Odenwald-Kreis wird heute hauptsächlich von der *Badenwerk AG*, in geringerem Umfang auch von der *Energieversorgung Schwaben AG* mit elektrischer Energie versorgt (vgl. Karte S. 333). Im Versorgungsgebiet übernehmen die Städte Mosbach, Buchen und Walldürn durch ihre *Stadtwerke*, Hardheim durch das *Gebrüder Eirich-Elektrizitätswerk* und Adelsheim durch das *Elektrizitätswerk Dr. Weng* als Wiederverkäufer die Direktlieferung des Stromes an Haushalte, Gewerbe und Industrie für den jeweiligen örtlichen Bereich.

Die im Landkreis verbrauchte elektrische Energie wird durch eine 380 kV- und eine 220 kV-Höchstspannungsleitung mit Umspannanlagen in Höpfingen und Hüffenhardt herangeführt. Außerdem erschließen mehrere 110 kV Hochspannungsleitungen das Kreisgebiet. Über sieben 110/20 kV-Umspannungsanlagen bei Neckarzimmern, Mosbach, Eberbach, Mudau, Buchen, Höpfingen und Osterburken fließt die Energie in ein leistungsfähiges Mittelspannungsverteilungsnetz, das den Landkreis mit einer Länge von ungefähr 10 200 km überzieht. Etwa 1200 Umspannstationen, in denen die Mittelspannung von 20 kV auf die Verbrauchsspannung von 380 Volt herabtransformiert wird, verteilen den Strom über die Ortsnetze mit einer Leitungslänge von etwa 24 800 km an die Abnehmer.

Stromerzeugung im Landkreis. – Mit dem *Kernkraftwerk Obrigheim (KWO)* besitzt der Neckar-Odenwald-Kreis eine bedeutende Produktionsstätte für elektrische Energie. Erste Überlegungen zu ihrer Errichtung reichen in die 2. H. der 1950er Jahre zurück, also in eine Zeit, als der Bedarf an Elektrizität durch den wirtschaftlichen Aufschwung ständig zunahm und es darauf ankam, technologisch neue, preisgünstige Energiequellen zu erschließen. Nach vierjähriger Bauzeit ging die Kraftwerksanlage im Herbst 1968

8. Ver- und Entsorgung 333

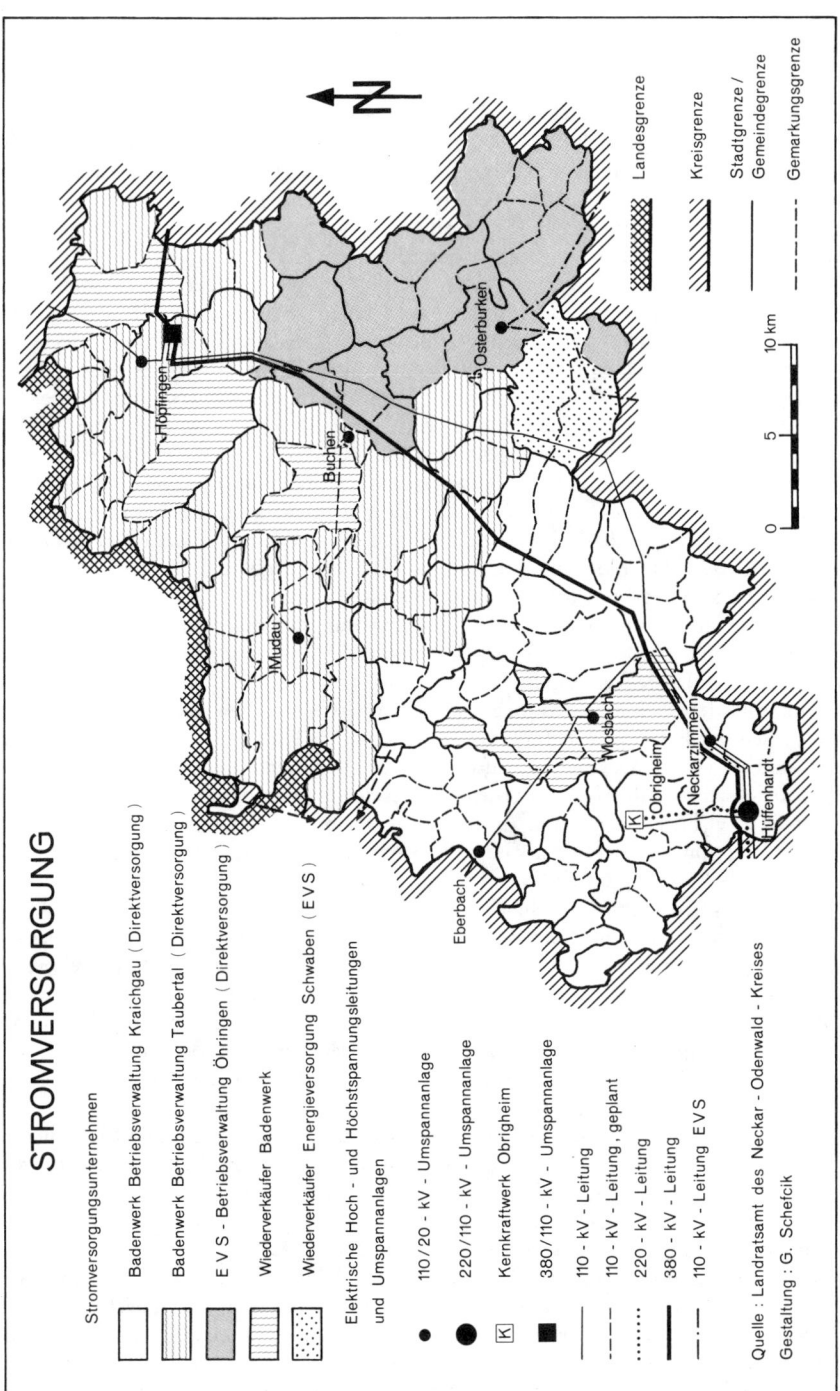

mit ihrem Druckwasserreaktor und einer elektrischen Leistung von rd. 283 MW in Betrieb. Es war damals das größte leichtwassergekühlte Kernkraftwerk Europas und erhielt den Status eines »Gemeinsamen Unternehmens« nach dem Euratomvertrag. Als Demonstrationskraftwerk hat es bei der Entwicklung der Kerntechnik eine wichtige Schrittmacherrolle gespielt. Bis 1990 war es das am längsten in Betrieb befindliche Kernkraftwerk in Baden-Württemberg. Durch das vom Verwaltungsgerichtshof Baden-Württemberg festgestellte Fehlen einer Dauerbetriebsgenehmigung wurde es aufgrund einer Anordnung des Ministeriums für Wirtschaft, Mittelstand und Technologie Baden-Württemberg vorläufig abgeschaltet.

Beim Druckwasserreaktor wird Wasser von der Energie, die beim Kernspaltungsprozeß entsteht, stark erhitzt. Das Wasser steht unter so hohem Druck, daß es nicht verdampfen kann. Es bildet einen geschlossenen Kreislauf (Primärkreis), der seine Wärme über einen Dampferzeuger an einen zweiten Kreislauf (Sekundärkreis) überträgt. Der so erzeugte Wasserdampf treibt Turbinen an, die wiederum den Läufer des Generators drehen, der schließlich den elektrischen Strom erzeugt (vgl. Abb. S. 335). Die gewonnene Elektrizität fließt bei einer Spannung von 21 kV zum Maschinentransformator, in dem sie auf 220 kV hochgespannt und ans Fernnetz abgegeben wird. Die Leistung der Anlage ist inzwischen auf 340 MW netto gesteigert worden. Jährlich werden etwa 2,5 Mrd. kWh Elektrizität erzeugt. In den Anfangsjahren konnten damit bis zu 13 % des Strombedarfs von Baden-Württemberg gedeckt werden. Durch den gestiegenen Stromverbrauch ist dieser Anteil unterdessen auf rd. 6 % zurückgegangen. Der produzierte Strom wird über 2 Hochspannungsleitungen mit 220 kV und die Umspannanlage Hüffenhardt in das überregionale Versorgungsnetz der Badenwerk AG und der Energie-Versorgung Schwaben AG eingespeist.

Um mit der Weiterentwicklung des sicherheitstechnischen Standards Schritt zu halten, hat der Betreiber seit Inbetriebnahme etwa 130 Einzelprojekte an Nachrüstungen und anderen Investitionen durchgeführt. Dafür sind mit 300 Mio DM etwa ebensoviel Mittel aufgewandt worden wie bei der Errichtung der Anlage. Das Kernkraftwerk hat bisher sicher und zuverlässig gearbeitet. Störungen mit unkontrollierter Freisetzung von Radioaktivität sind nicht eingetreten. Bei der Errichtung der Anlage wurde die Gefährdung durch Flugzeugabsturz bereits berücksichtigt. Aufgrund der als gering eingestuften Eintrittswahrscheinlichkeit dieses Störfalles wurde die 60 – 80 cm starke Stahlbetonumschließung des Reaktorgebäudes als ausreichender Schutz gegen Flugzeugabsturz angesehen. Schutz bieten auch die enge Tallage und die vorgelagerten Betriebsgebäude. Heute weisen »flugzeugsichere« Atomkraftwerke eine Stahlbetonummantelung von 1,50 m – 2 m auf. In Obrigheim hat man nachträglich eine verbunkerte Schaltzentrale gebaut, von der aus notfalls die erforderlichen Betriebsvorgänge wie Abfahren und Nachkühlen der Anlage gesteuert werden können. Außerdem besteht über dem Kernkraftwerk Tiefflugverbot.

Mit einem Zeitanteil von 83,9 % reiner Betriebstätigkeit liegt das KWO im Spitzenfeld der rd. 400 Kernkraftwerke, die heute in der westlichen Welt Strom erzeugen. Diese Quote ist eine Kennzahl für die Zuverlässigkeit der Anlage. Von den restlichen 16,1 % entfallen ca. 12,4 % auf den jährlichen Brennelementwechsel und die nach Umfang und Zahl angewachsenen wiederkehrenden Prüfungen.

Über den Elzmündungsraum hinaus ist das KWO ein bedeutender regionaler Wirtschaftsfaktor. Es beschäftigt rd 300 Mitarbeiter und sichert die gleiche Zahl von Arbeitsplätzen bei Zulieferfirmen im Kreisgebiet. Es liefert preiswerte Energie, da die Stromerzeugungskosten pro Kilowattstunde um einige Pfennige niedriger liegen als bei einem vergleichbaren Steinkohlekraftwerk. Dabei sind Mehraufwendungen für die

8. Ver- und Entsorgung 335

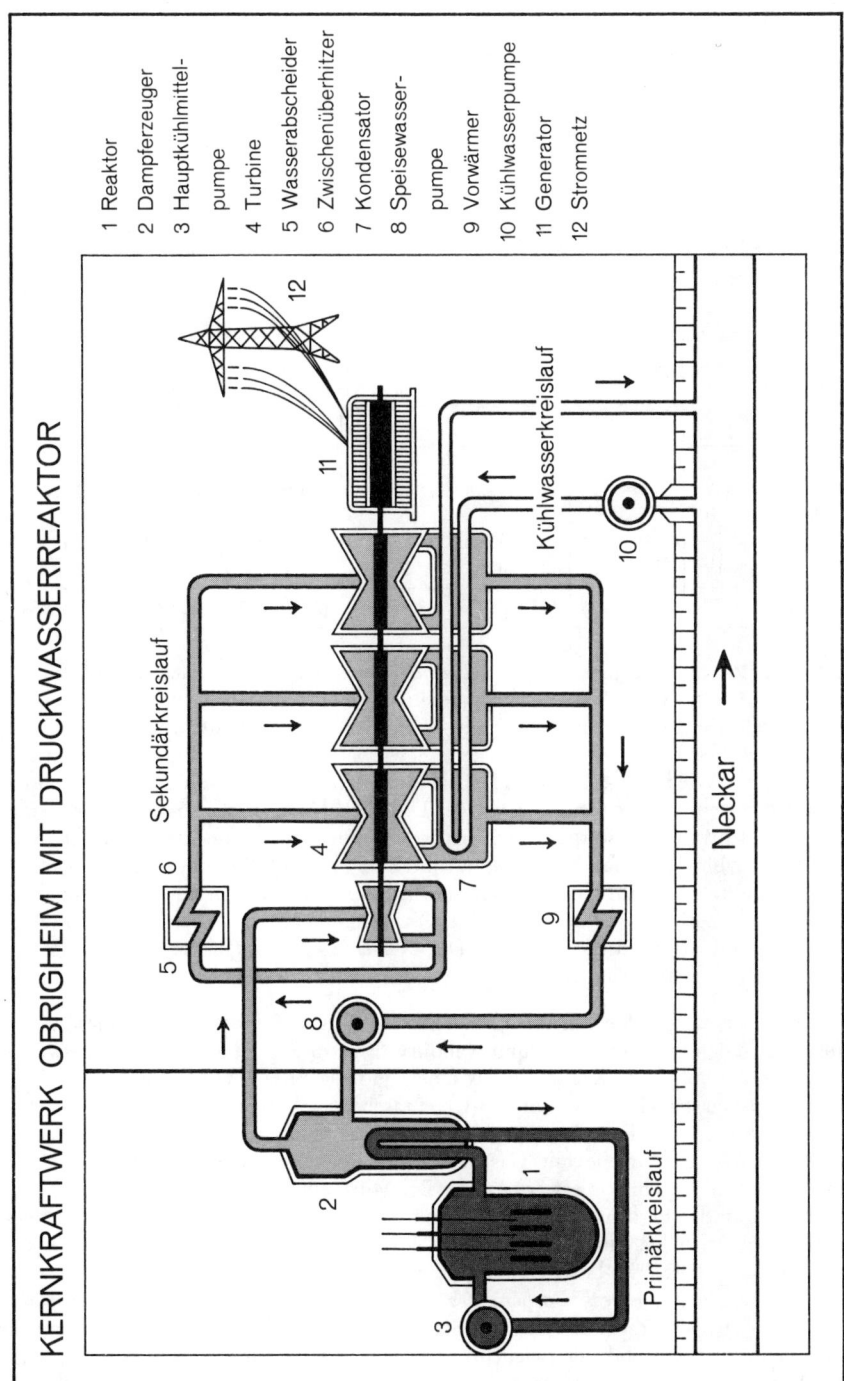

Entsorgung und die Rückstellungen für die Stillegung und Beseitigung der Anlage nach der geplanten technischen Betriebszeit von rd 40 Jahren berücksichtigt. Dieser volkswirtschaftliche Vorteil hat im privatwirtschaftlichen Bereich zur Stabilisierung der Stromtarife beigetragen.

Stromverbrauch. – Im Neckar-Odenwald-Kreis stellte sich in den Jahren 1977 und 1987 – unterteilt nach Stromlieferungen an Haushalte, Gewerbe und Landwirtschaft (Kunden nach allgemeinen Tarifen), an die Industrie (Sonderkunden) und an die Wiederverkäufer (3 Stadtwerke, EW-Adelsheim und Gebrüder Eirich) – der Verbrauch an elektrischer Energie wie in Tab. 3 dar.

Tabelle 3: **Stromverbrauch in Kilowattstunden (kWh) im Neckar-Odenwald-Kreis**

Versorgungs-unternehmen	Allgem. Tarifkunden		Sonderkunden		Wiederverkäufer	
	1977	1987	1977	1987	1977	1987
Badenwerk BV Kraichgau	83 161 514	120 219 866	79 424 129	89 713 942	50 417 000	62 980 000
Badenwerk BV Taubertal	38 978 876	56 203 242	16 237 422	24 591 137	54 418 490	77 406 760
EVS Öhringen	20 133 089	27 328 967	7 202 544	13 466 868	8 928 400	10 088 880
Gesamt	142 273 479	203 752 075	102 864 095	127 771 947	113 763 890	150 475 640

Daraus folgt für das Jahr 1977 ein *Gesamtstromverbrauch* von 358.901.464 kWh, für 1987 von 481.999.662 kWh; das bedeutet eine Verbrauchssteigerung von 34 % in 10 Jahren. Auf die Bezugsgruppen verteilt, nahm der Stromverbrauch um 43 % bei den Haushalten, der Landwirtschaft und dem Gewerbe, 24 % bei den Industriefirmen und 32 % bei den Wiederverkäufern zu. Dabei halten sich die Zuwachsraten in der 1. und 2. Hälfte des Zeitraums nahezu die Waage. Lediglich bei den Wiederverkäufern deutet sich ein schwacher Rückgang des Stromverbrauchs an. Von der 32%igen Verbrauchszunahme entfallen hier 17 % auf die Zeit bis 1982 und 15 % auf die restliche Zeitspanne bis 1987. Im gleichen Zeitraum lag die Steigerung in Baden-Württemberg bei 41 %, wobei 43 % auf die allgemeinen Tarifkunden einschließlich Wiederverkäufer und 39 % auf die Industrie entfielen. Der Neckar-Odenwald-Kreis blieb also in der Stromverbrauchssteigerung deutlich hinter dem Landesdurchschnitt zurück.

Gasversorgung. – Sie begann im Neckar-Odenwald-Kreis zu Anfang dieses Jahrhunderts in den Städten Buchen und Walldürn. Erst zu Beginn der 1980er Jahre wurde sie durch Anschluß des Kreises an das Überregionale Erdgasnetz ausgeweitet. Seither ist der Ausbau der Gasversorgung im Kreis rasch vorangeschritten. Im Gegensatz zur Stromversorgung ist die Gasversorgung nicht flächendeckend. Im allgemeinen werden nur ausgewählte Ortsteile mit Gas versorgt, deren Abnahmekapazität längerfristig wirtschaftliche Ergebnisse erwarten läßt. Bis Mitte 1988 waren 7 Gemeinden mit 10 Ortsteilen an das Ferngasnetz angeschlossen. Bis Ende 1989 sollen weitere 4 Gemeinden mit 5 Ortsteilen hinzukommen. Das entspricht etwa einer potentiellen Versorgungsquote von 45,2 %, bezogen auf die Kreisbevölkerung.

1905 nahm das *Gaswerk Buchen*, 1909 das *Gaswerk Walldürn* seinen Betrieb auf. Beide Betriebe versorgten das jeweilige Stadtgebiet. Das aus der Steinkohle gewonnene Gas diente überwiegend der Beleuchtung von Verkehrsflächen und Gebäuden, denn der Anschluß an die Stromversorgung stand noch aus. In den privaten Haushaltungen

8. Ver- und Entsorgung 337

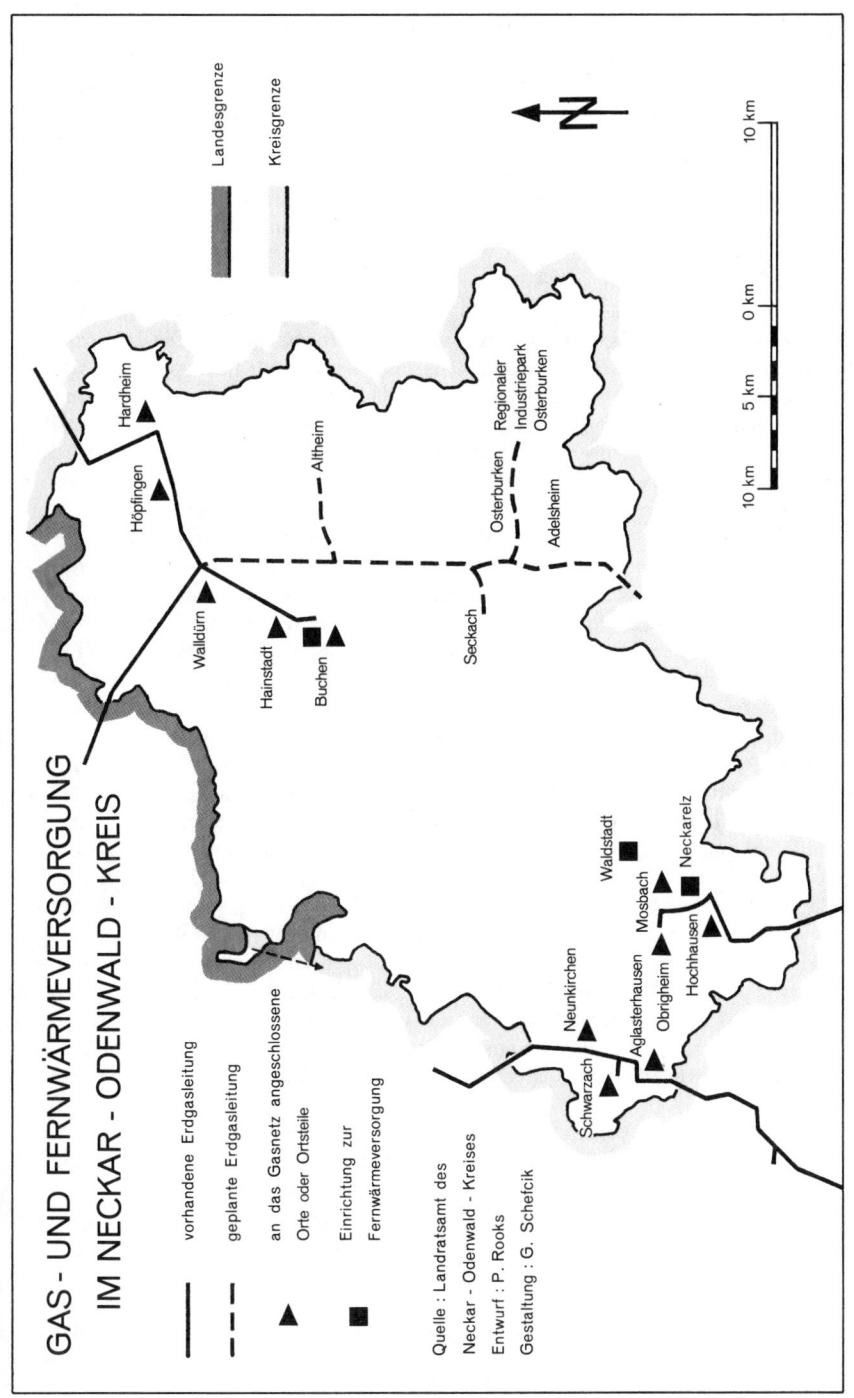

wurde Kochgas damals in kaum nennenswertem Umfang verwandt. Auch nach Einführung der flächendeckenden Stromversorgung nahm der Gasbedarf ständig zu. In Buchen mußte die Gaswerksanlage im Laufe der Jahrzehnte von ursprünglich 3 auf 8 Retortenöfen erweitert werden. Auch in Walldürn genügte die anfängliche Auslegung auf eine Kohlegaserzeugung von 5000 kWh täglich nicht mehr. 1958 kamen ein Niederdruckglockengasbehälter mit 2000 cbm und 1960 eine Spaltanlage mit Hochdruckbehälter von 96 cbm hinzu. Doch die Kohlegaserzeugung stieß an Grenzen. Sie wurde schließlich 1963 in Buchen und ein Jahr später in Walldürn auf Flüssiggas-Luftgemischanlagen mit Propan, ab 1971 in Walldürn mit Butan, umgestellt.

Viele Gründe sprachen seit Anfang der 1970er Jahre dafür, daß sich die größeren Städte Mosbach, Buchen und Walldürn zusammen mit dem Landkreis für den Anschluß an das überregionale Erdgasversorgungsnetz bemühten. Die Inselgaswerke Buchen und Walldürn stießen an Kapazitäts- und Wirtschaftlichkeitsgrenzen. Mit dem Erdgas bot sich eine preisgünstige, technologisch vorteilhafte und umweltfreundliche Energiequelle an, die Gewerbe und Industrie weitere Entwicklungschancen eröffnen und auch die Standortgunst des Kreises für die Ansiedlung von Betrieben erheblich verbessern konnte. Außerdem sollten die Haushalte von der neuen bequemen Möglichkeit der Wärmeversorgung durch Gas profitieren. 1978 gab es in diesen Bemühungen noch einen gewissen Rückschlag, als das bad.-württ. Wirtschaftsministerium eine Erdgasleitung im Zuge der Entwicklungsachse Sinsheim–Mosbach–Buchen–Walldürn–Hardheim ablehnte, weil die hohen Investitionskosten bei dem Abnahmepotential trotz staatlicher Förderung einen wirtschaftlichen Betrieb der Leitung angeblich nicht erwarten ließen. Das Land und die Gasversorgung Süddeutschland GmbH (GVS) wollten sich statt dessen auf die Erschließung der ostwürttembergischen Landesteile konzentrieren.

Mit dem Elzmündungsraum gelang schließlich 1981 der Anschluß des Neckar-Odenwald-Kreises an die *Erdgasversorgung*. Am 5.11.1981 wurde eine Gashochdruckleitung der Stadtwerke Heilbronn nach Mosbach in Betrieb genommen. Damit war der Durchbruch erzielt und ein wesentlicher Schritt zur Verbesserung der Wirtschaftsstruktur des ländlich geprägten Kreises auf dem Gebiet der Energieversorgung getan. In rascher Folge zog man im Mittelbereich Buchen nach. Dort stand man seit 1971 mit der Gasversorgung Unterfranken GmbH, Würzburg, wegen der Weiterführung der Ferngasleitung von Amorbach nach Buchen und Walldürn in Verhandlungen. Im Mai 1982 kam dann der Erdgasliefervertrag mit den Energie- und Wasserwerken Rhein-Neckar-AG, Mannheim zustande. Nach knapp 1,5jähriger Bauzeit war der nördliche Anschluß des Kreises verlegt, und am 10.10.1983 konnte erstmals Erdgas in das Buchener und Walldürner Ortsnetz eingespeist werden. Damit war die Zeit der örtlichen Inselgaswerke in Buchen und Walldürn beendet. An ihre Stelle trat das Fernleitungsnetz.

Ausgehend von den beiden ersten Anschlußleitungen im SW und N des Kreises ist das Erdgasnetz in den folgenden Jahren innerhalb des Kreisgebietes kontinuierlich erweitert worden. Immer mehr Gemeinden konnten mit ihren Betrieben und Haushaltungen in den Genuß der wirtschaftlichen und umweltfreundlichen Energiequelle kommen. Der Ausbau der Erdgasversorgung ist noch in vollem Gange.

Die Gasversorgung wird heute im Neckar-Odenwald-Kreis federführend von den Stadtwerken Mosbach, Buchen und Walldürn betrieben. Diese Kommunalbetriebe versorgen nicht nur das jeweilige Gemeindegebiet, sondern haben sich teilweise darüber hinaus verpflichtet, umliegende Gemeinden nach deren Anschluß ans Erdgasnetz mitzubetreuen.

8. Ver- und Entsorgung

Die *Stadtwerke Mosbach* versorgen das Gebiet der Großen Kreisstadt Mosbach mit den Stadtteilen Neckarelz und Diedesheim sowie das Gebiet der Kerngemeinde Obrigheim. Mit dieser besteht ein Konzessionsvertrag. Außerdem haben sich die Stadtwerke Mosbach die Rechte für den Anschluß der Gden Haßmersheim, Neckarzimmern, Billigheim, Elztal und Limbach gegenüber den Stadtwerken Heilbronn sichern lassen. Die Stadtwerke Mosbach beziehen das Erdgas von den Stadtwerken Heilbronn, deren Lieferant die Gasversorgung Süddeutschland GmbH, Stuttgart, ist.

Die *Stadtwerke Buchen* beliefern die Kernstadt Buchen und den Ortsteil Hainstadt mit Erdgas. Vorlieferant ist die Rhein-Neckar-AG Mannheim, welche die Erdgashochdruckleitung 1982/83 von Amorbach bis zur Gasübergabestation Buchen-Marienhöhe verlegte. Von dort wird das Erdgas über die Gasreglerstation bei den Stadtwerken geleitet und in das örtliche Niederdruckversorgungsnetz eingespeist. Die *Stadtwerke Walldürn GmbH* betreiben die Gasverteilung, die Unterhaltung und den Ausbau des Gasversorgungsnetzes in den Kerngemeinden Walldürn, Hardheim und Höpfingen. Im Zuge der geplanten Leitung Walldürn-Roigheim wird der Walldürner Ortsteil Altheim hinzukommen. Das Erdgas wird ebenfalls von der Rhein-Neckar-AG, Mannheim, angeliefert. Mit den beiden Nachbargemeinden Höpfingen und Hardheim wurden Gaskonzessionsverträge abgeschlossen, die den dortigen Erdgasanschluß am 21. 11. 1986 ermöglichten.

Neben der Organisationsstruktur der Gasversorgung über Verteilerbetriebe (sog. A-Versorgung) tritt die Direktbelieferung der Endabnehmer durch überregionale Gaslieferunternehmen (sog. B-Versorgung) in den Hintergrund. Lediglich die Gden Schwarzach und Aglasterhausen werden auf diese Weise direkt von der Rhein-Neckar-AG, Mannheim, versorgt. Sie liegen an der Fernleitung Sinsheim-Eberbach. Für die Gden Seckach und Osterburken an der geplanten Erdgasleitung Walldürn-Roigheim ist ebenfalls Direktbelieferung der Abnehmer durch die Rhein-Neckar-AG vorgesehen. In Adelsheim soll die A-Versorgung durch das örtliche Elektrizitätswerk eingeführt werden.

Das *Gasversorgungsnetz* gliedert sich je nach Funktion in verschiedene Stufen. Man unterscheidet Erdgashochdruckleitungen als Fernleitungen für die Heranführung des Erdgases an den örtlichen Bereich und Mittel- und Niederdruckleitungen für die Verteilung auf örtlicher Ebene an die Endabnehmer. Die im Neckar-Odenwald-Kreis verlegten Gashochdruckleitungen verfügen über eine Transportkapazität bis zu 30 000 cbm/h und sind auf Druckstufen bis 67,5 bar ausgelegt. Über Gasdruckreglerstationen wird die Verbindung zu den Ortsversorgungsnetzen geknüpft. Deren Mitteldruckleitungen halten 4 bar stand, die Niederdruckleitungen zum Verbraucher 65 mbar.

Im und durch den Neckar-Odenwald-Kreis sind bis Mitte 1988 insgesamt vier Erdgashochdruckleitungen gebaut worden, eine fünfte befindet sich in Planung. Sie messen etwa 73,5 km, die geplante Leitung eingerechnet. Für die Herstellung mußten nahezu 51 Mio DM in einem Zeitraum von etwa 8 Jahren aufgebracht werden. Zu den 7 angeschlossenen Gemeinden können 11 weitere mit Ortsteilen hinzukommen. Einzelheiten ergeben sich aus Tab. 4.

Die örtlichen Gasverteilungsnetze mit Nieder- und Mitteldruckleitungen haben sich bis Mitte 1988 wie folgt entwickelt:

Stadtwerke Mosbach	
Mosbach mit Stadtteilen, Obrigheim	73,0 km
Stadtwerke Buchen	
Buchen, Buchen-Hainstadt	43,0 km

Tabelle 4: Erdgashochdruckleitungen

Linienführung	Länge Gesamtlänge km	Länge davon im Kreis km	Transportkapazität (V_n)	Kosten (Mio DM)	Inbetriebnahme	Angeschlossene Gemeinden und Ortsteile	Anschließbare Gemeinden und Ortsteile	Betreiber
Heilbronn-Mosbach	21	7	30000 cbm/h	7	November 1981	Mosbach-Kernstadt Mosbach-Neckarelz Mosbach-Diedesheim Obrigheim-Kernort	Hüffenhardt Haßmersheim Neckarzimmern Billigheim Elztal Limbach	Stadtwerke Heilbronn
Amorbach-Walldürn-Buchen	20	17	10000 cbm/h	7,6	Oktober 1983	Buchen-Kernstadt Buchen-Hainstadt Walldürn-Kernstadt	Walldürn-Rippberg	Energie- und Wasserwerke Rhein-Neckar AG Mannheim (RHE)
Walldürn-Höpfingen-Hardheim-Külsheim	19,7	15,5	8000 cbm/h	5,2	November 1986	Höpfingen-Kernort Hardheim-Kernort Hardheim-Tierkörperbeseitigungsanstalt		Energie- und Wasserwerke Rhein-Neckar AG Mannheim (RHE)
Sinsheim-Eberbach	33	8	12000 cbm/h	11	Februar 1984	Schwarzach-Unterschwarzach Aglasterhausen-Kernort (ab Okt. 1988)	Neunkirchen	Energie- und Wasserwerke Rhein-Neckar AG Mannheim (RHE)
Walldürn-Roigheim (geplant)	27,3	26	25 000 cbm/h	20	Ende 1989		Walldürn-Altheim Seckach-Kernort Osterburken-Kernstadt mit Regionalem Industriepark Adelsheim-Kernstadt	Energie- und Wasserwerke Rhein-Neckar AG Mannheim (RHE)
	73,5			50,8		8 Gemeinden mit 11 Ortsteilen	11 Gemeinden mit 11 Ortsteilen	

Stadtwerke Walldürn
Walldürn	45,0 km
Hardheim	10,5 km
Höpfingen	2,5 km
Schwarzach	0,45 km
Aglasterhausen (1. Ausbauphase, Okt. 1988)	2,5 km.

In wenigen Jahren hat sich das überregionale und örtliche Gasversorgungsnetz im Neckar-Odenwald-Kreis so gut entwickelt, daß heute alle bedeutenden Wirtschaftsräume und zentralen Orte über Erdgasanschlüsse verfügen oder zumindest günstige technische Voraussetzungen dafür besitzen. Die dazu notwendigen Investitionen haben die Infrastruktur des Kreises auf dem Energieversorgungssektor ganz wesentlich verbessert.

Tabelle 5: **Gasverbrauch 1980 und 1987**

Versorgungsgebiet	Verbrauch (kWh)*	
	1980	1987
Stadt Mosbach		
– Mosbach mit Obrigheim	–	97,0 Mio
Stadtwerke Buchen		
– Buchen, Buchen-Hainstadt	20,5 Mio	64,5 Mio
Stadtwerke Walldürn		
– Walldürn, Hardheim, Höpfingen	30,0 Mio	100,0 Mio
Schwarzach	–	13,1 Mio
Summe	50,5 Mio	274,6 Mio

* Der Energiegehalt von 1 kWh Erdgas ≈ 0,1 cbm Erdgas ≈ 0,1 l Heizöl

Der Anschluß des Kreises an die Erdgasversorgung und der rasche Ausbau des kreisinternen Versorgungsnetzes ließen den *Gasverbrauch* innerhalb weniger Jahre um ein Vielfaches in die Höhe schnellen. Die Verbrauchszahlen der Vergleichsjahre 1980 und 1987 belegt Tab. 5.

Diese Entwicklung hat auch dazu beigetragen, daß der Verbrauch anderer Energieträger, wie z. B. des Heizöls, merklich zurückgegangen ist. So hat der Energieverbrauch je Beschäftigten im Neckar-Odenwald-Kreis von 1978 bis 1986 insgesamt um 6,4 % abgenommen. Im gleichen Zeitraum ging der Anteil des Heizöls von 80 % auf 22,8 % zurück, während der Anteil des Gasverbrauchs von 0,3 % auf 7,8 %, also um das 26fache, zunahm.

Fernwärmeversorgung. – Dieser Energieträger spielt im Neckar-Odenwald-Kreis, wie es im ländlichen Raum nicht anders zu erwarten ist, nur eine untergeordnete Rolle. Es gibt nur wenige nennenswerte Versorgungseinheiten:

– Blockheizkraftwerk Buchen
– Heizwerk der Truppenunterkunft Mosbach-Neckarelz
– Fernwärmeversorgung Mosbach-Waldstadt.

Die im Landkreis bedeutendste *Fernwärmeversorgung Mosbach-Waldstadt* wird von der Saarberg-Fernwärme GmbH, Saarbrücken, betrieben. Das Heizwerk Waldstadt arbeitet seit Herbst 1963 und versorgt heute ca. 3000 Einwohner. An das *Blockheizkraftwerk Buchen* sind eine Grund- und Hauptschule, eine Realschule, ein Hallenbad und eine Turnhalle angeschlossen. Zur besseren Auslastung der Anlage, die seit Ende 1983 in Betrieb ist, planen die Stadtwerke Buchen, das neu zu errichtende Rettungszentrum und das Gymnasium in die Wärmeversorgung einzubeziehen.

Abwasserreinigung. – Die Sammlung der in den Städten und Gemeinden anfallenden häuslichen und gewerblichen Abwässer und ihre Ableitung über die Ortskanalisationen ist seit langem ein selbstverständlicher Teil der technischen Infrastruktur in der öffentlichen Daseinsfürsorge. Mit der Reinigung dieser Abwässer wurde allerdings erst in den 70er Jahren in größerem Umfang begonnen. Die Bedeutung ökologisch intakter Gewässer für die Erhaltung und Wiedergewinnung gesunder Lebensbedingungen wurde von Gemeinden, Gewerbe und Industrie erkannt.

Der Ausbaugrad der mechanisch-biologischen Kläranlagen im Neckar-Odenwald-Kreis lag Anfang 1988 mit einer Klärkapazität von 307 127 Einwohnern + Einwohner-

Tabelle 6: **Abwasserverbände im Neckar-Odenwald-Kreis**

Verbandskläranlage, Sitz	Entsorgungsgebiet im Kreis
1. AV. »Elz-Neckar«, Obrigheim:	Haßmersheim-Hochhausen Mosbach mit Bergfeld, Diedesheim, Lohrbach, Neckarelz, Nüstenbach, Waldstadt
2. AV. »Fahrenbach-Limbach«, Fahrenbach:	Fahrenbach mit Robern, Trienz Limbach-Krumbach Campingplatz Krumbach
3. AV. »Hardheim-Höpfingen«, Hardheim:	Hardheim mit Bretzingen, Erfeld, Gerichtstetten, Rüdental, Schweinberg, Tierkörperbeseitigungsanstalt Höpfingen
4. AV. »Michelbach«, Michelbach:	Michelbach Schwanheim, RNK
5. AV. »Oberes Rinschbachtal«, Bofsheim:	Buchen-Götzingen und Rinschheim Osterburken-Bofsheim
6. GVV. »Schefflenztal«, Allfeld:	Billigheim mit Allfeld, Katzental, Sulzbach, Waldmühlbach Schefflenz mit Kleineicholzheim Seckach-Großeicholzheim
7. Eberbach, RNK	Waldbrunn-Oberdielbach
8. AV. »Schwarzbachtal«, Waibstadt, RNK	Aglasterhausen mit Breitenbronn und Daudenzell Hüffenhardt mit Kälbertshausen Neunkirchen Obrigheim-Asbach Schwarzach
9. AV. »Leibenstadt-Korb«, Korb, HN	Adelsheim-Leibenstadt
10. AV. »Seckachtal«, Roigheim, HN	Adelsheim mit Sennfeld Osterburken mit Hemsbach Seckach-Zimmern

Die Gemeinden unter Nr. 7–10 sind an Kläranlagen außerhalb des Neckar-Odenwald-Kreises angeschlossen.

Gleichwerten (E + EW) und 42 Anlagen bei ca. 95 %, der Landesdurchschnitt bei ca. 93 %. Der Ausbaugrad gibt das Verhältnis der vorhandenen Anlagenkapazität zu der für das Jahr 2000 anzustrebenden Gesamtreinigungsleistung von ca. 323 000 E + EW wieder. Diese orientiert sich an der Verschmutzung des häuslichen und gewerblich-industriellen Abwassers. Innerhalb des Kreisgebiets bewirken 10 Verbandskläranlagen 68 % und 32 kommunale Anlagen 27 % der Gesamtklärkapazität. 3 Anlagen mit zusammen 2 % sind im Bau, und 18 kleinere Kläranlagen mit dem geringen Restanteil von 3 % Anlagenkapazität, dafür aber mit höherem spezifischen Kostenaufwand, werden noch erforderlich sein. Die 32 kommunalen Anlagen verteilen sich auf 16 Gemeinden.

Der Bestand, die Planung und der Bedarf an öffentlichen Abwasserbehandlungsanlagen sind in Karte S. 344 dargestellt.

Der Bau der Abwasseranlagen erforderte enorme finanzielle Anstrengungen. Von 1974 bis Anfang 1988 investierten die Kreisgemeinden 173,15 Mio DM, im Mittel also 12,4 Mio DM jährlich, in den Bau von Regenbecken, Zuleitungssammlern und Kläranlagen. Der Ausbau und die Erneuerung der Ortskanalisationen sind darin nicht enthalten. Land und Bund haben sich mit 77,7 Mio DM, das sind ca. 75 % der Kosten, beteiligt. Diese Investitionen der Gemeinden haben den Gütezustand der Gewässer inzwischen erheblich verbessert. Die in mehrjährigem Abstand von der Landesanstalt für Umweltschutz durchgeführten Gewässergüteuntersuchungen stufen inzwischen wieder weite Teile der Gewässer des Neckar-Odenwald-Kreises in die Güteklasse II – mäßig belastet – ein. Als Merkmal für diese Gütestufe gelten eine mäßige Verunreinigung durch organische Stoffe und deren Abbauprodukte sowie eine gute Sauerstoffversorgung. Sie gewährleisten große Vielfalt und Besiedlungsdichte von Algen, Blütenpflanzen und Kleinlebewesen und sind Voraussetzung für ertragreiche Fischgewässer. Die Gewässergüte II entspricht dem natürlichen Gleichgewicht im Mittel- und Unterlauf eines Gewässers ohne anthropogene Einflüsse.

Regenwasserbehandlung ist Abwasserbehandlung, denn zu Beginn eines Regenabflusses treten hohe Schmutzfrachten auf. Schmutzablagerungen von Straßenoberflächen werden abgespült, Ablagerungen in den Kanälen aufgewirbelt und abgeschwemmt. Dieser hochkonzentrierte Schmutz- und Spülstoß muß in Regenbecken aufgefangen, gespeichert und in der Kläranlage dosiert gereinigt werden. Ortskanalisation, Regenwasserbehandlung und Kläranlage bilden eine funktionelle Einheit. Gewässergüteuntersuchungen haben gezeigt, daß oftmals die noch nicht vollzogene Regenwasserbehandlung eine weitere Verbesserung des Gütezustands eines Gewässers verhindert. Im Neckar-Odenwald-Kreis sind 107 Regenbecken mit 41 200 cbm Gesamtinhalt vorhanden. Der Bau von weiteren 76 Becken mit insgesamt etwa 31 000 cbm Volumen steht noch aus.

Die Einleitung von *gewerblich-industriellem Abwasser* unterliegt heute verschärften Anforderungen. Es darf direkt (in ein Gewässer) oder indirekt (in die Ortskanalisation) nur eingeleitet werden, wenn die Schadstoff-Fracht so gering gehalten wird, wie dies nach dem allgemein anerkannten Stand der Technik möglich ist. Im Neckar-Odenwald-Kreis betreiben 50 Unternehmen eigene Abwasserbehandlungsanlagen. Davon sind 3 Direkt- und 47 Indirekteinleiter. Insbesondere durch die Firmenansiedlungen im Regionalen Industriepark Osterburken und im Industriepark Mosbach hat sich die Zahl der gewerblich-industriellen Abwasserbehandlungsanlagen seit der 1. H. der 1980er Jahre erhöht.

Die Abwasserreinigung erzeugt *Klärschlamm*. Er fällt bei der mechanischen und biologischen Abtrennung von Abwasserinhaltsstoffen an. Ausgehend von 0,25 cbm

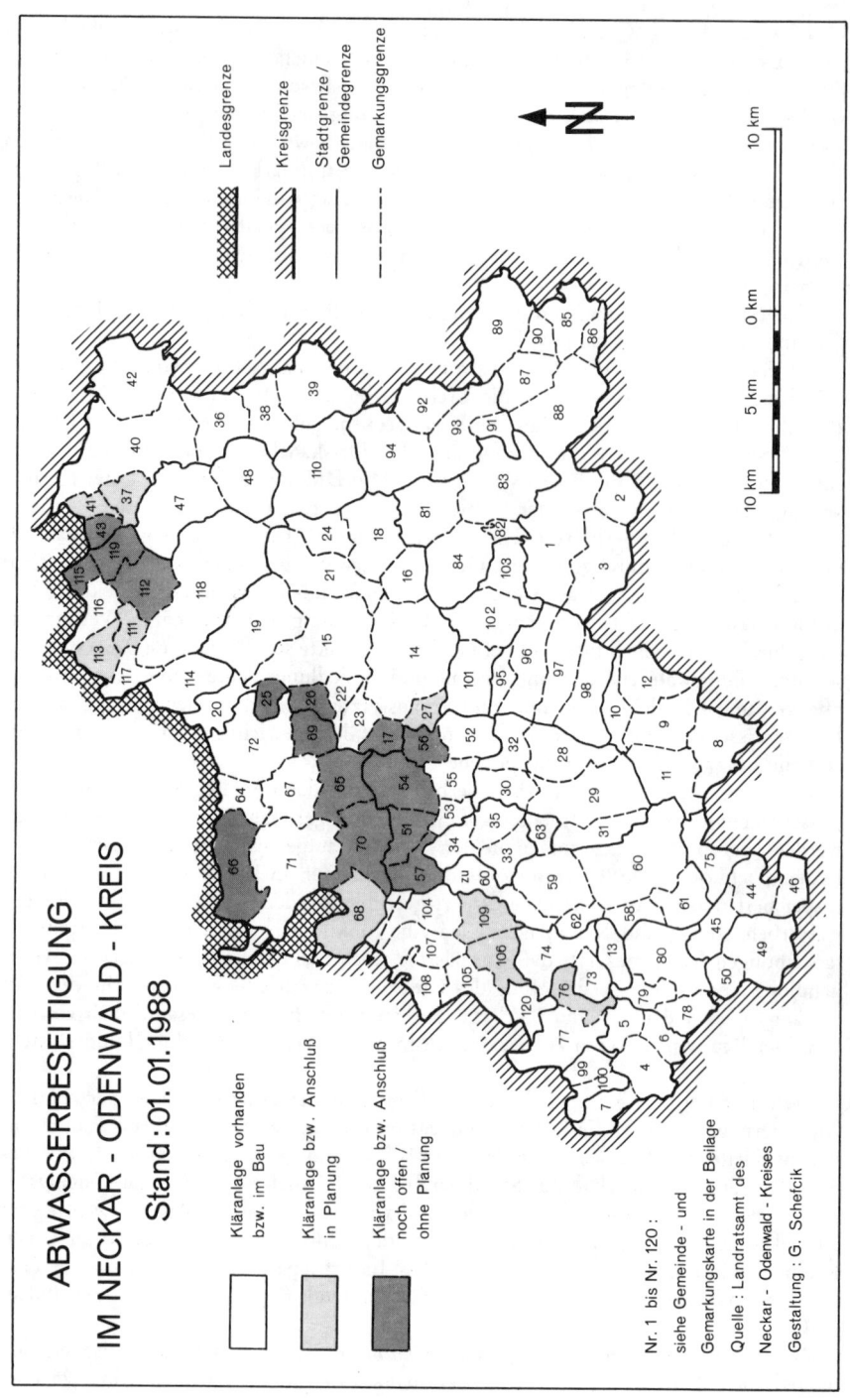

8. Ver- und Entsorgung 345

Schlamm pro E + EW und Jahr bei einem Feststoffgehalt von 10% sowie einer vorhandenen Klärkapazität von 268 000 E + EW, fallen rechnerisch ca. 67 000 cbm Schlamm bzw. 6700 t Trockensubstanz an. Gut 10% des Ackerlandes im NOK würden ausreichen, um diesen Schlamm in der zulässigen Menge – innerhalb von 3 Jahren nicht mehr als 5 t Trockenmasse je Hektar – landwirtschaftlich verwerten zu können. Auswertungen der Klärschlamm-Analysen von 1982 bis 1987 ergaben, daß der Klärschlamm des Kreises mit einer Ausnahme unter den Schwermetallgrenzwerten der Klärschlamm-Verordnung lag. 36 der 41 mechanischen und mechanisch-biologischen Kläranlagen mit einer Kapazität von zusammen 91 900 E + EW verwerten den Klärschlamm landbaulich, von 5 Anlagen mit einer Ausbaugröße von insgesamt 176 300 E + EW wird der Schlamm auf der Hausmülldeponie in Buchen abgelagert.

Abfallentsorgung. – Im Neckar-Odenwald-Kreis sind Abfälle für ein Gebiet von 1126 qkm mit 27 Gemeinden und rd 130 000 Einwohner zu entsorgen. Die Abfallentsorgung gehört zu den gesetzlichen Aufgaben des Landkreises.

1988 betrug der *Müllanfall* etwa 76 000 t. Diese Menge entspricht etwa 120 000 cbm. Tab. 6 zeigt die Entwicklung der Abfallmengen und die Gliederung nach Abfallarten und -erzeugern.

Durchschnittlich erzeugt jeder Kreiseinwohner 434 kg oder 0,7 cbm Abfälle im Jahr, den Gewerbemüll eingerechnet. Das Müllaufkommen nimmt zu. 1984 waren es noch 350 kg pro Einwohner und Jahr. Der Landkreis hat den Gemeinden das Einsammeln und Befördern der Abfälle durch Vereinbarung übertragen. Die Gemeinden bedienen sich dazu privater Abfuhrunternehmen. Zur Zeit sind drei Unternehmer mit der *öffentlichen Müllabfuhr* betraut. Als Sammelbehälter sind neben Müllsäcken 50-, 120-, und 240-l-Behälter im Einsatz. Für den Gewerbemüll stehen 1,1-cbm-Behälter und 5-cbm-Mulden zur Verfügung.

Bevor der Bund mit dem Abfallbeseitigungsgesetz vom 7.2.1972 die Müllentsorgung in der Hand der Stadt- und Landkreise neu geordnet hatte, betrieb fast jede Gemeinde ihre eigene *Müllkippe*. Dies waren zumeist Klingen, ehemalige Steinbrüche, Gruben und ähnliche Geländevertiefungen, in die ohne besondere Schutzvorkehrungen alle anfallenden Abfallstoffe verbracht wurden. Im Neckar-Odenwald-Kreis gab es ca. 200 Müllkippen dieser Art. Sie wurden 1973/74 bis auf 6 geordnete *Übergangsdeponien* geschlossen, die der Landkreis in Haßmersheim, Elztal-Dallau, Limbach, Osterburken-Schlierstadt, Buchen-Hainstadt und Hardheim errichtete. Inzwischen sind die Übergangsdeponien verfüllt und ebenfalls geschlossen. Nach langwieriger Standortsuche und zweijähriger Bauzeit konnte der Landkreis rechtzeitig vor der Schließung der Übergangsdeponien im Nov. 1983 seine *zentrale Hausmülldeponie* auf Gkg Buchen im Gewann Sansenhecken in Betrieb nehmen. Diese Deponie mit einer Fläche von 14,8 ha, einem Fassungsvermögen von 2,2 Mio cbm und einer Laufzeit von 28–30 Jahren stellt die Abfallentsorgung des Neckar-Odenwald-Kreises über die Jahrtausendwende sicher.

Neben der zentralen Hausmülldeponie wird im südwestlichen Kreisteil eine Umladestation für Kleinanlieferungen aus Haushaltungen, Kleingewerbe und Handel betrieben. Im Herbst 1988 wurde sie vom Gelände der Übergangsdeponie Haßmersheim auf das Areal der Firma INAST Abfallbeseitigungs GmbH in Mosbach verlegt. Neben der Abfalldeponie betreibt der Neckar-Odenwald-Kreis keine andere Form der Abfallbeseitigung. Nach dem begrenzten Müllaufkommen des ländlich strukturierten Kreises ließe sich eine eigene Verbrennungs- oder Kompostierungsanlage kaum wirtschaftlich betreiben.

IV. Wirtschaft und Verkehr

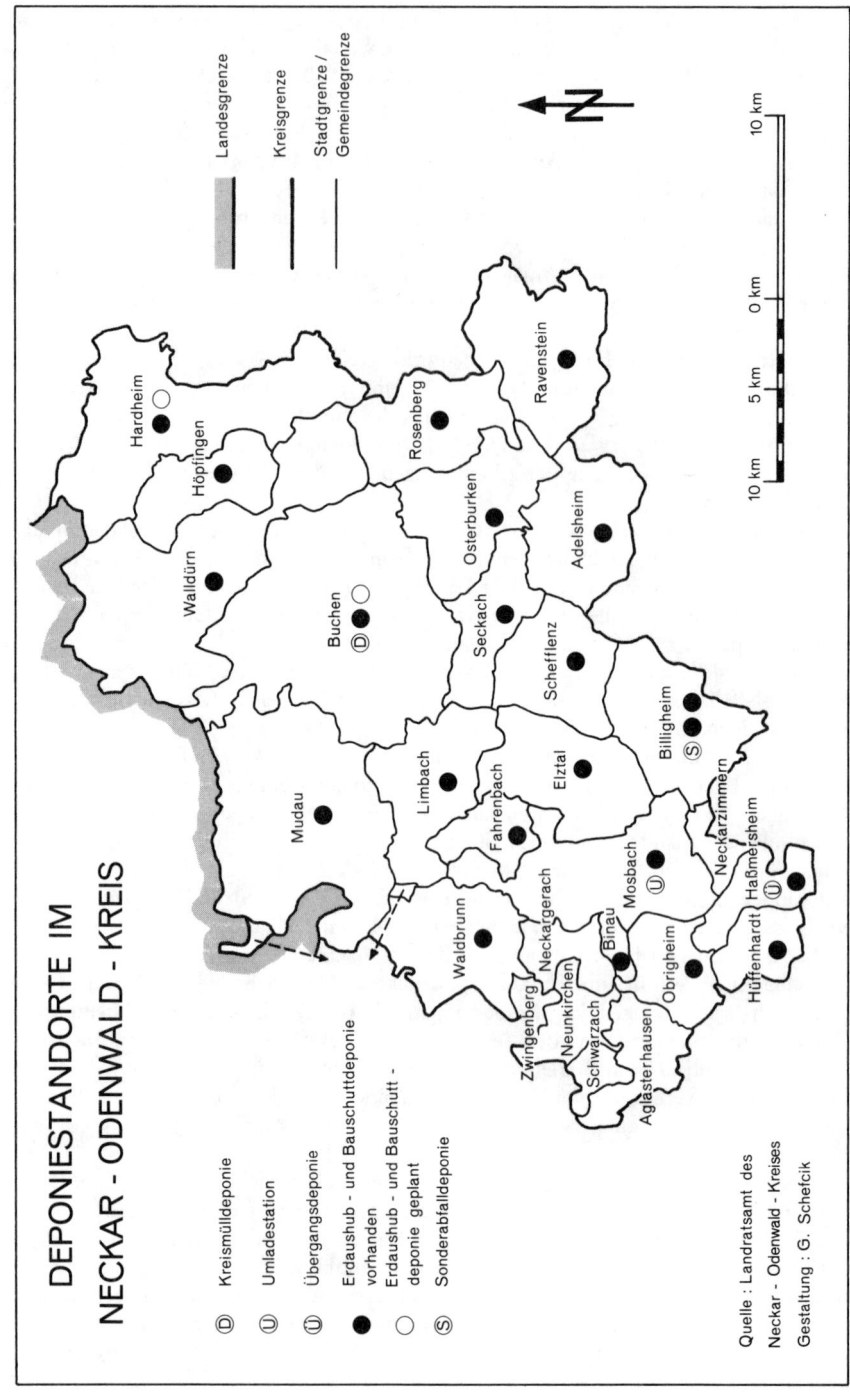

8. Ver- und Entsorgung

Tabelle 7: **Abfallmengen und Abfallarten 1984–1988**

Abfallarten	Abfallmenge (t)				
	1984	1985	1986	1987	1988
Hausmüll, Sperrmüll	29 310	29 208	31 650	33 500	33 943
Gewerbemüll, Kleingew. Selbstanlieferer	16 850	15 233	17 347	20 470	22 129
Klärschlamm	3 805	4 230	4 146	5 380	6 437
Erdaushub, Bauschutt, Gießereisande auf Hausmülldeponien)	60 050	22 500	17 247	15 695	13 417
Abgelagerte Müllmenge insgesamt	110 015	71 171	70 390	75 045	75 926
Glas, separat erfaßt	750	1 333	1 314	1 380	1 740
Problemstoffe	15,5	29,7	58,1	53,4	77,2

Zur Schonung der Rohstoffe und des Deponievolumens ist es unumgänglich, bei der Abfallentsorgung neue Wege zu gehen. Neben der bewußten Abfallvermeidung gilt es, im Hausmüll enthaltene Wertstoffe wieder zu verwerten. Im Neckar-Odenwald-Kreis geschieht dies durch getrennte *Sammlung von Altglas, Altpapier, Altmetall* und *Altreifen*. Während für Mischglas bereits ein kreisweites Netz von Depotcontainern vorhanden ist, wo die Bürger Altglas selbst entsorgen können (»Bringsystem«), wird Altpapier überwiegend von Vereinen, Schulen und gemeinnützigen Verbänden bei den Haushaltungen eingesammelt (»Holsystem«). Altmetalle nehmen die einschlägigen Altwarenhandlungen an, von denen es etwa 10 im Kreis gibt. Daneben sind für Altmetalle und Altreifen Sammelstellen bei der Kreismülldeponie und der Umladestation eingerichtet.

Da das Einsammeln der Abfälle im Neckar-Odenwald-Kreis den Gemeinden übertragen ist, fällt die *Wertstofferfassung* grundsätzlich in deren Aufgabenbereich. Solange dies beibehalten wird, hat der Landkreis hier keine Regelungsbefugnis. Er kann lediglich koordinierend tätig werden. Fortschritte in der Wertstofferfassung sind daher nur im Einvernehmen mit den Gemeinden möglich. In Zusammenarbeit mit ihnen soll das Sammelsystem mittels Depotcontainern erweitert werden. Darauf aufbauend sollen Wiederverwertungszentren entwickelt werden, wo der Bürger neben Altglas auch Altpapier und Altmetalle in zumutbarer Entfernung abliefern und damit dem Stoff- und Produktionskreislauf wieder zuführen kann. Die Sammelzentren, mit denen man in anderen Landkreisen eine Wiederverwertungsquote bis zu 30 % des Müllaufkommens erreicht hat, lassen sich später in der Regel problemlos erweitern. Daneben ist an die getrennte Erfassung und Behandlung von Grünabfällen gedacht, die in erheblichen Mengen anfallen und über die Kompostierung als wertvolles Bodenverbesserungsmittel weiterverwendet werden können.

Dem System der »Grünen Tonne« – die im Haushalt sortierten Wertstoffe werden dort bereitgestellt und abgeholt – ist man im Neckar-Odenwald-Kreis aus Wirtschaftlichkeitsgründen nicht näher getreten. Das begrenzte Wertstoffaufkommen im ländlichen Raum, die Mehrkosten für zusätzliche Behälter und die nachgeschaltete Sortieranlage gaben dafür den Ausschlag. Mit den Wiederverwertungszentren lassen sich demgegenüber sortenreine Wertstoffe bei akzeptablen Kosten erfassen.

Erdaushub und *Bauschutt* werden auf Monodeponien beseitigt, die ausschließlich für diese Abfälle eingerichtet sind. In Zusammenarbeit mit den Standortgemeinden betreibt der Landkreis 21 Deponien dieser Art. Weitere sind geplant. Der verwaltungsmäßige und technische Betrieb ist den jeweiligen Gemeinden übertragen. Als finanzieller Ausgleich verbleibt diesen das Aufkommen der Gebühren, die sie für den Landkreis einziehen. Für Erdaushub, Baureststoffe, Straßenaufbruch und ähnliches Material steckt die Wiederverwertung noch in den Anfängen. Während zwei Firmen in Walldürn und Obrigheim-Asbach Straßenaufbruch und Fräsgut verarbeiten, zeichnet sich die Wiederverwertung von Baureststoffen und Randsteinen in Buchen ab, wo eine entsprechende gewerbliche Aufbereitungsanlage entstehen soll. Altbaumaterial wie Eichenholzbalken, Bruchsteine, Dachziegel, Fenster und Türen verwertet das Odenwälder Freilandmuseum in Walldürn-Gottersdorf.

Seit 1984 erfaßt der Landkreis *Problemabfälle aus Haushaltungen*. Es handelt sich dabei um Altöl, Altmedikamente, Batterien, Pflanzenschutzmittel, Farb- und Lackreste, Lösungsmittel, Verdünner, Säuren und andere Chemikalien. Diese Stoffe gehören zwar in den überschaubaren Mengen, in denen sie anfallen, weitgehend zum Hausmüll. Sie werden jedoch gesondert erfaßt und entsorgt, um den Hausmüll von Schadstoffen zu entfrachten. Zweimal jährlich werden 30 Sammelstellen im Kreisgebiet von einem beauftragten Abfalltransportunternehmen angefahren. Pro Sammlung kommen etwa 30 bis 40 t Problemabfälle zusammen. Sie werden anschließend, sofern eine Wiederverwertung ausscheidet, als Sonderabfälle in entsprechenden Verbrennungsanlagen und auf Sonderabfalldeponien beseitigt. Neben diesen mobilen Sammlungen werden ständig Altbatterien und Altmedikamente angenommen. Für Altbatterien sind kreisweit spezielle Sammelbehälter aufgestellt. Sie stehen überwiegend in öffentlichen Gebäuden wie Schulen, Rathäusern und anderen Behörden. Altmedikamente werden von Apotheken zurückgenommen. Die Kreismülldeponie und die Umladestation nehmen sie ebenfalls an. Das gilt auch für Altöl, welches überdies immer dort, wo Motorenöl im Einzel- und Fachhandel erhältlich ist, zur Entsorgung abgeliefert werden kann.

Mit der *Sonderabfalldeponie Billigheim* ist seit Ende Jan. 1984 nach dreijähriger Bauzeit die zur Zeit einzige Abfallbeseitigungseinrichtung dieser Art in Baden-Württemberg in Betrieb. Sie wird von der Gesellschaft zur Beseitigung von Sonderabfällen in Baden-Württemberg m.b.H. (SBW) unterhalten, die zu über 80 % in der Hand des Landes liegt, während sich die restlichen Anteile die Stadt- und Landkreise sowie die Industrieverbände teilen. Das Einsammeln, Vorbehandeln und Transportieren der Sonderabfälle nehmen andere private Unternehmen wahr. Die Fläche der Sonderabfalldeponie beträgt ca. 8 ha. Davon ist der 1. Bauabschnitt mit ca. 1,5 ha verfüllt. Für den 2. Bauabschnitt mit der Restfläche von ca. 6,5 ha mußte ein ergänzendes Planfeststellungsverfahren durchgeführt werden. Im Dez. 1987 ließ das Regierungspräsidium Karlsruhe den weiteren Ausbau und die anschließende Restverfüllung zu. Die seit Mai 1986 unterbrochene Endablagerung soll nach Erstellung des 2. Bauabschnittes, die 1990 erwartet wird, wieder aufgenommen werden. In der Zwischenzeit dient die Deponie als Umschlaganlage für Sonderabfälle, die zu anderen Entsorgungseinrichtungen verbracht werden.

Die Sonderabfalldeponie Billigheim zählt baulich und nach ihrer technischen Ausstattung (z. B. EDV und Labor) zu den modernsten Anlagen ihrer Art in Europa. Besonderer Wert wurde auf die Dichtigkeit der Sohle gelegt. Abgesehen von der Untergrundabdichtung durch die natürlich anstehende Tonschicht, betragen die Dichtigkeitswerte der beiden künstlich aufgebrachten Tonschichten auf mindestens 2,40 m Mächtigkeit kf = 10^{-9} m/s und weiteren 0,60 m kf = 10^{-10} m/s. Im 2. Bauabschnitt kommt noch eine Kunststoffabdichtung hinzu. Ein Mehrkomponentensicherheits- und -überwachungssystem sorgt einerseits für einen sicheren Betrieb, andererseits aber auch

8. Ver- und Entsorgung

für dauernde Überwachung möglicher Gefährdungsbereiche. Hierzu gehören regelmäßige Setzungsmessungen, ein umfangreiches Netz von Grundwassermeßstellen und Abwehrbrunnen, die Umgebungsüberwachung, die ständige Untersuchung der Sickerwässer sowie das System der Abfallkontrolle. Ein Positiv- und Negativkatalog grenzt die deponierfähigen Abfallstoffe ein, die darüber hinaus stets durch Einzelgenehmigung der Planfeststellungsbehörde zur Ablagerung freigegeben sein müssen. So dürfen z. B. nur stichfeste Abfälle angeliefert werden; flüssige, explosive, leicht entflammbare und penetrant riechende Sonderabfälle sind ausgeschlossen. Die laborunterstützte Eingangskontrolle und die chemisch-physikalische Abfalluntersuchung sind weitere Kontrollinstrumente.

Das Einzugsgebiet der Sonderabfalldeponie Billigheim erstreckt sich auf Baden-Württemberg. Mit besonderer behördlicher Zustimmung können Sonderabfälle aus anderen Bundesländern, mit denen ein Abfallverbund besteht, zugelassen werden. Das Deponievolumen beträgt etwa 810000 cbm. Davon sind im 1. Deponieabschnitt ca. 110000 cbm verfüllt worden. Bei einem jährlichen Abfallaufkommen von ca. 100000 t und dem verfügbaren Deponierestvolumen von 700000 cbm beläuft sich die Restnutzungsdauer der Deponie, wenn man eine Lagerungsdichte von 1,5 t pro cbm annimmt, auf etwa 10 Jahre. Demnach wird die Sonderabfalldeponie Billigheim voraussichtlich bis zur Jahrtausendwende in Betrieb sein.

Wegen der mittelständischen Struktur des Gewerbe- und Industriebesatzes gibt es im Neckar-Odenwald-Kreis keine Sonderabfallproduzenten größeren Umfangs. Dafür sind die *Industrieabfälle* recht verschiedenartig. Sofern es sich um Abfälle handelt, die zusammen mit den in Haushaltungen entstehenden entsorgt werden können, wird dieser hausmüllähnliche Gewerbemüll auf der Kreismülldeponie angenommen. Hierunter fallen z. B. die in den 4 Eisengießereien des Kreises entstehenden Gießereisande mit jährlich ca. 15000 t.

Um *Sonderabfall* handelt es sich, wenn die Abfälle nicht zusammen mit Hausmüll beseitigt werden können, wobei der Grund für die besondere Entsorgung in der Art oder in der Menge des Abfalls liegen kann. Hier schlagen die Abfallstoffe der zahlreichen Betriebe der Metallbe- und -verarbeitung und der Oberflächenbehandlung mengenmäßig zu Buche. Über das stark reglementierte Sonderabfalltransportwesen gewinnt man einen Überblick über die Sonderabfallbeseitigung im Kreis. Von den Gewerbe- und Industriebetrieben im Neckar-Odenwald-Kreis sind 1983 1776,7 t, 1984 2085,4 t, 1985 1276,8 t, 1986 1713,9 t Sonderabfälle beseitigt worden. An der Spitze liegen dabei Mineralöle, Mineralölschlämme, Emulsionen und Emulsionsgemische, Galvanikschlämme, Farb- und Anstrichmittel sowie feste mineralische Abfälle z. B. aus Ölunfällen.

Bereits seit 1943 ist die *Tierkörperbeseitigung* im Beschreibungsgebiet ein fester Bestandteil der Abfallbeseitigung. Im Nov. 1941 schlossen sich zu diesem Zweck die drei nordbadischen Kreise Buchen, Mosbach und Tauberbischofsheim sowie die beiden bayerischen Nachbarkreise Miltenberg und Obernburg zu einem Zweckverband zusammen und errichteten in Hardheim mit einem Bauaufwand von rund 600000 Reichsmark eine Tierkörperbeseitigungsanstalt. Dieser Betrieb arbeitete bis Mai 1987 nach dem sog. »Per-Naßextraktionsverfahren«. Hierbei wurde nach der Sterilisation der Rohware – das sind Schlachtabfälle und verendete Tiere – unter Zusatz des Lösungsmittels Perchlorethylen das Fett aus dem Fleischbrei ausgewaschen und das Lösungsmittel durch Verdampfung zurückgewonnen. Das entfettete Restmaterial wurde getrocknet und vermahlen. Am Ende des Verwertungsprozesses stehen die Produkte Tiermehl und Tierfett. Tiermehl ist mit rd. 60 % Eiweißanteil ein hochwertiges Futtermittel. Es wird ebenso wie teilweise das Tierfett von der Futtermittelindustrie weiterverarbeitet. Tierfett findet außerdem in der chemischen Industrie Verwendung. Im Zusammenhang mit der Neuordnung der Tierkörperbeseitigung in Baden-Württemberg wurde im Jan. 1985 der *Zweckverband Tierkörperbeseitigung Neckar-Franken* gegründet. In ihm schlossen sich die Stkre Heilbronn und Stuttgart sowie die Lkre Heilbronn, Hohenlohekreis, Ludwigsburg, Main-Tauber-Kreis, Neckar-Odenwald-Kreis, Ostalbkreis, Rems-Murr-Kreis, Schwäbisch Hall sowie Miltenberg zusammen. Auf dem alten Betriebsgelände in Hardheim wurde für rd. 33,2 Mio DM eine neue Tierkörperbeseitigungsanstalt erstellt und im Okt. 1987 in Betrieb genommen. Mit einer neuen umweltfreundlichen Technologie hat man die Chemie gänzlich aus dem Verarbeitungsprozeß verbannt und Wärmerückgewinnungsanlagen eingesetzt. Die Trennung von Tierfett und Tiermehl geschieht heute rein mechanisch mittels Schnekkenpressen. Selbst die Reinigung der Verfahrensabluft erfolgt ohne chemische Zusätze durch Mikroorganismen in einer Biobeet-Anlage. Als Energie wird Strom und Erdgas verwendet.

Seit Anfang 1988 wird in Hardheim auch das im Bereich des Zweckverbandes Karlsruhe anfallende Material verarbeitet. Der Einzugsbereich umfaßt somit den gesamten nördlichen Landesteil von Baden-Württemberg mit einer Fläche von rd. 12.800 qkm, einer Bevölkerung von ca. 3,87 Mio Einwohnern und einem Tierbestand von rd 1,72 Mio Stück. Aus diesem Einzugsbereich sind durchschnittlich 120–130 t Rohmaterial pro Tag unter Einschaltung zweier Sammelstellen in Schwäbisch Hall-Sulzdorf und Karlsruhe zu entsorgen. Ohne moderne Tierkörperbeseitigungsanlagen, wie sie in Hardheim errichtet wurden, sind Tierhaltung und Schlachtindustrie im heutigen Umfang unter zeitgemäßen seuchenhygienischen Bedingungen nicht mehr denkbar.

Luftreinhaltung. – Allgemeine Hauptquellen der Luftverunreinigung sind der Straßenverkehr, die Vielzahl größerer und kleinerer Feuerungsanlagen sowie die technischen Prozesse in Anlagen der gewerblichen Wirtschaft. Die Konzentration der Luftschadstoffe in der bodennahen Atmosphäre weist in Baden-Württemberg sehr unterschiedliche Werte auf. Die niedrigsten Jahresmittelwerte finden sich in den Reinluftgebieten des Schwarzwaldes, die höchsten Schadstoffbelastungen in den Industriezentren der Regionen Unterer Neckar, Mittlerer Neckar und Mittlerer Oberrhein. Obwohl der Neckar-Odenwald-Kreis in der Region Unterer Neckar liegt, gehört er zu den Gebieten im Lande, die gering mit Luftschadstoffen belastet sind. So wurden z. B. 1982 nach den statistischen Erhebungen lediglich rd. 1100 t Schwefeldioxid emittiert. Das rührt hauptsächlich daher, daß es im Kreis weder ein größeres Ballungsgebiet noch eine umfangreich emittierende Industrie gibt. Private Haushalte und der Straßenverkehr zählen hier zu den Hauptemittenten. Wegen der beschränkten Bedienung im öffentlichen Personennahverkehr liegt, wie auch anderswo im ländlichen Raum, die Fahrzeugdichte im Kreis mit 642 Fahrzeugen auf 1000 Einwohner (1987) beachtlich über dem Landesdurchschnitt mit 559. Allerdings dürfte der Stickoxidausstoß im Straßenverkehr zurückgehen, wenn der deutliche Trend zum schadstoffarmen Fahrzeug weiterhin anhält. Ende Nov. 1987 gab es im Kreisgebiet über 12 400 schadstoffarme Fahrzeuge, das sind bereits mehr als 20 % des PKW-Bestandes. Von den 6257 neu zugelassenen Personenkraftwagen, die 1987 zum Bestand hinzukamen, waren 5192 = 83 % schadstoffarm. 1986 lag die Quote noch bei 57 %.

Seit Dez. 1987 ist der Neckar-Odenwald-Kreis in das *»Automatische Vielkomponenten-Immissionsmeßnetz Baden-Württemberg«* einbezogen. In Mosbach wurde vor-

8. Ver- und Entsorgung

Tabelle 8: **Ergebnisse der Luftmeßstation in Mosbach**

Schadstoff	Mittelwerte der höchsten ½ Std.-Werte	Durchschnittswerte der höchsten Mittelwerte aus 24 Std.	MIK-Werte nach VDI 2310	
			½-Std.	24-Std.
Kohlenmonoxid (CO)	3,2	1,15	50	10
Stickstoffdioxid (NO_2)	0,09	0,045	0,20	0,10
Sickstoffmonoxid (NO)	0,153	0,05	1,00	0,50
Schwefeldioxid (SO_2)	0,155	0,045	1,00	0,30
Ozon (O_3)	0,1065	0,0693	0,12	–
Schwebstaub	0,1138	0,0708	0,45	0,30

übergehend eine mobile Luftmeßstation der Landesanstalt für Umweltschutz Baden-Württemberg eingerichtet, die 1989 durch eine Feststation ersetzt werden soll. Gemessen werden die Konzentrationen an Kohlenmonoxid, Stickstoffmonoxid, Stickstoffdioxid, Schwefeldioxid, Ozon und Staub. Die bisher ermittelten Ergebnisse lagen stets erheblich unterhalb der maximalen Immissionskonzentrationswerte (MIK-Werte) nach der VDI-Richtlinie 2310. Im Vergleich zu den Meßorten Sinsheim, Heilbronn, Heidelberg und Mannheim ist die Immissionssituation in Mosbach günstiger einzustufen. Es herrschen in etwa gleiche lufthygienische Verhältnisse wie in Friedrichshafen (Bodensee), Villingen-Schwenningen und Freudenstadt (Schwarzwald).

Saubere Luft ist das oberste Gebot des Immissionsschutzes. Als Grundlage für wirksame vorbeugende Luftreinhaltung dient die nach dem Bundes-Immissionsschutzgesetz erlassene Technische Anleitung zur Reinhaltung der Luft (TA-Luft). Sie wurde im Feb. 1986 dem Stand der Technik angepaßt und verschärft. Davon sind im Neckar-Odenwald-Kreis vor allem 44 Altanlagen betroffen, die am 1.3.1986 bereits genehmigt waren. 13 Altanlagen, insbesondere die Transport- und Betonfertigteilwerke, entsprechen den neuesten immissionsschutzrechtlichen Anforderungen. Bis 1989 müssen die 4 im Neckar-Odenwald-Kreis ansässigen Eisengießereien ihre Kupolofenanlagen mit nach heutigem Stand der Technik wirksamen Entstaubungsanlagen nachrüsten. Bei weiteren 24 Anlagen, insbesondere Schotterwerken, Aufbereitungsanlagen für bituminöse Straßenbaustoffe, Getreidetrocknungsanlagen und Schlachthöfe, sind bis 1991 staub- und geruchsmindernde Einrichtungen einzubauen.

Aus Gründen rationellen und sparsamen Energieeinsatzes stellen die Gemeinden ihre Öl- und Kohleheizungen zunehmend auf umweltfreundlichere Brennstoffe um. Von den 27 Kreisgemeinden haben 8 einen Teil der zu unterhaltenden Gebäude wie Rathäuser, Schulen, Sporthallen und Feuerwehrgerätehäuser mit Elektroheizungen ausgestattet. Auf Gasversorgung haben 7 Gemeinden umgestellt, in 2 weiteren wurden die Ölheizungen teils durch Gas-, teils durch Elektroheizungen ersetzt. Die übrigen Gemeinden sind darum bemüht, mit ihren Ölheizungen durch regelmäßige Wartung einen optimalen Wirkungsgrad zu erzielen. Damit wird der Einsatz von Primärenergie vermindert und zugleich der Schadstoffausstoß der Feuerungsanlagen auf ein Mindestmaß beschränkt.

9. Verkehr

Verkehrslage. – Die Verkehrslage des Kreisgebietes innerhalb Badens wurde lange Zeit treffend mit den Schlagworten vom »badischen Hinterland« oder drastischer »Badisch-Sibirien« gekennzeichnet, da es von der Residenz aus nur auf dem Umweg über Heidelberg auf der alten Poststraße nach Würzburg zu erreichen war. Diese von Wiesenbach über Aglasterhausen–Mosbach–Oberschefflenz–Buchen–Walldürn führende Straße war 1820 die einzige Landstraße in diesem Gebiet von 66 Landstraßen des Großherzogtums. Auch 1848 gehörte nur sie zu den 16 Hauptlandesstraßen, während die Straße von Oberschefflenz über Adelsheim–Osterburken nach Königshofen wenigstens unter den »minder wichtigen Staatsstraßen« aufgeführt war. Erst um 1845 wurde das Haupthindernis auf der Würzburger Straße, die Mosbacher Steige, durch Umlegung der Straße in das Elztal bis Waldhausen umgangen. Dieser Straßenzug ist im wesentlichen identisch mit dem der heutigen Bundesstraße 27, der Hauptverkehrsader des Landkreises.

Die ungünstige Fernverkehrslage blieb im Prinzip bis zum Autobahnbau unverändert. Allerdings verläuft nur die hier 1974 eröffnete Bundesautobahn (BAB) 81 Heilbronn–Würzburg am äußersten Ostrand des Landkreises über 10 km Länge auf dessen Territorium. Sie ist über die Anschlußstellen Osterburken, Boxberg und Ahorn zugänglich und schließt das östliche Kreisgebiet an die Oberzentren Heilbronn und Würzburg an. Die Bewohner der südlichen Kreisgemeinden erreichen über die Bundesstraßen 27 und 292 die 1967/69 eröffnete BAB 6 Weinsberg–Saarbrücken bei Sinsheim und über das Walldorfer Kreuz die Autobahnen im Rheingraben. Nördlich des Kreisgebietes verläuft die BAB 3 (Frankfurt/Main–)Aschaffenburg–Würzburg. Zubringer ist gleichfalls die B 27 und auch die A 81. Eine Autobahn durch das Neckartal, vor einigen Jahren heftig diskutiert, wird voraussichtlich nicht gebaut werden. Die Odenwald-Gemeinden liegen noch immer im Verkehrsschatten, und auch die Stadt Buchen bemüht sich im Interesse ihrer Industrie um eine bessere Anbindung an die Autobahnen. Die späte und unzureichende Erschließung des heutigen Kreisgebietes durch Eisenbahnlinien ist eine Folge der territorialstaatlichen Eisenbahnpolitik des 19. Jh. Auch in Baden sollte das Eisenbahnnetz zwar das eigene Land erschließen, möglichst aber keine Nachbarländer berühren. Dieses Prinzip hat die erste, später korrigierte Linienführung der Neckarbahn zu verantworten, da die sinnvollere Strecke zum großen Teil über hessisches Gebiet geführt hätte. Es trägt auch die Mitschuld daran, daß Buchen und Walldürn lange ohne Bahnanschluß blieben und dann nur eine Nebenbahnlinie erhielten.

Straßenverkehr. – Sowohl die leiningische Verwaltung als auch der bad. Staat, vor allem aber die betroffenen Gemeinden hatten in der 1. H. 19. Jh. einzelne Straßenstrecken korrigiert und ausgebessert. So wurde die erst 1808 angelegte Straße von Amorbach nach Eberbach 1838/44 ausgebaut (aber erst 1868 als Landstraße übernommen) und 1817 die Straße Zwingenberg–Oberdielbach ausgebaut und 1826/31 chaussiert. Sie sollte das Hauptstück einer Verbindung vom Kraichgau nach Franken bilden. Den Verkehr über den Neckar erleichterte der 1830 abgeschlossene Bau einer Schiffsbrücke bei Obrigheim. Aber es fehlte lange Zeit an einem Gesamtkonzept für das Straßennetz. Seit der Jahrhundertmitte machte sich der Mangel an guten Straßen stärker fühlbar und wurde in zahlreichen Petitionen an die Zweite Kammer des bad. Landtags auch artikuliert. Eisenbahn- und Straßenbau standen in engem Zusammenhang. Landesstraßen, die man im Fernverkehr durch die Bahn

9. Verkehr 353

ersetzt glaubte, wurden abgestuft, dagegen mußten Zubringerstraßen zu den Bahnstationen verbessert oder erst gebaut werden. 1855 wurden die rechtlichen Grundlagen zur Verteilung des Straßenbauaufwandes zwischen der staatlichen Straßenbauverwaltung und den Gemeinden geschaffen, 1868 und 1870 neue Straßengesetze erlassen, die in ihren Auswirkungen die Gemeinden beim Bau und Unterhalt bestimmter Straßen finanziell entlasteten. Unter ihrem Einfluß mehrten sich auch im Kreisgebiet die Anträge auf Bau oder Ausbau von Straßen. Gefordert wurden außer besseren Zufahrten zu den Bahnstationen, über die u.a. Düngemittel bezogen und die landwirtschaftlichen Produkte abgesetzt wurden, auch besser befahrbare Straßen zu den Marktorten, an denen Getreide, Vieh und Holz zum Verkauf kamen. Die vorhandenen Straßen waren meist zu schmal und zu gefällreich für den Wagenverkehr. Steigungen von 18 % waren keine Seltenheit. Sie mußten ausgeglichen oder umgangen werden. Der Schwerpunkt des Straßenbaus, etwa in den Jahren zwischen 1860 und 1880, lag einmal auf den zahlreichen Ortsverbindungsstraßen, die aus unbefahrbaren Wegen entstanden, und auf der Verknüpfung von Ortsverbindungsstraßen zu zusammenhängenden Verkehrslinien. Damals wurden die Grundlagen für das heutige Landes- und Kreisstraßennetz gelegt. So wurde 1861/62 die Verbindung Binau–Neckargerach ausgebaut und dafür die Abkürzung über Reichenbuch abgestuft. 1864/68 baute man die neue Straße von Waldhausen nach Mudau, 1867/74 die von Mosbach nach Wagenschwend. Mudau wurde 1871/72 durch das Mudbachtal mit Amorbach und 1875 mit Schloßau verbunden. Links des Neckars wurde 1873/74 die Straße Obrigheim–Wimpfen ausgebaut. Die Erhebung der Straße Osterburken–Krautheim (1865/75) sowie der Straße Mosbach–Allfeld (1876) trug nicht nur deren Verkehrsbedeutung Rechnung, sondern entlastete auch Kreis und Gemeinden von den Erhaltungskosten.

Der Bau grenzüberschreitender Straßen wurde jedoch durch die oft schwierige Zusammenarbeit mit dem Königreich Bayern behindert, während mit Württemberg leichter Vereinbarungen getroffen werden konnten. Als auf den Ortsverbindungen Möckmühl–Adelsheim, Adelsheim–Buchen, Buchen–Hettigenbeuern seit 1847 in einzelnen Bauabschnitten Gefällstrecken korrigiert und Feld- und Waldwege zu Fahrstraßen ausgebaut wurden, um eine durchgehende Verbindung von Heilbronn nach Miltenberg zu schaffen, verweigerte Bayern den Weiterbau nach Schneeberg, obgleich Baden 1865 die Straße Buchen–Hettigenbeuern unter der Voraussetzung einer Fortsetzung auf bayerischer Seite gebaut hatte. Schwierigkeiten machte Bayern auch, als seit 1847 die Straße Walldürn–Rippberg verbessert wurde, bei ihrer Fortführung nach Amorbach. Erst 1862 verpflichtete sich die Regierung im Vertrag über die Eisenbahnlinie Heidelberg–Würzburg zum Weiterbau. Danach baute auch Baden das Reststück ab Rippberg. Dagegen drang Bayern auf Fortführung seiner 1850 gebauten Straße Miltenberg–Riedern durch das Erftal nach Hardheim und Eubigheim. Die Straße, 1868 fertiggestellt, war allerdings auch für die bad. Gemeinden wichtig, seit Eubigheim 1866 Bahnstation geworden war.

Heute führen durch das Kreisgebiet insgesamt 10 km *Bundesautobahn*, 137 km *Bundesstraßen*, 369 km *Landesstraßen* und 256 km *Kreisstraßen*. Die wichtigsten Verkehrswege sind die Bundesstraßen 27, 37 und 292. Sie müssen hier das höchste Verkehrsaufkommen verkraften, auch wenn ihre Belastung hinter der vergleichbarer Straßen in den Ballungsgebieten des Landes zurückbleibt. Die B 27 kommt von Heilbronn und führt über Mosbach, Buchen, Walldürn und Hardheim nach Würzburg, verbindet also wie die BAB 81 das Kreisgebiet mit dem Mittleren Neckarraum und mit dem bayerischen Franken. Sie verläßt bei Neckarelz den Neckar und zieht elztalaufwärts weiter. Den Straßenzug durch das Neckartal über Eberbach und Heidelberg in den Rhein-Neckar-Raum setzt die B 37 fort. Die B 292 verbindet das Elzmündungsgebiet mit dem Kraichgau, ist Zubringer zur BAB 6 und nimmt von Mosbach aus den alten Straßenzug über Elztal-Auerbach, Oberschefflenz, Adelsheim, Osterburken, Rosenberg auf, um nördlich von Bad Mergentheim auf die B 290 Crailsheim–Wertheim zu münden. Zwischen Neckarelz und Auerbach ist sie mit der B 27 trassengleich. Auf dieser Strecke, auf der B 27 zwischen Gundelsheim und Neckarelz und auf der B 292 zwischen Aglasterhausen und Obrigheim wurden bei den Verkehrszählungen 1985 im Jahresmittel 8000 bis 9000 Fahrzeuge in 24 Stunden gezählt. In Mosbach fuhren im Mittel 14000, in Obrigheim ca 10000 Fahrzeuge durch den Ort. Zwischen Elztal-Auerbach und Buchen hatte sich der mittlere tägliche Durchgangsverkehr auf 4000–6500 Fahrzeuge verringert, zwischen Buchen und Walldürn schwoll er wieder auf über 9300 Fahrzeuge an und machte zwischen Walldürn und Hardheim noch ca 6500 Fahrzeuge aus. In Buchen wurden innerörtlich (auf der B 519, die von der B 27 umgangen wird) 8100 Fahrzeuge täglich im Mittel, in Walldürn 9400 und in Hardheim, durch den Militärverkehr verstärkt, 9800 durchfahrende Fahrzeuge gezählt. Mit 5500 bis 6500 Fahrzeugen im Tagesmittel des Jahres 1985 war die B 37 innerhalb des Kreisgebiets belastet.

Seit der Vorkriegszeit hat sich der *Bestand an Kraftfahrzeugen* mehr als verdreißigfacht. Am 1. 7. 1938 waren in den beiden Landkreisen Buchen und Mosbach zusammen 2 652 Kraftfahrzeuge gemeldet, davon mehr als die Hälfte (1642) Krafträder und nur 806 Personenkraftwagen. Der Motorisierungsgrad lag mit 30 Kfz/1000 E. deutlich unter dem Landesdurchschnitt von 48 Kfz/1000 E. Am 31. 12. 1988 registrierte das Straßenverkehrsamt des Neckar-Odenwald-Kreises insgesamt 85 523 zugelassene Fahrzeuge. Sie verteilen sich auf 64 106 Personenkraftwagen, 3945 Krafträder, 2715 Lastkraftwagen, 109 Omnibusse, 7157 Zugmaschinen und 1041 sonstige Kraftfahrzeuge. Der Motorisierungsgrad liegt bei 467 Pkw auf 1000 Einwohner.

Sowohl die Kfz-Dichte im Kreisgebiet als auch der Durchgangsverkehr machten in den letzten Jahren eine Reihe von *Veränderungen im Straßennetz* erforderlich. Die wichtigste dürfte die 1988 abgeschlossene Neuordnung der Straßen im Elzmündungsraum mit dem Bau der Neckarbrücke zwischen Mosbach und Obrigheim, der Ortsumgehung Obrigheim im Verlauf der B 292 und des Mosbacher Kreuzes sein, das die Bundesstraßen 27, 37 und 292 miteinander verknüpft. Die B 292 wurde am Hohbergaufstieg bei Obrigheim ausgebaut und in ihrer Funktion als Autobahnzubringer verbessert. Auch die Landesstraßen 514 und 515 von Osterburken und Hardheim in Richtung auf die Autobahn wurden ausgebaut, desgleichen die Schefflenztalstraße L 526 und die L 589 von Lohrbach nach Weisbach, um die Orte des Hohen Odenwaldes besser mit Mosbach zu verbinden. Ortsumgehungen entstanden außer bei Obrigheim an der B 27 bei Buchen und Walldürn, an der B 292 bei Aglasterhausen. In Osterburken wurde der schienengleiche Bahnübergang der B 292 beseitigt. Neckargerach und Guttenbach wurden durch eine Brücke über den Neckar verbunden, die die Fähre ersetzt. An den Ausbau der B 27 und B 37 im Neckartal bis Neckarzimmern wird ab 1989/90 der Ausbau der Strecke zwischen der Haßmersheimer Fähre und Böttingen anschließen. Fähren gibt es im Kreisgebiet nur noch bei Haßmersheim und Zwingenberg. Beide werden von den Gemeinden betrieben.

Eisenbahnen. – 16 Jahre nachdem am 12. 9. 1840 die erste bad. Staatsbahn von Mannheim nach Heidelberg fuhr, bereitete das am 15. 11. 1856 erlassene Gesetz die Erschließung des bad. Odenwaldes durch eine Linie Heidelberg–Würzburg mit

9. Verkehr

Anschluß an die bad. Rheintalbahn und an die bayerische Ludwigs-Westbahn vor. Für die Streckenführung wurden 45 Variationen vorgeschlagen, die teils in Heidelberg, teils in Wiesloch begannen, fast alle über Mosbach führten und alle in Würzburg endeten. In die engere Wahl kamen sechs Linien, zwei zum Main über die Städte Amorbach–Miltenberg–Wertheim und vier über Mosbach durch das Bauland, teils über Buchen–Walldürn, teils über Adelsheim–Gerlachsheim. 1857 fiel die Entscheidung für den Ausgangspunkt Heidelberg. Von dort aus wäre die natürlich vorgezeichnete Strecke neckaraufwärts über Neckargemünd–Eberbach zum Main gegangen. Da sie aber von Neckargemünd bis Eberbach meist durch hessisches Gebiet geführt hätte, lehnte sie der Landtag ab und entschied sich 1860 für die Strecke von Neckargemünd ins Elsenztal und über Meckesheim–Waibstadt–Aglasterhausen–Mörtelstein (Tunnel)–Obrigheim (Neckarbrücke)–Neckarelz nach Mosbach. Damit schien auch die Gefahr eines Anschlusses der geplanten hessischen Mümlingbahn Frankfurt–Hanau–Erbach–Eberbach über die kurze bad. Verbindung an das württ. Schienennetz und die Kaltstellung der bad. Rheintalstrecke gebannt. 1858 begannen die Bauarbeiten, am 23.10.1862 wurde die *Linie Heidelberg–Mosbach* eröffnet.

Für die Weiterführung der Bahn nach Würzburg hätte Bayern eine direkte Linie von Neckar zum Main bevorzugt, Baden wollte auch hier die Eisenbahn möglichst lange im eigenen Land halten und beschloß, die Bahn durch das Bauland zu führen. Unter den hier in die engere Wahl aufgenommenen Varianten bot die über Buchen–Walldürn große technische Schwierigkeiten. Außerdem war in Buchen die Stimmung nicht einhellig für die Eisenbahn, die Bemühungen fielen lau aus. 1862 wählte die Regierung aus volkswirtschaftlichen Erwägungen eine Strecke von Mosbach über Schefflenz–Adelsheim – Eubigheim – Königheim – Tauberbischofsheim – Gerlachsheim – Würzburg, aber die Mehrkosten des Umwegs über Tauberbischofsheim, verbunden mit dem geringen Einsatz der Stadt für das Projekt, führten zur Revision der Entscheidung zugunsten der südlichsten Variante über Eubigheim–Boxberg–Königshofen–Gerlachsheim. Der badisch-bayerische Staatsvertrag wurde erst am 27.1.1862 abgeschlossen, die Bauarbeiten, die schon vorher begonnen hatten, verzögerten sich wegen Kriegsgefahr und Krieg. Dennoch nahm die gesamte *Odenwaldbahn* im Kriegsjahr 1866 den Betrieb auf: die Strecke Mosbach–Osterburken am 25.8. und die Strecke Osterburken–Würzburg am 1.11.1866.

Württemberg eröffnete 1869 seine *Jagsttalbahn* Jagstfeld–Osterburken. Damit wurde Osterburken zum Eisenbahnknotenpunkt, von dem die Linien nach Boxberg–Würzburg, Jagstfeld–Heilbronn und Mosbach–Heidelberg ausgingen. Adelsheim erhielt zwei Bahnhöfe, den bad. Nord- und den württ. Ostbahnhof. Die Linie Osterburken–Würzburg ging am 1.4.1937 von der Verwaltung der Reichsbahndirektion Karlsruhe in die der Reichsbahndirektion Stuttgart über.

Erst 1879 sollte die Streckenführung des Abschnitts Heidelberg–Mosbach der Odenwaldbahn durch die Eröffnung (am 24.5.1879) einer der teuersten bad. Bahnen, der *Neckarbahn* Neckargemünd–Eberbach–Neckarelz(–Jagstfeld), korrigiert werden. Sie war von bad. Seite eher widerwillig gebaut worden, da sie in Eberbach den unerwünschten Anschluß an die hessische Mümlingbahn und in Jagstfeld den an das württ. Netz herstellte. Die 1882 eröffnete Mümlingbahn brachte dann jedoch die gefürchtete Konkurrenz für die Rheintalbahn nicht. In Neckarelz war wegen des Anschlusses an die württ. Jagsttalbahn die Verlegung der Bahnanlagen und des Bahnhofs notwendig. Die naheliegende Lösung, Mosbach zum Anschlußbahnhof zu machen, war nicht mehr durchführbar. So hielten Schnellzüge zweimal auf einer Strecke von nur 4 km. Die alte Strecke über Meckesheim sank zur wenig befahrenen Lokalbahnstrecke herab, bis sie durch die Sprengung der Eisenbahnbrücke Obrigheim–Neckarelz am 30. 3. 1945 geköpft wurde. Danach fuhr die Bahn noch bis Obrigheim; seit dem 26. 9. 1971 ist Aglasterhausen Endstation. Die eingleisige, mit Dieseltriebwagen befahrene Strecke wird seit 1982, verbunden mit der alten Lokalbahn Neckarbischofsheim–Hüffenhardt, von der Südwestdeutschen Eisenbahngesellschaft betrieben.

Die Odenwaldbahn war eingleisig gebaut worden. Ein zweites Gleis wurde 1869 nur auf den (außerhalb des Kreisgebietes liegenden) Strecken Heidelberg–Neckargemünd und Königshofen–Lauda gelegt. 1888 baute Baden aus militärischen Gründen mit Zuschüssen des Reichs die Strecke Lauda–Würzburg zweigleisig aus. Erst 1906 folgte die Strecke Neckarelz–Osterburken und 1914 kurz vor Kriegsausbruch das letzte Teilstück.

Da alle drei Hauptbahnlinien am Rande des heutigen Kreisgebietes verlaufen, war auch Ende der 1870er Jahre der größte Teil des Gebietes eisenbahnfern. Erst die Eröffnung der *Nebenlinie von Seckach nach Buchen und Walldürn* 1887 schloß eine empfindliche Lücke, die inzwischen in den betroffenen Städten einstimmig beklagt worden war. 1899 brachte die *Weiterführung der Linie nach Amorbach* auch die Verbindung über Aschaffenburg–Hanau nach Frankfurt. 1911 war dann der Bau der *Stichbahn von Walldürn nach Hardheim* fertig. Das geplante Zwischenstück von Hardheim nach Königshofen zu der 1914 eröffneten kurzen Strecke Tauberbischofsheim–Königshofen wurde jedoch nie gebaut.

Die weitere Erschließung des Raumes durch Eisenbahnen blieb zu Beginn des 20. Jh. privaten Bahnunternehmen vorbehalten. Als erste *Privatbahn* wurde 1902 die Normalspurbahn *Neckarbischofsheim–Hüffenhardt* von der Bad. Lokaleisenbahn AG, der heutigen Südwestdeutschen Eisenbahngesellschaft (SWEG), eröffnet. Sie ist heute mit der Reststrecke Meckesheim–Neckarbischofsheim–Aglasterhausen vereinigt. Von der *Schmalspurbahn von Mosbach nach Mudau* erwarteten die anliegenden Gemeinden Impulse zur Industrialisierung, jedoch vergeblich, wie sich zeigen sollte. Sie wurde nach langen Streitigkeiten über den Ausgangspunkt Eberbach oder Mosbach gebaut und am 3. 6. 1905 eröffnet. Als einzige bad. Bahn war sie zwar Staatsbesitz, wurde aber von einem Unternehmer (Vering & Wächter, Berlin) betrieben, bis sie 1931 als einzige Meterspurbahn von der Reichsbahndirektion Karlsruhe übernommen wurde. Gleichfalls mit großen Hoffnungen wurde 1908 die *Schefflenzbahn* Oberschefflenz–Billigheim der Bad. Lokaleisenbahn AG eingeweiht. An ihren Baukosten hatten sich nicht nur wie üblich die Gemeinden, sondern auch das Ziegelwerk in Billigheim beteiligt. Auch hier war die Streckenführung streitig gewesen. Die Gde Sulzbach z. B. hatte sich für die Strecke von Billigheim über Sulzbach nach Neckarburken–Dallau eingesetzt. Ursprünglich sollte die Bahn nach Allfeld weitergeführt werden, aber auch dieser Bau unterblieb.

Zwischen 1972 und 1975 stellte die Bundesbahn ihr Streckennetz in diesem Gebiet vom Dampf- auf *elektrischen Betrieb* um. Am 1.10.1972 fuhr die erste elektrische Lokomotive auf der Strecke Heidelberg–Heilbronn, am 28. 5. 1973 begann der elektrische Betrieb auf der Teilstrecke Jagstfeld–Osterburken, nach drei Jahren am 28. 5. 1975 auch auf der weiteren Strecke nach Würzburg. Am 1. 6. 1975 war als letztes Teilstück die Strecke Neckarelz–Osterburken umgestellt. Schon vorher hatte die Bundesbahn begonnen, durch *Streckenstillegungen* Kosten einzusparen. Schon am 23. 5. 1954 stellte sie den Personenverkehr auf der Strecke Walldürn–Hardheim ein. Die Gleise dienen jedoch noch dem Güterverkehr. Die Schmalspurbahn Mosbach–Mudau wurde am 3. 6. 1973 stillgelegt und ihre Gleise abgetragen. Auf der Trasse haben die Anliegergemeinden einen Wanderweg, die »Wanderbahn«, als Fremdenverkehrsattraktion angelegt. Auch die SWEG stellte die Schefflenztalbahn am 30. 6. 1966 auf Omnibusse um.

9. Verkehr

Das Kreisgebiet ist heute durch drei *Hauptbahnstrecken*, eine *Nebenbahnstrecke* und eine *Privatbahn* erschlossen. Das Schienennetz der Bundesbahn beläuft sich in diesem Gebiet auf 110 km Länge. An der Hauptstrecke Neckargemünd–Neckarelz (41 km), die von Eberbach aus nach Heidelberg und nach Frankfurt/Main weiterführt, liegen im Kreisgebiet die Bahnhöfe Zwingenberg und Neckarelz sowie die Haltepunkte Neckargerach und Binau, an ihrer Weiterführung Neckarelz–Bad Friedrichshall-Jagstfeld (23 km) der Bahnhof Neckarzimmern und der Haltepunkt Haßmersheim, an der Hauptstrecke Neckarelz–Osterburken (30 km) die Bahnhöfe Mosbach, Dallau, Oberschefflenz, Seckach, Osterburken, die Haltepunkte Neckarburken, Auerbach, Zimmern, Adelsheim-Nord und die Haltestelle Eicholzheim, an der Hauptstrecke (Stuttgart–Heilbronn–)Bad Friedrichshall-Jagstfeld–Osterburken(–Lauda–Würzburg) die Haltepunkte Sennfeld und Adelsheim-Ost. An der Strecke Seckach–Miltenberg (Seckach–Rippberg 30 km) liegen die Bahnhöfe Bödigheim, Buchen, Walldürn, Rippberg und die Haltepunkte Buchen-Ost und Hainstadt innerhalb des Kreisgebiets. Die Strecke Walldürn–Hardheim (10 km) dient nur noch dem Güterverkehr. Einzige D-Zugstation im Neckar-Odenwald-Kreis ist Neckarelz. Eilzüge halten auch in Mosbach, Seckach, Osterburken, einige zudem in Zimmern, Eicholzheim, Oberschefflenz, Auerbach, Dallau, Neckarburken, in Neckargerach, Zwingenberg und in Haßmersheim. Seit etwa 1970 hat die Bundesbahn von den meisten Bahnhöfen und Haltepunkten das Personal abgezogen. Besetzt sind auf den Hauptstrecken nur noch die Bahnhöfe Neckarelz, Mosbach, Dallau, Oberschefflenz, Seckach und Osterburken (Stand Febr. 1989).

Auf der Strecke Heidelberg–Neckarelz–Osterburken (bzw. in Gegenrichtung) fahren laut Sommerfahrplan 1987 an normalen Werktagen 8 (7) durchgehende Nahverkehrs-, 2 (4) Eil- und 2 (3) D-Züge, auf der Strecke Heidelberg–Neckarelz–Jagstfeld–Heilbronn 1 (1) Nahverkehrszug, 3 (5) Eil- und 5 (2) D-Züge, auf der Strecke Frankfurt–Eberbach–Neckarelz–Jagstfeld 2 (3) D-Züge. Außerdem fahren auf den Teilstrecken Heidelberg–Neckarelz 3 (1) Nahverkehrszüge, Neckarelz–Jagstfeld–Heilbronn 3 (6) Nahverkehrs- und 2 (2) Eilzüge, Neckarelz–Osterburken–Würzburg 6 (4) Nahverkehrszüge (und 2 Eilzüge) und von Heidelberg nach Mosbach 2 (3) Nahverkehrszüge. Auf der Strecke Würzburg–Stuttgart (und zurück) halten in Osterburken 4 (5) Eil- und 3 (4) D-Züge, darunter 1 (2) Eilzüge nur von bzw. nach Lauda. Von Osterburken nach Jagstfeld–Heilbronn (und Gegenrichtung) fahren 7 (6) Nahverkehrs- und 2 (-) Eilzüge. Die Nebenbahnstrecke Seckach–Walldürn–Miltenberg (und zurück) wird zwischen Seckach und Walldürn werktäglich von 12 Nahverkehrszügen (11 und 1 Eilzug) befahren, davon fahren 10 (10) Züge nach (und von) Miltenberg. Der Eilzug hält nur in Amorbach, Walldürn und Buchen, die Nahverkehrszüge halten auch in Rippberg, Hainstadt, Buchen-Ost und Bödigheim. Auf der von der SWEG betriebenen Strecke Meckesheim–Neckarbischofsheim–Aglasterhausen/Hüffenhardt fahren zwischen Neckarbischofsheim und Aglasterhausen 20 Zugpaare. Von Neckarbischofsheim nach Hüffenhardt fahren 4 Züge und 1 Bus, in Gegenrichtung 3 Züge und 2 Busse.

Über das Ausmaß der *Benutzung der Bahn* geben die Zahlen der verkauften Fahrkarten Auskunft. In Mosbach wurden 1987 65330 Fahrkarten, darunter 5150 Zeitkarten verkauft, in Neckarelz 56469 Fahrkarten, darunter 4544 Zeitkarten. Ab Sommer 1989 soll ein neues Nahverkehrskonzept verwirklicht werden, das ein größeres Angebot an Zügen vorsieht. Die Bundesbahn erhofft sich davon eine teilweise Rückverlagerung des Nahverkehrs auf die Schiene.

Folgende *Gütertarifbahnhöfe* wickeln im Neckar-Odenwald-Kreis Güterverkehr über Wagenladungen ab: Neckarelz, Mosbach, Oberschefflenz, Seckach, Osterburken; Neckarzimmern; Hardheim, Seckach, Walldürn. Stückgut kann nur über Mosbach versandt werden. Container können nur verladen werden, soweit kein Kran erforderlich ist. Sonst ist für Containerverkehr der Bahnhof Mannheim zuständig. An *Güterzügen* fahren täglich auf der Strecke Neckargemünd–Jagstfeld 43 Regelzüge und 20 Bedarfszüge, auf der Strecke Neckarelz–Osterburken 3 Regelzüge, auf der Strecke Jagstfeld–Osterburken 22 Regelzüge und 1 Bedarfszug, auf der Strecke Seckach–Walldürn 4 Regelzüge und auf der Strecke Hardheim–Walldürn 2 Regelzüge. Bedarfszüge sind im Fahrplan vorgesehene Züge, die jedoch nur bei Bedarf eingesetzt werden.

Die *Bahnhöfe Mosbach* und *Osterburken* gelten als Hauptdienststellen der Bundesbahn. An *technischen Dienststellen* befinden sich (Stand Februar 1989) im Neckar-Odenwald-Kreis: der Baubezirk Neckarelz der Bahnmeisterei Heidelberg mit 22 Beschäftigten, die Außenstelle Neckarelz der Hochbaubahnmeisterei Heidelberg mit 5,5 Beschäftigten, der Signalinstandhaltungsbezirk Neckarelz der Nachrichtenmeisterei Heidelberg mit 10 Beschäftigten, der Fernmeldeinstandhaltungsbezirk Neckarelz der Nachrichtenmeisterei Heidelberg mit 6 Beschäftigten, der Stützpunkt Neckarelz des Bahnbetriebswerks Mannheim 2 mit 15 Beschäftigten und der Signalinstandhaltungsbezirk Seckach der Nachrichtenmeisterei Heidelberg mit 5 Beschäftigten. Im *Verwaltungsdienst* hat die Bundesbahn im Landkreis 251 Beschäftigte.

Omnibuslinien. – Der öffentliche Personennahverkehr innerhalb des Kreisgebiets ging infolge der Streckenstillegungen der Bahn großenteils auf die gleichfalls von der Bundesbahn betriebenen Omnibuslinien über. Ihre Vorläufer waren in vormotorisierter Zeit die zu den Bahnstationen eingerichteten Postomnibuskurse und später die Kraftomnibuslinien, die seit den 1920er Jahren von den Amts-bzw. Kreisstädten und einigen größeren Dörfern ausgingen. Die *Omnibusse der Bundesbahn* übernehmen weitgehend auch den Schülerverkehr und orientieren ihre Fahrpläne daher an den Schul- und schulfreien Tagen. Selbstverständlich konzentrieren sich die Omnibuslinien auf die Kreisstadt Mosbach und die ehemalige Kreisstadt Buchen. Beide Städte sind, teilweise zwar mit Umsteigen, von allen Orten des Landkreises zu erreichen. Das östliche Kreisgebiet hat mit den Linien Heilbronn–Osterburken–Lauda–Würzburg und Buchen–Tauberbischofsheim–Würzburg, das westliche mit den Linien Heilbronn–Mosbach direkte Verbindung zu den Oberzentren Heilbronn und Würzburg. In den Rhein-Neckar-Raum nach Heidelberg und Mannheim fahren keine direkten Busse, wohl aber – von Mosbach und Buchen aus – nach Eberbach, der ehemaligen Amtsstadt einer Reihe von Odenwalddörfern, die noch immer Beziehungen zu ihr unterhalten. Auch die im N und O benachbarten Mittelzentren Miltenberg, Krautheim, Külsheim, Wertheim und Tauberbischofsheim sind aus dem Kreisgebiet mit werktäglich mehrmals verkehrenden Omnibussen zu erreichen. Die Bahnbuslinien innerhalb Baden-Württembergs werden heute in fünf Geschäftsbereiche gegliedert, von denen die *Geschäftsbereiche Bahnbus Rhein-Neckar* mit Sitz in Ludwigshafen (Rhein) und *Stuttgart* für den öffentlichen Personennahverkehr auf den Straßen des Landkreises zuständig sind.

Das Omnibuslinienetz der Bundesbahn wird durch *private Linien* ergänzt. Von Aglasterhausen über Obrigheim, Mosbach durch das Elztal über Limbach nach Buchen fährt täglich in beiden Richtungen ein Omnibus der Linie »Vom Rhein zum Main« von Karlsruhe nach Würzburg der Deutschen Touring GmbH. Haltestellen liegen in allen durchfahrenen Orten. Diese Gesellschaft betreibt auch die Linie »Die Burgerstraße«, an der Zwingenberg, Neckarelz und Neckarzimmern Haltepunkte sind. Die privaten Linien innerhalb des Kreisgebietes sind wie die der Bundesbahn auf die Bedürfnisse der Schüler abgestimmt. Solche Linien bestehen zwischen Seckach-Großeicholzheim und Buchen über Osterburken und im ausgedehnten Stadtgebiet Walldürn. Umgekehrt bietet der »geöffnete Schülerverkehr« der privaten Linien in den Stadtgebieten Buchen und Adelsheim auch anderen Personen Mitfahrgelegenheit. Insgesamt kann die Versorgung mit öffentlichen Nahverkehrsmitteln für das Kreisgebiet als ausreichend bezeichnet werden, wenn auch vor allem die Bewohner der am Rande des Gebietes gelegenen Dörfer mit eigenen Fahrzeugen rascher und bequemer ihre auswärts gelegenen Ziele erreichen.

Schiffahrt. – Der Neckar fließt auf etwa 30 km Länge zwischen Haßmersheim-Neckarmühlbach und Zwingenberg durch den Neckar-Odenwald-Kreis. Die Lage an der seit Jahrhunderten befahrenen Wasserstraße zwischen den Handelsstädten Mannheim und Heilbronn, auf der Güter zwischen den Rheinuferländern und dem Mittleren Neckarraum ausgetauscht wurden, brachte den Dörfern im Kreisgebiet zwar keinen blühenden Handel, prägte aber Haßmersheim und Neckargerach zu Schifferdörfern, in denen ein großer Teil der Bewohner von der Neckar- und Rheinschiffahrt lebten. 1857 wurden allein in Haßmersheim 80 Schiffseigner mit 149 Schiffen und einer Ladungsfähigkeit von insg. 176 849 Zentnern gezählt.

Im Jahr 1842 fuhr das erste Dampfschiff auf dem Neckar. Haßmersheim, Neckarelz und Neckargerach waren (1856) Anlegestellen der zwischen Heilbronn und Heidelberg verkehrenden Dampfschiffe. Aber die Dampfschiffahrt blieb lange Zeit nur dem Personen- und Eilgüterverkehr vorbehalten. Normale Frachten wurden wegen der zahlreichen Stromschnellen und Windungen auf den langsamen, von Treidelpferden gezogenen Schleppzügen, die aus drei Schiffen unterschiedlicher Größe bestanden, befördert. Sie konnten bei der Talfahrt höchstens 5000 Zentner Last tragen, auf der Bergfahrt weniger. Als 1869 die Eisenbahn von Meckesheim nach Jagstfeld fertiggestellt war und einen direkten billigen Kohlentransport von Mannheim nach Heilbronn ermöglichte, bedeutete das eine tödliche Gefahr für die *Neckarschiffahrt*. Als Reaktion darauf gründeten Heilbronner Kaufleute, Schiffsbauer und sonstige Interessierte die Aktiengesellschaft »Kettenschleppschiffahrt auf dem Neckar«, um nach dem Muster der Oberelbe auch auf dem Neckar die Dampfschleppschiffahrt an versenkter Kette einzuführen. Der erste Kettenschleppdampfer fuhr am 24. 5. 1878 von Heilbronn nach Mannheim. Danach erholte sich die Neckarschiffahrt wieder. Die Transporte stiegen zwischen 1878 und 1896 auf das Dreieinhalbfache. Zu Berg wurden hauptsächlich Kohlen, Kolonialwaren, Getreide befördert, zu Tal Koch- und Steinsalz aus den württ. Salinen, Getreide, Holz als Stamm- und Schnittware, Gips aus den Gruben bei Obrigheim und Steine aus dem Odenwald. Der billigere Taltransport, der nur die Strömung nutzte, war meist umfangreicher als der Bergtransport, für den Gebühren für die Benutzung der Kette anfielen. Im Jahr 1900 konnten von den insgesamt 406 im Neckartal beheimateten Schiffen 92, davon 88 eiserne, bergwärts mehr als 5000 Zentner laden. Die Masse der Schiffe waren jedoch noch die 262 Holzschiffe mit bis zu 3500 Zentnern Ladefähigkeit. Von den 406 Schiffen stammten 112 aus Haßmersheim, 43 aus Neckargerach. Seit den 1880er Jahren stellten die Haßmersheimer, seit den 1890er Jahren die Neckargeracher Schiffer auf Eisenschiffe um, die besonders auf dem Rhein eingesetzt wurden. Damit ging jedoch das Schiffbaugewerbe am Neckar zurück, da die eisernen Schiffe meist in den Niederlanden gebaut wurden.

Auch die Kettenschleppschiffahrt war durch die Stromnatur des Neckars behindert, obgleich die Anliegerstaaten schon in der 1. H. 19. Jh. und später vermehrt Flußkorrektionen durch Felssprengungen und Vertiefungen der Fahrrinne vorgenommen hatten. Um die Jahrhundertwende tauchte der Gedanke an eine Kanalisierung des Flusses auf, 1921 vereinbarten das Reich und die Länder Baden, Württemberg und Hessen den Ausbau des Neckars zur *Großschiffahrtsstraße*. Der Ausbau im Abschnitt Mannheim –

Heilbronn mit der Errichtung von Einkammerschleusen dauerte von 1925 bis 1935. Die im Neckar-Odenwald-Kreis liegenden Staustufen Guttenbach und Neckarzimmern wurden 1935 fertiggestellt. Auf den fertiggestellten Abschnitten lösten Schraubenboote mit Dampf- oder Dieselantrieb die Kettenschlepper ab. Im Juli 1935 wurde die Kette aus dem Fluß gezogen. Zwischen 1952 und 1960 wurden die zweiten Schleusenkammern gebaut. Heute ist die Bundeswasserstraße Neckar zwischen Mannheim-Feudenheim und Plochingen ein mit 27 Staustufen und Wasserkraftwerken ausgebauter Wasserlauf mit überwiegend natürlichem Gewässerbett.

Der Hauptverkehr auf dem Fluß findet auch heute zwischen Mannheim und Heilbronn statt. 1988 fuhren insgesamt 8,09 Mio Tonnen Güter zu Berg, 2,94 Mio Tonnen zu Tal. Neckarelz passierten davon 7,31 Mio Tonnen bergauf und 2,79 Mio Tonnen talab. Die wichtigsten Transportgüter waren 1987 bergwärts Kies, Sand, Bims mit 3,70 Mio Tonnen und Stein- und Braunkohle mit 1,67 Mio Tonnen, talwärts noch immer Salz mit 2,03 Mio Tonnen.

Zwischen Zwingenberg und Haßmersheim liegt am rechten Flußufer in Haßmersheim eine Anlegestelle der Allgemeinen Personenschiffahrt, auf dem linken Ufer in Neckarzimmern eine der Personenschiffahrt Stumpf in Heilbronn. Umschlagstellen sind eingerichtet: für Kies in Mosbach-Diedesheim, für Kies, Sand, Bims, Kohle, Baustoffe in Mosbach-Neckarelz, für Gips beim Portlandzementwerk Neckarelz und (bis 1988) für Zementklinker beim Zementwerk in Haßmersheim.

Die zuständigen Dienststellen der *Wasserschutzpolizei* sind die WSP-Station Eberbach und das WSP-Revier Heilbronn.

Luftverkehr. – Der nächste Flughafen ist der Rhein-Main-Flughafen Frankfurt/M. In Walldürn betreibt der Flugsportclub Odenwald e.V. und in Mosbach-Lohrbach die Luftfahrtgesellschaft mbH Mosbach-Lohrbach je einen Flugplatz für zweimotorige Flugzeuge, Hubschrauber, Motorsegler usw. bis zu einem Höchstabfluggewicht von 5700 bzw. 4000 kg. Die asphaltierten Landebahnen sind 820 m bzw. 540 m lang. In Walldürn wurden 1988 9411 Motorflüge, 2461 Motorseglerflüge und 1633 Segelflüge, in Lohrbach insgesamt 45000 Flugbewegungen gezählt.

Post. – Bevor 1811 der bad. Staat das Postwesen im Großherzogtum übernahm, wurde das heutige Kreisgebiet von den *Taxisschen Reitpostkursen* Heidelberg–Würzburg (Stationen Neckarelz, Mosbach, Adelsheim), Frankfurt–Schwäbisch Hall (Stationen Walldürn, Rosenberg, Ballenberg) und einem von Neckarelz nach Miltenberg abzweigenden Kurs (Station Dumbach = Donebach) durchzogen. Noch 1805 bestätigte und erweiterte ein Vertrag zwischen Baden und Thurn und Taxis die bestehenden Verträge für das neue Kurfürstentum. Obgleich inzwischen fahrende Posten zur Personen- und Gepäckbeförderung eingerichtet waren, gingen durch den Odenwald nur Reitposten. Auch nach der Übernahme blieb das Gebiet benachteiligt. Nur Walldürn hatte eine der 12 Postexpeditionen des Landes. Postämter, Postwagenexpeditionen, Postverwaltungen gab es hier nicht. Durch den Odenwald fuhr nur zweimal, seit 1820 dreimal wöchentlich die Post von Mannheim über Tauberbischofsheim nach Würzburg. 1835 wurden wöchentlich drei Eil- und 2 Packwagenkurse von Dresden über Würzburg nach Heidelberg und 1840 ein täglicher Briefpostkurs von Karlsruhe über Heidelberg nach Würzburg eingerichtet. Die Briefzustellung nach den Landorten übernahmen die Amts- und Gemeindeboten, abgehende Post mußte zu den Amtsorten gebracht werden. Erst 1859 wurden regelmäßige Landpostdienste eingerichtet und zum Teil mit den Amtsbotendiensten vereinigt. Wichtigere Landorte erhielten Postablagen.

9. Verkehr

Nach Eröffnung der Eisenbahnen verlagerte sich allmählich der Personen- und Fracht-, später auch der Brieftransport auf das neue Verkehrsmittel, und den Postwagen blieb nur der Zubringerdienst zu den Bahnstationen. Post und Eisenbahn unterstanden einer Verwaltung. 1870 waren *Post- und Eisenbahnexpeditionen* an den Bahnstationen Neckarelz, Aglasterhausen, Adelsheim-Ost, Seckach eingerichtet, *Postexpeditionen* in Merchingen und Walldürn, Posthaltereien in Buchen, Mosbach, Oberschefflenz, Hardheim und Ernsttal. Eine Postablage hatte fast jedes Dorf. Als am 1.1.1872 das Postwesen an das Reich überging, wurde der *Reichspost- und Telegrafendienst* vom bad. Bahn- und Telegrafendienst getrennt. Zuständiges Bezirkspostamt für den heutigen Neckar-Odenwald-Kreis blieb Heidelberg.

Die *Bundespost* hat die Gemeindereform in Baden-Württemberg rasch nachvollzogen und die Postzustellung in den jeweiligen Hauptorten der neuen Gemeinden zentralisiert sowie die Postleitzahlen angeglichen.

Für das Kreisgebiet sind die beiden *Verwaltungspostämter Mosbach* und *Osterburken* zuständig, die unmittelbar der Oberpostdirektion Karlsruhe unterstehen. Dem Postamt mit Verwaltungsdienst Postamt (V) Mosbach sind 101 Amtsstellen in den Landkreisen Neckar-Odenwald, Heilbronn, Rhein-Neckar und Bergstraße untergeordnet. Im Neckar-Odenwald-Kreis sind das die *Zustellpostämter* 6950 Mosbach, 6955 Aglasterhausen, 6959 Billigheim, 6957 Elztal-Dallau, 6954 Haßmersheim, 6958 Limbach, 6952 Obrigheim, 6951 Schefflenz, 6933 Mudau, 6934 Neckargerach, 6935 Waldbrunn und die Poststellen 6951 Binau, Fahrenbach, Neckarzimmern, Neunkirchen, Schwarzach, 6931 Zwingenberg und 6921 Hüffenhardt, außerhalb des Neckar-Odenwald-Kreises die Postämter Gundelsheim, Neudenau, Eberbach, Hirschhorn, Sinsheim, Angelbachtal, Bad Rappenau, Kirchardt, Meckesheim, Neckarbischofsheim, Waibstadt mit den zugeordneten Poststellen. Der Amtsbereich umfaßt 1235 qkm. Insgesamt beschäftigt die Bundespost hier 426 Männer und 279 Frauen, darunter 420 voll- und 5 teilbeschäftigte Beamte, 4 voll- und 64 teilbeschäftigte Angestellte, 39 voll- und 125 teilbeschäftigte Arbeiter, 33 Auszubildende für den einfachen Postdienst, 4 Auszubildende für den mittleren Postdienst und 11 Inspektorenanwärter. Zum Verwaltungsbereich des Postamts (V) Osterburken mit einer Fläche von 632,3 qkm gehören die Postämter 6962 Adelsheim, 6967 Buchen, 6969 Hardheim, 6969 Höpfingen, 6963 Ravenstein, 6964 Rosenberg, 6966 Seckach, 6968 Walldürn und im Main-Tauber-Kreis 6965 Ahorn, außerdem 19 Poststellen I und 9 Poststellen II. Im Verwaltungsbereich sind 200 Voll- und 50 Teilzeitkräfte tätig.

Zu den Aufgaben der Postamtsstellen mit Zustellung gehört der Schalterdienst: Annahme und Ausgabe von Sendungen, Postsparkassendienst, Postgirodienst, Brief-, Paket- und Telegrammzustellung, Postfachverteilung, zum Teil auch Annahme von Telebriefen. Ortsteile ohne Postanstalt werden durch motorisierte Landzusteller versorgt, die fast alle auch Sendungen annehmen.

Der Postversand geht über die zentralen Verteileranlagen in Heidelberg für die Briefpost und in Mannheim für die Paketpost. Dort werden die Sendungen sortiert und weitergeleitet. Das Postamt Mosbach wird von Mannheim und Heidelberg aus bedient, das Postamt Osterburken bringt und holt seine Sendungen selbst. Von dieser Zentralisierung ausgenommen sind nur die per Bahn aus den Richtungen Heilbronn und Würzburg in Osterburken ankommenden Sendungen, etwa 10 %.

Die Postämter (V) Mosbach und Osterburken übernehmen neben der Leitfunktion im Zustelldienst (Mosbach für den Leitbereich 695, Osterburken für den Leitbereich 696) in ihrem Verwaltungsbezirk u. a. die Personalorganisation, die Grundstücks- und Gebäudeverwaltung, die Verwaltung des Fahrzeugparks und die Koordination der

Transporte von und zu den Amtsstellen. Das Postamt Mosbach bildet auch die Nachwuchskräfte für die Bereiche der Postämter Mosbach, Osterburken und Lauda-Königshofen aus und erledigt die zentralen Kassenangelegenheiten auch für Osterburken mit.

Fernmeldedienste. – Für den *Fernmeldedienst* im Neckar-Odenwald-Kreis ist das Fernmeldeamt Heidelberg zuständig. Im Kreisgebiet liegen 20 Ortsnetze mit 22 Ortsvermittlungsstellen und den 3 Knotenvermittlungsstellen in Mosbach, Buchen und Adelsheim. In Mudau-Donebach ist ein *Langwellensender* für den Deutschlandfunk mit einer Leistung von 500 kW (nachts 250 kW) eingerichtet, in Mudau-Reisenbach steht ein großer *Fernmeldeturm* als Richtfunk-Relaisstelle und Standort sonstiger Funkeinrichtungen, an den Knotenvermittlungsstellen steht je ein kleiner Fernmeldeturm. Den *Fernsehempfang* vermitteln 2 Fernseh-Grundnetzsender für das 2. und 3. Programm in Mudau-Reisenbach und 53 Fernsehfüllsender an 27 Standorten. 3 Breitband-Kabelnetze versorgen bisher 5 Gemeinden.

Die Zahl von 50 330 *Telefonanschlüssen* im Kreisgebiet ergibt eine Anschlußdichte von 38,5 Telefonen je 100 Einwohner bzw. von 95,3 Telefonen je 100 Haushaltungen. *Kabelanschluß* besitzen 2498 Haushalte. Hochgerechnet wurden für das Kreisgebiet die ungefähren Zahlen von 170 Anschlüssen an *Bildschirmtext*, 240 an *Telex*, 20 an *Teletex*, 280 an *Telefax* und 500 *Daten-Anschlüssen*.

V. ÖFFENTLICHES UND KULTURELLES LEBEN

1. Politisches Leben

Revolution von 1848/49. – Die Februarrevolution 1848 in Paris blieb auf unseren Raum nicht ohne Wirkung. Schon ein Jahr davor war ein anonymes Flugblatt verteilt worden, das zur Revolution aufrief. 1848 wurde das Frankenland zum Hauptherd der *Agrarunruhen*. Jetzt sahen die Odenwälder Bauern die Zeit gekommen, die alten Feudallasten abzuschütteln. In fast allen Gemeinden gärte es. Vom 7. –10. März 1848 wurden die Rentämter erstürmt, die Archive aufgebrochen und Akten, Urkunden, Rechnungen und Schuldscheine verbrannt sowie herrschaftliche Speicher geplündert. Von Mudau aus zogen etwa 3500 Bauern zur leiningenschen Residenz nach Amorbach, um ihre Forderungen zu überbringen. Die Demonstration verlief friedlich, und die Lage beruhigte sich, nachdem durch Gesetz die Feudallasten aufgehoben worden waren. Badische Truppen sicherten die Ordnung.

Die Einwohner der Amtsstädte waren von der Agrarrevolte weniger betroffen. Sie fürchteten eher um ihr Hab und Gut; in Buchen z. B. verjagte man die Bauern aus der Stadt und sicherte die offenen Zugänge. Die Gemeinden schickten schließlich eine »ehrfurchtsvolle Adresse« an den bad. Großherzog und bedauerten die Vorkommnisse. Eine Verbindung zwischen dem Aufstand der Bauern und den republikanisch gesonnenen Gruppierungen bestand nicht.

Dies änderte sich, als sich die republikanische Freiheitsbewegung mit der großdeutschen Einigungsströmung vermengte. Nun wetteiferten Gemeinden miteinander in der Anschaffung schwarz-rot-goldener Fahnen, fanden vaterländische Feiern zur Eröffnung der Paulskirchenversammlung statt. *Volksvereine* bildeten sich, in denen sich im Gegensatz zur rein bäuerlich-sozialen Bewegung vor allem Lehrer, Beamte, Geistliche, Ärzte, Kaufleute und Wirte engagierten; in Adelsheim und Walldürn beteiligten sich auch Proletarier. Der Zulauf war groß; Tausende nahmen an den Versammlungen der Volksvereine am 8. und 10. April 1849 in Hardheim und Ballenberg teil. Nach der Übernahme der Regierung durch den demokratischen Landesausschuß am 15. Mai wurden in den Amtsstädten Zivilkommissäre eingesetzt, die Bürgerwehren in Volkswehren umgewandelt und mit Gewehren ausgestattet. Doch schon Mitte Juni kam preußisches Militär dem Großherzog zu Hilfe. In die Schlacht bei Waghäusel am 21. Juni 1849 konnten die Volkswehren aus dem Frankenland nicht mehr eingreifen. Preußische Truppen rückten ein. Über 70 Personen, die an der bürgerlichen Revolution beteiligt waren, wurden verhaftet und zu teils langen Haftstrafen verurteilt, darunter auch Friedrich Heuss, ein Urgroßonkel des ersten Bundespräsidenten. Viele Beteiligte flohen, andere zogen sich aus dem politischen Leben zurück.

Entstehen des politischen Katholizismus. – Die Zeit von 1853–1876 war in Baden durch lebhafte Spannungen zwischen kath. Kirche und dem Staat geprägt, als die Kirche die Staatskirchenhoheit abschütteln wollte. Nachdem der Erzbischof von Freiburg die Geistlichen in einem Hirtenbrief aufgefordert hatte, sich den staatlichen Anweisungen zu widersetzen, entbrannte der Streit auch in unserem Raum. Wegen »Störung der öffentlichen Ordnung durch Verlesen des Hirtenbriefs« wurden Verfahren gegen mehrere Pfarrer eingeleitet und diese zu Geldstrafen verurteilt. In Walldürn wurde gar der Bürgermeister »wegen Nichtbefolgung der bestehenden landesherrlichen Gesetze und Verordnungen über die Verwaltung des Kirchenvermögens« seines Amtes enthoben. Insbesondere die Beseitigung der kirchlichen Schulaufsicht 1863 trug zum Entstehen einer oppositionellen kath. Bewegung bei, die besonders im ländlichen Raum aktiv wurde. Es begann im Sommer 1864 mit ersten »Adressen« gegen das Schulaufsichtsgesetz u.a. durch den Mosbacher Anwalt Brummel und dem Boykott der Wahlen zum Ortsschulrat. Im Februar 1865 wurden die von Jakob Lindau gegründeten »wandernden Kasinos« aktiv, in denen die Katholiken politisiert wurden; in Buchen, Mosbach, Walldürn und Ballenberg nahmen an den Veranstaltungen z.T. 1000 Personen teil, bis sie von der Regierung verboten wurden. Verschiedene Wahlen boten weitere Gelegenheit, die Katholiken zu mobilisieren. Lindau organisierte geradezu Werbefeldzüge im Hinterland und wurde 1867 im Wahlkreis Walldürn in den Landtag und 1868 in das Zollparlament gewählt. 1865 ermahnte der Erzbischof erstmals die Geistlichen, sich an den politisch eigentlich bedeutungslosen Kreiswahlen zu beteiligen, und rief die Gläubigen in einem »Hirtenwort« zur Wahl »nur ächter Katholiken« auf. Dies führte zu scharfen Auseinandersetzungen mit den liberalen Zeitungen und hatte auch Einfluß auf die lokale Politik; in Buchen trat z.B. der Bürgermeister zurück, nachdem die von ihm angeführte liberale Liste der vom kath. Stadtpfarrer angeführten Liste unterlegen war. In diese Zeit fällt auch die Gründung *kath. Vereine*, die schon Vorformen politischer Parteien sind.

Erste Parteigründungen. – Nach dem Sieg Preußens über Österreich (1866) suchte die bad. Regierung den Anschluß an den Norddeutschen Bund. Dagegen liefen die Katholiken Sturm und machten sich die – in Erinnerung an 1849 – preußenfeindliche Stimmung zunutze. Lindau richtete an den Großherzog die Forderung, die beiden Kammern aufzulösen und die Regierung abzusetzen. Dazu berief die Geistlichkeit Buchens und Umgebung für den 23. Mai 1869 eine Versammlung der Männer des Amtsbezirks in Buchen ein; der Buchener Anzeiger sprach erstmals von einer Veranstaltung der *Katholischen Volkspartei*, die in Baden am 1. Mai 1869 gegründet worden war. Gegenreaktion war die Gründung einer nationalliberalen Partei am 13. Juni 1869 in Osterburken, wo ein Kreisverein Mosbach mit Bezirksvereinigungen als Untergliederung beschlossen wurde.

Die *Nationalliberalen* wurden besonders von den von der Regierung eingesetzten Amtmännern, Lehrern, Bürgermeistern, ev. Pfarrern, Kaufleuten und auch der Presse unterstützt. Es kam auch zu Wahlbeeinflussung, wie z.B. das Schreiben des Mosbacher Kreisschulrats vom 30. Juni 1878 zeigt, indem von den Lehrern erwartet wird, »daß sie nur solchen Männern ihre Stimme geben und zur Wahl empfehlen, welche, auf denselben Grundsätzen wie unsere Staatsregierung stehend, das Banner des Fortschritts ... hochhalten«. Wenn auch gelegentlich Versammlungen in den Amtsstädten stattfinden, so lag die Organisation sehr im argen. Das *Zentrum*, das aus der Katholischen Volkspartei hervorging, stand dagegen über die kirchlichen Vereinigungen immer in Verbindung zu seinen Wählern; die Geistlichen, vielfach auch Vorsitzende, spielten für die Organisation eine wichtige Rolle.

Die *Sozialdemokratische Partei Deutschlands* faßte relativ spät Fuß in unserem Raum, da die Industrialisierung hier später und schwächer einsetzte. Zudem versuchte die Kirche über ihre Organisationen, so dem 1890 gegründeten Volksverein für das kath. Deutschland und den Volksbüros, Einfluß auf die Arbeiter zu nehmen. Dennoch strömten auch sozialdemokratische Ideen ins Hinterland. Sie fielen besonders bei den Steinhauern und Waldarbeitern auf fruchtbaren Boden. Zeugnis davon gibt eine in den

1. Politisches Leben

Fels gehauene Inschrift »Hoch lebe die Sozialdemokratie« in Obrigheim-Mörtelstein, die für die Zeit vor 1890, also noch während des Sozialistengesetzes, datiert wird. Zur Reichstagswahl 1890 wurden in mehreren Gemeinden Veranstaltungen durchgeführt, so in Obrigheim, wo schon eine örtliche Organisation bestand. Für 1897 ist in Mosbach ein SPD-Ortsverein verzeichnet, bis 1904 kam noch ein weiterer in Adelsheim hinzu.

Tabelle 1: **Reichstagsabgeordnete im Kaiserreich**[*]

Wahljahr	12. badischer Wahlkreis	Partei	14. badischer Wahlkreis	Partei
1871	Privatmann Dr. Blum	Nl	Bischof Freiherr von Ketteler	Z
1874	Privatmann Dr. Blum	Nl	Professor von Buß	Z
1877	Privatmann Dr. Blum	Nl	Freiherr von und zu Bodman	Z
1878	Privatmann Dr. Blum	Nl	Freiherr von und zu Bodman	Z
1881	Privatmann Dr. Blum	Nl	Freiherr von und zu Bodman	Z
1884	Konsul Menzer	K	Landgerichtsrat Frhr. von Buol	Z
1887	Konsul Menzer	K	Landgerichtsrat Frhr. von Buol	Z
1890	Konsul Menzer	K	Landgerichtsrat Frhr. von Buol	Z
1893	Vizekonsul Weber	Nl	Landgerichtsrat Frhr. von Buol	Z
1898	Oberamtmann Beck	Nl	Landgerichtsdirektor Zehnter	Z
1903	Oberamtmann Beck	Nl	Landgerichtsdirektor Zehnter	Z
1907	Geh. Reg.Rat Beck	Nl	Landgerichtspräsident Dr. Zehnter	Z
1912	Geh. Reg.Rat Beck	Nl	Landgerichtspräsident Dr. Zehnter	Z

[*] Ohne Nach- oder Ersatzwahlen
Abkürzungen: Nl = Nationalliberale; K = Deutschkonservative; Z = Zentrum
Vgl. Statistische Mitteilungen für das Großherzogtum Baden. Neue Folge Band 5, 1912, Sondernummer 1, S. 78 ff.

Wahlen im Kaiserreich. – Für die *Reichstagswahlen* bildete Baden 14 Wahlkreise, die je einen Abgeordneten entsandten. Unser Gebiet gehörte zum 12. und 14. Wahlkreis. Zu ersterem gehörten die Amtsbezirke Heidelberg, Eberbach und Mosbach, die sich sehr unterschieden: Im Bezirk Mosbach dominierte die Landwirtschaft, im Bezirk Heidelberg machte sie nur 30 % mit abnehmender Tendenz aus. In Mosbach gab es nur eine knappe protestantische Mehrheit, in den beiden anderen Bezirken waren ca. zwei Drittel evangelisch. Dort nahm die Bevölkerung immer mehr zu, so daß das Übergewicht des Bezirks Heidelberg immer stärker wurde; zudem dominierte die Universitätsstadt Heidelberg. Das Zentrum hatte hier kaum Chancen und verzichtete oft auf die Nominierung eines Kandidaten bzw. ging Wahlabsprachen ein. Der Heidelberger Bezirk war vielfach hart umkämpft; immerhin war in 6 von 13 Wahlen eine Stichwahl notwendig. Dennoch war er, von drei Wahlperioden abgesehen, eine Domäne der Nationalliberalen. Ganz anders der 14. Wahlkreis, der das gesamte bad. Hinterland von Adelsheim bis Wertheim umfaßte. Vornehmlich landwirtschaftlich geprägt und mehrheitlich katholisch, war er eine Hochburg des Zentrums, das immer die Abgeordneten stellte. Unter ihnen sind bekannte Namen, so die für die Entwicklung der kath. Soziallehre bedeutsamen Politiker Bischof von Ketteler und Franz von Buß.

Tab. 2 gibt einen Überblick über das *Wahlverhalten* während des Kaiserreichs, wobei die Ergebnisse aus beiden Wahlkreisen auf den heutigen Gebietsstand umgerechnet wurden. Es dominierte das Zentrum mit mehr als der Hälfte der Wählerstimmen; der hohe Stimmenanteil von 1871 konnte noch ausgebaut werden. Der Schwerpunkt lag im Altkreis Buchen mit Werten um 75 %, was in etwa dem Anteil der Katholiken entsprach; im Altkreis Mosbach kam das Zentrum nur auf etwas mehr als ein Drittel

Tabelle 2: **Ergebnisse ausgewählter Reichstagswahlen im Kaiserreich* in %**

Wahljahr		Zentrum	National-liberale	Freisinnige	SPD	Konservative
1871		52,6	47,4	–	–	–
1890	Wk 12	–	–	42,5	2,4	55,0
	Wk 14	75,9	23,5	–	1,9	–
	insgesamt	41,6	12,9	19,2	1,2	24,9
1903		58,6	28,4	–	5,1	7,6
1912		56,6	26,7	–	11,2	5,6

* Gebietsstand Neckar-Odenwald-Kreis (eigene Berechnung)

(42 % röm.-kath.). Der anfängliche Gegensatz zu den Nationalliberalen fächerte sich auf andere Parteien auf, als die Nationalliberalen an Bedeutung verloren, im Mosbacher Kreisteil mehr und schon zu Beginn der 80er Jahre. Die SPD beteiligte sich im Wahlkreis 12 schon 1877, im Wahlkreis 14 erst 1890; ihre erste Stimme erhielt sie 1881 in Mosbach. Nach Aufhebung des Sozialistengesetzes nahm sie besonders im Elzmündungsraum stetig zu und erreichte 1912 im Kreisteil Mosbach mit 17 % ihr bestes Ergebnis; im Buchener Kreis konnte sie schwerer Fuß fassen. Zeitweise waren im Mosbacher Bereich noch die Konservativen von Bedeutung. Bei einem Vergleich der Wahlergebnisse auf Gemeindeebene fallen die fast gleichen Stimmenzahlen bei mehreren Wahlen auf; die soziale Kontrolle war vor allem in den kleinen Ortschaften sehr ausgeprägt. Das jeweilige Wählerpotential korrelierte in hohem Maß mit der Konfessionszugehörigkeit.

Rätebewegung. – Mit dem Ende des 1. Weltkriegs kam es zur Einrichtung von »Räten«, so in Buchen, Walldürn und anderen Gemeinden sowie in den Bezirken Adelsheim und Mosbach. Damit wird deutlich, daß das Protestpotential, das sich mit zunehmender Kriegsdauer gebildet hatte, auch auf dem Lande vorhanden war. Den Arbeiter-, Bauern- und Volksräten (in Buchen Bauern-, Arbeiter-, Gewerbe- und Beamtenrat, in Walldürn Arbeiterrat, in Mosbach Arbeiter- und Soldatenrat, in Adelsheim Bürger-, Bauern- und Arbeiterrat) gehörten allerdings Vertreter des Bürgertums an, so daß die Räte nicht in Gegensatz zu den alten Gewalten gerieten. In Mosbach verzichtete man auf die Benennung von Vertrauensmännern für die Behörden, da »die Verwaltung ... hier in guten Händen« lag und »eine harmonische Zusammenarbeit« bestand. So beschränkte sich der Arbeiter- und Soldatenrat darauf, als ein Organ zur Aufrechterhaltung der Ordnung zu gelten. Bürgermeister und Oberamt, beide aus großherzoglichen Zeiten, lobten dessen Tätigkeit und bestätigten, daß ursprüngliche Befürchtungen, »daß dieselben mit Maschinengewehren etc. zu arbeiten beabsichtigen«, nicht eingetreten waren. Durch die Annahme der neuen Verfassung wurden die Räte überflüssig und lösten sich bis August 1919 auf. Allein in Rippberg kam es zu Verwicklungen. Hier hatte der stärker proletarische Arbeiterrat den Gemeinderat abgesetzt, so daß das Bezirksamt eingreifen mußte. Schließlich einigte man sich und ließ zwei Mitglieder des Arbeiterrats zu den Gemeinderatssitzungen zu. Trotzdem kam es zu einem »Aufstand« gegen die wegen Forstdiebstahls ermittelnde Gendarmerie; die Hauptsrädelsführer wurden zu Gefängnisstrafen von 1 bis 6 Wochen verurteilt.

Weimarer Republik. – Das Parteienspektrum erweiterte sich und reichte zunächst von der KPD bis zur DNVP. In dieser Zeit des Umbruchs wurden viele politische Versammlungen durchgeführt, nach Einführung des Frauenwahlrechts auch solche für Frauen. Der traditionelle Gegensatz Zentrum – Nationalliberalismus fächerte sich weiter auf.

Tabelle 3: Ergebnisse ausgewählter Reichstagswahlen in der Weimarer Republik* in %

Wahljahr	KPD[1]	SPD	Zentrum	DDP	DVP	EVD	DNVP[2]	NSDAP[3]	Sonstige[4]
1920	6,8	11,3	53,3	10,3	3,5	–	14,9	–	–
1924	5,1	7,5	52,4	6,7	2,6	–	8,1	2,3	15,2
1930	3,5	7,9	48,8	4,4		7,9	3,5	19,4	4,5
31.7.1932	6,5	5,6	44,6	1,4		0,7	1,3	2,0	37,3	0,5

1 KPD und USPD 1920 und 1924
2 Christliche Volkspartei in Baden
3 Völkisch-sozialer Block 1924
4 Vor allem wirtschaftliche Interessenparteien, 1924 Badischer Landbund 14,3 %
* Gebietsstand Neckar-Odenwald-Kreis (eigene Berechnung)

Gewinner der Wahlen war das *Zentrum*, das zwar keine neuen Wähler gewinnen, aber den überwiegenden Teil der kath. Bevölkerung weiter an sich binden konnte. Der Stimmenrückgang vor allem am Ende der Republik war dabei im Altkreis Buchen größer als im Mosbacher Kreis. Die Stimmen der ev. Wähler verteilten sich auf die liberalen Parteien DDP und DVP, deren Bedeutung weiter abnahm, sowie die rechtsstehende DNVP und später den Evangelischen Volksdienst. Die Integrationskraft dieser Parteien reichte aber nicht aus, das ev. Wählerpotential langfristig an sich zu binden. Auch die SPD konnte ihr Vorkriegsergebnis nicht halten; im Altkreis Buchen blieb sie auf dem niedrigen Stand, und im Altkreis Mosbach mußte sie Stimmen an radikalere Gruppen abgeben.

Die *Aktivitäten der NSDAP*, die in Mosbach schon 1926 bestand, nahmen im Kreisgebiet ab 1929 zu. Ende 1931/Anfang 1932 wurde »das Trommelfeuer« im Bezirk Buchen eröffnet, und auch dort entstanden Ortsgruppen. Wie aktiv die NSDAP war, zeigt die Zahl der beim Bezirksamt Buchen vom 1.1.–1.5.1932 angemeldeten politischen Veranstaltungen: NSDAP 97, Zentrum 63, KPD 21, SPD 10, DVP 1. Durch Radikale von rechts und links kam es wiederholt zu Störungen politischer Veranstaltungen, so daß Polizei eingesetzt werden mußte.

Ihre höchsten Stimmenanteile hatte die NSDAP im Altkreis Mosbach, besonders in den mehrheitlich ev. Gemeinden; hier fielen ihr die bürgerlich-liberalen und die bäuerlichen Stimmen zu, so daß sie mit Abstand zur stärksten Partei wurde. Im Altkreis Buchen erhielt sie dagegen nur die Hälfte der Zentrumsstimmen.

Mit der neuen Verfassung fielen 1919 auch die alten Wahlkreise weg; es galt das Verhältniswahlrecht, wobei Großwahlkreise gebildet wurden. Direkt gewählte Wahlkreisvertreter gab es nicht mehr.

Zeit des Nationalsozialismus. – Nach der »Machtergreifung« protestierten KPD und Eiserne Front mit Umzügen in Mosbach gegen die neue Regierung. Auch das Zentrum übte über das »Mosbacher Volksblatt« scharfe Kritik am Nationalsozialismus und erhob die Märzwahl 1933 zum »Kreuzzug gegen Hakenkreuz und Sowjetstern«. Nach dem Wahlsieg der NSDAP, die im Kreis 48,7 % erreichte, und dem Ermächtigungsgesetz ging die Gleichschaltung aber schnell voran, und der Widerstand wurde geringer. Die SA übernahm die Polizeigewalt, Hitler und Gauleiter Wagner wurden Ehrenbürger vieler Gemeinden. Politische Gegner kamen in Schutzhaft, Parteien lösten sich auf oder wurden verboten, Vereine gleichgeschaltet oder aufgelöst. Bürgermeister und Behördenleiter wie z. B. bei AOK und Arbeitsamt Mosbach, wurden des Amtes enthoben bzw. beurlaubt und durch Parteigenossen ersetzt.

Der Widerstand gegen diese Maßnahme war verhalten. In Walldürn verzichteten z. B. alle Zentrumsgemeinderäte auf ihr Mandat, andernorts hospitierten einige bei der NS-Fraktion; in Hollerbach lehnte der auch nach der Gleichschaltung nur aus Zentrumsleuten bestehende Gemeinderat den Antrag der NSDAP-Ortsgruppe auf Verleihung des Ehrenbürgerrechts an Adolf Hitler ab. In Buchen wurde 1940 wiederholt die amtliche Bekanntmachungstafel mit Sätzen wie »Es lebe die Demokratie« oder »Nieder mit Hitler« bemalt. Und trotz strengster Kontrolle des kirchlichen Lebens gab es mutige Geistliche, so daß es schon in den ersten Jahren nach der Machtergreifung gegen verschiedene kath. Pfarrer zu Verfahren wegen »Wühlarbeit«, Verweigern des deutschen Grußes, Verlesen von Hirtenbriefen oder Kritik an den politischen Verhältnissen kam; einige Geistliche wurden auch des Bezirks verwiesen. Noch 1943 hieß es in einem Bericht der NS-Kreisleitung Mosbach: »Es wird übereinstimmend von allen Ortsgruppen berichtet, daß die Geistlichen beider Konfessionen eine sehr rege Tätigkeit entfalten ... Diese Kreise sind in ihren Meinungsäußerungen sehr vorsichtig geworden ... Die Wühlarbeit geht dafür um so mehr im Stillen und Verborgenen weiter«.

Nachkriegsentwicklung. – Im August 1945 wurden *deutsche Parteien* von der amerikanischen Militärregierung auf Kreisebene wieder zugelassen. Neben SPD, KPD und DVP bildete sich die CDU als neue interkonfessionelle Partei. Im ländlichen Bereich hatte sie durch die Unterstützung des Klerus und die Mitarbeit ehemaliger Zentrumsleute gute Startbedingungen; das zeigte sich schon bei den Kommunalwahlen 1946, als sie genügend Kandidaten aufstellen konnte. Im Vorfeld dieser Wahlen war es zum Jahreswechsel 1945/46 zur Gründung zahlreicher CDU-Ortsverbände gekommen. Treibende Kräfte waren der Mosbacher Bürgermeister Schwarz und im Buchener Bereich der nach Kriegsende in Mudau lebende ehemalige Reichsminister Dr. Köhler, der spätere CDU-Land- und Bundestagsabgeordnete Oskar Wacker aus Buchen und der Buchener Landrat Schmerbeck.

Tabelle 4: **Mitgliederentwicklung der Parteien und Wählergemeinschaften** (nach Angaben der Parteien)

Jahr	CDU	SPD	FDP	Grüne	FWV
1970[1]	1791	ca. 900	–	–	–
1974	2076	ca. 1200	–	–	–
1986	2404	1369	95	23[2]	ca. 400

1 Mitgliederzahlen der Kreisverbände nach dem damaligen Gebietsstand vor der Kreisreform
2 Der Kreisverband der Grünen gab keine Auskünfte, hier Stand von Anfang 1984 kurz nach der Gründung

Innerhalb der linken Parteien gab es anfangs starke Kräfte, die eine Fusion von SPD und KPD wollten. So kandidierte die SPD zur Kommunalwahl 1946 im Kreis Mosbach nur in drei Gemeinden; in der Mehrzahl trat eine Gemeinschaftsliste von SPD und

1. Politisches Leben

KPD, die Sozialistisch-Demokratische Vereinigung, auf. Zur Kreistagswahl 1947 kandidierte in 3 Wahlkreisen die Arbeiterpartei, eine linkssozialistische Oppositionsgruppe innerhalb der KPD; die SPD kandidierte in 6 Wahlkreisen. Erste Kreisvorsitzende waren Fritz Lingenberg (Mosbach) und Hermann Gaukel (Walldürn). Die organisatorische Basis war lange schwach, insbesondere im Altkreis Buchen. Seit Mitte der 60er Jahre gibt es auch eine engere Zusammenarbeit mit dem Deutschen Gewerkschaftsbund (DGB), der 1984 ca. 11 000 Mitglieder hatte.

Die FDP hatte als Kreispartei schon wegen ihrer geringen Organisationsdichte nie eine große Bedeutung. Bis Anfang der 60er Jahre waren die verschiedenen Parteiorganisationen der Vertriebenen, Ende der 60er Jahre kurzfristig die NPD bedeutsam. Zu Beginn der 80er Jahre traten als neue Partei die Grünen auf; sie sind allerdings ein eher lockerer Zusammenschluß mit Verbindungen zu den Umwelt- und Friedensgruppen, lokalen Bürgerinitiativen und in die Alternativszene.

Auf kommunaler Ebene kommen als bedeutende Kraft noch die Freien Wähler hinzu, die insbesondere im Altkreis Mosbach eine große Rolle spielen. Die Gründe für ihre überragende Stellung liegen einmal in der Person des in Mosbach ansässigen Gründers der FWV, Dr. Erich Weiler, begründet, der als Chefarzt des Mosbacher Kreiskrankenhauses 1954 die Abwahl des damaligen CDU-Landrats betrieb. Von entscheidender Bedeutung war ferner, daß die Mosbacher CDU als kath. Partei galt, die für Protestanten, Heimatvertriebene und Neubürger nicht offen genug war. Daraus zog die 1947 gegründete Überparteiliche Wählervereinigung (ÜWV) ihren Nutzen und war von 1953–1971 stärkste Kreistagsfraktion. 1954 stürzte sie auch den Mosbacher CDU-Bürgermeister und stellte eine Vielzahl von Bürgermeistern. Seit der Kreisreform ging ihr Stimmenanteil ständig zurück; die Gründe sind sowohl allgemeiner (z. B. Entdeckung der Kommunalpolitik durch die Parteien) als auch innerverbandlicher Natur. Zur Zeit steht die Freie Wählervereinigung (FWV), wie sie sich seit 1965 nennt, vor einer Neuorganisation.

Die beiden großen Parteien sind heute flächendeckend im Kreis vertreten; die Organisationsdichte auf der Ebene der Ortsteile ist allerdings bei der CDU stärker. Beide Parteien haben eine Geschäftsstelle in Mosbach, die CDU schon seit ca. 25 Jahren und vor der Kreisreform auch in Buchen. Die SPD hat seit fast 15 Jahren eine allerdings personell schwächer besetzte Geschäftsstelle. Die FDP hat keine solche Einrichtung und nur in Mosbach einen Ortsverband, der auch zu den Kommunalwahlen eine eigene Liste aufstellt. Die Freien Wähler haben Ortsverbände in Buchen, Elztal, Haßmersheim, Limbach, Mosbach und im Bereich des Verwaltungsverbandes Walldürn-Höpfingen-Hardheim. Die Grünen unterhalten ein Büro in Mosbach, das stundenweise geöffnet ist.

Die beiden großen Parteien sind Mitgliederparteien, wobei die SPD in der sozialliberalen Ära stark zugenommen hat; bei Grünen und Freien Wählern spielen formale Mitgliedschaften weniger eine Rolle.

Wahlen. – Die politisch führende Kraft im Landkreis ist die CDU. Sie stellte bisher immer den Landrat; der derzeitige Amtsinhaber wurde bei seiner Wiederwahl allerdings gegen die Mehrheit der CDU-Fraktion bestätigt. Die CDU hatte lange die absolute Mehrheit im *Kreistag*; diese ging 1984 verloren.

13 von 26 Bürgermeistern – ein Bürgermeister steht zwei benachbarten kleinen Gemeinden vor – gehören der CDU an, 4 der SPD und 4 der FWV; 5 weitere stehen der CDU nahe. Der bedeutsame Oberbürgermeisterposten in der Großen Kreisstadt Mosbach ging 1984 überraschend für die CDU verloren und fiel an die SPD. Bei der

Tabelle 5: **Ergebnisse der Kreistagswahlen in %**

	1946		1947		1953		1959		1965		1971		1973		1979	1984	19
	BCH	MOS	BCH	MOS	BCH	MOS	BCH	MOS	BCH	MOS	BCH	MOS	BCH	MOS	NOK	NOK	N(
CDU	79	74	57	57	56	40	67	37	72	35	67	38	63	41	51	54	47
SPD	15	–	20	17	12	16	10	12	13	18	17	26	16	30	24	27	26
FDP/DVP	3	–	21	11	16	–	9	–	7	4	–	4	2	6	4	4	4
FWV	–	–	–	–		44		50		43	17	32	19	23	21	15	15
GB/BHE	–	–	–	–	17	–	14	–	9	–	–	–	–	–	–	–	–
Grüne	–	–	–	–	–	–	–	–	–	–	–	–	–	–	–	–	7
Komm.	3	26*	2	–	–	–	–	–	–	–	–	–	–	–	–	–	–
Sonstige	–	–	–	16	–	–	–	1	–	–	–	–	–	–	–	–	–

* SDV (SPD + KPD)
Anmerkungen: Bis 1971 Gebietsstand der damaligen Landkreise Buchen und Mosbach, ab 1973 NO-Kreis. Durch den Abgang
Gemeinden im Zuge der Kreisreform sind die Ergebnisse vor und ab 1973 nicht ganz vergleichbar; es gingen Gebiete mit ho
CDU-Wähleranteil verloren.

Tabelle 6: **Landtagsabgeordnete**

Wahlkreis Buchen-Tauberbischofsheim	Wahlkreis Mosbach-Sinsheim
Verfassungsgebende Landesversammlung Württemberg-Baden 1946	
Otto Hoog, Wertheim, CDU	*Jakob Dörr,* Eppingen, CDU
Oskar Wacker, Buchen, CDU	*Dr. Erich Nies,* Heidelberg, SPD
	Wilhelm Schwarz, Mosbach, CDU
Landtag von Württemberg-Baden	
1946 *Anton Schwan,* Tauberbischofsheim, CDU	*Jakob Dörr,* Eppingen, CDU
Oskar Wacker, Buchen, CDU	*Dr. Erich Nies,* Heidelberg, SPD
1950 *August Berberich,* Gottersdorf, CDU	*Jakob Dörr,* Eppingen, CDU
Franz Schebeck, Hardheim, DG-BHE	*Dr. Erich Nies,* Heidelberg, SPD
	Richard Walitza, Neudenau, DG-BHE
Landtag von Baden-Württemberg	
1952 *Josef Krämer,* Mosbach, CDU	(Wahlkreis Mosbach = Lkr. Mosbach)
Dr. Karl Bartunek, Karlsruhe, GB/BHE	(über Landesliste)
August Berberich, Gottersdorf, CDU	(Wahlkreis Buchen = Lkr. Buchen)
1956 *Josef Krämer,* Mosbach, CDU	(Wahlkreis Mosbach = Lkr. Buchen/
Ferdinand Hellmuth, Buchen, FDP/DVP	Mosbach)
Dr. Karl Bartunek, Karlsruhe, GB/BHE	
1960 *Hugo Geisert,* Buchen, CDU	
Karl Ludwig, Dallau, FDP/DVP	
Dr. Karl Bartunek, Karlsruhe, GB/BHE	
1964 *Hugo Geisert,* Buchen, CDU	
Kurt Wagner, Michelbach, SPD	
1968 *Hugo Geisert,* Buchen, CDU	
1972 *Dr. Hans Heidler,* Binau, CDU	
1976 *Dr. Hans Heidler,* Binau, CDU	
1980 *Manfred Pfaus,* Buchen, CDU	
1984 *Manfred Pfaus,* Buchen, CDU	
Gerd Teßmer, Binau, SPD	
1988 *Manfred Pfaus,* Buchen, CDU	
Gerd Teßmer, Binau, SPD	

Tabelle 7: **Ergebnisse ausgewählter Bundestagswahlen* in % der gültigen Zweitstimmen**

Wahljahr	CDU	SPD	FDP/DVP	KPD	BHE	NPD	Grüne	Sonstige
1949	46,5	16,6	9,0	2,5	26,0[1]	–	–	–
1957	61,7	15,8	13,5	–	7,7	–	–	1,3
1965	63,0	24,3	9,4	–	–	2,1	–	1,2
1972	58,7	33,2	7,1	0,2[2]	–	0,9	–	0,1
1980	56,5	34,0	7,8	0,1[2]	–	0,1	1,3	0,1
1987	54,1	29,4	8,3	–	–	0,8	6,5	0,9

1 Notgemeinschaft
2 DKP
* bis 1972 eigene Berechnung

Tabelle 8: **Bundestagsabgeordnete (direkt gewählt)**

1949	Eugen Leibfried	(Wahlkreis Sinsheim)	CDU
	Oskar Wacker	(Wahlkreis Tauberbischofsheim)	CDU
1953	Eugen Leibfried	(Wahlkreis Sinsheim)	CDU
	Oskar Wacker	(Wahlkreis Tauberbischofsheim)	CDU
1957	Fritz Baier	(Wahlkreis Sinsheim)	CDU
	August Berberich	(Wahlkreis Tauberbischofsheim)	CDU
1961	Fritz Baier	(Wahlkreis Sinsheim)	CDU
	August Berberich	(Wahlkreis Tauberbischofsheim)	CDU
1965	August Berberich	(Wahlkreis Tauberbischofsheim)	CDU
1969	Dr. Karl Miltner	(Wahlkreis Tauberbischofsheim)	CDU
1972	Dr. Karl Miltner	(Wahlkreis Tauberbischofsheim)	CDU
1976	Dr. Karl Miltner	(Wahlkreis Tauberbischofsheim)	CDU
1980	Dr. Karl Miltner	(Wahlkreis Tauberbischofsheim)	CDU
1983	Dr. Karl Miltner	(Wahlkreis Tauberbischofsheim)	CDU
1987	Dr. Karl Miltner	(Wahlkreis Tauberbischofsheim)	CDU

Abkürzungen:
DDP: Deutsche Demokratische Partei
DKP: Deutsche Kommunistische Partei
DNVP: Deutschnationale Volkspartei
DVP: Deutsche Volkspartei
EVD: Evangelischer Volksdienst
FDP: Freie Demokratische Partei
FWV: Freie Wählervereinigung
GB/BHE: Gesamtdeutscher Block-Bund der Heimatvertriebenen und Entrechteten
K: (Deutsch-)Konservative
KPD: Kommunistische Partei Deutschlands
NL: Nationalliberale Partei
NPD: Nationaldemokratische Partei Deutschlands
NSDAP: Nationalsozialistische Deutsche Arbeiterpartei
SPD: Sozialdemokratische Partei Deutschlands
Z: Zentrumspartei
CDU: Christlich-Demokratische Union Deutschlands

vorzeitigen Neuwahl siegte 1990 der CDU-Bewerber. Eine führende Stellung hat die CDU auch in den *Gemeinderäten*.

Bei den *Landtagswahlen* gehörte das Gebiet zunächst verschiedenen Wahlkreisen an. Nach Bildung des Bundeslandes, für das sich die Bevölkerung mehrheitlich (Lkr. Buchen 56 %, Lkr. Mosbach 74 %) aussprach, bildeten die beiden Landkreise ab 1956 einen Wahlkreis, der seit der Kreisreform mit dem Neckar-Odenwald-Kreis identisch ist. Die CDU gewann bei allen Wahlen das Direktmandat, wobei FDP und BHE bis

1964 über die Zweitzuteilung je ein Mandat erhielten; 1964, 1984 und 1988 gelang dies auch der SPD.

Bei den *Bundestagswahlen* gehörte das Gebiet bis 1961 zu den Wahlkreisen Sinsheim und Tauberbischofsheim, seit 1965 zum Wahlkreis Tauberbischofsheim. Es ist eine Hochburg der CDU, die in allen Wahlen das Direktmandat erhielt. Zeitweise erhielt sie über die Landesliste noch ein weiteres Mandat; letzteres gilt auch für die SPD und 1987 erstmals für die Grünen. Verglichen mit früheren Wahlen nahm das konfessionelle Element als alleiniges Kriterium der Wahlentscheidung ab. Die CDU erreichte jeweils Stimmenergebnisse um die 60 %, die SPD lag bei ca. 30 %, die FDP bei etwa 8 %. Die CDU konnte in den ersten beiden Jahrzehnten ihre führende Stellung ausbauen; in den letzten Wahlen verlor sie an Stimmen – ein Trend, der im ländlichen Raum insgesamt und in den Parteihochburgen auch anderswo zu beobachten ist. Die SPD hat einen höheren Stimmenanteil als in der Weimarer Republik; sie nahm kontinuierlich zu, bis ihr die Grünen Wähler abnahmen. Bei der ersten gesamtdeutschen Bundestagswahl am 2. Dezember 1990 errangen die CDU 55,2 %, die SPD 28,0 %, die FDP 8,8 %, die Grünen 3,5 %, die Republikaner 2,3 %, die ÖDP 1,0 % und die Sonstigen 1,9 % der gültigen Zweitstimmen. Gewählt wurde Siegfried Hornung MdB.

2. Verfassung, Aufgaben und Verwaltung des Landkreises

Geschichtliche Entwicklung

Genossenschaft und Herrschaft, die Wurzeln der Kreisverfassung. – Der Landkreis ist die Verwaltungsebene zwischen den Gemeinden und dem Staat. Seit alters gibt es diese übergemeindliche Einheit, die unterhalb der Landesherrschaft einen überschaubaren Raum zusammenfaßt. Vorläufer der Kreise sind die *Zenten* sowie die *Ämter* und *Vogteien* (vgl. S. 113 ff., 168 ff.). Die Kreisverfassung von heute hat zwei historische Wurzeln: die genossenschaftliche, sich selbstordnende Gemeinschaft einerseits und die herrschaftliche, ordnend eingreifende Landeshoheit der Fürsten andererseits.

Die genossenschaftliche Tradition war besonders in den Zenten, Landsgemeinden, Landschaften und Kirchspielen zuhause. In Versammlungen, Tagungen, Gerichts- und Ratssitzungen wurden die Entscheidungen getroffen. »Gemeinsame Sachen sind gemeinsam zu verhandeln«, so lautete das alte Herkommen, die alte Rechtsordnung. Der Kampf der Genossenschaft mit der Herrschaft der erstarkenden Landesherren, der Erzbischöfe und Bischöfe in Mainz und Würzburg, der Kurfüsten in Heidelberg, durchzieht die ganze Verfassungsgeschichte. »Um des Gemeinen besten Willen« standen die Bürger und Bauern zusammen und wurden oft zur Schwurgemeinschaft oder Eidgenossenschaft, die für die althergebrachten Rechte und Freiheiten stritt.

Herrschaftlich organisierte Ämter sind seit dem 13. Jh. feststellbar. Sie haben die älteren, sich selbst verwaltenden Landschaften und Landsgemeinden zwar zurückgedrängt, aber nicht völlig verdrängt. Vor allem nach den Bauernkriegen, aber noch mehr nach dem 30j. Krieg kam es zum Erstarken und Ausbau der herrschaftlichen Landeshoheit.

Die Herrschaft hatte ursprünglich nur Schutz zu gewähren. Schutz nach innen mit dem Richterschwert und Schutz nach außen mit dem Kriegsschwert. Dabei waren »Recht und Gerechtigkeit« nach alter Vorstellung nicht durch die Herrschaft beeinflußbar, sondern ewig und göttlich, also naturgesetzlich vorgegeben. Die Schöffen oder die Landsgemeinden »wiesen« das Recht (urteilten), so wie es nach ursprünglich mündlicher Überlieferung auf sie hergekommen war. Es wurde später in den »Weistümern« und Dorfordnungen aufgezeichnet. Der Gerichtsherr oder sein Vertreter, der Schultheiß, war nur Vorsitzender, Verhandlungsleiter des Gerichtstags und Vollstrecker der Entscheidungen. Nach den Bauernkriegen wurde seine Stellung verstärkt und die der Schöffen geschwächt. Der Druck auf die dörfliche Selbstordnung wuchs.

In der Zeit nach dem 30j. Krieg führten die »ehhafte Not« und der politische Wille der Landesherren zu einer Verdichtung ihrer Herrschaft, zu einer neuen »Politik«. Der Begriff wird um 1500 in die deutsche Sprache eingeführt. Die Fürsten wollten in Übereinstimmung mit der herrschenden Lehre an den Universitäten ihren Territorien Wohlfahrt und Glück, Rationalität und römisches Recht bringen. Zur schutzgewährenden Landeshoheit kam die gestaltend eingreifende Landespolitik. Dazu bauten die Landesherren aus alten und neuen Einrichtungen, aus Ämtern und Vogteien, eine neue Verwaltung auf, die sie »Polizei« nannten. Auch dieser Begriff wurde im 16. Jh. allgemein üblich und ist aus dem Wort »Politik« abgeleitet. Ausdrücke wie Bau- und Gewerbepolizei, Feuer- und Gesundheitspolizei haben sich bis heute gehalten. Erst später wurde der Begriff »Polizei« auf den uniformierten Polizeivollzugsdienst verengt und im übrigen durch den Begriff »Verwaltung« ersetzt.

Unsere Landkreise haben bis heute ihren alten Doppelcharakter behalten. Sie haben zwei Aufgaben, nämlich im kommunalen Bereich der Selbstverwaltung ihren Bürgern zu »helfen« (mit Krankenhäusern und Sozialämtern, Schulen und Straßen) und im staatlichen Bereich zu »ordnen«, d. h. öffentliche Belange zu verteidigen und gegebenenfalls gegenüber privaten Interessen durchzusetzen (z. B. im Umwelt-, Natur- oder Denkmalschutz, im Bereich der öffentlichen Ordnung mit Gewerbeaufsicht, Ausländerwesen, Straßenverkehrs- und Bauordnung).

Entstehung des Neckar-Odenwald-Kreises. – Die Entwicklung der Kreis- und Bezirksverfassung im Großherzogtum Baden wird an anderer Stelle dieser Kreisbeschreibung dargestellt (vgl. S. 166ff.). Im großen und ganzen waren die Bezirksämter die staatlichen unteren Verwaltungsbehörden und die Kreise die überörtlichen kommunalen Selbstverwaltungskörperschaften. Erst recht spät, um die Mitte des 19. Jh., wurden aus den Bezirksämtern die Amtsgerichte ausgegliedert.

Die bad. Traditionen wurden im Dritten Reich zerschlagen. Im Jahr 1936 wurden die beiden Landkreise Buchen und Mosbach gebildet. Der *Lkr. Buchen* wurde aus den Amtsbezirken Adelsheim (mit 37 Gemeinden) und Buchen (mit 48 Gemeinden) geschaffen. Die Stadt Buchen wurde Kreissitz. Der *Lkr. Mosbach* ging aus dem Amtsbezirk Mosbach (mit 60 Gemeinden) hervor. Mosbach wurde ebenfalls Kreissitz. Die Landkreisordnung vom 24. 6. 1939 brachte die Zusammenführung von Staats- und Selbstverwaltung. Die staatlichen Bezirksämter wurden mit den Kreisverwaltungen vereinigt. Dies entsprach der preußischen Verwaltungstradition.

Durch das *Kreisreformgesetz* vom 26. 6. 1971 wurde Baden-Württemberg in 9 Stadtkreise und 35 Landkreise eingeteilt. Dies war die Geburtsstunde des Neckar-Odenwald-Kreises, in dem überwiegend die früheren Landkreise Buchen und Mosbach zusammengeschlossen wurden. Der neue Landkreis hieß zunächst Odenwaldkreis. Da es zu Verwechslungen mit dem hessischen Kreis gleichen Namens kam, entschied sich der Kreistag am 26. 4. 1974 für den Namen Neckar-Odenwald-Kreis. Von den alten Kreisen Mosbach und Buchen kamen nicht alle Gemeinden zum Neckar-Odenwald-Kreis. Lindach wurde dem Rhein-Neckar-Kreis, Heinsheim, Neudenau, Herbolzheim,

Stein a.K., Ruchsen, Korb und Unterkessach dem Lkr. Heilbronn zugeschlagen. Vom Kreis Buchen wurde der gesamte Raum um Krautheim mit den Gden Winzenhofen, Gommersdorf, Klepsau, Hornbach, Neunstetten und Oberndorf an den Hohenlohekreis abgetreten. An den Main-Tauber-Kreis gingen die Gden Schillingstadt, Berolzheim, Hohenstadt, Eubigheim und Buch am Ahorn. Mosbach und Buchen standen als Kreissitz zur Debatte. Der Landtag entschied sich für Mosbach.

Der Neckar-Odenwald-Kreis umfaßt nun 27 Gemeinden mit insgesamt 131 889 Einwohnern. Die größte Gemeinde ist Mosbach (1988: 23 897 E), die kleinste Zwingenberg (1988: 716 E). Die Kreisfläche umfaßt 1.126,3 qkm. Der Neckar-Odenwald-Kreis steht der Fläche nach an 13. Stelle der 35 Landkreise in Baden-Württemberg. Mit einer Einwohnerdichte von 117 E/qkm zählt er zu den dünn besiedelten Kreisen und steht nach der Einwohnerzahl an 28. Stelle der baden-württembergischen Landkreise.

Der Kreis als Selbstverwaltungskörperschaft

Rechtscharakter des Landkreises. – Der Landkreis ist eine Gebietskörperschaft mit dem Recht der Selbstverwaltung. Diese Feststellung bezieht sich nur auf den kreiskommunalen Bereich. Das bedeutet, daß ein bestimmtes Gebiet mitsamt seinen Einwohnern zu einer Einheit zusammengefaßt wird. Diese Einheit erhält die Rechtsstellung einer Körperschaft des öffentlichen Rechts und wird damit zur juristischen Person. Diese juristische Person kann durch ihre Organe (Kreistag, Landrat) handeln, also Rechte erlangen und Pflichten eingehen, Verträge schließen und sich selbst verwalten. Im Rahmen der Gesetze von Bund und Land kann diese Rechtsperson Gebühren, Beiträge, Umlagen und Steuern erheben, Verwaltungsakte und Satzungen erlassen.

Das Verfassungsrecht bezeichnet die Kreise auch als Gemeindeverbände. Das bedeutet, daß sie den Bestandsschutz und die Selbstverwaltungsgarantie des Artikels 28 des Grundgesetzes genießen. Der Landkreis verwaltet sein Gebiet nach den Grundsätzen der gemeindlichen Selbstverwaltung. Behörde des Landkreises ist das Landratsamt. Das Gebiet des Landkreises ist zugleich der Bezirk der unteren Verwaltungsbehörde. Das Landratsamt ist auch untere Staatsbehörde (vgl. S. 382 ff.). Der Landkreis ist also sowohl sich selbst verwaltende Gebietskörperschaft als auch Bezirk der unteren staatlichen Verwaltungsinstanz (Doppelcharakter).

Die nun folgenden Ausführungen gelten zunächst für den kommunalen Bereich.

Kreistag. – Getragen wird der Kreis von seinen Bürgern, die in alten Zeiten oft auch die »Kreisverwandten« genannt wurden. Der Artikel 28 des Grundgesetzes verlangt für den Kreis als Gemeindeverband ausdrücklich eine demokratische Volksvertretung. Sie ist im gewählten Kreistag verwirklicht. Die wahlberechtigten Kreiseinwohner wählen den Kreistag auf fünf Jahre. Durch die Wahl (Verhältniswahl) nehmen die Bürger ihr Recht zur Teilhabe an der Selbstverwaltung wahr. Das baden-württembergische Kommunalwahlrecht hat durch Kumulieren und Panaschieren die Persönlichkeitswahl gestärkt und die Partei- oder Wählervereinigungslisten änderbar gemacht. Damit hat der Bürger nicht nur mehr Einfluß auf die Zusammensetzung des Kreistages, sondern ist auch freier gegenüber den Wahlvorschlägen der Parteien, die er weitgehend abändern kann.

Weitere bürgerschaftliche Mitwirkungsrechte, wie etwa das Bürgerbegehren und den Bürgerentscheid der baden-württembergischen Gemeindeordnung, kennt die

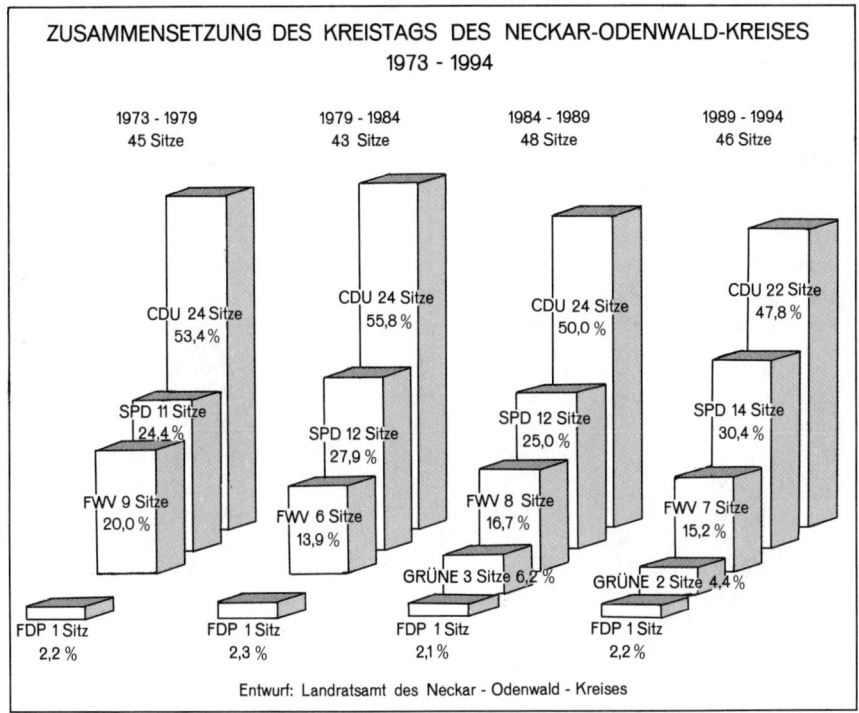

Landkreisordnung nicht. Nach § 17 der Landkreisordnung (LKrO) bestehen Unterrichtungspflichten des Kreistages gegenüber den Bürgern. Der Kreistag hat die Möglichkeit, Kreiseinwohnern ein Fragerecht im Kreistag einzuräumen (Fragestunde).

Die Bürger des Neckar-Odenwald-Kreises wählen in 7 Wahlkreisen 40 Kreisräte, deren Zahl sich durch Überhangmandate auf bis zu 48 erhöhen kann. Die Verteilung der *Mandate* auf die politischen Parteien und Wählervereinigungen im Neckar-Odenwald-Kreis verdeutlichen, seit seinem Entstehen, die obige Graphik und Tab. 1.

Der Kreistag ist das *Hauptorgan des Landkreises*. Er legt die Grundsätze der Verwaltung fest und entscheidet über alle Angelegenheiten des Landkreises, soweit nicht kraft Gesetzes oder durch ausdrückliche Übertragung (z. B. in der Hauptsatzung) der Landrat zuständig ist. Der Kreistag hat auch das Budgetrecht; er bestimmt mit der Verabschiedung des Kreishaushaltes die Verwendung der Finanzmittel.

Die *Kreisräte* üben ein freies Mandat aus. Sie sind nur ihrer Überzeugung und dem Gesamtwohl des Kreises verpflichtet (§ 26 III LKrO). Damit legt die Landkreisordnung fest, daß der Mandatsträger im Konfliktfall nicht den Teilinteressen seiner Partei oder Fraktion, seines Wahlkreises oder seiner Herkunftsgemeinde, sondern dem öffentlichen Gesamtwohl des Kreises und aller Kreiseinwohner oder der staatlichen Gemeinschaft insgesamt verpflichtet ist. Dies entspricht alter rechtsstaatlicher Tradition.

Tabelle 1: **Zusammensetzung des Kreistags**

Politische Gruppierungen	1973–1979		1979–1984		1984–1989		1989–1994	
	%-Anteil	Sitze	%-Anteil	Sitze	%-Anteil	Sitze	%-Anteil	Sitze
CDU	53,4	24	55,8	24	50,0	24	47,8	22
SPD	24,4	11	27,9	12	25,0	12	30,4	14
FWV	20,0	9	13,9	6	16,7	8	15,2	7
FDP	2,2	1	2,3	1	2,1	1	2,2	1
Grüne	–	–	–	–	6,2	3	4,4	2
insgesamt	100,0	45	99,9	43	100,0	48	100,0	46

Kreistagsmitglieder der gleichen politischen Partei schließen sich in der Regel zu einer *Fraktion* zusammen. Sie beraten untereinander und außerhalb des Kreistags und seiner Ausschüsse ihr Abstimmungsverhalten. Damit können sie mit den Vorschriften der Landkreisordnung in Konflikt geraten, da die Kreisräte an Fraktionszwang oder sonstige Verpflichtungen oder Aufträge nicht gebunden sind. Der Kreistag ist auch kein Parlament, sondern ähnlich dem Gemeinderat ein *Verwaltungsorgan* (§ 18 LKrO). Die Fraktionen können sich daher nicht als Regierungs- oder Oppositionsparteien verstehen. Das Verwaltungsorgan Kreistag hat aber die Besonderheit, daß es aus politischen Gruppierungen besteht. Damit kann auf diesem Wege die Politik in die Verwaltung getragen werden. Hier kann es zur Vermischung der unterschiedlichen in Verwaltung und Politik geltenden Grundsätze und damit zur Politisierung der Verwaltung kommen.

Die Landkreisordnung Baden-Württemberg hat hier durch eine klare Abgrenzung der Zuständigkeiten des Kreistags und des Landrats Vorsorge getroffen. Während der Kreistag für die Festlegung der Verwaltungsgrundsätze, für die kommunalpolitischen und wichtigen Entscheidungen, also für Richtung und Grundsätze, zuständig ist, sind dem Landrat in eigener Verantwortung Organisation, laufende Geschäfte der Verwaltung und Weisungsaufgaben, also vornehmlich Vollzug, Einzelfälle und Organisation, übertragen.

Wer als Kreisrat selbst betroffen ist oder zu bestimmten Personen sowie Institutionen (z. B. Gemeinden, Schulen, Vereinen oder Verbänden) in einem besonderen Verhältnis steht, etwa als Bürgermeister, Schulleiter oder Vereinsvorstand, kann bei Beratungen und Beschlüssen in einen Interessen- oder Loyalitätskonflikt geraten und befangen sein (§ 14 LKrO). Für Bürgermeister wurde diese Frage immer wieder grundsätzlich und über die Befangenheitsvorschriften hinaus erörtert. Es gibt Landkreisordnungen, die das Mandat des Kreisrats mit der Rechtsstellung des Bürgermeisters oder Hauptverwaltungsbeamten in einer kreisangehörigen Gemeinde für unvereinbar (inkompatibel) ansehen. Neser hat hier deutlich Position bezogen: »Wiederholt wird auch die Frage der Inkompatibilität von Bürgermeistern diskutiert und eine Änderung des Kreiswahlrechtes gefordert, d. h., daß Bürgermeister nicht mehr in den Kreistag gewählt werden können. Unabhängig von dieser Frage muß es das Interesse aller sein, den Kreistag als politisches Organ im Bewußtsein der Bevölkerung stärker zu verankern und ihn nicht zu einer reinen Interessenvertretung der kreisangehörigen Gemeinden, ausgeübt durch Kommunalfunktionäre, werden zu lassen«. Die Landkreisordnung hat (gemäß Art. 28 I GG und Art. 72 I Landesverfassung) den Kreistag bewußt als Vertretungsorgan des Volkes und nicht als Repräsentation der Gemeinden gestaltet, so daß der Interessengegensatz in der Theorie seine eindeutige Lösung erfährt.

In der Praxis ist für den betroffenen Kreisrat die klare Trennung der Funktionen Kreisrat und Bürgermeister nicht immer leicht. Zwar ist er bei unmittelbaren Vor- und Nachteilen für seine Gemeinde befangen (§ 14 LKrO), aber die mittelbaren Vor- und Nachteile, der Gegensatz von kreisweitem Gesamtwohl und örtlichem Gemeindevorteil spielt in eine Vielzahl von Entscheidungen hinein. Dies ist z. B. schon bei der Verabschiedung des jährlichen Kreishaushaltes der Fall, weil der Kreis sich zu einem großen Teil über die Kreisumlage bei den Gemeinden finanzieren muß. Es geht weiter mit der Frage, ob und wo die Kreiseinrichtungen (z. B. Krankenhäuser, Schulen, Kreisstraßen) ausgebaut werden.

Der Interessenkonflikt tritt übrigens auch im Bereich der unteren staatlichen Verwaltungsbehörde zutage. Hier ist der vom Kreistag gewählte Landrat Dienstvorgesetzter der Bürgermeister. Die Sozialdemokratische Gemeinschaft für Kommunalpolitik (SGK) Baden-Württemberg hat deshalb die Wählbarkeit der Bürgermeister in den Kreistag scharf kritisiert. Ihr Sprecher meinte, daß in manchen Landkreisen die Bürgermeister »das Landratsamt als ihren Selbstbedienungsladen mißbrauchen«. Die Bürgermeister wählten ihren Dienstvorgesetzten selbst, dominierten Kreistag, Kreisbürokratie und die Personalpolitik. Sie setzten Projekte zum Nutzen ihrer Gemeinden durch ohne Rücksicht auf die Gesamtinteressen der Kreisbevölkerung (Stuttgarter Zeitung vom 3. 8. 89). Auch für Abgeordnete, die ebenfalls im Kreistag sitzen, ist es nicht immer populär, die Durchsetzung des Gemeinwohls oder öffentlichen Interesses mitzutragen und sich nicht auf die Seite ihres Wählers oder Parteifreundes und dessen privaten Vorteils zu schlagen. Eine andauernde Vernachlässigung der öffentlichen Interessen führt jedoch zu Mißständen, wie sie schwerwiegend in der Umweltgefährdung zutage getreten sind. Willkürfreiheit, Gleichbehandlung und Gerechtigkeit dürften auf Dauer die Bürger am meisten überzeugen. Sonderbehandlungen, unverständliche Ausnahmen und unerklärliche Vorteile – in der Verwaltungssprache oft auch »politische« Entscheidungen genannt – tragen je länger, desto sicherer zur Staatsverdrossenheit bei. Gelingt es aber Bürgermeistern und Abgeordneten den naturgemäß vorhandenen lokal- oder parteipolitischen Verlockungen zu widerstehen, so spricht einiges für ihre Wählbarkeit in die Kreistage. Sie bringen nämlich von Berufs wegen viel kommunalen und politischen Sachverstand mit und können dadurch die Kreispolitik fördern und die Kreisverwaltung wirkungsvoll kontrollieren.

Landrat. – Der Landrat wird in Baden-Württemberg vom Kreistag gewählt. Das ist für die süddeutsche Kommunalverfassung eine Ausnahmeregelung. Denn in Baden-Württemberg und Bayern werden die Bürgermeister und Oberbürgermeister und in Bayern auch die Landräte in Urwahl vom Volk ins Amt berufen. Die Forderung nach Volkswahl der Landräte wird in den kommunalpolitischen Diskussionen immer wieder erhoben. Die übrigen Bundesländer kennen die Volkswahl der Bürgermeister, Landräte oder Hauptverwaltungsbeamten (Oberkreis- und Oberstadtdirektoren) nicht.

Aufschlußreich ist, daß in Nordrhein-Westfalen die beiden kommunalen Spitzenverbände der Gemeinden, nämlich der Städte- und Gemeindebund Nordrhein-Westfalen und der Städtetag Nordrhein-Westfalen, unterschiedliche Stellungnahmen abgegeben haben. Der Städte- und Gemeindebund, in dem vorwiegend die kleinen Kommunen zusammengeschlossen sind, fordert klar die Volkswahl der Hauptverwaltungsbeamten und auch sonst eine kommunale Verfassungsreform, die ausdrücklich und in wesentlichen Zügen dem süddeutschen Vorbild entspricht (Vereinigung der Funktionen Bürgermeister und Stadtdirektor beim Bürgermeister, Amtszeit von 8 Jahren, keine Möglichkeit der Abwahl, Organisationsgewalt und Leitung der laufenden Geschäfte der

Verwaltung durch den Bürgermeister). Als Gründe werden angeführt eine stärkere demokratische Verankerung sowie eine größere Unabhängigkeit des Gewählten gegenüber Parteien und Rat und damit eine höhere Akzeptanz bei der Bevölkerung und mehr überparteiliche Integrationskraft in der Gemeinde. Der Städte- und Gemeindebund glaubt dadurch auch die Attraktivität des Amtes für qualifizierte Bewerber zu steigern, Reibungsverluste und parteipolitische Polarisierung abzubauen.

Ganz anders sieht es der Städtetag Nordrhein-Westfalen, in dem die größeren und großen Städte zusammengeschlossen sind. Hier dominieren Parteipolitiker und Bürgermeister bzw. Oberbürgermeister nordrhein-westfälischer Prägung (Ratsvorsitzende aus den Reihen der Fraktionen). Zwar soll das Nebeneinander von Oberstadtdirektor und Oberbürgermeister aufgegeben werden, doch soll die Wahl durch den Rat sowie die Möglichkeit der jederzeitigen Abwahl mit ⅔-Mehrheit – wie jetzt beim Oberstadtdirektor – bleiben. Auch sonstige den Parteien verbundene Personen oder Verbände nehmen in diesem Sinne Stellung.

Die Diskussion in Nordrhein-Westfalen zeigt deutlich, daß die politischen Parteien die Wahl der Bürgermeister und Landräte durch Gremien (Rat, Kreistag) einschließlich einer möglichen Abwahl bevorzugen, weil dies ihren Einfluß stärkt. Vom Volk gewählte Landräte und Bürgermeister zeichnen sich demgegenüber durch größere Unabhängigkeit aus. Schließlich darf in Baden-Württemberg anders als in Bayern bei Bürgermeisterwahlen auf dem Stimmzettel die Parteizugehörigkeit von Bewerbern nicht angegeben werden. Die große parteipolitische Neutralität der baden-württembergischen Kommunalverfassung dürfte mit der traditionell starken Stellung der freien Wählergemeinschaften in diesem Land zusammenhängen. Ihnen kommt man entgegen, um die stets vorhandene Möglichkeit zu bannen, daß diese Gruppen andernfalls auf einer Landesliste an den Landtagswahlen teilnehmen, dann dort ihre Interessen verfechten und die Mehrheitsverhältnisse im Landesparlament »stören« könnten. Wägt man all diese Gesichtspunkte gegeneinander ab, so ist im Interesse von Bürger- und Gemeinwohl, von Sachpolitik, Verwaltungseffizienz, Neutralität und Gesetzestreue der Verwaltung einer Volkswahl der Landräte der Vorzug zu geben.

Im übrigen ist wie in Bayern der Landrat in Baden-Württemberg *Vorsitzender des Kreistages und seiner Ausschüsse*. Er bereitet die Sitzungen vor und leitet sie. Er kann nach jedem Redebeitrag das Wort ergreifen und ist als Chef der Verwaltung stets umfassend unterrichtet. Eine Abwahl des Landrats nach einer Kreistagswahl aufgrund veränderter politischer Mehrheitsverhältnisse ist nicht möglich.

Nach der Landkreisordnung hat der Landrat den Kreistag über alle wichtigen Angelegenheiten zu unterrichten. Dieser Pflicht kommt er nur nach, wenn er alle Fraktionen und Gruppierungen gleich, rechtzeitig und vollständig informiert. Umfassende und objektive Unterrichtung mit Aufzeigen der Alternativen ist die Voraussetzung dafür, daß die Kreisräte ihr Mandat und ihre Entscheidungsrechte wahrnehmen können.

Haben die Mitglieder des Kreistages oder seiner Ausschüsse nach Unterrichtung durch die Verwaltung und nach Beratung entschieden, so vollzieht der Landrat die Beschlüsse. Er leitet das Landratsamt und vertritt den Landkreis nach außen. Dem Landrat sind damit sowohl der Vorsitz im Kreistag als auch die *Leitung der Verwaltung* übertragen. Untersuchungen haben gezeigt, daß dies eine besonders erfolgreiche Kommunalpolitik und Verwaltungsarbeit ermöglicht. Vor allem im Vergleich zur doppelköpfigen norddeutschen Ratsverfassung sind die Entscheidungsabläufe besser und schneller, die Reibungsverluste geringer.

Der Landrat ist in eigener Verantwortung für die sachgemäße Erledigung der Geschäfte der laufenden Verwaltung zuständig und hat den ordnungsgemäßen Gang der Verwaltung sicherzustellen. Er regelt auch die innere Organisation des Landratsamtes. »Der Landrat ist dafür verantwortlich, daß eine fachlich einwandfreie, den Gesetzen entsprechende und objektiven Gesichtspunkten gerecht werdende Arbeit geleistet wird« (Faiß). Er ist nicht nur Vollzugsorgan, sondern hat hier einen eigenen Zuständigkeitsbereich, in den der Kreistag nicht eingreifen kann.

Allgemeiner und ständiger Stellvertreter des Landrats ist der *Erste Landesbeamte*. Er hat das Recht, an allen Sitzungen des Kreistags und seiner Ausschüsse teilzunehmen. In den beschließenden Ausschüssen kann er den Landrat im Vorsitz vertreten, im Kreistag allerdings nicht. Hier sind die übrigen, vom Kreistag gewählten, ehrenamtlichen Stellvertreter des Landrats allein zur Vertretung berufen. Der Erste Landesbeamte hat als Lebenszeitbeamter und als Beamter des Landes Baden-Württemberg eine erheblich unabhängigere Stellung als ein – z. B. vom Kreistag – gewählter Beigeordneter (so in Hessen und in vielen Gemeindeordnungen). Das Beigeordnetensystem trägt aus mehreren Gründen zur Politisierung der Verwaltung bei. Die Beigeordneten gehören als politische Wahlbeamte in der Regel einer Partei an und fühlen sich dieser grundsätzlich auch verpflichtet. Sieht die Hauptsatzung mehrere Beigeordnete vor, so sollen die Parteien entsprechend ihrer Sitze berücksichtigt werden. Damit wird die parteipolitische Konkurrenz in die Verwaltung hineingetragen. Es besteht für den Beigeordneten die Versuchung, sich parteipolitisch zu profilieren und dadurch die Wiederwahl abzusichern. Der Einheit und Sachlichkeit der Verwaltung ist damit wenig gedient.

Nach der baden-württembergischen Landkreisordnung (ebenso Gemeindeordnung) entscheidet der Kreistag im Einvernehmen mit dem Landrat über die Ernennung, Einstellung und Entlassung von Bediensteten des Landkreises. Wenn es zu keinem Einvernehmen kommt, entscheidet der Kreistag mit einer Mehrheit von ⅔ der Anwesenden allein. Es ist der Sinn dieser Vorschrift, daß einem Behördenchef grundsätzlich nicht gegen seinen Willen Mitarbeiter aufgedrängt werden können. Denn dies würde eine vertrauensvolle Zusammenarbeit in der Verwaltung gefährden. Bei der Wahl von Beigeordneten entscheidet jedoch das jeweilige Gremium, z. B. der Gemeinderat allein und mit einfacher Mehrheit.

Das Beigeordnetensystem ist nur die Spitze einer Entwicklung, die zunehmend schärfer kritisiert wird. Es handelt sich um die parteipolitische Einflußnahme auf Personalentscheidungen, die sich mancherorts zur parteipolitischen Ämterpatronage gesteigert hat. Wenn aber nicht mehr nach Eignung und Leistung, sondern nach Parteibuch ausgewählt und befördert wird, dann ist neben der parteipolitischen Neutralität der Verwaltung auch das innerbehördliche Betriebsklima und die Leistungsbereitschaft gestört oder zerstört. Hinzu kommt, daß ein derartiges Vorgehen rechtlich unzulässig ist und von der Öffentlichkeit auch zunehmend so erkannt und bewertet wird. Die Rechtswidrigkeit beruht darauf, daß sachfremde, ermessensfehlerhafte und willkürliche Mittel zur Machtausübung eingesetzt werden. Mit einer derartigen Personalpolitik werden nämlich andere Ziele verfolgt als die sachgerechte Bewerberauswahl. Damit sind dies unzulässige Mittel der Machtausübung.

Die *Landkreisverwaltungen* sind heute von beachtlicher Größe. Fehlorganisation und Fehlsteuerung kosten die Allgemeinheit viel Geld. Insgesamt hat der Neckar-Odenwald-Kreis (1989) etwa 1.400 Beschäftigte (Kreisverwaltung: 284, Kreiskrankenhäuser in Buchen und Mosbach: 798, sonstige Kreiseinrichtungen: 320). Eine solche Verwaltung ist heute in der Regel – und so auch im Neckar-Odenwald-Kreis – in Abteilungen (Dezernate) gegliedert. Jedes Dezernat besteht aus mehreren Ämtern.

Dezernat I: Haupt- und Personalamt, Rechnungsprüfungsamt, Kreiskämmerei, Amt für Wirtschaftsförderung und Kreisentwicklung.
Dezernat II: Kommunalamt, Baurechtsamt, Umweltschutzamt, Amt für Katastrophenschutz.
Dezernat III: Sozialamt, Jugendamt.
Dezernat IV: Schul- und Kulturamt, Ordnungsamt, Straßenverkehrsamt.
Dezernat V: Kreiskrankenhaus Mosbach, Kreiskrankenhaus Buchen, Kreisaltersheim Hüffenhardt.

Aufgaben des Landkreises. – Für die Kreiseinwohner und die Kreisgemeinden sind dem Landkreis im Bereich der Selbstverwaltung übergemeindliche, ergänzende und ausgleichende Verwaltungsleistungen zugewiesen. Das bedeutet, daß der Landkreis die Allzuständigkeit der Gemeinden nicht beeinträchtigen darf. Bei all diesen *Selbstverwaltungsaufgaben* handelt es sich um Dienste und Leistungen für die Bürger (Leistungsverwaltung) und nicht um ordnende Eingriffe der staatlichen unteren Verwaltungsbehörde (Hoheitsverwaltung), die später beschrieben werden. Die Gemeinden haben das Recht des ersten Zugriffs in allen örtlichen Angelegenheiten. Übergemeindliche Aufgaben sind z. B. der Betrieb von Krankenhäusern, die früher oft städtische Einrichtungen waren. Kreisaltersheime ergänzen die örtliche Altenhilfe. Wirtschaftsförderung und Strukturpolitik eines Kreises können ausgleichend darauf gerichtet sein, daß in allen Teilen des Kreises sich möglichst gleichwertige Arbeits- und Lebensbedingungen entwickeln.

Als *Gemeindeverbände* sind die Kreise rechtlich dem kommunalen Bereich zugeordnet. Kreis und Gemeinden haben im Verbund, d. h. einvernehmlich und sich gegenseitig verstärkend und ergänzend, die Aufgaben der kommunalen Ebene wahrzunehmen. Es ginge aber an der Wirklichkeit vorbei, wollte man nur von der kommunalen Harmonie sprechen oder – wie es oft geschieht – die heile Welt der »kommunalen Familie« beschwören. Auch im kommunalen Gefüge gibt es Spannungen und Konflikte. Sie sind teils durch die handelnden Personen, teils durch vorgegebene Strukturen bedingt. Zunächst hat die Kreisreform recht unterschiedlich große Gemeinden hervorgebracht. Sie reichen im Neckar-Odenwald-Kreis von der Großen Kreisstadt Mosbach bis zur kleinen Gemeinde Zwingenberg. Im Durchschnitt hat eine Gemeinde im Neckar-Odenwald-Kreis 4885 Einwohner.

Es zeigt sich im ganzen Land, daß zwischen den Kreisen und den Großen Kreisstädten, die meist auch Mittelzentren sind, eine gewisse Konkurrenzsituation besteht. Die *Großen Kreisstädte* haben durch die Kommunalreform Anfang der 1970er Jahre im Bereich der unteren Verwaltungsbehörde fast alle Zuständigkeiten eines Landkreises erhalten. Sie unterstehen nicht wie die übrigen Gemeinden der Rechtsaufsicht des Landratsamtes, sondern der des Regierungspräsidiums. Sie geraten oft bei der Stärkung ihrer Zentralität mit den Umlandgemeinden und bei der Entwicklung ihrer Stadtpolitik mit den Kreisen in Gegensatz. Darüber hinaus sitzen, anders als in Bayern, die Oberbürgermeister dieser Städte meist als Kreisräte in den Kreistagen. Nicht selten und nicht immer zu unrecht wird ihnen vorgeworfen, daß sie sich als Kreisräte erster Ordnung verstehen und die Kreispolitik zu gern als Verlängerung ihrer Stadtpolitik betreiben. Fast alle Kreiseinrichtungen wie Berufsschulen, Krankenhäuser, Kreisverwaltung befinden sich auf ihren Gemarkungen. Der zügige und großzügige Ausbau dieser »ihrer« Einrichtungen liegt ihnen kreis- oder stadtpolitisch sehr am Herzen. Ähnliches gilt für Mittelzentren, die keine Großen Kreisstädte sind. Die Konkurrenzgefühle werden nicht selten in den Kreistagen ausgetragen.

2. Verfassung, Aufgaben und Verwaltung des Landkreises

Dagegen lösen kleinere und mittlere Gemeinden gern Aufgaben, die ihre Leistungsfähigkeit übersteigen, im Zusammenwirken mit dem Kreis. Beispiele aus dem Bereich der Wirtschaftsförderung und Strukturpolitik, aber auch der Kultur (z. B. Schloßfestspiele Zwingenberg, Trägerschaft der Ganztagesschule Osterburken) ließen sich für den Neckar-Odenwald-Kreis hier anführen.

Der Landkreis kann oft aufgrund seiner Finanzkraft nicht alles gleichzeitig erledigen. Die Landkreisordnung unterscheidet daher zwischen Aufgaben der Selbstverwaltung, die freiwillig in Angriff genommen werden können (freiwillige Aufgaben) und solchen, die kraft Gesetzes erledigt werden müssen (Pflichtaufgaben). Bei einer Reihe von *Pflichtaufgaben* schreibt der Staat sogar vor, wie sie zu erfüllen sind, und behält sich das Recht vor, durch Weisungen jederzeit in die Aufgabenerledigung einzugreifen (Weisungsaufgaben). Für die Erledigung der Pflichtaufgaben ist der Kreistag, für die der Weisungsaufgaben der Landrat zuständig.

Wenn Pflicht und Weisung finanzielle Auswirkungen haben, dann ist in besonderem Maße ein Grundproblem der Landkreisverfassung, nämlich die genügende – oder ungenügende – Finanzausstattung angesprochen. Die Kreise haben nämlich nur in untergeordnetem Umfang eigene Finanz- und Steuerquellen. Sie sind im übrigen auf die Finanzzuweisungen des Landes und auf die bei den Gemeinden erhobene Kreisumlage angewiesen. In diesem Punkt lahmt das Selbstverwaltungsrecht der Kreise. Finanziell sind die Kreise fußkrank und bedürfen der vom Staat und den Gemeinden bereitgestellten Krücken. Der Kampf um einen tragfähigen Finanzausgleich und um kreiseigene Steuerquellen ist noch nicht ausgestanden.

Weisungsfreie Pflichtaufgaben sind z. B. das Krankenhauswesen, der Kreisstraßenbau, die Abfallbeseitigung, die Schülerbeförderung und die Trägerschaft der Berufsschulen sowie die Durchführung des Bundessozialhilfegesetzes und des Jugendwohlfahrtsgesetzes. *Weisungsaufgaben* sind unter anderem die Durchführung des Volkszählungs-, Lastenausgleichs-, Wohngeld-, Unterhaltssicherungs- und Bundesausbildungsförderungsgesetzes, um nur einige Bereiche aufzuzählen. Es gibt Kreisaufgaben, die ein Landkreis nicht allein, sondern nur im Verbund mit anderen Kreisen lösen kann. So ist der Neckar-Odenwald-Kreis seit langem Mitglied in einem Zweckverband zur Tierkörperbeseitigung (Sitz Hardheim). Dieser wurde in den letzten Jahren um fast alle Stadt- und Landkreise des nördlichen Baden-Württemberg erweitert.

Die Aufgaben der Landkreise sind in den letzten Jahrzehnten stetig gewachsen. Der letzte Aufgabenzuwachs betraf den öffentlichen Personennahverkehr mit der Schülerbeförderung. Allen Ideologien zum Trotz gibt es auch in unserer Gesellschaft in wachsendem Umfang Bereiche, die nicht privatwirtschaftlich zu erledigen sind. So drohte der Müll- oder Tierkadavernotstand, wenn Abfall- oder Tierkörperbeseitigung privatwirtschaftlich organisiert wären und der Betreiber in Konkurs ginge. Gerade auf diesem Feld entwickeln sich aber interessante Verbundlösungen. So werden Teile der Abfallbeseitigung, etwa der technische Betrieb einer Mülldeponie oder das Einsammeln des Mülls, von Privatfirmen erledigt, während die Kontrollaufgaben, die Gesamtorganisation und die Gebührenerhebung öffentliche Angelegenheiten bleiben. Auch unsere freiheitliche Staatsgemeinschaft bedarf in vielen Bereichen der öffentlichen Aufsicht, Vorsorge und ordnender Eingriffe. Das zeigt sich nicht nur im Bereich der unteren staatlichen Verwaltungsbehörde, sondern auch in verschiedenen Bereichen der Leistungsverwaltung.

Der Kreis als untere staatliche Verwaltungsbehörde

Bei den historischen Wurzeln der Kreisverfassung wurde auf die Entstehung der staatlichen Hoheitsverwaltung eingegangen. Die Landkreisordnung trennt streng zwischen Kreisselbstverwaltung und unterer Verwaltungsbehörde. Sie räumt dem Kreistag keinen Einfluß auf den letzteren Bereich der Landkreisverwaltung ein. Nach § 54 Abs. II LKrO kann der Landrat den Kreistag zu Angelegenheiten der unteren Verwaltungsbehörde aber hören.

In der Nachkriegszeit gab es eine Epoche, die den Staat und die öffentliche Verwaltung nur noch als Dienstleistungsbetrieb verstehen wollte. »Allen wohl und niemand weh«: der Staat als Wahlgeschenkapparat war ein landläufiges Politik- und Staatsverständnis. Hoheitsverwaltung, das klang autoritär und bürokratisch, veraltet und ärgerlich.

Es waren die Grundanliegen der Grünen, wie Umweltzerstörung und hemmungslose Wachstumsprozesse, die dazu führten, daß der Natur- und Denkmalschutz, das Baurecht (Zersiedelung der Landschaft), der Umweltschutz und sogar die alte Gewerbepolizei (Gewerbeaufsicht und Lebensmittelüberwachung) plötzlich wieder zu Ehren kamen. Oft geschmähte Amtspersonen wurden plötzlich zu mehr Konsequenz und Durchgreifen ermahnt. Sie seien so lasch, daß ihnen mit der Einführung der Verbandsklage auf die Beine geholfen werden müsse; so und ähnlich lauteten politische Forderungen. Von oben kamen strenge Gesetze und konsequente Verwaltungsvorschriften. Deren Wirkung versuchte man dann im Einzelfall nur allzuoft »politisch« abzubremsen.

Die untere staatliche Verwaltungsbehörde war und wird als *Eingriffsverwaltung* eine unbequeme Behörde sein. Sie muß Führer-, Waffen- oder Jagdscheine einziehen, Baugenehmigungen versagen, teure Umweltschutzauflagen machen und Bußgelder verhängen. Daß sie heute streng an Gesetz und Recht gebunden ist, daß all ihre Verwaltungsakte in mehreren Instanzen verwaltungsintern und gerichtlich nachgeprüft werden können, wird als selbstverständlich, nicht aber als tröstlich empfunden. Was versagt oder gewährt wird, ist oft mit erheblichen finanziellen Auswirkungen verbunden. Dabei zählt nicht die Vielzahl der schnellen und problemlosen Genehmigungen. Für Zündstoff sorgen oft wenige, aber schmerzliche und unpopuläre Ablehnungen.

Keine Behörde fordert so sehr politischen, auch partei- und kommunalpolitischen Druck heraus wie die untere staatliche Verwaltungsbehörde. Denn die verwaltungsgerichtliche Kontrolle greift nur, wenn dem Bürger Belastungen auferlegt werden. Wenn aber rechts- und gesetzeswidrig die öffentlichen Interessen nicht durchgesetzt werden, kommt kein Gerichtsverfahren in Gang. So heißt es nicht selten, es störe doch niemand, wenn der eine oder andere Fall »politisch klug« gelöst werde. Auch sog. »Duldungen« rechtswidrigen Verhaltens werden anempfohlen. Wird eine solche Handhabung der staatlichen unteren Verwaltung nur anhand eines Falles ruchbar, so hat die Behörde bei den Bürgern Ansehen und Autorität verspielt. In letzter Zeit ist die staatliche Duldung rechtswidrigen Handelns anhand von allgemein sichtbaren Mißständen wie Umweltschutz und Steuerrecht (Parteispenden), aber auch beim Asylrecht in die Kritik geraten.

Zugunsten privater Interessen wird immer wieder interveniert; je nachgiebiger eine Behörde ist, um so häufiger und hartnäckiger geschieht dies auch künftig. Am schwierigsten ist die Lage dort, wo die Großen Kreisstädte oder vereinbarte Verwaltungsgemeinschaften die Aufgaben der unteren staatlichen Verwaltungsbehörden wahrnehmen. Denn den Oberbürgermeister einer 20000 Einwohner zählenden Großen Kreisstadt kennt jeder. Und die einflußreichen oder wirtschaftlich starken Bürger, die auch immer die größten Vorteile und Anliegen haben, kennen ihn am besten und erwarten in der Regel eine »flexible, bürgerfreundliche« Behandlung – »schon wegen der bedeutenden Gewerbesteuer, die sie zahlen«. Außerdem sind diese Persönlichkeiten Meinungsmacher und Stimmungsbarometer in einer Kleinstadt. Aber auch aus Großstädten wird Erstaunliches berichtet: Ratsfraktionen bauen immer häufiger eigene Beratungsapparate auf, die sich zu gesetzlich unzulässigen Nebenverwaltungen entwickeln. Sie versuchen nicht selten, die Stadtverwaltungen zu unverantwortlichem Handeln zu verleiten.

Bei der Neuordnung der unteren Verwaltungsbehörden hat die Kreisreform versagt. Im Bereich des Neckar-Odenwald-Kreises gab es vor der Reform zwei untere Verwaltungsbehörden, die Landratsämter in Buchen und Mosbach. Seit der Kreisreform gibt es hier drei davon, nämlich das Landratsamt des Neckar-Odenwald-Kreises, die Große Kreisstadt Mosbach und die vereinbarte Verwaltungsgemeinschaft Hardheim-Walldürn. Dabei war die Kreisreform mit dem Ziel angetreten, größere Einheiten zu schaffen, um die Verwaltungskraft zu stärken und die Rationalisierungsmöglichkeiten größerer Organisationen zu nutzen. Diesen verkleinerten und bürgernahen unteren Verwaltungsbehörden sind so empfindliche und konfliktträchtige Bereiche wie Denkmalschutz, Bauordnungsrecht und das Recht der Ordnungswidrigkeiten übertragen.

Ein weiterer, erst 1989 vollzogener Reformschritt ist die Kommunalisierung der staatlichen Beamten bei den Landratsämtern. Bisher waren die Beamten der unteren Verwaltungsbehörden des Kreises Beamte des Landes Baden-Württemberg. Ab 1.1.1990 werden sie mit Ausnahme der Beamten des höheren Dienstes Kreisbeamte sein. Die Kommunalisierung war schon in den 1970er Jahren im Gespräch. Eine Umfrage unter den Landesbeamten an den Landratsämtern ergab damals eine nahezu geschlossene Ablehnung der Kommunalisierung. Die Beamten befürchteten, in eine weniger unabhängige Stellung zu kommen. Über Beförderungen entscheidet bei Kreisbeamten der Kreistag. 1989 ergab die Umfrage noch eine knappe Mehrheit gegen den Übertritt vom Land zum Kreis. Die Landesbeamten waren in den letzten Jahren im Vergleich zu ihren Kreiskollegen bei den Beförderungen zurückgeblieben. Das Land hatte an Stellen und Beförderungsmöglichkeiten gespart. Im Konflikt zwischen Unabhängigkeit und Beförderungschancen entschied sich immer noch eine knappe Mehrheit für den unabhängigeren Status des Landesbeamten. Der Gesetzgeber nahm darauf keine Rücksicht.

Für den Neckar-Odenwald-Kreis ist die *Kommunalisierung der Landesbeamten* deshalb problematisch, weil die finanzielle Abgeltung unzureichend ist. Die Berechnung des Ausgleichs erfolgt nach der Einwohnerzahl des jeweiligen Kreises. Ein Kreis mit viermal soviel Einwohnern benötigt aber zur Erledigung der gleichen Aufgaben nicht das vierfache Personal. Ein Rationalisierungseffekt macht sich bemerkbar. Der Neckar-Odenwald-Kreis wird knapp 1 Mio DM mehr für die neuen Kreisbeamten aufbringen müssen, als er vom Land bekommt. Große Kreise machen dagegen z.T. ein Geschäft.

Die künftige Entwicklung der unteren Verwaltungsbehörde wird davon abhängen, welche Persönlichkeiten die Kreistage zu Landräten wählen, ob auch der höhere Dienst über ein Beigeordnetensystem kommunalisiert wird und ob die auf Kreisebene noch vorhandenen staatlichen Sonderbehörden (wie Gewerbeaufsichtsämter, Wasserwirtschaftsämter, Straßenbauämter usw.) in die Landratsämter eingegliedert werden. Bei der 1989 stattgefundenen Runde der Landratswahlen wurde 16 Jahre nach der Kreisreform die dritte Generation von Landräten für die neuen größeren Kreise gewählt. Es ergab sich eine deutliche Bevorzugung von meist aus dem eigenen Kreis stammenden

Bürgermeistern gegenüber Staatsbeamten. Waren noch bei den vorhergegangenen Landratswahlen bewährte, in manchen Fällen sogar parteilose Staatsdiener bevorzugt worden, so war 1989 überwiegend das Gegenteil der Fall. Allenfalls kreisbekannte Erste Landesbeamte hatten noch eine Chance. Regierungsvizepräsidenten sowie Referats- und auch Abteilungsleiter aus Ministerien blieben chancenlos. Ob sich das letztlich auf die Amtsführung auswirken wird, kann heute noch nicht abgesehen werden. Das Wahlverhalten der Kreisräte unterschied sich damit ganz wesentlich und bezeichnend von dem der baden-württembergischen Bürger bei Bürgermeisterwahlen.

Eines ist sicher: Die staatliche untere Verwaltungsbehörde wird künftig eher mehr denn weniger gebraucht. Je schneller der technische Fortschritt, die Ansprüche der Gesellschaft an Umwelt und Staat weitergehen, umso notwendiger sind starke und standhafte staatliche Instanzen, die das öffentliche Gesamtwohl und die öffentlichen sowie sozialen Interessen gegen Einzelwünsche und -vorteile verteidigen und durchsetzen. Sollte die Entwicklung eine voll kommunalisierte untere Verwaltungsbehörde bringen, in die auch die bisherigen staatlichen Sonderbehörden auf Kreisebene eingegliedert sind, so wird diese Behörde vor einer großen Herausforderung stehen. Die Parteien müssen ihre Grenzen und die Mißstände erkennen, die von einer ungebremsten Machtentfaltung ausgehen.

Wünschen wir, daß die baden-württembergischen Landratsämter ihre Bewährungsprobe auf Dauer bestehen. Denn sonst könnten die alten bad. Traditionen wieder fröhliche Urstände feiern. Dann wäre eines Tages der Ruf nach einer Reform, die untere Verwaltungsbehörde und Kreisverwaltung wieder trennt, wie dies beim bad. Bezirksamt und bad. Kreis der Fall war, nicht ausgeschlossen.

3. Sozialwesen

Sozialhilfe. – Nach Artikel 20 des Grundgesetzes ist die Bundesrepublik Deutschland ein *sozialer Rechtsstaat*. Dieser Grundsatz ist nicht antastbar. Die Sozialstaatlichkeit findet ihren Ausdruck vor allem in den Vorschriften über die Kranken-, Unfall- und Rentenversicherung, die Arbeitsvermittlung und Arbeitslosenversicherung, die Kriegsopferfürsorge, im Recht der Vertriebenen und Flüchtlinge, im Schwerbehindertenrecht sowie in der Sozialhilfe und in der Jugendhilfe.

Die Sozialhilfe ist eine *Selbstverwaltungsaufgabe des Landkreises*. Rechtsgrundlage für die Bewilligung von Sozialhilfeleistungen ist das Bundessozialhilfegesetz mit Ausführungsgesetz und zahlreichen Verordnungen. Neben dem Landkreis als öffentlichem Träger der Sozialhilfe, früher öffentlicher Träger der Wohlfahrtspflege genannt, sind im Neckar-Odenwald-Kreis sechs *freie Träger der Wohlfahrtspflege* tätig. Dies sind der Kreisverband Neckar-Odenwald der Arbeiterwohlfahrt in Mosbach, der Caritasverband für den Neckar-Odenwald-Kreis e.V. in Mosbach mit einer Außenstelle in Buchen, der Deutsche Paritätische Wohlfahrtsverband, Landesverband Baden-Württemberg e.V., der in Mosbach-Neckarelz vertreten ist, die Kreisverbände Buchen und Mosbach des Deutschen Roten Kreuzes, beide ebenfalls auf der Rechtsgrundlage eingetragener Vereine, sowie die Bezirksstelle für Diakonie des Diakonischen Werkes in Mosbach mit einer Außenstelle in Buchen.

Das *Kreissozialamt* befindet sich im Landratsamt in Mosbach, eine Außenstelle besteht in Buchen. Neben der Gewährung von Sozialhilfeleistungen ist das Kreissozialamt für die Krankenversorgung nach dem Lastenausgleichsgesetz zuständig. Bis zur Vereinigung der beiden deutschen Staaten am 3. Oktober 1990 gewährte diese Landkreisbehörde auch Beihilfen an Besucher aus der ehemaligen DDR. Weitere Aufgaben des Kreissozialamtes sind dann die Gewährung von Kreiszuschüssen an die Sozialstationen und die Gewährung von pauschaliertem Wohngeld nach dem Wohngeldgesetz. Zu den Aufgaben des Kreissozialamtes zählen ferner auch die Kriegsopferfürsorge und die Schuldnerberatung.

Tabelle 1: **Ursachen für Sozialhilfeleistungen 1987 und 1988**

Ursachen	Anteil der Sozialhilfeempfänger bezogen auf die Haushaltsvorstände in %	
	Stand 21.8.1987	Stand 7.7.1988
Krankheit	2,7	3,0
Behinderung	0,5	0,5
Blindheit	0,2	0,5
Nicht ausreichende Versorgung	10,5	10,7
Unzureichendes Einkommen	0,7	1,3
Arbeitslosigkeit	21,0	19,1
Nichtvermittelbarkeit	1,0	0,8
Familiäre Ursachen bei Alleinerziehenden und getrennt Lebenden	27,1	22,7
Inhaftierung	0,7	0,7
Soziale Schwierigkeiten	0,5	0,2
Sonstige Ursachen	35,1	40,5
	100,0	100,0

Quelle: Landratsamt des Neckar-Odenwald-Kreises

Die *Leistungen der Sozialhilfe* und die Zahl der Hilfeempfänger haben in den 1980er Jahren kontinuierlich und beachtlich zugenommen. Hatten 1980 insgesamt 1542 Personen laufende Hilfe zum Lebensunterhalt erhalten, so waren es 1987 bereits 2187. Verantwortlich für diesen permanenten Anstieg der Leistungen und des sozialhilfeberechtigten Personenkreises sind in erster Linie gesetzliche Regelungen und damit verbunden strukturelle Verbesserungen. Über die Ursachen der Hilfsbedürftigkeit innerhalb des Kreisgebietes gibt Tab. 1 Auskunft. Einen Überblick über die gestiegenen Sozialleistungen vermittelt Tab. 2.

Die Hauptursachen der Hilfsbedürftigkeit waren 1988 eine nicht ausreichende Versorgung alter Menschen, die gut ein Zehntel aller Sozialhilfeleistungen erhielten. Für arbeitslose Personen, die durch den Verlust ihres Arbeitsplatzes oder durch den Mangel an Arbeitsmöglichkeiten ihre Einkommensquelle verloren hatten oder ohne Einkommen waren, mußte etwa ein Fünftel der Sozialhilfeleistungen aufgewandt werden. Fast ein Viertel aller Zahlungen gingen an einen Personenkreis, der aufgrund der familiären Situation nicht in der Lage war, ein ausreichendes Einkommen für sich und die Angehörigen zu erarbeiten. Alleinerziehende, Geschiedene und getrennt Lebende, die sich neben der Erwerbstätigkeit um die Erziehung ihrer Kinder oder um andere Familienmitglieder kümmern mußten, gehörten dieser Bevölkerungsgruppe an. Ein wesentlich höherer Anteil mit gut $4/10$ aller Sozialhilfeleistungen ging 1988 aber an andere Personen, von denen an erster Stelle Übersiedler, die beruflich noch nicht Fuß gefaßt hatten oder nur ungenügend ins Erwerbsleben eingegliedert waren, Asylbewerber und Asylanten genannt werden müssen. Zu diesem Personenkreis gehörten aber auch Menschen, die noch nicht geregelte Ansprüche an vorrangig leistungspflichtige

Tabelle 2: **Leistungen im Rahmen des Bundessozialhilfegesetzes 1980–1987**

Jahr	Sozialhilfe DM	Zuweisungen an freie Träger DM	Landeswohl- fahrtsumlage DM	Insgesamt DM
1980	4 808 757	239 000	8 123 964	13 171 721
1981	5 125 725	268 364	8 746 548	14 140 637
1982	5 577 880	259 854	9 573 537	15 411 271
1983	5 645 192	239 570	10 534 980	16 419 742
1984	5 995 277	247 055	11 005 425	17 247 757
1985	7 102 209	252 009	10 932 697	18 286 915
1986	7 951 979	260 862	11 223 383	19 436 224
1987	8 488 506	279 181	12 337 527	21 105 214
1988	8 477 686	435 125	14 093 205	23 006 016
1989	9 188 077	543 599	15 770 448	25 502 124
Summe	68 361 288	3 024 619	112 341 714	183 727 621

Quelle: Landratsamt des Neckar-Odenwald-Kreises

Institutionen geltend machen konnten und daher vorrübergehend aus der Sozialhilfe betreut werden mußten. Noch ungeregelte Rentenansprüche oder nicht geklärte Ansprüche an die Arbeitslosenhilfe waren beispielsweise häufige Ursachen solcher zwar zeitlich begrenzten, in ihrer Gesamtheit aber doch beachtlichen Leistungen aus der Sozialhilfe.

Die gesamten, im Rahmen des Bundessozialhilfegesetzes aufzubringenden Sozialhilfeleistungen betrugen im Neckar-Odenwald-Kreis in den Jahren 1980–1989 fast 184 Mio DM. Ihr jährlicher Aufwand hatte sich dabei in den genannten zehn Jahren von jährlich über 13 Mio auf über 25,5 Mio DM beträchtlich erhöht. Der weitaus größte Anteil betraf dabei die Landeswohlfahrtsumlage mit insgesamt über 112,3 Mio DM von 1980 bis 1989. Innerhalb der genannten Zeit hatte sich der jährliche Aufwand von über 8,1 Mio auf über 15,7 Mio DM erhöht. Eine ähnliche Steigerungsrate läßt sich auch bei der Sozialhilfe festellen. Von 1980–1989 betrug sie fast 68,4 Mio DM. Reichten 1980 noch 4,8 Mio DM dafür aus, so mußten 1989 aber bereits fast 9,2 Mio aufgewendet werden. In einem verhältnismäßig gleichbleibenden Rahmen sind dagegen die jährlichen Zuweisungen an freie Träger von Hilfseinrichtungen geblieben. Bei etwas über 3 Mio DM Gesamtzuweisungen von 1980–1989 lagen die jährlichen Zuweisungen bis 1987 zwischen 239 000 und fast 279 200 DM. Eine kontinuierlich steigende Tendenz war seit 1984 auch festzustellen. Sprunghaft war der Anstieg zwischen 1987 und 1988 um beinahe zwei Drittel (64,2 %) und zwischen 1988 und 1989, als ein weiterer Zuwachs um fast ein Viertel (23,4 %) erfolgte.

Einrichtungen der Sozialversorgung. – Stationäre Anstalten der Krankenversorgung sind innerhalb des Kreisgebietes *Krankenhäuser* mit unterschiedlichen Aufgaben. Die Kreiskrankenhäuser in Buchen und Mosbach mit 224 und 270 Betten dienen der Grund- und Regelversorgung der Kreisbevölkerung. Das Kreiskrankenhaus Mosbach ist zugleich auch ein akademisches Lehrkrankenhaus der Universität Heidelberg. Weitere Krankenhäuser bestehen außerdem in Adelsheim (27 Betten), Hardheim (80 Betten), Osterburken (26 Betten) und Walldürn (40 Betten). Die Hardheimer Klinik dient der Ergänzungs- und Grundversorgung, die Walldürner nur der Ergänzungsversorgung. (Vgl. hierzu auch den Beitrag über das Gesundheitswesen).

Für die Versorgung und Pflege alter Menschen stehen im Neckar-Odenwald-Kreis insgesamt 537 Heimbetten und 526 Heimpflegebetten zur Verfügung, womit der Bedarf im Kreisgebiet gedeckt ist. Unter den *Alten- und Altenpflegeheimen* besteht in Hüffenhardt das vom Landkreis getragene Kreisaltersheim. Weitere Alten- und Pflegeheime sind das Haus Heliane in Aglasterhausen, je ein Haus der Dechow-Stiftung in Binau und Mosbach, das Caritasheim St. Josef in Buchen-Waldhausen, die Sonnengartenstiftung in Buchen, ein weiteres Haus der Dechow-Stiftung in Hardheim, das Seniorenstift Klingenburg in Mosbach-Neckarelz, das Städtische Krankenhaus Osterburken, das Roedderheim des Deutschen Roten Kreuzes in Oberschefflenz, das Alten- und Pflegeheim Drobinoha und das Odenwald-Altenheim in Schwarzach, das Haus Waldbrunn in Waldkatzenbach und das Städtische Krankenhaus in Walldürn. *Altenwohnheime* ergänzen dieses Angebot in Hardheim mit dem Haus Agnes, in Mosbach mit dem Pfalzgrafenstift der Diakonischen Altenhilfe Mosbach e.V. und einem Haus der Dechow-Stiftung. In Mudau-Scheidental betreibt die Christliche Lebenshilfe das Haus Waldblick. In Neunkirchen besteht das Altenheim Drobinoha, in Obrigheim-Mörtelstein das Bräuningerstift. Außer den genannten Einrichtungen der Altenpflege gibt es in Schwarzach noch zwei Altenheime, die Häuser Vetter und Wittmann. Auch Waldbrunn-Oberdielbach bietet mit dem Lindenhof eine Wohnstätte für alte Menschen.

Sonderanstalten innerhalb des Landkreises, in denen geistig und körperlich behinderte Menschen betreut, gepflegt und medizinisch behandelt werden, sind die Johannes-Anstalten in Mosbach, zu denen auch das Haus Bergesruh in Buchen-Hettigenbeuern und der Schwarzacher Hof in Unterschwarzach gehören. Diese in den 1970/80er Jahren modern ausgebauten Anlagen der Johannes-Anstalten betreiben auch Rehabilitationszentren und Behindertenwerkstätten sowie Übergangswohnheime zur Vorbereitung auf das Leben außerhalb der Anstalten. Ihre Arbeit wird ganz wesentlich von der Ev. Landeskirche Baden und dem Land Baden-Württemberg finanziell unterstützt (vgl. Bd. 2: Stadtbeschreibung Mosbach und Gemeindebeschreibung Schwarzach).

4. Gesundheitswesen

Ärztliche Versorgung der Bevölkerung. – Der Neckar-Odenwald-Kreis ist ein ländlicher Flächenkreis, der über Schwerpunkte der ärztlichen Versorgung in der ehemaligen Kreisstadt Buchen und in der großen Kreisstadt Mosbach verfügt. Dies gilt nicht nur für die ambulante, sondern auch für die stationäre Betreuung von Patienten. In dem *Kreiskrankenhaus Mosbach* stehen 270 nach dem KHG geförderte Planbetten, in dem *Kreiskrankenhaus Buchen* 224 Planbetten und in den *Johannes-Anstalten Mosbach* 96 Planbetten bereit. Insgesamt entspricht dies ca. 63 % der Gesamtbettenkapazität des Neckar-Odenwald-Kreises.

Die in Tab. 1 aufgelisteten Fachabteilungen sind überwiegend in den Krankenanstalten dieser beiden Städte repräsentiert. Eine Sonderstellung in der ärztlichen Versorgung nehmen die *Psychosomatische Klinik Schloß Waldleiningen* und das *Sanatorium Dr. Dorschner*, Elztal-Dallau ein. Mit 120 bzw. 50 nach dem KHG nicht geförderten Betten erweitern sie das stationäre Versorgungsangebot in besonderem Maße für Kurpatienten von außerhalb des Neckar-Odenwald-Kreises. Das Bettenangebot des *Städtischen Krankenhauses Adelsheim* mit 27 Planbetten und des *Städtischen Krankenhauses Oster-*

Tabelle 1: **Fachärztliche Abteilungen der Krankenhäuser**

Fachärztliche Abteilung	Planbetten	darunter	
		Beleg-betten	nach KHG geförderte Betten
Innere	304	98	277
Neurochirurgie/Psychatrie	32	–	32
Kinder und Jugendpsychatrie	30	–	30
Neuropädiatrie und Pädiatrie	23	–	23
Chirurgie	231	35	231
Gynäkologie	38	–	38
Geburtshilfe	44	15	44
Urologie	9	9	9
Hals–Nasen–Ohren	16	16	16
Psychosomatik	120	–	–
Kurkrankenhaus	50	–	–
Krankenbetten außerhalb abgegrenzter Fachabteilungen	36	36	10
Summe	933	209	710

Quelle: Statistisches Landesamt Baden-Württemberg, Stuttgart

burken mit 26 Planbetten trägt den Bedürfnissen der örtlichen Gegebenheiten Rechnung. Eine Förderung nach dem KHG erfolgt nicht. Das *Krankenhaus Hardheim* mit 80 Planbetten und das *Krankenhaus Walldürn* mit 40 Belegbetten werden als Belegkrankenhäuser geführt. Sieben niedergelassene Ärzte und eine festangestellte Assistenzärztin sorgen für die stationäre Patientenbetreuung.

Tabelle 2: **Krankenpflegepersonen, Hebammen und sonstiges Personal der Krankenhäuser**

Berufsgruppe	Anzahl
Krankenschwestern	346
darunter	
– Operationsschwestern	26
– Narkoseschwestern	12
Krankenschwesternschülerin bzw. -pflegeschüler	63
Krankenpflegehelfer	36
Hebammen	13
Wochenpflegerinnen/pfleger	2
Kinderkrankenschwester	23
Heilerziehungspfleger	36
Med.-techn. Assistentin	4
Krankengymnasten	7
Masseure	5
Masseure und med. Bademeister	10
Verwaltungskräfte	51
Wirtschaftskräfte	228
Med.-techn. Laboratoriumsassistenten	7
Med.-techn. Radiologieassistenten	3

Quelle: Statistisches Landesamt Baden-Württemberg, Stuttgart

4. Gesundheitswesen

Der Landkreis mit seinen beiden Kreiskrankenhäusern beschäftigt hauptamtlich 23 Fachärzte und 35 sonstige Ärzte. In den Johannes-Anstalten Mosbach teilen sich 5 Fachärzte und 5 sonstige Ärzte den Dienst. Im Schloßsanatorium Waldleiningen nehmen 4 Fachärzte und 2 sonstige Ärzte den stationären Dienst wahr.

In den insgesamt 9 Krankenhäusern des Neckar-Odenwald-Kreises werden für die Pflege der Patienten 346 Krankenschwestern, 63 Krankenschwesterschülerinnen und 36 Krankenpflegehelfer eingesetzt. Die stationäre ärztliche und pflegerische Versorgung der Bevölkerung ist damit gewährleistet.

1982 wurden von 19 564 stationär versorgten Patienten 58,7 % innerhalb des Neckar-Odenwald-Kreises behandelt und 41,3 % in einem benachbarten Landkreis. Diese Zahlen dürften sich bis heute nicht wesentlich verändert haben.

Im Hinblick auf eine Leistungskonzentration bei der stationären Patientenversorgung in Mosbach und in Buchen ergibt sich ein ganz ähnliches Bild in der ambulanten Versorgung. Zahnarzt- und Arztpraxen sind hier in großer Dichte vorzufinden. In Mosbach-Stadt haben sich 13 Allgemein- und 32 Fachärzte niedergelassen, in Buchen sind es 7 Allgemein- und 13 Fachärzte. Die medikamentöse Versorgung wird in Buchen von 3 und in Mosbach von 10 Apotheken wahrgenommen. Die zahnärztliche Versorgung geschieht durch 5 Zahnärzte in Buchen und 11 Zahnärzte in Mosbach. Insgesamt haben sich im Landkreis 127 Ärzte, davon 57 Fachärzte und 50 Zahnärzte, niedergelassen. Außerhalb der Stadtgebiete ist eine gleichmäßige Verteilung der Allgemeinärzte und der Zahnärzte im ländlichen Raum festzustellen. Fachärzte bevorzugen zur Niederlassung wieder größere Ballungsgebiete wie Hardheim und Walldürn. Dies gilt für die Apothekenverteilung ebenso. In Hardheim und in Walldürn sind jeweils 3 Apotheken vorhanden, die restlichen 17 Apotheken verteilen sich gleichmäßig auf das Kreisgebiet.

Der Druck der sog. »Ärzteschwemme« macht sich im hiesigen Raum noch nicht so deutlich bemerkbar wie in großen Ballungsräumen. Statistisch gesehen hatte 1984 ein Gebiets- oder Allgemeinarzt in freier Praxis 1139 Patienten und 1986 1050 Patienten zu betreuen. Einem Zahnarzt in freier Praxis standen 1984 2525 Einwohner gegenüber, diese Verhältniszahl hat sich nur unwesentlich verändert und liegt etwas ungünstiger als der Landesdurchschnitt mit 1 zu 1538.

Tabelle 3: **Zusammenstellung der Schutzimpfungen von 1977–1987**

Impfung	1977	1978	1979	1980	1981	1982	1983	1984	1985	1986	1987
Polio-Impfung	5131	4752	4186	3673	3068	2639	2105	1539	1284	1264	1071
Diphtherie-Impfung	136	121	160	238	153	55	332	236	95	79	363
Diphtherie-Tetanus	1348	1873	1160	1623	766	444	460	362	498	554	125
Tetanus	–	–	–	13	15	29	1	8	11	11	5
Td.-Impfung	–	–	–	–	–	–	–	–	–	426	451
Röteln-Impfung	1204	–	–	898	910	778	771	665	639	555	536

Quelle: Staatliches Gesundheitsamt Mosbach

Staatliche Gesundheitsämter und Gesundheitsfürsorge. – Das *Staatliche Gesundheitsamt Mosbach* und die *Außenstelle in Buchen* sind jeweils in einem landeseigenen Gebäude in zentraler Lage untergebracht. Die Dienstaufgaben werden von 3 hauptamtlichen Ärzten wahrgenommen. Eine zahnärztliche Halbtagsstelle wird nach langer Vakanz in kurzer Zeit wieder besetzt. Bei der Durchführung der hygienischen Überwachungsaufgaben stehen dem Amtsleiter ein Gesundheitsaufseher und ein Gesundheitsaufseher in Ausbildung zur Verfügung. Durch die doppelte Besetzung wird der besonderen Problematik im ländlichen Raum Rechnung getragen, da zum Teil sehr zeitaufwendige räumliche Distanzen zu überwinden sind, um die Dienstaufgaben zu erledigen. Eine Sozialarbeiterin, eine sozialmedizinische Assistentin und zwei fürsorgerische Hilfskräfte sind darüber hinaus mit der Wahrnehmung von fürsorgerischen Aufgaben mit überwiegender Außendiensttätigkeit betraut. Eine medizinisch-technische Assistentin wird in Kürze zur Bearbeitung der Labor- und Röntgenaufgaben eingestellt. Als Beratungsarzt bringt ein niedergelassener Orthopäde sein Fachwissen in die tägliche Arbeit mit Körperbehinderten ein. In den letzten Jahren hat sich die Inanspruchnahme des Facharztes wegen rückläufiger Nachfrage vermindert. Die Beratung psychisch kranker Personen geschieht im Rahmen regelmäßiger Sprechstunden in den Räumen des Gesundheitsamtes. Sie werden z.Zt. noch von einem Facharzt und einem Sozialarbeiter des Psychiatrischen Landeskrankenhauses Wiesloch durchgeführt, im Bedarfsfall erfolgen auch Hausbesuche.

Die Nachfrage nach Mütterberatungen, die nur noch im Hauptamt in Mosbach regelmäßig im Vierwochen-Rhythmus angeboten werden, hat deutlich nachgelassen. Die Zunahme niedergelassener Kinderfachärzte hat zu dieser Entwicklung wesentlich beigetragen. Die früher üblichen Beratungen in allen Kreisgemeinden werden aus wirtschaftlichen Erwägungen nicht mehr weitergeführt.

Tabelle 4: **Untersuchungen von Schulanfängern und Schülern durch das Gesundheitsamt**

Ergebnis	Schulanfänger				Untersuchte d. 4. Klasse			
	1982	1983	1984	1985	1982	1983	1984	1985
Untersuchte ohne krankhaften Befund	340	379	470	415	486	586	481	137
Untersuchte mit Befunden, die die Leistungsfähigkeit nicht erheblich oder nur vorübergehend beeinträchtigen	811	876	898	829	1022	910	508	420
Untersuchte mit krankhaften Befunden oder Behinderungen, die die Leistungsfähigkeit erheblich und anhaltend beeinträchtigen	121	29	51	80	92	32	41	17
Untersuchte insgesamt	1272	1284	1419	1324	1600	1528	1030	574
Darunter Untersuchte, für die haus- oder fachärztliche Beratung empfohlen wurde	294	324	436	225	383	326	283	182

Quelle: Staatliches Gesundheitsamt Mosbach

Der *schulärztliche Dienst* organisiert regelmäßig vom Herbst bis zum Frühjahr eines jeden Jahres Reihenimpfungen bei den 1., 4. und bei den Mädchen der 6. Klassen. Neben der Polio-Schluckimpfung wird die Diphtherie- und Tetanusimpfung sowie die Rötelnimpfung angeboten. Dabei hat sich in den letzten Jahren zunehmend eine Impfmüdigkeit eingestellt, die auch durch intensive Presseaufrufe nicht zu überwinden ist. Einerseits spiegelt sich in diesem Trend der Rückgang von Kinderzahlen wieder, andererseits läßt sich eine Verschiebung der Impfaktivitäten auf die niedergelassene Ärzteschaft feststellen. Solche Aufgabenverlagerungen von den Gesundheitsämtern auf die Ärzteschaft lassen sich auch in anderen Bereichen erkennen. Zur Zeit werden Reihenuntersuchungen durch den schulärztlichen Dienst nur bei Schulanfängern durchgeführt. Die 4. Klassen konnten wegen der angespannten Personalsituation nicht untersucht werden. Bei Bedarf werden Schulsprechstunden in den Amtsräumen des

Hauptamtes in Mosbach und in der Außenstelle in Buchen angeboten. In nahezu allen Schulen konnte erreicht werden, daß ausgebildete Lehrer in Absprache mit dem Schularzt als Vorsorgemaßnahme Haltungsturnen für ausgesuchte Schüler durchführen. Die Dokumentation der bei den schulärztlichen Untersuchungen erhobenen Befunde erfolgt nach standardisierten Kriterien und wird zentral ausgewertet.

Tabelle 5: Zahnärztliche Untersuchungen im Rahmen der Jugendzahnpflege

Schuljahr	Schüler insgesamt	Untersuchte	Behandlungs- bedürftig	Ohne Behandlung (saniert, naturgesund)
1981/82	21 309	17 340	13 564	3 776
1982/83	19 699	14 993	11 753	3 240
1983/84	19 544	15 478	12 487	2 991
1984/85	19 833	16 243	12 332	3 911
1985/86	19 276	16 119	5 955	10 164
1986/87	18 605	15 458	5 277	10 181

Quelle: Staatliches Gesundheitsamt Mosbach

Aufgrund des Jugendzahnpflegegesetzes vom 1. März 1985 haben sich die Aufgaben im Bereich der *Schulzahnpflege* gewandelt. Die früher üblichen Reihenuntersuchungen wurden von dem sog. Verweisungsverfahren abgelöst. Die Kinder und Jugendlichen im Alter von 3 bis 18 Jahren werden über den Kindergarten oder die Schule aufgefordert, sich einer zahnärztlichen Untersuchung bei ihrem eigenen Zahnarzt zu stellen. Erst wenn keine Rückmeldung vom Zahnarzt erfolgt, wird eine Untersuchung durch einen festangestellten Zahnarzt des öffentlichen Gesundheitsdienstes angestrebt. Lehrer und Erzieher unterstützen die Aufgabe der öffentlichen Jugendzahnpflege, indem sie Klassenlisten führen und dem Gesundheitsamt zur Auswertung zur Verfügung stellen. Statistische Angaben über den Zustand des jugendlichen Gebisses erhält das Gesundheitsamt von der niedergelassenen Zahnärzteschaft zur Auswertung (Tab. 5). Eine erfreuliche Entwicklung zum zahngesunden bzw. sanierten Gebiß läßt sich von 1981/82 bis 1986/87 erkennen. Saniert bzw. naturgesund waren die Gebisse vor 7 Jahren nur zu ca. 18 %, im Berichtsjahr mit steigender Tendenz zu 54 %. Dieser Erfolg ist zu einem erheblichen Teil auf die beachtlichen Aktivitäten der beiden beim Staatlichen Gesundheitsamt Mosbach halbtagsbeschäftigten Prophylaxehelferinnen zurückzuführen. Sie unterweisen vor Ort ihre Schützlinge in altersgemäßer Form über Mundhygiene und die richtige Ernährung.

Eine traditionelle Aufgabe des öffentlichen Gesundheitsdienstes stellt die *Seuchenbekämpfung* dar. Meldepflichtige Erkrankungen nach dem Bundesseuchengesetz werden dem Gesundheitsamt hauptsächlich von der niedergelassenen Ärzteschaft und von den Krankenhausärzten gemeldet. In Tab. 6 ist ein Erkrankungsschwerpunkt bei Salmonellosen festzustellen. Seit 1980 besteht eine deutlich zunehmende Tendenz, während bei der Hepatitis A eher sinkende Zahlen festzustellen sind. Erkrankungen wie Diphtherie und Polio spielen dank der Anwendung wirksamer Impfstoffe heute keine Rolle mehr. Nach wie vor ist es eine wichtige Aufgabe für die Gesundheitsämter, sich dafür einzusetzen, daß in den Amtsbezirken keine größeren Impflücken bei der Bevölkerung entstehen. Die Gefahr eines Wiederaufflackerns von beinahe vergessenen Infektionserkrankungen könnte sich sonst sehr rasch einstellen.

Große Erfolge hat der öffentliche Gesundheitsdienst auf dem Gebiet der *Tuberkulosefürsorge* zu verzeichnen. Eine rückläufige Tendenz ist feststellbar, die Krankheit ist

Tabelle 6: **Meldepflichtige Erkrankungen 1980–1987**

Erkrankungen	1980	1981	1982	1983	1984	1985	1986	1987
Salmonellen	29	32	34	38	83	55	56	72
übrige Form	–	–	1	9	1	4	4	8
Hepatitis A	22	27	24	3	12	16	4	6
Hepatitis B	3	10	4	5	4	4	4	10
Hepatitis C	–	–	–	1	4	–	1	2
Meningitis-Encephalitis	8	14	14	6	10	7	1	9
Parathyphus A,B,C	–	–	–	1	6	2	–	–
Botulismus	–	–	–	1	2	–	–	–
Malaria	–	–	–	2	–	–	2	–
Shigellenruhr	1	–	–	1	–	1	–	1
Thyphus abdominal	–	–	2	1	1	–	–	–
Toxoplasmose	–	–	–	–	1	–	–	–
Q-Fieber	–	–	–	–	–	1	–	–
Cytomegalie	–	–	1	–	–	–	–	–
Brucellose	–	–	1	–	–	–	–	–
Tollwut	–	–	–	–	–	–	–	–

Quelle: Statistisches Landesamt Baden-Württemberg, Stuttgart

Tabelle 7: **Zugänge der an aktiver Tuberkulose Erkrankten nach Diagnosegruppen**

Jahr	Tuberkulose der Atmungsorgane		Tuberkulose anderer Organe	Tuberkulose alle Formen insgesamt
	mit Bakteriennachweis	ohne Bakteriennachweis		
1981	25	21	8	54
1982	12	12	9	33
1983	6	13	4	23
1984	12	10	8	30
1985	8	6	3	17
1986	10	2	2	14
1987	9	7	1	17

Quelle: Staatliches Gesundheitsamt Mosbach

jedoch nicht überwunden, wie aus der Tab. 7 zu erkennen ist. Die Kosten-Nutzen-Relation der Röntgenreihenuntersuchungen hat sich inzwischen so ungünstig verschoben, daß die gesetzliche Grundlage für die Untersuchung der Bevölkerung aufgehoben wurde.

Dem mündigen Bürger wird zunehmend mehr Eigenverantwortung für seine Gesundheit abverlangt, in diesem Sinne soll die *Regionale Arbeitsgemeinschaft für Gesundheitserziehung und Gesundheitsbildung* gesundheitsfördernde Aktivitäten auf örtlicher Ebene koordinieren und intensivieren. Der Verwaltungsvorschrift des Ministeriums für Arbeit, Gesundheit und Sozialordnung vom 30. August 1982 folgend, wurde 1983 auf Landkreisebene die regionale Arbeitsgemeinschaft gegründet. Gemeinsame Maßnahmen oder Aktionen konnten bisher wegen erheblicher Interessenkollisionen der Beteiligten nicht verwirklicht werden. Von Seiten des Gesundheitsamtes werden jedoch immer wieder Versuche unternommen, um die Arbeitsgemeinschaft aufleben zu lassen. Im Rahmen einer Arbeitsbeschaffungsmaßnahme wird im kommenden Jahr versucht, einen Lehrer für gesundheitserzieherische Aktivitäten im Schulbereich zu gewinnen.

Mit Bundesmitteln gefördert soll ein Arzt zur Intensivierung der AIDS-Aufklärungsarbeit für die Bevölkerung eingestellt werden. Neben Vortragstätigkeit und Aufklärungsarbeit soll die Fachkraft auch die epidemiologische Dokumentation für den Neckar-Odenwald-Kreis und den Rhein-Neckar-Kreis durchführen. Seit 1985 besteht im Staatlichen Gesundheitsamt Mosbach und in der Außenstelle in Buchen die Möglichkeit, einen kostenlosen anonymen Bluttest auf HIV-Antikörper durchführen zu lassen. Die Inanspruchnahme ist relativ gering.

Zu den Dienstaufgaben, die weniger im präventiven Bereich zu suchen sind, gehören als Aufgabengebiet für das Gesundheitsamt auch *amtsärztliche Begutachtungen*, die auf Grund von Rechts- oder Verwaltungsvorschriften durchzuführen sind. Auftraggeber können z. B. Vormundschaftsgerichte, Amtsgerichte und Landgerichte sowie die Staatsanwaltschaft sein. Begutachtungen werden jedoch auch bei beamtenrechtlichen Maßnahmen oder bei Einstellungsuntersuchungen für den öffentlichen Dienst von vorgesetzten Dienststellen gefordert. Im Auftrag des Landratsamtes werden z. B. gutachterliche Stellungnahmen zu Fragen der Arbeits- und Erwerbsfähigkeit, zu Einstufung von Pflegebedürftigkeit oder zu Fragen der Kraftfahrtauglichkeit nach der Straßenverkehrszulassungsordnung in hoher Zahl erbeten.

Hygienische Verhältnisse im Landkreis. – Nach der Trinkwasserverordnung obliegt die hygienische *Überwachung der Trinkwasserversorgungsanlagen* dem Gesundheitsamt. In ca. dreijährigem Rhythmus werden die 25 öffentlichen Wasserversorgungsanlagen mit 66 Tiefbrunnen und 37 Quellen besichtigt. Möglichst halbjährlich werden die mikrobiologischen und chemischen Untersuchungsergebnisse überprüft. Hygienisch problematische Wassergewinnungsstellen mit starker Oberflächeneinwirkung wurden in den letzten Jahren stillgelegt bzw. stehen nur noch als Notversorgung den Gemeinden zur Verfügung. Entsprechend wurde der Anschluß an die Fernwasserversorgung im Neckar-Odenwald-Kreis vorangetrieben. Problematischer sind die hygienischen Gegebenheiten bei den Eigen- und Einzelversorgern; ca. 50 Quellen und Brunnen unterliegen der amtlichen Überwachung. Der Untersuchungsumfang für die regelmäßig durchzuführenden chemischen Analysen wird vom Gesundheitsamt festgelegt.

Im Landkreis sind 37 Hallenbäder und 11 Freibäder vorhanden. Hier erfolgen regelmäßige *mikrobiologische Untersuchungen des Badewassers* und eine *Überwachung der hygienischen Verhältnisse*, mit besonderem Augenmerk auf die Sanitärbereiche. 5 Campingplätze und 4 Zeltlagerplätze, 46 Saunen und Massagesalons sind im Neckar-Odenwald-Kreis in hygienischer Sicht zu überwachen. Regelmäßige Betriebsprüfungen erfolgen in den 116 Friseurbetrieben des Kreises, in 37 Großküchen und jährlich in ca. 60 Gaststätten.

Zusammen mit der Heimaufsichtsbehörde des Landratsamtes werden regelmäßig 24 Altenheime überprüft. Überwachungsschwerpunkt ist zunehmend weniger die Einhaltung der Heimmindestbauverordnung im Hinblick auf die baulichen Verhältnisse, als vielmehr die Überwachung der häufig zu geringen personellen Ausstattung der Altenheime. Bei den Heimbegehungen wird immer wieder darauf hingewirkt, durch zusätzliche Freizeit- und Beschäftigungsangebote für den alten Menschen von einer reinen

Tabelle 8: **Sterbefälle nach Todesursachen in ausgewählten Jahren**

Todesursache	1982	1984	1986
Infektiöse und parasitäre Krankheiten	20	13	11
Tuberkulose	5	4	1
Tuberkulose der Atmungsorgane	2	2	1
Bösartige Neubildungen	328	308	312
Leukämie	3	6	11
Endokrinopathien, Ernährungs- und Stoffwechselkrankheiten sowie Störungen im Immunsystem	12	16	18
Krankheiten des Kreislaufsystems	741	715	754
Krankheiten der Atmungsorgane	92	104	101
Krankheiten der Verdauungsorgane	95	72	70
Krankheiten der Harnorgane	26	36	28
Symptome und schlecht bezeichnete Affektionen	14	23	28
Unfälle	66	57	60
Selbstmord und Selbstbeschädigung	18	22	31
Übrige Todesursachen	61	70	59
Gesamt	1483	1448	1485

Quelle: Statistisches Landesamt Baden-Württemberg, Stuttgart

Tabelle 9: **Säuglingssterblichkeit**

im 1. Lebensjahr		Von den Säuglingen starben								Lebendgeborene insgesamt	auf 1000 Lebendgeborene kommen Gestorbene im 1. Lebensjahr[1]
		davon									
		in den ersten 24 Lebensstunden		vom 2.–7. Lebenstag		vom 8.–28. Lebenstag		vom 29. Lebenstag bis 12. Lebensmonat			
insg.	m	w	m	w	m	w	m	w	m	w		
10	8	2	2	1	3	1	–	–	3	–	1343	7,4

1 Bezogen auf die Lebendgeborenen des Berichtszeitraumes
Quelle: Statistisches Landesamt Baden-Württemberg, Stuttgart

Bewahrung abzukommen. Glücklicherweise finden diese Anregungen bei den Heimleitungen meistens eine positive Resonanz.

Die Statistik über *Todesursachen* (Tab. 8), läßt wegen der relativ kleinen Zahlen im Neckar-Odenwald-Kreis nur Trendaussagen zu. Die Krankheiten des Kreislaufsystems stehen als Todesursache weit vor den bösartigen Neubildungen. Infektionserkrankungen spielen eine untergeordnete Rolle. Die Selbstmordrate zeigt steigende Tendenz.

5. Schulwesen

Schulverwaltung. – Das *Staatliche Schulamt*, eine Fachbehörde der Kultusverwaltung, befindet sich in Mosbach und ist für den gesamten Neckar-Odenwald-Kreis zuständig. Neben der Verwaltung gliedert sich seine pädagogische Abteilung in zwei Fachbereiche. Der Fachbereich I umfaßt die Grund- und Sonderschulen sowie die Sonderschulkindergärten, der Bereich II die Haupt- und Realschulen. Bei allen anderen Schulen ist – mit wenigen Ausnahmen – das Oberschulamt Karlsruhe vorgesetzte Behörde. Darüber hinaus haben das Landratsamt, die Stadt Mosbach und größere Gemeinden innerhalb ihrer Verwaltungen für ihre Aufgaben als Schulträger eigene *Schulverwaltungsämter* eingerichtet.

Schulpflicht. – Die Pflicht zum Besuch einer Schule wird in § 72 des Schulgesetzes für Baden-Württemberg geregelt. Es besteht grundsätzlich Schulpflicht für alle Kinder und Jugendliche, die in Baden-Württemberg ihren Wohnsitz oder gewöhnlichen Aufenthalt oder ihre Ausbildungs- und Arbeitsstätte haben. Sie gliedert sich in die Pflicht zum Besuch der Grundschule bzw. einer auf ihr aufbauenden Schule und der Berufsschule sowie der Sonderschule.

Ausländische Schüler. – Von den 15 285 Schülern an den *allgemeinbildenden Schulen* im Neckar-Odenwald-Kreis sind 1186 Ausländer. Mit diesem Anteil von 7,8 % unterscheidet sich das Kreisgebiet deutlich von den Werten der Region Unterer Neckar (14,2 %), des Regierungsbezirks Karlsruhe (13,1 %) und des Landes Baden-Württemberg (12,9 %). 73,1 % der ausländischen Schüler sind an Grund- und Hauptschulen, an Sonderschulen 17,4 %. Der Rest verteilt sich auf Realschulen (4,1 %) und Gymnasien (5,4 %). Der Ausländeranteil an den *beruflichen Schulen* beträgt 4,6 %, das sind 253 Schüler. Damit liegen die Werte des Neckar-Odenwald-Kreises knapp unter denen der Region Unterer Neckar (7,1 %), des Regierungsbezirks Karlsruhe (6,4 %) und des Landes Baden-Württemberg (6,3 %). Der Anteil an ausländischen Schülern entspricht in etwa dem Anteil der gesamten Bevölkerung von derzeit rund 5 %.
Von den 1186 ausländischen Schülern (Stand 1. Oktober 1986) stellt die Türkei mit 607 den weitaus größten Anteil. Mit 245 Schülern folgen Jugoslawien und Italien mit 121.

Grund- und Hauptschulen. – Die Hauptschule vermittelt frühzeitig Hilfen für die Berufswahl, indem sie besonders den Unterrichtsbereich »Arbeit – Wirtschaft – Technik« anbietet. Neu seit dem Schuljahr 1983/84 ist das sogenannte »9 + 3-Modell«. Demnach hat ein Schüler mit einem guten Haupt- und Berufsschulabschluß sowie einer guten Gesellenprüfung oder Facharbeiterprüfung den Mittleren Abschluß.
In den 27 Gemeinden des Landkreises bestehen 50 Grund- und Hauptschulen mit insgesamt 8560 Schülern. Davon sind im Grundschulbereich (Klassen 1–4) 5270 und 3290 Schüler in den Klassen 5–9. Entsprechend der geringen Bevölkerungsdichte des Landkreises sind es überwiegend kleinere Schulen, nur 14 von ihnen erreichen eine Schülerzahl von über 250. Die Schulstandorte der 19 *Grund- und Hauptschulen* sind Adelsheim, Aglasterhausen, Billigheim, Buchen-Hainstadt, Buchen-Hettingen, Elztal, Hardheim, Haßmersheim, Höpfingen, Limbach, Mosbach (Lohrtalschule und Müller-Guttenbrunn-Schule), Mudau, Neckargerach, Obrigheim, Osterburken, Schefflenz-Mittelschefflenz, Seckach, Waldbrunn. Die 27 *Grundschulen* im Neckar-Odenwald-

Tabelle 1: **Öffentliche und private Schularten und Schülerzahlen**

	Anzahl der		
	Schularten 1986/87	Schüler	
		Okt. 1986	1976/77
I Allgemeinbildende Schulen			
1 Schul- und Sonderschulkindergärten	2	12	–
1 Grundschulen und	46		15 051
3 Hauptschulen	23	8 823	
4 Sonderschulen	14	1 244	996
5 Realschulen	6	2 206	3 091
6 Gymnasien	5	3 012	3 645
9 Gesamtschulen und Orientierungsstufen			408
zusammen (ohne 1)	94	15 285	23 191
Abendrealschulen	2	23	–
II Berufliche Schulen			
1 Berufsschulen	7	3 419[1]	2 914
2 Berufsgrundbildungsjahr	1	[4]	
3 Berufsvorbereitungsjahr	4	127[2]	
4 Berufsfachschulen	13	1 123[3]	1 004[4]
5 Berufskollegs	6	[3]	[4]
6 Fach- und Technikerschulen	5	299	134[5]
7 Berufliche Gymnasien	3	480	345
8 Gesundheitswesen	1	65	[5]
9 Telekolleg	1	54	–
zusammen (ohne 9)	40	5 513	4 397
I + II Allgemeinbildende und berufliche Schulen		20 798	27 588

1 Teilzeitschulen einschließlich Schüler an Sonderberufsschulen und Schüler des Berufsgrundbildungsjahres kooperativ
2 Vollzeitschulen
3 Einschließlich Sonderberufsfachschulen und Berufskollegs
4 Einschließlich Berufskollegs und Berufsgrundbildungsjahr
5 Einschließlich Schulen des Gesundheitswesens
Quelle: Statistisches Landesamt Baden-Württemberg

Tabelle 2: **Grund- und Hauptschulen**

Jahr	Schüler	Klasse	Lehrkräfte			Schüler je	
			Vollzeit	Teilzeit	Stundenweise	Klasse	Lehrer
1976	15 051	531	605*	*	*	28,3	24,9
1986	8 823	418	431	149	95	21,1	16,2

* Teilzeit- und sonstige Beschäftigte wurden entsprechend ihrem Stundenanteil in vollbeschäftigte Lehrer umgerechnet
Quelle: Statistisches Landesamt Baden-Württemberg

Kreis befinden sich in Billigheim-Allfeld, Billigheim-Sulzbach, Binau, Buchen, Buchen-Bödigheim, Buchen-Götzingen, Buchen-Waldhausen, Fahrenbach, Hardheim-Gerichtstetten, Hüffenhardt, Mosbach-Waldstadt, Mosbach, Mosbach-Diedesheim. Mosbach-Lohrbach, Mosbach-Neckarelz, Mudau-Schloßau, Neckarzimmern, Neunkirchen, Ravenstein-Merchingen, Ravenstein-Oberwittstadt, Rosenberg, Schefflenz-Oberschefflenz, Schwarzach, Seckach-Großeicholzheim, Walldürn-Altheim und Walldürn-Rippberg. *Hauptschulen* sind in Buchen, Ravenstein-Ballenberg, Walldürn und Mosbach-Neckarelz.

Weiterführende Schulen. – Von den nahezu 1300 Schülern in der Klassenstufe 4 (Stand 9. Oktober 1985) besuchen 645, das sind 49,6 %, die Hauptschulen. Der entsprechende Wert in der Region Unterer Neckar liegt bei 36 %. Der Landesdurchschnitt ist 40 %. Insbesondere in Großstädten liegt diese Quote deutlich niedriger. So z. B. in Stuttgart bei 33 %, in Heidelberg bei 18,4 %. Die prozentualen Anteile bei den Realschulen liegen mit 24,7 % geringfügig unter dem Landesdurchschnitt, während die Übergänge auf Gymnasien mit 22,8 % besonders gering sind.

Tabelle 3: **Öffentliche Realschulen**

Jahr	Schüler	Klasse	Lehrkräfte			Schüler je	
			Vollzeit	Teilzeit	Stundenweise	Klasse	Lehrer
1976	3091	101	148*	*	*	30,6	20,9
1986	2206	92	120	45	10	24,0	14,4

* Teilzeit- und sonstige Beschäftigte wurden entsprechend ihrem Stundenanteil in vollbeschäftigte Lehrer umgerechnet
Quelle: Statistisches Landesamt Baden-Württemberg

Der Bildungsauftrag der **Realschulen** wurde durch die Novellierung des Schulgesetzes im Jahre 1983 neu erfaßt. Die Realschule baut im Normalfall auf der Grundschule auf und umfaßt sechs Schuljahre. Sie vermittelt in dieser Zeit eine in sich abgeschlossene, erweiterte allgemeine Bildung als Grundlage für eine Berufsausbildung oder weiterführende schulische Bildungsgänge. Bei dem geringen Ausbildungsplatzangebot Mitte der 80er Jahre erleichterte der Realschulabschluß den Zugang zu einer Berufsausbildung in Handwerk und Industrie.

Im Neckar-Odenwald-Kreis gibt es sechs Realschulen mit rund 2200 Schülern. Die Schulstandorte befinden sich in Buchen, Hardheim, Mosbach, Obrigheim, Osterburken und Walldürn. Zusätzlich besteht im Rahmen des zweiten Bildungsweges die Möglichkeit, an den Abendrealschulen der Volkshochschulen in Buchen und Mosbach nach zweijähriger Vorbereitungszeit die Fachhochschulreife zu erlangen.

Die drei **allgemeinbildenden Gymnasien** – Auguste-Pattberg-Gymnasium in Mosbach-Neckarelz, Burghardt-Gymnasium in Buchen und das Nicolaus-Kistner-Gymnasium in Mosbach – haben jeweils rund 700 Schüler. Bei jedem der Gymnasien stehen zwei Fächerzüge zur Wahl. Der *neusprachliche Zug* hat seinen Schwerpunkt im sprachlichen Bereich. Gelehrt werden die Sprachen Englisch, Französisch und Latein. Der *mathematisch-naturwissenschaftliche Zug* bietet neben den Schwerpunktfächern Mathematik und Physik zwei Sprachen an: Englisch ab Klasse 5 und Latein oder Französisch ab Klasse 7. Zusätzlich besteht für viele Bereiche ein Angebot an Arbeitsgemeinschaften und Kursen, wie z. B. Sport und Technik, Informatik oder Astronomie.

V. Öffentliches und kulturelles Leben

Tabelle 4: **Öffentliche Gymnasien**

Jahr	Schüler	Klasse	Lehrkräfte			Schüler je	
			Voll-zeit	Teil-zeit	Stunden-weise	Klasse	Lehrer
1976	3645	133	230*	*	*	27,4	15,8
1986	3012	98	193	66	23	23,8	12,4

* Teilzeit- und sonstige Beschäftigte wurden entsprechend ihrem Stundenanteil in vollbeschäftigte Lehrer umgerechnet
Quelle: Statistisches Landesamt Baden-Württemberg

Die Wirtschaftsgymnasien in Walldürn (Frankenlandschule) und Mosbach (Ludwig-Erhard-Schule) sind geprägt durch die Wirtschafts- und Sozialwissenschaften. Drei Jahre Vollzeitunterricht vermitteln den 370 Schülern neben einer modernen Allgemeinbildung eine Doppelqualifizierung für Studium und Beruf. Das Technische Gymnasium an der Kreisgewerbeschule Mosbach legt den Schwerpunkt im Unterricht auf Naturwissenschaft und Technik. Nach drei Jahren Vollzeitunterricht ermöglicht es über 100 Schülern den Zugang zu den Universitäten und Fachhochschulen sowie zur Berufsakademie. Eine Besonderheit stellt das Staatliche Aufbaugymnasium (Klasse 8–13) in Adelsheim dar. Es besteht für die 140 Schüler – davon ca. 100 im Internat – ab Klasse 7 die Wahl zwischen dem Musikzug und einem naturwissenschaftlich-experimentellen Zug. Das Ganztagsgymnasium in Osterburken wurde zur Erschließung der Bildungsreserven im ländlichen Raum als Modellschule eingerichtet. Es umfaßt einen neusprachlichen und einen mathematisch-naturwissenschaftlichen Zweig. Der Unterricht wird als Ganztagsbetrieb geführt. Aufgabenstunden (Hausaufgaben) sind in den Unterricht einbezogen. Es besteht die Möglichkeit, in der Mensa das Mittagessen einzunehmen. Diese sieben Gymnasien werden von über 3000 Schülern besucht.

Tabelle 5: **Öffentliche Sonderschulen**

Jahr	Schüler	Klasse	Lehrkräfte			Schüler je	
			Voll-zeit	Teil-zeit	Stunden-weise	Klasse	Lehrer
1976	996	68	85	*	*	14,6	11,7
1986	480	46	55	18	3	10,4	7,1

Sonderschulen. – Die Sonderschulen dienen der Erziehung und Ausbildung von Jugendlichen, die schulfähig sind, aber infolge körperlicher, geistiger oder seelischer Besonderheiten in den allgemeinen Schulen die ihnen zukommende Erziehung und Ausbildung nicht erfahren können. Dies sind z. B. Schulen für Blinde, Geistigbehinderte, Körperbehinderte, Lernbehinderte, Sprachbehinderte.

Öffentliche *Sonderschulen für Lernbehinderte* gibt es in Aglasterhausen-Daudenzell, Buchen, Mosbach, Mosbach-Neckarelz und Osterburken-Bofsheim. Eine öffentliche *Sonderschule für Geistigbehinderte* befindet sich in Buchen; der Alois-Wißmann-Schule wurde im Jahre 1988 ein Sonderschulkindergarten angegliedert. Des weiteren soll im neuen Schulgebäude eine Sonderschule für Sprachbehinderte untergebracht werden. Größere Bildungseinrichtungen für Behinderte – vom Sonderschulkindergar-

Tabelle 6: Öffentliche Sonderschulen für Lernbehinderte

Jahr	Schüler	Klasse	Lehrkräfte			Schüler je	
			Vollzeit	Teilzeit	Stundenweise	Klasse	Lehrer
1976	932	60	74*	*	*	15,5	12,6
1986	440	38	45	13	3	11,6	8,1

* Teilzeit- und sonstige Beschäftigte wurden entsprechend ihrem Stundenanteil in vollbeschäftigte Lehrer umgerechnet
Quelle: Statistisches Landesamt Baden-Württemberg

ten über die Sonderschule bis zur Sonderberufsschule – befinden sich in privater Trägerschaft der *Johannes-Anstalten* in Mosbach und Schwarzach. *Private Heimsonderschulen* bestehen in Seckach-Klinge (St. Bernhard) und Walldürn (St. Kilian).

Landwirtschaftsschulen. – Aus organisatorischen Gründen wurden im Jahre 1982 die Schüler der Landwirtschaftsschule Buchen an die *Landwirtschaftsschule Mosbach* verwiesen. Die strukturelle Veränderung in der Landwirtschaft hinterläßt auch ihre Spuren an dieser Schule. Derzeit werden noch 26 Schüler unterrichtet.

Die *Fachschule für Landwirtschaft* (Betriebsleiterschule) ist eine freiwillige Schule für die Landwirte. Der Unterricht erfolgt in zwei fachtheoretischen Halbjahren jeweils von November bis März. Dazwischen liegt das fachpraktische Halbjahr mit 15 Schultagen, einem Praktikum im Ausbildungsbetrieb und einer schriftlichen Arbeit mit betriebsbezogenem Thema. Nach eineinhalb Jahren endet die Ausbildung mit Ablegung der Prüfung als Landwirtschaftsmeister. Die Schule ist gleichzeitig ein nicht unbedeutender Träger der Erwachsenenfortbildung für Landwirtschaft und ländliche Hauswirtschaft.

Berufsakademie Mosbach. – Die Berufsakademie Mosbach wurde 1980 als Außenstelle der Berufsakademie Mannheim mit Fachrichtung Industrie gegründet. Seit 1. Oktober 1984 ist sie selbständig und für die Struktur des Neckar-Odenwald-Kreises ein wichtiger Faktor. Sie bietet sechs verschiedene Fachrichtungen in den Ausbildungsbereichen Technik und Wirtschaft an. Die Zahl der Studenten hat sich seit dem Gründungsjahr 1980 von 18 auf 494, die Zahl der Ausbildungsstätten – duales System – von 17 auf 302 erhöht.

Tabelle 7: Lehrer* an öffentlichen und privaten beruflichen Schulen** nach Schultypen

Jahr	Insgesamt	Gewerbliche Schulen	Kaufmännische Schulen	Haus- und landwirtschaftliche und sonstige Schulen
1976	176	75	67	34
1986	252	115	92	45

* Voll- und teilzeitbeschäftigte Lehrer
** Nur Schulen, die dem Ministerium für Kultus und Sport unterstellt sind
Quelle: Statistisches Landesamt Baden-Württemberg

Berufliche Schulen. – Die berufliche Bildung hat in den letzten Jahren aufgrund drohender Arbeitslosigkeit und notwendiger technologieorientierter Ausbildung einen neuen Stellenwert erlangt. Damit genießen die Berufsschulen heute mehr denn je hohe

Priorität. Dies erfordert eine enge Zusammenarbeit zwischen Berufsschule und Wirtschaft sowie eine Abstimmung auf die Anforderungen des Berufsbildungsgesetzes. In diesem dualen System bilden landesweit rund 80000 Betriebe zusammen mit 330 Berufsschulen über 300000 junge Menschen aus. Während der Berufsausbildung besuchen die Schüler an ein bis zwei Tagen der Woche die Berufsschule. Die ca. 380 Ausbildungsberufe wurden 13 verschiedenen Berufsfeldern zugeordnet.

Die beruflichen Schulen lassen sich in drei Kategorien einordnen: 1. Gewerbliche Berufsschulen, 2. Kaufmännische Berufsschulen, 3. Hauswirtschaftliche und landwirtschaftliche Berufsschulen.

Berufsschulen haben die Aufgabe, im Rahmen der Berufsausbildung vor allem fachtheoretische Kenntnisse zu vermitteln und die allgemeine Bildung zu vertiefen und zu erweitern. Der Unterricht wird in der Regel als Teilzeitunterricht (ca. 1½ Unterrichtstage pro Woche) erteilt.

Im Neckar-Odenwald-Kreis bestehen zwei Gewerbliche Berufsschulen mit je über 1000 Schülern: die Kreisgewerbeschule Mosbach und die Zentralgewerbeschule Buchen. Den gewerblichen Berufsschulen sind folgende Schularten angegliedert: Berufsfachschulen, Berufskolleg/Technisches Gymnasium und Fachschulen.

An der *Kreisgewerbeschule Mosbach* werden Fachklassen in den Berufsfeldern Metalltechnik, Elektrotechnik, Bautechnik sowie Farbtechnik (Maler und Lackierer) geführt. Die *Zentralgewerbeschule Buchen* hat die Fachrichtungen Metalltechnik, Elektrotechnik, Holztechnik, Textiltechnik und Bekleidung (Bekleidungsfertiger), Körperpflege (Friseure) sowie Ernährung und Hauswirtschaft (Bäcker und Fleischer). Der Unterricht wird berufsbegleitend als Teilzeit- und teilweise auch als Blockunterricht erteilt.

Die Berufsfachschulen gliedern sich in ein- und zweijährige Zweige. Die *einjährige Berufsfachschule* ist eine Vollzeitschule. Sie soll durch Vermittlung von Grundkenntnissen und Grundfertigkeiten auf eine berufliche Tätigkeit vorbereiten. Sie ersetzt das 1. Ausbildungsjahr im dualen System. Sowohl an der Kreisgewerbeschule in Mosbach als auch an der Zentralgewerbeschule Buchen gibt es die einjährige Berufsfachschule für Metalltechnik und Elektrotechnik. Zusätzlich bestehen in Buchen die einjährigen Berufsfachschulen für Holztechnik und Körperpflege. Die *zweijährige Berufsfachschule* soll insbesondere im gewerblich-technischen Bereich Aufstiegsmöglichkeiten für den Hauptschüler eröffnen. Sie ist ebenfalls eine Vollzeitschule und schließt mit der Fachschulreife (Mittlerer Reife) ab. Für die Fachrichtung Metall gibt es die Schulen in Buchen und in Mosbach.

Das *einjährige Berufskolleg* – gewerbliche Richtung – in Buchen führt Schüler mit mittlerem Bildungsabschluß und einer zusätzlichen, mindestens zweijährigen abgeschlossenen Berufsausbildung, zur Fachhochschulreife. Das *Technische Gymnasium* an der Kreisgewerbeschule Mosbach ermöglicht naturwissenschaftlich-technisch interessierten Schülern den Zugang zu den Universitäten und Fachhochschulen sowie zur Berufsakademie. Der Unterricht dauert drei Jahre. Das *Telekolleg* an der Kreisgewerbeschule Mosbach mit gewerblich-technischer Fachrichtung dauert zwei Jahre; es wird in Zusammenarbeit mit den Fernsehanstalten durchgeführt. Das Telekolleg I endet mit der Fachschulreife (Mittlere Reife), das Telekolleg II schließt mit der Fachhochschulreife ab.

Die Fachschulen haben die Aufgabe, nach abgeschlossener Berufsausbildung und praktischer Bewährung oder nach einer geeigneten beruflichen Tätigkeit von mindestens fünf Jahren eine weitergehende fachliche Ausbildung im Beruf zu vermitteln. Als Vollzeitschule dauert ihr Besuch in der Regel ein Jahr.

Die *Meisterschule »Farbe«* an der Kreisgewerbeschule Mosbach bereitet im Vollzeitunterricht auf die Meisterprüfungen im Maler- und Lackiererhandwerk vor. An der

Kreisgewerbeschule Mosbach wird ferner mit der *Technikerschule für Maschinenbau* eine qualifizierte Weiterbildung zu den gehobenen technischen Berufen angeboten.

Ein Novum ist das **Berufsvorbereitungsjahr**. Es wurde durch die Novellierung des Schulgesetzes 1983 eingeführt. Es ist grundsätzlich für solche Jugendliche verpflichtend, die nach Erfüllung der allgemeinen Schulpflicht kein Ausbildungsverhältnis nachweisen. Das Berufsvorbereitungsjahr wird an der Zentralgewerbeschule Buchen für die Berufsfelder Metall, Holz und Kunststoff angeboten. An der Kreisgewerbeschule Mosbach bestehen die Berufsfelder Metall, Farbe und Bau.

Den **kaufmännischen Berufsschulen** sind folgende Schularten angegliedert: 1. Berufsfachschulen, 2. Berufskolleg/Wirtschaftsgymnasium, 3. Fachschulen.

Im Neckar-Odenwald-Kreis bestehen zwei kaufmännische Schulen. Die *Ludwig-Erhard-Schule Mosbach* und die *Frankenlandschule Walldürn*. In Mosbach werden über 1100 und in Walldürn rund 650 Schüler und Schülerinnen unterrichtet.

Die *Kaufmännische Berufsschule* gibt es sowohl in Mosbach wie in Walldürn. Sie ist eine berufsbegleitende Teilzeitschule und ergänzt die von den Auszubildenden in kaufmännischen Betrieben bzw. in der Verwaltung gewonnenen praktischen Erkenntnisse. Einzelne Fachrichtungen, wie z. B. Bankfach, Verwaltung, Steuergehilfen, Arzthelferinnen und Zahnarzthelferinnen, gibt es für den gesamten Neckar-Odenwald-Kreis an der Ludwig-Erhard-Schule.

Berufsfachschulen bestehen sowohl in Mosbach als auch in Walldürn. Die Wirtschaftsschule als zweijährige kaufmännische Berufsfachschule führt zur Fachschulreife. Sie ersetzt, sofern kein Ausbildungsverhältnis eingegangen wird, die Berufsschulpflicht.

Mit dem *Kaufmännischen Berufskolleg I* vermitteln sowohl die Ludwig-Erhard-Schule als auch die Frankenlandschule fachpraktische Grundkenntnisse für Tätigkeiten in Wirtschaft und Verwaltung. Sie bieten damit Aufstiegsmöglichkeiten in das Berufskolleg II – Standort nicht im Neckar-Odenwald-Kreis – mit dem Abschluß »staatl. geprüfter Wirtschaftsassistent«.

Das dreijährige *Wirtschaftsgymnasium* in Mosbach und Walldürn schließt in der Regel mit dem Abitur in Form der allgemeinen Hochschulreife ab. Sofern nur eine Fremdsprache belegt wird, kann nur die fachgebundene Hochschulreife erlangt werden.

Schulstandorte der **Hauswirtschaftlichen** und **Landwirtschaftlichen Berufsschulen** sind Buchen und Mosbach (Augusta-Bender-Schule). Die *Hauswirtschaftliche Berufsschule* – eine berufsbegleitende Teilzeitschule – dauert drei Jahre. Sie hat ihren Standort in Mosbach (ohne Praktikantinnen). Die *Landwirtschaftliche Berufsschule* ist berufsbegleitend und wird – wie die zweijährige landwirtschaftliche Berufsfachschule – an der Augusta-Bender-Schule in Mosbach geführt. Ebenfalls an dieser Schule werden mit je einem Jahr Vollzeitunterricht das Hauswirtschaftlich-sozialpädagogische Berufskolleg I und das Einjährige Berufskolleg zum Erwerb der Fachhochschulreife angeboten. An beiden Schulstandorten besteht die Möglichkeit, die *Einjährige hauswirtschaftliche Berufsfachschule* zu besuchen.

Die *Zweijährige hauswirtschaftlich-pflegerisch-sozialpädagogische Berufsfachschule* führt die Schüler mit Hauptschulabschluß in Buchen und Mosbach zur Fachschulreife.

Die *Einjährige landwirtschaftliche Berufsfachschule* ersetzt die bisherige Grundstufe (1. Jahrgang) der Landwirtschaftlichen Berufsschule. Neu ist, daß neben dem praktischen Unterricht in der Schulwerkstatt auch Unterricht in anerkannten Lehrbetrieben der Landwirtschaft stattfinden.

Mit Beginn des Schuljahres 1986/87 wurden erstmalig in Baden-Württemberg in wenigen Städten öffentliche *Schulen für Altenpflegehelferinnen* eingerichtet, eine davon an der Augusta-Bender-Schule in Mosbach. Ebenfalls neu ist das Angebot von Möglichkeiten für die Zusatzqualifikation von Landwirten. Das *Berufsvorbereitungsjahr* ist grundsätzlich für solche Jugendliche verpflichtend, die nach Erfüllung der allgemeinen Schulpflicht kein Ausbildungsverhältnis nachweisen. Beide Schulen bieten die Berufsfelder Ernährung und Textil an. Hinzu kommt in Mosbach das Berufsfeld »Gesundheits- und Körperpflege«, in Buchen das Berufsfeld »Pflege« (Säuglingspflege).

Weitere Bildungseinrichtungen. – Die *Michael-Rott-Schule*, eine Bildungsstätte der Gewerkschaft ÖTV, steht auf dem Bergfeld in Mosbach. Sie hat seit 1951 über 60000 Teilnehmerinnen und Teilnehmer betreut. 24 Beschäftigte der Bildungseinrichtung sorgen für den Seminarbetrieb und das leibliche Wohl der Schüler. Die *Volkshochschulen* in Buchen und Mosbach sind als gemeinnützige Einrichtungen für jedermann zugänglich. Flächendeckend für den gesamten Neckar-Odenwald-Kreis werden vielfältige Themen, Interessengebiete und Weiterbildungsmöglichkeiten angeboten. Die *Abendrealschulen* in Buchen und Mosbach bieten im Rahmen des Zweiten Bildungsweges den Zugang zur Mittleren Reife an. Die Dauer eines Abendrealschulkurses ist auf 2 Jahre begrenzt. Die *Bauernschule Nordbaden* bietet insbesondere für den bäuerlichen Berufsstand Weiterbildungsmöglichkeiten für Beruf und Familie. Hierzu werden Bildungswochen, Lehrfahrten und praktische Seminare veranstaltet. Die *Altenpflegeschule* der Dechow-Stiftung in Binau ist eine staatlich anerkannte Vollzeitschule. Sie schließt mit einer staatlichen Prüfung ab. Die *Krankenpflegeschule* beim Kreiskrankenhaus Mosbach führt z. Zt. 3 Klassen mit je 20 Schülern und Schülerinnen. Sie schließt mit der staatlichen Anerkennung als Krankenschwester/-pfleger ab. Das Erzbischöfliche Ordinariat in Freiburg unterhält in Buchen eine *Fachschule für Sozialpädagogik*. Nach abgeschlossenem Berufspraktikum endet die Ausbildung mit einer Anerkennung als staatlich geprüfte(r) Erzieher(in). Das *Landesschulzentrum für Umwelterziehung* ist dem Aufbaugymnasium in Adelsheim angegliedert. Es bietet für Schulklassen (ab Klasse 5) sowie für die Lehrerfortbildung Baden-Württemberg Themen im Bereich der Ökologie an.

Die drei kommunalen *Musikschulen* in Hardheim, Mosbach und Walldürn unterrichten rund 1000 Schüler. Insbesondere von der Musikschule Mosbach werden einzelne Unterrichtsveranstaltungen auch dezentral in benachbarten Mitgliedsgemeinden angeboten.

In den *Arbeitsgemeinschaften für berufliche Fortbildung* Buchen und Mosbach sind eine Vielzahl verschiedener Bildungsträger vertreten. Das Angebot umfaßt insbesondere den kaufmännisch-betriebswirtschaftlichen und gewerblich-technischen Bereich.

Die *Kreisbildstelle Neckar-Odenwald-Kreis* in Mosbach sowie ihre Außenstelle in Buchen verleihen audiovisuelle Unterrichts- und Bildungsmedien an Schulen und Einrichtungen der Jugend- und Erwachsenenbildung.

6. Kirchen

Römisch-katholische Kirche. – Die zum 1827 gegründeten Erzbistum Freiburg gehörenden Kirchen- und Filialkirchengemeinden verteilen sich im wesentlichen auf die Landkapitel Buchen und Mosbach. Lediglich im O des Landkreises zählen noch drei Pfarreien im Stadtgebiet von Ravenstein zum Landkapitel Lauda. Diese heutigen Landkapitel gehen zurück auf bereits im Mittelalter entstandene, in der Gegenreformation und im Zuge kirchlicher Neuorganisationen des 19. und 20. Jh. modifizierte und neu gebildete Dekanatsbezirke. Außer dem schon im Mittelalter bestehenden Dekanat

Buchen der Würzburger Diözese hatten im 19. und frühen 20. Jh. auch die Dekanate Mosbach, Walldürn und Waibstadt Anteil am heutigen Kreisgebiet.

1828 setzte sich das Landkapitel Buchen aus insgesamt 23 Pfarreien zusammen; 13 von ihnen lagen innerhalb des heutigen Kreisgebiets. Dies waren die Pfarreien Ballenberg, Bretzingen, Buchen, Gerichtstetten, Götzingen, Hardheim, Höpfingen, Hüngheim, Oberwittstadt, Osterburken, Rosenberg, Schweinberg und Waldstetten. Der Realschematismus des Freiburger Erzbistums nennt für 1863 noch 12 Pfarreien innerhalb des Neckar-Odenwald-Kreises. Umgegliedert waren die Pfarreien Ballenberg und Oberwittstadt zum Dekanat Krautheim, das bereits 1591 entstanden war; neu hinzugekommen war die damals in Errichtung begriffene Pfarrkuratie Adelsheim. 1910 gehörten im heutigen Landkreis insgesamt 16 Pfarreien und zwei Pfarrkuratien zu dem im O noch in den benachbarten Main-Tauber-Kreis übergreifenden alten Dekanat. Die Stadtpfarrei Adelsheim, die mit den Filialen Leibenstadt und Sennfeld über das gesamte heutige Stadtgebiet ausgriff, erstreckte sich mit der Filiale Zimmern auch in die benachbarte Gde Seckach und im S mit einigen von ihr zu betreuenden Diasporaorten auf den Gkgn Korb, Ruchsen und Unterkessach auch in die Stadtgebiete von Möckmühl und Widdern im Nachbarkreis Heilbronn. Auf der Südostabdachung des Kleinen Odenwalds, in den Tälern von Marsbach und Morre sowie im angrenzenden Bauland waren vom früheren Dekanat Walldürn (s. u.) die Pfarreien Hainstadt, Hettigenbeuern, Hettingen, Hollerbach, Limbach und Mudau umgegliedert worden. Oberscheidental mit den Filialen Unterscheidental und Reisenbach, die im 19. Jh. noch Filialen der Walldürner Pfarrei Mudau gewesen waren, bildete jetzt eine Pfarrkuratie, ebenso Wagenschwend mit seiner Filiale Balsbach, die 1863 beide noch als Filialen zur ebenfalls Walldürner Pfarrei Limbach zählten. Bis zum 2. Weltkrieg hatte sich an den Grenzen des Landkapitels Buchen wenig geändert. Lediglich die Pfarrei Limbach mit ihren Filialen Krumbach und Laudenberg und die Pfarrkuratie Wagenschwend waren 1939 zum Dekanat Mosbach umgegliedert.

Das heutige Landkapitel Buchen (vgl. Kartenbeilage für 1989), wie es bei der Gliederung des Erzbistums Freiburg vom 1. 8. 1976 entstand, erhielt eine Reihe von Pfarreien vom aufgehobenen Dekanat Walldürn (s. u.) und umfaßt insgesamt 29 Pfarreien, die sich in vier Pfarrverbandsgebiete gliedern. Das *Pfarrverbandsgebiet Buchen/Mudau* umfaßt die Pfarreien in den Stadt- bzw. Gemeindegebieten von Buchen und Mudau. Zum *Pfarrverbandsgebiet Osterburken/Adelsheim* gehören außer den Pfarreien im Bereich der Städte Adelsheim und Osterburken auch Pfarreien in den Gden Rosenberg und Seckach. Das *Pfarrverbandsgebiet Walldürn* faßt Pfarreien im ausgedehnten Stadtgebiet von Walldürn und das *Pfarrverbandsgebiet Hardheim/Höpfingen* in den beiden nordöstlichen Gemeindegebieten des Neckar-Odenwald-Kreises zusammen.

Zu der 1862 als Kuratie entstandenen und 1902 von Osterburken abgetrennten *Pfarrei Adelsheim* gehört die seit 1897 bestehende Filiale Seckach-Zimmern, die seelsorgerisch von Sennfeld aus betreut wird. Diese Stadtpfarrei von Adelsheim ist in zwei Pfarrbezirke gegliedert, von denen der eine die heutige Kernstadt, Hergenstadt, den Damberger- und Wemmershof, der andere den Gdet. Zimmern von Seckach umfaßt. Die *Pfarrkuratie Adelsheim-Sennfeld*, die 1948 als Expositur und 1962 als Kuratie errichtet wurde, hat die Filiale Leibenstadt auf Adelsheimer Stadtgebiet sowie die weiter südlich im Lkr. Heilbronn liegenden Filialen Korb, Ruchsen und Unterkessach. Ihr Pfarrbezirk I umschließt die Adelsheimer Stadtteile Sennfeld und Leibenstadt, der Pfarrbezirk II die Möckmühler Stadtteile Korb und Ruchsen, der Bezirk III den Stadtteil Unterkessach von Widdern, und der Bezirk IV betreut Zimmern und den Weiler Waidachshof (s. o.).

Zu der ins Frühmittelalter zurückreichenden *Pfarrei Buchen* gehört die seit 1655 bestehende Filiale Unterneudorf. Ihre beiden Pfarrbezirke umfassen die Kernstadt Buchen (I) und den Stadtteil Unterneudorf (II). Zu der ebenfalls alten *Pfarrei Buchen-Götzingen* gehören die Filialen Bofsheim und Rinschheim. Auch sie ist in zwei Pfarrbezirke gegliedert (I: Stadtteile Götzingen und Rinschheim von Buchen, II: Stadtteil Bofsheim von Osterburken). Die im Spätmittelalter vom Buchener Sprengel abgetrennte *Pfarrei Buchen-Hainstadt* umfaßt den gleichnamigen Stadtteil. Im Morretal unterhalb der Kernstadt schließt die *Pfarrei Buchen-Hettigenbeuern*, die zu Beginn des 14. Jh. vom Buchener Pfarrsprengel abgesondert wurde, den Stadtteil Hettigenbeuern ein. Im Quellbereich der Morre umfaßt die 1353 von der Pfarrei Bödigheim abgetrennte *Pfarrei Buchen-Hettingen* diesen östlichen Buchener Stadtteil. Die *Pfarrei Buchen-Hollerbach* geht auf die im Gefolge der Besiedlung des Hinteren Odenwaldes gegründete Mutterpfarrei Hollerbach mit ursprünglich 25 Filialen auf der Hochfläche des Hinteren Odenwalds im Amorbacher Rodungsgebiet zurück. Außer Hollerbach betreut sie heute noch die Filialkapelle in Oberneudorf. *Waldhausen* ist der Sitz einer weiteren Pfarrei im Buchener Stadtgebiet. Sie wurde, nachdem sie schon 1330 von der alten Mutterpfarrei Bödigheim abgetrennt worden war, 1909 wiedererrichtet und versorgt heute die Filialen Einbach, Heidersbach und Scheringen. Ihr Pfarrbezirk umschließt Waldhausen mit dem Glashof und Einbach mit der Einbacher Mühle sowie die Limbacher Gemeindeteile Heidersbach und Scheringen.

Die *Pfarrei Hardheim*, die bereits im Mittelalter mit ihren Filialen in das hochflächige Buntsandsteinland des Hinteren Odenwalds hineingriff, hat mit Dornberg, Rüdental, Rütschdorf und Vollmersdorf auch heute noch mehrere Filialen in dieser Rodungslandschaft. Mit der im Stadtgebiet von Külsheim gelegenen Filiale Steinfurt erstreckt sich ihr Sprengel noch über die nordöstliche Kreisgrenze in den Main-Tauber-Kreis hinein. Diese umfangreiche Pfarrei ist in zwei Pfarrbezirke eingeteilt, von denen einer den Hauptort und die genannten Filialen im Hardheimer Gemeindegebiet betreut. Zum zweiten gehört der Stadtteil Steinfurt von Külsheim. Im Baulandanteil des Gemeindegebiets finden sich in den auf frühmittelalterliche Siedlungsgründungen zurückgehenden Gemeindeteilen noch weitere Pfarreien. Die Kirche der *Pfarrei Hardheim-Bretzingen* ist bereits für die Mitte des 11. Jh. bezeugt. Die benachbarte *Pfarrei Hardheim-Erfeld* war bis 1869 eine Filiale von Bretzingen. Die *Pfarrei Hardheim-Gerichtstetten* umfaßt zwei Pfarrbezirke, den ersten mit dem Pfarrort im oberen Erftal und den zweiten mit der Filiale Schwarzenbrunn in einem Weiler auf Gkg Buch am Ahorn im Main-Tauber-Kreis. Die *Pfarrei Hardheim-Schweinberg* im östlichen Gemeindegebiet ist 1613 aus einer bereits im frühen 14. Jh. bekannten Kaplanei hervorgegangen.

Im Gemeindegebiet von Höpfingen bestehen zwei Pfarreien: Die *Pfarrei Höpfingen*, die nach der Reformation 1612 wiedererrichtet wurde und zu der auch der Schlempertshof gehört, sowie die *Pfarrei Höpfingen-Waldstetten*, die wieder seit 1613 besteht.

Das Mudauer Gemeindegebiet ist heute in vier Pfarrsprengel gegliedert. Der älteste umfaßt die bereits 1277 als Hollerbacher Filiale genannte *Pfarrei Mudau*, die mit Donebach, Langenelz und Mörschenhardt drei Filialen hat. Seit 1905 ist *Scheidental* Sitz einer *Pfarrkuratie*, deren Sprengel Ober- und Unterscheidental sowie die Filiale Reisenbach einschließt. Die *Pfarrei Mudau-Schloßau* wurde 1870 errichtet und hat seit ihrer Gründung mit Waldauerbach eine Filiale, die vorher zur Pfarrei Mudau gehörte. Ihr Pfarrbezirk umfaßt Schloßau und Waldauerbach, Ernsttal, das Sanatorium Waldleiningen und das Forsthaus Schloßauertor. Die *Pfarrei Mudau-Steinbach* war noch 1867 eine Filiale der Pfarrei Mudau. Zur Steinbacher Pfarrei gehören seit 1871 die Filialen Rumpfen und Stürzenhardt. Sie ist in zwei Pfarrbezirke gegliedert, von denen einer

6. Kirchen

Steinbach und Rumpfen sowie ein Haus im Wlr Ünglert betreut (I). Zum anderen gehört der Buchener Stadtteil Stürzenhardt (II).

Im Stadtgebiet von Osterburken bestehen zwei Pfarreien. Die *Pfarrei Osterburken* zählt als alte Pfarrei zur Gründungsausstattung des Bistums Würzburg und hatte in fränkischer Zeit ein Martinspatrozinium. Zu ihr gehörte schon im 18. Jh. und wieder seit 1878 die Filiale Hemsbach Die *Pfarrei Osterburken-Schlierstadt*, deren Gotteshaus schon für das 11. Jh. und das beginnende 12. Jh. urkundlich gesichert ist, hat heute die Filiale Eberstadt, deren kath. Gläubige seit 1863 von Schlierstadt aus seelsorgerisch betreut werden. Sie hat zwei Pfarrbezirke, von denen einer Schlierstadt und den Hf Seligental (I), der andere den Stadtteil Eberstadt von Buchen (II) umschließt.

Die *Pfarrei Rosenberg* wurde nach der seit 1634 einsetzenden Rekatholisierung 1672 wiedererrichtet. Mit Bronnacker und Hirschlanden hat sie zwei Filialen im Gemeindegebiet. Kirchlich betreut wird von ihr auch der als Filiale zur Pfarrei Altheim gehörende Gdet. Sindolsheim.

In der Gde *Seckach* bestehen heute zwei Pfarrsprengel. Die *Pfarrei St. Sebastian*, die ins Spätmittelalter zurückzuverfolgen ist, hat als Ortspfarrei Filialen in Bödigheim und Großeicholzheim. Sie ist in zwei Pfarrbezirke mit dem Hauptort Seckach und dem Gdet. Großeicholzheim (I) sowie dem Stadtteil Bödigheim von Buchen (II) gegliedert. Die *Pfarrei St. Bernhard* wurde 1955 als Kuratie von der Pfarrei St. Sebastian abgetrennt. Ihr Sprengel umfaßt das Kinder- und Jugenddorf.

Im Stadtgebiet Walldürn bestehen heute vier Pfarreien. Die *Pfarrei Walldürn*, an deren Pfarrkirche St. Georg eine bis 1330 zurückzuverfolgende Wallfahrt zur Verehrung des Heiligen Blutes besteht, betreut die Kernstadt Walldürn. Die Stadt ist ferner Sitz einer *Militärpfarrei* für die Nibelungenkaserne, die ihre Gottesdienste in der St. Marien-Kirche abhält. Die *Pfarrei Walldürn-Altheim* hat eine Filiale in Sindolsheim und ist in zwei Pfarrbezirke gegliedert. Zu ihrem Pfarrbezirk I gehört Altheim mit den Höfen Dörntal und Kudach, ihr Pfarrbezirk II umfaßt den Gdet. Sindolsheim der Gde Rosenberg, der derzeit auch von der Pfarrei Rosenberg versorgt wird (s.o.). Die 1908 errichtete *Pfarrei Walldürn-Glashofen* hat durch ihre Filialen Gerolzahn, Gottersdorf, Kaltenbrunn, Reinhardsachsen und Wetterdorf einen weiten Sprengel auf der Buntsandsteinhochfläche im nördlichen Kreisgebiet. Gottesdienste finden außer in der Pfarrkirche St. Wendelin in Glashofen auch in den Filialkirchen bzw. Kapellen in Gerolzahn, Gottersdorf, Reinhardsachsen und Wetterdorf statt. Die *Pfarrei Walldürn-Rippberg* betreut außer dem Stadtteil Rippberg mit dem Wlr Linkenmühle auch die Filiale Hornbach, zu der auch der Wlr Kleinhornbach gehört.

Im SO des Landkreises gehören noch drei Pfarreien im Stadtgebiet von Ravenstein zum Landkapitel Lauda. Die alte *Pfarrei Ravenstein-Ballenberg*, die seit 1828 die Filialen Erlenbach und Unterwittstadt hat, betreut im Stadtteil Ballenberg neben der gegen Ende des 18. Jh. erbauten Pfarrkirche auch die Bergkapelle beim Friedhof. Die für 1464 urkundlich gesicherte *Pfarrei Ravenstein-Hüngheim* wurde 1599 reformiert und 1627 rekatholisiert. Zu ihr gehört die Filiale Merchingen, die bereits für 1222 als Pfarrei erwähnt ist. Zur Filiale Merchingen gehört auch der Dörnishof. Ihr Gotteshaus befindet sich in der ehemaligen, 1951/52 umgebauten Synagoge. Die *Pfarrei Ravenstein-Oberwittstadt* betreut auch die Heckmühle und den Wlr Schollhof.

Das Landkapitel Mosbach, das 1688 entstanden war, umfaßte 1828 insgesamt 15 Pfarrsprengel, von denen sich 11 im gegenwärtigen Kreisgebiet ausdehnten. Dies waren die Pfarreien Allfeld, Billigheim, Dallau, Lohrbach, Mosbach, Neckarelz, Neckargerach, Oberschefflenz, Rittersbach, Strümpfelbrunn und Waldmühlbach. Mit den außerdem zum Dekanatsbezirk gehörenden Pfarreien Eberbach, Herbolzheim, Neudenau und Stein am Kocher dehnte sich das Landkapitel auch in den angrenzenden Rhein-Neckar-Kreis und den Landkreis Heilbronn aus. 1863 hatte sich an dieser Dekanatsgliederung nichts geändert, wenn man davon absieht, daß die 1828 zur Pfarrei Neckarelz zählenden Filialen Obrigheim, Mörtelstein, Neuburg und Kirchstetten jetzt die Pfarrei Obrigheim bildeten. 1863 lagen somit insgesamt 12 Pfarreien des Landkapitels Mosbach im heutigen Kreisgebiet.

1910 war das Mosbacher Landkapitel auf insgesamt 20 Pfarreien angewachsen, von denen 15 innerhalb des Kreisgebietes lagen. Neu war die Pfarrei Fahrenbach mit den Filialen Robern und Trienz. Die Pfarrei Haßmersheim, die 1828 und 1863 zum Landkapitel Waibstadt zählte, war jetzt mit ihren Diasporaorten Neckarmühlbach und Neckarzimmern Bestandteil des Dekanats Mosbach, ebenso die Pfarrei Sulzbach, die noch 1863 Filiale der Pfarrei Billigheim war. Dieser Dekanatsbezirk wurde bis 1939 um die Pfarrei Limbach und die Kuratie Wagenschwend erweitert (s. o.).

Zum heutigen Landkapitel Mosbach gehören im westlichen und südlichen Landkreis 25 Pfarreien, die sich auf fünf Pfarrverbandsgebiete verteilen. Das *Pfarrverbandsgebiet Mosbach* umfaßt die Pfarreien in der Großen Kreisstadt. Das *Pfarrverbandsgebiet Haßmersheim/Obrigheim* erstreckt sich auf die Pfarreien Haßmersheim, Obrigheim, Aglasterhausen und Neunkirchen im Bereich des Neckartals, Nordkraichgaus und Kleinen Odenwalds. Das *Pfarrverbandsgebiet Billigheim* umschließt die Pfarrsprengel im Bereich des Schefflenztals (Gden Billigheim und Schefflenz) sowie im Nachbarkreis Heilbronn das Stadtgebiet von Neudenau im Bereich von Jagst und Kocher. Das *Pfarrverbandsgebiet Limbach* überzieht mit den Pfarreien in den Gden Elztal, Fahrenbach und Limbach das Tal der Elz oberhalb Mosbach und Teile des Hinteren Odenwalds. Das *Pfarrverbandsgebiet Eberbach/Neckargerach* greift im Neckartal noch in den Rhein-Neckar-Kreis hinein. Zu ihm gehören die Pfarreien in Eberbach und Neckargerach.

Die 1875 als Kuratie errichtete und 1885 zur Pfarrei erhobene *Pfarrei Aglasterhausen* hat heute vier Filialen in Asbach, Daudenzell, Michelbach und Unterschwarzach; umfaßt somit den südwestlichen Kraichgauanteil des Neckar-Odenwald-Kreises. Sie ist in drei Pfarrbezirke gegliedert: I. Gdet. Aglasterhausen, Gdete Daudenzell und Michelbach, die beide seit 1875 Pfarrfilialen sind, II. Gdet. Asbach von Obrigheim, III. Gdet. Unterschwarzach von Schwarzach.

Im Gemeindegebiet von Billigheim bestehen heute vier Pfarrsprengel. Die *Pfarrei Billigheim*, die außer dem Dorf den Wlr Schmelzenhof, den Wpl. Ziegelhütte und die Mühle Stuhlseite versorgt, hat seit 1805 die um 1100 erbaute und in den frühen 1970er Jahren modern erweiterte ehemalige Klosterkirche als Gotteshaus. Die *Pfarrei Billigheim-Allfeld* betreut seit 1828 die Filiale Bernbrunn (Stadt Gundelsheim, Lkr. Heilbronn) und hat zwei Pfarrbezirke. Die *Pfarrei Billigheim-Sulzbach* wurde 1907 aus dem Billigheimer Sprengel ausgeschieden, geht aber auf eine alte, schon im 8. und frühen 9. Jh. bezeugte Kirche zurück. Die *Pfarrei Billigheim-Waldmühlbach* wurde nach der Reformation 1705 wiedererrichtet. Seit 1828 hat sie die Filiale Katzental.

Im Gemeindegebiet von Elztal bestehen heute zwei Pfarreien. Die *Pfarrei Elztal-Dallau* wurde ebenfalls um 1700 wiedererrichtet und hat seither die Filiale Neckarburken sowie seit 1899 die Filiale Auerbach. Die *Pfarrei Elztal-Rittersbach*, die im ausgehenden 17. Jh. von Oberschefflenz pastoriert wurde und seit 1699 wieder selbständig ist, betreut seit 1828 die Filiale Muckental.

Die *Pfarrei Fahrenbach* deckt sich mit der heutigen politischen Gemeinde, gehören zu ihr seit 1903 bzw. 1910 als Filialen doch die Gdete Robern und Trienz. Die *Pfarrei Haßmersheim* hat ebenfalls zwei Filialen. Neckarmühlbach, dessen Katholiken schon

1863 vom benachbarten Haßmersheim aus pastoriert wurden, galt 1910 als Diasporaort. Die beiden südlich des Neckars gelegenen Ortschaften Haßmersheim und Neckarmühlbach bilden heute den Pfarrbezirk I. Mit dem Pfarrbezirk II greift der Haßmersheimer Sprengel auf das nördliche Flußufer über, wo die seit 1882 bestehende Filiale Neckarzimmern liegt, zu der auch der Wlr Steinbach, die Burg Hornberg und der Wlr Stockbronn gehören.

Auf dem Gemeindegebiet von Limbach existieren heute zwei Pfarreien. Die bereits 1316 urkundlich überlieferte *Pfarrei Limbach* hatte im Spätmittelalter insgesamt acht Filialen, unter ihnen die noch bestehenden und bereits 1426 als Pfarrfilialen genannten Dörfer Krumbach und Laudenberg. Die 1960 errichtete *Pfarrei Limbach-Wagenschwend* geht auf eine seit 1905 bestehende Kuratie zurück. Bereits im Mittelalter war der Ort Filiale der für den Hinteren Odenwald so bedeutsamen Pfarrei Hollerbach. Seit der Kuratiegründung hat Wagenschwend die Filiale Balsbach, wo 1966/67 ein Gotteshaus als Filial- und Klosterkirche für die dörfliche Bevölkerung und das dort in der Nachkriegszeit entstandene Clarissen-Kapuzinerinnenkloster errichtet wurde.

Das *Stadtgebiet von Mosbach* ist heute in vier Pfarrsprengel gegliedert. Die *Pfarrei St. Cäcilia*, die auf die mittelalterliche, 1290 erstmals urkundlich bezeugte Pfarrei zurückreicht und die 1688 nach der Reformation wiedererrichtet wurde, hat als gottesdienstlichen Mittelpunkt die 1935 erbaute Pfarrkirche oberhalb der Altstadt. Sie betreut den Südteil der Stadt Mosbach und die Bergfeldsiedlung mit ihrer 1962/63 erbauten Filialkirche. Die 1959 als Kuratie errichtete und 1969 zur Pfarrei erhobene *Pfarrei St. Joseph* mit ihrer schon 1957 erbauten Kirche pastoriert den Nordteil Mosbachs. Als Filialkirchengemeinde ist ihr die Waldstadt mit der 1977/79 erstellten und dem hl. Bruder Klaus geweihten Filialkirche angegliedert. Seit der Kuratieerrichtung bildet ferner der Stadtteil Nüstenbach eine Filiale dieser jungen Stadtpfarrei. Die *Pfarrei Lohrbach* reicht wiederum weit ins Mittelalter zurück. Nach der Reformation wurde sie 1796 neu errichtet und erhielt als Filiale den heutigen Stadtteil Sattelbach. Die am Neckar und an der Elzmündung liegenden Stadtteile haben in *Neckarelz* eine alte, schon 1277 erwähnte Pfarrei, der schon vor der 1556 durchgeführten Reformation Diedesheim als Filiale zugeordnet war, wie das auch heute noch der Fall ist.

Die *Pfarrei Neckargerach* hatte bereits im Spätmittelalter das Dorf Schollbrunn als Pfarrfiliale. Nach der Reformation wurde die kath. Pfarrei 1688 vom Würzburger Bischof wiedererrichtet. Heute hat sie mit Guttenbach (seit 1899), Reichenbuch (seit 1828), Lindach auf Eberbacher Stadtgebiet (seit 1828), Binau (seit 1863) und Zwingenberg (seit 1828) fünf Filialen. Ihr großer Sprengel ist in fünf Pfarrbezirke eingeteilt: I. Neckargerach, die Siedlung Lauerskreuz und die Läufertsmühle zusammen mit dem Filialort Guttenbach, II. der Stadtteil Reichenbuch von Mosbach, III. Gde und Burg Zwingenberg, IV. der Stadtteil Lindach von Eberbach (Rhein-Neckar-Kreis), V. die Gde Binau.

Die *Pfarrei Neunkirchen*, die nach der Reformation zwischen 1686 und 1699 wiedererrichtet wurde, hatte 1496 zehn Filialen im Kleinen Odenwald. Heute hat sie mit Breitenbronn, Haag, Moosbrunn, Neckarkatzenbach, Oberschwarzach, Schönbrunn und Schwanheim noch sieben Filialorte in den Gemeindegebieten von Aglasterhausen, Neunkirchen und Schwarzach und erstreckt sich noch in die Gde Schönbrunn im Rhein-Neckar-Kreis.

Die *Pfarrei Obrigheim*, die 1863 wiedererrichtet wurde, hat seither die Filiale Mörtelstein und seit 1864 die Filiale Hochhausen. Ihr Pfarrbezirk I umfaßt den Pfarrort Obrigheim, das Schloß Neuburg, den Kirrstetterhof und den Obrigheimer Gdet. Mörtelstein. Zum Pfarrbezirk II gehört der Gdet. Hochhausen von Haßmersheim.

1703 wurde die Kirche von Oberschefflenz als Pfarrsitz der drei Schefflenz-Dörfer bestimmt. Die offizielle Errichtung der *Pfarrei Schefflenz (Oberschefflenz)* erfolgte 1803. Als Filialen gehören zu ihr Kleineicholzheim, seit 1828 Filiale von Oberschefflenz, Mittelschefflenz, dessen 826 erwähnte Basilica eine Filiale der Urpfarrei Roigheim war und 1303 selbst zur Pfarrei erhoben wurde, sowie Unterschefflenz, das ebenfalls bis 1303 Filiale von Roigheim und danach von Mittelschefflenz war, bis es 1405 eine eigene Pfarrei wurde. Der heutige Pfarrsprengel umschließt somit das gesamte obere Schefflenztal.

Die sich auf der Winterhauchhochfläche ausdehnende *Pfarrei Waldbrunn* mit dem Pfarrsitz Strümpfelbrunn entstand 1699 als Diasporapfarrei. Als Filialen der Pfarrei Strümpfelbrunn gehören ihr seit 1825 Mülben, Oberdielbach, Waldkatzenbach und Weisbach an. 1899 kam als weitere Filiale noch Schollbrunn dazu.

Zum Landkapitel Mosbach zählen dann noch drei Pfarreien im Lkr. Heilbronn in *Neudenau, Neudenau-Herbolzheim* und in *Neuenstadt-Stein am Kocher,* die ins Mittelalter zurückreichen wie im Stadtgebiet von Neudenau oder erst im 18. Jh. errichtet wurden wie in Stein am Kocher.

Im vorigen und in unserem Jahrhundert hatten Anteil am Neckar-Odenwald-Kreis das Landkapitel Walldürn mit seinem Dekanatssitz innerhalb des Kreisgebiets sowie die Landkapitel Krautheim und Waibstadt. Das Landkapitel Walldürn, das 1787 durch Abtrennung vom Kapitel Miltenberg der Erzdiözese Mainz entstanden war, hatte 1828 elf Pfarreien, alle innerhalb der Grenzen des Neckar-Odenwald-Kreises. Sie lagen im Bauland wie Altheim, Hettingen, Schlierstadt und Seckach, im Grenzbereich von Bauland und Odenwald wie Hainstadt und Walldürn sowie im Hinteren Odenwald wie Hettigenbeuern, Hollerbach, Limbach, Mudau und Rippberg. Diese Pfarrsprengel bildeten auch 1863 das Dekanat. Bis 1910 hatten sich durch Umgliederungen ganz wesentliche Veränderungen ergeben. Der damals ein Dutzend Pfarreien umfassende Dekanatsbezirk hatte vor dem 1. Weltkrieg wiederum 11 Pfarrsprengel im Kreisgebiet, die sich mehr im NO des Neckar-Odenwald-Kreises ausdehnten. Es waren die Pfarreien Altheim, Bretzingen, Erfeld, Gerichtstetten, Glashofen, Hardheim, Höpfingen, Rippberg, Schweinberg, Waldstetten und Walldürn. Dazu kam noch die Pfarrei Pülfringen im heutigen Main-Tauber-Kreis. In dieser Zusammensetzung bestand das Landkapitel Walldürn auch noch 1939 und bis zu seiner Auflösung im Jahr 1976.

Zu dem kleinen Landkapitel Krautheim, das seit 1591 bestand und 1968 mit dem Dekanat Lauda vereinigt wurde und das 1863 nur sieben Pfarreien umfaßte, gehörten innerhalb des Neckar-Odenwald-Kreises nur die Pfarrei Ballenberg mit den Filialen Erlenbach und Unterwittstadt und die Pfarrei Oberwittstadt. 1910 gehörte auch die Pfarrei Hüngheim mit ihrem Diasporaort Merchingen zu diesem Dekanat. 1939 hatte es insgesamt neun Pfarreien, von denen Ballenberg, Hüngheim und Oberwittstatt im Beschreibungsgebiet lagen. Heute gehören diese drei Pfarreien zum Landkapitel Lauda, einem großen Dekanat mit 51 Pfarreien im östlich benachbarten Main-Tauber-Kreis.

Das die Kraichgauhügel überziehende Landkapitel Waibstadt hatte 1828 insgesamt 18 Pfarreien. Zum Neckar-Odenwald-Kreis gehörten von ihnen nur die Pfarrei Haßmersheim mit der Filiale Hochhausen und die große Pfarrei Neunkirchen mit den Filialen Breitenbronn, Daudenzell, Guttenbach, Neckarkatzenbach und Unterschwarzach. Aglasterhausen war damals eine Filiale der Pfarrei Bargen. 1863 gehörten insgesamt 20 Pfarreien zum Dekanat Waibstadt. Innerhalb des Neckar-Odenwald-Kreises waren es aber nur noch zwei: die Pfarrei Haßmersheim und die Pfarrei Neunkirchen

6. Kirchen

zu der als weitere Filialen jetzt auch Oberschwarzach und Aglasterhausen im Beschreibungsgebiet zählten. Mit den Filialen Haag, Moosbrunn, Schönbrunn und Reichartshausen erstreckte sie sich auch in den benachbarten Rhein-Neckar-Kreis. 1910 war Aglasterhausen Sitz einer Pfarrei, zu der die Filiale Unterschwarzach und die Diasporaorte Daudenzell, Michelbach und Reichartshausen gehörten. Die Pfarrei Neunkirchen hatte Oberschwarzach und Neckarkatzenbach als Filialen, Breitenbronn, Moosbrunn, Schönbrunn und Schwanheim als Diasporaorte. Hüffenhardt war damals ein Diasporaort der Pfarrei Siegelsbach. 1939 gehörten innerhalb des Landkreises die Pfarreien Aglasterhausen und Neunkirchen zum Dekanat Waibstadt. Asbach und Kälbertshausen zählten zur Pfarrei Bargen. Zur Pfarrei Siegelsbach gehörte vor dem 2. Weltkrieg Hüffenhardt als Diasporaort. Hüffenhardt und Kälbertshausen sind heute Filialen dieser Pfarrei.

Ev. Landeskirche in Baden. – Die auf eine Union der lutherischen und reformierten Glaubensbekenntnisse im Jahr 1821 zurückreichende Landeskirche basiert auf Kirchengemeinden oder Filialkirchengemeinden, die Körperschaften des öffentlichen Rechts sind. Eine Kirchengemeinde kann eine oder mehrere Pfarreien umfassen. Ihr können ferner kirchliche Nebenorte und kirchliche Ortsteile angehören. Innerhalb des Landkreises verteilen sich diese Kirchengemeinden auf drei verschiedene Kirchenbezirke. Ihre heutige Struktur und Organisation geht bis auf die kirchliche Um- und Neugliederung von 1807 zurück, bei der 17 rein lutherische und 8 luth.-ref. Spezialate entstanden, von denen das Spezialat Mosbach mit 6 luth. und 13 ref. Pfarrbezirken entstand. Das Jahr 1810 brachte als Auswirkung der Verwaltungsreform von 1809 eine Neuabgrenzung der Dekanate. Sie war eng mit der Verwaltungsreform verquickt, und die neuen Dekanate blieben innerhalb der Grenzen der einzelnen Kreise und umfaßten ein Amt oder mehrere Ämter geschlossen. Von den damals geschaffenen 35 ev. Dekanaten oder Diözesen im gesamten Großherzogtum lagen zwei, nämlich Adelsheim und Mosbach, innerhalb des heutigen Landkreises und drei weitere, nämlich die Dekanate Neckargemünd, Neckarbischofsheim und Boxberg hatten randlich Anteile am Kreisgebiet.

Um die Mitte des vorigen Jahrhunderts hatten vier Diözesen Anteil am heutigen Neckar-Odenwald-Kreis: Adelsheim, Mosbach, Neckarbischofsheim und Neckargemünd. Die Diözese Adelsheim bestand 1845 aus 12 Kirchengemeinden mit 13 Filialen. Die Pfarrei Adelsheim hatte damals die Filialen Hergenstadt, Wemmershof, Dambergerhof und Seehof. Zum Pfarrsprengel von Bödigheim gehörten der Glashof, Roßhof und Faustenhof. Bofsheim, Eberstadt und Eubigheim, das heute zur Gde Ahorn im Main-Tauber-Kreis gehört, Ruchsen im Stadtgebiet von Möckmühl (Lkr. Heilbronn), Sennfeld und Sindolsheim waren ev. Pfarreien ohne Filialen. Zum Sprengel der heute ebenfalls zur Stadt Möckmühl zählenden Pfarrei Korb gehörten die Filialen Dippach und Hagenbach. Die Pfarrei Leibenstadt betreute auch den Tolnayshof, Unterkessach mit Volkshausen, heute Stadtteile von Widdern (Lkr. Heilbronn). Zur Pfarrei Merchingen gehörte der Dörnishof und im Pfarrsprengel von Rosenberg lagen die Filialen Bronnacker und Dörrhof. In der Diözese Mosbach mit insgesamt 14 Kirchengemeinden und 36 Filialen lagen folgende Pfarreien: Binau, Dallau mit der Filiale Auerbach, Eberbach (Rhein-Neckar-Kreis) mit den Filialen Igelsbach, Neckarwimmersbach, Pleutersbach und Rockenau, Großeicholzheim mit den Filialen Heidersbach, Muckental, Rineck und Rittersbach, Lohrbach mit den Filialen Fahrenbach, Sattelbach und Trienz, Mittelschefflenz mit den Filialen Kleineicholzheim, Ober- und Unterschefflenz, Mosbach mit dem Knopfhof, Neckarelz mit den Filialen Diedesheim, Nüstenbach und Schreckhof, Neckargerach mit den Filialen Lindach (Stadt Eberbach),

Reichenbuch, Schollbrunn und Zwingenberg, Obrigheim mit dem Kirstetterhof und Schloß Neuburg sowie Strümpfelbrunn mit den Filialen Friedrichsdorf (Stadt Eberbach), Mülben, Waldkatzenbach und Weisbach. Von der Diözese Neckarbischofsheim mit insgesamt 16 Kirchengemeinden und 11 Filialen lagen 1845 nur vier Pfarrsprengel innerhalb der Grenzen des Neckar-Odenwald-Kreises. Dies waren die Pfarreien Daudenzell, Hochhausen, Hüffenhardt mit Wollenberg und dem Hof Wagenbach sowie Kälbertshausen. Im SW des heutigen Kreisgebietes gehörten noch einige wenige Pfarreien zur Diözese Neckargemünd, die aus insgesamt 14 Kirchengemeinden mit 19 Filialen bestand. Zu ihnen zählten die Pfarreien Aglasterhausen, Asbach mit der Filiale Mörtelstein, Breitenbronn mit der Filiale Guttenbach und die Pfarrei Michelbach.

Die Dekanats- und Pfarreigliederung des 19. Jh. hat sich mit geringfügigen Veränderungen bis in unsere Zeit gehalten. Der Kirchenbezirk Adelsheim hatte gegen Ende der 1950er Jahre insgesamt 13 Pfarreien. Ausgegliedert war aus ihm Eubigheim, neu hinzugekommen waren die Stadtpfarrei Buchen mit dem Nebenort Hainstadt und die Stadtpfarrei Walldürn mit den Nebenorten Glashofen, Höpfingen, Rippberg und Schweinberg. Die Kirchengemeinde Adelsheim hatte die Filiale Osterburken bekommen. Zur Pfarrei Bödigheim gehörte jetzt die Filiale Seckach, zur Pfarrei Bofsheim der Diasporaort Götzingen, zu Eberstadt die Filiale Schlierstadt, und der Pfarrsprengel von Merchingen erstreckte sich auch auf Hüngheim. Die Kirchengemeinde Ruchsen hatte als Nebenorte Neudenau und Herbolzheim erhalten. Der Kirchenbezirk Mosbach umfaßte in den 1950/60er Jahren 20 Kirchengemeinden. Ausgegliedert war jetzt die Stadt Eberbach. Umgegliedert vom Dekanat Neckarbischofsheim in den Mosbacher Bezirk war die Pfarrei Hochhausen. Zur Kirchengemeinde mit Pfarrsitz erhoben war Fahrenbach mit dem Nebenort Trienz und den Diasporaorten Krumbach, Muckental, Robern und Wagenschwend. Die Stadt Mosbach hatte mit der Stiftspfarrei und der Lutherpfarrei, der Nüstenbach als Filiale zugehörte, jetzt zwei Pfarreien. Der Kirchengemeinde Mudau gehörte als Diasporagebiet der gesamte Mudauer Odenwald mit dem ausgedehnten Gemeindegebiet der heutigen Gde Mudau sowie Scheringen und Waldleiningen an. Neue Kirchengemeinden waren ferner Neckarzimmern, Schollbrunn mit der Filiale Oberdielbach, Sulzbach mit den Nebenorten Allfeld und Billigheim und die Pfarrei Waldkatzenbach. Nicht zuletzt im Zusammenhang mit der Schaffung neuer Pfarrsitze hatten sich gegenüber dem 19. Jh. die Zugehörigkeiten innerhalb der alten Kirchengemeinden verändert. So kam zu Binau die Filiale Mörtelstein. Die Kirchengemeinde Großeicholzheim umfaßte jetzt auch die Filiale Rittersbach, den Nebenort Heidersbach und den Diasporaort Waldhausen. Lohrbach hatte nur noch den Nebenort Sattelbach, zur Pfarrei Mittelschefflenz waren dagegen noch die Diasporaorte Katzental und Waldmühlbach gekommen. Die Kirchengemeinden Neckarburken und Obrigheim bestanden nur noch aus den Pfarrdörfern, und Strümpfelbrunn hatte als Nebenorte nur noch Mülben und Weisbach. Zum Kirchenbezirk Neckarbischofsheim gehörten – wie im vorigen Jahrhundert – noch drei Kirchengemeinden. Es waren die Pfarreien Daudenzell, Hüffenhardt und Kälbertshausen. Ebenfalls wie im 19. Jh. erstreckte sich auch der Kirchenbezirk Neckargemünd noch in den südwestlichen Neckar-Odenwald-Kreis hinein. Zu ihm gehörten auch in der Nachkriegszeit die Kirchengemeinden Aglasterhausen (Filiale Unterschwarzach), Asbach, Breitenbronn, Michelbach (Filiale Schwanheim) und Neunkirchen mit dem Nebenort Oberschwarzach und der Filiale Neckarkatzenbach.

Die kirchliche Gliederung der Gegenwart ist aus der Kartenbeilage für das Jahr 1989 ersichtlich. Der Kirchenbezirk Adelsheim dehnt sich jetzt mit insgesamt 13 Kir-

6. Kirchen

chengemeinden über das östliche und nördliche Kreisgebiet aus und umfaßt wesentliche Teile des einstigen Landkreises Buchen. Ihm gehören folgende Kirchengemeinden an: 1. *Adelsheim*, seit 1983 mit dem kirchlichen Ortsteil Zimmern (Gde Seckach). 2. *Bödigheim* (Patronat: Frhr. Rüdt von Collenberg in Bödigheim) mit dem kirchlichen Nebenort Seckach. 3. *Bofsheim* mit den kirchlichen Ortsteilen Götzingen und Rinschheim. Ihre derzeit unbesetzte Pfarrei in Bofsheim wird vom Pfarramt in Eberstadt mitbetreut. 4. *Buchen* mit einer Pfarrei in der ehemaligen Kreisstadt seit 1933. Als kirchliche Ortsteile gehören ihr die heute als Stadtteile zu Buchen zählenden Dörfer Hainstadt, Hettigenbeuern, Hettingen, Hollerbach, Oberneudorf, Stürzenhardt und Unterneudorf an. 5. *Eberstadt* mit dem kirchlichen Ortsteil Schlierstadt. Von 1962 bis 1978 wurde die Pfarrei Eberstadt von Bofsheim aus versehen. Von Eberstadt aus wird die heute unbesetzte Pfarrei Bofsheim mitversorgt (s. o.). 6. *Hardheim-Höpfingen*, entstanden erst 1987 durch Ausgliederung der kirchlichen Nebenorte Hardheim und Höpfingen aus der zweiten, 1982 errichteten Pfarrei Walldürn mit Dienstsitz Hardheim. Zur Kirchengemeinde Hardheim-Höpfingen gehören heute die kirchlichen Nebenorte Bretzingen, Dornberg, Erfeld, Rütschdorf, Schweinberg, Steinfurt (Stadt Külsheim, Main-Tauber-Kreis), Vollmersdorf und Waldstetten. 7. *Leibenstadt* (Patronat: Frhr. von Gemmingen zu Hornberg in Neckarzimmern). Ihre Pfarrei betreut auch die frühere, 1847 zur bad. Landeskirche gekommene Filialkirchengemeinde Unterkessach im jetzigen Stadtgebiet von Widdern (Lkr. Heilbronn). 8. *Merchingen* (Patronat: Frhr. von Berlichingen in Jagsthausen, 1964 erloschen) mit den kirchlichen Ortsteilen Ballenberg, Erlenbach, Hüngheim, Ober- und Unterwittstadt. 9. *Osterburken*, 1952 als Filialkirchengemeinde von Adelsheim gegründet und 1979 in eine selbständige Kirchengemeinde und Pfarrstelle umgewandelt. 10. *Rosenberg* (Patronat: Fürst zu Löwenstein-Wertheim-Rosenberg) mit dem kirchlichen Ortsteil Bronnacker. Ihre Pfarrei betreut auch die zur Zeit nicht besetzte Pfarrei in Sindolsheim. 11. *Sennfeld* (Patronat: Frhr. von und zu Adelsheim in Adelsheim und Frhr. Rüdt von Collenberg in Bödigheim). Ihr Pfarramt versieht ferner die 1847 zur bad. Landeskirche gekommene Pfarrei Korb im Stadtgebiet von Möckmühl (Lkr. Heilbronn). 12. *Sindolsheim* (Patronat: Frhr. Rüdt von Collenberg in Hainstadt) mit dem kirchlichen Ortsteil Altheim (Stadt Walldürn). 13. *Walldürn*, deren Anfänge als Filialkirchengemeinde von Buchen in das Jahr 1933 zurückreichen. Zu ihr gehörten damals die kirchlichen Nebenorte Glashofen, Gottersdorf, Hardheim, Höpfingen, Rippberg und die Diasporaorte Bretzingen, Dornberg, Erfeld, Gerolzahn, Hornbach, Kaltenbrunn, Reinhardsachsen, Rütschdorf, Schweinberg, Steinfurt, Vollmersdorf, Waldstetten und Wettersdorf. Die 1947 errichtete Pfarrei Walldürn mit Sitz in der Kernstadt betreut heute die Walldürner Stadtteile Gerolzahn, Glashofen, Gottersdorf, Hornbach, Kaltenbrunn, Reinhardsachsen, Rippberg und Wettersdorf als kirchliche Ortsteile. Die zweite Pfarrei von Walldürn mit Dienstsitz Hardheim wurde 1982 errichtet und betreute die kirchlichen Ortsteile Bretzingen, Dornberg, Erfeld, Rütschdorf, Schweinberg und Vollmersdorf sowie Höpfingen (ohne Waldstetten) und Steinfurt (Stadt Külsheim, Main-Tauber-Kreis), bis 1987 die Kirchengemeinde Hardheim-Höpfingen (s. o.) aus ihr ausgegliedert wurde.

Im O des Landkreises greift noch der im Main-Tauber-Kreis sich ausdehnende Kirchenbezirk Boxberg in den Neckar-Odenwald-Kreis über. Zu ihm gehört die Kirchengemeinde *Hirschlanden* mit einer alten Pfarrei. Sie betreut mit einer Unterbrechung in den Jahren 1872/75 seit 1864 auch die in der Gde Ahorn des Nachbarkreises liegende Pfarrei Hohenstadt. Der Hardheimer Gdt. Gerichtstetten gehört seit 1983 zur Kirchengemeinde *Ahorn-Buch* und wird vom Pfarramt Buch am Ahorn pastoriert.

Zum Kirchenbezirk Mosbach gehören 1988 insgesamt 24 Kirchengemeinden, die alle im W und SW des Neckar-Odenwald-Kreises liegen. Es sind die nachfolgend genannten Kirchengemeinden: 1. *Asbach*, deren Pfarrei bis 1979 zum Kirchenbezirk Neckarbischofsheim gehörte. 2. *Billigheim-Sulzbach*, entstanden 1984 durch Umbenennung der 1869 errichteten Kirchengemeinde und Pfarrei Sulzbach. Zur heutigen Pfarrei mit Sitz Sulzbach gehören die kirchlichen Nebenorte Allfeld, Bernbrunn (Hf auf Gkg Höchstberg, Stadt Gundelsheim, Lkr. Heilbronn), Billigheim, Katzental und Waldmühlbach. 3. *Binau*, zu der bis 1973 die jenseits des Neckars liegende Filialkirchengemeinde Mörtelstein zählte. 4. *Dallau* mit der Filialkirchengemeinde Auerbach (Gde Elztal). 5. *Daudenzell* (Patronat: Frhr. von Gemmingen-Hornberg in Babstadt). Bis 1975 gehörte diese Pfarrei zum Kirchenbezirk Neckarbischofsheim. 6. *Fahrenbach* mit den kirchlichen Ortsteilen Robern, Trienz (Gde Fahrenbach), Muckental (Gde Elztal), Krumbach und Wagenschwend (Gde Limbach). 7. *Großeicholzheim* (Patronat: Fürst zu Leiningen in Amorbach) mit den kirchlichen Ortsteilen Heidersbach (Gde Limbach), Einbach und Waldhausen (Stadt Buchen) sowie der Filialkirchengemeinde Rittersbach (Gde Elztal). 8. *Haßmersheim* (Patronat: Fürst zu Leiningen in Amorbach), deren Pfarramt seit 1967 auch die Pfarrei Hochhausen mitverwaltet. 9. *Hochhausen* (Patronat: Graf von Helmstatt in Hochhausen). 10. *Hüffenhardt*, deren Pfarrei bis 1975 ebenfalls zum Kirchenbezirk Neckarbischofsheim gehörte. Seit 1952 betreut die Pfarrei Hüffenhardt (Patronat: Frhr. von Gemmingen zu Guttenberg in Neckarmühlbach) die nicht mehr besetzte Pfarrei Kälbertshausen. 11. *Kälbertshausen* (Patronat: Graf von Helmstatt in Hochhausen). 12. *Lohrbach* (Patronat: Fürst zu Leiningen in Amorbach) mit der Filialkirchengemeinde Reichenbuch, die bis 1973 als Filialkirchengemeinde zu Neckargerach gehörte, und mit dem kirchlichen Ortsteil Sattelbach 13. *Mosbach* mit heute 3 Pfarreien. Die Pfarrei I, die Stiftspfarrei (Patronat: Fürst zu Leiningen in Amorbach), bestand schon vor 1803 und betreut die Mosbacher Innenstadt. Die Pfarrei II, die Lutherpfarrei, ist ebenfalls alt und geht auch in die Zeit vor 1803 zurück. Bis 1974 betreute sie die Filialkirchengemeinde Nüstenbach, die vor 1897 zur Kirchengemeinde Neckarelz gehörte und 1974 mit der Kirchengemeinde Mosbach vereinigt wurde. Die Pfarrei III, die Christuspfarrei, wurde 1974 für die Waldstadt gegründet. Zu ihr gehört heute auch Nüstenbach (s.o.). Die Johannesanstalten in Mosbach werden von einer landeskirchlichen Pfarrstelle betreut. 14. *Mudau*, seit 1949 Diasporapfarramt, wurde 1978 in eine Kirchengemeinde umgewandelt. Zu ihr zählen heute die kirchlichen Ortsteile Donebach, Langenelz, Mörschenhardt, Reisenbach, Rumpfen, Scheidental, Schloßau und Steinbach sowie der kirchliche Nebenort Limbach mit seinen kirchlichen Ortsteilen Balsbach, Laudenberg und Scheringen. 15. *Neckarburken* (Patronat: Fürst zu Leiningen in Amorbach). 16. *Neckarelz* (Patronat: Fürst zu Leiningen) mit dem kirchlichen Ortsteil Diedesheim. 17. *Neckargerach* (Patronat: Fürst zu Leiningen in Amorbach) mit dem kirchlichen Nebenort Zwingenberg und der Filialkirchengemeinde Guttenbach. 18. *Neckarmühlbach* (Patronat: Frhr. von Gemmingen zu Guttenberg in Neckarmühlbach), gehörte bis 1975 zum Kirchenbezirk Neckarbischofsheim. 19. *Neckarzimmern* (Patronat: Frhr. von Gemmingen zu Hornberg in Neckarzimmern). 20. *Obrigheim* (Patronat: Fürst zu Leiningen in Amorbach), seit 1973 mit der Filialkirchengemeinde Mörtelstein. 21. *Schefflenz*, die 1974 aus der Kirchengemeinde Mittelschefflenz und den Filialkirchengemeinden Unter- und Oberschefflenz mit dem kirchlichen Nebenort Kleineicholzheim zusammengeschlossen wurde. 22. *Schollbrunn* (Patronat: Fürst zu Leiningen in Amorbach) mit der Filialkirchengemeinde Oberdielbach. 23. *Waldbrunn-Strümpfelbrunn* mit den kirchlichen Ortsteilen Mülben und Weißbach. Bis 1976 bestand sie aus zwei selbständigen Kirchengemeinden und wurde damals umbenannt. 24. *Waldkatzenbach*, seit 1904 Pfarrvikariat und 1947 zur Pfarrei erhoben.

Im SW des Landkreises gehören noch vier Kirchengemeinden zum Kirchenbezirk Neckargemünd: 1. *Aglasterhausen*. 2. *Breitenbronn*, deren Pfarrei seit 1978 von Neunkirchen aus versehen wurde und seit 1984 von Aglasterhausen aus mitbetreut wird. 3. *Michelbach*, deren Pfarrei seit 1978 die Filialkirchengemeinde Unterschwarzach mitversorgt. 4. *Neunkirchen* mit der Filialkirchengemeinde Neckarkatzenbach und dem kirchlichen Ortsteil Oberschwarzach. Die Johannesanstalten auf dem Schwarzacherhof werden wie in Mosbach von einer landeskirchlichen Pfarrstelle betreut.

7. Kulturelles Leben

In einem eher ländlich geprägten Raum wie dem Neckar- Odenwald-Kreis gibt es bisher nur wenige überörtliche oder überregionale kulturelle Einrichtungen. Die wenigen größeren Städte wie Mosbach, Buchen oder Walldürn, aber auch der Landkreis selbst, beginnen erst in den letzten Jahren damit, kulturelle Einrichtungen zu schaffen, die auf das Umland ausstrahlen. Im folgenden sollen nun die kulturellen Aktivitäten des Landkreises, der Städte und Gemeinden sowie der Vereine eingehender dargestellt werden.

Kulturelle Arbeit des Neckar-Odenwald-Kreises. – Die 14 Mitglieder des Kulturausschusses des Kreistages hatten im Jahre 1987 über einen Etat in Höhe von DM 612 120 zu verfügen, der sowohl für die eigenen kulturellen Aufgaben als auch für die Förderung kultureller Arbeit in den Kommunen zur Verfügung stand. Der Kulturetat gliederte sich wie folgt: *Museen und Sammlungen* DM 8250 (Förderung kommunaler und von Vereinen getragener Museen entweder durch regelmäßigen Jahresbeitrag oder als Zuschuß), *Theater, Konzerte, Musikpflege* DM 103 500 (davon jährlich DM 30 000 für die Schloßfestspiele Zwingenberg, DM 40 000 für die Bad. Landesbühne Bruchsal sowie Zuschüsse an die vier Sängerkreise und an den Volksmusikverband Odenwald-Bauland), *Kunst, Förderung von Künstlern* DM 10 500, *Volksbildung* DM 310 670 (v. a. Zuschüsse an die beiden Volkshochschulen Mosbach und Buchen), *Heimatpflege* DM 79 200 (Zuschüsse für die Veröffentlichung heimatkundlicher Literatur, Festschriften, aber auch des Führers durch die Museen im Neckar-Odenwald-Kreis, den der Landkreis derzeit erarbeitet, Wettbewerbe), *Denkmalschutz* DM 20 000 (v. a. für ein Programm zur Inventarisierung der Kleindenkmale im Landkreis) und DM 80 000 für den Aufbau des *Regionalen Freilandmuseums Walldürn-Gottersdorf*.

Neben den *Wettbewerben* »Unser Dorf soll schöner werden«, dotiert mit jährlich DM 8500, und dem 1987 erstmals durchgeführten Kreiswettbewerb »Aussiedlerhöfe in der Landschaft«, dotiert mit DM 1800, die künftig jährlich im Wechsel stattfinden sollen, schreibt der Landkreis jährlich einen Fotowettbewerb aus, 1987 unter dem Thema »Traditionelle Handwerksberufe im Neckar-Odenwald-Kreis«, dotiert mit DM 700. Seit 1982 wird alle zwei Jahre der mit DM 5000 dotierte *Artur-Grimm-Preis* an Künstler, die im Landkreis wohnen oder geboren sind, vergeben, und zwar bisher für die Bereiche Malerei, plastisches Gestalten und Graphik. Ebenfalls seit 1982 führt der Landkreis jährlich einen *Historikertag* an wechselnden Orten mit Vorträgen und Besichtigungen durch, zu dem Historiker, Geschichtslehrer und heimatkundlich interessierte Bürger eingeladen werden. Seit einigen Jahren ist der Landkreis Veranstalter der

Neckar-Odenwald-Tage, die ab 1987 jährlich an wechselnden Orten stattfinden. Zentrale Veranstaltung ist dabei der Neckar-Odenwald-Abend mit kulturellen Darbietungen, die einen Querschnitt durch Musik, Gesang, Tanz und Mundart der Region bieten sollen.

Neben dem in den letzten Jahren intensiver betriebenen Aufbau einer eigenen *heimatkundlichen Bibliothek im Landratsamt* und dem Ausbau des *Kreisarchivs* untersteht dem Landkreis die Bibliothek der Ganztagsschule Osterburken mit ca. 23 550 Bänden.

Volkshochschule und Erwachsenenbildung. – Die Erwachsenenbildung im Nekkar-Odenwald-Kreis wird getragen von der *Volkshochschule Mosbach e. V.*, gegründet 1952 auf Initiative der amerikanischen Besatzungsmacht als »Volksbildungswerk für den Landkreis und die Stadt Mosbach e. V.«, und von der *Volkshochschule Buchen e.v.*, gegründet im Dezember 1949 für den ehemaligen Lkr. Buchen. Entsprechend der früheren Kreiseinteilung versorgt die Volkshochschule Mosbach e.V die rund 75 000 Einwohner im westlichen Kreisgebiet mit Weiterbildungsangeboten, während die Volkshochschule Buchen e.V. für die etwa 55 700 Einwohner des östlichen Kreisgebietes zuständig ist.

Die *Volkshochschule Mosbach e. V.* unterhält neben der hauptberuflich geführten und mit vier Kräften besetzten Geschäftsstelle in Mosbach weitere 17 ehrenamtlich geleitete Außenstellen. Mit ihren ca. 170 nebenberuflichen Kursleitern konnte sie im Jahr 1986 384 Kurse durchführen, die von insgesamt 5792 Teilnehmern besucht wurden, wobei die Fachbereiche Kreative Freizeitgestaltung und Künstlerische Hobbies mit 121 Kursen, Gesundheit und Bewegung mit 93 und Sprachen mit 84 Kursen am stärksten frequentiert wurden. Neben dem üblichen Kursangebot konnte die Volkshochschule Mosbach 57 zusätzliche Veranstaltungen durchführen, v. a. Vorträge, Fahrten, Seniorenprogramm, Theater- und Konzertveranstaltungen, u. a. organisiert die Volkshochschule Mosbach die Theateraufführungen der Bad. Landesbühne in Mosbach. In Zusammenarbeit mit dem Staatlichen Schulamt bietet die Volkshochschule Mosbach mit der Abendrealschule und der Abendhauptschule die Möglichkeit, auf dem zweiten Bildungsweg die Mittlere Reife bzw. den Hauptschulabschluß nachzuholen.

In ihren 12 Außenstellen und der ebenfalls hauptamtlich mit vier Kräften besetzten Geschäftsstelle konnte die *Volkshochschule Buchen e.V.* im Jahre 1986 269 Kurse anbieten, die von über 7000 Teilnehmern besucht und von ca. 130 nebenberuflichen Kursleitern durchgeführt wurden. Regelmäßige Sonderveranstaltungen, wie Theaterfahrten, Studienreisen, Autorenlesungen, aber auch die Durchführung der Konzerte der beiden Konzertgemeinden Buchen und Adelsheim, gehören ebenso zum Programmangebot der Volkshochschule Buchen wie die Durchführung von Kursen der Abendrealschule.

Weitere Bildungsangebote, vor allem durch Vortragsabende, bieten in mehreren Gemeinden des Landkreises die konfessionell ausgerichteten Bildungswerke bzw. das *Bildungszentrum Mosbach*, das vom Erzbistum Freiburg unterhalten wird, und das *Bildungshaus Bruder Klaus* in Mosbach-Neckarelz.

Wissenschaftliche und öffentliche Bibliotheken. – Die Zahl der wissenschaftlichen Bibliotheken im Landkreis ist gering. Als historische Fachbücherei wäre die *Städtische Heimatbücherei »Zwischen Neckar und Main«* in Buchen zu nennen, die vor allem geschichtliche und landeskundliche Literatur über die Region, Zeitschriften und Periodica, Werke einheimischer Schriftsteller, aber auch allgemeine Nachschlagewerke,

Karten, Graphik und Ortsansichten besitzt. Die Bibliothek ist im Besitz der Stadt Buchen, wird aber vertragsgemäß von einem Mitglied des Vereins Bezirksmuseum e. V. Buchen betreut und steht den Vereinsmitgliedern kostenlos zur Verfügung. Sie besitzt heute ca. 10000 Bände, hat jährlich etwa 70 Benutzer mit rund 220 Entleihungen und wird zunehmend auch von der Öffentlichkeit genutzt.

Daneben weist noch die *Bücherei des Jugenddorfes Klinge* bei Seckach eine Sondersammlung auf, bestehend aus ca. 2000 Bänden zur Geschichte und Kultur des Judentums. Diese Fachbibliothek stammt aus dem Privatbesitz von Pfarrer Herbert Duffner, der seine Sammlung 1972 der Öffentlichkeit übergeben hat. Benutzt und betreut wird die Bibliothek vor allem von den Mitgliedern der Gesellschaft für Christlich-Jüdische Zusammenarbeit, steht aber auch sonstigen Interessenten zur Verfügung.

Wertvolle *alte Bibliotheken* sind im Besitz der *Freiherren von Gemmingen-Hornberg* auf Burg Hornberg bei Neckarzimmern und der *Freiherren von Gemmingen-Guttenberg* auf Burg Guttenberg bei Haßmersheim-Neckarmühlbach. Der Altbestand der Bibliothek auf Burg Hornberg, ca. 2000 bis 3000 Bände, beinhaltet vor allem Inkunabeln, Zimelien und alte Handschriften juristischen, theologischen oder naturwissenschaftlichen Inhalts, u.a. aber auch das Turnierbuch Kaiser Maximilians von 1566 und eine Ausgabe des Theuerdank von 1679. Die Bibliothek auf Burg Guttenberg besitzt einen ähnlichen Altbestand mit ca. 2000 Bänden, zurückreichend bis in das 15. Jh.

Die größte öffentliche Bücherei im Landkreis ist die der *Ganztagsschule Osterburken*, die aus der Stadtbücherei hervorgegangen und mit Übernahme der Schule in die Trägerschaft des Landkreises ebenfalls in dessen Besitz übergegangen ist. Sie wird heute von ca. 110 Personen, meist Schülern und Lehrern, aber auch von der Bevölkerung genutzt und hat ca. 15200 Entleihungen.

Die größten *Stadtbüchereien* im Landkreis haben *Mosbach* (1986: 18556 Bände, 2893 Benutzer, 75003 Entleihungen, 403 Fernleihaufträge), *Walldürn* (1986: 13200 Bände, 3500 Benutzer, 32000 Entleihungen), und *Buchen* (1986: 10451 Bände, 3300 Benutzer, 32505 Entleihungen). Diese Büchereien werden von hauptamtlichen Kräften betreut, während die übrigen *Gemeindebüchereien* entweder von ehrenamtlichen Kräften oder von Mitarbeitern der Gemeindeverwaltungen betreut werden. Die Büchereien bieten in der Regel Kinder- und Jugendbücher, aber auch Belletristik und Sachbücher. Nur oder überwiegend als Kinder- und Jugendbüchereien verstehen sich die *Jugendbücherei Osterburken* (1986: ca. 1500 Bände, ca. 500–600 Entleihungen), die *Gemeindebücherei Obrigheim* (1986: 7500 Bände, ca. 1600 Benutzer), die *Kinder- und Jugendbücherei Hüffenhardt* oder die *Gemeindebücherei Mudau* in der Grund- und Hauptschule (1986: ca. 1200 Bände). Die meisten Büchereien bemühen sich, ihr Angebot attraktiver zu gestalten, sei es durch Vorlesewettbewerbe, Autorenlesungen, Ausstellungen zu besonderen Themen oder von Neuerwerbungen (Ganztagsschule Osterburken, Waldbrunn, Mosbach), durch Vorstellungen von Puppenbühnen (Walldürn) oder durch das Angebot von Tonbändern, Kassetten und Spielen (Gemeindebücherei Höpfingen, 1986: ca. 5000 Bände, 380 Benutzer, ca. 5000 Entleihungen; erste Freihandbücherei im Altkreis Buchen). Daneben gibt es noch vereinzelt *Ortsteilbüchereien* in den größeren Teilgemeinden, wie z.B. Osterburken-Bofsheim, Buchen-Bödigheim (1986: 1378 Bände, 984 Entleihungen) und Buchen-Hainstadt (1986: 2075 Bände, 1482 Entleihungen), bzw. *Pfarrbüchereien*, die in den Gemeinden, die keine für alle Altersgruppen zugängliche Bücherei besitzen, deren Aufgaben wahrnehmen, wie es z.B. in Limbach (1986: 1522 Bände, ca. 100 Benutzer, ca. 700 Entleihungen) und der Teilgemeinde Wagenschwend (ca. 700–800 Bände, ca. 15–20 Benutzer) jeweils eine eigene Pfarrbücherei gibt, aber auch in Mudau (1986: 1600 Bände, 1530 Entleihungen) oder Seckach (1986 wiedereröffnet: 1500 Bände, 300 Kassetten religiösen Inhalts, ca. 100 Benutzer, 700–800 Entleihungen).

Archive. – Im Neckar-Odenwald-Kreis ist vor allem die Pflege der *Kommunal- und Adelsarchive* von Bedeutung. Das Landratsamt hat bisher sein archivwürdiges Aktenmaterial nach Ablauf der vorgeschriebenen Aufbewahrungsfristen an das Generallandesarchiv Karlsruhe abgeliefert und in der eigenen Behörde nur die Altregistratur aufbewahrt. Regelmäßige Revisionen sorgten für stetige Aktenausscheidungen. Für die Zukunft ist jedoch die Einrichtung eines eigenen Kreisarchivs mit der Schaffung einer Personalstelle geplant.

Bei den Kommunen ist die Stadt Buchen die einzige, die seit 1. April 1986 einen Stadtarchivar des gehobenen Dienstes beschäftigt, der neben der Betreuung des Altbestandes in der Zehntscheune, des Urkunden- und Aktenbestandes im Rathaus (die älteren Bestände sind bedingt durch den Stadtbrand 1718 teilweise lückenhaft) vor allem die Betreuung und Zusammenführung der Ortsteilarchive zur Aufgabe hat. Das Stadtarchiv Mosbach verfügt, als Archiv einer ehemaligen Reichsstadt, über einen großen Urkundenbestand, beginnend mit dem 12. Jh., der bis zum Jahre 1500 im »Urkundenbuch der Stadt Mosbach« regestiert und 1987 veröffentlicht wurde. Darüber hinaus besitzt das in den 1960er Jahren durch Mitarbeiter des Generallandesarchivs geordnete und verzeichnete Archiv vor allem Akten- und Rechnungsbestände, beginnend mit dem 15. Jh. Die Stadt Walldürn beschäftigt ebenso wie die Gde Limbach Teilzeitkräfte mit der Ordnung ihrer Archivalien, teilweise im Rahmen von Arbeitsbeschaffungsmaßnahmen. In den meisten Städten und Gemeinden wurde das Archiv im Laufe der vergangenen 30 Jahre durch Mitarbeiter des Generallandesarchivs Karlsruhe neu geordnet und verzeichnet, so z. B. in Adelsheim, Aglasterhausen, Billigheim, wo die Ordnungsarbeiten zur Zeit durchgeführt werden (1987), Mudau, Obrigheim, Osterburken und Rosenberg. Die Struktur der Bestände ist sehr unterschiedlich, manche Gemeinden besitzen noch Archivalien aus dem 13. oder 14. Jh. (z. B. Mosbach, Buchen, Adelsheim), gerade bei den kleineren Gemeinden beginnt die schriftliche Überlieferung erst mit dem 18. oder 19. Jh. Die Ortsteilarchive befinden sich in der Regel noch in den Teilgemeinden, während jetzt z. B. Billigheim im Rahmen der Neuverzeichnung auch seine Ortsteilarchive zentral unterbringt. Wenige Gemeinden bemühen sich eigenständig um die Ordnung und Pflege ihrer Archive, (z. B. Elztal, Höpfingen, Schefflenz und Seckach), gerade in Schefflenz und Seckach werden derzeit umfangreiche Verzeichnungsarbeiten durchgeführt, während andere Gemeinden, z. B. Hüffenhardt, Neckargerach oder Zwingenberg, sich kaum um die Pflege ihrer Gemeindearchive bemühen.

Bedingt durch die territoriale Zersplitterung bis zum Jahre 1806 findet sich die geschichtliche Überlieferung mancher Gemeinde zu einem großen Teil in den Archiven ehemals ritterschaftlicher Familien. Im Bereich des Neckar-Odenwald- Kreises sind dies die Freiherren von Adelsheim, die Freiherren Rüdt von Collenberg, die Freiherren von Gemmingen-Guttenberg und die Freiherren von Gemmingen-Hornberg. Das Archiv der Freiherren von Adelsheim, und zwar der Linie Adelsheim-Adelsheim, liegt im Rentamt in Adelsheim. Neben Quellen zur Adelsheimer Stadtgeschichte bzw. zur Familiengeschichte betrifft der umfangreiche Bestand an Urkunden, Akten und Rechnungen vor allem den Raum des östlichen Odenwaldes, des Baulandes bis zum Taubergrund und im S bis zu Kocher und Jagst. In den 1970er Jahren wurde eine Bestandsaufteilung durchgeführt, so daß die Archivalien der Linie Adelsheim-Wach-

7. Kulturelles Leben

bach alle nach Wachbach verbracht und mit dem dortigen Gemeindearchiv vereinigt wurden.

Das Archiv der Bödigheimer Linie der Freiherren Rüdt von Collenberg wurde 1970 in das Generallandesarchiv als Depositum verbracht. Die beiden, vom Umfang her wesentlich kleineren Archivkörper der Hainstadter und Eberstadter Linie der Freiherren Rüdt von Collenberg liegen heute noch in den dortigen Schlössern.

Das Archiv der Freiherren von Gemmingen-Guttenberg beinhaltet umfangreiches Material zur Geschichte der Reichsritterschaft in Schwaben und Franken sowie Archivalien zur Geschichte der Burg und des Besitzes seit der Mitte des 15. Jh., als Hans der Reiche von Gemmingen die Burg erwarb. Als Beispiel für eines der aussagekräftigsten Dokumente sei die Guttenberger Chronik des Reichsritters Philipp von Gemmingen-Guttenberg (1702–1785) genannt, die Leben und Herrschaftsstrukturen des 18. Jh. wiedergibt.

Wohl die umfangreichsten und interessantesten Archivkörper sind die der Freiherren von Gemmingen-Hornberg. Das Archiv auf Burg Hornberg umfaßt Archivalien, die zahlreiche Orte in ganz Süddeutschland, bis in die Schweiz, Franken oder Hessen-Darmstadt betreffen. Die nahezu lückenlosen Rechnungsbestände reichen zurück bis in das Jahr 1614 (1612 wurde die Burg von der Familie erworben). Erwähnenswert sind außerdem einige Handschriftenfragmente, vor allem liturgische Handschriften und Notenhandschriften, die teilweise als Einbände von Archivalien verwendet wurden; die älteste Pergamenthandschrift stammt aus dem 8. Jh.

Museen und Sammlungen. – An überregionalen Einrichtungen sind zu nennen: Der Verband der Odenwälder Museen und Sammlungen e. V., die »Museumsstraße Odenwälder Bauernhaus«, das Regionale Freilandmuseum Walldürn-Gottersdorf mit dem Förderverein »Regionales Freilandmuseum Walldürn-Gottersdorf«. Der *Verband der Odenwälder Museen und Sammlungen e. V.* wurde 1973 gegründet. Mitglieder des Verbandes sind Museen, Sammlungen, Gemeinden und Privatpersonen im Raum Odenwald/Bauland. Ziel des Verbandes ist gegenseitige Information und Erfahrungsaustausch im Bereich der Volkskunde, Weckung des Verständnisses für die Pflege und Erforschung der Kulturgüter. Sitz des Verbandes ist derzeit Walldürn, seit 1986 hat sich der Verband im Bezirksmuseum Buchen (Trunzerhaus) ein eigenes Fotolabor eingerichtet, das den Mitgliedern zur Verfügung steht.

Im Jahre 1980 wurde auf private Initiative der *Förderverein »Museumsstraße Odenwälder Bauernhaus«* ins Leben gerufen. Mitglieder sind Städte und Gemeinden, Vereinigungen und Einzelpersonen innerhalb des Naturparks Neckartal-Odenwald. Ziel der Museumsstraße ist es, auf ländliche Kulturgüter aufmerksam zu machen, die ihre Funktion verlieren oder bereits verloren haben, aber für das Verständnis der Vergangenheit wichtig sind. Dies geschieht dadurch, daß an einzelnen Kulturdenkmälern vor Ort Erläuterungstafeln angebracht werden. Die einzelnen Objekte, inzwischen 23 zwischen Eberbach und Hardheim, sind in einem Prospekt bzw. einer Broschüre als »Straße« zusammengefaßt und ausführlich beschrieben. In den nächsten Jahren sollen in einer dritten Ausbaustufe weitere Stationen, darunter auch das Regionale Freilandmuseum einbezogen werden.

Mit der Errichtung des *Regionalen Freilandmuseums Walldürn-Gottersdorf* als sechstes der baden-württembergischen Freilichtmuseen wurde 1984 begonnen, mit der Fertigstellung wird in ca. 20 Jahren gerechnet. Träger des Freilandmuseums ist ein Förderverein, erhebliche finanzielle Zuschüsse geben die Stadt Walldürn, der Landkreis (jährlich DM 80 000) sowie das Land Baden-Württemberg. Auf dem ca. 25 ha großen

Gelände, angebunden an das Dorf Gottersdorf, sollen ländliche Haus- und Lebensformen, ländliche und vorindustrielle Bauten aus dem Raum zwischen Main, Neckar, Rhein und Tauber vermittelt werden. Die Anbindung des Freilandmuseums an das Dorf Gottersdorf ist durch die Einbeziehung des Hofes »Schüßler« bereits gegeben. Hier wurden bei Restaurierungsarbeiten 1984 unter der 12. Tapeten- und Putzschicht Wandmalereien mit religiösen Motiven entdeckt, so daß man die Möglichkeit hatte, die seit 1740 festgestellten sieben großen Dekorationsphasen in den Wohnräumen sichtbar zu machen. Das Gebäude wurde als erstes Haus des Freilandmuseums 1987 der Öffentlichkeit übergeben.

In zahlreichen Städten und Gemeinden des Landkreises sind in den vergangenen Jahren Heimatmuseen entstanden, die teils durch die Kommunen, teils durch Vereine oder Privatpersonen unterhalten werden. In kommunaler Trägerschaft befinden sich: das *Bauländer Heimatmuseum Adelsheim* (1986 Neueröffnung in der ehemaligen Zehntscheune), das *Dorfmuseum Sennfeld* (1971 eingerichtet auf der Empore der ehemaligen Synagoge), die *Städtischen Sammlungen Mosbach* (gegr. 1967, verteilt auf drei Häuser), die u. a. Keramik, insbesondere Mosbacher Fayence, Exponate zur bürgerlichen Wohnkultur und die ostdeutschen Heimatstuben mehrerer Landsmannschaften zeigen. An der Betreuung wirkt der Geschichts- und Museumsverein Mosbach, gegr. 1977, mit. Von der Stadt Walldürn getragen wird das *Heimat- und Wallfahrtsmuseum Walldürn*, das im 1588 erbauten Kleinhandwerkerhaus »Güldener Engel« eingerichtet ist. Die ältesten Teile der Sammlungen wurden um 1900 zusammengetragen, 1983 neu eröffnet; bei der Betreuung wirkt der Heimat- und Museumsverein Walldürn, gegr. 1966, mit. Das seit 1973 bestehende *Heimat- und Landschaftsmuseum Erfatal* in Hardheim, das vom gleichnamigen Verein mitbetreut wird, hat als Besonderheit eine Abteilung über den in Hardheim geborenen Weltraumforscher Walter Hohmann. Das *Heimatmuseum Neunkirchen*, gegr. 1978, gehört zu den Aufgaben des Verkehrsvereins Neunkirchen und betreibt auch die Pflege und Erhaltung der Burgruinen Minneburg und Stolzeneck.

Das älteste von einem Verein getragene Museum ist das *Bezirksmuseum Buchen*. Sein Träger ist der Verein Bezirksmuseum e. V. Buchen, gegr. 1911, mit den Schwerpunkten Vor- und Frühgeschichte, bürgerliches und bäuerliches Wohnen, religiöse Volkskunst, Malerei/Hollerbacher Malerkolonie. Als Sondersammlungen sind die Volksliedersammlung Albert Brosch, der musikalische Nachlaß des Komponisten Joseph Martin Kraus, die Fotosammlung Karl Weiß sowie die Musiksammlung Vleugels integriert. In den vergangenen Jahren sind im Landkreis mehrere Museen entstanden, die in der Trägerschaft des jeweiligen Heimat- oder Verkehrsvereins stehen: das *Heimatmuseum Höpfingen* (gegr. 1967), das *Heimatmuseum Neckargerach* (gegr.1982) sowie das *Heimatmuseum Schefflenz*, das vom Verein Schefflenztalsammlungen e.V. (gegr.1978) getragen wird. Neben einigen Heimatstuben in kleineren Teilgemeinden ist noch die *Hausdorfer Heimatstube* in Osterburken erwähnenswert, die von Heimatvertriebenen aus Hausdorf im Sudetenland eingerichtet wurde.

Daneben gibt es Sondersammlungen bzw. -museen, zu denen zunächst das *Römerbadmuseum Osterburken* zählt, eine Außenstelle des Bad. Landesmuseums Karlsruhe. 1979/80 wurde bei Bauarbeiten auf Privatgelände das Römerbad entdeckt und in den folgenden Jahren durch die Stadt und das Landesmuseum als Museum ausgebaut. Die Entdeckung der Benefiziarierweihesteine bei Brückenbauarbeiten 1984 zog eine Erweiterung des Museums nach sich. Die Betreuung liegt heute in den Händen des Historischen Vereins Bauland e.V., der 1976 gegründet wurde.

Das *Deutsche Kleinwagenmuseum* in Haßmersheim-Neckarmühlbach, eine private Sammlung, die in einer ehemaligen herrschaftlichen Scheune untergebracht ist, zeigt vor allem Fahrzeuge aus den 50er und 60er Jahren, aber auch einzelne Pionierstücke aus dem Bereich der Technik. Eine Sammlung ganz anderer Art ist die *Musiksammlung Vleugels*, die seit 1987 im Trunzerhaus in Buchen untergebracht ist. Sie umfaßt vor allem Notenmaterial von der karolingischen Notenhandschrift bis zu Früh- und Erstdrucken neuzeitlicher Kompositionen, teilweise auch Originalmanuskripte und Notenausgaben, die nur noch in wenigen Exemplaren in Europa vorhanden sind, Musiker- und Komponistenportraits sowie Musikinstrumente. Dabei liegt der Schwerpunkt auf der Entwicklung der Orgel. Mit dem Komponisten Joseph Martin Kraus befaßt sich die *Joseph-Martin-Kraus-Stube* in Osterburken, die seit 1984 eingerichtet ist. Das *Elfenbeinmuseum Walldürn*, heute im Besitz der kath. Pfarrei, ist eine Stiftung des Fabrikanten Stalf und zeigt mehrere hundert Elfenbein- und Holzschnitzereien des 17. bis 20. Jh. und Möbel aus dem bayerischen Schloß Moos.

Von besonderem Interesse sind die *Burgmuseen Hornberg* und *Guttenberg*. Während auf der Burg Hornberg vor allem die Geschichte der Freiherren von Gemmingen-Hornberg und des Götz von Berlichingen, der hier als Gefangener die letzten Jahre seines Lebens verbrachte, dargestellt sind, verfügt die Burg Guttenberg über eine wertvolle Kunstsammlung. Eine Rarität ist die Holzbibliothek aus dem 18. Jh. Sie umfaßt ca. 90 Holzkästen in Buchform, die die jeweiligen botanischen Merkmale der Holzart beinhalten. Im Buchrücken befinden sich die dazugehörigen Beschreibungen.

Theater, Kunst- und Musikpflege. – Das umfangreichste Theaterangebot im Landkreis stellt die *Bad. Landesbühne Bruchsal* (BLB) zur Verfügung, die 1949 in Neckarsulm als »Unterländer Volksbühne« gegründet wurde und 1951 ihren Sitz nach Bruchsal verlegte. Getragen wird sie von fünf Landkreisen und 17 Mitgliedsgemeinden, darunter dem Neckar-Odenwald-Kreis und Buchen, Hardheim, Mosbach, Mudau, Osterburken und Walldürn. Die BLB bietet durchschnittlich acht Theaterstücke des Abendspielplanes und einige Stücke des Kinder- und Jugendtheaters an, das seit 1972 existiert. Die Zusammenarbeit mit den Mitgliedsgemeinden erfolgt entweder über die jeweilige Stadtverwaltung, Verkehrsämter oder die Volkshochschule. Das Angebot der BLB reicht vom klassischen Theater bis zum modernen Musical. Ein Teil des Programms wird übrigens auch von der Stadt Adelsheim bzw. vormittags als Sondervorstellungen für Schüler übernommen.

Die *Stadt Adelsheim* stellt ihr jährliches Theaterprogramm in Absprache mit dem Staatlichen Aufbaugymnasium Adelsheim zusammen und wählt in der Regel drei Aufführungen der BLB aus. Für weitere Aufführungen werden beispielsweise das »Theater 58« aus Zürich, das Sandkorntheater aus Karlsruhe oder das Theater der Altstadt aus Stuttgart engagiert. In zahlreichen Gemeinden bestehen *Laienspielgruppen*, die jährlich im Winterhalbjahr mit Aufführungen an die Öffentlichkeit treten. Häufig sind sie in Verbindung mit der örtlichen Kolpingsfamilie oder anderen Vereinen entstanden.

Im Jahre 1983 wurden auf private Initiative von Guido Johannes Rumstadt die *Freilichtspiele auf Burg Zwingenberg* ins Leben gerufen. Inzwischen wurde ein Verein Schloßfestspiele Zwingenberg e. V. gegründet, dem die Gden Mosbach, Neckargerach, Waldbrunn und Zwingenberg angehören. Die Schloßfestspiele finden nunmehr jährlich statt, unterstützt durch den Landkreis. Regelmäßige Fahrten zu Konzerten, Theater- oder Opernaufführungen in Heidelberg, Mannheim oder Würzburg bieten u. a. der Theaterring Osterburken, die Volkshochschulen und einige kirchliche Organisationen.

Im Jahre 1977 wurde der *Kunstverein Neckar-Odenwald e. V.* gegründet. Sein Ziel ist es, Verständnis für die bildenden Künste und die Beschäftigung mit ihnen zu fördern, und zwar durch jährliche Ausstellungen, Vorträge, Fahrten zu Kunstausstellungen. Außer der in der Satzung des Vereins vorgeschriebenen jährlichen Mitgliederausstellung finden weitere, oft private Kunstausstellungen in den privaten Kunstgalerien in Mosbach oder Buchen, häufig auch in öffentlichen Gebäuden, statt.

Regelmäßige *Konzertabende* bieten im Winterhalbjahr die Konzertgemeinden in Adelsheim, Buchen und Mosbach. Die Konzertgemeinden sind in privater Initiative entstanden, die Angebote reichen von Kammerkonzerten bis zu Sinfoniekonzerten des Kurpfälzischen Kammerorchesters bei der Konzertgemeinde Mosbach. Eine regelmäßige Orgelkonzertreihe bietet die Ev. Kantorei Mosbach. Gastveranstaltungen auswärtiger Chöre und Orchester bereichern immer wieder das musikalische Angebot im Landkreis, z. B. Aufführungen des John'schen Orchesters und Gaschütz'schen Chores aus Wertheim in der Wallfahrtsbasilika Walldürn, oder einmal jährlich eine Veranstaltung der Staatlichen Hochschule für Musik Heidelberg-Mannheim in Hardheim.

Im Landkreis bemühen sich derzeit drei öffentliche Musikschulen um die musikalische Erziehung der Jugend. Die *Städtische Jugendmusikschule Walldürn* wurde 1969 gegründet. Ca. 200 Schüler werden derzeit durch 17 Lehrkräfte in den Fächern Violine, Bratsche, Klavier, Orgel, Gitarre, Akkordeon, Flöte, Posaune, Trompete, Klarinette und Schlagzeug unterrichtet. Die *Musikschule Mosbach* ging aus dem 1980 gegründeten »Verein zur Gründung und Förderung der Städtischen Musikschule Mosbach e. V.« hervor. Am 1.8.1986 wurde die Städtische Musikschule Mosbach gegründet, im selben Jahr wurden 482 Schüler unterrichtet und 236 Unterrichtsstunden erteilt. Der Verein blieb als Förderverein weiter bestehen. Die *Musikschule Hardheim* besteht seit 1975. Sie ist eine private Gründung und wird vom Verein Musikschule Hardheim e. V. getragen. Derzeit werden ca. 130 Schüler von fünf Lehrkräften in den Bereichen Klavier, Gitarre, Melodika, elektronische Orgel und musikalische Früherziehung unterrichtet. Neben den genannten Musikschulen ist vor allem im Raum Billigheim die *Musikschule Möckmühl* engagiert.

Überregionale Institutionen im Bereich der Musikpflege sind die vier Sängerkreise für die weltlichen Chöre, die Regional- bzw. Bezirkskantoreien im kirchlichen Bereich sowie der Volksmusikverband Odenwald-Bauland. Die weltlichen Chöre im Landkreis gehören jeweils einem der vier Sängerkreise an, dem Badisch-Fränkischen Sängerkreis (gegr. 1876 in Sindolsheim, heute 73 Chöre mit 5849 Mitgliedern, davon nur noch neun Chöre aus dem Neckar-Odenwald-Kreis), dem Kurpfälzischen Sängerkreis Heidelberg und dem Sängerkreis Mosbach (beide gegr. 1878 als Sängerbund im Neckartal, die Trennung erfolgte per Diktat 1939). Der *Sängerkreis Mosbach* hat heute 43 Mitgliedsvereine, davon 40 aus dem Landkreis. Dem *Kurpfälzischen Sängerkreis Heidelberg* gehören von 128 Mitgliedschören nur elf aus dem Neckar-Odenwald-Kreis an, und der *Sängerkreis Buchen*, gegr. 1883 als Odenwälder Gausängerbund, hat heute 20 Mitgliedschöre aus dem Altkreis Buchen.

Im kirchlichen Bereich sind es vor allem die *kath. Regionalkantoreien* (z. B. für die Region Odenwald-Tauber) und die *ev. Bezirkskantoreien* (z. B für den Kirchenbezirk Adelsheim-Boxberg), die sich um die Pflege geistlicher Chormusik verdient machen, auch durch musikalische Schulung von Chor- und Orchestermitgliedern der Kirchenchöre und Pfarreiorchester.

Der *Volksmusikverband Odenwald-Bauland* als Dachorganisation der Musikvereine und Blaskapellen besteht seit 1953. Sein Ziel ist die Förderung der Blasmusik durch die Heranbildung von Dirigenten, Stimm- und Registerführern in Ausbildungslehrgängen und durch die Heranbildung junger Musiker im 1986 gegründeten Verbandsjugendorchester.

Auf dem Gebiet der wissenschaftlichen Musikpflege macht sich vor allem die 1982 gegründete *Internationale Joseph-Martin-Kraus-Gesellschaft* e.V. mit Sitz in Buchen verdient. Ihr Ziel ist die Erforschung und systematische Dokumentation des Lebens und Werkes des deutsch-schwedischen Komponisten Joseph Martin Kraus (geb. 1756 in Miltenberg, gest. 1792 in Stockholm), die praktische Erschließung seiner Werke und der Musik des rheinischen und mainfränkischen Raumes durch Symposien, Jahrestagungen, Veröffentlichungen sowie dem etwa zweimal jährlich erscheinenden Mitteilungsheft der Gesellschaft.

Kulturelle Veranstaltungen verschiedener Art bieten seit einigen Jahren die *Mosbacher Kulturtage* und der *Mosbacher Sommer*. Während die Mosbacher Kulturtage 1987 zum vierten Mal vom Arbeitskreis Mosbacher Kulturtage durchgeführt wurden, trat die Stadt im selben Jahr erstmals als Veranstalter des Mosbacher Sommers auf. Beides sind Veranstaltungsreihen, die sich über mehrere Tage erstrecken und von Kinder- und Jugendprogramm über Theater, Kabarett, Ausstellungen, Filmabende bis zu klassischen Konzerten einen Querschnitt bieten. Ein ähnliches Programm bieten auch Jugendhäuser im Landkreis, so etwa das seit 1977 bestehende *Jugendhaus Adelsheim* oder das *Jugendzentrum Höpfingen*, das vom 1981 gegründeten Verein »Jugendzentrum Höpfingen e.V.« unterhalten wird.

Vereinsleben. – Die ersten Vereinsgründungen im Bereich des Neckar-Odenwald-Kreises erfolgten im 19.Jh. als Angleichung zwischen städtischer und ländlicher Lebensform. Vereine waren zunächst rein städtischen Ursprungs, auf dem Land empfand man kein Bedürfnis nach solchen Vereinigungen. Lediglich in den Amtsstädten kam es schon früh im 19.Jh. zur Gründung erster Casino- und Lesegesellschaften, um die Mitte des Jahrhunderts folgten die Gesangvereine, Feuerwehr-, Musik- und Militärvereine, Turn- und Radsportvereine. Die Gründung der modernen Sportvereine, etwa der Fußballclubs, Tennisvereine und anderer, ist meistens eine Entwicklung aus der Zeit nach dem 2. Weltkrieg.

In den 27 selbständigen Gemeinden des Landkreises mit ihren 121 Teilgemeinden gibt es nahezu 1000 Vereine. Wurden ursprünglich Vereine gegründet, weil soziale Aufgaben vom Einzelnen nicht allein bewältigt werden konnten, z.B. 1856 die Gründung des inzwischen aufgelösten Unterstützungsvereins zur Hilfe bei Unglücksfällen in Unterschefflenz oder die Gründung der ersten Löschmannschaften, die schon bald in organisierte Feuerwehren umgewandelt wurden (erste Hinweise auf das Feuerlöschwesen gibt es in Hardheim-Schweinberg 1806, die ersten Feuerwehrgründungen sind bekannt aus Elztal-Rittersbach 1843, Osterburken 1865 oder Aglasterhausen-Michelbach 1888), die kirchlich organisierten Frauen- und Mütter- bzw. Männervereine, die z.T. heute noch in veränderter Form bestehen (aus dem Männerverein Osterburken ging im Jahr 1904 die Sanitätskolonne bzw. der Ortsverband Osterburken des Deutschen Roten Kreuzes hervor), so gab es fast gleichzeitig Vereine, deren Ziel die Geselligkeit war. Die ersten Nachrichten über einen gemischten Chor finden sich aus der Gde Unterschefflenz: Nach der Völkerschlacht bei Leipzig wurde am 14. Oktober 1814 bei der »Hohen Buche« ein Friedensfest gefeiert, bei dem ein gemischter Chor mitwirkte. Die eigentliche Gründung des MGV Unterschefflenz erfolgte erst 1862. Zu den frühesten Gründungen von *Männergesangvereinen* gehören: Gesangverein 1839 Adelsheim, Gesangverein Liederkranz 1842 e.V. Aglasterhausen, MGV Liederkranz 1842 Buchen, Gesangverein Frohsinn 1842 Mudau, MGV Germania Haßmersheim, gegr. 1843, MGV Sängerbund 1845 Hüffenhardt, MGV Frohsinn 1845 Mosbach, Gesangverein Eintracht Sennfeld, gegr. 1846. Der jüngste Chor im Landkreis ist der Gemischte Chor Mudau-Reisenbach, der im Sommer 1987 gegründet wurde. Er sieht seine Aufgaben sowohl im weltlichen wie im kirchlichen Bereich, ähnlich wie der Gemischte Chor Bödigheim, gegr. 1862, oder der Gesangverein Eintracht Götzingen, gegr. 1869, um nur einige Beispiele für die Doppelfunktion von Chören zu nennen. Zu den bedeutendsten *weltlichen Chören* zählt der 1979 gegründete Fränkische Madrigalchor Adelsheim, dessen ca. 100 Mitglieder aus dem ganzen Kreis kommen. Neben regelmäßigen Konzerten, oft in Zusammenarbeit mit großen Orchestern, z. B. der Baden-Badener Philharmonie, tritt der Chor seit zwei Jahren auch mit Konzertveranstaltungen bei den Schloßfestspielen Zwingenberg auf.

Die *kirchlichen Chorvereinigungen*, vor allem die katholischen, sind in der Regel Gründungen des ausgehenden 19. und frühen 20. Jh., in enger Verbindung mit der Gründung des Diözesan-Caecilienverbandes bzw. Bezirks-Caecilienverbandes Mosbach-Buchen 1891 (Caecilienchor Osterburken 1885, Kath. Kirchenchor Höpfingen 1895, Caecilienchor Hettingen 1911, Kirchenchor Oberschefflenz 1922, Kath. Kirchenchor Limbach 1927). Ausnahmen sind die Pfarrgemeinden in den größeren Orten, die auf eine ältere kirchenmusikalische Tradition zurückblicken können, z. B. in Walldürn, begründet durch die Wallfahrt, oder in Buchen. Besondere Aktivitäten über die Grenzen des Landkreises hinaus entwickelt die Ev. Jugendkantorei Hüffenhardt, die seit etwa 15 Jahren besteht.

Ähnlich wie die weltlichen Chorvereinigungen wurden auch die ersten *Musikvereine* und *Blaskapellen* um die Mitte des vorigen Jahrhunderts gegründet (Musikverein Harmonie 1842 Mudau, Musikverein Limbach, gegr. 1863, Musikverein Mosbach e.V., gegr. 1862). Einige Musikvereine stehen in engem Zusammenhang mit dem örtlichen Schützenverein oder der Feuerwehr, beispielsweise die Stadt- und Feuerwehrkapelle Adelsheim, die 1865 gegründet wurde, als lose Vereinigung bereits seit 1766 nachweisbar ist, oder die Stadt- und Feuerwehrkapelle Osterburken und die Feuerwehrkapelle Aglasterhausen. Gründungen neueren Datums dagegen sind Orchester, die eine besondere Aufgabenstellung haben, z. B. der Ev. Posaunenchor Mittelschefflenz, gegr. 1928, der Posaunenchor Binau, das Jugendblasorchester Waldbrunn, die Jagdhornbläser Höpfingen, der Fanfarenzug der Stadt Osterburken oder der Spielmannszug Bödigheim. Hierzu gehören auch die Akkordeonorchester: das Akkordeonorchester Buchen, gegr. 1937, der Harmonika-Verein Akkordeana Götzingen, gegr. 1960, oder der inzwischen wieder aufgelöste Akkordeon-Club Adelsheim.

Zu den Vereinen mit der ältesten Tradition zählen die *Schiffervereine* in den Neckargemeinden: St. Nikolaus Schifferverein Haßmersheim, gegr. 1906, St. Nikolaus Schifferverein Neckargerach, gegr. 1907, beide kirchlich orientiert, und die weltlichen Vereine Schifferverein Germania Haßmersheim, gegr. 1912 sowie der Schifferverein Neckargerach, gegr. 1926. Die genannten vier Vereine bestanden als lose Vereinigung der Neckarschiffer teilweise schon seit dem 18. Jh.

Auch die Gründung *kirchlich orientierter Vereine* reicht häufig schon bis in die Mitte des vorigen Jahrhunderts zurück, z. B. die Kolpingsfamilien (Buchen 1864, Mosbach 1887), die Frauengemeinschaften (Frauengemeinschaft Götzingen als dritte Gruppe dieser Art in der Erzdiözese Freiburg 1877 gegründet, Frauengemeinschaft Hardheim als Mütterverein, Gebets- und Notgemeinschaft etwa ab 1845 bekannt und als Verein 1917 begründet) oder caritative Vereinigungen, z. B. Vinzenz-Vereine, Kath. Volksvereine, Bonifatiusvereine, Kath. Arbeiterunterstützungsvereine. Diese Vereine traten mit der Übernahme der Aufgaben durch staatliche Stellen in den Hintergrund.

7. Kulturelles Leben

Unter der überaus großen Zahl der Sportvereine zählen die *Schützenvereine* zu denen mit der ältesten Tradition. Die Mosbacher Schützengilde 1680 wurde erstmals im Jahre 1680 erwähnt, die Schützengesellschaft Buchen 1822 besitzt seit 1830 das Recht, jährlich den Schützenmarkt abzuhalten und ist damit einer der wenigen Vereine in der Region, die ein eigenes Marktrecht haben. Zu den ältesten zählt auch noch die Schützengilde 1848 e.V. Walldürn, während Sportschützen- und Bogenschützenvereine zu den Gründungen der vergangenen 20 Jahre zählen.

Bei den *Turn- und Sportvereinen* zählen der Turnverein 1846 e.V. Mosbach, der Turnverein Walldürn, gegr. 1848, der Turnverein Adelsheim, gegr. 1863, der Turn- und Sportverein 1863 e.V. Buchen und der Turn- und Sportverein 1863/1946 e.V. Mudau zu den ältesten, zusammengefaßt im Main-Neckar-Turngau, der 1881 aus dem Zusammenschluß der Turngaue Odenwald, Neckar und Tauber gegründet und 1967 wiederbegründet wurde. Dasselbe gilt für die Radfahrvereine, die um die Jahrhundertwende aufkamen, z.B Radfahrverein »Badenia« Oberschefflenz, gegr. 1910.

Neueren Datums sind die *Fußballvereine, Reitvereine*, insbesondere aber *Motorsportclubs, Flugsportvereinigungen*, z. B. der Club für Drachenflugsport in Hardheim, der Flugsportverein Odenwald in Walldürn oder der Parasailingclub Höpfingen.

Etwa gleichzeitig wie die Turnbewegung entstand in der zweiten Hälfte des vorigen Jahrhunderts die deutsche Wanderbewegung. 1882 wurde der *Odenwaldclub* mit mehreren Ortsvereinen im Neckar-Odenwald-Kreis gegründet, jünger dagegen sind die Ortsvereine des *Deutschen Alpenvereins*. Der Odenwaldclub sieht seine Aufgaben neben der Pflege des Wanderns auch auf heimatkundlichem Gebiet, in der Erforschung und Pflege der Odenwälder Tracht.

Impulse kultureller Art gehen vor allem von den zahlreichen *Heimat- und Geschichtsvereinen* aus, vielerorts gekoppelt mit den *Fremdenverkehrsvereinen*. Zu den ältesten zählen der Verein Bezirksmuseum e.V. Buchen, gegr. 1911, und der Heimatverein Hainstadt, gegr. 1922, während die übrigen Gründungen aus der Zeit nach dem 2. Weltkrieg sind. Neben der Betreuung der bereits erwähnten Museen und Sammlungen zählt zu ihren Aufgaben auch die Veröffentlichung heimatkundlicher Schriftenreihen und Zeitschriften, z.B. Verein Bezirksmuseum e.V. Buchen: Heimatblätter »Der Wartturm« und Schriftenreihe »Zwischen Neckar und Main«; Geschichts- und Museumsverein Mosbach e.V.: »Mosbacher Museumshefte«; Heimat- und Museumsverein Walldürn e.V.: »Walldürner Museumsschriften« und »Walldürner Heimatblätter«. Eine besondere Aufgabenstellung haben der Historische Verein Bauland e.V. und der Historische Verein »Elantia« Neckarburken. Beiden gemeinsam ist die Sorge um die Erhaltung der römischen Baudenkmäler in ihrer Gemeinde, deren Erforschung und Zugänglichmachung. Neueste Bestrebungen zur Gründung eines Heimatvereins bestehen derzeit in Hardheim-Schweinberg, wo die seit über 25 Jahren bestehende Interessengemeinschaft für Heimatpflege nunmehr in einen eingetragenen Verein umgewandelt werden soll. Vereine, wie der Verein »Alt Bödigheim«, der Verein »Schloß Lohrbach« oder der Verein »Alt Mosbach«, haben sich die Pflege erhaltenswerter Baudenkmäler zum Ziel gesetzt. Brauchtumspflege betreiben auch der Fotoclub »Blende 8« in Buchen-Götzingen, gegr. 1959, der vor allem durch Foto- und Filmdokumentationen über alte Handwerkstechniken und vergessene bäuerliche Lebensformen an die Öffentlichkeit tritt, ferner die Trachtengruppen, die Odenwälder Trachtenkapelle in Walldürn und die Odenwälder Trachtengruppe in Buchen. Letztere ist eine private Gründung, die nicht nur das Tragen der nach Originalschnitten hergestellten Odenwälder Tracht, sondern auch die Pflege alter, im Raum Odenwald/Bauland heimischer Tänze zur Aufgabe hat.

Zur Brauchtumspflege gehört auch die Pflege fastnachtlicher Bräuche. Die Ursprünge der Fastnacht im bad. Frankenland reichen weit zurück, erste Vereinsgründungen gab es in Buchen 1888 mit dem FC »Narrhalla« und der Karnevalsgesellschaft »Feurio« e.V. Mosbach 1890 bzw. der Fastnachtsgesellschaft »Gääswärmerzunft Alleze«, gegr. 1927. Weitere Fastnachtsgesellschaften kamen nach dem 2. Weltkrieg hinzu, zusammengefaßt 1951 im Narrenring Main-Neckar e.V. mit Sitz in Buchen.

Kulturelle, vor allem aber gesellschaftliche Aufgaben übernehmen der Blecker-Club Buchen, der Rotary-Club Mosbach, der Lions-Club Mosbach oder die »Schlaraffia im Odinwald« in Mosbach, während die Landsmannschaften, insbesondere der Schlesier, der Sudetendeutschen, der Donauschwaben und der Siebenbürger Sachsen in Mosbach vor allem die Pflege und Bewahrung der Kultur der Heimatvertriebenen zur Aufgabe haben.

Nicht unerwähnt bleiben sollen die Militärvereine und -kameradschaften, die vor allem vor dem 1. Weltkrieg eine große Rolle spielten, seit 1945 aber nur noch in Ausnahmen bestehen. Eine der ältesten ist die Kyffhäuser-Kameradschaft in Buchen-Hainstadt, die seit 1862 ununterbrochen Bestand hat.

In fast allen Gemeinden des Landkreises gibt es darüber hinaus Siedlervereine, Obst- und Gartenbauvereine, Kleintierzüchtervereine, Brieftaubenzüchtervereine sowie weitere zahlreiche Vereinigungen, deren Ziel Hobbies und Freizeitgestaltung sind: Briefmarkenfreunde, Skat- oder Angelclubs, um nur einige Beispiele zu nennen.

Die Gesamtschau zeigt, daß das Vereinsleben im Neckar-Odenwald-Kreis ausgesprochen vielseitig und intensiv ist, und daß die Vereine zu einem großen Teil als die eigentlichen Träger kultureller Tätigkeit gewertet werden können.

8. Presse

Eine eigene Presse ist im Kreisgebiet relativ spät entstanden. Noch 1840 konnte das Amt Mosbach an die Regierung des Unterrhein-Kreises schreiben, »daß im Amtsbezirk keine Zeitung erscheint«. Vorher und auch danach war man auf Blätter von außerhalb angewiesen. Ältestes Blatt war die *Wertheimer Zeitung*, die 1772 gegründet wurde und nach mehreren Namensänderungen zwischen 1843 und 1869 als *Main- und Tauberbote* erschien; sie war auch 1845–1848 Amtsblatt für das Amt Buchen und 1850–1861 für das Amt Walldürn. In unseren Raum hinein wirkten auch das *Miltenberger privilegierte Intelligenzblatt* (1803), ab 1809 *Fürstlich-Leiningisches Bezirks-* (ab 1819 *Wochen-*)*blatt*, sowie das *Heidelberger Wochenblatt* (1806).

In Heidelberg erschien auch 1836 *Der Bote vom Neckar – ein Wochenblatt für Mosbach und Umgebung*, ab 1845 *Der Neckarbote* mit Agenturen in Mosbach, Adelsheim und Eberbach; getrennt davon erschien das *Amts- und Verkündigungsblatt für Mosbach, Neudenau, Eberbach und Adelsheim*. Die Zeitung erschien zunächst einmal, später zweimal in der Woche und hatte einen Umfang von 4 DIN-A 5-Seiten. Sie brachte amtliche Mitteilungen (Fahndungen, Gerichtsurteile, Versteigerungen, Verpachtungen), Hinweise auf Märkte, die Getreide-, Brot- und Fleischpreise, Romane, kleine Erzählungen, Anekdoten, aber auch Mitteilungen aus dem lokalen Bereich und Nachrichten aus aller Welt. Oft wurde über ausländische Ereignisse eingehender berichtet als über Vorgänge im Land.

Die Zeitungen hatten eine geringe Auflage (z. B. die *Wertheimer Zeitung* 1813 nur 180 Stück) und waren daher vom staatlichen »Insertionsprivileg« und dem Bezug durch die Gemeinden wirtschaftlich abhängig. Für die Existenz einer Zeitung war es wichtig, als amtliches Verkündungsblatt anerkannt zu sein; damit unterstand die Zeitung aber der Zensur.

Von der revolutionären Bewegung wurden auch die Zeitungen erfaßt. Der *Neckarbote* hatte schon umfassend über die Februarrevolution 1848 in Frankreich berichtet und der *Main- und Tauberbote* Regierung und Behörden kritisiert. Mit der Einführung der Pressefreiheit und der Aufhebung der Zensur im März 1848 bewegten sich die beiden Zeitungen voll im revolutionären Fahrwasser. Der *Neckarbote* wollte »mit allen Kräften der neuen Zeit und ihrer Bewegung (angehören)« und entschuldigte sich gleichsam für »allzu ängstliche Rücksichten« in der Vergangenheit. Er berichtete nun sehr eingehend über die Vorgänge in Deutschland und im engeren Heimatbereich – mit der Folge, daß ihm bald das staatliche Insertionsprivileg entzogen wurde und er sein Erscheinen im Mai 1850 einstellte. Ähnlich verfuhr man mit dem *Main- und Tauberboten*, dessen Verleger sich der Verhaftung durch Flucht nach Amerika entzog.

Erste Zeitungsgründungen. – Die erste Zeitungsgründung in unserem Raum erfolgte am 1. 1. 1849, als der gelernte Buchdrucker Kaspar Müller in Mosbach den *Odenwälder Boten* verlegte. Der Leserkreis konnte nicht sehr groß gewesen sein, denn schon bald mußte der Mosbacher Gemeinderat auf die übliche Art helfen: Er übertrug ihm das Insertionsprivileg vom Neckarboten, dem republikanischen Konkurrenzblatt aus Heidelberg. Ähnlich verfuhr man mit dem mißliebigen Main- und Tauberboten im Amtsbezirk Buchen, so daß der Odenwälder Bote ab Februar/März 1849 das Privileg hatte, die amtlichen Anzeigen zu drucken; zunächst erfolgte dies in einem Anhang zu den Nachrichten, dann in einem eigenen »Amts- und Verkündigungsblatt f. d. Gr. Ämter Mosbach, Adelsheim, Eberbach und Buchen«; lediglich der Bezirk Walldürn verblieb noch dem Main- und Tauberboten. 1874 ging die Zeitung in den Besitz von Karl Wagner über und trug den Titel *Badische Neckarzeitung* (Untertitel: *Odenwälder Bote* – älteste Zeitung des Bezirks. Gegründet 1849).

1865 gründete der Schwager von Kaspar Müller, Karl Lind, den *Buchener Anzeiger*, der am 1. 4. 1866 an Stelle des Odenwälder Boten Verkündigungsblatt des Amts- und Amtsgerichtsbezirks Buchen wurde. Nach Aufhebung des Amtes Walldürn (1872) weitete sich das Verbreitungsgebiet aus; ab 1880 war er »Amtsverkündigungsblatt für den Amtsbezirk Buchen und die Amtsgerichtsbezirke Buchen und Walldürn«. Nach dem Tode Linds übernahm sein Schwager Heinrich Müller das Blatt, das ab 1. 1. 1887 unter dem Titel *Der Odenwälder* (Untertitel: *Buchener Anzeiger*) erschien. 1867 erhielt auch Walldürn eine Zeitung, als Franz Wendel Kaufmann den *Odenwälder Anzeiger* herausbrachte. Die Zeitung bestand jedoch nur kurz; sie wurde am 28. 5. 1873 von Max Hollmaier unter dem Titel *Walldürner Stadt- und Landbote* neu herausgebracht. In Adelsheim kam es 1875 zur Gründung des *Bauländer Boten* durch Friedrich Büchner; nach anfänglichen Schwierigkeiten konnte das kleine Einzugsgebiet um den Raum Boxberg erweitert werden, so daß sich die Zeitung behaupten konnte. In Randbereichen wurde auch die 1864 in Tauberbischofsheim gegründete Zeitung *Die Tauber (Badische Tauberzeitung)* gelesen.

Entstehen von Richtungszeitungen. – Die ersten beiden Zeitungsgründungen erfolgten als Ausfluß der bürgerlichen Revolution von 1848/49 und hatten eine konservativ-konstitutionelle Tendenz. »Die Anarchie ist niedergeworfen; sie hat zur Gewalt gegriffen, und Gewalt soll ihre Rückkehr unmöglich machen. Gift erfordert Gegengift; mit Milde wird man unsere Zustände nicht heilen«, hieß es im *Odenwälder Boten* vom 19. 7. 1849; in der »Versöhnung der Parteien durch Belehrung und Wahrheit in würdiger Besprechung unserer Zustände« sah er seine wesentliche Aufgabe. Und der *Buchener Anzeiger* wollte es sich zur Pflicht machen, »dem Beruf der Presse als Trägerin und Vermittlerin aller Bildung soviel als möglich nachzukommen, um das Rechtsbewußtsein des Volkes zu heben und Freiheit, Wahrheit und Recht zu verteidigen«.

In Folge des Kulturkampfes in Baden und später im Deutschen Reich entwickelten sich alle vier Zeitungen zu nationalliberalen Kampfblättern gegen die kath. Kirche und die kath. »ultramontane« Zentrumspartei, die noch kurz vor Ausbruch des 1. Weltkriegs als Reichsfeind – »eine Partei, die nie verschmäht hat, mit Gegnern und Feinden des Vaterlandes gemeinsame Geschäfte zu machen« – dargestellt wurde, da sie ihre »Befehle von Rom« empfing. Aus diesem Grunde wurde in den 1870er Jahren auch der Altkatholizismus, die »Los-von-Rom-Bewegung«, in den nationalliberalen Blättern propagiert; insbesondere bei Wahlkämpfen wurde die Zentrumspartei auch nach Beendigung des Kulturkampfes immer wieder angegriffen. Die SPD, die in unserem Raum noch keine Bedeutung hatte, war dagegen nur gelegentlich Zielscheibe kritischer Artikel. Mit Ausnahme des *Walldürner Stadt- und Landboten,* der sich 1891 nach einem Besitzerwechsel als Zeitung mit »entschieden katholischer Tendenz« empfahl, waren die anderen Zeitungen Parteizeitungen der nationalliberalen Partei; sie enthielten nur Wahlaufrufe dieser Partei, berichteten fast ausschließlich über deren Veranstaltungen und druckten ausführlich deren Artikeldienste ab, die die Position der Landes- und Reichsregierung und der nationalliberalen Fraktionen wiedergaben.

Mit der Ausweitung des Kulturkampfes schufen sich auch die kath. Kirche und der politische Katholizismus eine eigene Presse. So wurden in den kath. Gemeinden das 1859 geschaffene Bistumsblatt *Freiburger Katholisches Kirchenblatt* sowie vielfach das 1865 von Jakob Lindau in Heidelberg herausgegebene Zentrumsblatt *Pfälzer Bote* gelesen. 1892 gründete Hermann Eiermann das *Mosbacher Volksblatt,* das nach eigener Ankündigung »fest auf dem Boden des Zentrums« stehen wollte und im Kopf der Zeitung den Wahlspruch des Zentrums »Mit Gott für Wahrheit, Freiheit und Recht« führte. Insbesondere anläßlich von Wahlen wurden scharfe Auseinandersetzungen zwischen den liberalen Blättern und der Zentrumszeitung geführt. 1920 wurde in Buchen ein weiteres Zentrumsblatt vom kath. Presseverein Buchen geschaffen, das *Buchener Volksblatt;* als zentrumsorientiert galt auch der seit 1893 in Tauberbischofsheim erscheinende *Tauber- und Frankenbote,* der in Randbereichen gelesen wurde.

Es gab auch Versuche, eine sozialdemokratisch orientierte Zeitung für unseren Raum zu gründen. Von 1902–1915 gab es den *Walldürner Volksfreund* und in den Jahren 1908–1912 sowie 1919 den *Süddeutschen Volksfreund* in Adelsheim. Zeitungen sind zwar keine mehr vorhanden, doch deutet manches darauf hin. Seit Oktober 1919 konnten die Sozialdemokraten auf die in Heidelberg erscheinende *Volkszeitung, Tageszeitung für die werktätige Bevölkerung* zurückgreifen.

Presse zwischen 1918 und 1945. – Mit dem Ende des Kaiserreichs änderten sich auch Stil und Inhalt der Zeitungen. Unter Verzicht auf den bislang vorherrschenden Hurra-Patriotismus wurde nun über die politischen Vorgänge im Reich und aus unserem Raum berichtet. Das auflagenstärkste Blatt, die *Badische Neckarzeitung* (seit 1. 7. 1918 im Besitz von Hermann Kirschmer), wollte »losgelöst von den starren Dogmen einseitiger Parteipolitik« berichten. Sie enthielt nun auch Versammlungsankündigungen und -berichte anderer Parteien, förderte aber insbesondere die Deutsche Demokratische Partei und die Badische Volkspartei; sie druckte auch nur die Wahlinserate dieser beiden liberalen Parteien ab. Sie war antisozialistisch eingestellt und leistete der

Dolchstoßlegende Vorschub, indem sie die SPD für »unser trauriges Kriegsende« und die Not danach verantwortlich machte. Die Badische Neckarzeitung blieb – wie im Kaiserreich – eine Zeitung insbesondere des protestantischen Bürgertums; sie enthielt auch nur die ev. Gottesdienstordnung und die der neuapostolischen Kirche. Die konfessionelle Frontstellung kam noch abgeschwächt zur Geltung.

In der Endphase der Weimarer Republik wurden auch Versammlungen der Rechtsparteien NSDAP und DNVP angekündigt. Zur Reichstagswahl am 7.11.1932 waren erstmals Versammlungsinserate der NSDAP abgedruckt, aber keine Wahlinserate; dies galt auch noch nach der Machtergreifung für die Märzwahl 1933. Danach vollzog sich aber die Anpassung schnell. Es wurde über NS-Veranstaltungen, Kundgebungen, nationale Feiern, die Gleichschaltung, Auflösung von Vereinen, den ersten Boykott jüdischer Geschäfte (1.4.1933), Schutzhaft und Amtsenthebungen kritiklos berichtet. Im Anzeigenteil waren nun auch Geschäftsanzeigen zum Kauf von Braunhemden, Parteiemblemen, SA-Stiefeln etc. zu sehen.

Dem Agitationsblatt der NSDAP für Nordbaden, der in Heidelberg erscheinenden *Volksgemeinschaft* war dies offenbar nicht genug, denn sie drohte unverhohlen, als die Badische Neckarzeitung nicht über Nazi-Kundgebungen berichtete: »Wir werden Mittel und Wege finden, auch der Badischen Neckarzeitung die nötigen ›Fingerzeige‹ geben zu lassen«, nachdem man schon vor der Machtergreifung deren Verleger deutlich gewarnt hatte, daß er sich »an die Tatsache erinnern (sollte), daß es hauptsächlich Nationalsozialisten sind, die seine Zeitung lesen«. In der Folgezeit mußte die Badische Neckarzeitung, die im Januar 1934 noch 1100 Abonnenten hatte, immer mehr um ihr Überleben kämpfen. Zum 1.1.1934 übertrug sie gegen Entgelt den amtlichen Bekanntmachungsteil an den Verlag Volksgemeinschaft, deren Werber immer stärker auftraten und die Einstellung des Vertriebs der Badischen Neckarzeitung schon zum 1.5.1934 propagierten. »Im Zuge der Vereinfachung im deutschen Pressewesen« (Verlagsankündigung) erschien die Badische Neckarzeitung letztmals zum 31.1.1936, als das Verlagsrecht auf die »Volksgemeinschaft« übertragen wurde. Von den anderen liberalen Blättern fusionierte der *Odenwälder* schon 1934 mit der Volksgemeinschaft, für die in Buchen eine Lokalseite hergestellt wurde. Am längsten hielt sich noch der *Bauländer Bote*, der erst zum 31.5.1941 im Zuge der Kriegsbewirtschaftung sein Erscheinen einstellte.

Das Zentrumsblatt *Mosbacher Volksblatt* war vor und nach der Machtergreifung in deutlicher Distanz zum Nationalsozialismus; deshalb setzte sich die Heidelberger NS-Zeitung regelmäßig scharf und ironisch mit der »schwarzen Tante« auseinander. Nach der Machtergreifung lautete die Schlagzeile »Ein guter Katholik kann nicht Nationalsozialist sein« oder wurde in Veranstaltungsberichten vor der »Gottlosenbewegung« gewarnt. Vor der Reichstagswahl am 5.3.1933 wurde die NSDAP im Zentrumsblatt täglich scharf angegriffen. Nach dem Ermächtigungsgesetz wurde die Kritik verhaltener, erging der Aufruf, sich im Vertrauen auf die Zusicherungen Hitlers »in die Welle nationaler Begeisterung« einzureihen und »Einsicht in die heutige Lage« zu zeigen. Um seine Existenz zu sichern, firmierte das ehemalige Zentrumsblatt ab 8.5.1933 als »katholische Zeitung«. Man propagierte den loyalen Staatsbürger im nationalsozialistischen Staat und verteidigte die Stellung der Kirche. Wurden kirchliche Bereiche tangiert, wurde dies deutlich kritisiert, so z.B. der Abbruch des katholischen Gesellentags in München. Die Anpassung zeigte sich auch in der Judenfrage. So hieß es schon am 7.6.1933 in einem Aufsatz, daß es wohl »kein Unrecht ist, wenn das neue Reich von gewissen Berufen und Stellen die Juden ausschließen will«. Am 27.10.1933 wurde erstmals ein Inserat der NSDAP zu einer Kundgebung abgedruckt. In der Folgezeit wurden weitere NS-Veranstaltungen angekündigt, aber sehr nüchtern darüber berichtet. Der kirchliche Charakter der Zeitung wurde insbesondere im Lokalteil deutlich, der schwerpunktmäßig Darstellungen aus dem kirchlichen Bereich enthielt. Trotz massiver Werbung der Volksgemeinschaft konnte das Mosbacher Volksblatt bis Ende 1935 seine 1200 Abonnenten halten. Durch Verfügung der Reichspressekammer wurde die weitere Herausgabe untersagt und das Erscheinen zum 29. 2. 1936 eingestellt. Auch die beiden anderen Zentrumsblätter, das *Buchener Volksblatt* und der *Walldürner Stadt- und Landbote*, mußten 1936 ihr Erscheinen einstellen; das Buchener Volksblatt wurde überdies am 18. 4. 1935 wegen eines kritischen Artikels von Dekan Blatz beschlagnahmt. Ab Mitte 1936 hatte damit die NS-Presse das Zeitungsmonopol.

Ein Spiegelbild des Aufstiegs der nationalsozialistischen Bewegung ist ihr »Kampfblatt«, der *Heidelberger Beobachter*. Am 3. 1. 1931 erschien er zunächst zweimal in der Woche, schon ab 1. 5. täglich; sein Verbreitungsgebiet reichte von Heidelberg bis Wertheim. Ab 1. 3. 1932 firmierte er als *Volksgemeinschaft* und wurde bald zum auflagenstärksten Blatt der Region. Ab 1. 3. 1936 erschien er in mehreren Bezirksausgaben; »Rund um Mosbach« hatte Ende 1936 3700 und der »Odenwälder« 3900 Abonnenten. In aller Schärfe wurden die anderen politischen Parteien und deren Vertreter attackiert; Zentrumspolitiker wie der Reichsabgeordnete Damm (Wagenschwend), der Landtagsabgeordnete Schwarz (Mosbach) und der Mosbacher kath. Stadtpfarrer Roser wurden oft sogar persönlich diffamiert. In der Zeitung wurde über NS-Veranstaltungen in den einzelnen Orten berichtet. Nach dem Verbot der anderen Zeitungen ging die kommunalpolitische Berichterstattung deutlich zurück; auf persönliches Fehlverhalten von lokalen Nazi-Größen (z. B. Selbstmord) wurde nicht eingegangen. Ohne Ankündigung erschien am 23. 3. 1945 die letzte Nummer.

Presse nach dem 2. Weltkrieg. – Nach der Machtübernahme durch die Alliierten gab es zunächst die von der US- Militärregierung genehmigten *Amtsblätter für den Landkreis Buchen* bzw. *für die Stadt und den Landkreis Mosbach*. Als erste Zeitung in der Region erhielt die in Heidelberg erscheinende *Rhein-Neckar-Zeitung* (RNZ) von den Amerikanern die Lizenz. Sie erschien erstmals am 5. 9. 1945, auch mit einer Bezirksausgabe *Odenwald*, später als *Nordbadische Nachrichten* für den ehemaligen Lkr. Buchen und als *Mosbacher Nachrichten* für den ehemaligen Lkr. Mosbach; wegen Papierknappheit konnte sie anfangs nicht regelmäßig erscheinen, da die Stadtausgabe Heidelberg Vorrang hatte. 1951 wurden in Mosbach, 1954 in Buchen und Walldürn selbständige Redaktionen eingerichtet; die beiden letzteren wurden zum Jahreswechsel 1981/82 nach Buchen zusammengelegt.

Die RNZ ist die auflagenstärkste Zeitung im Kreisgebiet und erscheint im ganzen Landkreis. Die *Mosbacher Nachrichten* haben eine Auflage von ca. 15000 Exemplaren und seit 1983 im Altkreis Mosbach das Monopol. Die *Nordbadischen Nachrichten* haben eine Auflage von ca. 9000 Exemplaren und stehen im Altkreis Buchen in Konkurrenz zu den *Fränkischen Nachrichten*. Der Lokalteil ist in beiden Ausgaben der RNZ mit ca. 4 bzw. 8 Seiten sehr ausgeprägt. Dennoch wird in der Berichterstattung nicht der gesamte Landkreis abgedeckt, wodurch die Integration im neuen Landkreis erschwert wird.

Die *Fränkischen Nachrichten*, die am 30. 6. 1946 im Lkr. Tauberbischofsheim erschienen, erweiterten ab 1. 4. 1947 ihr Einzugsgebiet um den Altkreis Buchen. Die »FN« hat ihren Sitz in Tauberbischofsheim und erscheint im Landkreis mit der Lokalausgabe Buchen-Walldürn mit ca. 7000 Exemplaren. Die Lieferung des Zeitungsmantels erfolgte zunächst durch das *Heidelberger Tageblatt*, später durch den *Mann-*

heimer Morgen. Die Lokalseiten werden am Verlagsort hergestellt und seit 1952 in der Mannheimer Morgen-Großdruckerei gedruckt. Der Lokalteil variiert zwischen 8 und 10 Seiten, allerdings mit Nachrichten aus den angrenzenden Räumen vermischt. Buchen ist Sitz einer Lokalredaktion. Die Kreisreform wirkte sich für die FN nachteilig aus, denn seit 1973 ist die Zeitung nicht am Kreissitz Mosbach mit einer Redaktion vertreten und seit dem Rückzug der Neuen Mosbacher Zeitung (Ende 1982) vom Informationsfluß und Geschehen in der Kreisstadt und dem Altkreis Mosbach etwas abgeschnitten.

Die beiden Zeitungen gelten als politisch unabhängige Zeitungen mit deutlich konservativer Grundhaltung. Für die FN galt dies schon immer; nach dem Gesellschaftsvertrag tritt sie »für das christliche Kulturgut« ein. Die RNZ galt lange Zeit wegen ihres früheren Verlegers Dr. Hermann Knorr, der vor der Machtergreifung SPD-Landtagsabgeordneter war, als SPD-nahestehend. Als Folge der Studentenrevolte, insbesondere in Heidelberg, Ende der 1960er Jahre rückte die Zeitung in die politische Mitte. Auch über das politische Geschehen im Landkreis wird in den beiden Zeitungen sehr umfassend berichtet. Lange Zeit dominierte hier die CDU als führende Kraft im Landkreis; die SPD hat in den letzten Jahren deutlich aufgeholt.

Als weitere konservative Zeitung bestand über drei Jahrzehnte die *Neue Mosbacher Zeitung*, die am 2.2.1950 erstmals erschien. Federführend beteiligt war Druckereibesitzer Hermann Eiermann, der vor dem Naziverbot das Mosbacher Volksblatt verlegt hatte. Die NMZ liierte sich ein Jahr später mit dem erst 1949 gegründeten *Heidelberger Tageblatt* und übernahm dessen Zeitungsmantel, später den des *Mannheimer Morgen*. In den 1950/60er Jahren hatte die NMZ eine Auflage von ca. 4500 (RNZ Mosbach damals ca. 6000) Exemplaren, die sich als Folge zahlreicher Wechsel in der Redaktion und eines immer mehr reduzierten Lokalteils halbierte. Aus wirtschaftlichen Gründen stellte die Haas-Verlags-Gruppe, in deren Besitz 1968 das Tagblatt übergegangen war, zum 31.12.1982 die Zeitung ein; die NMZ hatte zuletzt noch etwa 1900 Abonnenten.

Jeder vierte Kreiseinwohner bezieht eine der beiden Lokalzeitungen, die einer Meinungsumfrage zufolge von 90 v.H. der Befragten gelesen werden; mit Abstand steht an der Spitze das lokale Geschehen, dem die Lokalzeitungen sehr viel Platz einräumen. Eine gewisse Rolle spielen noch die Anzeigenblätter, die kostenlos an alle Haushaltungen verteilt werden, der Meinungsumfrage zufolge aber deutlich weniger als die Lokalzeitungen gelesen werden. Sie enthalten Informationen von Vereinen und Verbänden sowie Mitteilungen von Behörden. Seit 1982 gibt es im Elzmündungsraum mit dem *Badisch-Sibirien-Express* eine alternative Monatszeitung, der schon von der Auflage her (500 Exemplare nach eigenen Angaben) keine große Bedeutung beikommt. Eine größere Bedeutung erlangte das Monatsmagazin *StattZeitung*, das 1988 in Kooperation mit Ketchup erschien und sich vor allem an jüngere Leute wandte (Auflage 5000). Ursprünglich auch als Konkurrenz zur Rhein-Neckar-Zeitung in Mosbach gedacht, gibt man sich nun einen etwas mehr bürgerlichen Anstrich; seit Ende 1990 wird sie unter dem neuen Namen *Stadtzeitung* kostenlos in einer Auflage von 15000 Exemplaren kreisweit verteilt (Tankstellen, Kioske, Buchhandel). Für die regionale Berichterstattung ist dagegen das *Studio Heidelberg des Süddeutschen Rundfunks* wichtig, das seit 1949 aus dem Kreisgebiet berichtet. Seit 1970 konnte durch die Sendung »Neues auf 99,9« und seit 1979 durch die Sendungen »Regionalreport« und »Nahaufnahme« die Berichterstattung aus dem Landkreis wesentlich erweitert werden; die Sendungen sind allerdings nicht in allen Teilen des Kreises zu hören. Zunehmende Bedeutung gewinnen die privaten Radiosender *Radio Ton* (Bad Mergentheim) und *Radio Regenbogen* (Mannheim).

B. GEMEINDEBESCHREIBUNGEN

Adelsheim

4384 ha Stadtgebiet, 4679 Einwohner

Wappen: In Silber (Weiß) ein gebogenes schwarzes Steinbockshorn. – Das Stadtwappen, das erst seit Beginn des 19. Jh. in den Siegeln nachgewiesen werden kann, ist das der Herren von Adelsheim, der Ortsherren bis 1805. Es wurde mit der Flagge nach der Vereinigung der Stadt mit Sennfeld vom Landratsamt am 16.8.1976 neu verliehen. – Flagge: Schwarz-Weiß (Schwarz-Silber).

Gemarkungen: Adelsheim (2152 ha, 3313 E.) mit Dambergerhof, Hergenstadt, Seehof und Wemmershof; Leibenstadt (720 ha, 319 E.); Sennfeld (1511 ha, 1076 E.) mit Hammermühle, Hof.

A. Natur- und Kulturlandschaft

Naturraum und Landschaftsbild. – Das Stadtgebiet mit der Stadtgemarkung Adelsheim und den dörflichen Gemarkungen von Leibenstadt und Sennfeld liegt in der in SW-NO-Richtung streichenden Bauland-Muldenachse, in deren Verlauf im Bereich der Lettenkeuperhöhen östlich der Seckach und weiter nordöstlich – schon außerhalb des Kreisgebiets – des Ahornwalds die erdgeschichtlich jüngsten Triasgesteine des Baulands an der hügeligen Oberfläche anstehen.

Das Stadtgebiet erfährt südlich Adelsheim durch das süd- und südwestwärts verlaufende, der Jagst zustrebende Tal der Seckach eine Zweiteilung. Am Südrand der mittelalterlichen Stadtanlage von Adelsheim (s. u.) mündet heute die große Teile des nordöstlichen Kreisgebiets entwässernde Kirnau in die Seckach ein. Dies erfolgt nach der Überwindung einer deutlichen Gefällsstufe aus Tuffsteinablagerungen, die einst den »Tanzberg« am Ostrand der Altstadt aufbauten. Diese harten, aus Kalksintersedimenten der Kirnau auf dem Muschelkalksockel des Stadtgebiets abgelagerten Gesteinsbildungen wurden jahrhundertelang zum Bau der Häuser in der Stadt und in den benachbarten Dörfern abgebaut. Dieser Tuffsteinberg, dessen allmähliche Abtragung als Baumaterial erst die Möglichkeit zur Anlage der südöstlichen Innenstadt mit der hinteren Kreuzgasse, der Schloßgasse und der Linsengasse sowie der südlichen Vorstadt bot, zwang die von NO kommende Kirnau ursprünglich in die NW-Richtung. Ihre frühere Einmündung in die Seckach erfolgte daher beim ehemaligen Untertor durch den See, und entlang der südlichen Stadtmauer entwässerte nur ein schmaler Mühlgraben zur Seckach. Das heute dort befindliche breite Kirnaubett ist künstlich ausgehoben, um dem Adelsheimer Altstadtbereich eine geschützte Insellage zu verleihen. Beim Oberschloß (s. u.) entstand dabei eine Stauanlage zur Speisung des Mühlgrabens sowie ein rd. 4 m hoher Wasserfall im Bereich der Tuffsteinablagerungen.

Nördlich der Altstadt erhebt sich zwischen den Tälern von Seckach und Kirnau der an seinen südexponierten Hängen heute überbaute Eckenberg (s. u.), eine durch die benachbarten Flußtäler markant herausmodellierte Waldhöhe. Ihr auf über 314 m NN aufragender Gipfelbereich besteht aus harten Gesteinen des Hauptmuschelkalks, während die Bergflanken – wie die unteren Hänge des Kirnau- und Seckachtals – dem weicheren Mittleren Muschelkalk angehören. Beide Täler sind als breite, wiesenerfüllte Sohlentäler in rd. 200 bis 240 m Höhe entwickelt. Oberhalb der Altstadt von Adelsheim ist der Talboden der Seckach heute durch die Anlage eines Gewerbe- und

Industriegebiets (s. u.) weitgehend überbaut. Südlich der Stadt pendelt die mit der Kirnau vereinigte Seckach teils mäandrierend über die Talsohle und ist im Begriff, durch weitere Tiefenerosion Talmäander auszuformen. Die Talflanken sind in den unteren, im weniger widerständigen Mittleren Muschelkalk liegenden Hangpartien teilweise etwas flacher ausgebildet. Deutliche Hangknicke mit stufenartigen Rändern haben sich an den oberen Talflanken im Bereich der harten und bankigen Trochiten- und Nodosuskalke herausgebildet, so an der westexponierten linken Talseite der Seckach unterhalb Adelsheim und bei Sennfeld oder auch an dem von O in das Kirnautal einmündenden Brünnbachtälchen, wo an dessen südwärts gewandtem Steilhang in Aufschlüssen und Steinbrüchen die bankigen Gesteinsschichten des Hauptmuschelkalks stufenbildend hervortreten.

In günstig exponierten, sonnseitigen Lagen lassen aus Lesesteinen aufgeschichtete und von Buschwerk umschlossene Wälle noch einstige Weinberglagen erkennen. Für die stark besonnten Muschelkalkhöhen war Weinbau über Jahrhunderte geradezu typisch, und die ehemaligen Reblagen erstrecken sich bis an die oberen Talkanten.

Die Gemarkungsteile abseits der größeren Sohlentäler weisen einen wenig reliefierten, hochflächigen Hügellandcharakter auf. Sie liegen überwiegend im Oberen Muschelkalk, der westlich und östlich des Seckachtals inselhaft mit Löß- und Lößlehmablagerungen bedeckt ist. Beim Damberger Hof werden am Nordrand des Stadtgebiets über 336 m NN, bei den Aussiedlerhöfen des Schmachtelbergs im W fast 327 m NN und an der Adelsheimer Höhe im östlichen Stadtgebiet zwischen der Stadt und dem an die flachen Hänge des Hergstbachtälchens angeschmiegten Dorf Leibenstadt sogar über 347 m NN sowie am unweit nördlich gelegenen Steinbühel knapp 349 m NN erreicht. Von diesen sanftkuppigen und hochflächigen Hügelrücken reicht der Blick an dunstfreien Tagen bis zur Keupersandstein-Schichtstufe der Waldenburger Berge im SO, bis zu den Löwensteiner Bergen im S und der auf der östlichen Odenwaldabdachung aufsitzenden Vulkanruine des Katzenbuckels im W.

Die höchsten Erhebungen des Stadtgebiets überragen dann als bewaldete Keuperhöhen den Muschelkalk im S und O von Leibenstadt und im O von Hergenstadt. Fast 370 m NN werden dabei im Ober-Hergstadter Wald erreicht. Diese Keuperwälder sind wie die ausgedehnte Waldfläche im W des Stadtgebiets und die kleineren Wälder am Eckenberg und vornehmlich an den Talhängen von Seckach und Kirnau Mischwaldbestände aus Eichen, Buchen, Lärchen, Forlen und Fichten. Noch im vorigen Jahrhundert waren es in erster Linie Laubmischwälder mit hohen Buchen- und Eichenanteilen. Geschlossene Fichtenbestände entstanden erst seit der Mitte des 19. Jh. mit der Einrichtung einer badischen Bezirksförsterei.

Die Baulandhügel und -hochflächen werden im Adelsheimer Stadtgebiet von teils wenig eingeschnittenen Tälchen gegliedert wie dem Oberlauf des ebenfalls zur Jagst entwässernden Hergstbachs mit seinen Quellsträngen im O. Zum Teil haben sich aber stark eingekerbte Seiten- und Nebenbäche in den Muschelkalkuntergrund eingesägt wie der Brünnbach (s. o.) oder die Essigklinge östlich der Seckach und der bei der Talmühle südlich von Sennfeld ins Haupttal einmündende Fischbach.

Siedlungsbild. – Das aus einem frühmittelalterlichen Dorf hervorgegangene Adelsheim in der Talweitung südlich des Eckenbergs an der Einmündung der Kirnau in die Seckach zeigt in seinem mittelalterlichen Stadtkern mit etwa rechteckigem Umriß ein rippenförmiges Grundrißbild. Die Hauptachse in der Mitte der mittelalterlichen Stadt ist dabei die von SSO nach NNW ziehende Marktstraße von der Kirnaubrücke im S bis zur Brücke über den in früheren Jahrhunderten breiteren Kirnauarm, der die *Altstadt* im N und O umschloß und einst auch die Wassergräben der reichsritterschaftlichen

Tiefburg an ihrem NO-Rand speiste. Diese Hauptstraße der Stadt war im N bis 1826 und im S bis zum Ende des vorigen Jahrhunderts durch Stadttore abgeschlossen. Auf sie münden die engen Rippenstraßen und -gassen von beiden Seiten rechtwinklig ein. Im Bereich der insgesamt dicht bebauten Seestadt westlich der Marktstraße haben sich Reste der die Stadt über Jahrhunderte prägenden Funktion einer Ackerbürgersiedlung bis in die Gegenwart gehalten. Die teils verschachtelte Bebauung, überwiegend mit bäuerlichen Anwesen, ist alt und gehört weitgehend dem 18. und frühen 19. Jh. an. Bis in unser Jahrhundert wurde dieser westliche Altstadtbereich im Frühjahr nach der Schneeschmelze im umgebenden Hügelland und nahen Hinteren Odenwald fast regelmäßig von teils schweren Überschwemmungen heimgesucht, zumal die an die Seckach angrenzenden Gärten und westlichen Altstadtstraßen tiefer liegen als die dammartigen Uferverbauungen des die Seestadt westlich tangierenden Flußlaufs. An den alten Häusern der Seestadt, besonders an zum Teil als Fachwerkbauten errichteten steilgiebeligen Scheunen, tritt Bruchsteinmauerwerk aus Muschelkalken an ganzen Mauern oder in den Gefachen, zuweilen auch unter längst abgebröckeltem Verputz hervor.

Ein großer Gegensatz zu diesem noch sehr ländlichen, zuweilen durch die Einrichtung von Handwerksbetrieben umgewandelten alten Aufrißbild zeigt sich an der Marktstraße, die als Geschäftszentrum für die gesamte heutige Stadt und ihr näheres Umland eine eigentliche Hauptstraßenfunktion in mehrfacher Hinsicht erfüllt. Zwar sind es immer noch herausragende historische Gebäude, die ihr Straßenbild ganz wesentlich mitprägen und entscheidend beeinflussen, Geschäftshäuser und auch ältere Bauten mit Kaufläden bestimmen heute aber ihr von der Funktion her bedingtes Gesicht. An ihrem Südende, wo noch bedeutende Reste der mittelalterlichen Stadtumwehrung mit einem runden Mauerturm mit malerischem Fachwerkobergeschoß und spitzem Zeltdach erhalten sind, beherrscht das wuchtige Oberschloß unmittelbar nördlich der Kirnaubrücke das Straßenbild. Der hohe massive Giebelbau aus dem beginnenden 16. Jh. mit einem für die Renaissance bezeichnenden mehrgeschossigen Eckerker läßt über den beiden unteren Geschossen in massiver, wuchtiger Steinbauweise farbenfrohes und gepflegtes Fachwerk im Obergeschoß und im hohen Giebelfeld hervortreten. Etwa in der Mitte der Marktstraße erhält das innerstädtische Straßenbild einen architektonischen Akzent durch einen barocken kapellenartigen Kirchenbau, die ev. Stadtkirche, die mit ihrem reich gegliederten Westgiebel an die Ostseite der innerstädtischen Hauptachse grenzt. Er wird von einem schmuckvollen Dachreiter mit Turmuhr und darüber aufragender geschlossener Laterne mit schiefergedecktem Zwiebeldach überhöht. Schräg gegenüber steht an der Westseite der Marktstraße in Traufseitenanordnung das Rathaus, ein frühbarockes dreigeschossiges Fachwerkhaus mit steilem Giebeldach, das die Zerstörungen des 30j. Krieges überstanden hat. Im übrigen sind es weitgehend Häuser des 19. Jh. sowie einige Bauten des 18. Jh., die das Bild der Marktstraße gestalten. Ihre Erdgeschosse enthalten Kaufläden wie auch einige neuere Geschäftshäuser zwischen der evangelischen Stadtkirche und dem Oberschloß, die erst in der Zeit nach dem 2. Weltkrieg eine ältere Bebauung ersetzten. Im Zentrum der Altstadt fällt dann ferner ein zweigeschossiger Bau aus der Zeit vor dem 1. Weltkrieg mit gelbem Verputz, Sandsteintür- und -fenstereinfassungen auf; in ihm ist die Post untergebracht. Ihr gegenüber hebt sich der moderne kubische Bau einer Sparkasse deutlich von der älteren Bebauung ab, so daß ein insgesamt heterogenes, uneinheitliches Straßenbild entstanden ist, dessen gemeinsames Element aber die zahlreichen Kaufläden und Geschäfte bilden.

Der Altstadtbereich östlich der Marktstraße läßt einen wenig planmäßigen Straßengrundriß erkennen. Ein schräg verlaufender Verbindungsweg zwischen den rechtwink-

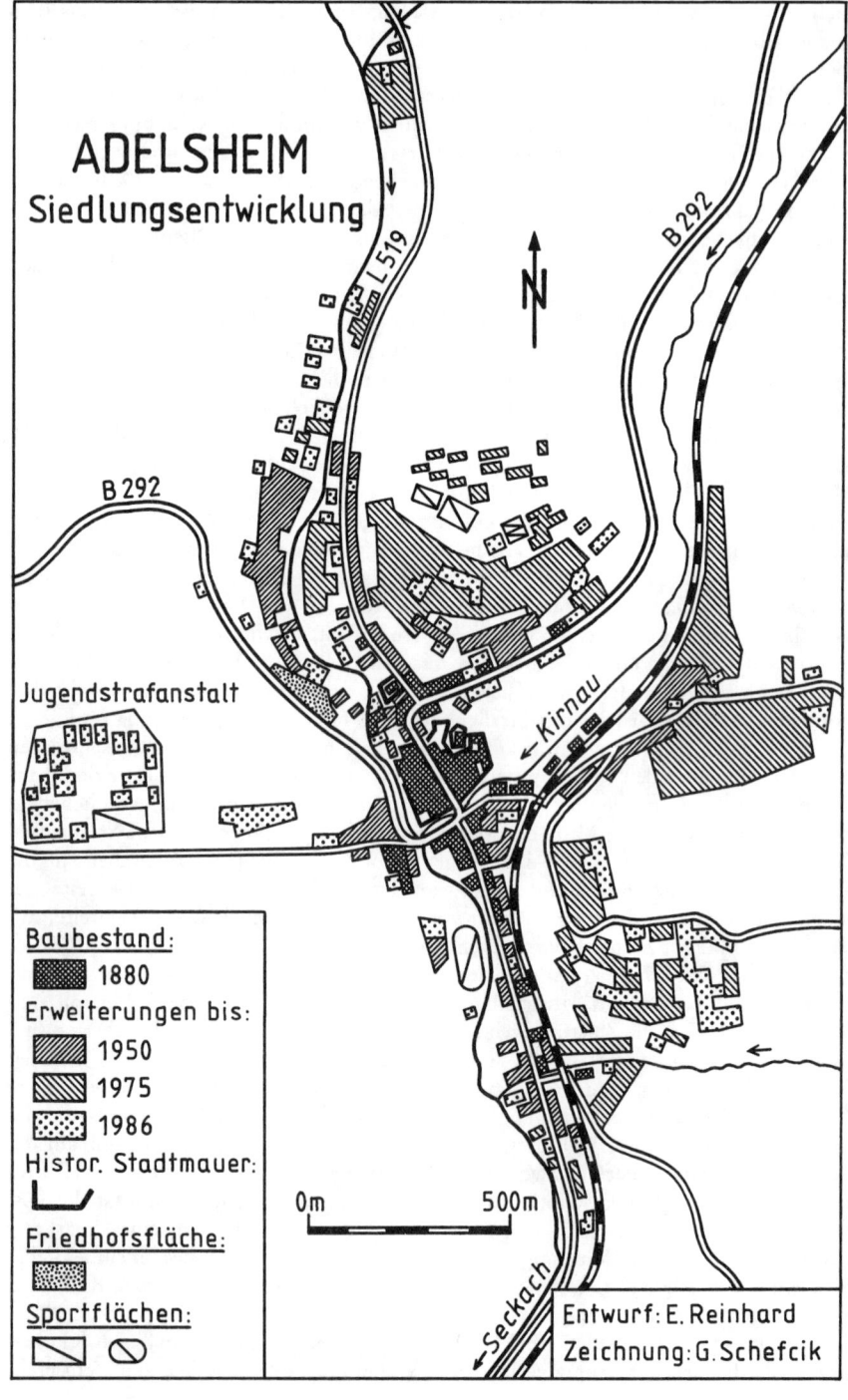

lig von der Marktstraße wegstrebenden Rippenstraßen und das teilweise Abknicken einer Rippenstraße durch den Verlauf der Schloßgartenmauer bringen dort Unregelmäßigkeit in den Straßenverlauf. Die Bebauung zwischen dem Schloßbezirk im NO der Altstadt und der Kirnau ist in der östlichen Altstadt abseits der Marktstraße dicht, zuweilen haufendorfartig verschachtelt und alt. Das Schloß, ein gelb verputzter barokker Bau der 1730er Jahre an der Stelle einer älteren Wasserburg, auf die noch Reste der Ummauerung und zweier Rundtürme sowie der einstige, heute trockengelegte Wassergraben hinweisen, schafft mit seinem weitläufigen Garten mit teils hohen und alten Baumbeständen, die einen freien Blick auf den Adelssitz versperren, und den ebenfalls barocken Verwaltungsgebäuden der freiherrlichen Güter an seiner Südseite einen beachtlichen Gegensatz zur benachbarten städtischen Bebauung.

Außerhalb dieser Altstadt, die von einer nur noch mit wenigen Überresten vorhandenen Ummauerung eingeschlossen war, erstreckte sich die mittelalterliche Bebauung im N jenseits des »Sees«, des überschwemmungsgefährdeten Geländes um den nördlichen Kirnauarm, in das Seckachtal am SW-Fuß des Eckenbergs. Dort entstand anstelle einer kleineren romanischen Kirche die spätgotische Jakobskirche, umgeben von einem Kirchhof. Sie bildet zweifellos den kunsthistorischen Höhepunkt in der Stadtarchitektur. Das heute von Bäumen eingerahmte, weiß verputzte Gotteshaus ist eine einschiffige Anlage mit polygonaler Seitenkapelle im S, einem etwas breiteren, dreiseitig abschließenden Ostchor und einem Sakristeianbau an der Nordseite. Auf dem steilen Giebeldach sitzt über der Westfront ein Dachreiter mit Spitzhelmabschluß auf oktogonalem Grundriß.

Frühe *Siedlungserweiterungen*, die bereits in der 2. H. 19. Jh. bestanden, schlossen im N und S an die Altstadt an. Im N wurde der Bereich zwischen Jakobskirche und Altstadt überbaut, vor allem entlang der in Ostrichtung umbiegenden Marktstraße, die nach der Abzweigung der ins Seckachtal führenden Lachenstraße als Obere Austraße am Südfuß des Eckenbergs ins Kirnautal weitergeführt wird. Sowohl die umbiegende Marktstraße als auch die Lachenstraße südlich der Jakobskirche gelten durch ihre heutige Nutzung als Randbereich des Altstadtgeschäftszentrums. Ein Textilladen, eine alte Apotheke und ein modernes Schuh- und Lederwarengeschäft haben den insgesamt alten, aber stark veränderten Baubestand aus vorwiegend traufständigen zweigeschossigen Häusern an der südlichen Lachenstraße dem Geschäftsbereich der Marktstraße zugeordnet. Westlich der Jakobskirche, wo eine malerische doppelbogige Brücke aus Muschelkalkquadern die Seckach überspannt, reichte die Bebauung des vorigen Jahrhunderts bis an den Fluß. Heute ist sie allerdings mit Gebäuden der Nachkriegszeit und der jüngsten Vergangenheit durchmischt, die vor allem von Handwerksbetrieben genutzt werden. Der ältere, ins 19. Jh. zurückreichende Baubestand an der Oberen Austraße besteht aus traufständigen Arbeiterbauernhäusern, in denen heute zum Teil Handwerksbetriebe eingerichtet sind (Nr. 7 und 11). Das Aufrißbild dieser am Eckenberg entlangführenden Straße, die wie die im Altstadtbereich 1968/9 verbreiterte Marktstraße auch den überörtlichen Verkehr der B 292 zu tragen hat, ist insgesamt uneinheitlich. Neben alten Häusern aus dem vorigen Jahrhundert stehen neue Wohnhäuser (Nr. 6 und 8) oder auch ein moderner Kfz-Handels- und -Reparaturbetrieb mit Tankstelle.

Die Vorstadt südlich der 1950 nach Kriegszerstörungen wiederaufgebauten Kirnaubrücke erstreckte sich im vorigen Jahrhundert entlang der ins untere Seckachtal führenden Unteren Austraße nach S und über den »Tanzberg« zum 1869 eröffneten Bahnhof Adelsheim-Ost an der Strecke Osterburken–Heilbronn. Entlang der B 292 drang die Bebauung vor 1880 auch über die Seckachbrücke bis auf die rechte Talseite vor. Unmittelbar südlich der Kirnaubrücke prägt vor allem der große und gepflegte Fachwerkbau des Gasthauses zur Linde das Straßenbild. Bis zur Abzweigung der Wemmershofstraße ist auch die Untere Austraße, ursprünglich eine rein agrarisch strukturierte Vorstadt, durch zahlreiche Kaufläden umgestaltet. Einige umgebaute landwirtschaftliche Anwesen (z. B. Nr. 9 und 11) erinnern aber auch heute noch an die bäuerliche Vergangenheit der Vorstadt. Herausstechend ist zwischen den älteren Häusern mit neueren Kaufläden in den Erdgeschossen ein modernes Geschäftshaus der Volksbank Franken in rustikal-ländlichem Stil. Die alte Bebauung südlich der Abzweigung der Straße zum Wemmershof besteht an der Unteren Austraße aus traufständigen ehemaligen Arbeiterbauernhäusern, die zweistöckig sind und hohe Giebeldächer tragen. Auffällig sind in diesem südlichen Stadtteil zwischen der älteren Wohnhausbebauung einige Gaststätten. An der am »Tanzberg« hinaufziehenden Rietstraße, die die innere Untere Austraße bei der Kirnaubrücke mit dem Bahnhof Adelsheim-Ost verbindet, stehen noch Bauernhöfe, unmittelbar gegenüber Amtsgebäude noch aus großherzoglich-badischer Zeit, in denen das Amtsgericht, Notariat und der Polizeiposten untergebracht sind. Das zweigeschossige Gerichtsgebäude mit vorspringendem Mittelrisalit besteht aus grauen Muschelkalksteinen. Die Tür- und Fenstereinfassungen heben sich durch ihre roten Buntsandsteine deutlich vom übrigen Mauerwerk ab. Über dem Eingang des ganz ähnlich gestalteten Polizeigebäudes prangt ein mit Fürstenhut verziertes badisches Wappen.

Über Jahrhunderte konzentrierte sich der Adelsheimer Siedlungsraum auf den mittelalterlichen Stadtkern am Zusammenfluß von Kirnau und Seckach sowie auf die südliche Vorstadt im Seckachtal unterhalb der alten Stadt. Erst nach dem 2. Weltkrieg wuchs der Siedlungsbereich in das Seckachtal ober- und unterhalb des Stadtkerns und der Vorstadt hinein, erstreckte sich ins Kirnautal östlich des Bahnhofs Adelsheim-Ost und erklomm auch die umgebenden Hänge und Höhen mit der Bebauung des Eckenbergs, dem Nordhang des Heidelbergs im Bereich des Gewannes Saubrünnlein sowie der Schafäcker und des siedlungsgünstigen, zur Essigklinge abfallenden Südhangs, wo östlich des Seckachtals die jüngste Stadterweiterung in der Gestalt eines modernen, noch nicht abgeschlossenen Neubaugebiets erwuchs. Westlich der Stadt, wo auf den Höhen in den frühen 1960er Jahren der Aussiedlungsweiler Schmachtelberg angelegt wurde, brachte der Neubau der Jugendvollzugsanstalt mit den zugehörigen Personalwohnungen am Kreishäldeberg ein ganz neues Siedlungselement im Zuge einer weiteren Ausbaustufe.

Gegen den Nordrand der Gemarkung entstand bereits unmittelbar nach der Währungsreform im Seckachtal zwischen Kandelberg und Eckenberg ein erstes Neubaugebiet als gemischter Wohn- und Gewerbebereich. Den Anfang bildete dabei 1948 die Rittersbrunnensiedlung rechts der Seckach, die in zwei weiteren Bauabschnitten bis 1952 auf insgesamt 80 Häuser angewachsen ist. Im S schließt sie mit der neuen kath. Pfarrkirche an die ältere Bebauung um die spätmittelalterliche Jakobskirche an. Das moderne Gotteshaus ist ein hoher Hallenbau mit flachem Giebeldach und campanileartigem Glockenturm auf rechteckigem Grundriß, der durch einen niederen Verbindungstrakt mit der Kirchenhalle zusammenhängt. Der Turm schließt über der Glockenstube mit einem flachen Dach ab, über dem ein großes, weithin sichtbares Kreuz aufragt. Turm und Kirchenhalle sind hell verputzt. Auffallend sind im oberen Bereich der Längsseiten des Hallenbaus moderne großflächige Farbglasfenster. Im Zusammenhang mit der modernen Kirche wurde ein Kindergarten errichtet. Nördlich der bescheidenen Einfamilien- und Doppelhäuser der Rittersbrunnensiedlung wird die Bebauung auf dem Talboden der Seckach von Gewerbe- und Industriebetrieben bestimmt. Moderne Produktions- und Werkshallen von Unternehmen des Karosseriebaus, der Autoelektrik und -lackierung sowie das großflächige Areal eines Schrottverwertungsbetriebes bestimmen mit Flachdach- oder flachgiebeligen Gebäuden die im N mit einem größeren Fabrikgelände abschließende Bebauung abseits der Wohnbereiche. Im N reicht sie bis an den Rand der Stadtgemarkung und fast bis zu dem bereits auf Gemarkung Hemsbach liegenden Bahnhaltepunkt Adelsheim-Nord an der Bahnlinie Mosbach–Osterburken.

Das landschaftlich reizvollste Neubaugebiet entstand am Südhang des Eckenbergs, der heute bis in eine Höhenlage von etwa 300 m NN baulich erschlossen ist. Die erste Bebauung dieses siedlungs- und klimagünstigen Hangbereichs setzte bereits in den 1920er Jahren an der Unteren Eckenbergstraße durch das staatliche Forstamt ein. Das den südexponierten Eckenberghang erschließende Straßennetz besteht aus drei übereinander, etwa hangparallel verlaufenden Straßen, der Unteren, Mittleren und Oberen Eckenbergstraße, die im O durch die Baron-Carl-Straße verbunden sind. Letztere zweigt von der Oberen Austraße (B 292) ab und führt hangaufwärts zur 1957 eingeweihten Volksschule und zu dem darüber angelegten Areal des Staatlichen Aufbaugymnasiums hinauf. Steil am Eckenberghang hinaufziehende Wege, die teilweise als Treppenstiegen angelegt sind wie die Berliner oder die Weimarer Treppe, verbinden die drei hangparallelen Wohnstraßen und schaffen ein insgesamt weitmaschiges gitterförmiges Grundrißnetz am überbauten Berghang zwischen dem Seckach- und Kirnautal.

Die Bebauung der Unteren Eckenbergstraße am tieferen Hang zeigt generell individuelle Züge. Ihre Anfänge im Bereich des staatlichen Forstamts zeichnen sich durch unterschiedliche Grundriß- und Dachformen aus und lassen teilweise neoklassizistische Stilelemente erkennen. Zweigeschossige traufständige Wohnhäuser mit flachen Giebeldächern, die weitgehend der frühen Nachkriegszeit entstammen, herrschen vor. Teilweise sind die noch der Zeit vor dem 2. Weltkrieg zugehörigen, individuell gestalteten Häuser landschaftlich reizvoll in Gärten und zwischen Bäumen angeordnet. Die jüngeren Bauten sind zum Teil unmittelbar aneinandergereiht. Am oberen und westlichen Abschnitt der Unteren Eckenbergstraße, wo durch ihre Umbiegung in Nordrichtung auch die hanghöhere Mittlere und Obere Eckenbergstraße abzweigen, herrschen in ruhiger Wohnlage kleine Einfamilienhäuschen in Traufseitenstellung und mit ausgebauten steilgiebeligen Dachgeschossen vor. Die Mittlere Eckenbergstraße zeichnet sich durch Reihen- und Doppelhäuser der 1950er und frühen 1960er Jahre aus, zu denen teilweise Gemüsegärten gehören. Die Bebauung ist verhältnismäßig dicht und hebt sich von der individuellen Baugestaltung an der Unteren Eckenbergstraße ab. Eine moderne Bebauung mit jüngeren traufständigen Einfamilienhäusern in Ziergärten findet sich nur im Westteil der Mittleren Eckenbergstraße. Das Aufrißbild der höher gelegenen Oberen Eckenbergstraße wird wiederum durch unterschiedlich gestaltete Einfamilien- und Doppelhäuser, meist kleinere Bauten in Traufseitenanordnung inmitten von Ziergärten, geprägt. Ihr hangparalleler Verlauf wird im O etwas unterhalb von ihr durch die von der Baron-Carl-Straße abzweigende Gottlieb-Graef-Straße fortgesetzt, an der bisher wenige, ganz neue flachgiebelige Einfamilienhäuser errichtet wurden.

Die oberhalb der Oberen Eckenbergstraße am höheren und flacheren Südhang sich ausdehnende Bebauung hebt sich deutlich von der Wohnbebauung des Eckenbergs ab. Mit der bereits 1957 eingeweihten Volksschule und dem ab 1962 errichteten Staatlichen Aufbaugymnasium entstand ein modernes Schulzentrum in parkartiger Landschaft und in Waldrandlage. Die unterhalb des Aufbaugymnasiums, unmittelbar an der östlichen Oberen Eckenbergstraße liegende Schule aus den späten 1950er Jahren besteht aus zweigeschossigen Gebäudetrakten mit flachen Giebeldächern. Der höhere Bereich des neueren Aufbaugymnasiums mit Schülerheim und ausgedehnten Sportanlagen besteht generell aus langgezogenen, zwei- und dreigeschossigen Flachdachbauten in Betonbauweise. Sport- und Tennisplätze sowie eine große, erst in neuester Zeit erbaute Sporthalle mit niedrigem eingeschossigem Vorbau vervollständigen die in eine Parklandschaft mit weiten Rasenflächen eingebettete Gesamtanlage.

Östlich des Bahnhofs Adelsheim-Ost wuchs die Bebauung seit der Mitte der 1950er Jahre in das Kirnautal hinein. 24 uniforme, traufständige Doppelhäuser mit zwei Geschossen und gleichartigen Giebeldächern bildeten den Anfang der Riedsiedlung, die sich heute mit einer Freibadanlage bis ins untere Brünnbachtal hineinerstreckt. Die am unteren Nordhang des Heidelbergs entlangführende Straße Am Ried ist heute weitgehend durch eine Nachkriegsbebauung, darunter auch größere Wohnhäuser wie das dreigeschossige wohnblockartige Anwesen Nr. 2, geprägt. Überwiegend finden sich aber Ein- und Zweifamilienhäuser.

Der Nordhang des zum Kirnau- und Brünnbachtal abfallenden Heidelbergs wurde seit dem Beginn der 1960er Jahre im Gewann Saubrünnlein überbaut. 1960/1 entstanden als Anfang eines geschlossenen Neubaugebiets 68 Häuser, darunter 39 gleichartige Siedlungsbauten an hangparallelen Straßen, deren Namen (Ostpreußenstraße, Friedländer Straße, Sudetenstraße) von der Ansiedlung von Heimatvertriebenen künden, die überwiegend in kleinen und steilgiebeligen Einfamilienhäusern mit ebenfalls nur kleinen Vorgärten ein neues Zuhause gefunden haben. Am oberen Westhang und am siedlungsgünstigen, zur Essigklinge abfallenden Südhang des Heidelbergs entstand das jüngste, heute noch nicht abgeschlossene Neubaugebiet von Adelsheim in den Flurstücken Schafäcker, Ziegelberg und Werde. Die erste, noch sehr lockere Bebauung war dort bereits in der Mitte der 1970er Jahre abgeschlossen und wurde seither verdichtet und ausgeweitet. Individuell gestaltete, eingeschossige und flachgiebelige Einfamilienhäuser und Bungalows in gepflegten Ziergärten bestimmen überwiegend das moderne, aufgelockerte und weitläufige Aufrißbild. Nur wenige reihenhausartig aneinandergebaute Wohneinheiten heben sich neben einem größeren Restaurant, dem Berghof auf dem Schafberg, ab. Das nach S abfallende Neubaugebiet wird durch ein hangparalleles und hangabwärtsführendes Straßen- und Wegenetz erschlossen. Die Verbindungswege zwischen den am Hang entlangziehenden Straßen sind zum Teil als Treppenstiegen ausgebildet.

Eine vom übrigen Siedlungsbild stark abweichende Siedlungserweiterung entstand mit der modernen Jugendstrafvollzugsanstalt auf den Höhen der Kreishälde westlich der Altstadt. Das 14 ha große Anstaltsgelände wird von einer 1,3 km langen Mauer eingefaßt. Die zwischen Grün- und Rasenflächen errichteten kubischen Flachdachhäuser innerhalb des Anstaltsgeländes bestehen aus zwei und dreigeschossigen Blöcken mit etwa 450 Haftplätzen, Sporthallen und Sportplatz. Zwischen der Altstadt und der Jugendstrafanstalt wurden an der Kreishälde moderne Geschoßhäuser für das Anstaltspersonal errichtet.

Mehrere Wohnplätze liegen über die Gemarkung der Stadt Adelsheim verstreut. In Hochflächenlage über 300 m NN befindet sich am Nordrand der Gemarkung westlich des Seckachtals der *Damberger Hof*, ein großes landwirtschaftliches Anwesen. Nahe der südöstlichen Gemarkungsgrenze nimmt ebenfalls in über 300 m NN der Weiler *Hergenstadt* eine ausgesprochene geschützte Muldenlage im Tal des Hergstgrabens ein. Die rein agrarische Siedlung bildet ein kleines Haufendorf mit überwiegend verputzten, zum Teil aber auch in Fachwerkmanier errichteten Bauernhäusern und Gehöften. Auffallend ist am Westrand der ganz bäuerlichen Siedlung eine kleine einschiffige Kapelle mit Dachreiter in Hanglage. Südwestlich der Jugendstrafvollzugsanstalt liegt auf den Hügeln in rd. 310 m Höhe der *Seehof*, eine alte Einzelhofsiedlung mit Erweiterungsbauten aus den 1970/80er Jahren. Der *Wemmershof* im oberen Brünnbachtal ist eine dicht bebaute Haufendorfsiedlung. Größere Gehöftanlagen mit zum Teil modernen Wohnhäusern bestimmen das Aufrißbild dieses großen Weilers in geschützter Muldenlage.

Das bis ins frühe 19. Jh. ritterschaftliche Dorf Leibenstadt ist im südöstlichen Stadtgebiet zwischen die knapp 350 m hohen Erhebungen aus Muschelkalk und Gesteinen des Unteren Keupers östlich des Seckachtals eingebettet. Die unregelmäßig gestaltete Haufendorfsiedlung, deren vorherrschender agrarischer Charakter durch eine nur geringe randliche Neubautätigkeit in der zweiten Jahrhunderthälfte noch deutlich ins Auge springt, nimmt in dem nur sanft in die Hügel eingetieften Tal des obersten Hergstbachs eine geschützte Muldenlage ein. Dieser Wasserlauf, dessen Quellarme (Hergstgraben, Heidelsgraben sowie zwei kleinere Bäche aus nördlicher und südlicher Richtung) unmittelbar oberhalb des Dorfes und im Siedlungsbereich zusammenmünden, teilt die Ortschaft in zwei haufendorfartige Bereiche. Der eigentliche Siedlungskern und das funktionale Zentrum mit Kirche, Schule und Rathaus liegt in der breiten Talwanne südlich des Hergstbachs. Der hohe einschiffige Bau der Dorfkirche markiert ihn architektonisch. Auffallend sind an dem hell verputzten Gotteshaus historisierende Stilelemente wie neuromanische und neubarocke Formen an den Fenstern und Obergadenfenstern oder auch am schiefergedeckten Spitzhelmdach, das über dem mittelrisalitartig aus der südlichen Giebelfront vorspringenden Glockenturm aufragt. Der Platz vor dem Kirchturm wird von einem obeliskartigen Kriegerdenkmal beherrscht. Die herausragenden umgebenden Bauten sind nordwestlich des Gotteshauses das aus Muschelkalkmauerwerk errichtete Schulgebäude, ein dreigeschossiger Bau mit Walmdach, sowie das neben der Schule stehende 1964 erbaute Rathaus, wohnhausartig und zweigeschossig mit flachem Giebeldach. Auffallend ist neben seinem Eingang das Gemeindewappen, drei goldene Ähren auf blauem Grund zeigend, das den unscheinbaren Neubau als früheren Sitz der Gemeinde- und der heutigen Ortsverwaltung ausweist.

Die landwirtschaftlichen Anwesen im Ortsinneren sind zum größten Teil in jüngerer Zeit modernisiert und umgebaut worden. Sie haben unterschiedliche Grundrisse. Teilweise handelt es sich um Streckhöfe mit in gleicher Richtung unmittelbar aneinandergebauten Wohn- und Wirtschaftsteilen – so z. B. südlich der Kirche –, teilweise sind es Zweiseit- und Winkelgehöfte. An der Vorstadtstraße, die westlich des Rathauses einen sehr gepflegten Eindruck macht, stehen auch Eindachhäuser (z. B. Nr. 12) oder zu Wohnzwecken umgeformte ehemalige Eindachanlagen wie Nr. 14 und 16. An der gegenüberliegenden Straßenseite wird das Aufrißbild von dem modernen zweigeschossigen Gasthaus zum Lamm bestimmt. Weitere Streckhofbauten und Eindachhöfe mit zum Teil jüngeren Anbauten prägen die am rechten Talhang emporsteigende Vorstadtstraße bis an den nordwestlichen Ortsrand. Einige erst in jüngster Vergangenheit errichtete Neubauten brachten dort auch eine randliche Siedlungsverdichtung, ohne daß eine wesentliche Ortserweiterung des in flachwanniger Muldenlage und am südexponierten Talhang sich ausdehnenden Siedlungsteils erfolgt wäre. Ein großes Gehöft in der Gestalt einer dicht zusammengedrängten Gebäudegruppe mit wuchtigen Wirtschaftsbauten, einem Grünfuttersilo und einem neueren Wohnhaus trägt den vorherrschenden bäuerlichen Charakter des Dorfes bis an seinen Nordrand. Am Hang oberhalb der Bebauungszone liegt dort auch der Friedhof mit einer kleinen neuen Leichenhalle.

Auch im Zentrum der haufendorfartigen Verdichtung des südlich des Hergstbachs und der Kirche sich ausdehnenden Dorfes bestehen die größeren bäuerlichen Anwesen aus Streck- und Eindachhöfen (z. B. Grabenweg 5 und 7). Die im S der Siedlung am linken Talhang des Hergstbachs in einem kleinen und nur wenig eingetieften Seitentälchen hinaufziehende Unterkessacherstraße erweckt durch ihren Baubestand den Eindruck einer etwas jüngeren Ausbaustufe. Kleinere landwirtschaftliche Anwesen in der Gestalt von Streckgehöften säumen die Straße bis an den Ortsrand. An den älteren bäuerlichen Bauten ist mehrfach Fachwerkbauweise sowie Bruchsteinmauerwerk aus harten Gesteinen des Oberen Muschelkalks zu erkennen. Aus diesem bodenständigen und widerstandsfähigen Baustein wurden die Häuser in Leibenstadt recht häufig errichtet. Oft sind auch die Gefache damit ausgefüllt; meist liegen die Mauern aber unter Putz. Gegen den Berndliswald zu entstand im O mit einem Dutzend neuer Häuser eine kleine geschlossene Ortserweiterung. Eine ebenfalls nur kleine Gruppe neuer Wohnhäuser steht auch am SW-Rand der Siedlung. Sie schließt den im Tal liegenden Sportplatz baulich mit dem alten Dorf zusammen.

Der südlichste Stadtteil von Adelsheim liegt mit Sennfeld in dem 50 bis 60 m in den Muschelkalk eingeschnittenen Sohlental der Seckach, dessen obere Hangpartien noch im Hauptmuschelkalk liegen, der auch die umgebenden, zum Teil lößbedeckten Hügel aufbaut. Die unteren und steileren Talflanken sind im Siedlungsbereich in den Mittleren Muschelkalk eingetieft und bestimmen zusammen mit dem Talboden die Hauptausdehnung der größeren Ortschaft. Die Topographie der früher in stärkerem Ausmaß überschwemmungsgefährdeten Talsohle prägte ganz entscheidend die beiden älteren Siedlungsteile, die etwa parallel am linken und rechten Talhang entlangziehen. Der Verlauf des Flußbetts, das im Ortsbereich von der Mitte des Talbodens zum rechtsseitigen Talhang hin ausbiegt, bedingte trotz der in Talrichtung ziehenden Hauptausdehnung von Sennfeld einen verdichteten Siedlungsschwerpunkt auf der südlichen Talseite, der sich teils haufendorfartig zwischen der Seckach und der am unteren Süd- und Südosthang entlangziehenden Bahnlinie Heilbronn–Adelsheim–Lauda ausdehnt. Seine Hauptachse ist die als Hauptstraße das Dorf durchziehende Talstraße, an der sich im inneren Siedlungsbereich das Geschäfts- und Verwaltungszentrum herausbildete.

Dieser funktionale Mittelpunkt des Dorfes erstreckt sich von der Schloß- und der Kirchstraße – beide von der Hauptstraße abzweigend – im O bis zur Einmündung der nach Leibenstadt führenden Straße im W. Der ältere und dicht zusammengedrängte bäuerliche Baubestand setzt sich hier aus Gehöften mit ganz unterschiedlichen Grundrissen zusammen. Winkelgehöfte, Zwei- und Dreiseitgehöfte sowie Streckhöfe, die giebelseitig zur Straße gerichtet sind, kommen vor. Auffallend ist, daß auch in älteren Anwesen an der Hauptstraße Kaufläden eingerichtet wurden. Von der dichten Bebauung hebt sich ein großflächiger Parkplatz an der Südseite der Hauptstraße ab, an dem entlang der straßenabgewandten Seite ein langes, traufständiges scheunenartiges bäuerliches Wirtschaftsgebäude angeordnet ist. In unmittelbarer Nachbarschaft des für das dörfliche Geschäftszentrum wichtigen Parkplatzes befinden sich außer den Lebensmittelläden, Elektro- und Haushaltsgeschäften die Post und ein modernes Sparkassengebäude, das sich mit seinem steilgiebeligen Dach gut in die umgebende Bebauung einfügt. Das herausragende, den Ortsmittelpunkt betonende Bauwerk an der Hauptstraße ist das ehemalige Rathaus an der Abzweigung der Kirchstraße, die über einen beschrankten Bahnübergang zur Kirche am linken unteren Talhang führt. Der wuchtige Muschelkalk- und Keupersandsteinbau ist dreigeschossig und wird an der Hauptstraße durch einen nur wenig vorspringenden Mittelrisalit mit rundbogigem Toreingang gegliedert. Sein flaches Walmdach wird von einem Dachreiter auf quadratischem Grundriß mit Spitzhelmabschluß und Wetterfahne überragt. Die Eckquader, die Tor-

Natur- und Kulturlandschaft

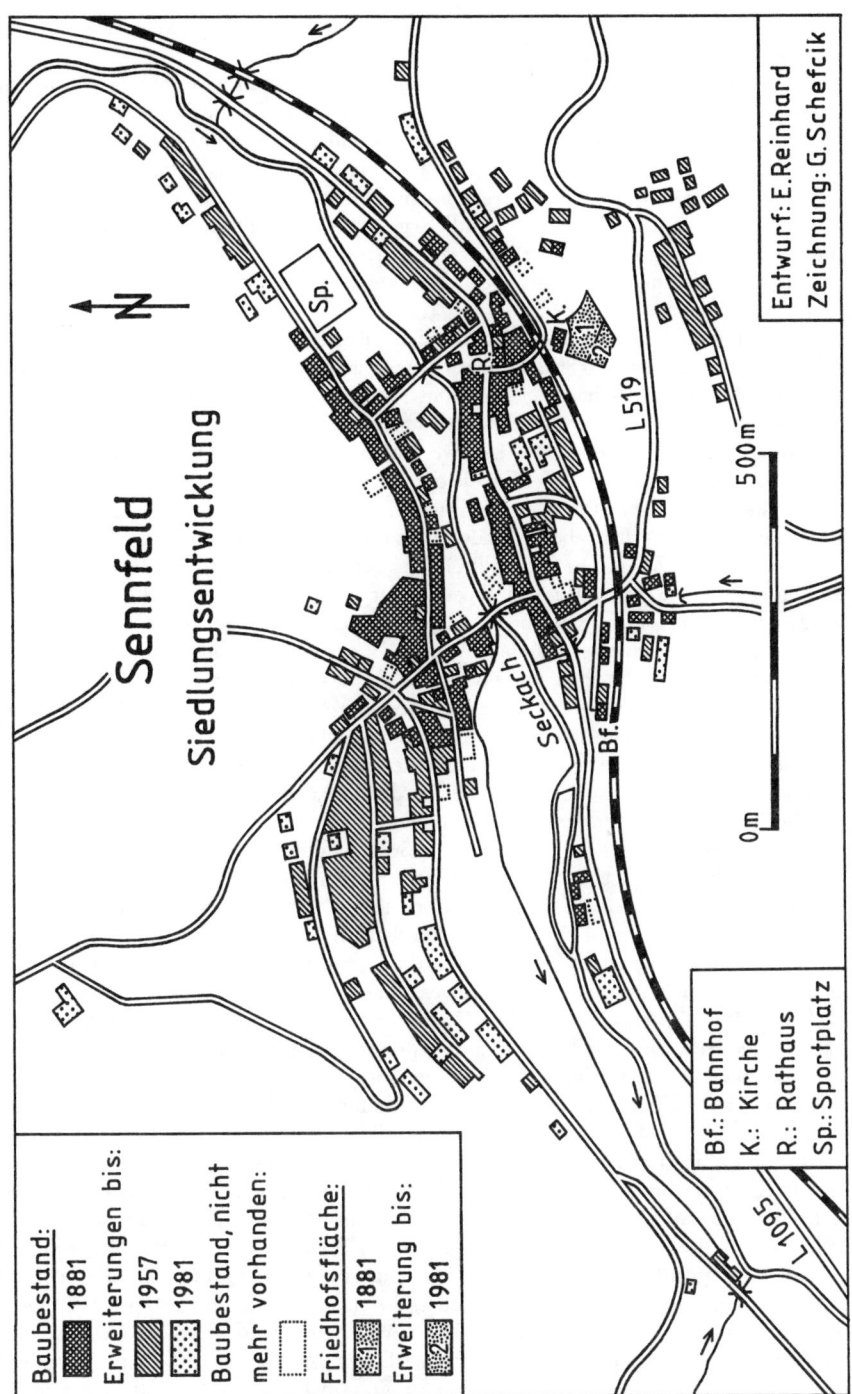

und Fenstereinfassungen bestehen aus Keupersandstein, das übrige Mauerwerk ist aus Muschelkalk-Bruchsteinen hochgezogen.

Das weiß verputzte ev. Gotteshaus am linken Talhang steht am unteren nördlichen Rand des Friedhofs, der hangaufwärts angelegt ist. Der einschiffige Bau mit steilem Giebeldach und Westturm auf quadratischem Grundriß entstammt nach seinem heutigen Formenbild entscheidend der Barockzeit. Hohe rechteckige Fenster gliedern die Längswände des Schiffes. Der viergeschossige Glockenturm, der den hohen Giebel über dem Kirchenraum nur unwesentlich überragt, schließt mit einem nach unten abgeknickten polygonalen Spitzhelm ab, in dessen unteren und flacheren Teil die Zifferblätter der Turmuhr einbezogen sind. An der Südseite des Kirchturms ist eine Sakristei angebaut.

Vom Ostrand dieses südlich der Seckach sich durch eine dichte und teils verschachtelte Bebauung auszeichnenden Siedlungskerns, der ganz wesentlich vom mächtigen Rathausbau und der am Talhang leicht erhöht stehenden Kirche geprägt wird, führt die Schloßstraße über die obere Seckachbrücke zum straßendorfartigen alten Ortsbereich am Fuß des rechten Talhangs. Die massive, durch vier rundbogige Wasserdurchlässe bestimmte Brücke, die in der Mitte leicht überhöht ist, wurde aus bodenständigen Muschelkalk-Bruchsteinen erbaut. Unmittelbar westlich von ihr beherrscht das Schloß mit seinem den Talboden überziehenden parkartigen Garten den Raum zwischen den alten Siedlungsbereichen. Der an der NO-Seite der Schloßstraße traufseitig angeordnete einfache Schloßbau mit zwei Geschossen zeigt eine spätbarocke und klassizistische Ausgestaltung mit einem wuchtigen ziegelgedeckten Walmdach. Auffallend sind die Eckquaderung, die Fenstereinfassungen und ein Naturstein-Zierband als Stockwerksgliederung aus Keupersandsteinen sowie der gelbe Verputz der Hauswände.

Der nördliche alte Siedlungsbereich an der Burgstallstraße (von der Schloßstraße nach NO) und der Kelterstraße (von der Schloßstraße nach SW) gleicht einem dicht bebauten Straßendorf, an das am Westende der Kelterstraße ein weiterer Haufendorfkern auf der rechten Talseite anschließt. An der Talhangseite fallen einige giebelseitig zur Burgstall- und Kelterstraße errichtete Häuser auf, deren rückwärtige Wirtschaftsteile stufenartig am Hang hinaufwuchsen. Sowohl durch die Hausformen als auch durch die Stellung der Gebäude zur Straße wirkt das Aufrißbild an der sanft am rechten Talhang hinaufführenden Kelterstraße vielschichtig. Neben überwiegend giebelständigen Häusern stehen traufständige Streckhofbauten (Kelterstr. 7) und Eindachhöfe (Kelterstr. 10), die häufig für eine handwerklich-gewerbliche Nutzung umgebaut sind. Es finden sich auch alte gestelzte Einhäuser, die reihenhausartig aneinandergefügt sind (Kelterstr. 18 – 22). Unter den älteren Gebäuden, an denen teilweise Bruchsteinmauerwerk zutage tritt, die zum Teil aber auch gepflegt wirken und in jüngster Zeit verputzt wurden, fallen kleinere, eingeschossige Taglöhner- und Arbeiterhäuschen mit steilen Giebeldächern auf. Ein Ausbau der hohen Dachräume zu Wohnzwecken brachte einen nicht unerheblichen Wandel ihres Erscheinungsbildes.

Von der Kelterstraße, an der im Haus Nr. 10 ein Lebensmittelgeschäft auffällt, führt ein beiderseits bebauter Weg »Am Berg« abschnittsweise sehr steil am rechten Hang des Seckachtals hinauf. Seine Bebauung ist dicht und alt und schließt an der oberen Talkante mit drei neuen Einfamilienhäusern ab. Westlich der Kelterstraße, wo am Hebstetter Weg eine Straßenverbindung über die untere Seckachbrücke, die in ihrer baulichen Ausgestaltung der oberen ähnelt, zur Hauptstraße auf der linken Talseite besteht, entwickelte sich an der Straße »Im Lächle« eine frühe westliche Ortserweiterung des 18. Jh. mit heute noch landwirtschaftlichem und handwerklichem Charakter. Das östlichste Bauernhaus an der inneren Straße »Im Lächle« trägt dort über seinem barocken Rundbogeneingang die Jahreszahl 1749. Streckhöfe und Winkelgehöfte, in denen heute zum Teil handwerkliche Betriebe arbeiten, herrschen unter der alten Bebauung vor. Jüngere Ortserweiterungen schoben die Bebauung an der Hauptstraße im westlichen Bahnhofsbereich und nördlich der Abzweigung der Schloßstraße in beide Talrichtungen hinaus. An der Einmündung der über die untere Seckachbrücke führenden Straße steht als Neubau an der Hauptstraße die Neuapostolische Kirche, ein Saalbau mit hohem Giebeldach und einem kleinen Flachdachvorbau zur Straße hin. An diesem weiß verputzten Gebäude weist ein Kreuz an der vorderen Eingangsfront auf die gottesdienstliche Nutzung hin. Bauliche Umgestaltungen im Zuge der Modernisierung des älteren Baubestandes bewirkten zwischen der Hauptstraße und den Bahnanlagen ein teilweise neues Aufrißbild innerhalb des jahrhundertealten Siedlungsbestandes. Südlich des Bahnhofs schob sich eine frühe Siedlungserweiterung mit einigen wenigen Häusern nach 1880 entlang der nach Leibenstadt führenden Straße an den unteren linksseitigen Talhang vor. Ein paar weitere Einfamilienhäuser aus den 1950er Jahren und der jüngsten Vergangenheit vergrößerten diese südliche Wachstumsspitze nur unwesentlich.

Eine größere Siedlungserweiterung erwuchs im O des Dorfes durch eine langgezogene einzeilige Wachstumsspitze entlang der Burgstallstraße am Fuß des rechtsseitigen Talhangs. Diese Einfamilienhausbebauung erfolgte im wesentlichen um und unmittelbar nach der Jahrhundertmitte. Einige wenige jüngere Häuser haben die Bebauung auch am höheren Hang des einstigen Burgstallweinbergs hinaufgeschoben. Am linksseitigen Talhang entwickelte sich oberhalb der Kirche und des Friedhofs ebenfalls nach 1950 ein höher gelegenes kleines Neubaugebiet am Kirchberg mit zweigeschossigen Wohnhäusern. Ein größerer geschlossener Neubaubereich schob die Bebauung ganz überwiegend mit Einfamilienhäusern am rechten Talhang westlich des Hebstetter Wegs in den Fluren Lachenäcker und Lachenrain weit nach W hinaus. Der dort flachere, siedlungsgünstige und südexponierte Hang wurde ebenfalls bereits in den 1950er Jahren bebaut, hat aber bis in die 1980er Jahre hinein eine konsequente Siedlungsverdichtung und randliche Siedlungserweiterung erfahren. Das herausragende Bauwerk ist in diesem westlichen Neubaugebiet eine moderne kath. Kirche in der Gestalt einer hohen Halle mit flachem Giebeldach und hohen seitlichen Fenstern sowie einem Glockenturm mit hohen und schmalen Schallfenstern. Auch er hat einen flachen Giebeldachabschluß. Kirchensaal und Turm sind außen weiß verputzt.

Über die Gemarkung Sennfeld verteilen sich einige ältere und jüngere Wohnplätze. Im Talbereich westlich des Dorfes liegt westlich des Bahnhofs die *Sägemühle* mit einer größeren modernen Holzverarbeitungshalle. Weiter westlich entstand an der Einmündung des Fischbachs in die Seckach die *Talmühle*. Zu den älteren Wohnplätzen zählt auch der *Roßbrunnerhof* im S der Gemarkung, ein größeres Einzelgehöft in rd. 360 m NN. Er nimmt auf lößbedecktem Unterem Keuper eine ausgesprochene Hochflächenlage ein. Erst in der Nachkriegszeit sind dagegen die Aussiedlerhöfe *Raintal* nördlich des Dorfes entstanden. Auch sie zeichnen sich durch eine Hochflächenlage in 290 – 300 m NN auf teils flugsandüberdecktem Hauptmuschelkalk aus. Es sind Gehöfte mit getrennten Wohn- und Wirtschaftsbauten in der Gestalt einer lockeren Einzelhofreihe und einer östlich davon gelegenen kleinen Hofgruppe. Weitere Aussiedlerhöfe bewirtschaften die Hochfläche östlich des Seckachtals. Sie liegen oberhalb des nordöstlichen Ortsrandes von Sennfeld an der Simonshalde.

Bemerkenswerte Bauwerke. – Adelsheim: *Ev. Jakobskirche, Totenkirche*: Anstelle einer kleineren romanischen Kirche, von der vielleicht Triumphbogen und Teile der Chormauern erhalten blieben, wurde 1489 die spätgotische Kirche erbaut. Der Chor wurde mit einem unregelmäßigen Polygon anstelle einer halbkreisförmigen romanischen Apsis geschlossen und mit einem Rippengewölbe gedeckt ebenso wie das Chorjoch. Das Langhaus ist einschiffig und flachgedeckt. An seiner Südseite wurde 1498 die Grabkapelle derer von Adelsheim von Meister Conrad von Mosbach hinzugefügt, die auch kreuzrippengewölbt war, 1884 aber mit einem neugotischen Holzgewölbe ausgestaltet wurde. Aus neugotischer Zeit stammt auch der Dachreiter. Von der ursprünglichen Ausstattung ist das Wandtabernakel mit der Stifterfamilie von Adelsheim aus dem Jahre 1494 und ein Kruzifixus aus der Zeit um 1500 erhalten. Die 61 Grabmale geben eine Entwicklungsgeschichte vom 14. bis ins 18. Jh. wieder. Besonders ist das Grabmal des Stifters der Kapelle Martin von Adelsheim († 1497) von der Hand des »Meisters von Adelsheim«, der vielleicht mit Hans Eseler aus Amorbach identisch ist, und die Statue Christophs von Adelsheim († 1494) von derselben Hand zu erwähnen. Peter Dell d. Ä. aus Würzburg schuf das Grabmal Martins von Adelsheim († 1537). Im späten Weichen Stil ist das Grabmal der Barbara von Feldheim († 1445) gestaltet. Die Reste eines Ölberges stammen vielleicht von der Hand Hans Eselers. Erst in evangelischer Zeit wurde die Kapelle 1606 mit allegorischen Wandmalereien ausgeschmückt. Die mit Intarsien in Renaissanceformen reich gestaltete Kanzel datiert aus dem Jahre 1650.

Ev. Pfarrkirche: 1766/67 in barockem Stil erbaut. Besonders reichgegliedert wurde die dreiachsige Eingangsfassade gestaltet. Pilaster tragen die profilierte Giebelbasis. Der zweimal horizontal gegliederte Giebel ist seitlich geschwungen und oben mit einem Segmentfeld abgeschlossen. Darüber erhebt sich das Glockengeschoß mit barocker Bedachung des ganz eingezogenen Glockenturmes. Im Chor steht eine spätgotische Kreuzigungsgruppe.

Die *Burg* anstelle des Unteren Schlosses war seit dem 13. Jh. der Stammsitz der Herren von Adelsheim. Von dieser Wasserburg blieben die Überreste zweier Rundtürme und Mauerwerk beim Bau des *Unteren Schlosses* 1573 erhalten. Das heutige Schloß, auch Sennfelder Schloß genannt, erhielt sein Gesicht durch den Neu- und Umbau bis 1738 nach dem Brand von 1734. Der dreigeschossige Putzbau ist ein Werk von Johann Jakob Rischer. Das *Obere Schloß* war schon 1504 als stattlicher Giebelbau mit polygonalem Eckerker, gedeckt mit einem hohen Krüppelwalmdach, erbaut worden. 1606 bauten die Herren von Adelsheim das *»Schlößchen«* in der Kreuzgasse, einen zweigeschossigen verputzten Massivbau, der seit dem 19. Jh. verschiedenen Behörden als Unterkunft diente und vielfache Veränderungen über sich ergehen lassen mußte. Daneben liegt die ehemalige *Herrschaftsmühle*, an einem Fensterbogen mit der Jahreszahl 1596 an der mittelalterlichen Stadtmauer.

Das *Rathaus* wurde 1619 als Gasthaus zum Goldenen Hirschen dreigeschossig in Fachwerktechnik erbaut. Es ist heute noch eines der stattlichsten Gebäude der Stadt. Das spätgotische *Rentamt* in der Schloßgasse mit Eckbuckelquadern heißt auch Steinhaus, da zu seiner Erbauungszeit die Fachwerkbauweise noch vorherrschte. Auch das Gasthaus *»Zur Linde«* ist ein Fachwerkbau auf massivem Erdgeschoß. Es wurde 1799 erbaut und erhielt 1856 einen Seitenflügel.

Eine zweibogige *Steinbogenbrücke* führt bei der Jakobskirche über die Seckach. Ihre heutige Gestalt erhielt sie 1855.

Kath. Kirche in Hergenstadt: Die 1880 im neuromanischen Stil mit halbkreisförmiger Apsis erbaute Kapelle wurde 1923 um 2 Achsen verlängert. 1982 Renovation.

Leibenstadt: Die *ev. Kirche* wurde 1840 im spätklassizistischen Stil der Weinbrennerschule erbaut. Der Turm ist zur Hälfte in das Langhaus eingezogen. Die Fensteraufteilung der Längsseiten entspricht den seitlichen Emporen mit Halbkreisfenstern über den Rundbogenbiforien. Die Emporen werden von Rundbogenarkaden auf abgekanteten Pfeilern getragen, deren Kapitäle mit Akanthusblättern verziert sind. Von der Ausstattung ist ein spätgotisches Gabelkreuz erwähnenswert.

Sennfeld: Die *ev. Pfarrkirche* wurde als flachgedeckter Saal 1615/17 an den mittelalterlichen Westturm angebaut. Er ist mit einem Kreuzgratgewölbe eingedeckt und dient als Chor. Am Chorbogen und Seitenportal architektonische Wandmalereien. Die Kanzel, aus Sandstein und Alabaster gearbeitet, ist ein Werk des Peter Kern von 1617, der auch 1616 das Wandepitaph für Margarethe von Carben und ihre zwei Ehegatten schuf. Außen über dem Rundbogenportal 3 Schrifttafeln mit Rollwerkornamenten.

Das *Schloß* der Herren von Berlichingen wurde im Barockstil 1713 erbaut. Der strenggegliederte Putzbau mit Ecklisenen, die rustiziert sind, erinnert an Bauten Johann Jakob Rischers. Über dem Portal das Wappen der Herren von Berlichingen. Im Innern repräsentiert die barocke Holztreppe zum Obergeschoß in der geräumigen Diele den hohen Stand der Handwerkskunst zu Beginn des 18. Jh.

Die steinerne *Bogenbrücke* über die Seckach wurde 1729 erbaut. Die vier Ausbuchtungen in der Brüstungsmauer lassen darauf schließen, daß hier Figuren aufgestellt werden sollten.

B. Die Gemeinde im 19. und 20. Jahrhundert

Bevölkerung

Bevölkerungsentwicklung. – Nach der Volkszählung vom 25.5.1987 hatte die Stadt 4708 Personen Wohnbevölkerung und 4933 Personen wohnberechtigte Bevölkerung. Von der Wohnbevölkerung lebten 3313 Personen in Adelsheim selbst, 319 in Leibenstadt und 1076 in Sennfeld.

Die Bevölkerungsentwicklung in der für das spätere 19.Jh. treffend als »Landstädtchen mit Behördencharakter« bezeichneten Stadt hebt sich von der ihrer ländlichen Umgebung durch einen etwas günstigeren Verlauf ab. 1808 zählte die Stadt selbst 873 Einwohner, dazu kamen im Weiler Hergenstadt 90, im Weiler Wemmershof 60 und auf dem Dambergerhof 10 Personen. Bis zur Mitte des Jahrhunderts wuchs die Einwohnerzahl auf insgesamt 1604 (im Jahr 1845) an, aber in den Krisenjahren seit 1848 setzte eine starke Auswanderungswelle ein, die außer den Ortsarmen auch Bauernsöhne und Handwerker aus überbesetzten Berufen wegführte. Zwischen 1850 und 1890 wanderten weit mehr als 200 Personen aus, vornehmlich nach Nordamerika. Nur in den 1860er Jahren war der Geburtenüberschuß so groß, daß trotz der Abwanderung die Einwohnerzahl zunahm. Nach 1871 wurde die Auswanderung überlagert und verstärkt durch die Binnenwanderung in die aufstrebenden Industriezentren. Bevorzugtes Ziel war Mannheim, wo sich eine förmliche »Adelsheimer Kolonie« bildete. Von den Volksschuljahrgängen 1880 bis 1883 und 1900 sind zwischen 62 und 83 % der ehemaligen Schüler aus Adelsheim weggezogen. Die industrieleere Kleinstadt bot zu wenige einträgliche Arbeitsplätze. 1895 arbeiteten noch 39 % der Erwerbstätigen hauptberuflich in der Landwirtschaft, in Hergenstadt und Wemmershof sogar 71 bzw. 65 %. Die Abwanderung vorwiegend junger Leute hielt bis zum 2. Weltkrieg an und führte sowohl zu einer Verminderung der Geburtenrate als auch infolge der Überalterung zu einer Erhöhung der Sterberate. Sie ist damit unmittelbar und mittelbar die Ursache für den Bevölkerungsrückgang zwischen 1871 (1756 E.) und 1939 (1575 E.). Zusammengerechnet konnte in den 80 Jahren zwischen 1852 und 1933 der Geburtenüberschuß von 955 Personen den negativen Wanderungssaldo von 961 Personen nicht ausgleichen.

In Leibenstadt und Sennfeld hatten schon in der 1. H. 19. Jh. die Einwohnerzahlen weniger stark zugenommen als in Adelsheim. Hier wanderten dann auch so viele Menschen ab, daß beide Dörfer im Jahr 1939 weniger Einwohner hatten als 1808. Während aber in Leibenstadt der Bevölkerungsrückgang von 1845 bis 1939 anhielt – die Zwangsauswanderung aus der Kolonie Tolnayshof mit 144 Personen (23 Familien) im Jahr 1853 und ihre völlige Auflösung um 1880 verstärkte nur die herrschende Tendenz – setzte in Sennfeld, wo neben Landwirtschaft auch Handel getrieben wurde, nach einer leichten Zunahme erst um 1870 ein dauerhafter Bevölkerungsrückgang ein, der Ende der 20er und in den 30er Jahren des 20. Jh. besonders stark wurde. In beiden Dörfern überstieg der negative Wanderungssaldo zwischen 1852 und 1933 den Geburtenüberschuß noch deutlicher als in Adelsheim.

Aus dem 1. Weltkrieg waren 56 Adelsheimer Soldaten nicht mehr zurückgekehrt. In Sennfeld umfaßte die Verlustliste 46, in Leibenstadt 26 Namen. Viel größer jedoch waren mit 82 *Gefallenen* und 35 *Vermißten* in Adelsheim, insgesamt 86 in Sennfeld, 23 Gefallenen und 20 Vermißten in Leibenstadt die Verluste im 2. Weltkrieg. Krieg und Nachkriegszeit brachten mit Ausgebombten aus den Großstädten, Evakuierten aus gefährdeten Gebieten (in Adelsheim insbesondere aus Dortmund) und mit der Einweisung von Heimatvertriebenen und Flüchtlingen aber auch einen nur schwer zu verkraftenden Bevölkerungszuwachs. Erst 1955 wurden die Dortmunder Mütter und Kinder aus Adelsheim wieder nach Hause geholt. Nur wenige Familien blieben hier. Am Tag der Volkszählung vom 29. 10. 1946 lebten unter den 2555 Adelsheimer Einwohnern 430 *Evakuierte* und 526 *Heimatvertriebene*, die meisten aus Südmähren, aus Ungarn und aus der Batschka. Weitere Heimatvertriebene folgten, zum Teil auch als Umsiedler aus den Dörfern, in die sie zunächst eingewiesen worden waren. In Adelsheim fanden viele von ihnen in der Riedsiedlung eine neue Heimat. 1950 waren in der Stadt 506 Heimatvertriebene gezählt worden, 1961 schon 831. Dazu waren 114 *SBZ-Flüchtlinge* gekommen. Auch in Sennfeld lebten 1961 mehr Vertriebene als 1950, während aus Leibenstadt 1961 weitaus die meisten eingewiesenen Vertriebenen wieder weggezogen waren. In der heutigen Stadtgemeinde waren 1961 zusammen 1192 Vertriebene und 127 Flüchtlinge aus der Sowjetisch Besetzten Zone gemeldet.

Zwischen 1950 und 1970 nahm die Einwohnerzahl in Adelsheim nochmals zu, war aber in Leibenstadt und Sennfeld schon rückläufig. Nur durch das Übergewicht Adelsheims addierten sich zwischen 1961 und 1970 in den Grenzen der heutigen Stadtgemeinde noch Geburtenüberschuß und Wanderungsgewinn zu einem Bevölkerungswachstum von fast 500 Personen. Aber schon das Jahr 1971 brachte mehr Sterbefälle als Geburten und mehr Fort- als Zuzüge, und diese Tendenz hielt seither an. Nach den Fortschreibungsdaten hatte die Stadt zwischen 1971 und 1987 einen Wanderungsverlust von 560 Personen zu verzeichnen. Allerdings korrigiert sich die fortgeschriebene Einwohnerzahl zum 24.5.1987 (3979) durch die Volkszählung vom 25.5.1987 positiv auf 4708 Personen. Ursache der Abwanderung dürfte das geringe Arbeitsplatzangebot bei niedriger Industriedichte sein.

Aus dem gleichen Grund waren in Adelsheim auch nie viele *ausländische Arbeitskräfte* ansässig. 1961 wurden in der heutigen Stadt nur 11, 1970 immerhin 71 Ausländer (Türken, Jugoslawen, Spanier, Portugiesen) und Staatenlose gezählt, weniger als 2% der Einwohner. 1987 machten die 81 Ausländer 1,7 % der Wohnbevölkerung aus.

Konfessionelle Gliederung. – Die *konfessionelle Zusammensetzung* blieb in Adelsheim, Leibenstadt und Sennfeld das ganze 19. und die 1. H. 20. Jh. über recht einheitlich. Alle drei Orte waren zu Anfang des 19. Jh. überwiegend lutherisch, nach dem Zusammenschluß zur evangelischen Landeskirche (1821) evangelisch uniert, hatten aber schon damals katholische Minderheiten. Die Bewohner des Tolnayshofes bei Leibenstadt waren fast alle Katholiken, die der Weiler Hergenstadt und Wemmershof zu etwa einem Drittel. Die einzige spürbare Veränderung der Konfessionsstruktur während des 19. Jh. brachte die Auflösung des Tolnayshofes um 1880 mit Verschwinden des katholischen Bevölkerungsanteils in Leibenstadt. In Adelsheim dagegen ließen sich im Laufe des 19. und 20. Jh. allmählich mehr Katholiken nieder, so daß sie dort 1925 etwa 23 % der Einwohner ausmachten. Grundlegend verändert wurde die Konfessionsgliederung dann nach dem 2. Weltkrieg durch die überwiegend katholischen Heimatvertriebenen. Nach den Ab- und Zuwanderungen in den nächsten Jahren hatte sich 1987 der katholische Bevölkerungsanteil in Adelsheim auf 44 %, in Sennfeld auf 25 % der Einwohner eingespielt und war im ländlichen Leibenstadt wieder auf 12 % heruntergegangen.

Mennoniten tauchten in Adelsheim im 19. und in der 1. H. 20. Jh. vereinzelt auf. 1925 gab es in Adelsheim 19 Mennoniten.

Juden waren seit dem Spätmittelalter in Adelsheim und in Sennfeld ansässig. Im 19. Jh. war in beiden Orten ihr Haupterwerbszweig der Vieh- und Getreidehandel, auch etwas Landwirtschaft. Nach ihrer völligen staatsbürgerlichen Gleichstellung wanderten viele Juden aus den ländlichen Räumen in die Großstädte ab. In Adelsheim ging zwischen 1875 und 1925 ihre Zahl von 61 auf 27 zurück, in Sennfeld von 121 auf 72. 1933 lebten in Adelsheim 35, in Sennfeld 56 Israeliten. Bis 1940 wanderten die meisten von ihnen nach USA, Argentinien, Palästina aus, die Zurückbleibenden wurden fast alle 1940 nach Gurs deportiert und von dort aus in die Vernichtungslager geschickt. Nur wenigen gelang die Flucht. In Sennfeld hatten 1936 drei jüdische Bürger ihre landwirtschaftlichen Anwesen als landwirtschaftliches Lehrgut für jüdische Jugendliche zur Verfügung gestellt. Zwei Jahre lang wurden hier etwa 55 Jungen und Mädchen aus allen Teilen Deutschlands in landwirtschaftlicher Praxis und in allgemeinbildenden Fächern unterrichtet, bevor sie nach Palästina auswanderten.

Soziale Gliederung. – Noch Ende des 19. Jh. waren in den beiden Dörfern, aber auch in der Stadt die Bauern die stärkste Gruppe. Selbst die Handwerker und Gewerbetreibenden in Adelsheim standen hinter ihnen zurück. Während die Leibenstadter ausreichend Land besaßen, gab es in Sennfeld neben recht wohlhabenden Bauern viele, die auf Taglohnarbeit angewiesen waren. Die größten Höfe ließ die Grundherrschaft von Pächtern bewirtschaften. Zu Handel und Gastgewerbe, Versicherungs- und Verkehrsgewerbe zählte sich etwa ein Zehntel der Bevölkerung. In Sennfeld mit seinem regen Viehhandel war dieser Anteil am stärksten, in Adelsheim wurde er von der Gruppe der Beamten und Angestellten, der Freien Berufe, Berufslosen und von Vermögen etc. Lebenden übertroffen.

1950 machten die hauptberuflichen Bauern mit ihren Familien nur noch in Leibenstadt knapp die Hälfte der Einwohner aus. Im übrigen Stadtgebiet war weniger als ein Viertel der Einwohner als bäuerlich anzusprechen. Dafür war die allerdings in sich ganz uneinheitliche Gruppe der von Industrie, Handwerk und Gewerbe Lebenden auf etwas mehr als ein Drittel angewachsen. Kaum verändert hatte sich der Anteil der in Handel, Verkehr, Gastgewerbe etc. Arbeitenden mit ihren Angehörigen. Etwas mehr als ein Zehntel, in Adelsheim selbst 15 %, gehörten zur Berufsgruppe Öffentlicher Dienst und Dienstleistungen. Fast ein Fünftel der Einwohner zählten zu den Berufslosen und von Pensionen und Renten u.ä. Lebenden.

Diese Entwicklung ging in der Folgezeit weiter. 1987 bestritten von der Wohnbevölkerung 1984 Personen (42,1 %) den Lebensunterhalt überwiegend aus Erwerbstätigkeit. Mehr als die Hälfte von ihnen, 1030 Personen, arbeiteten im Produzierenden Gewerbe, nur 150 Personen noch in der Land- und Forstwirtschaft, 261 im Bereich Handel, Verkehr, Nachrichtenübermittlung und 543 in den übrigen Wirtschaftsbereichen. 992 Personen lebten hauptsächlich von Rente, Pension, Vermögen oder Arbeitslosengeld, und 1732 Personen wurden von ihren Eltern oder Ehegatten unterhalten. Hand in Hand mit dieser Umschichtung ging ein Verlust an Selbständigkeit, nicht nur im Bereich der Landwirtschaft, sondern auch im Produzierenden Gewerbe und im Handel. Zahlreiche selbständige Handwerker und Handeltreibende müssen ihr Geschäft aufgegeben und Lohnarbeit angenommen haben. Die Selbständigen machten 1987 nur noch 8 % der Erwerbstätigen aus, die Arbeiter dagegen 52 %.

Längst nicht mehr alle Bewohner finden ihre Arbeitsstätte am Ort. 1925 gab es nur in Sennfeld mehrere Auspendler: hier arbeiteten alle 17 Industriearbeiter auswärts. Von den 24 Arbeitern in Adelsheim pendelten nur zwei aus, und in Leibenstadt gab es nur drei Industriearbeiter, die alle auswärts arbeiteten. Aber schon 1949 gingen allein aus Leibenstadt 36 Personen in anderen Orten zur Arbeit. 1961 wohnten im heutigen Stadtgebiet 508, 1970 dann 563 Auspendler. Die meisten davon waren im Produzierenden Gewerbe tätig. Für 1985 nennt die Stadtverwaltung ca. 700 Auspendler.

Politisches Leben

Als im März 1848 in den grund- und standesherrlichen Gebieten des gesamten Odenwaldes Unruhen ausbrachen, lehnten sich auch Adelsheimer und Sennfelder Bürger gegen die straffe Verwaltung des von Adelsheimischen Rentamtes auf. Zweimal stürmten sie das Schloß der Sennfelder Linie in Adelsheim und verbrannten Teile des Archivs. In Sennfeld wurden größere Ausschreitungen knapp vermieden. Hier richteten sich Angriffe auch gegen die Juden. Die Leibenstädter zwangen den grundherrschaftlichen Rentamtmann in Widdern, alle ihren Ort betreffenden Akten und Urkunden herauszugeben und die Grundherrschaft zum Verzicht auf ihre Rechte zu bewegen. In der Folge der revolutionären Ereignisse gab die Grundherrschaft alle noch bestehenden Feudalrechte auf oder ließ sie ablösen. Ausgenommen war lediglich das Kirchenpatronat in Sennfeld (hälftig mit den Rüdt von Collenberg). Gleichzeitig verkaufte sie auch Güter dort, wo sie nur als Unterlage zur Ausübung von Feudalrechten dienten.

Die Revolution im Mai 1849 lief ruhiger ab, wenn auch der Adelsheimer Bürgermeister als Zivilkommissär der Provisorischen Regierung den Freiherrn Richard von Adelsheim verhaften ließ und in Adelsheim und Sennfeld wie in den meisten Gemeinden der Umgebung demokratische Volksvereine gebildet wurden.

Die politische Einstellung seit der Reichsgründung, angekündigt durch die letzte *Zollvereinswahl 1868*, ist bis zum 1. Weltkrieg von einer klaren Hinneigung zur Nationalliberalen Partei gekennzeichnet. Bei den *Reichstagswahlen* erhielt sie in allen 3 Gemeinden immer die absolute Mehrheit, meist mehr als 80 % bei hoher Wahlbeteiligung. Etwa seit der Jahrhundertwende gewannen auch die Sozialdemokraten Anhänger. In der Zeit der Weimarer Republik gingen die politischen Meinungen weit auseinander und wechselten, vor allem in Leibenstadt, von Wahl zu Wahl bei geringer Wahlbeteiligung. Einheitlich blieb nur die geringe Bedeutung des Zentrums, aber auch der Deutschen Volkspartei und der Kommunisten. 1928 konnte in Adelsheim keine Partei nur ein Drittel der Stimmen auf sich vereinen, in Sennfeld hatte die SPD mit 45 % die relative, in Leibenstadt die Deutsch-nationale Volkspartei mit 66 % die absolute Mehrheit. Die letzte freie Reichstagswahl am 6.11.1932 brachte in Adelsheim eine knappe (53 %), in Leibenstadt eine überwältigende (87 %) Mehrheit für die NSDAP, die noch 1928 nur von wenigen gewählt worden war. In Sennfeld, wo die SPD mit 37 % der Stimmen noch ein Gegengewicht bildete, kam sie immerhin auf die relative Mehrheit von 42 %. 1933 und später stieß die nationalsozialistische »Gleichschaltung« nur in Sennfeld, wo eine starke SPD-Ortsgruppe bestand und vor 1933 ein Sozialdemokrat Bürgermeister war, auf Schwierigkeiten.

Die *Wahl zum 1. Bundestag* 1949 spiegelte noch einmal die politische Zerrissenheit der Weimarer Republik, aber auch die Probleme der Nachkriegszeit. CDU, SPD und DVP/FDP erhielten fast gleiche Stimmenanteile von 20–25 %, wurden aber übertroffen von der Notgemeinschaft der Kriegsgeschädigten, Heimatvertriebenen etc., der fast 30 % der Wähler ihre Stimme gaben. Jedoch schon bei der *Wahl zum 2. Bundestag* 1953 begannen sich die Strukturen herauszubilden, die mit geringen Abweichungen bis heute erhalten blieben. Seither kommt auch die Wahlbeteiligung wieder derjenigen der Zeit vor 1914 gleich. Stärkste Partei ist seit 1957 die CDU mit Zweitstimmenanteilen zwischen 36 % (1953) und 53 % (1970 und 1976). Die höchsten Anteile erreichte sie meist in Leibenstadt, die niedersten in Sennfeld, wo die SPD gewöhnlich besser als in den anderen Stadtteilen abschneidet. Die FDP/DVP, mit den besten Ergebnissen in Leibenstadt, sank in der Wählergunst von insgesamt 21 % (1953) auf 7 % (1969), erholte sich zwar wieder, aber nur auf 12 % bei der Wahl am 26. 1. 1987.

Die CDU ist in Adelsheim mit einem Stadtverband, die SPD mit einem Ortsverein organisatorisch vertreten.

Wirtschaft und Verkehr

Land und Forstwirtschaft. – Bis weit in das 20. Jh. hinein war die Landwirtschaft in Adelsheim eine wesentliche Erwerbsquelle. Auch die Handwerker mußten, um auszukommen, nebenbei Äcker bebauen und einige Stücke Vieh halten. In Sennfeld war die Landwirtschaft vor dem Handel der wichtigste, in Leibenstadt praktisch der einzige Wirtschaftszweig.

Dank der Bodeneigenschaften können bis heute mehr als vier Fünftel der landwirtschaftlich genutzten Fläche (LF) als Ackerland genutzt werden. Gute Wiesen liegen nur auf den Talböden von Seckach und Kirnau. Zu Beginn des 19. Jh. war das Übergewicht des Ackerlandes über die Wiesen, nicht gerechnet das mindestens zum Teil beweidete Ödland, mit einem Zahlenverhältnis von 9:1 noch ausgeprägter.

Auf dem *Ackerland* stand damals als wichtigstes Getreide der Spelz (Dinkel), außerdem Einkorn, Korn (Weizen), Gerste und Hafer. Mit Mais wurden schon Versuche unternommen. An Hülsenfrüchten pflanzte man, auch zur Bodenverbesserung, Erbsen, Linsen und Wicken, an Ölfrüchten Hanfsamen, Lein und Raps. Hanf und Flachs wurden auch als Faserpflanzen angebaut, reichten aber für den Hausbedarf nicht aus. Klee, Blauklee (Luzerne) und Esparsette säte man als Grün- und Dörrfutter, Runkelrüben als Winterfutter. Kartoffeln, für viele die Hauptnahrung, gerieten oft so schlecht, daß sie nur noch als Viehfutter taugten.

Heute stehen Weizen und Gerste an erster Stelle. Hafer, der noch 1930 auf größeren Flächen stand, ist deutlich zurückgegangen, Dinkel seit den 1920er Jahren völlig aufgegeben. Unter den Futterpflanzen setzte sich der Silomais durch und nimmt jetzt mehr als die halbe Feldfutterfläche ein. Kartoffeln wurden seit etwa der Jahrhundertwende auch für den Markt angebaut, heute dagegen nur noch für den Eigenbedarf. Zuckerrüben wurden schon in den 1860er Jahren für die Fütterung, aber erst nach dem 1. Weltkrieg auch zum Verkauf angepflanzt. Abnehmer war die Zuckerfabrik in Züttlingen. Seit sie vor etwa zehn Jahren den Betrieb eingestellt hat, werden die Rüben unter festen Abnehmerverträgen nach Offenau geliefert.

Weinbau wurde in Adelsheim schon um 1810 nicht mehr betrieben. Nach mehreren Mißernten waren die Rebstöcke ausgerissen und an ihrer Stelle Klee gesät worden. 1840 sollen jedoch knapp 3 M Rebland bestockt gewesen sein. In Sennfeld baute man noch 1904 auf 1 ha Wein an. Inzwischen ist auch dieser letzte Rest längst aufgegeben.

Obstbau fand sich zu Anfang des 19. Jh. nur auf den Hofgütern Seehof und Dambergerhof in kleinem Umfang. Äpfel und Birnen wurden mit gesammeltem wildem Obst zu Most gekeltert, Zwetschgen gedörrt oder gebrannt. In der 2. Jahrhunderthälfte war die Obrigkeit sehr um die Förderung des Obstbaues besorgt. 1863 bestand in Adelsheim eine Obstbaumschule, in Sennfeld wurde 1886 eine Obstanlage gepflanzt und auch später instandgehalten und vergrößert. 1933 waren mehr als die Hälfte der rund 23 000 Obstbäume in den drei Orten Apfelbäume. Inzwischen ist der Obstbau eingeschlafen. 1979 war nur noch 1 ha Sonderkulturfläche ausgewiesen.

Landwirtschaftliche Ein- und Verkaufsgenossenschaften wurden 1911 in Leibenstadt mit 33 und in Sennfeld mit 50 Mitgliedern, 1920 auch in Adelsheim gegründet. Trotzdem hatten noch längere Zeit die Händler Vorrang. Erst nach dem 2. Weltkrieg wurde das Getreide zum größten Teil an die Lagerhäuser in Osterburken und Möckmühl geliefert. Die Raiffeisen-Warengenossenschaft in Leibenstadt besteht noch heute.

Während für den kleineren Bauern der Körneranbau die Haupteinnahmequelle war, brachte dem größeren Bauern die *Viehhaltung* den besten Ertrag. Sie wurde schon zu Beginn des 19.Jh. weitgehend auf der Basis von Feldfutter betrieben und entwickelte sich gegen Ende des Jahrhunderts durch Ankauf von hochwertigen Zuchttieren.

Pferde gab es, möglicherweise infolge der Kriegsrequirationen, zu Anfang des 19. Jh. nicht viele (1808: 46 Tiere), aber bis zur Jahrhundertmitte hatten die Bauern ihren Pferdebestand mehr als verdoppelt (1855: 112 Tiere). Mit der Intensivierung der Landwirtschaft wurde auch eine weitere Vermehrung und Verbesserung der Arbeitspferde nötig. Noch 1950 standen in den bäuerlichen Betrieben des heutigen Stadtgebietes 261 Pferde. Erst der zunehmende Einsatz von Ackerschleppern bedeutete das Ende der bäuerlichen Pferdehaltung. In der Rinderhaltung standen Adelsheim und Sennfeld voran, gefördert wohl durch den örtlichen Viehhandel. In beiden Orten richtete man besonderes Augenmerk auf die Zucht, während in Leibenstadt das Interesse mehr der Fleischerzeugung galt. In allen drei Gemeinden übernahm die Gemeindeverwaltung 1890 die Farrenhaltung selbst und übertrug sie einem besoldeten Farrenwärter. 1910 wurde die genossenschaftliche »Jungviehweide Sennfeld eGmbH« gegründet. Um einen Weideplatz anzulegen, kaufte sie den Roßbrunnenhof und pachtete noch Gelände hinzu. Die Jungviehweide besteht noch heute und ist ein beliebtes Ausflugsziel.

Im heutigen Stadtgebiet verdoppelte sich die Rinderzahl zwischen dem Beginn (1808) und der Mitte (1855) des 19. Jh. von 677 auf 1313 Tiere und stieg dann fast gleichmäßig weiter an bis auf 3108 Tiere im Jahr 1983. Der Anteil der Milchkühe wechselte, aber die Milchwirtschaft stand nie im Vordergrund. 1983 zählte man 804 Milchkühe. Seither wurde der Bestand auf 2603 Rinder, darunter 680 Milchkühe, abgebaut (1987).

Größere Schwankungen zeigt die Schweinehaltung. Sie nahm vor allem in Leibenstadt nach dem letzten Krieg einen beachtlichen Aufschwung. Die größten Schweinebestände wurden in den 1960er Jahren mit mehr als 2200 Tieren im Stadtgebiet erreicht. Danach ging der Bestand wieder zurück (1987: 1204 Mastschweine und 198 Zuchtsauen).

Die Schafhaltung wurde in Leibenstadt, wo sie nie sehr bedeutend war, mit Aufhebung der Gemeinen Weide 1906 völlig aufgegeben. In Sennfeld hielten, was zu zahlreichen Streitigkeiten Anlaß gab, die grundherrschaftlichen Pächter und die Gemeinde Schafe, bis die kurz vorher vereinbarte gemeinsame Schäferei 1886 aufgelöst wurde. 1911 verpachtete die Gemeinde die Schafweide. 1930 hielten die Sennfelder noch 200 Schafe. In Adelsheim, wo schon 1828 das Übertriebsrecht der Grundherrschaft abgelöst worden war, gab es 1930 nach einem leichten Rückgang gegenüber dem Ende des 19. Jh. noch 485 Schafe. 1982 hielten in der gesamten Stadt 5 Betriebe zusammen 237 Schafe.

In den letzten Jahrzehnten konzentrierte sich die Viehhaltung auf weniger Betriebe als früher, die aber einen größeren Viehbestand halten. Noch 1965 wurden in 118 Betrieben Rinder und in 186 Betrieben Schweine gehalten. 1987 dagegen standen nur noch in 49 Betrieben Rinder und in 26 Betrieben Schweine. Wo Milchwirtschaft

Die Gemeinde im 19. und 20. Jahrhundert 453

betrieben wird, ist sie Hauptbetriebszweig, sonst steht in der Rinderhaltung die Schlachtvieherzeugung an erster Stelle. Zwei Betriebe sind ausgesprochene Schweinemastbetriebe. Auch die Geflügelhaltung ist heute konzentriert und spezialisiert. Zwei von 32 hühnerhaltenden Betrieben hatten 1987 einen Legehennenbestand von mehr als 100 Hennen. Der Seehof als spezialisierte Hühnerfarm baut auf dem Ackerland ausschließlich Getreide als Hühnerfutter an.

Der Rückgang der Landwirtschaft setzte in der Stadt Adelsheim im 1. Viertel des 20. Jh. ein, in Leibenstadt und Sennfeld zögernd nach dem letzten Krieg und verstärkt seit den 1960er Jahren. Die *Zahl der landwirtschaftlichen Betriebe* im Stadtgebiet verminderte sich von 571 (1895) über 538 (1925), 416 (1949), 199 (1971) auf 81 (1987). Die LF dagegen ging vergleichsweise wenig zurück, nämlich von rund 2700 ha (1895) auf 2356 ha (1987), so daß sich eine Verbesserung der *Besitzstruktur* ergab. Im 19. Jh. und in der 1. H. 20. Jh. hatten die kleinen Betriebe mit weniger als 5 ha Betriebsfläche überwogen, wenn auch hier im Bauland die Schicht der mittleren Bauern mit 5–20 ha Land und entsprechendem Viehbesitz immer stärker ausgebildet war als im benachbarten Odenwald. Der reichste Bauer in Leibenstadt z. B. besaß 1907 90 M, die kleinen Bauern hatten nur 5–6 M Eigenland und daneben Pachtland. 1925 gab es im Stadtgebiet 93 Betriebe von 5–10 ha, 57 Betriebe hatten zwischen 10 und 20 ha LF und 8 Betriebe besaßen 20 und mehr ha LF. In Leibenstadt hatten im Inflationsjahr 1922 die größeren Bauern ihren Besitz erweitern können, weil der Freiherr von Gemmingen-Hornberg zur Versteigerung seines Landes von etwa 200 M gezwungen war. 1949 waren im Stadtgebiet schon 14 Betriebe 20 und mehr ha groß, und 1987 bewirtschafteten 51 Betriebe dieser Größenklasse zusammen 93 % der gesamten LF. Davon lagen 33 Betriebe über der 30-ha-Grenze. Die Durchschnittsfläche eines landwirtschaftlichen Betriebes hatte sich von 5,2 ha (1925) über 6 ha (1949) auf 29,1 ha (1987) verbessert.

Die großen Betriebe von Adelsheim liegen in Hergenstadt, Wemmershof, Seehof und Dambergerhof, oder es sind moderne Aussiedlerhöfe. Die drei Höfe der Freiherren von Adelsheim: Dambergerhof, Seehof und ein Hof in Hergenstadt sind an Pächter ausgegeben. *Pachtland* spielt, wie schon im 19. Jh., auch heute noch eine wichtige Rolle. Nach dem Stand von 1979 war etwa die Hälfte der gesamten LF der Betriebe Pachtland. Nur wenige Betriebe waren ausschließlich auf Eigenland gegründet, 5 Betriebe bewirtschafteten ausschließlich Pachtland.

Die weitgehende Spezialisierung auf Getreidebau und Viehwirtschaft begünstigt es, daß die meisten Betriebe (mit mehr als 1 ha LF) heute als *Vollerwerbsbetriebe* bewirtschaftet werden. 1979 waren von 89 Betrieben 65 Vollerwerbsbetriebe, darunter auch die Hälfte der Betriebe mit 10–20 ha LF und 3 Kleinbetriebe mit weniger als 10 ha LF. Über die Rentabilität ist damit nichts ausgesagt.

Obgleich die *Flurzersplitterung* im 19. Jh. in den 3 Gemeinden vergleichsweise gering war, erschwerte die schlechte Erschließung der Flur mit Feldwegen ein rationelles Bewirtschaften und die allmählich angestrebte Lösung von Flurzwang. Nur in Sennfeld kamen die Bauern überein, ohne Flurzusammenlegung ein ausreichendes Wegenetz zu schaffen. In Leibenstadt lagen noch 1911 die Felder so durcheinander, daß eine Wegeanlage ohne Bereinigung unmöglich war. Ende der 1920er Jahre noch war der Besitz hier sehr zersplittert, während in Sennfeld eine Bereinigung für unnötig erachtet wurde. Moderne *Flurbereinigungen* setzten 1958 ein mit einem beschleunigten Zusammenlegungsverfahren in Adelsheim-Wemmershof (abgeschlossen 1962). Es folgten gleichfalls beschleunigte Verfahren in Adelsheim-Hergenstadt 1960–1966 und in Sennfeld 1961–1965. In Leibenstadt und Unterkessach (Stadt Widdern, Lkr. Heilbronn) verursachte der Autobahnbau 1970 ein Zweckverfahren über 2562 ha, darunter 574 ha

Forstfläche, das 1982 mit der Besitzeinweisung abgeschlossen wurde. 1983 begann in Sennfeld ein größeres Flurbereinigungs-Normalverfahren über 1170 ha, darunter 379 ha Forstfläche. Vorausgegangen war ein Dorfentwicklungsprogramm. 1952/53 wurden in der Riedsiedlung 2, 1962/63 an der Straße nach Schefflenz 7 *Aussiedlerhöfe* für Adelsheimer Landwirte eingerichtet. Gleichfalls Anfang der 1960er Jahre siedelten acht Bauern, 1969 ein weiterer aus Sennfeld aus. In Leibenstadt bauten zwei Bauern Aussiedlerhöfe am Ortsrand. Einer der Höfe ist allerdings inzwischen wieder aufgegeben worden.

Der *Wald* nahm zu Beginn des 19. Jh. deutlich weniger Fläche ein als Ackerland und Wiesen. Zur Stadt Adelsheim gehörten 1808 521 M Gemeindewald und 82 M Privatwald, zu Leibenstadt 200 M Gemeinde- und nur 2 M Privatwald und zu Sennfeld 800 M Gemeinde- und 214 M Privatwald. Der Wald war in schlechtem Zustand. Häufiger als Stammholz – hauptsächlich Eichen, wenig Buchen, Tannen und Fichten – wuchs Gesträuch, das zum Verfeuern abgeholzt wurde, bevor es richtig brauchbar werden konnte. Erst als in Adelsheim 1849 eine badische Bezirksforstei eingerichtet wurde, setzte eine geordnete Forstwirtschaft ein. Nach preußischem Muster forstete man mit geschlossenen Fichtenbeständen auf. Im Gegensatz dazu steht heute die Einzelbaumbewirtschaftung des von Adelsheimischen Privatwaldes durch das Rentamt. Von den 1461,7 ha Gesamtfläche auf der Gemarkung gehören 416,5 ha dem Freiherrn von Adelsheim, 818,7 ha sind Gemeindewald, 223,0 ha Kleinprivatwald und nur 3,3 ha sind Staatswald. In Wemmershof besteht noch eine Waldgenossenschaft, da alle Landwirte den Wald gemeinsam besitzen.

Handwerk und Industrie. – Die Handwerker in der Stadt Adelsheim arbeiteten im 19. Jh. für die Einwohner der Stadt und des näheren Umlandes, die Handwerker in den beiden Dörfern nur für den örtlichen Bedarf. Die Flüßchen Kirnach und Seckach boten in Adelsheim Ansatz für ein reges *Mühlengewerbe*. 1809 drehten sich an der Kirnau die Räder einer Mahlmühle, einer Lohmühle und einer Sägemühle mit Hanfreibe und Ölschlag, an der Seckach die einer Walkmühle mit Ölschlag. Auch *Weiß- und Rotgerber* nutzten die Wasserkraft. Aus den geringen Töpfererdevorkommen fertigte ein *Häfner* einfache Tonwaren (der Betrieb fertigt heute Terrazzo- und Betonplatten). In Sennfeld arbeitete noch in der 1. H. 19. Jh. eines der beiden *Eisenschmelz- und Hammerwerke*, bis es in eine Sägemühle verändert wurde, die heute noch besteht. Ein Hammerwerk in Adelsheim wurde 1857 in eine Mühle umgewandelt.

Es gab immer wieder Versuche, Bodenschätze nutzbar zu machen. So wurde 1842 am Ronstock südwestlich der Stadt ein *Gipswerk* eröffnet, aber 1880 wieder geschlossen. Bei Leibenstadt wurde eisenerzhaltige Erde gewonnen und im Hammerwerk bei Zimmern (heute Gde Seckach) verarbeitet. In Leibenstadt erhoffte man sich noch Anfang des 20. Jh. von der Ausbeutung eines Steinbruchs vergeblich neue Verdienstmöglichkeiten.

Das gesamte Handwerk war übersetzt. Kein Handwerker war vollbeschäftigt. Jeder hatte Mühe, seine Waren abzusetzen, zumal die Kaufkraft der Bauern schwach war. So blieb den Handwerkern nur, neben ihrem Gewerbe einige Äcker zu bebauen, um die wichtigsten Lebensmittel selbst zu erzeugen. Dieser Zustand blieb bis zum Ende des Jahrhunderts unverändert. Zwar waren damals viel mehr Gewerbezweige vertreten als heute, aber in einem Betrieb arbeitete neben dem Meister selten mehr als ein Geselle. Die Übersetzung wurde nicht besser, erschwerend kam aber die wachsende Konkurrenz der Industrie hinzu. Betroffen waren nahezu alle Handwerker, besonders aber die Weber, Gerber, Müller, auch die Bierbrauer und Schuster. Für das Baugewerbe hatte der Bahnbau einige Jahre lang eine Konjunktur gebracht. Er zog aber auch viele Fremde

Die Gemeinde im 19. und 20. Jahrhundert 455

herbei, die nach Abschluß der Arbeiten den Arbeitsmarkt belasteten. Noch konnte kaum ein Handwerker ohne zusätzliche Landwirtschaft auskommen. Der *Gewerbeverein*, dem 1884 in der Stadt 37 Mitglieder, darunter 30 Gewerbetreibende, angehörten, scheint wenig an der Lage geändert zu haben. Nach der *Betriebszählung* von 1895 war am stärksten das Bekleidungs- und Reinigungsgewerbe vertreten, in Leibenstadt das Baugewerbe. In Adelsheim und Sennfeld folgte das Nahrungs- und Genußmittelgewerbe – dank der Brauereien mit der höchsten durchschnittlichen Beschäftigtenzahl je Betrieb (2,5).

1925 wurden in Adelsheim 35, in Sennfeld 26 und in Leibenstadt 7 selbständige Handwerksmeister gezählt. Noch nach dem 2. Weltkrieg arbeiteten mehr Kleinhandwerker für den örtlichen Bedarf als heute. 1949 wurden allein für Leibenstadt aufgezählt: 2 Wagner, 1 Schmied, 1 Bäcker, 1 Metzger, 2 Schreiner, 1 Küfer, 2 Schuhmacher, 3 Maurer, 1 Schneider und 5 Schneiderinnen. Die *Handwerkszählung* von 1968 erfaßte im heutigen Stadtgebiet zusammen 71 Betriebe mit 296 Beschäftigten. Am stärksten war das Baugewerbe mit 17 Betrieben und 93 Beschäftigten. Bei der Handwerkszählung 1977 war dann mit 18 Betrieben, 116 Beschäftigten und 63 % des im Handwerk erzielten Umsatzes das Metallgewerbe der wichtigste Handwerkszweig in der Stadt. Insgesamt wurden 1977 noch 56 Betriebe und 273 Beschäftigte im Handwerk erfaßt.

Über die *Zahl und Branchengliederung des Handwerks* nach dem Stand von Ende 1984 gibt die nach Angaben der Stadtverwaltung aufgestellte Tab. 1 Auskunft.

Der wichtigste Betrieb des Nahrungsmittelgewerbes ist die *Großschlächterei Paul und Ottmar Deuser GmbH & Co.KG*, die 1936 in Oberkessach (heute Gde Schöntal) als Viehhandlung gegründet und erst nach und nach zur Schlachterei erweitert wurde. Mit dem Kauf des um 1880 erbauten ehemaligen städtischen Schlachthofes siedelte die Firma 1971 nach Adelsheim um. Zunächst ein reiner Familienbetrieb, wurde sie nach und nach vergrößert und 1983 in eine GmbH & Co. KG umgewandelt. Sie beschäftigte 1984 insgesamt 15 Arbeitskräfte und hatte 1983 einen Umsatz von 20,5 Mio DM. Geschlachtet wurden hauptsächlich Schweine und Großvieh; das Fleisch wird in großen Teilen an Großhändler, Metzgereien und Zerlegebetriebe weitergeliefert.

Kleinere Betriebe des übrigen Verarbeitenden Gewerbes mit weniger als 20 Beschäftigten sind in folgenden Sparten tätig: Sägewerk, Furnierwerk, Herstellung von Zeichnungsaufhängungen, Produktion von Cabroluftfiltern und Büroorganisationsartikeln, Kunststoffverarbeitung (in Leibenstadt), Steuerungsbau, Computerverdrahtung. Eine Gärtnerei ist mit einem Zoogeschäft und einem Blumenladen gekoppelt, eine andere hat sich auf Begrünungen und Autobahnbepflanzung und eine dritte auf den feldmäßigen Anbau von Erdbeeren und Gemüse spezialisiert. In einer kleinen Farm werden Pelztiere gezüchtet.

Die Zeit der *Industriegründungen* ging an Adelsheim spurlos vorüber. Die für Sennfeld im Jahre 1911 aufgeführte Begründung, daß nämlich ein großer Teil der Gemarkung zum Stammgut der Grundherrschaft gehörte und daher eine bauliche Erweiterung unmöglich sei, traf zwar auch für Adelsheim und Leibenstadt zu, war aber kaum allein ausschlaggebend. Noch 1933 gab es in Adelsheim nur einen Betrieb mit mehr als 20 Beschäftigten.

1885 war als größter Betrieb des Amtsbezirks die Fabrik verzinnter und emaillierter Blechwaren von Gumpel in Adelsheim genannt worden, die ständig 12–15 Arbeiter beschäftigte. 1895 arbeiteten in der Stadt 21 Personen in 11 metallverarbeitenden Betrieben. Um die Jahrhundertwende beschäftigte die Schuhfabrik der Gebr. Bieringer etwa 50 Personen, bevor sie 1914 nach Nürnberg verlegt wurde und nur einen Laden (bis 1938) zurückließ. Ein vergleichsweise großer Betrieb war auch die Säge-, Öl-, Walk- und Gipsmühle an der Kirnau zwischen Obertor- und Hardtbrücke.

Tabelle 1: **Das Handwerk in Adelsheim 1984**

Handwerksgruppen	insgesamt	Adelsheim	Sennfeld	Leibenstadt
Bau- und Ausbaugewerbe				
Bauunternehmungen	3	3	–	–
Zimmerer	2	1	–	1
Gipser/Stukkateur/Maler	1	1	–	–
Maler	2	2	–	–
Steinmetz	1	1	–	–
Terrazzo- u. Betonplattenhersteller	1	1	–	–
Metallgewerbe				
Schlosser	2	1	1	–
Schlosser u. Kunstschmied	1	1	–	–
Karosseriebauer u. Lackierer	1	1	–	–
Kfz-Mechaniker	4	4	–	–
Kfz-Elektriker	1	1	–	–
Landmaschinenmechaniker	1	1	–	–
Sanitärinstallateur/Flaschner	1	1	–	–
Sanitär- u. Elektroinstallateur	1	1	–	–
Elektroinstallateur	1	1	–	–
Heizungsbauer	2	2	–	–
Radio- u. Fernsehtechniker	1	1	–	–
Holzgewerbe				
Schreiner	6	4	1	1
Drechsler	1	1	–	–
Bekleidungs-, Textil- und Ledergewerbe				
Herrenschneider	1	1	–	–
Damenschneiderin	1	1	–	–
Damen- u. Herrenschneider	1	1	–	–
Stricker	1	–	1	–
Schuhmacher	1	1	–	–
Nahrungsmittelgewerbe				
Bäcker	4	2	1	1
Metzger	3	2	1	–
Hausmetzger	1	1	–	–
Mosterei u. Brennerei	1	–	–	1
Gewerbe für Gesundheits- und Körperpflege sowie chemisches u. Reinigungsgewerbe				
Friseure	4	2	1	1
Reinigung	1	1	–	–
Glas-, Papier-, keramische u. sonst. Gewerbe				
Optiker	1	1	–	–
Fotograf	1	1	–	–
Buchdrucker	2	2	–	–
Orgelbauer	1	1	–	–
Zusammen	57	46	6	5

Quelle: Stadtverwaltung Adelsheim

Die Gemeinde im 19. und 20. Jahrhundert 457

In Adelsheim gab es 1974 nur *7 Industriebetriebe* (ab 10 Beschäftigte) mit zusammen 379 Beschäftigten. Davon gehörten 3 Betriebe mit 284 Arbeitskräften zur Metallverarbeitung, die restlichen verteilten sich auf die Branchen Chemie/Kunststoffe, Holz/Papier und Leder/Textil/Bekleidung. Der damals größte Betrieb, das Zweigwerk der Landmaschinenfabrik Agria, gab 1975 die Produktion in Adelsheim auf und verlegte sie in das Hauptwerk nach Möckmühl. Glücklicherweise konnten die meisten Arbeitskräfte dort weiterbeschäftigt werden, ohne ihre Wohnungen in Adelsheim aufzugeben. 1984 ist der größte Betrieb in Adelsheim das *Zweigwerk der Firma Josef Schimmel KG* in Nordheim (Lkr Heilbronn), die Filtersiebe und spezielle Armaturen herstellt. Im Adelsheimer Werk sind ca. 180 Arbeitskräfte beschäftigt, und die Firma ist im Begriff, sich noch zu vergrößern. Unter den größeren Firmen dürfte die *Bauunternehmung Gustav Rappold GmbH & Co.* die älteste sein. Sie wurde 1826 in Sennfeld mit vier Arbeitskräften gegründet. 1974 verlegte sie der derzeitige Firmeninhaber, der sie 1949 mit 15 Beschäftigten übernommen hatte, nach Adelsheim. 1984 arbeiteten im Mittel 36 Personen in der Firma, die nach wie vor Bauunternehmen, Baustoffhandel und Gipserei vereinigt. Nach einer leichten Steigerung gegenüber dem Vorjahr erzielte sie 1983 einen Umsatz von 2.200.000 DM. Zu den größeren Betrieben gehört auch die *Farb- und Lackfabrik W. Trefz GmbH & Co. KG*, die 1948 mit 8 Mitarbeitern gegründet wurde und 1984 20 Arbeitskräfte beschäftigt. Sie hat ihr Produktions- und Vertriebsprogramm inzwischen auch auf Tapeten und Bodenbeläge erweitert. Der Firma steht an der Industriestraße ein Areal von 6.400 qm zur Verfügung.

Als Spezialbetrieb ist von überregionaler Bedeutung die *Bireka-Billetfabrik Hans-Werner Tensfeldt*, die schon vor dem Krieg in Berlin gegründet und 1949 in West-Berlin neugegründet wurde. Da Südwestdeutschland schon immer zu den größten Absatzgebieten gehörte, errichtete der heutige Inhaber 1960 den Betrieb in Adelsheim, während die Geschäftsführung in Berlin verblieb. Die Firma beschäftigt insgesamt 17 Arbeitskräfte, davon 12 in Adelsheim, und erbrachte nach positiver Entwicklung 1984 einen Umsatz von 978.000 DM, davon 740.000 DM in Adelsheim. Die Billets in Rollen und Blöcken werden im wesentlichen im Inland abgesetzt.

Die *Firma Zetzmann*, die heute Terrazzo- und Betonplatten herstellt und auf die alte Töpferei in Hergenstadt zurückgeht (s.o.), brannte noch im 2.Weltkrieg Geschirr und wandte sich dann bis in die 1960er Jahre dem Drehen von Murmeln, gebrannten Tonkugeln, zu. Von den beiden Druckereien gibt eine das Amtsblatt unter dem traditionsreichen Namen »Bauländer Bote« heraus.

Die Arbeitsstättenzählung vom 25.5.1987 erfaßte insgesamt 39 Betriebe und 354 Beschäftigte im Produzierenden Gewerbe und 6 Betriebe mit 44 Beschäftigten im Baugewerbe. Die Elektrotechnik/Feinmechanik/Optik ist nach der Beschäftigtenzahl (111), das Holz-, Papier- und Druckgewerbe nach der Zahl der Betriebe (12) die stärkste Branche.

Handel und Dienstleistungen. – Neben der Funktion als Amtssitz waren es im 19.Jh. und in der 1. H. 20. Jh. Handel und Verkehr, die die Kleinstadt über ihre bäuerlichen Nachbarorte hinaushoben. Bis zum Anfang des 19.Jh. wurde der Handel zum großen Teil auf den *Märkten* abgewickelt. Im Laufe eines Jahres fanden 5 Vieh- und Krämermärkte statt; die Termine veränderten sich mit behördlicher Genehmigung mehrmals. Ein mit einem Viehmarkt verbundener Krämermarkt fiel schon 1827 weg, weil der Stadt 4 Krämermärkte als ausreichend erschienen. Nach dem Anschluß Badens an den Deutschen Zollverein machte sich die Konkurrenz der württembergischen Marktorte Heilbronn und Neuenstadt bemerkbar. In Adelsheim verschlechterten sich Abgaben von Stand- und Wegegeld an die Grundherrschaft die Wettbewerbssituation. Ein Wochenmarkt, der 1879 auf Wunsch vieler Einwohner eingerichtet wurde, ging bald infolge geringen Besuches wieder ein. Auch die 1873 für Sennfeld bewilligten 6 Schweine- und 3 Vieh- und Krämermärkte konnten sich nur 2 Jahre lang halten. Heute wird in Adelsheim kein Markt mehr abgehalten. Wie überall verlagerte sich gegen Ende des 19. Jh. der Handel mehr auf ortsfeste Läden. Dennoch waren 1895 in Adelsheim nur 10 % der Erwerbstätigen hauptberuflich in Handel und Verkehr (Eisenbahn) tätig. In Sennfeld lag der Anteil genau so hoch, weil dort zahlreiche jüdische Viehhändler ansässig waren. Daher erklärt sich auch, daß in der Kleinstadt Adelsheim und im Dorf Sennfeld 1895 gleichviele Betriebe der Sparte Handel, Versicherung und Verkehr, nämlich 27 Betriebe mit 39 bzw. 40 Beschäftigten, bestanden. In Leibenstadt gab es nur drei Ein-Mann-Betriebe dieses Wirtschaftszweiges.

Tabelle 2: **Einzelhandel 1984**

Branche	Anzahl der Geschäfte			
	insgesamt	Adelsheim	Sennfeld	Leibenstadt
Lebensmittelgeschäfte	5	4	1	–
Lebensmittelgeschäfte und Bäckerei	5	3	–	2
Lebensmittelgeschäfte u. Brennstoffhandel u. a.	2	1	1	–
Weinhandlung	1	1	–	–
Bierverkauf, Getränkemärkte	8	6	2	–
Drogerie	1	1	–	–
Textil- und Modegeschäfte	4	4	–	–
Schuhgeschäfte	2	1	–	1
Sportartikel- und Schugeschäft	1	–	1	–
Haushalt- und Eisenwarengeschäft	2	2	–	–
Buch- und Schreibwarenladen	2	2	–	–
Uhren- und Schmuckgeschäft	1	1	–	–
Blumenhandlung	1	1	–	–
Blumen- und Zoohandlung	1	1	–	–
Elektrofachgeschäfte	2	1	1	–
Elektro- und Radiogeschäft	1	1	–	–
Fotoladen	1	1	–	–
Kunstgewerbeladen	1	1	–	–
Antiquitäten- und Schrotthandel	1	1	–	–
Autohäuser	4	4	–	–
Landmaschinenhandlung	1	1	–	–
Baustoffeinzelhandel	1	1	–	–
Viehhandlungen	2	1	–	1

Quelle: Stadtverwaltung Adelsheim

Zum Erhebungszeitpunkt, im Herbst 1984, zeigt die *Zusammensetzung des Einzelhandels* in Adelsheim das für ländliche Kleinstädte typische Bild. Vergleichsweise gut ausgestattet ist die Stadt mit Läden, die den täglichen Bedarf decken. Auch die Waren des mittelfristigen Bedarfs können im allgemeinen am Ort gekauft werden, wenn auf eine Vielfalt des Angebots verzichtet wird. Spärlich vertreten sind Geschäfte, die Güter des langfristigen Bedarfs anbieten, sieht man von den vier mit Werkstätten verbundenen Autohäusern ab. Charakteristisch sind die in vielen Fällen noch erhaltene Bindung des Verkaufs auch industriell gefertigter Produkte an den einschlägigen Handwerksbetrieb und die Vereinigung mehrerer Warengruppen in einem Laden. Im dörflichen Sennfeld hat sich mit der Firma Gramlich, die schon 1890 in einem Ortsbereisungsprotokoll erwähnt wird, das traditionelle ländliche Ladengeschäft, wenn auch in modernisierter Form, erhalten, in dem Lebensmittel, Textilien, Brennstoffe und Düngemittel angeboten werden. Ganz im Gegensatz dazu stehen in Adelsheim die beiden Filialgeschäfte großer Lebensmittelkonzerne. Vor allem der erst kürzlich hier eröffnete Filialbetrieb einer Lebensmittelkette soll die Anziehungskraft Adelsheims als Einkaufsort deutlich gesteigert und die Kaufkraftabwanderung in die Nachbarstädte eingeschränkt haben.

Zwischen Groß- und Einzelhandel steht der Adelsheimer Zweigbetrieb des 1912 gegründeten *Buch- und Pressehauses G. Umbreit GmbH & Co.*, Bietigheim-Bissingen, der Bücher, Zeitungen und Zeitschriften vertreibt. Die Firma hat 141 Beschäftigte, davon arbeiten in Adelsheim 10 voll- und 12 teilzeitbeschäftigte Kräfte. Von insgesamt 85 Mio DM Umsatz wurden 1983 in Adelsheim 19,3 Mio DM erbracht.

Wie im Einzelhandel sind auch im *Großhandel* einige Betriebe mit Betrieben des Verarbeitenden Gewerbes verbunden. Unabhängig sind nur eine Baustoff- und 2 Tabakwarengroßhandlungen. In der *Handelsvermittlung* sind 3 Handelsvertreter tätig, davon 2 für Lederwaren. 1987 bestanden 14 Arbeitsstätten mit 133 Beschäftigten im Großhandel, 6 (8 B.) in der Handelsvermittlung und 37 (130 B.) im Einzelhandel.

Im Wirtschaftsbereich »*Dienstleistungen durch Unternehmen und freie Berufe*« arbeiten 1 Busunternehmen, 1 Taxiunternehmen, das mit einer Schreinerei (s.o.) verbundene Bestattungsinstitut, 1 Baggergeschäft, 1 Spezialbetrieb für die Verwertung verschrotteter Lastkraftwagen, 3 Entsorgungsbetriebe (Grubenentleerung, Kanalreinigung, Containerentsorgung). Die freien Berufe sind mit 1 Steuerberater, 2 freien Architekten, 1 Ingenieur- und 1 Bauingenieurbüro vertreten. Größter Betrieb ist hier der *Ingenieurbetrieb Siegfried Egner* mit 35 Beschäftigten, 1974 mit 2 Mitarbeitern gegründet, der sich auf die Fertigung und Montage von Wasserversorgungsanlagen, Abwasseranlagen, Energietechnik usw. spezialisiert hat und in den letzten 2 Jahren seinen Umsatz mehr als verdoppeln konnte (1984: 5 Mio DM).

Als Dienstleistungsbetrieb, allerdings in engem Zusammenhang stehend mit einem Betrieb des Produzierenden Gewerbes, kann auch das *Lager Adelsheim der Firma Würth*, Künzelsau, bezeichnet werden, in dem Schrauben etc. verwogen und verpackt werden, um dann von Künzelsau aus in den Versand zu gehen. Der 1978 gegründete, selbständig geführte Betrieb in Adelsheim beschäftigt etwa 12 Vollzeit- und je nach Arbeitsanfall bis zu 50 Teilzeitkräfte und arbeitet auch mit der Jugendstrafanstalt zusammen.

Die Sparkasse in Adelsheim wurde als erste im heutigen Neckar-Odenwald-Kreis im Jahre 1853 als Spar-, Waisen- und Hinterlegungskasse gegründet. Noch 1863 war sie die einzige Sparkasse dieses Gebietes. Teilnahmeberechtigt waren die Einwohner des Amtsbezirks Adelsheim. 1903 wurde sie von 7 Gemeinden getragen.

In Sennfeld hatte wegen des regen Geldverkehrs durch den Handel der Gemeinderat erwogen, entweder eine Sparkasse mit Gemeindebürgschaft oder eine Darlehens- und Kreditkasse zu gründen. Das Bezirksamt bezweifelte die Existenzfähigkeit einer solchen Einrichtung und empfahl den Anschluß an die Sparkasse in Adelsheim oder Osterburken. 1906 schloß sich Sennfeld der Bezirkssparkasse Adelsheim an. Seit der Fusion mit der Sparkasse Osterburken zur *Sparkasse Bauland* am 1.10.1970 wird die ehemalige Sparkasse Adelsheim als Hauptzweigstelle weitergeführt.

1874 hatte sich in Adelsheim ein Vorschußverein konstituiert. Aus ihm ging 1938 die Spar- und Kreditbank hervor, die sich 1971 unter Einbeziehung kleinerer Nachbargemeinden Volksbank Bauland nannte und sich am 1.1.1981 mit der Volksbank Buchen zur *Volksbank Franken* zusammenschloß. Auch diese Bank besitzt in Adelsheim eine

Hauptzweigstelle. Beide Kreditinstitute unterhalten in Sennfeld je eine Zweigstelle und führen in Leibenstadt Kassenstunden durch. Versicherungen aller Art werden von 8 Agenturen in Adelsheim und 1 Agentur in Sennfeld vermittelt.

Seit 1970 ist Adelsheim *staatlich anerkannter Erholungsort*. Obgleich sich ein Fremdenverkehrsverein bemüht und u.a. auch zusammen mit benachbarten Gemeinden für das »Ferienland Bauland« wirbt, hat das Interesse am Fremdenverkehr in den letzten Jahren eher nachgelassen. Übernachtungsmöglichkeiten fielen weg, als das Hotel Berghof vom Land Baden-Württemberg gekauft und zur Schulungsstätte umgewandelt wurde und als das Gasthaus »Linde« 1983 seinen Besitzer wechselte. Auch Privatvermieter, die bisher ca. 100 Betten anboten, gaben großenteils die Vermietung auf. Die früher bestehenden Verträge mit Reiseveranstaltern sind daher nicht erneuert worden. Nach Angaben des Fremdenverkehrsvereins stehen Betten nur noch in den Gasthöfen »Zum Löwen« (8) und »Zur Krone« (15) in Adelsheim, »Engel« (17) in Sennfeld und in einigen Privatzimmern zur Verfügung. Mit 6 reinen Speisegaststätten und 1 Café ist Adelsheim dagegen gut ausgestattet. In Sennfeld gibt es außer dem genannten »Engel« 2 weitere Gasthäuser (»Engel« und »Roß« gehen mindestens auf das 19. Jh. zurück), im Sommer auch das Ausflugslokal bei der Jungviehweide. Leibenstadt hat, wie schon um 1900, 2 Gasthäuser.

Verkehr. – Adelsheim liegt an der alten Fernverkehrsstraße vom Oberrheingebiet über Heidelberg oder Bruchsal, Würzburg nach dem N und O des alten Reiches. Seit 1687 war hier eine *Posthalterei* mit Expedition auf dem ein Jahr früher eröffneten Taxis'schen Reit-, später auch Fahrpostkurs eingerichtet. Posthalter war bis 1811 der Wirt des »Güldenen Hirschen«, danach unter badischer Postverwaltung bis 1878 der Wirt zum »Güldenen Ochsen«. 1878 verlegte der damalige Posthalter die Post in sein Haus am Lindenplatz; 1903 erbaute die Reichspost ein eigenes Postgebäude an der Seebrücke.

Mit der Eröffnung der *bad. Odenwaldbahn* Heidelberg–Mosbach–Würzburg im Jahre 1866 verlagerte sich der Hauptdurchgangsverkehr auf die Schiene. 1869 kam die württembergische Eisenbahn mit der Strecke Heilbronn–Würzburg hinzu, die sich in Osterburken mit der Odenwaldbahn vereinigt. Die Strecke der Odenwaldbahn läuft etwa 1,5 km nördlich der Stadt Adelsheim vorbei; daher liegt der »Badische Bahnhof« entfernt vom Stadtkern. Noch 1879 klagte man über die schlechte Verbindung zu diesem Bahnhof, während zum ohnehin nähergelegenen »Württembergischen Bahnhof« im O der Stadt schon 1872 eine neue Straße gebaut worden war. In Adelsheim halten nur Nahverkehrszüge. Die nächste Eil- und D-Zug-Station ist die Nachbarstadt Osterburken. Durch *Omnibuslinien* ist Adelsheim mit Osterburken und Seckach–Elztal–Neckarburken sowie mit Möckmühl und Osterburken–Lauda(–Würzburg) verbunden. Allerdings fahren die Busse nicht häufig. Leibenstadt, Hergenstadt und Wemmershof haben keinen Omnibusanschluß.

Im modernen *Straßenverkehrsnetz* liegt Adelsheim günstig zur Bundesautobahn A 81 Heilbronn–Würzburg mit der Anschlußstelle Osterburken-Adelsheim. Durch die Stadt führt die alte Poststraße und heute Bundesstraße 292 Bruchsal–Königshofen (–Würzburg). Sie verbindet Adelsheim im Nahbereich mit Mosbach und Osterburken. Laut Flächennutzungsplan sieht die Obere Straßenbaubehörde eine Neutrassierung vor, die Adelsheim in nordöstlicher Richtung in weitem Bogen umgehen soll. Buchen wird über die Landesstraße 519 und über eine Kreisstraße erreicht. Sennfeld war schon immer durch die heutige Landesstraße 1095, die von Möckmühl über Roigheim nach Adelsheim führt, gut mit der alten Amtsstadt verbunden. Dagegen kämpfte Leibenstadt vor allem seit dem Eisenbahnbau um bessere Straßenverbindungen nach Sennfeld–

Adelsheim, aber auch nach Unterkessach und Korb–Widdern. 1894 wurde die Straße Widdern–Korb–Leibenstadt–Sennfeld und damit auch die Verbindung nach Adelsheim verbessert, dennoch verstummten die Klagen nicht. Noch 1927 beschwerte sich der visitierende Amtmann über die schlechten Straßen, besonders über die zu schmale und gefährliche Straße nach Korb.

Verwaltungszugehörigkeit, Gemeinde und öffentliches Leben

Verwaltungszugehörigkeit. – Als Adelsheim am 12. Juli 1806 endgültig unter die Souveränität des eben zum Großherzog erhobenen badischen Landesfürsten kam, lag die Grundherrschaft über Stadt und Amt bei den beiden Linien der Freiherren von Adelsheim. Zum Amt Adelsheim gehörten Hergenstadt, Wemmershof, der Dambergerhof (heute Stadtteile von Adelsheim) und Laudenberg (heute Gde Limbach). Die Grundherrschaft über Sennfeld war geteilt zwischen der Sennfelder Linie der Freiherren von Adelsheim und den Freiherren von Rüdt. Der Adelsheimische Teil bildete mit Volkshausen (Unterkessach, Stadt Widdern) ein eigenes Amt. Leibenstadt und der Tolnayshof waren Bestandteile des Amtes Widdern der Freiherren von Gemmingen.

In den ersten Jahren der Zugehörigkeit zu Baden veränderten sich in den zahlreichen Versuchen, die neugewonnenen Gebiete einzugliedern, die Verwaltungszugehörigkeiten ständig. Im Dezember 1810 wurde ein verhältnismäßig großes *Amt Adelsheim* geschaffen, das auch das ehemalige Amt Widdern und Ämter der Freiherren von Rüdt umfaßte, aber nur bis 1813 Bestand hatte. Bei der ersten dauerhaften Verwaltungsorganisation 1813 wurden Adelsheim, Leibenstadt und Sennfeld dem Bezirksamt Osterburken zugeschlagen. Bedeutungsvoll für die Stadt wurde die Verlegung des Amtssitzes von Osterburken nach Adelsheim im Jahr 1828. Adelsheim blieb Mittelpunkt des sich im Lauf der Jahrzehnte leicht vergrößernden Amtsbezirks bis zu den Verwaltungsreformen der 1930er Jahre. 1936 wurde der Amtsbezirk Adelsheim dem Amtsbezirk (1939: Landkreis) Buchen einverleibt. Bei der letzten Gebietsreform kamen mit Wirkung vom 1.1.1973 die Stadt Adelsheim mit dem 1971 eingemeindeten Dorf Leibenstadt und die noch selbständige Gemeinde Sennfeld mit dem größten Teil des Landkreises Buchen zum Neckar-Odenwald-Kreis.

Gemeinde. – Der Eingemeindung von Leibenstadt am 1.1.1971 folgte am 1.1.1975 die Vereinigung mit der Gde Sennfeld zur heutigen Stadt Adelsheim. An wesentlichen Gebietsveränderungen waren 1924 die Eingliederung der abgesonderten Gemarkung Tolnayshof zu Leibenstadt und 1925 die Eingliederung der abgesonderten Gemarkungen Hergenstadt und Wemmershof zu Adelsheim vorausgegangen. Von Sennfeld war schon 1846 das Hofgut Volkshausen (heute Ortsteil von Unterkessach, Stadt Widdern, Lkr. Heilbronn), das bisher zwar mit eigener Gemarkung, Polizei und Vermögen zur Gemeinde gehört hatte, abgetrennt worden. Der Tolnayshof, im Sinne der Gemeindeordnung eine Kolonie, in der aber die Bewohner ihre Häuschen innerhalb der Hofgemarkung zu eigen besaßen, warf zeit seines Bestehens viele Probleme auf. Die Bewohner hatten keinen Grundbesitz und damit keinen ausreichenden Lebensunterhalt. Armut und Verwahrlosung machten die übervölkerte Siedlung zu einer Gefahr für die benachbarten Dörfer. Seit Mitte des 19. Jh. bestanden Pläne, die Kolonie aufzulösen. Ein Anfang wurde zu Beginn der 1850er Jahre mit der Zwangsauswanderung auf Staatskosten eines großen Teils der Einwohner gemacht. Die verbleibenden Bewohner ernährten sich weiterhin vorwiegend durch Wandergewerbe wie Hausierhandel und Weißputzen, die Kinder »betrachteten den

Bettel als Privileg«. 1883 wurde die Auflösung der Kolonie erneut in Angriff genommen und die Gebäude abgerissen, der Domänenfiskus erhielt das freigewordene Gelände zugewiesen.

Im Jahr 1854 umfaßte die Gkg Adelsheim ohne die Höfe umgerechnet 1502 ha, Leibenstadt hatte 715 ha und Sennfeld 1496 ha Gemarkungsfläche. 1925 war die Adelsheimer Gemarkung durch Eingliederung der Höfe auf 2152 ha angewachsen. Für Leibenstadt, zu dessen Gemarkung der Tolnayshof schon 1854 gezählt wurde, und für Sennfeld ergaben sich nur unwesentliche, vermutlich durch genauere Vermessung bedingte, Veränderungen (720 und 1511 ha). Bis zum Zusammenschluß zur heutigen Stadtgemeinde blieben diese Gemarkungsgrößen unverändert, so daß das Stadtgebiet nach dem Stand vom Mai 1981 insgesamt 4383 ha Fläche umfaßt. Mehr als die Hälfte davon ist Landwirtschaftsfläche (2575 ha), ein knappes Drittel ist Wald (1402 ha), nur 7 % (317 ha) sind besiedelte Flächen.

Wie in anderen grundherrlichen Orten stand für Adelsheim, Sennfeld und Leibenstadt die 1. H. 19. Jh. im Zeichen der Auseinandersetzungen mit den Grundherren über deren bisherige Rechte. Seit 1833 verhandelte man über die vom Gesetz vorgesehene Ablösung von Gülten und Zehnten. Bis auf einen kleinen Rest wurden sie noch kurz vor 1848 abgelöst. Mit der Abzahlung der Ablösungskapitalien war Sennfeld bis 1852, Leibenstadt bis 1859 und Adelsheim bis 1861 belastet. Weitere Streitpunkte zwischen Gemeinden und Grundherren waren die Schäfereigerechtigkeit (Adelsheim und Leibenstadt) und die Fischereigerechtigkeit (Sennfeld). In Adelsheim zog sich seit den 1820er Jahren ein Streit hin um die Beiträge der Freiherren von Adelsheim zu den Gemeindebedürfnissen, d.h. um die Heranziehung zu den auf allen Bürgern entsprechend ihres Steuerkapitals lastenden Gemeindeumlagen. Erst 1879 wurde der Streit durch Vermittlung des Bezirksamtes mit einem Vergleich beigelegt.

Die Ausgaben der Gemeinden konnten im allgemeinen durch die Einnahmen aus Liegenschaften, Gebäuden etc. und durch die allgemeinen Umlagen gedeckt werden. Damm-, Fluß-, Brücken- und Wegebau, Armenfürsorge und die Personalkosten der Gemeindeverwaltungen verursachten die hauptsächlichen laufenden Ausgaben. Höhere Verschuldungen mußten meist nur für überschaubare Fristen eingegangen werden. Größere Baumaßnahmen wie Straßenbau, Schul- und Rathausbau, Kirchenbau, Anlage von Wasserleitungen und Brückenumbauten verursachten die außerordentlichen Ausgaben. Wenn die Tilgung nicht aus den regulären Umlagen gesichert war, mußten Sonderumlagen festgelegt werden. In Adelsheim trugen seit den 1870er Jahren die Überschüsse der Sparkasse wesentlich zur Schuldentilgung bei.

Die geringe Industrialisierung wirkt sich auch heute auf die *Gemeindefinanzen* aus, wenn sich auch zwischen 1970 und 1983 die Finanzlage der Stadt etwas verbessert hat. 1970 mußte Adelsheim mit einem Steueraufkommen von 749 000 DM haushalten, wovon nur 13,6 % aus Gewerbesteuern aufgebracht waren. 1983 standen dem Kämmerer 2 702 413 DM zur Verfügung. Davon stammte fast ein Viertel (24,2 %) aus Gewerbesteuern. Im gleichen Zeitraum hat sich jedoch auch die Verschuldung der Stadt von 604 DM auf 1535 DM je Einwohner mehr als verdoppelt. Nach der Prokopfverschuldung stieg die Stadt damit innerhalb der Gemeinden des Landkreises von der 9. auf die 6. Stelle. 1984 lag die Prokopfverschuldung bei 1500 DM. Die Steuerkraftsumme je Einwohner, die fast im ganzen Landkreis unter dem Landeswert lag, war in Adelsheim von 257 DM im Jahr 1970 (24 % unter Landeswert) auf 778 DM im Jahr 1983 (25 % unter Landeswert) angewachsen.

Für das Haushaltsjahr 1984 wurde ein Haushalt von 9,5 Mio DM beschlossen. Davon waren 7,4 Mio DM im Verwaltungshaushalt gebunden. Für den Vermögenshaushalt blieben 2,1 Mio DM. An dringenden Investitionsvorhaben stehen (Ende 1984) an: der Ausbau der Ortsdurchfahrten Adelsheim und Leibenstadt, Ausbau der Ronstockstraße, Weiterführung des Baus von Kanalisation und Wasserversorgung in Leibenstadt, Stadtsanierung in Adelsheim (Gesamtaufwand 3,6 Mio DM), Dorfsanierung in Leibenstadt und Sennfeld, Friedhofsneuanlage bzw. -erweiterung in Adelsheim und Sennfeld und Erschließung von Bau- und Industriegelände.

Der *Besitz der Gemeinde* umfaßt auf Gkg Adelsheim 11,4 ha LF, 294,2 ha Wald, 2,4 ha Bauerwartungsland, 4,2 ha Öd- und Unland, an Gebäuden: Rathaus, Krankenhaus, Grund- und Hauptschule, altes Schulhaus, ehemalige Gewerbeschule, eine Scheune, Schwimmbad, Bauhof, Turm an der Marktstraße, Sporthalle, 5 Wohnhäuser; auf Gkg Sennfeld 17,9 ha LF, 400,7 ha Wald, 68,8 ha Bauland, 5,9 ha Öd- und Unland, Rathaus, Festhalle, Gemeindehaus, Schulhaus und ein Wohnhaus; auf Gkg Leibenstadt 4,8 ha LF, 130,2 ha Wald, 6,8 ha Öd- und Unland, Rathaus, Schulhaus, Spritzenhaus/Arrest.

Das *Rathaus* in Adelsheim, ein großes und seit der Befreiung (1924) vom Verputz des 19. Jh. eindrucksvolles Fachwerkhaus, steht an der Marktstraße mitten in der Stadt. Es war früher das Postwirtshaus »Zum Güldenen Hirschen« und wurde 1839 von der Gemeinde erworben, um zunächst als Rat- und Schulhaus zu dienen, bis 1871 die Schule ein eigenes Gebäude erhielt. Auch in Leibenstadt und Sennfeld waren Gemeindeverwaltung und Schule bis in die 1870er Jahre in einem Gebäude zusammen untergebracht, in beiden Orten recht notdürftig. In Leibenstadt wurde um 1880 eine neue Schule gebaut, und die Gemeindeverwaltung zog in den oberen Stock des alten Gebäudes; in Sennfeld baute man um 1870 ein neues kombiniertes Rat- und Schulhaus.

Die Gemeindeverwaltung der Stadt Adelsheim unterschied sich personell bis weit ins 20. Jh. hinein kaum von derjenigen der beiden Dörfer. Übereinstimmend werden 1889 für Sennfeld, 1890 für Adelsheim und 1903 für Leibenstadt je der Bürgermeister, 6 Gemeinderäte, in Adelsheim 2, sonst 1 Ratschreiber und der Gemeinderechner aufgeführt.

Seit 1984 setzt sich der *Gemeinderat* aus dem (parteilosen) Bürgermeister und 19 Stadträten (18 Sitze und 1 Überhangmandat) zusammen. Alle 3 Gemeinderatswahlen der heutigen Stadtgemeinde hatten relative Mehrheiten zwischen 40 und 45 % der Wählervereinigungen erbracht, während die Stimmenanteile der CDU zwischen 37 und 39 % und die der SPD zwischen 16 und 19 % schwankten. Derzeit stellen die CDU 8, die SPD 3 und die Freie Wählervereinigung sowie die (konservative) Bürgerliste je 4 Stadträte. Leibenstadt hat eine Ortschaftsverfassung. Das Dorf wird durch 6 Ortschaftsräte (3 CDU, je 1 SPD, FWV und Unabhängige Bürgervereinigung) vertreten und hat 2 ehrenamtliche Ortsvorsteher.

Anzahl und Aufgabengebiete der Gemeindebediensteten waren noch Ende des 19. Jh. in Adelsheim, Leibenstadt und Sennfeld sehr ähnlich. Ratsdiener, Polizeidiener, 2 Feld- und Waldhüter, Brunnenmeister und Laternenanzünder waren 1890 in Adelsheim beschäftigt, nachdem im gleichen Jahr die beiden Nachtwächterstellen weggefallen waren.

1984 sind bei der *Stadtverwaltung* (einschließlich Wasserwerk und Bauhof) 11 Beamte (davon 3 in Ausbildung), 11 Angestellte (davon 2 Teilzeitbeschäftigte) und 16 Arbeiter tätig. Die allgemeine und Finanzverwaltung gliedert sich in die Geschäftskreise: Hauptamt, Finanzwesen, Stadtbauamt, Liegenschaftsverwaltung, alle von Beamten des gehobenen Dienstes versehen, und die Außenstellen in Leibenstadt und Sennfeld, die von hauptamtlichen Angestellten verwaltet werden. Mit Seckach zusammen bildet Adelsheim den Gemeindeverwaltungsverband Seckachtal mit Sitz in Adelsheim.

Allmenden gab es in allen 3 Gemeinden auch im 19. Jh. nicht. An das Bürgerrecht gebunden ist aber eine jährliche *Holzgabe,* deren Bemessung sich im Laufe der Zeit immer wieder veränderte. 1984 sind in Adelsheim 14, in Leibenstadt 30 und in Sennfeld 118 Bürger zum Bezug von je 2 Ster Gabholz zum Holzmacherlohn berechtigt. In Sennfeld und Leibenstadt kommt dazu noch ein Flächenlos, d.h. das Restholz auf einer bestimmten Fläche nach Einschlag und Abfuhr des Stammholzes.

Ein Amtsgericht erhielt Adelsheim im Jahr 1864, als durch Gesetz die Rechtspflege von der Verwaltung getrennt wurde. Es überlebte die Verwaltungsreform der 1970er Jahre auch als sehr kleine Behörde, weil es Aufgaben in Zusammenhang mit der Jugendvollzugsanstalt wahrnimmt. Auch das Notariat blieb als selbständige Behörde erhalten. Zu seinem Bezirk gehören Osterburken, Ravenstein, Rosenberg und Seckach. Die Justizbehörden sind in dem 1868 erbauten Amtsgerichtsgebäude an der Riedstraße untergebracht.

Die 1974 eingerichtete *Jugendvollzugsanstalt* hat (1984) 443 Haftplätze für männliche Jugendliche, seit Anfang 1984 auch eine Abteilung für erwachsene Untersuchungshäftlinge. In der modernen Anstalt wird mit pädagogischen Methoden versucht, den Häftlingen Hilfe zur Selbsthilfe anzubieten, um ihre Wiedereingliederung nach der Entlassung zu ermöglichen. Dazu sollen allgemeine und berufliche Weiterbildung, Sport und Spiele und Insassenmitverantwortung beitragen. Ausgang, Freigang und Urlaub bereiten in geeigneten Fällen auf die Freiheit vor. Die Zusammenarbeit mit ortsansässigen Firmen verschafft den Häftlingen auch Verdienstmöglichkeiten. Unter den 264 Mitarbeitern sind 3 Juristen, 11½ Bedienstete im Sozialdienst, 46 Bedienstete im Werkdienst (Werkstattleiter, Ausbilder etc.), 11½ Lehrer, 2 Pfarrer und 1 Gemeindediakon. Der Vollzugsanstalt sind zwei Außenstellen in Mosbach und Tauberbischofsheim angegliedert.

Seit 1849 ist Adelsheim Sitz eines *Forstamtes.* Der Forstbezirk umfaßt heute den öffentlichen Wald (Privatwald nur, soweit Bewirtschaftungsverträge abgeschlossen sind) der Gemeindegebiete Adelsheim, Billigheim, Schefflenz, Seckach, Osterburken, Ravenstein, insgesamt etwa 83 qkm Waldfläche. An nichtkommunalen Behörden sind außerdem hier ansässig: *Landespolizeiposten, Post- und Fernmeldeamt, Veterinäramt* und *Staatliches Hochbauamt.* Im Zuge der Verwaltungsreform wurden Landwirtschafts- und Wasserwirtschaftsamt aufgelöst. Zuständig sind jetzt das Landwirtschaftsamt Mosbach und das Wasserwirtschaftsamt Buchen.

Ver- und Entsorgungseinrichtungen. – Eine *Freiwillige Feuerwehr* wurde unter dem Eindruck des großen Brandes vom 14. 9. 1865, der in der Seestadt ausgebrochen war, in Adelsheim aufgestellt, nachdem noch 1863 eine Anregung des Bezirksamtes, ein freiwilliges Feuerwehrcorps zu bilden, erfolglos geblieben war. Mit der Feuerwehr wurde die Feuerwehrkapelle gegründet, die noch heute als Feuerwehr- und Stadtkapelle Adelsheim besteht. Jeder Stadtteil hat heute einen eigenen Löschzug. Jugendabteilungen gibt es in Adelsheim und in Sennfeld. Die Freiwillige Feuerwehr hat in Adelsheim 33, in Leibenstadt 37 und in Sennfeld 28 aktive Mitglieder.

Das 1897 erbaute *Adelsheimer Elektrizitätswerk* (AEW), das schon seit 1898 auch Sennfeld versorgt, wird heute weitgehend von der Energieversorgung Schwaben beliefert. Die Eigenerzeugung beträgt nur noch etwa 3–5 % des Verbrauchs. Leibenstadt wird unmittelbar von der Energieversorgung Schwaben bedient. Jeder Haushalt der Stadt ist Einzelabnehmer.

Die *Wasserversorgung* Adelsheims war zu Beginn des 19. Jh. durch 3 Zieh- und 4 Röhrenbrunnen gesichert, dagegen mußte für die Höfe Damberg und Seehaus Trinkwasser in der Stadt geholt werden. 1867 werden für Adelsheim 3 laufende und

8 Pumpbrunnen genannt. Sehr umstritten war später der Bau einer Wasserleitung, die dann vor 1890 ausgeführt wurde. Leibenstadt besaß (1866) 3 laufende Brunnen mit eigenen Quellen und 2 Pumpbrunnen. Planungen für eine Wasserleitung kamen 1894 in Gang, gebaut wurde sie 1899. Da die 3 gefaßten Quellen auf die Dauer nicht ausreichten, wurde 1925/30 ein Tiefbrunnen erbohrt und die Leitung erweitert. Der 1949 schon vorhandene Hochbehälter hat 65 cbm Fassungskraft. Auch in Sennfeld war im 19. Jh. die Wasserversorgung mit (1864) 2 laufenden und 3 Pumpbrunnen ausreichend. Eine Wasserleitung, gespeist vom Leopoldsbrunnen im Fischbachtal, wurde 1908 gebaut. Heute ist die Stadt Adelsheim an die Fernwasserversorgung Rheintal angeschlossen, von der sie 4 l/sec. bezieht. Den Restbedarf decken nach wie vor eigene Quellen. In den letzten Jahrzehnten des 19. Jh. wurde die Pflasterung der Rinnen zum Sammeln der Abwässer energisch betrieben, war aber noch zu Beginn des 20. Jh., als man anfing, die Abwässer in Röhren zu fassen, nicht vollständig durchgeführt. 1984 besitzen alle Stadtteile *Kanalisation*, ausgenommen die Höfe und etwa 35 % von Leibenstadt. Die *Abwässer* von Adelsheim und Sennfeld gehen zum Gruppenklärwerk Seckachtal in Roigheim (1970/71), die von Leibenstadt zur Gemeinschaftskläranlage des Abwasserzweckverbandes Korb (seit 1983).

Die *Abfallbeseitigung* wird von einem von der Gemeinde beauftragten privaten Unternehmer besorgt. Der in Tonnen gesammelte Hausmüll wird einmal in der Woche abgeholt und zur Kreismülldeponie in Buchen gebracht.

Das *Krankenhaus* in Adelsheim wurde 1868/69 gebaut, da das ältere Spital, untergebracht in einer Mietwohnung, nicht mehr ausreichte. Heute wird es als Beleg- und Langzeitkrankenhaus mit 26 Betten geführt, in dem weder Operationen noch Entbindungen durchgeführt werden. Hier arbeiten neben den 3 Belegärzten 5 voll- und 5 teilzeitbeschäftigte Kräfte in der Pflege, 1 volle Kraft in der Wirtschaft und gegenwärtig 2 Praktikanten. Wenn notwendig, werden die Krankenhäuser in Buchen, Mosbach und Möckmühl aufgesucht. In Adelsheim praktizieren 3 *Ärzte* (2 Internisten, 1 Allgemeinmediziner) und 2 *Zahnärzte*. Ein Tierarzt fehlt. In Sennfeld gibt es keinen Arzt mehr. Zur weiteren medizinischen Versorgung zählen in Adelsheim eine Apotheke, zwei medizinische Massagepraxen und ein Institut für Reflexzonenbehandlung sowie die Diakoniestation. Von Mosbach aus werden Sprechstunden einer Psychologischen Beratungsstelle abgehalten. Sennfeld war zu Beginn dieses Jahrhunderts mit einem Krankenpflegeverein (1911) bzw. einer Krankenschwester (1929) besser ausgestattet als heute. Nach dem letzten Krieg war hier auch ein Arzt ansässig. In Leibenstadt arbeitete eine Diakonisse (1949).

Der Gemeindeverwaltungsverband unterhält eine *Dorfhelferinnenstation*, beide Kirchengemeinden die *Diakoniestation* mit 3 Kräften. Der Ortsverband des Deutschen Roten Kreuzes mit 169 Mitgliedern führt seine Anfänge auf einen 1859 gegründeten Verein zurück.

Ein *Kindergarten* (Kleinkinderschule) wurde in Sennfeld 1883 vom Ortsgeistlichen und von Privatleuten in einem eigens dafür gekauften Haus eingerichtet. 1913 erbaute der badische Frauenverein eine Kinderschule. Heute unterhalten in Adelsheim die ev. und die kath. Kirche je einen Kindergarten, in Sennfeld die ev. Kirche. An allen drei Kindergärten ist die Stadtgemeinde finanziell beteiligt.

Friedhöfe besitzen alle drei Stadtteile, aber nur Leibenstadt hat eine eigene Friedhofskapelle. In Sennfeld werden die Aussegnungen in der Pfarrkirche, in Adelsheim in der Jakobskirche abgehalten.

Kirche. – Mit der Vereinigung der protestantischen Bekenntnisse zur Evangelischen Landeskirche Badens 1821 gingen in Adelsheim, Leibenstadt und Sennfeld die Reformierten in den lutherischen Gemeinden auf. 1849 bestanden im heutigen Stadtgebiet die zur Diözese – heute Kirchenbezirk – Adelsheim gehörigen *ev. Kirchengemeinde Adelsheim* mit den Filialen Hergenstadt, Wemmershof, Dambergerhof, Seehaus, die *Kirchengemeinde Leibenstadt* mit den Filialen Tolnayshof, Unterkessach (am 28.6.1843 von der württembergischen Kirchengemeinde Korb abgetrennt) und Volkshausen (beide heute Stadt Widdern, Lkr. Heilbronn) sowie die *Kirchengemeinde Sennfeld*. Zur Kirchengemeinde Adelsheim, der die Weiler und Höfe jetzt unmittelbar zugehören, zählte von 1952 bis 1979 die Filiale Osterburken. Die Filiale Tolnayshof der Kirchengemeinde Leibenstadt ist mit der Auflösung der Siedlung erloschen. Dem Leibenstadter Pfarrer war einige Jahre auch der Weiler Hopfengarten (Oberkessach, Gde Schöntal, Lkr Künzelsau) zur Pastoration zugewiesen. Auch heute gehören die 3 Kirchengemeinden zum *Kirchenbezirk Adelsheim* des Kirchenkreises Nordbaden. Seit 1.1.1983 ist der Kirchengemeinde Adelsheim das Dorf Zimmern (Gde Seckach) eingegliedert. Dem Dekan steht ein Jugendreferent zur Seite. Der Pfarrer in Sennfeld versieht z.Zt. auch die Pfarrei Korb (Stadt Möckmühl, Lkr Heilbronn), zu Leibenstadt gehört noch immer die Filiale Unterkessach. Das Patronat über die Kirche in Sennfeld wird von den Freiherren von Adelsheim im Wechsel mit den Freiherren Rüdt von Collenberg ausgeübt. Patronatsherren der Kirche in Leibenstadt sind die Freiherren von Gemmingen-Hornberg in Neckarzimmern.

Durch den Bau der heutigen *ev. Stadtkirche* im 18. Jh. verlor die Jakobskirche am Rande des alten Stadtkerns ihre gottesdienstlichen Aufgaben. Zwischen 1813 und 1821 war sie der reformierten Gemeinde zur Verfügung gestellt, von 1862 bis 1881 diente sie der kath. Gemeinde. Seither wird sie als Friedhofskirche verwendet. Sie steht nach wie vor im Eigentum der ev. Kirchengemeinde.

Die wenigen *Katholiken* in Adelsheim, Leibenstadt und Sennfeld wurden ursprünglich von Osterburken, St. Kilian, aus pastoriert. Für die überwiegend kath. Einwohner des Tolnayshofes, die seit 1858 ein kleines Oratorium besaßen, war die Pfarrei Hüngheim (Stadt Ravenstein) zuständig. 1862 wurde Adelsheim Pfarrkuratie, 1902 wurde die Pfarrpfründe errichtet. Der Pfarrei unterstanden Zimmern und Hergenstadt als Filialen, Leibenstadt, Unterkessach, Korb, Ruchsen, Sennfeld, Wemmershof und Volkshausen als Diasporaorte. Die dem Apostel Jakob d. Ä. geweihte Pfarrkirche wurde 1879/81 erbaut. 1880 erhielt auch Hergenstadt eine Filialkapelle St. Joseph Sponsi BMV. Durch den Flüchtlingsstrom nach dem 2. Weltkrieg wuchs die Adelsheimer kath. Gemeinde so stark, daß eine neue Kirche, St. Marien (Mediatrix), gebaut werden mußte (1955/57, renoviert 1977/78). 1969 wurde dann die ältere Kirche abgerissen.

Sennfeld, wo 1948 eine Expositur eingerichtet worden war, wurde 1962 mit einer eigenen Pfarrkuratie von Adelsheim abgetrennt und erhielt die bisherigen Diasporaorte Adelsheims: Korb, Leibenstadt, Ruchsen, Unterkessach als Filialen zugewiesen. Auch die Adelsheimer Filiale Zimmern wird von Sennfeld aus betreut. Die Kuratiekirche St. Joseph der Arbeiter in Sennfeld wurde 1960/61 erbaut und 1980 renoviert.

Die *jüd. Gemeinde* in Adelsheim und Sennfeld gehörte seit 1827 zum Rabbinatsbezirk Merchingen. Nach Auflösung der Gemeinde in Korb schlossen sich die dortigen Juden der Sennfelder Gemeinde an, die Juden der aufgelösten Gemeinde Sindolsheim zählten 1921 vorübergehend zur Adelsheimer Gemeinde. Bis in die 1880er Jahre beerdigten die Sennfelder und Adelsheimer Juden ihre Toten auf dem Bezirksfriedhof Bödigheim. Dann legten sie zusammen mit der Gemeinde in Korb einen eigenen Friedhof auf Gkg Sennfeld an. Die Synagoge in Sennfeld stammte aus dem Jahr 1836; in Adelsheim löste 1889 ein Neubau die alte Synagoge in der »Seestadt« ab. Beide Häuser wurden in der Kristallnacht 1938 innen demoliert und später von den politischen Gemeinden aufgekauft. In Sennfeld dient das 1962/63 renovierte Gebäude heute als Kulturzentrum.

Schule. – Die Schulen in Adelsheim, Leibenstadt und Sennfeld unterstanden (1845) der ev. Schulvisitatur Adelsheim, die des Weilers Tolnayshof der kath. Schulvisitatur Adelsheim in Hainstadt. Für Adelsheim mit Hergenstadt, Wemmershof, Damberg und Seehaus sind 2 Schulen angegeben, später (1867ff.) ist nur von 1 Schule mit 3 Hauptlehrern die Rede. Schulhäuser wurden 1869 in Adelsheim und 1879/80 in Leibenstadt gebaut. In Sennfeld blieb die Schule im Rat- und Schulhaus. Neben der Volksschule mußten die Mädchen für den Handarbeitsunterricht die Industrieschule besuchen. Dagegen war der Besuch der gewerblichen Schule in Adelsheim für die Handwerkslehrlinge, auch aus Sennfeld, zunächst freiwillig. Als er Pflicht geworden war, erhielt (1911) die Schule eigene Räume, 1928 ein eigenes Gebäude. 1963 wurde sie wegen zu geringer Schülerzahlen geschlossen. Seither ist die Zentralgewerbeschule Buchen zuständig. Für die Volksschule wurde 1958 auf dem Eckenberg eine Nachbarschaftsschule errichtet, zu der die Hauptschüler aus Sennfeld, Korb, Unterkessach und Leibenstadt gebracht wurden. Inzwischen ist sie als *Grund- und Hauptschule* nur noch für die Schüler aus Adelsheim, Leibenstadt und Sennfeld zuständig. 1985 wurden in 14 Klassen 284 Schüler unterrichtet. Von den 17 Lehrern sind 11 voll- und 6 teilzeitbeschäftigt. In den beiden Dörfern gibt es keine Schule mehr.

Auf dem Eckenberg wurde 1965 auch das *Staatliche Aufbaugymnasium* mit Internat eröffnet, um Schüler der 7. und 8. Hauptschulklasse zum Abitur weiterzuführen. Inzwischen können auch Realschüler und Gymnasiasten überwechseln. Zunächst musisch orientiert, liegt der Schwerpunkt jetzt mehr auf den Naturwissenschaften. In 7 Klassen wurden (1985) 139 Schüler von 18 voll- und 7 teilzeitbeschäftigten Lehrkräften unterrichtet. Vom Aufbaugymnasium gehen starke kulturelle Impulse auf die Stadt aus: Mitarbeit bei der Volkshochschule Buchen in der Außenstelle Adelsheim, Konzert- und Theaterveranstaltungen. In Adelsheim wirkt eine private Ballettschule; eine Musikschule wird ersetzt durch vorschulische Musikerziehung und musikalische Ausbildung in den Vereinen und bei der Stadtkapelle.

Kulturelle Einrichtungen. – Theateraufführungen der Badischen Landesbühne und des Schweizer Tourneetheaters Zürich finden im Winter regelmäßig statt. Daneben gibt es in unregelmäßiger Folge Schauspielaufführungen und Konzerte in der Aula des Aufbaugymnasiums. Die Theatergastspiele werden von der Stadt organisiert, die Konzerte von der Konzertgemeinde, welche Vereinsstatut besitzt. Weit über die nähere Umgebung hinaus wirkt der 1979 gegründete Fränkische Madrigalchor, der seine Sänger (1985: 110 Mitglieder) hauptsächlich in Adelsheim und den Nachbargemeinden findet.

Sportstätten. – In allen drei Stadtteilen gibt es normgerechte Sportplätze. Adelsheim besitzt seit 1962 ein beheiztes Freibad, das auch von vielen Nachbargemeinden aus besucht wird. Weiter steht das Lehrschwimmbecken des Aufbaugymnasiums zur Verfügung. Schon in den 1880er Jahren hatte die Gemeinde oberhalb des württembergischen Bahnhofs eine Badeanstalt an der Kirnau eingerichtet. 1890 war sie unbrauchbar geworden. Sowohl die Mehrzweckhalle in Adelsheim als auch die Festhalle in Sennfeld werden als Sporthallen genutzt. Adelsheim hat Tennisplätze, Sennfeld einen Faustballplatz, auf dem öffentliche Wettkämpfe stattfinden. Der Schützenverein besitzt einen Luftgewehrschießplatz.

Vereine. – Wie alle Gemeinden im ländlichen Raum hat auch Adelsheim ein reges Vereinsleben. Älteste Vereine sind die Schützengesellschaft von 1823 mit 148 Mitgliedern, der Gesangverein von 1839 mit 285 Mitgliedern und die Feuerwehr- und Stadtkapelle von 1865 mit 60 aktiven Mitgliedern. Die Musik pflegen außerdem der Fränkische Madrigalchor von 1979 mit 110 Mitgliedern und der Akkordeonclub von 1966 mit 15 Mitgliedern. Der Sportverein »Germania« von 1919 hat heute 630 Mitglieder in 5 Abteilungen. Daneben gibt es den Tennisclub Schwarz-Weiß von 1954 mit 177 Mitgliedern und den Sportfischerverein von 1971 mit 65 Mitgliedern. Geistessport betreibt mit 29 Mitgliedern der 1974 gegründete Schachclub. Fastnachtliches Brauchtum pflegt seit 1927 die »Gääswärmerzunft Alleze« mit jetzt 170 Mitgliedern. Kleintierzuchtverein, 1938 gegründet, 1959 wiedergegründet, heute 68 Mitglieder, Landfrauenverein Bauland, 1976 gegründet, 120 Mitglieder, Siedlergemeinschaft Adelsheim, 1952 gegründet, 162 Mitglieder, vertreten nicht nur ihre Interessen, sondern tragen auch zur Geselligkeit bei. In Sennfeld blicken gleichfalls der Gesang- und der Turnverein auf eine alte Tradition zurück. Der Gesangverein wurde 1848 gegründet und hat jetzt 166 Mitglieder, der Turnverein mit 250 Mitgliedern ist 1897 gegründet worden. 1923 schloß sich der VfB Sennfeld zusammen (184 Mitglieder), 1962 wurde ein »Hundeverein« gegründet (90 Mitglieder). In Leibenstadt hat der 1864 gegründete Gesangverein 100 Mitglieder, der 1946 gegründete Fußballverein 150 Mitglieder.

Strukturbild

Zu Beginn des 19. Jh. war Adelsheim ein grundherrschaftliches Ackerbürgerstädtchen mit übersetztem und ohne landwirtschaftliche Selbstversorgung nicht existenzfähigem Handwerk. Ein gewisser Wandel bahnte sich an, als 1828 das Bezirksamt von Osterburken nach Adelsheim verlegt wurde. Weitere Behörden folgten, und zur einheimischen bäuerlich-handwerklichen Bevölkerung kam eine kleine, meist aus anderen Landesteilen zugezogene Beamtenschaft. Handel und Wandel gestalteten sich im Laufe des 19. Jh. etwas lebhafter. Als Amtssitz gewann die Stadt Bedeutung für das Umland. Da sich jedoch keine nennenswerte Industrie ansiedelte, kam es nie zu einer echten wirtschaftlichen Blüte. Das Auskommen der Bürger wurde mit Abwanderungen und Auswanderungen erkauft. Stärker waren, trotz vorherrschenden Geburtenüberschusses, die Bevölkerungsverluste in den beiden Dörfern. Besonders das bäuerliche Leibenstadt wäre ohne dauernde Abwanderung verarmt. In Sennfeld war schon innerhalb der Bauernschaft, aber hauptsächlich dank des regen Handels, die Sozialstruktur differenzierter. Aber auch hier wanderten viele Bürger, darunter die meisten Juden, bis in die 1930er Jahre hinein in größere Städte ab.

Adelsheim ist heute, etwa 50 Jahre nach dem Verlust seiner Aufgabe als Amtsstadt, ein voll ausgestattetes Unterzentrum seiner ländlichen Umgebung. Zum Einzugsbereich der Stadt gehören die Gemeinden Seckach, Ravenstein, Schefflenz und in Teilbereichen auch Möckmühl (Lkr. Heilbronn). Mit Amtsgericht und Forstamt besitzt die Stadt noch einen Rest von Verwaltungszentralität. Das Aufbaugymnasium übt Anziehungskraft auf dem Bildungssektor aus. Spezielle überregionale Bedeutung besitzt die Vollzugsanstalt, die ihre Aufgabe für größere Teile des Landes Baden-Württemberg erfüllt und wegweisend im modernen Jugendstrafvollzug ist.

Probleme für die Stadt und ihre Bewohner stellt die relative Industrieferne mit dem Mangel an Arbeitsplätzen, zumal dieser Mangel nicht in den anderen Wirtschaftsbereichen kompensiert wird. Wie das Handwerk war auch der Fremdenverkehr in den letzten Jahrzehnten eher rückläufig. In der Land- und Forstwirtschaft gingen die Arbeitsplätze zurück, wenn auch geringer als in anderen Landesteilen.

Die Gemeinde im 19. und 20. Jahrhundert 469

Die Erwerbsquote, die 1961 mit 47 Erwerbstätigen auf 100 Einwohner noch der mittleren Erwerbsquote im Neckar-Odenwald-Kreis (48) ähnlich gewesen war, hatte sich bis 1970 auf 38 verringert und lag damit deutlich unter dem Kreisdurchschnitt von 43. 1987 dagegen übersteigt sie mit wieder 47 den Kreiswert von 46. Von den in Adelsheim wohnenden 2218 Erwerbstätigen waren 1987 noch 7,9 % in der Land- und Forstwirtschaft, 49,1 % im Produzierenden Gewerbe, 13,2 % in Handel und Verkehr und 29,8 % in den Sonstigen Wirtschaftsbereichen tätig.

Die Arbeitsplätze in der Stadtgemeinde selbst reichen nicht aus. Zwar liegen seit 1970 keine Pendlerzahlen vor, aber für 1984 gibt die Stadtverwaltung an, daß etwa 700 Adelsheimer in anderen Gemeinden arbeiten, vornehmlich im Elzmündungsraum, in Buchen und im Raum Heilbronn–Neckarsulm. Dem stünden nur etwa 250 Einpendler gegenüber.

Obgleich sich im gewerblichen Bereich die Zahl der Betriebe vermindert hat, wuchs das Gewerbesteueraufkommen zwischen 1970 und 1980 merklich an und fiel dann im Zuge der allgemeinen wirtschaftlichen Entwicklung leicht ab. Allerdings hat sich auch die Prokopfverschuldung der Stadt überproportional erhöht. Es kann davon ausgegangen werden, daß die Mehrzahl der heute in der Stadt bestehenden Betriebe gesund ist und die Erträge halten und verbessern kann. Dennoch wären weitere gewerbliche oder industrielle Ansiedlungen im Interesse der Arbeitsplatzstruktur und des städtischen Haushalts sehr wünschenswert.

Der Regionalplan Unterer Neckar sieht Adelsheim zusammen mit der Nachbarstadt Osterburken als kooperierendes Unterzentrum vor. Die Stadt liegt zwar im strukturschwachen Raum und gehörte zu dem Förderungsgebiet im Sinne der Gemeinschaftsaufgabe »Verbesserung der Regionalen Wirtschaftsstruktur«, andererseits aber auch im Treffpunkt der »Regionalen Entwicklungsachsen« Neckarsulm–Neuenstadt–Möckmühl–Adelsheim und Adelsheim/Osterburken–Seckach–Mosbach oder Buchen.

Der Flächennutzungsplan Seckachtal für Adelsheim und Seckach, 1981 von der Landsiedlung Baden-Württemberg GmbH, Ettlingen, erstellt, strebt Verbesserungen vor allem in folgenden Bereichen an: Ausstattung mit Bildungs- und anderen kulturellen Einrichtungen, Ausstattung mit Sozial- und Verwaltungseinrichtungen, Verbesserung der Arbeitsplatzsituation in der gewerblichen Wirtschaft, Ausbau der Bedingungen für den Fremdenverkehr.

Nicht alle diese Ziele dürften in absehbarer Zeit zu erreichen sein, wenn sie nicht in höherem Maße als bisher auch durch Privatinitiative unterstützt werden. Neuer Wohnraum soll laut Flächennutzungsplan nur im Anschluß an bestehende Siedlungsgebiete geschaffen werden. Vorgesehen sind Wohnbaugebiete in den Gewannen »Heidelberg/Zaunäcker« und »Kreishalde« in Adelsheim, und im Gewann »Krummenäkker« in Sennfeld. In Leibenstadt soll der Bebauungsplan »Kohläcker« bis 1990 ausreichen.

Im gewerblichen Bereich ist die Schaffung eines gemeinsamen Gewerbe- und Industriegebiets für Adelsheim und Osterburken südöstlich von Osterburken an der L 515 nahe dem Autobahnanschluß geplant. Trotzdem ist im Flächennutzungsplan noch ein Gewerbegebiet für den Eigenbedarf der Stadt Adelsheim im Gewann »Großeäcker« westlich von Hergenstadt ausgewiesen.

Quellen

GLA 229/338–39, 387; 338/1489–90, 2402–07, 3167–69, 345/69/508

Literatur

Beiträge zur Statistik der inneren Verwaltung des Großherzogtums Baden. H. 27.: Die Sparkasse des Großherzogtums Baden und einige damit verbundene Kassen. 1867.

Erhebung zur Lage des Kleingewerbes im Amtsbezirk Adelsheim, 1885 veranst. durch das Großh. Ministerium des Innern. Karlsruhe 1887.

Graef, G.: Heimatbilder aus der Geschichte der Stadt Adelsheim. 2. Aufl. Überarbeitet u. Erg.: H. Heimberger. Adelsheim 1969.

Hettinger, A.: Die NSDAP auf dem Land. Magister-Arbeit Univ. Würzburg 1985.

Heunisch, A. J. V.: Geographisch-statistisch-topopraphische Beschreibung des Großherzogthums Baden ... Heidelberg 1833.

Hofmann, K.: Der Bauernaufstand des Jahres 1848 im badischen Bauland. In: Neues Archiv f. d. Geschichte der Stadt Heidelberg und der rheinischen Pfalz. Bd 5. 1903. S. 110–125.

Hundsnurscher, F., u. G. *Taddey*: Die jüdischen Gemeinden in Baden. Stuttgart 1968. (Veröffentl. der Staatl. Archivverwaltung Baden-Württemberg. Bd 19.)

Lautenschlager, F.: Die Agrarunruhen in den badischen Standes- und Grundherrschaften im Jahre 1848. Heidelberg 1915. (Heidelberger Abh. zur mittl. u. neueren Geschichte. H. 46)

Die badische Landwirtschaft. Bd 3. Karlsruhe 1936.

Löffler, K.: Die Geschichte des Verkehrs in Baden. 1910. S. 138.

Neumaier, H.: Ländlicher Raum zwischen Monarchie und Republik. Die Rätebewegung in den bad. Amtsbezirken Adelsheim und Boxberg. In: ZGO 128. 1980. S. 415–462.

Die Religionszugehörigkeit in Baden. Karlsruhe 1928.

Schneider, G.: Adelsheim im 19. Jh. In: Württ. Franken. 65. 1981. S. 211–239.

Weiss, J. G.: Regesten der Freiherren (vormals Reichsritter) von Adelsheim sowie der Stadt Adelsheim. Mannheim 1888.

C. Geschichte der Stadtteile

Adelsheim

Siedlung und Gemarkung. – Gelegentlich einer Schenkung von Gütern im Linksrheinischen, um den mittleren Neckar sowie im Gebiet um Kocher und Jagst durch den Grafen Kunibert an das Kloster Fulda wird Adelsheim zum Jahr 779 erstmals in der schriftlichen Überlieferung erwähnt. Dabei steht der Bezug auf den Ort im Bauland außer Frage, denn fuldischer Besitz in Adelsheim und in der Region ist auch anderweit bezeugt. Die Namensformen *Adaloltesheim* (Kop. 9. Jh.), abgeleitet von einem Personennamen Adalolt o. ä., deutet auf die Entstehung der Siedlung in merowingischer Zeit, und ein 1873 am Tanzberg hinter dem Amtsgericht gemachter Fund eines mit Waffen ausgestatteten fränkischen Grabes scheint diese Datierung zu bestätigen; möglicherweise bestand an der erwähnten Stelle sogar ein ganzes Gräberfeld, das durch die dort seit 1607 nachweisbare Sandgrube vielleicht schon früh zerstört worden ist.

Im Laufe der Jahrhunderte erlebte der Ortsname mancherlei Wandlungen; von *Adaloltesheim* (779) entwickelte er sich über *Adolfesheim* (1256 und 1276), *Adlatzheim* (1368 und 1398) und *Alletzheim* (1409) bzw. *Allitzheim* (1477 und 1485) zu *Adolzheim* (1668) und Adelsheim. Noch heute ist in der Mundart die Form »Alletze« oder »Allitze« gebräuchlich.

Die an einer wichtigen, von Metz über Worms und Obrigheim am Neckar nach Würzburg ziehenden Straße gelegene Siedlung wurde wohl schon im frühen 14. Jh. auf einem etwa rechteckigen Grundriß, jedoch mit einem unregelmäßigen gitterartigen Straßennetz planmäßig ausgebaut sowie mit einer Mauer, einem Hauptturm an jeder der vier Ecken und mehreren Mauertürmen befestigt; zwei Tore ermöglichten im S (Obertor, abgerissen 1826) und im N (Untertor, abgerissen 1899) den Zugang. Im NO wurde die Tiefburg der Ortsherren in den Befestigungsring miteinbezogen. Bereits 1347 als Stadt (*oppidum, stat*) erwähnt, hat Adelsheim doch erst 1374 von Ks. Karl IV. ein Stadtrechtsprivileg erhalten. Den bescheidenen Zuschnitt dieser Stadt mag man nicht zuletzt daran ermessen, daß sie während des späten Mittelalters und der frühen Neuzeit nur eine Fläche von rund 40 ha umfaßte und über keinen besonderen Marktplatz verfügte. Die Tatsache, daß die bis ins 18. Jh. allein mit Pfarrechten ausgestattete Jakobskirche außerhalb der spätmittelalterlichen Stadt lag, könnte darauf hindeuten, daß deren dörfliche Vorgängersiedlung im Bereich dieser bis ins Hochmittelalter zurückzuverfolgenden Kirche, d. h. im N des heutigen Stadtkerns zu suchen ist.

Auf Adelsheimer Gemarkung, die erst 1925 durch die Eingemeindung der Weiler Hergenstadt und Wemmershof ihre heutige Größe erreicht hat, lagen von alters her die Siedlungen Damberger Hof, Grauenwinkel und Seehof. Während Grauenwinkel (1349 *Kroenwinckel*) an der Mündung des Hemsbachs in die Seckach, wo Kloster Seligental im 13. und 14. Jh. über Grundbesitz und Zehntrechte verfügte, als Wohnplatz wohl schon im 15. Jh. abgegangen ist, besteht der als Hof zu *Sewe* 1395 erstmals erwähnte Seehof im südlichen Teil der Gemarkung bis heute. Auch der Damberger Hof auf dem nordwestlich der Stadt gelegenen Dammberg, der wohl spätestens im 16. Jh. entstanden ist und seither der Familie von Adelsheim gehörte, wird noch heute bewirtschaftet.

Herrschaft und Staat. – Bis ins späte Mittelalter liegt die Entwicklung der Herrschaftsverhältnisse in Adelsheim weithin im dunkeln, und die Frage einer Kontinuität von dem im späten 8. und frühen 9. Jh. bezeugten Fuldaer Besitz zur niederadeligen Grund- und Ortsherrschaft des 14. und der folgenden Jahrhunderte ist schlechterdings nicht zu beantworten. Erst 1239 erfahren wir von Gütern Konrads von Krautheim, die dieser offenbar schon wenig später dem Kloster Gnadental bei Schwäbisch Hall überlassen hat und die 1253 in einem Tausch an den Edelherrn Boppo von Dürn gelangt sind, der sie seinerseits dem Hochstift Würzburg zu Lehen aufgetragen hat. Über Umfang und Qualität dieser Güter ist freilich nichts bekannt. Daß Adelsheim spätestens seit der Mitte des 13. Jh. zur Herrschaft der Edelherren von Dürn gehörte, unterliegt gleichwohl keinem Zweifel. Bei den Vögten von Adelsheim, die 1273 und 1305 Erwähnung finden, handelt es sich um Dürner Ministerialen, deren Verhältnis zu der seit 1303/17 hier nachweisbaren und danach für rund ein halbes Jahrtausend die Geschicke des Ortes bestimmenden niederadeligen Familie von Adelsheim ungeklärt ist.

Die von Adelsheim entstammen der Dienstmannschaft der Edelherren von Dürn und sind, wie sich aus einer Reihe von Indizien erweisen läßt, eines Stammes mit den Ministerialen von Dürn (auch genannt von Amorbach bzw. von Rippberg), mit denen sie das Wappen, ein schwarzes Steinbockshorn in Silber (kaiserliche Bestätigung von 1422), teilen. Boppo von Dürn und Amorbach, der zwischen 1298 und 1323 bezeugte Stammvater des Geschlechts, soll der Überlieferung zufolge die älteste Burg zu Adelsheim, das später sog. Sennfelder Schloß erbaut haben, und seine Söhne Beringer († 1357) und Boppo († 1369), die Stifter der beiden adelsheimischen Hauptlinien, dürfen als Gründer der Stadt Adelsheim gelten. Die im späten Mittelalter und in der frühen Neuzeit sehr zahlreiche und weitverzweigte Familie gehörte dem Kanton Odenwald der fränkischen Reichsritterschaft an und führte, zwar ohne entsprechende Privilegierung, aber in Einklang mit ihrem Rang und ihrer Bedeutung, seit dem 18. Jh. den

Freiherrentitel. 1678 bis 1689 bekleidete Hans Christoph von Adelsheim das Amt des Odenwälder Ritterhauptmanns.

Der adelsheimische Besitz konzentrierte sich im wesentlichen auf den Bereich des südlichen Odenwaldes, des Baulandes und der Region um Kocher und Jagst. So verfügte das Geschlecht neben Grundbesitz, Renten und Zehntrechten in vielen Dörfern im Laufe der Jahrhunderte auch über ortsherrschaftliche Rechte in Adelsheim mit Hergenstadt und Wemmershof, in Altheim, Binau, Hainstadt, Hettigenbeuern, Laudenberg, Leibenstadt und Sennfeld sowie in Edelfingen und Wachbach bei Mergentheim. Mit Zollrechten in Offenburg (15.-18. Jh.) sowie mit Gütern in Friedolsheim, Ittenheim und Wasselnheim im Elsaß (15. Jh.) reichte der Adelsheimer Streubesitz bis an den Oberrhein, mit Gütern in und um Oberlahnstein (17./18. Jh.) bis an den Mittelrhein. Lehen trug die Familie schon im 14. Jh. von den Bischöfen von Würzburg und von Worms, von den Herren von Weinsberg und von den Pfalzgrafen bei Rhein, seit dem 15. Jh. von den Grafen von Rieneck, von den Herren und Grafen von Hohenlohe, vom Deutschen Orden und von den Bischöfen von Straßburg und – freilich erst seit dem 16. Jh. – von den Erzbischöfen und Kurfürsten von Mainz. In Diensten der Kurpfalz bekleideten die von Adelsheim vor allem im 15. Jh. hohe Ämter: Bereits in den 1440er Jahren war Zeisolf von Adelsheim pfälzischer Hofmeister, und Götz von Adelsheim stieg in der zweiten Jahrhunderthälfte unter Friedrich dem Siegreichen über die Ämter des Marschalls und des Unterlandvogts im Elsaß ebenfalls zum Hofmeister auf; daneben begegnen die Adelsheimer immer wieder als Vögte und Amtleute zu Germersheim, Heidelberg, Boxberg, Mosbach und Stromberg auf dem Hunsrück. Als Mainzer Amtleute residierten sie im 15. und 16. Jh. in Miltenberg, auf der Wildenburg bei Amorbach, in Tauberbischofsheim und in Krautheim. Des weiteren standen sie in Diensten der Grafen von Rieneck und von Hohenlohe, der Markgrafen von Brandenburg-Ansbach und – besonders seit dem 17. Jh. – auch der Herzöge von Württemberg; während des 30j. Krieges fochten sie sowohl auf kaiserlicher als auch auf schwedischer Seite, und danach findet man sie in Kriegs- und Hofdiensten von Mecklenburg und Brandenburg-Preußen im N bis Venedig im S.

Mit dieser Ausweitung ihres Lebenskreises ging folgerichtig auch eine Ausweitung ihres Konnubiumskreises einher; hatten sich die Adelsheimer noch im 15. Jh. vorwiegend mit Geschlechtern des fränkischen Raumes und des Kraichgaus verschwägert, so erfaßte ihr Verwandtschaftskreis seit dem 16. Jh. in zunehmendem Maße auch entferntere Gebiete, Hessen, Sachsen, Brandenburg etc. Die Zahl der aus der Familie hervorgegangenen geistlichen Würdenträger war vergleichsweise gering: Zwar gab es im 14. Jh. einen Adelsheimer als Abt von Amorbach, im 15. Jh. einen Domherrn zu Worms, der zugleich Propst des Stifts St. Peter zu Wimpfen war, und einen Stiftsdekan zu Mosbach; im 16. Jh. begegnen Adelsheimer als Stiftsherren zu Komburg und Bruchsal, und auch im Deutschen Orden war die Familie seit dem 14. Jh. wiederholt vertreten, aber im Vergleich mit anderen Geschlechtern von entsprechender Bedeutung ist das alles eher bescheiden. Nach der Reformation, der sich die Familie um die Mitte des 16. Jh. angeschlossen hatte, blieben die geistlichen Pfründen ganz aus, und auch die Rückkehr Albrecht Reinhards (Linie vom Oberen Schloß zu Adelsheim) zum kath. Glauben im Jahre 1732/33 vermochte diese Entwicklung nicht mehr zu revidieren.

Im Mannesstamm ist das Geschlecht der Freiherren von Adelsheim 1962 ausgestorben; Name, Wappen und Besitz werden aufgrund 1936 vollzogener Adoption fortgeführt durch die Freiherren von Adelsheim von Ernest. Das freiherrliche Archiv zu Adelsheim wurde in der Revolution 1848 nahezu vollständig vernichtet; mit ihm sind unersetzliche Quellen zur Geschichte der Familie und ihrer Herrschaft, mithin zur Geschichte von Odenwald und Bauland zugrunde gegangen.

In ihrer Stadt Adelsheim hatten die verschiedenen Linien und Zweige der ortsherrlichen Familie insgesamt vier Schlösser, deren ältestes die ehemalige Wasserburg am nördlichen Ende der Altstadt ist. Vermutlich zu Beginn des 14. Jh. erbaut, hat man in ihr den Stammsitz des Geschlechts zu erkennen; ihr unregelmäßiger Grundriß läßt noch frühere Stadien der baulichen Entwicklung ahnen. Nachdem die Burg im Sommer 1733 bei einem wohl mutwillig gelegten Brand schweren Schaden genommen hatte, wurde sie, wie eine Bauinschrift zu berichten weiß, in den Jahren 1734 bis 1738 im Auftrag Friedrich Leopolds von und zu Adelsheim durch den kurpfälzischen Baumeister Johann Jakob Rischer einer grundlegenden Neugestaltung unterzogen. Dabei war, freilich ohne großen Erfolg, die Schwierigkeit zu bewältigen, unter Verwendung älterer Bauteile zu einer axial-symmetrischen Form im Geschmack der Zeit zu gelangen. Von den Befestigungen der alten Burg blieb außer den Resten zweier Rundtürme und einiger Mauerzüge so gut wie nichts erhalten. In den dreistöckigen Neubau sind die Untergeschosse eines Turmes einbezogen, der in spätgotischer Zeit mit Kreuz- und Sterngewölben versehen wurde (Bauinschrift von 1492). Im übrigen wurden 1734/38 die älteren Bauteile durch Entfernung der Giebel auf gleiche Höhe gebracht, die vorhandenen Wendeltreppen durch eine neue Treppenanlage ersetzt, die Fenster vereinheitlicht und zu ebener Erde eine Durchfahrt geschaffen. In dieser Gestalt bietet sich das Schloß dem Betrachter bis heute dar.

Das Oberschloß am Südende der mittelalterlichen Stadt, einen spätgotischen Fachwerkbau mit zweigeschossigem Erker, haben Sebastian von Adelsheim und seine Gemahlin Ursula von Rechberg 1504 erbauen lassen. Das Allianz- und Ahnenwappen des Bauherrn und seiner Ehefrau (von Adelsheim, von Rechberg, von Stetten, von Lentersheim) prangt an der Konsole des Erkers.

Das 1573 durch Bernhard Ludwig von Adelsheim erbaute Unterschloß, auch Friedrich'sches Haus genannt, stand östlich der alten Burg an der Innenseite der Stadtmauer in der heutigen Schloßgasse. Es wurde 1864 abgebrochen.

Das Schlößchen, seit 1828 Sitz des badischen Bezirksamtes und danach des Wasserwirtschaftsamtes, wurde 1606 auf Veranlassung Adams von Adelsheim errichtet. Nach dem Aussterben der Boppo'schen Linie (1648) gelangte es auf dem Erbwege an die von Gemmingen (Linie Fürfeld) und wurde, nachdem die von Adelsheim es im 18. Jh. zurückerworben hatten, zu Beginn des 19. Jh. an den badischen Staat verkauft.

Vogtei und Ortsherrschaft zu Adelsheim waren spätestens seit dem frühen 14. Jh. und bis zum Ende des Alten Reiches im Besitz der Familie von Adelsheim und wurden von den verschiedenen Linien des Geschlechts in ungeteilter Gemeinschaft ausgeübt. Nur selten, und dann gewöhnlich nur für kurze Zeit, wurde einmal der Anteil eines der Ganerben an Außenstehende abgetreten oder verpfändet. Zwischen den Teilhabern auftretende Streitigkeiten wurden gewöhnlich durch adelige Schiedsleute beigelegt, und Burgfriedensverträge (1406, 1469; 1474, 1485) regelten für den Bereich der Stadt und ihres unmittelbaren Umfeldes das Zusammenleben der Angehörigen der herrschaftlichen Familie untereinander und mit ihrem Gesinde. Eine Stadtordnung von 1572 ergänzt die älteren Burgfriedensverträge und bezieht die ganze Einwohnerschaft, ihren Handel und Wandel mit ein; sie erstreckt sich auf das religiöse Leben, auf die Gemeindeverfassung, auf Strafen und Bußen, Handwerke und Wirtshäuser, Maß und Gewicht sowie auf die Nutzung des Waldes und auf die Frondienstpflicht der Untertanen. In einem Vertrag von 1769 einigten sich die verschiedenen Linien des Geschlechts (Linien zu Sennfeld und zu Adelsheim zusammen ⅝, Linie vom Oberen Schloß zu

Adelsheim ⅛) über die künftig gemeinsame Handhabung von Herrschaft und Gericht, auf die Bestellung eines gemeinsamen rechtsgelehrten Verwalters, der dem unter den Teilhabern jährlich wechselnden »Baumeister« verantwortlich sein sollte.

Die zuvor freieigene Stadt Adelsheim samt ihren Zugehörungen mußten Beringer und Boppo von Adelsheim 1347 in einer Sühne dem Hochstift Würzburg zu Lehen auflassen, nachdem sie gemeinsam mit denen von Berlichingen, von Dürn und von Hardheim versucht hatten, ihrem Bruder Friedrich von Adelsheim beim Domstift Würzburg gewaltsam eine Domherrenpfründe zu verschaffen. Bei gleicher Gelegenheit wurden auch Jagsthausen, Herbolzheim, Hettigenbeuern, Berlichingen und die untere Burg zu Hardheim Würzburger Lehen, und die betroffenen Adeligen mußten sich obendrein verpflichten, dem Hochstift auf Lebenszeit *selbfünft mit helmen* zu dienen. Seither und bis zur Säkularisation im Jahre 1803 war die Ortsherrschaft zu Adelsheim mit allen ihren Pertinenzen bischöflich würzburgisches Lehen, mit dem jeder der Teilhaber zu seinem Anteil (bis zu ¹⁄₂₄) eigens belehnt wurde.

Neben dem ihnen am 10. Dezember 1374 durch Kaiser Karl IV. verliehenen Stadtrechtsprivileg für Adelsheim, ist es den hiesigen Adeligen im Laufe der Jahrhunderte gelungen, ihre Herrschaft durch den Erwerb einer ganzen Reihe weiterer kaiserlicher Privilegien zu festigen und auszubauen. Bereits 1338 hatten sie von Ludwig dem Bayern das Recht erhalten, in Adelsheim vier Judenfamilien aufzunehmen, und 1405 bewilligte König Ruprecht ihnen, an der Brücke zu Adelsheim, die oft von den Hochwassern der Kirnau und der Seckach beschädigt wurde, einen Brückenzoll auf allen passierenden Lastpferden zu erheben zur Unterhaltung der Brücke. Ebenfalls 1405 wurden alle in Adelsheim ansässigen Königsleute für die Dauer ihres Wohnens in der Stadt von Diensten und Steuern, die sie dem Pfalzgrafen schuldeten, befreit und denen von Adelsheim zu Lehen gegeben. Karl V. erteilte dem Geschlecht 1544 ein Sammelprivileg, das dessen Rechte in der Stadt bestätigte und im einzelnen erläuterte.

Eine merkwürdige Bewandtnis hatte es mit der sog. »Lindenfreiheit« zu Adelsheim, die der Ortsherrschaft bereits im frühen 15. Jh. durch König Ruprecht verliehen worden sein soll und kraft deren die große Linde vor dem oberen Tor jenseits der Kirnau, wohl eine geleitete Gerichtslinde, besonders geschützt war. In Zeilers *Reyßbuch durch Hoch und Nider Teutschland* von 1632 ist von dieser Lindenfreiheit erstmals die Rede; danach sollte jedem, der es wagte, an der Linde ein Blatt oder einen Ast abzubrechen, zur Strafe ein Stück seines Hemdes abgeschnitten werden. Noch 1782 wurde dieses alte Herkommen in einer durch die Herrschaft erneuerten Linden-Ordnung bestätigt und verfügt, abgeschnittene Stücke von Hemden seien an einer Tafel bei der Linde anzuschlagen. Wenngleich eine königliche Privilegierung in diesem Zusammenhang auch zweifelhaft erscheinen mag, so handelt es sich bei der Lindenfreiheit doch um ein offenbar durch Jahrhunderte geübtes Rechtsbrauchtum, das wohl dazu diente, die von den Stadtherren beanspruchte Gerichtshoheit für jedermann augenfällig zu demonstrieren.

Die von der Familie von Adelsheim in ihrer Stadt und auf deren Gemarkung ausgeübten Gerechtsame umfaßten die niedere Gerichtsbarkeit mit dem Recht, den Schultheißen und das Gericht einzusetzen, Bede und Schatzung (an die Ritterschaft), die allgemeine Ortspolizei sowie die hohe und die niedere Jagd. Dagegen stand die zentliche Obrigkeit mit hoher Gerichtsbarkeit und militärischem Aufgebot Kurmainz (Zent Osterburken) zu, desgleichen das Geleit durch Adelsheim. Insbesondere seit dem 17. Jh. kam es wegen Abgrenzung der Befugnisse von vogteilicher und zentlicher Obrigkeit immer wieder zu Auseinandersetzungen zwischen denen von Adelsheim respektive der Reichsritterschaft einerseits und Kurmainz andererseits, und noch 1794 trug man sich bei der Ritterschaft mit dem Gedanken, die Zenthoheit käuflich zu erwerben. Infolge anhaltender Konflikte mit der Reichsstadt Heilbronn, in deren Mauern der Ritterkanton Odenwald seit langen Jahren seinen Sitz hatte, tagte die Odenwälder Reichsritterschaft im 17. und 18. Jh. vorzugsweise in Adelsheim und unterhielt hier zeitweise wohl auch ihre Verwaltung, bevor diese 1764 nach Kochendorf übersiedelte. So war Adelsheim, wenn auch nur vorübergehend, Vorort des Odenwälder Ritterkantons.

Mit der Einverleibung des alten Hochstifts Würzburg in Bayern, ging 1803 auch die seit 1347 würzburgische Lehnshoheit für kurze Zeit an Bayern über. Am 19. November 1805 erfolgte durch den Amtmann zu Schöntal und unter Protest der Ortsherrschaft der Versuch, für Württemberg von der Stadt Besitz zu ergreifen, und am 20. Januar 1806, noch kurz bevor er im Zuge der Mediatisierung selbst seine Eigenständigkeit verloren hat, glaubte auch der Fürst von Leiningen, Adelsheim samt Hergenstadt und Wemmershof an sich ziehen zu können. Die Proteste der Reichsritterschaft gegen diese Maßnahmen dürften noch nicht verklungen gewesen sein, als die Stadt im Sommer 1806, und nun auf Dauer, an das neu geschaffene Großherzogtum Baden fiel.

Grundherrschaft und Grundbesitz. – Über Grundherrschaft und Grundbesitzverhältnisse in Adelsheim ist alles in allem nur wenig bekannt. Ist dies für das frühe und hohe Mittelalter wie andernorts in der allgemeinen Quellenarmut jener Zeit begründet, so krankt die Geschichte der Adelsheimer Grundherrschaft des späten Mittelalters und der frühen Neuzeit an dem 1848 eingetretenen nahezu totalen Quellenverlust, am Mangel von Lagerbüchern, Zinsbüchern und anderen Dokumenten, die über Umfang und Struktur der einzelnen Grundbesitzkomplexe Aufschluß geben könnten.

Der am frühesten nachweisbare Grundherr zu Adelsheim war jener Graf Kunibert, der im März des Jahres 779 seine Güter dem Kloster Fulda übertragen hat, und um 800 schenkten die Grafen Rudolf und Werner demselben Kloster weiteren Besitz in Adelsheim. Um 825 hatte Fulda am Zusammenfluß von Seckach und Kirnau schließlich insgesamt 12 ganze und 2 halbe Hufen sowie 50 J Land. Was später aus diesem Besitz geworden ist, wissen wir nicht, ebensowenig wie im Falle der um die Wende vom 11. zum 12. Jh. erwähnten Amorbacher Güter, die dem Odenwaldkloster von Kuno von Aschhausen, Rudeger, Rutoch und Venia geschenkt worden war. Auch das 1236 gegründete Zisterzienserinnenkloster Seligental war spätestens seit 1276, als ihm Euphemia, die Witwe des Edelherrn Boppo von Dürn, ihren Hof, genannt Swickers Hof, stiftete, in Adelsheim begütert.

Bedenkt man den doch recht beträchtlichen Umfang der im frühen 9. Jh. in Adelsheim bezeugten fuldischen Güter, so scheint es immerhin im Bereich des Möglichen, in ihnen einen Teil jenes Besitzes zu sehen, über den im 13. Jh. die Edelherren von Krautheim (1239) und von Dürn (1253 und 1276) in Adelsheim verfügten. Darüber hinaus hören wir zum Jahr 1292 von Weinbergen, die der Ritter Konrad von Neudenau dem Hochstift Würzburg zu Lehen aufgetragen hat, ein halbes Jahrhundert bevor ganz Adelsheim würzburgisches Lehen wurde.

Seit dem späten Mittelalter war ganz ohne Zweifel die Familie der adeligen Ortsherren mit weitem Abstand der größte Grundbesitzer zu Adelsheim. Zwar sind es nur einzelne Äcker und Wiesen, von denen die wenigen verbliebenen Quellen für das 15. Jh. sporadisch berichten, daß Angehörige der Familie von Adelsheim sie erworben oder veräußert haben; wenn aber der Umfang aller grundherrlichen Güter auf Adelsheimer Gemarkung, Gebäude, Gärten, Äcker, Wiesen und Waldungen, noch 1873 mit rund 450 ha etwa ein Drittel der ganzen Gemarkungsfläche ausmachte, so mag man daran die Bedeutung der ortsansässigen Grundherrschaft ermessen, die zur Zeit des Alten

Reiches natürlich obendrein noch eine Vielzahl von Grundrenten, Abgaben und Berechtigungen ganz verschiedener Art zu beanspruchen hatte.

Gemeinde. – Mit dem Stadtrechtsprivileg von 1374 wurden Adelsheim von Kaiser Karl IV. Rechte und Freiheiten verliehen *in alle der massen, als ander stette, die darumb gelegen sin*, sie hatten, und man wird davon ausgehen dürfen, daß das Gemeinwesen neben einem herrschaftlichen Schultheißen und neben dem Gericht, das nun auch die Funktion eines Rates zu erfüllen hatte, schon damals einen Bürgermeister erhalten hat. In den Quellen sind die einzelnen Organe der Gemeinde freilich erst nach und nach zu fassen, das Gerichts- und Ratskollegium, die Zwölfer, erstmals 1406, ein Stadtschreiber, der zugleich die Ämter des Schultheißen und des Schullehrers versah, 1547. Im »Stadtrecht« von 1572 erscheint dann die ganze, vollausgebildete kommunale Verfassung: der herrschaftliche Schultheiß, der einen weitreichenden Einfluß auf nahezu alle Gemeindeangelegenheiten hatte und den Zwölfern in ihrer Eigenschaft als Stadtgericht vorstand; der jeweils auf ein Jahr bestellte Bürgermeister, der an der Spitze des Rates stand; und das mit zwölf Männern besetzte Gericht, das zugleich den städtischen Rat bildete und dem zwölf weitere Männer, die Vierundzwanziger, als Ersatzleute zugeordnet waren. Eingesetzt wurden alle diese Funktionsträger von der Herrschaft. Zu den Aufgaben des Bürgermeisters zählte neben anderem die Überwachung von Maß und Gewicht sowie die Sorge für die Sicherheit der Stadttore. Das Gericht tagte dreimal jährlich als Rüggericht und verhandelte dabei jene Angelegenheiten, die in den Bereich der niederen Gerichtsbarkeit fielen. Das Kaufgericht, vor dem Grundstücksgeschäfte und dergleichen beurkundet wurden, trat allmonatlich zusammen, und alle Vierzehntage nahm der Schultheiß Bitten und Beschwerden entgegen. Über die Einhaltung von Recht und Ordnung in der Feldflur wachten fünf Feldschieder, die zweimal jährlich durch den Bürgermeister berufen wurden. Ein neues Rathaus, das zugleich als Schulhaus diente, wurde in Adelsheim um 1717 errichtet; das heutige Rathaus, das bereits 1619 erbaut wurde, hat die Gemeinde erst 1839 erworben. Als Wappen führt die Stadt bis heute das Steinbockshorn ihrer vormaligen Ortsherrschaft. Ein eigenes Gemeindesiegel ist vor dem 19. Jh. nicht bekannt – ein Zeichen für die geringe Kompetenz der Gemeindeorgane.

Das tägliche Zusammenleben von Herrschaft und Gemeinde auf engstem Raum, die Allgegenwart der Herrschaft, der in der kleinen Stadt nichts entgehen konnte, die in allem mitredete und mitbestimmte und selbstverständlich stets auf die strikte Befolgung ihres Willens hielt, den sie notfalls durchzusetzen wußte, führte zwangsläufig zu immer neuen Konflikten. So wissen wir von der Beteiligung der Adelsheimer Bürgerschaft am Bauernkrieg 1525, weshalb der Mainzer Erzbischof als Inhaber der Zenthoheit, jedoch keineswegs im Einverständnis mit der Ortsherrschaft, die dadurch eine Schmälerung ihrer Rechte befürchtete, 1530 jedes Haus mit 4 fl Strafe belegte. Übrigens wird in dieser Teilnahme am Bauernaufstand auch die soziale Struktur der in Adelsheim ansässigen Bevölkerung deutlich, der Charakter des Städtchens als Ackerbürgerstadt, die sich insoweit von den umliegenden Dörfern nur wenig unterschied. 1688 kam es in der Gemeinde zu einem Aufruhr, als ihr nach Beschwerden im Zusammenhang mit der Erhebung der Schatzung, der zweckfremden Verwendung des Brückenzolls und anderer Dinge das Versammlungsrecht beschränkt werden sollte. In der Folge dieser Ereignisse wurde die Gemeindeverfassung 1690 dahingehend geändert, daß die Kompetenzen des Stadtgerichts drastisch vermindert, die Stellung des Schultheißen, der künftig den Titel eines herrschaftlichen Amtmanns führte, gestärkt und der solcherart geschwächten Gemeinde ein zweiter Bürgermeister bewilligt wurden; das Gericht trat fortan nur noch ganz selten und nur in geringfügigen Angelegenheiten zusammen; die

Jurisdiktion wurde von der Herrschaft wahrgenommen. Ein Jahrhundert später, im Jahre 1785, kam es zu einem erneuten Streit zwischen Gemeinde und Herrschaft, der sich an Neuerungen im Religionsunterricht entzündete, aber wie häufig in solchen Fällen auf lange angestautem Unmut beruhte. Die Klagen der Bürger betrafen die Einschränkung der Befugnisse von Gericht und Rat, die Mißachtung ihrer Vorschläge bei der Besetzung von Gemeindeämtern sowie die unrechtmäßige Erhebung neuer und die Ausweitung alter Abgaben. Der in dieser Sache von der Bürgerschaft beim Reichskammergericht in Wetzlar angestrengte Prozeß zog sich in die Länge und war bis 1806 noch nicht entschieden.

Kirche und Schule. – Bis weit in die Neuzeit war die vor der Stadt gelegene Kirche St. Jakob die Pfarrkirche von Adelsheim. An gleicher Stelle gab es bereits einen romanischen Vorgängerbau, dessen Fundamente 1888 bei Renovierungsarbeiten ergraben wurden. Daneben bestand in der Stadt wohl schon im 14. Jh. eine kleine Kapelle, die 1688 zerstört wurde, und deren Reste später dem Neubau der ev. Stadtkirche weichen mußten. Über die frühere Kirchengeschichte von Adelsheim weiß man freilich nur wenig, insbesondere ist unbekannt, wann das Dorf bzw. die Stadt Pfarrrechte erhalten hat. Jedoch darf man vermuten, daß die Kollatur wie andere Gerechtsame am Ort ursprünglich den Edelherren von Krautheim bzw. von Dürn zustand; seit dem frühen 14. Jh. ist sie ebenso wie die Kollatur der Frühmesse im Besitz der Münch von Rosenberg nachzuweisen und gelangte nach deren Aussterben über die von Rosenberg und über die Grafen von Hatzfeld 1656 an das Direktorium des Odenwälder Ritterkantons, bei dem sie bis zur Mediatisierung verblieb. Heiligenzinsmeister finden bereits 1357 Erwähnung, ein Pfarrer dagegen erst 1395. Im 15. Jh. gab es in Adelsheim, das zum Landkapitel Buchen der Würzburger Diözese gehörte, vier Priester: den Pfarrer, einen Frühmesser und zwei Altaristen. Ob schon die älteste Kirche vor der Stadt dem hl. Jakob geweiht war, bleibt ungewiß; zumindest aber wissen wir, daß der Kult des im spanischen Compostela verehrten Heiligen seit dem 12. Jh. auch in Franken weitverbreitet war. Welchem der beiden Gotteshäuser, St. Jakob oder der Kapelle in der Stadt, die durch die Ortsherrschaft verliehenen Pfründen ULF (1395), St. Andreas (Mitte 15. Jh.) und Trinitatis (um 1625) zuzuordnen sind, ist gleichfalls ungeklärt. Eine geistliche Bruderschaft wurde 1402 durch Götz d. Ä., Zeisolf, Beringer d.Ä. und Beringer d.J. von Adelsheim gemeinsam mit mehreren Priestern gegründet und 1446 durch Zeisolfs Söhne Hans und Stefan von Adelsheim erneuert. Zahlreiche Jahrzeitstiftungen der ortsherrlichen Familie trugen vor allem im 15. Jh. zur Vermehrung der Adelsheimer Kirchengüter in der Stadt und in deren Umgebung, in Eicholzheim, Osterburken, Schefflenz, Sennfeld, Walldürn und Zimmern bei.

Die 1489 erbaute, von einem Dachreiter gezierte Jakobskirche ist ein einschiffiger, flachgedeckter Raum, bei dem vielleicht ältere Chorteile Verwendung gefunden haben. Besondere Beachtung verdienen neben einem sehr schönen Sakramentshäuschen von 1494 die im Auftrag Martins von Adelsheim angebaute, etwa gleichzeitige Grabkapelle der ortsherrlichen Familie sowie mehr als sechzig z.T. figürliche und meist sehr qualitätvolle Grabmäler derer von Adelsheim vom 14. bis ins 19. Jh.

Um 1555/60 schlossen sich die von Adelsheim mit der überwiegenden Mehrzahl der Odenwälder Ritterschaft der Reformation an und führten auch ihre Stadt Adelsheim dem luth. Bekenntnis zu. Nachdem die in der Stadt gelegene Kapelle am Ende des 17. Jh. zerstört worden war, schrieb die luth. Gemeinde 1701 mit Billigung der Herrschaft eine Kollekte für den Bau einer neuen, nunmehr innerhalb der Stadt zu errichtenden Pfarrkirche aus. Jedoch ließ sich das Projekt erst mehr als ein halbes Jahrhundert später realisieren; die Grundsteinlegung erfolgte 1766, die Fertigstellung im Jahr darauf, aber erst 1773 wurde das Gotteshaus feierlich eingeweiht. 1777 erhielt die luth. Pfarrei ein neues Pfarrhaus, und 1785 kam es im Zusammenhang mit der Einführung des Bayreuther Katechismus zu den bereits erwähnten Unruhen.

Schon 1701 war, für den ritterschaftlichen Adel der Region durchaus ungewöhnlich, ein Teil der Familie von Adelsheim zum ref. Glauben konvertiert, freilich ohne damit in der Bürgerschaft eine größere Resonanz zu finden. Der 1717 gehegte Plan zum Bau einer eigenen Kirche für die ref. Gemeinde kam nicht zur Ausführung, und 1763, nachdem der ref. Zweig der Adelsheimer ausgestorben war, gab der kalvinistische Pfarrer seine Stelle in der Stadt wieder auf; die Kinder aus den 1789 verbliebenen zwölf ref. Familien wurden künftig lutherisch unterwiesen. Spätere Bemühungen um die Wiedererrichtung einer ref. Pfarrstelle blieben ohne Erfolg, jedoch einigte man sich schließlich dahin, daß der ref. Geistliche aus Schefflenz den Gottesdienst in Adelsheim mitzuversehen hatte. Die Adelsheimer Katholiken wurden 1803 vom Pfarrer in Osterburken seelsorgerisch betreut.

Der große und kleine Zehnt in Adelsheim ist nach 1239 mit anderen Gütern durch Konrad von Krautheim an das Zisterzienserinnenkloster Gnadental abgetreten worden und 1253 durch Tausch an die Edelherren von Dürn gelangt. Vom frühen 14. bis ins spätere 15. Jh. war er ebenso wie das Patronatsrecht im Besitz der Münch von Rosenberg, jedoch waren in der 1. H. 14. Jh. auch die Cappler von Oedheim daran beteiligt, und 1415 gehörte ein Teil denen von Stetten. Bereits 1434 kauften die von Adelsheim ein Viertel des Zehnten von den Münch von Rosenberg und trugen dieses hinfort von Würzburg zu Lehen.

Eines Lehrers, der allerdings in erster Linie Schultheiß und Stadtschreiber war, geschieht in Adelsheim erstmals 1547 Erwähnung. Nach einer Instruktion von 1706 sollte der Schulunterricht sommers wie winters am Vormittag von 7 bis 10 und am Nachmittag von 12 bis 3 Uhr dauern. Der Lehrer, der von der Herrschaft bestellt und vom jeweiligen Ortspfarrer beaufsichtigt wurde, war gehalten, seinen Schülern das Lesen und Schreiben, den Katechismus, die Psalmen und geistlichen Gesang beizubringen, und auf besonderen Wunsch hatte er auch Latein zu unterrichten; daneben hatte er die Dienste eines Mesners zu versehen. Besoldet wurde er von der Herrschaft, von den grundbesitzenden Bürgern und über Gebühren, die ihm von jedem Schulkind sowie von Kindtaufen und Begräbnissen zufielen. Da die räumlichen Verhältnisse der Schule schon 1706 sehr beengt waren, wurden beim Bau eines neuen Rathauses 1717 auch die Bedürfnisse des Schulunterrichts mitberücksichtigt. Eine zweite Lehrerstelle wurde aber erst um 1800 geschaffen.

Bevölkerung und Wirtschaft. – Über Einwohnerzahlen ist für die ältere Zeit aus Adelsheim so gut wie nichts bekannt. Die für das frühere 17. Jh. überlieferte Zahl von 200 Haushaltungen mag in etwa zutreffend sein. Infolge zahlreicher Truppendurchzüge und Seuchen nahm die Bevölkerung im Laufe des 30j. Krieges bis auf ungefähr 30 Familien ab; allein 1635 waren hier 329 Tote zu beklagen, überwiegend Opfer der Pest. Die Stadt verkam, auf den Straßen wuchs Gras. Erst um 1800 hatte Adelsheim die alte Bevölkerungszahl wieder erreicht.

Obwohl Adelsheim sich seit 1374 städtischer Privilegien erfreute, genossen seine Einwohner nicht die sprichwörtlichen Freiheiten von Stadtbürgern, hätten diese sich doch mit den Interessen der niederadeligen Stadtherren schwerlich in Einklang bringen lassen; vielmehr waren die Einwohner von Adelsheim Eigenleute wie die Bewohner der umliegenden Dörfer. Neben den Leibeigenen der Ortsherrschaft handelte es sich dabei um Königsleute, von denen wir im frühen 15. Jh. hören, sowie um Hörige anderer Herren; so verkaufte beispielsweise Oswald von Fechenbach 1519 seine Eigenleute in verschiedenen Orten, darunter in Adelsheim, an Lienhard von Dürn. 1683 wurden die bereits bestehenden Beschränkungen von der Herrschaft sogar noch dahingehend verschärft, daß der bisher zwischen Adelsheim und Sennfeld geltende freie Zug hinfällig sein sollte.

Das Recht, in Adelsheim vier Judenfamilien aufzunehmen, war der Ortsherrschaft bereits 1338 verliehen worden, und diese Zahl blieb bis 1806 in Geltung, wenngleich die Herrschaft wegen den von ihr beanspruchten Judenschutzgeldern gegen den Widerstand der ortsansässigen Bevölkerung bisweilen bestrebt war, sie zu erhöhen. Der mündlichen Überlieferung zufolge soll der jüdische Gottesdienst zunächst in einem 1418 erbauten Haus in der Torgasse, später in einem Gebäude im Hof des Oberschlosses gefeiert worden sein.

Ihren Lebensunterhalt verdiente die Adelsheimer Bevölkerung von jeher in der Land- und Forstwirtschaft. In früheren Jahrhunderten – bereits 1292 werden in einer Urkunde Weinberge erwähnt – gab es wohl auch etwas Weinbau, an den die Flurnamen Wingertsteige und Kindsweinberg bis heute erinnern. Auch eine Mühle, vermutlich die später vom Hochstift Würzburg lehnbare Mühle in der Nähe des oberen Tores, bestand schon 1252. Schließlich darf man annehmen, daß es in Adelsheim schon bald nach der Erhebung zur Stadt einen Markt gegeben hat, der freilich erst 1544 durch Kaiser Karl V. förmlich privilegiert worden ist; demnach sollten in der Stadt jährlich zwei Jahrmärkte von jeweils drei Tagen Dauer stattfinden, der eine unmittelbar nach Ostern, der andere im November, zu Martini. Über den Besuch dieser Märkte, über ihre Anziehungskraft auf Händler und Produzenten ist nichts bekannt, aber eine überörtliche Bedeutung haben sie ganz zweifellos nicht erlangt. An Gewerben finden in der Stadtordnung von 1572 Bäcker, Metzger und Wirte Erwähnung, wobei verfügt wurde, daß letztere außer an Markttagen Speisen nur an Auswärtige verkaufen durften. Als Kurmainz 1696 versuchte, die Zunftordnung seiner Zent Osterburken auch in Adelsheim durchzusetzen, zog dies den massiven Protest der Stadtherren nach sich. Eine Thurn und Taxis'sche Posthalterei wird 1742 erstmals erwähnt, dürfte aber etwas älter sein.

Hergenstadt. – Der im SO der Adelsheimer Gemarkung gelegene, 1925 nach Adelsheim eingemeindete Weiler Hergenstadt wird in den Jahren 1469/72 unter dem Namen *Hergenstal* erstmals in den Quellen erwähnt, dürfte aber mit seinen Anfängen, die vielleicht mit der nahen Zisterze Schöntal in Zusammenhang stehen, bis in das hohe Mittelalter zurückreichen. Bereits im Jahre 1478 wird die Siedlung neben anderen der Region als *durch brandt und verherunge vernicht und vertilgt* bezeichnet. Im 16. Jh. haben dann die von Adelsheim, denen König Maximilian schon 1500 die Schäferei daselbst verliehen hatte, die bisherigen Besitzer zu Hergenstadt offenbar planmäßig ausgekauft: 1520 von Kloster Schöntal das sog. Mönchsgut, 1542 Güter und Rechte des Klosters Seligental und 1562 die Anteile der Berlichinger. 1654 waren die von Adelsheim alleinige Inhaber der Güter und Gerechtsame zu Hergenstadt. Jedoch unterstand der Weiler mit der hohen Obrigkeit, mit Reiß und Musterung der kurmainzischen Zent Osterburken; hinsichtlich der Jagd bestanden Vereinbarungen mit denen von Berlichingen. In den Jahren 1805/06 teilte Hergenstadt die Geschicke der Stadt Adelsheim und wurde mit dieser durch das Großherzogtum Baden mediatisiert. Noch 1873 umfaßte der Grund- und Waldbesitz der adeligen Grundherrschaft nicht weniger als zwei Drittel der Hergenstadter Gemarkungsfläche. – Kirchlich zählte der Weiler im Mittelalter und in der frühen Neuzeit als Filiale zur Schöntaler Patronatspfarrei Oberkessach; ein Drittel des Zehnten stand der Kirche in Jagsthausen zu. 1803 wurden die in Hergenstadt wohnhaften Katholiken vom Pfarrer in Osterburken betreut.

Wemmershof. – Gelegentlich der Bestätigung einer Gültstiftung des Edelherrn Boppo von Dürn für das Zisterzienserinnenkloster Seligental findet der Weiler *Weimersbach* 1273 erstmals urkundliche Erwähnung. Seit dem Jahre 1423 und bis zum Ende des Alten Reiches ist er als Würzburger Lehen im Besitz der Familie von Adelsheim bezeugt. Das Lehen umfaßte neben dem Grundbesitz und der Vogtei auch den großen und den kleinen Zehnt, während die Zent mit der hohen Obrigkeit beim Erzstift Mainz (Osterburken) lag. Die auf dem Wemmershof lebenden Katholiken wurden zu Beginn des 19. Jh. von der Pfarrei Osterburken betreut. 1806 gelangte die Siedlung mit der Stadt Adelsheim unter badische Souveränität, und 1925 wurde sie mit ihrer Gemarkung nach Adelsheim eingemeindet.

Leibenstadt

Siedlung und Gemarkung. – Wenngleich Leibenstadt erst 1293 (*Lubelstat*) urkundlich zu fassen ist, könnte der Ortsname, der sich vermutlich von einem Personennamen herleitet, doch auf eine Entstehung der Siedlung bereits in merowingischer Zeit hindeuten. Im östlichen Gemarkungsteil, im Bereich der vormaligen, 1924 eingemeindeten Sondergemarkung des Tolnayshofes, wurden am Ende des 19. Jh. die Reste eines zum obergermanischen Limes gehörigen römischen Wachtturmes entdeckt und 1969/70 archäologisch untersucht. Während des 30j. Krieges, vor allem in den Jahren 1622 und 1636 wurde der Ort stark in Mitleidenschaft gezogen. 1773 bestand auf Leibenstadter Gemarkung eine Erzgrube des Hammerwerks in Sennfeld. Um 1800 wird das Dorf kaum mehr als 400 Einwohner gehabt haben.

Herrschaft und Staat. – Die Entwicklung der Herrschaftsverhältnisse in Leibenstadt läßt sich anhand der zur Verfügung stehenden Quellen nur teilweise rekonstruieren. Aus früherer Zeit wissen wir, daß die Edelherren von Dürn im 13. Jh. die Lehnshoheit über zu Leibenstadt gelegene Güter der von Berlichingen und der von Lobenhausen hatten, und daß Rupert von Dürn in den Jahren 1293 und 1297 zugunsten des Klosters Schöntal für einen Teil dieser Güter auf seine Oberhoheit verzichtete. Im übrigen sind die Rechte der Dürner offenbar später an das Hochstift Würzburg übergegangen, denn um die Mitte des 14. Jh. trug Hermann von Berlichingen die Hälfte des hiesigen Gerichts von Würzburg zu Lehen. Ein Zweig der Familie von Berlichingen, der sich nach Leibenstadt benannte, hatte die Ortsherrschaft vermutlich bis ins frühe 15.Jh. inne; um 1419 wird ein Hermann von Leibenstadt (*Lubenstad*) zum letzten Mal in den Quellen erwähnt. Wie das Dorf dann in den Besitz der Rüdt von Bödigheim gelangte, ist nicht bekannt; da jedoch Wiprecht Rüdt 1468 beim Verkauf seiner beiden Anteile an Götz von Adelsheim seine Abkunft von denen von Rosenberg hervorhebt, darf man wohl annehmen, daß es sich dabei um Gut aus mütterlichem Erbe gehandelt hat. Freilich erfährt man nicht, welche Bewandtnis es zu jener Zeit mit den übrigen Anteilen hatte, und von einer Würzburger Lehenshoheit ist nicht mehr die Rede. Wenig später haben die von Adelsheim ihre Rechte an der Vogtei in Leibenstadt der Grafschaft Falkenstein (am Donnersberg) zu Lehen aufgetragen, denn 1491 wurde Zeisolf von Adelsheim der Lange von Wirich von Dhaun-Falkenstein damit belehnt. Doch schon im folgenden Jahr gelangte das Dorf durch Heirat an die von Gemmingen-Bürg (Hornberg-Michelfeld), unter deren Herrschaft es bis zum Ende des Alten Reiches blieb. Die von Gemmingen waren, wie vermutlich auch schon die von Berlichingen, die Rüdt und die von Adelsheim, alleinige Ortsherren zu Leibenstadt; da sie aber noch 1629 immer nur mit zwei Teilen belehnt waren, ist anzunehmen, daß die anderen Teile nicht Lehen, sondern Eigengut waren. Die hohe Obrigkeit mit Reiß und Musterung

22 *Adelsheim von Süden. Zwischen den Tälern von Seckach und Kirnau der bebaute Eckenberg*

23 Wehrturm an der südlichen Stadtmauer von Adelsheim
24 Das Untere Schloß in Adelsheim
25 Grabkapelle der Jakobskirche zu Adelsheim
26 Grabmal Martins d. J. von Adelsheim († 1537) in der Grabkapelle der Jakobskirche

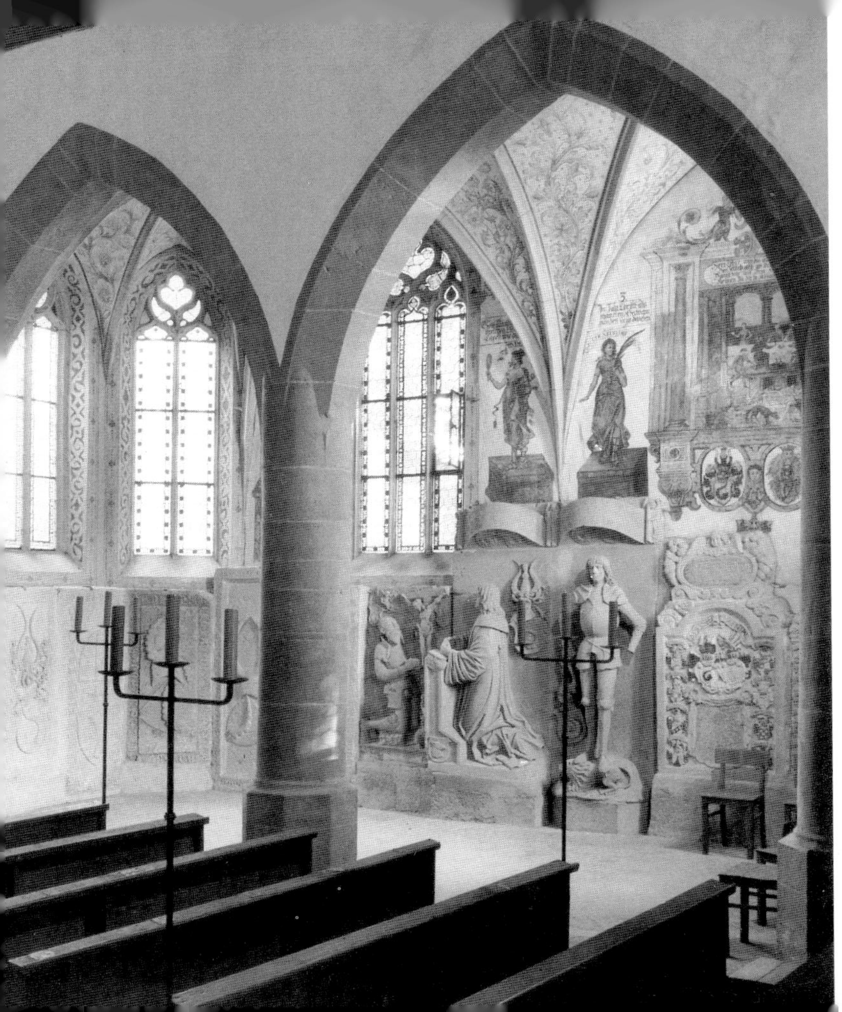

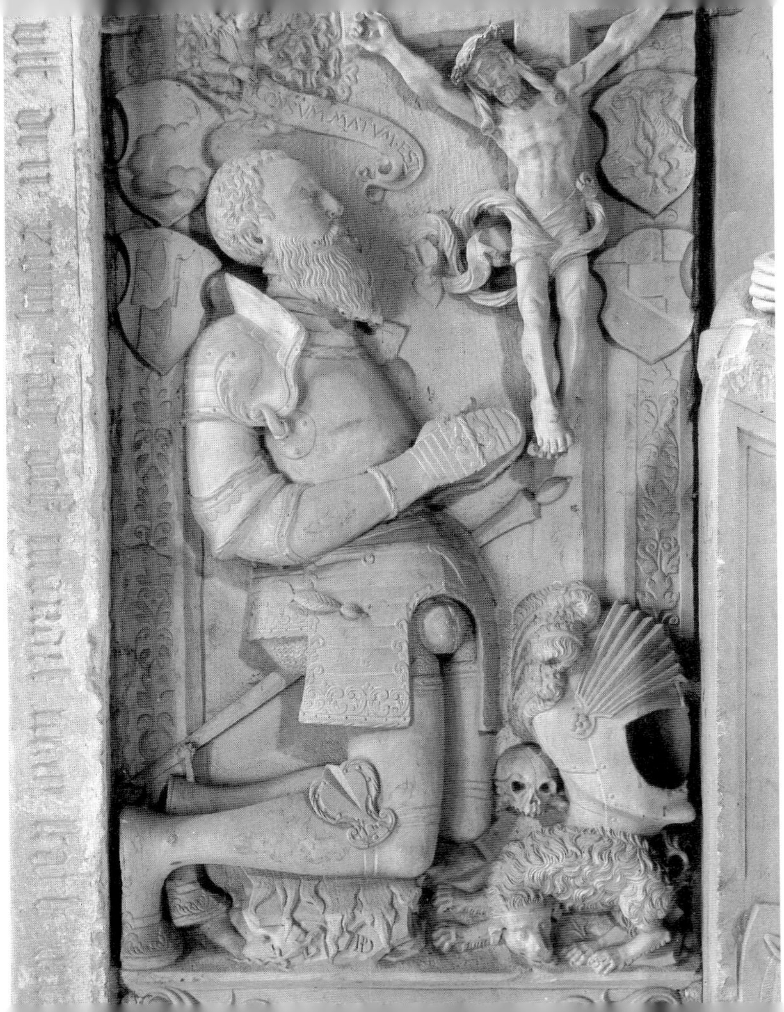
CONSVMMATVM EST

27 Leibenstadt von Nordosten

28 Ortsmitte von Leibenstadt

29 *Sennfeld von Osten*

30 *Sennfeld, ehemaliges Schul- und Rathaus*

31 *Aglasterhausen von Süden*

32 *Aglasterhausen, Ortskern*

33 *Aglasterhausen, kath. Pfarrkirche*

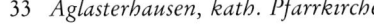

34 Breitenbronn

35 Daudenzell, Rathaus mit benachbartem Fachwerkhaus

36 *Daudenzell von Süden. Im Hintergrund Aglasterhausen*

37 *Michelbach von Süden*

38 *Michelbach, Ortsmitte*

39 *Billigheim von Südosten*

40 Billigheim, kath. Pfarrkirche. Ehemalige Klosterkirche mit Erweiterungsbau

41 Billigheim, Türrelief am Eingang des Kirchenneubaus

stand der Zent Möckmühl zu und wurde mithin bis 1445 von den Herren von Hohenlohe, von 1445 bis 1504 von Kurpfalz und seit 1504 von Württemberg ausgeübt. Die Schatzung erhob die Ortsherrschaft und führte sie der Odenwälder Rittertruhe zu. In die Jagd teilten sich in der frühen Neuzeit die von Gemmingen zu drei Vierteln und die von Adelsheim zu einem Viertel, bis schließlich der Adelsheimer Anteil von den Gemmingen um 105 fl abgelöst wurde. 1806 fiel Leibenstadt an das Großherzogtum Baden.

Grundherrschaft und Grundbesitz. – Als Grundbesitzer und Grundherren begegnen zu Leibenstadt im späten 13. Jh. die von Lobenhausen, eine Ministerialenfamilie aus der Nähe von Kirchberg an der Jagst, und die von Berlichingen. Bereits 1293 überließ Hermann von Lobenhausen seine nicht näher beschriebenen, von der Herrschaft Dürn lehnbaren Güter in hiesiger Gemarkung, die ihm jährlich 3 lb hlr zinsten, dem Kloster Schöntal und trug dem Lehnsherrn dagegen seinen Eigenbesitz in Leibenstadt auf; bereits vier Jahre später verkaufte er aber auch diese Güter mit lehnsherrlichem Konsens an die Zisterzienser zu Schöntal. Berlichinger Besitz ist in Leibenstadt gleichfalls seit 1293 zu fassen, zunächst als Dürner Lehen, dann als Würzburger Hochstiftslehen. Im Laufe der Zeit scheinen die von Berlichingen sich von ihren Leibenstadter Gütern getrennt zu haben, aber noch 1532 beanspruchte Hans Christoph von Berlichingen von Klein-Peters-Gut jährlich ein Fastnachthuhn und einen Grundzins in Höhe von 8 ß d. Das Zisterzienserinnenkloster Seligental kaufte 1344 von der Familie von Stetten diverse Gefälle, die noch im 18. Jh. an die zu jener Zeit kurmainzische Hofmeisterei Seligental entrichtet wurden. Am Ende des Alten Reiches waren auf Leibenstadter Gemarkung die von Adelsheim, das Kloster Schöntal (60 M Äcker) und die Ortsherrschaft von Gemmingen (150 M) begütert.

Kirche und Schule. – Kirchlich gehörte Leibenstadt während des Mittelalters zur Pfarrei Roigheim, bei der es auch verblieb, als der Bischof von Würzburg 1301 die Errichtung einer eigenen Pfarrei in Mittelschefflenz verfügte, bei welcher Gelegenheit die Mutterkirche drei ihrer ursprünglich fünf Filialen verlor. Das Patronatsrecht stand dem Kloster Amorbach zu. Dem Gottesdienst diente eine kleine Kapelle, aus der vermutlich eine bis heute erhaltene, 1494 gegossene kleine Glocke stammt. Nach der Reformation gründeten die von Gemmingen in Leibenstadt eine luth. Pfarrei, deren Besetzungsrecht sie sich und ihren Nachkommen vorbehielten.

In den großen und kleinen Zehnt zu Leibenstadt teilten sich das Kloster Amorbach zu zwei Dritteln (1395) sowie die von Berlichingen (1322/33 ff.) und als deren Nachfolger die von Adelsheim (1427 ff.), die ihren Anteil vom Hochstift Würzburg zu Lehen trugen; seit 1538 hatten die von Adelsheim auch den Amorbacher Zehntanteil inne.

Ein Schulmeister ist in Leibenstadt erst 1724 bezeugt.

Tolnayshof. – Im Bereich der ehemaligen Sondergemarkung Tolnayshof, einem ursprünglich der Ortsherrschaft von Leibenstadt gehörigen Wald- und Ödlanddistrikt, haben die von Gemmingen bereits in den 1670er Jahren rund 150 M Land gerodet. Etwa zwei Drittel dieser Fläche verkauften sie 1696 an den aus Ungarn stammenden, in württemberg-neuenstädtischen Diensten stehenden Adeligen Franz Tolnay de Goellye, der hier ein Gehöft gründete und Siedler ansetzte. Sehr bald schon zeigte sich aber, daß der Siedlung, die über keine eigene Feldflur verfügte, alle Voraussetzungen für eine gedeihliche Entwicklung fehlten, und die von Gemmingen zogen daher um 1740 den Hof in einem Vergleich wieder an sich. Der von seinem Gründer umsteinte Weiler bildete eine eigene Stabhalterei und gehörte gleichwohl zum Gemeindeverband von Leibenstadt; die kath. Bevölkerung des Tolnayshofes war zu verschiedenen Zeiten nach Oberkessach, Hüngheim und Osterburken gepfarrt. Mit erheblichen sozialen Problemen bestand die im Volksmund als »Dollishof« bezeichnete Siedlung, deren Bewohner in der Region mit

Argwohn betrachtet wurden, rund 150 Jahre bis zu ihrer planmäßigen Auflösung in der 2. H. 19. Jh.

Sennfeld

Siedlung und Gemarkung. – Nach Ausweis des Ortsnamens, dessen Bestimmungswort sich wohl von wildem Ackersenf herleitet, darf man vermuten, daß die Anfänge von Sennfeld in der ausgehenden Merowingerzeit oder in der frühen Karolingerzeit zu suchen sind, und die spätmittelalterliche Pfarreiorganisation könnte den Schluß nahelegen, daß die Siedlung als Ausbauort von Roigheim her entstanden ist. Eine römische villa rustica, die freilich mit dem späteren Dorf in keinerlei Zusammenhang steht, ist am Ende des 19. Jh. an der nördlichen Gemarkungsgrenze unweit der Bahnlinie zwischen den Gewannen Burgstall und Brommelwald entdeckt worden. Die erste Erwähnung Sennfelds in der schriftlichen Überlieferung (*Senfelt*, Kop. 16. Jh.) findet sich im Hirsauer Codex und datiert aus der Zeit um 1100.

Zu Beginn des 17. Jh. zählte der Ort rund 100 Häuser, von denen um 1640 nicht einmal mehr ein Drittel bewohnt war.

Der etwa 4 km entfernt gelegene Weiler Volkshausen (1253 *Volckishusen*, Kop. 1329) war als Besitz der Berlichingen und seit dem 18. Jh. der Rüdt von Collenberg mit Sennfeld herrschaftlich verbunden und ist erst 1846 nach Unterkessach eingemeindet worden. Auf eine längst abgeg. Siedlung im nordwestlichen Teil der Sennfelder Gemarkung deuten die Flurnamen Am Hebstetter Weg und Hebstettenwiesen hin; zu ihr gehörte vielleicht ursprünglich die etwas abgelegene, rings von Wald umgebene Feldflur im Bereich von Datsche und Grametshöhe.

Herrschaft und Staat. – Im späten Mittelalter und in der frühen Neuzeit war Sennfeld ein Kondominatsort, der je zur Hälfte den niederadeligen Familien von Adelsheim und von Berlichingen gehörte. Während der Adelsheimer Anteil nachweislich schon im 14. Jh. und bis zum Ende des Alten Reiches vom Hochstift Würzburg zu Lehen rührte, handelte es sich beim Berlichinger Anteil, der erst um 1500 in den Quellen zu fassen ist und zuvor wohl einem bald erloschenen Zweig der Bödigheimer Rüden gehörte, um Allodialbesitz, der 1754 durch Erbschaft bzw. Kauf wieder an die Rüdt von Collenberg gelangt ist.

Die ältere Geschichte der Sennfelder Herrschaftsverhältnisse läßt sich nur schwer erhellen. Wir wissen, daß Heinrich von Boxberg um 1213 seinen Besitz in Sennfeld zusammen mit der für sein Geschlecht namengebenden Burg dem Bischof von Würzburg zu Lehen aufgetragen hat, und daß um die Mitte des 13. Jh. offenbar auch die Edelherren von Dürn hier begütert waren. Unklar bleibt freilich, auf welchem Wege die Boxberg-Krautheimer und die Dürner Rechte an die späteren niederadeligen Ortsherren gekommen sind, insbesondere wie man sich die Genese der geteilten Herrschaft und ihrer unterschiedlichen Rechtsqualität als Lehen einerseits und als Eigengut andererseits zu erklären hat. Und im dunkeln bleibt auch die Zuordnung jener Adeligen Friedhelm und Reginher von *Senesfelt* bzw. Heinrich von *Senfelt*, die in der 1. H. 12. Jh. dem Kloster Hirsau Güter zu Gundelsheim und zu Kessach geschenkt haben. 1271 schließlich wird ein H(einrich) von Sennfeld als Amtmann (*officialis*) des Grafen Ludwig von Ziegenhain, eines Dürner Erben erwähnt.

Während die hohe Obrigkeit mit Reiß und Musterung in Sennfeld wie in Leibenstadt dem Inhaber der Zent Möckmühl zustand, wurde die vogteiliche Obrigkeit von denen von Adelsheim und von Berlichingen in seit 1640 geteilter Gemeinschaft ausgeübt. Eine bis zur Mediatisierung geltende Dorfordnung, in der das innerörtliche Zusammenleben bis ins Detail reglementiert ist, haben 1559 Valentin von Adelsheim und Götz von Berlichingen zu Hornberg erlassen (renoviert 1611). Der 1640 durchgeführten Teilung zufolge standen obrigkeitliche Rechte den beiden Ortsherren nur gegenüber den jeweils eigenen Untertanen und deren Besitz zu, jedoch wurden sog. große Vogteifälle altem Herkommen gemäß gemeinsam exekutiert, und Frevel und Bußen wurden ebenfalls gemeinsam erhoben; gemeinschaftlich war auch die Nutzung der Jagd samt anhangenden Gerechtsamen, wie etwa die Ahndung von Waldfreveln. Das Dorfgericht war paritätisch besetzt, und für Appellationen waren beide Herrschaften, die je einen eigenen Schultheißen benannten, gemeinsam zuständig. Über Bürgerannahme und -abzug war im gegenseitigen Einvernehmen zu entscheiden. Schankrecht und Ohmgeld standen den Kondomini jeweils bei den eigenen Untertanen zu, während das Bannweinrecht zur Kirchweih im jährlichen Wechsel ausgeübt wurde. Steuer und Schatzung wurden von den Ortsherren erhoben und der Kasse der Odenwälder Ritterschaft zugeführt. Wie in Adelsheim und Leibenstadt versuchte Württemberg 1805 auch in Sennfeld seine Oberhoheit durchzusetzen, mußte aber schließlich hier wie dort dem Großherzogtum Baden weichen.

Auf eine längst abgegangene vermutlich mittelalterliche Befestigung im Bereich der bewaldeten Bergnase nordöstlich von Sennfeld deuten die Flurnamen Burgstall und Festung hin, jedoch sind dort heute keine Überreste mehr zu erkennen. Wohl an der Stelle des heutigen Schlosses nahe der Brücke über die Seckach, hatten die von Berlichingen schon im 17. Jh. ein Schloß mit Hof und Scheuern, *so ringsumb mit einer maur umbfast.* Heute steht dort ein um 1713 errichteter, schlichter zweiflügeliger Putzbau mit zwei Geschossen und 13 Fensterachsen, dessen Portal mit einem Berlichingen'schen Doppelwappen und den Initialen des Erbauerehepaares Philipp Adam von Berlichingen-Rossach und Maria Susanna von Berlichingen-Illesheim geschmückt ist.

Grundherrschaft und Grundbesitz. – Das dem Kloster Hirsau um 1100 von dem Konventualen Anselm (von Glattbach?) in Sennfeld geschenkte Gut wurde von den Mönchen des Schwarzwaldklosters schon bald wieder für 45 Mark veräußert, jedoch geben die Quellen über den Käufer keinerlei Auskunft. Während des 12. und 13. Jh. teilten sich in die Grundherrschaft vermutlich die Edelherren von Boxberg-Krautheim und von Dürn. Ein Teil des Krautheimer Besitzes ist wohl durch Erbschaft an die von Hohenlohe gelangt, denn in den Jahren 1309 bis 1338 verkaufte und verschenkte Albrecht von Hohenlohe nicht näher bezeichnete Güter in Sennfeld und in verschiedenen umliegenden Orten an das Kloster Seligental; noch im 18. Jh. bezog die Hofmeisterei Seligental als Rechtsnachfolgerin des dortigen Klosters einen jährlichen Grundzins aus dem 13¾ M umfassenden sog. Rebstocksgut.

Im späten Mittelalter und in der frühen Neuzeit waren die von Adelsheim und die von Berlichingen bzw. die Rüdt von Collenberg als Ortsherren zugleich auch die größten Grundbesitzer in Sennfelder Gemarkung. Über Größe und Umfang der Adelsheimer Grundherrschaft in älterer Zeit lassen sich freilich infolge Vernichtung des Archivs in Adelsheim keine Angaben machen, jedoch wissen wir, daß sie noch 1873 rund 350 M an Äckern, Gärten, Wiesen und Waldungen umfaßte. Zur Berlichingen'schen Grundherrschaft zählten im 17. Jh. neben der zum Schloß gehörigen kleinen Eigenwirtschaft und einer Mühle zehn in Erbbestand vergebene Güter, zwei Güter, die jährliche Geld- und Naturalabgaben leisteten sowie weitere Grund- und Häuserzinse. 1773 belief sich der vormals Berlichingen'sche, nunmehr Rüdt'sche Grundbesitz zu Sennfeld auf rund 285 M Land; hinzu kamen zwei Mühlen, mehrere Scheunen und Stallungen sowie eine Vielzahl verschiedener Gerechtsame. Bereits zu Beginn des 15. Jh. hatte Wiprecht Rüdt von Bödigheim zu Sennfeld einen Hof, genannt Mundelins Hof, auf dem er 1411 den Seligentaler Nonnen 3 Mltr Korn ewiger Gült zu einem Seelgerät verschrieb. Auch die von Stetten zu Kocherstetten waren, spätestens seit dem 16. Jh., in Sennfeld begütert und trugen dort neben einem Anteil am Zehnten die Hälfte des bei der Kirche gelegenen sog. Stettheimer Hofgutes vom Hochstift Würzburg zu Lehen; in die andere Hälfte, bei der es sich offenbar um Eigengut handelte, teilten sich die von Adelsheim und die von Berlichingen bzw. die Rüdt im Verhältnis 1:2. Um die Mitte des 17. Jh. umfaßte der Hof, der an mehrere Sennfelder Einwohner zu Erbbestand verliehen war, rund 90 M Land; die Erbbeständer bezogen den kleinen Zehnt und waren dagegen verpflichtet, den Eber und den Ganter zu halten.

Gemeinde. – Als Korporation tritt eine Gemeinde zu Sennfeld erstmals im Jahre 1422 in Erscheinung, als sie anläßlich der Erhebung der Sennfelder Frühmesse zur eigenen Pfarrei gemeinsam mit ihrer Herrschaft dem Abt von Amorbach die Unverletzlichkeit seiner patronatsherrlichen Rechte garantierte. Aber erst die Dorfordnung von 1559 und die herrschaftliche Teilung von 1640 geben genaueren Aufschluß über die Verfassung dieser Gemeinde. Demnach sollten die beiden Schultheißen, von denen je einer durch die beiden Ortsherren bestellt wurde, sich vierteljährlich im Vorsitz des mit zwölf Schöffen paritätisch besetzten Gerichts abwechseln. Von den gleichfalls zwei Bürgermeistern wurde der eine aus dem Kreis der Gerichtsmänner, der andere aus der Gemeinde bestellt; war der eine berlichingisch, so mußte der andere adelsheimisch sein. Auch von den fünf Feldschiedern wurden vier, wiederum paritätisch, aus dem Gericht gewählt, der fünfte wurde von beiden Herrschaften abwechselnd aus der Gemeinde bestimmt. Hinzu kamen verschiedene Gemeindeämter: zwei Fleischschätzer, zwei Brotbeschauer, zwei Mühlbeschütter und zwei Feuerschauer. Eine Taxordnung für Schreiberleistungen erstellte die Gemeinde 1614, und im Jahr darauf wird erstmals ein Gerichtsschreiber erwähnt. Ein Sennfelder Gerichtssiegel, das im gespaltenen Schild die Wappen der beiden Grundherrschaften von Adelsheim und Rüdt von Collenberg zeigt, ist freilich erst seit 1811 belegt. Die Gemeinde Sennfeld war an der Nutzungsgemeinschaft des Waidachswaldes beteiligt und war im Besitz einer eigenen Mühle am Ort, die sie allerdings 1640 um 1800 fl mit allen Zugehörungen an die von Berlichingen verkaufte.

Kirche und Schule. – Ursprünglich zählte Sennfeld zum Sprengel der unter Amorbacher Patronat stehenden Pfarrei Roigheim, als deren Filialort es bereits 1301 genannt wird. Eine auf dem Altar Johannes des Täufers und anderer Heiligen in der hiesigen Kirche (*ecclesia seu capella*) errichtete Frühmesse wurde 1363 durch den Würzburger Bischof Albrecht von Hohenlohe bestätigt. 1422 schließlich erfolgte die Trennung Sennfelds von der Mutterkirche und die Erhebung der Frühmesse zur eigenen Pfarrei, deren Kollatur wiederum dem Abt von Amorbach zustand. Um die Mitte des 16. Jh. hat die Ortsherrschaft das luth. Bekenntnis eingeführt. 1803 wurden die in Sennfeld ansässigen Katholiken ex caritate von Osterburken aus versehen.

Die Dorfkirche, ein Saalbau mit Westchorturm, trägt eine Bauinschrift von 1615. In ihrem Inneren finden sich eine schöne steinerne Kanzel von 1617, geschaffen von dem Würzburger Peter Kern, sowie mehrere bemerkenswerte Grabmäler aus dem Familien- und Verwandtenkreis der dem ritterschaftlichen Adel zugehörigen Ortsherren. 1774 wurde in Sennfeld ein neues Pfarrhaus errichtet.

Die Besoldung des Pfarrers bestand um 1740 aus insgesamt 20 Mltr Fruchtgülten von beiden Herrschaften sowie aus Geflügel und Geldzinsen von einem Gütlein zu Leibenstadt; hinzu kamen 25 fl vom Heiligengut, von der Gemeinde und aufgrund anderer Berechtigungen, und schließlich gehörten dem Pfarrer 6 M Äcker und 8½ M Wiesen.

Am großen Zehnt waren im 14. Jh. das Kloster Amorbach, die Cappler von Oedheim und die von Berlichingen zu je einem Drittel beteiligt; die Anteile der beiden zuletzt genannten Dezimatoren waren Lehen des Hochstifts Würzburg. Das Amorbacher Drittel gelangte 1538 durch Tausch an die von Adelsheim. Der Cappler'sche Anteil war spätestens seit dem 16. Jh. im Besitz der von Stetten und nach 1800 im Besitz des Großherzogtums Baden; das Berlichingen'sche Drittel hat den Besitzer offenbar nie gewechselt. Vom kleinen Zehnt gehörten 1659 zwei Drittel zum Stettheimer Hofgut, und das restliche Drittel stand dem Pfarrer von Roigheim zu.

Eine Schule wurde in Sennfeld wohl schon bald nach der Reformation eingerichtet, jedoch findet ein Schuldiener erst 1615 Erwähnung. 1727 setzte sich die Lehrerbesoldung zusammen aus einer Dinkelabgabe, die jeder Bürger jährlich zu leisten hatte, aus Getreidegülten von den verschiedenen Fluren, Geldzinsen von Wiesen und Gärten, einem von jedem Schulkind pro Quartal zu entrichtenden Schulgeld in Höhe von 10 xr (jährlich etwa 20 fl), einem von einem Fräulein von Adelsheim gestifteten Guldenzins, Einkünften von Hochzeiten, Begräbnissen und Kindtaufen sowie aus dem Genuß eines Bürgerrechts und freier Wohnung. Die Kinder wurden mit sechs Jahren schulpflichtig. Während der Wintermonate war täglich vormittags und nachmittags Unterricht, während in den Sommermonaten mit Rücksicht auf die Bedürfnisse der Feldarbeit Sonderregelungen galten. Bei Schulversäumnissen aus Nachlässigkeit wurde den Eltern eine Geldstrafe auferlegt, die dann zum Besten der Schule verwendet wurde.

Bevölkerung und Wirtschaft. – Zu Beginn des 17. Jh. (1615) belief sich die Zahl der Einwohner von Sennfeld auf 111 schatzungspflichtige Untertanen, mithin rund 500 Seelen; 1640 wurden dagegen nur mehr 25 Haushaltungen gezählt, d.h. die Bevölkerungszahl war kriegsbedingt innerhalb weniger Jahre um nahezu 80 % gesunken. Gegen Ende des Jahrhunderts hatte sich dieser Bestand wieder verdreifacht (79), und 1727 war der alte Stand wieder erreicht (110 Untertanen). Die Bewohner des Dorfes waren zum überwiegenden Teil leibeigen, und 1398 gab es unter ihnen auch Königsleute, die dem Pfalzgrafen zins- und dienstpflichtig waren.

Juden lassen sich in Sennfeld seit dem 17. Jh. nachweisen. 1731, als die Ortsherrschaft ihnen den Bau einer Judenschule bewilligte, waren es zehn Familien.

Ihren Lebensunterhalt verdienten die Bewohner Sennfelds in der Landwirtschaft. In den seit dem 17. Jh. bezeugten Fluren Rohnstock (im N der Gemarkung), Birkig (O) und Acker- oder Mittelberg (W) bauten sie die landesüblichen Feldfrüchte, daneben in bescheidenem Umfang auch Wein; zu Beginn des 18. Jh. gab es Weingärten am Berglesrain, an der Simonshalde, an der Buchklinge, in der Lache und am Kelterberg. Die Viehhaltung wurde 1611 mit Rücksicht auf den Waldbestand dahingehend geregelt, daß alle Einwohner, die sich eine Kuh leisten konnten, keine Ziegen halten durften, und wer eine Geiß hatte – mehr als eine pro Haushalt war nicht erlaubt –, durfte diese nicht zur Weide treiben, sondern mußte sie mit Rücksicht auf den örtlichen Baumbestand im Stall füttern. Jeder der beiden Ortsherren hatte das Recht, in Sennfeld eine Schäferei zu unterhalten.

Von den beiden Mühlen zu Sennfeld war die obere, die Schloßmühle, von jeher herrschaftlich, gehörte zunächst denen von Berlichingen, seit 1754 den Rüdt von Collenberg. Sie hatte zwei Mahlgänge und einen Gerbgang und war Bannmühle für die benachbarten Siedlungen Korb und Hagenbach. Die untere Mühle, Bannmühle für Sennfeld, war mit drei Mahlgängen und einem Gerbgang ausgestattet; bis 1640 war sie Gemeindeeigentum und gelangte im erwähnten Jahr durch Kauf an die von Berlichingen, später an die Rüdt von Collenberg.

Im 18. Jh. bestanden in Sennfeld zwei Eisenhämmer, deren einer, der sog. obere Hammer (mit Schmelzwerk), von dem ein detailliertes Inventar aus dem Jahre 1773 überliefert ist, vielleicht schon in älterer Zeit gegründet worden war; seine Lage ist zwar nicht mehr bekannt, jedoch darf man annehmen, daß er rechts der Seckach, nicht weit vom Schloß, zu lokalisieren ist. Der untere Hammer, das heutige Sägewerk, wurde 1769 im Auftrag des Freiherrn Meinhard Friedrich Franz Rüdt von Collenberg errichtet, erwies sich jedoch in den folgenden Jahren als wenig rentabel und wurde, nachdem man seinen Betrieb bereits 1846 eingestellt hatte,1861 in eine Schneidmühle umgebaut. Beide Eisenwerke waren Eigentum der Rüden, wurden jedoch nicht in Eigenwirtschaft, sondern in Pacht betrieben. Zur Verarbeitung kam Bohnerz, das in Gruben auf Leibenstadter und Mittelschefflenzer Gemarkung gewonnen wurde.

Bereits in der Dorfordnung von 1559 wird das von der Herrschaft konzessionierte Linden-Wirtshaus erwähnt, neben dem es im Dorf noch verschiedene Gassen- bzw. Strauß- oder Heckenwirtschaften gab. 1673 wurde die den Kondomini gemeinsam zustehende Schildwirtschaft vom Schmied betrieben.

Quellen und Literatur

Adelsheim

Quellen, gedr.: *Bendel.* – *Chmel.* – DI 8. – *Gudenus* CD 3. – *Krebs*, Amorbach. – *Krebs*, Weistümer. – Lehnb. Wertheim. – Lehnb. Würzburg 1 und 2. – ORh Stadtrechte S. 618–677. – R Adelsheim. – REM 1 und 2. – R Hohenlohe. – R Katzenelnbogen. – RPR 1 und 2. – R Wertheim. – R Würzburg. – UB Fulda. – UB Hohenlohe 1–3. – UB MOS. – WF 4, 1856/58; 8, 1868/70. – WUB 3–5, 10. – ZGO 7, 1857; 12, 1861; 15, 1863; 22, 1869; 24, 1872; 32, 1880; 37, 1884; 38, 1885; 46, 1892.

Ungedr.: FLA Amorbach, U Amorbach; Repertorium Rand; Amorbacher Jurisdiktionalb. 1656; Seligentaler Zins-, Gült- und Lagerb. 1699; Pläne XII,18. – FrhBA Jagsthausen, Kopb. Merchingen 1595; I/60; II/1; VI/18. – FrhRA Hainstadt U. – GLA Karlsruhe J/H Adelsheim 1–1a, Hergenstadt 1–1a; 43/Sp. 1, Sp. 9; 44 von Adelsheim; 66/11670a, 11790; 67/287, 1057, 1058, 1663; 69 Rüdt von Collenberg U; 229/308–397; 234/9502. – HZA Neuenstein, Weinsberg J5, L159. – StA Würzburg, Mainzer Ingrb. 10, 37, 40; Mainzer Lehnb. 1–5; Mainzer Bü. versch. Inh. 10; Würzburger Lehnb. 36, 37; Lehnsachen 5686.

Allg. Literatur: *Alberti* 1. – *Becke-Klüchtzner* S. 28–31. – *Biedermann* Tfl. 180–201. – *Eichhorn*, Kirchenorganisation. – *Gropp.* – *Hattstein* 3 S. 1–10. – *Hahn* S. 376f. – HHS S. 7. – *Hundsnurscher/Taddey* S. 33–35. – KDB IV,3 S. 151–169. – *Keyser* S. 43–44. – *Koch.* – *Krieger* TWB 1 S. 16–19, 942, 2 Sp. 971, 1419. – LBW 5 S. 253f. – *Matzat*, Studien. – *Matzat*, Zenten. – *Möller* NF 1 S. 18–21. – *Müller*, Dorfkirchen S. 19. – *Neumaier*, Reformation. – *Oechsler/Sauer.* – *Rommel*, Seligental. – *Rommel*, Wohnstätten. – *Schäfer.* – *Schuster* S. 377f. – *Stetten.* – *Wagner* S. 428. – *Wolfert.*

Ortsliteratur: *Schönhuth*, Otmar F. H., Die Freiherren von Adelsheim. In: WF 5, 1851 S. 19–38 und 101–111. – *Weiß*, John Gustav, Aus der Geschichte eines fränkischen Städtchens (Adelsheim). In: ZGO 42, 1888 S. 206–227. – *Weiß*, John Gustav, Die Jakobskirche in Adelsheim. In: ZGO 43, 1889 S. 248–250. – *Graef*, Gottlieb, Instruktion für den Präceptor und Organisten Severinus Merz in Adelsheim aus dem Jahre 1706. In: Mitteilungen der Gesellschaft für deutsche Erziehungs- und Schulgeschichte 5, 1893 S. 55–58. – *Graef*, Gottlieb, Die ev. Stadtkirche in Adelsheim. In: Glaube und Heimat. Ev. Gemeindebote für Adelsheim 1917/18 Nr. 3–9. – *Graef*, Gottlieb, Die Ortslinde in Adelsheim. In: Mein Heimatland 6, 1919 S. 52–56. – *Graef*, Gottlieb, Das Kirchenpatronat in Adelsheim. In: FBll 2, 1919 Nr. 4. – *Graef*, Gottlieb, Die Adelsheimer Schutzjuden. In: FBll 2, 1919 Nr. 5. – *Graef*, Gottlieb, Adelsheimer Schulwesen. In: FBll 3, 1920 Nr. 2. – *Graef*, Gottlieb, Die Flurnamen von Adelsheim. In: FBll 4, 1921 Nr. 3–4. – *Graef*, Gottlieb, Straßen, Gassen und Wege von Adelsheim. In: FBll 4, 1921 Nr. 8. – *Graef*, Gottlieb, Der Ortsname Adelsheim. In: FBll 5, 1922 Nr. 4. – *Graef*, Gottlieb, Das Adelsheimer Seestadtviertel.

In: FBll 6, 1923 Nr. 1. – *Graef*, Gottlieb, Ursprung und Anlage der Stadt Adelsheim. In: FBll 6, 1923 Nr. 2–3. – *Graef*, Gottlieb, Die Befestigung der Stadt Adelsheim. In: FBll 6, 1923 Nr. 4–5. – *Graef*, Gottlieb, Die herrschaftliche Burg in Adelsheim. In: FBll 6, 1923 Nr. 7. – *Graef*, Gottlieb, Adelsheim im Dreißigjährigen Krieg. In: FBll 7, 1924 Nr. 2. – *Graef*, Gottlieb, Bauern-Aufruhr ⟨1848⟩. In: FBll 7, 1924 Nr. 4–6. – *Graef*, Gottlieb, Adelsheim im badischen Frankenland. Adelsheim 1926. – *Weiß*, Ernst ⟨vielmehr John Gustav⟩, Adelsheim im Wandel der Zeiten. ZwNuM 11. Buchen 1927. – *Graef*, Gottlieb, Die Skulpturen von St. Jakob in Adelsheim. In: FBll 14, 1927 S. 166–176. – *Mangold*, Hans, Die Mundart von Adelsheim. Diss. phil. Heidelberg 1930. – *Graef*, Gottlieb, Adelsheim in Sage, Kunst und Geschichte. In: Bad. Heimat 20, 1933 S. 177–188. – *Graef*, Gottlieb, Heimatbilder aus der Geschichte der Stadt Adelsheim im badischen Frankenland. Karlsruhe 1939. – *Heimberger*, Heiner, Zur Instandsetzung der Jakobskirche in Adelsheim. In: Nachrichtenblatt der Denkmalpflege in BW 1, 1958 S. 93–95. – *Litsch*, Robert, Das »Schlösschen« in Adelsheim. In: Bad. Heimat 38, 1958 S. 240–244. – *Heimberger*, Heiner, Zur Instandsetzung des Rathauses und der Ev. Stadtkirche in Adelsheim. In: Nachrichtenblatt der Denkmalpflege in BW 9, 1966 S. 51–54. – *Graef*, Gottlieb, Heimatbilder aus der Geschichte der Stadt Adelsheim. Überarbeitung und Ergänzung der 1. Aufl. durch Heiner *Heimberger*, Adelsheim 1969. – *Schneider*, Gerhard, Adelsheimer Miniaturen. In: Bad. Heimat 60, 1980 S. 41–49. – 1200 Jahre Adelsheim 779–1979. Adelsheim 1979. – *Schneider*, Gerhard, Adelsheim im 19. Jahrhundert. In: WF 65, 1981 S. 211–239. – *Andermann*, Kurt, »...eine große und vornehme Familie.« Die von Adelsheim im späten Mittelalter und in der frühen Neuzeit. In: Wartturm 31, 1990 Nr. 1. – *Himmelein*, Volker, Adeliges Selbstverständnis im Wandel der Zeit. Die Jakobskirche zu Adelsheim und ihre Grabsteine. In: Wartturm 31, 1990 Nr. 1.
Erstnennungen: ON 779 (UB Fulda Nr. 86), Stadt 1347 (Lehnb. Würzburg 2 Nr. 550) 1374 (R Adelsheim Nr. 35), Niederadel 1303/17 (Lehnb. Würzburg 1 Nr. 518), Pfarrei 1303 (R Adelsheim Nr. 14), Patrozinien Jakob 14./15. Jh.? (*Oechsler/Sauer* S. 206) ULF 1395 (R Adelsheim Nr. 48) Andreas 15. Jh. (*Bendel* Nr. 588) Trinitatis um 1625 (GLA 229/367), Hergenstadt 1469/72 (*Krieger* 1 Sp. 942), Wemmershof 1273 (*Gudenus* CD 3 S. 692).

Leibenstadt

Quellen, gedr.: DI 8. – Lehnb. Würzburg 1. – R Adelsheim. – UB MOS. – *Weech*, Reißbuch. – WUB 10 und 11. – ZGO 46,1892; 59, 1905.
Ungedr.: FLA Amorbach, U Amorbach; Repertorium Rand; Seligentaler Zins-, Gült- und Lagerb. 1699. – FrhBA Jagsthausen, Lagerb. 1532. – GLA Karlsruhe J/H Leibenstadt 1–1a, Tolnayshof 1; 44 von Adelsheim; 66/8011; 67/1057, 1663; 229/333, 59350–361, 96937. – StA Würzburg, Mainzer Bü. versch. Inh. 10; Lehnsachen 92 IV.
Allg. Literatur: KDB IV,3 S. 178. – *Krieger* TWB 2 Sp. 44, 1193. – LBW 5 S. 254f. – *Möller* 1. – *Müller*, Dorfkirchen S. 51. – *Neumaier*, Reformation. – *Rommel*, Seligental. – *Rommel*, Wohnstätten. – *Schäfer*. – *Stocker* 2. – *Wagner* S. 430.
Ortsliteratur: Zur Geschichte des Tolnayshofes Bez.Amt Adelsheim, nach amtlichen Quellen. In: Zeitschrift für badische Verwaltung 1883 Nr. 21. – *Welte*, Adolf, Zur Schulgeschichte des Tolnayshofes. In: Bad. Schulzeitung 36, 1896 S. 128f. und 140f. – *Graef*, Gottlieb, Der Tolnayshof. In: FBll 5, 1922 Nr. 7. – *Häffner*, August, Der Dollishof. Geschichte eines aufgelösten Dorfes. Schöckingen (Selbstverlag) 1970. – *Reutti*, Fridolin, Ein Wachposten am obergermanischen Limes. In: Archäologische Nachrichten aus Baden 1977, 18 S. 26–30.
Erstnennungen: ON 1293 (WUB 10 Nr. 4400), Niederadel 1366 (UB MOS Nr. 151).

Sennfeld

Quellen, gedr.: *Bendel*. – CH. – DI 8. – *Gudenus* CD 3. – Lehnb. Würzburg 1 und 2. – ORh Stadtrechte. – R Adelsheim. – RPR 1. – R Würzburg. – UB Hohenlohe 1–3. – *Weech*, Reißbuch. – WR. – WUB 2. – ZGO 32, 1880; 46, 1892; 60, 1906.
Ungedr.: FLA Amorbach, U Amorbach; Repertorium Rand; Amorbacher Urbar 1395; Seligentaler Zins-, Gült- und Lagerb. 1699. – FrhBA Jagsthausen VI/18. – GLA Karlsruhe J/H Sennfeld 1–1a; 43/Sp. 50b, Sp. 234; 44 von Adelsheim, von Berlichingen; 66/8013, 11822;

69 Rüdt von Collenberg U399, U401, Akten; 229/314, 318, 96925–948; 234/9502. – StA Würzburg, Mainzer Bü. versch. Inh. 10; Würzburger Lehnb. 36.
Allg. Literatur: *Ehrensberger.* – *Hahn* S. 377 f. – *Heimberger*, Eisenhütten. – *Heimberger*, Schlösser. – *Hundsnurscher/Taddey.* – KDB IV,3 S. 201–206. – *Krieger* TWB 2 Sp. 982. – LBW 5 S. 255. – *Matzat*, Studien. – *Müller*, Dorfkirchen S. 68. – *Neumaier*, Reformation. – *Rommel*, Seligental. – *Schäfer.* – *Schuster* S. 377. – *Wagner* S. 444.

Erstnennungen: ON um 1100 (CH S. 45), Adel Anf. 12. Jh. (CH S. 29), Pfarrei 1301 (FLA Amorbach, U Amorbach 1301 Jan. 2).

Aglasterhausen

2285 ha Gemeindegebiet, 3739 Einwohner

Wappen: In Silber (Weiß) auf grünem Schildfuß zwischen zwei grünen Pappeln mit schwarzem Stamm ein rotes Haus, auf dessen Dach eine schwarze Elster sitzt. – Das Wappenbild begegnet in ähnlicher Form bereits im Gerichtssiegel aus der 2. H. 18. Jh. und ist »redend« für den Ortsnamen, der als »Elsterhausen« gedeutet wird (von althochdeutsch agilastra = Elster, Krähe). Das Wappen wurde im Jahre 1900 gestaltet, seine Farben jedoch erst 1961 vollständig festgelegt und die Flagge am 7. 6. 1962 vom Innenministerium verliehen. – Flagge: Rot-Weiß (Rot-Silber).

Gemarkungen: Aglasterhausen (870 ha, 2330 E.) mit Neumühle, Steinzeugwarenfabrik (Tongrube), Weilermühle; Breitenbronn.

A. Natur- und Kulturlandschaft

Naturraum und Landschaftsbild. – Das Gemeindegebiet von Aglasterhausen, das sich aus vier Gemarkungen zusammensetzt, liegt im Grenzbereich von Kleinem Odenwald und nordöstlichem Kraichgau. Während das Landschaftsbild nördlich Michelbach (243 m) schon vom Buntsandstein des Kleinen Odenwalds geprägt ist, zeichnen sich die Gemarkungsflächen des Hauptorts Aglasterhausen (199 m NN), von Daudenzell (212 m NN) und Breitenbronn (232 m NN) durch die ausstreichende Schichtenfolge des Muschelkalks und die zu großen Teilen für den Kraichgau typische Lößbedeckung aus.

Der Muschelkalk stößt von S auf das Gemeindegebiet vor und endet, indem seine jeweils härteren Folgen über weicheren Gesteinen Stufen bilden. Im östlichen Gemeindegebiet streicht auf diese Art das gesamte Schichtpaket vom jüngsten und damit gleichzeitig topographisch höchstgelegenen Stufenbildner dieser Gegend, dem Trochitenkalk, über die Folge des Mittleren und Unteren Muschelkalks bis zum obersten Buntsandstein nach NW hin aus. Durch die topographische Hochlage dieser Stufe wird das Gemeindegebiet gegen den Neckar hin abgeschlossen, dessen Flußschlinge bei Binau nahe an die Gemarkungsgrenze von Breitenbronn heranreicht.

Östlich Daudenzell reicht das Gemeindegebiet mit dem Honigwald bis auf den nördlichen Ausläufer der Trochitenkalkstufe (295 m NN) und zum großen Haag (290 m NN) mit dem Mittleren Muschelkalk empor, der keine Stufe bildet. Nur wenig tiefer liegend, ragen die Sporne der von meist mächtigen Lößdecken überzogenen Wellenkalkschichtfläche nach N und W, die von Asbach und Breitenbach sowie ihren tributären episodischen und periodischen Zuflüssen stark aufgelöst werden. Mit dem Ehlenberg (238 m NN) und dem Hungerberg (240 m NN) im S des Gemeindegebiets, dem Rücken zur Wacht (246 m NN) bei Daudenzell und einer Talschichtstufe mit undeutlichen Gesimsen und Terrassen an der östlichen Talflanke des Breitenbachtals endet zunächst das Gebiet des Wellenkalks.

Das vom Honigwald hinunter nach Daudenzell laufende langgestreckte, nur randlich durch kurze, steile Dellen gegliederte Seitental hat die Form eines für die Lößlandschaft typischen Muldentals, dessen Flanken intensiv ackerbaulich genutzt werden. Nördlich davon erstreckt sich auf stärker verlehmten Flächen der Große Wald. Seine Lößlehmbedeckung leitet sanft vom Wellendolomit auf den Wengertsberg und den fingerartig nach

NW vorgeschobenen Hölden (263 m NN) über. Kleine Buchten bildend, streicht vom Hölden bis zum nordöstlichen Seewald der Untere und Obere Muschelkalk in nördlichen Richtungen auf dem Rötton, der jüngsten Fazies des Oberen Buntsandsteins, aus. Die Stufenfirste selbst treten nicht durch Kanten in Erscheinung. Vielmehr führen hier die in die harten Gesteine des Trochitenkalks zwischengeschachtelteten Mergellagen, die weichen Folgen des Mittleren Muschelkalks sowie die Lößdecken der Terrassen, die zur jeweils nächsten Stufe überleiten, bestenfalls zu Walmschichtstufen. Merkelwald und Seewald, die die Stufenhänge bewachsen, sowie das nur gering mit Löß bedeckte Waldgebiet Katzenbacher Forlen, dem bereits die Röttone unterlagern, umschließen Breitenbronn und die auf Wellenkalk angelegten Wiesen und Äcker rund um den Honigsberg (254 m NN). Nur nach N bleibt durch die ackerbauliche Nutzung des Geländes der offene Landschaftscharakter des Kraichgaus erhalten.

Aufgrund der mit 1–2° Neigung nach N heraussteigenden Schichten erodiert der Breitenbach, obgleich er sich nicht wesentlich tiefer eingeschnitten hat als der Asbach, bereits die Röttone, die bis zum Bubengrund und südwestlich Breitenbronn den Hangfuß der östlichen Talflanke aufbauen. Die andere Talseite wird von südöstlich auf den Vorfluter ausgerichteten, zueinander parallelen Löß- und Lößlehmzungen gebildet, die vom Elendberg (241 m NN) und dem bewaldeten Falchengrund (250 m NN) herabziehen. Sie überdecken eine bedeutende variszisch streichende Verwerfung, die das Gemeindegebiet von NO her, nördlich an Breitenbronn vorbei, dann südlich des alten Ortskerns von Aglasterhausen (199 m NN) über den Schloßbuckel hinweg und an der Weilermühle vorbei nach SW durchzieht. Sie verwirft das nördlich von ihr gelegene Gebiet um ca. 60 m gegen das südliche. Dadurch wird das Gemeindegebiet nordwestlich dieser Naht bis zum Hohen Rain (245 m NN), zu den Rohräckern und dem Gewann Im Bild (266 m NN) nordnordwestlich Breitenbronn noch einmal von den Schichten des Muschelkalks gebildet, der eigentlich schon am Ehlenberg (239 m NN) südlich Aglasterhausen eine Stufe bildet mit dem Wellendolomit ausstreicht und dem Oberen Buntsandstein, den Röttonen und dem Plattensandstein, das Feld überläßt. Sicherlich geht die Anlage des Breitenbachtals und des Schwarzbachtals südwestlich Aglasterhausen auf diese tektonische Linie zurück.

Schwarzbach im W und Rittersbach im O, die beide von N kommend am südwestlichen Ortsende von Aglasterhausen zusammenfließen, schließen den Geren (224 m NN) ein, einen flachen, sich etwa 20 m über die beiden Tälchen erhebenden Sporn. Unter seinen mehrere Meter mächtigen Löß- und Lößlehmdecken lagern die vermutlich plio- bis pleistozänen »Aglasterhausener Tone«, von deren Abbau die Reste der alten Grube an der Gemarkungsgrenze zu Unterschwarzach erinnern.

Die zum Teil bewaldete Höhe des Hohen Rain (245 m NN) westlich von Aglasterhausen bildet den am weitesten vorgeschobenen Ausläufer des Wellenkalks zwischen Forellenbach und Schwarzbach. Von ihm aus bietet sich ein guter Überblick auf die Tälchen im S und O, die sich alle, auch die größeren mit perennierendem Abfluß durch ihre Muldenform auszeichnen. Sie resultiert aus pleistozänen und holozänen Abtragungsprozessen, die eine intensive Umlagerung besonders des äolisch antransportierten schluffigen Materials bewirkten. Das führte zunächst zu mächtigen Talverschüttungen, die im Falle des Schwarzbachs nachweislich ca. 14 m betragen. Gleichzeitig wurden besonders mehr oder weniger meridional gerichtete Abflüsse wie Forellenbach, Schwarzbach und Breitenbach an den östlichen Talhang verdrängt. Dadurch zeigen hier die Hänge auf großen Talstrecken das Anstehende und fallen eher konvex zur Talsohle ein.

Die oft mächtige Lößdecke, auf der sich überwiegend Parabraunerden entwickelt haben, bietet der Landwirtschaft sehr gute Anbaubedingungen, weshalb diese Flächen intensiv ackerbaulich genutzt werden. Große blockartige Parzellen, die meist erst aus den Flurbereinigungsmaßnahmen der jüngeren Vergangenheit hervorgegangen sind, werden durch ein modernes Feldwegenetz erschlossen. Nur in Bereichen eines ungünstigeren Reliefs, beispielsweise in den Schichtstufenbereichen am Honigwald im O, oder im Großen Wald nordöstlich von Daudenzell, wo die Lösse stärker verlehmt sind, oder die Lößauflage dünn ist, treten inselartig Laubmischwaldgehölze auf, in die sich erst in jüngerer Zeit auch vereinzelt Fichten gemischt haben.

Bis zum Ort Michelbach weist die intensive ackerbauliche Nutzung beiderseits des Forellenbachs noch auf die landschaftsgestaltende Wirkung des Lösses hin, der bedeutend zur Fruchtbarkeit der hier liegenden und zum Buntsandstein-Odenwald überleitenden Röttone beiträgt. Die Grenze des Röts zum unfruchtbaren Plattensandstein, die durch eine geomorphologisch kaum in Erscheinung tretende Verwerfung gebildet wird, die vom Löchel (ca. 300 m NN) im SW und wenig nördlich des Ortskerns von Michelbach vorbei zur Stahlhecke (ca. 300 m NN) im NO zieht, spiegelt sich in der veränderten Talform des Forellenbachs, der sein Muldental mit einem steilen Kerbtal vertauscht, sowie in einer drastischen Änderung des Bewuchses und der Nutzung. Hier beginnt die einzige größere zusammenhängende Waldfläche, ein Teil des übergeordneten Stüber-Zent-Walds, der bereits zum Kleinen Odenwald zu rechnen ist. Hier im Gebiet des Plattensandsteins, das bei abnehmender Feinmaterialüberdeckung nach N rasch auf 402 m NN, den höchsten Punkt der Gemeindefläche, ansteigt, löst Forstwirtschaft die im Kraichgau dominierende Landwirtschaft ab. Das Feldwegenetz, das jede Parzelle zur landwirtschaftlichen Nutzung erreichbar macht, wird von dem weiter gespannten Forstwegenetz des Waldgebirges abgelöst, dessen Verlauf auch durch die stärkere Reliefierung bestimmt ist.

Siedlungsbild. – Der Hauptort Aglasterhausen, der im nordöstlichen Kraichgauer Hügelland zentralörtliche Aufgaben für sein näheres Umland im Grenzbereich zum Kleinen Odenwald erfüllt, liegt mit seinem Siedlungskern in einer flachen Talweitung des Schwarzbachs nahe der Einmündung von Asbach und Rittersbach bei der Neumühle. Schwarzbach und Asbach begrenzen im NW und S die alte Bebauung der schon im vorigen Jahrhundert ausgedehnten und unregelmäßig gestalteten Marktsiedlung. Ihre Hauptsiedlungsachse ist dabei der von NW nach SO an den zwischen Schwarzbach, Rittersbach und Asbach aufragenden Hügeln im Wellengebirge entlangziehende Straßenzug von Hauptstraße und Mosbacher Straße. Am Ausgang des Rittersbachtälchens in die weite Talmulde von Schwarzbach und Asbach entwickelte sich im mittleren Ortsbereich zwischen der Abzweigung der Breitenbronner Straße von der auf kurzer Strecke ostwärts verlaufenden, dann wieder südostwärts ziehenden Hauptstraße und der etwa in Südrichtung von ihr wegstrebenden Bahnhofstraße ein haufendorfartiger *Siedlungskern* mit dichter und teils verschachtelter Bebauung. Die Untere Straße im W und die Hauptstraße im O, zwischen denen die Entengasse einen schmalen Verbindungsweg bildet, begrenzen diesen abseits der Hauptstraße noch durchaus bäuerlich geprägten Haufendorfkern. Die Hauptstraße und die Mosbacher Straße weisen als die eigentlichen Geschäftsstraßen des Ortes heute eine recht unterschiedliche Mischbebauung auf. Neben bäuerlichen Anwesen oder zu Wohnzwecken umgebauten einstigen Bauernhäusern und einigen älteren Gaststätten, teilweise noch in Verbindung mit Landwirtschaft, fallen an der Stelle ehemaliger Gehöfte erst in der Nachkriegszeit entstandene oder ganz junge Geschäftshäuser auf, wie z. B. das Gebäude einer Zweigstelle der Mosbacher Volksbank (Ecke Hauptstr./Breitenbronner Str.) oder ein großer Supermarkt und eine Apotheke an der Mosbacher Straße. Neben Kaufläden für den täglichen Bedarf, wie Lebensmittelläden, Bäckereien und Metzgereien, sind es dann aber Textil- und Schuhgeschäfte sowie Kaufstätten des höheren Bedarfs, wie Elektrogeschäfte, ein Pelzhaus, ein Geschäft für Uhren, Schmuck und Bestecke, ferner Dienstleistungsunternehmen wie eine Rechtsanwaltskanzlei, die der Hauptsiedlungsachse im alten Ort eine Bedeutung als Geschäftszone mit zentralörtlichen Aufgaben auch für das Umland verleihen.

Der architektonisch herausgehobene Mittelpunkt des alten Dorfes schart sich um die ev. Pfarrkirche mit einem leicht erhöht liegenden Kirchhof an der Abzweigung der Bahnhof- von der Haupt- und Mosbacher Straße. Das 1986 neu verputzte Gotteshaus besteht aus drei Hauptteilen: Einem hohen und geosteten Westschiff, einem rechtwinklig dazu erbauten zweiten Kirchenschiff, beide verbunden durch den Glockenturm. Es ist eine für die ehemalige Kurpfalz bezeichnende Simultankirche, in der bis zum Bau der neuen katholischen Pfarrkirche beide großen Konfessionen ihre Gottesdienste feierten. Im Untergeschoß des Turms ist ein gotischer Eingang mit Spitzbogentür sichtbar. Im übrigen ist das Bauwerk barockisiert, und sein schiefergedeckter Turmabschluß in Gestalt einer geschlossenen Laterne über der Schallstube prägt entscheidend die Dorfsilhouette. Südlich der Kirche öffnet sich der 1986 neu gestaltete Ortsplatz, dessen Südseite ein hohes zweigeschossiges Gebäude mit Halbwalmdach und Sirene beherrscht. Ein mächtiges Untergeschoß und hohe Fenster mit Buntsandsteineinfassungen bestimmen das äußere Bild dieses Hauses der Gemeindeverwaltung, an das an der südlichen Längsfront eine moderne Erweiterung mit der Rotkreuzstation und Garagen für die Kranken- und Rettungsfahrzeuge angebaut ist.

Eine *ältere Bebauung* findet sich entlang der Bahnhofstraße bis zur Asbachbrücke und dann im Bahnhofsbereich südlich der Ortsumgehung der B 292. Landwirtschaftliche Anwesen mit bäuerlichen Wirtschaftsgebäuden hinter den Wohnhäusern (z. B. Nr. 8 und 9) treten heute weitgehend in den Hintergrund. Das Straßenbild wird von einer äußerst dichten Mischbebauung mit einigen gewerblichen Betrieben und Geschäften geprägt, so daß vor allem die innere Bahnhofstraße noch dem innerörtlichen Geschäftsbereich zugerechnet werden kann. Ebenfalls alt bebaut ist im Anschluß an die nördliche Hauptstraße die innere Schießrainstraße. Bäuerliche Hausplätze mit trauf- und giebelständigen Gebäuden, darunter auch ein gestelztes Eindachhaus, bestimmen das Bild der Straße, die weiter nördlich in ein junges Neubaugebiet mit modernen Einfamilienhäusern am westexponierten Hang des Schwarzbachtals überleitet (Grubenstr., Am Geren, Im Hofacker). Alt ist ferner die überwiegend bäuerliche Bebauung an der inneren Breitenbronner Straße bis zu der großen Gärtnerei auf dem Talgrund des Rittersbachs im Flurstück Brühl. Gehöfte mit giebelständigen Wohnhäusern herrschen vor. Gegen den äußeren Bebauungsbereich zu fällt eine Durchmischung mit handwerklichen Betrieben wie einer Schmiede und einer Autolackiererei auf. Den Außenrand der Bebauung im NO bildet dann ein Getränkevertrieb und die moderne Produktionsstätte einer Elektronikfirma, die auch im westlichen Gewerbegebiet zwischen Helmstadter und Unterer Straße vertreten ist.

Umfangreiche, meist nur locker bebaute *Neubaugebiete* ließen das Dorf nach O, N und W wachsen. Die bauliche Ausdehnung nach O setzte östlich der Bahnhofstraße bis zur Mosbacher Straße (Eichmühlweg, Gartenweg, Turnhallenweg) beiderseits des Asbachs noch vor dem 1. Weltkrieg und in der Zwischenkriegszeit ein. Eine Mischbebauung prägt diesen Gewerbe-Wohn-Bereich, in dem an der Ecke Mosbacher Str./ Turnhallenweg eine neoklassizistische Turnhalle in der Nachbarschaft eines heute teils als Parkplatz genutzten Sportplatzes steht. Das östliche Neubaugebiet am südexponierten flachen Hang des Asbachtals wurde zwischen dem Adlerweg und dem Bereich östlich der Kleiststraße weitgehend bis 1958 und 1963 erschlossen und bebaut. Hangpa-

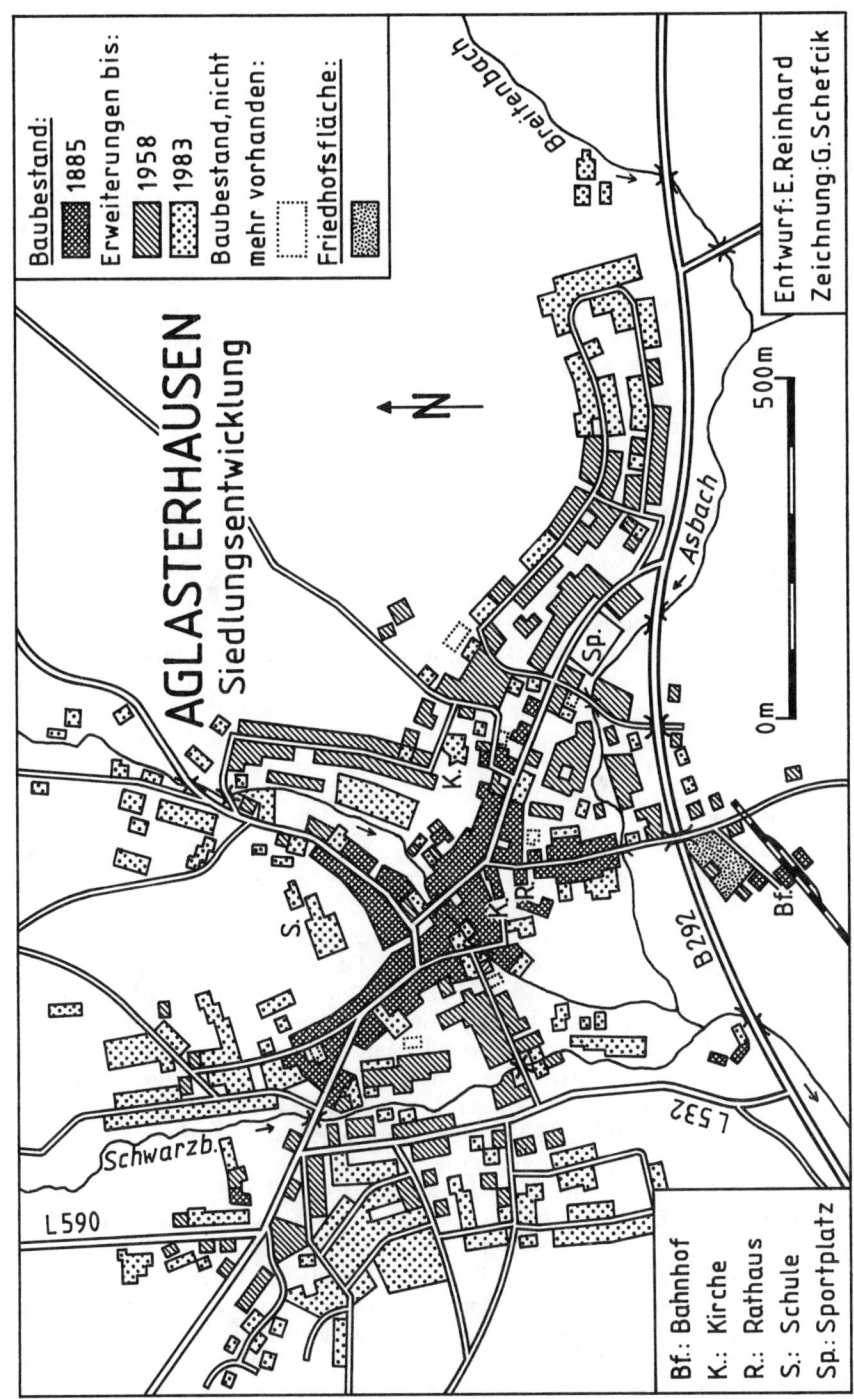

rallele, teils einförmige Ein- und zuweilen auch Zweifamilienhäuser in Vorgärten bestimmen dort das Bild der Ortserweiterung. Erst gegen den Ostrand zu sind die Einfamilienhäuser an Goethe- und Schillerstraße moderner und wurden zum Teil erst in den 1980er Jahren errichtet. Nach Dichtern benannte hangparallele und rechtwinklig dazu am Talhang hinaufführende Straßen formen das Grundrißnetz dieser großen östlichen Wachstumsspitze nördlich der Mosbacher Straße und B 292. An der oberen Uhlandstraße sticht aus der umgebenden Wohnbebauung ein Möbelgeschäft in einem kubischen Flachdachbau mit großflächigen Ausstellungsräumen hervor.

Am westexponierten Hang des Rittersbachtälchens entstand bereits nach der Jahrhundertmitte ein nördliches Neubaugebiet entlang der Ostlandstraße. Traufständige Giebeldachhäuser bestimmen dort das sehr einheitlich wirkende Straßenbild. Verbunden ist diese nördliche Siedlungserweiterung, die sich mit neueren Einfamilienhäusern heute bis ans rechte Bachufer ausdehnt, mit dem östlichen Neubaugebiet an der vom Adlerweg zuerst westwärts abzweigenden Ostlandstraße durch den markanten Neubau einer katholischen Pfarrkirche von 1964. Durch ihre Lage über dem alten Dorf und ihren hohen Glockenturm mit Schrägdach setzt diese moderne Backstein-Beton-Konstruktion auf unsymmetrischem Grundriß einen neuen, aus dem Ortsbild nicht mehr wegzudenkenden architektonischen Akzent. Die Höhe westlich des Rittersbachs trägt mit dem neuen Schulzentrum, einem zweigeschossigen Backsteinkomplex mit großen Fensterfronten und einer Turnhalle als Betonbauwerk, weitere, das Bild der Siedlung heute entscheidend beeinflussende größere Neubauten. Ein ausgedehntes und noch junges Neubaugebiet mit individuell gestalteten Einfamilienhäusern überzieht den sanft nach O abfallenden rechten Talhang des Schwarzbachs. Dort wurde im Anschluß an die ältere Mischbebauung mit Gewerbe-, Industriebetrieben und Wohnhäusern östlich der Helmstadter und an der Heidelberger Straße eine westliche Siedlungserweiterung mit hangparallelen und am Hang hinaufziehenden Neubaustraßen erschlossen. Einige wenige Häuser im unteren Hangbereich nahe der Heidelberger und Helmstadter Straße sowie an der unteren Buchwaldstraße wurden bald nach 1950 erbaut.

Der einzige, heute weit abseits des Dorfes zu findende Wohnplatz ist die nahe der Einmündung des Michelbachs in den Schwarzbach am Südrand der Gemarkung liegende *Weilermühle*.

Das kleine Dorf Breitenbronn im Grenzbereich von Kleinem Odenwald und Kraichgau liegt in dem nur flach eingeschnittenen Tal des Breitenbachs nordöstlich von Aglasterhausen. Hauptsiedlungsachse ist die etwa in N-S-Richtung verlaufende und den Breitenbach querende Dr.-Hillengaß-Straße, die im S an der Einmündung der Hausener Straße auf kurzer Strecke nach O umbiegt und wieder südwärts den aus Rötschichten und darüberlagerndem Wellengebirge aufgebauten linken Talhang erklimmt. Den *Ortskern* markieren nördlich des Bachlaufs an der Abzweigung der Neckarkatzenbacher Straße, die nordostwärts ins obere Breitenbachtal zieht, die ev. Kirche und das Rat- und Schulhaus von 1895.

Die Kirche unmittelbar nördlich der Straßengabelung steht erhöht am rechten Talhang über der Dr.-Hillengaß-Straße. Sie ist ein typischer Buntsandsteinbau des 19. Jh. in der Gestalt einer breiten Hallenkirche mit Giebeldach und Stützmauern zwischen den Fensterjochen mit jeweils zwei hell verglasten Rundbogenfenstern. Der im N angesetzte Glockenturm mit Spitzhelmdach geht im Kern auf den gotischen Vorgängerturm zurück. Das alte Rat- und Schulhaus an der inneren Neckarkatzenbacher Straße ist ein hellgrau verputzter zweigeschossiger Walmdachbau mit Fenster-, Türeinfassungen und der Eckquaderung aus Buntsandstein.

Die Dr.-Hillengaß-Straße weist bis an die Ortsränder eine überwiegend alte Bebauung auf. Zwischen der Abzweigung der Neckarkatzenbacher Straße und der Breitenbachbrücke überwiegen giebelständige Wohnhäuser, die zum Teil zu Gehöftanlagen gehören, teilweise aber auch an die Stelle älterer Gehöfte getreten sind. Im Ortszentrum fällt ein neugestalteter Dorfplatz mit modernem Trogbrunnen und Blumenbeeten auf. Unmittelbar südlich der Kirche steht das Gasthaus zum Löwen mit einem alten Gehöft. Südlich des Breitenbachs, wo an der nach Aglasterhausen führenden Hausener Straße weitgehend neu verputzte Gehöftanlagen das Aufrißbild prägen, reihen sich an der Dr.-Hillengaß-Straße alte landwirtschaftliche Bauten in Buntsandstein-Bruchsteinmauerwerk und Fachwerkbauweise mit ganz unterschiedlichen Grundrissen auf. Darunter befindet sich eine Eindachanlage mit zweigeschossigem Wohnteil und weit heruntergezogenem Schutzdach über dem Scheunentrakt (Nr. 49). Hervorstechend sind mehrere kleine Hofstellen von Arbeiterbauern oder Nebenerwerbslandwirten. Am stärksten gewandelt hat sich das Bild an der Dr.-Hillengaß-Straße nördlich der Kirche. An die Stelle älterer Häuser sind dort reinen Wohnzwecken dienende Neubauten getreten, oder die älteren, überwiegend aus Buntsandstein gemauerten landwirtschaftlichen Gebäude wurden zu Wohnhäusern umgebaut. Nr. 7 und 9 sind so zwei neue Wohngebäude anstelle eines einstigen Zweiseit- oder Winkelgehöfts. Auch an der Neckarkatzenbacher Straße wurden alte Hofstellen durch Wohnhäuser ersetzt. Neben dem Gasthaus zur Krone, bei dem sich ein Neubau auf rechtwinkligem Grundriß befindet, fallen größere Dreiseitgehöfte auf.

Am Hang südöstlich des alten Dorfes entwickelte sich ein für die kleine Siedlung beachtliches *Neubaugebiet*. Es setzt an der Häldenstraße ein, die von der südlichen Dr.-Hillengaß-Straße, wo anfangs noch ein größeres Winkelgehöft mit modernem Wohnhaus steht (Nr. 2), am Hang hinaufzieht. Bereits Häldenstraße 4 ist ein Einfamilienhaus der Nachkriegszeit. Die Bebauung mit individuell gestalteten Ein- und wenigen Zweifamilienhäusern ist locker und erstreckt sich auch auf die Ringstraße und die von der Häldenstraße etwa nordwärts am Talhang entlangführende Eierbergstraße. Im Talgrund darunter liegt der Sportplatz, an seinem Nordrand steht eine moderne Sporthalle aus weißen Klinkersteinen. Am Hang westlich der Ortsmitte wurden in jüngster Zeit ebenfalls einige Einfamilienhäuser errichtet.

Die wohl aus einer frühmittelalterlichen kirchlichen Gründung hervorgegangene Ortschaft Daudenzell ist ein typisches, heute noch weitgehend von der Landwirtschaft geprägtes Haufendorf im Asbachtal und an seinen lößbedeckten Hängen unmittelbar südöstlich von Aglasterhausen. Den *alten Ortsteil* bestimmen weitgehend große und gepflegte Dreiseithöfe aus Buntsandstein-Bruchsteinmauerwerk und Fachwerk. Sehr häufig stechen bei ihnen neu verputzte und renovierte Wohngebäude oder durch Neubauten ersetzte ältere Wohnteile hervor. Baulich heben sich zwei Siedlungsbereiche aus der unregelmäßig gestalteten ländlichen Siedlung heraus:

Im O der Rathausbereich an der Einmündung der Rathausstraße in die Hausener und Asbacher Straße, einen Straßenzug, der Aglasterhausen mit Asbach am rechtsseitigen Rand des Talbodens und am linken Talhang verbindet. Der an der die Talsohle querenden Rathausstraße traufseitig aufgereihte Bau der Gemeindeverwaltung ist zweigeschossig, trägt ein Halbwalmdach mit Sirene und ist an der östlichen Giebelseite mit einem Fresko mit Szenen aus der Geschichte des Dorfes verziert. Unmittelbar nördlich des Rathauses hat ein traufständig an der inneren Hausener Straße erbautes bäuerliches Fachwerkwohnhaus mit massivem Erdgeschoß aus Mauerwerk großen Einfluß auf das Ortsbild. Im Rathausbereich fallen dann zwei Gasthäuser auf, der »Deutsche Kaiser« an der inneren Asbacher Straße und der »Badische Hof« westlich des Rathauses an der

Abzweigung des Wasseräckerwegs von der Rathausstraße. Zusammen mit der vor ihm stehenden alten Linde und einem aus Buntsandstein gehauenen Trogbrunnen von 1888, dessen älterer Brunnenstock aus dem Jahr 1872 stammt, bewirkt er mit den umgebenden Bauernhöfen ein fast idyllisches ländliches Straßenbild.

Im W, am bereits ansteigenden linken Talhang, steht erhöht auf dem nach der Mitte des 19. Jh. in eine Anlage umgestalteten Kirchhof die barocke ev. Pfarrkirche von 1783 mit einem wegen seiner spätgotischen Deckenfresken im einstigen Chorturm kunstgeschichtlich bedeutsamen Glockenturm auf quadratischem Grundriß. Der massive und gedrungene Turm überragt nur mit seinem schiefergedeckten barocken Spitzhelmdach das hohe Giebeldach des Kirchensaals, der an der Südseite mit einem geschwungenen Barockgiebel abschließt. Am Westrand des einstigen Kirchhofs steht der Pfarrhof mit einem hohen dreigeschossigen Wohnhaus mit steilem Halbwalmdach und einem ursprünglich zugehörigen Wirtschaftsgebäude aus Bruchsteinmauerwerk.

Die *Siedlungsausbauten* seit der Währungsreform von 1948 bestanden über Jahrzehnte nur aus randlichen Erweiterungen mit Einzelbauten. Im W setzte die neue Schule südlich des Friedhofs einen bisher ungewohnten architektonischen Akzent. Das flachgiebelige und dreigeschossige Bauwerk an der äußeren Wasseräckerstraße, das von wenigen Wohnhaus-Neubauten umgeben ist, beeinflußt das alte Dorfbild allerdings kaum. Anders verhält es sich mit den östlichen Siedlungsausbauten. Im flachen und breitwannigen Tal des Asbachs entstand am Bodenweg, der ostwärts beim Rathaus von der Hausener Straße abzweigt und anfangs noch eine bäuerliche Bebauung mit zwei Gehöftanlagen erkennen läßt, ein Mischgebiet aus neuen Wohnhäusern und Gewerbebetrieben. Am Rehberg, einer Straße, die am Hang östlich oberhalb der Hausener Straße entlangzieht, wurde ein neues zeilenartiges Wohngebiet erschlossen. Im südlichen Bereich bestimmen ziemlich gleichartige, weitgehend giebelständige Einfamilienhäuser sein Bild, im nördlichen Abschnitt stehen vielgestaltigere jüngere Häuser. Dort ist die Bebauung dieser einzigen Siedlungserweiterung der 1970er und 80er Jahre noch im Gange.

Der einzige Wohnplatz in der Gemarkung ist die *Zellermühle* am Asbach nordwestlich des Dorfes.

Michelbach, heute ein staatlich anerkannter Erholungsort im Naturpark Neckartal-Odenwald mit einer Wander- und Erholungszone nördlich des Dorfes um den 1971/2 im oberen Michelbachtal angelegten Michelsee, geht im Kern auf eine wohl noch im frühen Mittelalter entstandene Ausbausiedlung zurück. Diese alte Siedlung im nördlichen, bereits dem Kleinen Odenwald angehörenden Gemeindegebiet duckt sich straßendorfartig in das in den Oberen Buntsandstein eingeschnittene Tälchen des Michelbachs, der am Unterlauf auch Forellenbach genannt wird. Die Hauptsiedlungsachse ist die in der Ortsmitte und im unteren Dorfbereich am rechten Talhang entlangziehende Bürgermeister-Wagner-Straße, die sich im nördlichen oberen Ortsteil in der Schwanheimer Straße fortsetzt. Das *Siedlungszentrum* zwischen der Dorfkirche und der ehemaligen Mühle wird durch mehrere markante Bauten aus dem üblichen Rahmen des noch bäuerlich geprägten und dichten alten Baubestandes herausgehoben. An seinem Südrand ist dies vor allem die ev. Kirche, deren aus Bruchsteinmauerwerk errichteter und im oberen Bereich verschindelter Ostturm mit Zeltdach im Untergeschoß ein spätgotisches Spitzbogenfenster erkennen läßt. An ihn angesetzt ist – quer zur Straße gerichtet – ein schmuckloser und einfacher barocker Kirchensaal. Oberhalb dieses Gotteshauses steht an der am rechten Talhang weiterziehenden Schönbrunner Straße, die von der das Tal querenden Bürgermeister-Wagner-Straße abzweigt, das Gasthaus zur Krone, ein stattlicher, gelb verputzter Bau mit Halbwalmdach. Schräg gegenüber – an der Gabelung der genannten Straßen – hebt sich ein modernes zweigeschossiges Geschäftshaus, teilweise mit Klinkerfassade, von den umstehenden älteren Gebäuden ab. Diensträume der Gemeindeverwaltung und der Post sowie eine Zweigstelle der Volksbank Mosbach sind in dem noch jungen ehemaligen Rathaus eingerichtet. Ein Lebensmittel- und Fleischwarengeschäft in einem bäuerlichen Anwesen an der Bürgermeister-Wagner-Straße und ein weiterer Kaufladen an der Schönbrunner Straße oberhalb der »Krone« verstärken noch die Ortsmittelpunktsfunktion im zentralen Dorfabschnitt, der nördlich der Michelbachbrücke mit dem Mühlenkomplex, einem langgestreckten Hof mit quer angebautem Wohnhaus, abschließt. Die bäuerlichen Hausplätze an der Bürgermeister-Wagner-Straße sind dicht zusammengedrängt, wobei trauf- und giebelseitig angeordnete Wohnhäuser, meist mit gutem Verputz, auffallen. Hinter ihnen stehen an der straßenabgewandten Hofseite die Wirtschaftsbauten. Buntsandstein-Bruchsteinmauerwerk an größeren Scheunen und – nicht allzu selten – Fachwerkkonstruktionen bei den Wohnhäusern stechen, das gepflegte Ortsbild entscheidend beeinflussend, hervor. Bei vielen alten Anwesen fallen immer wieder recht kleine, nur einstöckige Wohnbauten mit ausgebauten Giebelgeschossen auf.

Die landschaflich reizvolle Lage des Dorfes bedingte schon um die Jahrhundertmitte und unmittelbar danach wesentliche *Neubauerweiterungen* an der nördlichen Schwanheimer Straße, an der Sonnenhalde am westexponierten Talhang und im S des alten Ortes rechts des Bachs. Dort wurde auch nach 1958 ein geschlossenes Neubaugebiet mit stets hangparallel angeordneten Häusern, darunter am südlichen Ortsrand auch einigen zwei- und dreigeschossigen Mehrfamilienhäusern, erschlossen. Neubauerweiterungen mit modernen Einfamilienhäusern wurden in den späten 1970er und in den 80er Jahren am oberen linken Talhang (Große Helde, Tulpenweg) sowie am rechten, ostexponierten Talhang (Am Forstgarten, Amselweg) bis zum hangseitig angelegten Friedhof ausgebaut. Am Amselweg stehen auch kleine fertighausartige Ferienhäuser, die nicht dauernd bewohnt werden. Einfamilienhäuser, umgeben von Blumengärten und Rasenflächen, herrschen aber in diesen jüngsten Neubaugebieten an den höheren Talhängen vor.

Bemerkenswerte Bauwerke. – Aglasterhausen: *Ev. Kirche:* An den mittelalterlichen Chorturm wurden 1807 ein klassizistisches Langhaus zu 7 Achsen für die Evangelischen und an der gegenüberliegenden Seite eine kleinere kath. Kirche mit polygonalem Chorschluß in spätbarockem Stil angebaut. Der Turm diente beiden Konfessionen. Bemerkenswert ist eine spätgotische Sakramentsnische mit Sonne und Mond. Der Innenraum der ev. Kirche ist mit einer Kassettendecke, deren Felder mit Rosetten verziert sind, gedeckt.

Breitenbronn: Die *ev. Kirche* wurde 1840 im neuromanisch geprägten historisierenden Stil als Sandsteinquaderbau mit Frontturm erbaut. Mit Rücksicht auf die Emporen ist die Anordnung der Rundbogenfenster zweigeschossig.

Daudenzell: Beim Neubau der *ev. Kirche* 1783 wurde der mittelalterliche gotische Chorturm erhalten. Der ursprüngliche Triumphbogen wurde zugemauert, da der Neubau an die Südmauer des Chores angefügt wurde. Die 1962 freigelegten Wandmalereien stammen aus der Zeit um 1310 (Christophorus) bis in die Mitte des 14. Jh.: Evangelistensymbole in den Feldern des Kreuzrippengewölbes, Szenen aus der Heilsgeschichte und Heiligendarstellungen auf den Wänden. Im Chorturm bezeugt auch ein spätgotisches Sakramentshaus die ursprüngliche Funktion. Der Saal, ein flachgedeckter dreiachsiger Raum mit leicht geschwungenem Giebelabschluß wurde zuletzt 1983 renoviert. Der Altar steht vor der wieder geschlossenen Südmauer des Chorturmes. Er ist mit der Kanzel kombiniert. Das Seitenportal erhielt eine spätbarocke Volutenumrahmung.

Michelbach: *Ev. Kirche:* An den mittelalterlichen Chorturm mit der Jahreszahl 1481 am Fuß des sonst zerstörten Sakramentshauses wurde 1783 ein dreiachsiges Langhaus im spätbarocken Stil mit Rundbogenfenstern in den Längsmauern und liegenden Ovalfenstern in der Giebelmauer angebaut. Der ehemalige Chor ist mit einem Kreuzrippengewölbe gedeckt. 1962 wurden Wandmalereien aus dem frühen 15. Jh. freigelegt und restauriert. Dargestellt sind unter anderem Propheten und die Evangelistensymbole wie so oft in den Gewölbefeldern. Der Chor dient heute noch als Altarraum.

B. Die Gemeinde im 19. und 20. Jahrhundert

Bevölkerung

Bevölkerungsentwicklung. – Am 25.5.1987 zählte die Wohnbevölkerung der Gemeinde 3738, die wohnberechtigte Bevölkerung 3874 Personen. Das waren fast dreimal so viele Einwohner wie das Gemeindegebiet zu Beginn des 19. Jh. hatte (1808: 1298 E.). In der 1. H. 19. Jh. war die Bevölkerung aller vier die heutige Gemeinde bildenden Dörfer angewachsen, besonders rasch in der zweiten und dritten Dekade. In den krisenreichen 1840er Jahren dann stagnierte die Einwohnerzahl in Aglasterhausen und Breitenbronn, in Daudenzell und Michelbach nahm sie ab. Zwischen 1845 und 1855 wanderten viele Bewohner aus, zum Teil durch die Gemeinden abgeschoben. Amtlich registriert wurden in Aglasterhausen 69, in Breitenbronn 14, in Daudenzell 49 und in Michelbach 54 Auswanderer, aus den Ortsbereisungsprotokollen jedoch ergibt sich, daß die Auswanderung umfangreicher gewesen sein muß. Seit etwa 1870 zogen dann eher die wachsenden Großstädte Abwanderer an. Infolge der hohen Geburtenüberschüsse veränderte sich trotzdem die Einwohnerzahl nur unwesentlich. Bis 1939 nahm sie in Aglasterhausen zu, in Breitenbronn deutlich, in Daudenzell geringfügig ab, und Michelbach hatte nach einem Auf und Ab 1939 gleichviele Einwohner wie 1871.

Im 2. Weltkrieg sind aus Aglasterhausen 50, aus Breitenbronn 12, aus Daudenzell 30 und aus Michelbach 35 Soldaten gefallen. Während des Krieges waren hier Evakuierte aus dem Ruhrgebiet, aus Mannheim und Karlsruhe untergebracht. Nach dem Krieg wurden *Heimatvertriebene* und *Flüchtlinge* aus Ungarn, Jugoslawien, Schlesien, dem Sudetenland, Böhmen und Mähren eingewiesen. 1950 wohnten in den vier Dörfern 970 Vertriebene und Flüchtlinge, fast ein Drittel der Einwohnerschaft, die meisten von ihnen in Aglasterhausen. Das große Problem der Wohnungsbeschaffung wurde unter aktiver Mitarbeit der ev. Kirchengemeinde gelöst. Ev. Hilfswerk und Gemeinnützige Siedlungsgesellschaft wirkten zusammen. Aglasterhausen war eine der ersten Siedlungsstellen nach dem Krieg in Westdeutschland. Allerdings wanderte in den nächsten zehn Jahren fast ein Drittel der Neubürger wieder ab. Neu hinzu kamen 43 Flüchtlinge aus der Sowjetisch-Besetzten Zone Deutschlands.

Zwischen 1961 und 1970 nahm, außer in Daudenzell, die Bevölkerung durch Geburtenüberschuß und Zuwanderung weiter zu. Danach ging der Geburtenüberschuß zurück, schlug aber nicht in ein Defizit um. Zwischen 1970 und 1987 nahm die Bevölkerung von 3518 auf 3738 E. zu, und zwar aufgrund eines kleinen Geborenenüberschusses und eines größeren Wanderungsgewinns.

Konfessionelle Gliederung. – Zu Beginn des 19. Jh. war die Mehrzahl der Einwohner lutherisch, in allen vier Dörfern wohnten aber auch Reformierte und Katholiken. 1845 gehörten von den insgesamt 1896 Einwohnern 82 % der *ev.* und 18 % der *kath. Konfession* an. Bis 1900 ging der kath. Anteil leicht zurück. Erst nach dem 2. Weltkrieg stieg er durch die Einbürgerung der Vertriebenen und Flüchtlinge auf etwa ein Drittel der Bewohner an. Den größten Anteil an kath. Einwohnern hat Aglasterhausen.

Die Gemeinde im 19. und 20. Jahrhundert

Soziale Gliederung. – Noch in der Mitte des 19. Jh. war die Mehrzahl der Bewohner der vier Dörfer Bauern. In Aglasterhausen jedoch, dem eine gewisse Mittelpunktsfunktion zukam, fanden auch zahlreiche Gewerbetreibende (1854: 100) ihr Auskommen in Handwerk und Handel, später auch in kleinen Fabriken. Landwirtschaft wurde jedoch von den meisten nebenbei mitbetrieben. Taglöhner und Gewerbegehilfen hatten in der Regel ausreichenden Erwerb. Jedoch belasteten immer Ortsarme die Gemeindekasse. In Breitenbronn lag der durchschnittliche Vermögensstand erheblich über dem in Aglasterhausen. Von 58 Familien waren (1854) 31 wohlhabende Bauern, 16 Gewerbetreibende mit zusätzlicher Landwirtschaft. Nur 8 waren Taglöhner. Auch in Daudenzell besaßen die Bürger der beiden ersten Steuerklassen größere Vermögen. Hier standen den 28 Landwirten, davon 2 »sehr reichen«, 16 Gewerbetreibende und Taglöhner gegenüber. Daudenzell hatte nur sehr wenige Ortsarme zu versorgen. Anders in Michelbach, wo die durchschnittlichen Vermögen in allen Steuerklassen weit unter den Werten der anderen Dörfer lagen. Trotz einer Erhöhung des Durchschnittswertes besaßen 1865 noch 11 Familien überhaupt kein Vermögen. Noch 1881 war der überwiegende Teil des landwirtschaftlichen Besitzes verschuldet. Mit der Gründung der kleinen Industriebetriebe in Aglasterhausen wurden viele Taglöhner Industriearbeiter. Bald klagten die Bauern darüber, daß sie nur noch schwer und zu hohem Lohn Arbeitskräfte fänden. Das galt auch für die Nachbarorte, aus denen gleichfalls Arbeiter nach Aglasterhausen (und Unterschwarzach) auspendelten. Den Michelbachern war das zunächst schwer gefallen, aber gegen Ende des Jahrhunderts hatten sie sich umgestellt. Es war auch eine kleine Peitschenfabrik am Ort gegründet worden.

Nach dem Hauptberuf des Ernährers gehörte 1895 gut die Hälfte der Bevölkerung der heutigen Gemeinde der Landwirtschaft an, weniger als ein Drittel dem Bereich Industrie und Gewerbe. 1950 ernährte die Landwirtschaft kein Viertel der Bevölkerung mehr, dagegen waren die Berufszugehörigen des Produzierenden Gewerbes auf 43 % angestiegen. 1970 war, bei einem Rückgang der Erwerbsquote, diese Entwicklung weitergegangen. Allerdings hatten etwa 41 % der Erwerbstätigen ihren Arbeitsplatz außerhalb des heutigen Gemeindegebiets. Die meisten pendelten nach Mosbach aus (232), andere nach Heidelberg, Mannheim, Schwarzach (Johannesanstalten) und Obrigheim. 1987 lebten 43 % der Wohnbevölkerung überwiegend von ihrer Erwerbstätigkeit, bei der die Land- und Forstwirtschaft fast keine Rolle mehr spielt, 36 % vom Unterhalt durch Eltern oder Ehegatten und 21 % von Rente, Pension, Vermögen oder Arbeitslosengeld.

Politisches Leben

Die Revolution der Jahre 1848 und 1849 fand in allen vier Dörfern Anhänger. In Aglasterhausen, das in der Umgebung als »Hauptsitz der Wühler« galt, suchte der Bürgermeister beim Einrücken der Truppen den Tod im Neckar. In Daudenzell wurde der Ratschreiber als revolutionär gesinnt aus dem Amt entlassen, später jedoch als Lehrer eingestellt. Die meisten an der Revolution Beteiligten sind wie der Aglasterhauser Arzt nach Amerika ausgewandert, so daß schon kurz nach 1850 von Amts wegen den vier Dörfern Ruhe und den Gemeindeverwaltungen konservative Gesinnung bescheinigt wurde.

Bei den *Reichstagswahlen* seit 1871 wie schon bei der Zollparlamentswahl von 1868 wurden die Stimmen zunächst fast ausschließlich für die Nationalliberalen abgegeben. Das Zentrum erhielt nur in Aglasterhausen Stimmenanteile zwischen 12 und 25 %. Bei den späteren Wahlen ab 1881 hatten auch die Konservativen Erfolge, besonders in Daudenzell und Michelbach. In Breitenbronn erreichte 1903 der Bund der Landwirte

(82 %) außergewöhnlich hohe Anteile. Der 1894 hier gegründete Bauernverein hatte ihm offenbar den Boden vorbereitet. Schon 1898 erhielten die Sozialdemokraten ihr bestes Ergebnis in Michelbach – das sollte bis zur Weimarer Zeit hin und später wieder nach dem 2. Weltkrieg gelten. Erst bei der letzten Reichstagswahl im Kaiserreich wählte man auch in Aglasterhausen zu 31 % sozialdemokratisch. Noch 1887 hatte der Amtsvorstand berichtet, die Arbeiterschaft hier sei »von sozialdemokratischen Ideen in keiner Weise angesteckt«.

In der Zeit der Weimarer Republik zersplitterten sich die Stimmen auf die zahlreichen Parteien, und von Wahl zu Wahl wechselten die Ergebnisse. In Aglasterhausen konnte nach 1919, als die SPD noch 40 % der Stimmen erhalten hatte, keine Partei mehr nur 30 % der Stimmen auf sich vereinen. Gleichbleibend war nur das durchweg gute Abschneiden der SPD in Michelbach. Auffallend ist, daß 1924 in Breitenbronn 88 % und in Daudenzell 73 % der Stimmen dem Badischen Landbund gegeben wurden, 1928 dagegen die Christlich-nationale Bauernpartei nur verschwindend wenige Stimmen bekam. Die NSDAP war noch 1928 völlig erfolglos, am 6. November 1932 jedoch versammelte sie außer in Michelbach, wo ihr weniger die Sozialdemokraten als die bisher gleichfalls bedeutungslosen Kommunisten entgegenstanden, überwältigende Mehrheiten auf sich. Bei den *Bundestagswahlen* seit 1953 – bei der Wahl zum 1. Bundestag hatten sich noch die Weimarer Verhältnisse gespiegelt, verbunden mit einer zeitgemäßen Hinneigung zur Notgemeinschaft – bildete sich rasch eine relative CDU-Mehrheit heraus. Nur in Michelbach ist nach wie vor die SPD die stärkste Partei, die häufig auch absolute Mehrheiten erreichte. Die Gemeinde hatte lange Jahre einen SPD-Landtagsabgeordneten zum Bürgermeister. Die FDP/DVP erzielte 1957 und 1961 gute Ergebnisse, besonders in den bäuerlichen Orten Breitenbronn und Daudenzell (um und über 30 %), sank aber dann auch hier in der Wählergunst ab. 1969 verlor sie Stimmen an die NPD, für die in beiden Orten knapp über 10 % der Wähler stimmten. In Aglasterhausen hatte dank der eingewiesenen Flüchtlinge und Heimatvertriebenen 1953 und 1957 der Bund der Heimatvertriebenen und Entrechteten (BHE), 1961 dann die Gesamtdeutsche Partei überdurchschnittlich hohe Wahlergebnisse (22 und 14 %). Die Grünen faßten erst 1983 Fuß. Aus der Bundestagswahl 1987 ging die CDU mit 45,2 % der gültigen Zweitstimmen in der Gesamtgemeinde vor der SPD mit 37,8 % hervor. Die ältesten Parteiorganisationen in der Gemeinde sind die 1960 gegründeten SPD-Ortsvereine in Aglasterhausen und Michelbach. Heute haben die Ortsvereine zusammen etwa 100 Mitglieder. 40–50 Mitglieder zählt der 1965 gegründete CDU-Gemeindeverband. 1980 hat sich auch eine Grüne Liste mit derzeit 25–30 Mitglieder zusammengefunden.

Wirtschaft und Verkehr

Land- und Forstwirtschaft. – Zu Beginn des 19. Jh. war die rund 3389 M große landwirtschaftliche Fläche der vier Dörfer zu neun Zehnteln *Ackerland*. Angebaut wurde hauptsächlich Spelz, Weizen und Gerste, später mehr Hafer, daneben auch Kartoffeln und die Ölfrüchte Raps, Mohn und Hanf. Mitte des Jahrhunderts kam in Aglasterhausen Tabakbau hinzu, wurde aber zu Beginn des 20. Jh. wieder aufgegeben. Futterpflanzen einschließlich der Futterhackfrüchte nahmen am Ende des 19. Jh. ein knappes Drittel der Ackerfläche ein, da es kaum gute Wiesen gab. In den 1850er Jahren hatte man sich in Aglasterhausen erfolglos um planmäßige Entwässerung der Wiesen im Schwarzacher Tal bemüht. Die Breitenbronner Bauern, auf deren eigener Gemarkung nur wenig Wiesenland liegt, besaßen als Ausmärker Wiesen auf den Gkgn Aglasterhausen, Daudenzell und Neunkirchen. Die Daudenzeller ihrerseits hatten Äcker auf Gkg Breitenbronn und Wiesen auf Gkg Helmstadt. Den größten Grünlandanteil an der LF wies Ende des 19. Jh. Michelbach mit etwa einem Viertel auf. Dort war schon in den 1860er Jahren der Talbach korrigiert worden, um die Wiesen zu verbessern. In Breitenbronn betrieb man noch 1882 die dreifeldrige Körnerwirtschaft mit fast ganz angebauter Brache. Zwei Jahre später war die zelgengebundene Dreifelderwirtschaft aufgegeben. Der Marktlage entsprechend baute man auf jedem passenden Boden Blauklee an, um sich mehr der Viehhaltung zuzuwenden.

In der 1. H. 20. Jh. ist eine Extensivierung in der Landwirtschaft spürbar: das Ackerland nahm ab, und das Grünland dehnte sich aus. Die gesamte LF ging dabei geringfügig zurück. Sie betrug 1949 noch 1315 ha. Davon waren 1042 ha Ackerland, zu 40 % mit Getreide, zu 22 % mit Hackfrucht und zu 34 % mit Feldfutter bestellt. Nach der letzten Agrarberichterstattung ist auch zwischen 1949 und 1987 die LF nur wenig kleiner geworden. 1987 bewirtschafteten die Landwirte der Gemeinde 1319 ha LF; im Zuge der rationelleren Bewirtschaftung wird aber wieder mehr Ackerland bebaut (1116 ha). Auf fast drei Vierteln davon wächst Getreide, an erster Stelle Weizen, dann Gerste und Hafer. Unter den Futterfrüchten nimmt der Silomais die größte Fläche ein, unter den Hackfrüchten überwiegen die Zuckerrüben, die an die Zuckerfabrik in Offenau geliefert werden. Statistisch nur zum Teil erfaßt ist der Feldgemüsebau, der hauptsächlich in kleinen Nebenerwerbsbetrieben zuhause ist. Allerdings haben in den letzten Jahren etliche kleine Erzeuger den Anbau aufgegeben, weil der Hauptabnehmer, das Werk Diedesheim der Firma Hengstenberg, schloß. Der Weg zum Hauptwerk der Firma in Kochendorf lohnt sich nur für die größeren Erzeuger, deren Abnahmekontingent dadurch auch gestiegen ist.

Obstbau wurde und wird in allen vier Dörfern betrieben. Um die Mitte des 19. Jh. bestand in jedem Dorf eine Baumschule, in Michelbach ging sie jedoch vor 1860 ein. Die gemeindeeigenen Ödungen und die Straßenränder waren mit Obstbäumen bepflanzt. 1929 standen auf Gkg Aglasterhausen 11 485 Obstbäume, fast zur Hälfte Apfelbäume. In Daudenzell und Michelbach (für Breitenbronn keine Angabe) wurden je etwas mehr als 1000 Bäume gezählt. Auch heute hat der Obstbau noch Bedeutung. 1982 gehörten zu den landwirtschaftlichen Betrieben in der Gemeinde 6 ha Obstanlagen. Im Jahr 1985 legte man auch hier wie im gesamten Kleinen Odenwald neue Pflanzungen an.

Auf die *Viehhaltung*, Zucht wie Mast, wurde schon im 19. Jh. großer Wert gelegt. Der Tierbestand galt durchweg als sehr gut und brachte erhebliche Einnahmen. Verkauft wurde nicht auf Märkten, sondern am Ort an Händler und Metzger. Während in Aglasterhausen und Breitenbronn Ochsen und Kühe trotz Mast und Milcherzeugung auch als Spannvieh verwendet wurden, setzten die Daudenzeller Bauern ihren Stolz in die Pferdezucht und spannten möglichst Pferde an. Der Pferdebestand war hier einer der höchsten im Bezirk. In Breitenbronn zeichneten sich die Bauern durch zielbewußte Pflege der Rindviehzucht aus. Die Milch wurde in der näheren Umgebung verkauft. Mastschweine verkaufte man in Aglasterhausen oder nach Heidelberg.

Die Fasellast ruhte in Aglasterhausen ursprünglich auf dem Domänenärar, in Breitenbronn und Daudenzell auf dem Pfarrgut. In Aglasterhausen und Breitenbronn kaufte man von den Ablösungssummen Güter, die dann dem Faselhalter verpachtet wurden. In Michelbach war der Farren bis 1870 Eigentum des Pächters, dann der Gemeinde. Hier entwickelte sich die Viehhaltung erst um die Jahrhundertwende zu einem einträglichen Wirtschaftszweig. Trotz einiger Schwankungen hat sich die Zahl der Rinder in den letzten hundert Jahren im Endergebnis kaum vermindert, aber heute konzentriert sich die Viehwirtschaft auf wenige Betriebe. 1987 standen in 26 Betrieben insgesamt 980 Stück Rindvieh (um 61 weniger als 1983), in 43 Betrieben wurden 2424 Mastschweine gehalten, 156 mehr als 1983; 24 Betriebe widmeten sich der Schweinezucht und besaßen 683 Zuchtsauen. Schafe sind schon seit Aufgabe der Gemeindeschäfereien Ende des letzten Jahrhunderts verschwunden.

Als Ackernahrung galt hier in der Mitte des 19. Jh. der Besitz von etwa 12 Morgen Ackerland. Damals besaßen in Aglasterhausen nur knapp ein Viertel der Bauern Land in dieser Größe, die übrigen mußten sich zusätzlich durch Taglohn oder anderen Nebenverdienst erhalten. Ähnlich waren die Verhältnisse in Breitenbronn und Michelbach; in Daudenzell dagegen lagen die meisten Betriebe in dieser Größenordnung. Auch später blieb die *Besitzgrößenstruktur* in Daudenzell am günstigsten. In Aglasterhausen und etwas später auch in Michelbach wirkte sich die Möglichkeit zum Nebenerwerb zunächst in einer weitergehenden Zersplitterung des ohnehin durch Erbteilungen zerstückelten Grundbesitzes aus. In beiden Orten besaß 1895 etwa die Hälfte der Betriebe weniger als 2 ha Land; in Breitenbronn und Daudenzell lag nur rund ein Viertel der Betriebe unter dieser Grenze. Bis 1925 hatte sich, soweit die statistischen Zahlen einen Vergleich zulassen, daran nichts Grundsätzliches geändert, sieht man von einer beginnenden Konzentration ab, die sich in der Auflassung von Kleinstbetrieben ankündigte. Diese Konzentration wurde in Aglasterhausen in den nächsten Jahrzehnten stärker und griff zuerst nach Michelbach, nach dem 2. Weltkrieg allmählich auch auf die beiden anderen Orte über. Im Unterschied zu Aglasterhausen, wo schon zwischen 1925 und 1949 die LF abgenommen hatte, blieb sie in den drei anderen Dörfern noch längere Zeit unverändert, so daß die weiterarbeitenden Betriebe aufstocken konnten. Bis 1970 allerdings nahm dann auch in Michelbach und in Breitenbronn die LF ab, teilweise durch Umwandlung in Bauland. Die Betriebsgrößen wuchsen trotzdem noch an. 1970 lagen schon 17 Betriebe der heutigen Gemeinde (1949: 4) bei 20 und mehr ha LF; 1983 bewirtschafteten 8 Betriebe zwischen 20 und 30 ha LF und 13 Betriebe 30 oder mehr ha, zusammengenommen 62 % der gesamten LF. Von den 68 Betrieben mit LF waren 1983 insgesamt 32 Betriebe Nebenerwerbsbetriebe, 8 Zuerwerbs- und 28 Vollerwerbsbetriebe.

1985 bewirtschafteten nach Angaben der Gemeindeverwaltung von 32 Vollerwerbsbetrieben in der Gemeinde 10 Betriebe 25 ha oder weniger ha, 8 Betriebe 25 – 30 ha, 5 Betriebe 30 – 40 ha, 6 Betriebe 40 – 50 ha, 2 Betriebe 50 – 100 ha, 1 Betrieb 100 oder mehr ha.

Als *Hauptbetriebsziel* wird für 4 Betriebe Milchwirtschaft, für 3 Betriebe Schweinemast, für 3 Betriebe Schweinezucht genannt. 15 Betriebe gelten als gemischte Betriebe mit Viehhaltung und Schweinemast. Die kleinen Nebenerwerbsbetriebe widmen sich hauptsächlich dem Gemüseanbau. Zwei große Betriebe haben sich auf landwirtschaftliche Lohnarbeiten spezialisiert und setzen ihren Maschinenpark z. B. bei der Rübenernte oder beim Drusch in einem Gebiet von der Rheinebene bis zur Schwäbischen Alb und dem Bodenseeraum ein. Nach der Agrarberichterstattung von 1987 bewirtschafteten 51 Betriebe ab 20 ha LF zusammen 1022 ha LF (77,5 % der gesamten LF).

Wie im 19. Jh. spielt auch heute *Pachtland* – 1979 fast die halbe LF – eine große Rolle. Von den 72 Betrieben kamen 1979 nur 8 ohne Pachtland aus, 2 kleine Betriebe waren reine Pachtlandbetriebe. Verpächter sind nahezu ausschließlich die Kirchen (Pflege Schönau, Stiftsschaffnei Mosbach und Schaffnerei Lobenfeld) und das Land Baden-Württemberg als Nachfolger des Großh. Domänenärars.

Flurbereinigungen in Zusammenhang mit der Katastervermessung wurden in den 1870er und 1880er Jahren in allen Gemarkungen durchgeführt, da viele Äcker nur durch Überfahren benachbarter Grundstücke zugänglich waren. Moderne Flurbereini-

Die Gemeinde im 19. und 20. Jahrhundert 503

gungen fanden in Aglasterhausen 1976, in Breitenbronn und Daudenzell 1965 und in Michelbach 1966 statt. Heute ist man mit dem Vorgehen und Ergebnis der Flurbereinigung nicht mehr völlig einverstanden. Schon Anfang der 1980er Jahre entwickelte die Gemeindeverwaltung für Aglasterhausen und 1985 für Daudenzell ein Programm, nach dem einige Flächen wieder in einen natürlichen Zustand versetzt, insbesondere die Feuchtwiesen wieder hergestellt werden sollen. Besonderen Wert wird auf den Vogelschutz gelegt. U.a. hat die Gemeinde das Gelände der stillgelegten Bahnstrecke nach Obrigheim erworben und verpachtet es dem örtlichen Verein des Deutschen Vogelschutzbundes, der den Bahnkörper zum Naturschutzgebiet für Vögel anlegt. Zum Vogel- und Landschaftsschutzgebiet wird auch das Gelände der ehemaligen Ziegelei zwischen Aglasterhausen und Schwarzach umgestaltet, das die Gemeinde gekauft hat und nach Auffüllung bereits zur Hälfte rekultivierte. Auf den dort liegenden Feucht- und Trockengebieten sollen sonst ausgestorbene Pflanzen wie z. B. Hanf und Heilkräuter wieder angepflanzt werden.

Aussiedlerhöfe wurden in Daudenzell 1956, 1963 und 1973 (je 1 Hof), in Aglasterhausen 1958 (1 Hof) und 1962 (2 Höfe), sowie in Breitenbronn 1965 (1 Hof) angelegt. Der Aussiedlerhof in Breitenbronn hat sich inzwischen zum größten Hof der Gemeinde mit mehr als 100 ha LF entwickelt.

Der *Waldbesitz* der Gemeinden betrug im Jahr 1808 in Aglasterhausen 130 M, in Breitenbronn 141 M und in Daudenzell 285 M. Für Michelbach ist kein Wald genannt. Privatwald gab es nur in Daudenzell (13 M). Alle vier Gemeinden erhielten 1825 einen Anteil bei der Aufteilung des Stüber Zentwaldes. Breitenbronn und Daudenzell verkauften ihn 1857 an die Forstdomänenverwaltung, Aglasterhausen entschied sich gegen einen Verkauf, in Michelbach stand ein Verkauf nicht zur Diskussion. 1881 besaß diese Gemeinde außer ihrem Anteil am Stüber Zentwald von 174 ha auch 143 ha anderen Gemeindewald. Ein Teil des Waldes war Niederwald, der als Eichenschälwald 40 Jahre umgetrieben wurde. 1878 wandte sich die Gemeinde Michelbach gegen die Auflage der Forstbehörde, den Niederwald im Distrikt Löchelboden in Hochwald umzuwandeln, da sie die Einnahmen aus den Rinden brauche. 1885 besaß die Gemeinde die Schälwaldungen noch. In dieser Zeit wurden in Breitenbronn die bisherigen Kiefernwälder mit Fichten neu bepflanzt. Die Jagdrechte der Gemeinden waren wie die Fischereirechte verpachtet. Nach Angaben des Forstamts Schwarzach sind von den 588,6 ha Wald auf dem Gemeindegebiet 570,5 ha Gemeinde- und 18,0 ha Privatwald. Buchen stehen auf 214 ha, Fichten auf 129 ha, Eichen und Lärchen auf je 68 ha.

Handwerk und Industrie. – In Breitenbronn, Daudenzell und Michelbach arbeiteten die Handwerker, das waren noch in der 2. H. 19.Jh. landarme Einwohner, ausschließlich für den örtlichen Bedarf. Organisiert waren sie im Zunftverband Aglasterhausen; nur Michelbach gehörte zum Zunftverband Neckargemünd. Auch in Aglasterhausen war das *Handwerk* vor allem Sache der ärmeren Einwohner, dort zog es aber Nutzen aus der Verkehrslage des Dorfes, die ihm eine Mittelpunktstellung für etwa 12 Dörfer des Umkreises sicherte. Von 212 Gewerbetreibenden des Zunftverbandes Aglasterhausen im Jahr 1861 waren 81 im Dorf selbst ansässig. Vertreten waren so gut wie alle im ländlichen Raum üblichen Handwerke, auch Seifensieder, Färber, Kürschner und Putzmacherin. 1862 schloß sich der noch heute bestehende Gewerbeverein zusammen, 1901 wurde er als Gewerbe- und Handwerksverein offiziell gegründet. In Michelbach brachte ein auf der Gemarkung liegender Steinbruch, der mit kurzen Unterbrechungen verpachtet wurde, gewerblichen Verdienst. Abnehmer des roten Sandsteins waren (1898) hauptsächlich die Bauinspektion Sinsheim und die Wasser- und Straßenbauinspektion Heidelberg.

Um die Jahrhundertwende wichen viele Gewerbezweige der Übermacht der industriellen Konkurrenz. 1895 arbeiteten in Aglasterhausen noch 73 Betriebe des Produzierenden Gewerbes mit 208 Personen, in den drei übrigen Dörfern zusammen 38 Betriebe mit 92 Personen. Am stärksten besetzt war das Bekleidungsgewerbe mit insgesamt 40 Betrieben und 50 Personen. 1927 waren dann von den 28 handwerklichen Berufen des Jahres 1861 nur noch Schmiede, Wagner, Schreiner, Schneider, Metzger, Bäcker und Müller übrig. Hinzu kamen seit den 1920er Jahren Fahrrad- und dann Autoreparaturwerkstätten und kleinere Fuhrunternehmen.

Die Zählung der *nichtlandwirtschaftlichen Arbeitsstätten* von 1950 nennt für Aglasterhausen 63 Arbeitsstätten mit 192 Beschäftigten, für Michelbach 20 Arbeitsstätten mit 28 Beschäftigten im Schwerpunkt Handwerk; in Breitenbronn sind nur 3, in Daudenzell 5 Handwerksbetriebe gezählt worden. Die Handwerkszählung des Jahres 1977 ergab für die heutige Gemeinde 50 Handwerksbetriebe mit 376 Beschäftigten. Stärkste Branche war das Metallgewerbe mit 15 Betrieben und 178 Beschäftigten. Einen Überblick über die Handwerksbetriebe im Jahr 1985 gibt Tab. 1.

Aus dem Handwerk heraus entwickelten sich in Aglasterhausen einige kleinere *Industriebetriebe*. In den 1860er Jahren gründete der aus Amerika heimgekehrte G. M. Weidenhammer hier eine Peitschenfabrik. 1875 beschäftigte sie etwa 60, in ihrer Blütezeit in den 1880er Jahren durchschnittlich 100 Arbeitskräfte, die zum Teil aus der Umgebung einpendelten. Die Fabrik galt als größter derartiger Betrieb in Süddeutschland und unterhielt eine Verkaufsfiliale in Frankfurt a.M. 1893 jedoch ließ die Nachfolgerfirma den Betrieb in Aglasterhausen eingehen und vereinigte ihn mit ihrer Fabrik in Unterschwarzach. 1896 wurde in Aglasterhausen eine neue Peitschenfabrik Scheerer und Klempp gegründet, eine weitere (Hüther & Co.) kam 1906 und eine dritte (F. Appel) 1927 hinzu. Alle drei Fabriken bestanden noch nach dem 2. Weltkrieg. Auch in Michelbach war 1891 eine Peitschenfabrik gegründet worden, hervorgegangen aus einem Unternehmen in Unterschwarzach. Von 1886/87 bis 1898 bestand als weiteres Unternehmen die Mühlenbauerei Seidle mit 10–20 Arbeitskräften, in der ganze Mühleneinrichtungen hergestellt und montiert wurden. Längeren Atem hatte die 1889 gegründete Dampfziegelei Rüdinger, später Bott, die die nahegelegenen Tonlager ausnützte und zwischen 50 und 100 Arbeiter beschäftigte. Sie arbeitete bis um 1960. Die Tongruben nutzte auch die Firma Espenschied aus Friedrichsfeld (Mannheim) und verschaffte mit dem Verladen und dem Transport zur Bahn einigen Bauern und Arbeitern ganzjährige Arbeit.

Von 1923 bis 1927 arbeitete eine kleine Schuhfabrik in Aglasterhausen. 1931 eröffnete die Bettenfabrik Stumpf, hervorgegangen aus einer Bettfedernhandlung, ihren Betrieb. Sie produzierte noch in den 1950er Jahren, hat sich inzwischen aber wieder auf den Handel beschränkt. Auch die ehemalige Zelte- und Planenfabrik Dornes, die früher 80–100 Personen beschäftigt hat, gab die Produktion auf und verkauft heute nur noch Lastwagenplanen. Als um 1960 die Ziegelei den Betrieb aufgab, ließ sich der heute einzige Industriebetrieb hier nieder: die Firma *Heinrich Götz & Sohn GmbH & Co. KG*, die etwa 180 Arbeitskräfte beschäftigt und im Bereich Metallwaren und Werkzeugbau tätig ist. Alle übrigen Betriebe, ein Hf-Schweißbetrieb, eine Firma für Werbetechnik, eine Technische Industrieproduktion und ein chemischer Betrieb, haben nicht mehr als 10 Arbeitskräfte.

1987 wurden 37 Arbeitsstätten im Verarbeitenden Gewerbe mit zusammen 421 Beschäftigten gezählt. Stärkste Branche war mit 6 Betrieben und 211 Beschäftigten die Sparte Elektrotechnik/ Feinmechanik/Optik etc.

Tabelle 1: **Das Handwerk in Aglasterhausen 1985**

Branchengliederung nach der Handwerksordnung	insgesamt	Aglasterhausen	Breitenbronn	Daudenzell	Michelbach
Bau- und Ausbaugewerbe					
Bauunternehmen	2	1	–	1	–
Zimmerer	1	1	–	–	–
Bedachung/Isolierung	1	1	–	–	–
Maler und Lackierer	3	2	1	–	–
Schornsteinfeger	1	1	–	–	–
Metallgewerbe					
Stahl- und Metallbau	1	1	–	–	–
Bau- und Kunstschmied	1	1	–	–	–
Kraftfahrzeugwerkstätten	2	2	–	–	–
Autospengler	1	1	–	–	–
Autolackierer	1	1	–	–	–
Installateur	1	1	–	–	–
Elektromechaniker	4	4	–	–	–
Fertigung von Metallgegenständen	1	–	–	–	1
Metalltrenntechnik	1	–	–	–	1
Holzgewerbe					
Schreiner	2	1	–	1	–
Rolladenbauer	1	1	–	–	–
Bekleidungs-, Textil- und Ledergewerbe					
Stricker	1	1	–	–	–
Orthopädieschuhmacher	1	1	–	–	–
Nahrungsmittelgewerbe					
Bäcker	3	3	–	–	–
Metzger	2	2	–	–	–
Gewerbe für Gesundheits- und Körperpflege sowie chemische und Reinigungsgewerbe					
Chemische Reinigung	1	1	–	–	–

Quelle: Gemeindeverwaltung 1985

Handel und Dienstleistungen. – Auch der Handel profitierte von der Mittelpunktstellung Aglasterhausens, bis nach dem Eisenbahnbau Aglasterhausen an Zentralität verlor. 1861 gab es hier 3 Kaufleute und 1 Holzhändler. Breitenbronn und Michelbach hatten je 2, Daudenzell 1 Krämer. Vieh- und Fruchthandel waren in der Hand auswärtiger jüdischer Händler. *Jahrmärkte* wurden in Aglasterhausen im September und in Daudenzell an Pfingsten abgehalten. Zwischen 1887 und 1896 hatte Aglasterhausen auch einen Schweinemarkt. Heute findet nur noch der Daudenzeller Pfingstmarkt statt.

Im Bereich Handel und Verkehr waren 1895 in der heutigen Gemeinde zusammen 18 Betriebe und 32 Personen tätig, davon 9 Betriebe mit 23 Personen in Aglasterhausen, in Breitenbronn kein einziger. Für 1950 ergeben sich für den gesamten tertiären Sektor 78 Arbeitsstätten mit 186 Beschäftigten, darunter 49 Arbeitsstätten mit 140 Beschäftigten in Aglasterhausen.

Heute konzentriert sich der Handel noch stärker auf den Hauptort. In Breitenbronn gibt es nur einen, in Michelbach zwei Gemischtwarenläden, in Daudenzell ein Lebensmittelgeschäft. In Aglasterhausen ist für den täglichen Bedarf und in engem Rahmen

Tabelle 2: **Einzelhandelsbetriebe nach dem Stand vom Dezember 1985**

Branche	insgesamt	Aglaster-hausen	Breiten-bronn	Daudenzell	Michelbach
Gemischtwaren	5	2	1	–	2
Lebensmittel	3	2	–	1	–
Getränkevertrieb	2	1	–	–	1
Raucherbedarf	1	1	–	–	–
Haushaltwaren	2	2	–	–	–
Drogerie	1	1	–	–	–
Uhren und Schmuck	1	1	–	–	–
Textilien und Bekleidung	3	3	–	–	–
Schuhgeschäft	1	1	–	–	–
Bettfedern	1	1	–	–	–
Möbelhaus	1	1	–	–	–
Antiquitätengeschäft	1	1	–	–	–
Handel mit Drucksachen	1	1	–	–	–
Tankcenter/Autozubehör	1	1	–	–	–
Video-Filmverleih	1	1	–	–	–
Lkw-Planen	1	1	–	–	–
Praxiseinrichtungen	1	1	–	–	–
Orgelstudio	1	1	–	–	–
Landhandel	1	1	–	–	–

Quelle: Gemeindeverwaltung 1985

auch für den mittelfristigen Bedarf (Bekleidung, Textilien, Schuhe, Haushaltwaren, Uhren/Schmuck) gesorgt. Das Möbelhaus Gehrig mit etwa 20 Beschäftigten ist in der Umgebung gut eingeführt und baut ein neues Geschäft in Obrigheim. Über den näheren Umkreis hinaus wirken zwei weitere Handelsunternehmen: die Firma Dornes, die heute nur noch Planen verkauft (die ehemalige Fabrikationshalle nimmt jetzt den Supermarkt auf) und die neu angesiedelte Firma Ulrich Zunehmer, die Arztpraxen, speziell Augenarztpraxen, mit Mobiliar und technischen Geräten einrichtet. Zu den größeren Handelsbetrieben zählt auch die Firma Friedhelm Barth, Landhandel, die Landwirte beliefert, ihre Produkte aufkauft und einen Fleischmarkt sowie den Verkauf von Gartengeräten u.ä. betreibt. Die *Einzelhandelsbetriebe* nach dem Stand von 1985 sind in Tab. 2 aufgeführt.

Im *Großhandel* sind, z.T. schon seit Jahrzehnten, je ein Betrieb der Branchen Textilien, Süßwaren, Getränke und Tabakwaren ansässig, außerdem 5 Handelsvertretungen und 2 Industrievertretungen. Auch die Arbeitsstättenzählung von 1987 zeigt die starke Stellung des Großhandels mit 61 Beschäftigten in 13 Betrieben gegenüber dem Einzelhandel mit 95 Beschäftigten in 32 Betrieben.

Von den 14 *Unternehmen des privaten Dienstleistungsbereichs* arbeiten, gleichfalls einer Tradition der 1920er und 1930er Jahre folgend, allein 5 im Transportwesen. Dazu kommen 4 Fahrschulen, 1 Planierbetrieb und die beiden aus der Landwirtschaft herausgewachsenen Lohnmaschinenbetriebe, 1 Reisebüro, 1 Orgelschule und 1 Massage- und Saunainstitut. Zu den freiberuflich geführten Unternehmen gehören 2 Versicherungsagenturen, 1 Bausparkassenvermittlung, 1 Architektur-, 1 Planungs- und 1 Ingenieurbüro sowie 1 Rechtsanwaltskanzlei.

An *Kreditinstituten* unterhält die Volksbank eG Mosbach eine Filiale in Aglasterhausen, die ursprünglich selbständige Spar- und Darlehenskasse, die 1891 gegründet wurde und 1980 mit Mosbach fusionierte. Die Sparkasse Mosbach hat hier 1936 eine Zahlstelle eingerichtet und sie 1965 zur Zweigstelle ausgebaut, und die Volksbank Schwarzbachtal Waibstadt betreibt seit 1930 eine Bankstelle. Kurzfristig bestand 1962 in Breitenbronn auch eine Zweigstelle der Sparkasse Mosbach. In Michelbach gab es in den 1880er Jahren einen Sparverein, in Aglasterhausen, Daudenzell und Michelbach um die Jahrhundertwende sogenannte Pfennigsparkassen für Dienstboten und Kinder.

Als einzige Genossenschaft besteht noch die 1920 gegründete Raiffeisen-Warengenossenschaft in Daudenzell. Die Genossenschaften in Aglasterhausen, Breitenbronn und Michelbach haben sich aufgelöst, alle drei Orte sind an das Raiffeisen-Lagerhaus in Helmstadt angeschlossen.

Mit *Gasthäusern* war Aglasterhausen in der Mitte des 19. Jh. gut versorgt. 1852 werden 8 Gastwirtschaften und 1 Restauration genannt, 1923 noch 7 Gasthäuser. Von den 6 heutigen (1985) Gaststätten bestanden die »Drei Könige« und der »Löwe« schon 1852. Der »Deutsche Kaiser« wurde Anfang dieses Jahrhunderts konzessioniert, die »Goldene Traube« erst nach 1945. In Breitenbronn und Michelbach gibt es nach wie vor 2, in Daudenzell 1 Gastwirtschaft. Übernachtungsmöglichkeiten bieten nur die »Drei Könige« in Aglasterhausen und die »Krone« in Michelbach. Die Übernachtungszahl in dem staatlich anerkannten Erholungsort Michelbach lag 1980 bei 12800. Der Fremdenverkehr krankt an der unzureichenden Gastronomie, vor allem nachdem im Sommer 1985 die einzige Pension mit 40 Betten verkauft und in ein Altenheim umgewandelt wurde. Zur Förderung des Fremdenverkehrs hat die Gemeindeverwaltung in Michelbach 1970 einen kleinen See angelegt und eine Spiel- sowie eine Freizeitanlage geschaffen. Dennoch kommen weniger Feriengäste als Naherholungssuchende in den Ort.

Verkehr. – Aglasterhausen liegt an der heutigen Bundesstraße 292 Sinsheim – Mosbach – Würzburg, der alten Poststraße. 1840 wurde hier eine Fahr- und Briefpostexpedition eingerichtet, an der die Postwagen mehrmals täglich hielten. Nach dem Eisenbahnbau wurde sie 1864 in eine Post- und Eisenbahnexpedition umgewandelt. Der Bau der Bahnlinie Heidelberg – Meckesheim – Mosbach, die 1862 Aglasterhausen an das Eisenbahnnetz anschloß, hatte vor allem das Dorf Daudenzell viel Land gekostet und eine Veränderung des Wegenetzes erfordert. Seit im letzten Krieg die Eisenbahnbrücke über den Neckar bei Obrigheim zerstört und nicht wieder aufgebaut wurde, fuhr die Bahn nur noch von Meckesheim bis Obrigheim, seit September 1971 endet sie in Aglasterhausen. 1982 übergab die Bundesbahn die Linie der Südwestdeutschen Eisenbahngesellschaft (SWEG).

Schon Mitte der 1920er Jahre bestand eine Postkraftwagenverbindung nach Eberbach, 1926 kam eine Linie nach Neunkirchen hinzu. Heute wird der Öffentliche Personennahverkehr mit Ausnahme der SWEG-Bahnlinie von Omnibussen der Bundesbahn bedient. Eine willkommene Verbesserung brachte 1984 die Einrichtung der Buslinie von Eberbach über Aglasterhausen nach Mosbach und zurück. Seither sind zwei der drei von hier aus aufgesuchten zentralen Orte gut zu erreichen. Innerörtliche Busverbindungen wie den Schulverkehr hat die SWEG übernommen.

Verwaltungszugehörigkeit, Gemeinde und öffentliches Leben

Verwaltungszugehörigkeit. – 1807 gehörten Aglasterhausen und Breitenbronn zum Amt Neckarschwarzach, Michelbach und Daudenzell als grundherrliche Ämter zum Oberamt Waibstadt. 1810 kamen das Amt Neckarschwarzach und unter anderen grundherrlichen Orten auch Daudenzell und Michelbach an das Amt Neckargemünd, das dem Neckar-Kreis zugeschlagen wurde. Michelbach kam 1857 zum Amt Eberbach. Die drei anderen Orte wurden schon 1813 dem 2. Landamt Mosbach zugewiesen. Von 1840 bis 1849 gehörten sie zum Amt Neudenau in Mosbach, danach zum Amt (seit 1938 Landkreis) Mosbach, dem 1924 auch Michelbach zugeteilt wurde. Seit der Kreisreform 1970 gehört die Gemeinde Aglasterhausen zum Neckar-Odenwald-Kreis. Am 1.3.1974 wurde ihr Breitenbronn, am 1.2.1974 Michelbach und am 1.1.1975 nach langem Widerstand auch Daudenzell eingemeindet. Nur Michelbach besitzt eine unbefristete Ortschaftsverfassung. Aglasterhausen ist Sitz des *Gemeindeverwaltungsverbandes Kleiner Odenwald*, dem noch die Gemeinden Neunkirchen und Schwarzach angehören.

Gemeinde. – Die Gemarkungen der vier Dörfer umfaßten 1854 umgerechnet insgesamt ca. 2124 ha. Nach den Katastervermessungen der 1870er Jahre und Grenzveränderungen zwischen Breitenbronn und Neunkirchen sowie zwischen Michelbach und Reichartshausen in den 1880er Jahren hatte sich ihre Fläche auf 2270 ha (1925) vergrößert. Um 1900 wurde entschieden, daß auch die von den Gemeinden dem Domänenärar verkauften Anteile am Stüber Zentwald, die bisher als abgesonderte Gemarkungen behandelt worden waren, wieder als Gemarkungsteile zu betrachten seien. Die Flächenerhebung vom Anfang des Jahres 1981 geht von 2285 ha Gesamtfläche aus, von der 654 ha Wald, 1355 ha landwirtschaftliche Fläche und 260 ha besiedelte Fläche sind.

Relativ groß war der Besitz der Toten Hand, 1854 in Aglasterhausen 307 M (Domänenärar, Schaffnei Lobenfeld, Kirche) in Michelbach 118 M (Schaffnei Lobenfeld, Kirche). 1881 besaß hier das Stift Mosbach 70 M Äcker und Wiesen, die es seit 1840 von Auswanderern gekauft hatte. Auch heute ist der Besitz der Toten Hand mit 137,76 ha in der Gemeinde noch bedeutend. Davon entfallen auf Aglasterhausen 67,52 ha und auf Michelbach 31,65 ha. Den größten Besitz haben die Pfälzer Kath. Kirchenschaffnei als Nachfolgerin u.a. des Stiftes Lobenfeld, das Land Baden-Württemberg als Nachfolger des Domänenärars und die ev. Kirchengemeinde und Pfarreien der zur Gde Aglasterhausen gehörenden Orte. Die ehemaligen Grundherren waren schon Mitte des 19. Jh. in Daudenzell und Michelbach nicht mehr begütert. Die Zehntablösungsschulden wurden in Daudenzell bis 1858, in Breitenbronn bis 1861, in Michelbach bis 1862 und in Aglasterhausen bis 1868 getilgt. Allmende gab es auch im 19. Jh. in keiner der vier Gemeinden, dagegen wurde aus den Gemeindewäldern Gabholz an die Berechtigten gereicht.

Die *Gemeindevermögen* bestanden aus Gebäuden, Äckern, Gärten, Wiesen und Wald, darunter den Anteilen aus dem Stüber Zentwald, sowie aus Schäferei-, Jagd- und Fischereigerechtigkeiten. Die Einnahmen flossen also aus Pachtgeldern für Liegenschaften und Berechtigungen sowie aus Walderträgen. In Aglasterhausen und Michelbach, seltener auch in Daudenzell waren darüber hinaus Umlagen notwendig. Breitenbronn kam im allgemeinen ohne Umlagen aus. Die Kirchenbauschulden zahlte die Gemeinde 1861 durch den Verkauf des Stüber Zentwaldanteils. Außerordentliche Ausgaben waren in den Gemeinden verursacht durch Kirchenbau, Kauf oder Bau eines Rathauses, Bau eines Schul- und Rathauses, Schulhausumbauten, durch Feldbereinigung, Katastervermessung, Wiesenbau, Wege- und Brückenbau, Wasserleitungsbau, Kanalisation, Elektrizitätsversorgung. Zu den laufenden Kosten gehörte in wechselnder Höhe die Armenpflege. In Aglasterhausen und mehr noch in Michelbach waren in der Mitte des 19. Jh. durch Mißwirtschaft die Gemeindehaushalte in Unordnung. Aglasterhausen erholte sich schon in den 1850er Jahren, Michelbach brachte seinen Haushalt erst um 1860 ins Gleichgewicht.

An eigenen *Gebäuden* besaß Aglasterhausen das 1851 gekaufte Rathaus, das alte Rat- und spätere Armenhaus, das Schafhaus, die beiden Schulhäuser mit Scheuern, seit 1891 ein neues Schulhaus, die Feuerspritzenremise, Breitenbronn das Schulhaus bis 1872, dann das Rat- und Schulhaus, das Pfarrhaus, Feuerspritzenremise mit Arrestlokal, Armenhaus (1898 verkauft) und Schafhaus, Daudenzell das 1852 gekaufte Rathaus, Schulhaus, Bürgerarrest, Armenhaus, Schafhaus und Feuerspritzenremise, Michelbach das Rathaus (um 1870) und das Schafhaus. Heute besitzt die Gemeinde die 4 Rathäuser, Fest- und Sporthalle in Aglasterhausen, Breitenbronn und Michelbach, den Schultrakt in Aglasterhausen und das Schulhaus in Daudenzell. Der *Landbesitz* beträgt 5,87 ha Wald, 25,50 ha verpachtete landwirtschaftliche Fläche, 4,27 ha Sportfläche, aber nur sehr geringe Vorratsflächen an Bauland.

Das *Steueraufkommen* hat sich von 1970 auf 1980 von 664 000 DM auf 2 402 000 DM gut verdreifacht. Überproportional war die Gewerbesteuer angestiegen, von 34 auf 41 % der Steuereinnahmen. 1983 allerdings nahm die Gemeinde nur noch 2 124 414 DM an Steuern ein, weil die Gewerbesteuer inzwischen zurückgegangen ist. Der Schuldenstand je Einwohner vergrößerte sich zwischen 1970 und 1980 von 588 DM auf 912 DM, 1984 lag er bei 1120 DM. Die Verschuldung der Gemeinde war in diesem Jahr mit 3 986 662 DM etwas höher als das Volumen des Vermögenshaushaltes von 3 831 400 DM. Der Verwaltungshaushalt bezifferte sich 1984 auf 5 263 880 DM. An Investitionen stehen an: Bau einer neuen Festhalle in Aglasterhausen, Erweiterung der Friedhofshalle, Neubau eines kommunalen Kindergartens, Baugebietserschließungen in Michelbach und Aglasterhausen, Erschließung eines Gewerbegebietes in Aglasterhausen, Ortsstraßenausbau. Sanierungsmaßnahmen laufen 1985 in Aglasterhausen, in Breitenbronn in Zusammenhang mit dem Ausbau der Ortsdurchfahrt und in Daudenzell. In Michelbach wird ein Sanierungsprogramm für den Ortskern erarbeitet. Dorfentwicklungsprogramme sind in Breitenbronn und in Aglasterhausen im Gang.

Die *Gemeindeverwaltung* ist heute im mehrfach renovierten Rathaus von Aglasterhausen untergebracht. Nur Michelbach besitzt eine Ortschaftsverwaltung.

1854 bestanden alle vier Gemeindeverwaltungen aus dem Bürgermeister und 3 Gemeinderäten; seit den 1880er Jahren hatten Aglasterhausen und Michelbach 6 Gemeinderäte. An Gemeindebediensteten beschäftigte 1854 jede Gemeinde Ratschreiber, Gemeinderechner (Breitenbronn erst später), Rats- und Polizeidiener, Waldhüter, Feldhüter und Hebamme, Aglasterhausen auch Wegwart, Baumwart, Waisenrichter und Nachtwächter (bis 1869).

Bei den 3 *Gemeinderatswahlen* seit Bildung der heutigen Gemeinde erhielt die Unabhängige Wählervereinigung immer die relative Stimmenmehrheit, allerdings von 43,6 % auf 36,7 % absinkend. Auch die Stimmenanteile der CDU waren von 27,2 % auf 23,7 % rückläufig. Zugelegt hat die SPD (von 29,2 % auf 33,2 %). 1984 erhielten die Grünen 6,4 % der Stimmen. Heute gehören dem *Gemeinderat* außer dem Bürgermeister 19 Gemeinderäte an, von denen je 7 über die SPD und die Unabhängige Wählervereinigung, 4 über die CDU und 1 (Überhangsmandat) über die Grüne Liste gewählt wurden. In der Gemeindeverwaltung sind 9 Beamte, 6 Angestellte, 13 Arbeiter, 7 Teilzeitkräfte und 3 Auszubildende beschäftigt. Die *Verwaltung* gliedert sich in Hauptamt und Rechnungsamt. Dem Hauptamt unterstehen die Allgemeine Verwaltung, Sicherheit und Ordnung das Grundbuchwesen und das Technische Bauamt. Das Rechnungsamt gliedert sich in Kämmerei und Gemeindekasse. An *nichtkommunalen Behörden* sind in der Gemeinde vertreten die Bundespost mit einem Postamt und Außenstellen, ein Landespolizeiposten und ein Notariat. Das Notariatsgebäude wurde 1905 von der Gemeinde gebaut, um es der Justizverwaltung zu vermieten.

Ver- und Entsorgungseinrichtungen. – Bis zur Gründung von Freiwilligen Feuerwehren waren in den Gemeinden mehr oder weniger erfolgreich Löschmannschaften eingeteilt. Auch Löschgeräte waren vorhanden. Feuerspritzen besaßen um 1850 nur Aglasterhausen und Daudenzell. Breitenbronn war bis 1863, Michelbach bis 1889 dem Spritzenverband Neunkirchen angeschlossen. 1888 schlossen sich in Breitenbronn und in Michelbach *Freiwillige Feuerwehren* zusammen. In Aglasterhausen wurde seit 1865 darüber diskutiert, bis endlich 1928 die Gründung vonstatten ging. Die jüngste Freiwillige Feuerwehr ist die 1952 gegründete in Daudenzell. Gegenwärtig sind 8 Löschzüge mit 130 Aktiven, einschließlich Musikzug und Jugendwehr, zusammengestellt. Den Wehren der Gemeindeteile wurde eine gewisse Selbständigkeit belassen. Die Freiwillige Feuerwehr von Aglasterhausen ist Stützpunktwehr. Die seit 12 Jahren bestehende Jugendwehr stößt auf großes Interesse, dagegen sind die mittleren Jahrgänge nur schwach besetzt.

Die *Elektrizitätsversorgung*, in Aglasterhausen und Breitenbronn 1921 eingerichtet, obliegt der Badenwerk AG. Abnehmer ist jeder einzelne Haushalt.

Zur *Wasserversorgung* dienten bis in die ersten Jahrzehnte des 20. Jh. öffentliche und private Pumpbrunnen und Brunnen, deren Wasser zum Teil durch Deicheln weitergeleitet wurde. Nur in Michelbach klagte man Ende des 19. Jh. über unzureichende Versorgung, da der Pumpbrunnen ungenießbares Wasser gab. Mehrere Projekte, das gute Wasser des Silberbrunnens durch Eisenröhren ins Dorf zu leiten, wurden nicht ausgeführt, obgleich die Deichelleitung über Jahrzehnte hinweg schadhaft war. Für Aglasterhausen hob schon vor dem 1. Weltkrieg das Bezirksamt die Notwendigkeit einer Wasserleitung hervor, gebaut wurde sie aber erst 1928. Auch die drei anderen Orte erhielten ihre Wasserleitungen um 1930. Aglasterhausen und Daudenzell werden heute über die eigene Brunnenanlage im Schwarzacher Tal mit einer Wasserförderung von 12 l/sec. versorgt. Der Hochbehälter kann 550 cbm speichern. Breitenbronn und Michelbach sind dem Wasserversorgungsverband Krebsbachgruppe angeschlossen.

In den 1860er Jahren setzte sich allmählich die Pflasterung der Straßenrinnen, in denen das Abwasser geregelt abfloß, durch. Eine moderne *Kanalisation* wurde erst 1972–1978 eingerichtet. Michelbach bildet zusammen mit Schwanheim (Gde Schönbrunn, Rhein-Neckar-Kreis) den Abwasserverband Michelbach mit eigener Kläranlage (seit 1978). Die übrigen Orte sind seit 1975 dem Abwasserzweckverband »Schwarzbachtal« mit der Kläranlage in Neckarbischofsheim angeschlossen.

Die *Müllabfuhr* – gesammelt wird der Hausmüll in kleinen Eimern – hat seit 1970 ein Unternehmer übernommen. Wertstoffmüll wird im Bringsystem gesammelt, Sperrmüll wird vierteljährlich abgeholt und bis 1986 zur Deponie Haßmersheim, seit 1987 zur Deponie Buchen gebracht.

Die *medizinische Versorgung* der näheren Umgebung lag schon Mitte des 19. Jh. in Händen zweier Ärzte und der 1836 eröffneten Apotheke in Aglasterhausen. Seit mindestens den 1920er Jahren gibt es hier auch eine Zahnarztpraxis. Hebammen waren früher in allen vier Orten ansässig. In Aglasterhausen wurde 1902 eine Diakonissenstation eingerichtet. Von 1903 bis 1909 wirkten hier auch kath. Krankenschwestern. Heute versorgen 2 Ärzte für Allgemeinmedizin, 2 Zahnärzte und die Apotheke in Aglasterhausen die gesamte Gemeinde. Die kath. Kirchengemeinde ist am Unterhalt der in Schwarzach ansässigen Sozialstation beteiligt, die auch die Gde Aglasterhausen betreut. Das Deutsche Rote Kreuz hat seit 1935 einen Ortsverein in Aglasterhausen. Er zählte 1985 etwa 125 Mitglieder.

Der Friedhof in Aglasterhausen wurde, nachdem er beim Eisenbahnbau verkleinert worden war, in den 1860er Jahren und wieder 1983 erweitert. Alle vier Gemeindeteile besitzen heute eigene *Friedhöfe* mit Leichenhallen.

Einen *ev. Kindergarten* gibt es in Aglasterhausen und in Michelbach. Dem Michelbacher Kindergarten wurde 1863 ein Geschenk aus der großherzoglichen Schatulle zur Sicherung seines Weiterbestandes gewährt. In einer ehemaligen Fremdenpension in Michelbach und in Aglasterhausen werden je ein privates *Altenheim* mit (1987) 20 bzw. 37 Plätzen geführt.

Kirche. – Alle vier Dörfer sind *ev. Kirchengemeinden.* Schon 1845 gehörten Aglasterhausen, Breitenbronn und Michelbach zur Diözese (Kirchenbezirk) Neckargemünd, der sie auch heute noch angehören. Daudenzell, seit 1.1.1975 im Kirchenbezirk Mosbach, war damals Teil der Diözese Neckarbischofsheim. Das Patronat über die Daudenzeller Kirche haben die Freiherren von Gemmingen-Hornberg in Babstadt. Die Pfarrei Breitenbronn wurde früher von Asbach (Gde Obrigheim), jetzt von Neunkirchen aus versehen. Seit 1.8.1978 ist die Filiale Unterschwarzach, die vorher zur Pfarrei Aglasterhausen gehörte, dem Pfarramt Michelbach zugewiesen. Die Kirchen in Daudenzell und Michelbach stammen vom Ende des 18. Jh., die in Breitenbronn aus dem Jahr 1840. Die Kirche in Aglasterhausen wurde 1807/08 gebaut, und zwar zur einen Seite des Turmes der älteren Simultankirche, die als unzureichend abgerissen worden war. Zur anderen Seite war 1806 die kath. Kirche erbaut worden. Nach mehreren Renovierungen wurde die ev. Kirche 1969 grundlegend erneuert. Kurz vorher hatte die Kirchengemeinde auch den katholischen Bau angekauft, der durch den Neubau der St. Matthäuskirche freigeworden war.

Die kath. Kirche St. Matthäus in Aglasterhausen war in der 1. H. 19. Jh. Filialkirche der Pfarrei St. Petrus in Bargen, später (1863) gehörte Aglasterhausen wie Breitenbronn, Daudenzell und Michelbach zur Pfarrei St. Bartholomaei in Neunkirchen. 1885 wurde in Aglasterhausen eine eigene Pfarrpfründe eingerichtet. Als Nebenort erhielt sie Unterschwarzach und als Diasporaorte Daudenzell, Michelbach und Reichartshausen angegliedert. 1939 zählten Aglasterhausen, Daudenzell und Michelbach zum Pfarrbezirk Aglasterhausen, Breitenbronn war Diasporaort der Pfarrei Neunkirchen, alle innerhalb des Landkapitels Waibstadt. Auch heute gehören Daudenzell und Michelbach zur Pfarrei Aglasterhausen, Breitenbronn weiterhin zur Pfarrei Neunkirchen, jedoch alle innerhalb des Landkapitels Mosbach. Der *kath. Pfarrbezirk Aglasterhausen* umfaßt außerdem die Orte Asbach (Gde Obrigheim) und Unterschwarzach (Gde Schwarzach). 1806 war die St. Matthäuskirche in Aglasterhausen anstelle der abgerissenen Simultankirche gebaut worden, 1966 konnte ihre Nachfolgerin, die moderne St. Matthäuskirche, geweiht werden. Auch in Breitenbronn war der Vorgängerbau der ev. Kirche simultan genutzt worden. Beim Bau der Kirche von 1840, den die politische Gemeinde mitfinanzierte, wurden den Katholiken untergeordnete Mitbenutzungsrechte vorbehalten, jedoch offenbar nicht in Anspruch genommen.

Schule. – Die ev. und die kath. Schule in Aglasterhausen wurden 1872 zur Gemeinschaftsschule vereinigt. Die Unterklassen erhielten ihren Unterricht im bisherigen kath., die Oberklassen im bisherigen ev. Schulhaus. 1881 baute die Gemeinde dann die neue Schule. Allerdings war sie schon 1891, als zu den beiden Hauptlehrern noch ein Unterlehrer kam, zu klein, so daß im Rathaus ein drittes Schulzimmer eingerichtet wurde. Die heutige Schule wurde als *Mittelpunktschule* im Jahr 1965 fertiggestellt. In Breitenbronn schlossen sich die beiden Konfessionsschulen schon 1847 zusammen. 1857 war die Breitenbronner Schule die einzige Kommunalschule im Amtsbezirk Mosbach. 1872 baute die Gemeinde anstelle des alten Schulhauses ein neues Schul- und

Rathaus. Bis 1870 bestand hier eine im weiteren Umkreis bekannte Privatschule unter der Leitung von Dr. Hillengaß. Daudenzell besaß (1854) nur eine ev. Schule. Kath. Kinder gingen nach Aglasterhausen. Auch in Michelbach gab es nur eine ev. Schule. Auch die kath. Kinder besuchten sie bis zum zehnten Lebensjahr, später gingen sie nach Unterschwarzach. Das Schulhaus wurde 1876 umgebaut.

Vor Einführung der staatlichen Simultanschule wurde der ev. Lehrer in Aglasterhausen ausschließlich aus der Schulpfründe, der kath. Lehrer zum Teil von der politischen Gemeinde besoldet. In Breitenbronn trug die Gemeinde ⅓, die Staatskasse ⅔ der Besoldung, in Daudenzell wurde der Lehrer völlig aus der Gemeindekasse bezahlt, in Michelbach von der Gemeinde und dem Stift Mosbach.

Im Jahr 1900 richtete Aglasterhausen eine gewerbliche Fortbildungsschule, 1925 eine Haushaltungsschule ein. Nach den modernen Schulreformen besitzt die Gemeinde eine *Grund- und Hauptschule in Aglasterhausen*, zu der die Kinder aus den drei anderen Orten, zur Hauptschule auch aus der Gde Neunkirchen, gebracht werden. 1984 hatten sie 17 Klassen mit 357 Schülern und 28, davon 4 kirchliche, Lehrkräfte. Einen größeren Umkreis versorgt die Gebrüder-Grimm-Schule in Aglasterhausen als *Sonderschule für Lernbehinderte*. 12 Lehrkräfte, davon 5 teilzeitbeschäftigt, unterrichten 85 Schüler in 7 Klassen. Die Volkshochschule Mosbach und seit 1972 die Musikschule Mosbach unterhalten hier Außenstellen.

Sportstätten. – Aglasterhausen verfügt über einen 1975 angelegten Rasenplatz und einen 1978 angelegten Hartplatz. Die beiden Sportplätze in Breitenbronn gehen auf die Jahre 1972 und 1984 zurück, der Sportplatz in Daudenzell auf 1980. Michelbach besitzt seit 1966 einen Sportplatz, ein zweiter ist im Bau. Darüber hinaus hat Aglasterhausen seit 1965 eine Schwimmhalle mit Lehrschwimmbecken und eine Sporthalle, seit 1976 eine Schießanlage und seit 1978 drei Tennisplätze. Die 1925 vom Turn- und vom Gesangverein erbaute Turnhalle, mit deren Bau sich die beiden Vereine übernommen hatten, ging noch vor ihrer Vollendung in den Besitz der Gemeinde über, die sie als Festhalle nutzte. Inzwischen ist sie veraltet und soll bald durch eine neue Festhalle ersetzt werden.

Vereine. – Zum kulturellen Leben in der Gemeinde tragen die Vereine bei, insbesondere die Gesangvereine mit Liederabenden und der Musikverein mit Konzerten. Der älteste Gesangverein ist der 1842 gegründete von Aglasterhausen mit heute 239 Mitgliedern. Der Gesangverein Michelbach mit derzeit 140 Mitgliedern wurde 1867 gegründet, der Gesangverein Breitenbronn (85 Mitglieder) 1877 und ein Jahr später der Gesangverein Daudenzell (70 Mitglieder). Einen Musikverein hat Michelbach seit 1957. Er zählt jetzt 130 Mitglieder. Unter den Sportvereinen ist der 1896 gegründete Turnverein Aglasterhausen mit heute 245 Mitgliedern der älteste. 1919 wurde der Sportverein »Viktoria« Aglasterhausen gegründet (heute 265 Mitglieder), ein Jahr später der Sportverein »Union« Michelbach (220 Mitglieder). Der Schützenverein Aglasterhausen (165 Mitglieder) geht auf das Jahr 1923 zurück. Nach dem 2. Weltkrieg fanden sich zusammen: 1958 der VfB Breitenbronn (165 Mitglieder), der FC Daudenzell (145 Mitglieder), 1972 der Tennisclub »Rot-Weiß« Aglasterhausen (ca. 170 Mitglieder), 1977 der Angelverein Aglasterhausen (85 Mitglieder). Handwerker und Gewerbetreibende schlossen sich in Aglasterhausen schon 1862 zu einem Gewerbeverein zusammen. Er besteht mit 45 Mitgliedern noch heute. Lebendig ist mit 46 Mitgliedern auch die 1938 gegründete »Siedlergemeinschaft« der Eigenheimbesitzer. Großes Interesse findet in Aglasterhausen die Imkerei. Im 1920 gegründeten Bezirksimkerverein Mosbach/Aglasterhausen sind 90 Bienenzüchter organisiert. Ehemalige Bundeswehrsoldaten riefen 1961 die Reservistenkameradschaft »Kleiner Odenwald« ins Leben (55 Mitglieder). Seit

1963 hat Aglasterhausen auch eine Fastnachtsgesellschaft mit rund 50 Mitgliedern. Sie trägt den alten Necknamen des Dorfes »Hausemer Windbeutel«. Die Vorbereitung der 1000-Jahr-Feier in Daudenzell 1978 war der Anlaß zur Gründung der »Dorfgemeinschaft Daudenzell«, die heute 50 Mitglieder besitzt und besonders die Familien anspricht. Besondere Wirksamkeit entfaltet ein noch junger Verein, der 1981 gegründete Ortsverein Aglasterhausen des Bundes für Vogelschutz, mit 200 Mitgliedern. 1984 erhielt er den Umweltschutzpreis des Landes Baden-Württemberg.

Strukturbild

Aglasterhausen, im Regionalplan Unterer Neckar als *Kleinzentrum* ausgewiesen, ist *ländliche Mittelpunktsgemeinde* für den Kleinen Odenwald. Ärzte, Apotheke, Läden, Dienstleistungsunternehmen, Handwerk und ein Industriebetrieb ziehen Bewohner des Umlandes an. Noch stärker als heute war die Umlandbedeutung des Dorfes im 19. Jh., bevor die Eisenbahn die umliegenden Dörfer mit Mosbach und Heidelberg verband. Nicht von ungefähr hieß Aglasterhausen im Volksmund »Klein Mannheim«, und nicht grundlos wurde es selbst in amtlichen Schriftstücken hie und da als »Städtchen« bezeichnet. Dazu hatte beigetragen, daß sich hier relativ früh kleine Industriebetriebe entwickelten. 1939 war Aglasterhausen als Gewerbegemeinde einzustufen. 1970 arbeiteten 63 % der am Ort Beschäftigten im Produzierenden Gewerbe. Von den erwerbstätigen Einwohnern pendelten zwar 32 % aus, diesen 298 Auspendlern standen aber 223 Einpendler gegenüber.

Den bäuerlichen Bewohnern von Breitenbronn und Daudenzell wurde schon in der 2. H. 19. Jh. Aufgeschlossenheit und Regsamkeit bescheinigt. Sie besaßen größere Höfe und größere Vermögen als die Bauern in Aglasterhausen und in Michelbach. Durch jahrzehntelange Aus- und Abwanderung blieben die Betriebe wirtschaftlich und konnten aufgestockt werden. Beide Gemeinden retteten ihre blühende Landwirtschaft in die Gegenwart. Vergleichsweise spät erst setzte sich das Auspendeln zu auswärtigen Arbeitsplätzen durch. 1939 noch waren beide Orte mittelbäuerliche Gemeinden, aber 1970 arbeitete doch etwa die Hälfte (in Breitenbronn 54 %, in Daudenzell 47 %) der erwerbstätigen Einwohner in anderen Orten.

Michelbach, um 1850 eine eher arme Gemeinde, durch Mißwirtschaft heruntergekommen, mit zerstrittenen und prozeßsüchtigen Einwohnern, erholte sich unter einem tüchtigen Bürgermeister seit den 1860er Jahren zusehends. Eine Peitschenfabrik brachte gewerbliche Arbeitsplätze, außerdem wuchs allmählich die Bereitschaft, auswärts Arbeit zu suchen und entweder abzuwandern oder täglich auszupendeln. So konnten die landwirtschaftlichen Betriebe Land aufstocken, und die Zahl der Ortsarmen ging zurück. 1939 war Michelbach noch als kleinbäuerliche Gemeinde zu bezeichnen, 1970 dagegen als Wohngemeinde mit 157 Auspendlern, fast zwei Drittel der hier wohnenden Erwerbstätigen. Das Prädikat »Erholungsort« hat trotz Bemühens der Gemeindeverwaltung in Michelbach wenig bewirkt. Es fehlt die entsprechende Ausstattung mit Fremdenbetten und Gaststätten.

In den letzten Jahren sind die industriellen Arbeitsplätze in der Gemeinde durch die Schließung einiger Betriebe weniger geworden. Dazu paßt die stagnierende Bevölkerungsentwicklung, die mehr durch Abwanderung als durch Geburtendefizite bedingt ist. Zweifellos hat sich aber seit 1970 auch die Zahl der Auspendler vergrößert, die ihren Wohnsitz in der Gemeinde beibehalten und auswärts zur Arbeit gehen. Bevorzugte Arbeitsorte sind Mosbach mit dem Stadtteil Diedesheim, dann Sinsheim, Mannheim und Heidelberg. Zum Raum Heilbronn dagegen bestehen kaum Beziehungen.

1987 gehörten von den 1023 Beschäftigten der 183 (nichtlandwirtschaftlichen) Arbeitsstätten gut die Hälfte (517) zum Verarbeitenden und Baugewerbe, 192 zu Handel, Verkehr und Nachrichtenvermittlung und 277 zum öffentlichen und privaten Dienstleistungssektor.

Quellen: Ortsbereisungsakten

Aglasterhausen: GLA 364/3539, 3916, 3917, 1972/81/401
Breitenbronn: GLA 364/3546, 4010, 4011
Daudenzell: GLA 364/3548, 4034, 4035
Michelbach: GLA 364/4281, 349/1907/540

Literatur

1000 Jahre Breitenbronn. 1976.
Festschrift Heimattage Aglasterhausen. 1951.

C. Geschichte der Gemeindeteile

Aglasterhausen

Siedlung und Gemarkung. – Aglasterhausen wird erstmals 1143 als *Husen* erwähnt. Der Ortsname leitet sich vermutlich von einer zunächst noch kleinen Gruppe von Häusern ab. Knapp zwanzig Jahre später, 1161, ist die heutige, zusammengesetzte Namensform *Ageleisterenhusen* bezeugt. Die Verbindung mit dem mhd. Tiernamen *agelster* (ahd. agalstra = Elster) ist mehrdeutig und dürfte sich am ehesten auf ein besonders häufiges Vorkommen dieses Vogels in der Umgebung der Siedlung beziehen. Nicht auszuschließen ist allerdings, daß es sich um einen Beinamen für die Ortsherren oder um einen Spottnamen handelt. Aglasterhausen, das zum Bereich des Wimpfener Wildbanns von 988 gehört und an der Grenze des Kleinen Odenwalds liegt, hat sicher schon vor der Jahrtausendwende bestanden. Im frühen 16. Jh. war Aglasterhausen bereits eine vergleichsweise große Siedlung, deren Gebäudezahl bis zum Ende des Jahrhunderts noch einmal um etwa ein Drittel gewachsen ist. Durch den 30j. Krieg ist der Bestand jedoch wieder um mehr als zwei Drittel zurückgegangen. Erst im frühen 18. Jh. war die alte Größe wieder erreicht, und bis zum 19. Jh. hat sich der Ort fast um das Dreifache erweitert:

Jahr	1503	1555	1577	1592	1623	1628	1665	1677	1716	1777	1784/86	1802
Häuser	27	28	30	37	28	27	13	13	37	64	72	94

Die Gemarkungsgrenze zum benachbarten Weilerhof war wohl noch lange Zeit fließend. Obwohl der Hof schon im 16. Jh. seine eigene Gemarkung hatte, galt er als Teil der politischen Gemeinde Aglasterhausen; Teile seiner Hofgüter lagen auf deren Gemarkung. Die Abtrennung des Weilerhofes von der Gemeinde Aglasterhausen vollzog sich offenbar im ausgehenden 17. Jh., als das Anwesen zu Lehen an die Grafen von Wiser kam. Möglicherweise bei dieser Gelegenheit wurde die Weilermühle, die nicht zum Lehen gehörte, der Gemarkung Aglasterhausen zugeschlagen. 1775 wurden in Aglasterhausen 70 M Wald zu Ackerland gerodet. Die Gemarkungsfläche umfaßte im späten 18. Jh. 1367 M Äcker, 161 M Wiesen, 3 M Gärten und 130 M Wald. 1802 gab die Gemeinde die Größe ihrer Gemarkung mit 1050 M Äckern und 92 M Wiesen an.

Herrschaft. – Von der Mitte des 12. bis ins frühe 14. Jh. ist ein edelfreies Geschlecht bezeugt – ein Zweig der Herren von Kirchheim bei Heidelberg –, das sich nach dem Weilerhof (*Agelesterwilare*) bzw. nach dem Dorf Aglasterhausen (*Agileisternhusen*) nannte. Seine Stammburg, ein quadratisch angelegter Wohnturm mit Ringmauer, lag zwischen Aglasterhausen und dem Weilerhof und zählte als Gewann *Schloßbuckel* wohl seit dem ausgehenden 17. Jh. zur Gemarkung von Aglasterhausen. Das *burgel* ist 1421 durch Kauf von denen von Helmstatt an die von Hirschhorn übergegangen, die es im Jahr darauf dem Pfalzgrafen zu Mannlehen aufgetragen haben. Wohl zu Anfang des 16. Jh. wurde es zerstört; die teilweise noch erhaltenen Fundamente hat man erst 1959 beseitigt.

In der späten Stauferzeit stand Aglasterhausen vermutlich unter der Oberhoheit der Reichslandvogtei Wimpfen. Seit dem frühen 14. Jh. läßt sich Wormser Besitz in Aglasterhausen nachweisen, und seit der zweiten Jahrhunderthälfte wird das ganze Dorf als Wormser Lehen bezeichnet. Diese Rechte sind sicher aus der Kolonisationstätigkeit des Bistums Worms im Kleinen Odenwald entstanden; nach dem Aussterben der Herren von Aglasterhausen, die allerdings nie als Besitzer der Ortsherrschaft erwähnt werden, sind sie an das Bistum zurückgefallen. 1331 hat der Edelknecht Diether, gen. *daz Überbain*, im Dorf gesessen. Die ersten sicher nachweisbaren Ortsherren waren die von Massenbach, die 1358 die Hälfte des Dorfes an Engelhard I. von Hirschhorn verkauft haben. Der andere Teil ist anscheinend von den Horneck an die von Hirschhorn gekommen, denn 1384 haben Hans Horneck, gen. *Stemeler von Winheim*, und sein gleichnamiger Sohn auf alle Ansprüche am Dorf verzichtet. Die Hirschhorner waren in der Folgezeit von Worms mit Aglasterhausen belehnt. 1384 hat Engelhard II. von Hirschhorn die Ortsherrschaft aus unbekannten Gründen an Wilhelm von Bebenburg verloren, der sie mit anderen Orten an die Burggrafen von Nürnberg auftrug. Dennoch konnten die Erben Engelhards II. ihre Rechte über das Dorf wahren. 1416 verpfändete Hans V. von Hirschhorn Aglasterhausen an Pfalzgraf Ludwig III., behielt sich jedoch das Wiederkaufsrecht vor; wann die Auslösung geschehen ist, bleibt unklar. 1503 setzte Hans VIII. von Hirschhorn das Dorf zusammen mit dem Weilerhof Gerhard von Bödigheim zu Unterpfand. Die Hirschhorner sind bis zu ihrem Aussterben (1632) im Besitz des Dorfes geblieben. Danach scheint Aglasterhausen an die von Ehrenberg gekommen zu sein, und eine nicht ganz sichere Nachricht aus dem frühen 18. Jh. nennt auch die Landschaden von Steinach als Inhaber des hiesigen Lehens. Nach dessen Heimfall an das Bistum Worms (um 1653/54), wurde 1661 das rheinische Geschlecht der Cratz von Scharfenstein mit Aglasterhausen und Bargen belehnt. Um 1665/66 bemühte sich Georg Christoph von Auerbach beim Pfalzgrafen vergeblich um einen Tausch seiner Rechte und Besitzungen in den genannten Dörfern, die offensichtlich aus ehrenbergischem Erbe stammten. 1718 hat schließlich Worms das Lehen eingezogen. Im 18. Jh. bemühten sich Kurpfalz und Worms, Aglasterhausen und Bargen wegen ihrer Differenzen über die beiderseitigen Hoheitsrechte gegen andere Orte auszutauschen, konnten sich jedoch auch darin nicht einigen. So ist Aglasterhausen bis zum Ende des Alten Reiches unter wormsischer Ortsherrschaft geblieben. Als Rechtsnachfolger des Hochstifts Worms beanspruchte 1802 zunächst Hessen-Darmstadt die Hoheitsrechte über das Dorf, hat diese aber bereits 1803 an Baden abgetreten.

Das Dorf Aglasterhausen gehörte zur Reichartshauser Zent, die um 1380 an die Kurpfalz gefallen ist. Folglich standen dem Pfalzgrafen hier mit der Blutgerichtsbarkeit und dem militärischen Aufgebot wesentliche landesherrliche Rechte zu. Seit der Mitte des 17. Jh. ist es immer wieder zu Streitigkeiten mit dem Bischof von Worms gekommen, der als Lehns- und Ortsherr die zentliche Obrigkeit nur als Kriminalgerichtsbarkeit anerkennen wollte. Die Auseinandersetzungen lebten nach dem scharfensteinschen Lehnsfall wieder auf, aber Worms konnte sich mit seinen Ansprüchen nicht durchsetzen. Nach Herkommen hatte das Bistum nur die Lehnshoheit und die niedere Vogtei; dagegen wollte die Dorfherrschaft von Hirschhorn noch im frühen 16. Jh. auch die Bestrafung der Zentfälle beanspruchen, was aber seitens der Pfalz nicht geduldet wurde. Überdies verlangte die Vogtsherrschaft von den Untertanen Reis- oder Kriegsdienste, zog die Bede und sonstige Geld- und Naturalgefälle sowie Haupt- und Herdrechte ein; gegen die Gewährung von Fronbrot forderte sie von ihren Untertanen ungemessene Frondienste. Schließlich übten die Ortsherren auf der Gemarkung das Fischrecht und die kleine Jagd; letztere wurde ihnen seit dem frühen 18. Jh. von Kurpfalz bestritten. Das Abzugsgeld führten die von Hirschhorn hier um die Mitte des 16. Jh. ein. Die kurpfälzischen Gerechtsame zu Aglasterhausen wurden vom Amt Dilsberg und vom Zentgrafen der Reichartshauser Zent verwaltet.

Grundherrschaft. – Frühester nachweisbarer Grundherr in Aglasterhausen war das Kloster Odenheim, das 1161 nicht näher bezeichnete Güter (*predia*) im Dorf besaß. Der Grundbesitz der Dorfherrschaft von Hirschhorn ist durch Kauf zustande gekommen. 1338 hat sie Gülten vom sog. Stemmlerhof, der 1352 durch Verzicht Albrechts von Frauenberg an sie übergegangen ist, erworben. 1358 ist den Hirschhorn weiterer Grundbesitz zugefallen, der denen von Helmstatt gehört hatte. Der sog. Seehof war als wormsisches Lehen 1378 ebenfalls im Besitz der Hirschhorner. 1404 verkaufte Hans von Massenbach Gülten vom sog. Löfflerhof und andere Gefälle an Hans V. von Hirschhorn. Auch von den 9 Hufen im Dorf hat Hirschhorn im 16. Jh. den Fall eingezogen. Zu dieser Zeit gehörten denen von Hirschhorn neben dem Wittumhof die Frühmeßgüter und der sog. große oder Stemmlerhof. Dieser hatte schon damals keine Gebäude mehr und umfaßte nach dem Lagerbuch von 1556 nahezu 80 M Äcker und mehr als 20 M Wiesen. Außerdem gehörte den Hirschhornern ein Haus im Dorf. Nach dem Heimfall des Lehens wurde Worms Inhaber des Stemmler- und des Löffler- oder Wormser Hofes. Der Stemmlerhof hatte 1665 etwa 86 M Äcker und 15 M Wiesen, der Löfflerhof bestand aus 75 M Äckern und 10 M Wiesen. Um den Besitz des Frühmeßhofes stritten sich Worms und das Kloster Hirschhorn. Im 18. Jh. umfaßten der Stemmler- und Löfflerhof zusammen als herrschaftliches Hofgut 180 M Äcker und 35 M Wiesen. Die Ortsherrschaft hatte noch 1802 ein eigenes Haus im Dorf.

Neben dem der Ortsherrschaft ist seit dem 14. Jh. auch fremder Grundbesitz in Aglasterhausen bezeugt. Dem Edelknecht Diether, gen. *daz Überbain*, gehörte hier 1331 ein Hof, der später an das Stift Wimpfen im Tal übergegangen und in Erbbestand verliehen worden ist; 1383 umfaßte er 99 M Ackerland und mehr als 7 M Wiesen. 1498 wird er in einem Lagerbuch des Stifts als Fronhof bezeichnet. Daneben hatte das Stift 9 Hufen im Dorf, deren Gefälle zwischen 1532 und 1534 anscheinend auf Zeit abgelöst worden sind, und als Inhaber des Pfarrsatzes stand ihm auch das Wittumgut zu, das 1665 150 M umfaßte. Noch zu Beginn des 19. Jh. war das Stift im Besitz des Wittumgutes, des sog. Stiftshöfleins und des Pfarrhauses. Zum Stiftshöflein gehörten 1803 nur rund 2 M Äcker und 1 M Wiesen. Das Kloster Lobenfeld hatte 1350 im Dorf ein Gut, das an Diether von Massenbach verliehen war. 1667 zog dieser auch Fruchtgefälle von den Hufen und von dem nun sog. Höflein ein. Im 18. Jh. begegnet das Höflein unter der Bezeichnung *Nonnenhof*; es war noch 1813 im Besitz der geistlichen Güterverwaltung. Die von Massenbach besaßen 1358 in Aglasterhausen einen Hof, der anscheinend zusammen mit ihrem Anteil am Dorf von den Hirschhornern übernommen wurde. Das Karmeliterkloster Hirschhorn hat hier seit 1616 Zinsen von 300 fl Kapital bezogen. 1802 gehörten denen von Berlichingen der sog. Rappoltshof und den Grafen von Wiser 25 M Land; letztere waren offenbar Teil des Weilerhofes und lassen sich seit dem 16. Jh. belegen.

Die Waldungen auf der Gemarkung Aglasterhausen waren noch im 14. Jh. Eigentum der Ortsherren. Im Laufe der Zeit gelangten sie anscheinend in die Hände der Gemeinde, die im 18. Jh. die Größe des Waldes auf 130 M bezifferte. 1802 stand der ganze Wald in ihrem Eigentum.

Gemeinde. – Ein Schultheiß ist in Aglasterhausen seit 1430 bezeugt; Gerichtsschöffen lassen sich seit 1471 belegen. Ihre Zahl ist von ursprünglich 7 bis 8 (15./16. Jh.) auf 4 Personen (Ende 18. Jh.) gesunken. Neben dem Dorfgericht tritt seit dem ersten Drittel des 18. Jh. ein Gerichtsschreiber in Erscheinung. Ein Anwalt kommt nur zwischen dem 17. und frühen 18. Jh. vor. Das Dorfgericht von Aglasterhausen war ursprünglich auch für den Weilerhof zuständig; diese Befugnis ist wohl erst im ausgehenden 17. Jh. erloschen. Da in dem zwischen der Wormser Orts- und der Pfälzer Landesherrschaft wegen der Einsetzung und Bestätigung des Schultheißen bestehenden Konflikt keine Einigung zu erzielen war, hatte das Dorf im 18. Jh. neben dem vogteilich-wormsischen schließlich auch einen kurpfälzischen Schultheißen. Seit der Mitte des 16. Jh. lassen sich die Bürgermeister nachweisen, von denen die Gemeinderechnung versehen wurde. Weitere Organe der Gemeinde werden seit der 2. H. 17. Jh. genannt: Landschieder, Holzgeber, Kamin- und Dachbeseher, Ohmgelder, Weinschätzer sowie Feldschützen, Hirten und Schäfer. Ein Rentmeister ist seit dem Jahr 1770 faßbar. Das Gerichtssiegel, seit der 2. H. 18. Jh. überliefert, zeigt ein von zwei Bäumen (Pappeln?) umrahmtes Haus, auf dessen Dach eine Elster steht.

An Vermögen hatte Aglasterhausen im späten 18. Jh. ein Gemeindehaus, 1802 ein Schaf- und ein Hirtenhaus. Neben ihrem Wald verfügte die Gemeinde noch über eine Bannweide. Außerdem erhielt sie schon im frühen 16. Jh. kleinere Anteile an den Strafen, die der Ortsherrschaft zufielen, und die Hälfte des Einzugsgeldes. Weiterhin hatte sie das Recht, ihr Vieh in den Wald der Reichartshauser Zent zu treiben, und es stand ihr die Schäferei auf der Gemarkung zu. Schließlich hatte sie das Recht, sich mit Holz aus dem Zentwald zu versehen, was ihr aber seit der 2. H. 18. Jh. verwehrt wurde. In Aglasterhausen war im 18. Jh., mit Ausnahme der Kirchweih, der Weinschank frei.

Kirche und Schule. – Eine Kirche zu Aglasterhausen ist 1254 erstmals bezeugt, als Propst Werner von Wimpfen im Tal und sein Bruder Conrad von Horneck ihr Patronatsrecht dem Stift Wimpfen schenkten; diese Schenkung wurde 1266 durch den Wormser Bischof bestätigt. Nach dem Wormser Synodale von 1496 war die Pfarrkirche zu Aglasterhausen Synodalfiliale von Daudenzell und hatte den Apostel Matthäus zum Kirchenpatron. In ihr befand sich seit 1403 eine der Jungfrau Maria geweihte Frühmesse, die Hans V. von Hirschhorn und seine Ehefrau Ylant gestiftet hatten; die Stiftung fand 1407 die oberhirtliche Billigung. Das Patronat über die Frühmesse blieb bei den Herren von Hirschhorn. In der Reformationszeit wurde das Dorf durch die Hirschhorner dem luth. Bekenntnis zugeführt; dem Stift Wimpfen stand seither wohl nur noch ein formelles Recht bei der Einsetzung des Pfarrers zu. Während der bayrischen Besatzung im 30j. Krieg versuchte Wimpfen vergeblich, das Dorf zum kath. Glauben zurückzuführen. Seit dem späten 17. Jh. unternahm die Ortsherrschaft Cratz von Scharfenstein große Anstrengungen, das Patronatsrecht des Stifts auszuhöhlen. Sie machte ein *jus episcopalis* geltend und interpretierte das Kirchenpatronat als Teil ihres

Lehens. Im 18. Jh. setzte schließlich die Kurpfalz ihren Anspruch durch, die Ernennung des luth. Pfarrers zu bestätigen, wobei sie auch von den religiösen Spannungen unter den Einwohnern zu profitieren suchte.

1699 wurde für Lutheraner und Katholiken das Simultaneum eingeführt; Mutterkirche der Katholiken war Bargen. 1802 baten die Lutheraner die kurpfälzischen Behörden, die gemeinschaftlich genutzte Kirche zwischen ihnen und den Katholiken zu teilen. Vier Jahre später bauten sich die Katholiken an der Ostseite des Kirchturms eine eigene Kirche, die wiederum dem hl. Matthäus geweiht war. 1807/08 ersetzten auch die Lutheraner ihre alte Kirche durch eine neue. Die Baulast für den Turm der alten, gemeinschaftlich genutzten Kirche und für das (luth.) Pfarrhaus trug das Stift Wimpfen, das Kirchenschiff wurde vom Heiligen unterhalten.

Die Einwohner von Aglasterhausen waren seit dem 16. Jh. wohl alle Lutheraner. Die Zahl der Katholiken, im 17. Jh. noch eine kleine Minderheit, nahm im 18. Jh. kräftig zu und erreichte im frühen 19. Jh. beinahe die Hälfte der Seelenzahl der Lutheraner. Die Reformierten, die zu Beginn des 18. Jh. die Zahl der Lutheraner knapp überflügelt hatten, fielen bis zum 19. Jh. deutlich ab und konnten schließlich nur noch ein Zehntel der Anzahl der Katholiken erreichen.

Der Großzehnt auf hiesiger Gemarkung gehörte dem Stift Wimpfen, der Kleinzehnt fiel dem (luth.) Pfarrer zu. Der Mesner oder luth. Schulmeister erhielt Teile vom Groß- und Kleinzehnt.

Ein luth. Schulmeister ist seit dem Jahr 1700 bezeugt. Seit der 2. H. 18. Jh. hatten auch die Katholiken einen eigenen Schullehrer. Im letzten Viertel des 18. Jh. gab es im Dorf zwei Schulen.

Bevölkerung und Wirtschaft. – Die Bevölkerung Aglasterhausens hat sich im Laufe des 16. Jh. um fast ein Drittel vermehrt, ist aber im frühen 17. Jh. auf den vorherigen Stand zurückgegangen und hat sich durch den 30j. Krieg nochmals um die Hälfte vermindert. Erst zu Beginn des 18. Jh. erreichte sie wieder ihre frühere Größe. Seither setzte ein rapides Wachstum ein, und die Einwohnerzahl stieg bald um beinahe das Vierfache an. Das Bürgerrecht hatte wohl fast jeder Haushaltsvorstand, daneben lebten noch einige Beisassen im Dorf.

Jahr	1503	1555	1577	1592	1623	1628	1655	1677	1716	1727	1777	1784/86	1802	1807
Einwohner	121	126	135	166	126	121	59	59	166	193	344	554	558	652

Im 16. Jh. hatten die Hirschhorner Leibeigene im Dorf, deren Zahl nicht bekannt ist. Daneben gab es auch Leibeigene fremder Herren in Aglasterhausen. Seit dem späten 16. Jh. lassen sich Königsleute, die Leibeigene der Burg Schwarzach waren, im Ort nachweisen. Das Stift Wimpfen besaß ebenfalls einige Leibeigene in Aglasterhausen, die aber erst seit dem 17. Jh. erwähnt werden.

Die Einwohner lebten größtenteils von der Landwirtschaft, die sie in Dreifelderwirtschaft betrieben. Die Fluren lagen gegen Helmstadt, gegen den Weilerhof und gegen Breitenbronn; seit dem 16. Jh. wurden die Fluren nach Neunkirchen, Breitenbronn und Reichartshausen genannt. An Früchten wurden Korn, Roggen, Hafer und Dinkel angebaut. Seit der Mitte des 17. Jh. läßt sich auch ein geringer Weinbau nachweisen. Die Untertanen hielten vor allem Kühe, Rinder und Schafe sowie Schweine, Gänse und Hühner. Bei den Zugtieren überwogen die Pferde, die Zahl der Ochsen war klein. Im 18. Jh. entwickelte sich der Viehbestand folgendermaßen:

	1727	1777	1802
Pferde	35	34	51
Ochsen	3	14	–
Kühe	–	110	–
Rindvieh	–	–	275
Rinder	–	15	–
Schafe	–	300	–
Schweine	–	50	–

Gegen Ende des 18. Jh. ist man zur Stallfütterung des Viehs übergegangen, die durch den verstärkten Anbau von Klee leicht durchführbar war; die Weidewirtschaft wurde eingestellt.

Eine vermutlich herrschaftliche Mühle gab es in Aglasterhausen bereits 1383. 1404 hat Hans V. von Hirschhorn von denen von Massenbach eine Gült erworben, die auf der sog. *Groß Rafans Mühle* lag. Seit dem frühen 18. Jh. sind neben der außerhalb gelegenen sog. Weilermühle 4 Mühlen (Eich- oder Hof-, Keffer-, Kreuz- und Bauermühle) im Dorf bezeugt, die der Ortsherrschaft zinspflichtig waren. Im 16. Jh. hatte Aglasterhausen mehrere Wirte, nach dem 30j. Krieg saß offensichtlich nur noch ein Wirt im Dorf. Vor dem 18. Jh. waren es nur Straußwirtschaften, seit 1729 vergab die Wormser Ortsherrschaft anscheinend auch Schildgerechtigkeiten. Neben diesen Betrieben lassen sich seit dem 30j. Krieg die Handwerksberufe Schmied, Zimmermann, Bäcker, Leinenweber und Schornsteinfeger belegen. Seit der 2. H. 18. Jh. war auch ein Chirurg im Ort ansässig. Am Tag des hl. Matthäus (21. September) wurde ein freier Jahrmarkt abgehalten, der schon im 16. Jh. Erwähnung findet. Das um 1560 neu eingeführte Abzugsgeld wurde zum Erhalt von Brücken und Straßen verwendet. Die im späten 18. Jh. ausgebaute Landstraße Heidelberg-Mosbach führte durch Aglasterhausen, wo ein Chauseegeld erhoben wurde.

Weilermühle. – Die Weilermühle, westlich des Dorfes am Schwarzbach gelegen, ist allem Anschein nach im frühen 16. Jh. entstanden und gehörte zum Weilerhof. Sie ging im 30j. Krieg in den Besitz des bayrischen Statthalters in Heidelberg über und war 1650 unbewohnt. Als Graf Wiser Ende des 17. Jh. den Weilerhof als pfälzisches Lehen erhielt, wurde die Mühle offenbar der Gemarkung Aglasterhausen einverleibt, da sie nicht zum Lehen gehörte. Sie war im 18. Jh. an die Kirchenheiligen von Haag und Aglasterhausen sowie – wegen des sog. Grabengeldes – an die Ortsherrschaft zinspflichtig.

Breitenbronn

Siedlung und Gemarkung. – 976 wird *Breidenbrunno* zum ersten Mal urkundlich erwähnt, und im späten 13. Jh. ist der Ortsname in leicht veränderter Form als *Breitenbrunn* oder *Breidenbron* zu belegen; er dürfte sich auf eine Quelle am Ort beziehen. Die Siedlung an der Grenze zum Kleinen Odenwald ist wohl ein Ausbauort des frühen Mittelalters. Breitenbronn hatte zu Beginn des 15. Jh. die Größe eines Weilers. Daran hat sich bis zum Ende des 16. Jh. fast nichts geändert, jedoch ist der Ort dann infolge des 30j. Krieges um etwa ein Viertel kleiner geworden. Im 18. Jh. setzte wieder ein starkes Wachstum ein und die Zahl der Gebäude nahm um mehr als das Doppelte zu.

Jahr	1514	1577	1592	1628	1678	1777	1784	1802
Häuser	15	17	17	13	13	28	30	32

Die Gemarkung umfaßte 1784 606 M Ackerland, 76 M Wiesen, 2 M Gärten, 20 M Weide und 250 M Wald. 1802 lagen 9 M Weingärten Breitenbronner Bauern auf Gemarkung Mörtelstein. Mit der Gemeinde Daudenzell waren im 18. Jh. 9 M Wald strittig, die seither als Prozeßwald bezeichnet wurden. An der Gemarkungsgrenze gegen Mörtelstein fehlten 1802 Grenzsteine, doch glaubte die Gemeinde Breitenbronn, die sich daraus ergebenden Probleme auf gütlichem Weg beilegen zu können.

Herrschaft und Staat. – Im späten 13. Jh. (1276, 1291) werden *Nencelinus de Breitenbrunnen* und *Heinricus dictus Spieg de Breitenbrunn* erwähnt, denen das Stift Wimpfen Grundstücke verliehen hatte, die vermutlich bei Wimpfen lagen. Ob es sich bei ihnen um Adelige handelt, ist zweifelhaft. Immerhin hat es in Breitenbronn nach dem Lagerbuch der Kellerei Neckarelz (16. Jh.) eine Flur gegeben, die als *Widelberg- oder Burgwegflur* bezeichnet wurde und damit auf das einstige Vorhandensein einer Burg hindeuten könnte. Aufbauend auf Mosbacher, dann Wormser Besitzrechten gehörte Breitenbronn in der Stauferzeit wahrscheinlich zum Reichsland um Wimpfen. Im 14. Jh. war der Deutsche Orden Besitzer des Dorfes. 1362 verkaufte der Orden den Ort an Konrad Landschad von Steinach, und dieser hat ihn bereits 1371 dem Pfalzgrafen Ruprecht I. zu Lehen aufgetragen. Die Landschaden hatten Breitenbronn bis 1653 als pfälzisches Mannlehen inne. Nach der pfälzischen Landesteilung von 1410 hat Pfalzgraf Otto von Mosbach auf die Lehnshoheit Anspruch erhoben, aber schon 1427 darauf verzichtet. 1510 durfte Hans Landschad das Dorf mit pfalzgräflicher Erlaubnis an Gerhard von Bödigheim verpfänden, wobei er sich verpflichtete, es innerhalb von drei Jahren wieder auszulösen. Nach dem Tode des letzten Landschaden hat Kurpfalz das Lehen 1653 eingezogen und Breitenbronn der Amtskellerei Dilsberg einverleibt. Ein Gesuch der Untertanen, sie der benachbarten pfälzischen Kellerei Minneburg zuzuweisen, hat damals keine Berücksichtigung gefunden und ist auch 1731 nicht bewilligt worden. Gleichwohl hatte der für Breitenbronn zuständige Amtskeller seit 1663 seinen Sitz in Schwarzach.

Breitenbronn gehörte zu der um 1330 an die Pfalz gelangten Reichartshäuser Zent. Der Pfalzgraf hatte im Dorf die Zent- und die Landeshoheit. Niedergericht und Vogtei wurden von der jeweiligen Ortsherrschaft ausgeübt. Sie besetzte das Schultheißenamt und das Dorfgericht und erließ Ge- und Verbote. Desgleichen hatten die Ortsherren noch im frühen 16. Jh. das Recht, große Frevel abzustrafen, soweit es um Beleidigungen und Körperverletzungen ohne blutende Wunden ging. Auch hatten sie Bede, Haupt- und Herdrechte sowie Atzung und Bannwein zu beanspruchen; darüber hinaus stand ihnen im Bereich der Dorfgemarkung das Jagdrecht zu. Die Untertanen waren zu Frondiensten verpflichtet, die durch ein Frongeld abgelöst werden konnten. 1532 hat Hans Landschad die Gemeinde gegen den jährlich zu entrichtenden Betrag von 20 lb h von der Last, Frondienste, Atzung und Bannwein zu leisten befreit.

Grundherrschaft und Grundbesitz. – 976 hat das Bistum Worms mit der Abtei Mosbach u.a. auch Besitz in Breitenbronn erhalten, jedoch wird dessen Umfang in der Schenkungsurkunde Kaiser Otto II. nicht näher beschrieben. 1331 hat Gerhard Gabel von Obrigheim dem Kloster Schönau 6 Malter Korn u.a. von Gütern in Breitenbronn gestiftet. Die Landschaden als Ortsherren hatten offenbar keinen nennenswerten Grundbesitz im Dorf. Um die Mitte des 16. Jh. werden lediglich 15 M Weingärten erwähnt. Zu Beginn des 19. Jh. gab es auf der Gemarkung keine adeligen Güter, allerdings sind damals Zinsen aus Breitenbronn an die Kirche in Binau, an die Heiligenfonds zu Michelbach und Daudenzell sowie an die Kollektur Mosbach gefallen. Das zur Faselhaltung verpflichtete örtliche Wittumgut (1802 16 M) gehörte ursprünglich dem Domkapitel zu Worms und wurde später vom lutherischen Pfarrer zu Daudenzell genutzt.

Gemeinde. – Schultheiß und Dorfgericht zu Breitenbronn werden erstmals 1514 genannt. Die Zahl der Dorfrichter schwankte zwischen drei und acht; im 16. Jh. war sie höher als im 18. Jh. 1514 saßen drei Auswärtige im Breitenbronnner Dorfgericht. 1802 bezeichnete die Gemeinde ihren Zentschöffen als zweiten Ortsvorstand, der für die niedere Gerichtsbarkeit allerdings keine Zuständigkeit hatte. An weiteren Organen wird 1786 ein Akziser erwähnt. Bereits im 17. Jh. läßt sich ein Gemeindehirte belegen. Das älteste Gerichtssiegel stammt aus dem späten 18. Jh. Es zeigt ein doppeltes großes B und trägt die Umschrift *DER BREIDENBRUNER GERICHTSINSIGEL.*

Seit dem frühen 17. Jh. hatte Breitenbronn ein Hirtenhäuslein, und 1802 war noch ein Schafhaus im Eigentum der Gemeinde, der 1758 im übrigen 40 M Feldhecken gehörten. 1532 konnte die Gemeinde das herrschaftliche Bannweinrecht gegen einen jährlichen Geldbetrag an sich bringen; seitdem hatte sie allein das Recht, an gebannten Tagen Wein auszuschenken. Im 18. Jh. besaß sie die Schäferei, die sie in Bestand vergab. Ferner stand ihr ein freier Viehtrieb durch den Nachbarort Neunkirchen in den Wald der Reichartshäuser Zent zu, und sie durfte dort auch Holz holen. Im 16./17. Jh. hatte die Gemeinde 34 M eigenen Wald, im frühen 19. Jh. gehörte ihr der ganze auf Breitenbronner Gemarkung gelegene Wald (etwa 150 M).

Kirche und Schule. – In Breitenbronn gab es 1496 eine Kapelle, die der Jungfrau Maria geweiht war, eine Filiale der Pfarrei Daudenzell. Hans Landschad von Steinach hat bereits vor 1531 das lutherische Bekenntnis in Breitenbronn eingeführt. Nach dem Lehnsheimfall im Jahre 1653 konnten die Untertanen ihren lutherischen Glauben gegenüber der Kurpfalz behaupten. Jedoch hat Kurpfalz 1671 die Kirche und die Pfarrgefälle eingezogen und sie dem ref. Pfarrer zu Asbach und Neunkirchen übertragen. Luth. Gottesdienst blieb fortan untersagt. Freilich wurde Breitenbronn schon 1687 wieder der luth. Pfarrei Daudenzell zugewiesen. In der pfälzischen Kirchenteilung ist die baufällige Kirche – 1669 werden neben der Kirche erstmals Turm, Chor und Kirchhof erwähnt – vorübergehend den Reformierten zugefallen, aber schließlich konnten die Lutheraner sich doch behaupten. 1707 bauten sie auf eigene Kosten eine neue Kapelle. Wegen deren Nutzung kam es schon bald zum Streit mit den Katholiken. Daher ordnete die Regierung 1708/09 für die Lutheraner und Katholiken zu Breitenbronn das Simultaneum an, doch stand der Heiligenfonds weiterhin allein den Lutheranern zu. Im letzten Viertel des 18. Jh. wird die Kirche erneut als baufällig bezeichnet, und 1783 ist sie wiederum durch einen Neubau ersetzt worden, dessen Kosten die luth. Gemeinde zu tragen hatte. Das Simultaneum blieb weiterhin in Geltung. 1798 wurde in Breitenbronn schließlich eine eigene luth. Pfarrei errichtet. Katholiken und Reformierte waren zu jener Zeit nach Neunkirchen gepfarrt. Die Mehrheit der Dorfbewohner war lutherisch; die Zahl der Katholiken hat sich im 18. Jh. zwar verdoppelt, doch hat sie noch um 1800 nur ein Viertel der Lutheraner ausgemacht. Der ohnehin stets geringe Anteil der Reformierten an der Bevölkerung war im 18. Jh. rückläufig, sie blieben im Dorf eine kleine Minderheit.

Im 16. Jh. hatte das Kl. Schönau die Hälfte des großen und zwei Drittel des kleinen Zehnten inne. Diese Rechte sind um 1559 an die Kurpfalz gefallen, die sie 1561 der Kellerei Neckarelz inkorporiert hat. 1803 ist der vormals Schönauer Zehntanteil an den Fürsten von Leiningen übergegangen. Die übrigen Anteile waren im Besitz des luth.

Pfarrers zu Daudenzell; 1717 hat ihm das Oberamt Heidelberg die Hälfte entzogen und sie dem kath. Pfarrer zu Neunkirchen übergeben. Doch hatte diese Teilung offenbar nicht lange Bestand. Um die Mitte des 18. Jh. versuchte der Keller zu Schwarzach einen Frühmeßzehnt auf einigen Äckern geltend zu machen, konnte sich damit jedoch nicht durchsetzen.

Breitenbronn hatte noch um die Mitte des 18. Jh. keine eigene Schule, jedoch wurde durch den luth. Schulmeister von Daudenzell wenigstens eine Winterschule gehalten. Ein kath. Schulmeister findet seit der 2. H. 18. Jh. Erwähnung. Noch im frühen 19. Jh. hatte die Gemeinde kein besonderes Schulhaus.

Bevölkerung und Wirtschaft. – Die Einwohnerzahl zu Breitenbronn ist im 16. Jh. nur leicht angestiegen, im 17. Jh. jedoch um ein Viertel zurückgegangen. Schätzungsweise hat es im 16. Jh. in Breitenbronn zwischen 75 und 85, nach dem 30j. Krieg nur noch etwa 65 Untertanen gegeben. Zuverlässige Angaben liegen freilich erst seit dem 18. Jh. vor. Bis zum frühen 19. Jh. hat sich die Breitenbronner Bevölkerung fast um das Doppelte erhöht. Bürgerrecht hatten 1777 alle Vorstände der im Dorf ansässigen 28 Familien.

Jahr	1727	1777	1784	1802	1807
Einwohner	111	131	170	182	207

Die Bewohner von Breitenbronn lebten von der Landwirtschaft, die als Dreifelderwirtschaft betrieben wurde. 1581 werden die Schmutzbach- oder Heulachsbergflur, der Asbacher Berg und die Widelberg- oder Burgwegflur erwähnt. An Früchten sind Roggen, Dinkel und Hafer, aber auch Wein (Mitte 16. Jh.) und Klee (spätes 18. Jh.) angebaut worden. Die Stallfütterung des Viehs hat sich in Breitenbronn wie in den Nachbargemeinden gegen Ende des 18. Jh. durchgesetzt und den Viehtrieb abgelöst. Bei den Zugtieren haben die Ochsen vorgeherrscht, die Zahl der Pferde hat im 18. Jh. deutlich abgenommen:

Jahr	1727	1758	1777	1802
Schafe	–	150	200	–
Kühe	–	–	58	–
Rinder	–	–	65	197
Schweine	–	–	58	–
Ochsen	6	–	34	–
Pferde	15	–	10	4

1769 hat das kurfürstliche Bergamt dem Heidelberger Bürger und Bierbrauer Johann Wilhelm Janson die Genehmigung erteilt, auf Breitenbronner Gemarkung nach Steinkohle zu schürfen. Vor 1809 ist hier auch eine Ölmühle errichtet worden, die von einem Pferd angetrieben wurde.

Ereignisse. – Um 1458/59 haben Diener des Grafen Eberhard I. von Württemberg, die einen vergeblichen Angriff auf Schloß Stolzeneck unternommen hatten, beim Heimzug das Dorf Breitenbronn überfallen und es ausgeraubt.

Daudenzell

Siedlung und Gemarkung. – Das Dorf Daudenzell läßt sich erstmals 976 als *Cella* belegen. Die Namensform *Celle, Zelle* ist bis zum 15. Jh. in Gebrauch geblieben, wenn auch seit der Mitte des 14. Jh. gelegentlich schon der erweiterte Ortsname *Daudencell* oder *Dudenzel* Verwendung findet. Im 16. Jh. setzte sich die heutige Namensform durch. Dabei bedeutet das Grundwort -zell soviel wie »Kammer, Klostergut« (lat. cella) und dürfte auf eine geistliche Gründung des Ortes verweisen. Das jüngere Bestimmungswort leitet sich wohl von einem Personennamen ab und bezieht sich möglicherweise auf einen späteren Besitzer des Dorfes. Der Ort ist vermutlich schon im frühen Mittelalter entstanden und war Sitz der Mutterpfarrei für Aglasterhausen, Asbach und Breitenbronn.

Jahr	1468	1577	1592	1628	1777	1784	1802
Untertanen	21	25	21	20	31	28	29

Die Gemarkung von Daudenzell umfaßte gegen Ende des 18. Jh. 690 M Ackerland, 81 M Wiesen, 8 M Weinberge und 321 M Wald. Um 1777 wurden 50 M Wald für den Feldbau gerodet. Mit der Nachbargemeinde Breitenbronn waren im 18. Jh. 9 M Wald strittig.

Herrschaft und Staat. – Zwischen 1344 und 1393 wird ein niederadeliges Geschlecht Trigel von (Dauden-)Zell erwähnt, das mit denen von Öwisheim (bei Bruchsal) verwandt war. Die Trigel standen in speyrischen Diensten (u.a. Amtslehen auf der Vorderburg zu Neckarsteinach) und besaßen bis 1393 Zehntrechte in Waibstadt sowie Güter bei Wimpfen. Im Besitz der Ortsherrschaft von Daudenzell sind sie jedoch nicht nachzuweisen.

Mit der Abtei Mosbach hat Kaiser Otto II. dem Bistum Worms auch Besitzrechte in Daudenzell geschenkt. In der Stauferzeit war das Dorf vermutlich ein Teil des Reichslandes um Wimpfen. Erster sicher nachweisbarer Ortsherr war Wiprecht von Helmstatt, der das Dorf 1451 vom Bischof von Worms mit allen Herrlichkeiten wohl als Pfand erworben hat; jedoch hat er es schon 1468 mit allen Rechten und Zubehör an Diether Ramung, Propst zu Wimpfen im Tal, weiterveräußert. Im gleichen Jahr hatte Wiprecht auch mit den Gölern von Ravensburg einen Kaufvertrag über Daudenzell geschlossen, der aber offenbar nicht in Kraft getreten oder doch gleich wieder aufgehoben worden ist, denn die Ramung sind bis zum frühen 16. Jh. im Besitz des Dorfes geblieben. Durch weibliche Erbfolge ist Daudenzell dann doch noch an die Göler gelangt, die den Ort bis Mitte des 17. Jh. innehatten. Danach ist es aufgrund von Erbansprüchen an die Herren von Hallwil zu (Neckar-)Beihingen und an deren Nachkommen (von Neipperg, von Kaltenthal, von Zanowitz) übergegangen. Zwischen 1670 und 1673 gelangten – wiederum durch Erbfolge – die von Gemmingen in den Besitz von Daudenzell, und die Freiherren von Gemmingen sind auch bis zum Ende des Alten Reiches Ortsherren geblieben. Die einstigen Wormser Rechte waren schon im 16. Jh. in Vergessenheit geraten.

Mit der Reichartshäuser Zent, die um 1380 an die Pfalz gelangt war, kam Daudenzell unter pfälzische Oberhoheit. Dem Pfalzgrafen standen damit die Hochgerichtsbarkeit, das militärische Aufgebot sowie die Erhebung von Reichssteuern zu; der zuständige Zentgraf hatte seit 1663 seinen Sitz im Schloß Schwarzach. Die Ortsherrschaft übte die niedere Gerichtsbarkeit aus und setzte den Schultheißen sowie das Dorfgericht ein. Im 18. Jh. haben die pfälzischen Behörden (Amt Dilsberg) von der Vogtsherrschaft verlangt, ihnen einen neuen Schultheißen vor der Anstellung jeweils zu präsentieren und haben auch den Anspruch erhoben, bei Streitigkeiten zwischen der Gemeinde und den Vogtsjunkern ihrerseits einen Schultheißen zu setzen. Die Abgaben der Untertanen (Bede, Zinsen, Haupt- und Herdrechte) wurden von der Ortsherrschaft erhoben. 1461 erlaubte Pfalzgraf Friedrich I. dem Dorfherrn Wiprecht von Helmstatt, von seinen Untertanen in Daudenzell eine einmalige Schatzung zu erheben; später hatte die Kurpfalz das Schatzungsrecht. Der Vogtsherrschaft standen Atzung, Weinschank und Frondienste zu. Die Frondienste der Untertanen, die u.a. die Güter des Ortsherren zu bebauen hatten, wurden 1499 durch ein Urteil des kurfürstlichen Hofgerichts eingeschränkt; dafür hatte die Vogtherrschaft einen Anspruch auf die Zahlung von jährlich 8 lb h seitens der Gemeinde.

Grundherrschaft und Grundbesitz. – Zusammen mit der Abtei Mosbach ist deren Grundbesitz in Daudenzell, über dessen Umfang weiter nichts bekannt ist, 976 an das Bistum Worms übergegangen. Ursprünglich hatte das Dorf eine Hufenverfassung, jedoch sind die Hufen erst im späten 18. Jh. bezeugt und waren zu dieser Zeit bereits aufgeteilt. 1449 hat Hans von Helmstatt aus seinem Hofgut gen. *Wilkerdeychlin* in Daudenzell eine Gült zu einer ewigen Messe in Wimpfen gestiftet. Matthias Ramung hat hier 1499 die sog. *Enckersgüter* (30–40 M) besessen. Im späten 18. Jh. werden herrschaftliche Zinsstücke erwähnt, doch läßt sich deren Größe nicht mehr feststellen. Das Wittum (ca. 22 M) gehörte ursprünglich dem Pfarrer und den Altaristen der Pfarrei Wimpfen, die es 1551 als Stab- oder Erblehen vergeben haben; mit ihm war die Haltung des Faselviehs verbunden. 1581 war es im Besitz des Ortspfarrers. Die Waldungen auf Daudenzeller Gemarkung waren 1468 im Eigentum des Dorfherrn. Seit der Mitte des 18. Jh. haben sich die Gemeinde und die gemmingische Vogtsherrschaft um den sog. Forlenwald gestritten, und 1770 hat die Gemeinde den gesamten Wald auf ihrer Gemarkung beansprucht; dessen Größe hat sie mit über 180 M Buchwald und über 140 M Forlenwald angegeben. 1790 bezifferte sie den Umfang ihres eigenen Waldes aber nur noch mit 181 M; im Besitz der restlichen 140 M hatte sich offenbar die Ortsherrschaft durchsetzen können.

Gemeinde. – Schultheißen und einzelne Gerichtsschöffen zu Daudenzell begegnen seit 1564/65 in den Quellen. Das ganze Dorfgericht läßt sich allerdings erst seit dem frühen 18. Jh. belegen und hat – zusammen mit dem Anwalt – in der Regel aus drei bis fünf Schöffen bestanden. Um 1768/69 hatte Daudenzell sowohl einen kurpfälzischen als auch einen vogteilichen Schultheißen. Bürgermeister sind seit 1752 bezeugt, ein Anwalt seit 1764; Rentmeister sind seit 1773 nachweisbar. Außerdem beschäftigte die Gemeinde einen Hirten. Das Gerichtssiegel, dessen älteste Fassung aus dem letzten Viertel des 18. Jh. stammt, zeigt den Großbuchstaben Z und trägt die Umschrift DAUDENZELLER GERICHTSINSIEGELL. Der Gemeinde gehörte im 18. Jh. ein Haus, das offenbar vom Hirten bewohnt wurde. 1802 verfügte sie obendrein über die Hälfte am Schafhaus und über das Schulhaus. Die Untertanen hatten das Recht, ihr Vieh in den Zentwald zur Weide zu treiben und dort auch ihren Bedarf an Holz zu decken. Die Schäferei hat der Gemeinde ursprünglich allein zugestanden, doch hat die Ortsherrschaft ihr diese später entzogen, bis das kurfürstliche Hofgericht ihr die Hälfte wieder zugesprochen hat. Daneben hatte das Dorf einen freien Weinschank.

Kirche und Schule. – Die Kirche zu Daudenzell wird erstmals 1302 genannt. Nach dem Wormser Synodale von 1496 war sie die Mutterkirche von Asbach, Aglasterhausen und Breitenbronn. Die kirchliche Organisation des Umlandes ist also wohl von einer hiesigen Zelle des Klosters Mosbach ausgegangen. Kirchenpatron war St. Veit, den Pfarrsatz hatten 1497 der Pleban und die Kapläne der Pfarrkirche zu Wimpfen am Berg.

Ein Seitenaltar der Kirche war der Jungfrau Maria geweiht. Um 1525 hat die adelige Vogtsherrschaft in Daudenzell das luth. Bekenntnis eingeführt und damit schließlich auch den Pfarrsatz an sich gezogen. 1630/31 ist die Pfarrei Daudenzell von einem durch die kurbayrische Besatzung eingesetzten kath. Priester versehen worden. Nach 1635 ist sie vakant geblieben und von Bargen bzw. von Aglasterhausen her betreut worden. Erst seit 1664 hatte Daudenzell wieder einen eigenen luth. Pfarrer. Die Vogts- und nunmehr auch Patronatsherrschaft von Gemmingen hatte sich im 17./18. Jh. gegen Eingriffe der pfälzischen Behörden in ihre *iura ecclesiastica* zu wehren. Um 1750 wurde ein Pfarrhaus erbaut, die Kirche 1783 teilweise durch einen Neubau ersetzt. Die Baulast für den Kirchturm und das Pfarrhaus oblag dem Domkapitel zu Worms, dagegen mußte der Unterhalt für das Langhaus der Kirche aus Heiligenmitteln bestritten werden, wobei die Gemeinde Frondienste zu leisten hatte. Die in Daudenzell ansässigen Katholiken waren nach Neunkirchen, die Reformierten nach Asbach gepfarrt. Im 18. Jh. waren fast alle Einwohner des Dorfes lutherisch; Reformierte und Katholiken waren in Daudenzell stets eine kleine Minderheit.

Vom Großzehnt zu Daudenzell haben das Wormser Domkapitel zwei Drittel und der örtliche Pfarrer ein Drittel bezogen. Den Kleinzehnt hat der Pfarrer allein erhalten. Den Neurottzehnten beanspruchte seit dem späten 18. Jh. die Kurpfalz, was zum Streit mit dem Bistum Worms führte.

Einen luth. Schulmeister, der von der Vogtsherrschaft bestellt worden ist, hat es in Daudenzell seit dem frühen 18. Jh. gegeben, doch wurde damals offenbar nur im Winter Schule gehalten. Das Schulhaus, das um die Mitte des 18. Jh. gebaut wurde, war Eigentum der Gemeinde.

Bevölkerung und Wirtschaft. – Die Zahl der Untertanen hat sich in Daudenzell vom 15. zum 16. Jh. um etwa ein Fünftel erhöht, ist aber seit dem späten 16. Jh. wieder von etwa 125 auf 100 Einwohner, den Stand des 15. Jh., zurückgegangen. Exakte Einwohnerzahlen liegen erst seit dem 18. Jh. vor. Sie zeigen zunächst ein starkes Wachstum der Bevölkerung, auf das allerdings im späten 18. Jh. wieder ein beträchtlicher Rückgang folgte. Im frühen 19. Jh. ist die Zahl der Bevölkerung dann wieder angestiegen, die Abnahme im späten 18. Jh. war rasch wieder ausgeglichen. Die Haushaltsvorstände hatten fast ausnahmslos in Daudenzell Bürgerrecht.

Jahr	1727	1777	1784	1790	1802	1807
Einwohner	119	176	158	–	165	200
Bürger	–	29	26	29	–	–

Die zinspflichtigen Untertanen standen wohl zum überwiegenden Teil in einem leibrechtlichen Verhältnis zur Ortsherrschaft. Das Schloß Schwarzach hatte in Daudenzell 1579 sieben, 1603 und 1665 fünf Königsleute. 1802 war ein Teil der Einwohner der Kurpfalz leibrechtlich verbunden.

Die Untertanen waren Bauern und betrieben Landwirtschaft. Ihre Felder verteilten sich auf drei Fluren, deren Namen allerdings nicht bekannt sind. Angebaut wurden Roggen, Hafer, Gerste und Wein. Im späten 18. Jh. ist man zu einem verstärkten Kleeanbau übergegangen und konnte damit das Vieh in den Ställen füttern. Die Schaf-, Rinder- und Schweinehaltung war bedeutend, als Zugtiere wurden Ochsen und Pferde verwendet.

Jahr	1727	1777	1790	1802
Kühe ⎫	–	70	–	–
Rindvieh	–	–	120	154
Rinder ⎭	–	53	–	–
Schafe	–	220	–	–
Schweine	–	121	–	–
Pferde	20	20	–	23
Ochsen	8	34	–	–

1468 finden eine herrschaftliche Badstube und ein kleiner Weiher Erwähnung. In Daudenzell gab es eine (Mahl-)Mühle, die aber erst seit dem frühen 18. Jh. nachgewiesen werden kann. Sie war der Vogtsherrschaft zinspflichtig, war aber dessen ungeachtet Eigentum des Müllers. Der Weinschank gehörte ursprünglich der Ortsherrschaft. 1754 genehmigte der Zentgraf und Keller zu Schwarzach gegen den Widerstand der Ortsherren den Untertanen zu Daudenzell eine weitere Schankgerechtigkeit. Die von der Vogtsherrschaft dagegen erhobene Beschwerde wurde aber seitens der kurfürstlichen Regierung nicht anerkannt, da mit der Bewilligung keine Bannrechte verletzt worden waren. Im 18. Jh. fand im Dorf an Pfingstmontag ein Krämermarkt statt, der 1810 auf den Dienstag nach Pfingsten verlegt worden ist.

Michelbach

Siedlung und Gemarkung. – Der Bach *Michelenbach*, nicht aber das gleichnamige Dorf, kommt erstmals in einer gefälschten Urkunde des späten 10. Jh. vor, und ob mit dem 1276 bzw. 1281 bezeugten *Michel(e)nbach* das Dorf im Kleinen Odenwald gemeint ist, bleibt zumindest fraglich. Um die Mitte des 14. Jh., 1358 und 1359, wird *Michelbach* zum ersten Mal zweifelsfrei erwähnt. Der Ortsname leitet sich vom gleichnamigen Bach, dem jetzigen Forellenbach, ab, der oberhalb des Dorfes entspringt. Das Bestimmungswort »Michel-« kommt aus dem Mhd. und bedeutet »groß«. Michelbach lag im Gebiet des sog. Wimpfener Bannforstes, der 988 an das Bistum Worms gekommen ist. Die Kolonisation des gesamten Bereichs nördlich des Schwarzbaches ist nach der Jahrtausendwende durch das Bistum erfolgt; für diese Kolonisation spricht auch der abgesteinte Zehntbereich, den das zum Bistum Worms gehörige Stift Wimpfen in Michelbach besessen hat. Zwar ist 1927 eine fränkische Lanzenspitze aus dem 7. Jh. in Michelbach ausgegraben worden, doch scheint es sich hier nur um einen verschleppten Fund zu handeln. Das Dorf war im Spätmittelalter klein. Die Zahl der Hofstätten, die im 16. Jh. nur langsam angestiegen ist, hat im Laufe des 30j. Krieges und der nachfolgenden Kriege deutlich abgenommen. Erst gegen Ende des 18. Jh. hat die Gebäudezahl den Stand des 16. Jh. wieder erreicht und überschritten.

Jahr	1527	1566	1592	1633	1690	1777	1802
Hausgesesse	21	28	29	23	15	37	38

1777 hat es auf Gkg Michelbach 418 M Acker, 107 M Wiesen und 200 M Wald gegeben. Von der gesamten Fläche waren anscheinend 115 M Neurottland. Zu Beginn des 19. Jh. hat sich das gesamte Areal auf 436 M Acker, 100 M Wiesen und etliche 100 M Wald belaufen.

Herrschaft und Staat. – Eigenen Adel hatte Michelbach zwar nicht, doch bezeichneten Gerung von Helmstatt d.Ä. und seine Ehefrau Adelheid von Wunnenstein sich 1359 als *gesessen zu Michelbach*. Nach der mündlichen Überlieferung soll es im Ort auch eine Burg gegeben haben. Allem Anschein nach gehörte das Dorf den Ortsherren zu Eigentum. Dennoch wird man hier wie in den Nachbargemeinden Aglasterhausen, Schwarzach, Breitenbronn und Daudenzell alte wormsische Rechte vermuten dürfen. Dafür sprechen nicht zuletzt auch die bedeutenden grundherrlichen Gerechtsame, die das Stift Wimpfen in Michelbach besessen hat.

Die Ortsherrschaft zu Michelbach war im 14. Jh. zwischen den Herren von Massenbach (bis 1358), von Hirschhorn (seit 1358 durch Kauf), von Helmstatt (1359) und von Zwingenberg geteilt. Die Zwingenberger haben ihre Hälfte am Dorf 1373 an Dietrich von Venningen versetzt, der sie 1376 seinerseits an Heinrich von Erligheim weiterverkauft hat. 1410 haben die Hirschhorner ein weiteres Viertel am Dorf von Wernher Ützlinger gen. Knebel erworben. Die Zwingenberger Rechte an Michelbach waren wohl zu Beginn des 15. Jh. zusammen mit der Burg Zwingenberg ebenfalls an die Hirschhorner gelangt. Seit der 2. H. 15. Jh. haben nur noch die von Helmstatt (zu Helmstadt) und die von Hirschhorn die Ortsherrschaft ausgeübt. Einen Teil der allodialen Helmstatter Rechte hat um 1470 Pfalzgraf Friedrich I. erworben und sie 1475 seinem morganatischen Sohn Ludwig von Bayern (später Graf von Löwenstein) überlassen. Dieser war noch im frühen 16. Jh. einer der Ortsherren zu Michelbach, denen das Dorf je zu einem Drittel gehört hat. Im Laufe des 16. Jh. ist der Graf von Löwenstein aus der Ortsherrschaft ausgeschieden, und Michelbach gehörte fortan nur noch denen von Helmstatt und von Hirschhorn. Die Rechte der Hirschhorner, die im 17. Jh. nur noch ein Viertel am Ort innehatten, sind nach deren Erlöschen im Jahre 1632 an ihre Allodialerben Schertel von Stammen übergegangen. Der Anteil der Helmstatter hat im späten 17. Jh. dieselben Besitzwechsel erlebt, wie ihr Reichslehen Helmstadt. Infolge Erbschafts- bzw. Schuldforderungen ist er zunächst an Johann Nikolaus von Helmstatt, dann an die Witwe Catharina Elisabetha von Bork gelangt. 1693 ist er an Johann Philipp von Berlichingen, den Allodialerben der Herren von und zu Helmstatt gefallen, doch haben auch die von Auerbach auf die Ortsherrschaft zu Michelbach Ansprüche erhoben. Zu Beginn des 18. Jh. ist daher das helmstattische Erbe zwischen Johann Philipp von Berlichingen und denen von Auerbach geteilt worden; die Berlichingen haben dabei zwei Drittel, die Auerbach ein Drittel erhalten. Der ehemals hirschhornische Teil, zu dem gegen Ende des 17. Jh. nur noch zwei Untertanen gehört haben, ist von den Schertel von Stammen an Franz Melchior von Wiser übergegangen und offenbar zu Beginn des 18. Jh. an die von Auerbach gelangt. Seither waren die von Berlichingen und die von Auerbach (seit der Mitte des 18. Jh.: Schmitz-Auerbach) je zur Hälfte an der Ortsherrschaft beteiligt, sie sind Ortsherren von Michelbach geblieben bis zum Ende des Alten Reiches.

Michelbach gehörte zur Reichartshäuser oder Stüber Zent und hat infolgedessen seit 1380 unter pfälzischer Oberhoheit gestanden. Kurpfalz beanspruchte die Hochgerichtsbarkeit, die Reiß- oder Kriegspflicht und das (Reichs-) Steuerrecht. Die sogenannte vogteiliche Obrigkeit hatten die niederadeligen Vogtsjunker, denen obendrein das Fischrecht im Michel- oder Forellenbach zugestanden hat. Allerdings haben die Hirschhorner für ihre Untertanen auch das militärische Aufgebot beansprucht. Vor dem 30j. Krieg haben die Ortsherren im Dorf die Schatzung erhoben und haben auch der Kurpfalz das Recht zur Erhebung von Reichssteuern streitig gemacht. Im übrigen haben der Vogtsherrschaft die üblichen Zinsen, Gülten, Herd- und Hauptrechte sowie das Bannweinrecht zur Kirchweih zugestanden; Bede ist im Dorf offenbar nicht erhoben worden. Die Untertanen waren zu ungemessener Fron – Hand- und Spanndiensten – verpflichtet. Wie alle Orte der Reichartshäuser Zent war Michelbach dem kurpfälzischen Amt Dilsberg unterstellt; seit dem späten 16. Jh. war der Keller zu Schwarzach-Minneburg als Zentgraf der Reichartshäuser Zent für das Dorf zuständig. **Grundherrschaft und Grundbesitz.** – Die grundherrlichen Verhältnisse in Michelbach lassen auf Rodung zur Zeit des frühen Hochmittelalters schließen; das Dorf hatte eine Hufenverfassung. 1527 werden in einer Renovation drei Hufen, die Mercklein-, Würtze- und Wagnerhufe, erwähnt, die dem Stift Wimpfen im Tal zinspflichtig waren. 1574 sind fünf Hufen bezeugt. Seit dem 17. Jh. hat das Stift Zinsfrüchte sowie je sechs Fastnachthühner und Erntehähne eingezogen, und im 18. Jh. hat es von sieben Häusern, die anscheinend in einem besonders abgegrenzten Bezirk lagen, Rauchhühner und Erntehähne erhoben. Dagegen war der Grundbesitz der Ortsherren gering. 1364 werden Güter der von Helmstatt erwähnt, und 1633 hat dieselbe Familie Fruchtgülten von besonderen Gütern bezogen. Die Schertel von Stammen haben um die Mitte des 17. Jh. von zwei Hufen die Hälfte der Zinsfrüchte eingenommen. Zu Beginn des 19. Jh. hat die Ortsherrschaft noch einige Güter in der Gemarkung besessen. Das Pfarrwittum umfaßte 1742 8 M Äcker und Wiesen; 1786 waren es 10½ M Äcker, 2½ M Wiesen und ½ M Gärten. Der Wald hat im 18. Jh. der Gemeinde allein zugestanden. Ob auch die Vogtsherren früher am Wald beteiligt waren, läßt sich nicht mehr feststellen; jedoch hatten die von Helmstatt 1633 in dem Walddistrikt *Höchel* die große Jagd.

Gemeinde. – Ein Schultheiß ist in Michelbach erstmals 1523 bezeugt; ein Anwalt kommt nur zwischen dem späten 17. und dem frühen 18. Jh. vor. Das Dorfgericht läßt sich seit 1527 nachweisen; die Zahl seiner Schöffen schwankt zwischen sieben (16. Jh.) und drei (Anf. 19. Jh.). An weiteren Ämtern wird 1668 ein Akziseinnehmer erwähnt; die Bürgermeister oder *gemeine vorsteher* treten erst seit dem frühen 18. Jh. in Erscheinung. Außerdem hat es einen Schafhirten gegeben, denn die Gemeinde hatte das Recht, Schafe zu halten. Als Teil seiner Besoldung hat der Schultheiß ein Drittel des Kleinzehnten erhalten. Das Siegel des Gerichts, das seit dem letzten Viertel des 18. Jh. nachzuweisen ist, zeigt einen Bach und trägt die Umschrift *DER MICHELBACHER GERICHTSINSIEGEL*.

Neben dem Wald hatte die Gemeinde eine Allmende und durfte im Zentwald der Reichartshäuser Zent ihr Vieh weiden. Gegen Ende des 18. Jh. gehörten ihr zwei Häuser, wovon anscheinend das eine das Schafhaus war. Für den Erwerb des Bürgerrechts mußten um die Mitte des 17. Jh. 10 fl Bürgergeld erlegt werden, wovon die Gemeinde 4 fl, den Rest aber die Dorfherrschaft erhielt. Im frühen 18. Jh. wurde als Voraussetzung für die Bürgerannahme ein Vermögen von mindestens 100 Reichstalern gefordert. Diese Summe hatte sich bis Anfang 19. Jh. auf 300 fl (= 200 Reichstaler) erhöht.

Kirche und Schule. – Michelbach hat ursprünglich zur Pfarrei Neunkirchen gehört, sich aber bereits vor 1479 von dieser gelöst. Ob es freilich schon 1419 in Michelbach einen eigenen Pfarrer gegeben hat, wie eine Quelle aus der Mitte des 18. Jh. meldet, muß dahingestellt bleiben. 1496 jedenfalls hatte das Dorf eine eigene Pfarrei, die nur hinsichtlich des Sends noch mit der Mutterkirche verbunden war. Kirchenheilige war die Jungfrau Maria; außerdem gab es einen Seitenaltar, der dem hl. Wolfgang geweiht war. Der Pfarrsatz hat bei der Ortsherrschaft gelegen und ist um 1496 von Löwenstein und Helmstatt abwechselnd wahrgenommen worden; da der löwensteinische Anteil am Dorf von denen von Helmstatt hergerührt hat, könnte das Patronatsrecht ursprünglich in deren alleinigem Besitz gewesen sein. 1510 ist die Herrschaft über die Kirche zwischen denen von Helmstatt und von Hirschhorn dahingehend geregelt worden, daß Hirschhorn hinfort jedes dritte Mal den Pfarrer ernennen durfte. In der 2. H. 17. Jh.

sind die Kirche, ihr Turm und das Pfarrhaus verfallen. Um 1670 hat die Geistliche Administration das Dach des Kirchturms (Bauinschrift von 1481) wieder herstellen; das Langhaus ist 1783 von der Gemeinde neu erbaut worden.
Im 16. Jh. haben die adeligen Ortsherren in Michelbach das luth. Bekenntnis eingeführt. Einer Nachricht aus der Mitte des 18. Jh. zufolge ist die Kirche, die zuvor nur eine Kapelle gewesen sein soll, 1566 in eine Pfarrkirche umgewandelt worden. Jedoch wird man diese mit anderen Quellen nicht in Einklang zu bringende Aussage vermutlich auf die Einführung der Reformation beziehen müssen. In der 2. H. 17. Jh. hatte die Pfarrei Michelbach keinen eigenen Pfarrer und ist von dem luth. Pfarrer zu Helmstadt mitversehen worden. Erst 1708 hat die auerbachische Ortsherrschaft in Michelbach wieder einen eigenen luth. Pfarrer eingesetzt. Wegen eines Streits um die Baupflicht am Pfarrhauses wohnte der Pfarrer um die Wende zum 19. Jh. nicht in seinem Pfarrdorf, sondern in Aglasterhausen. Die überwiegende Zahl der Einwohner von Michelbach bekannte sich seit dem 16. Jh. zum Luthertum; die Reformierten waren eine kleine Minderheit, und die Katholiken konnten ihren hohen Anteil an der Einwohnerschaft, den sie im frühen 18. Jh. erreicht hatten, nicht auf Dauer halten und waren im Dorf schließlich noch schwächer vertreten als die Reformierten. Reformierte und Katholiken waren beide nach Neunkirchen gepfarrt.
Im 14. Jh. waren die Herren von Zwingenberg mit etwa einem Viertel am großen und kleinen Zehnt zu Michelbach beteiligt; dieser Anteil ist später an die von Hirschhorn gelangt. Über die ganze Gemarkung ist eine Zehntgrenze verlaufen, die sich seit dem frühen 17. Jh. nachweisen läßt. Auf der einen Seite war das Stift Wimpfen alleiniger Dezimator. Dieser Zehntdistrikt ist in der 2. H. 17. Jh. mit Forlen, Eichen und Buchen zugewachsen, jedoch zu Beginn des 18. Jh. neuerlich gerodet worden. Im 17. und 18. Jh. hat das Stift die Hälfte des hier anfallenden Kleinzehnten dem luth. Pfarrer zu Michelbach überlassen. In den Ertrag des anderen Zehntdistrikts (klein und groß) haben sich die reformierte Pfarrei zu Neunkirchen und die beiden Ortsherren von Helmstatt und von Hirschhorn zu je einem Drittel geteilt. Der Neunkirchener Anteil, der wohl ursprünglich dem Domstift Worms zugestanden hatte, ist dann in den Besitz der Kollektur Minneburg bzw. der Geistlichen Administration übergegangen. Die Zehntdrittel der Helmstatter und der Hirschhorner sind im 17. Jh. an die jeweiligen Allodialerben gefallen, und diese haben ihre Anteile am Kleinzehnt im frühen 19. Jh. dem luth. Pfarrer und dem Schultheißen zu Michelbach überlassen.
Zu Beginn des 18. Jh. ist der luth. Schulunterricht in Michelbach von Helmstadt aus versehen worden, wo auch der zuständige Pfarrer seinen Sitz hatte. Im ersten Drittel des 18. Jh. wird erstmals ein eigenes luth. Schulhaus im Dorf erwähnt, das von der Gemeinde unterhalten wurde. Seit der 2. H. 18. Jh. hat es auch einen ref. Schulmeister in Michelbach gegeben, jedoch haben die Reformierten kein eigenes Schulhaus besessen. Die kath. Kinder sind zu Beginn des 19. Jh. vom ref. Schulmeister mitunterrichtet worden.

Bevölkerung und Wirtschaft. – Die ersten Angaben über die Zahl der zinspflichtigen Untertanen zu Michelbach datieren aus dem 16. Jh. Im Laufe des 16. Jh. hat die Bevölkerung des Dorfes leicht zugenommen (von rund 100 auf etwa 140 Seelen), hat aber dann durch den 30j. Krieg und durch die Kriege des späteren 17. Jh. wieder starke Einbußen erlitten. Am Ende des 17. Jh. hat man am Ort ungefähr 75 Einwohner gezählt; im 18. Jh. hat die Bevölkerung von Michelbach wieder um mehr als das Doppelte zugenommen. 1777 gab es im Dorf 41 Bürger und 3 Beisassen. 1579 lebten in Michelbach vier Königsleute des Schlosses Schwarzach, 1603 gab es im Dorf nur noch drei Königsleibeigene.

Jahr	1706	1727	1777	1784	1802
Einwohner	75	127	192	197	174

Ihren Lebensunterhalt haben die Michelbacher in der Landwirtschaft verdient, die als Dreifelderwirtschaft betrieben wurde. Die drei Fluren, trugen die Namen *Braittenfeld*, *gegen Schwarzach* und *gegen Bürken*. Wie in den anderen Dörfern des Kleinen Odenwalds wurden hier vorwiegend Roggen, Hafer, Gerste und Flachs, aber auch Rüben, Kraut, Erbsen, Linsen und anderes angebaut. In der Viehlhaltung hat bis ins späte 18. Jh. die Fütterung auf der Weide überwogen; dann ist man wohl infolge vermehrten Kleeanbaus zur Stallfütterung übergegangen. In Michelbach wurden vor allem Schafe, aber auch Rinder und Schweine gehalten. Im 18. Jh. entwickelte sich der Viehstand wie folgt:

Jahr	1727	1777	1802
Schafe	–	200	–
Rinder	–	55	157
Kühe	–	70	–
Schweine	–	73	–
Ochsen	15	31	–
Pferde	16	–	7

Eine herrschaftliche Mühle findet erstmals 1359 Erwähnung. Sie lag unterhalb des Dorfes, gehörte denen von Helmstatt und war in Erbbestand vergeben. Aus dem Besitz Wernher Ützlingers gen. Knebel ist sie 1410 an die von Hirschhorn und im 17. Jh. an die Schertel von Stammen gekommen. Die auerbachischen Erben hatten im 18. Jh. Zinsen von einer Mahlmühle, die noch im frühen 19. Jh. bestanden hat. 1668 hat es im Dorf ein Wirtshaus gegeben, dessen Wirt zugleich das Bäckerhandwerk ausgeübt hat.

Quellen und Literatur

Aglasterhausen

Quellen, gedr.: *Brinkmann.* – *Dümge.* – *Gudenus*, Sylloge. – KDB IV,4 S. 3f. – R Boica. – *Schannat.* – WUB 2. – ZGO 15, 1863; 24, 1872; 27, 1875.
Ungedr.: GLA Karlsruhe 43; 61/5454; 67/819, 866, 907, 1665; 77/4087, 4089, 5745, 6142, 6215; 135/100, 104, 110, 141; 145/292, 294, 305, 364; 183/5, 23, 49, 54; 185/123–124; 229/494–646, 5740, 5765, 5790a, 5791, 5793, 5822, 17083, 41732, 41734, 41841, 62099, 71307, 84700; 313/2809. – StA Würzburg, Mainzer U, Weltl. Schrein Lade 53 Nr. 54. – StA Darmstadt, Hirschhorner Kopialbuch; H 2 Cratzische Akten; Kopialbuch Ritterstift Wimpfen.
Allg. Literatur: Hahn S. 378. – *Krieger* TWB 1 Sp. 22–24. – LBW 5 S. 258f. – *Lenz.* – *Schuster* S. 351. – *Widder* 1 S. 426–429.
Ortsliteratur: *Huth*, Hans, Die ehemalige Burg Weiler bei Aglasterhausen. In: Denkmalpflege BW 3 (1960) S. 35–36. – *Caroli*, Ortsgeschichte von Aglasterhausen, 1970 (Manuskript beim Bürgermeisteramt Aglasterhausen).

Breitenbronn

Quellen, gedr.: *Brinkmann.* – Lehnb. Pfalz. – RPR 1. – UB MOS. – ZGO 11, 1860; 27,1875;
Ungedr.: FLA Amorbach, Zins- und Gültb. der Kellerei Neckarelz 1582. – GLA Karlsruhe 66/7703; 67/876, 906, 1010, 1664; 72 Landschad v. Steinach; 77/4087, 4089, 6142; 135/90, 110,

141; 45/304–305, 364; 183/23, 54; 185/105, 123–124; 229/12407–469, 17041, 17043, 17045, 17056, 17082-084; 313/2809.
Allg. Literatur: *Bartsch*, Karl, Die altdeutschen Handschriften der Universitäts-Bibliothek in Heidelberg, Heidelberg 1887. – *Krieger* TWB 1 Sp. 280. – LBW 5 S. 259. – *Langendörfer*. – *Lenz*. – *Liebig*, Fritz, 1000 Jahre Neckargerach, 1200 Jahre Guttenbach, Neckargerach 1976. – *Widder* 1 S. 429 f.
Erstnennungen: ON 976 (MGH D OII 143).

Daudenzell

Quellen, gedr.: *Brinkmann*. – UB MOS. – ZGO 11, 1860; 14, 1862; 15, 1863; 27, 1875; 50, 1896.
Ungedr.: GLA Karlsruhe 61/5454, 5541–5542; 66/1822–1823; 67/285, 907; 77/4087, 4089, 6142, 6215, 8511; 135/99–100, 104, 110, 141; 145/301, 304–305, 364; 183/23, 54; 185/123–124; 229/12431, 12445–12447, 17031–17086, 118929; 313/2809
Allg. Literatur: *Feigenbutz* S. 237 f. – KDB IV,4 S. 13. – *Krieger* TWB 1 Sp. 379 f. – LBW 5 S. 259. – *Lenz*. – *Wagner* S. 381. – *Widder* 1 S. 432–434.
Ortsliteratur: 1000 Jahre Daudenzell. Hg. von der Gemeindeverwaltung, Aglasterhausen 1978.

Michelbach

Quellen, gedr.: *Brinkmann*. – *Kollnig*. – MG_DLD. – UB Hessen 1. – UB Hohenlohe 3. – ZGO 27, 1875; 50, 1896.
Ungedr.: GLA Karlsruhe 43; 61/5454, 5462, 5479, 5542; 66/5462; 67/812, 821, 907; 69 von Helmstatt; 77/4087, 4089, 4146, 4417, 6142, 6215, 9086; 135/110, 141; 145/45, 305, 364; 183/5, 54; 229/638, 41727, 41788, 41792, 41799 II, 41807–808, 41835–836, 67146–213, 109487.
Allg. Literatur: BFb 20, 1956 S. 255. – KDB IV, 4 S. 177. – *Krieg*. – *Krieger* TWB 2 Sp. 188. – LBW 5 S. 259 f. – *Lenz*. – *Widder* 1 S. 445–446.

Billigheim

4898 ha Gemeindegebiet, 5309 Einwohner

Wappen: In geteiltem Schild oben in Blau schräggekreuzt ein goldener (gelber) Krummstab und ein goldenes (gelbes) Patriarchenhochkreuz mit Kleeblattenden, beide umschlungen von einem silbernen (weißen) Tuch, unten in Silber (Weiß) ein achtspeichiges rotes Rad. – Das Wappen erinnert mit Krummstab und Kreuz an das ehemalige Frauenkloster in Billigheim und mit dem Rad an die mainzische Ortsherrschaft vor 1803. Es ist seit Ende des 19.Jh. in den Siegeln nachweisbar. Die mainzischen Farben des unteren Feldes wurden 1961 vertauscht, um den Farbverstoß gegenüber dem oberen Feld auszumerzen. Nach der Neubildung der Gemeinde wurden Wappen und Flagge vom Innenministerium am 13.8.1975 neu verliehen. – Flagge: Gelb-Blau (Gold-Blau).

Gemarkungen: Allfeld (1284 ha, 1201 E.) mit Assulzer(Äußer)-hof, Bernbrunn, Eichhof, Gänslacherhof, Ober Bichelbacherhof, Schopfenhof, Se(e)lbacherhof, Unter Bichelbacherhof und Untere Mühle (Sägmühle); Billigheim (1006ha, 1550 E.) mit Schmelzenhof, Stuhlseite = Mühle, und Ziegelhütte; Katzental (523 ha, 423 E.); Sulzbach (1139 ha, 1537 E.); Waldmühlbach (949 ha, 598 E.).

A. Natur- und Kulturlandschaft

Naturraum und Landschaftsbild. – Das ganz im Bauland liegende Gemeindegebiet dehnt sich unmittelbar westlich der Bauland-Muldenachse aus. Gegliedert wird das flachwellige Hügelland, das am Westrand der Gkg Sulzbach Gipfelhöhen von 325–334 m NN in den zum großen Teil lößlehmbedeckten Nodosuskalken oder sogar 348 m NN in gleichartigen, ebenfalls von verlehmten Flugsandablagerungen verhüllten Gesteinen des Oberen Muschelkalks östlich von Waldmühlbach erreicht, von den Tälern der Schefflenz und ihrer Nebenflüsse. Es sind vor allem der Sulzbach im W und der Wolfsbach-Mühlbach im O des Gemeindegebiets.

Das etwa in N-S-Richtung ziehende Schefflenztal, das zur Jagst entwässert, ist als unterschiedlich breites Sohlental ausgebildet, dessen wiesenbedeckter, aus jungen quartären Anschwemmungen aufgebauter Talboden von unter 190 m im S auf ca. 255 m NN im N ansteigt. Mit einer durchschnittlichen Eintiefung von 40–60 m ist dieser das Gemeindegebiet zweiteilende Talzug in den Muschelkalksockel der Baulandhöhen eingeschnitten. Im oberen Bereich, nördlich der WNW-OSO streichenden Verwerfung im Zuge des Wolfsbachtals stehen an den Talflanken, die besonders auf der linken Talseite mit mächtigem Gehängeschutt bedeckt sind, Trochitenkalke an, über denen am steileren westexponierten Hang harte Nodosuskalke zutage treten und eine deutliche obere Talhangkante bilden. Südlich der Wolfsbachverwerfung, wo sich die Talsohle merklich verbreitert, hat sich die Schefflenz in den Mittleren Muschelkalk mit teils klar erkennbaren Hangverflachungen sowie in den Unteren Muschelkalk eingesägt. Wellenmergel mit Schichten, die teils von der ihnen den Namen gebenden Muschel Myophoria orbicularis übersät sind, bauen dort bis zur Einmündung der aus den westlichen Trochitenkalk-Hügeln herunterführenden Kirchklinge die unteren Talhänge der Schefflenz auf. Weiter im S, wo sich das Haupttal dann ab der Stuhlseite-Mühle zusehends verengt, bauen sich die Hänge des Schefflenztals dann wieder aus dem Hauptmuschelkalk zugehörigen Trochitenkalken auf. Die nach W gewandte Talflanke ist dort übersteilt und waldbedeckt. Bei Allfeld, wo die harten Trochitenkalke des ehemaligen Schloßbergs spornartig nach W vorstoßen und den Fluß zum Ausweichen zwingen, wird das Tal besonders schmal. Die auch im südlichen Gemeindegebiet an den oberen Talkanten an die Oberfläche tretenden, ebenfalls sehr widerstandsfähigen Nodosuskalke bewirken eine klare Talabgrenzung gegen das benachbarte hochflächige Hügelland. Der harte Bergsporn aus Trochitenkalken bewirkt die herausragende Siedlungslage des Allfelder Kirchbezirks hoch über der Schefflenz auf einem das Tal fast absperrenden Kalkriegel, an dessen Steilhänge sich die tiefere Bebauung anlehnt.

Das Tal des Sulzbachs, der die lößlehmüberkleideten Hauptmuschelkalkhügel im westlichen Gemeindegebiet entwässert, ist im Siedlungsbereich von Sulzbach in den Mittleren Muschelkalk mit seinen weicheren Anhydrit-, Gips- und Tonlagen an stark mit Gehängeschutt bedeckten Talflanken eingeschnitten. In diesem oberen Talabschnitt hat sich unterhalb des das alte Dorf tragenden Talhangs eine breite Talsohle herausgebildet, die sich im unteren Talbereich wieder verengt. Im Gegensatz zu anderen Seitenbächen der Schefflenz hat der Sulzbach, der oberhalb des Allfelder Schloßbergsporns in das enge Haupttal einmündet, keinen Schwemmfächer ins Schefflenztal vorgelagert. An der Ausmündung der Kirchklinge, des Schafgrabens bei Billigheim und des den Metzgergrund entwässernden Seitentälchens, das bei Katzental aus den westlichen Baulandhügeln herabsteigt, wurden Schuttkegel ins rechtsseitige Schefflenztal vorgeschoben. Katzental westlich der Schefflenz und der einstige Klosterbezirk von Billigheim erhielten so ihre hochwasserfreien Siedlungslagen im Haupttal.

Recht unterschiedlich ausgeprägt sind die Talhänge des Wolfsbachs, dessen Oberlauf aus dem ebenfalls etwa südwärts entwässernden Sohlental des Mühlbachs besteht, der wie die Schefflenz bei Billigheim bis in die Wellenmergel des Unteren Muschelkalks eingetieft ist. Durch die o.g. Verwerfung bestehen die Talhänge des westwärts zur Schefflenz fließenden Wolfsbachs, der oberhalb des Billigheimer Industrie- und Gewerbegebiets ins Haupttal eintritt, aus ganz unterschiedlich widerständigen Muschelkalkschichten. Der südexponierte rechtsseitige Steilhang ist im Trochitenkalk teils mit Felsbildungen herausmodelliert. An seinem Hangfuß liegt mächtiger Gehängeschutt aus Hauptmuschelkalken. Der sanftere linksseitige Hang läßt im unteren Bereich Wellenkalke und Myophorienschichten des Unteren, an der oberen Talflanke dann Gesteine des Mittleren Muschelkalks hervortreten. Ein erst junges Landschaftselement sind bei der Einmündung des Mühlbachs in den Wolfsbach mehrere Fischweiher, die zur Karpfenzucht künstlich angelegt und aufgestaut sind.

Die flachwelligen und teils von Dellen gegliederten Hügel und Höhenrücken im Oberen Muschelkalk weisen Karsterscheinungen auf. Trockentälchen ohne oberirdischen Wasserlauf und Dolinen lassen sich ausmachen. Die trichterförmigen Erdfälle liegen westlich der Schefflenz größtenteils im Grubenwald und Waldstück Dehnich versteckt, in ausgedehnten Laubmischwäldern auf den siedlungsferneren Hügeln. In den Feldbauzonen sind sie durch die landwirtschaftliche Nutzung zugeschüttet und im Oberflächenbild kaum noch erkennbar wie im Flurstück Röhrlein im W der Gkg Katzental.

Durch das Einfallen der Baulandschichten nach SO liegt das südliche Gemeindegebiet in der Gkg Allfeld im Bereich der Baulandmulde. In dieser tektonisch bedingten, flachen Wanne sind über den Nodosuskalken jüngere Triasschichten erhalten geblieben, die beiderseits des steil in den Trochitenkalk eingetieften Schefflenztals unterhalb von Allfeld die beim Gänslacherhof im W und beim Oberbichelbacherhof im O über 300 m Höhe erreichenden hochflächigen Hügelzüge aufbauen. Es handelt sich um Dolomite, Kalke und Schiefertone der untersten Keuperlagen sowie um Sandsteinbildungen des Unteren Keupers, die vor allem die Hügelrücken aufbauen, so in der Rodungsinsel der Bichelbacher Höfe und des Schopfenhofs sowie im Hoschelwald östlich und auf den waldfreien Höhen westlich der Schefflenz. Diese Lettenkeuperhöhen als erdgeschichtlich jüngste Teile des Gemeindegebiets tragen zum Teil ebenfalls verlehmte Flugsandablagerungen.

Siedlungsbild. – Das im Tal der Schefflenz und an seinen Hängen liegende Allfeld nimmt nach seiner topographischen Situation und seiner siedlungsgeschichtlichen Entwicklung innerhalb des Gemeindegebiets eine Sonderstellung ein. Der mittelalterliche *Siedlungskern* entstand auf einem nach W gerichteten und von der Schefflenz umflossenen Muschelkalksporn, dem Schloßberg, und war von seiner Funktion her eine Burgsiedlung, die zwar nie eine echte Stadtqualität erreicht hatte, aber noch im heutigen Aufrißbild etwa im Bereich der Bachstraße unterhalb des den einstigen Herrschaftssitz tragenden Bergsporns durchaus städtische Züge erkennen läßt.

Die die Minderstadt überragende Burganlage ist längst abgetragen. Das die gesamte Siedlung beherrschende Bauwerk auf dem Schloßberg ist heute die vor der Mitte des 18. Jh. im ehemaligen Schloßareal errichtete barocke Pfarrkirche St. Georg, ein weiß verputzter Saalbau mit ziegelgedecktem Giebeldach und Choranbau im NO, der mit einer halbkreisförmigen Apsis abschließt. Der danebenstehende gedrungene Kirchturm überragt nur mit seinem Glocken- und Uhrgeschoß den hohen First des Kirchendachs. Eine schiefergedeckte, typisch barocke zwiebeldachartige Welsche Haube bildet den oberen Turmabschluß. Die übrige Bebauung ist am Schloßberg nach Funktionen und architektonischer Gestaltung sehr uneinheitlich. Noch im einstigen Schloßbereich, der von der Kirchstraße begrenzt wird, heben sich in der Nachbarschaft des Gotteshauses das Pfarrhaus, ein zweigeschossiger Bau aus Muschelkalk-Bruchsteinen mit Walmdach, wohl noch aus der Zeit vor dem 1. Weltkrieg, und ein moderner Kindergarten ab. An der Kirchstraße oberhalb der barocken Pfarrkirche steht auf dem Anwesen Nr. 4 ein neues Wohnhaus mit asymmetrischem Dach. Einen großen Gegensatz dazu bildet mit der Hausnummer 8 ein traufständiges Eindachhaus aus Muschelkalk-Bruchsteinen. Neben dem zwei Stockwerke umfassenden Wohnteil fällt daran ein teils umgestalteter Wirtschaftsteil auf, in dem anstelle des einstigen Stalles eine Garage eingebaut ist.

Die Bebauung am Steilhang und unterhalb des Schloßbergsporns ist an der Tor- und Bachstraße durch die räumliche Enge dicht und verwinkelt. Viele neuverputzte Gebäude und Neubauten anstelle älterer Häuser ließen vom alten Ortsbild nicht allzu viel übrig. An der südlichen Talstraße steht das Rathaus. Mit einem benachbarten Lebensmittelladen und einer Bäckerei, einer Sparkassenfiliale und dem Gasthaus zum Adler am Beginn der Neudenauer Straße bildet es das eigentliche Geschäftszentrum der Siedlung. Ganz in der Nähe steht an der zum Schloßberg hinaufführenden Straße unmittelbar unterhalb der Abzweigung der Kirchstraße das Schulhaus von 1843, ein neuklassizistischer Bau mit zwei Geschossen. An der im übrigen gassenartig verengten Tor- und Bachstraße setzt sich die alte Bebauung aus kleinen landwirtschaftlichen Anwesen im NW des Bergsporns zusammen. Streckhofartige Anlagen in Traufseitenstellung, teilweise mit Miststöcken vor den Ställen, prägen das wenig städtische, bis heute dörfliche Bild. An der nahe der Schefflenz verlaufenden Bachstraße erwecken dann zweigeschossige, unmittelbar aneinander gebaute Häuser mit hohen Untergeschossen aus Bruchsteinmauerwerk und überkragenden Obergeschossen als Fachwerkkonstruktionen ein durch die räumliche Enge geprägtes, an dicht bebaute mittelalterliche Städte erinnerndes Straßenbild. Dicht und fast ausschließlich mit alten Häusern ist auch die Neudenauer Straße bebaut, entlang der sich auf der linken Talseite eine frühe Wachstumsspitze nach S entwickelte.

Natur und Kulturlandschaft 535

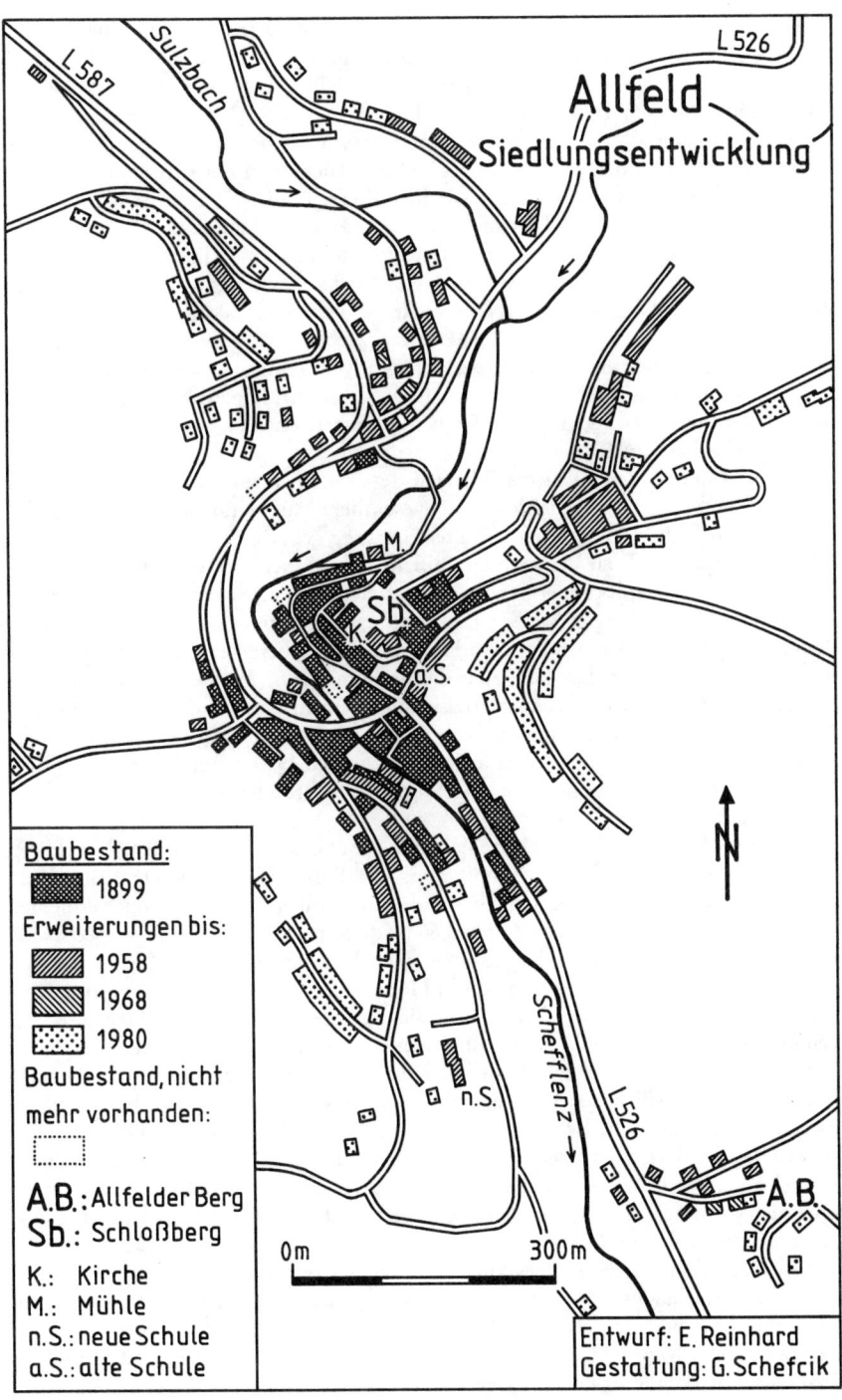

Die alte Siedlung setzt sich rechts der Schefflenz an der Ortsstraße, der Bernbrunner und Höchstberger Straße im Tal- und Hangbereich fort. Die heute als breite Fahrstraße ausgebaute Ortsstraße wird nahe der Schefflenzbrücke von großen bäuerlichen Anwesen gesäumt, die zum Teil durch Fachwerkhäuser auffallen (Nr. 5). Herausragend ist das Gasthaus zum Engel, zu dem ein landwirtschaftlicher Betrieb gehört. An der Bernbrunner Straße, die westlich der Schefflenzbrücke von der Ortsstraße abzweigt und am rechten Talhang hinaufzieht, stehen ältere, traufseitig errichtete, zwei- und dreigeschossige Häuser, die fast alle neu verputzt sind. Kaufläden, die wie in den Anwesen Nr. 2 und 4 in alte Bauernhöfe eingebaut sind, und eine Niederlassung der Volksbank Mosbach in einem neueren Haus an der Abzweigung der Höchstberger Straße verleihen der im unteren Bereich dicht bebauten Bernbrunner Straße eine gewisse Mittelpunktsfunktion für den Ortsteil rechts der Schefflenz. Auch an der Höchstberger Straße, die den unteren rechtsseitigen Talhang erschließt, stehen noch unmittelbar aneinandergebaute Bauernhäuser. Fachwerkkonstruktionen, Backstein- und Bruchsteinmauerwerk sind zu erkennen. Hervorstechend ist dort das hohe dreigeschossige Gasthaus zu Krone.

Neubaugebiete haben an beiden Hängen des Schefflenztals sowie an der Einmündung des Sulzbachs in die Schefflenz eine wesentliche Ausweitung der Bebauungszone weitgehend in höherer Lage über der alten Siedlung gebracht.

Der Neubaubereich an der rechten Talflanke der Schefflenz schließt an die ältere Bebauung an der Bernbrunner Straße an und erstreckt sich entlang der hangparallel verlaufenden Königsberger Straße. Ein- und zweigeschossige Einfamilienhäuser in kleinen Vorgärten bestimmen dort am Hang des Königsbergs in 230 – 260 m NN die junge Wachstumsspitze bis fast zum Fernsehumsetzer. An der Abzweigung der Königsberger von der Bernbrunner Straße fällt in einem Neubau die Bergschenke, ein Gasthaus und Café, auf. Wenig unterhalb wurde am Rebhuhnweg, wo neben wenigen neuen Häusern ein Kinderspielplatz angelegt ist, in den 1950er Jahren eine neue Schule in der Gestalt eines langgestreckten eingeschossigen Gebäudes mit flachem Giebeldach errichtet.

Im unteren Sulzbachtal entwickelte sich in den Anfängen schon vor dem 2. Weltkrieg eine Ortserweiterung nahe der Einmündung des Sulzbachs in die Schefflenz. Diese ursprünglich im Talbereich entstandene und in der frühen Nachkriegszeit verdichtete Siedlungserweiterung wuchs an den Hängen beiderseits des Sulzbachs (Gumpertshälde, Steinrutsche) zu einem ausgedehnten Neubaugebiet rechts der Schefflenz, das sich nordwestlich des alten Dorfes ebenfalls in Höhenlagen über 250 m NN emporgeschoben hat. Zwei- und teilweise auch dreistöckige Ein- und Mehrfamilienhäuser mit weitgehend flachen Giebeldächern bestimmen entscheidend sein Aussehen.

Die östlichen Neubaubereiche besiedelten den oberen linken Hang des Schefflenztals nordöstlich und östlich des mittelalterlichen Ortskerns. Wohl in der frühen Nachkriegszeit setzte dabei die Bebauung im Anschluß an die Kirchstraße auf dem hinteren Rücken des einstigen Schloßbergsporns ein, wo an der Waldstraße zum Teil kleine und steilgiebelige, wenig komfortabel wirkende Häuschen stehen. An der unteren Schützenstraße wurde ein erstes Erschließungsgebiet in den 1950er Jahren bebaut. Einige größere dreigeschossige Miethäuser fallen dort neben einem Industriebetrieb auf, in dem Elektromotoren hergestellt werden. Ein reines Wohngebiet, in dem 1985 teilweise erst Rohbauten standen, erstreckt sich über dem linken Talhang der Schefflenz dann an der Schönblick- und Amselstraße. Zweigeschossige Ein- und Zweifamilienhäuser, die alle traufseitig angeordnet sind und in gepflegten Ziergärten stehen, gestalten dieses vorstädtisch wirkende Erweiterungsgebiet in rd. 250 m NN.

Südlich und außerhalb des geschlossenen Ortes entstand am Allfelder Berg oberhalb der Abzweigung der Bergstraße von der Neudenauer Straße bereits bis 1958 ein Neubaugebiet am linken Talhang der Schefflenz mit größeren zwei- und dreigeschossigen Wohnhäusern. In den 1970er Jahren wurde es im oberen Bereich am Panoramaweg erweitert.

Auf den welligen Hügeln östlich des Schefflenztals und südöstlich des Allfelder Bergs liegen mehrere ins Mittelalter zurückreichende landwirtschaftlich bestimmte Wohnplätze: der *Unterbichelbacherhof*, ein Einzelgehöft, der *Oberbichelbacherhof*, eine Hofgruppe mit älteren Gebäuden aus Bruchsteinmauerwerk und jüngeren Erweiterungsbauten aus der Nachkriegszeit und der Gegenwart, der *Schopfenhof*, der sich aus zwei Gehöften zusammensetzt. Diese Wohnplätze nehmen in 270 – 290 m NN eine Hochflächenlage innerhalb einer östlich des Schefflenztals sich ausbreitenden großen Rodungsinsel ein. Eine ähnliche Hochflächenlage in rd. 300 m NN haben im westlichen Gemarkungsbereich die weilerartigen Gehöftgruppen *Assulzerhof*, *Selbacherhof* und *Gänslacherhof* sowie der *Eichhof*, ein Einzelgehöft. Eine Lage im tief eingeschnittenen Schefflenztal in ca. 195 m NN ist für die auf das Wasser angewiesene *Untere Mühle*, eine Sägmühle, im südlichen Gemarkungsabschnitt bezeichnend.

Billigheim, der Hauptort der Gemeinde, liegt im Schefflenztal zwischen Allfeld und Katzenbach. Das *alte Dorf* besteht aus einer Talsiedlung mit zwei Bebauungsschwerpunkten entlang der Talhänge, die an der Karl-von-Goedel-Straße beiderseits der 1986 neu gebauten Schefflenzbrücke baulich verbunden sind. Dieser auf dem Talboden sich ausdehnende, seit der Neugestaltung der kath. Pfarrkirche in den 1970er Jahren im Umbruch befindliche Ortsteil, der die Siedlung auf beiden Seiten der Schefflenz zusammenklammert, ist mit der inneren Schefflenztalstraße durch zahlreiche Kaufläden und Geschäfte, Bankfilialen, Arztpraxen und die Poststelle das eigentliche funktionale Zentrum des gesamten Ortes. Eine frühe Wachstumsspitze erstreckte sich schon im vorigen Jahrhundert westlich des einstigen Kloster- und heutigen kath. Pfarrbezirks in das Seitentälchen des Schafgrabens gegen Sulzbach.

Der *historische Mittelpunkt* dieses Ortszentrums auf dem Talboden ist das ehemalige Zisterzienserinnenkloster, von dem noch der hohe einschiffige, in der Zeit der Romanik und Gotik geprägte Kirchenbau steht. Sein schiefergedecktes Dach wird über dem Westgiebel von einem barock umgeformten, achteckigen Dachreiter mit Welscher Haube überragt. Der Ostgiebel wird von einer romanischen Chorapsis mit Rundbogenfenstern, Bogenfries und Lisenengliederung beherrscht. An der südlichen Längsfront des ins Mittelalter zurückreichenden Kirchenbaus wurde ein moderner Kirchensaal auf unregelmäßig fünfeckigem Grundriß angesetzt. Dieser niedrige, weiß verputzte Flachdachbau zeichnet sich durch hohe und schmale Glasfenster zwischen Betonrippen und durch eine dreiteilige Eingangstür mit Reliefverzierungen aus. Nahe der SO-Ecke des Neubaus erhebt sich auf oktogonalem Grundriß der freistehende Glockenturm mit einem nadelartigen Spitzhelmdach. Von den übrigen Klosterbauten steht nordwestlich der Kirche noch ein langgestreckter Barocktrakt aus dem Jahr 1625 mit Mansarddach und einem farbenprächtigen Wappen der Erzbischöfe von Mainz in Reliefgestaltung, das an der westlichen Außenwand von einer prunkvollen fensterartigen Umrahmung eingefaßt ist. In diesem Gebäude ist heute der Kindergarten der kath. Pfarrgemeinde untergebracht.

Die Karl-von-Goedel-Straße, die von der Abzweigung der nordwärts führenden Schefflenzstraße am unteren rechten Talhang die Talsohle der Schefflenz bis zum Mühlenweg und der am linken Talhang hinaufziehenden Straße Am Bockshof quert, ist das eigentliche *Geschäftszentrum* des Ortes. Ein größeres Textilhaus und eine Metzge-

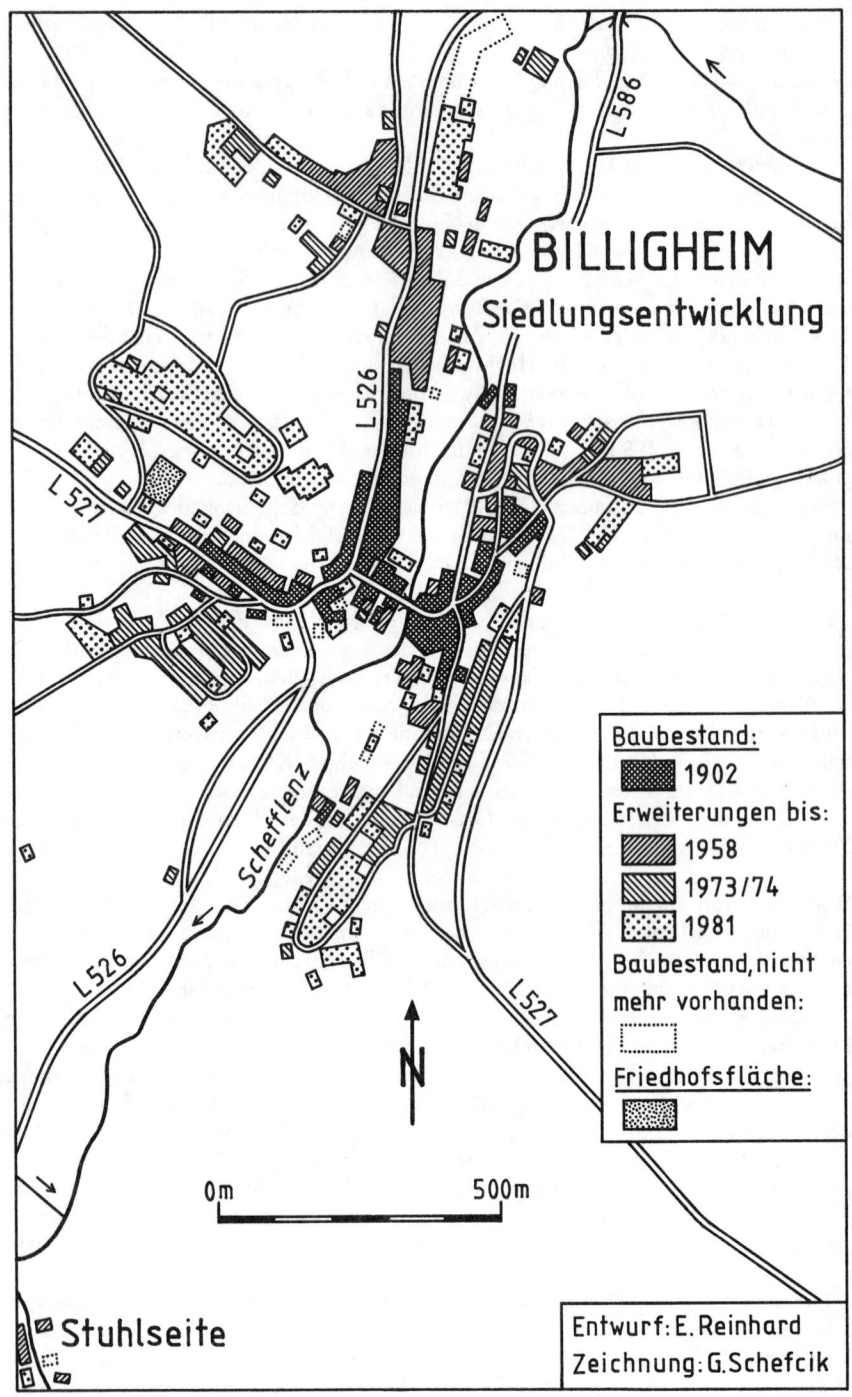

rei stechen hervor. In dem umgebauten einstigen Gasthaus zum Hirschen, einem traufständigen zweigeschossigen Bau mit barocken Stilelementen, sind heute Arztpraxen eingerichtet. In ihm befand sich früher auch die Posthalterei. Jetzt ist die Poststelle in einem unmittelbar benachbarten kleinen Neubau untergebracht. Dahinter steht das Michaelsheim, ein Ferienheim der kath. Kirche, ein gelb verputzter Neubau mit zweistöckigem Haupttrakt und einem langen saalartigen Anbau mit nur einem Geschoß. Östlich der Schefflenzbrücke setzt sich der dörfliche Geschäftsbereich mit einer Filiale der Volksbank Mosbach, einem Lebensmittelladen und einem Gardinengeschäft fort. Entgegengesetzt am westlichen Talhang, an der Abzweigung der Schefflenzstraße, fällt das alte Rathaus von 1838 als ursprünglicher Sitz der Gemeindeverwaltung im Randbereich dieses funktionalen Ortszentrums auf. Das heute nicht mehr genutzte und verfallende Gebäude mit dem Gemeindewappen neben dem Eingang läßt auf einem hohen Erdgeschoß zwei Obergeschosse erkennen. Über seinem Walmdach sitzt ein teils ruinöser Dachreiter auf quadratischem Grundriß mit Turmuhr. Das südliche benachbarte Gebäude ist bereits in Maßnahmen der Ortssanierung einbezogen und abgerissen (1985).

Die beiden *alten Siedlungsteile am Rand der Talsohle* zeichnen sich durch eine dichte und am linken Schefflenzufer teils verschachtelte, typisch haufendorfartige Bebauung aus. Auffallend ist an der Schefflenztalstraße eine gemischte Bebauung aus wenigen alten Bauernhöfen, Wohnhäusern, die teilweise Ladeneinbauten aufweisen, und Gaststätten. Am Kapellenweg und der Bahnhofstraße erstreckt sich der dicht überbaute Siedlungsteil auf der rechten Talseite auch in die Talsohle hinein, wo sich nördlich des ehemaligen Bahnhofsbereichs ein weit nach N ausgreifendes *Gewerbe- und Industriegebiet* bis zur Einmündung des Mühlbachtals ausdehnt. Herausragend und entscheidend das nördliche Ortsbild mitgestaltend sind dort das hohe, siloartige landwirtschaftliche Lagerhaus und die flachgiebeligen, aus Backsteinmauerwerk errichteten Werkshallen einer Ziegelei und Backsteinfabrik, die von einem hohen Fabrikschornstein in moderner Metallkonstruktion überragt werden.

Die schon alte *Wachstumsspitze in Richtung Sulzbach* zeichnet sich weitgehend durch traufständige Gebäude, darunter auch bäuerliche und umgebaute bäuerliche Anwesen aus. In diesem westlichen Siedlungsteil ist die Gemeindeverwaltung in einem herausragenden zweigeschossigen Gebäude mit Walmdach und einem neueren Anbau auf abgewinkeltem Grundriß, der früheren Schule, untergebacht. Zum Ortsrand hin, wo jüngere Häuser der Nachkriegszeit stehen, wurde am unteren linksseitigen Hang des Schafgrabens 1964 die ev. Kirche als Backsteinkonstruktion mit einem hohen hölzernen Giebel errichtet. Am Hang dahinter erhebt sich freistehend der zugehörige Glockenturm, ein Holzbau mit steilem Satteldach. Unmittelbar westlich des ev. Gotteshauses ist ebenfalls am südexponierten Hang des Schafgrabens der Friedhof terrassenartig angelegt. Eine moderne Leichenhalle sowie Mahn- und Denkmäler für die Gefallenen beider Weltkriege bestimmen seinen unteren, der Straße zugewandten Eingangsbereich. Den Siedlungsabschluß außerhalb des Friedhofs bildet ein größerer Gewerbebetrieb mit einem zweigeschossigen Verwaltungs- und Wohnbau sowie zwei Produktionshallen.

Diese westliche Wachstumsspitze Billigheims ist durch *Neubaugebiete südlich und nördlich des Schafgrabens* wesentlich erweitert worden. Ausgehend von der Adolf-Kolping-Straße und der Baumgartnerstraße zieht am sanft ansteigenden Hang südlich des Seitentälchens ein neues Wohngebiet bis zur Weingartenstraße hinauf. Individuell gestaltete, überwiegend zweigeschossige Einfamilienhäuser, die in der Mehrzahl bis 1973 erbaut waren, bestimmen diesen gepflegten Ortsteil, der in jüngster Zeit randlich nur noch durch wenige Neubauten gewachsen ist. Auffallend ist am unteren Hang an der Adolf-Kolping-Straße ein größerer dreigeschossiger Baukomplex mit schönem Garten, das Altenwohnheim St. Lukas. Das Neubaugebiet auf der Höhe nördlich des Schafgrabens in 260 – 280 m NN ist mit seinen Einfamilienhäusern an der Schul-, Blumen-, Tulpen- und Fliederstraße jünger. Sein architektonischer Schwerpunkt, der dem Ortsbild von Billigheim eine neue Note verleiht, ist der auf der oberen Talkante des rechten Schefflenztalhangs unmittelbar über dem alten Dorf liegende neue Schulkomplex, ein mehrgeschossiger Flachdach-Betonbau, zu dem eine Turn- und Sporthalle mit ebenfalls neuen Freiluft-Sportanlagen gehören.

Weiter im N brachte ein schon in der Nachkriegszeit erschlossener *Neubaubereich am Talhang westlich des Industriegebiets* eine Siedlungserweiterung am Quellberg mit überwiegend kleinen und bescheidenen Häuschen. Auch die *östlichen Neubaubereiche* an der linken Flanke des Schefflenztals mit ihrer insgesamt uneinheitlichen Wohnbebauung wurden schon seit den 1950er Jahren angelegt. Das zeigt sich an der Marienhöhe oder an der Höhenstraße, wo Einfamilienhäuser der 1950er und der 1960er Jahre mit erst später gebauten durchsetzt sind. Eine geschlossene Neubebauung überzieht dagegen mit modernen Einfamilienhäusern der späten 1970er und frühen 1980er Jahre den linken Talhang im Süden.

Wohnplätze auf der Gemarkung sind in den hochflächigen Hügeln östlich des Schefflenztals der *Schmelzenhof*, ein bäuerlicher Weiler mit größeren, steilgiebeligen Häusern und einem Aussiedlerhof südlich davon, und die *Ziegelhütte*, bei der die großangelegte Mülldeponie entstanden ist. Im Schefflenztal nahe der Gemarkungsgrenze gegen Allfeld liegt mit der *Stuhlseite* ein Mühlenbetrieb.

Das im Grundriß unregelmäßig gestaltete Katzental ist eine typische Talsiedlung in geschützter Muldenlage mit einem haufendorfartigen Kern um die barocke, das Ortsbild entscheidend prägende Kirche. Die Hauptausdehnungsrichtung des alten Dorfes lehnt sich an den rechten, nach O geneigten Hang des Schefflenztals an, die im N durch ein kleines Neubaugebiet am Talhang noch weiter verfolgt wird. Am linken Ufer der Schefflenz stehen nur wenige Häuser, darunter auf dem Talgrund drei ältere und – locker gestreut – einige Neubauten am westexponierten Hang.

Die reizvolle barocke Dorfkirche St. Katharina zeichnet sich durch einen Ostturm auf quadratischem Grundriß aus. Sein barockes Portal sowie sein schiefergedecktes Zwiebeldach, das in eine oktogonale Laterne übergeht, die wiederum mit einer kleinen Dachzwiebel abschließt, sind hervorstechende Schmuckelemente. Das Kirchenschiff, ein Saalbau mit länglichen Seitenfenstern, trägt ein ziegelgedecktes Giebeldach. Im W schließt es mit einem Rundchor und Sakristeianbau ab.

Entscheidend geprägt wird der *Ortsmittelpunkt* ferner von dem unmittelbar nördlich des Gotteshauses errichteten Kriegerdenkmal, an dem ein Steinkreuz an die Kriegsopfer von 1914/18 und 1939/45 mahnt, deren Namen auf den geraden Seitenteilen einer in der Mitte leicht bogenförmig gestalteten Mauer festgehalten sind. An der Brentanostraße fällt westlich der Kirche ein steilgiebeliges doppelgeschossiges Gebäude mit einer Sirene auf, in dem eine Bankfiliale ihre Geschäftsräume eingerichtet hat.

An der Lessingstraße, die bei der Kirche von der Fontanestraße, der dem Talverlauf folgenden Hauptsiedlungsachse, ostwärts abzweigt und mit leicht geschwungenem Verlauf der Schefflenzbrücke zustrebt, findet sich die älteste landwirtschaftliche Bebauung im Ortszentrum. Auffallend ist an der Ecke Fontane-/Lessingstraße ein großer, an der Lessingstraße traufständig angeordneter Eindachhof mit einem weit herausgezogenen Schutzdach über dem Wirtschaftstrakt. Der Wohnteil besteht im Erdgeschoß aus Bruchsteinmauerwerk, im Obergeschoß ist er verputzt. Auch an der Fontanestraße ist die Bebauung im zentralen Ortsbereich überwiegend alt mit trauf-und giebelseitig angeordneten Häusern. Zuweilen stehen an den Plätzen ehemaliger bäuerlicher Anwesen neuere Wohnhäuser (z. B. Nr. 20), teilweise wurden auch an alte Wirtschaftsbauten neue Wohnhäuser angefügt (z. B. Nr. 31). Südlich der Kirche übt das Gasthaus zum Kreuz, vor dem ein großer Kastanienbaum an der Abzweigung der Elztal- von der Fontanestraße aufragt, einen entscheidenden Einfluß auf den Aufriß aus. Der wuchtige, mit einer Giebelfront an die Talachse angrenzende Bau hat ein hohes, dunkelgrau verputztes Untergeschoß, in das ein rundbogiges Tor hineinführt. Die beiden Obergeschosse sind gelb verputzt. Der Dachraum im steilen Giebelbereich ist zu Wohnzwecken ausgebaut.

Weiter im S zeigt die Fontanestraße ebenfalls einen noch überwiegend alten Baubestand mit giebelständig angeordneten Häusern (Nr. 25, 27), die zu ehemaligen Zweiseit- und Winkelgehöften gehören (Nr. 17). Dazwischen finden sich aber auch traufständige Eindachanlagen wie Nr. 10 und 13. Herausragend ist in diesem südlichen Ortsbereich das Gasthaus zur Rose, ein mit der Längsseite an der Fontanestraße stehendes, steilgiebeliges Gebäude mit zwei Geschossen. Insgesamt wirkt die Bebauung hier uneinheitlich, sind doch mehrere alte Hofplätze durch jüngere Um- und Einbauten umgestaltet. So findet sich gegenüber der »Rose« ein handwerkliches Unternehmen der Heiztechnikbranche, und ganz am südlichen Außenrand, wo nur die Hangseite der Fontanestraße bebaut ist, bestimmen anstelle ehemaliger, unmittelbar aneinander gebauter Streckhöfe teilweise moderne Wohnbauten das Aufrißbild.

Im Ortsteil nördlich der Kirche findet sich an der Fontanestraße mit zwei Lebensmittelläden und einem Frisiersalon an der Abzweigung der am rechten Talhang emporsteigenden Goethestraße das funktionale Zentrum des Dorfes. Die Bebauung ist dort bis zum Gasthaus zum Schefflenztal alt und dicht. Überwiegend traufständige Häuser, zwischen denen allerdings auch einige mit der Giebelfront zur Straße gerichtete Bauten auffallen, bestimmen das Ortsbild, das sich mit einer nördlichen *Neubauerweiterung* am ostexponierten Talhang rasch wandelt. Zweigeschossige neue Wohnhäuser mit steilen Giebeldächern stehen dort in lockerer Folge. Oberhalb dieser hangparallel errichteten Neubauten beziehen einige jüngere Einfamilienhäuser die rechte Flanke des Schefflenztals bereits bis zur oberen Hangkante in dieses Neubaugebiet ein. Am linksseitigen, nach W exponierten Hang entwickelte sich eine weitere Neubauerweiterung am Lönsweg, wo einige Einfamilienhäuser im Anschluß an zwei ältere Anwesen bei der Schefflenzbrücke entstanden sind.

Der alte *Kern* des aus einer Ausbausiedlung des frühen Mittelalters hervorgegangenen Ortes Sulzbach erstreckt sich in geschützter Muldenlage straßendorfartig am rechtsseitigen, ostexponierten Hang des oberen Sulzbachtals im Mittleren Muschelkalk. Die beiderseits dicht bebaute Hauptstraße, an der sich das Ober-, Mittel- und Unterdorf aufreihen, hebt sich von den jüngeren Siedlungsteilen deutlich ab. Die ältere Bebauung wird am Nordrand von einem größeren Gewerbebetrieb des Kfz-Handwerks begrenzt und ist im *Oberdorf* bis zu den jeweils rechtwinklig von der Hauptstraße abzweigenden Querstraßen An der Hohl, die am rechten Talhang hinaufführt, und der Billigheimer Straße, die den flachen Talgrund des Sulzbachs quert, gemischt. Ältere landwirtschaftliche Anwesen, teilweise aus Muschelkalk-Bruchsteinmauerwerk, sowie ehemalige bäuerliche Anwesen, die in Wohnhäuser umgebaut wurden, bestimmen ihr Bild. Hinter den moderneren Wohnbauten stehen zuweilen noch alte bäuerliche Wirtschaftsbauten. Die Häuser an der Hauptstraße im Oberdorf, die zum Teil aus gestelzten Eindachhöfen hervorgegangen sind (z. B. Nr. 26 und 28), sind alle traufständig angeordnet. An der Abzweigung der Billigheimer Straße, wo die Hauptstraße

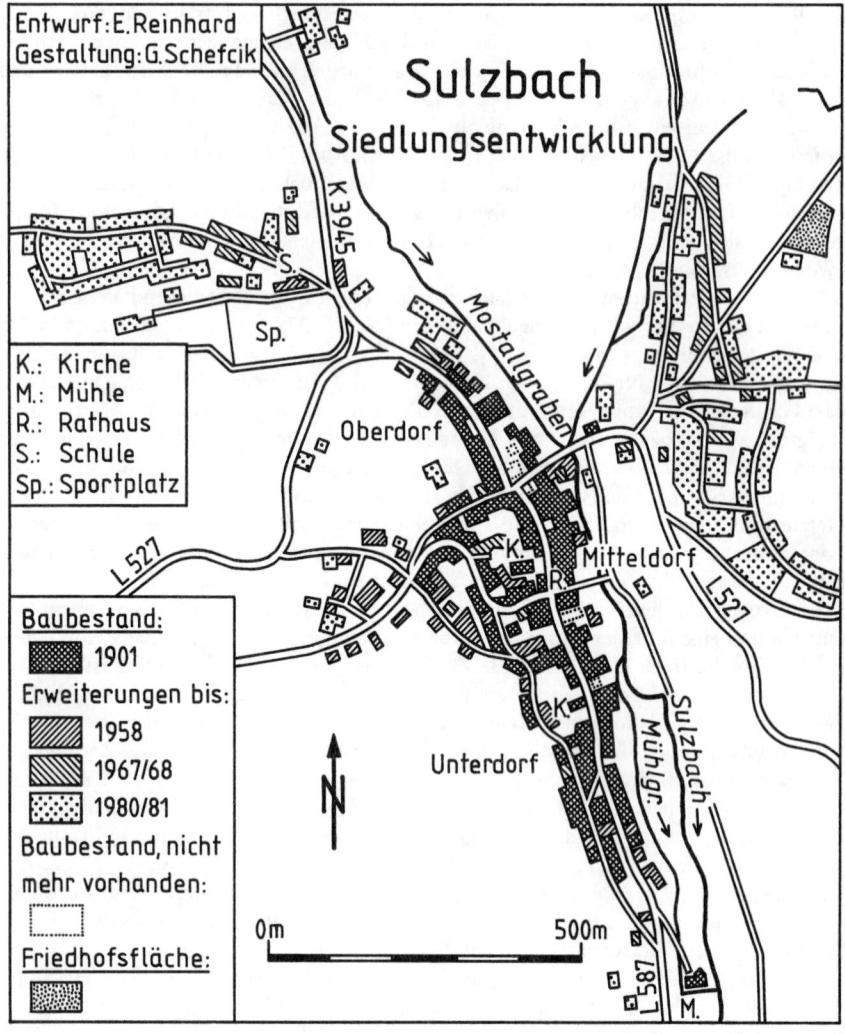

verbreitet ist, entstanden anstelle einstiger Hofanlagen moderne ein- und zweigeschossige Wohnhäuser. In diesem Bereich am Übergang des Oberdorfs zum *Mitteldorf* setzt mit einer Metzgerei mit Gasthaus und einer Sparkassenfiliale das funktionale Zentrum der Gesamtsiedlung ein, das sich entlang der Hauptstraße im Mitteldorf mit einem Lebensmittelgeschäft in einem größeren Neubau (Nr. 49), mit Gaststätten (Rose, Lamm), der kath. und ev. Kirche und dem ehemaligen Rathaus fortsetzt. Das Rathaus, ein dreigeschossiger Bau mit Walmdach, befand sich im Herbst 1985 im Umbau, da im Erdgeschoß die Abstellräume für die örtliche Feuerwehr eingerichtet wurden. Große, nicht unterteilte Fensterflächen in den beiden Obergeschossen, die zu dem alten Gebäude nicht so richtig passen wollen, ein seitlicher Treppenaufgang ins erste Obergeschoß sowie ein kleiner Dachreiter auf quadratischem Grundriß mit Zeltdachabschluß und eine Sirene heben den unscheinbar wirkenden Verwaltungsbau aus der umgebenden Bebauung heraus. Ganz anders prägen die beiden Gotteshäuser durch ihre erhöhte Lage am Hang und durch ihre hohen Kirchenschiffe das Bild der Hauptstraße im Mitteldorf, dessen bäuerliche Bauten von teils umgebauten traufständigen Streckgehöften und kleineren Hofanlagen mit giebelständigen Wohn- und Wirtschaftsteilen bestimmt werden.

Beide Kirchen wurden mit ihren Längsachsen quer zum Talhang gestellt, und ihre Türme sind gegen die Hauptstraße gerichtet. Die kath. Kirche, ein heller, gelblich verputzter Bau mit einem gedrungenen, aber wuchtigen Ostturm auf viereckigem Grundriß, an dem unter dem Glocken- und Uhrgeschoß noch gotische Formenelemente mit Spitzbogenfenstern hervortreten, zeichnet sich durch ein hohes, hallenartiges neoklassizistisches Kirchenschiff mit ziegelgedecktem Giebeldach aus. Der nur unwesentlich höhere, im Obergeschoß wohl im vorigen Jahrhundert erbaute Kirchturm schließt mit einem dunklen, schiefergedeckten Zeltdach ab. Er tritt an der östlichen Giebelseite des Kirchenschiffs mittelrisalitartig aus dem Hallenbau hervor. Die an der Grenze zum *Unterdorf* stehende ev. Kirche ist ein neugotischer Bau mit einem dachreiterartigen Türmchen über dem Ostgiebel, das mit einem Spitzhelmdach weit in den Himmel ragt. An der westlichen hangwärts stehenden Giebelseite schließt der schmale und hohe einschiffige Kirchensaal mit einem kleineren polygonalen Choranbau ab. Die rote Ziegelbedachung des Schiffes und die dunkle Schieferbedeckung des Turmhelms wiederholen sich auch bei diesem Bauwerk, dessen herausragender Einfluß auf das Ortsbild durch sein Baumaterial bedingt ist: die abwechselnd schichtweise Verwendung von rötlichem Buntsandstein und gelblichgrauen Sandsteinen der jüngeren Trias.

Die landwirtschaftliche Bebauung ist an der Hauptstraße im Unterdorf bis an den südlichen Ortsrand, wo am Sulzbach etwas abseits der übrigen Bebauung ein geschlossener alter Mühlenkomplex steht, dicht. Sie besteht aus Zweiseit- und Winkelgehöften, teilweise auch aus parallel angeordneten Wohn- und Wirtschaftsbauten.

Eine *erste Ausbaustufe* der Siedlung brachte noch im 19. Jh. die Erschließung des westlichen höheren Talhangs entlang der am Südrand des Unterdorfs von der Hauptstraße abzweigenden Fichtenstraße. Am Hang über dem Unter- und Mitteldorf zieht sie mit ihrer dichten, teils noch landwirtschaftlichen Bebauung, die teilweise auch durch neuere Wohnhäuser ersetzt wurde, hangaufwärts zur Straße An der Steige, die am oberen Talhang die Straße An der Hohl fortsetzt. Oberhalb der Fichtenstraße entstanden bis in die frühe Nachkriegszeit an der Rosenstraße, die am höheren Hang in die Straße An der Steige einmündet, Wohnbauten, meist Umbauten älterer Anwesen. Fünf neue Reihenhäuser mit Garagen in den Erdgeschossen und mit durch Mansarden ausgebauten Dachräumen verleihen dem höher gelegenen Siedlungsteil an der Ecke Rosenstraße/An der Steige einen für den jungen Funktionswandel des Ortes vom einstigen Bauerndorf zum Pendlerwohnort typischen Akzent.

Dieser Funktionswandel zeigt sich einmal An der Steige, wo eine lockere und kleine westliche Neubauerweiterung in Hanglage schon in der Zwischenkriegszeit einsetzte. Große Neubaugebiete im NW, am südexponierten Hang oberhalb der Sportplätze und der Schule, sowie im O am linksseitigen, nach W blickenden Talhang des Sulzbachs sind der siedlungslandschaftliche Ausdruck dieses Funktionswandels in jüngerer Zeit. Er brachte großflächige neue Wohnbereiche, die das bäuerliche Bevölkerungs- und Wirtschaftselement im alten Dorf entlang der Hauptstraße heute weit in den Hintergrund treten lassen. Dazu hat allerdings auch die Anlage einiger Aussiedlerhöfe südwestlich des Dorfes beigetragen.

Das am südostexponierten Hang des Hungerbergs entstandene *Neubaugebiet im NW* erstreckt sich überwiegend entlang der fast ausschließlich mit traufständigen Einfamilienhäusern bebauten Nelkenstraße bis zum Forlenwäldchen. Südlich der Nelkenstraße stehen an der ringstraßenartig angelegten Margeritenstraße in flacher Südhanglage individuell gestaltete ein- und zweigeschossige Wohnhäuser in Gärten, einige mit großzügigeren villenhaften Grundrissen. Nördlich der Nelkenstraße entwickelte sich an der ähnlich angelegten Hortensienstraße die jüngste Wohngebietsausweitung: neben einer Baugrube in mächtigen Lößlehmschichten standen bereits bezogene Häuser (Herbst 1985); im östlichen, rechtwinklig in die Nelkenstraße einmündenden Abschnitt der Hortensienstraße herrscht eine gemischte Wohn- und Gewerbebebauung vor. Auffällig ist dort die flache Produktionshalle eines Werkzeugbaubetriebs inmitten der Einfamilienhäuser.

Am unteren SO-Hang steht in der Nachbarschaft der Sportplätze im flachen Talgrund des Flurgrabens, in dem ein Quellarm des Sulzbachs fließt, die in den 1950er Jahren gebaute Schule, ein langgezogener zweigeschossiger Bau mit auf beiden Längsseiten hervortretendem Mittelrisalit. Den östlichen Abschluß des Neubaugebiets bildet eine Mehrzweckhalle an der Dallauer Straße.

Das *östliche Neubaugebiet* am Westhang der Billigheimer Höhe ist flächenmäßig größer und in seiner baulichen Gestaltung abwechslungsreicher. Im nördlichen, bereits in den 1950er Jahren begonnenen Bauabschnitt am Fernichweg und an der Friedhofstraße herrscht eine dichtere Bebauung mit kleineren traufseitig stehenden eingeschossigen Wohnhäuschen vor. Einige größere zweigeschossige Einfamilienheime in Giebel- und Traufseitenstellung stechen aus ihnen heraus. Auffallend ist an der unteren Friedhofstraße ein Elektro- und Radiogeschäft in dem sonst reinen Wohngebiet. An der Abzweigung der Denkmalstraße steht das Kriegerdenkmal, eine kreissegmentartige Muschelkalkmauer mit eingelassenen Namenstafeln der Gefallenen beider Weltkriege, überragt von einem Steinkreuz. Im Gegensatz zum Neubaugebiet am Hungerberg ist im Südteil dieser östlichen Siedlungserweiterung noch manche Baulücke zu schließen, wie z. B. an der Talseite der Sonnenhalde, der oberen Neubaustraße an der Billigheimer Höhe.

Waldmühlbach, eine von Billigheim aus angelegte frühmittelalterliche Ausbausiedlung, nimmt in einem östlichen Nebental der Schefflenz eine geschützte Muldenlage ein. Die unregelmäßig gestaltete Ortschaft besteht aus dem den rechtsseitigen Mühlbachhang überziehenden Oberdorf und Mitteldorf sowie dem links des Wasserlaufs am gegenseitigen Talhang entlangziehenden Außerdorf, dem südlichen und östlichen Teil der Siedlung.

Das *Mitteldorf*, das Ortszentrum am unteren ostexponierten Hang des Mühlbachtals und im eigentlichen Talbereich beiderseits des Wasserlaufs (innere Roigheimer Straße) hat seine Hauptausdehnungsrichtung entlang der den Talhang erklimmenden Dorfstraße bis zum Kirchplatz und zur Abzweigung des Hofäckerwegs. Das baulich herausragende Zentrum ist dabei zweifellos der Kirchplatz mit dem auf wuchtigem Sockel aus Muschelkalk-Bruchsteinen stehenden neuromanischen Gotteshaus, dessen dreischiffige Anlage mit hohem, schmalem Mittelschiff und schlankem Glockenturm mit Spitzhelmabschluß das Siedlungsbild beherrscht und entscheidend prägt. Das aus grünlich-gelben Keupersandsteinen errichtete Bauwerk von 1885 zeigt mannigfache, der Romanik nachempfundene Stilelemente wie Rundbogenfenster, Bogenfriese und Lisenengliederung der Längswände an Haupt- und Seitenschiffen, an der nördlichen

Chorapsis des Mittelschiffs sowie an dem aus dessen südlicher Giebelfront mittelrisalitartig hervortretendem Glockenturm. Noch im Bereich des Kirchplatzes bedingen westlich des Gotteshauses eine Sparkassenfiliale in einem modernen Wohn- und Geschäftshaus und – gegenüber davon – das Rathaus, ein mächtiger dreigeschossiger Bau mit flachem Walmdach zusammen mit dem an der Dorfstraße unmittelbar südlich der Kirche stehenden Gasthaus zum Adler, in dem sich auch die Poststelle befindet, das funktionale Siedlungszentrum. Die übrige alte Bebauung ist zwischen dem Kirchplatz und dem Hofäckerweg, der von der Dorfstraße zu dem am ostexponierten Hang über dem Mitteldorf liegenden Friedhof führt, verschachtelt und verwinkelt. An der Dorfstraße südlich der kath. Pfarrkirche fällt eine Durchmischung von altem und neuem Baubestand auf. Neu gestaltete bäuerliche Anwesen mit flachgiebeligen, breiten Wirtschaftsbauten, die Aussiedlerhöfen ähneln (z. B. Dorfstr. 8), haben einen gewaltigen Wandel des Aufrißbildes im Siedlungskern bewirkt. An der unteren Dorfstraße, die mit dem Gasthaus zum Falken, einem Lebensmittelgeschäft und einer Bäckerei noch zum funktionalen Zentrum gehört, sowie an der inneren Roigheimer Straße im Talbereich beiderseits der Mühlbachbrücke ist der Baubestand alt und dicht zusammengedrängt. Gepflegte Bauernhäuser wie das Dreiseitgehöft Roigheimer Str. 3 mit Scheunen- und Stallgebäuden in Fachwerkmanier fallen neben bäuerlichen Bauten aus Muschelkalkbruchsteinen auf.

Auch im *Oberdorf* ist entlang der am oberen Mühlbachhang hinaufführenden Dorfstraße das Nebeneinander von älterer und jüngerer Bebauung charakteristisch, und auch dort bestimmt ein sich stark wandelndes Aufrißbild das heutige Dorf. Gegenüber einem Einhaus (Dorfstr. 45) mit bäuerlichem Wohn-und Wirtschaftsteil unter einem Dach steht ein modern gestaltetes Elektrogeschäft in Flachdachbauweise mit großen Schaufenstern. An der oberen Dorfstraße reicht die ältere Bebauung mit Häusern aus dem ausgehenden 19. Jh. und aus der Zeit der Jahrhundertwende bis auf die Hügel westlich des Mühlbachtals. Bis an den Ortsrand prägen dort bäuerliche Anwesen, bei denen neue Wohnhäuser auffallen, das Siedlungsbild (Dorfstr. 51 und 53). Ein ganz ähnliches Bild bietet sich am Hofäckerweg, wo – etwas abseits – als herausragendes Gebäude das Gasthaus zum Lamm steht. Die ältere bäuerliche Bebauung wird durch Eindachanlagen bestimmt. Zwischen ihr finden sich aber auch moderne Wohnhäuser.

Von der oberen Dorfstraße biegen hangparallel die Buchenstraße und der Birkenweg ab, an denen sich am flach ostwärts abfallenden Talhang ein *Neubaugebiet im N* des Dorfes entwickelte. Hangparallel angeordnete Traufseitenhäuser mit überwiegend zwei Stockwerken und Giebeldächern gestalten diese nur locker bebaute junge Siedlungserweiterung, deren hervorstechender architektonischer Akzent am oberen Rand die neue Schule bildet. Dieser langgezogene Komplex in der Nachbarschaft neuer Sportanlagen hat zwei Geschosse mit großen Fenstern, ein flaches Dach und ist graubraun verputzt.

Das *Außerdorf* im S folgt links des Mühlbachs der an der Roigheimer Straße südwärts abzweigenden Lindenstraße, deren alte Bebauung aus unterschiedlichen landwirtschaftlichen Anwesen besteht. Traufständige Eindachhäuser und Winkelgehöfte fallen auf. Viele der traufseitig an die Straße gebauten Höfe sind heute umgestaltet. In dem alten Anwesen Lindenstr. 12 ist so ein Frisiersalon eingerichtet, einige andere wie Nr. 17 und 19 sind in reine Wohnhäuser umgewandelt worden. Das Anwesen Nr. 16 besteht aus einem großen modernisierten Eindachhof. Einige neue Wohnhäuser brachten am Bremenweg, der von der südlichen hangaufwärtsziehenden Lindenstraße in Ostrichtung abzweigt, eine geringe Ortserweiterung. In die südlich des Dorfes sich öffnende Talsohle des Mühlbachs führt der Wiesenweg mit einer nur lockeren gemischten Bebauung hinein, die erst seit der Nachkriegszeit entstanden ist.

Nach N setzt sich das Außerdorf entlang der Roigheimer Straße am linken Talhang fort. Ihr älterer Baubestand unmittelbar nördlich der Abzweigung der Lindenstraße ist dicht und vielgestaltig. Traufständige Bauernhäuser, teilweise aus Bruchsteinmauerwerk, dazwischen gewerblich-handwerkliche Betriebe (z. B. Nr. 26) sowie auch Neubauten der Nachkriegszeit (Nr. 19, 22, 24) formen das ungleichmäßige Straßenbild. Das Anwesen Nr. 17 besteht aus einem umgestalteten Eindachhof mit einem doppelgeschossigen modernen Wohnhaus. Im ehemaligen Wirtschaftsteil wurden im Untergeschoß Garagen eingebaut, darüber eine weitere Wohnung. Das Wohnhaus Nr. 16 ist ebenfalls aus einem bäuerlichen Einhaus hervorgegangen. An der äußeren, weiter nördlich am Talhang verlaufenden Roigheimer Straße dehnt sich dann eine einzeilige Siedlungserweiterung mit kleinen zweigeschossigen und steilgiebeligen Häuschen aus, die in der Zwischenkriegszeit und der unmittelbaren Nachkriegszeit entstanden sein dürften.

Bemerkenswerte Bauwerke. – Allfeld: Die *kath. Pfarrkirche* ist dem hl. Georg geweiht und liegt über dem alten, von einigen historischen Fachwerkhäusern bestimmten Dorf auf einer Anhöhe. Die Kirche wurde 1743 in barockem Stil mit dreiachsigem Langhaus und seitlich stehendem Glockenturm erbaut, der mit einer Welschen Haube gedeckt ist. Der halbkreisförmige Chor ist eingezogen. Der Hauptaltar und die beiden Nebenaltäre gehören ebenso wie einige Heiligenstatuen zur Ausstattung des 18. Jh. In einem ovalen Deckengemälde im Langhaus ist die Krönung Mariens dargestellt. Auf der barocken Empore steht eine Orgel mit neuromanischem Prospekt. An der Straße nach Neudenau steht die der hl. Mutter Anna geweihte *Friedhofskapelle*, die die ursprünglich dem hl. Kilian geweihte Pfarrkirche war. Der turmlose Saalbau ist mit einem Satteldach gedeckt und trägt einen kleinen Dachreiter mit geschwungener Haube. Der Bau ist romanischen Ursprungs, nachgewiesen durch das Rundbogenportal mit kräftigem Rundstabprofil mit spitz auslaufenden Endigungen; das macht eine Datierung ins 13. Jh. wahrscheinlich. Auf die Empore führt außen eine zweiläufige, überdachte Holztreppe. Aus dieser Kirche stammen die um 1440 entstandenen gotischen Apostelfiguren und eine Christusstatue aus Ton. 6 Apostel befinden sich in Billigheim, die Christusstatue und 5 Apostel verblieben in Allfeld, 1 Apostel ist auf der seit dem 30j. Krieg andauernden »Wanderschaft« verlorengegangen.

Billigheim: *Kath. Pfarrkirche:* Die ehemalige Kirche des 1166 gegründeten Zisterzienserinnenklosters, ist ein romanischer flachgedeckter einschiffiger Saalbau mit Apsis aus der Zeit um 1200. In der 2. H. 13. Jh. wurden unter den romanischen Rundbogenfenstern gotische spitzbogige Maßwerkfenster eingebrochen und die Westfront mit dem in Resten unter dem heutigen Niveau festgestellten romanischen Eingangsportal gotisiert. 1972/73 wurde die Kirche nach S, wo die 1902 abgebrannten Klostergebäude standen, erweitert und mit einer 5jochigen Pfeilerarkade zu dem Neubau mit polygonalem unregelmäßigem Grundriß und freistehendem Glockenturm geöffnet. Das Bild der mittelalterlichen Klosterkirche ist jetzt nur noch auf der Nordseite und besonders an der Apsis mit gut erhaltener romanischer Wandgliederung mit Rundbogenfenstern, Würfelkapitellen und Rundbogenfries anschaulich erhalten. Von der alten Ausstattung blieb ein Opferstock, vielleicht aus einem Fragment des romanischen Baues, beim gotischen Umbau erhalten. Die drei Apostelfiguren aus Ton entstanden um 1440 und gehören ebenso wie die spätgotischen Schnitzfiguren, Madonna mit Kind und weibliche Heilige aus der Zeit um 1520, nicht zur ursprünglichen Ausstattung. Nach der Erweiterung wurden die Apsisfenster und ein gotisches Fenster mit figurenreichen Szenen aus der Heilsgeschichte geschmückt. Valentin Feuerstein ist der Schöpfer dieser Glasmalereien.

Als einziges historisches Gebäude blieb an der Nordwestseite der Kirche eine *Remise* erhalten. Sie wurde in der Zeit der Umgestaltung des 1584 aufgehobenen Klosters in ein Schloß der Grafen von Leiningen nach 1802 erbaut. An die kurmainzische Zeit dazwischen erinnert ein Wappenstein des Erzbischofs Johann Schweickard, auch ein Wappenstein des Grafen Andreas von Riaucour schmückt die Westfassade des heute dem Caritasverband dienenden Gebäudes.

Katzental: Die *kath. Kirche* wurde 1751 an einen mittelalterlichen Chorturm, dessen ehemaliger Chorraum mit einem Sterngewölbe gedeckt ist, angebaut. 1910 wurde die Kirche neubarock vergrößert und eine Chorapsis angefügt. Der Turm wurde erhöht. Von der alten barocken Ausstattung sind der Hochaltar, einige Figuren und die Empireorgel erhalten. Sie steht auf der Empore an der Turmseite vor dem mittelalterlichen Chor.

Sulzbach: *Kath. Kirche:* Von der alten, schon in der Karolingerzeit erwähnten Kirche ist der mittelalterliche Chorturm erhalten. Im sog. Weinbrennerstil wurde 1836 ein Langhaus angebaut, das auch an den Längsseiten mit Emporen ausgestattet wurde. Den Emporen entspricht die zweigeschossige Fensteranordnung. Die *ev. Kirche* wurde 1860/62 im neugotischen Stil erbaut. An die vier Achsen des mit Strebepfeilern besetzten flachgedeckten Langhauses schließt das rippengewölbte Chorpolygon an. Der Wechsel von je 2 roten mit 2 weißen Sandsteinquaderschichten ist am Außenbau und in den Fensterleibungen konsequent durchgeführt. Auf dem First über der Eingangsseite ein massiver Dachreiter mit gotisierendem Gesims.

Waldmühlbach: Die *kath. Pfarrkirche* ist dem hl. Nikolaus geweiht. Sie wurde 1885 als neuromanische dreischiffige Pfeilerbasilika mit halbkreisförmiger Apsis und Glockenturm an der Eingangsseite erbaut. Das Äußere ist mit Werksteinen verkleidet und reichgegliedert. Im Innern sind die architektonischen Gliederungen in Werksteintechnik und die übrigen Bauteile einschließlich des Chorgewölbes verputzt ausgeführt. Die Farbigkeit der flachen Holzdecke wurde bei der jüngsten Restaurierung in ihrer ursprünglichen Art wiederhergestellt.

B. Die Gemeinde im 19. und 20. Jahrhundert

Bevölkerung

Bevölkerungsbewegung. – In der 1. H. 19. Jh. wuchs die Bevölkerung in den 5 die heutige Gemeinde Billigheim bildenden Dörfern stark an (1807: 2406 E., 1845: 4221 E.), besonders in Billigheim und Waldmühlbach. Nach 1845 aber nahm die Einwohnerzahl ab, wiederum besonders in Billigheim. Zwischen 1845 und 1861 wanderten aus den 5 Dörfern 373 Personen offiziell aus, ungerechnet die illegalen Auswanderer. Auch noch nach 1870 überstieg der Wanderungsverlust den Geburtenüberschuß. Viele wanderten jetzt auch in die Städte ab. Erst um 1900 bis zum 1. Weltkrieg konnten die aufblühende Landwirtschaft und die wenigen gewerblichen Arbeitsplätze mehr Menschen ernähren, die Einwohnerzahlen stiegen langsam an. Im Krieg fielen aus Allfeld 34, aus Billigheim 32, aus Katzental 20, aus Sulzbach 36 und aus Waldmühlbach 32 Soldaten. Die wirtschaftlichen Schwierigkeiten der 1920er und 1930er Jahre lösten wieder eine Aus- und Abwanderungswelle aus. 1939 wohnten hier weniger Menschen als im Jahr 1900. Aus dem 2. Weltkrieg kehrten 54 Allfelder, 80 Billigheimer, 42 Katzentaler und 60–65 Sulzbacher Soldaten nicht mehr heim. Wieviele Soldaten aus Waldmühlbach fielen, ist nicht mehr bekannt. Während des Krieges waren auch hier zahlreiche aus den westdeutschen Großstädten *Evakuierte* untergebracht. 1950 wohnten hier 1355 *Flüchtlinge* und *Vertriebene* aus Ungarn, der Tschechoslowakei und Schlesien. Aus Allfeld, Katzental, Sulzbach und Waldmühlbach zog aber bis 1961 etwa ein Drittel wieder weg (1961: 992 Vertriebene und 96 SBZ-Flüchtlinge). Zwischen 1950 und 1961 nahm nur in Billigheim die Bevölkerung zu, in den anderen Dörfern nahm sie ab. Im folgenden Jahrzehnt ergab sich erstmals – außer in Waldmühlbach – eine positive Wanderungsbilanz. Zusammen mit den anhaltenden Geburtenüberschüssen führte das zu einem kurzfristigen Einwohnerzuwachs von 15 % (1961 – 1970). Seit 1973 jedoch wechseln fast jährlich Geburtenüberschüsse mit -defiziten, Wanderungsgewinn mit -verlust. Im Endergebnis war die am 25.5.1987 durch die Volkszählung ermittelte Wohnbevölkerung von 5309 E. (wohnberechtigte Bevölkerung: 5489 E.) nur um

17 Personen größer als diejenige bei der Volkszählung vom 27. 5. 1970. *Ausländer* spielten nie eine große Rolle. 1970 wurden 87 Ausländer, davon 45 in Sulzbach und 28 in Billigheim, gezählt. Für den 18. 12. 1984 nennt die Gemeindeverwaltung 139, für 1987 die Volkszählung 119 Personen fremder Staatsangehörigkeit.

Konfessionelle Gliederung. – Die Bevölkerung gehörte bei der Volkszählung 1987 zu 80 % der *kath. Konfession* an. Vor dem letzten Krieg war dieser Anteil noch höher gewesen (1925: 92 %). 1806 machten nur in Sulzbach die 162 *Lutherischen* und 67 *Reformierten* zusammen ein Drittel der Einwohner aus. Ihre Zahl ging aber seit der Mitte des 19. Jh. zurück und erhöhte sich erst wieder nach dem 2. Weltkrieg. In Allfeld lebten um die Mitte des 19. Jh. einige Mennoniten. 1874 wird Billigheim als der einzige Ort des Amtsbezirks Mosbach genannt, in dem der Altkatholizismus einige offenerklärte Anhänger besaß. *Juden* waren nur in Billigheim ansässig, dort schon seit dem 17. Jh. 1806 zählte man 51 Juden, 1900 noch 44. Sie lebten meist vom Handel, viele wanderten aber in die Städte ab. 1927 gab es in Billigheim nur noch 27 Juden. Nach 1938 wanderten noch einige aus, die übrigen wurden deportiert. Keiner überlebte.

Sozialstruktur. – Billigheim wies schon im 19. Jh. mit Landwirten, Handwerkern und einigen, meist jüdischen Händlern, die Sozialstruktur eines größeren, in engem Rahmen auch Funktionen für die Umgebung wahrnehmenden Dorfes auf. Die übrigen Dörfer waren dagegen rein landwirtschaftlich ausgerichtet. Nur wer nicht ausreichend mit Land ausgestattet war, suchte seinen Neben- oder Hauptverdienst durch ein Handwerk oder im Taglohn zu erwerben. Den Bauern stand eine breite Schicht landarmer oder landloser Handwerker und Taglöhner gegenüber. Nur in Waldmühlbach besaßen die meisten Bauern ausreichend Land. Sozial unter den Taglöhnern standen in allen Dörfern die Ortsarmen, die, soweit sie nicht arbeitsfähig waren, von den Gemeinden unterhalten wurden. In Katzental, dem ärmsten der fünf Dörfer, war 1854 selbst von den 58 Gemeindebürgern nur ein Viertel einigermaßen wohlhabend zu nennen. Für Sulzbach wurde jahrzehntelang die trotz guten Bodens schlechte wirtschaftliche Lage beklagt. Die Ursachen sah der Amtsvorstand noch 1875 in der Prozeßsucht, dem Branntweintrinken und der Spielleidenschaft der Sulzbacher.

Taglohnarbeit fand sich nur selten in den Dörfern, abgesehen von Billigheim bei einigen israelitischen Händlern. Die meisten Taglöhner arbeiteten auf den größeren Einzelhöfen, auch im Württembergischen, in den Waldungen, beim Straßenbau und in Mosbach. Gegen Ende des Jahrhunderts warf die Landwirtschaft größere Erträge ab und konnte mehr Arbeitskräfte binden und mit der Dampfziegelei in Billigheim und der Zuckerfabrik in Züttlingen kamen neue Arbeitsplätze auch für die Bewohner der Umgebung hinzu. Die Händler in Billigheim allerdings konnten keine Arbeitskräfte mehr beschäftigen. Sie verdienten selbst nicht mehr genug und wanderten zum größten Teil ab. Bei der Volks- und Berufszählung von 1895 lebte nur in Billigheim mehr als ein Viertel der Bevölkerung von Industrie und Gewerbe, im wesentlichen also vom Handwerk, und 1 % von Handel und Verkehr. Aber auch hier war die Land- und Forstwirtschaft mit 53 % noch Hauptnahrungszweig. In den übrigen Dörfern ernährte sie zwischen 77 und 84 % der Bevölkerung. In den folgenden Jahren nahm die Neigung zu, sich auswärts Arbeit zu suchen. 1950 pendelten in Allfeld, Katzental, Sulzbach und Waldmühlbach ein Fünftel bis ein Viertel der Erwerbstätigen aus. Dort lebten noch mehr als ein Drittel bis zur knappen Hälfte der Einwohner von der Landwirtschaft. In Billigheim war dieser Anteil zurückgegangen. Hier pendelten nur 75 Arbeitskräfte aus. 1970 arbeiteten 1102 Personen außerhalb der heutigen Gemeindegrenze, mehr als die Hälfte der hier wohnenden 2136 Erwerbstätigen. Mosbach und Neckarsulm waren die bevorzugten Arbeitsorte.

Die Land- und Forstwirtschaft ernährte nur noch 9 % der Bevölkerung. 49 % lebten vom Produzierenden Gewerbe. Bis 1987 war die Bedeutung dieses Wirtschaftszweigs noch gewachsen. Von den 2245 Personen, die ihren Lebensunterhalt überwiegend aus eigener Erwerbstätigkeit bestritten (42 % der Wohnbevölkerung), arbeiteten 55 % im Produzierenden Gewerbe, 28 % im Dienstleistungsbereich, 13 % im Handel/Verkehr und 4 % in der Land- und Forstwirtschaft. Von der restlichen Wohnbevölkerung lebten 20 % von Rente, Pension, Vermögen, Arbeitslosengeld, und 38 % wurden von Eltern, Ehegatten usw. unterhalten.

Politisches Leben

Im Gebiet der Grafen von Leiningen-Billigheim wie in dem der Fürsten zu Leiningen nahm die Revolution von 1848 und 1849 besonders heftige Formen an. In Billigheim zwang man den Grafen mit Waffengewalt zu Verzichtserklärungen. Er floh aus dem Dorf und ließ seine Residenz zur Strafe für die Billigheimer jahrelang leerstehen. Aus den Ortsbereisungsprotokollen geht hervor, daß in Allfeld, Billigheim und Sulzbach noch einige Jahre lang revolutionär Gesinnte beobachtet wurden. Seit den 1860er Jahren brach dann der Gegensatz zwischen kath. Kirche und nationalliberalem Staat auch in Billigheim und Sulzbach hervor. In Billigheim standen sich die freisinnige Gemeindevertretung und die kath. Zentrumspartei im Dorf, diese gestützt durch die gräfliche Familie, gegenüber, bis 1882 ein gemäßigter Zentrumsmann Bürgermeister wurde. Bis zu diesem Zeitpunkt hatte bei den *Reichstagswahlen* die Nationalliberale Partei in Billigheim, und nur dort, die Stimmenmehrheit erhalten. Später wurde auch hier das Zentrum mit Mehrheiten zwischen 75 und 100 % der gültigen Stimmen gewählt. Die Sozialdemokraten faßten in Billigheim gegen Ende des Jahrhunderts Fuß. Ihr Stimmenanteil von 22 % bei der Wahl von 1898 blieb aber während der Dauer des Kaiserreichs Episode. In Sulzbach wurden die Bürgermeister als extrem katholisch bezeichnet, während sich in der Gemeinde eine starke gemäßigte Richtung aus Katholiken und Protestanten behauptete. Katzental und Waldmühlbach litten zwar jahrzehntelang unter innerdörflichen Parteikämpfen. Sie hatten jedoch weder religiöse noch politische, sondern in Katzental soziale (die »Protzen« und die »Kleinen«) und in Waldmühlbach eher persönliche Hintergründe.

In der Weimarer Zeit blieben dem Zentrum in allen fünf Dörfern die meist absoluten Stimmenmehrheiten sicher, in Allfeld, Katzental und Waldmühlbach bis 1932 mehr als Dreiviertelmehrheiten. In Sulzbach war 1928 die KPD mit 15 % und 1932 mit 36 % zweitstärkste Partei, während in Billigheim diese Rolle von der SPD (1919: 26 %) auf die NSDAP überging. Die Nachfolge des Zentrums in der Wählergunst übernahm in der Bundesrepublik die CDU. Auch sie erhielt in allen *Bundestagswahlen* absolute Mehrheiten zwischen 51 und 88 % der gültigen Stimmen. Die FDP spielte nur eine untergeordnete Rolle, die SPD dagegen konnte allmählich ihre Wählerschaft vergrößern. Die höchsten Anteile erzielte sie in Billigheim und in Sulzbach. Auch 1987 erhielt die CDU mit 61,2 % die absolute Mehrheit der gültigen Zweitstimmen in der gesamten Gemeinde. Die CDU ist in der Gemeinde durch den 1974 zusammengeschlossenen Gemeindeverband vertreten, dem die älteren Ortsverbände Billigheim mit Katzental (58 Mitglieder), Allfeld (10 Mitglieder), Sulzbach (33 Mitglieder) und Waldmühlbach (7 Mitglieder) angehören. Die SPD hat in Sulzbach seit 1968 einen Ortsverein mit derzeit 22 Mitgliedern. Am 11.8.1975 fand sich in Zusammenhang mit der Bildung der neuen Gemeinde die Vereinigung Unabhängiger Bürger zusammen, der heute 94 Mitglieder angehören.

Wirtschaft und Verkehr

Land- und Forstwirtschaft. – Die landwirtschaftlich genutzte Fläche von 2452 ha (1987) wird heute zu vier Fünfteln als *Ackerland* und zu knapp einem Fünftel als *Grünland* genutzt. Noch 1961 machte Grünland nur 9% der Fläche aus, und für die Mitte des 19. Jh. läßt sich ein 5–7 %iger Grünlandanteil erschließen. Wiesen liegen nur in den Talgründen. Die verkommenen Wässerungseinrichtungen wurden erst gegen Ende des 19. Jh. für die intensivierte Viehhaltung verbessert. Trotzdem mußte die Futterbasis immer durch Feldfutteranbau ergänzt werden. 1880 nahmen Futterpflanzen und Futterhackfrüchte etwas mehr als ein Viertel des Ackerlandes ein, 1987 lag der Futterpflanzenanteil mit überwiegend Silomais noch bei einem Fünftel. Die Futtergewinnung hat sich trotz vermehrter Viehhaltung flächenmäßig leicht zum Grünland hin verschoben. Ödungen gab es schon um 1850 kaum mehr.

Die Felder liegen großenteils auf den Höhen über den steilen Hängen und waren schwer zugänglich, bis neue Feldwege gebaut wurden. In Allfeld geschah dies unter hohem Kostenaufwand 1867 und 1879, in den anderen Orten offenbar erst später. Auch die innere Erschließung der Flur ging nach der Aufgabe des zelgengebundenen Anbaus nur äußerst zögernd vor sich.

Das *Ackerland* war um 1880 zu etwas mehr als 50 % mit Getreide (Dinkel, Hafer und Gerste) bestanden. Heute ist trotz rückläufiger Getreidefläche der Getreideanteil mit Weizen und Gerste als Hauptfrüchten auf fast zwei Drittel angestiegen. Gerste wird allerdings wegen des Preisverfalls in den letzten Jahren weniger angesät. Umgekehrt führten die guten, durch Zuschüsse erhöhten Preise zur Ausdehnung des Anbaus von Raps als Öl- und Futterpflanze. Der Zuckerrübenanbau setzte sich schon vor 1900 durch, schwankte je nach Preisentwicklung, ist jetzt aber infolge der Kontingentierung einigermaßen stabil. Die Rüben werden nach Offenau geliefert. Einige Nebenerwerbsbetriebe und ein Haupterwerbsbetrieb in Allfeld haben sich auf den Anbau von kleinen Gurken verlegt. Der Anbau von Kraut ist seit der Schließung des Diedesheimer Werks der Firma Hengstenberg zurückgegangen. Mit Intensivobstbau (Äpfel) befaßt sich heute nur noch ein Betrieb in Katzental. Gegen Ende des 19. Jh. dagegen war *Obstbau* ein wesentlicher Betriebszweig, nachdem unter obrigkeitlicher Förderung in allen Dörfern entweder die Gemeindebaumschulen unter fachmännische Leitung gestellt worden waren oder sich die Bauern selbst um die Baumzucht kümmerten. In Allfeld, Billigheim und Waldmühlbach befanden sich Obstkeltern in den Rathäusern. 1933 zählte man noch 25652 Obstbäume, darunter 10713 Apfelbäume, auf dem heutigen Gemeindegebiet. Der *Weinbau* war, von minimalen Flächen abgesehen, schon vor 1850 aufgegeben.

Schon um 1850 wurde die landwirtschaftliche Produktion zu einem guten Teil verkauft, meist an die jüdischen Händler und die Müller der Umgebung. 1888 versuchten Billigheim, Allfeld und Sulzbach, sich durch Gründung von *Konsumvereinen* von den Händlern unabhängig zu machen. Nur der Billigheimer Verein brachte es zu einer Lebensdauer von 7 Jahren. 1909 gründete der Sulzbacher Pfarrer Johann Gruber in Billigheim das *Landwirtschaftliche Lagerhaus*.

Seit dem ausgehenden 19. Jh. bringt der *Viehverkauf* zeitweise die höchsten Betriebseinnahmen. Während noch in der ersten Jahrhunderthälfte überwiegend Kühe gehalten wurden, stellte man später wegen der guten Marktlage für Schlachtvieh auf Mastochsen um. Die Farrenhaltung war gegen Bezahlung und Güternutzung an Bauern ausgegeben, bis sie um 1890 in Allfeld, Billigheim (nur für wenige Jahre) und Sulzbach, um 1920 in Katzental in Gemeinderegie genommen wurde. Die Allfelder Hofbauern hielten z. T.

Die Gemeinde im 19. und 20. Jahrhundert

eigene Farren. Zwischen 1808 und 1885 verdoppelte sich der Viehbestand, bis vor dem 1. Weltkrieg stieg er weiter an. Mit dem allmählichen Übergang zum Arbeiterbauerntum wurde zunächst Vieh abgeschafft, aber in den letzten Jahren setzen die großen Haupterwerbsbetriebe wieder stärker auf Viehhaltung. 1987 standen 2914 Stück Rindvieh in 48 Betrieben. Die geringste Bedeutung hat die Rinderhaltung heute in Allfeld, wo sie im 19. Jh. besonders gepflegt worden war. Nur 2 milcherzeugende Betriebe sind auf Weidehaltung eingestellt, alle übrigen halten ihr Vieh, wie schon früh im 19. Jh., im Stall. Abnehmer sind neben den örtlichen Händlern und Metzgern die Südvieh GmbH in Lauda, auswärtige Großschlächtereien und Großhändler.

Wenn auch immer Schweine gemästet wurden, verzichtete man fast gänzlich auf Zucht. Heute widmet sich ihr nur ein Spezialbetrieb, alle anderen schweinehaltenden Betriebe verlegten sich auf Ferkelaufzucht und Mast. Erst nach Verbesserung der Transportmöglichkeiten wurde zwischen 1855 und 1887 die Zahl der Tiere fast verdoppelt und stieg auch danach langfristig noch an. Die Arbeiterbauern schränkten zwar die Großviehhaltung ein, mästeten aber mehr Schweine. Erst nach 1950 gab man mehr und mehr auch die Schweinemast auf. 1987 wurden in 71 Betrieben noch 813 Mastschweine und in 8 Betrieben 155 Zuchtsauen gezählt.

Die *Schäferei* stand im 19. Jh. den Gemeinden zu (in Allfeld seit dem Kauf vom Grundherrn, in Billigheim seit 1858 nach Ablösung von den Erben des früheren Schäfers den Güterbesitzern). Pacht- und Pferchgeld fielen an die Gemeindekassen. Erst als die Landwirte über Flurschäden durch die Schäferei klagten, gingen die Gemeinden, außer Katzental, um 1900 zögernd von der Verpachtung ab. 1986 betreiben 4 Betriebe in Sulzbach und je 1 Betrieb in Katzental und in Waldmühlbach Schafzucht.

Als *Mindestbesitzgröße*, die eine Bauernfamilie ernähren kann, werden 1853/54 für Allfeld, Billigheim und Sulzbach 9 M, für Katzental und Waldmühlbach 6 M Land angegeben. In den beiden kleinen Dörfern erreichte die Mehrzahl der Bauern diese Besitzgröße, in den drei größeren Dörfern nur eine Minderzahl. In Katzental zwang Verarmung die Einwohner zum Verkauf oder zur Verpachtung von Grundstücken an Ausmärker, da ihnen sonst die Frucht vom Halm weg gepfändet worden wäre. Als sich wenige Jahre später die Lage gebessert hatte, blieb doch der große Ausmärkerbesitz erhalten. Ende des Jahrhunderts besaßen hier in Waldmühlbach die Bauern kaum Pachtland; in Allfeld, Billigheim und Sulzbach dagegen hatten die Grundherren Land an die Bauern verpachtet. 1979 hatten 101 von 134 Betrieben Land gepachtet. Die *Pachtfläche* machte fast die Hälfte der LF aus. Verpächter sind hauptsächlich die Ev. Stiftschaffnei in Mosbach, die Pfälzer Kath. Kirchenschaffnei in Heidelberg und mit etwas mehr als 20 ha die Gemeinde selbst.

Die größten Höfe waren 1889 die geschlossenen Hofgüter in Allfeld und Billigheim. Der Eichhof mit 100 M und 2 der 6 Güter des Assulzerhofs (Äußerer Hof) mit je 40 bis 42 M Land gehörten der Grundherrschaft von Gemmingen-Hornberg. Die 4 übrigen Güter waren wie die beiden Teile des Gänslacherhofs (45 und 135 M Land) und die 4 Güter des Seelbacherhofs (je 40 M Feld und 10 M Wald) Privateigentum. Einer der 4 selbständigen Bauern des Assulzerhofs bewirtschaftete auch die beiden grundherrlichen Güter. Zu Allfeld gehörten außerdem der Ober- und der Unterbichelbacherhof sowie der Schopfenhof des Grafen von Helmstatt, zu Billigheim der Schmelzenhof und die Ziegelhütte. Sie alle bestehen als Einzelhöfe oder Hofgruppen noch heute. Hinzugekommen sind zwischen 1960 und 1970 moderne *Aussiedlerhöfe*: 4 auf Gkg Billigheim, 3 auf Gkg Katzental, 5 auf Gkg Sulzbach.

1895 besaß etwa die Hälfte der 685 landwirtschaftlichen Betriebe Flächen zwischen 2 und 10 ha, 81 Betriebe hatten mehr Land, darunter die 7 Betriebe in Allfeld und

1 Betrieb in Waldmühlbach, die mehr als 20 ha bewirtschafteten. Der große Rest lag unter 2 ha. Bis 1925 stockten zahlreiche Betriebe ab, d. h. die Zahl der kleinen Betriebe nahm zu, die der Betriebe ab 10 ha nahm ab. Nur 3 Allfelder Betriebe bewirtschafteten noch Flächen über 20 ha LF. Trotz Rückgangs der Betriebe blieb bis 1949 die *Betriebsgrößenstruktur* im Prinzip erhalten. Erst danach, insbesondere seit 1960, setzte eine starke Konzentration infolge Auflassungen von Kleinbetrieben ein. Schon 1970 besaßen 48 von den 215 landwirtschaftlichen Betrieben 20 und mehr ha LF, 15 davon 30 und mehr ha. Nur noch 82 Betriebe lagen unter 5 ha LF. Bis 1987 war diese Gruppe auf 31 Betriebe geschrumpft, aber 45 Betriebe besaßen 20 und mehr ha, 33 von ihnen sogar 30 und mehr ha LF.

Über Besitzzersplitterung wurde bereits Mitte des 19. Jh. in Katzental, Ende des Jahrhunderts in Sulzbach geklagt, ohne daß ernsthafte Schritte dagegen unternommen worden wären. Weder die Anlage von Feldwegen noch die Katastervermessungen nach 1890 regten zu Flurzusammenlegungen an. Nur in Billigheim wurde 1890 eine Fläche von 19 ha bereinigt. Erst in unseren Tagen nahm man durchgreifende *Flurbereinigungsmaßnahmen* in Angriff: 1974 wurde in Katzental ein Verfahren über 530 ha und 1975 in Billigheim ein Verfahren über 931 ha Fläche abgeschlossen. 1974 gelangte ein Verfahren über 920 ha in Waldmühlbach und 1975 eines über 1087 ha in Sulzbach zur Schlußfeststellung. Ein zweites Verfahren (26 ha) läuft seit 1972 in Waldmühlbach; in Allfeld wurde 1974 ein Verfahren über 1284 ha angeordnet. In diesen beiden Dörfern stehen *Dorfsanierungsprogramme* mit der Flurbereinigung in Zusammenhang.

Wald. – Obgleich außer Allfeld 1853 alle Gemeinden angaben, der Wald decke den Holzbedarf der Einwohner nicht ausreichend, bildete der Gemeindewald doch eine wesentliche Einnahmequelle für die Gemeinden, außer in Billigheim, wo der Wald fast ganz im Besitz der Standesherrschaft war. Regelmäßige kleine Einnahmen brachte auch die Jagdpacht. In der Waldbewirtschaftung ist für die 2. H. 19. Jh. ein Wechsel von der Nieder- zur Hochwaldwirtschaft faßbar, so in Katzental, wo 1875 ein Hochwaldareal als Niederwald bewirtschaftet werden darf, 1888 aber ein Nieder- und Mittelwald in Hochwald überführt werden soll. Heute wird der Wald auf dem Gemeindegebiet, insgesamt 1365,52 ha, vom Staatlichen Forstamt Adelsheim verwaltet, ausgenommen die Wälder der Freiherren von Cetto und der Freiherren von Gemmingen, zusammen etwa 404 ha, die in Eigenbewirtschaftung stehen. Staats- und Kirchenwald befindet sich nicht auf dem Gemeindegebiet, der Kleinprivatwald ist mit 157 ha nicht bedeutend. Den größten Waldanteil hat mit 804,29 ha die Gemeinde selbst, vor allem auf Gkg Allfeld und Waldmühlbach.

Handwerk und Industrie. – Die gewerbliche Wirtschaft stand mindestens bis zur Jahrhundertwende in allen fünf Dörfern hinter der Landwirtschaft zurück, auch in Billigheim, wo gewerbliche Ansätze vorhanden waren. Im Jahr 1848 trieb das Wasser der Schefflenz auf Billigheimer Gemarkung die Mahlmühle des Jos. Weber, das Hammerwerk des Isaak Bär Westheimer und das Hammerwerk mit Eisengießerei und Maschinenfabrik von Hahn und Göbel. Die beiden Eisenwerke hatten noch in den 1830er Jahren gute Geschäfte gemacht, inzwischen war bei Westheimer das Geschäft zurückgegangen, so daß er 1848 nach einem Brand das Hammerwerk in eine Mahlmühle umwandelte. Hahn und Göbel verlegten ihren Betrieb 1855 nach Heilbronn, weil sie dort als Zulieferer für die württembergische Staatsbahn konkurrenzfähiger waren. Damit hatte Billigheim seine gewerbliche Bedeutung eingebüßt. Die Wirte, Metzger und Bäcker verloren die Kundschaft der reisenden Händler und der auswärtigen Arbeitskräfte. Hahn und Göbel hatten zuletzt 40 Gesellen, 4 Lehrlinge und 6 Arbeiter, die meisten von außerhalb, beschäftigt. Auch die Billigheimer Taglöhner des

Hammerwerks – mehr als ein Dutzend – verloren ihre Arbeit. Ein Ersatz fand sich vorläufig nicht. Verhandlungen mit einem Zwirnfabrikanten aus Otterbach/Pfalz führten zwar zum Verkauf des vorgesehenen Gebäudes, aber die Produktion wurde anscheinend nicht aufgenommen.

Die große *Anzahl der Handwerker*, die 1853/54 aufgezählt werden, zeigt weniger eine wirtschaftliche Blüte an als einen Überbesatz, zumal das Handwerk oft nur als Nebenerwerb betrieben wurde. Nur wenige Meister hatten Gesellen und Lehrlinge. Die Handwerker von Allfeld, Billigheim, Katzental und Waldmühlbach gehörten zum Zunftverband Billigheim, die aus Sulzbach zum Zunftverband Mosbach.

Tabelle 1: **Das Handwerk 1853/54**

Branche	Allfeld	Billigheim	Katzental	Sulzbach	Waldmühlbach
Maurer	3	6	2	2	2
Zimmermann	–	4	1	1	–
Steinhauer	1	–	–	–	–
Ziegler	–	1	–	–	–
Schmied	2	3	2	2	1
Nagelschmied	–	3	–	–	–
Schlosser	–	1	–	–	–
Flaschner	–	1	–	–	–
Schreiner	–	2	–	–	–
Wagner	2	–	2	1	–
Küfer (in Billigheim auch Bierbrauer)	1	2	–	2	–
Schneider	1	5	–	4	1
Schuhmacher	6	6	2	4	1
Weber, Leinenweber	3	6	–	6	1
Müller	2	*)	1	1	–
Bäcker	2	2	1	1	–
Metzger	–	3	1	1	–
Bierbrauer (in Billigheim auch Küfer)	–	(2)	–	2	–
Glaser	–	1	–	–	–
Hafner	–	1	1	–	–

*) In der statistischen Aufstellung nicht aufgeführt, aber anderweitig sind 2 Mühlen belegt.
Quelle: Statistische Notizen zu den Ortsbereisungsakten.

Der Überbesatz verschlimmerte sich noch in den nächsten Jahren. Schon 1861/63 werden nicht nur mehr Handwerksleute, sondern auch neue Handwerkszweige genannt: in Billigheim Dreher, Gießer, Mechaniker, Buchbinder, Kappenmacher und 2 Putzmacherinnen; in Sulzbach Seifensieder, Tüncher, Seiler und Wundarzneidiener. Anstelle der 114 Handwerker in 20 Berufen von 1853/54 arbeiteten jetzt in den fünf Dörfern 168 Handwerker in 30 Berufen. Soweit sich die Angaben vergleichen lassen, baute sich aber schon in den folgenden Jahrzehnten bis zum Ende des Jahrhunderts der Überbesatz langsam ab. 1895 nennt die Betriebszählung für das gesamte Produzierende Gewerbe noch 153 Betriebe mit 229 Personen. Häufiger beschäftigten die Handwerker jetzt auch Gesellen. Im Nahrungs- und Genußmittelgewerbe in Billigheim, zu dem die

Westheimersche Mühle gehörte, arbeiteten 19 Personen in 6 Betrieben, sonst lag der Besatz bei 10–18 Personen je 10 Betriebe.

Im Jahr 1898 wurde in Billigheim die *Dampfziegelei* errichtet. Sie brachte wieder gewerbliche Arbeitsplätze in größerem Umfang in den Ort, zumal sie schon in den nächsten Jahren den Betrieb ausdehnte. 1904 gehörte ihr auch die leerstehende ehemalige Westheimersche Mühle. Schon 1898 war die Rede von voraussichtlich 140 Arbeitern. Produktion und Absatz waren aber offenbar schwankend. Die Besitzer beteiligten sich finanziell am Bau der Schefflenztalbahn, da sie sich eine Hebung des Verkaufs versprachen. Nach dem Verkauf (1919) an B. Bott, Rauenberg, ging in den 1920er Jahren der Absatz so zurück, daß der Betrieb 1924 vorübergehend stillgelegt wurde. Dennoch überstand die Ziegelei die kommenden Jahrzehnte und den 2. Weltkrieg.

Das Handwerk reduzierte sich auf die wirklich benötigten Betriebe. In Katzental waren z. B. 1922 die »für diese kleinen Verhältnisse erforderlichen Handwerksbetriebe« vorhanden, Schneider und Schlosser fehlten, eine kleine Mahlmühle war da. 1926 arbeiteten dort 1 Schmied, 1 Wagner, 1 Bäcker und die Mühle. Bei der Volks- und Berufszählung 1925 zählte man in den fünf Dörfern nur noch 40 Handwerksbetriebe, darunter 12 in Billigheim und 18 in Sulzbach. Gleichzeitig wurden 125 Industriearbeiter gezählt, die – außer in Billigheim – fast alle auspendelten. Danach baute Billigheim allmählich seinen gewerblichen Vorsprung aus, auch gegenüber Sulzbach. In der gesamten heutigen Gemeinde hatte 1950 die Hälfte der 209 nichtlandwirtschaftlichen Arbeitsstätten den Schwerpunkt im Handwerk. Sie beschäftigten 238 von insgesamt 590 Arbeitskräften.

Durch Konzentration im Handwerk und Aussterben mancher Berufe ging allein zwischen den Handwerkszählungen von 1968 und 1977 die Zahl der Handwerksbetriebe von 84 auf 75 zurück, während die Zahl der Beschäftigten leicht von 312 auf 327 anstieg. Als einzige Branche verzeichnete das Metallgewerbe einen Zuwachs an Betrieben. Im Holzgewerbe dagegen war der Schwund an Betrieben und an Beschäftigten besonders stark. Mehr als 20 Beschäftigte hatte jedoch 1986 nur die Firma *Egner-Bau GmbH*. 1890 war die Firma mit 2 Mitarbeitern gegründet worden, heute arbeiten dort 28 Personen im konventionellen Hochbau, Kanal- und Wasserleitungsbau. Der Betrieb ist der 1971 gegründeten BGG (Baugesellschaft Gundelsheim) angeschlossen, die schlüsselfertiges Bauen, komplette Sanierungen u. ä. im Programm hat. In Sulzbach besitzt die Egner-Bau 1 ha große Betriebsanlagen. Ihr Umsatz betrug 1985 bei einer leichten Steigerung gegenüber dem Vorjahr 2,5 Mio DM.

An weiteren Betrieben außerhalb der Handwerksordnung nennt die Gemeindeverwaltung: 2 Holzhauer, 1 nebenberuflich betriebene Sägerei, 1 Betrieb, der Bündelholz herstellt, 1 Gärtnerei, 1 Gartengestaltungsbetrieb, 1 Lohnmosterei und 1 Betrieb, der Kunststoff- und Metallteile herstellt.

An *industriell arbeitenden Betrieben* nennt eine Billigheimer Festschrift 1959 die Ziegelei mit einem Bagger- und Fensterbaubetrieb, je eine elektrische Mühle, Fabrik für Kirchenheizungen, Parkettfabrik, Schürzenfabrik, Heizkissenkordelfabrik und ein Sägewerk. Bis 1943 hatte eine Zigarrenfabrik in Billigheim gearbeitet. 1948 wurde sie wiedereröffnet, fiel dann aber wohl der allgemeinen Krise dieser Branche zum Opfer. Von diesen Betrieben bestehen heute nur noch die Heizungsfirma Stahl und das Ziegelwerk. Als Zweigwerk der *Rauenberger Ziegelwerke Bott-Eder GmbH* produziert es Mauerziegel und Ziegelstürze. Der Umsatz lag nach einem leichten Rückgang gegenüber dem Vorjahr 1985 bei 4,4 Mio DM. 1960 wurde, zunächst mit nur 2 Arbeitskräften und als Maler- und Gipserbetrieb die Firma *Sebastian Karle GmbH & Co. KG* gegründet, die sich in der Folge auf Oberflächenbeschichtungen mit Metall-

Die Gemeinde im 19. und 20. Jahrhundert 555

Tabelle 2: **Handwerksbetriebe 1986**

Handwerksgruppen	insgesamt	Allfeld	Billigheim	Katzental	Sulzbach	Waldmühlbach
Bau- und Ausbaugewerbe						
Baugeschäfte	5	1	3	–	1	–
Maurer	1	–	–	–	1	–
Zimmerer	1	–	–	–	1	–
Fliesen-, Platten- und Mosaikleger	2	1	1	–	–	–
Gipser und Stukkateur	1	1	–	–	–	–
Maler und Lackierer	1	–	–	–	1	–
Metallgewerbe						
Schmiede	3	–	2	1	–	–
Schlosser und Maschinenbauer	2	1	–	–	–	1
Schlosser und Sanitärbetrieb	1	–	–	–	1	–
Werkzeugmacher	1	–	–	–	1	–
Kfz-Mechaniker	4	2*)	1	–	1	–
Blechner	1	–	1	–	–	–
Blechner und Installateur	1	–	–	–	1	–
Heizungs- und Lüftungsbauer	1	–	–	1	–	–
Elektroinstallateur	4	–	2	–	1	1
Elektromechaniker	1	1	–	–	–	–
Holzgewerbe						
Schreiner	6	3	–	–	3	–
Bekleidungs-, Textil- und Ledergewerbe						
Schneiderin	1	–	–	–	1	–
Schuhmacher	1	–	1	–	–	–
Gerber	1	–	–	–	1	–
Sattler	1	–	1	–	–	–
Feintäschner (Gürtelhersteller)	1	–	1	–	–	–
Raumausstatter (Teppichbodenverl.)	1	–	–	–	1	–
Nahrungsmittelgewerbe						
Bäcker	2	–	2	–	–	–
Metzger	4	1	2	–	1	–
Hausmetzger	1	–	–	–	–	1*)
Müller	1	–	1	–	–	–
Gewerbe für Gesundheits- und Körperpflege sowie chemische und Reinigungsgewerbe						
Friseure	3	–	2	–	–	1
Textilreiniger	1	–	–	–	1	–
Zusammen	54	11	20	2	17	4

*) im Nebenerwerb betrieben
Quelle: Gemeindeverwaltung

und Kunststofflacken spezialisierte und den Betrieb auf derzeit 50 Mitarbeiter vergrößerte. Ihr Umsatz lag 1985 nach einer deutlichen Steigerung gegenüber dem Vorjahr bei 2,9 Mio DM. 1969 richtete die Firma *Stork GmbH* aus Sindelfingen-Maichingen ein Zweigwerk in Billigheim ein, in dem mit 45 Arbeitskräften spanabhebende Werkzeugmaschinen überholt und modernisiert werden.

Handel und Dienstleistungen. – Die beiden *Jahrmärkte* im Mai und Oktober, denen 1853 der Amtsvorstand bescheinigte, sie genügten dem Bedürfnis und seien nicht leicht zu entbehren, werden noch heute jährlich in Billigheim abgehalten. Von den fünf Dörfern hatte 1854 nur Katzental noch keinen Krämer, aber schon 1862 deren zwei. Die meisten Läden (1853: 6) gab es in Billigheim. Hier waren außerdem israelitische Händler ansässig, die mit Landesprodukten und Wein handelten. 1863 werden im Dorf 4 Kaufleute, 5 Handelsleute, 1 Weinhändler, 2 Schnapshändler genannt. Erst der Konkurs der Getreidehandlung von Bär und Henn 1904 veranlaßte die Bauern, ihre Erzeugnisse über das Lagerhaus in Oberschefflenz zu verkaufen, bis Pfarrer Gruber 1909 in Billigheim das Landwirtschaftliche Lagerhaus gründete, das noch heute unter dem Namen *Raiffeisen-Lagerhaus Schefflenztal eG* besteht und Filialen in 8 Orten der Umgebung besitzt. Es übernimmt den An- und Verkauf landwirtschaftlicher Erzeugnisse und Bedarfsartikel und seit 1956 auch Landmaschinenhandel und -reparatur. Insgesamt sind 26 Mitarbeiter beschäftigt. 1985 wurden insgesamt ca. 16 Mio DM umgesetzt, davon in Billigheim 11 Mio DM.

Der Handel nahm, gemessen an der Zahl der Betriebe und Beschäftigten, kaum einen Aufschwung; die wenigen Betriebe konzentrierten sich nach wie vor auf Billigheim. 1895 waren innerhalb der heutigen Gemeinde 43 Personen in 28 Betrieben des Gesamtbereichs Handel, Versicherung und Verkehr tätig, fast die Hälfte von ihnen in Billigheim. 1927 hatten 16 von 26 selbständigen Kaufleuten ihr Geschäft in diesem Dorf. Die meisten jüdischen Händler waren aber inzwischen weggezogen, drei gaben erst 1938 ihre Läden auf. 1950 beschäftigte die Sparte Handel, Geld, Versicherung 123 Erwerbspersonen. 1970 wurden in der heutigen Gemeinde 27 Arbeitsstätten des Handels mit 56 Beschäftigten nachgewiesen, fast alle dem *Einzelhandel* zugehörig.

1986 gab es in Billigheim neben Geschäften für den täglichen Bedarf auch etliche, die den mittel- und längerfristigen Bedarf decken. Einige Läden gehören zu den entsprechenden Handwerksbetrieben. Zweifellos weniger auf örtliche Kundschaft als auf einen weiträumigeren Kundenkreis ausgerichtet sind die An- und Verkaufs- und die Vertriebsunternehmen, die sich in Sulzbach und Billigheim angesiedelt haben. Zum Handel gehören außerdem 5 *Großhandelsbetriebe* (1 mit Getränken, kombiniert mit Einzelhandel, 2 mit Futtermitteln, 1 mit Geschenkartikeln und 1 mit kosmetischen Präparaten) sowie 4 Handelsvertreter. Die Arbeitsstättenzählung von 1987 weist allerdings unter den 52 Handelsbetrieben (128 Beschäftigte) 17 (154) Großhandels- und 25 (61) Einzelhandelsbetriebe aus.

Das *Dienstleistungsgewerbe* hat sich erst in den letzten Jahren zu seinem heutigen Stand entwickelt. Noch 1970 waren nur 29 private Dienstleistungsbetriebe, einschließlich 18 im Gaststättengewerbe und 3 im Gesundheitswesen, mit zusammen 68 Beschäftigten gezählt worden, außerdem 3 Kredit- und Finanzinstitute mit 13 Beschäftigten und 8 Arbeitsstätten mit 44 Beschäftigten im Bereich Verkehr und Nachrichtenübermittlung. Heute sind die stärksten Branchen des privaten Dienstleistungssektors das Transportgewerbe mit 7, die Finanzberatung/Finanzvermittlung mit 7 und die Vermittlung von Versicherungen und Bausparverträgen mit 4 Betrieben. Weitere private Dienstleistungsunternehmen sind 2 Schreibbüros, je 1 Ingenieurbüro, Architekturbüro, Verlag, Hardware-Service etc., Unternehmensberatung, Buchhaltungsbüro, Werbeagentur, Wärmedienst, Fahrschule, Beerdigungsinstitut, Kosmetik- und Fußpflegeinstitut. Bevorzugter Standort für die Betriebe, die eine Klientel in größerem Umkreis ansprechen, ist Sulzbach.

Geldgeschäfte wickelte man um die Jahrhundertwende über die Mosbacher und Adelsheimer Sparkassen ab. Die ansässigen Juden betrieben diesen Geschäftszweig

Die Gemeinde im 19. und 20. Jahrhundert 557

Tabelle 3: **Einzelhandelsbetriebe 1986**

Branche	insgesamt	Allfeld	Billigheim	Katzental	Sulzbach	Waldmühlbach
Lebensmittel	5	–	2	–	2	1
Lebensmittel und Bäckerei	2	–	1	–	–	1
Lebensmittel und Drogerie	2	1	–	1	–	–
Getränke	10	1	5	1	1	2
Getränke- und Speiseeisvertrieb	1	–	–	–	1	–
Tabakwaren	1	–	1	–	–	–
Drogerie	1	1	–	–	–	–
Blumen	1	–	1	–	–	–
Freilandpflanzen	1	–	1**)	–	–	–
Bürobedarf	1	–	–	–	–	1**)
Bekleidung	1	–	1	–	–	–
Haushaltswaren	1	1	–	–	–	–
Elektrogeräte	3	–	1*)	–	1	1*)
Möbel	2	–	1+1*)	–	–	–
Türen und Profilhölzer	1	–	–	–	1	–
Fliesen, Platten etc.	1	1*)	–	–	–	–
Heizungen	1	1*)	–	–	–	–
Kohlen und Baumaterial	1	–	1	–	–	–
Schrott	1	–	1	–	–	–
Reitbedarf etc.	1	1	–	–	–	–
Automatenaufstellung	1	–	1	–	–	–
Vertrieb von Flaschenöl	1	–	1	–	–	–
Vertrieb von Haushalts- und Kosmetikartikeln	1	–	–	–	1	–
Ein- und Verkauf von Kinder- und Jugendmoden	1	–	–	–	1	–
An- und Verkauf von Schmuck etc.	2	–	–	–	2	–
An- und Verkauf von Möbeln etc.	1	–	1	–	–	–
An- und Verkauf von Gebrauchtwagen	1	–	–	–	1	–
Vertrieb von Kreiskolbenmotoren	1	–	–	–	1**)	–
Zusammen	47	7	20	2	12	6

*) in Verbindung mit Handwerksbetrieb
**) in Verbindung mit Dienstleistungsbetrieb
Quelle: Gemeindeverwaltung

kaum. In Waldmühlbach bestand um 1904 ein ländlicher Kreditverein. 1906 wurde in Billigheim, 1911 in Sulzbach und 1912 in Allfeld eine Raiffeisenkasse gegründet. Als erstes fusionierte das Billigheimer Institut 1972 mit der *Volksbank Mosbach*, 1981 folgte die Allfelder Kasse. Die Raiffeisenkasse Sulzbach schloß sich 1981 mit der *Raiffeisenbank Schefflenz-Seckach* zusammen. Alle drei werden als Zweigstellen weitergeführt. Die Raiffeisenbank Schefflenz-Seckach unterhält auch in Waldmühlbach und Katzental Zweigstellen. Als drittes Kreditinstitut hat die *Sparkasse Mosbach* 1970 in Billigheim, 1978 in Sulzbach, 1979 in Waldmühlbach und 1980 in Allfeld eine Zweigstelle eingerichtet.

Der Fremdenverkehr ist bedeutungslos; die *Gastwirtschaften* dienen hauptsächlich der Einwohnerschaft und den Ausflüglern. In Allfeld geht der »Adler« mindestens auf das 18. Jh. zurück, der »Engel« wurde 1843 genehmigt. Die alte »Krone« war schon um

1850 eingegangen, wurde aber später wieder eröffnet. Heute ist Allfeld mit »Engel«, »Krone«, dem Ausflugsgasthaus »Assulzerhof« – alle drei stellen auch Gästebetten zur Verfügung –, dem als griechisches Lokal geführten »Adler« und dem Café »Bergschänke« gut versorgt. In Billigheim ist von den drei aus dem 18. Jh. stammenden Gastwirtschaften »Krone«, »Hirschen« und »Schwanen« nur noch die 1717 konzessionierte »Krone« in Betrieb, außerdem die »Rose« von 1873 und der jetzt griechisch bewirtschaftete »Bahnhof« von 1909, beide mit Fremdenzimmern. 1835 standen hier außer diesen Schildwirtschaften noch 2 Straußwirtschaften, 3 Bier- und Branntweinschenken und 1 jüdische Kleinwirtschaft. Unter den reinen Schankwirtschaften gab es im 19. Jh. häufigen Wechsel. Der »Württemberger Hof« aus dem Anfang des 20. Jh. wurde 1956 aufgegeben. Der »Hirschen« schloß 1966. Sein 1804 errichtetes klassizistisches Gebäude diente vorübergehend als Post und jetzt als Ärztehaus. Auch der »Schwanen«, mindestens seit 1879 in Familienbesitz, wurde 1969 aufgegeben, das Gebäude abgebrochen und an seiner Stelle gegenüber dem alten Rathaus ein Wohnhaus mit Apotheke erbaut. In Katzental besaß seit 1787 das »Kreuz« Realgerechtigkeit, 1835 bestand daneben »seit unvordenklichen Zeiten« eine Straußwirtschaft, vermutlich die spätere »Rose«. Beide Wirtschaften sind noch heute in Betrieb, außerdem die Gaststätte »Schefflenztal«. Sulzbach hat wie Billigheim eine bewegte Gasthausgeschichte. Die 1834 bestehenden Gastwirtschaften »Krone« und »Löwen« waren aus Straußwirtschaften hervorgegangen. Die damals einzige Bier- und Branntweinwirtschaft wurde 1835 aufgegeben, als »Rose« und »Lamm« bewilligt wurden. 1847 kam die »Linde« hinzu. Vor 1854 wurde die »Krone« zwangsversteigert. Das Gebäude kaufte ein Billigheimer Jude und vermietete es der Gemeinde als Rathaus. Heute werden »Lamm«, »Linde« und »Hirsch« betrieben. Nur der »Hirsch« besitzt Gästebetten. In Waldmühlbach reichen »Lamm« und »Adler« noch in das 18., »Falken« in die ersten Jahre des 19. Jh. zurück. Aus dem 18. Jh. stammte auch das »Roß«, das bis in die 1930er Jahre bestand. 1835 gab es außerdem ein Straußwirtshaus und ein Bierhaus. Zeitweilig ruhten einzelne Wirtschaftsrechte, nur das »Lamm« scheint immer in Betrieb gewesen zu sein. Zu diesen drei Gastwirtschaften kam die »Pfanne« neu hinzu. Beherbergung bietet nur das »Lamm« an.

Verkehr. – Während man mit den *Gemeindeverbindungsstraßen* zunächst noch zufrieden war, wurde Mitte des 19. Jh. die ungenügende Verbindung in das nahe Württemberg, insbesondere nach Heilbronn, beklagt. Dem half der neue Abschnitt der Schefflenztalstraße ab, der zwischen 1855 und 1860 unterhalb Allfeld zur Jagstmündung gebaut wurde, um den Umweg über Neudenau einzusparen. Um 1868 sollte auch die Verbindung nach Mosbach verbessert werden. Fraglich war, ob die Staatsstraße über Billigheim oder über Allfeld geführt werden sollte. 1879 fiel die Entscheidung zugunsten von Billigheim. Die Korrektion der Straßen von Allfeld über Sulzbach nach Mosbach 1897 und von Allfeld nach Neudenau ermöglichte den Postverkehr in beiden Richtungen. Waldmühlbach war durch den Bau der Schefflenztalstraße unterhalb Allfeld ins Abseits geraten, da der Verkehr jetzt von der Straße Oberschefflenz – Neudenau abgelenkt war. Nach Billigheim führte nur eine steile Höhenstraße. Trotzdem brauchten die Gemeinderäte in Waldmühlbach wie in Billigheim Jahre, bis sie zum Bau einer Talstraße bereit waren. In Waldmühlbach scheute man die Kosten, und in Billigheim fürchtete man, die Straße könnte unter Umgehung des Dorfes nach Untergriesheim weitergeführt werden. Um dem vorzubeugen, bauten die Billigheimer, als sie durch Bezirksratsentschließung zum Bau ihres Straßenanteils gezwungen worden waren, 1904 ihre Schefflenzbrücke neu und verbesserten die Dorfstraße – Maßnahmen, die sich 1986 unter anderen Vorzeichen wiederholten.

Die Gemeinde im 19. und 20. Jahrhundert

Den Anschluß an das Fernverkehrsnetz hat Billigheim über Mosbach und Elztal zu den Bundesstraßen 27 und 292, über das Jagst- und Neckartal nach Heilbronn und seit 1974 über die Autobahn A 81 Heilbronn – Würzburg mit der Ausfahrt Möckmühl. Knapp 60 Jahre lang war das Schefflenztal von Oberschefflenz nach Billigheim durch eine normalspurige *Nebenbahn* erschlossen. Sie wurde u.a. auf Initiative der Billigheimer Ziegelwerke seit 1900 geplant und sollte bis Allfeld geführt werden. 1908 wurde sie, aber nur bis Billigheim, in Betrieb genommen. Damit war Billigheim an die Eisenbahnlinie Mosbach – Osterburken – Würzburg angeschlossen. 1966 stellte die SWEG den Betrieb der Bahn ein. Den *öffentlichen Personennahverkehr* übernehmen seither ausschließlich Omnibusse. Ein Vorläufer war der (Pferde-)Omnibus, der um 1890 die Postverbindung nach Mosbach und zur Bahn nach Untergriesheim herstellte. 1924 bekam Billigheim Autobusanschluß nach Mosbach und nach Stein a.K., 1934 nach Neckarsulm. Heute fahren Bahnbusse von Mosbach über Billigheim und Schefflenz nach Osterburken und zurück und stellen eine ausreichend dichte Verbindung mit der Kreisstadt und, in größeren Abständen, mit Osterburken her. An Werktagen fährt frühmorgens auch ein Omnibus von Schefflenz über Billigheim nach Neckarsulm und Heilbronn und am Spätnachmittag nach Arbeitsschluß wieder zurück.

1876 richtete die kaiserliche Obertelegraphendirektion in Billigheim eine Telegrafenstation ein. Postverbindungen bestanden nach Mosbach, Neudenau und Untergriesheim. Heute hat außer Katzental jeder Ortsteil ein Postamt.

Verwaltungszugehörigkeit, Gemeinde und öffentliches Leben

Verwaltungszugehörigkeit. – Billigheim, Allfeld, Katzental und Waldmühlbach bildeten 1807 das gräflich leiningische Amt Billigheim. Sulzbach gehörte 1806 zum fürstlich leiningischen Justizamt Mosbach, 1808 zum Amt Lohrbach. 1813 kamen alle 5 Orte zum 2. Landamt Mosbach. 1840 wurde Sulzbach dem Amt Mosbach, die übrigen Orte bis 1849 dem Amt Neudenau in Mosbach zugeteilt. Seither blieb Mosbach die zuständige Amts- bzw. Kreisstadt. Die heutige Gemeinde entstand am 1.1.1974 durch Zusammenschluß von Allfeld, Billigheim mit Waldmühlbach (31.12.1973 eingemeindet) und Katzental. Sulzbach schloß sich am 1.2.1974 an. Nur Allfeld hat eine Ortschaftsverfassung mit unechter Teilortswahl. Billigheim ist Sitz des Gemeindeverwaltungsverbandes »Schefflenztal«.

Gemeinde. – In Allfeld gehörten die Höfe zur Gemeindegemarkung, in Billigheim besaß der Schmelzenhof bis 1924 eine eigene Gemarkung, seine Bewohner waren aber den Gemeindebürgern gleichgestellt. Die Angaben über die Gemarkungsgrößen im 19.Jh. sind ungenau und z.T. widersprüchlich, Katastervermessungen wurden erst zu Ende des Jahrhunderts durchgeführt. 1925 umfaßte das Gebiet der heutigen Gemeinde 4900 ha. Vor 1941 wurde der badische Teil des Weilers Bernbrunn, bisher eine abgesonderte Gemarkung und polizeilich Mosbach unterstellt, der Gde Allfeld zugeschlagen, 1962 jedoch löste das Land Baden-Württemberg das ehemalige Kondominat auf und teilte Bernbrunn vollständig der Gde Höchstberg (jetzt Stadt Gundelsheim) zu. Von der Billigheimer Gemeindefläche (Stand 1981) von 4899 ha sind 63,6 % Landwirtschaftsfläche, 28,3 % Wald und 6,6 % besiedelte Fläche.

Allmenden werden nur 1853/54 – außer in Sulzbach – in kleinem Umfang genannt. In Billigheim und Waldmühlbach waren sie unter die Bürger aufgeteilt. Der *Bürgernutzen* wurde als Klafter- und Wellenholz aus den Gemeindewäldern gereicht. Nur in Billigheim war stattdessen ein ausgestockter Wald in Lose aufgeteilt an die Bürger ausgegeben.

Die *Gemeindevermögen* bestanden aus Wald, landwirtschaftlichen Grundstücken, Gebäuden, Lehmgruben und den verpachteten Schäferei-, Jagd- und Fischereirechten. In Billigheim war der Besitztitel der Schäferei nicht ganz geklärt. 1858 war sie durch die Güterbesitzer erworben worden, wobei die Gemeinde die Verrechnung abwickelte. Auch mit der Standesherrschaft gab es Unstimmigkeiten. 1882 jedenfalls zogen die Güterbesitzer den Schäfereiertrag für sich ein, bestritten aber ein Drittel der Gemeindeumlagen.

Der *Besitz an landwirtschaftlichen Grundstücken* warf nur in Billigheim nennenswerten Ertrag ab. Auch 1986 besitzt die Gemeinde die größten landwirtschaftlichen Flächen (insgesamt knapp 40 ha) auf den Gkgn Billigheim und Sulzbach. Der *Gemeindewald* umfaßt rund 805 ha. An Gebäude- und Hofflächen, darunter die der Rathäuser und der Mehrzweckhallen in Billigheim, 1971 erbaut, Sulzbach, (1963) und Waldmühlbach, besitzt sie etwa 7 ha, an Bauplätzen 4 ha.

Um die Mitte des 19. Jh. besaß die Gemeinde Allfeld: Rathaus, neues Schulhaus, Schafhaus, Kirchturm, Pfarrhaus, Zehntscheuer, Hirten- und Armenhaus. Ein weiteres Armenhaus wurde 1871 verkauft, Kirchturm und Pfarrhaus gingen 1900 in den Besitz der Kirche über. 1877 erbaute die Gemeinde ein neues Rathaus mit Gemeindeobstkelter und -backhaus. 1954 wurde ein neues Schulhaus gebaut und 1966 das letzte Rathaus der selbständigen Gemeinde. Billigheim besaß das 1838 erbaute Rat- und Schulhaus, das als unpraktisch galt, die ehemalige Kloster- und jetzige Pfarrkirche mit Pfarrhaus, ein Hirtenhaus und das alte, an Private vermietete Schulhaus. 1891 errichtete die Gemeinde ein neues Schulhaus, 1951/54 erhielt es einen Anbau für die Landwirtschaftliche Berufsschule. Das Rathaus blieb im alten Gebäude. Seit dem Bau der heutigen Schule 1973 befindet es sich im freigewordenen und 1978 erweiterten Schulhaus. Die Gde Katzental besaß 1851 nur Kirche, Schulhaus und Schafhaus zu eigen. 1867 baute sie nach langem Widerstand der Bürger ein neues Schulhaus und verwendete das alte als Rathaus. Das Schafhaus wurde verkauft. Die Gde Sulzbach baute 1859/60 ein neues ev. Schulhaus und ein Rathaus mit Räumen für die kath. Schule. Beide Gebäude ersetzten ältere Bauten. Das alte Rathaus war so baufällig gewesen, daß schon 1854 im ehemaligen Wirtshaus »Krone« Räume für Gemeindeverwaltung und kath. Schule angemietet wurden. Das gemeindeeigene Schafhaus stammte von 1834. Waldmühlbach hatte 1854 ein Schul- und Rathaus, ein Schafhaus und einen Schafstall. Auch hier wurde um 1875 ein neues Rathaus notwendig, da die Schule mehr Raum brauchte. Eine Mietlösung im »Falken« galt als zu teuer, aber auch der Neubau verschob sich aus Kostengründen. 1881 war der Bau fertig. Er enthielt auch Kelter, Backhaus und Spritzenremise.

Zu Beginn des 19. Jh. hatten alle Gemeinden noch alte Kriegsschulden, Allfeld, Katzental und Waldmühlbach auch sonstige Schulden abzutragen. Um die Jahrhundertmitte war die wirtschaftliche Lage der Gemeinden schlecht. Alte Kriegsschulden, neue Schulden aus den Aufständen 1848/49, Zehntablösungsschulden und Baukostenschulden waren durch die Gemeindeeinnahmen aus Verpachtungen, Holz- und Obstverkäufen nicht zu tilgen, zumal in diesen Jahren der Armenaufwand gewaltig anstieg. Ohne Umlagen auf das Steuerkapital kam man nicht aus, und diese waren oft schwer genug einzutreiben. Besonders ungünstig war die Lage in Billigheim, weil die Gemeinde nur über wenig rentables Eigentum verfügte. Einzig in Katzental hätten Holzerlös und Schäfereipacht zur Schuldentilgung nahezu ausgereicht, wäre nicht in den 1850er Jahren der Gemeindehaushalt völlig in Unordnung geraten. Seit den 1860er Jahren erholten sich die Gemeinden allmählich, konnten zum Teil auch neue Bauvorhaben in Angriff nehmen, ohne in unübersichtliche Verschuldung zu geraten. Waldmühlbach war 1865 schuldenfrei, Katzental besaß 1866 sogar Aktivkapital. Selbst Billigheim hatte ab 1874 einige Jahre lang keine Schulden, bis Straßenbau und Schulhausbau

42 Allfeld von Osten

43 Allfeld,
kath. Pfarrkirche von
der Seckach aus

44 Allfeld, Ortsmit[te] vom westlichen Seckachtalhang aus

45 Allfeld, ehemal[ige] bäuerliche Anwesen (vertikal gegliederte Wohnstallhäuser) im Ortskern

46 Katzental ▷ von Nordosten

47 Katzental, Ortsmitte

48 Sulzbach von Südosten

49 Sulzbach, Ortszentrum mit dem ev. und kath. Gotteshaus

50 Waldmühlbach von Süden

51 Waldmühlbach, Turm der kath. Kirche

53 *Binau, Ortsmitte mit der ev. Kirche*

54 *Binau, Fachwerkhaus und Turm der ev. Kirche*

52 *Neubinau (im Vordergrund) und Binau von Osten*

55 *Überreste der Burg Dauchstein*

anstanden. Auch in Allfeld und Sulzbach waren trotz größerer Bauvorhaben die Verhältnisse geordnet. Waldmühlbach besaß 1904 gleichfalls Aktivvermögen, obwohl der Bau von Kirche, Rathaus und Wasserleitung Kosten verursacht hatte, die aber planmäßig bezahlt worden waren. Die Zehntablösung war mit der Schuldentilgung in Allfeld 1863, in Waldmühlbach 1865, in Billigheim 1868, in Sulzbach 1869 und in Katzental 1875 abgeschlossen.

Die heutige Gemeinde zählt nicht zu den finanzkräftigsten im Neckar-Odenwald-Kreis, konnte aber in den letzten Jahren ihre Lage verbessern. 1970 wich die *Steuerkraftsumme* je Einwohner mit 244 DM um 28 % vom Landesdurchschnitt ab, 1980 mit 683 DM nur noch um 19 %. 1985 lag sie bei 818,49 DM und für 1986 wird eine weitere leichte Steigerung erwartet. Ausschlaggebend war die Gewerbesteuereinnahme, die seit 1981 jedes Jahr zurückgegangen war, 1985 aber gegenüber dem Vorjahr um 382 580 DM auf 1 175 690,95 DM anstieg. Gleichzeitig konnten Schulden getilgt werden, so daß die Verschuldung Ende 1985 noch 5 067 872,87 DM betrug, 444 121,25 DM weniger als Ende 1984. 1981 hatte die Gemeinde 1,9 Mio DM Kredite zur Fertigstellung der Baugebietserschließung aufgenommen. Inzwischen gehen die Erschließungsbeiträge der Bauherren ein, und die Schuldentilgung läuft. Der Haushaltsplan für 1986, dessen Volumen im Vermögenshaushalt 6 358 200 DM und im Verwaltungshaushalt 8 977 200 DM beträgt, sieht im wesentlichen Investitionsausgaben für den Ausbau der Ortsdurchfahrten in Allfeld und Billigheim vor. In Zusammenhang damit sollen Wasserversorgung und Kanalisation verbessert und die Dorfentwicklung weitergeführt werden. Die Verwaltungsgebäude in Allfeld, Billigheim und Waldmühlbach stehen zur Sanierung an. Dorfentwicklungsprogramme, für die z. T. erhebliche Zuschüsse in Anspruch genommen werden können, laufen in allen Ortsteilen. In Allfeld und Waldmühlbach stehen sie mit der Flurbereinigung in Zusammenhang.

Seit 1973 befindet sich die *Gemeindeverwaltung* im Billigheimer Rathaus. In Allfeld und Sulzbach finden wöchentlich, in Katzental und Waldmühlbach jede zweite Woche Sprechstunden statt. Bis in die 1880er Jahre standen den Gemeinden der ehrenamtliche Bürgermeister und 3, später 6 Gemeinderäte vor. Heute hat die Gemeinde einen hauptamtlichen Bürgermeister und 19 Gemeinderäte, von denen 10 der CDU-Fraktion angehören und 9 von der Vereinigung Unabhängiger Bürger aufgestellt wurden. Dem Ortschaftsrat von Allfeld gehören 7 Mitglieder an, 3 von der CDU und 4 von der Wählervereinigung vorgeschlagen. Bei den 3 *Gemeinderatswahlen* seit Bildung der heutigen Gemeinde verschob sich das Gewicht zugunsten der Wählervereinigungen. 1975 erhielt die CDU noch fast drei Viertel, die SPD gut 15 % und die Wählervereinigungen nur 10 % der Stimmen. 1980 sank die CDU auf 65 %, die SPD erhielt keine Stimme, die Wählervereinigungen verbesserten sich auf 35 %. 1984 waren ihre Anteile mit 45 % noch näher an die der CDU mit 55 % herangerückt.

In die Verwaltung der Gemeinden war nach den Wirren der Revolution 1848/49 erst in den 1850er Jahren allmählich wieder Ordnung eingekehrt. In Waldmühlbach wurde sie in den 1880er Jahren noch einmal empfindlich gestört, weil sich Bürgermeister und Ratsschreiber mit ihren Parteigängern unversöhnlich gegenüberstanden. Zahl und Funktion der Gemeindebediensteten waren sich in den 5 Gemeinden im wesentlichen gleich: Gemeinderechner, Ratschreiber, Polizei- und Ratsdiener, Feld- und Waldhüter, Straßenwart waren festbesoldet. Auf Pauschalen oder Gebühren angewiesen waren Hebamme, Totengräber, Leichenschauer, Steinsetzer, Waisenrichter, Fleischbeschauer. Bis in die 1920er Jahre veränderte sich diese Zusammensetzung kaum. Die Verwaltung der heutigen Gemeinde Billigheim gliedert sich in: Grundbuchamt/Standesamt, Gemeindekasse, Steueramt, Bauverwaltungsamt, Ordnungsamt, Hauptamt und Bauhof. Rechenamtsleiter, Hauptamtsleiter und Leiter des Bauhofs sind Beamte des gehobenen Dienstes. Insgesamt hat die Gemeindeverwaltung 38 Mitarbeiter, darunter 5 Beamte, 10 Angestellte (1 Teilzeitkraft), 20 Arbeiter, davon 8 teilzeit- und 4 pauschalbeschäftigt.

Ver- und Entsorgungseinrichtungen. – Die *Freiwillige Feuerwehr* mit den Abteilungswehren in Allfeld, Billigheim, Katzental und Sulzbach hat derzeit 83 aktive Mitglieder und 3 Löschzüge. Wann sie gegründet wurde, ist nicht mehr bekannt. Bis 1860 hatten Allfeld, Billigheim, Katzental und Waldmühlbach eine gemeinsame Spritze in Billigheim, danach schaffte jede Gemeinde eine eigene Spritze an. Noch 1904 nach großen Bränden im Billigheimer Schloß und der Ziegelei wurde eine Freiwillige Feuerwehr abgelehnt.

Seit Mitte der 1920er Jahre (Katzental seit 1921) werden die Dörfer durch das Badenwerk mit *Strom* versorgt. Jeder Haushalt ist Abnehmer. Die *Wasserversorgung* über öffentliche und private Brunnen war, besonders in Allfeld, unzureichend. In trockenen Sommern fielen manche Brunnen aus. Häufig wurde über verunreinigtes Wasser geklagt, da die Brunnen entweder zu nahe an Dungstätten angelegt waren oder ihr Wasser über offene Deichelleitungen erhielten. In Waldmühlbach verlief die Leitung in einem Abwassergraben, daher wurde 1886 eine geschlossene eiserne Leitung zu den Gemeindebrunnen gebaut. Hier, in Katzental und in Sulzbach, war man um die Jahrhundertwende mit der Wasserversorgung zufrieden. Eine moderne Wasserversorgung erhielten die Dörfer erst in den 1950er Jahren. 1981 bis 1984 wurde mit dem Neubau von Wasserhochbehältern und dem Anschluß an die Bodensee-Wasserversorgung für Billigheim, Katzental und Waldmühlbach die Wasserversorgung grundlegend saniert. Der Vertrag sieht Bezugsrechte für 10 l/sec. vor, abgenommen werden z.Zt. etwa 45–50 %. Sulzbach hat eine eigene Wasserversorgung, und Allfeld ist dem Wasserversorgungsverband Neudenau-Stein-Allfeld angeschlossen.

Auch die *Kanalisation* wurde erst seit den 1950er Jahren gebaut, mit Nachdruck erst nach der Gemeindereform. Vorher floß das Oberflächenwasser über die Straßenrinnen ab, deren Pflasterung gegen Ende des 19. Jh. durchgesetzt wurde. Heute ist die gesamte Gemeinde bis auf die Höfe und einige Häuser in Waldmühlbach an die Kanalisation angeschlossen. Das Abwasser wird der Kläranlage »Schefflenztal« in Allfeld zugeleitet. Sie arbeitet mechanisch-biologisch (mit Rotteturm) und ist für 25 000 Einwohnergleichwerte ausgelegt. Angeschlossen sind die Gemeinden Billigheim, Seckach und Schefflenz mit dem Ortsteil Großeicholzheim. Der *Müll* wird einmal in der Woche von einem Privatunternehmer abgeholt und zur Hausmülldeponie in Buchen oder zu einer der Erdaushub- und Bauschuttdeponien in Sulzbach (mittelfristig) und Katzental (langfristig) gebracht. Billigheim ist Standort der *Sondermülldeponie*, in der Industrieabfälle aus ganz Baden-Württemberg zentral gelagert werden. Die Deponie wurde 1983 gegen den Widerstand der Bürgerschaft, der sich in Bürgerinitiativen organisierte und in zahlreichen Protesten äußerte, im Gewann Mehlgrund in einer ausgebeuteten Lehmgrube eingerichtet und 1983 in Betrieb genommen. Auch heute ist die Diskussion noch nicht ganz beendet, zumal sich herausstellte, daß entgegen dem geologischen Gutachten keine dicke Lehmschicht den Boden bildet. Die Deponie mußte nachträglich mit einer künstlichen wasserstauenden Schicht ausgekleidet werden. Eine Bürgerinitiative, die sich anläßlich der Deponiefrage konstituierte, ist in der Gemeinde noch sehr aktiv.

Die *medizinische Versorgung* der Einwohner der 5 Dörfer oblag schon in der Mitte des 19. Jh. dem in Billigheim ansässigen Arzt und der von der Standesherrschaft dort um 1810 gegründeten Apotheke. Nur die Sulzbacher Bevölkerung ging auch in

Mosbach zum Arzt. Hebamme und Leichenschauer hatte jedes Dorf selbst. In Billigheim kümmerten sich seit etwa 1888 bis zum 2. Weltkrieg 2 Barmherzige Schwestern um die Kranken. In den 1920er Jahren versorgte eine Krankenpflegestation in Waldmühlbach auch Katzental mit. 1939 gab es kirchliche Krankenpflegevereine in Allfeld, Billigheim, Sulzbach und Waldmühlbach. Heute praktizieren in Billigheim 2 Allgemeinmediziner und 1 Zahnarzt. Die Apotheke ist nach wie vor in Billigheim. Die Krankenpflegestationen unterstehen der Sozialstation Mosbach.

Jedes Dorf hat seinen eigenen *Friedhof*. In Billigheim wurde 1856, in Waldmühlbach 1861 ein neuer Friedhof angelegt. Zwischen 1970 (Billigheim) und 1983 (Waldmühlbach) wurden in allen Friedhöfen Leichenhallen gebaut.

Kath. Kindergärten gab es 1939 in Sulzbach und Waldmühlbach, heute auch in Allfeld und Billigheim. In Billigheim unterhält der Caritas-Verband in Mannheim das *Altenheim* St. Lukas mit 10 Plätzen (1987). Es bietet alten Menschen auch Urlaubsplätze an. Die kath. Kirche führt das Michaelsheim für Jugendliche.

Kirche. – Innerhalb der *kath. Kirche* gehört das Gemeindegebiet heute wie im 19.Jh., abgesehen von einer kurzfristigen Zugehörigkeit zum Dekanat Neudenau um 1845, zum Landkapitel (Dekanat) Mosbach. Im Jahr 1828 bestanden hier 3 Pfarreien: Zur Pfarrei Allfeld mit der St. Georgs-Kirche und der St. Anna-Kapelle auf dem Friedhof gehörte die Filiale Bernbrunn mit der Kapelle St. Jakobus. Den Pfarrsatz übten der Großherzog und die Standesherrschaft Leiningen-Billigheim im Wechsel aus. Die Pfarrei St. Michael in Billigheim, deren Pfarrer von der Standesherrschaft Leiningen-Billigheim präsentiert wurde, versorgte auch die Filiale Sulzbach mit der Kirche St. Martin. Desgleichen hatte die Pfarrei Waldmühlbach, Kirche St. Nikolaus, die Filiale St. Katharina in Katzental. Hier wurde der Pfarrer vom Fürsten von Leiningen in Amorbach präsentiert. Die einzige Veränderung war 1907 die Abtrennung Sulzbachs (seit 1899 Pfarrkuratie) von Billigheim und die Errichtung einer eigenen Pfarrpfründe unter freier Vergebung für die Kirche St. Martin und St. Johannes d.T. Die Filiale Bernbrunn ist noch heute Allfeld zugeordnet. Seit Ende 1973 wird die Pfarrei Waldmühlbach von Billigheim mitversorgt.

In Waldmühlbach wurde 1883/84 auf dem Platz der dafür abgerissenen alten Kirche ein neues Gotteshaus gebaut. Die Katzentaler Kirche erfuhr eine Erweiterung. In Billigheim übernahm im 16.Jh. die Klosterkirche Aufgaben und Patrozinium der alten Pfarrkirche St. Michael. 1975 wurde der 1973 fertiggestellte große moderne Anbau konsekriert.

Innerhalb der *ev. Kirche* gehört Billigheim zum Dekanat Mosbach. Die Pfarrei ist in Sulzbach, wo auch im 19.Jh. eine ev., früher ref., Gemeinde bestand. Sie war bis 1866 nach Neckarburken eingepfarrt, besaß aber eine eigene Kirche. Nachdem 1860/62 die baufällige alte Kirche durch einen Neubau ersetzt worden war, wurde 1866 Sulzbach zum Vikariat, 1869 zur Pfarrei erhoben und erhielt Allfeld und Billigheim als Nebenorte. Katzental und Waldmühlbach waren Diasporaorte von Mittelschefflenz, bis sie 1979 gleichfalls als Nebenorte zu Sulzbach kamen. In Billigheim wurde 1950 eine ev. Kirche in Fertigbauweise errichtet und 1964 auf ihren jetzigen Standort verbracht.

Die *Israeliten* gehörten seit 1827 zum Rabbinatsbezirk Mosbach, hatten aber eine eigene Synagoge. Der Friedhof lag auf Gkg Neudenau. Die Synagoge wurde 1938 innen demoliert, 1952 verkauft und dient jetzt als Wohnhaus.

Schule. – In allen Dörfern bestanden im 19.Jh. katholische Schulen, nur in Waldmühlbach eine Gemeinschaftsschule. Sulzbach hatte außerdem eine evangelische, Billigheim seit 1835 eine israelitische Schule. Eine Zusammenlegung der Sulzbacher Schulen scheiterte noch 1875 im Gemeinderat. Unterlehrer waren neben dem Hauptlehrer in

Billigheim und in der katholischen Schule von Sulzbach, später auch in Allfeld und Waldmühlbach, kurze Zeit selbst in Katzental angestellt. Kurz nach 1900 erhielt Billigheim eine Haushaltsschule für Mädchen, die auch von Katzental aus besucht wurde. Die Schule scheint nicht lange bestanden zu haben, denn 1924 und 1926 gingen die Katzentaler Mädchen zur Kochschule nach Unterschefflenz. Die gewerbliche Fortbildungsschule wurde in Oberschefflenz aufgesucht. In Billigheim gab man 1921 nach fast 20jährigen Verhandlungen der Plan der Errichtung einer gewerblichen Fortbildungsschule wegen mangelnden Interesses endgültig auf. Dagegen bestand hier von 1951 bis 1967 eine Landwirtschaftliche Berufsschule.

Seit der Schulreform ist die *Hauptschule* für die gesamte Gemeinde im neuen Schulhaus in Billigheim untergebracht. 1986 unterrichteten dort 17 vollzeit-, 2 teilzeitbeschäftigte und 6 kirchliche Lehrkräfte 200 Schüler in 10 Klassen. *Grundschulen* bestehen in Waldmühlbach, auch für Billigheim und Katzental, in Allfeld und in Sulzbach. In Waldmühlbach unterrichten 5 Lehrer 107 Schüler, in Allfeld 2 Lehrer 33 Schüler und in Sulzbach 4 Lehrer 67 Schüler. Realschule und Gymnasium suchen die Billigheimer Schüler in Möckmühl und Mosbach auf. Die Musikschule Möckmühl hält in den Billigheimer Schulen und im Rathaus Kurse ab. Billigheim ist der Volkshochschule Mosbach angeschlossen, die gleichfalls Kurse und Veranstaltungen am Ort anbietet.

Sportstätten. – In allen Ortsteilen besitzen die Sportvereine Fußballplätze: je 2 in Allfeld und Billigheim, alle 1986 erneuert, 2 in Sulzbach, 1972 angelegt, und 1 in Katzental. Die Tennisvereine haben in Sulzbach seit 1977 und in Billigheim seit 1980 je 4 Tennisplätze. Der Schützenverein Allfeld baute 1961/63 eine Schießanlage. Für sportliche Zwecke stehen auch die 3 Mehrzweckhallen zur Verfügung.

Vereine. – Der älteste Verein ist der Männergesangverein »Germania« in Billigheim. Er wurde 1871 gegründet und hat heute 42 aktive Sänger. Fast ein Jahrhundert jünger ist der Allfelder Männergesangverein »Harmonie« von 1970 mit jetzt 29 Sängern. Einen Männergesangverein »Liederkranz« gibt es sowohl in Sulzbach als auch in Katzental, letzterer 1922 gegründet, 1951 wiedergegründet, mit derzeit 23 Sängern. Musikvereine hat außer Katzental jeder Ortsteil. In Allfeld wurde er 1886 gegründet und zählt in seinem 100. Jahr 52 Aktive. Zum Musikverein Waldmühlbach von 1947 (jetzt 37 Mitglieder) gehört auch die Trachtenkapelle e.V. Unter den Sportvereinen dürfte der Turn- und Sportverein Billigheim, 1895 gegründet und heute 503 Mitglieder zählend, der älteste und größte sein. In Sulzbach wurde 1912 ein Turnverein gegründet und 1946 als Turn- und Sportverein mit einer Fußballabteilung wiedergegründet (377 Mitglieder). Der Sportverein Katzental von 1959 hat 165 und der Sportverein Waldmühlbach von 1962 hat 130 Mitglieder. Dem Tennissport widmen sich in Sulzbach seit 1976 der Tennisclub Rot-Gold mit derzeit 150 Mitgliedern, in Billigheim seit 1977 der Club der Tennisfreunde mit 190 Spielern und in Allfeld seit 1985 der Tennisclub Rot-Gold Allfeld e.V. mit 48 Mitgliedern. In Allfeld zählt der Schützenverein VfB Allfeld, der 1930 gegründet und 1960 wiedergegründet wurde, jetzt 120 Mitglieder. Interesse besteht auch an der Sportfischerei, wie die Sportfischereigemeinschaft in Allfeld von 1949 mit 12, der Angelsportverein Billigheim von 1975 mit 40 und die Fischergemeinschaft Sulzbach von 1974 mit 8 Mitgliedern beweisen. Der einzige Sportverein der neuen Gemeinde Billigheim sind die Wanderfreunde der Großgemeinde e.V., die sich 1976 zusammengeschlossen haben und jetzt 130 Mitglieder zählen. Fastnachtliches Brauchtum pflegen in Billigheim die Fastnachtsgesellschaft »Agricola«, 1962 gegründet und jetzt 210 Mitglieder zählend, und in Sulzbach der Fastnachtsverein »Frei-Bier«, der organisatorisch mit dem Turn- und Sportverein zusammenhängt.

Strukturbild

Billigheim folgt dem klassischen Muster der Entwicklung von bäuerlichen Gemeinden zu ländlichen Gewerbe- und Wohngemeinden. Das Dorf Billigheim vollzog diesen Schritt früher als die übrigen Ortsteile, begünstigt durch gewerbliche und Handelsansätze im 19. Jh. und durch eine bescheidene Mittelpunktstellung für die nächste Umgebung. Auch in Sulzbach konnte das Handwerk sich behaupten und größere Betriebe aufbauen. In beiden Dörfern setzte der Strukturwandel aber erst in diesem Jahrhundert zögernd, nach 1960 verstärkt ein. Die Sozialstruktur war – mit graduellen Unterschieden – bis zum 2. Weltkrieg durch Bauern, Handwerker, wenige Handeltreibende und eine breite Schicht Taglöhner/Arbeiter bestimmt.

Billigheim und Sulzbach sind heute Standorte einiger mittlerer Gewerbebetriebe, unter denen die Ziegelei Bott-Eder als Traditionsbetrieb seit Ende des 19. Jh. hervorragt. Landwirtschaftliche Betriebe gibt es in allen Ortsteilen. Zurückgegangen sind die kleinen, wenig lebensfähigen Betriebe, herausgebildet haben sich rationell geführte Haupterwerbsbetriebe mit erheblich aufgestockten Flächen. Eine entsprechende Wirtschaftspolitik vorausgesetzt, besitzen sie gute Überlebenschancen. Dennoch sind die Dörfer für viele Familien heute nur Wohnort. Zur Arbeit geht man hauptsächlich nach Neckarsulm, Mosbach, Möckmühl und Elztal. Schon 1970 war selbst in Billigheim und Sulzbach die Pendlerbilanz negativ.

Die Entwicklung zum Wohnort wird weniger von ortsfremden Zuwanderern getragen, sieht man von den ansässig gegliebenen Flüchtlingen und Heimatvertriebenen ab, als von der einheimischen Bevölkerung, die sich von der Landwirtschaft abgewandt hat. Von stärkerer Zuwanderung kann man nur zwischen 1960 und 1970 sprechen. Seither glichen sich Zu- und Fortzüge wie Geborene und Gestorbene annähernd aus.

Im Netz der zentralen Orte ist Billigheim auf dem Sektor der täglichen Bedarfsgüter Selbstversorger, bei der Versorgung mit Gütern des mittelfristigen und langfristigen Bedarfs auf Mosbach, Möckmühl und Heilbronn ausgerichtet. Weiterführende Schulen und Krankenhäuser werden in Mosbach und Möckmühl aufgesucht.

Die heute die Gemeinde bildenden Dörfer waren nie reich, brachten es aber nach Überwindung der Notzeiten im 19. Jh., etwa ab 1860 wenn nicht zu Wohlstand, so doch zu ausgeglichenen Gemeindehaushalten. Auch heute ist die Gemeinde nicht ausgesprochen finanzkräftig, konnte aber gerade in den letzten Jahren den Schuldenstand verringern und das Haushaltsvolumen erhöhen, auch weitreichende Investitionen auf dem Gebiet der Dorfsanierung u. ä. in Angriff nehmen.

Quellen

Ortsbereisungen:

Allfeld:	GLA 364/3540; 364/3925–26 (1851–1903)
Billigheim:	GLA 364/3544; 364/3966–67 (1854–1905)
Katzental:	GLA 364/3563; 364/4213–14; 364/1972/81/411–16 (1851–1926)
Sulzbach:	GLA 364/3957; 364/5002-03
Waldmühlbach:	GLA 364/3600; 364/5096; 364/6778 (1851–1904)

Sonstige Akten:

Allfeld:	GLA 364/6859–61; 364/1983/37/2014
Billigheim:	GLA 364/5812; 364/6864; 364/1972/81/479; 364/1983/37/1943–45; 364/763; 364/766; 364/1970/30/59; 364/1983/37/1868; 364/1983/37/1937

Katzental:	GLA 364/1184; 364/5898; 364/5900; 364/6888; 364/1970/30/73; 364/1972/81/505–06
Sulzbach:	GLA 364/6937–39; 364/1983/37/1961; 364/1983/37/2029; 364/1983/37/2034
Waldmühlbach:	GLA 364/6114–16; 364/6943–44.

Gemeinde Billigheim, Neckar-Odenwald-Kreis: Haushaltssatzung und Haushaltsplan für das Haushaltsjahr 1986. Jahresrechnung für das Haushaltsjahr 1985.

Literatur

Festschrift zum Heimattag in Billigheim. 1959.
Latty, Alfred: Festschrift zur 1200 Jahrfeier der Gemeinde Allfeld vom 19.–22. September 1980. 1980.

C. Geschichte der Gemeindeteile

Allfeld

Siedlung und Gemarkung. – Bereits zum Jahre 780 wird Allfeld (*Alonfelde*, Kop. 12. Jh.), das vermutlich als Ausbauort von der Vorgängersiedlung Neudenaus (Teitingen) her gegründet worden ist, anläßlich einer Schenkung von Gütern zugunsten des Kl. Lorsch erwähnt; der Ortsname ist möglicherweise von einem Personennamen abgeleitet. Freilich bezieht sich diese Erwähnung im Lorscher Codex nicht auf das heutige, 1364 als *obern Alvelt* bezeichnete Dorf, sondern auf die etwa 1,5 km schefflenzabwärts gelegene Siedlung Unterallfeld (1297 *Alynphelt inferior*), die wahrscheinlich schon im späten Mittelalter mehr und mehr reduziert und im 30j. Krieg schließlich vollends aufgegeben wurde; heute erinnern an sie nur noch der Friedhof und die alte Friedhofskapelle St. Anna, die vormalige Pfarrkirche von Allfeld. Oberallfeld ist wohl erst gegen Ende des Hochmittelalters im Anschluß an eine auf dem Schloßberg in beherrschender Lage errichtete Burg entstanden. Zwischen 1366 und 1404 wird diese jüngere Siedlung wiederholt als Stadt bezeichnet, und 1667 ist von dem *flekken* oder von *diesem geweßenen städtlein* die Rede; noch 1681 und 1716 sprechen die Quellen von dem verschlossenen Flecken Allfeld, woraus man gewiß auf das Vorhandensein einer wenn auch noch so bescheidenen Umwehrung schließen darf. Ob der große Turm in der Mitte des Dorfes, der um 1817 abgerissen worden ist, mit dieser Befestigung in Zusammenhang gestanden oder zur Burg gehört hat, bleibt unklar.

Eine Ansicht von Allfeld und Umgebung aus dem Jahre 1667 zeigt die Häuser des Dorfes um die erhöht, auf dem Schloßberg gelegene Kirche gruppiert, eine am (nördlichen?) Ortsrand gelegene Kapelle, eine Mühle und ein am entgegengesetzten Ortsende erkennbares, die anderen Häuser überragendes Gebäude, das offenbar einen Turm, vielleicht das 1641 erwähnte Tor bei der (oberen) Mühle, darstellt; die stattliche, erst zwanzig Jahre zuvor zerstörte Burg liegt auf einer Bergkuppe im S des Dorfes. Dem steht jedoch entgegen, daß die Burg des späten Mittelalters und der frühen Neuzeit, der Sitz der mainzischen Kellerei Allfeld, hergebrachtem Wissen zufolge nicht außerhalb der Siedlung, sondern auf deren höchstem Punkt, auf dem Schloßberg lag. Und für diese Lokalisierung sprechen neben dem seit alters gebräuchlichen Namen und der strategisch besonders günstigen Situation dieses Berges auch die zu Beginn unseres Jahrhunderts noch vorhandenen spärlichen Mauerreste sowie das St. Georg-Patrozinium der angeblich auf eine frühere Burgkapelle zurückgehenden Pfarrkirche des 17. und 18. Jh. Bei der am Ortsrand erkennbaren Kapelle handelt es sich vermutlich um die allerdings nicht nördlich, sondern südlich und in größerer Entfernung vom Dorf gelegene St. Anna-Kapelle. Die Ansicht von 1667 hat folglich nur einen begrenzten Quellenwert, indem sie zwar alle Elemente des Siedlungsbildes – Burg, Kirche, Kapelle, Turm und Häuser – schematisch wiedergibt, deren korrekter räumlicher Zuordnung aber sichtlich nur eine geringe Bedeutung zumißt.

Freilich hat es auch im S des heutigen Dorfes, nicht weit von dem älteren Niederallfeld, eine rechts der Schefflenz zwischen Kisslichklinge und Mosigklinge gelegene Befestigung gegeben, vielleicht die Burg der im Hochmittelalter bezeugten Edelherren von Allfeld; jedoch ist diese früh verschwunden, und heute erinnern an sie nur noch die Flurnamen Burghälde und Burghäldewiesen.

Zu Allfeld gehören seit alters die Höfe Assulzerhof (auch Außerhof, 1355 *Eshulcz*), Selbacherhof (auch Mittelhof, 1387 *Selbach*), Eichhof (der vormalige Trappeneihof des Deutschen Ordens) und Gänslacherhof oder Gänshof (1361 *Gänsloch*) im westlichen Teil der Gemarkung sowie Ober- und Unterbichelbacherhof (auch Beutelshof, 1361 *Buchelbach*) und Schopfenhof (vielleicht das 1404 erwähnte *Mersel?*) im Südosten. Die vormals zur Gde Allfeld gehörigen Teile der einstigen Kondominatsgemarkung Bernbrunn wurden 1962 nach Höchstberg umgemeindet. Im Gebiet des an Stockbronner Gemarkung grenzenden Sonderwaldes und Sonderteiches bestand 1387 (*in der Sunder*) ein eigener, zwischen Stift Mosbach und Kl. Billigheim umstrittener Zehntdistrikt. Auch für den Assulzer- und für den Gänslacherhof bestanden im 14. Jh. besondere Zehntdistrikte.

Herrschaft und Staat. – Bereits zu Beginn des 12. Jh. tritt mit *Wolffhert de Alenfelt*, der dem Kl. Hirsau drei Hufen Land zu *Sultzfeld* (Sulzbach?) schenkte, eine adelige Familie in Erscheinung, die ihren Namen von Allfeld hergeleitet und ursprünglich gewiß auch Herrschaftsrechte im Dorf und seiner Gemarkung ausgeübt hat; ihr Wappen zeigt einen Maueranker in Gestalt einer Deichsel. Während des 12. und 13. Jh. begegnen die Edelfreien (*ingenui, liberi*) von Allfeld wiederholt als Zeugen in Urkunden der Bischöfe von Worms, Speyer und Würzburg sowie der staufischen Kaiser und Könige Friedrich II. und Heinrich (VII.). Ihre bevorzugten Taufnamen waren Berthold, Albrecht und Konrad, daneben auch Gerung, Marquard und Werner. Im Mannesstamm existierte die mit den Herren von Krautheim verschwägerte Familie bis in die 1. H. 14. Jh., und entgegen einer bisweilen vertretenen Auffassung handelt es sich bei den letzten in den Quellen erwähnten Namensträgern nicht um Allfelder Ministerialen gleichen Namens, sondern durchaus um Angehörige des edelfreien Geschlechts. Begütert waren die von Allfeld u.a. in Eschenau (abgeg. bei Schöntal), in Bieringen an der Jagst, in Offenau und Kochendorf bei Heilbronn sowie in Schallberg (abgeg. zwischen Seckach und Zimmern); zu ihren Vasallen zählten die von Bieringen, von Kochendorf und von Obrigheim. In geistlichen Würden begegnen um 1274/78 Werner von Allfeld als Propst des Stifts zu Wimpfen im Tal und K(onrad) von Allfeld als Klosterbruder zu Bronnbach; ob auch die Billigheimer Äbtissin Adelheid (1366/73) zur Familie der Edelherren von Allfeld gehörte, ist freilich nicht mit Bestimmtheit zu sagen.

Lange vor dem Aussterben des einheimischen Adelsgeschlechts hatten 1251 die Edelherren von Dürn in dem ursprünglich zum Wimpfener Reichsland gehörigen Allfeld Besitz, eine Burg und wohl auch Herrschaftsrechte. Zweifellos handelt es sich bei dieser Burg um die auf dem Schloßberg gelegene, vielleicht noch von den Dürnern gegründete Anlage, bei der sich die möglicherweise schon damals als Stadt geplante Siedlung Oberallfeld entwickelt hat. Vermutlich durch Erbschaft gelangte die Herrschaft in Ober- und Nieder-Allfeld an die fränkische Linie der Grafen von Eberstein aus dem Nordschwarzwälder Murgtal, und von diesen zunächst als Pfandschaft (vor

1357), dann endgültig 1358 durch Kauf an das Erzstift Mainz, das an einer städtischen Entwicklung des Gemeinwesens in Konkurrenz zu dem benachbarten, ebenfalls mainzischen Neudenau offenbar nur wenig interessiert war. Bereits 1342 hatten die Ebersteiner dem Erzbischof von Mainz ihre Burg Allfeld geöffnet. 1345 hatte der Ritter Diether von Obrigheim hier ein ebersteinisches Burglehen. In den beiden folgenden Jahrhunderten verpfändeten die Erzbischöfe Burg und Amt (später Kellerei) Allfeld mit Gerechtsamen in Katzental und Waldmühlbach amtsweise an wechselnde Familien des niederen Adels (Berlichingen, Leibenstadt, Wittstadt gen. von Hagenbuch, Hirschhorn, Münch von Rosenberg, Horneck von Hochhausen, Sickingen, Helmstatt, Franckenstein, Schelm von Bergen, Kreis von Lindenfels, von Stockheim, Stumpf von Schweinberg, Neuhausen, Küchenmeister und Rüdt von Collenberg). Freilich geschahen diese Verpfändungen stets unter Vorbehalt von Steuer und Bede. Die hohe, zentliche Obrigkeit samt Militärhoheit stand Kurpfalz (Zent Mosbach) zu und kam nach längeren Streitigkeiten erst 1714 im Tausch gegen Großeicholzheim an Kurmainz. Das Erzstift war auch alleiniger Inhaber der hohen und der niederen Jagd auf der ganzen Gemarkung. Nach der Zerstörung der herrschaftlichen Burg durch die Schweden im Jahre 1646 wurden die ortsherrlichen Rechte in Allfeld von der mainzischen Hofmeisterei Billigheim wahrgenommen.

Bis 1803 kurmainzisch, gelangte der Ort im genannten Jahr als Entschädigung für verlorenen linksrheinischen Besitz an die Grafen von Leiningen-Guntersblum (dann Leiningen-Billigheim) und 1806 auf dem Wege der Mediatisierung an das Großherzogtum Baden.

Grundherrschaft und Grundbesitz. – Neben dem zweifellos vorhandenen, in den Quellen aber nur schwer zu fassenden Grundbesitz der Ortsherrschaft, waren im späten Mittelalter und in der frühen Neuzeit in Allfeld mehrere geistliche Grundherren begütert: Amorbacher Besitz wird bereits 1297 erwähnt und 1395 im großen Urbar des Benediktinerklosters als Weinberge und Grundzinsen näher bezeichnet; 1475 beanspruchte Amorbach in Allfelder Gemarkung 12 Sr Frucht flürliche Gülten. Kl. Seligental kaufte 1309 von Albrecht von Hohenlohe nicht näher beschriebene Güter und Zinsen, und die Zisterzienserinnen von Billigheim hatten im 15. und 16. Jh. neben Zehntrechten ein Hofgut in Niederallfeld sowie 3½ M von den Stulwiesen. Auch das 1556 aufgehobene Julianstift zu Mosbach verfügte nach Ausweis eines Lagerbuchs von 1584 in Allfeld über Geld- und Naturaleinkünften. Desgleichen erwarb das Wimpfener Dominikanerkloster im 16. Jh. wiederholt Gülten in hiesiger Gemarkung, Dem Deutschen Orden gehörten 6 M Äcker sowie der sog. Trappeneihof (seit dem 19. Jh. Eichhof).

Die Eigenwirtschaft des Schlosses und der Kellerei bestand 1667 aus rund 42 M Äckern in drei Fluren, die von den Untertanen in Waldmühlbach, Katzental und Sulzbach in Fron gebaut wurden, sowie 9 M Wiesen und einem Kraut- und Grasgarten; stand die Fronpflicht auf diesen Gütern für die Einwohner von Katzental außer Frage, so war sie für die Sulzbacher und Waldmühlbacher zumindest im 15. Jh. umstritten.

Eine Sonderstellung hat stets der Assulzerhof eingenommen, der mit 600 M Äckern, 12 M Wiesen und 50 M Wald seit 1355 als Mainzer Mannlehen im Besitz der Familie Nest von Obrigheim nachzuweisen ist, 1435 durch Kauf an Swicker von Helmstatt gelangte und wohl von da an mit der seit 1612 gemmingischen Herrschaft Hornberg verbunden ist.

Gemeinde. – Obgleich schon im 14. Jh. als Stadt bezeichnet, erlangte die Gemeinde zu Allfeld nie eine besondere Bedeutung und tritt erst 1489 in Erscheinung, als sie gegenüber dem Erzbischof von Mainz wegen der Erlaubnis zum Bau einer Badstube reversierte. 1534 schlichtete der Erzbischof einen Streit zwischen dem Pfandherrn Wilhelm von Neuhausen und der Allfelder Einwohnerschaft wegen Schafhaltung, Nutzung der Dorfgräben sowie der gehegten Wälder und wegen der auf den bürgerlichen Gütern ruhenden Abgabenpflicht. Im gleichen Jahr einigte sich die Gemeinde auch mit dem Nonnenkloster zu Billigheim wegen Fischwasser- und Viehtriebsrechten. 1685 umfaßte das Dorfgericht neben dem Schultheißen und dem Bürgermeister acht Gerichtsmänner; vor dem 30j. Krieg sollen es zwölf gewesen sein. Außerdem gab es Heiligenpfleger, Landschieder und Gemeindeschützen. Ohne vorherige Erlaubnis des mainzischen Beamten in Billigheim durften weder Schultheiß noch Bürgermeister eine Gemeindeversammlung einberufen. Ein eigenes Siegel hat die Gemeinde nach Auskunft des Kellereiurbars von 1667 nie geführt; ihre Urkunden wurden stets von der Obrigkeit besiegelt.

Im 17. und 18. Jh. war die Gemeinde Eigentümerin der oberen Mühle im Dorf, die sie erbbestandsweise betreiben ließ, und 1802 verkaufte sie die Hälfte ihres ruinösen Kelterhauses. Um 1800 hatte sie das Recht, unter der Hut ihres eigenen Schäfers 250 Schafe zu halten, während der herrschaftlichen sog. Hauptschäferei zur gleichen Zeit 600 Schafe zugestanden waren. Schließlich gehörte der Gemeinde der ganze auf Allfelder Gemarkung gelegene Wald mit Ausnahme der allerdings nur kleinen Distrikte Seeligwald und Holzacker, und 1654 stand ihr auch die Hälfte des Ungelds zu.

Kirche und Schule. – Bis zur Gründung einer eigenen Pfarrei in Allfeld im Jahr 1404 zählte der Ort wie auch die umliegenden Gehöfte zum Kirchspiel des benachbarten Neudenau. Erste Pfarrkirche der Gemeinde war die alte, vermutlich in die romanische Periode zurückreichende Kapelle St. Kilian in Niederallfeld, die heutige Friedhofskapelle, der fortan die Dörfer und Höfe (Nieder-) Allfeld, Oberallfeld, Bernbronn, Gänslach, Assulz, Selbach, Mersel (= Schopfenhof?) und Bichelbach zugeordnet waren. Ihr Kilians-Patrozinium wurde im Laufe des 16. und 17. Jh. durch das der hl. Anna (1667) verdrängt, und bald nach dem 30.j. Krieg gingen die Pfarrrechte von der alten Kirche in Niederallfeld auf die 1655 erstmals erwähnte, vordem wohl zur 1646 zerstörten Burg gehörige Kirche St. Georg in Oberallfeld über, an deren Stelle 1734 das heutige Gotteshaus errichtet wurde. Das Patronatsrecht stand dem Ritterstift St. Peter in Wimpfen zu, die Konfirmation des Pfarrers dem Bischof von Würzburg. Teil des Pfarrwittums war bereits 1404 ein Haus *in der statt zue Allfeld*. Um die Mitte des 17. Jh. hatte der Ort keinen eigenen Pfarrer und wurde von Billigheim aus versehen. Die Einkünfte der Pfarrei bestanden 1685 in jeweils 9 Mltr dreierlei Frucht von der Hofmeisterei Billigheim und vom Stift Wimpfen, in diversen Hellerzinsen, Gültfrüchten und einem Teil am kleinen Zehnt.

In den großen Zehnt von Frucht und Wein teilten sich die Stiftsherren zu Wimpfen (⅔) und das Kl. Billigheim (⅓): am Weilersberg und in der Gumpertshälde war Billigheim alleiniger Zehntherr. Am kleinen Zehnt patrizipierten Billigheim (⅔) und der jeweilige Pfarrer zu Allfeld (⅓).

Der bereits 1655 erwähnte Schulmeister wurde aus dem Heiligenfonds besoldet und erhielt an den vier hohen Kirchenfesten vom Pfarrer einen Imbiß; dazu hatte er pro Quartal von jedem Schulkind einen Ort, von jeder Hochzeit eine Suppe, ein Stück Fleisch und ein Maß Wein sowie von jedem Begräbnis einen Laib Brot; schließlich bezog er Einkünfte aus 19 Jahrtagstiftungen und hatte 1¾ M Äcker zu bauen.

Bevölkerung und Wirtschaft. – Dank den von 1556 bis ins 18. Jh. nahezu lückenlos überlieferten Huldigungslisten der kurpfälzischen Zent Mosbach ist es möglich, die Entwicklung der Allfelder Bevölkerungszahl mit einiger Genauigkeit nachzuzeichnen. Um die Mitte des 16. Jh. hatte der Ort – Ober- und Niederallfeld werden zu dieser Zeit in den Quellen schon gar nicht mehr unterschieden – etwa 240 Einwohner. Bis zum Vorabend des 30j. Krieges stieg die Zahl mit leichten Schwankungen auf etwa 320 an, um anschließend bis zum Jahre 1649 auf ungefähr 35 bis 40 zu fallen. 1653 beginnen wieder die Eintragungen im Taufbuch der Kirchengemeinde, und 1667 zählte man immerhin 97 Seelen; jedoch wurde die frühere Einwohnerzahl erst in den 1760er Jahren wieder erreicht.

Die Bevölkerung von Allfeld lebte allzeit vom Feldbau; für eine irgendwie geartete städtische Wirtschaft, für einen Markt oder dergleichen, gibt es keinerlei Anzeichen. Schon im Mittelalter wurde auf hiesiger Gemarkung Wein angebaut, jedoch ging dieser Wirtschaftszweig im Laufe der Jahrhunderte soweit zurück, daß die beiden Keltern im gemeindeeigenen Kelterhaus bereits um 1800 für den örtlichen Bedarf zu groß waren. Von den beiden Mühlen lag die obere am nördlichen Ortsrand von Oberallfeld; die noch bestehende Untermühle, am Ende des 18. Jh. eine Mahl- und Schneidmühle, ist neben dem Friedhof und seiner Kapelle ein Überrest der verschwundenen Siedlung Niederallfeld. Ein Wirtshaus mit Schildgerechtigkeit *Zum Adler* gab es in Oberallfeld schon 1559.

Billigheim

Siedlung und Gemarkung. – Wenngleich Billigheim in den schriftlichen Quellen nicht vor 1166 (*Bullinkeim*) bezeugt ist und keinerlei Bodenfunde aus frühgeschichtlicher Zeit vorliegen, kann man aufgrund des Ortsnamens, der wohl ursprünglich auf -ingen geendet und erst nachträglich eine Erweiterung um -heim erfahren hat, doch auf ein höheres Alter der Siedlung schließen, zumal von der Nachbargemarkung Waldmühlbach eine ganze Reihe römerzeitlicher Funde bekannt ist. Aus vorgeschichtlicher Zeit datieren zwei 1934 entdeckte Grabhügel im Grubenwald, nahe der Katzentaler Gemarkungsgrenze. Mit Sicherheit ist der Ort weit älter als das um die Mitte des 12. Jh. hier gegründete Nonnenkloster, das bis zu seiner Aufhebung im späten 16. Jh. Geschicke des Dorfes bestimmt hat. Eine zwar schematische Ansicht aus dem Jahre 1667 zeigt *closter Billgkheim* umgeben von einer Mauer und überragt von der Klosterkirche, davor in erhöhter Lage ein Kirchlein, vermutlich die alte Pfarrkirche St. Michael; die dörfliche Siedlung kommt dagegen gar nicht zur Geltung. Im 30j. Krieg ist der Ort stark in Mitleidenschaft gezogen worden.

Zur Gemarkung von Billigheim gehört seit alters der bis in Allfelder Bann sich erstreckende Weilersberg (1364 *Wilerberg*), ein eigener Zehntdistrikt, der auf eine vielleicht schon während des hohen Mittelalters aufgegebene Siedlung hindeuten könnte. Die Sondergemarkung des im SO gelegenen Schmelzenhofes, der im übrigen stets der Billigheimer Herrschaft unterworfen war, ist 1924 eingemeindet worden.

Herrschaft und Staat. – Dorf und Kloster Billigheim waren durch die Jahrhunderte stets aufs engste miteinander verbunden. Im hohen Mittelalter zählten sie zum Wimpfener Reichsland, und als König Karl IV. 1349 die Vogtei über das Kloster neben anderem an Engelhard von Hirschhorn verpfändete, umfaßte diese Pfandschaft, die vermutlich schon wenig später vom Erzstift Mainz ausgelöst wurde, auch die Herrschaft über das Dorf. Während des späten Mittelalters und der frühen Neuzeit lag die landesherrliche Obrigkeit in Billigheim mit dem Recht zur Erhebung von Steuer und Schatzung bei Kurmainz, wohingegen die Ortsherrschaft mit Zwing und Bann bis zur Aufhebung des Klosters in dessen Zuständigkeit fiel; mit der zentlichen Obrigkeit gehörte Billigheim nach Möckmühl, unterstand somit zunächst hohenlohischer, dann pfälzischer und schließlich seit 1504 württembergischer Hochgerichtsbarkeit und Militärhoheit. Mit dem Ende des Klosters fielen im Jahre 1584 die ortsherrlichen Rechte samt der Fischereigerechtigkeit unmittelbar an die Landesherrschaft und wurden von der am Ort ansässigen mainzischen Hofmeisterei wahrgenommen, die seit der Mitte des 17. Jh. auch die Aufgaben der vormaligen Kellerei Allfeld versah. Die hohe und niedere Jagd auf Billigheimer Gemarkung wurde von Kurmainz ausgeübt, nicht jedoch im Grubenwald, wo sie Kurpfalz zustand. 1803 gelangte Billigheim auf dem Wege der Entschädigung an die Grafen von Leiningen-Guntersblum, die sich hinfort nach Billigheim zubenannten und im Klosterareal ein 1902 abgebranntes Schloß errichteten. 1806 wurde die kleine Grafschaft durch das Großherzogtum Baden mediatisiert.

Grundherrschaft und Grundbesitz. – Als Inhaber der Ortsherrschaft war das Zisterzienserinnenkloster Billigheim zugleich der größte Grundbesitzer im Dorf. Neben Zehnten, Fischerei, Schäferei und Mühlen gehörten den Nonnen in der 2. H. 16. Jh. rund 280 M Äcker, 90 M Wiesen und 3½ M Weingärten, die z.T. unter Inanspruchnahme von Frondiensten im klösterlichen Eigenbau, z.T. in Pacht und Leihe bewirtschaftet wurden; hinzu kamen mehr als 330 M Wald (Grubenwald, Stuhlwald, Helden, Sulz) sowie eine Vielzahl von Geld- und Naturaleinkünften. Nach der Aufhebung des Klosters wurden alle diese Güter und Rechte von der mainzischen Hofmeisterei verwaltet. Bereits 1248 werden auch Güter des Klosters Komburg auf Billigheimer Gemarkung erwähnt, über deren Herkunft freilich nichts bekannt ist, und 1274 Einkünfte des Ritterstifts Wimpfen. Desgleichen verfügte das Mosbacher Julianenstift bei seiner Auflösung in hiesigem Dorf über verschiedene Geldrenten, und in der 1. H. 14. Jh. trugen die Edelknechte Herold Nest (von Obrigheim) und Hermann Schaler (von Buchen) zwei Güter in Billigheim vom Hochstift Würzburg zu Lehen.

Gemeinde. – In unmittelbarer Nachbarschaft ihres klösterlichen Ortsherrn hatte die Einwohnergemeinde zu Billigheim nur geringe Möglichkeiten, ein Eigenleben zu entwickeln. So ist es bezeichnend, daß die einzelnen Gemeindeorgane sich erst seit dem 17. Jh. in den Quellen fassen lassen; neben dem Schultheißen, dem Bürgermeister (1644 Anwalt) und einem mit zehn Personen besetzten Gericht, das jährlich viermal zusammentrat, gehörten dazu Heiligenpfleger, Schützen und Landschieder. Über ein eigenes Siegel verfügte die Gemeinde nicht, und Versammlungen durfte sie nur mit Wissen der Obrigkeit einberufen. 1783, als das alte, gemeindeeigene Schulhaus verkauft und die Schulstube in das Gerichtshaus verlegt wurde, hieß es, Billigheim sei ein unbemittelter Ort, der keine Allmende besitze und größere Ausgaben stets durch Umlagen bestreiten müsse; der Gemeindewald umfaßte 1654 nur 60 M.

Kirche und Schule. – Bereits bei der ersten urkundlichen Erwähnung Billigheims im Jahre 1166 wird auch einer Kirche gedacht, bei der es sich freilich um die Klosterkirche respektive um das Kloster und nicht um die zweifellos ältere Pfarrkirche St. Michael handelt. Letztere lag unmittelbar oberhalb des Dorfes und des Klosters inmitten des alten Friedhofs, wo noch heute ihre Ruinen zu sehen sind. 1327/28 wurde die zuvor dem Deutschen Orden gehörige, nur bescheiden dotierte Pfarrei dem Billigheimer Nonnenkloster inkorporiert und künftig vom Klosterkaplan, einem Schöntaler Mönch, der zugleich als Ortspfarrer fungierte, versehen. Später wurde die alte, nicht sehr große und wohl auch baufällige Pfarrkirche in ihrer Funktion durch die geräumigere Klosterkirche ersetzt; auch ihr Michaels-Patrozinium ist, vielleicht schon im 14. Jh., in die Klosterkirche Nativitatis Beatae Mariae Virginis übernommen worden, in der schließlich neben der Gottesmutter und dem Erzengel auch die Heiligen Bernhard (1364) sowie Wolfgang und Sebastian (1480) verehrt wurden. Das Patronatsrecht der Pfarrei, zu der das benachbarte Sulzbach als Filiale gehörte, hatte bis 1584 das Kloster, danach die Hofmeisterei inne. Die Baupflicht an Kirche und Pfarrhaus oblag im 17. Jh. Kurmainz.

Nach der Reformation kam der Pfarrei Billigheim für die kath. Diaspora im angrenzenden pfälzischen Herrschaftsbereich eine größere Bedeutung zu, indem sie die Seelsorge in Auerbach, Dallau, Diedesheim, Neckarelz, Neckargerach, Sulzbach sowie in den drei Schefflenz und in umliegenden Orten versah, im 17. Jh. daneben auch in Allfeld, Katzental und Waldmühlbach. 1667 bestand in Billigheim eine Rosenkranzbruderschaft.

Der große und der kleine Zehnt auf der ganzen Billigheimer Gemarkung standen allein dem Kloster zu.

Wenngleich eine Schule in Billigheim erst 1766 erwähnt wird, ist der Schulbetrieb am Ort zweifellos wesentlich älter. 1783 verkaufte die Gemeinde das ihr gehörige, in einem schlechten Zustand befindliche alte Schulhaus, um aus dem Verkaufserlös auf dem gleichfalls gemeindeeigenen Gerichtshaus eine Wohn- und Schulstube für den jeweiligen Lehrer herrichten zu lassen. Das jährliche Einkommen des Schulmeisters bestand um 1800 aus rund 150 fl (Naturalbesoldung und Schulgeld) zuzüglich etwa 10 fl für den Mesnerdienst.

Bevölkerung und Wirtschaft. – Zu Beginn des 17. Jh. zählte man in Billigheim etwa 400 Einwohner, von denen nach dem 30j. Krieg nicht einmal mehr ein Drittel verblieben war. 1667 belief sich die Einwohnerzahl immerhin wieder auf 153 Seelen, und gegen Ende des Jahrhunderts waren es ungefähr 230. Nach dem großen Krieg lassen sich auch Juden im Dorf nachweisen: 1722 10, 1743 11 Familien. Eine Synagoge wurde freilich erst im 19. Jh. errichtet. Bereits 1736 ist wegen Schädigung und Zerstörung der jüdischen Grabstätten Beschwerde erhoben worden.

Wie alle Bereiche des dörflichen Lebens in Billigheim war auch die Wirtschaft durch das Kloster bestimmt, durch die klösterliche Grundherrschaft, zu der neben einem umfangreichen Grundbesitz zwei Mühlen, eine Schäferei sowie die Fischerei gehörten. Der Feldbau geschah in den Fluren über der Höhe (SW), über den Haagen (W) und hinterm Berg (O). Von den beiden Mühlen lag die eine im Klosterbezirk und diente allein dem Bedarf der Nonnen sowie ihrer Familiaren; bereits um 1584 in einem sehr schlechten Zustand, wurde sie 1597 durch Hochwasser zerstört und anschließend nicht wieder aufgebaut. Die andere Mühle lag schefflenzaufwärts vor dem Dorf, gehörte gleichfalls dem Kloster, war aber in Erbbestand vergeben. Ein Eisenhammer ist in Billigheim erst zu Beginn des 19. Jh. bezeugt.

Kloster Billigheim. – Entgegen früheren Vermutungen ist das zum Jahre 1166 erstmals erwähnte Nonnenkloster zu Billigheim nicht vor der Mitte des 12. Jh. gegründet worden und steht auch nicht in der Tradition eines älteren Benediktinerinnenklosters am gleichen Ort. Archäologische und baugeschichtliche Untersuchungen haben in jüngerer Zeit ergeben, daß die Klosteranlage einheitlich und nach dem von anderen Bauten der Zisterzienserinnen bekannten Schema zwischen 1180 und 1200 errichtet worden ist; der bis heute erhaltene Dachstuhl der Klosterkirche konnte mit Hilfe dendrochronologischer Methoden in die Jahre um 1180/90 datiert werden. Vorgängerbauten an gleicher Stelle hat es nicht gegeben. Als Stifter des Klosters konnten nach eingehender Interpretation der gerade für die ältere Zeit sehr dürftigen Überlieferung die Edelfreien von Lauda an der Tauber wahrscheinlich gemacht werden. Es ist anzunehmen, daß die in Billigheim niedergelassene Frauenkongregation von Anfang an nach den Regeln der Zisterzienser lebte, freilich zunächst ohne dem Orden des hl. Bernhard angegliedert zu sein. 1238 erfolgte eine Reform der Gemeinschaft und

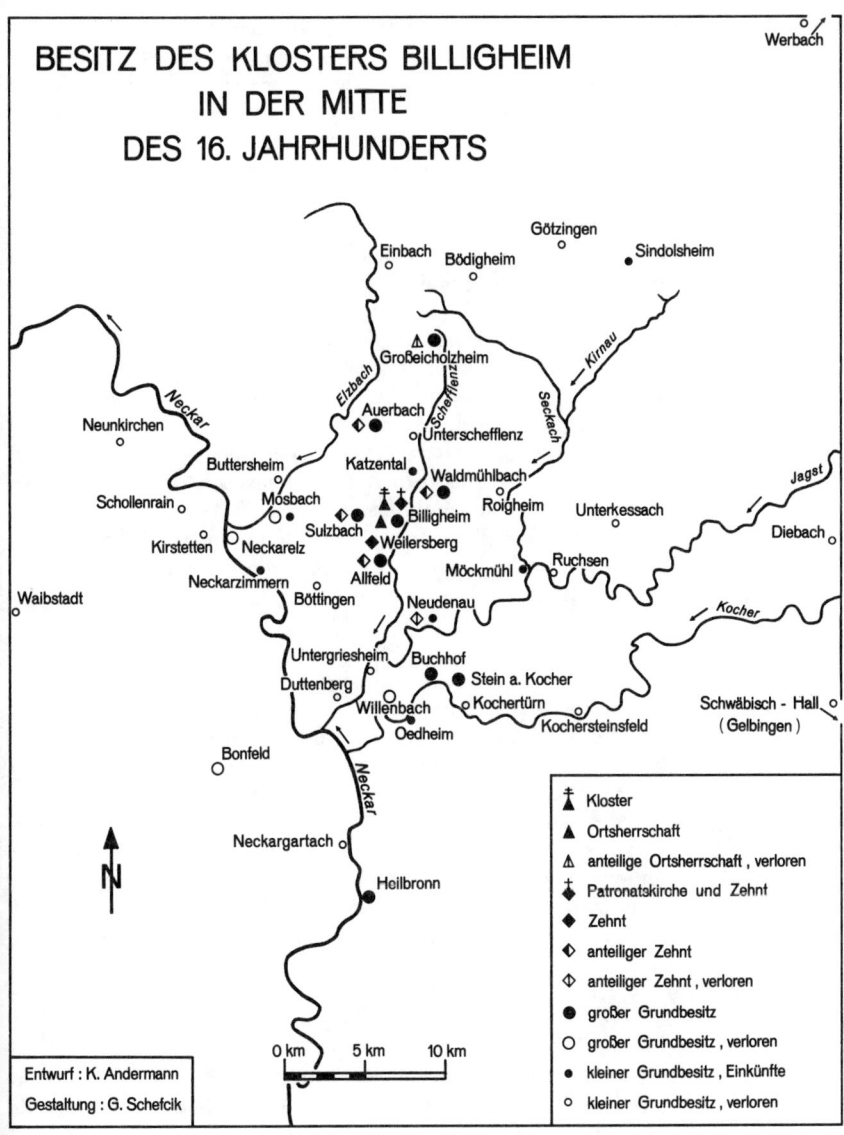

1239 auf Intervention König Konrads IV. ihre Aufnahme in den Zisterzienserorden bei gleichzeitiger Zuweisung der Paternität an den Abt von Ebrach im Steigerwald (seit 1410 Schöntal an der Jagst); der bei dieser Gelegenheit gewählte Klostername Marienbrunn (Fons sanctae Mariae) konnte sich jedoch gegenüber dem älteren Ortsnamen Billigheim nicht durchsetzen. Der allzeit bescheidene Besitz des Klosters konzentrierte sich in dessen unmittelbarer Umgebung, reichte aber mit verstreuten Rechten und Einkünften bis in den Kraichgau, an die Tauber und nach Schwäbisch Hall. Von herausragender Bedeutung war ein 1225 erstmals bezeugter, wohl auf staufisches Reichsgut zurückgehender Hof in Heilbronn, zu dem weit über 300 M Grundbesitz gehörten. Um die Mitte des 14. Jh. erlebte das Kloster eine schwere wirtschaftliche Krise. Soweit die spärlich fließenden Quellen erkennen lassen, entstammten die Billigheimer Nonnen zumeist dem Odenwälder, Bauländer und Kraichgauer Niederadel, daneben auch dem Haller und dem Heilbronner Patriziat. Bei seiner Auflösung durch den Erzbischof von Mainz im Jahre 1584 zählte der Konvent außer der Äbtissin gerade noch eine Schwester, der Besitz war stark dezimiert und die Klostergebäude befanden sich in einem schlechten Zustand. Die verbliebenen Güter und Gerechtsame wurden dem Mainzer Kammergut zugeschlagen und bis zum Ende des Alten Reiches von der Hofmeisterei Billigheim verwaltet.

Einem aus der 2. H. 13. Jh. überlieferten, freilich nicht in allen Punkten zuverlässigen Nekrolog zufolge sind die Namen der sieben ersten Billigheimer Äbtissinnen: Gertrudis, Hiltgundis, Alheidis, Bertha, Elisabeth, Luckardis und Elisabeth von Talheim. Urkundlich bezeugt sind die Äbtissinnen: Peterschun 1225, Berhtrade 1304, Elisabeth 1313, Mechthild 1339, Elisabeth 1350, Hedwig 1358–1360, Adelheid 1366, Elisabeth 1376, Metze Rüdt 1381, Bertha 1392, Elisabeth von Gemmingen 1392–1396, Elisabeth von Talheim 1401, Anna vor 1420, Margarethe von Gemmingen 1415–1431, Anna Frei von Treschklingen 1439, Agatha von Talheim 1472–1497, Katharina von Wittstadt gen. von Hagenbuch 1501–1517, Dorothea von Wittstadt gen. von Hagenbuch 1543–1551, Katharina von Günderode 1584.

Katzental

Siedlung und Gemarkung. – Die ältesten von Katzentaler Gemarkung bekannten Zeugnisse menschlicher Kultur und Besiedlung sind ein jungsteinzeitliches Messer, das 1965 in der Flur Röhrlein gefunden worden ist, sowie vier vorgeschichtliche Grabhügel in dem westlich des Dorfes gelegenen Wald Dehnich. Jedoch ist der Ort, wie schon sein Name erkennen läßt, um vieles jünger, ein Ausbauort, der im frühen Hochmittelalter vielleicht von Schefflenz her gegründet worden ist. Seine erste Erwähnung als *Kazendal* geschieht in den Traditionsnotizen des Kl. Amorbach aus dem 11./12. Jh. (Kop. 13. Jh.) und bezieht sich auf die Zeit um 1100. Danach begegnet Katzental erst wieder 1351 bzw. 1358 in den Quellen. Auf eine vormals im Bereich der Katzentaler Gemarkung gelegene, schon vor dem Ende des 14. Jh. abgegangene Siedlung Kröselingen deutet ein 1384 bezeugter, inzwischen aber gleichfalls längst verschwundener Flurname hin (*by der brucken uf dem acker czw Kröselingen und der acker czw dem waszerschluch gelegen czw Kaczzental in der mark*).

Herrschaft und Staat. – Während des hohen Mittelalters zählte Katzental zum Wimpfener Reichsgutkomplex. Später, um die Mitte des 14. Jh., war das Dorf als Pfandschaft im Besitz der niederadeligen Familie Sturmfeder von Oppenweiler und gelangte 1362 durch Auslösung und auf Geheiß Kaiser Karls IV. an das Erzstift Mainz, um fortan der Kellerei Allfeld und später der Hofmeisterei Billigheim zuzugehören. Die Ortsherrschaft samt dem Recht der Steuererhebung standen Kurmainz zu, wohingegen die Zenthoheit mit Kriminaljurisdiktion, Reiß und Musterung bis zum pfälzisch-mainzischen Zentvertrag von 1715, der langjährige Differenzen um die Militärhoheit beendet hat, bei Kurpfalz (Zent Mosbach) lag. Die Jagd auf Katzentaler Gemarkung übte Kurmainz, jedoch hatte Kurpfalz im Dehnich und im sog. Schefflenzer Busch das Mitjagen. Von 1803 bis 1806 gehörte der Ort zur Grafschaft Leiningen-Billigheim, seit 1806 zum Großherzogtum Baden.

Grundherrschaft und Grundbesitz. – Über die grundherrlichen Verhältnisse in Katzental ist nur wenig bekannt; am Anfang dürfte in Anbetracht der kirchlichen Verhältnisse wohl das Kloster Amorbach hier begütert gewesen sein. Aus den Weistümern des 17. Jh. wird deutlich, daß die Orts- und Landesherrschaft zugleich auch die im Dorf und seiner Gemarkung bei weitem dominierende Grundherrschaft war. Daneben begegnen als Bezieher von Geld- und Naturalrenten die Klöster Seligental (seit 1358) und Billigheim (seit 1384) sowie das Stift Mosbach (seit 1477); schließlich bezog die Pfarrei Unterschefflenz noch im späten 16. Jh. diverse Gülten zu Katzental.

Gemeinde. – Schultheiß, Heimbürge und Gemeinde des Dorfes Katzental treten erstmals 1399 bzw. 1405 im Zusammenhang mit der Errichtung einer eigenen Pfarrei am Ort in Erscheinung. Das Rüggericht tagte viermal jährlich, seine Sprüche wurden protokolliert. Als Gemeindeämter sind Schütz und Landschieder bezeugt. Der Gemeinde gehörte der ganze Wald auf Katzentaler Gemarkung sowie die Schäferei mit maximal 280 Schafen; außerdem stand ihr das von Frauen erhobene Einzugsgeld zu, wohingegen das der Männer von der Herrschaft beansprucht wurde (1687).

Kirche und Schule. – Der ersten Erwähnung Katzentals in den Amorbacher Traditionsnotizen ist zu entnehmen, daß am Ort bereits um 1100 eine Kirche bestanden haben muß, die dem Benediktinerkloster von der Edelfrau Regelint geschenkt worden ist; indes wird man unter dieser Kirche allenfalls eine Kapelle zu verstehen haben. Wie die Kirchenherrschaft dann später an das Julianenstift zu Mosbach gelangt ist, läßt sich nicht mehr rekonstruieren. Jedenfalls war Katzental am Ende des 14. Jh. eine Filiale der Mosbacher Patronatspfarrei zu Unterschefflenz, von der es 1405 getrennt und zur eigenen Pfarrei erhoben wurde; ein Pfarrer wird erstmals 1409 genannt. Das Präsentationsrecht lag beim Stift Mosbach, die Konfirmation des Pfarrers beim Hochstift Würzburg. Nach der Reformation verlor das Dorf, dessen Einwohner als kurmainzische Untertanen allerdings katholisch geblieben waren, bald wieder seine kirchliche Eigenständigkeit, wurde zunächst von Waldmühlbach aus versehen (1623) und später (erw. 1667/68 ff.) als Filiale der dortigen Pfarrei geführt. Das Katharinen-Patrozinium der heutigen, 1751 errichteten Kirche, ist für deren Vorgängerbau schon zum Jahr 1687 bezeugt.

Der große und der kleine Zehnt standen in Katzental allein dem Stift Mosbach zu, allerdings mit Ausnahme eines besonderen Distrikts, wo sie von einem zur Faselhaltung verpflichteten Gemeinsmann bezogen wurden.

Der 1687 erstmals erwähnte Schulmeister erhielt als Besoldung von jedem Gemeindebürger jährlich eine Garbe Frucht sowie 1 Sr Korn, pro Quartal von jedem Schulkind 15 xr und hatte daneben gewisse Einkünfte von Begräbnissen.

Bevölkerung und Wirtschaft. – Die Zahl der Einwohner von Katzental war nie sehr groß. Um die Mitte des 16. Jh. belief sie sich auf etwa 100 Seelen, stieg bis 1615 auf etwa 150 an, um bis zum Ende des 30j. Krieges auf rund ein Fünftel des früheren Bestandes zu sinken. 1667 hatte der Ort wieder 81 Einwohner, um 1700 war der Stand des 16. Jh. wieder erreicht. Einem Urbar aus der Mitte des 17. Jh. zufolge bestand in Katzental keine Leibeigenschaft, die Dorfbewohner, die außer dem Erzbischof von Mainz niemandem verpflichtet waren, galten als frei und mußten keine leibrechtlichen Abgaben entrichten.

Der Landbau geschah in den Fluren Büdig (nö des Dorfes), Haidäcker (sw) und Hagenbusch. Die Grundbesitzgrößen (Äcker, Weingärten, Wiesen und Gärten) lagen um 1650 ungefähr zwischen 10 und 60 M, überwiegend zwischen 10 und 25 bis 30 M; jedoch wurde zu jener Zeit unmittelbar nach dem 30j. Krieg mehr als ein Drittel dieser Flächen gar nicht bebaut, und viele Güter waren ganz verlassen.

Die Mühle zu Katzental war Eigentum des Klosters Seligental (1358) und in Erbbestand verliehen. Ein Wirtshaus mit der Schildgerechtigkeit *Zum Kreuz* ist seit 1764 bezeugt.

Sulzbach

Siedlung und Gemarkung. – Das anläßlich einer Güterschenkung an das Kl. Lorsch zum Jahre 775 erstmals erwähnte *Sulzbach* (Kop. 12. Jh.) ist eine Ausbausiedlung der Merowingerzeit, die vielleicht von Billigheim her gegründet worden ist. 782 wird der Ort als im Neckargau gelegen bezeichnet, sonst stets in der Wingarteiba. Sein Name bezieht sich auf den Bach, an dem das Dorf gegründet worden ist, ein zu jener Zeit offenbar trübes und morastiges Gewässer. Aus den Gewannen Windisch-Gründlein, Hungerberg und Orles liegen einzelne jungsteinzeitliche Funde vor. 1608 zählte der Ort 84 Herdstätten, um 1774 65 und 1803 109 Häuser.

Herrschaft und Staat. – Die Ortsherrschaft in Sulzbach leitet sich vermutlich vom Kl. Mosbach her, das – vielleicht in der Nachfolge von Lorsch – nachweislich seit 976 hier begütert war. In der Stauferzeit gehörten die vogteilichen Rechte im Dorf wohl zum Wimpfener Reichsland und wurden von Ministerialen wahrgenommen; am Ende des 13. Jh. waren sie im alleinigen Besitz des Ritters Dieter Kind von Obrigheim und wurden danach von dessen Erben, den Rittern Eberhard Vetzer von Obrigheim (⅓; 1338) und Rudolf von Heinriet d. Ä. (⅓; 1376/79), an das Stift Mosbach verkauft. Das restliche Drittel ist spätestens in der 1. H. 14. Jh. an die Inhaber der seit um 1357/58 kurmainzischen Burg Allfeld gelangt. In den Jahren 1439/40 waren die Allfelder respektive Mainzer Rechte in Sulzbach umstritten, insbesondere bestand Unklarheit über deren Umfang, der von Mosbach mit ⅑, von Mainz dagegen mit ⅓ veranschlagt wurde, aber letztlich setzte sich doch Mainz mit seinen Ansprüchen durch. Nachdem das Stift Mosbach infolge seiner während des Bauernkriegs gemachten Erfahrungen die Ortsherrschaft 1526 an die Kurpfalz abgetreten hatte, beanspruchte diese die alleinige landesherrliche Obrigkeit und Gerichtsbarkeit am Ort; die Weistümer des 16. bis 18. Jh. gestehen Kurmainz lediglich ein Drittel von den Einkünften aus Freveln, Bußen, Herdrechten, Ohmgeld und Akzise sowie an den Fronden zu. Die Zenthoheit mit Blutgericht, Musterung und Reiß lag seit 1330 bei der Pfalz (Zent Mosbach). Daneben hatte Kurpfalz in Sulzbach eine Guldenzollstätte. Die Jagd stand dem Vogt in Mosbach zu, jedoch hatte Kurmainz das Mitjagen und das kleine Waidwerk im Fernich, im Gutengrund, im Hassel und in den Weingärten beim Dorf. Bis 1803 gehörte der Ort zur pfälzischen Kellerei Lohrbach, danach zum Fürstentum Leiningen und seit 1806 zum Großherzogtum Baden.

Grundherrschaft und Grundbesitz. – Der älteste und zweifellos bedeutendste grundherrliche Komplex, von dem die Quellen für Sulzbach berichten, ist der des Kl. Lorsch. Seit 775 aus mehreren Güterschenkungen erwachsen, umfaßte er um 827 neben zwei (!) Kirchen samt Zugehörungen einen Herrenhof, 4 Mansen und 15 Hufen. Aus der Tatsache, daß 835 noch ein Haus durch Tausch hinzugekommen ist, darf man schließen, daß das Kloster des hl. Nazarius an einer Abrundung seines Sulzbacher Besitzes nicht uninteressiert war. Wenngleich eine Kontinuität von dieser Lorscher Grundherrschaft des 9. Jh. zur Mosbacher Grundherrschaft des hohen und späten Mittelalters bzw. zur niederadeligen Ortsherrschaft des 13./14. Jh. letztlich nicht zu beweisen ist, wird man doch annehmen dürfen, daß die nachmaligen, 976 erstmals bezeugten Rechte des Stifts Mosbach zumindest teilweise auf den alten Lorscher Besitz zurückgehen. Im Laufe der Jahrhunderte komplettierte das Stift seinen Güterbestand in

Sulzbach und bezog im 16. Jh. eine Vielzahl von Zinsen und Gülten sowohl grundherrlicher wie ortsherrlicher Natur. Auch das Zisterzienserinnenkloster Billigheim war hier begütert mit einem Hofgut, das bereits 1326 erwähnt wird und nach Aussagen von Quellen des 17. Jh. 63 M Äcker, etliche Wiesen sowie rund 6 M Wald umfaßte. Die Güter waren in Erbbestand verliehen (1623 acht Beständer); 1667 heißt es, der zugehörige Hof sei *vermutlich vor lengst zergangen undt abgebrandt*. Neben diesem geistlichen Besitz treten weltliche Grundherren kaum in Erscheinung: 1391 erfahren wir von zwei Edelleuten von Rot und Sturm, die auf zwei Höfen in Sulzbach ansässig waren, und um 1800 hatten die Freiherren von Dalberg hier geringen Grundbesitz sowie Geld- und Naturaleinkünfte.

Gemeinde.. – Im Streit um die Allmendberechtigung des Billigheimer Hofes geschieht der Gemeinde (*geburschaft*) zu Sulzbach 1366 erstmals Erwähnung. Das Gericht und der allein den Stab führende Oberschultheiß wurden im 16. Jh. und bis zum Ende des Alten Reiches von Kurpfalz bestellt; die Kompetenzen des mainzischen Schultheißen beschränkten sich ausschließlich auf die Zinsen, Gülten und Fronen seiner Herrschaft. Die Wahl eines neuen Bürgermeisters geschah durch den pfälzischen Schultheißen und den alten Bürgermeister im Einvernehmen mit der Gemeinde. Oberhof für Sulzbach war das Stadtgericht in Mosbach. Bereits im 17. Jh. führte das Ortsgericht ein eigenes Siegel mit einer fünfzackigen Krone, deren drei mittlere Zacken mit Sternen besetzt sind, und der Umschrift: *GERICHTINSIGIL SULDZBACH*. 1803 bestand das Gericht aus dem Schultheißen, drei Gerichtsschöffen und einem Gerichtsschreiber. Der Gemeindebesitz umfaßte in der frühen Neuzeit ein Rathaus und ein Hirtenhäuslein (1683), nahezu den gesamten auf der Dorfgemarkung gelegenen Wald (1549, 1774: 365 M), rund 55 M Äcker (1683) sowie eine Schäferei (1549).

Kirche und Schule. – Eine Kirche (*ecclesia*) zu Sulzbach wurde bereits 782 dem Kl. Lorsch geschenkt, und es erstaunt, wenn man 30 Jahre später neuerdings von einer Kirchenschenkung (*basilica*) an denselben Empfänger hört, zumal der Ort zu jener Zeit wohl kaum eine größere Bedeutung hatte und seine Kirche St. Martin (1786) stets eine Filiale der benachbarten Pfarrei Billigheim war. Durch die Einführung der Reformation seitens der pfälzischen Landesherrschaft wurde Sulzbach zeitweise von seiner Mutterpfarrei getrennt, jedoch fiel das Gotteshaus 1706 in der pfälzischen Kirchenteilung an die Katholiken (1807 464 Seelen), deren Seelsorge weiterhin von Billigheim, zeitweise auch von Dallau aus versehen wurde; am Ende des 18. Jh. feierte ein Franziskanermönch aus Mosbach den Gottesdienst in Sulzbach. 1803 wird ein kath. Pfarrhaus erwähnt. Den nach Neckarburken gepfarrten Calvinisten (1807 67 Seelen) stand für ihren Gottesdienst ein Raum auf dem Sulzbacher Rathaus zur Verfügung, und die Lutheraner (1807 162 Seelen), die bis 1776 zur Pfarrei Mosbach, danach zur Pfarrei Unterschefflenz gehörten, besaßen bereits 1786 eine eigene Kirche. Ihr Begräbnis hatten alle drei christlichen Konfessionen noch zu Beginn des 19. Jh. auf dem Gadenkirchhof (1683) um die aus dem Mittelalter stammende kath. Kirche.

In den großen und kleinen Zehnt von hiesiger Gemarkung teilten sich 1803 Kurmainz (vormals Kloster Billigheim) zu $7/12$, Kurpfalz (vormals Deutscher Orden) zu $1/12$, die Freiherren von Dalberg (vormals Echter von Mespelbrunn) als Inhaber der Pfandschaft Stein am Kocher zu $1/12$, die kath. Pfarrei Dallau zu $1/12$ und der kath. Schullehrer in Sulzbach zu $2/12$.

Zu Ende des 18. Jh. gab es in Sulzbach je eine kath., ref. und luth. Schule. Ein ref. Schulmeister wird bereits 1608 erwähnt; freilich mußte er noch 1803 mangels eines ref. Schulhauses seinen Unterricht im eigenen Haus halten. Der kath. Winterschulmeister wohnte und unterrichtete 1780 im Wirtshaus, da eine andere Unterkunft am Ort nicht zur Verfügung stand; später wurde im kath. Pfarrhaus ein Schulzimmer eingerichtet. Allein die Lutheraner hatten 1803 in Sulzbach nicht nur einen Lehrer, sondern auch ein eigenes Schulhaus.

Bevölkerung und Wirtschaft. – Um die Mitte des 16. Jh. belief sich die Zahl der Einwohner von Sulzbach auf etwa 330 Seelen, und mit leichten Schwankungen hat sie sich auf diesem Stand gehalten bis zum Vorabend des 30j. Krieges. Seuchen und Drangsale der folgenden Jahre dezimierten die Bevölkerung anschließend bis 1649 auf rund ein Viertel ihres früheren Bestandes. 1716 war wieder die Zahl von 54 Untertanen (etwa 240 Seelen) erreicht, und das 18. Jh. brachte ein weiteres beträchtliches Wachstum auf 1774 413 und 1803 sogar 678 Seelen.

Die Gemarkung des Dorfes umfaßte 1774 957 M Äcker, 55 M Wiesen und 365 M Wald; Weinbau, der in früheren Jahrhunderten auch in Sulzbach gepflegt worden war, fand am Ende des 18. Jh. nicht mehr statt. Der Viehbestand belief sich 1803 auf 410 Rinder und 26 Pferde, war mithin recht stattlich. Die 1739 erwähnte Mahlmühle beim Dorf gehörte dem sie betreibenden Müller; 1775 gab es außerdem noch zwei Ölmühlen und eine Brennerei. An Gewerben waren darüber hinaus 1803 vertreten: 14 Leinenweber, 4 Schneider, je 3 Wagner, Küfer und Schuster, je 2 Bäcker, Handelsleute, Maurer und Schmiede sowie 1 Schreiner und 1 Ziegler. Bereits im 17. Jh. wurde auf Sulzbacher Gemarkung nach Erz gegraben, aber schon 1681 wurden diese Bemühungen wieder eingestellt, um 1771 für kurze Zeit noch einmal aufzuleben.

Waldmühlbach

Siedlung und Gemarkung. – Römische Mauerreste, die man in den Gewannen Höfle und Balgsteig im W des Dorfes Waldmühlbach gefunden hat, lassen erkennen, daß im Bereich der hiesigen Gemarkung bereits zu frühgeschichtlicher Zeit gesiedelt wurde. Ob auch die römischen Bild- und Inschriftsteine, darunter ein Viergötterstein und ein Stein mit dem Relief eines Schwertkämpfers, die zu Beginn der 1880er Jahre beim Abbruch der alten Kirche als Bruchsteine zutage gekommen sind, hierher gehören, läßt sich freilich nur vermuten. Eine siedlungsgeschichtliche Kontinuität zu dem 1108 erstmals urkundlich erwähnten *Mulenbach*, einem vermutlich von Billigheim her gegründeten Ausbauort der Merowingerzeit, besteht nicht.

In dem Gewann Wolfsloch (um 1322/33 *Woluesloch*), wo das Kl. Billigheim begütert war, hat während des Mittelalters ein eigener Herrschaftsbezirk bestanden, dessen Vogtei die Nest von Obrigheim und die Schaler von Buchen vom Hochstift Würzburg zu Lehen getragen haben.

Herrschaft und Staat. – Am Anfang der Herrschaftsentwicklung in Waldmühlbach steht ein Fronhof des Neumünsterstifts zu Würzburg, der 1108 mit allen seinen Zugehörungen durch Tausch an das Kl. Komburg gelangt ist. Beim Verkauf an das Julianenstift Mosbach in den Jahren 1305/07 wird der Umfang aller dieser Rechte als *ius patronatus* ⟨...⟩ *nec non villa* ⟨...⟩ *cum hominibus, iuribus, iurisdictionibus et pertinenciis* näher beschrieben. Wenn die Waldmühlbacher Ortsherrschaft später dann vom Erzstift Mainz als Zubehör seiner Burg Allfeld reklamiert wurde, so ging dieser im 15. Jh. gegen Mosbach und den Pfalzgrafen endgültig durchgesetzte Anspruch letztlich auf die vormals dem Wimpfener Reichsgutbezirk zugehörige Vogtei über das Mosbacher Stift und seine Besitzungen zurück. Reiß, Musterung und Kriminaljurisdiktion lagen bei der seit 1504 württembergischen Zent Möckmühl, während die landesherrliche Obrigkeit mit Steuer, Schatzung, Ungeld und dergleichen dem Erzbischof von Mainz zustanden. Kurmainz hatte auch die hohe und die niedere Jagd in Mühlbacher

Gemarkung, jedoch mit Ausnahme eines kleinen Distrikts, innerhalb dessen Württemberg zuständig war. Bis zur Säkularisation zum mainzischen Amt Krautheim gehörig, ist Waldmühlbach 1803 an die Grafschaft Leiningen-Billigheim gefallen, um mit dieser 1806 durch das Großherzogtum Baden mediatisiert zu werden.

Grundherrschaft und Grundbesitz. – Der älteste in Waldmühlbach erwähnte grundherrschaftliche Güterkomplex, der 1108 vom Würzburger Neumünsterstift an Komburg vertauschte Fronhof, der 1305 in den Besitz des Stiftes Mosbach gelangt ist, war zugleich der weitaus bedeutendste am Ort. Noch im 17. Jh., als die ihm zugehörigen Äcker und Wiesen längst auf eine Vielzahl von Inhabern verteilt waren, wurde er als rechtliche Einheit gesehen und war verpflichtet, sich mit der Gemeinde hälftig in die bei der Stellung eines mit vier Pferden bespannten Reißwagens anfallenden Kosten zu teilen. 1780 umfaßten die 17 Hufen des vormals Stift Mosbacher Fronhofs insgesamt rund 600 M; hinzu kamen weitere sieben Güter, die dem Stift zinspflichtig waren. Gegenüber diesem Großgrundbesitz fällt der Mühlbacher Besitz der Billigheimer Zisterzienserinnen kaum ins Gewicht. Er bestand in einem Hof, vermutlich dem 1780 mit knapp 37 M erwähnten Großen Freihof, sowie in verschiedenen Gült- und Zinsberechtigungen. Ein Teil dieser Billigheimer Güter und Rechte rührt von den Nest von Obrigheim und von den Schaler von Buchen, die hier im frühen 14. Jh. drei Höfe und diverse Grundstücke vom Hochstift Würzburg zu Lehen hatten. Der auf der Gemarkung gelegene Wald gehörte ganz der Gemeinde.

Kirche und Schule. – Der Verkauf Waldmühlbachs an das Stift Mosbach im Jahre 1305 erstreckte sich auch auf das Patronatsrecht daselbst, woraus zu ersehen ist, daß der Ort schon damals eine eigene, vermutlich wesentlich ältere Pfarrei hatte. Im Nikolaus-Patrozinium der 1313 nach Mosbach inkorporierten Pfarrkirche wird noch heute die frühere Abhängigkeit von Komburg deutlich, dessen Klosterkirche ebenfalls dem hl. Nikolaus geweiht ist. Während des Mittelalters und noch im 16. Jh. beschränkte sich das Kirchspiel der auch nach der Reformation rein katholisch gebliebenen Gemeinde auf das Pfarrdorf und seine Gemarkung; erst um die Mitte des 17. Jh. kam das zuvor selbständige Katzental als Filiale hinzu. Nachdem die gering dotierte Pfarrei für lange Zeit verwaist und die Seelsorge von Billigheim aus versehen worden war, kam 1705 wieder ein eigener Pfarrer in das Dorf, dessen Kirche, Pfarrhaus und Pfarrscheune sich in schlechtem Zustand befanden. Eine neue Kirche konnte 1748 geweiht werden. Das in Bestand verliehene Pfarrgut umfaßte 1780 rund 24 M Ackerland.

Den großen und den kleinen Zehnt bezogen hier zu ⅔ das Stift Mosbach und zu ⅓ das Kloster Billigheim, jedoch in der Weise, daß das Stift seine Anteile am Weinzehnt und am kleinen Zehnt dem von ihm bestellten Ortspfarrer eingeräumt hatte (1667).

Von dem 1759 für Waldmühlbach bestellten kath. Schulmeister heißt es in den Akten, man übertrage ihm den Schuldienst *in Zuversicht, daß er im Schreiben, Rechnen und Choral beßer sich qualificiren werde.*

Bevölkerung und Wirtschaft. – Vor dem 30j. Krieg hatte Waldmühlbach etwa 240 bis 250 Einwohner, danach (1667) nur noch 122. Ihren Lebensunterhalt erwarb die Bevölkerung in der Landwirtschaft, zu der in früheren Jahrhunderten auch etwas Weinbau gehörte; seit der 2. H. 18. Jh. wurden Raps und Wintergerste angebaut. Von den hiesigen Fluren lagen der Ringberg im O, der Neudenauer Weg im S und der Eckertsgrund im W des Dorfes. Die Größe der bäuerlichen Wirtschaftsflächen bewegte sich um die Mitte des 17. Jh. zwischen 3 und 60 M, meist jedoch zwischen 7 und 25 M; 1650 war nur ein verschwindender Bruchteil der Gesamtfläche in Bau.

Quellen und Literatur

Allfeld

Quellen, gedr.: *Bendel.* – CL. – CH. – DI 8. – *Gropp.* – *Gudenus* CD 3. – *Kollnig.* – REM 1 und 2. – RI V. – RPR 1. – R Würzburg. – UB Hohenlohe 1–3. – UB MOS. – UB Obrigheim. – WUB 3, 4, 8–10. – ZGO 11, 1860; 14, 1862; 16, 1864; 24, 1872; 26, 1874; 42,1888.
Ungedr.: FLA Amorbach, Repertorium Rand; Amorbacher Urbar 1395; Billigheimer Lagerb. 1623; Lagerb. der Hofmeisterei Billigheim 1654; Billigheimer Lagerb. 1668. – FrhGA Hornberg IX,4,1; IX,11. – GLA Karlsruhe J/H Allfeld 1, Bernbronn 1–6, Billigheim 1; 43/Sp. 1; 66/10513; 166/70, 119–127; 229/1025–1059; 364/2667. – StA Darmstadt A1 Wimpfen 1282; C1/34 fol. 67ff. – StA Würzburg, Mainzer Ingrb. 9, 10, 14, 16, 21, 25, 41, 44, 54, 55, 61, 63; Mainzer Lehnb. 1.
Allg. Literatur: *Alberti.* – *Eichhorn,* Dürn. – *Friedlein.* – KDB IV,4 S. 4f. – *Krieger* TWB 1 Sp. 32–34 und 79. – LBW 5 S. 319f. – *Müller,* Dorfkirchen S. 20. – *Oechsler/Sauer.* – *Rommel,* Seligental. – *Rommel,* Wohnstätten. – *Schaab,* Wingarteiba. – *Schuster* S. 374. – *Widder* 2.
Ortsliteratur: *Bauer,* Hermann, Die Herren von Alfeld. In: WF 5, 1859 S. 27–29. – *Stephan,* Josef, St. Annakapelle und St. Annafest in Allfeld in vergangenen Zeiten. O.J. (GLA Cw 231,1). – *Stephan,* Josef, Die ehemalige und jetzige Pfarrkirche St. Georg in Allfeld. In: Pfarrführer durch die kath. Pfarrgemeinde Allfeld 1940, 33a–39a.
Erstnennungen: ON 780 (CL Nr. 3479), Niederallfeld 1297 (*Gropp* S. 203), Adel um 1100/25 (CH S. 56), Pfarrei und Patrozinium Kilian 1404 (ZGO 42, 1888 S. m19f.), Patrozinien Anna 16./17. Jh (*Stephan* a.a.O.) Georg und Wendelin 1655 (GLA Karlsruhe 229/1041), Assulzerhof 1355 (REM 2 Nr. 308).

Billigheim

Quellen, gedr.: *Bendel.* – DI 8. – *Gudenus* CD 3. – *Krebs,* Kloster Amorbach. – Lehnb. Würzburg 1 und 2. – REM 1 und 2. – RI 8. – RPR 2. – *Scherg.* – UB Hohenlohe 1–3. – UB MOS. – UB Obrigheim. – *Weech,* Reißbuch. – WUB 3, 4, 6–9, 11. – ZGO 11, 1860; 12, 1861; 42, 1888.
Ungedr.: FLA Amorbach, Billigheimer Lagerb. 1623; Lagerb. der Hofmeisterei Billigheim 1654; Billigheimer Lagerb. 1668; Billigheimer Hofmeistereirechnung 1686/87; Billigheimer Jurisdiktionalb. 17. Jh. – GLA Karlsruhe J/H Billigheim 1–2; 43/Sp. 1, Sp.156; 66/10512–513, 11790; 69 Rüdt von Collenberg 3704; 229/8703–8759. – StA Würzburg, Mainzer Ingrb. 29, 30, 40, 54.
Allg. Literatur: *Friedlein.* – *Hahn* S. 378f. – HHS S. 84f. – *Hundsnurscher/Taddey* S. 44f. – KDB IV,4 S. 6–8. – *Krieger* TWB 1 Sp. 192–195. – LBW 5 S. 320f. – *Müller,* Dorfkirchen S. 23. – *Oechsler/Sauer.* – *Rommel,* Wohnstätten. – *Schaab,* Wingarteiba. – *Schuster* S. 374. – *Ussermann,* Aemilian, Episcopatus Wirceburgensis, St. Blasien 1794. – *Widder* 2.
Ortsliteratur: *Bauer,* Hermann, Das Kloster Billigheim. In: WF 7, 1867 S. 531f. – *Wieland,* M., Kloster Billigheim. In: Cistercienser-Chronik 17, 1905 S. 289–298 und 323–328. – *Rommel,* Billigheim. – *Mistele,* Karl-Heinz, Kalendar und Nekrolog des Klosters Billigheim. In: Cistercienser-Chronik 69, 1962 S. 55–68. – *Mistele,* Karl-Heinz, Billigheim. Beziehungen, Probleme und Aspekte eines Frauenklosters im 12. Jahrhundert. In: Jahrb. für schwäb.-fränk. Geschichte 26, 1969 S. 115–131. – *Lutz,* Dietrich, Die Archäologie des Mittelalters in der Denkmalpflege. In: Denkmalpflege in BW 4, 1975 S. 73–75. – *Schubart,* Peter, Ein Dachstuhl des 12. Jahrhunderts in der Klosterkirche zu Billigheim. In: Denkmalpflege in BW 5, 1976 S. 71–74.
Erstnennungen: ON und Kloster 1166 (UB MOS Nr. 5), Pfarrei 1225 (WUB 3 Nr. 684), Patrozinien Bernhard 1364, Wolfgang, Sebastian 1480 (*Rommel,* Billigheim S. 18ff.)

Katzental

Quellen, gedr.: *Becher.* – *Bendel.* – *Gropp.* – *Kollnig.* – REM 2. – UB MOS. – ZGO 14, 1862; 42, 1888.
Ungedr.: FLA Amorbach, Lagerb. der Hofmeisterei Billigheim 1654; Billigheimer Lagerb. 1668; Seligentaler Zins-, Gült- und Lagerb. 1699; GLA Karlsruhe 66/5137, 10513, 10518–519; 67/732; 166/70, 119–127; 229/51848–858. – StA Würzburg, Mainzer Bü. versch. Inh. 10.
Allg. Literatur: *Friedlein.* – *Krieger* TWB 1 Sp. 1137. – LBW 5 S. 321. – *Matzat,* Studien. – *Müller,* Dorfkirchen S. 46. – *Rommel,* Seligental.

Ortsliteratur: *Gätschenberger,* Oskar, Unser Heimatort Katzental und seine Nachbarn. Katzental (Selbstverlag des Verf.) 1982.
Erstnennungen: ON um 1100 (*Becher* S. 53), Pfarrei 1405 (GLA Karlsruhe 67/732 fol. 123 f.), Patrozinium Katharina 1687 (*Kollnig* S. 273).

Sulzbach

Quellen, gedr.: CL. – DI 8. – *Kollnig* S. 428–439. – MGH DOIII. – REM 2. – UB MOS. – UB Obrigheim. – *Weech,* Reißbuch. – WUB 1. – ZGO 22, 1872; 42, 1888; 52, 1898.
Ungedr.: FLA Amorbach, Lagerb. der Hofmeisterei Billigheim 1654; Bücher zur Kenntnis und zur Hebung des Landes. – GLA Karlsruhe J/H Sulzbach 1; 43/Sp. 244; 66/5136, 5137, 5527, 8414, 10513; 77/2542; 166/9, 60, 61, 70, 119–127, 207, 208, 210, 244; 229/16755–756, 103273–322; 313/2809; 364/895. – StA Würzburg, Mainzer Ingrb. 25, 28, 43
Allg. Literatur: *Friedlein.* – KDB IV,4 S. 157. – *Krieger* TWB 2 Sp. 1118 f. – LBW 5 S. 321. – *Müller,* Dorfkirchen S. 70. –
Rommel, Billigheim. – *Schaab,* Wingarteiba. – *Widder* 2 S. 108–110.
Erstnennungen: ON 775 (CL Nr. 2860).

Waldmühlbach

Quellen, gedr.: *Bendel.* – DI 8. – *Kollnig.* – Lehnb. Würzburg 1. – REM 2. – UB MOS. – UB Obrigheim. – *Weech,* Reißbuch. – WUB 1, 4. – ZGO 11, 1860.
Ungedr.: FLA Amorbach, Lagerb. der Hofmeisterei Billigheim 1654; Billigheimer Lagerb. 1668. – GLA Karlsruhe J/H Katzental und Waldmühlbach 1; 43/Sp. 173; 66/9305, 9306, 9307, 10513, 10521; 166/70; 229/51855, 109256–302. – StA Würzburg, Mainzer Ingrb. 25, 28, 43.
Allg. Literatur: *Friedlein.* – *Jooß,* Rainer, Kloster Komburg im Mittelalter (Forschungen aus Württembergisch Franken 4), Sigmaringen ²1987. – KDB IV,4 S. 160. – *Krieger* TWB 2 Sp. 1330. – LBW 5 S. 321 f. – *Matzat,* Studien. – *Müller,* Dorfkirchen S. 76. – *Oechsler/Sauer.* – *Rommel,* Billigheim. – *Wagner* S. 399–402.
Ortsliteratur: *von der Au,* Bodo, Ein barocker Kirchenbau in Waldmühlbach von 1748. In: Der Odenwald 2, 1955 S. 75–77. – *Wiegels,* Rainer, Teofilus aus Waldmühlbach, Gde. Billigheim, Neckar-Odenwald-Kreis. In: FbBW 13, 1988 S. 713–718.
Erstnennungen: ON 1108 (WUB 1 S. 400 f.), Pfarrei 1305 (UB MOS Nr. 39).

Binau

483 ha Gemeindegebiet, 1253 Einwohner

Wappen: In geteiltem Schild oben in Blau zwei goldene (gelbe) Bienenkörbe nebeneinander, unten in Silber (Weiß) ein blauer Fisch. – Das Wappen versinnbildlicht mit den Bienenkörben »redend« den Ortsnamen und mit dem Fisch die Lage der Gemeinde am Neckar und die Neckarfischerei. Es wurde mit der Flagge am 5.11.1957 vom Innenministerium verliehen und ist in Anlehnung an die Gemeindesiegel (ältester Stempel von 1770) gestaltet worden, die bereits einen oder zwei Bienenkörbe und einen Angler zeigten. – Flagge: Blau-Weiß (Blau-Silber).

Gemarkung: Binau mit Binau, Bahnstation und Chem. Fabrik.

A. Natur- und Kulturlandschaft

Naturraum und Landschaftsbild. – Die kleine Gemarkung von Binau, die sich auf einem nach SW vorstoßenden Umlaufsporn des Neckars ausdehnt, wird im S, W und NW vom Fluß begrenzt. Sie liegt im Grenzbereich mehrerer Naturräume, die im Binauer Neckartal aneinanderstoßen. Außer der durch die weite Flußschleife bedingten landschaftlichen Schönheit des Neckartals bewirkt der Gesteinswechsel vom Muschelkalk zum Buntsandstein am Rand von Bauland und Odenwald abwechslungsreiche Oberflächenformen. Der Übergang vom waldoffenen Altsiedelland zum stark bewaldeten Mittelgebirge schafft außerdem einen raschen Wandel des Landschaftsbildes. Der aus der Weite des Muschelkalklandes im Grenzgebiet von Bauland und Nordkraichgau austretende Neckar, der unter Ausformung seiner größten Flußschleife in die Enge des Odenwälder Buntsandsteintals eintritt, wo er sich als antezedenter Flußlauf entgegen der Gebirgsheraushebung tief und steil in das dem Oberrheinischen Graben benachbarte Bergland eingesägt hat, bestimmt den besonderen landschaftlichen Reiz der Gemarkung. Nicht zuletzt ist er die Grundlage des sich in der Gde Binau im Zuge eines Funktionswandels herausbildenden Fremdenverkehrs. Mit einem ausgedehnten Campingplatz am südlichen Gleithang des Umlaufsporns hat er bereits begonnen, die Uferlandschaft des verkehrsreichen Flusses umzuformen und neu zu prägen.

Der zentrale Gemarkungsbereich mit dem in südwestlicher Richtung über 4 km zur Neckarschleife sanft abfallenden Umlaufsporn, der mit einem flachen, mit Wiesen und Feldern bedeckten Gleithang zum Flußlauf in ca. 140 m NN ausstreicht, erreicht an der nordöstlichen Gemarkungsgrenze eine Höhenlage von 320 m NN. Der Untergrund dieses an der Spornspitze im SW rd. 500 m und im O fast 2 km breiten, vom Neckar umschlungenen Umlaufrückens besteht aus harten Gesteinen des Mittleren Buntsandsteins, die mit dem Hauptsandstein und den widerständigen, verbackenen Schichten des ihn nach oben abgrenzenden Oberen Konglomerats aber lediglich im Neckartal am Nordrand der Gemarkung an der Oberfläche anstehen. Am rechtsseitigen Steilhang des Tales treten sie dort am bewaldeten Neckarberg und Rotenberg beiderseits der tief eingekerbten Mordklinge landschaftsgestaltend hervor. Bei entsprechender Sonneneinstrahlung sind es vor allem die leuchtend roten massigen Bänke des Hauptsandsteins zwischen dem Wald, die einen mauerartigen Talabschluß ausformen. Die übrigen, die Oberflächenverhältnisse mitprägenden Buntsandsteinformationen – Plattensandsteine und Röttone – gehören dem Oberen Buntsandstein an und sind auf dem westlichen

Umlaufsporn im Bereich des Dorfkerns von Binau sowie in den Flurstücken Große Gehren und Hundsrück unter einer Flugsanddecke verhüllt. Verlehmte Lößablagerungen, unter denen der Plattensandstein nur an wenigen Stellen inselhaft freigelegt ist, bestimmen das in süd-, west- und nordwestlicher Exposition sonnenreiche, vom Neckar eingerahmte Feld- und Obstbauland.

Im östlichen und höher gelegenen Teil der Gemarkung treten dann die Triasschichten flächenhaft an die Oberfläche und bestimmen mit ihren recht unterschiedlichen Bodenqualitäten die Landnutzung, vor allem den für das Gemarkungsgebiet bezeichnenden und reizvollen Gegensatz von Wald- und Feldland, an dem auf der Gkg Binau aber keinesfalls die Verbreitungsgrenze von Buntsandstein- und erdgeschichtlich jüngeren Muschelkalkformationen abgelesen werden kann. Die tiefsten Schichten des Oberen Buntsandsteins treten in der Gestalt von Plattensandsteinlagen am Südrand der Gemarkung an die Oberfläche, wo der Neckar am Limberg südlich der jungen Ortserweiterung Binau-Siedlung durch Seitenerosion seines leicht nach N ausbiegenden Laufs einen übersteilten Prallhang herausmodelliert hat. An diesem sonnenreichen Südhang gedeihen zwischen dem alten Dorf und der östlichen Neubauerweiterung Binau-Siedlung Reben als Überreste einer noch im ausgehenden 19. Jh. wesentlich größeren Weinbaufläche. Der weitaus größte Teil der einstigen Rebberge am südwärts gerichteten Steilhang ist aber heute waldbedeckt, wobei zum Teil buschwaldartige niedere Laubholzbestände auffallen. Die Walddecke ist hier ganz bezeichnend für die unfruchtbaren Böden im Plattensandstein, der auch im nördlichen Gemarkungsbereich am oberen Neckarberg und Rotenberg mit dem Binauer Forst ein geschlossenes Waldkleid trägt.

Im Bereich über dem Prallhang des Limbergs, dem auf Obrigheimer Gemarkung ein breiter und flacher Gleithang gegenübersteht, dehnt sich in klimagünstiger Südexposition das östliche Binauer Neubaugebiet aus. Sein Untergrund wird wie in den nordwestlich und nördlich angrenzenden Flurstücken Tiergarten und Ludelsroth von Röttonen bestimmt, deren Bodenbildungen noch landwirtschaftlich nutzbar sind und weite Teile des nun breiteren und höheren Spornrückens bedecken. Im Flurstück Sohl, wo der Umlaufsporn in 254 m NN eine ganz flache und von der Umgebung kaum abstechende Erhebung aufweist, steht über den Rötschichten lagernder Wellendolomit des Unteren Muschelkalks an. Er bestimmt die flach gewölbte Höhenzone des hinteren Umlaufbergs an der Oberfläche. In den tieferen, nicht zutage tretenden härteren Schichten des Oberen und Mittleren Buntsandsteins wird er von einem Tunnel der Bahnlinie Eberbach – Mosbach/Heilbronn durchstoßen, der die weite Umlaufschlinge des Neckars abschneidet. Das nördliche Tunnelportal führt am rechtsseitigen Hang der Mordklinge noch im Mittleren Buntsandstein, im Grenzbereich von Oberem Konglomerat und Bausandstein, in den Berg hinein. Der südliche Tunnelmund liegt im Oberen Buntsandstein, der bereits oberhalb des ihm vorgelagerten und zum Haltepunkt Binau führenden Bahneinschnitts von Lößablagerungen verhüllt ist. Der waldfreie und flachbuckelige Rücken des Umlaufsporns wird heute durch größere Blockfluren bestimmt, die aus einer jungen Flurbereinigung im Zuge der Zusammenlegung früherer Klein- und Kleinstparzellen einer kreuzlaufenden Kurzgewannflur hervorgegangen sind. In Verbindung mit einem modernen Feldwegenetz prägen diese breiteren zusammenhängenden Besitzblöcke die nur sanft und gering geneigten und daher agrarisch leicht nutzbaren Hang- und Höhenpartien in der Mitte des Umlaufsporns.

Das schon ganz dem Bauland zuzurechnende, am östlichen Gemarkungsrand auf über 320 m NN ansteigende Hügelland ist wie der Nordteil der Gemarkung waldbedeckt. Sein dem Binauer Forst angehörender Laubmischwald stockt auf Wellenkalk, an dessen Verbreitungsgrenzen Wellendolomit in einem schmalen Streifen randlich darunter ansteht. Über eine ebenfalls nur schmale, im Oberflächenbild kaum wahrnehmbare Rippe entlang der Straße Binau – Reichenbuch/Lohrbach erstreckt sich diese unterste Gesteinsformation des Muschelkalks über den Scheitel der vom Neckar umflossenen und von der Bahnlinie durchtunnelten Hügel bis auf den hinteren Umlaufsporn, wo sie im Bereich des flachen Buckels der Flur Sohl (s.o.) wieder eine großflächigere Verbreitung an der Oberfläche einnimmt. Zwischen den östlichen Waldfluren Wimmersbach und Frohnschlag hat sich der Oberlauf des durch die Mordklinge dem Neckar zustrebenden Baches unter Ausbildung eines nur flacheren Kerbtals in den Wellenkalk eingeschnitten. Es ist mit jungen Alluvionen aus umgebendem Hangmaterial ausgekleidet.

Siedlungsbild. – Die heutige Siedlung, die aus einem seit dem Frühmittelalter entstandenen Haufendorf erwachsen ist, liegt mit ihren beiden getrennten Siedlungsteilen – dem alten Dorf mit umgebenden Neubauerweiterungen und dem im O von der Bahnstation ausgehenden Neubaugebiet Binau-Siedlung – in günstiger Südexposition am Gleithang und über dem Prallhang des langgestreckten, nach SW gerichteten Umlaufbergs des Neckars.

Das unregelmäßig gestaltete alte Dorf Binau nimmt mit seinem von der Pfarrkirche und dem benachbarten ehemaligen Schloß bestimmten Siedlungskern am flachen Südhang an der flugsandbedeckten Spitze des Umlaufsporns eine geschützte Lage im Neckartal ein, die im unteren südlichen Teil des Dorfes vor der Anlage der heutigen B 37, die den Ort dammartig schützt, hochwassergefährdet war. Hochwassermarken aus den Jahren 1817, 1882 und 1919 am südlichsten Haus an der Schloßstraße westlich des Schloßgartens weisen deutlich auf diese ehemalige Hochwassergefahr am unteren und nur sanft ansteigenden Gleithang hin. Die unregelmäßig halbkreisförmig verlaufende Schloßstraße, die untere Reichenbucher Straße südlich des Schloßbaus und die vom westlichen alten Dorf etwa halbkreisförmig am Hang hinaufziehende, den Kirchen- und Schloßbezirk im N umfassende Alte Dorfstraße, die am Ostrand der alten Bebauung in die obere Reichenbucher Straße einmündet, bilden das Gerüst des noch weitgehend bäuerlich geprägten und dicht bebauten *Siedlungskerns*. Unter den durch Modernisierung und Funktionswandel weitgehend umgestalteten bäuerlichen Anwesen fallen unterschiedliche Bauernhaustypen auf. Verschiedene Winkelgehöfte wie z. B. das an der Alten Dorfstraße 41, das ein traufständiges Wirtschaftsgebäude sowie ein großes giebelständiges und zweigeschossiges Wohnhaus mit ausgebautem Dachgeschoß hat, gestelzte Eindachhäuser in Trauf- und Giebelstellung zur Straße (Alte Dorfstr. 10 und 11), teilweise mit gehöftartigen Erweiterungen durch rechtwinklig hinzugefügte Wirtschaftsbauten, Streckhofanlagen (Reichenbucher Str. 11) sowie ehemalige Eindachhöfe mit umgebauten, in Garagen oder Werkstatträume verwandelten Wirtschaftsteilen auch an der Reichenbucher Straße bestimmen das ungleichartige und abwechslungsreiche Aufrißbild. Die Vielfalt der Bauernhausgrundrisse sowie die unterschiedlichen Bauarten und Baumaterialien in Fachwerk, Bruchsteinmauerwerk aus in der Nachbarschaft anstehendem Buntsandstein und bei unter Verputz liegendem Mauerwerk sind für die Lage des Dorfes am Rande von Altsiedelland und Waldgebirge im Grenzbereich verschiedener Naturräume bezeichnend.

Kirchen- und Schloßbezirk in unmittelbarer Nachbarschaftslage bilden mit ihren herausragenden, das alte Dorfbild prägenden Bauwerken den architektonischen Mittelpunkt der Siedlung. Die im 18. Jh. umgestaltete Kirche ist eine hell verputzte Chorturmanlage mit rot bemalten Eckquadern, Tür- und Fenstereinfassungen. Sie besteht aus einem einschiffigen, mit hohem Giebeldach und Krüppelwalm abschließenden gedrungenen Kirchenraum, an den im O der Glockenturm auf quadratischem Grundriß anschließt. Sein mit spätgotischen Fresken und einem Kreuzrippengewölbe geschmücktes Untergeschoß dient als Chorraum. Eine in geschwungenen Formen des Barocks gestaltete und schiefergedeckte Welsche Haube sitzt auf der Glockenstube und überragt den ebenfalls von der Barockzeit geprägten Schloßbau. Dieser wuchtige, zweigeschossige und langrechteckige einstige Herrschaftssitz der Binauer Ortsherren trägt ein hohes Walmdach mit spitzem Dachreitertürmchen. Sein gelb verputztes Mauerwerk sitzt an der südlichen und talseitigen Längsfront auf einem hohen, grau verputzten Sockel. Auf der bergwärts gelegenen Hofseite führt vom Schloßhof, der zur Reichenbucher Straße mit einer Rundbogendurchfahrt abschließt, ein reich verzierter Barockeingang ins Innere des heute als Altenheim genutzten Gebäudes. Ein moderner zweigeschossiger und flachgiebeliger Verwaltungsbau des Altenheims, der nicht so recht zum historischen Baubestand passen will, grenzt den Schloßhof im W zum Kirchenbezirk mit dem ehemaligen Friedhof ab. Südlich unterhalb des Schlosses öffnet sich zwischen der westlichen unteren Schloßstraße und der unteren Reichenbucher Straße der ebenfalls für das Altenheim genutzte Schloßgarten, in dem vom Schloß ein moderner brückenartiger Treppenabgang hineinführt. Ein den alten Ortskern nicht unwesentlich mitprägendes Gebäude ist das oberhalb der Kirche an der Alten Dorfstraße stehende evangelische Pfarrhaus. Aus seiner fast ausschließlich durch Bauernhäuser bestimmten Umgebung hebt sich der traufständige klassizistische Bau mit seinen beiden hohen Geschossen deutlich heraus. Ein schmaler Treppenweg führt zum hangabwärts errichteten Gotteshaus hinab.

Nahe der in vergangenen Zeiten und heute verkehrsreichen Neckartalstraße liegen bezeichnenderweise einige Gasthäuser. Ganz am Südrand der Siedlung wurde im ehemaligen Rathaus, einem zweigeschossigen Bau mit Walmdach, an der parallel zur B 37 verlaufenden Neckarstraße – der alten Talstraße – das Rasthaus Sonneck eingerichtet. Nur unweit östlich entstanden am Rand des alten Dorfes das Gasthaus zum Goldenen Hirschen und an der östlichen Schloßstraße das Gasthaus zum Anker, dessen Angebot an Fremdenzimmern auf die sich neu herausbildende Fremdenverkehrsfunktion der landschaftlich reizvoll gelegenen Gemeinde hindeutet. Der große und gepflegte Campingplatz südlich des Dorfes zwischen der B 37 und dem Neckarufer wurde ebenfalls im Zuge dieses jungen Funktionswandels angelegt.

Frühe, in den Anfängen noch ins vorige Jahrhundert zurückreichende *Siedlungserweiterungen* finden sich an der am oberen Südhang des Umlaufbergs ostwärts ziehenden Reichenbucher Straße bis zum neuen Schul- und Rathaus. Kleine einstöckige Taglöhner- und Arbeiterhäuschen mit ausgebauten Dachgeschossen sind für diese erste Ausweitungsstufe des Dorfes bezeichnend. Sie stehen an der talwärtigen Seite der Reichenbucher Straße, an der im Bereich der Albert-Schneider-Schule und des Rathauses dann moderne Neubauten einsetzen. Neben dem bergseits ein- und talwärtig zweigeschossigen Schulbau der 1950er Jahre fällt ein höheres, mit Eternit verkleidetes Gebäude, die Feuerwehrgerätehalle, auf. Der östlich anschließende kubische Rathauskomplex besteht im Haupttrakt aus einem zweigeschossigen Beton- und Backsteinbau. Außer den Diensträumen der Gemeindeverwaltung beinhaltet er auch eine von Schule und Vereinen genutzte Turnhalle, die Post und die Sparkasse. Gegenüber, an der Bergseite der Reichenbucher Straße, grenzt mit flachgiebeligen, eingeschossigen und traufständigen Einfamilienhäusern, vor denen gepflegte Vorgärten angelegt sind, das nördliche und jüngste Neubaugebiet an (s. u.).

Östlich des Rathauses wurde der Friedhof angelegt, vor dem an der Reichenbucher Straße das Ehrenmal für die Kriegsopfer errichtet wurde. Das schlichte, mit einem stilisierten Eisernen Kreuz geschmückte Kriegerdenkmal trägt die Namen der im 1. und 2. Weltkrieg Gefallenen und Vermißten. Auf dem Friedhof fällt die aus Buntsandsteinmauerwerk errichtete Friedhofskapelle auf. Der einfache Bau mit offenem Vorraum aus dem Beginn der 1960er Jahre trägt ein steiles Giebeldach mit Holzverkleidung im vorderen Giebelfeld. Die zeilenartige Einfamilienhausbebauung östlich des Friedhofs setzte entlang der Talseite der Reichenbucher Straße vor 1958 ein und erfolgte im wesentlichen nach 1960. Traufständige Giebeldachhäuser in kleinen Vorgärten gestalten das Straßenbild. Am Rand dieser am weitesten nach O vorstoßenden Wachstumsspitze des alten Dorfes steht an der Gabelung von Reichenbucher und Burg-Dauchstein-Straße ein Aussiedlergehöft mit großem Grünfuttersilo.

Die *Burgruine Dauchstein* liegt zwischen den beiden Ortsteilen versteckt im Wald am steilen Hang des Neckartals. Sie besteht aus einem auf rechteckigem Grundriß errichteten Burgturm aus Buntsandsteinmauerwerk. Das oberste Stockwerk in Holzbauweise trägt ein ziegelgedecktes Zeltdach.

Zwei flächenhafte *Neubaugebiete*, deren Bebauung in den westlichen und nördlichen Randzonen noch nicht abgeschlossen ist, haben die Siedlung im O, N und W weit über das alte Dorf hinaus anwachsen lassen. Östlich von Alt-Binau entstand seit den 1950er Jahren am Fuß und im unteren Bereich des südexponierten Neckartalhangs zwischen der Reichenbucher und der Neckarstraße eine Neubauerweiterung mit ganz unterschiedlichen Funktionen. An der Neckarstraße östlich des Gasthauses zum Goldenen Hirschen stehen jüngere Wohnbauten, die zum Teil aus älteren landwirtschaftlichen Anwesen hervorgegangen sind. Mit einem Industrieunternehmen der Plastikverarbeitung, dessen größeres Areal mit Produktions- und Lagerbauten sowie einem steilgiebeligen Wohnhaus ebenso hervorsticht wie eine weiter östlich stehende Weinhandlung, ist die Neckarstraße ein gemischter Wohn- und Gewerbebereich. Reine Wohnfunktionen mit teils größeren zweigeschossigen Anwesen, die bald nach der Jahrhundertmitte errichtet wurden, erfüllt die zuerst rechtwinklig von der Neckarstraße abzweigende Straße Im Löhl, die dann als Sackgasse hangparallel weiterzieht. Jüngeren Datums ist das Neubaugebiet auf der Höhe des vorderen Umlaufbergs im N der alten Siedlung. Im Bereich der Schellenäcker und der Sauäcker überwiegen an der östlichen und oberen Lindauer Straße, an der Gartenstraße und Im Schellenacker moderne, individuell gestaltete Einfamilienhäuser in gepflegten Vorgärten. Im jüngsten Bauabschnitt am Nordrand der Straße Im Schellenacker stehen auch flache Bungalows. An der Ecke Garten- und Lindauer Straße paßt lediglich ein größeres zweigeschossiges Mehrfamilienhaus mit balkonartigen Zugängen zu den Wohnungen, das in den 1950er Jahren errichtet wurde, nicht ganz in die Einfamilienhausbebauung hinein. Aus der üblichen vorstädtisch anmutenden Bebauung hebt sich in der unmittelbaren Nachbarschaft ein kubisches Haus auf quadratischem Grundriß mit Flachdachabschluß heraus. Teilweise bebaut und erst neu erschlossen (Herbst 1984) ist an der schleifenartig am SW-Hang des Umlaufbergs hinaufziehenden Ernst-Brauch-Straße, die westlich der Kirche von der Alten Dorfstraße abzweigt, die jüngste Siedlungserweiterung entstanden. In dieser landschaftlich bevorzugten Lage am Gleithang des sanft zur engen Neckarschleife hinuntersteigenden vorderen Umlaufsporns stehen locker in Vorgärten eingebettete, teils villenartige Einfamilienhäuser, die einen großen Gegensatz zum benachbarten alten Dorf schaffen.

Der östliche Ortsteil *Binau-Siedlung*, der am Südhang des hinteren Umlaufbergs im Anschluß an den in den 1870er Jahren eröffneten Bahnhof entstand, umfaßte noch gegen Ende des vorigen Jahrhunderts nur wenige Häuser in Bahnhofsnähe. Im Anschluß an den vor dem südöstlichen Tunnelportal angelegten Bahnhof, einem kleinen zweigeschossigen Bau mit Walmdach, der seit 1968 die Funktion eines Haltepunktes für Nahverkehrszüge erfüllt, entstand ein kleines Industrie- und Gewerbegebiet mit modernen flachen und flachgiebeligen Produktionsstätten. Unmittelbar gegenüber dem kleinen Empfangsgebäude fallen zwei größere wohnblockartige Mehrfamilienhäuser mit drei Stockwerken und Giebeldächern auf. Sie wurden bereits in den 1950er Jahren errichtet. Westlich von ihnen dehnt sich ein geschlossenes Neubaugebiet mit der den südexponierten Hang erklimmenden Burg-Dauchstein-Straße als Verbindungsachse zum alten Dorf aus. Südlich von ihr künden an der Straße Am Dachsbau langgezogene eingeschossige Produktionshallen mit Flach- und leicht geneigtem Giebeldachabschluß von einem Gewerbe- und Industriebereich. Die Häuser im unteren Baugebiet an der Burg-Dauchstein-Straße, an den Straßen Im Österling, Bodenweinberge und Am Langen Weinberg, die mit ihren Namen teilweise auf einstige Rebgewanne hinweisen, bestehen aus etwas älteren Neubauten mit Giebeldächern. Am Langen Weinberg hebt sich am östlichen Ortsrand nahe dem Tunnelportal eine gestaffelte Villa mit Flachdachabschluß aus der übrigen Bebauung heraus. Jüngeren Datums sind die Flachdachbungalows im oberen Neubaugebiet an der Sonnenhalde, die am Westrand von Binau-Siedlung rechtwinklig von der Burg-Dauchstein-Straße abzweigt und nach O umbiegend am siedlungsgünstigen Südhang hinaufzieht. Die dort großzügig angelegten, modernen Einfamilienhäuser und Villen im Bungalowstil sind im allgemeinen zweigeschossig und von gepflegten Gärten umgeben. Teilweise sind die Flachdachbauten auch reihenhausartig aneinandergefügt und erwecken insgesamt den Eindruck einer vornehmen Vorstadterweiterung in Hanglage.

Weit abgesetzt von diesem landschaftlich und klimatisch bevorzugten Wohnbereich entstand südöstlich des Bahnhofsgebiets und östlich der zweigleisigen Bahnlinie ein moderner Industriebereich mit flachen Fabrikationshallen sowie eine gepflegte Reitstallanlage mit Reithalle, Stallungen und Reitplatz im Gewann Dännich.

Bemerkenswerte Bauwerke. – Die *ev. Kirche* wurde 1783 an den mittelalterlichen Chorturm angebaut, der damals um die Glockenstube erhöht und mit einem geschweiften Dach gedeckt wurde. In den Feldern des Kreuzrippengewölbes im Chor sind die vier Evangelistensymbole dargestellt. Auch an den Chorwänden sind Malereireste aus der 2. H. 14. Jh. erhalten. Am besten hat sich die »Beschneidung« in der Fensterleibung der Südwand bewahrt. Auch die Marter der Zehntausend in der Triumphbogenleibung ist gut zu erkennen. Einige Grabdenkmäler des 16. und 17. Jh. sind im Chor und außen an der Kirche erhalten.

Von der *Burg Dauchstein* am Hang des Neckartales sind der romanische Bergfried und Reste der Schildmauer erhalten.

Das zweigeschossige barocke, verputzte *Schloß* wurde wohl anstelle des Lorscher Klosterhofes 1717 von Johann Jakob Rischer erbaut. Die von Hermen getragene Portalumrahmung wurde 1784 unter Andreas Graf von Riaucour hinzugefügt. Das zuletzt im Besitz der Grafen von Waldkirch befindliche Schloß mit Garten auf der Neckarseite dient heute als Altenheim.

B. Die Gemeinde im 19. und 20. Jahrhundert

Bevölkerung

Bevölkerungsentwicklung. – Die Bevölkerungsentwicklung von Binau ist nur in der 1. H. 19. Jh. durch Wachstum gekennzeichnet. Von 1807 bis 1845 stieg die Einwohnerzahl von 301 auf 443 an. In der Mitte dieses Jahrhunderts setzt ein mehr oder weniger gleichmäßiger Bevölkerungsrückgang ein, der bis zum 2. Weltkrieg anhielt. Erst danach wuchs die Bevölkerung wieder an.

Die Haupterwerbsquelle der christlichen Familien war im 19. Jh. Landwirtschaft und Viehzucht; die jüdischen Familien trieben Viehhandel.

Ausgewandert waren im Zeitraum von etwa 1830 bis 1852 92 Personen. Ein Grund dürfte der verminderte Wohlstand der Bevölkerung während dieser Zeit sein, hervorgerufen durch Mißernten, Teuerung und Verdienstlosigkeit.

Charakterisiert wurden die Ortseinwohner 1854 als – mit einigen Ausnahmen – fleißige und tätige Leute, welche die Armen im Ort sowie in den Nachbarorten unterstützten. Die Zahl der unehelichen Kinder (3–6) und die der unterstützungsberechtigten Armen (5) war gering. Die Gemeinde und die meisten ihrer Bewohner wurden im Jahr 1851 als ziemlich unbemittelt bezeichnet. Durch den Bau der Eisenbahn (ab 1860) und der Straße nach Neckargerach besserte sich die Lage der Bevölkerung. In der 2. H. 19. Jh. stagnierte die Bevölkerungsentwicklung. Anfang des 20. Jh. bis zum Beginn des 2. Weltkriegs reduzierte sich die Einwohnerzahl auf 363. Trotz Geburtenüberschuß von 431 Personen im Zeitraum von 1852–1933 nahm die Einwohnerschaft aufgrund der Aus- und Abwanderung von 458 Personen ab. Im 1. Weltkrieg waren 19 Binauer Soldaten gefallen.

Von 1939 bis 1950 stieg die Bevölkerungszahl von 363 auf 626 E. an. Während des Krieges kam es zu einer kurzfristigen Bevölkerungszunahme durch *Evakuierte* aus Mannheim und aus den Großstädten des Ruhrgebiets (Bochum, Gelsenkirchen, Mühlheim) sowie Zwangsarbeiter aus Polen und der Ukraine. Während des 2. Weltkrieges war im Binauer Schloß das SS-Hauptquartier des 1944 vom Elsaß nach Neckargerach und Neckarelz verlegten Konzentrationslagers Natzweiler untergebracht. Die Überlebenden kehrten nach dem Krieg wieder in ihre Heimat zurück. Die 173 Opfer des NS-Regimes, KZ-Häftlinge und Zwangsarbeiter aus Frankreich und Polen, wurden im KZ-Friedhof Binau begraben. Im Zweiten Weltkrieg fielen 29 Soldaten, und 7 Personen wurden vermißt.

Durch die Aufnahme von *Heimatvertriebenen* und *Flüchtlingen* vor allem aus Ungarn, kam es nach dem Krieg zu einem starken Bevölkerungsanstieg. 1950 machten die 196 Vertriebenen fast ein Drittel (31,3 %) der Einwohner aus. 1961 befanden sich noch 121 Vertriebene sowie 36 SBZ-Flüchtlinge in Binau.

1970 wurde die 1000-Einwohnergrenze überschritten. Dies ist hauptsächlich auf die weiterhin positive Wanderungsbilanz (+514) in der Zeit von 1961–1970 zurückzuführen, da der natürliche Bevölkerungszuwachs (+4) nur gering war. Auch 1971–1980 hatte Binau trotz sinkender Geburtenrate durch einen Wanderungsüberschuß von 408 Personen eine positive Bevölkerungsentwicklung. Unter anderem ist die Zuwanderung auf die Erschließung des Neubaugebiets »Binau-Siedlung«, die Einrichtung eines Alten- und Pflegeheimes im Schloß sowie auf den Zuzug von *Ausländern* zurückzuführen. Binau wurde zur Wohngemeinde, speziell für die Beschäftigten des Kernkraftwerks Obrigheim. Der überwiegende Teil der Bevölkerung ist im nichtlandwirtschaftlichen Sektor beschäftigt. Der Ausländeranteil betrug 1970 7 %, 1983 wohnten 77 Ausländer (5,7 %) in Binau, davon 33 Türken sowie 11 Nichteuropäer.

Bedingt u.a. durch das Altersheim, war zwischen 1970 und 1987 der Geborenensaldo deutlich negativ. Er wurde aber durch die mit Ausnahme weniger Jahre anhaltenden Wanderungsgewinne mehr als ausgeglichen. Am 25.5.1987 zählte die Wohnbevölkerung 1252 E. (24,3 % mehr als 1970) und wohnberechtigte Bevölkerung 1299 Personen.

Konfessionsgliederung. – Binau war im 19. Jh. überwiegend *evangelisch*, ursprünglich lutherisch, es gab aber schon immer einige Katholiken im Ort, 1828 4 und 1845 10 Personen. Ihre Zahl erhöhte sich bis 1900 auf 43, knapp 10 % der Bevölkerung, und nahm bis 1925 auf 16 (4,1 %) ab. 89 % der Bevölkerung waren zu dieser Zeit evangelisch. Durch die Zuwanderung der fast ausschließlich kath. Vertriebenen erhöhte sich der Anteil der *Katholiken* bis 1970 auf 28,1 % der Einwohner.

1852 wurden 4 *Mennoniten* erwähnt. Das herrschaftliche Gut Binau wurde bis etwa 1865 meist von mennonitischen Pächtern bewirtschaftet.

Als ritterschaftlicher Ort hatte Binau nachweislich seit Anfang des 18. Jh. auch *jüdische Bewohner*. Im Jahr 1807 lebten 8, 1811 15 jüdische Familien hier. Bis 1845 wuchs die jüdische Einwohnerschaft auf 157 Personen an, mehr als ein Drittel der Gesamtbevölkerung. Seit Mitte 19. Jh. nahm die Zahl der Juden durch Abwanderung in die Städte ständig ab. 1892 waren noch 18,7 % der Bevölkerung Juden. Wirtschaftliche Gründe und vermutlich auch aufkommender Antisemitismus waren im Ort ein Grund für den Wegzug der Juden, denn 1898 erreichte die Antisemitische Partei bei der Reichstagswahl 25 % der Stimmen in Binau. Im Jahr 1900 betrug die Zahl der jüdischen Bewohner 57 (13,2 %), 1925 zählte das Dorf nur noch 27 (6,9 %) und 1933 29 Juden. Nach dem Ende der Weimarer Republik wanderten die jüngeren Juden noch rechtzeitig aus, unter anderem nach Amerika und Israel. 1940 wurden die 7 zurückgebliebenen Binauer Juden nach Frankreich ins Sammellager Gurs in den Pyrenäen deportiert.

Politisches Leben

Wenn Binau auch, obwohl es grundherrschaftlicher Ort war, bei den Agrarunruhen 1848/49 nicht besonders hervortrat, nimmt das politische Verhalten der Gemeinde, wie es aus den Ergebnissen der *Reichstagswahlen* sichtbar wird, zusammen mit dem einiger anderer Gemeinden, im heutigen Kreisgebiet eine gewisse Sonderstellung ein. In dem evangelischen und bäuerlichen Ort erreichte die Nationalliberale Partei bei den Reichstagswahlen 1868–1912 immer die überwältigende absolute Mehrheit, wenn auch ihr Stimmenanteil kontinuierlich von fast 100 % 1868 auf etwa 70 % 1912 abnahm. Die Wahlbeteiligung war im allgemeinen recht hoch (94,3 % – 72,4 %), außer 1898 und wie fast überall in der Zeit der Weimarer Republik (52,1 % – 64,2 %). Bei der Wahl 1898 mit relativ geringer Wahlbeteiligung (52,4 %) erzielte die neue Antisemitische Partei mit 25 % der gültigen Stimmen ein sehr hohes Ergebnis. Konservative und der Bund der Landwirte kandidierten 1903–1912 zusammen und erreichten Stimmenanteile von über 20 % bzw. über 10 %. Erstmals zur Reichstagswahl 1907 gaben 6,5 % der Wähler der SPD ihre Stimme. Die SPD konnte bei den folgenden Wahlen Stimmengewinne erreichen, sank jedoch zur Zeit der Weimarer Republik wieder unter 5 %. Bei der Wahl der Verfassunggebenden Deutschen Nationalversammlung 1919 erhielt die Deutsche Demokratische Partei die absolute Mehrheit mit über 75 % vor der SPD (15,5 %).

Die Reichstagswahl von 1924 markierte die Wende im Wahlverhalten. Die linksliberale Deutsche Demokratische Partei bzw. ihr Nachfolger, die Deutsche Staatspartei, blieb immer mehr hinter den aufkommenden nationalsozialistischen Gruppierungen zurück. 1924 wurden die Deutschen Demokraten zweitstärkste Partei (30,3 %) hinter dem Bund der Landwirte (34,9 %). Bis 1932 mußten sie wieder Stimmenverluste von über 20 % hinnehmen. Erreichten die Vorläufer der NSDAP – Nationalsozialistische Freiheitsbewegung und Deutschvölkische Reichspartei – 1924 nur über 3 % und die Deutschnationale Volkspartei knapp 10 %, so konnte die NSDAP 1928 mit 33,9 % die relative Mehrheit und 1932 mit 55,9 % die absolute Mehrheit für sich verbuchen. Bei der Wahl zum ersten Bundestag der Bundesrepublik Deutschland 1949 erzielte die Notgemeinschaft, eine Wählervereinigung von Heimatvertriebenen und Kriegsgeschädigten, mit 41,7 % die relative Mehrheit in Binau, bedingt durch die große Zahl an

Flüchtlingen und Heimatvertriebenen (CDU 33 %, SPD 17 %, FDP/DVP 8 %). Bei der Bundestagswahl 1953 wurde der GB/BHE (Gesamtdeutsche Block/Block der Heimatvertriebenen und Entrechteten) mit über 20 % zweitstärkste Partei; die DNS (Nationale Sammlung) erhielt über 10 % der gültigen Zweitstimmen. Die CDU konnte bei den *Bundestagswahlen* von 1953–1969 die relative Mehrheit erlangen. Die SPD erzielte jedoch zunehmend Stimmengewinne. Ab 1972 fiel die CDU als zweitstärkste Partei hinter die SPD. Überdurchschnittlich hoch war der Stimmenanteil der FDP/DVP in Binau, besonders bei den Bundestagswahlen 1957 und 1961 mit jeweils über 30 %. 1987 erreichte sie jedoch nur noch 13,6 % der gültigen Zweitstimmen. Die anderen Parteien blieben weit unter 5 %. Nur 1969 konnte die NPD mit 6 % ihr bestes Ergebnis erzielen.

Seit 1971 hat die SPD in Binau einen Ortsverein. Er zählt jetzt über 110 Mitglieder. 1974 gründete die CDU ihren Ortsverband, der jetzt etwa 40 Mitglieder hat.

Wirtschaft und Verkehr

Land- und Forstwirtschaft. – Die Landwirtschaft bildete immer die wirtschaftliche Grundlage in Binau. Anfang des 19. Jh. betrieben auch die Handwerker fast durchweg noch Landwirtschaft. Im Jahr 1808 umfaßte die gesamte Gemarkung ca. 1480 Morgen (1852 1537 Morgen). Davon waren ca. 675 M Ackerland, 104 M Wiesen und 85 M Weinberge. Die Gemarkung wurde als eine der besten im Neckartal beschrieben, mild und warm, jedoch bergig und beschwerlich. 1807 bestanden 3 Zelgen: die Untere, Mittlere und Äußere Flur. Zum Grundbesitz des Grafen von Waldkirch gehörten etwa 116 M Felder, 44 M Wiesen, 4 M Weinberge und 580 M Wald. Bald nach dem Tod des letzten Grundherrn 1840 wurde sein Grundbesitz veräußert. Der Wald wurde dem Fürsten von Leiningen, die Äcker und Wiesen an Private und an die Stiftschaffnei Mosbach verkauft. Das herrschaftliche Schäfergut, das aus 151 M Feld, Wiesen und Gärten bestand, kam in den Besitz der Schaffnei Lobenfeld. Die herrschaftlichen Fischereirechte im Neckar wurden von Binauer Bürgern erworben. 1862 wurden 8 Fischer erwähnt.

Der Feldertrag diente im 19. Jh. hauptsächlich zur Deckung des Eigenbedarfs der Bevölkerung. Zur Ernährung einer Familie waren 1852 etwa 15 M Land erforderlich. Etwa 15 der 20 Landwirte hatten soviel Land. 20 Personen waren Taglöhner. Für den Verkauf wurde 1897 hauptsächlich Spelz und Gerste angebaut. Der *Getreideanbau* ging Anfang des 20. Jh. stark zurück. 1880 betrug die Anbaufläche für Getreide 158 ha (60,5 %), 1930 nur noch 59 ha (22,6 %) und heute 65 ha (40 %) der landwirtschaftlichen Nutzfläche. Seit der Jahrhundertwende wurde der Anbau von Spelz, Gerste und Hafer immer mehr zugunsten von Weizen zurückgedrängt. Aber in den letzten Jahren bauten die Bauern wieder mehr Gerste an (1983 26 ha oder 16 %). Die Produktion von *Futterpflanzen* erhöhte sich von 1880–1930 auf fast das Doppelte aufgrund zunehmender Viehhaltung. Die Wiesen wurden auf Kosten des Ackerlandes stark vermehrt. Dagegen nahm der Anbau von *Hackfrüchten*, darunter auch Kartoffeln, kontinuierlich ab. Von Bedeutung war schon immer der Anbau von Sonderkulturen in Binau. Vor dem 18. Jh. wurde ausgedehnter *Weinbau* betrieben, der jedoch immer mehr vom *Obstbau* abgelöst wurde. So gab es 1808 etwa 85 M Weinberge, 1852 20 M und 1880 noch 6 ha. Als erster Ort im Bezirk bekämpfte Binau 1890 erfolgreich den falschen Mehltau durch Bespritzen der Reben mit Kupferlösung. Anfang des 20. Jh. kam der Weinbau durch starken Reblausbefall völlig zum Erliegen. Heute besitzt 1 Vollerwerbsbetrieb Rebflächen von 1 ha.

Mitte des 19. Jh. unterhielt die Gemeinde eine *Obstbaumschule*. Das berühmte »Binauer Tafelobst« war schon vor 1882 prämiiert worden. Von dem Gesamtbestand von 6182 Obstbäumen im Jahr 1933 waren 4250 Apfelbäume.

Tabak- und Rapsanbau wurde schon 1833 erwähnt. Ende des 19. Jh. spielte der *Tabakbau* eine große Rolle. 1890 wurde Tabak auf 8 M von 40 Landwirten angebaut. Zu Beginn des 20. Jh. ging der Tabakanbau jedoch zurück. Der Anteil der Sonderkulturen insgesamt nahm 1950 auf 4 ha (1,9 %) ab, danach auf 25 ha (15,3 %) 1983 wieder zu. Die *Flächennutzungserhebung von 1987* nennt von den 167 ha LF der 17 landwirtschaftlichen Betriebe 89 ha Ackerland, 6 ha Sonderkulturen und 71 ha Grünland. Auf dem Ackerland überwiegt mit 62 ha der Getreideanbau und hier wieder der Weizenanbau. Viehzucht wurde Mitte des 19. Jh. über den Eigenbedarf hinaus für den Verkauf betrieben und bildete eine ansehnliche Einnahmequelle für die Bevölkerung. Die Farrenhaltung war von der Gemeinde gegen Entlohnung einem privaten Tierhalter übertragen worden. Die *Rinderzucht* nahm bis zu Beginn des 20. Jh. sehr stark zu: von 74 Rindern 1808 bis auf 180 1855. Ihren Höhepunkt erlebte die Rinderzucht unmittelbar vor dem 1. Weltkrieg (1913: 277 Stück). 1987 betrug der Bestand 199 Tiere, darunter 59 Milchkühe.

Eine ähnliche Entwicklung nahm die *Schweinezucht*. 1807 wurden 53 Schweine gehalten. Der Schweinebesatz stieg bis 1930 auf 179 Tiere an, danach verringerte er sich auf 88 Tiere (1983). 1987 wurden in 8 Betrieben 64 Mastschweine gehalten. Ein Betrieb hielt auch Zuchtsauen. Die Anzahl der *Pferde* (12, 1855) und *Ziegen* (19, 1855) verdoppelt sich bis 1930. Zum völligen Rückgang kam es bei den *Schafen*, von denen es 1855 316 und 1887 noch 203 Tiere gab. Vermutlich wurde die Gemeindeschäferei um die Jahrhundertwende aufgelöst. 1971 wurden 10 Betriebe mit *Geflügelhaltung* (792 Hühner, darunter 542 Legehennen) und 1983 3 Betriebe mit 360 Legehennen gezählt.

Der reichste Bauer besaß im Jahr 1807 32 M Äcker und Wiesen. Die nächstgrößten Höfe hatten 28 und 21 M, die meisten Höfe 15 und 14 M; 5 Bauern besaßen 4–11 M Land. Vorherrschend waren also immer kleine und mittlere *Betriebsgrößen*. Auch 1895 lagen 95 % der Betriebe in der Größenklasse unter 5 ha. 4 Betriebe besaßen 10–20 ha. 1925 gab es nur noch einen und 1950 keinen Betrieb mehr über 10 ha Größe. Erst in den letzten Jahrzehnten kam es zur Verschiebung zugunsten größerer Betriebe. 1984 gab es 3 Betriebe mit 10–20 ha und 4 Betriebe mit mehr als 20 ha Betriebsfläche. 1987 besaßen 4 der 17 erfaßten Betriebe 20–30 ha LF, 3 lagen zwischen 10 und 15 ha.

1895 lebten noch 62,8 % der Bevölkerung von der Landwirtschaft. Dieser Anteil verringerte sich fortlaufend auf 25 % 1950 und 5,7 % 1970. Entsprechend sank die Zahl der in der Landwirtschaft tätigen Erwerbspersonen von 38,5 % (1950) auf 7,6 % 1970 und 2,3 % 1987. Von 40 landwirtschaftlichen Betrieben mit mehr als 0,5 ha Nutzfläche waren 1961 die Hälfte Neben- und Zuerwerbswirtschaften, 30 % waren Vollerwerbs- und 20 % kleinbäuerliche Betriebe. 1979 wurden 3 Voll- und 12 Nebenerwerbsbetriebe von natürlichen Personen als Inhaber bewirtschaftet. Ausschließlich über eigene Flächen verfügten 5 Betriebe. 4 Betriebe verfügten hauptsächlich über Eigenflächen und 6 Betriebe arbeiteten überwiegend auf Pachtland. Nach dem Produktionsschwerpunkt konnten 7 Futterbaubetriebe, 4 Marktfrucht-, 2 Dauerkultur- und 2 landwirtschaftliche Gemischtbetriebe unterschieden werden. 1984 gibt es 3 Vollerwerbsbetriebe (ohne Spezialisierung und 17 Nebenerwerbswirtschaften, darunter 2 Aussiedlerhöfe seit 1960 und 1965. Während die Zahl der landwirtschaftlichen Betriebe von 82 (1895) auf 20 (1983) und 17 (1987) abnahm, verringerte sich im gleichen Zeitraum die landwirtschaftliche Nutzfläche nur von 224 ha auf 167 ha. Dadurch nahm die durchschnittliche Betriebsgröße von 2,7 ha auf 9,8 ha zu. Noch Mitte des 19. Jh. gab es keine nachteilige

Güterzerstückelung in der Landwirtschaft. Seit 1872 war jedoch eine Feldbereinigung im Gespräch, die bedingt durch den Bau des Eisenbahntunnels auf einer Teilfläche von 45 ha in den Jahren 1881–83 durchgeführt wurde. Die Feldbereinigung wurde 1887–92 auf weitere 160 ha ausgedehnt. Dem verstärkten maschinellen Einsatz in der Landwirtschaft wurde bei der *Flurbereinigung* 1962–65 Rechnung getragen. Diese betraf 136 Eigentümer auf 146 ha Fläche.

Handwerk und Industrie. – Das Gewerbe arbeitete nur für den lokalen Bedarf. Für 1807 wurden 18 Gewerbetreibende aufgeführt: 3 Bäcker, 3 Schneider, 1 Weber, 1 Leinenweber, 5 Zimmerleute, 1 Küfer, 2 Wagner, 1 Schmied und 1 Maurer. Durch die schlechte wirtschaftliche Lage gab es 1852 nur noch 6 Gewerbetreibende und 10 Gewerbegehilfen. Sie gehörten den Mosbacher Zunftverbänden an. Die Zahl der *Handwerker* erhöhte sich 1865, bedingt durch den allgemeinen wirtschaftlichen Aufschwung auf 17. Als neue Berufsgruppen kamen 1 Metzger, 2 Schuster und 2 Schreiner hinzu. Für 1895 weist die Betriebszählung 11 Handwerksbetriebe mit insgesamt 14 Beschäftigten aus: 7 Betriebe mit 9 Mitarbeitern in der Bekleidungs- und Reinigungsbranche, 2 Betriebe mit 2 Beschäftigten im Wirtschaftszweig Holz und Schnitzstoffe, 1 Betrieb mit 1 Mitarbeiter in der Nahrungs- und Genußmittelbranche sowie 1 Betrieb mit 2 Personen im Baugewerbe. Bedingt durch zunehmende Konkurrenz mit Industrieprodukten verlor das Handwerk im 20. Jh. an Bedeutung. Im Jahr 1950 bestanden nur noch 7 handwerkliche Arbeitsstätten, die zusammen 29 Arbeitskräfte beschäftigten. Allein 14 Beschäftigte entfielen auf 1 Betrieb im Baugewerbe. 1969 gab es noch 4 Handwerksbetriebe, von ihnen bestehen 1984 noch 1 Schreinerei, 1 Gipsergeschäft und 1 Metzgerei. Sie beschäftigen alle weniger als 5 Arbeitskräfte. Dagegen hat die Bäckerei den Betrieb inzwischen eingestellt. Hinzugekommen sind seit 1969 1 Friseurgeschäft mit 2 Beschäftigten und 1 Schneiderei, die 4–5 Frauen stundenweise beschäftigt. Zwischen 1968 und 1977 gingen die handwerklichen Hauptbetriebe von 7 mit 22 Beschäftigten auf 5 mit 17 Beschäftigten zurück.

1897 gab es in Binau Ansätze für eine *industrielle Entwicklung*. Dr. Propfe aus Mannheim begann mit dem Bau einer chemischen Fabrik zur Herstellung von Wasserglas, später zur Holzverkohlung und Holzverzuckerung. Geplant war auch die Verlegung seiner Fahrradfabrik von Mannheim nach Binau. Davon wurde jedoch Abstand genommen, da durch das neu eröffnete Zementwerk Diedesheim-Neckarelz Arbeitskräfte für die Binauer Industrie fehlten. 1903 wurde das Fabrikgebäude zu einer Bierbrauerei erweitert und ein Schlachthaus eingerichtet. Beide bestanden jedoch nur kurze Zeit. Schon Mitte der 20er Jahre gründete die Firma Voß in den Kellerräumen der Brauerei eine Sauerkonservenfabrik, die jedoch 1978 den Betrieb einstellte. Zur Nahrungsmittelbranche gehörte 1969 neben der Sauerkonservenfabrik und deren Zweigbetrieb eine Gurkenfabrik, die Anfang der 70er Jahre ihre Produktion einstellte. An textilverarbeitenden Betrieben bestanden 1969 1 Teppich- und Mattenfabrik, und 1 Werk der Württembergischen Kokos- und Sisalindustrie. Beide Betriebe wurden von der 1977 neu gegründeten Firma *Rubin-Matten Renate Rudolf* übernommen. Die Firma beschäftigt 1984 4 Mitarbeiter und ihre Hauptprodukte bestehen aus Automatten und -teppichen, Schonbezügen und Fußmatten. In den letzten Jahren haben sich 4 neue Industriebetriebe in Binau angesiedelt, davon gehören zwei zum Wirtschaftszweig Chemie-Kunststoffe-Gummi: Seit 1982 stellen »*V. u. W. Plastikprodukte*« mit 17 Beschäftigten Visiere für Schutzhelme und Schutzbrillen her. Die *Levior Schutzhelme GmbH* fertigt seit 1983 mit 13 Beschäftigten Sondermuster und Sonderlackierungen für Motorradhelme. Die Metallverarbeitende Industrie ist durch 2 Betriebe vertreten: Die *Stanko GmbH* stellt mit 7 Beschäftigten Präzisionsteile für Maschinen (Fräsen, Gewindeschneider etc.) her, und die Firma *Technische Repro- und Schilderanfertigung »J. Bahn«* produziert mit 2–3 Mitarbeitern Schilder für Maschinen. Die Arbeitsstättenzählung 1987 weist 9 Betriebe und 79 Beschäftigte im Produzierenden Gewerbe und 3 Betriebe mit 9 Beschäftigten im Baugewerbe nach. Je 21 Arbeitskräfte sind in einem Betrieb der Herstellung von Kunststoff und Gummiwaren und in 2 Betrieben des Stahl-, Maschinen- und Fahrzeugbaus tätig.

Handel, Banken, Versicherungen und Fremdenverkehr. – Handel – hauptsächlich *Viehhandel* – wurde im 19. Jh. fast ausschließlich von Juden betrieben, abgesehen von wenigen Kaufleuten und Krämern für den örtlichen Bedarf. 1807 lebten hier 8 jüdische Familien vom Viehhandel. 1852 gab es insgesamt 19 Handels- und Krämereigeschäfte in Binau. Der Aufschwung der Viehzucht ab Mitte des 19. Jh. bedingte einen zunehmenden Viehhandel, der 1861 bis nach Heidelberg reichte. Eine Voraussetzung für den zunehmenden Viehhandel war Binaus Verkehrslage am Neckar. Durch den Bau von Eisenbahn, Neckartalstraße und Neckarfähre wurde der Handel erheblich erleichtert. 1875 gab es neben 14 jüdischen Viehhändlern noch sechs Kaufleute in Binau. Ende des 19. Jh. (1895) umfaßte der Wirtschaftszweig Handel, Versicherungen und Verkehr 21 Betriebe mit 27 Beschäftigten. Die Branche Handel, Versicherung und Verkehr beschäftigte 1950 10 % und 1970 12,6 % der in Binau wohnenden Erwerbstätigen. 1984 existieren 8 *Einzelhandelsgeschäfte* in Binau: 2 Lebensmittelgeschäfte (eines davon mit Metzgerei), das Auslieferungslager der Raiffeisen-Warengenossenschaft Mosbach, 1 Getränkeeinzelhandel, 1 Möbel- und Einrichtungshaus, die Zweigstelle des Quelle-Versands (mit Heißmangel), 1 Blumenverkauf und 1 Computerhandel. Freie *Handelsvertreter* vertreiben zum einen Verlagsobjekte und Werbung, zum anderen Reinigungs- und Kosmetikartikel. Dienstleistungen im Grundstücks- und Wohnungswesen bieten die *Dechow GmbH & Co. Baubetreuungs-KG* und die *HGV, Haus- und Grundstücksvermittlungs GmbH*, die sich mit dem Verkauf von Fertighäusern befaßt. Ein *Kreditinstitut* erhielt Binau erst 1969 mit der Zweigstelle der Bezirkssparkasse Mosbach. Heute befindet sich zusätzlich noch eine Volksbank-Filiale von Mosbach hier. Für 1987 wurden statistisch nur noch 3 Einzelhandelsbetriebe mit 9 Beschäftigten erfaßt, 1 Betrieb der Sparte Verkehr/Nachrichtenübermittlung (2 Beschäftigte), 4 Arbeitsstätten mit 5 Beschäftigten im Bereich Kreditinstitute und damit verbundenen Tätigkeiten. Im privaten Dienstleistungsgewerbe, einschließlich Gastgewerbe, wurden 24 Arbeitsstätten mit 105 Beschäftigten gezählt.

Bereits im Jahr 1852 wurden in Binau drei *Gastwirtschaften* und eine Bier- und Brauwirtschaft unterhalten. Die Gastwirtschaften »Zum Goldenen Hirsch« und »Zum Anker« existieren seit dem 18. Jh. bis heute.

Für den *Fremdenverkehr* wurde Binau in den 1960er Jahren erschlossen. Im Rahmen dieser Maßnahmen wurde 1968 der Campingplatz mit 120 Stellplätzen und einer Wohnwagenvermietung eröffnet. Darüber hinaus entstand ein Café, und das alte Rathaus wurde 1969 zum Rasthof umgebaut. In 3 Gasthöfen stehen heute insgesamt 27 Übernachtungsmöglichkeiten zur Verfügung.

Verkehr. – Binaus Verkehrslage zeichnet sich durch den Neckar als *Schiffahrtsweg* aus. Zu Berg fahrende Schiffe wurden bis zum Einsatz von Schleppern 1878 von Schiffsreitern gezogen, die dabei den parallel zum Neckar verlaufenden Leinpfad von Neckargerach über Binau nach Diedesheim benutzten. Erst der Bau der Neckartalstraße 1860 ermöglichte einen durchgängigen *Straßenverkehr*. Der Vizinalweg am Neckar entlang nach Diedesheim diente fast ausschließlich als Leinpfad. Da er oft vom Neckar überschwemmt wurde, mußte die Postkutsche zwischen Diedesheim und Binau dann den Umweg über die Berge nehmen. Der Leinpfad nach Neckargerach war 1855 ebenfalls schlecht unterhalten. Verhandlungen über Ausbau bzw. Höherlegung der Leinpfade waren seit 1816 mit den bad. Strombaubehörden im Gang. Eine weitere Vizinalstraße führte nach Lohrbach. Der Fahrweg nach Neckargerach führte bergan und vereinigte sich mit der Vizinalstraße von Reichenbuch. Von 1858 bis 1864 dauerte die Fertigstellung der Uferstützbauten, der Leinpfade und der neuen Neckartalstraße von Diedesheim nach Neckargerach. Gegen den Wunsch von Gewerbeleuten, Hausbesitzern und der Gemeinde legte die Wasser- und Straßenbaubehörde die neue Straße nicht durch den Ort, sondern an Binau vorbei, parallel zur Neckarschleife. Die Neckartalstraße wurde 1967 zur B 37 erweitert. Zwischen Binau und Mörtelstein gab es eine *Neckarfähre*. Das herrschaftliche Fährrecht für den Personentransport wurde von Binauer Fischern als Privatrecht erworben. Seit Eröffnung der *Odenwald-Eisenbahn* Heidelberg – Meckesheim – Mosbach 1862 vermittelte die Neckarfähre den Verkehr von Binau und den anderen Dörfern am linken Neckarufer mit der Bahnstation Asbach. Dazu wurde ein Feldweg als Verbindungsstraße zum Bahnhof ausgebaut und ein neuer Anlandeplatz auf Mörtelsteiner Ufer geplant. Auf Verlangen der Binauer Juden und Gewerbetreibenden wurde 1864 eine Fähre zum Übersetzen von Fuhrwerken und Großvieh angeschafft. Nachdem ein Hochwasser 1878 die Fähre wegriß, waren die Händler zu mehrstündigen Umwegen über Diedesheim oder Neckargerach gezwungen und forderten die Anschaffung einer neuen Fähre. 1888 kaufte die Gemeinde eine Fähre, die drei Jahre später durch eine größere ersetzt wurde. Durch den Bau des Neckarkanals 1935 mußte die mit vielen Schwierigkeiten in Gang gebrachte Fähre aus dem Verkehr gezogen werden. Binaus verkehrsmäßige Anbindung wurde durch den Bau der Neckartalbahn 1876 entscheidend verbessert. 1878 bekam Binau einen Bahnhof, etwa 2 km vom Ort entfernt. Als Zufahrtsstraße baute die Gemeinde als Übergangslösung einen Feldweg aus. Die geplante neue Verbindungsstraße entstand erst nach 1900, als Dr. Propfe in der Nähe des Bahnhofs seine Fabrik errichtete. 1968 wurde im Zuge der Sparmaßnahmen der Bahnhof Binau in einen Haltepunkt für den Personenverkehr umgewandelt. Eine *Bahnbus-Linie* verbindet Binau seit 1952 mit Mosbach und Eberbach. Ein privater *Schulbus* bringt die Schüler ab der 5. Klasse zur Mittelpunkt-Hauptschule Neckargerach. Die Kinder von Binau-Siedlung werden von einem *Gemeindebus* in den Kindergarten und in die Grundschule Binau befördert.

Verwaltungszugehörigkeit, Gemeinde und öffentliches Leben

Verwaltungszugehörigkeit. – Die Gde Binau stand bis Anfang des 19. Jh. unter der Verwaltung des Gräflich Waldkirch'schen Amtes Binau. Nach dem Übergang an Baden 1806 kam Binau zum Amt Mosbach. Seither war immer Mosbach die zuständige Amts- bzw. Kreisstadt.

Bis 1852 war die Gemeinde mit der Abzahlung der Kriegsschulden belastet. Auch die Pfarreien leisteten 1806–1824 einen Beitrag daran. Nach der Abzahlung war der Gemeindehaushalt im allgemeinen wohlgeordnet. Die Zehntablösungsschuld von 10 883 fl wurde bis 1869 getilgt.

Im Jahr 1807 waren von der Grundherrschaft eingesetzt: 1 Vogt, 1 Förster, 1 Amtmann, 1 Amtsbote, 1 Schultheiß, 1 Schulmeister und 1 Pfarrer. Nach dem Gesetz über die Selbstverwaltung der Gemeinden 1831 wurden die Bediensteten von der Gemeinde selbst gestellt. Im Jahr 1852 wurden aufgeführt: der Bürgermeister, 3 Gemeinderäte, 1 Rechner, 1 Waisenrichter, 1 Ratsschreiber, 1 Nachtwächter, 1 Polizeidiener, 1 Straßenwart, 1 Baumwart. 1865 wurden zusätzliche Gemeindebedienstete benötigt: 4 Mitglieder des Bürgerausschusses, 1 Feldhüter, 1 Leichenschauer und Totengräber, 1 Hebamme, 1 Fleischbeschauer, 1 Abdecker, 2 Ortsbauschätzer, 1 Waagmeister und 4 Steinsetzer. Ende des 19. Jh. waren außerdem 1 Farrenhalter, 1 Industrielehrerin und 1 Ortsbote im Dienste der Gemeinde. Die heutige *Gemeindeverwaltung* besteht aus dem hauptamtlichen Bürgermeister, je 1 Beamten des gehobenen und mittleren Dienstes, 2 Halbtagsangestellten und 2 Gemeindearbeitern. Binau ist dem *Gemeindeverband Neckargerach-Waldbrunn* angeschlossen. Der Grundbuchratsschreiber des Verwaltungsverbandes wird stundenweise in Binau beschäftigt. Der *Gemeinderat* besteht aus 10 Mitgliedern. Bei der Kommunalwahl 1984 erhielten SPD und Gemeinsamer Wahlvorschlag aus CDU und Unabhängigen je 5 Sitze. 1975 noch hatte der Gemeinsame Wahlvorschlag alle Stimmen auf sich vereinigt, 1980 hatte die SPD dann 40,5 % und 1984 mit 52,0 % die absolute Mehrheit erreicht. Der Bürgermeister, Kandidat des Gemeinsamen Wahlvorschlags, ist seit über 30 Jahren im Amt.

In dem 1969 gebauten *Rathaus* sind Grundbuch-, Standes-, Haupt-, Einwohnermelde- und Rechnungsamt mit Kasse untergebracht. An *Gebäuden* besitzt die Gemeinde neben dem Rathaus mit integrierter Poststelle, Sparkasse und Mehrzweckhalle eine Grundschule, das Feuerwehrgerätehaus, Bauhof, Bahnhof und Gemeindehaus. An *liegenschaftlichen Flächen* gehören der Gemeinde 275 ha, davon 225 ha landwirtschaftliche Fläche und 44 ha Bauland. Dagegen hatte die Gemeinde 1808 vergleichsweise nur einen geringen liegenschaftlichen Besitz von ca. 25 M (9 ha) Gemeindewald und 20 M (8 ha) Allmenden. Das Gesuch der Gemeinde um Ausstockung ihres Gemeindewaldes wurde 1844 genehmigt. So besaß die Gemeinde 1855 21 M Felder und Gärten und 18 M Wiesen, die als Allmendgenuß an 42 der 52 genußberechtigten Bürger verteilt waren. Das Gemeindeeinkommen war zu dieser Zeit gering, da kein Gemeindewald vorhanden war und die Schäferei der Stiftschaffnei Lobenfeld gehörte. Bedingt durch die Tilgung der Zehntablösungsschulden unterließ die Gemeinde die günstige Erwerbung des herrschaftlichen Waldes, da sie kein Geld hatte. 1857 erwarb die Gemeinde das Gut des Kl. Lobenfeld samt der darauf ruhenden Schäfergerechtigkeit. Durch die verpachtete Gemeindeschäferei sowie verpachtete Wiesen waren die Gemeindeeinnahmen bis Ende des 19. Jh. gestiegen. Der Neubau des Rathauses mußte durch den Kauf der Schäferei von 1855 – 1876 zurückgestellt werden. Ratstube, Wachlokal und Bürgerarrest waren solange in einem gemieteten Haus untergebracht.

1984 umfaßte der *Haushaltsplan* der Gemeinde 3 076 460 DM (1983: 3 058 905 DM), davon 1 549 260 DM (1983: 1 411 630 DM) im Verwaltungshaushalt und 1 527 200 DM (1983: 1 647 275 DM) im Vermögenshaushalt. Zur Finanzierung der Aufgaben des Vermögenshaushalts ist eine Kreditaufnahme von 235 400 DM (1983: 263 000 DM) vorgesehen. Die Pro-Kopf-Verschuldung zum Ende des Jahres 1984 ist mit 683 DM (Ende 1983 563 DM) verhältnismäßig gering. Vorgesehene Investitionen der Gemeinde betreffen die Verbesserung der Wasserversorgung (durch den Bau eines neuen Hochbehälters) die Anlage eines Kleinspielfeldes, die Erweiterung des Schulgebäudes sowie die Anschaffung eines Geländewagens. Die laufenden Sanierungsmaßnahmen umfaßten den Ausbau des Straßennetzes.

Ver- und Entsorgungseinrichtungen. – Die Feuerwehr wurde erst 1862 mit einer Handfeuerspritze und 1904 mit einer größeren Fahrspritze ausgestattet. Die 1903 gegründete *Freiwillige Feuerwehr* hat jetzt 27 aktive Mitglieder und verfügt über ein Löschfahrzeug. Der Bau einer *Wasserleitung* war 1872 notwendig, da neben vielen Privatbrunnen nur ein Gemeindebrunnen im unteren Dorf vorhanden war. 1879 wurde die zwischen den Bewohnern des unteren Dorfes und des oberen Dorfes umstrittene Wasserleitung schließlich mit 6 öffentlichen Brunnen ausgeführt. Auf Antrag der

Hausbesitzer wurden 1897 die ersten Hausleitungen gelegt. Die heutige Wasserleitung mit einem Tiefbrunnen und einem Hochbehälter entstand 1956–1958 mit einer Pumpleistung von 6 l/s. Einen weiteren Tiefbrunnen besitzt die Gemeinde seit 1984, und der Bau eines zweiten Hochbehälters ist geplant. Die Ortsentwässerung erfolgte durch gepflasterte Straßenrinnen (1861–64). Nach Beschwerden über gefrierende Abwässer erwog man erstmals 1890 Abhilfe durch unterirdische Abwasserrinnen. Heute sind alle Ortsteile völlig an die *Kanalisation* angeschlossen. Binau verfügt über zwei biologisch-mechanisch arbeitende *Kläranlagen*, je eine für Binau und Binau-Siedlung.

Die *Stromversorgung*, die 1921 begann, wird heute durch die Badenwerk AG Karlsruhe gewährleistet, wobei jeder Haushalt Abnehmer ist. Ein Privatunternehmen aus Mosbach besorgt einmal pro Woche die *Müllabfuhr* und den Sperrmüll.

Da der Kirchhof schon 1838 zu klein war, wurde 1840 ein neuer *Friedhof* an der Lohrbacher Straße angelegt, der 1878 und 1888 durch eine große Zahl von Kaufgräbern erweitert werden mußte. Durch den Kauf eines Stück Landes konnte die jüdische Gemeinde 1852 einen Friedhof anlegen. Früher mußten die Juden auf dem jüdischen Friedhof in Heimsheim beerdigt werden. Nach dem 2. Weltkrieg wurde dem *jüdischen Friedhof* der KZ-Friedhof Binau angegliedert.

Die *medizinische Versorgung* wurde im 19. Jh. von Mosbacher Ärzten gewährleistet, während der Hebammen- und Leichenschaudienst durch Binauer Bürger besorgt wurde. Im Jahr 1807 gab es in Binau einen »Chirurgen« (= Bader). Heute halten je ein Arzt aus Neckargerach und Mosbach in Binau Sprechstunden ab. In Binau befindet sich seit 1964 das private *Alten- und Pflegeheim Dechow* mit 5 Heim- und 58 Pflegeplätzen (1987) und vier Mitarbeitern. Angegliedert ist eine private *Altenpflegeschule*. Seit 1974 steht in Binau ein *Kindergarten* zur Verfügung. Die Binauer Bevölkerung wird durch die *Sozialstation Neckargerach* mitversorgt.

Schule. – Außer der *ev. Schule* hatte Binau eine jüd. Schulanstalt. Sie wurde 1832 als öffentliche *jüd. Gemeindeschule* konstituiert. Ein Beitrag zur Besoldung des jüd. Lehrers mußte 1842 von der politischen Gemeinde eingeklagt werden. 1852 besuchten 29 jüd. Kinder die jüd. Volksschule, und 56 Kinder wurden in der ev. Schule von einem Hauptlehrer unterrichtet. Ein Neubau der ev. Schule wurde 1860 notwendig, und da die jüd. Schule zunächst im Synagogengebäude und 1870 in gemieteten Räumen ebenfalls unzureichend untergebracht war, sollte das neue Schulgebäude beide Schulen sowie die fehlenden Ratslokalitäten enthalten. Durch die ungünstige Vermögenslage der Gemeinde wurde das neue Schulhaus erst 1876 fertiggestellt. Bedingt durch die große Schülerzahl (111) zur Zeit des Eisenbahnbaus war die Kapazität der neuen Schule zu gering. Nach Beendigung des Eisenbahnbaus und durch Abwanderung der Juden ging die Schülerzahl 1890 auf 84 zurück. 1869 wurde die jüd. Schule aufgehoben, da in Baden die Schulen unter staatliche Aufsicht gestellt und 1876 die Simultanschule eingeführt wurde. Im 2. Weltkrieg wurde das alte Schul- und Rathaus durch einen Tieffliegerangriff erheblich beschädigt. Die Einweihung der neuen Albert-Schneider-Schule fand 1954 statt. In der *Grundschule Binau* werden heute 50 Schüler, eingestuft in vier Klassen, von zwei vollzeit- und zwei teilzeitbeschäftigten Lehrkräften unterrichtet. Die älteren Kinder besuchen seit 1967 die *Mittelpunkthauptschule Neckargerach*. Im Zuge der Erwachsenenbildung werden Vorträge und Kurse der Volkshochschule Mosbach in Binau abgehalten.

Kirche. – Die *ev. Pfarrei* bekam 1851 den Ort Mörtelstein als Filiale zugesprochen. Reparaturen an der ev. Kirche fanden 1829 und 1856 statt. Renoviert wurde die Kirche 1926, 1956 und 1984. In der *kath. Kirche* gehört Binau als Filiale zur Pfarrei Neckargerach. Der Gottesdienst fand bis 1960 in der Schloßkapelle statt, danach in der Albert-Schneider-

Schule. Der *israelitischen Gemeinde*, die seit 1827 zum Rabbinatsbezirk Mosbach gehörte, standen eine Synagoge und ein Frauenbad zur Verfügung. In der Kristallnacht 1938 wurde die um 1790 erbaute Synagoge von auswärtigen SA-Leuten beschädigt.

Vereine. – In Binau hatte sich ein recht reges Vereinsleben gebildet. Der Männergesangverein MGV Binau wurde 1863 von Lehrer Seith gegründet und hatte 21 Mitglieder. 1877 wurde der eingegangene MGV vom Freiherrn Louis von Göler, dem Schwiegersohn des letzten Binauer Grafen, wieder gegründet. Heute ist er ein gemischter Gesangverein mit 108 Mitgliedern. Der 1865 mit 15 Mitgliedern gegründete jüdische Gesangverein bestand nur kurze Zeit. Einen Leseverein gab es zur selben Zeit. Anfang des 20. Jh. bildete sich ein Militärverein in Binau. Dem Sportverein FC 1927 Binau gehören heute mehr als 220 Mitglieder an. Der Schützenverein Binau, der seit 1934 besteht und heute ca. 120 Mitglieder zählt, erhielt ein neues Schützenhaus. Außerdem gibt es den kirchlichen Posaunenchor (seit 1953, 30 Aktive) sowie den Obstbauverein Binau (seit 1933, 25 Mitglieder). An kulturellen Veranstaltungen finden Liederabende und Auftritte des Posaunenchors und andere Vereine sowie Veranstaltungen des Ökumenischen Kreises statt.

Sportstätten. – In Binau gibt es vielfältige Sporteinrichtungen: einen Fußballplatz seit 1966, eine Sport- und Festhalle, Tennisplätze, eine Kegelbahn, neue Schießanlagen für Kleinkaliber- und Luftgewehre, einen modernen Reiterhof mit 7 Pferden, Reitplätzen und einer Reithalle, ein beheizbares Freibad mit Liegewiesen sowie Bootsliegeplätze am Neckar.

Strukturbild

Vor der Eröffnung des Straßen- und Eisenbahnverkehrs war Binau ein landwirtschaftlicher Ort mit wenig wirtschaftlichen Entwicklungsmöglichkeiten. Überörtliche Bedeutung hatte Binau im frühen 19. Jh. nur als Sitz der Grundherrschaft, zu der noch Kleineicholzheim und die Schloßburg Sindolsheim gehörten. Nach der Gemeindetypisierung von Hesse war Binau noch 1939 ein kleinbäuerlicher Ort, und mehr als die Hälfte der Erwerbspersonen war in der Landwirtschaft tätig. In den 50er Jahren vollzog sich ein Strukturwandel. Binau wurde zur Arbeiterwohngemeinde und zum Wohnort. Der Anteil der in der Landwirtschaft Beschäftigten sank 1961 auf 21,7 % und mehr als die Hälfte der Berufsbevölkerung war im Produzierenden Gewerbe tätig. Der Anteil der Auspendler betrug 1950 32,7 %, 1960 51 % und 1970 63,4 % der Erwerbstätigen. Durch die Anlage des Neubaugebiets Binau-Siedlung hatte sich Binau zur Pendlerwohngemeinde entwickelt. 1984 beträgt der Auspendleranteil ca. 80 % der Berufsbevölkerung; der Anteil der Einpendler ist sehr gering. Ausgependelt wird hauptsächlich in den Elzmündungsbereich, unter anderem zum Kernkraftwerk Obrigheim, Honeywell/Braukmann Computer, Fa. Bama sowie Post, Bahn und Bauunternehmen in Mosbach. Der bevorzugte Einkaufsort ist Mosbach. Krankenhäuser werden in Mosbach, Eberbach und Heidelberg aufgesucht.

Quellen

Ortsbereisungsakten GLA 364/3545, 3993, 3994

Literatur

Vgl. S. 601.

C. Geschichte von Binau

Siedlung und Gemarkung. – Das Dorf Binau, dessen erste Erwähnungen im Lorscher Codex überliefert sind (769 *Benenheim*, 772 *Beonanheim*, beides Kop. 12. Jh.), liegt an der Grenze zwischen alt- und jungbesiedeltem Land, gehört aber noch zur Schicht der ältesten, bereits um das 7. Jh. entstandenen Siedlungen. Mehrere im Binauer Forst, im NO der Gemarkung gelegene Gruppen von Grabhügeln, die zum Teil schon im 19. Jh. archäologisch untersucht worden sind, lassen freilich erkennen, daß sich bereits in vorgeschichtlicher Zeit Menschen hier niedergelassen hatten. Die heutige, von der Mundart geprägte Form des vermutlich von einem Personennamen abgeleiteten Ortsnamens hat sich erst im 17. Jh. durchgesetzt (um 1150 *Bienenheim*, 1347 *Bynheim*, 1504 *Binheym*, 1536 *Binaw*). Zu Beginn des 18. Jh. gab es am Ort rund 30 Häuser, die ausnahmslos mit Ziegeln gedeckt waren; 1744 belief sich die Zahl der Häuser auf 34.

Herrschaft und Staat. – Im hohen Mittelalter hat Binau wahrscheinlich zum Mosbach-Wimpfener Reichsland gehört. Seit 1330 ist es mit der Mosbacher Zent unter pfälzische Hoheit gekommen, jedoch war die Ortsherrschaft während des ganzen späten Mittelalters und bis zum Ende des Alten Reiches als Eigengut in Händen des niederen, später reichsritterschaftlichen Adels. Vogtsherren waren zunächst wohl die von Binau, eine nur von 1347 bis 1401 und obendrein sehr spärlich bezeugte Familie, die vermutlich aus dem Ministerialenstand hervorgegangen ist und um die Mitte des 14. Jh. vom Hochstift Speyer belehnt war. Im Wappen führten die Binauer einen Balken, im Schildhaupt eine Kugel; bei den Taufnamen hatten sie offenbar eine Vorliebe für Konrad und Heinrich, daneben kommen auch Johann und Dieter vor. Bald nach 1401 scheint das Geschlecht im Mannesstamm erloschen zu sein; seine Nachfolge in der Herrschaft über den Ort haben die von Helmstatt (Asbacher Zweig) angetreten, die schon in den 1360er Jahren mit denen von Binau verschwägert waren. Bereits 1448 folgten durch Kauf die seit langem in Mosbach ansässigen von Bödigheim, nicht, wie in der Literatur vielfach zu finden, die Rüdt von Bödigheim. Von den Bödigheimern wurde Binau in der zweiten Hälfte des 16. Jh. an die Landschaden von Steinach (Großeicholzheimer Linie) vererbt, die es ihrerseits 1629 an die aus dem Moselraum stammenden Vögte von Hunolstein verkauften. Unter Protest der Odenwälder Ritterschaft gelangte der Ort 1705/06 vorübergehend in den Besitz des kurpfälzischen Hofkämmerers und Vizepräsidenten Johann Heinrich von Violath und 1708 an den braunschweigischen Generalmajor Johann Kaspar von Clengel; dieser veräußerte ihn 1714 an den Ritterrat Johann Friedrich von Adelsheim. Infolge Auseinandersetzungen zwischen den adelsheimischen Erben von Wrede und Rüdt von Collenberg hat 1765 der württembergische Hofrat Seidel das Dorf erworben, konnte sich aber gegen den Widerstand der Odenwälder Reichsritterschaft in diesem Besitz nicht auf Dauer behaupten. So kam es kurzfristig zu einer durch die Freiherren von Hohle und Rüdt von Collenberg geführten Administration, und 1767 ist Binau durch Kauf an den Grafen Andreas von Riaucour, 1794/96 schließlich durch Erbschaft an die Grafen von Waldkirch gelangt.

Die Befugnisse der Binauer Ortsherrschaft erstreckten sich zunächst allein auf die vogteiliche Obrigkeit mit der niederen Jagd, der Fischerei und anderen Zugehörungen. Die Zenthoheit mit Blutgerichtsbarkeit und militärischem Aufgebot standen ebenso wie die hohe Jagd der Kurpfalz zu (Zent Mosbach); erst 1767 hat der Pfälzer Kurfürst diese Gerechtsame dem Grafen von Riaucour zu Mannlehen übertragen. Das seit alters von den adeligen Vogtsherren ausgeübte Steuerrecht versuchte um 1538 die Pfalz für sich zu beanspruchen, jedoch konnten sich die von Bödigheim und die wenige Jahre später konstituierte Reichsritterschaft schließlich doch als Besitzer dieses Herrschaftsrechts durchsetzen. Somit waren die Grafen von Riaucour und ihre Erben hier von 1767 bis zur Mediatisierung des Dorfes durch das Großherzogtum Baden im Jahre 1805/06 alleinige Inhaber aller hohen und niederen Obrigkeit.

Als ältester Sitz der Ortsherren von Binau darf wohl die nicht weit vom Dorf neckaraufwärts gelegene Burg Dauchstein gelten. Als *Tahenstein* (Kop. 16. Jh.; 1426 *Tuchstein*, 18. Jh. *Daugstein*) bereits um 1100 erwähnt, hat sie zumindest vorübergehend einem edelfreien Geschlecht den Namen geliehen. Noch im 1. Viertel des 15. Jh. war Dauchstein von denen von Helmstatt bewohnt; erst später hat sich die Herrschaft eine neue Behausung im Dorf errichtet. Unklar bleibt, ob mit dem 1591 erwähnten, offensichtlich noch genutzten Burgstadel die alte Burg oder der jüngere Herrschaftssitz gemeint ist, von dem Georg von Bödigheim um 1538 schreibt, seine *heußliche wohnung darin* sei *fast schlecht*. Dagegen scheint es sich bei dem 1602 genannten Edelmannshaus ebenso wie bei dem 1696 als baufällig bezeichneten Herrschaftshaus um den Vorgängerbau des heutigen, in unmittelbarer Nähe der Kirche gelegenen Schlosses zu handeln. In ihm gab es 1705 vier Stuben und drei oder vier Kammern, außerdem gehörten dazu ein Stall für sechs Pferde und 20 Rinder, zwei Scheunen, zwei Gewölbekeller und ein Kelterhaus mit drei Baumkeltern; umgeben war das Anwesen, das über keinen eigenen Brunnen verfügte, von einer Mauer mit drei Toren. Das 1711 erbaute neue Schloß gelangte bereits im 19. Jh. in bürgerliche Hände und beherbergt heute ein Altenheim.

Grundherrschaft und Grundbesitz. – Aus mehreren Schenkungen in den Jahren 769 bis 794 verfügte das Kloster des hl. Nazarius zu Lorsch um 800 in Binau über eine Hufe sowie über weiteren, wohl recht bedeutenden Grundbesitz, dazu vermutlich auch über Rechte an Wasser, Wald und Weide. Vielleicht handelt es sich dabei um dieselben Güter, die 976 von Kaiser Otto II. zusammen mit der Abtei Mosbach dem Bistum Worms übertragen worden sind. Um 1100 hat Konrad von Dauchstein dem Kl. Hirsau hier und in Mörtelstein 12 Hufen und einen Weinberg geschenkt, die schon bald darauf an das Hirsauer Tochterkloster Reichenbach gelangt sind. Die weiteren Schicksale dieses kirchlichen Besitzes liegen im dunkeln, jedoch scheint der Gedanke an einen Bezug zu den ortsherrlichen Gütern des späten Mittelalters und der frühen Neuzeit nicht abwegig. Zu Beginn des 18. Jh. gehörten der Herrschaft von Binau rund 120 M Äcker, 42 M Wiesen, 4 M Weingärten, zwei große Baumgärten, zwei kleine Lustgärten beim Schloß sowie 450–500 M Wald (1766 wurde der Umfang des Waldes mit 680 M beziffert). 13 M Wiesen oberhalb des Dauchsteins hatten die von Helmstatt 1426 von den Weinsbergern zu Lehen, und die von Adelsheim waren in Binau schon um die Mitte des 16. Jh. begütert, d. h. lange bevor sie Herren des Dorfes geworden sind. Desgleichen hatte hier die Herrschaft Zwingenberg einen Hof. Über eine Seelgerätstiftung hat 1331 auch das Stift Mosbach noch einmal Einkünfte zu Binau erworben; die örtliche Pfarrei hat auf hiesiger Gemarkung diverse Zinsen bezogen (1779).

Gemeinde. – Die Gemeinde zu Binau, an deren Spitze neben dem herrschaftlichen Schultheißen ein Anwalt stand (1746), tritt in älterer Zeit kaum in Erscheinung. Oberhof des durch den adeligen Ortsherrn bestellten Gerichts war im späten 16. Jh. das kurpfälzische Neckarelz. Der 1758 erwähnte Waldbesitz der Gemeinde lag in dem Gewann Dännig und war vermutlich nur sehr bescheiden.

Kirche und Schule. – Eine eigene Pfarrei läßt sich in Binau seit um 1425 nachweisen, jedoch findet ein Pleban bereits 1374 Erwähnung; von einem Frühmesser berichten die Quellen erst im 2. Viertel des 16. Jh. Das Patronatsrecht der Kirche ULF (1425/33) lag stets bei der Ortsherrschaft, die nach dem Zeugnis mehrerer bis heute erhaltener

Epitaphien in dem Gotteshaus auch ihr Begräbnis hatte. Um die Mitte des 16. Jh. haben die von Bödigheim in Binau das luth. Bekenntnis eingeführt, das hier ungeachtet häufiger, immer wieder auch konfessionelle Neuerungen nach sich ziehender Herrschaftswechsel durch die Jahrhunderte Bestand hatte. 1771 galten in Binau die württ. Kirchenagende und der württ. Ritus.

In den großen und kleinen Zehnt teilten sich je zur Hälfte die Ortsherrschaft und der Pfarrer.

Eine Schule bestand in Binau spätestens seit der 2. H. 17. Jh. 1711 wurde für den Bau eines neuen Schulhauses eine Kollekte veranstaltet. Die Besoldung des Schulmeisters oblag der Gemeinde. Nach der 1771 durch den Grafen von Riaucour erlassenen Kirchenordnung hatte der Pfarrer jährlich ein Schulexamen und monatlich eine Schulvisitation vorzunehmen. Unterricht sollte von Martini bis Ostern täglich von 8 bis 10 und von 12 bis 2 Uhr gehalten werden, im Sommer dagegen nur zweimal wöchentlich zur gleichen Zeit.

Bevölkerung und Wirtschaft. – Anhand der Huldigungslisten der pfälzischen Zent Mosbach läßt sich die Bevölkerungsentwicklung von Binau seit der Mitte des 16. Jh. recht genau verfolgen. Im Jahre 1556 hatte das Dorf rund 170 Einwohner. Bis um 1600 ist die Zahl etwa gleich geblieben, und auch bis zum Ausbruch des 30j. Krieges hat sie nur noch geringfügig zugenommen (1615 ca. 190); in den Kriegsjahren hat sich die Bevölkerung dann bis auf ein Viertel ihres früheren Bestandes vermindert. Danach konnte sie sich bis um 1685 wieder mehr als verdoppeln, war aber infolge der Franzosenkriege noch bis zum Ende des Jahrhunderts leichten Schwankungen unterworfen. Erst im 18. Jh. ist dann wieder eine größere Zunahme zu verzeichnen. Um 1716 (ca. 180) war der Stand von 1615 wieder knapp erreicht; 1754 hatte Binau etwa 230 bis 250 Einwohner, und am Ende des Alten Reiches waren es beinahe 300.

Juden, die sich hier unter dem Schutz der adeligen Ortsherren angesiedelt hatten, sind in Binau seit 1705 bezeugt; ursprünglich waren es 2, 1789 7 Familien. 1780 kauften sie im Dorf ein Grundstück, um ein Frauenbad zu errichten, und 1792 sollte die vorhandene alte Synagoge wegen Baufälligkeit abgerissen und durch einen Neubau ersetzt werden.

Gegenüber dem Kurfürsten von der Pfalz hat Georg von Bödigheim sein Dorf Binau um 1538 als *ein klein unachtbar weßen* charakterisiert, dessen Gemarkung eng und schmal und dessen Boden mager sei; aber sicher hat der Edelmann hier etwas übertrieben, um sich so leichter der pfälzischen Steuerhoheit entziehen zu können. 1744 gab es am Ort immerhin sieben mit zwei Ochsen und 24 mit einer oder zwei Kühen bespannte Pflüge. Ein Schatzungszettel von 1746 nennt als ortsansässige Gewerbe je 2 Schneider, Schuster, Branntweinbrenner und Wirte (*Adler* und *Anker*) sowie je 1 Bäcker, Weber und Krämer; ein halbes Jahrhundert später gab es je 3 Bäcker, Schuster und Zimmerleute, 2 Küfer und 2 Wagner und je 1 Maurer, Schmied und Schneider. Die landwirtschaftliche Nutzung der Dorfgemarkung stellt sich am Ende des Alten Reiches wie folgt dar: 674 M Äcker, 125 M Wiesen, 84 M Weinberge und 597 M Wald.

Quellen und Literatur

Quellen, gedr.: *Bendel.* – CL. – CH. – DI 8. – *Kollnig* S. 224ff. – Lehnb. Speyer. – R Adelsheim. – UB MOS. – UB Obrigheim. – *Weech,* Reißbuch. – WUB 1 und 2. – ZGO 4, 1853; 11, 1860; 14, 1862; 24, 1872; 32, 1880.

Ungedr.: FrhBA Jagsthausen VI/18. – GLA Karlsruhe J/H Binau 1–1a; 43/185, Sp.11; 44 von

Riaucour; 66/5755, 11989; 67/285, 1663; 69 von Helmstatt, Rüdt von Collenberg 3054, 3510, U325, von Waldkirch; 166/119–127; 229/8760–8811, 71889; 364/802.

Allg. Literatur: *Alberti* 2. – *Hahn* S. 379f. – HHS S. 85f. – *Hundsnurscher/Taddey* S. 45f. – KDB IV,4 S. 8–12. – *Krieger* TWB 1 Sp. 195f. und 379. – LBW 5 S. 306f. – *Langendörfer.* – *Müller*, Dorfkirchen S. 23. – *Schaab*, Wingarteiba. – *Schuster* S. 370f. – *Wagner* S. 380f.

Ortsliteratur: *Schmieder*, Ludwig, Die Wandgemälde der Kirche in Binau. In: Mein Heimatland 15, 1928 S. 165–170. – *Brauch*, Ernst, Binau – Kleinod am Neckar. Binau 1969.

Erstnennungen: ON 769 (CL Nr. 3030), Niederadel 1347 (GLA Karlsruhe 67/285 fol. 162v), Pfarrei und Patrozinium ULF um 1425 (GLA Karlsruhe 69 von Gemmingen-Treschklingen A867 S. 108), Dauchstein um 1100 (CH S. 26).

Buchen (Odenwald)

13 899 ha Stadtgebiet, 14935 Einwohner

Wappen: In Silber (Weiß) auf grünem Dreiberg eine grüne Buche, der Stamm beheftet mit einem gelehnten roten Schild, worin ein sechsspeichiges silbernes (weißes) Rad, beiderseits des Stammes aus der mittleren Kuppe des Dreibergs wachsend je ein auswärts geneigter grüner Zweig. – Die Buche als »redendes« Bild für den Ortsnamen, beheftet mit dem mainzischen Wappenschild, begegnet bereits im ersten Stadtsiegel (ältester Abdruck 1355). Zum Wappen umgestaltet erscheint das Siegelbild erstmals 1504 im Kirchengewölbe. Zeichnung und Tingierung von Siegel und Wappen variierten im Laufe der Zeit. Nach der Neubildung der Stadt wurde das Wappen in der Zeichnung des ältesten Siegelbelegs zusammen mit der Flagge vom Landratsamt am 9.6.1989 neu verliehen.
Flagge: Grün-Weiß (Grün-Silber).

Gemarkungen: Bödigheim (2702 ha, 758 E.) mit Faustenhof, Griechelternhöfe, Roßhof, Sägmühle und Sechelseehöfe; Buchen (Odenwald) (2461 ha, 6384 E.); Eberstadt (639 ha, 454 E.); Einbach (393 ha, 159 E.) mit Einbacher Mühle; Götzingen (1199 ha, 944 E.) Hainstadt (1839 ha, 2046 E.) mit Hainstadt, Bahnstation; Hettigenbeuern (600 ha, 532 E.); Hettingen (1476 ha, 2154 E.); Hollerbach (341 ha, 217 E.); Oberneudorf (572 ha, 142 E.); Rinschheim (665 ha, 269 E.); Stürzenhardt (301 ha,84 E.); Unterneudorf (347 ha,96 E.) mit Unterneudorfer Mühle; Waldhausen (365 ha, 593 E.) mit Glashof.

A. Natur- und Kulturlandschaft

Naturraum und Landschaftsbild. – Das aus der Gemarkung der Kernstadt Buchen und 13 weiteren dörflichen Gemarkungen gebildete Stadtgebiet erstreckt sich von den Hochflächen des Hinteren Odenwalds bis in das wellige Hügelland des Baulands. Als flächengrößtes Gemeindegebiet des Neckar-Odenwald-Kreises beinhaltet es wie keine andere Gemeindefläche die hervorstechenden Wesenszüge des gesamten Landkreises in einem Bereich des Übergangs vom weitgehend als Ackerbaugebiet genutzten Altsiedelland zum erst hochmittelalterlich gerodeten Waldland und hat Anteil am Einzugsgebiet von Main und Neckar.
  Der westliche Gebirgsanteil der Stadt mit den Gkgn Hettigenbeuern, Stürzenhardt, Unterneudorf, Hollerbach, Oberneudorf und Einbach von N nach S erstreckt sich auf die im Oberen Buntsandstein liegenden, sanft nach SO abdachenden *Hochflächen des Hinteren Odenwalds*. Am Westrand des Stadtgebiets werden Höhen von ca. 480 m (Wald Strüt westlich Stürzenhardt) bis ca. 450 m erreicht, die am Ostrand des Berglands bis auf ca. 350 m NN absinken. Der 50–60 m mächtige Plattensandstein und die etwa 10 m dicke, auf ihm auflagernde Chirotherienschicht, die fast überall eine dünne Decke von Verwitterungslehm trägt, bilden diese Hochflächen, auf denen inselhaft – zum Teil in größerer Verbreitung – auch Lößlehm als tiefgründiger Verwitterungslehm auflagert.
  In diese Hochflächen im Oberen Buntsandstein sind wannenartige obere Talmulden von südlichen Nebenbächen der Morre sowie einem östlichen Seitenzufluß des Elzbachs nur sanft eingetieft. Ihre flachen, der Siedlung oder Landwirtschaft dienenden Hänge sind – soweit sie nicht durch teilweise mit Lehm vermischtem Gehängeschutt überdeckt sind wie im oberen Tal des Krebsbächleins bei Unterneudorf – in den

Plattensandstein eingeschnitten. Mit ihren flachen Quellmulden (Oberneudorf, Einbach) und sanften Talflanken (Hollerbach, Unterneudorf), die Siedlungen günstige Nest- und Schutzlagen gewähren, waren sie im Hochmittelalter Ansatzpunkte von Rodungsinseln, die später mit den Wirtschaftsflächen benachbarter Dörfer zu größeren Rodungsbereichen zusammengewachsen sind.

Die in Hettingen in einer Karstquelle des Unteren Muschelkalks entspringende Morre, die im westlichen Altstadtbereich Buchens in die teils mit Gehängeschutt verhüllten Plattensandsteine eintritt, hat sich als Mainzufluß in nordwestlicher Richtung im Zuge der jungen Gebirgshebung des Odenwaldes gegen das Schichtenfallen tief in die Buntsandsteinformationen eingekerbt, unterhalb von Hettigenbeuern über 220 m. Dabei entstand bereits unterhalb der Einmündung des Hollerbachs, wo die noch schmale Talsohle schon in den Hauptgeröllhorizont des Mittleren Buntsandsteins eingesägt ist, ein tiefes und steilwandiges Tal mit einer talabwärts sich verbreiternden Talsohle, auf der die Morre Wiesenmäander bildend dahinschlängelt. Die oberen Talhangpartien im Plattensandstein sind noch verhältnismäßig sanft. Mit dem Einschneiden in den Mittleren Buntsandstein, dessen oberste Schicht bis zu haselnußgroße Quarziteinlagerungen als Hauptgeröllhorizont aufweist, folgt ein Hangknick und eine Übersteilung der darunter im Hauptbuntsandstein ausgebildeten Hänge. Grobkörniger Hauptbuntsandstein steht dabei an den mittleren bewaldeten Talflanken an, die nach unten hin mit mächtigem Gehängeschutt, der teilweise mit Lehm vermischt ist, überlagert sind. In der Gemarkung der Talsiedlung Hettigenbeuern sind gerade diese unteren Gehängeschuttlagen gerodet und landwirtschaftlich genutzt. Von den benachbarten Hochflächen im Oberen Buntsandstein führen V-förmig ausgeprägte, steile Klingen rasch zu dem auf weite Strecken feuchten, mit jungen Alluvionen bedeckten Talboden der Morre hinab. Auch diese die Talhänge zergliedernden fluviatilen Rinnen sind in den Mittleren Buntsandstein eingeschnitten und haben im Gegensatz zum Haupttal nur ganz schmale, mit jüngsten Anschwemmungen ausgekleidete Talsohlen ausgebildet (unterer Talabschnitt des Steinbächleins nach der Einmündung des Krebsbächleins, Winterbachtal, Seichtenbachklinge).

Der Übergang zum weitgehend entwaldeten *Bauland* vollzieht sich am SO-Rand des Hinteren Odenwalds von den großteils mit Löß- und Lößlehmauflagerungen bedeckten Röttonen des Oberen Buntsandsteins zu den Wellendolomiten des Unteren Muschelkalks ohne merkliche Geländestufen. An der im Stadtgebiet vom Hammelsbusch (400 m NN) über den Tiemelstern (311 m NN), die Höhen des Lämmerbergs (326 m NN) bis zum Kaltenberg (401 m NN) östlich des Bödigheimer Tals, in dem der Hiffelbach südwärts zur Seckach entwässert, und weiter zum Galgenberg (396 m NN) südlich und zur Walldürner Höhe (415 m NN) nördlich von Buchen verlaufenden Verbreitungsgrenze des den Wellendolomit überlagernden Wellenkalks hat sich im Unteren Muschelkalk aber eine deutliche Schichtstufe als geomorphologische Naturraumgrenze herausgebildet. Weiter östlich bei Eberstadt und östlich des Rinschbachtals hat sich im Bereich der Gkgn Eberstadt, Götzingen und Rinschheim eine weitere Schichtstufe an den harten Trochitenkalken des Oberen Muschelkalks herauspräpariert. Sie liegt vom Ilgenberg östlich Eberstadt bis zum Deusterberg und Zossenberg östlich Rinschheim in knapp 400 m Höhe.

Vor dieser Hauptmuschelkalkschichtstufe dehnen sich auf flachwelligen, weithin feldbedeckten Hügelzügen landwirtschaftlich gut nutzbare, kalkige bis mergelige, teils tiefgründige und fruchtbare Böden aus. Laubmischwälder bedecken meist nur steilere Hangpartien oder von den dörflichen Siedlungen weiter entfernt liegende, höhere Hügelrücken. Gesteinsaufschlüsse im Wellenkalk des großen Steinbruchs im Gewann

»Geisbaum« auf der Gkg Eberstadt deuten mit mächtigen Gesteinsspalten auf eine starke Verkarstung des Wellengebirges hin. Zwei für die landwirtschaftliche Nutzung weitgehend zugeschüttete und im Gelände kaum noch erkennbare Dolinen unmittelbar südlich des Steinbruchgeländes sind weitere Karsterscheinungen, deren größte sich seit 1973 zu einem beliebten Touristenziel entwickelt hat. Es ist die Eberstadter Tropfsteinhöhle, die 1971 bei Sprengarbeiten im Steinbruch angeschnitten, 1972/3 mit einer begehbaren Länge von 600 m zur größten Schauhöhle im Unteren Muschelkalk Südwestdeutschlands ausgebaut wurde. Ihre Gesamtlänge beträgt 631 m, wobei die hinteren 31 m im ursprünglichen Zustand, angefüllt mit knietiefem schlammigem Höhlenlehm, belassen wurden. Die untere von drei Schaumkalkbänken, die im oberen Bereich des Wellengebirges im östlichen Stadtgebiet über größere Entfernungen nachweisbar sind, bildet am Höhleneingang und im weitaus größten Teil der Höhle die tragende Höhlendecke, während die Höhlenwände unterschiedlich mächtig gebankte Gesteine in der für den Wellenkalk bezeichnenden welligen Schichtung erkennen lassen. Der besondere Reiz der seit 1971 unter Naturschutz stehenden Schauhöhle liegt in ihren zahl- und formenreichen Kalkabsinterungen, die zu den unterschiedlichsten Tropfsteinbildungen von schmalsten und zartesten Röhrenstrukturen bis zu gewichtigen zapfenartigen Stalaktiten sowie mächtigen kegel- und kaskadenartigen Stalagmiten geführt haben.

Die Gesamtmächtigkeit des Muschelkalks beträgt im Baulandanteil des Stadtgebiets ca. 200 m. 75 m entfallen davon auf den Hauptmuschelkalk, 30 bis 40 m auf den Mittleren und 70 bis 80 m auf den Unteren Muschelkalk, in dem sich die Eberstadter Tropfsteinhöhle gebildet hat. Die unterschiedliche Widerständigkeit dieser drei Gesteinsstufen zeichnet sich deutlich im Relief ab. Über felsigen Terrassen des Wellengebirges dehnen sich so im Mittleren Muschelkalk mit teils salinaren Gesteinen nur sanfte und flach ansteigende Hänge ab, während die harten Gesteine des Oberen Muschelkalks wieder steilere Hänge und Stufen hervorrufen.

Siedlungsbild. – Bödigheim, dessen Gemarkung sich im Grenzbereich von Hinterem Odenwald und Bauland ausdehnt, ist nach seiner topographischen Situation ein typisches Baulanddorf in geschützter Tal- und Talhanglage. Das alte, auf eine frühmittelalterliche Siedlung zurückgehende Haufendorf liegt am sanft geneigten ostexponierten Hang eines südwärts gerichteten Sohlentälchens. Im Ortsbereich nimmt der auf den Buntsandsteinhöhen westlich des Dorfes entspringende Hiffelbach einige nördliche Quellbäche auf (Frohnbach und Hechenibach). Am steileren westwärts gerichteten Talhang stehen erhöht über dem Dorf die Reste einer ins späte 13. Jh. zurückreichenden ritterschaftlichen Burg mit viereckigem Bergfried aus Buntsandsteinquadern und einem in der Renaissancezeit umgestalteten Palasbau. Zu ihren Füßen liegt eine langgestreckte barocke Schloßanlage mit den zugehörigen, teilweise erst in den 1940er Jahren abgebrannten Wirtschafts- und Wohnbauten, die insgesamt um einen mit alten Bäumen bestandenen Schloßhof ein geschlossenes und malerisches Ensemble einer von einem Wassergraben umgürteten herrschaftlichen Schloßgutanlage des frühen 18. Jh., überragt von einer mittelalterlichen Ritterburg, abgeben. Südlich davon dehnt sich auf dem Talgrund östlich des Hiffelbachs der teils in geometrisch französischem Stil, teils als englischer Garten mit Enten- und Schwanenteich gehaltene herrschaftliche Garten aus.

Den *Mittelpunkt des Dorfes*, der sich westlich des Schloßbezirks ausdehnt, bildet zwischen Frohn- und Hiffelbach die Kreuzung der Buchen und Seckach verbindenden L 519 in N-S- sowie der Schloßstraße und der am rechten Talhang hinaufziehenden Straße Am Römer in O-W-Richtung. Am erhöhten, ursprünglich den Friedhof tragenden Kirchplatz stehen mit dem Gotteshaus und dem Rathaus die das Ortsinnere

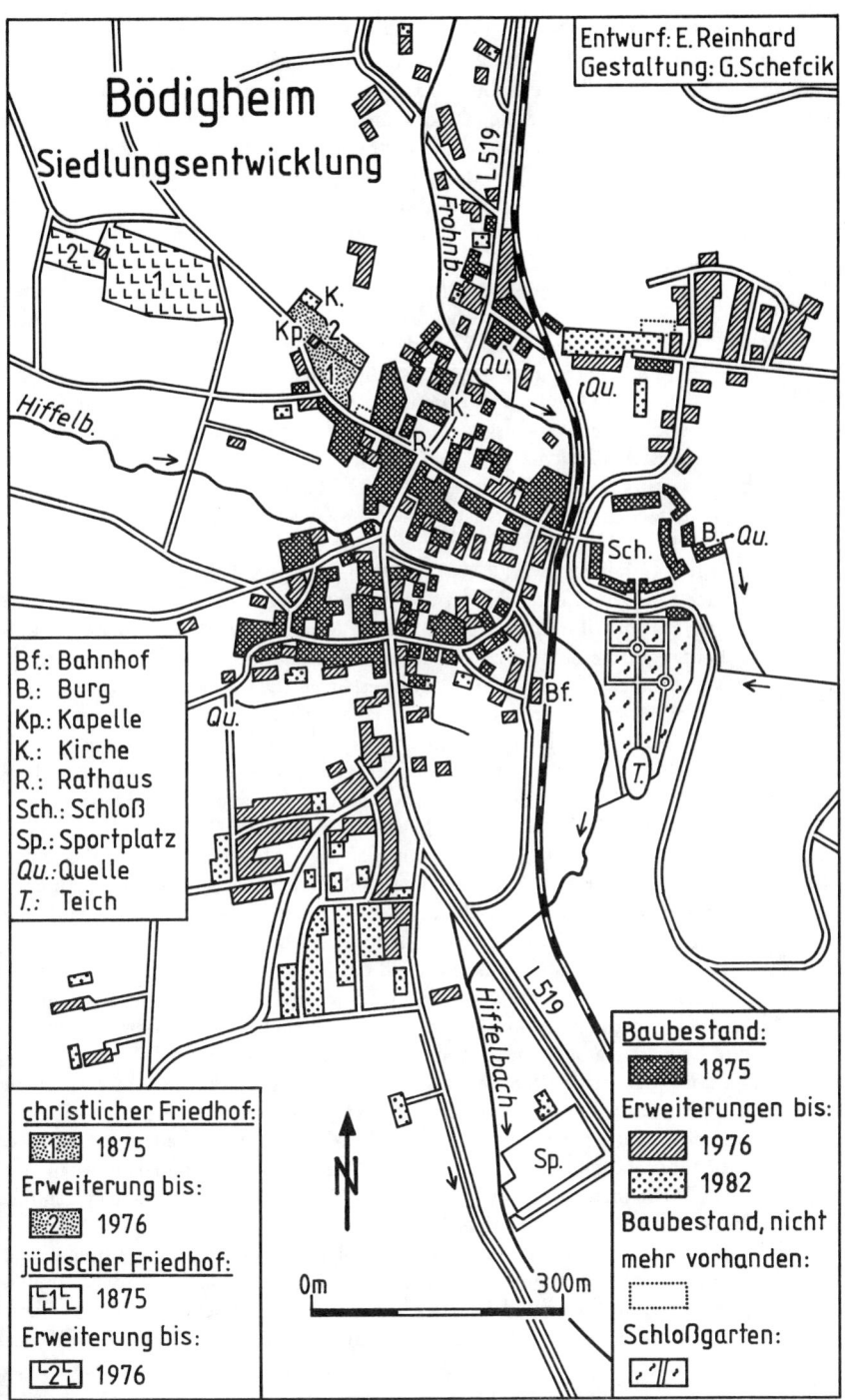

beherrschenden Bauwerke. Die geostete Kirche mit gotischem Chorturm wurde in der 2. H. 17. Jh. in historisierenden, an die Gotik anklingenden Formen erbaut. Sie besteht aus einer hell verputzten Kirchenhalle mit Buntsandsteintür- und -fenstereinfassungen sowie einem steilgiebeligen Ziegeldach, das im O von einem wuchtigen gotischen Glockenturm überragt wird. Die beiden unteren Geschosse dieses Buntsandsteinturms stehen auf quadratischem Grundriß, werden im Uhr- und Glockengeschoß mit hohen Spitzbogenschallfenstern in ein Oktogon überführt, das in ein schiefergedecktes Spitzhelmdach ausläuft. Am Westrand des Kirchplatzes, auf dem ein Kriegerdenkmal in neugotischem Stil mit fialenartigem Türmchen an die Kriegsopfer aus der Dorfgemeinschaft mahnt, steht rechtwinklig zur Kirche das Rathaus. Dieser neubarocke Buntsandsteinbau aus der Zeit vor dem 1. Weltkrieg hat zwei Geschosse, einen leicht vortretenden Mittelrisalit und trägt ein flaches Walmdach mit Sirene.

Die Bebauung innerhalb des *alten Siedlungsteils* ist im allgemeinen dicht. Gehöfte mit giebel- und traufständigen Häusern fallen auf. Die Gehöftgrundrisse lassen Winkelanlagen, Streckhöfe und an der Weinbergstraße auch gestelzte Einhäuser erkennen. An der Hausemer Straße stehen auch kleine Arbeiterbauernanwesen. Diese kleinen Höfe setzen sich mehrfach aus doppelhausartigen eingeschossigen Wohnhäusern und in der Nachbarschaft stehenden Wirtschaftsbauten zusammen, so daß unregelmäßige Gehöftgrundrisse erwachsen. Das Aufrißbild wird häufig durch Bruchsteinmauerwerk aus Buntsandstein und durch Fachwerkkonstruktionen geprägt. Auch im Ortsinneren, wo an der Ecke der L 519 und der Schloßstraße das mächtige Gasthaus zum Roß durch seinen massigen Bau mit Buntsandsteinsockel und Mansarddach hervorsticht, sind ab und zu Neubauten an die Stelle älterer Häuser getreten. Eine besonders tiefgreifende Umgestaltung hat dabei die Straße Am Römer erfahren. Die Raiffeisen-Verkaufsstelle in der Gestalt eines kleinen Lagerhauses mit Flachgiebeldach und Verladerampe sowie das benachbarte Postamt verleihen dieser zum Friedhof und zu dem westlich außerhalb des Dorfes im Wald liegenden Judenfriedhof führenden Straße eine funktionale Bedeutung für den ganzen Ort. Ihre dicht aneinandergerückten bäuerlichen Anwesen sind teilweise mit neuen und schmucken Wohnhäusern ersetzt.

Zentralfunktionen für den Ort erfüllen dann auch die Schloßstraße mit einem kleinen Schuhgeschäft sowie die von ihr südwärts in Bahnhofsrichtung abzweigende Hindenburgstraße. An der zum Rüdt-von-Collenbergschen Schloß östlich der Nebenbahnlinie Seckach–Buchen–Walldürn führenden Schloßstraße wurde auf einer von Buschwerk eingefaßten Rasenfläche ein Buntsandstein- und ein Muschelkalkblock symbolisch für die auf der Gemarkung am Rand zweier Naturräume vertretenen Gesteinsarten aufgestellt. An der Abzweigung der Hindenburgstraße westlich der Bahntrasse steht der Badische Hof, ein zweigeschossiges, traufseitig erbautes Gasthaus mit bäuerlichem Anwesen. Südlich des Hiffelbachs hebt sich das Gasthaus zum Löwen mit einem Lebensmittelgeschäft aus der umgebenden Bebauung heraus. An der dort einmündenden Bahnhofstraße wurden vor und nach dem 1. Weltkrieg Wohnhäuschen errichtet. Der kleine Bahnhof besteht aus einem zweistöckigen Buntsandstein-Hauptbau mit eingeschossigen Nebenbauten, in einem der Durchgang zu den beiden Bahnsteigen mit dem Warteraum, im anderen ein Güterschuppen.

Zwei *Neubaugebiete* brachten bis zur Mitte der 1970er Jahre eine beachtliche Ausweitung der Siedlungsfläche. Nördlich des Schlosses wurden an den Straßen Schloßberg, Am Gerstenacker und Schaftrieb ein- und zweigeschossige Einfamilienhäuser erbaut. Westlich davon schließt bis zum Bahnkörper ein Fabrikareal mit modernem und langgezogenem Gebäudekomplex an. Das südliche Neubaugebiet, das an der Eicholzheimer Straße – wie große Teile des alten Dorfes – am ostexponierten

Hang hinaufzieht, entwickelte sich im Anschluß an eine große Gehöftanlage an der Talstraße und einige bäuerliche Häuser aus der Zeit vor dem 1. Weltkrieg am unteren nach Großeicholzheim führenden Weg. Der untere, tiefer gelegene Teil dieses Neubaugebietes an der Straße Zum Gründle entstammt der frühen Nachkriegszeit und besteht aus dicht zusammengerückten, eingeschossigen Doppelhäuschen. An der höher verlaufenden Eicholzheimer Straße und an der Gänsäckerstraße stehen dann individuell gestaltete Einfamilienhäuser, die an den oberen und äußeren Randbereichen des Neubaugebiets erst nach 1976 errichtet wurden.

Auf der Gemarkung liegen mehrere Wohnplätze: Im oberen Seckachtal steht an der Straße nach Großeicholzheim der *Faustenhof*. Die *Griechelternhöfe* und die *Sechelseehöfe* sind 1960 benannte Aussiedlerhöfe nordöstlich des Dorfes in rd. 350 m Höhe an einem sanft nach O zum Tal des Gewesterbachs abfallenden Hang. Der *Roßhof*, ein ehemaliger herrschaftlicher Einzelhof mit Forsthaus, liegt auf der Buntsandsteinhochfläche nordwestlich des Dorfes in 400 m Höhe. Die bereits im 19. Jh. erwähnte *Sägmühle* ist heute ein modernes Sägewerk im Hiffelbachtal südlich des Dorfes.

Die im Hochmittelalter zur Stadt erhobene, ins Frühmittelalter zurückreichende Siedlung Buchen, die mit Ringmauer und zwei Gräben sowie Toranlagen befestigt war, liegt mit ihrem auch heute noch äußerst dicht bebauten Stadtkern im Grenzbereich von Odenwald und Bauland am rechten Talhang der oberen Morre vor ihrer tiefen Einkerbung in den Oberen und Mittleren Buntsandstein des Hinteren Odenwalds. Der den unregelmäßig viereckigen Stadtkern und die mittelalterliche Vorstadt tragende, sanft nach S zum Morrelauf abfallende Flachhang ist mit verlehmten Flugsandablagerungen bedeckt und besteht im Untergrund aus Röttonschichten. Der Siedlungsgrundriß des Stadtkerns wird von einem unregelmäßig gitterförmigen Straßennetz mit teils engen Gassen bestimmt. Seine Hauptachse bildet der abgewinkelte, etwa in W-O-Richtung verlaufende Zug der Markt- und Kellereistraße. Sie führt durch den Torturm im W in die Innenstadt hinein und verläßt sie wieder im O beim heutigen Bezirksmuseum, dem Steinernen Bau (s. u.). Bis zum Beginn des 19. Jh. stand dort das Würzburger Tor. Im Zuge einer seit Jahren durchgeführten vorbildlichen Stadtsanierung, die der Wahrung und Pflege des historisch überkommenen Aufrißbildes dienen und dem räumlich beengten Stadtkern seine heutige Funktion als Geschäftsviertel in einem aufstrebenden Mittelzentrum auch für das weitere Umland erhalten soll, wurde die Marktstraße zwischen dem Stadtturm, dem Marktplatz und der nördlichen Hof- und beginnenden inneren Kellereistraße zu einer attraktiven Fußgängerzone ausgebaut. Die Renovierung alter Hausfassaden, vor allem die Freilegung von Fachwerk, hat dabei trotz der teilweise beachtlich veränderten Innenausgestaltung der alten Gebäude mit modernen Geschäftsräumen ein dem historischen Rahmen mit gotischen Hausgrundrissen angepaßtes und der städtischen Vergangenheit gerecht werdendes Straßenbild geschaffen, das sowohl den aus dem ländlichen Umland anreisenden Käufer als auch den Touristen in seinen Bann zieht.

Den eigentlichen Mittelpunkt der *Altstadt* bildet am oberen Talhang der Bereich um die kath. Stadtpfarrkirche St. Oswald und den ihr im S vor dem Alten Rathaus vorgelagerten Marktplatz mit einem modernen Stadtbrunnen aus Buntsandstein an der Einmündung der östlichen Marktstraße in den Platz. Er erinnert an den aus Buchen stammenden Minnesänger Albrecht »Pilgrim« von Buchheim. Wie fast überall in der Altstadt wird die Architektur um den Marktplatz durch den großen Stadtbrand von 1717 entscheidend vom Barock bestimmt. Selbst die auf eine alte St. Peterskirche zurückgehende *kath. Stadtpfarrkirche*, eine spätgotische Hallenkirche des frühen 16. Jh., trägt auf ihrem ursprünglich als Chorturm genutzten Glockenturm im O eine

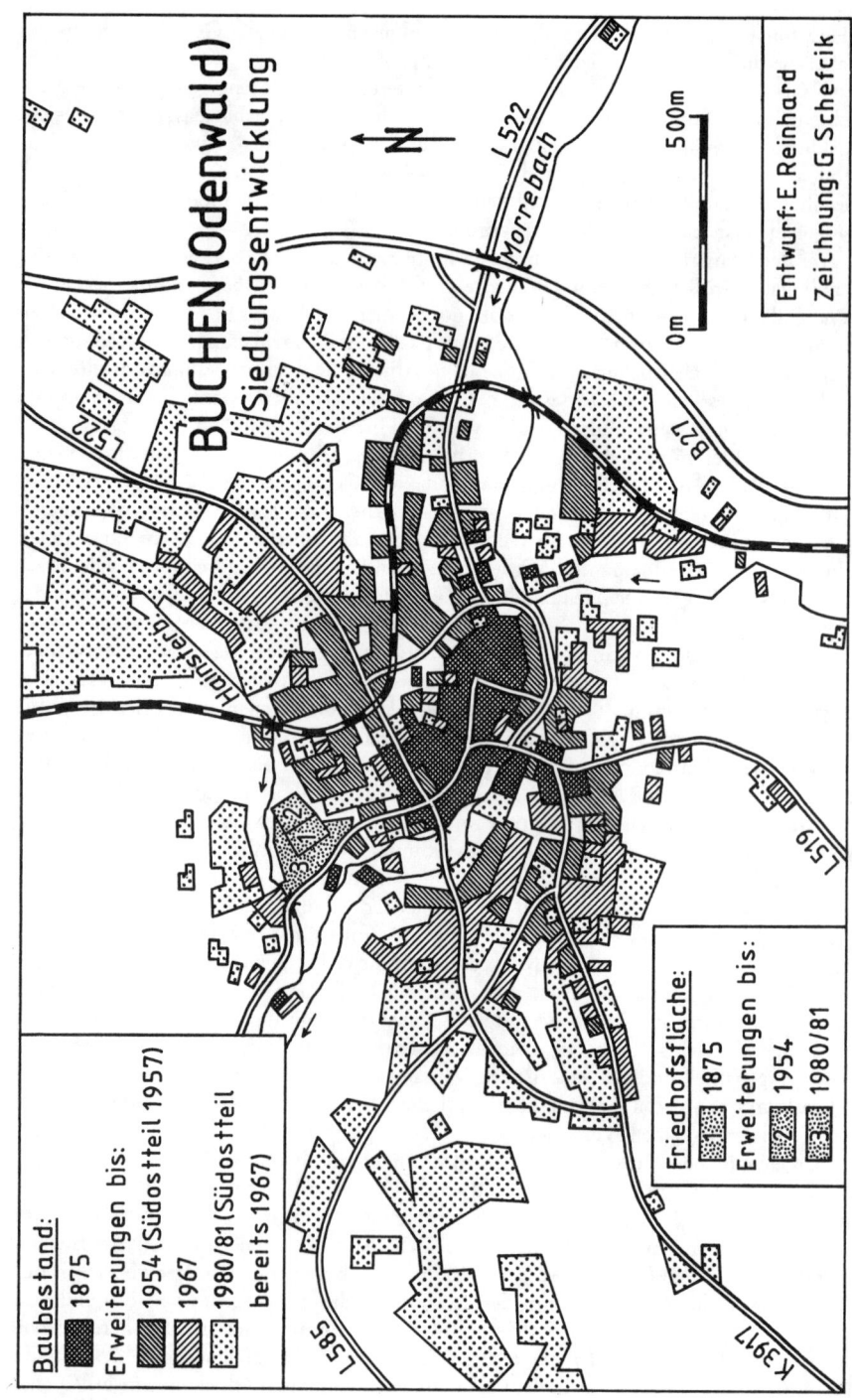

Natur- und Kulturlandschaft

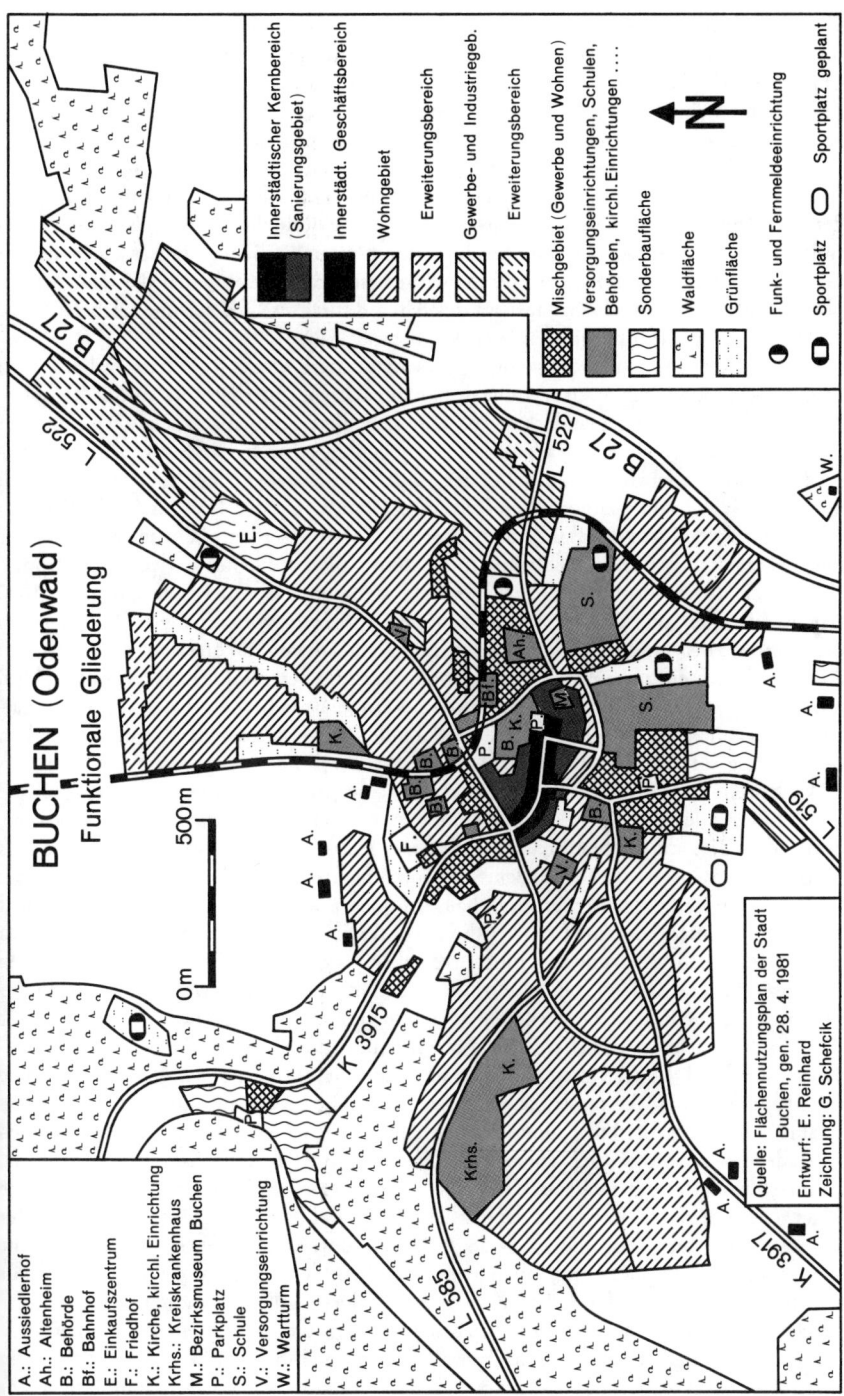

Welsche Haube mit einer zweifachen Laterne aus der 2. H. 18. Jh. So bildet dieser mächtige Buntsandsteinbau, der erst nach der Mitte unseres Jahrhunderts mit einem Querschiff und Choranbau im W vergrößert wurde, eine architektonisch gelungene Einheit mit dem ihm am Marktplatz vorgelagerten *Alten Rathaus* von 1723. Dieser reich verzierte Barockbau mit einer Marktzwecken dienenden offenen Torbogenhalle im Erdgeschoß und einer zum Marktplatz blickenden schwungvollen Buntsandstein-Giebelfassade, über der ein offener Dachreiter mit der Rathausglocke aufragt, zeigt an den Torbögen reich skulptierte steinerne »Neidköpfe«, die die bösen Geister vertreiben sollen. Dieses mehrfach zu erkennende Element alter Buchener Häuser bietet beachtenswerte Steinmetzarbeiten. Ferner gliedern Lisenen mit Kapitellen die dem Marktplatz zugewandte südliche Schaufront des Alten Rathauses. Fialenartige Giebelaufsätze bilden ein reizvolles und typisch barockes Schmuckdekor.

Die Marktstraße, die heutige Hauptgeschäftsstraße, wird von teils farbenfrohen Fachwerkfassaden, die aufgrund der drangvollen Enge innerhalb des mittelalterlichen Mauergürtels dicht aneinanderkauern, von stilvollen Straßenlaternen und einer der Fußgängerzone gemäßen Straßenpflasterung geprägt. Ihren das Straßenbild beherrschenden westlichen Abschluß bildet der *Stadtturm*, das ehemalige Mainzer Tor. Auch dieser der früh- und spätgotischen Zeit angehörende massive Buntsandstein-Torturm erhielt nach dem großen Brand, dem über 60 Wohnhäuser und Scheunen zum Opfer fielen, 1719 eine barocke Dachhaube mit Laterne, die ein kleines Zwiebeldach krönt.

Westlich der Stadtpfarrkirche St. Oswald steht an der Obergasse ein altes, 1790 erbautes Bürgerhaus, das mit seinem schönen Torbogen vom einstigen Wohlstand in der Handwerker- und Gewerbestadt kündet. Nicht unweit davon sticht im nördlichen Altstadtbereich ein im hohen Untergeschoß spätgotischer Bau des ausgehenden 15. Jh. mit überkragendem Fachwerkobergeschoß ins Auge. Er beherbergte das in der mittelalterlichen Armen- und Krankenpflege bedeutende *Beginenklösterchen*. In dem nach dem 2. Weltkrieg restaurierten Haus ist heute die Stadtbibliothek eingerichtet.

Auch wenn vom einstigen Mauergürtel mit seinen vier Toren nur noch geringe Reste im O und SO der Altstadt erkennbar sind, wozu im S am Grabenweg auch noch einige, in früherer Zeit auf der Stadtmauer aufsitzende Häuser gehören, so vermitteln die teils verwinkelten Gassen und schmalen Straßen südlich der heutigen Fußgängerzone mit ihren Handwerker- und Ackerbürgerhäusern doch noch einen Eindruck von der Stadt in früheren Jahrhunderten. Fachwerkkonstruktionen – auch in der südlichen Altstadt im Zuge der Stadtsanierung erst jüngst freigelegt – beleben die Straßenbilder mit ihren teilweise überkragenden Obergeschossen und sichtbarem Balkenwerk, wie z. B. an der Linsengasse, der Friedrich-, Kellerei- oder Hofstraße. Gerade an der Einmündung der Hof- in die Markt- und Kellereistraße bewirken Fachwerkhäuser ein besonders lebendiges Aufrißbild. Für die alten Gebäude sind zuweilen Buntsandstein-Treppenaufgänge ganz typisch, die in die massiv gemauerten Erdgeschosse hineinführen.

Eine besondere Stellung nimmt unter den historischen Gebäuden der südlichen Altstadt der Komplex der ehemaligen *Kurmainzischen Kellerei* mit der einstigen Zehntscheune, dem ehemaligen Marstall und dem Steinernen Bau allein schon durch die Wucht der Gebäude zwischen der östlichen Kellerei- und der Haagstraße ein. Der *Steinerne Bau* aus dem endenden 16. Jh. sticht durch sein hohes Giebeldach, eine Buntsandstein-Eckquaderung, einen schmuckvollen, dem Übergang der Spätgotik zur Renaissance angehörenden Erker an dem zur Kellereistraße gewandten Südgiebel und durch das Wappen des Mainzer Erzbischofs Berthold von Henneberg über dem Haupteingang hervor. Ihm diente dieser wuchtige Steinbau als Sommerresidenz. Seit 1911 beherbergt er das Buchener Bezirksmuseum mit wertvollen Sammlungen zu

Volkskunde und Stadtgeschichte. Das westlich benachbarte Fachwerkhaus, das heute nach Karl Trunzer, dem Begründer des Bezirksmuseums, benannt ist, hat ein hohes gemauertes Erdgeschoß und war das ehemalige *Amtshaus des kurmainzischen Kellers*, diente später dem Fürstl. Leiningischen Rentamt und wurde in der 2. H. 19. Jh. auch als städtisches Spital genutzt. Die ebenfalls einen massiven Bau darstellende ehemalige *kurmainzische Zehntscheune* nördlich des Trunzer-Hauses ziert an der Hofinnenseite das Wappen des Mainzer Erzbischofs Friedrich von Greiffenklau, der sie 1627 erbauen ließ. Heute sind in ihr das Stadtarchiv, eine Heimatbücherei, eine musikhistorische Sammlung, Bestände des Bezirksmuseums, ein Konferenzzimmer und ein Probenraum für die örtlichen Vereine untergebracht, so daß sie im kulturellen Leben der Stadt – wie der gesamte historische Komplex – eine wichtige Stellung einnimmt. Nach N zur Haagstraße hin wird der Hof der einstigen Amtskellerei und erzbischöflichen Sommerresidenz vom ehemaligen *Marstall*, dem Belzschen Haus, abgeschlossen. In dem langgestreckten Bau mit ebenfalls hohem Giebeldach befanden sich im unteren gemauerten Geschoß ursprünglich Stallungen, im oberen Fachwerkgeschoß Gesindekammern. Heute ist der einstige Marstall Sitz der kath. Kirchenverwaltung für die Region Odenwald-Tauber. Im O unmittelbar benachbart, steht an der Stelle früherer Bauernhöfe das neuerbaute Altenwohnstift des Spitalfonds Buchen mit 24 Wohnungen. Seine Außengestaltung in moderner Fachwerkmanier und unter Verwendung von Mauersteinen aus Buntsandstein ist gelungen in den die Umgebung bestimmenden historischen Gebäudebestand eingefügt.

Nordwestlich der Altstadt entstand eine spätmittelalterliche *Vorstadtanlage*, die in die zweite, 1490 erbaute Stadtummauerung einbezogen war. Ihre Hauptachse besteht aus der Vorstadtstraße, der leicht nordwestwärts gebogenen Verlängerung der Marktstraße. Außerhalb des Stadtturms führt sie von dem durch zahlreiche Fachwerkbauten bestimmten *Platz der Mariensäule* zur Walldürner Straße. Die auf einer hohen Buntsandsteinsäule mit reich verziertem Barockkapitell stehende Marienstatue mit dem Jesuskind von 1754 bildet das Wahrzeichen Buchens und des umgebenden Madonnenländchens. Hervorstechend ist an dem Platz, den die Einheimischen »Am Bild« nennen, der größere und gepflegte Hotelbau »Prinz Carl« mit klassizistischen Stilelementen. Mit seiner Schmalfront grenzt er an die Nordseite der Vorstadtstraße. Auch an ihr prägen zum großen Teil Fachwerkhäuser die dichte, noch typisch mittelalterliche Bebauung. Auffallend sind viele Kaufläden, auch Geschäfte zur Deckung des höheren Bedarfs, die den Einkaufsbereich der innerstädtischen Marktstraße nach NW fortsetzen. Gegen das nordwestliche Ende der Vorstadtstraße erinnert eine Gedenktafel neben einem wenig zum alten Straßenbild passenden Lebensmittelmarkt in einem niederen Flachbau an die 1940 zerstörte, vorher dort stehende Synagoge. Die übrige Bebauung der Vorstadt hat nach ihrer topographischen Lage am Hang nördlich der Morre, mit ihrer Enge der Gassen und den dicht zusammengepferchten Häusern viel Ähnlichkeit mit der Altstadt. Einstmals landwirtschaftlich genutzte Anwesen lassen sich finden wie am Spitalberg. Am Lohplatz südlich der Vorstadtstraße stehen alte Handwerkerhäuser, die Anwesen der auf das Flußwasser der Morre angewiesenen Gerber.

Eine weit über die mittelalterlichen Ausmaße hinausgreifende Bebauung setzte im 19. Jh. vor allem mit dem Anschluß Buchens an das Eisenbahnnetz 1887 ein. *Stadterweiterungsgebiete* erwuchsen damals im N und O sowie im S der Alt- und Vorstadt, so daß das städtische Gemeinwesen schon bis zum 1. Weltkrieg weit über seinen dichten historischen Stadtkern hinausgewachsen war. Eine ganz neue Stadtentwicklung setzte dann mit der Neuanlage von Wohnbereichen, Gewerbe- und Industriegebieten seit der Mitte unseres Jahrhunderts ein, so daß sich das überbaute Stadtareal heute von den rd.

375 m hoch liegenden Buntsandsteinhochflächen des Hinteren Odenwalds beim Kreiskrankenhaus im W bis zur Eckenbergsiedlung am unteren Wartberghang im SO und zum Industriegebiet östlich der neuen B 27 am Grohberg im O ausdehnt.

Im N reichen die im Zusammenhang mit dem Bau der Bahnlinie Seckach–Buchen–Walldürn entstandenen Neubaubereiche mit dem *Bahnhofsviertel* bis unmittelbar an den Altstadtkern heran. Nördlich der kath. Stadtpfarrkirche hat es am Wimpinaplatz und an dem bis zur Bahnlinie anschließenden großen Parkplatz sein endgültiges Bild erst gegen Ende der 1970er Jahre mit der Vollendung des *Neuen Rathauses* erhalten. Dieser Neubau der Stadtverwaltung auf kreuzförmigem Grundriß hat zwei Geschosse und Walmdächer und läßt teils neubarocke Stilelemente hervortreten. Das Gebäude, dessen Grundsteinlegung 1978 erfolgte, besteht zum Teil aus der alten Volksschule von 1920 und wurde harmonisch in die historische Architektur der benachbart angrenzenden Altstadt eingefügt.

Das nördlich der Altstadt sich ausdehnende Bahnhofsviertel ist weitgehend durch die Gründerzeit des endenden 19. Jh. geprägt und bildet beiderseits der Gleisanlagen bis zur Hettinger Straße im S ein Mischgebiet mit Wohn- und Gewerbefunktionen mit teils recht jungen gewerblichen Bauten, die im Zuge einer Siedlungsverdichtung oder anstelle abgerissener älterer Gebäude entstanden sind. Einen beachtlichen Einfluß auf das Stadtbild in der Umgebung des Neuen Rathauses hat nördlich der Bahngleise die *Frankenlandhalle*, eine Mehrzweckhalle mit flachem Giebeldach und einem östlichen Flachdachanbau. Unmittelbar südlich der Gleisanlagen steht der *Bahnhof*, ein Buntsandsteinbau, der am mittleren Hauptgebäude einen nur schwach vortretenden Mittelrisalit erkennen läßt. Seitlich sind einstöckige Trakte mit dem Warte- und Durchgangsraum und mit einer langgezogenen Güterhalle angebaut. Unmittelbar östlich der Bahnhofsanlage setzt nach teils modernen Güterschuppen das *Gewerbegebiet* ein. Die Gebäude der Raiffeisengenossenschaft aus Lagerschuppen mit Verladerampen, einem älteren, als Holzbau errichteten Getreidesilo und einem modernen hochhausartigen und durch seinen weißen Verputz weithin sichtbaren Siloturm bestimmen dort ganz entscheidend die Aufrißgestaltung. Die kleinen, recht bescheidenen Wohnhäuschen an der Eisenbahnstraße sind im Zuge des Bahnbaus noch vor dem 1. Weltkrieg entstanden. Bezeichnend für dieses Mischgebiet zwischen Bahnhof und Morre ist dann ein Altenheim in den Gebäuden des ehemaligen Krankenhauses sowie das moderne Fernmeldedienstgebäude der Bundespost, ein kubischer Bau, neben dem eine Richtfunkanlage auf einem dünnen Betonturm emporragt. Unmittelbar südlich der Raiffeisengenossenschaft fallen auch noch landwirtschaftliche Anwesen in der Gestalt von Eindachhäusern auf, die aus Bruchsteinen gemauert oder als Fachwerkkonstruktionen errichtet sind.

Einer *frühen Ausbauphase* der Stadt gehören ferner Bereiche im S entlang der Amtsstraße sowie am NW-Rand der Vorstadt entlang der Walldürner Straße an. Auch südlich der Morrebrücke ist die am Platz der Madonnensäule beginnende und südwärts bis zur Gabelung in die Bödigheimer und Dr.-Konrad-Adenauer-Straße strebende Amtsstraße weitgehend durch eine alte Bebauung vor dem 1. Weltkrieg geprägt. Dicht stehende, traufseitig aufgereihte Häuser, teilweise mit Geschäftseinbauten, beherrschen das Bild der Amtsstraße. Auffallend ist an der Abzweigung der Schüttstraße, die im S entlang der Morre um die Altstadt führt, der moderne Sparkassenbau mit benachbartem Kundenparkplatz. Ihr Bild wird ferner von einem langen zweigeschossigen Buntsandsteinbau mit verputztem Mittelrisalit entscheidend beeinflußt. Er beherbergt die Sonderschule und befindet sich in der Nachbarschaft der sich südlich der Morre ausdehnenden Schulzentren (s.u.). An der Gabelung der südlichen Amtsstraße steht ein wuchtiger Buntsandsteinkomplex mit neuromanischen Stilformen noch aus großherzoglicher Zeit: das ehemalige Bezirksamt, heute das Amtsgericht, Notariat und die Polizeidienststelle. Östlich der dort abzweigenden Bödigheimer Straße dehnt sich der alte Friedhof mit dem Begräbnisplatz der Pestopfer von 1635 aus. Die Erinnerung an sie wird nicht zuletzt mit der an seiner Stelle 1704 erbauten *Kreuzkapelle* wachgehalten, einer kleinen einschiffigen Barockkirche.

An der Walldürner Straße, die an ihrem inneren Abschnitt noch zum Geschäftsbereich am N- und NW-Rand der Alt- und Vorstadt gehört, stammt die Großzahl der teils aus Buntsandstein errichteten Häuser ebenfalls aus der Zeit vor dem 1. Weltkrieg. Geschäftshäuser jüngeren Datums wie ein moderner Textilladen oder das Bürohaus einer Bausparkasse, von Versicherungen und einem Reisebüro, die an die Stelle der älteren Bebauung getreten sind, bewirken ein vielfältiges und abwechslungsreiches Straßenbild. Es spiegelt mit der Gaststätte zum Reichsadler, der Geschäftsstelle der AOK, einer Rechtsanwaltskanzlei, dem Postamt und dem Arbeitsamt auch die mannigfachen Funktionen dieses Stadtbereichs wider. Neben dem in seiner modernen Architektur herausragenden Bürohaus hebt sich vor allem das *Postgebäude* durch seinen gelben Verputz und dem über dem Eingang prangenden Adlersymbol aus der Umgebung heraus.

Ausgedehnte *Neubauviertel* umschließen die Innenstadt heute nach allen Richtungen. Nicht zuletzt verlangte die große Zahl von Flüchtlingen und Heimatvertriebenen, die 1946 fast ein Viertel der Einwohnerschaft ausmachte, neuen Wohnraum, der in den 1950er und 60er Jahren zuerst einmal in der unmittelbaren Nachbarschaft der Innenstadt erschlossen wurde: am noch flachen linksseitigen Hang des Morretals im SW sowie südlich davon im Bereich der Dr.-Konrad-Adenauer-Straße und der Hollerbacher Straße ortseinwärts der Von-Leininger-Straße. Nördlich der Alt- und Vorstadt schob sich die Bebauung in jenen Jahren entlang der Walldürner Straße stadtauswärts und bis zum neuen Friedhof vor. Mit der Außenstelle des Landratsamts, dem Staatl. Gesundheitsamt, Forstamt, Flurbereinigungsamt und Vermessungsamt entwickelte sich dort ein gemischtes Wohn- und Behördenviertel, das noch zentralörtliche Aufgaben erfüllt. Im SO begann mit der Erschließung der Roseggerstraße und der Eberstadter Straße die Bebauung des Eckenbergs, an die dann die eigentliche Eckenberg-Siedlung östlich der Bahnlinie anschloß. Mit ihrem leiterartigen, den unteren Wartberghang überziehenden Straßennetz zwischen den Straßen »Am Wartberg« und »Am Eckenberg« stehen an der Sudeten-, Südmähren- und Schlesierstraße ein- und zweigeschossige Doppelhäuschen.

An der östlichen, unteren Dr.-Konrad-Adenauer-Straße stehen zwischen reinen Wohnhäusern noch größere Gehöfte und landwirtschaftliche Anwesen mit modern hergerichteten Wohngebäuden, ferner auch handwerkliche Betriebe. Herausragend ist dort die in den 1960er Jahren fertiggestellte *ev. Christuskirche*, ein Saalbau mit Giebeldach und einem auf quadratischem Grundriß hochgezogenen Turm mit offener Glockenstube und Satteldach.

Zwischen dem im S mit der Hettinger Straße abschließenden Bahnhofsviertel (s. o.) und der Eckenberg-Siedlung entstand in der flachen Talsohle der Morre ein geschlossenes *Schul- und Sportzentrum*, das sich westlich der Eberstadter Straße fortsetzt. Noch nördlich der Morre wurde eine flachgiebelige Tennishalle mit zugehörigem Restaurant gebaut. Südlich des kleinen Wasserlaufs verteilen sich zwei- und dreigeschossige Flachdachbauten in Glas- und Betontechnik über eine ausgedehnte Rasenanlage: die Grund-, Haupt- und Realschule sowie eine Sport- und eine Schwimmhalle. Westlich der Einmündung des Bödigheimer Bachs in die Morre setzt sich das Schulzentrum ebenfalls südlich des Flusses in parkartiger Umgebung mit dem Gymnasium, der

Gewerbeschule und der Hauswirtschaftlichen Schule sowie einer Fachschule für Sozialpädagogik im Missionskonvikt St. Rochus fort. Das moderne Geräte- und Fahrzeughaus der Feuerwehr mit einem Schlauchtrocken- und Beobachtungsturm sowie das Landwirtschaftsamt ergänzen die seit den 1960er Jahren erbauten, meist dreigeschossigen Schultrakte, die teilweise durch gelbbraune Klinkerfronten auffallen.

Die *Neubauflächen der 1970er und 80er Jahre* im W der Stadt sind im Bereich der äußeren Dr.-Konrad-Adenauer-Straße und der Hollerbacher Straße – mit Ausnahme des Krankenhausareals ganz am Westrand – reine Wohnbereiche. Eine Einfamilienhaus- und Doppelhausbebauung herrscht in ihnen vor, aus der sich vor allem drei größere Wohntürme westlich der Von-Leiningen-Straße mit 8 und 9 Geschossen durch ihre Höhe und dunkle Fassadengestaltung herausheben. An der Heinrich-Lauer-Straße verursachen dann größere Wohnblöcke mit vier Stockwerken eine dichtere Bebauung. Auch diese Geschoßhäuser sind von einer gepflegten Garten- und Parkatmosphäre umgeben und gliedern sich harmonisch in das junge Wohngebiet ein. Nach S zu ist dieses westliche Neubaugebiet in den ehemaligen Fluren »Nahholz« und »Am Langen Graben« im Sommer 1986 noch nicht abgeschlossen. Erst im Rohbau stehende Häuser künden dort vom laufenden Ausbau.

Am Waldrand, in ausgesprochener Siedlungsrandlage, wurde in parkartiger Umgebung das *Kreiskrankenhaus* errichtet. Sein Haupttrakt ist ein wuchtiger, aber eleganter viergeschossiger Bau mit weißen Klinkerfassaden und meridional ausgerichteter Längsfront. Zu diesem Krankenhauskomplex südlich der äußeren Dr.-Konrad-Adenauer-Straße gehören innerhalb des die Klinik umgebenden Parkgeländes mehrere dreigeschossige Flachdachgebäude, Wohnhäuser für das Krankenhauspersonal.

Die jungen Neubaugebiete im N der Stadt, die sich geschlossen von der nach Walldürn weiterführenden Bahntrasse im Tal des Hainsterbachs über die hügeligen Hänge beiderseits der Walldürner Straße bis zur östlichen Ortsumgehung der B 27 und darüber hinaus erstrecken, erfüllen unterschiedliche Funktionen. Entsprechend vielgestaltig ist ihr Aufrißbild. Der Bereich westlich der Walldürner Straße ist dabei ein reines Wohngebiet mit ersten baulichen Ansätzen am etwa westexponierten Hang in den späten 1950er und 60er Jahren. Die Mehrzahl der ganz individuell gestalteten, heute teilweise recht dicht stehenden Einfamilienhäuser entstammt dem nachfolgenden Jahrzehnt. Ganz jung angelegt und noch nicht völlig überbaut ist der Talbereich zwischen Bahnlinie und Hainsterbach. Südlich des Gladiolenwegs prägen dort dichter stehende, zweigeschossige Häuser die Siedlung mit ihren stets mehrfach abgeknickten Wohnstraßen. Weiter nördlich treten teils individuell gestaltete, teils ziemlich gleichartige Ein- und Zweifamilienhäuser hervor. Der Ausbau am Nordrand ist noch im Gang, worauf unbebaute Hausgrundstücke sowie gerade fertiggestellte Rohbauten hindeuten.

Östlich der Walldürner Straße fallen in dem ebenfalls jungen Wohngebiet, das im S an das Bahnhofsviertel angrenzt, größere wohnblockartige Mehrfamilienhäuser auf. Im N geht dieses erst seit den 1970er Jahren erschlossene Neubaugebiet im Flurstück »In der hinteren Wanne«, im O in den einstigen Fluren »In der vorderen Wanne« und »Im Krötenteich« in ein *Gewerbe- und Industriegebiet* über, das sich östlich der B 27 entlang der Siemensstraße fortsetzt. Das im N mit modernen gewerblichen Unternehmen durchsetzte, für den wirtschaftlichen Ausbau der Stadt wichtige Erweiterungsgebiet wird ganz entscheidend durch den großen kubischen Baublock eines Möbelgeschäfts und – ganz am hochgelegenen Nordrand – durch einen Agrar-, Zweirad- und Landmaschinenmarkt bestimmt. Der gelb gestrichene Flachdachbau dieses Agrarmarktes ist weithin sichtbar, nicht zuletzt durch seine erhöhte randliche Lage. Größere Industriebetriebe, die zum Teil erst ausgebaut werden (1986), prägen dann den östlichsten Teil jenseits der B 27, die mit ihrer in Straßeneinschnitten, auf Dämmen und Brücken verlaufenden Ortsumgehung die neuen Gewerbe- und Industrieflächen durchschneidet.

Eberstadt, ein weiteres ehemaliges ritterschaftliches Dorf im Baulandanteil des heutigen Stadtgebiets, dehnt sich mit seinem alten Baubestand als unregelmäßig gestaltetes *Haufendorf* in der Talsohle des zur Seckach entwässernden Krummebachs und am rechtsseitigen ostexponierten Talhang aus. Im NO erstreckt sich das alte Dorf an der aus der Talrichtung nach W umbiegenden und den Wasserlauf querenden Dorfstraße links des Krummebachs bis an den Gegenhang. Südlich des Schloßparks biegt sie auf der rechten Talseite bei der Volksbank Franken dann wieder südwärts in Talrichtung um. Bei den eng stehenden landwirtschaftlichen Anwesen fallen in diesem unteren Dorfteil viele neue Wohnhäuser sowie gut renovierte ältere Gebäude auf. Die Gehöfte haben ganz unterschiedliche, im wesentlichen von der Enge im dicht bebauten Haufendorf geprägte Grundrisse. Zweiseit-, Winkel- und Dreiseithöfe gestalten den abwechslungsreichen Aufriß. Hervorstechende und das Dorfbild entscheidend beeinflussende Aufrißelemente sind auf dem Talboden am Nordrand der Bebauung zwischen dem Mühlgraben und Krummebach der *Schloßbezirk* und nördlich davon die Sporthalle. Der aus einem Wasserschloß hervorgegangene barockisierte Adelssitz besteht aus einem dreigeschossigen Hauptbau mit Sprossenfenstern und Krüppelwalmdach, an dessen östlichen Ecken wuchtige Rundtürme, der nördliche mit Kegeldach und der südliche mit barockem Haubenabschluß, angesetzt sind. Nach W schließt eine ebenfalls mit Ecktürmen bewehrte, wohl noch mittelalterliche Bruchsteinmauer den Schloßkomplex ab. Im N begrenzen langgestreckte Wirtschaftsgebäude aus Muschelkalk-Bruchsteinen in Streckhofmanier den Schloßhof, an dessen Ostrand ein reizvoller Fachwerkbau, die einstige Schloßmühle, steht. Einen gewaltigen Kontrast zu diesem historisch gewachsenen Baukomplex bildet die moderne *Sporthalle*, ein flacher und verputzter Betonbau mit einem flachgiebeligen Dach und recht hohem Heizungskamin. Zwischen diesem modernen Zweckbau und dem Schloßbezirk wurden Parkplätze angelegt.

Vom Talgrund südlich des Schloßareals ziehen mehrere Verbindungswege zu der in leicht geschwungenem Verlauf am ostwärts einfallenden Talhang entlangführenden Rathausstraße hinauf. Sie ist von der nördlichen bis zur südlichen Bebauungsgrenze dicht bebaut und weist in ihrem mittleren Bereich mit der Kirche, der gegenüberliegenden Poststelle, der Schule etwas südlich, dem Rathaus und einem Kindergarten weiter nördlich, den Gasthäusern zur Krone und zum Adler, einer Sparkassenfiliale, einem Lebensmittelladen und einer Bäckerei einen Geschäfts- und Verwaltungsbereich mit zentralen Funktionen für den ganzen Ort auf.

Das *Gotteshaus* ist ein geosteter einschiffiger Bau mit barockem Charakter. Seine verputzten Wände werden durch Ecklisenen und Lisenen an den Längsfronten gegliedert. Auf dem ziegelgedeckten Giebeldach sitzt ein schieferverkleideter Dachreiter auf viereckigem Grundriß, der mit einer Welschen Haube und darüber aufragendem spitzhelmartigen Türmchen abschließt. Das Rathaus ist ein moderner Giebeldachbau mit einer Sirene. Am Südgiebel fällt ein erkerartiges Fenster auf. Modern ist auch der Kindergarten, ein giebelseitig zur Rathausstraße gerichtetes Haus, dessen vordere Giebelseite durch Fresken mit Märchenmotiven verziert ist. Die Schule besteht aus einem älteren Buntsandsteingebäude mit Walmdach aus dem Jahr 1878. 1954 erfuhr sie an der Talseite eine Erweiterung mit einem Flachdachanbau mit großflächigen Fenstern.

Die Bebauung der Rathausstraße ist insgesamt dicht. Die Bauernhäuser sind durch den Straßenverlauf am Talhang traufständig. Streckhofanlagen fallen auf, auch ehemalige Eindachhöfe, die heute in reine Wohnhäuser umgebaut sind. Im nördlichen Bereich prägt ein größeres landwirtschaftliches Anwesen, ein traufständiger Bau weitgehend aus Muschelkalk-Bruchsteinmauerwerk von 1818 mit einem Rüdtschen Wappen das Bild der Rathausstraße. Am Südrand der alten Bebauung steht ein langgestreckter Eindachhof aus Muschelkalk-Bruchsteinen im Erd- und Fachwerkbauweise im Obergeschoß, wobei die Gefache mit Backsteinen gefüllt sind.

Südlich davon setzt in den Kirschenäckern mit einer Möbelfabrik und zugehörigen Verkaufsräumen eine südwestliche *Neubauerweiterung* ein, die sich zeilenartig am Steigeweg hinaufzieht und den sanft zum Talboden abfallenden Hang unterhalb des Judenhölzle in die Bebauungszone einschließt. Überwiegend traufständige Einfamilienhäuser in gepflegten Ziergärten mit Rasenflächen und viel Blumenschmuck bestimmen die angenehme Wohnatmosphäre dieses abseits vom Talverkehr angesiedelten Neubaugebiets. Am oberen Hang verzweigt sich der Neubaubereich im Flurstück »An der Steige«. Dort zweigt die Obere Steige vom Steigeweg in etwa hangparallelem Verlauf ab, und größere zweigeschossige Wohnhäuser bestimmen die jüngste Wachstumsphase der Ortschaft.

Das aus zwei Ortsteilen bestehende Dorf Einbach liegt mit seiner Gemarkung ganz im Oberen Buntsandstein des Hinteren Odenwalds und nimmt in der flachen, in den Plattensandstein eingetieften Talwanne eines östlichen Seitenbachs des Elztals eine typische Muldenlage ein. Die Besiedlung meidet dabei den von jungen Alluvionen bedeckten und mit Wiesen überzogenen Talgrund und erstreckt sich straßendorfartig entlang der beiden sanft abfallenden Talflanken, an denen in mittleren und oberen Bereichen Röttone anstehen.

Der *nördliche Teil der Siedlung*, deren alter Baubestand am südexponierten Talhang an der Elztalstraße etwa in O-W-Richtung aufgereiht ist, bildet den funktionalen Kern des zweiteiligen Dorfes. Der bauliche Ausdruck seiner zentralen Stellung im Siedlungsgefüge sind das Rat- und Schulhaus sowie das Gasthaus »Badischer Hof« an der Elztalstraße. Das an der Ecke der westlichen Elztalstraße und der die Talmulde querenden und die beiden Siedlungsteile verbindenden Waldhausener Straße 1904 erbaute Rat- und Schulhaus ist ein hoher zweigeschossiger Buntsandsteinbau mit Halbwalmdach. Auf ihm sitzen ein viereckiger Dachreiter mit Spitzhelmabschluß und eine Sirene. Unmittelbar westlich dieses kommunalen Gebäudes fällt ein langgestreckter schopfartiger Bau auf einem Buntsandsteinsockel auf, das Feuerwehrgerätehaus. Etwa in der Mitte der alten Dorfzeile steht traufseitig der »Badische Hof«, die einzige Gaststätte des Dorfes, mit Buntsandsteinmauerwerk im Erd- und Backsteinmauerung im Obergeschoß. Die bäuerlichen Anwesen haben unterschiedliche Grundrißformen: Streckgehöfte wie unmittelbar nördlich des Rat- und Schulhauses oder an der östlichen Stiftstraße, die am Hang oberhalb der Elztalstraße entlangzieht, fallen neben Winkelgehöften und zu Zweiseitgehöften erweiterten Streckhofanlagen auf. In der Gasse, dem Verbindungsweg von östlicher Elztal- und Stiftstraße, herrscht eine dichte und verschachtelte Bebauung vor. Das Ortsbild wird entscheidend von vielen renovierten oder nach der Jahrhundertmitte anstelle älterer Häuser neu errichteten Wohnbauten geprägt, die zu den Bauernhöfen gehören. An der westlichen Stiftstraße sowie an deren westlicher Fortsetzung Im Schulzengarten entwickelte sich eine *Neubauerweiterung* mit meist zweigeschossigen Einfamilienhäusern in bevorzugter Südhanglage. Über den Langenelzer Weg, die nördliche Fortsetzung der Waldhausener Straße, ist diese Ortserweiterung mit dem alten Dorf verbunden. An der Elztalstraße nordöstlich außerhalb des Dorfes liegt der Friedhof mit einer modernen Kapelle mit Schrägdach und angebauter Leichenhalle.

Der *südliche Dorfteil*, der sich am nordwärts abfallenden Talhang entlang der Odenwaldstraße und westlich der Waldhausener Straße entlang der Straße Im Hof parallel zum nördlichen Siedlungsteil ausdehnt, ist noch stärker von der Landwirtschaft geprägt. Große Gehöftanlagen mit Wohnhausneubauten im westlichen Bebauungsbereich »Im Hof« sowie Streckgehöfte, die teils modernisiert sind (Odenwaldstr. 2), und ein umfangreiches Dreiseitgehöft bestimmen das ländliche Siedlungsbild. Buntsandstein wurde als bodenständiges Baumaterial bei den älteren Wirtschaftsgebäuden häufig verwendet. Auch an der Odenwaldstraße beeinflussen Wohnhausneubauten ganz entscheidend den Aufriß und das Bild der Bauernhöfe (Nr. 6, 7, 12 und 18).

Etwa 600 m nordwestlich des Dorfes liegt im tiefer eingeschnittenen Tal des Elzbachs die *Einbacher Mühle*, der einzige eigenständige Wohnplatz auf der Gemarkung. Er besteht heute aus drei Gebäuden, der eigentlichen Mühle an dem vom Elzbach abgeleiteten Mühlkanal im Knick der den Talgrund querenden Straße Einbach–Laudenberg und zwei Nebengebäuden.

Das nur wenig unterhalb von Rinschheim im Rinschbachtal gelegene Götzingen besteht aus einem alten und dicht bebauten Haufendorf auf dem Talboden und am Talhang westlich des Wasserlaufs als Siedlungskern sowie einem südlich davon sich über die Muschelkalkhügel des Baulands westlich des Rinschbachtals ausdehnenden Neubaugebiet mit einer weit über die Bebauungsfläche des alten Dorfes hinausreichenden Siedlungsfläche.

Das alte und noch weithin bäuerliche *Haufendorf* mit einer Höhenlage von 317/8 m NN auf der rechtsseitigen Rinschbachsohle und 334/6 m NN am rechten Talhang beim Friedhof und bei der Schule hat ein durch die topographischen Verhältnisse bedingtes unregelmäßig leiterförmiges Straßen- und Gassennetz. Die Hauptachse besteht dabei im N am Westrand der Talsohle aus der Rinschheimer Straße und der Germanenstraße, die die westliche Talsohle querend von ihr abbiegt und nahe dem Rinschbach wiederum in Talrichtung einschwenkend südwärts weiterzieht. Die südliche und den westlichen Talhang erklimmende Fortsetzung der Rinschheimer Straße ist die Thingstraße, die am Kirchberg mit der Pfarrkirche und dem Friedhof südwestwärts umbiegt und nach Eberstadt weiterführt. Schmale und dicht bebaute Gassen wie der Hünenweg und die Reutergasse bilden die sprossenartigen Verbindungsachsen zwischen am Hang und auf dem Talgrund verlaufender Thing- und südlicher Germanenstraße.

An der nördlichen, den rechtsseitigen Talboden querenden Germanenstraße, an deren Knick nach S die auf die östliche Talseite hinüberführende Altheimer Straße abzweigt, entstand anstelle alter Hofanlagen ein Dorfplatz mit Brunnen und Kinderspielplatz. Einige Kaufläden, so ein Getränkemarkt und ein Lebensmittelgeschäft, eine Zweigstelle der Volksbank Franken und das Gasthaus »Deutscher Hof« in Verbindung mit einem weiteren Lebensmittelladen heben die Germanenstraße als dörflichen Geschäftsbereich aus der übrigen Bebauung heraus. Ihm gehört auch noch die untere Thingstraße von der Kirche abwärts an, wo am Hang unmittelbar unterhalb des Gotteshauses in einem gut renovierten Fachwerkhaus eine Sparkassenfiliale und – an der Straße weiter unten nahe der Einmündung in die Germanen- und Rinschheimer Straße – das Gasthaus zum Adler stehen. Die das alte Dorf weitgehend prägenden bäuerlichen Anwesen haben Zweiseit-, Winkel- und Dreiseitgrundrisse, letztere durch die enge Bebauung an der unteren Thingstraße mit nur schmalem Hof. Auch Streckgehöfte fallen auf, wie an dem Gäßlein Am Zickmantel, das von der südlichen Germanenstraße ostwärts abzweigt, oder an der Altheimer Straße. Sie bildet eine frühe Erweiterung des alten Dorfes über den Rinschbach hinaus zu einem Mühlenbezirk hin. An ihr steht unmittelbar östlich des Bachlaufs auch eine Eindachanlage (Nr. 4). Eindachhäuser und Streckgehöfte beeinflussen entscheidend das Bild der Rinschheimer Straße, des Klingel- und Buchenbergwegs im N des Dorfes. Als Baumaterial lassen sich häufig bodenständige Muschelkalk-Bruchsteine erkennen.

Die 1791 noch in barocken Formen erbaute *Pfarrkirche* am Hang südlich oberhalb der Thingstraße zeichnet sich durch einen mittelrisalitartig aus dem Nordgiebel hervortretenden Glockenturm mit Haubendach und darübersitzender Laterne aus. Der hell verputzte einschiffige Kirchenbau hat hohe Rundbogenfenster mit Buntsandsteineinfassungen sowie einen pentagonalen Chorabschluß im Süden. Am Nordrand des an die Kirche anschließenden Friedhofs bildet die als sechseckiger Zentralbau errichtete Friedhofskapelle mit angebauter Leichenhalle ein neuartiges Architekturelement, das sich von der älteren Bebauung deutlich abhebt. Ihr gehört auch noch das weiter westlich stehende Schulhaus an, ein am Eingang und den Fenstern modernisiertes Gebäude mit flachem Walmdach. Zu ihm gehört im Winkel von Thingstraße und Handgasse der dreieckförmige Schulhof.

Im Gegensatz zum N-, O- und W-Rand der Siedlung, wo an der Rinschheimer, Altheimer Straße und am Buchenbergweg nur vereinzelte randliche Neubauten zu erkennen sind, dehnt sich südlich der Handgasse und Schulstraße zwischen der Schlierstadter Straße im W und dem Bofsheimer Weg im O ein großflächiges *Neubaugebiet* aus. Es setzt noch an der Thingstraße mit einer Sporthalle mit hohen rechteckigen Fenstern und flachem Giebeldach ein und besitzt ein hangauf- und -abwärtsziehendes sowie hangparallel verlaufendes Straßennetz. Es erstreckt sich über den Höhenrücken südlich des alten Dorfes bis fast zum Hemberg-Wald und erreicht an der am Sportplatz entlangführenden Höhenstraße in der einstigen Flur Obere Kolben eine Höhenlage von über 350 m NN. Dieser Neubaubereich ist ein Wohngebiet mit in Ziergärten stehenden Einfamilienhäusern und Bungalows, das am sanft südwärts geneigten Hügelhang südlich der Höhenstraße erst locker und noch mit Baulücken erschlossen ist. Aus der reinen Wohnbebauung heben sich an der Höhenstraße bei dem erst in den 1970er Jahren erweiterten Sportplatz die Gaststätte »Sportheim« und an der Einmündung der den nordwärts abfallenden Hang erklimmenden Straße Am Berg ein moderner Gewerbebetrieb der Kfz-Branche für den Innenausbau von Wohnwagen und Pritschenaufbau von Kleinlastern ab.

Das unmittelbar nördlich der Kernstadt Buchen liegende Dorf Hainstadt ist mit seinem alten Siedlungsteil eine dicht bebaute, ins Frühmittelalter zurückreichende Siedlung in der flachen, weitgehend mit Lößlehm ausgekleideten Talmulde des Hainsterbachs, der beim Buchener Friedhof in die Morre einmündet. Den *Mittelpunkt* des alten Haufendorfs bildet eine platzartige Straßenerweiterung am Zusammentreffen der Buchener Straße von S, der Dürmer Straße sowie der Kirchstraße und des Bannwinkels von N, der Bürgermeister-Keller- und der Hornbacher Straße von W. Südlich der beiden zuletzt genannten Straßen dehnt sich die alte Bebauung zwischen der Buchener Straße im O und der Brunnenstraße im W und S aus. Sie mündet in die weiter westwärts führende Hornbacher Straße ein, an der sich schon im vorigen Jahrhundert eine Wachstumsspitze bis zur Bahnlinie Buchen–Walldürn entwickelt hatte.

Der Platz im Zentrum wird durch ein Madonnenstandbild geprägt, das die Muttergottes auf einer Kugel stehend zu erkennen gibt. Mit einer Sparkassenfiliale in einem schmucken Fachwerkbau, einem Lebensmittelladen sowie dem Gasthaus zum Grünen Baum entwickelte sich um den Platz ein kleines Geschäftsviertel, das sich an der Hornbacher Straße bis über die Einmündung der Brunnenstraße hinaus fortsetzt. Die alte dörfliche Aufrißgestaltung wurde in diesem innerörtlichen Geschäftsbereich durch moderne Bauten wie beim Gasthaus und der Pension zum Schwanen sowie bei der

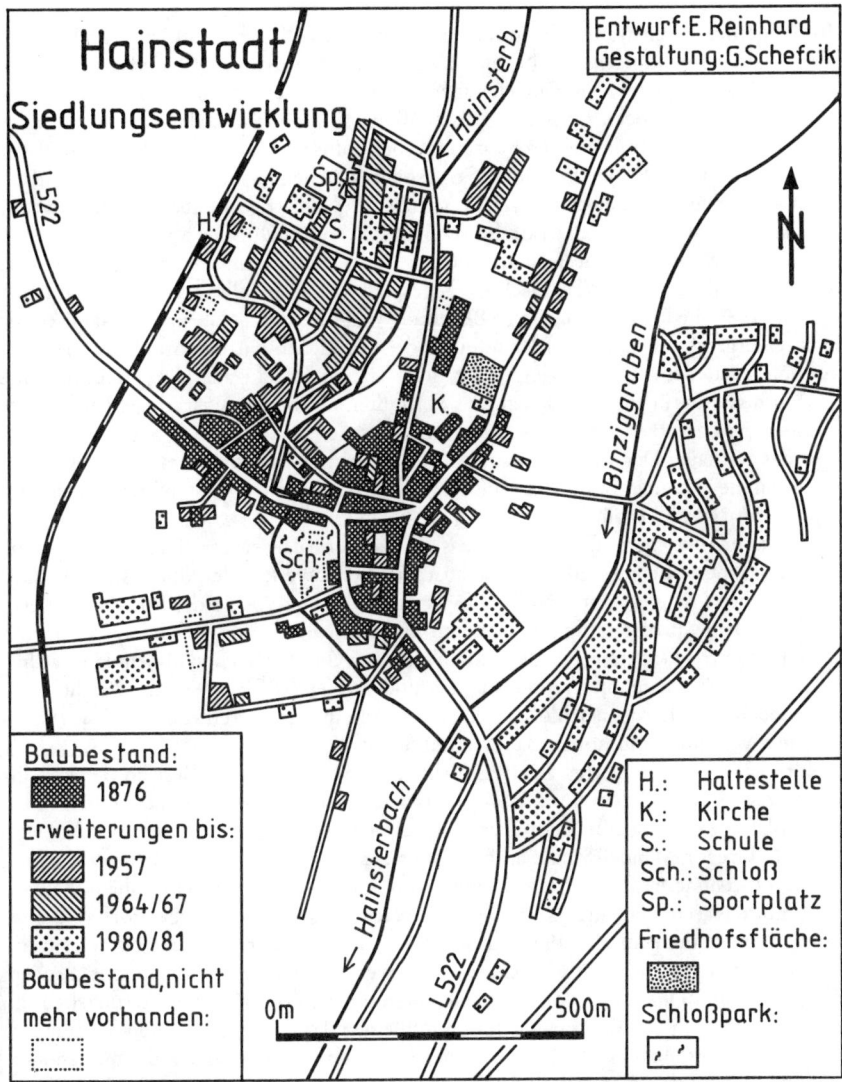

benachbarten Metzgerei und einigen Wohn- und Wohn-Geschäftshäusern überprägt, auch wenn sie an der Südseite der Hornbacher Straße mit einigen landwirtschaftlichen Anwesen noch durchschimmert. Unmittelbar nördlich des Schloßparks (s. u.) steht eine Zweigstelle der Volksbank Franken. Zusammen mit der Post, die sich in einem hohen dreigeschossigen Gebäude mit Krüppelwalmdach und teils klassizistischen Stilelementen an den Fassaden befindet, bildet sie den Kern der westlichen Fortsetzung des Geschäftsbereichs an der Hornbacher Straße bis zur Überbrückung des Hainsterbachs.

Zum *funktionalen Zentrum* der Ortschaft gehört ferner der Nordteil des alten Dorfes an der Kirch- und Dürmer Straße. Der barocke Buntsandsteinbau der Pfarrkirche am

Nordende der Kirchstraße wird durch eine einschiffige Kirchenhalle mit Giebeldach, einen schmaleren fünfseitigen Nordchor mit Sakristeianbau im O und durch einen mittelrisalitartig aus dem Südgiebel heraustretenden Glockenturm bestimmt. Sein für die Bauperiode des Barocks typischer Abschluß mit Zwiebeldach, darüber aufragender oktogonaler Laterne mit kleinerer Dachzwiebel übt einen entscheidenden Einfluß auf das Ortsbild aus. Das westlich des Gotteshauses stehende Pfarrhaus mit Walmdach verrät seine Zugehörigkeit zur Kirche durch seine gleichartige Buntsandsteinbauweise. Unmittelbar nördlich der Pfarrkirche schließt der an die Dürmer Straße angrenzende Friedhof an. Seine moderne Kapelle mit zur Dürmer Straße ansteigendem Giebeldach und einer als niedrigerem Flachdachbau angesetzten Leichenhalle setzt einen deutlichen Akzent gegen die benachbarte ältere Bebauung und bildet einen abrupten architektonischen Übergang zur jüngeren Bebauung an der nördlichen Dürmer Straße aus der Zeit vor und nach dem 2. Weltkrieg. Auffallend ist am Südeingang des Friedhofs eine Gedächtnisstätte für die Gefallenen und Vermißten der beiden Weltkriege. Östlich des erhöhten Kirchplatzes, zu dem von der Kirchstraße ein Treppenaufgang hinaufführt, steht das Rathaus. Der 1911 entstandene, hohe Bau mit Krüppelwalmdach und aufgesetzter Sirene hat einen Buntsandsteinsockel und Buntsandsteinfenstereinfassungen und trägt einen weißen Verputz.

Im Südteil des alten Dorfes, wo das mit seiner rückseitigen Längsfront an die Brunnenstraße stoßende Schloß das herausragende Bauwerk bildet, findet sich ebenfalls ein weitgehend neugestalteter oder renovierter Baubestand: So an der Von-Collenberg-Straße, die leitersprossenartig die Brunnen- und Buchener Straße verbindet. Das Schloß ist ein langgestreckter einfacher Barockbau mit zwei Geschossen und hohem Halbwalmdach. Seine Schauseite mit Treppenaufgang und verzierten Türen ist dem westlich sich ausdehnenden parkartigen Schloßgarten zugewandt, in dem ein reizvolles Fachwerkhaus umgeben von alten und hohen Bäumen auffällt.

Nördlich des alten Dorfes an der Hornbacher Straße setzt im Bereich der von ihr nordwärts abzweigenden und dann westwärts zum Bahnhaltepunkt umbiegenden Bahnhofstraße ein jüngerer Ortsteil erst aus unserem Jahrhundert ein. Von der Abzweigung der Gregor-Mendel-Straße an besteht er aus einem geschlossenen *Neubaugebiet*, das zum Ortsinneren zu aus kleinen und wenig komfortablen Giebeldachhäuschen aus der unmittelbaren Nachkriegszeit besteht. Nach N gegen die Eichendorffstraße zu nimmt die Bebauung aus den 1950er und 1960er Jahren dann individuellere Züge an. Ein moderner Schulkomplex aus einem ersten zweigeschossigen Schulbau mit flachem Giebeldach und einem erst vor wenigen Jahren abgeschlossenen Erweiterungsbau um einen Innenhof, in den Obergeschossen durch eine Glasgalerie miteinander verbunden, heben sich unmittelbar nördlich der Eichendorffstraße von der übrigen Einfamilienhausbebauung sowie den Gewerbe- und Industrieanlagen nahe der Bahnlinie ab. Letztere finden sich nördlich und südlich des Bahnhaltepunkts mit einem großen Elektrogeschäft und mit den ausgedehnten Fabrikbauten der Schifferdecker-Möbelwerke.

Eine großflächige *Neubauerweiterung* hat Hainstadt bis in die 1980er Jahre am westexponierten Hang des Hainsterbachtals erfahren. Moderne ein- und zweigeschossige Ein- und Zweifamilienhäuser, teilweise in reizvoller Hanglage, prägen dieses östliche Neubaugebiet in der Gestalt eines gepflegten vorstädtischen Wohnviertels mit Häusern in Ziergärten.

Im SW des Dorfes sticht nahe der Bahnlinie ein weiterer Fabrikkomplex mit einer Ziegelei und einem Betonwerk hervor. Dieses von einem hohen Fabrikschlot überragte *Industrieareal* am Außenrand der Siedlung wird entscheidend durch moderne Produktionshallen mit Giebeldächern und Schrägdach geprägt.

Hettigenbeuern in dem rd. 150 m in den Oberen und Mittleren Buntsandstein eingeschnittenen Morretal hat zwei haufendorfartige Siedlungskerne beiderseits des Flußlaufs. Sie liegen am Ausgang klingenartig eingekerbter Seitentälchen auf Schwemmfächern am Rand der Talsohle und erstrecken sich entlang der beide Dorfteile verbindenden und die Morre überbrückenden Morretalstraße bis in den feuchten und wiesenbedeckten Talgrund.

Der *rechtsseitige Ortskern* bildet mit der kath. Pfarrkirche, der Ortsverwaltung, der Post und schulischen Einrichtungen den funktional bedingten Hauptteil der Talsiedlung. Architektonisch herausragend ist gegen seinen Ostrand an der nach Buchen führenden Kreisstraße der Kirchenbezirk mit dem aus Buntsandstein erbauten neugotischen Gotteshaus von 1903. Der einschiffige Bau mit polygonalem Nordchor wird von einem steilen Giebeldach überragt. Über dem der Straße zugekehrten Südgiebel erhebt sich ein verschindelter Dachreiter mit Spitzhelmabschluß. Zum Kirchenbereich gehören ortseinwärts der von einer massiven Mauer umschlossene Friedhof, der ursprüngliche Standort der Dorfkirche, sowie zwischen Friedhof und heutiger Kirche eine Rasenanlage mit modernem Buntsandsteinbrunnen, der von einer allegorischen Plastik des das Böse besiegenden Guten, dargestellt in der Gestalt eines den Teufel niederstechenden Engels, gekrönt ist. Der dicht zusammengedrängte bäuerliche Baubestand besteht aus Zweiseit- und Dreiseitgehöften, bei denen hohe hölzerne Tabakscheuern sowie renovierte oder neu gebaute zweigeschossige Wohnhäuser auffallen (Schneeberger Straße, östliche Morretalstraße). Neubauten haben im alten Dorf vielerorts das Aufrißbild verändert, so auch unmittelbar östlich der Kirche, wo an der Abzweigung der den rechten Talhang erschließenden Sonnenstraße der ältere Baubestand 1974 durch das moderne Gasthaus zum Löwen ersetzt wurde. Das weiß verputzte Gebäude mit hohem Giebeldach und teilweiser Holzverschalung paßt sich gut seiner Umgebung an.

Der *Ortskern auf der linken Talseite* zeigt im Bereich der westlichen Morretalstraße, der Steinbacher Straße und der Winterhalde einen noch stärker von der Landwirtschaft bestimmten Aufriß als jenseits der Morre. Die ebenfalls dichte und teils verschachtelt wirkende Bebauung wird entscheidend von Bauernhöfen, darunter großen Dreiseitanlagen, beeinflußt. Auch in diesem Ortsteil fallen Tabakscheunen sowie herausgeputzte und neu errichtete Wohnhäuser auf, die zu den Gehöften gehören. Als nicht bäuerliches Element sticht an der äußeren südlichen Steinbacher Straße ein Gemischtwaren- und Lebensmittelgeschäft in einem jungen Anbau an ein älteres Bauernhaus hervor.

Die Morretalstraße als Verbindungsachse zwischen den beiden dörflichen Siedlungskernen ist nicht nur Standort bäuerlicher Betriebe mit Tabakanbau. Eine Volksbankfiliale, eine Pension mit Restaurant und Café unmittelbar am Rand des sich bis zum Morrelauf ausdehnenden Kurparks beziehen sie in den örtlichen Geschäftsbereich mit ein. Gegen den Ostrand des kleinen, auf dem Talboden angelegten Kurparks steht als historisches Bauwerk der *Götzenturm*, ein mittelalterlicher Wohnturm mit festem Mauerwerk, drei Geschossen und Walmdach. In dem von gepflegten Spazierwegen durchzogenen Park befindet sich auch ein Minigolfplatz.

Die südwestexponierte, am Mühlberg und Hornbacher Berg bewaldete rechte Talflanke der Morre, in die ein schmales Nebentälchen eingekerbt ist, bildet heute ein weitläufiges *Neubaugebiet*, das in den ehemaligen Flurstücken Mühläcker, Kalkäcker, Kirchenwiesen und Kirchenacker bebaut ist. Von der durch das Seitentälchen auf die Buntsandsteinhochfläche führenden Hornbacher Straße und von der Sonnenstraße erschließen hangparallele Straßen die junge Siedlungserweiterung (Am Mühlberg und Morreblick nach NW, Fasanenstraße und obere Sonnenstraße nach SO). Individuell gestaltete Einfamilienhäuser, zwischen denen teilweise noch unbebaute Grundstücke liegen, prägen die im Gegensatz zu den alten Ortskernen lockere Bebauung. An der Hornbacher Straße stehen einige zweigeschossige Doppelhäuschen. Die Neubauten am Mühlberg werden am Waldrand von einem größeren Buntsandsteinbau in historisierenden Formen mit barock gegliedertem Mansarddach und Mittelrisalit überragt.

Das an den Hängen allseits von Neubaubereichen umschlossene Haufendorf Hettingen liegt in der Quellmulde der Morre. Im Ortsmittelpunkt treffen mehrere Straßen im Rathausbereich zusammen, so daß die alte Siedlung einen unregelmäßig sternförmigen Grundriß aufweist. Die nach W in die nur wenige Kilometer entfernte Kernstadt führende Neue Buchener Straße und die vom Ortszentrum südostwärts nach Rinschheim ziehende Morrestraße bilden unter ihnen die den Ort durchquerende Hauptverkehrsachse mit einer beachtlichen Verkehrsbelastung im Zuge der Landesstraße 522. Unmittelbar beim Rathaus zweigt dann die Römerkastellstraße in nordöstlicher Richtung hangaufwärts ab und schafft über eine Kreisstraße die Verbindung zur L 518 und nach Walldürn. Talgasse und Schmiedbuckel, die westlich des Rathauses beim Gasthaus zur Krone einmünden, erschließen außerdem den Nordhang der Quellmulde, während die ebenfalls vom Ortsmittelpunkt ausgehende Schwedensteinstraße südwestwärts am Südhang hinaufzieht und eine Verbindung nach Eberstadt herstellt.

Der *Ortsmittelpunkt*, der an der inneren Neuen Buchener Straße und Morrestraße mehrere Kaufläden der Lebensmittel-, Textil- und Elektrobranchen sowie eine Sparkassenfiliale aufweist, bildet nicht zuletzt durch die Ortsverwaltung, die Kirche und Gaststätten auch funktional das Siedlungszentrum. Geprägt wird es in seinen traditionellen Formen in erster Linie durch das Rathaus, das Gasthaus zur Krone und den höher gelegenen Kirchenbau. Neuere Züge erhält es durch das moderne Gerätehaus der Feuerwehr und die Sparkassenniederlassung, die in einem umgebauten Haus mit Krüppelwalmdach und Fachwerkobergeschoß eingerichtet wurde. Ein neues Element im Ortsbild ist dort vor allem ein reizvoll gestalteter neuer Brunnen mit mehreren Brunnenröhren und übereinander angeordneten Wasserschalen. Das etwas erhöht im Winkel von Römerkastell- und Morrestraße erbaute Rathaus steht auf hohem Buntsandsteinsockel. Seine beiden Geschosse bestehen aus Muschelkalkmauerwerk mit Buntsandsteintür- und Fenstereinfassungen. Der vor dem 1. Weltkrieg errichtete Bau zeichnet sich durch einen leicht hervortretenden Mittelrisalit aus. Eine ganz ähnliche Gestaltung mit Mittelrisalit und Walmdach weist die 1897 erbaute »Krone« auf. Ihr Erdgeschoß besteht aus Buntsandsteinquadern, ihr Obergeschoß ist mit Backsteinen gemauert.

Die am südexponierten Hang über dem Rathaus erbaute Pfarrkirche, zu der ein steiler Treppenaufgang hinaufführt, beherrscht durch ihre erhöhte Lage das Ortsbild weithin. Der Barockbau mit steilem Giebeldach, querhausartigen Erweiterungen und dreiseitigem Chorabschluß im N wird von einem aus der NW-Seite herausragenden Glockenturm auf quadratischem Grundriß bestimmt, der in einem elegant geschweiften Haubendach mit Turmuhr und Spitzhelmabschluß ausklingt. Typisch barocke Stilelemente sind die rundbogigen Fenster am Kirchensaal, Querhaus und Chor. Weitere Barockverzierungen lassen der Eingang und die Fenster an dem der südlichen Giebelfront vorgesetzten Portalvorbau, ferner das wuchtige, ein Walmdach tragende Pfarrhaus nördlich der Kirche sowie eine das Kreuz tragende Christusfigur auf einem Buntsandsteinsockel mit Kartuschenverzierung von 1756 erkennen. Auf dem Hang östlich der Kirche dehnt sich der Friedhof aus, in dessen oberem Erweiterungsbereich eine neue Friedhofskapelle mit Leichenhalle, ein Betonbau mit flachem Schrägdach, und ein Mahnmal für die Opfer der Weltkriege stehen. Letzteres setzt sich aus Gedenksteinen und einer darüber aufragenden stilisierten steinernen Christusfigur mit ausgebreiteten Armen in Kreuzform zusammen.

Natur- und Kulturlandschaft 623

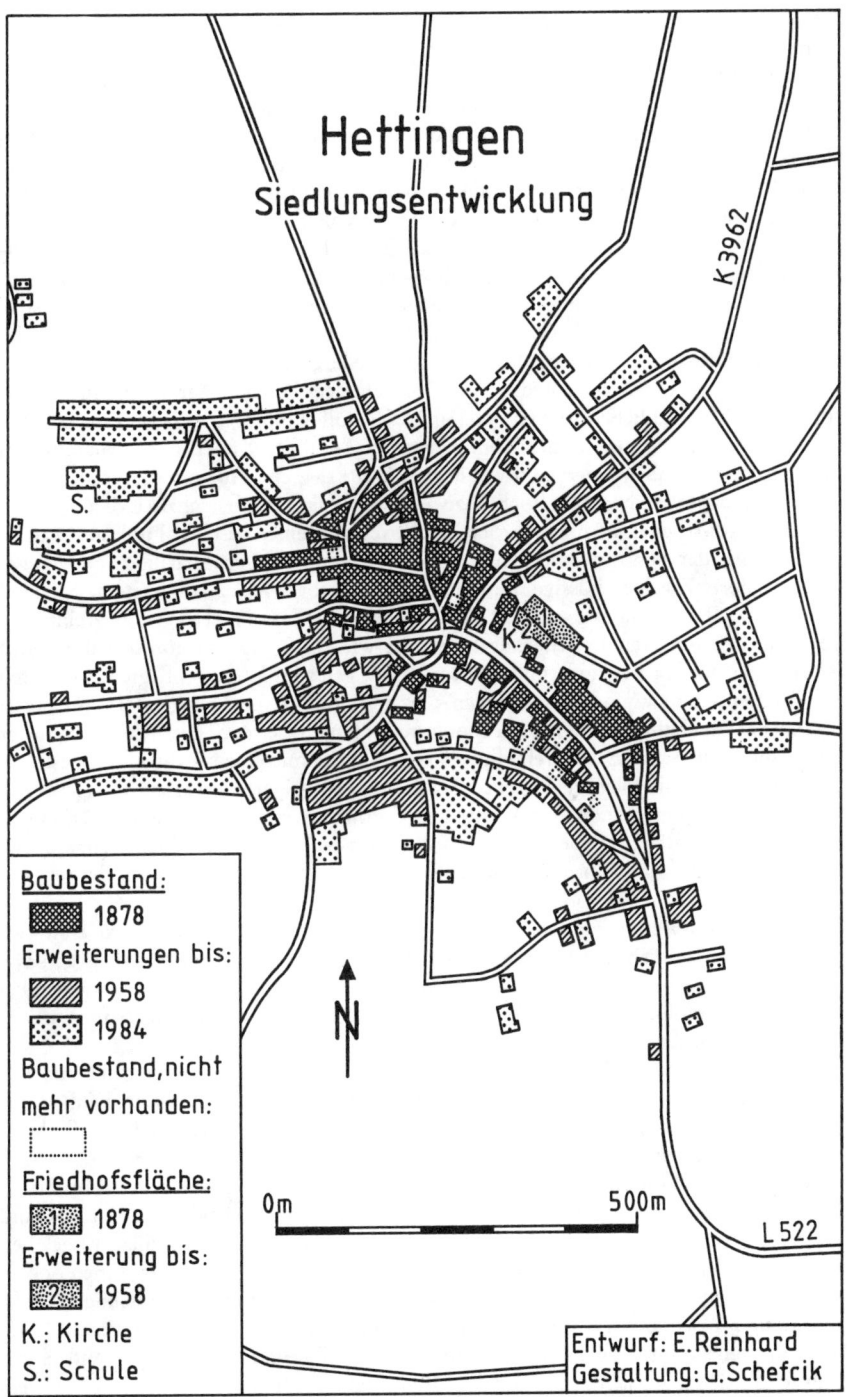

Die bäuerlichen Anwesen sind im *alten Dorf* dicht zusammengedrängt. Zweiseitgehöfte und Streckhöfe bestimmen weitgehend die Hofgrundrisse. Zuweilen findet sich auch ein gestelztes Haus mit Ställen im Untergeschoß und hohem Treppenaufgang ins Obergeschoß wie zwischen dem Rathaus und dem Gasthaus zur Krone. Von der Volksfrömmigkeit kündende barocke Bildstöcke aus Buntsandstein beleben das Ortsbild an Straßenabzweigungen. Zu Wohnbauten umgestaltete Bauernhäuser künden von einem Funktionswandel alter Gebäude, so östlich der Alten Rinschheimer Straße, wo neue zweigeschossige Wohnhäuser an die Stelle von Streckhofanlagen getreten sind. Der Bereich der Morrestraße rechnet im Ostteil der alten Siedlung mit einer Zweigstelle der Volksbank Franken, einem Lebensmittel- und Getränkemarkt sowie dem Gasthaus zum Ochsen ebenfalls noch zum funktionalen Zentrum des Dorfes. Auffallend ist in diesem Siedlungsteil eine kleine Anlage mit künstlichem Wasserbecken, hinter dem im Karst des feinbankigen Wellenkalks die Morrequelle gefaßt ist.

Die *jüngeren Ortsteile*, die das alte Dorf an den Hängen der Morrequellmulde konzentrisch umschließen, setzen etwa an der Adolf-Kolping-Straße und der Schwedensteinstraße im S oder an der Römerkastellstraße im NO noch mit Erweiterungen aus dem vorigen Jahrhundert und vor dem 1. Weltkrieg ein. Auch in diesen Bereichen fallen umgebaute landwirtschaftliche Anwesen auf. Die Nachbarschaftslage zur früheren Kreisstadt Buchen bedingte in der Nachkriegszeit einen raschen Funktionswandel der Siedlung, der sich in teilweise nur locker bebauten, aber großflächigen *Neubaugebieten* äußert. Zweigeschossige Einfamilienhäuser überwiegen bei weitem. Sie sind vorherrschend traufständig an den neu erschlossenen Wohnstraßen aufgereiht und stehen in den jüngsten Erweiterungsbereichen wie Im Weilbaum nördlich der neuen Schule oder an der Bauland- und Spessartstraße ganz im W in gepflegten Ziergärten mit Blumenschmuck und Rasenflächen. Architektonisch herausragend ist im nordwestlichen Neubaugebiet am südexponierten Hang oberhalb der Alten Buchener Straße die neue Schule, ein dreiteiliger Gebäudetrakt mit einem großen dreigeschossigen Mittelbau mit flach geneigtem Dach, einem niedrigeren zweigeschossigen Ostbau und einem eingeschossigen Westteil in Betonbauweise mit Flachdach. In einem nördlichen Seitentälchen der Morre unmittelbar westlich des Schulbergs entwickelte sich entlang der vom Sportplatz ausgehenden Jahnstraße ein kleines Gewerbe- und Industriegebiet.

Hollerbach nimmt eine Hanglage an der südostwärts geneigten, flach zum Talgrund des nur sanft in den Oberen Buntsandstein eingetieften Hollerbachtals ein. Die Hauptsiedlungsachse des auf eine hochmittelalterliche Rodungsanlage zurückgehenden Dorfes ist die Holunderstraße, die einzige Straße der alten Siedlung, die beim Rathaus aus der S-N- in die W-O-Richtung umbiegt.

Die herausragenden Gebäude sind im NW das Rathaus, im O die kath. Pfarrkirche und das Pfarrhaus. Das *Rathaus* ist ein hoher dreigeschossiger Buntsandsteinbau mit Walmdach und Sirene. Vor ihm stehen an der Umbiegung der Holunderstraße hohe Bäume, darunter ein barocker Bildstock in Kapellenform auf schlanker Buntsandsteinsäule. Seine der Holunderstraße zugewandten Seiten tragen eine reiche Reliefierung durch Steinmetzarbeit. Der etwa geostete *Kirchenbau* mit fünfseitigem Ostchor und reich verziertem Westgiebel ist ganz dem Barock verpflichtet. Das einschiffige, hell verputzte Gebäude mit Sakristeianbau im SO hat hohe Sprossenfenster, einen Sockel und Ecklisenen am Chor in Buntsandsteinfarbe, Tür- und Fenstereinfassungen, Eckquader und Lisenen am Westgiebel aus Buntsandstein. Der Westgiebel ist mit einer Buntsandsteinskulptur Mariens mit dem Jesuskind in einer Bogennische und einem erzbischöflich-mainzischen Wappen als Buntsandsteinrelief geschmückt. Über dem

Westgiebel, auf dessen äußeren Dachschrägen Heiligenfiguren aus Buntsandstein stehen, ragt über dem steilen Giebeldach ein verschindelter Dachreiter mit Hauben- und Spitzhelmdach auf. Südlich des Gotteshauses steht das Pfarrhaus, ein hoher Buntsandsteinbau mit Krüppelwalmdach.

Die *bäuerlichen Hofanlagen* bestehen an der Holunderstraße aus großen Dreiseit- und Zweiseitgehöften, teils mit Buntsandsteinmauerwerk an den Stall- und Scheunenbauten sowie mit modernen Wohnhäusern. Gegenüber der Kirche fällt das neu gebaute Gasthaus zur Schmiede auf. Der Gasthof zum Engel zwischen Rathaus und Kirche, gegenüber der Abzweigung der nach Unterneudorf führenden Straße, fügt sich als traufständiger Giebeldachbau mit Buntsandsteinerd- und Backsteinobergeschoß nahtlos in die Umgebung ein.

Der höhere Talhang in günstiger Südexposition ist entlang hangparallel angelegter Neubaustraßen (Am Weinberg, darüber Franz-Wallischek-Str. und Wilhelm-Guntermann-Str.) mit einer locker bebauten *Siedlungserweiterung* durch unterschiedliche Einfamilienhäuser erschlossen. Über die nach Unterneudorf führende Straße ist diese beachtlich nach N und O ausgreifende junge Ortserweiterung an das alte Dorf angebunden.

Das durch jüngere Siedlungsverdichtung heute haufendorfartig wirkende O b e r n e u - d o r f nimmt in der nur sanft in den Plattensandstein eingetieften Quellmulde des Hollerbachs eine geschützte Lage ein. Die hochmittelalterliche Rodungssiedlung am Ostrand des Hinteren Odenwalds war ursprünglich ein locker bebautes Streudorf mit weit auseinanderliegenden Höfen und einer Radialwaldhufenflur, auf die noch das Wegenetz nördlich und westlich des Dorfes hinweist. Am Hang westlich oberhalb des alten Ortsteils entwickelte sich seit den 1970er Jahren ein baulich noch nicht abgeschlossenes *Neubaugebiet* mit verschiedenartigen Einfamilienhäusern.

Die eigentliche Hauptstraße des Dorfes ist die durch das Hollerbachtal führende Kreisstraße 3917, die das *Ortszentrum* in einem durch die Geländeverhältnisse bedingten, nach NW ausgreifenden Bogen durchzieht. In dieser Kurve wurde um einen Buntsandsteinbrunnen, dessen Trog von 1894 stammt, ein Dorfplatz mit einer Bushaltestelle angelegt. Von dort zweigt auch die westwärts zum Neubaugebiet führende Wendelin-Scheuermann-Straße ab, an deren innerem Bereich mit der Kirche und dem Schulhaus die beiden den Ortsmittelpunkt bestimmenden Gebäude stehen.

Der gedrungene Kirchenbau aus dem beginnenden 20. Jh. fügt sich mit seinem Buntsandsteinmauerwerk gut in die Landschaft ein. Der Kirchensaal, an den im S der Chor, im SO die Sakristei angebaut sind, läßt neuromanische Stilelemente erkennen und hat an den Längsseiten moderne längsrechteckige Farbglasfenster. Ein nachträglich mit Welleternit gedecktes Giebeldach paßt nur schwer zum sonst für den Hinteren Odenwald bodenständigen Baumaterial der kleinen Kirche, die über dem Nordgiebel einen auf quadratischem Grundriß aufragenden Dachreiter mit Spitzhelmabschluß trägt. Das dem Gotteshaus gegenüberstehende Schulgebäude von 1910 ist im Erdgeschoß ebenfalls aus Buntsandstein, im Obergeschoß, über dem ein steiles Giebeldach mit Krüppelwalm und Sirene auf dem Dachfirst aufsitzt, aus Backsteinen gemauert. Durch die Kriegergedenkstätte von der Schule getrennt, steht das Rathaus am Westrand des Dorfplatzes. Der unscheinbare Bau mit Bruchsteinmauerwerk aus rötlichen Sandsteinen im Erdgeschoß und einem verputzten Obergeschoß hebt sich nicht aus der umgebenden Bebauung heraus. Die Gedenksteine für die in den beiden Weltkriegen Gefallenen stehen beiderseits eines barocken Bildstocks von 1758. Mit einem weiteren Gedenkstein wird dort auch die Erinnerung an einen im deutsch-französischen Krieg von 1870/71 gefallenen Soldaten aus dem Dorf wachgehalten.

Die bäuerlichen Anwesen sind im Grund- und Aufrißbild verschiedenartig. Die alten, unregelmäßig konzentrisch um Kirche, Schul- und Rathaus stehenden Gehöfte sind überwiegend Drei- und Zweiseitanlagen, bei denen zuweilen Grünfuttersilos, recht häufig aber neu gebaute zweistöckige Wohnhäuser auffallen. Daneben finden sich auch Gehöfte mit parallel angeordneten Wohn- und Wirtschaftsbauten sowie Streckgehöfte. Bei den Stall- und Scheunenbauten wurde häufig Buntsandstein zur Mauerung, vor allem im Bereich der Gebäudesockel und der Untergeschosse, verwendet. Als nichtlandwirtschaftliche Gebäude fallen im alten Dorf an der oberen nördlichen Wendelin-Scheuermann-Straße der moderne zweigeschossige Gästehof Sonnenblick, im östlichen unteren Dorf ein weiteres Gasthaus sowie ein gewerblicher Betrieb für Heizungs-, Lüftungs- und Sanitäranlagen sowie Anbauküchen mit einem langgezogenen und flachgiebeligen lagerartigen Bau auf.

Das kleine Haufendorf Rinschheim, das von der Landesstraße 522 auf kurvenreichem Weg etwa in W-O-Richtung durchquert wird, nimmt im oberen Rinschbachtal eine geschützte Nestlage ein. Sein alter und dicht bebauter Ortskern, der auf eine Ansiedlung der Landnahmezeit zurückgehen dürfte, dehnt sich auf der linksseitigen Talsohle und am flachen linken Talhang aus. Mit der Leopold- und Götzinger Straße hat sich südlich der L 522 (Frankenstraße) ein kreuzförmiges Wegenetz herausgebildet. Dicht aneinandergereihte Bauernhöfe bestimmen das althergebrachte Aufrißbild dieses Baulanddorfes, das nur durch wenige Wohnhausneubauten randlich erweitert wurde. Die alte bäuerliche Bebauung ist überwiegend traufständig angeordnet. Eindachhöfe und Gehöftanlagen mit traufseitig an der Straße errichteten zweigeschossigen Wohnhäusern und hinter ihnen parallel dazu erbauten Scheunen und Ställen fallen neben Winkel- und Zweiseitgehöften und neben Streckhöfen auf. Die gegen den Ostrand des Dorfes an der Frankenstraße erbaute Kirche, in deren Nachbarschaft sich der Friedhof ausdehnt, trägt neubarocke Züge. Auf dem steilen und ziegelgedeckten Giebeldach des Kirchenbaus mit Rundbogenfenstern und hellem Verputz sitzt über dem Westgiebel ein dachreiterartiger Glockenturm mit Schieferverkleidung. Er hat einen quadratischen Grundriß und trägt ein formschönes Zwiebeldach. Im SO ist an den Kirchensaal eine Sakristei angebaut.

Stürzenhardt, eine in 440 bis 465 m Höhe auf der Hochfläche des Oberen Buntsandsteins liegende straßendorfartige Siedlung erstreckt sich beiderseits der einzigen in O-W-Richtung verlaufenden Dorfstraße (Odenwaldblick). Es handelt sich um eine hochmittelalterliche Waldhufensiedlung, deren einstige Hufengliederung der Flur noch am heutigen Wegenetz erkannt werden kann. Das kleine Dorf ist ganz bäuerlich strukturiert, und größere Gehöftanlagen, zu denen teilweise moderne Wohnhäuser gehören, bestimmen das Ortsbild. Dreiseit- und Zweiseitgehöfte, die zum Teil mehrere Wirtschaftsbauten haben, herrschen vor. Zu einem der größten Gehöfte gehört das Gasthaus zum Adler, die einzige Wirtschaft im Dorf, ein 1927 errichtetes hohes Gebäude mit einem Buntsandsteinerd- und einem gelb verputzten Obergeschoß mit steilem Giebeldach. Das weiter östlich gegen den tiefer liegenden Teil des Dorfes erbaute kleine Rathaus fällt nur durch seine Sirene auf dem Dach auf. Der eingeschossige Bau mit Buntsandsteinmauerwerk bildet mit dem benachbarten, ebenfalls eingeschossigen Wohnhäuschen ein kleines traufständiges Doppelhaus. Die im östlichen unteren Siedlungsteil erbaute Kirche ist eine kleine weiß verputzte Kapelle mit buntsandsteinfarbigem Sockel sowie Buntsandsteinfenster- und -türeinfassungen. Über ihrem der Dorfstraße zugewandten NW-Giebel sitzt ein verschindelter viereckiger Dachreiter mit einem Zeltdachabschluß. Im SO des dem Barock verpflichteten kleinen Kirchenbaus befindet sich ein Choranbau.

Auffallend ist, daß Stürzenhardt keine moderne Ortserweiterung durch randliche Neubauten oder gar ein geschlossenes Neubaugebiet hat. Die Neubautätigkeit beschränkte sich nach der Jahrhundertmitte auf die innerörtlichen Hofplätze mit neuen Wohnhäusern oder auch Erweiterungen und Umgestaltungen der Wirtschaftsgebäude. Am oberen westlichen Ortsrand stehen das Feuerwehrgerätehaus und eine öffentliche Waage.

Das am südöstlichen Talhang des oberen Krebsbächleins entlangziehende Straßendorf Unterneudorf geht ebenfalls auf eine hochmittelalterliche Waldhufenanlage im Hinteren Odenwald zurück, die ähnlich wie Hollerbach und Oberneudorf eine geschützte Muldenlage in knapp 350 m NN auf dem Oberen Buntsandstein einnimmt. Das Wegenetz auf der Flur nordwestlich der zeilenartig aufgereihten Höfe erinnert noch deutlich an die einstige Waldhufenstruktur.

Entlang der in Talrichtung sich ausdehnenden, beim Rathaus und der Kirche die Landesstraße 585 (Buchen–Mudau) versetzt kreuzenden Ortsstraße erstrecken sich die Gehöftanlagen der noch ganz bäuerlich wirkenden Ortschaft. Große Gehöfte, meist Dreiseitanlagen, die – abgesehen von einem Hof an der Abzweigung der nordöstlichen unteren Ortsstraße von der L 585 bei der Kirche und einem weiteren großen traufständigen Wirtschaftsgebäude an der südwestlichen Ortsstraße – nur am bergseitigen Straßenrand aufgereiht stehen, prägen mit wuchtigen, aus Buntsandsteinmauerwerk erbauten Scheunen- und Stallgebäuden das Bild des Straßendorfs. Die Gehöftgrundrisse sind dabei recht verschiedenartig. Traufständige zweigeschossige Wohnhäuser und giebelseitig zur Ortsstraße gestellte Wirtschaftsbauten überwiegen aber. An der nordöstlichen unteren Ortsstraße fallen auch kleinere Gehöfte auf, die auf einen späteren Siedlungsausbau schließen lassen.

In dem trotz der einzeiligen Ausdehnung insgesamt geschlossen wirkenden Dorfbild fällt der Kirch- und Rathausbereich an der L 585 heraus. Das kleine Gotteshaus ist ein gedrungener kapellenartiger Buntsandsteinbau mit hohem Giebeldach und Rundchor im SO. Über der nach NW blickenden Giebelfront mit dem rundbogigen Eingang sitzt ein völlig verschindelter Dachreiter auf quadratischem Grundriß und mit barockem Haubendach. Das nördlich benachbarte, traufseitig an der L 585 stehende Rathaus ist ein kleiner eingeschossiger Bau auf einem Buntsandsteinsockel, an den das Feuerwehrgerätehaus angrenzt.

An beiden Ortsenden im SW und NO bewirken wenige neue Einfamilienhäuser eine geringe Siedlungserweiterung aus jüngster Zeit. Drei weit auseinanderstehende Häuser bilden dabei an der am Hang oberhalb der Ortsstraße angelegten Neubaustraße Im Eichelberg den Anfang eines *Neubaugebiets* in günstiger Südhanglage am oberen Ende des Dorfes.

Als eigenständiger Wohnplatz steht unterhalb der Einmündung des Krebsbächleins in das Steinbächlein in dessen in den Mittleren Buntsandstein eingesägten Tal die *Unterneudorfer Mühle* in der Gestalt eines Einzelgehöftes. Sie liegt 1,5 km von der Unterneudorfer Kirche entfernt.

Die auf der Hochfläche des Oberen Buntsandsteins in 370 bis 390 m NN liegende Ortschaft Waldhausen geht auf eine hochmittelalterliche Rodungssiedlung mit straßendorfartigem Kern zurück. *Mittelpunkt* und funktionales Zentrum der heutigen Siedlung mit nur geringen Neubauerweiterungen im S und NO ist die etwa meridional ausgerichtete Hauptstraße zwischen der Abbiegung der Scheringer Straße nach W und der Bödigheimer Straße nach O. Bäuerliche Anwesen, die zu einem beachtlichen Teil aus Buntsandsteinbauten in Bruchsteinmauerwerk errichtet sind, sowie gepflegte und verhältnismäßig neu verputzte Häuser bestimmen das Straßenbild. Traufseitig an der

Straße aufgereihte Streckhöfe, Gehöftanlagen mit giebelständigen Bauten, bei denen erneuerte und modernisierte Wohnbauten auffallen, prägen ganz entscheidend den Aufriß. Aus der dörflichen Bebauung heben sich ein Lebensmittel- und Haushaltswarengeschäft in einem jüngeren Gebäude sowie an der Abzweigung der Bödigheimer Straße das Gasthaus zum Engel mit einem weiteren Lebensmittelladen und ein Wohnhaus von 1927 mit der Poststelle ab. Etwa in der Dorfmitte steht das hohe zweigeschossige Schulhaus aus der Zeit vor dem 1. Weltkrieg mit einem zweiseitigen Treppenaufgang. Das Buntsandsteingebäude hat an der Rückfront einen modernen und niedrigeren Anbau.

Zum alten Dorf gehört dann ferner die zuerst in Ostrichtung verlaufende und bei der Kirche südwärts abbiegende Bödigheimer Straße. Bis zum neubarocken Gotteshaus ist sie äußerst dicht bebaut. An ihrer Nordseite hebt sich der wuchtige viergeschossige Komplex eines modernen Altenheims heraus. Der an der Abzweigung des Klosterwegs errichtete Flachdachbau auf abgewinkeltem Grundriß mit hellem Verputz, teilweiser Backsteinfassade und großen Fenstern sticht nicht nur durch seine Bauweise, sondern auch durch seine Größe aus der umgebenden Bebauung heraus. Die gegenüber stehende Kirche aus rotbraunem Buntsandstein ist ganz barocken Stilelementen verpflichtet. Der an der Nordseite der Kirchenhalle angesetzte Glockenturm bestimmt mit seinem schiefergedeckten Zwiebeldach, das von einer Laterne auf achteckigem Grundriß mit kleiner Welscher Haube überhöht wird, ganz entscheidend das Ortsbild. Auch südlich dieses Sakralbaus, zu dem an der gegenüberliegenden Straßenseite ein Pfarrhaus gehört, wird die Bödigheimer Straße entscheidend von bäuerlichen Bauten geprägt: kleinere Streckhöfe und Einhäuser sind zu erkennen, so an der Abzweigung der Römerstraße südlich des Landgrabens, wo das südliche *Neubaugebiet* ansetzt. Die nördliche Verlängerung der Hauptstraße und die Scheringer Straße, die beide zur B 27 führen, sind noch dem alten Dorf zuzurechnen. Traufständige ältere Bauten überwiegen an ihnen. Sowohl am West- als am Nordrand fällt eine geringe Neubautätigkeit mit nur wenigen jüngeren Häusern auf. Gegen den Nordrand findet sich in einem aus Buntsandstein-Bruchsteinen errichteten Gebäude mit Halbwalmdach und aufsitzender Sirene die Ortsverwaltung. Das Gemeindewappen an der südlichen Giebelfront, das auf die einstigen Rüdtschen Ortsherren zurückgeht, weist den Bau als ehemaliges Rathaus aus. In seiner Nachbarschaft wurde ein kleiner Park mit einem Kriegerdenkmal angelegt.

Der nördlich außerhalb des Dorfes angelegte Sportplatz mit einer modernen Sporthalle und Restaurant sowie benachbartem Kinderspielplatz gehört ebenso zur jungen Siedlungserweiterung seit den 1970er Jahren wie der größte Teil des kleinen Neubaugebiets in sanfter Hanglage an der Römerstraße im Süden. Bereits vor 1970 erbaute Einfamilienhäuser, die mit jüngeren Neubauten durchsetzt wurden, prägen diese Siedlungserweiterung südlich des Landgrabens. Östlich des Klosterwegs, wo hinter dem Altenheim ein großes bäuerliches Anwesen steht, fällt ein modernerer holzverarbeitender Gewerbebetrieb auf. Im NO erweitert eine Neubauzeile mit überwiegend zweigeschossigen Wohnhäusern die Siedlung. Auf dem außerhalb des Dorfes an der Bödigheimer Straße im SO angelegten Friedhof steht eine moderne Kapelle, ein Zentralbau mit einem rechteckigen Flachdachanbau.

Der *Glashof* auf der Buntsandsteinhochfläche südöstlich des Dorfes ist eine mächtige, geschlossene Einzelhofanlage in ca. 375 m Höhe, die aus einer Glashütte hervorgegangen ist.

Bemerkenswerte Bauwerke. – Bödigheim: Zur Erbauung einer *Burg* erhielt 1286 Wiprecht Rüdt von Collenberg vom Kl. Amorbach ein Felsplateau. Von der 10 Jahre später vollendeten Burg ist heute nur noch der 32 m hohe Bergfried mit seinem Buckelquadermauerwerk vorhanden. Der Palas wurde 1597/99 auf dem Keller seines Vorgängerbaues neu errichtet. Der zweigeschossige Putzbau mit Eckquaderung zeichnet sich durch einen sehr reich gestalteten Renaissance-Giebel aus. Auch das Obere Tor ist in der Mühle vermauert. Die anderen Teile der Burg wurden 1634 zusammen mit dem Dorf zerstört. Das *Schloß* der Rüdt von Collenberg in Bödigheim wurde als zweigeschossiger Barockbau mit dreigeschossigen Eckpavillons wahrscheinlich von dem Heidelberger Baumeister Johann Jakob Rischer errichtet. Der Pavillonbau gegenüber der Einfahrt entstand unter dem Einfluß des kurpfälzischen Hofbaumeisters Franz Wilhelm Rabaliatti.

Die vierachsige *ev. Pfarrkirche* wurde 1686 an den damals umgebauten mittelalterlichen kreuzrippengewölbten Chorturm angebaut. 1888/89 erfuhr der flachgedeckte Saalbau eine Restaurierung und Ausgestaltung im Sinne neugotischer Baukunst. Das äußere Bild der Kirche wird seither durch den prächtigen Turmaufbau und aus der Nähe durch die Maßwerkspitzbogenfenster bestimmt. Die Kriegsschäden von 1944 wurden 1948 beseitigt. Im Inneren Grabsteine der Familie Rüdt von Collenberg aus dem 15.–18. Jh.

Der *jüdische Friedhof* ist einer der ältesten in Nordbaden. Hier wurden die Toten aus 30 Gemeinden später (1932) nur noch aus 10 Gemeinden begraben. Der älteste von nahezu 2000 erhaltenen Grabsteinen von 1752 erinnert an den Bödigheimer Rabbiner Salomon Wolf aus Mainz. Zahlreiche Grabsteine sind mit Ornamenten verziert.

Buchen: 1503/07 wurde die kath. *Pfarrkirche St. Oswald* als dreischiffige Hallenkirche mit Chorturm bei der Verwendung älterer Bauteile neu erbaut. 1955/58 erfolgte eine Erweiterung nach W, verbunden mit einer Umorientierung. Die spätgotische Kirche mit überhöhtem Mittelschiff blieb bis auf die Westmauer erhalten. Die spätgotische, massive, auf Sterngewölben ruhende Westempore konnte nur in den Seitenschiffen gerettet werden. Das Hauptportal wurde in die Ostmauer des Chorturmes eingebaut. Das Glockengeschoß und die Bedachung, eine Welsche Haube, wurden 1877 in der jetzigen Gestalt erneuert. Die Mittelschiffmauern ruhen auf polygonalen Stützen, die ohne Kapitelle in die spitzbogige Arkadenreihe übergeleitet sind. Die vier Joche des alten Langhauses und der ehemalige Chor sind mit Sterngewölben geschlossen. Das östliche Joch besitzt als einziges Wandpfeilervorlagen an den Seitenschiffmauern. Die Südostecke der Kirche ist abgeschrägt, und im Winkel zwischen dem alten Chorturm und dem nördlichen Seitenschiff ist eine kreuzgewölbte Sakristei eingebaut. Im Winkel zwischen Sakristei und Glockenturm stellt ein Treppenturm den Zugang von außen zu den oberen Turmgeschossen her. Die Strebepfeiler sind unregelmäßig verteilt; dazwischen rundbogige und spitzbogige Maßwerkfenster. Der Treppenturm an der Nordseite, dessen Treppe auf die Empore führte, wurde bei der Erweiterung verändert neu errichtet. Die Erweiterung schließt mit einem Querschiff an. Im Schnittpunkt der Firstlinien ein Dachreiter. Der neue Chor ist als filigrane Stahlbetonkonstruktion ausgeführt und im oberen Teil ganz in Fenster zwischen maßwerkähnlich wirkenden Betonstützen aufgelöst. Die Wandflächen wurden leicht gerundet in Sandsteinquadertechnik ausgeführt. Von der alten Ausstattung ist das dreifache Wandtabernakel im alten Chor zu erwähnen, dessen Maßwerk und Fialen leider abgearbeitet wurden. Es gehört zum älteren Baubestand aus der Zeit des Weichen Stiles um 1400. Der Grabstein des Konrad Koch genannt Wimpina, gest. 1531, verdient besondere Beachtung.

Vom *Beginen-Kloster* in der Oberen Gasse blieb die 1489 datierte Klosterkapelle erhalten, die jetzt als Stadtbücherei dient. Der Chor des zweigeschossigen Massivbaues ist polygonal geschlossen. Das Fachwerkobergeschoß kragt darüber hinaus. Das Krüppelwalmdach wurde nach dem großen Stadtbrand von 1717 erneuert.

Die *Heiligkreuzkapelle* (Amtsstr. 15) wurde 1704 als Friedhofskapelle anstelle eines mittelalterlichen Baues errichtet. Der kleine Barocksaal hat einen dreiseitigen Chorabschluß und einen Dachreiter. Die spätgotische Kanzel ist 1578 datiert. Die barocke Kreuztragung vor dem Eingang wird Zacharias Junker zugeschrieben. Neben dem Portal ein Kreuztragungsrelief aus der Spätrenaissancezeit. Die *ev. Kirche* wurde 1955 in modernem Stil mit Glockenturm erbaut.

Von der *Stadtbefestigung* ist der Stadtturm, das Mainzer Tor, am besten erhalten. Er stammt aus dem 15. Jh., besitzt aber auch älteren Baubestand. Die Obergeschosse waren an der Stadtseite ursprünglich offen und wurden 1717 nach dem Brand vermauert. Das Dach mit Laterne und Glocke entstand nach dem Stadtbrand 1718/19. Über dem Torbogen außen: »Der Blecker«. Weitere Stadtmauerreste sind allenthalben zu sehen. Südöstlich außerhalb steht der mittelalterliche

Wartturm. Der Turm mit kreisförmigem Grundriß ist 1492 datiert, besitzt aber auch ältere Bausubstanz.

Auch das *Rathaus,* heute das Alte Rathaus, mußte nach dem großen Stadtbrand 1719/23 neu errichtet werden. Der zweigeschossige Barockbau mit flächiger strenger, reichgegliederter Sandsteinfassade hat noch die offene Erdgeschoßhalle mittelalterlicher Rathäuser. Der Sitz der *kurmainzischen Amtskellerei,* der Steinerne Bau, wurde 1493 als zweigeschossiger Massivbau mit Eckquaderungen, spätgotischem Portal und flachem Erker errichtet. Erzbischof Bertold von Henneberg war der Bauherr. Zur Amtskellerei gehört als Nebengebäude das sog. *Trunzerhaus* mit reichem Fachwerkobergeschoß des 15./16. Jh. Das Erdgeschoß wurde im N im 17. und im S im 18. Jh. massiv erneuert. 1868–1900 diente das Gebäude als Spital und jetzt wie das Hauptgebäude als Museum. Das Portal der massiven *Zehntscheune* der Kellerei ist 1627 datiert und mit dem Wappen des Erzbischofs Georg Friedrich von Greiffenklau geschmückt. Zu den Kellereigebäuden gehört auch das Wohn- und Ökonomiegebäude Haagstr. 10 mit je einem Rundbogenportal von 1618 und 1623. Ein Fenstergewände der Nordseite ist 1617 datiert. Neben älterem Baubestand des 15. und 16. Jh. ist auch Fachwerk des frühen 17. Jh. erhalten.

Das *alte kath. Pfarrhaus,* Wimpinaplatz 6, ist ein zweigeschossiger verputzter barocker Massivbau aus dem frühen 18. Jh., gegliedert durch Eckpilaster, Fenster mit Ohrenumrahmungen und verziert durch Wappen mit Früchteornamenten. Die zahlreichen *Fachwerkhäuser* bestimmen auch heute noch das Stadtbild.

Vor dem Stadtturm prägt die *Mariensäule* von 1753 auf ornamentiertem Sockel den »Platz am Bild«. Die Barocksäule mit korinthischem Kapitell, darauf die Muttergottes mit Christuskind ist eines der Wahrzeichen der Stadt. Wie die ganze Umgebung des Madonnenländchens schmücken auch in und um Buchen weitere Kapellen, Hausmadonnen, Bildstöcke und Wegkreuze das Stadt- und Landschaftsbild.

Eberstadt: *Schloß:* Von der Wasserburg mit kreisförmigen Ecktürmen, der Anlage nach wohl aus dem 16. Jh. stammend, wurde nach Zerstörung nur der vordere der 4 Flügel wiederaufgebaut. Älterer Baubestand wurde weiter verwandt. Die Fenster mit Ohrenumrahmungen sind in das frühe 18. Jh. zu datieren. Das Allianzwappen des Ludwig Rüdt von Collenberg und seiner Gemahlin geb. St. André hält die Bauzeit für diesen Flügel mit 1728 fest.

Die kleine *ev. Kirche* wurde 1711 als schlichter Saalbau in Barockformen erbaut. Gliederung durch Pilaster, Rechteckfenster mit profilierten Ohrenumrahmungen. Auf dem Satteldach ein Dachreiter. Auf dem Altar ein geschnitztes Abendmahlsrelief in Aedicularahmung aus dem 3. Viertel 17. Jh. Kanzel aus der Erbauungszeit. Empore bei der Renovierung 1973 verändert. Einige Grabdenkmäler der Familie Rüdt von Collenberg.

Götzingen: Die *kath. Pfarrkirche* wurde 1791 nach Plänen des Landbaumeisters Süß aus Aschaffenburg in klassizistischem Barockstil erbaut. Der Glockenturm an der Fassade ist halb in das dreiachsige Langhaus eingezogen. Der Chor ist außen polygonal, innen aber halbkreisförmig geschlossen. Altäre, Kanzel, Orgelprospekt und zwei Beichtstühle stammen aus der Erbauungszeit und wurden im Empirestil gestaltet. Einige kleinere Heiligenfiguren sind älter. Die Ausmalung des Deckenspiegels erfolgte 1908 im historisierenden Stil. Aus dieser Zeit dürften auch die Mehrzahl der Altarfiguren stammen.

Das alte *Rat- und Schulhaus,* zweigeschossig, traufständig, ist am Kellerportal 1612 datiert. Bei dem 1986 renovierten Fachwerkhaus dürfte es sich um das älteste erhaltene Fachwerkhaus des Ortsteiles handeln.

Die sog. *Amorkapelle* südlich des Dorfes ist eine Waldkapelle des 18. Jh. mit einer Pietà im Giebelrelief.

Die zahlreichen *Bildstöcke* und einige Wegkreuze sind landschaftstypisch für die Umgebung des Wallfahrtsortes Walldürn.

Hainstadt: Die *kath. Pfarrkirche* wurde anstelle des älteren Baues 1831/36 als dreiachsiger Saalbau mit Rundbogenfenstern noch ganz im Barockstil nach Plänen vom Bezirksbaumeister Thiery erbaut. Der Glockenturm ist halb in die Barockfassade eingezogen. Der Chor ist innen halbkreisförmig, außen aber polygonal geschlossen. Das Äußere der Kirche ist mit roten Sandsteinquadern verkleidet. Der Glockenturm trägt eine barocke Bedachung. Unter den drei Altären verdient der Wallfahrtsaltar zu den 14 Nothelfern, die in Wolkenumrahmungen mit ihren Attributen dargestellt sind, besondere Beachtung. Teile des Altares stammen von der Hand des Amorbacher Bildhauers Jörg Friedrich Schmieg (1711) und standen schon in der alten Kirche. Die Figuren der hll. Sebastian und Rochus wurden erst 1895 hinzugefügt. Auch der andere Seitenaltar, Maria geweiht, wurde aus der alten Kirche übernommen und erhielt 1895 zusätzlich die Figuren der hll. Elisabeth und Lioba. Der Hochaltar und die Kanzel wurden dagegen von J. Külsheimer aus Bronnbach für den Neubau gearbeitet. Die Empore steht auf dorischen Holzsäulen. Die Orgel wurde 1837 von Wilhelm und Anton Overmann erbaut.

Die *Mariensäule* auf dem Marktplatz wurde 1863 anstelle einer Kapelle errichtet. Die *Kreuzigungsgruppe* bei der Kirche stammt aus dem Jahre 1898 und ist in historisierendem Stil gearbeitet. Die vielen *Bildstöcke* stehen meist im Zusammenhang mit der Heiligblutwallfahrt nach Walldürn. Die ältesten stammen aus dem 17. Jh.

Hettigenbeuern: Die *kath. Pfarrkirche* wurde 1903 im neugotischen Stil mit polygonalem Chor und einem Langhaus zu vier Achsen errichtet. Auf dem First ein Dachreiter. Zur Ausstattung der Erbauungszeit zählen die Orgel und der Taufstein. Einige ältere Figuren sind bemerkenswert.

Von der *Wasserburg* blieb nur der dreigeschossige gotische sogenannte Götzenturm, ein wehrhafter Wohnturm erhalten.

Hettingen: Von der 1774 erbauten *kath. Pfarrkirche* ist das dreiachsige spätbarocke Langhaus erhalten. Daran wurde 1898 in neubarockem Stil ein Querschiff mit polygonalem Chor und Glockenturm angebaut. Vor der spätbarocken Eingangsfassade wurde eine Vorhalle errichtet. Die Seitenaltäre, Kanzel, Orgel, zwei Beichtstühle und einige Figuren stammen aus der Barockkirche, darunter auch ein Gnadenbild der hl. Odilia.

Typisch für den Ort sind einige *Bildstockaltäre* des 18. und 19. Jh., die ebenso wie die *Bildstöcke* im Zusammenhang mit der Wallfahrt nach Walldürn zu sehen sind.

Hollerbach: Die *kath. Pfarrkirche* wurde um 1626/29 erbaut. Am Giebel das Wappen des Mainzer Erzbischofs Georg Friedrich von Greiffenklau. 1783 wurde diese Renaissancekirche im Geiste des Spätbarocks verändert. An den niedrigen Saalbau schließt ein wenig abgesetzter außen polygonal, innen aber halbkreisförmig geschlossener Chor. Die Seitenaltäre und die Kanzel sind um 1725 zu datieren. Der Hochaltar von 1691 wurde 1978 aus der abgebrochenen kath. Kirche in Buchen übernommen, und für die Aufstellung in Hollerbach malte W. Maschke ein neues Altarblatt. Auch die Mensa mußte neu geschaffen werden. Durch den Erwerb des Hochaltares wurde die barocke Ausstattung, zu der auch noch eine Orgel gehört, komplettiert. Über dem Westportal steht eine Madonna aus dem frühen 18. Jh.

Die Maler Arthur Grimm und Wilhelm Gunthermann, beide Schüler Wilhelm Trübners in Karlsruhe, bildeten 1907 in Hollerbach eine Malerkolonie, in der sich gleichgesinnte Künstler zusammenfanden. Mittelpunkt wurde das *Gasthaus zum Engel*, wo ein Wandgemälde an die Zeit der Kolonie erinnert.

Oberneudorf: Die *kath. Kapelle* wurde 1906 mit einem polygonalem Chor in neuromanischem Stil gestaltet und mit ornamentierten Säulen geschmückt. 1963 erfolgte ein Zwischenbau und die Umgestaltung des Langhauses.

Rinschheim: Die *kath. Kirche* wurde 1805 als Filialkirche mit dreiachsigem Langhaus und innen halbkreisförmig, außen polygonal geschlossenem Chor erbaut. Das Deckenbild mit der Himmelfahrt Mariens wurde 1895 hinzugefügt. Der Hochaltar mit den Figuren der Apostelfürsten Petrus und Paulus stammt aus der Erbauungszeit, ebenso die Orgel mit Empireornamenten. Die Seitenaltäre wurden reduziert. Einige ältere Figuren. Über dem Trapezgiebel erhebt sich ein Dachreiter mit barocker Haube. An der Außenwand ist ein Kruzifix aus rotem Sandstein von 1626 bemerkenswert. Auch *Bildstöcke* des 18. Jh. prägen das Ostbild.

Stürzenhardt: Die kleine *kath. Kapelle* mit Dachreiter ist ein spätbarocker Saal von 1795 mit dreiseitigem Chorabschluß.

Unterneudorf: Die *kath. Filialkapelle* wurde 1699 im barocken Stil als kleiner Saal mit dreiseitigem Chorschluß erbaut. Den Ovalfenstern in den Schrägseiten des Chores entsprechen Rechteckfenster am Langhaus. In der Umgebung befinden sich einige interessante *Bildstöcke*, die der Landschaft ihr Gepräge geben.

Waldhausen: Die *kath. Pfarrkirche* wurde 1902 im neubarocken Stil mit querschiffähnlichen Anbauten als außen unverputzter roter Sandsteinquaderbau errichtet, Glockenturm mit neubarocker Haube. Die »Querschiffarme« auf Säulen vor Wandpfeilervorlagen mit flachen Segmentbögen. Auch der Triumphbogen ist als Segmentbogen gestaltet. Neubarocke Altäre und Kanzel, ältere Pietà.

B. Entwicklung im 19. und 20. Jahrhundert

Bevölkerung

Bevölkerungsbewegung. – Buchen zählte kurz nach dem Übergang an Baden, im Jahre 1808, 2166 E. Das größte Dorf im heutigen Stadtgebiet war Hainstadt mit 1010 E., das kleinste Stürzenhardt mit 92 E. Die ersten beiden Jahrzehnte des 19. Jh. waren für die Stadt Buchen und ihre Umgebung eine schlimme Zeit: Truppendurchzüge, Einquartierungen, Requisitionen waren gefolgt von Mißernten (1816/17) und Hunger. Trotzdem nahm bis zur Jahrhundertmitte die Einwohnerzahl zu, über die wirtschaftliche Tragfähigkeit hinaus. Neuerliche Mißernten, Unterbeschäftigung und das Scheitern der Revolution von 1848/49 lösten dann eine Auswanderungswelle aus, die den Bevölkerungsdruck entlastete. Allein zwischen 1845 und 1855 sind aus dem heutigen Stadtgebiet 488 Auswanderer amtlich registriert, die meisten aus Buchen, Bödigheim, Hainstadt und Hettingen. Die Zahl derer, die ohne Genehmigung die Heimat verließen, dürfte nur wenig unter derjenigen der offiziell Ausgewanderten liegen. Trotz anhaltender Geburtenüberschüsse nahm aufs Ganze gesehen die Bevölkerung in der 2. H. 19. Jh. bis unter den Stand von 1830 ab. Die Auswanderungen hielten bis über die Jahrhundertwende hin an, wenn auch nicht in gleicher Stärke. Seit etwa 1870 begannen dann vor allem junge Leute und Juden in die Städte Mannheim, Heidelberg, Frankfurt und Karlsruhe abzuwandern. Um die Jahrhundertwende besserte sich die wirtschaftliche Situation etwas. Buchen, Einbach, Götzingen und Hettingen verzeichneten einen leichten Einwohnerzuwachs, aber nur in Buchen und Hettingen hielt diese Tendenz bis zum 2. Weltkrieg hin an. In den meisten Dörfern lebte die Abwanderung, zum Teil auch die Amerika-Auswanderung, in den 1920er und 1930er Jahren wieder stärker auf. In Bödigheim, Eberstadt, Hainstadt, Unterneudorf und Waldhausen lag 1939 die Einwohnerzahl unter der des Jahres 1808. Die Kriegsverluste, soweit sie sich noch ermitteln lassen, lagen 1914–18 in Buchen bei 71, Eberstadt 24, Götzingen 39, Hainstadt 43, Hettingen 58, Hollerbach 6, Rinschheim 16 Soldaten, 1939–45 in Bödigheim bei 75, Buchen 285 (134), Eberstadt 26, Götzingen 79, Hainstadt 146, Hettingen 96, Hollerbach 12 und Rinschheim 23 *Gefallenen* und *Vermißten*. Während des Krieges waren *Evakuierte* aus den Räumen Mannheim-Ludwigshafen, Karlsruhe, Frankfurt, Pforzheim, auch aus dem Ruhrgebiet, in der Stadt Buchen (ca. 800–900), in Bödigheim, Hainstadt und Götzingen, aber auch in den kleineren Dörfern untergebracht. Viele waren noch 1949 hier, als schon längst auch die *Flüchtlinge* und *Heimatvertriebenen* aus der Tschechoslowakei, auch aus Ungarn und den deutschen Ostgebieten eingewiesen waren. Am 1. 10. 1949 waren gemeldet in: Bödigheim 344, Buchen 1013, Eberstadt 222, Götzingen 284, Hainstadt 445, Hettingenbeuern 85, Hettingen 483, Hollerbach 78, Oberneudorf 55, Rinschheim 134, Stürzenhardt 55, Unterneudorf 63 und Waldhausen 155 Vertriebene. Dadurch stieg zwischen 1939 und 1950 die Einwohnerzahl im heutigen Stadtgebiet von 8177 auf 12486 an. 1950 machten die 3255 Flüchtlinge und

Vertriebenen mehr als ein Viertel der Bevölkerung aus. Aus Arbeitsplatzgründen wanderten aber viele von ihnen so bald wie möglich wieder ab, insbesondere aus den Dörfern. 1961 wohnten noch 2616 Flüchtlinge im Stadtgebiet, die Hälfte davon in Buchen. Hinzugekommen waren 355 SBZ-Flüchtlinge, davon 228 gleichfalls nach Buchen. Zwischen 1950 und 1970 nahm trotz teilweise erheblicher Geburtenüberschüsse in fast allen Dörfern die Einwohnerzahl deutlich ab, in Einbach, Stürzenhardt, Ober- und Unterneudorf bis unter den Stand von 1939. Als völlig neuer Zug in der Bevölkerungsbewegung zeigt sich seit Beginn der 1970er Jahre ein Rückgang der Geburten auch bei der kath. Bevölkerung, zeitweise bis unter die Sterbezahlen. Wo zusätzlich die Ab- über die Zuwanderung überwiegt wie in den kleinen abgelegenen Dörfern, gehen die Einwohnerzahlen noch rascher zurück. Mehr und mehr konzentriert sich die Bevölkerung auf die Stadt Buchen und die benachbarten Dörfer Hainstadt und Hettingen, die an der Industrialisierung teilhaben. Die Zunahme war hier so groß, daß sie nicht nur den Rückgang in den anderen Dörfern ausglich, sondern die Einwohnerzahl bis 1970 auf 14100 und bis zur Volkszählung 1987 auf 14832 (Wohnbevölkerung) bzw. 15638 (wohnberechtigte Bevölkerung) steigerte. Der Zuwachs beruht seit 1970 ausschließlich auf Zuwanderung, da der Geborenensaldo negativ war. 1984 waren im Stadtgebiet 944 *Ausländer* gemeldet, im wesentlichen Türken und Jugoslawen, auch Italiener und Spanier. 1987 machten die 996 Ausländer 6,7 % der Einwohner aus.

Konfessionsgliederung. – In der konfessionellen Zugehörigkeit zu Beginn des 19. Jh. spiegelt sich die ehemalige territoriale Zugehörigkeit. Rein katholisch waren die fürstlich-leiningischen Orte, die bis 1803 zu den geistlichen Territorien Mainz, Würzburg und Kloster Amorbach gehört hatten. Nur in Buchen lebten 2 ref. bzw. luth. und in Waldhausen 12 luth., in Hainstadt, das zu einem Teil den Rüdt von Collenberg gehörte, 9 luth. Einwohner. Die beiden ganz den Rüdt gehörigen Dörfer Bödigheim und Eberstadt waren rein bzw. fast rein lutherisch, abgesehen von der starken israelitischen Minderheit, die auch Hainstadt und die Stadt Buchen aufwiesen. In Waldhausen lebten 6 Juden. Im 19. Jh. und in der 1. H. 20. Jh. veränderte sich die Konfessionsstruktur nur unwesentlich. In der Amts- und späteren Kreisstadt Buchen nahm durch Zuzug von Beamten und ihren Familien der ev., in Bödigheim der kath. Bevölkerungsanteil zu. Auch in einigen kath. Dörfern lebten 1925 vereinzelt Protestanten. Deutlich zurückgegangen war der jüd. Bevölkerungsteil, da schon im 19. Jh. die Juden zu den besonders mobilen Einwohnern zählten. 1925 lebten im heutigen Stadtgebiet 7049 Katholiken, 1184 Protestanten und nur noch 129 Israeliten (gegenüber 380 im Jahre 1808). Zwischen 1933 und 1938 wanderten noch viele Juden aus, die letzten wurden deportiert und kamen ums Leben. Die Nachkriegszeit veränderte trotz der Flüchtlingseinweisung wenig an der Verteilung kath. und ev. Einwohner. Gegenüber 1925 nahm in Bödigheim und Eberstadt der kath., in Buchen und den meisten Dörfern der ev. Anteil, meist nur geringfügig, zu. 1987 waren 75 % der Bewohner des Stadtgebiets katholisch, 18 % evangelisch.

Soziale Gliederung. – Nach den Erhebungen der fürstl. leiningischen Verwaltung war im Jahr 1806 rund ein Drittel der männlichen Einwohner Buchens Handwerker. 14 Händler und 10 Wirte lebten von ihrem Gewerbe, der Rest war Bauer oder Taglöhner. Für 1813 sind 62 Taglöhnerfamilien bezeugt. Das *Handwerk* war trotz Schließung der Zünfte übersetzt und nur mit landwirtschaftlicher Selbstversorgung lebensfähig. In der für das Kleingewerbe ungünstigen wirtschaftlichen Situation des 19. Jh. entwickelte es sich deutlich zurück. Mancher Handwerker wurde zum *Händler*, der Fertigwaren verkaufte, andere wurden *Bauern* oder *Taglöhner*. Buchen wäre völlig zur Ackerbürgerstadt herabgesunken, hätten nicht das Bezirksamt und weitere Behörden des in bad. Zeit erweiterten Amtsbezirks eine kleine *Beamtenschicht* in die Stadt gezogen. Gleichwohl schrieb noch 1883 der Amtsvorstand, es seien außer den Beamten, einigen Wirten, Kaufleuten, Rentiers und israelitischen Handelsleuten nur wenige Familien vorhanden, die keine Viehzucht trieben und keinen Grundbesitz hätten. Ein Proletariat bildete sich in Buchen dank der Abwanderung nicht, aber von Wohlstand konnte nur bei wenigen Einwohnern gesprochen werden.

In den Dörfern war die *Landwirtschaft* fast die einzige Erwerbsquelle. Die wenigen Handwerker übten ihr Gewerbe meist im Nebenerwerb aus, auch die Leineweber, die zu Beginn des 19. Jh. noch ihr Auskommen fanden (Götzingen). Die soziale Gliederung ergab sich daher fast nur aus dem Umfang des Landbesitzes. Nur wenige Bauern besaßen genügend Land, um wohlhabend genannt zu werden. In den Odenwalddörfern, in denen der Hof geschlossen an den ältesten Sohn vererbt wurde, die Geschwister aber ausbezahlt werden mußten (z. B. Einbach), führte das leicht zur Verschuldung. Nur wo ohne große Auflagen geschlossen vererbt wurde, konnte sich ein gewisser Wohlstand entwickeln (Stürzenhardt). Erkauft wurde er durch die Abwanderung der nichterbenden Kinder. Als man in Rinschheim kurz nach der Jahrhundertwende zur geschlossenen Vererbung überging, wurde bald danach nicht nur ein Ansteigen des Wohlstandes festgestellt, sondern auch vermerkt, daß viele Jugendliche in den Staats-, Militär- und Kirchendienst eintraten.

In den meisten Dörfern mußten das ganze 19. Jh. hindurch *Ortsarme* von der Gemeinde unterhalten werden. Besonders zahlreich waren sie in Hainstadt und Hettingen. In Hainstadt kam hinzu, daß über Jahrzehnte hinweg viele Einwohner straffällig wurden. In Hettingen war die Armut so groß, daß in den umliegenden Dörfern immer wieder über bettelnde Hettinger Kinder geklagt wurde. Wandel schuf hier erst der Eisenbahnbau, der Arbeit ins Dorf brachte. Seit den 1880er Jahren entwickelte sich eine *Arbeiterschicht*, gegen die sich aber die Bauern bewußt abgrenzten. Der Gegensatz vertiefte sich, als viele Hettinger das Maurerhandwerk ergriffen und in der Saison weit weg auf Arbeit zogen, sich später aber mit dem verdienten Geld im Dorf ankauften und zum Teil wieder der Landwirtschaft zuwandten. Einzelne Maurer gründeten auch eigene Baugeschäfte im Ort.

Eine andere Sozialgruppe, die sich von der landwirtschaftlichen Bevölkerung abhob, waren die *Juden*, die in Bödigheim, Eberstadt, Hainstadt und in Buchen ansässig waren und hauptsächlich Handel und Geldgeschäfte betrieben. In Bödigheim zählten sie zu den gutsituierten Einwohnern. Während in Buchen Christen und Juden im allgemeinen gut miteinander auskamen, bildeten sich auf den Dörfern immer wieder antijüdische Gruppierungen. In Hettingen z. B. waren sich die rivalisierenden Bauern und Maurer nur in der Ablehnung der Juden einig.

Gerechnet nach dem *Haupterwerb des Ernährers* lebten im Jahr 1895 in den meisten Dörfern des heutigen Stadtgebietes mehr als zwei Drittel der Einwohner von Land- und Forstwirtschaft, in der Stadt Buchen immerhin 27 %. »Gewerbe und Industrie«, also vorwiegend das Handwerk, ernährte nur in Buchen mehr als ein Drittel (35,5 %) der Bevölkerung, in Hettingen, Hainstadt und Waldhausen 20–30 %, in den übrigen Dörfern noch weniger bis hinab zum bäuerlichen Stürzenhardt mit 1 %. Von Handel und Verkehr lebten nur sehr wenige Einwohner, selbst in Buchen nur 15 %. Größer war die uneinheitliche Gruppe der von sonstiger Erwerbstätigkeit Lebenden und Berufslosen, der in fast allen Dörfern mehr als 10 % der Bevölkerung angehörten, in Buchen dank der Beamtenschaft 23 %. Bis zum 2. Weltkrieg blieb diese Struktur praktisch unverändert, abgesehen davon, daß gegenüber den übrigen Wirtschaftszwei-

Entwicklung im 19. und 20. Jahrhundert 635

gen der Dienstleistungsbereich mit dem Öffentlichen Dienst (sowie der Anteil der von Renten etc. Lebenden) sich leicht verstärkte. Erst der Krieg und die unmittelbare Nachkriegszeit brachten größere Veränderungen. Bezogen auf das heutige Stadtgebiet nahm zwischen 1939 und 1950 die Zahl der land- und forstwirtschaftlichen Berufszugehörigen leicht ab, während sich die Bevölkerung in allen übrigen Wirtschaftszweigen fast verdoppelte, die der »Selbständigen Berufslosen«, d.h. der von Renten u.ä. Lebenden verdreifachte. 1950 ernährten im gesamten Stadtgebiet Land- und Forstwirtschaft und Produzierendes Gewerbe je 29% der Einwohner, in der Kernstadt hatten Produzierendes Gewerbe und der Dienstleistungsbereich etwa gleich viele Berufszugehörigen (27 und 28%). Zur Land- und Forstwirtschaft gehörten hier noch immer 12% der Einwohner.

In den entsprechenden Daten der Volks- und Berufszählung von 1970 macht sich dann die Ansiedlung von Industriebetrieben bemerkbar, stärker noch in denen der Volkszählung 1987: Überwiegend von eigener Erwerbstätigkeit lebten 41% der Wohnbevölkerung, überwiegend von Rente, Pension, Vermögen etc. 22% und überwiegend vom Unterhalt durch Eltern, Ehegatten usw. 37%. Von der ersten Gruppe gehörten 52% dem Produzierenden Gewerbe, 10% der Sparte Handel/Verkehr/Nachrichtenübermittlung, 35% den übrigen Wirtschaftsbereichen, im wesentlichen dem Dienstleistungsbereich und öffentlichen Dienst, und nur noch 3% der Land- und Forstwirtschaft an. Neben dem Produzierenden Gewerbe, das besonders in Götzingen, Hainstadt und Hettingen mit Anteilen um 60% eine starke Stellung hatte, gewann der Dienstleistungsbereich mit dem öffentlichen Dienst an Bedeutung, insbesondere in Buchen, Eberstadt, Hollerbach und Waldhausen mit mehr als 40%. Nur in den kleinen Dörfern Stürzenhardt und Unterneudorf machten die zur Land- und Forstwirtschaft Zählenden noch um 20% der überwiegend von Erwerbstätigkeit Lebenden aus. Mit dem Übergang zu gewerblichen Berufen war meist die Aufgabe der Selbständigkeit und der Wechsel des Arbeitsortes verbunden. Innerhalb des Stadtgebietes werden Arbeitsplätze hauptsächlich in Buchen und Hainstadt aufgesucht, aber 2073 Personen hatten im Jahr 1987 ihren Arbeitsplatz außerhalb der heutigen Stadtgebietsgrenze, die meisten in Walldürn und Mosbach.

Politisches Leben

Buchen und sein Umland, zum größten Teil fürstlich-leiningisch, zum kleineren Teil grundherrlich, gehörte 1848 zu den Zentren der Agrarrevolution im Odenwald. Der Höhepunkt war im März 1848 der Zug der Bauern aus den leiningischen Dörfern nach Buchen. Dort verwüsteten sie das fürstliche Rentamt, verbrannten Akten und Bücher, plünderten den Zehntspeicher und Läden jüdischer Händler. In Buchen wurden daraufhin auf Anforderung der Stadt 2 Kompanien Soldaten einquartiert und der Oberamtmann dem Militär als Zivilkommissar beigegeben. Auch in Eberstadt verbrannten die Bauern die Bücher und Urkunden des Rüdtschen Archivs, nachdem sie den Grundherrn durch Drohungen, das Dorf in Brand zu stecken, zur Herausgabe der Schlüssel gezwungen hatten. Im Gegensatz dazu blieb die Rüdtsche Grundherrschaft in Bödigheim von ähnlichen Vorfällen verschont. Bödigheimer Bürger wurden vom Oberamt zum Wachegehen nach Waldhausen geschickt, weil es dort trotz Verzichts des Freiherrn von Rüdt auf Abgaben und Gefälle weiter gärte. Die zweite Phase der Revolution, eher politisch ausgerichtet, fand weniger Anhänger. Zwar konstituierten sich in einigen Dörfern Volksvereine, teilweise unter dem Druck der Nachbargemeinden, aber es kam zu keinen Ausschreitungen mehr.

Liberales Gedankengut ging in der Zeit des bad. Kulturkampfs weitgehend verloren. Die kath. Orte wandten sich unter dem Einfluß der Geistlichen nahezu geschlossen dem politischen Katholizismus zu, der sich in der kath. Volkspartei, später dem Zentrum, formierte. Während noch 1868 bei der letzten Wahl zum *Zollparlament* nur in Stürzenhardt (zusammen mit Steinbach, Gde Mudau) und Rinschheim die Vertreter des politischen Katholizismus die Wählerschaft auf sich verpflichten konnten (um 90 %) und in Hollerbach mit Ober- und Unterneudorf immerhin 45 % der Stimmen erhalten hatten, setzten sie sich bis 1871 soweit durch, daß sie bei der *1. Reichstagswahl* in den meisten Gemeinden mehr als 90 % der Stimmen erhielten. Ausnahmen machten nur die beiden überwiegend protestantischen Rüdtschen Dörfer Bödigheim und Eberstadt (100 % nationalliberal), in denen der Grundherr den politischen Ton angab, und die Stadt Buchen, in der mindestens die Beamtenschaft nationalliberal wählte und die kath. Partei auf 68 % der Stimmen drückte. In Hainstadt und Unterneudorf wählten starke Minderheiten (20 und 18 %) nationalliberal. Bei den folgenden *Reichstagswahlen* änderte sich die Stimmenverteilung nur unwesentlich. In Buchen nahm der Anteil der Zentrumswähler zu, in Bödigheim teilten sich 1877 die Stimmen zwischen Nationalliberalen und Konservativen und 1912 zwischen Nationalliberalen und der Koalition aus Konservativen und dem Bund der Landwirte, der seit der Jahrhundertwende Anhänger besaß. Seit 1907 wurden hier, in Buchen, Eberstadt und Hainstadt, später auch in anderen Dörfern, vereinzelte Stimmen für die Sozialdemokraten abgegeben. In Hettingen, wo schon 1897 der Amtsvorstand auf die »sozialdemokratisch gesinnte Arbeiterschaft« hingewiesen hatte, ist bei den Wahlen vor 1912 davon nichts zu spüren. In der Weimarer Zeit ging teilweise die Wahlbeteiligung zurück, aber die Zentrumshochburgen blieben erhalten, wenn auch oft mit geringeren Anteilen. In die restlichen Stimmen teilten sich die übrigen Parteien mit wechselndem Glück. Auch jetzt nahmen Bödigheim und Eberstadt eine Sonderstellung ein: 1919 hatte dort die Deutsche Demokratische Partei die absolute Mehrheit, in Bödigheim gefolgt von der Deutschnationalen Volkspartei, die ihren Stimmenanteil bis 1928 behauptete, während die demokratischen Stimmen 1924 dem Badischen Landbund zugute kamen, der in Eberstadt sogar 75 % und in Unterneudorf 44 % der Stimmen erhielt. In diesen drei Dörfern wurden im November 1932 mehr als ein Drittel der Stimmen für die NSDAP abgegeben (Eberstadt 92 %, Bödigheim 62 %, Unterneudorf 38 %). Die SPD, 1919 in den meisten Orten mit mehr als 10 % gewählt, sank auf weniger als 5 % zurück.

Seit 1949 führt die CDU die Tradition des Zentrums als stärkste Partei fort und erhielt bei allen *Bundestagswahlen* in den meisten Orten mehr als Zweidrittelmehrheiten. Seit 1957 begann sie sich auch in Eberstadt und Bödigheim durchzusetzen, wo die ursprünglich starke FDP/DVP allmählich Stimmen verlor. Nur in Bödigheim konnte die SPD ihre Anteile ausbauen, so daß sie 1972 fast die gleiche Stimmenzahl wie die CDU bekam. In den anderen Orten kam sie selten über 20 % Stimmenanteile hinaus. Die Gesamtdeutschen Parteien GB/BHE und GDP waren am erfolgreichsten in Bödigheim, Buchen und Oberneudorf (10–20 %), die NPD 1968 in Bödigheim (14 %). Bei der Bundestagswahl am 26.1.1987 erhielt im gesamten Stadtgebiet die CDU 60,6 %, die SPD 21,9 %, die FDP/DVP 8,4 % und die Grüne Partei 7,2 % der gültigen Zweitstimmen. Die CDU hat örtliche Verbände in Buchen, Götzingen, Hainstadt, Hettigenbeuern, Hettingen und Rinschheim, die SPD in Buchen, Eberstadt und Bödigheim. FDP/DVP und Grüne sind nur auf Kreisebene organisiert.

Entwicklung im 19. und 20. Jahrhundert

Wirtschaft und Verkehr

Land- und Forstwirtschaft. – Landwirtschaft war bis weit ins 20. Jh. hinein Haupterwerbszweig in den Dörfern um Buchen und ein wichtiger Erwerbszweig auch in der Stadt. Zu Beginn des 19. Jh. war zwischen 75 % und 95 % des landwirtschaftlichen Geländes als Ackerland genutzt. Den höchsten Wiesenanteil mit 25 % hatte die Stadt Buchen. Unbebautes Land fand sich nur in Bödigheim und Waldhausen in geringem Ausmaß. Lange Zeit war die Landwirtschaft hauptsächlich auf Selbstversorgung ausgerichtet. Das änderte sich erst gegen Ende des 19. Jh., als u. a. auf Anregung des Landwirtschaftlichen Bezirksvereins rationellere Methoden sich durchsetzten und die Viehhaltung verstärkt wurde. Die Dreifelderwirtschaft mit angebauter Brache wurde erst kurz vor dem 1. Weltkrieg allmählich aufgegeben (in Hainstadt zwischen 1910 und 1913). Vor allem dort, wo Realerbteilung herrschte, war die Flur stark parzelliert, und es fehlte an Feldwegen. Das erschwerte den Einsatz von Maschinen, die schon wegen der finanziellen Lage und der konservativen Haltung der Bauern nur langsam Eingang fanden.

Trotz des Strukturwandels in der Landwirtschaft veränderte sich das Acker-Grünland-Verhältnis seit Beginn des 19. Jh. bis heute nur wenig zugunsten des Grünlands. 1949 waren 75 % der LF *Ackerland*, 1987 noch 72 %. Verändert hat sich aber die Nutzung des Ackerlandes. Erste hauptsächlich zum Verkauf angebaute Frucht war Ende des 19. Jh. in allen Gemeinden der Hafer, der großenteils an die Militärverwaltung abgesetzt wurde, daneben auch Spelz/Grünkern. Das übrige Getreide ging, soweit der Eigenverbrauch Überschüsse zuließ, an Händler, Müller und Bäcker der Umgebung. Später vermittelten meist die Lagerhäuser in Buchen und Schefflenz den Verkauf. Zwischen 1880 und 1930 wurde die Getreidefläche zugunsten des Hackfrucht- und Feldfutteranbaus eingeschränkt. Spelz- und Haferanbau gingen zurück, Gerste, Roggen und besonders Weizen rückten nach. 1987 nahmen dann Gerste und Weizen zusammen 86 % der Getreidefläche (66 % des Ackerlandes) ein. Ausgesprochene Handelspflanzen wurden nirgends angebaut, abgesehen vom Tabak in Hettigenbeuern und Jute in Waldhausen (um 1905). Tabak hoher Qualität wurde in Hettigenbeuern etwa seit 1900 gepflanzt. Der Ort galt als »Tabakmetropole des Odenwalds«. 1912 wurde die Ernte von 150 Ztr in Zigarrenfabriken im Kraichgau weiterverarbeitet. 1913 wurden auf 6 ha Tabak angebaut, 1930 nur noch auf 3 ha. Heute wird nur noch wenig Tabak gepflanzt.

Um den *Obstbau* bemühte man sich ausgangs des 19. Jh. trotz des wenig günstigen Klimas in den meisten Dörfern, wenn auch mit unterschiedlichem Erfolg. Zentrum war um 1890 Rinschheim mit einer Obstbauschule, mit Musterobstanlagen und einem Obstmarkt. Die zweitgrößten Obstanlagen im Bezirk Buchen hatte Hettingen. Auch in Götzingen, wo 1889 eine Musterbaumschule und später eine Gemeindeobstbaumanlage bestand, war der Obstbau bedeutend. Gepflanzt wurden vor allem Kernobst und Kirschen. 1929/33 standen auf dem heutigen Stadtgebiet rund 60 000 Obstbäume, darunter 22 000 Apfelbäume. In Rinschheim und Bödigheim wurde bis Ende des 19. Jh. noch etwas *Wein* angebaut.

Die *Rinderhaltung* nahm erst gegen Ende des 19. Jh., als durch künstliche Düngung Futteranbau (Klee) in größerem Umfang möglich wurde und man von der teilweise noch üblichen Waldweide auf reine Stallviehhaltung umstellen konnte, an Umfang und Qualität zu. Allmählich schaffte man auch Zuchttiere besserer Rassen (Simmentaler, ober- und mittelbadisches Vieh) an. 1911 wurde auf Gkg Buchen eine Jungviehweide für den Amtsbezirk eingerichtet und mit 72 Stück Vieh besetzt. 1920 mußte sie jedoch wegen der schlechten wirtschaftlichen Lage wieder schließen. In den Odenwalddörfern, deren Flur sich über Steilhänge erstreckt, litt die Rinderzucht unter der Arbeitsbelastung der Tiere. Um die Jahrhundertwende nahm im ganzen Amtsbezirk das Dorf Bödigheim, zeitweise in Konkurrenz zu Höpfingen, den ersten Platz in der Rinderzucht ein. Bis 1913 hielt hier der Gutspächter die Farren, dann wurden sie in Gemeinderegie genommen. Auch in Rinschheim legten um 1900 die Viehhalter mehr Wert auf Zucht als auf Mast und ernteten Preise für ihr Vieh. Bis 1886 war hier die Farrenhaltung Sache der Viehbesitzer selbst, dann ging sie auf die Gemeinde über, die sie 1908 in Eigenregie nahm. In Einbach war (1875) der Farren Eigentum des Wirts. Der Gemeindefarren von Unterneudorf stand bis 1894 auch für Stürzenhardt zur Verfügung, bis nach Unstimmigkeiten dort ein eigener Farren angeschafft wurde. Hier wie in den meisten Dörfern stand Rindermast im Vordergrund, ohne jedoch große Marktbedeutung zu erlangen, ausgenommen in Eberstadt und Hainstadt, von wo aus um 1900 Schlachtvieh bis nach Mittel- und Norddeutschland geliefert wurde. In den übrigen Dörfern verkaufte man an Händler und Metzger und auf den Buchener und vor allem Mudauer Viehmärkten. Hainstadt schickte (1910) täglich Milch nach Walldürn, Einbach (1911) an einen Händler in Waldhausen, der Heidelberg belieferte. Waldhausen mit dem Glashof war auf Milchwirtschaft spezialisiert. 1913 standen auf dem Glashof 60 Tiere. 1916 verpachteten die Freiherren Rüdt von Collenberg den Hof an die Milchzentrale Mannheim, die dort Milch für Kinder produzierte. Der Pachtvertrag bestand de jure, bis in den 1930er Jahren die Verpachtung an Gesellschaften verboten wurde.

Auch 1950 und 1971 hatten Waldhausen und Einbach den größten Anteil Milchkühe an der Rinderzahl im heutigen Stadtgebiet. In den letzten Jahrzehnten nahm der Rinderbestand fast kontinuierlich zu: 1950: 5191, 1971: 6466 und 1983: 7958 Stück, 1987 aber nur noch 7200 Tiere. Die Zahl der Milchkühe schwankte stärker in Abhängigkeit von kurzfristigen Veränderungen in der EG-Wirtschaft. 1987 standen 2279 Milchkühe in 163 Betrieben. Der Nachdruck liegt also mehr auf Mastvieh- als auf Milchviehhaltung. Deutlich ist sowohl in der gesamten Rinder- als auch in der Milchviehhaltung die Tendenz zur Konzentration auf wenige Betriebe. Noch 1971 hielt ein Betrieb im Mittel 17 Stück Rindvieh bzw. 7 Milchkühe. 1987 lag der Durchschnitt bei 35 Rindern bzw. 14 Milchkühen.

In der *Schweinehaltung* läßt sich gleichfalls um die Jahrhundertwende eine deutliche Zunahme feststellen. Der Schwerpunkt wechselte häufiger zwischen Mast und Zucht, je nach Marktsituation. In manchen Dörfern wie z. B. Stürzenhardt und Einbach war die Schweinehaltung wirtschaftlich wichtiger als die Rinderhaltung. Im Gegensatz zu ihr ging nach 1950 die Schweinehaltung in einigen Dörfern so stark zurück, daß auch Aufstockungen des Bestandes in anderen Orten keinen Ausgleich brachten. Auffallend groß war der Rückgang der Schweinehaltung in Buchen, Hettigenbeuern, Hettingen, Hollerbach und Waldhausen. 1987 wurden im Stadtgebiet von 241 Betrieben 3494 Mastschweine und von 74 Betrieben 729 Zuchtsauen gehalten. Nur 5 Betriebe hatten 50 oder mehr Mastschweine, nur 14 Betriebe 10 oder mehr Zuchtsauen.

Die *Pferdehaltung* war wirtschaftlich nicht von großer Bedeutung, wenn auch hie und da ein Bauer sich der Pferdezucht widmete. Zur Feldarbeit wurden Ochsen und Kühe häufiger verwendet als Pferde. Ziegen ersetzten bei armen Leuten die Kuh. Dementsprechend ging mit wachsendem Wohlstand nach 1900 die *Ziegenhaltung* auch in Buchen, Hainstadt und Hettingen, wo früher viele Ziegen gehalten wurden, zurück.

Die *Schäferei* war im allgemeinen zugunsten der Gemeindekassen verpachtet. In Bödigheim löste sich ein langer Rechtsstreit so, daß 1910 sowohl die Grundherrschaft als auch die Gemeinde ein Schäfereirecht ausübten. In Eberstadt war die Gemeindeschäferei zunächst (1871) an der grundherrschaftlichen Schäferei gescheitert. Seit der Ablösung (1904) des grundherrschaftlichen Weiderechts wurde die Bauernschäferei eingeführt, wobei jeder Grundstücksbesitzer entsprechend seinem Besitz Schafe auf die Weide treiben lassen durfte. 1913 war Privatschäferei üblich. Privatschäferei und Gemeindeschäferei wechselten auch in anderen Orten (Oberneudorf, Hollerbach, Einbach, Stürzenhardt, Unterneudorf) je nach Interessenlage der Bauern. In Hainstadt, wo der Schäfereiertrag unter die Güterbesitzer verteilt worden war, gab man die Schäferei schon um 1888, endgültig 1903 auf.

Die meisten landwirtschaftlichen Betriebe in der Stadt Buchen waren kleine Taglöhner- oder Handwerkerbauernbetriebe. 1873 hatten von den 458 landwirtschaftlichen Haushalten 215 kein Vieh, sondern nur Grundbesitz. Aber auch von den viehhaltenden Betrieben waren 155 unter 10 M groß. 1895 lagen von den 415 erfaßten Betrieben nur 34 über 10 ha Anbaufläche. Die durchschnittliche Betriebsgröße lag bei 2,8 ha und war damit die kleinste im heutigen Stadtgebiet. In den Dörfern hing die *Besitzgrößenstruktur* u. a. von den Erbsitten ab. Geschlossene Vererbung war um die Jahrhundertwende üblich in Einbach (hier unter Abfindung der nichterbenden Geschwister), Oberneudorf, Rinschheim (erst ab 1908), Unterneudorf, Stürzenhardt, Hollerbach, Hainstadt und Waldhausen. Realteilung herrschte vor in Rinschheim (bis 1907), Hettingen, Bödigheim, Eberstadt und Götzingen. Wo geschlossen vererbt wurde, waren die Betriebe meist größer als in den Realteilungsdörfern. Ausnahmen waren Waldhausen mit eher kleinbetrieblicher Struktur und auf der anderen Seite Bödigheim, wo trotz Realteilung 1895 fast ein Fünftel der Betriebe mehr als 10 ha besaßen. In Bödigheim wie Waldhausen, Eberstadt, Unterneudorf und Hainstadt waren große Teile der Gemarkung im Besitz der Grundherrschaft Rüdt von Collenberg und der Standesherrschaft Leiningen. In Eberstadt und Hainstadt (1903/4) war der standesherrliche Besitz stückweise an die Dorfbewohner verpachtet gewesen, während der Rüdtsche Besitz in Bödigheim selbst bewirtschaftet oder geschlossen verpachtet wurde. Der Glashof in Waldhausen ging in den 1930er Jahren aus dem Besitz der Rüdt von Collenberg an die Stiftschaffnei Mosbach über. Diese besaß auch in anderen Dörfern Land. So war 1883 ein großes Gut in Einbach teilweise, seit 1892 völlig ihr Eigentum. Außerdem kaufte sie bei Liegenschaftsvollstreckungen weitere Grundstücke auf. Trotz Anerbenrecht waren daher hier die bäuerlichen Betriebe meist klein.

Zwischen 1895 und 1925 veränderte sich die Betriebsstruktur kaum. Bis 1949 aber zeigt sich schon ein leichter Ansatz zur Konzentration vor allem durch Aufgabe von Kleinstbetrieben. Diese Tendenz verstärkte sich seither. Zwar ging auch die LF zurück, aber nicht in dem Ausmaß wie die Betriebe. Schon 1970 lagen 93 der statistisch erfaßten Betriebe bei und über 20 ha LF. Ihre vorwiegend kleinbetriebliche Struktur hatten Waldhausen und Hettigenbeuern, abgeschwächt auch Einbach und Hettingen, bewahrt. In Bödigheim, Buchen, Hollerbach, Ober- und Unterneudorf dagegen machten die Kleinbetriebe unter 10 ha LF kein Drittel der Betriebe mehr aus. 1987 bewirtschafteten 102 von nur noch 357 Betrieben 20 und mehr ha LF. 111 Betriebe waren Haupt- und 246 waren Nebenerwerbsbetriebe. 1983 gliederten sich die land- und forstwirtschaftlichen Betriebe in: 107 Marktfruchtbetriebe, 200 Futterbaubetriebe, 16 Veredlungsbetriebe, 5 Dauerkulturbetriebe, 35 landwirtschaftliche Gemischtbetriebe, 6 Gartenbaubetriebe, 44 Forstbetriebe und 16 kombinierte Betriebe. Als gewerblicher Betrieb im Bereich Tierhaltung ist u. a. in Buchen eine Geflügelzucht zu nennen.

Etwa seit den 1880er Jahren war in den meisten Dörfern und in Buchen eine *Feldbereinigung* im Gespräch, wurde aber nirgends durchgeführt, obgleich die Gemarkungen zum Teil sehr zerstückelt waren, Feldwege fehlten und es oft Streitigkeiten wegen der Überfahrtsrechte gab. Nur in wenigen Fällen (Buchen, Hollerbach) erleichterte man sich den Übergang von der flurgebundenen Dreifelderwirtschaft zur freien Bebauung durch Anlage eines neuen Feldwegenetzes. Kleinere *Flurbereinigungen* kamen in Buchen, Götzingen und Hettingen in der Zwischenkriegszeit zustande, größere Verfahren folgten erst nach 1950. Mit der Besitzeinweisung abgeschlossen wurden Verfahren in Eberstadt 1954, Buchen I 1961, Bödigheim 1965, Rinschheim 1977 und Götzingen 1978, Buchen II 1985 und Eberstadt 1986. Neue Verfahren stehen in Hainstadt und Hettigenbeuern bevor. Die Flurbereinigung Buchen I und das Verfahren in Götzingen waren mit *Aussiedlungen* und *Stadt- bzw. Dorfsanierungsmaßnahmen* verbunden. Aussiedlerhöfe wurden, z.T. in Verbindung mit der Flurbereinigung, angelegt in Bödigheim: »Mauerbach-Randsiedlung« 1951, »Sechelsee« und »Griecheltern« 1957, »Hohlenstein« 1965, in Götzingen: »Roter Busch« 1960 (2 Höfe), in Hainstadt: »Steinwegsgewann« 1966, 1968 und 1975 (5 Höfe), in Hettingen: »Im Hollerstock« 1966/67, in Rinschheim: »Siedlungsstraße« seit 1957 und »In der Hälde« 3 Höfe seit 1958. In Buchen entstanden 2 Siedlungen: »Am Weidenbaum« und »Kaltenberg«, außerdem Ortsrandsiedlungen. Die Aussiedlerhöfe werden heute nicht mehr alle hauptberuflich bewirtschaftet.

Der *Wald* nimmt mit 59,4 qkm fast die Hälfte (43 %) des Stadtgebietes ein. Nach dem Stand von 1983 gehört der größte Teil des Waldes, 3217 ha, der Stadt Buchen, die zu den 10 größten Gemeindewaldbesitzern in Baden-Württemberg zählt; 752 ha sind Staatswald, 274 ha Kirchenwald (Stiftschaffnei Mosbach und kleine Pfarrwälder), 1690 ha sind Privatwald. Davon besitzen der Fürst von Leiningen 510 ha, die Freiherren Rüdt von Collenberg 200 ha, 108 ha sind Genossenschafts- und 872 ha sind bäuerlicher Privatwald. Innerhalb des Stadtgebietes verteilt sich die Gemeindewaldfläche ungleich: 33 % stehen auf Gkg Buchen, 13 % auf Gkg Hettingen, je 10 % auf den Gkgn Bödigheim und Götzingen. Die geringsten Anteile haben die Orte Stürzenhardt, Unterneudorf und Hainstadt. Der grund- und standesherrliche Wald liegt hauptsächlich auf den Gkgn Bödigheim, Eberstadt und Hainstadt. In Hainstadt gab es, bis die Gemeinde 1913 Ödland aufforsten ließ, nur herrschaftlichen Wald. Auf Gkg Einbach ließ die Stiftschaffnei Mosbach 1910, nachdem sie ihren Besitz durch Ankauf des großen Schulzschen Gutes erweitert hatte, 40 ha Ackerland zu Wald anlegen. Laubholz nimmt heute 38 % der Waldfläche ein. Vorherrschend sind Buchen (22 %) und Eichen (11 %). Unter den Nadelbäumen, die aus Gründen der Wirtschaftlichkeit kultiviert werden, dominieren Fichten mit 33 % und Kiefern mit 21 % der Waldfläche. Hochwaldwirtschaft unter Bevorzugung des Nadelholzes hat sich erst seit Ende des 19. Jh. durchgesetzt, da Nieder- und Mittelwald mehr Brennholz lieferte. Waldweide (Schweinemast) und Streunutzung wirkten sich während des ganzen 19. Jh. noch ungünstig auf die Qualität der Wälder aus, obwohl eine geregelte Forstbewirtschaftung schon nach dem Erlaß des bad. Forstgesetzes (1833) begonnen hatte. Auch die Gemeindewälder unterstanden den staatlichen Forstbehörden. Nur mit deren Zustimmung durften außerordentliche Holzhiebe zugunsten der Gemeindekasse angeordnet werden. Ertragreiche Wälder hatten die Stadt Buchen und die Dörfer Bödigheim, Eberstadt, Hettigenbeuern, Stürzenhardt (erst seit der Jahrhundertwende) und Unterneudorf. Die Wälder mußten zuerst das Gab- und das Besoldungsholz liefern. In Hollerbach und Oberneudorf blieb danach kaum noch etwas zum Verkauf übrig.

Handwerk und Industrie. – In den Dörfern, die heute zu Buchen gehören, war zu Beginn des 19. Jh. die Verbindung zwischen Handwerk und Landwirtschaft noch eng. Einerseits stellten die Bauern vieles für den Gebrauch im Haus, im Stall und auf dem Feld selbst her, andererseits besaßen die meisten Handwerker einige Äcker und etwas

56 Bödigheim von Nordosten

57 *Buchen, Altstadt von Osten*

58 Altstadt von Buchen, Hauptstraße mit dem Stadttor  59 Buchen, Altes Rathaus

60 Buchener Madonna (Das Bild)

61 Eberstadt von Nordosten

62 Schloß Eberstadt

63 Eberstadter Tropfsteinhöhle

64 Einbach von Südosten

65 Götzingen von Süden

67 Schloß Hainstadt

68 Schloß Hainstadt, Allianzwappen Rüdt von Bödigheim und von Rabenstein (1573)

66 Hainstadt von Südosten

69 Hettigenbeuern von Osten
70 Götzenturm in Hettigenbeuern
71 Tabakscheuer in Hettigenbeuern
72 Hettingen von Südosten. Im Hintergrund Buchen

73 Hettingen, kath. Pfarrkirche

74 Hettingen, neue Schule

75 Hollerbach von Süden. Im Hintergrund Unterneudorf

76 Hollerbach, kath. Pfarrkirche und Pfarrhaus

77 Oberneudorf von Süden

78 Rinschheim von Süden

79 Stürzenhardt von Nordosten

80 Unterneudorf von Südwesten

Vieh oder arbeiteten im Taglohn. Meist gab es nur die für das Dorf notwendige Handwerker wie Schmied, Schreiner usw. Über den eigenen Bedarf hinaus wurde in einigen Dörfern, besonders sei hier Götzingen genannt, gesponnen und gewebt. Buchen dagegen war, wie die leiningische Erhebung von 1806 zeigt, eine ausgesprochene Handwerkerstadt mit 328 Handwerksmeistern in 27 Berufen. Jeder 6. Einwohner war Handwerksmeister, obgleich hier im Gegensatz zu den Nachbarstädten die Zünfte geschlossen waren, um einem Überbesatz vorzubeugen. Allerdings war nach den jahrelangen Kriegen die wirtschaftliche Lage der Bevölkerung schlecht, und die Handwerker hatten nicht mehr genug zu tun. 53 Meister übten 1806 ihren Beruf schon nicht mehr aus, andere übernahmen Taglohnarbeit oder zogen über die Dörfer auf Stör. Auch in der Stadt brauchten die Handwerker eine kleine Landwirtschaft, um zu überleben.

Im Laufe des 19. Jh. ging das Handwerk zurück. Manche Handwerker verlegten sich ausschließlich auf die bisher nur nebenbei betriebene Landwirtschaft, andere nahmen Lohnarbeit an, wieder andere übernahmen Industrieerzeugnisse zum Verkauf und wandelten allmählich den Handwerksbetrieb zum Ladengeschäft um. Industrieerzeugnisse fanden schon vor Eröffnung der Bahnlinie Eingang in Buchen und machten der handwerklichen Produktion Konkurrenz. In Buchen selbst wurde jedoch kein Industriebetrieb gegründet, in erster Linie, weil es an Geld fehlte. Erst 1875 gründeten Buchener Handwerker einen Gewerbeverein, der den Mitgliedern handwerkliche Bildung vermitteln und sie im Konkurrenzkampf gegen die Industrie stärken sollte. In Bödigheim konstituierte sich 1907, in Hainstadt 1910 ein Handwerkerverein. Noch in den 1860er und 1870er Jahren entstanden neue Handwerksbetriebe in Branchen, die anderswo schon zur Industrieproduktion übergangen waren: Seifensieder, Gerber, Ziegelei.

Aber auch in bisher fehlenden Handwerkszweigen wurden in diesen Jahrzehnten neue Betriebe gegründet: Messerschmied, Buchbinder, Fotograf und Landmaschinenmechaniker, 1865 auch die erste Druckerei in der Stadt, in der die erste Zeitung, der »Buchener Anzeiger«, ab 1887 »Der Odenwälder«, gedruckt wurde. Druckerei und Zeitung gingen 1953 in den Besitz der Heidelberger Rhein-Neckar-Zeitung über. Seither werden hier die Lokalseiten der Buchener und Mosbacher Ausgabe der RNZ gedruckt. Außerdem übernimmt die Druckerei Fremdaufträge. 1986 beschäftigte sie 65 Mitarbeiter und hatte einen Umsatz von rund 4,8 Mio DM.

Die *Betriebszählung 1895* erfaßte in Buchen 169 handwerkliche Hauptbetriebe mit 320 Beschäftigten. Weitaus größte Branche war mit 63 Betrieben und 87 Personen das Bekleidungs- und Reinigungshandwerk mit den vielen Schustern und Schneidern. Das Bauhandwerk folgte mit 29 Betrieben und 71 Personen, erst danach kam das Nahrungsmittelhandwerk mit 26 Betrieben und 52 Personen. Unter den Dörfern des heutigen Stadtgebiets hatten Hainstadt, Hettingen, Bödigheim und Götzingen die meisten Handwerker. In Hettingen blühte vor allem das Bauhandwerk mit 58 Personen in 15 Hauptbetrieben. Hettinger Maurer zogen den Sommer über bis in die Räume Frankfurt und Pforzheim und arbeiteten im Winter zuhause im Wald. Auch in Hainstadt gab es 14 Betriebe im Baugewerbe, aber nur Ein- und Zweimannbetriebe. Sonst waren in den Dörfern die üblichen Handwerker vertreten: Schreiner, Wagner, Maurer, Flaschner, Müller, Bäcker, Metzger, Schmied, Schneider, Schuster. Manche arbeiteten auch für die Nachbardörfer, die wie Einbach, Hettigenbeuern, Unterneudorf nur wenige oder wie Stürzenhardt gar keinen handwerklichen Hauptbetrieb hatten. Für 1925 nennt die Statistik nur 51 Handwerksmeister in Buchen, 101 im ganzen heutigen Stadtgebiet. Gleichzeitig werden in Buchen 2 Fabriken, in Hainstadt und Hettingen je 1 Fabrik aufgeführt: In Buchen hatte 1892 der Sattlermeister Franz Fertig den seit dem 18. Jh. bestehenden handwerklichen Familienbetrieb übernommen und ihn allmählich auf die fabrikmäßige Anfertigung von Polstergestellen umgestellt. 1914 hatte der Betrieb schon 70 Mitarbeiter. 1916 nahm er zusätzlich den Bau von Fernsprechzellen auf, 1917 kam ein Sägewerk hinzu. Die Firma wuchs in den 1930er Jahren auf etwa 200 Beschäftigte. Von 1956 an baute sie wieder eine Polsterei auf. Heute stellt dieser älteste noch bestehende Industriebetrieb der Stadt unter dem Namen *Franz Fertig, Sitz + Liegemöbelfabrik GmbH & Co.KG* mit 123 Mitarbeitern (1986) wieder Polstermöbel her. Der Export in die Nachbarländer liegt bei 15% des Umsatzes von derzeit 11,7 Mio DM. Die zweite 1925 genannte Buchener Fabrik, eine um 1895 eingerichtete Filiale der Pforzheimer Schmuckfirma Schmidt & Bruckmann, die auch Frauen aus dem Umland beschäftigte, besteht nicht mehr. Die Hainstadter Fabrik wurde 1911 von *Emil Schifferdecker* gleichfalls als Handwerksbetrieb gegründet und spezialisierte sich auf die Herstellung von Polstergestellen. 1987 umfaßt das Produktionsprogramm Möbel jeder Art und Hoteleinrichtungen. Zu 14% wird in die Nachbarländer exportiert. 1986 setzte die Firma ca. 14 Mio DM um. In Hettingen fand die erste, kurz nach 1918 gegründete und 1923 schon wieder geschlossene Perlkranzfabrik, Filialbetrieb der Walldürner Firma Heinrich Kast, rasch eine Nachfolgerin in der Perlkranzfabrik Gremminger & Kieser, die 1925 schon 20–50 Personen beschäftigte. Sie stellte jedoch bald nach 1930 auch den Betrieb ein.

Nach der Zählung der nichtlandwirtschaftlichen Arbeitsstätten von 1950 lag die Hälfte aller 642 nichtlandwirtschaftlichen Arbeitsstätten des heutigen Stadtgebiets im Handwerk. Von 2495 Personen zählten 1015 zu diesem Bereich. In Buchen und Hettingen war noch immer der Bausektor besonders stark vertreten. Soweit sich die Zählungen vergleichen lassen, ergibt die *Handwerkszählung von 1968* einen Schwund an Betrieben bei stabiler Beschäftigtenzahl. Von den 191 Betrieben (mit 951 Beschäftigten) arbeiteten 43 (207 Beschäftigte) im Metallhandwerk, 37 (136 Beschäftigte) im Nahrungsmittelgewerbe und 34 (391 Beschäftigte) im Bau- und Ausbauhandwerk.

Die betriebliche Konzentration ging weiter. 1977 beschäftigten die verbliebenen 180 Handwerksunternehmen 1269 Personen. Am meisten hatten das Baugewerbe mit 39 Betrieben und 620 Beschäftigten und das Metallgewerbe mit 46 Betrieben und 316 Beschäftigten expandiert.

Einen Überblick über die *Handwerksbetriebe 1987* gibt Tab. 1. Häufig sind in einem Handwerksbetrieb mehrere Branchen vereinigt, besonders auf dem Bausektor. Oft sind auch Handwerksbetriebe mit Ladengeschäften oder Dienstleistungsunternehmen verbunden. Zu den größeren Handwerksbetrieben zählen einige Baufirmen, so in Rinschheim die Firma *E. Müller Hoch- und Tiefbau GmbH und Co. KG* mit 45 Beschäftigten und in Buchen die 1932 gegründete Firma *Anton Baumbusch GmbH, Hoch-, Tief- und Stahlbetonbau*. Ursprünglich beschäftigte sie 3, heute 97 Personen und erzielte 1986 einen Umsatz von rund 8 Mio DM. In Götzingen betreibt die 1871 in Walldürn gegründete *Bauunternehmung Bau-Bonn GmbH* ein Schotterwerk mit durchschnittlich 10 Arbeitern. Größere Handwerksbetriebe sind weiter: in Hainstadt die Firma *Anton Schüßler GmbH, Werkzeugbau und technische Spritzgußteile*, mit ca. 40 Arbeitskräften und die aus einem 1906 gegründeten Zimmergeschäft hervorgegangene Firma *Gramlich Fertighaus GmbH & Co. Holzbau KG*, noch immer in Familienbesitz. Fertighäuser werden seit 1973 hergestellt. Mit 20 Arbeitskräften wurde 1986 ein Umsatz von 2,2 Mio DM erreicht. Gleichfalls seit der Gründung 1903 in Familienbesitz ist in Buchen der *Steinmetzbetrieb Franz Bernhard KG* mit 19 Beschäftigten, der Grabmäler, Brunnen u.a. herstellt und Restaurierungsarbeiten übernimmt. Eine Art

Entwicklung im 19. und 20. Jahrhundert

Tabelle 1: **Handwerksbetriebe 1987**

anchengliederung nach r Handwerksordnung	insg.	Bu	Bö	Eb	Ein	Gö	Ha	H'b	He	Ho	O'n	Ri	St	U'n	W'h
u- und Ausbaugewerbe															
uunternehmen	6	3	–	–	–	–	–	–	2	–	–	1	–	–	–
olz- und Bautenschutz	1	–	–	–	–	–	–	–	–	–	–	–	–	–	–
mmerleute	3	–	–	–	–	–	1	–	–	–	–	–	–	1	–
chdecker	1	–	–	–	1	2	–	–	–	–	–	–	–	–	–
esenleger	2	1	–	–	–	–	–	–	1	–	–	–	–	–	–
inmetzen/Steinbildhauer	4	2	1	–	–	1	–	–	–	–	–	–	–	–	–
aler/Gipser/Stukkateure	12	4	–	–	–	–	–	–	7	–	–	–	–	–	1
chelofenbauer	1	–	–	–	1	–	–	–	–	–	–	–	–	–	–
hornsteinfeger	4	1	–	–	–	–	–	–	1	–	–	–	–	–	2
etallgewerbe															
miede/Schlosser/Maschinenbauer/ erkzeugmacher	11	3	2	1	–	1	1	–	1	–	–	1	–	–	1
romaschinenmechaniker	2	1	–	–	–	–	–	–	1	–	–	–	–	–	–
aftfahrzeug-/Landmaschinen- chaniker/Kfz-Elektriker	10	7	–	–	1	1	–	1	–	–	–	–	–	–	–
s- und Wasserinstallateure/ izungsbauer	9	4	–	–	–	–	2	–	2	–	–	–	–	–	1
ktroinstallateure/Elektromechaniker/ dio- und Fernsehtechniker	14	7	–	1	–	–	2	–	3	–	–	–	–	–	1
rmacher	2	2	–	–	–	–	–	–	–	–	–	–	–	–	–
sserschmiede	1	1	–	–	–	–	–	–	–	–	–	–	–	–	–
rmenbauer	1	1	–	–	–	–	–	–	–	–	–	–	–	–	–
lzgewerbe															
reiner, Glaser und Bestattungs- ternehmer	15	7	1	1	–	2	1	1	2	–	–	–	–	–	–
kettleger/Bodenleger	3	–	–	–	–	3	–	–	–	–	–	–	–	–	–
lladenbauer	1	–	–	–	–	–	–	–	–	–	–	–	–	–	–
filholzhersteller	1	1	–	–	–	–	–	–	–	–	–	–	–	–	–
echsler	2	–	–	–	–	–	–	–	1	–	–	–	–	–	1
ttcher (Küfer)	1	1	–	–	–	–	–	–	–	–	–	–	–	–	–
ewerke	1	–	1	–	–	–	–	–	–	–	–	–	–	–	–
leidungs-, Textil- und Ledergewerbe															
neider	2	2	–	–	–	–	–	–	–	–	–	–	–	–	–
rschner	1	1	–	–	–	–	–	–	–	–	–	–	–	–	–
uhmacher	4	2	–	–	–	–	1	–	–	–	–	–	–	–	1
mausstatter/Polsterer	4	2	–	–	–	–	–	–	1	–	–	–	–	–	1
cker	1	–	–	–	–	1	–	–	–	–	–	–	–	–	–
hrungsmittelgewerbe															
ker/Konditoren (Teigwarenherstellung)	19	7	2	1	–	2	2	1	2	–	–	1	–	–	1
tzger	14	6	1	1	–	1	2	1	2	–	–	–	–	–	–
ster/Brenner	2	--	1	–	–	1	–	–	–	–	–	–	–	–	–
werbe für Gesundheits- und Körper- ge sowie chemische und Reinigungsgewerbe															
genoptiker	2	2	–	–	–	–	–	–	–	–	–	–	–	–	–
hopädiemechaniker	1	1	–	–	–	–	–	–	–	–	–	–	–	–	–
ntechniker	1	1	–	–	–	–	–	–	–	–	–	–	–	–	–

Tabelle 1: **Handwerksbetriebe (Fortsetzung)**

Branchengliederung nach der Handwerksordnung	insg.	Bu	Bö	Eb	Ein	Gö	Ha	H'b	He	Ho	O'n	Ri	St	U'n	W
Friseure	16	7	1	1	–	–	4	3	–	–	–	–	–	–	–
Textilreiniger	3	3	–	–	–	–	–	–	–	–	–	–	–	–	–
Schönheitspflege	1	1	–	–	–	–	–	–	–	–	–	–	–	–	–
Glas-, Papier-, keramische und sonstige Gewerbe															
Glaser siehe Schreiner															
Fotografen	4	2	–	–	–	–	1	–	–	–	–	–	–	–	–
Siebdrucker	2	1	–	–	–	–	–	1	–	–	–	–	–	–	–
Reprografen	1	–	–	–	–	1	–	–	–	–	–	–	–	–	–

Quelle: Gewerbekartei der Stadtverwaltung

Tochterunternehmen ist die seit 1973 selbständige *Kunstgießerei M. Bernhard*. In Eberstadt hat sich die 1939 von Wilhelm Grammlich gegründete Schreinerei zur Firma *Möbel-Grammlich GmbH & Co* entwickelt, die heute mit ca. 20 Beschäftigten Möbel herstellt und eine Möbelhandlung betreibt. In Hettigenbeuern hat sich die 1927 als Handelsbetrieb eingetragene Firma *Josef Steiff KG* später auf die Produktion von Sondermaschinen und Werkzeugen umgestellt. 1986 beschäftigte sie 22 Personen und hatte einen Umsatz von ca. 2,5 Mio DM, der zu etwa 5 % aus Exportaufträgen herrührt. Im Werkzeugbau arbeiten in Buchen auch die Firma *Werner Keller* mit 70, die Firma *Göttfert, Werkstoff Prüfmaschinen GmbH*, mit 92 Beschäftigten, die 1967 gegründete Firma *Weiss GmbH, Sondermaschinentechnik*, mit 23 Beschäftigten und einem Umsatz von ca. 5 Mio DM (1987), sowie die Firma *Kudler & Stifter, Werkzeugvertrieb GmbH*.

Abgesehen von den wenigen bereits genannten, aus dem Handwerk herausgewachsenen Industriebetrieben hat sich *Industrie* in nennenswertem Umfang erst nach dem 2. Weltkrieg in und um Buchen angesiedelt, darunter auch Zweigbetriebe von Unternehmen aus anderen Räumen. Wichtigster Ansiedlungsgrund scheint das Arbeitskräfteangebot gewesen zu sein; hinzu kam die Förderung durch Stadt, Land und Bund. Buchen war von Anfang an als Bundesausbauort und als übergeordneter Schwerpunkt im Rahmen der 1969 als Gesetz erlassenen Gemeinschaftsaufgabe zur Verbesserung der regionalen Wirtschaftsstruktur ausgewiesen. Um 1950 und zwischen 1962 und 1970 erschloß die Stadt zwei große Industriegebiete und gab die Grundstücke zu günstigen Bedingungen ab. Allein zwischen 1975 und 1982 wurden 3,2 Mio DM für Erschließungsmaßnahmen im Industriegebiet investiert. Zur Schaffung neuer Arbeitsplätze konnten Betriebe bei Neugründung oder Erweiterung mit Investitionsbeihilfen und Zinszuschüssen bis zu 20 % ihrer Investitionen rechnen. Von 1952 bis 1978 stieg dann auch die Industriedichte von 120 auf 226 Industriebeschäftigte je 1000 Einwohner in der Kernstadt. 1964 nannte die Industriezählung im ganzen Stadtgebiet 20 Betriebe ab 10 Beschäftigte, davon 11 mit 1024 Arbeitskräften in Buchen selbst. Stärkste Branche war die Eisen- und Metallverarbeitung mit 5 Betrieben in Buchen und je 1 Betrieb in Bödigheim, Götzingen, Hainstadt, Hettigenbeuern und Hettingen. Zur Holz- und Papierverarbeitung gehörten 4 Betriebe in Buchen und 1 Betrieb in Hainstadt.

Daß zwischen 1961 und 1970 die Zahl der Arbeitsstätten im gesamten Verarbeitenden Gewerbe – Industrie und Handwerk – von 180 auf 131 schrumpfte, liegt am starken Rückgang der kleinen Handwerksbetriebe, insbesondere im Nahrungsmittel- und im Textil- und Ledergewerbe, auch in der Eisen- und Metallerzeugung. Im gleichen

Zeitraum nämlich nahm die Zahl der Arbeitskräfte von etwa 2000 auf 2600 zu. Neue Arbeitsplätze waren insbesondere in der Elektrotechnik, der Eisen- und Metallerzeugung und in der Holz- und Papierverarbeitung geschaffen worden.

Natürlich war nicht jede Industriegründung hier auf Dauer erfolgreich. Die 1946 gegründete »Süddeutsche Kettenfabrik« z. B. richtete um 1955 noch ein Metallhüttenwerk ein, verkaufte aber schon 1960 ihr Anwesen an die Stadt.

1980 wurden von der Industriezählung auf dem Stadtgebiet erfaßt: je 2 Industriebetriebe ab 20 Beschäftigte in den Branchen Steine/Erden, Zieherei, Straßenfahrzeugbau, Elektrotechnik, Feinmechanik/Optik, Eisen/Blechwaren, Feinkeramik/Glasverarbeitung, Holzverarbeitung und Kunststoffwaren; je 1 Betrieb der Branchen Gießerei, Maschinenbau, Holzbearbeitung und Druckerei/Vervielfältigung.

Ältester der heute bestehenden Betriebe (mit 20 und mehr Beschäftigten) aus der Nachkriegszeit ist das 1948 gegründete *Odenwälder Kunststoffwerk Dr. Herbert Schneider GmbH & Co. KG*. Es hat in Osterburken-Schlierstadt ein Zweigwerk. Produziert werden Kunststoffteile bis zu 4500 gr. Spritzgewicht. 1968 arbeiteten hier 587 Personen, 1986 noch 314. Der Exportanteil (Europa, USA) des 1986 mit 28,5 Mio DM bezifferten Umsatzes lag bei 5,7 %. Im Jahr 1951 wurde mit 10 Arbeitskräften die Firma *Medica GmbH* in Hettingen gegründet, die 1986 mit 78 Personen arbeitet und früher Injektionsspritzen, heute Laborglasteile herstellt. Hier liegt der Exportanteil am Umsatz von ca. 7 Mio DM bei 38 %. Unter anderem auf Anregung durch den Gründer des Odenwälder Kunststoffwerkes siedelte 1954 eines der heute bekanntesten Buchener Unternehmen von Offenbach/Main in die Stadt um: die 1945 durch Erich Kaiser in Laudenbach/Oberhessen gegründete Firma *Kaiser Fototechnik* fand nach mehreren Umzügen in Buchen ihren endgültigen Standort. Inzwischen besitzt sie auch eine Filiale in Seckach-Zimmern. Von den 180 Arbeitskräften (Stand 1986) arbeiten 150 in Buchen. Hergestellt werden fototechnische Produkte, insbesondere Laborgeräte, Aufnahmeleuchten, Foto- und Videozubehör. Vom Umsatz, der 1986 um 20 Mio DM betrug, wurden 42 % durch weltweiten Export erzielt.

Anton Scheuermann und Günter Heilig legten 1957 in Hainstadt den Grundstein zur Firma *Scheuermann & Heilig GmbH, Federn und Metallwaren*. Von anfangs 12 Personen steigerte sich die Beschäftigtenzahl nahezu kontinuierlich auf 333 Personen, abgesehen von Heimarbeitern, Ende 1986 im Hainstadter Betrieb. In der Filiale der Firma in Atibaia (Sao Paulo) in Brasilien sind 166 Personen beschäftigt. Das Produktionsprogramm des Zuliefererbetriebs für die Auto- und Elektroindustrie umfaßt praktisch alle Arten von Federn, außerdem Gehäuse und Spulen. Der Umsatz im Hainstadter Betrieb lag 1986 bei 37,5 Mio DM, davon 13,5 % durch Auslandsaufträge. Gleichfalls auf dem Metallsektor arbeitet das 1960 in Buchen eingerichtete Zweigwerk der Solinger Firma *Piel + Adey KG, Metall-Kokillen-Gießerei*, das die Buchener Arbeitsplätze von 5 bei der Gründung auf 100 im Jahr 1986 vermehrt hat. In einem der Firma schon 1923 patentierten und inzwischen mehrfach verbesserten Verfahren stellt sie Präzisionsgußteile aus Schwermetallen, insbesondere Kupfer und Kupferlegierungen, für die Elektroindustrie, den Spezialmaschinen-, Fahrzeug- und Apparatebau her. Von den rund 35 Mio DM Firmenumsatz im Jahr 1986 wurden im Buchener Werk nach einer Steigerung gegenüber dem Vorjahr 14 Mio DM erwirtschaftet. Etwa 15 % der Produktion gehen ins Ausland.

In Bödigheim richtete 1964 die Firma *Hoerner KG* aus Eberstadt/Württ., Marktführer auf dem Gebiet der Lichtwerbung, ein Zweigwerk ein, das seinen Mitarbeiterstamm von 3 auf 66 (im Jahr 1986) steigerte. Weitere Zweigwerke hat das Unternehmen in Hannover und in Paris. Neben Lichtwerbeanlagen jeder Art liefert es Serientransparente, Transformatoren, vollelektronische Schaltwerke, Lichtzeitungen usw. Im Bödigheimer Werk werden Leuchtbuchstaben bis zu 3 m Größe aus Plexiglas und Blech hergestellt.

In Buchen gründete 1972 Max Hoffmann die heutige Firma *Hoffmann + Krippner* mit 1 Mitarbeiter. 1986 sind hier 85 Personen beschäftigt. Das Unternehmen produzierte in der Anfangsphase Radioskalen und Bedienteile für die Hausgeräteindustrie im Siebdruckverfahren, 1977/78 stellte es sich auf Serienproduktion von Folientastaturen, Tastatursystemen mit Ansteuerelektronik, Gerätefrontplatten u.ä. um. Beliefert wird mit etwa 15 % des Umsatzes von 9 Mio DM (1986) auch das benachbarte Europa. Ein Jahr jünger, 1973 eingerichtet, ist die Niederlassung Buchen des *Rohrleitungsbauunternehmens Alfons Millitzer* in Seligenstadt. In Buchen werden mit erst 10, derzeit 25 Arbeitskräften Sprinkleranlagen für den Hauptbetrieb vorgefertigt. 1978 wurde in Buchen die Firma *KMW - Kunststoff- und Metallwaren, Bundschuh, Parth & Co. GmbH* mit 2 Mitarbeitern gegründet. Heute produziert sie mit 22 Beschäftigten Band- und Drahtformteile, Frontplatten, Stanzteile und Gehäuse für die Elektroindustrie. Der Umsatz steigerte sich auf 1,68 Mio DM im Jahr 1987.

Seit 1979 ist das *Metallverarbeitungswerk Gustav Erhardt* in Buchen ansässig. Mit heute 25 Mitarbeitern erwirtschaftete der Betrieb mit dem Eloxieren von Aluminium und der Herstellung von Hochstromkontaktböcken und Aufsteckautomaten 1987 einen Umsatz von 2,5 Mio DM.

Als ein am Markt selbständiges Tochterunternehmen gründete 1981 die Firma *Otto Roth GmbH & Co KG*, Stuttgart, ein Werk in Buchen. Während das Hauptunternehmen Großhandel mit Verbindungselementen etc. betreibt, ist das Buchener Werk mit (1986) 76 Mitarbeitern ein Produktionsbetrieb, der im Lohnauftrag Einzelteile und Baugruppen für Maschinenbau und Hydraulik herstellt. 40-50 Arbeitskräfte beschäftigt in Hainstadt das *Ziegel- und Betonwerk Rupp* bei der Herstellung von Dachziegeln und Betonwaren. Zu den sonstigen Betrieben des nichthandwerklichen Produzierenden Gewerbes gehören 1987 in Buchen je 1 Hersteller von Polyäthylenfolien aus Granulat, von medizinischen Instrumenten, von Leuchten, von Elektronik-Systemen und von Natursauerteig und Brotmischungen. In Bödigheim und Waldhausen werden in je 1 Betrieb Puppenkleider genäht, in Hainstadt arbeitet eine Fließpreß-Metallwarenfertigung, in Götzingen sind 1 Elektroniklabor, 1 kleine Holz-, Papier- und Metallwarenfabrik und 1 Firma ansässig, die Bausätze in Wohnmobile einbaut, in Rinschheim 1 Schinkenräucherei.

Die *Arbeitsstättenzählung 1987* weist gegenüber derjenigen von 1970 ein Mehr von 162 Arbeitsstätten und von 747 Beschäftigten aus. Nur 9 Betriebe haben 100 und mehr Beschäftigte. In ihnen arbeitet aber ein Viertel aller Beschäftigten im Stadtgebiet. Stärkste Wirtschaftsabteilung ist das Verarbeitende Gewerbe mit 143 Betrieben und 2404 Beschäftigten, stärkste Branche darin nach der Beschäftigtenzahl von 681 das Metallgewerbe mit 17 Betrieben und nach der Zahl der Betriebe (40) das Ernährungsgewerbe (mit Tabakverarbeitung) mit allerdings nur 215 Beschäftigten. Gut besetzt ist auch die Wirtschaftsabteilung Baugewerbe mit 593 Beschäftigten in 45 Betrieben.

Nach allem gilt die für 1982 getroffene Feststellung von B. Horsten auch noch für 1987, daß nämlich die durch hohe Diversifikation und durch ein Übergewicht der Investitionsgüterindustrien gekennzeichnete Branchenstruktur Buchens vergleichsweise krisenfest sein dürfte. Nach wie vor ist auch die Betriebsgrößenstruktur durch den kleinen und mittleren Betrieb geprägt, was durchaus im Sinne der städtischen Planung liegt.

Handel und Dienstleistungen. – Der Fernhandel mit den Erzeugnissen der Buchener Gerber und Weber ging mit diesen Handwerkszweigen zugrunde. Handel fand

Entwicklung im 19. und 20. Jahrhundert

lange Zeit praktisch nur durch Hausierer und auf den Märkten statt. Von den 4 *Buchener Jahrmärkten* war am wichtigsten der 1830 genehmigte Schützenmarkt, ein dreitägiger Krämermarkt zum Abschluß der jährlichen Herbstschießen des Schützen-Corps. Er findet noch heute in der ersten Septemberwoche als Verkaufs- und Vergnügungsmarkt statt. Zu den 3 bisherigen Viehmärkten kam in den 1860er Jahren ein vierter, wurde aber wegen geringen Besuchs bald wieder aufgegeben. Die Buchener Viehmärkte scheinen die Bedeutung der Mudauer nicht erreicht zu haben. Schweinemärkte wurden bis vor wenigen Jahren jeden Monat abgehalten. Ein Weihnachtsmarkt wurde schon vor dem 2. Weltkrieg und in den ersten Kriegsjahren abgehalten. Er lebte 1969 als eintägige Veranstaltung des Gewerbeverbandes wieder auf, erhielt 1973 Marktrecht und dauert seit 1974 vier Tage. In *Götzingen* findet noch alljährlich am 20. Oktober der *Wendelinusmarkt* statt. Auch *Bödigheim* war Marktort mit *Jahrmärkten an St. Matthäus* und an *St. Nikolaus*. 1847 verkauften die Rüdt von Collenberg das Marktrecht an die Gemeinde.

Tabelle 2: **Einzelhandel 1987**

...anchen	insg.	Bu	Bö	Eb	Ein	Gö	Ha	H'b	He	Ho	O'n	Ri	St	U'n	W'h
ebensmittel, Gemischtwaren	28	11	2	2	–	–	3	–	7	–	–	1	–	–	2
etränke, Weine	6	2	–	–	–	1	–	1	1	–	–	–	–	–	1
.bakwaren	1	1	–	–	–	–	–	–	–	–	–	–	–	–	–
aushaltswaren	6	5	–	–	–	–	–	–	1	–	–	–	–	–	–
rogerie, Kosmetik, Parfümerie	6	6	–	–	–	–	–	–	–	–	–	–	–	–	–
xtilien, Kurzwaren, Kleidung	19	16	–	–	–	–	1	–	2	–	–	–	–	–	–
huhe	6	4	1	–	–	–	–	–	1	–	–	–	–	–	–
cher	2	2	–	–	–	–	–	–	–	–	–	–	–	–	–
hreibwaren, Büromaschinen, Computer	6	3	–	–	–	–	2	–	1	–	–	–	–	–	–
ektrogeräte, Lampen, Radio, TV etc.	16	8	–	1	–	–	3	–	3	–	–	–	–	–	1
toartikel	3	2	–	–	–	–	–	–	1	–	–	–	–	–	–
usikalien	3	3	–	–	–	–	–	–	–	–	–	–	–	–	–
nst und Antiquitäten	4	2	1	–	–	1	–	–	–	–	–	–	–	–	–
öbel	3	1	–	–	–	–	1	–	1	–	–	–	–	–	–
umausstattung	4	3	–	–	–	–	–	–	–	–	–	–	–	–	1
aftfahrzeuge und Zubehör, ndmaschinen	20	12	1	–	–	3	1	–	2	1	–	–	–	–	–
nkstellen	4	4	–	–	–	–	–	–	–	–	–	–	–	–	–
erkzeuge	1	1	–	–	–	–	–	–	–	–	–	–	–	–	–
ustoffe	4	2	–	1	–	–	–	–	1	–	–	–	–	–	–
olz	3	1	–	–	1	–	1	–	–	–	–	–	–	–	–
ennstoffe	5	3	–	–	–	–	1	–	1	–	–	–	–	–	–
artenartikel	1	1	–	–	–	–	–	–	–	–	–	–	–	–	–
obedarf	2	2	–	–	–	–	–	–	–	–	–	–	–	–	–
oske	6	5	–	1	–	–	–	–	–	–	–	–	–	–	–

elle: Gewerbekartei der Stadtverwaltung

Die ersten Ladengeschäfte in Buchen für den Verkauf von Industrieerzeugnissen, hauptsächlich Textilien und Kleidung, und als Gemischtwarenhandlungen öffneten um 1860. Außer diesen meist jüdischen Händlern verkauften auch einige Handwerker Industriewaren neben ihren eigenen Produkten. 1895 zählte man in der Stadt Buchen 51 Betriebe im Bereich Handel, Versicherung und Verkehr mit zusammen 85 beschäftigten Personen, im heutigen Stadtgebiet 117 Betriebe mit 165 Personen, die meisten (nach Buchen) in Hainstadt, Hettingen und Bödigheim. In Buchen profitierte der Handel von der Anziehungskraft der Stadt als Amtssitz. In Bödigheim, Eberstadt und Hainstadt waren vor der Jahrhundertwende jüdische Händler, insbesondere Viehhändler, ansässig. Später als in Buchen machten auch in den größeren Dörfern Kaufläden auf, mußten sich aber mühsam gegen die Konkurrenz der fliegenden Händler durchsetzen. Selbständige Kaufleute gab es 1925 in Buchen 39, in Bödigheim 10, in Hainstadt 8, in Götzingen 6, in Eberstadt 5, in Hettingen 4, in Hettigenbeuern, Oberneudorf, Rinschheim und Waldhausen je 1. 1987 zählte man im heutigen Stadtgebiet 124 Arbeitsstätten im *Einzelhandel* mit zusammen 534 Beschäftigten. Dazu kamen 29 Arbeitsstätten (160 Beschäftigte) im *Großhandel* und 15 (25 Beschäftigte) in der *Handelsvermittlung*.

Die Einzelhandelsgeschäfte nach den Angaben der Stadtverwaltung von 1987 sind in der Tab. 2 aufgelistet.

Auf die in einigen Branchen enge Verknüpfung von Läden und Handwerk wurde schon hingewiesen. Ein größerer Handelsbetrieb mit etwa 20 Beschäftigten ist der 1967 in Buchen eingerichtete Zweigbetrieb der Helmstadter Firma *Maschinen Wolf KG*, der Maschinen und Geräte der Agrartechnik, Grundstücks- und Forsttechnik anbietet, Ersatzteile liefert und Serviceleistungen erbringt. 1986 lag sein Umsatz in Buchen bei rund 5 Mio DM. Etwa 15 Personen beschäftigt die Firma *Leo Fischer* in Buchen, die mit Holzbearbeitungsmaschinen und -werkzeugen handelt.

Außer den in Tab. 2 aufgeführten Ladengeschäften gibt es an *Handelsbetrieben*: In Buchen 1 Handlung mit Feuerlöschartikeln, 1 Spielautomatenaufsteller, 1 Altwarenhandel, 4 Versandhausagenturen, 3 Viehhändler, in Bödigheim 1 Maschinenimport, 1 Vertrieb von Gewürzen und Nahrungsmitteln, 1 Viehhändler, in Eberstadt 1 Handlung mit Textilien, Mode- und Geschenkartikeln sowie Weinen, in Götzingen 2 Reisemobilvertretungen und -vermietungen, 1 Handelsbetrieb mit medizinischen Glasinstrumenten, 1 Vertrieb von offenen Kaminen und 1 Vertrieb von Armaturen und Rohrteilen für technische Gase, in Hainstadt 1 Wachswaren- und 1 Werbemittelvertrieb, 1 Handel mit Rohkartonagen, 1 Groß- und Einzelhandel mit Holzwaren und 1 Handels- und Montagebetrieb für Sauna- und Schwimmbadeinrichtungen, in Hettingen 1 Altwarenhandel, 1 Versandhausagentur und 1 Kunststoffhandlung, in Oberneudorf 1 Viehhändler, in Stürzenhardt 1 Schrotthandlung und in Waldhausen 1 Ofen- und 1 Holzwarenhandlung. Großhandelsbetriebe sind in der Kernstadt 5 ansässig, außerdem in Bödigheim 1 Heizungs-, in Hainstadt 1 Tabakwaren- und in Hettingen 1 Werbemittelgroßhandlung. Freie Handelsvertreter haben sich in Buchen 9 niedergelassen, in Hettigenbeuern und Unterneudorf je 1, in Götzingen 1 Industrievertretung (Energietechnische Anlagen). Dem Großhandel zuzuordnen ist die Zweigstelle Buchen der Bäko Rhein-Neckar, Bäcker- und Konditorengenossenschaft eG Neckarhausen. Sie beliefert auch Nichtmitglieder mit Rohstoffen, Investitionsgütern und Handelswaren. Die Zweigstelle in Buchen besteht seit Eingliederung des Bezirks im Jahr 1950 in die 1907 in Mannheim gegründete Genossenschaft. In Buchen arbeiteten 25 Mitglieder. Der Umsatz lag 1986 bei 18,8 Mio DM.

Im Bereich der *Freien Berufe* und der *privaten Dienstleistungen* arbeiten 1987 in der Kernstadt: 3 Rechtsanwälte, 8 Architekten, 4 Innenarchitekten, 6 Ingenieure, 5 Steuerberater, 1 Unternehmensberater, 1 Wirtschaftsprüfer, 4 EDV-Büros, 3 Immobilienmakler, 1 Kreditvermittlung, 5 hauptberufliche Versicherungsagenturen, 1 Konzertvermittlung, 1 Musikschule (bei Musikalienhandlung), 1 Kunstmaler, 4 Fahrschulen, 2 Autovermietungen, 1 Omnibusunternehmen, 2 Fuhrunternehmen, 1 Kanalreinigungs-

und Entsorgungsbetrieb. Dazu kommen in Bödigheim 1 Inbetriebnahme von Industrieanlagen, in Eberstadt je 1 Versicherungs- und Bausparkassenagent und Anzeigenzeitungsverlag, in Götzingen 2 nebenberufliche Planungs- und Bauleitbüros, je 1 Finanz- und Immobilienmakler, Transportunternehmen (mit Maschinenhandel), Abschleppdienst (mit Gebrauchtwagenhandel), Langholztransportunternehmen (mit Holzhandel), Tankschutz- und -reinigungsunternehmen; in Hainstadt 2 Unternehmens- und Werbeberater, 2 Versicherungsagenturen, je 1 Wach- und Kontrolldienst, Baubetreuung, Ingenieurbüro für Industrieelektronik, Omnibus- und Mietwagenunternehmen; in Hettigenbeuern 2 Werbungs- und Marketingunternehmen und 1 Versicherungsagent; in Hettingen 4 Fuhr- und Transportunternehmen (z.T. mit Baustoffhandel), 2 Versicherungsagenturen und je 1 Architekt, Innenarchitekt, Steuerberater, Buchführungshelfer, Vermögensberater; in Hollerbach 2 Versicherungsagenturen und in Waldhausen 1 Werbefirma.

Das erste *Kreditinstitut* in der Stadt Buchen war die 1868 gegründete Spar- und Waisenkasse, nachdem 1865 ein Versuch zur Gründung einer Sparkasse gescheitert war. 1869 folgte dann der Vorschußverein des Bezirks, der jedoch in Buchen zunächst nur wenige Mitglieder gewinnen konnte. Die Spar-und Waisenkasse bediente auch die Bewohner der Nachbardörfer. Trotzdem wurde 1886 in Rinschheim ein eigener Kreditverein gegründet, der auch Mitglieder in Hettingen hatte. Waldhausen besaß 1904 gleichfalls eine Kreditkasse. Die Spar- und Waisenkasse schloß sich mit der Sparkasse Walldürn zur Sparkasse Buchen-Walldürn zusammen. Sie hat Zweigstellen in Bödigheim, Eberstadt, Götzingen, Hainstadt, Hettigenbeuern, Hettingen und Waldhausen. Aus dem Vorschußverein ging die *Volksbank Franken* mit Sitz in Buchen hervor. Sie unterhält Zweigstellen in den gleichen Ortsteilen und außerdem in Rinschheim. Seit 1969 hat die *Baden-Württembergische Bank* in Buchen eine Zweigstelle eingerichtet.

Die wichtigste *landwirtschaftliche Genossenschaft* in Buchen, das Getreidelagerhaus, fand nach der Gründung 1902 nur zögernd Anklang bei den Bauern des Umlandes, hatte sich jedoch um 1910 weitgehend durchgesetzt und vermittelte den Getreideabsatz sowie den Bezug von Düngemitteln für die Bewohner der meisten Dörfer der Umgebung. Das Getreidelagerhaus nimmt unter dem Namen *Raiffeisen-Lagerhaus* ähnliche Aufgaben noch heute wahr. Von großer Bedeutung für die Wohnraumbeschaffung nach dem 2. Weltkrieg, insbesondere auch für die Neubürger, war die 1946 von der Erzdiözese Freiburg gegründete Gemeinnützige Baugenossenschaft »Neue Heimat Buchen-Hettingen«, später »Neue Heimat Buchen«. Sie fusionierte 1977 mit der »Familienheim Tauberbischofsheim eG« und übernahm am 1.1.1988 deren Namen als »*Familienheim Buchen-Tauberbischofsheim eG*«, Sitz Buchen. Die Bäcker- und Konditorengenossenschaft Rhein-Neckar mit der Zweigstelle in Buchen, der ehemaligen Bäckergenossenschaft Buchen, wurde schon genannt. In Eberstadt und Hainstadt bestehen *Waldverwertungsgenossenschaften*. Die Milchgenossenschaften, die in den meisten dörflichen Stadtteilen bestanden, lösen sich gegenwärtig nach und nach auf.

An *Gastwirtschaften* sind über die Ortsbereisungsakten für die 2. H. 19.Jh. in Eberstadt der »Adler«, die »Linde«, und die »Krone« zu erschließen. Alle 3 Häuser gibt es noch heute, außerdem nahe der Tropfsteinhöhle das Hotel-Restaurant »Höhle«. In Götzingen wurden 1872/73 der »Adler«, der »Schwanen« und der »Bretzenwirt« genannt. 1889 ist die Rede von 6 Wirtschaften. 1987 laden hier der »Adler« und der »Deutsche Hof« ein. Einbach, wo 1911 die einzige Wirtschaft aufgegeben wurde, hat heute mit dem »Badischen Hof« wieder Ersatz. In Hainstadt wurden 1868 der »Schwanen« und 1872 der »Zähringer Hof« genannt; 1987 bewirten hier »Schwanen«,

»Löwen«, »Grüner Baum«, und das Restaurant »The Club« ihre Gäste. In Hollerbach war vor dem 1. Weltkrieg der »Engel« Mittelpunkt der Malerkolonie. Heute gibt es dort außerdem das Hotel »Zur Schmiede«. Bödigheim meldete 1835 3 Gastwirtschaften zu realem Recht, »Weißes Roß«, »Goldene Krone« und »Grüner Baum« sowie eine Gastwirtschaft ohne Schild zu persönlichem Recht. 1987 wirtschaften hier noch das »Weiße Roß« und außerdem der »Löwen«. In Hettingen gab es 1835 »Krone« und »Engel« als Realwirtschaften, 1837 kam der »Ochsen« (vorher nur Straußwirtschaft) hinzu. »Ochsen« und »Krone« bestehen, neben einigen neueren Häusern, noch 1987. Weitere Gasthäuser bieten Hettigenbeuern: »Engel«, »Löwen«, »Schloßcafé«, Rinschheim: »Engel«, Oberneudorf: »Sonnenblick«, Stürzenhardt und Waldhausen (3 Gaststätten).

In Buchen sind die traditionsreichsten Häuser wohl das Hotel »Prinz Carl«, bis 1840 »Zur Goldenen Kanne« genannt, das auf das Jahr 1563 zurückgeht, und der »Riesen« am Marktplatz, heute Café und Pension. Im 19. Jh. bestanden außerdem die Gasthäuser »Schwanen«, »Ochsen«, »Pflug«, »Lilie«, »Weißes Roß«, »Löwen«, »Reichsadler« und »Sonne«, außerdem einige Bierwirtschaften. 1874 eröffnete eine Restauration in Verbindung mit einer Badeanstalt. »Schwanen«, »Weißes Roß«, »Löwen«, »Reichsadler« und »Sonne« gibt es noch heute, die »Sonne« allerdings in einem Neubau, der das 1961 abgebrochene Gebäude ersetzt. Darüberhinaus hat Buchen weitere 18 Gaststätten und Pensionen und 3 Cafés.

Das Angebot an *Gästebetten* in Hotels, Gaststätten und Pensionen umfaßt (Stand 1987) in Buchen 99 Betten in 7 Häusern, in Hettigenbeuern 107 Betten in 4 Häusern, in Eberstadt 33 Betten in 1 Haus, in Hainstadt 48 Betten in 3 Häusern, in Hollerbach 50 Betten in 1 Haus und in Oberneudorf 14 Betten in 1 Haus. *Ferienwohnungen* und *-appartements* stehen zur Verfügung in Buchen in 6 Häusern, in Hettigenbeuern in 9, in Unterneudorf in 1, in Hainstadt in 4, in Götzingen in 2 Häusern. In Hettigenbeuern und in Unterneudorf sind *Ferien auf dem Bauernhof* möglich. Außerdem werden Privatzimmer angeboten.

Allein dieses Angebot zeigt, daß sich Buchen sehr um *Fremdenverkehr* bemüht. Brennpunkte sind die romantische Stadt selbst und das Dorf Hettigenbeuern, beide als Erholungsorte ausgewiesen. 1987 wurden in der gesamten Stadt 50 111 Übernachtungen und 13 551 Gäste registriert. Das ergibt eine mittlere Aufenthaltsdauer von 3,7 Tagen (einschließlich des Geschäftsverkehrs). An den Übernachtungen beteiligt sind auch die 3 Jugenderholungsanlagen im Stadtgebiet: das »Hollerhaus« in Hollerbach, der »Eckbuckel« in Bödigheim und das »Forsthaus« in Hettingen. Buchen ist der Zimmerzentrale Odenwald und der Fremdenverkehrsgemeinschaft Fränkischer Odenwald angeschlossen. Die Stadt setzt ihre historischen Sehenswürdigkeiten, den Reiz der Mittelgebirgslandschaft, gut erschlossene Wanderwege für Fuß- und Radwanderer und zahlreiche Sport- und Erholungsmöglichkeiten sowie Angebote für einen »kreativen Urlaub« ein, um Gäste zu gewinnen. Sie liegt an der Museumsstraße Odenwälder Bauernhaus. »Wandern ohne Gepäck« ermöglichen, organisiert durch die Fremdenverkehrsgemeinschaft, auch einige Buchener Gasthäuser durch den Gepäcktransport. Als starker Magnet für Fremden- und Ausflugsverkehr hat sich die 1971 entdeckte Tropfsteinhöhle bei Eberstadt erwiesen. Jährlich werden rund 100 000 Besucher durch die Karsthöhle geführt. Insgesamt stellt das Verkehrsamt in den letzten Jahren eine Zunahme des Tagestourismus, auch durch Omnibusreisen, fest.

Verkehr. – Buchen liegt an der Poststraße Mannheim–Mosbach–Würzburg, der heutigen *Bundesstraße 27*. Dieser Straßenzug wurde, bei Oberschefflenz von der älteren Straße von Mosbach über Adelsheim und Boxberg nach Würzburg abzweigend,

1804 durch die leiningische Regierung geplant und bis Waldhausen gebaut. Die Strecke von Waldhausen über Buchen–Walldürn–Hardheim wurde bis 1811 von der bad. Verwaltung fertiggestellt, nicht nur zum Nutzen der Stadt, da sie sich zunächst als Heerstraße bewährte und den Durchzug immer neuer Truppen brachte. Von den heutigen Buchener Ortsteilen erhielt Waldhausen durch diese Straße eine hervorragende Lage im Verkehrsnetz, beeinträchtigt erst durch den Bau der Straße Mosbach–Osterburken in den 1860er und später durch den Bau der Straße Seckach–Buchen in den 1880er Jahren. Die übrigen Dörfer lagen abseits der Verkehrswege und litten bis ins 20. Jh. unter schlechten Verbindungen untereinander und zur Amtsstadt. Nur hie und da konnte die Korrektion einer steilen oder sonst ungeeigneten Straße durchgesetzt werden. Etwa seit 1865 bemühte man sich von bad. Seite um eine bessere Verbindung über die Landesgrenze hinweg von Buchen über Hettigenbeuern nach Amorbach, stieß jedoch bei der bayerischen Verwaltung auf wenig Förderung. Die Straße ist auch heute noch nur bis zur Landesgrenze als Kreisstraße ausgebaut, ab dort ein Feldweg. Der Hauptverkehr nach Amorbach und Miltenberg nimmt den Umweg über die *Bundesstraßen 27 und 47* über Walldürn.

Die in diesem Teilstück 1974 eröffnete Autobahn A 81 Heilbronn–Würzburg ist von Buchen aus über die etwa 20 km entfernte Auffahrt Osterburken zu erreichen. Der Zubringer ist aber durch Ortsdurchfahrten, gefäll- und kurvenreiche Strecken für den Güterverkehr unzureichend. Das gilt in noch stärkerem Maß für die Anbindung an die über Walldürn–Miltenberg in rund 60 km Entfernung zu erreichende Autobahn A 3 Frankfurt–Würzburg. Insgesamt ist die Erschließung Buchens im Fernverkehrsnetz, gemessen speziell an den Bedürfnissen der Industrie, nicht als gut zu bewerten.

Seit 1812 war Buchen *Poststation* an der Linie der bad. Post von Heidelberg nach Würzburg. 1865 gingen 3 Postkutschen zur nächsten Bahnstation nach Seckach ab, außerdem fuhren Postkutschen nach Walldürn und Mudau. Außer der Posthalterei hatte Buchen eine Telegraphenstation. *Bahnanschluß* aber bekam die Stadt erst 1887 mit der Eröffnung der von der Strecke Mosbach–Osterburken abzweigenden Linie Seckach–Walldürn, die 12 Jahre später bis Amorbach weitergeführt wurde. Für die im Odenwald liegenden Dörfer war auch der Bau der Privatbahn Mosbach–Mudau 1905 von Vorteil, abgesehen von Waldhausen, das den Durchgangsverkehr zur Bahnstation Großeicholzheim verlor. Die Linie Seckach–Buchen–Walldürn–Miltenberg wird als eingleisige Nebenbahn fast nur noch mit Dieseltriebwagen befahren. Sie gehört zu den von Stillegung bedrohten Strecken. Im Winter 1986/87 fuhren werktäglich von Miltenberg nach Seckach 9 Züge, davon 1 Eilzug, zusätzlich von Walldürn nach Seckach 3 Züge, von Seckach nach Miltenberg 10 und von Seckach nach Walldürn 3 Züge. Bödigheim hat eine Bahnstation an dieser Strecke, Buchen-Ost und Hainstadt sind Haltestellen.

Der *öffentliche Nahverkehr* wird allerdings überwiegend durch *Omnibusse* bedient. Mit dem Aufkommen des Automobils baute die Post ihren alten Dienstzweig der Personenbeförderung wieder auf. In den 1920er Jahren (1929) fuhren Postomnibusse von Buchen über Altheim–Rosenberg nach Oberwittstadt, über Strümpfelbrunn–Mudau nach Eberbach und über Waldhausen–Rittersbach nach Mosbach und zurück. Heute haben Omnibusse der Bundesbahn den Nahverkehr übernommen. Buchen, Waldhausen, Bödigheim und Hainstadt liegen an der parallel zur Bahnlinie verkehrenden Omnibuslinie Seckach–Walldürn–Miltenberg. Sehr gut befahren sind die Busstrecken Buchen–Mudau–Eberbach, an der Unter- und Oberneudorf und Hollerbach liegen, sowie die Strecke Mosbach–Buchen–Walldürn–Hardheim–Schweinberg mit den Stationen Waldhausen, Einbach, Oberneudorf, Hollerbach und Hainstadt auf dem

Stadtgebiet. Weniger dicht folgen die Busse auf der Strecke Buchen–Krautheim, an der Hettingen, Rinschheim und Götzingen liegen. Die Kernstadt Buchen ist außerdem durch Busse mit Lauda und Tauberbischofsheim verbunden. Das Bahnbus-Liniennetz wird ergänzt durch private Buslinien. Hier liegt Buchen mit Waldhausen, Einbach, Oberneudorf und 2 Haltestellen in der Stadt an der Linie »Vom Rhein zum Main« der Deutschen Touring GmbH. Die Omnibusse fahren täglich von Karlsruhe nach Würzburg und zurück. Die Firma Knühl in Seckach-Großeicholzheim fährt an Schul- bzw. Werktagen mehrmals von Großeicholzheim abwechselnd über Bödigheim und Eberstadt nach Buchen und zurück. Von Hettingenbeuern und von Stürzenhardt fährt die Firma Farrenkopf im geöffneten Schülerverkehr an Schultagen zweimal nach Buchen und dreimal zurück. Samstags fährt nur je 1 Bus.

Die *Bundespost* hat in Buchen ein Postamt und Poststellen in allen Ortsteilen außer Einbach, Hollerbach, Ober- und Unterneudorf und Stürzenhardt. Die Oberpostdirektion Karlsruhe unterhält in Buchen eine Außenstelle Hochbau, das Fernmeldeamt Heidelberg die Fernvermittlungsstelle Buchen.

Verwaltungszugehörigkeit, Gemeinde und öffentliches Leben

Verwaltungszugehörigkeit. – Nach dem Anfall an Baden blieb Buchen Sitz des fürstl. leiningischen Amtes Buchen, dem 1807 vom heutigen Stadtgebiet Götzingen, Hettingen, Hollerbach, Unterneudorf und ein Teil von Hainstadt angehörten. Ende 1807 waren Einbach, Oberneudorf und Stürzenhardt dem fürstl. leiningischen Amt Mudau zugeteilt worden, wurden 1813 aber wieder dem Amt Buchen eingegliedert. Rinschheim gehörte bis 1813 zum fürstl. leiningischen Amt Walldürn und kam dann gleichfalls zum Amt Buchen. Die grundherrlichen Ämter Bödigheim (mit Bödigheim und Waldhausen) und Eberstadt (mit Eberstadt, Sindolsheim und der Hälfte von Hainstadt) der Freiherren Rüdt von Collenberg und das Amt Hettigenbeuern der Freiherren von Berlichingen waren dem Oberamt Odenwald unterstellt. Im Dezember 1807 kamen die ersteren zur Landvogtei Mosbach, letzteres zur Landvogtei Miltenberg. Zwischen 1810 und 1813 waren die Rüdtschen Dörfer Teil des Amts Adelsheim und wurden dann dem Amt Buchen zugewiesen mit Ausnahme von Eberstadt, das zum Amt Osterburken kam. Hettigenbeuern wird 1810 im Amt Mudau genannt und kam 1813 zum Amt Walldürn und 1840 endgültig zum Amt Buchen. Dagegen wurden 1840 bis 1849 Bödigheim, Eberstadt und Waldhausen dem Amt Adelsheim unterstellt. Seit 1849 gehören alle heutigen Stadtteile zum Amt, ab 1938 Landkreis Buchen, seit der Kreisreform 1973 zum Neckar-Odenwald-Kreis.

Am 1. 4. 1935 wurden Hettigenbeuern mit Hornbach (jetzt Stadt Walldürn) zur Einheitsgemeinde Hettigenbeuern, Ober- und Unterneudorf mit Hollerbach zur Einheitsgemeinde Hollerbach und Einbach mit Waldhausen und Scheringen (jetzt Gde Limbach) zur Einheitsgemeinde Waldhausen, am 1. 1. 1936 Stürzenhardt mit Rumpfen und Steinbach (beide jetzt Gde Mudau) zu einer einfachen Gemeinde Steinbach vereinigt. Diese Verbindungen wurden jedoch 1945 wieder aufgelöst. Im Rahmen der jüngsten Verwaltungsreform wurde die heutige Stadt Buchen (Odenwald) gebildet durch Vereinigung der Stadt Buchen (Odenwald), die diesen Namen amtlich seit 1930 führt, mit den Gemeinden Götzingen, Hainstadt, Hettigenbeuern, Hettingen und Rinschheim am 1. 10. 1974. Stürzenhardt war schon 1971, Unterneudorf 1972, Bödigheim, Einbach, Oberneudorf und Waldhausen waren 1973 in die Stadt Buchen eingemeindet worden. Die Eingemeindung von Eberstadt und Hollerbach rundete 1975 das Stadtgebiet zu seiner heutigen Gestalt ab. Für alle dörflichen Stadtteile sind dauernde

Ortschaftsverfassungen vereinbart. Die Einheitsgemeinde Buchen (Odenwald) bildet allein den gleichnamigen Verwaltungsraum.

Gemeinde. – Die Fläche des heutigen Stadtgebietes wird für 1854 umgerechnet mit 14003 ha angegeben. Katastervermessungen fanden aber erst zwischen 1870 und 1890 statt. 1925 errechnet sich für das *Stadtgebiet* eine Fläche von 13901 ha. 1981 und 1985 wurden 13899 ha genannt. Die größte Gemarkung ist die von Bödigheim mit 2702 ha, dann folgt erst Buchen mit 2460 ha. Stürzenhardt hat mit 301 ha die kleinste Gemarkung. In Bödigheim, Eberstadt und Hainstadt waren große Teile der Gemarkung noch im 20. Jh. im Besitz der Freiherren Rüdt von Collenberg. In Einbach versuchte die Ev. Stiftschaffnei Mosbach schon 1851, die verschuldeten Bauern auszukaufen und das gesamte Dorf auszusiedeln, um die Gemarkung aufzuforsten und ein Hofgut einzurichten. Diese Verhandlungen scheiterten zwar, aber 1855 kaufte ein Frankfurter Unternehmer 5 Familienbetriebe und vereinigte sie zu einem 230 ha großen Gut, das 20 Jahre lang mit modernen Methoden bewirtschaftet wurde und beispielgebend wirkte. Trotzdem gab der Besitzer in den 1870er Jahren das Gut auf. 1883 war es teilweise im Besitz der Stiftschaffnei, 1892 kaufte sie es ganz und forstete 110 M Ackerland auf. Heute macht der Besitz der Ev. Stiftschaffnei 40% der Einbacher Gemarkung aus. Auch in anderen Dörfern trat das Stift als aggressiver Landkäufer auf.

Allmendflächen gab es 1854 nur in Buchen (36 M 3 V 40 R). Seit 1960 werden die Allmendlose in Geld ausbezahlt, da die 29,6 ha große Allmende für den Wohnungs- und Industriebau gebraucht wurde. *Bürgernutzen* in Form von Scheitholz und Wellen aus den Gemeindewäldern wurde abgesehen von Hainstadt, wo es kaum Gemeindewald gab, in allen Dörfern gereicht. Die Gaben waren jedoch unterschiedlich groß, veränderten sich je nach Waldertrag und unterlagen verschiedenen Bedingungen. Die Berechtigung konnte wie in Stürzenhardt (1869), Hollerbach (1883), Oberneudorf (1903) oder Bödigheim (1913) an bestimmte Häuser gebunden sein, wie in Einbach (1908) das Erreichen eines bestimmten Alters voraussetzen (40–45 Jahre) oder nach Überschreiten einer Altersgrenze (65 Jahre) wie in Eberstadt (1913) wieder erlöschen. In Hollerbach war die Bürgergabe noch 1922 an die unter den Bürgern rotierende Faselhaltung geknüpft. Der Bürgernutzen läuft seit 1955 in Buchen, seit 1966 in den Dörfern aus, d.h. es rückt niemand mehr in die Berechtigung nach.

Das *Vermögen der Stadt Buchen* war in den Franzosenkriegen dahingeschmolzen. Das im 18. Jh. einigermaßen wohlhabende sog. »Talerstädtchen« hatte 1808 eine Kriegsschuldenlast von 35000 fl zu tragen. Durch die Kriege in Schulden geraten waren auch fast alle Dörfer, zum Teil mit hohen Summen. »Sonstige gemeine Schulden« hatte vor allem Bödigheim mit 35000 fl zu tragen, aber auch Hettigenbeuern, Rinschheim, Waldhausen und Eberstadt mit kleineren Beträgen. Die folgenden Jahrzehnte waren kaum dazu angetan, die finanzielle Lage der Gemeinden zu verbessern. Neben den Kosten der Revolution von 1848/49 fiel die *Zehntablösung* als Belastung an. Die Stadt Buchen schloß erst 1852 den endgültigen Vertrag mit der Standesherrschaft Leiningen. 1860 war die Schuld getilgt. In den Dorfgemeinden zog sich die Zehntschuldentilgung bis in die späten 1860er Jahre, in Unterneudorf und Hettingen bis um 1875 hin.

Die *Gemeindevermögen* bestanden im wesentlichen aus dem Wald und (meist nur wenigen) landwirtschaftlichen Grundstücken sowie den Gemeindegebäuden, die aber kaum Ertrag abwarfen. Bödigheim besaß 1910 301 ha Gemeinde- und 65,6 ha Genossenschaftswald sowie 18 ha landwirtschaftliche Grundstücke, Eberstadt 158 ha Wald und 10 ha Äcker und Wiesen, Einbach (1911) 63,6 ha Wald und eine Wiese, Götzingen (1905) 317 ha Wald, Hainstadt 49 ha Äcker und Wiesen, Hollerbach (1911) 88 ha Wald, außerdem weitere Liegenschaften, Oberneudorf (1885) Wald, Weideplätze und einige

Ödungen, Rinschheim (1908) 158 ha Wald, 1 ha Äcker und Wiesen, Stürzenhardt (1908) 7 ha Acker und 25 ha Wald, Unterneudorf (1883) 600 M Wald, Waldhausen (1884) 85 ha Wald. Heute besitzt die Stadt Buchen 3224 ha Wald, ca 134 ha verpachtete Landwirtschaftsfläche, darunter 31 ha in Buchen, 33 ha in Hettingen und 26 ha in Götzingen, sowie ca 30 ha Bauerwartungsland und 144 Gebäude.

Die *Gemeindehaushalte*, auch der Haushalt der Stadt Buchen, konnten nur durch äußerste Sparsamkeit ausgeglichen werden. Allgemein wurde den Gemeindeverwaltungen vom Bezirksamt ein gutes Zeugnis ausgestellt. Die besten Einnahmen, wenn auch in wechselnder Höhe, brachte nach Abzug der Bürgergaben der Wald. Niedriger zu veranschlagen waren Jagd- und Fischereipacht, Bürgerantrittsgelder und in Buchen städtische Gefälle. Auch der Ertrag der Schäferei (Pachtgeld und Pferchgeld) floß meist (nicht z. B. in Unterneudorf) in die Gemeindekasse. Nahezu regelmäßig fielen Ausgaben für Armenfürsorge, zeitweise auch zur Förderung von Auswanderungen, an. Straßen, Wege und Brunnen mußten unterhalten, Gemeindebedienstete besoldet werden. Selten konnten außerordentliche Ausgaben aus dem laufenden Etat gedeckt werden. Entweder genehmigte die Forstbehörde dafür einen außerordentlichen Holzhieb, oder es mußte Kapital aufgenommen werden. Solche außerordentlichen Ausgaben entstanden vor allem in der 2. H. 19. Jh. und vor 1914 durch die notwendig gewordenen Rat- und Schulhausbauten und durch den Bau von Wasserleitungen. Stürzenhardt trug um 1900 auch schwer an der Mitfinanzierung der neuen Kirche zu Steinbach. Die städtische Bautätigkeit in Buchen mußte bei der chronisch schlechten Finanzlage der Stadt gering bleiben. Der Bau der Bürgerschule 1848 konnte schon als Großtat gelten, desgleichen der Erwerb des Kellereigebäudes 1868, zu dessen Ausbau jedoch das Geld fehlte.

Bis nach dem 2. Weltkrieg änderte sich die finanzielle Lage von Stadt und Dörfern nicht grundsätzlich. Erst die Ansiedlung von Industrie brachte über die Gewerbesteuern bessere Einnahmen. Allerdings haben die Stadt Buchen durch kostspielige Erschließungsmaßnahmen und der Staat durch Förderung der Stadt seit 1969 als Bundesausbauort, dann als Schwerpunktort, ab 1975 als übergeordneter Schwerpunktort, im Rahmen der Gemeinschaftsaufgabe zur Verbesserung der regionalen Wirtschaftsstruktur dazu erhebliche Beiträge geleistet. Diese Förderung läuft Ende 1988 aus. Seit der Gemeindereform hat sich der Verwaltungshaushalt der Stadt von 15 139 091 DM im Jahr 1975 auf 29 659 750 DM im Jahr 1986 gesteigert. Der Vermögenshaushalt stieg bei einigen Schwankungen im gleichen Zeitraum von 8 751 741 DM auf 17 146 750 DM. Trotz aller Bemühungen lag die *Steuerkraftsumme* der Stadt immer unter dem Landesdurchschnitt, obwohl sie zwischen 1975 und 1986 von 458,63 DM/E. auf 910,78 DM/E. anstieg. Am *Steueraufkommen* der Stadt erhöhte sich der Gewerbesteueranteil zwischen 1970 und 1980 von 36 auf 42 %. Aber auch die *Verschuldung* wuchs: von 15,6 Mio DM im Jahr 1975 auf 24,1 Mio DM 1986 (für Stadtwerke und Eberstädter Tropfsteinhöhle von 3,5 Mio DM auf 13,5 Mio DM).

Die Gemeindereform hat die Aufgaben der Stadt in finanzieller Hinsicht nicht erleichtert, da die 13 dörflichen Stadtteile weiterhin ihre eigenen Rathäuser besitzen, auf den Bau von Sport- und ähnlichen Einrichtungen drängten und Schulen, Straßen und die übrigen Infrastruktureinrichtungen laufende Erhaltungs- und Ergänzungskosten verursachen. Eine auch finanziell bemerkenswerte Leistung der Stadt ist die seit 1971 laufende *Altstadtsanierung* in Buchen, die bis heute nicht nur das Stadtbild verschönerte, sondern auch besseren Wohn- und Gewerberaum schuf, insgesamt die Attraktivität Buchens deutlich steigerte. Bis 1986 wurden 75 Gebäude saniert und modernisiert. Zusammen mit der Sanierung öffentlicher Gebäude wie Rathaus, Wimpinahaus, kurmainzischer Amtskellerei und dem Ausbau von Plätzen, Straßen und Fußgängerzone gab die Stadt 80 Mio DM aus. Davon stammten etwa 20 Mio DM aus Zuschüssen aus dem Sanierungsprogramm des Bundes und des Landes. Ergänzt wurde die Stadtsanierung durch *Dorfentwicklungsmaßnahmen* in Hainstadt, Hettingen, Rinschheim, Götzingen, Eberstadt, Bödigheim, Waldhausen, Einbach, Hollerbach, Stürzenhardt, Hettigenbeuern. Dazu gingen Zuschüsse in Höhe von 32 Mio DM (Stand 1986) vom Regierungspräsidium und vom Landesamt für Flurbereinigung an die Stadt und an betroffene private Haushalte.

Die Unterstellung des Fürstentums Leiningen unter die bad. Souveränität hat an der Verfassung der Stadt Buchen nur wenig geändert. Der Ratsschultheiß und die 4 Ratsherren wurden bisher vom fürstl. Justizamt bestellt. Nach dem großherzoglichen Edikt vom 1.8.1807 sollten sie von der Gemeinde gewählt und der nunmehr Bürgermeister genannte Vorsteher von der landesherrlichen, d. h. großherzoglichen Provinzstelle, der Rat von der Unterpolizeibehörde bestätigt werden. Die wirtschaftliche Verwaltung der Stadt stand unter Aufsicht des Justizamtes und des Stadtrates. Beträchtliche Einnahmen und Ausgaben bedurften der Genehmigung durch die fürstl. Justizkanzlei. Die städtischen Gefälle verrechnete der vom Amt bestellte städtische Rentmeister. Er legte die Rechnungen dem Stadtrat und den Viertelsmeistern vor und reichte sie dem Justizamt zur Abhör ein. Die Befugnisse von Ratsschultheiß und Rat waren gering, sowohl was die Straf- als auch was die freiwillige Gerichtsbarkeit betrifft. Die Stadt Buchen war in vier Viertel eingeteilt, deren Vorsteher »für Weg und Steg« zu sorgen hatten und für Einquartierungen etc. zuständig waren. Städtische Bedienstete waren Ratsdiener, Stadtdiener, Türmer (und Stundenbläser), Marktmeister und 2 Marktwächter, Brunnenmeister, Torwärter, Feldschütz und 2 Waldschützen, Feuerspritzenmeister, 3 Nachtwächter, Hebamme, 2 Totengräber, Bettelvogt, Kuh-, Schweine- und Geißhirt. Der »Stadthauptmann, Lieutenant, Musterungslistenschreiber, 12 Corporals, 3 Tambours und 2 Clarnetisten« wurden mit den in Kompanien eingeteilten Bürgern zum Streifengehen, zum Bewachen von Stadt und Gefängnis und zur exekutiven Gewalt gebraucht, während der Stadtwachtmeisterlieutenant die Ortspolizei vollzog, die Wirtshäuser visitierte und die Fremden kontrollierte. 5 Feldschieder wachten über die Richtigkeit der Gemarkungs- und Feldsteine. In den leiningischen Dörfern stand der vom Amt ernannte Vogt an der Spitze, zu seiner Seite das Gericht. Nach 1831 nannte sich der Ortsvorsteher Bürgermeister. Die Zahl der Gemeinderäte bewegte sich zwischen 3 und 6. Sie wurde in den kleineren Dörfern 1883 auf 3 herabgesetzt. Um die Jahrhundertwende hatte Buchen 8, Eberstadt, Götzingen und Hainstadt hatten 6 Gemeinderäte. In Bödigheim bestand ein Hauptproblem der Gemeindeverwaltung im schlechten Verhältnis zur Grundherrschaft, während in Eberstadt Gemeinde und Grundherrschaft ausgesprochen gut miteinander auskamen. Abgesehen von wenigen Ausnahmen arbeiteten die Gemeindeverwaltungen gut. Parteiungen waren, folgt man den Berichten der Amtmänner, selten.

Nach 1945 wurden, dem Einwohnerzuwachs entsprechend, die Gemeinderäte erweitert. Hollerbach z.B. verfügte 1950 über 8 Gemeinderatstellen, von denen 6 besetzt waren (2 mit Neubürgern). Bei der Bildung der neuen Stadt Buchen hatte Buchen 16, Hainstadt und Hettingen je 10, Götzingen und Hettigenbeuern je 8, die übrigen Dörfer je 2 Gemeinderäte. Seit der Gemeindereform besteht der *Gemeinderat* der Stadt Buchen aus dem Bürgermeister und 31 Gemeinderäten. Bei den Gemeinderatswahlen erzielte bisher immer die CDU, die auch den Bürgermeister stellt, absolute Mehrheiten (1975 und 1980 um 65%, 1984 noch 59%) vor den

Freien Wählervereinigungen und der SPD. Seit 1984 hat die CDU 19, die Freie Wählervereinigung und die SPD je 6 Sitze im Gemeinderat.

Die *Stadtverwaltung* hat 1980 das neue Rathaus am Wimpinaplatz bezogen. Das Gebäude wurde 1920 als Volksschule gebaut und erfuhr zwischen 1978 und 1980 einen Umbau und eine repräsentative Erweiterung für die neue Verwendung. Im alten Rathaus am Marktplatz befindet sich noch der Sitzungssaal, sonst dient es kulturellen Zwecken. In den dörflichen Stadtteilen blieben die ehemaligen Rathäuser für die *Ortsverwaltungen* erhalten.

Eigene Rathäuser hatten im 19.Jh. nur Bödigheim, Eberstadt (1875 baufällig), Hettigenbeuern, Hollerbach und Rinschheim. In Götzingen, Einbach, Ober- und Unterneudorf, Stürzenhardt und Waldhausen waren die Ratszimmer entweder in der Wohnung des Bürgermeisters oder im Schulhaus. Hainstadt besaß ein gemeinsames Schul- und Rathaus. In Eberstadt (1892), Hettingen (1892), Götzingen (1897), Einbach (1904) und Bödigheim (nach 1945) wurden ehemalige Schulhäuser zu Rathäusern umgebaut. Neue Rathäuser bauten Hainstadt (1911), Hollerbach (Rathaus und Schulhaus 1890), Oberneudorf (1890/92), Eberstadt (1959, altes Rathaus 1964 abgerissen) und Rinschheim (nach 1945).

Die *Stadtverwaltung* gliedert sich in: Hauptamt, Kämmereiamt, Ordnungsamt und Bauamt. *Stadtwerke* und *Tropfsteinhöhle Eberstadt* sind Eigenbetriebe der Stadt. Hauptamt und Ordnungsamt werden von Beamten des gehobenen Dienstes, Kämmereiamt und Bauamt von Beigeordneten (Wahlbeamte) geleitet. Außer den 3 Wahlbeamten (Bürgermeister und die beiden Beigeordneten) umfaßt das Personal der Stadt 16 Beamte, davon 1 teilzeitbeschäftigt, und die 13 Ortsvorsteher als Ehrenbeamte, 87 Angestellte, davon 24 teilzeitbeschäftigt, und 169 Arbeiter, davon 75 teilzeitbeschäftigt. Von den Angestellten gehören 74 zur Verwaltung, 13 zu den Stadtwerken. Von den Arbeitern zählen 115, darunter auch die Reinemachefrauen der Schule, zur Verwaltung; 35 sind Waldarbeiter, 19 arbeiten für die Stadtwerke.

Obgleich Buchen mit der Verwaltungsreform die Eigenschaft als Kreisstadt verloren hat, befinden sich noch *Behörden des Landkreises* und *des Landes* in der Stadt. Das Landratsamt Neckar-Odenwald-Kreis unterhält in Buchen eine Außenstelle für Baugenehmigungsverfahren, Kraftfahrzeugzulassung und Sozialhilfe für den Bereich des Altkreises Buchen. Buchen ist Sitz des Amtsgerichts geblieben. Weitere Landesbehörden sind: Flurbereinigungsamt, Landwirtschaftsamt, Notariat, Staatliches Forstamt, Staatliches Veterinäramt, Straßenmeisterei, Polizeirevier, die Außenstellen des Staatlichen Gesundheitsamts und des Staatlichen Vermessungsamts Mosbach und die Außenstellen des Straßenbauamts und des Wasserwirtschaftsamts Heidelberg.

Ver- und Entsorgungseinrichtungen. – Eine *Freiwillige Feuerwehr* wurde in Buchen 1866 gegründet, nachdem sich bei einem Brand gezeigt hatte, daß die Feuerlöschordnung von 1846 nicht genügend beachtet worden war und die Bürger sich ungern zur Löschmannschaft einstellen ließen. Noch 1864 hatten sich die Buchener gegen eine Freiwillige Feuerwehr ausgesprochen. Bei der Gründung hatte die Feuerwehr 43 Mitglieder. Schon 1871, 1874 und wieder 1887 mußte sie sich bei Großbränden in Buchen bewähren. Seit 1927, als sie das erste Löschfahrzeug erhielt, wird sie auch außerhalb der Stadt eingesetzt. In den Dörfern waren Ende des 19.Jh. überall Feuerspritzen vorhanden. In Waldhausen bestand bis 1904 eine Spritzengemeinschaft mit Einbach, Scheringen und Heidersbach. In den meisten Dörfern waren zwar Löschmannschaften eingeteilt, Übungen fanden jedoch kaum regelmäßig statt. Freiwillige Feuerwehren wurden erst im 20.Jh., die meisten um 1939/40, gegründet. Nach dem Stand Ende 1986 hat jeder Stadtteil eine Abteilung der Freiwilligen Feuerwehr. Insgesamt gehören ihr 450 aktive Mitglieder an. Dazu kommen 9 Jugendwehren mit 67 Mitgliedern. Buchen verfügt über einen ABC-Zug.

Seit 1905 besitzt die Stadt Buchen ein *Gaswerk*. Nachdem die eigene Gaserzeugung aufgegeben war, bezog es Flüssiggas aus Karlsruhe. Seit 1983 ist Buchen an die Fernversorgung mit *Erdgas* angeschlossen. Die Neubaugebiete werden mit Gasleitungen erschlossen. Für Heizzwecke wird Gas vor allem im Sanierungsgebiet der Innenstadt verwendet. Außer der Kernstadt wird ein Teilbereich von Hainstadt mit Gas versorgt.

Eberstadt und Rinschheim dürften die ersten Dörfer im heutigen Stadtgebiet sein, die elektrischen *Strom* erhielten. Sie schlossen sich 1913/14 an das Elektrizitätswerk Jagsthausen an. Sie beziehen, zusammen mit Götzingen, heute den Strom von der Energie-Versorgung Schwaben AG. Alle anderen Stadtteile werden seit 1919/22 von der Badenwerk AG mit Strom beliefert. Bei Hettingen hat die Badenwerk AG eine 110/20 kV-Umspannanlage, die von einer Abzweigung der 110 kV-Doppelleitung Hüffenhardt–Höpfingen gespeist wird. In der Kernstadt sind die Stadtwerke Abnehmer des Badenwerks (Vertrag B), in den dörflichen Stadtteilen die einzelnen Haushalte.

Die *Wasserversorgung* der Stadt Buchen war in der 2. H. 19. Jh. mangelhaft, weil die Brunnen häufig durch Verunreinigung gesundheitsschädlich waren. Besonders in den Brunnen beim Lilienwirtshaus und den Brunnen gegenüber dem Spital drang oft Jauche ein. Trotzdem konnte die Stadt erst 1893 eine Wasserleitung bauen. Etwa um die gleiche Zeit erhielten Einbach, Hettingen und Oberneudorf Wasserleitungen, die aber zunächst nur die öffentlichen Brunnen speisten. In Oberneudorf wurde sie 1909, in Hettingen erst 1927 ausgebaut. Stürzenhardt hatte schon 1887 eine Leitung zu dem einzigen Dorfbrunnen gebaut. Sie reichte aber erst aus, als sie 1898 erneuert und mit einem Pumpwerk ausgestattet wurde. Auch in Einbach genügte die Wasserleitung erst nach dem Ankauf einer Quelle von Langenelz (1911) soweit, daß Hausanschlüsse gelegt werden konnten. Hollerbach baute 1900, Unterneudorf 1904 und Hainstadt 1908 die erste Wasserleitung. In Hettigenbeuern lehnte 1900 der Gemeinderat ein Projekt aus Kostengründen ab. Eberstadt baute, obwohl dort reichlich gutes Wasser vorhanden war, 1929 eine Leitung, während Bödigheim sich bis 1952 mit Pumpbrunnen vor den Häusern zufrieden gab. Auch in Götzingen und Rinschheim, dort trotz unzureichender Versorgung, blieb es bis um 1950 beim alten. Waldhausen diskutierte schon 1910 ein gemeinsames Projekt mit Heidersbach und Scheringen. Durchgeführt wurde es erst 1954 mit der Wasserversorgungsanlage Elzbachgruppe.

Seit 1969 sind die Kernstadt und Eberstadt, Hainstadt, Hettingen, Rinschheim, Stürzenhardt und Hettigenbeuern an die Fernwasserversorgung Rheintal angeschlossen. Buchen und Hettigenbeuern werden darüber hinaus noch mit eigenem Wasser versorgt. Bödigheim und Götzingen bekommen ihr Wasser ausschließlich aus eigenen Quellen, Einbach, Oberneudorf und Hollerbach schlossen sich 1972 zum »Zweckverband Steinkauzenquelle« zusammen und werden aus dieser bei Einbach liegenden Quelle versorgt. Ungenügend ist heute nur die Wasserversorgung von Unterneudorf aus einer eigenen Quelle. Das Dorf soll gleichfalls an das Netz der Fernwasserversorgung angeschlossen werden. Auf lange Sicht wird allerdings das gesamte Buchener Versorgungssystem als nicht ausreichend beurteilt. Die Planung geht von einem Verbundsystem zwischen Eigenwasser und Bodenseewasser aus. Als Eigenwasser soll das Wasser aus der Nächstquelle Götzingen und dem Tiefbrunnen Hettingen (zusammen 40,5 l/s) voll genutzt werden. Beide sind zu einem großen Wasserschutzgebiet zusammengefaßt. Weitere Wasserschutzgebiete befinden sich nördlich von Bödigheim und in den Bereichen Sägmühle, Faustenhof, Roßhof und Glashof.

Die kleineren Hochbehälter auf allen Gemarkungen (außer Waldhausen) haben Kapazitäten zwischen 25 cbm (Hettigenbeuern/Kirchwiesen) und 1100 cbm (Buchen/ Auf der Walldürner Heide). Der große Hochbehälter der Fernwasserversorgung auf dem Rehberg, Gkg Hettingen, faßt 10000 cbm Wasser.

Kanalisationen wurden in den Dörfern erst nach dem letzten Krieg gebaut. Vorher floß das Oberflächenwasser über die Straßenrinnen ab, die Ende des 19. Jh. ausgepflastert werden mußten. Bödigheim und Eberstadt haben eigene ausreichende *Kläranlagen*. Auch Rinschheim und Götzingen, die mit Bofsheim (Stadt Osterburken) im Zweckverband »Oberes Rinschbachtal« zusammengeschlossen sind, sind gut entsorgt. Dagegen dürfte laut Stadtentwicklungsplan (1975) die Kläranlage in Hettigenbeuern durch den Fremdenverkehr überlastet sein, und die mechanische Kläranlage von Waldhausen entspricht nicht mehr den Anforderungen. Buchen, Hainstadt und Hettingen leiten ihr Abwasser in die 1978 eingeweihte neue mechanisch-biologische Gruppenkläranlage, die für insgesamt 20000 Einwohner und Einwohnergleichwerte ausgelegt ist. Der Klärschlamm wird hier zu Humus kompostiert. Die alte Kläranlage Buchens (In der Lohmühle) dient jetzt als Wasserauffangbecken.

Die *Müllabfuhr* ist von der Stadt einem Unternehmer übertragen worden, der auch die Müllbehälter stellt. Er läßt den Hausmüll einmal in der Woche (Stürzenhardt alle 2 Wochen) abfahren. Sperrmüll wird halbjährlich abgeholt. Die Kreismülldeponie befindet sich seit 1983 im Gewann Sansenhecken auf Gkg Buchen.

Im 19. Jh. wie schon früher versorgte der Arzt in Buchen auch die Kranken der umliegenden Dörfer mit. In Eberstadt, Götzingen, Rinschheim wurde nach 1900 auch der Arzt aus Sindolsheim, in Hettigenbeuern aus Amorbach geholt. Das Spital in Buchen – es war zusammen mit dem Armenhaus und dem Ortsarrest im gleichen Haus – genügte Ende des 19. Jh. den Ansprüchen schon lange nicht mehr, aber die Stadt konnte das Geld für einen Neubau nicht aufbringen. Erst private Stiftungen, hauptsächlich die des gebürtigen Bucheners Dr. Franz Burghardt, Chefarzt in Pest/Ungarn, ermöglichten 1898/1900 den Bau eines Krankenhauses. Es ist jetzt als *Kreiskrankenhaus* in Trägerschaft des Neckar-Odenwald-Kreises und erfüllt zentrale Aufgaben in der ärztlichen Versorgung für das nördliche Kreisgebiet. Das Krankenhaus hat derzeit 226 Betten in den Abteilungen Innere Medizin, Chirurgie, Frauenheilkunde und Geburtshilfe sowie den Belegabteilungen Hals-, Nasen-, Ohrenheilkunde und Urologie. Im Krankenhaus arbeiten 26 Ärzte und 230 Personen in Pflege und Verwaltung. Nach dem Krankenhausbedarfsplan 2 ist das Krankenhaus als Haus der Grund-/Regelversorgung ausgewiesen. Mit Praxen niedergelassener *Ärzte* ist Buchen in folgenden Bereichen versorgt: 5 allgemeinmedizinische Praxen, davon 1 Doppelpraxis (ab 1988 zusätzlich 1 Praxis in Hettingen), je 1 Doppelpraxis der Augenheilkunde, der Urologie und der Kinderheilkunde, 2 Praxen der Inneren Medizin, je 1 der Chirurgie, Dermatologie, Frauenheilkunde, Kieferorthopädie, Neurologie und Orthopädie sowie 6 Zahnärzte. In *Heilberufen* arbeiten außerdem 3 Hebammen, 1 Heilpraktiker, 1 Krankengymnast und 3 Massageinstitute. Die erste Apotheke wurde in Buchen 1811 zugelassen und erhielt 1822 ein eigenes Domizil in der Amtsstraße. Die zweite Apotheke kam erst 1952 hinzu. Sie zog 1973 in ein neues Gebäude auf dem Gelände des ehemaligen Rüdtschen Hofes. Heute hat Buchen 3 *Apotheken*. Ausgebildete Hebammen waren schon zu Ende des 19. Jh. in den meisten Dörfern um Buchen angestellt. Teilweise versorgte eine Hebamme auch mehrere kleine Orte. Krankenpflege dagegen wurde erst um die Jahrhundertwende in einigen Dörfern organisiert, meist durch kirchlich gebundene Schwestern (nur in Hainstadt durch Rot-Kreuz-Schwestern). Heute kümmert sich die kath. Sozialstation in Buchen um die *häusliche Krankenpflege*. Träger ist ein eingetragener Verein.

Als Vorläufer der heutigen *Kindergärten* ist die Kleinkinderschule zu sehen, die 1869 in einem Zimmer des ehemaligen Rentamtsgebäudes in Buchen eingerichtet wurde. Heute hat Buchen 2 kath. Kindergärten mit zusammen 245 Plätzen und 1 ev. Kindergarten mit 60 Plätzen. Weitere kath. Kindergärten bestehen in Hettingen (90), Hainstadt (120), Götzingen (31), Hettigenbeuern (25) und Waldhausen (40), weitere ev. Kindergärten in Bödigheim (40) und Eberstadt (30). Von den insgesamt 681 genehmigten Plätzen sind 1987 nur 568 belegt.

An *Alten- und Pflegeheimen* sind in Buchen zu verzeichnen: das private Alters- und Pflegeheim Sonnengartenstiftung Buchen mit (1978) 136 Plätzen, das 1978 erweiterte Caritas-Altersheim St. Josef in Waldhausen mit 48 Heim- und 90 Pflegeplätzen, und das Altenwohnstift Buchen mit 24 Altenwohnungen (1- und 2-Personen-Appartements), getragen vom Spitalfond Buchen. 1987 haben die Johannes-Anstalten Mosbach in Buchen eine Beschützende Werkstätte mit 80 Plätzen eingerichtet. In Hettigenbeuern unterhält das Bundeswehrsozialwerk ein Erholungsheim.

Außer Unterneudorf besitzt heute jeder Stadtteil einen eigenen *Friedhof*. Der Buchener Friedhof wird von Unterneudorf aus mitbenutzt, bis 1872 auch von Stürzenhardt. Bis nach dem 2. Weltkrieg war auch der Friedhof Waldhausen gemeinsam mit Einbach und Scheringen belegt. Oberneudorf benutzte bis 1957 den Friedhof von Hollerbach. Leichenhallen oder Friedhofskapellen stehen in den Friedhöfen von Buchen, Bödigheim, Eberstadt, Einbach, Götzingen, Hainstadt, Hettingen, Hettigenbeuern und Waldhausen. Unter den Friedhöfen ist der große ehemalige jüdische Bezirksfriedhof in Bödigheim als besonderes Denkmal hervorzuheben.

Kirche. – In der *kath. Kirchenorganisation* wirkte das ganze 19. Jh. hindurch noch die alte Grenze zwischen den Bistümern Würzburg und Mainz nach. Das Landkapitel Buchen, ehemals zu Würzburg gehörig, von 1808 bis 1827 dem Generalvikariat Bruchsal unterstellt, umfaßte im heutigen Stadtgebiet nur die Pfarrei Buchen SS Kilian und Oswald mit den Filialen Unterneudorf (Kapelle St. Georg) und Stürzenhardt sowie die Pfarrei Götzingen St. Bartholomäus mit der Filialkirche St. Hippolyt in Rinschheim. Zum Landkapitel Walldürn, das nach Auflösung des Erzbistums Mainz 1802 zum Generalvikariat Aschaffenburg gehörte und mit ihm von 1803/05 bis 1822 dem Erzbistum Regensburg, von 1822 bis 1827 gleichfalls dem Generalvikariat Bruchsal unterstand, zählten die Pfarrei Hainstadt St. Magnus, die Pfarrei Hettingen SS Peter und Paul, die Pfarrei Hettigenbeuern SS Johannes und Paulus, die Pfarrei Hollerbach St. Johann Baptist mit den Filialen Oberneudorf, Rumpfen und Steinbach (letztere heute Gde Mudau). Einbach und Waldhausen gehörten als Filialen von Limbach gleichfalls zum Landkapitel Walldürn. Die wenigen Katholiken in Bödigheim und Eberstadt wurden (1863) von Seckach bzw. Schlierstadt aus pastoriert; 1910 gehörten die Dörfer als Diasporaorte zu diesen Pfarreien. Das gesamte heutige Stadtgebiet zählte jetzt zum Landkapitel Buchen. Waldhausen war 1901 Kuratie, 1909 Pfarrei geworden und hatte Einbach (sowie Heidersbach und Scheringen, heute Gde Limbach) als Filialen erhalten. Stürzenhardt war 1871 von Buchen weg der neuerrichteten Pfarrei Steinbach (heute Gde Mudau) als Filiale zugeteilt worden. Bis heute hat sich an dieser Einteilung nichts geändert, nur sind Bödigheim und Eberstadt nicht mehr Diasporaorte, sondern Filialen ihrer Pfarreien. In Götzingen, Hainstadt, Hettigenbeuern, Hettingen und Hollerbach übt der Fürst von Leiningen noch das Patronat aus. Kirchen wurden 1805 in Rinschheim (St. Hippolyt und Kassian), 1884 in Waldhausen (erweitert 1902, St. Michael), 1903 in Hettingen, 1906 in Oberneudorf (als Kapelle St. Georg, erweitert 1963/64) und um 1910 in Hettigenbeuern gebaut. Die kath. Kirche unterhält in Buchen die Regionalstelle Odenwald-Tauber und die Verrechnungsstelle für kath. Kirchengemeinden. Der Caritas-Verband hat hier eine Bezirksstelle.

In der *Ev. Landeskirche Baden* gehört das Stadtgebiet Buchen zum Kirchenbezirk Adelsheim, ausgenommen Einbach und Waldhausen, die bis 1983 als Diasporaorte, seither unmittelbar zum Kirchspiel der Kirchengemeinde Großeicholzheim (Gde Sekkach) zählten und damit im Kirchenbezirk Mosbach liegen. Götzingen und Rinschheim sind der Kirchengemeinde Bofsheim (Stadt Osterburken) zugeordnet. In der Stadt Buchen liegen die ev. Kirchengemeinden Bödigheim (mit dem Nebenort Seckach), die Christus-Pfarrei Buchen (die Kirche wurde 1955 erbaut) mit Hainstadt, Hettigenbeuern, Hettingen, Hollerbach, Oberneudorf, Stürzenhardt und Unterneudorf sowie die Kirchengemeinde Eberstadt mit Schlierstadt (Stadt Osterburken). Über die Kirche in Bödigheim haben die Freiherren Rüdt von Collenberg das Patronat.

In Buchen wurde 1972 die Kirche der *Neuapostolischen Gemeinde* eingeweiht. Die Gemeinde umfaßte 1981 etwa 90 Mitglieder. Sie gehört zum Kirchenbezirk Heidelberg-Ost.

Jüdische Gemeinden gab es im 19. Jh. bis in die 1930er Jahre in Buchen, Bödigheim, Eberstadt und Hainstadt. Sie gehörten seit 1827 zum Rabbinatsbezirk Merchingen. Ihre Toten wurden auf dem Bezirksfriedhof in Bödigheim bestattet, der im 19. Jh. für 30, später (1932) noch für 10 Gemeinden zuständig war. In Buchen brannte die aus dem 18. Jh. stammende Synagoge 1861 ab. Die Gemeinde errichtete 1862–64 einen Neubau in der Vorstadtstraße. Noch vor der Kristallnacht verkaufte sie den Bau. 1939 ließ ihn der neue Eigentümer abreißen. In Bödigheim und in Hainstadt bauten die Juden 1818/19 Synagogen. Beide wurden in der Kristallnacht innen demoliert. Die Bödigheimer Synagoge wurde später zu einem Privathaus umgebaut, die in Hainstadt abgerissen und durch ein Wohnhaus ersetzt. In Eberstadt hatte schon 1937 ein Privatmann die im 19. Jh. gebaute Synagoge angekauft.

Schule. – Zu Anfang des 19. Jh. (1808) hatte die Stadt Buchen eine Knabenschule, der ein Rektor, und eine Mädchenschule, der ein Kantor vorstand. Beide Lehrer wurden vom Stadtrat der Oberbehörde präsentiert. Die Schulaufsicht führten der Justizbeamte und der Stadtpfarrer. Um 1832 wurde ein neues Schulhaus hinter der Kirche gebaut. Hier unterrichteten mindestens 3 Lehrer. Von 1834 bis 1877 bestand in Buchen auch eine jüdische Volksschule. Vorher und nachher besuchten die jüdischen Kinder die christliche Schule, bekamen aber eigenen Religionsunterricht. 1920 erhielt die Volksschule Buchen wieder einen Neubau. Er wurde 1978/80 in den Bau des heutigen Rathauses einbezogen, nachdem 1961 die Grund- und 1973 die Hauptschule am Dr.-Fritz-Schmitt-Ring gebaut worden waren. Die *Nachbarschaftsgrundschule Buchen* hatte 1987 insgesamt 298 Schüler in 12 Klassen der Klassenstufen 1 bis 4, die *Nachbarschaftshauptschule* 225 Schüler in 11 Klassen der Stufen 5 bis 9.

In den Dörfern waren um 1870 überall Schulhäuser vorhanden, manchmal mit den Räumlichkeiten für die Gemeindeverwaltung verbunden. Sie stammten aber in den meisten Fällen aus dem Anfang des Jahrhunderts und waren baufällig geworden, so daß sich zwischen 1870 und 1914 die Um- und Neubauten häuften. Umgebaut wurden die Schulhäuser in Einbach 1885, Stürzenhardt 1892 und Unterneudorf 1910. Zu Neubauten entschlossen sich die Gden Bödigheim 1873/74, Hettingen 1875, Rinschheim 1876, Eberstadt und Waldhausen 1880, Hollerbach 1881, Götzingen 1895, Einbach 1905, Oberneudorf 1910 und Stürzenhardt 1911. Fast alle diese Schulhäuser blieben wie sie waren bis zur Schulreform in Dienst. Nur das Schulhaus in Eberstadt wurde 1955 erweitert, das in Götzingen 1963 ausgebaut. Neue Schulhäuser bauten die Gden Hainstadt 1957 (1971 erweitert), Götzingen 1963, Bödigheim 1964 und Hettingen 1964/66. Seit 1966 aber wurden die kleineren Schulen aufgelöst. Heute bestehen auf dem Stadtgebiet, außer der Nachbarschaftsgrund- und der Nachbarschaftshauptschule in Buchen, nur noch die *Grund- und Hauptschule Hettingen* mit (1986) 204 Schülern, die *Grund- und Hauptschule Hainstadt* mit 179 Schülern, die *Grundschule Götzingen* mit 70 Schülern, die *Grundschule Waldhausen* mit 28 Schülern der Klassen 3 und 4 und die *Grundschule Bödigheim* mit 28 Schülern der Klassen 1 und 2.

Für *Lernbehinderte* hat die Stadt Buchen 1962 die Ekkehart-Schule eröffnet. 1987 wurden hier 108 Schüler in 9 Klassen unterrichtet. Die 1972 eingerichtete Alois-Wissmann-Schule für *Geistig-Behinderte* wird vom Landkreis getragen. Sie hatte 1987 4 Klassen mit 17 Schülern. 23 Schüler arbeiteten in den 4 zusätzlichen Werkstatt-Klassen. In Hollerbach wurde 1965 vom Jugenddorf Klinge (Gde Seckach) die Förderschule St. Paul eingerichtet. Sie half Kindern deutscher Spätaussiedler aus osteuropäischen Ländern, später auch Flüchtlingskindern aus Vietnam bei der Eingliederung in die neue Heimat. Sie hatte vor ihrer Auflösung (1980) 44 Plätze.

Eine Höhere Bürgerschule wurde in Buchen 1845 auf Initiative der Bürger und des Oberamtmanns gegründet, zunächst im Gebäude der Volksschule, bis sie 1848 ein eigenes Haus bekam. Vorher hatte es nur privaten Lateinunterricht aus Stiftungsmitteln gegeben. Die Höhere Bürgerschule begann mit 2 Klassen und wurde bald auf 5 Klassen aufgestockt. Im 20. Jh. wurde sie weiter ausgebaut, so daß sie 1926 als Gymnasium Abiturberechtigung hatte. 1931 wurde sie für einige Jahre mit der Walldürner Realschule zusammengelegt und auf beide Städte aufgeteilt. Von 1938 bis Kriegsende war auch die Aufbauschule Tauberbischofsheim nach Buchen verlegt. Da das mehrfach (1898, 1931 und 1949/50) erweiterte und umgebaute Schulhaus bei den nach dem Krieg stetig steigenden Schülerzahlen nicht mehr ausreiche, wurde ein Neubau errichtet und 1966 bezogen. Damals hatte das *Gymnasium* 3 Züge: das Neusprachliche, das Altsprachliche und das Naturwissenschaftlich-mathematische Gymnasium. Jetzt können die Fremdsprachen Englisch, Französisch, Latein in unterschiedlicher Reihenfolge gewählt werden. 1988 werden 706 Schüler in 22 Klassen bis Klassenstufe 11 und in 8 Kursen der Klassenstufen 12 und 13 von 50 Lehrern und 7 Nebenlehrern unterrichtet.

Als weitere höhere Schule trägt die Stadt Buchen die 1961 eingerichtete *Abt-Bessel-Realschule* mit (1987) 27 Lehrern und 363 Schülern in 16 Klassen der Stufen 5 bis 10. Sie erhielt 1970 ein eigenes Gebäude. Ergänzt wird das schulische Angebot in diesem Bereich durch die von einem Verein getragene *Abendrealschule* mit 13 Schülern in einer Klasse.

Das gewerbliche Schulwesen geht in Buchen auf das Jahr 1847 zurück, als der Höheren Bürgerschule eine Gewerbeschulklasse angegliedert wurde. 1853 dann wurde die Gewerbeschule selbständig, blieb räumlich aber mit der Bürgerschule verbunden. Alle Lehrlinge waren bis zum 18. Lebensjahr zu ihrem Besuch verpflichtet. Nach dem 2. Weltkrieg wurden die bis dahin selbständigen Gewerbeschulen des Landkreises Buchen zusammengefaßt und erhielten neue Schulgebäude mit Werkstätten in Buchen und Walldürn. 1987 ist die *Gewerbeschule* Berufsschule für die Fächer Metalltechnik (14 Klassen), Elektrotechnik (4 Klassen), Holztechnik (5), Textiltechnik und Bekleidung (4), Farbtechnik und Raumgestaltung (-), Körperpflege (5), Ernährung und Hauswirtschaft (12). In einer Klasse werden Jugendliche ohne Ausbildungsvertrag unterrichtet. Außerdem hat sie einjährige Berufsfachschullehrgänge für Metalltechnik, Elektrotechnik, Holztechnik, Körperpflege, einen zweijährigen Lehrgang für Metalltechnik und ein einjähriges Berufskolleg zur Erlangung der Fachhochschulreife (Gewerbe). Wie die Gewerbeschule wird auch die ursprünglich Haus- und Landwirtschaftliche, heute *Hauswirtschaftliche Schule* in Buchen vom Landkreis unterhalten. 1987 hatte sie im Bereich Ernährung/Hauswirtschaft 4 Berufsschulklassen, 1 ein- und

4 zweijährige Lehrgänge der Berufsfachschule sowie 2 Klassen des Berufsvorbereitenden Jahrs. Die kath. Kirche eröffnete 1974 in Buchen eine *Fachschule für Sozialpädagogik*.

Von 1867 bis 1876 hatte Buchen eine Landwirtschaftliche Winterschule, die aus dem gesamten Hinterland besucht wurde. Untergebracht war auch sie im Gebäude der Höheren Bürgerschule. 1876 wurde sie nach Tauberbischofsheim verlegt. Erst 1920 erhielt Buchen wieder eine Landwirtschaftliche Schule. Ihr Einzugsgebiet umfaßte 45 Gemeinden. Getragen wurde sie vom Landkreis Buchen. 1956 erhielt sie ein neues Gebäude. Seit 1982 finden keine landwirtschaftlichen Kurse mehr statt, und die Schule soll demnächst auch de jure aufgelöst werden. Den landwirtschaftlichen Unterricht hat die Ludwig-Erhard-Schule in Mosbach übernommen.

Auf dem Gebiet der Erwachsenenbildung hält die *Volkshochschule Buchen e.V.* ein breites Angebot an Kursen und Veranstaltungen in 10 Fachbereichen bereit. Schwerpunkte liegen auf dem Sprachenunterricht, dem manuellen und musischen Werken, auf Kursen zur Haushaltführung und Gesundheitsbildung. Seniorenprogramme, Theaterfahrten, Autorenlesungen, Vorträge, Studienreisen etc. runden das Programm ab. Eine Reihe von Kursen wird auch in den Buchener Stadtteilen gehalten. Außenstellen hat die VHS Buchen in Adelsheim, Hardheim, Höpfingen, Mudau, Osterburken, Ravenstein, Rosenberg, Seckach und Walldürn.

Kulturelle Einrichtungen. – In Buchen finden regelmäßig Theateraufführungen der *Badischen Landesbühne* statt. Die Stadt ist Mitglied des Trägervereins. Konzerte veranstalten die *Konzertgemeinde Buchen* (etwa viermal im Jahr) und die *Internationale Joseph-Martin-Kraus-Gesellschaft*, die ihren Sitz in Buchen hat.

Das *Bezirksmuseum Buchen* nimmt unter den Heimatmuseen des Landes einen hohen Rang ein. Es besitzt eine der reichhaltigsten volkskundlichen Sammlungen des bad. Frankenlandes, sehr anschaulich nach Themenkreisen aufbereitet. Hinzu kommen Sondersammlungen, z. B. zu Leben und Werk des Komponisten Joseph Martin Kraus und des Schlachtenmalers Wilhelm Emelé oder Bilder der Hollerbacher Malerkolonie. Gegründet wurde das Museum 1911. Den Grundstock bildeten die Gegenstände aus Buchen und seiner Umgebung, die der Hauptlehrer Karl Trunzer gesammelt und 1910 zu der Volkskunstausstellung anläßlich der Silberhochzeit des Großherzogspaares nach Karlsruhe gesandt hatte. 1911 schlossen sich 167 Bürger der Stadt zu dem »Verein Bezirksmuseum« zusammen (heute hat der Verein 350 Mitglieder). 1915 konnte er die Museumsräume im Untergeschoß des »Steinernen Baues« in der ehem. kurmainzischen Amtskellerei eröffnen. Unter interessierten und befähigten Leitern wuchs das Museum seither ständig. Es nimmt heute drei Gebäude in der Amtskellerei ein und tritt auch mit Sonderausstellungen und Veröffentlichungen hervor. Dem Bezirksmuseum angeschlossen ist die *Heimatbücherei »Zwischen Neckar und Main«*. Diese historische Spezialbibliothek wird von der Stadt Buchen finanziert und vom Verein Bezirksmuseum verwaltet. Sie umfaßt rund 10000 Bände. Außerdem unterhält die Stadt die *Stadtbücherei* mit gleichfalls rund 10000 Bänden (1986: 32606 Entleihungen) und die *Stadtteilbibliotheken* in Hainstadt mit ca. 2000 Bänden (1986: 1482 Entleihungen) und Bödigheim mit ca. 1400 Bänden (984 Entleihungen).

Sportstätten. – Die Stadt Buchen besitzt seit 1932 ein Freischwimmbad im Mühltal. Ein Hallenbad wurde 1974 beim Schulzentrum eröffnet. Dort liegen auch die 1975 erbaute Sporthalle und ein Kleinspielfeld. Turnhallen stehen in den Stadtteilen Buchen (Turn- und Sportverein), Eberstadt, Götzingen, Hainstadt, Hettingen und Waldhausen. In Buchen befinden sich außerdem eine Tennis-Squash-Halle, eine Reithalle, ein Reitsportplatz, Tennisplätze und eine Schießsportanlage. Tennisplätze haben auch Bödigheim und Hainstadt, Schießanlagen gibt es auch in Hainstadt und Hettingen.

Sportplätze besitzen die Stadtteile Buchen, Bödigheim, Eberstadt, Götzingen, Hainstadt, Hettigenbeuern, Hettingen und Waldhausen.

Vereine. – Wie meist in ländlichen Gegenden wird auch in Buchen das gesellige Leben hauptsächlich von den örtlichen Vereinen getragen. Vereine haben sich seit dem 19. Jh. hier zur Pflege unterschiedlicher Interessen zusammengefunden. Schon der älteste Buchener Verein, das 1822 als Bürgergarde mit der obrigkeitlich begrenzten Zahl von 30 Mitgliedern gegründete Schützen-Corps, widmete sich von Anfang an neben Repräsentations- und Ordnungsaufgaben auch der Geselligkeit, veranstaltete z. B. alljährlich Festschießen im Mai (heute Himmelfahrtsschießen) und im September. Aus den Septemberfestschießen ging der 1830 dem Schützen-Corps genehmigte Schützenmarkt hervor. 1859 wurde aus dem Schützen-Corps die Schützengesellschaft. Ihr waren jetzt 50 Mitglieder zugestanden. Heute zählt sie 296 Aktive. Das erste Schützenhaus wurde 1859 erbaut, 1872 folgte die erste Schützenhalle. Nach dem 2. Weltkrieg lebte die Schützengesellschaft 1949 wieder auf und errang seither zahlreiche Erfolge im Schießsport. 1954 wurde das neue Schützenhaus eingeweiht, 1966 die große Schießsportanlage am Arnberg, die 1981 nochmals erweitert wurde.

Nur 20 Jahre jünger als die Schützengesellschaft ist der Buchener Männergesangverein. 1842 wurde der »Singverein« gegründet, 1865 als weiterer Gesangverein der »Liederkranz«. 1898 schlossen sich beide Vereine zum »Männergesangverein Liederkranz« zusammen, trennten sich aber schon 1904 wieder. Die Wiedervereinigung im Jahr 1919 zum MGV »Liederkranz« hat dagegen Dauer bis heute. Auch dieser Verein, der derzeit 115 aktive Mitglieder zählt, sah seine Aufgaben neben der Musikpflege immer auch in der Geselligkeit. Als weitere Musikvereine sind die Stadtkapelle, 1893 gegründet, mit heute 50 aktiven Mitgliedern und das 1937 gegründete Akkordeonorchester mit heute 36 Spielern zu nennen. Das »Buchener Kammerorchester« dagegen ist kein eingetragener Verein.

Ausgesprochen der Geselligkeit widmen sich die derzeit 200 Mitglieder des 1919 zusammengeschlossenen Bleckerclubs, der die bekannte Buchener Symbolgestalt im Namen trägt, die auch im Fastnachtsbrauchtum eine Rolle spielt.

Der Fastnacht völlig verschrieben hat sich die 1879 gegründete »Fasenachtsgesellschaft Narrhalla«, die aus vielen kleinen Gruppierungen hervorgegangen ist. Sie hält die alte Tradition mit »Gänschmarsch« und »Huddelbätzen« – diese im 19. Jh. von der Obrigkeit wenig gern gesehen –, mit »Wagenrad« und »Strohbär« aufrecht und sorgte mit dafür, daß Brauchtum und Figuren der Buchener »Faschenaacht« weit im Land bekannt geworden sind. Die »Narrhalla« hat heute 360 Mitglieder.

Dennoch wird sie in der Mitgliederzahl weit vom zahlenmäßig stärksten Buchener Verein übertroffen, dem »Turn- und Sportverein 1863 e. V. Buchen«, dem rund 1300 Mitglieder angehören. Entwickelt hat er sich aus einer Gruppe von 19 turnbegeisterten jungen Männern, die sich 1863 zusammenschlossen. Zwischen 1909 und 1919 war der Verein in den »Turnverein e. V.« und den »Turnerbund Jahn« aufgespalten. Seinen heutigen Namen führt er seit der Wiedergründung 1946, als er auch eine Fußballabteilung aufbaute. Seither gliederte er weitere Leistungssportabteilungen an, so daß heute praktisch alle Sportarten unter dem Dach des TSV betrieben werden können. Eigene Vereine gibt es nur für Reitsport, Tennis, Squash und Kegeln. Sowohl der Reit- und Fahrverein als auch der Tennis-Club Grün-Weiß (heute 300 Mitglieder) wurden im Jahr 1950 gegründet. Selbstverständlich haben die großen Wandervereine wie der Alpenverein und der Odenwaldklub genau wie das Deutsche Rote Kreuz und die Deutsche Lebensrettungsgesellschaft Ortsgruppen in Buchen.

Schon 1864 schloß sich in Buchen im Sinne von Adolf Kolping ein Kath. Gesellenverein zusammen, die heutige Kolpingfamilie mit gut 200 Mitgliedern. Sie sieht ihre Aufgaben nicht nur in der Jugend-, sondern in neuerer Zeit auch in der Altenarbeit. Seit 1922 ist die Mitgliedschaft nicht mehr auf Handwerker beschränkt. Jugendarbeit betreibt auch der »Buchener Jugendclub«, der 1946 als einziger Verein dieser Zielsetzung von der Besatzungsmacht genehmigt wurde.

Aus dem in den 1870er Jahren gegründeten »Verschönerungsverein« ging 1926 der Verkehrsverein hervor, der sich gerade in der Gegenwart um die Förderung des Fremdenverkehrs in der Stadt und den Stadtteilen verdient macht. Auf andere Weise um Heimatpflege bemüht sich seit 1961 die »Odenwälder Trachtengruppe«.

Der Verein Bezirksmuseum hatte von 1863 bis 1872 einen Vorläufer im »Buchener Altertumsverein«, der sich besonders der römerzeitlichen Bodenfunde annahm. Die »Internationale Joseph-Martin-Kraus-Gesellschaft« wurde 1982 gegründet, um Leben und Werk des Komponisten (1756–1792), der in Buchen aufgewachsen ist und später schwedischer Hofkomponist wurde, weiter zu erforschen und zu dokumentieren. Sie bemüht sich um die Edition der Werke von Kraus und anderen fränkischen Komponisten, um sie der praktischen Musikpflege zugänglich zu machen.

Auch in den dörflichen Stadtteilen, vor allem in den größeren, herrscht ein reges Vereinsleben. Sportvereine gibt es in Eberstadt (VfL 1949), Hettigenbeuern, Waldhausen (»Rot-Weiß«), Götzingen und Hollerbach (»Turn- und Sportverein«), Fußball-Clubs in Hettingen (»FC Viktoria e.V.«), Bödigheim (»FC Germania 1921«) und Hainstadt (»Spielvereinigung«). Dazu kommen die Wanderfreunde in Hettingen, Schützenvereine in Hettingen und Hainstadt, der Kegelclub Waldhausen, Tennisclub in Götzingen und Hainstadt, der »Motorsportclub Trialfreunde e.V.«, Eberstadt und das »Rallye-Speed-Team« in Götzingen. In Eberstadt und Götzingen haben sich auch die Sportangler bzw. Sportfischer zu einem Verein zusammengeschlossen. Zahlreich sind auch die Gesangvereine: »Sängerkranz« Bödigheim, »Liederkranz« Eberstadt und Waldhausen, »Frohsinn« Einbach, Gesangvereine Götzingen und Hettigenbeuern und »Gemischter Chor« in Oberneudorf. Musikvereine bestehen in Hainstadt, Hettingen, Götzingen, Hettigenbeuern, Rinschheim und Eberstadt, ein Harmonikaverein »Accordeana« in Götzingen, in Bödigheim ein Spielmannszug der Freiwilligen Feuerwehr.

Um das Fastnachtsbrauchtum verdient machen sich mit vielen Veranstaltungen die Fastnachtsgesellschaften »Hettemer Fregger« Hettingen, »Heeschter Berkediebe« Hainstadt, »Bedemer Hannmertli« Bödigheim und die Fastnachtsgesellschaften in Götzingen und Hettigenbeuern.

Heimatvereine und Kolpingsfamilien haben sich in Hainstadt und Hettingen zusammengefunden. An den Wehrdienst erinnern in Hainstadt die »Kyffhäuser-Kameradschaft«, in Bödigheim die »Reservistenkameradschaft«.

In Hainstadt und Götzingen bestehen Brieftaubenvereine, in Hettingen ein Vogelfreundeverein. Götzingen hat außerdem einen »Freizeitclub« und den Fotoclub »Blende 8«, der auch Aufgaben eines Heimatvereins wahrnimmt.

Strukturbild

Seit der Wende zum 19. Jh. hat die Stadt Buchen zwei Phasen einschneidender struktureller Veränderungen durchlebt. Die eine, ausgelöst durch die Franzosenkriege und die territorialen Veränderungen in den ersten Jahren des 19. Jh., war eine Phase des wirtschaftlichen Niedergangs, des Absinkens der kurmainzischen, dann fürstlichleiningischen Amtsstadt, in der das Handwerk blühte und einen bescheidenen Handel speiste, zur Ackerbürgerstadt im »badischen Hinterland«, der selbst die überdauernde Eigenschaft als Amtssitz nur wenig Leben einzuhauchen vermochte und in der sich in der Folge auch keinerlei Industrie entwickelte. Die zweite Phase setzte erst rund 150 Jahre später, nach dem 2. Weltkrieg, ein und verlief in umgekehrter Richtung. Innerhalb weniger Jahrzehnte entwickelte sich Buchen von der verschlafenen Landstadt zu einer modernen Kleinstadt, die Aufgaben eines Mittelzentrums übernimmt, Industrie und Gewerbe angesiedelt hat, neue Industriegebiete und Wohnsiedlungen erschloß und ihre Altstadt mustergültig sanierte, in der der Bevölkerungsschwund in Zuwanderung umschlug. Und das alles, obgleich gerade in der Zeit dieses Umschwungs die baden-württembergische Verwaltungsreform sie ihrer angestammten Rolle als Verwaltungsmittelpunkt eines Landkreises beraubte und ihr andererseits gestattete, 13 Dörfer der Umgebung in ihr Stadtgebiet einzuverleiben und so eine der großen Flächengemeinden des Landes zu werden - mit allen Problemen, die sich daraus für Verwaltung und Infrastruktur ergeben.

Noch unmittelbar vor dem 2. Weltkrieg war Buchen zwar als Gewerbe- und Dienstleistungsgemeinde einzustufen, aber noch fast ein Viertel der Bewohner lebte von hauptberuflicher Land- und Forstwirtschaft, unwesentlich weniger als um die Jahrhundertwende. Bis 1950 ging dieser Anteil auf ein gutes Zehntel zurück, aber noch nicht zugunsten des Produzierenden Gewerbes, sondern infolge einer Zunahme der Berufszugehörigen zum Tertiären Sektor und der von Rente etc. Lebenden auf fast das Doppelte gegenüber 1939. Erst nach 1950 stieg auch die Zahl der Berufszugehörigen zum Produzierenden Gewerbe an, und zwar auf mehr als das Doppelte bis 1970. In diesen 20 Jahren hatten sich in Buchen Industriebetriebe angesiedelt. Auch der Dienstleistungssektor und die Zahl der Berufslosen waren angewachsen, aber längst nicht im gleichen Ausmaß. Seit 1970 sind noch mehr Betriebe hinzugekommen. Die Erschließungsmaßnahmen der Stadt, zusammen mit der Sanierung der Innenstadt und vor allem das Arbeitskräfteangebot haben sich positiv ausgewirkt. Wenn Buchen auch keineswegs als ausgesprochene Industriestadt gelten kann und will, ist heute die wirtschaftliche Struktur doch wesentlich ausgeglichener und das Arbeitsplatzangebot deutlich besser und differenzierter als vor 20 oder 30 Jahren. Die Branchenstruktur der hier ansässigen kleinen und mittleren Betriebe zeichnet sich durch Vielfältigkeit und ein Überwiegen der Wachstumsbranchen aus, so daß aus heutiger Sicht auch die künftige Entwicklung günstig beurteilt werden kann.

Allerdings ist ein Hemmnis noch nicht völlig beseitigt, das die Stadt während des gesamten 19. und im 20. Jh. benachteiligt hat. Trotz nicht zu leugnender Verbesserungen im Straßenbau, insbesondere durch die beiden Autobahnen Heilbronn–Würzburg und Frankfurt–Würzburg, die östlich und nördlich der Stadt verlaufen, liegt Buchen noch immer im Verkehrsschatten, zumal die Zubringer zu den Autobahnen unzureichend ausgebaut sind. Im Eisenbahnnetz liegt Buchen an der unbedeutenden Strecke Seckach–Miltenberg–Aschaffenburg. Auch in der innerstädtischen Infrastruktur sind noch Aufgaben zu lösen: die Straßen zwischen den Ortsteilen und einige Ortsdurchfahrten sollen verbessert werden, und auf längere Sicht dürfte auch die Wasserversorgung nicht mehr genügen. Die Stadt wird weiterhin alle finanziellen Kräfte anstrengen müssen, um auf dem eingeschlagenen Weg der Attraktivitätssteigerung und des Infrastrukturausbaus fortzuschreiten. Trotz der Steigerung des Steuer-, insbesondere des Gewerbesteueraufkommens in den letzten Jahren ist auch die Verschuldung weiter angestiegen. Den besonderen Schwierigkeiten der Stadt wurde durch Bund und Land insofern Rechnung getragen, als Buchen nach der Förderung als Bundesausbauort zum Schwerpunktort der Gemeinschaftsaufgabe zur Verbesserung der regionalen Wirtschaftsstruktur, von 1982 bis zum Ende der Maßnahme 1987 (mit Übergangsfrist bis 1989) noch der einzige im Land Baden-Württemberg, erklärt war.

Als im Zuge der baden-württembergischen Gebietsreform Ende der 1960er Jahre die Zusammenlegung der Landkreise Mosbach und Buchen beschlossen wurde, kämpfte Buchen erbittert um den Sitz der Kreisverwaltung, weil die Stadt durch den Verlust der Verwaltungszentralität einen weitergehenden Bedeutungsverlust fürchtete. Obgleich von den beiden bisherigen Kreisstädten, die beide im neuen Neckar-Odenwald-Kreis eher peripher liegen, die verkehrsgünstiger gelegene Stadt Mosbach den Kreissitz erhielt, blieb Buchen die befürchtete Schmälerung seiner Zentralität weitgehend erspart. Dazu beigetragen hat zweifellos die Einverleibung der 13 Umlandgemeinden, die zwar ihr Eigenleben weiter führen können, doch in vielen Bereichen enger an die Kernstadt angebunden wurden. Aber Buchen blieb auch Sitz von 13 Sonderbehörden im Neckar-Odenwald-Kreis mit zusammen 450 Bediensteten (1984). Kreiskrankenhaus und Fachärzte, deren Zahl in den letzten Jahren ständig zugenommen hat, werden von den Bewohnern des Umlandes aufgesucht, ebenso die weiterführenden Schulen in der Stadt. Die Einkaufszentralität hat sich insbesondere seit der Sanierung der Innenstadt und der Bereitstellung von ausreichenden Parkplätzen gesteigert.

Die arbeitsörtliche Zentralität war zum Zeitpunkt der Volks- und Berufszählung von 1970 nicht sehr ausgeprägt. Bezogen auf den heutigen Gebietsstand wurden 1022 Einpendler gezählt, die meisten aus Walldürn und Mudau. Ihnen standen 830 Auspendler, hauptsächlich nach Walldürn und Mosbach, gegenüber. 1987 war die Pendlerbilanz nur noch durch die Ausbildungseinpendler positiv, bei den Berufspendlern hatten die 2073 Aus- ein leichtes Übergewicht über die 1909 Einpendler, obgleich die Stadt am 25. 5.1987 insgesamt 707 Arbeitsstätten mit 6306 Beschäftigten, gegenüber 1970 also ein Mehr an 162 Betrieben und 747 Beschäftigten, hatte. Beim Arbeitskräfteaustausch mit Walldürn blieb die Nachbarstadt die Gewinnerin.

Im Landesentwicklungsplan und im Regionalplan Unterer Neckar ist Buchen als Mittelzentrum ausgewiesen, das weiterhin funktionsgerecht auszubauen ist. Zu diesem Mittelbereich werden außer dem Verwaltungsraum Buchen selbst die Verwaltungsräume Hardheim-Walldürn, Mudau, Osterburken und Seckachtal gerechnet. Das dürfte ungefähr der tatsächlichen Situation entsprechen, wenn auch Einzugsbereich und Anziehungskraft der einzelnen zentralörtlichen Funktionen voneinander abweichen und Überschneidungen mit benachbarten Mittel- und Unterzentren selbstverständlich sind. Im Schulbereich z. B. wird Buchen durch das Ganztagsgymnasium Osterburken und das Wirtschaftsgymnasium Walldürn entlastet.

Als Oberzentrum für Buchen galt im Versorgungsbereich traditionell Würzburg, erst untergeordnet Mannheim und Heidelberg. Seit dem Bau der Autobahn Heilbronn–Würzburg gewinnt jedoch immer stärker auch Heilbronn an Anziehungskraft als Einkaufsort, so daß sich Buchen nicht mehr eindeutig dem Oberzentrum Würzburg zuordnen läßt.

Von den eingemeindeten Dörfern, die zu Ende des 2. Weltkriegs alle noch bäuerliche Gemeinden waren, hat sich Hainstadt am ehesten zum Industriestandort entwickelt. Auch in Bödigheim, Eberstadt und Hettingen haben sich einzelne Betriebe niedergelassen. In Hettingen hatte Ende des 19. Jh. das Maurergewerbe Fuß gefaßt. Dennoch sind Hettingen und Eberstadt heute eher als Wohnorte zu bezeichnen. Ähnlich zu charakterisieren sind die Orte Götzingen, Hettigenbeuern, Hollerbach und Waldhausen. In allen Buchener Stadtteilen ist die Landwirtschaft weiter zurückgegangen, während sich die Wohnortfunktion verstärkt hat. In Hettigenbeuern und Eberstadt hat, wie in Buchen selbst, der Fremdenverkehr an Bedeutung gewonnen, ein Sektor, um dessen Wachstum man sich seitens der Stadt weiter bemüht.

Entwicklung im 19. und 20. Jahrhundert 667

Quellen

Ortsbereisungen

Buchen im Odenwald 1868–1908:	GLA 345/S 569;
Bödigheim 1868–1892:	345/S 299, 1892–1903: 345/S 299 a, 1903–1919: 345/S 299 b;
Eberstadt 1868–1881:	345/S 924, 1881–1904: 345/S 925, 1904–1913: 345/S 926;
Einbach 1867–1892:	345/S 982, 1892–1901: 345/S 983, 1901–1911: 345/S 984;
Götzingen 1868–1890:	345/S 1283, 1891–1911: 345/S 1284, 1936: 345/S 1285;
Hainstadt 1868–1903:	345/S 1433, 1903–1913: 345/S 1434;
Hettigenbeuern 1867–1894:	345/S 1735, 1894–1912: 345/S 1736;
Hettingen 1868–1894:	345/S 1791, 1894–1912: 345/S 1792, 1922: 345/S 1793;
Hollerbach 1867–1893:	345/S 1996, 1893–1911: 345/S 1997, 1922–1950: 345/S 1998;
Oberneudorf 1867–1894:	345/S 2553, 1894–1913: 345/S 2554;
Rinschheim 1868–1893:	345/S 2759, 1893–1914: 345/S 2760, 1936: 345/S 2761;
Stürzenhardt 1868–1894:	345/S3351, 1894–1914,1930:345/S 3352, 1935: 345/S 3353;
Unterneudorf 1868–1894:	345/S 3389, 1894–1913: 345/S 3390, 1935–1957: 345/S 3391;
Waldhausen 1867–1892:	345/S 3482, 1892–1901: 345/S 3483, 1901–1913: 345/S 3484, 1930–1951: 345/S 3485.

Sonstige Archivalien

Buchen 1808:	GLA 229/13922, 1847–1962: 345/S 593–605;
Bödigheim 1835–1836:	345/S 311;
Eberstadt 1802–1882:	345/S 933;
Götzingen 1835–1836:	345/S 1293, 1875–1948: 345/S 1294;
Hainstadt 1835–1883:	345/S 1442;
Hettingen 1835–1850:	345/S 1803, 345/S 1805, 345/S 1835, 345/S 1837, 345/S 1849;
Hollerbach 1886–1948:	345/S 2012;
Waldhausen 1835:	345/S 3498.

Literatur

Baumbusch: Die Waldverhältnisse im Gebietsbereich der Stadt Buchen unter bes. Berücks. des Stadtwaldes von Buchen (Korrekturstand Mai 1983). Ms.
Landkreis Buchen. Zell-Weierbach (nach 1966).
700 Jahre Stadt Buchen. Beiträge zur Stadtgeschichte. Hrsg. i.A. der Stadt Buchen/Odenwald v. *R. Trunk, H. Brosch* u. *K. Lehrer*. Buchen/Odenwald 1980.
Frank, J.: Buchen – Aufblühende Wirtschaft im historischen Kurmainz. In: Die Wirtschaft. Nachrichten der IHK Rhein-Neckar Nr. 4. 1978.
Götzelmann, A.: Hainstadt in Baden. Ein Beitrag zur Staats- und Kirchengeschichte Ostfrankens. Würzburg-Aumühle 1922.
Hettingen. Aus der Geschichte eines Baulandortes. Aufgr. d. Vorarb. v. J. Kuhn hrsg. v. P. Assion und G. Schneider. Hettingen 1974.
Horsten, B.: Buchen/Odenwald. Revitalisierung einer Kleinstadt im ländlichen Raum. Bonn 1983. Dipl.-Arb. Math.-nat. Fak. Univ. Bonn.
Kistler, F.: Die wirtschaftlichen und sozialen Verhältnisse in Baden 1849–1870. Freiburg 1954 (Forschungen z. oberrhein. Landesgeschichte. Bd. 2).
Schnarrenberger, W.: Geschichte der Höheren Bürgerschule zu Buchen 1845–1895. Buchen 1895.
Vierling, A.: Das Handwerk in Buchen um 1800. In: Der Wartturm. NF 3. 1968, Nr. 1
Walter, M.: Odenwälder Handwerk um 1800. In: Zwischen Neckar und Main. H. 6. 1923. S. 7ff.

668   Buchen (Odenwald)

C. Geschichte der Stadtteile

Bödigheim

Siedlung und Gemarkung. – Als Ort, dessen in einer Amorbacher Traditionsnotiz für die 1. H. 11. Jh. erstmals bezeugter Name (*Bodinkeim*, Kop. 13. Jh.) ursprünglich wohl auf -ingen geendet hat, dürfte Bödigheim der ältesten Schicht frühmittelalterlicher Siedlungen zugehören. Vorgeschichtliche Grabhügel sind im Großen Wald (3) und im Grauen Forst (2) unweit der nordwestlichen bzw. der westlichen Gemarkungsgrenze gefunden worden. Reste römischer Gebäude haben sich am Oberneudorfer Weg im Großen Wald (vermutlich ein Wachthaus), im O im Gewann Heunehaus am Gewesterbach sowie im S beim Faustenhof, am Westabhang des Seckachtales nachweisen lassen.

Im Laufe des späten Mittelalters und der frühen Neuzeit erlebte Bödigheim unter dem Einfluß seiner ortsansässigen Herrschaft eine blühende Entwicklung, die allerdings mit dem 30j. Krieg und einem verheerenden Brand um 1633/35 ein jähes Ende genommen hat. Das mit vier Torhäusern bewehrte und von der herrschaftlichen Burg überragte Dorf zählte am Ende des 16. Jh. rund 160 Häuser und war mithin etwa so groß wie die benachbarte Stadt Buchen. Den Krieg überdauerten freilich nur 32 Häuser (1652), und zu Beginn des 19. Jh. hatte der Ort gerade wieder die Hälfte seiner einstigen Größe erreicht (1803 88 Häuser).

Von den auf Bödigheimer Gemarkung gelegenen, ehedem grundherrschaftlichen Höfen sind der Roßhof 1693 durch Johann Ernst Rüdt und der Faustenhof (auch Faußenhof) 1776 durch Karl Ernst Rüdt angelegt worden; der in der 2. H. 17. Jh. ebenfalls durch Johann Ernst gegründete Ernsthof ist bereits im ersten Drittel des 18. Jh. wieder aufgegeben worden.

Herrschaft und Staat. – Ausgangspunkt der Herrschaftsentwicklung in Bödigheim war die von den Edelherren von Dürn bevogtete Grundherrschaft des Kl. Amorbach, die im hohen Mittelalter das ganze Dorf umfaßt und im Rahmen des klösterlichen Landesausbaus offenbar eine maßgebliche Rolle gespielt hat. Mit der Wahrnehmung ihrer vogteilichen Rechte hatten die Dürner allem Anschein nach Ministerialen betraut, die dem Ort ihre Namen entlehnten: bis in die 2. H. 13. Jh. die von Bödigheim und die Zehe von Bödigheim, im späten 13. Jh. die Rüden, für die der Zuname von Bödigheim seit 1291 belegt ist. 1286 erlaubte der Abt von Amorbach dem Ritter Wiprecht Rüdt von Rüdenau, dem Stammvater aller späteren Rüden, auf dem Berg zu Bödigheim, auf Amorbacher Grund und Boden vorbehaltlich der Zustimmung des Bischofs von Würzburg eine Burg zu errichten, und 1297/99 verzichteten die von Dürn zugunsten Amorbachs auf ihre bisher in Bödigheim innegehabten Vogteirechte, die wenig später in Rüdtscher Hand bezeugt sind, um für mehr als ein halbes Jahrtausend, bis zur Aufhebung der Feudalrechte im 19. Jh. im Besitz dieser niederadeligen Familie zu bleiben.

Die Rüdt von Bödigheim entstammen, dies wurde noch 1310 und 1340 ausdrücklich bestätigt, der Ministerialität der Edelherren von Dürn. Ihre agnatischen Vorfahren, die sich nach Amorbach und nach Rüdenau (Lkr. Miltenberg) zubenannten, waren in der Region um Amorbach und Miltenberg beheimatet, wo die Herren von Breuberg und die Grafen von Rieneck zu ihren ältesten Lehnsherren zählten; die schon im 12. Jh. von den Schenken von Schüpf-Klingenberg gegründete Burg Collenberg über Fechenbach am Main haben sie freilich erst in der 2. H. 13. Jh. erworben. Das früheste erhaltene Siegel der Rüden (1272) zeigt im gegitterten Schild einen Balken, ein etwas jüngeres (1293) drei Rüdenköpfe (2,1); erst seit der Wende zum 14. Jh. führt die Familie ihr bis heute gültiges Wappen: in Rot den silbernen Kopf und Hals eines Rüden mit schwarzem Stachelhalsband.

Aus einer um 1306 unter den Söhnen Wiprecht Rüdts d. A. erfolgten Teilung sind zwei Collenberger und zwei Bödigheimer Linien hervorgegangen. Während der Mannesstamm der vornehmlich nach dem Erzstift Mainz orientierten Collenberger Rüden (1324 Erwerb des Mainzer Erbunterkammermeisteramtes) bereits 1635 ausgestorben ist und Collenberg als heimgefallenes Lehen von Kurmainz eingezogen wurde, blüht der Bödigheimer Stamm, der im Laufe seiner Geschichte vier Eberstadter und zwei Eubigheimer Zweige ausgebildet hat, bis heute; seit dem ausgehenden 17. Jh. als Johann Ernst Rüdt († 1715), der Stammvater aller heutigen Rüden, den gesamten Besitz der Familie in seiner Hand vereinigt hatte, führt er den Freiherrentitel (ohne Privilegierung) und den von der vermeintlichen Stammburg des Geschlechts hergeleiteten Namen Rüdt von Collenberg. Eine gräfliche Linie ist 1877 begründet worden, indem Großherzog Friedrich I. von Baden Ludwig Freiherrn Rüdt von Collenberg-Bödigheim, seinen vormaligen Minister des Großherzoglichen Hauses und der auswärtigen Angelegenheiten (1850–1856), in den erblichen Grafenstand erhoben hat. Der genealogische Zusammenhang der Bödigheimer bzw. Collenberger Rüden mit einer bis ins 18. Jh. florierenden bayerischen (1645 durch den Kaiser verliehene Vermehrung des Wappens mit dem der ausgestorbenen Familie von Schwangau) und steiermärkischen Linie (1589 Freiherren) ist nicht geklärt.

Als eine der nicht nur nach der Zahl ihrer Angehörigen, sondern auch nach dem Umfang ihres Besitzes bedeutendsten Familien der Odenwälder Reichsritterschaft stellten die Rüdt von Bödigheim und Collenberg dem Ritterkanton Odenwald im 17. und 18. Jh. zwei Hauptleute: um 1633 Valentin Heinrich und 1750 bis 1777 Meinhard Friedrich Franz. Der Besitz der Bödigheimer Rüden verteilte sich im wesentlichen auf den Raum zwischen Jagst, Neckar, Itter, Main und Tauber; neben der auch anteiligen Herrschaft über verschiedene Burgen sowie neben Gütern und Gefällen in zahlreichen Dörfern umfaßte er im Laufe der Jahrhunderte ortsherrliche Rechte in Altheim, Bödigheim, Bretzingen, Eberstadt, Eubigheim, Groß- und Kleineicholzheim, Hainstadt, Heidersbach, Hettingen, Hollerbach, Königheim, Leibenstadt, Oberscheidental, Rinschheim, Rittersbach, Sennfeld, Sindolsheim, Steinbach, Stürzenhardt, Wachbach, Waldhausen, Waldstetten und Zittenfelden. Lehen trugen sie von den Bischöfen von Würzburg (seit dem ausgehenden 13. Jh.) und von den Erzbischöfen von Mainz (seit dem 14. Jh.), von den Grafen von Wertheim (2. H. 14. Jh.), vom Kl. Amorbach, von den Herren von Weinsberg, den Schenken von Erbach, den Kurfürsten von der Pfalz und von den Pfalzgrafen von Mosbach im 15. Jh. sowie von den Schenken von Limpurg (17. Jh.). In Diensten der Erzbischöfe von Mainz waren die Bödigheimer Rüden Amtleute zu Buchen, Tauberbischofsheim und Wildenburg, in Diensten der Pfalzgrafen waren sie Vögte zu Lauda, Mosbach und Neuhaus; am Ende des 14. Jh. war Eberhard Rüdt Mainzer Marschall, und Friedrich Rüdt bekleidete in der 2. H. 15. Jh. zeitweise das Amt eines kurkölnischen Hofmeisters. Im 19. Jh. war neben dem bereits erwähnten Minister Ludwig Rüdt aus der Bödigheimer Linie Franz Rüdt von Collenberg-Eberstadt badischer Innenminister (1839–1844); darüber hinaus standen zahlreiche Angehörige der Familie in badischen, bayerischen, österreichischen und preußischen Militär- und Verwaltungsdiensten. In geistlichen Würden begegnen die Rüden von Bödigheim vor der Reformation, der sie sich um die Mitte des 16. Jh. angeschlossen haben, im Domkapitel zu Bamberg, im Neumünsterstift zu Würzburg, im Stift St. German und im Domkapitel zu Speyer, in den Stiften zu Aschaffenburg und Mosbach sowie im Kl. Amorbach, dazu als Nonnen in den Klöstern Billigheim, Seligental,

Gerlachsheim und Pforzheim; auch im Deutschen Orden war die Familie vertreten. Mit seinen Verschwägerungen erfaßte das Geschlecht im späten Mittelalter und in der frühen Neuzeit den gesamten Bereich der fränkischen Reichsritterschaft, darüber hinaus den Kraichgau und die Wetterau.

Nicht zu verwechseln mit den Rüdt von Bödigheim und Collenberg ist die niederadelige Familie von Bödigheim, die vom 14. bis ins 17. Jh. in der näheren Umgebung von Mosbach sowie im Kraichgau zuhause war und deren Wappen zwei gekreuzte Rebmesser zeigt. Ihre Vorfahren hat man aller Wahrscheinlichkeit nach in den 1236/40 erstmals bezeugten Dürner Ministerialen Volknand und Helfrich sowie Otto Zehe von Bödigheim zu suchen. Der in den Quellen überlieferte Besitz des Geschlechts mutet eher bescheiden an: Von der Mitte des 13. bis in die 2. H. 14. Jh. werden Güter und Rechte in Zimmern, Ruchsen, Seckach und Teitingen (abgeg. bei Neudenau) erwähnt, danach Haus- und Grundbesitz in Mosbach sowie Zehntrechte in Neckarburken; im 16. Jh. waren die von Bödigheim, die im späten 14. und frühen 15. Jh. in Mosbach gelebt und dort der städtischen Führungsschicht angehört hatten, Inhaber des Schlosses und der Ortsherrschaft zu Binau am Neckar. Lehen trugen sie im 15. Jh. von den Herren von Weinsberg sowie von den Pfalzgrafen bei Rhein, darüber hinaus standen sie in Diensten der Pfalzgrafen, der Markgrafen von Baden und der Herzöge von Württemberg. Verschwägerungen mit denen von Gemmingen, von Helmstatt, Horneck von Hornberg, Landschad von Steinach, von Rosenberg und anderen Familien der Kraichgauer und Odenwälder, aber auch der ober- und mittelrheinischen Ritterschaft lassen erkennen, daß die von Bödigheim ungeachtet ihres nicht sehr umfangreichen Besitzes im Adel der Region ihren unangefochtenen Platz hatten. Irmgard von Bödigheim war 1254 Äbtissin zu Seligental, und Burkhard bekleidete von 1552 bis zu seinem Tod im Jahre 1578 die Würde des Dekans am Ritterstift St. Peter zu Wimpfen i. T. Ausgestorben ist das Geschlecht in der 1. H. 17. Jh.

Die von den Rüden am Ende des 13. und zu Beginn des 14. Jh. auf dem Berg zu Bödigheim errichtete Burg, in der dem Erzstift Mainz bereits 1296 Öffnungsrecht eingeräumt wurde, war als Lehen des Hochstifts Würzburg zunächst im alleinigen Besitz der beiden um 1306 begründeten Rüdtschen Linien zu Bödigheim. Infolge wiederholter Erbteilungen unter zahlreiche Agnaten entwickelte sie sich bald zur Ganerbenburg mit kaum noch im einzelnen rekonstruierbaren Besitzverhältnissen, die obendrein durch Kauf und Verkauf einem ständigen Wandel unterworfen waren. Bereits 1361 hat die Collenberger Linie, wenn auch nur vorübergehend einen Anteil erworben, um schließlich in der 2. H. 15. Jh. auf Dauer in den Kreis der Teilhaber einzutreten. Der Regelung des Verhältnisses zwischen den Ganerben und der gütlichen Beilegung allfälliger Streitigkeiten im Bereich von Burg und Vorhof dienten zwei 1407 und 1458 geschlossene Burgfriedensverträge sowie ein allgemeiner Schiedsvertrag von 1413, an dem auch die Collenberger Rüden beteiligt waren; der jeweils Geschäftsführende unter den Gemeinern wurde als Baumeister bezeichnet. Beim Brand von Bödigheim ist um 1633/35 auch die Burg, die noch 1597/99 durch Hans Rüdt einen neuen Palas erhalten hatte, zugrunde gegangen, und nach dem Aussterben der Collenberger Linie ist deren Drittel vorübergehend (1637–1677) samt einem Drittel der Ortsherrschaft in den Besitz der vom Hochrhein stammenden, im 17. Jh. in würzburgischen Diensten engagierten Familie von Vorburg gelangt. 1654 heißt es, *weil das adelich schloß ... zumahlen eingefallen und irreparabel* sei, wohne die Witwe Anna Maria Rüdt geb. von der Heydt behelfsmäßig im Hofhaus. Bis zum Bau des Johann Jakob Rischer zugeschriebenen neuen Schlosses im Vorhof durch Wolfgang Ernst Rüdt, den Stifter der heutigen Bödigheimer Linie, in den Jahren 1712/20 nahm die Familie ihren

Wohnsitz in Eberstadt und in Sindolsheim. Der stattliche, 1943 ausgebrannte Pavillonbau ist in den 1770er Jahren entstanden, nachdem – der Familienüberlieferung zufolge – zuvor Teile des bis in den Vorhof hineinragenden Burgfelsens abgetragen worden waren.

Nach ihrer Niederlassung in Bödigheim waren die Rüden von Anbeginn bestrebt, ihren Besitz und ihre Gerechtsame am Ort, die sie vom Hochstift Würzburg zu Lehen trugen, zu mehren und zu arrondieren. Nach und nach kauften sie ganz verschiedene sowohl lehnbare als auch allodiale Güter und Rechte auf, erhielten 1345 von Kaiser Ludwig dem Bayern ein Judenschutzprivileg und 1530 von Kaiser Karl V. ein Marktprivileg und brachten schließlich 1534 im Tausch gegen Besitz in Altheim auch die letzten in Bödigheim noch bestehenden Rechte des Kl. Amorbach an sich. Die Ortsherrschaft wurde von den Ganerben stets in ungeteilter Gemeinschaft (1620 *mixtum imperium*) ausgeübt, und nur während der von Vorburgschen Episode hat es um die Mitte des 17. Jh. zwei Schultheißen gegeben. Wenngleich die zentliche Obrigkeit mit Hochgericht, Reiß und Musterung bis zum Ende des Alten Reiches dem Erzstift Mainz zustand, hat Erzbischof Berthold doch schon 1490 den Anspruch der Rüden auf die Reichsunmittelbarkeit ihrer Herrschaft dadurch anerkannt, daß er sich verpflichtet hat, die innerhalb der mainzischen Zenten gesessenen Rüdtschen Untertanen künftig nur noch in Landes-, jedoch nicht mehr in Reichsangelegenheiten zur Heerfolge aufzubieten. Neben der Vogtei mit dem Niedergericht sowie mit Gebot und Verbot in Feld und Wald hatten die Ortsherren auch die Schatzungshoheit inne, übten auf der ganzen Gemarkung die hohe und die niedere Jagd aus und bezogen vielerlei Einkünfte aufgrund ganz verschiedener Rechtstitel.

1806 wurde das über Jahrhunderte hinweg dem Kanton Odenwald der freien Reichsritterschaft zugehörige Bödigheim vom Großherzogtum Baden mediatisiert, nachdem noch kurz zuvor der Fürst von Leiningen vergeblich den Versuch unternommen hatte, den Ort seinem Fürstentum einzuverleiben.

Grundherrschaft und Grundbesitz. – Bis ins späte Mittelalter war Bödigheim eines der bedeutendsten Zentren der Amorbacher Grundherrschaft überhaupt. Neben dem Kirchenpatronat sowie dem großen und dem kleinen Zehnt verzeichnet das große Klosterurbar von 1395 einen Fronhof und nicht weniger als 24 Hufen, d. h. mehr als an jedem anderen Ort, an dem das Kloster begütert war. Freilich hatte schon im frühen 14. Jh. der Prozeß eingesetzt, der schließlich zur gänzlichen Verdrängung der Mönche aus Bödigheim geführt hat. Zwar waren dem Kloster seine Eigentumsrechte an den im Urbar spezifizierten Gütern verblieben, und es hat z. T. auch noch die davon fälligen grundherrlichen Abgaben bezogen, jedoch waren der Fronhof und mehr als ein Drittel der Hufen am Ende des 14. Jh. bereits in Rüdtschem Besitz; gleichwohl beanspruchte Amorbach über Zinsen und Renten hinaus von seinem hiesigen Hof noch im 15. Jh. Herberge und Atzung. Beständige Konflikte mit der nach Abrundung ihrer Gerechtsame strebenden Ortsherrschaft führten endlich dahin, daß Amorbach seine ihm verbliebenen Rechte am Zehnt, am Fronhof (später Thomashof genannt) sowie an Zinsen und Renten im Tausch gegen Güter zu Altheim 1534 an die Rüden abtrat.

Die 1534 erworbenen Besitzungen des Kl. Amorbach bildeten gewissermaßen den Schlußstein im Gefüge der Rüdtschen Grundherrschaft zu Bödigheim, die nunmehr das ganze Dorf und seine Gemarkung umfaßte, ohne durch fremde Berechtigungen beeinträchtigt zu sein. Schon im 14. Jh. waren die vom Hochstift Würzburg lehnbaren Höfe der Adeligen Arnold Pilgrim, Friedrich Urleuge, Ulrich und Volknand von Eicholzheim sowie Johann gen. Geckler hinzugekommen (um 1322/33); Siegfried von Venningen (1349/64) und Contz Herbrant (1396), die in den Quellen als zu Bödigheim gesessen bezeichnet werden, dürften ihren dortigen, nur episodisch erwähnten Grundbesitz ebenso wie Heinrich von Seckendorff gen. Aberdar (um 1450) durch Heirat mit Rüdtschen Töchtern erworben haben. Die Klöster Billigheim (1389) und Seligental (1465) verfügten in Bödigheim nur über Gültbesitz. Gestört wurde diese ausgeprägte Homogenität der grundherrschaftlichen Verhältnisse nur noch einmal vorübergehend im 17. Jh., als nach dem Aussterben der Collenberger Rüden der würzburgische Rat Johann Philipp von Vorburg mit deren Anteil an Dorf, Schloß und Gütern belehnt wurde. Um die Mitte des 19. Jh., als die alten Feudallasten bereits weitgehend abgelöst waren, umfaßte das Rüdtsche Stammgut zu Bödigheim rund 20 M Gärten, 635 M Ackerland, 125 M Wiesen und 1790 M Wald.

Gemeinde. – Bedingt durch die unmittelbare Nachbarschaft zu ihrer Herrschaft gewinnt die Gemeinde von Bödigheim in den Quellen erst spät im 16. Jh., dann freilich um so stärker Profil, als es zum Streit um die Bemessung der Frondienste sowie um die beiderseitigen Besitz- und Nutzungsrechte am Wald kam. Differenzen mit der Gemeinde Waldhausen, bei denen es um Weiderechte im Grauen Forst ging, hatten bereits 1565 beigelegt werden können. Einen Fronvertrag, der die geschuldeten Dienste im Detail festlegte, vermittelte 1582 der Bischof von Würzburg zwischen Herrschaft und Gemeinde. Der die beiden folgenden Jahrhunderte bestimmende Konflikt entzündete sich 1602 an einer von der Herrschaft einseitig erlassenen Forstordnung, durch deren Reglementierungen sich die Bauern in ihrem Anspruch auf Miteigentum am Wald beeinträchtigt sahen und rebellierten. Der vor den Würzburger Lehnhof, später auch vor das Reichskammergericht gezogene Rechtsstreit kam während des 30j. Krieges vorübergehend zur Ruhe, lebte jedoch danach wegen vermehrter Beanspruchung der stark dezimierten Bevölkerung um so heftiger wieder auf, und 1698 sah sich der damalige Ortsherr Johann Ernst Rüdt infolge offenen Aufruhrs seiner Untertanen sogar veranlaßt, seine Bödigheimer Güter mit allen zugehörigen Rechten zu verpachten und für einige Jahre in Frankfurt Zuflucht zu nehmen. Nachdem es im 18. Jh. noch mehrmals zu Tumulten und Aufruhr gekommen, auch wiederholt Militär ins Dorf gelegt worden war, einigte man sich 1765 auf einen Vergleich, demzufolge die Gemeinde mit der Hälfte des Grauen Forstes sowie mit den Wäldern Kaltenberg, Hammelsbusch und Reiterspfad abgefunden wurde; hinsichtlich der Fronden sollte es beim alten Herkommen bleiben. Obgleich die solcherart gefundene Einigung im Juni 1765 mit einem Dankgottesdienst und mit einem großen Versöhnungsfest im Schloßhof feierlich besiegelt, der geschlossene Vertrag überdies alle zehn Jahre (1776, 1787 und 1797) erneuert wurde, kam es 1798 im Gefolge der Französischen Revolution zu neuen Unruhen mit dem Ziel, die Fronpflicht zu beseitigen und wegen des Waldes zu einer der Gemeinde genehmeren Regelung zu finden. Eine Nichtigkeitsklage der Bauern gegen den Vertrag von 1765 wurde vom bad. Oberhofgericht 1812 in letzter Instanz abgewiesen.

Eine frühe Folge des Konflikts zwischen Herrschaft und Gemeinde war eine bereits 1604 verfügte Einschränkung der kommunalen Autonomie, wonach Bürgermeister und Gemeindeknecht nur noch mit Vorwissen von Baumeister und Ganerben gewählt werden durften; die Wahl erfolgte jährlich an St. Stephan (26. Dezember). Brotwieger und Fleischschätzer (je zwei) wurden ebenso wie die drei Waldförster (je einer für die Ganerben Rüdt-Bödigheim, -Eubigheim und -Collenberg) von der Herrschaft bestellt. Ihr Archiv hatte die Gemeinde während des 30j. Krieges ins Kl. Amorbach geflüchtet.

Kirche und Schule. – Bödigheim zählt zu den großen Ur- und Mutterpfareien des südöstlichen Odenwaldes, deren Gründung mit großer Wahrscheinlichkeit auf das Kl. Amorbach zurückgeht. Zum Sprengel der dem Kloster 1256 inkorporierten Kirche gehörten im Mittelalter die Dörfer Waldhausen, Eberstadt, Hettingen und Götzingen, darüber hinaus vermutlich auch Rinschheim. Das Patronatsrecht gebührte dem Abt von Amorbach, wurde jedoch im Gefolge der Reformation, endgültig wohl gegen Ende des 17. Jh. von der Ortsherrschaft an sich gezogen. Patrone der Pfarrkirche waren die Muttergottes sowie die Märtyrer Simplicius, Faustinus und Beatrix (1429), allesamt Patrone des Klosters Amorbach. Eine Frühmesse wurde 1438 durch Else Gabel von Obrigheim, die Witwe Wilhelm Rüdts von Bödigheim gestiftet und in den folgenden Jahren aus dem Kreis der Rüdtschen Verwandtschaft reich begabt; ihre Kollatur fiel nach dem Tod der Stifterin an das Kl. Amorbach und wurde von diesem 1565 dem altgläubig gebliebenen Eberhard Rüdt von Collenberg überlassen. Später war die Pfründe nicht mehr besetzt; ihr Vermögensfonds blieb jedoch erhalten und kam nach 1581 dem prot. Pfarrer zugute, der überdies wegen Baufälligkeit des Pfarrhauses das vormalige Frühmeßhaus bewohnte.

Zu den Auflagen, unter denen Wiprecht Rüdt d. A. 1286 die Gründung einer Burg zu Bödigheim erlaubt worden war, gehörten neben dem Bau einer neuen Kirche im Dorf auch die Dotierung einer Kapelle bei der Burg, letzteres eine Pflicht, die 1306 mit der Stiftung einer Kaplaneipfründe zu Ehren der hll. Dreikönige (vor 1500) erfüllt wurde. Das Recht der Verleihung dieser Pfründe wurde im Mannesstamm der Rüden vererbt und vom jeweils Ältesten der Familie wahrgenommen. Welche Bedeutung der Burgkapelle im späten Mittelalter zukam, mag man daran ermessen, daß in ihr noch um 1500 ein neuer, den hll. Anna Elisabeth, Georg, Stephan und Lorenz geweihter Altar gestiftet wurde. Eine geistliche Bruderschaft hatten Angehörige der ortsherrlichen Familie bereits 1370 gegründet und 1449 erneuert; ihr Fonds bestand noch 1602.

Ende der 1550er Jahre führten die Rüden gegen den Widerstand Amorbachs in Bödigheim die Reformation ein und schlossen sich nach dem Vorbild anderer Angehöriger der Ritterschaft dem Augsburger Bekenntnis an. Kurmainz und Würzburg versuchten in den Wirren des 30j. Krieges 1629/31 den Ort gewaltsam zu rekatholisieren, waren dabei aber so wenig erfolgreich wie Johann Philipp von Vorburg mit seinen auf dasselbe Ziel gerichteten Bemühungen zwanzig Jahre später. Nachdem die erst um 1609/16 erneuerte Pfarrkirche 1633/35 durch Brand zerstört worden war, fand der Gemeindegottesdienst bis zum Ende des 17. Jh. in der luth. Burgkapelle statt, ein Umstand der den schließlichen Übergang des für den Abt von Amorbach faktisch ohnehin längst nicht mehr realisierbaren Patronatsrechts auf die Orts- und Grundherrschaft begünstigt hat. Der Wiederaufbau der Dorfkirche erfolgte in den Jahren 1685/87, ihre Umgestaltung in neugotischem Stil 1888/89.

Ein neues Pfarrhaus wurde in Bödigheim 1773 errichtet. Die Pfarrbesoldung erstreckte sich am Ende des 18. Jh. neben Grundbesitz, Zinsen und Berechtigungen zu Bödigheim auf Gefälle in Altheim, Bofsheim (18. Jh.), Großeicholzheim (1562), Seckach (1469) und Unterschefflenz.

Großer und kleiner Zehnt waren nach Ausweis des Urbars von 1395 während des Mittelalters im alleinigen Besitz des Kl. Amorbach und sind im Zuge des bereits erwähnten Güteraustausches 1534 an die Rüden übergegangen.

Ein Schulmeister zu Bödigheim findet erstmals 1575 Erwähnung, ein Schulhaus 1621. Die Einkünfte des Lehrers bestanden 1717 in 6¾ M Ackerland, einem Stück Krautgarten, einer Wiese (vormals zur Frühmeßpfründe gehörig), 5 Mltr Fruchtgülten, Gülten von der Obermühle zu Bödigheim und von der Hagenmühle zu Großeicholzheim, einem Grundzins zu Eberstadt sowie zwei Dritteln am kleinen Zehnt zu Bofsheim.

Bevölkerung und Wirtschaft. – Deutlicher als alle anderen Daten aus der Bödigheimer Geschichte läßt die Entwicklung der Einwohnerzahlen die Blüte des Gemeinwesens vor und seinen Niedergang während des 30j. Krieges erkennen: Belief sich die

Seelenzahl am Beginn des 17. Jh. auf nahezu 1000 (215 Untertanen), so war sie nach dem Krieg (1654) auf etwa 120/130 (28 Untertanen) gesunken, bis 1668 wieder leicht gestiegen auf rund 160 (35 Untertanen) und hatte auch bis zum Ende des 18. Jh. nur knapp die Hälfte (ca. 94 Untertanen) des alten Standes wieder erreicht. Im Mittelalter und in der frühen Neuzeit waren die Bewohner des Dorfes zum überwiegenden Teil Eigenleute der Ortsherrschaft.

Bereits 1345 hatte Kaiser Ludwig der Bayer den Bödigheimer Rüden erlaubt, in ihrem Dorf vier Judenfamilien anzusiedeln. Seither, besonders zahlreich im 16. und 17. Jh., lebten in Bödigheim Juden, die der Herrschaft ein jährliches Schutzgeld zu entrichten hatten und zu persönlichen Frondiensten verpflichtet waren. Im 18. Jh. war der Ort Sitz eines ritterschaftlichen Unterrabbiners, der dem würzburgischen Oberrabbinat Heidingsfeld zugeordnet war; vermutlich hatte die jüdische Gemeinde zu jener Zeit auch schon eine eigene Synagoge. Der Bödigheimer Judenfriedhof zählt zu den ältesten in Baden. Einst Bezirksfriedhof für mehr als 30 Gemeinden zwischen Eberbach und Boxberg, ist er zwischen 1674 und 1907 wiederholt erweitert worden; das älteste der rund 2000 erhaltenen Grabdenkmäler datiert aus dem Jahre 1752.

Ihren Lebensunterhalt erwarben die Bewohner von Bödigheim ganz überwiegend durch Landbau in den Fluren vor dem Buchener Tor (N), gegen Eicholzheim (SW) und gegen Schlierstadt (SO). Die durchschnittliche Gütergröße lag bei etwa 20 M, die größten Güter umfaßten zwischen 50 und 60 M Äcker, Wiesen und Gärten (1654). Angebaut wurden vor allem die landesüblichen Getreidesorten, dazu im Mittelalter und in der frühen Neuzeit auch etwas Wein; freilich scheint die Tendenz, den Weinbau aufzugeben, sich im 18. Jh. mehr und mehr durchgesetzt zu haben, denn 1779 mußte die Herrschaft die Pflanzung von Obstbäumen in den Weinbergen verbieten. Der Anbau von Buchweizen war 1760 nur mit ausdrücklicher Erlaubnis gestattet, desgleichen der Anbau von Kartoffeln (1775); dagegen wurde der Kleebau zur Förderung der Viehzucht wie auch zur Besserung der Felder 1780 zugelassen. Zu Beginn des 19. Jh. unterlagen in Bödigheim folgende landwirtschaftlichen Erzeugnisse der Zehntpflicht: Roggen, Dinkel, Hafer, Gerste, Erbsen, Linsen, Wicken, Raps, Wurzeln, Rüben, Hanf, Kartoffeln, Klee und Wein.

Bereits 1328 bestanden in Bödigheim zwei Mühlen, die Ober- und die Untermühle, und bald nach 1433 kam eine weitere Mühle im Vorhof der Burg hinzu; eine Säge- und Ölmühle wurde 1755 eingerichtet. Die Zahl der Bäcker war zu Anfang des 17. Jh. so groß, daß sie 1604 auf sechs beschränkt werden mußte; auch das örtliche Häfnerhandwerk war damals stark übersetzt. Ein Schuster ist schon für das Jahr 1477 bezeugt. Schildgerechtigkeit hatten im 18. Jh. die Wirtshäuser *Zum weißen Roß* (1728), *Zum grünen Baum* (1732), *Zum Adler* (1751) und *Zur Krone* (1768), allerdings wird bereits 1627 ein Haus genannt *die schenckhstatt* erwähnt.

Nur für die nähere Umgebung von Bedeutung, jedoch sehr aufschlußreich für die Ambitionen der Bödigheimer Ortsherrschaft, sind die beiden zu Matthäus (21. September) und zu Nikolaus (6. Dezember) abgehaltenen Jahrmärkte, die den Rüden 1530 in einem Privileg Kaiser Karls V. verliehen worden sind, die aber zweifellos in ältere Zeit zurückreichen. Als Matthaei- und Thomasmarkt (auch Kalter- oder Nikolausmarkt) haben sie auch nach der Katastrophe des 30j. Krieges weiterhin stattgefunden. Marktplatz war die Straßenkreuzung zwischen Linde und Roß, dem Haus des Bäckers und Hettingers Hof, wo 1803 zwischen 25 und 30 Krämer aus Bödigheim, Walldürn, Hainstadt, Limbach, Hünghem, Buchen, Eberstadt, Adelsheim, Mudau und anderen Orten vorwiegend Textilien (Ellenware) feilboten. 1847 wurde das Marktrecht von der Grundherrschaft an die Gemeinde verkauft.

Buchen

Siedlung und Gemarkung. – Die bislang ältesten, aus vorfränkischer Zeit datierenden Siedlungsspuren auf Buchener Gemarkung sind hinter dem Wartberg (jüngere Steinzeit) und am Kieselbuckel (ältere Bronzezeit), entdeckt worden; freilich handelt es sich dabei nur um Streufunde. Im SW der Gemarkung, am Weg nach Oberneudorf (bei den Heunehäusern) wurden Reste eines römischen Gutshofes gefunden.

In der schriftlichen Überlieferung findet Buchen erstmals 773/74 im Lorscher Codex Erwähnung, als ein gewisser Eberwin um seines Seelenheils willen seinen ganzen Besitz in *Bucheim*, bestehend aus Hufen, Wiesen, Wäldern, Gewässern und Gebäuden, dem Kloster des hl. Nazarius schenkte. Insgesamt 14 solcher Schenkungen an Lorsch (bis 812) und zwei weitere an Fulda (um 800) lassen auf eine schon damals beachtliche Größe dieser weit gegen den Rand des Odenwaldes vorgeschobenen, vermutlich im 6./7. Jh. gegründeten Siedlung schließen.

Der Ortsname *Bucheim* (773/774) bzw. *Buchheim* (779) bezieht sich auf die Topographie der Siedlung. Noch heute sind mehr als 40 % der Gemarkungsfläche mit Wald bedeckt, wobei die Buche unter den Laubbäumen den weitaus größten Anteil hat. Die weitere Entwicklung des Ortsnamens geht über *Bŭcheim* (1280) oder *Bŭchein* (um 1300) zu *Buchen* (1395), wobei die ältere Form *Buchheim* und die jüngere Form *Buchen* noch weit bis in die Neuzeit nebeneinander in Gebrauch waren. Seit dem 1. September 1930 lautet die amtliche Gemeindebezeichnung »Buchen (Odenwald)«.

In einer Urkunde des Jahres 1280 wird Buchen erstmals als Stadt (*oppidum*) bezeichnet. Der Grundriß der in diese Zeit zurückgehenden Stadtanlage weist ein unregelmäßiges Viereck mit gitterförmigem Raster auf, wobei – wie die Bauflucht des Stadtturms erkennen läßt - die ursprüngliche Hauptstraße wohl nicht den gebrochenen Zug der heutigen Marktstraße und Kellereistraße aufgewiesen hat. Die Stadtbefestigung bestand ursprünglich aus einer Ringmauer mit zwei Toren, dem Mainzer oder Amorbacher Tor im W und dem Würzburger oder Kellereitor im O; durch die Einbeziehung der neuangelegten Vorstadt im W erfuhr sie um 1490 eine Verstärkung mit einer weiteren Ringmauer und zwei Toren, dem Seetor im S und dem Hainstadter Tor im W. Im SO vor der Stadt liegt auf einer Anhöhe der sog. Wartturm, der laut Bauinschrift ebenfalls 1490 errichtet bzw. erneuert worden ist.

Von den mittelalterlichen Befestigungsanlagen haben sich Reste der inneren Ringmauer erhalten; die Tore wurden 1815 als *morsche, finstere Reste des Mittelalters* bis auf den Stadtturm (Mainzer Tor) abgebrochen. Im Zuge der Stadtsanierung wurden neuerdings zwei ursprünglich wohl als Mauerverstärkung dienende und in Resten erhalten gebliebene Türme, das sog. Storchennest am Graben und der Diebsturm beim kath. Pfarrhaus, wieder rekonstruiert.

An der höchsten Stelle der Siedlung, an ihrem nordöstlichen Rand, überragt die Pfarrkirche die Altstadt. In der südöstlichen Ecke, ebenfalls unmittelbar an der Stadtmauer, liegt die ehemalige kurmainzische Amtskellerei, deren mittelalterliche Vorgängerbauten wohl bereits zu Zeiten der Edelherren von Dürn im Besitz der Stadtherren waren. Die Kellerei besteht aus dem unter Erzbischof Berthold von Henneberg 1493 errichteten sog. Steinernen Bau, der, vor allem unter Albrecht von Brandenburg, zeitweise auch als Sommerresidenz der Mainzer Erzbischöfe gedient hat, aus dem Wohnhaus des Amtskellers (um 1700), das nach dem Gründer des Buchener Bezirksmuseums als Trunzer-Haus bezeichnet wird, aus dem Marstall (1617) und aus der Zehntscheune (1627). Heute ist dieses Areal, auf dem seit 1915 das Bezirksmuseum untergebracht ist, ein Kulturzentrum der Stadt Buchen.

Die Hauptachse der Vorstadt bildet die Vorstadtstraße als Verlängerung der Marktstraße. Von der rechtwinklig dazu verlaufenden Achse Amtsstraße/Hochstadtstraße erschließen parallel zur Vorstadtstraße abzweigende Nebengassen die übrigen Häuserreihen in der Vorstadt. Die südlichste von ihnen, direkt an der Morre gelegen, ist der sog. Lohplatz, der einstige Standort der Buchener Gerber.

Die Stadt hat eine Reihe von Fachwerkbauten mit dem für diese Landschaft typischen Krüppelwalmdach aufzuweisen; die ältesten von ihnen (17. Jh.) liegen im Bereich der südlichen Altstadt, die von dem großen Stadtbrand des Jahres 1717 nicht betroffen war. Aus der Zeit nach dem Brand stammen mehrere repräsentative Bürgerhäuser vor allem im Bereich der Marktstraße und des Marktplatzes. Die Größe des Buchener Häuserbestandes ist allerdings erst aus neuerer Zeit bekannt: 1803 zählte man 300 Häuser.

Die Stadt liegt am nördlichen Rand ihrer mit 2461 ha verhältnismäßig großen Gemarkung. Diese merkwürdige Lage sowie der unregelmäßige Verlauf der Gemarkungsgrenze gegen Hainstadt haben zu der Vermutung Anlaß gegeben, die wahrscheinlich jüngere Hainstadter Gemarkung sei von der Buchener Urgemarkung abgetrennt worden.

Herrschaft und Staat. – Buchen gehörte ursprünglich zum fränkischen Gau Wingarteiba, dessen Grafschaftsrechte 1012 durch eine Schenkung Kaiser Heinrichs II. an den Bischof von Worms gelangt sind. Als Inhaber der Vogtei- und Gerichtsherrschaft treten im 12. und 13. Jh. die Edelherren von Dürn in Erscheinung, wobei offen bleiben muß, inwieweit deren hiesige Befugnisse auf ihrer Vogtei über Amorbacher Klostergut oder auf autogenem Dürner Besitz beruhten. Auf einstigen, zwischenzeitlich entfremdeten Amorbacher Besitz deutet freilich der Umstand hin, daß die von Dürn dem Kloster 1280 das Recht auf Besthaupt, Watmal und Buteil sowie auf die Einsetzung des Schultheißen restituiert haben. Und noch viel später, als Buchen längst kurmainzisch geworden war, hatte Amorbach Anspruch auf die Hälfte der hier anfallenden Gerichtsbußen.

1253, nach dem Tod Konrads I. von Dürn, ist Buchen an die Dilsberger Linie dieses Dynastengeschlechts gefallen; deren Angehörige haben die Stadt 1295 zur Hälfte an die Herren von Weinsberg verpfändet. Bereits 1296 war die Pfandschaft im Besitz des Erzbischofs von Mainz, der sich 1303 mit Schenk Friedrich von Limpurg und Albrecht von Dürn, den Erben Boppos II. von Dürn-Dilsberg, dahingehend geeinigt hat, daß beide Parteien die Stadt gemeinsam, je zur Hälfte, besitzen sollten. Dessen ungeachtet ist Buchen aber schon 1309 zusammen mit Götzingen und der Zent Buchen zum Preis von 600 lb h in den alleinigen Besitz des Erzstifts Mainz übergegangen.

Als Amtleute setzte der Erzbischof in Buchen einstige Dürner Ministerialen ein; der erste in den Quellen genannte Amtmann war Eberhard Rüdt (1316). Für den Einzug der Steuern – erwähnt werden die Bede (1340) und das Ungeld (1346) – war der Keller zuständig; erster bekannter Inhaber dieses Amtes war der Pleban Eberhard (1337). Die Herrschaftsausübung in der Stadt oblag dem vom Landesherrn eingesetzten, 1342 mit Rucker erstmals faßbaren Schultheißen.

Ohne aus eigenem Recht an der Herrschaft in Buchen beteiligt zu sein, haben sich im Laufe der Zeit verschiedene hier begüterte oder als Amtsträger verwendete Ministerialen der Stadtherren den Namen von Buchen zugelegt, so schon um die Mitte des 13. Jh. eine Dürner Ministerialenfamilie, der vielleicht auch der im sog. Manesse-Codex vertretene Minnesänger *von Bûchein* zuzurechnen ist. Im 14. und bis ins 15. Jh. nannte sich ein Zweig der Niederadeligen von Hainstadt nach Buchen (Herold), und von Buchen nannten sich im 14. Jh. auch Angehörige der Familie Gabel von Obrigheim. Darüber hinaus werden vor allem in älterer Zeit die Falshart, die Geckler, die Schaler und die Schimer von Buchen erwähnt. Die bis ins 15. Jh. bezeugten Pilgrim von Buchen sind in ihren letzten Generationen offenbar nach Limbach abgewandert und haben sich infolgedessen den Namen dieses Dorfes zugelegt.

Zum Schutz der Stadt hatte der Erzbischof von Mainz auch Burgmannen bestellt, die verpflichtet waren, Buchen zu verteidigen; als Inhaber solcher Burglehen begegnen Schenk Friedrich von Limpurg (1326), die von Ebersberg (1331 bzw. 1360) und die Münch von Rosenberg (1340). Ihre Bewährungsprobe bestanden Burgmannschaft und Stadtbefestigung im Jahre 1380, als die Stadt in der Fehde zwischen Erzbischof Adolf I. und Pfalzgraf Ruprecht I. von den Pfälzern vergeblich belagert wurde.

Wie andere Städte und Burgen der Umgebung ist Buchen im 14. und 15. Jh. durch die Mainzer Erzbischöfe wiederholt amtsweise verpfändet worden, 1347 bis 1355 an Hermann von Lißberg, im frühen 15. Jh. an Wilhelm Rüdt und 1464 bis 1484 an Graf Johann von Wertheim.

Im Jahre 1346 ist den damals zum ersten Mal als Korporation auftretenden »Neun Städten« des Mainzer Oberstifts, unter ihnen auch Buchen, von Erzbischof Heinrich von Virneburg eine Reihe von Privilegien verliehen worden. Dazu gehörten das freie Abzugsrecht sowie das Zugeständnis, keine willkürlichen Beden und Steuern zu erheben. Die Stadt hatte jährlich 30 lb h Ungeld an den Landesherrn abzuführen, wovon allerdings die Hälfte an der Stadt und ihren Befestigungen verbaut werden sollte. Die Privilegien der Neun Städte wurden immer wieder erneuert, bis sie nach dem Bauernkrieg schließlich aufgehoben wurden. Im Bauernkrieg hatten sich die Städte auf die Seite der aufständischen Bauern gestellt, und Buchen hatte ihnen unter der Führung von Martin Basler sogar ein eigenes Fähnlein zugeführt. Im April 1525 lag der auf rund 10000 Mann geschätzte sog. Helle Haufen der Odenwälder und Neckartäler Bauern vor Buchen, wo Götz von Berlichingen die ihm angetragene Hauptmannschaft übernahm, und am 5. Mai 1525 trat der Neun-Städte-Bund der gemäßigten Amorbacher Erklärung der Bauern bei. Nach der Niederlage der Bauern und der Auflösung des Neun-Städte-Bundes wurde Buchen unter Aberkennung seiner hergebrachten Freiheiten wieder ganz der kurmainzischen Landeshoheit unterworfen. Die neue, 1528 erlassene Stadtordnung stärkte die Position des Landesherrn und seiner Amtleute unter Beseitigung aller Ansätze einer kommunalen Selbstverwaltung. Zu einem neuerlichen Aufruhr der Buchener ist es erst wieder im 30j. Krieg gekommen, als 1622 eine Landesrettungssteuer erhoben werden sollte, die von einem Teil der Untertanen verweigert wurde; jedoch ist dieser Aufstand binnen weniger Tage niedergeschlagen worden.

Buchen war nicht allein Sitz eines kurmainzischen Amtes, sondern auch Zentralort der gleichnamigen Zent, die 1309 zusammen mit der Stadt an das Erzstift Mainz gelangt war. Jährlich fanden hier zwei bis drei Gerichtstermine statt, bei denen Zentfälle verhandelt wurden. Das Buchener Hochgericht, das bereits auf der sog. Jagdgrenzkarte von 1593 dargestellt ist, wurde 1708 neu aufgerichtet. Auch ein Sendgericht, das 1416 in einer Zehntangelegenheit entschieden hat, ist in Buchen zusammengetreten.

In der frühen Neuzeit wurde die Buchener Amtsverwaltung durch den dem Oberamtmann zu Amorbach unterstehenden Keller ausgeübt. Im Zuge der kurmainzischen Verwaltungsreformen von 1772 und 1782 wurde die bisherige Kellerei Buchen in eine Amtsvogtei umgewandelt. Der Keller nannte sich hinfort Amtsvogt, während die neugeschaffene Funktion des Amtskellers auf die Finanzverwaltung beschränkt blieb. Mit der Säkularisation kam Buchen 1802/03 an das neugeschaffene Fürstentum Leiningen, in dem es Sitz eines Justizamtes war, bis es im Zuge der Mediatisierung 1806 dem Großherzogtum Baden einverleibt wurde.

Grundherrschaft und Grundbesitz. – Der früheste bekannte Grundherr in Buchen ist jener Eberwin, der 773/74 seine Hufen auf hiesiger Gemarkung dem Kl. Lorsch geschenkt hat. Wenngleich der Umfang der mit insgesamt 14 Schenkungen bezeugten Lorscher Grundherrschaft in Buchen nicht näher zu bestimmen ist, kann an deren Bedeutung für den Ort und seine Umgebung im frühen 9. Jh. kein Zweifel bestehen. Daneben ist für die Zeit um 800 auch Buchener Besitz des Kl. Fulda belegt. Die späteren Schicksale dieses frühen kirchlichen Besitzes, sind freilich unbekannt. Vielleicht ist er im hohen Mittelalter an das Kl. Amorbach gelangt, dessen hiesige Gerechtsame aber erst seit dem ausgehenden 13. Jh. bezeugt sind. Im Amorbacher Urbar von 1395 wird der zu diesem Zeitpunkt sicher bereits dezimierte Besitz des Klosters erstmals genauer beschrieben; er umfaßte fünf Hufen, zwei Fronhöfe und eine Mühle. Die Höfe, der sog. Fronhof und der Steinhof, waren zu Erbbestand verliehen und seit dem 15. Jh. schließlich auf mehrere Besitzer verteilt. Bis in die Neuzeit hat das Kloster für den von ihm abhängigen Besitz einen eigenen Klosterschultheißen eingesetzt.

Die Edelherren von Dürn hatten neben ihrem stadtherrlichen Anwesen, der späteren Kellerei, noch weiteren Grundbesitz in der Stadt, den sie wohl zum überwiegenden Teil als Dienst- oder Lehngut an ihre Ministerialen ausgegeben hatten. Beim Verkauf von 1303/09 sind auch diese Güter und Rechte an das Erzstift Mainz übergegangen.

Zu diesen gehörte ein Hof, mit dem 1332 der Ritter Wiprecht von Dürn belehnt wurde, sowie die Niedere Mühle, die 1339 im Besitz der Witwe des Ritters Herold von Buchen war. Die Mainzer Lehen, die Heinrich Gabel in Buchen innehatte, sind 1341 auf dessen Bitte dem bereits erwähnten Wiprecht von Dürn übertragen worden. 1368 tritt neben Wiprecht von Dürn und Eberhard von Fechenbach erstmals Eberhard Rüdt von Bödigheim als Mitinhaber jenes von Mainz lehnbaren, vermutlich mit dem schon 1332 erwähnten Hof identischen Anwesens in Erscheinung, das schließlich von 1384 bis ins 19. Jh. als Freihof ununterbrochen im alleinigen Besitz der Rüden war. Erst 1866 ist dieser Rüdtsche Hof verkauft worden, und 1972 hat man das 1572/73 mit prächtigem Zierfachwerk errichtete Hofhaus abgerissen; an seiner Stelle steht heute die Odenwald-Apotheke, und an das einstige herrschaftliche Anwesen erinnert nur noch der Straßenname »Hofstraße«. Außer diesem Hof hatten die Niederadeligen von Dürn in Buchen aber noch einen weiteren von Mainz zu Lehen rührenden Hof (1435), der 1437 an die von Rosenberg gelangt ist.

Im Jahre 1602 werden außerdem sechs Mainzer Erbbestandshöfe genannt, deren Besitzanteile zu dieser Zeit aber schon stark zersplittert waren. Der Gesamtumfang des dem Erzstift Mainz auf Buchener Gemarkung zustehenden Grundbesitzes wird 1804 mit insgesamt rund 530 M angegeben.

Auch vom Hochstift Würzburg waren im 14. Jh. mehrere vielleicht aus Amorbacher Besitz herrührende Höfe zu Buchen lehnsabhängig; ihre Inhaber waren einstige Dürner Ministerialen, die Herold von Hainstadt sowie die Schaler und die Schimer.

Dem Zisterzienserinnenkloster Seligental gehörte in Buchen ein Haus, das es 1475 von den Bödigheimer Rüden erworben hatte, und über einen umfangreichen Grundbesitz verfügte hier auch der Buchener Kreuzkapellenfonds.

Gemeinde. – Seine 1280 erstmals erwähnten Stadtrechte hat Buchen offenbar zur Zeit des Interregnums erhalten, als auch andere Gemeinden im Herrschaftsbereich der Edelherren von Dürn – Amorbach, Neudenau, Möckmühl, Forchtenberg und Walldürn – in gleicher Weise privilegiert worden sind. Daß Buchen noch 1282 in einer freilich nicht von den Dürnern selbst ausgestellten Urkunde als Dorf (*villa*) bezeichnet wird, könnte darauf hindeuten, daß die Stadterhebung nicht lange vor 1280 erfolgt ist.

In einer Kundschaft über das Recht der Stadt Buchen in Dürnscher Zeit, die vermutlich der Erzbischof von Mainz als neuer Stadtherr um 1300 hat einholen lassen, ist die damalige Stadt- und Gerichtsverfassung recht genau überliefert. Das Gericht bestand aus zwölf Schöffen. Wenn einer von ihnen starb oder sein Amt aufgeben mußte, sollten die verbliebenen Schöffen zwei oder drei Bürger (*cives pociores*) auswählen und unter ihnen mit Zustimmung des Amtmanns einen neuen Schöffen bestimmen. Die kleine Buße in Höhe von 5 ß h stand dem Schultheißen zu, die große in Höhe von 10 lb h dem Amtmann. Strafen gegen Leib und Vermögen wurden von der Herrschaft im Rahmen der Zenthoheit verhängt. Soweit sie nicht selbst der Tötung angeklagt waren, waren Schöffen und Bürger (*oppidani*) nicht zentpflichtig; wurde aber vor dem Zentgericht das Tötungsdelikt eines Buchener Bürgers verhandelt, dann entsandte der Amtmann hierzu zwei Schöffen des Stadtgerichts. Wurde sonst jemand in der Stadt getötet, so hatten darüber die städtischen Schöffen zu urteilen. Bürgermeister gab es zur Zeit des Weistums in der Stadt noch nicht; waren sie erforderlich, dann sollten die Bürger dem Herrn oder seinem Vertreter zwei oder drei aus ihren Reihen zur Auswahl vorschlagen. An städtischen Ämtern werden weiterhin die Torwächter genannt. Von ihnen bzw. von den Schöffen wurden die Schlüssel zu den Stadttoren verwahrt, d. h. die Sicherheit der Stadt war Angelegenheit der Bürger. Außerdem waren Wächter zur Hut des Waldes und zur Kontrolle des Holzeinschlags bestellt. Nachtwächter gab es nur in Zeiten besonderer Gefahr.

Während die sog. Kundschaft noch allein die auf einem Schöffenkollegium beruhende Gerichtsverfassung kennt, haben sich daraus im 14. und 15. Jh. bald auch Elemente einer Ratsverfassung entwickelt. 1340 siegelten Schöffen und Gemeinde, und seit etwa 1358 ist ein ständiges Bürgermeisteramt bezeugt. An die Stelle der Schöffen ist schließlich im 15. Jh. der Rat getreten. Als herrschaftlichen Beamten gab es aber auch weiterhin den Schultheißen, dessen Amt – wenngleich selbstverständlich nicht in dem von Reichsstädten bekannten Maße – mit zunehmender kommunaler Selbstverwaltung an Bedeutung eingebüßt haben dürfte.

Der Erwerb von Selbstverwaltungsrechten ist der Stadt Buchen nicht zuletzt als Mitglied des sog. Neun-Städte-Bundes im Mainzer Oberstift gelungen. Zu diesen Rechten gehörte eine teilweise, allerdings nur delegierte Finanzhoheit, die der Stadt in einem Steuerprivileg des Mainzer Erzbischofs von 1346 zugestanden wurde. Demnach sollte das der Herrschaft zustehende Ungeld durch die Stadt erhoben werden, und die Hälfte seines Ertrags wurde der Stadt zur Verwendung für Baumaßnahmen, die vom Amtmann zu billigen waren, belassen. Auch die Bede wurde von der Stadt eingezogen, um aber hernach an den Landesherrn abgeführt zu werden.

Einen schwerwiegenden Eingriff in ihre Selbstverwaltungsrechte erlebte die Stadt infolge ihrer Beteiligung am Bauernkrieg, als Kurfürst-Erzbischof Albrecht von Brandenburg ihr 1528 eine neue Stadtordnung gab; damit fand ein über zwei Jahrhunderte währender allmählicher Emanzipationsprozeß ein abruptes Ende. Auf dem Höhepunkt dieser Entwicklung zu kommunaler Unabhängigkeit hatte Erzbischof Berthold von Henneberg noch 1502 das Rathaus auf ewige Zeiten an Bürgermeister und Rat zur freien Benutzung übergeben, und aus dem Jahre 1521 ist bezeugt, daß der herrschaftliche Keller zum städtischen Rat nicht zugelassen war.

Mit der neuen Stadtordnung wurden viele der herkömmlichen Rechte und Freiheiten außer Kraft gesetzt, hatte doch die Aufhebung des Neun-Städte-Bundes ein landständisches Gegengewicht zur landesherrlichen Zentralgewalt ausgeschaltet. Die Neun Städte unterstanden fortan wie alle anderen Orte der vollen Landeshoheit des Kurfürsten. Das Recht der Bürger auf freien Abzug wurde aufgehoben. Die Besetzung des Rates war künftig in das Belieben des Landesherrn gestellt. Das Bürgermeisteramt wurde wieder abgeschafft. Eine Reihe von Befugnissen, die zuvor im Rahmen der kommunalen Selbstverwaltung wahrgenommen wurden, gingen an die landesherrlichen Beamten, an den Keller und an den Schultheißen, über. Diese vertraten den Landesherrn jetzt auch in der Aufsicht über den Rat. Aus dem Stadtrat, der weiterhin zwölf Mitglieder umfaßte, wurden ein Rentmeister für die städtischen Finanzangelegenheiten und ein Baumeister für das Bau- und Befestigungswesen bestimmt; beide waren dem Keller zur jährlichen Rechnungslegung verpflichtet. Die übrigen städtischen Ämter - das Stadtschreiberamt, das Waag- und Eichmeisteramt, das Uhraufziehen, der Brot-, Fleisch- und Weinschätzerdienst sowie die Tor- und die Nachtwächterdienste - sollten fortan nicht mehr von Ratsmitgliedern wahrgenommen werden dürfen. Aus der Zeit um 1600 und danach sind als Inhaber von Polizeifunktionen auch Viertelmeister bezeugt.

Das älteste Buchener Stadtsiegel ist an einer Urkunde von 1322 überliefert.

Das 1502 erstmals erwähnte Rathaus wurde nach seiner Zerstörung beim großen Stadtbrand von 1717 bereits 1723 als stattlicher Bau mit prächtiger Barockfassade und mit einer Markthalle im Parterre wiedererrichtet.

Ein städtisches Spital findet erstmals im Jahre 1472 Erwähnung; es lag in der Vorstadt, in der Nähe des Hainstadter Tores, an dem noch heute sog. Spitalberg. An das bereits vor 1656 abgegangene Siechenhaus erinnert der Flurname Beim Sieghaus.

Die Badstube, die um 1347 noch im Besitz des Landesherrn war, ist 1605 von der Stadt in private Hand verkauft worden. Ebenfalls um 1347 ist von einem zu erbauenden kommunalen Kaufhaus die Rede, in dem alle Waren außer Wein und Vieh feilgeboten werden sollten. Wegen des Brothauses haben der Erzbischof und die Stadt sich 1434 dahingehend geeinigt, daß die Landesherrschaft den oberen Teil, die Stadt dagegen den unteren Teil des Gebäudes instandhalten sollten. Der Stadt gehörten ferner eine im Erbbestand verliehene Ziegelhütte bei der Kreuzkapelle sowie zwei Mühlen im Tal. Dabei handelte es sich um die später sog. Obermühle und um die Mittelmühle, welche die Stadt 1565 von den Adeligen von Dürn erworben hatte. Erst 1804 wurden diese bis dato in Zeitpacht vergebenen Mühlen in Erbbestand verkauft.

Auch die Schäferei war Eigentum der Stadt und gab Anlaß für einen Zwischenfall mit ungeahnten Folgen für die Mainzer Fehde des Ritters Götz von Berlichingen in den Jahren 1515/16. Ein Hainstadter Hintersasse des Götz hatte in dem Gewann Lappen, das zwischen den Gden Buchen, Hainstadt und Hettingen jahrhundertelang umstritten war, einen Acker bebaut, den die Buchener kurzerhand von ihrem Gemeindehirten abweiden ließen. Der daraufhin zwischen Götz und der Stadt Buchen entbrannte Streit hatte solche Weiterungen, daß Götz 1515 in das Erzstift Mainz einfiel und mit Raub und Brandschatzung großen Schaden verursachte. Erst im Vertrag von Schweinfurt konnte der Konflikt 1516 durch einen Vergleich beigelegt werden.

Den umfangreichsten und einträglichsten Gemeindebesitz bildet von alters her der bereits zu Beginn des 14. Jh. erwähnte Stadtwald, dessen Umfang zu Beginn des 19. Jh. auf 4–6000 M geschätzt wurde, und der mit 1045 ha noch heute etwa 40 % der Gemarkungsfläche bedeckt.

Kirche und Schule. – Darauf, daß die Christianisierung Buchens und seiner Umgebung in fränkischer Zeit von Worms her erfolgte, deutet noch im späten Mittelalter das 1320 erwähnte Peters-Patrozinium der hiesigen Pfarrkirche hin; jedoch ist Buchen mit der Wingarteiba bereits um die Mitte des 8. Jh. dem neugeschaffenen Sprengel des Bischofs von Würzburg zugeschlagen worden. Daß Buchen überdies Sitz einer ausgedehnten Urpfarrei war, von der die kirchliche Durchdringung des Umlandes ausgegangen ist, ergibt sich aus der gleichfalls erst für das Spätmittelalter bezeugten Tatsache, daß hier der Sitz eines Sendgerichts war. Nach der Ausgliederung der Filialen Hettingenbeuern (1306), Hainstadt (1340) und Stürzenhardt (1871), die zu selbständigen Pfarreien erhoben bzw. – so Stürzenhardt – umgepfarrt worden sind, ist bis heute nur Unterneudorf als einziger Filialort Buchens erhalten geblieben. 1282 wird erstmals ein Pfarrer von Buchen erwähnt.

Der große Pfarreientausch zwischen den Diözesen Mainz und Würzburg im Jahre 1656, dessen Ziel es war, die weltliche und die kirchliche Zugehörigkeit einander anzugleichen, hat die Zuordnung Buchens zum Bistum Würzburg nicht angetastet. Den Hauptgrund hierfür hat man darin zu suchen, daß Buchen seit alters Sitz des würzburgischen Landkapitels Odenwald bzw. Buchen war, dessen Ausdehnung sich ursprünglich mit der Wingarteiba deckte. Zur Zeit seiner größten Ausdehnung, um die Mitte des 15. Jh., hatte dieses Landkapitel nicht weniger als 64 Pfarreien.

Seit die Pfarrei Buchen 1399 dem Kl. Amorbach inkorporiert worden war, lag das Präsentationsrecht auf die Pfarrpfründe sowie auf die Frühmesse und auf die Altaristenstellen beim dortigen Abt, das Bestätigungsrecht oblag dem Würzburger Bischof. Jedoch hat das Kloster sein Patronatsrecht 1751 an den Diözesan abgetreten. Vom Ende des 30j. Krieges bis zur Mitte des 18. Jh. hatte der Abt die Pfarrei überwiegend mit Klostergeistlichen besetzt.

Aufgrund der mainzischen Territorialhoheit hat es in Buchen keine obrigkeitlichen Bestrebungen zur Einführung der Reformation gegeben. Allerdings scheint man innerhalb der Bürgerschaft gegenüber kirchlichen Neuerungen nicht abgeneigt gewesen zu sein. Die Kirchenvisitationen berichten gegen Ende des 16. Jh. von ungefähr 50 Personen, die der Lehre Luthers anhingen, darunter der Schultheiß, zwei Ratsmitglieder und der Schulmeister. Die Gegenreformation hat dieser reformatorischen Bewegung in Buchen jedoch bald ein Ende gesetzt.

Die alte Buchener Peterskirche ist bereits bald nach ihrer ersten Erwähnung (1320) durch einen Neubau ersetzt worden, der 1341 der Muttergottes, den Apostelfürsten Petrus und Paulus sowie dem hl. Oswald geweiht wurde; St. Oswald ist bis heute der Hauptpatron der hiesigen Kirche. Nach dem grundlegenden Umbau zu einer spätgotischen Staffelhallenkirche in den Jahren 1503/07 ist das Gotteshaus 1510 den Hll. Oswald und Kilian geweiht worden. Daß nun der Würzburger Diözesanpatron hinzutrat, war gewiß eine bewußte Manifestation des Würzburger Kirchenherrn gegenüber dem Mainzer Landesherrn und spiegelt das Konkurrenzverhältnis beider Fürstbischöfe in der hiesigen Landschaft.

Von den sieben Altären der Kirche – Corpus Christi (1364), Johannes der Täufer (1331), Zwölfboten (1338), Hl. Kreuz (1358), ULF (1391), Veit und Sebastian (1452) und Anna – waren fünf mit eigenen Benefizien ausgestattet. Diese waren an Altaristen vergeben, die ihr Amt teilweise im Nebendienst versehen haben. Zu der einen oder anderen Altarstiftung gehörte auch ein Haus in der Stadt, so etwa zum Liebfrauenbenefizium, das 1696 der Pfarrei Hainstadt inkorporiert wurde, um das Einkommen des dortigen Pfarrers zu verbessern. Dafür hatte der jeweilige Pfründinhaber samstags am Liebfrauenaltar der Buchener Pfarrkirche eine Messe zu lesen.

Neben der Pfarrpfründe bestand seit 1339 eine Frühmeßstiftung mit einem eigenen Wohnhaus, das bereits 1666 abgerissen worden ist. Als 1751 die Frühmesse der Pfarrpfründe inkorporiert wurde, geschah dies mit der ausdrücklichen Maßgabe, daß der Pfarrer dafür einen Kaplan anzustellen habe. Mitte des 15. Jh. werden neben dem Pfarrer und dem Frühmesser fünf Altaristen genannt. Diese reiche personelle Ausstattung, die nur aufgrund vieler frommer Stiftungen möglich war, unterstreicht die Rolle Buchens als Sitz des Landkapitels »auf dem Odenwald«.

Vor der Stadt, vor dem Unteren Tor gegen Bödigheim, wurde aufgrund zahlreicher Stiftungen und nachdem 1430 der Bischof von Würzburg seine Zustimmung erteilt hatte, in der 1. H. 15.Jh. beim dort gelegenen Begräbnisplatz die Heiligkreuzkapelle errichtet. Bereits 1471/72 ist der Stadt das Präsentationsrecht für einen Geistlichen an dieser Kapelle zugestanden worden. Da ihre Einkünfte jedoch zu gering waren, konnte die Pfründe noch für lange Zeit nur nebenamtlich besetzt werden. Erst im Jahre 1766 reichten die Erträge aus, um einen Priester hauptamtlich zu besolden. 1704 wurde die Kreuzkapelle neu errichtet, die Kanzel (1578) stammt noch aus dem Vorgängerbau.

Über dem Beinhaus auf dem Kirchhof bei der Pfarrkirche befand sich die Michaelskapelle, die erstmals 1419 anläßlich einer Meßstiftung Erwähnung findet. Zu Beginn des 19.Jh. wurde diese Kapelle abgebrochen.

In der Obergasse steht noch heute das sog. Beginenklösterle, das laut Bauinschrift im Jahre 1489 erbaut wurde. Damals gehörten die hier lebenden Schwestern aber bereits dem Dritten Orden der Franziskaner an, während es sich bei den ursprünglichen Bewohnerinnen um »willige Arme«, d.h. um Beginen handelte, die 1376 gelegentlich einer Stiftung der Katharina von Hohenstadt erstmals genannt werden. 1440 war die Gemeinschaft bereits den Tertiarierinnen angeschlossen. Nach dem Tod der letzten Oberin wurde das Kloster 1571 durch den Bischof von Würzburg aufgelöst, die beiden verbliebenen Nonnen entlassen. Die Einkünfte der Ordensniederlassung wurden der Hofmeisterei des ebenfalls aufgelösten Kl. Seligental zugewiesen.

Die älteste der Buchener Bruderschaften war die 1489 gegründete und mit reichen Stiftungen ausgestattete Kerzenbruderschaft; seit 1736 ist als weitere die heute noch bestehende Corpus-Christi-Bruderschaft bezeugt.

Der große und der kleine Zehnt auf Buchener Gemarkung waren im Besitz des Kl. Amorbach, während der Novalzehnt wie anderwärts vom Landesherrn eingezogen wurde.

Bereits im 15.Jh. hat es in Buchen eine Lateinschule gegeben; ihr Lehrer (*rector scholarum*) wird 1449 erstmals genannt. Welche Bedeutung dieser Schule in der kleinen Stadt am Rande des Odenwalds zugekommen ist, mag man nicht zuletzt daran ermessen, daß zwischen 1399 und 1648 an deutschen Universitäten mehr als 220 Studenten nachgewiesen werden können, bei denen als Herkunftsort Buchen angegeben ist. Einen hervorragenden Platz nimmt dabei die Universität Frankfurt an der Oder ein, deren Gründungsrektor, der Theologe Conrad Koch gen. Wimpina (um 1460–1531) ein Wohltäter der Stadt Buchen war. Bezeichnenderweise hat Wimpina auch mit einem Vermächtnis die Besoldung des Buchener Schulmeisters aufgebessert. 1551 hat es in der Stadt sogar zwei Schulmeister gegeben, jedoch wurde die zweite Stelle später wieder aufgegeben. Ein ständiger zweiter Lehrer – der Kantor – ist erst seit 1687 bezeugt. Seither wurde der Lateinunterricht vom Rektor erteilt, der daher auch als »lateinischer Schulmeister« bezeichnet wurde. 1775 ist schließlich der Pfründinhaber der Heiligkreuzstiftung dazu verpflichtet worden, den Lateinunterricht zu erteilen. In dieser Verbindung von geistlicher Pfründe und Lateinschule liegen die Wurzeln zu der 1845 in Buchen gegründeten höheren Bürgerschule.

Bevölkerung und Wirtschaft. – Die ersten Orientierungswerte über die Größe der Bevölkerung Buchens liegen erst seit dem Ausgang des Mittelalters vor. Anläßlich der Erhebung des Gemeinen Pfennigs wurden hier 1496 rund 600 Einwohner im Alter von mehr als 15 Jahren registriert; dabei wird man eine Gesamtbevölkerungszahl von etwa 8–900 Seelen zugrundelegen dürfen. Für das 16.Jh. stehen keine näheren Angaben zur Verfügung; jedoch lassen Mannschaftszählungen und Türkensteuerregister darauf schließen, daß die Einwohnerzahl von Buchen bis in den Vorabend des 30j. Krieges hinein konstant geblieben ist. Nach dem Krieg – 1634/35 hatte die Pest weit mehr als

300 Opfer gefordert – hat die Bevölkerung der Stadt aufgrund deren zentralörtlicher Bedeutung rasch zugenommen; bereits 1668 hat ihre Zahl wieder bei rund 800 gelegen und auch in den folgenden Jahren ist sie kontinuierlich angestiegen (1700: 1008, 1750: 1330, 1803: 1804). Zur Zeit der Mediatisierung durch das Großherzogtum Baden lebten in Buchen 1920 Einwohner.

Schon die erste Erwähnung von Bürgern der seinerzeit noch jungen Stadt Buchen (1290) gewährt einen Einblick in deren ständische und soziale Schichtung; es zeigt sich nämlich, daß die hier ansässigen Ministerialen des Stadtherrn im Gegensatz zu den anderen Einwohnern für würdig befunden wurden, als Beurkundungszeugen aufzutreten. Diese Ministerialen haben offenbar die städtische Oberschicht gebildet, die mit den in der sog. Kundschaft von um 1300 genannten Bürgern (*cives pociores* bzw. *oppidanes*) gleichzusetzen ist und aus der auch die Schöffen gewählt wurden. Gegensätze zwischen dieser Oberschicht und der übrigen Gemeinde hat es wohl immer gegeben; zum Jahre 1454 wird ausdrücklich von Zwietracht zwischen Bürgermeister, Rat und Gemeinde berichtet. Nicht zuletzt kamen die Unterschiede zwischen den verschiedenen Buchener Bevölkerungsgruppen im Bauernkrieg zum Tragen, als der Anschluß an die Aufständischen zunächst nur von der Gemeinde, nicht aber vom Rat gefordert wurde. Erst die Stadtordnung von 1528 hat die Unterschiede zwischen den Schichten zugunsten eines größeren landesherrlichen Einflusses nivelliert; der Oberschicht sind dabei ihre Privilegien verlorengegangen. Die Buchener Bürger wurden der Leibeigenschaft unterworfen, die erst 1631 wieder aufgehoben wurde.

Juden waren in Buchen bereits zur Zeit des sog. Armlederaufstandes ansässig; damals ist es hier wie in anderen fränkischen Städten zu einer Judenverfolgung gekommen (1337). Bei den Pogromen der Pestzeit um 1349 sind auch hier wieder Juden umgebracht worden. Bald darauf, 1358, haben die Buchener Schutzjuden vom Mainzer Erzbischof ein Gerichtsstandsprivileg erhalten, wonach sie nur vor dem Amtmann zu Wildenberg verklagt werden konnten. Freilich war ihre Zahl zunächst auf einige wenige Familien begrenzt. Erst nach dem 30j. Krieg hat die hiesige Judengemeinde eine beträchtliche Zunahme verzeichnen können. Lebten 1668 in Buchen nur fünf jüdische Familien und eine Witwe, so stieg die Seelenzahl bis 1700 auf 47, bis 1750 auf 54 und bis 1803 auf 72 an. Die Synagoge befand sich seit 1791 im Hause der einstigen Sonnenwirtschaft in der heutigen Haagstraße; ein Rabbiner ist in Buchen seit 1701 bezeugt, später auch ein Vorsänger. Als Begräbnisplatz diente den Buchener Juden der Bezirksfriedhof in Bödigheim.

Nach einer Handwerkerstatistik des Fürstentums Leiningen aus dem Jahre 1806 gab es in Buchen nicht weniger als 328 Handwerksmeister; diese Zahl macht deutlich, welch große Rolle das Handwerk in der Buchener Wirtschaft gespielt hat. Die wichtigsten Gewerbe waren schon von alters her die der Gerber und der Tuchmacher. Noch 1806, als ihre Blütezeit bereits vorüber war, stellten die Rotgerber mit 30 und die Tuchmacher mit 24 Meistern die am stärksten besetzten Handwerkszweige dar. Die natürliche Lage an einem fließenden Gewässer, der Waldreichtum und ein stark landwirtschaftlich geprägtes Umland waren geradezu ideale Voraussetzungen für eine blühende Tuch- und Lederproduktion mit weitreichenden Handelsbeziehungen. Daß 1806 insgesamt drei Walk- und zwei Lohmühlengänge vorhanden waren, bestätigt ebenfalls die Bedeutung des Buchener Gerber- und Tuchmacherhandwerks. Insgesamt waren die hiesigen Handwerker in elf Zünften organisiert. Die älteste dieser Zünfte war die der Rotgerber und Sattler, deren Zunftordnung aus dem Jahr 1597 datiert.

Für einen funktionierenden Handel spielten die Märkte eine große Rolle. 1806 bestanden in Buchen vier, wie es heißt, *sehr einträgliche* Jahrmärkte: an Petri Stuhlfeier

(22. Februar), an Kreuzauffindung (3. Mai), an Apostelscheidung (15. Juli) und an Martini (11. November). Die Tradition dieser Märkte reicht bis in das Mittelalter bzw. in die frühe Neuzeit zurück. Bereits in der sog. Kundschaft von um 1300 ist von einem Jahrmarkt und einem Wochenmarkt die Rede, und Erzbischof Berthold von Henneberg setzte 1492 das Standgeld bei den Jahrmärkten einheitlich auf 4 d für jeden Stand fest. Maximilian I. privilegierte im Jahre 1497 schließlich noch den Wochenmarkt und einen Pferdemarkt, der an jedem Montag vor dem ersten Fastensonntag und dem ersten Sonntag nach Ostern abgehalten werden sollte.

Unter den Mühlen auf Buchener Gemarkung dürfte die Hainstadter Mühle, die bereits in einer Lorscher Schenkungsurkunde aus dem Jahre 777 Erwähnung findet, die älteste sein. Seit dem 14. Jh. haben hier aber noch zwei weitere Mühlen existiert: die Obere und die Niedere Mühle. Die damals als Obere Mühle bezeichnete ist identisch mit der späteren Reichen- oder Kilgensmühle gegen Hettingen zu, während die Niedere Mühle später als Wolfs- oder Veitsmühle bzw. Obermühle bezeichnet wurde. Als die Stadt im Jahre 1565 die beiden Bannmühlen, die Wolfs- und die Untere (später: Mittel-) Mühle käuflich an sich brachte, gab es auf dem Gebiet der Stadt bereits vier Mühlen, wozu später noch eine Walk- und Ölmühle hinzutrat.

Um die Mitte des 18. Jh. gab es in der Stadt Buchen insgesamt neun Schildwirtschaften. Gegenüber dem Jahre 1700, als es nur fünf waren, hatte sich die Zahl somit fast verdoppelt; den Grund hierfür hat man gewiß in der stetig wachsenden Bevölkerungszahl zu suchen.

Die Landwirtschaft hatte in einer Stadt wie Buchen, in der die meisten Bewohner, auch die Handwerker, sog. Ackerbürger waren, eine große Bedeutung. Die weitläufige Gemarkung war in die drei Zelgen, Bödigheimer Flur, Hainstadter (auch Hainsterbacher) Flur und Flur am Krötenteich unterteilt. 1803 wurden hier rund 5000 M Äcker und 1000 M Wiesen bewirtschaftet. Trotz dieser großen Flächen reichten damals die Erträge des eigenen Getreideanbaus für die Ernährung der Buchener Bevölkerung nicht aus; lediglich Kartoffeln wurden in genügender Menge angebaut.

Gemessen an seiner Steuerkraft war die wirtschaftliche Bedeutung Buchens unter den Städten des Neun-Städte-Bundes im Mainzer Oberstift vergleichsweise gering. Mit 416 Gulden lag die Stadt 1391 vor Walldürn nur an vorletzter Stelle. 1551 allerdings übertraf das Pro-Kopf-Vermögen mit 198,5 fl pro besteuertem Einwohner in Buchen das in Amorbach um ein Viertel und war ebenso hoch wie in Miltenberg. Dieser Umstand deutet auf eine dynamische wirtschaftliche Entwicklung im 15. und 16. Jh. hin, die sicher auch auf die zunehmende Bedeutung der Stadt als zentraler Marktort für ihr Umland zurückzuführen ist. Nicht zuletzt bestätigt sich darin auch der historische Kern der Sage vom Talerstädtchen Buchen.

Bedeutende Persönlichkeiten. – Buchen hat im Laufe seiner Geschichte eine ganze Reihe bedeutender Persönlichkeiten hervorgebracht. Daß zu ihnen auch der Minnesänger *von Bûchein* (2. H. 13. Jh.) gehört, läßt sich zwar nicht beweisen, aber doch mit guten Argumenten wahrscheinlich machen. Später wurden in Buchen drei Männer geboren, die als Theologen hervorgetreten sind: *Conrad Koch gen. Wimpina* (1460–1531) war ein Widersacher Luthers, Mitverfasser der Augsburger Confutatio und Gründungsrektor der Universität Frankfurt an der Oder. *Christoph Cornerus* (1518–1594) war Generalsuperintendent der Mark Brandenburg, und *Bonifatius Wolfhart gen. Lycosthenes* (um 1490–1543) hat sich als Reformationstheologe in Friedberg, Basel, Straßburg und Augsburg einen Namen gemacht. Buchener Herkunft ist auch *Andreas Frey* (um 1547–1610), Rektor des Gymnasiums zu Speyer und mutmaßlicher Verfasser des ältesten, 1587 erschienenen Faustbuches. Desgleichen ist der Diplomatiker *Gottfried Bessel* (1672–1749), der es zum Abt des Stifts Göttweig in Niederösterreich gebracht hat, in Buchen geboren. Der deutsch-schwedische Komponist und Hofkapellmeister in Stockholm *Joseph Martin Kraus* (1756–1792) hat hier seine Jugendjahre verbracht und für die hiesige Pfarrkirche den größten Teil seiner kirchenmusikalischen Werke komponiert. Zu nennen sind ferner der Budapester Chefarzt *Franz Burghardt* (1803–1890), ein großer Wohltäter der Stadt, sowie der bad. Staatspräsident *Joseph Wittemann* (1866–1931) und die Maler *Wilhelm Emelé* (1830–1905), *Wilhelm Schnarrenberger* (1892–1966) und *Ludwig Schwerin* (1897–1983). Der Architekt *Egon Eiermann* (1904–1970), dessen Vorfahren aus Buchen stammen, ist hier begraben.

Ereignisse. – In der Nacht vom 1. auf den 2. September 1717 wurde durch einen Blitzschlag in das Dach der Pfarrkirche der sog. Große Brand ausgelöst, der rasch auf die nördliche Altstadt übergegriffen hat. Diesem Stadtbrand sind insgesamt 124 Wohnhäuser und Scheunen zum Opfer gefallen. Das Rathaus, das Schul- und das Pfarrhaus wurden völlig zerstört. Die Pfarrkirche, der Kirchturm, in dem die vier Glocken geschmolzen waren, sowie das Beginenklösterle haben schweren Schaden genommen. Besonders betroffen waren die damalige Fleischgasse (heute Obergasse und unterer Teil der Wilhelmstraße) sowie die Häuser beiderseits der Marktstraße.

Eberstadt

Siedlung und Gemarkung. – Wenngleich die scheinbar früheste Erwähnung von Eberstadt (996) hinfällig ist, da sie auf einer gegen Ende des 13. Jh. in Amorbach gefälschten Urkunde beruht, darf man doch annehmen, daß die Anfänge dieser vielleicht von Bödigheim her gegründeten Siedlung in die Ausbauzeit des 7. bis 9. Jh. zurückreichen. Die erste zuverlässige Erwähnung als *villa dicta Eberstat* datiert aus dem Jahre 1285; den Ortsnamen hat man zu deuten als die Stätte, an der es Eber gibt. Spuren einer vor- und frühgeschichtlichen Besiedelung finden sich im Plattenwald südwestlich des Dorfes (vier hallstattzeitliche Grabhügel) sowie an der Straße nach Schlierstadt und in den Gewannen Am Nüsslein, Tannwald und Henneberg im S, N und O der Gemarkung (römische Gebäudereste, dazu Einzelfunde). Um 1800 zählte Eberstadt rund 80 Häuser. Der oberhalb des Schlosses, zwischen der Kirche und der Straße nach Bödigheim gelegene Ortsteil Vorstadt bezeichnet eine wohl frühneuzeitliche Erweiterung des Dorfes, deren Name freilich nicht zu der Annahme verleiten darf, Eberstadt habe einst Markt- oder Stadtrechte besessen. Auf eine bereits vor längerer Zeit abgeg. Siedlung könnte der Flurname Zur Reinstadt an der Straße nach Götzingen hindeuten.

Herrschaft und Staat. – Wie im benachbarten Bödigheim und in verschiedenen anderen Dörfern der Umgebung hat die Herrschaftsentwicklung auch in Eberstadt von der durch die Edelherren von Dürn bevogteten Grundherrschaft des Kl. Amorbach ihren Ausgang genommen. 1332 waren Gericht und Vogtei als Mainzer Lehen im Besitz eines bald darauf ausgestorbenen Zweigs der Ministerialenfamilie von Dürn, neben dem um 1350 bis 1374, vielleicht durch Erbschaft, die Mainzer Amtleute Eberhard Rüdt von Bödigheim und Eberhard von Fechenbach als Teilhaber begegnen. Etwa seit der Wende zum 15. Jh., nachweislich seit 1408, war der Ort im alleinigen Besitz der Bödigheimer Rüden und bis in unser Jahrhundert (zuletzt seit 1715) Sitz verschiedener Rüdtscher Linien, die sich nach Eberstadt zubenannten. Ihnen oblag bis zum Ende des Alten Reiches das Niedergericht mit Gebot und Verbot (1620 *mixtum imperium*) sowie die Schatzung, die in der frühen Neuzeit zugunsten der Odenwälder Rittertruhe erhoben wurde, dazu die hohe und die niedere Jagd. Die Zenthoheit mit Blutgerichtsbarkeit und militärischem Aufgebot stand Kurmainz zu (Zent Buchen). 1806 wurde Eberstadt vom Großherzogtum Baden mediatisiert.

Das Rüdtsche Schloß, eine ehemalige, wegen des sumpfigen Geländes vermutlich auf einem Pfahlrost errichtete Wasserburg, deren Gräben im 19. Jh. eingeebnet wurden, soll um 1380/90 durch Eberhard Rüdt von Bödigheim errichtet worden sein und wird 1408 als mainzisches Offenhaus bezeichnet. In einer Fehde zwischen dem mit den Eberstadter Rüden verschwägerten Heinz von Seckendorff und der Reichsstadt Rothenburg o.T. ist 1441 auch die hiesige Burg samt dem Dorf in Mitleidenschaft gezogen worden. 1680 als uraltes und verfallenes Gemäuer bezeichnet, wurde die Burg in den folgenden Jahren und Jahrzehnten zum Teil wieder aufgebaut und dem zeitgemäßen Wohnkomfort angepaßt; weitere Baumaßnahmen erfolgten im Laufe des 18. Jh. Nach der in der Weimarer Reichsverfassung verfügten Aufhebung der adeligen Stammgüter gelangte ein Drittel des Schlosses mit dem zugehörigen Grundbesitz durch Erbschaft an die von Stockhausen und schließlich an die Grafen von Gatterburg; die anderen zwei Drittel kaufte 1923 eine aus Eberstadter Gemeindebürgern bestehende Landerwerbs- und Siedlungsgenossenschaft.

An das 1788 durch Damian Gottfried Rüdt im N des Dorfes errichtete und zu Ehren seiner Gemahlin Klara von Stein zum Reichenstein Klarenhof genannte Schlößchen, das wegen erheblicher baulicher Mängel schon um 1800 wieder abgebrochen werden mußte, erinnert heute nur noch der Flurname Am Schloß.

Grundherrschaft und Grundbesitz. – Die Erwähnung Eberstadts in dem auf das Jahr 996 gefälschten Privileg Kaiser Ottos III. zeugt von der großen Bedeutung, die das Kl. Amorbach seiner hiesigen Grundherrschaft beigemessen hat; freilich läßt sie auch erkennen, daß die Mönche am Ende des 13. Jh. im Besitz dieser Güter nicht unangefochten waren. Nach Auskunft des großen, 1395 angelegten Urbars waren dem Kloster in Eberstadt zwölf Höfe zinspflichtig; daneben bezog es noch weitere Gülten und Renten und beanspruchte den Handlohn, wenn im Dorf ein Gut verkauft wurde. Bis zum Ende des 17. Jh. hatte sich die Zahl der dem Kl. Amorbach zinspflichtigen Güter, darunter die Mühle, infolge wiederholter Teilungen auf 21 erhöht. Auch das Zisterzienserinnenkloster Seligental war in Eberstadt begütert: 1287 erwarb es von den Söhnen des Ritters Otto von Hainstadt Güter, die diese von denen von Hohenlohe zu Lehen hatten, und im Jahr darauf kaufte es mit Billigung Ruperts von Dürn den Eberstadter Besitz des Heinrich Falshart von Buchen; noch im 16. Jh. ist Seligental als Grundbesitzer in Eberstadt bezeugt. Güter, die das Stift Mosbach hier hatte, gelangten 1323 durch Kauf an die Rüdt von Bödigheim, die damit wohl erstmals am Ort Fuß gefaßt haben; als adelige Grundbesitzer begegnen daneben Volknand von Wildenberg (Ministeriale Ulrichs von Dürn, 1285), die von Buchen (1346) und die Ministerialen von Dürn (1346; 1357 als Lehnsleute der Hohenlohe). Nach und nach kauften die Rüden seit dem späten 14. Jh. Güter und Rechte kleinerer Grundbesitzer auf (u. a. der Pfarrei Waldhausen), jedoch war ihrem Bemühen um Arrondierung in Eberstadt nicht der gleiche Erfolg beschieden wie in Bödigheim.

Gemeinde. – Als Käufer von Gütern der Witwe Herolds von Buchen tritt die Gemeinde zu Eberstadt neben ihrem Vogtsherrn Wiprecht von Dürn bereits 1346 in Erscheinung. Danach ist sie in den Quellen nur ganz sporadisch zu fassen: 1521 in Zusammenhang mit der Frühmesse und 1528 und 1609 in Zusammenhang mit Viehtriebsgerechtigkeiten. 1593 kaufte sie von der Ortsherrschaft das Mühlrecht. Vom Waldbesitz der Gde Eberstadt heißt es 1806, er sei nur gering, zwar versteint, aber nicht vermessen.

Kirche und Schule. – Bis zu seiner Erhebung zur eigenen Pfarrei im Jahre 1350 war Eberstadt eine Filiale von Bödigheim. Die 1399 von Eberhard Rüdt am St. Nikolaus-Altar gestiftete Frühmesse ist 1404 durch den Bischof von Würzburg bestätigt worden, und bereits 1415 sind die Rüden neuerdings als Wohltäter der Eberstadter Kirche hervorgetreten, indem sie einen Fronleichnams-Altar mit zugehörigem Benefizium stifteten. Bis zur Reformation oblag die Kollatur dieser Pfründen dem Abt von Amorbach, danach – Ende der 1550er Jahre hatte Albrecht von Rosenberg als Rüdtscher Vormund das Augsburger Bekenntnis eingeführt – wurde das Patronatsrecht von der Ortsherrschaft ausgeübt (1564). Der 1629/31 seitens der Bischöfe von Mainz und Würzburg im Zusammenwirken mit dem Amorbacher Abt unternommene Versuch einer gewaltsamen Rekatholisierung hatte keinen bleibenden Erfolg. So ist es nur folgerichtig, wenn Amorbach sich noch 1713/17 weigerte, den von Ludwig Gottfried Rüdt geforderten Beitrag zum Bau einer neuen Kirche zu leisten. Eine Orgel wurde 1781 beschafft. Das um die Mitte des 15. Jh. erbaute Pfarrhaus war ein Jahrhundert später baufällig und wurde 1577 durch ein neues ersetzt.

Den großen und kleinen Zehnt bezogen im 17. Jh. je zur Hälfte das Kl. Amorbach und die Ortsherren Rüdt. Der Rüdtsche Anteil war Würzburger Lehen und hat 1361 Hertwig von Ernstein gehört.

Wegen der Schule ist es 1747 zum Streit zwischen der Gemeinde und dem Ritterkanton Odenwald einerseits und der Orts- und Patronatsherrschaft andererseits gekommen, weil diese einen untauglichen Lehrer bestellt hatte.

Bevölkerung und Wirtschaft. – Im Gegensatz zu dem gleichfalls Rüdtschen Bödigheim war Eberstadt nie sehr bevölkerungsreich. 1584 belief sich die Zahl der Einwohner auf etwa 240 und 1678, nachdem der 30j. Krieg auch hier einen erheblichen Rückgang bewirkt hatte, lag sie bei etwa 165; bis 1718 stieg sie wieder auf rund 275 an und betrug 1806 gegen 360. Wie in anderen Dörfern gab es auch in Eberstadt Juden: 1678 erst eine Familie, jedoch wuchs die jüdische Gemeinde im 18. Jh. zu einer beträchtlichen Größe an.

Das Dorf war von jeher ganz bäuerlich geprägt, die Bevölkerung lebte so gut wie ausschließlich vom Landbau. 1640, während des 30j. Krieges, gab es drei Halbbauern, vier Seldner und vier Witwen, und eine Quelle berichtet, daß keiner von ihnen einen ganzen Pflug führte. 1806 bestanden die landwirtschaftlich genutzten Flächen in 1404 M Äckern, 87 M Wiesen und 20 M Baum- und Krautgärten; an Vieh wurden gehalten: 17 Pferde, 4 Ochsen, 4 Stiere und 104 Kühe. Neben der mit ihrem Gebäude bis heute erhaltenen Mühle im Schloßgarten, die aufgrund baulicher Elemente ins frühe 16. Jh. datiert werden kann, hat es eine weitere Mühle zwischen Eberstadt und Schlierstadt gegeben (1526).

Einbach

Siedlung und Gemarkung. – Seine Entstehung verdankt der Weiler Einbach (1408 *dorff oder wyler*) der hochmittelalterlichen Rodungstätigkeit des Kl. Amorbach, die hier wohl von Bödigheim ihren Ausgang genommen hat. Um 1326 wird der Ort als *villa Igembach* in einem Würzburger Lehnbuch erstmals erwähnt; unklar bleibt die Deutung seines Namens (1346 *Yenbach*, 1400 *Ynbach*, 1408 *Ymbach*, 1550 *Eynnbach*). 1803 belief sich die Zahl der Häuser auf 9, darüber hinaus gab es am Ort zwei Mühlen.

Herrschaft und Staat. – Als Rodungssiedlung des Kl. Amorbach unterstand Einbach zunächst ganz der Herrschaft dieses Klosters bzw. seiner Vögte, der Edelherren von Dürn, und vermutlich ist durch sie ein Teil der herrschaftlichen Gerechtsame im Dorf und seiner Gemarkung in niederadeligen Besitz gelangt. In der 1. H. 14. Jh. hat

Herold Nest von Obrigheim fast das ganze (*fere totam*) Dorf vom Hochstift Würzburg zu Lehen getragen. Später waren die Nestschen Rechte ebenso wie der Fronhof in Händen der Rüdt von Bödigheim, die sie 1488 im Tausch an das Erzstift Mainz abgetreten haben. Hinfort waren Kurmainz zu einem Drittel und das Kl. Amorbach zu zwei Dritteln Vogtsherren in Einbach; den Gerichtsstab führte der Schultheiß des Klosters. Mit der hohen Obrigkeit gehörte der Ort zur kurmainzischen Zent Mudau, und mainzisch war auch die Landeshoheit bis zu ihrem Übergang an das Fürstentum Leiningen (1803). Forsthoheit, Wildbann und hohe Jagd standen dem Mainzer Erzstift zu, während das kleine Waidwerk von Amorbach geübt wurde. 1806 ist Einbach mit dem überwiegenden Teil des Fürstentums Leiningen an das Großherzogtum Baden gefallen.

Grundherrschaft und Grundbesitz. – Aufgrund seiner Rolle bei der Entstehung von Einbach war das Kl. Amorbach ursprünglich zweifellos der alleinige Grundherr am Ort; 1395 verfügte es hier neben anderen Rechten über 14 Hufen, und in einem Weistum von 1408 heißt es, der Abt besetze und entsetze im Dorf alle Güter und Landsiedel. Jedoch ist der Fronhof, vermutlich mit den örtlichen Vogteirechten, schon früh in andere Hände gelangt; über Muthart von Einbach, der ihn 1342 an den Edelknecht Johann gen. Geckler veräußerte, und über die Bödigheimer Rüden kam er 1488 schließlich an das Erzstift Mainz und blieb dessen Eigentum bis zur Säkularisation. Im 18. Jh. umfaßte der von zwei Erbbestandsbauern bewirtschaftete, schatzungsfreie Hof, zu dem auch eine Schäferei gehörte, 85 M Äcker, 22 M Wiesen und 35 M Wald. 1803 unterstand er dem Gericht zu Scheringen. An sonstigen Berechtigungen lassen sich in Einbach nur diverse, 1346 erworbene und 1416 an Amorbach verkaufte Gülten und Hühnerzinse des Nonnenklosters zu Billigheim nachweisen sowie ablösbare Geldrenten der Mosbacher Stiftsschaffnei (Ende 16. Jh.).

Gemeinde. – Das Ortsgericht der kleinen Gde Einbach bestand 1803 nur aus drei Personen. Der Gemeindebesitz umfaßte zur gleichen Zeit ein Hirtenhaus, Triebrechte auf Laudenberger Gemarkung sowie Eigentumsrechte am Wald. Einer Nachricht von 1668 zufolge erstreckten sich diese auf allen Einbacher Wald, soweit er nicht zum herrschaftlichen Hof gehörte, und 1803 wird der Umfang des Gemeindewaldes mit 40 M beziffert; jedoch verminderte er sich, offenbar im Zusammenhang mit der Tilgung der Gemeindeschulden (1803: 350 fl; 1806: 55 fl), bis 1806 (etwa 18 M) um mehr als die Hälfte.

Kirche und Schule. – Kirchlich gehörte Einbach, das nie über ein eigenes Gotteshaus verfügt hat, bis ins 17. Jh. zur Pfarrei Waldhausen und wurde dann infolge der Kirchenspaltung der Pfarrei Limbach zugeschlagen. Der große und der kleine Zehnt von Einbacher Gemarkung standen allein dem Kl. Amorbach zu.

Bevölkerung und Wirtschaft. – Hatte die Zahl der Seelen in Einbach um die Mitte des 16. Jh. etwa 50 betragen und war bis ins frühe 17. Jh. auf über 70 angestiegen, so reduzierte sie sich infolge des 30j. Krieges auf rund 20 % des früheren Bestandes (1649: ca. 16). Seit der 2. H. 17. Jh. nahm sie wieder kontinuierlich zu und kletterte bis 1654 auf etwa 30, bis 1668 auf 51 und 1751 auf 64; 1803 belief sie sich auf 77.

Stets verdienten die Einwohner des Dorfes ihren Lebensunterhalt in der Landwirtschaft; auch der Müller, der Weber und der Straußwirt, die 1803 Erwähnung finden, waren Bauern. Um 1800 gab es am Ort eine Schneid- und eine Mahlmühle, letztere war dem Kl. Amorbach zinspflichtig und wird bereits 1395 genannt. Der Viehbestand lag 1803 bei 3 Pferden und 105 Rindern; 1806 waren es 3 Pferde, 94 Rinder, 50 Schweine, 15 Ziegen und 300 Schafe, die 500 Pfund Wolle produziert hatten. Die Ernte des Jahres 1806 hat u. a. 4 Zentner Flachs und 50 Pfund Hanf ertragen.

Götzingen

Siedlung und Gemarkung. – Die erste Erwähnung Götzingens als *Gezenkeim* geschieht in einer 1280 seitens der Witwe Eufemia von Dürn und ihrer Söhne Boppo und Ludwig erfolgten Beurkundung der Rechte des Kl. Amorbach in der Stadt Buchen. Jedoch deutet der vermutlich von einem Personennamen abgeleitete Name des Dorfes, der zur Gruppe der -ingheim-Orte gehört, auf eine Entstehung der Siedlung bereits in der Ausbauzeit des 7. bis 8. Jh. Aus vorgeschichtlicher Zeit haben sich in den Wäldern Breitenbüschle, Hohberg, Bodenwald und Hemberg westlich und südlich des Dorfes insgesamt vier Grabhügel der Hallstattperiode erhalten. Darüber hinaus gibt es in den Gewannen Roten Busch, Kerrenberg, Hohehaus (Hönehaus) und Lausenberg die Reste von vier Limeswachtürmen sowie auf dem Gehracker im NW des Dorfes die Reste eines römischen Gebäudes. 1803 zählte der Ort neben der Kirche, einem Pfarr- und einem Schulhaus sowie zwei Mühlen 123 Häuser.

Herrschaft und Staat. – Zur Zeit seiner ersten urkundlichen Erwähnung lag die aus der Amorbacher Klostervogtei abgeleitete Herrschaft über das Dorf Götzingen in Händen der Edelherren von Dürn, gelangte jedoch bald darauf an das Erzstift Mainz. Die eine Hälfte verpfändete Ludwig von Dürn 1295 zusammen mit der Stadt Buchen an die von Weinsberg, die sie bereits im Jahr danach an Mainz weiterveräußerten, und die andere Hälfte verkauften Albrecht von Dürn und sein Schwager Friedrich Schenk von Limpurg 1309 direkt an das Erzstift. Dessenungeachtet begegnen noch 1317/22 die Schenken von Limpurg und 1335/45 die vormals Dürner Ministerialen von Hettingen (½) als von Würzburg belehnte Herren des Dorfes. Noch 1469 war der Abt von Amorbach zur Hälfte an den Götzinger Gerichtsbußen beteiligt, jedoch wurde das Steuerrecht am Ort schon 1347/58 von Mainz exerziert, und 1654 war Kurmainz schließlich alleiniger Inhaber aller hohen und niederen Obrigkeit in dem zur Zent Buchen gehörigen Dorf. Aufgrund eines 1596 zwischen dem Mainzer Erzbischof und Albrecht Christoph von Rosenberg geschlossenen Vertrages hatten im 17. Jh. die Grafen von Hatzfeld und später (1701) die Freiherren von Bettendorff das Recht, auf der ganzen Götzinger Gemarkung von Bartholomäi (24. August) bis Cathedra Petri (22. Februar) mit Stricken zu hetzen und auf bestimmten Teilen der Gemarkung mitzujagen. 1803 wurde Götzingen Teil des Fürstentums Leiningen, und 1806 gelangte es unter bad. Souveränität.

Im 14. Jh. nannte sich nach Götzingen vorübergehend eine Familie des niederen Adels, die bis um 1322/33 im Dorf einen Hof vom Hochstift Würzburg zu Lehen trug und deren Angehörige z. T. den Beinamen Flizgang führten.

Grundherrschaft und Grundbesitz. – Größter Grundherr zu Götzingen war im hohen Mittelalter zweifellos das Kl. Amorbach. 1395, als sie in ihrem Bestand bereits dezimiert war, umfaßte die hiesige Grundherrschaft des Klosters neben einem Anteil am Zehnt noch sieben Hufen, und in einem Gerichtsweistum von 1469 heißt es, der Abt sei berechtigt, von allen Gütern, von denen er Zinsen und Gülten erhebt, auch den Handlohn und das Besthaupt zu beziehen. Im späten Mittelalter war der Grundbesitz des ritterbürtigen Adels, dessen Anfänge zum überwiegenden Teil in die Zeit der Dürner Herrschaft zurückreichen, hier von besonderer Bedeutung: Flizgangsgut gelangte durch Verzicht seines Vorbesitzers um 1322/33 an die Rüdt von Bödigheim, in deren Besitz es – zu Erbbestand verliehen – bis ins 19. Jh. geblieben ist. Güter der von Hettingen, darunter Lehen des Hochstifts Würzburg (1322/33ff), kamen 1389 durch Kauf an die von Rosenberg, ebenso wie Güter Herolds von Buchen 1398, und wurden 1424 an die Niederadeligen von Dürn verkauft; von diesen gelangten sie über die von

Neudeck (1543/60), die Echter von Mespelbrunn (1590/1664) und das Hochstift Würzburg am Ende des 17. Jh. durch Tausch an das Erzstift Mainz. Andere rosenbergische Güter zu Götzingen hatte das Erzstift bereits 1490 kaufweise erworben. Schließlich bleiben für das 14. Jh. noch Gülten und Berechtigungen des Dieter von Obrigheim (1314), des Herold von Hainstadt und seines Sohnes Johann (1322/33 bzw. 1335/45), des Heinrich Gabel von Buchen (1331) und des Herold Schimer (1335/45) sowie für das 16. Jh. Einkünfte Oswalds von Kottenheim aus dem Erbe der von Eicholzheim (1592) zu erwähnen. Als geistlicher Besitz sind aus dem 16. Jh. diverse Berechtigungen der Frauenklöster Seligental und Billigheim überliefert. Eine Aufstellung von 1803 nennt als Gültberechtigte zu Götzingen: die Freiherren Rüdt zu Eberstadt, die Pfarreien Bödigheim, Bofsheim, Buchen, Hainstadt, Miltenberg und Sindolsheim, die Heilig-Kreuz-Pfründe zu Buchen (bereits 1489) sowie die Rezeptur Seligental und die Kellerei Billigheim.

Gemeinde. – In den Jahren 1803 und 1806 bestand das Ortsgericht zu Götzingen neben dem herrschaftlichen Schultheißen aus drei Schöffen. Der Gemeindebesitz umfaßte zur gleichen Zeit eine Schäferei, 14 M verteiltes Land sowie ein Haus, das die Schule, die Wohnung des Schulmeisters und die Gerichtsstube beherbergte. Bezüglich des auf Götzinger Gemarkung gelegenen Waldes (1803: 723 M) heißt es im Buchener Kellereilagerbuch von 1654, daß er ebenso wie der Dorfbach ganz der Gemeinde gehörte.

Kirche und Schule. – Einer Zeugenaussage von 1456 zufolge soll Götzingen ursprünglich eine Filiale der Pfarrei Bödigheim gewesen sein. Ein eigener Pfarrer wird freilich schon 1390 erwähnt, und eine Würzburger Diözesanmatrikel der Zeit um 1450 nennt den Ort als Sitz einer Pfarrei, der wohl schon damals das benachbarte Rinschheim als Filiale zugeordnet war. Inhaber des Kirchenpatronats zu Götzingen war seit alters der Abt von Amorbach, dem dieses Recht um die Mitte des 18. Jh., freilich ohne Erfolg, durch den Bischof von Würzburg streitig gemacht wurde. Als Patrone der Pfarrkirche werden zu Beginn des 18. Jh. der Apostel Bartholomäus sowie der hl. Antonius von Padua genannt; die drei Altäre waren der Gottesmutter, dem hl. Veit und den Zwölf Aposteln geweiht. Eine Sakramentsbruderschaft findet 1734 Erwähnung, eine Fronleichnamsbruderschaft 1803. Die noch heute vorhandene, 1908 renovierte Pfarrkirche, ein klassizistischer Saalbau, wurde in den Jahren 1791 bis 1793 durch den mainzischen Landesbaumeister Süß aus Aschaffenburg errichtet. Das Pfarrhaus, 1573 erstmals erwähnt, wird 1748 als ruinös und 1793/99 als einsturzgefährdet bezeichnet; bald darauf wurde es durch einen Neubau ersetzt.

Der große und der kleine Zehnt verteilten sich in der frühen Neuzeit (1654, 1803) zu je einem Drittel auf Kurmainz, auf das Kl. Amorbach (1395) und auf die Freiherren Rüdt zu Eberstadt; letzterer Anteil rührte vom Erzstift Mainz zu Lehen und war 1428 von den Collenberger an die Bödigheimer Rüden verkauft worden. Um 1322/33 war eine Hälfte des Götzinger Zehnten als Würzburger Lehen im Besitz des Arnold von Rosenberg. Die mainzischen und amorbachischen Kleinzehntrechte waren im 18. Jh. im Genuß des Vogteischreibers zu Buchen bzw. des Pfarrers zu Götzingen.

Vom Bau eines Schulhauses erfährt man bereits zum Jahre 1617, und von 1629 ist ein durch Schultheiß, Bürgermeister und Gericht zu Götzingen für den Schulmeister Peter Fleck über dessen während vier Jahren geleistete Schuldienste ausgestelltes Zeugnis überliefert.

Bevölkerung und Wirtschaft. – Am Ende des Mittelalters (1496) zählte man in Götzingen etwas mehr als 200 Seelen; 1542 waren es rund 270, und zu Beginn des 17. Jh. (um 1610) knapp 500. Durch den 30j. Krieg erlebte diese stürmische Bevölkerungsentwicklung einen schweren Rückschlag; 1654 hatte das Dorf nur noch 195 Einwohner. Freilich stellte sich die alte Dynamik der Entwicklung bald wieder ein: bis 1668 stieg die Einwohnerzahl auf 345, bis 1700 auf 457 an; 1750 belief sie sich auf 587, 1803 auf 645.

Der Ackerbau zu Götzingen geschah noch um 1800 in den drei Fluren Bödigheimer Flur (SW), Leimengrubenflur (NW) und Brückenflur (O). Auf 2762 M Äckern wurde vornehmlich Dinkel angebaut, dazu Kartoffeln, die vor allem der ärmeren Bevölkerung zur Nahrung dienten, und Klee für die Viehhaltung (1803: 20 Pferde, 370 Rinder). Auf dem Brachfeld pflanzte man Flachs und Hanf. In sehr bescheidenem Umfang wurde auch Weinbau betrieben, 1803 auf 5½ M, 1806 auf 8½ M. Die Obere und die Untere Mühle, beides Mahlmühlen, werden bereits 1487 erwähnt. Schildgerechtigkeit hatten 1700 das Wirtshaus *Zum Goldenen Engel*, 1750 der *Schwarze Adler*, der *Weiße Schwan* und die *Goldene Brezel*. 1803 bestand ein Krämermarkt, über dessen Ursprung freilich nichts bekannt ist. An Handwerken waren 1806 vertreten: ein Schmied, Wagner, Schreiner, Küfer, Bäcker, Schuhmacher, Schneider, Metzger, Müller, Maurer und zahlreiche Leinenweber; sie alle betrieben nebenbei auch etwas Landwirtschaft.

Hainstadt

Siedlung und Gemarkung. – Der Fund einer jungsteinzeitlichen Streitaxt und das Vorhandensein römischer Gebäudereste im Gewann Häuserbrunnen beweisen, daß im Bereich der Hainstadter Gemarkung bereits in vor- und frühgeschichtlicher Zeit gesiedelt worden ist. Die Anfänge des als Ausbausiedlung entstandenen Dorfes, das zum Jahr 777 als *Heinsteten* (Kop. 12. Jh.) im Lorscher Codex erstmals Erwähnung findet, wird man freilich nicht vor dem 7. oder 8. Jh. zu suchen haben. (Bereits 775 waren dem Kl. Lorsch Güter *in pago Wingartheiba super fluvio Heinbach*, worunter aller Wahrscheinlichkeit nach die Hainsterbach zu verstehen ist, geschenkt worden). Bis heute läßt sich an der Lage des Dorfes ganz am südlichen Ende seiner Gemarkung sehr gut erkennen, wie der Landesausbau hier während des frühen und hohen Mittelalters von S nach N vorangetrieben worden ist. 1803 zählte der Ort 126 Häuser.

Herrschaft und Staat. – Den Ursprung der herrschaftlichen Entwicklung wird man in Hainstadt wie bei den meisten Dörfern der Umgebung in der von den Edelherren von Dürn bevogteten Amorbacher Grundherrschaft des hohen Mittelalters zu suchen haben. Während des späten Mittelalters waren die ortsherrlichen Rechte dann im Besitz einer niederadeligen Ganerbschaft, die sich auf eine im 13. und wohl auch schon im 12. Jh. hier ansässige Dürner Ministerialenfamilie zurückführen läßt.

Sieht man von der frühen Erwähnung der Brüder Burchard und Eberhard von *Heigenstat* als Zeugen einer Mainzer Bischofsurkunde von 1157 ab, so tritt die Familie von Hainstadt 1236 im Gefolge der Edelherren von Dürn erstmals in Erscheinung. Ihre bevorzugten Taufnamen waren Otto und Konrad (Cuntz) sowie, seit dem frühen 14. Jh., Herold. Während der eine, wohl schon um 1340 erloschene Zweig seit den 1270er Jahren den Beinamen Zörnlin führte, vertauschte der andere, Heroldsche Zweig nach dem Verzicht auf seine Gerechtsame in Hainstadt zu Beginn des 14. Jh. seinen hergebrachten Namen mit dem der Stadt Buchen, wo Herold von Hainstadt um 1330 das Amt des Vogtes bekleidete. Nach dem Ausverkauf seines Besitzes ist im 15. Jh. offenbar auch dieser Zweig ausgestorben; seine Spuren verlieren sich um 1411 in Götzingen. Der anfänglich wohl nicht unbedeutende Besitz des Geschlechts lag außer im namengebenden Dorf und dessen Umgebung um die Mitte des 13. Jh. vorwiegend in der Region um Freudenberg am Main (Dürrhof, Laukenhof, abgeg. Lullingscheid,

Wineden), um Külsheim (Steinfurt, Rüdental) und bei Marktheidenfeld (Erlenbach). Hinzu kamen Güter in Buchen, Eberstadt, Götzingen, Hollerbach, Sindolsheim, Waldstetten und andernorts; jedoch wurden alle diese Besitzungen nach und nach veräußert, teils verkauft, teils an die Klöster Bronnbach und Seligental gestiftet. Bezeichnend für die einstige Bedeutung der Hainstadter Adeligen ist auch die Zahl ihrer Lehnsherren, zu denen der Mainzer Dompropst (1246), die Edelherren von Dürn (1247), von Boxberg (1252) und von Hohenlohe (1287) sowie die Grafen von Henneberg (1283) und die Bischöfe von Würzburg (Anf. 14. Jh.) gehörten. Guda von Hainstadt war 1274/87 Äbtissin des Zisterzienserinnenklosters Seligental. Das Wappen der von Hainstadt-Buchen (1382) war geteilt; oben zeigt es einen wachsenden Hund oder Drachen mit gestelltem Schweif, unten ist der Schild vier- oder fünfmal geteilt.

Eine erste Teilung der ortsherrlichen Gerechtsame zu Hainstadt geschah um die Wende vom 13. zum 14. Jh.; nach ihr waren die Herolde von Hainstadt-Buchen und die Zörnlin je zur Hälfte Vogtsherren des Dorfes. Die Hälfte des noch einmal geteilten Heroldschen Anteils (= ¼) gelangte bald darauf an Heinrich Gabel von Obrigheim bzw. von Buchen und wurde von diesem dem Erzstift Mainz zu Lehen aufgetragen; 1332 kam sie durch Erbschaft in den Besitz von Gabels Schwestersohn Wiprecht von Dürn und nach dessen Tod wiederum durch Erbschaft in den gemeinsamen Besitz von Fritz von Dürn, Eberhard von Fechenbach und Eberhard Rüdt von Bödigheim. Seit um 1400 und bis zum Ende des Alten Reiches waren die Rüden (Eberstadter Linie) alleinige Inhaber dieses Viertels. Das andere Heroldsche Viertel gehörte spätestens seit der 2. H. 14. Jh. denen von Adelsheim und wurde um 1370 unter den Söhnen Boppos von Adelsheim neuerlich geteilt: Ein Achtel (Mainzer Lehen) gelangte über die von Hettersdorf (1448) und über das später durch Kurmainz säkularisierte Kl. Seligental (1467) an das Hochstift Würzburg (1684). Das andere Achtel (Würzburger Lehen) kaufte zunächst Swicker von Helmstatt (1432), dann kauften es die von Berlichingen (1440/45) und schließlich die Echter von Mespelbrunn (1613/14), bis es beim Aussterben der Echter 1665 an Würzburg heimfiel. Die Zörnlinsche Hälfte (Würzburger Lehen) kam durch Verzicht des letzten dieses Zweiges zwischen 1335 und 1345 an die Münch von Rosenberg, die sich fortan auch nach Hainstadt benannten. Nach dem Erlöschen des Münchschen Mannesstammes wurden 1484 die von Wichsenstein damit belehnt, die ihre Rechte zu Hainstadt 1605 an die Echter von Mespelbrunn verkauften; 1665 ist auch dieser Anteil an das Hochstift Würzburg heimgefallen. Mithin war Würzburg seit 1665 Inhaber von fünf Achteln der Hainstadter Ortsherrschaft und nach einem 1684 mit Kurmainz vorgenommenen Tausch gehörten ihm schließlich drei Viertel. So war Hainstadt vom Ende des 17. Jh. bis in den Beginn des 19. Jh. zu drei Vierteln würzburgisch (Amt Rippberg) und zu einem Viertel rüdtisch; der Würzburger Anteil wurde 1802/03 dem Fürstentum Leiningen zugeschlagen und 1806 zusammen mit dem Rüdtschen Viertel durch das Großherzogtum Baden mediatisiert. Unklar bleibt, welche Bewandtnis es mit einem Anteil der von Hardheim an Vogtei und Gericht zu Hainstadt hat, der 1456 (¼) von Würzburg und 1482/92 (⅛) von Mainz zu Lehen gegangen ist.

Die zentliche Obrigkeit zu Hainstadt gehörte mit Reiß und Musterung dem Erzstift Mainz (Zent Buchen) und wurde von diesem 1684 im Tausch an das Hochstift Würzburg abgetreten. Untergericht und Vogtei, hohe und niedere Jagd, Schatzung und diverse andere Gerechtsame standen anteilig den Ganerben zu.

Das sog. Schloß, ein einfacher Bau des 17. Jh., ist das ehemalige würzburgische Kellereigebäude, das danach als fürstlich leiningisches Rentamt gedient hat und 1844 von den Freiherren Rüdt von Collenberg-Eberstadt erworben wurde. In dem im Park bis heute sichtbaren Mauerwerk darf man wohl die Reste der mittelalterlichen Wasserburg der Münch von Rosenberg (Wichsenstein, Echter) erkennen, die in den Quellen des 15. und 16. Jh. stets als adeliger Sitz bezeichnet wird, und von der es 1664/77 heißt, sie sei verfallen.

Grundherrschaft und Grundbesitz. – Unter den ältesten auf Hainstadter Gemarkung bezeugten Grundbesitzern ist zunächst das Kl. Lorsch zu nennen, dem hier zwischen 775 bzw. 777 und 812 mehrmals Güter geschenkt worden sind. Freilich dürfte dieser Lorscher Besitz insgesamt nicht sehr umfangreich gewesen sein, wenngleich er sicher bedeutender war als die Güter, die *Gerhoh de Moyngewe* um 780/802 dem Kl. Fulda hier übertragen hat. Dagegen kommt dem Erwerb eines *predium* zu Hainstadt um 1050/1150 durch das Kl. Amorbach ganz zweifellos eine größere Bedeutung zu. Zwar verzeichnet das Amorbacher Urbar von 1395 an hiesigen Rechten nur noch das Kirchenpatronat, die Teilhabe am Zehnt und einige wenige Zinse; gleichwohl darf man davon ausgehen, daß das Kloster während des 11. und 12. Jh. in Hainstadt der größte Grundherr war und daß es aus dieser Position durch seine Vögte, die Edelherren von Dürn, und durch deren Ministerialen verdrängt worden ist.

Abgesehen von wenigen kleineren Grundbesitzern bestanden im spätmittelalterlichen und frühneuzeitlichen Hainstadt vor allem die Grundherrschaften der verschiedenen Kondomini, deren Aufeinanderfolge im Besitz der einzelnen grundherrlichen Komplexe im wesentlichen jener im Besitz der vogteilichen Rechte entsprach. Die Rüdt von Bödigheim haben ihren Hof, der von Würzburg zu Lehen rührte, bereits vor 1392 von Cuntz von (Hainstadt-)Buchen gekauft und über Jahrhunderte hinweg behalten; noch heute sind die Freiherren Rüdt von Collenberg mit 197 ha (1980) neben den Fürsten von Leiningen (518 ha) die größten privaten Grundbesitzer am Ort. Der gleichfalls von Würzburg lehnbare Hof der Zörnlin gelangte in der 1. H. 14. Jh. an die Münch von Rosenberg und wurde – inzwischen Wertheimer Lehen – 1424 von diesen an die örtliche Pfarrei abgetreten. Kl. Seligental hatte in Hainstadt rund 477 M Wald (1614), und die in den drei Fluren gelegenen Äcker des wichsensteinischen Hofes beliefen sich 1602 auf insgesamt rund 320 M. Als 1605 die Echter von Mespelbrunn erstmals damit belehnt wurden, bestand das vormals wichsensteinische Rittergut zu Hainstadt neben dem Burgsitz und der Hälfte der Ortsherrschaft aus einem in Drittelspacht vergebenen großen Hof und aus einem in Halbpacht vergebenen kleinen Hof hinter der Kirche, *den man sonst in das schloß bauet,* sowie aus einer Vielzahl von Zinsen und Gülten. Später ging der Echtersche Besitz an das Hochstift Würzburg über, die Lehen durch Heimfall, das Eigengut 1679 durch Kauf. Um 1700 umfaßte der Würzburger Anteil am Hainstadter Wald 2678 M. Die vom Hochstift Würzburg abhängigen Güter bestanden 1743 aus dem vormals Echterschen Baugut mit rund 307 M Äckern und 129 M Wiesen (in sechs Teilen) sowie aus 16 bäuerlichen Lehen mit insgesamt rund 342 M Äckern und 58 M Wiesen Echterscher Provenienz und 16 Bauernlehen mit mehr als 300 M Äckern und 40 M Wiesen Berlichinger und Seligentaler Provenienz; hinzu kamen noch zahlreiche handfronpflichtige Seldengüter und Gärten sowie vielerlei Zinsen und Gülten. Nach dem Übergang an das Fürstentum Leiningen umfaßte diese bisher würzburgische Grundherrschaft in Hainstadt zu Beginn des 19. Jh. insgesamt 35 geschlossene Bauerngüter (darunter sechs geschlossene Kameralhöfe, d. h. die Güter des alten herrschaftlichen Bauhofes), deren Aufteilung weit fortgeschritten war.

Gemeinde. – Als Käufer verschiedener Zinse in Hettingen, die für die Dotation der in Hainstadt zu gründenden Pfarrei bestimmt waren, treten die Bauern (*villani*) des Dorfes Hainstadt 1340 erstmals urkundlich in Erscheinung. 1448 bestand das voll besetzte Gericht aus acht Schöffen. Bei der Wahl der Heiligenpfleger und der Heiligenmeister hatten die Ortsherren die erste, die Gemeinde die zweite Wahl, desgleichen bei der Bestellung des Heimbürgen; den Schützen bestimmte die Gemeinde im Einvernehmen mit den Ganerben. Nach ihrer Teilnahme am Bauernkrieg und der anschließenden Unterwerfung (sog. Rebellionsbrief vom 17. November 1525) mußte die Gemeinde auf ihr Recht, Mesner, Schützen, Zentschöffen, Gerichtsschöffen und Landschieder zu bestellen, verzichten, der Herrschaft 80 fl Buße bezahlen sowie einer ganzen Reihe von Nutzungen in Feld und Wald entsagen. Den Vorsitz in dem alle Quartal gehaltenen Gericht hatte 1605 der Echtersche, später der würzburgische Schultheiß. 1803/06, als das Gericht mit neun leiningischen und drei rüdtischen Schöffen besetzt war, galt die Regelung, daß der sog. ganerbschaftliche Schultheiß dreimal nacheinander aus den leiningischen und das vierte Mal aus den rüdtischen Untertanen gewählt wurde. Der Bürgermeister wechselte jährlich. In Gemeindebesitz waren zu Beginn des 19. Jh. nur ein Schul- und ein Hirtenhaus, dazu rund 30 M Wald, die den Bürgern bereits im 17. Jh. als Vergünstigung seitens der Ganerben zugestanden worden waren.

Kirche und Schule. – Ursprünglich Filiale von Buchen, ist Hainstadt 1340 auf Bitten des Ludwig Münch von Rosenberg und der Gemeinde zur eigenen Pfarrei mit dem Annex Hornbach erhoben worden. Das Patronatsrecht stand bis zum Ende des Alten Reiches dem Abt von Amorbach zu. Die geistliche Jurisdiktion wurde 1656 im Tausch von Würzburg an Mainz (Landkapitel Taubergau) abgetreten. Patron der bereits 1340 in Hainstadt vorhandenen Kapelle war der hl. Burchard. Die später errichtete Kirche war dem hl. Magnus (1687) geweiht, und 1736 wurden an ihren drei Altären St. Magnus, die Gottesmutter und die hl. Anna sowie die hll. Nothelfer verehrt. In der 1. H. 18. Jh. bestand eine Sakramentsbruderschaft. Obgleich das Dorf im 16. Jh. mit sieben Achteln nahezu ganz in ritterschaftlichem Besitz war und die adeligen Ganerben sämtlich dem luth. Bekenntnis anhingen, ist es in Hainstadt nie zu einer förmlichen Reformation gekommen. Neben dem hier ansässigen Bernhard von Wichsenstein, der den Prädikanten sonntags zu sich ins Schloß kommen ließ, gab es am Ort nur wenige Protestanten (1594: 11, 1595: 9, 1600: 4, 1602: 6); gewöhnlich besuchten diese den Gottesdienst in Bödigheim.

Als Besitz der Hainstadter Pfarrei sind überliefert: Zinsen und Gülten zu Hettingen (1340), ein Haus zu Hainstadt, das dem Benefiziaten als Wohnung diente (1407), das zuvor den Münch gehörige Zörnlinsgut (1424), Einkünfte vom Teufelsgut (1457) sowie das sog. Clormannsgut (1521) und der Amorbacher Anteil (⅔) am kleinen Zehnt (1687). 1696 wurde der Pfarrei zur Aufbesserung ihrer Einkünfte das Haus des Altaristen BMV zu Buchen inkorporiert. Die Baulast des Pfarrhauses trug die Patronatsherrschaft.

Der große und kleine Zehnt stand zu zwei Dritteln dem Kl. Amorbach zu; das restliche Drittel trugen die Münch von Rosenberg (1349), später die von Wichsenstein und die Echter vom Hochstift Würzburg, von dem es 1665 einbehalten wurde, zu Lehen. ¹⁄₁₉ beanspruchten 1591/1641 die Rüdt von Bödigheim wegen der Pfarrei zu Eberstadt.

Hinsichtlich der Schule finden sich in der Hainstadter Dorfordnung von 1589 die Bestimmungen, daß künftig stets ein gelehrter Mesner das Amt des Schulmeisters und daneben das des Gerichtsschreibers versehen sollte; die Eltern waren bei Strafe verpflichtet, ihre Kinder zum Besuch des Unterrichts anzuhalten. Von einem besonderen Schulhaus berichten die Quellen freilich erst um 1800. Zur Besoldung des Lehrers gehörte 1687 der Bezug des Zehnten von 176 M Land.

Bevölkerung und Wirtschaft. – Wie in den Orten der Umgebung, so hat der 30j. Krieg auch in Hainstadt beträchtliche Bevölkerungsverluste nach sich gezogen; hatte die Zahl der Kommunikanten 1620 noch 320 betragen, so sank sie bis zum Jahre 1641 um mehr als zwei Drittel auf 100. Seit der 2. H. 17. Jh. stieg die Einwohnerzahl dann wieder an (1687 etwa 330, 1699 etwa 365, 1748 etwa 570), und 1806 war sie mit ca. 790 Seelen ungefähr doppelt so hoch als zu Beginn des 17. Jh. Die um 1600 in Hainstadt ansässigen 10 bis 12 Judenfamilien hatten bereits damals eine Synagoge; 1776 belief sich die Zahl der jüdischen Familien auf 19, 1803 auf 28, die teils der würzburgischen, teils der rüdtischen Ortsherrschaft ihr Schutzgeld entrichteten.

Am Anfang des 19. Jh. wurden auf Hainstadter Gemarkung 1665 M als Ackerland, 659 M als Wiesen und Gärten und 50 M als Weide genutzt; zwei Drittel der Gemarkungsfläche waren mit Wald bedeckt (3609 M). Feldbau geschah in den Fluren (1602) Hesslach im O des Dorfes, Häuserbrunnen im N und Hettrichsbühl (1743 Hainsterbach) im Westen. Angebaut wurden 1806 – über den eigenen Bedarf hinaus – vorwiegend Roggen, Dinkel, Hafer, Erbsen und Wicken, in geringerem Umfang auch Gerste, dazu mit gutem Erfolg Klee und vor allem Kartoffeln. Der Viehbestand lag im selben Jahr (für den leining. Teil des Dorfes) bei 6 Pferden, 245 Rindern, 600 Schafen und 200 Schweinen; hinzu kamen einige wenige Ziegen, deren Haltung durch Verordnung eingeschränkt war. Unter den Gewerben (leining. Anteil) waren 1803 die Weber (24), die jährlich etwa 25–30000 Ellen Leinen herstellten, besonders stark vertreten; daneben gab es je 3 Metzger, Schreiner und Schmiede, je 2 Schneider, Schuster, Wagner, Küfer und Wirte (bereits um 1700 gab es am Ort 2 Schankrechte), sowie je 1 Bäcker, Bierbrauer, Krämer, Zimmermann, Maurer und Ziegler. Organisiert waren sie in zwei Zünften, in der Leinenweberzunft, zu der auch die Schneider und Schuster zählten, sowie in der Bauzunft, die all jene umfaßte, die mit rauhen Instrumenten arbeiteten. Wenngleich die herrschaftliche Ziegelhütte erst 1658 bezeugt ist, läßt doch der bereits 1602 vorkommende Flurname *bey der Ziegelgasen* auf ein höheres Alter dieses Gewerbes in Hainstadt schließen. Die sog. Hainstadter Mühle, die von den Rüden verliehen wurde, lag jenseits der Gemarkungsgrenze auf Buchener Gebiet, jedoch war der Müller verpflichtet, Hainstadter Gemeinsleute vor Auswärtigen zu bedienen (1489); 1806 heißt es, sie sei angeblich eine Bannmühle. Der seit alters an St. Burchard veranstaltete Jahrmarkt ist um 1687 auf das Wallfahrtsfest St. Magnus verlegt worden; noch 1806 wird der Ort als Marktflecken bezeichnet.

Hettigenbeuern

Siedlung und Gemarkung. – Das als Rodungssiedlung des Kl. Amorbach im hohen Mittelalter vielleicht – darauf könnte der Name hindeuten – von Hettingen her gegründete Hettigenbeuern wird erst 1306 urkundlich erwähnt (*Hetegebur*; 1322/33 *Hatgebur*, 1395 *Hedegebure*). Funde mehrerer Werkstücke trapezförmiger Steinsärge auf hiesiger Gemarkung (im Gemeindewald am unteren Hollerweg) und in der unmittelbaren Umgebung lassen erkennen, daß das reiche Vorkommen von Sandsteinfindlingen hier schon im 11./12. Jh. von Steinmetzen genutzt wurde. 1803 zählte der nie sehr große Ort 19 Häuser.

Herrschaft und Staat. – Wie die 1412 durch das Dorfgericht gewiesenen Rechte des Abtes von Amorbach, aber auch noch die grundherrlichen Verhältnisse der frühen Neuzeit unschwer erkennen lassen, war Amorbach im hohen Mittelalter alleiniger Grundherr von Hettigenbeuern; die niederadelige Ortsherrschaft des späten Mittelalters hat sich aus der von Dürner Ministerialen ausgeübten Vogtei über den örtlichen Klosterbesitz entwickelt. Zwar führten die Vogtsherren im Gericht den Stab, aber die Hälfte des Gerichts und aller anfallenden Bußen gehörten dem Kloster, dem obendrein der Hof, alle 8 Hufen und 2½ Leihegüter im Dorf samt Besthaupt, Handlohn, Fastnachthühnern und anhangenden Rechten zustanden. Erst 1781 ist es der Ortsherrschaft in einem mit der Abtei Amorbach geschlossenen Vertrag gelungen, deren Kompetenzen stärker einzuschränken. Hinfort sollte das Kloster – abgesehen von seinen Zins-, Gült- und Zehntgefällen – an Besthaupt und Handlohn nur noch mit ⅜ beteiligt sein, von den Gerichtsbußen aber gar nichts mehr erhalten. Bereits 1654 umfaßten die ortsherrlichen Rechte das Untergericht mit Gebot und Verbot in Feld und Wald, Wasser und Weide, das Hetzen und Jagen sowie die Schatzung (zum Reichsritterkanton Odenwald). Die zentliche Obrigkeit mit der Wehrhoheit lag bei Kurmainz (Zent Buchen).

Vogtsherren waren zunächst die von Adelsheim (1306 noch unter ihrem älteren Namen von Amorbach), die ihre Gerechtsame zu Hettigenbeuern 1347 infolge einer für sie unglücklich verlaufenen Fehde dem Hochstift Würzburg zu Lehen auftragen mußten. 1440/45 verkauften sie zunächst die eine, 1570 dann auch die andere Hälfte, die 1564/67 vorübergehend Hans von Aschhausen innehatte, an die von Berlichingen, in deren Besitz der Ort schließlich bis zur Mediatisierung durch das Großherzogtum Baden im Jahre 1806 geblieben ist.

Als äußere Manifestation ihrer Herrschaft errichteten die Vogtsherren des Dorfes schon vor der Mitte des 14. Jh. in Hettigenbeuern eine Burg (1347 *veste*), den im Volksmund sog. Götzenturm, einen heute dreistöckigen, ursprünglich vielleicht vierstöckigen Wohn- und Wehrturm, der einst mit Mauern und Graben bewehrt war und einen Vorhof hatte; Spuren der Ringmauer sind noch zu erkennen. Im Keller des Turmes gibt es einen tiefen Brunnen, der früher die Versorgung der Anlage mit Trinkwasser gewährleistete. Zu Beginn des 19. Jh. in den Besitz der Gemeinde übergegangen, wurde das Gebäude seit 1862 als Armenhaus genutzt und beherbergt heute, nachdem es von Grund auf renoviert worden ist, die Ortschaftsverwaltung. - In der Burg auf dem Burgbuckel (Holz-Erde-Befestigung), einer Bergnase zwischen Morre- und Winterbachtal, die einer wenig glaubhaften volkstümlichen Überlieferung zufolge erst im 30j. Krieg zugrundegegangen sein soll und von der nur noch geringe Spuren vorhanden sind, darf man vielleicht eine Vorläuferin des zwischen den beiden Ortskernen gelegenen Götzenturms erkennen.

Kirche und Schule. – Das ursprünglich zur Kirche von Buchen gehörige Hettigenbeuern wurde auf Betreiben des Ritters Boppo von Amorbach bereits 1306 zur eigenen Pfarrei erhoben. Würdigt man diese auf den ersten Blick vielleicht erstaunlich anmutende Pfarreierhebung im Zusammenhang mit der zwischen dem klösterlichen Grund- und Gerichtsherrn einerseits und den adeligen Vogtsherren des Dorfes andererseits bestehenden Rivalität, so kann man ermessen, welche Bedeutung der kleine Ort in dem abgelegenen Tal zu Beginn des 14. Jh. für die von Amorbach-Adelsheim hatte und welche Ziele diese Familie hier einmal verfolgt hat. Freilich stand das Patronatsrecht über die Pfarrei dessenungeachtet stets dem Abt von Amorbach zu. Die Heiligen der Kirche waren seit alters die Märtyrer Johannes und Paulus; ihnen und der hl. Dreifaltigkeit war der eine Altar geweiht, der Gottesmutter (Mariä Himmelfahrt) der andere (1736). Der in den Jahren zwischen 1571 und 1575 von der berlichingischen Ortsherrschaft unternommene Versuch, in Hettigenbeuern die Reformation einzuführen, ist auf den gemeinsamen Widerstand von Amorbach, Würzburg und Mainz gestoßen und schließlich gescheitert. Im 18. Jh. bestanden eine Sakraments- und eine BMV Assumptionis-Bruderschaft.

Der große und der kleine Zehnt in Hettigenbeuern standen vom Mittelalter bis zur Säkularisation allein dem Kl. Amorbach zu.

Die älteste Nachricht von einer Schule datiert aus dem Jahre 1660 und meldet, daß die von Berlichingen damals den Plan hatten, im Dorf ein Schulhaus zu errichten.

Bevölkerung und Wirtschaft. – Neben dem gewöhnlichen Feldbau wurde in Hettigenbeuern bereits im Mittelalter auch Weinbau getrieben; Kartoffeln wurden hier schon 1736 angepflanzt. Der Wald auf der Gemarkung des Dorfes gehörte 1654 nach Auskunft des Buchener Kellereilagerbuchs ganz der Gemeinde. Eine Mühle, die Eigentum des Kl. Amorbach und von diesem in Bestand verliehen war, ist im Urbar von 1395 verzeichnet, ein neu erbautes Wirtshaus wird 1703 erwähnt.

Hettingen

Siedlung und Gemarkung. – Die ältesten Spuren menschlicher Besiedelung auf der Gemarkung von Hettingen, ein Hügelgrab in dem südlich des Dorfes gelegenen Wald Breitenbüschle, datieren aus dem 6./7. Jh. v.Chr. Im Großen Wald, am entgegengesetzten Ende der Gemarkung (Flur Hönehaus), konnten zwischen 1968 und 1971 die Reste eines römischen Kleinkastells sowie dreier Wachtürme ergraben werden; dabei fand man einen Inschriftstein in Gestalt eines kleinen Häuschens. Mauerreste, die vielleicht von römischen Gutshöfen herrühren, gibt es darüber hinaus in der Flur Liess am nordöstlichen Ortsrand sowie in der südöstlich davon gelegenen Flur Steinmäuerle. Wenngleich man davon ausgehen darf, daß noch vorhandene römische Gebäude oder deren Überreste zur Zeit der Landnahme eine Niederlassung von Franken und Alemannen begünstigt haben, kann eine Kontinuität von der spätantiken Besiedelung zu dem wohl im 6. oder 7. Jh. entstandenen Dorf Hettingen ausgeschlossen werden. Die erste Erwähnung der Siedlung, deren Name sich vermutlich von einem Personennamen herleitet, geschieht in Traditionsnotizen der Klöster Fulda (um 750/79 *Heitingen villa*, Kop. 12. Jh.) und Lorsch (774 *Hettincheim*, Kop. 12. Jh.) Im Jahre 1803 zählte man am Ort 152 Häuser, eine Kirche, ein Pfarr- und ein Schulhaus.

Herrschaft und Staat. – Die Entwicklung der herrschaftlichen Verhältnisse zu Hettingen knüpft bei der im hohen Mittelalter der Vogtei der Dürner Edelherren unterworfenen Grundherrschaft des Kl. Amorbach an. Im Zuge des Zerfalls der Dürner Herrschaft verpfändete zunächst Ludwig von Dürn 1295 seine Hälfte von Dorf und Gericht Hettingen an die von Weinsberg, und 1303 gelangte das ganze Dorf in einem Vergleich zwischen Schenk Friedrich von Limpurg und Albrecht von Dürn, den Erben Boppos von Dürn, einerseits und dem Erzstift Mainz andererseits an Mainz. Um die Mitte des 14. Jh. erhob das Erzstift im Dorf die Bede. Freilich hatte sich der Abt von Amorbach neben der Herrschaft über den Fronhof bis in die frühe Neuzeit einen Anteil von zwei Dritteln an den Gerichtsbußen bewahrt, wovon die Hälfte an Niederadel zu Lehen vergeben war. Inhaber dieses Lehens waren zunächst die von Hettingen; 1365 wurde es durch Götz von Hettingen an Wiprecht von Dürn verkauft und gelangte am Ende des 14. Jh. auf dem Wege der Erbschaft an die Rüdt von Bödigheim, die es rund 100 Jahre später wieder an die von Dürn abtraten. Nach deren Aussterben ist das Lehen an Amorbach heimgefallen, so daß das Kloster seit dem Ende des 16. Jh. wieder zwei Drittel der Gerichtsbußen besaß, Kurmainz das restliche Drittel. Im 17. Jh. hatte der Mainzer Erzbischof in Hettingen alle hohe und niedere Obrigkeit: Gebot und Verbot, das Hagen und Jagen sowie die Schatzung und die Zenthoheit (Buchen) mit Reiß und Musterung; die ungemessene Fronpflicht der Untertanen war mit einer jährlich zu entrichtenden Summe Geldes abgelöst. 1803 fiel das Dorf an das Fürstentum Leiningen (Vogteiamt und Kellerei Buchen) und wurde 1806 mit diesem dem Großherzogtum Baden eingegliedert.

Die niederadelige Familie von Hettingen, die bis 1365 an der Gerichtsherrschaft des namengebenden Dorfes beteiligt war, entstammte der Ministerialität der Edelherren von Dürn; ihre Angehörigen treten seit 1235 in den Zeugenreihen Dürnscher Urkunden in Erscheinung. Erloschen ist das Geschlecht, dessen Wappen (ein gebeugter Männerarm) auf Stammverwandtschaft mit den Pilgrim von Buchen schließen läßt, in der 2. H. 15. Jh., ohne je eine größere Bedeutung erlangt zu haben. Der älteste Besitz der Familie lag in Hettingen, Götzingen, Osterburken und Weisbach, darüber hinaus in Olnhausen an der Jagst, in Kochersteinsfeld und in Gochsen; im Bereich des heutigen Neckar-Odenwald-Kreises war sie im 14. und 15. Jh. auch noch in Erfeld, Hainstadt, Rütschdorf und Walldürn begütert. Friedrich von Hettingen hatte 1335 seinen Sitz in Sindolsheim. Bereits im 13. Jh. war ein Zweig der Hettinger im Gefolge der Grafen von Dürn-Dilsberg in den Kraichgau gelangt und hatte dort Güter erworben, die allem Anschein nach den heimischen Besitz an Gewicht übertrafen: Höfe zu Wiesloch (vor 1290) und Zuzenhausen (1343/1412), Gülten zu Michelfeld (1324) und Zehntrechte zu Balzfeld (1397/1431) sowie Burgen zu Eschelbronn (1343/1418/31) und Rappenau (1396/vor 1462). Lehnsherren der Familie waren im Bauland die Äbte von Amorbach, die Bischöfe von Würzburg und die Erzbischöfe von Mainz, im Kraichgau die Bischöfe von Speyer, die Grafen von Württemberg und die Frei von Weiler. Die Dienstverhältnisse, in denen die von Hettingen standen, weisen nur selten den Standard auf, den man ansonsten beim Adel gewohnt ist, und für die geistlichen Pfründen (1331 ein Stiftsherr und 1366/91 ein Stiftsdekan zu Mosbach, 1481 ein Klosterbruder zu Amorbach) gilt entsprechendes. Unter den Verschwägerungen der Hettinger sind zwei Verbindungen mit den Münch von Rosenberg sowie je eine mit den Gemmingen, Göler von Ravensburg, Neideck und Stumpf von Schweinberg hervorzuheben. Der Speyerer Bischof Raban von Helmstatt bezeichnete 1412 Gerhard und Dieter von Hettingen als seine Oheime.

Grundherrschaft und Grundbesitz. – In einer am Ende des Alten Reiches von der Regierung des Fürstentums Leiningen veranstalteten Bestandsaufnahme heißt es von Hettingen, das Dorf sei unglaublich mit Gülten beschwert, und als Gültberechtigte werden genannt: die Pfarrei, die Hl. Kreuz-Pfründe und die Faktoreistiftung zu Buchen, die Pfarreien Hainstadt, Hettingen, Rippberg und Walldürn, die Kirche zu Götzingen, die Rezeptur Seligental als Verwaltung des einstigen Seligentaler Klostervermögens und die leiningische Landesherrschaft. Darüber hinaus waren in Hettingen 1803 die Freiherren Rüdt von Collenberg-Eberstadt mit 150 bis 180 M Ackerland begütert. Zum überwiegenden Teil lassen sich diese Berechtigungen bis ins späte Mittelalter und noch weiter zurückverfolgen:

Der 1803 als landesherrlich bezeichnete Anteil an Gütern und Gülten zu Hettingen geht letztlich zurück auf die hochmittelalterliche Grundherrschaft des Kl. Amorbach, die ihrerseits wenigstens zu Teilen aus dem im 8. und früheren 9. Jh. bezeugten Besitz der Klöster Fulda und Lorsch bestanden haben dürfte; insbesondere die Güter, die Lorsch hier einst sein eigen genannt und 835 durch Tausch veräußert hat, waren von einem beträchtlichen Umfang. Die in einer unechten Urkunde Kaiser Ottos III. 996 erstmals erwähnte, jedoch nicht näher bestimmte Amorbacher Grundherrschaft umfaßte 1395 den in Erbbestand verliehenen Fronhof, 9 Hufen und 2 Höfe, dazu Atzung, Besthaupt und Handlohn (1516: Fronhof, Kleinhof, 7 Hufen, 2 Güter, verschiedene Äcker und Gerechtsame). Alle diese Liegenschaften und Rechte fielen im Zuge der Säkularisation an das Fürstentum Leiningen, ebenso wie die bis dato kurmainzischen Güter, die wohl zum größeren Teil aus dem Besitz der vormaligen Amorbacher Klostervögte herrührten. Zu Beginn des 17. Jh. gehörten zum herrschaftlich mainzischen Bauhof 198½ M Äcker, 12¼ M Wiesen, 1¼ M Krautgärten und eine Schäferei, deren Bestand sich 1607 auf 400 Tiere belief. Hatte die Herrschaft diesen Hof ursprünglich in eigener Regie bewirtschaftet, so wurde er später aufgeteilt und erblich verliehen (um 1700 10, 1803 24 Anteile). Kl. Seligental hatte seinen Besitz in Hettingen 1405 von den Bronnbacher Zisterziensern gekauft, und diese wiederum hatten ihn zwischen 1328 und 1372 in mehreren Schritten von den Niederadeligen von Hettingen und von anderen erworben. Die Berechtigungen der Pfarrei Hainstadt gehen auf Güter zurück, die 1336 der Pfarrer von Buchen gekauft und 1340 für die Stiftung einer ewigen Messe bei der gerade eben mit Pfarrechten begabten Hainstadter Kirche verwendet hat. Das Rippberger und vielleicht auch das Walldürner Kirchengut zu Hettingen rührt aus Stiftungen der Familie von Dürn gen. von Rippberg, die seit 1365 hier in Erscheinung tritt, 1408 von denen von Seckach einen Hof im Dorf erworben hat und noch im späten 16. Jh. vom Kl. Amorbach mit Wiesen in hiesiger Gemarkung belehnt war. Schließlich bleiben noch Güter und Gülten der Deutschordenshäuser Rothenburg o. T. (1381) und Mergentheim (1541) sowie des Frauenklosters auf dem Gotthardsberg bei Amorbach (1528) zu erwähnen, über deren weitere Schicksale freilich nichts bekannt ist.

Gemeinde. – Nach Aussage des Buchener Kellereilagerbuchs von 1654 gehörten der Gemeinde der Wald auf Hettinger Gemarkung sowie eine der beiden Schäfereien am Ort; darüber hinaus stand ihr je die Hälfte von Ungeld und Einzugsgeld zu. Um 1800 war die Gemeinde Eigentümerin des halben Schulhauses und einiger weniger Äcker; der Umfang des Gemeindewaldes wurde damals mit 2000 M angegeben. Das Dorfgericht bestand 1806 neben dem Schultheißen aus zwei Gerichtspersonen, darunter einem Zentschöffen. An Gemeindeämtern gab es fünf Feldrichter.

Kirche und Schule. – Ursprünglich zählte Hettingen zum Sprengel der Kirche in Bödigheim. Seine Erhebung zur eigenständigen Pfarrei geschah 1353 unter Wahrung des Amorbacher Patronatsrechts. Infolge Kriegswirren war die Pfarrei Hettingen seit Mitte der 1630er Jahre für rund ein halbes Jahrhundert verwaist und wurde zunächst von Hainstadt, dann von Götzingen aus versehen (1654); erst 1683, nachdem die bisher dem Bistum Würzburg zustehende geistliche Jurisdiktion über das Dorf durch Tausch an das Erzbistum Mainz gelangt war, zog in Hettingen wieder ein eigener Pfarrer auf. Das alte Vitus-Patrozinium der Kirche (1453) ist bereits vor 1594 durch ein Markus-Patrozinium verdrängt worden, dem sich um die Mitte des 17. Jh. die Apostel Petrus und Paulus zugesellten, um schließlich ihrerseits dem Evangelisten Markus den ersten Rang streitig zu machen (vor 1736). Um 1600 hatte die Kirche drei Altäre, die den hll. Aposteln und Evangelisten, der Gottesmutter und dem hl. Laurentius geweiht waren. Der als Pfarrer in Hettingen tätige Kirchenmusiker und Amorbacher Benediktinerpater Cölestin Hamelius brachte 1720 als Geschenk des Weihbischofs von Fulda eine Reliquie der hl. Odilie nach Hettingen und erwirkte im Jahr darauf einen päpstlichen Ablaß, der die Entwicklung eines eigenen Hettinger Odilienkults mit Wallfahrt begünstigte. In der 1. H. 18. Jh. bestanden im Dorf eine Sakraments- und eine Almosenbruderschaft. Die mittelalterliche Kirche von Hettingen, die bereits um 1600 als baufällig bezeichnet wird und 1774 durch einen Neubau ersetzt wurde, war von einer wehrhaften Mauer mit 30 Gaden umgeben (1654), die wohl im Zusammenhang mit dem Neubau des 18. Jh. abgetragen worden sind. Ein Pfarrhaus wurde zu Beginn der 1670er Jahre errichtet. Zur Pfarrpfründe gehörten am Ende des 17. Jh. knapp 40 M Land, die verpachtet waren, ein Anteil am örtlichen Zehnt und ⅑ vom großen und kleinen Zehnt zu Rinschheim sowie diverse Fruchtgülten und Geldgefälle.

Am großen und kleinen Zehnt zu Hettingen waren in der 1. H. 17. Jh. das Kl. Amorbach mit einer Hälfte sowie die Pfarrei Waldhausen und die von Sternenfels mit je einem Viertel beteiligt. Der Waldhausener Anteil gelangte nach 1654 in den Besitz der Pfarrei Limbach. Für das Sternenfelser Viertel, das vom Hochstift Würzburg zu Lehen rührte, läßt sich eine ganze Reihe von Vorbesitzern namhaft machen; sie beginnt um 1303/13 mit denen von Adelsheim und von Teitingen-Neudenau und geht über die Rüdt von Bödigheim (1317/33), Münch von Rosenberg (1349/1456), mainzische und erbachische Beamte (1456/1549), über die von Dürn gen. von Rippberg (1549) und von Hirschhorn bis zu denen von Sternenfels, die schließlich von den Bettendorff beerbt worden sind. 1768 verkauften die von Bettendorff ihre Zehntrechte zu Hettingen an das Kl. Amorbach, das fortan über drei Viertel verfügte. Die Pfarreien Hettingen und Walldürn hatten auf hiesiger Gemarkung besondere Zehntdistrikte.

Erst 1623, nachdem die geistlichen Behörden in Würzburg die Gemeinde mit Nachdruck auf ihre Pflicht, für die Unterweisung der Jugend zu sorgen, hingewiesen hatten, wurde in Hettingen ein Schulmeister angestellt. Wie anderwärts, so hatte der Lehrer auch hier verschiedene Nebenämter zu versehen, das des Kirchendieners, des Glöckners und des Organisten sowie das des Gerichtsschreibers. Seine Besoldung bestand 1782 aus einigen Feldgütern und 200 fl Gehalt. 1803 waren die Schule und die Wohnung des Lehrers in einem gemeindeeigenen halben Haus untergebracht.

Bevölkerung und Wirtschaft. – Am Ende des Mittelalters lag die Einwohnerzahl von Hettingen wohl bei etwa 200; im Laufe des 16. Jh. ist sie deutlich angestiegen und hat sich 1576 auf 264, um 1610 sogar auf 429 belaufen. Wie überall brachte der 30j. Krieg auch hier einen starken Bevölkerungsrückgang mit sich. 1654 zählte man im Dorf nur noch 233 Seelen; 1668 waren es wieder 292, 1700 311, 1750 bereits 563 und 1803 nicht weniger als 791. Im 17. Jh. waren die Bewohner von Hettingen zum überwiegenden Teil Eigenleute des Erzstifts Mainz, daneben gab es aber auch Leibeigene der Rüdt von Bödigheim und der Kurpfalz; Personen, von denen ein Leibsherr nicht bekannt war, wurden von Mainz beansprucht.

Ihre Landwirtschaft haben die Hettinger in den drei Fluren gegen Hainstadt im N, gegen Bödigheim im S und ob der Kirche im O des Dorfes betrieben. Angebaut wurden in der frühen Neuzeit vorwiegend Roggen, Dinkel und Hafer, im 18. Jh. mit gutem Erfolg auch Kartoffeln. 1803 gab es auf hiesiger Gemarkung 2580 M Ackerfeld, 140 M Wiesen, nur 3 M Weinberge und 2120 M Wald. Der Viehbestand des späteren 17. und des beginnenden 19. Jh. stellt sich dar wie folgt:

	Pferde	Rinder	Schweine	Ziegen	Schafe
1668	40	77	97	16	74
1806	5	386	182	24	239

An Gewerben waren neben 31 Bauern 1668 in Hettingen vertreten: 7 Leinenweber sowie je 1 Bäcker, Küfer, Glaser, Hufschmied und Häfner; außerdem gab es 4 Taglöhner, 2 Gemeindehirten, 1 Gemeindeschäfer und 1 Scharfrichter. 1750 bestand ein Wirtshaus *Zum goldenen Engel*. Da eine Mühle am Ort nicht vorhanden war, sollten gemäß einer 1339 durch den Mainzer Erzbischof getroffenen Entscheidung zwei Drittel der Leute von Hettingen in der niederen Mühle und ein Drittel in der oberen Mühle zu Buchen mahlen lassen.

Hollerbach

Siedlung und Gemarkung. – Hollerbach ist eine hochmittelalterliche, wohl im 10. Jh. durch das Kl. Amorbach von Bödigheim her angelegte Rodungssiedlung, die jedoch urkundlich erst 1277 (*Holderbach*) Erwähnung findet; der Ortsname ist offenbar von am Bach wachsenden Holunderbüschen abgeleitet. Ein 1914 im Steinbruch beim Eichhölzle (südlich des Dorfes) gefundenes Bronzebeil ist, da es sich nicht um eine primäre Fundlage handelt, als Indiz für eine ältere Besiedelung der Hollerbacher Gemarkung ungeeignet. 1803 zählte der Ort neben Kirche, Pfarrhaus und Schulhaus 20 Häuser.

Herrschaft und Staat. – Als Siedlung, die auf Veranlassung und auf Rodungsland des Kl. Amorbach entstanden war, unterstand Hollerbach der Vogtei der Edelherren von Dürn, die ihre Herrschaftsrechte am Ort an Ministerialen delegierten; von klösterlichen Befugnissen ist in diesem Zusammenhang bereits am Ende des 13. Jh. keine Rede mehr. Ein Drittel von Dorf und Gericht, dazu ein Hof und andere Zugehörungen, waren in der 1. H. 14. Jh. als Würzburger Lehen im Besitz der Nest von Obrigheim, später Wiprechts von Dürn und Johann Geklers bzw. Konrads von Buchen (1359). Die übrigen zwei Drittel gehörten als Dürner Lehen denen von Ernstein und gelangten vor 1322/33 durch Kauf an Amorbach. Auf welchem Wege das Dorf dann an die Rüdt von Bödigheim gekommen ist, die dort durch Verzicht Schimers von Buchen bereits 1322/33 eine Geldrente von Würzburg zu Lehen trugen, läßt sich im einzelnen nicht mehr rekonstruieren; 1361 hatten sie das halbe Gericht inne, hundert Jahre später das ganze Dorf. Um 1462/74 wechselte das Lehen von der Bödigheimer an die Collenberger Linie der Rüden, bei der es bis zu ihrem Erlöschen im Jahre 1635 verblieb. Danach wurde es unter Protest der Bödigheimer vom Hochstift Würzburg eingezogen und 1637 dem bischöflichen Rat Johann Philipp von Vorburg verliehen, dem 1654 das Untergericht, Gebot und Verbot, Jagd und Schatzung (zur Odenwälder Rittertruhe) zustanden. Die hohe, zentliche Obrigkeit (Zent Buchen) mit Reiß und Musterung lag bei Kurmainz, das schließlich 1684 durch Tausch von Würzburg auch die zuvor an den Adel verlehnten Rechte erworben hat. Damit war Hollerbach bis zum Ende des Alten Reiches kurmainzisch; seit 1802/03 gehörte es zum Fürstentum Leiningen (Vogteiamt und Kellerei Buchen) und wurde 1806 badisch.

Grundherrschaft und Grundbesitz. – Grund- und Ortsherrschaft waren in Hollerbach nahezu identisch, und es ist durchaus merkwürdig, daß das Kl. Amorbach, das doch an der Entstehung dieses Dorfes ohne Zweifel maßgeblich beteiligt war, abgesehen von einer kurzen Phase im 14. Jh. und abgesehen von seinen Rechten an der Pfarrei weder im späten Mittelalter noch in der frühen Neuzeit auf hiesiger Gemarkung begütert war. Hollerbach fehlt in allen Amorbacher Urbaren; erst 1803 wird von nicht näher bezeichneten Gülten des Klosters berichtet. Von einem (Fron-) Hof der Ortsherrschaft erfährt man erstmals 1322/33; 1549 wurde er mit Konsens des Lehnsherrn von Sebastian Rüdt drei Bauern in Erbbestand gegeben und war bis 1803 in nicht mehr als 8 Teile zerfallen. Zu diesem Hof gehörte eine Schäferei mit 1804 400 Schafen. Ein weiterer Hof, dessen Spur sich freilich gleich wieder verliert, findet ebenfalls 1322/33 Erwähnung und war im Besitz Herolds von Hainstadt. Gülten und Zinsen, die Wilhelm Rüdt von Bödigheim 1462 an die Nonnen zu Seligental verkauft hat, wurden noch am Ende des 17. Jh. von der dortigen Hofmeisterei erhoben.

Gemeinde. – Der Ortsvorstand von Hollerbach setzte sich um 1806 aus zwei Gerichtspersonen und dem auf Lebenszeit bestellten Schultheißen zusammen. Das Ortsgericht tagte zweimal jährlich. In Gemeindebesitz waren der örtliche Wald mit Ausnahme des der Herrschaft gehörigen Eichenwäldchens (1654) sowie ¼ M Garten und ein für die Schule genutztes Häuschen (1803/06).

Kirche und Schule. – Als die Pfarrei Hollerbach 1277 dem Kl. Amorbach inkorporiert wurde, bestand sie wohl schon seit längerer Zeit. Ihr Sprengel hatte mit dem Fortschreiten des Landesausbaus im östlichen Odenwald eine immer stärkere Ausweitung nach W erfahren und schließlich zu Beginn des 15. Jh. mehr als 25 Filialgemeinden zwischen Hollerbach und Kailbach (hess. Kr. Bergstraße), Trienz und Mörschenhardt umfaßt. Erst 1425/26 wurden Limbach und Mudau von der Mutterkirche getrennt und zu eigenen Pfarreien erhoben, im 19. Jh. folgten Steinbach und Rumpfen; so blieb von dem großen Kirchspiel des hohen und späten Mittelalters schließlich nur noch die Filiale in Oberneudorf. Der Pfarrsatz zu Hollerbach war stets im Besitz des Abtes von Amorbach; die geistliche Jurisdiktion über die Pfarrei gelangte 1656 im Austausch von der Diözese Würzburg an die Erzdiözese Mainz. Für die Qualität der hiesigen Pfarrpfründe spricht, daß sie um 1400 für einen Angehörigen des niederen Adels (Friedrich von Dürn, 1400/25) attraktiv war. Die Kirche war der Muttergottes und dem enthaupteten Johannes dem Täufer geweiht, Patrone ihrer vier Altäre waren Johannes der Täufer (decollatio), die hl. Anna, die Muttergottes und der hl. Wendelin (1736). Ein zu Beginn des 17. Jh. durch die Rüdt-Collenberger Ortsherrschaft unternommener Versuch, Hollerbach der Reformation zuzuführen, scheiterte an dem von Würzburg und Mainz massiv unterstützten Widerstand des Kl. Amorbach. Im 18. Jh. bestanden in dem rein kath. Dorf eine Sakraments- und eine Skapulierbruderschaft. 1626/29 erhielt die Kirche ein neues Langhaus; 1780/83 endlich konnte das alte Kirchengebäude, dessen Baufälligkeit bereits seit dem ausgehenden 17. Jh. beklagt worden war, durch einen Neubau ersetzt werden. Vom strohgedeckten Pfarrhaus heißt es 1736, es gleiche mehr einem Hirtenhaus als einer Pfarrerwohnung.

Der große und kleine Zehnt zu Hollerbach waren 1654 und 1666 zur Hälfte als würzburgisches Lehen im Besitz der von Vorburg, ehedem der Rüdt von Collenberg; zwischen 1666 und 1677 durch das Hochstift Würzburg käuflich erworben, gelangte diese Hälfte 1684 zusammen mit sonstigen würzburgischen Rechten zu Hollerbach tauschweise an Kurmainz. Die andere Hälfte stand der Pfarrei zu. Im 18. Jh. waren die Pfarrei mit ⅔, die mainzische Hofkammer nur noch mit ⅓ am Zehnt beteiligt.

Eine Schule war in Hollerbach 1688 im Bau; 1728 gab es einen fest angestellten Schulmeister, der bis um 1770 auch die Jugend aus Oberneudorf zu unterrichten hatte. Seine Besoldung belief sich 1782 auf jährlich 90 fl zuzüglich der Nutzung einiger weniger Feldgüter. Zu den Obliegenheiten des Lehrers zählten der Organisten-, Glöckner- und Kirchendienst.

Bevölkerung und Wirtschaft. – Ungeachtet mancher Schwankungen ist in der Bevölkerungsentwicklung Hollerbachs vom Beginn des 17. Jh. (1608 etwa 50 bis 60 Einwohner) bis ins frühe 19. Jh. (1803 103 Einwohner) ein beständiges Wachstum zu verzeichnen. Bemerkenswert erscheint vor allem, daß der 30j. Krieg hier offenbar nicht den hohen Blutzoll gefordert hat, wie in anderen Dörfern der Region; nach dem Krieg lag die Einwohnerzahl, vielleicht auch bedingt durch Umsiedlungsmaßnahmen, sogar geringfügig höher als zuvor (1652 etwa 60 bis 70 Einwohner).

1806 wird der kleine Ort als *einer der vermögendsten des Justizamts* Buchen bezeichnet, in dem ein guter Feldbau (Roggen, Dinkel, Hafer, Gerste, Erbsen, Linsen, Wicken) sowie ein starker Klee- und Kartoffelanbau betrieben wurde; auf der Gemarkung gab es 130 M Äcker, 60 M Wiesen und 153 M Wald, der Viehbestand belief sich auf 120 Rinder. An Handwerkern werden ein Schmied und ein Schuster (bereits 1652), dazu einige Leinenweber genannt. Neben dem bereits 1750 bezeugten Schildwirtshaus *Zum goldenen Engel* bestand 1806 noch eine Straußwirtschaft. Eine Mühle gab es in Hollerbach nicht.

Oberneudorf

Siedlung und Gemarkung. – Bereits aus dem Namen der Siedlung wird deutlich, daß Oberneudorf in einer späten Phase des Landesausbaus entstanden ist. Wie Hollerbach ist der 1251 als *Nova villa superior* erstmals erwähnte Ort (1290 *Oberen Nuedorff*) im hohen Mittelalter wohl von Bödigheim her gegründet worden. Durch die Jahrhunderte ist das Dorf stets klein geblieben und hat 1803 nur 14 Häuser gezählt.

Herrschaft und Staat. – Die ältere Herrschaftsentwicklung in Oberneudorf dürfte im wesentlichen jener zu Hollerbach entsprochen haben. 1251 war der Ort im Eigentum der Edelherren von Dürn, die ihre Rechte daselbst 1290/91 an das Kl. Amorbach veräußert haben; aber vermutlich hat es sich dabei nur um die Lehnshoheit gehandelt, denn 1322/33 erfährt man, das Kloster habe das ganze Dorf von denen von Ernstein gekauft, die es zuvor von der Herrschaft Dürn zu Lehen getragen hätten. Bereits 1280 und 1287 hatte Amorbach die hiesigen Güter und Gefälle der Schenken von Erbach und des Kl. Seligental erworben und war dann seit dem 14. Jh. alleiniger Grund- und Gerichtsherr des Dorfes. Am Ende des Mittelalters umfaßten die Amorbacher Gerechtsame 16 Hufen, Vogtei und Gericht, Gebot und Verbot in Dorf und Feld, Atzung, Fastnachthühner und Besthaupt sowie eine Schäferei. Die hohe, zentliche Obrigkeit dagegen stand Kurmainz zu (Zent Mudau), das darüber hinaus die Forsthoheit und die Jagd beanspruchte. Im Zuge der Säkularisation kam Oberneudorf 1803 an das Fürstentum Leiningen (Amtsvogtei Mudau) und bei dessen Mediatisierung 1806 an das Großherzogtum Baden.

Gemeinde. – Das Oberneudorfer Dorfgericht bestand 1803 aus vier Personen. Der Gemeindebesitz umfaßte ein Hirtenhaus, eine Weide und etwas Wald. Beim Anfall an das Fürstentum Leiningen beliefen sich die Gemeindeschulden auf 400 fl.

Kirche und Schule. – Kirchlich war Oberneudorf stets eine Filialgemeinde der Pfarrei Hollerbach, unterstand also auch auf diesem Gebiet dem Abt von Amorbach, der obendrein auf hiesiger Gemarkung alleiniger Zehntherr war. Eine eigene Kirche gab es im Dorf nicht. Bis in die Mitte des 18. Jh. besuchte die Oberneudorfer Schuljugend den Unterricht im benachbarten Hollerbach; dann bestellte die Herrschaft am Ort einen eigenen Winterschulmeister, der in den 1770er Jahren freilich als unwissend bezeichnet wird.

Bevölkerung und Wirtschaft. – Die Zahl der Einwohner von Oberneudorf belief sich um 1500 auf etwa 60 bis 70; nach einem merklichen Rückgang infolge des 30j. Krieges (1654 etwa 40) stieg sie seit der Mitte des 17. Jh. wieder kontinuierlich an (1668 47, 1701 76, 1751 89, 1803 103) und lag 1806 bei 119. Die wirtschaftliche Nutzung der Gemarkungsfläche stellt sich um 1800 dar wie folgt: 650 M Äcker, 250 M Wiesen, 50 M Weiden und 1200 M Wald. Der Viehbestand umfaßte 1806 4 Pferde, 94 Rinder, 40 Schweine und 4 Ziegen; Schafe wurden, obgleich die Gemeinde zur Schäferei berechtigt war, nicht gehalten. Ein Schuhmacher war 1803 der einzige Gewerbetreibende am Ort.

Rinschheim

Siedlung und Gemarkung. – Abgesehen von vereinzelten bronzezeitlichen Lesefunden in den Gewannen Pfeifensack und Kleinhanzenhöhe ist ein in dem Gewann Hofäcker am nordöstlichen Ausgang des Dorfes entdecktes Zwischenkastell der östlichen Limeslinie, in dem eine große Zahl von Kleinfunden gemacht wurde, das älteste Zeugnis Rinschheimer Geschichte. Die erste Erwähnung einer mit diesem Kastell freilich nicht in unmittelbarem Zusammenhang stehenden Siedlung geschieht zum Jahre

788 (*Rinzesheim*, Kop. 12. Jh.) anläßlich der Übertragung nicht näher beschriebener Güter auf hiesiger Gemarkung an das Kl. Lorsch. Der Ortsname, der vermutlich von einem Personennamen hergeleitet ist, deutet auf eine Entstehung des Dorfes im 6. oder 7. Jh. hin.

Herrschaft und Staat. – Wenngleich die hochmittelalterlichen Herrschaftsverhältnisse zu Rinschheim durch keine zeitgenössische Überlieferung dokumentiert sind, lassen sie sich aus späteren Quellen doch in groben Zügen rekonstruieren. Demnach gehörte Rinschheim wie viele Orte der Umgebung im hohen Mittelalter zur Amorbacher Klostergrundherrschaft und unterstand der an Ministerialen delegierten Vogtei der Edelherren von Dürn. So begegnen seit 1322/33 die Rüdt von Bödigheim als – nun bereits vom Hochstift Würzburg belehnte – Inhaber hiesiger Güter und Rechte, die wenig später als die Hälfte von Dorf und Vogtei näher beschrieben werden. Die andere Hälfte war offenbar im Besitz des Kl. Amorbach, dem in Rinschheim sechs Hufen mit anhangenden grundherrschaftlichen Gerechtsamen (1395) sowie ein Drittel des Gerichts (um 1440) gehörten. Darüber hinaus war hier nur noch die Buchener Frühmesse mit Zinsen und Gülten begütert (1326/31). Nach wie es scheint langwierigen Differenzen zwischen Kloster und Adel über die beiderseitigen Kompetenzen im Dorf, verzichteten die Rüden 1485/86 im Tausch gegen Amorbacher Rechte zu Waldhausen auf ihre Befugnisse zu Rinschheim und zogen sich vom hiesigen Ort zurück. Jedoch wurde die Ortsherrschaft allem Anschein nach auch künftig nicht von dem Kloster, sondern vom kurmainzischen Amt Walldürn ausgeübt. 1654 oblag dem Erzstift alle hohe und niedere Obrigkeit im Dorf samt Schatzung, Jagd und Zent (Buchen). Nach der Säkularisation gehörte Rinschheim von 1803 bis 1806 zum leiningischen Vogteiamt Walldürn und gelangte dann mit dem größten Teil des Fürstentums Leiningen an das Großherzogtum Baden.

Gemeinde. – Der Ortsvorstand von Rinschheim umfaßte 1806 vier Personen: den von der Herrschaft auf Lebenszeit bestellten Schultheißen, zwei Gerichtsmänner und einen Bürgermeister; hinzu kamen noch vier Landschieder. Das Gemeindeeigentum bestand 1803 in 313 M Wald (bereits 1654 erwähnt), einem Schulhaus und einem Schafhaus.

Kirche und Schule. – Kirchlich war Rinschheim seit alters eine Filiale der Amorbacher Patronatspfarrei zu Götzingen. Bereits vor der Mitte des 15. Jh. errichtete die Gemeinde aus eigenen Mitteln in ihrem Dorf eine Kapelle, die dem hl. Hippolyt und deren Altar der hl. Dreifaltigkeit geweiht waren (1736). 1802 als baufällig bezeichnet, wurde sie schon bald darauf durch einen wiederum von der Gemeinde finanzierten, 1805 geweihten Neubau ersetzt. Ein eigener Kaplan für Rinschheim, der freilich im Pfarrhaus zu Götzingen wohnen sollte, wurde von der geistlichen Regierung zu Würzburg 1774 bewilligt; seine Kaplanei war mit einer Stiftung des Würzburger Domherrn Grafen von Ostein dotiert.

Der große und der kleine Zehnt verteilten sich zu Beginn des 19. Jh. auf verschiedene Berechtigte, deren Anteile sich jedoch nicht in allen Fällen bis ins Mittelalter zurückverfolgen lassen: Kl. Amorbach hatte $^3/_9$, die mainzische Landesherrschaft und die würzburgische Kellerei Hainstadt hatten je $^2/_9$ und die Pfarreien Götzingen und Hettingen waren mit je $^1/_9$ beteiligt. Am einfachsten liegen die Verhältnisse beim Amorbacher Anteil, der 1395 erstmals erwähnt wird und ohne Zweifel ins hohe Mittelalter zurückreicht; auch die Rechte der Mutterpfarrei in Götzingen dürften spätmittelalterlichen Ursprungs sein. Das Hettinger Neuntel beruht auf einer 1460 der dortigen Pfarrei gemachten Schenkung. Mainz hatte seinen Anteil bereits 1654 inne, und Würzburg erlangte seine 2/9 1677 durch Kauf von denen von Gaisberg; vielleicht handelt es sich dabei um die Berechtigungen, die einst im Besitz der Sleume von Krautheim (1450, Echter von Mespelbrunn 1450/68, von Dürn 1468) und der von Dürn (1452) waren. – Ein Schulhaus und ein Schulmeister sind für Rinschheim erst seit 1803 bezeugt.

Bevölkerung und Wirtschaft. – Unbeschadet der Katastrophe des 30j. Krieges ist die Bevölkerung von Rinschheim seit dem Ausgang des Mittelalters nahezu kontinuierlich gewachsen. Belief sich ihre Zahl in der 2. H. 16. Jh. auf etwa 100, um 1610 auf etwa 150, so lag sie bereits 1668 wieder bei 147, d. h. bei etwa dem gleichen Wert wie vor Ausbruch des großen Krieges. 1750 zählte der Ort 204, 1803 276 Einwohner.

Neben dem Anbau von Dinkel, Hafer und Roggen (1803 1350 M Ackerfeld) gab es in Rinschheim auch etwas Weinbau (1803 18 M), von dem die Quellen erstmals 1728 zu berichten wissen. Der Bestand an Vieh wird 1806 mit 5 Pferden, 115 Rindern und 90 Schweinen angegeben. An Gewerben waren zu Beginn des 19. Jh. 4 Schuhmacher, je 2 Leinenweber und Wagner sowie 1 Schmied, 1 Maurer und 1 Bäcker vertreten; daneben bestanden eine Schild- und eine Straußwirtschaft. Eine dem Kl. Amorbach gehörige Mühle, die freilich schon 1803 nicht mehr in Betrieb war, wird 1395 erwähnt.

Stürzenhardt

Siedlung und Gemarkung. – Die Gemarkung des im hohen Mittelalter vermutlich von Buchen her angelegten Rodungsweilers Stürzenhardt ist erst spät aus der Urmark von Steinbach herausgeschnitten worden. Der 1366 erstmals bezeugte Ortsname *Stirzelnhart* bezieht sich auf den bei Anlage der Siedlung und ihrer Fluren gerodeten Wald. Der Ort war allzeit klein und zählte 1803 nicht mehr als 12 Häuser.

Herrschaft und Staat. – Zuverlässige Nachrichten über die Entwicklung der Herrschaftsverhältnisse zu Stürzenhardt liegen erst seit dem ausgehenden 14. Jh. vor; sie besagen, daß 1395 das Kl. Amorbach im Besitz der örtlichen Vogteirechte war. Ob diese zuvor, vielleicht als Amorbacher Lehen, von den Düring, Lurz von Prozelten und Schimer von Buchen, die am hiesigen Zehnt beteiligt waren, ausgeübt wurden, läßt sich allenfalls vermuten. Wohl zu Beginn des 15. Jh. gelangte die Ortsherrschaft als Lehen des Klosters an die Rüdt von Bödigheim, die sie 1444 an Pfalz-Mosbach verpfändeten. Die Wiederlösung der Pfandschaft ist dann aber offenbar nicht durch die Bödigheimer, sondern durch die Collenberger Linie der Rüden geschehen, deren Angehörige von 1486 bis zum Aussterben des Stammes im Jahre 1635 als Herren des Dorfes bezeugt sind. Danach fiel das Lehen an Amorbach heim und wurde 1638 dem kurmainzischen Geheimen Rat Dr. Johann Schweikard Mock übertragen; als dieser um 1642 gestorben war, zog das Kloster, das allzeit der alleinige Grundherr des Dorfes war, die Ortsherrschaft wieder an sich und übte sie bis zur Säkularisation selbst aus. Die Steuerhoheit freilich trat es 1643 an Kurmainz ab, um sich so den Ansprüchen der Odenwälder Ritterschaft, bei der das einst Rüdtsche Stürzenhardt immatrikuliert war, zu entziehen. Die Zenthoheit samt anhangenden Gerechtsamen lag seit dem frühen 14. Jh. bei Mainz (Zent Mudau). 1803 fiel das Dorf im Zuge der Säkularisation an das Fürstentum Leiningen (Oberamt Amorbach, Amtsvogtei Mudau), 1806 wurde es badisch.

Gemeinde. – Schultheiß und Gemeinde zu Stürzenhardt treten erstmals 1556 bzw. 1558 in Erscheinung, als ihnen von ihrem Ortsherrn Sebastian Rüdt von Collenberg dessen Waldungen am Stürzenhardter Berg und im Bannholz gegen jährlich zu entrichtende Zinsen erblich verliehen wurden. 1803 umfaßten der Gemeindewald 50 M und der Herrschaftswald 200 M; darüber hinaus bestand der Gemeindebesitz allein in einem Hirtenhaus. Dem Gericht gehörten 1803/06 drei Personen an.

Kirche und Schule. – Kirchlich war Stürzenhardt stets eine Filiale der Amorbacher Patronatspfarrei Buchen. Eine eigene Kirche gab es im Dorf nicht; erst 1795 errichtete die Gemeinde auf ihre Kosten eine Kapelle, die jedoch nur der Privatandacht diente. Der Zehnt war um die Mitte der 1360er Jahre je zur Hälfte im Besitz der Düring und der Schimer. Kunz Düring verkaufte seinen Anteil 1366 an Kunz Lurz, und dieser schenkte ihn 1370 dem Kl. Amorbach. Die Schimersche Hälfte, ein Amorbacher Lehen, gelangte 1368 durch Verpfändung an den Pfarrer Wiprecht von Amorbach, wurde wenig später wieder eingelöst und 1371 schließlich an den Lehnsherrn verkauft. Seither war das Kloster alleiniger Inhaber des ganzen Stürzenhardter Zehnten.

Wenngleich ein besonderes Schulhaus nicht vorhanden war, wurde 1803 in Stürzenhardt doch eine eigene Knaben- und Mädchenschule unterhalten.

Bevölkerung und Wirtschaft. – Gegen Ende des 16. Jh. belief sich die Zahl der Einwohner von Stürzenhardt auf etwa 60; nach einem offenbar nur geringfügigen Rückgang während des 30j. Krieges (1654 ca. 50 Einwohner), stieg sie in den folgenden anderthalb Jahrhunderten zwar leicht, aber kontinuierlich an (1668 62, 1751 74 Seelen) und betrug 1803 82.

Die in Stürzenhardt betriebene Landwirtschaft litt bedingt durch die Höhenlage des Dorfes und seiner Fluren nicht selten unter Wassermangel. So dürfte der Ertrag der 476 M Ackerland auf hiesiger Gemarkung (1803) in der Regel eher bescheiden gewesen sein. Als Wiesen wurden 22 M, als Weideland 10 M genutzt; daneben gab es 450 M Wald. Der Viehbestand lag 1803 bei 105 Stück Rindvieh; die zum Erbleihhof des Kl. Amorbach gehörige Erbbestandsschäferei scheint zu Beginn des 19. Jh. nicht mehr betrieben worden zu sein. An die nur im Amorbacher Urbar von 1395 erwähnte, um 1800 wohl schon lange nicht mehr bestehende Mühle, die man vermutlich im SO der Gemarkung im Tal des Steinbächleins zu suchen hat, erinnert allein noch der Flurname Mühlwiesen. Neben zehn Bauern gab es 1803 im Dorf 1 Weber, 1 Hirten und 1 Straußwirt.

Unterneudorf

Siedlung und Gemarkung. – Zwar wird der Ortsname *Undernuwedorffe* erst 1395 im großen Urbar des Kl. Amorbach erwähnt, jedoch darf man daraus, daß bereits 1251 von Oberneudorf die Rede ist, schließen, daß zu jener Zeit auch Unterneudorf schon bestanden hat. Gegründet wurde der Ort im hohen Mittelalter als Waldhufensiedlung vermutlich von Buchen her. Um 1800 gab es im Dorf nicht mehr als 15 Häuser.

Herrschaft und Staat. – Als Gründer und ursprüngliche Herren von Unterneudorf darf man wohl die Dynasten von Dürn ansprechen. Wie der Ort dann aus deren Besitz an die Schenken von Erbach gelangt ist, läßt sich im einzelnen nicht mehr rekonstruieren; für das Jahr 1281 wird aber berichtet, daß Schenk Johann für den Fall, daß er das den Amorbacher Mönchen zugefügte Unrecht nicht innerhalb von vier Jahren wiedergutmachen würde, dem Kloster das Dorf urkundlich verschrieben hat. Ein gutes Jahrhundert später (1395) und bis zur Säkularisation im Jahre 1803 war schließlich der Abt von Amorbach alleiniger Vogt und Herr des Dorfes; er hatte in Wald und Feld sowie über Wasser und Weide zu gebieten und zu verbieten und obendrein alle Güter am Ort (1395 16 Hufen) zu verleihen. Dagegen fielen die zentliche Obrigkeit mit Hochgerichtsbarkeit und Militärhoheit sowie das Steuer- und Schatzungsrecht in die Kompetenz des Erzbischofs von Mainz (Zent und Kellerei Buchen). Seit 1803 Teil des Fürstentums Leiningen, gelangte Unterneudorf mit diesem 1806 unter die Souveränität des Großherzogtums Baden.

Gemeinde. – Abgesehen von den üblichen Weidgangsdifferenzen mit benachbarten Dörfern, tritt die Gemeinde zu Unterneudorf 1457, als sie mit dem Abt von Amorbach wegen Fronverweigerung im Streit lag, erstmals in Erscheinung. Der Erzbischof von Mainz hatte damals seinen Wildenburger Amtmann angewiesen, den ungehorsamen Untertanen ihr Vieh wegzunehmen, jedoch konnte diese Strafe durch Unterwerfung der Gemeinde unter den Willen ihrer Herrschaft abgewendet werden. Der Ortsvorstand setzte sich 1806 aus dem auf Lebenszeit bestellten Schultheißen sowie aus drei Gerichtsleuten zusammen. Der Gemeindebesitz bestand 1803/06 aus einem Häuschen mit zwei Wohnungen, in dem der Schulmeister und der Hirte lebten, aus etwa 2½ M Feld und aus 40 M Wald; im Buchener Kellereilagerbuch von 1654 hatte es freilich noch geheißen, der ganze Wald auf der Gemarkung stehe der Gemeinde zu.

Kirche und Schule. – Wie das benachbarte Stürzenhardt, so war auch Unterneudorf stets eine Filiale der alten Buchener Großpfarrei. Ein eigenes Gotteshaus erhielt der Ort erst 1699, als Abt Cölestin von Amorbach dort eine Kapelle zu Ehren des hl. Georg errichten ließ, und 1707 wurde die Feier einer wöchentlichen Messe bewilligt. Die Unterhaltung der Kapelle geschah aus einem von den Dorfbewohnern gestifteten Fonds.

Der große und der kleine Zehnt standen während des ganzen Spätmittelalters und der frühen Neuzeit dem Kl. Amorbach zu, das ihn 1291 von Volknand von Wildenburg käuflich erworben hatte.

Ein Schulmeister zu Unterneudorf findet bereits 1719 Erwähnung. Als Schulhaus, in dem Knaben und Mädchen unterrichtet wurden, diente 1803 ein bescheidenes, gemeindeeigenes Gebäude.

Bevölkerung und Wirtschaft. – Hinsichtlich der Entwicklung der Einwohnerzahl von Unterneudorf liegen nur spärliche Nachrichten vor: 1496 lebten hier insgesamt etwa 60 Menschen, 1803 waren es 105 in 16 Familien.

Die Landwirtschaft am Ort scheint floriert zu haben; 1806 wird von einem guten Feldbau (223 M Äcker, 50 M Wiesen) berichtet, Kartoffeln wurden in großer Menge angebaut. Von der Viehzucht heißt es 1803, sie sei ansehnlich (2 Pferde, 140 Rinder, 40 Schafe), jedoch wird schon drei Jahre später bei gleichem Viehbestand geklagt, die Nutztierhaltung sei wegen Futtermangels nur unbedeutend.

Die bereits 1395 erwähnte, dem Kl. Amorbach gehörige Mahlmühle am Steinbächlein ist in der Christnacht 1660 *durch friedlich feuer* abgebrannt, wurde aber bereits im Februar 1661 wiederaufgebaut. Eine Schneidmühle wird erstmals 1681 genannt. 1803 waren beide Mühlen noch in Betrieb.

Waldhausen

Siedlung und Gemarkung. – Das vermutlich noch im frühen Mittelalter von Bödigheim her als Rodungssiedlung im Amorbacher Odenwald angelegte Dorf Waldhausen begegnet in schriftlichen Quellen zuerst um 1306 anläßlich einer Besitzteilung in der Familie der Rüden. Zunächst ist der Name des Ortes nur als *Husen* (um 1306, 1395) bzw. *Husin* (1316) bezeugt, und es ist daher immer wieder zu Verwechslungen mit anderen Hausen-Orten der Umgebung gekommen; in der bis heute gebräuchlichen Form Waldhausen wird er erstmals 1412 erwähnt. Zur Gemarkung des Dorfes gehört der sog. Glashof (vormals Hausener Hof), der freilich in älterer Zeit wohl eine eigene Gemarkung hatte.

Herrschaft und Staat. – Auf Amorbacher Boden gegründet, stand Waldhausen zunächst ganz diesem Kloster zu, das hier bis ins späte Mittelalter alleiniger Grundherr war. Die vogteilichen Rechte im Dorf trugen wohl schon im 13. Jh. die Rüdt von Bödigheim vom Hochstift Würzburg zu Lehen. Dagegen war die Gerichtsherrschaft zwischen dem Kloster und den Vogtsherren geteilt, was spätestens im 15. Jh. zu Konflikten zwischen den Kondomini führte: Konnten die Rüden nach Ausweis ihrer Würzburger Lehnbriefe die Hälfte des Gerichts beanspruchen, so wollte Amorbach ihnen in einem 1465 erfragten Weistum nur ein Drittel zugestehen. Schließlich einigte man sich 1485 unter Vermittlung des Erzbischofs von Mainz dahingehend, daß das Kloster gegenüber den Rüden auf alle seine althergebrachten grund- und gerichtsherrlichen Rechte in Waldhausen verzichtete und dafür deren Güter in Rinschheim erhielt. Damit war alle niedere Obrigkeit im Dorf und seiner Gemarkung, dazu auch das Schatzungsrecht zugunsten der Odenwälder Reichsritterschaft, in Rüdtschem Besitz. Die mit der Zent verbundene hohe Obrigkeit samt Blutgerichtsbarkeit und militärischem Aufgebot lag beim Erzstift Mainz (Zent Mudau), das 1668 auch das Forstrecht, den Wildbann und die Jagd für sich beanspruchte. In der Säkularisation gelangten die Mainzer Rechte zu Waldhausen an das Fürstentum Leiningen (Kellerei Amorbach), und im Zuge der Mediatisierung fielen 1806 alle Hoheitsrechte im Dorf an das Großherzogtum Baden.

Entgegen älterer Auffassung hat es in Waldhausen nie einen eigenen Adel gegeben. Der 1251 erwähnte und wiederholt für den hiesigen Ort reklamierte *Bertoldus de Walhusen* entstammte einer einst im abgeg. Wallhausen bei Miltenberg ansässigen Ministerialenfamilie, und dafür, daß der 1219 bzw. 1225 in Würzburger Bischofsurkunden bezeugte *Albertus de Walthusen* hierher gehört, gibt es keinerlei Anhaltspunkte. Desgleichen nannte sich der 1251 in einer Dürner und 1293/95 in Seligentaler Urkunden vorkommende *Wipertus de Husen* (Sohn Wimars) nicht nach Waldhausen, sondern nach Jagsthausen.

Kirche und Schule. – Als Ausbausiedlung, die von Bödigheim her angelegt worden war, zählte Waldhausen ursprünglich zum Sprengel der dortigen Kirche, von der es 1330 getrennt und mit den Filialen Einbach und Scheringen zur eigenen Pfarrei erhoben wurde. Dabei blieb freilich das Patronatsrecht des Abtes von Amorbach erhalten. Patron der hiesigen Kirche war zunächst der hl. Michael, der jedoch später von seinem Nebenpatron, dem hl. Mauritius, verdrängt wurde. Die um 1560 unter maßgeblichem Einfluß Albrecht von Rosenbergs durch die Rüden eingeführte Reformation zog in den folgenden Jahrzehnten heftige Auseinandersetzungen zwischen der luth. Ortsherrschaft und der altgläubigen Patronatsherrschaft nach sich, aus denen schließlich das von Kurmainz und Würzburg unterstützte Kl. Amorbach als Sieger hervorgegangen ist. Um 1605 wurde Waldhausen der gleichfalls amorbachischen Pfarrei Limbach als Filiale zugeschlagen, und 1656 gelangte der Ort im Austausch von der Würzburger an die Mainzer Diözese. Die seit dem Ende des 30j. Krieges erkennbaren Bemühungen um die Wiedererrichtung einer eigenen Pfarrei am Ort führten zwar nach mehr als 100 Jahren zur Anstellung eines Kaplans (1772), waren aber letztlich erst 1909 erfolgreich. Von der Kirche wird 1697 und 1713 berichtet, sie sei in schlechtem Zustand bzw. baufällig; die Baupflicht war zwischen Amorbach und den Rüden umstritten. Schließlich trug das Kloster bei dem 1715 errichteten Neubau die Kosten für den Chor, der Kirchenbaufonds jene für das Schiff. Ein Pfarrhaus findet 1590/95 erstmals Erwähnung.

Der große und der kleine Zehnt zu Waldhausen gehörten unbeschadet des Tauschs von 1485 stets dem Kl. Amorbach.

Hinsichtlich der Schule erfährt man zum Jahre 1705, die Jugend werde schlecht unterwiesen. Die Stelle eines Schulmeisters ist seit 1725 bezeugt.

Bevölkerung und Wirtschaft. – Die Zahl der Einwohner von Waldhausen lag 1580 bei etwa 110. Infolge des 30j. Krieges ging sie bis 1654 auf rund 30 zurück und stieg danach zunächst nur langsam wieder an (1668 45; um 1740 ca. 60). Erst in der 2. H. 18. Jh. nahm sie offenbar eine stürmische Entwicklung und belief sich 1803 auf 192. Vermutlich haben sich in dieser Zeit auch Juden im Dorf niedergelassen. Eine Schankstatt zu Waldhausen wird 1612 in einem Würzburger Lehnbrief für die Rüden erwähnt.

Glashof. – Zum Würzburger Lehen der Rüdt von Bödigheim gehörte auch der zunächst als Hausener Hof bezeichnete Glashof, der in den Belehnungsurkunden freilich nicht vor dem frühen 17. Jh. erwähnt wird. Seinen heutigen Namen trägt er von einer Glashütte, die hier wohl im Zusammenhang mit spätmittelalterlicher oder frühneuzeitlicher Rodungstätigkeit vorübergehend betrieben worden ist. Gelegentlich eines Grenzumgangs im Jahre 1560 für Waldhausen beansprucht, war die Zugehörigkeit des Glashofs zur hiesigen oder zur Bödigheimer Gemarkung vor allem infolge der Auseinandersetzungen um die Pfarrei Waldhausen seit dem späteren 16. Jh. heftig umstritten; aber vielleicht hatte der stets grundherrliche Hof ohnehin ursprünglich seine eigene Gemarkung. Die von den Rüden gegenüber dem Kl. Amorbach für den Glashof beanspruchte Zehntfreiheit fand in einem 1795 zwischen den Kontrahenten geschlossenen Vergleich ihre Anerkennung. Um 1780 gehörten zu dem im 30j. Krieg verödeten und erst durch Johann Ernst Rüdt gegen Ende des 17. Jh. wieder aufgebauten Anwesen, auf dem die von Waldhausen fronpflichtig waren, knapp 450 M Äcker in drei Fluren, 88 M Wiesen und 13 M Gärten, zwei Fischweiher, eine Schäferei, eine Ziegelhütte, eine Branntweinbrennerei und eine Pottaschensiederei; die 1755 errichteten Stallungen waren geeignet, mehr als 70 Rinder aufzunehmen.

Quellen und Literatur

Bödigheim

Quellen, gedr.: *Aschbach* 2. – *Becher.* – *Bendel.* – DI 8. – *Gropp.* – *Gudenus* CD 3. – *Krebs*, Amorbach. – *Krebs*, Weistümer S. 53 f. – Lehnb. Würzburg 1 und 2. – ORh Stadtrechte. – R Adelsheim. – REM 1 und 2. – RPR 1 und 2. – R Wertheim. – R Würzburg. – UB Hohenlohe 1. – UB MOS. – Vat. Quellen. – *Weech*, Reißbuch. – WR. – WUB 4, 6, 9 und 10. – ZGO 25, 1873; 39, 1885; 43, 1889.
Ungedr.: FLA Amorbach, U Amorbach; Repertorium Rand; Amorbacher Urbar 1395. – FrhBA Jagsthausen VI/18. – FrhRA Hainstadt, Auszüge aus dem Roten Buch; Lehnsakten; Teilungsbriefe. – GLA Karlsruhe J/H Bödigheim 1–8, Buchen 1; 43/Sp. 12; 44 von Bödigheim, Rüdt; 66/1225, 1663, 5136, 10507, 10536, 11670a, 11790; 67/1014, 1015, 1022, 1025, 1028, 1033, 1057, 1058, 1663, 1906; 69 Rüdt von Collenberg U und Akten, von Waldkirch; 76/951; 229/10390–412. – HZA Neuenstein, Weinsberg N27–28, O73. – StA Wertheim U. – StA Würzburg, Mainzer Ingrb. 40, 43, 56; Mainzer Lehnb. 1–8; Mainzer Bü. versch. Inh. 10; MRA Militär K217/14; Würzburger Lehnb. 36, 37, 43, 48, 49, 55–57; Würzburger Lehnsachen 5686, 6832/F.242; Adel 828/XXXI; Misc. 6391.
Allg. Literatur: *Becke-Klüchtzner* S. 385–390. – *Eichhorn*, Dürn. – *Eichhorn*, Kirchenorganisation. – *Hattstein* 1–3. – *Hahn* S. 380–383. – HHS S. 99 f. – *Humbracht.* – *Hundsnurscher/Taddey* S. 47–49. – *Jürgensmeier*, Friedhelm, Aus Kirchen- und Pfarrgeschichte von Buchen. In: *Trunk/Brosch/Lehrer* S. 51–66. – KDB IV,3 S. 13–29. – *Krieger* TWB 1 Sp. 230–234, 574. – LBW 5 S. 264 f. – *Langendörfer.* – *Matzat*, Studien. – *Matzat*, Zenten. – *Möller* 3 S. 284–286 und Tfl. 135–137. – *Müller*, Dorfkirchen S. 24. – *Neumaier*, Amorbach. – *Neumaier*, Reformation. – *Remling*, Ludwig, Bruderschaften in Franken. Kirchen- und sozialgeschichtliche Untersuchungen zum spätmittelalterlichen und frühneuzeitlichen Bruderschaftswesen. QuFZGWü 35. Würzburg 1986.

S. 170–176. – *Rommel*, Billigheim. – *Rommel*, Seligental. – *Schäfer*. – *Schuster* S. 380f. – *Störmer* S. 90–94. – *Wagner* S. 403.
Ortsliteratur: *Joseph*, Paul, Der Münzfund von Bödigheim. In: Frankfurter Münzzeitung 10/12, 1910/12 S. 436–439, 456–457. – *Wertheimer*, Willi, Der israelitische Bezirksfriedhof zu Bödigheim. In: Wartturm 6, 1930/31 Nr. 4. – *Baader*, Emil, Bödigheim im Odenwald. Burg und Schloß, Dorf und Gottesacker. In: Mein Heimatland 19, 1932 S. 206–209. – *Benrath*, Gustav Adolf, Reformation und Gegenreformation in den ehemals ritterschaftlichen Gemeinden der Freiherren Rüdt von Collenberg. In: ZGO 114, 1966 S. 361–373. – *Graf Rüdt von Collenberg*, ⟨Weiprecht Hugo⟩, Wappenwechsel und Wappendifferenzierungen einer Familie zwischen 1270 und 1340. In: Archivum heraldicum 92, 1978 S. 2-11. – *Schimpf*, Karl, Bödigheim. In: *Trunk/Brosch/Lehrer* S. 343–345. – *Gehrig*, Franz, Die Besitzteilung der Rüdt von Collenberg im Jahr 1310. In: BEO 3, 1980 S. 121–126. – *Enders*, Gabriele, Die Abtei Amorbach und ihre Beziehungen zu der niederadeligen Familie Rüdt von Collenberg. In: *Oswald/Störmer* S. 167–178. – *Andermann*, Kurt, 700 Jahre Rüdt zu Bödigheim. Schloß und Dorf im Wandel der Jahrhunderte. In: Wartturm 27, 1986 H. 3. – *Andermann*, Kurt, Die Freiherren Rüdt von Collenberg und die Odenwälder Ritterschaft. In: Hierzuland 1, 1986 H. 2 S. 20–26. – *Andermann*, Kurt, Klösterliche Grundherrschaft und niederadelige Herrschaftsbildung: Das Beispiel Amorbach. In: *Ehmer* S. 29–50. – *Lutz*, Dietrich, Die Herrschaftssitze in Bödigheim und Hettigenbeuern. In: *Ehmer* S. 51–58.
Erstnennungen: ON 1. H. 11. Jh. (*Becher* S. 53), Burg 1286 (FLA Amorbach, U Amorbach 1286 Feb. 1), Adel 12. Jh.? (WUB 6 S. 450) 1236 (*Gudenus* CD 3 S. 668 f.), (Rüdt) von Bödigheim 1291 (*Krebs*, Amorbach S. 253), Kirche und Pfarrei 1256 (FLA Amorbach, U Amorbach 1256 Nov. 4), Patrozinien BMV, Faustinus, Beatrix 1429 (Vat. Quellen Nr. 961), Burgkapelle 1306 (GLA 69 Rüdt von Collenberg U1), Patrozinien Dreikönige, Hl. Kreuz, Anna Elisabeth, Georg, Stephan, Lorenz 1500 (GLA 69 Rüdt von Collenberg U138), Judenschutz 1345 (GLA Karlsruhe 69 Rüdt von Collenberg 3711 fol. 44v).

Buchen

Quellen, gedr.: *Battenberg*. – CL. – DI 8. – *Gropp*. – *Gudenus* CD 3. – *Krebs*, Amorbach. – *Krebs*, Weistümer S. 61 f. – Lehnb. Würzburg 1 und 2. – ORh Stadtrechte S. 277–290. – R Adelsheim. – REM 1 und 2. – R Würzburg. – UB Hohenlohe 1–3. – UB MOS. – UB Obrigheim. – Vat. Quellen. – WR. – WUB 4, 8, 10. – ZGO 12, 1861; 15, 1863; 16, 1864; 43, 1889.
Ungedr.: FLA Amorbach, U Amorbach; Repertorium Rand; 6 Mainzer Erbbestandshöfe in Buchen 1602; Beschreibung der herrschaftlichen Güter zu Buchen 1692/95; Seligentaler Zins-, Gült- und Lagerb. 1699; Buchener Gültb. 1793; Karten XIV,18; Pläne VI,13; Buchener Kellereirechnung 1700, 1750; Bücher zur Kenntnis und zur Hebung des Landes. – FrhRA Hainstadt, U und Akten. – GLA Karlsruhe J/H Buchen 1–8; 66/1549, 5136, 10535, 11670a, 11790, 11791; 67/287, 1057; 69 Rüdt von Collenberg U und Akten; 166/61; 229/13852–964. – StA Darmstadt O61 Möller. – StA Wertheim U. – StA Würzburg, Mainzer Ingrb. 9, 10, 16–18, 21, 22, 25, 26, 29, 30, 41–44, 46, 53, 58; Mainzer Lehnb. 1–6; Mainzer Bü. versch. Inh. 10; MRA ältere Kriegsakten 1/23; MRA Cent K209/140; Militär K217/14, K239/402; Würzburger Lehnb. 1, 36, 37; Würzburger Lehnsachen 1000/XXXII, 5686.
Allg. Literatur: *Alberti* 1. – *Eichhorn*, Dürn. – *Eichhorn*, Kirchenorganisation. – *Friedlein*. – *Hahn* S. 383 f. – HHS S. 122. – *Hundsnurscher/Taddey* S. 61 f. – KDB IV,3 S. 31–44. – *Krieger* TWB 1 Sp. 319–322. – *Keyser* S. 55–57. – LBW 5 S. 265 f. – *Matzat*, Studien. – *Matzat*, Zenten. – *Müller*, Dorfkirchen S. 27 f. – *Oechsler/Sauer*. – *Rommel*, Billigheim. – *Rommel*, Seligental. – *Schaab*, Wingarteiba. – *Schäfer*, Amorbach. – *Schuster* S. 381 f. – *Simon*. – *Wagner* S. 403 f.
Ortsliteratur: *Kieser*, Karl, Beiträge zur Geschichte der Stadt Buchen. In: SAV Baden 2, 1849 S. 151–162. – *Breunig*, August, Kurze Geschichte der Stadt und Pfarrei Buchen. In: FDA 13, 1880 S. 27–76. – *Breunig*, Hermann, Die Laute der Mundart von Buchen und seiner Umgebung. Tauberbischofsheim 1891. – *Hoffacker*, Karl, Buchen, seine Geschichte und sein Bezirksmuseum. In: Bad. Heimat 4, 1917 S. 32–48. – *Götzelmann*, Ambrosius, Besiedelungs-Geschichte Buchens und seiner Umgebung. Buchens Flur- und Familiennamen. ZwNuM 2. Amorbach 1921. – *Tschamber*, Karl, Buchen. Eine Skizze in Wort und Bild. Buchen 1924. – *Walter*, Max, Der Blecker von Buchen. In: Mein Heimatland 12, 1925 S. 225 f. – *Baader*, Emil, Schreckensjahre im

alten Buchen. In: Der Wartturm 1, 1925/26 Nr. 11. – *Schumacher*, Karl, Siedlungsgeschichtliche und topographische Entwicklung der Stadt Buchen. In: FBll 10, 1927 Nr. 5, auch in: Wartturm 3, 1927/28 Nr. 2a. – *Götzelmann*, Ambrosius, Buchens bedeutende Persönlichkeiten. Buchen 1928. – *Eschwig*, Hans, Die Buchener Fastnacht. In: FBll 11, 1928 S. 13–16. – Mainzische Zunftordnung für Rotgerber und Sattler. Zur Geschichte der Buchener Gerberzunft. In: Wartturm 4, 1928/29 Nr. 6. – *Kohler*, Josef, Eine Kriegsepisode aus Buchen aus dem Jahre 1632. In: FBll 12, 1929 Nr. 1. – *Schumacher*, Karl, Was erzählen uns die Buchener Flurnamen? In: Wartturm 5, 1929/30 S. 37–39. – *Preisendanz*, Karl, Alte Notiz zu Buchen. »Vom Blecker«. In: Wartturm 5, 1929/30 S. 39f. – *Walter*, Max, Das Bezirksmuseum Buchen und sein Aufgabenkreis. In: Mein Heimatland 17, 1930 S. 19–22. – *Becker*, Albert, Der Eulenspiegel von Buchen. Zur Deutung des Bleckers. In: Wartturm 6, 1930/31 S. 9f. – *Götzelmann*, Ambrosius, Zur Geschichte des Beguinenhauses in Buchen. In: Wartturm 6, 1930/31 Nr. 2. – *Becker*, Albert, Ein italienischer Rechtsbrauch am Rhein. In: Oberdeutsche Zeitschrift für Volkskunde 5, 1931 S. 88–91 und 6, 1932 S. 169f. – *Götzelmann*, Ambrosius, Zur Geschichte von Buchen und Umgebung. In: Wartturm 8, 1932/33 Nr. 4. – *Tschamber*, Karl, Aus der Baugeschichte des Buchener Rathauses. In: Wartturm 7, 1931/32 Nr. 2. – *Baader*, Emil, Buchen, das »Talerstädtchen« im Odenwald. In: Bad. Heimat 20, 1933 S. 189–202. – *Stephan*, Stephan, Dreihundert Jahre St. Rochusfest in Buchen. In: Wartturm 10, 1934/35 Nr. 11. – *Blatz*, Joseph, Die Urkunde über die Einführung des St. Rochus-Festes in Buchen. In: Wartturm 10, 1934/35 Nr. 11. – *Albert*, Peter Paul, Ritter Albrecht »Pilgrim« von Buchheim, ein Minnesänger des dreizehnten Jahrhunderts. ZwNuM 16. Buchen 1937. – *Albert*, Peter Paul, Neues vom Leben und Schaffen der fränkischen Bildhauer Michael und Zacharias Juncker den Älteren. In: FDA 66, 1938 S. 253–258. – *Höbelheinrich*, Norbert, Die »9 Städte« des Mainzer Oberstifts, ihre verfassungsmäßige Entwicklung und ihre Beteiligung am Bauernkrieg 1346–1527. ZwNuM 18. Buchen 1939. – *Tschamber*, Karl, Buchen nach dem Brand von 1717. In: Heimatblätter. Heimatkundliches aus dem Odenwald und Bauland. Tauberbischofsheim 1949 S. 39–41. – *Schweizer*, Hans, Das Bezirksmuseum Buchen. In: Bad. Heimat 32, 1952 S. 64–67. – *Lacroix*, Emil, Das ehemalige Beginen-Klösterle in Buchen. In: Nachrichtenblatt der Denkmalpflege in BW 1, 1958 S. 92f. – *Lemm*, Wilhelm / *Schweizer*, Hans, Buchen. Kleine Chronik einer alten Stadt. Buchen 1958. – *Niester*, Heinrich, Die Erweiterung der katholischen Stadtkirche zu Buchen. In: Nachrichtenblatt der Denkmalpflege in BW 3, 1960 S. 76–80. – *Kiefer*, Erwin, Das Epitaph für Konrad Wimpina zu Buchen. In: FDA 80, 1960 S. 279–284. – *Schneider*, Gerhard, Buchener Studenten im ausgehenden Mittelalter und zu Beginn der Neuzeit (1375–1648). In: FDA 91, 1971 S. 81–105. – *Lehrer*, Karl, Buchen, die Geburtsstadt von Abt Gottfried Bessel. In: Gottfried Bessel (1672–1749). Mainz 1972. S. 225–230. – *Hummel*, Johann, Zur Geschichte des Burghardt-Gymnasiums Buchen. Von der Lateinschule über die Höhere Bürgerschule zum Gymnasium. ZwNuM 20. Buchen 1977. – *Brosch*, Helmut, Buchen in alten Ansichten. Zaltbommel/Niederlande 1979. – *Trunk/Brosch/Lehrer*. – *Güterbock*, Gotthilde, Vom Neidkopf und seinen Ahnen. In: Der Odenwald 27, 1980 S. 13–22. – *Andermann*, Kurt, Zur Herkunft des Minnesängers »von Buchein«. In: ZGO 136, 1988 S. 17–34.

Erstnennungen: ON 773/74 (CL Nr. 2815), Stadt (*oppidum*) 1280 (ORh Stadtrechte S. 277f.), Niederadel 1168? (REM 2 Nr. 46) Pilgrim 1251 (WUB 4 Nr. 1181) Falshart 1288 (UB Hohenlohe 1 Nr. 535/9) Schaler 1308 (*Gropp* S. 159) Herold 1309 (REM 1 Nr. 1288) Gabel und Geckler 1314 (*Krebs*, Amorbach S. 255) Schimer 1322/33 (Lehnb. Würzburg 1 Nr. 2310), Pfarrer 1282 (WUB 8 Nr. 3155), Pfarrei 1306 (*Krebs*, Amorbach S. 254), Patrozinien Peter 1320 (Pfarr-A BCH) Johannes Bapt. 1331 (FLA Amorbach, U Amorbach 1331 Mai 25) Zwölfboten 1338 (FLA Amorbach, Repertorium Rand 45/4) ULF, Peter und Paul, Oswald 1341 (Pfarr-A BCH) Hl. Kreuz 1358 (FLA Amorbach, Repertorium Rand 44/2) Corpus Christi 1364 (FLA Amorbach, Repertorium Rand 44/1) ULF-Altar 1391 (FLA Amorbach, U Amorbach 1391 Nov. 11) Veit und Sebastian 1452 (*Gropp* S. 140), Michaels-Kapelle 1419 (GLA Karlsruhe 229/13910), Friedhofskapelle Hl. Kreuz 1430 (GLA Karlsruhe 229/13908), Beginen 1376 (PfarrA BCH).

Eberstadt

Quellen, gedr.: *Bendel.* – *Gropp.* – *Gudenus* CD 3. – *Krebs*, Amorbach. – *Krebs*, Weistümer S. 65. – Lehnb. Würzburg 2. – MGH DOIII. – REM 2. – UB Hohenlohe 1–3. – UB MOS. – WUB 6. – ZGO 43, 1889.

Ungedr.: FLA Amorbach, U Amorbach; Repertorium Rand; Amorbacher Urbar 1395; Amorbacher Rechte zu Eberstadt 1678; Eberstadter Zinsb. 1731. – FrhBA Jagsthausen VI/18. – FrhRA Hainstadt U; Auszüge aus dem Roten Buch; Lehnsakten; Schatzung Waldstetten; Sindolsheimer Schatzungsbücher; Teilungsbriefe; Vogt- und Bürgermeisterernennung. – GLA Karlsruhe J/H Buchen 1, Eberstadt 1–2; 43/Sp. 25; 44 Rüdt; 66/10535, 11670a, 11790; 69 Rüdt von Collenberg U und Akten, Rüdt von Collenberg-Eberstadt U und Akten, von Waldkirch 441; 166/61; 229/333, 21820–838. – StA Würzburg, Mainzer Ingrb. 25, 26, 40, 54; Mainzer Lehnb. 1–6, 8, 9; Mainzer Bü. versch. Inh. 10; MRA Militär K217/14; MRA Ritterschaft K537/441; Würzburger Lehnb. 37; Lehnsachen 6834/F242.

Allg. Literatur: *Benrath*, Gustav Adolf, Reformation und Gegenreformation in den ehemals ritterschaftlichen Gemeinden der Freiherren Rüdt von Collenberg. In: ZGO 114, 1966 S. 361–373. – *Ehrensberger*. – *Hahn* S. 384f. – *Hundsnurscher/Taddey* S. 69f. – *Jürgensmeier*, Friedhelm, Aus Kirchen- und Pfarrgeschichte von Buchen. In: *Trunk/Brosch/Lehrer* S. 51–66. – KDB IV,3 S. 45f. – *Krieger* TWB 1 Sp. 446f. – LBW 5 S. 266. – *Matzat*, Studien. – *Matzat*, Zenten. – *Müller*, Dorfkirchen S. 31. – *Neumaier*, Amorbach. – *Neumaier*, Reformation. – *Rommel*, Seligental. – *Rommel*, Wohnstätten. – *Schuster* S. 381. – *Wagner* S. 404f.

Ortsliteratur: Eberstadt. Zum Heimatfest am 22. –24. Juli 1967. Eberstadt 1967. – *Eberle*, Wilhelm, Eberstadt. In: *Trunk/Brosch/Lehrer* S. 345f. – *Hauser*, Uwe, Die Grabsteine der Eberstadter Kirche. In: Wartturm 30, 1989 Nr. 3.

Erstnennungen: ON 996 (MGH DOIII Nr. 434, Fälschung) 1285 (FLA Amorbach, U Amorbach 1285 Juni 29), Pfarrei 1350 (FLA Amorbach, Repertorium Rand 50/4), Frühmesse am Nikolaus-Altar 1399/1404 (GLA Karlsruhe 69 Rüdt von Collenberg 3704 fol. 28vf.; 43/Sp. 25, 1404 Okt. 29), Altar Corporis Christi 1415 (FLA Amorbach, U Amorbach 1415 April 25).

Einbach

Quellen, gedr.: *Krebs*, Amorbach. – *Krebs*, Weistümer S. 66f. – Lehnb. Würzburg 1.

Ungedr.: FLA Amorbach, U Amorbach; Repertorium Rand; Amorbacher Urbar 1395; Amorbacher Kellereieinkünfte 1645; Amorbacher Jurisdiktionalb. 1668; Amorbacher Amtsrechnung 1750; Amorbacher Kellereirechnungen 1654, 1701, 1751; Amt Amorbacher Erbbestände allg. (18. Jh.); Bücher zur Kenntnis und zur Hebung des Landes. – GLA Karlsruhe J/H Einbach 1–3a; 69 Rüdt von Collenberg 3704; 229/23802, 45570. – StA Würzburg, Mainzer Ingrb. 41; MRA ältere Kriegsakten 1/90; MRA Militär K217/14, K240/469; Geistl. Sachen 1055/LV.

Allg. Literatur: *Humpert*, Theodor Geschichte der Pfarrei Waldhausen. In: FDA 59, 1931 S. 239–257. – *Krieger* TWB 1 Sp. 492. – Land BW 5 S. 266f. – *Matzat*, Studien. – *Matzat*, Zenten. – *Neumaier*, Reformation. – *Rommel*, Billigheim. – *Schäfer*.

Ortsliteratur: *Fischer*, Bernd, Einbach. In: *Trunk/Brosch/Lehrer* S. 347–350.

Erstnennung: ON um 1326 (Lehnb. Würzburg 1 Nr. 2478).

Götzingen

Quellen, gedr.: *Bendel*. – DI 8. – Gropp. – *Krebs*, Amorbach. – *Krebs*, Weistümer S. 76–78. – Lehnb. Würzburg 1 und 2. – ORh Stadtrechte. – REM 1 und 2. – *Schröcker*. – UB Hohenlohe 3. – UB Obrigheim. – ZGO 39, 1885.

Ungedr.: FLA Amorbach, U Amorbach; Repertorium Rand; Amorbacher Urbar 1395; Lagerb. der Hofmeisterei Billigheim 1654; Salb. des Amtes Rippberg 1687; Beschreibung der herrschaftlichen Güter zu Buchen 1692/95; Seligentaler Zins-, Gült- und Lagerb. 1699; Buchener Kellereirechnungen 1700, 1750; Götzinger Zinstabelle (um 1802/03); Bücher zur Kenntnis und zur Hebung des Landes. – FrhRA Hainstadt U. – GLA Karlsruhe J/H Buchen 1, Götzingen 1–2; 43/Sp. 18a; 44 Rüdt; 66/10535, 11670a, 11791; 69 Rüdt von Collenberg U47, U55, U116, U163, U175, U185, U257, 3704; von Waldkirch 441; 229/33233–241. – HZA Neuenstein, Weinsberg L3. – StA Wertheim U. – StA Würzburg, Mainzer Ingrb. 40, 41; Mainzer Lehnb. 1–9; Mainzer Bü. versch. Inh. 10; MRA ältere Kriegsakten 1/23; MRA Militär K217/14, K239/402; Würzburger Lehnb. 43.

Allg. Literatur: *Eichhorn*, Kirchenorganisation. – KDB IV,3 S. 49f. – *Krieger* TWB 1 Sp. 740f. – LBW 5 S. 267. – *Matzat*, Studien. – *Matzat*, Zenten. – *Müller*, Dorfkirchen S. 36f. – *Neumaier*,

Reformation. – *Oechsler/Sauer*. – *Rommel*, Billigheim. – *Rommel*, Seligental. – *Rommel*, Wohnplätze. – *Schäfer*. – *Wagner* S. 407–409.
Ortsliteratur: Heimatbuch der Gemeinde Götzingen, hrsg. zum Heimattag 1953, Götzingen 1953. – *Friedlein*, Götzingen. In: *Trunk/Brosch Lehrer* S. 350–352. – Götzingen 1256–1987. Geschichte und Entwicklung unseres Heimatdorfes. Hg. von Walter *Jaufmann* und Willi *Biemer*. Götzingen 1987.
Erstnennungen: ON 1280 (ORh Stadtrechte S. 277), Pfarrer 1347 (FLA Amorbach, U Amorbach 1347 Juni 20), Patrozinien Bartholomäus, Antonius von Padua 1736 (*Gropp* S. 141).

Hainstadt

Quellen, gedr.: *Aschbach* 2. – *Becher*. – *Bendel*. – CL. – DI 8. – *Gropp*. – *Gudenus* CD 3. – *Krebs*, Amorbach. – *Krebs*, Weistümer S. 78. – *Kühles*. – Lehnb. Wertheim. – Lehnb. Würzburg 1 und 2. – R Adelsheim. – REM 1 und 2. – R Wertheim. – R Würzburg. – *Schröcker*. – UB Fulda. – UB Hohenlohe 1 und 2. – UB MOS. – Urkunde über die Errichtung der Pfarrei Hainstadt 1340. In: FDA 77, 1957 S. 342–346. – WUB 8 und 9. – ZGO 4, 1853; 24, 1872; 39, 1885; 60, 1906.
Ungedr.: FLA Amorbach, U Amorbach; Repertorium Rand; Amorbacher Urbar 1395; Hainstadter Sal- und Lagerb. um 1605, 1684/87; Salb. des Amtes Rippberg 1687; Seligentaler Zins-, Gült- und Lagerb. 1699; Rippberger Amtsrechnungen 1700, 1750; Bücher zur Kenntnis und zur Hebung des Landes; Pläne VII,40. – FrhBA Jagsthausen VI/18. – FrhRA Hainstadt, U und Akten. – GLA Karlsruhe J/H Hainstadt 1; 44 von Hardheim, Rüdt; 66/11670a; 69 Rüdt von Collenberg, U und Akten; 229/38004-013. – HZA Neuenstein, Weinsberg J18. – StA Darmstadt O61 Möller. – StA Wertheim U. – StA Würzburg, Mainzer Ingrb. 40, 42; Mainzer Lehnb. 1–9; Mainzer Bü. versch. Inh. 10; MRA ältere Kriegsakten 1/23; MRA Militär K217/14, K239/402; Würzburger Lehnb. 36, 37; Lehnsachen 2562 (LXXVI), 5686.
Allg. Literatur: *Biedermann*. – *Eichhorn*, Dürn. – *Eichhorn*, Kirchenorganisation. – *Friedlein*. – *Hahn* S. 385. – *Hundsnurscher/Taddey* S. 118f. – KDB IV,3 S. 50f. – *Krieger* TWB 1 Sp. 827f. – LBW 5 S. 267f. – *Matzat*, Flurgeogr. Studien. – *Matzat*, Zenten. – *Müller*, Dorfkirchen S. 38f. – *Neumaier*, Reformation. – *Oechsler/Sauer*. – *Rommel*, Seligental. – *Rommel*, Wohnstätten. – *Schaab*, Wingarteiba. – *Schäfer*. – *Scherg*. – *Schuster* S. 382. – *Wagner* S. 409.
Ortsliteratur: *Weiß*, John Gustav, Hainstadter Rebellionsbrief 1525 Nov. 17. In: Mitteilungen der Badischen Historischen Kommission 4, 1885 S. 212–214, in: ZGO 38, 1885. – *Götzelmann*, Ambrosius, Hainstadt in Baden. Ein Beitrag zur Staats- und Kirchengeschichte Ostfrankens. Würzburg 1922. – *Götzelmann*, Ambrosius, Das geschichtliche Leben eines ostfränkischen Dorfes. Hainstadt im Bauland 725–1925. Würzburg 2:1925. ND 1987. – *Pföhler*, Leo, Die wirtschaftlichen Verhältnisse der Bewohner des Baulandes. Dargestellt an der Gemeinde Hainstadt unter Berücksichtigung früherer Zustände. Diss. phil. masch. Heidelberg 1925. – *Francken*, Carl-Hans, Fränkische Dorfheimat. Hainstadt, ein ostfränkisches Dorfleben. In: Mein Heimatland 24, 1937 S. 85–89. – Hainstadter Heimatblätter. Hrsg. vom Heimatverein Hainstadt. Hainstadt 1950ff. – *Weber*, Hans H., Hainstadt im Odenwald in Vergangenheit und Gegenwart. In: Der Odenwald 12, 1965 S. 36–47. – *Hallstein*, Karl, Hainstadt im Odenwald um 1750. In: Der Odenwald 12, 1965 S. 47–56. – Hainstadt in Baden 775–1975. Heimatbuch zur 1200-Jahrfeier. Hainstadt 1975. – *Winkler*, Georg A., Hainstadt. In: *Trunk/Brosch/Lehrer* S. 353–355.
Erstnennungen: ON 775 (CL Nr. 2904), Adel 1157 (*Aschbach* 2 Nr. 4) 1236 (*Gudenus* CD 3 S. 668f.), Pfarrei und Patrozinium Burchard 1340 (FDA 77, 1957 S. 342–347), Patrozinien Magnus und 14 Nothelfer 1687 (FLA Amorbach, Salb. des Amtes Rippberg 1687 fol. 112ff.) BMV und Anna 1736 (*Gropp* S. 141f.).

Hettigenbeuern

Quellen, gedr.: *Bendel*. – DI 8. – *Krebs*, Amorbach. – *Krebs*, Weistümer S. 88–91. – Lehnb. Würzburg 1 und 2. – R Adelsheim. – REM 1. – UB Hohenlohe 3. – Vat. Quellen. – ZGO 60, 1906.
Ungedr.: FLA Amorbach, U Amorbach; Repertorium Rand; Amorbacher Urbar 1395; Salb. des Amtes Rippberg 1687; Bücher zur Kenntnis und Hebung des Landes. – FrhBA Jagsthausen

VI/18. – GLA Karlsruhe J/H Hettigenbeuern 1–2a; 44 von Adelsheim, von Berlichingen; 66/11670a; 229/42955–968. – StA Würzburg, Mainzer Ingrb. 52; MRA Militär K217/14; Lehnsachen 272 (VIII), 5686.

Allg. Literatur: *Gropp*. – *Heimberger*, Schlösser. – KDB IV,3 S. 63 f. – *Krieger* TWB 1 Sp. 955. – LBW 5 S. 268. – *Matzat*, Studien. – *Matzat*, Zenten. – *Müller*, Dorfkirchen S. 41. – *Neumaier*, Reformation. – *Oechsler/Sauer*. – *Rommel*, Wohnplätze. – *Schäfer*. – *Schuster* S. 382.

Ortsliteratur: *Heimberger*, Heiner, Frühmittelalterliche Trapezsärge aus dem Odenwald. In: Bad. Heimat 36, 1956 S. 125–138. – *Lutz*, Dietrich, Buchen-Hettigenbeuern (Neckar-Odenwald-Kreis). In: Forschungen und Berichte der Archäologie des Mittelalters in BW 6, 1979 S. 244f. und 286–288. – *Trunk*, Karl, Hettigenbeuern. In: *Trunk/Brosch/Lehrer* S. 356f. – *Andermann*, Kurt, Klösterliche Grundherrschaft und niederadelige Herrschaftsbildung: Das Beispiel Amorbach. In: *Ehmer* S. 29–50. – *Lutz*, Dietrich, Die Herrschaftssitze in Bödigheim und Hettigenbeuern. In: *Ehmer* S. 51–58.

Erstnennungen: ON und Pfarrei 1306 (FLA Amorbach, U Amorbach 1306 Nov. 10).

Hettingen

Quellen, gedr.: *Bendel*. – CL. – DI 8. – *Grimm* 6. – *Gropp*. *Gudenus* CD 3. – *Krebs*, Amorbach. – *Krebs*, Weistümer S. 91–93. – Lehnb. Speyer. – Lehnb. Würzburg 1 und 2. – MGH DOIII. – REM 1 und 2. – RPR 1 und 2. – R Würzburg. – UB Hohenlohe 2 und 3. – UB MOS. – Vat. Quellen. – WUB 4. – ZGO 4, 1853; 11, 1860; 15, 1863; 16,1864; 24, 1872; 32, 1880; 43, 1889; 59, 1905; 68, 1914.

Ungedr.: FLA Amorbach, U Amorbach; Repertorium Rand; Amorbacher Seelgeräte; Zinsregister für Hettingen 1516; Hettinger Lager- und Zinsb. 1623; Hettinger Güterbeschreibung 1654; Salb. des Amtes Rippberg 1687; Beschreibung der herrschaftlichen Güter zu Buchen 1692/95; Seligentaler Zins-, Gült- und Lagerb. 1699; Buchener Kellereirechnung 1700 und 1750; Bücher zur Kenntnis und zur Hebung des Landes; Karten XIV,18. – FrhRA Hainstadt U. – GLA Karlsruhe J/H Buchen 1, Hettingen 1–1a; 44 von Hettingen; 66/10535, 11670a; 67/364, 876, 1004; 69 Rüdt von Collenberg 3704; 229/13885, 13940, 42969–977. – HZA Neuenstein, Weinsberg L3. – StA Darmstadt C1/35. – StA Wertheim U. – StA Würzburg, Mainzer Ingrb. 9, 41; Mainzer Lehnb. 1–3; Mainzer Bü. versch. Inh. 10; MRA ältere Kriegsakten 1/23; MRA Militär K239/402, K217/14; Würzburger Lehnsachen 5686.

Allg. Literatur: *Alberti*. – *Biedermann*. – *Eichhorn*, Kirchenorganisation. – FbBW 5, 1980 S. 135–140. – KDB IV,3 S. 64 f. – *Krieger* TWB 1 Sp. 955–957. – LBW 5 S. 268. – *Matzat*, Studien. – *Matzat*, Zenten. – *Müller*, Dorfkirchen S. 41 f. – *Neumaier*, Reformation. – *Oechsler/Sauer*. – *Rommel*, Seligental. – *Rommel*, Wohnstätten. – *Schaab*, Wingarteiba. – *Schäfer*. – *Scherg*. – *Wagner* S. 409.

Ortsliteratur: *Schmitt*, Emil, Sagen, Volksglaube, Sitten und Bräuche aus dem Baulande. Baden-Baden 1895. – *Wiegels*, Rainer, Ein römisches Inschriftenhäuschen aus dem Kleinkastell Hönehaus (Odenwald). In: Germania 51, 1973 S. 543–552. – Hettingen. Aus der Geschichte eines Baulandortes. Aufgrund der Vorarbeiten von Johann *Kuhn* hrsg. von Peter *Assion* und Gerhard *Schneider*. Hettingen 1974. – *Wiegels*, Rainer, Ein römisches Inschriftenhäuschen aus dem Kleinkastell Hönehaus, Odenwald. In: Archäologische Nachrichten aus Baden 15, 1975 S. 16–23. – *Knühl*, Karl, Hettingen. In: *Trunk/Brosch/Lehrer* S. 358–361.

Erstnennungen: ON 774 (CL Nr. 2875), Niederadel 1235 (*Krebs*, Amorbach S. 251), Pfarrei 1353 (GLA Karlsruhe 43/Sp. 99, 1353 Mai 28), Patrozinien Vitus 1453 (FDA 30, 1902 S. 329) Markus vor 1594 (Hettingen 1974 S. 175f.) 1649 Peter und Paul (ebenda).

Hollerbach

Quellen, gedr.: *Bendel*. – DI 8. – *Krebs*, Amorbach. – Lehnb. Würzburg 1 und 2. – *Schröcker*. – Vat. Quellen. – ZGO 43, 1889.

Ungedr.: FLA Amorbach, U Amorbach; Repertorium Rand; Amorbacher Jurisdiktionalb. 1656; Salb. des Amtes Rippberg 1687; Beschreibung der herrschaftlichen Güter zu Buchen 1692/95; Seligentaler Zins-, Gült- und Lagerb. 1699; Buchener Kellereirechnung 1700 und 1750; Bücher zur

Kenntnis und zur Hebung des Landes; Karten XIV,6. – FrhBA Jagsthausen VI/18. – FrhRA Hainstadt U. – GLA Karlsruhe J/H Buchen 1, Hollerbach 1–2a; 44 Rüdt; 69 Rüdt von Collenberg U179, U205, U219, U279, U314, U350, U352, U358, 58, 92–94, 252, 1247, 3704; 66/10507, 10536, 11670a; 229/13940, 45570–578, 61204, 100540. – StA Wertheim U. – StA Würzburg, Mainzer Bü. versch. Inh. 10; MRA Militär K217/14; Würzburger Lehnbuch 43, 48; Lehnsachen 6832/F242.
Allg. Literatur: *Eichhorn*, Kirchenorganisation. – *Gropp*. – KDB IV,3 S. 66. – *Krieger* TWB 1 Sp. 1028. – LBW 5 S. 268f. – *Matzat*, Studien. – *Matzat*, Zenten. – *Müller*, Dorfkirchen S. 43f. – *Neumaier*, Reformation. – *Oechsler/Sauer*. – *Rommel*, Seligental. – *Schäfer*.
Ortsliteratur: *Humpert*, Theodor, Zur Geschichte der Pfarrei Hollerbach. In: Wartturm 2, 1926/27 Nr. 11. – *Layer*, Gerhard, Hollerbach. In: *Trunk/Brosch/Lehrer* S. 361–363. – *Braun*, Franz Wilhelm, Die Pfarrei Hollerbach im Odenwald. Hollerbach 1976.
Erstnennungen: ON und Pfarrei 1277 (*Gropp* S. 209f.).

Oberneudorf

Quellen, gedr.: *Albert*, Weistümer. – *Gropp*. – *Krebs*, Amorbach. – *Krebs*, Weistümer S. 201f. – REM 2. – UB MOS. – WUB 4.
Ungedr.: FLA Amorbach, U Amorbach; Repertorium Rand; Amorbacher Urbar 1395; Amorbacher Jurisdiktionalb. 1656; Amorbacher Jurisdiktionalb. 1668; Bücher zur Kenntnis und zur Hebung des Landes. – GLA Karlsruhe J/H Oberneudorf 1; 229/45570. – StA Würzburg, Mainzer Ingrb. 43, 53; Mainzer Bü. versch. Inh. 10; MRA ältere Kriegsakten 1/23, 1/90; MRA Militär K217/14, K239/402, K240/469; Lehnsachen 5686.
Allg. Literatur: *Krieger* TWB 2 Sp. 295f. – LBW 5 S. 269. – *Matzat*, Studien. – *Matzat*, Zenten. – *Neumaier*, Reformation. – *Schäfer*.
Ortsliteratur: *Klekner*, Paul, Oberneudorf. In: *Trunk/Brosch/Lehrer* S. 364f.
Erstnennungen: ON 1251 (WUB 4 Nr. 1181).

Rinschheim

Quellen, gedr.: CL. – DI 8. – *Gropp*. – *Krebs*, Weistümer S. 214f. – Lehnb. Würzburg 1 und 2. – *Schröcker*.
Ungedr.: FLA Amorbach, U Amorbach; Repertorium Rand; Amorbacher Urbar 1395; Salb. des Amtes Rippberg 1687; Walldürner Kellereirechnungen 1700 und 1750; Bücher zur Kenntnis und zur Hebung des Landes. – GLA Karlsruhe J/H Rinschheim 1–1a; 66/11670a; 229/88171–174. – StA Würzburg, MRA ältere Kriegsakten 1/57; MRA Militär K217/14, K239/402, K240/436; Lehnsachen 5686.
Allg. Literatur: *Eichhorn*, Kirchenorganisation. – KDB IV,3 S. 74. – *Krieger* TWB 2 Sp. 632f. – LBW 5 S. 269. – *Matzat*, Studien. – *Matzat*, Zenten. – *Neumaier*, Reformation. – *Schaab*, Wingarteiba. – *Schäfer*, Amorbach. *Wagner* S. 411f.
Ortsliteratur: *Schachner*, Alfons, Ein Stück Zeitgeschichte im Spiegel der Bürgermeisterrechnungen der Jahre 1672 bis 1677. In: Wartturm 4, 1928/29 Nr. 6. – *Stecher*, Heinrich, Alte Heilsegen aus Rinschheim. In: Wartturm 7, 1931/32 S. 45f. – *Schachner*, Alfons, Zur Geschichte des Dorfes Rinschheim. In: Wartturm 7, 1931/32 Nr. 10/11. – *Schachner*, Alfons, Geschichte von Kirche und Schule zu Rinschheim. In: Wartturm 8, 1932/33 Nr. 3. – *Löhr*, Julius, Hippolytstag in Rinschheim. In: Wartturm 8, 1932/33 Nr. 11. – *Bechtold*, Josef, Rinschheim. In: *Trunk/Brosch/Lehrer* S. 366–368. – Rinschheim, ein Dorf im Bauland 788–1988. Hg. von Norbert *Linsler*. Rinschheim 1988.
Erstnennungen: ON 788 (CL Nr. 2845).

Stürzenhardt

Quellen, gedr.: DI 8. – *Gropp*. – *Krebs*, Amorbach. – *Krebs*, Weistümer S. 223f. – ZGO 12, 1861.
Ungedr.: FLA Amorbach, U Amorbach; Repertorium Rand; Amorbacher Urbar 1395; Amorbacher Jurisdiktionalb. 1656; Amorbacher Jurisdiktionalb. 1668; Bücher zur Kenntnis und zur Hebung des Landes. – GLA Karlsruhe J/H Steinbach 1–1a; 69 Rüdt von Collenberg U194, U197, U279, U314, 229/13908, 103112. – StA Würzburg, MRA Militär K217/14.

Allg. Literatur: *Krieger* TWB 2 Sp. 1115f. – LBW 5 S. 269. – *Matzat,* Zenten. – *Neumaier,* Reformation. – *Schäfer.* – *Wüst.*

Ortsliteratur: *Albert,* Peter Paul, Stürzenhardt. Ein Beitrag zur Geschichte des Ortes. In: Wartturm 10, 1934/35 Nr. 3–4. – *Wielandt,* Friedrich, Hellerfund zu Stürzenhardt, Kr. Buchen, vergraben um 1290. In: Hamburger Beiträge zur Numismatik 11, 1957 S. 487. – *Lehrer,* Karl, Stürzenhardt. In: *Trunk/Brosch/Lehrer* S. 368–370.

Erstnennungen: ON 1366 (*Krebs,* Amorbach S. 261).

Unterneudorf

Quellen, gedr.: *Albert,* Weistümer. – *Gropp.* – *Krebs,* Weistümer S. 224–228.

Ungedr.: FLA Amorbach, U Amorbach; Repertorium Rand; Amorbacher Urbar 1395; Amorbacher Jurisdiktionalb. 1656; Bücher zur Kenntnis und zur Hebung des Landes. – GLA Karlsruhe J/H Unterneudorf 1–2; 66/11670a; 229/13908, 107237. – Stadtarchiv Buchen, Unterneudorfer Dorfordnung 1697. – StA Würzburg, MRA Militär K217/14, K239/402; Lehnsachen 5686.

Allg. Literatur: *Andermann,* Kurt, Klösterliche Grundherrschaft und niederadelige Herrschaftsbildung: Das Beispiel Amorbach. In: *Ehmer* S. 29–50. – *Krieger* TWB 2 Sp. 295f. – LBW 5 S. 269. – *Matzat,* Zenten. – *Neumaier,* Reformation. – *Oechsler/Sauer.* – *Schäfer.*

Ortsliteratur: *Lehrer,* Karl, Unterneudorf. In: *Trunk/Brosch/Lehrer* S. 370f.

Erstnennungen: ON 1251 (WUB 4 Nr. 1181) bzw. 1395 (FLA Amorbach, Amorbacher Urbar 1395 fol. 187r).

Waldhausen

Quellen, gedr.: *Gudenus* CD 3. – *Krebs,* Weistümer S. 234f. – Lehnb. Würzburg 1. – WUB 3 und 4. – ZGO 50, 1896.

Ungedr.: FLA Amorbach, U Amorbach; Repertorium Rand; Amorbacher Urbar 1395; Amorbacher Jurisdiktionalb. 1668; Bücher zur Kenntnis und zur Hebung des Landes. – FrhBA Jagsthausen VI/18. – FrhRA Hainstadt, Auszüge aus dem Roten Buch. – GLA Karlsruhe J/H Waldhausen 1–1a; 44 Rüdt; 66/11670a; 69 Rüdt von Collenberg, U und Akten; 166/126; 229/109114–120. – StA Würzburg, MRA Militär K217/14; Würzburger Lehnb. 36, 37; Geistl. Sachen 1055/LV.

Allg. Literatur: KDB IV,3 S. 92f. – *Andermann,* Kurt, Klösterliche Grundherrschaft und niederadelige Herrschaftsbildung: Das Beispiel Amorbach. In: *Ehmer* S. 29–50. – *Gehrig,* Franz, Die Besitzteilung der Rüdt von Collenberg im Jahr 1310. In: BEO 3, 1980 S. 121–126. – *Hahn* S. 385. – *Hausrath.* – *Hundsnurscher/Taddey.* – *Krieger* TWB 2 Sp. 1314. – LBW 5 S. 269f. – *Matzat,* Studien. – *Matzat,* Zenten. – *Müller,* Dorfkirchen S. 75. – *Neumaier,* Amorbach. – *Neumaier,* Reformation. – *Oechsler/Sauer.* – *Rommel,* Seligental. – *Schäfer.*

Ortsliteratur: *Humpert,* Theodor, Waldhausen als Filial von Limbach. In: Wartturm 4, 1928/29 Nr. 2a. – *Humpert,* Theodor, Die Pfarrei Waldhausen 1330–1930. In: Wartturm 6, 1930/31 Nr. 3. – *Humpert,* Theodor, Geschichte der Pfarrei Waldhausen. In: FDA 59, 1931 S. 239–257. – *Trunk,* Bruno, Waldhausen S. 371–373.

Erstnennungen: ON um 1306 (BEO 3, 1980 S. 122), Pfarrei 1330 (FDA 59, 1931 S. 255–257), Glashof/Hausener Hof 1611 (GLA Karlsruhe 69 Rüdt von Collenberg U 288).

Elztal

4662 ha Gemeindegebiet, 4984 Einwohner

Wappen: In Silber (Weiß) der blau gekleidete hl. Michael mit blauen Flügeln, in der erhobenen Rechten ein goldenes (gelbes) Schwert, in der Linken eine goldene (gelbe) Waage haltend, rechts unten ein gespaltener ovaler Schild, darin vorn in Silber (Weiß) ein schwarzes Tatzenkreuz (Deutschordenskreuz), hinten von Silber (Weiß) und Blau schräg gerautet. – Die Gemeinde führt das 1913 nach dem aus dem 18. Jh. stammenden Gerichtssiegel gestaltete Wappen von Dallau weiter, das ihr zusammen mit der Flagge vom Innenministerium am 20. 1. 1975 verliehen wurde. Der hl. Michael ist wohl als Symbol der Gerechtigkeit zu sehen (er ist nicht der Kirchenpatron Dallaus). Im Schildchen erinnern das Deutschordenskreuz und die pfälzisch-wittelsbachischen Rauten an die historischen Herrschaftsverhältnisse der Gemeindeteile. – Flagge: Blau-Weiß (Blau-Silber).

Gemarkungen: Auerbach (979 ha, 1007 E.); Dallau (1710 ha, 2153 E.) mit An der Trienz, Mariental = Fischzuchtanstalt und Obere Mühle; Muckental (703 ha, 481 E.) mit Rineck; Neckarburken (634 ha, 693 E.); Rittersbach (639 ha, 693 E.) mit Ziegelhütte.

A. Natur- und Kulturlandschaft

Naturraum und Landschaftsbild. – Das fünf Dorfgemarkungen umfassende Gemeindegebiet von Elztal gehört fast ganz der östlichen Abdachung des Hinteren Odenwalds an. Östlich des Elz- und Auerbachs greift es noch randlich auf die Baulandhügel über, so daß es im Übergangsbereich von zwei im Landschaftsbau und in der kulturlandschaftlichen Ausprägung recht unterschiedlichen Naturräumen liegt.

Den von NW nach SO einfallenden Gesteinsschichten entsprechend, erreicht die Gemeindefläche im N der Gkg Muckental eine größte Höhenlage von 395 m NN, die südostwärts dem Elztal zu auf rd. 300 m NN sanft abfällt. Röttonschichten, die weitgehend gerodet sind und im Bereich der Dorfwüstung Rineck (Trienzer Gewann, Pfeifers Äcker) von einer dünnen Lehmdecke – z. T. auch Lößlehm und eiszeitlichem Verwitterungslehm – überlagert sind, bilden dort sanftwellige, teils bewaldete Hochflächen, in welche die Elz und ihr rechtsseitiger, Muckental durchfließender Nebenbach sowie der streckenweise die Westgrenze des Gemeindegebiets bildende Trienzbach eingeschnitten sind. Östlich und südlich des beträchtlich eingetieften Elztals, das das Gemeindegebiet weitgehend quer zum Schichtenfallen von N nach S durchtrennt, steigen die Baulandhöhen im Muschelkalk dann wieder – streckenweise unter klarer Ausbildung eines Schichtstufenrandes – auf 360 m NN im N der Gkg Rittersbach und auf über 310–320 m NN im S der Gkg Neckarburken an.

Die geologische Zweiteilung des Gemeindegebiets mit seiner Zugehörigkeit zum Hinteren Odenwald und Bauland spiegelt sich auch im Oberflächenbild durch den Verlauf des Elztals wider, das von der Grenze des Mosbacher bis zum Buchener Stadtbereich auch die bevorzugte Verkehrsleitzone mit der B 27 darstellt. Es ist als tief eingeschnittenes Sohlental mit einem unterschiedlich breiten Talboden ausgebildet. Jüngste Anschwemmungen tragen auf diesem von 370 m NN im N auf 175 m NN im SW abfallenden Talgrund überwiegend Wiesenland, soweit er nicht mit Gewerbe- und Industriebetrieben besiedelt ist wie zwischen Dallau und Neckarburken. Die Elztaleinschneidung beträgt im gesamten Gemeindegebiet gegenüber den angrenzenden Höhen und Hochflächen im Oberen Buntsandstein 60–70 m. Zu den Baulandhöhen im Hauptmuschelkalk in der südlichen Gkg Neckarburken erhöht sich die Taleintiefung auf etwa 130 m. Die überaus gleichmäßige Einschneidung im Vergleich zu den Buntsandsteinhöhen westlich des Elzbachs erklärt sich mit dem Einfallen der Gesteinsschichten und der Landoberfläche nach SO. Kleine Schwemmfächer, die von den Nebenbächen auf den Elztalboden vorgetrieben wurden, behindern zuweilen den Lauf der Elz und haben sie auf ihrer breiten Talsohle zum Ausweichen gezwungen wie unmittelbar östlich von Neckarburken.

Das Elztal ist im gesamten Gemeindegebiet noch in den Oberen Buntsandstein eingesägt: Röttone und die darunter lagernden Plattensandsteine stehen an beiden Talflanken an. Im Bereich von Neckarburken und Dallau sind sie streckenweise mit pleistozänen Elzschottern und mit Gehängeschutt verhüllt.

Die von den Buntsandsteinhochflächen des Hinteren Odenwalds herunterführenden Seitentäler der Elz sind kerbtalartig in den Plattensandstein eingesägt, besonders steil das teilweise enge und waldreiche Tal des Trienzbachs. Der das nördliche Gemeindegebiet entwässernde Muckentaler Bach schneidet sich erst im Dorfbereich und unterhalb der Siedlung merklich in den Plattensandstein ein. Der Gegensatz von durch fluviatile Erosion ausgeformten Hängen mit ausgedehnten Laub- und Nadelholz-Mischwaldbeständen, die auch die dem Elztal benachbarten, 325 bis 365 m aufragenden Buntsandsteinhöhen bedecken, und von hochflächigen Rodungsgebieten auf lößlehm- und lehmbedeckten Rötschichten in 325 bis 395 m Höhe prägt die SO-Abdachung am Rand des *Hinteren Odenwalds*. Diese geomorphologisch unterschiedliche Reliefausgestaltung wird noch durch eine verschiedenartige kulturlandschaftliche Nutzung betont: auf den lehmigen und tonigen Böden des Röts wird in hochflächigen Lagen Feld- und Grünlandwirtschaft betrieben. Die Talhänge im Plattensandstein mit seinen weit weniger fruchtbaren und sandigen Böden sind waldbestockt. Die Siedlungen wie Muckental oder die Elztaldörfer nehmen Schutzlagen zwischen den Talflanken ein. Lediglich das um die Mitte des 19. Jh. aufgegebene Dorf Rineck nahm – ähnlich wie das Hofgut Rineck heute – eine ausgesprochene Hochflächenlage ein.

Die dem *Bauland* zuzurechnenden Hügel östlich des Elztals sind in ihrer geologischen Struktur und in ihrer oberflächigen Ausgestaltung vielfältiger. Ihr tieferer Untergrund im Oberen Buntsandstein ist noch deutlich an der linken Talflanke des Elzbachs angeschnitten. Darüber sind dann im Elztalbereich alle Schichten des Muschelkalks angeschnitten und freigelegt, von den Wellendolomiten und Wellenkalken des felsigen Unteren Muschelkalks über die insgesamt weicheren, teils ebenfalls dolomitisierten, kalkigen und mergeligen Schichten des Mittleren Muschelkalks bis zu den bankigen Trochiten- und Nodosuskalken des Hauptmuschelkalks, die – teils mit älteren und jüngeren Lößlehmen bedeckt – die hügeligen Baulandhöhen am O- und SO-Rand des Gemeindegebiets im Bereich der Wasserscheide zwischen Elz und Schefflenz bilden. Eine zusammenhängende, geomorphologisch deutlich herauspräparierte Schichtstufe ist im Gebiet der Gkgn Neckarburken, Dallau, Auerbach und Rittersbach nicht zuerkennen. Steilere Hänge im harten Wellenkalk, in dem an verschiedenen Stellen in den kleinen Seitentälchen der Elz der Schaumkalkhorizont zutage tritt, sind wie im Verbreitungsbereich des Trochitenkalks auszumachen, in dem sich stufenartige obere Talhangkanten herausgebildet haben. Die südöstlich dahinterliegenden Hochflächen mit verlehmten Flugsanddecken werden durch die Quellbäche von der Schefflenz tributären Zuflüssen, die in der Richtung des Schichtenfallens südostwärts abfließen, sanft zergliedert. Östlich von Dallau wird das Wellengebirge in einem großen Steinbruch abgebaut und wirtschaftlich genutzt.

Siedlungsbild. – Im unteren, als Sohlental ausgestalteten Abschnitt des die Muschelkalkhöhen zwischen Elz und Schefflenz entwässernden Auerbachtals liegt Auerbach, ein Dorf der Merowingerzeit, mit zwei dem Talverlauf folgenden alten Ortsteilen an den Hängen des weiter westlich in die Elz einmündenden Seitentals. Der eigentliche Siedlungsmittelpunkt mit dem *funktionalen Zentrum* liegt auf der südlichen, linken Talseite und umfaßt den haufendorfartigen Bereich entlang der Hauptsiedlungsachse der Schefflenzer Straße von der Rittersbacher Straße im O bis zur Unteren Gasse und Alten Steige im W. Die mit dem Durchgangsverkehr der B 292 belastete Schefflenzer Straße ist überall dicht und alt bebaut. Bäuerliche Anwesen unterschiedlicher Grundrißformen bestimmen ihr Bild. Trauf- und giebelständige Häuser, Winkel-, Dreiseit- und Streckhofanlagen, häufig mit Wirtschaftsbauten aus Buntsandsteinmauerwerk, gestalten den abwechslungsreichen Aufriß.

Das herausragende, das Ortsbild entscheidend beeinflussende Bauwerk ist auf der linken Talseite die westlich der Ecke Schefflenzer/Rittersbacher Straße errichtete und weiß verputzte *ev. Kirche*, ein barock anmutender Saalbau mit hohen Rundbogenfenstern und einem steilen Ziegeldach mit Walmabschluß im O. Im W ist ein viergeschossiger Glockenturm auf rechteckigem Grundriß angesetzt, der über der Glockenstube mit ebenfalls hohen und rundbogigen Schallfenstern und Turmuhr in einen schiefergedeckten, barock gegliederten Spitzhelm ausläuft.

Unmittelbar östlich des ev. Gotteshauses steht in einer kleinen gepflegten Anlage das Kriegerdenkmal für die Gefallenen der Weltkriege: Eine Buntsandsteinsäule mit den Namen der 1914/18 Gefallenen, darüber die Buntsandsteinskulptur eines Soldaten des 1. Weltkriegs. Als Abschluß der Anlage wurde eine Mauer errichtet, in die eine Gedenktafel mit den Namen der Opfer des 2. Weltkriegs eingelassen ist.

Westlich der Kirche, wo die Rathausstraße den Talgrund querend zum Auerbach und Bahngelände zieht, steht an der Schefflenzer Straße 27 ein weiß verputztes, traufständiges Gebäude auf braunem Buntsandsteinsockel mit einem zweiseitigen Treppenaufgang sowie mit Tür- und Fenstereinfassungen aus Buntsandstein und einem hohen Giebeldach. Es hebt sich deutlich von den umgebenden Bauernhäusern ab und ist das ehemalige Rat- und Schulhaus, das heute als Wohnhaus dient. Die Ortsverwaltung ist im modernen Rathaus an der nördlichen unteren Rathausstraße in einem zweigeschossigen Verwaltungsbau an der Einmündung der Unteren Gasse untergebracht. An dieser weiter westlich von der Schefflenzer Straße abzweigenden und bogenförmig den linken Talboden durchziehenden schmalen Straße steht gegenüber der Ortsverwaltung eine Sparkassenfiliale und weiter westlich ein moderner eingeschossiger Kindergarten mit einem Gartengrundstück als Spielwiese. Zusammen mit der Rathausstraße, an der das Feuerwehrgerätehaus an das neue Rathaus angrenzt, und der mittleren Schefflenzer Straße bildet die Untere Gasse so den funktionalen Kern der Siedlung. Ein Lebensmittelladen in einem bäuerlichen Anwesen neben dem alten Rat- und Schulhaus sowie ein weiteres Lebensmittelgeschäft, eine Metzgerei und das Gasthaus zur Krone verstärken an der Schefflenzer Straße die Mittelpunktsfunktion dieses linksseitigen Ortsteils.

Die Alte Steige führt gegenüber der Abzweigung der Unteren Gasse von der B 292 hangaufwärts in die flache Aalbachmulde hinein, wo beim Sportplatz eine neue Sporthalle mit Clubheim der Sportgemeinschaft Auerbach erbaut wurde. Im unteren und ortsinneren Bereich geht die alte Bebauung an der Alten Steige auf landwirtschaftliche Anfänge zurück. Am Ortsrand gegen die Sporthalle stehen dann zwei kleinere Wohnhäuschen aus der Vor- und Zwischenkriegszeit.

An der westlichen Schefflenzer Straße bestimmen bäuerliche Anwesen das Ortsbild bis zum Siedlungsrand, wo ein modernes Gehöft mit traufständigen Wohn- und

Wirtschaftsgebäuden auffällt. Am Talhang oberhalb der westlichen Schefflenzer Straße bildet die Neue Steige einen Erweiterungsbereich mit Wohnhäusern, die zum Teil der frühen Nachkriegszeit angehören. Die westliche Hangbebauung oberhalb der B 292 besteht aus den Gebäuden eines Omnibusunternehmens und einem modernen Gasthaus mit Fremdenzimmern, dem Auerbacher Hof, dem auch ein Getränkevertrieb angeschlossen ist.

Am Ostrand der Bebauung dehnt sich zwischen B 292 und dem Auerbach am unteren Hang und auf dem Talgrund der Friedhof aus. Sein östlicher Erweiterungsbereich setzt mit einer neuen Friedhofskapelle mit Schrägdach und großen Fenstern sowie einer schrägwinklig angebauten Leichenhalle mit Flachdach ganz neuartige architektonische Akzente.

Der an den rechten Talhang angelehnte *nördliche Siedlungsteil* ist durch den Auerbach und die zweigleisige Bahnstrecke Mosbach – Osterburken vom südlichen Hauptdorf auf der linken Talseite abgetrennt. Die Bahnüberführung an der ortsinneren, östlichen Rittersbacher Straße und die Bahnhofsanlage mit dem Empfangs- und Dienstgebäude auf der Nord- und Güterschuppen auf der Südseite bilden die Verbindungsglieder zwischen den getrennten Siedlungsbereichen.

Die nördlich der Bahnüberführung westwärts umbiegende und sanft am Talhang hinaufziehende Rittersbacher Straße sowie die am Südhang ostwärts von ihr abzweigende Straße Alten Weg bestimmen die Siedlungsausdehnung des alten Dorfes an der südexponierten Talflanke des Auerbachs. Dicht stehende Gehöfte mit giebel- und traufseitig an die Straße grenzenden Häusern prägen das nördliche Dorf vom östlichen Ortsende bis zum Gasthaus zum Lamm. Buntsandstein-Bruchsteinmauerwerk fällt an zahlreichen Scheunen- und Stallbauten auf. Zuweilen belebt auch Fachwerk das Straßenbild, so am Alten Weg 5, wo das Obergeschoß eines bäuerlichen Wohnhauses über einem hohen gemauerten Erdgeschoß eine Fachwerkkonstruktion erkennen läßt. Ein Fachwerk-Obergeschoß hebt auch den Haupttrakt des Gasthauses zum Lamm aus den umgebenden großen Dreiseitgehöften heraus. Die Aufrißgestaltung am Alten Weg wird durch eine Gärtnerei mit großen Glashäusern und mit rundbogigen Plastik-Gewächshäusern entscheidend beeinflußt.

An der den Talhang erklimmenden Rittersbacher Straße westlich des Gasthauses zum Lamm ist die ältere landwirtschaftliche Bebauung aus Zweiseit-, Winkel- und Streckgehöften schon mit jüngeren Wohnhäusern durchsetzt. So haben die Anwesen Rittersbacher Str. 22 und 23 in der Nachkriegszeit neue Wohnhäuser erhalten. Wohnbauten, die vor dem 1. Weltkrieg oder in der Zwischenkriegszeit entstanden sind, fallen bei den Anwesen Nr. 25, 26 und 27. auf.

Das herausragende Bauwerk an der Rittersbacher Straße ist aber die *kath. Kirche*, ein ebenfalls hell verputzter Saalbau mit jeweils drei hohen Rundbogenfenstern an den Längsseiten, einem schmalen fünfseitigen Ostchor und einem verschindelten Dachreiter auf quadratischem Grundriß mit einem spitzhelmartigen Abschluß, auf dem sich ein Wetterhahn dreht.

Am höheren nordwestlichen Talhang setzt dann beim Turmweg, der von der Rittersbacher Straße hangabwärts zieht, ein *geschlossenes Neubaugebiet* ein, das mehr als eine Verdoppelung der Siedlungsfläche brachte. An der Rittersbacher Straße, am Nelkenweg, Turmweg, an der Bergheimstraße und oberen Sonnehalde stammt es aus den 1950er und frühen 1960er Jahren. Am oberen Ortsende heben sich die Betriebsanlagen einer großen Baufirma mit ausgedehntem Maschinenpark, einer weiträumigen Wartungshalle und einem villenartigen Wohn- und Bürohaus von der reinen Wohnhausbebauung ab. Die nordwärts in das Seitentälchen des Wirbelbachs einbiegende

Sonnehalde, die nach einer halbkreisartigen Biegung auch den unteren Talhang erschließt, bildet die jüngste Ortserweiterung mit traufständigen Ein- und Mehrfamilienhäusern, die in gepflegten und blumengeschmückten Ziergärten stehen. Nach S erstreckt sich dieses Neubaugebiet bis an den unteren Talhang, wo die Sonnehalde im Neubaubereich der 1970/80er Jahre noch an der Bahnlinie entlangzieht, um gegen das alte Dorf zu in die Straße An der Au einzumünden. Zwischen der Rosen- und der unteren Bergheimstraße ist die Wohnhausbebauung wieder älter und nach der Jahrhundertmitte bis 1965 entstanden. An der Ecke Bergheimstraße/An der Au sticht als wuchtiger zweigeschossiger Winkelbau mit flachen Walmdächern die Schule mit einem von den beiden Flügelbauten eingefaßten Schulhof an der Bergseite hervor.

Dallau, der Hauptort der Gemeinde, liegt im Elztal oberhalb der Einmündung des Trienzbachs. Sein zentraler und dicht bebauter Siedlungsteil dehnt sich entlang einer durch Neu- und Umbauten im Aufrißbild weitgehend gewandelten, das Elztal querenden Ortsstraße in typischer Muldenlage zwischen den Talflanken aus. Mit dem westlich sich bis zu den Bahnanlagen ausdehnenden *Weiler*, einer frühen Ortserweiterung, und dem westlich des Bahnhofs angrenzenden *Neubaugebiet Elzberg* erstreckt sich die Bebauung auf den rechten Talhang bis zu den neuen Sportplatzanlagen und der Elzberghalle hinauf. An der gegenüberliegenden linken Flanke des Elztals dehnt sich mit dem *Oberdorf*, dem Kirchenbezirk und der umgebenden haufendorfartigen, teils äußerst dichten und verschachtelten Bebauung, der architektonische Mittelpunkt des Dorfes mit den unmittelbar nebeneinanderstehenden Gotteshäusern an der Ausmündung eines kurzen östlichen Nebentals ins Elztal aus. Im Anschluß an diesen östlichen Ortskern entstanden gerade am linken Elztalhang süd- und nördlich des Oberdorfs ausgedehnte junge Ortserweiterungen durch großflächige *Neubaubereiche in den Auäckern und am Urnberg*. In der Talaue zwischen der Elz und der Bahnlinie nach Mosbach entwickelte sich abseits der Wohnbebauung ein ebenfalls großflächiges *Industrie- und Gewerbegebiet*, das wesentlich zum Funktionswandel des Dorfes und zur Veränderung seines Siedlungsbildes beigetragen hat.

Das östliche *Oberdorf* beiderseits der in Südrichtung umbiegenden und nach Sulzbach führenden Landesstraße wird durch die zwei am nordwestexponierten Hang unterhalb des Friedhofs errichteten Kirchen beherrscht. Die höher gelegene *ev. Kirche* ist ein Buntsandsteinbau in der Gestalt eines Saalbaus mit hohen Rundbogenfenstern und steilem Giebeldach mit Krüppelwalmabschluß. Aus seinem Ostgiebel tritt der in ein schiefergedecktes Spitzhelmdach auslaufende Glockenturm mittelrisalitartig heraus. Das *kath. Gotteshaus*, das am Hang unterhalb des evangelischen steht, ist im Kern ein barocker Saalbau, an dem am Türsturz über dem alten Eingang am Nordgiebel die Jahreszahl 1760 zu erkennen ist. Der kleine, gelb verputzte Kirchensaal auf einem Buntsandsteinsockel hat Tür- und Fenstereinfassungen aus Buntsandstein und trägt ein ziegelgedecktes Giebeldach, auf dem über der dem Dorf zugewandten Eingangsfassade ein Dachreiter auf oktogonalem Grundriß mit einem zweistufigen Zwiebeldachabschluß sitzt. An der Westseite hat diese Kirche des 18. Jh. einen rechtwinklig angesetzten Erweiterungsbau erhalten, der sich im Verputz und der Dachgestaltung dem Barockbau anpaßt. Ein aus seinem Westgiebel herausragender, ebenfalls achteckiger Dachreiter mit Spitzhelmabschluß setzt ein bauliches Gegengewicht zum größeren barocken Dachreiter über dem Nordgiebel. Modern gestaltet ist der Eingang am westlichen Erweiterungsbau. Die Beton- und Glaskonstruktion mit Flügeltür unter einem Flachdach hebt sich schon durch das verwendete Baumaterial von der alten Bausubstanz ab, ebenso die an der Bergseite angesetzte Sakristei mit einem weiteren Flachdach.

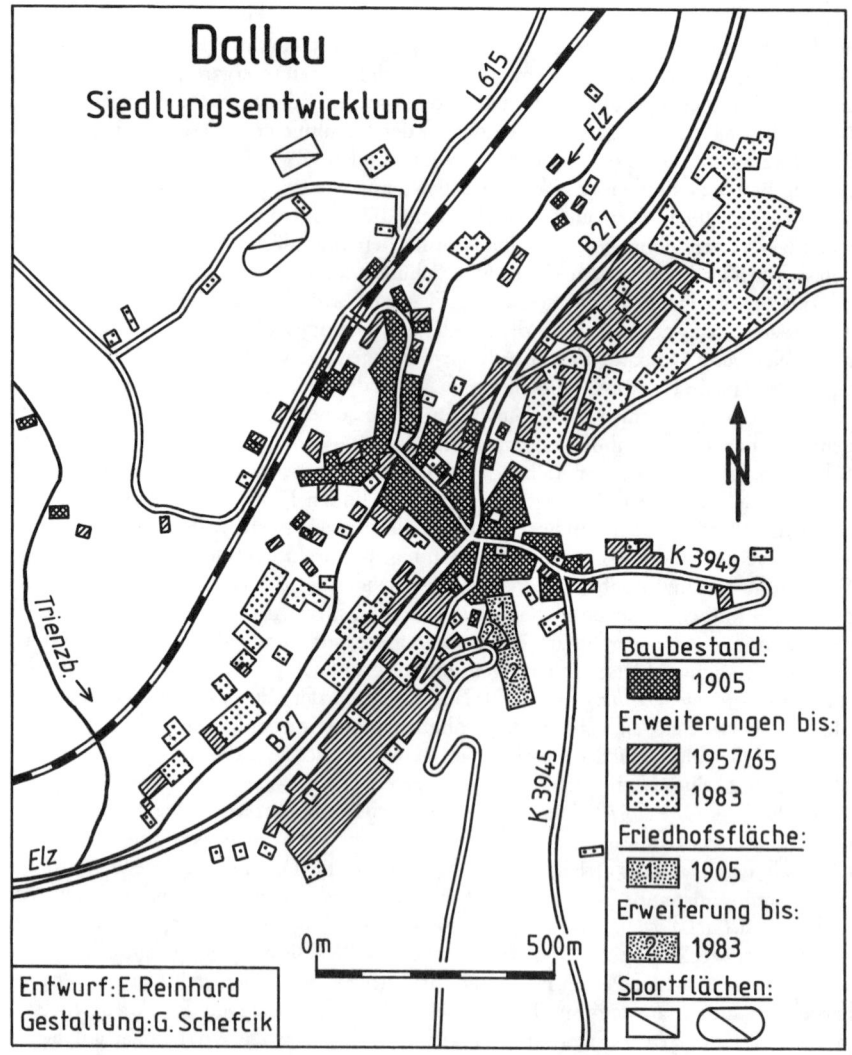

Die Bebauung im Oberdorf ist ganz überwiegend landwirtschaftlich mit Buntsandstein-Bruchsteinmauerwerk an vielen Wirtschaftsbauten. Fachwerk bewirkt an einigen bäuerlichen Wohnhäusern eine reizvolle und abwechslungsreiche Belebung des Aufrißbildes. Die Umgestaltung einiger alter Bauernhäuser zu Wohnbauten, das Postamt in einem modernen zweigeschossigen Gebäude und die Einrichtung einer Computer-Software-Firma inmitten der bäuerlichen Hofstellen, überwiegend Zweiseit- und Winkelgehöften sowie einigen Dreiseitanlagen, zeugen vom Wandel des Oberdorfes auch in seinen Kernbereichen.

Noch deutlicher offenbart sich dieser Wandel im *Unterdorf* zwischen der Hauptstraße mit ihrem starken Durchgangsverkehr der Bundesstraßen 27/292 und der Elz. Anstelle einstiger Gehöfte finden sich dort westlich der Straßenkreuzung an der B 27 Kaufläden, eine Bäckerei und Konditorei, eine Metzgerei, das Gasthaus zur Krone und die Raiffeisenbank Elztal. Zu diesem Geschäftsbereich der Siedlung gehört auch die Hauptstraße unmittelbar südlich der Kreuzung mit einer Sparkassenzweigstelle, dem Landgasthaus zur Pfalz, weiteren Kaufläden, darunter einem größeren Geschäft für Sportartikel, dem Rat- und Schulhaus von 1896/97, hinter dem bereits in den frühen 1960er Jahren eine Schulhauserweiterung und ein 1985 vollendeter Schulneubau errichtet wurden.

Herausragend ist im Unterdorf ein derzeit leerstehender, schloßartiger Bau mit hohen Staffelgiebeln und einem runden Eckturm. Sein schadhafter Verputz und schlechter baulicher Zustand hebt sich kraß vom umgebenden Gebäudebestand des Unterdorfs ab und bedarf dringend einer Renovierung, zumal dieses auf eine Wasserburg zurückgehende Bauwerk ein entscheidendes Aufrißelement im alten Dorf bildet.

Noch ganz überwiegend landwirtschaftlich ist der *Weiler* westlich des Elzbachs geprägt. Größere Gehöfte bestimmen den Aufriß an der Straße »Rechtes Weiler«. Ihre Grundrisse werden bereits durch den sanft ansteigenden rechten unteren Talhang bestimmt. Besonders dicht gedrängt stehen die Häuser an der Straße »Linkes Weiler«. Schmale und hohe, steilgiebelige Gebäude, die zu Streck- und Winkelgehöften gehören, werden aber dort von reinen Wohnhäusern abgelöst (Nr. 6, 9 und 10), die den alten Baubestand verdrängen.

Der westlich des Weilers am Talhang angelegte *Bahnhof* mit einem zweigeschossigen Empfangs- und Dienstgebäude mit nur wenig aus den Längsfronten vortretenden Mittelrisaliten bildet den Übergang zum westlichen *Neubaugebiet Elzberg*, wo an der rechtsseitigen Talflanke insgesamt 57 Wohnhäuser errichtet werden. Teils villenartige, größere Häuser – weitgehend noch unverputzte Rohbauten – mit individuellen Grund- und Aufrißgestaltungen vermitteln bereits einen Eindruck von dieser jüngsten Siedlungserweiterung. Neubauerweiterungen mit größeren wohnblockartigen Mehrfamilienhäusern mit drei Stockwerken stehen am Neuwiesenweg südlich des Rat- und Schulhauses. Ausgedehnte *Neubauflächen* überziehen dann den linksseitigen, westexponierten Elztalhang. Südlich des Oberdorfs erstreckt sich entlang der hangparallelen Unteren, Mittleren und Oberen Augartenstraße ein in der Zwischenkriegszeit begonnenes, in den 1950er und frühen 1960er Jahren überbautes Neubaugebiet. Es ist dicht mit überwiegend zweigeschossigen Einfamilienhäuschen in Traufseitenstellung besetzt. An seinem Südrand bildet ein privates Naturheilsanatorium mit einem blockförmigen dreigeschossigen Flachdachbau als Hauptgebäude einen architektonischen Schwerpunkt und Gegensatz zu der recht uniformen Einfamilienhausgestaltung in den früher überbauten Augärten. Wesentlich großzügiger angelegt ist das nördliche Neubaugebiet am Urnberg. An den vom Alten Auerbacher Weg und der Auerbacher Straße, die serpentinenartig den Talhang erklimmt, wegstrebenden Wohnstraßen, die nach Baumarten benannt sind, stehen individuell gestaltete Einfamilienhäuser in gepflegten Gartenanlagen. Sie verleihen dieser größten Siedlungserweiterung Dallaus den Charakter einer vornehmen Vorstadt-Wohnsiedlung in reizvoller Hanglage.

Im *Industrie- und Gewerbegebiet* unmittelbar rechts der Elz im S des Dorfes prägen moderne, weitgehend flache und teilweise recht umfangreiche Fabrikbauten, zugehörige Verwaltungsgebäude und umgebende Parkplätze das Bild dieses sich vom übrigen Dorf abhebenden Neubaubereichs. Seine Lage auf dem Talgrund, abseits des alten Dorfes und der neuen Wohngebiete in Hanglage, verleiht ihm ein Eigenleben ohne unmittelbaren Kontakt zur übrigen Bebauung.

Eigenständige Wohnplätze auf der Gemarkung sind das Haus *An der Trienz*, die Fischzuchtanstalt *Mariental* im Trienzbachtal mit zahlreichen Weihern und Teichen sowie die *Obere Mühle* an der Elz, 500 m nördlich des Unterdorfs.

Das nach seiner Lage und Gemarkung ganz dem Hinteren Odenwald zuzuordnende Dorf Muckental liegt im Grenzbereich von Buntsandstein-Hochfläche und stärkerer Taleinschneidung des Elzbachs und seiner seitlichen Zuflüsse. So nimmt der obere westliche Ortsteil im Bereich der als L 615 Dallau und Limbach verbindenden Odenwaldstraße eine ausgesprochene Hochflächenlage ein, während die östlichen Siedlungsteile des Dorfes im Bereich der Ritter- und Buchwaldstraße an den oberen Talhängen des zur Elz entwässernden Muckenklingenbachs entlangziehen, der sich unterhalb des Ortszentrums bei der Einmündung der Ritter- in die Odenwaldstraße kerbtalartig in den Oberen Buntsandstein eingesägt hat.

Der haufendorfartige *Siedlungsschwerpunkt* liegt im W des Ortes, im Bereich der Einmündung der Ritter- in die Odenwaldstraße zwischen Rathaus und Gartenstraße. Mit dem modernen Verwaltungsbau der heutigen Ortsverwaltung, einem eingeschossigen Gebäude auf hohem Buntsandsteinsockel und mit flachem Giebeldach, auf dessen First eine Sirene sitzt, einem benachbarten Lebensmittelgeschäft und einer Sparkassenfiliale bildet er auch das funktionale Zentrum der Siedlung. Das mit dem Ortswappen geschmückte *Rathaus* und sein Vorplatz mit dem Kriegerdenkmal für die Gefallenen und Vermißten der beiden Weltkriege bildet den architektonischen Ortsmittelpunkt, zu dem auch alte und große Gehöfte an der Ritterstraße mit Buntsandsteinbauten gehören. Neben dem Rathaus fällt ein rechteckiges, als Feuerlöschteich genutztes Rückhaltebecken mit einer kleinen Pumpstation auf, das vom Muckenklingenbach gespeist wird.

An der dicht bebauten Odenwald- und Gartenstraße stehen größere Gehöftanlagen. Die meist aus der 2. H. 19. Jh. stammenden Wohn- und Wirtschaftsgebäude lassen Streckhofanlagen, Winkel- und unregelmäßig angeordnete Dreiseitgehöfte sowie bäuerliche Anwesen mit traufseitig zur Straße gestellten, parallel angeordneten Wohn-, Stall- und Scheunenbauten erkennen. Bruchsteinmauerwerk aus Odenwälder Buntsandstein beeinflußt mit seinen kräftigen rötlichen und dunkelbraunen Farbtönen allenthalben das Straßenbild. Bei den gepflegten Hofanlagen fallen auch viele neuverputzte Häuser auf. Das *Gasthaus zum Lamm*, ein mächtiger Baukomplex von 1879 aus drei hintereinandergereihten, traufständigen Gebäuden mit einem zweigeschossigen Hauptbau mit hohem Buntsandsteinsockel und steilem Giebeldach bildet mit seinem geräumigen Vorplatz eine bauliche Besonderheit an der Odenwaldstraße.

An der Ritterstraße findet sich bis zur einschiffigen *Buntsandsteinkirche* in neugotischem Stil, die an der Abzweigung der Amselstraße errichtet wurde, ebenfalls ein alter bäuerlicher Baubestand, meist Streckhöfe mit Buntsandsteinmauerwerk, zwischen die sich allerdings auch jüngere und zu Wohnzwecken umgestaltete Häuser einreihen. Das Ortsbild wird in diesem Bereich entscheidend von dem hohen schiefergedeckten Giebeldach des Kirchenbaus beeinflußt, auf dem ein Dachreiter auf quadratischem Grundriß mit Spitzhelmabschluß aufsitzt. Gegenüber der Kirche steht an der Ritterstraße ein wuchtiger zweigeschossiger Buntsandsteinbau mit Walmdach, die *ehemalige Schule*, in der heute eine Zweigstelle der Volksbank Mosbach eingerichtet ist. Unmittelbar westlich des an den Außenwänden durch hohe Spitzbogenfenster und einen schmaleren Ostchor gegliederten Gotteshauses befindet sich im modernen Wohnhaus eines Streckhofs die örtliche *Poststelle*. Ebenfalls noch in der Nachbarschaft der Kirche steht an der Amselstraße der *Zähringerhof*, ein Gasthaus mit Krüppelwalmdach.

Jüngere Ortserweiterungen ließen das Dorf an den oberen Hängen des Muckenklingenbachs nach O wachsen. Ein die Bebauungsfläche des alten Dorfes weit überschreitendes Neubaugebiet dehnt sich beiderseits der östlichen Ritterstraße von der Sportplatzstraße im N bis zur Amselstraße im S aus. Doppelhäuschen mit kleinen Vor- und rückwärtigen Nutzgärten bestimmen das Bild der Sportplatzstraße, die heute bis zum Sportfeld auf der Hochfläche im NO des Dorfes bebaut ist. Östlich von ihr dehnt sich der Friedhof mit einer neuen Kapelle und Leichenhalle aus. Individueller gestaltete Ein- und Zweifamilienhäuser prägen das moderne Wohngebiet südlich der Ritterstraße an rechtwinklig angelegten Wohnstraßen mit Vogelnamen. Am Ostrand hebt sich lediglich ein modernes Baugeschäft mit großen Lagerplätzen, einem neuen Wohn- und Bürohaus und niederen Gerätehallen von der Wohnbebauung ab. Hecken, Büsche und Bäume grenzen diesen gewerblichen Bereich von den benachbarten Wohnhäusern ab.

Am nordexponierten Hang des Muckenklingenbachs erwuchs entlang der Buchwaldstraße und an der am höheren Talhang parallel zu ihr verlaufenden Hardtstraße eine südliche Neubauerweiterung. Kleine steilgiebelige Häuschen aus der frühen Nachkriegszeit, die von jüngeren und großzügiger angelegten Neubauten, so einem bungalowartigen Winkelbau an der äußeren Buchwaldstraße, abgelöst werden, und geräumige zweigeschossige Wohnhäuser an der Hardtstraße bewirken ein recht unterschiedliches Straßenbild.

Im NW außerhalb des Dorfes entstand als weitere *gewerblich-industrielle Siedlungserweiterung* ein Betrieb der Holzverarbeitung mit modernem Bürohaus und Flachdach-Produktionshallen. Weiter außerhalb der geschlossenen Ortschaft liegt dann im NW als eigenständiger Wohnplatz auf der Hochfläche im Quellbereich des Muckenklingenbachs die Einzelhofsiedlung *Rineck*.

Neckarburken, auf historischem Boden am Odenwald-Limes gelegen, war wie die Überreste eines römischen Militärbads in den Kleeäckern am Ostrand des Dorfes und die Ausgrabungen eines römischen Lagerdorfs an der Sulzbacher Straße südlich des alten Orts zeigen, schon in vorgermanischer Zeit besiedelt. Das heutige Dorf erstreckt sich entlang der mit dem starken Durchgangsverkehr der B 27/292 belasteten Hauptstraße dem Elztal folgend etwa in westöstlicher Richtung. Von ihr zweigen ohne erkennbare Regelhaftigkeit die Bahnhofstraße und Kirchstraße ungefähr nordwärts zum Elzbach hin ab. Letztere biegt dann als Brunnengasse nach W um und mündet vor der Elzbrücke in die Bahnhofstraße ein. Parallel zur Elz und Hauptstraße führt im westlichen alten Dorf die Mühlgasse zu der am Ortsrand stehenden Mühle, einem größeren Hofkomplex, der sich von der engen und dicht zusammengedrängten Bebauung mit kleineren Anwesen an der Mühlgasse deutlich abhebt. In südlicher und östlicher Richtung führen dann die Sulzbacher Straße und der Friedhofweg, die rasch zu einer jungen Siedlungserweiterung in den Fluren »Bürg« und »Steglein« überleiten, aus dem Ortskern hinaus. Dieser unregelmäßige Straßengrundriß im alten Neckarburken signalisiert ein typisches Haufendorf, dessen Talmuldenlage und geschlossene, dichte bis ineinander verschachtelte Bebauung überwiegend mit bäuerlichen Anwesen auch nach der Topographie und dem Aufrißbild die bezeichnenden Elemente solcher im Laufe von Jahrhunderten gewachsenen Siedlungen erkennen lassen.

Auffallend sind im *alten Dorf* große Gehöfte, Zwei- und Dreiseitanlagen mit teils unterschiedlich verwinkelten Grundrissen. Daneben finden sich – etwa an der Sulzbacher Straße, am Friedhofweg und an der Mühlgasse – auch Streckhöfe. Im Kirchbereich weisen einige bäuerliche Anwesen auch traufständige Wohnhäuser und parallel zu ihnen dahinterstehende Wirtschaftsbauten mit Ställen und Scheunen auf. Rötliches Buntsandsteinmauerwerk prägt vielerorts vor allem die Wirtschaftsbauten der Höfe, während bäuerliche Wohnhäuser in den Obergeschossen zuweilen Fachwerkkonstruktionen hervortreten lassen. Bauernhöfe, vor allem die größeren an der Hauptstraße und

Sulzbacher Straße, verleihen dem Dorf bis heute sein von der Landwirtschaft geprägtes Gesicht, wenn auch mehrfach schon reine Wohnbauten an ihre Stelle getreten sind wie an der Bahnhofstraße 2, wo ein größeres neues Wohnhaus mit drei Stockwerken aus seiner Umgebung heraussticht. Das Anwesen Brunnengasse 7 ist ein modernes Wohngebäude mit einem Getränkevertrieb. In der Mühlgasse 6 hat sich ein Unternehmen für Kältetechnik und Metallbau mit einem modernen Flachdachbau zwischen den älteren Gebäudebestand gesetzt, und am Friedhofweg wird derzeit im Anwesen 3 ein ehemaliger Streckhof in einen Wohnbau umgestaltet.

Herausragende, das Ortsbild entscheidend beeinflussende Gebäude sind das *Gasthaus zur Rose*, ein traufständig an der Hauptstraße errichtetes Haus mit zwei Geschossen in der Nachbarschaft des Rathauses, ferner das *Gasthaus zum Reichsadler* an der westlichen Hauptstraße (Nr. 10), ein weiß verputztes, zweigeschossiges Traufseitenhaus, zu dem ein Bauernhof mit Buntsandsteingebäuden gehört. An der Abzweigung der Kirchstraße steht mit der vorderen Giebelfront der Hauptstraße zugewandt das *Rathaus* mit Buntsandsteinsockel, verputztem Unter- und Fachwerkobergeschoß mit weiß getünchten Gefachen. Auf seinem hohen Dachfirst sitzen ein offenes Glockentürmchen mit darüber aufragender Welscher Haube, ein hübsches barockes Schmuckelement, sowie eine Sirene. Die von der Hauptstraße aus hinter dem Rathaus aufragende *Kirche* ist ein hoher, saalartiger Buntsandsteinbau mit Rundbogenfenstern, der im Frühjahr 1987 verputzt wurde. An seinem der Kirchstraße zugewandten Ostgiebel wird er vom weiß verputzten Glockenturm überragt, der ein Satteldach mit Krüppelwalmansätzen trägt.

Rechts der Elz bildet der *Bahnhof* auf hohem Buntsandsteinsockel und mit mittelrisalitartig aus den Längsseiten hervortretendem Mittelteil die Verbindung zu einer *Siedlungserweiterung am rechtsseitigen Talhang* an der Waldsteige. Schon vor dem 1. Weltkrieg begonnen, finden sich dort unterschiedliche Gebäude, kleinere Wohnhäuschen von Taglöhnern und Arbeitern bis zu vereinzelten Neubauten aus der Zeit der Jahrhundertmitte und aus den 1980er Jahren; ein Einfamilienhaus steht erst im Rohbau.

Ausgedehnte *Neubaugebiete* haben die Bebauungsfläche des alten Dorfes am unteren und höheren linken Elztalhang mehr als verdreifacht. Ein bereits in der frühen Nachkriegszeit begonnenes Neubauareal überdeckt den flachen unteren Talhang zwischen der Sulzbacher Straße und dem Friedhofweg. Zwei- und Mehrfamilienhäuser bestimmen das Bild dieser heute mit einigen jüngeren Einfamilienhäusern an der Bürgstraße verdichteten Ortserweiterung im SO des Siedlungskerns. Herausragende Bauten sind am Außenrand eine neue Schule mit Turnhalle im Erdgeschoß und ein moderner Kindergarten, zwei Flachdachbauten in Nachbarschaftslage.

Oberhalb des Friedhofs mit seiner neuen Kapelle und Leichenhalle dehnt sich in den Hangfluren »Altenäcker«, »Wörschelberg« und »Unterer Bücheldorn« die jüngste und großflächigste Neubausiedlung aus, in der an fast allen hangparallelen Straßen, von der Goethestraße am unteren bis zur Richard-Wagner-Straße am oberen Talhang noch einzelne freie Bauplätze liegen. Individuell entworfene Einfamilienhäuser in Ziergärten, eingeschossig an der Berg- und zweigeschossig an der Talseite, verleihen ihr ein vorstadtartiges Aussehen. Abgesetzt vom alten Bauerndorf im Tal bildet diese neue Wohnsiedlung am höheren Talhang einen ganz eigenen Siedlungskörper. Allen Siedlungsteilen gemeinsam ist lediglich eine spärliche oder ganz mangelnde Ausstattung mit Kaufläden. Diese fehlende Infrastruktur ist aber bezeichnend für eine Ortschaft in guter Verkehrslage zum talaufwärts benachbarten Gemeindehauptort und zur talabwärts benachbarten Kreisstadt Mosbach mit ihrem für die Ortsbevölkerung vielfältigen Angebot.

Rittersbach nimmt mit seinem engbebauten und vom Wegenetz her unregelmäßig gestalteten alten Ortskern eine ausgesprochene Muldenlage im Elztal ein, dessen Talboden und untere Talflanken bereits in der 2. H. 19. Jh. überbaut waren. Der baulich herausragende Siedlungsmittelpunkt ist der unmittelbar westlich des Wasserlaufs aufragende neuromanische Buntsandsteinbau der *kath. Kirche*. Ihre basilikale Anlage mit hohem Mittelschiff und niederen Seitenschiffen wird von einem wuchtigen Westturm überragt. In ihrer Umgebung stehen an der Georgstraße und am Riemenweg Gehöftanlagen, deren Bauten alle Buntsandsteinsockel, an den Obergeschossen einiger Wohnhäuser Fachwerkbauweise und an den bäuerlichen Wirtschaftsgebäuden Buntsandsteinmauerwerk erkennen lassen. Aus der alten, landwirtschaftlich und handwerklich genutzten Bebauung sticht auf der westlichen Talseite lediglich das Anwesen Georgstr. 9 durch einen Neubau mit Metzgerladen heraus.

Unmittelbar östlich des mächtigen, für eine Dorfkirche riesig wirkenden Gotteshauses mit seinem das Dorfbild entscheidend bestimmenden rötlichen Sandsteinmauerwerk stehen die *Schule* von 1910, ein weiterer massiger Buntsandsteinbau mit zwei hohen Geschossen, und daneben ein jüngeres Lehrerwohnhaus, in dem heute eine Volksbankzweigstelle eingerichtet ist. Die östlich des Flusses die Georgstraße als L 629 fortsetzende Brückenstraße, die am linken Talhang rechtwinklig in die B 27 (Buchener Straße) einmündet, wird ebenfalls von größeren Hofanlagen gesäumt. Streckhöfe (Nr. 4) und Winkelgehöfte (Nr. 6) mit giebel- und traufständigen Häusern herrschen vor. Erst in der Nachkriegszeit auf alten Hofplätzen erbaute Gehöfte brachten erhebliche Veränderungen im Aufrißbild. Zu Wohnhäusern umgestaltete Bauernhäuser bewirkten auch einen Funktionswandel im Baubestand.

Die Bebauung an der Rodin- und Mittelstraße im Bereich zwischen Elz und B 27 bildet den noch ursprünglichsten Teil des alten Dorfes, obwohl sich auch unter seinem äußerst dichten Baubestand einige renovierte (z. B. Mittelstr. 8) und umgebaute Häuser (Lebensmittelladen an der Ecke Rodin-/Mittelstraße) befinden. Zwei- und Dreiseitgehöfte mit unregelmäßigen Grundrissen (Rodinstr. 1), Streckhöfe (Rodinstr. 16) sowie streckhofartige Wirtschaftsbauten, die zu Wohnhäusern auf der anderen Straßenseite gehören (Rodinstr. 4) bringen Vielfalt in das sich auf dem Talgrund ausdehnende alte Dorf.

Aus der auch in diesem Siedlungsteil vielerorts aus Buntsandstein gestalteten alten Bebauung hebt sich bei der Elzbrücke, an der Abzweigung der Mittel- von der Brückenstraße, ein neuerer Bau mit einer offenen Eingangshalle im Erdgeschoß und einer Sirene auf dem flachen Giebeldach ab. In diesem früheren *Rathaus* war bis zur Gemeindereform die eigenständige Gemeindeverwaltung von Rittersbach untergebracht. Der Gde Elztal dient das Verwaltungsgebäude, in dem auch die örtliche Postdienststelle eingerichtet ist, noch heute.

Eine bereits im vorigen Jahrhundert dichte Bebauung erstreckt sich rechts des Elzbachs entlang der inneren Elzstraße, wo kleine traufständige Häuser, die zu kleineren bäuerlichen Anwesen gehören, den Aufriß bis zur Mühle prägen. Weiter außerhalb setzt dann an der Elzstraße gegen N, am Metzenrain und an der Mühlsteige eine erst in den 1970/80er Jahren gestaltete Wohnbebauung bis zum Sportplatz ein.

An der Buchener Straße (B 27), an der kaum noch ein Gebäude ins 19. Jh. zurückreicht, bestimmen handwerkliche Unternehmen, die Gaststätte »Ritter« in einem hohen dreigeschossigen Bau, ein Lebensmittelgeschäft und eine Kfz-Werkstatt mit Autohandel und Tankstelle den recht unterschiedlichen Aufriß. Herausragend ist an der oberen Hangseite die kleine einschiffige *ev. Kirche* mit einem Dachreiter in neuromanischer Manier von 1854.

Junge Erweiterungen seit 1964 ließen das Dorf vor allem am linken nach W und SW gewandten Talhang oberhalb der B 27 wachsen. Ganz im S wurden am unteren Hang des Schafbergs an der Straße Bannholz größere zweigeschossige Wohnhäuser in Traufseitenstellung erbaut. Eine weitere Wohnstraße in Hanglage wurde mit ebenfalls hangparallel gestellten Häusern am Killersweg im O des alten Dorfes erschlossen. Im N schließt an diese junge Ortserweiterung das in seinen Anfängen schon etwas ältere *Gewerbe- und Industriegebiet* mit moderner holzverarbeitender Industrie an. Langgezogene Produktions- und Lagerhallen der Odenwaldwerke, des Möbelvertriebs H. Wenig und der Fa. Neureuter-Möbel bestimmen diesen im NO weit außerhalb der Talsiedlung liegenden Erweiterungsbereich, der durch seine erhöhte Hanglage am Boxberg allerdings einen entscheidenden Einfluß auf das gesamte Siedlungsbild nimmt.

Am Gegenhang, auf dem der Friedhof mit einer modernen Kapelle und Leichenhalle liegt, und der von der Georgstraße in einer langgestreckten Serpentine und von dem den Friedhof mit dem Siedlungskern verbindenden Läufertsrain erschlossen wird, entstanden an der Felsenstraße hoch über dem Dorf größere individuell gestaltete Einfamilienwohnheime in ebenfalls hangparalleler Anordnung. An der von der Georgstraße nach Muckental weiterführenden L 629 stehen oberhalb des Friedhofs und weit außerhalb der geschlossenen Siedlung beiderseits der Straße noch zwei Häuser: die Überreste der einen gesonderten Wohnplatz bildenden *Ziegelhütte*.

Bemerkenswerte Bauwerke. – Auerbach: Die dem hl. Bartholomäus geweihte *kath. Filialkirche* wurde auf einer Anhöhe 1859 in einfachen historisierenden Formen mit Chorpolygon und einem Dachreiter auf dem First des Satteldaches erbaut. Die *ev. Kirche* wurde 1789 als geräumige barocke vierachsige Saalkirche mit Eingangsglockenturm erstellt.

Dallau: Die *kath. Pfarrkirche* wurde als vierachsiges Langhaus in barockem Stil 1727 erbaut und 1898 durch einen polygonalen Choranbau in historisierendem Stil erweitert. Dieser mußte aber 1984/86 einer modernen Vergrößerung weichen. Das barocke Langhaus erhielt einen großen polygonen Dachreiter, auf der Seitenkapelle einen kleineren. Die 1750 errichtete *ev. Kirche* wurde 1857 zu 5 Achsen erweitert und die alten Bauteile im neuromanischen Stil der Erweiterung angepaßt. Halbeingezogener Glockenturm.

Ehem. Wasserburg: Von der mittelalterlichen Wasserburg, die im Besitz des Deutschen Ordens bzw. der Kurpfalz war, blieb das Wohngebäude mit einem von ursprünglich vier Rundtürmen erhalten. Unter dem Deutschmeister Franz Ludwig wurden die langwierigen Streitigkeiten beigelegt und die Burg ganz pfälzisch und statt vom Amtmann des Deutschen Ordens vom Schultheiß bewohnt. 1801 wurde sie privatisiert. Die Bausubstanz des wehrhaften Wohngebäudes dürfte mit seinen Staffelgiebeln im Kern dem 15./16. Jh. angehören.

Muckental: Die *kath. Filialkirche*, heute Pfarrkirche, wurde 1890/91 im neugotischen Stil mit dreiachsigem Langhaus und eingezogenem polygonalen Chor erbaut. Auf dem First des Satteldaches ein monumentaler Dachreiter. Bei der modernen Erweiterung wurde eine flache querschiffähnliche Erweiterung und umgangähnliche Sakristei angebaut.

Neckarburken: Die *ev. Kirche* wurde 1775 als dreiachsiger schlichter barocker Saalbau errichtet. Ein Glockenturm mit quer zum First des Langhaussatteldachs stehenden Krüppelwalmdach wurde 1811 angefügt. Das *Rathaus* aus dem frühen 18. Jh. ist ein Fachwerkbau auf massivem Erdgeschoß mit Dachreiter auf dem Satteldach.

Rittersbach: Die *ev. Filialkirche* wurde 1854 als dreiachsiger flachgedeckter Saal mit eingezogenem polygonalem Choranbau in historisierenden neuromanischen Stilformen errichtet. Auf dem First des Satteldaches ein Dachreiter. – Die *kath. Pfarrkirche St. Georg* wurde 1886/88 in historisierendem neuromanischem Stil als dreischiffige Säulenbasilika mit Chorturm und flachen Decken in allen Schiffen und im Chor erbaut. Im Innern zeichnet sich die geräumige Kirche durch Kopien der ottonischen Wandmalereien von St. Georg in Reichenau-Oberzell aus. Auch der Orgelprospekt stammt aus der Erbauungszeit. Die Bedachung des wuchtigen Turmes erinnert an ostasiatische Tempelbauten.

B. Die Gemeinde im 19. und 20. Jahrhundert

Bevölkerung

Bevölkerungsentwicklung. – Die Bevölkerungsentwicklung in den Dörfern des Elztales war in den Jahrzehnten vor der Agrarkrise durch ein starkes Wachstum gekennzeichnet, das bis 1845 in allen Orten mehr als ein Drittel, in Rineck und Neckarburken sogar 42 % der Einwohnerzahl im Jahr 1806 betrug. In Dallau wurde schon 1828 die 1000-Einwohnergrenze überschritten. Seit den Krisenjahren nahmen die Einwohnerzahlen infolge einer starken *Auswanderung* ab. Die völlig verarmte Gde Rineck wurde 1849/50 aufgelöst und 488 ihrer Bewohner auf Staatskosten nach Amerika zwangsausgesiedelt. Auch in Auerbach wurden 73 besitzlose Gemeindeangehörige nach Amerika abgeschoben. Weitere 65 Personen verließen nach den amtlichen Unterlagen – meist mit eigenen Mitteln – ihren Heimatort Auerbach, ebenso 90 Personen Dallau, weitere 25 Muckental, 28 Rittersbach und 13 Neckarburken. Trotz Geburtenüberschuß hielt der Bevölkerungsrückgang infolge einer allgemeinen Abwanderung junger Leute in die Städte Heilbronn, Heidelberg und Mannheim bis 1939 an. Im 1. Weltkrieg fielen 388 Soldaten, im 2. Weltkrieg 466, vermißt wurden 243. Während des 2. Weltkrieges wurden ca. 50 evakuierte Familien aus dem Rheinland aufgenommen. Der enorme Zustrom von ca. 500 Flüchtlingen aus Schlesien, Jugoslawien und Ungarn ließ die Einwohnerzahlen um mehr als ein Drittel ansteigen. 1950 wurden 1166 *Vertriebene* registriert. In den letzten Jahrzehnten verlief die Bevölkerungsentwicklung in Elztal, durch Geburtenüberschüsse und Wanderungsgewinne bedingt, weiterhin positiv, wenn auch deutlich abgeschwächt. Bei der Volkszählung am 25.5.1987 betrug die Einwohnerzahl 5027.

Konfessionelle Gliederung. – Die Einwohner von Auerbach und Dallau waren zu zwei Dritteln ref. Glaubens, in Neckarburken waren es sogar über 80 %. Dagegen lebten in der Dallauer Fabrik, in Muckental, Rineck und Rittersbach fast ausschließlich Katholiken. In Neckarburken gab es einzelne Mennoniten und Baptisten. Seit dem Zuzug der Flüchtlinge hatten sich die Konfessionsanteile in den einzelnen Ortsteilen etwas einander angeglichen.

Soziale Gliederung. – Die Existenzgrundlage der Bewohner war Ackerbau und Viehzucht. Da der Grundbesitz der völlig verarmten Gde Rineck nicht ausreichte, den Lebensunterhalt zu sichern, waren die Bewohner zu Diebstählen und Betteln gezwungen, was dem Ort einen zweifelhaften Ruf einbrachte. Nur Dallau hob sich durch einen etwas höheren Anteil an Handwerkern und Arbeitern hervor. Nach den Krisenjahren besserte sich die ökonomische Lage der Bewohner. In Muckental war nur die Hübnerschaft vermögend und wohlhabend. Die ärmeren Leute fanden im allgemeinen einen Nebenverdienst auf dem Hofgut Rineck, in Mosbach und in umliegenden Steinbrüchen. Entsprechend der ländlichen Struktur war der Ausländeranteil in Elztal gering. 1986 lebten hier 78 Ausländer, hauptsächlich Jugoslawen und Italiener.

Politisches Leben

Um 1848 (zur Zeit der politischen Unruhen) versammelten sich liberal gesinnte Dallauer, Auerbacher und Rittersbacher Bürger im demokratischen Volksverein Oberschefflenz. Bei der Zollparlamentswahl 1868 und den *Reichstagswahlen* von 1871–1877 erhielt die Nationalliberale Partei in Auerbach, Dallau und Neckarburken die absolute Mehrheit. Nach hohen Stimmenverlusten an die Konservativen im Jahr 1881, konnte sie im Kartell mit den Konservativen in diesen Gemeinden wieder die absolute Mehrheit erringen. Danach fielen die Nationalliberalen als zweitstärkste Partei hinter das Zentrum zurück. In den kath. Orten Rittersbach und Muckental dominierte die Zentrumspartei. 1881 erhielt diese sogar alle gültigen Stimmen in Muckental. Die Konservative Partei hatte in Neckarburken ihren größten Einfluß. 1881 erreichte sie hier wie in Auerbach und Dallau die absolute Mehrheit. Die Antisemitische Partei erhielt 1898 in Neckarburken 70% der gültigen Stimmen. Die SPD konnte von 1907–1919 Stimmengewinne verbuchen, sank jedoch 1928 zur Bedeutungslosigkeit herab. Auch die Deutschnationale Volkspartei erlitt ab 1928 Stimmenverluste, nachdem sie 1924 noch stärkste Partei in Auerbach, Dallau und Neckarburken war. Den Aufstieg der NSDAP dokumentieren die folgenden Wahlergebnisse: 1928 war sie stärkste Partei in Auerbach und Dallau; in Neckarburken besaß sie sogar schon die absolute Mehrheit, die sie dann 1932 auch in Auerbach und Dallau erzielte.

Bei den *Bundestagswahlen* erreichte die CDU fast immer die absolute Mehrheit, 1987 noch 46,1 %. Ihre höchsten Ergebnisse hatte sie dabei in Muckental und Rittersbach. Als zweitstärkste Partei konnte die SPD von 1949 (10,6 %) bis 1987 (36,0 %) zunehmend Stimmenanteile, vor allem in Auerbach, Dallau und Neckarburken erzielen. Die FDP/DVP mußte seit ihrem Stimmenmaximum 1961 (30,3 %) ständig Stimmenverluste bis auf 9,1 % (1983) hinnehmen. In den Anfangsjahren der Bundesrepublik (1949) entfielen auf die Notgemeinschaft 26,3 % der gültigen Zweitstimmen. Von den übrigen Parteien wurden 1969 die NPD (8,2 %) und 1983 die Grünen (5,1 %) gewählt. Ortsvereine von CDU und SPD bestehen in Elztal.

Wirtschaft und Verkehr

Landwirtschaft. – In den Elztalgemeinden war die Landwirtschaft der wichtigste Wirtschaftszweig. Selbst die meisten Handwerker und Taglöhner hatten einen kleinen landwirtschaftlichen Besitz. Die ausgedehnten Gemarkungen von Dallau und Auerbach, deren Ackerfeld sich zum großen Teil auf Muschelkalk erstreckt, hatten auch reichlich Wiesenanteile im Tal der Elz (1805: 286 M bzw. 270 M). Dagegen verfügten die kleineren Gkgn von Rineck und Muckental über ertragsärmere Buntsandsteinböden und nur geringe Wiesenflächen (17 M bzw. 12 M). Ab 1855 fand eine umfassende Verbesserung des Wiesengeländes auf den Gkgn von Auerbach, Dallau, Neckarburken und Rittersbach statt, die zugleich eine Regulierung der Elz einschlossen. Zur Düngung der Felder diente gebrannter Kalk aus den Ziegelbrennereien von Dallau und Rittersbach. 1855 wurde in Dallau eine Pottaschesiederei und ein Kalkofen zur Gewinnung von Äscherich erstellt. Das im Jahr 1857 von der Familie Safio auf der ehemaligen Rinecker Gemarkung errichtete Hofgut, mit einer Fläche von ca. 500 M, galt wegen seiner vorbildlichen Bewirtschaftung als Mustergut. Durch rationelle Bodenbehandlung, Maschineneinsatz und Düngung mit Guano- und Knochenmehl konnten ausgezeichnete Ernten erzielt werden. Umfangreiche Ödungen auf den Gemarkungen wurden kultiviert, ausgenommen felsige und steile Lagen, die weiterhin zur Schafweide und zum Ausbreiten von Hanf und Flachs dienten. Der Boden auf den Elztaler Gemarkungen ist für den *Getreidebau* sehr gut geeignet. Daher gehörten in erster Linie Spelz, gefolgt von Hafer und Gerste zu den Haupterzeugnissen der Gemarkungen. In Muckental gedieh nur Hafer. Getreideüberschüsse wurden an jüdische Händler abgegeben oder auf dem Mosbacher Markt verkauft. Gegen Ende des 19. Jh. entstanden landwirtschaftliche Konsumvereine in Auerbach, Dallau, Neckarburken und Rittersbach. Die Konsumvereine, die heute der *Raiffeisengenossenschaft* angehören, ermöglichten einen rentableren Verkauf und vermittelten Kunstdünger und Saatgut.

Die Gemeinde im 19. und 20. Jahrhundert

Zur Steigerung ihres Getreideabsatzes traten vermögende Landwirte aus Auerbach, Neckarburken und Rittersbach der 1901 in Oberschefflenz gegründeten Getreidelagerhausgenossenschaft bei. Nach dem 1. Weltkrieg lieferten die Bauern der Elztalgemeinden ihr Getreide meist ins Lagerhaus Mosbach. Bis zu dieser Zeit hatte der Anbau von Weizen und Roggen, neben den traditionellen Getreidesorten, stark zugenommen. In den letzten Jahrzehnten wurde die Anbaufläche für Gerste stark erweitert, so daß die Gerste 1983 und 1987 nach dem Weizen zum wichtigsten Getreide zählte. Das Brachfeld wurde durch den Anbau von Schotenfrüchten, Klee und Hackfrüchten verbessert. Da sich der *Futterbau* auch auf geringen Böden lohnte, wurde er im Laufe des 19. Jh. für die zunehmende Viehhaltung stark erweitert. Der Anteil der Luzerne nahm bis 1930 auf die Hälfte der Gesamtfutterfläche (19 % LF) zu. Unter den *Hackfrüchten* stand an erster Stelle die Kartoffel, die auch zum Verkauf angebaut wurde (1880: 12,3 % LF). In den letzten Jahrzehnten wurde sie zunehmend durch *Grün-* und *Silomais* verdrängt, der 1987 mehr als zwei Drittel der Futterbauflächen beanspruchte.

Der *Obstanbau* wurde in allen Gemeinden durch die Anlage von Baumschulen und die Bepflanzung von Straßen und Plätzen vorangetrieben. 1933 standen allein auf Dallauer Gemarkung 13 522 Obstbäume. Viele Weinberge waren zu Beginn des 19. Jh. wegen Mißwuchses aufgegeben und mit Klee und Bäumen bepflanzt oder zu Ackerland umgestaltet worden. In Dallau betrugen die *Rebflächen* 1803 58 M und 1858 noch 42 M. Auf Dallauer und Auerbacher Gemarkung unternahm man nach 1855 auch Versuche mit der Anlage von *Hopfengärten* auf aufgelassenen Weinbergen. Neben Hanf und Flachs ist seit der Mitte des 19. Jh. der Anbau von Raps, Zuckerrüben, Tabak und Krapp besonders zu erwähnen. Der seit 1852 in Dallau eingeführte *Tabakbau* brachte den Landwirten außer einer Bodenverbesserung noch erheblich höhere Einnahmen als Raps und Zuckerrüben. 1889 beschloß die Gde Neckarburken die Errichtung einer Zuckergenossenschaft. In den folgenden Jahrzehnten verlor jedoch der Handelsgewächs- und Feldgemüsebau immer mehr an Bedeutung. Seit den 1880er Jahren wurde der Spelz zunehmend zu *Grünkern* verarbeitet und verkauft. Von 1913-1968 steigerte Dallau seine Produktion von 100 Ztr auf über 500 dz. Hauptabnehmer für den Grünkern war die Heilbronner Nahrungsmittelfirma Knorr. Gegenwärtig werden keine Sonderkulturen mehr angebaut.

Die *Rindviehhaltung* bildete einen wichtigen Erwerbszweig für die Bewohner von Elztal. Der Viehstand konnte durch Zucht, Stallfütterung und Ausdehnung des Futterbaus verbessert und vergrößert werden. Er stieg von 835 Tieren (1808) auf 1752 Tiere (1855) an. Verkauft wurden davon ca. 200-240 Stück jährlich in Dallau und Neckarburken und ca. 20-50 Tiere in den anderen Gemeinden, vorwiegend im Ort und auf den Viehmärkten von Mosbach, Mudau und Adelsheim. In allen Orten konzentrierten sich die Landwirte auf eine Intensivierung der Viehzucht, die hohe Einnahmen brachte. Zu diesem Zweck traten Auerbach, Dallau und Rittersbach Ende der 1880er Jahre der Zuchtgenossenschaft des Amtsbezirks Mosbach bei. Der Viehstand stieg auf 2177 Rinder im Jahr 1913. Um die Jahrhundertwende gewann die Milchverwertung an Bedeutung. So setzten die Gemeinden größere Mengen Milch und Butter mit der Eisenbahn nach Mannheim, Heidelberg und Karlsruhe ab. Die Versandstation Dallau lieferte 1902 allein 9140 l Milch nach Heidelberg und 6200 l nach Mannheim. Bis 1911 konnte die nach Mannheim verschickte Milch auf 12 285 l gesteigert werden. Große Milchmengen stammten dabei aus der neugegründeten Molkereigenossenschaft Auerbach. Die Genossenschaftsmolkerei Unterschefflenz errichtete später Zweigniederlassungen in Dallau, Muckental und Rittersbach. Entsprechend hoch war der Milchviehbestand, der

1930 etwa die Hälfte der Gesamtrinderzahl (2124) ausmachte. Bis 1982 blieb der Viehbestand (2400 Tiere) annähernd konstant; der Anteil der Milchkühe sank jedoch auf ein Drittel. 1987 standen in 90 Betrieben 2259 Stück Rindvieh, davon in 75 Betrieben 802 Milchkühe.

Die zunehmende Intensivierung der Landwirtschaft bedingte eine Zunahme des Pferdebestandes von 62 (1855) auf 261 Tiere (1913). 1950 zählte man noch 236 *Pferde*, die in den folgenden Jahrzehnten zunehmend durch Maschinen ersetzt wurden, so daß ihr Bestand bis 1982 auf 18 sank.

Nach der Agrarkrise bildete auch die *Schweinehaltung* wieder eine erhebliche Einnahmequelle. Die Zahl der Schweine stieg von 1079 im Jahr 1887 auf 1655 im Jahr 1913. Dabei stand in Muckental die Schweinezucht im Vordergrund, während sich vor allem die Gden Auerbach und Dallau mehr auf die Mast verlegten. 1884 wurden in Muckental 54 und in Rittersbach 27 Mutterschweine gezählt. Schweine wurden vielfach gehandelt; ca. 50 Käufer kamen allein nach Muckental. Bis 1982 nahm der Bestand auf 2742 Tiere weiter zu. 1987 jedoch war er auf 1802 Tiere, darunter 104 Zuchtsauen, zurückgegangen.

Alle Gemeinden hielten große *Schafherden*. 1833 löste die Gde Dallau und 1887 die Gde Rittersbach die Schäfereirechte von der Standesherrschaft Leiningen ab. Die verpachteten Schäfereien brachten den Gemeinden – vor allem in Dallau, das 2 Schäfereien mit ca. 1000 Tieren hatte – hohe Einnahmen. In Muckental besaß die Hüfnerschaft die Schäferei. Die intensive Nutzung der Brache führte zu einem ständigen Rückgang des Schafbestandes. Seit 1913 gab es nur noch in Dallau und Rittersbach Schafherden mit 426 Tieren. 1982 hielten 8 Betriebe noch 61 Schafe.

Die *Ziegenhaltung* spielte – außer in Dallau und Auerbach, wo 1887 108 und 1913 153 bzw. 118 Tiere gehalten wurden – nur eine untergeordnete Rolle und wurde nach dem 2. Weltkrieg völlig eingestellt. In den 1970er Jahren hatte die *Hühnerhaltung* in Elztal ihren Höhepunkt mit über 10000 Legehennen erreicht. Von da ab sank der Hühnerbestand bis 1987 auf 1278 Tiere.

Die Landwirtschaft blieb bis ins 20. Jh. der dominierende Erwerbszweig. Lebten noch 1895 mehr als zwei Drittel von diesem Sektor – in Muckental sogar 84 % – so vollzog sich bis 1950 ein Rückgang der Landwirtschaft auf ein Drittel.

In der Mitte des 19. Jh. war zur Ernährung einer Familie ein Güterbesitz von mindestens 6 M in Neckarburken und Rittersbach, ca. 15 M in Auerbach und Dallau und, aufgrund des schlechten Bodens, 22 M in Muckental erforderlich. In Auerbach und Muckental hatten etwa ein Drittel, in Dallau und Neckarburken die Hälfte der Familien einen ausreichend großen Besitz. Die Landwirte gehörten hauptsächlich zum mittleren Bauernstand mit einem Grundbesitz von 15–20 M, bzw. 20–30 M in Dallau. In der Gde Muckental existiert eine Hufengenossenschaft, die 1830 den Erbbestandshof von der Standesherrschaft Leiningen ablöste und dadurch einen großen Besitz an Äckern, Wiesen und Wald erwarb, der, bis auf 25 M Land für die Taglöhner, die gesamte Gemarkungsfläche von Muckental betraf. Aus diesem Grund waren in Muckental nur die Hüfner vermögend, die ca. 25–40 M große Besitztümer hatten. In Rittersbach verfügten die meisten Landwirte nur über 8–10 M Land. Während es von 1895–1925 kaum Veränderungen hinsichtlich der Betriebszahl und -größe gab – vielmehr nahmen die Nebenerwerbsbetriebe zu und 2 Großbetriebe über 50 ha, darunter der 75 ha große Knopfhof, verschwanden – kam es erst in den letzten Jahrzehnten zu einem Rückgang der Betriebszahl auf 141 bei einer gleichzeitigen Vergrößerung der Betriebsfläche auf durchschnittlich 15,3 ha im Jahr 1987. Nach ihrem *Produktionsschwerpunkt* gliederten sich die damals noch bestehenden 158 Betriebe 1983 folgendermaßen: 68 Futterbau-, 56 Marktfrucht-, 24 gemischte und 3 Veredlungsbetriebe. 1986 gab es noch 37 Vollerwerbsbetriebe mit durchschnittlich 30 ha Fläche und dem Produktionsschwerpunkt Getreidebau und Viehwirtschaft. Wie schon im 19. Jh. so bewirtschafteten die Landwirte auch 1979 hauptsächlich Eigenland, das etwa zwei Drittel der Flächen einnahm.

Bereits in den 1850er Jahren war in Auerbach und Neckarburken der landwirtschaftliche Grundbesitz stark zersplittert, im Gegensatz zur Gkg Muckental, wo das Anerbenrecht schon wegen der Unteilbarkeit der Hufen Sitte war. Um einem Mangel abzuhelfen, der den Übergang zu individuellen Wirtschaftsweisen erschwert hatte, wurden in gütlichen Einigungsverfahren schon seit 1858 in Dallau und seit den 1870er Jahren in den anderen Orten neue Feldwege angelegt. Eine *Feldbereinigung* kam nur in Neckarburken etwa 1890–1903 auf drei Distrikten der Gemarkung zustande. Der weiterhin stark zersplitterte Grundbesitz behinderte eine rationale Bewirtschaftung. In Auerbach und Dallau wurden 1966 und 1970 moderne *Flurbereinigungen* im klassischen Verfahren durchgeführt. In Muckental und Neckarburken kam es 1973 zu einem beschleunigten Zusammenlegungsverfahren. Dagegen ist in Rittersbach ein klassisches Flurbereinigungsverfahren noch 1986 im Gang. Im Rahmen der Flurbereinigung wurde hier ein rund 38 ha großes Naturschutzgebiet ausgewiesen und das Dorfbild erneuert. Zur Auflockerung des Dorfes wurden 1960 in Muckental und Rittersbach und 1980 auch in Neckarburken und Dallau je ein Hof ausgesiedelt. In Auerbach entstanden bis 1984 sechs *Aussiedlerhöfe*.

Die Gden Dallau, Neckarburken und Auerbach hatten 1808 einen beträchtlichen *Waldbesitz* (600 M, 300 M und 202 M). Im Gegensatz dazu nahm der Gemeindewald in Rittersbach nur 48 M ein. Die Gden Rineck und Muckental hatten keine Waldflächen. Der Muckentaler Hufengenossenschaft gehörten gemeinschaftlich ca. 64 M Forst, den sie nach und nach veräußerte. In Dallau waren 110 M und in Rittersbach 15 M in privater Hand. Die Standesherrschaft Leiningen besaß Wald in Muckental und 508 M in Dallau sowie 99 M in Rittersbach. Der Verkauf der herrschaftlichen Wälder (302 ha) an das Land Baden-Württemberg kam 1973 zustande. Um die Jahrhundertwende begannen die Gemeinden mit der Aufforstung von Fichten. Ein großer Teil des 1115 ha großen Forstes setzt sich auch noch 1986 aus Hainbuchen, Buchen und Eichen zusammen. Im Besitz der Gemeinde sind davon 813 ha und im Privatbesitz 302 ha.

Handwerk und Industrie. – Das *Gewerbeleben* zeichnet sich vor allem in Dallau durch Vielfalt aus. Jedoch war das Handwerk überbesetzt. So mußten in Dallau etwa 70 kleinere Landwirte 1855 zur Bestreitung ihres Lebensunterhaltes noch ein Handwerk ausüben. Die Dallauer Handwerker setzten ihre Produkte auch in den benachbarten Gemeinden ab. 1854 gab es in Dallau 43 Gewerbetreibende mit 44 Gehilfen. Neben der gewerblichen Grundausstattung, die in allen Gemeinden vorhanden war, arbeiteten hier noch Ziegler, Glaser, Nagelschmiede, Schlosser und Küfer. Folgende Spezialberufe waren in Auerbach vertreten: 1 Bildweber, 1 Bierbrauer und 1 Restaurator. Dagegen fehlten in Neckarburken Bäcker und Metzger, vermutlich wegen der Nähe zur Stadt Mosbach. Die Elz und Trienz betrieben Mehl- und Ölmühlen. Ziegeltonerde wurde in der Dallauer und Rittersbacher Ziegelhütte gebrannt. Tripelabbau fand auf Auerbacher und bis 1916 auch auf Dallauer Gemarkung statt. Große Steinbrüche auf allen Gemarkungen boten – vor allem zur Zeit des Eisenbahnbaus – vielen Taglöhnern und Armen einen ständigen Nebenverdienst. So waren 1904/05 in den Steinbrüchen von Dallau und Muckental jeweils ca. 60 Arbeiter und über 100 in einem Schotterwerk der Firma Gütschow in Auerbach beschäftigt. Das Handwerk der Leinenweber war in Dallau vor allem seit der Gründung der Leinenfabrik von großer Bedeutung. 1806 waren 38 zunftmäßige Leineweber erwähnt. Außerdem verkauften viele Bauern, welche Hanf und Flachs anbauten, das im Winter hergestellte Tuch auf den Märkten in Gundelsheim und Bad Wimpfen. Nach der Betriebszählung von 1895 gaben 153 Betriebe insgesamt 243 Personen Arbeit. Die meisten Betriebe (67) mit mehr als der Hälfte der Beschäftigten konzentrierten sich in Dallau. Hiervon war ein Großteil im Baugewerbe tätig, gefolgt vom Bekleidungs- und Reinigungsgewerbe. 1925 zählte man nur noch 15 Handwerksbetriebe in Dallau. 1895 lebten in Dallau schon 24,7 % der Bevölkerung von Handwerk und Industrie (Elztal 19,4 %). Dieser Zweig war in Muckental am schwächsten vertreten (10,4 %). Bis 1950 trat ein Wandel in den Berufsgruppen ein: über ein Drittel der Beschäftigten gehörte jetzt zu Handwerk und Industrie. Den größten Zuwachs verzeichnete Neckarburken (43,4 %). Im Jahr 1968 gab es 42 Betriebe mit 379 Beschäftigten in Elztal. Dabei war das Bau- und Ausbaugewerbe mit 12 Betrieben und 280 Personen am stärksten vertreten. Bis 1977 nahm die Gewerbetätigkeit etwas ab (38 Betriebe mit 336 Beschäftigten). 1986 zählte man noch 31 Handwerksbetriebe in Elztal; davon konzentrierten sich 19 in Dallau.

Zu den größeren Betrieben gehört die 1986 gegründete Firma *ESA Fensterbau Erich Schwarzer* in Auerbach mit 15 Beschäftigten.

Schon seit dem 18. Jh. gab es auf Dallauer Gemarkung einen Fabrikweiler im Trienztal von überregionaler Bedeutung. Die von Kurpfalz privilegierte Leinenmanufaktur produzierte Uniformen. Der Fabrikweiler umfaßte 1 Leinen- und Wollfabrik, 1 Weberei, 1 Messinggießerei von gutem Ruf, 1 Dreherei, 1 Ölmühle, 1 Hanfreibe sowie 8 Weberhäuschen. Neben den notwendigen Handwerkern lebten hier auch zahlreiche Taglöhner. Noch 1811 wurde die Leinwandmanufaktur erwähnt, die das kurpfälzische Militär belieferte. Auf dem Gelände der ehemaligen Leinenfabrik errichteten 1835 die Gebrüder Wagner eine Papierfabrik, die 1844 10–12 Arbeiter beschäftigte. Die Fabrikation der Messinggießerei war anfänglich auf Messingknöpfe ausgerichtet. Die Gießerei Barchert stellte Schnallen, Türklinken, Beschläge, Fenstergriffe und Brauereiartikel her. Die davon abgetrennte Glockengießerei Barchert produzierte neben Kirchenglocken auch Feuerspritzen und machte gute Geschäfte. 1914 wurde der Betrieb eingestellt. Bis in die 1930er Jahre reicht die *Tiefbaufirma Wetterauer GmbH* in Neckarburken zurück. Die Firma erwirtschaftete mit 50 Beschäftigten 1985 ein Umsatzvolumen von 5,5 Mio DM. Die *Odenwaldwerke Rittersbach* wurden 1947 als »Holzfabrik Rittersbach« gegründet. Von 1962 bis 1969 bestand ein Möbelwerk in Dallau. Das Unternehmen betätigte sich im Möbelbau und im Fahrzeug- und Gerätebau. Als das Möbelwerk Dallau aufgegeben wurde, sank die Zahl der Beschäftigten von ca. 150 im Jahr 1985 auf wenige Mitarbeiter. Der Betrieb in Rittersbach hat sich auf den Bau von Fahrzeugen für Militär, Feuerwehr und Katastrophenschutz spezialisiert. Es wird hauptsächlich in die Golfstaaten exportiert. In Muckental konnte die 1949 gegründete *Hoch- und Tiefbaufirma Mackmull* mit ca. 46 Beschäftigten einen Umsatz von ca. 4,5 Mio DM erzielen. Seit 1960 besteht in Muckental die Filiale der *Keramik Spang GmbH* aus Freiberg am Neckar. Der Betrieb fertigt mit 40 Personen Keramik- und Tonwaren für Haus und Garten: Pflanzenschalen, Übertöpfe, Vasen und Figuren, »Original Odenwälder Weihnachtsengel«. Exportiert werden 10 % der Produktion in die EG, nach den USA und nach Kanada. Eine *Hoch- und Tiefbaufirma* wurde noch vor 1956 von *Adolf Flicker* in Auerbach gegründet. Die Zahl der Beschäftigten stieg seit der Gründung von 5 auf 170 (1984) an. 1984 konnten 16 000 000 DM Umsatz erwirtschaftet werden. Seit 1955 bemühte sich auch die Gde Dallau, die Industrialisierung durch die Erschließung eines Industriegebietes voranzutreiben. 1956 siedelte sich eine Spielwarenfabrik hier an, die aber ihre Gesamtproduktion später verlegte. 1959 begann die Verlegung der *Lederfa-*

Die Gemeinde im 19. und 20. Jahrhundert   735

Tabelle 1: **Handwerksbetriebe 1986**

Branchengliederung nach der Handwerksordnung	insgesamt	Auerbach	Dallau	Muckental	Neckarburken	Rittersbach
Bau- und Ausbaugewerbe						
Bauunternehmen	2	–	1	–	1	–
Fensterbau	1	1	–	–	–	–
Heizungs- und Tankbau	1	–	1	–	–	–
Maler und Gipser	1	–	1	–	–	–
Maler	2	–	–	–	1	1
Dachdecker	1	–	–	–	1	–
Metallgewerbe						
Elektroinstallateur	1	1	–	–	–	–
Elektriker	2	1	1	–	–	–
Autolackierer	1	–	1	–	–	–
Maschinenbauer	1	–	–	–	1	–
Graveur	1	–	–	–	1	–
Holzgewerbe						
Schreiner	3	1	2	–	–	–
Sägewerke	2	–	2	–	–	–
Orgelbauer	1	–	1	–	–	–
Nahrungsmittelgewerbe						
Brennerei	1	–	1	–	–	–
Bäcker	2	–	2	–	–	–
Metzger	2	–	1	–	–	1
Mühle	1	–	1	–	–	–
Gewerbe für Gesundheits- und Körperpflege, chemische und Reinigungsgewerbe						
Friseure	3	–	3	–	–	–
Glas-, Papier-, keramische und sonstige Gewerbe						
Gärtner	1	–	1	–	–	–

Quelle: Gemeindeverwaltung Elztal

brik *Willy Stillbauer KG* aus Offenbach nach Dallau. 45 Beschäftigte stellen Manikure-Etuis, Necessaires und Schmuckkästen her. 70 % der Produktion liefert das Unternehmen in die USA und Canada. 1963 eröffnete die Wuppertaler *Maschinenfabrik Hugo Finkenrath OHG* ein zweites Werk in Dallau, das wegen seiner verkehrsgünstigen Lage zum Hauptsitz der Firma wurde. Ursprünglich umfaßte die Produktion elektrische Industrie- und Haushaltsgeräte und wurde zwei Jahre später auf Kugellagerzubehör umgestellt. Ebenfalls zur Metallbranche gehört die *Spitzer Silo-Fahrzeug GmbH & Co. KG*, die 1872 in Mosbach gegründet wurde. 1966 eröffnete die Firma das selbständige Werk Dallau, und seit 1972 wurde die Produktion der Silofahrzeuge völlig hierher verlegt. Die Firma gehört mit 150–200 Beschäftigten zu den größten Werken im Elztal. Von der Produktion werden 20–30 % weltweit exportiert.

Handel und Dienstleistungen. – Der *Handel* hatte kaum Bedeutung. Allein der Ort Dallau hob sich durch die Einrichtung zweier Jahrmärkte, die noch heute abgehalten werden, etwas hervor. In allen Gemeinden gab es in den 1860er Jahren zwei Krämer. So entfielen auf den Wirtschaftszweig Handel und Verkehr 1895 nur 4,3 % der Bevölkerung. Selbst 1950 gab es in diesem Zweig nur unwesentlich mehr (7,3 %) Berufszugehörige.

Tabelle 2: **Der Einzelhandel 1986**

Branche	insgesamt	Auerbach	Dallau	Muckental	Neckarburken	Rittersbach
Lebensmittelgeschäfte	9	2	2	1	1	3
Getränkehandlung	1	1	–	–	–	–
Kaufhaus	1	–	1	–	–	–
Elektrogeschäft	1	–	1	–	–	–
Handel mit Kunstdünger, Sämereien und Gartengeräten	1	–	1	–	–	–
Möbelgeschäft	1	–	–	–	–	1
Apotheke	1	1	–	–	–	–

Quelle: Gemeindeverwaltung Elztal

Im Möbelgroßhandel ist die Firma *Herbert Wenig* in Rittersbach von Bedeutung, die 1985 12 Mitarbeiter beschäftigte. Ebenfalls in Rittersbach befindet sich das 1968 gegründete *Möbel-Groß- und Einzelhandelsgeschäft Neureuther*, das 1985 1,8 Mio DM Umsatz erzielte. In Dallau sind 3 Großhandelsgeschäfte (Treppenvertrieb, Büroausstattung, Industriebedarf).

Zu den *Dienstleistungsbetrieben* gehören 1 Fuhrbetrieb und 1 Tankstelle in Dallau sowie 1 Tankstelle in Neckarburken. Freiberuflich tätig sind 2 Architekten und 2 Ärzte in Dallau.

Mit *Kreditinstituten* sind alle Ortsteile ausreichend versorgt. Die Sparkasse Mosbach hat von 1973–1982 Zweigniederlassungen in allen Ortsteilen eingerichtet. In Dallau, Muckental und Rittersbach befinden sich Filialen der Volksbank Mosbach. Schon im Jahr 1921 wurde ein genossenschaftlicher Kreditverein in Dallau gegründet (ab 1947 Raiffeisenkasse Dallau). Seit 1968 fusionierte die Raiffeisenkasse mit den Raiffeisenwarengenossenschaften in Neckarburken, Auerbach und Muckental. Die Gde Elztal ist der Fremdenverkehrsgemeinschaft Odenwald-Neckartal angeschlossen. *Übernachtungsmöglichkeiten* bieten das traditionsreiche Gasthaus zur Pfalz in Dallau (21 Betten), das Gasthaus zum Reichsadler in Neckarburken (13 Betten) sowie 4 Häuser in Muckental (13 Betten). Ähnlich wie im 19. Jh. ist Dallau heute mit 5 und die anderen Ortsteile mit je 3 Gasthäusern ausgestattet. 1967 erschloß die Gemeinde Dallau ein Erholungszentrum mit Märchengarten, Kinderspielanlagen und einer Miniatureisenbahn. 1987 wurden insgesamt, d. h. einschließlich des Naturheil-Sanatoriums, 1732 Ankünfte und 15140 Übernachtungen gezählt. Das ergibt immerhin eine mittlere Aufenthaltsdauer von 8,7 Tagen. Die Auslastung der gemeldeten Fremdenbetten war mit 59 % sehr hoch.

Verkehr. – Die Gde Elztal zeichnet sich durch eine günstige Verkehrslage aus, da alle Ortsteile bis auf Muckental an der B 27 Mosbach–Buchen, bzw. der B 292 Mosbach–Adelsheim–Würzburg liegen, die der Streckenführung alter Handelswege von Heidelberg nach Würzburg folgen. Seit 1845 wurde die Straße durch das Elztal als Staatsstraße ausgebaut. Die Posthalterei und Pferdewechselstation der Postkutschenlinie Heidelberg–Wertheim war bis zur Eröffnung der Eisenbahn 1864 im Gasthaus zum Löwen in Dallau eingerichtet.

82 *Auerbach von Osten*

83 *Auerbach, Untere Gasse mit ev. Kirche*

◁ 84 *Dallau von Nordosten*

85 *Dallau, Ortsbild mit ev. Kirche*

86 *Dallau, kath. Kirche*

87 *Muckental von Nordosten* 88 *Neckarburken von Osten*

89 Neckarburken, Rathaus

90 Neckarburken, Überreste des römischen Militärbades

91 Rittersbach ▷ von Nordosten

92 Rittersbach, kath. Kirche

◁ 93 Fahrenbach von Nordosten

94 Fahrenbach, Bahnhofstraße.
Im Hintergrund ev. Kirche

95 Robern, kath. Kirche

96 Robern von Osten

97 Trienz von Osten

98 Fahrenbach, klassizistische ev. Kirche

99 Trienz, kath. Kirche

Der Bau der Eisenbahnlinie Heidelberg–Würzburg mit Bahnstationen in Neckarburken, Dallau und Auerbach eröffnete den Elztalgemeinden seit 1866 einen schwungvollen Milchhandel nach Heidelberg, Mannheim und Karlsruhe. Für den öffentlichen Nahverkehr stehen Bundesbahn und Bahnbus nach Mosbach zur Verfügung.

Verwaltungszugehörigkeit, Gemeinde und öffentliches Leben

Verwaltungszugehörigkeit. – Die Elztalgemeinden gehörten zur Kellerei Lohrbach des pfälzischen Oberamtes Mosbach und blieben stets – auch nach den territorialen Neuordnungen am Anfang des 20. Jh. – beim Amt und späteren Lkr. Mosbach, bis 1973 der Neckar-Odenwald-Kreis neu gebildet wurde. Am 1.1.1973 schlossen sich die Gden Auerbach, Dallau, Muckental und Neckarburken zur neuen Gde Elztal zusammen. Die Gde Rittersbach trat zwei Jahre später dem Gemeindezusammenschluß bei. Am 1.10.1925 wurde die abgesonderte Gemarkung des Knopfhofes von der Gemeinde Neckarburken zur Stadt Mosbach umgemeindet.

Die Gde Rineck entstand im Anschluß an das Hofgut Rineck durch die 1786 beginnende Ansiedlung heimatloser, umherziehender Personen. Soziale Probleme, die aus der Armut und der Herkunft der Bewohner erwuchsen, führten 1849/50 zur Auflösung der Gemeinde. Das 1857 auf dieser Gemarkung entstandene Mustergut Rineck gehörte, wie der alte Hof und die wenigen verbliebenen Bewohner der ehemaligen Gde Rineck, verwaltungsmäßig zur Gde Muckental.

Gemeinde. – Das *Gemeindegebiet* besteht aus den 5 Gemarkungen Auerbach (1930: 979 ha), Dallau (1710 ha), Muckental (703 ha), Neckarburken (mit Knopfhof 634 ha) und Rittersbach (639 ha), abzüglich des Knopfhofes. Das Gemeindegebiet umfaßt 4661 ha, davon sind 56 % landwirtschaftliche Flächen, 31 % Wald und 9,6 % besiedelte Flächen. Bestand 1854 noch jede Gemeindeverwaltung aus 1 Bürgermeister, 1 Ratsschreiber, 1 Rechner und 3 Gemeinderäten, so setzt sie sich heute aus dem Bürgermeister und 20 Gemeinderäten zusammen, von denen 7 der Freien Wählervereinigung, 8 der CDU und 5 der SPD angehören. Bei den *Gemeinderatswahlen* 1975 erhielt die CDU 39,8 % und 1980 34,3 % der gültigen Stimmen und blieb somit hinter der Freien Wählervereinigung (1975: 47,1 % und 1980: 38,4 %). Erst 1984 erreichte die CDU mit 38,3 % das beste Ergebnis, gefolgt von der Freien Wählervereinigung (34,4 %). Die SPD konnte ihren Stimmenanteil von 13,1 % 1975 auf 27,3 % 1980 und 1984 vergrößern. Die Wahlbeteiligung sank kontinuierlich von 80,5 % 1975 auf 71 % im Jahr 1984. *Ortschaftsverfassungen* mit Ortsvorstehern bestehen in allen Ortsteilen. Im Rathaus Dallau befinden sich die Gemeindekasse, das Haupt-, Rechnungs- und Bauamt, während das Grundbuch- und das Standesamt im Rathaus Auerbach untergebracht sind (1986). Die *Gemeindeverwaltung* beschäftigt 7 Beamte, 1 Beamtenanwärter, 12 Angestellte, 8 Arbeiter und 12 Teilzeitarbeitskräfte. Die Gde Elztal gehört neben Mosbach, Obrigheim und Neckarzimmern der Verwaltungsgemeinschaft Elzmündungsraum an. In der 2. H. 19. Jh. hatten die einzelnen Gemeindeteile folgende Bedienstete: je 1 Polizeidiener, 1 Hebamme, 1 Leichenbeschauer, 1 Feldhüter und 1 Waldhüter, wobei Neckarburken zeitweilig 2 Waldhüter hatte. Auerbach, Dallau und Rittersbach hatten je 1 Straßenwart. Totengräber gab es in Auerbach 2, in Dallau, Muckental und Neckarburken je 1. Fleischbeschauer waren in Auerbach, Dallau und Muckental vertreten. Industrielehrerinnen waren in Auerbach, Dallau, Muckental und Neckarburken beschäftigt, 1 Obstbaumwart gab es in Dallau und in Muckental.

Die Gde Muckental verfügte weder über Besitz noch über Einnahmen. Um die Jahrhundertwende sollte die Hubgenossenschaft – der bis auf 25 M die gesamte Gkg

Muckental gehörte, die aber auch die Pflichten einer Gemeinde hatte – auf Veranlassung des Bezirksamtes aufgelöst werden. Die Auflösung scheiterte aber am Gemeinderat Muckental, der im allgemeinen aus Hüfnern zusammengesetzt war.

Zum *Besitz jeder Gemeinde* mit Ausnahme von Muckental gehörten 1 Rathaus, 1–2 Schulhäuser, 1–2 Schafhäuser und zum Teil 1 Armenhaus neben liegenschaftlichem Besitz an Wald, Wiesen, Gärten und Ödland. Hohe Einnahmen erzielten die Gemeinden Dallau und Neckarburken aus ihrem Waldbesitz (715 M bzw. 983 M, 1861) sowie aus der Schäfereipacht. Die genußberechtigten Bürger bezogen eine *Holzgabe*, die 1854 ½ Klafter Scheitholz und 25 St. Wellen in Auerbach, ⅙ Klafter und 43 Wellen in Dallau, 1½ Klafter und 125 Wellen in Neckarburken sowie ¼ Klafter und 25 Wellen in Rittersbach betrug. Eine *Allmende* (1854: 2 V und 25 R) gab es nur in Dallau. Heute besitzt die Gde Elztal 1141 ha Wald, 604 ha Bauland und 2455 ha landwirtschaftliche Flächen. 1985 betrug das Volumen für den Vermögenshaushalt der Gde Elztal 5855338 DM (1984 4498000 DM) und für den Verwaltungshaushalt 8440925 DM (1984 7734525 DM). Die Schulden haben sich im Vergleich zu 1984 verdoppelt (14296263 DM). Größere Investitionen der Gemeinde betreffen neben der Sanierung des Dallauer Wasserschlosses den Neubau 1 Feuerwehrgerätehauses, 1 Bauhauses und 1 Leichenhalle. Das Dorfentwicklungsprogramm für alle Ortsteile umfaßt u.a. den Ausbau der Ortsdurchfahrten und Erschließungsmaßnahmen.

Neben Bundesbahn und Bundespost befindet sich in Neckarburken ein Landeseichamt.

Ver- und Entsorgungseinrichtungen. – Eine *Freiwillige Feuerwehr* besteht in allen Ortsteilen. Sie verfügt über 5 Löschzüge und hat insgesamt 137 Mitglieder (26 in Auerbach, 35 in Dallau, 21 in Muckental, 26 in Neckarburken, 31 in Rittersbach).

Die *Stromversorgung* sichert das Badenwerk Sinsheim mit Direktverkauf an jeden Haushalt.

Die ersten Wasserleitungen, anfangs mit hölzernen Deicheln, wurden im 19. Jh. gebaut, seit 1865 in Auerbach, 1883 in Dallau, 1875 in Neckarburken und 1894 in Rittersbach. Eine zentrale *Wasserversorgung* setzte seit 1910 in Neckarburken, 1926 in Dallau, 1927 in Auerbach, 1947 in Muckental und 1952 in Rittersbach ein. Bohrungen in der Elzschleife bei Dallau erschlossen ein reichhaltiges Wasserangebot. 1970 gründeten die Gden Dallau und Neckarburken einen Wasserversorgungsverband, dem sich 1973 die Gden Muckental und 1975 Rittersbach anschlossen. Ab 1957 begannen die früheren Einzelgemeinden mit dem Ausbau der Ortskanalisation. 1982 ging die mechanisch-biologisch reinigende Kläranlage in Neckarburken und seit 1983 die Kläranlage in Auerbach in Betrieb. Heute sind sämtliche Ortsteile an die *Kanalisation* angeschlossen. Die *Müllabfuhr* wird von einer Mosbacher Firma einmal wöchentlich durchgeführt. Die Hausmülldeponie befindet sich in Buchen, eine Bauschuttdeponie auf Dallauer Gemarkung.

Die *gesundheitliche Versorgung* wird durch 1 praktischen Arzt, 1 Zahnarzt, 1 Heilpraktiker und 1 Apotheke in Dallau sichergestellt. Der Heilpraktiker eröffnete 1945 seine Praxis in Dallau, sie wurde 1953 durch eine Kuranstalt erweitert. 1963 entstand ein neues Naturheil-Sanatorium mit 50 Betten. Eine *Sozialstation* der Ev. Diakonie Mosbach befindet sich in Auerbach. Krankenhäuser stehen in Mosbach und Buchen zur Verfügung. Im 19. Jh. nahmen die Bewohner den Arzt aus Mosbach in Anspruch. 1887 ließ die Gde Auerbach im Spital Mosbach ein Mädchen als Dorfkrankenpflegerin ausbilden. In jedem Ortsteil befindet sich ein *Friedhof* mit einer Leichenhalle. Muckental erhielt erst 1892 eine eigene Begräbnisstätte.

Die Gemeinde im 19. und 20. Jahrhundert   739

Kindergärten der ev. Kirchengemeinden gibt es in Auerbach, Dallau und Neckarburken. 1928 wurde in Dallau ein neuer Kindergarten eingeweiht. Träger des Rittersbacher Kindergartens ist die kath. Kirchengemeinde.
Schule. – Ev. Schulen waren in den 1850er Jahren in jedem Ort – außer in Muckental – vorhanden. Schulhausneubauten wurden 1829, 1869 und 1963 in Dallau, 1840 in Neckarburken und 1860 in Auerbach errichtet. Die Rittersbacher Schule, die in gemieteten Räumen untergebracht war, mußte wegen zu geringer Schülerzahl geschlossen werden, und die ev. Kinder besuchten die kath. Schule. Kath. Schulen gab es im 19.Jh. – außer in Neckarburken – in allen heutigen Gemeindeteilen, auch in Rineck. Nach der Auflösung der Gde Rineck gingen die wenigen verbliebenen Rinecker Kinder in Muckental zur Schule. Die kath. Schüler von Neckarburken besuchten die Schule in Dallau. Der Knopfhof gehörte zum Schulverband Mosbach. In Auerbach und Dallau scheiterte 1869 bzw. 1871 die lang geplante Vereinigung der Konfessionsschulen am Widerspruch der Katholiken. In Dallau wurde 1809 eine Industrieschule und 1871 eine Fortbildungsschule für Knaben eingerichtet. 1923 wurde die landwirtschaftliche Fortbildungsschule neu gegründet, die als landwirtschaftliche Berufsschule nach dem letzten Krieg weitergeführt wurde. 1986 unterrichten insgesamt 17 Lehrer 398 Schüler in 17 Klassen, die sich auf die *Grundschulen Auerbach, Dallau* und *Neckarburken,* sowie auf die *Hauptschule Dallau* verteilen.
In der *Erwachsenenbildung* hält die Volkshochschule Mosbach Kurse in allen Ortsteilen ab. Seit 1986 ist die Gde Elztal Mitglied der Musikschule Mosbach. Außerdem gestalten Sportfeste und Veranstaltungen der Gesangvereine und Feuerwehrkapellen das Dorfleben in Elztal.
Kirche. – Zum Dekanat Mosbach gehören die ehemals reformierten und heute ev. Pfarreien; das sind Dallau mit der Filiale Auerbach sowie Neckarburken mit der Filiale Sulzbach. Die Protestanten von Rittersbach, Muckental und Rineck gehören zur Pfarrei Großeicholzheim; Muckental ist seit 1983 ein Diasporaort von Fahrenbach. Ref. bzw. ev. Kirchen stehen außer in den Pfarrorten auch in Auerbach und Rittersbach. Die wenigen luth. Gläubigen waren nach Mosbach eingepfarrt. Kath. Pfarreien des Landkapitels Mosbach bestehen in Dallau mit Filialen in Auerbach und Neckarburken sowie in Rittersbach mit der Filiale Muckental. Die kath. Pfarrei Rittersbach versorgte im 19.Jh. einen größeren Pfarrbezirk: neben Muckental noch die Filiale Großeicholzheim, Auerbach bis 1899 und Rineck. Für die große Kirchspielgemeinde war die Rittersbacher Pfarrkirche schon 1854 zu klein. Wegen eines Rechtsstreites mit der Gde Muckental kam der Neubau jedoch erst 1888 zustande. Die Gde Muckental plante seit 1855 den Bau einer eigenen Kirche, der erst 1891 zur Ausführung kam. Die Katholiken in Neckarburken und Auerbach verfügten nur über einen Betsaal im Rathaus. In Auerbach diente dann, von 1847 bis zum Bau einer kath. Kapelle 1859, das ev. Gotteshaus als Simultankirche. Die Einwohner des Knopfhofes gehörten kirchlich nach Mosbach.
Sportstätten. – Mit Sportplätzen sind alle Ortsteile, mit Sporthallen alle außer Neckarburken ausgestattet. Muckental verfügt zusätzlich über einen Hartplatz und Dallau seit 1980 über 4 Tennisplätze.
Vereine. – Nachstehende Vereine kennzeichnen das kulturelle und sportliche Leben 1986 in Elztal:

Verein	Gründungs- jahr	Mitglieder
Männergesangverein Auerbach	1858	104
Männergesangverein Liederkranz Dallau	1962	42
Gesangverein Muckental	1949	33
Feuerwehrkapelle Rittersbach	1851	20
Feuerwehrkapelle Dallau	1958	
Sportvereinigung Auerbach	1946	
Sportvereinigung Rittersbach	1957	220
Sportverein Dallau	1912	
Fußballverein Dallau	1979	240
Tennisclub Dallau	1978	200
Volleyballgruppe Dallau	1980	18
Gymnastikgruppe Rittersbach	1985	15

Quelle: Gemeindeverwaltung Elztal

Außerdem bestehen folgende Vereine, von denen aber weder Gründungsjahr noch Mitgliederzahl zu erfahren waren: Gesangverein Rittersbach, Edelweißkapelle Dallau, Sportverein Muckental und Sportverein Neckarburken.

Strukturbild

Die Wirtschafts- und Sozialstruktur der 5 ehemaligen Gemeinden im Elztal war im 19. Jh. bis zum 2. Weltkrieg im wesentlichen von der Landwirtschaft geprägt. Dallau hatte in seiner Eigenschaft als Marktort, durch eine Posthalterei und durch Fabrikanlagen immer einen etwas größeren Anteil an Handel und Gewerbe. Aber erst die wachsende Industrialisierung nach 1950 bewirkte eine Entwicklung der bis dahin kleinbäuerlich strukturierten Gden Auerbach, Dallau und Neckarburken zu Arbeiterwohngemeinden mit einem hohen Auspendleranteil, begünstigt durch die Bahnlinie nach Mosbach. Dagegen wurden Muckental und Rittersbach, die nicht an der Bahnlinie lagen, noch 1950 als klein- bzw. mittelbäuerlich bezeichnet. Im Jahr 1987 arbeitete fast die Hälfte aller Berufsauspendler (886) in Mosbach. Durch eigene Industriebetriebe zog Elztal auch Berufseinpendler aus den umliegenden Gemeinden an, darunter 80 aus Schefflenz und 180 aus Mosbach. Am 25.5.1987 wurden in der Gemeinde 159 (nichtlandwirtschaftliche) Arbeitsstätten mit 1431 Beschäftigten gezählt. Verglichen mit 1970 bedeutet das einen Zuwachs von 9 Betrieben und 188 Beschäftigten, also eine leichte Konzentration in den Betriebsgrößen. Mit 38 Betrieben und 686 Beschäftigten steht das Verarbeitende Gewerbe an erster Stelle unter den Wirtschaftsabteilungen. Zum Einkaufen werden die Städte Mosbach, Buchen, Heidelberg und Heilbronn aufgesucht.

Quellen

Ortsbereisungsakten

Auerbach:	GLA 364/3542, 3936, 1970/336-20
Dallau:	GLA 364/3547, 4017, 6766
Muckental:	GLA 364/3576, 4515, 6772
Neckarburken:	GLA 364/3579, 4536, 6773
Rittersbach:	GLA 364/4866, 4864, 4865

C. Geschichte der Gemeindeteile

Auerbach

Siedlung und Gemarkung. – Auerbach ist ein Ausbauort der Merowingerzeit, der nach Lage der kirchlichen Verhältnisse wohl vom Schefflenztal her gegründet wurde, vielleicht als fränkischer Straßenposten zur Sicherung der Verbindung zwischen Schefflenz und dem Neckartal. Fränkische Reihengräber des 7. Jh. wurden 1850 im W des Dorfes, unweit der Straße nach Mosbach gefunden; ihre Beigaben bestanden neben anderem aus einer verzierten Achtpaßfibel, einer bronzenen Zierplatte und den Resten einer Spatha. Die erste urkundliche Erwähnung des Ortes datiert vom Oktober 791, als dem Kl. Lorsch Güter in *Urbacher marca* (Kop. 12. Jh.) übertragen wurden. Im Unterschied zu dem Weiler Waldauerbach (Schloßau, Gde Mudau) haben Amorbacher Mönche 1395 das hiesige Dorf als *Geuurbach* bzw. als *Geuweurbach* bezeichnet; zu Beginn des 16. Jh. hatte der vermutlich vom Ur, dem Auerochsen, hergeleitete Ortsname seine bis heute gültige Form gefunden (1504 *Aurbach*, 1547 *Awerbach*). 1774 zählte man am Ort 2 Kirchen, 70 Häuser und 1 Mühle; 1803 waren es bereits 85 Häuser. Auf einen schon vor längerer Zeit abgeg. Siedlungsplatz deutet der Flurname Lochmühle am Elzbach im NW der Gemarkung hin; sechs in den Gewannen Knauerbusch, Hermannsberg und Halden nördlich des Dorfes gelegene Grabhügel berechtigen zu der Annahme, daß in der Umgebung von Auerbach bereits in vorgeschichtlicher Zeit gesiedelt worden ist.

Herrschaft und Staat. – Da Auerbach im 13. Jh. zum Reichsland von Mosbach und Wimpfen gehörte, gelangten die Oberherrschaft und die Zenthoheit über das Dorf 1330 mit der Verpfändung dieses Reichsgutbezirks an die Pfalzgrafen bei Rhein. Die vogteiliche Herrschaft am Ort war zu dem Zeitpunkt, zu dem sie in den Quellen erstmals zu fassen ist, geteilt. Die eine Hälfte ist vermutlich 1413 mit dem Erwerb der Burg Lohrbach an die Mosbacher Pfalzgrafen gekommen. Die andere Hälfte befand sich im 14. Jh. in Händen des niederen Adels; 1382 wurde sie von denen von Heinriet an die Münch von Rosenberg verkauft, und diese veräußerten sie, wohl bald nach 1410, an den Pfalzgrafen Otto, der sie 1416 seinerseits neben anderem an den Deutschen Orden (Schloß Dallau) verpfändet hat. Das so begründete pfälzisch-deutschordische Kondominat hatte bei geteilter Gemeinschaft für zweieinhalb Jahrhunderte Bestand. Freilich beanspruchte die Pfalz neben ihrem Anteil und gestützt auf die hohe, zentliche Obrigkeit, die ausschließlich ihr zustand (Zent Mosbach), auch das Steuer- und Schatzungsrecht sowie Jagd und Wildbann für sich allein; außerdem unterhielt sie hier eine Guldenzollstätte. Geteilt waren nur die vogteilichen Rechte und die Gerichtsherrschaft; das Bannweinrecht anläßlich der Kirchweih wurde von beiden Herrschaften im jährlichen Wechsel ausgeübt. Um die aus der Gemeinschaft sich ständig ergebenden, mitunter heftigen Reibereien zu beenden, trat schließlich der Deutsche Orden seine hiesigen Gerechtsame im Januar 1668 tauschweise an Kurpfalz ab, und Auerbach gehörte fortan ganz zum pfälzischen Oberamt Mosbach (Kellerei Lohrbach). 1803 kam das Dorf zum Fürstentum Leiningen (Justizamt Lohrbach) und 1806 zum Großherzogtum Baden.

Grundherrschaft und Grundbesitz. – Als Grundbesitzer zu Auerbach begegnen schon im späten 8. bzw. im 9. Jh. das Kl. Lorsch und – wenn auch in einer wegen ihrer Echtheit umstrittenen Überlieferung – das Stift St. Cyriakus in Neuhausen bei Worms, denen hier mehrere Mansen geschenkt worden waren. Vielleicht sind diese Güter später an das Stift Mosbach gelangt, das hier noch in der frühen Neuzeit über Gülten und andere Berechtigungen verfügte. Größere Höfe hatten in Auerbach schon seit dem späten Mittelalter das Zisterzienserinnenkloster Billigheim und die Pfarrei Limbach. Der Billigheimer Hof umfaßte 1584 126 M Äcker und 28 M Wiesen, dazu Gärten und 80 M »Nonnenwald«; dem Hofbauer, der der Pfalz mit vier Pferden fronpflichtig war, oblag auch die Faselhaltung. Einen weiteren Hof hatten die Billigheimer Nonnen bereits 1322 zum Preis von 80 lb h an den in Buchen ansässigen Ritter Heinrich Gabel von Obrigheim verkauft. Das der Pfarrei Limbach gehörige Gut, im 16. Jh. als *Unser lieben Frauen von Limpach hoff* bezeichnet, war von der Fronpflicht befreit. Der pfälzischen Ortsherrschaft standen 1561 außer vier Hubgütern, die unter die Pertinenzen des Schlosses Lohrbach zählten, in Auerbach nur 2 M Wiesen zu. Als Grundbesitzer sind darüber hinaus die örtliche Kirche zu nennen (1569) mit dem vom jeweiligen Kaplan genutzten Wittumgut und die Pfarrei Rittersbach, die hier 1561 über 16½ M Äcker verfügte. Gültberechtigt waren schließlich noch die Nikolaus-Kapelle zu Dallau (1561) sowie die Pfarreien Dallau und Mittelschefflenz (1683).

Gemeinde. – Die Zweiherrigkeit des Dorfes wirkte sich auch im Bereich der Gemeinde von Auerbach aus. Bis in die 2. H. 17. Jh. hatte diese zwei Schultheißen, die den Gerichtsstab abwechselnd führten, und dem aus zehn Personen bestehenden Gericht gehörten je fünf pfälzische bzw. deutschordische Untertanen an. Der Bürgermeister wurde im jährlichen Wechsel aus den Untertanen beider Herrschaften gewählt. Von den Gemeindeämtern war der Schütz (Büttel) mit Wissen der beiden Schultheißen durch die Gemeindebürger zu bestellen; die fünf Untergänger rekrutierten sich aus dem Gericht (2 paritätisch nach den Herrschaften) und aus der Gemeinde (3) und wurden von den Amtleuten der Kondomini eingesetzt. Den Mesner bestimmte die Gemeinde jährlich im Einverständnis mit den Schultheißen. Appellationen richteten sich in erster Instanz an die herrschaftlichen Amtleute, des weiteren an das Ortsgericht Dallau und an das Stadtgericht Mosbach. Zur Zeit der Zugehörigkeit Auerbachs zum Fürstentum Leiningen (1803/06) bestand das hiesige Gericht einschließlich Schultheiß und Gerichtsschreiber nur noch aus sechs Personen. Der Besitz der Gemeinde umfaßte im 16. und 17. Jh. vier Stücke Wald mit zusammen 202 M, einige gegen Zins verliehene Landachtäcker, eine Schäferei und das Fischrecht im Dorfbach bis zu dessen Mündung in die Elz. Ein Rathaus wird erstmals zum Jahr 1649 erwähnt, hat aber zweifellos schon im 16. Jh. bestanden.

Kirche und Schule. – Die Kirche zu Auerbach, die – wenn es sich bei der um 823 datierten Schenkungsurkunde nicht um eine Fälschung handelt – im 9. Jh. dem Cyriakus-Stift in Neuhausen bei Worms gehörte, war bis 1301 eine Filiale der Pfarrei Roigheim und wurde im genannten Jahr vom Würzburger Bischof der neu gegründeten Pfarrei Mittelschefflenz zugewiesen. Wann der Ort schließlich selbst Pfarrrechte erhalten hat, ist nicht bekannt; in einem pfälzischen Lagerbuch aus der Mitte des 16. Jh. heißt es nur, die *pfarr zu Awerbach* werde vom Kl. Amorbach verliehen. Aber bereits 1605 bzw. 1664 wird die Gemeinde wieder als Filiale von Mittelschefflenz bezeichnet. Geweiht war die Kirche dem hl. Kilian, dem Patron des Bistums Würzburg.

Die Reformation fand in Auerbach unter kurpfälzischem Einfluß schließlich in ihrer calvinistischen Ausprägung Eingang; noch zu Beginn des 19. Jh. bekannten sich rund zwei Drittel der hiesigen Bevölkerung zum ref. Glauben (1803 366 Seelen). Die Kirche war 1705 in der pfälzischen Kirchenteilung zunächst unberücksichtigt geblieben, ist aber den Reformierten im Austausch gegen jene zu Neckargerach 1711 doch noch förmlich zugesprochen worden. Zuständige Pfarrei war Dallau. – Die nächstgrößere Religionsgemeinschaft waren die Katholiken, deren nach Rittersbach gepfarrte Filialgemeinde anfangs nur vier Familien umfaßt haben soll, im 18. Jh. aber eine beträchtliche

Zunahme zu verzeichnen hatte (1718 84 Seelen, 1740 135, 1803 174). Ihren Gottesdienst feierten sie in einer 1737 auf dem Rathaus eingerichteten, dem hl. Bartholomäus geweihten Kapelle, die sie freilich in den 1770er Jahren mit den Reformierten teilen mußten, weil die von diesen benutzte Kirche zu jener Zeit baufällig war. Seit der Mitte des 18. Jh. wurde die Messe in Auerbach von einem Franziskaner aus Mosbach gelesen, weil der Pfarrer aus Rittersbach seinen Filialort nicht besuchte. 1803 bat die Gemeinde um Bewilligung eines eigenen Pfarrers. – Lutheraner gab es in Auerbach nur wenige (1803 40 Seelen); sie waren nach Unterschefflenz gepfarrt und hatten an ihrem Wohnort keinen besonderen Gottesdienstraum.

Die alte Auerbacher Dorfkirche, vermutlich eine Chorturmkirche, wurde im 30j. Krieg zerstört; 1631 mußte das Dach des Langhauses abgenommen und 1637 das ganze Langhaus abgebrochen werden, allein der Turm blieb stehen. Als schließlich 1718 ein neues Langhaus errichtet worden war, gab es wenige Jahre später Klagen über den einsturzgefährdeten alten Turm, und bereits 1751 erhob die ref. Gemeinde die Forderung nach einer Vergrößerung des zwischenzeitlich zu klein gewordenen Gotteshauses. Die zuständige kurpfälzische Geistliche Güteradministration weigerte sich zunächst, die zu erwartenden Baukosten zu tragen, und wurde 1768 vom pfälzischen Hofgericht, zehn Jahre später auch von der Appellationsinstanz in die Baupflicht verurteilt. So kam der geforderte Neubau 1779 endlich zustande.

Der große und der kleine Zehnt zu Auerbach gehörten je zur Hälfte den Klöstern Billigheim (1290) und Amorbach (1395), jedoch hatte Amorbach seinen Anteil am Kleinzehnt dem zuständigen Pfarrer eingeräumt.

Ein ref. Schulmeister ist für Auerbach erstmals 1714 bezeugt, und 1715 stellte auch die kath. Gemeinde, deren Kinder zuvor den Unterricht in Rittersbach besucht hatten, einen eigenen Lehrer an. Die Lutheraner gingen mit den Reformierten zur Schule. Über ein besonderes Schulhaus verfügte um 1803 keine der in Auerbach vertretenen Konfessionen.

Bevölkerung und Wirtschaft. – Um die Mitte des 16. Jh. hatte Auerbach rund 350 Einwohner. Bis zum Jahre 1615 stieg die Bevölkerungszahl bei geringen Schwankungen auf etwa 370 weiter an und ging danach infolge des 30j. Krieges um mehr als 75 % zurück (1649 ca. 85 Einwohner). Nach Kriegsende nahm sie wieder zu und lag 1681 bei etwa 200; den alten Stand hatte sie allerdings erst um die Mitte des 18. Jh. wieder erreicht (1774 381), und 1803 belief sich die Zahl der Einwohner bereits auf 556.

Landwirtschaftlich genutzt wurden 1803 in Auerbach 1061⅕ M Äcker, 12 M Weinberge und 107 M Wiesen; der Viehbestand umfaßte im gleichen Jahr 317 Rinder, 34 Schafe, 56 Schweine und nur 3 Pferde. Eine Mahlmühle findet bereits 1556 Erwähnung; zu Beginn des 19. Jh. waren obendrein zwei Ölmühlen vorhanden. An Gewerben werden 1803 aufgezählt: 45 Leinenweber, 8 Schneider, 3 Maurer, 2 Bäcker sowie je 1 Metzger, Müller, Krämer, Küfer und Schmied. Schildwirte gab es 1803 zwei; 1664 hatte das Dorf noch gar kein Wirtshaus, die Schildgerechtigkeit des Baumwirts datiert von 1742.

Dallau

Siedlung und Gemarkung. – Zwar wurden die auf Dallauer Gemarkung zur Vor- und Frühgeschichte gemachten Beobachtungen in jüngerer Zeit in Frage gestellt, und auch für das frühere Mittelalter liegen hier bislang keinerlei archäologische Befunde vor. Dennoch besteht kein Zweifel, daß es sich bei dem zum Jahr 772 im Lorscher Codex als *Dalaheim* (Kop. 12. Jh.) erstmals erwähnten Ort um eine fränkische Gründung handelt, die um 800 bereits von ansehnlicher Größe gewesen sein dürfte. Der Name, der sich von der Lage des ältesten Siedlungskerns auf dem Talboden herleitet, wandelte sich unter dem Einfluß der Mundart von *Dalaheim* (noch 858) über *Daleheim* (976), *Talheim* (1356), *Thally* (1501) und *Dalla* (1569) zur heute gültigen Form, die 1525 in der Schreibung *Dalaw* zuerst bezeugt ist. 1554 zählte das Dorf rund 100 Häuser, 1774 waren es 108 und 1803 128. Hinzu kommt noch die seit den 1760er Jahren bestehende Industrieansiedlung im Mariental, zu der am Anfang des 19. Jh. 9 Häuser zählten und deren offenbar recht weitgehende Eigenständigkeit 1803 u.a. in ihrer Bezeichnung als Filiale der kath. Pfarrei Dallau zum Ausdruck kommt; dessenungeachtet unterstand sie dem Dallauer Gerichtsstab. In der östlich des Dorfes gelegenen Flur Luttenbach hat man vielleicht den 791 erwähnten, damals zum Schefflenzgau gehörigen, aber längst abgeg. Ort *Lubesbach* zu suchen.

Herrschaft und Staat. – Im 13. Jh. zum Mosbach-Wimpfener Reichsland gehörig, gelangte Dallau 1330 infolge Verpfändung hiesiger Reichsrechte unter die Oberhoheit der Pfalzgrafen bei Rhein, die hier bis zum Ende des Alten Reiches die zentliche Obrigkeit (Zent Mosbach) innehatten. Über die Verteilung der vogteilichen bzw. ortsherrlichen Rechte besteht freilich bis ins frühe 15. Jh. weithin Unklarheit. Zum Teil waren sie im Besitz der Niederadeligen von Heinriet, einer Familie, deren Ursprung im Umkreis der staufischen Ministerialität zu suchen ist und der bereits 1336 die hiesige Burg gehört hat. Um 1356 ist diese Burg – angeblich zur Wahrung des Landfriedens – durch den Erzbischof von Mainz gebrochen worden, und 1356 hat Kaiser Karl IV. dem Mainzer ein Stadtrechtsprivileg für Dallau erteilt (Frankfurter Recht), das dieser aber nie realisiert hat, weil es ihm nicht gelungen ist, den Ort auf Dauer in seine Gewalt zu bringen. Zwischen 1371 und 1382 verkauften die von Heinriet ihre Gerechtsame zu Dallau an die Münch von Rosenberg, die sie um 1410/16 ihrerseits an die Pfalzgrafen von Mosbach veräußerten. Pfalzgraf Otto verpfändete diese Rechte, von denen man erst später erfährt, daß sie die halbe Ortsherrschaft umfaßt haben, 1416 samt der Burg an den Deutschen Orden. Die andere Hälfte des Dorfes ist möglicherweise 1413 mit dem Erwerb des Schlosses Lohrbach an den Pfalzgrafen gelangt und wurde 1506, nachdem Pfalz-Mosbach mit der Kurpfalz vereinigt worden war, – freilich nur für wenige Jahre (bis 1519?) – gleichfalls an den Deutschen Orden verpfändet. Das pfälzisch-deutschordische Kondominat dauerte bis in den Januar 1668, als die hiesigen Rechte des Ordens samt jenen zu Auerbach und Rittersbach gegen Pfälzer Rechte in Aub (Lkr. Würzburg), Niederweiler (aufgeg. in Uiffingen, Stadt Boxberg), Althausen (Stadt Bad Mergentheim) und Duttenberg (Stadt Bad Friedrichshall) eingetauscht wurden. Danach zählte Dallau ganz zum kurpfälzischen Oberamt Mosbach (Kellerei Lohrbach). Zu den in der Zeit der gemeinsamen Herrschaft pfälzischerseits mit Anspruch auf Ausschließlichkeit ausgeübten Rechten hatten neben der Zenthoheit, die die Blutgerichtsbarkeit und das militärische Aufgebot umfaßte, auch die Jagd und der Wildbann gehört; außerdem bestand in Dallau seit 1534 ein pfälzischer Zoll. Dagegen waren die vogteilichen Rechte ebenso wie die Gerichtsherrschaft und das Steuerrecht bis 1668 hälftig geteilt. 1802 wurde der Ort Teil des Fürstentums Leiningen (Justizamt Lohrbach), und 1806 kam er an das Großherzogtum Baden.

Das einstige Wasserschloß zu Dallau, von dem heute nur noch das mit einem Staffelgiebel gezierte Hauptgebäude und ein Rundturm erhalten sind, wird 1336 erstmals in den Quellen erwähnt. Gegründet wurde es aber wohl schon im 13. Jh., vielleicht von einer Ministerialenfamilie, die sich gelegentlich nach Dallau benannte, aber nicht mit einer gleichnamigen Familie aus Talheim bei Heilbronn verwechselt werden darf. Spätestens seit den 1330er Jahren war die Burg im Besitz der von Heinriet, von denen sie über die Münch von Rosenberg an Pfalz-Mosbach und 1416 pfandweise an den Deutschen Orden gelangte. Im 15. Jh. ausgebaut, ist sie im Mai 1525 von den aufständischen Bauern zerstört und anschließend in den Jahren 1529/30 wieder hergerichtet worden. 1554 wird sie beschrieben als von einer Ringmauer und einem Wassergraben umgeben; im Vorhof gab es ein Hofhaus, Scheunen und Stallungen. Bewohnt wurde das Schloß bis 1668 von einem Amtmann des Deutschen Ordens, danach von einem pfälzischen Schultheißen und Landhauptmann. 1801 ist es in privaten Besitz übergegangen.

Grundherrschaft und Grundbesitz. – Im 8. und 9. Jh. war Dallau ein Zentrum Lorscher Besitzes. Aus 18 überlieferten Schenkungen verfügte das Kloster des hl. Nazarius hier über 1 Herrenhof, 5 Hufen, 9 Mansen, mehr als 160 Joch Ackerland, 1 Weinberg und 1 Bifang sowie über eine größere Zahl von Hörigen. Damit dürfte Dallau in jener Zeit zu wesentlichen Teilen in Lorscher Eigentum gewesen sein, und es ist anzunehmen, daß die spätere Herrschaftsbildung am Ort von diesem Güterkomplex ausgegangen ist. Auch das Neuhausener St. Cyriakus-Stift war im 9. Jh. in Dallau begütert, jedoch ist die Echtheit der diesbezüglichen, um 823 datierten Schenkungsurkunde zweifelhaft. Und als Kaiser Otto II. im November 976 dem Bischof von Worms die Abtei Mosbach schenkte, befanden sich unter deren Besitz an 23 Orten auch Güter zu Dallau. Das Stift Mosbach und nach dessen Aufhebung die Mosbacher Kollektur der kurpfälzischen Güteradministration zählten bis zum Ende des Alten Reiches zu den Dallauer Grund- und Gültbesitzern, wenn auch zu den kleineren. Am umfangreichsten war der Besitz der beiden Ortsherren. Seitens der Pfalz umfaßte er um die Mitte des 16. Jh. einen erblich verliehenen Hof mit 37 M Äckern, 1½ M Wiesen und zwei Krautgärten, dazu weitere rund 790 M in Erbbestand verliehene Güter sowie nach ihrer Größe nicht näher bestimmte Waldungen im Breitenloch, auf dem Hohenberg und im Eichwald. Zum Schloßgut des Deutschen Ordens gehörten 1569 rund 227 M Äcker, 44 M Wiesen, 1 M Baum- und Krautgärten, ½ M Weingarten und 388 M Wald; 1668 ist auch dieser Besitz an Kurpfalz übergegangen, aber der Name Deutschordensgut blieb bis ins späte 18. Jh. erhalten. Zu beiden Gütern, die bis 1802 der kurpfälzischen Hofkammer unterstanden, gehörte je eine Schäferei. Das Dallauer Pfarrwittumgut bestand 1803 in 60 M Äckern (so bereits 1550); daneben gab es ein ref. (17¼ M) und ein kath. Pfarrgut (3½ M).

Gemeinde. – Über die Verfassung der Gemeinde zu Dallau sind wir aus Weistümern und Dorfordnungen, die im Zusammenhang mit Differenzen um das pfälzisch-deutschordische Kondominium im 16. und 17. Jh. in großer Zahl aufgezeichnet wurden, gut unterrichtet. Ihren Bürgermeister wählte die Gemeinde im jährlichen Wechsel aus den Untertanen beider Herrschaften, den Büttel und den Mesner bestellte sie mit Wissen der beiderseitigen Amtleute. Von den fünf Untergängern rekrutierten sich zwei aus dem Gericht (je einer seitens der Pfalz und seitens des Deutschen Ordens) und drei aus der Gemeinde. Das Gericht war mit je sechs pfälzischen und deutsch-ordischen Schöffen paritätisch besetzt, den Vorsitz führten die Schultheißen der beiden Ortsherren abwechselnd. 1803 – als der Orden längst aus der Ortsherrschaft ausgeschieden war – bestand das Gericht nur noch aus dem Schultheißen, vier Schöffen und einem Gerichtsschreiber. Für Appellationen waren der Vogt zu Mosbach und bis 1668 auch der Komtur zu Horneck zuständig, Oberhof war das Mosbacher Stadtgericht. Ein eigenes Gerichtssiegel ist seit 1728 belegt; im Wappenschild zeigt es einen Eichenbaum, und aus dem Helm wachsen drei Eichenzweige, die Umschrift lautet: *DALLAVER GERICHTS INSIGEL*. Freilich bediente sich die Gemeinde schon bald nach 1750 eines neuen Siegels, das zwar die gleiche Inschrift trägt, aber statt des hergebrachten

Wappens den Erzengel Michael mit Schwert und Waage, dazu im gespaltenen ovalen Schild das Kreuz des Deutschen Ordens und die Rauten der Wittelsbacher zeigt. Ein Rathaus ist erstmals 1536 bezeugt; es wurde 1785/86 durch einen erst 1970 abgebrochenen Neubau ersetzt. Der Besitz der Gemeinde umfaßte im 16. und 17. Jh. 40 M Wald, einige Äcker, Weingärten und Zinse, dazu das Einzugsgeld und das Standgeld von den Jahrmärkten. Seit einer 1777 mit der Herrschaft vorgenommenen Teilung konnte die Gemeinde 600 M Wald ihr eigen nennen.

Kirche und Schule. – Die erste Erwähnung einer Kirche zu Dallau geschieht bereits in der 1. H. 9. Jh. gelegentlich ihrer Schenkung an das Cyriakus-Stift zu Neuhausen bei Worms. Obschon die Echtheit dieser Urkunde – vor allem im Hinblick auf ihre Datierung in die Zeit um 823 – nicht unumstritten ist, gewinnt ihre sachliche Aussage doch dadurch an Glaubwürdigkeit, daß der hl. Cyriakus noch im 17. Jh. als Patron der hiesigen Kirche bezeugt ist. Das Michaelspatrozinium, von dem J.G. Widder am Ende des 18. Jh. berichtet, beruht auf einem Irrtum und erklärt sich daraus, daß der alte Kirchenheilige infolge Reformation und Kirchenteilung in Vergessenheit geraten war, die politische Gemeinde aber seit um 1750 den Erzengel in ihrem Siegel führte. Die 1726/30 errichtete neue kath. Kirche wurde 1737 der Unbefleckten Empfängnis Mariens geweiht. Das Patronatsrecht der Pfarrei Dallau war stets mit der Ortsherrschaft verknüpft. So war es bis 1382 im Besitz der von Heinriet, danach der Münch von Rosenberg, des Pfalzgrafen von Mosbach und seit 1416 des Deutschen Ordens; 1453 gelangte es wieder an Pfalz-Mosbach und 1802/03 an den Fürsten von Leiningen. Derselben Patronatsherrschaft unterstand auch die einst auf dem Berg östlich des Dorfes gelegene Nikolaus-Kapelle, die 1397 erstmals erwähnt wird und einer Nachricht von 1569 zufolge von einer Angehörigen der niederadeligen Familie Pilgrim von Buchen bzw. von Limbach gestiftet worden war; Buchener Bezüge klingen noch um die Mitte des 15. Jh. an. Die mit Gütern, Zinsen und Zehnten in Auerbach, Dallau, Muckental und Sulzbach reich dotierte Kapelle hatte 1426 einen eigenen Kaplan, wurde aber bereits 1427 der weniger gut ausgestatteten Pfarrei Dallau inkorporiert. Im 16. Jh. noch mehrfach erwähnt, ist sie seit dem 17. Jh. nur noch in Flurnamen (Kappeläcker, Kappelwiesen) zu fassen. Der Besitz der Pfarrei umfaßte 1554/61 neben dem Pfarrhaus mit Hofreite und Scheune 5¼ M Äcker, 3¼ M Wiesen sowie verschiedene Geld- und Naturalgefälle, dazu die Güter der inkorporierten Nikolauspfründe.

In der Reformation wurden die pfälzischen Untertanen zu Dallau von ihrer Herrschaft dem Protestantismus zugeführt, während die des Deutschen Ordens am alten Glauben festhielten. Da die Dorfkirche von den Reformierten beansprucht wurde, feierten die Katholiken ihren Gottesdienst in der Kapelle des Schlosses (1662, 1695). Freilich gab es, nachdem der Orden seine Rechte in Dallau an die Pfalz abgetreten hatte, Bestrebungen, sie auch von dort zu verdrängen. So etwa, als der ref. pfälzische Schultheiß, der nun im Schloß wohnte, anläßlich einer Hochzeit den Beichtstuhl aus der Kapelle entfernen und den Altar als Schanktisch verwenden ließ. Nach dem Regierungsantritt der kath. Linie Pfalz-Neuburg bestand in der Dorfkirche seit 1698 ein ref.-kath. Simultaneum, das aber nur bis zur Kirchenteilung 1707 währte. Danach mußten die Katholiken ins Rathaus ausweichen; 1726/30 erhielten sie schließlich ihre eigene Kirche, die 1778 eine Erweiterung erfuhr. Die alte, von den Reformierten benutzte Kirche, die den 30j. Krieg offenbar in einem leidlichen Zustand überdauert hatte, wird 1722 als baufällig bezeichnet und wurde bald darauf abgerissen. Der 1729 errichtete Neubau war schon wenige Jahre später wieder zu klein; nachdem man noch 1760 eine Empore eingebaut hatte, mußte er bereits 1779 einer neuen Kirche weichen. Ein Pfarrhaus ist seit der Mitte des 16. Jh. bezeugt und wurde zur Zeit des Simultaneums vom ref. und vom kath. Geistlichen gemeinsam bewohnt. 1707 mußte der kath. Pfarrer ausziehen und erhielt 1709 seitens der Diözese Würzburg eine provisorische Wohnung. 1731 kaufte die Kirchengemeinde für ihren Priester ein eigenes Anwesen, und als dieses Pfarrhaus 1786 eingestürzt war, wurde 1788/89 ein neues erbaut. Zur kath. Pfarrei Dallau gehörten 1803 als Filialen die Gde Neckarburken und die Siedlung im Marienthal. Der ref. Pfarrer versah neben seinem Pfarrdorf auch die Seelsorge in Auerbach.

In den großen Fruchtzehnt teilten sich um die Mitte des 16. Jh. zu je einem Drittel der Ortspfarrer, das Ritterstift Wimpfen und das Stift Mosbach mit dem Deutschen Orden. Am Weinzehnt und am kleinen Zehnt waren, wiederum zu je einem Drittel, der Pfarrer, das Stift Wimpfen sowie die Pfalz und der Deutsche Orden beteiligt.

Von einem Schulmeister, dem reformierten, berichten die Quellen erstmals zum Jahre 1663. Seine Besoldung bestand ebenso wie die seines um 1700 bezeugten kath. Kollegen aus 15 fl Geld, 6 Eimern Wein und 12 Mltr Korn und wurde von der Kollektur Mosbach als Rechtsnachfolgerin des dortigen Stifts bezahlt. 1804 zählte die ref. Schule von Dallau, in der ein Lehrer 97 Kinder unterrichtete, zu den größten der Umgebung. Die Schulstube, die dem Lehrer und seiner Familie zugleich als Wohnraum diente, wird als eng und dunkel, das Gebäude, das die Gemeinde auf eigene Kosten erbaut hatte, insgesamt als ruinös beschrieben. Die kath. Schule, noch um 1800 die einzige im Kirchspiel, war 1732 im Rathaus untergebracht und erhielt erst 1787/88 ein eigenes, von der kurpfälzischen kath. Güteradministration finanziertes Gebäude.

Bevölkerung und Wirtschaft. – Anhand der von der Mitte des 16. bis ins 18. Jh. vorliegenden Huldigungslisten der pfälzischen Zent Mosbach ist es möglich, die Bevölkerungsentwicklung im Dallau der frühen Neuzeit nahezu lückenlos nachzuzeichnen. Demnach zählte der Ort 1556 rund 400 Einwohner, 1592 etwa 450 und kurz vor dem Ausbruch des 30j. Krieges, im Jahre 1615, etwa 480; infolge der Kriegsereignisse schrumpfte die Einwohnerzahl bis 1649 auf etwa 260. Danach ist ein zwar langsamer, aber kontinuierlicher Zuwachs zu beobachten, von ca. 300 im Jahre 1660 bis auf 451 im Jahre 1721. Um die Mitte des 18. Jh. dürfte der Stand von 1615 bereits wieder überschritten gewesen sein, und im letzten Viertel des 18. Jh. erlebte das Dorf eine kleine Bevölkerungsexplosion von 549 Einwohnern 1774 auf 860 im Jahre 1803.

Obgleich Dallau sich auf dem wirtschaftlichen Sektor in mancherlei Hinsicht von den Dörfern der Umgebung unterscheidet, stellte der Landbau, der in den Fluren im oberen Feld, im Elzberg und in der Aue (1554) betrieben wurde, natürlich auch hier den bei weitem wichtigsten Erwerbszweig dar. 1803, als hier vornehmlich Spelz, Hafer und Kartoffeln angebaut wurden, gab es auf Dallauer Gemarkung 1960 M Äcker, 195 M Wiesen, 58 M Weingärten und 1200 M Wald; Weinbau ist bereits zum Jahre 801 belegt. Der Viehbestand lag 1803 bei 9 Pferden, 390 Rindern und 700 Schafen.

Um 1800 wurden in Dallau insgesamt fünf Mühlen – zwei Mahl- und drei Ölmühlen – betrieben, um die Mitte des 18. Jh. auch drei Lohmühlen und eine Schneidmühle; eine Schleifmühle wird um 1549 erwähnt. Die beiden größten, in Erbbestand verliehenen Mühlen waren die sog. Kameralmühle, die einst dem Deutschen Orden gehörte, und die sog. Administrationsmühle, aus dem Besitz des aufgehobenen Stifts Mosbach. Erstere lag am Elzbach, letztere am Brunnenbach; im Sommer hatten beide oft unter Wassermangel zu leiden. Eine der Lohmühlen lag im Marienthal am Trienzbach.

An Gewerben waren 1721 im Dorf vertreten: je 3 Bäcker und Rotgerber, je 2 Müller, Schmiede, Schneider und Küfer, je 1 Schildwirt, Schuhmacher und Wagner sowie 9 Taglöhner. 1803 waren es 38 Leinenweber, 10 Küfer, 9 Schuhmacher, 6 Zimmerleute, 5 Schneider, je 4 Bäcker, Schildwirte, Rotgerber und Maurer, je 3 Metzger, Schreiner und Ölmüller, je 2 Mahlmüller und Schmiede sowie 1 Nagelschmied, 1 Ziegler und 1 Barbier. Im 17. Jh. hat das Mosbacher Eisenbergwerk auf hiesiger Gemarkung Erz gegraben, jedoch wurden diese Bemühungen bereits vor 1681 wieder eingestellt. Auch die 1767 im Mariental mit einer Leinentuchfabrik, einer Messinggießerei und einer Dreherei gegründete Industrieansiedlung hatte nicht einmal ein Vierteljahrhundert Bestand. Als privilegierter kurpfälzischer Armeelieferant war der Unternehmer zunächst sehr erfolgreich, aber schon bald nach 1770 geriet die Fabrik in eine Krise, stellte 1785 die Produktion ein und wurde 1797 versteigert; danach bestand nur noch eine Leinwandmanufaktur. 1798 wurde im Dorf die Glockengießerei Bachert gegründet.

Wenngleich das Stadtrechtsprivileg von 1356 für die weitere Entwicklung Dallaus ohne Bedeutung geblieben ist, so wurde dem Dorf 300 Jahre später durch Kurfürst Karl Ludwig von der Pfalz doch noch das Marktrecht verliehen (20. Dezember 1659). Die beiden Jahrmärkte fanden jeweils an Sebastiani (20. Januar) und am Dienstag nach Pfingsten unter dem Rathaus statt und waren zunächst gut besucht, jedoch blieb der Erfolg aus, als die Obrigkeit später die Teilnahme »ausländischer« Händler untersagte; schließlich kamen nur noch einige Häfner. Im 18. Jh. setzte die Gemeinde zwar noch eigenmächtig einen dritten Markttag auf Michaeli (29. September) an, aber 1793 wurde die Genehmigung dieses Termins ebenso wie andere erbetene Vergünstigungen von der pfälzischen Regierung abgelehnt. Das alte Marktrecht wurde 1805 vom Fürsten von Leiningen bestätigt.

Noch 1569 heißt es, Dallau habe *keine erbschenken oder tafern*, und erst gegen Ende des 17. Jh. erfährt man von der Existenz eines Wirtshauses *Zum Ochsen*. Im 18. Jh. findet dann eine ganze Reihe von Wirtshäusern Erwähnung: 1713 die *Traube*, 1719 der *Hirschen* und 1719/21 die *Sonne*; Schildgerechtigkeiten wurden 1736 der *Krone* und der *Pfalz*, 1790 dem *Lamm* und 1805 dem *Löwen* verliehen. Freilich hatten nicht alle diese Wirtshäuser über längere Zeit Bestand.

Muckental

Siedlung und Gemarkung. – Muckental ist eine wohl auf das hohe Mittelalter zurückgehende, 1370 erstmals erwähnte Rodungssiedlung, die nach Lage der herrschaftlichen wie der kirchlichen Verhältnisse wahrscheinlich von Rittersbach her angelegt worden ist. Der Ortsname (1370 *Muckeldal*, 1420 *Mockendal*) beschreibt mit seinem Grundwort die Lage der Siedlung; das Bestimmungswort kommt von ahd. *mucca* bzw. mhd. *mugge* und meint Fliegen. 1420 als Weiler, später nur noch als Hof bezeichnet, war der Ort stets von bescheidener Größe, hatte aber allzeit eine eigene Gemarkung. 1561 gab es in Muckental nur zwei Häuser mit zugehörigen Scheunen, Stallungen und sonstigen Wirtschaftsgebäuden. Im Laufe des 30j. Krieges verödet, wurde der Hof seit dem ausgehenden 17. Jh. neu besiedelt und umfaßte 1699 bereits wieder fünf Haushaltungen, 1765 zehn Häuser mit Stallungen etc. 1783 war die nahezu quadratische, von einer Straße durchzogene Hofanlage von einer z. T. verfallenen Mauer mit Toren umgeben, und 1786 heißt es, der Hof sei in ein Dörflein verwandelt worden. Zu Beginn des 19. Jh. zählte der Ort 23 Häuser. Im Bereich der hiesigen Gemarkung hat man vielleicht die Güter *Mattenbach* (Ende 14. Jh.) und *Winden* (Ende 14. Jh., 1522, 1561, 1751) zu suchen; der später nach Muckental eingemeindete Rineckshof hatte ursprünglich eine besondere Gemarkung.

Herrschaft und Staat. – Zur Zeit seiner ersten Erwähnung war Muckental ebenso wie das benachbarte Rittersbach zumindest teilweise als Pfälzer Lehen im Besitz des

Wiprecht von Dürn, der 1370 mit Konsens des Lehnsherrn die Brüder Gerhard und Eberhard von Obrigheim sowie Berthold von Dürn zu sich in Gemeinschaft des Lehens genommen hat. Daneben verfügten am hiesigen Ort auch die von Heinriet über Güter und Rechte, die sie 1382 neben solchen in Rittersbach, Dallau und Auerbach an die Münch von Rosenberg verkauften. Wie der Weiler dann an die Rüdt von Collenberg (vor 1420) und – vielleicht durch Auflassung seitens der mit Mainz eng verbundenen Rüden – unter die Lehnshoheit des Erzstifts Mainz gelangt ist, läßt sich im einzelnen nicht mehr rekonstruieren. 1472 verkaufte Dieter Rüdt seine Hälfte des Hofes Muckental auf Wiederkauf an Volk von Utzlingen, und früher oder später haben die Rüden offenbar auch die andere Hälfte verpfändet. Nachdem die ganze Pfandschaft im 16. Jh. an die Pfalz gekommen war, verzichteten die Brüder Eberhard und Sebastian Rüdt 1545 schließlich gegenüber Kurpfalz auf das ihnen zustehende Recht der Wiederlösung. Damit hatte die Kurpfalz zu der seit 1330 von ihr wahrgenommenen Zenthoheit auch die vogteiliche Obrigkeit über die Siedlung erlangt. Künftig gehörte der in Zeitbestand verliehene Hof, der um 1561 rund 300 M Äcker, 30 M Wiesen und Matten, dazu Baum-, Kraut- und Grasgärten sowie eine bedeutende Schäferei umfaßte, zur pfälzischen Kellerei Lohrbach. Nach dem 30j. Krieg wurde Muckental als erledigtes und verlassenes Gut durch die Herrschaft eingezogen und 1694 dem Proviantkommissar des Schwäbischen Kreises, Johann Heinrich Pettenkofer, zu Erbbestand verliehen. 1766 von den Pettenkoferschen Erben zurückgekauft, wurden die Hofgüter in acht gleich große Hufen aufgeteilt und an eine Gruppe von eigens hier angesiedelten Erbbeständern verliehen, denen man unter gewissen Auflagen die Freiheit von Leibeigenschaft und von gewöhnlichen Fronden zugesagt hatte. Darüber hinaus wurde den Hüfnern ein eigenes Dorfgericht (1803 1 Schultheiß, 2 Gerichtspersonen, 1 Gerichtsschreiber) und die Ausübung aller niederen Gerechtsame zugestanden; ausgenommen waren allein die landeshoheitlichen Rechte samt der Jagd und der Fischerei. Am Ende des 18. Jh. gehörten zu der sich allmählich zum Dorf entwickelnden Siedlung 244 M Äcker, 522 M wilde Heide, 13 M gute und 67 M Waldwiesen, 24 M Gärten und 492 M pfälzischer Kameralwald; die Größe des Gemeindewaldes wird 1803 mit 350 M angegeben. Mit dem Ende der Kurpfalz gelangte Muckental 1802/03 an das Fürstentum Leiningen und im Zuge der Mediatisierung 1806 an das Großherzogtum Baden.

Kirche und Schule. – Kirchlich war Muckental seit alters eine Filiale der Pfarrei Rittersbach. Nach der Reformation blieben die Katholiken weiterhin nach Rittersbach gepfarrt, während für die Lutheraner Unterschefflenz und für die Reformierten Großeicholzheim zuständig waren. 1803 gab es in Muckental ausschließlich Katholiken. Der große und der kleine Zehnt auf Muckentaler Gemarkung gehörten 1561 zu einem Drittel Kurpfalz; die übrigen zwei Drittel bezog der jeweilige Pfarrer zu Dallau als Inhaber der dortigen Nikolaus-Pfründe. In dem Distrikt zwischen der Muckenklinge und der Rittersbacher Gemarkungsgrenze stand der Zehnt mit einem Drittel dem Deutschen Orden zu.

Nicht allein kirchlich, auch schulisch war Muckental nach Rittersbach orientiert. Der mit der Beschwerlichkeit des Schulwegs begründeten Bitte um Anstellung eines eigenen kath. Lehrers wurde seitens der kurpfälzischen Geistlichen Güteradministration 1784 entsprochen, freilich gab es hernach bald Einwände gegen die Person des Schulmeisters. 1803 war ein von der Gemeinde unterhaltenes Schulhaus vorhanden.

Bevölkerung und Wirtschaft. – Von der Mitte des 16. Jh. bis zum 30j. Krieg lebten auf dem Muckentaler Hof stets zwei Familien. 1681 wird der Hof als verödet und unbewohnt bezeichnet, aber bereits 1699 gab es dort wieder 5 Haushaltungen; 1774 waren es 10, und 1786 zählte man etwa 80, 1803 137 Seelen. Die Bewohner des

Dörfleins waren durchweg Bauern; daneben gab es um 1800 2 Leinenweber und 1 Schneidermeister. An eine längst verschwundene Mühle erinnert bis heute der Flurname Walkmühle nordwestlich des Dorfes, nahe beim Rineckshof.

Rineck. – Anläßlich der Stiftung der Rittersbacher Pfarrpfründe durch die Brüder Heinrich, Contz und Hans Pilgrim werden Ende des 14. Jh. die *wüsten güter außwendig der marck* (von Rittersbach), *genant die Rieneck und Winden und Mattenbach* erwähnt (Kop. 16. Jh.), deren Zehnt dem Pfarrer zustehen sollte. 1726 war Rineck ein der pfälzischen Kellerei Lohrbach zugeordneter Erblehnhof mit rund 250 M Land. Noch 1774 unter den Gerichtsstab von Rittersbach gehörig, wurde der Hof seit Mitte der 1780er Jahre von Kurpfalz planmäßig zu einem Dorf mit eigenem Gericht (1803 1 Schultheiß, 3 Schöffen, 1 Schreiber) und eigener Gemarkung ausgebaut; Kirch- und Schulort blieb weiterhin Rittersbach. Um 1803 zählte das zu jener Zeit leiningische Dorf etwa 300 Einwohner, unter ihnen 15 Gewerbetreibende, 19 *Künstler*, 16 Taglöhner und 7 Bauern – eine Zusammensetzung, an der die sozialen Probleme einer Gemeinde ohne angemessene wirtschaftliche Grundlage abzulesen sind. Noch 1806 waren alle Häuser zu Rineck mit Stroh gedeckt.

Neckarburken

Siedlung und Gemarkung. – Vom hohen Alter Neckarburkens als Siedlungsplatz zeugt schon der Name des Dorfes, der, als *villa Borocheim* 774 im Lorscher Codex (Kop. 12. Jh.) erstmals belegt, sich von zwei unter dem Ostteil bzw. im O des heutigen Ortes, in den Gewannen Burg und Beiburg, gelegenen römischen Limeskastellen (castellum = Burg) herleitet. Beide Kastelle, ein Kohortenkastell (Westkastell) mit zugehörigem Kastellbad und ein Numeruskastell (Ostkastell), wurden 1881 bzw. 1892/94 archäologisch untersucht; ein zweites Kastellbad konnte 1982 im Bereich der Steinwiesen entdeckt werden. Die im frühen Mittelalter hier entstandene Siedlung knüpft mit ihrer Benennung an diese römischen Niederlassungen an. Während des ganzen Mittelalters und bis weit in die Neuzeit führte das Dorf den Namen *Burckheim* (1425) oder *Burcken* (1504); die heutige Namensform Neckarburken dient der Unterscheidung von dem östlich gelegenen Osterburken und ist bereits zu Beginn des 17. Jh. bezeugt. Um 1700 zählte der Ort etwa 30, 1774 50 und 1803 56 Häuser.

Herrschaft und Staat. – Zur Zeit der Staufer gehörte Neckarburken ins Reichsland um Wimpfen und gelangte mit dessen Verpfändung 1330 unter die Hoheit der Pfalzgrafen bei Rhein, die hier seither die zentliche Obrigkeit ausübten. Die Ortsherrschaft war im 14. Jh. im Besitz der aus der staufischen Reichsministerialität hervorgegangenen Herren von Weinsberg, die sie 1353 auf Wiederlösung an Engelhard von Hirschhorn verkauften. Johann von Hirschhorn veräußerte seine Hälfte der hiesigen Vogtei im Januar 1412 an den Pfalzgrafen Otto von Mosbach, und schon bald darauf waren die Pfalzgrafen, seit 1499 die Kurfürsten von der Pfalz, die alleinigen Inhaber aller hohen und niederen Obrigkeit zu Neckarburken. Um 1509/17 war das zur Kellerei Lohrbach gehörige Dorf vorübergehend an den Deutschen Orden verpfändet. Eine pfälzische Guldenzollstätte bestand hier spätestens seit dem 16. Jh. Mit dem Ende der Kurpfalz wurde Neckarburken 1803 Teil des Fürstentums Leiningen, 1806 des Großherzogtums Baden.

Grundherrschaft und Grundbesitz. – Als älteste Grundherrschaft zu Neckarburken begegnet in den Jahren 774 bis 794 das Kl. Lorsch, das hier aufgrund dreier Schenkungen über mehrere Joch Ackerland sowie über zwei Hörige und deren Hufen verfügte. Graf Boppo von Dürn-Dilsberg belehnte 1255 den Schneidermeister Ulrich von Mosbach mit einem Hof neben der Kirche zu Neckarburken. Die hiesigen, in Erbleihe vergebenen Hubgüter des Mosbacher Julianenstifts umfaßten 1533 rund 390 M Äcker und 25 M Wiesen. Hinzu kommt noch das bereits 1370 erwähnte und gleichfalls vom Mosbacher Stift zu Lehen rührende sog. Galgengut mit 32 M Äckern und 6 M Wiesen, dessen von der Bede befreite Inhaber noch im 17. und 18. Jh. verpflichtet waren, bei Bedarf das Hochgericht auf eigene Kosten zu errichten und alle für eine Hinrichtung benötigten Geräte zur Verfügung zu stellen; obendrein hatten sie dem Scharfrichter einen Karren und ein Pferd zu stellen, womit dieser anschließend den Leichnam des Hingerichteten zum Begräbnis brachte. Um die Mitte des 16. Jh. gab es in Neckarburken neben der kurpfälzischen Orts- und Landesherrschaft, dem Stift Mosbach und der örtlichen Pfarrei (17. Jh. 12 M Äcker, ½ M Wiesen, ein Krautgarten) keine weiteren Grundbesitzer mehr; Gülten, die einst das Mosbacher Spital hier hatte, waren längst abgelöst.

Gemeinde. – Schultheiß und ganze Gemeinde zu Neckarburken treten erstmals 1530 als Aussteller einer Urkunde in Erscheinung. Dem Dorfgericht, dem 1803 auch der auf Mosbacher Gemarkung gelegene Knopfhof unterstand, gehörten zu Beginn des 19. Jh. neben dem Schultheißen nur zwei Schöffen an. Für Appellationen gegen Entscheidungen des Gerichts waren zur Zeit des Alten Reiches der Faut zu Mosbach oder der Keller zu Lohrbach zuständig. Der Besitz der Gemeinde bestand 1683 aus einem mehr als 100 Jahre alten Rathaus, 105 M Wald, 1½ M Ackerland und ½ M Wiesen sowie aus dem Zehnt von einigen wenigen Grundstücken; 1772 wurde die Größe des Gemeindewaldes mit 300 M beziffert.

Kirche und Schule. – Das Patronatsrecht der 1291 anläßlich einer Seelgerätstiftung erstmals bezeugten Pfarrkirche von Neckarburken war um 1350 zwischen denen von Weinsberg als Ortsherrschaft und dem Stift Mosbach umstritten. Rund hundert Jahre später, 1446, entsagten die Weinsberger im Tausch gegen Mosbacher Rechte an der Kirche zu Züttlingen ihren Ansprüchen auf den hiesigen Kirchensatz, der fortan allein dem Mosbacher Stift und nach dessen Aufhebung Kurpfalz zustand. Kirchenheiliger war in Neckarburken seit alters der hl. Burkhard, ein Patrozinium, in dem vielleicht Würzburger Einflüsse zur Geltung kommen. In der Reformation wurde das Dorf durch seine Herrschaft dem ref. Bekenntnis zugeführt. Dessen ungeachtet waren am Ende des 30j. Krieges die Katholiken in Neckarburken in der Überzahl (1649 30 kath. und 20 ref. Familien); um 1700 bestand für die Kirche ein Simultaneum. Als dieses infolge der Kirchenteilung 1707 aufgehoben worden war, feierten die Katholiken ihren Gottesdienst in einem auf dem Rathaus eingerichteten Oratorium. Zuständige Pfarreien waren seit der Mitte des 17. Jh. Sulzbach für die Reformierten und Dallau für die Katholiken. Die alte Dorfkirche wurde 1774/75 durch einen Neubau ersetzt. Ein Pfarrhaus findet bereits 1577 Erwähnung.

Den großen Frucht- und Weinzehnt bezog in Neckarburken um 1800 allein die kurpfälzische Geistliche Güteradministration als Rechtsnachfolgerin des aufgehobenen Stifts Mosbach; in den kleinen Zehnt teilten sich die Güteradministration und die reformierte Pfarrei Neckarburken je zur Hälfte. Vormals war der große Zehnt als Weinsberger, später als Pfälzer Lehen im Besitz der in Mosbach bzw. in Binau ansässigen Familie von Bödigheim. Um 1424 haben die Bödigheimer die Hälfte des Zehnten an Volmar Lemlin aus Wimpfen versetzt, und 1441 verkauften sie ihn zunächst zu zwei Dritteln, dann (1578) ganz an das Stift Mosbach.

Die ref. Winterschule zu Neckarburken wurde im 17. Jh. vom Glöckner versehen. Zu Beginn des 18. Jh. wohnte der Schulmeister in dem als baufällig bezeichneten Pfarrhaus; ein besonderes Schulhaus ist erst gegen Ende jenes Jahrhunderts bezeugt. Ein kath.

Schuldienst wurde in Neckarburken erst 1712 eingerichtet; zuvor waren die kath. Kinder in Dallau zur Schule gegangen.
Bevölkerung und Wirtschaft. – Um die Mitte des 16. Jh. belief sich die Zahl der Einwohner von Neckarburken auf etwa 200; bis zum Ausbruch des 30j. Krieges stieg sie noch geringfügig an auf ca. 230 und sank danach bis 1649 auf etwa 90 ab. 1681/85 zählte der Ort wieder rund 200 Seelen; jedoch verminderte sich deren Zahl kurz darauf infolge der kriegerischen Zeitläufte neuerdings (1690 ca. 160), lag noch 1774 bei nur 190, ist dann aber bis 1803 auf 255 angestiegen (1803). Bereits im 15. Jh. hatte Kurpfalz in Neckarburken die Lokalleibeigenschaft durchgesetzt, d. h. außer dem Pfalzgrafen hatte hier niemand Leibsbede, Hühner oder andere leibrechtliche Abgaben zu beanspruchen.

Feldbau wurde in der nordöstlich des Dorfes gelegenen Grabenflur sowie in der Dallauer Flur und in der Rauertsflur im S des Dorfes betrieben. Die 1790 hauptsächlich angebauten Feldfrüchte waren Dinkel, Hafer und Kartoffeln, dazu gemischte Frucht und etwas Einkorn. 1803 verteilte sich die landwirtschaftlich genutzte Fläche mit 492 M auf Ackerland, mit 60 M auf Wiesen und Gärten sowie mit 30 M auf Weingärten. An Vieh gab es 1803 168 Rinder und 3 Pferde. Die örtliche Mühle (1561) wurde von der Ortsherrschaft zu Erbbestand verliehen. Bei den Gewerben dominierten 1803 die Leinenweber (14) bei weitem; daneben gab es 2 Schneider, 2 Wagner und je 1 Bäcker, Schuster und Küfer.

Rittersbach

Siedlung und Gemarkung. – Rittersbach ist ein zur Zeit der Merowinger entstandener Ausbauort, der, zwar ohne Namensnennung, 783 im Lorscher Kodex (Kop. 12. Jh.) erstmals erwähnt wird. Entgegen einer wohl im 17. oder 18. Jh. aufgekommenen Tradition besteht zwischen dem vermutlich von einem Personennamen hergeleiteten Ortsnamen (812/13 *Rodinsburon*, 1370 *Rudinspure*, 1453 *Rudelspach*, um 1549 *Ruders-porn*, 1605 *Rüdersbach*) und dem Patron der hiesigen Pfarrkirche, dem Ritterheiligen Georg, kein Zusammenhang. Um die Mitte des 16. Jh. zählte das Dorf 27 Herdstätten; 1774 belief sich die Zahl der Häuser auf 36, 1803 auf 49.

Herrschaft und Staat. – Wie Lohrbach gehörte Rittersbach wahrscheinlich einst zum staufischen Reichsland um Wimpfen und gelangte 1330 durch Verpfändung unter pfalzgräfliche Oberhoheit. Die Ortsherrschaft war 1370 als Pfälzer Lehen im Besitz Wiprechts von Dürn, der die von Obrigheim zu sich in Gemeinschaft genommen hatte. Nicht näher definierte Gerechtsame gehörten auch denen von Heinriet, die sie um 1380/82 zusammen mit Gütern und Rechten in anderen Dörfern der Umgebung an die Münch von Rosenberg veräußert haben. Zu Beginn des 15. Jh. war die Hälfte von Dorf, Vogtei und Gericht als pfälzisches Mannlehen in Händen der Pilgrim von Limbach und wurde von diesen um 1403/11 an die Rüdt von Bödigheim abgetreten; zwischen 1466 und 1491 haben dann die Pfalzgrafen von Mosbach diese Hälfte nach und nach erworben, und mit dem Erlöschen der Mosbacher ist sie schließlich 1499 an Kurpfalz gefallen. Die andere Hälfte war bereits 1439 im Besitz des Deutschen Ordens, an den um 1509/17 vorübergehend auch der Pfälzer Anteil verpfändet war. Das pfälzisch-deutschordische Kondominium währte, von ständigen Streitereien begleitet, bis zum Jahre 1668, als der Orden seinen Teil an Rittersbach tauschweise an Kurpfalz abtrat. Bis 1668 bestand eine geteilte Gemeinschaft, in der die vogteilichen und die Gerichtsrechte von beiden Herrschaften zu gleichen Teilen wahrgenommen wurden. Die zentliche Hoheit mit Blutgerichtsbarkeit und militärischem Aufgebot stand allein der Pfalz zu

(Zent Mosbach); jedoch hatten die Untertanen des Deutschen Ordens dem Aufgebot nur dann Folge zu leisten, wenn ihre Heimkehr vor Einbruch der Nacht gewährleistet war. Die Ausübung des Steuer- und Schatzungsrechts war zwischen der Pfalz und dem Orden umstritten. Die hohe Jagd gebührte Kurpfalz, und der jeweilige Ortspfarrer hatte durch angebliche Privilegierung seitens der Pfalzgrafen von Mosbach das Recht, Hasen und Vögel zu jagen sowie im Elzbach zu fischen. Seit dem 16. Jh. bestand in Rittersbach eine pfälzische Guldenzollstätte. Ende 1802 kam das Dorf zum Fürstentum Leiningen, 1806 zum Großherzogtum Baden.

Grundherrschaft und Grundbesitz. – Der Lorscher Besitz in Rittersbach, dem wir die älteste Erwähnung des Dorfes verdanken, war nicht sehr bedeutend; er bestand in 2 Mansen, 45 J Ackerland und 2 Hörigen sowie in verschiedenen, nicht näher bestimmten Gütern. Im späten Mittelalter verfügten die Pilgrim und als ihre Nachfolger die Rüden hier über einen Herrenhof, der später wohl in Pfälzer Besitz übergegangen ist. 1561 umfaßte die pfälzische Grundherrschaft zu Rittersbach rund 390 M Äcker und Wiesen, dazu 7 Hufengüter mit weiteren rund 380 M Land. Dem Stift Mosbach gehörte das in Erbbestand verliehene sog. Heiligengütlein mit etwa 35 M. Das Pfarrwittumgut bestand 1683 in 30 M Äckern und 4 M Wiesen.

Gemeinde. – Im Bereich der Gemeinde wirkte sich die bis 1668 dauernde Zweiherrigkeit von Rittersbach in der Weise aus, daß jeder der Herren seinen eigenen Schultheißen ernannte; den Gerichtsstab führten beide Schultheißen abwechselnd. Die Gerichtspersonen, gewöhnlich sieben an der Zahl, wurden je zur Hälfte von den pfälzischen und von den deutschordischen Untertanen gestellt; den ungeraden Richter zu benennen, war ein Vorrecht der Pfalz. Appellationen gegen die Beschlüsse des Gerichts waren an den Faut zu Mosbach oder an den Deutschordenskomtur von Horneck (Gundelsheim) zu richten. Der Bürgermeister wurde, wie aus der Mitte des 16. Jh. zu erfahren ist, jährlich neu bestellt, allerdings nicht wie in anderen Dörfern durch Wahl, sondern indem das Amt von Gemeindebürger zu Gemeindebürger weitergereicht wurde, und wer sich, wenn die Reihe an ihm war, der Verpflichtung zur Übernahme des Amtes entziehen wollte, konnte sich mit einem halben Malter Hafer freikaufen; später ist dann offenbar auch in Rittersbach die Wahl des Bürgermeisters eingeführt worden. Der Besitz der Gemeinde umfaßte am Ende des 18. Jh. ein Rathaus und ein Hirtenhaus, 80 M Wald und einige Wiesen.

Kirche und Schule. – Ein Pfarrer begegnet in Rittersbach bereits 1306. Mithin ist die Pfarrei nicht erst durch die Pilgrim von Limbach gestiftet worden, die allerdings die hiesige Pfründe am Ende des 14. Jh. (nicht, wie vielfach zu lesen 1316!) mit Gütern und Rechten reich ausgestattet haben. Patronatsherrschaft der Rittersbacher Georgs-Kirche, die zum Landkapitel Buchen zählte, waren seit dem späteren 15. Jh. die Pfalzgrafen, zuvor wohl die Pilgrim und die Rüden. Die Reformation fand hier infolge der Teilhabe des Deutschen Ordens an der Ortsherrschaft nicht so leicht Eingang wie in rein pfälzischen Dörfern. Um 1800 war das Dorf mit Ausnahme von fünf bis sechs ref. und einigen wenigen luth. Familien rein katholisch. Die Dorfkirche war zu Beginn des 18. Jh. in der Kirchenteilung den Katholiken zugefallen. Die Reformierten hatten ihren Gottesdienstraum auf dem Rathaus, unmittelbar neben der nur durch eine dünne Wand abgetrennten Wohnung des kath. Schulmeisters und seiner Familie. Obendrein mußten die prot. Kinder die kath. Schule besuchen, weil es einen Unterricht nach ihrer Konfession am Ort nicht gab. Vielleicht war dieses mit ein Grund dafür, daß die ref. Gemeinde immer kleiner wurde. 1803 hatten die zur Pfarrei Großeicholzheim gehörigen Reformierten am Ort ein aus Kollekten und mit freiwilligen Beiträgen errichtetes hölzernes Bethaus, dessen unteres Stockwerk

dem Gottesdienst diente, während oben der inzwischen angestellte prot. Schulmeister wohnte. Die Lutheraner waren nach Unterschefflenz gepfarrt. Zum Sprengel der kath. Pfarrei Rittersbach gehörten um 1800 die Dörfer Auerbach, Großeicholzheim und Muckental sowie der Hof Rineck.
Den großen und den kleinen Zehnt bezogen im 16. und bis ins 19.Jh. zu zwei Dritteln der Pfarrer (aus der Pilgrimschen Stiftung) und zu einem Drittel der Deutsche Orden, seit 1668 die Kurpfalz.
Bevölkerung und Wirtschaft. – Mit etwa 120 Einwohnern war Rittersbach um die Mitte des 16.Jh. ein eher kleines Dorf. Bis zum Ausbruch des 30j. Krieges stieg die Einwohnerzahl stark an (1584 ca. 140, 1602 ca. 160, 1611 ca. 190), um dann im Laufe des Krieges wieder auf etwa 30 (1649) zu sinken. 1690 war mit rund 150 Einwohnern wieder der Stand der Jahrhundertwende erreicht. 1774 zählte man in Rittersbach 214, 1803 282 Seelen.

Die landwirtschaftlich genutzte Fläche der hiesigen Gemarkung belief sich um 1803 auf 560 M Äcker und 80 M Wiesen; 1561 werden auch einmal Weingärten erwähnt. Die am Elzbach gelegene Mühle hatte 1747 einen Mahl- und einen Schleifgang. An Gewerben waren zu Beginn des 19.Jh. im Dorf vertreten: 8 Leinenweber, 3 Bäcker, 2 Schmiede sowie 1 Müller und 1 Wagner.

Quellen und Literatur

Auerbach

Quellen, gedr.: CL. – DI 8. – *Kollnig* S.192–214. – UB Obrigheim. – *Weech*, Reißbuch. – WUB 1 und 9. – ZGO 9, 1858; 24, 1872; 26, 1874; 42, 1888 S. m20.
Ungedr.: FLA Amorbach, U Amorbach; Repertorium Rand; Lagerb. der Hofmeisterei Billigheim 1654; Bücher zur Kenntnis und zur Hebung des Landes. – FrhGA Guttenberg, Lagerb. 1502/19. – GLA Karlsruhe J/H Auerbach 1; 43/Sp. 3, Sp. 19, Sp. 52a; 66/342, 1549, 5136, 5137, 5527, 10513; 77/2542; 166/60, 61, 119–127, 207–210, 244; 229/3437–79, 16726, 16738II, 16755, 16756, 16789, 16790, 16808, 71181, 71699, 88379, 92285, 92319, 103292; 313/2809; 364/724, 725, 745, 870, 2231. – StA Würzburg, Mainzer Bü. versch. Inh. 10; Würzburger Lehnsachen 5686.
Allg. Literatur: *Friedlein.* – HHS S.31f. – KDB IV,4 S.5f. – *Koch.* – *Krieger* TWB 1 Sp. 84f. – LBW 5 S.296. – *Müller*, Dorfkirchen S.21. – *Rommel*, Billigheim. – *Rommel*, Seligental. – *Rommel*, Wohnstätten. – *Schaab*, Wingarteiba. – *Wagner* S.380. – *Widder* 2 S.112f. – *Wüst.*
Erstnennungen: ON 791 (CL Nr. 2618), Kirche um 823? (WUB 1 Nr. 85), 1301 (FLA Amorbach, U Amorbach 1301 Jan. 2), Pfarrei um 1549 (GLA Karlsruhe 66/5137 fol. 81 und 165).

Dallau

Quellen, gedr.: *Bendel.* – CL. – DI 8. – *Kollnig* S.226–259. – Lehnb. Würzburg 2. – REM 1. – RPR 1 und 2. – UB Hohenlohe 2. – UB MOS. – UB Obrigheim. – *Weech*, Reißbuch. – WUB 1. – ZGO 8, 1857; 9, 1858; 11, 1860; 14, 1862; 15, 1863–17, 1865; 18, 1867; 24, 1872; 26, 1874; 32, 1880; 42, 1888 S. m21.
Ungedr.: FLA Amorbach, U Amorbach; Repertorium Rand; Dallauer Lager- und Gültb. 1569; Dallauer DO-Hofgutsrenovation 1762; Bücher zur Kenntnis und zur Hebung des Landes. – FrhGA Guttenberg, Lagerb. 1502/19. – GLA Karlsruhe J/H Dallau 1 und 1a; 43/Sp. 19, Sp. 52a, Sp. 150; 66/1548–1551, 5136, 5137, 5527; 77/2542, 6184, 6707; 166/60, 61, 70ff., 119–127, 207–210, 244; 229/16712–834, 71181, 88379; 313/2809; 364/870, 876, 893–895, 898–900, 920, 921.
Allg. Literatur: *Fabry.* – *Friedlein.* – *Hausrath.* – HHS S.136. – KDB IV,4 S.12f. – *Krieger* TWB 1 Sp. 374f. – LBW 5 S.296f. – *Müller*, Dorfkirchen S.28. – *Oechsler/Sauer.* – *Rommel*, Wohnstätten. – *Schaab*, Wingarteiba. – *Schuster* S.375. – *Widder* 2 S.110–112. – *Wüst.*

Ortsliteratur: *Haas*, Werner, Zur Restaurierung eines Bauern-Kalkofens auf der Gemarkung Elztal-Dallau im Neckar-Odenwald-Kreis. In: Denkmalpflege in BW 7, 1978 S. 75–78. – *König*, Bruno, Dallau im Elztal. 1200 Jahre Ortsgeschichte, 772–1972. Elztal-Dallau 1974.
Erstnennungen: ON 772 bzw. 781 (CL Nrr. 2806 und 2803), Kirche um 823? (WUB 1 Nr. 85), 1382 (GLA Karlsruhe 43/Sp. 19, 1382 Okt. 31), Pfarrei und Patrozinium Cyriakus 1427 (GLA Karlsruhe 43/Sp. 19, 1427 März 28), Nikolaus-Kapelle 1416 (ZGO 26, 1874 S. 56f.).

Muckental

Quellen, gedr.: *Kollnig* S. 297–300. – RPR 1 und 2. – ZGO 24, 1872.
Ungedr.: FLA Amorbach, Bücher zur Kenntnis und zur Hebung des Landes; Pläne X,15a. – GLA Karlsruhe J/H Muckental und Rineck; 43/Sp. 19, S. 163; 66/5136, 5137, 5527; 69 Rüdt von Collenberg U47, U55; 166/119–127, 207, 210; 229/16756, 68613–625, 88409; 313/2809; 364/1599.
Allg. Literatur: *Friedlein.* – *Hausrath.* – *Krieger* TWB 2 Sp. 222 und 628. – LBW 5 S. 297. – *Rommel*, Billigheim. – *Rommel*, Wohnstätten. – *Widder* S. 115f.
Ortsliteratur: Das ausgegangene Dorf Rieneck. In: Frisch auf! Mitt. des Odenwaldklubs Ortsgruppe Mannheim-Ludwigshafen e.V. 10, 1930 S. 118f. – *Schmitt*, Adam, Der Auszug der Rinecker. In: Der Wartturm 1, 1925/26 Nr. 12.
Erstnennungen: ON 1370 (RPR 1 Nr. 3883), Rineck Ende 14. Jh. (GLA Karlsruhe 66/5137 fol. 517).

Neckarburken

Quellen, gedr.: *Bendel.* – CL. – *Kollnig* S. 300–306. – R Hohenlohe. – RI VIII. – RPR 2. – UB Hohenlohe 3. – UB MOS. – *Weech*, Reißbuch. – ZGO 26, 1874; 42, 1888 S. m25.
Ungedr.: FLA Amorbach, Renovation des Lohrbacher Gülthöfleins zu Neckarburken 1793; Bücher zur Kenntnis und zur Hebung des Landes. – GLA Karlsruhe J/H Neckarburken 1, 1b; 43/Sp. 51, 169, 213; 44 von Bödigheim; 66/5136, 5137, 5527, 5750–5754, 11803; 67/1057, 1663; 166/60, 119–127, 208–210, 244; 229/16757, 16802, 71103–149, 71181, 71251, 92282; 313/2809; 364/895, 1608–1620, 1637. – HZA Neuenstein, Weinsberg L42, N28.
Allg. Literatur: FbBW 5, 1980 S. 142–150. – *Filtzinger/Planck/Cämmerer* S. 279–285. – *Friedlein.* – HHS S. 547. – KDB IV,4 S. 84–89. – *Krieger* TWB 2 Sp. 266f. – LBW 5 S. 297. – *Müller*, Dorfkirchen S. 55. – *Oechsler/Sauer.* – *Rommel*, Wohnstätten. – *Schaab*, Wingarteiba. – *Widder* 2 S. 107f. – *Wüst.*
Ortsliteratur: *Behrends*, Rolf-Heiner, Das Römerbad von Neckarburken, Gemeinde Elztal (Neckar-Odenwald-Kreis). Stuttgart 1977. – *Schallmayer*, Egon, Römische Ausgrabungen in Neckarburken, Osterburken und Walldürn. In: Denkmalpflege in BW 12, 1983 S. 133–142. – *Schallmayer*, Egon, Das zweite Militärbad von Neckarburken, Gemeinde Elztal, Neckar-Odenwald-Kreis. In: AA 1982, Stuttgart 1983, S. 135–137.
Erstnennungen: ON 774 (CL Nr. 2903), Kirche 1291 (UB MOS Nr. 24), Pfarrei und Kirchensatz 1350 (UB MOS Nr. 127).

Rittersbach

Quellen, gedr.: *Bendel.* – CL. – *Kollnig* S. 352–369. – Lehnb. Pfalz. – RPR 1 und 2. – *Weech*, Reißbuch. – ZGO 24, 1872; 32, 1880.
Ungedr.: FLA Amorbach, Bücher zur Kenntnis und zur Hebung des Landes. – GLA Karlsruhe J/H Rittersbach 1, 1a; 43/Sp. 19, 204; 66/1549; 5136, 5137, 5527; 67/1057, 1906; 69 Rüdt von Collenberg U88, U89; 166/60, 119–127, 207, 208, 244; 229/3457, 16713, 16726, 16789, 16790, 68621, 88373–425; 313/2809; 364/870, 1970. – StA Würzburg, Mainzer Ingrb. 29.
Allg. Literatur: *Friedlein.* – KDB IV,4 S. 150f. – *Krieger* TWB 2 Sp. 640f. – LBW 5 S. 297f. – *Müller*, Dorfkirchen S. 63f. – *Rommel*, Billigheim. – *Rommel*, Wohnstätten. – *Schaab*, Wingarteiba. – *Widder* 2 S. 113–115. – *Wüst.*
Erstnennungen: ON 783 (CL Nr. 2849), Pfarrer 1306 (GLA Karlsruhe 43/160), Patrozinium Georg 1569 (*Kollnig* Nr. 154 S. 364).

Fahrenbach

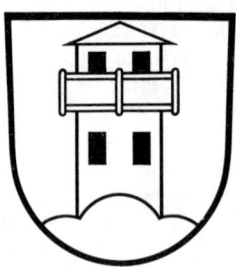

1642 ha Gemeindegebiet, 2471 Einwohner

Wappen: In Gold (Gelb) auf grünem Dreiberg ein roter Turm mit flachem Pyramidendach, vorkragendem Umgang und vier schwarzen Fenstern (2:2). – Das Wappen, das mit der Flagge vom Landratsamt am 24.11.1980 verliehen wurde, zeigt einen Limes-Wachtturm. Der römische Grenzwall verlief mitten durch Robern und dicht an Trienz vorbei. Bei Robern befanden sich das einzige erhaltene Kleinkastell der Umgebung und ein Wachtturm; ein weiteres Kleinkastell lag auf der Gkg Trienz. Die Tingierung greift die bad. Farben Rot und Gold auf. – Flagge: Rot-Gelb (Rot-Gold).

Gemarkungen: Fahrenbach (609 ha, 1122 E.) mit Im Trienzgrund; Robern (510 ha, 615 E.) mit Im Mühlengrund (Robernmühle); Trienz (523 ha; 724 E.).

A. Natur- und Kulturlandschaft

Naturraum und Landschaftsbild. – Das Gemeindegebiet mit den drei Gkgn Fahrenbach, Robern und Trienz liegt ganz auf der Südostabdachung des Hinteren Odenwalds beiderseits des Trienzbachtals. Im W grenzt es an eine vom Seebach zerschnittene Waldexklave der Stadtgemarkung von Mosbach, die die Rodungsinseln von Fahrenbach und Robern von der weithin gerodeten Winterhauchhochfläche trennt. Dem Schichtenfallen nach SO entsprechend, senkt sich die Landoberfläche des Gemeindegebiets von 520 m NN im N (Wald »Tannenhecken« an der Gemarkungsgrenze von Robern zu Wagenschwend, Gde Limbach) auf 300 m NN am Südrand der Gkg Fahrenbach und 249 m NN im Trienzbachtal am Südostrand der Gkg Trienz.

Der überwiegend hochflächige und nur wenig reliefierte, sanft zum benachbarten Bauland einfallende Teil der *Odenwaldabdachung* wird lediglich durch das Gewässernetz zergliedert. Das trotz Talbiegungen insgesamt etwa nordsüdwärts entwässernde Tal des Trienzbachs zerschneidet das Gemeindegebiet und ist zwischen ca. 50 und 80 m in den aus Plattensandstein aufgebauten Landschaftssockel eingetieft. Oberhalb des Buchwalds im W des Dorfes Trienz, eines schmalen, nach N gerichteten und bewaldeten Umlaufsporns mit deutlicher Gleithang- und gegenüberliegender übersteilter Prallhangbildung im Oberen Buntsandstein, ist das Trienzbachtal als Sohlental ausgebildet. Der mit rezenten Anschwemmungen bedeckte und auf der Gkg Robern bis zu 130 m breite Talboden ist mit Wiesen überzogen, die der Trienzbach teilweise unter Ausbildung mehrerer Bachläufe durchfließt. Beim Dorf Trienz hat sich die Besiedlung unterhalb der Mühle mit jüngeren Ortserweiterungen in den randlichen und zentralen Talsohlenbereich vorgeschoben. Bei der Talschlinge um den Buchwaldsporn setzt der Mittellauf des der Elz zustrebenden Wasserlaufs ein, und der Talcharakter ändert sich. Durch verstärkte Tiefenerosion wird die Einschneidung stärker, und die waldbedeckten Talflanken im Plattensandstein werden steiler. Die Breite der Talsohle verringert sich zusehends; bis zur unteren Mühle von Fahrenbach bildet sie nur noch ein schmales Wiesenband von etwa 50 bis 70 m im Ausmaß. Talabwärts bis zur Gemarkungsgrenze gegen Sattelbach (Stadt Mosbach) rücken die Talhänge noch enger zusammen, und der Trienzbach tritt in seinen kerbtalartigen Unterlauf ein, in dem nur noch ein dünner Wiesenstreifen entlang des Wasserlaufs den Talboden andeutet.

Zwischen Fahrenbach und Robern verläuft in rd. 400 m Höhe eine hochflächig ausgeprägte Wasserscheide. Östlich von ihr entwässert der Trienzbach ins Elztal. Die westlichen Teile der Gkgn Fahrenbach und Robern sind über den Seebach dem Neckar unmittelbar zugewandt. Dieser bei Neckargerach in den Neckar einmündende Wasserlauf, der mit dem Weisbach, einem zweiten westlichen Quellast in die Winterhauchhochfläche einschneidet, ist an seinem weitgehend die Westgrenze des Gemeindegebiets bildenden Oberlauf in den Plattensandstein und bei Robern in die Rötschichten eingetieft. Südwestlich des Dorfes Robern ist in dem flachwannigen oberen Talbereich, oberhalb eines künstlich gestauten Weihers, ein breiter, ebenfalls wiesenbedeckter Talgrund in den Seewiesen ausgeprägt. Im wesentlichen steiler eingesägten Talabschnitt westlich von Fahrenbach schneiden die unteren Hangpartien bereits in den Mittleren Buntsandstein ein.

Die hochflächenhaften Rodungsinseln in rd. 490 bis 410 m NN bei Robern, 410 bis 330 m NN bei Fahrenbach und 380 bis 330 m NN bei Trienz liegen ganz im Oberen Buntsandstein. Ihre Böden werden von über dem Plattensandstein lagernden Röttonen und verlehmten Flugsandaufwehungen (Lößlehm) bestimmt. Kulturlandschaftlich bilden sie mit ihren ursprünglichen breitstreifigen Hufenfluren, teilweise auch Blockfluren in Gemengelage, die durch starke Parzellierung die Struktur kreuzlaufender Gewannfluren erhalten haben, und durch die unregelmäßig gestalteten Haufendörfer, die durch Siedlungsverdichtung aus lockeren Streudörfern erwachsen sind, bereits den Übergang zum Altsiedelgebiet im benachbarten Bauland.

Siedlungsbild. – Das in über 360 m NN auf der Buntsandsteinhochfläche des Hinteren Odenwalds westlich des Trienzbachtals in einer sanften Mulde liegende **Fahrenbach** entstand aus einer Waldhufensiedlung des Hochmittelalters, an deren einstige breitstreifige Hufenflur das Wegenetz im Feldland süd- und nördlich des Dorfes noch Anklänge erkennen läßt. Schon in der 2. H. 19. Jh. hatte sich das Dorf zu einer ausgedehnten Siedlung entlang der meridional verlaufenden Hauptstraße und der vom heutigen Ortsmittelpunkt westwärts strebenden Adolf-Weber-Straße entwickelt. In diesem Bereich bildet das Dorf aufgrund der Lößlehm- und Röttonschichten auf der Odenwaldhochfläche auch heute noch eine weitgehend agrarisch geprägte Siedlung mit größeren Hofanlagen. Seit den 1960er Jahren hat Fahrenbach eine weite Ausdehnung vor allem nach S, O und W erfahren, und aus dem Ort wurde unter einem beachtlichen Funktionswandel hin zur Wohngemeinde in der Nähe Mosbachs eine großflächige Siedlung mit einem insgesamt unregelmäßig sternförmigen Grundriß.

Der Bereich um die breite Straßenkreuzung von Hauptstraße (N-S), Adolf-Weber-Straße (W) und Bahnhofstraße (O) bildet das *Ortszentrum*. Das herausragende Bauwerk ist dort die klassizistische *ev. Pfarrkirche*, ein saalartiger Buntsandsteinbau. Über seiner südlichen Giebelfront mit dem Haupteingang erhebt sich auf quadratischem Grundriß ein Dachreiter mit schiefergedecktem Zeltdach. Der Vorbau am Eingang ist mit vier kannelierten Säulen, einem Architrav und flachem Giebel einem antiken Tempel nachempfunden. Um- und Neubauten haben das Straßenbild in der Ortsmitte stark verändert. Schon durch seine Baumasse ragt darin das neu erbaute *Gasthaus zum Grünen Baum* mit einem balkonartigen Umgang im Obergeschoß und einem zugehörigen Metzgerladen an der Hauptstraße südlich des ev. Gotteshauses heraus. Die noch vorhandenen bäuerlichen Anwesen bilden in der Ortsmitte teils Gehöfte mit getrennten Wohn- und Wirtschaftsbauten wie an der Adolf-Weber-Straße neben der ev. Kirche oder hinter dem Rathaus. Immer wieder fallen aber im gesamten alten Dorfbereich Streckhöfe auf, deren Wirtschaftsteile bevorzugt Buntsandsteinmauerwerk erkennen lassen. Das *Rathaus* an der inneren Adolf-Weber-Straße ist ein kleineres zweigeschossi-

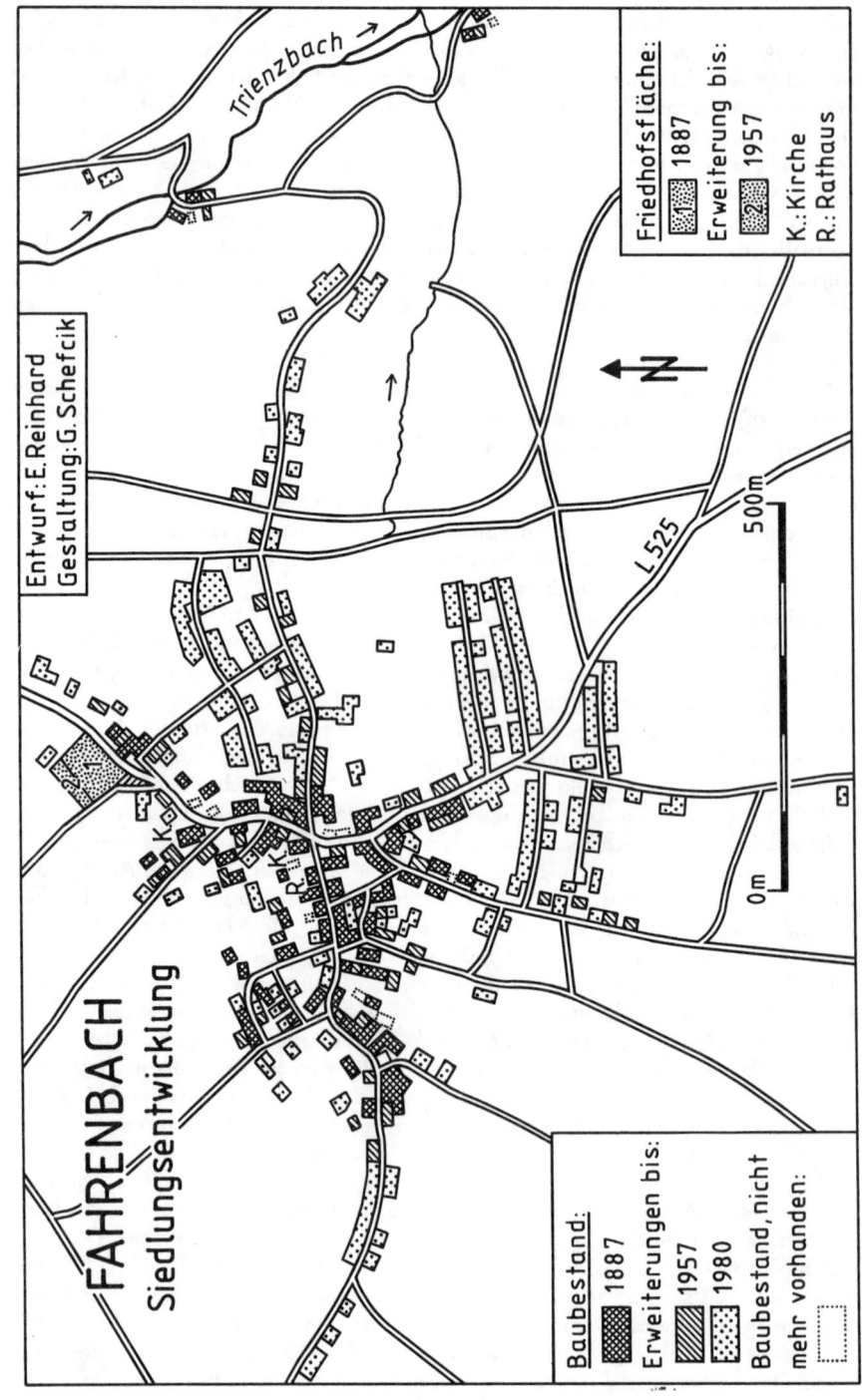

ges Gebäude in Traufseitenstellung. Von seinem hellen Verputz heben sich die Eckquaderung sowie Fenster- und Türeinfassungen aus Odenwald-Sandstein deutlich ab. Das an der rückwärtigen Seite durch einen modernen Anbau erweiterte Verwaltungsgebäude trägt auf dem Dachfirst eine Sirene. In seiner Umgebung fallen mehrere größere Hofanlagen auf. Durch Lebensmittelgeschäfte, in einem ehemaligen Bauernhaus wie im Anwesen 43 oder auch im Haus Nr. 20, gehört die Adolf-Weber-Straße bis weit über das Rathaus hinaus zum funktionalen Siedlungszentrum. Zu ihm zählt auch die nördliche Hauptstraße bis zur kath. Kirche. Neben giebel- und traufständigen Bauernhäusern, die außer Buntsandsteinmauerwerk zum Teil auch Backsteinmauern erkennen lassen, haben handwerkliche Betriebe wie eine Bauschlosserei und Installationsfirma in diesem Bereich ihre Standorte. Die *kath. Kirche* steht an der Abzweigung der Straße Zum Rundblick am Hang erhöht über der Hauptstraße. Der weiß verputzte Saalbau mit barock wirkenden Rundbogenfenstern hat an der NO-Seite einen über das steile Giebeldach emporragenden Glockenturm mit gekuppelten romanischen Fenstern und einem schiefergedeckten Zeltdach. Im N ist an eine querbauartige Erweiterung ein polygonaler Chorabschluß angesetzt. Die Bebauung an der nördlichen Hauptstraße ist bis zum Friedhof hin alt. Odenwälder Bauernhäuser in gestelzter Bauart stehen mit Giebel- und Traufseiten an der Straße. Auch Gehöfte mit unterschiedlichen Grundrissen gehören zu diesem ins vorige Jahrhundert zurückreichenden Baubestand, zwischen dem sich jüngere Häuser finden. Auffallend ist in einem zweistöckigen Backsteingebäude ein Kindergarten.

Der am Hang erhöht über der Hauptstraße angelegte Friedhof hat am Nordrand eine moderne Kapelle und Leichenhalle erhalten. In ihrer Nachbarschaft steht am Eingang zu den Gräberfeldern ein Kriegerdenkmal in der Gestalt einer obeliskartigen Granitsäule, gekrönt von der Metallskulptur eines Adlers mit ausgebreiteten Schwingen. Es erinnert an die Gefallenen des deutsch-französischen Kriegs von 1870/71 und der beiden Weltkriege.

Die vom Ortsmittelpunkt in östlicher Richtung in den Trienzgrund führende Bahnhofstraße weist nur an ihrem inneren Bereich alte bäuerliche Gebäude auf, weitgehend in Traufseitenstellung. Bis zum ehemaligen Bahnhof im Wandelgewann wurde die Straße in der Zwischenkriegszeit und in den 1950er Jahren bebaut. Unterschiedliche Wohnhäuser bestimmen das Straßenbild. Durch die Poststelle, den Polizeiposten, ein Lebensmittelgeschäft und die Verkaufsstelle einer überregionalen Versandhauskette muß die Bahnhofstraße auch noch dem funktionalen Siedlungszentrum zugerechnet werden, zumal an ihr in einem langgestreckten Gebäudekomplex auch die Schule unterhalten wird. Der ehemalige Bahnhof an der abgebauten Kleinbahnlinie Mosbach – Mudau dient heute als Wohnhaus; auf seinem Gelände befindet sich ein Öl- und Treibstofflager.

Bauernhöfe, meist in der Gestalt von Streckhöfen, stehen noch an der südlichen Hauptstraße, an der Lohrbacher Straße im S, an der westlichen Adolf-Weber-Straße außerhalb der Abzweigung der Straße Am Berg, an dieser Straße am Hang nördlich der Adolf-Weber-Straße und – im nördlichen Ortsteil – an der Straße Zum Rundblick. Sie alle waren bereits im 19. Jh. recht locker bebaut, und ihre heutigen Straßenbilder zeigen eine ganz typische Durchmischung mit einer jüngeren Wohnhausbebauung, die teilweise auch aus Umbauten hervorgegangen ist.

Geschlossene Neubaubereiche mit individuell gestalteten Ein- und Zweifamilienhäusern, überwiegend aber mit Einfamilienhäusern, brachten im S und O eine große Siedlungsausweitung. Zwischen der Lohrbacher- und Hauptstraße sowie östlich der Hauptstraße entstand bis zum Ostring ein Wohngebiet auf weitgehend rechtwinkligem

Straßennetz. Lediglich am Südrand, an der Abzweigung der Tannen- von der Hauptstraße wird die reine Wohnfunktion durch eine Autohandlung und Tankstelle, durch ein Friseurgeschäft und eine Apotheke sowie durch ein Lagerhaus an der Tannenstraße unterbrochen. Größere Wachstumsspitzen, die die Bebauung nach O und W hinausschoben, erwuchsen an der äußeren Bahnhofstraße und der Adolf-Weber-Straße.

Einen eigenständigen Wohnplatz *Im Trienzgrund* bilden aus Mühlen hervorgegangene, alte Anwesen im Tal des Trienzbachs.

Der in rd. 400 bis 420 m NN auf der Buntsandsteinhochfläche am höchsten gelegene Gemeindeteil R o b e r n ist wie der Hauptort Fahrenbach ein Dorf im funktionalen Umbruch. Oberhalb des rechtsseitigen Talhangs des nur gering eingeschnittenen oberen Trienzbachs nimmt das unregelmäßig gestaltete Dorf, dessen Ursprünge ebenfalls auf eine hochmittelalterliche Rodungssiedlung zurückgehen, eine kaum merkliche Muldenlage ein und erreicht mit seinen jungen Siedlungserweiterungen im N und vor allem im S heute eine beachtliche Ausdehnung.

Das *Zentrum des Dorfes* liegt an der die Siedlung etwa in N-S-Richtung durchziehenden Wagenschwender Straße zwischen den Abzweigungen der Krumbacher Straße und der Rathausstraße. Der bauliche Mittelpunkt ist dabei die *kath. Filialkirche St. Pius* von 1956 nördlich der Abzweigung der Krumbacher Straße, ein aus Buntsandstein errichteter Saalbau mit ziegelgedecktem Giebeldach und einem von einem Kreuz überragten Satteldachturm an der südlichen Langseite. An der Südseite der inneren Krumbacher Straße steht in unmittelbarer Nachbarschaft des Gotteshauses, das durch sein Baumaterial und seinen Baustil gut in das von vielen jüngeren Häusern geprägte Ortsbild des Odenwalddorfes paßt, das gepflegte, weiß verputzte *Gasthaus zum Löwen*, das sich mit seinem Hauptbau traufseitig an die breite Wagenschwender Straße anlehnt und an der Krumbacher Straße einen angewinkelten Anbau mit Garagen aufweist. Viel weniger das Ortsbild beeinflussend ist an der schräg gegenüber nordwestwärts abzweigenden Rathausstraße das Gebäude der Gemeindeverwaltung. Dieses zweigeschossige, gedrungene *Rathaus* mit einem hohen Buntsandsteinsockel, einem verschindelten Obergeschoß und einem Rathaustürmchen in der Gestalt eines viereckigen Dachreiters mit Welscher Haube und einer Sirene auf dem First wird nach seiner Größe von umstehenden Höfen übertroffen, so von einem langen Streckgehöft an der Schulstr. 1 aus dem Jahr 1902 oder einem mächtigen Winkelgehöft an der Abbiegung der Rathaus- von der Wagenschwender Straße.

Geradezu bezeichnend für das heutige Aufrißbild von Robern ist die Durchmischung der sehr locker stehenden, alten landwirtschaftlichen Bebauung an der inneren Wagenschwender und Krumbacher Straße sowie an der Rathaus-, Schul- und Ringstraße und An der Schmiede. Zum innerörtlichen Zentrum rechnet auch die von der Rathausstraße abzweigende Schulstraße mit einem großen Lebensmittelgeschäft und einer Volksbank-Zweigstelle. Die örtliche *Schule* ist an der südlichen äußeren Schulstraße in einem modernen und größeren zweigeschossigen Giebeldachbau mit großen Fensterflächen im Obergeschoß untergebracht. An der Krumbacher Straße, die S-kurvenartig ins Trienzbachtal hinabsteigt, stehen nach außen hin großzügig gestaltete Wohnhäuser, umgeben von gepflegten Wiesen- und Gartenflächen. An der Abzweigung der südwärts führenden Straße An der Schmiede ist in einem wohnhausartigen Gebäude eine Sparkassenfiliale eingerichtet.

Der *nördliche Neubaubereich* setzt mit einer teils noch aus der Zwischenkriegszeit stammenden Bebauung nördlich der Kirche ein und erstreckt sich über die nördliche Wagenschwender, die nordwärts von ihr abbiegende Lindenfelser Straße, den Quellen-,

Brenneisen- und Ölbrunnenweg. Bereits in den 1950er und 1960er Jahren gebaute, eng beieinanderstehende und steilgiebelige Einfamilienhäuschen (Quellenweg) sowie größere Ein- und Mehrfamilienhäuser individuellen Zuschnitts (Brenneisenweg) sind bis zu einzelnen modernen Bauernhöfen (Ölbrunnenweg) vertreten. Das *südliche Neubaugebiet* umschließt heute die Schafwiesen und greift ins südlichere Hoffeld aus. Entlang der im S bis zur L 525 (Wagenschwender Straße) verlängerten Ringstraße stehen an deren Südseite ganz neue Einfamilienhäuser unterschiedlicher Bauart in Vorgärten. Am Hofklingenweg östlich der Schafwiesen herrscht auf beiden Straßenseiten eine dichtere Bebauung aus der Jahrhundertmitte mit traufständigen und uniformeren Einfamilienhäusern vor.

Der eigenständige Wohnplatz *Im Mühlengrund (Robernmühle)* liegt im Trienzbachtal südöstlich des Dorfes. Alte Gebäude aus dem vorigen Jahrhundert sowie Erweiterungs- und Ergänzungsbauten, teilweise anstelle früherer Häuser, bewirken einen unregelmäßigen kleinen Weiler. Auf der Hochfläche südlich des Dorfes dehnen sich der neuangelegte Sportplatz und der Friedhof mit einer modernen Kapelle aus.

Nur 0,5 km unterhalb der Robernmühle erstreckt sich über beide Talhänge des Trienzbachs in einer Höhenlage von etwa 325 bis 370 m NN der dritte Gemeindeteil Trienz, ebenfalls aus einer Siedlung des hochmittelalterlichen Landesausbaus hervorgegangen. Die Hauptausdehnungsrichtung folgt im W der rechtsseitigen Talflanke über dem Prallhang gegenüber dem Buchwaldsporn entlang der Römerstraße und steigt an der linksseitigen westexponierten Talflanke entlang der östlichen Römer- und Muckentaler Straße hinauf. Erst jüngere Wachstumsspitzen ließen den bebauten Bereich an der Trienztalstraße im S, an der Sportplatz- und Rainstraße im N auch entlang der Talhänge ausdehnen.

Die ursprünglich wohl nur locker bebaute alte Siedlung erstreckte sich aus dem Talbodenbereich mit der *Alten Mühle*, heute einer Diskothek, auf den sanft abfallenden, westwärts gewandten Hang, wo an der Römerstraße und an der östlich weiterführenden Muckentaler Straße noch ins 19.Jh. zurückreichende bäuerliche Anwesen stehen. Überwiegend sind es Streckhöfe, teilweise noch mit Miststöcken vor den Ställen oder Wirtschaftsgebäuden. Umbauten und Ersatz des alten landwirtschaftlichen Gebäudebestands signalisieren einen Funktionswandel des Dorfes zur Wohnsiedlung hin, deutlich zu erkennen im Bereich des Anwesens Muckentaler Str. 12, eines Gehöftes mit traufständig aneinandergereihtem Wohnhaus, Stall- und Scheunengebäude sowie einem zweiten Wirtschaftsgebäude aus Buntsandstein. Unmittelbar benachbart steht ein modernes Wohnhaus mit großen Balkonen. Auch Römerstr. 4 ist ein ganz neues Wohnhaus inmitten der alten dörflichen Bebauung, und gegen das obere östliche Ortsende sowie unmittelbar östlich der Trienzbachbrücke wurde der alte landwirtschaftliche Baubestand durch neue Wohnbauten ersetzt. Auffallende, das Ortsbild bestimmende Gebäude sind in diesem östlichen Teil des Dorfes das *Rathaus* (Römerstr. 5), ein moderner zweigeschossiger Verwaltungsbau mit dem Ortswappen über dem Eingang, und an der Abzweigung der Rain- von der Römerstraße die *Schule*, ein Buntsandsteingebäude mit Walmdach und Mittelrisalit, sowie ein Kindergarten in einem modernen eingeschossigen Haus mit großen Fenstern. Nahe der Trienzbachbrücke wirkt dann das *Gasthaus zur Linde*, ein giebelständiges Haus mit äußerem Treppenaufgang, das zu einem älteren Hofkomplex mit hintereinandergereihten landwirtschaftlichen Gebäuden gehört, auf das Bild der Römerstraße ein.

Westlich der Brücke finden sich am steiler werdenden Hang nur noch unterhalb der neuen kath. Kirche dicht beieinanderstehende ältere Häuser. Der an der westlichen

Römerstraße nur lockere Baubestand ist wesentlich jünger und weist teilweise moderne Einfamilienhäuser auf. Herausragend sind ein neuer gewerblicher Betrieb des Kfz-Handwerks mit Autohandel und Tankstelle sowie das *Gasthaus zum Römerkastell*, ein hoher dreigeschossiger Buntsandsteinkomplex mit zugehöriger Metzgerei in einem jüngeren Anbau.

Das Ortsbild wird weithin durch die *kath. Filialkirche* von 1959 geprägt, ein nach O abgerundeter und hell verputzter Kirchensaal mit einem farbverglasten Fensterband mit Betonrippen unter dem flachgiebeligen Dach, einem ebenfalls farbverglasten Rundfenster über dem Westeingang und einem hohen, campanileartigen freistehenden Glockenturm mit Schrägdach.

Die am linken Talhang im S des Dorfes entlangziehende Bebauung (Trienztalstraße, In der Zimmerecke) hat – wie das gesamte östliche Dorf – seine Anfänge in alten, teils baulich umgestalteten Höfen und bildet durch eine Siedlungsverdichtung mit Wohnhäusern heute weitgehend ein jüngeres Wohngebiet. Alte Gehöfte in der Gestalt von Streckhöfen, Zwei- und unregelmäßigen Mehrseitgehöften stehen auch an der vom östlichen Dorf nordwärts führenden Limbacher Straße und Am Steigenwäldchen, während die noch sehr jungen nördlichen Neubauerweiterungen an beiden Trienzbachtalhängen (Am Sportplatz, Rainstraße und Am Rainberg) reine Wohngebiete mit Einfamilienhäusern – am rechtsseitigen Talhang über dem auf dem Talboden liegenden Sportplatz – sind.

Bemerkenswerte Bauwerke. – Fahrenbach: Von der mittelalterlichen *kath. Kirche* blieben beim Neubau 1790 nur die unteren Teile des Chorturmes mit einem romanischen Biforium erhalten. Nach dem Anbau des barocken Langhauses, einem Saal mit flacher Decke und dreiseitigem Chorschluß außen und halbkreisförmigem innen, kam der Turm seitlich zu stehen. 1936 wurde die Kirche durch Querflügelanbauten erweitert. Die *ev. Kirche* wurde 1826 als fünfachsiger flachgedeckter Saalbau mit großer über drei Achsen ausgedehnter Empore errichtet. Rechteckfelder und darüber Halbkreisfenster. An der Giebelseite dreiachsiger dorischer Eingangsvorbau. Über dem großen Dreiecksgiebel massiver Turm, der aber vollständig eingebaut ist und eher wie ein großer klassizistischer Dachreiter wirkt. Bei der Renovierung 1957 wurden die seitlichen Teile der Empore um ein Joch zurückgenommen.

B. Die Gemeinde im 19. und 20. Jahrhundert

Bevölkerung

Bevölkerungsentwicklung. – Wie allgemein im Kreisgebiet zu beobachten, nahm in der heutigen Gde Fahrenbach in der 1. H. 19. Jh. die Bevölkerung rasch zu, von 952 im Jahr 1809 auf 1476 im Jahr 1845. In Robern hat sich die Einwohnerzahl gut verdoppelt, u. a. weil der Ort Bewohner der aufzulösenden Gde Ferdinandsdorf aufnahm. Um die Jahrhundertmitte waren alle 3 Dörfer übervölkert. Das führte in den Notjahren nach 1847 besonders in Trienz zu sozialen Mißständen, denen durch staatlich geförderte Auswanderung gesteuert werden sollte. Über das Ausmaß der Auswanderung auf Staats- und auf eigene Kosten der Auswandernden liegen unterschiedliche Angaben vor. Am stärksten scheint sie in Trienz gewesen zu sein. Obgleich die Einwohnerzahlen für einige Jahre zurückgingen, war der Übervölkerung in den rein landwirtschaftlichen Gemeinden nicht nachhaltig gesteuert. Zur Jahrhundertwende war die Bevölkerung der 3 Dörfer wieder fast auf dem Stand von 1845 angekommen (1429 E.), und bis 1925 wuchs sie infolge des nach wie vor großen Geburtenüberschusses weiter an (auf

Die Gemeinde im 19. und 20. Jahrhundert

1573 E.). Erst die folgenden Jahre bis zum 2. Weltkrieg brachten einen leichten Rückgang. 1914–1918 waren aus Fahrenbach 28, aus Robern 25 und aus Trienz 35 Soldaten gefallen. 1939–1945 kehrten aus Fahrenbach 64, aus Robern 36 und aus Trienz 50 Soldaten nicht mehr heim. Während des Krieges nahmen die Dörfer *Evakuierte* auf, die meisten aus Mannheim und dem Ruhrgebiet. Nach Kriegsende mußten Fahrenbach etwa 250, Robern etwa 100 und Trienz etwa 150 *Flüchtlinge* und *Vertriebene* aus Ungarn, Jugoslawien und der Tschechoslowakei aufnehmen. Die Einwohnerzahl stieg bis 1950 auf 2256 an, in Fahrenbach auf 953 E. Etwa ein Viertel der Bewohner (581 Pers.) waren Flüchtlinge und Vertriebene. Im nächsten Jahrzehnt zog aber die Hälfte von ihnen auf der Suche nach Arbeitsplätzen wieder weg. Nur 294 lebten 1961 noch hier, außerdem 51 SBZ-Flüchtlinge. Zwischen 1961 und 1987 nahm die Einwohnerzahl der Gemeinde langsam zu, zunächst mehr durch Geburtenüberschüsse, seit etwa 1970 mehr durch Zuwanderung, hauptsächlich aus dem Elzmündungsraum. *Ausländer* wurden 1970 nur 37 gezählt, für 1984 nennt die Gemeindeverwaltung 34 Türken, 4 Italiener, 5 Österreicher und 2 Jugoslawen. Die Volkszählung vom 25.5.1987 ergab 2461 Personen Wohnbevölkerung, darunter 40 Ausländer, und 2555 Personen wohnberechtigte Bevölkerung.

Konfessionelle Gliederung. – Zu Beginn des 19. Jh. war Fahrenbach halb ref., halb kath., Trienz zu einem Drittel ref., zu zwei Dritteln kath. und Robern rein katholisch. Bis 1845 änderte sich daran kaum etwas, bis 1900 aber gewann in Fahrenbach der kath. Bevölkerungsteil leicht, in Trienz der ev. so stark an Gewicht, daß er hier gleichfalls die Hälfte der Bevölkerung ausmachte. Der Flüchtlingsstrom nach dem 2. Weltkrieg veränderte die konfessionelle Gliederung nicht. 1987 waren Fahrenbach und Trienz halb ev., halb kath., Robern fast rein katholisch.

Soziale Gliederung. – Um die Mitte des 19. Jh. waren unter den Bürgern von Fahrenbach und Trienz die Landwirte die stärkste Gruppe, in Robern, wo das Stift Mosbach ein großes Gut besaß, die Taglöhner. Gewerbetreibende gab es zwischen 10 und 20 in jedem Dorf, die meisten waren auf zusätzliche Landwirtschaft oder Taglohn angewiesen. Von den Bürgern hatten rund zwei Drittel kein oder nur ein sehr geringes Vermögen, ganz zu schweigen von den nichtbürgerlichen Einwohnern. Die Taglöhner arbeiteten in den umgebenden Wäldern, bei Weg und Eisenbahnbauten, im Sommer in der Rheinebene bei Erntearbeiten. Aber oft fehlte es an Arbeit, vor allem im Winter. Auch Besenbinden, Hausieren mit Lebensmitteln, Beerensammeln, Zapfenbrechen, Rindenschälen etc. brachten nur wenig Verdienst. Bettel und Diebstahl waren nicht selten, über Bettel wird noch Ende des Jahrhunderts berichtet. In Trienz war man froh, als um 1855 die ehemaligen Mitglieder der Rinecker Diebesbande vorzeitig aus dem Zuchthaus entlassen wurden, um mit ihren Familien nach Amerika auszuwandern. Auch andere arme Leute wanderten aus, vielen fehlten dazu aber die Mittel. Da auch die Gemeinden die Kosten nicht aufbringen konnten, mußten sie weiterhin die Armen unterstützen.

Seit den 1870er Jahren besserten sich die Verhältnisse in Fahrenbach zumindest bei den Landwirten. Der Armenaufwand der Gemeinde ging zurück. Aber schlechte Ernten bedeuteten immer drohende Verschuldung. Robern und Trienz gehörten nach wie vor zu den ärmsten Gemeinden des Amtsbezirks Mosbach. 1895 lebten zwischen 70 und 90% der Einwohner von hauptberuflicher Land- und Forstwirtschaft (Bauern und Taglöhner). Gewerbe ernährte in Fahrenbach und Trienz 16%, in Robern 10% der Bevölkerung. Bis kurz vor dem 2. Weltkrieg (1939) verlor die Landwirtschaft etwas an Bedeutung zugunsten des Gewerbes und der Industrie. Nur in Robern ernährte sie noch 73% der Einwohner, in Fahrenbach und Trienz nur etwa die Hälfte. Dort lebte schon ein Viertel der Bevölkerung von Industrie und Handwerk. Der Anteil der von Land- und Forstwirtschaft Lebenden sank seither weiter und machte 1970 nur noch insgesamt 9 % der Bevölkerung aus. Parallel dazu wuchs der Anteil des Produzierenden Gewerbes als Einkommensbasis über 30 % (1950), 42 % (1961) auf 47 % (1970). Handel und Verkehr sowie die sonstigen Wirtschaftsbereiche hatten mit (1970) 10 bzw. 14 % der Berufsbevölkerung keine große Bedeutung. Von Rente, Pensionen etc. lebte 1961 und 1970 ein Fünftel der Bevölkerung. Bis 1987 hatten die übrigen Wirtschaftsbereiche, im wesentlichen Dienstleistungen und Öffentlicher Dienst, aufgeholt und gaben 39 % der überwiegend von eigener Erwerbstätigkeit Lebenden den Verdienst. Das Produzierende Gewerbe ernährte 41 %, Handel, Verkehr etc. 18 % und die Land- und Forstwirtschaft knapp 2 %. Von eigener Erwerbstätigkeit lebten insgesamt 1030 Personen (42 %) der Wohnbevölkerung, 501 Personen (20 %) lebten von Rente, Pension, Vermögen oder Arbeitslosengeld, und 930 Personen (38 %) bezogen ihren Unterhalt von Eltern, Ehegatten usw. Ein großer Teil der Erwerbstätigen hat seinen Arbeitsplatz außerhalb der Gemeinde. Von den 869 Auspendlern des Jahres 1987 arbeiteten 512 Personen in Mosbach, 73 in Limbach.

Politisches Leben

Die Revolution von 1848/49 hat offenbar in den drei Gemeinden keinen größeren Widerhall gefunden. Dagegen machte sich seit den 1870er Jahren in Fahrenbach und Trienz der konfessionelle Gegensatz auch politisch bemerkbar. Bei den Reichstags- und bei den Bürgermeisterwahlen standen sich eine konservativ-ev. und eine ultramontan- (= Zentrum) kath. Richtung gegenüber. Robern wählte, wie schon 1868 bei der letzten Zollparlamentswahl, bei allen *Reichstagswahlen* während des Kaiserreichs bis zum Ende der Weimarer Republik fast geschlossen die kath. Volkspartei, das Zentrum. In Fahrenbach wechselten bis 1877 die Wahlergebnisse zwischen klaren Entscheidungen für die Nationalliberalen und fast hälftigen Aufteilungen zwischen nationalliberalen und Zentrumsstimmen, eine Aufteilung, die sich mit leichten Schwankungen bis zum Ende des Kaiserreichs hielt. Allerdings waren die Zentrumsanteile stabiler, während sich die potentiellen nationalliberalen Stimmen eher auch auf andere Parteien aufsplitterten. So erhielten 1898 die Antisemiten 21 % aller Stimmen. Die SPD taucht 1890 mit 3 % auf und steigerte sich langsam auf 13 % (1912). Nach 1919 blieb bei aller sonstigen Instabilität das Zentrum stärkste Partei, bis 1928 diese Rolle von der NSDAP übernommen wurde. In Trienz lagen die Wahlergebnisse ähnlich wie in Fahrenbach, nur hatte hier das Zentrum von vornherein eine stärkere Position, und sie blieb ihm länger erhalten. Hier wurde die NSDAP erst 1932 mit 45 % stärkste Partei.

Abgesehen von der Wahl zum 1. *Bundestag*, bei der die CDU auch in Fahrenbach ⅔ der Stimmen erhielt, übernahm sie in den 3 Dörfern ziemlich genau die Rolle des alten Zentrums: in Robern erhielt sie im allgemeinen mehr als 70 % der gültigen Zweitstimmen, in Fahrenbach und Trienz zwischen 40 und 55 %. Die SPD-Stimmen lagen in Fahrenbach und Trienz bis 1965 um 20 % (1965 in Trienz schon bei 34 %), und steigerten sich danach zu Lasten der FDP/DVP auf um und über 40 % der Zweitstimmen. In Robern erreichten sie nicht 20 %. Die FDP/DVP liegt nach guten Anfängen in den beiden gemischt-konfessionellen Dörfern seit 1965 durchweg weit unter 10 % Stimmenanteilen. Von den kleinen Parteien konnte die NPD nur 1969 in Trienz 9 % erreichen. Das beste Ergebnis der Grünen waren 7 % in Trienz bei der Bundestagswahl am 26. 1. 1987. Die CDU hat in Fahrenbach und Robern, die SPD in Fahrenbach einen Ortsverband.

Die Gemeinde im 19. und 20. Jahrhundert

Wirtschaft und Verkehr

Land und Forstwirtschaft. – Im Jahr 1808 war in Fahrenbach ¾, in Robern und Trienz etwa die Hälfte der Flur Ackerland. In Robern lag gut ¹/₁₀, in Trienz mehr als ⅓ der Flur öd. Viel Ödland wurde schon vor 1850 kultiviert, der als Schafweide genutzte Rest von ca. 100 M bis 1858. In Fahrenbach lagen um 1850/55 solche Güter brach, die durch Zwangsversteigerung erworben und noch nicht weiterverkauft waren oder die völlig verschuldeten Bauern gehörten. Um die Mitte des 19. Jh. stellte man sich auf rationellere Feldbewirtschaftung mit Düngung und der Verwendung moderner Pflüge um. Futterhackfrüchte und Klee, der dank künstlicher Düngung auch auf den unfruchtbaren Böden gedieh, wurden vermehrt angebaut. Etwa das halbe Ackerland war sowohl 1880 als auch 1930 mit Getreide bestanden. Hauptfrucht war Hafer. Spelz wurde durch Winterweizen und -roggen abgelöst. Kartoffeln wurden für Küche, Stall und Markt gepflanzt. Bei den kalten und nassen Böden kamen die Ernteerträge selten über das Existenzminimum hinaus. Verkauft wurde nur Hafer, in Robern auch etwas Spelz, zunächst an auswärtige Händler, Ende der 1880er Jahre über den Konsumverein, dann den Landwirtschaftlichen Ortsverein an die Militärverwaltung, später an die landwirtschaftlichen Lagerhäuser der Umgebung.

Seit 1950 wurde die Getreidefläche ausgedehnt, Hackfrucht- und Futteranbau gingen zurück. 1987 waren von den 715 ha LF der statistisch erfaßten Betriebe 431 ha als *Ackerland* und 280 ha als *Dauergrünland* genutzt. Auf 305 ha Ackerland stand Getreide, in erster Linie Weizen, dann Gerste und Hafer. 26 ha waren dem Hackfrucht- und 75 ha dem Futteranbau gewidmet. Über die Zentralgenossenschaft verkauft wird hauptsächlich Weizen. Das meiste übrige Getreide dient als Futter. Seit einigen Jahren wird zunehmend Raps als Ölfrucht angebaut.

Obstbau spielt heute keine Rolle. 1929 noch standen auf dem heutigen Gemeindegebiet 11946 Obst-, darunter 4300 Apfelbäume. Trotz des ungünstigen Klimas waren immer wieder Versuche gemacht worden, den Obstbau zu fördern: Baumschulen, Pflanzungen durch die Gemeinde, auch Privatinitiativen. Dennoch scheinen die Einnahmen aus dem Heidelbeersammeln größer gewesen zu sein als die aus dem Baumobstverkauf. Fahrenbach war Verkaufsort. Hier kauften (1894) Hamburger Händler den Kindern die Beeren ab und schickten sie spankorbweise nach Hamburg und weiter nach England.

Zu einem wichtigen Betriebszweig entwickelte sich nach 1850 die *Viehhaltung*, auch die Zucht. Schon vor 1850 war der Tierbestand vergrößert worden, auf Qualitätsverbesserung achtete man erst später. Um 1850 züchteten die Fahrenbacher und Roberner Bauern schon Vieh für die Märkte in Mosbach, Mudau und Beerfelden. In Trienz, wo es an Geld für den Nachkauf an Vieh und für Futter fehlte, wurde nur wenig über den Eigenbedarf hinaus gezüchtet. Später galt hier die Schweinezucht als wirtschaftlicher Lichtblick. In der Rinderzucht nahm Fahrenbach einen vorderen Platz im Amtsbezirk Mosbach ein, auch in Robern wurde sie rationell betrieben. Wie heute lag der Schwerpunkt auf der Fleischproduktion. Das Faselvieh war bei Bauern eingestellt. Die Rinderzahl richtete sich zunächst mehr nach dem Ausfall der Futterernte, dann wie die Schweinezahl nach dem Markt. Von kurzfristigen Schwankungen abgesehen, nahm der Rinderbestand bis 1914 zu und ging bis 1930 leicht zurück. Seither hat er sich nur wenig verändert, verteilt sich heute aber auf weniger Betriebe. Die Schweinezucht scheint um 1930 den Höhepunkt erreicht zu haben und ist seither rückläufig. 1987 standen in 45 Betrieben 939 Stück Rindvieh, darunter in 39 Betrieben 355 Milchkühe. In 59 Betrieben wurden 274 Mastschweine gehalten, in 12 Betrieben 54 Zuchtsauen.

Die *Schäferei* war von den Gemeinden verpachtet. Mit zunehmendem Anbau der Ödungen und Brachfelder schrumpfte jedoch ihre Basis, zumal seit Einführung der künstlichen Düngung auch das Interesse am Pferch zurückging. Am frühesten wandten sich die Trienzer Grundbesitzer gegen die Schäferei. Trotzdem bestand sie zugunsten der Gemeindekassen in allen drei Dörfern bis zur Jahrhundertwende, als sich keine Pächter mehr fanden. In Robern hatte die Gemeinde erst 1870 das Weiderecht von den Besitzern (u. a. dem Stift Mosbach) der ehemaligen fürstl. leiningischen Erbbestandshöfe gekauft. Heute besitzt ein Schafhalter in Robern 50–100 Tiere. Sie werden vorwiegend des Fleisches wegen gekauft.

Als Mindestgrundbesitz zum Unterhalt einer bäuerlichen Familie galten um 1850 in Fahrenbach und Robern 15–18 M, in Trienz, wo die Böden schlechter waren, 30 M. Nur knapp ein Drittel der Bauern hatten soviel oder mehr Land, die meisten waren auf Nebenerwerb angewiesen. Geschlossene Hofgüter gab es in keinem Dorf, aber in Robern dürften die ehemaligen leiningischen Erbbestandshöfe zu den größeren Betrieben gezählt haben. In den 1880er Jahren veränderte sich die Besitzstruktur in den drei Dörfern insofern, als Höfe von jüdischen Händlern aufgekauft und parzelliert weiterverkauft wurden. 1894 kaufte die Gde Robern das 1862 vom Stift Mosbach eingerichtete Hofgut, das etwa ein Drittel der Feldgemarkung umfaßte und auf dem die Taglöhner des Ortes arbeiteten. Auch die Gemeinde parzellierte dieses Land zum größten Teil und verkaufte es an die Ortsbewohner ohne großen Gewinn weiter. Damit konnten alle Bauern ihre Betriebe aufstocken. An der Stelle des Hofes steht heute die Kirche. 1895 hatte Robern von den drei Orten die günstigste *Betriebsgrößenstruktur*: 38 von 60 Betrieben lagen über 2 ha, 5 Betriebe über 10 ha Anbaufläche. In Fahrenbach und Trienz war der Anteil der Kleinstbetriebe (unter 2 ha) deutlich größer, was besonders bei den schlechten Böden in Trienz ins Gewicht fiel. Auch 1925 wies Robern mit nur 11 Betrieben unter 2 ha von 57 Betrieben die relativ beste Struktur auf. In Fahrenbach war die Hälfte und in Trienz ⅓ der Betriebe so klein. Einen Hof mit 20 oder mehr ha gab es nirgends. 1949 hatte sich demgegenüber kaum etwas verändert. Erst später setzte mit dem Rückgang der Betriebe eine Verbesserung der Größenstruktur ein. 1970 hatten in Trienz 5 Betriebe 20 und mehr ha LF, 4 davon 30 ha oder mehr. 1987 bewirtschafteten in der Gde Fahrenbach von den 79 statistisch erfaßten landwirtschaftlichen Betrieben 7 Betriebe über 20 ha zusammen mehr als ein Drittel der gesamten LF. 56 Betriebe hatten noch immer weniger als 10 ha LF, 16 lagen zwischen 10 und 20 ha. Fast alle kleinen Betriebe wurden jedoch im Nebenerwerb bewirtschaftet. Nach dem vorherrschenden Betriebsziel überwogen 1983 die Futterbau- und die Marktfruchtbetriebe, auch nach der Flächenausstattung. Für 1987 nennt die Gemeindeverwaltung nur noch 7 Haupterwerbsbetriebe mit zusammen 216 ha LF, die Vieh- und Milchwirtschaft betreiben.

Obgleich schon in den 1860er Jahren der Mangel an Feldwegen empfunden wurde, scheiterten alle Versuche, Feldwegenetze anzulegen oder gar Flurzusammenlegungen durchzuführen. Auch moderne Flurbereinigungen fanden nicht statt. Nach 1950 siedelten 2 Betriebe aus Robern aus. Einer unterhält eine Pferdepension. Aus Trienz siedelte 1964 und 1972 je ein Betrieb, aus Fahrenbach beim Ausbau der Ortsdurchfahrt 1976/77 ein weiterer aus.

Trotz der Lage im Odenwald trug der *Wald* kaum etwas zur Wirtschaft der Gemeinden oder ihrer Bewohner bei. Der größte Teil des Waldes auf den Gemarkungen gehörte dem Stift Mosbach, das schon vor 1850 den Fahrenbacher Körperschaftswald gekauft hatte und 1892 auch den fürstl.-leiningischen Wald auf Gkg Robern erwarb. Die kleinen Gemeindewaldungen waren um 1850 zum Teil abgeholzt, zum Teil

(Trienz) abgebrannt, die Reste brachten nur geringen Ertrag. Den Restwald von Fahrenbach wollte das Stift 1858 gleichfalls kaufen, aber die Gemeinde behielt den Wald, obgleich hier wie in Robern häufig an Verkauf gedacht war. Bürgergaben konnten oft gar nicht, oft nur in geringem Umfang und mit hohen Kosten belastet gereicht werden. In Trienz verzichteten die Bürger jahrelang auf sie, um die Tilgung der Gemeindeschulden zu ermöglichen. Auch der stark parzellierte Bauernwald lieferte nicht genug Holz, so daß die Bewohner meist aus den leiningischen und Stiftswäldern der Umgebung Holz zukaufen mußten. Erst seit den 1890er Jahren scheinen die Wälder einen geringen Ertrag abgeworfen zu haben. In Robern wurden 1905 zwei waldnahe Gewanne aufgeforstet. Heute gehört der Wald auf dem Gemeindegebiet zum Bezirk des Staatlichen Forstamtes Mosbach. Er umfaßt 585 ha Waldfläche, die sich in 290 ha Kirchenwald (Stiftschaffnei Mosbach), 15 ha Kleinprivatwald und 145 ha Gemeindewald gliedert. Nadel- und Laubbäume (hauptsächlich Fichten, Buchen und Eichen) dürften sich insgesamt die Waage halten.

Handwerk und Industrie. – Das *Handwerk* war, vor allem in Fahrenbach, um die Mitte des 19. Jh. überbesetzt, auch wenn es teilweise die benachbarten Orte mitbediente. Zunftsitz für Fahrenbach und Trienz war Mosbach, für Robern Strümpfelbrunn. Für 1861/62 erlauben die Quellen eine Aufstellung über die Handwerker in den 3 Dörfern.

Tabelle 1: **Das Handwerk in Fahrenbach, Robern und Trienz 1861/62**

Handwerk	Fahrenbach	Robern	Trienz
Bäcker	3	2*	1
Müller	2	1	1
Bierbrauer	1	–	–
Küfer	2	–	–
Häfner	2	–	–
Schneider	1	3	2
Schuster	12	6	2
Weber	1	4	14
Wagner	1	2	1
Schmiede	3	2	–
Maurer	4	2	–
Schreiner	1	–	1
Glaser	1	–	–
Schlosser	–	–	1

Quelle: Ortsbereisungsakten
* 1865

Die 14 Webermeister in Trienz übten ihr Handwerk nur im Winter aus, hauptsächlich waren sie Landwirte. Auch von den übrigen Handwerkern kamen die wenigsten ohne zusätzliche Landwirtschaft aus. Gehilfen waren nur in Fahrenbach (1865) bei einigen Handwerkern beschäftigt. 1895 nennt die Betriebszählung in Fahrenbach 27 Handwerksbetriebe mit 36 Personen, in Robern 10 Einmannbetriebe und in Trienz 16 Betriebe mit 23 Personen. Der Schwerpunkt lag im Bereich »Bekleidung und Reinigung«, also bei den Schneidern und Schustern, und im Baugewerbe. Noch 1904 aber waren ⅔ der Fahrenbacher Kleingewerbetreibenden im Nebenberuf Landwirte. 1925 waren in Fahrenbach und Robern noch je 4, in Trienz nur 1 selbständiger Handwerksmeister erfaßt. Dagegen führt die Handwerkszählung von 1968 in der heutigen

Gemeinde 24 Betriebe mit zusammen 64 Beschäftigten auf. Stärkste Branchen waren die Holzverarbeitung mit 5 Betrieben und 18 Beschäftigten und das Nahrungsmittelhandwerk. Bis 1977 waren die Betriebe auf 21 zurückgegangen, die Zahl der Beschäftigten war auf 71 gestiegen.

Tabelle 2: **Handwerksbetriebe 1987**

Branchengliederung nach der Handwerksordnung	insgesamt	Fahrenbach	Robern	Trienz
Bau- und Ausbaugewerbe				
Zimmerer	1	–	–	1
Fertigung von Platten	1	–	–	1
Maler und Gipser	1	1	–	–
Ofen- und Luftheizungsbauer	1	1	–	–
Metallgewerbe				
Schmiede	2	1	–	1
Kfz-Mechaniker	5	2	1	2
Zentralheizungsbauer	1	–	1	–
Elektroinstallateure	2	2	–	–
Holzgewerbe				
Schreiner	2	–	2	–
Bodenverleger, Holzschutz	1	–	–	1
Holzsägerei	1	1	–	–
Bekleidungs-, Textil- und Ledergewerbe				
Gürtelhersteller	1	–	–	1
Nahrungsmittelgewerbe				
Bäcker	3	2	1	–
Metzger	3	1	1	1
Gewerbe für Gesundheits- und Körperpflege chemische und Reinigungsgewerbe				
Friseure	4	3	1	–
Sonstige Gewerbe				
Kunsthandwerk	1	1	–	–

Quelle: Gemeindeverwaltung

Gegenwärtig liegt der Schwerpunkt im Handwerk beim Bau- und Ausbaugewerbe und dem Metallgewerbe. Einen Überblick für 1987 gibt Tab. 2.

Wie viele Odenwalddörfer richteten auch Robern und Fahrenbach Strohflechtschulen ein. In Robern bestand sie von 1868 bis 1874 im Winter, in Fahrenbach von etwa 1870 bis 1891 ganzjährig. Der Erfolg dieser nur von Kindern besuchten Einrichtung war gering, und die Gemeindevertreter verloren rasch ihr anfängliches Interesse. Dagegen bedauerte es der Fahrenbacher Gemeinderat sehr, als nach kurzem Bestehen die Filiale einer Zigarrenfabrik 1876 den Betrieb einstellte. 15 junge Leute, die dort das Zigarrenmachen gelernt hatten, wanderten daraufhin in die Pfalz ab. Fahrenbach, Robern und Trienz bemühten sich seit den 1870er Jahren sehr um Industrieansiedlung, jedoch ohne Erfolg. Auch die Nebenbahn Mosbach–Mudau brachte nicht den erhofften industriellen Aufschwung. Bis heute hat sich hier kein Industriebetrieb niedergelassen.

Die Gemeinde im 19. und 20. Jahrhundert   769

Handel und Dienstleistungen. – Nach zweijährigem Bestehen ging in Fahrenbach 1892 ein Viehmarkt wegen Mangel an Zutrieb wieder ein. Krämerläden gab es um 1853 in allen 3 Dörfern, in Fahrenbach sogar 3. 1895 sind in Fahrenbach und in Trienz 4, in Robern 1 Betrieb des Bereichs Handel, Versicherung, Verkehr erfaßt. Einige Einwohner von Fahrenbach und Trienz hausierten in den 1890er Jahren mit Schweinen, Heidelbeeren, Heidegries, Gewürzen u. ä. bis in größere Entfernungen. 1925 waren in Fahrenbach und Trienz je 2 Kaufleute ansässig, in Robern keiner. Auch bei der Zählung von 1967 waren nur wenige Handeltreibende hier erfaßt: 9 Einzelhandelsbetriebe mit 22 Beschäftigten und je 1 Großhandels- und Handelsvermittlerbetrieb. Die Arbeitsstättenzählung 1987 erfaßte jedoch 4 Großhandelsbetriebe mit 9 Beschäftigten, 14 Einzelhandelsbetriebe mit 29 und 6 Handelsvermittlungen mit 8 Beschäftigten. Für das gleiche Jahr meldete die Gemeindeverwaltung 3 Lebensmittelgeschäfte in Fahrenbach und 1 in Trienz, weiter in Fahrenbach 3 Getränkehandlungen, 1 Heizölhandlung, 1 Futtermittelgroßhandlung, in Robern 1 Kunsthandlung, 1 Handel mit Altpapier und 4 Handelsvertreter. Im Dienstleistungsbereich arbeiten in Fahrenbach und Trienz je 2, in Robern 1 Fuhrunternehmen, in Fahrenbach 1 Fahrschule, 1 Immobilienmakler, hier und in Trienz je 1, in Robern 2 Versicherungsagenturen, in Trienz je 1 Schreibbüro, Büchereifiliale, Heißmangel und Verkaufsberater.

Die Sparkasse Mosbach unterhält eine Zweigstelle in Robern seit 1956, in Fahrenbach seit 1959 und in Trienz seit 1972. In Fahrenbach und Robern hat auch die Volksbank Mosbach eine Filiale, und in Trienz übernahm die Volksbank Limbach die ehemalige Raiffeisenkasse. In Fahrenbach und Robern werden Filialen der Zentralgenossenschaft Karlsruhe geführt. Vorläufer waren die 1885/86 gegründeten landwirtschaftlichen Kosumvereine, die sich zwar 1890 unter dem Eindruck des neuen Genossenschaftsgesetzes auflösten, aber durch landwirtschaftliche Ortsvereine ersetzt wurden. Ihre Hauptaufgabe bestand im zentralen Einkauf von Düngemitteln und im Verkauf von Hafer an die Militärverwaltung.

In Fahrenbach wurden 1826 2 bisherige Straußwirtschaften in die Schildwirtshäuser »Zum Grünen Baum« und »Zum Goldenen Lamm« umgewandelt. Außerdem bestanden der »Ochsen« und 2 Wirtshäuser ohne Schild. 1840 kam die »Krone« hinzu. »Grüner Baum« und »Krone« werden heute noch geführt, allerdings letztere als Discothek unter dem Namen »Alte Schmiede«. Jünger ist das »Jägerstüble«. Von den beiden Roberner Gasthäusern »Löwen« und »Hirsch« stand der »Löwen« schon Mitte des 19. Jh. Trienz hatte damals 2 Gasthäuser ohne Schild. 1872 wurde die »Linde« konzessioniert, 1909 das »Römerkastell« am Bahnhof. Übernachtungsmöglichkeiten bieten »Grüner Baum«, »Jägerstüble«, »Hirsch«, »Löwen« und »Römerkastell«, außerdem 4 Pensionen in Robern und 1 in Fahrenbach sowie Privatvermieter und 4 Bauernhöfe in Robern, die mit gutem Erfolg »Urlaub auf dem Bauernhof« anbieten. Die Gemeinde bemüht sich, den *Fremdenverkehr* wieder zu fördern, der in den 1950er Jahren eine kurze Blüte erlebt hatte, als Firmen aus dem Rhein-Neckar-Raum ihre Angestellten zum Urlaub hierher schickten. Derzeit werden jährlich etwa 2500 Gäste und 11–12 000 Übernachtungen gezählt. Das ergibt einen durchschnittlichen Aufenthalt von 4–5 Tagen. Die Gäste kommen überwiegend aus dem Ruhrgebiet und aus Norddeutschland.

Verkehr. – Bis ins 20. Jh. waren die Wege nach Mosbach und Eberbach höchst unzureichend befahrbar. Jahrzehntelang seit den 1860er Jahren wurde um bessere *Straßen* verhandelt, aber die beteiligten Gemeinden zwischen Eberbach und Mosbach wurden sich nicht einig. Die heutige Straße von Mosbach über Fahrenbach nach Wagenschwend entspricht weitgehend einer schon 1862 vorgeschlagenen Trasse. Um

1895 weckte das Projekt einer *Nebenbahnlinie* von Mosbach nach Mudau mit Stationen in Fahrenbach, Robern und Trienz dort große Hoffnungen, u. a. auch auf Industrieansiedlung. Nachdem jedoch die Bahn am 3.6.1905 eröffnet worden war, blieb diese Hoffnung unerfüllt. Immerhin erleichterte die eingleisige Schmalspurbahn den Absatz für die Bauern und den Zugang zu Arbeitsplätzen. Sie wurde am 3.6.1973 wieder eingestellt. Jetzt sind die Fahrenbacher Ortsteile durch die *Omnibuslinie* Neckarelz–Mosbach–Mudau/Waldbrunn praktisch stündlich mit Mosbach, in größeren Abständen mit Limbach, Mudau und Waldbrunn verbunden. Mit Limbach unterhält Fahrenbach einen eigenen Linienverkehr der Verwaltungsgemeinschaft.

In Fahrenbach wurde 1894 eine Postagentur eingerichtet; noch früher hatte Robern eine Posthilfsstelle. Heute hat jeder Gemeindeteil eine *Poststelle*.

Verwaltungszugehörigkeit, Gemeinde und öffentliches Leben

Verwaltungszugehörigkeit. – Bei der Mediatisierung des Fürstentums Leiningen gehörten die 3 Dörfer zum fürstl. leiningischen Amt Eberbach, Robern zu ⅓ zum markgräflich-hochbergischen Amt Zwingenberg. Im Dezember 1807 wurden sie dem Amt Lohrbach zugeschlagen. 1813 kamen Fahrenbach und Trienz zum Stadt- und Landamt Mosbach, Robern bis 1865 zum Amt Eberbach, dann gleichfalls zu Mosbach. Seither ist Mosbach die Amts- bzw. Kreisstadt. Seit 1975 bilden Fahrenbach und Limbach die Verwaltungsgemeinschaft Limbach. Robern wurde am 1.1.1975 zu Fahrenbach eingemeindet, am 19.7.1975 folgte die Vereinigung mit Trienz.

Gemeinde. – Das aus den 3 Gemarkungen zusammengesetzte Gemeindegebiet umfaßt 1642 ha. Die Katastervermessungen fanden kurz nach 1880 statt. Für 1854 ergaben die von den Gemeinden genannten Flächen zusammen nur 3761 M = 1355 ha. Damals wie heute hatte Robern den größten Waldanteil, während die Gkgn Fahrenbach und Trienz zu 60% Ackerland waren. In Fahrenbach und Robern besaß das Stift Mosbach außer Wald auch landwirtschaftliche Grundstücke. 1981 waren 903 ha des Gemeindegebiets Landwirtschaftsfläche, 595 ha Wald, 137 ha besiedelte Fläche.

Allmenden gab es im 19. Jh. in keinem der Dörfer. Selbst der *Bürgernutzen* aus dem Wald war sehr gering und konnte oft nicht gereicht werden, weil der Wald keinen Ertrag abwarf oder dieser zur Schuldentilgung verwendet wurde. Das Vermögen der Gemeinden, außer dem Wald nur wenige landwirtschaftliche Grundstücke und die Gemeindegebäude, brachte kaum Einnahmen. Die einzigen regelmäßigen Einnahmen ergaben sich aus der Jagd- und Fischereipacht, dem Schäfereierlös, solange die Schäferei bestand, und den hohen und daher oft schwer beizutreibenden Umlagen auf das Steuerkapital der Einwohner. In Robern, wo ⅓ des Steuerkapitals in Händen des Mosbacher Stifts und der leiningischen Standesherrschaft war, gingen wenigstens deren Umlagen früh ein. Hier besserte sich auch die Situation nach dem Ankauf des Hofguts vom Mosbacher Stift, obwohl zunächst die Verschuldung dadurch anstieg. Insgesamt wurde etwa seit 1870 die Belastung der Gemeindehaushalte erträglicher, weil die Armenlast zurückging.

Fahrenbach und Trienz zahlten 1855 noch an den Schulden aus der 1848/49er Revolution, Fahrenbach bis 1865 auch noch an der Zehntablösung. Robern hatte diese Schuld 1851, Trienz 1854 abgezahlt. In Trienz war der Zehnte alljährlich gesammelt, verkauft und der Erlös zur Schuldentilgung verwendet worden. Dagegen waren 1855 noch alte Kriegsschulden, Tilgung des Frohnablösungskapitals und Schulden aus dem Ankauf von Saatfrüchten 1847 zu bezahlen. Neue Schulden entstanden in den 3 Dörfern durch Schulhausbau und -umbau, Katastervermessung, Beiträge zu Straßen-

Die Gemeinde im 19. und 20. Jahrhundert 771

und Eisenbahnbau (Gelände) und die Wasserleitungsbauten, in Trienz auch durch Bach- und Brückenbau. Trotz der bedrängten Lage wurden die Tilgungspläne meistens eingehalten.

Auch gegenwärtig gehört Fahrenbach zu den ärmeren Gemeinden des Landkreises. Seit den Eingemeindungen stiegen die *Gemeindeschulden* kontinuierlich von 200 DM/E., dem niedrigsten Wert im Landkreis, auf 1239 DM/E. im Jahr 1984 an und lagen damit über dem Kreisdurchschnitt von 1155 DM/E. Umgekehrt rutschte die Gemeinde zwischen 1970 und 1984 nach der Höhe der *Steuerkraftsumme* vom 14. auf den 22. Platz im Landkreis, obgleich sich dieser Betrag von 249 auf 753 DM/E. erhöht hatte. Von den 959 000 DM Steuereinnahmen im Jahr 1984 stammten in der industrielosen Gemeinde nur 125 000 DM aus Gewerbesteuern. Der Haushaltsplan von 1984 blieb im Vermögenshaushalt mit 1 272 000 DM weit hinter dem des Vorjahres (3 074 000 DM) zurück. Der Verwaltungshaushalt war mit 2 839 000 DM nahezu unverändert, die Schulden sanken unwesentlich von 3 197 000 DM auf 3 000 000 DM. Der Haushalt 1987 hatte ein Volumen von 3 545 100 DM im Verwaltungs- und von 1 796 000 DM im Vermögensbereich. Der Schuldenstand konnte allmählich auf 2 837 560 DM (1126 DM/E.) gesenkt werden. Größere Investitionen stehen an im Straßenbau, Kanalbau, im Bau einer Turn- und Festhalle, in der Erschließung von Neubaugebieten und in der Dorfentwicklung. Dorfentwicklungspläne liegen für alle 3 Ortsteile vor. Die Gemeinde hat mehrere Sanierungsmaßnahmen zur dorfgerechten Gestaltung von Straßen und Plätzen angemeldet.

Um 1850 besaßen die Gemeinden an *Gebäuden* nur je 1 Armen-, zugleich Hirtenhaus, Robern 1, Fahrenbach 2 Schulhäuser, Fahrenbach und Trienz bis zum Verkauf nach Aufhebung der Schäferei je 1 Schafhaus. Trienz baute 1855 aus Mitteln, die für eine Schule in Rineck bestimmt gewesen waren, 2 Schulhäuser. 1877 wurde das ev. Schulhaus in ein Rathaus mit Spritzenhalle und Arrest umgebaut. Heute besitzt die Gemeinde 3 Rathäuser, 1 Schulgebäude in Fahrenbach, 2 alte Schulgebäude in Robern und Trienz, 3 Sportheime, 1 Kleintierzüchterheim, 1 Lehrerwohnhaus, 1 landwirtschaftliches Nutzgebäude, 1 Gemeindehaus, 2 Feuerwehrgerätehäuser und 1 Polizeigebäude. Der *liegenschaftliche Gemeindebesitz* umfaßt 140 ha Wald, 15 ha landwirtschaftliche Nutzfläche und ca. 170 ha Bauland.

Rathäuser erhielten die 3 Gemeinden erst spät: Trienz widmete 1877 nach Vereinigung der beiden Schulen das ev. Schulhaus zum Rathaus um, Fahrenbach baute 1880 in das ev. Schulhaus ein Ratszimmer ein, Robern baute 1888 das Schulhaus zu einem Rat- und Schulhaus um. Heute ist die Gemeindeverwaltung im Fahrenbacher Rathaus untergebracht, das seit 1973 ausschließlich der Gemeindeverwaltung dient. In Robern und Trienz halten die Ortsvorsteher Sprechstunden ab, und die Ortsverwaltungen sind wöchentlich 2 Stunden durch Personal der Hauptverwaltung besetzt.

Die Gemeindeverwaltungen waren schon im 19. Jh. bei allen Schwierigkeiten, die die schlechte wirtschaftliche Lage mit sich brachte, gut geführt. Den Bürgermeistern standen 3, später 6 Gemeinderäte zur Seite. Die Bürgerschaft war im Bürgerausschuß vertreten. Rechner, Ratschreiber, Polizeidiener, Straßenwart, Feldhüter, Waldhüter, Hebamme, Industrielehrerin waren die fest besoldeten Gemeindebediensteten.

Die neue Gemeinde Fahrenbach hat 14 *Gemeinderäte*. Bei der ersten Wahl 1975 gingen fast alle Stimmen an die Wählervereinigungen, seither teilen sie sich etwa im Verhältnis 6 : 4 zwischen den Bürgerlichen Wählergemeinschaften, die seit 1984 8 Gemeinderäte stellen, und der CDU, der 6 Gemeinderäte angehören. Das Personal der *Gemeindeverwaltung* besteht neben dem Bürgermeister aus 2 beamteten Amtsleitern, 4 Angestellten (davon 3 teilzeitbeschäftigt), 5 Arbeitern (davon 2 teilzeitbeschäftigt). In Fahrenbach ist ein Posten der Landespolizei stationiert.

Ver- und Entsorgungseinrichtungen. – 1868 erwarb Robern die bisher mit Wagenschwend und Balsbach benutzte Feuerspritze allein. 1874 schaffte Fahrenbach und 1876 Trienz eine eigene Spritze an. Die *Freiwillige Feuerwehr* wurde in Fahrenbach 1927, in Robern 1943 und in Trienz gleichfalls im 2. Weltkrieg gegründet. Heute gehören ihr 75 Wehrmänner an. Sie besitzt 3 Löschfahrzeuge.

Wassermangel machte sich in Fahrenbach schon Mitte des 19. Jh., in Robern und Trienz erst mit den gesteigerten Ansprüchen in den 1860/70er Jahren fühlbar. In Fahrenbach versiegten die Brunnen oft im Sommer, aber erst nach jahrelangen Überlegungen konnte 1877 mit dem Bau einer *Wasserleitung* von der Quelle in den Seewiesen her, die das Stift Mosbach nach anfänglicher Weigerung 1876 unentgeltlich abgegeben hatte, begonnen werden. 1879 speiste die Leitung 9 öffentliche Brunnen und 5 Privatleitungen (1904: 9). In Robern genügte die 1882 erbaute Wasserleitung nicht, sondern erst die 1894 erstellte Leitung, die Wasser aus der Ölmühlenwiesenquelle, gleichfalls mit Genehmigung des Kirchenärars, in das Dorf leitete, behob den Wassermangel dauerhaft. 1905 belieferte sie 6 öffentliche Brunnen und 36 Hausleitungen.

Auch Trienz hatte 1877 nur 1 brauchbaren Brunnen. Die 1880 erbaute eiserne Leitung von einer Quelle aus den Klingenwiesen wurde 1894 verbessert und erweitert, so daß das Dorf jetzt gut versorgt war. Noch heute hat Trienz diese eigene Versorgung, Fahrenbach und Robern gehören dem 1971 gegründeten *Wasserzweckverband Oberes Trienztal* mit Sitz in Limbach an. Die Leitungen wurden nach dem Krieg erneuert.

In Fahrenbach sollte die Hauptstraße schon um 1900 kanalisiert werden, aber die Kosten waren zu hoch. Heute sind bis auf wenige abgelegene Grundstücke alle Ortsteile an die *Kanalisation* angeschlossen. Das Abwasser wird der mechanischbiologischen Kläranlage des 1976 gegründeten *Abwasserzweckverbandes Fahrenbach-Limbach* auf Gkg Fahrenbach zugeleitet. Der *Hausmüll* wird von einer Mosbacher Firma zur Kreisdeponie Buchen geführt. *Strom* erhalten die Haushaltungen der Gemeinde von der Badenwerk AG.

Der *Arzt* wurde früher in Mosbach aufgesucht, aber jedes Dorf hatte eine Hebamme (Trienz erst seit 1871). 1902 wurde für Fahrenbach und Trienz eine Landkrankenpflegerin ausgebildet. Robern wurde von Limbach aus versorgt. Heute praktizieren im Ortsteil Fahrenbach 1 Arzt für Allgemeinmedizin, 1 Kinderarzt und 1 Zahnarzt. Hier gibt es auch eine Apotheke. Die Gemeinde ist Mitglied der Kath. Sozialstation Mosbach e.V.

Noch Ende des 19. Jh. hatte nur Fahrenbach einen *Friedhof*. Hier wurden auch die ev. Einwohner von Trienz beerdigt. Für die Katholiken von Trienz und die Einwohner von Robern war der Limbacher Friedhof zuständig. Inzwischen hat jeder Ortsteil (Robern schon 1910) einen eigenen Friedhof mit Leichenhalle.

Seit ca. 1870 hat Fahrenbach eine ev. Kleinkinderschule, später kam der kath. Kindergarten dazu. Auch Robern hat einen kath., Trienz einen ev. Kindergarten.

Kirche. – In der *ev. Landeskirche* war Trienz bis 1863 Filiale von Lohrbach, Dekanat Mosbach. Dann wurde der Ort selbständiges Vikariat und 1865 Kirchengemeinde. 1957 gehörten Trienz (früher bei Lohrbach) als Nebenort, Robern, Krumbach und Wagenschwend (Gde Limbach) sowie Muckental (Gde Elztal) als Diasporaorte zu Fahrenbach. 1983 wurde das Kirchspiel Fahrenbach um diese Orte erweitert. Die Baupflicht zur 1826 erbauten Kirche in Fahrenbach hatte die politische Gemeinde (1852).

Im Landkapitel Mosbach der *kath. Kirche* gehörten zu Beginn des 19. Jh. Fahrenbach und Lohrbach zusammen. Pfarrsitz war erst Fahrenbach, dann Lohrbach als leiningischer Amtskellereiort. Bis 1903 in Fahrenbach eine eigene Pfarrpfründe errichtet wurde, blieb St. Jakob Filialkirche von Lohrbach. Die Baupflicht lag beim Stift Lobenfeld. Robern und Trienz gehörten zur Pfarrei Limbach, Dekanat Buchen. Schon

Die Gemeinde im 19. und 20. Jahrhundert 773

1879 gingen die Einwohner beider Dörfer aber in Fahrenbach zur Kirche. 1903 wurden sie der neuen Pfarrei eingegliedert. 1956/58 wurde in Robern die Kirche St. Pius X und 1960 in Trienz die Kirche St. Marien (Mediatrix) erbaut.
Schule. – Fahrenbach und Trienz besaßen im 19. Jh. je eine ev. und eine kath. Schule, Robern eine kath. Schule. In Trienz wurde der Unterricht in Privathäusern erteilt, bis 1855 die beiden Schulhäuser erbaut wurden. 1854 erhielten in Fahrenbach der kath. Hauptlehrer (62 Schüler) und der ev. Hauptlehrer (50 Schüler) ihr Gehalt von der Gemeinde, der Staatskasse, aus Schulgeld und von den zuständigen Stiftern Lobenfeld und Mosbach. In Robern wurde der Lehrer (72 Schüler) von der Staatskasse bezahlt, und in Trienz (37 kath. und 24 ev. Schüler) trugen Gemeinde und Staatskasse sowie für den ev. Lehrer das Stift Mosbach zum Gehalt bei. Nach Zusammenlegung der Konfessionsschulen 1876 fand in Fahrenbach der Unterricht weiter in beiden Schulhäusern statt, in Trienz wurde nur das kath. Schulhaus beibehalten. In Fahrenbach wurde 1957 eine neue Grund- und Hauptschule erbaut. Bis zu deren Umbau 1973 wurde auch das alte Schulhaus noch benutzt. Seither dient es nun als Rathaus. Seit der Schulreform ist in dem Gebäude die einzige Schule der Gemeinde, die *Grundschule*, untergebracht. Sie wird auch von den Kindern aus Wagenschwend (Gde Limbach) besucht. 1987 werden hier 146 Schüler in 7 Klassen von 6 voll- und 1 teilzeitbeschäftigten Lehrer unterrichtet. Für 1988 sind 8 Klassen vorgesehen. Die zuständige *Hauptschule* ist in Limbach.
Sportstätten. – Die Gemeinde besitzt in Fahrenbach 2 Fußballplätze von 1947 und 1983, je 1 in Robern (1968) und in Trienz (1985). Außerdem stehen ein Schützenhaus in Trienz, eine Tennisanlage von 1986 in Fahrenbach und ein Reitplatz von 1982 in Robern zur Verfügung.
Vereine. – Die Männergesangvereine wurden 1907 (Fahrenbach, jetzt 120 Mitglieder) und 1908 (Robern, jetzt 210 Mitglieder, und Trienz, jetzt 80 Mitglieder) gegründet. Älter ist der Fahrenbacher Posaunenchor, 1901 gegründet, mit heute 25 Mitgliedern. In Robern besteht seit 1982 ein Frauenchor mit derzeit 55 Sängerinnen. Die Sportvereine stammen aus den Jahren 1946–1949. In Fahrenbach (1947) gehören dem Sportverein jetzt 230 Sportler an, in Robern (1949) 170 und in Trienz (1946) 185 Sportler. Eigenen Sportarten widmen sich in Fahrenbach seit 1985 der Tennisclub mit jetzt 100, in Robern der Reit- und Fahrverein von 1972 mit jetzt 65 und in Trienz der Schützenverein von 1964 mit jetzt 60 Mitgliedern. Fahrenbach hat seit 1949 einen Kleintierzuchtverein (35 Mitgl.) mit dem Vereinsheim im Ortskern, Robern seit 1967 einen Hundesportverein (65 Mitgl.), in Trienz besteht seit 1938 die Siedlergemeinschaft (35 Mitgl.). Die 33 Mitglieder des 1985 gegründeten Heimat- und Verkehrsvereins wollen zur Förderung des Fremdenverkehrs beitragen.

Strukturbild

Die heutige Gde Fahrenbach besteht aus drei Dörfern, die sich vom 19. Jh. bis heute aus armen kleinbäuerlichen Gemeinden mit einer breiten Schicht landloser oder landarmer Taglöhnerbevölkerung zu Auspendlerorten mit noch wenigen landwirtschaftlichen Betrieben, etwas Handwerk, aber ohne Industrie verändert haben. Die Arbeitsplätze werden vorwiegend im Elzmündungsraum aufgesucht, viele Arbeitnehmer fahren auch in die Nachbargemeinde Limbach, andere dagegen bis in den Raum Heilbronn-Neckarsulm. In der Gemeinde selbst wurden 1987 nur 92 (nichtlandwirtschaftliche) Arbeitsstätten mit 326 Beschäftigten gezählt, gegenüber 1970 ein Gewinn von 23 Arbeitsstätten (33 %) und 124 Beschäftigten (61 %). Darunter sind im Verarbeitenden Gewerbe 15 Betriebe (83 Beschäftigte) tätig, im Handel 24 (46) und im privaten Dienstleistungsgewerbe 19 (60).

Fahrenbach bildete um die Jahrhundertwende noch den Mittelpunkt der Odenwaldgemeinden des Amtsbezirks Mosbach. Alle 3 Dörfer waren auf die Märkte in Mudau, Mosbach und Beerfelden orientiert. Fahrenbach selbst besaß wenige Jahre einen Viehmarkt. Mit der besseren Verkehrserschließung verlor das Dorf diese Mittelpunktsfunktion, und die Ausrichtung auf Mosbach verstärkte sich. Heute ist die Kreisstadt bevorzugter Einkaufs- und Schulort für die Gemeinde. Auch das Mosbacher Kreiskrankenhaus wird häufiger aufgesucht als die Krankenhäuser in Buchen und Eberbach.

Quellen

Ortsbereisungen

Fahrenbach 1852–1858:	GLA 364/3550, 1858–1892: 364/4061, 1892–1905: 364/4062;
Robern 1851–1864:	364/3595, 1865–1890: 364/4891, 1892–1905: 364/4892;
Trienz 1850–1854:	364/3599, 1858–1892: 364/5028, 1893–1902: 364/5029;

C. Geschichte der Gemeindeteile

Fahrenbach

Siedlung und Gemarkung. – Das erstmals 1306 genannte *Varenbach*, 1474 *Farnbach*, trägt seinen Namen vom Farnkraut. Da von einem eigentlichen Bachlauf nichts zu erkennen ist, muß in Erwägung gezogen werden, ob die ursprüngliche Namensform nicht »Farenbuch« gelautet hat. Als Rodungssiedlung des Hochmittelalters wurde Fahrenbach vermutlich aus dem großen zusammenhängenden Waldgebiet östlich der Michelherd herausgeschnitten und gleichzeitig von W wie von S her besiedelt. Infolgedessen teilten sich später Zwingenberg und Lohrbach in die Ortsherrschaft, für die Zentherrschaft blieb stets Eberbach zuständig. Auch das könnte Ergebnis eines Kompromisses sein. Der Ort bestand vor dem 30j. Krieg in etwa 40 Häusern, 8 Lohrbacher und etwa gleichviel Zwingenberger Hufengütern. Die Hufen verfügten großenteils über geschlossenen, beieinanderliegenden Besitz, vielleicht nicht alle mit Hofanschluß. Von den Lohrbacher Hufen lagen 1649 alle bis auf eine wüst, ähnlich wird es auf der Zwingenberger Seite des Dorfes ausgesehen haben. Infolge der Teilung des Ortes gibt es verläßliche Häuserzahlen erst für 1803, als 66 Häuser gezählt wurden. Fast alle waren sie noch strohgedeckt. Die Gemarkung umfaßte damals 468 M Äcker, 138 M Wiesen und 159 M Wald. All dieses war in etwa gleich große Herrschaftsanteile zwischen Lohrbach und Zwingenberg aufgeteilt.

Herrschaft und Staat. – Die Hälfte des Dorfes Fahrenbach gehörte 1326 wie Lohrbach dem Schenken Friedrich von Limpurg, der auf ihr 10 lb h mainzisches Erbburglehen zu Buchen versicherte. Sie hatte stets mit Lohrbach gemeinsames Schicksal, war also ab 1413 pfälzisch. Die andere Hälfte gehörte 1557 Hans von Hirschhorn. Dieser hatte ein Viertel des Ortes 1510 von Graf Ludwig von Löwenstein und ein weiteres Viertel von den Herren von Adelsheim gekauft. Wenn auch die Herkunft dieser Hälfte nicht ganz geklärt ist, so besteht doch am ehesten die Wahrscheinlichkeit, daß sie aus frühen zwingenbergischen Erbteilungen stammt. Die beiden Ortsherren des

16. Jh. teilten sich in die üblichen Rechte. Der Bannwein wurde bei der jährlichen Kirchweih alternierend ausgeschenkt, der Tanz- und Kegelplatz stand ein Jahr ums andere dem Faut zu Mosbach und den Amtleuten der Hirschhorner zu. Die pfälzische Hälfte frondete zur Burg Lohrbach. Anders als die sonstige zwingenbergische Herrschaft verblieb die Hälfte von Fahrenbach nach dem hirschhornischen Erbfall bei den Allodialerben und gelangte über die Schertel 1708 an die Grafen von Wiser. Sie konnten daher diesen Besitz halten. Ganz Fahrenbach unterlag pfälzischer Zent- und Steuerhoheit. Beide Ortsherren hatten je einen eigenen Schultheißen, die in die üblichen Kompetenzstreitigkeiten verwickelt waren. Der Wisersche Schultheiß bat um 1800 den Grafen um sein Siegel, da eine Besiegelung mit dem gemeinschaftlichen Siegel der Wiserschen Herrschaft abträglich sei. Die pfälzischen Rechte fielen 1802/03 an das Fürstentum Leiningen. Dieses mußte 1806 die landeshoheitlichen Gerechtsame dem neuen Großherzogtum Baden überlassen, das seine Souveränität auch über der anderen Ortshälfte errichtet hatte; zuständiges Amt blieb fortan Mosbach.

Grundherrschaft und Grundbesitz. – 1395 wird erstmals ein Hof des Kl. Amorbach erwähnt. Er ist 1561 als freies Hofgut dem Amorbacher Konvent zinspflichtig und erscheint in ebensolchen Verhältnissen noch 1803 im Umfang von 20 M. Die Pfalz besaß 1561 8 Hufengüter, die jeweils mit 2 bis 5 Ochsen Frondienste zu leisten hatten und Größen zwischen 56 und 42 M aufwiesen, bis auf das letzte Hufengut, das auf nur 16 M kam. Zwei der anderen Hufen waren vorübergehend geteilt. Außer diesen Hufen gab es unter der Lohrbacher Grundherrschaft noch sechs handfronpflichtige Häuser. Vier weitere Einzelhäuser waren durch Teilung des Schafhauses entstanden und beiden Herrschaften gemeinsam. Der Wisersche Grundbesitz ist nicht im Einzelnen zu fassen. Das Pfarrwittum enthielt etwa 24 M. Das Steuerbuch von 1713 nennt für die pfälzische Seite des Orts 10 Bauern. Von ihnen besaßen: einer 45 M, zwei 35 bzw. 33 M, drei je 25 bis 27 M, zwei jeweils 20 bis 22 M, einer 17 M und einer 9 M; hinzu kam das Mühlgut mit 33 M. Die Bauern sind zwar die Nachfolger der alten Hüfner, jedoch deuten sich Besitzverschiebungen und Teilungen an. So wohnte der Inhaber der 27 M in einem kleinen »Leibgedingshäuslein«, d. h. in einem Bau, der eigentlich für den Rückzug aufs Altenteil bestimmt war. Außer den Bauern waren 3 Handwerker mit kleineren Grundstücken ausgestattet. Von den Wiserschen Untertanen hatten 7 auch auf der pfälzischen Seite Einzelgrundstücke, ebenso ein Ausmärker aus Weisbach. Die Wälder waren z. T. jeweils für die verschiedenen Teile des Ortes nutzbar. Den hirschhornischen Hintersassen standen die Eichenhecken und das Baumert zu. Die pfälzischen hatten das Buch, das Mannelbüchlin und einen Teil der Lichtenhart zur Verfügung. Ihre Wälder lagen also mehr auf der Nord- und Ostseite der Gemarkung.

Gemeinde. – Das Fahrenbacher Ortsgericht, aus pfälzischen und hirschhornischen Hintersassen zusammengesetzt, tagte abwechselnd unter dem pfalzgräflichen und dem hirschhornischen Schultheißen. Strittige Fälle wurden vor das Eberbacher Stadtgericht gewiesen. Alle Gebote und Verbote wegen der Zent nahm der pfälzische Schultheiß wahr. Zu den Gerichtspersonen aus dem Ort selbst, 1803 5 leiningische und 3 Wisersche, kamen noch solche aus Trienz (1803 4 leiningische, ehemals pfälzische). Den Gerichtsstab in Trienz führte der pfälzische Schultheiß allein. Fahrenbach stellte 1602 zwei Zentrichter. Der Gemeindebesitz bestand aus 40 M Äckern und 140 M Wald sowie einem Hirtenhaus, die beiden Ortshälften gemeinsam waren. Außerdem besaß jede Hälfte des Ortes noch einmal 50 M separaten Wald.

Kirche und Schule. – 1317/22 wird das Patronatsrecht in Lohrbach und Fahrenbach erwähnt. Man muß annehmen, daß Kirche und Pfarrei in Lohrbach lagen. Eine Filialkapelle am Ort selbst bestand spätestens im 16. Jh. 1573 wurden dorthin alle pfälzischen Untertanen aus dem Bereich der Mudauer Zent befohlen, um sie für den calvinistischen Gottesdienst und die calvinistische Kindererziehung zu verpflichten. Dies gelang aber höchstens teilweise. Zur Unterstützung des Lohrbacher Pfarrers wurde 1592 die Stelle eines Diakons bewilligt. Die weiteren kirchlichen Schicksale entsprechen der Pfarrei Lohrbach. In der Kirchenteilung von 1705 fiel die Filialkirche an die Katholiken. Sie war jedoch 1723 derart zerfallen und für die Gemeinde zu klein, daß man um einen Neubau nachsuchte. Bereits 1790 war ein weiterer Neubau fällig. Die Kirche war dem hl. Jakobus geweiht. Die Reformierten erhielten 1819 eine neue Kirche.

Der Zehnt gehörte zur Hälfte dem Lohrbacher Pfarrer, zur Hälfte der Kurpfalz. Eine Urkunde von 1394 berichtet von einer stärkeren Aufteilung im Mittelalter, denn damals verkaufte Vogt Friedrich zu Lohrbach den vierten Teil des Zehnten am Ort an den Schenken Friedrich von Limpurg. – Ende des 18. Jh. hatte das Dorf einen ref. und einen kath. Schulmeister.

Bevölkerung und Wirtschaft. – Es ist nicht einfach, die Nachrichten über die Huldigung von Fahrenbacher Untertanen zwischen 1556 und 1615 auszuwerten, weil sehr ungleichmäßig von pfälzischen und hirschhornischen Zentmännern die Rede ist. Die Gesamtzahlen schwanken zwischen 33 und 72. Ein mittlerer Schätzwert ergibt etwa 220 bis 230 Einwohner. 1649 ist nur noch von 8 Haushaltsvorständen die Rede, das ergäbe 40 bis 50 Ortsbewohner. 1716 waren es wieder 33 Untertanen, also etwa 145 Einwohner. Die Statistik von 1777 nennt 344 Einwohner, die von 1803 sogar 443 Seelen. In sozialer Hinsicht werden 1561 in der pfälzischen Hälfte 3 Pferdebauern, 4 Ochsenbauern, 7 Seldner und 3 weitere Handfröner erwähnt. Das Schatzungsbuch von 1713 nennt außer 15 Haushaltungen auf der Pfälzer Seite noch 7 auf der Wiserschen, aber letztere Zahl ist nicht vollständig. 1806 unterschied man im ganzen Ort 59 Bürger, darunter 25 Ochsenbauern und 15 Kuhbauern, und zusätzlich 27 Beisassen und 7 Beständer herrschaftlicher Güter. Vom erwachsenen Teil der Bevölkerung arbeiteten 102 hauptsächlich als Bauern, 58 als Taglöhner und 67 als Gewerbetreibende. Die konfessionelle Gliederung wies 1807 eine knappe kath. Mehrheit von 243 gegenüber 223 Reformierten und 6 Lutheranern auf.

Die Fahrenbacher Landwirtschaft wurde im 16. Jh. nicht in flürlichem System, sondern in freiem Anbau auf den einzelnen Hufen wenigstens noch im 16. Jh. betrieben. Die wichtigsten Erzeugnisse waren 1803 dem ungünstigen Boden entsprechend Hafer, Heidekorn und Kartoffeln. Der Akzent lag auf der Viehwirtschaft. Nach dem Übergang an Leiningen gab es 1806 keine Pferde, aber 50 Ochsen, 86 Stück Rindvieh und 25 Schweine. Das pfälzische Schafhaus war schon vor 1561 abgebrochen worden. Aus seinem Material wurde der Knopfhof bei Mosbach erbaut. Die zugehörige Weidegerechtigkeit fiel an die Gemeinde. Fahrenbach hatte 1561 eine Mühle am Trienzbach. 1750 erteilte Kurfürst Karl Theodor die Konzession für eine weitere Mühle nur als Schneidmühle, damit der Lohrbacher Mühle keine Konkurrenz entstand. Die zweite Mahlmühle entstand dann auf der Wiserschen Seite, so daß 1803 doch zwei Mahlmühlen arbeiteten. Von den 10 pfälzischen Bauern des Jahres 1713 suchten 5 Zusatzverdienst als Leineweber. 1775 gab es im Ort 6 Leineweber mit insgesamt 34 Beschäftigten. 1803 waren es 18. Auch damals war die Leineweberei Ergänzung des schmalen bäuerlichen Einkommens. An weiteren Handwerkern nennt das Steuerbuch für die pfälzische Hälfte 1713 je 1 Maurer, Schmied und Schneider, die Statistik von 1803 insgesamt 4 Maurer, 1 Schmied, 1 Schreiner, 1 Küfer, 3 Schneider, 1 Schuster, 2 Müller und 4 Bäcker.

Robern

Siedlung und Gemarkung. – Die erste sichere urkundliche Erwähnung unter dem Namen *Rorbrunnen* stammt von 1327, ist allerdings eine Kopie des 15. Jh. Die Deutung des Namens macht keinerlei Schwierigkeit; wie auch die nächste Namensform *Rorbronn* von 1427 zeigt, handelt es sich um einen mit Röhricht bestandenen Brunnen (Quelle). Bereits im 15. Jh. wird das r umgestellt und erscheint die Namensform *Roborn*. Nach Lage und grundherrschaftlichen Verhältnissen gehört Robern in den Kontext der hochmittelalterlichen Rodung im Gebiet des zusammenhängenden Waldes, der im 11. Jh. vom Kl. Amorbach erworben wurde, der aber vom Wildbann her den Inhabern von Lohrbach unterstand. Dazu würde zeitlich die Nennung von *Robber..n* in einer Barbarossa-Urkunde von 1161 passen. Es ist jedoch äußerst unwahrscheinlich, daß das in dieser Urkunde genannte Kl. Odenheim hier Besitz hatte. Außerdem taucht die r-Metathese in der Namensform viel zu früh auf. Die Besiedlung ging im 12. Jh. wohl von Zwingenberg und Lohrbach aus. Die sich in diesem Gebiet schon zuvor überschneidenden Rechte von Amorbach und Lohrbach blieben bestimmend für die gesamte Entwicklung und die Rechtsverhältnisse des Weilers.

Die ursprünglichen Höfe des Ortes waren als Hufen organisiert. Es werden zu Beginn der Neuzeit insgesamt 13 ganze Hufen und 2 halbe genannt. Die zugehörigen Bauernhöfe bildeten einen lockeren Streuweiler. Außerdem gab es 1549 bereits 4 einzelne Häuser, sicher jüngeren Ausbaus. Zu diesem Bestand hinzu kommt noch das herrschaftliche Hofgut samt Schäferei. Es umfaßte den gesamten Südwestzipfel der Gemarkung. Auch das zugehörige Hofhaus lag am südwestlichen Ortsausgang.

Vieles deutet darauf hin, daß der herrschaftliche Hof nicht mit der Anlage des Ortes entstanden ist, sondern das Ergebnis späterer Rodung darstellt. Die ursprüngliche Form der Hufen ist nicht mehr zu rekonstruieren. Im 16. Jh. waren sie zum großen Teil auf blockartige Streuparzellen verteilt, also ist eine ursprüngliche Waldhufenstruktur, wenn es sie gegeben haben sollte, nicht mehr erkennbar. Mit Mühle, herrschaftlichem Hof und Schafhof ergibt sich für das 16. Jh. eine Zahl von etwa 20 Häusern. Die 1746 erwähnten 9 Häuser können nur den Besitz einer der beiden Herrschaften wiedergeben. Dagegen entsprechen die späteren Häuserzahlen, z. B. 1774 23 Wohnhäuser, dazu noch Mühle und Schäferei, etwa den Verhältnissen des 16. Jh., so daß abgesehen vom 30j. Krieg und seinen Folgen nicht mit wesentlichen Veränderungen zu rechnen ist. Sämtliche Häuser und Scheuern waren 1806 noch strohgedeckt.

Die Gkg Robern bestand 1774 aus etwa 300 M Äckern, 120 M Wiesen in den kleinen Talgründen, 90 M Weide östlich des Buchwaldes, 40 M Gemeinde- und 90 M Herrschaftswald. Der Gemeindewald verteilte sich auf den Scheitwald östlich des Trienzbachs, kleinere Waldstücke am Mühlhang, den Hagwald längs der nordöstlichen Gemarkungsgrenze und den Hermanns- oder Hartmannsberg im Nordzipfel der Gemarkung nahe Wagenschwend. Dagegen waren die Wälder im NW der Gemarkung, vor allem der Buchwald sowie ein kleines Stück Michelherd herrschaftlich. Am Oberlauf der Gerach ist wohl das 1317/22 genannte *Wüstengerach* zu suchen. Der von dort herabfließende Bach war im äußersten Südzipfel der Gemarkung zu einem See aufgestaut.

Herrschaft und Staat. – Die Entwicklung der umliegenden Weiler spricht dafür, daß auch Robern über die Rechte des Kl. Amorbach zeitweilig unter würzburgischer Lehnshoheit stand, die sich auch hier bald verloren hat. Mit dem Einsetzen der Urkunden wird erkennbar, daß bereits eine Teilung der ortsherrschaftlichen Rechte zwischen Lohrbach und Zwingenberg stattgefunden und daß vom Amorbacher Einfluß her nur die Zugehörigkeit zur Mudauer Zent und die Einpfarrung nach Limbach übriggeblieben sind. 1405 verkaufte Anna Rüdt, die Witwe des Hans Pilgrim, zusammen mit Mülben die Hälfte von Robern an Hans und Engelhart von Hirschhorn. An dieser aus der Herrschaft Zwingenberg (s. d. u. s. Mülben) stammenden Hälfte hatten sicher auch die Brüder Hans und Heinrich von Habern Anrechte, die sie 1412 wieder an Hirschhorn veräußerten. Die andere Hälfte der Ortsherrschaft ging im folgenden Jahr durch Verkauf der Schenken von Limpurg in den Besitz von Pfalz-Mosbach über. Von da an war die Ortsherrschaft zwischen der Pfalz, seit 1499 Kurpfalz, und den Inhabern des Schlosses Zwingenberg geteilt. Die Zentherrschaft blieb beim Erzbistum Mainz, jedoch war der pfälzische Hof der Zent Eberbach unterstellt. Das kann als Zeichen nachträglicher Rodung aus Herrschaftswald gedeutet werden. Die Pfälzer, vor allem aber auch die adligen Mitherren, wachten darüber, daß die mainzische Zentherrschaft möglichst eng auf die vier Zentfälle, d. h. Mord, Diebstahl, blutige Körperverletzung und Brandstiftung, zu beschränken. Sie gestatteten Zentangehörigen die Teilnahme am Zentaufgebot nur für jeweils einen Tag. Mainz konnte allerdings daran festhalten, daß die Zentuntertanen auch verpflichtet waren, den Heerhag an der Zentgrenze zu unterhalten und zu bewachen, in Zeiten besonderen Warenverkehrs sogar mit einer doppelten Mannschaft. Zenthoheit und Pfarrzugehörigkeit führten nach der Reformation auch zu konfessionellen Streitigkeiten (s. u.). Gelöst wurden alle diese Probleme 1715, als Kurmainz zusammen mit den anderen beiden Weilern auch die Zentrechte in Robern an Kurpfalz abtrat. Fortan war die Zent Mosbach zuständig. – Auch schon vorher beanspruchten Pfalz und Hirschhorn von ihren Untertanen die Schatzung und gewisse Beiträge zur Landesverteidigung, so mußten die Pfälzer Untertanen die Musterung durch das Amt Mosbach erdulden, während die Zwingenberger Hut- und Wachtdienst beim dortigen Schloß hatten. Die Pfälzer versuchten ihre Musterungsrechte auch auf die zwingenbergischen Untertanen auszudehnen. Die ortsherrschaftlichen Rechte waren geteilt. Zwingenberg hatte auch Jagdrechte auf seinen und den gemeinen Gütern. 1802/03 kam Robern an das Fürstentum Leiningen und wurde 1806 bad. Souveränität unterstellt. Zuständiger Amtssitz blieb Mosbach.

Grundherrschaft und Grundbesitz. – Wie die Ortsherrschaft, so war auch die Grundherrschaft geteilt und auf die 7½ Hufen der Pfalz und die 6½ Hufen von Zwingenberg bezogen. Die jeweiligen Hintersassen hatten ausgedehnte Fronpflichten, die sich nach den vorhandenen Ochsengespannen richteten. Die Pfälzer Untertanen mußten das Herrengut und die Herrenwiesen bestellen und außerdem Fuhren für die Kellerei Lohrbach leisten. Die Einzelhäuser, bisweilen auch Seldner genannt, schuldeten Handfron; die Fronen waren weitgehend ungemessen. Die Hirschhorner Untertanen hatten Fahrten bis nach Zwingenberg zu erbringen. Zunächst bestanden umfangreiche Verköstigungsansprüche, die im 18. Jh. in Geld abgelöst waren. Jedes Haus schuldete ein Herdrecht; falls es mit Leibeigenen besetzt war, kam ein zusätzlicher Todfall hinzu. Pfalz wie Zwingenberg setzten je einen eigenen Schultheißen und teilten sich Bußen und Frevel, während die höheren ortsherrschaftlichen Strafen von Pfalz allein beansprucht wurden.

Der pfälzische Hof bestand 1561 aus Wohnhaus, Rinderstall, Schafhaus und Scheuer. Alles war seit 1548 neu erbaut. Die zugehörigen Äcker umfaßten 200 M (im 18. Jh. 130 M). Von diesen Äckern hatte der Schäfer in jedem Jahr auf 20 M zu pferchen und sie dadurch zu düngen. Jährlich wurden 30 M gedüngte Äcker mit Korn und Hafer bebaut, deren Ertrag die Herrschaft zusätzlich beanspruchte. Darüberhinaus betrug der Pachtsatz 40 Mltr Korn, 50 Mltr Hafer und 20 fl. Um 1800 war das Kameralhofgut auf 12 Erbbeständer aufgeteilt. Die einzelnen Hufen wiesen im 16. Jh. eine Größe von 13 bis über 60 M Äcker und 3 bis 7 M Wiesen auf. Die Durchschnittsgröße lag etwa bei 27 M, jede Hufe hatte mit einem Gespann von 2 Ochsen zu fronen. Da sie bereits im 16. Jh. ungleich verteilt waren, gab es Inhaber von 2 bis ½ Ochsengespann.

Unabhängig von der auf die Hufengüter bezogenen Grundherrschaft hatte die Pfalz noch ein eigenes Gericht über die wüsten Güter. Der Ursprung dieser Güter ist nicht sicher zu erhellen. Sie könnten zum Teil von Wüstengerach herstammen. Robern selbst zählte zwei Wüstgüter, das eine von 14, das andere von 50 M Umfang. Sie lagen hinter dem Buchwald, also vielleicht an der Stelle von Wüstengerach. Zum erheblichen Teil gehörten die wüsten Güter auch in den Grenzbereich zwischen Krumbach und Muckental, sogar noch weiter nordöstlich auf Gkg Limbach. Die Organisation in einem eigenen Gericht dürfte erst an der Wende vom Mittelalter zur Neuzeit erfolgt sein, als es gelang, diese Güter wieder unter den Pflug zu bringen. Das Wüste Gericht wurde zweimal jährlich vor dem Schultheißen zu Robern unter der dortigen Linde gehalten. Die Inhaber der 13 wüsten Güter mußten dazu erscheinen, Wagenschwend und Krumbach sowie das mainzische Limbach stellten je zwei Richter, ein weiterer war aus dem ritterschaftlichen Ort Laudenberg genommen. Das Gericht war nur zuständig für Güterangelegenheiten und kleine Frevel, die Appellation ging nach Lohrbach. Schatzung und Steuer aus den wüsten Gütern hatte sich die Pfalz vorbehalten, dagegen waren die Güter fronfrei.

Gemeinde. – Die Organisation der Gemeinde wird im 16. Jh. deutlich. Von 1549 an bildeten Krumbach und Robern ein Gericht, das an vier selbstgebotenen Gerichtstagen im Jahr tagte, hinzu kamen noch »After- und Kaufgericht« bei Bedarf. Da das Gericht von Balsbach und Wagenschwend jeweils am Tag unmittelbar darauf tagte, und der pfälzische Schultheiß zu Robern auch dieses Gericht mit versah, der Gerichtsschreiber für die vier Weiler ohnehin gemeinsam war, ist die ursprüngliche Einheit der vier Weiler evident. Das Gericht zu Robern war mit 9 Personen besetzt, 6 aus Robern selbst und 3 aus Krumbach. Die Roberner Gerichtsschöffen wurden je zur Hälfte von Pfalz und von Zwingenberg berufen.

Unabhängig von dieser Gemeinsamkeit hatte jeder der vier Weiler sein eigenes Gemeindevermögen und einen eigenen Bürgermeister. In Robern ging das Amt des Bürgermeisters unter den Inhabern der Hufen reihum, so daß sich ihm keiner entziehen konnte. Gemeindebesitz bestand in den bereits genannten 40 M Wäldern und etwa 10 M Wiesen und den 90 M Weide, die Gemeinde besaß ein Hirtenhaus und hatte den Übertrieb für ihr Vieh auf den drei restlichen Weilergemarkungen, aber auch auf Gkg Muckental, z. T. Fahrenbach, Trienz und Mülben. Der Flurname Kapellenwald könnte darauf hindeuten, daß die Gemeinde einen Teil ihres Waldes zur Unterhaltung der Kapelle in Wagenschwend (s.d.) gestiftet hat.

Kirche und Schule. – Robern gehörte zur Pfarrei Limbach, vielleicht vorher zur Pfarrei Hollerbach. Einpfarrung und Mainzer Zenthoheit bewirkten, daß die Einwohner im wesentlichen trotz pfälzischer Landeshoheit katholisch geblieben sind. Die Pfälzer versuchten im letzten Drittel des 16. Jh. die Einwohner zur ref. Pfarrei Fahrenbach zu zwingen und für eine calvinistische Kindererziehung zu sorgen. Das ist ihnen auf Dauer nicht gelungen, zumal die luth. Inhaber der Herrschaft Zwingenberg an einer Reformation in diesem Sinne nicht interessiert waren. Im 18. Jh. gab es zeitweilig in der Kapelle in Wagenschwend Sonntagsgottesdienst, sonst mußte die Pfarrkirche in Limbach aufgesucht werden.

Entsprechend der Pfarrzugehörigkeit war der Zehnt zunächst im Besitz des Kl. Amorbach. Für Robern selbst hat sich diese Zehntpflicht aber am Ende des Mittelalters verloren. 1561 hatte man dafür die sagenhafte Erklärung, ein Amorbacher Mönch habe sie für eine Liebesnacht mit einer Roberner Frau, für die 1561 noch ein Seelgedächtnis bekannt war, verschenkt. Die wüsten Güter dagegen waren der Pfalz bzw. der Pfarrei Rittersbach zehntpflichtig.

Ein Schulmeister, der von der Gemeinde bezahlt wurde, ist erst um 1800 bezeugt, vermutlich gingen die Roberner Kinder vorher nach Wagenschwend zum dortigen Eremiten in den Unterricht.

Bevölkerung und Wirtschaft. – Die Huldigungslisten der 2. H. 16. Jh. nennen meist 10 pfalzgräfliche und 10 hirschhornische Untertanen. Ihre Zahl hat sich vor dem 30j. Krieg bis auf etwa 25 Untertanen erhöht, das würde einer Bevölkerung von rund 100 Personen entsprechen. Das Ende des 30j. Krieges, als nur 30 bis 35 Einwohner gezählt wurden, die überdies vielleicht auf die vier Weiler insgesamt zu beziehen sind, markiert einen Tiefpunkt. 1690 scheint mit 22 Untertanen der Bevölkerungsverlust wieder ausgeglichen. Als Bürger zählten die Inhaber der Hufen, die Bewohner der Einzelhäuser waren Beisassen. 1777 wurden 89 kurpfälzische und 64 zwingenbergische Untertanen gezählt, die Bevölkerung war also auch seit Beginn des 18. Jh. um die Hälfte gewachsen. 1806 verteilten sich die 167 Einwohner auf 27 Haushalte. Unter den erwachsenen Einwohnern wurden 24 als Bauern bezeichnet, 13 als Taglöhner und 13 als Gewerbetreibende.

Die Landwirtschaft wurde, obwohl die Güter parzelliert waren, ohne den Flurzwang einer Dreifelderwirtschaft betrieben. Die Bauern hielten nur Ochsen, keine Pferde. 1806 wurden 8 Ochsen, 14 Kühe, 15 Rinder, 150 Schafe und 20 Schweine gezählt; die herrschaftliche Schäferei hatte noch 1775 290 Schafe gehalten. Die Besetzung mit Handwerkern war relativ dürftig. 1806 werden je ein Bäcker, Schneider, Schuhmacher, Leinenweber und der Müller genannt. Eine Schildwirtschaft bestand bereits 1724. Die Mühle am Trienzbach ist seit dem Spätmittelalter nachweisbar und sicher noch älter. Sie unterstand gemeinsamer pfälzischer und zwingenbergischer Grundherrschaft. Zu ihr gehörte das unmittelbar anstoßende Mühlgut von etwa 10 M. Der Roberner See hatte seine Bedeutung für die Flößerei auf der Gerach und bot Anlaß zu Interessenkonflikten zwischen den Bauern bzw. den Pächtern des herrschaftlichen Gutes und den Geracher Flössern. Eine Ordnung von 1561 legte fest, daß die Flößerei sich an die Winterzeit zu halten habe, zwischen St. Michael und Georgi.

Trienz

Siedlung und Gemarkung. – In der Form *Trince* taucht der Ortsname erstmals 1306 auf, 1395 heißt er *Tryneze* und 1613 *Trientz*, das »e« fungiert wohl als Dehnungszeichen und hilft nicht zu einer Erklärung. Der Name meint den durch den Ort fließenden Bach und ist offenbar vordeutsch, ohne daß es bisher gelungen wäre, ihn zu deuten. Erst im Hochmittelalter wurde der Bachname auf eine Rodungssiedlung im Bereich des Amorbacher Waldes und der Pfarrei Bödigheim/Hollerbach übertragen. Der Ort bestand aus 9 Hufengütern, die nicht von Amorbach, sondern von S her angelegt wurden und daher herrschaftlich zu Lohrbach gehörten. Daß diese Hufengüter wenigstens zum Teil größere hofanschließende Parzellen besaßen, ist nicht mehr nachweisbar, aber recht wahrscheinlich. Eine Regelmäßigkeit in der Flurform ist auf der Karte des 19. Jh. jedoch nicht mehr zu erkennen. Schon im 16. Jh. waren zu den Hufengütern 2 Einzelhäuser, außerdem 2 wüste Güter hinzugekommen. Letztere wurden im 17. Jh. teilweise auch als Hufengüter bezeichnet. 1649 lagen von 11 Gütern 3½ wüst. Die Rodung hatte bis um 1800 fast die ganze Gemarkung erfaßt und ließ nur im W längs des Baches und im NW im sog. Altstein einen Waldstreifen stehen. Doch erweisen die

Flurnamen den gesamten Nordrand der Gemarkung und den SO als relativ späte Zurodungen.

Herrschaft und Grundherrschaft. – Trienz gehörte zwar zur Pfarrei Hollerbach, dann Limbach, aber mit Fahrenbach nicht zur Mudauer, sondern zur Eberbacher Zent. Auch dies ist ein Hinweis darauf, daß die Besiedlung von S her in das Amorbacher Waldgebiet übergegriffen hat. Die Zentzugehörigkeit zu Eberbach und nicht zu Mosbach erklärt sich vielleicht aus einem Ausgleich zur Zeit der Adelsherrschaft, bevor die Pfälzer in Lohrbach Fuß faßten. Um 1320 war der Ort Trienz Würzburger Lehen des Schenken Friedrich von Limpurg, der damals auch Lohrbach innehatte. Es handelt sich also wohl um die Herrschaft über die Hufen. Mit Lohrbach war diese 1413 an Pfalz-Mosbach gelangt, 1499 an Kurpfalz. Die pfälzischen Hufengüter werden 1561 erstmals aufgeführt. Sie hatten relativ einheitliche Größen zwischen 80 und 60 M und fronten jeweils mit 4 Ochsen. Ein deutlich kleineres Gut hatte nur mit 2 Ochsen zu dienen, das größte von 115 M mit 5. Zu den 8 Hufengütern wurden im 16. wie im 17. Jh. noch wüste Güter in Richtung Rineck gezählt, dadurch kam schließlich die Zahl von 11 Hufen zustande. 1713 bewirtschafteten von 13 steuerpflichtigen Haushalten 11 durchschnittlich jeweils 50 bis 60 M, einer nur 31 M und einer 70 M. Alle wurden sie als Bauern bezeichnet.

Gemeinde. – Entsprechend der herrschaftlichen Zugehörigkeit war das Gericht im 16. Jh. mit zwei bis drei Richtern aus Fahrenbach und vier Richtern aus Trienz besetzt. Diese Zahl schwankte; im Grunde tagte das Fahrenbacher Gericht ebenso auch in Trienz. Der pfälzische Schultheiß von Fahrenbach oder Lohrbach führte den Gerichtsstab. Obergericht war das Zwölfergericht in Lohrbach. Das Bürgermeisteramt ging unter den Hübnern reihum. 9 M Wald längs der Trienz gehörten der Gemeinde. Das sonstige Gemeindeeigentum bestand lediglich in einem Hirtenhaus.

Kirche und Schule. – Kirchlich gehörte Trienz ursprünglich in den Amorbacher Bereich, das Kl. Amorbach bewahrte sich die Zehnteinkünfte. Die Pfarrei Limbach war bis zur Reformation unbestritten zuständig. Dann allerdings haben die Pfälzer den Ort in die ref. Pfarrei Fahrenbach gezogen, ohne die Einwohner vollständig zum Calvinismus bekehren zu können. Mit der Teilrekatholisierung der Pfalz wurde der Pfarrsitz aber nach Lohrbach verlegt. 1807 wurden 78 Reformierte, 5 Lutheraner, aber 135 Katholiken gezählt. Um 1800 haben die Katholiken zum schon länger vorhandenen ref. Winterschulmeister hinzu auf eigene Kosten einen Lehrer ihrer Konfession angestellt.

Bevölkerung und Wirtschaft. – Vor dem 30j. Krieg ist in Trienz mit etwa 25 Haushalten und einer Bevölkerung von über 100 Personen zu rechnen. 1649 huldigten der Pfalz nur 3 Untertanen. Die Bevölkerung war noch nicht auf den alten Stand angewachsen. 1713 lebten in 13 Haushaltungen 26 Erwachsene im Alter zwischen 50 und 22 Jahren, 43 Kinder, aber insgesamt 69 Personen. Die Einwohnerzahl dürfte, da Alleinstehende, Alte und Erwerbslose nicht genannt sind, etwas höher gelegen haben. Die Statistik von 1777 weist mit 85 Einwohnern sicher eine zu geringe Zahl nach. 1803 waren es 187 Seelen, die sich auf 34 Familien verteilten. 1806 wurden 15 Erwachsene mit Tätigkeit im Gewerbe, 66 in der Landwirtschaft und 15 Taglöhner gezählt. Von 18 Bauern hatten nur 3 einen Grundbesitz, der zur Ernährung der Familie ausreichte. Die übrigen mußten durch Gewerbe hinzuverdienen.

Die Landwirtschaft auf 370 M Ackerland und 100 M Wiesen wurde ohne Flurzwang durchgeführt. Als hauptsächliche Produkte sind 1803 Heidekorn, Hafer und Kartoffeln genannt. Der Anteil des Heidekorns (Buchweizen) spricht für eine ausgedehnte Hackwaldwirtschaft. Dazu dienten wohl die 65 M Privatwald. An Viehbestand wurden 1806

28 Ochsen, 25 Kühe, 76 Rinder und 26 Schweine erfaßt. Schon 1775 beschäftigten 16 Leinewebermeister 23 Personen, 1806 werden als Handwerker 1 Bäcker, 1 Schmied, 2 Zimmermänner, 5 Küfer sowie 1 Schuhmacher und 1 Leineweber erwähnt. Die übrigen Leineweber (1803 insgesamt 8) wurden wohl deshalb nicht aufgeführt, weil sie auch noch Bauern waren. Trienz hatte keine eigene Mühle. Das Gesuch um die Errichtung einer solchen wurde 1812/13 abgelehnt.

Quellen und Literatur

Fahrenbach

Quellen, gedr.: *Kollnig* S. 55–64. – *Krieg von Hochfelden.* – Lehnb. Würzburg 1. – UB MOS.
Ungedr.: FLA Amorbach, Zinsb. Fahrenbach und Trienz 1713; Kellereiweistum Lohrbach 1561; Lohrbacher Zins- und Gültb. 1561; Bücher zur Kenntnis und Bücher zur Hebung des Landes. – GLA Karlsruhe 43 sp 36; 66/5137; 229/27777–27839.
Allg. Literatur: KDB IV,4 S. 14. – *Krieger* TWB 1 Sp. 563. – LBW 5 S. 288f. – *Wagner* S. 381. – Vgl. im übrigen Lohrbach.
Erstnennung: ON 1306 (UB MOS Nr. 42).

Robern

Quellen, gedr.: *Kollnig* S. 369–391. – ZGO 22, 1870.
Ungedr.: FLA Amorbach, U Amorbach; Kellerei Weistum Lohrbach 1561; Lohrbacher Zins- und Gültb. 1561; Amorbacher Jurisdiktionalb. 1668; Roberner Zinsb. und Renovation 1704 und 1752; Bücher zur Kenntnis und zur Hebung des Landes. – GLA Karlsruhe 44/570; 66/5136–5138; 194/161; 229/8826–8833; – StA Darmstadt, Kopb. der Herren von Hirschhorn. – StA Würzburg, Mainzer Bü. versch. Inh. 10.
Allg. Literatur: KDB IV,4 S. 151. – *Krieger* TWB 2 Sp. 641f. – LBW 5 S. 289. – *Wagner* S. 396.
Ortsliteratur: *Heimberger*, Heiner, Das Roberner Wüstgericht. In: ZGO 106, 1958, S. 184–190.
Erstnennung: ON 1327 (StA Würzburg, Mainzer Bü. versch. Inh. 10).

Trienz

Quellen, gedr.: *Kollnig* S. 107–110. – Lehnb. Würzburg 1. – UB MOS.
Ungedr.: FLA Amorbach, Kellerei Weistum Lohrbach 1561; Lohrbacher Zins- und Gültb. 1561; Amorbacher Jurisdiktionalb. 1668; Zinsb. Fahrenbach und Trienz 1713; Bücher zur Kenntnis und zur Hebung des Landes. – GLA Karlsruhe 194/78–93; 229/106383–106388.
Allg. Literatur: KDB IV,4 S. 157. – *Krieger* TWB 2 Sp. 1199f. – LBW 5 S. 289. – *Wagner* S. 398f.
Erstnennung: ON 1306 (UB MOS Nr. 42).

Hardheim

8702 ha Gemeindegebiet, 6432 Einwohner

Wappen: In Rot eine silberne (weiße) Kirche mit zwei sechseckigen Türmen, auf deren spitzen Dächern je ein silbernes (weißes) Kreuz; zwischen den Türmen auf silberner (weißer) Mondsichel in goldenem (gelbem) Strahlenkranz thronend die blaugekleidete, golden (gelb) gekrönte und nimbierte Madonna, in der Rechten ein goldenes (gelbes) Zepter, mit der Linken den golden (gelb) nimbierten nackten Jesusknaben haltend; unten ein mit der oberen Hälfte in die Kirchenfront ragender, ovaler gevierter Schild, worin Feld 1: von Rot und Silber (Weiß) durch drei Spitzen geteilt, Feld 2 und 3: in Blau ein mit drei blauen Ringen belegter silberner (weißer) Schrägbalken, Feld 4: in Blau eine schrägrechte rot-silbern (weiß) gevierte Fahne an goldener (gelber) Stange. – Das Wappen, das nach dem Siegelbild eines 1668 angefertigten Typars gezeichnet ist, wurde 1903 von der Gemeinde angenommen, seine Tingierung 1915 bestimmt. In der ursprünglichen Funktion des Bildes liegt seine für ein Wappen außerordentlich komplizierte Gestalt begründet. Die Kartusche zeigt das Wappen des Würzburger Bischofs Julius Echter von Mespelbrunn, der der Gemeinde 1613 ein Gerichtssiegel verlieh. Dieses Recht wurde 1668 von der Landesherrschaft erneuert und das erwähnte Typar hergestellt. Es ist nicht bekannt, warum Kirche und Madonna in das Siegel aufgenommen wurden, doch liegt die Verwendung beider Motive in einem obrigkeitlich verliehenen Gemeindesiegel einer geistlichen Herrschaft, zumal angesichts der besonderen Marienverehrung in Franken, nahe. – Flagge: Blau-Rot. Sie wurde vom Regierungspräsidium Nordbaden am 18.6.1953 verliehen.

Gemarkungen: Bretzingen (1026 ha, 447 E.); Dornberg (515 ha, 87 E.); Erfeld (897 ha, 325 E.) mit Erfelder Mühle; Gerichtstetten (1554 ha, 613 E.) mit Buchwaldhof und Helmsheim; Hardheim (2670 ha, 4162 E.) mit Baracken, Breitenau, Neumühle, Rüdental und Wohlfahrtsmühle; Rütschdorf (302 ha,57 E.); Schweinberg (1547 ha, 690 E.); Vollmersdorf (273 ha, 48 E.).

A. Natur- und Kulturlandschaft

Naturraum und Landschaftsbild. – Das mit über 8700 ha sehr umfangreiche, acht Gemarkungen beinhaltende Gemeindegebiet nimmt mit seinen Bauland- und Odenwaldanteilen wie die benachbarten Stadtgebiete von Walldürn und Buchen eine für den Neckar-Odenwald-Kreis ganz bezeichnende *Grenzlage im Übergangsbereich zweier Naturräume* ein.

Die heutige Landoberfläche dacht sanft von der Buntsandsteinhochfläche im N des Gemeindegebiets nach SSO ab. 411 m NN auf dem hochflächigen Flurstück »Marle« nördlich von Vollmersdorf, 428 m NN in der Flur »Röte« zwischen Vollmersdorf und Dornberg und 435 m NN an der Leiterholzspitze auf der nördlichen Gkg Hardheim östlich des Erfatals sind die höchsten Punkte auf der Odenwaldhochfläche. Die Baulandhöhen im S des Gemeindegebiets erreichen in der Gkg Gerichtstetten noch Höhenlagen von 370–380 m NN. Diese Höhenverhältnisse sind Auswirkungen erdgeschichtlich junger tektonischer Vorgänge. So verwundert es nicht, daß die Hauptentwässerungsader des Gemeindegebiets, die dem Main tributäre und bei Miltenberg in ihn einmündende Erfa entgegen dem Schichtenfallen das Gemeindegebiet durchschneidet und aus den geologisch jüngeren und niedrigeren Muschelkalkhöhen des Baulands in die Buntsandsteinabdachung des Hinteren Odenwalds unter Ausbildung eines steil eingeschnittenen Engtals eintritt.

Die *naturlandschaftliche Grenze zwischen dem Bauland und dem Hinteren Odenwald* verläuft vom Geisberg (385 m NN) und Kreuzberg (383 m NN) links der Erfa über den Wurmberg (355 m NN) und den Hockenberg (363 m NN) rechts des Flusses zum nördlich des Hardheimer Baches auf 358 m NN aufragenden Schmalberg und von dort weiter nordwärts am linksseitigen, westexponierten Hang eines die Mainbergwiesen nach S entwässernden Seitentälchens, der mit Kasernenanlagen bebaut und mit dem Bannholz bestockt ist. An den unteren, meist etwas steiler ausgebildeten Hangpartien an dieser naturräumlichen Grenzlinie steht der harte Wellendolomit an, der von Wellenkalk und am oberen Wurm- und Hockenberg von Wellenmergeln überlagert wird, über denen dort auch Trochitenkalk ansteht. Am Fuß dieser Muschelkalkhänge im Grenzsaum des Baulandes – so am unteren Geisberg – finden sich häufig Röttone, die mit Gehängeschutt des Wellengebirges bedeckt sind.

Die harten und in weiten Teilen des Baulands stufenbildenden Gesteine des Oberen Muschelkalks stehen westlich des Erfatals im südwestlichen Gemeindegebiet am Hinteren Kornberg im Bergholzwald in Höhenlagen von ca. 385–425 m und an der Gemeindegebietsgrenze gegen Höpfingen an der Hardheimer Höhe an. Das *Erfatal oberhalb von Hardheim* ist unterhalb Gerichtstetten in den Mittleren Muschelkalk und unterhalb Erfeld in das Wellengebirge eingeschnitten. Im Talbereich des Unteren Muschelkalks ist eine deutliche, sich talabwärts verbreiternde, wiesenbedeckte Talsohle ausgebildet, die unterhalb Bretzingen mit jungen Alluvionen angefüllt ist und eine Breite von fast 200 m erreichen kann. Auf ihr pendelt der Wasserlauf unter Ausbildung von Wiesenmäandern, die vor allem oberhalb der Einmündung des von W entwässernden und im Unterlauf ebenfalls ins Wellengebirge eingeschnittenen Waldstetter Tals sowie unterhalb von Bretzingen gut ausgebildet sind. An der Einmündung einiger Nebenbäche, so im Ortsbereich von Erfeld und bei der Erfelder Mühle, wurde die Erfa durch kleinere Schwemmfächer an den gegenüberliegenden Hangfuß abgedrängt. Die Talflanken sind im Mittleren Muschelkalk sanft, im Unteren Muschelkalk im allgemeinen nur mäßig steil ausgebildet und führen als weitgehend landwirtschaftlich genutzte Hangzonen auf die bis zu 50 m höher liegenden Baulandhügel und -höhenrücken im Oberen Muschelkalk hinauf, die auf der Gkg Gerichtstetten zum Teil mit Flugsandaufwehungen verhüllt sind. Die jüngsten Gesteine stehen mit Lettenkeuperschichten des Ahornwalds am Ostrand und an der 409 m aufragenden Altheimer Höhe am Westrand der Gkg Gerichtstetten an. Dort bilden sie einen weit nach W vorgeschobenen Zeugenberg der Keuperschichtstufe.

Ganz dem *Bauland* ist im O des Gemeindegebiets die durch den Hardheimer Bach, den größten östlichen Zufluß der Erfa, entwässerte Gkg Schweinberg zuzurechnen. Sie liegt bereits im Grenzsaum zum Tauberland. Ihr westlicher, im Wellengebirge ausgebildeter und flachhügeliger Bereich von Klettenberg, Hummelberg und Fuchsenberg mit Höhenlagen zwischen 360–370 m NN steigt sanft nach NW gegen den Buntsandstein-Odenwald auf 400 m NN an. Der weitgehend hochflächige Ostteil in Höhenlagen bis wiederum 400 m NN liegt im Mittleren Muschelkalk und überlagert das Wellengebirge. In seinen harten und felsigen Schichten haben sich oberhalb der Talsiedlung von Schweinberg der steile Burgsporn, auf dem die Überreste eines Bergfrieds thronen, und der steilere, fast ganz bewaldete und nach W exponierte Talhang am oberen Hardheimer Bach im Bereich des Lämmerbergs herausgebildet. Südlich des Burgdorfes steht an der wiederum knapp 400 m aufragenden Pülfringer Höhe dann abermals der Hauptmuschelkalk an, der inselhaft auch auf der 396 m NN erreichenden Hochfläche östlich von Schweinberg aufliegt. Vom Geisberg im SW bis zur Pülfringer Höhe im O nimmt die durch das Erfatal zerschnittene Hauptmuschelkalkstufe im Hardheimer Gemeindegebiet damit einen Verlauf von SW nach NO über dem durch steilere Hänge und Talflanken herauspräparierten Stufenrand im Unteren Muschelkalk ein.

Die dem Hinteren Odenwald angehörende und durch das nordwestwärts dem Main zustrebende Erfatal zerschnittene *Buntsandsteinhochfäche* im nördlichen Gemeindegebiet liegt weitgehend im Plattensandstein, der auf den Gkgn Rütschdorf und Vollmersdorf mit Lößlehm überlagert ist. Auf der Hochfläche im Gemarkungsbereich von Dornberg lagert neben Lößlehm auch eine geringmächtige Decke von Verwitterungslehm mit teils äolischen Beimengungen. Die weitverbreiteten, verlehmten Flugsandablagerungen ermöglichen trotz des unfruchtbaren Untergrunds mit sandigen Bodenbildungen im Plattensandstein Ackerbau und Grünlandwirtschaft, so daß die Hochfläche von Dornberg, Rütschdorf und Vollmersdorf weitgehend gerodet ist. Die sanft nach SO einfallende Odenwaldhochfläche erhält vor allem im Bereich der südlichen Gkg Dornberg durch schmale Rinnen, die mit verschwemmtem Löß angefüllt sind, eine leicht wellige Oberflächengestalt.

Mit dem Eintritt in den Buntsandstein wandeln sich Charakter und Bild des Erfatals. Aus dem breiten Sohlental mit nur mäßig steil bis sanft abfallenden, stark landwirtschaftlich genutzten Talflanken wird ein tief eingesägtes Waldtal mit steilen Hängen und einem nur schmalen, im Gemeindegebiet weitgehend ebenfalls bewaldeten Talboden. Bei der Wohlfahrtsmühle nordwestlich von Hardheim beträgt die Taleinschneidung gegenüber den östlichen und westlichen Hochflächen bereits 120–130 m, beim Wohnplatz Breitenau ist das Erfatal bereits 200 m in den Gebirgskörper eingeschnitten. Die Erfa hat dabei das gesamte Schichtpaket des Oberen Buntsandsteins durchsägt und durch die im Zuge der Gebirgshebung intensivierte Tiefenerosion das Hauptkonglomerat durchschnitten und ihren Talgrund im Mittleren Buntsandstein ausgebildet. Das gilt auch für die gefällreichen und kerbtalartig eingesägten Seitenbäche wie die von Rütschdorf her entwässernde Einsiedlerklinge oder den bei der Breitenau einmündenden unteren Katzenbach.

Das Erfatal von der Wohlfahrtsmühle bis zur bayerischen Landesgrenze und das Bannholzgebiet im NO von Hardheim sind Landschaftsschutzgebiete. Zwischen Hardheim und Bretzingen wurde 1986 das 51 ha umfassende Gebiet östlich des Erfatals vom Wurmberg im N bis zum Hohlwiesengraben im S zum »Naturschutzgebiet Wacholderheide Wurmberg und Brücklein« erklärt. Dies dient der Erhaltung seiner ausgeprägten Wacholderheide als Schafweide und erfolgte ferner wegen seines floristisch bedeutenden Trockenrasens und ehemaliger Weinbergslagen mit typischer Begleitflora sowie wegen seiner wärmeliebenden Waldgesellschaften als Bindeglied zwischen den Halbtrockenrasen des Bau- und Tauberlandes.

Siedlungsbild. – Auf dem teils von steilen Hängen im Wellengebirge eingeschlossenen Talboden erstreckt sich entlang der etwa in der Ortsmitte die Erfa überquerenden L 514 (Erftalstraße) die im Kern frühmittelalterliche Siedlung Bretzingen in der Gestalt eines langgestreckten Straßendorfs. Im N bedeckt der alte Siedlungsteil mit randlichen Neubauerweiterungen den linksseitigen Talboden. Südlich der Erfabrücke und der Abzweigung der den nördlichen rechten Talhang erschließenden Heckenstraße zieht die alte Bebauung in geschützter Tallage an der westexponierten, rechten Talflanke entlang und rückt mit dem Mühlenbereich der noch im Ortsverband liegenden Unteren Mühle sowie der im S außerhalb an der Einmündung des Waldstetter Tals entstandenen Mittelmühle und Oberen Mühle wieder in den Talboden beim Wasserlauf vor.

Eine dichte doppelseitige Bebauung, die sich überwiegend aus Gehöften zusammensetzt, bestimmt entlang der das Tal durchziehenden Landesstraße den weitgehend noch bäuerlichen Charakter des *alten Dorfes*, in dem sich lediglich südlich des ummauerten

Kirch- und Friedhofs zwischen der kurzen Pfarrgasse auf der linken und der Abzweigung der Heckenstraße auf der rechten Talseite, wo die Erftalstraße den Talgrund schräg überquert, eine kleine haufendorfartige Siedlungsverdichtung entwickelt hat.

Das die Talsiedlung beherrschende Bauwerk ist die bereits am unteren linken Hang erhöht über der Talstraße stehende *kath. Pfarrkirche*, ein gepflegter barocker Saalbau des frühen 18. Jh. in meridionaler Ausrichtung. Im SO ragt neben dem dreiseitig geschlossenen Choranbau der Glockenturm auf quadratischem Grundriß mit schiefergedeckter Welscher Haube, die in eine oktogonale offene Laterne mit Zwiebeldach und kleinem Spitzhelmabschluß übergeht, auf. Am Nordgiebel ist in die barocke Portaleinfassung des Eingangs, zu dem eine offene Treppe von einem vor dem Gotteshaus angelegten Brunnenplatz hinaufführt, ein farbenfrohes Würzburger Bischofswappen einbezogen, das die Blicke auf sich lenkt. Am ostwärts gewandten Hang oberhalb der Kirche und des Friedhofs steht als zweigeschossiges längeres Gebäude mit einem Erweiterungsanbau (im Juli 1987 noch im Rohbau) die *Schule* in hangparalleler Ausrichtung.

Bei den bäuerlichen Anwesen lassen sich Zweiseit-, Winkel- und Dreiseitgehöfte, oft in dicht gedrängter Scharung, erkennen. Viele der Gehöfte sind durch moderne An- und Umbauten vor allem der Wohnhäuser oder durch Wohnhausneubauten umgeformt worden. Oft sind die Wohnhäuser an der Ortsstraße dicht zusammengerückt, während die bäuerlichen Wirtschaftsgebäude abseits der Straße dahinterstehen. Ausdruck der Volksfrömmigkeit sind Bildstöcke, wie bei der Abzweigung der Hecken- von der Erftalstraße, oder die zahlreichen Madonnenstatuen in Glasschreinen, die an den der Straße zugewandten Hauswänden angebracht sind.

Die Nachbarschaftslage zum Gemeindehauptort Hardheim hat keine bemerkenswerte Infrastruktur aufkommen lassen. Unmittelbar nördlich der Kirche befindet sich in einem zweistöckigen Gebäude mit angesetztem Feuerwehrgerätehaus an der zur Schule führenden Emil-Baader-Straße eine Sparkassenzweigstelle. Im neu verputzten Wohnhaus eines Zweiseitgehöfts befindet sich in der Nachbarschaft der Kirche die Poststelle, und in der Erftalstr. 24 wurde im umgebauten Wohnhaus eines Gehöfts ein Gemischtwarenladen eingerichtet. Ebenfalls bei der Kirche, wo sich ein kleiner zentralörtlicher Siedlungskern auch durch die örtliche Bushaltestelle herausgebildet hat, steht das Gasthaus zum Roß, ein großer giebelständiger Bau mit zugehörigem Gehöft.

Im *südlichen Ortsteil* auf der rechten Talseite findet sich das Gasthaus zum Adler und am Südrand der alten Bebauung eine weitere Wirtschaft mit Fremdenzimmern. In einem Neubau wurde dort auch ein Friseurgeschäft eingerichtet. Dieser südliche Ortsrand wird aber ganz von dem gepflegten und renovierten Komplex der *Unteren Mühle* in der Gestalt eines Dreiseitgehöfts mit Fachwerkobergeschossen beherrscht.

Neubauten, darunter in Randlage zum alten Dorf schon aus der früheren Nachkriegszeit, erweitern den im N heute bis zur Kläranlage und Ölmühle, die bereits am rechten Ufer der Erfa liegt, sich erstreckenden Ort. An der Heckenstraße, die an ihrem unteren Abschnitt nahe der innerörtlichen Abzweigung noch alte Häuser aus der 1. H. 19. Jh. aufweist, erwuchs am höheren rechten Talhang eine doppelzeilige *Neubauerweiterung* mit modernen, in Gärten stehenden Einfamilienhäusern.

Das kleine, aber dicht bebaute Haufendorf Dornberg nimmt auf der Abdachung des Walldürner-Hardheimer Odenwalds in 400 bis 415 m NN im oberen Nordteil eine ausgesprochene Hochflächen- und im Südteil eine sanft geneigte Hanglage ein. Seine Hauptsiedlungsachse ist die den Ort mit leichten Biegungen etwa in meridionaler Richtung durchziehende Dornberger Straße. Von ihr zweigt in der Ortsmitte die Höpfinger Straße nach SW zum Schlempertshof ab. Von der Ortsmitte aus umschließt ferner die nordostwärts abbiegende Birkengasse den nördlichen hochflächigen Siedlungsteil im O. Sie mündet in den nahe dem nördlichen Ortsrand von der Dornberger Straße abzweigenden und ostwärts führenden Kapellweg.

Das Dorf wird noch ganz von der Landwirtschaft geprägt. Größere Gehöftanlagen bestimmen den Aufriß an allen Ortsstraßen, wobei der als Baumaterial häufig verwendete braunrote Odenwaldsandstein einen entscheidenden Einfluß auf das Ortsbild ausübt. Große Zweiseit- und Dreiseitgehöfte herrschen vor, wie z. B. in der *Ortsmitte*, wo die Dornberger Straße S-kurvenartig verläuft. Ein giebelseitig an die Dornberger Straße gerücktes zweigeschossiges Wohnhaus aus Buntsandstein mit einem zweiseitigen Treppenaufgang begrenzt zusammen mit einem langgestreckten, quergestellten Scheunen- und Stallgebäude, das ebenfalls aus dem bodenständigen roten Sandstein gebaut ist, den Hofplatz. An der südlichen Dornberger Straße sind die Wohnhäuser der Gehöfte ebenfalls giebelständig, die Wirtschaftsbauten an den hinteren Hofenden traufständig angeordnet. Große Dreiseitgehöfte stehen an der Dornberger Straße unmittelbar südlich der Abzweigung der Birkengasse, an der Höpfinger Straße und an der nördlichen Dornberger Straße in der Nachbarschaft der Kirche.

Unter den Bauernhöfen heben sich zwei Gastwirtschaften ab: Gegen den Nordrand des Dorfes die *Odenwaldschenke* in einem zweigeschossigen Gebäude mit großer Windfangtür und an der südlichen Dornberger Straße die *»Sonne«*, ein Gasthaus auf hohem Buntsandsteinsockel. An der Höpfinger Straße sticht das 1931 errichtete *Rathaus* unter hohem Giebeldach aus der landwirtschaftlichen Bebauung heraus. Im hohen Sockelbau aus Buntsandstein enthält es die Feuerwehrgeräteräume mit zwei großen Toreinfahrten. Eine steile Mitteltreppe führt in das gelb verputzte Obergeschoß mit den Räumen der Ortsverwaltung hinauf. Neben dem Rathaus steht ortseinwärts ein wuchtiges zweigeschossiges Traufseitenhaus mit ebenfalls hohem Sockel und zweiseitigem Treppenaufgang: die *Schule*.

Im nördlichen Ortsbereich steht auf dem randlich mit einer modernen Aussegnungs- und Leichenhalle ausgestatteten und von einer Buntsandsteinmauer eingefaßten Friedhof die *kath. Kirche*, die mit ihrem im Glocken- und Uhrgeschoß leicht überkragenden und verschieferten Spitzhelmturm auf der Odenwaldhochfläche eine weithin sichtbare Landmarke darstellt. Ihr in den unteren Geschossen mittelalterlicher Ostturm ist der Chorturm einer Vorgängeranlage des einschiffigen Barockbaus, dessen Kirchensaal unter steilem ziegelgedeckten Giebeldach im W mit einem schwungvollen Volutengiebel abschließt. Jeweils vier hohe Rundbogenfenster mit Butzenscheiben, die wie die Türen sandsteingefaßt sind, gliedern die Längsfronten. Die Ecksteine am Glockenturm und Kirchenschiff bestehen auch aus Odenwaldsandstein. Vor der südlichen Längsseite steht ein großes Buntsandstein-Kruzifix von 1807. Unmittelbar östlich des Gotteshauses wurde neben dem Eingang zum Friedhof das Kriegerdenkmal aufgestellt, im Kern ein hoher grauer Steinblock mit den Namen der Gefallenen des 1. Weltkriegs, darüber die Skulptur eines knienden, auf sein Schwert gestützten Soldaten. Flankiert wird dieses Denkmal von Gedenksteinen mit den Namen der im 2. Weltkrieg gefallenen Einwohner.

Geringe *randliche Ortserweiterungen* entstanden im N, wo ein Brandschutzweiher ausgehoben wurde, am Steinigweg mit einem großen Bauernhof als moderner Gehöftanlage sowie im S, wo insgesamt drei neue Wohnhäuser auffallen, die sich schon durch ihren hellen Verputz von den bäuerlichen Buntsandsteinbauten abheben.

Das Baulanddorf Erfeld liegt im Erftal an der Einmündung eines von W entwässernden Seitentals, durch das die Straße nach Waldstetten (Gde Höpfingen) zieht. Die Siedlung nimmt eine geschützte Nestlage zwischen den in den Oberen und Mittleren

Muschelkalk eingeschnittenen Talhängen ein. Der haufendorfartige und dicht mit teils verschachtelten und zusammengedrängten Anwesen bebaute *Ortskern* liegt auf dem flachen Schwemmfächer des westlichen Seitentals, der die Erfa im Siedlungsbereich an den östlichen Rand ihres Talbodens abgedrängt hat. Die Hauptstraße des Dorfes ist die dem Talverlauf folgende Erfelder Straße. Als Hauptsiedlungsachse überquert sie, vom Ostrand des Talbodens kommend, im nördlichen Dorf den Fluß, verläuft im Ortszentrum quer zum Tal über den Schwemmfächer, um an der Einmündung der Waldstetter Straße südlich der Kirche am westlichen linken Rand des Talgrundes wieder südwärts in Talrichtung nach Gerichtstetten weiterzuziehen.

Das den Ortsmittelpunkt beherrschende Gebäude ist die einschiffige barocke *kath. Kirche* mit der Eingangsfront, zu der zwei hohe Treppenaufgänge hinaufführen, im S und einem dreiseitigen Chorabschluß im N. An dem hell verputzten Bauwerk sind der Sockel, die Eckquaderungen, die Fenster- und Türeinfassungen aus Keupersandsteinen gestaltet. Über dem nördlichen Kirchenbau ragt ein dachreiterartiger Glockenturm auf quadratischem Grundriß auf. Über seiner Glockenstube mit jeweils zwei rundbogigen Schallfenstern auf jeder Seite sitzt eine verschieferte Welsche Haube, die in eine oktogonale Laterne mit kleinerem barockem Haubendach und nadelartigem Spitzhelmabschluß übergeht. Zwischen den beiden Treppenaufgängen ziert eine Madonnenstatue, Maria dargestellt als Himmelskönigin mit dem Jesuskind auf dem Arm und einem Szepter in der Hand, die südliche Eingangsfront. An der Kirchengasse, welche die Erfelder Straße am linken Erfatalhang nordwärts zum Friedhof fortsetzt, fällt unmittelbar gegenüber der Kirche ein wuchtiger Backsteinbau auf. Es ist das *Gasthaus zum Ritter*, das mit seiner südlichen Giebelseite der im Ortszentrum das Tal querenden Erfelder Straße zugewandt ist. Typisch für den Ortsmittelpunkt ist an der Umbiegung der Erfelder Straße nach S, schräg gegenüber der Kirche, ein Lebensmittelgeschäft.

Die Bebauung an der Erfelder Straße und im haufendorfartigen Kern zwischen dem Gotteshaus und der nach O abgedrängten Erfa ist im wesentlichen bäuerlich. Recht locker bebaut ist die nördliche Erfelder Straße, wo gegen den Ortsrand zu auch neuere Wohnhäuser hervorstechen, die allerdings auch zu Bauernhöfen gehören. Südlich der Erfabrücke steht im Anwesen Erfelder Str. 7 ein gestelztes Einhaus mit einem äußeren Treppenaufgang in den obergeschossigen Wohnbereich. Die Tür des darunterliegenden einstigen Stalls ist heute zugemauert. Die landwirtschaftlichen Anwesen haben hier wie im haufendorfartigen Ortskern ganz unterschiedliche Grundrisse. Das Gebäude Erfelder Str. 11 ist ein Streckhof; daneben findet sich ein Winkelgehöft.

An der Erfelder Straße links des Flusses und südlich der Kirche ist die landwirtschaftliche Bebauung ebenfalls dicht. An der Talhangseite stehen nur kleinere streckhofartige Anwesen mit hintereinandergereihten traufständigen Scheunen-, Stallbauten und Wohnhäusern. Streckhöfe bestimmen im S des Dorfes auch das Bild der am linken Talhang hinaufziehenden und nach Altheim (Stadt Walldürn) führenden Oberdorfstraße. Die Talseite der Erfelder Straße wird durch unterschiedliche Gehöfte mit giebelständigen Wohnhäusern und rückwärtigen Wirtschaftsbauten beherrscht, die einzeln stehen oder winklig zusammengebaut sein können. Die Gebäude sind in dem Baulanddorf verputzt; auch Backsteinmauerwerk ist zu erkennen, und unter schadhaftem Verputz tritt zuweilen auch Fachwerk hervor.

An der Kirchengasse fällt nördlich des Gotteshauses an der Hangseite ein modernes zweigeschossiges Wohnhaus auf, vor dem in einer künstlichen Grottennische eine Madonnenstatue steht. Es gehört zu einem bäuerlichen Betrieb mit ebenfalls neuen Wirtschaftsbauten. Die westliche, sich in das Nebental der Erfa hinein erstreckende Siedlung ist eine *jüngere Wachstumsspitze*, von der im ausgehenden 19. Jh. erst wenige und kleinere bäuerliche Anwesen bestanden. Gegen den Außenrand zu findet sich das ehemalige *Rathaus*, ein zweigeschossiges Giebeldachhaus mit einer Sirene auf dem hohen Dachfirst. Das *Feuerwehrgerätehaus*, eine Niederlassung einer Volksbank und Raiffeisenbank, die neue *Schule* und der *Sportplatz* am unteren südwärts gewandten Hang des Kirchenbergs verraten neben einigen neuen Wohnhäusern, daß diese westliche Ortsweiterung mit ihrer funktional, gestalterisch und zeitlich recht unterschiedlichen Bebauung auch zentrale Aufgaben für die gesamte Siedlung übernommen hat.

Eine das Bild des Dorfes viel stärker beeinflussende, ganz junge *Neubauerweiterung* erwuchs im N über dem rechtsseitigen Talhang der Erfa. Noch sehr locker stehende Einfamilienhäuser, eingeschossig an der Berg- und zweigeschossig an der Talseite, bewirken am Steigenäckerweg und am Fräuleinsbaum, zwei nach Gewannen benannten Neubaustraßen, die Anfänge eines sich deutlich vom alten Dorf im Tal nach Lage und Funktion abhebenden Wohngebiets.

Gerichtstetten, im Kern ein dicht bebautes Haufendorf frühmittelalterlichen Ursprungs, nimmt zwischen den flach in den Hauptmuschelkalk eingetieften Talhängen der oberen Erfa an der Einmündung linksseitiger Nebenbäche eine geschützte Muldenlage zwischen den Baulandhügeln ein. Es dehnt sich in ca. 330 bis 340 m NN beiderseits des Wasserlaufs in Talrichtung aus. Die Hauptsiedlungsachse ist dabei die am unteren linksseitigen Erfatalhang entlangziehende Gerichtstetter Straße, an der sich mit Kaufläden, Bankfilialen, der Ortsverwaltung und der Pfarrkirche auch das funktionale Siedlungszentrum findet. Im Talgrund und am rechtsseitigen Hang bilden die Poststraße links, die Sonnen- und die Schwarzenbrunnenstraße rechts des Bachlaufs durch mehrere über Brücken führende Verbindungswege ein unregelmäßig leiterförmiges Straßennetz mit einer äußerst dichten, teils verschachtelten alten Bebauung mit Winkel- und Zweiseitgehöften, an deren Gebäuden vielerorts Fachwerk und Bruchsteinmauerwerk aus Muschelkalken auffallen. Die Gefache an den alten Wirtschaftsbauten bestehen aus einem mit Lehm beworfenen Reisiggeflecht und lassen häufig die ursprüngliche bäuerliche Hausbauweise hervortreten.

An der Gerichtstetter Straße, zu der am höheren ostexponierten Talhang im nördlichen Dorf die Bergstraße ungefähr parallel verläuft und am Ortsrand in sie einmündet, finden sich bei der noch vorhandenen landwirtschaftlichen Bebauung unterschiedliche Hofformen: Streckhofanlagen (Nr. 11–15, 79, 81), Winkel- und Zweiseitgehöfte mit giebelständigen Wirtschaftsgebäuden und am Hofende traufseitig zur Straße gestellten Wohnhäusern (Nr. 30, 44), Gehöfte mit giebelständigen Wohn- und Wirtschaftsbauten (Nr. 65) und Dreiseitgehöfte wie an der Gerichtstetter Str. 50. Streckhöfe stehen auch an der Bergstraße, wo in einem größeren Anwesen mit ebenfalls hangparallelen Gebäuden und ausgedehnter Hoffläche ein Getränkevertrieb einen Funktionswandel in der noch weitgehend bäuerlich geprägten Bebauung bewirkte. Am Außenrand bestimmt ein traufseitig an die Bergstraße angelehntes Eindachhaus mit Wohn- und heute durch einen Garageneinbau umgewandelten Wirtschaftsteil unter einem langen Dachfirst den Aufriß.

Bezeichnend für das durch gepflegte Hofanlagen saubere dörfliche Straßenbild sind Bildstöcke aus dem 18. und 19. Jh. aus Buntsandstein und Keupersandstein sowie zahlreiche Madonnenstatuen in Außenwandnischen. Verteilt über das alte Dorf weisen sie an der Gerichtstetter und Altheimer, an der Post-, Sonnen-, Schwarzenbrunnenstraße und am Kesselweg auf die Volksfrömmigkeit hin.

Die das Dorfbild entscheidend prägenden Bauwerke sind das Rathaus und die Kirche. Das mit seiner Schaufront unter einem hochaufragenden Staffelgiebel an die Gerichtstetter Straße angrenzende *Rathaus* von 1900 ist dreigeschossig und fällt durch seine Geschoßgliederung, Tür- und Fenstereinfassungen aus Buntsandstein auf. Diese braunroten Zierelemente beleben den sonst grauen Muschelkalkbau. Die weiter südlich hoch über der Straße stehende und durch eine Stützmauer aus Odenwaldsandstein von 1868 gesicherte *kath. Pfarrkirche* ist ein Barockbauwerk aus der 2. H. 18. Jh. Der Gerichtstetter Straße zugewandt ist der hohe Ostgiebel mit dem Eingang, zu dem ein Treppenaufgang hinaufführt, an dem 1869 nach dem Bau der Stützmauer ein wuchtiges Missionskreuz, ebenfalls aus Buntsandstein, aufgestellt wurde. Die gelbverputzte Eingangsfassade ist durch Lisenen und Ecklisenen aus Keupersandstein gegliedert, aus dem auch die Tür- und Fenstereinfassungen gehauen sind. Eine Nische über dem Eingang ist mit einer aus rotem Odenwaldsandstein modellierten Christusstatue ausgefüllt, die den guten Hirten mit einem Lamm über den Schultern zeigt. Vier vasenartige Ziergefäße aus Buntsandstein überhöhen den barock gegliederten Ostgiebel. Der ebenfalls gelb bemalte und durch hohe Rundbogenfenster äußerlich gegliederte Saalbau wird im SW von dem in einem verschieferten Spitzhelmdach auslaufenden Glockenturm überragt, dessen Schallfenster im unteren Dachbereich über der Turmuhr angebracht sind. Im W schließt das Gotteshaus mit einem schmaleren Choranbau ab. An der nördlichen Längsfront stehen die Kriegerdenkmäler für die Gefallenen beider Weltkriege.

Junge geschlossene *Ortserweiterungen* brachten im Erfatal oberhalb des Siedlungskerns, am westexponierten Talhang im N des Dorfes und vor allem am südwärtsgeneigten Seitentalhang westlich des Ortskerns beachtliche Ausweitungen der überbauten Fläche.

Südlich des alten Dorfes entstand an der ostwärts von der Gerichtstetter Straße abzweigenden und nach Buch führenden Ahornstraße, am den Talgrund erschließenden Kesselweg und an der Gerichtstetter Straße eine recht unterschiedliche Neubauerweiterung mit einer Mischbebauung. Am rechten Talhang stehen an der Ahornstraße, teilweise anstelle eines ins vorige Jahrhundert zurückreichenden und auch umgestalteten Baubestands, zweigeschossige Wohnhäuser. Daneben findet sich aber auch ein teilweise umgebautes Streckgehöft mit weiteren dahinterstehenden landwirtschaftlichen Gebäuden. Am Kesselweg, an dessen Abzweigung ein eindrucksvoller Bildstock aus Keupersandstein aufragt, der dort 1883 aufgestellt wurde und der in einem Kranz aus Heiligen- und Bischofsköpfen Maria mit dem Jesuskind in einem Medaillon zeigt, wurden in der wiesenbedeckten Talsohle der Erfa größere Bauernhöfe errichtet. An der oberen und äußeren Gerichtstetter Straße stehen hangseits einige Streckhöfe und landwirtschaftliche Bauten modernerer Höfe (Nr. 79, 81). Auffallend ist vor allem in einem niederen und langgezogenen Gebäudekomplex eine Kfz-Werkstatt mit Autohandlung und Tankstelle.

An der nördlichen Schwarzenbrunnenstraße, wo bei der Abzweigung des zu einem größeren Raiffeisen-Lagerhaus führenden Lagerwegs ein reich verzierter barocker Bildstock von 1757 aus Odenwaldsandstein steht, entwickelte sich eine am Talhang entlangziehende Wachstumsspitze mit neuen Wohnhäusern und einem Sanitär- und Elektrogeschäft, das zu einem modernen handwerklichen Installationsbetrieb mit einer geräumigen Werkstatthalle gehört. Im Grenzbereich von altem Dorf und Neubauerweiterung steht an der Schwarzenbrunnenstraße eine kleine turmlose *Kapelle* aus Muschelkalkbruchsteinen. Ein dreiseitig abschließender Ostchor, je zwei hochrechteckige, buntsandsteingefaßte Fenster und ein Ziegeldach bestimmen ihr Äußeres.

Im W des Dorfes entstand in günstiger Südhanglage westlich des Friedhofs ein *geschlossenes Neubaugebiet* an der westwärts verlängerten Straße Am Bildstock, das durch die von der äußeren Altheimer Straße abgehende Gerleinsstraße erschlossen wird. Mit der modernen, durch eine offene Vorhalle und ein flaches Walmdach gekennzeichneten Friedhofskapelle und Leichenhalle am Westrand des Gräberfeldes gehört der über der alten bäuerlichen Bebauung an der Altheimer Straße liegende Friedhof schon zu dieser jungen Ortserweiterung mit hangparallelen Einfamilienhäusern. Am oberen Hang stellen die neue *Schule* und *Sporthalle* die herausragenden Gebäude. Der zweigeschossige Klassenzimmerbau mit gelber Klinkerfront an der nach S gerichteten Talseite und flachem Giebeldach ist mit einem überdachten, einseitig offenen Verbindungsgang, der mit dem einfarbigen Fresko eines pflügenden Bauern geschmückt ist, mit der Turnhalle verbunden. Westlich dieses Schultraktes wird das Neubaugebiet in der Flur »Vordere Steinig« durch den Bau weiterer Einfamilienhäuser auf großzügigen Grundrissen erweitert. Am Gegenhang bewirkt ein ausgedehnter ortsrandnaher Aussiedlerhof am Kudacher Weg eine bäuerliche Siedlungserweiterung in der westlichen Seitentalmulde.

Der Hauptort Hardheim, dessen Siedlungskern auf der rechten Talseite der Erfa bei der Einmündung mehrerer östlicher Seitenbäche eine geschützte Mulden- und untere Talhanglage einnimmt, wird in seinem im Wandel begriffenen Siedlungsbild durch seine herausragenden Funktionen als Bundeswehrstandort und Unterzentrum für seine nähere Umgebung im nordöstlichen Landkreis bestimmt. Ausgedehnte Kasernenanlagen im NO und SO des Ortes sind der bauliche Ausdruck der einen, viele Kaufläden des täglichen und höheren Bedarfs, mehrere Autohäuser und Bankfilialen die Auswirkung der zentralörtlichen Stellung der Siedlung.

Entlang der Würzburger und Wertheimer Straße erstreckt sich der alte, ursprünglich bäuerlich geprägte Siedlungsteil straßendorfartig rechts der Erfa. Im S schob sich eine frühe, anfangs ebenfalls noch von der Landwirtschaft bestimmte Wachstumsspitze an der Walldürner Straße bis zur Erfa vor.

Das *bauliche Zentrum* dieses alten, ins Frühmittelalter zurückreichenden Dorfes mit einer alten Pfarrkirche auch für die hochmittelalterlichen Rodungsdörfer im benachbarten Hinteren Odenwald ist die neuromanische *kath. Kirche* oberhalb der Gabelung von Wertheimer, Würzburger und Walldürner Straße. Der wuchtige Muschelkalk- und Buntsandsteinbau von 1891 hat ein hohes Mittelschiff, Seitenschiffe und im NO ein nicht über die Seitenschiffe ausgreifendes Querhaus mit polygonalem Chorabschluß. Sein Glockenturm mit spitzem Helmdach, Bogenfriesen und Rundbogenfenstern tritt mittelrisalitartig aus der südwestlichen Giebelwand des Hauptschiffs heraus. Zum Haupteingang führt ein zweiseitiger Treppenaufgang von der inneren Wertheimer Straße hinauf. Nordöstlich dieses Gotteshauses steht in seiner verlängerten Längsachse das zugehörige Pfarrhaus aus dem gleichen Baumaterial.

Östlich davon, abseits der inneren Würzburger Straße, findet sich mit dem einstigen *Wasserschloß der Herren von Hardheim*, dem heutigen *Rathaus*, der historische Kern der Siedlung. Innerhalb des trockengelegten Wassergrabens steht der einfache, aber schmucke Renaissancebau mit runden Ecktürmen im NO und NW, deren schiefergedeckte Dächer barock gegliedert sind, während sich an den südlichen Ecken kurze Flügelbauten gegen den Grabenbereich vorschieben. Von dem weiten Platz nördlich dieser ehemaligen Residenz der Ortsherren führt eine mehrbogige Buntsandsteinbrücke in ein mit Wappenreliefs verziertes Sandsteinportal, zu dem die rotbraunen Fenstereinfassungen aus Buntsandstein gut passen und zusammen mit den übrigen Sandsteinbauteilen einen kräftigen Farbkontrast zum hellen Verputz bilden. Die als Parkplatz genutzte freie Fläche im N des Schlosses wird im O und N von weiteren historischen Bauten, die den Ortskern entscheidend mitgestalten, eingefaßt. Im O ist es die alte Schule, ein hoher, gelb verputzter Walmdachbau auf einem Muschelkalksockel. Ihr architektonischer Blickfang ist ein reich gegliederter barocker Mittelrisalit mit dem

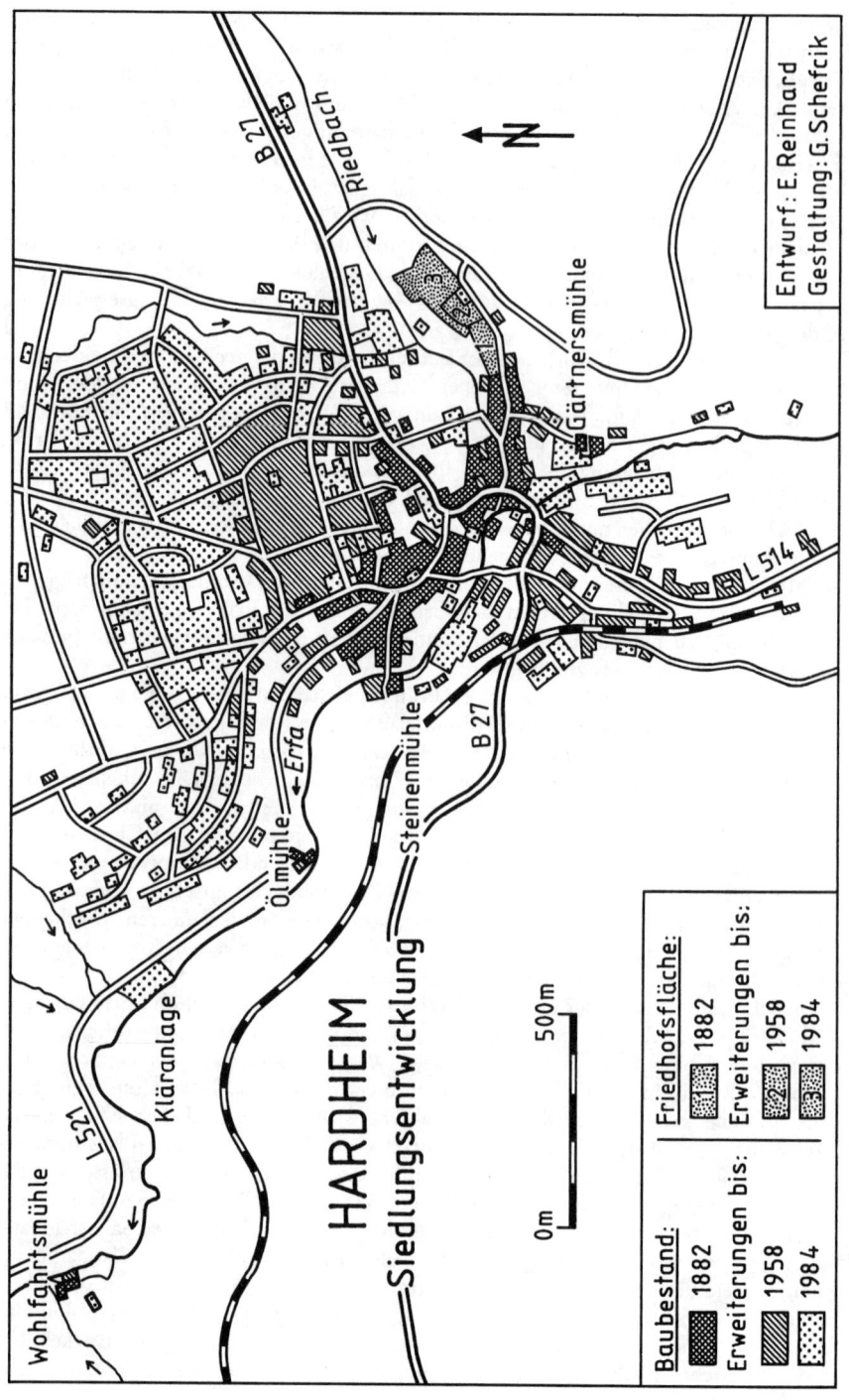

Eingang, zu dem ein zweiseitiger Treppenaufgang hinaufführt. Rechtwinklig dazu zieht am Nordrand des Platzes die ehemalige *würzburgische Zehntscheuer* entlang, ein wuchtiges Gebäude aus Buntsandstein-Bruchsteinmauerwerk, dessen hohes und steiles Dach von elegant geschweiften Giebeln begrenzt ist. Heute dient dieser langgestreckte Bau als Festhalle (Erftalhalle). Am NW-Rand des Platzes fällt an der Schloßstraße ein rötlich verputztes Staffelgiebelhaus mit weiß gestrichenen Eckquaderungen, Tür- und Fenstereinfassungen und mit einer hohen Buntsandsteintreppe an der dem Rathaus zugewandten Giebelseite auf, der ehemalige *Marstall*.

Der übrige Baubestand im alten Dorf hat durch den Funktionswandel der Siedlung mannigfache Veränderungen erfahren. Auch in den noch stehenden alten, ins vorige Jahrhundert zurückreichenden Häusern an der Würzburger und Walldürner Straße, durch die heute die den Ort mit starkem Durchgangsverkehr belastende B 27 verläuft, oder auch in den alten Häusern an der inneren Wertheimer Straße wurden Kaufläden eingerichtet. Manches alte Haus zeigt in den oberen Geschossen noch Fachwerkbauweise. Viele der alten Häuser wurden durch Neubauten mit Geschäfts- und Wohnräumen in den vergangenen Jahren ersetzt, die zuweilen recht unvermittelt in den überkommenen Baubestand eingefügt sind. Eine zuweilen äußerst unharmonische Aufrißgestaltung ist die Folge, etwa im Bereich des *Einkaufszentrums Erfapark* südlich der Würzburger Straße mit einer Sparkassenfiliale und modernen Geschäften des täglichen und höheren Bedarfs sowie Restaurants unter einem Dach oder in der Umgebung der Erfabrücke, wo ein Glas- und Betonbau mit verschiedenen Läden und Dienstleistungsbetrieben durch seine kubische Bauweise ganz neue Aufrißelemente ins Siedlungsbild einblendet. Ein modernes Geschäftshaus mit einem großen Fotoladen erzielt, umgeben von älteren Häusern, an der Würzburger Straße eine ganz ähnliche Wirkung. Erst im Rohbau fertige (Sommer 1987), aneinandergereihte Wohn- und Geschäftshäuser an der Ecke Würzburger Straße und Steingasse oder an der Gabelung der inneren Walldürner, Wertheimer und Würzburger Straße bewirken einen weiteren Wandel weg vom alten Dorf, das im Ortszentrum noch durch das alte Gasthaus des Badischen Hofs mit einem schönen Treppenaufgang aus der Barockzeit, das heute nicht mehr genutzte und wohl dem Abbruch geweihte Gasthaus zum Ochsen mit etwas überkragenden oberen Geschossen und barock gegliedertem Dach oder das benachbarte Fachwerkhaus mit Buntsandsteinsockel aus dem Jahr 1796 repräsentiert wird.

Ein noch dörfliches Straßenbild mit bäuerlichen Anwesen ist dagegen an der Riedstraße erhalten, die von der Walldürner Straße im S der alten Siedlung ostwärts zum Friedhof am unteren Hang des Wurmbergs abzweigt. Am Beginn der Riedstraße deutet sich der funktionale Wandel durch einen in einem bäuerlichen Wohnhaus eingerichteten Friseurladen aber auch schon an. Das herausragende und durch seine Höhe das gesamte Dorfbild mitprägende Bauwerk ist an der Riedstraße der *Bergfried der ehemaligen Unterburg* auf quadratischem Grundriß. Er ist heute Bestandteil eines Gehöfts. Seine Ecksteine aus Bossenquadern lassen eine hochmittelalterliche Entstehung vermuten. Winkel- und Zweiseitgehöfte, häufig mit neu verputzten oder umgestalteten Wohnhäusern fallen auf. Am Außenrand der Bebauung stehen gegen den Friedhof noch giebel- und traufständige Häuser von Nebenerwerbsbetrieben, die bis in die 1. H. 19. Jh. zurückreichen (Nr. 32 von 1843), oder Streckhöfe wie Riedstr. 44 von 1935. Am südwärts von der Riedstraße abzweigenden Mühlweg findet sich an der Erfa mit der Gärtnersmühle noch ein geschlossener Komplex aus Getreidemühle, Bäckerei und bäuerlichem Gehöft, der allerdings durch ein zweigeschossiges Wohnhaus, das erst im Rohbau steht, erweitert und umgestaltet wird.

Weitgehend in unserem Jahrhundert schob sich die Bebauung westlich der Erfa nach S vor. Anlaß für diese Wachstumsspitze war der Bahnbau mit dem 1910 errichteten Bahnhof mit einer Güterhalle. Ganz überwiegend handelt es sich dabei um Wohnhäuser aus der Zeit vor und nach dem 1. Weltkrieg. Nur an der Bahnhofstr. 4 sticht ein großes Dreiseitgehöft mit großen Wirtschaftsbauten aus der Umgebung heraus. Im Bahnhofsbereich ragt dann noch ein langgestrecktes hölzernes Lagerhaus der Bad. Landwirtschaftlichen Zentralgenossenschaft mit einem angebauten zweigeschossigen Haus mit Raiffeisen-Markt heraus. In einer Anlage am Hang unterhalb des Bahnhofs steht ein Denkmal für die Gefallenen des 1870/71er Kriegs. Das Mahnmal für die Opfer der beiden Weltkriege findet sich auf dem Friedhof.

Der weite Talboden der Erfa ist links des Wasserlaufs heute mit einem modernen *Gewerbe- und Industriegebiet* erfüllt. Vor allem die großflächigen Verwaltungsbauten und Produktionshallen der Metallwarenfabrik und Kunststoffspritzerei Carl Reum und der Fa. Feist Incon prägen diesen jungen Industriepark abseits der Wohnbebauung. Nördlich der B 27 bildet dann die schon ältere Maschinenfabrik Gustav Eirich mit Kernbauten aus der Vorkriegszeit und Neubauerweiterungen die westliche Randbebauung, an die unmittelbar nördlich mit der Steinenmühle an der Erfa wieder das alte Dorf landwirtschaftlicher Prägung angrenzt. Eine weitere Maschinenfabrik (A. u. A. Eirich) wurde im Erfatal südlich außerhalb des Ortes in den Schleidäckern errichtet. Flache, langgestreckte Produktionshallen bestimmen ihr Bild.

Der Funktionswandel vom Bauerndorf an der Erfa zum Unterzentrum und Militärstandort im NO des Landkreises dokumentiert sich siedlungsgeographisch in einem ausgedehnten *Neubaugebiet*. Es überdeckt heute die Odenwaldabdachung im N des alten Dorfes vom Hoffenbach im O bis zum Steilhang über dem sich tief in den Buntsandstein einschneidenden Lauf der Erfa im Westen.

Unmittelbar nördlich des Siedlungskerns setzte die neue Bebauung schon früh ein und erstreckte sich in den ausgehenden 1950er Jahren im N bereits bis zur Wertheimer, Hebel- und Franz-Schubert-Straße. Die am flachen Hang hinaufziehende Adalbert-Stifter-Straße bildete die NO-Grenze dieses frühen Neubaubereichs, in dem freistehende, giebelseitig zur Straße gerichtete Einfamilienhäuser mit ausgebauten Dachgeschossen (Schloßstraße), bescheidene kleine Doppelhäuschen (Bad. Landsiedlung) und größere Doppelhäuser (Bürgermeister-Henn-, Kolping- und Adalbert-Stifter-Straße) vorherrschen. In dem in der frühen Nachkriegszeit erschlossenen Bereich der Bad. Landsiedlung fällt ein größerer, langgestreckter Gebäudekomplex auf, ein Altenwohn- und -pflegeheim mit einem modernen Anbau. Architektonisch herausragend ist heute nordöstlich des historischen Zentrums mit Schloß und Zehntscheuer das mit der älteren Schule durch eine stegartige Galerie verbundene, nach dem Hardheimer Raumfahrtpionier Walter Hohmann benannte *Schulzentrum* mit großer Sporthalle an der Bürgermeister-Henn-Straße. Ein geradezu kleines Bauwerk ist dagegen die in der Nachbarschaft der langen und flachen Schultrakte erbaute *ev. Kirche* der 1950er Jahre. An den Saalbau mit hohen rechteckigen Fenstern an den Längsseiten, runden Fenstern über der südlichen Eingangsfront und einem das flache Giebeldach nur wenig überragenden Glockenturm ist im N ein zweigeschossiges Haus mit Kindergarten (Schulstr. 3) angebaut. Am Westrand der Neubauerweiterungen der 1950er Jahre steht hoch über dem Erfatal das *Krankenhaus*, ein wuchtiger viergeschossiger Baublock mit Flachdach, überragt von einem rechteckigen Fahrstuhl- und Technikturm.

Die *jungen Neubaugebiete* im N lassen teils vorstädtische und städtische Architekturelemente erkennen. Freistehende Ein- und Zweifamilienhäuser in Gärten, Reihenhäuser (Schwabenstraße), vierstöckige Wohnblöcke und achtgeschossige Wohnhochhäuser auf unterschiedlichen Grundrissen (Beethoven-, Schiller-, Eichendorffstraße) prägen ganz entscheidend den Charakter der modernen Wohnsiedlung Hardheim. Weiter westlich geht sie in die jüngste, teilweise noch nicht völlig bebaute Erweiterung mit individuell und teilweise großzügig gestalteten, villenartigen Einfamilienhäusern in schön gestalteten Ziergärten über, die über dem Erfatal und dem alten Ort eine bevorzugte flache Hanglage einnehmen.

Die Hangtopographie bestimmt weitgehend den Verlauf der Neubaustraßen, wobei östlich der Wertheimer Straße und der nordwestwärts die Odenwaldabdachung erschließenden Straße Am Triebweg bevorzugt rechtwinklig aufeinanderstoßende Straßen angelegt wurden. Weiter westlich, wo zwischen Odenwaldstraße und Zweitem Sandweg auch großflächige Bungalows in weiten Gärten das moderne Siedlungsbild mitbestimmen, erschließen talhangparallele Wohnstraßen das Baugebiet über dem stark eingetieften Tal der Erfa.

Auf der Gkg Hardheim liegen einige eigenständige Wohnplätze. Im tief in den Buntsandstein eingesägten Erfatal kauert die *Breitenau*, ein aus einer Bronnbacher Grangie hervorgegangener Hof mit Kapelle. Unmittelbar nördlich des Neubaugebiets liegt am Hoffenbach die *Neumühle*. Der ein kleines Haufendorf bildende bäuerliche Weiler *Rüdental* nimmt an der oberen ostexponierten Talflanke des Hoffenbachs östlich der nach Wertheim führenden L 508 eine sanft geneigte, fast hochflächige Lage ein. An der unregelmäßig halbkreisförmigen Rüdentaler Straße sind dicht gedrängt Zwei- und Dreiseitgehöfte mit teils unregelmäßigen Hofgrundrissen und neuen Wohnhäusern angeordnet. An der L 508 steht ein sich in die bäuerliche Umgebung einpassendes Gasthaus (»Wanderlust«). Unweit nördlich an der Abzweigung der Rüdentaler Straße wurde 1883 eine kath. Filialkapelle, ein kleiner Buntsandsteinbau mit neuromanischen Stilelementen, errichtet. Über ihrem First ragt ein kleiner Dachreiter mit Spitzhelmdach, Buntsandsteinkreuz und offener Glocke auf. Im Erfatal nordwestlich von Hardheim liegt die *Wohlfahrtsmühle* bei der Einmündung des Waldsbachs, heute eine überregional bekannte Gaststätte mit mehreren Fischteichen in der Nachbarschaft.

Ähnlich wie Dornberg hat auch Rütschdorf eine ausgesprochene Hochflächenlage auf der leicht gewellten Buntsandsteinabdachung des Odenwalds in rd. 390 bis 405 m NN. Die flache, im Oberflächenbild kaum auszumachende Quellmulde eines durch die Einsiedlerklinge zur Erfa entwässernden Nebenbächleins bedingt eine nach NW sanft einfallende Ortslage entlang der von SO nach NW verlaufenden Rütschdorfer Straße, der Hauptsiedlungsachse des kleinen Dorfes. Im W wird sie von der unregelmäßig parallel zu ihr verlaufenden Hirtengasse begleitet. Am Nord- und Südrand des nach der Größe einen bäuerlichen Weiler darstellenden Ortes zweigt diese Gasse von der Rütschdorfer Straße ab.

Entscheidend für das im oberen südlichen Ortsteil lockerer, im nördlichen unteren haufendorfartiger und dichter bebaute Kleindorf sind Gehöftanlagen mit unterschiedlichen Grundrissen. Zweiseit- und Winkelgehöfte mit giebelseitig an die Straße grenzenden Wohnbauten sowie größere Dreiseitgehöfte wie der heute als Reiterhof der Pferdehaltung dienende Brunnenhof östlich der Rütschdorfer Straße prägen das Aufrißbild. An den Wohnhäusern fallen heller Verputz, zuweilen Fachwerk wie am Obergeschoß des zum Brunnenhof gehörenden Wohngebäudes und Buntsandsteinmauerwerk vor allem an den Sockelbauten auf. Die Stall- und Scheunengebäude sind überwiegend aus dem landschaftstypischen Odenwaldsandstein gemauert, teilweise sind sie auch als Holzkonstruktionen erstellt. Die sauberen, gepflasterten oder mit Rasen bedeckten und randlich mit Blumen geschmückten Hofflächen verleihen der noch weitgehend ursprünglichen Bauernsiedlung einen freundlichen Zug und künden zusammen mit den auf die Volksfrömmigkeit hinweisenden Glasschreinen mit Madonnenfiguren an den Außenwänden einiger bäuerlicher Wohnhäuser von einem traditionsbewußten Bauerntum, das seine Stellung durch die Anerbensitte bis heute bewahren konnte.

Die kleine *kath. Barockkapelle* aus dem frühen 18. Jh. im nördlichen Unterdorf westlich des Dorfbrunnens und der Hirtengasse verschwindet fast neben den großen Höfen. Der hell verputzte Bau auf einem Buntsandsteinsockel und mit Eckquadern, Fenster- und Türfassungen aus demselben braunroten Sandstein hat im SO einen dreiseitigen Chorabschluß und ein ziegelgedecktes Giebeldach, auf dem sich über der nordwestlichen Eingangsfront ein Dachreiter auf quadratischem Grundriß mit Spitzhelmabschluß und Wetterfahne erhebt.

Die malerisch am Fuß eines von den Resten einer mittelalterlichen Burg gekrönten Muschelkalksporns liegende Siedlung Schweinberg ist nach Entstehung und ursprünglicher Funktion eine siedlungsgeographische Besonderheit, die am besten mit dem Begriff »Burgdorf« umschrieben werden könnte. Als Nachfolgesiedlung des weiter östlich abgegangenen und in die Merowingerzeit zurückreichenden Weilers Selhofen entstand der Ort in Quelltalmulden des Hardheimer Baches westlich und südlich des mit steilen und harten Felsen im Unteren Muschelkalk abfallenden Burgbergs. Auf seinem westlichen Sporn ragen mit dem ruinösen rechteckigen Bergfried, der aus dickem Muschelkalk-Bruchsteinmauerwerk besteht und an der östlichen Bergseite noch Überreste einer Buckelquaderverkleidung erkennen läßt, letzte erhaltene Teil des im 17. Jh. zerstörten wehrhaften Adelssitzes auf, die noch ganz entscheidend das Bild der heutigen Siedlung bestimmen.

Der östlich an den Bergfried angrenzende *Schweinberger Hof* in der Gestalt eines großflächigen alten Dreikantgehöftes wird heute durch eine jüngere, erst der zweiten Hälfte unseres Jahrhunderts entstammenden Bebauung mit Wohnhäusern und modernen landwirtschaftlichen Nutzgebäuden ergänzt und entscheidend geprägt. Zu ihnen führt der vom östlichen Unterdorf an der Pülfringer Straße ausgehende Burgweg hinauf, vorbei an mehreren Aufschlüssen im Wellengebirge am steilen Südhang des Burgbergs. Im unteren Bereich ist dieser Burgweg mit bäuerlichen Anwesen besetzt, die hangparallel und traufseitig hintereinandergereiht sind und durch modernere Wohnhäuser und Wirtschaftsbauten auffallen, die teilweise als Fachwerkkonstruktionen errichtet sind.

Das langgestreckte Dorf südlich des Burgbergs zieht in geschützter Tallage entlang der Pülfringer Straße von W nach O. Eine dichte Bebauung mit alten bäuerlichen Anwesen beiderseits der Straße herrscht vor. Gehöfte mit überwiegend giebel- und einigen traufständigen Wohnbauten bestimmen den Aufriß. Winkel- und Zweiseitanlagen sind darunter in der Mehrzahl. Aus der landwirtschaftlichen Bebauung ragen einige moderne bäuerliche Wohnhäuser, im östlichen unteren Dorf das *Gasthaus zur Linde*, ein zweigeschossiger Walmdachbau, weiter im W das giebelständige und weiß verputzte *Gasthaus zum Roß* mit einem modernen mehrgeschossigen Gästehaus mit Garagen im Erdgeschoß hinter dem Haupthaus, in der Nachbarschaft die *Schule*, ein hohes zweigeschossiges und traufständiges Gebäude mit Zwerchgiebel in der Mitte, Buntsandsteinsockel, -eckquaderungen, -fenster- und -türeinfassungen heraus. Weiter westlich steht dann das ebenfalls neugestaltete *Gasthaus zum Grünen Baum* mit einem benachbarten Biergarten.

Westlich des Burgsporns erweitert sich die Siedlung zu einem dicht bebauten Haufendorf mit einem ebenfalls alten Baubestand, der sich in das von N entwässernde Quelltal des Hardheimer Bachs hineinschiebt. Der architektonische und funktionale Ortsmittelpunkt ist dort der an der dörflichen West-Ost-Achse, die vor dem Bau der südlich an Schweinberg vorbeiziehenden Ortsumgehung mit dem Durchgangsverkehr der B 27 belastet war, sich öffnende Rathaus- und Kirchplatz. Geschmückt ist er mit einem aus braunrotem Odenwaldsandstein gehauenen Brunnen mit polygonalem Trog und zentralem, säulenartigem Brunnenstock mit vier Wasserläufen. Am Ostrand des dreieckförmigen Platzes bildet unmittelbar neben der Kirche ein barocker Bildstock mit einer Grablegungsszene über einer gedrehten und mit Reblaub, Engelsköpfen und einem Blattwerkkapitell verzierten Sandsteinsäule ein weiteres Schmuckelement. Am Westrand dieses Dorfplatzes steht das *Rathaus*, ein schöner zweigeschossiger, gelb verputzter Fachwerkbau mit Halbwalmdach auf einem Buntsandsteinsockel. Angebaut an das Haus der Gemeindeverwaltung ist das Feuerwehrgerätehaus.

Gegenüber am Ostrand des Platzes, schräg abgewinkelt zur Pülfringer Straße, erhebt sich die *Pfarrkirche St. Andreas*, ein weiß verputztes, einschiffiges Barockgebäude von 1729 auf einem Buntsandsteinsockel. Über seinem spitzen Westgiebel mit der Eingangsfront ragt der das Ortsbild mitprägende oktogonale Dachreiter mit Welscher Haube auf, die in einen schmalen Laternenaufsatz, überhöht von einem kleineren Zwiebeldach mit Wetterfahne, übergeht. Im O schließt das kleine Gotteshaus mit hohen, sandsteineingefaßten Rundbogenfenstern an den Längsseiten mit einem fünfseitigen Chor ab.

Ein Lebensmittelgeschäft nördlich des Kirch- und Rathausplatzes, ein Gemischtwarenladen und die Poststelle sowie eine Volksbankniederlassung an der Pülfringer Straße in der Nähe des Gotteshauses verstärken die zentralörtliche Stellung dieses Siedlungsteils. Nördlich des Rathauses und der Kirche verdichtet sich die alte Bebauung mit eng zusammengepferchten und teils verschachtelten Anwesen bis zu der ins Rüdental und nach Külsheim nordwärts führenden Talstraße. Die alten Anwesen mit Zweiseit-, Winkel- und Dreiseitgehöften sind teilweise gut renoviert. Gepflegtes Fachwerk sticht in diesem Ortsteil hervor, in dem mit einer großen Baustoffhandlung und einem zugehörigen Transportunternehmen mit modernem Geschäfts- und Lagerhaus auch nichtbäuerliche Wirtschaftszweige das Straßenbild mitgestalten. Alte, langgestreckte bäuerliche Hofstellen mit jüngeren Erweiterungsbauten finden sich dann gegen den Südwestrand an der nach Hardheim führenden Straße.

Neuere Erweiterungen landwirtschaftlicher Art stehen mit modernen Wohn- und Wirtschaftsgebäuden südlich der Pülfringer Straße. Am flacheinfallenden und nordexponierten Hang der Pülfringer Höhe wurden oberhalb der Ortsumfahrung der B 27 vier Aussiedlerhöfe angelegt. Weitere Bauernbetriebe wurden auf die Muschelkalkhöhen nordöstlich des Dorfes ausgesiedelt und bilden mit ihren modernen Einzelhöfen neue Siedlungselemente.

Ein geschlossenes *Neubaugebiet* brachte am Südhang des Klettenbergs eine wesentliche Siedlungsausdehnung nach W. An der unteren Linden- und höher angelegten Hohenstraße, die beide durch eine schräg am Neubauhang hinaufstrebende Verbindungsstraße zusammenhängen, stehen hangparallele, traufseitig ausgerichtete Einfamilienhäuser, eingeschossig an der Berg- und zweigeschossig an der Talseite. Zwischen der alten und der neuen Bebauung liegt am Ostrand dieses Neubaugebiets der aus dem Talbereich an den unteren Hang des Klettenbergs verlegte Friedhof. Neubauerweiterungen in noch lockerer Form erstrecken sich von dort entlang der Osthänge von Kletten- und Hummelberg, wo sich neben wenigen Einfamilienhäusern der ebenfalls neugestaltete Sportplatz mit einer Flutlichtanlage und moderne gewerbliche Betriebe befinden.

Vollmersdorf, dessen Gemarkung wie die des benachbarten Rütschdorf eine Grenzlage zum bayerischen Lkr. Miltenberg einnimmt, liegt auf der Odenwaldabdachung im Plattensandstein am oberen und flachen, nach W exponierten Hang des Eichelbachs. Das kleine Rodungsdorf, dessen Bebauung sich entlang der Rütschdorf und Wettersdorf (Stadt Walldürn) verbindenden und serpentinenartig am Talhang hinunterziehenden Kreisstraße sowie entlang der von ihr abzweigenden und nach Dornberg führenden Straße aufreiht, ist auch noch ganz durch die Landwirtschaft geprägt. Die Straße nach Dornberg bildet die am oberen Talhang entlangziehende Hauptsiedlungsachse. Große, bis in die 1. H. 19. Jh. zurückreichende Gehöfte mit Dreiseit- und Zweiseitgrundrissen, deren Wirtschaftsbauten bevorzugt aus Buntsandsteinmauern bestehen, bestimmen wie in Rütschdorf das intakte bäuerliche Aufrißbild. Aus diesen Gehöftanlagen, deren Gebäude teilweise auch Fachwerk und Verputz erkennen lassen, sticht ein traufständiger Eindachhof aus Sandsteinmauerwerk und in Fachwerkbauweise an der südlichen Giebelfront heraus. Geräumige Dreiseitgehöfte, teils mit unregelmäßigem Grundriß, stehen im oberen Ortsteil an der nach Rütschdorf führenden Kreisstraße. Eine große moderne Hofanlage mit einem Rundsilo bildet die einzige junge Ortserweiterung am Ostrand des kleinen Dorfes, das wie Rütschdorf durch seine gepflegten und zuweilen durch moderne Anbauten erweiterten Bauernhöfe auffällt.

Das einzige, aus dieser agrarischen Bausubstanz herausragende Gebäude ist die kleine *neugotische Kapelle* an der Abzweigung der nach Dornberg führenden Ortsstraße. Diese kath. Filialkirche ist ein einschiffiger Buntsandsteinbau mit spitzbogigen Maßwerkfenstern und lisenenartigen Stützpfeilern an den Längsseiten, einem dreiseitigen Ostchor und einem Dachreiter über dem westlichen Eingangsgiebel. Das krabbenverzierte Spitzbogenfeld über der Tür unter dem Westgiebel enthält eine Christusstatue, die den Erlöser mit einem Lamm über den Schultern als guten Hirten darstellt. Auf dem steilen Giebeldach sitzt ein völlig verschiefertes Glockentürmchen auf oktogonalem Grundriß und mit einem hohen Spitzhelmabschluß. Typisch für die Kunstlandschaft in Walldürns Umgebung ist ein neben dem Kirchlein stehender Bildstock aus Buntsandstein mit einer den toten Christus im Schoß haltenden Mariengestalt.

Bemerkenswerte Bauwerke. – Bretzingen: Die *kath. Pfarrkirche* wurde 1698/1701 erbaut und 1708 den hll. Sebastian und Vitus geweiht. Der untere Teil des Turmes wurde von dem mittelalterlichen Vorgängerbau übernommen. Der Chor neben dem Turm ist gegenüber dem dreiachsigen Langhaus eingezogen und dreiseitig geschlossen. Alle Fenster sind hochrechteckig und mit Sandsteinohrenumrahmungen versehen. Der Turm ist mit einem Glockendach mit Laternenaufsatz gedeckt. Der Chor ist gewölbt und das Langhaus flachgedeckt. Über dem Portal das Wappen des Würzburger Bischofs Johann Philipp von Greiffenclau mit der Jahreszahl 1698. Über dem modernen Hochaltar wurde ein Gemälde von Codemann mit zwei Engeln und dem Wappen vom alten Hochaltar aus dem frühen 18. Jh. in neuer Rahmung angebracht. Weitere Figuren aus dem 18. Jh. sind eine Pietà, eine Maria mit Kind, Nepomuk, Schutzengel und der hl. Sebastian. Die Apostelfürsten Petrus und Paulus stehen in Bildnischen an der Eingangsfassade. Auch die Orgelempore aus diesem Jahrhundert und das Chorgestühl aus der Erbauungszeit der Kirche ist an der Emporenseite erhalten. Das tonnengewölbte *Beinhaus* mit einem Fachwerkaufbau wurde zur Kapelle umgestaltet. Im Ort fallen mehrere Madonnen des 18./19. Jh. durch Glaskästen geschützt auf. – Im Kapellenwald (Walldürner Wald) wurde 1742 ein offenes *Bildhäuslein* zu Ehren des Hl. Bluts von zwei Brüdern aus Distelhausen gestiftet. Seitliche Mauern, mit Pilastern abgeschlossen, tragen ein Tonnengewölbe. Altar mit Inschrift und reich gestaltetem Relief.

Dornberg: Von der *kath. Kirche* wurden zwei Achsen 1770 an zwei ältere Langhausachsen aus dem 17. Jh. angebaut. Diese wiederum stoßen an einen quadratischen gotischen Turm, wahrscheinlich den Chorturm der mittelalterlichen Kirche. Der Triumphbogen ist heute zwischen der 1. und 2. Achse des Langhauses angeordnet. Aus der Barockzeit stammen die drei Altäre, die Kanzel bekrönt mit Engel, der die Gesetzestafeln hält, und der Orgelprospekt. Die Kirche ist flach gedeckt und hat auch seitlich eine Empore. – Innerhalb und außerhalb des Ortes stehen *Bildstöcke*, meist im Zusammenhang mit der Wallfahrt nach Walldürn.

Erfeld: Die *kath. Pfarrkirche* wurde 1732/34 in barocken Formen erbaut, erhielt aber ihr heutiges Aussehen bei der neubarocken Erweiterung um 2 Achsen 1927/28. Über dem dreiseitig geschlossenen Chor ein großer Dachreiter. Von der barocken Ausstattung blieben die drei Altäre und die Kanzel aus der Zeit um 1800 erhalten. Das Taufbecken mit der Jahreszahl 1588 stammt sogar noch aus dem Vorgängerbau.

Gerichtstetten: Beim Neubau der *kath. Pfarrkirche* 1772–77 wurde der hochmittelalterliche Turm mitbenutzt, erhöht und mit einem Zeltdach gedeckt. An seine Südseite wurde der gegenüber dem Langhaus zu drei Achsen eingezogene dreiseitig geschlossene Chor angebaut. Chor und Langhaus sind durch Rundbogenfenster belichtet. Die Giebelseite ist als Hauptschaufassade reich mit Sandsteinlisenen und Gesimsen, auf dem geschwungenen Giebel mit Vasen und einem Giebelkreuz dekoriert. Chor und Langhaus sind flachgedeckt. An der Decke im Langhaus ist die Himmelfahrt Christi dargestellt. Die reizvolle Ausstattung mit figurengeschmücktem Hochaltar, Seitenaltären, Kanzel mit den Evangelisten, Putten und den Symbolen der Kardinaltugenden und mehrere einzelne Figuren aus der Erbauungszeit sind erhalten. Auch die geschnitzten Wangen des spätbarocken Gestühls vervollständigen das Bild dieser spätbarocken Dorfkirche.

Hardheim: Die *kath. Pfarrkirche* St. Alban, der »Erftaldom«, wurde 1891 als dreischiffige neuromanische gewölbte Säulenbasilika mit Querschiff und halb eingezogenem Glockenturm erbaut. Für die Werksteinverkleidung wurden abwechselnd rote und weiße Steine verwendet. Der Turm ist sehr reich gegliedert. Das Hauptportal ist als Nischenportal mit ornamentierten Säulen gestaltet. An den Ecken der Traufen der Schiffe Heiligenfiguren. Über dem Turmportal eine Säulengalerie und eine große Rosette. Der Gewölbeschub wird von Strebepfeilern aufgenommen. In den vier Langhausachsen befinden sich ebenso wie an den anderen Bauteilen der Kirche dem neuromanischen Charakter entsprechende Rundbogenfenster. Der Chor ist mit fünf Seiten eines Achteckes geschlossen. An die Querschiffseiten sind apsidiale Kapellen angefügt. Die neuromanische Ausstattung ist weitgehend erhalten. Die gemalten Glasfenster haben eine Schutzverglasung erhalten. Auf dem linken Seitenaltar Vesperbild aus der Zeit 1680/90. Von dem gotischen Vorgängerbau blieb nur ein Wappenstein von 1488 erhalten, heute außen an der Chorwand eingelassen. Das originale Kruzifixus von 1695 ist jetzt in der Kirche aufgestellt.

Von der *Unteren Burg* blieb nach der Zerstörung in den Fehden zwischen den Grafen von Wertheim und dem Hochstift Würzburg vor 1444 nur der hohe Bergfried erhalten. Sein Baubestand dürfte im wesentlichen in das 12. und 13. Jh. zu datieren sein. Die *Obere Burg*, seit 1927 Rathaus, wurde 1324 von Werner von Hardheim dem Erzstift Mainz als Lehen aufgetragen. Die heutige Wasserburg wurde 1561 von Baumeister Urban Kaltschmied aus Lindau über annähernd quadratischem Grundriß als repräsentatives Schloß ohne Verteidigungsanlagen errichtet. An dem zweigeschossigen Hauptbau bilden kurze seitliche Flügel einen U-förmigen Grundriß und umschließen einen an einer Seite offenen Hof. Die Rundtürme an den Seiten der Fassade gehen oben ins Achteck über. Das Portal ist reich mit Renaissanceornamenten verziert. Darüber ist das Allianzwappen Wolfs von Hardheim und Margarethes von Berlichingen angebracht. Das Erdgeschoß ist gewölbt, und eine Wendeltreppe führt in das flachgedeckte Obergeschoß. Gegenüber der Oberen Burg (Rathaus) steht der »*Schüttungsbau*«, der 1683 als würzburgische Zehntscheune errichtet wurde, ein dreigeschossiger Bruchsteinbau mit geschweiften Volutengiebeln im Renaissancestil. Der Innenraum ist im Erdgeschoß durch Sandsteinpfeiler unterteilt. Im Obergeschoß ist die originale Decke erhalten. Conrad Wilhelm von Wernau, Bischof von Würzburg, war der Bauherr. Das Gebäude dient heute als Festhalle und Heimatmuseum.

Der ehemalige *Marstall* (Schloßplatz 3) diente später als Spital und Schule. Der zweigeschossige Massivbau aus dem 16. Jh. zeichnet sich durch Eckquaderung und an der Seite des Staffelgiebels durch eine Freitreppe mit Maßwerkgeländer aus Sandstein ins Obergeschoß aus.

Unter den *Fachwerkhäusern* ist das zweigeschossige »Gasthaus zum Ochsen« von 1588/89 und das Gasthaus zum Weißen Roß« von 1604, ebenfalls zweigeschossig, besonders zu erwähnen.

Die barocke *Josephskapelle* von 1750 auf einer Anhöhe vor dem Ort ist ein rechteckiger Saalbau mit dreiseitigem Chorschluß. Das Portal hat einen gesprengten Giebel. Die Kapelle ist ebenso wie das bei ihr stehende *Sandsteinkreuz* von 1608 mit Wegweiser nach Amorbach und Walldürn, dem

Kreuzweg und der Mariensäule von 1705 im Zusammenhang mit Wallfahrt nach Walldürn zu sehen.

Rüdental: Die *Marienkapelle* wurde 1883 als Saalbau mit dreiseitigem Chorabschluß in neuromanischem Stil erbaut.

Rütschdorf: Die dem hl. Wendelin 1703 erbaute *kath. Filialkapelle* ist ein Barockbau zu zwei Achsen mit dreiseitigem Chorschluß. Auch der Altar stammt aus dem 18. Jh., ebenso die Empore mit Balustrade. Einige Heiligenfiguren schmücken die flachgedeckte Saalkirche.

Der *Ziehbrunnen* mit Renaissancemuschelaufsatz und ornamentierten Pforten stammt aus dem Jahre 1612.

Schweinberg: Ein Ritter Craft de Sweneburch ist in einer Urkunde von 1144 erwähnt. Die *Burg* (castrum) ist 1243 bezeugt. 1287 erhielt Konrad von Boxberg die Burg als würzburgisches Lehen, und 1313 kam sie an die Grafen von Wertheim. In deren Fehde mit dem Hochstift Würzburg wurde die Burg 1437 erobert und zerstört. Erhalten ist der zur Hälfte abgetragene Bergfried, dessen qualitätsvolle Buckelquaderverkleidung an der Ostseite unten erhalten ist und auf eine ehemals sehr eindrucksvolle romanische Burganlage aus der Zeit um 1200 schließen läßt.

Die *kath. Pfarrkirche St. Andreas* wurde 1729 als barocker Saalbau zu vier Achsen, mit Rundbogenfenstern, eingezogenem gewölbten Chor, Ecklisenen und Lisenengliederung an der Eingangsfassade und am Trapezgiebel erbaut. Über der Eingangsfassade großer Dachreiter auf dem Satteldach. Das Chorgewölbe ist stukkiert, ebenso die Umrahmungen der Malereien auf der flachen Decke im Langhaus. Dort sind die Himmelfahrt Mariens in der Mitte, Johannes und Jesaias zum Chor hin und Judith und Ester auf der Emporenseite dargestellt. Der barocke Hochaltar mit den Statuen des Titelheiligen und des hl. Laurentius ist in die Erbauungszeit der Kirche, die beiden Seitenaltäre dagegen sind um 1770 zu datieren. Der Orgelprospekt stammt aus der Zeit um 1800. An der Kanzel befindet sich ein Allianzwappen mit abwechselnd roten und silbernen Balken und einem silbernen Schwan in Blau.

Bei der Kirche steht eine Bildsäule mit gedrehtem Schaft von 1745, die ebenso wie die anderen zahlreichen *Bildstöcke* orts- und landschaftsprägend ist.

Die zweiachsige *Herz-Jesu-Kapelle* mit polygonalem Choranbau wurde 1878 im historisierenden Stil mit von einem steinernen Dachreiter gekrönter Giebelfassade mit Bildnische erbaut. Bei der Kapelle endet ein *Kreuzweg* aus dem späten 19. Jh. mit gußeisernen Stationen.

Neben dem Gotteshaus steht das zweigeschossige *Fachwerkrathaus* von 1786 mit Krüppelwalmdach, erschlossen mit einer einläufigen Freitreppe. Unter den übrigen *Fachwerkhäusern* ist das Wohngebäude Obere Gasse 7 von 1711 auf massivem Untergeschoß in Giebelstellung mit reichen Verzierungen besonders zu erwähnen.

Vollmersdorf: Die *kath. Filialkapelle* wurde 1880 als neugotischer Bau mit eingezogenem ⅝-Chor erbaut und erhielt einen Dachreiter. Über dem mit Krappen und Kreuzblume geschmückten Hauptportal sehen wir die Statue des Guten Hirten. Das zweigeschossige Langhaus mit Maßwerkfenstern ist flach gedeckt, der Chor aber ist gewölbt. Historisierende Glasmalereien mit figürlichen und ornamentalen Darstellungen.

B. Die Gemeinde im 19. und 20. Jahrhundert

Bevölkerung

Bevölkerungsbewegung. – Kurz vor der Bildung der heutigen Gemeinde, bei der Volkszählung 1970, hatten die heute zu Hardheim gehörenden Orte etwa soviele Einwohner wie zu Beginn des 19. Jh. Nur in Hardheim hatte sich die Einwohnerzahl seit 1808 von 1726 auf 4671 mehr als verdoppelt, und in Gerichtstetten war sie von 541 auf 706 angestiegen. Dennoch liegen zwischen 1808 und 1970 Zeiten unterschiedlicher Bevölkerungsentwicklung. Gemeinsam ist allen 8 Dörfern ein Bevölkerungsanstieg in der 1. H. 19. Jh., der selbst in den wirtschaftlich schwierigen Jahren um die Jahrhundertmitte kaum beeinträchtigt wurde und bis 1860/70 anhielt. Die Geburtenüberschüsse wurden weitgehend durch Auswanderungen abgeschöpft. Immerhin sind allein aus Erfeld (1852: 446 E.) zwischen 1853 und 1893 56 Personen nach Amerika ausgewandert. Spürbarere Einbußen aber brachte die Abwanderung vor allem junger Leute in die Städte, besonders nach Frankfurt, Mannheim, Heidelberg und Karlsruhe, seit 1870, zumal sie in den 1880er Jahren mit der zweiten Auswanderungswelle zusammenfiel. Mittelbare Folge war ein Sinken der Geburtenzahlen. So schrumpfte zwischen 1860 und 1910 die Bevölkerung der heutigen Gemeinde von 5353 auf 4915 Personen (um 1,6‰ im jährlichen Mittel). Besonders hoch waren die Verluste in Bretzingen, Erfeld und Schweinberg. Nur in Hardheim selbst war die Einwohnerzahl angewachsen. Bis 1925 nahm die Bevölkerung leicht zu, da im und nach dem 1. Weltkrieg weniger Anreiz zur Abwanderung bestand, aber bis 1939 setzte sich die negative Tendenz wieder fort, jetzt auch in Hardheim selbst.

Im 2. Weltkrieg sind aus Hardheim 145 Soldaten gefallen und 55 vermißt, aus Bretzingen 25 gefallen und 12 vermißt, aus Erfeld 33 gefallen und 6 vermißt, aus Gerichtstetten 33 gefallen, 16 vermißt, aus Schweinberg 24 gefallen und 22 vermißt und aus Dornberg, Rütschdorf, Vollmersdorf 15 gefallen und 6 vermißt. Während des Krieges nahmen alle Dörfer *Evakuierte* aus gefährdeten Gebieten auf. Nach dem Krieg stellten die Einweisungen von *Vertriebenen* und *Flüchtlingen* auch hier große Anforderungen an die Gemeinden. Im Februar 1946 hatte z. B. Hardheim 2807 Einwohner, davon 250 Evakuierte und 123 Flüchtlinge. Anfang 1947 waren in Hardheim 1166 Heimatvertriebene, in Bretzingen 214, in Erfeld (Nov. 1947) 183, in Gerichtstetten 290 und in Schweinberg 143 (volljährige) Heimatvertriebene eingewiesen. Noch 1950 waren unter den 7067 Einwohnern der heutigen Gemeinde 1980 Neubürger. Die Hälfte von ihnen wohnte in Hardheim.

Der zwangsweise erlittene Bevölkerungszuwachs unterbrach den Bevölkerungsrückgang in den kleinen Dörfern nur kurzfristig. Schon 1961 waren hier die meisten Flüchtlinge wieder weggezogen, weil sie keine Arbeit fanden. In Hardheim waren sie seßhaft geblieben. Zu den 979 Vertriebenen waren hier 116, in den übrigen Dörfern 18 *SBZ-Flüchtlinge* gekommen. 1970 hatten außer Hardheim und Schweinberg alle Dörfer weniger Einwohner als 1939. In Schweinberg war die Einwohnerzahl zwar nur auf 681 angestiegen, in Hardheim hatte sie sich in diesem Zeitraum jedoch von 2257 auf 4671 mehr als verdoppelt. Bis zur Volkszählung 1987 ist die Bevölkerung der heutigen Gemeinde von insgesamt 7176 Personen auf 6429 Personen Wohnbevölkerung bzw. 6793 Personen wohnberechtigte Bevölkerung zurückgegangen. Natürliche Bevölkerungsbewegung und Wanderungsbewegung hatten zusammengewirkt. Seit 1974 waren die Geburtenüberschüsse in Geburtendefizite umgeschlagen. Wanderungsgewinne waren nur in einigen Jahren zwischen 1960 und 1970 sowie 1980 bis 1982 zu verzeichnen gewesen. Es wandern vor allem junge Leute ab.

1984 waren in der Gemeinde 112 *Ausländer* aus 20 Staaten gemeldet. Die größte Gruppe waren mit 36 Personen die Türken, danach 12 Amerikaner (Ehefrauen amerikanischer Soldaten), 10 Jugoslawen und 8 Tschechoslowaken. 1987 wohnten 140 Ausländer in der Gemeinde.

Konfessionelle Gliederung. – An der konfessionellen Einheitlichkeit der kath. Gemeinden änderte sich seit Beginn des 19. Jh. kaum etwas, zumal auch die seit 1946 eingewiesenen Vertriebenen überwiegend katholisch waren. 1987 machten die *Katholiken* in allen Dörfern mindestens 94% der Einwohner aus, nur in Hardheim lag ihr Anteil mit 84% etwas niedriger.

Noch 1925 lebten in Hardheim mehr *Juden* als Protestanten. Im 19. Jh. hatte ihre Zahl mehr als 100 betragen (1845: 113, 1900: 136), war infolge Abwanderung bis 1925 aber auf 65 gesunken. Von den 55 Migliedern, die die jüd. Gemeinde 1933 noch hatte, wanderten die meisten rechtzeitig aus. 17 Juden wurden nach Gurs deportiert. Nur 5 konnten von dort befreit werden.

Soziale Gliederung. – Als ehemaliger Amtsort wies Hardheim zu Beginn des 19. Jh. eine vergleichsweise differenzierte Sozialstruktur auf. Neben größeren und kleinen Bauern lebten hier zahlreiche Handwerker, Händler, Kleingewerbetreibende, Taglöhner und Dienstboten. Während des 19. Jh. entwickelte sich das Handwerk zurück. Solange es keine neuen Arbeitsplätze gab, lebte ein Teil der Einwohner des Dorfes in Armut. Von der Jahrhundertmitte bis um 1870 wird von Hardheimer Kindern berichtet, die in den Nachbardörfern bettelten. Etwa seit 1880 besserte sich die wirtschaftliche Lage: Straßenbau und vor allem die das Bauhandwerk in den Städten beliefernden Steinbrüche brauchten Arbeitskräfte. Gleichzeitig entstanden neue Gewerbebetriebe. Auch der Handel mit Landesprodukten und Vieh blühte in Hardheim. 1893 ist die Rede von einem verhältnismäßig kräftigen Bauernstand und reger gewerblicher Tätigkeit. Die Armenlast der Gemeinde war nur noch gering.

Laut Berufszählung lebte 1895 knapp die Hälfte der Hardheimer Bevölkerung von Land- und Forstwirtschaft, ein Drittel von Industrie und Gewerbe (Handwerk), und gut ein Zehntel von Handel und Verkehr. 1939 ernährten Industrie und Handwerk schon mehr Einwohner als die Land- und Forstwirtschaft. Nach dem 2. Weltkrieg ging diese Entwicklung rasch weiter. 1961 machten die landwirtschaftlichen Berufszugehörigen nur noch 10%, die gewerblichen 49% der Einwohner aus. Im nächsten Jahrzehnt stieg vor allem der Anteil der dem Dienstleistungsbereich Angehörigen von 11% auf 28% an. Darin mitgezählt sind auch Bundeswehrangehörige. Von Land- und Forstwirtschaft lebten 1970 nur noch 4% der Einwohner.

Von den übrigen Dörfern der heutigen Gemeinde waren bis in die Gegenwart Dornberg, Rütschdorf und Vollmersdorf von mittleren bis größeren, meist vergleichsweise wohlhabenden Bauern bewohnt. Auch in Erfeld hielt sich dank Abwanderung ein bäuerlicher Mittelstand. Gerichtstetten war ein eher kleinbäuerlicher Ort. 1887 galt ein Drittel der Einwohner als minderbemittelt. Trotzdem mußte die Gemeinde kaum Arme unterstützen. 1897 dagegen ist die Rede von einer erheblichen Anzahl von Gewerbetreibenden, die schon etwas von der Welt gesehen haben. Für Bretzingen, ohnehin relativ gut situiert, und Schweinberg brachten die Hardheimer und Bretzinger Steinbrüche zusätzliche Erwerbsmöglichkeiten. 1911 bzw. 1914 arbeiteten dort aus beiden Dörfern je 40 Männer. In Schweinberg wurden schon um 1890 die Kinder armer Leute Fabrikarbeiter, weil die Bauern kaum Dienstboten brauchten. Andererseits holten die Rütschdorfer und Vollmersdorfer Bauern schon lange ihre Dienstboten aus Hessen und Bayern, weil am Ort keine zu finden waren.

Noch 1939 ernährte in allen 7 Dörfern die Land- und Forstwirtschaft mehr als drei Viertel der Bewohner. 1950 war der Anteil infolge des Flüchtlingszustroms niedriger, 1961 nach der Abwanderung der Flüchtlinge, außer in Rütschdorf und Schweinberg, wieder höher. 1970 lebten in der gesamten heutigen Gemeinde 14% der Einwohner von Land- und Forstwirtschaft, während 41% zum Produzierenden Gewerbe zählten. 1987 bestritten in der Gesamtgemeinde noch 4,5% der überwiegend von eigener Erwerbstätigkeit Lebenden ihren Unterhalt aus land- und forstwirtschaftlicher Tätigkeit, 51% aus Arbeit im Produzierenden Gewerbe. Handel/Verkehr/Nachrichtenübermittlung ernährten 8%, die übrigen Wirtschaftsbereiche (Dienstleistungen, öffentlicher Dienst, Militär) 37% dieser Bevölkerungsgruppe. Im Hauptort war diese Gliederung etwas anders: hier gaben Land- und Forstwirtschaft nur für 1 % der überwiegend Erwerbstätigen den Unterhalt, die übrigen Wirtschaftsbereiche dagegen 40 %. Von der Wohnbevölkerung machten die überwiegend von Erwerbstätigkeit Lebenden 42 % aus; 21 % lebten hauptsächlich von Rente, Pension, Vermögen oder Arbeitslosengeld, und 37 % wurden von Eltern, Ehegatten usw. unterhalten. Schon zwischen 1961 und 1970 hat sich durch die Verminderung der landwirtschaflichen Betriebe auch der Anteil der Selbständigen und der mithelfenden Familienangehörigen von zusammen 50 % der Erwerbstätigen auf 30 % verringert, während der Anteil der Abhängigen von 50 % auf 70 % gestiegen ist. Bis 1987 nahm der Anteil der Selbständigen und Mithelfenden auf 11 % weiter ab; Beamte, Soldaten, Angestellte machten 54 % und Arbeiter 46 % der Erwerbstätigen aus. Aber 1010 Personen (34 % der Erwerbstätigen) pendelten 1987 aus der heutigen Gemeinde aus, meist nach Walldürn, Buchen und Tauberbischofsheim.

Politisches Leben

Die Revolution von 1848 fand auch in Hardheim Widerhall, da die Bauern gegenüber der Standesherrschaft, dem Fürsten von Leiningen, wegen der hohen Feudallasten verbittert waren. Obgleich ein Teil der Hardheimer Bürger Schutzwachen aufgestellt hatten, plünderten am 10. März 1848 Bauern aus Hardheim, Bretzingen, Schweinberg und Höpfingen den Zehntspeicher in Hardheim, stürmten das Rentamt und verbrannten die Akten und Bücher. Danach wurde in Hardheim eine Kompanie Soldaten einquartiert.

In der Folge bestimmte der politische Katholizismus unter Führung der Geistlichen das politische Leben in den Dörfern. In den 1890er Jahren nahm auch der gleichfalls unter geistlicher Leitung gegründete Bauernverein Einfluß. Bretzingen und Schweinberg waren kleine Zentren der ultramontanen Richtung. Bei den *Reichstagswahlen* erhielten die Zentrumsmänner in der gesamten heutigen Gemeinde meist mehr als 80–90 % der gültigen Stimmen. Nur in Erfeld wählten 1868 (Zollparlament) und bei der Reichstagswahl 1871 große Teile (38 bzw. 42 %) nationalliberal. Danach setzte sich auch hier zunehmend das Zentrum durch. Sozialdemokraten wurden erst 1912 in Hardheim, Bretzingen und Schweinberg von wenigen Wählern gewählt.

Auch zwischen 1918 und 1933 blieb das Zentrum beherrschende Partei, wenngleich zeitweise die SPD in Hardheim Stimmenanteile bis 9 % erhielt und 1928 die Christlich-Nationale Bauernpartei in Bretzingen, Erfeld und Gerichtstetten mit 12–24 % der gültigen Stimmen gewählt wurde. Am 6.11.1932 stimmten in Bretzingen, Dornberg, Hardheim und Schweinberg 10 – 20 % der Wähler für die NSDAP. Das Zentrum sammelte noch immer – außer in Hardheim, wo die Kommunisten 11 % der Stimmen erhielten – zwischen 79 und 91 % aller Stimmen auf sich.

Nach der Wahl zum 1. *Bundestag*, bei der viele Neubürger die Notgemeinschaft gewählt hatten und die CDU nur 56 % der gültigen Zweitstimmen erhalten hatte, trat sie das Erbe des Zentrums an. Ihr Stimmenanteil blieb in der gesamten heutigen Gemeinde nahezu konstant zwischen 72 und 80 %. Am höchsten lag er meist in Erfeld, Gerichtstetten, Rütschdorf und Vollmersdorf. Die SPD blieb selbst in Hardheim bedeutungslos. Ihr bestes Ergebnis hatte sie 1970 mit 23 % der gültigen Zweitstimmen. Sowohl CDU als auch SPD besitzen in Hardheim örtliche Zusammenschlüsse. Die 1946 von der CDU gegründeten Ortsverbände schlossen sich 1974 zum Gemeindeverband Hardheim zusammen. Er hat heute 130 Mitglieder.

Wirtschaft und Verkehr

Land- und Forstwirtschaft. – Die *Landwirtschaftsfläche* bestand während des 19. Jh. zu mehr als vier Fünfteln aus Ackerland. Die wenigen Wiesen waren meist zu trocken oder zu naß. Gemeinschaftliche Be- und Entwässerungsanlagen wurden zwar immer wieder diskutiert, aber nur in Hardheim und Bretzingen um 1895 eingerichtet. Den Wiesenertrag versuchte man durch Kalken zu verbessern. Später, als sich die künstliche Düngung durchsetzte, wichen die Bauern auf Futter-, besonders auf Kleeanbau auf den Äckern aus. Künstliche Düngung erleichterte in den ersten Jahren des 20. Jh. auch den vermehrten Anbau der Brache, von der ein Teil schon um 1850 angebaut war. In Dornberg z. B. standen 1858, in Rütschdorf und in Vollmersdorf 1860 auf einem Drittel der Flur Dinkel, Korn (= Roggen) und Weizen, auf einem Drittel Hafer und Futtergewächse (u.a. Kartoffeln, Klee, Wicken); das letzte Drittel lag teils brach, teils war es mit Raps, Lein und Hanf angepflanzt. Ähnlich war die Fruchtfolge in Schweinberg. Flurzwang war örtlich infolge fehlender Feldwege und, ausgenommen Rütschdorf, extremer Parzellierung bis zu den modernen Flurbereinigungen notwendig. Aus den gleichen Gründen setzten sich auch Maschinen sehr langsam durch. Einzig die Rütschdorfer Bauern konnten die mangelnden Arbeitskräfte seit 1905/10 durch Maschinen ersetzen.

Bis in die 1930er Jahre diente etwa die halbe Ackerfläche dem *Getreideanbau*. Hauptverkaufsfrucht war, vor allem in den Jahrzehnten um 1900, der Hafer. Verkauft wurde er teils an Händler, die ins Dorf kamen, meist aber nach Miltenberg, Eubigheim (Bahnstation und Lagerhaus), nach 1900 auch über Höpfinger Händler an die Militärverwaltung, nach der Gründung des Hardheimer Lagerhauses 1910 fast ausschließlich dorthin. Dinkel (Spelz) wurde außer in Vollmersdorf und Rütschdorf großenteils zur Grünkernbereitung angebaut, die eines ihrer Zentren in Hardheim hatte. Manche größeren Bauern hatten Lieferverträge mit Nahrungsmittelfabriken in Heilbronn, Hardheim und Merchingen abgeschlossen. Sonst kauften Händler aus Walldürn und Hardheim den Grünkern auf. Der Absatz ging zeitweise bis Amerika. Absatzgenossenschaften setzten sich nie durch. Seit Beginn des 20. Jh. ging die Grünkernproduktion langsam zurück. Heute produzieren noch einige größere Landwirte in Gerichtstetten Grünkern und verkaufen ihn über das Lagerhaus Eubigheim. Auch die letzte Hardheimer Mahlmühle, die Steinemühle, hat die Grünkernerzeugung jetzt wieder aufgenommen.

An *Handelsfrüchten* wurden Ende des 19. Jh. nur Raps und noch wenig Hanf und Flachs angebaut, weil die Nachfrage aus dem Maingebiet nachgelassen hatte. Nach 1930 ging der Getreideanbau zugunsten des Ackerfutters auf 40 % der Ackerfläche im Jahr 1949 zurück, stieg dann jedoch kräftig wieder an auf 57 % im Jahr 1971 und 68 % im Jahr 1987. Trotz Einschränkung der Gesamtackerfläche dehnte sich die Getreidefläche aus. Allerdings war 1987 Gerste die Hauptfrucht auf mehr als der halben Getreidefläche. Mit Abstand folgte Weizen. Hafer wird nur noch wenig angebaut. Von den Ackerfutterpflanzen nimmt Silomais jetzt die größten Flächen ein. Der Hackfruchtanbau ist bedeutungslos. Verkauft werden die landwirtschaftlichen Produkte heute über die Zentralgenossenschaft in Hardheim und eine Getreidehandlung, die sich aus der stillgelegten Bretzinger Mühle entwickelt hat.

Der *Obstbau*, vom Bezirksamt und vom Landwirtschaftlichen Verein immer wieder propagiert, konnte bei den wenig günstigen Boden- und Klimaverhältnissen keine wirtschaftliche Bedeutung erlangen. Das Interesse der Bauern erlahmte durch immer neue Fehlschläge. Trotzdem pflanzten sie in den meisten Orten ausreichend Mostobst für den Eigenbedarf. Obstverkäufe waren die Ausnahme. Die meisten Gemeinden

Die Gemeinde im 19. und 20. Jahrhundert 805

unterhielten zeitweise Baumschulen, die von ausgebildeten Baumwarten betreut wurden. Um 1900 legten die Gden Schweinberg, Rütschdorf und Vollmersdorf größere Obstneupflanzungen an. Am häufigsten waren Apfel-, Birn- und Zwetschgenbäume. 1929 standen auf den Gkgn Dornberg, Rütschdorf und Vollmersdorf 2571 Obstbäume, darunter 1500 Apfelbäume; 1933 zählte man in Bretzingen, Erfeld, Gerichtstetten, Hardheim und Schweinberg 41558 Obstbäume, darunter 24213 Apfelbäume. Auch nach dem 2. Weltkrieg wurde dem Obstbau wieder größeres Interesse entgegengebracht. 1950 bestand ein Obstbauverein für Vollmersdorf, Rütschdorf, Dornberg, Wettersdorf und Glashofen (Stadt Walldürn).

Weinbau wurde bis zum Ende des 19. Jh. in Bretzingen, Hardheim und Schweinberg betrieben. 1808 bestanden hier 130, 146 und 215 M Rebland. Erst die Blattfallkrankheit, die Ende der 1880er Jahre die schlecht gepflegten und wenig widerstandsfähigen Reben anfiel, setzten dem Weinbau, dem schon vorher kaum noch Aufmerksamkeit gegolten hatte, ein Ende. 1888/90 standen Reben in Bretzingen noch auf 150 M (54 ha), in Hardheim auf 126 ha und in Schweinberg auf 54 ha. In Schweinberg wurde ausschließlich Rotwein erzeugt. Bis 1914 waren fast alle Reben ausgestockt. Als Nachfolgekultur konnten sich Beerensträucher nicht durchsetzen. In Bretzingen säte man die ehemaligen Rebhänge mit Klee ein, in Hardheim blieben sie ungenutzt liegen, und in Schweinberg war 1914 Aufforstung vorgesehen.

Zu einer wesentlichen Einnahmequelle entwickelte sich die *Viehhaltung*. In der 1. H. 19. Jh. vergrößerte sich der Rinderbestand auf mehr als das Doppelte (zwischen 1808 und 1855 von 1448 auf 3251 Tiere). Dabei stand fast durchweg die Ochsen- und Rindermast vor der Zucht und der Milchviehhaltung, zumal beidem die Arbeitsbelastung der Tiere im Weg stand. Auch wurde auf Qualität weniger Wert gelegt als auf Menge. Abgesetzt wurden die Tiere nicht nur über die örtlichen Händler, speziell die jüdischen Viehhändler aus Hardheim und Eubigheim, sondern auch über auswärtige Händler, die zum Teil von weit her kamen. Viel Vieh ging in die Städte Wertheim, Miltenberg, Amorbach, Aschaffenburg, Hanau, Mannheim und Heidelberg, aber auch nach Thüringen und Jungvieh besonders nach Norddeutschland.

Nur in Schweinberg waren die Farren (bis 1890) Privateigentum, sonst Gemeindebesitz. In Dornberg (bis 1870), Rütschdorf (bis 1874) und Vollmersdorf (bis ca. 1899) wurden sie in zweijährigem Turnus bei den Gemeindebürgern umgehalten, danach wie in den anderen Dörfern gegen Entgelt in Pflege gegeben. In Eigenregie übernahmen sie nur die Gden Gerichtstetten (1900), Bretzingen (1908), Schweinberg (um 1914). In Gerichtstetten waren jedoch 1935 die 5 Farren wieder in Pflege gegeben.

1929 eröffneten die Fleckviehzuchtgenossenschaften der Amtsbezirke Buchen und Boxberg auf Gelände des Neidelsbacher Hofs, das sie der Gde Gerichtstetten abgekauft hatten, eine Jungviehweide mit 20 Tieren. Allerdings war seit 1913 der Rinderbesitz zurückgegangen (1913: 3852 Tiere, 1930: 3365 Tiere). Knapp die Hälfte waren jetzt Milchkühe. Nach dem 2. Weltkrieg legte man vor allem wieder Wert auf die Mastviehhaltung. 1971 standen in 218 Betrieben 4432 Stück Rindvieh, darunter in 201 Betrieben nur 1481 Milchkühe. Seither ging die Konzentration auf immer weniger Betriebe weiter: 1987 hielten nur noch 128 Betriebe zusammen 3966 Stück Vieh, darunter 1191 Milchkühe in 105 Betrieben.

Pferdezucht wurde nie betrieben. Trotzdem hielten die Bauern, die es sich leisten konnten, Pferde zur Arbeit, bis sie sie später durch Landmaschinen ersetzten. Die Zahl der Pferde war von 51 im Jahr 1808 auf 270 im Jahr 1913 und 424 im Jahr 1930 gestiegen. 1961 besaßen die 810 land- und forstwirtschaftlichen Betriebe zusammen noch 347 Pferde (43 je 100 Betriebe), aber nur 217 Schlepper (27 je 100 Betriebe).

Auch bei der Schweinehaltung stand die Mast vor der Zucht, weshalb oft keine Eber eingestellt waren. Im Gegensatz zu den Rindern wurden die Schweine aber mehr für die Hausschlachtung als zum Verkauf großgezogen. Soweit sie verkauft wurden, gingen sie an Händler und Metzger der Umgebung oder auf den Eubigheimer Schweinemarkt. Besonders in der 2. H. 19. Jh. vermehrten die Bauern ihren Schweinebestand (1855: 1984 Tiere, 1913: 3166 Tiere). Auch nach dem 2. Weltkrieg wurde die Schweinemast intensiviert. 1971 hielten 326 landwirtschaftliche Betriebe zusammen 3872 Mast- und 197 Betriebe 566 Zuchtschweine. Hardheim, Erfeld, Gerichtstetten und Schweinberg waren die aktivsten Dörfer. Besonders in Schweinberg spezialisierten sich wenige Betriebe auf ausgedehnte Schweinemast und -zucht. 1987 hatte sich in der Gesamtgemeinde die Mastschweinehaltung auf 190 Betriebe mit zusammen 5524 Tieren und die Schweinezucht auf 85 Betriebe mit 1180 Zuchtsauen konzentriert.

Um die Jahrhundertwende war die Ziegenhaltung und Ziegenzucht vor allem in Hardheim, Bretzingen, Gerichtstetten und Schweinberg für viele kleine Landwirte ein wichtiger Ersatz für die Kuhhaltung. *Schäferei* wurde im 19. Jh. in allen Dörfern lebhaft betrieben, meist in Form der Bauernschäferei, die sich von Ort zu Ort nur in Einzelheiten unterschied. Jeder Bürger, in Erfeld bis 1884 nur die Gespannbesitzer, hatte das Recht, je nach Steuerkapital eine Anzahl Schafe austreiben zu lassen. Der Schäfer selbst durfte mehrere Tiere halten und erhielt außerdem Naturallohn. Nur in Gerichtstetten hatte die Gemeinde die Schäferei abgelöst und zugunsten der Gemeindekasse verpachtet. Der Pfercherlös ging in Dornberg und Rütschdorf an die Schäfereiberechtigten, sonst an die Gemeindekasse. In Vollmersdorf bestand um 1860 keine Schäferei, später war die Weideberechtigung zeitweise verpachtet, zeitweise von den Bürgern ausgeübt. Die Einnahmen wurden für Gemeindezwecke verwendet. Aufgehoben wurde die Schäferei, als sie der Intensivierung der Landwirtschaft hinderlich wurde, 1891 in Dornberg, 1903 in Erfeld, 1906 in Gerichtstetten (dort aber 1911 wieder aufgenommen), 1900 in Rütschdorf und 1919 in Vollmersdorf. 1930 hielten nur Gerichtstetten und Hardheim noch Schafherden von mehr als 300 Tieren. In Bretzingen, Gerichtstetten und Schweinberg wurde die Schäferei bis um 1960 noch ausgeübt. Heute gibt es nur in Hardheim noch einen Schäfereibetrieb. Er hat die Weide im Ortsteil Hardheim gepachtet und beweidet Hänge und Ödland, von November bis März die Wiesen, im Spätjahr die abgeernteten Felder.

Die *Größe und Anzahl der landwirtschaftlichen Betriebe* hing wesentlich von den Erbsitten ab. In Bretzingen, Gerichtstetten, Hardheim und Schweinberg (außer den Hofgütern) war Realteilung üblich und daher die Zahl der Betriebe groß, ihre Fläche klein. In Dornberg, Rütschdorf und Vollmersdorf, wo Anerbenrecht herrschte und die nichterbenden Geschwister mit wenig Geld abgefunden wurden, waren schon 1895 Kleinbetriebe unter 10 ha Fläche die Ausnahme. Hier hatten alle Bauern ihr Auskommen, während in den anderen Dörfern viele Landwirte auf zusätzlichen Verdienst angewiesen waren. Von den 21 Betrieben (aus insgesamt 919) auf heutigem Gemeindegebiet, die 1895 mehr als 20 ha Fläche bewirtschafteten, lagen nur 3 im Realteilungsgebiet (in Hardheim), alle anderen, einschließlich der 4 Schweinberger Hofgüter, wurden geschlossen vererbt. In Erfeld ging man, als sich kurz vor dem 1. Weltkrieg mehr außerlandwirtschaftliche Arbeitsplätze anboten, teilweise zur Realteilung über. In Vollmersdorf verlangten um die gleiche Zeit die nicht erbenden Geschwister einen gerechteren Ausgleich.

Bis 1925 nahm in Erfeld, Hardheim und vor allem in Gerichtstetten die LF der statistisch erfaßten landwirtschaftlichen Betriebe zu, aber nur in Hardheim vermehrten sich durch den Übergang zur Nebenerwerbslandwirtschaft auch die Betriebe, und zwar ausschließlich die Kleinbetriebe unter 10 ha Fläche. Auch in Bretzingen, Erfeld, Gerichtstetten und Schweinberg verstärkte sich die Kleinbetriebsstruktur, aber nur, weil größere Betriebe abstockten oder aufgaben. Insgesamt lagen 1925 nur noch 95 von 943 Betrieben über 10 ha Fläche (1895: 149 von 919 Betrieben).

Die Gde Gerichtstetten kaufte 1927 den 250 ha großen Neidelsbacher Hof von der Hohenlohe-Bartensteinschen Verwaltung und stieß einen Teil des Geländes an Gerichtstettener, Eubigheimer und Hohenstadter Landwirte ab. Der Rest kam, obgleich Neidelsbach seit 1973 zu Ahorn gehört, mit in den Hardheimer Gemeindebesitz und ist heute verpachtet. 1939 wurde der Helmstheimer Hof aus Löwenstein-Wertheimer Besitz an die Bad. Landsiedlung verkauft und von ihr in 3 Höfe aufgeteilt, die noch heute in Privatbesitz sind. In den Höhenorten blieben die großen Betriebe erhalten. Umgekehrt verlief die Entwicklung bis 1949. Jetzt gingen zahlreiche kleine Betriebe ein, während die größeren Betriebe häufig aufstockten. 1949 hatten schon 31 von insgesamt 809 Betrieben mehr als 20 ha LF (1925: 18 von 943 Betrieben). Seither gaben immer mehr Betriebe auf, und die übrigbleibenden saugten das freiwerdende Land auf. 1970 lag fast die Hälfte der auf 417 zusammengeschmolzenen Betriebe über 10 ha LF. 68 von ihnen bewirtschafteten mehr als 20 ha. 1987 waren nur noch 281 land- und forstwirtschaftliche Betriebe statistisch erfaßt, darunter 246 rein landwirtschaftliche Betriebe, 74 von ihnen in der Größenklasse ab 20 ha LF, 48 zwischen 10 und 20 ha. Pachtland spielt in Hardheim eine geringere Rolle als in anderen Gemeinden des Landkreises. 1979 waren 1564 ha von insgesamt 4544 ha LF gepachtet (34,4%). Die Landwirte der Höhenorte sind bestrebt, noch Land zuzupachten und weichen auf die Gemarkungen Waldstetten und Höpfingen aus.

Von den 1987 erfaßten 245 landwirtschaftlichen Privatbetrieben wurden 165 als Nebenerwerbsbetriebe geführt, 80 waren Haupterwerbsbetriebe. Für 1988 nennt die Gemeindeverwaltung noch 27 Vollerwerbsbetriebe zwischen 30 und 70 ha LF, die Milchviehhaltung/Futterbau, Schweinemast/Getreidebau oder Getreidebau/Rapsbau betreiben.

Flurzersplitterung, Gemengelage und das Fehlen ausreichender Feldwege erschwerten die Abkehr vom Flurzwang. Seit den Katastervermessungen in den 1870er Jahren propagierte das Bezirksamt *Flurbereinigungen*, aber nur die Bretzinger und nach einigem Widerstand die Dornberger Bauern konnten sich dazu entschließen. In Bretzingen schloß 1888 eine Bereinigung im Gewann Kornberg ab. Bis 1907 wurde sie über die gesamte Gemarkung ausgedehnt. Ein modernes beschleunigtes Verfahren fand dann 1974–75 über 568 ha statt. In Dornberg wurde fast die gesamte Gemarkung bis 1895 bereinigt. 1936–54 mußte abermals ein Verfahren durchgeführt werden. In Hardheim brach man 1876 das schon begonnene Verfahren wegen heftigen Widerstands der Beteiligten ab. Bis heute blieb die Flur unbereinigt. Auch die übrigen Dörfer wehrten sich gegen eine Feldbereinigung und verwiesen auf die freiwillige Anlage von Feldwegen. Trotzdem waren weiterhin Überfahrten nötig. 1933–35 führte dann Vollmersdorf ein Normalverfahren über 156 ha durch. Gleichzeitig fiel der Entschluß in Gerichtstetten. Durchgeführt wurde aber erst 1951–56 ein Zweckverfahren über 16 ha, 1966–73 ein Normalverfahren über 1324 ha und ab 1979 ein vereinfachtes Verfahren über 13 ha. Im Rahmen der Flurbereinigung wurde hier ein neues Feuchtbiotop angelegt. Rütschdorf führte 1947–53 ein Normalverfahren über 188 ha durch, Erfeld 1973–74 ein beschleunigtes Verfahren über 631 ha und Schweinberg 1971–83 ein Zweckverfahren über 1187 ha, mit dem auch die Dorferneuerung und die *Aussiedlung* landwirtschaftlicher Betriebe an den Ortsrand und in die Flur verbunden war. Nach Angaben der Gemeindeverwaltung wurden Flurbereinigungsverfahren mit der Zuteilung abgeschlossen:

1979 in Gerichtstetten, 1980 in Erfeld, 1982 in Bretzingen und 1987 in Schweinberg. Insgesamt sind aus Schweinberg 10 Betriebe ausgesiedelt, aus Hardheim seit 1956, dem Beginn der Hofackersanierung, 4 Betriebe, aus Rüdental gleichfalls 4, aus Gerichtstetten 6, aus Erfeld 2 Betriebe und aus Bretzingen 1 Betrieb.

Von wirtschaftlicher Bedeutung war immer der *Wald*. Aus den Gemeindewäldern wurden nicht nur die Bürgergaben an Holz und Wellen gereicht. Sie brachten außerdem Bareinnahmen aus Holzverkäufen in die Gemeindekassen. Um 1860 verkauften Dornberg und Rütschdorf neben Bau- und Brennholz sog. »Holländerholz« an ausländische Händler. Die Streunutzung im Wald war ein steter Streitpunkt zwischen den Bauern und der Bezirksforstei Hardheim. 1872 wehrte sich die Gde Dornberg gegen die vom Forstamt geplante Anpflanzung von Nadelholz, weil sie nicht auf die Streu aus dem Eichenwald verzichten konnte. Noch 1897 forderte Erfeld – vergeblich – Streunutzung.

In den letzten Jahrzehnten des 19. Jh. wurden zahlreiche Ödungen aufgeforstet, auch solche, denen noch 1860/70 die Möglichkeit zur Aufforstung abgesprochen worden war. Die größte Ödung, die großenteils zu Wald angelegt wurde, lag zwischen Schweinberg, Rüdental (Hardheim) und Steinfurt. Seit etwa 1860 stellte man die Gemeindewälder allmählich auf Hochwaldbetrieb mit überwiegend Fichten- und Forlenbeständen um. In den Privatwäldern hielt sich die Mittelwaldwirtschaft mit Eichen-, Buchen- und Hainbuchenbestockung noch länger. Heute nehmen in den 2053 ha Gemeindewald Fichten, Tannen und Douglasien zusammen 36 % der Fläche ein, Buchen 21 %, Kiefern 17 % und Eichen 14 %. Im Privatwald von 92 ha, der zum Hofgut Breitenau des Grafen Ballestrem gehört, stehen Fichten auf 50 %, Buchen auf 30 %, Kiefern und Lärchen auf 10 % und Eichen mit übrigem Laubholz gleichfalls auf 10 % der Fläche. Im Bauernwald dominieren die Kiefern vor den Fichten, Tannen etc. Laubwald nimmt hier nur 22 % der Fläche ein. Der Breitenauer Wald ist heute der einzige Großprivatwald auf dem Gemeindegebiet, seit der Fürst von Leiningen vor einigen Jahren seine zerstückelt liegenden Waldparzellen dem Staat verkauft hat. Gleichzeitig kaufte der Staat auch den Bauernwald auf, der nicht parzelliert war, sondern der anteilsmäßig zu den Höfen gehörte.

Handwerk und Industrie. – Das Handwerk war im würzburgischen Amt Hardheim seit dem 17./18. Jh. in 7 Zünften organisiert. Die Handwerker im ehemals kurmainzischen Erfeld gehörten bis 1862 zu den Walldürner Zünften. Für Hardheim ist um 1812 eine beachtliche Branchenvielfalt überliefert, die noch die zentrale Bedeutung des bisherigen Amtsortes spiegelt (vgl. Tab. 1). In Bretzingen zählte die leiningische Verwaltung 1803 an Handwerkern: 4 Zimmerleute, 4 Maurer, 5 Schneider, 2 Schreiner, 3 Schuster, 7 Leineweber, 2 Schmiede, 1 Wagner. In Gerichtstetten gab es 1803: 8 Schmiede, 4 Wagner, 3 Schneider, 3 Bäcker; 1806 dann: 7 Schmiede, 2 Schneider, 3 Bäcker, 2 Schreiner, 3 Zimmerleute, Weber und Müller.

Seit Beginn des 19. Jh. litt das Handwerk auch im Hardheimer Raum unter der schwindenden Kaufkraft der Bauern und später unter dem Eindringen von Industrieprodukten, setzte aber bewußt auf Qualitätsarbeit. Dafür spricht, daß bei der großen Industrieausstellung in Karlsruhe 1861 unter 17 aus dem heutigen Neckar-Odenwald-Kreis genannten Ausstellern allein 3 Hardheimer waren. Auf die Auflösung der Zünfte bei Verkündung der Gewerbefreiheit 1862 reagierten die Hardheimer Handwerker sofort und schlossen sich zu einem *Gewerbeverein* zusammen, der die Stärkung des Handwerks im Kampf gegen die industrielle, vom Hausierhandel begünstigte Konkurrenz durch bessere Ausbildung seiner Mitglieder, finanzielle Hilfen und fachliche Information zum Ziel hatte. Schon 1863 richtete er eine Gewerbeschule und eine Vorschußkasse ein. Die Gewerbeschule blieb bis 1892 unter seiner Verwaltung, die

Die Gemeinde im 19. und 20. Jahrhundert

Tabelle 1: **Das Handwerk in Hardheim 1812 und 1863**

Branche	1812	1863
Mühlenbauer (Mühlenarzt)	1	2
Uhrmacher	1	–
Weißgerber	2	
Rotgerber	10	8
Bierbrauer	2	2
Branntweinbrenner	7	–
Bäcker	10	4
Metzger	7	4
Müller	6	–
Ziegler	2	1
Dreher	1	–
Färber	2	2
Hafner	3	1
Glaser	3	3
Hutmacher	2	–
Leinweber (Weber)	15	7
Maurer	8	2
Tüncher	–	2
Hufschmiede (Schmiede)	3	2
Nagelschmiede	5	1
Messerschmiede	–	1
Säckler	2	–
Seiler	2	–
Sattler	3	2
Schlosser	2	–
Spengler	–	1
Küfer	6	2
Schneider	9	10
Schuhmacher	16	12
Kürschner	–	1
Schreiner	6	10
Wagner	4	3
Zimmerleute	6	1
Steinhauer	–	2

Quellen: 1812: Kolb, J. B.: Lexicon von dem Großherzogthum Baden. 1814.
1863: 100 Jahre Gewerbeverein Hardheim. 1963.

Vorschußkasse bis 1870. Die Liste der 86 Hardheimer Gründungsmitglieder gibt eine gute Übersicht über die Branchenstruktur um 1860, auch wenn sich wohl nicht alle ansässigen Handwerker beteiligt hatten. Außer den Hardheimer Meistern gehörten 4 Schweinberger, 2 Waldstettener und 1 Pülfringer Handwerker zu den Gründern des Gewerbevereins. Später schlossen sich auch andere Gewerbetreibende (auch Kaufleute) aus Hardheim und Umgebung an.

Neben Hardheim hatten auch Schweinberg und Gerichtstetten nennenswertes Handwerk, jedoch immer mit einer kleinen Landwirtschaft verbunden. In Schweinberg sind 1860 folgende Handwerker nachzuweisen: 3 Maurer, 3 Zimmerleute, 3 Schmiede, 4 Wagner, 2 Küfer, 3 Schreiner, 4 Weber, 2 Schneider, 2 Schuhmacher, 3 Metzger. Die

Betriebszählung von 1895 nennt für Hardheim 145 Hauptbetriebe mit 294 Beschäftigten im Produzierenden Gewerbe, im übrigen heutigen Gemeindegebiet 81 Betriebe mit 130 Beschäftigten. Weder Rütschdorf noch Vollmersdorf hatten jedoch handwerkliche Hauptbetriebe und Dornberg nur 1 im Bekleidungsgewerbe. Stärkste Branchen waren noch immer das Bekleidungs- und das Nahrungsmittelhandwerk. Aber nur in Hardheim gab es Mehrpersonenbetriebe. In den 5 Hardheimer Steinbrüchen arbeiteten 55, in den 10 Betrieben des Maschinen- und Apparatebaus (einschl. Schlosserei und Wagnerei) arbeiteten 30 Personen. Nicht erfaßt sind die zahlreichen im Nebenberuf arbeitenden Handwerker.

Die Gemeindestatistik von 1925 gibt für Hardheim nur 45 selbständige Handwerksmeister an, 5 für Gerichtstetten und 3 für Schweinberg. 1950 dagegen wurden in Hardheim 98 Arbeitsstätten mit Schwerpunkt im Handwerk statistisch erfaßt. Sie beschäftigten zusammen 534 Personen. Gerichtstetten zählte 37 Betriebe mit 82 Beschäftigten, Schweinberg 27 Betriebe mit 41 Beschäftigten. Insgesamt wurden im heutigen Gemeindegebiet 189 Arbeitsstätten mit Schwerpunkt im Handwerk mit 709 Beschäftigten erfaßt. Größere Betriebe gab es nur in Hardheim (im Mittel 5,5 Besch. je Betrieb), in den übrigen Dörfern handelte es sich um Kleinbetriebe von durchschnittlich 2 Arbeitskräften. Die *Handwerkszählung* von 1968 gab für die heutige Gemeinde noch 112 Betriebe mit 457 Beschäftigten, diejenige von 1977 nur 89 Betriebe, aber mit 605 Beschäftigten, an. Stärkste Branchen waren jetzt das Holzgewerbe mit 175 Beschäftigten in 22 Betrieben, und das Metallgewerbe mit 227 Beschäftigten in 10 Betrieben. Über das Handwerk nach dem Stand von 1988 gibt die nach Angaben der Gemeindeverwaltung zusammengestellte Tab. 2 Auskunft.

Zum Produzierenden Gewerbe zählen außerdem 1 Sägewerk, 1 Zerlegungsbetrieb von geschlachteten Tieren und je 1 Betrieb der Draht- und Kunststoffverarbeitung, der Industrie-Lagertechnik, der Herstellung von Damenoberbekleidung, von Produktionsteilen für die Uhrenfabrikation, von Hobby- und Modellbauartikeln, von künstlichen Früchten, Weihnachtsschmuck etc. Im Nebenerwerb arbeiten 1 weiterer Kfz-Mechaniker und in Schweinberg 1 Getreidemahl- und -mischanlage.

Zwei Hardheimer Bauunternehmen beschäftigten mehr als 20 Arbeitskräfte: das *Bauunternehmen Bernhard GmbH & Co.KG*, das schon seit 1919 besteht und von 2 auf 22 Mitarbeiter angewachsen ist, mit einem Jahresumsatz (1987) von knapp 2 Mio DM, und die Firma *Hollerbach Bau GmbH*, 1978 mit 5 Kräften gegründet, die 1987 mit der Erstellung schlüsselfertiger Wohnhäuser 8,5 Mio DM Umsatz machte und 28 Arbeitskräfte beschäftigt.

Auf eine mehr als hundertjährige Tradition blickt in Hardheim der Orgelbau zurück. Schon 1880 hatte der vorher in Waldstetten ansässige Orgelbauer Ignaz Dörr seine Werkstatt in Hardheim. Auf sein Unternehmen geht die *Orgelbau Vleugels GmbH* zurück, die seit 1967 unter diesem Namen firmiert und Orgeln baut und restauriert. 1968 eröffnete sie ein zweites Unternehmen, »*Vleugels-Tonträger*«, das selten aufgeführte Werke der Kammermusik auf Schallplatten, Musikkassetten und Compact-Discs aufnimmt. Bei einer Steigerung gegenüber 1986 erzielte das Unternehmen, das 25 Arbeitskräfte beschäftigt, 1987 2,4 Mio DM Umsatz.

In Schweinberg ging aus der 1962 eingerichteten Fenster- und Türschreinerei von Helmut Göbes die *Göbes GmbH* hervor, die sich seit 1967 auf den Bau von Türelementen und den Innenausbau spezialisiert hat. Die Firma beschäftigt 35 Arbeitskräfte und erzielte 1987 ca. 5 Mio DM Umsatz. Mit 9 Beschäftigten kann auch die *Schreinerei Weidinger* in Schweinberg, die hauptsächlich Innen- und Ladenausbau betreibt, zu den größeren Handwerksbetrieben gerechnet werden.

Tabelle 2: **Das Handwerk 1988**

Branchengliederung nach der Handwerksordnung	insgesamt	Hardheim	Bretzingen	Erfeld	Gerichtstetten	Schweinberg
Bau- und Ausbaugewerbe						
Bauunternehmen	5	3	–	1	1	–
Zimmerer	4	1	–	1	–	2
Steinmetz/Steinbildhauer	1	1	–	–	–	–
Maler	3	1	–	–	1	1
Maler und Gipser	4	3	1	–	–	–
Schornsteinfeger	2	1	–	1	–	–
Metallgewerbe						
Schmiede und Landmaschinenreparatur	2	2	–	–	–	–
Schmied und Bauschlosser	1	–	–	–	–	1
Bauschlosser	2	2	–	–	–	–
Mechaniker	1	1	–	–	–	–
Kfz-Mechaniker	9	6	1	1	1	–
Landmaschinenmechaniker	2	2	–	–	–	–
Gas-/Wasserinstallateur	1	1	–	–	–	–
Zentralheizungs- und Lüftungsbauer	1	1	–	–	–	–
Elektroinstallateure	4	4	–	–	–	–
Elektro-/Sanitärinstallateur	1	–	–	–	1	–
Radio-/Fernsehtechniker	1	1	–	–	–	–
Uhrmacher und Optiker	2	2	–	–	–	–
Holzgewerbe						
Schreiner	3	3	–	–	–	–
Wagner	1	–	–	1	–	–
Küfer	1	–	–	–	1	–
Bekleidungs-, Textil- und Ledergewerbe						
Damenschneider	1	1	–	–	–	–
Änderungsschneider	2	1	–	–	1	–
Schuhmacher	5	2	–	2	–	1
Orthopädieschuhmacher	1	1	–	–	–	–
Sattler	1	1	–	–	–	–
Nahrungsmittelgewerbe						
Bäcker (und Konditoren)	5	4	–	–	1	–
Fleischer	4	4	–	–	–	–
Hausschlachter	4	1	–	–	1	2
Müller	1	1	–	–	–	–
Moster/Brenner	4	2	1	–	–	1
Gewerbe für Gesundheits- und Körperpflege sowie chemische und Reinigungsgewerbe						
Optiker (s. a. Uhrmacher)	1	1	–	–	–	–
Zahntechniker	1	1	–	–	–	–
Friseure	6	4	1	–	–	1
Kosmetiker	3	3	–	–	–	–
Glas-, Papier-, keramische und sonstige Gewerbe						
Glaser	1	1	–	–	–	–
Fotografen	2	2	–	–	–	–
Drucker	1	1	–	–	–	–
Orgelbauer	1	1	–	–	–	–

Quelle: Gemeindeverwaltung

Aus kleinen, auf den örtlichen Rohstoffen und dem örtlichen Handwerk basierenden Anfängen heraus entwickelte sich Hardheim zu einem der bedeutenderen Industriestandorte im Kreisgebiet. Am Anfang der *industriellen Entwicklung* stand die Bausteingewinnung aus den Steinbrüchen auf Plattensandstein im Oberen Buntsandstein und auf Schaumkalk des Hauptmuschelkalks. Erst durch die zunehmende Bautätigkeit in den Städten während der »Gründerzeit« wurden die Steinbrüche zum wertvollen Besitz der Gemeinden. Noch 1866 durften die Bürger in Dornberg unentgeltlich Steine brechen, aber 1890 waren in Bretzingen, Dornberg und Hardheim die Brüche, soweit sie gutes Material lieferten, an Abbaufirmen verpachtet. In Dornberg hatte die Berliner Firma Wimmel einen, in Hardheim 2 Steinbrüche in Betrieb und beschäftigte 80 Arbeiter. 1893 kam ein dritter Steinbruch hinzu. Auch andere große und kleine Firmen hatten Brüche gepachtet. Vor dem 1. Weltkrieg arbeiteten fast 400 Personen in den Hardheimer Steinbrüchen. Die großen Blöcke wurden zunächst per Bahn von Walldürn oder Tauberbischofsheim nach Norddeutschland verfrachtet, später ab Miltenberg auf dem Wasserweg. Die kleineren Steine blieben in der Gegend. In Schweinberg, wo 1890 10 Einwohner Steinbrüche besaßen, und in Rütschdorf suchte man an diesen Erfolg anzuknüpfen, insbesondere seit durch die Bahnlinie Hardheim–Walldürn der Transport erleichtert worden war. Aber in Schweinberg blieben (1911) Grabungen nach Steinen guter Qualität erfolglos.

Den Rückschlag durch den 1. Weltkrieg konnte die Hardheimer Firma Hohmann, die die größeren Steinbrüche übernommen hatte, durch Aufbau eines neuen Absatzgebietes in Südwestdeutschland in den 1920er und 1930er Jahren wieder ausgleichen, aber vom Niedergang im 2. Weltkrieg erholte sich das Steinbruchgewerbe, abgesehen von einer kurzen Blüte um 1950, nicht mehr, da sich inzwischen der Beton als Baustoff durchgesetzt hatte.

Aus dem Schreinerhandwerk hatte sich die »Fränkische Bau- und Möbelschreinerei GmbH« entwickelt, die in den 1920er Jahren Möbel, Holzwaren, Devotionalien und profane Kunstgegenstände herstellte. 1925 trug sie den Namen »Fränkische Kunstwerkstätte Walldürn«. Neben der handwerklich betriebenen Ziegelei, die jedoch zuletzt nur noch zum Darren von Grünkern benutzt und 1926/27 aufgegeben wurde, gründete 1909 eine Gesellschaft Hardheimer Geschäftsleute die »Ton- und Ziegelwerk GmbH« zur Herstellung von Doppelfalzziegeln in einer modernen industriellen Anlage, die von Frühling bis Herbst vorwiegend mit italienischen Arbeitskräften produzierte. Trotz eines Aufschwungs durch den Eisenbahnbau löste sich die Gesellschaft 1914 auf. Die Gebäude dienten als Lagerhalle, bis sich dort 1917 die »Fränkische Nährmittel AG« einrichtete. Sie war unter Leitung der Zentrale der landwirtschaftlichen Lagerhäuser in Tauberbischofsheim von Gustav Hopf in Hardheim gegründet worden. Später trug sie den Namen »Fränkische Nährmittelfabriken Hardheim-Kitzingen AG«. Außer Grünkernerzeugnissen stellte sie Haferprodukte, Eierteigwaren und Malzkaffee her. 1958 ging die Fabrik an die Gde Hardheim über und wurde 1959 an die Firma Josef op te Roodt aus Hannover verkauft.

Aus dem Mühlenbauhandwerk, das in Hardheim eine lange Tradition besaß, gingen 2 der heute größten Industriebetriebe Hardheims hervor. Weltgeltung hat die *Maschinenfabrik Gustav Eirich*, die 1863 noch als Mühlenbauwerkstatt gegründet und allmählich auf die Fabrikation von landwirtschaftlichen Maschinen, speziellen Feinwalzwerken für Ziegeleien und von Antriebsmaschinen umgestellt wurde. 1883 kaufte Eirich die Mittelmühle an der Erfa und richtete dort u.a. ein Sägewerk ein. Daraus ergab sich die Entwicklung und Fabrikation von neuartigen Sägewerksmaschinen. Um 1900 bestand die Firma aus der kleinen Maschinenfabrik mit 20–30 Beschäftigten, dem Sägewerk mit

3 Beschäftigten, einer Schreinerwerkstatt und einer kleinen Landwirtschaft mit je 1 Arbeiter. 1905 errichteten die Firmeninhaber ein kleines Elektrizitätswerk für die Eigenversorgung, 1907 erweiterten sie es für das ganze Dorf. Bald danach nahm die Firma die Entwicklung und Produktion von Zementmischern auf und hatte großen Erfolg mit der Erfindung eines Universalmischers, der in allen Industriestaaten patentiert wurde. Weitere Erfindungen folgten, und der Betrieb wuchs bis zur Unterbrechung durch den 1. Weltkrieg. Erst 1922 konnte mit dem Neuaufbau begonnen werden. 1924 erschloß sich die Firma durch die Entwicklung ihres Gegenstrom-Schnellmischers neue Kunden in der Kunststein-, Glas- und keramischen Industrie. In der schwierigen Situation nach dem 2. Weltkrieg stellte das Unternehmen vorübergehend Betonhohlblocksteine und Dachsteine her, bis die Maschinenproduktion wieder anlaufen konnte. Jetzt erst wurde das Sägewerk stillgelegt. Den Verlust der Vorkriegspatente glichen allmählich Neuentwicklungen aus. Heute umfaßt das Herstellungsprogramm Maschinen zum Mischen, Pelletieren, Zerkleinern, Dosieren, den Anlagenbau mit eigenen Wiege- und Steuerungssystemen, Meß- und Regeltechnik. Eirich-Maschinen werden in mehr als 300 Anwendungsgebieten u.a. in der Baustoffindustrie, in Gießereien, in der Keramik- und Glasindustrie, der chemischen Industrie, der Metallurgie und im Umweltschutz eingesetzt. Das Unternehmen ist noch in Familienbesitz, hat jedoch mehrere selbständige Gesellschaften im Ausland. 1987 übernahm es mehrheitlich die Mannheimer Draiswerke. 1988 eröffnete es in Hardheim ein neues Technikum. Auch als Arbeitgeber besitzt die Firma, die auf ihrem 7 ha großen Werksgelände hier seit Jahren konstant etwa 540 Personen beschäftigt, große Bedeutung für Hardheim und das Umland. Der Umsatz der Firma belief sich 1987 bei steigender Tendenz auf rund 80 Mio DM. Davon stammten 70–80 % aus Auslandsaufträgen. Filialen unterhält das Unternehmen in Österreich, Kanada, Brasilien und Japan. Insgesamt beschäftigt es um 1100 Personen.

Der gleichen Familie und dem gleichen Handwerk entstammt die *Maschinenfabrik Adolf & Albrecht Eirich*. Sie ging aus einem 1850 gegründeten Mühlenbaubetrieb hervor und fertigte seit 1912 unter der Firma Adolf & Julius Eirich OHG von ihr neuentwickelte Müllereimaschinen. In den 1930er Jahren baute sie die Betriebsanlagen aus und erhöhte die Kapazität, stellte aber gleichzeitig vom Mühlenbau auf die Herstellung mechanischer Förderanlagen für Getreide und Schüttgut um. Inzwischen baut das Unternehmen, das 1964 in eine KG umgewandelt wurde, weitere Maschinen für die Getreidelagerung und -verarbeitung wie Getreidereinigungsmaschinen, Waagen, Trockner, Entstaubungsanlagen etc. Beliefert werden landwirtschaftliche Genossenschaften, Getreidehändler, Mälzereien, Kraftfutterwerke in der Bundesrepublik und im Ausland. Bei A.&A. Eirich arbeiten, gleichfalls seit Jahren fast unverändert, 140 Personen. 1987 betrug der Umsatz 17 Mio DM.

Die seit 1959 in Hardheim ansässige Firma *Josef op te Roodt* (s.o.) war an ihrem früheren Firmensitz in Hannover der erste Verarbeiter von Polyesterschaum in Deutschland und stellte Kissen und Polster für Freizeitmöbel sowie Produkte für Haushalt und Auto her. In Hardheim nahm sie zusätzlich die Verwendung von Polyätherschaum auf und gliederte eine Kunststoffverarbeitungsabteilung an, die sie jedoch 1976 verkaufte. 1975 wurde, gleichzeitig mit einer baulichen Vergrößerung, die Firma in die *ORO-Werk GmbH & Co.KG* umgewandelt. Sie beschäftigt 80–90 Arbeitskräfte.

1973 gründete Horst J. Feist in Hardheim die Firma *Feist-Incon Verfahrenstechnik für Chemie und Umweltschutz GmbH & Co. KG.* mit zunächst 3, heute 54 Beschäftigten. Die Firma, die eine Filiale in Atlanta (USA) betreibt, stellt Industrieanlagen ausschließlich für das Ausland her.

Ein weiterer Industriebetrieb kam 1986 nach Hardheim: die 1906 in Thüringen gegründete und 1947 nach Offenbach, 1948 nach Obernburg/Main, 1954 nach Buchen umgesiedelte Firma Wilhelm Reum, seit 1948 *Carl Reum*. Sie produzierte ursprünglich Bügel für Geldbörsen und Handtaschen, stellte aber 1954 die Produktion auf Zierleisten, -rahmen, Blenden etc. für die Radio- und Fernsehindustrie um. Seit 1956 baute sie eine Kunststoffspritzerei auf. Die Belegschaft wuchs von 30–40 Personen (1954) auf heute 280 Personen an. Das Werk stellt jetzt vor allem Lautsprecherabdeckungen im Metall-und Kunststoffverbund für Autos her. Allein von 1986 bis 1987 steigerte sich der Umsatz von 21 auf 30 Mio DM. Davon stammten 17% aus Auslandsaufträgen (EG und andere Nachbarländer).

Handel und Dienstleistungen. – Seit der Neuordnung des Hardheimer Marktwesens 1765/66 waren dem Amtsort 3 Jahrmärkte bewilligt: Josefs-, Laurentius- und Wendelinusmarkt. 1798 kam der Jakobi-(Mai)markt hinzu. Im Gegensatz zu den 3 Schweinberger Märkten überstanden die Hardheimer Märkte zwar die Wirren der napoleonischen Kriege, nahmen aber im Laufe des 19. Jh. an Bedeutung ab. 1890 hatten nur der Josefs- und der Wendelinusmarkt noch Zulauf. Offiziell aufgehoben wurden die beiden anderen jedoch erst 1958. Seit 1975 wird von der Gemeinde und dem Bund der Selbständigen Anfang Juni ein Sommerfest als Markt veranstaltet, und seit 1980 findet am 1. Advent ein Weihnachtsmarkt statt, so daß Hardheim jetzt wieder 4 *Jahrmärkte* besitzt. Viehmärkte waren in der 2. H. 19. Jh. an die Krämermärkte angeschlossen, gingen aber bis 1893 ein.

Auch abgesehen von den Märkten war Hardheim schon im 19. Jh. Einkaufsort für die Nachbardörfer, litt jedoch zeitweise unter der Konkurrenz des Hausierhandels, der in der Umgebung, speziell in Walldürn, weit verbreitet war, in Hardheim selbst aber erst spät Fuß fassen konnte. Dagegen beherrschten die meist jüdischen Viehhändler aus Hardheim (1888) den »ganzen Viehhandel des Walldürner Odenwalds und eines Teils des Erfgebiets«. Auch der Grünkernhandel hatte um die Jahrhundertwende hier einen zweiten Schwerpunkt neben Walldürn.

1895 zählte man in der heutigen Gemeinde zusammen 49 Betriebe aus »Handel, Versicherung, Verkehr« mit 85 Personen, darunter in Hardheim 36 Betriebe mit 69 Personen. In den Höhenorten waren keine gemeldet. 1925 wurden in Hardheim 35 selbständige Kaufleute erfaßt, in Gerichtstetten und Schweinberg je einer. Eine Aufstellung der Gemeinde nennt für 1948 folgende (Einzel-) Handelsgeschäfte: 2 Eisenwarenläden, 1 Drogerie, 11 Kolonialwarengeschäfte, 6 Handlungen mit Lebensmitteln, Öl, Fett, Seifen usw., 4 Geschäfte (ohne Laden) für Samen und Schmieröle, 3 Manufakturwarengeschäfte und 2 Schreibwarengeschäfte. 1987 (zum Vergleich 1967) zählte die heutige Gemeinde 63 (61) *Einzelhandelsbetriebe* mit 198 (238) Beschäftigten, außerdem 13 (6) *Großhandelsbetriebe* mit 38 (20) Beschäftigten und 8 (8) Betriebe der *Handelsvermittlung* 11 (16) Beschäftigten.

Wie die nach Angaben der Gemeindeverwaltung erstellte Tab. 3 zeigt, weist Hardheim heute eine beachtliche Vielfalt im *Einzelhandel* auf. Sie wird – besonders seit Eröffnung des Geschäftszentrums Erfapark – auch von vielen Bewohnern des Umlandes genutzt. Selbstverständlich bietet häufig ein Laden Waren mehrerer Branchen an. Oft sind auch Ladengeschäfte mit Handwerksbetrieben verbunden, z. B. in der Elektro- und Kraftfahrzeugbranche. Auch das ORO-Werk unterhält eine Ausstellungs- und Verkaufsstelle für seine Erzeugnisse.

Im *Großhandel* ist 1 Elektrobedarfsgeschäft bedeutend, *Handelsvertreter* gibt es für Landmaschinen (bei Reparaturbetrieb), Isolierglas, Blitzschutz, Einrichtungsgegenstände/Lederwaren/Textilien, Lederwaren/Kosmetik, Textilien.

Die Gemeinde im 19. und 20. Jahrhundert

Tabelle 3: **Einzelhandel 1988**

Branchen	ins-gesamt	Hard-heim	Bret-zingen	Dorn-berg	Erfeld	Gericht-stetten	Schwein-berg
Waren aller Art	2	2	–	–	–	–	–
Lebensmittel	11	8	–	1	2	–	–
Obst/Gemüse/Blumen	3	3	–	–	–	–	–
Getränke/Flaschenbier/Wein	21	13	1	1	2	2	2
Suppen/Kaffee (NE)	1	–	–	1	–	–	–
Fleischwaren	2	1	–	–	–	1	–
Mehl	1	1	–	–	–	–	–
Getreide/Mehl/Futtermittel	2	1	1	–	–	–	–
Drogerie/Kosmetik	3	2	1	–	–	–	–
Kleidung/Textilien/Kurzwaren	8	8	–	–	–	–	–
Schuhwaren (mit Reparatur)	2	2	–	–	–	–	–
Lederwaren/Kosmetik	1	1	–	–	–	–	–
Haushalt- und Eisenwaren usw.	2	2	–	–	–	–	–
Elektroartikel mit Installation	4	3	–	–	1	–	–
Einrichtung/Möbel usw.	3	3	–	–	–	–	–
Farben/Tapeten	1	1	–	–	–	–	–
Fotohandel	2	2	–	–	–	–	–
Türstudio	1	1	–	–	–	–	–
Musikalien/Hifi-Zubehör	1	1	–	–	–	–	–
Videothek	1	1	–	–	–	–	–
Zeitschriften/Tabakwaren/Schreib- und Büroartikel	5	4	–	–	–	1	–
Kunstgegenstände	1	1	–	–	–	–	–
Geschenkartikel	1	1	–	–	–	–	–
Freizeitartikel	1	1	–	–	–	–	–
Kerzen/Wachswaren	1	1	–	–	–	–	–
Kraftfahrzeuge (mit Reparatur)	2	2	–	–	–	–	–
Reifenhandlung	1	1	–	–	–	–	–
Tankstellen/Brennstoffe	3	3	–	–	–	–	–
Fahrräder/Gartengeräte	1	1	–	–	–	–	–
Tiertränkeanlagen	1	–	–	–	–	1	–
Baustoffe/Ziegel	2	1	1	–	–	–	–
Schulwandtafeln (mit Reparatur)	1	1	–	–	–	–	–
Präparierte Tiere	1	1	–	–	–	–	–
Viehhändler	1	–	–	–	1	–	–
Geflügel	2	1	–	1	–	–	–
Versandhausagenturen	4	4	–	–	–	–	–

Quelle: Gemeindeverwaltung Hardheim

Auch die Besetzung der *freien Berufe* und des *privaten Dienstleistungsgewerbes* unterstreicht die Bedeutung Hardheims als Unterzentrum. 1988 waren bei der Gemeindeverwaltung folgende Betriebe gemeldet: in Hardheim 1 Omnibusunternehmen und 2 Autovermietungen (1 bei Kfz-Handel), 1 Vermietung von Reisemobilen und Wohnwagen in Bretzingen, 3 Fahrschulen in Hardheim, davon 2 bei Kfz-Firmen, je 1 Fuhr- und Transportunternehmen in Hardheim, Bretzingen, Dornberg und Schweinberg (bei Baustoffhandel bzw. Bauunternehmen), in Schweinberg 1 Firma für Erdarbeiten, in Bretzingen 1 Prüfer von Luftfahrgeräten, in Hardheim 2, in Schweinberg 1 Vermessungs- und Planungsbüro, in Hardheim 2 Bauleitungsbüros, 1 Reiseveranstalter, 1 Bestattungsinstitut, 3 Immobilienmakler, 2 Vermögensberater und -verwalter, 1 Unternehmensberater, 2 Steuerbevollmächtigte, 3 Versicherungsagenturen, 2 weitere in Schweinberg und 1 in Bretzingen, 4 Betriebe, die Büroarbeiten, EDV-Organisation usw. übernehmen, 1 Disco-Musikpromotion, 1 Kino, 1 Spielsalon, 4 Waren- und Spielautomatenaufsteller und 2 Annahmestellen für Reinigung bzw. Änderungsschneiderei.

An *Gastwirtschaften* zu realem Recht sind 1842 aufgeführt: »Krone«, »Grüner Baum« (nachmals »Badischer Hof«), »Ochsen«, »Sonne«, »Rose«, »Adler« und »Weißes Roß«. Außerdem gab es 4 Straußwirtschaften (Schenk- und Speisewirtschaften) und 3 Bier- und Branntweinwirtschaften zu persönlichem Recht sowie 1 Wirtschaft in Steinfurt. 1858 waren 3 Gartenwirtschaften konzessioniert. In Breitenau wurde 1865 eine Restauration für die landwirtschaftlichen Arbeiter bewilligt. Die Gaststätte bestand bis 1956. Der »Deutsche Hof« in Hardheim erhielt 1872 die Konzession. Von diesen älteren Gastwirtschaften bestehen heute nur noch »Badischer Hof« und »Deutscher Hof«. Nachdem 1927 die Wohlfahrtsmühle abbrannte, richtete der Besitzer an ihrer Stelle ein kleines Ausflugslokal ein. Heute ist die Wohlfahrtsmühle eine bekannte Gaststätte mit Fremdenpension. Fremdenbetten haben auch der »Badische Hof«, der 1982 eröffnete Gasthof »Doggenbrunnen«, das »Erfatal« und in Rüdental die »Wanderlust«. Außer den genannten Betrieben zählt Hardheim 1988: 9 Gaststätten, 4 (Eis-) Cafés, 1 Schnellgaststätte, 1 Stehausschank, 1 Tanz- und Unterhaltungszentrum und 1 bewirtschaftetes Clubheim. In Bretzingen sind »Adler« und »Roß« traditionsreiche Gasthäuser, in Schweinberg »Roß« und »Grüner Baum«, in Gerichtstetten der »Ochsen«. Neuere Häuser sind das Hotel »Sonnenhügel« in Bretzingen, die »Kirchbergklause« in Erfeld und die »Odenwaldschänke« in Dornberg. Bewirtschaftet werden auch das Sportheim in Gerichtstetten und das Vollmersdorfer Schützenhaus.

Fremdenverkehr hat in Hardheim wenig Bedeutung, aber die Gemeinde bemüht sich um seine Förderung. Sie ist Mitglied im Fremdenverkehrsverband. Erfolge zeichnen sich durch Zunahme von Kurzurlaubsaufenthalten ab, auch bedingt durch das Angebot von »Wandern ohne Gepäck«. 1987 wurden 4937 Anmeldungen und 13569 Übernachtungen registriert. Das ergibt eine mittlere Aufenthaltsdauer von 2,8 Tagen.

Das erste *Kreditinstitut* in Hardheim war die 1867 eingerichtete Leihkasse des Gewerbevereins. 2 Jahre später wurde der Vorschußverein Hardheim gegründet, der 1870 die Leihkasse aufnahm. Ländliche Kreditkassen, die sich seit 1890 in den größeren Dörfern konstituierten, gingen später in den Volksbanken oder Sparkassen auf. Auch der Vorschußverein Hardheim benannte sich 1922 in Volksbank Hardheim um. 1924 bezog die Volksbank erstmals ein Banklokal, 1965 dann das heutige Gebäude am Marktplatz. Später schloß sie sich mit der Volksbank Walldürn zusammen. Zweigstellen befinden sich auch in Erfeld, Gerichtstetten, Rütschdorf und Schweinberg. Die 1883 gegründete Sparkasse Hardheim-Külsheim ist jetzt Hauptzweigstelle der Sparkasse Tauberbischofsheim mit Zweigstellen in Erfeld und Gerichtstetten. Auch die Volksbank Wertheim eG unterhält eine Zweigstelle in Hardheim.

Offenbar unter dem Eindruck des älteren Eubigheimer Lagerhauses gründeten Landwirte in Hardheim 1908 die Lagerhausgenossenschaft (heute *Raiffeisen-Zentralgenossenschaft*) und erbauten 1910 das Lagerhaus. Es sollte hauptsächlich dem Absatz von Hafer, untergeordnet auch dem Grünkernabsatz dienen und zog rasch die meisten Landwirte auch aus den Nachbardörfern an. Nur Gerichtstetten blieb ganz, Erfeld teilweise dem leichter erreichbaren Lagerhaus Eubigheim treu. Die schon früher, um 1895, gegründeten Grünkernabsatzgenossenschaften hatten sich in den Dörfern nicht

100 *Bretzingen von Südosten*

◁ 101 *Dornberg von Südosten*
102 *Dornberg, Ortszentrum mit Rat- und Schulhaus*
103 *Erfeld von Süden*

106 *Gerichtstetten von Süden* ▷

104 *Erfeld, barocke kath. Kirche*

105 *Gerichtstetten, alte bäuerliche Wirtschaftsbauten aus Muschelkalk-Bruchsteinmauerwerk, Fachwerk und Holz*

109 Hardheim von Südwesten

107, 108 Gerichtstetten, barocke Bildstöcke

110 Hardheim, Renaissancebau des Oberen Schlosses

111 Hardheim, Walldürner Straße mit Bergfried des Unteren Schlosses

112   Hardheim, einstige bischöflich-württembergische Zehntscheuer

113   Schweinberg, Ortszentrum und westliches Neubaugebiet

116 *Schweinberg von Osten*

117 *Schweinberg,*
Ruine des Bergfrieds

◁ 114 *Rütschdorf von Südwesten*

115 *Rütschdorf, Brunnenhof*

118 Vollmersdorf von Osten

119 Vollmersdorf,
Kapelle im Ortszentrum

Die Gemeinde im 19. und 20. Jahrhundert 817

gegen die Händler durchsetzen können. Die anderen örtlichen Ein- und Verkaufsgenossenschaften gingen in der Volksbank Walldürn auf, die sie jedoch später an die Raiffeisen-Zentralgenossenschaft weitergab.

Seit 1963 besitzt die *Bundeswehr* in Hardheim ein Großgerätedepot von inzwischen 24 ha Gesamt- und 18 000 qm gedeckter Lagerfläche. 1966 zog das Flugabwehr-Bataillon 12 in die neuerbaute Carl-Schurz-Kaserne (zunächst »Bauland-Kaserne«) ein. Nach einigen Veränderungen, Umgliederungen und baulichen Erweiterungen ist Hardheim jetzt Standort des genannten Bataillons und der 4. Kompanie des Instandsetzungsbataillons 12 mit zusammen etwa 1100 Soldaten und zivilen Mitarbeitern aus dem Dorf und seiner Umgebung. Viele Soldaten wohnen mit ihren Familien in Hardheim und sind in die Dorfgemeinschaft aufgenommen. Außerdem ist auch eine Raketenabwehrbasis (Hawk-Stellung) der *US-Armee* mit 100–150 Soldaten in Hardheim stationiert. Die amerikanischen Soldaten wohnen meist in Wertheim.

Verkehr. – Im regionalen *Straßennetz* liegt Hardheim heute im Kreuzungspunkt der Straßen in 5 Richtungen: der Bundesstraße 27 nach Buchen–Mosbach und Tauberbischofsheim–Würzburg, der Landesstraßen 508 über Steinfurt nach Wertheim, 521 erftalaufwärts über Gerichtstetten nach Eubigheim (Ahorn) und 521 über Riedern nach Miltenberg. Die erste Straße, die Hardheim an das Fernverkehrsnetz anschloß, war die 1810 vollendete Straße von Mosbach über Buchen–Walldürn–Hardheim–Tauberbischofsheim nach Würzburg. Sie wurde dann auch als Poststraße benutzt. Ein schon 1835 gefaßter Plan einer Straße von Tauberbischofsheim über Königheim–Schweinberg nach Hardheim wurde wegen Einsprüchen aus Wertheim erst 1848 ausgeführt. Jetzt nahm diese Route den Postverkehr auf. Der Bau der Eisenbahnlinie Heidelberg–Würzburg war Anlaß zum Ausbau der Erftalstraße von Hardheim nach Miltenberg, der 1865 abgeschlossen war. 1868 folgte der Ausbau der Anschlußstrecke von Hardheim zur Bahnstation Eubigheim an der 1865 eröffneten Bahnstrecke Würzburg–Mosbach. Bis zur Jahrhundertwende wurden auch die meisten Straßen zwischen den heutigen Ortsteilen korrigiert und ausgebaut, oft erst nach längeren Streitigkeiten über Nutzen und Kosten.

In neuerer Zeit gewann die Lage Hardheims im Fernverkehrsnetz bedeutend durch den Bau der 1974 eröffneten Bundesautobahn A 81 Weinsberg–Würzburg, die auf der inzwischen ausgebauten B 27 leicht erreicht wird.

Ein ähnlicher Gewinn war 1911 die lang ersehnte Eröffnung der *Eisenbahnstrecke Walldürn–Hardheim*, die auch die übrigen heutigen Ortsteile endlich besser an den Bahnverkehr anschloß. Vorher war man auf die Stationen Eubigheim und seit 1887 Walldürn angewiesen. Man hoffte jedoch vergebens auf eine Weiterführung der Bahnlinie von Hardheim nach Königheim, die den Anschluß nach Tauberbischofsheim gebracht hätte. Die Stichbahn wurde 1954 für den Personenverkehr auf Omnibusse umgestellt. Für den durch Industrie und Bundeswehr nicht unbeträchtlichen Güterverkehr fährt sie jedoch noch heute.

Eine Posthalterei (das Gasthaus »Zum Grünen Baum«, heute »Badischer Hof«) hatte Hardheim seit 1812, seit einmal wöchentlich ein Eilpostwagen zwischen Heidelberg und Würzburg über Hardheim fuhr. Im Laufe des 19. Jh. stieg der Postverkehr an, auch über zusätzliche Privatlinien. 1903 erhielt das Dorf ein Ortsfernsprechnetz. Auch die übrigen heutigen Ortsteile bekamen Anschlüsse an Telefonnetze, Dornberg zu seinem Leidwesen an das Walldürner, nicht das Hardheimer Netz. Die letzte Postkutsche fuhr 1920 von Hardheim nach Königheim. 1922 richtete die Post *Kraftpostverbindungen* mit Eubigheim, Wertheim und Königheim ein. Erst nach dem 2. Weltkrieg kamen weitere Linien hinzu, wurden aber zum Teil wieder eingestellt. Erst seit 1983 ist die Kreisstadt

Mosbach ohne Umsteigen zu erreichen. Die Omnibusstrecke Mosbach–Hardheim und zurück wird an Werktagen 6mal befahren. Häufiger fahren die Busse auf den Teilstrecken Hardheim–Walldürn–Buchen. Auch Schweinberg wird von einigen Bussen dieser Linie angefahren. Mit Walldürn ist Hardheim auch durch die Linie Walldürn–Hardheim–Gerichtstetten verbunden, an der auch Dornberg, Rütschdorf, Vollmersdorf, Bretzingen und Erfeld liegen. An Werktagen fahren 5 Busse die ganze Strecke, einige zusätzlich nur Teilstrecken. Hardheim, Schweinberg und Bretzingen liegen auch an der Buslinie Buchen–Tauberbischofsheim–Würzburg mit allerdings nur einem an Schultagen die Gesamtstrecke fahrenden Omnibus. Immerhin hat Hardheim hier zusätzliche Verbindung mit Buchen. Ähnlich ist der Nutzen der Linie Lauda–Tauberbischofsheim–Buchen für Hardheim und Schweinberg, da auch meist nur Teilstrecken gefahren werden. Die Fernlinie »Vom Rhein zum Main« der Deutschen Touring GmbH, die Hardheim und Schweinberg täglich mit Karlsruhe und Würzburg verbindet, kann als Nachfolgerin einer Linie von Hardheim nach Karlsruhe gesehen werden, die ein Hardheimer Busunternehmer nach dem 2. Weltkrieg eingerichtet hatte und die später von der Bundesbahn übernommen und weitergeführt wurde.

Verwaltungszugehörigkeit, Gemeinde und öffentliches Leben

Verwaltungszugehörigkeit. – Nach dem Anfall an Baden änderte sich die Ämtergliederung zunächst häufig. So gehörten im Juli 1807 außer Rütschdorf mit Breitenau, die zum fürstlich und gräflich löwenstein-wertheimischen Amt Bronnbach zählten, alle Orte der heutigen Gemeinde zum fürstlich leiningischen Amt Walldürn, Gerichtstetten jedoch auch zum löwenstein-wertheimischen Amt Gerichtstetten, da das Dorf zur Hälfte den Fürsten von Leiningen, zu ¼ den Fürsten von Löwenstein-Wertheim-Rosenberg und zu je ⅛ der älteren und jüngeren Linie der Fürsten von Löwenstein-Wertheim-Freudenberg gehörte. Aber schon im Dezember 1807 bildete Leiningen aus Hardheim, Bretzingen, Gerichtstetten, Schweinberg, Höpfingen und Waldstetten das Amt Hardheim, das bis 1813 bestand und dann wieder mit dem Amt Walldürn vereinigt wurde. Auch Rütschdorf kam 1813 zu diesem Amt, so daß die gesamte heutige Gemeinde unter einheitlicher Verwaltung stand, abgesehen von Helmstheim, das bis 1840 zum Amt Buchen gehörte. Von 1840 bis 1849 dann waren Rütschdorf und Breitenau Glieder des Amtes Wertheim. Die nächste Umgliederung 1872 schlug das gesamte heutige Gemeindegebiet außer Breitenau für kurze Zeit zum Amt Wertheim, bis 1874 Erfeld und Gerichtstetten zum Amt Tauberbischofsheim kamen. 1878/79 wurde das Gebiet wieder vereinigt, diesmal unter dem Amt Buchen, wo es bis zur Kreisreform 1973 blieb. In Erfeld und Schweinberg war man zunächst mit der Umgliederung unzufrieden, da nach Buchen schlechte Verkehrsverbindungen bestanden.

Auch innerhalb der heutigen Gemeinde gab es verschiedene Veränderungen: Bis 1882 gehörte Steinfurt (heute Stadt Külsheim) zur Gde Hardheim und wurde dann selbständig. 1924 wurde Breitenau, auf den Gkgn Rütschdorf, Hardheim und Hundheim gelegen, von Rütschdorf zu Hardheim umgegliedert. Im gleichen Jahr kam der Weiler Helmstheim (ohne Gewann Welschenrain) von Altheim (heute Stadt Walldürn) zu Gerichtstetten. 1927/28 wurde der Ortsteil Neidelsbach von Eubigheim losgetrennt und Gerichtstetten zugeschlagen, 1973 aber Eubigheim (jetzt Gde Ahorn) wieder zurückgegeben. Rüdental verlor 1935 seine Ortseigenschaft, so daß Hardheim aus einer zusammengesetzten eine einfache Gemeinde wurde. Dornberg, Rütschdorf und Vollmersdorf mußten sich 1935 mit Wettersdorf (heute Stadt Walldürn) vereinigen, erhiel-

Die Gemeinde im 19. und 20. Jahrhundert 819

ten aber 1945 ihre Selbständigkeit wieder. Am 1.8.1971 wurden Bretzingen und Schweinberg, am 1.12.1971 Erfeld, am 1.1.1973 Gerichtstetten, am 1.1.1975 Dornberg, Rütschdorf und Vollmersdorf zu Hardheim eingemeindet. Alle Teilorte besitzen dauerhafte Ortschaftsverfassungen. Dabei bilden Dornberg, Rütschdorf und Vollmersdorf zusammen eine Ortschaft. Die neue Gde Hardheim schloß 1975 mit der Stadt Walldürn und der Gde Höpfingen den Gemeindeverwaltungsverband Hardheim-Walldürn.

Gemeinde. – Vor den genauen Katastervermessungen, die hier zwischen 1879 und 1890 durchgeführt wurden, errechnet sich für das Jahr 1854 eine *Gesamtfläche* von 8631 ha für die heutige Gemeinde. Die größte Gemarkung von 2807 ha hatte Hardheim mit Rüdental und Steinfurt. Beide Weiler hatten eigens abgesteinte Gemarkungen, aber Hardheim übte Markeigentum und Bannrecht aus. Nur Steinfurt hatte einen Stabhalter und einen Verwaltungsrat. Zu Schweinberg (1620 ha) gehörte polizeilich der Hoffelderhof, von dem umstritten war, ob er eine eigene Gemarkung besaß. Die kleinste Gemarkung von 286 ha besaß Vollmersdorf. Nach den verschiedenen Gebietsveränderungen umfaßt das *Gemeindegebiet* nach dem Stand von 1981 insgesamt 8703 ha Fläche. Davon sind 5030 ha Landwirtschaftsfläche, 2987 ha Waldfläche und 563 ha besiedelte Fläche.

Allmendflächen besaß schon Mitte des 19.Jh. keines der 8 Dörfer, aber die Bürger hatten das Recht auf *Bürgergaben* aus den Gemeindewäldern. In Erfeld und den 3 Höhenorten, in denen der Gabholzbezug mit Auflagen an die Gemeindekasse verbunden war, ruhte das Recht auf bestimmten Häusern. Die Zahl der Berechtigten war damit begrenzt. Schweinberg setzte erst 1886 die Zahl von 160 Berechtigten fest. Der Wald bildete das bedeutendste Vermögensobjekt der Gemeinden. 1903/05 besaß Dornberg 250 ha, Erfeld 168 ha, Gerichtstetten 205 ha, Schweinberg 305 ha, Vollmersdorf 71 (76) ha Wald. Rütschdorf hatte 1950 neben 132,6 ha anderen Grundstücken 114 ha Waldbesitz. Sonst war der Besitz an Grundstücken und Gebäuden unbedeutend. Zu den Vermögenswerten sind jedoch auch Jagd-, Fischerei- und Schäfereirechte zu rechnen. Die Vermögenslage der Gemeinden war in der 2.H. 19.Jh. nicht ungünstig. Fast alle konnten Kapital in Aktien oder Staatspapieren anlegen oder auf Zins verleihen.

Zu den *gemeindeeigenen Gebäuden*, die jedoch kaum Ertrag abwarfen, gehörten Schulhäuser in allen Dörfern außer in Rütschdorf und Vollmersdorf, Armenhäuser, außer in Dornberg und seit dem Verkauf in Bretzingen 1890, Spritzenremisen, außer in Rütschdorf und Vollmersdorf. Rathäuser besaßen um die Jahrhundertwende nur Hardheim, Bretzingen, Gerichtstetten (Schul- und Rathaus) und Schweinberg.

Heute besitzt die Gemeinde 5 ha Bauland, 9 ha Gebäudefläche, 1927 ha landwirtschaftliche Fläche, zumeist verpachtet, und 1722 ha Wald, an Gebäuden die 6 Rathäuser, die Schulen in Hardheim und Gerichtstetten sowie die ehemaligen Schulen in Bretzingen, Erfeld und Schweinberg, die jetzt den Vereinen zur Verfügung stehen, außerdem 1 Doppelmiethaus und in Gerichtstetten die Lehrerwohnung.

Einnahmen erzielten die Gemeinden hauptsächlich aus dem Holzverkauf und aus Verpachtung der verschiedenen Berechtigungen. Umlagen auf das Steuerkapital der Einwohner wurden abhängig von diesen Erträgnissen und den anfallenden Ausgaben erhoben. Die finanzielle Lage der Gemeinden war, nur zeitweise mit Ausnahme von Gerichtstetten, in der 2.H. 19.Jh. und bis ins 20.Jh. hinein vergleichsweise günstig, die Haushalte waren geordnet und ausgeglichen. Da sich der Hardheimer Spitalfond an der Armenlast in Hardheim, Schweinberg und Bretzingen beteiligte, war hier auch diese Belastung nicht hoch. Die Höhenorte hatten kaum Ortsarme zu versorgen. *Ausgaben* verursachten neben der Verwaltung und der Schule die Feldbereinigungen, Reparaturen und Baumaßnahmen an Gebäuden, Straßen und Wegen, in Hardheim 1877 und 1888 und in Gerichtstetten 1897 Schul- und Rathausneubauten, Bau von Brunnen- und Wasserleitungen in Gerichtstetten 1885, Hardheim 1888, Bretzingen 1905, Vollmersdorf 1908, Verlegung und Vergrößerung der Friedhöfe in Hardheim 1876 und Dornberg 1894. Die dadurch verursachten Schulden wurden jedoch meist rasch getilgt. In Rütschdorf wurden erstmals 1883 Gemeinderechnungen aufgestellt und die Umlagen nach dem Steuerkapital berechnet. Vorher zahlten die Bürger die Gemeindekosten ohne Rechnungslegung anteilig aus der Tasche. Die Zehntablösungen waren in den 1860er Jahren, in Hardheim und Gerichtstetten bis 1875 mit der Schuldentilgung abgeschlossen.

Hardheim war um 1890 finanziell durch den Kirchenbau, Wasserleitungsbau und einen Rückgang der Waldeträge sehr angespannt. Gerichtstetten geriet 1935 durch den Ankauf des Neidelsbacher Hofes von der Hohenlohe-Bartensteinschen Verwaltung in eine schwierige Lage. Der Kaufpreis von 300 000 Mark wurde durch Darlehensaufnahmen beglichen. Nach Verkauf eines Teils des Geländes an Landwirte blieb der Gemeinde eine Restschuld von 80 000 Mark.

Gegenwärtig ist die finanzielle Situation der Gemeinde Hardheim vergleichsweise günstig. 1970 stand Hardheim hinsichtlich der *Steuerkraftsumme* von 1 462 000 DM = 286 DM/E. an 6. Stelle im Landkreis, aber 16 % unter dem Landesdurchschnitt. Der Gewerbesteueranteil betrug 48,4 %. Bis 1980 wuchs die Steuerkraftsumme kontinuierlich auf 5 588 000 DM = 908 DM/E. Hardheim nahm damit die 1. Stelle im Landkreis ein und lag als einzige Kreisgemeinde über dem Landesdurchschnitt (+ 8 %). Der Gewerbesteueranteil von 52,4 % war der zweithöchste im Landkreis nach dem von Haßmersheim. Allerdings lag Hardheim sowohl 1970 und 1980 auch mit der Prokopfverschuldung von 1028 DM und 1887 DM jeweils an 2. Stelle im Landkreis. 1984 hatte sich die Lage gegenüber 1980 etwas verschlechtert. Mit einer Steuerkraftsumme von 856 DM/E. lag Hardheim wieder an 6. Stelle im Landkreis und − 19,5 % unter dem Landesdurchschnitt. Der Gewerbesteueranteil war auf 47,7 % zurückgefallen. Der Schuldenstand von 2053 DM/E. war der höchste im Neckar-Odenwald-Kreis. 1988 sind im Vermögenshaushalt bei einer Verminderung gegenüber dem Vorjahr 4 818 900 DM ausgewiesen, im Verwaltungshaushalt nach einer leichten Erhöhung 12 566 320 DM. Die Verschuldung hat sich von 13 648 Mio DM 1987 auf 14 650 Mio DM erhöht.

Bei diesen Zahlen muß jedoch berücksichtigt werden, daß die Gemeinde seit mehr als 30 Jahren mit umfassenden Sanierungsmaßnahmen belastet ist. Sie galten zuerst der Verbesserung des innerörtlichen und des Durchgangsverkehrs, zielten dann aber auch auf die Aufwertung Hardheims als Wohn- und Einkaufsort. Von 1955 bis 1971 lief die erste Sanierungsmaßnahme »Hofacker A« in 5 Bauabschnitten mit einem Kostenaufwand für die Gemeinde von 763 380 DM. Bundeszuschüsse wurden unmittelbar an die betroffenen Einwohner gezahlt. Die Sanierung »Hofacker B und C«, die 1972 in das Bundes- und Landesprogramm aufgenommen wurde, schließt die Errichtung des Einkaufszentrums Erfapark mit ein, das 1980 eröffnet wurde. Andere Teilmaßnahmen laufen noch. An den Gesamtkosten von rund 5,75 Mio DM beteiligen sich Gemeinde, Land und Bund zu je einem Drittel.

Die Gemeindeverwaltungen setzten sich Ende des 19. Jh. aus dem ehrenamtlichen Bürgermeister und 6, in den 3 Höhenorten 3 Gemeinderäten zusammen. Nur Hardheim hatte zeitweise mit dem Bürgermeisterstellvertreter 7 Gemeinderäte. Außerdem saßen hier die Stabhalter von Rüdental und Steinfurt im Gemeinderat. Der Stabhalter des Weilers Steinfurt, der um 1880 Selbständigkeit anstrebte, war dort Vorsitzender des Verwaltungsrates mit 3 Mitgliedern.

Mit der Geschäftsführung in den Gemeinden war das Bezirksamt nicht immer zufrieden. Zum Teil warf es den Gemeinderäten und Bürgermeistern Unfähigkeit, in schlimmeren Fällen Eigennutz, Unterschlagung u. ä. vor. Gute Zeugnisse erhielten jahrzehntelang nur die Verwaltungen in Bretzingen, Rütschdorf und Vollmersdorf.

Untergebracht war die Gemeindeverwaltung in Dornberg zeitweise im Schulhaus, meist aber in der Wohnung des Bürgermeisters wie in Rütschdorf und Vollmersdorf. Ein Ratszimmer im Schulhaus besaßen auch Erfeld und Gerichtstetten, bis Gerichtstetten 1900 ein neues Schul- und Rathaus baute. Heute hat die Gemeindeverwaltung ihren Sitz im Hardheimer Schloß, das, 1807 vom bad. Staat der Gemeinde verkauft, bis 1927 die Schule beherbergte und nach dem Schulhausneubau zum Rathaus bestimmt wurde. Die Räume wurden in den letzten Jahren hervorragend restauriert. Von 1877 bis 1927 war die Verwaltung im »Alten Rathaus« untergebracht gewesen, nachdem der Vorgängerbau von 1578 baufällig geworden war.

Seit Bildung der neuen Gemeinde Hardheim hat der *Gemeinderat* außer dem Bürgermeister 19 Mitglieder. Davon sind je 2 aus Bretzingen, Gerichtstetten und Schweinberg entsandt, 1 gemeinsam aus den Höhenorten. 14 Gemeinderäte und der Bürgermeister, der sich jedoch 1974 und 1982 als freier Kandidat beworben hatte, gehören der CDU an, 2 der SPD und 3 wurden über die Freie Wähler-Union gewählt. Bei den ersten Gemeinderatswahlen 1975 waren nur Vorschläge der Wählervereinigungen und gemeinsame Vorschläge von Parteien und Wählervereinigungen eingebracht worden. 1980 und 1984 erhielt der Wahlvorschlag der CDU 70% und mehr Stimmenanteile. Der Rest verteilte sich auf Wählervereinigungen und SPD. Die Ortsvorsteher der Teilorte sind beratende Mitglieder im Gemeinderat ebenso wie ein »sachkundiger Bürger« aus Rüdental.

Die Gemeindedienste wurden im 19. Jh. meist nebenberuflich ausgeübt und schlecht bezahlt. Daher hatten die wohlhabenden Höhenorte oft keine eigenen Interessenten an den Ämtern und mußten Auswärtige einstellen. Zeitweise hatten sie gemeinsame Bedienstete. Auch das Amt des Ratsschreibers wurde oft für 2 oder 3 Gemeinden gleichzeitig ausgeübt. Bis 1883 war z. B. der Dornberger Lehrer 30 Jahre lang Ratsschreiber in Rütschdorf und Vollmersdorf. Um die Jahrhundertwende waren in den Gemeinden folgende Ämter besetzt: Ratsschreiber, Gemeinderechner, Polizeidiener (in Hardheim 3, zusätzlich 1 Ratsdiener), Waldhüter (in Hardheim 2, hier und in Erfeld noch 1 Hilfswaldhüter), Feldhüter (Hardheim 2), Obstbaumwart (außer Rütschdorf), Fleischbeschauer, Abdecker, Hebamme (in Hardheim 2), Leichenschauer, Totengräber (gemeinsam für die Höhenorte). In Dornberg, Gerichtstetten und Schweinberg werden auch je 4 Steinsetzer genannt, in Erfeld, Gerichtstetten und Hardheim 1 Brunnenmeister, in Hardheim 1 Waldmeister und 3 Waisenrichter.

Derzeit arbeiten in der *Gemeindeverwaltung* 7 Beamte, 28 Angestellte (davon 6 Teilzeitkräfte), 4 Anwärter, 1 Auszubildender, 43 Arbeiter einschließlich der Arbeiter in Bauhof und Wasserwerk (davon 16 Teilzeitkräfte). Die Verwaltung gliedert sich in die Hauptverwaltung mit Hauptamt, Standes- und Ordnungsamt, Grundbuchamt, Sozial- und Ordnungsamt, Meldeamt und den örtlichen Verwaltungsstellen, in die Kämmereiverwaltung mit Kämmerei/Personalverwaltung, Steuern/Abgaben/ Personalabrechnung und Gemeindekasse, die Bauverwaltung mit der Allgemeinen Bauverwaltung, der Ortsplanung/Liegenschaftsverwaltung, der Garten- und Friedhofsverwaltung und der Technischen Bauverwaltung. Diesen 3 Hauptabteilungen steht jeweils ein Beamter des gehobenen Dienstes vor. Hinzu kommen die Ortschaftsverwaltungen unter den jeweiligen Ortsvorstehern. Die Baurechtsbehörde, das Amt für Öffentliche Ordnung und das Hochbauamt werden vom Gemeindeverwaltungsverband in Walldürn gemeinsam wahrgenommen.

Unter den *nichtkommunalen Behörden* sind die ältesten das Postamt und die ehemalige großherzogliche Bezirksforstei, das jetzige Staatliche Forstamt, das 3 Forstreviere betreut. Seit der Gemeindereform gehört Rosenberg zum Forstbezirk Hardheim. Ein Polizeiposten ist in Hardheim stationiert. Die Bundeswehr hat hier die Außenstelle Hardheim der Standortverwaltung Külsheim.
Ver- und Entsorgungseinrichtungen. – Die 1863 mit 58 Mitgliedern gegründete *Freiwillige Feuerwehr Hardheim* galt bald als die bestorganisierte in der Gegend (1885), obwohl sie bis 1884 die alte, 1827 gebaute Handdruckspritze benutzte. Nach dem Bau der Wasserleitung schaffte sie 1888 einen Hydrantenwagen mit Zubehör an. Seither suchte sich die Wehr durch Neuanschaffungen immer dem Stand der Technik anzupassen und ist heute gut ausgerüstet. 1988 verfügt sie über 3 Löschzüge. Ein neues Gerätehaus wurde 1981 gebaut. Angeschlossen sind als *Abteilungswehren* die 1938/39 (Schweinberg erst 1947) gegründeten Freiwilligen Feuerwehren der Ortsteile. Die Zahl der aktiven Feuerwehrleute beträgt Ende 1987 in Hardheim 55, Bretzingen 41, Dornberg 14, Erfeld 27, Gerichtstetten 36, Rütschdorf 14, Schweinberg 35, Vollmersdorf 15. Vor 1938 bildeten die 3 Höhenorte einen Spritzenverband. Die Spritze stand in Dornberg.

In der *Stromversorgung* profitierte Hardheim von der Initiative der Brüder Eirich, die um 1905 für die Firma Gustav Eirich eine kleine Eigenversorgungsanlage einrichteten und sie 1907 zu einem Elektrizitätswerk ausbauten, das fast den gesamten Ort mit Strom versorgte. Während des 1. Weltkriegs stellte das E-Werk auf Strombezug über den Strombezugsverband Buchen vom Dampfkraftwerk Ellwangen um. 1920 baute Eirich aber eine weitere kleine Wasserkraftanlage »Lindenmühle«. Sie wurde erst nach 1960 aufgegeben. Um 1920 schloß sich das E-Werk an das neugegründete Überlandwerk an. 1964 wurde der letzte eigene Strom erzeugt. Seither liefert das Badenwerk den gesamten Strom, das E-Werk der Firma Eirich verteilt ihn nach wie vor an die Abnehmer. Die anderen Ortsteile sind seit etwa 1919/20 dem Badenwerk angeschlossen. Vorverhandlungen datieren bis 1911 zurück.

Neu ist für Hardheim die Versorgung mit *Erdgas*. 1986 begann die Erschließung, Ende 1987 umfaßte das Niederdruckverteilungsnetz 1,8 km mit 70 Hausanschlüssen. Der Ausbau wird von den Stadtwerken Walldürn fortgeführt.

Die *Wasserversorgung* war in Hardheim in der 2. H. 19. Jh. über die oft verunreinigten öffentlichen Brunnen unzureichend und mit hohen Kosten verbunden, bis 1888 eine Hochdruckwasserleitung gebaut und gleich mit 213 Hausanschlüssen versehen wurde. Trotzdem richtete man 1893 den Gemeindebrunnen neu her. Die Gde Bretzingen, die nur teilweise gut durch Brunnen versorgt war, baute 1898 eine Wasserleitung nur zu den 6 öffentlichen Brunnen. Außerdem gab es im Ort einige private Brunnen. In Gerichtstetten waren 1887 für einen Teil des Dorfes 2 getrennte Leitungen erstellt worden. 1893/94 wurde sie erweitert und wie die 1897 in Erfeld fertiggestellte Leitung mit Zuleitungen zu jedem Haus ausgestattet. Schwieriger war die Lage in Schweinberg, wo zeitweise Wassermangel auftrat. Die 1897 gebaute Wasserleitung, die nur im mittleren und vorderen Dorf Hausanschlüsse hatte, reichte erst, seit 1911 der Brunnen tiefergelegt wurde, aus. Auch in den Höhenorten fehlte im Sommer häufig Wasser, obgleich dort alle Bauern eigene Pumpbrunnen besaßen. Seit 1903 diskutierte man verschiedene Projekte einer gemeinsamen Wasserversorgung mit Wettersdorf, konnte sich aber aus Kostengründen erst 1920/21 zu ihrem Bau entschließen. Seit der Gemeindereform erneuert und verbessert die Gemeinde ihre Wasserversorgung unter erheblichen finanziellen Aufwendungen. Nur Hardheim und der Wasserzweckverband Rüdental-Steinfurt verfügen über ausreichende eigene Quellen. Die übrigen Ortsteile

Die Gemeinde im 19. und 20. Jahrhundert 823

einschließlich des Wasserbeschaffungsverbandes Rütschdorf-Dornberg-Vollmersdorf-Wettersdorf werden mit Bodenseewasser versorgt. In Hardheim wird das Wasser für die verschiedenen Dorfbereiche über 5 Hochdruckbehälter geleitet. Ein weiterer wird am Kreuzberg gebaut. Er soll auch das Gewerbegebiet Tieferweg versorgen. Die Förderleitung vom Pumpwerk her ist (Ende 1987) fast fertiggestellt. Der Wasserverbrauch betrug 1987 in Hardheim und Rüdental (Eigenversorgung) 207396 cbm, in den übrigen Ortsteilen (Bodenseewasser) 115566 cbm.

Kanalisationsnetze wurden erst in den 1950er Jahren verlegt. Vorher floß das Oberflächenwasser, oft mit Jauche vermischt, über die seit etwa 1860–1870 ausgepflasterten Straßenrinnen ab. Nur Hardheim baute nach 1950 eine Kläranlage. In den übrigen Orten nahm das Kanalnetz das in Hausklärangen vorgeklärte Wasser auf, abgesehen von Rütschdorf, wo es direkt in den Vorfluter fließt. 1987 nahm die *Gruppenkläranlage des Abwasserzweckverbandes Hardheim-Höpfingen* den Betrieb auf. In fast allen Ortsteilen wurden auch Regenüberlaufbecken fertiggestellt. An die Kläranlage sind bisher Hardheim, Gerichtstetten, Erfeld und Bretzingen angeschlossen. Der Anschluß von Schweinberg und Rüdental steht bevor, der der Höhenorte ist geplant. Dabei soll dort auch das Kanalnetz erneuert bzw. in Rütschdorf erst verlegt werden.

Die *Müllabfuhr* übertrug die Gemeinde einem gewerblichen Unternehmen. Hausmüll wird einmal wöchentlich, Sperrmüll einmal im Quartal abgeholt und zur Kreismülldeponie in Buchen gebracht.

Seit 1943 arbeitet auf Hardheimer Gemarkung eine *Tierkörperbeseitungsanlage* für das Gebiet mehrerer Landkreise. Da sie nicht mehr den Anforderungen entsprach, bauten das Land Baden-Württemberg und der Zweckverband Tierkörperbeseitigung Neckar-Franken in Hardheim eine neue Anlage. Sie nahm Anfang 1988 den Betrieb auf. Das Einzugsgebiet wurde erweitert und umfaßt jetzt außer dem Neckar-Odenwald-Kreis, dem Main-Tauber-Kreis und dem Landkreis Miltenberg auch die Landkreise Heilbronn, Schwäbisch Hall, Ludwigsburg, den Hohenlohe-, Rems-Murr-, Ostalbkreis sowie die Stadtkreise Stuttgart und Heilbronn. Auch das gesamte Material des Zweckverbandes Tierkörperbeseitigung Karlsruhe wird jetzt hier verarbeitet.

In der *medizinischen Versorgung* der Bevölkerung nimmt Hardheim durch sein Krankenhaus den ersten Platz unter den Landgemeinden des Neckar-Odenwald-Kreises ein. Das heutige *Akutkrankenhaus* geht letztlich auf die Spitalstiftung des Jahres 1310 zurück. In den Jahren zwischen 1799 und 1856, in denen kein Spital bestand, nachdem das alte Haus im Ried aufgegeben worden war, dienten die Stiftungsgelder zur Unterstützung der Pfründner in Bretzingen, Gerichtstetten, Pülfringen, Schweinberg und Waldstetten und der Armen in Hardheim und den übrigen ehemaligen würzburgischen Amtsorten. Ein neues, allerdings sehr unzureichendes Spital wurde 1856 aus Mitteln einer anläßlich der Vermählung Großherzogs Friedrich mit Luise von Preußen zusammengekommenen Stiftung im Marstallgebäude eingerichtet. Es bestanden jetzt die alte Spitalstiftung und die neue Krankenhausstiftung nebeneinander, bis 1898 die Gden Hardheim, Bretzingen, Gerichtstetten, Höpfingen, Schweinberg, Waldstetten einen Bezirksspitalverband gründeten, um den schon beschlossenen Neubau eines Krankenhauses zu verwirklichen. Steinfurt und Pülfringen, die dem Stiftungsrat des alten Hospitalfonds angehörten, traten erst 1947 bei. Erfeld gehörte dem Bezirksspitalfonds Boxberg an. Das neue Krankenhaus wurde 1899 fertiggestellt, die Pflege übernahmen Gengenbacher Schwestern. Es diente im 1. Weltkrieg als Lazarett und nachher zeitweise auch als Erholungsheim. 1934 erhielt es eine Entbindungsabteilung. Seit 1947 bis heute wurde das Krankenhaus durch zahlreiche Um- und

Zubauten, Aufstockungen vergrößert und durch Anschaffung neuer Geräte und Einrichtungen modernisiert. 1958 setzte die Aufsichtsbehörde die Umwandlung der Trägerschaft in einen Zweckverband »Bezirksspitalverband Hardheim, Sitz: Hardheim« durch. 1960 hob das Landratsamt Buchen die 650 Jahre alte Spitalstiftung auf. 1969 erhielt das Haus eine Abteilung für Innere Medizin, 1970 eine Bäderabteilung, 1976 eine Fachabteilung für Geburtshilfe und Gynäkologie. Seit 1973 ist das Krankenhaus in die Förderung nach dem Krankenhausfinanzierungsgesetz einbezogen. 1979 wurde der Krankenhausverband Hardheim-Walldürn mit Sitz in Hardheim gegründet, der die Krankenhäuser Hardheim und Walldürn verwaltet. Derzeit besitzt das Krankenhaus fast 100 Betten in den Fachabteilungen Chirurgie, Innere Medizin und Gynäkologie/Geburtshilfe. Das Personal umfaßt außer dem Leitenden Arzt und den Belegärzten 84 Personen, die 68 vollen Stellen entsprechen, darunter 40 Pflegekräfte (4 Ordensschwestern), 8 in der Verwaltung, 12 in Wirtschaft und Versorgung, 4 im medizinisch-technischen Dienst Beschäftigte. Auch auswärtige Ärzte halten hier Sprechstunden ab.

Hardheimer *Ärzte* und die Hardheimer Apotheke versorgten schon um die Mitte des 19. Jh. die umgebenden Dörfer mit. Nur vereinzelt wurden außerdem Ärzte aus Walldürn (Höhenorte) und Külsheim (Schweinberg) aufgesucht. Heute praktizieren in Hardheim 1 Facharzt für Chirurgie (Leiter des Krankenhauses), 1 Internist, 1 Gynäkologe, 2 Allgemeinmediziner, 2 Zahnärzte und 1 Tierarzt. Der DRK-Rettungsdienst übernimmt Krankentransporte. Zum Krankenhaus gehört ein Hubschrauberlandeplatz. 2 Apotheken stehen in Hardheim zur Verfügung. Zu den medizinischen Hilfsberufen zählen 2 Massagepraxen, 1 med. Fußpflegeinstitut und 1 Sauna- und Fitneßcenter.

Krankenpflege war Anfang des 20. Jh. nur in Schweinberg organisiert. In Gerichtstetten arbeitete einige Jahre lang eine ehrenamtliche unausgebildete Pflegerin. Vor dem 2. Weltkrieg bestanden in Bretzingen, Gerichtstetten und Schweinberg Krankenvereine, die zum Unterhalt der örtlichen Schwesternhäuser beitrugen. Auch in Hardheim arbeiteten 2 Ordenskrankenschwestern. Heute sind die Krankenvereine Mitträger der Sozialstation Walldürn-Hardheim der kath. Kirchengemeinden.

Alle Ortsteile außer Rütschdorf und Vollmersdorf, die auch hier zu Dornberg gehören, besitzen eigene *Friedhöfe*. Der Hardheimer Friedhof wurde 1876 vergrößert. Gleichzeitig legte man den jüdischen Friedhof an. Erweitert wurden auch die Friedhöfe in Gerichtstetten 1875, Dornberg 1895 und in Schweinberg 1864, 1882, 1894. Dann legte Schweinberg 1911 einen neuen Friedhof an. Der Bretzinger Friedhof war als einziger bis 1986 in kirchlicher Verwaltung. Erst nach einer völligen Neuordnung ging er an die Gemeinde über. Leichenhallen stehen nur in den Friedhöfen von Hardheim, Dornberg und Gerichtstetten. Die Hardheimer Leichenhalle dient auch dem Ortsteil Erfeld.

Die Kleinkinderschule in Hardheim war 1878 in unzureichenden Räumen untergebracht. In Schweinberg sollte 1914 eine Kleinkinderschule gebaut werden. 1939 unterhielten die kath. Schwesternhäuser in Bretzingen, Gerichtstetten und Schweinberg auch *Kindergärten*. Neue Kindergärten wurden gebaut: 1952/54 in Gerichtstetten (Eigentümer Gemeinde, Rechtsträger Kirchengemeinde), 1956 in Hardheim (Gemeinde), 1957 in Bretzingen (Kirchengemeinde) und 1967 in Schweinberg (Eigentümer Kirchenfonds, Rechtsträger Kirchengemeinde). Der Gemeindekindergarten in Hardheim wird von kath. Schwestern geleitet, die kirchlichen Kindergärten der Ortsteile von Laien. Die Gengenbacher Schwestern in Hardheim betreuen auch eine von der Gemeinde eingerichtete Nähschule.

In Hardheim wird seit 1968 ein privates *Altenheim* mit 22 Plätzen und seit 1978 ein Alten- und Pflegeheim der Dechow-Stiftung Binau mit 43 Plätzen geführt.

Die Gemeinde im 19. und 20. Jahrhundert

Kirche und Religionsgemeinschaften. – Innerhalb der *kath. Kirchenorganisation* gehörte das Gemeindegebiet schon Anfang des 19. Jh. als Teil des Landkapitels Buchen zur Diözese Würzburg. Auch nach der Bildung des Erzbistums Freiburg blieb es bei diesem Landkapitel (Dekanat), bis es zwischen 1863 und 1910 zum Landkapitel Walldürn geschlagen wurde. Nach der neuesten Gebietseinteilung ist es wieder Teil des Landkapitels Buchen. Eigene Pfarreien hatten Bretzingen (SS Sebastian und Vitus), Gerichtstetten (St. Burkhard), Hardheim (St. Alban) und Schweinberg (St. Andreas Ap.). Die Pfarrei Erfeld (SS Wendelin und Leonhard), vorher Filiale von Bretzingen, wurde 1869 errichtet. Sie wird gegenwärtig von Gerichtstetten mitverwaltet. Zur Pfarrei Hardheim gehören seit jeher die Filialen Dornberg (Filialkirche St. Stephan), Rütschdorf (Filialkapelle St. Wendelin), Vollmersdorf (Filialkapelle Hl. Familie), Rüdental (Filialkapelle BMV Auxilium Christianorum) und Steinfurt, jetzt Stadt Külsheim (Filialkapelle Hl. Kreuz). Vom Weiler Helmstheim auf Gkg Gerichtstetten sind nur 2 Höfe zu Gerichtstetten eingepfarrt, der Rest zu Ahorn-Eubigheim. Dagegen gehört der Ortsteil Schwarzenbrunn der Gemeinde Ahorn zur Pfarrei Gerichtstetten. In allen Pfarreien hatte 1828 noch der Fürst von Leiningen das Präsentationsrecht. Später wurden sie frei vergeben.

Der bedeutendste Kirchenbau in der heutigen Gemeinde ist die 1888–91 erbaute Hardheimer Pfarrkirche. Der Bau wurde notwendig, weil der Vorgängerbau von 1617 schon 1847 einsturzgefährdet war und 1881 abgerissen wurde. Die übrigen Kirchen, die aus dem 18. (Bretzingen 17.) Jh. stammen, wurden um die Jahrhundertwende (Erfeld 1928) renoviert. Weitere Renovierungen folgten in Gerichtstetten 1933 und 1961, in Erfeld 1938, 1971 und 1976, in Schweinberg 1953 und 1982, in Bretzingen 1961 und 1981, in Dornberg 1978. Die Hardheimer Pfarrkirche wurde 1964 bis 1968 erneuert.

In der *Ev. Landeskirche Baden* war Hardheim Filiale, die heutigen Ortsteile waren Diasporaorte der 1933 errichteten Kirchengemeinde Walldürn im Dekanat Adelsheim. Nur Gerichtstetten gehörte als Diasporaort zu Buch am Ahorn. 1982 erhielt Hardheim die neue 2. Pfarrstelle der Kirchengemeinde Walldürn, 1983 wurden die bisherigen Diasporaorte in deren Dienstbezirk eingegliedert: alle Ortsteile ohne Gerichtstetten, das bei Buch am Ahorn blieb, außerdem Höpfingen und Steinfurt (Stadt Külsheim). Seit der Verfügung vom 13.10.1986 besteht die selbständige Kirchengemeinde Hardheim-Höpfingen mit Pfarrsitz in Hardheim. Auch zu ihr gehören außer Gerichtstetten alle Hardheimer Ortsteile sowie Höpfingen und Steinfurt. Die ev. Kirche in Hardheim wurde schon 1956 erbaut.

Die ehemals starke *jüdische Gemeinde* Hardheim, die im Jahr 1900 136 Mitglieder und 1933 noch 55 Mitglieder zählte, gehörte seit 1827 zum Rabbinatsbezirk Wertheim. Sie besaß einen Betsaal. Ihre Toten begrub sie auf dem Verbandsfriedhof Külsheim, bis sie 1876 einen eigenen Friedhof anlegte. Im Bethaus wurden in der Kristallnacht Zerstörungen angerichtet, das Gebäude nach der Deportation der letzten Juden als Wohnhaus abgegeben.

Schule. – Schulen gab es im 19. Jh. längst in allen heutigen Ortsteilen. Nur Rütschdorf und Vollmersdorf waren auch mit der Schule an Dornberg angeschlossen und beteiligten sich mit je ¼ an den Kosten, soweit sie nicht vom Kirchenfonds getragen wurden. Erst in den 1920er Jahren löste sich Vollmersdorf schulisch von Dornberg ab und schickte die Kinder in die leichter erreichbare Schule nach Wettersdorf. Um die Jahrhundertwende waren in den Schulen in Bretzingen, Erfeld, Gerichtstetten und Schweinberg je 1 Haupt- und 1 Unterlehrer angestellt, die mehr als 100 Kinder zu unterrichten hatten (1908 in Gerichtstetten 165, in Bretzingen 120, 1914 in Schweinberg 115 Schüler). In Dornberg unterrichtete nur der Hauptlehrer.

Bis 1876 hatte Rüdental eine eigene Schule. Danach sollten die Kinder nach Hardheim zur Schule gehen, der Weiler gründete jedoch eine Privatschule. Über die Schulfrage entstanden so große Differenzen, daß Rüdental die Selbständigkeit als Gemeinde forderte. 1890 wurde dann die Privatschule geschlossen, in Hardheim aber eine eigene Klasse für die Rüdentaler Kinder gebildet. Steinfurt behielt eine eigene Schule bis zur Schulreform. In Hardheim unterrichteten 1888 2 Hauptlehrer, 1893 4 Lehrkräfte. Industrieunterricht wurde in allen Schulen erteilt, seit etwa der Jahrhundertwende teilweise auch Haushaltungsunterricht. In der Hardheimer Schule erhielten schon 1893 Bauerntöchter Kochunterricht in der Schloßküche.

Das 1786 erbaute und 1818/20 erweiterte Schulhaus in Hardheim genügte bald nicht mehr. Die Schule zog nach 1850 in das Schloß ein und blieb dort, bis 1927 ein großes Schulhaus für alle Hardheimer Schulen erbaut wurde. Nach dem 2. Weltkrieg wuchsen die Schülerzahlen wieder stark an. Jetzt wurde auch ein Mittelschulzug aufgebaut. Daher errichtete die Gemeinde 1958–67 ein neues Gebäude für die Volksschule. 1967 wurde die Realschule selbständig. Die Volksschule, jetzt *Grund- und Hauptschule*, nahm danach auch die Kinder aus den Ortsteilen auf.

Das Schulhaus in Erfeld, das 1832 gebaut und 1874 und 1904 erweitert worden war, ersetzte die Gemeinde 1925 durch den Neubau eines Schul- und Rathauses. 1953 baute sie wiederum ein neues Schulhaus. Es wird jetzt als Sportheim mit Gaststätte genutzt. In Bretzingen stammte das alte Schulhaus von 1831. Es wurde 1880 von dem bisher darin untergebrachten Ratszimmer befreit. 1952/53 riß die Gemeinde dieses Haus ab und baute ein modernes Schulhaus. Nach der Auflösung der Schule 1973 diente es einige Zeit der Hardheimer Realschule, heute ist es Vereinsheim. In Gerichtstetten wurde das aus dem Jahr 1783 stammende Schulhaus 1834 durch einen kleinen Bau ersetzt, der auch die Gemeindeverwaltung aufnahm. 1898 machte der Bezirksrat der Gemeinde einen Neubau zur Auflage. Der stattliche Bau des neuen Schul- und Rathauses war 1900 fertiggestellt. Da jedoch Schulhof und sanitäre Anlagen modernen Anforderungen nicht mehr genügten, baute die Gemeinde abermals unter dem Druck der oberen Behörden 1964–66 ihr bisher letztes Schulhaus. Unmittelbar nach seiner Fertigstellung wurden unter heftigem Protest der Eltern die Klassen 6–9 nach Altheim verlegt, 1973 die gesamte Hauptschule nach Hardheim. Gleichzeitig aber vergrößerte sich die Grundschule durch die Schüler aus Erfeld und Bretzingen. 1987 erhielten in der *Grundschule Gerichtstetten* 59 Schüler in 3 Klassen Unterricht von 3 vollbeschäftigten Lehrkräften. Zur *Grundschule Hardheim* kommen die Kinder aus Dornberg, Rüdental, Rütschdorf, Schweinberg, Steinfurt und Vollmersdorf, zur *Hauptschule* außerdem die Kinder aus Gerichtstetten, Bretzingen und Erfeld. 1987 unterrichteten in der Grundschule 6 voll- und teilzeitbeschäftigte Lehrkräfte, in der Hauptschule 9 volle Kräfte und 1 Teilzeitkraft zusammen 336 Schüler, darunter 16 Ausländer, in 15 Klassen. Die *Realschule im Walter-Hohmann-Schulzentrum Hardheim* besuchen außer den Schülern aus der gesamten Gemeinde auch die Realschüler aus Höpfingen, Waldstetten und Steinfurt. 1987 wurden hier 241 Kinder in 12 Klassen von 15 voll- und 12 teilzeitbeschäftigten Lehrkräften unterrichtet.

Bis 1969 besaß Hardheim eine Gewerbeschule. Sie war als Gewerbliche Fortbildungsschule für Lehrlinge aus dem vom Gewerbeverein geförderten Unterricht im Technischen Zeichnen hervorgegangen und erteilte spätestens seit 1887 regelmäßigen Unterricht. 1890 erhielt sie ein eigenes Gebäude, 1900 eine Erweiterung im Marstallgebäude des Schlosses, nachdem es vom Spital geräumt war. 1926 zog die Gewerbeschule mit in den neuen Schulbau am Schloßplatz ein, der auch die damals bestehende Landwirtschaftliche Berufsschule aufnahm. Die Gewerbeschule wurde Bezirksgewer-

Die Gemeinde im 19. und 20. Jahrhundert 827

beschule auch für Bretzingen, Erfeld, Schweinberg und Höpfingen, von woher die Gewerbeschüler schon früher nach Hardheim gekommen waren. Seit der Auflösung der Schule besuchen die Gewerbeschulpflichtigen aus Hardheim die Zentralgewerbeschule in Buchen.

Seit 1976 wirkt in Hardheim eine *Musikschule*. Träger ist der 1975 gegründete »Verein Musikschule Hardheim«. Die Lehrkräfte, zum Teil Musikstudenten aus Würzburg, arbeiten nebenamtlich. Die Hauptfächer liegen im Instrumentalbereich. Besonderer Wert wird auf die musikalische Früherziehung gelegt. 1988 hat die Schule etwa 130 Schüler.

Kulturelle Einrichtungen. – Schon in den 1950er Jahren veranstalteten verschiedene Bühnen- und Konzertdirektionen Gastspiele in Hardheim. Auch heute finden regelmäßig *Gastspiele der Bad. Landesbühne*, in deren Trägerverein die Gemeinde Mitglied ist, und der *Staatlichen Hochschule für Musik Heidelberg* sowie *Kammerkonzerte* statt.

Hardheim besitzt eine *Gemeindebibliothek* mit 3785 Bänden (Stand Ende 1987). 1987 wurden 4190 Entleihungen gezählt.

1973 richtete die Gemeinde das »*Heimat- und Landschaftsmuseum Erftal*« ein, 1976 ging es in die Verantwortung des neugegründeten »Museumsvereins Erftal« über. Untergebracht ist es im Obergeschoß der Erftalhalle. Das Museum enthält Exponate zur bäuerlichen und handwerklichen Kultur, u.a. eine vollständige Druckerei und eine Orgelbauwerkstatt. Eine Besonderheit ist die ständige Weltraumausstellung, eine Leihgabe des Deutschen Museums in München. Sie erinnert an Dr.-Ing. Walter Hohmann, einen der Wegbereiter der Weltraumfahrt. Hohmann, 1880 in Hardheim geboren, 1945 in Essen gestorben, war Bauingenieur, befaßte sich aber neben dem Beruf mit Mathematik und Astronomie. In seinen Werken »Die Erreichbarkeit der Himmelskörper« 1925 und »Die Möglichkeiten der Weltraumfahrt« 1928 legte er Bahnberechnungen für Weltraumflüge und Vorstellungen über raketengetriebene Raumschiffe vor, die später in die praktische Entwicklung der Weltraumflüge eingingen.

Sportstätten. – Fußballplätze gibt es in Hardheim 1 gemeindeeigenen und 1 vereinseigenen, weitere in Bretzingen, Erfeld, Gerichtstetten und Schweinberg. Ein Hallenbad baute Hardheim 1967, eine Sporthalle (Dreifachturnhalle) für die Schulen und Vereine 1982. Der Tennisclub hat 1980 seine 1961 angelegten Tennisplätze neu gestaltet. In Schweinberg hat der Sportschützenverein eine Schießanlage eingerichtet. Auch in Dornberg plant der Schützenverein einen Schießstand beim Schützenhaus. Einen Luftgewehrschießstand besitzt er in Rütschdorf bei der Vereinsgaststätte. Seit einigen Jahren kommen jährlich Drachenflieger von weit her zum Odenwald-Pokalfliegen auf dem Hardheimer Drachenfluggelände.

Vereine. – Daß die Sportstätten zum großen Teil von den *Sportvereinen* selbst geschaffen wurden, spricht für die Initiative der Vereinsmitglieder. Das gilt insbesondere für den ältesten und größten Sportverein, den 1895 gegründeten »Turnverein Hardheim« und seine heute etwa 900 Mitglieder. Er hat 1960 seine eigene Sportanlage eingeweiht. In den Ortsteilen entstanden seit dem letzten Krieg jüngere Sportvereine: 1946 der »Sportverein Germania« in Gerichtstetten, 1959 der Schweinberger »Fußballclub«, 1967 der »Sportverein Fortuna« in Bretzingen und 1968 der »Sportclub« in Erfeld. Weitere Sportvereine sind der schon genannte 1960 gegründete »Tennisclub« in Hardheim, der »Sportfischerverein Erftal« von 1974, der »Angelverein« in Bretzingen von 1986 sowie »Sportschützenverein« Dornberg von 1957 und der »Schützenverein« Schweinberg von 1967. Auch sie trugen viel zur Entstehung ihrer Anlagen bei. Die Sportfischer halfen kräftig bei der Anlage des Erholungssees »Bücholdwiesen« mit und erhielten dafür das Fischereirecht von der Gemeinde zugesichert. Zugunsten des

Sporthallenbaus hat sich 1977 eine »Bürgeraktion Große Sporthalle« zusammengeschlossen, die sich noch immer mit fast 600 Mitgliedern um die Finanzierung des Baus kümmert.

Zu den *kulturellen Vereinen* gehören in erster Linie die Musik- und Gesangvereine, deren ältester der 1858 gegründete Hardheimer »Gesangverein Liederkranz« ist. In Bretzingen besteht seit 1926 die »Musik- und Feuerwehrkapelle«, in Gerichtstetten seit 1912 der »Musikverein«, seit 1956 der Männergesangverein »Eintracht«, in Schweinberg seit 1934 der »Musikverein«. Bereits genannt wurden der »Verein Musikschule« und der »Heimat- und Museumsverein«. Eine »Interessengemeinschaft für Heimatpflege« besteht auch seit 1975 in Schweinberg. Auch die Fastnachtsgesellschaften »Lustige Vögel« in Schweinberg, 1948 gegründet, und »Hordemer Wölf« von 1953 in Hardheim zählen zu den kulturell interessierten Vereinen.

»Bund der Selbständigen« nennt sich seit 1981 der 1863 gegründete Gewerbeverein. Er sieht nach wie vor seine Aufgabe in der Förderung des örtlichen Gewerbes, auch durch gemeinsame Werbemaßnahmen in Zusammenarbeit mit der Gemeindeverwaltung. Organisationen wie der Bund der Vertriebenen, der Verband der Kriegsbeschädigten, der Odenwaldclub, das Deutsche Rote Kreuz, die Deutsche Lebensrettungsgesellschaft und die hier sehr aktive Kolpingfamilie haben örtliche Gruppen. Seit 1965 besteht in Hardheim, seit 1979 auch in Bretzingen eine Reservistenkameradschaft. Am Bundeswehrstandort Hardheim hat sich 1975 eine Unteroffiziersheimgesellschaft konstituiert. In Schweinberg und Erfeld sind noch immer die aus dem ausgehenden 19. Jh. (1887 und 1895) stammenden Kyffhäuserkameradschaften lebendig. Eine schloß sich erst 1964 in Gerichtstetten zusammen.

Strukturbild

Unter den Landgemeinden des Neckar-Odenwald-Kreises nahm und nimmt Hardheim eine Sonderstellung ein. Nicht von ungefähr taucht immer wieder der rechtlich unzutreffende Begriff »Städtchen« auf, wenn von Hardheim die Rede ist. Im Mittelpunkt des Erftales und seiner Seitentäler gelegen, als ehemaliger Amtsort und mit seinen Jahrmärkten konnte Hardheim seine zentralörtliche Bedeutung in das 20. Jh. hinüberretten. Als die Märkte an Glanz verloren, wurden sie durch die zahlreichen Händler ersetzt, die Hardheim zu einem kleinen Mittelpunkt des Vieh- und Getreide-, insbesondere des Grünkernhandels machten. Heute ziehen die Ladengeschäfte Kunden aus dem Umland an, besonders seit das im Zuge der Hofackersanierung gebaute Einkaufszentrum Erfapark eröffnet ist. Auch in der medizinischen Versorgung hat Hardheim seine zentrale Stellung mit dem Bau und Ausbau des Spitals/Krankenhauses und mit Hilfe der niedergelassenen Fachärzte erhalten und verstärkt. Die Forderung des Landesentwicklungs- und des Regionalplans, Hardheim mit Walldürn zusammen als Unterzentrum auszubauen, ist von der Erfüllung nicht weit entfernt. Das Einzugsgebiet geht mit Höpfingen, Waldstetten, Pülfringen, Königheim und Steinfurt über das derzeitige Gemeindegebiet und die Kreisgrenze hinaus. Auch die Verkehrslage ist trotz Einstellung der Bahnlinie Walldürn–Hardheim für den Personenverkehr seit der Eröffnung der Autobahn Heilbronn–Würzburg wenn auch nicht hervorragend, so doch annehmbar. Im öffentlichen Personennahverkehr sind von Hardheim, teilweise auch von den Ortsteilen aus, die Mittelzentren Buchen und Mosbach gut zu erreichen.

Die neuere Entwicklung des Ortes ist stark von den Funktionen Hardheims als Industrie- und als Bundeswehrstandort beeinflußt. Um die Jahrhundertwende war Hardheim eine der wenigen Landgemeinden im heutigen Neckar-Odenwald-Kreis, die

Ansätze zu einer Industrialisierung aufweisen konnten. Im ehemaligen Amtsbezirk Buchen stand die Gemeinde 1895 mit 193 Gewerbebetrieben und 392 darin Beschäftigten an 3. Stelle nach Walldürn und Buchen. Ein Drittel aller Erwerbstätigen arbeitete 1895 schon hauptberuflich in Industrie und Gewerbe. Das gilt aber nur für Hardheim selbst, die übrigen Dörfer waren rein landwirtschaftlich ausgerichtet. Mit dem Erstarken der beiden Eirich-Betriebe und der Gründung der Fränkischen Nährmittelfabrik gewann der industrielle Sektor in der 1. H. 20. Jh. weitere Bedeutung. Nach dem 2. Weltkrieg kamen neue Betriebe hinzu. 1987 erfaßte die Arbeitsstättenzählung 310 (nichtlandwirtschaftliche) Arbeitsstätten mit 2766 Beschäftigten. Das waren 2 Arbeitsstätten weniger und 368 Beschäftigte mehr als 1970. Unter ihnen hatten 4 Betriebe zwischen 50 und 99 Beschäftigte und 4 Betriebe 100 und mehr. Nach der Zahl der Beschäftigten dominierte mit 1453 Personen und 59 Betrieben das verarbeitende Gewerbe, darunter der Stahl-, Maschinen- und Fahrzeugbau mit 11 Betrieben und 734 Beschäftigten.

Schon um 1950 war Hardheim Arbeitsort von rund 200 Einpendlern. Von den 1640 in Hardheim wohnenden Erwerbspersonen jenes Jahres arbeiteten 44 % in Industrie und Handwerk, 33 % noch in der Land- und Forstwirtschaft. 1970 waren dann schon 48 % und 1987 49 % der Erwerbstätigen im Produzierenden Gewerbe beschäftigt. 312 Einpendler arbeiteten 1970 in Hardheim, 106 Hardheimer hatten dagegen ihre Arbeitsplätze außerhalb. Bezogen auf das gesamte heutige Gemeindegebiet standen allerdings den 483 Einpendlern (hauptsächlich aus Höpfingen und Walldürn) immerhin 500 Auspendler (hauptsächlich nach Walldürn, Buchen und Tauberbischofsheim) gegenüber. Der Einpendlerüberschuß von Hardheim wurde durch die Auspendlerüberschüsse der übrigen Ortsteile verdeckt. 1987 standen den 1010 Berufsauspendlern 1228 Berufseinpendler gegenüber. Auspendler arbeiten vor allem in Walldürn (darunter viele Frauen), in Buchen mit Hainstadt und in Freudenberg. Einpendler kommen insbesondere aus Höpfingen, Walldürn und Buchen. Die Buchener Auspendler sind großenteils Mitarbeiter der aus Buchen nach Hardheim verzogenen Firma Reum.

Durch die Bundeswehr ist das Arbeitsplatzangebot in Hardheim verbreitert worden, die Infrastruktur verbessert und Handel und Gastgewerbe belebt. Insgesamt wird die Funktion als Bundeswehrstandort auch von der Bevölkerung bejaht, zumal viele Soldaten mit ihren Familien ansässig geworden sind.

Quellen

Ortsbereisungsakten

Bretzingen 1876–1893:	GLA 345/S 440, 1895–1914: GLA 345/S 440a;
Dornberg 1851–1874:	GLA 345/S 895, 1876–1901: GLA 345/S 896, 1903–1912: GLA 345/S 897;
Erfeld 1868–1874:	GLA 387/12, 1875–1900: GLA 345/S 1016, 1903–1914: GLA 345/S 1017;
Gerichtstetten 1875–1900:	GLA 345/S 1140, 1903–1911: GLA 345/S 1141, 1935: GLA 345/S 1142;
Neidelsbach 1868–1890:	GLA 341/277;
Hardheim 1874–1879:	GLA 345/S 1528, 1880–1908: GLA 345/1527;
Rütschdorf 1860–1892:	GLA 345/S 2904, 1894–1914: GLA 345/S 2905, 1950: GLA 345/S 2906;
Schweinberg 1860–1874:	GLA 345/S 3170, 1875–1892: GLA 345/S 3171, 1894–1914: GLA 345/S 3172;

Vollmersdorf 1860–1891:   GLA 345/S 3458, 1893–1911: GLA 345/S 3459, 1921, 1929, 1950: GLA 345/S 3460.

Sonstige Archivalien

Hardheim 1842–1958:   GLA 345/S 540–46.

Literatur

Hardheim, Perle des Erfatales. Hrsg. Gemeinde Hardheim. Hardheim 1988.
Hardheim zwischen Odenwald und Taubertal im nordbadischen Bauland gelegen. Heidelberg 1953.
Hensle, Robert: Erfeld, eine Gemeinde des Baulandes (1244–1969). Buchen i. Odenw. 1970.
100 Jahre Gewerbeverein Hardheim im Deutschen Gewerbeverband. 1863–1963. Hardheim 1963.
Mohr, Friedrich: Hardheim einst und jetzt. Heimatbuch 1955. Hardheim 1955.
Mohr, Friedrich: Hardheim, Führer und Heimatbuch. Hardheim 1955.

C. Geschichte der Gemeindeteile

Bretzingen

Siedlung und Gemarkung. – Die erste Erwähnung Bretzingens als *Brezinkein* geschieht in einer Amorbacher Traditionsnotiz des 13. Jh. und bezieht sich auf eine vermutlich im späten 11. Jh. erfolgte Schenkung. Freilich zeugt der Name des Dorfes (1243 *Brezincheim*, 1505 *Pretzigkheim*), der wohl von einem Personennamen hergeleitet ist, von einem höheren, bis in die Merowingerzeit zurückreichenden Alter der Siedlung. Auf eine Wüstung in unmittelbarer Nachbarschaft von Bretzingen könnte die 1334/45 erwähnte Mühle im Stockheimertal hindeuten. Zu Beginn des 19. Jh. zählte der Ort 100 Häuser.

Herrschaft und Staat. – Am Anfang der Herrschaftsentwicklung zu Bretzingen steht die Grundherrschaft des Kl. Amorbach, die in ihrem Kern wohl auf die erwähnte Schenkung des späten 11. Jh. zurückgeht und noch 1395 einen Fronhof, zehn Hufen, eine Mühle, zwei Drittel des Zehnten sowie das Kirchenpatronat umfaßte. Bis ins 17. Jh. beanspruchte Amorbach ein Drittel der Bretzinger Gerichtsbußen sowie die Jagd auf der Gemarkung des Dorfes. Die hohe Vogtei, und mit ihr die Zenthoheit (Zent Walldürn), gelangten 1294 durch Kauf von den Edelherren von Dürn an das Erzstift Mainz. Die mit dem Fronhof verknüpften niederen vogteilichen Rechte, aus denen sich die Ortsherrschaft entwickelt hat, waren bis 1292 im Besitz der Knebel bzw. Ketel von Bretzingen und wurden von diesen im genannten Jahr an das Kl. Amorbach verkauft. Wie die Ortsherrschaft dann als Würzburger Lehen an die von Hardheim und ihre Magschaft gelangte, läßt sich im einzelnen nicht mehr rekonstruieren; spätestens seit dem frühen 15. Jh. war sie geteilt. Die eine Hälfte gehörte (seit 1409 nachweisbar) bis ins 17. Jh. den Herren von Hardheim, jedoch waren um 1446 vorübergehend auch die von Rosenberg daran beteiligt. Nach dem Aussterben der Hardheimer im Jahre 1607 wurde diese Hälfte nochmals geteilt; ein Viertel gelangte 1608 über die Schenk von und zu Symau an Kurmainz, das andere Viertel wurde von Würzburg als heimgefallenes Lehen eingezogen. Die zweite Hälfte hatten zu Beginn des 15. Jh. die Sützel von Mergentheim inne, die sie 1407 an die von Hardheim verkauften; 1445 kam sie an die von Stettenberg und um 1465 an die Rüdt von Bödigheim, von denen sie – nach vorübergehenden Verpfändungen an Albrecht von Rosenberg (um 1555) und an

Wilderich von Walderdorff (um 1567) – schließlich 1629 durch Kauf an das Hochstift Würzburg gelangte. Mithin standen nun drei Viertel Würzburg und ein Viertel Mainz zu. Nach einem längeren, bis vor das Reichskammergericht getragenen Streit verzichtete Mainz 1656 auf seine vogteiliche und zugleich auch auf seine zentliche Obrigkeit in Bretzingen, das fortan ganz dem würzburgischen Amt und der Zent Hardheim zugehörte. Im Zuge der Säkularisation fiel das Dorf 1803 an das Fürstentum Leiningen (Amt Hardheim) und 1806 wurde es durch das Großherzogtum Baden mediatisiert.

Die 1267 in einer Urkunde Konrads von Schweinberg erstmals bezeugte niederadelige Familie Ketel von Bretzingen (auch Knebel und Urleuge von B.) entstammte wohl der Ministerialität der Edelherren von Dürn; ihr Wappen zeigt einen Adlerkopf. Obgleich sie ihre Vogteirechte im namengebenden Dorf bereits 1292 aufgegeben hatten, blieben die Ketel bis zu ihrem Erlöschen (nach 1484) in Bretzingen begütert. Im übrigen verfügten sie über ortsherrschaftliche Rechte in Erfeld, in Buch am Ahorn (Sanzenbuch) und in dem Weiler Tiefental (Tiefentalerhof), über die Untere Burg zu Königheim, über Zehntrechte in Jagsthausen, Erfeld und Oberlauda sowie über sonstige Güter und Rechte in Arnoldsfelden (abgeg. bei Buch am Ahorn), Betzwiesen (abgeg. bei Schweinberg), Bödigheim, Gerichtstetten, Kudach (Altheim), Külsheim, Pülfringen, Sindolsheim und Wolferstetten. Lehen trugen die Ketel von denen von Dürn (vor 1300), von den Bischöfen von Würzburg (1303/13), von den Grafen von Wertheim (1398), vom Erzstift Mainz (1420) und von Pfalz-Mosbach (1451). Hinsichtlich ihres Konnubiums sind Verbindungen mit denen von Gemmingen und von Schüpf (1. H. 15. Jh.) hervorzuheben. Eine Ketelsche Tochter war gegen Ende des 13. Jh. Nonne in Seligental; Heinrich Ketel begegnet 1355 als Pfarrer zu Bretzingen, Gottfried Ketel 1431 als Pfarrer zu Buchen.

Grundherrschaft und Grundbesitz. – Wie oben bereits angeklungen, war Kl. Amorbach während des hohen Mittelalters in Bretzingen der größte Grundherr; sein hiesiger Besitz rührte neben der Schenkung Regelints (um 1050/1100) aus Schenkungen der Edelherren von Dürn (1197) und von Schweinberg (1243) sowie aus verschiedenen Güterkäufen. Im 14. Jh. waren die Ketel hier mit mehreren von Würzburg lehnbaren Höfen und mit zwei Mühlen begütert, und als Grundbesitzer begegnen später natürlich auch die von Hardheim und die Rüdt, die Inhaber der Ortsherrschaft. Für den niederadeligen Kondominatsort ist es charakteristisch, daß – freilich meist nur für kurze Zeit – in Bretzingen während des späten Mittelalters eine ganze Reihe weiterer Adelsfamilien Besitz hatte, die Kottwitz, die von Ehenheim, von Baldersheim, von Hettingen, die Stumpf von Schweinberg und die Horneck von Hornberg. Im 16. Jh. bezog das Kl. Seligental Einkünfte aus der hiesigen Mittelmühle. Der örtlichen Pfarrei gehörten rund 40 M Äcker, ¼ M Weingärten sowie 6 M Wiesen und Gärten. Um 1700 werden als Bezieher grundherrlicher Einkünfte aus Bretzingen nur noch das Hochstift Würzburg, das Erzstift Mainz, das Kl. Amorbach sowie die Pfarreien Hardheim und Bretzingen genannt.

Gemeinde. – *Schultis, haymburg, gerichts- und gemeindmenner* zu Bretzingen verkauften 1493 mit Zustimmung ihrer Ortsherren Rüdt von Bödigheim 15 fl jährlicher Gült an das Stift Mosbach. Aufgrund der gemeinsamen würzburgischen und mainzischen Herrschaft gab es im Dorf bis 1656 zwei Schultheißen, später bestand das Dorfgericht aus einem Schultheißen und 7 bis 12 Gerichtspersonen. Ein Bürgermeister wird mit dieser Amtsbezeichnung erst 1803 erwähnt; drei Jahre später gab es zwei Bürgermeister, deren Aufgabe es war, die Gemeindekasse zu verwalten. Der Besitz der Gemeinde bestand am Ende des Alten Reiches aus rund 360 M Wald und einem Haus, in dem der Schulmeister wohnte.

Kirche und Schule. – Eine Kirche zu Bretzingen wird bereits im 11. Jh. erwähnt; sie zählte zu den von Regelint an das Kl. Amorbach gestifteten Gütern. Das noch 1395 dem Amorbacher Abt zustehende Patronatsrecht gelangte spätestens im 17. Jh. an das Hochstift Würzburg. Kirchenheiliger war ursprünglich der Würzburger Diözesanpatron Kilian (1600); die Nebenaltäre des Gotteshauses waren den hll. Sebastian, Urban und Veit sowie der Muttergottes geweiht. Im 15. Jh. trugen mehrere Seelgerätstiftungen der Ketel zur Aufbesserung der hiesigen Pfarrpfründe bei; eine zusätzliche Kaplanei wurde 1727 durch den Bischof von Würzburg eingerichtet. Einziger Filialort der Pfarrei war Erfeld. Mehrere seit den 1560er Jahren von den Hardheimern unternommene Anläufe, in Bretzingen die Reformation einzuführen, scheiterten am Widerstand des von Würzburg unterstützten Kondominatsherrn Walderdorff. Die Kirche wird 1651 als uraltes, baufälliges Gemäuer bezeichnet; 1669 wurde sie renoviert und 1698 durch einen Neubau ersetzt. Der neue Hochaltar wurde 1708 den hll. Sebastian und Veit geweiht.

In den Bretzinger Zehnt teilten sich am Ende des Mittelalters das Kl. Amorbach (⅔) sowie die Ortsherren Hardheim und Rüdt. Später waren nur noch Amorbach und das Hochstift Würzburg zehntberechtigt. Dem Ortspfarrer stand der Zehnt von bestimmten Parzellen zu.

Eine Schule, deren Kosten durch die Kirche und die Gemeinde gemeinsam bestritten wurden, war in Bretzingen bereits 1666 vorhanden; ein Schulhaus wird jedoch erst 1803 erwähnt.

Bevölkerung und Wirtschaft. – Um die Mitte des 17. Jh. belief sich die Zahl der Einwohner von Bretzingen auf rund 170. Um 1700 lag sie bei etwa 280 und in den folgenden Jahren ist sie weiter angestiegen (1731 ca. 380, 1748 ca. 440) bis auf 562 im Jahre 1803. Zu Beginn des 18. Jh. gab es im Dorf neben würzburgischen auch noch mainzische Eigenleute.

Ackerbau wurde in den Fluren gegen Pülfringen, gegen (Wald-) Stetten und gegen Dürn betrieben (1494). 1803 umfaßte die landwirtschaftlich genutzte Fläche insgesamt 967 M Äcker, 62 M Weinberge, 81 M Wiesen und 25 M Triften. Weinbau wird in Bretzingen bereits 1346 erwähnt. Angebaut wurden im übrigen neben den üblichen Getreidearten, Erbsen, Linsen und Wicken vor allem Kartoffeln und Klee für die Viehhaltung. 1806 gab es im Dorf 9 Pferde, 240 Rinder, 120 Schweine und 200 Schafe. Mühlen sind auf hiesiger Gemarkung seit 1197 bezeugt; schon im 14. Jh. waren es deren drei: eine im Besitz des Kl. Amorbach, die beiden anderen im Besitz der adeligen Ortsherren. 1803 bestand neben den drei Getreidemühlen auch eine Ölmühle. An Gewerben waren zu Beginn des 19. Jh. in Bretzingen vertreten: 7 Leineweber, 5 Schneider, je 4 Zimmermeister und Maurer, 3 Schuster, je 2 Schreiner und Schmiede sowie 1 Wagner.

Dornberg

Siedlung und Gemarkung. – Dornberg ist im hohen Mittelalter vermutlich als Rodungssiedlung des Kl. Amorbach entstanden; seine erste Erwähnung (*Dorenberc*) geschieht in einer Urkunde Konrads von Dürn aus dem Jahre 1252. Der Ortsname bezieht sich auf das dem Wald und den Dornen abgewonnene Gelände. Um 1800 zählte das Dorf nur 16 meist strohgedeckte Häuser.

Herrschaft und Staat. – Aus dem im Amorbacher Urbar von 1395 überlieferten Klosterbesitz in Dornberg (1 Fronhof und 8 Hufen) und aus der Tatsache, daß das Kloster noch um die Mitte des 15. Jh. zur Hälfte an den Dornberger Gerichtsbußen beteiligt war, darf man schließen, daß die hiesige Herrschaftsbildung von der Amorbacher Klostergrundherrschaft ausgegangen ist. Gericht und Vogtei mit zugehörigen Gütern waren, um 1322/33 erstmals bezeugt, als Würzburger Lehen im Besitz der Ministerialen von Dürn, die sich in einem Zweig bereits 1252 bzw. 1281 von Dornberg, später auch Dornberger von Dürn (1378) und ähnlich nannten. In der 1. H. 15. Jh. sind die Dornberger, die auch den klösterlichen Fronhof innehatten (1412), offenbar ausgestorben. Vogtsherr des Dorfes war 1447 Peter von Stettenberg. Ihm folgte Wilhelm Rüdt von Bödigheim, der seine hiesigen Rechte 1483 unter Vorbehalt lebenslanger Nutzung an seine Base Martha Rüdt von Collenberg und an deren Gemahl Hans von Regelsdorf abgetreten hat. 1498 gelangte das Dorf durch Kauf an das Erzstift Mainz und war fortan Teil des Amtes Walldürn; zur Dürner Zent gehörte es schon zuvor. 1803 fiel Dornberg an das Fürstentum Leiningen, 1806 an das Großherzogtum Baden.

Gemeinde. – Am Ende des Alten Reiches bestand das Dornberger Dorfgericht aus einem auf Lebenszeit bestellten Schultheißen und aus vier Gerichtspersonen. Der Gemeindebesitz umfaßte rund 736 M Wald und ein Hirtenhaus.

Kirche und Schule. – Obgleich Dornberg seit jeher Filiale der Pfarrei Hardheim war, hatte es bereits um 1200 eine eigene Kirche, deren romanischer Chorturm noch teilweise erhalten ist. Patron der Kirche ist spätestens seit deren Erneuerung um 1770 der hl. Stephan. Zu Beginn des 19. Jh. kamen zum Gottesdienst in Dornberg auch die Einwohner von Rütschdorf, Vollmersdorf und Wettersdorf. Im frühen 15. Jh. haben Angehörige der Familie von Hardheim nordöstlich des Dorfes eine Marienkapelle gestiftet (erwähnt seit 1418), mit deren Hilfe anderthalb Jahrhunderte später (1558) Wolf von Hardheim vergeblich versucht hat, im Dorf die Reformation einzuführen.

Den Zehnt bezogen in Dornberg das Kl. Amorbach (⅔) und das Hochstift Würzburg (⅓). Amorbach hatte seinen Anteil am kleinen Zehnt an seine Bestandsbauern abgetreten.

Von einer Schule zu Dornberg, die auch von Kindern aus Rütschdorf, Vollmersdorf und Wettersdorf besucht wurde, erfährt man erst 1803, jedoch war damals auch schon ein eigenes Schulhaus vorhanden.

Bevölkerung und Wirtschaft. – Um die Mitte des 16. Jh. belief sich die Zahl der Einwohner von Dornberg auf rund 100. 1668 waren es infolge der im 30j. Krieg eingetretenen Bevölkerungsverluste nur noch etwa 70, aber um 1700 war der alte Stand wieder erreicht, und 1803 zählte der Ort 130 Seelen.

Der Ertrag der Dornberger Landwirtschaft wird 1806 als zufriedenstellend bezeichnet; Handwerker hat es im Dorf nicht gegeben. Auf rund 570 M Ackerland baute man vor allem Korn, Hafer und Dinkel, daneben in geringerem Umfang auch Kartoffeln sowie Klee und sonstige Futterkräuter nach Bedarf; die örtlichen Wiesen umfaßten 18 M, die Heumatten 126 M. Jeder der 14 Höfe hatte ein oder zwei Paar Ochsen und zwei bis drei Kühe, dazu einige Kälber, Schafe und Schweine.

Erfeld

Siedlung und Gemarkung. – Erfeld, vermutlich ein Ausbauort der Merowingerzeit, wird 1244 erstmals urkundlich genannt; die Erwähnung des Dorfes in einem 996 datierten Diplom Kaiser Ottos III. ist zu vernachlässigen, da sie auf einer Fälschung des 13. Jh. beruht. Der Ortsname, der durch die Jahrhunderte keinerlei Wandel unterworfen war (1244 *Erfelt*), bezieht sich auf das an dem Flüßchen Erfa für den Ackerbau gewonnene Feld; die Nennung von *villulas uv den Eychvelden* (1322/33) in einem Würzburger Lehnbuch dürfte als Verballhornung des Namens Erfeld zu interpretieren sein. Im 14. Jh. hat es offenbar zwei Ortsteile gegeben, von denen man Obererfeld (1343) an der Stelle des heutigen Dorfes zu suchen hat, *Nidern Erfeld* (1357) dagegen vermutlich an der nördlichen Gemarkungsgrenze im Bereich der Gewanne Im Hof bzw. Im unteren Hof. 1803 zählte das Dorf neben Kirche, Schulhaus und Mühle 39 Wohnhäuser, wovon 28 noch mit Stroh gedeckt waren.

Herrschaft und Staat. – Im hohen Mittelalter gehörte Erfeld sicher ganz zur Grundherrschaft des Kl. Amorbach, das hier noch 1395 über einen Fronhof und 13 Hufen gebot. Die örtliche Vogtei ist im ersten Drittel des 14. Jh. als Würzburger Lehen im Besitz der aus der Amorbacher Ministerialität hervorgegangenen Ketel von Bretzingen bezeugt. Danach begegnen als Vögte einzelner Erfelder Höfe und Güter die Rüdt von Bödigheim (1343), die von Schweinberg (1358), von Hardheim (1377) und von Kuntich (1415); begütert waren hier außerdem die Pilgrim (1322/33), die von Rosenberg (1361), die Rauch von Seckach (1420), die Horneck von Hornberg (1463) und die von Berlichingen (1497). Bereits in der 1. H. 14. Jh. war Amorbach sichtlich bemüht, durch den Ankauf fremder Gerechtsame und durch das Einbehalten heimgefallener Lehen seine einstige Herrschaft im Dorf zurückzugewinnen, und um die Wende zum 16. Jh. hatte das Kloster sein Ziel dann auch weitgehend erreicht. Zwar hatte das Zisterzienserinnenkloster Seligental hier noch späterhin diverse Gefälle, und im 18. Jh. gab es in Erfeld sechs kurmainzische Bestandsgüter, aber im übrigen war Amorbach wieder alleiniger Grundherr des Dorfes. Freilich stand die hohe, zentliche Obrigkeit schon seit dem späten 13. Jh. dem Erzstift Mainz zu (Zent Walldürn), und noch vor dem Ende des Mittelalters beanspruchte Kurmainz in Erfeld neben der Landesherrschaft auch bereits ortsherrliche Rechte; 1668 standen Mainz neben der Zent die Schatzung, die Steuer und der Guldenzoll sowie die hohe und die niedere Jagd zu Gebote. Bis zum Ende des Alten Reiches hatte das Erzstift schließlich auch die Ortsherrschaft ganz an sich gezogen (Oberamt und Kellerei Walldürn); allein die Jagd hatte es 1786 an Amorbach abgetreten. Das Untergericht war bereits 1395 Sache der Gemeinde; zu Beginn des 19. Jh. gehörten ihm neben dem Schultheißen zwei Gerichtspersonen an. Der Gemeindebesitz umfaßte zu Beginn des 19. Jh. 575 M Wald. Mit der Säkularisation fiel Erfeld 1803 an das Fürstentum Leiningen, und 1806 wurde das Dorf badisch.

Kirche und Schule. – Kirchlich war Erfeld seit dem Mittelalter eine Filiale der Würzburger Patronatspfarrei Bretzingen. In der 1427 erstmals erwähnten Kirche, die einen Chorturm hatte und von deren spätgotischem Maßwerk Reste bis heute erhalten sind, gab es um 1600 zwei Altäre; der eine war der Muttergottes und dem hl. Wendelin, der andere dem hl. Leonhard geweiht. Das 1730 vom Einsturz bedrohte Gotteshaus, dessen Kanzel das Echtersche (1588) und dessen Taufstein das Mainzer Wappen zeigten, ist 1734 abgebrochen und durch einen Neubau ersetzt worden. 1732 wurde die Seelsorge in dem rein katholisch gebliebenen Erfeld durch den Pfarrer von Höpfingen versehen, 1803 hatte die Filialkirche einen eigenen Kaplan.

In den Erfelder Zehnt teilten sich in der frühen Neuzeit die Pfarrei Bretzingen (⅑ aufgrund einer Ketelschen Seelgerätstiftung von 1427), das Hochstift Würzburg (⅜) und die Pfarrei Höpfingen (⅔).

Ein gemeindeeigenes Schulhaus gab es in Erfeld bereits 1669; die Zahl der Schüler belief sich 1781 auf 32.

Bevölkerung und Wirtschaft. – Um die Mitte des 16. Jh. zählte man in Erfeld etwa 150 Einwohner. Die während des 30j. Krieges eingetretenen Bevölkerungsverluste

wurden hier vergleichsweise rasch überwunden, denn schon 1668 lag die Einwohnerzahl wieder bei 106 und 1700 bei 161; in den folgenden Jahren stieg sie kontinuierlich an (1711 ca. 180, 1731 196, 1750 ca. 200) und belief sich 1803 auf 305.
  Die Fluren von Erfeld lagen gegen Waldstetten, gegen Schwarzenbrunn und gegen Altheim (1799). Angebaut wurden die üblichen Getreidesorten, dazu Klee und Wicken, Kartoffeln nur für den eigenen Bedarf. Die landwirtschaftlich genutzte Fläche umfaßte 1803 1200 M Äcker und 15 M Wiesen. 1806 gab es im Dorf 150 Rinder, 85 Schweine und 250 Schafe. Von den ursprünglich zwei Mühlen zu Erfeld (Obererfeld 1355, Niedererfeld 1359) wurde die des Kl. Amorbach, die im Dorf Obererfeld lag, um 1473 abgebrochen. Die älteste bekannte Schildgerechtigkeit wurde 1699 dem Wirtshaus *Zum Engel* verliehen; bereits im Jahr darauf gab es auch einen *Ritter* (später *Adler*) und 1701 obendrein ein *Weißes Roß*. An Gewerben waren 1803 im Dorf vertreten: 7 Weber, je 2 Bäcker, Wirte, Schneider und Schuster sowie je 1 Metzger, Schreiner, Zimmermann und Schmied; alle trieben nebenbei noch Landwirtschaft.

Gerichtstetten

Siedlung und Gemarkung. – Eine sog. keltische Viereckschanze im Zimmerwald südlich von Gerichtstetten an der alten Straße (Hochstraße) ins Taubertal wurde 1885 als vorgeschichtliches Denkmal erkannt und 1896 im Zusammenhang mit der Erforschung des Limes untersucht. Die Anlage, im Volksmund aufgrund einer irrtümlichen Deutung Klösterle genannt, besteht aus Wall und Graben in Form eines verschobenen Vierecks mit 108 bzw. 130 m Seitenlänge. Bodenfunde datieren diesen mutmaßlichen Kultbezirk in die Spätlatènezeit.
  Die Entstehung von Gerichtstetten reicht möglicherweise in merowingische Zeit zurück; der vergleichsweise spät bezeugte Ortsname dürfte von einem Personennamen abgeleitet sein. 1214 begegnet ein *Godeboldus de Gerrichistetin*, der Ort selbst wird dagegen erst 1348 *(Gerichsteten)* erwähnt. Um 1620 zählte das Dorf 72 Herdstätten, 1799 werden 100 Häuser genannt; 1806 waren es 83 Häuser, dazu die Kirche, das Pfarr- und das Schulhaus sowie eine Mühle. Die Gemarkung erstreckt sich zu beiden Seiten des Oberlaufs der Erfa und einiger mündender Zuflüsse. Im Jahre 1806 umfaßte sie 500 M Äcker, 100 M Wiesen und 250 M Wald.
  Herrschaft und Staat. – Ursprünglich hat Gerichtstetten wohl zur Grundherrschaft des Kl. Amorbach gehört; noch im 15. Jh. werden hier Atzungs- und Gerichtsrechte des Abtes erwähnt. Die örtlichen Vogteirechte wurden offenbar von einem vermutlich der Amorbacher bzw. Dürner Ministerialität entsprossenen Niederadelsgeschlecht wahrgenommen, das sich nach dem Dorf benannte, und dessen Angehörige zwischen 1214 und 1363 in den Quellen begegnen. Erwähnt werden Godebold, Kraft und Kuno von Gerichtstetten, letzterer anscheinend Konventual im Zisterzienserkloster Bronnbach.
  Im 14. und 15. Jh. war die Herrschaft im Ort zwischen dem Kloster und Niederadel (von Rosenberg, Rüdt von Bödigheim, von Dürn) geteilt, jedoch hatte – ein Herd zahlreicher Konflikte – Amorbach die Wahrnehmung seiner Rechte am Gericht und den Schutz seiner Güter wenigstens zeitweise an die adeligen Teilhaber übertragen. Die unter adliger Herrschaft stehende Hälfte von Gerichtstetten erscheint seit 1455 als wertheimisches Lehen der Herren von Hardheim und ist in deren Besitz geblieben bis zu ihrem Aussterben im Jahre 1607. Die Wertheimer Lehenshoheit über einen Teil von Gerichtstetten dürfte wohl im Erbwege von den edelfreien Herren von Dürn an die Grafen von Wertheim gekommen sein. Der ursprünglich Amorbacher Teil an Gericht-

stetten ist ebenfalls in adlige Hand übergegangen und schließlich von den Herren von Adelsheim über die von Rosenberg 1561 mit Boxberg an Kurpfalz gelangt (Amt Boxberg). Der Hardheimer Anteil wurde 1607 von Wertheim als heimgefallenes Lehen eingezogen, und Gerichtstetten war fortan Sitz eines wertheimischen Kellers. Mit dem Heimfall der Rosenbergschen Orte Hirschlanden und Buch am Ahorn 1632 wurde das wertheimische Amt Gerichtstetten errichtet, zu dem noch der Hof Schwarzenbrunn gehörte; der zuständige Amtsverweser hatte seinen Sitz in Gerichtstetten, der wertheimische Revierjäger saß in Buch am Ahorn.

Vogtei und Gericht in Gerichtstetten standen nach 1607 Kurpfalz und Wertheim *insgemein* zu, d. h. der Ort war nicht geteilt, vielmehr wurde das Gericht stets im Namen beider Herrschaften gehegt; jede Herrschaft hatte ihren eigenen Schultheißen, der im Wechsel mit dem der anderen im Gericht den Vorsitz hatte. Hinsichtlich der hohen Gerichtsbarkeit gehörte Gerichtstetten zur mainzischen Zent Buchen. Nach dem 30j. Krieg wurde allerdings den mainzischen Beamten von Kurpfalz das Recht bestritten, die Untertanen zur Musterung nach Buchen zu beordern. Neben der Vogtei standen nahezu alle herrschaftlichen Rechte und Einkünfte, wie Strafen, Schatzung, Ungeld, Atzung, Handlohn (5 %) und die Jagd in ungeteilter Gemeinschaft; Fronden waren nach Aussage der Untertanen nicht üblich (um 1620), desgleichen gab es hier keine Nachsteuer. Während des 30j. Krieges konnte Wertheim unter dem Schutz der Schweden die Herrschaft in Gerichtstetten zeitweilig allein ausüben; nach 1648 kehrte man freilich wieder zu den alten Verhältnissen zurück. Die wertheimische Hälfte des Dorfes war, wie die Grafschaft Wertheim, seit 1648 im gemeinschaftlichen Besitz beider Linien des Hauses Löwenstein.

Für die Pfalz war das entlegene Besitztum wenig interessant. Daher verpfändete Kurfürst Philipp Wilhelm 1687 das ganze Amt Boxberg mit dem halben Dorf Gerichtstetten an den Bischof von Würzburg, und Kurfürst Johann Wilhelm vertauschte 1691 nach längeren Verhandlungen seinen Anteil an Gerichtstetten gegen das Dorf Mückenloch (Rhein-Neckar-Kreis) an das Hochstift Würzburg und erhielt dazu noch eine Aufzahlung von 4500 fl. Bis zum Ende des Alten Reichs war Gerichtstetten daraufhin ein zwischen Wertheim und Würzburg geteiltes Kondominat. Das Hochstift setzte die schon in pfälzischer Zeit betriebene aggressive Politik gegen den schwächeren Mitherrn fort, so daß das Amt Hardheim schließlich die niedere Gerichtsbarkeit im Dorf allein ausübte und der würzburgische Schultheiß am Ort mehr zu sagen hatte als der wertheimische Amtsverweser (1799). Desgleichen waren Pfarrer und Lehrer – schon aus konfessionellen Gründen – ganz von Würzburg abhängig. Diese Aushöhlung der Wertheimer Rechte zog langwierige Prozesse vor den Reichsgerichten nach sich, die am Ende des Alten Reichs noch nicht entschieden waren.

Der würzburgische, dem Amt Hardheim zugeordnete Anteil an Gerichtstetten ist mit diesem 1802/03 nach einer etwas voreiligen wertheimischen Besitzergreifung an das neugeschaffene Fürstentum Leiningen gefallen; 1806 ist er zusammen mit dem wertheimischen Amt Gerichtstetten durch das Großherzogtum Baden mediatisiert worden.

Grundherrschaft und Grundbesitz. – Das Kl. Amorbach erscheint 1395 als Grundherr über 22 Hufen und eine Mühle zu Gerichtstetten. Noch 1463 wird bezeugt, daß die grundherrlichen Abgaben, wie Fastnachthühner, Besthaupt, Handlohn und Atzung an Amorbach gehen; später waren jedoch Handlohn und Atzung in der Hand der Ortsherrschaften (um 1620). Lediglich sieben Güter gaben 1463 ihre Fastnachthühner an andere Herren, alle anderen Gerechtsame standen dem Kl. Amorbach zu.

Gemeinde. – Bei der Erfragung eines Weistums über Vogtei und Gericht zu Gerichtstetten ist 1348 die Rede von 25 Einwohnern des Dorfes, die entsprechende

Aussagen gemacht haben; man darf annnehmen, daß sie damals die gesamte Gemeinde dargestellt haben. Jede der beiden Dorfherrschaften hatte einen Schultheißen am Ort. Bürgermeister und Gerichtspersonen wurden jeweils vom Gericht angenommen (um 1620). Der Waldbesitz der Gemeinde war um 1620 größer als der der beiden Ortsherren.

Kirche und Schule. – Der Kirche zu St. Burkhard in *Kirchsteten* in Würzburger Diözese wurde 1320 ein Ablaß von einer Quadragene verliehen. Die Pfarrei zu *Gersteten* im Landkapitel Buchen erscheint auch in der Würzburger Diözesanmatrikel aus der Mitte des 15. Jh. Das Patronatsrecht des Kl. Amorbach über die Kirche zu Gerichtstetten wird schon 1395 erwähnt und um 1620 noch einmal bekräftigt. Doch ist auch dieses Recht von den adligen Herrschaften ausgehöhlt worden, wie sich bei der Durchführung der Reformation am Ort zeigen sollte, bei der Wolf von Hardheim die Initiative ergriffen hat. Als Mitvogtsherr des Dorfes beanspruchte er offenbar eine Art Präsentationsrecht auf die Pfarrstelle, denn noch 1548 hat er dem Abt von Amorbach einen kath. Pfarrer vorgeschlagen.

Wie an seinem Stammsitz konnte Wolf von Hardheim nach 1555 auch in Gerichtstetten an die Einführung der Reformation gehen, indem er den seitherigen Pfarrer Peter Löhr entließ, weil dieser durch seinen Lebenswandel Grund zu Beanstandungen gegeben hatte. 1578 ist die Rede davon, daß Amorbach zwar das Patronatsrecht besaß, die Pfarrei aber dessen ungeachtet von denen von Hardheim und von Adelsheim zu besetzen war. Dies ist ein deutlicher Hinweis auf die Einführung der Reformation kraft vogteilicher Rechte der Adeligen.

Als erster ev. Geistlicher wird in Gerichtstetten 1563 Sebastian Schönbrot von Passau erwähnt, der auch in Hardheim gewirkt hat. Es war demnach in Gerichtstetten auf der Grundlage des Augsburger Religionsfriedens gelungen, die Auffassung durchzusetzen, daß die Vogteiherrschaft mit der Landesherrschaft gleichzusetzen sei, wohingegen die mainzische Ansicht, daß aus der Zentherrschaft ebenfalls landesherrliche Rechte abzuleiten seien, nicht zur Geltung kam. De facto übte nun also Wolf von Hardheim mit stillschweigender Zustimmung des Mitvogtsherrn das Patronatsrecht über die Kirche in Gerichtstetten aus, indem er 1578 einen ev. Pfarrer einsetzte, obwohl Abt Theobald von Amorbach seine Zustimmung dazu verweigerte.

Nach dem Aussterben der Hardheimer beanspruchte Kurpfalz die Aufsicht über das Kirchen- und Schulwesen in Gerichtstetten und setzte 1608, allerdings unter Widerspruch des Mitdorfherrn Wertheim, einen ref. Geistlichen ein; das Kl. Amorbach protestierte dagegen gleichfalls ohne Erfolg. Nachdem das Amt Boxberg, zu dem die pfälzische Hälfte von Gerichtstetten gehörte, 1621 von bayerischen Truppen eingenommen worden war, konnte Amorbach die Gerichtstettener Pfarrstelle 1623 mit einem kath. Priester besetzen. Nach der Einnahme Frankens durch Gustav Adolf wurde von Wertheim aus der kath. Pfarrer 1632 wieder durch einen evangelischen ersetzt, der Buch am Ahorn mitversah. Dieser ev. Pfarrer konnte aber nur bis 1634 am Ort bleiben, da infolge des durch die Nördlinger Schlacht herbeigeführten Umschwungs der kath. Priester wieder zurückgeführt werden konnte. Von 1636 bis 1646 wurde Gerichtstetten durch den kath. Pfarrer von Altheim versehen, während sich die Evangelischen am Ort nach Brehmen und Unterschüpf wandten.

Nach der Restitution der Pfälzer Kurfürsten wurde Gerichtstetten auch in kirchlicher Hinsicht auf den Stand des Normaljahres zurückgeführt, indem 1651 wieder ein ref. Pfarrer eingesetzt wurde, der zugleich Wölchingen und Angeltürn, später auch noch Schillingstadt und Schwabhausen (seit 1654) zu versehen hatte. Eine erneute Reformation wurde aber offensichtlich nicht unternommen, zumal die Gemeinde wohl mehrheitlich katholisch bleiben wollte, weshalb die Katholiken seit 1646 von Pülfringen, dann von Bretzingen aus versehen wurden. Das damit praktisch eingerichtete Simultaneum führte mit dem Übergang der kurpfälzischen Hälfte von Gerichtstetten an Würzburg 1691 dazu, daß die Pfarrei 1702 nach dem Tod des letzten ref. Pfarrers Winchenbach wieder katholisch wurde, womit auch das Patronatsrecht von Amorbach erneut auflebte. Um 1735 soll die Gemeinde wieder ganz katholisch gewesen sein. Die kath. Pfarrei Gerichtstetten gehörte nun, wie schon vor der Reformation, zum Landkapitel Buchen.

Eine neue Kirche wurde in Gerichtstetten zwischen 1772 und 1777 errichtet. An den Vorgängerbau erinnert noch der Turm an der Nordseite des Chores, dessen Untergeschoß aus dem 12. Jh. stammen soll. Ein neues Pfarrhaus wurde 1773 erbaut.

Am großen und kleinen Zehnt zu Gerichtstetten waren das Kl. Amorbach zu zwei Dritteln und das Kl. Seligental zu einem Drittel beteiligt. Bereits 1463 und wieder um 1620 wird berichtet, der Pfarrer sei im Besitz eines Drittels des kleinen Zehnten.

Die Einsetzung eines ev. Schulmeisters in Gerichtstetten durch Wertheim ist erstmals 1632 bezeugt. Damals soll der Gerichtstettener Schuldienst einer der einträglichsten in der ganzen Grafschaft Wertheim gewesen sein.

Bevölkerung und Wirtschaft. – Eine Schatzungsliste aus dem Jahre 1606 führt 72 Abgabepflichtige auf, woraus man schließen darf, daß Gerichtstetten zu jener Zeit etwa 300 Einwohner hatte. Bei der Huldigung für Kurfürst Friedrich V. von der Pfalz sind 1610 aus Gerichtstetten 58 Untertanen erschienen, 16 waren ausgeblieben. Dem entspricht es, wenn 1620/30 im Dorf 70 Männer gezählt wurden; durch die Pest soll die Bevölkerung 1634 um zwei Drittel ihres Bestandes reduziert worden sein. 1651 gab es 26 Männer, 26 Frauen und 52 Kinder am Ort, die Hälfte der Häuser war unbewohnt. Eine statistische Erhebung aus dem Jahre 1725 nennt für Gerichtstetten 160 Verheiratete, 227 Ledige, 3 Witwen und 2 Beisassen. Es ist anzunehmen, daß zu diesen 392 Personen noch eine Anzahl minderjähriger Kinder hinzugezählt werden muß. Zu Beginn des Jahres 1803 zählte die ortsanwesende Bevölkerung 501 Personen. 1806 wurden am Ort 90 Familien mit 541 Seelen gezählt.

Die hauptsächliche wirtschaftliche Betätigung der Bevölkerung waren der Feldbau und die Viehzucht, daneben etwas Getreidehandel. Eine Mühle findet bereits im Amorbacher Urbar von 1395 Erwähnung. 1802 bestanden in Gerichtstetten 3 Wirtshäuser.

Helmstheim. – Der südlich von Gerichtstetten gelegene Hof Helmstheim wird im Urbar des Kl. Amorbach 1395 als *Helmßem* genannt. Sein Name ist wohl von einem Personennamen abgeleitet. Die Vogtsherrschaft über das ehemalige Dorf kam vermutlich über die Edelherren von Dürn und über den Niederadel um 1492 an Mainz. Das Kl. Amorbach besaß dort 1395 einen Fronhof sowie 6½ Hufen und hatte die Hälfte des großen und des kleinen Zehnten zu beziehen. Zu dieser Zeit war die Reduktion des einstigen Dorfes auf einen Hof offenbar schon abgeschlossen. 1424 verkauften Dekan und Kämmerer des Kapitels Taubergau eine Gült auf dem Hof zu Helmstheim für 12 fl an Erhard Pfahl in Tauberbischofsheim. Ursprünglich gehörte Helmstheim in die Pfarrei Gerichtstetten; die Bewohner wandten sich aber später wegen der hier durchgeführten Reformation in die altgläubige Kirche nach Altheim. Als der Pfarrer von Altheim 1636/46 auch die Pfarrei Gerichtstetten versah, zog er die Höfe Helmstheim und Kudach zu seiner Pfarrei, wo sie dann verblieben sind. Helmstheim gehörte daher bis 1803 zum kurmainzischen Amt Amorbach, ist mit diesem 1803 zum Fürstentum Leiningen und 1806 an das Großherzogtum Baden gekommen. Erst 1924 ist der Hof von Altheim nach Gerichtstetten umgemeindet worden.

Hardheim

Siedlung und Gemarkung. – Das Dorf im Erfatal an der Einmündung des Riedbaches wird um 1100 erstmals urkundlich genannt (*Harthein*, Kop. 13. Jh.); die frühere Erwähnung zum Jahre 996 beruht auf einer Fälschung des ausgehenden 13. Jh., und mit dem im Lorscher Codex genannten Hartheim ist eine Siedlung bei Lohrbach gemeint (heute abgeg.). Mit seinem Bestimmungswort bezieht sich der Ortname vermutlich auf einen Weidewald. Man darf annehmen, daß das Dorf in merowingischer Zeit entstanden ist. Der alte Kern der Siedlung ist wohl in der Nähe der Unteren Burg zu suchen. 1651 wurden 65 ganze und 35 halbe Häuser (die nur ½ lb, d.i. die Hälfte des Rauchgeldes, zu geben hatten) gezählt sowie 35 Hausplätze. 1799 zählte man 269 Häuser, 1806 201 Häuser, 8 Mühlen und eine Schäferei, dazu Kirche, Pfarr- und Schulhaus. Von der einst vorhandenen Ortsbefestigung wurde 1811 zuletzt das Steinerne Tor abgetragen.

Die Gkg Hardheim erstreckt sich zu beiden Seiten der hier nach NW fließenden Erfa und ihrer bei Hardheim mündenden Zuflüsse. 1806 umfaßte sie 2688 M Äcker, 270 M Weinberge, 482 M Wiesen, 50 M Weide und 2088 M Wald (letzterer zusammen mit Rüdental und Steinfurt).

Herrschaft und Staat. – Die herrschaftliche Entwicklung in Hardheim ist von der Grundherrschaft des Kl. Amorbach ausgegangen, wobei die Vogteiherrschaft hier wie anderwärts, den edelfreien Herren von Dürn zugestanden hat. Rupert von Dürn nahm 1317/22 das damals allerdings bereits verpfändete Hardheim vom Hochstift Würzburg zu Lehen. Der Ort galt später zusammen mit Königheim als Zubehör des mit dem würzburgischen Kämmereramt verbundenen Lehens Schweinberg, das aus dem Erbe des Konrad von Boxberg in den Besitz der Grafen von Wertheim übergegangen war.

Die Ortsvogtei haben als Lehensleute der Dürner die niederadeligen Herren von Hardheim wahrgenommen, die zugleich auch als Amorbacher Lehensleute erwähnt werden (1284). Die vormals Dürner Vogteirechte gelangten, wohl im Erbgang zu Anfang des 14. Jh., in die Hand der Grafen von Wertheim.

Das sich nach Hardheim nennende Niederadelsgeschlecht wird 1197 mit *Heinricus de Hartheim* erstmals urkundlich genannt. Die Familie, in der besonders die Taufnamen Reinhard und Werner beliebt waren, ist 1607 mit Georg Wolf von Hardheim im Mannesstamm ausgestorben. Das Wappen der Hardheimer zeigt, wie das verschiedener anderer Geschlechter im Umkreis der Dürner, einen zinnenbekrönten Turm. Ein Zweig der Familie führte im 14. Jh. den Beinamen Slemper; nach ihm ist der Schlempertshof bei Höpfingen (1334/45 *Slempers wiler*) benannt. Die Herren von Hardheim waren vornehmlich Lehensleute der Bischöfe von Würzburg und der Grafen von Wertheim; eine wohl vollständige Aufstellung ihrer Passivlehen (1614) nennt als Lehensherren auch noch den Deutschen Orden (Hof in Höpfingen) und das Erzstift Mainz (Oberschloß zu Hardheim), ferner den Herzog von Württemberg (Schloß Domeneck) und den Dompropst zu Mainz (Zehntrechte zu Freudenberg). Als unmittelbare Würzburger Lehen der Hardheimer werden zwei Teile (= ⅔) des Zehnten zu Hardheim genannt, mit Ausnahme eines Neuntels, ferner eine Mühle gen. Steinbrücke sowie das Tal unter dem Dorf und eine Hufe gen. *Meydenshube* (1322/33). Später (1333/35) erscheint auch das Dorf Höpfingen mit Gericht und Vogtei unter den Lehnstücken, schließlich noch der Wald Buch und der Schlempertshof sowie eine Mühle in Bretzingen (1334/45). Eberhard von Hardheim wurde 1394 vom Bischof von Würzburg als Erbburgmann zu Homburg am Main angenommen. Unter den Wertheimer Lehen erscheinen der Hof zu Rüdental, Fischereirechte in der Erfa und Zehntrechte zu Steinfurt (1398) sowie die Untere Burg zu Hardheim (1401) mit drei bei dieser Burg gelegenen Gütern (1421), das halbe Dorf Reichartshausen bei Miltenberg (1411), ein Drittel am kleinen Zehnt zu Gamburg (1444), der Hof Schwarzenbrunn (1406), die Hälfte von Gerichtstetten (1455) sowie die Fischweide (1421) und der Schaftrieb zu Hardheim (1440), der Hof Rüdental (1421) und schließlich der Zehnt und andere Einkünfte zu Steinfurt (1457). Während des Bestehens der Breuberger Linie des Wertheimer Grafenhauses (1407–1497) wurden von dieser die zur Herrschaft Schweinberg gehörigen Lehen verliehen. In dieser Zeit erhielten einzelne Herren von Hardheim vorübergehend auch in der Herrschaft Breuberg gelegene Lehen, nämlich Güter in Kirchbrombach (1411) sowie die Kirchensätze in Vielbrunn (1427) und Raibach (1474). Weitere Besitzungen der Hardheimer – zumeist Streubesitz – finden sich in dem abgeg. Balderthausen bei Heckfeld (1293), in Westernhausen bei Künzelsau (Kirchsatz 1317), Rohrensee bei Gerchsheim (1394), Gissigheim und Höhefeld (1410) sowie in Betzwiesen bei Hardheim (1443).

Verschiedene Mitglieder der Familie von Hardheim finden sich seit dem Ende des 13. Jh. in Diensten der Grafen von Wertheim. Reinhard von Hardheim bekleidete um 1420/41 die wichtige Funktion eines Amtmanns zu Wertheim. Eberhard von Hardheim wurde 1398 von Graf Johann I. neben den beiden Brüdern des verstorbenen Grafen zum Vormund von dessen unmündigen Söhnen ernannt. Ritter Konrad von Hardheim erscheint 1439 an hervorgehobener Stelle als Mitglied der Wertheimer Bruderschaft von Priestern und Laien. Auch andere Angehörige der Familie standen mit Wertheim in näheren Beziehungen und Dienstverhältnissen, die in der Regel als Mitbesiegelungen von Urkunden oder als Übernahme von Bürgschaften belegt sind, desgleichen mit den Edelherren von Dürn und Boxberg, den Bischöfen von Würzburg oder den Erzbischöfen von Mainz. So werden beispielsweise Wolf und Bernhard von Hardheim als mainzische Amtleute zu Külsheim und Krautheim erwähnt (1538).

Ein Heinrich von Hardheim wird 1284–1300 als Mönch (zeitweise Subprior) im Kl. Schöntal an der Jagst genannt, 1464 findet sich ein Georg von Hardheim als Stiftsherr im Ritterstift St. Burkhard zu Würzburg. Else Gabel von Obrigheim, Ehefrau des Hans von Hardheim, machte 1443 eine Stiftung zugunsten der Frühmesse in Bödigheim.

Mit der Nennung eines Oberen Schlosses in Hardheim (*castrum superius* 1325) wird bereits die Existenz des Unteren Schlosses vorausgesetzt. Das heutige Aussehen des Unteren Schlosses läßt freilich, mit Ausnahme des noch allein vorhandenen Bergfrieds, nichts mehr von der ursprünglichen Anlage erkennen. Sicher ist, daß die Burg durch einen Wassergraben geschützt war, der von einem heute trockengelegten See, dem Jobstseelein, gespeist wurde und mit dem Riedbach in Verbindung stand. Der Turm, an dem schon seit langem Wohn- und Wirtschaftsgebäude unmittelbar angebaut sind, dürfte der nachstaufischen Zeit angehören, da lediglich die Eckquaderung die typische Bossierung aufweist; er hat eine Seitenlänge von 6,4 m und eine Mauerdicke von 2,1 m, seine Höhe wird auf 30 m geschätzt.

Das Untere Schloß wurde 1444, wohl mit Mainzer Hilfe, von würzburgischen Truppen eingenommen, da der Mitbesitzer Horneck von Hornberg zusammen mit anderen Adeligen es zum Stützpunkt für seine Fehdeunternehmungen gemacht hatte, die u.a. gegen das Hochstift Würzburg gerichtet waren. Eine Einigung Hornecks mit Mainz erfolgte 1460; die übrigen Teilhaber an der Burg vertrugen sich mit Würzburg wegen deren Rückgabe erst 1474. Schon 1595 wird die Untere Burg als verfallen bezeichnet; 1711 waren Turm und Graben im Besitz verschiedener Hardheimer Einwohner.

Das Obere Schloß wird wegen seiner Lage außerhalb des Ortskerns wohl als Zweitgründung gegenüber dem Unteren Schloß angesehen werden müssen, wobei davon auszugehen ist, daß die heute vorhandene frühneuzeitliche Anlage an der Stelle einer mittelalterlichen Burg errichtet wurde, von der freilich keine Reste mehr zu erkennen sind; doch ist anzunehmen, daß auch diese mit einem Wassergraben befestigt war. Das Obere Schloß wurde, wie Inschrift und Wappen am Portal zu erkennen geben, 1561 von Wolf von Hardheim und seiner Ehefrau Margarete von Berlichingen erbaut.

Zum Schloß gehörte ursprünglich ein weiträumiger Vorhof (heute z.T. Anlagen) mit Baumgärten und Wirtschaftsgebäuden, der ebenfalls durch einen Wassergraben, teilweise aber auch mit einem Hagdorn- und Palisadenzaun eingefriedet war. Ein Brunnen im Vorhof, errichtet 1559, trägt den Namen des Erbauers Wolf von Hardheim und des ev. Spitalpfarrers Sebastian Schönbrot. Zur Schloßanlage gehörte der um 1550 errichtete Marstall, ein Bau mit Treppengiebel, 1856 als Spital, um 1900 als Gewerbeschule eingerichtet. Nach der Renovierung 1984/85 dient das Gebäude heute u.a. der Unterbringung des Gemeindearchivs. An den Marstall schließt östlich der Schüttungsbau an, der 1683/84 als würzburgische Zehntscheuer errichtet wurde.

Die Grafen von Wertheim waren offensichtlich bestrebt, die von den Dürnern in Hardheim ererbten Rechte selbst auszuüben und weiter auszubauen. Dies mußte zu Auseinandersetzungen mit den Herren von Hardheim führen, und schon 1382/83 wurden zwischen beiden Seiten Verträge über die Landschiedung geschlossen. König Wenzel verlieh 1389 dem Eberhard von Hardheim das Recht, im Vorhof des Oberen Schlosses Leute anzusiedeln, die nur vor seinem Gericht belangt werden sollten. Es zeichnet sich hier eine Auseinandersetzung um die Gerichtsrechte ab, die 1399 hinsichtlich des hohen oder Zentgerichts dahingehend entschieden wurde, daß Mahnungen des Grafen zum Auszug (der wehrfähigen Leute) wie von alters her befolgt werden mußten und entsprechende Bußen dem Grafen zustehen sollten. Schädliche Leute durften die Hardheimer in gleicher Weise wie die Grafen angreifen. Aus der Wertheimer Zent Hardheim, die Hardheim mit Rüdental und Steinfurt sowie Schweinberg mit Wolferstetten umfaßte und als wertheimisches Reichslehen angesehen wurde (1553), war demnach eine besondere Gerichtsbarkeit der Herren von Hardheim ausgegrenzt.

1422 wurde den Herren von Hardheim seitens der Grafen von Wertheim Gebot und Verbot auf ihren Gütern zu Hardheim und die Buße für Schlägereien innerhalb der Dorftore ausdrücklich zugestanden. Dieselben Bestimmungen wiederholt ein von den Herren von Hardheim erfragtes Weistum aus dem Jahre 1423, das ergänzend bestimmt, die Hardheimer hätten auch die allerdings geringere Buße für Schlägereien außerhalb der Tore zu beziehen, desgleichen die Buße für Leute, die einen anderen Lügner schelten. Weitere Bestimmungen betreffen das Nichtbefolgen von Pfandforderungen und von Ge- oder Verboten des hardheimischen Schultheißen oder Büttels, wofür ebenfalls Bußen festgesetzt sind.

Das dem Grafen von Wertheim gewiesene Recht vom Jahre 1424 sagt aus, daß dieser oberster Herr und Vogt in Feld und Dorf ist, auf allen Gütern im Dorf zu gebieten und zu verbieten sowie das Geleitsrecht auszuüben hat. Er erteilt die Erlaubnis, im Bach zu fischen, führt die Aufsicht über Maß und Gewicht, hat das Recht, die wehrfähige Mannschaft aufzubieten und bei Nichtbefolgen zu bestrafen. Der Graf allein schützt und schirmt die Märkte in Hardheim und gebietet über den Aufenthalt von Fremden am Ort. Das Gerichtsrecht der Edelleute am Ort ist auf deren eigene Güter und Landsiedel beschränkt. Schöffen sollen nach Möglichkeit aus den Leuten des Grafen genommen werden; einen Heimbürgen bestellt der Graf, den anderen die Gemeinde. Der Graf setzt ferner Glöckner, Flurschützen und Hirten ein und bestraft allein die Weidevergehen seiner Untertanen auf fremden Gütern.

Eine nähere Bestimmung des beiderseitigen Verhältnisses traf ein Vertrag aus dem Jahre 1426, worin den Herren von Hardheim bestätigt wurde, daß sie auf ihren Gütern mit neun Geschworenen Gericht halten dürfen, wann sie wollen. Während jedoch zum gräflichen Gericht mit der großen Glocke geläutet werden sollte, durften die Hardheimer hierfür nur die kleinere benutzen. Die Tätigkeit des von den Hardheimern bestellten Schultheißen und des Büttels blieb auf deren Güter beschränkt, für Pfandforderungen konnten sie allerdings auch auf andere Güter übergreifen.

Ritter Werner von Hardheim und seine Frau Agnes gaben 1324 dem Erzbischof Matthias von Mainz das Obere Schloß samt Vorhof zu Lehen auf und verschrieben ihm eine ewige Öffnung zu Hardheim. Seither war das Obere Schloß zusammen mit Gütern und Gefällen in Orten der Umgebung bis zum Aussterben des Geschlechts ein mainzisches Lehen der Hardheimer.

Vom Unteren Schloß verkauften Konrad von Hardheim und seine Frau Petronella 1447 eine Hälfte gegen ein Leibgeding an den Bischof von Würzburg. Damit gewann Würzburg Einfluß auf dieses Wertheimer Lehen, wogegen die Grafen in der Folgezeit ständig, freilich ohne Erfolg protestierten. Diesen Anteil am Unteren Schloß verpfändete Würzburg kurzfristig an Raban und Hans von Helmstatt. Auf das Untere Schloß bezieht sich wohl auch ein Vertrag zwischen Sittich von Hardheim und seinem Bruder Werner, wonach ersterer seinen Anteil gegen einen Hof in Wertheim eintauschte (1453). Ein ähnlicher Verkauf unter Brüdern erfolgte 1462. Der 1447 veräußerte Anteil am Unteren Schloß, nämlich ein Drittel, wurde 1455 dem Horneck von Hornberg d. J. als wertheimisches Lehen verliehen.

Die würzburgischen Rechte am Unteren Schloß wurden 1472 dahingehend festgelegt, daß sie von Horneck mit 800 fl eingelöst werden konnten. Dieser Horneckscher Anteil am Unteren Schloß ging 1476 an Jörg von Gebsattel und wurde umgehend von Würzburg eingelöst, während Werner von Hardheim, der sich offensichtlich in wirtschaftlichen Schwierigkeiten befand, den seinigen schon 1474 an Würzburg abgetreten hatte. Durch Verpfändung war das Untere Schloß 1480/84 dann zusammen mit der Steinemühle in der Hand von Arnold Horneck; 1485 wird Johann von Allendorf als Inhaber genannt, und 1489 wurden Schloß und Mühle an Arnold Gayling, 1504 bis 1506 an Ludwig von Hutten verpfändet. 1534 wird das Untere Schloß als Sitz eines hardheimischen Vogts erwähnt.

Nicht näher zu bestimmen ist ein Anteil an Hardheim, den Pfalzgraf Otto II. von Pfalz-Mosbach 1450 an seinen Tochtermann Graf Philipp d. Ä. von Rieneck zusammen mit der Herrschaft Lauda verkaufte. Es kann sich hier nur um einen kurzfristigen Besitz handeln, wie jener des Schenken Otto von Erbach, der in Hardheim 1465 und 1469 genannt wird.

Eine Veränderung der herrschaftlichen Verhältnisse in Hardheim bahnte sich durch das Aussterben der Grafen von Wertheim im Jahre 1556 an. Die Würzburger Lehen der Wertheimer gingen durch vertragliche Abmachung zunächst an Graf Ludwig von Stolberg, den Schwiegervater des letzten Grafen Michael III. Dem Grafen von Stolberg († 1574) sollten die eventuellen männlichen Erben seiner beiden ältesten Töchter in diese Lehen nachfolgen. Männliche Erben hatte jedoch nur die mit dem Grafen Ludwig III. von Löwenstein verheiratete jüngste Tochter, weshalb Löwenstein, gestützt auf eine einseitige Verfügung Stolbergs, auch die Würzburger Lehen beanspruchte. Im Falle von Hardheim handelte es sich um ein Drittel des Ortes mit der Zent, während ein zweites Drittel würzburgisches Lehen der Hardheimer und das dritte Drittel würzburgisches Eigen waren. Davon ausgenommen war die Oberburg mit ihrem Vorhof als mainzisches Lehen.

Das wertheimische, von Würzburg zu Lehen gehende Drittel an Hardheim war 1563 von Graf Ludwig von Stolberg an Wolf von Hardheim verpfändet worden. Später wurde es jedoch von Wilhelm von Kriechingen, der als zweiter Ehemann der zweiten Stolberg-Tochter zeitweilig die würzburgischen Lehen der Grafschaft Wertheim innehatte, an Würzburg abgetreten (1599). Hierauf wurde das Amt Schweinberg mit Pülfringen, Hardheim und Waldstetten von Würzburg wiederholt besetzt und die Huldigung der wertheimischen Untertanen erzwungen (1600/01). Die Rechtmäßigkeit dieser Übernahme der Herrschaft wurde von Wertheim stets bestritten (»Vier-Ämter-Streit«), konnte aber nicht wieder rückgängig gemacht werden, obwohl die Pfandsumme 1604/05 zurückbezahlt wurde. An die Stelle des wertheimischen Amts Schweinberg trat jetzt das würzburgische Amt Hardheim, das neben Hardheim noch Schweinberg, Rüdental und Steinfurt sowie verschiedene Mühlen vereinigte (1614).

Da mit dem Tod des Georg Wolf von Hardheim (1607) dessen Familie im Mannesstamm ausstarb, fielen auch deren würzburgische Lehen heim. Mit Ausnahme des Oberschlosses und der Steinemühle als Zubehör war Würzburg nun alleiniger Dorfherr in Hardheim. Der Eigenbesitz der Herren von Hardheim in Hardheim und an anderen Orten wurde von Mainz käuflich erworben. Eine Klage von Mainz gegen Würzburg wegen der Zugehörungen des Oberen Schlosses wurde schließlich 1630 vom Reichskammergericht abgewiesen. Die mainzischen Besitzungen in Hardheim gingen 1656 im Zuge des Ausgleichs zwischen dem Erzstift Mainz und dem Hochstift Würzburg an das letztere über. Für das Oberschloß und die Zenthoheit in Höpfingen, Bretzingen und Pülfringen erhielt Mainz die bis dahin würzburgische Hälfte an Werbach.

Mit dem wertheimischen Amt Schweinberg war auch die Zent Hardheim an Würzburg übergegangen. Diese umfaßte 1663 Hardheim, Schweinberg, Höpfingen, Bretzingen, Pülfringen und Waldstetten (mit Ausnahme der kurmainzischen und rüdtischen Untertanen) sowie Steinfurt, Rüdental, Schlemperts-, Birkenfelder und Hoffelder Hof, Mittel-, Steine-, Wohlfahrts- und Lindenmühle. Von den 12 Zentschöffen hatten Hardheim 2, Schweinberg 1, Höpfingen 2, Bretzingen 2, Pülfringen 2, Waldstetten 1, Steinfurt und Rüdental je 1 zu stellen.

Durch die »Schwedische Donation« (1632), mit der den Grafen zu Löwenstein-Wertheim die vier von Würzburg entrissenen Ämter restituiert wurden, gelangte Hardheim kurzfristig wieder an Wertheim. Durch die Niederlage der ev. Seite in der Schlacht von Nördlingen (1634) wurde dieser Herrschaftswechsel jedoch wieder gegenstandslos. 1803 kam Hardheim mit seinen Amtsorten an das Fürstentum Leiningen, 1806 zum Großherzogtum Baden.

Grundherrschaft und Grundbesitz. – Kl. Amorbach erwarb zwischen 1050 und 1150 zwei *allodia* in Hardheim. Diese zwei Höfe werden auch im Urbar des Klosters von 1395 erwähnt. Ritter Heinrich genannt Langerhunt von Schweinberg und dessen Frau Agnes verkauften 1329 ihren Hof (*curia*) zu Hardheim an das Kl. Bronnbach. Es hat ferner Grundherrschaft und Grundbesitz der verschiedenen Mitherren gegeben, wobei die im Besitz der Herren von Hardheim befindlichen Güter durch Erbgang, Verpfändung oder Verkauf teilweise in verschiedene Hände gelangten. So erteilte 1446 Graf Georg I. von Wertheim die Erlaubnis, daß Konrad von Hardheim den von Wertheim zu Lehen rührenden, also zum Unteren Schloß gehörigen Teil des Bauhofs verpfändete. Als Zubehör des Unteren Schlosses werden noch drei weitere Güter genannt (1457). Zu einem Burggut auf der Burg Schweinberg, das ein wertheimisches Lehen zunächst der Hund von Wenkheim, dann der Münch (von Rosenberg) war, gehörte ein Gut, genannt Kunz Leschen Gut (1454).

Gemeinde. – Die Gde Hardheim tritt bei der Aufnahme der Weistümer 1423/24 ins Blickfeld. Genannt werden die Schöffen des dem Grafen von Wertheim zustehenden Gerichts, die Heimbürgen, von denen einer vom Grafen von Wertheim, der andere von der Gemeinde zu wählen war, ferner Glöckner, Flurschützen und Hirten, die ebenfalls vom Grafen zu ernennen waren. Das von den Herren von Hardheim zu besetzende Gericht sollte nach einem Entscheid von 1426 neun Schöffen umfassen. Dementsprechend war von jeder Herrschaft ein Schultheiß einzusetzen.

Im Bauernkrieg plünderten die hardheimischen, wertheimischen und würzburgischen Untertanen das Untere Schloß in Hardheim. Von dem vor Würzburg liegenden Bauernhaufen wurden die Hardheimer zum Zuzug aufgefordert, doch ist nicht klar, inwieweit dem auch Folge geleistet wurde. Wegen der Drohungen des Schweinberger Amtmannes beschwerte sich die Gemeinde beim Bauernheer. Nach dessen Niederlage wurden sieben Hardheimer peinlich verhört, die Gemeinde hatte dem Grafen 800 fl Strafe, den Herren von Hardheim 400 fl Schadensersatz zu zahlen. Ein Schiedsgericht bestimmte im Streit zwischen dem Grafen und den Herren von Hardheim, daß Ansprüche an die Untertanen der jeweils anderen Herrschaft gegeneinander aufgerechnet und damit fallengelassen werden sollten.

Das Spital in Hardheim ist eine Stiftung der Ritter Werner und Reinhard von Hardheim aus dem Jahre 1310, die 1332 von Bischof Wolfram von Würzburg bestätigt wurde. Ein Spitalmeister wird 1438 erwähnt. Das Recht, diesen einzusetzen, stand den Nachkommen der Stifter zu. Das heute noch stehende Spitalgebäude, der Neue Bau, wurde erst 1856 zum Spital eingerichtet und hat zuvor als Marstall gedient. In der würzburgischen Zeit ist der Hardheimer Spitalbesitz zum Würzburger Juliusspital geschlagen worden.

Kirche und Schule. – Das Patrozinium der Kirche zu St. Alban läßt auf Mainzer Einflüsse schließen, so daß die Kirchengründung möglicherweise schon in frühmittelalterlicher Zeit anzunehmen ist. Die Kollatur der Pfarrpfründe stand dem Domkapitel in Würzburg zu (1453). Zur Pfarrei Hardheim gehörten als Filialen Dornberg, Rütschdorf, Vollmersdorf und Wettersdorf.

Eine Frühmesse, 1357 bestätigt, wurde von den Herren von Hardheim gestiftet. Das Präsentationsrecht darüber wurde vom Domkapitel in Würzburg ausgeübt. Zusammen mit dem Spital wurde von Werner und Reinhard von Hardheim dort eine Kapelle mit einem Altar zu St. Agnes gestiftet, worüber sich die Herren von Hardheim das Präsentationsrecht vorbehielten. Eine weitere Altarstiftung zu St. Johannes dem Täufer und den Aposteln Petrus und Paulus in der Pfarrkirche nahmen die Herren von Hardheim vor 1366 vor. Das Präsentationsrecht über diese Pfründe und jene in der Spitalkapelle wurde den Hardheimern 1403 vom Bischof von Würzburg zugesichert, doch sollten sie dieses Recht vom Bischof zu Lehen nehmen. Die Würzburger Diözesanmatrikel (ca. 1450) nennt in Hardheim, das zum Landkapitel Buchen gehörte, die Pfarrei, die Frühmesse, einen Altar und das Hospital. Die Stiftung eines weiteren Altars, zu St. Sebastian, in der Pfarrkirche durch die Herren von Hardheim, worüber sich die Stifter das Patronat vorbehielten, erfolgte wohl später.

Weitere Altarstiftungen machten die Herren von Hardheim für die Kapelle bei dem Filialort Dornberg (ULF) und für die St. Jobst-Kapelle bei der Wohlfahrtsmühle im Erfatal unterhalb von Hardheim.

Die Einführung der Reformation in Hardheim wurde bereits nach 1525 durch Graf Georg II. von Wertheim angestrebt, konnte aber wegen des Fehlens der rechtlichen Voraussetzungen nicht zum Zuge kommen. Wohl im Einverständnis mit Wertheim konnten die Herren von Hardheim nach 1555 daran gehen, die Reformation durchzuführen. Da sie über die Pfarrpfründe nicht verfügen konnten, zogen sie vier Altarpfründen ein, um damit die Besoldung eines ev. Geistlichen zu ermöglichen. Als ev. Kirche diente für die hardheimischen und wertheimischen Untertanen die 1552/55 von Wolf von Hardheim neuerbaute Spitalkapelle. Erster ev. Pfarrer am Ort war Sebastian Schönbrot von Passau (1558). Die Pfarrkirche blieb den kath. würzburgischen Untertanen am Ort vorbehalten. Zeitweilig konnte Wolf von Hardheim aufgrund der Altarstiftung seiner Vorfahren auch ev. Gottesdienst in der Pfarrkirche durchsetzen.

Der Versuch eines Ausgleichs der konfessionellen Gegensätze am Ort wurde 1566 unter Vermittlung von Württemberg unternommen. Ein Vergleich kam zwar nicht zustande, doch setzte der Bischof durch, daß in der Pfarrkirche kein ev. Gottesdienst mehr gehalten wurde. Nach längeren Verhandlungen wurde schließlich 1594 zwischen Bischof Julius von Würzburg und Georg Wolf von Hardheim ein Vertrag geschlossen, wonach die der Pfarrei und der Frühmesse entzogenen Besitzungen und Einkünfte zurückerstattet wurden, wogegen die Pfründen, über die den Hardheimern die Präsentation zustand, für die Besoldung des ev. Pfarrers verwendet werden durften. Bei der bischöflichen Visitation 1595 wurde allerdings festgestellt, daß auch die würzburgischen Untertanen in Hardheim größtenteils den ev. Gottesdienst besuchten.

Nach der Inbesitznahme des wertheimischen Anteils an Hardheim durch Würzburg (1600) wurde bereits mit der Gegenreformation begonnen. Der Schultheiß und drei Schöffen, die nicht katholisch werden wollten, wurden aus ihren Ämtern entfernt. Nach dem Tod des Georg Wolf von Hardheim 1607 und dem Heimfall des würzburgischen Lehensteils wurde der ev. Pfarrer Johann Schüssler vertrieben. Diejenigen Einwohner, die bei der ev. Konfession bleiben wollten, konnten für einige Jahre noch nach Höpfingen zum Gottesdienst gehen. Einen gewissen Abschluß der Gegenreformation bildet der Umbau der Pfarrkirche unter Bischof Julius 1615; in einer für ihn typischen (jetzt verlorenen) Inschrift an der Kirche hat der Bischof auf sein Reformationswerk hingewiesen.

In der Schwedenzeit 1632/34 wurden von Wertheim aus wieder ev. Pfarrer in Hardheim angestellt. Dies blieb jedoch ohne weitere Auswirkungen. 1799 waren ein kath. Pfarrer und zwei Kapläne am Ort tätig.

Ein Inschriftstein mit den Wappen Reinhard von Hardheims und seiner Frau Gutta von Riedern mit der Jahreszahl 1438 läßt auf einen Neubau oder Umbau der Kirche in jener Zeit schließen; nach der Erneuerung unter Bischof Julius folgte eine weitere 1768. 1880 wurde die Kirche wegen Baufälligkeit geschlossen und im folgenden Jahr abgerissen. Die heutige Kirche wurde 1891/94 errichtet.

Der Zehnt zu Hardheim war bis zu deren Aussterben als Würzburger Lehen im Besitz der niederadeligen Ortsherren und ist danach dem Lehnsherrn heimgefallen. Am kleinen Zehnt war um 1800 die örtliche Pfarrei mit einem Drittel beteiligt.

Die Schaffung eines Einkommens für einen Schulmeister in Hardheim wurde bereits 1474 von Bischof Rudolf von Würzburg genehmigt. 1574 werden ein ev. und ein kath. Schulmeister erwähnt, anläßlich der Visitation 1595 hört man jedoch nur noch von einem luth. Schulmeister. 1669 war das Schulhaus ruiniert; Nachrichten über die Schule finden sich dann erst wieder aus dem 18. Jh. Demnach war der Schulmeister, der von jedem Schüler 3 Batzen Schulgeld und einen Laib Brot zu beziehen hatte, gleichzeitig als Glöckner tätig, der von jedem Gemeinsmann, der sein Feld mit dem Pflug bestellte, die Läutegarbe zu beanspruchen hatte. Dieser Einkommensteil wurde insgesamt auf 90 Garben veranschlagt. Für die Mithilfe bei gottesdienstlichen Verrichtungen hatte der Schulmeister weitere Einkünfte zu beziehen. 1799 wurde die Schule von einem Rektor und seinem Gehilfen versehen; 1786 zählte man 227 Schulkinder.

Bevölkerung und Wirtschaft. — Das Grabmal der Eheleute Hans und Elisabeth Birnesser († 1447 und 1465) an der Friedhofsmauer, auf dem das Paar in ganzer Gestalt zu sehen ist, stellt nicht nur ein frühes Beispiel für diesen Grabmaltypus im bürgerlichen Bereich dar, sondern ist zugleich ein Hinweis auf die Existenz einer wohlhabenden Hardheimer Oberschicht in der 2. H. 15. Jh. Bei der Türkenschatzung 1542 wurden im wertheimischen Anteil 66 steuerbare Vermögen gezählt, hiervon waren 9 in der Hand von alleinstehenden Frauen und 2 von Waisenkindern. Außerdem gab es 13 Dienstboten, die ihren Lohn zu versteuern hatten. Diese Zahlen repräsentieren eine Bevölkerung von etwa 300 Personen. Da unbekannt ist, von wem das in der Hand der Herren von Hardheim befindliche Drittel veranlagt wurde, kann nur auf eine ungefähre Gesamtbevölkerungszahl von 600–900 Personen geschlossen werden. 1725 wurden in Hardheim 428 Verheiratete, 229 Ledige, 24 Witwen und 1 Beisasse, insgesamt also 682 Personen gezählt. Zu dieser Anzahl wären aber möglicherweise noch Kinder hinzuzurechnen, so daß sich eine Bevölkerungszahl von mindestens 900 Personen ergeben dürfte. 1806 zählte Hardheim mit Rüdental und Steinfurt 1630 Seelen.

Juden sind hier seit 1318 urkundlich bezeugt, als König Ludwig der Bayer den Rittern Werner und Reinhard die Hardheimer Juden verpfändete. Bei einem Pogrom im Anschluß an die große Pest (1348/49) kamen auch Hardheimer Juden ums Leben. In der Folgezeit werden nur noch vereinzelte Juden in Hardheim genannt, da die Würzburger Bischöfe zumeist eine restriktive Judenpolitik betrieben. 1806 wurden 10 Juden in Hardheim gezählt. Erst im 19. Jh. bildete sich in Hardheim eine größere Judengemeinde.

Ihren Lebensunterhalt gewannen die Einwohner von Hardheim überwiegend durch Ackerbau und Viehzucht in der ausgedehnten Gemarkung. Auf einen bedeutenden Getreideanbau deutet nicht nur der mächtige Schüttungsbau als Getreidespeicher, sondern auch die verhältnismäßig große Anzahl von Mühlen, deren älteste gen. Steinbrucke, heute Steinemühle, bereits 1333/35 genannt wird. Noch älter ist freilich die längst abgegangene, 1243 bezeugte Lindenmühle (*molendinum ... dictum ad tiliam*). Von einiger wirtschaftlicher Bedeutung scheint, insbesondere für die Herrschaften, auch die Schafhaltung gewesen zu sein. 1419 bestätigt Werner von Hardheim, daß Graf Michael I. von Wertheim ihm erlaubt habe, 100 Schafe mehr zu halten. Der Schaftrieb war also wertheimisches Lehen, das 1455 an Hans d. Ä. von Hardheim verliehen wurde. 1578 wurde zwischen Bischof Julius von Würzburg, den Erben des verstorbenen Wolf von Hardheim, den würzburgischen Untertanen zu Rüdental und den Untertanen zu Hardheim ein Vertrag zur Beilegung der Streitigkeiten wegen der Schafhaltung abgeschlossen.

An Handwerken wurden 1651 gezählt: 4 Schuster, je 3 Häfner, Leineweber und Schneider, je 2 Schmiede und Bäcker sowie je 1 Sattler, Wirt und Metzger, Manger, Müller, Büttner, Wagner, Schäfer, Maurer, Gerber, Zimmermann und Schlosser. Eine Zunftordnung für die Leineweber im Amt Hardheim und Schweinberg wurde 1670 erlassen, 1680 eine solche für die Schneider; bis 1725 wurde eine Reihe weiterer Zünfte, bei denen verwandte Handwerke zusammengefaßt wurden, jeweils auf der Ebene des Amtes Hardheim, geschaffen. Noch 1799 wird die verhältnismäßig hohe Anzahl von Handwerkern am Ort, nämlich Gerber, Hafner, Säckler und Bäcker hervorgehoben. 1806 wird betont, daß die Handwerker allesamt nebenher noch Landwirtschaft betreiben. Von einiger Bedeutung war auch der Handel mit Getreide und Krämerwaren. Ferner gab es 2 Bierbrauereien und 4 Wirtschaften am Ort (1799).

Einem alten Herkommen scheint ein Markt an Albani (21. Juni), dem Patroziniumsfest der Pfarrkirche, zu entstammen; zu diesem Termin hat in vorreformatorischer Zeit auch eine Wallfahrt stattgefunden. 1651 wurden Jahrmärkte an Albani und Galli (16. Oktober) gehalten; 1765 wurde ein dritter Markt am Wendelinstag (20. Oktober) privilegiert. 1766 ist die Rede von einem Josephi- , Laurentii- und Wendelinimarkt; ein vierter, der Jakobimarkt (1. Mai) wurde 1798 verliehen.

Breitenau. – Der Name *Breitinowe* (1206) bezeichnet das hier verhältnismäßig weite Wiesental der Erfa. Die erste urkundliche Nennung geht zurück auf die Genehmigung der Schenkung dieses Gutes an das Kl. Bronnbach aus der Hand des Eberhard von Riedern durch dessen Lehnsherrn, den Pfalzgrafen Heinrich bei Rhein. Weitere Güter in Breitenau schenkte auch Heinrich von Külsheim dem Kl. Bronnbach (1214). Konrad von Dürn und seine Frau Mechthild schenkten 1241 dem Kl. Bronnbach das ihnen zustehende Zehntrecht zu Breitenau. Breitenau lag *in territorio Huntheim* (1214), also in der Pfarrei Hundheim. Hinsichtlich der Zent gehörte es zu Külsheim. Das älteste Gebäude des heutigen Hofs ist eine Scheuer aus dem Jahre 1463, die Kapelle ist auf 1777 datiert. An die Durchreise Kaiser Karls VI. zur Krönung in Frankfurt 1711 erinnert ein 1719 von dem Steinhauer Thomas Müller aus Freudenberg geschaffenes Standbild. Der Weiler, der als Hof des Kl. Bronnbach teils im Eigenbetrieb, teils pachtweise bewirtschaftet wurde, kam 1802 mit dem Kloster an den Fürsten zu Löwenstein-Wertheim und mit dem fürstlich wertheimischen Amt Bronnbach 1806 an das Großherzogtum Baden.

Rüdental. – Das kleine Haufendorf am flachen Talhang eines Zuflusses der Erfa erscheint 1246 als *Rodental*. Der Ortsname ist vielleicht von einem Personennamen abgeleitet. Die Siedlung war Zubehör des Unteren Schlosses zu Hardheim und ging von der Grafschaft Wertheim zu Lehen (1398). 1345 wird ein See bei Rüdental erwähnt, der den Wassergraben des Oberen Schlosses in Hardheim speiste.

Wohlfahrtsmühle. – Die Wohlfahrtsmühle, deren Name möglicherweise auf einen Personennamen zurückzuführen ist, wird 1663 auch als Dechants- oder Kniebrechermühle bezeichnet. Der Name Dechantsmühle geht wohl zurück auf einen 1384/85 genannten Priester Gerhard zu Hardheim, Dekan des Kapitels auf dem Odenwald.

Rütschdorf

Siedlung und Gemarkung. – Das kleine, in der Quellmulde eines linken Seitenbachs der Erfa auf der Buntsandsteinhochfläche westlich des Erfatals gelegene Dorf wird 1365 erstmals als *wyler zu Ruczelsdorf* erwähnt. Der Name dieses hochmittelalterlichen Rodungsweilers ist vermutlich von einem Personennamen hergeleitet. 1799 zählte der Ort nicht mehr als 10 Haushaltungen. Die Rütschdorfer Gemarkung hat Anteil am Erfatal wie auch an der Hochfläche über dem Bach; 1745 gab es hier 667 M Äcker.

Herrschaft und Staat. – Der Weiler war ursprünglich im Besitz des Kl. Amorbach, gelangte aber alsbald in die Hände verschiedener Adeliger. Nach einem Weistum von 1365, dem auch die Erstnennung der Siedlung zu verdanken ist, und ebenso nach einem weiteren Weistum von 1395, hat sich die Herrschaft am Ort auf den jeweiligen Grundbesitz bezogen, d.h. jeder Grundherr war Vogtsherr seines eigenen Gutes. Dagegen stand die Gerichtsherrschaft dem zu, der den größten Teil des oberen Dorfes innehatte. Die Bewohner des unteren Dorfes waren verpflichtet, mindestens dreimal im Jahr zum Gericht im oberen Teil der Siedlung zu erscheinen. 1596, desgleichen 1611, begegnen die von Ehrenberg als Teilhaber an Rütschdorf; ihre Nachfolger waren später die Zobel von Giebelstadt zu Messelhausen.

Die Zobel verpachteten Rütschdorf 1765 im Wege einer antichretischen Verpfändung, d.h. gegen eine Darlehensgewährung von 23000 fl, auf 30 Jahre an das Zisterzienserkloster Bronnbach. Da der Vertrag sich nach Ablauf der 30 Jahre wiederum automatisch verlängern sollte, kam dieses Geschäft schließlich einem Verkauf gleich. Dabei blieb allerdings die Zugehörigkeit des Orts zum Kanton Odenwald der fränkischen Reichsritterschaft erhalten; auch mußte bei jedem Amtsantritt eines neuen Prälaten in Bronnbach die Huldigung zu Rütschdorf eingenommen werden. Der Herrschaft standen die Schatzung und die Atzung sowie die Jagd auf der ganzen Gemarkung zu. Zusammen mit dem Kloster kam Rütschdorf 1802 an den Fürsten zu Löwenstein-Wertheim und gelangte mit den übrigen fürstlichen Besitzungen links des Mains 1806 an das Großherzogtum Baden.

Hinsichtlich der hohen Gerichtsbarkeit gehörte Rütschdorf zur mainzischen Zent Walldürn. 1656 gehörten jedoch nur vier (oder drei) Güter im Ort zur Zent, nämlich jene diesseits des Bachs, während die anderen Güter, die mit allen Rechten denen von Helmstatt zugehörten, überhaupt nicht zentbar waren. Demnach war aus der Zent ein eigener adeliger Hochgerichtsbezirk herausgetrennt. Zur Wahrnehmung ihrer Rechte hatte die adelige Herrschaft ein Gericht von 14 Schöffen, das aus dem Ort jedoch nie voll besetzt werden konnte, so daß man es mit Leuten aus Vollmersdorf und Richelbach ergänzen mußte. 1768 wurde durch das Kl. Bronnbach in Rütschdorf ein Hochgericht abgehalten.

Grundherrschaft und Grundbesitz. – Zinsen und Gülten in Rütschdorf standen dem Weistum von 1365 zufolge den jeweiligen Herren entsprechend ihren Besitzanteilen zu. Amorbach verfügte hier 1395 über sieben Hufen. Fritz von Kuntich (König) verkaufte dem Kloster 1415 seine von dessen Abt zu Lehen rührenden Güter zu Rütschdorf, auf denen ihm Vogtei, Herberge, Atzung und Frondienste zustanden. 1752 kaufte auch das Kl. Bronnbach hier ein Gut. Die Untertanen waren zu ungemessener Fron bzw. zur Reichung eines Geldsurrogats verpflichtet. Als Handlohn für verkaufte Güter wurden in Rütschdorf 10 % des Verkaufspreises erhoben. Als Todfallabgabe wurde beim Tod eines Bauern noch 1741 vom Herrn der beste Ochse beansprucht.

Gemeinde. – Eine Brunneninschrift aus dem Jahre 1612 nennt den Schultheißen Peter Forst und neun Ortsbürger, d. h. offenbar die ganze Gemeinde, als Bauherren. Ein Bildstock vom selben Jahr erwähnt als Schultheißen Hans Fürst. Das örtliche Feldgericht bestand aus drei Landschiedern. Zum Besitz der Gemeinde zählten im Jahre 1745 311 M Wald.

Kirche. – Rütschdorf gehörte kirchlich zu Dornberg, das seinerseits von der Pfarrei Hardheim versehen wurde. Eine Filialkapelle zu St. Wendelin ist hier 1703 errichtet worden; der Wendelinsaltar in der Kapelle soll aus dem Kl. Bronnbach stammen. Über den Zehnt verfügte zu zwei Dritteln die Ortsherrschaft, das übrige Drittel ging an das würzburgische Amt Hardheim.

Bevölkerung und Wirtschaft. – Wenn zur Erbhuldigung 1683 8 Untertanen erschienen sind, so darf man annehmen, daß Rütschdorf zu jener Zeit etwa 40 bis 50 Einwohner hatte. 1741 zählte man hier 7, 1745 6 und 1802/03 wieder 7 Höfe, die alle recht wohlhabend waren. 1741 wird betont, daß keiner der Bauern weniger als 18 bis 20 Stück Rindvieh und 10 bis 12 Schweine besitze. Die Bedeutung der Viehzucht für Rütschdorf im übrigen schon daran zu erkennen, daß hier noch im 18. Jh. das Hauptrecht nicht in Geld, sondern nach wie vor in Gestalt des besten Ochsen erhoben wurde.

Schweinberg

Siedlung und Gemarkung. – Drei spätbronzezeitliche Hügelgräber innerhalb einer umrißhaft feststellbaren keltischen Wallanlage im Walddistrikt Bannholz bezeugen eine Besiedlung auf der Gemarkung des Ortes für das beginnende letzte Jahrtausend vor Christi Geburt. Der Name des bestehenden Dorfes ist erstmals 1137 (*Swenenburg*, 1144 *Suineburc* und *Sweineburch*) als derjenige der Burg des sich nach ihm nennenden

Adelsgeschlechts nachweisbar. Da zunächst nur Formen mit »-burg«, erst im 14.Jh. mit »-berg« auftreten und das Bestimmungswort seit dem 13.Jh. stets mit Diphtong erscheint, wird der Ableitung des Namens von »Schwein« (»swin«) gegenüber der von »Hirte« (»swein«) der Vorzug zu geben sein. Dies sowie der Umstand, daß sich in der Gerichts- und Kirchenorganisation sowie bei Nutzungsrechten Überschneidungen mit Nachbargemarkungen feststellen lassen, deuten auf eine jüngere Gemarkung hin, so daß der Ort frühestens in der Ausbauphase, vielleicht aber auch erst in Anlehnung an die Burg durch Umgruppierung vorhandener Streusiedlungsstrukturen entstanden ist. Die Enge der Lage und die Eigenschaft als befestigtes Tal der Burg ließen nur die Bebauung zweier Straßenzüge zu (1701: 73 bzw. 15 Häuser); daneben gab es einen (später geteilten) Hof auf der Höhe hinter der Burg, gen. Schweinberger Hof. Vor 1556 wüst gefallen ist die 1321 erstmals bezeugte, nördlich von Schweinberg gelegene Streusiedlung Betzwiesen, während die Höfe Wolferstetten und Hoffeld heute nach Külsheim bzw. Pülfringen ausgemeindet sind.

Herrschaft und Staat. – Die in den frühesten Quellen des sich nach Schweinberg nennenden Edelfreiengeschlechts auftretenden Leitnamen Wolfram und Kraft legen Verwandtschaftsbeziehungen zum Wertheimer Grafenhaus, für das zudem 1199 ein sich nach Schweinberg nennender Ministeriale Richwin als Zeuge fungiert, sowie zu den Edelfreien von Boxberg nahe. Letztere scheinen nach dem Erlöschen des älteren Hauses mit dem Tod Krafts II. in Italien 1168 als Haupterben die Schweinburg und die umliegenden Allodialbesitzungen übernommen zu haben. Konrads von Boxberg Schwiegersohn Wolfrad von Krautheim, Begründer der zweiten Linie Boxberg sowie dessen Sohn Kraft nannten sich zeitweise nach der Schweinburg. Mit dem älteren Haus Schweinberg hatten sie die Treue zum staufischen Haus gemeinsam. Mit Krafts Enkel Konrad starb das Haus Boxberg 1317 aus.

Macht und Reichtum des Herrengeschlechts dokumentiert eine ganze Reihe von Ministerialen, die sich nach dessen Burg nannten. Allein für das 13.Jh. lassen sich neun verschiedene Vornamen solcher Niederadliger nachweisen. Dieser Gruppe darf auch der zwischen 1286 und 1298 erwähnte Amorbacher Abt Konrad zugerechnet werden. Um diese Zeit treten auch die typisch niederadligen Zunamen (Langer) Hund, Ket(t)el und Stumpf von Schweinberg auf. Ihre Träger waren im Besitz von Burglehen, zu denen offenbar auch jeweils ein Hof gehörte. Während die Hund, die sich später nach Wenkheim nannten, im 14.Jh. ihr Burglehen sowie anderen Besitz an den Herrn zurückveräußerten, um jedoch alsbald Amtmannsstellen und auch wieder Burglehen zu übernehmen, nannten sich die Ketel nach Bretzingen und ließen sich in Königheim nieder. Die Stumpf wandten sich im 15.Jh. nach Besitzverkäufen von Schweinberg ab und ließen sich auf der Burg Domeneck im Jagsttal nieder. Der letzte dieses Geschlechts, Marx Stumpf, Amtmann in Krautheim, hatte einen Zusammenstoß mit Götz von Berlichingen und ist daher in Goethes Drama eingegangen.

Die durch Steinwerbung weitgehend verstümmelte Burg in Spornlage über dem Ort wurde im 12.Jh. durch das Edelfreiengeschlecht begonnen und in staufischer Zeit, wie erhaltene Bruchstücke künstlerisch hochstehender Bauplastik zeigen, anspruchsvoll ausgebaut. Während der Möckmühler Fehde ist die Anlage 1437 erobert und zerstört worden. Aus den Verlustverzeichnissen ergibt sich, daß ihre Besatzung zuvor etwa 60 Mann umfaßt hatte, und daß sie mit Feuerwaffen modern ausgerüstet war. Nach dem spätestens 1467 abgeschlossenen Wiederaufbau diente sie zeitweise als Witwensitz oder Nebenresidenz. Die älteste Ansicht auf einer Karte von 1616 zeigt einen stattlichen schloßartigen Bau mit drei Renaissancegiebeln vor dem mächtigen Bergfried. Als Zerstörungsdatum kann das Jahr 1673 gelten.

Da Schweinberg 1287 als Allodialbesitz der Herren von Boxberg (-Schweinberg) erscheint und seine Bevölkerung später eine recht einheitliche Untertanenstruktur aufweist, darf der Ort als Kern des Herrschaftsbereichs des älteren, als grafengleich einzustufenden Edelfreiengeschlechts angesehen werden. Als die Herren von Boxberg 1287 ihre Stammburg samt Siedlung, die zuvor Lehen der Würzburger Kirche waren, dem Johanniterorden schenkten und dem Hochstift als Ersatz dafür die Schweinburg mit Zubehör zu Lehen auftrugen, muß die Siedlung am Fuße der Burg mit einbegriffen gewesen sein, da die Gleichwertigkeit der beiden Besitzmassen eigens erwähnt ist. Wegen der Minderjährigkeit des allein weltlich gebliebenen Konrad von Boxberg wurde das Rechtsgeschäft erst mit Verzug, nämlich gegen 1300, wirksam. 1301 konnte Konrad bereits seiner Ehefrau Kunigunde, geb. Gräfin von Wertheim, mit lehensherrlicher Zustimmung ihr Wittum auf Schweinberg anweisen und zur Absicherung ihre und ihres Vaters, Graf Rudolf, Belehnung damit erwirken. Bei der Belehnung Konrads durch den nachfolgenden Bischof Andreas (nach 1303) wurden ihm die Burg und das Amt des hochstiftischen Kämmerers, jeweils mit ihrem Zugehör, als zwei getrennte Besitztitel verliehen; denn das Kammeramt, mit dem seit 1213 die Boxberger betraut gewesen waren, hatte sich offenbar auf ihre jeweiligen Lehnserben fortgeerbt. Es blieb in der Folge mit Schweinberg verbunden, ohne daß dieses jedoch die Dotation des Kammeramts darstellte. Diese bestand vielmehr aus verschiedenen, auf das ganze Hochstift beziehbaren Einkünften und konnte von den Inhabern des Kammeramts ihrerseits zu Lehen vergeben werden. 1313 fand sich der Bischof noch zu Lebzeiten des kinderlos gebliebenen letzten Boxbergers Konrad bereit, die Anwartschaft auf das Kammeramt als eines erblichen Lehens seinem Schwiegervater, Graf Rudolf von Wertheim und dessen gleichnamigem Bruder zu verleihen und beide Grafen damit zu investieren. Damit war indirekt auch die Nachfolge des nunmehr lehnsrechtlich enger an das Hochstift gebundenen Wertheimer Grafenhauses in der Herrschaft Schweinberg festgelegt. Daß der nachfolgende Bischof Gottfried offenbar von seinem lehnsherrlichen Recht Gebrauch machte, das Lehen Schweinberg anderweitig, nämlich um 1320 an Graf Ruprecht von Dürn, den Letzten seines Hauses, zu vergeben, scheint mit der Erbfolge der Dürner in Teile des Besitzes des älteren Hauses Boxberg zusammenzuhängen. Schon sein Nachfolger muß dem Wertheimer Grafenhaus das Lehen Schweinberg wieder zugewandt haben, da schon 1323 ein gräflicher Vogt bezeugt ist. Diese Vogtei, bald darauf das Amt Schweinberg, umfaßte bis ins 16. Jh. in offenkundig wechselnder Zusammensetzung die Herrschaft über die Orte Waldstetten, Pülfringen, Gissigheim, Königheim, Weikerstetten, Steinbach und Hardheim ganz oder teilweise. Auf Teile dieses Amtes wurden seit der Mitte des 14. Jh. Wittümer von Gräfinnen angewiesen, bzw. sie wurden diesen geradezu eingeräumt; als Witwen haben namentlich Gräfin Uta, geb. Herzogin von Teck (nach 1407), und Gräfin Agnes, geb. von Isenburg (nach 1482), regelrecht über das Amt regiert. Schweinberg als dessen Mittelpunkt war durch die 1379 erwirkte Verleihung des Gelnhäuser Stadtrechts durch König Wenzel eine Aufwertung zugedacht. Im Testament Graf Johanns I. von 1398, das die Grafschaft Wertheim unter die Nachkommen seiner beiden Gattinnen aufteilte, wurde die jüngere Linie, im Ergebnis Graf Michael I. zu Breuberg, mit dem Anteil an Schweinberg bedacht. Jedenfalls waren bei der 1401 vorgenommenen Belehnung Graf Johanns I. »Burg und Behausung« ungeteilt dem hochstiftischen Kammeramt zugeordnetes Lehensobjekt. Die somit bekundete und 1412 erneut bestätigte Lehnsbindung an das Hochstift Würzburg gestaltete sich nach der Unterbrechung durch die Möckmühler Fehde, als die Burg 1436 dem Erzstift Mainz geöffnet war, in der Weise, daß zunächst 1445 die Würzburger Lehen ohne das Kammeramt und die Burg Schweinberg verliehen wurden. Für diese beiden Lehen und ein inzwischen erworbenes Zehntdrittel sind ab 1467 Belehnungen nachweisbar; dabei sind Kammeramt und Burg – jeweils mit Zugehör – auseinandergehalten; überdies wird ersteres ausdrücklich als Mannlehen bezeichnet. Im Rechtsstreit um ein Schweinberger Burglehen hatten sich die Grafen 1454 dem Spruch des von der Gegenseite angerufenen Würzburger Hofgerichts unterwerfen müssen. Gleichwohl läßt sich die Bildung eines eigenen, nach Schweinberg benannten Lehnhofes der jüngeren Linie nachweisen. Als die gesamte Grafschaft Wertheim nach Aussterben der älteren Linie 1497 in der Hand Graf Michaels II. vereinigt wurde, behielt Schweinberg als Wittum der Gräfin Agnes und als Teil der abgeteilten Herrschaft des Grafen Asmus bis 1509 noch eine gewisse Sonderstellung. Letzterem war, zusammen mit seinem Bruder, das Kammeramtslehen bereits 1482 und erneut 1498, diesmal in Verbindung mit der Burg samt Zugehör, verliehen worden. Bei den Belehnungen von 1509, 1532 und 1546 wurden mit dem seit 1467 inhaltlich festgeschriebenen Kammeramtslehen zusätzlich auch Burg und Stadt Freudenberg mitverliehen. Hatte Graf Georg II. für die Bewidmung seiner ersten Frau Margarete von Montfort mit dem Schloß Schweinberg 1511 noch die Zustimmung des Lehensherrn erhalten, so bedurfte es, da die Grafschaft inzwischen der Reformation beigetreten war, langjähriger Bemühungen, bis das Hochstift der früh verwitweten zweiten Ehefrau des Grafen, Barbara geb. Schenk von Limpurg, endlich 1541 das gleiche Recht einräumte.

Die nach dem Tod des letzten Wertheimer Grafen zwischen dessen Schwiegervater, dem Regenten Graf Ludwig von Stolberg, und Bischof Melchior von Würzburg getroffene Vereinbarung schrieb die hochstiftische Lehnshoheit über das Schloß Schweinberg samt Zugehör, das Dorf Schweinberg mit einem Drittel am Zehnt, den Anteil an Hardheim, die Dörfer Pülfringen, Waldstetten und Gissigheim sowie die Höfe Weikerstetten, Hoffelden, Betzwiesen und Wolferstetten fest. Erbberechtigt sollten nacheinander die beiden ältesten Töchter des Grafen Ludwig bzw. deren männliche Nachkommen sein. Mit dieser Maßgabe wurde anschließend die Belehnung vorgenommen; Schweinberg erscheint dabei als Amt, für das z. B. die Jagdgerechtigkeit eigens erwähnt ist. Nach der Heirat seiner dritten Tochter verfügte Graf Ludwig von Stolberg, daß ihn nunmehr seine drei Töchter bzw. deren Ehemänner, die Grafen Philipp von Eberstein, Dietrich von Manderscheid und Ludwig von Löwenstein gleichberechtigt beerben sollten. Beim Erbfall im Jahr 1574 ließen sich die drei Schwiegersöhne auch im Amt Schweinberg gemeinsam huldigen, obwohl das gegen die mit dem Hochstift getroffene Vereinbarung von 1556 verstieß. Einer Phase gemeinschaftlicher Regierung folgte von 1576 bis 1579 eine abwechselnde, schließlich ab 1580 eine die Nutzung teilende, wobei Schweinberg in das Drittel der Gräfin Elisabeth fiel, die mit Graf Dietrich von Manderscheid, seit 1594 in zweiter Ehe mit dem Freiherrn Wilhelm von Kriechingen verheiratet war. Dieser, als Katholik mit seinen Schwägern uneins, vertrat fortan Würzburger Interessen und ließ sich nach dem Tod der Schwägerin Katharina 1599 als Ehemann der zweitgeborenen Tochter gemäß der Vereinbarung von 1556 neben anderem mit dem Amt Schweinberg belehnen und erzwang die Huldigung. Im Zuge der durch das Hochstift wegen des Anspruchs auf die Würzburger Lehen verübten Übergriffe wurde 1601 auch Schweinberg gewaltsam erobert und mußte Bischof Julius huldigen. Als Wilhelm von Kriechingen und seine Gattin ohne Hinterlassung von Nachkommen 1612 gestorben waren, mußte der Anfall des Amtes Schweinberg ans Hochstift Würzburg, bekräftigt durch eine erneute Huldigung, von den Grafen von Löwenstein-Wertheim hingenommen werden. Der nie anerkannte Verlust konnte für drei Jahre wieder aufgehoben werden, als König Gustav Adolf von Schweden als Sieger nach Kriegsrecht 1632 der Grafschaft unter anderem das Amt

Schweinberg wieder zuwandte. Von 1634 bis 1803 verblieb der Ort unter der Landesherrschaft des Hochstifts Würzburg. Das Amt blieb als Verwaltungsbereich bestehen, hatte 1662 sogar eine eigene Fahne, wurde jedoch spätestens seit dem beginnenden 18. Jh. zusammen mit dem Amt Hardheim vom dortigen Amtmann verwaltet, die beiden kleinräumigen Zenten zusammengelegt. Zwischen 1656 und 1671 wurden im Zuge des mainzisch-würzburgischen Grenzausgleichs auch die Gemarkungsgrenzen gegen Wolferstetten und Königheim bereinigt. 1679 waren die Schweinberger Amtsuntertanen der Vogteilichkeit des Hochstifts hinsichtlich Erbhuldigung, Schatzung, Folge, Reiß und Atzung ausschließlich unterworfen. Die Frondienste waren gegen Zahlung eines Frongeldes erlassen. Das Jagdrecht stand der Herrschaft zu. Die bei Auflösung des Fürstbistums Würzburg dem Fürstenhaus Leiningen 1803 zugefallene Landeshoheit mußte dieses 1806 zugunsten des Großherzogtums Baden aufgeben, konnte aber die Standesherrschaftsrechte zunächst wahren.

Grundherrschaft und Grundbesitz. – Zum Zugehör der Burg, das die Quellen pauschal erwähnen, gehörte zu deren Versorgung gewiß auch herrschaftlicher Grundbesitz, organisiert in Höfen. Es dürfte sich dabei um die Höfe Wolferstetten, zuerst erwähnt 1291, und Hoffeld, zuerst erwähnt 1497, sowie den vor der Burg gelegenen Schweinberger Hof, der 1442 als herrschaftlich bezeugt ist, gehandelt haben; daneben bestand eine Schäferei am Ort. Die genannten Höfe wurden 1692 an ihre Beständer verkauft; 1769 beliefen sich ihre Fluranteile auf 291¾, 325 und 409¾ M, und sie leisteten zusammen 23 fl und 6 Batzen Schatzung. Der Hof Betzwiesen war 1443 der Else Gabel von Obrigheim, Ehefrau des Hans von Hardheim, als Morgengabe verschrieben. Um eine bessere besitzmäßige Ausstattung des Burgorts und Witwensitzes bemüht, vergab Gräfin Uta 1407 eine herrschaftliche Hofstatt namens *Tünger Gut* zu verbesserten Bedingungen an vier Beständer mit der Auflage, eine Badstube zu bauen und zu unterhalten, außerdem kaufte sie 1409 von Fritz Stumpf von Schweinberg Güter und Gefälle aus ursprünglich rosenbergischem Besitz. 1466 erwarben Graf Wilhelm und seine Frau von Jörg von Hardheim die Abgaben von drei Hufen, etlichen Häusern und Gärten und ¼ an den gemeinen Zinsen, die sich pro Morgen auf 1 d beliefen. 1480 kaufte Graf Wilhelm aus gleichem Vorbesitz den Hof Betzwiesen. Ein Hof, den Heinrich (Langer) Hund im 14. Jh. besaß, gelangte später ebenfalls an die Herrschaft; lediglich die 5 Mltr Korngülte, die er 1345 dem Pfarrer zu Hardheim verkaufte, sind noch 1806 nachzuweisen, und zwar als einzige auswärtige Berechtigung am Ort. Nicht genauer bezeichenbar sind Gülten und Zinsleistungen in Schweinberg und an anderen Orten, die Pfalzgraf Otto von Mosbach 1429 unter Einschaltung Eberhard von Hardheims von Anna von Rosenberg erwarb.

Das Zins- und Gültbuch von etwa 1540 gliedert die Gemarkung in 11 Hufen, 4 Höfe und 4 Lehen, wobei aber der von Fritz Stumpf für die Grafschaft erworbene Besitz, nämlich 3 Hufen, die zur Hälfte Reinhard von Hardheim gehörten, bzw. 1 Hof, gesondert aufgeführt wurde. Das Gült-, Zins-, Lehen- und Lagerbuch von 1769 weist einen herrschaftlichen Waldbesitz von 355¼ M und 7 Ruten sowie 10¼ M Wiesen nach. Die Feldmark umfaßte die genannten, ehedem herrschaftlichen Höfe und war weiterhin gegliedert in 4 weitere Höfe sowie 10 Hufen und nur 2 Lehen. Die gesamte erfaßte Feldmark einschließlich der fortbestehenden Schäferei maß 2314 M und 7¾ Ruten.

Gemeinde. – Für den Ort, der um 1340 als *villa* bezeichnet ist, wurde 1379 bei König Wenzel das Stadtrecht von Gelnhausen erwirkt, jedoch fehlt jeder Anhaltspunkt für eine Umsetzung dieses Privilegs durch die Gemeinde selbst; bestimmend bleiben Amtmann und Keller als herrschaftliche Funktionäre. 1415 werden Frondienste von

Amorbacher Untertanen zu Königheim erwähnt, die zuvor zum Bau der »Türme zu Schweinberg« herangezogen worden waren, so daß die später bezeugte Befestigung des Ortes mit zwei Tor- und zwei weiteren Türmen damals schon entstanden sein dürfte. 1427 wird Schweinberg als Markt bezeichnet. Bei den häufig beizulegenden Wald- und Weiderechtsstreitfällen mit Hardheim und Königheim trat die Gemeinde nicht hervor. Erst 1588 sind bei einer Beleihung von Gemeindewald mit 300 fl zugunsten der Ausstattung der Pfarrei Schultheiß und Bürgermeister erwähnt. Wenigstens das Einzugsgeld stand der Gemeinde zu, aber sie hatte 1777 noch nicht einmal ein Siegel. An Grundbesitz besaß sie 1806 insgesamt 560 M Wald, an Gebäuden ein 1786 errichtetes Schulhaus mit Ratsstube und ein Wachthäuschen. Das Dorfgericht bildeten damals der Schultheiß und zwölf Gerichtspersonen. Die ältesten überlieferten Gemeinderechnungen entstammen dem 2. Viertel des 17. Jh.

Kirche und Schule. – Daß eine Kapelle in oder bei der Burg vorhanden war, darf vorausgesetzt werden. Sie war möglicherweise mit dem später bezeugten Kirchengebäude identisch. 1317 wird erstmals ein Kaplan und 1427 das Andreaspatrozinium für die Burgkapelle erwähnt, im 18 Jh. ist es das der Pfarrkirche. Die Erwähnung einer Kirche, gleichzeitig aber eines Kaplans 1344 weist darauf hin, daß Schweinberg eine allenfalls minderberechtigte Pfarrei hatte, jedenfalls aber bis zur Reformation abhängig von der Send- und Mutterpfarrei Königheim blieb. Das Vergaberecht an der Pfründe, deren Inhaber durchweg als Kapläne bezeichnet sind, stand den Grafen von Wertheim zu; Kl. Bronnbach hatte die Hostien bereitzustellen. Die erste Kirche soll nach Quellen des 18. Jh. 1346 errichtet worden sein. Es handelte sich um eine kleine Chorturmkirche von 49 Schuh Länge und 27 bzw. 14 Schuh Breite.

Die 1527 beginnende Reihe der luth. Pfarrer, die aus Mitteln des Wertheimer Chorstifts, seit 1588 von der Gemeinde, besoldet wurden, bricht 1601 mit Drangsalierung und Gefangennahme, endgültig 1612 mit Ausweisung des Geistlichen durch das Hochstift Würzburg ab. 1613 errichtete Bischof Julius eine mit 80 fl Geld, Korn-, Hafer- und Weingülten sowie Holzbezug ausgestattete Pfarrpfründe, die 1656 von der Mainzer (Landkapitel Taubergau) in die Würzburger (Landkapitel Buchen) Jurisdiktion überwechselte. Ihr Inhaber mußte 1632 bis 1634 luth. Geistlichen weichen. 1729 konnte nach Verschleppung durch das Mainzer Domkapitel, das Zehntanteile besaß, die ihm schließlich dafür sogar beschlagnahmt wurden, eine neue Kirche errichtet werden.

Anteile am Zehnt aus der Gemarkung erscheinen im 14. Jh. als Würzburger Lehen, und zwar zwei Teile um 1320 im Besitz der Elisabeth von Hohenlohe, geb. Gräfin von Wertheim, die offenbar aber im Besitz ihres Hauses verblieben sind. Bald darauf sind ebenfalls zwei Teile in der Hand Arnolds bzw. Eberhards von Rosenberg nachweisbar. Vor 1467 kaufte Graf Wilhelm von Wertheim Georg von Hardheim ein Zehntdrittel ab, das als Würzburger Lehen in der Folge zusammen mit dem Kammeramt verliehen wurde. Ein weiteres Drittel, das 1505 zusammen mit der Stadt Lauda durch Verkauf von Pfalzgraf Philipp an Ritter Ludwig von Hutten und kurz darauf von diesem an das Hochstift Würzburg gelangte, könnte vorher ebenfalls in Rosenberger Besitz gewesen sein. Im 18. Jh. war das Hochstift Inhaber des Zehnten, abgesehen vom abgesteinten Zehnt im Haag, der fast ein Drittel des Gesamtaufkommens ausmachte und dem Mainzer Domkapitel zustand. Die Hofgemarkung Wolferstetten bildete einen eigenen Zehntbezirk, während die Pfarrei Hardheim Weinzehntanteile auf Schweinberger Gemarkung im Lauberstal zu beanspruchen hatte. Vor der Reformation scheinen die jeweiligen Anteile dem großen und dem kleinen Zehnt gleichermaßen gegolten zu haben.

Da für 1632/34 ein Schulmeister in Schweinberg belegt ist, darf auf Schulunterricht auch schon für das 16. Jh. rückgeschlossen werden. 1701 wird ein Schulhaus erwähnt, 1784 erstmals wieder ein Lehrer.

Bevölkerung und Wirtschaft. – Nach der Abwanderung der niederadligen Burgmannengeschlechter bestand offenbar, wie 1769 belegt, am Ort durchweg Leibeigenschaft; jede leibeigene Frau hatte jährlich 2 Batzen für ein Leibhuhn zu geben. Auch Besthaupt und Handlohn (zu 20 d) waren zu entrichten; die Nachsteuer stand der Herrschaft zu. Die Türkensteuerliste von 1542 weist 99 Besteuerte, dazu 4 Kopfsteuerzahler auf, so daß mit mehr als 500 Einwohnern zu rechnen ist. Trotz anzunehmender Abwanderung im Zuge der Gegenreformation huldigten dem Bischof 1618 noch 100 Mannschaften, 19 Witwen und 3 Juden. 1699 wurden 99 Untertanen erfaßt; 1723 hatte der Ort 664 Seelen. Unter den 1806 gezählten 158 Haushalten waren 68 von Bauern und 70 von Seldnern. Es gab drei Wirtshäuser; die Gewerbetreibenden (Wagner, Schmied, Schuster, Schneider, Bäcker, Metzger und Leineweber) betrieben daneben alle eine Landwirtschaft. Wirt und Schmied sind schon für das 16. Jh. belegt. Die 1792/95 vom Hochstift Würzburg noch gewährten Viehmärkte am 24. Februar, 27. Juli und 30. November stagnierten wegen der Nähe zu Külsheim. An Vieh waren 1806 50 Ochsen, 184 Kühe, 130 Jungstiere und 162 Schweine vorhanden. Eine Schäferei bestand jedoch nicht mehr. Auf 215½ M wurde Wein gebaut. Bei den Feldfrüchten war gegenüber dem 16. Jh. der Dinkelanbau aufgekommen und hatte den Roggen zunehmend verdrängt. Klee und Luzerne waren im 18. Jh. eingeführt worden, ebenso die Kartoffel, deren Qualität die Beimengung zum Brotgetreide erlaubte.

Vollmersdorf

Siedlung und Gemarkung. – In den Amorbacher Traditionsnotizen aus der 2. H. 11. bzw. aus der 1. H. 12. Jh. erstmals erwähnt (*Volmarsdorf*, Kop. 13. Jh.), ist Vollmersdorf eine Rodungssiedlung des hohen Mittelalters. Der Ortsname leitet sich von dem Personennamen Volmar her. 1803 bestand das Dorf nur aus 7 Häusern.

Herrschaft und Staat. – Vollmersdorf gehörte stets zur Grundherrschaft des Kl. Amorbach, das 1395 hier über 13 Hufen verfügte und auch später nahezu allen Grund und Boden auf hiesiger Gemarkung allein zu verleihen hatte; bis 1492 waren die von Hardheim Eigentümer eines Gutes, das sie aber im genannten Jahr an das Kloster verkauften, und die von Rosenberg waren 1544 Herren des sog. Kellergutes (rd. 35 M), von dem sie Geld- und Naturaleinkünfte bezogen. Die Vogtei über die hiesigen Klostergüter wurde wohl schon früh von Ministerialen wahrgenommen, jedoch sind die Vogtsherren, Cuntz Rüdt d. J. und Dieter von Neipperg (Ehemann der Anna Rüdt von Collenberg), erst 1456 namentlich zu fassen. Die eine Hälfte der Ortsherrschaft ist 1500 durch Verkauf seitens der Rüden, die andere um 1588 nach dem Aussterben der Familie von Riedern an Kurmainz gelangt; infolge des zu verschiedener Zeit und unter verschiedenen Voraussetzungen geschehenen Erwerbs gehörte das Dorf im 17. Jh. halb zur mainzischen Kellerei Walldürn und halb zur mainzischen Kellerei Miltenberg. Die hohe Obrigkeit (Zent Walldürn) war freilich schon seit 1294 im Besitz des Erzstifts. Am Ende des Alten Reiches gehörte Vollmersdorf ganz zur Kellerei Walldürn, mit der es 1803 an das Fürstentum Leiningen und 1806 an das Großherzogtum Baden fiel.

Gemeinde. – Dem Gericht zu Vollmersdorf gehörten 1456 neben dem Schultheißen sieben Schöffen an; 1803 bestand es aus dem Schultheißen und drei Gerichtspersonen. Der Umfang des Gemeindewaldes wird 1802 mit 15 M, 1803 mit 272 M und 1806 mit 80 M beziffert; zutreffend dürfte die letztere Zahl sein.

Kirche und Schule. – Während des Mittelalters und der frühen Neuzeit gab es in dem stets rein kath. Vollmersdorf weder eine Kirche noch eine Kapelle. Die Gemeinde war eine Filiale von Hardheim und besuchte den Gottesdienst im benachbarten Dornberg.
Der Zehnt stand zu zwei Dritteln dem Kl. Amorbach und zu einem Drittel dem Hochstift Würzburg zu. Schon im 14. Jh. hatte Amorbach die Hälfte seines Anteils am großen Zehnt in Erbbestand verliehen, sie aber 1576 vorübergehend wieder zurückgekauft. 1803 war der ganze Amorbacher Kleinzehntanteil an Vollmersdorfer Hofbauern verliehen.
Noch 1803 gab es im Dorf keine eigene Schule; die Kinder besuchten seit alters den Unterricht in Dornberg.
Bevölkerung und Wirtschaft. – Die Zahl der Einwohner war in dem kleinen Ort stets gering; um die Mitte des 16. Jh. belief sie sich auf etwa 40, 1700 lag sie bei 46, 1750 bei 55. Beim Anfall an das Fürstentum Leiningen hatte Vollmersdorf 68 Einwohner. Zu Beginn des 19. Jh. umfaßte die landwirtschaftlich genutzte Fläche 386 M Äcker sowie 125 M Wiesen und Triften. Die einzelnen Höfe bewirtschafteten zwischen 40 und 60 M Land; sie bauten Roggen, Dinkel, Hafer und Kartoffeln, der Versuch Klee anzubauen, ist wiederholt fehlgeschlagen. An Vieh gab es 98 Rinder und 2 Pferde.

Quellen und Literatur

Bretzingen

Quellen, gedr.: *Becher.* – *Gropp.* – *Gudenus* CD 3. – *Krebs,* Amorbach. – *Krebs,* Weistümer S. 60. – Lehnb. Wertheim. – Lehnb. Würzburg 1 und 2. – REM 1. – R Wertheim. – R Würzburg. – *Schröcker.* – UB MOS. – UB Obrigheim. – WUB 6. – ZGO 26, 1874; 39, 1885.
Ungedr.: FLA Amorbach, U Amorbach; Repertorium Rand; Seligentaler Zins-, Gült- und Lagerb. 1699; Amorbacher Urbar 1395; Amorbacher Jursidiktionalb. 1656; Bretzinger Güterb. 1654; Bücher zur Kenntnis und Hebung des Landes. – FrhRA Hainstadt U; Auszüge aus dem Roten Buch. – GLA Karlsruhe 43/50b, Sp. 17c; 44 von Hardheim, Rüdt von Collenberg; 67/364, 1906; 69 Rüdt von Collenberg 928, 3704, U312; 229/12618–632, 38531, 38561, 39579. – StA Wertheim U. – StA Würzburg, Mainzer Ingrb. 53; Mainzer Lehnb. 1, 3, 8a; MRA Militär K217/14; Würzburger Lehnb. 36, 37, 43, 48; Würzburger Lehnsachen 7313/256; Adm. 707/16133, 775/17852, 857/18750; Geistliche Sachen 1656/LXX; G 18583.
Allg. Literatur: *Eichhorn,* Dürn. – *Gehrig, Franz/Kappler,* Helmut, Königheim. Alter Marktflecken und Weinort. Königheim 1986. – KDB IV,3 S. 30. – *Krieger* TWB 1 Sp. 291 f. – LBW 5 S. 276 f. – *Matzat,* Studien. – *Matzat,* Zenten. – *Müller,* Dorfkirchen S. 26 f. – *Neumaier,* Reformation. – *Oechsler/Sauer.* – *Rommel,* Seligental. – *Schäfer.*
Ortsliteratur: *Assion,* Peter, Wallfahrt zum Bretzinger Nägelesbild. Befunde zu einem verschollenen Kult im Frankenland. In: Bad. Heimat 59, 1979 S. 35–46. – *Breunig,* Karl, Bretzingen in Zahlen. In: Der Wartturm 6, 1930/31 Nr. 6. – Hardheim, Perle des Erfatales. Hg. von der Gemeinde Hardheim. Hardheim 1988.
Erstnennungen: ON und Kirche 11. Jh. (*Becher* S. 53), Niederadel 1267 (WUB 6 Nr. 1947), Pfarrer 1317 (*Müller,* Dorfkirchen S. 26), Patrozinien Kilian, Sebastian und Urban, Vitus, BMV 1600 (StA Würzburg, Geistliche Sachen 1656/LXX).

Dornberg

Quellen, gedr.: *Gropp.* – *Krebs,* Amorbach. – *Krebs,* Weistümer S. 63–65. – Lehnb. Würzburg 1 und 2. – WUB 8.
Ungedr.: FLA Amorbach, U Amorbach; Repertorium Rand; Amorbacher Urbar 1395; Walldürner Kellereirechnungen 1700 und 1750; Bücher zur Kenntnis und zur Hebung des Landes;

Hardheim

Karten XIV,2; Pläne VI,18. – GLA Karlsruhe J/H Dornberg 1 und 2; 43/Sp. 17c; 229/19803–807, 26158, 38551, 38579, 45927, 45934. – StA Wertheim U. – StA Würzburg, Mainzer Ingrb. 9, 12; MRA ältere Kriegsakten 1/57; MRA Militär K217/14.
Allg. Literatur: KDB IV,3 S. 44f. – *Krieger* TWB 1 Sp. 422. – LBW 5 S. 277. – *Matzat*, Studien. – *Matzat*, Zenten. – *Müller*, Dorfkirchen S. 30. – *Neumaier*, Reformation. – *Schäfer*.
Ortsliteratur: Hardheim, Perle des Erfatales. Hg. von der Gde Hardheim. Hardheim 1988. – *Kaiser*, Richard, Die Liebfrauenkapelle im Dornberger Wald. In: Der Wartturm 4, 1928/29 Nr. 2.
Erstnennungen: ON und Adel 1252 (*Eichhorn*, Dürn S. 214), Niederadel 1281 (WUB 8 Nr. 3090), Kapelle ULF 1462 (GLA Karlsruhe 43/Sp. 17c, 1462 Jan. 10).

Erfeld

Quellen, gedr.: *Krebs*, Amorbach. – *Krebs*, Weistümer S. 67f. – Lehnb. Würzburg 1 und 2. – MGH D OIII. – ZGO 12, 1861; 16, 1864; 26, 1874; 39, 1885.
Ungedr.: FLA Amorbach, U Amorbach; Repertorium Rand; Amorbacher Urbar 1395; Amorbacher Jursidiktionalb. 1656; Walldürner Kellereirechnungen 1700 und 1750; Bücher zur Kenntnis und zur Hebung des Landes. – GLA Karlsruhe J/H Erfeld 1–3; 43/Sp. 50b; 44 von Hardheim; 69 Rüdt von Collenberg 3704; 229/12625, 26158, 45927. – StA Würzburg, Mainzer Lehnb. 3; Geistliche Sachen 1656/LXX; MRA ältere Kriegsakten 1/57; MRA Militär K214/17, K240/436.
Allg. Literatur: KDB IV, 3 S. 46. – *Krieger* TWB 1 Sp. 526f. – LBW 5 S. 277. – *Matzat*, Studien. – *Matzat*, Zenten. – *Müller*, Dorfkirchen S. 32. – *Neumaier*, Reformation. – *Oechsler/Sauer*. – *Rommel*, Seligental. – *Schäfer*.
Ortsliteratur: Hardheim, Perle des Erfatales. Hg. von der Gde Hardheim. Hardheim 1988. – *Hensle*, Robert, Erfeld. Eine Gemeinde des Baulandes (1244–1969). Erfeld 1969.
Erstnennungen: ON (Fälschung) 996 (MGH D OIII Nr. 434), ON und Niederadel 1247 (StA Wertheim G XXIV Nr. 2a), Patrozinien ULF und Wendelin, Leonhard 1600 (*Hensle* a.a.O. S. 78f.)

Gerichtstetten

Quellen, gedr.: *Aschbach*. – *Gropp*. – Lehnb. Wertheim. – ZGO 2, 1851.
Ungedr.: FLA Amorbach, U Amorbach; Amorbacher Urbar 1395; Lagerbuch des Amtes Boxberg. – GLA Karlsruhe 229/31710–752. – StA Wertheim G, Aktivlehen; 57 Gerichtstetten.
Allg. Literatur: *Ehmer*, Hermann, Geschichte der Grafschaft Wertheim. Wertheim 1989. – KDB IV,3 S. 46–49. – *Krieger* TWB 1 Sp. 702. – LBW 5 S. 277f. – *Müller*, Dorfkirchen S. 34. – *Neumaier*, Reformation. – *Wagner* S. 405–407.
Ortsliteratur: *Heilig*, Konrad, Wie Gerichtstetten wieder katholisch wurde. In: FDA 67, 1940 S. 1-89. – Hardheim, Perle des Erfatales. Hardheim 1988.
Erstnennungen: ON und Adel 1214 (ZGO 2, 1851 S. 301), Patrozinium Burkhard 1320 (R Wertheim Nr. 9), Helmstheim 1395 (FLA Amorbach, Amorbacher Urbar 1395).

Hardheim

Quellen, gedr.: *Aschbach*. – *Grimm* 3. – *Gropp*. – Lehnb. Wertheim. – Lehnb. Würzburg 1 und 2. – R Wertheim. – WUB. – REM. – *Schröcker*. – ZGO 2, 1851; 49, 1895.
Ungedr.: FLA Amorbach, U Amorbach; Amorbacher Urbar 1395; Amorbacher Jurisdiktionalb. 1668. – GLA Karlsruhe 43/50a, 50b, 128; 44/186–188; 229/38531–588. – StA Wertheim G, Aktivlehen Hardheim; 57 Hardheim; U VII, IX, XIII; R, US.
Allg. Literatur: *Ehmer*, Hermann, Geschichte der Grafschaft Wertheim. Wertheim 1989. – KDB IV,3 S. 51–63. – *Krieger* TWB 1 Sp. 848–851. – LBW 5 S. 278f. – *Müller*, Dorfkirchen S. 39. – *Neumaier*, Reformation. – *Neumaier*, Helmut, Geschichte der Stadt Boxberg. Boxberg 1987. – *Scherg*. – *Schuster* S. 384f.
Ortsliteratur: *Prailes*, Albert, Die Einführung der Reformation in Hardheim. In: FDA 33, 1905 S. 258–341. – *Rapp*, Julius, Hardheim. Bausteine zu seiner Geschichte. 1–3. Hardheim 1930–1937. – Hardheim, Perle des Erfatales. Hardheim 1988.

Erstnennungen: ON 996 (MGH DOIII Nr. 434), Adel 1197 (FLA Amorbach, U Amorbach 1197), Breitenau 1206 (ZGO 2, 1851 S. 299), Rüdental 1246 (StA Wertheim G XXIV,1), Lindenmühle 1243 (StA Wertheim R US).

Rütschdorf

Quellen, gedr.: *Gropp.* – ZGO 52, 1898.
Ungedr.: FLA Amorbach, U Amorbach; Amorbacher Urbar 1395; Amorbacher Jurisdiktionalb. 1668. – GLA Karlsruhe 229/43781–790. – StA Wertheim R, US, B 97, Br. 439, 720, 785, 804, R 98.
Allg. Literatur: Hardheim, Perle des Erfatales. Hardheim 1988. – KDB IV,3 S. 78. – *Krieger* TWB 2 Sp. 702 f. – LBW 5 S. 279.
Erstnennung: ON 1365 (ZGO 12, 1861 S. 277).

Schweinberg

Quellen, gedr.: AHUF 7, 1841/42. – *Aschbach.* – Lehnb. Wertheim. – Lehnb. Würzburg 1 und 2. – Monumenta Boica 45, München 1899. – R Wertheim. – UB MOS. – WUB 2 und 3. – ZGO 16, 1864.
Ungedr.: DiözesanA Würzburg K 2 8/5. – FLA Amorbach, U Amorbach; Schweinberger Zins-, Gült-, Lehn- und Lagerb. – GLA Karlsruhe 43/231; 61/10886, 14243–246; 67/821; 70 Schweinberg; 229/96144–155. – StA Wertheim G 45/68; 54/106; 57 Schweinberg; U I–III, IX, XIII, XVIII, XX; Passivlehen Würzburg. – StA Würzburg, Standbücher 763–765, 880, 927; Würzburger Kartons; Würzburger Lehnsachen; Mainzer Kartons 60; Risse und Pläne I/207.
Allg. Literatur: *Ehmer*, Hermann, Geschichte der Grafschaft Wertheim. Wertheim 1989. – *Hoffmann*, Hermann, Die Pfarreiorganisation im Mainzer Landkapitel Taubergau. In: WÜDGbll 18/19, 1957 S. 74–98. – KDB IV,3 S. 82–86. – *Krieger* TWB 2 Sp. 955–957. – LBW 5 S. 279 f. – *Matzat*, Studien. – *Müller*, Dorfkirchen S. 67 f. – *Neumaier*, Reformation. – *Neumaier*, Helmut, Geschichte der Stadt Boxberg. Boxberg 1987. – *Nosko*, Renate, Die Vermögensverhältnisse der Landbevölkerung in der Grafschaft Wertheim. Zulassungsarbeit (masch.) Würzburg 1984 (StA Wertheim Wk 20). – *Schröcker.* – *Schuster* S. 384.
Ortsliteratur: 250 Jahre Pfarrkirche Schweinberg. ⟨Schweinberg⟩ 1979. – *Horn*, Alois, Burg und Dorf Schweinberg in Vergangenheit und Gegenwart. Hausarbeit (masch.) o.O. o.J. (StA Wertheim 0 Schw. 21). – *Horn*, Alois, Das Würzburgisch-Wertheimische Amt Schweinberg. In: Hardheim, Perle des Erfatales. Hardheim 1988, S. 40–52.
Erstnennungen: ON und Adel 1137 (Monumenta Boica 45 S. 10), Stadt 1379 (*Aschbach* 2 S. 156), Pfarrei 1338 (StA Wertheim G III A 102), Patrozinium Andreas 1427 (R Wertheim Nr. 184), Betzwiesen 1321 (R Wertheim Nr. 229).

Vollmersdorf

Quellen, gedr.: *Becher.* – *Krebs*, Weistümer S. 230–233.
Ungedr.: FLA Amorbach, U Amorbach; Repertorium Rand; Amorbacher Urbar 1395; Amorbacher Jurisdiktionalb. 1656; Walldürner Kellereirechnungen 1700 und 1750; Bücher zur Kenntnis und zur Hebung des Landes. – GLA Karlsruhe J/H Dornberg 1 und 2; 66/11763; 229/45919–941, 109866. – StA Würzburg, Mainzer Ingrb. 44; MRA ältere Kriegsakten 1/57; MRA Militär K217/14, K240/436.
Allg. Literatur: *Krieger* TWB 2 Sp. 1293 f. – LBW 5 S. 280. – *Matzat*, Zenten. – *Neumaier*, Reformation. – *Schäfer.*
Ortsliteratur: *Finkbeiner*, Ernst, Heimatkundliches über Vollmersdorf. In: Der Wartturm 8, 1932/33 Nr. 12. – Hardheim, Perle des Erfatales. Hg. von der Gde Hardheim. Hardheim 1988.
Erstnennung: ON um 1100 (*Becher* S. 53).

Haßmersheim

1916 ha Gemeindegebiet, 4297 Einwohner

Wappen: In geteiltem Schild oben von Blau und Silber (Weiß) schrägrechts gerautet, unten in Silber (Weiß) an schwarzem Rebast mit zwei grünen Blättern eine blaue Traube. – Schon das älteste Siegel, von dem Abdrucke seit 1739 vorliegen, zeigte eine Weintraube, obwohl der Weinbau nicht der bedeutendste Wirtschaftszweig des Ortes war. Im 19. Jh. kam in den Siegeln der geteilte Schild mit den pfälzischen Rauten im oberen Feld auf. Dieses Siegelbild wurde dem 1912 geschaffenen, 1961 in der Farbgebung korrigierten Wappen zugrundegelegt. – Flagge: Blau-Weiß (Blau-Silber). Seit wann sie geführt wird, ist nicht bekannt.

Gemarkungen: Haßmersheim (767 ha, 3152 E.); Hochhausen (563 ha, 706 E.) mit Finkenhof; Neckarmühlbach (586 ha, 401 E.).

A. Natur- und Kulturlandschaft

Naturraum und Landschaftsbild. – Das Gemeindegebiet von Haßmersheim, zu dem im N die Gkg Hochhausen und im S die der kleinen Gde Neckarmühlbach zu rechnen ist, gehört naturräumlich zum Hügelland der großen *Kraichgau-Bauland-Mulde.* Beherrschendes Element im Landschaftsbild ist der Neckar. Nach W ragt das Gemeindegebiet nur wenig über steil aufragende, bewaldete Hänge scheinbar auf Höhenzüge, in Wirklichkeit aber das flachwellige Hügelland des Mittleren Neckarraums empor, ein Eindruck, der sich deutlich in den Bezeichnungen »-berg« spiegelt. Im O bildet der Flußlauf des Neckars eine natürliche Grenze. Lediglich auf der Strecke, auf der der Hauptort Haßmersheim an den Fluß stößt, reicht das Gemeindegebiet mit einem kurzen und schmalen Streifen auf das östliche Neckarufer hinüber, wo sich ein kleiner Haltepunkt an der Bahnstrecke Mosbach–Heilbronn befindet.

Der Fluß strömt hier »widersinnig« gegen das Schichtfallen der Gesteine, die die Landoberfläche bilden, nach N, was damit erklärt werden kann, daß sich der Neckar antezedent in die mit der Odenwaldhebung in Verbindung stehenden triassischen Schichten einschnitt. Augenfälliges Zeichen dafür sind die wahrscheinlich pliozänen, jüngstens aber ältestpleistozänen Neckar-Höhenschotter, welche im Bereich der südlichen Gemeindegrenze auf dem Sporn des Hohbergs heute ca. 110 m über dem Fluß liegen. Die Hebung verlief nicht gleichmäßig, sondern bevorzugte den N, was ein Nachlassen des Gefälles hervorrief. Dies führte dazu, daß der Neckar sich bei seinem Einschneiden nicht den kürzesten Weg zur Erosionsbasis suchte. Vielmehr schuf er sein Tal, indem er Schlingen und Mäander bildete sowie dabei mehrfach seinen Lauf verlegte.

Der Naturraum wurde durch diese Vorgänge nachhaltig geprägt. So nehmen die steilen bewaldeten Hänge hinauf auf das flachwellige Hügelland, in dessen Niveau er einst floß, das westliche Gemeindegebiet ein. Sie stellen nichts anderes als alte, nur im Bereich der Eduardshöhe und des Hohbergs im S noch rezente Prallhänge ehemaliger Neckarschlingen und -mäander dar, besonders schön am Seerain (298 m) und Schloßwald (276 m) zu verfolgen, während die flacheren, intensiv landwirtschaftlich genutzten oder besiedelten Gemeindeflächen überwiegend ehemalige Gleithänge des Neckars waren bzw. noch sind. Zeugen dieser Entwicklung, Reste pleistozäner Schotter, Kiese und Sande, finden sich mit abnehmender Höhenlage und zunehmender Nähe zum Fluß immer wieder, ältere beispielsweise auf einem Relikt einer alten Neckarterrasse, die auf Trochitenkalk angelegt und mit Lößlehm bedeckt ist, in etwas über 200 m NN östlich des Steinlochs ca. 60 m über dem Neckar, jüngere vor allem am Lerchenberg.

Wie jung diese Talentwicklung ist, belegen auch die wenigen, noch kurzen, klingenartig in die ehemaligen Prallhänge eingeschnittenen Bäche, die ihr Einzugsgebiet noch nicht sehr weit über die westlichen Gemeindegrenzen hinausschieben konnten. So liegen mit dem Mühlbach und dem Erlenbach die einzigen perennierenden Zuflüsse des Neckars auf dem Gemeindegebiet vor. Das Tälchen nordwestlich Hochhausen führt fast nur periodisch Wasser.

Der Neckar und seine kleinen Zuflüsse haben sich tief in das Deckgebirge eingeschnitten und schließen am Schloßwald das Mesozoikum vom Trochitenkalk bis zu den oberen dolomitischen Folgen der Lettenkohlengruppe, den jüngsten Gesteinen im Gemeindegebiet, in einer Mächtigkeit von ca. 130 m auf. Gegen N steigen die Schichten an, so daß sich an der nördlichen Gemeindegrenze der höchste Punkt des Gebiets mit 354 m NN westlich des Finkenhofs befindet. Zum Neckar ergibt sich damit bei Hochhausen auf nur kurzer Strecke eine Höhendifferenz von über 215 m. Der Fluß erodiert hier bereits den Unteren Muschelkalk, während der Lettenkohlensandstein wie auch am Garnberg (max. 290 m), am Seerain (298 m) oder auch am Stutz (315 m) westlich Hochhausen die Höhen abschließt. Dies bedeutet bei der vorliegenden recht regelmäßigen Lagerung, daß die Prallhänge vor allem von dem resistenten Oberen Muschelkalk aufgebaut werden, der am Seerain für die Zementproduktion in großem Stil abgebaut wird. Die natürliche Reliefsituation bietet hierfür ausgezeichnete Abbaubedingungen, der nahegelegene Neckar einen günstigen Transportweg.

Das steile Relief an der Talflanke zwischen dem Hügelland westlich des Gemeindegebiets und dem Neckarlauf dürfte der Hauptgrund für die forstwirtschaftliche Nutzung dieser Bereiche sein. Die hohe Reliefenergie hat zudem dafür gesorgt, daß, sollte in den Kaltzeiten des Pleistozäns überhaupt nennenswert Löß aus dem Oberrheingraben über den Kraichgau hier auf den Hängen dauerhaft sedimentiert worden sein, das fruchtbare Feinmaterial inzwischen weitgehend erodiert wurde. Eine nicht allzu mächtige Lößbedeckung findet sich noch auf dem Garnberg und dem Schloßberg, über deren wellige, meist verlehmte Hochflächen das Hügelland bis direkt an den Steilabfall zum Neckar heranreicht. Verbunden mit dem starken Relief, das ins Neckartal hinein überleitet, erklärt die vergleichsweise schlechtere Bodenqualität v.a. auf den wenigen hohen Keupersandsteinflächen des Gemeindegebiets die überwiegend forstwirtschaftliche Nutzung dieser Bereiche. Nur nördlich Hochhausen werden um den Finkenhof herum die Hochflächen ackerbaulich bewirtschaftet.

Ganz anders verhält es sich mit den ehemaligen und rezenten Gleithängen bei Neckarmühlbach, Haßmersheim und südlich Hochhausen. Sie sind meist von zum Teil sandigen oder verlehmten Lössen bedeckt und werden intensiv landwirtschaftlich genutzt. Große und kleine, blockartige Parzellen sind durch ein dichtes Netz von meist befestigten Wirtschaftswegen erreichbar gemacht. In der Regel sind auf diesen Flächen Parabraunerden entwickelt, einige Standorte neigen auch zur Vernässung, was zu vergleyten Böden geführt hat. Dies trifft in besonderem Maß auf die flachen Dellen zu, die auf den Neckar ausgerichtet sind.

Der Hauptort Haßmersheim, dessen Gewerbe- und Neubaugebiete bereits große Teile der Neckaraue, die nach N gegen Hochhausen zu teilweise unter Naturschutz gestellt wurde, und eines rezenten Gleithangs einnehmen, liegt am Fluß. Dieser begrenzt nicht nur das Gemeindegebiet, sondern er beeinflußt auch die Verkehrslinien. Die beiden von W durch den Nachbarort Hüffenhardt über den Seerain und von Siegelsbach durch das Mühlbachtal zum Neckar führenden Verkehrswege folgen wie die Bahn auf dem östlichen Ufer der Schiffahrtsstraße Neckar nach N oder S. Nur südöstlich Neckarmühlbach quert eine Straßenverbindung über die Staustufe bei Gundelsheim den Fluß nach Osten. Die Rolle einer natürlichen Grenze, die der Fluß spielt, hat auch bewirkt, daß der Haltepunkt Haßmersheim an der Bahnstrecke auf dem Ostufer des Flusses, trotz einer Fährverbindung hinüber, zur Bedeutungslosigkeit abgesunken ist.

Siedlungsbild. – Der Hauptort Haßmersheim liegt mit seinem Siedlungskern und seinen funktional recht unterschiedlichen neuen Ortserweiterungen im N und S auf dem Gleithang in einer nach O ausgreifenden Neckarschleife.

Das äußerst dicht bebaute alte Dorf auf dem sanft zum Fluß abfallenden Gleithang zeigt in seinem Grundrißbild mehrere, dem Neckar zustrebende Straßen (von N nach S: Theodor-Heuss- Str., Friedrichstr., Mittlere Str., Obere Str., Dölchenstr.), die durch die leicht kurvig über den Gleithang ziehende Marktstraße verbunden sind. Landwirtschaftliche Anwesen treten in dem traditionellen Schifferdorf auffällig in den Hintergrund. Große Gehöftanlagen sind selten, und die kleinen bäuerlichen Wirtschaftsbauten, die häufig hinter den Wohnhäusern – zuweilen verschachtelt auf engem Raum – angeordnet sind, weisen nur allzu deutlich auf eine vorherrschende Nebenerwerbslandwirtschaft hin.

Das *funktionale Zentrum* des Ortes erstreckt sich entlang der etwa in W-O-Richtung verlaufenden Theodor-Heuss-Straße, die am Neckarufer bei der Fähre in die den Flußlauf begleitende Neckarstraße einmündet. Zahlreiche Kaufläden des täglichen und höheren Bedarfs in einem recht unterschiedlichen Baubestand von alten, ins vorige Jahrhundert zurückreichenden Häusern bis zu modernen Geschäfts- und Wohnhausbauten bestimmen hier das Straßenbild. Hervorstechend ist an dieser westlichen Hauptstraße des Dorfes das *Rathaus*, ein Walmdachgebäude auf hohem Buntsandsteinsockel mit zweiseitigem Treppenaufgang, das auch die Polizeidienststelle beherbergt. Neben Kaufläden fallen auch handwerklich-gewerbliche Betriebe wie eine Autowerkstatt und Tankstelle neben dem Rathaus, eine Blechnerei- und Installationsfirma, ferner ein moderner Lebensmittel-Supermarkt und das Postamt in einem höheren zweigeschossigen Neubau auf. Am westlichen Außenrand der älteren Bebauung befindet sich in einer klassizistisch anmutenden Villa mit großem Gartengrundstück eine Arztpraxis. Dieser multifunktionale Siedlungsbereich setzt sich südlich der mittleren Theodor-Heuss-Straße auch an der Marktstraße mit Kaufstätten bis zum alten Rathaus an der Abzweigung der Mittleren Straße fort. Der zweigeschossige Barockbau des *alten Rathauses* mit Halbwalmdach und Dachreiter in der Gestalt eines offenen Glockentürmchens dient heute einer Bankfiliale als Geschäftshaus.

Die das *alte Dorf* entscheidend prägenden Bauten sind die beiden Kirchen und die alte Schule. Unter ihnen nehmen das ev. Gotteshaus und die Friedrichschule an der gleichnamigen Straße im westlichen Teil des alten Siedlungskerns heute eine zentrale Lage in dem in unserem Jahrhundert rasch gewachsenen Dorf ein. Die *ev. Kirche* ist ein hoher klassizistischer Saalbau mit steilem ziegelgedeckten Giebeldach und einem aus dem Nordgiebel heraustretenden dreigeschossigen Glockenturm, der in einem Spitzhelmdach ausläuft. Die benachbarte *Friedrichschule* von 1902 ist ein zweigeschossiger Buntsandsteinbau mit Mittelrisalit und neubarocken Stilelementen. Der zugehörige Schulhof schließt mit einem langgezogenen Erweiterungsbau von 1958 ab. Neugotische Züge prägen die im S des alten Dorfes nahe dem Neckarufer aus Keupersandsteinen

errichtete *kath. Kirche*. Das einschiffige, in W-O-Richtung erbaute Gotteshaus hat einen dem Neckar zugewandten Ostchor und einen an der nördlichen Längsfront angesetzten Turm auf quadratischem Grundriß. Über zwei massiven, mit einem Umgang abschließenden Turmgeschossen wächst der schlankere Turmaufbau des Uhr- und Glockengeschosses mit gekuppelten Spitzbogen-Schallfenstern heraus. Das ebenfalls spitzbogige Tympanon des Westeingangs ziert ein Fresko, das Christus auf einem Thron sitzend, umgeben von den Tiersymbolen der Evangelisten, darstellt.

Die *jüngeren, erst nach 1900 entstandenen Ortsteile* umschließen das alte Dorf im N, W und Süden. Unter ihnen lassen sich ausgedehnte Wohnbereiche südlich der Friedrichstraße bis zur Schifferstraße sowie nördlich der Theodor-Heuss-Straße bis zum Fabrikareal der Firma Fibro vom eigentlichen Industriegebiet unterscheiden, das sich im Anschluß an die jungen nördlichen Wohnbereiche bis zur L 588 am Neckarufer ausdehnt.

Im S handelt es sich um einen gemischten Wohnbereich mit weitgehend rechtwinkligem Straßennetz, der an dem sanft südwärts ansteigenden Umlaufrücken in der nach O ausgreifenden Neckarschleife hinaufzieht. Bis an die äußeren Neubaustraßen (Schiffer- und Hildastr. im S und W) lassen sich unterschiedlich alte, weitgehend individuell gestaltete Einfamilienhäuser, an der Schifferstraße auch eine Reihenhausgruppe, erkennen. Sie standen zum Teil schon in den 1950er Jahren, teilweise wurden sie aber auch erst in der jüngsten Vergangenheit errichtet. Der innere Bereich nördlich der Dölchenstraße weist am Gartenweg auch Häuser aus der Zeit vor dem 2. Weltkrieg auf, darunter auch einige landwirtschaftliche Anwesen. Am südlichen Ende der Hildastraße steht auf der vom Neckar umflossenen Höhe der *neue Schulkomplex* mit Sport- und Schwimmhalle, voneinander getrennt durch den als Verkehrsübungsplatz für Kinder angelegten Schulhof. Es sind zwei große kubische Bauten in Betonbauweise mit Flachdächern.

Westlich der neuen Schule und des Friedhofs, auf dessen Erweiterung eine moderne Kapelle mit angebauter Leichenhalle steht, setzt sich der Neubaubereich an den nach O und N abfallenden Hängen des im Hauptmuschelkalk über 200 m NN aufragenden Hühnerbergs fort. In ausgesprochener Hanglage prägen dort am Nachtigallenweg und an der Bergstraße in einer verkehrsberuhigten Zone größere und teils villenartige Einfamilienhäuser in gepflegten Gärten das modern gestaltete Straßenbild. Am Südrand der Bebauung über dem steilen Neckarprallhang hebt sich eine Flachdachbungalowanlage in Winkelbauweise von der benachbarten Aufrißgestaltung ab. Vom nördlichen Nachtigallenweg zweigen zwischen dem Hühnerberg und Friedhof mehrere als Sackgassen angelegte und jeweils mit nur wenigen Einfamilienhäusern besetzte Neubaustraßen (Geierweg, Adlerweg, Bussardweg) als Anfang einer noch im Ausbau befindlichen Ortserweiterung ab (Herbst 1986).

Die *nördlichen Neubaugebiete* sind vielgestaltiger und multifunktionaler angelegt. Unmittelbar nördlich der westlichen Theodor-Heuss-Straße und bei den Kriegerdenkmälern an der Verzweigung von Ehrenmal- und Industriestraße einsetzend, bilden sie im dorfkernnahen Bereich reine Wohngebiete auf ebenfalls rechtwinkligem Straßennetz. Sie breiten sich auf dem sanft zum Neckar ausstreichenden Löß- und Lößlehmhang westlich der Ehrenmalstraße aus und sind überwiegend mit Einfamilienhäusern und im N auch mit Doppelhäusern besetzt. Trauf- und giebelständig angeordnete Giebeldachhäuser mit einem und zwei Wohngeschossen bestimmen das Bild der Wohnstraßen. Lediglich an der östlichen Ehrenmalstraße heben sich südlich der sie querenden Mörickestraße größere wohnblockartige Geschoßhäuser von der insgesamt recht individuellen Gestaltung der noch jungen Wohnbereiche ab.

Zwischen Ehrenmalstraße und Neckarufer, an dem eine Reparaturwerft und das als Ankerplatz für Sportboote dienende Becken des früheren Tankhafens angelegt ist, dehnt sich das vielgestaltige *Industriegelände* aus. Zum Dorfinneren zu finden sich in seinem südlichen Bereich handwerklich-gewerbliche Betriebe der Holz- und Metallverarbeitung, die nach N hin von größeren Industrieunternehmen abgelöst werden. Die Malzfabrik Thielecke mit einem hohen lagerhausartigen Gebäude aus der Zeit vor dem 1. Weltkrieg, die moderne Lack- und Farbenfabrik Vogelsang, die nördlich ihrer Produktionshalle 1986 eine großflächige Firmenerweiterung mit einer weiteren Fabrikationshalle als Beton- und Metallkonstruktion schuf, und – weiter im N – die gelb verputzten Fabrikgebäude der Fa. Fibro prägen heute dieses Industriegebiet. In unmittelbarer Nachbarschaft dieser nördlichsten Fabrikanlage, die wie die Fa. Vogelsang auf dem Gelände eines großen Rüstungswerkes des 1. Weltkriegs, das 1920 gesprengt werden mußte, entstanden ist, heben sich drei viergeschossige Wohnblöcke in Betonbauweise mit Flachdächern aus der umgebenden Bebauung heraus. Während des 2. Weltkriegs befand sich im Bereich des Industriegebiets ein Militärstraflager der deutschen Wehrmacht. Eine Brücke, die Haßmersheim mit der Neckartalbahn bei Neckarzimmern verband, wurde wie zwei Wohngebäude bei Luftangriffen im 2. Weltkrieg zerstört.

Westlich außerhalb des Dorfes entstand in einem ausgedehnten Steinbruch im Oberen Muschelkalk ein modernes *Kalkmahlwerk* der Heidelberger Portlandzement AG in der Gestalt einer hohen turmartigen Anlage.

Hochhausen dehnt sich mit seinem langgezogenen alten Siedlungskern im unteren, in den Hauptmuschelkalk eingeschnittenen Tälchen eines linksseitigen Nebenbachs des Neckars aus. Es gliedert sich in das *Unter-, Mittel- und Oberdorf*, Teile der alten Ortschaft, die an den oberen Hängen und auf den Höhen im N und S von Neubaubereichen eingerahmt werden. Das *funktionale Zentrum* des Ortes ist das von steilen Talhängen eingeschlossene, sehr dicht bebaute *Unterdorf*, an dessen unterem Rand auf leicht erhöhtem Kirchbühl die *ev. Kirche*, ein gotisches Bauwerk, das im Barock teilweise umgestaltet wurde, inmitten seines Friedhofs steht. Das mittelalterliche Gotteshaus mit steilem Giebeldach und viergeschossigem Westturm, der mit einem nadelartigen verschieferten Helmdach abschließt, besitzt einen groben grauen Verputz. Seine gotischen Spitzbogen- und barocken Rundbogenfenster, die Türeinfassungen und Eckquaderungen bestehen aus Keupersandstein. Westlich dieser Kirche ist das tiefgelegene Unterdorf entlang der verkehrsberuhigten Hauptstraße dicht bebaut. Unregelmäßig angeordnete Giebel- und Traufseitenhäuser, die bei den landwirtschaftlichen Anwesen zu Eindachhöfen, Winkelgehöften mit abseits der Straße stehenden Scheunen und Stallgebäuden sowie zu Hofanlagen mit parallel zu den traufständigen Wohnhäusern errichteten, heute teilweise umgebauten Wirtschaftsteilen gehören, bestimmen den Aufriß.

Hervorstechend ist das zweigeschossige, sehr steilgiebelige *Rathaus* in Traufseitenstellung mit dem Ortswappen über dem Eingang. Daneben befindet sich das Feuerwehrgerätehaus. Gegen die ev. Kirche verstärken das Gasthaus zur Krone und eine Bäckerei mit Lebensmittelgeschäft die Funktion des Unterdorfs als Ortszentrum. Es wird vom barocken *Schloß*, einer Dreiflügelanlage, in der heute ein Hotel seine Gäste betreut, überragt. Sein westlicher Seitenflügel mit zwei Wohnstockwerken und erkerartigem Anbau an der NW-Ecke über einem hohen Untergeschoß prägt ganz entscheidend die Silhouette des Dorfes. Auf dem Schloßberg östlich des barocken Adelssitzes steht ein zum Schloßbezirk gehörender großer Vierkanthof mit steilen Giebeldächern.

Das *Mitteldorf* erstreckt sich straßendorfartig entlang der Hauptstraße im ebenfalls noch stark eingeschnittenen Talbereich. Auffallend ist in ihm in einem steilgiebeligen und dreigeschossigen Haus eine Sparkassenfiliale. Im westlich angrenzenden *Oberdorf*, wo sich am Zusammentreffen von zwei Talmulden die Hauptstraße verzweigt, hat sich wiederum ein eng zusammengescharter Dorfkern entwickelt. An der Talstraße, der Nikolausgasse und am Hirtenweg fällt dort eine Durchmischung von alter und jüngerer Bebauung auf. Zu den herausragenden, das obere Dorfbild stark beeinflussenden Gebäuden gehört am westlichen Ortsrand die in Hanglage errichtete *kath. Kirche*, ein kapellenartiger Bau auf einem kleinen Friedhof. Das einschiffige Gotteshaus zeigt rautenförmige Fenster und hat über dem Nordgiebel einen schiefergedeckten Dachreiter auf quadratischem Grundriß, der in ein geschwungenes Zeltdach übergeht. Im Oberdorf hebt sich ferner die Zweigstelle der Volksbank Mosbach in einem hohen zweigeschossigen Buntsandsteinbau mit Bossenquaderung und Walmdach – der ehemaligen Schule – aus ihrer Umgebung heraus. Angesetzt ist ein moderner Flachdachbau aus weißen Klinkersteinen. Am nordwärts blickenden Hang darüber stehen an der Zehntgasse alte bäuerliche Anwesen, darunter ein Winkelgehöft mit kleinen, der Hangtopographie angepaßten Gebäuden. Auffallend ist dort eine hohe Scheuer. Landwirtschaftliche Bauten finden sich bis an die südliche Bebauungsgrenze, wo in der Nachbarschaft des *südlichen Neubaubereichs* das langgestreckte alte Schafhaus und ein modernes Gehöft stehen. Schon außerhalb der Bebauungszone liegt dort in einer dellenartigen Einmuldung eine größere Gärtnerei mit Glashäusern.

Ein geschlossenes *Neubaugebiet* mit überwiegend hangparallel angeordneten Traufseitenhäusern überzieht den süd- und südostexponierten Talhang. Auf der Höhe südlich des Dorfes entwickelte sich im Anschluß an die genannte landwirtschaftliche Bebauung beim Schafhaus entlang des Oberen Höhwegs eine Neubauzeile und ein kleines Schwimmbad.

1,5 km nordwestlich des Unterdorfes liegt in 340 m NN der *Finkenhof*, eine dreiseitige Einzelhofanlage inmitten einer Rodungsinsel.

Der Gemeindeteil Neckarmühlbach liegt am Ausgang des Mühlbachtals in das durch eine ostwärts ausgreifende Flußschleife breite Neckartal unter der Burg Guttenberg. Die mittelalterliche Siedlung dehnt sich an dem mit Gehängeschutt bedeckten Muschelkalkhang nördlich unterhalb des Adelssitzes aus. Die nördliche Siedlungserweiterung liegt auf dem Neckargleithang teils auf Lößablagerungen, teils auf jungen Anschwemmungen der Flußaue. Das westliche Neubaugebiet dehnt sich als geschlossene Ortserweiterung links des Mühlbachs am ostexponierten Muschelkalkhang des Vorderen Garnbergs aus.

Heutiges *Ortszentrum* ist der Bereich der Mühlbachbrücke, wo die Ortsstraße von der Heinsheimer Straße abzweigt. Eine mächtige ehemalige Scheune, ein langgestreckter Bau mit ziegelgedecktem Halbwalmdach und hoher rechteckiger Toreinfahrt sowie einem weiteren Rundbogentor mit Keupersandsteineinfassung, beherbergt dort ein Kleinwagenmuseum. Auf seinem Vorplatz stellt ein historischer Straßenbahnwagen eine zu diesem Museum wenig beziehungsvolle, kaum gelungene Bereicherung des inneren Dorfbildes dar. Der *mittelalterliche Ortsteil* zieht von diesem Platz an der Ortsstraße am Nordhang des Burgsporns hinauf. Eine äußerst dichte Bebauung mit trauf- und giebelständigen, überwiegend zweigeschossigen Häusern bestimmt die drangvolle Enge des alten Dorfes. Im Anwesen Nr. 10 – noch unterhalb des Rathauses – fällt ein modernes Zeitschriften- und Textilgeschäft aus dem Rahmen des überkommenen Aufrißbildes heraus. Das auf einem Keupersandsteinsockel stehende dreigeschossige *Rathaus* von 1879 trägt auf seinem steilen Giebeldach ein dachreiterartiges Uhrtürmchen und eine Sirene. Im Giebel befindet sich ein Lagerraum mit einem an der Außenwand angebrachten Rollbalken als Lastenaufzug. Am Rathausplatz unter dem steilen Hang des Burgbergs steht als zweigeschossiges barockes Wohnhaus mit Halbwalmdach und gemmingischer Wappenzier das ehemalige Pfarrhaus. Von ihm führt ein Weg zu der westlich unterhalb der Burg am Waldhang errichteten flachgedeckten *Kirche* des Spätmittelalters und der frühen Neuzeit. Am Rathausplatz erinnert ein Kriegerdenkmal in der Gestalt einer Brunnenanlage mit halbkugelförmiger Wasserschale an die Opfer der Weltkriege. Gegen das obere Ende der Ortsstraße stehen dicht zusammengedrängte Dreiseitgehöfte mit nur kleinen Hofflächen zwischen den Wohn- und Wirtschaftsbauten. Einige wenige Wohnhäuser aus der Zeit vor dem 2. Weltkrieg erweitern das Dorf an der Straße zur Burg Guttenberg.

Die *erste Siedlungserweiterung* im N erstreckt sich entlang der Heinsheimer Straße ostwärts und bildet ein gemischtes Gewerbe- und Wohngebiet. Beherrschend wirkt in diesem Teil der Siedlung ein großes Sägewerk mit ausgedehntem Lagerhof und angeschlossenem Bauholzgeschäft. Flachgiebelige Holzbauten, die im moderneren Verkaufsteil des Holz-Centers Schaufenstereinbauten aufweisen, bestimmen das Betriebsgelände. Die hauptsächlich an der Südseite der Heinsheimer Straße stehenden Wohnbauten sind kleine, traufständige ein- und zweigeschossige Einfamilienhäuschen. An dem im O von der Heinsheimer Straße flußwärts abzweigenden Neckartalweg hebt sich eine ältere und noch landwirtschaftliche Bebauung ab. Zweiseitgehöfte moderner Prägung stehen auch an der äußeren östlichen Heinsheimer Straße. Südlich davon entstand in jüngster Zeit in der Flur »Seeacker« zwischen der Heinsheimer und Wilhelm-Hauff-Straße ein kleines *Neubaugebiet* mit weitgehend eingeschossigen Einfamilienhäusern.

Ein weiteres *Neubaugebiet*, dessen Anlage bereits in den 1950er und 60er Jahren weit fortgeschritten war, überzieht die linke untere Talflanke des Mühlbachs. An dem von der dem Mühlbach folgenden Haßmersheimer Straße abzweigenden Gaugweg hebt sich ein stattliches Wohnhaus aus der Zeit vor dem 1. Weltkrieg mit hohem Keupersandstein-Untergeschoß, Fachwerk und Holzverkleidung sowie Jungendstilverzierungen von der jüngeren Bebauung am Ziegelheldenweg und Am Vorderen Berg ab. Individuell gehaltene Häuschen, von denen einige schon in der Zwischenkriegszeit errichtet wurden, prägen diese durch die Aussicht auf die gegenüberliegende Burg Guttenberg und das Neckartal reizvolle westliche Siedlungserweiterung. Im Südteil stehen an der Stichstraße »Im Grund« quer zur Talrichtung drei langgestreckte Reihenhäuser mit flachgiebeligen Welleternitdächern samt zugehörigen Garagen. Über den weiß verputzten Untergeschossen fallen dunkelbraun, rot und grau gestrichene Obergeschosse auf. An der nördlichen Haßmersheimer Straße sticht am unteren Rand dieses Neubaugebiets ein moderner Produktionsbetrieb der Elektronikbranche in einem Flachdachbau von der benachbarten Wohnbebauung ab.

Die in knapp 250 m NN über dem alten Einstraßendorf entlang der Ortsstraße in Spornlage zwischen Mühlbach- und Neckartal thronende *Burg Guttenberg* ist ein hochmittelalterlicher Adelssitz. Sie ist von einer Mauer mit Wehrgang und nach innen offenen Wehrtürmen umschlossen. Am Eingang bei der Brücke, die den bergseits ausgehobenen Halsgraben überspannt, erhebt sich ein runder Eckturm mit Kegeldach. Im Innern umschließen hohe viergeschossige Baulichkeiten mit ziegelgedeckten Giebeldächern den engen Burghof. Außen an die Schildmauer ist bergseits der in die Stauferzeit zurückreichende, auf quadratischem Grundriß erbaute Bergfried angesetzt, der mit einer Umlaufgalerie und flachem Zeltdach abschließt.

Weitere eigenständige Wohnplätze sind im Mühlbachtal die aus der Schnepfenhardter Mühle hervorgegangene *Mühlenschenke*, ein großes Anwesen in der Gestalt einer

Dreiseithofanlage mit Restaurant, sowie am Neckar östlich des Dorfes einige Häuser bei der *Staustufe*.

Bemerkenswerte Bauwerke. – Haßmersheim: Die 1828/29 erbaute *ev. Kirche* ist mit ihrem Glockenturm das ortsbildbestimmende Bauwerk. Das Langhaus im klassizistischen Stil offenbart durch seine zweigeschossige Fensteranordnung in übergreifenden Rundbogennischen die Ausstattung mit Längsemporen. Die Glockenstube des Turmes wurde in neubarocken Formen 1873 auf die klassizistischen Untergeschosse aufgesetzt.

Hochhausen: Die *ev. Pfarrkirche*, durch die Wallfahrt zur hl. Notburga bekannt, war den Apostelfürsten Petrus und Paulus geweiht und ist 1315 erstmals erwähnt. Der älteste Baubestand ist wohl der Westturm mit gewölbter Eingangshalle. Der gerade geschlossene, mit zwei querrechtekigen Kreuzrippengewölben gedeckte Chor wurde in hochgotischer Zeit um 1320/30 zusammen mit dem flachgedeckten Schiff erbaut. 1496 ließen Bartholomäus und Ludwig Horneck von Hornberg den mit längsrechteckigen Kreuzrippengewölben gedeckten Nebenchor auf der Südseite wohl als Grablege erbauen. Das Langhaus wurde 1708 und 1825 vor allem innen überarbeitet.

Die mittelalterlichen Wandmalereien entstanden im 15. und frühen 16. Jh. Im östlichen Chorgewölbe sehen wir die Evangelistensymbole. Nur der Löwe des hl. Markus befindet sich schon auf dem westlichen Chorgewölbe, da auf dem vierten Feld des östlichen Gewölbes das Lamm Gottes dargestellt wurde. In den übrigen Feldern im westlichen Chor sind drei Propheten dargestellt. An den Wänden des Chores wurden Apostel und Engel gemalt. Die wichtigsten Darstellungen im Langhaus erzählen die Geschichte der hl. Notburga, deren Grab 1517 in der Kirche geöffnet wurde. Auf der Westwand unter der Empore die Grablegung der Heiligen sind Reste der Darstellung einer Burg, die durch den Einbau eines Spitzbogenfensters beeinträchtigt wurde. Auf der Nordwand setzt sich die Legende fort. Auch in der Turmeingangshalle sind die Darstellungen seitlich und über dem Eingangsspitzbogen dieser Heiligen gewidmet.

Der 1964 restaurierte Hochaltar wurde wohl um 1510 von Bartholomäus Horneck von Hornberg gestiftet. Auf der Predella zu seiten des Schmerzensmannes die Familie des Stifters mit den Wappen des Ehepaares. Nur die Innenseiten des ehemaligen Flügelaltares sind gut erhalten. Neben der Beweinung im Mittelbild sind die hll. Katharina, Petrus, Paulus und Sebastian dargestellt. Den Apostelfürsten sind abermals die Bildnisse des knienden Stifterehepaares mit seinen Wappen beigegeben. Beachtenswert ist auch das Grabmal der hl. Notburga, ein Hochrelief mit z. T. erhaltener originaler polychromer Fassung aus der 2. H. 14. Jh.

Die Glasmalereien im nördlichen Chorfenster gehören zur ursprünglichen hochgotischen Ausstattung der Kirche. Erhalten sind die Titelheiligen der Kirche, Petrus und Paulus, ursprünglich wohl im Ostfenster des Chores. Zur spätgotischen Verglasung gehören die farbigen Scheiben in den beiden Nebenchorfenstern. Im östlichen Fenster eine Pietà und die Scheibe des Stifters Ludwig Horneck von Hornberg und seiner Gemahlin Magdalena geb. von Zessingen, datiert 1496, und im westlichen Fenster die Kreuzigung mit der Stifterscheibe des Bartholomäus Horneck von Hornberg mit seiner Gemahlin Martha geb. von Balzhofen. Die Farbverglasung befand sich ursprünglich in den beiden Maßwerkfenstern der Nebenchores. Die Scheiben waren aber etwas anders verteilt. Die Stifterscheiben wurden bei der Wiedereinsetzung nach der Restaurierung vertauscht. Eine kleine aus Lindenholz geschnitzte Kreuzigungsgruppe um 1500 wird dem Werk von Hans Seyffer nahestehend zugeordnet. Zwei Grabmale der Magdalena von Hornberg († 1493) und des Stifters des Notburgaaltares Hans Neidhard Horneck von Hornberg sind besonders zu erwähnen.

Das *Schloß* der Grafen von Helmstatt wurde auf dem Gelände der schon im 14. Jh. bezeugten Burg als dreiflügelige Anlage im 18. Jh. erbaut. Sein heutiges Aussehen geht auf den Umbau von 1895 zurück.

Neckarmühlbach: Die kleine einschiffige *ev. Kirche* am Waldrand unterhalb der Burg Guttenberg wurde nach dem Datum am Triumphbogen 1471 erbaut. Die Erweiterung des flachgedeckten Baues nach W erfolgte 1501. Eine Seltenheit sind die beiden Ziborienaltäre seitlich des Triumphbogens, die zwischen 1518 und 1526 entstanden. Im nördlichen Altar steht eine Schutzmantelmadonna, und auf den Flügeln sind Szenen aus dem Marienleben und die hl. Elisabeth von Thüringen gemalt. Das Kruzifix im südlichen Altar wird Hans Seyffer zugeschrie-

Die Gemeinde im 19. und 20. Jahrhundert

ben. Aus derselben Zeit stammen auch Taufstein und Sakramentshäuschen. Die Tonfiguren Christus und 11 Apostel sind noch in die Mitte des 15. Jh. zu datieren. Von den vielen Grabdenkmälern seien ihrer besonderen Qualität wegen das der Elisabeth von Hardenberg († 1763) und des F. Chr. von Gemmingen († 1702) erwähnt.

Am linken Neckarufer über dem Dorf beherrscht die weithin sichtbare *Burg Guttenberg* die Landschaft. Aus dem hohen Mittelalter stammen der hohe Bergfried und die Schildmauer in ihren wesentlichen Teilen.

Der innere Burghof ist durch einen Gang zwischen den Hauptwohngebäuden zugänglich. Der »Alte Bau« wurde um 1500 und der »Neue Bau« 1545 erbaut. Ein Treppenturm wurde 1776 an diesen angefügt. Die polygonale innere Zwingermauer ist mit vier nach innen offenen Rondellen und einem Rundturm am Tor bewehrt. Einzige Zier nach außen ist ein gemauerter Rundbogenfries in Höhe des Wehrganges und auch an den Rundtürmen. Das Burgtor ist durch den einzigen Turm im Verlauf der äußeren Zwingermauer zusätzlich gesichert. Vor dem Tor steht ein zweigeschossiges Brunnenhaus mit Staffelgiebel, das 1555 erbaut wurde.

Von der Vorburg ist die alte Toranlage mit zwei Rundtürmen am Ende des alten Weges von Neckarmühlbach an der Burgkapelle, heute ev. Kirche, vorbei bewehrt. Sie entstand etwa in der Mitte des 14. Jh. Durch die Anlage der neuen Straße wurde das Bild der Vorburg, das von den langgestreckten Ökonomiegebäuden geprägt ist, verunklart. Unter den mannigfachen Sammlungen verdient die »Holzbibliothek«, ein seltenes Herbarium von Holzbänden in Buchform mit den botanischen Merkmalen von 90 Holzarten, besonders hervorgehoben zu werden. Die Sammlung ist nach dem Linnéschen System geordnet und dürfte um 1790 entstanden sein.

B. Die Gemeinde im 19. und 20. Jahrhundert

Bevölkerung

Bevölkerungsbewegung. – Die Volkszählung vom 25. 5. 1987 ergab für die Gde Haßmersheim 4259 Einwohner mit der Hauptwohnung im Gemeindegebiet bzw. 4503 Personen wohnberechtigte Bevölkerung. Gut drei Viertel der Gesamtbevölkerung wohnte in Haßmersheim. Nur hier hat sich seit dem Beginn des 19. Jh. die Einwohnerzahl in erheblichem Umfang vergrößert. Während in Hochhausen nach kurzem Anstieg die Bevölkerung seit 1830 rasch wieder abnahm, hielt in Haßmersheim und Neckarmühlbach der Zuwachs bis zu den Notjahren der Jahrhundertmitte an. Dann jedoch nahm die Einwohnerzahl dauernd ab, so daß sie 1910 weit unter dem Stand von 1806/07 lag. Nach Amerika waren offiziell zwischen 1846 und 1894 aus dem volkreichen Haßmersheim 169 Personen ausgewandert, von 1852 bis 1894 aus Hochhausen 77 und aus Neckarmühlbach 11 Personen. Stärker war die *Abwanderung* innerhalb des Landes, insbesondere vieler Schiffer nach Mannheim. Im 1. Weltkrieg fielen aus Haßmersheim 56, aus Hochhausen 14 und aus Neckarmühlbach 11 Soldaten, vermißt wurden 5 Soldaten aus Haßmersheim und 7 aus Hochhausen. Nach 1920 wirkte sich in Haßmersheim die günstigere Arbeitsplatzlage in einem deutlichen Bevölkerungszuwachs aus, während in den beiden kleinen Dörfern die Einwohnerzahl etwa konstant blieb. Aber schon in den 1930er Jahren überwog in Haßmersheim und Hochhausen die Abwanderung über die anhaltenden Geburtenüberschüsse. Der 2. Weltkrieg forderte an Opfern aus Haßmersheim 79 gefallene und 16 vermißte Soldaten und 10 Zivilisten, aus Hochhausen 14 gefallene und 11 vermißte und aus Neckarmühlbach 14 gefallene und 3 vermißte Soldaten. An *Evakuierten* wurden aufgenommen: in Haßmersheim ca. 100 Personen aus dem Raum Dortmund und Bochum, in Hochhausen ca. 30 Personen aus Düsseldorf, Duisburg und Mannheim und in Neckarmühlbach 40–50 Kinder aus Mannheim und 30 Personen aus dem Rheinland. Nach dem Krieg fanden in Haßmersheim ca. 800 *Flüchtlinge* und *Heimatvertriebene* (ca. 700 aus Ungarn, hauptsächlich aus Budaörs bei Budapest, und ca. 100 aus dem Sudetenland) Unterkunft, in Hochhausen ca. 120 Personen (darunter ca. 80 aus Ungarn und 30 aus dem Sudetenland) und in Neckarmühlbach ca. 150 Personen (ca. 110 aus Ungarn und 40 aus dem Sudetenland). 1950 waren noch 1015 Vertriebene anwesend, davon 686 in Haßmersheim, bis 1961 zog aus den kleinen Dörfern etwa die Hälfte wieder weg. Insgesamt wohnten noch 791 Vertriebene hier, außerdem waren 143 SBZ-Flüchtlinge hinzugekommen. Zwischen 1950 und 1970 addierten sich Geburtenüberschüsse und Zuwanderung, aber seit 1970 führt der Geburtenrückgang zeitweise zu Geburtendefiziten, und auch der Wanderungssaldo wurde negativ. Seit der Volkszählung vom 27. 5. 1970 stagnierte die Einwohnerzahl, ging sogar um 20 Personen zurück. Entgegen der allgemeinen Entwicklung lebten 1987 mehr (349) *Ausländer* in der Gemeinde als 1970 (179). 1986 stellen die Türken mit 232 Personen die stärkste Volksgruppe, weit danach kommen die 34 Jugoslawen und die 31 Italiener.

Konfessionsgliederung. – Während Neckarmühlbach zu Beginn des 19.Jh. rein lutherisch war, gehörte in Haßmersheim fast die Hälfte der Einwohner der ref., ein gutes Drittel der kath. und knapp ein Fünftel der luth. Konfession an. In Hochhausen bekannte sich mehr als die Hälfte der Einwohner zum luth., fast ein Viertel zum kath. und 17 % zum israelit. Glauben. In der 2. H. 19. Jh. erwiesen sich Protestanten und Israeliten mobiler als die Katholiken, so daß deren Anteil an der Wohnbevölkerung bis 1900 auf 30 % zunahm. 1925 waren alle Juden abgewandert, 70 % Protestanten standen 30 % Katholiken gegenüber. Nach dem 2. Weltkrieg erhielten die Katholiken Verstärkung durch die Vertriebenen, so daß 1987 beide christlichen Konfessionen fast gleichmäßig vertreten waren. In Haßmersheim hatten die Katholiken ein leichtes Übergewicht, in Hochhausen und Neckarmühlbach die Evangelischen.

Sozialstruktur. – Bis ins 20. Jh. hinein wiesen Haßmersheim einerseits, Hochhausen und Neckarmühlbach andererseits unterschiedliche Sozialstrukturen auf. In Haßmersheim prägten die *Neckar-* und *Rheinschiffer* das Leben im Dorf, obwohl sie den größeren Teil des Jahres abwesend waren. Um die Mitte des 19.Jh. ernährte sich ein Viertel des Dorfes von der Schifferei. 1853 lebten hier 216 Gewerbetreibende (darunter 50 Schiffsmeister), 80 Taglöhner und 30 Bauern, von denen aber nur 12 ausschließlich Landwirtschaft trieben, während die übrigen auch im Fährdienst und gegen Taglohn arbeiteten. Die Schiffer waren der aufgeschlossene Teil der Bevölkerung, auch der am ehesten zur Abwanderung geneigte. Im Winter suchten sie Taglohnarbeit, ihr Land bewirtschafteten die Frauen und Kinder. Um die Jahrhundertwende setzte sich der Brauch durch, das Land zu verpachten und die Familie mit auf Fahrt zu nehmen. 1895 lebten in Haßmersheim 35 % der Einwohner von Handel und Verkehr (Schifferei), 31 % von Land- und Forstwirtschaft und 23 % von Gewerbe und Industrie (Handwerk).

In Hochhausen und Neckarmühlbach waren die Einwohner bis zum Ende des 19.Jh. wirtschaftlich weitgehend von den Grundherrschaften abhängig, die den größeren Teil der Gemarkung besaßen. *Taglohnarbeit* auf den Gütern und in den Waldungen war die Existenzbasis der meisten Einwohner. In Neckarmühlbach wurden 1854 nur 7 Landwirte, 10 Gewerbetreibende und 22 Taglöhner gezählt. Bei dem geringen Grundbesitz waren auch die Landwirte auf zusätzlichen Taglohn angewiesen. Noch 1871 waren nur 2 Bauern von der Grundherrschaft unabhängig. 1903 arbeiteten die Mitglieder von 32 der insgesamt 43 Haushaltungen in Taglohn, großenteils auf den Rübenfeldern der Zuckerfabrik Heilbronn, der Pächterin des von gemmingischen Gutes. Für Hochhausen werden 1854 neben 8 Landwirten und 18 Taglöhnern nur 4 Gewerbetreibende

Die Gemeinde im 19. und 20. Jahrhundert 869

genannt, 1866 dagegen sollen hier 51 Gewerbetreibende gewohnt haben, darunter 11 Leineweber und 11 Kaufleute, in der Mehrzahl wohl nebenberuflich arbeitend. Noch in den 1880er Jahren wurde zusätzlicher Verdienst durch Waldarbeit, Steineklopfen und Erntearbeiten gesucht. Die Verhältnisse besserten sich, als um 1885 sich die erste, später eine zweite Zigarrenfabrik ansiedelte und 1888 eine Gipsbrennerei eingerichtet wurde und als trotz anfänglichen Widerstandes – Fabrikarbeit galt als unehrenhaft – die neuen Arbeitsplätze auch angenommen wurden. 1895 lebten bereits 37 % der Hochhausener von Industrie und Gewerbe. In Neckarmühlbach dagegen ernährte die Land- und Forstwirtschaft über die Taglohnarbeiten 69 % der Bevölkerung.

Im 20. Jh. glichen sich die Strukturen langsam einander an. *Industrie* und *Handwerk* ernährten 1950 in Haßmersheim 36 %, in Neckarmühlbach 34 % und in Hochhausen 50 % der Bevölkerung. Aber während in den beiden kleinen Dörfern an zweiter Stelle die Land- und Forstwirtschaft stand, lebten in Haßmersheim noch 28 % der Einwohner von Handel, Versicherung und Verkehr, darunter namentlich von der Schifferei. 1970 hatten sich die 3 Dörfer noch weiter einander genähert. Die hauptberufliche Land- und Forstwirtschaft spielte kaum noch eine Rolle, das Produzierende Gewerbe ernährte fast die Hälfte der Bevölkerung. In Haßmersheim war der Anteil der von Handel, Verkehr etc. Lebenden auf 18 % gesunken, in den beiden anderen Dörfern auf 10 und 12 % gestiegen. Die Schifferei verlor ihre nach dem Krieg wiedergewonnene Bedeutung. Seit Ende der 1960er Jahre blieben mehr und mehr ehemalige Schiffer an Land, die einen infolge der Strukturveränderungen in der Binnenschifferei, die anderen, weil sie die neuen industriellen Arbeitsplätze mit geregelter Arbeitszeit vorzogen. Dennoch fällt die Umstellung auf die unselbständige Fabrikarbeit manchem Schiffer, der hier als ungelernter Arbeiter gilt, schwer. 1987 lebten 42 % der Wohnbevölkerung überwiegend von ihrer Erwerbstätigkeit, 20 % von Rente, Pension, Arbeitslosengeld etc. und 38 % erhielten den Unterhalt von Eltern, Ehegatten usw. Von den Erwerbstätigen arbeiteten 58 % im Produzierenden Gewerbe, 14 % in Handel, Verkehr und Nachrichtenübermittlung, 26 % in den übrigen Wirtschaftsbereichen und nur noch 2 % in der Land- und Forstwirtschaft. Letzterer Anteil lag in Hochhausen und Neckarmühlbach etwas höher bei 3 und 4 %.

Politisches Leben

Die Ideen der Revolution von 1848/49 fanden von Mannheim und Eberbach her Eingang in Haßmersheim. Führer der Freischärler im Neckarraum war Friedrich Heuss aus Haßmersheim, unterstützt von seinem Neffen Ludwig Heuss, dem Großvater des ersten Bundespräsidenten Theodor Heuss. Noch 1855 ist die Rede von unruhigem Geist in der Gemeinde. Später zeichnen die Ergebnisse der *Reichstagswahlen* ein wechselvolles Bild der politischen Meinung, zumal die Schiffer nur ausnahmsweise an den Wahlen teilnehmen konnten. Von Wahl zu Wahl änderten sich die Anteile der für die Nationalliberalen, die Konservativen und das Zentrum abgegebenen Stimmen. In Hochhausen und Neckarmühlbach dagegen gingen meist die Nationalliberalen oder die im Kartell mit ihnen antretenden Konservativen als Wahlsieger hervor, angefochten nur 1890 durch die mit dem Zentrum verbundenen Freisinnigen und ab 1898 durch die Sozialdemokraten, die in Hochhausen künftig immer mehr als ein Viertel der Stimmen erhielten und in Neckarmühlbach stark wechselnde Ergebnisse hatten. Hier übte ein sozialdemokratisch gesinnter Lehrer bis zu seinem Tod 1893 jahrzehntelangen Einfluß gegen die Grundherrschaft aus. In allen 3 Dörfern stimmten 1898 13–25 % der Wähler für die Antisemiten. In der Weimarer Zeit erhielt bei nur wenig zurückgegangener

Wahlbeteiligung in Haßmersheim das Zentrum meist die relative Mehrheit (unter 40 %), die übrigen Stimmen waren äußerst zersplittert. In Hochhausen und zeitweise in Neckarmühlbach lag die relative Mehrheit bei der SPD. Allerdings hatte sich am 6. 11. 1932 in beiden Dörfern die NSDAP mit mehr als 60 % der Stimmen durchgesetzt. In Haßmersheim lag sie mit 37 % knapp vor dem Zentrum. Die SPD war ausgeschaltet, baute sich aber nach 1945 fast kontinuierlich erstarkend eine Wählerschaft auf, die für die Gesamtgemeinde von 25 % auf 42 % (1980) anwuchs und nur 1983 einen Rückgang auf 37 % aufwies. Die CDU, am stärksten in Haßmersheim, lag in der Gesamtgemeinde meist um 50 % der Stimmen. Der SPD-Gewinn ging zu Lasten der FDP/DVP und der kleinen Parteien. Das Zweitstimmenergebnis der *Bundestagswahl* 1987 zeigt wieder die relative Mehrheit mit 45 % bei der CDU. Die SPD kam über 38 % nicht hinaus.

Örtliche Vereinigungen unterhalten die CDU seit 1946 mit derzeit 50 Mitgliedern und die SPD seit 1967 mit jetzt 32 Mitgliedern.

Wirtschaft und Verkehr

Land- und Forstwirtschaft. – Die meist tiefgründigen leichten Lehmböden, teilweise mit trocken-sandigen Böden wechselnd, ermöglichen eine intensive *Ackernutzung*. Trotzdem war Ende des 19. Jh. noch die verbesserte Dreifelderwirtschaft mit Flurzwang üblich. Das Acker-Grünland-Verhältnis hat sich seit Beginn des 19. Jh. bis heute mit etwa ⅘ Acker- und Sonderkulturfläche und ⅕ Wiesen und Weiden kaum verändert. Dagegen ging auf dem Ackerland bis zum 2. Weltkrieg der Getreideanbau hauptsächlich zugunsten der Futterpflanzen zurück, wurde aber seit 1950 wieder ausgedehnt und nahm 1983 mehr als 60 % des Ackerlandes ein. Während um 1880 Dinkel, Gerste und Hafer Hauptfrüchte waren, stehen heute überwiegend Weizen und Gerste auf dem Feld. Kartoffeln, noch 1930 auf 91 ha gepflanzt, sind heute fast verschwunden. Seit etwa 1885 werden in Neckarmühlbach, etwas später auch in Haßmersheim und Hochhausen Zuckerrüben angebaut. Etwa gleich alt ist der *Tabakanbau*, der vor allem in Haßmersheim größere Bedeutung gewann. Um 1900 lieferten Tabak und Obst die Haupterträge. Auch in Hochhausen legte man auf *Obstbaumkultur* Wert. 1930 standen auf dem heutigen Gemeindegebiet 15745 Obstbäume, mehr als die Hälfte Apfelbäume. Der *Weinbau*, um 1860 noch von einiger Bedeutung, ging seither zurück. In den 1880er Jahren wurden die herrschaftlichen Weinberge zu Gärten angelegt. Zwischen 1880 und 1930 schrumpfte die Rebfläche von 14 auf 2 ha. Heute besteht wieder ein Weinbaubetrieb mit guter Flächenausstattung in Neckarmühlbach. Feldgemüseanbau, seit 1910 auf die Konservenfabrik in Heilbronn abgestimmt, wurde vor allem in Haßmersheim betrieben. Flachs und Hanf waren schon vor 1900 von den Äckern verschwunden.

Nach der Agrarberichterstattung waren 1987 von den 499 ha LF der erfaßten 43 land- und forstwirtschaftlichen Betriebe 417 ha Ackerland, 56 ha Wiesen, 17 ha Weiden und 6 ha Sonderkulturflächen. Vom Ackerland waren 283 ha mit Getreide bestanden, 38 ha mit Hackfrucht, 39 ha mit Futterpflanzen (28 ha Silomais).

Der Viehbestand hat sich nach einer Vermehrung in der 1. H. 19. Jh. nicht mehr grundlegend verändert. In Haßmersheim schrieb man Ende des 19. Jh. der *Rindviehhaltung* wegen des großen Milch- und Butterbedarfs im Ort Bedeutung zu. Hier und in Hochhausen, wo der Viehbestand allerdings wegen des kleinen Grundbesitzes nicht groß war, zog man Rinder auch für den Verkauf an jüdische Händler, örtliche Metzger und auf dem Mosbacher Markt. Die Faselhaltung war in Haßmersheim gegen Liegenschaftsnutzung ausgegeben, in Hochhausen, wo sie von der ev. Pfarrei, und in

Die Gemeinde im 19. und 20. Jahrhundert

Neckarmühlbach, wo sie von der Grundherrschaft abgelöst wurde, war sie seit 1871 in Gemeinderegie. Die kleinen Bauern konnten ihr Vieh jedoch nicht selbst nachziehen. Als in Haßmersheim in den 1920er Jahren die Weidefläche eingeschränkt wurde, umging man den Engpaß in der Milchversorgung durch Umstellung auf ostfriesisches Vieh. 1987 standen 383 Stück Rindvieh in 13 Betrieben, davon in 11 Betrieben 133 Milchkühe.

Die *Schweinehaltung* – Zucht spielte kaum eine Rolle – diente vorwiegend der Eigenversorgung, in Haßmersheim und Hochhausen später auch dem Verkauf an Metzger und auf dem Mosbacher Markt. Nach dem 2. Weltkrieg schränkten die Bauern die Schweinehaltung mehr und mehr ein. 1987 mästeten 17 Betriebe zusammen 325 Schweine, 9 Betriebe hielten 257 Sauen zur Zucht.

Die *Schäferei* wurde in Haßmersheim 1852 eingestellt, später als Gemeindeschäferei aber wieder aufgenommen und verpachtet. In Hochhausen, wo der Pachtertrag zwischen Grundherrschaft und Gemeinde geteilt worden war, stellte man die gemeine Schafweide 1895 ein. In Neckarmühlbach hatte die Grundherrschaft die ihr zustehende Schäferei der Zuckerfabrik in Heilbronn verpachtet. 1890 löste die Gemeinde das Weiderecht ab, übernahm aber den Pachtvertrag. 1930 wurden nur noch in Haßmersheim und Hochhausen Schafe gehalten.

Der *bäuerliche Grundbesitz* war in allen drei Dörfern im 19. Jh. klein. In Haßmersheim gab es 1853 nur 12 Vollbauern mit mindestens 25 M Land, sonst wurde die Landwirtschaft von den Schifferfamilien im Nebenerwerb betrieben, was zusammen mit der Realteilung eine starke Parzellierung begünstigte. Das besserte sich etwas, als nach der Jahrhundertwende mancher Schiffer sein Land verpachtete oder nach der Flurbereinigung (1908) verkaufte. Trotzdem waren 1925 von 259 Betrieben 219 kleiner als 2 ha. In Hochhausen gehörte mehr als die halbe Gemarkung den Grafen von Helmstatt. Nur 8 Bauern besaßen 10–12 M Land, alle anderen weniger. 1895 gab es außer dem grundherrlichen keinen Besitz über 10 ha; von 87 Betrieben lagen 62 unter 2 ha Fläche. Noch extremer war es in Neckarmühlbach, wo um 1850 die Freiherren von Gemmingen-Guttenberg von den 1487 M Gemarkung 1317 M in Besitz hatten, darunter den gesamten Wald. 1873 reichte nur 2 Bauern ihr Ackerland zur Selbstversorgung aus, zumal die Grundherrschaft nichts an die Ortsbewohner verpachtete. In den 1880er Jahren hatte sie ihr Land in Gesamtpacht an die Heilbronner Zuckerfabrik gegeben, die dort Zuckerrüben anbaute. 1925 lagen von den 46 bäuerlichen Betrieben 34 unter 2 ha Fläche, 8 zwischen 2 und 5 ha.

Mit der Aufgabe von Betrieben, die schon vor dem 2. Weltkrieg einsetzte und nach dem Krieg, vor allem in Haßmersheim, rasch fortschritt, besserte sich die Flächenausstattung der verbleibenden Betriebe. 1949 war zwar noch immer die Mehrzahl der Betriebe kleiner als 5 ha LF, aber in der Größenklasse 5–20 ha lagen jetzt 47 statt wie 1925 nur 30 Betriebe. Zwischen 1949 und 1970 nahm die Zahl der Betriebe von 153 auf 59 ab, die LF nur von 673 auf 582 ha. Jetzt wurden nur noch 11 Betriebe unter 2 ha LF erfaßt. Die gegenwärtige Betriebsgrößenstruktur zeigt die nach Angaben der Gemeindeverwaltung erstellte Tab. 1.

Schon 1907 wurde in Haßmersheim über 442 ha Fläche eine *Flurbereinigung* erfolgreich abgeschlossen, mit der man auch 1925 noch zufrieden war. Ein modernes Verfahren über 1045 ha, darunter 400 ha Forstfläche, wurde 1969 in Haßmersheim und Hochhausen eingeleitet. Es soll Ende 1987 abgeschlossen werden.

Der *Wald* war 1808 in Haßmersheim mit 353 M und in Hochhausen mit 160 M Gemeindebesitz, in Neckarmühlbach mit 1332 M grundherrliches Eigentum. 1855 werden für Haßmersheim 590 M Gemeindewald in sehr gutem Zustand angegeben,

Tabelle 1: **Die Fläche der landwirtschaftlichen Betriebe 1986**

Gemeindeteil	Zahl der Betriebe mit Flächen von ... ha					
	insgesamt	<5	5–10	10–20	20–30	30–50
Haßmersheim						
Vollerwerbsbetriebe	9	–	–	5	4	–
Nebenerwerbsbetriebe	9	5	1	3	–	–
Hochhausen						
Vollerwerbsbetriebe	5	–	–	–	4	1
Nebenerwerbsbetriebe	4	1	1	2	–	–
Neckarmühlbach						
Vollerwerbsbetriebe	3	–	1	–	1	1
Nebenerwerbsbetriebe	6	6	–	–	–	–

Quelle: Gemeindeverwaltung

1854 für Hochhausen, wo auch der gemeindeeigene Acker aufgeforstet war, 196 M. Aus dem Wald wurde der Bürgernutzen an Holz und Wellen gereicht, der übrige Holzertrag kam der Gemeindekasse zugute. In Neckarmühlbach deckten die Bewohner ihren Holzbedarf im grundherrlichen Wald. Ende der 1880er Jahre begann man in Haßmersheim, den Mittelwald in Hochwald umzuwandeln, um Langholz für den Schiffbau zu gewinnen. Ein Vorschlag, den Wald wegen des guten Bodens auszustocken und als Ackerland zu nutzen, wurde 1887 abgelehnt. 1921 verkaufte die Gemeinde 15 ha Wald an die BASF, kaufte aber sofort 10 ha wieder zurück. Gegenwärtig besitzt die Gde Haßmersheim Wald auf allen drei Gemarkungen. Von der Gesamtfläche auf dem Gemeindegebiet von 865 ha sind 288 ha Kommunalwald, 59 ha Kleinprivatwald (Einzelbesitz unter 10 ha), 33 ha Privatwald (Einzelbesitz 10–50 ha) und der größte Teil mit 485 ha Großprivatwald der Freiherren von Gemmingen und der Grafen von Helmstatt.

Handwerk und Industrie. – Haßmersheim wies um die Mitte des 19. Jh. ein blühendes Handwerk auf. Wenn auch die Handwerker in der Regel noch zusätzlich Landwirtschaft betrieben, konnten viele doch Gesellen und Lehrlinge halten. 1853 arbeiteten 61 Meister in 14 Berufen, d. h. die meisten Branchen waren mehrfach vertreten (vgl. Tab. 2).

Die Schiffbauer arbeiteten für die Haßmersheimer Schiffer. Später verpachtete die Gemeinde eine eigene Werft platzweise. Allerdings waren die Tage der kleinen Schiffbauer gezählt, als sich um die Jahrhundertwende eiserne Schiffe durchsetzten. Heute arbeitet 1 Schiffbaubetrieb, die Firma *Vogel–Speidel GmbH & Co. KG*, in Haßmersheim.

Hochhausen und Neckarmühlbach hatten wenige selbständige Handwerker. 1866 werden für Hochhausen 11 Leineweber genannt, typische Nebenerwerbshandwerker.

Bis zur Jahrhundertwende vermehrte sich die Zahl der Handwerker noch, ging aber danach deutlich zurück. Die Betriebszählung von 1895 nennt für die heutige Gemeinde 110 Betriebe des Produzierenden Gewerbes mit 253 Beschäftigten. Für 1950 gibt die Statistik nur nichtlandwirtschaftliche Arbeitsstätten mit Schwerpunkt im Handwerk mit 217 Beschäftigten an. Die Betriebe sind also durchschnittlich größer geworden. Die Konzentration steigerte sich: Die Handwerkszählung 1968 nennt 55 Betriebe mit 239 Beschäftigten und einem Umsatz von 7,27 Mio DM. 1977 erwirtschafteten

Die Gemeinde im 19. und 20. Jahrhundert 873

Tabelle 2: **Das Handwerk in Haßmersheim und Neckarmühlbach 1853/54**

Handwerk	Haßmersheim			Neckarmühlbach
	Meister	Gesellen	Lehrlinge	Meister
Bäcker	6	1	2	1
Metzger	5	–	–	–
Schneider	6	4	3	2
Schuhmacher	14	5	2	1
Leinenweber	4	–	–	–
Maurer	4	12	–	–
Schreiner	5	3	1	1
Zimmermann	–	–	–	1
Glaser	1	–	–	–
Schmied	4	5	1	1
Nagelschmied	2	2	2	–
Schlosser	1	1	–	–
Wagner	3	1	–	1
Dreher	2	–	–	–
Schiffbauer	4	9	–	–

Quelle: GLA 364/3553 und 364/3582
Für Hochhausen sind keine entsprechenden Angaben vorhanden.

41 Betriebe mit 199 Personen 10,94 Mio DM Umsatz. Während 1895 Bekleidungs-, Bau- und Nahrungsmittelgewerbe stärkste Branchen waren, steht jetzt das Metallgewerbe an der Spitze. Das Textil- und Bekleidungsgewerbe ist völlig, das Nahrungsmittelgewerbe nahezu verschwunden.

Seit Ende des 18. Jh. wurden die *Gipsflöze am Hühnerberg* von armen Haßmersheimer Einwohnern in kleinem Umfang abgebaut. Erst 1807 bewarb sich eine Gesellschaft um die Schürfrechte, die allerdings zwischen dem Fürsten von Leiningen und der großherzoglichen Regierung strittig waren. Letztere ließ 1812–16 einen Stollen anlegen und betreiben. Danach ging der Abbau wieder in private Hände über. Von den 6 vor 1845 eingetriebenen Stollen waren 1851 noch 3 in Betrieb, 1862 nur noch einer, der einer Aktiengesellschaft gehörte. 1822/23 ließ die bad. Regierung am Hühnerberg nach Salz bohren, die erschlossene artesische Quelle jedoch wieder abdecken, weil sich die Rappenauer Bohrungen als ergiebiger erwiesen. Seit etwa 1860 werden Kalkstein und Kalkmergel zur Zementherstellung abgebaut. Nach Jahrzehnten unterschiedlicher Entwicklung erwarb die *Heidelberger Zement AG* 1960 das Werk von der Bücker-Flürenbrock KG und gliederte es in ihren Konzern ein. Damals waren 48 Mitarbeiter beschäftigt, 1986 arbeiteten hier 75 gewerbliche Kräfte und 18 Angestellte. Hergestellt wurde Zementklinker zur Weiterverarbeitung in den anderen Werken des Konzerns. Das Werk wurde Anfang 1989 stillgelegt. Es war durch Stollen mit dem Abbau in Neckarmühlbach verbunden und hatte eine eigene Verladestelle zum Neckar. Die Verladeeinrichtung in Hochhausen gehört zum Obrigheimer Gipswerk. Auch in Hochhausen wurde Gips abgebaut. Um 1888/89 arbeiteten hier 2 Gipsbrennereien.

Auf dem örtlichen Tabakanbau fußten in Hochhausen 2 *Zigarrenfabriken*, von denen die erste um 1885 gegründet wurde. In diesen Fabriken arbeiteten jedoch mehr Auswärtige als Dorfbewohner. 1902 fand die kurze industrielle Blüte ein Ende, als eine der beiden Zigarrenfabriken Bankrott anmeldete und das Gipswerk Kapferer & Co. schließen mußte. Nunmehr bestand nur noch eine Zigarrenfabrik und ein Kleinbetrieb.

Tabelle 3: **Handwerksbetriebe 1986**

Branchengliederung nach der Handwerksordnung	insgesamt	Haßmersheim	Hochhausen	Neckarmühlbach
Bau- und Ausbaugewerbe				
Baugeschäfte	2	2	–	–
Zimmerer	2	1	1*	–
Fliesen-, Platten- und Mosaikleger	1	1	–	–
Gipser und Maler	2	2	–	–
Maler	1	1	–	–
Herstellung von Betonwaren	1	1	–	–
Schornsteinfeger	1	1	–	–
Metallgewerbe				
Schlosser und Metallbauer	4	1+2*	1*	–
Schweißer	1	1	–	–
Weiterverarbeitung von Metallteilen	1	1	–	–
Werkzeugmacher	2	2	–	–
Dreher	1	1	–	–
Kraftfahrzeugmechaniker	2	1+1*	–	–
Klempner und Installateur	2	2	–	–
Heizungs- und Sanitäranlagenbau	2	1	1	–
Elektroinstallateur	4	3	1	–
Fertigung von Gleichstromantrieben	1	–	1	–
Radio- und Fernsehtechniker	2	1+1*	–	–
Uhrmacher	1	1	–	–
Goldschmied	1	1	–	–
Holzgewerbe				
Sägewerk, Sägerei	3	–	1	1+1*
Schreiner	1	1	–	–
Saunabau und -vertrieb	1	–	–	1
Nahrungsmittelgewerbe				
Bäckerei und Konditorei	4	4	–	–
Metzgerei	3	3	–	–
Gewerbe für Gesundheits- und Körperpflege chemische und Reinigungsgewerbe				
Friseur	1	1	–	–
Kosmetiksalon	2	2	–	–
Textilreiniger	1	1	–	–
Glas-, Papier-, keramische und sonstige Gewerbe				
Glaser	1	1	–	–
Kunststoffspritzerei	2	2	–	–

* Nebenberuflich betrieben.
Quelle: Gemeindeverwaltung Haßmersheim 1986.

Auf der Gkg Haßmersheim baute 1917 die Badische Anilin- und Sodafabrik auf Rechnung der Preußischen Heeresverwaltung die »Schwefelfabrik Neckarzimmern«. Aus den Gipslagern bei Neckarzimmern sollte Schwefel zur Munitionsherstellung gewonnen werden. Das Werk nahm im August 1918 teilweise den Betrieb auf, wurde aber sofort nach dem Waffenstillstand im November 1918 stillgelegt. Die Verwaltung ging an das Reich über, als Treuhänder war die Demag (Deutsche Maschinenfabrik AG

Duisburg) eingesetzt, die mit Abbrucharbeiten begann. Schon damals rechnete die Werksleitung damit, daß nach einer Neckarregulierung das zum Teil durch Enteignung erworbene Gelände wertvolles Industriegebiet werden und die verbliebenen Gebäude durch private Betriebe genutzt werden könnten. 1923 wurde die Anlage an die BASF verkauft, 1927 von ihr teilweise abgebrochen.

1925 gab es auf dem heutigen Gemeindegebiet keine Fabrik mit 20 oder mehr Arbeitskräften. Außer dem Zementwerk, das damals nur wenige Leute beschäftigte, siedelten sich die heutigen größeren Betriebe erst in den 1950er Jahren an. Auf dem Gelände der ehemaligen Schwefelfabrik gründeten 1955 Peter Kwasny und Kurt R. Vogelsang die »Deutsche Ferro-Bet GmbH«, die seit 1964 den Firmennamen *Kurt Vogelsang GmbH* trägt. In dem ausgedehnten Industrieareal (1986: ca. 70 000 qm) werden Autoentrostungs- und -ausbesserungsprodukte, Autolackspray und Haushaltslackspray hergestellt. Bei der Gründung arbeiteten hier 20 Arbeitskräfte, 1986 sind es 282, zusammen mit den Beschäftigten des Zweigwerks in Neckarelz durchschnittlich 350 Personen. 1986 wurde bei einer leichten Steigerung gegenüber dem Vorjahr in Haßmersheim ein Umsatz von 55,6 Mio. DM erwirtschaftet, 35% davon durch Exporte überwiegend in die europäischen Nachbarländer. 1959 richtete die *Fibro GmbH* aus Weinsberg hier ein Zweigwerk ein (ein weiteres befindet sich in Solingen), das ursprünglich 7, heute 333 (von insgesamt 765) Arbeitskräfte beschäftigt. Das Firmengelände in Haßmersheim erstreckt sich über 75 000 qm. Zum Produktionsbereich gehören Rundschalttische, Normteile und Handhabungsgeräte. Etwa ein Viertel der Produktion wird weltweit exportiert.

An kleineren Industriebetrieben mit weniger als 20 Beschäftigten sind zu nennen: die etwa 1955 von Max Kwasny gegründete *Malzfabrik*, seit 1981 im Besitz von Hans-Uwe Thielecke, die Braumalz aller Sorten sowie Weizen- und Roggenmalz herstellt, die Firma *BLM Elektrobauteile GmbH* (Produktion, Vertrieb und Entwicklung von Elektrobauteilen), die *Verzinkerei Walter Zoder* und die bereits erwähnte Schiffsbaufirma *Vogel–Speidel GmbH & Co. KG*, alle im Ortsteil Haßmersheim ansässig.

Handel und Dienstleistungen. – Von den 3 *Krämermärkten*, die, obwohl sie sich nicht mehr lohnten, noch Ende des 19. Jh. abgehalten wurden, ist in Haßmersheim nur noch der »Kerwemarkt« am 4. Augustsonntag lebendig. Derzeit versuchen Gemeinde und Gewerbeverein, ihn durch eine Leistungsschau des örtlichen Gewerbes aufzuwerten.

Der *Handel* war im 19. Jh. in Haßmersheim über die Versorgung der Bewohner mit dem täglichen Bedarf hinaus mit dem Verkauf der Landprodukte und vor allem mit der Verteilung der zu Schiff hergebrachten Güter wie Kohle, Steinsalz und Gewerbeprodukten aus Württemberg befaßt. 1853 saßen in Haßmersheim 5 Händler, 1925 wurden 4 Kaufleute gezählt. In Hochhausen und Neckarmühlbach hatte der Handel nur örtliche Bedeutung. Immerhin werden 1866 in Hochhausen 11, im Jahr 1925 aber nur noch 2 Kaufleute genannt. Die Arbeitsstättenzählung 1970 erfaßte in der heutigen Gemeinde 34 Arbeitsstätten des Handels mit 92 Beschäftigten, darunter 26 *Einzelhandelsgeschäfte* mit 68 Beschäftigten. Die Tabelle für 1986 zeigt, daß das Angebot nur wenig über den täglichen Bedarf hinausgeht und sich nahezu ausschließlich auf Haßmersheim konzentriert. Im *Großhandel* sind 2 Firmen im Bereich Papierwaren und 1 Import/Export von technischen Geräten sowie Gärtnereibedarf tätig. Das Kornhaus Sinsheim–Bad Rappenau, das landwirtschaftliche Erzeugnisse vermarktet und Bedarfsmittel für Haus, Garten und Hof vertreibt, steht zwischen Groß- und Einzelhandel. Dazu kommen 2 Versandhandlungen, 1 Versandhausagentur, 2 Automatenaufsteller, 4 Handelsvertreter und -vermittler, je 1 nebenberuflicher Nähmaschinenhändler und

Tabelle 4: **Der Einzelhandel 1986**

Branche	insgesamt	Haßmersheim	Hochhausen	Neckarmühlbach
Lebensmittelläden	3	3	–	–
Lebensmittel und Schiffsbedarf	1	1	–	–
Fleisch- und Wurstwaren (außer den handwerklichen Metzgereien)	1	–	1	–
Getränke	5	5	–	–
Textilien etc.	2	2	–	–
Schuhe	1	1	–	–
Elektrowaren	4	3	1	–
Schreibwaren, Zeitschriften	1	1	–	–
Kraftfahrzeuge und Zubehör	2	2	–	–
Verkauf von Eisgrundstoffen	1	–	1	–
Handel mit technischen Erzeugnissen	3	3	–	–

Quelle: Gemeindeverwaltung

Hausierhändler sowie die mit Gewerbebetrieben verbundenen Handlungen (Betonwaren, Tankstelle, Futter- und Düngemittel). Ein größerer Betrieb ist die Firma *Engelbert Fessner*, 1966 als Sortierbetrieb für Rot-Kreuz-Kleidersammlungen gegründet, die heute 26 Mitarbeiter mit dem Sortieren und Verwerten von Textilien beschäftigt und 1985 einen Umsatz von 4,2 Mio. DM erzielte. Dem Hauptbetrieb in Haßmersheim (eine Filiale besteht in Reichartshausen) ist ein Verkauf von Gebrauchtkleidung und Gebrauchttextilien angegliedert.

Im *privaten Dienstleistungsbereich* sind folgende Branchen vertreten: 4 Vermögensverwaltungen/Beteiligungs- und Anlagefirmen, 1 Buchhaltungsbetrieb, 1 Steuerberater, 1 Planungsbüro, 1 Software-Entwicklung (nebenberuflich), 5 Bausparkassen- und Versicherungsvertretungen (2 nebenberuflich), 2 Werbebetriebe (1 nebenberuflich), 1 Weinkellerei-Beratung, 1 Eichaufnehmer (nebenberuflich), 3 Brandschutzfirmen, 1 Rohr- und Kanalreinigungsbetrieb, 1 Autopfleger (nebenberuflich) und 1 Mobil- und Bootscharterfirma. Das Transportwesen ist mit 6 Fuhr-, Mietwagen- und Taxiunternehmen gut besetzt.

Kredite nahmen die Haßmersheimer bis zur Jahrhundertwende bei der Sparkasse Mosbach, bei Privatleuten und bei den Kirchenfonds auf. 1908 wurde die Sparkasse gegründet, vornehmlich zur Finanzierung von Schiffen. Diesen Zweck konnte sie jedoch nicht lange erfüllen. Nach rückläufiger Entwicklung wurde sie um 1920 von der Volksbank Mosbach übernommen, die sie als Zweigstelle weiterführt. In Hochhausen richtete sie 1974 eine Zweigstelle ein. Die Sparkasse Mosbach ließ sich 1938 mit einer Zahlstelle in Haßmersheim nieder und baute sie später zur Zweigstelle aus. Auch Neckarmühlbach erhielt 1965 eine Zahlstelle, die aber bald in eine fahrbare Zweigstelle umgewandelt wurde. Hochhausen hat seit 1967 eine Zweigstelle der Sparkasse Mosbach. In Neckarmühlbach ist heute nur die Volksbank Bad Rappenau eGmbH mit einer 1965 eingerichteten festen Zahlstelle vertreten.

Von den 9 Haßmersheimer *Gastwirtschaften* der Mitte des 19. Jh. sind »Adler«, »Lamm«, »Schiff« und der rund 250 Jahre alte »Ritter« heute noch im Dorf zu finden. Hinzugekommen sind der »Wilde Mann« und die »Dorfschänke«. Übernachtungsmöglichkeiten bieten »Ritter« und »Lamm« an, außerdem eine Pension mit einer Ferienwohnung. In Hochhausen blickt die »Krone« auf eine längere Vergangenheit als

Die Gemeinde im 19. und 20. Jahrhundert 877

Dorfgasthaus zurück, jünger sind »Waldblick« und die Pension »Haus Laurin«. Ein Teil des Schlosses Hochhausen ist seit einigen Jahren als Gästehaus eingerichtet, das auch größere Gesellschaften aufnimmt. Es ist Glied der Organisation »Gast im Schloß« wie auch die Burgschenke der Burg Guttenberg in Neckarmühlbach. Übernachtung ist in Neckarmühlbach nur im »Neckartal« möglich.

Schloß Hochhausen und die Burg Guttenberg mit der Deutschen Greifenwarte, die täglich Flugvorführungen ihrer Greifvögel veranstaltet, mit dem Burgmuseum und dem Kleinwagenmuseum sind beliebte Ausflugsziele. Der Urlaubsfremdenverkehr dagegen ist in Haßmersheim kaum entwickelt. Die Gemeindeverwaltung strebt eine Belebung des *Fremdenverkehrs* an, konzentriert sich aber zunächst auch auf den Ausflugsverkehr, z. B. mit der Herausgabe einer neuen Wanderkarte.

Verkehr. – Wirtschaftlich von größter Bedeutung war für Haßmersheim die *Schifferei auf Neckar und Rhein*. Von ihr hing nicht nur der Verdienst der Schiffer selbst, sondern auch der der Schiffs- und sonstigen Taglöhner, der Schiffbauer und anderen Handwerker und Gewerbetreibenden ab. Als durch die napoleonischen Kriege und die Staatenumbildungen der Handel darniederlag und die Schiffahrt auf dem Rhein gehemmt war, litten nicht nur die 51 Schiffer, sondern fast das ganze Dorf Not. Umgekehrt brachte nach dem Beitritt Badens zum Deutschen Zollverein 1835 die Öffnung des Rheins 1836 bis Köln, 1840 bis in die Niederlande, Wohlstand nach Haßmersheim. An die Stelle der erst 1809 gegründeten Haßmersheimer Schifferzunft traten nun die Beurten, Schiffahrtsgenossenschaften zu je 12 Schiffern, die sich nach ihren Fahrtzielen unterschieden, aber auch selbständig fahrende Schiffer. Zunächst beförderten sie auf eigene Rechnung Holzwaren, Früchte und Salz flußab und brachten auf der Bergfahrt Kaufmannsgüter wie Kaffee, Öle, Stockfisch, Baumwolle mit. 1853 beschäftigte die Schifferei 50 Meister, 107 Gesellen und 50 Lehrlinge, abgesehen von den Taglöhnern. Ein Viertel der Einwohner lebte um 1855 von der Schifferei. Um 1860 fuhren die 73 Haßmersheimer Schiffer im Auftrag der Heilbronner Großhändler, die mit den Niederlanden in direkter Verbindung standen. Die Liste der in beiden Richtungen verschifften Waren hatte sich erheblich erweitert. In der Regel ging allein nach Rotterdam und Amsterdam alle 10 Tage ein Schiff ab, die größeren besetzt mit dem Eigner, mit Schiffstaglöhnern und dem Schiffsjungen. Aber bald machte sich die Konkurrenz der Eisenbahn bemerkbar. 1865 bezogen die Heilbronner Fabriken ihre Rohstoffe noch auf dem Schiffsweg, aber 1871 schon wurden namentlich Kohle und Salz mit der Bahn befördert, und die Neckarschiffahrt ging zurück. Einen Aufschub erreichten die Neckarschiffer um 1870 mit der Bildung einer Kettenschleppgesellschaft, die die Senkung der Frachtsätze ermöglichte, und mit der Umstellung auf größere eiserne Schiffe. Die Rheinschiffahrt blühte weiter; sie kam nur während der Ruhrbesetzung nach dem 1. Weltkrieg fast ganz zum Erliegen.

Im Jahr 1929 waren in Haßmersheim 96 Schiffe beheimatet. Davon befuhren 11 mit 250–300 t den Neckar, die übrigen größeren mit 500–1500 t den Rhein. Zu den 96 Schiffseignern kamen ca. 200 Matrosen und die Schiffsjungen aus dem Dorf. Vor dem 2. Weltkrieg galt Haßmersheim als größtes Schifferdorf Süddeutschlands. Nach dem Krieg erholte sich die Schifferei rasch, für 1961 nennt die Gemeindeverwaltung 120 Schiffe. Aber seit Ende der 1960er Jahre führte die Konzentration in der Binnenschifferei auf größere Schiffseinheiten und auf Schubschiffahrt zu Entlassungen bei den großen Unternehmungen und zu einem Konkurrenzdruck, dem viele selbständige Schiffer nicht gewachsen waren. 1986 gibt es nur noch 20 Schiffahrtsbetriebe in der Gemeinde.

Anlegestellen für die Personenschiffahrt sind in Haßmersheim und Hochhausen eingerichtet. Haßmersheim besitzt auch einen Umschlagplatz für den Güterverkehr und einen Schutzhafen.

Eisenbahnlinie und *Bundesstraße*, die Haßmersheim an das Fernverkehrsnetz anschließen, verlaufen im Neckartal am jenseitigen Ufer. Auf der 1879 eröffneten Strecke Neckargemünd–Jagstfeld halten am Bahnhof (Haltepunkt) Haßmersheim laut Fahrplan 1986/87 täglich 7 Züge in Richtung Bad Friedrichshall–Jagstfeld und 6 Züge in Richtung Neckarelz. Sie stellen die Verbindung mit Heilbronn–Stuttgart und mit Mosbach und Heidelberg her. Der Verkehr zum jenseitigen Neckarufer, zum Bahnhaltepunkt und zur Bundesstrasse 27, geht über die *Haßmersheimer Fähre*, über die *Brücke Obrigheim–Diedesheim*, über die 1984 beim Umbau der Schleusenkammern verbreiterte *Schleusenbrücke Neckarmühlbach–Gundelsheim* und über die 1986 teileröffnete Brücke zwischen Obrigheim und Hochhausen zur *Schnellstraße nach Mosbach*. Vorgängerin der Schleusenbrücke war eine Fähre zwischen Gundelsheim und Neckarmühlbach. Eine Neckarbrücke bei Haßmersheim war mindestens seit der Mitte des 19. Jh. diskutiert, da die alte einfache Fähre dem Verkehr nicht genügte. 1868 richtete die Gemeinde als Kompromißlösung eine Rollenfähre ein. Für die Schwefelfabrik baute man dann eine für Gütertransport und Fußgänger ausreichende Brücke zur Eisenbahn. Sie wurde aber nach der Sprengung im März 1945 nicht wieder aufgebaut. Mit dem Scheitern des Fabrikprojektes mußte die Gemeinde auch die Hoffnung auf eine feste Neckarbrücke aufgeben.

Autobahnanschluß hat Haßmersheim zur A 6 Mannheim–Nürnberg über die Auffahrten Bad Rappenau (10 km entfernt) und Neckarsulm (16 km entfernt).

Im öffentlichen Personennahverkehr ist Haßmersheim mit der Kreisstadt durch die *Omnibuslinien* Haßmersheim–Obrigheim–Mosbach und Heilbronn–Mosbach verbunden. An Arbeitstagen besteht zwischen 6 und 20 Uhr praktisch zweimal in der Stunde eine Verbindung in beiden Richtungen. Je nach Linienführung halten einige Busse auch in Hochhausen und Neckarmühlbach. Heilbronn kann an Arbeitstagen mit 10 Bussen erreicht werden, 4 von ihnen halten auch in Neckarmühlbach. An Wochenenden ist das Angebot eingeschränkt (Fahrplan 1986/87).

Poststraße war im 19. Jh. die heutige Bundesstraße 27. Der Postdienst für die Dörfer wurde von Fußboten verrichtet. Bis 1923 hatte Haßmersheim ein Postamt, dann wurde es durch eine Agentur ersetzt. 1871 wurde hier eine Telegrafenstation eingerichtet. Heute hat Haßmersheim ein Postamt, Hochhausen eine Postzweigstelle.

Verwaltungszugehörigkeit, Gemeinde und öffentliches Leben

Verwaltungszugehörigkeit. – Haßmersheim gehörte bis 1803 zur Kellerei Neckarelz des kurpfälzischen Oberamts Mosbach, von 1803 bis 1806 zum fürstlich leiningischen Justizamt Mosbach. Die grundherrlichen Orte Hochhausen (Grafen von Helmstatt) und Neckarmühlbach (Freiherren von Gemmingen-Guttenberg) unterstellte die bad. Verwaltung 1807 zunächst dem Oberamt Waibstadt, wies sie aber 1810 gleichfalls dem Amt Mosbach zu. Seither war Mosbach immer die zuständige Amts- bzw. Kreisstadt für die drei Orte. Hochhausen kam am 1.1.1972, Neckarmühlbach am 1.2.1972 zu Haßmersheim. Es wurden keine Ortschaftsverfassungen vereinbart.

Die Gde Haßmersheim ist erfüllende Gemeinde im Gemeindeverwaltungsverband Neckar-Süd (Gemeinden Haßmersheim und Hüffenhardt).

Gemeinde. – Die Gemarkungsgrößen werden 1853/54 für Haßmersheim mit 1713 M, für Hochhausen mit 947 M und für Neckarmühlbach mit 1587 M angegeben. In den beiden grundherrschaftlichen Orten war der größte Teil der Gemarkung im Besitz der Grundherrschaft, in allen drei Dörfern bestanden Pfarr- und Schulgüter als Besitz der Toten Hand. Erst Katastervermessungen 1884–1892 brachten genauen

Die Gemeinde im 19. und 20. Jahrhundert 879

Aufschluß über die Gemarkungsgrößen. 1925 und 1950 umfaßte das Gebiet der heutigen Gemeinde 1783 ha. Zum 1.4.1952 wurde der Finkenhof aus der Stadt Bad Wimpfen aus- und in die Gemeinde Hochhausen eingegliedert. Seither ist die Gesamtfläche von 1916 ha unverändert geblieben. 1981 bestand sie aus 1703 ha Naturfläche (darunter 717 ha Landwirtschaftsfläche und 895 ha Waldfläche) und 213 ha besiedelter Fläche.

Den Gemeinden standen im 19. und in der 1. H. 20. Jh. ehrenamtliche Bürgermeister vor, unterstützt von in Haßmersheim 6, sonst 3 Gemeinderäten. Bürgermeister und Gemeinderäte in Haßmersheim entstammten meist dem Schifferstand. Bürgerausschüsse gab es hier und in Hochhausen. Seit der Gemeindereform steht dem hauptamtlichen Bürgermeister ein *Gemeinderat* mit 14 Mitgliedern zur Seite. Bei der Wahl von 1984 waren 7 Sitze an die CDU/Freie Wählervereinigung gefallen, 5 an die SPD und 2 an die erstmals kandidierende Unabhängige Liste. Bei den beiden vorangegangenen Wahlen hatte die SPD etwas mehr als ⅓, die CDU/FW etwas weniger als ⅔ der Stimmen erhalten.

Im 19. Jh. beschäftigten die Gemeinden neben Rechner und Ratsschreiber (zeitweise versorgte der Haßmersheimer Ratsschreiber auch Neckarmühlbach) Feld- und Waldhüter, Straßenwart (in Haßmersheim um 1890 durch Taglöhner ersetzt), Leichenschauer, Totengräber, Hebamme, Industrielehrerin, Polizeidiener. In Haßmersheim gab es 1868 neben 2 Polizeidienern noch 2 Gendarmen, später wurde ein Hilfspolizeidiener eingestellt. In Hochhausen und Neckarmühlbach übte häufig ein Mann mehrere Dienste aus, während für Haßmersheim schon 1855 insgesamt 22 Gemeindebedienstete genannt werden, darunter ein Arzt und 2 Hebammen.

Heute gliedert sich die *Gemeindeverwaltung*, der der 1962 erstmals gewählte Bürgermeister vorsteht, in Hauptamt, Rechnungsamt, Ordnungsamt, Grundbuchamt, Standesamt, Bauamt und Gemeindekasse. Hauptamtsleiter und Rechnungsamtsleiter sind Beamte des gehobenen Dienstes. Mit dem Bauhof beschäftigt die Gemeinde 5 Beamte, 10 Angestellte, 15 Arbeiter (darunter 2 Waldarbeiter und 2 Fährleute) und 6 Teilzeitkräfte.

Allmendfläche gab es 1854 nur in Haßmersheim 25 M 3 V 50 R. Der *Bürgernutzen* bestand hier und in Hochhausen aus Holzgaben aus dem Gemeindewald.

Gemeindeeigene Flächen besaßen in nennenswertem Umfang nur Haßmersheim und Hochhausen. Das Ackerland war verpachtet. Größere Einnahmen brachte der Gemeindewald, soweit der Holzertrag über den Bürgernutzen hinausging. Auch die heutige Gemeinde besitzt ihre größten Flächen auf den Gkgn Haßmersheim und Hochhausen. Insgesamt umfaßt der Besitz 296,66 ha Wald und 23,01 ha Ackerland, abgesehen von Wasserflächen, Wegen etc. An baureifem Land steht nur 0,1 ha zur Verfügung. An Gebäuden besaß die Gde Haßmersheim 1851 die beiden Schulhäuser, das Rathaus mit dem Ortsarrest, ein Schäfereihaus, in dem auch arme Familien untergebracht waren und das 1853 zum Armenhaus erklärt wurde. Später wird auch das Kelterhaus genannt sowie ein Pachthäuschen über dem Neckar, das als Wartehäuschen für den Fährmann diente. Das heutige Rathaus wurde 1940/41 erbaut und 1983/84 umgebaut. In Hochhausen besaß die Gemeinde 1854 nur 2 Schulhäuser und das ev. Pfarrhaus. 1874 kaufte sie ein Gebäude für die Ortsarmen und für die Löschgeräte mit der Absicht, es später zum Rathaus umzubauen. Bis 1902 blieb aber das Ratszimmer im Haus des Bürgermeisters, dann wurde es im ev. Pfarrhaus eingerichtet, erst später wurde ein Rathaus gebaut. In Neckarmühlbach befand sich 1854 das Ratszimmer im oberen Stock des Schulhauses. 1871 wurde es in das Haus des Bürgermeisters gelegt, später mietete die Gemeinde einen Raum an.

1986 besitzt die Gemeinde in Haßmersheim das Rathaus, die Gemeindekelter, ein Grund- und ein Hauptschulgebäude, die Hauptschulturnhalle, eine Lehrschwimmhalle, eine Turn- und Festhalle, das THW-Heim und 2 Wohnhäuser, in Hochhausen das ehemalige Rathaus, das ehemalige Schulhaus, ein Wohnhaus und das Obdachlosenasyl, in Neckarmühlbach eine Mehrzweckhalle und ein Lehrerwohnhaus. *Gemeindebesitz* ist heute wie schon im 19. Jh. die Fähre in Haßmersheim, damals auch die in Hochhausen, seit die Grundherrschaft der Gemeinde das Neckarüberfahrtsrecht unentgeltlich überlassen hatte.

Die Fährpacht bildete einen wichtigen Aktivposten in den Gemeinderechnungen. Einnahmen brachte in Hochhausen und namentlich in Haßmersheim auch der Walderlös, in geringerem Maße in allen 3 Gemeinden die Schäfereipacht (in Neckarmühlbach erst seit der Ablösung von der Grundherrschaft um 1890). In Hochhausen stieg um die Jahrhundertwende das Steueraufkommen durch die Gipsfabrik an. Umlagen waren jedoch immer erforderlich; in Neckarmühlbach trug sie zum größten Teil die Grundherrschaft. Zu Beginn des 19. Jh. waren alle 3 Gemeinden, besonders Hochhausen und Haßmersheim, mit Kriegs- und sonstigen allgemeinen Schulden hochbelastet, um die Jahrhundertmitte hatte nur Hochhausen noch alte Kriegsschulden abzutragen, Haßmersheim zahlte den Schulhausbau ab. Die Zehntablösung war mit der Schuldentilgung in Neckarmühlbach 1860, in Haßmersheim 1868 und in Hochhausen 1869 abgeschlossen. Neue Kapitalaufnahmen wurden nötig durch den Kirchen- und den Fährhausumbau (1877) und den Bau der kath. Kirche (1881) in Haßmersheim, durch den Schulhausbau (1861) und den Kirchenumbau (1892) in Hochhausen, durch Straßen- und Brückenbau (um 1870), den Schulhausbau (1880) und die Wasserversorgung in Neckarmühlbach. Wechselnd hoch waren die jährlichen Ausgaben für die Armenpflege. Um die Jahrhundertwende aber war die finanzielle Lage der Gemeinden Haßmersheim und Hochhausen recht gut. Selbst 1923 war Haßmersheim schuldenfrei.

In der Gegenwart nimmt die Gemeinde im Kreisvergleich einen guten Platz ein. Das Steueraufkommen ist seit 1970 fast kontinuierlich von 929 000 DM auf 4 451 000 DM im Jahr 1984 gestiegen, der Gewerbesteueranteil daran von 39,5 % auf 57,7 %. Auch die *Steuerkraftsumme* je Einwohner nahm zu: von 290 DM im Jahr 1970 (14 % unter dem Landesdurchschnitt) auf 1029 DM im Jahr 1984 (3 % unter Landesdurchschnitt). Der Schuldenstand je Einwohner stieg von 133 DM im Jahr 1970 auf 332 DM im Jahr 1973 an, verminderte sich bis 1980 auf 258 DM und lag 1984 bei 578 DM, bedingt durch notwendige Investitionen. Immerhin war die Verschuldung gegenüber dem Haushalt vom 1983 um 6,8 % auf 2 425 979 DM abgebaut worden, während das Haushaltsvolumen sich sowohl im Vermögenshaushalt mit 5 160 322 DM als auch im Verwaltungshaushalt mit 7 154 545 DM gegenüber dem Vorjahr erhöht hat. Als Ausgabeschwerpunkt nennt die Gemeinde für die nächsten Jahre die Unterhaltung und Verbesserung der Infrastruktureinrichtungen, darunter in Haßmersheim den Umbau der alten Grundschule zu Feuerwehrgaragen, den Um- und Erweiterungsbau der Hauptschule zu einer neuen Grundschule, den Umbau der ehemaligen ev. Schule in einen Vereinsübungssaal, die Sanierung des Sportplatzes, die Dachsanierung der Turn- und Schwimmhalle, den Neubau einer Bauhofhalle, den weiteren Ausbau der Neckarstraße samt Neckarvorland und die Fertigstellung der Erschließungsarbeiten im Baugebiet »Nord II«, in Hochhausen den Neubau einer Friedhofskapelle sowie allgemein die Dorfsanierung und Verbesserung der Grünanlagen. Diese Maßnahmen werden von der Gemeinde ohne Zuhilfenahme eines Dorfentwicklungsprogramms getragen.

Ver- und Entsorgungseinrichtungen. – Eine *Freiwillige Feuerwehr* wurde in Haßmersheim 1873 gegründet. 1887 hatte sie 74 Mitglieder, obgleich die Schiffer wegen

Die Gemeinde im 19. und 20. Jahrhundert 881

ihrer ständigen Abwesenheit kaum herangezogen werden konnten. Eine Feuerspritze war schon 1842 angeschafft worden. Hochhausen löste sich 1861 mit dem Kauf einer eigenen Spritze von Obrigheim. In Neckarmühlbach formierte sich die Feuerwehr um 1870. Die Freiwillige Feuerwehr Haßmersheim mit 107 Mitgliedern (52 in Haßmersheim) sowie 14 Angehörigen der Jugendwehr ist heute Stützpunktfeuerwehr mit 4 Löschzügen und Abteilungen in Hochhausen und Neckarmühlbach.

Strom für eine elektrische Straßenbeleuchtung erhielt Haßmersheim 1921 über das BASF-Werk. 1923 wurde das Ortsnetz errichtet. Die *Stromversorgung* obliegt der Badenwerk AG, Betriebsverwaltung Kraichgau. Abnehmer sind die einzelnen Haushalte und Betriebe. Eine Gasversorgung besteht nicht. Anschluß an die Überlandgasleitung wäre ab Ortsteil Hochhausen möglich.

Mitte des 19. Jh. galt die *Wasserversorgung* durch Pump- und Schöpfbrunnen in allen 3 Gemeinden als ausreichend, später zeigten sich in Hochhausen und Neckarmühlbach Mängel. In beiden Dörfern wurden 1895 neue Wasserleitungen gebaut, von denen schon einige Hausleitungen abgingen. In Haßmersheim konnte man sich erst Ende der 1920er Jahre zum Bau einer Wasserleitung entschließen. 1974 trat Neckarmühlbach dem Zweckverband Wasserversorgungsgruppe Mühlbach mit Sitz in Bad Rappenau bei, seit 1983 sind auch Haßmersheim und Hochhausen Mitglieder.

Alle Ortsteile sind bis auf wenige abgelegene Häuser an das *Kanalnetz* angeschlossen. Neckarmühlbach besitzt seit 1974, Hochhausen seit 1981 eine eigene mechanisch-biologische *Kläranlage*, Haßmersheim leitet seine Abwasser seit 1983 der gleichfalls mechanisch-biologisch arbeitenden *Verbandskläranlage des Abwasserzweckverbandes Elz-Neckar* in Obrigheim zu. Der *Müll* wird einmal in der Woche von einem privaten Unternehmer, der auch die 50-l-Mülleimer stellt, zur Kreismülldeponie in Buchen gefahren. Auch Sperrmüll wird regelmäßig abgeholt. Auf der ehemaligen Deponie Haßmersheim ist noch eine Kleinanlieferstation eingerichtet. Sie soll aber auf Mosbacher Stadtgebiet verlegt werden.

In der *medizinischen Versorgung* war Haßmersheim schon Mitte des 19. Jh. selbständig. 1835 wurde die Filial-Apotheke neu verpachtet, 1855 wird ein Arzt genannt. Hebammen gab es auch in den beiden kleinen Dörfern. 1904 arbeiteten 2 kath. Krankenschwestern und 1 Landkrankenschwester in Haßmersheim. 1986 praktizieren hier 2 Allgemeinmediziner und 2 Zahnärzte. Die kath. Pfarrgemeinde unterhält eine Krankenpflegestation, für die ev. Pfarrgemeinde ist die Diakoniestation Mosbach zuständig. Eine Apotheke ist am Ort. Nächstgelegenes Krankenhaus ist das Kreiskrankenhaus in Mosbach.

Jeder Ortsteil besitzt einen eigenen *Friedhof*, Hochhausen einen evangelischen und einen katholischen. Geplant ist hier die Anlage eines neuen Gemeindefriedhofs. In Neckarmühlbach wurde 1970 eine Friedhofshalle erbaut, im 1945 erweiterten Friedhof von Haßmersheim steht seit 1984 eine moderne Kapelle. Die kleine Halle stammt von 1947.

Als Vorläufer der heutigen *Kindergärten* kann die 1854 in Hochhausen bestehende, von der Gräfin von Helmstatt eingerichtete Kleinkinderanstalt gelten, die jedoch 1867 aufgegeben werden mußte, als die Mittel ausblieben. In Haßmersheim, wo in den Schifferfamilien die Frauen die Landwirtschaft besorgten, richteten wohlhabende Bürger 1859 eine ev. Kleinkinderschule ein. 1898 folgte die kath. Kirchengemeinde mit einer eigenen Kinderschule. Um 1920 wurden beide Kindergärten aus dem Erlös der Jagdpacht finanziert. 1960 baute die kath. Kirchengemeinde einen neuen Kindergarten. Ev. Kindergärten werden jetzt in allen 3 Ortsteilen von der Kirchengemeinde unterhalten.

Kirche. – Die *kath. Kirchengemeinde Haßmersheim* wechselte im 19. Jh. mehrmals ihre Dekanatszugehörigkeit zwischen Waibstadt und Mosbach, gehört aber im 20. Jh. zum Dekanat Mosbach. Seit 1803 hat der Fürst von Leiningen das Patronatsrecht. Hochhausen gehörte noch 1863 zur Pfarrei Haßmersheim, 1910 aber wie heute zur Pfarrei Obrigheim. Die Katholiken von Neckarmühlbach wurden schon im 19. Jh. von Haßmersheim aus pastoriert und zählten dann (1910, 1939) als Diasporaort, jetzt als Filiale zu dieser Pfarrei, genau wie diejenigen der Gde Neckarzimmern. Nach langen, bis in die 1840er Jahre reichenden Verhandlungen und Streitigkeiten um die Baupflicht zwischen der politischen Gemeinde und dem Stift Lobenfeld (Pfälzer Kath. Kirchenschaffnei) wurde die Kirche St. Dionysius in Haßmersheim neu gebaut und 1881 mit dem Turm vollendet. Zur Finanzierung trugen beide Teile bei, heute ist die Baupflicht zwischen ihnen geteilt. Die Filialkirche (1863: Kapelle) ad Assumptionem BMV in Hochhausen wurde 1815 vom Grafen von Helmstatt für die Katholiken des Dorfes gebaut, die vorher die Schloßkirche mitbenutzen durften. Die Kirchengemeinde Haßmersheim unterhält in der Kirchgasse ein Gemeindehaus.

Die ev. *Kirchengemeinde Haßmersheim* gehörte 1845 zur Diözese (Kirchenbezirk) Mosbach, während die Kirchengemeinden Hochhausen und Neckarmühlbach der Diözese Neckarbischofsheim unterstanden. Neckarmühlbach wird 1975 in den Kirchenbezirk Mosbach umgegliedert und derzeit von der Pfarrei Neckarzimmern versorgt. Die Pfarrei Hochhausen ist seit 1922 nicht mehr besetzt. Sie wurde erst von Neckarzimmern, ab 1955 von Obrigheim und seit 1967 von Haßmersheim mitverwaltet. 1967 wurde ihr der Finkenhof zugeteilt, der bisher zur Kirchengemeinde Bad Wimpfen, Kirchenkreis Hessen-Nassau, gehört hatte. Das Patronatsrecht liegt in Haßmersheim beim Fürsten von Leiningen, in Hochhausen bei den Grafen von Helmstatt und in Neckarmühlbach bei den Freiherren von Gemmingen-Guttenberg-Bonfeld. Die Kirchen in Hochhausen und Neckarmühlbach stammen aus dem 15. Jh., die Haßmersheimer Kirche ist 1828/29 erbaut worden. In allen 3 Dörfern gibt es ein ev. Gemeindehaus.

In Haßmersheim besteht eine *Neuapostolische Kirchengemeinde* mit (Stand 1981) etwa 80 Mitgliedern. Ihre Kirche wurde 1958 erbaut und 1973/74 umgebaut und vergrößert.

Schule. – In Haßmersheim und Hochhausen bestanden zu Beginn des 19. Jh. kath. und ev. Schulen, jeweils mit eigenen Gebäuden. In Haßmersheim wurde 1862 eine ev. Privatschule gegründet, die bald alle ev. Schüler anzog und deren seit 1879 erweiterter Unterricht, u.a. in der französischen Sprache , auch kath. Kindern offenstand. Der kath. Pfarrer hielt diese Schule für bevorzugt finanziert, wehrte sich aber gegen eine Zusammenlegung beider Schulen. Trotzdem wurde 1875 die konfessionslose Schule eingerichtet und der Unterricht in 3 Klassen auf die beiden Schulhäuser verteilt, bis 1902 ein neues Schulhaus gebaut wurde. Das ev. Schulhaus diente dann als Lehrerwohnhaus und seit 1986 als Wohnhaus der Johannes-Anstalten Mosbach. Das kath. Schulhaus nahm erst den Haushaltungsunterricht auf, seit 1927 die neue Fortbildungsschule, und wird jetzt zur Feuerwehrgarage umgebaut.

In Hochhausen finanzierten sich die Konfessionsschulen aus Mitteln der Gemeinde- und Staatskasse, der Grundherrschaft und aus dem Schulablösungskapital. 1859 erhielt die ev. Schule ein neues Gebäude, bezahlt aus einer Kollekte und dem Erlös des alten Hauses. Das kath. Schulhaus, unentgeltlich von der politischen Gemeinde überlassen, enthielt auch den Ortsarrest, was zu Streitigkeiten zwischen Kirchen- und politischer Gemeinde führte, bis 1874 der Arrest verlegt wurde. Nach Zusammenlegung beider Schulen diente (1882) das kath. Schulhaus kurze Zeit noch dem Religions- und

Handarbeitsunterricht, dann wurde es vermietet. Fortbildungsunterricht fand nur zeitweise im Ort statt. In Neckarmühlbach klagte man schon 1851 über das zu kleine Schulhaus, 1862 wurde die Schule in eine grundherrliche Scheuer verlegt, erst 1877 nahmen die beiden Baupflichtigen, die Gemeinde (zu 8/15) und die Grundherrschaft (zu 7/15), einen Neubau in Angriff. 1903 wurde der Fortbildungsunterricht der Mädchen in einen Haushaltungsunterricht umgewandelt, wobei man sich an Haßmersheim anschloß.

Seit der modernen Schulreform befinden sich die *Grund-* und die *Hauptschule* für die gesamte Gemeinde im Ortsteil Haßmersheim. 1986 werden in der Grundschule 174 Schüler in 8 Klassen, in der Hauptschule 168 Schüler in 8 Klassen unterrichtet. 16 Lehrkräfte sind voll und 8 sind teilzeitbeschäftigt. Für die Erwachsenenbildung ist die Außenstelle Haßmersheim der Volkshochschule Mosbach tätig.

Die *Gemeinde- und Schulbücherei* besitzt 1908 Bände. 1985 wurden 687 Entleihungen gezählt.

Eine Schifferschule zur fachlichen und allgemeinen Weiterbildung der jungen Schiffer in 2 Winterkursen von je 8 Wochen wurde in Haßmersheim 1893 eingerichtet und bestand bis 1913/14. Mehrfache Versuche, sie nach dem Krieg wieder aufleben zu lassen – 1926 wurde sie mit neuer Satzung der Gewerbeschule Mosbach angeschlossen – scheiterten an der geringen Interessentenzahl. 1975 richtete der DGB in Haßmersheim eine Berufsförderungsstätte ein, die Umschulungen im Bereich Metallverarbeitung durchführte. Sie wurde 1983 nach Mosbach verlegt.

Sportstätten. – Im Ortsteil Haßmersheim befinden sich ein Sportstadion, ein Hallenbad, 3 Tennisplätze, die Turnhalle der Hauptschule und eine Turn- und Festhalle. Hochhausen hat eine Gymnastikhalle für Übungszwecke, den Sportplatz für Fußballspiele und ein Schützenhaus mit 2 Schießbahnen, Neckarmühlbach eine Mehrzweckhalle, die auch für sportliche Übungen genutzt wird.

Vereine. – Jeder Ortsteil hat einen Gesangverein. Der Männergesangverein »Germania« Haßmersheim mit heute 89 Mitgliedern wurde 1843 gegründet, der Gesangverein »Eintracht 1865« in Neckarmühlbach mit jetzt 110 Mitgliedern ist der zweitälteste. Der Männergesangverein Hochhausen, derzeit 72 Sänger, stammt von 1881. Der Musik widmen sich auch die 1952 gegründete Feuerwehrkapelle Haßmersheim mit 22 und der Bläserchor Haßmersheim von 1967 mit 19 Aktiven. Unter den Sportvereinen sind die Sportfreunde Haßmersheim von 1924 mit heute 895 Mitgliedern der älteste. Die anderen wurden erst nach dem 2. Weltkrieg gegründet: 1947 der Angelsportverein (200 Mitglieder), 1959 der KK Schützenverein (210), 1960 der Tennisclub Blau-Weiß (160), 1966 der Sportverein Hochhausen (244) und 1986 der Tischtennisclub (32 Mitglieder). Der Kleintierzuchtverein (105 Mitglieder) besteht seit 1938. 1961 bildete sich der Haßmersheimer Carnevalsclub HCC (170 Mitglieder). Die beiden Schiffervereine Sankt Nikolaus von 1906 und Germania von 1912 mit 53 und 169 Mitgliedern pflegen die alte Tradition des Schifferdorfes.

Strukturbild

Haßmersheim zählt zu den Gemeinden des Landkreises, deren Struktur sich in den letzten 2 Jahrzehnten besonders durchgreifend verändert hat. Während fast des gesamten 19. und der 1. H. 20. Jh. prägten die Schiffer das Bild Haßmersheims. Schifferei und Landwirtschaft waren in den Familien eng verzahnt: teils blieb die Landwirtschaft im Sommer den Frauen überlassen, teils ging einer der Söhne auf das Schiff, der andere erhielt das Land. Handwerk und Handel ordneten sich den Bedürfnissen und den

Chancen dieser beiden Berufsgruppen unter. Industrie siedelte sich, sieht man von dem kurzlebigen Projekt der Schwefelfabrik ab, nicht an. Hochhausen und noch mehr Neckarmühlbach blieben, in ihrer Entwicklung durch den ehemals grundherrlichen Einfluß auf die Gemeinden und die Besitzverhältnisse geprägt, landwirtschaftliche Dörfer mit nur wenigen lebensfähigen bäuerlichen Betrieben. Taglohnarbeit auf dem grundherrlichen Besitz mußte den Lebensunterhalt sichern. In Hochhausen veränderte die nur wenige Jahrzehnte bestehende Kleinindustrie die Verhältnisse nicht grundlegend, erleichterte aber den Übergang zur Industriearbeit als Auspendler. Dennoch zogen aus allen 3 Dörfern immer wieder Bewohner weg, sei es nach Übersee, sei es in die wachsenden Industriestädte des Landes. In Haßmersheim entschlossen sich die mobilen Schiffer besonders leicht, den Wohnsitz in das ihrem Gewerbe günstig gelegene Mannheim zu verlegen.

Trotzdem stand Haßmersheim 1939 mit 46% Berufszugehörigen zu Handel und Verkehr an der ständigen Bevölkerung ganz im Zeichen der Rhein- und Neckarschiffahrt, während in Hochhausen 41% der Bevölkerung von Industrie und Handwerk lebten, meist als Auspendler, und in Neckarmühlbach 61% der Land- und Forstwirtschaft zugehörten. Nach dem Krieg verschob sich das Verhältnis erst langsam, seit Ausgang der 1960er Jahre rasch. Schon 1970 gehörten in Haßmersheim nur noch 18% der Bevölkerung dem Bereich Handel und Verkehr an, weit überflügelt von Industrie und Handwerk (47%). Damit hatten sich die Berufsgliederungen der 3 Dörfer, die vor dem Krieg noch so verschieden waren, stark einander angenähert. Mehr als ein Drittel der Erwerbstätigen suchte 1970 den Arbeitsplatz außerhalb der heutigen Gemeindegrenzen auf, hauptsächlich in Mosbach, Neckarsulm und Heilbronn. Haßmersheim war vom Schifferdorf zum Arbeiterwohnort geworden. Inzwischen hat sich auch dies geändert. Dank der Ansiedlung von Industriebetrieben gibt es mehr Arbeitsplätze in der Gemeinde selbst. Sie werden vor allem von den jüngeren Einwohnern aufgesucht, während die älteren ihre angestammten auswärtigen Arbeitsplätze ungern aufgeben. Die Gemeindeverwaltung nennt für 1986 etwa 200 Auspendler, von denen die meisten in Neckarsulm bei Audi (70) und Kolbenschmitt(30) arbeiten. Ihnen stehen aber rd. 500 Einpendler gegenüber: bei Fibro 220, bei Vogelsang 150 und bei Heidelberger Zement 40. 1987 bestanden in der Gemeinde 181 (nichtlandwirtschaftliche) Arbeitsstätten mit 1678 Beschäftigten. Die 37 Betriebe des Verarbeitenden Gewerbes beschäftigten allein 1087 Arbeitnehmer.

Der tägliche und ein kleiner Teil des mittelfristigen Bedarfs an Waren kann im Ortsteil Haßmersheim gedeckt werden. Zu größeren Einkäufen fahren die Bewohner nach Mosbach, Gundelsheim, Bad Rappenau und Heilbronn, wohin überall gute Verkehrsverbindungen bestehen. Die ärztliche Versorgung ist am Ort gewährleistet, das Krankenhaus wird meist in Mosbach aufgesucht. Dorthin fahren auch die meisten Schüler der weiterbildenden Schulen.

Sowohl nach den gesamten Steuereinnahmen als auch nach dem Gewerbesteuereingang besetzte Haßmersheim 1984 den ersten Platz unter den nichtstädtischen Gemeinden des Neckar-Odenwald-Kreises und lag zudem in der Prokopf-Verschuldung an sechstniedriger Stelle, 50% unter dem Kreisdurchschnitt.

Quellen

Ortsbereisungsakten:

Haßmersheim: GLA 364/3553, 364/4092–93, 364/1972/81/408–16 (1851–1929)
Hochhausen: GLA 364/3557, 364/4174, 364/6769 (1854–1904)

Neckarmühlbach: GLA 364/3583, 364/4636–37 (1851–1904)
Hüffenhardt: GLA 364/1972/81/409–16 (1929)

Sonstige Archivalien:

Haßmersheim: GLA 229/39431, 229/39432, GLA 364/1970/328, 364/5692, 364/5857, 364/1970/197, 364/4121, 364/1972/81/1036

Literatur

Obert, Hanns: 1200 Jahre Neckarzimmern 773–1973. Neckarzimmern 1973.
Wirth, Hermann: Geschichte des Marktfleckens Haßmersheim am Neckar. – Heidelberg 1862.

C. Geschichte der Gemeindeteile

Haßmersheim

Siedlung und Gemarkung. – Frühestes Zeugnis menschlicher Besiedelung auf Haßmersheimer Gemarkung sind die 1962 im Gewann Irsch am Südrand des Dorfes gefundenen Scherben eines großen Hallstattgefäßes. Die Geschichte der heutigen Siedlung reicht freilich zurück bis ins frühe Mittelalter. Davon zeugen neben dem offenbar von einem Personennamen hergeleiteten Ortsnamen und der Erwähnung im Lorscher Codex (774 *Hasmarsheim,* Kop. 12.Jh.) vier 1960 gelegentlich der Kanalisation der Hauptstraße in der Nähe der Kirche entdeckte Reihengräber, zu deren Beigaben auch eine Spatha gehörte. Die Erwähnung einer gegen Hochhausen zu gelegenen sog. *Haunlocher Markung* (1577), die als Sonderzehntdistrikt bis zum Ende des Alten Reiches bestanden hat, könnte auf die Existenz einer jüngeren, aber schon im Mittelalter wieder abgegangenen Siedlung hinweisen. Haßmersheim, das 1741 als ziemlich großer Marktflecken bezeichnet wird, zählte 1803 140 Häuser.

Herrschaft und Staat. – Nachdem bereits 976 mit der Schenkung der Abtei Mosbach auch Güter zu Haßmersheim an den Bischof von Worms gelangt waren, begabte Heinrich II. 1011 dasselbe Bistum obendrein mit einem hiesigen Lehen, das zuvor Graf Poppo (im Lobdengau) innehatte und zu dem auch die Kirche und der Zehnt samt ihren Rechten gehörten; Konrad II. hat diese Schenkung 1026 bestätigt. Die weitere Entwicklung der herrschaftlichen Verhältnisse in Haßmersheim liegt im dunkeln. 1366 hat Bischof Lambert von Speyer sich durch Karl IV. nicht näher bezeichnete Gerechtsame zu Haßmersheim neben solchen zu Hornberg, Neckarzimmern und Steinbach bestätigen lassen, und im 17.Jh. hat man diese Privilegierung seitens der vom Hochstift Speyer lehnbaren Herrschaft Hornberg dahingehend interpretiert, daß die Ortsherrschaft zu Haßmersheim ursprünglich Bestandteil des Lehens Hornberg gewesen sein und diesem erst in der 2.H. 15.Jh. durch Kurpfalz entfremdet worden sei; jedoch dürften sich die fraglichen Speyerer Rechte neben Grundbesitz allenfalls auf einen kleinen, rechts des Neckars gelegenen Teil der Gkg Haßmersheim bezogen haben. Tatsächlich war Haßmersheim aber bereits zu Beginn des 15.Jh. im Besitz der Pfalzgrafen, die das Dorf wohl schon im 14.Jh. zusammen mit anderem ehemaligem Reichsgut erworben hatten. In der pfälzischen Teilung ist Haßmersheim 1410 an Otto von Mosbach gefallen, der es 1416 und 1457 vorübergehend zunächst an den Deutschen Orden und dann an Hans von Gemmingen-Guttenberg verpfändete. Nach dem Aussterben der Mosbacher Pfalzgrafen fielen Orts- und Landesherrschaft an die Kurpfalz zurück (Kellerei Neckarelz) und blieben bei dieser bis zu ihrem Ende in den Jahren 1802/03. Danach kam Haßmersheim zum Fürstentum Leiningen und 1806 zum Großherzogtum Baden.

Im einzelnen bestanden die Pfälzer Rechte seit dem 16. Jh. aus der hohen und aus der niederen Obrigkeit, der Wehrhoheit, dem Steuerrecht und allen anderen Zugehörungen. In Blutgerichtssachen wurden die Delinquenten für den Prozeß und für die anschließende Bestrafung nach Neckarelz oder nach Mosbach überstellt. Die hohe und niedere Jagd auf der ganzen Gemarkung links des Neckars wurde 1501 durch Kurfürst Philipp an die von Gemmingen-Guttenberg verpfändet und bis zum Ende des Alten Reiches nicht wieder ausgelöst. 1593 wird in Haßmersheim erstmals eine pfälzische Guldenzollstätte erwähnt.

Grundherrschaft und Grundbesitz. - Der älteste auf der Gkg Haßmersheim nachgewiesene Grundbesitzer ist das Kl. Lorsch, dem hier zwischen 774 und 792 in vier Schenkungen insgesamt 4 Hufen, 2 Mansen sowie weiteres Ackerland, Wiesen, Weiden, Wald und Wasser übertragen wurden; vielleicht handelt es sich dabei um Güter, bei denen die spätere Herrschaftsbildung im Dorf angeknüpft hat. Danach war auch das 976 dem Bistum Worms geschenkte Mosbacher Julianen-Stift hier begütert, das noch im 16. Jh. in Haßmersheim Geldrenten bezog. Vom Hochstift Speyer gingen um 1343/47 zwei Höfe samt Zugehörungen zu Lehen; den einen hatte Bernger, Sohn Arnolds von Sinsheim, als Erbe des Vogtes Heinrich von Guttenberg inne, den anderen der Edelknecht Johannes gen. von Hofen. 1343 war auch der niederadelige Peter von Neideck hier ansässig. Pfalzgräflicher Besitz ist in Haßmersheim erst seit 1416 bezeugt. Am Ende des 16. Jh. waren neben der Orts- und Landesherrschaft im Bereich der hiesigen Gemarkung mit Geld- und Naturaleinkünften begütert: die Inhaber der Burg Hornberg (bis 1612 die von Berlichingen, danach die von Gemmingen), die Deutsch-Ordens-Kommende Horneck (Gundelsheim), die von Ehrenberg (dann von Racknitz) und das Ritterstift Wimpfen, das bereits 1295 hier Besitz hatte; im 17. Jh. werden als Berechtigte obendrein die Horneck von Hornberg zu Hochhausen und die von und zu Helmstatt erwähnt. Das örtliche Pfarrwittumgut umfaßte 1556 36 M Äcker, 2 M Wiesen und einige Weingärten; zum verpachteten Frühmeßgut gehörten 1683 27 M Äcker und 1½ M Wiesen.

Gemeinde. - Schöffen des Gerichts zu Haßmersheim treten als Zeugen einer Gültverschreibung bereits 1351 in Erscheinung. Zu Beginn des 19. Jh. bestand das Ortsgericht aus dem Schultheißen, dem Anwalt (Bürgermeister) und acht Gerichtspersonen. Der Besitz der Gemeinde umfaßte 1683 das Rathaus, eine Badstube, ein Hirtenhaus, eine Allmende (35 M Wiesen), die immer wieder unter dem Hochwasser des Neckars zu leiden hatte, sowie 300 M Wald. Auch die Fähre gehörte im 16. Jh. der Gemeinde; den Nachen stellte der jeweilige Ferge.

Kirche und Schule. - Die Kirche zu Haßmersheim ist mit dem einstigen Lehen des Grafen Poppo 1011 durch Kaiser Heinrich II. an das Hochstift Worms gelangt. Später, nachweislich seit 1405, war der Haßmersheimer Kirchensatz als Wormser Lehen im Besitz des Deutschen Ordens zu Gundelsheim, und Deutsch-Ordens-Priester waren bis ins 16. Jh. Pfarrer des Dorfes. Patron der Pfarrkirche war der hl. Dionysius (1496), die beiden, mit eigenen Pfründen ausgestatteten Seitenaltäre waren der Gottesmutter und dem hl. Nikolaus geweiht (vor 1470). Bei der seit dem 16. Jh. erwähnten Frühmesse handelt es sich möglicherweise um das im Jahre 1300 aus dem Nachlaß des Heinrich von Sinsheim gestiftete Benefizium. Einziger Filialort war im Mittelalter das benachbarte Hochhausen.

In den 1560er Jahren wurde die Gemeinde durch ihre pfälzische Ortsherrschaft dem ref. Bekenntnis zugeführt, und bis ins 19. Jh. stellten die Reformierten die bei weitem größte Religionsgemeinschaft im Dorf dar. Gleichwohl ist die um 1576/80 errichtete Haßmersheimer Pfarrkirche (ihr Vorgängerbau datierte von 1453) in der Kirchenteilung 1705/07 mit allen ihren Gerechtsamen den Katholiken zugeschlagen worden, und die Reformierten, denen man für ihren Gottesdienst zunächst die Ratsstube zugewiesen hatte, mußten sich 1730 eine eigene Kirche erbauen, die wegen ihrer Nähe zum Neckar immer wieder unter dem Hochwasser und unter dem Eisgang des Flusses zu leiden hatte. Zum Sprengel der ref. Pfarrei gehörte auch Kälbertshausen. Lutheraner gab es in Haßmersheim offenbar erst seit dem frühen 18.Jh. Bereits 1711 legten sie den Grundstein zu einer Kirche, und obgleich sie gegenüber den beiden anderen Konfessionen stets nur eine Minderheit blieben, hatten sie doch ihre eigene Pfarrei am Ort, der die Filialen Obrigheim und Mörtelstein zugehörten. Das kath. Bekenntnis konnte in Haßmersheim erst nach 1685 wieder Fuß fassen. Seit 1699 wurde die Seelsorge durch Franziskaner aus Mosbach versehen, denen dafür die Einkünfte der Frühmesse zugestanden wurden. Den Bau einer zusätzlichen Kapelle aus Mitteln, die der verstorbene Schultheiß Neef gestiftet hatte, hat die Landesherrschaft 1754 untersagt; das für die Kapelle vorgesehene Geld mußte stattdessen für die Instandhaltung der vorhandenen kath. Kirche verwendet werden. 1768 wurde in Haßmersheim eine Sakramentsbruderschaft errichtet. Zu Beginn des 19.Jh. hatte jede der drei Konfessionen im Dorf ihre Kirche und ihr Pfarrhaus.

Der Besitz des großen und des kleinen Zehnten zu Haßmersheim war seit alters mit der örtlichen Kirchenherrschaft verknüpft. Mithin war im späten Mittelalter der Deutsche Orden alleiniger Zehntherr des Dorfes; den Kleinzehnt löste 1539 die Gemeinde mit einem jährlich zu entrichtenden Geldzins ab. Der Weinzehnt rechts des Neckars stand dem Orden nur zu ⅓ zu; die Hälfte gehörte der Herrschaft Hornberg und ⅙ bezog die Kurpfalz.

Ein Schulmeister, der zugleich den Mesnerdienst zu versehen hat, ist von der Orts- und Landesherrschaft in Haßmersheim offenbar zuerst bei der Einführung des ref. Bekenntnisses bestellt worden. Ein Schulhaus findet erstmals 1683 Erwähnung. 1803 hatten nur die Lutheraner ein besonderes Schulhaus, während die Kinder der viel zahlreicheren Reformierten und Katholiken in den Wohnungen der jeweiligen Lehrer unterrichtet werden mußten.

Bevölkerung und Wirtschaft. – Um die Mitte des 16.Jh. lag die Einwohnerzahl von Haßmersheim bei rund 330, und bis ins frühe 17.Jh. hat sie sich auf etwa 400 erhöht. Von den im 30j. Krieg auch hier eingetretenen Bevölkerungsverlusten konnte sich das Dorf aufgrund seiner günstigen Verkehrslage vergleichsweise rasch wieder erholen, und im 18.Jh. ist eine geradezu stürmische Bevölkerungsentwicklung zu verzeichnen: Hatte der Ort 1716 noch etwa 380 Einwohner so betrug die Zahl 1744 schon fast das Doppelte (ca. 680), und 1784 zählte man bereits 876, 1803 schließlich 1231 Seelen.

Die Ursache für dieses außergewöhnliche Bevölkerungswachstum darf man wohl in der Neckarschiffahrt suchen, die seit alters die Haupterwerbsquelle der Einwohner von Haßmersheim darstellte. Am Ende des 18.Jh. erlebte sie infolge sehr zahlreicher, durch den Reichskrieg gegen Frankreich bedingter Transporte eine Hochkonjunktur und ernährte in Haßmersheim um 1800 nicht weniger als 61 Schiffer und 10 Schiffbauer. Wirkte sich der Fluß in dieser Hinsicht zum Segen der Gemeinde aus, so war er andererseits mit seinen periodischen Überschwemmungen (so vor allem 1783/84) der Landwirtschaft auf der kleinen Gemarkung des Dorfes eher abträglich. Die landwirtschaftliche Nutzfläche umfaßte an der Wende vom 18. zum 19.Jh. 904 M Äcker, 40 M Weinberge (rechts des Neckars) und 144 M Wiesen; hinzu kamen 300 M Wald. Die verschiedenen Fluren werden 1593 als Au oder untere Flur, als mittlere Flur und als obere oder *Biethflur* bezeichnet. An Gewerbetreibenden gab es 1803 in Haßmersheim neben den bereits erwähnten Schiffern und Schiffbauern: 10 Leinenweber, je 9 Bäcker und Schneider, 8 Metzger, je 7 Schildwirte und Schuster, je 6 Krämer und Maurer, je 4 Küfer und Wagner, je 3 Fischer, Schreiner und Zimmermeister, 2 Schmiede sowie je 1 Bierbrauer, Drechsler, Sattler, Wollweber, Nagelschmied und Ziegler. Bereits 1661 hatte der Ort vom Pfälzer Kurfürsten ein Jahrmarktsprivileg erhalten, und zu Beginn des 19. Jh. versuchte man einer Mode folgend auch auf hiesiger Gemarkung Gipszu gewinnen, jedoch sind diese Bemühungen schon bald wieder aufgegeben worden.

Hochhausen

Siedlung und Gemarkung. – Anläßlich einer Schenkung an das Kl. Lorsch zum Jahre 788 (*Hochusen*, Kop. 12. Jh.) erstmals in schriftlichen Quellen erwähnt, leitet sich der Name Hochhausens von der Lage des Dorfes über dem Neckar her. Von einem römischen Inschriftstein, der 1660 in der Dorfkirche gelegen haben soll, sind sowohl die Herkunft als auch der Verbleib unbekannt. Im südwestlichen Teil der Gemarkung, im Walddistrikt Burgstädtle, hat man im späteren 19. Jh. Ziegel- und Mörtelreste gefunden, die freilich entgegen früheren Vermutungen nicht aus römischer Zeit, sondern von einer mittelalterlichen Burg stammen. Aber ungeachtet aller archäologischen Befunde reicht das Alter der Siedlung kaum weiter zurück als in das 7. Jh. Um die Mitte des 18. Jh. zählte der Ort etwa 40 Häuser.

Herrschaft und Staat. – Die Entwicklung der herrschaftlichen Verhältnisse zu Hochhausen bleibt bis ins späte Mittelalter nahezu ganz im unklaren. Sicher ist nur, daß der hiesige Fronhof, die Keimzelle der späteren Ortsherrschaft, im 10. Jh. samt Kirche und Zehnt dem Kl. Weißenburg im Elsaß gehörte; die Lehnshoheit über diese Gerechtsame blieb dem Kloster unbeschadet des sog. Weißenburger Kirchenraubes (um 985/91) bis zum Ende des Alten Reiches erhalten. Jedoch ist im einzelnen nicht mehr zu erkennen, wie die vom 13./14. bis ins 19. Jh. hier bestehende niederadelige Ortsherrschaft sich herausgebildet und entwickelt hat.

Wie die Geschichte des Dorfes im hohen und späten Mittelalter, so liegen auch die Anfänge der hier gesessenen Adelsfamilie Horneck von Hochhausen (1366) bzw. Horneck von Hornberg (1378) weithin im dunkeln, und es ist durchaus ungewiß, ob man in dem 1228 in einer bischöflich speyerischen Urkunde erwähnten Volknand von Hochhausen bereits einen ihrer Vertreter erkennen darf; vollends unübersichtlich gestalten sich die Verhältnisse, wenn man auch die im 13. und 14. Jh. vorkommenden Träger der Namen Horneck oder von Hornberg berücksichtigt, die zum Teil in ganz andere landschaftliche Zusammenhänge gehören. Immerhin dürfte Werner von Horneck († 1275), der als Domherr zu Speyer und Würzburg sowie als Propst zu Wimpfen begegnet, dem hiesigen Geschlecht zuzurechnen sein. Die angeklungenen Beziehungen zum Hoch- und Domstift Speyer, die zeitweilige Zubenennung nach der seit 1263 speyerischen Burg Hornberg am Neckar sowie das seit der 2. H. 14. Jh. bezeugte Dienst- und Lehnsverhältnis zu den Speyerer Bischöfen deuten möglicherweise darauf hin, daß die Horneck von Hornberg zu Hochhausen aus der Speyerer Hochstiftsministerialität hervorgegangen sind, zumindest aber mit dem Hochstift eng verbunden waren. Im 14. Jh. bestanden wenigstens zwei Zweige der Familie, deren einer den Übernamen Pfau führte (erloschen um 1393/94); beide Zweige bedienten sich desselben Wappens: in Gold auf rotem Dreiberg ein rotes, liegendes Hifthorn mit schwarzer, verschlungener Schnur. Der Besitz der bis ins späte 19. Jh. blühenden, seit dem 18. Jh.

den Freiherrentitel (ohne Privilegierung) führenden Familie war außerordentlich weit gestreut; im 15. und 16. Jh. reichte er, obgleich seinem Umfang nach nicht sonderlich bedeutend, vom Rand der Schwäbischen Alb (Burg Andeck bei Talheim) im S bis nach Odernheim am Glan im N und von Landau im W bis an den Main und an die Tauber im O. Sein Zentrum hatte er in Hochhausen und in Kälbertshausen. Im 17. Jh. schuf sich ein in die Oberpfalz abgewanderter und zum kath. Bekenntnis zurückgekehrter Zweig der Horneck von Hornberg eine neue Herrschaft um Dieterskirchen, Altendorf und Prokkendorf bei Nabburg; dorthin zog sich die Familie schließlich auch zurück, nachdem die ev. Linie zu Hochhausen 1740 ausgestorben und der Besitz an Neckar und Rhein 1748 ganz abgestoßen worden war. Lehen trugen die Horneck in ihrem Stammland von der Abtei Weißenburg (14. Jh.), vom Hochstift Speyer (1393) und vom Erzstift Mainz (1463), von den Markgrafen von Baden (1429) und von den Pfalzgrafen bei Rhein (1454) sowie von den Grafen von Wertheim (1448) und von Hohenlohe (1588); in der Oberpfalz waren sie Vasallen der Landgrafen von Leuchtenberg. Dienste haben sie vornehmlich bei ihren Lehnsherren genommen, daneben aber auch bei deutschen Königen (1408 und 1411). Im 15. Jh. treten streitbare und zu ihrer Zeit wohl auch berüchtigte Angehörige der Familie wiederholt in Fehden des fränkischen und des oberrheinischen Raumes hervor. Verschwägert waren die Horneck fast durchweg mit angesehenen Geschlechtern der schwäbischen und der fränkischen Ritterschaft, später mit bayerischem Adel. Als Inhaber geistlicher Pfründen verdienen neben dem bereits genannten Werner Horneck (13. Jh.) der Gengenbacher Abt Melchior Horneck von Hornberg (1531/40) sowie eine Äbtissin des Zisterzienserinnenklosters Lobenfeld (1458) Erwähnung.

Das Weißenburger Mannlehen der Horneck zu Hochhausen umfaßte die Burg und das Dorf, den Kirchensatz sowie die Hälfte der Jagd; zu den Befugnissen der Herrschaft zählten obendrein die Fischerei im Neckar, die Verleihung der Fähre und das Schatzungsrecht. Durch Kauf gelangten alle diese Gerechtsame 1748 an das Hochstift Speyer und im Austausch gegen Oberöwisheim zwei Jahre später an die von Helmstatt. Daß zu den von den Hochhausener Ortsherren beanspruchten Rechten auch die Blutgerichtsbarkeit gehörte, brachte der Bischof von Speyer dadurch zum Ausdruck, daß er 1748 unmittelbar nach vollzogener Besitzergreifung einen Galgen errichten ließ. Die vormals weißenburgische Lehnshoheit über Hochhausen gelangte 1802/03 an das Kurfürstentum Baden, und 1806 wurde der zuvor dem Verband der Kraichgauer Reichsritterschaft zugehörige Ort durch das Großherzogtum Baden mediatisiert.

Das über dem Dorf gelegene, dreiflügelige Schloß der Grafen von Helmstatt wurde im 18. Jh. errichtet und im 19. Jh. umgebaut. Ob man die 1499 erstmals erwähnte Burg an dieser Stelle zu suchen hat oder ob die entsprechende Nachricht auf die im Wald Burgstädtle gefundenen Gebäudereste zu beziehen ist, muß offen bleiben.

Grundherrschaft und Grundbesitz. – Unter den aufs Ganze gesehen nicht sehr zahlreichen Grundbesitzern auf der kleinen Gkg Hochhausen sind vor allem die geistlichen bemerkenswert, weil sie auf eine außergewöhnliche Bedeutung des Dorfes zur Zeit des frühen und hohen Mittelalters schließen lassen. Bereits 788 hat Kl. Lorsch hier aus der Schenkung einer gewissen *Emehilt* einen Mansus und 12 J Ackerland erhalten, Güter, die möglicherweise später in dem zwar nur summarisch erwähnten (um 991), aber zweifellos sehr bedeutenden Hochhausener Besitz des Kl. Weißenburg aufgegangen sind. Für die elsässische Abtei hatte das Dorf am Neckar offenbar die Funktion eines Etappenziels auf dem Weg zu ihren weiter östlich gelegenen Besitzungen. Um die Wende vom 11. zum 12. Jh. waren in Hochhausen auch die Schwarzwaldklöster Hirsau und Reichenbach begütert. Der hiesige Besitz des Mosbacher Julianen-Stifts war stets sehr bescheiden und umfaßte 1584 nur einige Gülten. Zum eigenbewirtschafteten Grundbesitz der Ortsherrschaft gehörten 1742 123 M Äcker, 32 M Wiesen, 3 M Gärten, 4 M Weingärten und 253 M Wald.

Gemeinde. – Die Entwicklung der Gde Hochhausen war in der frühen Neuzeit von der für viele ritterschaftliche Dörfer charakteristischen Konfrontation mit der Herrschaft bestimmt. Wie andernorts nahm der Streit, der sich von der Mitte des 16. Jh. bis zum Ende des Alten Reiches verfolgen läßt, seinen Ausgang von der Bemessung der Fron und verschärfte sich zusätzlich, als das luth. Dorf 1740 nach dem Aussterben der ev. an die kath. Linie der Horneck gefallen war. An Gemeindeämtern sind neben dem Schultheißen ein Anwalt (Bürgermeister) sowie vier Gerichtsschöffen bezeugt (1625 bzw. 1743). Bereits 1744 erhielt das Dorfgericht ein eigenes Siegel; es zeigt einen über einem Hifthorn (mit verschlungener Schnur) stehenden Baum, dessen Stamm zu beiden Seiten von je einem H flankiert ist, und trägt neben der um das Horn angeordneten Jahreszahl 1744 die Umschrift *GERICHTSINSIGEL HOCHHAVSEN*. Die seit alters zu einem Drittel am Ungeld beteiligte Gemeinde hatte nach einer Dorfordnung des 18. Jh. die Pflicht, das Dorf tagsüber von einem und nachts von zwei mit Spießen bewaffneten Wächtern hüten zu lassen.

Kirche und Schule. – Kirche und Zehnt zu Hochhausen waren im 10. Jh. wie der Fronhof im Besitz des Kl. Weißenburg, auf das man wohl auch das Peter und Paul-Patrozinium (1496) des hiesigen Gotteshauses zurückführen darf. Freilich hatte Hochhausen im Mittelalter keine eigene Pfarrei; vielmehr gehörte der Ort zum Pfarrverband von Haßmersheim. Die Verleihung der Pfründe auf dem Hochaltar oblag der Ortsherrschaft, die, wovon noch heute zahlreiche Grabmäler zeugen, in der Kirche ihr Erbbegräbnis hatte. Die Kollatur der Seitenaltäre stand dem jeweiligen Pfarrer (St. Katharina; St. Georg und Zehntausend Märtyrer) und dem Dekan des Ritterstifts Wimpfen (BMV) zu. Eine Verehrung der hl. Notburga, deren im 14. Jh. entstandenes Grabmal die hiesige Kirche birgt, ist mit Altar und Pfründe in Hochhausen erstmals 1483 bezeugt.

Mit der Einführung der Reformation in den 1530er Jahren, wurde Hochhausen Sitz einer von der Ortsherrschaft eingerichteten und dotierten luth. Pfarrei. Obwohl die Protestanten seit 1740 mit einer kath. Herrschaft auskommen mußten und mancherlei Konflikte zu bestehen hatten, konnten sie doch allen Rekatholisierungsbestrebungen widerstehen und die alte Dorfkirche für sich behaupten. Die zahlenmäßig viel kleinere kath. Gemeinde (1798 35 Familien gegenüber 73 Lutheranern), deren Zugehörigkeit zur alten Mutterpfarrei Haßmersheim die um ihre Kirchenherrschaft besorgten Freiherren von Helmstatt 1755 energisch bestritten, feierte ihren Gottesdienst in der Kapelle des Schlosses, bis sie im Jahre 1815 eine eigene Kirche erhielt.

Von einer Schule zu Hochhausen berichten die Quellen zwar erst in der Mitte des 18. Jh., jedoch wird man annehmen dürfen, daß der Schulbetrieb auch hier schon bald nach der Reformation aufgenommen wurde. Seit den 1740er Jahren bestand im Dorf neben der luth. auch eine kath. Schule.

Bevölkerung und Wirtschaft. – Am Ende des 18. Jh. lag die Zahl der Einwohner von Hochhausen bei etwa 550. Rings von kurpfälzischem Gebiet umschlossen, mußte die adelige Ortsherrschaft, wollte sie dem großen Nachbarn zu Übergriffen auf ihr Gebiet keine Gelegenheit geben, auf eine rechtlich möglichst homogene Bevölkerungsstruktur bedacht sein. Aber obgleich die Horneck von Hornberg seit alters nur Bürger annehmen ließen, die keiner fremden Leibherrschaft unterworfen waren, kam es bis zum Ende des Alten Reiches wegen Königsleuten und anderen Leibeigenen doch immer wieder zu Konflikten zwischen den adeligen Ortsherren und der Kurpfalz.

Für die 2. H. 18. Jh. ist in Hochhausen eine beträchtliche Zunahme des jüd. Bevölkerungsanteils zu verzeichnen. Belief sich die Zahl der jüd. Familien 1749 auf fünf, so lag sie 1798 bereits bei 20. Die Mehrzahl der Hochhausener Juden, die vielfach aus ritterschaftlichen Orten des Odenwalds und des Kraichgaus zugewandert waren, lebte vom Handel. Der landwirtschaftlichen Nutzung standen um 1800 auf Gkg Hochhausen nur 509 M Äcker und Gärten, 36 M Weinberge und 65 M Wiesen zur Verfügung; der Wald umfaßte 413 M. Die einzelnen Fluren trugen 1711 die Bezeichnungen Am Stein beim hohen Markstein (S), Am Stein im Reppel (N) und Am äußersten Stein. Angesichts des Mißverhältnisses zwischen nutzbarer Fläche und Bevölkerungszahl war ein großer Teil der Dorfbewohner auf die Ausübung eines Gewerbes angewiesen. So standen 1798 17 Bauern und Weingärtnern je 10 Maurer und Händler, je 6 Bäcker, Weber und Schuster, 4 Schneider, 3 Ziegler, je 2 Küfer, Schäfer und Zimmerleute und je 1 Schreiner, Korbmacher, Hafner, Schmied, Wagner und Spengler gegenüber; daneben gab es 27 Seldner und Taglöhner, 2 Wirte (Krone und Löwen) und 2 Müller. Bereits 1751 wird Hochhausen in einem weißenburgischen Lehnbrief als Marktflecken bezeichnet, jedoch ist von einem örtlichen Markt im übrigen nichts bekannt.

Finkenhof. – Die Zugehörigkeit des bereits um 1100 als Hof *Vinkenberc* im Schenkungsbuch des Kl. Reichenbach bezeugten, auf einer Rodungsinsel gelegenen Finkenhofes zu Hochhausen oder Obrigheim, sprich zur ritterschaftlichen oder zur kurpfälzischen Herrschaft, war während der ganzen frühen Neuzeit umstritten; erst 1952 wurde die seit 1803 hessische Sondergemarkung nach Hochhausen eingemeindet. Wie der Hof, der von Diemar von Trifels dem Kl. Hirsau geschenkt worden war und von diesem an Kl. Reichenbach gekommen ist, später an den niederen Adel gelangte, bleibt ungewiß. 1506 verkaufte ihn die Witwe Peter Sindolts, geb. von Angelloch, an Eberhard von Rossau, und dessen Nachkommen veräußerten das bei der Kraichgauer Ritterschaft immatrikulierte Gut (50 M Äcker, 4 M Wiesen, 300 M Wald) 1619 an das Ritterstift zu Wimpfen im Tal. 1754 ist es der Kurpfalz schließlich gelungen, die seit langem angestrebte Landeshoheit über den Finkenhof durchzusetzen; fortan hatte das Stift auf dem Hof nur noch die Zivilgerichtsbarkeit, während die hohe Obrigkeit mit Schatzung, Kriminaljurisdiktion und Jagdrecht der Pfalz gebührte. Dessenungeachtet ist der Finkenhof 1803 nicht als pfälzisches Hoheitsgebiet an Baden, sondern als Pertinenz des Wimpfener Ritterstifts an Hessen gefallen.

Neckarmühlbach

Siedlung und Gemarkung. – Die früheste Erwähnung Mühlbachs – die Bezeichnung Neckarmühlbach wurde erst im 19. Jh. zur Unterscheidung von anderen Dörfern gleichen Namens eingeführt – in einem auf das Jahr 856 datierten Diplom Kaiser Ludwigs des Deutschen ist in zweifacher Hinsicht problematisch: Zum einen handelt es sich bei dieser Urkunde, einem Immunitätsprivileg für die Bischöfe von Worms, um eine Fälschung des ausgehenden 10. Jh., die die Existenz der hiesigen Siedlung frühestens für diese Zeit bezeugen könnte. Zum anderen ist es fraglich, ob der in dieser Urkunde zur Markierung einer Grenze genannte Name *Mulenbach* sich überhaupt auf die Siedlung bezieht, die zur damaligen Zeit vielleicht noch gar nicht bestanden hat, oder ob er nicht vielmehr den gleichnamigen Bach meint, an dem noch heute fünf Mühlen stehen. Die früheste zweifelsfreie Erwähnung des Dorfes Mühlbach datiert erst aus dem Jahre 1296. So scheint es sehr wohl denkbar, daß der Weiler unterhalb Guttenbergs erst im hohen Mittelalter und im Zusammenhang mit der Burg entstanden ist, mit der er allzeit aufs engste verbunden war. Dem widerspricht es nicht, wenn auf Neckarmühlbacher Gemarkung neben Gräbern der Bronzezeit (an der Straße nach

Gundelsheim) und möglicherweise römischen Gebäuderesten (in den Bergäckern) nahe dem Neckar, bei der Straße nach Heinsheim, auch merowingerzeitliche Reihengräber gefunden wurden; diese liegen vom Dorf so weit entfernt, daß sie wohl nicht mit ihm in Verbindung gebracht werden können und möglicherweise zu einer anderen, längst abgegangenen Siedlung gehören.

Herrschaft und Staat. – Bis zur Mediatisierung in den Jahren 1805/06, durch die das zuvor zum Kanton Kraichgau der schwäbischen Reichsritterschaft gehörige Mühlbach an das Großherzogtum Baden gefallen ist, lag alle hohe und niedere Obrigkeit im Dorf allein bei dem auf Guttenberg gesessenen Adel, und die Gemeinde teilte die Geschicke ihrer Herrschaft. Den Herren zu Guttenberg gehörten die Vogtei und das Gericht, Zwing und Bann, Jagd und Fischerei und darüber hinaus vielerlei Rechte an Menschen und Sachen. So waren sie faktisch auch alleinige Grundherren des Dorfes, von denen über Pacht und Leihe aller bäuerlicher Grundbesitz abhängig war und die als Patronatsherren der Kirche überdies das Obereigentum an den Pfarr- und Kaplaneigütern hatten. Zu Beginn des 19. Jh. umfaßte das herrschaftliche Grundeigentum auf hiesiger Gemarkung, zu dem eine obere und eine untere Meierei gehörten, 284 M Äcker, 52 M Wiesen, 17 M Gärten, 12 M Weinberge und 1268 M Wald. Die Dorfgemeinde – Bürgermeister und Gericht finden erstmals 1440 Erwähnung, ein Kaufkontraktenbuch wurde 1762 angelegt – hat infolge der festgefügten Mühlbacher Herrschaftsverhältnisse bis zum Ende des Alten Reiches kein eigenes Profil gewinnen können.

Kirche und Schule. – Die älteste Kirche des ursprünglich zur Wimpfener Patronatspfarrei Heinsheim gehörigen Dorfes Mühlbach war eine Nikolaus-Kapelle, in die Konrad d. J. von Weinsberg 1296 eine Kaplanei gestiftet hat. Sie lag unmittelbar beim Dorf, im Bereich des noch heute so genannten Kirchenrains, und wurde später zur Unterscheidung von der 1393 unterhalb der Burg gestifteten Eucharius-Kapelle auch als Kapelle am Neckar bezeichnet. Das Präsentationsrecht auf ihre Pfründe stand der Herrschaft Guttenberg zu, ihre Pfründgüter lagen in Mühlbach und in Hüffenhardt. Seit dem 15. Jh. mehr und mehr vernachlässigt – ihr Katharinen-Benefizium wurde 1469 nach St. Eucharius übertragen –, ist die Nikolaus-Kapelle nach der Reformation verfallen und schließlich abgetragen worden.

Die von dem Mainzer Erzbischof Konrad von Weinsberg 1393 als Schloßkapelle von Guttenberg gestiftete Eucharius-Kirche ist 1469 zur Pfarrkirche von Mühlbach erhoben worden. Mit dem 1471 und in den folgenden Jahren errichteten Neubau hat sie ihre heutige Gestalt gewonnen, in der sich ebenso wie in der qualitätvollen Ausstattung der Wohlstand und das Selbstbewußtsein der gemmingischen Patronatsherrschaft spiegeln. Die Heiligen der Kirche waren, wie der Urkunde über ihre Konsekration im Jahre 1413 zu entnehmen ist, neben Eucharius, dessen Kult im 15. Jh. offenbar von hier in die benachbarten Landschaften, v. a. nach Franken ausgestrahlt hat, die Heiligen Jodokus, Nikolaus, Maria Magdalena und Agnes; Valerius und Maternus werden erst 1496 in sog. Wormser Synodale als Konpatrozinien erwähnt. Die beiden Seitenaltäre waren der Muttergottes und dem hl. Valentin geweiht. Der aus mehreren Stiftungen rührende stattliche Besitz des Gotteshauses lag am Pfarrort selbst, dazu in Bachenau, Haßmersheim, Hüffenhardt und Kleineisesheim. Bereits Anfang der 1520er Jahre haben die Herren von Gemmingen, Vorkämpfer der Lehre Luthers, ihre Mühlbacher Kirche er Reformation zugeführt; in ihr predigte u.a. der aus Weinsberg vertriebene Reformator Erhard Schnepf, der 1522 auf Guttenberg Zuflucht gefunden hatte, und um Weihnachten 1525 fand hier auf Einladung der Gemminger ein Religionsgespräch statt, das im Abendmahlsstreit zwischen den Anhängern Luthers und Zwinglis vermitteln sollte.

Der Zehnt zu Mühlbach war ein Wormser Lehen und gehörte seit alters zu einem Drittel der Herrschaft Guttenberg (1502); die beiden anderen Drittel hat das Stift Wimpfen 1325 von denen von Berwangen bzw. von einem Priester käuflich erworben.

Für die Mühlbacher Schule, deren Tradition ohne Zweifel bis in die Reformationszeit zurückreicht und die wie die Kirche gemmingischem Patronat unterstand, ist eine Schulordnung aus dem Jahre 1767 überliefert. In ihr wird verfügt, daß der Unterricht während der Wintermonate täglich von 8 bis 10 Uhr vormittags sowie von 12 bis 3 Uhr nachmittags und in den Sommermonaten nur dienstags und freitags von 7 bis 9 Uhr vormittags stattzufinden habe. Der Schulmeister, der auf der herrschaftlichen Kelter wohnte, hatte beim Gottesdienst die Orgel zu spielen und war für Ordnung und Sauberkeit in der Kirche verantwortlich; bei der Kirchenreinigung hatte ihn die Schuljugend zu unterstützen. Dem Lebensunterhalt des Lehrers dienten neben verschiedenen Nutzungen und einem von jedem Kind vierteljährlich zu entrichtenden Schulgeld in Höhe von 12 Kreuzern die Erträgnisse zweier von Benedikte Auguste von Gemmingen († 1759) und Maria Elisabeth von Hardenberg geb. von Gemmingen († 1767) errichteter Stiftungen.

Bevölkerung und Wirtschaft. – Die Einwohner von Mühlbach, über deren Zahl aus älterer Zeit nichts bekannt ist, waren zu Beginn des 16. Jh. sämtlich Eigenleute ihrer Ortsherrschaft. In einer Chronik aus dem 18. Jh. heißt es, zur Zeit des 30j. Krieges sei der Ort ganz entvölkert gewesen. Die Wirtschaft des Dorfes war durch die Jahrhunderte ganz nach den Bedürfnissen des Schlosses und seiner Bewohner ausgerichtet; von dort empfing sie ihre Impulse und die Bevölkerung ihren Lebensunterhalt. Die Landwirtschaft auf den tiefgelegenen Feldern der Gkg Mühlbach wurde periodisch von den Hochwassern des Neckars in Mitleidenschaft gezogen.

Burg Guttenberg. – Guttenberg über dem Neckar zählt zu den ganz wenigen Burgen Deutschlands, die durch die Jahrhunderte nicht allein unzerstört geblieben sind, sondern obendrein vom hohen Mittelalter bis auf den heutigen Tag in ungebrochener Kontinuität bewohnt werden. Die 1296 erstmals erwähnte, bis zum Ende des Alten Reiches vom Hochstift Worms lehnbare Burg liegt im Gebiet des einstigen Wimpfener Bannforstes, der 988 von König Otto III. dem Bistum Worms übertragen worden war, und bildete den nordöstlichen Eckpunkt der engeren, auf der bereits erwähnten Fälschung beruhenden Wimpfener Immunität; mithin gehörte sie in staufischer Zeit zum Reichsland um Wimpfen und zu den Satelliten der Wimpfener Kaiserpfalz. Gegründet wurde Guttenberg vermutlich von den Staufern und ihrem Gefolge, vielleicht aber auch schon von den Grafen von Lauffen. Hinsichtlich der Baugeschichte ist v.a. die Frage umstritten, ob die mächtige Mantelmauer vor oder nach dem ihr vorgelagerten Bergfried (13. Jh.) entstanden ist.

Spätestens seit dem ausgehenden 13. Jh. war Guttenberg im Besitz der aus der staufischen Reichsministerialität hervorgegangenen Herren von Weinsberg. Einen eigenen Guttenberger Adel, dem die Burg einmal gehört und der ihr seinen Namen entlehnt hätte, hat es nicht gegeben; der in der Literatur immer wieder zitierte Zobelo von Guttenberg (1231) war Angehöriger eines gleichnamigen fränkischen Geschlechts, und bei den sonst hie und da erwähnten Namensträgern handelt es sich um Vögte und Amtleute der Burgherren. Seit der Mitte des 14. Jh. sahen sich die Weinsberger infolge finanzieller Schwierigkeiten ständig gezwungen, Teile der Burg an den Adel der Umgebung (Furderer von Waldeck, Sternenfels, Wunnenstein, Sickingen, Helmstatt, Mentzingen, Lemlin von Wimpfen, Venningen, Massenbach, Gemmingen und Nippenburg), aber auch an Grafen (Württemberg, Leuchtenberg) zu verpfänden; aus dieser

Zeit sind im Weinsberger Archiv mehrere Guttenberger Burgfriedensverträge überliefert. Schließlich gelangte die ganze Burg 1449 samt ihren Zugehörungen durch Kauf an Hans den Reichen von Gemmingen, dessen Nachkommen sie noch heute besitzen und bewohnen.

Wenngleich Guttenberg nie zerstört wurde, so hat die Burg im Laufe der Jahrhunderte durch periodische Anpassung an die Bedürfnisse zeitgemäßen Wohnens doch mancherlei bauliche Veränderung erfahren. Zum ältesten Bestand gehören die hohe Schildmauer (wohl 12. Jh.), die den engen Hof der Kernburg nach S begrenzt und auch das nach W gelegene Wohngebäude umfaßt, sowie der Bergfried (13. Jh.), der im 18. Jh. eine neue Turmstube erhalten hat. Aus der Mitte des 15. Jh. ist eine Rechnung über Baumaßnahmen erhalten, die notwendig geworden waren, nachdem es in der Vorburg gebrannt hatte; vermutlich ist zu jener Zeit der äußere Bering mit seinen Schalentürmen entstanden. Aus dem 16. Jh. stammen das Wohngebäude, in dem sich heute das Burgmuseum, die Bibliothek und das Archiv befinden, sowie das vor der Brücke gelegene Brunnenhaus (1555). Das Gesicht der Burg zum Neckar hin ist von dem durch Philipp von Gemmingen in den 1770er Jahren unternommenen großen Umbau geprägt. Dabei wurde das 1545 errichtete talseitige Wohngebäude 1774 bis auf die Keller abgebrochen und ganz neu wieder aufgebaut; im November 1777 konnte das solcherart modernisierte Schloß wieder bezogen werden.

Zur Herrschaft Guttenberg, wie sie vom Hochstift Worms zu Lehen rührte, zählten neben der Burg und dem darunter gelegenen Weiler mit den oben beschriebenen Gerechtsamen das Dorf Hüffenhardt, das halbe Dorf Kälbertshausen sowie ¹⁄₁₆ an Siegelsbach; hinzu kam eine Vielzahl allodialer sowie lehnbarer Güter und Nutzungen in der näheren und in der weiteren Umgebung.

Quellen und Literatur

Haßmersheim

Quellen, gedr.: CL. – Lehnb. Speyer. – MGH DHII, DKoII. – R Hohenlohe. – RI II,4; III. – *Schannat.* – UB MOS. – UB Bischöfe Speyer 1. – *Weech*, Reißbuch. – WUB 1, 10, 11. – ZGO 10, 1859; 11, 1860; 13, 1862–15, 1863; 26, 1874; 42, 1888 S. m22.
Ungedr.: FLA Amorbach, Bücher zur Kenntnis und zur Hebung des Landes. – FrhGA Guttenberg, Lagerb. 1502/19. – FrhGA Hornberg I/7/10 1/2; XVII/12/5. – GLA Karlsruhe J/H Haßmersheim und Hochhausen 1, 1a; 43/102, Sp. 51–52a; 44 von Berlichingen, von Gemmingen, von Heussenstamm; 66/3415–3430, 5527, 5755; 67/1004; 77/2542, 6707; 166/60, 119–127, 160, 184, 208–210, 244; 185/105; 229/39342–461, 44061–66, 50693I–II, 50695, 50697, 50699, 71181, 71231, 93605; 364/1025, 1028; 313/2809; 364/1025, 1028, 1053, 1054, 2265–2267.
Allg. Literatur: FbBW 2, 1975; 5, 1980. – *Hahn* S. 387. – HHS S. 290. – *Koch.* – *Krieger* TWB 1 Sp. 860f. – LBW 5 S. 282. – *Oechsler/Sauer.* – *Schaab*, Wingarteiba. – *Widder* 2 S. 91–93.
Ortsliteratur: *Wirth*, Hermann, Geschichte des Marktfleckens Haßmersheim am Neckar. Heidelberg 1862. – *Fiedler*, Peter, Aus der Haßmersheimer Gemeinderechnung von 1621. In: Mannheimer Geschichtsblätter 7, 1906 S. 41–43. – *Rombach*, Otto, Bei den Neckarschiffern von Haßmersheim. In: BW 20, 1973 S. 31–33, und in: Schwarzwälder Hausschatz 1976 S. 65–73. – *Rombach*, Otto, Die Neckarschiffer von Haßmersheim. In: Damals 9, 1977 S. 151–164.
Erstnennungen: ON 774 (CL Nr. 2431), Kirche 1011 (MGH DHII Nr. 226), Altäre ULF, Nikolaus 1470 (ZGO 26, 1874 S. 58 f.), Kirchensatz und Patrozinium Dionysius 1496 (*Weech*, Synodale S. 407).

Hochhausen

Quellen, gedr.: *Chmel.* – CH. – CL. – DI 8 und 25. – Lehnb. Wertheim. – R Hohenlohe. – RI V. – R Katzenelnbogen. – RMB 1, 3 und 4. – RPR 1 und 2. – UB MOS. – UB Obrigheim. – WR. – WUB 2 und 9. – *Zeuß*, Kaspar, Traditiones possessionesque Wizenburgenses. Speyer 1842. – ZGO 2, 1851; 5, 1854–6, 1857; 11, 1860–16, 1864; 19, 1866; 22, 1869; 24, 1872–26, 1874; 31, 1879; 32, 1880; 38, 1885; 42, 1888 S. m23.
Ungedr.: FrhGA Guttenberg, Lagerb. 1502/19. – GLA Karlsruhe J/H Hochhausen 1–7; 42/187; 43/Sp. 102; 44 von Helmstatt, Horneck von Hornberg; 66/3748, 4189, 5527, 10232; 67/287, 364, 416 1004, 1057; 69 von Helmstatt U, Akten Finkenhof und Hochhausen, Rüdt von Collenberg 3704; 166/126, 208, 209; 229/43963–44106, 79040, 79048, 103276. – HZA Neuenstein, Weinsberg J18. – StA Wertheim U. – StA Würzburg, Mainzer Ingrb. 14, 20; Mainzer Lehnb. 1, 3, 8a; Miscellanea 1320.
Allg. Literatur: *Alberti* 1 S. 353 f. – *Biedermann*. – *Gropp*. – *Hattstein*. – HHS S. 346. – *Humbracht* Tfl. 192. – *Hundsnurscher/Taddey* S. 205. – KDB IV,4 S. 33–43. – *Kneschke* 4 S. 484. – *Krieger* TWB 1 Sp. 993. – KvK 2 S. 114–118. – LBW 5 S. 282 f. – *Müller*, Dorfkirchen S. 42. – *Schaab*, Wingarteiba. – *Schuster* S. 358. – *Wagner* S. 382. – *Widder* 2. – *Wirth*, Hermann, Geschichte des Marktfleckens Haßmersheim am Neckar. Heidelberg 1862.
Ortsliteratur: *Glock*, Wilhelm, Notburga, ein Bild aus Badens Sagenwelt. Karlsruhe 1883. – *Huffschmid*, Maximilian, Hochhausen am Neckar und die heilige Notburga. In: ZGO 40, 1886 S. 385–401. – *Heybach*, Karl Friedrich Gustav, Hochhausen am Neckar. In: FBll 2, 1919 Nr. 10. – *Liebig*, Fritz, Die Notburgasage, geschichtlich gesehen. In: Bad. Heimat 38, 1958 S. 159–170. – *Huth*, Hans, Die Geschichte des Altars in der ev. Kirche zu Hochhausen am Neckar. In: Nachrichtenblatt der Denkmalpflege in BW 5, 1962 S. 30–35. – Festschrift zur Jubiläumsfeier des Männergesangvereins Hochhausen. Hochhausen 1971.
Erstnennungen: ON 788 (CL Nr. 2457), Adel 1228? (R Katzenelnbogen Nr. 85), Pfau 1353/57 (DI 8 Nr. 145), Horneck 1365 (DI 8 Nr. 149), Pfarrer 1300 (ZGO 26, 1874 S. 53 f.), Patrozinium Peter und Paul, Katharina, BMV, Georg und 1000 Märtyrer sowie Notburgagrab 1496 (*Weech*, Synodale S. 407), Finkenhof um 1100 (WUB 2 S. 395).

Neckarmühlbach

Quellen, gedr.: RMB 1. – *Schannat*. – UB Hohenlohe 2 und 3. – UB MOS. – UB Worms 2. – *Weech*, Synodale. – WUB 1 und 4. – ZGO 11, 1860; 15, 1863; 26, 1874; 27, 1875; 32, 1880; 42, 1888 S. m26.
Ungedr.: FLA Amorbach, U Amorbach. – FrhGA Guttenberg U; Lagerb. 1502/19; Lagerb. 1595; Lehnsbeschreibungen; Teilungsakten 1595; Pfarr- und Schulakten Neckarmühlbach; Guttenberger Grenzbeschreibung 1770; Guttenberger Chronik. – GLA Karlsruhe J/H Neckarmühlbach 1, 1a; 43/48, Sp. 213; 66/4189; 69 von Helmstatt U; 166/60; 229/43974, 43991, 50693I–II, 71851–870. – HZA Neuenstein, Weinsberg A2, A63–65; F55; H32Ü; J18; L10, L38, L39, L83, L94, L116, L120, L121, L157-L159, L170a, L170e, L170g, L170i, L170k, L170m, L170o; M1 1/2, M3, M4, M4c, M6; N22; O11, O12, O16; P12; Q31. – StA Würzburg, Mainzer Ingrb. 12.
Allg. Literatur: *Antonow*, Alexander, Burgen des südwestdeutschen Raumes im 13. und 14. Jh. Bühl/Baden 1977. – *Brecht*, Martin, Die Bedeutung der Herren von Gemmingen für die Reformation im pfälzisch-fränkischen Bereich. In: WF 58, 1974 S. 109–119. – *Bührlen*. – HHS S. 290. – KDB IV,4 S. 97–116. – *Koch*. – *Krieger* TWB 1 Sp. 808, 2 Sp. 273 f. – LBW 5 S. 283 f. – *Müller*, Dorfkirchen S. 56 f. – *Oechslei/Sauer*. – *Schuster* S. 358. – *Stocker* I,1 S. 9–15, 23–30. – *Wagner* S. 392 f. –
Ortsliteratur: *Jäger*, Karl, Guttenberg am Neckar. In: *Gottschalck*, Friedrich, Die Ritterburgen und Bergschlösser Deutschlands 9. Halle 1835. S. 249–284. – *Wirth*, Hermann, Die Kirche zu Mühlbach am Neckar. In: Anzeiger für Kunde der deutschen Vorzeit NF 15, 1868 S. 196–198. – *Heybach*, Karl Friedrich Gustav, Schloß Guttenberg. In: FBll 1, 1918 Nr. 2. – *Scheyt*, Eugen, Aus der Geschichte der Neckarmühlbacher Schloßkapelle. Wiesbaden 2.1956. – *Fütterer*, Paul, Neckarmühlbach und Burg Guttenberg. Ein Beitrag zur 1100-Jahr-Feier. Mosbach 1960. – *Müller*, Joseph, Der Schauplatz von Hauffs letzter Novelle. In: Schwäb. Heimat 11, 1960 S. 121–126. –

Litzenburger, Ludwig, Ausstrahlungen der spätmittelalterlichen Heiligenverehrung in der Neckarmühlbacher Schloßkapelle bei Wimpfen. In: Archiv für mittelrheinische Kirchengeschichte 17, 1965 S. 278–288. – *Huth*, Hans, Die Restaurierung der Schutzmantelmadonna vom Wallfahrtsaltar in der evangelischen Pfarrkirche zu Neckarmühlbach, Odenwaldkreis. In: Denkmalpflege in BW 3, 1974 S. 22–28. – *Andermann*, Kurt, Nikolaus und Eucharius. Zur Geschichte der Burgkapelle von Guttenberg und Pfarrkirche von Neckarmühlbach. In: FDA 105, 1985 S. 47–66. – *Andermann*, Kurt, In Angelegenheiten der Ritterschaft. Das Leben des Reichsritters Philipp von Gemmingen-Guttenberg (1702–1785) im Spiegel seiner Guttenberger Chronik. Obrigheim 1986.
Erstnennungen: ON bzw. Bachname 856 (MGH D LD Nr. 179), ON, Guttenberg und Nikolaus-Kapelle 1296 (ZGO 15, 1863 S. 306–309), Eucharius-Kapelle 1393 (GLA Karlsruhe 43/48, 1393 Mai 1), sonstige Patrozinien 1413 (*Litzenburger* a.a.O. S. 288) und 1496 (*Weech*, Synodale S. 427), Pfarrei 1469 (FrhGA Guttenberg, U 1469 Oktober 22).

120 *Haßmersheim von Südosten. Im Hintergrund rechts des Neckars der Weiler Steinbach, die Burg Hornberg und Neckarzimmern*

◁ 121 Haßmersheim, Industriegebiet.
Im Hintergrund Steinbruch im Muschelkalk

122 Hochhausen,
Ortsbild mit Schloß

123 *Hochhausen von Südosten. Im Hintergrund rechts des Neckars Neckarelz, links des Flusses Obrigheim*

124 Neckarmühlbach und Burg Guttenberg von Norden

125 Höpfingen von Südwesten

126 Höpfingen Heimatmuseum (ehemaliges Rathaus)

127 Waldstetten, kath. Kirche

128 Waldstetten von Osten

Höpfingen

3047 ha Gemeindegebiet, 2781 Einwohner

Wappen: In Silber (Weiß) auf grünem Boden stehend der hl. Ägidius mit silberner (weißer) Albe, rotem Chorrock und roten Schuhen, schwarzer Stola und rot bordierter silberner (weißer) Mitra, in der erhobenen Rechten ein schwarzes Buch, in der Linken einen goldenen (gelben) Krummstab haltend, hinter ihm stehend eine schwarze Hirschkuh mit schwarzem Pfeil in der Brust. – Das Wappenbild, das den hl. Ägidius, den Patron der Pfarrkirche, mit seinen Attributen zeigt, erscheint bereits in dem 1777 angefertigten Gerichtssiegel. 1909 wurde die Tingierung festgelegt. Das Wappen wurde in der 1957 überarbeiteten Fassung am 17. 5. 1966 zusammen mit der Flagge vom Innenministerium verliehen. – Flagge: Rot-Weiß (Rot-Silber).

Gemarkungen: Höpfingen (1683 ha, 2249 E.) mit Schlempertshof, Sportplatz und Ziegelei; Waldstetten (1364 ha, 530 E.).

A. Natur- und Kulturlandschaft

Naturraum und Landschaftsbild. – Das zwei Gemarkungen umfassende Gemeindegebiet hat Anteil an der Südostabdachung des Hinteren Odenwalds und am nördlichen Bauland und bildet somit einen für den Landkreis bezeichnenden Übergangsbereich im Grenzgebiet von hochmittelalterlichen Rodungshochflächen und Altsiedelland. Es umfaßt den Buntsandsteinodenwald und die Muschelkalkhügel zwischen dem Marsbach- und Erfatal mit Höhenlagen von 435 bis knapp 440 m NN im NW von Höpfingen und rd. 305 m NN im Waldstetter Tal an der Ostgrenze der Gkg Waldstetten.

Nördlich einer Linie, die vom Hohenkreuz über Höpfingen, den Nordfuß des Adelsbergs zum Nordfuß des Geisbergs verläuft, gehört das Gemeindegebiet mit dem Nordteil der Gkg Höpfingen zum *Hinteren Odenwald*, dessen Abdachung zu den Baulandhöhen hin vom Plattensandstein aufgebaut wird. Er ist an den Talflanken des nördlich von Höpfingen zur Erfa entwässernden und bei der Wohlfahrtsmühle (Gde Hardheim) in sie einmündenden Nebenbachs aufgeschlossen; ebenso ist der bei Hardheim in die Erfa eintretende Mühlgraben noch in seine unfruchtbare, sandige Böden bildenden Schichten wannenartig eingetieft. Der weitaus größte und hochflächige Teil der Odenwaldabdachung ist an der Oberfläche mit Lößlehmbildungen bedeckt, auf denen sich die gerodeten Wirtschaftsflächen des Schlempertshofs in rd. 420 bis 380 m NN ausdehnen.

Das Dorf Höpfingen liegt bereits im Unteren Muschelkalk des *Baulands* am südwärts abfallenden Hang des Mühlgrabens. Seine sichtlich steilere Ausbildung unterhalb des alten Dorfes mit dem Kirchbezirk ist durch die harte untere Gesteinsschicht des Wellendolomits bedingt. Unmittelbar nördlich der Verbreitungsgrenze des Wellengebirges treten im Bereich der Ziegelei nordöstlich des Dorfes sowie am Westfuß des Geisbergs am Rand der flachen Talwanne des Mühlgrabens noch Röttone an die Oberfläche. Wie ihr Liegendes im Plattensandstein sind auch sie zum Teil mit Lößlehmen bedeckt. Die harten Gesteine des Wellendolomits und Wellenkalks bilden südlich von Höpfingen von der 428 m aufragenden Höhe in der Flur »Büchlein« südlich der B 27 im W über den im unteren Hangbereich heute bebauten Leutschenberg, den

Adelsberg und Geisberg, die im O beide bewaldet sind, eine nach N blickende Schichtstufe, die zwischen dem Leutschen-, Adels- und Geisberg deutlich von fluviatiler Erosion zerschnitten und zurückverlegt ist. Mit Höhenlagen von 428 (Büchlein), 430 (Leutschenberg), 410 (Adelsberg) und 385 m ü.d.M. (Geisberg) überragt sie ihr unmittelbares nördliches Vorland deutlich, das vom Mühlgraben ostwärts zur Erfa entwässert wird und das Höhenlagen von 400 m südwestlich von Höpfingen bis 310 m ü.d.M. nördlich des Geisbergs am Bachlauf einnimmt. Nicht zuletzt sind es die Laubmischwaldbestände an den steileren nordexponierten Hängen, die diese Geländestufe gegen ihr Vorland klar absetzen und herausheben. Der Leutschenberg bildet südlich Höpfingen mit seinem im Wellenkalk fast 442 m aufragenden Gipfel einen der höchsten Punkte des Gemeindegebiets.

Das südliche Gemeindegebiet mit der Gkg Waldstetten erreicht auf den weithin hochflächigen und nur sanft gewellten Hügeln Höhenlagen von 430 m (Kornberg, Hardheimer Höhe zwischen Höpfingen und Waldstetten) bis rd. 400 m NN. Gegen die Westgrenze des Gemeindegebiets ist das Wellengebirge größtenteils von Flugsandaufwehungen bedeckt, auf denen sich das Ackerland der westlichen Aussiedlerhöfe und zum Teil auch das Waldstück »Eck« nördlich der Walldürner Höhe ausdehnt. Seine auf 437 bis 445 m ü.d.M. aufragenden Erhebungen bilden die höchsten Punkte des Gemeindegebiets. Östlich dieser Laubmischwaldhöhen am Eck dehnt sich im Bereich des Aussiedlungsweilers Fuchsenloch vom nördlichen Bodenwald im SW (Waldfluren »Hecken«, »Anwande«, »Staffel«) ein schmaler Streifen des Mittleren Muschelkalks bis zum Kornberg aus. Der nördliche Quellstrang des Waldstetter Bachs ist in dem meridional verlaufenden Abschnitt der Engelhardsklinge noch in seine verhältnismäßig weichen Schichten eingeschnitten. In den Mittleren Muschelkalk ist auch das Waldstetter Tal im Ortsbereich Waldstettens und östlich unterhalb der Siedlung eingeschnitten. Die gegenüber den umgebenden Höhenrücken und Hügelzügen im Oberen Muschelkalk bis zu 80 m eingetieften Talflanken sind vor allem auf der rechten, nordexponierten Talseite vollständig bewaldet. Der südwärts gewandte Talhang ist unterhalb Waldstetten stark gerodet, so daß der Wald dort bis auf die obere Talhangkante zurückgedrängt ist. Der östliche Bodenwald und der nördliche Buchenwald stocken gegen den Südrand der Gkg Waldstetten auf den harten und bankigen oberen Schichten des Hauptmuschelkalks, in die auch der südliche Quellarm des Waldstetter Bachs im Altheimer Grund (370–360 m NN) eingeschnitten ist. Am Brunnenberg (400–415 m NN) östlich von Waldstetten lagert über dem Trochitenkalk inselhaft Lößlehm, der zu einer geschlossenen Rodung im SO der Gkg Waldstetten und zu einer überwiegenden Feldlandnutzung in hochflächigen Lagen geführt hat.

Siedlungsbild. – Das heute großflächige Dorf H ö p f i n g e n liegt im Grenzbereich von Hinterem Odenwald und Bauland. Der Hauptteil der Siedlung dehnt sich noch auf der nach S einfallenden Hochfläche im Oberen Buntsandstein aus, die lediglich südlich der das alte Dorf stark prägenden Pfarrkirche durch eine steilere Hangbildung in der Quellmulde des in Hardheim in die Erfa einmündenden Mühlgrabens überformt ist. Der neue südliche Ortsteil am nach N exponierten Leutschenberghang liegt bereits im Wellengebirge. Die dort feststellbaren steileren Hangneigungen sind durch den Gesteinswechsel und eine – nicht allzu deutliche – Schichtstufenbildung im harten Unteren Muschelkalk verursacht.

Höpfingen, das im Einzugsbereich der Städte Walldürn und Buchen sowie von Hardheim verkehrsgünstig an der B 27 liegt, die als Heidelberger Straße den nördlichen und oberen Ortsteil in etwa 370–400 m NN durchzieht, ist nach seiner heutigen

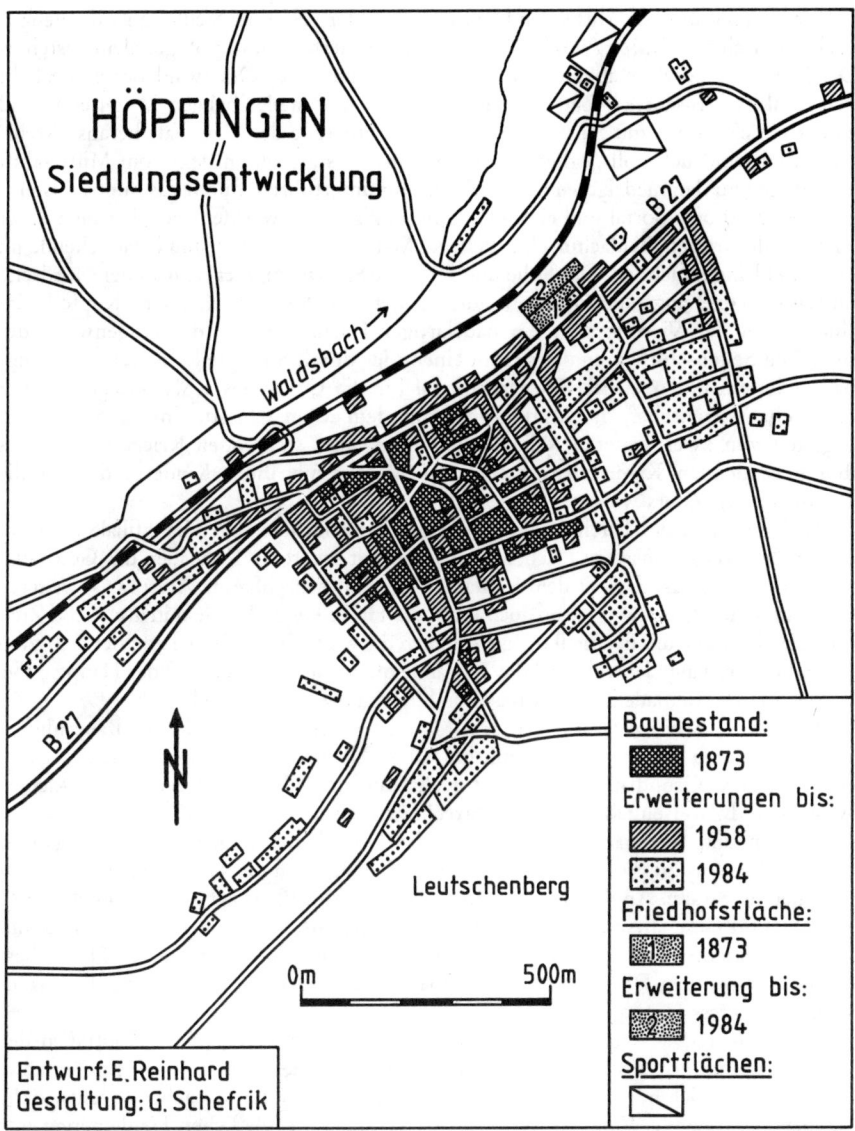

Hauptfunktion ein Wohnort, dessen größere bäuerliche Betriebe im Weiler Schlempertshof liegen oder in die südwestliche Gemarkung ausgesiedelt wurden.

Unregelmäßige Züge zeigt die alte Siedlung im Straßenverlauf lediglich im nördlichen oberen Ortsteil, wo durch die Hangtopographie mit der Kolping-, oberen Kirchenstraße und der Engelgasse Dorfstraßen in unterschiedlichen Winkeln in einem dicht bebauten Haufendorfbereich aufeinanderstoßen. Das flacher gelegene, südlich anschließende alte Dorf hat wie die westliche Ortserweiterung an der Wiesen- und Friedensstraße sowie vor allem im östlichen Neubaugebiet östlich der Gartenstraße ein weitgehend regelmäßiges, fast rechtwinkliges Straßennetz.

Der architektonische Mittel- und Schwerpunkt der gesamten Siedlung ist die neugotische dreischiffige *kath. Pfarrkirche* mit einem Querhaus und polygonalem Ostchor. Die Lage am südwärts abfallenden Buntsandsteinhang der Odenwaldabdachung hebt den dunklen Muschelkalkbau mit seinem hohen und steilgiebeligen Mittelschiff und einem Glockenturm mit Spitzhelmdach über weite Teile der Ortschaft heraus. Architektonisch eindrucksvoll gegliedert ist der hohe Westgiebel, an dem vom Mittelschiff Stützbögen zu den niedrigeren Seitenschiffen hinunterführen, durch das buntsandsteingefaßte Spitzbogenportal und ein hohes spitzbogiges Maßwerkfenster, über dem unter einem fialenartigen Baldachin eine Plastik, Maria mit dem Jesuskind darstellend, im Giebelfeld angebracht ist. Der hohe und schlanke Spitzhelm über dem an der Nordseite im Winkel von Lang- und Querhaus aufragenden Glockenturm trägt eine Kupferbedachung. Auf der Vierung sitzt ein nadelartiger Dachreiter. An der Außenwand des südlichen Seitenschiffs befindet sich in einem der durch Stützpfeiler getrennten Langhausjoche ein bilderreiches Kriegerdenkmal für die Opfer des 1. Weltkrieges: In der Mitte ein Marienrelief, die Muttergottes mit dem toten Christus im Schoß, seitlich begrenzt von zwei weiteren Reliefdarstellungen eines sterbenden Kriegers und eines ihm beistehenden Kameraden sowie einer Mutter mit ihren Kindern, die auf die Heimkehr des Vaters warten.

Die Umgebung des Kirchplatzes ist mit der Kinderschule, einer Bankfiliale in einem modernen zweigeschossigen Flachdachhaus und mit mehreren Kaufläden das Geschäftszentrum des Dorfes, das mit dem Rathaus, einer ihm benachbarten Arztpraxis, weiteren Geschäften und Gaststätten dann auch im N die Heidelberger Straße miteinschließt. Zum funktionalen Zentrum der Siedlung gehört auch die westlich der Kirche von der B 27 zum Leutschenberghang ziehende und die Talwanne querende Lange Gasse oder Hauptstraße, wo auch noch Kaufläden, ein Gasthaus und ein Café zu finden sind.

Die *alte Bebauung im Ortskern* wird aber noch weitgehend von Bauernhöfen bestimmt, deren ursprüngliche Funktion zum Teil einer reinen Wohnnutzung gewichen ist. Ihre Grundrißgestaltung ist recht unterschiedlich und reicht von kleinen Winkel- und Zweiseitgehöften sowie Streckhöfen an der Hauptstraße und zusammengedrängten und verschachtelten Gehöften im Bereich der Engelgasse, Kolpingstraße und Am Plan bis zu großen Zwei- und Dreiseitanlagen an der Ursbrunnenstraße oder Hardheimer Straße. An dem dreieckförmigen Platz Am Plan ragt aus den umgebenden Bauern- und Geschäftshäusern das *Alte Rathaus* heraus, in dem heute das Heimatmuseum eingerichtet ist. Das zweigeschossige Gebäude mit einem auf quadratischem Grundriß sitzenden Dachreiter und Krüppelwalmdach hat ein teilweise aus Buntsandstein gemauertes Untergeschoß.

Die *Neubaugebiete* im O und S des alten Dorfes verleihen heute Höpfingen den Charakter einer großflächigen Wohnsiedlung. Im östlichen, gegen Hardheim gerichteten Neubaubereich herrschen südlich der Heidelberger Straße weitgehend rechtwinklig aufeinanderstoßende Wohnstraßen vor. Das zwischen der östlichen Heidelberger und der nach O verlängerten Hardheimer Straße in N-S- sowie von der Gartenstraße bis zur Watzlikstraße in W-O-Richtung sich ausdehnende Neubaugebiet ist überwiegend durch Wohnhäuser geprägt, die zum Teil schon in den 1950er Jahren errichtet wurden wie im Bereich zwischen der Garten- und Raiffeisenstraße. Unter ihnen sind giebelseitig an die Straße angrenzende Bauten in der Mehrzahl. Noch vor 1958 begann auch die Bebauung am Nordostrand entlang der Weingarten- und der Watzlikstraße. Die Häuser an der östlichen Heidelberger Straße, an deren Nordseite auch der seit dem vorigen Jahrhundert stark erweiterte *Friedhof* mit einer modernen *Friedhofskapelle* liegt, entstanden als frühe Ortserweiterung noch vor dem 1. Weltkrieg und in der

Zwischenkriegszeit. Aus der Wohnbebauung mit Ein- und Zweifamilien- sowie bis zu dreistöckigen Geschoßhäusern an der Raiffeisenstraße heben sich wenige Geschäftshäuser ab, so eine Apotheke und das moderne Bankgebäude der Volksbank und Raiffeisenbank Höpfingen, ein Lager- und Geschäftsgebäude des Raiffeisenverbands im Grenzbereich zum alten Dorf sowie ein Lebensmittelgeschäft an der Ecke Raiffeisen- und Jahnstraße. Südlich der weitgehend mit Einfamilienhäusern individueller Prägung besetzten Jahnstraße, einer der W-O-Achsen des östlichen Neubaugebiets, steht mit der neuen *Schule* und einer zugehörigen Turnhalle ein herausragender Baukomplex in Beton- und Backsteintechnik mit zwei- und dreigeschossigen Klassenzimmerbauten unter flachgeneigten Dächern. Südlich dieser Schulgebäude öffnet sich eine gepflegte, auch als Schulhof nutzbare Anlage mit einem modernen Brunnen und einem Schulsportplatz.

Das südliche Neubaugebiet am Leutschenberg, das im W in einen *Gewerbebereich* in den Fluren »Unterm Stöcklesberg« und »Mantelsgraben« übergeht, ist jünger und großzügiger angelegt. Seine Hauptbebauungsachse ist die am Hangfuß entlangziehende Richard-Kaiser-Straße, von der den unteren Hang erklimmende und hangparallele Wohnstraßen abgehen. Einfamilienhäuser, die Am Leutschenberg alle traufseitig ausgerichtet und teilweise auf großflächigen Grundrissen erbaut sind, individuell gestaltete villenartige Bauten (Am Rank) sowie giebel- und traufständige Ein-, Zweifamilienhäuser und Bungalows in Ziergärten bilden als jüngste, noch nicht abgeschlossene Siedlungserweiterung einen großen Gegensatz zum alten Dorf. Unter ihrer reinen Wohnbebauung sticht an der östlichen Hangstraße Zum Adelsberg ein modernes Gasthaus in einem größeren wohnhausartigen Gebäude heraus, der Adelshof.

Nördlich der B 27 entstand bis zur Bahnlinie Walldürn–Hardheim – in den Anfängen auch schon vor dem 2. Weltkrieg – eine Siedlungserweiterung nach W entlang der Walldürner und Glashofener Straße. Die ältesten Gebäude gehören zum einstigen Bahnhofsbereich. Die als freistehende oder Doppelhäuschen errichteten Einfamilienhäuser sind meist zweigeschossig. Am Nordwestrand dieser Ortserweiterung stehen an der Bahn noch einige größere gewerbliche Bauten.

Auf der Buntsandsteinhochfläche der Odenwaldabdachung liegt etwa 1,5 km nördlich des Dorfes der bäuerliche Weiler *Schlempertshof*, ein eigenständiger Wohnplatz in der Gestalt eines kleinen Haufendorfs mit großen Gehöften und einem gewerblichen Betrieb, einer Bauunternehmung, am Ostrand der Kleinsiedlung. Ein weiterer Wohnplatz ist der *Sportplatz*, wo im NO Höpfingens beiderseits der Bahnstrecke nach Hardheim Sport- und Tennisplätze mit einigen Häusern und Clubheimen angelegt wurden. Ein bereits in die Zeit vor dem 1. Weltkrieg zurückreichender Wohnplatz ist die östlich des Dorfes an der B 27 gelegene, heute nicht mehr betriebene *Ziegelei*. Die ausgedehnten und langgestreckten Backsteinbauten der eigentlichen Ziegelhütte, die heute von einer Gebrauchtwagenhandlung genutzt werden, bilden den Kern dieses ehemals industriellen Siedlungsteils. Benachbarte Wohnhäuser, darunter eine größere ehemalige Fabrikantenvilla, aus der Zeit vor dem 1. Weltkrieg vervollständigen ihn nördlich der B 27.

Das dicht bebaute Dorf Waldstetten liegt in dem innerhalb des Siedlungsbereichs tief in den Mittleren Muschelkalk eingeschnittenen Waldstetter Tal, das bei Hardheim-Bretzingen in das Erftal ausmündet. Die steilen und weitgehend bewaldeten Talflanken bestimmen die straßendorfartige, langgestreckte Anlage des Unterdorfs. Über ihm liegt am ostexponierten Muschelkalkhang mit dem Gotteshaus und dem angrenzenden Friedhof das Oberdorf, das mit seinen höchstgelegenen Siedlungsteilen, der heute nicht mehr genutzten neuen Schule und der westlichen Neubauerweiterung Am Sonnenberg in rd. 370–380 m NN deutlich über die Talsiedlung des Unterdorfs in ca. 330 m NN aufragt.

Das in einem etwa meridional verlaufenden Talabschnitt zwischen steile Hänge eingebettete *Unterdorf* hat mit der Landstraße, der eigentlichen Hauptstraße der Siedlung, die am unteren linken Talhang entlangzieht, und mit der teils am rechtsseitigen Talhang und Hangfuß unregelmäßig parallellaufenden Bürgermeister-Münch-Straße, die durch mehrere schmale und kurze Quergassen verbunden sind, einen unregelmäßig leiterförmigen Grundriß. Wenn heute auch nur noch vier bäuerliche Vollerwerbsbetriebe innerhalb des Dorfes bestehen, so ist das in seinen Anfängen eine frühmittelalterliche Landesausbausiedlung darstellende Unterdorf, in dem der Waldstetter Bach verdolt ist, noch weitgehend agrarisch geprägt. Dicht zusammengedrängte Gehöftanlagen mit überwiegend giebelständig an den Talstraßen aufgereihten Wohnbauten gestalten den Aufriß. Zwei- und Dreiseitgehöfte, häufig mit nur schmalen und zusammengedrängten Hofplätzen, herrschen vor. Auffallend sind bei ihnen viele neu und sauber verputzte Wohnhäuser. Fachwerkbauweise bestimmt häufig die Scheunen und Ställe sowie die Remisen. Die gemauerten Häuser und Gebäudeteile bestehen nicht selten aus Bruchsteinen, die in Buntsandsteinbrüchen des Odenwalds oder in Muschelkalkbrüchen des Baulands gewonnen sind – ein im Ortsbild hervorstechender Hinweis auf die Siedlungslage im Grenzraum der beiden Naturlandschaften. An der Landstraße südlich der zum Kirchbezirk hinaufführenden Dr.-Thomas-Nörber-Straße hat sich mit einer an ein Gehöft angebauten Volksbankfiliale, deren sachliche Betonarchitektur nicht recht zum überkommenen dörflichen Ortsbild passen will, ferner mit dem zu einem größeren Dreiseitgehöft gehörenden Gasthaus zum Grünen Baum, mit einem Lebensmittelladen und der Poststelle das funktionale Zentrum des Ortes herausgebildet.

Das am ostexponierten Talhang erhöht liegende *Oberdorf* an der Höpfinger Straße und Am Hofacker, zu dem zwei rechtwinklig von der Landstraße abzweigende Verbindungsachsen am Hang hinaufziehen (Schafgasse und Dr.-Thomas-Nörber-Straße), wird ganz von der barocken und neubarocken Dorfkirche des 18. und 19. Jh. beherrscht. Der einschiffige Saalbau mit Dachreiterturm über der lisenengegliederten südlichen Eingangsgiebelfront hat im N querhausartige Erweiterungen und einen schmalen dreiseitigen Chorabschluß. Das hellgelb verputzte Gotteshaus mit Buntsandsteinlisenen, -tür- und -fenstereinfassungen sowie einem verschindelten Dachreiter mit Hauben- und Spitzhelmdach zeigt in einer Nische im Giebelfeld über der Eingangsfront als besonderes Schmuckelement seinen Kirchenheiligen. Unterhalb der Kirche öffnet sich der Kirchplatz mit einer mächtigen Christkönigstatue aus Keupersandstein als Blickfang, einem Denkmal für den 1846 in Waldstetten geborenen Freiburger Erzbischof Dr. Thomas Nörber. Am Südrand dieses Platzes fällt Am Hofacker ein barockes Wohnhaus von 1614 auf. Weiter südlich steht an der Abzweigung des zur neuen Schule hinaufführenden Kreuzweges das hohe zweigeschossige alte Schulhaus auf einem mächtigen Sockel. Es ist ein Bau mit Bogenfriesen an den steilen Dachgiebeln, Rundbogenfenstern im unteren und hohen Rechteckfenstern im oberen Geschoß. Seine Schmuckattribute, zu denen auch rot bemalte Ecklisenen gehören, weisen in eine Bauzeit vor dem 1. Weltkrieg zurück.

Das am nach S abfallenden Hang des Waldstetter Tals angelegte *Neubaugebiet* brachte eine wesentliche Siedlungsausdehnung nach W entlang der von der Höpfinger Straße abzweigenden Wohnstraße Am Sonnenberg. Talseits zwei- und bergseits eingeschossige Traufseitenhäuser mit flach geneigten Giebeldächern prägen das Bild dieser Wohnzeile mit in Gärten freistehenden Einfamilienhäusern. Die Bebauung des flache-

Die Gemeinde im 19. und 20. Jahrhundert

ren Hangs oberhalb der Wohnstraße Am Sonnenberg hat mit einigen wenigen Häusern bereits begonnen. Am Kreuzweg östlich der Höpfinger Straße steht am selben Hang die erst in der Nachkriegszeit erbaute Schule, die seit der Unterrichtseinstellung im Ort industriell genutzt wird. Das zweigeschossige Hauptgebäude in Backsteinmauerung und teilweiser Eternitverkleidung hat eine Turnhalle im Erdgeschoß und ein flach geneigtes Schrägdach. Nördlich oberhalb dieses ehemaligen Schulgebäudes setzte in der Flur »Glöckle« in jüngster Zeit eine Bebauung ein. Nur wenige Häuser stehen in der Nachbarschaft einer schiefergedeckten Kapelle mit einem kleinen Dachreiter in der Gestalt eines offenen Glockenstuhls mit geschweifter Haube darüber. Im O hat das kleine, hellverputzte Gotteshaus mit hohen Rundbogenfenstern einen polygonalen Chorabschluß.

Eine bäuerliche Siedlungsausweitung erwuchs in sanft nach SO geneigter Hochflächenlage westlich des oberen Waldstetter Tals, knapp 2 km vom Ortskern entfernt. Es ist der *Aussiedlungsweiler Fuchsenloch* mit geräumigen Gehöften, die durch großflächige Stall- und Scheunenbauten mit flachen Giebeldächern gekennzeichnet sind.

Bemerkenswerte Bauwerke. – Höpfingen: Die *kath. Pfarrkirche* wurde 1906/08 anstelle einer Barockkirche von 1753 erbaut. Balthasar Neumann hatte 1738 und 1742 Pläne für einen Neubau ausgearbeitet, der aber unausgeführt blieb. Von der abgebrochenen Kirche stammt sicher das Giebelfeld mit dem von Rocaillen umrahmten Jesuitenmonogramm zwischen zwei Strebepfeilern der Kirche. Die neue Kirche wurde als prächtige neugotische gewölbte dreischiffige Pfeilerbasilika mit polygonalem Chor geschlossen. Der Gewölbeschub wird an den Seitenschiffmauern durch Strebepfeiler aufgenommen. Am Giebel kommen noch Strebebögen mit Maßwerkbrüstungen dazu. Über der Vorhalle und dem hohen dreibahnigen Maßwerkfenster befindet sich im Giebelfeld eine Madonna unter einem Maßwerkbaldachin. Der Glockenturm mit großen Maßwerkschallöffnungen wurde an den einen Querhausarm angebaut.
Die Flächen im Innern sind verputzt gegen die rote Sandsteingliederung abgesetzt. Die Ausmalung von 1927 wurde bei der letzten Renovierung um 1978 reduziert erhalten. Der geschnitzte reiche Flügelaltar, die Kanzel, das Gestühl und der Orgelprospekt vervollständigen das Bild einer neugotischen Kirche als Gesamtkunstwerk, wie man es heute nach den Purifizierungen in der Nachkriegszeit nicht mehr so häufig antrifft.
Der Ort ist wie die Umgebung durch Heiligenfiguren an Häusern, Bildstöcken und Wegkreuzen bereichert.

Waldstetten: Die *kath. Pfarrkirche* wurde 1710 als kleine Barockkirche errichtet. 1874 wurde sie im angepaßten neubarocken Stil erweitert. Im Giebelfeld der Eingangsseite in großer Figurennische die Statue des Kirchenpatrones St. Justinus. Auf dem First ein großer Dachreiter.
Die reiche Innenausstattung der historisierenden Zeit wurde in den wesentlichen Teilen im Altarbereich und im Langhaus erhalten und ist ein seltenes Dokument einer über Jahrzehnte geschmähten Kunstepoche.

B. Die Gemeinde im 19. und 20. Jahrhundert

Bevölkerung

Bevölkerungsentwicklung. – Die Volkszählung vom 27.5.1987 ergab 3075 Personen mit Hauptwohnung in der Gde Höpfingen und 2946 Personen wohnberechtigte Bevölkerung. Gegenüber dem Beginn des 19. Jh. hat Waldstetten weniger Einwohner, Höpfingen hat seine Einwohnerzahl knapp verdreifacht. Im Jahr 1808 werden für Höpfingen 826, für Waldstetten im leiningischen Teil 613, im rüdtischen Teil 151 Einwohner genannt. In den folgenden Jahrzehnten stieg in beiden Dörfern die Einwohnerzahl fast stetig an, trotz der Auswanderungen um die Jahrhundertmitte (aus Höpfingen zwischen 1859 und 1860 allein 68 Personen, aus Waldstetten 45 Personen zwischen 1841 und 1859). In Höpfingen stagnierte im letzten Viertel des 19. Jh. die Einwohnerzahl, nahm aber bald wieder zu, weil die ohnehin nicht sehr häufigen Auswanderungen und Abwanderungen in die Städte fast ganz aufhörten. Es gab im Ort genügend Verdienstmöglichkeiten. Anders in Waldstetten: hier starben 1863 und 1886 viele Menschen an Typhus, von hier wanderten mehr junge Leute in die Städte, vor allem nach Frankfurt, ab. Zwischen 1861 und 1910 ging die Einwohnerzahl von 907 auf 705 zurück, während sie im gleichen Zeitraum in Höpfingen von 1241 auf 1500 zunahm. Im 1. Weltkrieg kehrten aus Höpfingen 81, aus Waldstetten 28 Soldaten nicht mehr heim. Bis zum 2. Weltkrieg wuchs Höpfingen auf 1735 Einwohner an, Waldstetten hatte 1939 nur noch 625 Einwohner. Im 2. Weltkrieg fielen aus Höpfingen 126, aus Waldstetten 56 Soldaten. Während des Krieges suchten in Höpfingen 190, in Waldstetten 20 *Evakuierte* aus westdeutschen Großstädten Zuflucht. Die Zeit der großen Bevölkerungsumschichtung hatte begonnen und fand ihren Höhepunkt in der Einweisung von 639 Flüchtlingen in Höpfingen und 338 in Waldstetten. Etwa 90 % kamen aus Böhmen, Mähren und der Slowakei, der Rest aus Ungarn und Schlesien. 1950 war in Höpfingen ein Fünftel, in Waldstetten ein Drittel der Einwohner *Flüchtlinge* und *Vertriebene*. Viele wanderten dann aber besseren Arbeitsbedingungen nach. 1961 meldete Höpfingen noch 357, Waldstetten nur noch 82 Vertriebene. Hinzugekommen waren noch 40 SBZ-Flüchtlinge.

Während des 19. Jh. und der 1. H. 20. Jh. war – von den Typhusjahren abgesehen – die Bevölkerungsentwicklung von Geburtenüberschuß und Wanderungsverlust bestimmt. In Höpfingen überwogen insgesamt die Geburtenüberschüsse, in Waldstetten die Wanderungsverluste. Erst nach 1945 sind durch den Flüchtlingsstrom kurzfristig Wanderungsgewinne zu verzeichnen. Nur bis etwa 1970 wird die wieder einsetzende Abwanderung noch durch Geburtenüberschüsse aufgefangen, danach nahm die Bevölkerung der Gemeinde spürbar ab. *Ausländer* hatten kaum Einfluß auf die Bevölkerungsentwicklung. 1970 wohnten in Höpfingen 22, in Waldstetten 2 Ausländer, 1984 in Höpfingen 36, in Waldstetten einer. Jugoslawen (15) und Türken (13) waren 1984 die stärksten Volksgruppen. 1987 wohnten 30 Ausländer in der Gemeinde.

Konfessionelle Gliederung. – Höpfingen und Waldstetten sind rein kath. Dörfer, in denen nur vereinzelt ev. Einwohner lebten. Selbst 1987 waren nur 4 % der Bewohner evangelisch.

Soziale Gliederung. – Höpfingen zählte dank Verdienstmöglichkeiten in Handwerk, Handel und in den Steinbrüchen zu den wohlhabenden Dörfern des Amtsbezirks Buchen. Haupterwerbsquelle war zwar die Landwirtschaft, aber schon 1860 standen den 189 Landwirten 83 Gewerbetreibende und nur 18 Taglöhner gegenüber. Seit Eröffnung der Bahnlinie nach Walldürn arbeiteten Höpfinger Mädchen, soweit sie nicht in die Städte in Stellung gingen, in den dortigen Blumenfabriken (1914: 20–30 Personen), die ihnen früher Heimarbeit geliefert hatten. Dennoch mußte die Gemeinde fast immer einige Ortsarme versorgen. In Waldstetten wechselten in rascher Folge Jahre relativen Wohlstandes mit Jahren der Armut und Verschuldung. Auch Bettel kam vor. Neben der Landwirtschaft setzte sich vor 1900 Kleingewerbe (Holzverarbeitung) durch. Einige Zeit war auch der Grünkernhandel bedeutend. Vor dem 1. Weltkrieg arbeiteten einige Männer in den Höpfinger und Bretzinger Steinbrüchen, nachdem der Bau der Bahn von Hardheim nach Walldürn, der 40 Waldstettener Männern Arbeit gegeben hatte, beendet war. 1895 lebten in Höpfingen 72 % der Einwohner, in Waldstetten 84 % von Land- und Forstwirtschaft. Industrie und Gewerbe ernährten in Höpfingen 21 %, in Waldstetten 11 % der Bevölkerung. 1939 hatte sich daran in Waldstetten nichts

Die Gemeinde im 19. und 20. Jahrhundert

verändert, in Höpfingen war der Anteil der Land- und Forstwirtschaft auf 45 % gefallen, der von Industrie und Handwerk auf 36 % gestiegen. Nach dem Krieg ging auch in Waldstetten die Bedeutung der Landwirtschaft zurück. Schon 1950 ernährte sie nur noch 48 % der Einwohner, 1970 noch 35 %, den gleichen Anteil wie ihn das Produzierende Gewerbe erreicht hatte. In Höpfingen waren 1970 die Berufszugehörigen der Land- und Forstwirtschaft auf 7 % der Bewohner gefallen, die des Produzierenden Gewerbes machten 54 % aus. Handel und Verkehr ernährten 1970 in der heutigen Gemeinde 5 %, die sonstigen Wirtschaftsbereiche 13 % der Einwohner, 19 % lebten von Rente, Pension oder Vermögen. Nur etwas mehr als ein Drittel der Erwerbstätigen hatte den Arbeitsplatz außerhalb der heutigen Gemeinde. Die meisten Pendler fuhren damals wie heute nach Hardheim und Walldürn. 1987 bezogen 48 % der Einwohner ihren Lebensunterhalt aus eigener Erwerbstätigkeit, 17 % über Rente, Pension, Arbeitslosengeld usw., und 34 % wurden von Eltern, Ehegatten usw. mitunterhalten.

Politisches Leben

An der 1848er Revolution nahmen die Höpfinger aktiv teil. Höpfinger Bürger erstürmten am 10. März 1848 zusammen mit den Hardheimern das fürstlich leiningische Rentamt in Hardheim, verbrannten alle Akten und Bücher, erbrachen die Speicher und verteilten das Getreide. Später wandten sich beide Dörfer geschlossen dem politischen Katholizismus zu. Unter dem Einfluß der Ortsgeistlichen wählte man 1868 zum Zollparlament und seit 1871 zu den *Reichstagen* während des Kaiserreichs fast ausschließlich die kath. Volkspartei (Zentrum): Auch in der Zeit der Weimarer Republik erhielt das Zentrum mehr als 80 % der Stimmen. Der Rest zersplitterte sich auf nahezu alle anderen Parteien. 1928 wurde in Höpfingen die NSDAP mit 3 % (!) zweiter Wahlsieger (Zentrum 90 %), am 6.11.1932 wurde sie mit 30 % der Stimmen in Höpfingen und 8 % in Waldstetten gewählt. Auch jetzt war das Zentrum mit 69 % und 83 % unbestritten Favorit. Bei den *Bundestagswahlen* setzte die CDU diese Tradition in nur leicht abgeschwächter Form fort, sieht man von der Wahl zum 1. Bundestag 1953 ab, in der sie mit nur 55 % der gültigen Zweitstimmen gewählt wurde. Später lagen ihre Anteile immer zwischen 70 % und 90 %, meist in Waldstetten etwas höher als in Höpfingen. Dort erreichte die SPD Stimmenanteile zwischen 10 % und 20 %, 1980 in der Gesamtgemeinde 22 %, danach wieder weniger. Die FDP/DVP konnte sich nie durchsetzen. Von den übrigen Parteien wurde in Höpfingen bis 1957 der Gesamtdeutsche Block/BHE mit ca. 10 % der Zweitstimmen gewählt (Flüchtlinge) und 1961 die Gesamtdeutsche Partei mit 8 %, sonst erreichte keine Partei mehr als 5 %. Auch bei der Bundestagswahl am 26.1.1987 erzielte die CDU mit 71 % eine starke Stimmenmehrheit.

Dem 1952 gegründeten CDU-Gemeindeverband gehören derzeit 37 Mitglieder an. Seit 1959 besteht der Zusammenschluß der Freien Wählervereinigung im Hinblick auf die Kommunalwahlen mit zur Zeit 27 Mitgliedern.

Wirtschaft und Verkehr

Land- und Forstwirtschaft. – Noch in den ersten Jahrzehnten des 20. Jh. wurde Dreifelderwirtschaft betrieben. Allmählich löste man sich vom Flurzwang und bebaute die Brache, meist mit Klee als Basis für die seit Mitte des 19. Jh. ausgedehntere Viehhaltung. Grünland war äußerst knapp. Die rationellere Feldbewirtschaftung war erschwert durch die starke Flurzerstückelung und das unzureichende Feldwegenetz. Hinzu kam bis um 1900 die Beweidung von Brache (und Kleeäckern) durch die Schafe. Künstliche Düngung fand rasch, Maschineneinsatz zögernd seit Beginn des 20. Jh. Anhänger. Hauptmarktfrüchte waren Hafer und Dinkel zur Grünkernbereitung. Von der Grünkernproduktion hingen die Bauern finanziell noch in den 1890er Jahren ab, aber mit Beginn des 20. Jh. ging in Waldstetten der Anbau allmählich zurück. 1903 wurden 500–600 Ztr. erzeugt, 1921 noch 400 Ztr. 1930 war die Dinkelanbaufläche, die 1880 noch 148 ha betragen hatte, auf 32 ha geschrumpft, in Höpfingen dagegen nur von 117 auf 100 ha. Grünkern und Hafer setzten die örtlichen Händler teils nach Seckach, teils über Hardheim nach Miltenberg ab, später auch direkt an die Militärverwaltung Heilbronn, Bruchsal und Karlsruhe. In Waldstetten belieferte 1909 der Bürgermeister als größter Händler alle größeren Städte in Baden, Württemberg und Bayern. In Frankfurt hatte er einen eigenen Agenten. Nach dem Bau der Bahn Hardheim–Walldürn 1911 ging der Absatz vorwiegend über die Lagerhäuser Hardheim und Walldürn. Während zwischen 1880 und 1960 Getreide wegen des starken Futteranbaus kaum mehr als die Hälfte des Ackerlandes einnahm, wuchs auf 70 % der Ackerfläche Getreide, hauptsächlich Gerste und Weizen, weniger Hafer. Futterpflanzen, überwiegend Silomais, nahmen 15 % des Ackerlandes ein, Hackfrüchte nur 4 %.

Dem *Obstbau* schenkte man in Höpfingen gegen Ende des 19. Jh. nach einer Zeit der Vernachlässigung wieder größere Aufmerksamkeit. Um 1890 wurden in beiden Dörfern Johannis- und Stachelbeerpflanzungen angelegt, zu Beginn des 20. Jh. stellte man sich mehr auf Obstbäume um, besonders auf Zwetschgen und Kirschen. Auch heute gibt es noch Obstanlagen auf der Gemarkung. Soweit das Obst nicht im Haushalt verbraucht wird, geht es meist in die Brennerei. Der *Weinbau* war in Höpfingen kaum von Bedeutung. In Waldstetten blieben in den 1920er Jahren und 1930er Jahren Versuche, ihn zu beleben, ohne Erfolg.

Wichtiger Betriebszweig ist seit Mitte des 19. Jh. in beiden Dörfern die *Rinderhaltung*, insbesondere die Zucht. Höpfingen stand (1904) mit Bödigheim an erster Stelle im Bezirk Buchen. Auch in Waldstetten lag der Schwerpunkt auf der Zucht, obgleich die Kühe wegen der schweren Zugarbeit auf den steilen Feldwegen dafür weniger geeignet waren. Die Farrenhaltung war Ende des 19. Jh. Sache der Gemeinden. In Höpfingen war sie noch 1860 verpachtet gewesen. Das Mastvieh wurde an Händler aus der Umgebung und an Metzger aus Walldürn und Frankfurt (1911) abgesetzt. Zur Förderung des Milchabsatzes konstituierte sich in Höpfingen eine Molkereigenossenschaft und richtete 1895 eine Zentrifugen-Molkerei ein, die modern ausgerüstet wurde und bald Gewinn erzielte. Butter wurde nach Heidelberg, Mannheim und Karlsruhe verkauft (1914). In Waldstetten war die Entfernung zur Bahn dem Milchabsatz hinderlich, aber nach 1920 verkaufte man Milch nach Mannheim. Heute stehen Mast- und Milchviehhaltung im Vordergrund. Die Zahl der Rinder hat sich seit dem großen Aufschwung im 19. Jh. (1808: 728 Tiere, 1887: 1356 Tiere) nur unwesentlich verändert (1987: 1314 Tiere, davon 406 Milchkühe), obwohl nur noch 46 Betriebe Rinder hielten.

Auch *Schweinezucht* und *Schweinemast* wurden – mit wechselnden Schwerpunkten – etwa seit 1860 verstärkt. In Waldstetten galten Brache und Ödungen (1867) als besonders geeignet für die Schweineweide. Die Zahl der Tiere hat sich in Höpfingen zwischen 1855 und 1887 von 360 auf 719 verdoppelt, in Waldstetten lag die Hauptzunahme etwas später. Der Rückgang der Landwirtschaft wirkte sich nicht auf die ohnehin schwankenden Schweinezahlen aus. 1987 hielten 85 Betriebe 1349 Mastschweine und 16 Betriebe 208 Zuchtsauen.

Die Gemeinde im 19. und 20. Jahrhundert

In Höpfingen wurde die *Gemeindeschäferei*, bei der jeder Bürger 2 Tiere austreiben durfte und die Gemeinde das Pferchgeld erhielt, 1892 abgeschafft. In Waldstetten hielt sie sich trotz der Überlegungen, daß sie der Landwirtschaft abträglich sei, bis 1903 und lebte in den 1930er Jahren als gemeine Schafweide wieder auf.

Um 1860 galten in Höpfingen 10 M Ackerland als ausreichender Besitz. 180 Landwirte hatten so viel, 84 weitere besaßen weniger und mußten sich zusätzliches Einkommen durch Taglohn etc. verschaffen. In Waldstetten kamen 1886 auf eine Haushaltung im Mittel etwa 20 M Feld. 1895 fielen die meisten bäuerlichen Betriebe beider Dörfer in die Größenklasse von 2–10 ha. Keiner hatte mehr als 20 ha Land. Der größte Bauer besaß 1907 in Höpfingen 20 ha, in Waldstetten 1912 schon 30 ha. Aber 1925 waren die größeren Betriebe zerschlagen. Es gab mehr, aber trotz Ausdehnung der Anbauflächen noch kleinere Betriebe. Noch 1960 war diese Besitzverteilung praktisch unverändert. Die Landwirtschaft wurde vielfach nur als Nebenerwerb betrieben. Erst spät, dann aber heftig setzte der Rückgang der Betriebe und damit eine Verbesserung der *Größenstruktur* ein. Zwischen 1960 und 1970 gab fast die Hälfte der Bauern den Betrieb auf, in Höpfingen mehr als in Waldstetten. Die LF dagegen blieb nahezu erhalten. 1983 nennt die Agrarberichterstattung noch 147 landwirtschaftliche Betriebe und 1522 ha LF. Von ihnen waren 105 kleine Nebenerwerbsbetriebe unter 10 ha LF. Auch unter den 19 Betrieben mit 10–20 ha LF wurden 16, von den 22 Betrieben ab 20 ha LF immerhin 3 im Nebenerwerb bewirtschaftet. Für 1987 nennt die Gemeindeverwaltung noch 22 Haupterwerbsbetriebe, alle mit Milch- und Mastviehhaltung bis auf 3 Schweinezucht- und -mastbetriebe. Nur 4 Betriebe lagen unter und bei 20 ha Größe, 3 bewirtschaften 50–100 ha, 1 Betrieb hat mehr als 100 ha Land. Statistisch erfaßt waren 1987 aber 129 landwirtschaftliche Betriebe, darunter 20 mit 20 und mehr ha LF.

Trotz der schon um 1860 beklagten starken Güterzersplitterung dauerte es noch rund ein Jahrhundert, bis *Flurbereinigungen* durchgeführt werden konnten. 1962 schloß in Höpfingen-Süd ein Verfahren über 1029 ha und 1966 in Waldstetten eine beschleunigte Zusammenlegung über 741 ha mit der Besitzeinweisung ab. Vorausgegangen war eine Neueinteilung 1947 in Höpfingen-Nord nach Auflassung des Militärflugplatzes Dornberg, der sich auch auf die Gkg Höpfingen ausdehnte. Seit 1963 entstanden in Höpfingen 2 *Aussiedlungsweiler*, Eckwald mit 4 und Hohle Eiche mit 6 Höfen, in Waldstetten seit 1969 der Weiler Fuchsenloch mit 5 Höfen. Bewirtschaftet werden noch 4 Höfe des Weilers Hohle Eiche und die 5 Höfe im Fuchsenloch.

Der Höpfinger *Gemeindewald*, Misch- und Nadelwald, brachte Einnahmen für die Gemeindekasse, obwohl etwa 2/3 des Holzertrags für Bürgergaben verwendet wurden. Er war Ende des 19. Jh. in gutem Zustand und ertragreich. Heute sind von den 1085 ha Wald auf dem Gemeindegebiet 740 ha Gemeindebesitz, 156 ha fürstlich leiningisch, und der Rest ist Kleinprivatwald. Nadelholz überwiegt, besonders im leiningischen Wald. Fichte, Tanne und Douglasie nehmen hier 55 %, im Gemeindewald 43 % der Fläche ein. Laubbäume stehen nur auf 35 % (Gemeindewald) und 15 % (leiningischer Wald) der forstlichen Betriebsfläche. Unter ihnen hat die Buche Vorrang. Die Jagd im Gemeindewald war schon im 19. Jh. verpachtet.

Handwerk und Industrie. – Um 1860 fanden in Höpfingen 8 Schneider, 23 Maurer, 3 Küfer, 1 Schlosser, 4 Schreiner, 5 Wagner, 3 Ziegler, 6 Zimmerleute, 14 Weber, 7 Schuhmacher, 3 Schmiede, 3 Metzger und 4 Bäcker ihr Auskommen. In Waldstetten dagegen lebten 6 Familien von Kleingewerbe, dessen Rohmaterial oft aus Waldfrevel stammte: Besenbinder, Strohmatten-, Napf-, Binsenkorb- und Wannenflechter, Rechen-, Sensenwurf- und Haferreffschnitzer. 9 weitere Familien betrieben die gleichen Tätigkeiten neben der Landwirtschaft. Außerdem gab es einige Bauhandwerker im Dorf. Die Anfertigung von Holzwaren und die meist als Wanderlohnarbeit betriebene Korbmacherei blühten noch um 1900. 1912 brachte die Besenbinderei Verdienst in 50 Haushaltungen.

Die Betriebszählung von 1895 wies in Höpfingen 62 Hauptbetriebe mit 92 Personen im handwerklichen Bereich auf, in Waldstetten 30 Betriebe mit 40 Personen. Größte Branche war in beiden Dörfern das Bekleidungsgewerbe, in Waldstetten danach die Branche Holz und Schnitzstoffe. In Höpfingen hatte das Baugewerbe und der Bereich Steine/Erden mit Steinbrüchen und der aus dem 17. Jh. stammenden Ziegelhütte wirtschaftliche Bedeutung. Die handwerklich betriebene Ziegelhütte ernährte, bis sie 1905 abbrannte, zwei Familien. In den 3 Kalksteinbrüchen arbeiteten 1911 rund 100 Personen.

Für 1925 gibt die Volks- und Berufszählung nur 11 selbständige Handwerksmeister in Höpfingen und 3 in Waldstetten an, 1950 dagegen wurden in Höpfingen 67 Arbeitsstätten mit Schwerpunkt im Handwerk mit 193 Beschäftigten und in Waldstetten 19 Betriebe mit 28 Beschäftigten statistisch erfaßt. Ein realistischeres Bild vermittelt die Handwerkszählung von 1967, in der für die heutige Gemeinde 37 Handwerksbetriebe mit 332 Beschäftigten nachgewiesen sind. Bedeutendste Branche war das Baugewerbe mit 10 Betrieben und 209 Beschäftigten. 1987 beschäftigten 30 *Handwerksbetriebe* 414 Arbeitskräfte. Mit 7 Betrieben, 261 Beschäftigten und einem Umsatz von 22,2 Mio DM war das Baugewerbe stärkste Branche, gefolgt vom Metallgewerbe mit 8 Betrieben, 118 Beschäftigten und 9,4 Mio DM Umsatz. Einen Überblick über die Handwerksbetriebe im Jahr 1987 gibt die nach Angaben der Gemeindeverwaltung zusammengestellte Tab. 1.

Einige dieser Handwerksbetriebe sind seit mehreren Generationen in Familienbesitz. Zu ihnen gehört die Firma *Kuhn GmbH, Technische Anlagen*, die 1926 von Franz Kuhn als Spenglerei gegründet wurde und seit 1956 den Betrieb auf Pumpwerksanlagen, Rohrleitungsbau etc. erweitert hat. Heute ist die Firma, die 1965 in eine OHG, 1979 in die GmbH überführt wurde, neben der ursprünglichen Sanitär- und Elektroinstallation hauptsächlich in der Wasserversorgung, Abwasserbeseitigung und elektrischen Meß- und Regeltechnik tätig. Der Betrieb, der 1926 mit 1 Lehrling begann und 1979 38 Mitarbeiter hatte, beschäftigt jetzt 50 Arbeitskräfte. Der Umsatz lag 1986 nach einer deutlichen Steigerung bei 6 Mio DM.

Größter handwerklicher Betrieb in Höpfingen ist die Firma *Störzer-Bau GmbH*. Sie wurde 1946 von Bruno Störzer mit 15 Mitarbeitern gegründet. Ausgehend von der Betonwarenherstellung erweiterte sie rasch auf Haus-, Wasserleitungs- und Kanalbau, dann auf Straßen- und Stahlbetonbau. Die Rechtsform als GmbH hat die Firma seit 1968. Schon 1960 war eine Niederlassung in Sinsheim gegründet worden, 1972 folgte eine weitere in Aschaffenburg. 1986 beschäftigte das Unternehmen 255 Arbeitskräfte, davon 160 in Höpfingen, und erwirtschaftete einen Umsatz von 28 Mio DM.

Jung ist die 1985 gegründete Firma *Universalprojekt Laden + Innenausbau GmbH* mit der Verwaltung in Hardheim und der Produktion in Waldstetten. Mit (1987) 24 Mitarbeitern stellt sie Ladeneinrichtungen, auch für den Export nach Österreich und in die Schweiz (zu etwa 40%) her. Ihren Umsatz steigerte die Firma 1986 auf 3,8 Mio DM.

Der erste industriell geführte Betrieb in Höpfingen war die Dampfziegelei von Kaiser und Böhrer, die 1897, als noch die alte Ziegelhütte bestand, gegründet wurde. 1901 beschäftigte sie schon 30 Arbeiter. Sie stellte Ende der 1960er Jahre die Produktion ein. Von den heutigen *Industriebetrieben* geht nur die Firma *Franz Schell GmbH, Hydrau-*

Tabelle 1: **Handwerksbetriebe 1987**

Branchengliederung nach der Handwerksordnung	insgesamt	Höpfingen	Waldstetten
Bau- und Ausbaugewerbe			
Bauunternehmen	2	2	–
Bedachung, Gerüstbau	1	1	–
Maler	2	2	–
Metallgewerbe			
Schmied und Landmaschinenmechaniker	1	1	–
Werkzeugbauer	1	1	–
Sanitärinstallation	2	2	–
Elektro-, Gas-, Wasserinstallation	1	1	–
Holzgewerbe			
Schreiner	1	1	–
Ladeneinrichtungsbau	1	–	1
Bekleidungs-, Textil- und Ledergewerbe			
Raumausstatter	1	1	–
Nahrungsmittelgewerbe			
Bäckerei	3	3	–
Metzger	2	2	–
Gewerbe für Gesundheits- und Körperpflege chemische und Reinigungsgewerbe			
Friseure	2	2	–

Quelle: Gemeindeverwaltung

lik- und Maschinenbau, auf ältere Anfänge zurück. 1919 richteten Karl und Emil Böhrer einen Landmaschinenbetrieb ein. Mit dem Besitzerwechsel nach 1955 verband sich die Umstellung auf Bohrmaschinen, Bergbaumaschinen, Hydraulikaggregate und -zylinder. 1964 siedelte die Firma in das spätere Gewerbegebiet am Mantelsgraben um, wo ihr Gelände 20000 qm umfaßt. 85 Mitarbeiter sind hier beschäftigt, der Umsatz lag 1986 bei 10 Mio DM, davon etwa 20% durch Exportaufträge in europäische Länder und nach USA.

1976 richtete die Firma *Binder Elektronik GmbH* aus Sinsheim in Waldstetten einen Filialbetrieb ein. Sie stellt elektronische Leiterplatten und Baugruppen her. Die Belegschaft vergrößerte sich von anfänglich 5 auf 35 Mitarbeiter. Nach einer leichten Steigerung lag 1986 der Umsatz bei 4,5 Mio DM. In Höpfingen stellt seit 1983, damals mit 13, heute mit 35 Mitarbeitern, die Firma *Joeres Couture GmbH* Damenkleidung her. Ihr Umsatz liegt bei etwa 1,4 Mio DM im Jahr. Der jüngste Industriebetrieb in der Gemeinde ist die Firma *TMF Tonmöbel GmbH*, gegründet Ende 1985 von Christoph Schlie und der Quart-Electronic-Vertriebs-GmbH im Gewerbegebiet am Mantelsgraben. Auch sie beschäftigt jetzt 35 Mitarbeiter. Die Produktion von Lautsprechergehäusen wurde im Sommer 1986 aufgenommen.

Handel und Dienstleistungen. – In beiden Dörfern war der Handel mit Landesprodukten in der 2. H. 19. Jh. nicht unbedeutend. Hauptsächlich Grünkern, Hafer und Vieh, auch Obst vermarkteten die örtlichen Händler. In Waldstetten war jahrzehntelang der größte Händler Bürgermeister. Erst nach Gründung der Lagerhäuser in Hardheim und Walldürn um 1910 ging der private Handel zurück. 4 Krämerläden in

Höpfingen (1860) und 2 in Waldstetten (1867) versorgten die Einwohner. 1895 wurden in beiden Orten je 3 Betriebe im Bereich Handel, Versicherungen, Verkehr aufgeführt. Für 1925 nennt die Statistik 18 Kaufleute in Höpfingen. 1967 zählte die heutige Gemeinde 23 Einzel-, 8 Großhandels- und 4 Betriebe der Handelsvermittlung mit zusammen 84 Beschäftigten. Gegenwärtig dürfte, obwohl einige Geschäfte seit 1967 aufgegeben haben, in engem Rahmen der tägliche und ein Teil des mittelfristigen Bedarfs in Höpfingen gedeckt werden können. Außer den Bäckern und Metzgern stehen (1987) 3 Gemischtwaren- und Lebensmittelläden, 4 Wein- und Getränkehandlungen, 1 Elektro- und Haushaltwarengeschäft, 1 Eisenwarenhandlung (in Waldstetten), 3 Bekleidungsgeschäfte, 1 Schuhgeschäft zur Verfügung. Überörtliche Kundschaft sprechen 1 Lederhandlung, 1 Handel mit Toren und Fenstern und 1 Boutique mit Galerie an. Schuhgeschäft und Leder(groß)handel gehen auf eine 1890 eröffnete Schuhmacherei zurück. Nicht ladengebundene Handelsbetriebe vertreiben Haushalts- und Kosmetikprodukte, Desinfektionsmittel, Kunstschmuckwaren, Raumausstattungsgegenstände, Klinker, Holzverarbeitungsmaschinen, Objekteinrichtungen. Die Arbeitsstättenzählung von 1987 weist im *Großhandel* 8 Betriebe mit 21, im *Einzelhandel* 18 Betriebe mit 50 und in der *Handelsvermittlung* 2 Betriebe mit 3 Beschäftigten nach.

Zum *privaten Dienstleistungsgewerbe* zählen 1 Architekturbüro, 1 Steuerberater, Rechtsbeistand- und Inkassounternehmen, 1 Fahrschule und 1 Bestattungsunternehmen.

An *Kreditinstituten* sind heute in Höpfingen vertreten die Volksbank Walldürn eG – Spar- und Kreditbank – und die Sparkasse Hardheim (seit 1960) mit je einer Zweigstelle. Die Volksbank geht auf den 1901 in Höpfingen gegründeten »Sparverein« zurück, der 1924 den Namen »Spar- und Darlehenskasse eGmbH« und 1956 den Namen »Spar- und Kreditbank eGmbH« annahm, 1980/81 jedoch mit der Volksbank Walldürn fusionierte. Die 1912 in Waldstetten gegründete Ländliche Kreditkasse, die 1922 noch 80 Mitglieder hatte, besteht heute nicht mehr.

Das Raiffeisen-Lagerhaus Walldürn-Höpfingen, seit 1986 zur Raiffeisen-Zentralgenossenschaft Karlsruhe gehörig, wurde 1924 als »Bezugs- und Absatzgenossenschaft des Bauernvereins Höpfingen eGmbH« gegründet. 1938 baute die Genossenschaft das Lagerhaus in der Gneisenaustraße, 1952 richtete sie eine Kelter ein, 1979 eröffnete sie nach Umbau des Lagergebäudes einen Haus- und Gartenmarkt. Schon 1974 lag die Fusion mit der Volksbank Walldürn eG.

Obgleich Fremdenverkehr in Höpfingen keine Bedeutung hat, ist die Gemeinde gut mit *Gaststätten* ausgestattet. Waldstetten hat heute, wie zu Beginn des 20. Jh., 2 Gastwirtschaften. Der »Grüne Baum« bestand schon 1855. In Höpfingen wurden 1860 nur 3 Gasthäuser, 1901 dann 4 genannt. Heute stehen 12 gastronomische Betriebe und 2 bewirtschaftete Sportheime zur Verfügung. Mindestens in das 19. Jh. reichen »Ochsen« und »Rose« zurück, 1914 kam der »Engel« hinzu. Die übrigen 6 Speisegaststätten und 2 Cafés stammen aus jüngerer Zeit. Zimmer vermieten die 3 alten Gasthäuser und die Café-Pension Schmitt.

Verkehr. – Beide Dörfer waren schon im 19. Jh. durch relativ gute *Straßen* mit den beiden zentralen Orten Walldürn und Hardheim verbunden. Um 1890 wurde die Kreisstraße Altheim–Waldstetten–Walldürn ausgebaut. Eine erhebliche Verbesserung der Verkehrslage bedeutete schon die Eröffnung der Eisenbahnlinie Seckach–Walldürn–Amorbach im Jahr 1887. Erst recht wurde das kurz darauf diskutierte Projekt einer Verbindungsbahn Walldürn–Hardheim–Tauberbischofsheim begrüßt, von dem man sich einen Aufschwung der Industrie erhoffte. Aber es wurde erst 1911 und nur in

Die Gemeinde im 19. und 20. Jahrhundert 911

Form einer *Stichbahn Walldürn–Hardheim* verwirklicht. Diese Strecke ist heute nur noch für den Güterverkehr in Betrieb. Der Personenverkehr wurde 1954 auf *Omnibusse* umgestellt. Das Dorf profitiert von der wegen der Bundeswehr in Hardheim sehr häufig befahrenen Bahnbuslinie Mosbach–Hardheim–Schweinberg. Nach Hardheim fahren täglich (Fahrplan 1986/87) 21 Busse, nach Walldürn 18, einige auch weiter nach Buchen und Mosbach. Mit Buchen ist Höpfingen auch über die Linien Buchen–Lauda und Buchen–Tauberbischofsheim–Würzburg verbunden. 11 Busse fahren nach Buchen, 12 nach Hardheim–Tauberbischofsheim, 2 davon weiter bis Würzburg. Weniger gut versorgt ist Waldstetten. Nach Hardheim kommt man von hier aus mit 5, nach Walldürn mit 3 und nach Höpfingen (hin und zurück) mit 3 Bussen täglich. Im Ortsteil Höpfingen befindet sich ein Postamt.

Verwaltungszugehörigkeit, Gemeinde und öffentliches Leben

Verwaltungszugehörigkeit. – Höpfingen und der fürstlich leiningische Teil von Waldstetten gehörten 1807 unter bad. Landeshoheit zum Amt Walldürn, der rüdtische Teil Waldstettens zum Oberamt Odenwald. Von Ende 1807 bis 1813 war Waldstetten dem Amt Hardheim zugeteilt, dann dem Amt Walldürn. 1872 wurden beide Dörfer dem Amt Wertheim, 1879 dem Amt Buchen eingegliedert. Zum Amt bzw. Lkr. Buchen gehörten sie bis zur Kreisreform. Am 1.9.1971 wurde Waldstetten mit dauerhafter Ortschaftsverfassung zu Höpfingen eingemeindet.

Gemeinde. – Die Gkg von Höpfingen (wohl ohne Schlempertshof) rechnet sich für das Jahr 1854 in 1632 ha um, die von Waldstetten in 1361. Seit der Katastervermessung in den 1860er Jahren werden die Gemarkungen mit 1683 und 1364 ha angegeben. Von diesen 3047 ha Gemeindegebiet sind (1981) 1711 ha Landwirtschaftsfläche, 1085 ha Wald und 201 ha besiedelte Fläche.

Als *Bürgernutzen* bezogen die Bürger beider Dörfer (1854) je ½ Klafter Scheitholz und 100 Wellen. *Allmende* gab es nur in Waldstetten (1854: 33 M 3 V 60 R).

Die Zehntablösungen waren in Waldstetten 1866, in Höpfingen 1868 abgeschlossen. Das *Vermögen* der Gemeinden bestand hauptsächlich aus Wald, auch aus Wiesen- und Ackerland. 1860 besaß die Gde Höpfingen 1109 M Holzfläche, meist Mischwald und Nadelwald, 5 M Ackerland auf Höpfinger und 2 V 36 A auf Hardheimer Gemarkung, 2 M Wiesen und ¼ M Gartenland. 1904 umfaßte der Gemeindewald 415 ha. Waldstetten besaß 1886 319 ha Gemeindewald, 1909 verteilte die Gemeinde 25 ha Acker- und Wiesenland auf Hardheimer, Bretzinger und Waldstetter Gemarkung als eine Art Allmende an 109 Berechtigte. An Gebäuden besaß Höpfingen 1860 das zweistöckige Rat- und Schulhaus mit angebautem Wasch- und Backhaus, eine Scheuer, das Wachhaus mit Spritzenremise und Arrest sowie ein Brunnenhaus. Waldstetten baute um 1874 ein neues Schulhaus und eine Kirche. Das alte Schulhaus nahm das Armenhaus auf, bis es 1903 zur Kleinkinderschule umgebaut wurde. Außerdem besaß die Gemeinde ein Schafhaus. Der heutigen Gde Höpfingen gehören 744,63 ha Wald, 1,45 ha Bauplätze, 379,82 ha sonstiges Gelände und 30 Gebäude, darunter die 1955 gebaute Obst- und Festhalle.

In Höpfingen konnten (um 1860) die Gemeindebedürfnisse hauptsächlich aus dem Wald- und Schäfereiertrag bestritten werden. Bis zum Eisenbahnbau war die Gemeinde schuldenfrei. Waldstetten hatte spätestens seit 1860 dauernd Schulden durch Baumaßnahmen, Kriegslasten (1866 und 1870/71) und die Katastervermessung. Andererseits verfügte die Gemeinde über Vermögen und Einnahmen aus Holzverkäufen, Jagdpacht, Landpacht und bis 1901 aus der Schäferei.

Die heutige Gemeinde ist seit ihrem Bestehen relativ hoch verschuldet (1970: 762 DM/E., 1984: 1275 DM/E.). Die *Steuerkraftsumme* je Einwohner liegt nach wie vor leicht unter dem Kreisdurchschnitt (1984: 821 DM gegenüber 857 DM). Von den 1 567 000 DM Steuereinnahmen im Jahr 1984 stammten nur 433 000 DM aus Gewerbesteuern. 1986 verfügte die Gemeinde über einen gegenüber dem Vorjahr fast verdoppelten Vermögenshaushalt von 3 061 310 DM (1985: 1 588 700 DM). Im Verwaltungshaushalt waren 4 616 690 DM gebunden (1985: 4 636 320 DM). Der Schuldenstand war von 1985: 3 394 475 DM auf 3 388 010 DM geringfügig gesenkt worden. An größeren baulichen Maßnahmen laufen 1986/87 die Sanierung der Grund- und Hauptschule, des Hallenbades und des Kindergartens. Weiter sind vorgesehen der Umbau und die Erweiterung der Schule, der Neubau einer Sporthalle und Erstellung von Abwasserbeseitigungsanlagen. Die Ortssanierung ist im Gang.

Die Gemeinden wurden Ende des 19. Jh. vom ehrenamtlichen Bürgermeister und 6 Gemeinderäten verwaltet. 1935 hatte Waldstetten nur 4 Gemeinderäte. Die neue Gde Höpfingen hat einen hauptamtlichen Bürgermeister und 14 Gemeinderäte, von denen in allen 3 *Gemeinderatswahlen* 10 von CDU oder CDU und Bürgerliste und 4 von der Freien Wählervereinigung aufgestellt waren. An Gemeindebediensteten wurden 1860 in Höpfingen genannt: Ratsschreiber, Rechner, Gemeinde- und Polizeidiener, 2 Waldhüter, Feldhüter, 2 Straßenwarte, Hebamme, Leichenschauer/Totengräber, Wasenmeister. In Waldstetten waren etwa die gleichen Dienste besetzt, später auch die des Obstbaumwarts, Farrenwärters und Laternenanzünders. Heute sind in der *Gemeindeverwaltung* in den Abteilungen Hauptamt, Grundbuchamt, Standesamt, Einwohnermeldeamt und Rechnungsamt 4 Beamte, 13 Angestellte, 7 Arbeiter und 10 Teilzeitkräfte beschäftigt. Sitz ist das Rathaus Höpfingen. Im Waldstetter Rathaus finden wöchentliche Sprechtage statt. Die Gemeinde ist dem Verwaltungsverband Hardheim-Walldürn eingegliedert.

Ver- und Entsorgungseinrichtungen. – Die *Freiwillige Feuerwehr* geht in Höpfingen auf das Jahr 1912, in Waldstetten auf 1939 zurück. Heute gehören ihr in Höpfingen 36 Aktive, 38 Mitglieder der Kapelle und 8 Mitglieder der Jugendfeuerwehr an, in Waldstetten 32 Aktive.

Die *Wasserversorgung* war Ende des 19. Jh. in beiden Dörfern unzureichend. Waldstetten baute daher 1886 eine Wasserleitung, in Höpfingen, wo besonders der obere Ortsteil unter Wassermangel litt, wurden ähnliche Pläne vor 1914 immer wieder zurückgestellt, und man behalf sich mit neuen Brunnengrabungen. Die moderne Wasserversorgung geht in beiden Dörfern auf das Jahr 1927 zurück. Damals wurden die gemeindeeigenen Förderstellen mit je 3 Pumpstationen und 3 Hochbehältern verbunden. Höpfingen wird jetzt teilweise auch mit Bodenseewasser versorgt. 1955 begann man in Höpfingen, 1974 in Waldstetten mit der Verlegung von Abwasserkanälen. Die Fortführung der *Kanalisation* ist auch im Haushalt 1987 vorgesehen. Das Abwasser aus Höpfingen wurde bisher in einer mechanischen Kläranlage gereinigt, seit Mitte 1987 arbeitet die mechanisch-biologische *Verbandskläranlage Hardheim-Höpfingen*. Waldstetten beschickt seit 1984 seine eigene mechanisch-biologische Anlage. Die *Müllabfuhr* ist vom Gemeindeverwaltungsverband einem Privatunternehmer übertragen, der einmal in der Woche den Hausmüll zur Deponie nach Buchen führt. Für Bauschutt und Erdaushub hat Höpfingen eine eigene Deponie.

Seit Anfang der 1920er Jahre versorgt das Badenwerk beide Dörfer mit *Strom*. Jeder Haushalt ist Einzelabnehmer. Gasversorgungsleitungen sind seit 1986 verlegt, jedoch fehlen noch die Anschlüsse.

Schon vor dem 1. Weltkrieg waren in beiden Dörfern kath. Krankenschwestern tätig. Die Ärzte wurden in Walldürn und Hardheim aufgesucht. Heute praktizieren in

Die Gemeinde im 19. und 20. Jahrhundert 913

Höpfingen 2 *Ärzte für Allgemeinmedizin* und 1 *Zahnarzt*. Zur stationären Behandlung werden die Krankenhäuser in Buchen, Walldürn und Hardheim aufgesucht. Seit 1979 gibt es in Höpfingen eine Apotheke. Die Gemeinde ist der Sozialstation Walldürn-Hardheim, die von der Caritas getragen wird, angeschlossen. In Waldstetten wurde 1903 im ehemaligen Armenhaus eine Kleinkinderschule eingerichtet. Die jetzigen *Kindergärten* sind in Waldstetten 1957/58 und in Höpfingen 1970/71 erbaut worden. Träger sind die kath. Kirchengemeinden. Die *Friedhöfe* beider Ortsteile haben Leichenhallen.

Kirche. – In der *Ev. Landeskirche* gehören Höpfingen als Nebenort und Waldstetten als Ortsteil (bis 1983 als Diasporaort) zur Kirchengemeinde Walldürn. Die *kath. Kirchengemeinden* Höpfingen mit der Pfarrkirche St. Ägidius und Waldstetten mit der Pfarrkirche St. Justinus unterstanden 1828 dem Landkapitel (Dekanat) Buchen, wechselten dann mehrmals die Zugehörigkeit zwischen Buchen und Walldürn und gehören jetzt wieder zum Dekanat Buchen. Das Patronat der Fürsten von Leiningen über beide Kirchen endete 1863. Zur Pfarrei Höpfingen gehört der Schlempertshof mit einer Privatkapelle. Die Kirche in Höpfingen ist 1906/08 neugebaut worden, die Waldstetter Kirche aus dem 18. Jh. wurde 1874 vergrößert. Ein Sohn Waldstettens ist Thomas Nörber, geb. 19.12.1846, der von 1898 bis zu seinem Tod am 27.7.1920 Erzbischof der Erzdiözese Freiburg war und sich in diesem Amt besonders um den Priesternachwuchs und die Kirche in den Industriezentren des Landes verdient gemacht hat.

Schule. – Um 1860 unterrichteten in den Schulen beider Dörfer 1 Haupt- und 1 Unterlehrer sowie die Industrielehrerin. 1874 baute Waldstetten, 1914 Höpfingen ein neues Schulhaus. Im Höpfinger Schulhaus waren auch Räume für die Kochschule und für die gewerbliche Fortbildungsschule vorgesehen. Eine Fortbildungsschule bestand auch in Waldstetten Ende des 19. Jh. Seit der Schulreform befindet sich die *Grund- und Hauptschule* in Höpfingen. Derzeit unterrichten 13 Lehrkräfte (3 davon sind teilzeitbeschäftigt) 168 Schüler in 10 Klassen. 1901 gingen allein in Höpfingen 250 Kinder zur Schule, 1912 in Waldstetten 124 Kinder. Höpfingen ist der Volkshochschule Buchen als Außenstelle angeschlossen.

Kulturelle Einrichtungen. – Im ehemaligen Höpfinger Rathaus ist ein *Heimatmuseum* mit Gegenständen aus dem bäuerlichen und handwerklichen Leben seit etwa dem 18. Jh. eingerichtet. Die größeren landwirtschaftlichen Geräte sind z. T. in eine Halle ausgelagert, die demnächst diesen Bereich ganz aufnehmen soll.

Sportstätten. – Die Gemeinde verfügt in Höpfingen über 2 Fußballplätze (1 Hart- und 1 Rasenplatz), 3 Tennisplätze, 1 Tennishalle und das 1964 gebaute Hallenbad, das jetzt saniert wird, in Waldstetten über einen Fußballrasenplatz.

Vereine. – Die ältesten Vereine der Gemeinde sind die 1871 gegründete Musikkapelle Waldstetten e. V. mit heute 39 Mitgliedern und der Männergesangverein »Frohsinn« Waldstetten von 1872 mit derzeit 62 Mitgliedern. In Höpfingen wurde 1925 der Musikverein (jetzt 332 Mitglieder) und 1961 der Männergesangverein (432 Mitglieder) gegründet. Dem Sport widmen sich der Turn- und Sportverein Höpfingen seit 1911, die AG Freizeitsport in Waldstetten seit 1977 (76 Aktive), weiter in Höpfingen der Para-Sailing-Club, der Sportfischerverein, der Verein der Pferdefreunde, auch der Förderverein »Große Sporthalle«. Eigene Interessen vertreten der 1921 gegründete Brieftaubenverein »Blitz« in Höpfingen, der 1931 gegründete Obst- und Gartenbauverein, der Kleintierzucht- und der Imkerverein. 1970 wurden die Fastnachtsvereine gegründet: die FGH 70 »Höpfemer Schnapsbrenner« (506 Mitglieder) und die FG »Stedemer Beesche« (71 Mitglieder). Aktiv ist der Höpfinger Heimatverein, der u. a. das Heimatmuseum betreut.

Strukturbild

Höpfingen und Waldstetten unterschieden sich strukturell schon im 19. Jh. Auch heute unter den veränderten wirtschaftlichen Bedingungen blieben die Unterschiede erhalten. Zwar war bis nach dem 2. Weltkrieg in beiden Dörfern die Landwirtschaft Haupteinkommensquelle, aber während in Waldstetten außer dem für den örtlichen Bedarf arbeitenden Handwerk nur holzverarbeitendes Kleingewerbe (Besenbinder, Rechenmacher etc.) zusätzlichen Erwerb verschaffte und daher viele Einwohner zur Abwanderung gezwungen waren, standen in Höpfingen ausreichend Arbeitsplätze in den Steinbrüchen und den Ziegeleien zur Verfügung. Auch auswärtige Arbeitsplätze, darunter Frauenarbeitsplätze in Walldürn, waren leichter erreichbar, so daß kein Grund zur Abwanderung bestand und die Einwohnerzahlen insgesamt zunahmen. 1939 war Waldstetten als kleinbäuerliche, Höpfingen als Arbeiterwohngemeinde eingestuft. Nachdem sich in den letzten Jahren in Höpfingen einige kleine Industriebetriebe niedergelassen haben, dürfte die heutige Gemeinde als ländlicher Gewerbeort anzusprechen sein, wobei der Ortsteil Waldstetten sich auf die Funktionen Wohnen und landwirtschaftliches Arbeiten beschränkt. Aus der Gemeinde pendelten 1987 immerhin 495 Männer und 388 Frauen zur Arbeit aus, während 122 Männer und 64 Frauen aus anderen Gemeinden hier ihren Arbeitsplatz hatten. In beiden Richtungen sind die Beziehungen zu Walldürn (354 Aus-, 58 Einpendler), Hardheim (238 Aus-, 51 Einpendler) und Buchen (142 Aus-, 27 Einpendler) besonders eng. Zu den Berufsauspendlern kommen noch 75 männliche und 76 weibliche Schüler und Studierende als Ausbildungspendler.

In der Landwirtschaft fanden im 19. und 20. Jh. zwei wesentliche Strukturveränderungen statt: einmal die Umstellung auf vorrangige Marktproduktion gegen Ende des 19. Jh., begünstigt durch den Grünkernanbau und die ortsansässigen Händler, dann die Genossenschaften, und in den letzten Jahrzehnten die betriebliche Konzentration, d. h. einerseits die Abkehr von der Landwirtschaft, andererseits die dadurch ermöglichte Aufstockung zu größeren Betrieben.

Zentralörtlich ist die Gemeinde auf das nahe Oberzentrum Würzburg orientiert. Als Unterzentren werden Walldürn und Hardheim aufgesucht, wo auch die meisten Auspendler ihre Arbeitsplätze haben. Von 476 Auspendlern arbeiteten 1970 in Walldürn 208, in Hardheim 188. In Hardheim, Buchen und Walldürn geht man von Höpfingen aus auch ins Krankenhaus. Die Kreisstadt Mosbach wird praktisch nur zu Behördengängen besucht.

Quellen

Höpfingen: GLA 345/33/606 (1860–1914), 345/42/737 (165)
Waldstetten: GLA 345/33/1023, 345/55/1411, 345/69/840 (1861–1935)

Literatur

Unsere Heimatgemeinde Höpfingen. Höpfinger Heimattage 1966. Hrsg.: Gde Höpfingen, Heimatverein Höpfingen e.V. Buchen, Walldürn 1966.
Geschichte der Pfarrei St. Ägidius Höpfingen anläßlich des 75jährigen Bestehens der Pfarrkirche mit Orgelweihe. Buchen 1982.
Höpfingen – Beiträge zur Heimatgeschichte. Bd. 1. Hrsg. vom Heimatverein Höpfingen e.V. – Höpfingen 1985.
Waldstetten. Heimatbuch zu den dritten Heimattagen 1975. Waldstetten 1975.

C. Geschichte der Gemeindeteile

Höpfingen

Siedlung und Gemarkung. – Abgesehen von der Erwähnung in einer im 13. Jh. auf Kaiser Otto III. (996) gefälschten Urkunde, findet sich die erste zuverlässige Nachricht über Höpfingen (*Hephinkein*, Kop. 13. Jh.) in den um 1100 aufgezeichneten Traditionsnotizen des Kl. Amorbach. Nach Ausweis ihres zum Typ der -ingheim-Orte gehörigen, vielleicht von einem Personennamen hergeleiteten Namens ist die hiesige Siedlung jedoch bedeutend älter und vermutlich schon im 6. oder 7. Jh. entstanden; für eine solche Datierung sprechen nicht zuletzt drei 1909 in dem Gewann Alter Weingarten nordöstlich des alten Dorfes entdeckte merowingerzeitliche Gräber. Im Gemeindewalddistrikt Buchwald, im westlichen Teil der Gemarkung, gibt es darüber hinaus mehrere vorgeschichtliche Grabhügel, die allerdings zur Geschichte des Dorfes Höpfingen keinen unmittelbaren Bezug haben. Zu Beginn des 19. Jh. zählte der Ort 110 Häuser.

Der im N der Gkg Höpfingen gelegene Schlempertshof wird als *curia Slempers wiler* 1335 in einem Würzburger Lehnbuch erstmals erwähnt; bis 1607 war er mit allen zugehörigen Gerechtsamen im Besitz der Herren von Hardheim und ist danach an das Hochstift Würzburg gefallen. Seinen Namen trägt er wahrscheinlich nach einem Zweig der Hardheimer, der den Beinamen Slemper (1293 ff.) führte. Um 1800 war der Hof dem Höpfinger Gerichtsstab unterworfen und gehörte zur örtlichen Pfarrei, aber dessen ungeachtet hatten seine Bewohner in der Gemeinde kein Bürgerrecht. Auf einen freilich längst abgeg. Wohnplatz könnte auch das östlich des Schlempertshofes gelegene Gewann Neuer Haidenhof hinweisen, wohingegen der Flurname Königheimer Höflein sich vermutlich auf die Felder eines im Dorf gelegenen Anwesens bezieht. Welche Bewandtnis es mit dem Distrikt Nonnenklösterlein im Höpfinger Wald hat, ist ebensowenig geklärt wie die Bedeutung des 1454 erwähnten Flurnamens Hinter der alten Burg.

Herrschaft und Staat. – Hinsichtlich der Anfänge der Herrschaftsentwicklung zu Höpfingen bleiben viele Fragen offen; jedoch könnten die Erwähnung des Dorfes unter den Traditionen des Kl. Amorbach, der Kreis der im 13. und 14. Jh. hier begüterten Adelsfamilien sowie die seit dem späteren 13. Jh. bezeugte Würzburger Lehnshoheit über den Fronhof und andere Gerechtsame darauf hindeuten, daß die niederadelige Ortsherrschaft des späten Mittelalters in Höpfingen wie in Bödigheim und andernorts von der Vogtei über Amorbacher Kirchengut ihren Ausgang genommen hat. So handelt es sich bei den 1236/37, 1257 und später erwähnten Heinrich, Wolfram und Volknand von Höpfingen aller Wahrscheinlichkeit nach um klösterliche bzw. Dürner Ministerialen, die möglicherweise einem der ministerialischen Geschlechter aus der Umgebung zugeordnet werden müssen. Spätestens 1273 waren die von Hardheim im Besitz hiesiger Herrschaftsrechte, und als Würzburger Lehnsleute sind sie Vogts- und Gerichtsherren des Dorfes geblieben bis zu ihrem Aussterben im Jahre 1607. Danach traten Würzburg und Mainz mit ihren auf die Nachfolge in Höpfingen erhobenen Ansprüchen zueinander in Konkurrenz und zogen zur Durchsetzung ihrer Rechtsstandpunkte bis vor das Reichskammergericht; 1631 wird das Dorf als je zur Hälfte würzburgisch und mainzisch bezeichnet. Zu einer Bereinigung der Verhältnisse kam es allerdings erst 1656 in einem Tausch, in dem Höpfingen samt der zuvor mainzischen Zenthoheit (Walldürn) in den alleinigen Besitz des Hochstifts Würzburg gelangte. Seither war der Würzburger Bischof Inhaber aller hohen und niederen

Obrigkeit in dem Dorf, das nunmehr zum Amt und zur Zent Hardheim gehörte. 1803 fiel Höpfingen an das Fürstentum Leiningen, 1806 an das Großherzogtum Baden.
Grundherrschaft und Grundbesitz. – Der älteste und ursprünglich sicher auch bedeutendste Grundbesitz in Höpfingen war der des Kl. Amorbach; seit der Wende vom 11. zum 12. Jh. bezeugt, ist er den Mönchen wohl schon im hohen Mittelalter großenteils von ihren Vögten entfremdet worden und taucht im Klosterurbar von 1395 nur noch in Gestalt einiger weniger Zinse auf. Den örtlichen Fronhof mit einer Vielzahl von Rechten und Nutzungen trugen bereits in der 2. H. 13. Jh. die von Hardheim vom Hochstift Würzburg zu Lehen, und den später sog. Pilgrimshof, ein Lehen des Erzstifts Mainz, hat Kunz von Hardheim 1399 von den Pilgrim von Limbach käuflich erworben. Wahrscheinlich handelt es sich bei dem zuletzt genannten Hof um dasselbe Gut, das Wiprecht Rüdt und Walter Kottwitz 1293 dem Erzbischof lehnbar gemacht hatten. Um 1700 gehörten zu diesem, inzwischen wieder an Mainz heimgefallenen, von Zent und Schatzung befreiten Erbbestandsgut rund 150 M Äcker. Ein weiterer Hof, der nach Volmar von Dürn (um 1540/55) benannte Volmarshof (1609 rund 47 M Äcker, dazu Wiesen, Gärten und zwei Hofstätten), war einst im Besitz derer von Fechenbach und ist um 1555 an die von Hardheim gelangt; seit dem Anfang des 16. Jh. war er ein Lehen des Deutschen Ordens (Kommende Horneck), der ihn nach dem Aussterben der Hardheimer erbbestandsweise bewirtschaften ließ. Neben diesen drei großen Höfen sind in Höpfingen im 15. Jh. noch weniger bedeutende Berechtigungen der Pfarrei Külsheim und der Rüdt von Bödigheim bzw. des Kl. Bronnbach nachzuweisen, und um 1700 waren hier auch die Pfarreien Höpfingen und Hardheim sowie die Kirche zu Dornberg und die Frühmesse zu Walldürn begütert.
Gemeinde. – In einem wegen des Schaftriebs mit ihrer Ortsherrschaft geführten Streit, in dessen Verlauf sie an den Kaiser selbst appellierte, ist die Gemeinde zu Höpfingen 1476/77 erstmals in den Quellen zu fassen. Dem Dorfgericht gehörten in der 1. H. 18. Jh. neben dem Schultheißen 9, zu Beginn des 19. Jh. 12 Schöffen an. Der Gemeindebesitz bestand 1806 in 940 M Wald und einem Schulhaus.
Kirche und Schule. – Wie die Herrschaftsgeschichte, so ist auch die Kirchengeschichte von Höpfingen in ihrer Frühzeit ungeklärt. Ein Pfarrer findet nicht vor 1400 Erwähnung, als der Ort, ursprünglich vielleicht eine Filiale von Hardheim, wohl schon seit längerer Zeit eine eigene Pfarrei hatte. Das Patronatsrecht lag im 17. Jh. beim Hochstift Würzburg, dürfte aber vor 1607 wie alle anderen Herrschaftsrechte im Besitz der Herren von Hardheim gewesen sein. Kirchenpatron war seit alters der hl. Ägidius. Die um 1558 von den Hardheimern in ihrer Eigenschaft als Ortsherren in Höpfingen eingeführte Reformation wurde nach deren Aussterben bereits zwei Menschenalter später durch den Bischof von Würzburg wieder rückgängig gemacht.
Bis ins 18. Jh. war die Kirche von Höpfingen mit einem Gadenhof umgeben, dessen Gaden einer 1433 von Pfarrer und Heiligenmeistern getroffenen Bestimmung zufolge ein einheitliches Maß von 12 x 12 Schuh haben sollten. Als 1753 die alte, 1442 errichtete und längst baufällige Kirche einem Neubau weichen mußte, wurde auch der Gadenkirchhof abgetragen. Freilich kamen beim Bau des neuen Gotteshauses, dessen Finanzierung jahrzehntelang zwischen Würzburg und Mainz umstritten war, schließlich nicht die 1739 und 1742 gefertigten Pläne des Würzburger Baumeisters Balthasar Neumann zur Ausführung, sondern es wurde ein billiger und schmuckloser Putzbau errichtet, der bereits nach einem Winter die ersten Bauschäden aufwies.
Am großen und kleinen Zehnt zu Höpfingen waren seit dem 17. Jh. das Hochstift Würzburg mit zwei Dritteln und das Erzstift Mainz mit einem Drittel beteiligt. Im späten Mittelalter waren zumindest Teile des Zehnten als Würzburger Lehen im Besitz

der von Hardheim, zeitweise auch der Münch von Rosenberg und der von Walkershofen.

Eine Schule haben die Hardheimer vermutlich schon zur Zeit der Reformation in Höpfingen eingerichtet, und 1603 hat die Ortsherrschaft hier auch ein Schulhaus erbauen lassen.

Bevölkerung und Wirtschaft. – Angaben zur Zahl der Einwohner Höpfingens liegen erst seit der 2. H. 17. Jh. vor. 1669 hatte der Ort wohl 220 bis 230 Bewohner, und 1721 waren es bereits doppelt so viele. Nach der Mitte des 18. Jh. (ca. 500 Seelen) hat die Bevölkerung des Dorfes sich noch einmal stark vermehrt, so daß man 1803 878 Seelen zählte und sich 1806 beklagte, der Ort sei übervölkert. Dabei war der Ertrag der auf 3007 M Äckern, 205 M Wiesen und 17 M Weingärten betriebenen Landwirtschaft eher bescheiden; die reichlich vorhandenen Kartoffeln wurden häufig zum Backen von Brot verwendet. Die Höpfinger Fluren lagen gegen Walldürn (W), gegen Hardheim (O) und gegen Waldstetten (S). Der Viehbestand des Dorfes belief sich 1803 auf 337 Rinder und nur 2 Pferde. An Gewerbetreibenden, die allerdings zur Sicherung ihres Lebensunterhalts fast durchweg noch eine kleine Landwirtschaft betreiben mußten, waren zur Zeit des Übergangs an Baden im Ort vertreten: 27 Leinenweber, je 8 Schneider und Schuhmacher, je 4 Bäcker und Wagner, je 3 Maurer, Schreiner und Hufschmiede sowie je 2 Krämer, Gastwirte, Straußwirte und Ziegler. Die Ziegelhütte war bereits zu Beginn des 18. Jh. gegründet worden; die beiden Wirtshäuser hatten Schildgerechtigkeiten *Zum Ochsen* und *Zur Rose*.

Waldstetten

Siedlung und Gemarkung. – Nach seinem Namen zu schließen – andere Quellen, auch archäologische Befunde liegen nicht vor – ist Waldstetten eine Siedlung des karolingerzeitlichen Landesausbaus. Die erste Erwähnung des Dorfes (*Stetin*, Kop. 13. Jh.) geschieht in den um die Wende vom 11. zum 12. Jh. entstandenen Traditionsnotizen des Kl. Amorbach. Desgleichen werden in einem gegen Ende des 13. Jh. auf Otto III. (996) gefälschten Privileg Amorbacher Klostergüter zu *Stetin* genannt; die Namensform Waldstetten (*Waldsteten*), die das Dorf von anderen gleichnamigen unterscheidet, ist erstmals zum Jahre 1505 bezeugt. 1803 umfaßte der Ort 128 Häuser, von denen 55 noch mit Stroh gedeckt waren.

Herrschaft und Staat. – Die Herrschaftsgeschichte von Waldstetten ist kompliziert und in ihren Anfängen undurchsichtig. Um 1700 teilten sich in die Ortsherrschaft das Hochstift Würzburg und die Rüdt von Collenberg (seit 1715 Eberstadter Linie). Gebot und Verbot in Dorf und Feld sowie das Straßengericht (Gassenrecht) beanspruchte Würzburg für sich allein und leitete daraus zugleich einen freilich nie voll durchgesetzten Anspruch auf die landesherrliche Obrigkeit im ganzen Ort ab; in die Vogtei teilten sich beide Herrschaften im Verhältnis 2:1; Akzise und Schatzung erhob jede Seite nur von ihren eigenen Untertanen. Die große und kleine Jagd übte Würzburg gemeinsam mit Kurmainz, während die Rüden allein mit Hunden hetzen durften. Die Zenthoheit über die würzburgischen Untertanen lag zu Beginn des 18. Jh. bei der würzburgischen Zent Hardheim, die über die rüdtischen Untertanen bei der mainzischen Zent Walldürn. – Diese sehr komplexen Herrschaftsverhältnisse wurzeln vermutlich in ehemaligem Amorbacher Kirchengut, das dem Kloster von seinen Vögten und deren Ministerialen offenbar schon sehr früh und vollständig entfremdet worden ist. Das oberste Gericht im Dorf, das später von Würzburg exerzierte Straßengericht, war zu Beginn des 15. Jh. im Besitz der Grafen von Wertheim, die es wohl zusammen mit der Herrschaft Schweinberg aus der Hinterlassenschaft der Edelherren von Dürn erworben hatten und vom Hochstift Würzburg zu Lehen trugen (1556); nach dem Aussterben der Wertheimer hat Würzburg dieses Lehen eingezogen und nicht wieder vergeben. Die vogteilichen Rechte am Ort, die sich einzig und allein auf die einzelnen Güter erstreckten, waren dagegen als Mainzer Lehen in Händen des niederen Adels, der Hardheim (nachgewiesen seit 1421) und der Stettenberg, deren Anteil vor 1465 durch Kauf an die Rüdt von Bödigheim gelangt ist. Mit dem Ende der Herren von Hardheim sind deren Gerechtsame in Waldstetten 1607 dem Erzstift Mainz heimgefallen, dem auch die zentliche Obrigkeit im Dorf gebührte, und nachdem Mainz seine Zenthoheit bereits 1656 in einem Tauschvertrag an Würzburg abgetreten hatte, konnte das dortige Hochstift 1684 auch noch die verbliebenen mainzischen Rechte erwerben, jedoch nicht die zentliche Obrigkeit über die Untertanen der Rüden. Bis zum Ende des Alten Reiches blieb Waldstetten nun zu zwei Dritteln würzburgisch und zu einem Drittel rüdtisch. Der Würzburger Anteil kam in der Säkularisation 1802/03 an das Fürstentum Leiningen und wurde 1806 von Baden mediatisiert; der rüdtische Teil fiel mit dem Ende der freien Reichsritterschaft 1806 direkt an Baden.

Grundherrschaft und Grundbesitz. – Die Grundbesitzverhältnisse in Waldstetten entsprechen ganz den Herrschaftsverhältnissen im Dorf. Im hohen Mittelalter war das Kl. Amorbach hier begütert, und es ist anzunehmen, daß es sich bei dem Hof zu *Steden*, den der Ministeriale Otto von Hainstadt 1247/52 im Einvernehmen mit Konrad von Dürn an die Bronnbacher Zisterzienser abgetreten hat, um einstigen Amorbacher Besitz handelt; Kl. Bronnbach veräußerte seine Waldstettener Güter und Zinse später (1475) an die Nonnen zu Seligental. Ansonsten waren hier neben den Inhabern der Ortsherrschaft nur noch die Pfarreien Waldstetten (1613 50 M Äcker, 1½ M Weingärten), Hardheim und Buchen begütert (um 1700/1803).

Gemeinde. – Das Dorfgericht tritt im früheren 15. Jh. wiederholt mit Rechtsweisungen für seine Herrschaft in Erscheinung; im 18. Jh. gehörten ihm neben dem Schultheißen 8, 1803 12 Schöffen an. Der Gemeindebesitz bestand zu Beginn des 19. Jh. aus 800 M Wald, 6 M Neugereut und 52 M Ackerland, die zur Nutzung unter die Gemeindebürger verteilt waren.

Kirche und Schule. – Die erste Erwähnung eines Pfarrers zu Waldstetten fällt in das Jahr 1398. Wann der Ort Pfarrechte erhalten hat, ist freilich ebensowenig bekannt wie seine älteren kirchlichen Abhängigkeitsverhältnisse. Das Patronatsrecht oblag dem Hochstift Würzburg, Kirchenheiliger ist spätestens seit dem frühen 18. Jh. St. Justinus. Nach 1555 führte die niederadelige Ortsherrschaft im Dorf die Reformation ein, jedoch konnte sich das neue Bekenntnis hier nur für ein halbes Jahrhundert behaupten und wurde nach dem Aussterben der Hardheimer durch die nachfolgende Würzburger Herrschaft schon bald wieder verdrängt; 1613 gründete Bischof Julius Echter die kath. Pfarrei Waldstetten neu. 100 Jahre später, nachdem die alte Kirche völlig zerfallen war und die Gemeinde, wie es heißt, sieben Jahre lang ihren Gottesdienst unter freiem Himmel hatte feiern müssen, erhielt der Ort 1710/11 mit Unterstützung des Würzburger Bischofs Johann Philipp von Greiffenclau endlich eine neue Kirche.

In den Zehnt teilten sich um 1700 und bis zum Ende des Alten Reiches das Hochstift Würzburg (⅔) und die Freiherren Rüdt von Collenberg-Eberstadt (⅓); davor war er wie die Vogteirechte im Besitz der Herren von Hardheim und der Rüden.

Eine Schule ist für Waldstetten zwar erst zu Beginn des 19. Jh. bezeugt, jedoch dürfte sie bereits im 16./17. Jh. bestanden haben.

Bevölkerung und Wirtschaft. – Die Einwohnerzahl Waldstettens in der frühen Neuzeit läßt sich nur schwer ermitteln, da die einschlägigen Quellen gewöhnlich nur

die Untertanen entweder der einen oder der anderen Herrschaft nachweisen, dagegen nur selten einmal die gesamte Einwohnerschaft des Dorfes. So wissen wir nur für 1721, daß der Ort etwa 400 Bewohner hatte, und 1803 lag die Zahl der Seelen bei 646. Gegen Ende des 30j. Krieges war das Dorf nahezu ausgestorben; damals gab es dort nur noch 2 Seldner und 2 Witwen, die gar nichts mehr hatten und aus denen auch nichts *herauß zu preßen* war.
Landwirtschaft wurde in den drei Fluren gegen Altheim (S), gegen Höpfingen (N) und gegen Dürn (W) betrieben (1613). Die landwirtschaftliche Nutzfläche belief sich 1803 auf 2800 M Äcker, 35 M Wiesen und immerhin 45 M Weinberge, jedoch war das Erzeugnis nicht von zufriedenstellender Qualität; zur gleichen Zeit wurden im Dorf 186 Rinder, 140 Schweine und 400 Schafe gehalten. Angebaut wurden Dinkel, Hafer und Kartoffeln, dazu Klee. An Gewerben waren zu Beginn des 19. Jh. in Waldstetten vertreten: Bäcker, Metzger, Wagner, Schreiner, Zimmerleute, Maurer, Schmiede, Schlosser, Büttner, Schuster, Weber und Schneider, dazu Korb-, Rechen- und Sensenwurfmacher; sie alle waren den Zünften zu Hardheim angeschlossen. Handel trieben die Einwohner von Waldstetten vor allem mit Grünkern und mit Kümmel. Alle Gewerbetreibenden mußten zur Sicherung ihres Lebensunterhalts noch Ackerbau treiben.

Quellen und Literatur

Höpfingen

Quellen, gedr.: *Becher.* – *Bendel.* – *Krebs*, Amorbach. – Lehnb. Würzburg 1 und 2. – MGH D OIII. – REM 1. – RI II,3. – R Wertheim. – R Würzburg. – - UB Hohenlohe 3. – *Schröcker.* – ZGO 26, 1874; 32, 1880.
Ungedr.: FLA Amorbach, U Amorbach; Amorbacher Urbar 1395; Amorbacher Jurisdiktionsbuch 1656; Seligentaler Zins-, Gült- und Lagerbuch 1699; Walldürner Kellereirechnungen 1700, 1750; Mainzer Kirchenbausachen 1738; Bücher zur Kenntnis und zur Hebung des Landes; Pläne IX,15. – GLA Karlsruhe J/H Höpfingen 1–2a; 43/50a–b,Sp. 107; 44 von Hardheim; 66/11671a; 69 Rüdt von Collenberg 3704; 229/12630, 38531, 38561, 38579, 45919–941. – StA Wertheim U. – StA Würzburg, Mainzer Ingrb. 9, 40; Mainzer Lehnb. 1–3, 6; MRA Militär K217/14; Würzburger Lehnb. 36, 43, 48; Würzburger Lehnsachen 7313/256; Geistliche Sachen 1656/LXX;
Allg. Literatur: *Gropp.* – KDB IV,3 S. 65f. – *Koch – Krieger* TWB 1 Sp. 1043f, 2 Sp. 854. – LBW 5 S. 281. – *Matzat*, Studien. – *Matzat*, Zenten. – *Müller*, Dorfkirchen S. 44. – *Neumaier*, Reformation. – *Oechsler/ Sauer.* – *Prailes*, Jakob Albert, Die Einführung der Reformation in Hardheim. In: FDA 33, 1905 S. 258–341. – *Rommel*, Wohnstätten. – *Schäfer.* – *Wagner* S. 409f.
Ortsliteratur: *Kaiser*, Richard, Geschichte des Orts und der Pfarrei Höpfingen. Tauberbischofsheim 1900. – *Kaiser*, Richard, Burg und Adel in Höpfingen. In: Der Wartturm 3, 1927/28 S. 49f. – Unsere Heimatgemeinde Höpfingen. Höpfinger Heimattage 1966. Hg. von der Gemeinde Höpfingen. Höpfingen 1966. – Geschichte der Pfarrei Höpfingen. Hg. von der Kath. Pfarrgemeinde Höpfingen. Höpfingen 1982. – Höpfingen. Beiträge zur Heimatgeschichte 1. Hg. vom Heimatverein Höpfingen e.V. Höpfingen 1985.
Erstnennungen: ON 996, Fälschung Ende 13. Jh. (MGH D OIII Nr. 434), um 1100 (*Becher* S. 53), Adel 1237 (*Krebs*, Amorbach S. 251), Pfarrer 1400 (*Müller*, Dorfkirchen S. 44), Schlempertshof 1334/45 (Lehnb. Würzburg 1 Nr. 3960).

Waldstetten

Quellen, gedr.: *Becher.* – *Bendel.* – *Grimm* 6. – *Krebs*, Amorbach. – MGH D OIII. – *Schröcker.* – ZGO 4, 1853; 43, 1889.
Ungedr.: FLA Amorbach, U Amorbach; Amorbacher Jurisdiktionsbuch 1656; Bücher zur Kenntnis und zur Hebung des Landes; Pläne XIII,9. – FrhBA Jagsthausen VI/18. – FrhRA

Hainstadt U; Lehnsakten; Schatzung Waldstetten; Vogt- und Bürgermeisterannahme zu Waldstetten. – GLA Karlsruhe J/H Waldstetten 1–4; 43/Sp. 247; 44 Rüdt von Collenberg; 69 Rüdt von Collenberg 252, 928, 3704, U256, U312, U383; 229/38561, 38579, 109358–367. – StA Wertheim U. – StA Würzburg, Mainzer Ingrb. 40; Mainzer Lehnb. 1–6; MRA ältere Kriegsakten 1/57; MRA Militär K217/14, K240/436; Würzburger Lehnb. 5686.

Allg. Literatur: *Eichhorn*, Dürn. – KDB IV,3 S. 93. – *Krieger* TWB 2 Sp. 1337f. – LBW 5 S. 281. – *Matzat*, Zenten. – *Müller*, Dorfkirchen S. 76. – *Neumaier*, Reformation. – *Prailes*, Jakob Albert, Die Einführung der Reformation in Hardheim. In: FDA 33, 1905 S. 258–341. – *Rommel*, Wohnstätten. – *Scherg*.

Ortsliteratur: *Eckenfels*, Karl, Aus der Geschichte von Waldstetten. In: Der Wartturm 1, 1925/26 Nr. 11. – Waldstetten. Heimatbuch zu den dritten Heimattagen 1975. Bearb. von Hubert *Wörner* und Gottfried *Hartmann*. Waldstetten 1975.

Erstnennungen: ON 996, Fälschung Ende 13. Jh. (MGH D OIII Nr. 434), um 1100 (*Becher* S. 53), Pfarrer 1398 (*Krebs*, Amorbach S. 264).